Contents

List of Figures

Digest of Education Statistics 2010

April 2011

Thomas D. Snyder
National Center for Education Statistics

Sally A. Dillow
Education Statistics Services Institute
American Institutes for Research

NCES 2011-015
U.S. DEPARTMENT OF EDUCATION

ies NATIONAL CENTER FOR EDUCATION STATISTICS
Institute of Education Sciences

U.S. Department of Education
Arne Duncan
Secretary

Institute of Education Sciences
John Q. Easton
Director

National Center for Education Statistics
Jack Buckley
Commissioner

The National Center for Education Statistics (NCES) is the primary federal entity for collecting, analyzing, and reporting data related to education in the United States and other nations. It fulfills a congressional mandate to collect, collate, analyze, and report full and complete statistics on the condition of education in the United States; conduct and publish reports and specialized analyses of the meaning and significance of such statistics; assist state and local education agencies in improving their statistical systems; and review and report on education activities in foreign countries.

NCES activities are designed to address high-priority education data needs; provide consistent, reliable, complete, and accurate indicators of education status and trends; and report timely, useful, and high-quality data to the U.S. Department of Education, the Congress, the states, other education policymakers, practitioners, data users, and the general public. Unless specifically noted, all information contained herein is in the public domain.

We strive to make our products available in a variety of formats and in language that is appropriate to a variety of audiences. You, as our customer, are the best judge of our success in communicating information effectively. If you have any comments or suggestions about this or any other NCES product or report, we would like to hear from you. Please direct your comments to

NCES, IES, U.S. Department of Education
1990 K Street NW
Washington, DC 20006-5651

April 2011

The NCES Home Page address is http://nces.ed.gov.
The NCES Publications and Products address is http://nces.ed.gov/pubsearch.

This report was prepared in part under Contract No. ED-05-CO-0044 with Education Statistics Services Institute—American Institutes for Research. Mention of trade names, commercial products, or organizations does not imply endorsement by the U.S. Government.

Suggested Citation

Snyder, T.D., and Dillow, S.A. (2011). *Digest of Education Statistics 2010* (NCES 2011-015). National Center for Education Statistics, Institute of Education Sciences, U.S. Department of Education. Washington, DC.

For ordering information on this report, write to

ED Pubs
U.S. Department of Education
P.O. Box 22207
Alexandria, VA 22304

or call toll free 1-877-4ED-Pubs or order online at http://www.edpubs.gov.

Content Contact

Thomas D. Snyder
(202) 502-7452
tom.snyder@ed.gov

FOREWORD

The 2010 edition of the *Digest of Education Statistics* is the 46th in a series of publications initiated in 1962. The *Digest* has been issued annually except for combined editions for the years 1977–78, 1983–84, and 1985–86. Its primary purpose is to provide a compilation of statistical information covering the broad field of American education from prekindergarten through graduate school. The *Digest* includes a selection of data from many sources, both government and private, and draws especially on the results of surveys and activities carried out by the National Center for Education Statistics (NCES). To qualify for inclusion in the *Digest*, material must be nationwide in scope and of current interest and value. The publication contains information on a variety of subjects in the field of education statistics, including the number of schools and colleges, teachers, enrollments, and graduates, in addition to data on educational attainment, finances, federal funds for education, libraries, and international comparisons. Supplemental information on population trends, attitudes on education, education characteristics of the labor force, government finances, and economic trends provides background for evaluating education data. Although the *Digest* contains important information on federal education funding, more detailed information on federal activities is available from federal education program offices.

The *Digest* contains seven chapters: All Levels of Education, Elementary and Secondary Education, Postsecondary Education, Federal Programs for Education and Related Activities, Outcomes of Education, International Comparisons of Education, and Libraries and Adult Education. Preceding these chapters is an Introduction that provides a brief overview of current trends in American education, which supplements the tabular materials in chapters 1 through 7. The *Digest* concludes with three appendixes. The first appendix, Guide to Sources, provides a brief synopsis of the surveys used to generate the *Digest* tables; the second, Definitions, is included to help readers understand terms used in the *Digest*; and the third, Index of Table Numbers, allows readers to quickly locate tables on specific topics.

In addition to updating many of the statistics that have appeared in previous years, this edition contains new material, including

- children's reading, mathematics, and fine motor scale scores at kindergarten entry, by age of child and selected characteristics (table 121);
- average number of Carnegie units earned by high school graduates in advanced mathematics and advanced science and engineering courses, and percentage distribution of graduates by number of units earned, by selected student and school characteristics (table 160);
- total fall enrollment in private for-profit degree-granting institutions, by attendance status, sex, and state or jurisdiction (table 222);
- retention of first-time degree-seeking undergraduates at degree-granting institutions, by attendance status, control, and type of institution (table 342);
- percentage of the population 25 to 64 years old who completed high school, by age group and country (table 420); and
- percentage of the population 25 to 64 years old who attained selected levels of postsecondary education, by age group and country (table 421).

The *Digest* can be accessed from http://nces.ed.gov/programs/digest.

Valena Plisko
Associate Commissioner
Early Childhood, International, and Crosscutting Studies Division

List of Text Tables

List of Reference Tables

Chapter 1. All Levels of Education

Enrollment, Teachers, and Schools

Enrollment Rates

Educational Attainment

Computer and Internet Use

Population

Characteristics of Families With Children

Finances

Chapter 2. Elementary and Secondary Education

Enrollment

Enrollment Status and Child Care Arrangements of Young Children

Parent Involvement in Education

Private Elementary and Secondary Schools

Teachers and Other Staff

Schools and School Districts

Computers and Technology

High School Completers and Dropouts

Educational Achievement

Coursetaking

Student Activities and Behavior

State Regulations

Revenues and Expenditures

Chapter 3. Postsecondary Education

Enrollment

Staff

Institutions

Degrees

Outcomes

Student Charges and Student Financial Assistance

Revenue

Expenditures

Chapter 4. Federal Programs for Education and Related Activities

Chapter 5. Outcomes of Education

Educational Characteristics of the Workforce

Recent High School and College Graduates

Chapter 6. International Comparisons of Education

Population, Enrollment, and Teachers

Achievement, Instruction, and Student Activities

Attainment and Degrees

Finances

Chapter 7. Libraries and Adult Education

Libraries

Adult Education

Appendix A. Guide to Sources

INTRODUCTION

In fall 2010, about 75.9 million people were enrolled in American schools and colleges (table 1). About 4.6 million people were employed as elementary and secondary school teachers or as college faculty, in full-time equivalents (FTE). Other professional, administrative, and support staff at educational institutions totaled 5.4 million. All data for 2010 in this Introduction are projected. Some data for other years are projected or estimated as noted. In discussions of historical trends, different time periods and specific years are cited, depending on the timing of important changes as well as the availability of relevant data.

Elementary/Secondary Education

Enrollment

A pattern of annual increases in total public elementary and secondary school enrollment began in 1985 (table 3). Between 1985 and 2010, public school enrollment rose 25 percent, from 39.4 million to 49.4 million (table 2). Private school enrollment grew more slowly than public school enrollment during this period, rising 7 percent, from 5.6 million to 6.0 million. As a result, the percentage of elementary and secondary students enrolled in private schools declined from 12.4 percent in 1985 to 10.8 percent in 2010.

In public schools between 1985 and 2010, there was a 28 percent increase in elementary enrollment (prekindergarten through grade 8), compared with an 18 percent increase in secondary enrollment. Part of the relatively fast growth in public elementary school enrollment resulted from the expansion of prekindergarten enrollment (table 39). Between 1985 and 2008, enrollment in prekindergarten increased 679 percent, while enrollment in other elementary grades (including kindergarten through grade 8 plus ungraded elementary programs) increased 23 percent. The number of children enrolled in prekindergarten increased from 0.2 million in 1985 to 1.2 million in 2008, and the number enrolled in other elementary grades increased from 26.9 million to 33.1 million. Public secondary school enrollment declined 8 percent from 1985 to 1990, but then started increasing. For most of the period after 1992, secondary enrollment increased more rapidly than elementary enrollment, leading to relatively large secondary enrollment gains in recent years. For example, between 2000 and 2010, public secondary school enrollment rose 8 percent, compared with 3 percent for public elementary school enrollment (table 2). Overall, public school enrollment rose 5 percent between 2000 and 2010.

Since the enrollment rates of 5- and 6-year-olds, 7- to 13-year-olds, and 14- to 17-year-olds changed by about 2 or fewer percentage points between 1985 and 2009, increases in public and private elementary and secondary school enrollment have been driven primarily by increases in the number of children in these age groups (tables 7 and 20). Increases in the enrollment rate of 3- and 4-year-old children (from 39 percent in 1985 to 52 percent in 2009) and the number of children in this age group (from 7.1 million to 8.4 million) also contributed to overall enrollment increases.

The National Center for Education Statistics (NCES) forecasts record levels of total elementary and secondary enrollment through at least 2019, reflecting expected increases in the size of the school-age population. For public schools, the projected fall 2010 enrollment is expected to be a new record, and new records are expected every year through 2019, the last year for which NCES enrollment projections have been developed (table 3). Public elementary school enrollment (prekindergarten through grade 8) is projected to increase by 7 percent between 2010 and 2019. Public secondary school enrollment (grades 9 through 12) is expected to increase 4 percent between 2010 and 2019. Overall, total public school enrollment is expected to increase 6 percent between 2010 and 2019.

Teachers

A projected 3.6 million full-time-equivalent (FTE) elementary and secondary school teachers were engaged in classroom instruction in fall 2010 (table 4). This number has risen 8 percent since 2000. The 2010 projected number of FTE teachers includes 3.2 million public school teachers and 0.5 million private school teachers.

The number of public school teachers has increased by a larger percentage than the number of public school students over the past 10 years, resulting in declines in the pupil/teacher ratio (table 68). In the fall of 2010, there were a projected 15.6 public school pupils per teacher, compared with 16.0 public school pupils per teacher 10 years earlier.

The average salary for public school teachers in 2009–10 was $55,350, about 3 percent higher than in 1990–91, after adjustment for inflation (table 82). The salaries of public school teachers have generally maintained pace with inflation since 1990–91.

Student Performance

Most of the student performance data in the *Digest* are drawn from the National Assessment of Educational Progress (NAEP). The NAEP assessments have been conducted using three basic designs: the national main NAEP, state NAEP, and long-term trend NAEP. The national main NAEP and state NAEP provide current information about student performance in a variety of subjects, while long-term trend NAEP provides information on performance since the early 1970s in reading and mathematics only. Results from long-term trend NAEP are included in the discussion in chapter 2 of the *Digest*, while the information in this Introduction includes only results from the national main and state NAEP.

The main NAEP reports current information for the nation and specific geographic regions of the country. The assessment program includes students drawn from both public and nonpublic schools and reports results for student achievement at grades 4, 8, and 12. The main NAEP assessments follow the frameworks developed by the National Assessment Governing Board and use the latest advances in assessment methodology. The state NAEP is identical in content to the national main NAEP, but the state NAEP reports information only for public school students. Chapter 2 presents more information on the NAEP designs and methodology, and additional details appear in Appendix A: Guide to Sources.

Reading

The main NAEP assessment data are reported on a scale of 0 to 500. From 2007 to 2009, there were no measurable changes in average reading scores for 4th-grade males and females or for 4th-grade students from any of the five racial/ethnic groups (table 125). From 1992 to 2009, male 4th-graders' average reading scores increased from 213 to 218 and female 4th-graders' scores increased from 221 to 224 (table 126). At grade 4, the average reading scores in 2009 for White, Black, Hispanic, Asian/Pacific Islander, and American Indian/Alaska Native students were not measurably different from their scores in 2007 (table 125). The 2009 reading scores for White, Black, and Hispanic students did, however, remain higher than scores from assessment years prior to 2007. The 2009 average NAEP reading scale score for 8th-graders was 1 point higher than the 2007 score and 4 points higher than the 1992 score, but the 2009 score was not always measurably different from the scores on the assessments given between 1994 and 2005. For 12th-graders, the 2009 average reading score was 4 points lower than the score in 1992 but 2 points higher than the score in 2005 (12th-graders were not assessed in 2007).

The 2009 main NAEP reading assessment of states found that the average reading proficiency of public school 4th- and 8th-graders varied across participating jurisdictions (the 50 states, the Department of Defense overseas and domestic schools, and the District of Columbia). For 4th-graders in public schools, the U.S. average score was 220, with average scores in participating jurisdictions ranging from 202 in the District of Columbia to 234 in Massachusetts (table 129). For 8th-graders in public schools, the U.S. average score was 262, with average scores in participating jurisdictions ranging from 242 in the District of Columbia to 274 in Massachusetts (table 130).

Mathematics

From 2007 to 2009, gains in average NAEP mathematics scores seen in earlier years continued at grade 8 but not at grade 4. At grade 8, the average NAEP mathematics score (reported on a scale of 0 to 500) increased 2 points from 2007 to 2009 and was higher in 2009 than in any previous assessment year (table 146). At grade 4, the average score in 2009 was unchanged from the score in 2007 but still higher than the scores in the six assessment years from 1990 to 2005. From 2007 to 2009, no significant score changes occurred at grade 4 for males or females or for any of the racial/ethnic groups. At grade 8, average scores increased from 2007 to 2009 for both male and female students as well as for White, Black, Hispanic, and Asian/Pacific Islander students. For American Indian/Alaska Native 8th-graders, no measurable differences were detected in average scores over the assessment years. Because of major changes to the grade 12 mathematics assessment, results from 2005 and 2009 cannot be compared with results from earlier assessment years. For 12th-graders, the average mathematics score (reported on a scale of 0 to 300) was 3 points higher in 2009 than in 2005. Average scores increased from 2005 to 2009 for both male and female 12th-graders as well as for 12th-graders from all the racial/ethnic groups.

The 2009 main NAEP assessment of states found that the average mathematics proficiency of public school 4th- and 8th-graders varied across participating jurisdictions (the 50 states, the Department of Defense overseas and domestic schools, and the District of Columbia). For 4th-graders in public schools, the U.S. average score was 239, with average scores in participating jurisdictions ranging from 219 in the District of Columbia to 251 in New Hampshire and 252 in Massachusetts (table 143). For 8th-graders in public schools, the U.S. average score was 282, with average scores in participating jurisdictions ranging from 254 in the District of Columbia to 299 in Massachusetts (table 144).

Science

NAEP has assessed the science abilities of students in grades 4, 8, and 12 in both public and private schools since 1996, using a separate scale of 0 to 300 for each grade. The national average 4th-grade science score increased from 147 in 1996 to 151 in 2005; there was no measurable change in the 8th-grade score; and the 12th-grade score decreased from 150 in 1996 to 147 in 2005 (table 148). Certain subgroups outperformed others in science in 2005. For example, males outperformed females at all three grades. Male 4th-graders had a higher average score in 2005 than in 1996, and both male and female 12th-graders had lower scores in 2005 than in 1996. White students scored higher, on average, than Black and Hispanic students at all three grades in 2005. At grade 4, average scores were higher for White, Black,

Hispanic, and Asian/Pacific Islander students in 2005 than in 1996. At grade 8, the average score for Black students was higher in 2005 than in 1996, but the scores did not measurably change for other racial/ethnic groups. At grade 12, there were no measurable changes between the 2005 and 1996 average scores for any racial/ethnic group.

International Comparisons

The 2007 Trends in International Mathematics and Science Study (TIMSS) assessed students' mathematics and science performance at grade 4 in 36 countries and at grade 8 in 48 countries. The assessment is curriculum based and measures what students have actually learned against the subject matter that is expected to be taught in the participating countries by the end of grades 4 and 8. At both grades, TIMSS scores are reported on a scale of 0 to 1,000, with the scale average fixed at 500. In 2007, the average mathematics scores of U.S. 4th-graders (529) and 8th-graders (508) were higher than the scale average (tables 412 and 413). U.S. 4th-graders scored higher in mathematics, on average, than their counterparts in 23 countries and lower than those in 8 countries (table 412). Average mathematics scores in the other 4 countries were not measurably different from the U.S. average. At grade 8, the average U.S. mathematics score was higher than the average scores of students in 37 countries in 2007 and below the average scores of students in 5 countries (table 413). Average 8th-grade mathematics scores in the other 5 countries were not measurably different from the U.S. average. The average science scores of both U.S. 4th-graders (539) and U.S. eighth-graders (520) were higher than the fixed TIMSS scale average of 500 in 2007 (tables 417 and 418). The average U.S. 4th-grade science score was higher than the average scores of students in 25 countries, lower than those of students in 4 countries, and not measurably different from those in the remaining 6 countries (table 417). At grade 8, the average U.S. science score was higher than the average scores of students in 35 of the 47 other countries, lower than those in 9 countries, and not measurably different from those in the other 3 countries (table 418).

The 2009 Program for International Student Assessment (PISA) assessed 15-year-olds' reading, mathematics, and science literacy in 34 countries that are members of the Organization for Economic Cooperation and Development (OECD) and in 31 non-OECD jurisdictions. PISA scores are reported on a scale of 0 to 1,000. In reading literacy, the average score of 15-year-olds in the United States was 500, which was not measurably different from the OECD average of 493 (table 408). The average reading literacy score in the United States was lower than the average score in 6 of the 33 other OECD countries that participated in the 2009 assessment, higher than the average score in 13 of the other OECD countries, and not measurably different from the average score in 14 of the OECD countries. Three of the 31 participating non-OECD jurisdictions had higher average reading literacy scores than the United States. In mathematics literacy, U.S. 15-year-olds' average score of 487 on the 2009 PISA was lower than the OECD average score of 496. The average mathematics literacy score in the United States was lower than the average score in 17 OECD countries, higher than the average score in 5 OECD countries, and not measurably different from the average score in 11 OECD countries. Six of the non-OECD jurisdictions had higher average mathematics literacy scores than the United States. In science literacy, the average score of 15-year-olds in the United States was not measurably different from the OECD average score. The U.S. average science literacy score was lower than the average score in 12 OECD countries, higher than the average score in 9 OECD countries, and not measurably different from the average score in 12 OECD countries. Six of the non-OECD jurisdictions had higher science literacy scores than the United States.

High School Graduates and Dropouts

About 3,252,000 high school students are expected to graduate during the 2010–11 school year (table 110), including about 2,937,000 public school graduates and 315,000 private school graduates. High school graduates include only recipients of diplomas, not recipients of equivalency credentials. The number of high school graduates projected for 2010–11 is lower than the record-high projection for 2008–09, but exceeds the high point during the baby boom era in 1975–76, when 3,142,000 students earned diplomas. In 2007–08, an estimated 74.7 percent of public high school students graduated on time—that is, received a diploma 4 years after beginning their freshman year (table 112).

The number of General Educational Development (GED) credentials issued by the states to GED test passers rose from 330,000 in 1977 to 487,000 in 2000 (table 114). A record number of 648,000 GED credentials were issued in 2001. In 2002, there were revisions to the GED test and to the data reporting procedures. In 2001, test takers were required to successfully complete all five components of the GED or else begin the five-part series again with the new test that was introduced in 2002. Prior to 2002, reporting was based on summary data from the states on the number of GED credentials issued. As of 2002, reporting has been based on individual GED candidate- and test-level records collected by the GED Testing Service. In 2009, about 448,000 passed the GED tests, up from 330,000 in 2002, the first year of the new test series.[1]

The percentage of dropouts among 16- to 24-year-olds has shown some decreases over the past 20 years. This percentage, known as the status dropout rate, includes all people in the 16- to 24-year-old age group who are not enrolled in school and who have not completed a high school program, regardless of when they left school. (People who left school but went on to receive a GED credential are not treated as dropouts in this measure.) Between 1989 and 2009, the status dropout rate declined from 12.6 percent to

[1] Information on changes in GED test series and reporting is based on the 2003 edition of *Who Passed the GED Tests?*, by the GED Testing Service of the American Council on Education, as well as communication with staff of the GED Testing Service.

8.1 percent (table 115). Although the status dropout rate declined for both Blacks and Hispanics during this period, their rates in 2009 (9.3 and 17.6 percent, respectively) remained higher than the rate for Whites (5.2 percent). This measure is based on the civilian noninstitutionalized population, which excludes people in prisons, people in the military, and other people not living in households.

Educational Technology

The number of computers used for instruction in public elementary and secondary schools has increased. In 2008, the average public school contained 189 instructional computers, compared to 110 in 2000 (table 108). Most of these computers (98 percent) had internet access in 2008, up from 77 percent in 2000. There were 3 students per computer with internet access in 2008, compared to 7 students per computer with internet access in 2000.

Postsecondary Education

College Enrollment

College enrollment was a projected 20.6 million in fall 2010, higher than in any previous year (table 3). College enrollment is expected to continue setting new records from fall 2011 through fall 2019. Between fall 2010 and fall 2019, enrollment is expected to increase by 14 percent. Despite decreases in the size of the traditional college-age population (18 to 24 years old) during the late 1980s and early 1990s, total enrollment increased during this period (tables 20 and 197). The traditional college-age population rose 14 percent between 1999 and 2009, and total college enrollment increased 38 percent during the same period. Between 1999 and 2009, the number of full-time students increased by 45 percent, compared to a 28 percent increase in part-time students (table 197). During the same time period, the number of males enrolled increased 35 percent, while the number of females enrolled increased 40 percent.

Faculty

In fall 2009, degree-granting institutions—defined as postsecondary institutions that grant an associate's or higher degree and are eligible for Title IV federal financial aid programs—employed 1.4 million faculty members, including 0.7 million full-time and 0.7 million part-time faculty (table 255). In addition, degree-granting institutions employed 0.3 million graduate assistants.

Postsecondary Degrees

During the 2010–11 academic year, postsecondary degrees are projected to number 818,000 associate's degrees; 1,696,000 bachelor's degrees; 687,000 master's degrees; 100,700 first-professional degrees; and 71,700 doctor's degrees (table 279). Between 1998–99 and 2008–09 (the last year of actual data), the number of degrees conferred rose at all levels. The number of associate's degrees was 41 percent higher in 2008–09 than in 1998–99, the number of bachelor's degrees was 33 percent higher, the number of master's degrees was 49 percent higher, the number of first-professional degrees was 17 percent higher, and the number of doctor's degrees was 54 percent higher.

Between 1998–99 and 2008–09, the number of bachelor's degrees awarded to males increased 32 percent, while the number awarded to females increased 34 percent. Females earned 57 percent of all bachelor's degrees in 2008–09, similar to the percentage for 1998–99. Between 1998–99 and 2008–09, the number of White students earning bachelor's degrees increased 26 percent, compared with the larger increases of 53 percent for Black students, 85 percent for Hispanic students, 52 percent for Asian/Pacific Islander students, and 45 percent for American Indian/Alaska Native students (table 296). In 2008–09, White students earned 71 percent of all bachelor's degrees awarded (vs. 76 percent in 1998–99), Black students earned 10 percent (vs. 9 percent in 1998–99), Hispanic students earned 8 percent (vs. 6 percent in 1998–99), and Asian/Pacific Islander students earned 7 percent (vs. 6 percent in 1998–99). American Indian/Alaska Native students earned about 1 percent of the degrees in both years.

Undergraduate Prices

For the 2009–10 academic year, annual prices for undergraduate tuition, room, and board were estimated to be $12,804 at public institutions and $32,184 at private institutions (table 345). Between 1999–2000 and 2009–10, prices for undergraduate tuition, room, and board at public institutions rose 37 percent, and prices at private institutions rose 25 percent, after adjustment for inflation.

Educational Attainment

The U.S. Census Bureau collects annual statistics on the educational attainment of the population. Between 2000 and 2010, the percentage of the adult population 25 years of age and over who had completed high school rose from 84 percent to 87 percent, and the percentage of adults with a bachelor's degree increased from 26 percent to 30 percent (table 8). High school completers include those people who graduated from high school with a diploma, as well as those who completed high school through equivalency programs. The percentage of young adults (25- to 29-year-olds) who had completed high school in 2010 was about the same as it was in 2000 (89 and 88 percent, respectively). The percentage of young adults who had completed a bachelor's degree increased from 29 percent in 2000 to 32 percent in 2010.

Education Expenditures

Expenditures for public and private education, from prekindergarten through graduate school (excluding postsecondary schools not awarding associate's or higher degrees), are estimated at $1.1 trillion for 2009–10 (table 28). Expenditures of elementary and secondary schools are expected to total $650 billion, while those of degree-granting postsecondary institutions are expected to total $461 billion. Total expenditures for education are expected to amount to 7.9 percent of the gross domestic product in 2009–10, about 0.9 percentage points higher than in 1999–2000.

Interpreting Statistics

Readers should be aware of the limitations of statistics. These limitations vary with the exact nature of a particular survey. For example, estimates based on a sample of institutions will differ somewhat from the figures that would have been obtained if a complete census had been taken using the same survey instrument. Standard errors are available for sample survey data appearing in this report. In most cases, standard errors for all items appear in the printed table. In some cases, only standard errors for key items appear in the printed table. Standard errors that do not appear in the tables are available from NCES upon request. Although some of the surveys conducted by NCES are census or universe surveys (which attempt to collect information from all potential respondents), all surveys are subject to design, reporting, and processing errors and errors due to nonresponse. Differences in sampling, data collection procedures, coverage of target population, timing, phrasing of questions, scope of nonresponse, interviewer training, data processing, coding, and so forth mean that the results from the different sources may not be strictly comparable. More information on survey methodologies can be found in Appendix A: Guide to Sources.

Estimates presented in the text and figures are rounded from original estimates, not from a series of roundings. Percentages in the text are rounded to whole numbers, while ratios and percentage distributions are normally presented to one decimal place, where applicable.

Unless otherwise noted, all data in this report are for the 50 states and the District of Columbia. Unless otherwise noted, all financial data are in current dollars, meaning not adjusted for changes in the purchasing power of the dollar due to inflation. Price indexes for inflation adjustments can be found in table 34.

Common data elements are collected in different ways in different surveys. Since the *Digest* relies on a number of data sources, there are discrepancies in definitions and data across tables in the volume. For example, several different surveys collect data on public school enrollment, and while similar, the estimates are not identical. The definitions of racial/ethnic groups also differ across surveys, particularly with respect to whether racial groups include Hispanics or Hispanics are reported separately as an ethnic group regardless of race. Individual tables note the definitions used in the given studies.

All statements cited in the text about differences between two or more groups or changes over time were tested for statistical significance and are statistically significant at the .05 level, using a two-tailed test. Various test procedures were used, depending on the nature of the statement tested. The most commonly used test procedures were *t* tests, equivalence tests, and linear trend tests. Equivalence tests were used to determine whether two statistics are substantively equivalent or substantively different. This was accomplished by using a hypothesis test to determine whether the confidence interval of the difference between sample estimates is substantively significant (i.e., greater or less than a preset substantively important difference). In most cases involving percentages, a difference of 3.0 was used to determine substantive equivalence or difference. In some comparisons involving only small percentages, a lower difference was used. In cases involving only relatively large values, a larger difference was used, such as $1,000 in the case of annual salaries. Linear trend tests were conducted by evaluating the significance of the slope of a simple regression of the data over time, and a *t* test comparing the end points. For comparisons of data over time based on universe surveys, a linear trend test was conducted by evaluating the significance of the slope of a simple regression of the data over time and comparing the value of the end points.

GUIDE TO TABULAR PRESENTATION

This section is intended to assist the reader in following the basic structure of the *Digest* tables and to provide a legend for some of the common symbols and indexes used throughout the book. Unless otherwise noted, all data are for the 50 states and the District of Columbia. Changes in survey instruments sometimes mean that data for specific categories are not available in a consistent manner over the entire reporting period. Because of these survey limitations, data for these specific categories may be noted as included with other categories where applicable.

The tables in this edition of the *Digest* include the most recent data available at the time the report was prepared. If no new data were available for a particular table, the table may be repeated without change from the previous edition.

Table Components

Title Describes the table content concisely. (Tables may not include data for all years implied in table titles. When this is the case, the title will include the term "Selected years.")

Unit indicator Informs the reader of the measurement unit in the table—"In thousands," "In millions of dollars," etc. Noted below the title unless several units are used, in which case the unit indicators are generally given in the spanner or individual column heads.

Spanner Describes a group of two or more columns.

Column head Describes a specific column.

Stub Describes a row or a group of rows. Each stub row is followed by a number of dots (leaders).

Field The area of the table which contains the data elements.

Example of Table Structure

Table Number and Title { **Table 0. Projected number of participants in educational institutions, by level and control of institution: Fall 2006**

Unit Indicator ⟶ [In millions]

Column Heads		All levels (elementary, secondary, and postsecondary degree-granting)	Elementary and secondary schools			⟵ ***Spanner***
	Participants		Total	Public	Private	
Column Numbers	1	2	3	4	5	
Stub	**Total**	**82.2**	**62.0**	**55.0**	**6.8**	***Field***
	Enrollment	72.7	55.1	48.9	6.1	
	Teachers and faculty	4.5	3.6	3.2	0.5	
	Other professional, administrative, and support staff	5.0	3.2	2.9	0.3[1]	

Footnote ⟶ [1]Reference (numbered) notes refer to specific parts of the table.

Note ⟶ NOTE: Includes enrollments in local public school systems and in most private schools (religiously affiliated and nonsectarian). Excludes federal schools. Excludes private preprimary enrollment in schools that do not offer kindergarten or above. Degree-granting institutions grant associate's or higher degrees and participate in Title IV federal financial aid programs. Data for teachers and other staff in public and private elementary and secondary schools and colleges and universities are reported in terms of full-time equivalents. Detail may not sum to totals because of rounding.

Source ⟶ SOURCE: U.S. Department of Education, National Center for Education Statistics, *Projections of Education Statistics to 2015*; and unpublished projections and estimates. (This table was prepared September 2006.)

Special notes Symbols used to indicate why data do not appear in designated cell.

— Not available.

† Not applicable.

Rounds to zero.

! Interpret data with caution.

‡ Reporting standards not met.

Footnote Describes a unique circumstance relating to a specific item within the table. Following are two typical examples:

Estimated Based on available information from a subset of the population of interest.

Projected Calculated from a forecasting model based on historical information.

Note Furnishes general information that relates to the entire table.

Source The document or reference from which the data are drawn. This note may also include the organizational unit responsible for preparing the data.

Descriptive Terms

Measures of central tendency A number that is used to represent the "typical value" of a group of numbers. It is regarded as a measure of "location" or "central tendency" of a group of numbers.

Arithmetic mean (average) is the most commonly used measure of central tendency. It is derived by summing the individual item values of a particular group and dividing that sum by the number of items. This value is often referred to simply as the "mean" or "average."

Median is the measure of central tendency that occupies the middle position in a rank order of values. It generally has the same number of items above it as below it. If there is an even number of items in the group, the median is the average of the middle two items.

Average per capita, or per person, figure represents an average computed for every person in a specified group, or population. It is derived by dividing the total for an item (such as income or expenditures) by the number of persons in the specified population.

Index number A value that provides a means of measuring, summarizing, and communicating the nature of changes that occur from time to time or from place to place. An index is used to express changes in prices over periods of time, but may also be used to express differences between related subjects at a single point in time.

The *Digest* most often uses the Consumer Price Index to compare purchasing power over time.

To compute a price index, a base year or period is selected. The base-year price is then designated as the base or reference price to which the prices for other years or periods are related.

A method of expressing the price relationship is:

Index number =

$$\frac{\text{Price of a set of one or more items for related year}}{\text{Price of the same set of items for base year}} \times 100$$

When 100 is subtracted from the index number, the result equals the percent change in price from the base year.

Current and constant dollars are used in a number of tables to express finance data. Unless otherwise noted, all figures are in current dollars, not adjusted for inflation. Constant dollars provide a measure of the impact of inflation on the current dollars.

Current dollar figures reflect actual prices or costs prevailing during the specified year(s).

Constant dollar figures attempt to remove the effects of price changes (inflation) from statistical series reported in dollar terms.

The constant dollar value for an item is derived by dividing the base-year price index (for example, the Consumer Price Index for 1999) by the price index for the year of data to be adjusted and multiplying by the price of item to be adjusted. The result is an adjusted dollar value as it would presumably exist if prices were the same as the base year—in other words, as if the dollar had constant purchasing power. Any changes in the constant dollar amounts would reflect only changes in the real values.

In the 2010 edition of the *Digest*, the following 23 tables include finance data that are adjusted to school year 2008–09 dollars: tables 29, 35, 78, 82, 83, 89, 180, 183, 184, 190, 193, 194, 267, 273, 345, 348, 362, 366, 368, 373, 375, 377, and 430. Data adjusted to calendar year 2009 dollars appear in tables 25, 391, 399, and 425. Table 380 includes adjustments to fiscal year (FY) 2010 dollars.

CHAPTER 1
All Levels of Education

This chapter provides a broad overview of education in the United States. It brings together material from preprimary, elementary, secondary, and postsecondary education, as well as from the general population, to present a composite picture of the American educational system. Tables feature data on the total number of people enrolled in school, the number of teachers, the number of schools, and total expenditures for education at all levels. This chapter also includes statistics on education-related topics such as educational attainment, computer and internet usage, family characteristics, and population. Economic indicators and price indexes have been added to facilitate analyses.

The U.S. system of education can be described as having three levels of formal education (elementary, secondary, and postsecondary) (figure 1). Students may spend 1 to 3 years in preprimary programs (prekindergarten and kindergarten), which may be offered either in separate schools or in elementary schools that also offer higher grades. (In *Digest of Education Statistics* tables, prekindergarten and kindergarten are generally defined as a part of elementary education.) Following kindergarten, students ordinarily spend from 6 to 8 years in elementary school. The elementary school program is followed by a 4- to 6-year program in secondary school. Students normally complete the entire program through grade 12 by age 18. Education at the elementary and secondary levels is provided in a range of institutional settings—including elementary schools (preprimary schools, middle schools, and schools offering broader ranges of elementary grades); secondary schools (junior high schools, high schools, and senior high schools); and combined elementary/secondary schools—that vary in structure from locality to locality.

High school graduates who decide to continue their education may enter a technical or vocational institution, a 2-year community or junior college, or a 4-year college or university. A 2-year college normally offers the first 2 years of a standard 4-year college curriculum and a selection of terminal career and technical education programs. Academic courses completed at a 2-year college are usually transferable for credit at a 4-year college or university. A technical or vocational institution offers postsecondary technical training leading to a specific career.

An associate's degree requires at least 2 years of college-level coursework, and a bachelor's degree normally requires 4 years of college-level coursework. At least 1 year of coursework beyond the bachelor's is necessary for a master's degree, while a doctor's degree usually requires a minimum of 3 or 4 years beyond the bachelor's.

Professional schools differ widely in admission requirements and program length. Medical students, for example, generally complete a bachelor's program of premedical studies at a college or university before they can enter the 4-year program at a medical school. Law programs normally require 3 years of coursework beyond the bachelor's degree level.

Many of the statistics in this chapter are derived from the statistical activities of the National Center for Education Statistics (NCES). In addition, substantial contributions have been drawn from the work of other groups, both governmental and nongovernmental, as shown in the source notes of the tables. Information on survey methodologies is contained in Appendix A: Guide to Sources and in the publications cited in the table source notes.

Enrollment

Total enrollment in public and private elementary and secondary schools (prekindergarten through grade 12) grew rapidly during the 1950s and 1960s, reaching a peak year in 1971 (table A, table 3, and figure 2). This enrollment rise was caused by what is known as the "baby boom," a dramatic increase in births following World War II. From 1971 to 1984, total elementary and secondary school enrollment decreased every year, reflecting the decline in the size of the school-age population over that period. After these years of decline, enrollment in elementary and secondary schools started increasing in fall 1985, began hitting new record levels in the mid-1990s, and continued to reach new record levels every year through 2006. Enrollment in fall 2008 (55.2 million) was slightly lower than in fall 2006 (55.3 million); however, enrollment in fall 2008 was higher than in fall 2007, and enrollments are projected to continue rising.

Table A. Total elementary and secondary school enrollment, by overall trends: Selected years, 1949–50 to fall 2009

Trend and year	Number of students (in millions)
"Baby boom" increases	
1949–50 school year	28.5
Fall 1959	40.9
Fall 1969	51.1
Fall 1971 (peak)	51.3
13 years with annual declines	
Fall 1972 (first year of decline)	50.7
Fall 1984 (final year of decline)	44.9
Annual increases from 1985 to 2006	
Fall 1985	45.0
Fall 1996 (new record highs begin)	51.5
Fall 2006 (final year of record highs)	55.3
Slight decline followed by increases	
Fall 2007	55.2
Fall 2008	55.2
Fall 2009	55.3

SOURCE: U.S. Department of Education, National Center for Education Statistics, *Biennial Survey of Education in the United States,* 1949–50; *Statistics of Public Elementary and Secondary School Systems,* 1959 through 1972; Common Core of Data (CCD), 1984 through 2008; Private School Universe Survey (PSS), 1997–98 through 2007–08; and *Projections of Education Statistics to 2019.*

From 1985 to 2009, total public and private school enrollment rates changed by 2 percentage points or less for 5- and 6-year-olds (96 percent in 1985 vs. 94 percent in 2009), 7- to 13-year-olds (99 percent in 1985 vs. 98 percent in 2009), and 14- to 17-year-olds (95 percent in 1985 vs. 96 percent in 2009) (table 7). Since these enrollment rates remained relatively steady between 1985 and 2009, increases in public and private elementary and secondary school enrollment have been driven primarily by increases in the number of children in these age groups. Between 1985 and 2009, the number of 5- and 6-year-olds increased by 20 percent, the number of 7- to 13-year-olds increased by 23 percent, and the number of 14- to 17-year-olds increased by 13 percent (table 20). Increases in the enrollment rate of prekindergarten age children (ages 3 and 4) from 39 percent in 1985 to 52 percent in 2009 (table 7) and in the number of 3- and 4-year-olds from 7.1 million to 8.4 million (table 20) also contributed to overall prekindergarten through grade 12 enrollment increases.

Public school enrollment at the elementary level (prekindergarten through grade 8) rose from 29.9 million in fall 1990 to 34.2 million in fall 2003 (table 3). After a decrease of less than 1 percent between fall 2003 and fall 2004, elementary enrollment generally increased to a projected total of 34.7 million for fall 2010. Public elementary enrollment is projected to continue a pattern of annual increases through 2019 (the last year for which NCES has projected school enrollment). Public school enrollment at the secondary level (grades 9 through 12) rose from 11.3 million in 1990 to 15.0 million in 2008, with a projected enrollment of 14.7 million for 2010. Public secondary enrollment is projected to show a decrease of 3 percent between 2008 and 2011, and then increase again through 2019. Public secondary school enrollment in 2019 is expected to be about 4 percent higher than in 2010. Total public elementary and secondary enrollment is projected to set new records every year from 2010 to 2019.

The percentage of students in private elementary and secondary schools declined from 11.4 percent in fall 1998 to 10.8 percent in fall 2008 (table 3). In fall 2010, a projected 6.0 million students were enrolled in private schools at the elementary and secondary levels.

Total public and private college and university enrollment reached 14.5 million in fall 1992 and decreased to 14.3 million in fall 1995 (table 3). Total college and university enrollment increased 43 percent between 1995 and 2009 (to 20.4 million), and a further increase of 15 percent is expected between fall 2009 and fall 2019. The percentage of college and university students who attended private colleges and universities rose from 24 to 27 percent between 1999 and 2009. In fall 2009, about 5.6 million students attended private colleges and universities, with about 3.8 million in not-for-profit institutions and 1.9 million in for-profit institutions (table 197). Enrollment increases in colleges and universities have been driven by both increases in population and increases in enrollment rates. For example, the percentage of 18- and 19-year-olds enrolled in colleges and universities rose from 44 to 50 percent between 1999 and 2009, while the enrollment rate of 20- to 24-year-olds rose from 33 percent to 39 percent (table 7). During the same period, the number of 18- and 19-year-olds rose 10 percent, and the number of 20- to 24-year-olds rose 16 percent (table 20).

Educational Attainment

The percentages of adults 25 years old and over completing high school and higher education have been rising. In 2010, some 87 percent of the population 25 years old and over had completed at least high school, and 30 percent had completed a bachelor's or higher degree (table 8 and figure 3). These percentages are higher than in 2000, when 84 percent had completed at least high school and 26 percent had completed a bachelor's or higher degree. In 2010, about 8 percent of people 25 years old or over held a master's degree as their highest degree, 2 percent held a professional degree (e.g., medicine or law), and 1 percent held a doctor's degree (table 9 and figure 5).

Teachers and Faculty

A projected 3.6 million elementary and secondary school full-time-equivalent (FTE) teachers were engaged in classroom instruction in the fall of 2010 (table 4), an increase of about 8 percent over 2000. The number of FTE public school teachers in 2010 was about 3.2 million, and the number of FTE private school teachers was about 0.5 million. FTE faculty at postsecondary degree-granting institutions totaled a projected 1.0 million in 2010, including 0.6 million at public institutions and 0.3 million at private institutions (table 1).

Expenditures

Expenditures of educational institutions rose to an estimated $1.1 trillion for the 2009–10 school year (table 29). Elementary and secondary schools spent about 59 percent of this total ($650 billion), and colleges and universities spent the remaining 41 percent ($461 billion). After adjustment for inflation, total expenditures of all educational institutions rose by an estimated 34 percent between 1999–2000 and 2009–10. Inflation-adjusted expenditures of elementary and secondary schools rose by an estimated 23 percent during this period, while those of colleges and universities rose by an estimated 52 percent. In 2009–10, expenditures of educational institutions were an estimated 7.9 percent of the gross domestic product (table 28).

Figure 1. The structure of education in the United States

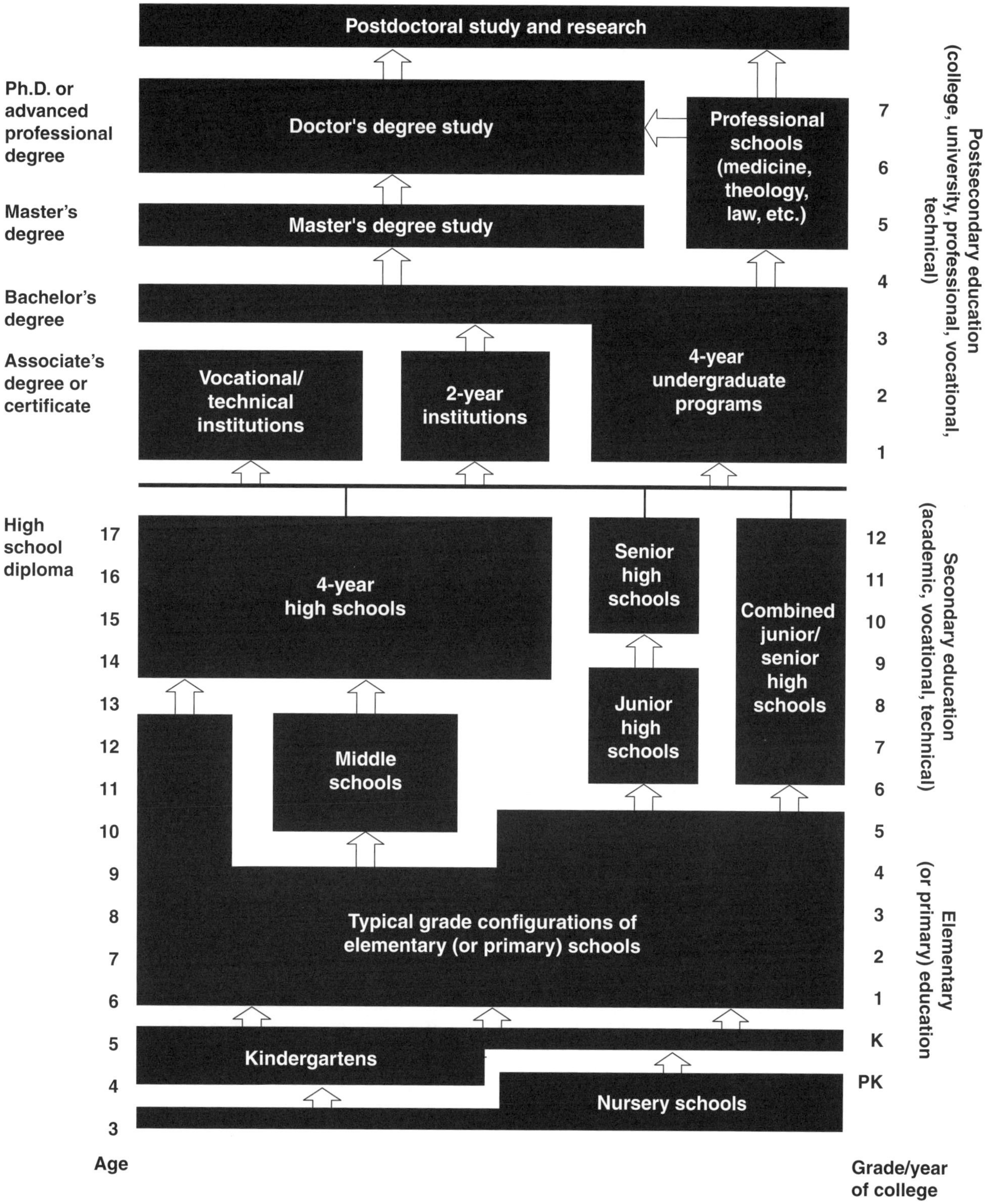

NOTE: Figure is not intended to show relative number of institutions nor relative size of enrollment for the different levels of education. Figure reflects typical patterns of progression rather than all possible variations. Adult education programs, while not separately delineated above, may provide instruction at the adult basic, adult secondary, or postsecondary education levels.
SOURCE: U.S. Department of Education, National Center for Education Statistics, Annual Reports Program.

Figure 2. Enrollment, total expenditures in constant dollars, and expenditures as a percentage of the gross domestic product (GDP), by level of education: Selected years, 1965–66 through 2009–10

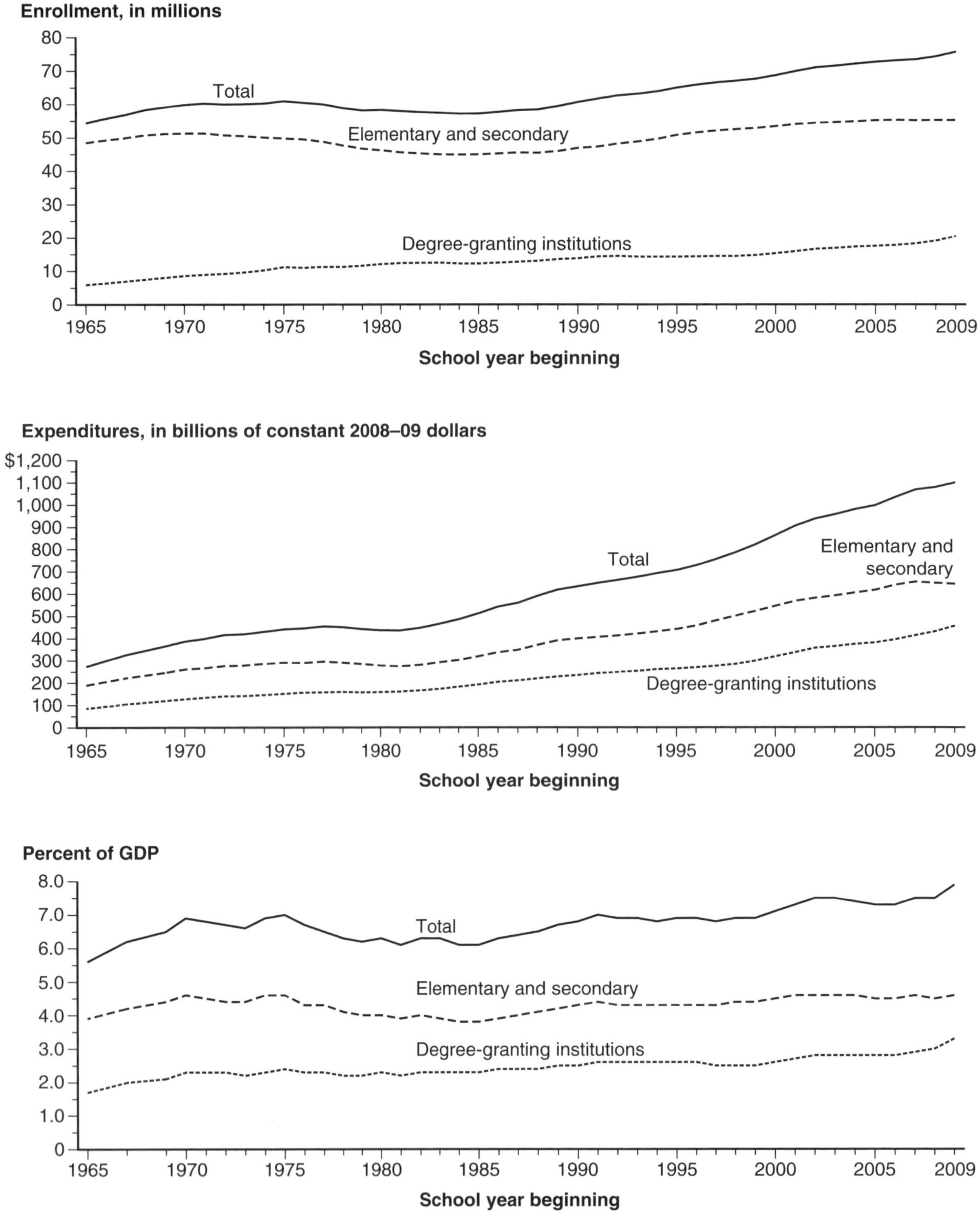

NOTE: Expenditure data for school years 2008 and 2009 (2008–09 and 2009–10) are estimated. Enrollment data for school year 2009 (2009–10) for elementary and secondary are projected.
SOURCE: U.S. Department of Education, National Center for Education Statistics, Statistics of State School Systems, 1965–66 through 1969–70; *Statistics of Public Elementary and Secondary School Systems,* 1965 through 1980; *Revenues and Expenditures for Public Elementary and Secondary Education,* 1970–71 through 1986–87; Common Core of Data (CCD), "State Nonfiscal Survey of Public Elementary and Secondary Education," 1985–86 through 2008–09; "National Public Education Financial Survey," 1986–87 through 2007–08; *Statistics of Nonpublic Elementary and Secondary Schools,* 1970–71 through 1979–80; Private School Universe Survey (PSS), 1989–90 through 2007–08; Higher Education General Information Survey (HEGIS), Fall Enrollment in Institutions of Higher Education, 1965–66 through 1985–86; Financial Statistics of Institutions of Higher Education, 1965–66 through 1985–86; 1986–87 through 2009–10 Integrated Postsecondary Education Data System (IPEDS), "Fall Enrollment Survey" (IPEDS-EF:86–99), "Finance Survey" (IPEDS-F:FY87–99), and Spring 2001 through Spring 2010; and U.S. Department of Commerce, Bureau of Economic Analysis, National Income and Product Accounts Tables, retrieved September 17, 2010, from http://www.bea.gov/national/nipaweb/SelectTable.asp?Selected=N.

Figure 3. Percentage of persons 25 years old and over, by highest level of educational attainment: Selected years, 1940 through 2010

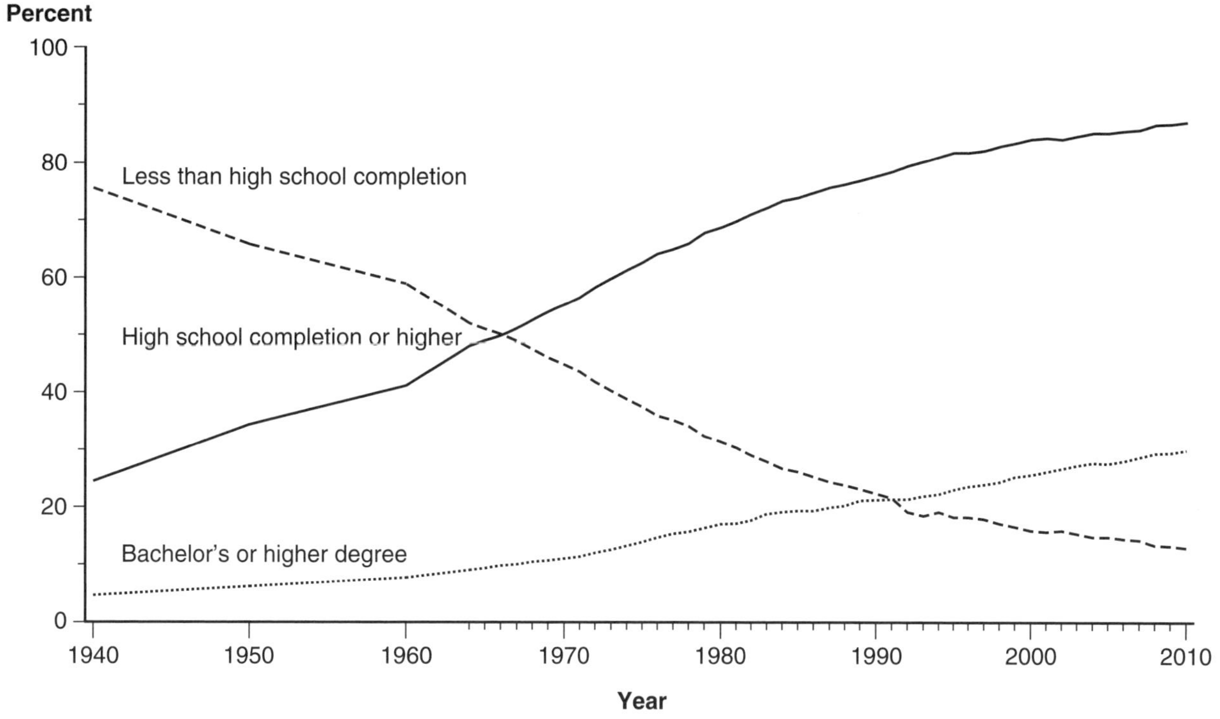

SOURCE: U.S. Department of Commerce, Census Bureau, *U.S. Census of Population: 1960*, Vol. I, Part 1; J.K. Folger and C.B. Nam, *Education of the American Population* (1960 Census Monograph); *Current Population Reports*, Series P-20, various years; and Current Population Survey (CPS), March 1961 through March 2010.

Figure 4. Percentage of persons 25 through 29 years old, by highest level of educational attainment: Selected years, 1940 through 2010

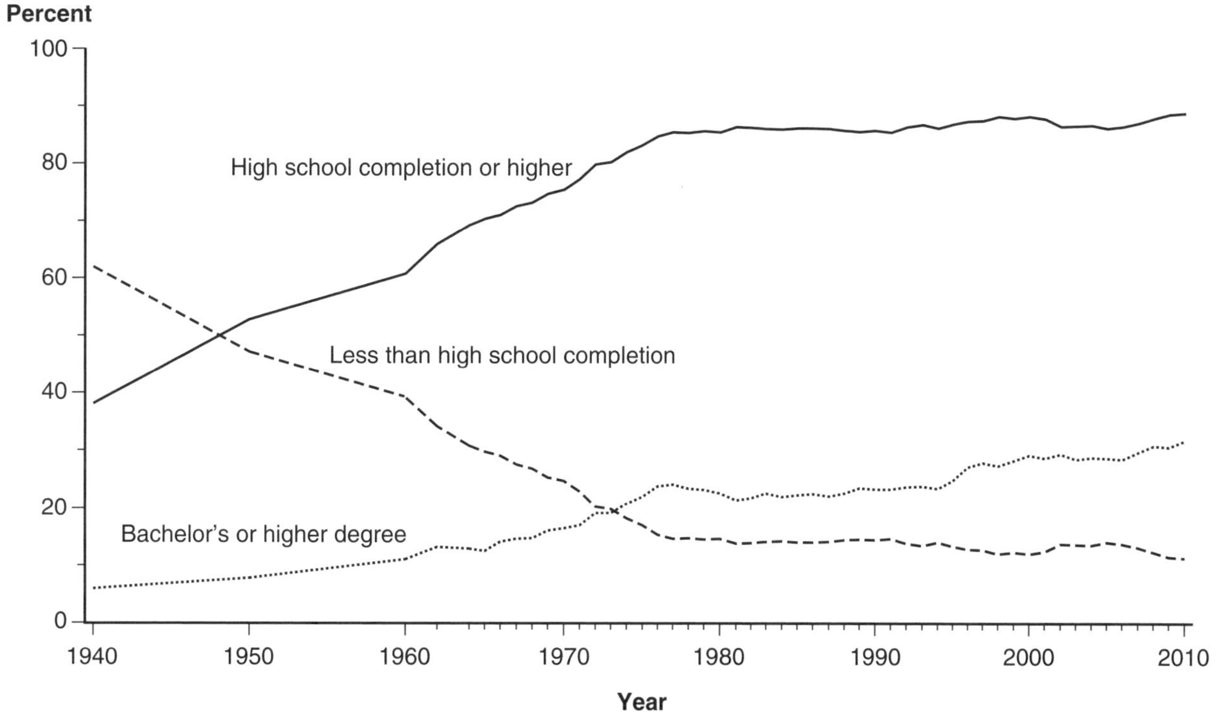

SOURCE: U.S. Department of Commerce, Census Bureau, *U.S. Census of Population: 1960*, Vol. I, Part 1; J.K. Folger and C.B. Nam, *Education of the American Population* (1960 Census Monograph); *Current Population Reports*, Series P-20, various years; and Current Population Survey (CPS), March 1961 through March 2010.

Figure 5. Highest level of education attained by persons 25 years old and over: March 2010

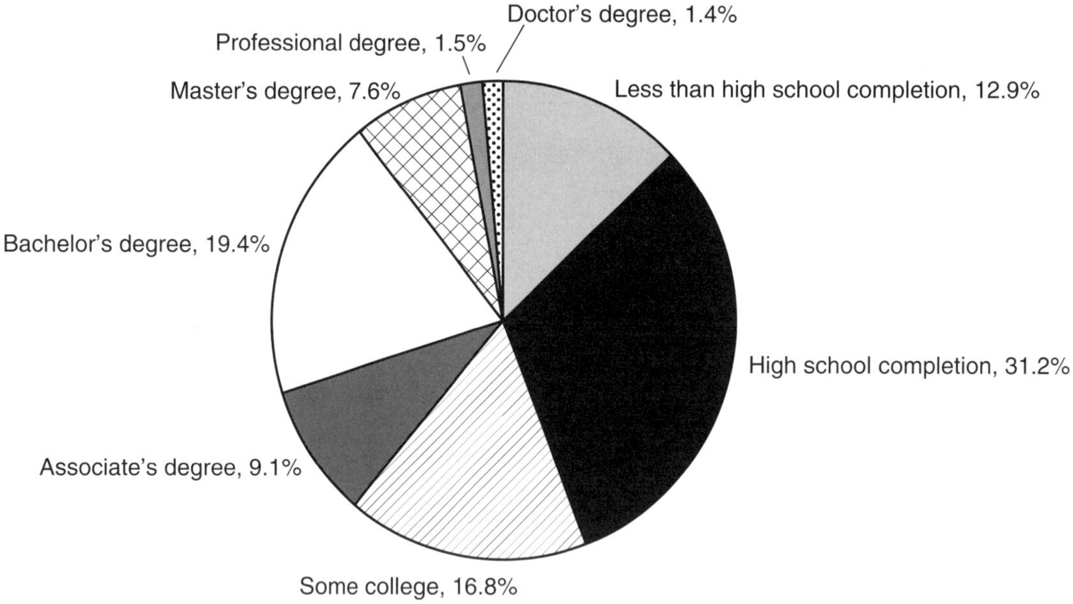

NOTE: Detail may not sum to totals because of rounding.
SOURCE: U.S. Department of Commerce, Census Bureau, Current Population Survey (CPS), March 2010.

Table 1. Projected number of participants in educational institutions, by level and control of institution: Fall 2010

[In millions]

Participants	All levels (elementary, secondary, and postsecondary degree-granting)	Elementary and secondary schools			Postsecondary degree-granting institutions		
		Total	Public	Private	Total	Public	Private
1	2	3	4	5	6	7	8
Total	**85.9**	**62.4**	**55.6**	**6.8**	**23.5**	**16.8**	**6.7**
Enrollment	75.9	55.4	49.4	6.0	20.6	14.9	5.7
Teachers and faculty	4.6	3.6	3.2	0.5	1.0	0.6	0.3
Other professional, administrative, and support staff	5.4	3.4	3.1	0.4	1.9	1.3	0.7

NOTE: Includes enrollments in local public school systems and in most private schools (religiously affiliated and nonsectarian). Excludes federal schools. Excludes private preprimary enrollment in schools that do not offer kindergarten or above. Degree-granting institutions grant associate's or higher degrees and participate in Title IV federal financial aid programs. Data for teachers and other staff in public and private elementary and secondary schools and colleges and universities are reported in terms of full-time equivalents. Detail may not sum to totals because of rounding.

SOURCE: U.S. Department of Education, National Center for Education Statistics, *Projections of Education Statistics to 2019;* and unpublished projections and estimates. (This table was prepared September 2010.)

Table 2. Enrollment in educational institutions, by level and control of institution: Selected years, fall 1980 through fall 2010

[In thousands]

Level and control of institution	Fall 1980	Fall 1985	Fall 1990	Fall 1995	Fall 2000	Fall 2001	Fall 2002	Fall 2003	Fall 2004	Fall 2005	Fall 2006	Fall 2007	Fall 2008	Projected fall 2009	Projected fall 2010
1	2	3	4	5	6	7	8	9	10	11	12	13	14	15	16
All levels	**58,305**	**57,226**	**60,683**	**65,020**	**68,685**	**69,920**	**71,015**	**71,551**	**72,154**	**72,674**	**73,066**	**73,451**	**74,338**	**75,710**	**75,900**
Public	50,335	48,901	52,061	55,933	58,956	59,905	60,935	61,399	61,776	62,135	62,496	62,783	63,238	64,123	64,281
Private	7,971	8,325	8,622	9,087	9,729	10,014	10,080	10,152	10,379	10,539	10,570	10,668	11,100	11,587	11,619
Elementary and secondary schools[1]	**46,208**	**44,979**	**46,864**	**50,759**	**53,373**	**53,992**	**54,403**	**54,639**	**54,882**	**55,187**	**55,307**	**55,203**	**55,235**	**55,282**	**55,350**
Public	40,877	39,422	41,217	44,840	47,204	47,672	48,183	48,540	48,795	49,113	49,316	49,293	49,266	49,312	49,386
Private	5,331	5,557	5,648 [2]	5,918	6,169 [2]	6,320	6,220 [2]	6,099	6,087 [2]	6,073	5,991 [2]	5,910	5,969 [2]	5,970	5,964
Prekindergarten to grade 8	31,639	31,229	34,388	37,094	38,592	38,959	39,029	38,989	38,933	38,928	38,866	38,751	38,860	39,086	39,312
Public	27,647	27,034	29,876	32,338	33,686	33,936	34,114	34,201	34,178	34,204	34,235	34,205	34,286	34,505	34,730
Private	3,992	4,195	4,512 [2]	4,756	4,906 [2]	5,023	4,915 [2]	4,788	4,756 [2]	4,724	4,631 [2]	4,546	4,574 [2]	4,580	4,582
Grades 9 to 12	14,570	13,750	12,476	13,665	14,781	15,032	15,374	15,651	15,949	16,258	16,441	16,451	16,375	16,196	16,038
Public	13,231	12,388	11,341	12,502	13,517	13,736	14,069	14,339	14,618	14,909	15,081	15,087	14,980	14,807	14,657
Private	1,339	1,362	1,136 [2]	1,163	1,264 [2]	1,296	1,306 [2]	1,311	1,331 [2]	1,349	1,360 [2]	1,364	1,395 [2]	1,389	1,382
Postsecondary degree-granting institutions	**12,097**	**12,247**	**13,819**	**14,262**	**15,312**	**15,928**	**16,612**	**16,911**	**17,272**	**17,487**	**17,759**	**18,248**	**19,103**	**20,428** [3]	**20,550**
Public	9,457	9,479	10,845	11,092	11,753	12,233	12,752	12,859	12,980	13,022	13,180	13,491	13,972	14,811 [3]	14,895
Undergraduate	8,442	8,477	9,710	9,904	10,539	10,986	11,433	11,523	11,651	11,698	11,847	12,138	12,591	13,387 [3]	13,428
First-professional and graduate	1,015	1,002	1,135	1,189	1,213	1,247	1,319	1,336	1,330	1,324	1,333	1,353	1,381	1,424 [3]	1,467
Private	2,640	2,768	2,974	3,169	3,560	3,695	3,860	4,053	4,292	4,466	4,579	4,757	5,131	5,617 [3]	5,655
Undergraduate	2,033	2,120	2,250	2,328	2,616	2,730	2,824	2,957	3,130	3,266	3,337	3,466	3,775	4,179 [3]	4,116
First-professional and graduate	606	648	724	841	943	965	1,035	1,096	1,162	1,199	1,242	1,291	1,356	1,438 [3]	1,539

[1]Includes enrollments in local public school systems and in most private schools (religiously affiliated and nonsectarian). Excludes homeschooled children who were not also enrolled in public and private schools. Based on the National Household Education Survey, the homeschooled children numbered approximately 1.5 million in 2007. Private elementary enrollment includes preprimary students in schools offering kindergarten or higher grades.
[2]Estimated.
[3]Data are actual.

NOTE: Data through 1995 are for institutions of higher education, while later data are for degree-granting institutions. Degree-granting institutions grant associate's or higher degrees and participate in Title IV federal financial aid programs. The degree-granting classification is very similar to the earlier higher education classification, but it includes more 2-year colleges and excludes a few higher education institutions that did not grant degrees. (See Appendix A: Guide to Sources for details.) Detail may not sum to totals because of rounding. Some data have been revised from previously published figures.

SOURCE: U.S. Department of Education, National Center for Education Statistics, *Statistics of Public Elementary and Secondary School Systems, 1980*; Common Core of Data (CCD), "State Nonfiscal Survey of Public Elementary and Secondary Education," 1985–86 through 2008–09; Parent and Family Involvement in Education Survey of the National Household Education Surveys Program (PFI-NHES:2007); Private School Universe Survey (PSS), 1995–96 through 2007–08; *Projections of Education Statistics to 2019*; Higher Education General Information Survey (HEGIS), "Fall Enrollment in Institutions of Higher Education" surveys, 1980 and 1985; and 1990 through 2009 Integrated Postsecondary Education Data System (IPEDS), "Fall Enrollment Survey" (IPEDS-EF:90–99), and Spring 2001 through Spring 2010. (This table was prepared November 2010.)

Table 3. Enrollment in educational institutions, by level and control of institution: Selected years, 1869–70 through fall 2019

[In thousands]

Year	Total enrollment, all levels	Elementary and secondary, total	Public elementary and secondary schools			Private elementary and secondary schools[1]			Postsecondary degree-granting institutions[2]		
			Total	Prekindergarten through grade 8	Grades 9 through 12	Total	Prekindergarten through grade 8	Grades 9 through 12	Total	Public	Private
1	2	3	4	5	6	7	8	9	10	11	12
1869–70	—	—	6,872	6,792	80	—	—	—	52	—	—
1879–80	—	—	9,868	9,757	110	—	—	—	116	—	—
1889–90	14,491	14,334	12,723	12,520	203	1,611	1,516	95	157	—	—
1899–1900	17,092	16,855	15,503	14,984	519	1,352	1,241	111	238	—	—
1909–10	19,728	19,372	17,814	16,899	915	1,558	1,441	117	355	—	—
1919–20	23,876	23,278	21,578	19,378	2,200	1,699	1,486	214	598	—	—
1929–30	29,430	28,329	25,678	21,279	4,399	2,651	2,310	341	1,101	—	—
1939–40	29,539	28,045	25,434	18,832	6,601	2,611	2,153	458	1,494	797	698
1949–50	31,151	28,492	25,111	19,387	5,725	3,380	2,708	672	2,659	1,355	1,304
Fall 1959	44,497	40,857	35,182	26,911	8,271	5,675	4,640	1,035	3,640	2,181	1,459
Fall 1969	59,055	51,050	45,550	32,513	13,037	5,500[3]	4,200[3]	1,300[3]	8,005	5,897	2,108
Fall 1970	59,838	51,257	45,894	32,558	13,336	5,363	4,052	1,311	8,581	6,428	2,153
Fall 1971	60,220	51,271	46,071	32,318	13,753	5,200[3]	3,900[3]	1,300[3]	8,949	6,804	2,144
Fall 1972	59,941	50,726	45,726	31,879	13,848	5,000[3]	3,700[3]	1,300[3]	9,215	7,071	2,144
Fall 1973	60,047	50,445	45,445	31,401	14,044	5,000[3]	3,700[3]	1,300[3]	9,602	7,420	2,183
Fall 1974	60,297	50,073	45,073	30,971	14,103	5,000[3]	3,700[3]	1,300[3]	10,224	7,989	2,235
Fall 1975	61,004	49,819	44,819	30,515	14,304	5,000[3]	3,700[3]	1,300[3]	11,185	8,835	2,350
Fall 1976	60,490	49,478	44,311	29,997	14,314	5,167	3,825	1,342	11,012	8,653	2,359
Fall 1977	60,003	48,717	43,577	29,375	14,203	5,140	3,797	1,343	11,286	8,847	2,439
Fall 1978	58,897	47,637	42,551	28,463	14,088	5,086	3,732	1,353	11,260	8,786	2,474
Fall 1979	58,221	46,651	41,651	28,034	13,616	5,000[3]	3,700[3]	1,300[3]	11,570	9,037	2,533
Fall 1980	58,305	46,208	40,877	27,647	13,231	5,331	3,992	1,339	12,097	9,457	2,640
Fall 1981	57,916	45,544	40,044	27,280	12,764	5,500[3]	4,100[3]	1,400[3]	12,372	9,647	2,725
Fall 1982	57,591	45,166	39,566	27,161	12,405	5,600[3]	4,200[3]	1,400[3]	12,426	9,696	2,730
Fall 1983	57,432	44,967	39,252	26,981	12,271	5,715	4,315	1,400	12,465	9,683	2,782
Fall 1984	57,150	44,908	39,208	26,905	12,304	5,700[3]	4,300[3]	1,400[3]	12,242	9,477	2,765
Fall 1985	57,226	44,979	39,422	27,034	12,388	5,557	4,195	1,362	12,247	9,479	2,768
Fall 1986	57,709	45,205	39,753	27,420	12,333	5,452[3]	4,116[3]	1,336[3]	12,504	9,714	2,790
Fall 1987	58,254	45,488	40,008	27,933	12,076	5,479	4,232	1,247	12,767	9,973	2,793
Fall 1988	58,485	45,430	40,189	28,501	11,687	5,242[3]	4,036[3]	1,206[3]	13,055	10,161	2,894
Fall 1989	59,680	46,141	40,543	29,150	11,393	5,599	4,468	1,131	13,539	10,578	2,961
Fall 1990	60,683	46,864	41,217	29,876	11,341	5,648[3]	4,512[3]	1,136[3]	13,819	10,845	2,974
Fall 1991	62,087	47,728	42,047	30,503	11,544	5,681	4,550	1,131	14,359	11,310	3,049
Fall 1992	63,181	48,694	42,823	31,086	11,737	5,870[3]	4,746[3]	1,125[3]	14,487	11,385	3,103
Fall 1993	63,837	49,532	43,465	31,502	11,963	6,067	4,950	1,118	14,305	11,189	3,116
Fall 1994	64,385	50,106	44,111	31,896	12,215	5,994[3]	4,856[3]	1,138[3]	14,279	11,134	3,145
Fall 1995	65,020	50,759	44,840	32,338	12,502	5,918	4,756	1,163	14,262	11,092	3,169
Fall 1996	65,911	51,544	45,611	32,762	12,849	5,933[3]	4,755[3]	1,178[3]	14,368	11,120	3,247
Fall 1997	66,574	52,071	46,127	33,071	13,056	5,944	4,759	1,185	14,502	11,196	3,306
Fall 1998	67,033	52,526	46,539	33,344	13,195	5,988[3]	4,776[3]	1,212[3]	14,507	11,138	3,369
Fall 1999	67,667	52,875	46,857	33,486	13,371	6,018	4,789	1,229	14,791	11,309	3,482
Fall 2000	68,685	53,373	47,204	33,686	13,517	6,169[3]	4,906[3]	1,264[3]	15,312	11,753	3,560
Fall 2001	69,920	53,992	47,672	33,936	13,736	6,320	5,023	1,296	15,928	12,233	3,695
Fall 2002	71,015	54,403	48,183	34,114	14,069	6,220[3]	4,915[3]	1,306[3]	16,612	12,752	3,860
Fall 2003	71,551	54,639	48,540	34,201	14,339	6,099	4,788	1,311	16,911	12,859	4,053
Fall 2004	72,154	54,882	48,795	34,178	14,618	6,087[3]	4,756[3]	1,331[3]	17,272	12,980	4,292
Fall 2005	72,674	55,187	49,113	34,204	14,909	6,073	4,724	1,349	17,487	13,022	4,466
Fall 2006	73,066	55,307	49,316	34,235	15,081	5,991[3]	4,631[3]	1,360[3]	17,759	13,180	4,579
Fall 2007	73,451	55,203	49,293	34,205	15,087	5,910	4,546	1,364	18,248	13,491	4,757
Fall 2008	74,338	55,235	49,266	34,286	14,980	5,969[3]	4,574[3]	1,395[3]	19,103	13,972	5,131
Fall 2009[4]	75,710	55,282	49,312	34,505	14,807	5,970	4,580	1,389	20,428	14,811	5,617

See notes at end of table.

Table 3. Enrollment in educational institutions, by level and control of institution: Selected years, 1869–70 through fall 2019—Continued

[In thousands]

Year	Total enrollment, all levels	Elementary and secondary, total	Public elementary and secondary schools: Total	Public: Prekindergarten through grade 8	Public: Grades 9 through 12	Private elementary and secondary schools[1]: Total	Private: Prekindergarten through grade 8	Private: Grades 9 through 12	Postsecondary degree-granting institutions[2]: Total	Postsecondary: Public	Postsecondary: Private
1	2	3	4	5	6	7	8	9	10	11	12
Fall 2010[4]	75,900	55,350	49,386	34,730	14,657	5,964	4,582	1,382	20,550	14,895	5,655
Fall 2011[4]	76,140	55,515	49,554	34,974	14,580	5,961	4,598	1,363	20,625	14,943	5,683
Fall 2012[4]	76,570	55,757	49,795	35,206	14,589	5,962	4,622	1,340	20,813	15,071	5,743
Fall 2013[4]	77,231	56,063	50,088	35,437	14,651	5,975	4,657	1,318	21,168	15,320	5,847
Fall 2014[4]	78,110	56,442	50,446	35,636	14,810	5,995	4,702	1,294	21,669	15,676	5,992
Fall 2015[4]	78,918	56,859	50,827	35,881	14,946	6,031	4,757	1,275	22,059	15,953	6,106
Fall 2016[4]	79,703	57,273	51,198	36,205	14,993	6,075	4,801	1,274	22,431	16,216	6,214
Fall 2017[4]	80,498	57,709	51,583	36,526	15,058	6,126	4,844	1,282	22,789	16,473	6,317
Fall 2018[4]	81,296	58,129	51,946	36,838	15,108	6,184	4,885	1,298	23,167	16,743	6,424
Fall 2019[4]	82,038	58,590	52,342	37,156	15,186	6,248	4,927	1,321	23,448	16,947	6,501

—Not available.

[1]Beginning in fall 1980, data include estimates for an expanded universe of private schools. Therefore, direct comparisons with earlier years should be avoided.

[2]Data for 1869–70 through 1949–50 include resident degree-credit students enrolled at any time during the academic year. Beginning in 1959, data include all resident and extension students enrolled at the beginning of the fall term.

[3]Estimated.

[4]Projected from *Projections of Education Statistics to 2019.* Fall 2009 data for degree-granting institutions are actual.

NOTE: Data for 1869–70 through 1949–50 reflect enrollment for the entire school year. Elementary and secondary enrollment includes students in local public school systems and in most private schools (religiously affiliated and nonsectarian), but generally excludes homeschooled children and students in subcollegiate departments of colleges and in federal schools. Based on the National Household Education Survey, the homeschooled children numbered approximately 1.5 million in 2007. Excludes preprimary pupils in private schools that do not offer kindergarten or above. Postsecondary data through 1995 are for institutions of higher education, while later data are for degree-granting institutions. Degree-granting institutions grant associate's or higher degrees and participate in Title IV federal financial aid programs. The degree-granting classification is very similar to the earlier higher education classification, but it includes more 2-year colleges and excludes a few higher education institutions that did not grant degrees. (See Appendix A: Guide to Sources for details.) Some data have been revised from previously published figures. Detail may not sum to totals because of rounding.

SOURCE: U.S. Department of Education, National Center for Education Statistics, *Annual Report of the Commissioner of Education,* 1870 to 1910; *Biennial Survey of Education in the United States,* 1919–20 through 1949–50; *Statistics of Public Elementary and Secondary School Systems,* 1959 through 1980; Common Core of Data (CCD), "State Nonfiscal Survey of Public Elementary and Secondary Education," 1981–82 through 2008–09; Parent and Family Involvement in Education Survey of the National Household Education Surveys Program (PFI-NHES:2007); Private School Universe Survey (PSS), 1989–90 through 2007–08; *Projections of Education Statistics to 2019;* Opening (Fall) Enrollment in Higher Education, 1959; Higher Education General Information Survey (HEGIS), "Fall Enrollment in Institutions of Higher Education" surveys, 1969 through 1985; and 1986 through 2009 Integrated Postsecondary Education Data System (IPEDS), "Fall Enrollment Survey" (IPEDS-EF:86–99), and Spring 2001 through Spring 2010. (This table was prepared November 2010.)

Table 4. Number of teachers in elementary and secondary schools, and instructional staff in postsecondary degree-granting institutions, by control of institution: Selected years, fall 1970 through fall 2019

[In thousands]

Year	All levels			Elementary and secondary teachers[1]			Degree-granting institutions instructional staff[2]		
	Total	Public	Private	Total	Public	Private	Total	Public	Private
1	2	3	4	5	6	7	8	9	10
1970	2,766	2,373	393	2,292	2,059	233	474	314	160
1975	3,081	2,641	440	2,453	2,198	255 [3]	628	443	185
1980	3,171	2,679	492	2,485	2,184	301	686 [3,4]	495 [3,4]	191 [3,4]
1981	3,145	2,636	509	2,440	2,127	313 [3]	705	509	196
1982	3,168	2,639	529	2,458	2,133	325 [3]	710 [3,4]	506 [3,4]	204 [3,4]
1983	3,200	2,651	549	2,476	2,139	337	724	512	212
1984	3,225	2,673	552	2,508	2,168	340 [3]	717 [3,4]	505 [3,4]	212 [3,4]
1985	3,264	2,709	555	2,549	2,206	343	715 [3,4]	503 [3,4]	212 [3,4]
1986	3,314	2,754	560	2,592	2,244	348 [3]	722 [3,4]	510 [3,4]	212 [3,4]
1987	3,424	2,832	592	2,631	2,279	352	793	553	240
1988	3,472	2,882	590	2,668	2,323	345	804 [3]	559 [3]	245 [3]
1989	3,537	2,934	603	2,713	2,357	356	824	577	247
1990	3,577	2,972	604	2,759	2,398	361 [3]	817 [3]	574 [3]	244 [3]
1991	3,623	3,013	610	2,797	2,432	365	826	581	245
1992	3,700	3,080	621	2,823	2,459	364 [3]	877 [3]	621 [3]	257 [3]
1993	3,784	3,154	629	2,868	2,504	364	915	650	265
1994	3,846	3,205	640	2,922	2,552	370 [3]	923 [3]	653 [3]	270 [3]
1995	3,906	3,255	651	2,974	2,598	376	932	657	275
1996	4,006	3,339	666	3,051	2,667	384 [3]	954 [3]	672 [3]	282 [3]
1997	4,127	3,441	687	3,138	2,746	391	990	695	295
1998	4,230	3,527	703	3,230	2,830	400 [3]	999 [3]	697 [3]	303 [3]
1999	4,347	3,624	723	3,319	2,911	408	1,028	713	315
2000	4,433	3,682	750	3,366	2,941	424	1,067 [3]	741 [3]	325 [3]
2001	4,554	3,771	783	3,440	3,000	441	1,113	771	342
2002	4,631	3,829	802	3,476	3,034	442 [3]	1,155 [3]	794 [3]	361 [3]
2003	4,663	3,840	823	3,490	3,049	441	1,174	792	382
2004	4,774	3,909	865	3,538	3,091	447 [3]	1,237 [3]	818 [3]	418 [3]
2005	4,883	3,984	899	3,593	3,143	450	1,290	841	449
2006	4,944	4,021	924	3,622	3,166	456 [3]	1,322 [3]	854 [3]	468 [3]
2007	5,006	4,055	951	3,634	3,178	456	1,371	877	494
2008	5,064	4,104	960	3,674	3,219	455	1,390 [3]	885 [3]	505 [3]
2009[5]	5,056	4,074	982	3,617	3,161	457	1,439	914	525
2010[6]	—	—	—	3,633	3,174	460	—	—	—
2011[6]	—	—	—	3,662	3,198	464	—	—	—
2012[6]	—	—	—	3,701	3,232	469	—	—	—
2013[6]	—	—	—	3,747	3,271	475	—	—	—
2014[6]	—	—	—	3,805	3,322	483	—	—	—
2015[6]	—	—	—	3,862	3,372	490	—	—	—
2016[6]	—	—	—	3,922	3,424	498	—	—	—
2017[6]	—	—	—	3,984	3,478	506	—	—	—
2018[6]	—	—	—	4,048	3,534	514	—	—	—
2019[6]	—	—	—	4,107	3,585	522	—	—	—

—Not available.

[1]Includes teachers in local public school systems and in most private schools (religiously affiliated and nonsectarian). Teachers are reported in terms of full-time equivalents.

[2]Data through 1995 are for institutions of higher education, while later data are for degree-granting institutions. Degree-granting institutions grant associate's or higher degrees and participate in Title IV federal financial aid programs. The degree-granting classification is very similar to the earlier higher education classification, but it includes more 2-year colleges and excludes a few higher education institutions that did not grant degrees. (See Appendix A: Guide to Sources for details.) Includes full-time and part-time faculty with the rank of instructor or above in colleges, universities, professional schools, and 2-year colleges. Excludes teaching assistants.

[3]Estimated.

[4]Inclusion of institutions is not consistent with surveys for 1987 and later years.

[5]Data for elementary and secondary schools are projected. Data for degree-granting institutions are actual.

[6]Projected.

NOTE: Detail may not sum to totals because of rounding. Some data have been revised from previously published figures. Headcounts are used to report data for degree-granting institutions instructional staff.

SOURCE: U.S. Department of Education, National Center for Education Statistics, *Statistics of Public Elementary and Secondary Day Schools*, 1970 and 1975; Common Core of Data (CCD), "State Nonfiscal Survey of Public Elementary/Secondary Education," 1980 through 2008; Private School Universe Survey (PSS), 1989–90 through 2007–08 *Projections of Education Statistics to 2019;* Higher Education General Information Survey (HEGIS), "Fall Staff" survey, 1970 and 1975; 1987 through 2009 Integrated Postsecondary Education Data System (IPEDS), "Fall Staff Survey" (IPEDS-S:87–99), and Winter 2001–02 through Winter 2009–10; U.S. Equal Opportunity Commission, EEO-6, 1981 and 1983; and unpublished data. (This table was prepared November 2010.)

Table 5. Number of educational institutions, by level and control of institution: Selected years, 1980–81 through 2008–09

Level and control of institution	1980–81	1990–91	1997–98	1998–99	1999–2000	2000–01	2001–02	2002–03	2003–04	2004–05	2005–06	2006–07	2007–08	2008–09
1	2	3	4	5	6	7	8	9	10	11	12	13	14	15
All institutions	—	—	**129,997**	—	**131,414**	—	**136,465**	—	**136,819**	—	**138,899**	—	**139,207**	—
Elementary and secondary schools	**106,746**	**109,228**	**123,403**	—	**125,007**	—	**130,007**	—	**130,407**	—	**132,436**	—	**132,656**	—
Elementary	72,659	74,716	85,855	—	86,433	—	89,277	—	89,252	—	88,896	—	88,982	—
Secondary	24,856	23,602	24,169	—	24,903	—	24,884	—	25,476	—	26,925	—	27,575	—
Combined	5,202	8,847	11,412	—	12,197	—	14,430	—	13,931	—	14,964	—	14,837	—
Other[1]	4,029	2,063	1,967	—	1,474	—	1,416	—	1,749	—	1,651	—	1,262	—
Public schools	85,982	84,538	89,508	90,874	92,012	93,273	94,112	95,615	95,726	96,513	97,382	98,793	98,916	98,706
Elementary	59,326	59,015	62,739	63,462	64,131	64,601	65,228	65,718	65,758	65,984	66,026	66,458	67,112	67,148
Secondary	22,619	21,135	21,682	22,076	22,365	21,994	22,180	22,599	22,782	23,445	23,998	23,920	24,643	24,348
Combined	1,743	2,325	3,120	3,721	4,042	5,096	5,288	5,552	5,437	5,572	5,707	5,984	5,899	5,623
Other[1]	2,294	2,063	1,967	1,615	1,474	1,582	1,416	1,746	1,749	1,512	1,651	2,431	1,262	1,587
Private schools[2]	20,764	24,690	33,895	—	32,995	—	35,895	—	34,681	—	35,054	—	33,740	—
Elementary	13,333	15,701	23,116	—	22,302	—	24,049	—	23,494	—	22,870	—	21,870	—
Schools with highest grade of kindergarten	†	†	6,493	—	5,952	—	6,622	—	6,297	—	6,059	—	5,522	—
Secondary	2,237	2,467	2,487	—	2,538	—	2,704	—	2,694	—	2,927	—	2,932	—
Combined	3,459	6,522	8,292	—	8,155	—	9,142	—	8,494	—	9,257	—	8,938	—
Other[1]	1,735	(3)	(3)	—	(3)	—	(3)	—	(3)	—	(3)	—	(3)	—
Postsecondary Title IV institutions	—	—	**6,594**	**6,431**	**6,407**	**6,479**	**6,458**	**6,354**	**6,412**	**6,383**	**6,463**	**6,536**	**6,551**	**6,632**
Public	—	—	2,163	2,090	2,078	2,084	2,099	2,051	2,047	2,027	2,013	2,009	2,004	1,997
Private	—	—	4,431	4,341	4,329	4,395	4,359	4,303	4,365	4,356	4,450	4,527	4,547	4,635
Not-for-profit	—	—	2,007	1,986	1,936	1,950	1,941	1,921	1,913	1,875	1,866	1,848	1,815	1,809
For-profit	—	—	2,424	2,355	2,393	2,445	2,418	2,382	2,452	2,481	2,584	2,679	2,732	2,826
Title IV non-degree-granting institutions	—	—	2,530	2,383	2,323	2,297	2,261	2,186	2,176	2,167	2,187	2,222	2,199	2,223
Public	—	—	456	409	396	386	386	339	327	327	320	321	319	321
Private	—	—	2,074	1,974	1,927	1,911	1,875	1,847	1,849	1,840	1,867	1,901	1,880	1,902
Not-for-profit	—	—	300	291	255	255	265	256	249	238	219	208	191	180
For-profit	—	—	1,774	1,683	1,672	1,656	1,610	1,591	1,600	1,602	1,648	1,693	1,689	1,722
Title IV degree-granting institutions	3,231	3,559	4,064	4,048	4,084	4,182	4,197	4,168	4,236	4,216	4,276	4,314	4,352	4,409
2-year colleges	1,274	1,418	1,755	1,713	1,721	1,732	1,710	1,702	1,706	1,683	1,694	1,685	1,677	1,690
Public	945	972	1,092	1,069	1,068	1,076	1,085	1,081	1,086	1,061	1,053	1,045	1,032	1,024
Private	329	446	663	644	653	656	625	621	620	622	641	640	645	666
Not-for-profit	182	167	179	164	150	144	135	127	118	112	113	107	92	92
For-profit	147	279	484	480	503	512	490	494	502	510	528	533	553	574
4-year colleges	1,957	2,141	2,309	2,335	2,363	2,450	2,487	2,466	2,530	2,533	2,582	2,629	2,675	2,719
Public	552	595	615	612	614	622	628	631	634	639	640	643	653	652
Private	1,405	1,546	1,694	1,723	1,749	1,828	1,859	1,835	1,896	1,894	1,942	1,986	2,022	2,067
Not-for-profit	1,387	1,482	1,528	1,531	1,531	1,551	1,541	1,538	1,546	1,525	1,534	1,533	1,532	1,537
For-profit	18	64	166	192	218	277	318	297	350	369	408	453	490	530

—Not available.
†Not applicable.
[1]Includes special education, alternative, and other schools not classified by grade span. Because of changes in survey definitions, figures for "other" schools are not comparable from year to year.
[2]Data for 1980–81 and 1990–91 include schools with first or higher grades. Data for 1997–98 and later years include schools with kindergarten or higher grades.
[3]Included in the elementary, secondary, and combined categories.
NOTE: Postsecondary data for 1980–81 and 1990–91 are for institutions of higher education, while later data are for Title IV degree-granting and non-degree-granting institutions. Degree-granting institutions grant associate's or higher degrees and participate in Title IV federal financial aid programs. The degree-granting classification is very similar to the earlier higher education classification, but it includes more 2-year colleges and excludes a few higher education institutions that did not grant degrees. (See Appendix A: Guide to Sources for details.) Some data have been revised from previously published figures. Detail may not sum to totals because of rounding.
SOURCE: U.S. Department of Education, National Center for Education Statistics, Common Core of Data (CCD), "Public Elementary/Secondary School Universe Survey," 1989–90 through 2008–09; *Private Schools in American Education*; *Statistics of Public Elementary and Secondary Day Schools, 1980–81*; Schools and Staffing Survey (SASS), "Private School Data File," 1990–91; Private School Universe Survey (PSS), 1995–96 through 2007–08; Higher Education General Information Survey (HEGIS), "Institutional Characteristics of Colleges and Universities" survey, 1980–81; and 1990–91 through 2008–09 Integrated Postsecondary Education Data System (IPEDS), "Institutional Characteristics Survey" (IPEDS-IC:90–99), and Fall 2001 through Fall 2008. (This table was prepared November 2010.)

Table 6. Percentage of the population 3 to 34 years old enrolled in school, by sex, race/ethnicity, and age: Selected years, 1980 through 2009

Year and age	Total: Total	Total: White	Total: Black	Total: Hispanic	Male: Total	Male: White	Male: Black	Male: Hispanic	Female: Total	Female: White	Female: Black	Female: Hispanic
1	2	3	4	5	6	7	8	9	10	11	12	13
1980												
Total, 3 to 34 years old	**49.7 (0.21)**	**48.8 (0.24)**	**54.0 (0.68)**	**49.8 (1.07)**	**50.9 (0.30)**	**50.0 (0.34)**	**56.2 (0.98)**	**49.9 (1.53)**	**48.5 (0.30)**	**47.7 (0.34)**	**52.1 (0.94)**	**49.8 (1.51)**
3 and 4 years old	36.7 (0.94)	37.4 (1.12)	38.2 (2.83)	28.5 (3.92)	37.8 (1.33)	39.2 (1.58)	36.4 (3.94)	30.1 (5.37)	35.5 (1.34)	35.5 (1.58)	40.0 (4.04)	26.6 (5.71)
5 and 6 years old	95.7 (0.40)	95.9 (0.46)	95.5 (1.22)	94.5 (2.13)	95.0 (0.60)	95.4 (0.68)	94.1 (1.95)	94.0 (3.22)	96.4 (0.53)	96.5 (0.61)	97.0 (1.43)	94.9 (2.83)
7 to 9 years old	99.1 (0.15)	99.1 (0.17)	99.4 (0.35)	98.4 (0.91)	99.0 (0.22)	99.0 (0.26)	99.5 (0.45)	97.7 (1.57)	99.2 (0.20)	99.2 (0.24)	99.3 (0.54)	99.0 (0.99)
10 to 13 years old	99.4 (0.10)	99.4 (0.12)	99.4 (0.31)	99.7 (0.36)	99.4 (0.14)	99.4 (0.16)	99.4 (0.42)	99.4 (0.66)	99.4 (0.15)	99.3 (0.18)	99.3 (0.46)	99.9 (0.25)
14 and 15 years old	98.2 (0.22)	98.7 (0.22)	97.9 (0.72)	94.3 (1.87)	98.7 (0.27)	98.9 (0.28)	98.4 (0.88)	96.7 (2.10)	97.7 (0.36)	98.5 (0.34)	97.3 (1.15)	92.1 (2.99)
16 and 17 years old	89.0 (0.50)	89.2 (0.57)	90.7 (1.44)	81.8 (3.25)	89.1 (0.71)	89.4 (0.79)	90.7 (2.04)	81.5 (4.70)	88.8 (0.72)	89.0 (0.82)	90.6 (2.05)	82.2 (4.49)
18 and 19 years old	46.4 (0.79)	47.0 (0.91)	45.8 (2.56)	37.8 (3.94)	47.0 (1.14)	48.5 (1.29)	42.9 (3.73)	36.9 (5.44)	45.8 (1.11)	45.7 (1.26)	48.3 (3.51)	38.8 (5.71)
20 and 21 years old	31.0 (0.74)	33.0 (0.85)	23.3 (2.21)	19.5 (3.29)	32.6 (1.08)	34.8 (1.23)	22.8 (3.29)	21.4 (4.88)	29.5 (1.02)	31.3 (1.18)	23.7 (2.99)	17.6 (4.43)
22 to 24 years old	16.3 (0.49)	16.8 (0.56)	13.6 (1.53)	11.7 (2.26)	17.8 (0.73)	18.7 (0.83)	13.4 (2.29)	10.7 (3.14)	14.9 (0.66)	15.0 (0.75)	13.7 (2.05)	12.6 (3.24)
25 to 29 years old	9.3 (0.31)	9.4 (0.35)	8.8 (1.04)	6.9 (1.43)	9.8 (0.45)	9.8 (0.50)	10.6 (1.70)	6.8 (2.06)	8.8 (0.42)	9.1 (0.48)	7.5 (1.29)	6.9 (1.99)
30 to 34 years old	6.4 (0.27)	6.4 (0.30)	6.9 (1.00)	5.1 (1.35)	5.9 (0.37)	5.6 (0.40)	7.2 (1.55)	6.2 (2.07)	7.0 (0.39)	7.2 (0.45)	6.6 (1.32)	4.1 (1.71)
1990												
Total, 3 to 34 years old	**50.2 (0.23)**	**49.8 (0.27)**	**52.2 (0.71)**	**47.2 (1.06)**	**50.9 (0.32)**	**50.4 (0.38)**	**54.3 (1.02)**	**46.8 (1.48)**	**49.5 (0.32)**	**49.2 (0.38)**	**50.3 (0.99)**	**47.7 (1.52)**
3 and 4 years old	44.4 (0.98)	47.2 (1.19)	41.8 (2.98)	30.7 (4.08)	43.9 (1.38)	47.9 (1.66)	38.1 (4.14)	28.0 (5.57)	44.9 (1.41)	46.6 (1.70)	45.5 (4.25)	33.6 (5.95)
5 and 6 years old	96.5 (0.36)	96.7 (0.43)	96.5 (1.05)	94.9 (1.96)	96.5 (0.51)	96.8 (0.59)	96.2 (1.53)	95.8 (2.48)	96.4 (0.53)	96.7 (0.62)	96.9 (1.43)	93.9 (3.05)
7 to 9 years old	99.7 (0.09)	99.7 (0.11)	99.8 (0.19)	99.5 (0.52)	99.7 (0.13)	99.7 (0.16)	99.9 (0.24)	99.5 (0.70)	99.6 (0.14)	99.7 (0.15)	99.8 (0.31)	99.4 (0.79)
10 to 13 years old	99.6 (0.09)	99.7 (0.10)	99.9 (0.15)	99.1 (0.64)	99.6 (0.13)	99.6 (0.14)	99.9 (0.19)	99.0 (0.93)	99.7 (0.12)	99.7 (0.13)	99.8 (0.25)	99.1 (0.87)
14 and 15 years old	99.0 (0.19)	99.0 (0.23)	99.4 (0.46)	99.0 (0.90)	99.1 (0.25)	99.2 (0.30)	99.7 (0.48)	99.1 (1.11)	98.9 (0.29)	98.9 (0.35)	99.1 (0.79)	98.8 (1.47)
16 and 17 years old	92.5 (0.52)	93.5 (0.58)	91.7 (1.59)	85.4 (3.22)	92.6 (0.72)	93.4 (0.82)	93.0 (2.09)	85.5 (4.40)	92.4 (0.74)	93.7 (0.81)	90.5 (2.41)	85.3 (4.74)
18 and 19 years old	57.2 (0.94)	59.1 (1.10)	55.0 (2.83)	44.0 (4.36)	58.2 (1.33)	59.7 (1.56)	60.4 (3.99)	40.7 (6.23)	56.3 (1.32)	58.5 (1.57)	49.8 (3.96)	47.2 (6.08)
20 and 21 years old	39.7 (0.92)	43.1 (1.10)	28.3 (2.57)	27.2 (3.83)	40.3 (1.32)	44.2 (1.59)	31.0 (3.81)	21.7 (4.95)	39.2 (1.28)	42.0 (1.53)	25.8 (3.45)	33.1 (5.79)
22 to 24 years old	21.0 (0.63)	21.9 (0.75)	19.7 (2.01)	9.9 (2.05)	22.3 (0.92)	23.7 (1.11)	19.3 (3.03)	11.2 (2.98)	19.9 (0.86)	20.3 (1.02)	20.0 (2.68)	8.4 (2.77)
25 to 29 years old	9.7 (0.33)	10.4 (0.39)	6.1 (0.87)	6.3 (1.29)	9.2 (0.46)	10.0 (0.55)	4.7 (1.14)	4.6 (1.55)	10.2 (0.47)	10.7 (0.56)	7.3 (1.27)	8.1 (2.06)
30 to 34 years old	5.8 (0.25)	6.2 (0.30)	4.5 (0.75)	3.6 (0.99)	4.8 (0.33)	5.0 (0.38)	2.3 (0.80)	4.0 (1.45)	6.9 (0.38)	7.4 (0.46)	6.3 (1.19)	3.1 (1.32)
1995												
Total, 3 to 34 years old	**53.7 (0.23)**	**53.8 (0.25)**	**56.3 (0.58)**	**49.7 (0.65)**	**54.3 (0.29)**	**54.2 (0.35)**	**58.6 (0.83)**	**49.1 (0.90)**	**53.2 (0.30)**	**53.4 (0.36)**	**54.1 (0.80)**	**50.3 (0.93)**
3 and 4 years old[1]	48.7 (0.94)	52.2 (1.09)	47.8 (2.28)	36.9 (2.35)	49.4 (1.22)	51.1 (1.52)	52.4 (3.26)	40.8 (3.33)	48.1 (1.24)	53.5 (1.56)	43.4 (3.17)	32.7 (3.28)
5 and 6 years old	96.0 (0.37)	96.6 (0.39)	95.4 (0.96)	93.9 (1.22)	95.3 (0.51)	95.9 (0.60)	94.6 (1.48)	93.6 (1.74)	96.8 (0.44)	97.4 (0.49)	96.3 (1.23)	94.3 (1.71)
7 to 9 years old	98.7 (0.17)	98.9 (0.18)	97.7 (0.59)	98.5 (0.55)	98.9 (0.22)	99.0 (0.24)	98.1 (0.74)	98.8 (0.72)	98.5 (0.25)	98.9 (0.27)	97.2 (0.91)	98.2 (0.82)
10 to 13 years old	99.1 (0.12)	99.0 (0.15)	99.2 (0.30)	99.2 (0.36)	99.1 (0.17)	99.0 (0.21)	99.5 (0.34)	98.8 (0.58)	99.0 (0.18)	98.9 (0.22)	98.9 (0.50)	99.5 (0.39)
14 and 15 years old	98.9 (0.19)	98.8 (0.22)	99.0 (0.46)	98.9 (0.56)	99.0 (0.24)	98.9 (0.30)	99.6 (0.40)	98.4 (0.92)	98.8 (0.27)	98.7 (0.33)	98.3 (0.83)	99.4 (0.58)
16 and 17 years old	93.6 (0.45)	94.4 (0.47)	93.0 (1.16)	88.2 (1.82)	94.5 (0.54)	95.0 (0.62)	95.6 (1.30)	88.4 (2.58)	92.6 (0.64)	93.8 (0.72)	90.3 (1.93)	88.0 (2.57)
18 and 19 years old	59.4 (0.93)	61.8 (1.03)	57.5 (2.38)	46.1 (2.63)	59.5 (1.21)	61.9 (1.45)	59.2 (3.47)	47.4 (3.62)	59.2 (1.21)	61.8 (1.46)	56.1 (3.26)	44.8 (3.81)
20 and 21 years old	44.9 (0.97)	49.7 (1.10)	37.8 (2.47)	27.1 (2.37)	44.7 (1.28)	50.0 (1.56)	36.7 (3.66)	24.8 (3.29)	45.1 (1.25)	49.3 (1.54)	38.7 (3.34)	29.2 (3.39)
22 to 24 years old	23.2 (0.64)	24.4 (0.73)	20.0 (1.61)	15.6 (1.52)	22.8 (0.84)	24.1 (1.04)	20.6 (2.41)	14.8 (2.00)	23.6 (0.84)	24.8 (1.04)	19.5 (2.17)	16.6 (2.33)
25 to 29 years old	11.6 (0.37)	12.3 (0.42)	10.0 (0.94)	7.1 (0.87)	11.0 (0.48)	12.2 (0.59)	6.3 (1.15)	5.6 (1.09)	12.2 (0.49)	12.3 (0.59)	13.0 (1.41)	8.7 (1.38)
30 to 34 years old	5.9 (0.26)	5.7 (0.27)	7.7 (0.80)	4.7 (0.70)	5.4 (0.32)	5.0 (0.37)	6.9 (1.13)	4.5 (0.95)	6.5 (0.35)	6.3 (0.41)	8.3 (1.13)	4.9 (1.02)
2000												
Total, 3 to 34 years old	**55.9 (0.22)**	**56.0 (0.27)**	**59.3 (0.60)**	**51.3 (0.63)**	**55.8 (0.31)**	**55.8 (0.38)**	**59.7 (0.85)**	**50.5 (0.88)**	**56.0 (0.31)**	**56.1 (0.38)**	**59.0 (0.83)**	**52.2 (0.89)**
3 and 4 years old[1]	52.1 (0.93)	54.6 (1.19)	59.8 (2.51)	35.9 (2.37)	50.8 (1.30)	54.1 (1.66)	58.0 (3.53)	31.9 (3.23)	53.4 (1.33)	55.2 (1.71)	61.8 (3.56)	40.0 (3.44)
5 and 6 years old	95.6 (0.38)	95.5 (0.49)	96.7 (0.89)	94.3 (1.13)	95.1 (0.56)	94.5 (0.76)	96.0 (1.38)	95.4 (1.41)	96.1 (0.51)	96.4 (0.63)	97.5 (1.12)	93.1 (1.79)
7 to 9 years old	98.1 (0.20)	98.4 (0.24)	97.5 (0.62)	97.5 (0.65)	98.0 (0.29)	98.1 (0.36)	98.2 (0.72)	96.6 (1.09)	98.2 (0.28)	98.6 (0.32)	96.7 (1.01)	98.4 (0.74)
10 to 13 years old	98.3 (0.17)	98.5 (0.19)	98.5 (0.42)	97.4 (0.59)	98.3 (0.23)	98.2 (0.30)	98.8 (0.52)	98.4 (0.65)	98.3 (0.24)	98.8 (0.25)	98.1 (0.66)	96.4 (1.01)
14 and 15 years old	98.7 (0.20)	98.9 (0.22)	99.6 (0.30)	96.2 (0.99)	98.7 (0.27)	98.8 (0.33)	99.6 (0.42)	96.9 (1.26)	98.6 (0.29)	99.0 (0.31)	99.6 (0.42)	95.4 (1.54)
16 and 17 years old	92.8 (0.45)	94.0 (0.50)	91.7 (1.32)	87.0 (1.77)	92.7 (0.63)	94.7 (0.66)	88.9 (2.10)	85.7 (2.60)	92.9 (0.64)	93.3 (0.76)	94.6 (1.54)	88.3 (2.40)
18 and 19 years old	61.2 (0.84)	63.9 (1.02)	57.2 (2.34)	49.5 (2.47)	58.3 (1.19)	61.2 (1.46)	51.5 (3.46)	48.0 (3.41)	64.2 (1.17)	66.7 (1.42)	62.2 (3.15)	51.1 (3.59)
20 and 21 years old	44.1 (0.88)	49.2 (1.10)	37.4 (2.38)	26.1 (2.22)	41.0 (1.23)	45.8 (1.54)	31.3 (3.42)	24.2 (3.02)	47.3 (1.26)	52.7 (1.58)	42.3 (3.26)	28.1 (3.26)
22 to 24 years old	24.6 (0.63)	24.9 (0.78)	24.0 (1.76)	18.2 (1.64)	23.9 (0.88)	25.0 (1.12)	22.0 (2.46)	15.2 (2.09)	25.3 (0.90)	24.8 (1.09)	25.8 (2.51)	21.6 (2.55)
25 to 29 years old	11.4 (0.37)	11.1 (0.45)	14.5 (1.18)	7.4 (0.88)	10.0 (0.50)	10.5 (0.62)	11.6 (1.63)	5.1 (1.06)	12.7 (0.53)	11.8 (0.65)	16.7 (1.66)	9.5 (1.38)
30 to 34 years old	6.7 (0.28)	6.1 (0.32)	9.9 (0.97)	5.6 (0.75)	5.6 (0.36)	4.7 (0.41)	8.5 (1.34)	5.7 (1.06)	7.7 (0.41)	7.4 (0.50)	11.2 (1.39)	5.5 (1.05)

See notes at end of table.

Table 6. Percentage of the population 3 to 34 years old enrolled in school, by sex, race/ethnicity, and age: Selected years, 1980 through 2009—Continued

Year and age	Total				Male				Female			
	Total	White	Black	Hispanic	Total	White	Black	Hispanic	Total	White	Black	Hispanic
1	2	3	4	5	6	7	8	9	10	11	12	13
2005												
Total, 3 to 34 years old	**56.5** (0.20)	**57.6** (0.26)	**58.5** (0.57)	**50.9** (0.53)	**55.8** (0.28)	**57.1** (0.37)	**58.8** (0.82)	**48.4** (0.73)	**57.2** (0.29)	**58.0** (0.37)	**58.1** (0.80)	**53.7** (0.76)
3 and 4 years old[1]	53.6 (0.86)	58.5 (1.14)	52.4 (2.39)	43.0 (2.07)	52.8 (1.21)	56.8 (1.61)	54.8 (3.42)	43.0 (2.91)	54.4 (1.23)	60.3 (1.63)	50.1 (3.32)	43.0 (2.96)
5 and 6 years old	95.4 (0.37)	95.9 (0.47)	95.9 (0.97)	93.8 (1.06)	94.8 (0.54)	95.4 (0.68)	94.8 (1.50)	92.4 (1.62)	96.1 (0.50)	96.3 (0.63)	97.1 (1.18)	95.3 (1.34)
7 to 9 years old	98.6 (0.17)	99.0 (0.19)	98.7 (0.45)	97.4 (0.58)	98.2 (0.27)	98.9 (0.27)	98.0 (0.81)	96.0 (1.00)	99.0 (0.20)	99.0 (0.27)	99.5 (0.41)	98.8 (0.57)
10 to 13 years old	98.6 (0.14)	99.0 (0.16)	98.5 (0.40)	97.9 (0.46)	98.4 (0.22)	99.1 (0.21)	97.6 (0.70)	97.2 (0.72)	98.9 (0.18)	98.8 (0.24)	99.5 (0.33)	98.6 (0.54)
14 and 15 years old	98.0 (0.22)	98.6 (0.24)	96.1 (0.83)	97.3 (0.70)	97.5 (0.34)	98.4 (0.35)	93.3 (1.52)	97.8 (0.90)	98.4 (0.28)	98.7 (0.33)	98.8 (0.66)	96.7 (1.09)
16 and 17 years old	95.1 (0.33)	96.1 (0.38)	93.6 (1.05)	92.6 (1.14)	95.1 (0.47)	95.9 (0.55)	93.6 (1.51)	92.5 (1.61)	95.1 (0.47)	96.3 (0.53)	93.6 (1.47)	92.6 (1.60)
18 and 19 years old	67.6 (0.79)	71.6 (0.95)	62.0 (2.30)	54.3 (2.33)	66.5 (1.11)	69.8 (1.35)	66.9 (3.20)	51.8 (3.22)	68.8 (1.12)	73.5 (1.34)	57.4 (3.27)	57.2 (3.37)
20 and 21 years old	48.7 (0.80)	54.4 (1.01)	37.9 (2.25)	30.0 (1.96)	45.3 (1.11)	50.5 (1.42)	35.5 (3.12)	25.2 (2.56)	52.3 (1.15)	58.5 (1.43)	40.4 (3.23)	35.3 (2.99)
22 to 24 years old	27.3 (0.59)	27.8 (0.76)	28.6 (1.75)	19.5 (1.41)	25.2 (0.83)	26.4 (1.07)	24.0 (2.45)	17.5 (1.85)	29.2 (0.85)	29.1 (1.09)	32.5 (2.45)	21.8 (2.17)
25 to 29 years old	11.9 (0.34)	12.5 (0.45)	11.9 (1.00)	7.8 (0.70)	9.6 (0.43)	10.2 (0.58)	9.1 (1.32)	5.6 (0.82)	14.2 (0.51)	14.7 (0.67)	14.2 (1.47)	10.4 (1.19)
30 to 34 years old	6.9 (0.27)	6.9 (0.34)	9.8 (0.94)	4.2 (0.54)	5.9 (0.35)	6.5 (0.47)	6.3 (1.15)	2.6 (0.58)	7.9 (0.40)	7.4 (0.50)	12.7 (1.42)	6.1 (0.94)
2007												
Total, 3 to 34 years old	**56.1** (0.20)	**56.6** (0.26)	**58.6** (0.57)	**51.7** (0.52)	**55.4** (0.28)	**56.0** (0.37)	**59.7** (0.81)	**49.4** (0.71)	**56.8** (0.29)	**57.3** (0.37)	**57.7** (0.80)	**54.3** (0.74)
3 and 4 years old[1]	54.5 (0.86)	56.3 (1.15)	59.1 (2.42)	48.2 (2.03)	54.4 (1.20)	53.8 (1.62)	60.2 (3.37)	50.7 (2.82)	54.7 (1.24)	58.9 (1.65)	58.0 (3.48)	45.6 (2.92)
5 and 6 years old	94.7 (0.39)	95.0 (0.51)	93.9 (1.13)	94.3 (0.96)	94.0 (0.57)	94.0 (0.77)	93.7 (1.60)	94.1 (1.39)	95.3 (0.52)	96.0 (0.65)	94.1 (1.59)	94.5 (1.32)
7 to 9 years old	98.1 (0.20)	98.6 (0.22)	98.2 (0.56)	96.3 (0.68)	98.1 (0.28)	98.5 (0.32)	98.3 (0.74)	96.4 (0.93)	98.1 (0.28)	98.8 (0.30)	98.0 (0.83)	96.2 (0.99)
10 to 13 years old	98.6 (0.15)	98.6 (0.19)	97.8 (0.50)	99.0 (0.31)	98.4 (0.21)	98.5 (0.28)	97.1 (0.82)	99.0 (0.44)	98.7 (0.20)	98.7 (0.27)	98.6 (0.57)	99.0 (0.44)
14 and 15 years old	98.7 (0.18)	98.8 (0.23)	99.0 (0.45)	98.4 (0.53)	98.4 (0.28)	98.3 (0.38)	99.1 (0.56)	97.8 (0.87)	99.0 (0.22)	99.2 (0.26)	98.8 (0.71)	99.1 (0.57)
16 and 17 years old	94.3 (0.36)	95.6 (0.41)	93.7 (1.04)	90.6 (1.27)	94.4 (0.50)	95.2 (0.60)	95.6 (1.24)	91.1 (1.73)	94.1 (0.52)	96.0 (0.56)	91.8 (1.67)	90.0 (1.85)
18 and 19 years old	66.8 (0.75)	69.7 (0.94)	61.8 (2.15)	57.2 (2.10)	66.3 (1.06)	69.3 (1.32)	61.6 (3.05)	55.2 (2.95)	67.2 (1.07)	70.1 (1.34)	62.0 (3.02)	59.2 (2.99)
20 and 21 years old	48.4 (0.81)	54.5 (1.03)	38.1 (2.21)	32.3 (2.03)	43.7 (1.13)	49.9 (1.47)	37.7 (3.06)	24.6 (2.57)	53.3 (1.15)	59.2 (1.44)	38.5 (3.20)	41.0 (3.13)
22 to 24 years old	27.3 (0.59)	28.4 (0.75)	27.8 (1.71)	18.8 (1.38)	25.4 (0.81)	26.9 (1.04)	28.6 (2.55)	14.4 (1.71)	29.2 (0.85)	29.9 (1.09)	27.1 (2.31)	23.7 (2.18)
25 to 29 years old	12.4 (0.33)	12.5 (0.43)	15.3 (1.09)	8.3 (0.71)	10.2 (0.43)	10.6 (0.57)	10.7 (1.38)	6.7 (0.86)	14.7 (0.51)	14.4 (0.65)	19.2 (1.62)	10.3 (1.16)
30 to 34 years old	7.2 (0.27)	7.4 (0.36)	9.6 (0.95)	4.5 (0.54)	6.4 (0.37)	6.7 (0.49)	9.1 (1.39)	3.1 (0.62)	7.9 (0.40)	8.0 (0.53)	9.9 (1.31)	6.1 (0.92)
2008												
Total, 3 to 34 years old	**56.2** (0.20)	**56.7** (0.26)	**58.0** (0.57)	**51.9** (0.51)	**55.6** (0.28)	**56.5** (0.37)	**58.2** (0.82)	**50.0** (0.71)	**56.7** (0.28)	**57.0** (0.37)	**57.8** (0.79)	**53.9** (0.74)
3 and 4 years old[1]	52.8 (0.85)	56.0 (1.16)	54.5 (2.30)	43.6 (1.95)	52.3 (1.19)	57.2 (1.62)	53.3 (3.37)	40.5 (2.68)	53.3 (1.21)	54.8 (1.67)	55.5 (3.16)	46.9 (2.82)
5 and 6 years old	93.8 (0.42)	94.9 (0.51)	93.3 (1.23)	91.8 (1.13)	93.8 (0.59)	94.7 (0.72)	96.0 (1.38)	91.0 (1.65)	93.7 (0.60)	95.0 (0.73)	90.7 (1.99)	92.6 (1.53)
7 to 9 years old	98.3 (0.18)	98.8 (0.21)	98.9 (0.42)	97.1 (0.59)	98.0 (0.28)	98.5 (0.33)	98.4 (0.69)	96.7 (0.87)	98.7 (0.23)	99.1 (0.26)	99.3 (0.45)	97.4 (0.79)
10 to 13 years old	98.9 (0.13)	98.9 (0.17)	98.9 (0.35)	98.6 (0.36)	98.7 (0.20)	98.7 (0.26)	98.5 (0.59)	98.6 (0.50)	99.2 (0.16)	99.2 (0.20)	99.4 (0.38)	98.7 (0.51)
14 and 15 years old	98.6 (0.19)	98.8 (0.23)	97.8 (0.65)	98.7 (0.48)	99.0 (0.22)	99.1 (0.27)	98.9 (0.68)	98.6 (0.69)	98.2 (0.31)	98.4 (0.38)	96.8 (1.11)	98.8 (0.66)
16 and 17 years old	95.2 (0.34)	95.9 (0.40)	94.2 (1.01)	93.8 (1.02)	94.9 (0.48)	95.5 (0.59)	93.9 (1.44)	93.1 (1.48)	95.4 (0.47)	96.3 (0.55)	94.5 (1.41)	94.5 (1.38)
18 and 19 years old	66.0 (0.75)	70.0 (0.93)	59.8 (2.14)	55.1 (2.10)	64.0 (1.07)	66.8 (1.34)	58.6 (3.10)	54.7 (2.95)	68.1 (1.05)	73.4 (1.28)	60.9 (2.95)	55.5 (2.99)
20 and 21 years old	50.1 (0.81)	55.8 (1.03)	41.2 (2.20)	32.1 (2.07)	47.4 (1.13)	52.4 (1.44)	39.0 (3.12)	30.8 (2.83)	53.0 (1.16)	59.5 (1.46)	43.3 (3.09)	33.5 (3.02)
22 to 24 years old	28.2 (0.59)	30.3 (0.77)	24.8 (1.67)	19.8 (1.40)	26.3 (0.82)	29.1 (1.07)	23.6 (2.40)	16.6 (1.80)	30.1 (0.85)	31.5 (1.09)	25.9 (2.32)	23.4 (2.14)
25 to 29 years old	13.2 (0.34)	13.3 (0.44)	14.7 (1.05)	9.2 (0.74)	12.1 (0.46)	12.6 (0.61)	10.5 (1.33)	8.2 (0.96)	14.3 (0.50)	14.0 (0.64)	18.3 (1.57)	10.4 (1.17)
30 to 34 years old	7.3 (0.27)	6.9 (0.35)	11.8 (1.03)	4.2 (0.52)	6.3 (0.36)	6.2 (0.47)	8.8 (1.35)	4.1 (0.70)	8.3 (0.41)	7.6 (0.51)	14.2 (1.50)	4.4 (0.79)
2009												
Total, 3 to 34 years old	**56.5** (0.20)	**56.8** (0.26)	**58.5** (0.57)	**52.8** (0.51)	**55.7** (0.28)	**56.2** (0.37)	**58.1** (0.82)	**50.9** (0.70)	**57.3** (0.28)	**57.4** (0.37)	**58.8** (0.79)	**55.0** (0.73)
3 and 4 years old[1]	52.4 (0.85)	55.5 (1.18)	58.5 (2.28)	41.9 (1.88)	51.6 (1.19)	54.9 (1.66)	58.1 (3.30)	39.4 (2.60)	53.2 (1.21)	56.2 (1.68)	58.8 (3.14)	44.4 (2.71)
5 and 6 years old	94.1 (0.40)	94.1 (0.55)	93.2 (1.26)	93.7 (0.96)	93.9 (0.58)	93.3 (0.82)	93.2 (1.77)	94.1 (1.30)	94.4 (0.57)	95.0 (0.73)	93.2 (1.80)	93.2 (1.43)
7 to 9 years old	97.7 (0.21)	98.4 (0.24)	97.6 (0.62)	96.5 (0.62)	97.6 (0.30)	98.2 (0.35)	97.3 (0.94)	96.2 (0.90)	97.9 (0.29)	98.7 (0.31)	97.9 (0.83)	96.7 (0.86)
10 to 13 years old	98.5 (0.15)	98.9 (0.17)	98.6 (0.41)	98.0 (0.43)	98.6 (0.20)	99.0 (0.23)	98.4 (0.61)	98.8 (0.47)	98.4 (0.22)	98.7 (0.26)	98.8 (0.55)	97.2 (0.73)
14 and 15 years old	98.0 (0.23)	98.3 (0.28)	97.7 (0.68)	97.9 (0.62)	97.6 (0.35)	97.9 (0.42)	96.2 (1.21)	98.1 (0.81)	98.5 (0.29)	98.7 (0.35)	99.3 (0.54)	97.6 (0.94)
16 and 17 years old	94.6 (0.36)	95.0 (0.45)	94.2 (1.02)	92.6 (1.13)	94.5 (0.51)	94.7 (0.64)	95.1 (1.33)	92.5 (1.59)	94.7 (0.51)	95.4 (0.62)	93.2 (1.55)	92.6 (1.61)
18 and 19 years old	68.9 (0.73)	72.4 (0.92)	65.8 (2.06)	57.1 (2.00)	65.0 (1.06)	68.4 (1.34)	61.8 (3.00)	51.8 (2.83)	72.9 (0.99)	76.5 (1.24)	69.7 (2.79)	62.5 (2.79)
20 and 21 years old	51.7 (0.81)	56.4 (1.03)	45.3 (2.28)	37.2 (2.14)	48.7 (1.13)	53.2 (1.44)	43.0 (3.15)	32.1 (2.83)	54.9 (1.16)	59.8 (1.46)	47.8 (3.29)	43.1 (3.21)
22 to 24 years old	30.4 (0.60)	31.1 (0.77)	32.7 (1.75)	20.4 (1.41)	29.0 (0.84)	30.8 (1.09)	27.5 (2.50)	18.6 (1.91)	31.8 (0.85)	31.4 (1.09)	36.9 (2.41)	22.2 (2.07)
25 to 29 years old	13.5 (0.34)	14.0 (0.45)	14.5 (1.04)	9.5 (0.77)	11.7 (0.46)	12.4 (0.60)	11.7 (1.38)	7.8 (0.95)	15.3 (0.52)	15.6 (0.67)	17.0 (1.53)	11.6 (1.23)
30 to 34 years old	8.1 (0.28)	8.1 (0.37)	11.0 (0.99)	5.6 (0.59)	6.9 (0.37)	7.1 (0.50)	8.1 (1.29)	5.2 (0.78)	9.3 (0.43)	9.0 (0.55)	13.3 (1.45)	6.0 (0.91)

[1]Beginning in 1994, preprimary enrollment was collected using new procedures and may not be comparable to figures for earlier years.

NOTE: Includes enrollment in any type of graded public, parochial, or other private schools. Includes nursery schools, kindergartens, elementary schools, high schools, colleges, universities, and professional schools. Attendance may be on either a full-time or part-time basis and during the day or night. Enrollments in "special" schools, such as trade schools, business colleges, or correspondence schools, are not included. Total includes persons from other racial/ethnic groups not shown separately. Race categories exclude persons of Hispanic ethnicity. Standard errors appear in parentheses.

SOURCE: U.S. Department of Commerce, Census Bureau, Current Population Survey (CPS), October, selected years, 1980 through 2009. (This table was prepared July 2010.)

Table 7. Percentage of the population 3 to 34 years old enrolled in school, by age group: Selected years, 1940 through 2009

Year	Total, 3 to 34 years old	3 and 4 years old	5 and 6 years old	7 to 13 years old	14 to 17 years old: Total	14 to 17 years old: 14 and 15	14 to 17 years old: 16 and 17	18 and 19 years old: Total	18 and 19 years old: In elementary and secondary	18 and 19 years old: In higher education	20 to 24 years old: Total	20 to 24 years old: 20 and 21	20 to 24 years old: 22 to 24	25 to 29 years old	30 to 34 years old
1	2	3	4	5	6	7	8	9	10	11	12	13	14	15	16
1940	— (†)	— (†)	— (†)	95.0 (—)	79.3 (—)	— (†)	— (†)	28.9 (—)	— (†)	— (†)	6.6 (—)	— (†)	— (†)	— (†)	— (†)
1945	— (†)	— (†)	— (†)	98.1 (—)	78.4 (—)	— (†)	— (†)	20.7 (—)	— (†)	— (†)	3.9 (—)	— (†)	— (†)	— (†)	— (†)
1947	— (†)	— (†)	73.8 (—)	98.5 (—)	79.3 (—)	— (†)	— (†)	24.3 (—)	— (†)	— (†)	10.2 (—)	— (†)	— (†)	3.0 (—)	— (†)
1948	— (†)	— (†)	74.7 (—)	98.1 (—)	81.8 (—)	— (†)	— (†)	26.9 (—)	— (†)	— (†)	9.7 (—)	— (†)	— (†)	2.6 (—)	— (†)
1949	— (†)	— (†)	76.2 (—)	98.6 (—)	81.6 (—)	— (†)	— (†)	25.3 (—)	— (†)	— (†)	9.2 (—)	— (†)	— (†)	3.8 (—)	— (†)
1950	— (†)	— (†)	74.4 (—)	98.7 (—)	83.7 (—)	— (†)	— (†)	29.4 (—)	— (†)	— (†)	9.0 (—)	— (†)	— (†)	3.0 (—)	0.9 (—)
1951	— (†)	— (†)	73.6 (—)	99.1 (—)	85.2 (—)	— (†)	— (†)	26.2 (—)	— (†)	— (†)	8.6 (—)	— (†)	— (†)	2.5 (—)	— (†)
1952	— (†)	— (†)	75.2 (—)	98.8 (—)	85.2 (—)	— (†)	— (†)	28.8 (—)	— (†)	— (†)	9.7 (—)	— (†)	— (†)	2.6 (—)	1.2 (—)
1953	— (†)	— (†)	78.6 (—)	99.4 (—)	85.9 (—)	— (†)	— (†)	31.2 (—)	— (†)	— (†)	11.1 (—)	— (†)	— (†)	2.9 (—)	1.7 (—)
1954	— (†)	— (†)	77.3 (—)	99.4 (—)	87.1 (—)	— (†)	— (†)	32.4 (—)	— (†)	— (†)	11.2 (—)	— (†)	— (†)	4.1 (—)	1.5 (—)
1955	— (†)	— (†)	78.1 (—)	99.2 (—)	86.9 (—)	— (†)	— (†)	31.5 (—)	— (†)	— (†)	11.1 (—)	— (†)	— (†)	4.2 (—)	1.6 (—)
1956	— (†)	— (†)	77.6 (—)	99.3 (—)	88.2 (—)	— (†)	— (†)	35.4 (—)	— (†)	— (†)	12.8 (—)	— (†)	— (†)	5.1 (—)	1.9 (—)
1957	— (†)	— (†)	78.6 (—)	99.5 (—)	89.5 (—)	— (†)	— (†)	34.9 (—)	— (†)	— (†)	14.0 (—)	— (†)	— (†)	— (†)	— (†)
1958	— (†)	— (†)	80.4 (—)	99.5 (—)	89.2 (—)	— (†)	— (†)	37.6 (—)	— (†)	— (†)	13.4 (—)	— (†)	— (†)	— (†)	— (†)
1959	— (†)	— (†)	80.0 (—)	99.4 (—)	90.2 (—)	— (†)	— (†)	36.8 (—)	— (†)	— (†)	12.7 (—)	— (†)	— (†)	— (†)	— (†)
1960	— (†)	— (†)	80.7 (—)	99.5 (—)	90.3 (—)	— (†)	— (†)	38.4 (—)	— (†)	— (†)	13.1 (—)	— (†)	— (†)	4.9 (—)	2.4 (—)
1961	— (†)	— (†)	81.7 (—)	99.3 (—)	91.4 (—)	— (†)	— (†)	38.0 (—)	— (†)	— (†)	13.7 (—)	— (†)	— (†)	— (†)	— (†)
1962	— (†)	— (†)	82.2 (—)	99.3 (—)	92.0 (—)	— (†)	— (†)	41.8 (—)	— (†)	— (†)	15.6 (—)	— (†)	— (†)	— (†)	— (†)
1963	— (†)	— (†)	82.7 (—)	99.3 (—)	92.9 (—)	— (†)	— (†)	40.9 (—)	— (†)	— (†)	17.3 (—)	— (†)	— (†)	— (†)	— (†)
1964	— (†)	— (†)	83.3 (—)	99.0 (—)	93.1 (—)	— (†)	— (†)	41.6 (—)	— (†)	— (†)	16.8 (—)	— (†)	— (†)	5.2 (—)	2.6 (—)
1965	55.5 (—)	10.6 (—)	84.9 (—)	99.4 (—)	93.2 (—)	— (†)	— (†)	46.3 (—)	— (†)	— (†)	19.0 (—)	27.6 (—)	13.2 (—)	6.1 (—)	3.2 (—)
1966	56.1 (—)	12.5 (—)	85.8 (—)	99.3 (—)	93.7 (—)	— (†)	— (†)	47.2 (—)	— (†)	— (†)	19.9 (—)	29.9 (—)	13.2 (—)	6.5 (—)	2.7 (—)
1967	56.6 (—)	14.2 (—)	87.4 (—)	99.3 (—)	93.7 (—)	— (†)	— (†)	47.6 (—)	— (†)	— (†)	22.0 (—)	33.3 (—)	13.6 (—)	6.6 (—)	4.0 (—)
1968	56.7 (—)	15.7 (—)	87.6 (—)	99.1 (—)	94.2 (—)	— (†)	— (†)	50.4 (—)	— (†)	— (†)	21.4 (—)	31.2 (—)	13.8 (—)	7.0 (—)	3.9 (—)
1969	57.0 (—)	16.1 (—)	88.4 (—)	99.2 (—)	94.0 (—)	— (†)	— (†)	50.2 (—)	— (†)	— (†)	23.0 (—)	34.1 (—)	15.4 (—)	7.9 (—)	4.8 (—)
1970	56.4 (0.22)	20.5 (0.73)	89.5 (0.53)	99.2 (0.08)	94.1 (0.27)	98.1 (0.22)	90.0 (0.50)	47.7 (0.87)	10.5 (0.53)	37.3 (0.84)	21.5 (0.48)	31.9 (0.87)	14.9 (0.53)	7.5 (0.33)	4.2 (0.27)
1971	56.2 (0.22)	21.2 (0.75)	91.6 (0.49)	99.1 (0.08)	94.5 (0.26)	98.6 (0.19)	90.2 (0.49)	49.2 (0.86)	11.5 (0.55)	37.7 (0.83)	21.9 (0.47)	32.2 (0.85)	15.4 (0.52)	8.0 (0.33)	4.9 (0.29)
1972	54.9 (0.22)	24.4 (0.80)	91.9 (0.50)	99.2 (0.08)	93.3 (0.28)	97.6 (0.24)	88.9 (0.51)	46.3 (0.84)	10.4 (0.52)	35.9 (0.81)	21.6 (0.46)	31.4 (0.81)	14.8 (0.51)	8.6 (0.34)	4.6 (0.28)
1973	53.5 (0.22)	24.2 (0.78)	92.5 (0.49)	99.2 (0.08)	92.9 (0.28)	97.5 (0.25)	88.3 (0.52)	42.9 (0.82)	10.0 (0.50)	32.9 (0.78)	20.8 (0.45)	30.1 (0.79)	14.5 (0.50)	8.5 (0.33)	4.5 (0.27)
1974	53.6 (0.22)	28.8 (0.83)	94.2 (0.43)	99.3 (0.07)	92.9 (0.28)	97.9 (0.23)	87.9 (0.52)	43.1 (0.82)	9.9 (0.49)	33.2 (0.78)	21.4 (0.45)	30.2 (0.77)	15.1 (0.51)	9.6 (0.34)	5.7 (0.29)
1975	53.7 (0.22)	31.5 (0.87)	94.7 (0.41)	99.3 (0.08)	93.6 (0.27)	98.2 (0.21)	89.0 (0.50)	46.9 (0.81)	10.2 (0.49)	36.7 (0.78)	22.4 (0.45)	31.2 (0.77)	16.2 (0.52)	10.1 (0.34)	6.6 (0.31)
1976	53.1 (0.22)	31.3 (0.90)	95.5 (0.38)	99.2 (0.09)	93.7 (0.27)	98.2 (0.21)	89.1 (0.50)	46.2 (0.80)	10.2 (0.49)	36.0 (0.77)	23.3 (0.45)	32.0 (0.77)	17.1 (0.52)	10.0 (0.33)	6.0 (0.29)
1977	52.5 (0.21)	32.0 (0.93)	95.8 (0.38)	99.4 (0.07)	93.7 (0.27)	98.5 (0.19)	88.9 (0.50)	46.2 (0.79)	10.4 (0.49)	35.7 (0.76)	22.9 (0.44)	31.8 (0.75)	16.5 (0.51)	10.8 (0.34)	6.9 (0.30)
1978	51.2 (0.21)	34.2 (0.94)	95.3 (0.41)	99.1 (0.09)	93.7 (0.27)	98.4 (0.20)	89.1 (0.49)	45.4 (0.79)	9.8 (0.47)	35.6 (0.76)	21.8 (0.43)	29.5 (0.73)	16.3 (0.50)	9.4 (0.32)	6.4 (0.28)
1979	50.3 (0.21)	35.1 (0.94)	95.8 (0.40)	99.2 (0.09)	93.6 (0.28)	98.1 (0.22)	89.2 (0.49)	45.0 (0.79)	10.3 (0.48)	34.6 (0.76)	21.7 (0.42)	30.2 (0.73)	15.8 (0.49)	9.6 (0.32)	6.4 (0.27)
1980	49.7 (0.21)	36.7 (0.94)	95.7 (0.40)	99.3 (0.09)	93.4 (0.29)	98.2 (0.22)	89.0 (0.50)	46.4 (0.79)	10.5 (0.49)	35.9 (0.76)	22.3 (0.42)	31.0 (0.74)	16.3 (0.49)	9.3 (0.31)	6.4 (0.27)
1981	48.9 (0.21)	36.0 (0.92)	94.0 (0.46)	99.2 (0.09)	94.1 (0.27)	98.0 (0.24)	90.6 (0.47)	49.0 (0.80)	11.5 (0.51)	37.5 (0.77)	22.5 (0.42)	31.6 (0.73)	16.5 (0.48)	9.0 (0.29)	6.9 (0.27)
1982	48.6 (0.22)	36.4 (0.96)	95.0 (0.44)	99.2 (0.10)	94.4 (0.29)	98.5 (0.22)	90.6 (0.51)	47.8 (0.85)	11.3 (0.54)	36.5 (0.82)	23.5 (0.45)	34.0 (0.79)	16.8 (0.50)	9.6 (0.31)	6.3 (0.27)
1983	48.4 (0.22)	37.5 (0.94)	95.4 (0.42)	99.2 (0.09)	95.0 (0.27)	98.3 (0.23)	91.7 (0.49)	50.4 (0.86)	12.8 (0.57)	37.6 (0.83)	22.7 (0.44)	32.5 (0.79)	16.6 (0.50)	9.6 (0.31)	6.4 (0.27)
1984	47.9 (0.22)	36.3 (0.92)	94.5 (0.45)	99.2 (0.09)	94.7 (0.28)	97.8 (0.26)	91.5 (0.50)	50.1 (0.88)	11.5 (0.56)	38.6 (0.86)	23.7 (0.45)	33.9 (0.80)	17.3 (0.51)	9.1 (0.30)	6.3 (0.27)

See notes at end of table.

Table 7. Percentage of the population 3 to 34 years old enrolled in school, by age group: Selected years, 1940 through 2009—Continued

Year	Total, 3 to 34 years old	3 and 4 years old	5 and 6 years old	7 to 13 years old	14 to 17 years old: Total	14 to 17 years old: 14 and 15	14 to 17 years old: 16 and 17	18 and 19 years old: Total	18 and 19 years old: In elementary and secondary	18 and 19 years old: In higher education	20 to 24 years old: Total	20 to 24 years old: 20 and 21	20 to 24 years old: 22 to 24	25 to 29 years old	30 to 34 years old
1	2	3	4	5	6	7	8	9	10	11	12	13	14	15	16
1985	48.3 (0.22)	38.9 (0.94)	96.1 (0.38)	99.2 (0.09)	94.9 (0.27)	98.1 (0.24)	91.7 (0.49)	51.6 (0.89)	11.2 (0.56)	40.4 (0.88)	24.0 (0.46)	35.3 (0.83)	16.9 (0.51)	9.2 (0.30)	6.1 (0.26)
1986	48.2 (0.22)	38.9 (0.93)	95.3 (0.41)	99.2 (0.10)	94.9 (0.28)	97.6 (0.28)	92.3 (0.47)	54.6 (0.90)	13.1 (0.61)	41.5 (0.89)	23.6 (0.46)	33.0 (0.83)	17.9 (0.53)	8.8 (0.29)	6.0 (0.25)
1987	48.6 (0.22)	38.3 (0.93)	95.1 (0.41)	99.5 (0.07)	95.0 (0.28)	98.6 (0.22)	91.7 (0.48)	55.6 (0.89)	13.1 (0.60)	42.5 (0.89)	25.5 (0.48)	38.7 (0.88)	17.5 (0.53)	9.0 (0.30)	5.8 (0.25)
1988	48.7 (0.24)	38.2 (1.02)	96.0 (0.41)	99.7 (0.07)	95.1 (0.30)	98.9 (0.22)	91.6 (0.55)	55.6 (0.98)	13.9 (0.68)	41.8 (0.97)	26.1 (0.54)	39.1 (0.98)	18.2 (0.60)	8.3 (0.32)	5.9 (0.27)
1989	49.0 (0.24)	39.1 (1.02)	95.2 (0.45)	99.3 (0.09)	95.7 (0.29)	98.8 (0.22)	92.7 (0.53)	56.0 (0.97)	14.4 (0.69)	41.6 (0.96)	27.0 (0.56)	38.5 (0.99)	19.9 (0.64)	9.3 (0.34)	5.7 (0.26)
1990	50.2 (0.23)	44.4 (0.98)	96.5 (0.36)	99.6 (0.06)	95.8 (0.28)	99.0 (0.19)	92.5 (0.52)	57.2 (0.94)	14.5 (0.67)	42.7 (0.94)	28.6 (0.54)	39.7 (0.92)	21.0 (0.63)	9.7 (0.33)	5.8 (0.25)
1991	50.7 (0.23)	40.5 (0.96)	95.4 (0.41)	99.6 (0.06)	96.0 (0.27)	98.8 (0.22)	93.3 (0.49)	59.6 (0.96)	15.6 (0.71)	44.0 (0.97)	30.2 (0.55)	42.0 (0.92)	22.2 (0.64)	10.2 (0.34)	6.2 (0.26)
1992	51.4 (0.23)	39.7 (0.95)	95.5 (0.41)	99.4 (0.08)	96.7 (0.25)	99.1 (0.18)	94.1 (0.46)	61.4 (0.96)	17.1 (0.74)	44.3 (0.98)	31.6 (0.56)	44.0 (0.95)	23.7 (0.65)	9.8 (0.34)	6.1 (0.26)
1993	51.8 (0.23)	40.4 (0.93)	95.4 (0.41)	99.5 (0.07)	96.5 (0.25)	98.9 (0.20)	94.0 (0.46)	61.6 (0.95)	17.2 (0.74)	44.4 (0.97)	30.8 (0.56)	42.7 (0.97)	23.6 (0.65)	10.2 (0.35)	5.9 (0.25)
1994	53.3 (0.23)	47.3[1] (0.94)	96.7 (0.34)	99.4 (0.08)	96.6 (0.22)	98.8 (0.20)	94.4 (0.43)	60.2 (0.94)	16.2 (0.71)	43.9 (0.95)	32.0 (0.55)	44.9 (0.95)	24.0 (0.64)	10.8 (0.36)	6.7 (0.27)
1995	53.7 (0.23)	48.7[1] (0.94)	96.0 (0.37)	98.9 (0.11)	96.3 (0.23)	98.9 (0.19)	93.6 (0.45)	59.4 (0.93)	16.3 (0.70)	43.1 (0.93)	31.5 (0.56)	44.9 (0.97)	23.2 (0.64)	11.6 (0.37)	5.9 (0.26)
1996	54.1 (0.22)	48.3[1] (0.91)	94.0 (0.43)	97.7 (0.15)	95.4 (0.26)	98.0 (0.24)	92.8 (0.45)	61.5 (0.87)	16.7 (0.67)	44.9 (0.89)	32.5 (0.55)	44.4 (0.93)	24.8 (0.65)	11.9 (0.36)	6.1 (0.25)
1997	55.6 (0.22)	52.6[1] (0.92)	96.5 (0.33)	99.1 (0.09)	96.6 (0.22)	98.9 (0.18)	94.3 (0.40)	61.5 (0.86)	16.7 (0.66)	44.7 (0.88)	34.3 (0.55)	45.9 (0.91)	26.4 (0.66)	11.8 (0.36)	5.7 (0.25)
1998	55.8 (0.22)	52.1[1] (0.92)	95.6 (0.37)	98.9 (0.10)	96.1 (0.24)	98.4 (0.22)	93.9 (0.41)	62.2 (0.84)	15.7 (0.63)	46.4 (0.86)	33.0 (0.55)	44.8 (0.91)	24.9 (0.65)	11.9 (0.37)	6.6 (0.27)
1999	56.0 (0.22)	54.2[1] (0.93)	96.0 (0.36)	98.7 (0.11)	95.8 (0.24)	98.2 (0.23)	93.6 (0.42)	60.6 (0.84)	16.5 (0.64)	44.1 (0.86)	32.8 (0.54)	45.3 (0.90)	24.5 (0.64)	11.1 (0.36)	6.2 (0.27)
2000	55.9 (0.22)	52.1[1] (0.93)	95.6 (0.38)	98.2 (0.13)	95.7 (0.25)	98.7 (0.20)	92.8 (0.45)	61.2 (0.84)	16.5 (0.64)	44.7 (0.85)	32.5 (0.53)	44.1 (0.88)	24.6 (0.63)	11.4 (0.37)	6.7 (0.28)
2001	56.4 (0.20)	52.4[1] (0.88)	95.3 (0.37)	98.3 (0.12)	95.8 (0.24)	98.1 (0.22)	93.4 (0.40)	61.1 (0.79)	17.1 (0.61)	44.0 (0.80)	34.1 (0.50)	46.1 (0.82)	25.5 (0.61)	11.8 (0.36)	6.9 (0.26)
2002	57.1 (0.20)	56.4[1] (0.87)	95.5 (0.37)	98.3 (0.12)	96.4 (0.22)	98.5 (0.20)	94.4 (0.37)	63.2 (0.78)	17.6 (0.62)	45.7 (0.81)	35.0 (0.50)	48.5 (0.83)	26.0 (0.59)	12.3 (0.36)	6.7 (0.26)
2003	56.2 (0.20)	55.1[1] (0.85)	94.5 (0.40)	98.3 (0.12)	96.2 (0.21)	97.5 (0.25)	94.9 (0.34)	64.5 (0.80)	17.9 (0.64)	46.6 (0.84)	35.6 (0.50)	48.3 (0.83)	27.8 (0.59)	11.8 (0.34)	6.8 (0.26)
2004	56.2 (0.20)	54.0[1] (0.85)	95.4 (0.37)	98.4 (0.12)	96.5 (0.21)	98.5 (0.19)	94.5 (0.36)	64.4 (0.80)	16.6 (0.62)	47.8 (0.83)	35.2 (0.49)	48.9 (0.82)	26.3 (0.58)	13.0 (0.35)	6.6 (0.26)
2005	56.5 (0.20)	53.6[1] (0.86)	95.4 (0.37)	98.6 (0.11)	96.5 (0.20)	98.0 (0.22)	95.1 (0.33)	67.6 (0.79)	18.3 (0.65)	49.3 (0.84)	36.1 (0.49)	48.7 (0.80)	27.3 (0.59)	11.9 (0.34)	6.9 (0.27)
2006	56.0 (0.20)	55.7[1] (0.86)	94.6 (0.39)	98.3 (0.12)	96.4 (0.21)	98.3 (0.21)	94.6 (0.36)	65.5 (0.77)	19.3 (0.64)	46.2 (0.81)	35.0 (0.49)	47.5 (0.81)	26.7 (0.58)	11.7 (0.33)	7.2 (0.27)
2007	56.1 (0.20)	54.5[1] (0.86)	94.7 (0.39)	98.4 (0.12)	96.4 (0.21)	98.7 (0.18)	94.3 (0.36)	66.8 (0.75)	17.9 (0.61)	48.9 (0.80)	35.7 (0.49)	48.4 (0.81)	27.3 (0.59)	12.4 (0.33)	7.2 (0.27)
2008	56.2 (0.20)	52.8[1] (0.85)	93.8 (0.42)	98.7 (0.11)	96.8 (0.20)	98.6 (0.19)	95.2 (0.34)	66.0 (0.75)	17.4 (0.60)	48.6 (0.79)	36.9 (0.49)	50.1 (0.81)	28.2 (0.59)	13.2 (0.34)	7.3 (0.27)
2009	56.5 (0.20)	52.4[1] (0.85)	94.1 (0.40)	98.2 (0.12)	96.3 (0.22)	98.0 (0.23)	94.6 (0.36)	68.9 (0.73)	19.1 (0.62)	49.8 (0.79)	38.7 (0.50)	51.7 (0.81)	30.4 (0.60)	13.5 (0.34)	8.1 (0.28)

—Not available.
†Not applicable.
[1]Preprimary enrollment collected using new procedures. Data may not be comparable to figures for earlier years.
NOTE: Data for 1940 are for April. Data for all other years are as of October. Includes enrollment in any type of graded public, parochial, or other private schools. Includes nursery schools, kindergartens, elementary schools, high schools, colleges, universities, and professional schools. Attendance may be on either a full-time or part-time basis and during the day or night. Enrollments in "special" schools, such as trade schools, business colleges, or correspondence schools, are not included. Standard errors appear in parentheses.
SOURCE: U.S. Department of Commerce, Census Bureau, *Historical Statistics of the United States, Colonial Times to 1970; Current Population Reports,* Series P-20, various years; and Current Population Survey, October, 1970 through 2009. (This table was prepared December 2010.)

Table 8. Percentage of persons age 25 and over and 25 to 29, by race/ethnicity, years of school completed, and sex: Selected years, 1910 through 2010

Age, year, and sex	Total		White[1]		Black[1]		Hispanic		Asian[2]	
	High school completion or higher[3]	Bachelor's or higher degree[4]	High school completion or higher[3]	Bachelor's or higher degree[4]	High school completion or higher[3]	Bachelor's or higher degree[4]	High school completion or higher[3]	Bachelor's or higher degree[4]	High school completion or higher[3]	Bachelor's or higher degree[4]
1	2	3	4	5	6	7	8	9	10	11
Total, 25 and over										
1910[5]	13.5 (—)	2.7 (—)	— (†)	— (†)	— (†)	— (†)	— (†)	— (†)	— (†)	— (†)
1920[5]	16.4 (—)	3.3 (—)	— (†)	— (†)	— (†)	— (†)	— (†)	— (†)	— (†)	— (†)
1930[5]	19.1 (—)	3.9 (—)	— (†)	— (†)	— (†)	— (†)	— (†)	— (†)	— (†)	— (†)
April 1940	24.5 (—)	4.6 (—)	26.1 (—)	4.9 (—)	7.7 (—)	1.3 (—)	— (†)	— (†)	— (†)	— (†)
April 1950	34.3 (—)	6.2 (—)	36.4 (—)	6.6 (—)	13.7 (—)	2.2 (—)	— (†)	— (†)	— (†)	— (†)
April 1960	41.1 (—)	7.7 (—)	43.2 (—)	8.1 (—)	21.7 (—)	3.5 (—)	— (†)	— (†)	— (†)	— (†)
March 1970	55.2 (—)	11.0 (—)	57.4 (—)	11.6 (—)	36.1 (—)	6.1 (—)	— (†)	— (†)	— (†)	— (†)
March 1975	62.5 (—)	13.9 (—)	65.8 (—)	14.9 (—)	42.6 (—)	6.4 (—)	38.5 (—)	6.6 (—)	— (†)	— (†)
March 1980	68.6 (0.20)	17.0 (0.16)	71.9 (0.21)	18.4 (0.18)	51.4 (0.81)	7.9 (0.44)	44.5 (1.18)	7.6 (0.63)	— (†)	— (†)
March 1985	73.9 (0.18)	19.4 (0.16)	77.5 (0.19)	20.8 (0.19)	59.9 (0.74)	11.1 (0.47)	47.9 (0.99)	8.5 (0.55)	— (†)	— (†)
March 1986	74.7 (0.18)	19.4 (0.16)	78.2 (0.19)	20.9 (0.19)	62.5 (0.72)	10.9 (0.47)	48.5 (0.96)	8.4 (0.53)	— (†)	— (†)
March 1987	75.6 (0.17)	19.9 (0.16)	79.0 (0.18)	21.4 (0.19)	63.6 (0.71)	10.8 (0.46)	50.9 (0.94)	8.6 (0.53)	— (†)	— (†)
March 1988	76.2 (0.17)	20.3 (0.16)	79.8 (0.18)	21.8 (0.19)	63.5 (0.70)	11.2 (0.46)	51.0 (0.92)	10.0 (0.55)	— (†)	— (†)
March 1989	76.9 (0.17)	21.1 (0.16)	80.7 (0.18)	22.8 (0.19)	64.7 (0.69)	11.7 (0.46)	50.9 (0.89)	9.9 (0.53)	82.3 (1.17)	41.5 (1.51)
March 1990	77.6 (0.17)	21.3 (0.16)	81.4 (0.17)	23.1 (0.19)	66.2 (0.67)	11.3 (0.45)	50.8 (0.88)	9.2 (0.51)	84.2 (1.09)	41.7 (1.47)
March 1991	78.4 (0.16)	21.4 (0.16)	82.4 (0.17)	23.3 (0.19)	66.8 (0.66)	11.5 (0.45)	51.3 (0.86)	9.7 (0.51)	84.2 (1.05)	40.3 (1.42)
March 1992	79.4 (0.16)	21.4 (0.16)	83.4 (0.16)	23.2 (0.19)	67.7 (0.65)	11.9 (0.45)	52.6 (0.85)	9.3 (0.49)	83.7 (1.02)	39.3 (1.35)
March 1993	80.2 (0.16)	21.9 (0.16)	84.1 (0.16)	23.8 (0.19)	70.5 (0.63)	12.2 (0.45)	53.1 (0.83)	9.0 (0.48)	84.2 (1.00)	42.1 (1.35)
March 1994	80.9 (0.15)	22.2 (0.16)	84.9 (0.16)	24.3 (0.19)	73.0 (0.61)	12.9 (0.46)	53.3 (0.78)	9.1 (0.45)	84.8 (0.98)	41.3 (1.34)
March 1995	81.7 (0.15)	23.0 (0.16)	85.9 (0.16)	25.4 (0.19)	73.8 (0.61)	13.3 (0.47)	53.4 (0.78)	9.3 (0.45)	83.8 (1.06)	38.5 (1.40)
March 1996	81.7 (0.16)	23.6 (0.17)	86.0 (0.16)	25.9 (0.20)	74.6 (0.53)	13.8 (0.42)	53.1 (0.68)	9.3 (0.40)	83.5 (0.82)	42.3 (1.09)
March 1997	82.1 (0.14)	23.9 (0.16)	86.3 (0.15)	26.2 (0.19)	75.3 (0.52)	13.3 (0.41)	54.7 (0.54)	10.3 (0.33)	85.2 (0.75)	42.6 (1.04)
March 1998	82.8 (0.14)	24.4 (0.16)	87.1 (0.14)	26.6 (0.19)	76.4 (0.50)	14.8 (0.42)	55.5 (0.53)	11.0 (0.33)	84.9 (0.74)	42.3 (1.02)
March 1999	83.4 (0.14)	25.2 (0.16)	87.7 (0.14)	27.7 (0.19)	77.4 (0.49)	15.5 (0.43)	56.1 (0.52)	10.9 (0.33)	84.7 (0.73)	42.4 (1.01)
March 2000	84.1 (0.13)	25.6 (0.16)	88.4 (0.14)	28.1 (0.19)	78.9 (0.48)	16.6 (0.44)	57.0 (0.51)	10.6 (0.32)	85.7 (0.71)	44.4 (1.00)
March 2001	84.3 (0.13)	26.1 (0.16)	88.7 (0.13)	28.6 (0.19)	79.5 (0.47)	16.1 (0.43)	56.5 (0.50)	11.2 (0.32)	87.8 (0.60)	48.0 (0.92)
March 2002	84.1 (0.09)	26.7 (0.11)	88.7 (0.10)	29.4 (0.14)	79.2 (0.34)	17.2 (0.31)	57.0 (0.34)	11.1 (0.21)	87.7 (0.44)	47.7 (0.66)
March 2003	84.6 (0.09)	27.2 (0.11)	89.4 (0.09)	30.0 (0.14)	80.3 (0.33)	17.4 (0.31)	57.0 (0.33)	11.4 (0.21)	87.8 (0.44)	50.0 (0.67)
March 2004	85.2 (0.09)	27.7 (0.11)	90.0 (0.09)	30.6 (0.14)	81.1 (0.32)	17.7 (0.31)	58.4 (0.32)	12.1 (0.21)	86.9 (0.44)	49.7 (0.66)
March 2005	85.2 (0.09)	27.6 (0.11)	90.1 (0.09)	30.6 (0.14)	81.4 (0.32)	17.6 (0.31)	58.5 (0.32)	12.0 (0.21)	87.7 (0.42)	50.4 (0.64)
March 2006	85.5 (0.09)	28.0 (0.11)	90.5 (0.09)	31.0 (0.14)	81.2 (0.32)	18.6 (0.31)	59.3 (0.31)	12.4 (0.21)	87.5 (0.38)	50.0 (0.57)
March 2007	85.7 (0.09)	28.7 (0.11)	90.6 (0.09)	31.8 (0.14)	82.8 (0.30)	18.7 (0.31)	60.3 (0.30)	12.7 (0.20)	87.9 (0.36)	52.5 (0.56)
March 2008	86.6 (0.08)	29.4 (0.11)	91.5 (0.08)	32.6 (0.14)	83.3 (0.30)	19.7 (0.32)	62.3 (0.29)	13.3 (0.21)	88.8 (0.35)	52.9 (0.55)
March 2009	86.7 (0.08)	29.5 (0.11)	91.6 (0.08)	32.9 (0.14)	84.2 (0.29)	19.4 (0.31)	61.9 (0.29)	13.2 (0.20)	88.3 (0.36)	52.8 (0.55)
March 2010	87.1 (0.08)	29.9 (0.11)	92.1 (0.08)	33.2 (0.14)	84.6 (0.28)	20.0 (0.31)	62.9 (0.29)	13.9 (0.20)	89.1 (0.34)	52.8 (0.54)
Total, 25 to 29										
1920[5]	— (†)	— (†)	22.0 (—)	4.5 (—)	6.3 (—)	1.2 (—)	— (†)	— (†)	— (†)	— (†)
April 1940	38.1 (—)	5.9 (—)	41.2 (—)	6.4 (—)	12.3 (—)	1.6 (—)	— (†)	— (†)	— (†)	— (†)
April 1950	52.8 (—)	7.7 (—)	56.3 (—)	8.2 (—)	23.6 (—)	2.8 (—)	— (†)	— (†)	— (†)	— (†)
April 1960	60.7 (—)	11.0 (—)	63.7 (—)	11.8 (—)	38.6 (—)	5.4 (—)	— (†)	— (†)	— (†)	— (†)
March 1970	75.4 (—)	16.4 (—)	77.8 (—)	17.3 (—)	58.4 (—)	10.0 (—)	— (†)	— (†)	— (†)	— (†)
March 1975	83.1 (—)	21.9 (—)	86.6 (—)	23.8 (—)	71.1 (—)	10.5 (—)	53.1 (—)	8.8 (—)	— (†)	— (†)
March 1980	85.4 (0.40)	22.5 (0.47)	89.2 (0.40)	25.0 (0.55)	76.7 (1.64)	11.6 (1.24)	58.0 (2.59)	7.7 (1.39)	— (†)	— (†)
March 1985	86.1 (0.37)	22.2 (0.45)	89.5 (0.38)	24.4 (0.53)	80.5 (1.42)	11.6 (1.15)	60.9 (2.17)	11.1 (1.39)	— (†)	— (†)
March 1986	86.1 (0.37)	22.4 (0.45)	89.6 (0.37)	25.2 (0.53)	83.5 (1.32)	11.8 (1.15)	59.1 (2.07)	9.0 (1.21)	— (†)	— (†)
March 1987	86.0 (0.37)	22.0 (0.44)	89.4 (0.38)	24.6 (0.53)	83.4 (1.32)	11.5 (1.13)	59.8 (2.04)	8.7 (1.17)	— (†)	— (†)
March 1988	85.9 (0.37)	22.7 (0.45)	89.7 (0.38)	25.1 (0.54)	80.9 (1.39)	12.0 (1.15)	62.3 (1.96)	11.3 (1.28)	— (†)	— (†)
March 1989	85.5 (0.38)	23.4 (0.45)	89.3 (0.38)	26.3 (0.55)	82.3 (1.35)	12.6 (1.17)	61.0 (1.92)	10.1 (1.19)	89.7 (2.31)	45.1 (3.77)
March 1990	85.7 (0.38)	23.2 (0.46)	90.1 (0.37)	26.4 (0.55)	81.7 (1.37)	13.4 (1.20)	58.2 (1.94)	8.1 (1.07)	91.5 (2.09)	43.0 (3.71)
March 1991	85.4 (0.39)	23.2 (0.46)	89.8 (0.39)	26.7 (0.56)	81.8 (1.36)	11.0 (1.10)	56.7 (1.96)	9.2 (1.15)	92.5 (2.00)	41.6 (3.74)
March 1992	86.3 (0.38)	23.6 (0.47)	90.7 (0.38)	27.2 (0.58)	80.9 (1.41)	11.0 (1.12)	60.9 (1.93)	9.5 (1.16)	95.7 (1.53)	44.6 (3.77)
March 1993	86.7 (0.38)	23.7 (0.48)	91.2 (0.37)	27.2 (0.59)	82.6 (1.36)	13.3 (1.22)	60.9 (1.90)	8.3 (1.08)	94.4 (1.69)	44.6 (3.67)
March 1994	86.1 (0.39)	23.3 (0.47)	91.1 (0.38)	27.1 (0.60)	84.1 (1.31)	13.6 (1.23)	60.3 (1.75)	8.0 (0.97)	92.2 (1.92)	45.9 (3.58)
March 1995	86.8 (0.39)	24.7 (0.49)	92.5 (0.36)	28.8 (0.62)	86.7 (1.23)	15.4 (1.31)	57.1 (1.80)	8.9 (1.04)	90.8 (2.26)	43.1 (3.87)
March 1996	87.3 (0.40)	27.1 (0.53)	92.6 (0.38)	31.6 (0.67)	86.0 (1.14)	14.6 (1.16)	61.1 (1.58)	10.0 (0.97)	90.0 (1.68)	49.9 (2.80)
March 1997	87.4 (0.37)	27.8 (0.50)	92.9 (0.35)	32.6 (0.63)	86.9 (1.10)	14.2 (1.14)	61.8 (1.24)	11.0 (0.80)	90.6 (1.60)	51.2 (2.74)
March 1998	88.1 (0.36)	27.3 (0.50)	93.6 (0.34)	32.3 (0.64)	88.2 (1.04)	15.8 (1.18)	62.8 (1.23)	10.4 (0.78)	90.5 (1.60)	43.1 (2.70)
March 1999	87.8 (0.37)	28.2 (0.51)	93.0 (0.35)	33.6 (0.66)	88.7 (1.03)	15.0 (1.16)	61.6 (1.26)	8.9 (0.74)	93.4 (1.31)	51.3 (2.65)
March 2000	88.1 (0.37)	29.1 (0.52)	94.0 (0.33)	34.0 (0.67)	86.8 (1.13)	17.8 (1.28)	62.8 (1.22)	9.7 (0.75)	93.7 (1.27)	54.3 (2.60)
March 2001	87.7 (0.38)	28.6 (0.52)	93.3 (0.36)	33.0 (0.68)	87.0 (1.11)	17.8 (1.27)	63.2 (1.23)	11.1 (0.80)	95.2 (1.06)	54.8 (2.46)
March 2002	86.4 (0.28)	29.3 (0.37)	93.0 (0.26)	35.9 (0.50)	87.6 (0.80)	18.0 (0.94)	62.4 (0.78)	8.9 (0.46)	95.4 (0.76)	55.9 (1.80)
March 2003	86.5 (0.27)	28.4 (0.36)	93.7 (0.25)	34.2 (0.49)	88.5 (0.78)	17.5 (0.93)	61.7 (0.75)	10.0 (0.47)	97.3 (0.60)	62.1 (1.77)
March 2004	86.6 (0.27)	28.7 (0.36)	93.3 (0.26)	34.5 (0.49)	88.7 (0.76)	17.1 (0.90)	62.4 (0.75)	10.9 (0.48)	96.6 (0.67)	62.6 (1.78)
March 2005	86.2 (0.27)	28.8 (0.36)	92.8 (0.26)	34.5 (0.48)	87.0 (0.79)	17.6 (0.89)	63.3 (0.74)	11.2 (0.48)	95.5 (0.76)	62.1 (1.77)

See notes at end of table.

Table 8. Percentage of persons age 25 and over and 25 to 29, by race/ethnicity, years of school completed, and sex: Selected years, 1910 through 2010—Continued

Age, year, and sex	Total		White[1]		Black[1]		Hispanic		Asian[2]	
	High school completion or higher[3]	Bachelor's or higher degree[4]	High school completion or higher[3]	Bachelor's or higher degree[4]	High school completion or higher[3]	Bachelor's or higher degree[4]	High school completion or higher[3]	Bachelor's or higher degree[4]	High school completion or higher[3]	Bachelor's or higher degree[4]
1	2	3	4	5	6	7	8	9	10	11
March 2006	86.4 (0.27)	28.4 (0.35)	93.4 (0.25)	34.3 (0.48)	86.3 (0.79)	18.7 (0.90)	63.2 (0.72)	9.5 (0.44)	96.6 (0.58)	61.9 (1.56)
March 2007	87.0 (0.26)	29.6 (0.35)	93.5 (0.25)	35.5 (0.47)	87.7 (0.75)	19.5 (0.90)	65.0 (0.71)	11.6 (0.47)	97.5 (0.50)	61.5 (1.55)
March 2008	87.8 (0.25)	30.8 (0.35)	93.7 (0.24)	37.1 (0.47)	87.5 (0.74)	20.4 (0.91)	68.3 (0.68)	12.4 (0.48)	95.8 (0.65)	60.2 (1.59)
March 2009	88.6 (0.24)	30.6 (0.35)	94.6 (0.22)	37.2 (0.47)	88.9 (0.70)	18.9 (0.87)	68.9 (0.68)	12.2 (0.48)	95.8 (0.67)	60.3 (1.62)
March 2010	88.8 (0.24)	31.7 (0.35)	94.5 (0.22)	38.6 (0.47)	89.6 (0.68)	19.4 (0.88)	69.4 (0.68)	13.5 (0.50)	94.0 (0.76)	55.8 (1.58)
Males, 25 and over										
April 1940	22.7 (—)	5.5 (—)	24.2 (—)	5.9 (—)	6.9 (—)	1.4 (—)	— (†)	— (†)	— (†)	— (†)
April 1950	32.6 (—)	7.3 (—)	34.6 (—)	7.9 (—)	12.6 (—)	2.1 (—)	— (†)	— (†)	— (†)	— (†)
April 1960	39.5 (—)	9.7 (—)	41.6 (—)	10.3 (—)	20.0 (—)	3.5 (—)	— (†)	— (†)	— (†)	— (†)
March 1970	55.0 (—)	14.1 (—)	57.2 (—)	15.0 (—)	35.4 (—)	6.8 (—)	— (†)	— (†)	— (†)	— (†)
March 1980	69.2 (0.30)	20.9 (0.26)	72.4 (0.31)	22.8 (0.29)	51.2 (1.23)	7.7 (0.66)	44.9 (1.74)	9.2 (1.01)	— (†)	— (†)
March 1990	77.7 (0.24)	24.4 (0.25)	81.6 (0.25)	26.7 (0.29)	65.8 (1.03)	11.9 (0.70)	50.3 (1.27)	9.8 (0.76)	86.0 (1.49)	45.9 (2.14)
March 1995	81.7 (0.22)	26.0 (0.25)	86.0 (0.22)	28.9 (0.29)	73.5 (0.91)	13.7 (0.71)	52.9 (1.11)	10.1 (0.67)	85.8 (1.46)	42.3 (2.06)
March 1996	81.9 (0.23)	26.0 (0.26)	86.1 (0.23)	28.8 (0.30)	74.6 (0.80)	12.5 (0.61)	53.0 (0.97)	10.3 (0.59)	86.2 (1.10)	46.9 (1.59)
March 1997	82.0 (0.21)	26.2 (0.24)	86.3 (0.21)	29.0 (0.28)	73.8 (0.79)	12.5 (0.60)	54.9 (0.76)	10.6 (0.47)	87.5 (1.00)	48.0 (1.51)
March 1998	82.8 (0.20)	26.5 (0.24)	87.1 (0.21)	29.3 (0.28)	75.4 (0.77)	14.0 (0.62)	55.7 (0.74)	11.1 (0.47)	87.9 (0.98)	46.0 (1.50)
March 1999	83.4 (0.20)	27.5 (0.24)	87.7 (0.20)	30.6 (0.28)	77.2 (0.74)	14.3 (0.62)	56.0 (0.75)	10.7 (0.46)	86.9 (1.00)	46.3 (1.48)
March 2000	84.2 (0.19)	27.8 (0.24)	88.5 (0.20)	30.8 (0.28)	79.1 (0.72)	16.4 (0.65)	56.6 (0.73)	10.7 (0.45)	88.4 (0.94)	48.1 (1.47)
March 2001	84.4 (0.19)	28.0 (0.24)	88.6 (0.19)	30.9 (0.28)	80.6 (0.69)	15.9 (0.64)	55.6 (0.72)	11.1 (0.45)	90.6 (0.78)	52.9 (1.33)
March 2002	83.8 (0.14)	28.5 (0.17)	88.5 (0.14)	31.7 (0.20)	79.0 (0.51)	16.5 (0.47)	56.1 (0.48)	11.0 (0.30)	89.8 (0.58)	51.5 (0.96)
March 2003	84.1 (0.13)	28.9 (0.17)	89.0 (0.14)	32.3 (0.20)	79.9 (0.50)	16.8 (0.47)	56.3 (0.46)	11.2 (0.29)	89.8 (0.59)	54.2 (0.98)
March 2004	84.8 (0.13)	29.4 (0.17)	89.9 (0.13)	32.9 (0.20)	80.8 (0.49)	16.6 (0.46)	57.3 (0.45)	11.8 (0.30)	88.8 (0.60)	54.0 (0.95)
March 2005	84.9 (0.13)	28.9 (0.17)	89.9 (0.13)	32.4 (0.20)	81.4 (0.48)	16.0 (0.45)	57.9 (0.44)	11.8 (0.29)	90.5 (0.55)	54.3 (0.93)
March 2006	85.0 (0.13)	29.2 (0.16)	90.2 (0.13)	32.8 (0.20)	80.7 (0.48)	17.5 (0.46)	58.5 (0.43)	11.9 (0.28)	89.7 (0.51)	53.1 (0.83)
March 2007	85.0 (0.13)	29.5 (0.16)	90.2 (0.13)	33.2 (0.20)	82.5 (0.46)	18.1 (0.47)	58.2 (0.42)	11.8 (0.28)	90.1 (0.49)	55.8 (0.81)
March 2008	85.9 (0.12)	30.1 (0.16)	91.1 (0.12)	33.8 (0.20)	82.1 (0.46)	18.7 (0.47)	60.9 (0.41)	12.6 (0.28)	90.8 (0.47)	56.1 (0.80)
March 2009	86.2 (0.12)	30.1 (0.16)	91.4 (0.12)	33.9 (0.20)	84.2 (0.43)	17.9 (0.45)	60.6 (0.41)	12.5 (0.27)	90.7 (0.47)	56.5 (0.81)
March 2010	86.6 (0.12)	30.3 (0.16)	91.8 (0.12)	34.2 (0.20)	84.2 (0.43)	17.9 (0.45)	61.4 (0.40)	12.9 (0.28)	91.5 (0.45)	56.2 (0.79)
Females, 25 and over										
April 1940	26.3 (—)	3.8 (—)	28.1 (—)	4.0 (—)	8.4 (—)	1.2 (—)	— (†)	— (†)	— (†)	— (†)
April 1950	36.0 (—)	5.2 (—)	38.2 (—)	5.4 (—)	14.7 (—)	2.4 (—)	— (†)	— (†)	— (†)	— (†)
April 1960	42.5 (—)	5.8 (—)	44.7 (—)	6.0 (—)	23.1 (—)	3.6 (—)	— (†)	— (†)	— (†)	— (†)
March 1970	55.4 (—)	8.2 (—)	57.7 (—)	8.6 (—)	36.6 (—)	5.6 (—)	— (†)	— (†)	— (†)	— (†)
March 1980	68.1 (0.28)	13.6 (0.21)	71.5 (0.30)	14.4 (0.23)	51.5 (1.10)	8.1 (0.60)	44.2 (1.66)	6.2 (0.80)	— (†)	— (†)
March 1990	77.5 (0.23)	18.4 (0.22)	81.3 (0.24)	19.8 (0.25)	66.5 (0.92)	10.8 (0.60)	51.3 (1.25)	8.7 (0.70)	82.5 (1.57)	37.8 (2.01)
March 1995	81.6 (0.21)	20.2 (0.22)	85.8 (0.22)	22.1 (0.26)	74.1 (0.81)	13.0 (0.62)	53.8 (1.09)	8.4 (0.61)	81.9 (1.54)	35.0 (1.90)
March 1996	81.6 (0.22)	21.4 (0.23)	85.9 (0.22)	23.2 (0.27)	74.6 (0.71)	14.8 (0.58)	53.3 (0.97)	8.3 (0.53)	81.0 (1.21)	38.0 (1.50)
March 1997	82.2 (0.20)	21.7 (0.21)	86.3 (0.20)	23.7 (0.25)	76.5 (0.68)	14.0 (0.56)	54.6 (0.76)	10.1 (0.46)	82.9 (1.11)	37.4 (1.43)
March 1998	82.9 (0.19)	22.4 (0.21)	87.1 (0.20)	24.1 (0.25)	77.1 (0.67)	15.4 (0.58)	55.3 (0.75)	10.9 (0.47)	82.3 (1.09)	38.9 (1.39)
March 1999	83.3 (0.19)	23.1 (0.22)	87.6 (0.19)	25.0 (0.26)	77.5 (0.66)	16.5 (0.59)	56.3 (0.73)	11.0 (0.46)	82.8 (1.06)	39.0 (1.37)
March 2000	84.0 (0.19)	23.6 (0.22)	88.4 (0.19)	25.5 (0.26)	78.7 (0.64)	16.8 (0.59)	57.5 (0.71)	10.6 (0.44)	83.4 (1.03)	41.0 (1.37)
March 2001	84.2 (0.18)	24.3 (0.22)	88.8 (0.19)	26.5 (0.26)	78.6 (0.64)	16.3 (0.58)	57.4 (0.70)	11.3 (0.45)	85.2 (0.91)	43.4 (1.26)
March 2002	84.4 (0.13)	25.1 (0.15)	88.9 (0.13)	27.3 (0.19)	79.4 (0.45)	17.7 (0.42)	57.9 (0.48)	11.2 (0.31)	85.7 (0.64)	44.2 (0.91)
March 2003	85.0 (0.13)	25.7 (0.15)	89.7 (0.13)	27.9 (0.19)	80.7 (0.44)	18.0 (0.43)	57.8 (0.46)	11.6 (0.30)	86.1 (0.64)	46.3 (0.92)
March 2004	85.4 (0.12)	26.1 (0.15)	90.1 (0.12)	28.4 (0.19)	81.2 (0.43)	18.5 (0.43)	59.5 (0.46)	12.3 (0.31)	85.1 (0.64)	45.7 (0.90)
March 2005	85.5 (0.12)	26.5 (0.15)	90.3 (0.12)	28.9 (0.19)	81.5 (0.42)	18.9 (0.43)	59.1 (0.45)	12.1 (0.30)	85.2 (0.63)	46.8 (0.88)
March 2006	85.9 (0.12)	26.9 (0.15)	90.8 (0.12)	29.3 (0.19)	81.5 (0.42)	19.5 (0.43)	60.1 (0.44)	12.9 (0.30)	85.6 (0.55)	47.3 (0.78)
March 2007	86.4 (0.12)	28.0 (0.16)	91.0 (0.12)	30.6 (0.19)	83.0 (0.40)	19.2 (0.42)	62.5 (0.43)	13.7 (0.30)	86.0 (0.53)	49.5 (0.77)
March 2008	87.2 (0.11)	28.8 (0.16)	91.8 (0.11)	31.5 (0.19)	84.2 (0.39)	20.5 (0.43)	63.7 (0.42)	14.1 (0.30)	87.0 (0.51)	50.1 (0.76)
March 2009	87.1 (0.11)	29.1 (0.16)	91.9 (0.11)	31.9 (0.19)	84.2 (0.39)	20.6 (0.43)	63.3 (0.41)	14.0 (0.30)	86.3 (0.52)	49.7 (0.76)
March 2010	87.6 (0.11)	29.6 (0.16)	92.3 (0.11)	32.4 (0.19)	85.0 (0.37)	21.6 (0.43)	64.4 (0.41)	14.9 (0.30)	87.1 (0.50)	49.9 (0.74)

—Not available.
†Not applicable.
[1]Includes persons of Hispanic ethnicity for years prior to 1980.
[2]Includes Pacific Islanders for years prior to 2003.
[3]Data for years prior to 1993 are for persons with 4 or more years of high school. Data for later years are for high school completers—i.e., those persons who graduated from high school with a diploma, as well as those who completed high school through equivalency programs, such as a GED program.
[4]Data for years prior to 1993 are for persons with 4 or more years of college.
[5]Estimates based on Census Bureau reverse projection of 1940 census data on education by age.
NOTE: Totals include other racial/ethnic groups not separately shown. Race categories exclude persons of Hispanic ethnicity except where otherwise noted. Standard errors appear in parentheses.
SOURCE: U.S. Department of Commerce, Census Bureau, *U.S. Census of Population: 1960*, Vol. I, Part 1; 1960 Census Monograph, *Education of the American Population*, by John K. Folger and Charles B. Nam; Current Population Reports, Series P-20, various years; and Current Population Survey (CPS), March 1970 through March 2010. (This table was prepared September 2010.)

Table 9. Number of persons age 18 and over, by highest level of education attained, age, sex, and race/ethnicity: 2010

[In thousands]

Age, sex, and race/ethnicity	Total	Elementary: Less than 7 years	Elementary: 7 or 8 years	High school: 1 to 3 years	High school: 4 years	High school: Completion	College: Some college	College: Associate's degree	College: Bachelor's degree	College: Master's degree	College: Professional degree	College: Doctor's degree
1	2	3	4	5	6	7	8	9	10	11	12	13
Total, 18 and over	**229,240 (117.1)**	**6,191 (85.3)**	**4,803 (75.3)**	**16,975 (138.0)**	**3,468 (64.2)**	**71,172 (246.0)**	**44,354 (208.9)**	**19,740 (147.8)**	**41,289 (203.2)**	**15,357 (131.7)**	**3,097 (60.7)**	**2,793 (57.7)**
18 and 19 years old	8,159 (97.5)	61 (8.6)	69 (9.1)	2,723 (57.0)	555 (25.8)	2,236 (51.7)	2,449 (54.1)	37 (6.7)	25 (5.5)	2 ! (1.5)	1 ! (1.1)	1 ! (0.9)
20 to 24 years old	21,154 (152.6)	225 (16.4)	188 (15.1)	1,483 (42.2)	422 (22.5)	6,480 (87.2)	8,244 (98.0)	1,444 (41.6)	2,480 (54.4)	153 (13.6)	22 (5.1)	13 ! (4.0)
25 years old and over	199,928 (203.1)	5,905 (83.4)	4,546 (73.3)	12,768 (120.8)	2,492 (54.5)	62,456 (236.3)	33,662 (186.9)	18,259 (142.7)	38,784 (198.1)	15,203 (131.1)	3,074 (60.5)	2,779 (57.6)
25 to 29 years old	21,453 (153.5)	409 (22.2)	318 (19.6)	1,367 (40.5)	314 (19.4)	5,908 (83.4)	4,310 (71.5)	2,033 (49.3)	5,338 (79.3)	1,182 (37.7)	179 (14.7)	96 (10.8)
30 to 34 years old	19,632 (147.5)	508 (24.7)	258 (17.6)	1,323 (39.8)	268 (18.0)	5,278 (78.9)	3,442 (64.0)	1,870 (47.3)	4,502 (73.0)	1,592 (43.7)	315 (19.5)	277 (18.3)
35 to 39 years old	19,888 (148.3)	555 (25.8)	308 (19.3)	1,214 (38.2)	259 (17.7)	5,361 (79.5)	3,328 (62.9)	2,064 (49.7)	4,521 (73.1)	1,662 (44.6)	330 (19.9)	286 (18.6)
40 to 49 years old	43,086 (206.6)	1,102 (36.4)	647 (27.9)	2,473 (54.3)	568 (26.2)	13,569 (124.3)	6,924 (90.1)	4,538 (73.3)	8,694 (100.5)	3,313 (62.8)	637 (27.7)	621 (27.3)
50 to 59 years old	41,032 (202.6)	984 (34.4)	629 (27.5)	2,118 (50.3)	461 (23.5)	13,194 (122.6)	7,256 (92.1)	4,145 (70.1)	7,636 (94.4)	3,369 (63.3)	628 (27.5)	613 (27.2)
60 to 64 years old	16,223 (135.1)	468 (23.7)	341 (20.3)	754 (30.1)	150 (13.4)	5,089 (77.5)	2,654 (56.3)	1,408 (41.1)	3,028 (60.0)	1,684 (44.9)	351 (20.5)	297 (18.9)
65 years old and over	38,613 (197.8)	1,879 (47.4)	2,046 (49.5)	3,520 (64.7)	473 (23.9)	14,057 (126.4)	5,748 (82.3)	2,201 (51.3)	5,066 (77.3)	2,402 (53.6)	635 (27.6)	588 (26.6)
Males, 18 and over	**111,162 (268.8)**	**3,161 (61.3)**	**2,385 (53.4)**	**8,651 (100.3)**	**1,933 (48.1)**	**35,449 (191.0)**	**20,967 (151.9)**	**8,292 (98.3)**	**19,762 (147.9)**	**6,923 (90.1)**	**1,871 (47.3)**	**1,768 (46.0)**
18 and 19 years old	4,153 (70.2)	33 (6.3)	46 (7.4)	1,527 (42.8)	313 (19.4)	1,138 (37.0)	1,073 (35.9)	11 ! (3.6)	8 ! (3.2)	1 ! (1.3)	1 ! (1.1)	‡ (†)
20 to 24 years old	10,684 (111.0)	154 (13.6)	102 (11.1)	818 (31.4)	221 (16.3)	3,629 (65.7)	3,986 (68.8)	619 (27.3)	1,079 (36.0)	63 (8.7)	9 ! (3.3)	4 ! (2.3)
25 years old and over	96,325 (264.2)	2,974 (59.5)	2,237 (51.7)	6,306 (86.1)	1,399 (40.9)	30,682 (179.7)	15,908 (133.9)	7,662 (94.6)	18,674 (144.1)	6,859 (89.6)	1,861 (47.2)	1,763 (45.9)
25 to 29 years old	10,928 (112.2)	243 (17.1)	167 (14.2)	759 (30.2)	203 (15.6)	3,451 (64.1)	2,154 (50.7)	916 (33.2)	2,470 (54.3)	442 (23.1)	88 (10.3)	33 (6.3)
30 to 34 years old	9,761 (106.3)	281 (18.4)	136 (12.8)	739 (29.8)	166 (14.1)	3,007 (59.8)	1,708 (45.2)	808 (31.2)	1,987 (48.7)	627 (27.5)	142 (13.1)	161 (13.9)
35 to 39 years old	9,902 (107.0)	296 (18.9)	186 (15.0)	622 (27.4)	164 (14.0)	2,983 (59.6)	1,611 (43.9)	861 (32.2)	2,145 (50.6)	703 (29.1)	159 (13.9)	172 (14.4)
40 to 49 years old	21,264 (152.9)	592 (26.7)	352 (20.6)	1,349 (40.2)	337 (20.1)	7,128 (91.3)	3,218 (61.9)	1,849 (47.0)	4,162 (70.2)	1,564 (43.3)	350 (20.5)	364 (20.9)
50 to 59 years old	20,010 (148.8)	509 (24.7)	321 (19.7)	1,061 (35.7)	243 (17.1)	6,603 (88.0)	3,490 (64.4)	1,777 (46.1)	3,656 (65.9)	1,536 (42.9)	405 (22.1)	410 (22.2)
60 to 64 years old	7,667 (94.6)	238 (16.9)	177 (14.6)	358 (20.8)	77 (9.7)	2,140 (50.6)	1,219 (38.2)	642 (27.8)	1,657 (44.5)	734 (29.7)	265 (17.9)	161 (13.9)
65 years old and over	16,793 (137.3)	815 (31.3)	899 (32.9)	1,418 (41.2)	210 (15.9)	5,370 (79.6)	2,507 (54.7)	809 (31.2)	2,598 (55.7)	1,253 (38.8)	452 (23.3)	463 (23.6)
Females, 18 and over	**118,079 (269.6)**	**3,030 (60.1)**	**2,419 (53.7)**	**8,323 (98.4)**	**1,535 (42.9)**	**35,723 (191.6)**	**23,387 (159.6)**	**11,448 (114.7)**	**21,528 (153.8)**	**8,434 (99.1)**	**1,226 (38.4)**	**1,025 (35.1)**
18 and 19 years old	4,006 (68.9)	28 (5.8)	23 (5.3)	1,196 (37.9)	242 (17.1)	1,098 (36.3)	1,375 (40.6)	26 (5.6)	16 (4.4)	1 ! (0.9)	‡ (†)	1 ! (0.9)
20 to 24 years old	10,470 (109.9)	70 (9.2)	87 (10.2)	665 (28.3)	200 (15.5)	2,851 (58.3)	4,258 (71.0)	825 (31.5)	1,402 (41.0)	89 (10.4)	13 ! (4.0)	9 ! (3.3)
25 years old and over	103,603 (267.0)	2,932 (59.1)	2,309 (52.5)	6,462 (87.1)	1,093 (36.2)	31,774 (182.4)	17,753 (140.8)	10,597 (110.5)	20,110 (149.1)	8,344 (98.6)	1,213 (38.2)	1,015 (34.9)
25 to 29 years old	10,525 (110.2)	166 (14.1)	151 (13.5)	608 (27.0)	111 (11.6)	2,457 (54.2)	2,156 (50.8)	1,117 (36.6)	2,868 (58.5)	740 (29.8)	90 (10.4)	63 (8.7)
30 to 34 years old	9,871 (106.8)	226 (16.5)	122 (12.1)	584 (26.5)	102 (11.1)	2,271 (52.1)	1,733 (45.6)	1,062 (35.7)	2,515 (54.8)	965 (34.0)	174 (14.5)	116 (11.8)
35 to 39 years old	9,986 (107.4)	260 (17.7)	122 (12.1)	591 (26.7)	95 (10.7)	2,378 (53.3)	1,717 (45.3)	1,203 (38.0)	2,376 (53.3)	958 (33.9)	171 (14.4)	115 (11.8)
40 to 49 years old	21,822 (154.7)	510 (24.8)	295 (18.9)	1,124 (36.7)	232 (16.7)	6,441 (86.9)	3,705 (66.3)	2,689 (56.6)	4,532 (73.2)	1,749 (45.8)	287 (18.6)	257 (17.6)
50 to 59 years old	21,023 (152.1)	476 (23.9)	308 (19.3)	1,057 (35.6)	218 (16.2)	6,591 (87.9)	3,766 (66.9)	2,368 (53.2)	3,980 (68.7)	1,833 (46.8)	223 (16.4)	204 (15.7)
60 to 64 years old	8,556 (99.8)	230 (16.6)	164 (14.1)	396 (21.8)	73 (9.4)	2,949 (59.3)	1,436 (41.5)	766 (30.3)	1,371 (40.5)	950 (33.8)	86 (10.2)	136 (12.8)
65 years old and over	21,820 (154.7)	1,064 (35.7)	1,147 (37.1)	2,102 (50.1)	263 (17.8)	8,687 (100.5)	3,241 (62.1)	1,392 (40.9)	2,467 (54.3)	1,149 (37.1)	183 (14.8)	125 (12.3)
White, 18 and over	**156,247 (257.6)**	**1,060 (35.7)**	**2,368 (53.2)**	**8,789 (101.1)**	**1,549 (43.1)**	**48,778 (216.6)**	**31,270 (181.2)**	**14,421 (127.9)**	**31,465 (181.6)**	**11,935 (117.0)**	**2,459 (54.2)**	**2,154 (50.7)**
18 and 19 years old	4,868 (75.8)	30 (6.0)	27 (5.7)	1,555 (43.2)	261 (17.7)	1,340 (40.1)	1,618 (44.0)	19 (4.8)	16 (4.4)	1 ! (0.9)	1 ! (1.1)	1 ! (0.9)
20 to 24 years old	12,897 (121.3)	39 (6.8)	61 (8.6)	627 (27.5)	159 (13.9)	3,636 (65.7)	5,450 (80.1)	973 (34.2)	1,838 (46.9)	89 (10.3)	13 ! (4.0)	12 ! (3.9)
25 years old and over	138,482 (266.7)	991 (34.5)	2,280 (52.2)	6,607 (88.0)	1,129 (36.8)	43,802 (207.9)	24,203 (162.0)	13,428 (123.7)	29,611 (177.0)	11,846 (116.6)	2,444 (54.0)	2,141 (50.6)
25 to 29 years old	12,843 (121.1)	22 (5.1)	89 (10.4)	479 (24.0)	115 (11.8)	3,233 (62.0)	2,619 (55.9)	1,330 (39.9)	3,967 (68.6)	801 (31.0)	124 (12.2)	65 (8.8)
30 to 34 years old	11,648 (115.6)	33 (6.4)	54 (8.0)	460 (23.5)	92 (10.5)	2,988 (59.7)	2,143 (50.6)	1,245 (38.7)	3,113 (60.9)	1,139 (37.0)	198 (15.4)	183 (14.9)
35 to 39 years old	12,072 (117.6)	42 (7.1)	95 (10.7)	442 (23.1)	74 (9.4)	3,144 (61.2)	2,112 (50.2)	1,389 (40.8)	3,163 (61.4)	1,169 (37.5)	246 (17.2)	195 (15.3)
40 to 49 years old	28,772 (174.8)	94 (10.7)	233 (16.7)	1,131 (36.9)	249 (17.3)	9,013 (102.3)	4,795 (75.3)	3,332 (62.9)	6,516 (87.4)	2,449 (54.1)	508 (24.7)	452 (23.3)
50 to 59 years old	29,991 (178.0)	122 (12.1)	275 (18.2)	1,159 (37.3)	214 (16.1)	9,641 (105.7)	5,540 (80.8)	3,219 (61.9)	6,023 (84.2)	2,793 (57.7)	505 (24.7)	499 (24.5)
60 to 64 years old	12,420 (119.2)	83 (10.0)	152 (13.5)	412 (22.3)	72 (9.3)	3,978 (68.7)	2,095 (50.0)	1,107 (36.4)	2,525 (54.9)	1,447 (41.6)	310 (19.3)	239 (17.0)
65 years old and over	30,736 (179.8)	595 (26.7)	1,381 (40.7)	2,524 (54.9)	314 (19.4)	11,804 (116.4)	4,899 (76.1)	1,806 (46.5)	4,303 (71.4)	2,049 (49.5)	553 (25.8)	507 (24.7)
Black, 18 and over	**26,282 (125.8)**	**399 (23.2)**	**520 (26.5)**	**2,846 (60.4)**	**605 (28.5)**	**9,356 (101.1)**	**5,703 (82.7)**	**2,207 (53.6)**	**3,159 (63.4)**	**1,189 (39.8)**	**176 (15.5)**	**122 (12.9)**
18 and 19 years old	1,144 (39.0)	‡ (†)	14 ! (4.4)	433 (24.2)	88 (10.9)	368 (22.3)	234 (17.8)	4 ! (2.5)	3 ! (2.0)	‡ (†)	‡ (†)	‡ (†)
20 to 24 years old	2,936 (61.3)	4 ! (2.3)	21 (5.3)	322 (20.9)	81 (10.5)	1,143 (39.0)	1,035 (37.2)	121 (12.8)	196 (16.3)	13 ! (4.2)	1 ! (0.9)	‡ (†)
25 years old and over	22,202 (126.4)	395 (23.1)	485 (25.6)	2,091 (52.2)	436 (24.3)	7,845 (94.4)	4,434 (74.0)	2,082 (52.1)	2,960 (61.5)	1,176 (39.6)	175 (15.4)	122 (12.9)
25 to 29 years old	2,760 (59.5)	19 (5.1)	23 (5.6)	197 (16.4)	48 (8.1)	964 (35.9)	697 (30.6)	276 (19.4)	406 (23.4)	92 (11.2)	25 (5.9)	11 ! (3.9)
30 to 34 years old	2,492 (56.7)	8 ! (3.3)	11 ! (3.9)	232 (17.8)	49 (8.2)	804 (32.8)	577 (27.9)	240 (18.1)	407 (23.4)	122 (12.9)	24 (5.7)	19 (5.1)
35 to 39 years old	2,425 (56.0)	13 ! (4.2)	17 (4.8)	167 (15.1)	30 (6.4)	798 (32.7)	536 (26.9)	286 (19.7)	439 (24.4)	111 (12.3)	25 (5.8)	4 ! (2.2)
40 to 49 years old	5,145 (79.1)	45 (7.8)	43 (7.7)	381 (22.7)	102 (11.8)	1,949 (50.5)	993 (36.4)	544 (27.1)	740 (31.5)	291 (19.8)	29 (6.3)	29 (6.3)
50 to 59 years old	4,472 (74.3)	46 (8.0)	62 (9.2)	397 (23.2)	87 (10.9)	1,692 (47.2)	886 (34.4)	419 (23.8)	563 (27.6)	268 (19.1)	34 (6.8)	16 (4.7)
60 to 64 years old	1,659 (46.7)	40 (7.4)	49 (8.1)	171 (15.3)	41 (7.5)	584 (28.0)	306 (20.4)	163 (14.9)	155 (14.5)	119 (12.7)	14 ! (4.4)	17 (4.8)
65 years old and over	3,249 (64.2)	224 (17.4)	280 (19.5)	545 (27.1)	79 (10.4)	1,055 (37.5)	438 (24.3)	154 (14.5)	251 (18.4)	174 (15.4)	24 (5.7)	26 (5.9)

See notes at end of table.

Table 9. Number of persons age 18 and over, by highest level of education attained, age, sex, and race/ethnicity: 2010—Continued

[In thousands]

Age, sex, and race/ethnicity	Total	Elementary: Less than 7 years	Elementary: 7 or 8 years	High school: 1 to 3 years	High school: 4 years	High school: Completion	College: Some college	College: Associate's degree	College: Bachelor's degree	College: Master's degree	College: Professional degree	College: Doctor's degree
1	2	3	4	5	6	7	8	9	10	11	12	13
Hispanic, 18 and over	**31,845 (70.9)**	**4,263 (59.1)**	**1,656 (38.2)**	**4,478 (60.4)**	**1,085 (31.2)**	**9,571 (81.4)**	**4,955 (63.1)**	**1,945 (41.3)**	**2,862 (49.4)**	**745 (26.0)**	**139 (11.3)**	**147 (11.6)**
18 and 19 years old	1,598 (37.6)	30 (5.2)	20 (4.3)	572 (22.8)	151 (11.8)	408 (19.3)	408 (19.3)	8 ! (2.7)	1 ! (0.9)	‡ (†)	‡ (†)	‡ (†)
20 to 24 years old	3,872 (56.7)	178 (12.8)	92 (9.2)	471 (20.7)	172 (12.6)	1,349 (34.6)	1,155 (32.1)	228 (14.5)	209 (13.8)	12 (3.3)	5 ! (2.2)	1 ! (0.8)
25 years old and over	26,375 (87.3)	4,055 (57.8)	1,544 (37.0)	3,435 (53.7)	761 (26.2)	7,815 (75.8)	3,392 (53.4)	1,709 (38.8)	2,652 (47.7)	733 (25.7)	134 (11.1)	146 (11.6)
25 to 29 years old	4,219 (58.8)	355 (18.0)	198 (13.5)	600 (23.3)	139 (11.3)	1,375 (35.0)	688 (25.0)	296 (16.4)	463 (20.5)	96 (9.4)	7 ! (2.5)	2 ! (1.4)
30 to 34 years old	3,868 (56.6)	453 (20.3)	185 (13.0)	568 (22.7)	110 (10.1)	1,206 (32.8)	532 (22.0)	231 (14.6)	448 (20.2)	86 (8.9)	36 (5.8)	14 (3.5)
35 to 39 years old	3,767 (56.0)	460 (20.5)	180 (12.8)	552 (22.4)	134 (11.1)	1,129 (31.8)	464 (20.6)	270 (15.7)	420 (19.6)	117 (10.4)	17 (4.0)	25 (4.8)
40 to 49 years old	6,264 (69.5)	905 (28.5)	340 (17.6)	813 (27.1)	185 (13.0)	1,904 (40.9)	780 (26.5)	429 (19.8)	653 (24.3)	189 (13.2)	21 (4.4)	43 (6.3)
50 to 59 years old	4,150 (58.4)	745 (26.0)	237 (14.7)	462 (20.5)	109 (10.0)	1,200 (32.7)	544 (22.2)	269 (15.7)	402 (19.2)	131 (11.0)	22 (4.5)	29 (5.2)
60 to 64 years old	1,292 (33.9)	295 (16.4)	118 (10.4)	128 (10.8)	31 (5.3)	311 (16.9)	157 (12.0)	75 (8.3)	111 (10.1)	40 (6.1)	12 (3.3)	13 (3.5)
65 years old and over	2,815 (49.0)	841 (27.5)	285 (16.2)	313 (16.9)	54 (7.0)	689 (25.0)	227 (14.4)	139 (11.3)	154 (11.9)	73 (8.2)	19 (4.2)	19 (4.2)
Asian, 18 and over	**10,455 (68.0)**	**420 (21.2)**	**185 (14.2)**	**394 (20.6)**	**157 (13.1)**	**2,102 (45.1)**	**1,335 (36.8)**	**736 (27.9)**	**3,204 (53.7)**	**1,303 (36.4)**	**284 (17.5)**	**334 (19.0)**
18 and 19 years old	297 (17.9)	‡ (†)	6 ! (2.6)	70 (8.8)	35 (6.2)	58 (8.0)	119 (11.4)	3 ! (1.8)	5 ! (2.3)	1 ! (1.2)	‡ (†)	‡ (†)
20 to 24 years old	877 (30.3)	3 ! (1.9)	9 ! (3.2)	15 (4.0)	6 ! (2.5)	160 (13.2)	387 (20.4)	78 (9.3)	184 (14.1)	33 (6.0)	1 ! (1.2)	‡ (†)
25 years old and over	9,281 (69.2)	416 (21.2)	170 (13.6)	309 (18.3)	117 (11.3)	1,884 (43.0)	829 (29.5)	655 (26.3)	3,016 (52.4)	1,269 (36.0)	282 (17.5)	334 (19.0)
25 to 29 years old	1,083 (33.5)	13 (3.8)	4 ! (2.2)	41 (6.7)	6 ! (2.6)	169 (13.6)	162 (13.3)	83 (9.5)	397 (20.7)	176 (13.9)	18 (4.4)	14 (3.9)
30 to 34 years old	1,196 (35.0)	13 (3.8)	6 ! (2.6)	20 (4.6)	10 ! (3.3)	151 (12.8)	101 (10.5)	105 (10.7)	450 (22.0)	230 (15.8)	50 (7.4)	61 (8.2)
35 to 39 years old	1,215 (35.3)	38 (6.5)	12 ! (3.6)	33 (6.0)	17 (4.4)	174 (13.8)	103 (10.6)	66 (8.5)	435 (21.6)	243 (16.2)	36 (6.3)	57 (7.9)
40 to 49 years old	2,131 (45.4)	53 (7.6)	24 (5.1)	76 (9.1)	26 (5.4)	446 (21.9)	186 (14.2)	152 (12.9)	669 (26.6)	338 (19.1)	75 (9.1)	87 (9.7)
50 to 59 years old	1,688 (41.0)	66 (8.5)	37 (6.3)	33 (6.0)	41 (6.7)	442 (21.8)	141 (12.4)	137 (12.2)	539 (24.0)	133 (12.1)	60 (8.1)	59 (8.1)
60 to 64 years old	629 (25.8)	47 (7.2)	18 (4.4)	23 (5.0)	4 ! (2.1)	146 (12.6)	44 (7.0)	45 (7.0)	205 (14.9)	64 (8.4)	9 ! (3.2)	23 (5.0)
65 years old and over	1,339 (36.9)	185 (14.2)	70 (8.8)	84 (9.6)	12 (3.7)	356 (19.6)	91 (10.0)	68 (8.6)	322 (18.6)	84 (9.6)	34 (6.1)	33 (6.1)

†Not applicable.
!Interpret data with caution.
‡Reporting standards not met.
NOTE: Total includes other racial/ethnic groups not shown separately. Although cells with fewer than 75,000 weighted persons are subject to relatively wide sampling variation, they are included in the table to permit various types of aggregations. Race categories exclude persons of Hispanic ethnicity. Detail may not sum to totals because of rounding. Standard errors appear in parentheses.
SOURCE: U.S. Department of Commerce, Census Bureau, Current Population Survey (CPS), March 2010. (This table was prepared September 2010.)

Table 10. Persons age 18 and over who hold at least a bachelor's degree in specific fields of study, by sex, race/ethnicity, and age: 2001

Field of study	Total	Sex: Males	Sex: Females	Race/ethnicity: White	Race/ethnicity: Black	Race/ethnicity: Hispanic	Race/ethnicity: Asian/Pacific Islander	Race/ethnicity: American Indian/Alaska Native	Age: 18 to 29 years old	Age: 30 to 49 years old	Age: 50 years old and over
1	2	3	4	5	6	7	8	9	10	11	12
Total population, 18 and over (in thousands)	**208,762 (680.6)**	**99,811 (484.3)**	**108,951 (477.6)**	**151,898 (779.3)**	**23,314 (234.3)**	**23,580 (273.6)**	**8,097 (252.9)**	**1,873 (135.5)**	**44,447 (572.0)**	**85,830 (721.6)**	**78,485 (703.0)**
Degree holders	Number (in thousands)										
Total	**49,144 (595.5)**	**24,977 (422.6)**	**24,166 (419.3)**	**40,138 (548.5)**	**3,192 (142.5)**	**2,189 (145.7)**	**3,389 (177.9)**	**235 (49.2)**	**7,016 (245)**	**24,666 (444)**	**17,461 (378.5)**
Agriculture/forestry	540 (68.7)	421 (60.6)	‡ (†)	473 (64.3)	‡ (†)	‡ (†)	‡ (†)	‡ (†)	‡ (†)	254 (47.1)	239 (45.7)
Art/architecture	1,450 (112.4)	649 (75.2)	801 (83.5)	1,156 (100.4)	‡ (†)	‡ (†)	‡ (†)	‡ (†)	259 (47.6)	748 (80.8)	443 (62.2)
Business/management	8,976 (275.8)	5,679 (218.3)	3,297 (167.9)	7,254 (248.7)	623 (65.4)	426 (66.1)	633 (80.2)	‡ (†)	1,202 (102.4)	5,102 (209.4)	2,672 (152.2)
Communications	1,164 (100.7)	577 (70.9)	586 (71.5)	945 (90.8)	‡ (†)	‡ (†)	‡ (†)	‡ (†)	301 (51.3)	706 (78.5)	157 (37.1)
Computer and information sciences	1,249 (104.3)	871 (87.0)	378 (57.4)	895 (88.4)	‡ (†)	‡ (†)	166 (41.4)	‡ (†)	268 (48.4)	828 (85.0)	152 (36.5)
Education	7,102 (246.1)	1,750 (123.0)	5,351 (212.3)	6,160 (229.6)	490 (58.1)	234 (49.1)	181 (43.2)	‡ (†)	663 (76.1)	2,891 (158.2)	3,548 (175.1)
Engineering	3,959 (184.8)	3,558 (174.2)	401 (59.2)	3,085 (163.4)	‡ (†)	173 (42.3)	559 (75.5)	‡ (†)	459 (63.3)	2,057 (133.7)	1,443 (112.1)
English/literature	1,527 (115.3)	597 (72.1)	930 (89.9)	1,316 (107.1)	‡ (†)	‡ (†)	‡ (†)	‡ (†)	241 (45.9)	633 (74.3)	654 (75.6)
Foreign languages	448 (62.6)	135 (34.4)	313 (52.3)	344 (54.9)	‡ (†)	‡ (†)	‡ (†)	‡ (†)	‡ (†)	219 (43.7)	189 (40.6)
Health sciences	2,298 (141.3)	482 (64.8)	1,817 (125.3)	1,811 (125.5)	173 (34.8)	‡ (†)	213 (46.9)	‡ (†)	382 (57.8)	1,247 (104.2)	670 (76.5)
Liberal arts/humanities	2,846 (157.0)	1,150 (99.9)	1,695 (121.1)	2,444 (145.6)	146 (31.9)	‡ (†)	142 (38.3)	‡ (†)	400 (59.1)	1,308 (106.7)	1,137 (99.6)
Mathematics/statistics	869 (87.1)	507 (66.5)	362 (56.2)	567 (70.4)	‡ (†)	‡ (†)	149 (39.2)	‡ (†)	‡ (†)	386 (58.1)	363 (56.3)
Natural sciences (biological and physical)	2,910 (158.8)	1,756 (123.2)	1,153 (100.1)	2,260 (140.1)	190 (36.4)	‡ (†)	345 (59.5)	‡ (†)	413 (60.1)	1,426 (111.4)	1,071 (96.6)
Philosophy/religion/theology	628 (74.1)	437 (61.8)	191 (40.9)	533 (68.3)	‡ (†)	‡ (†)	‡ (†)	‡ (†)	‡ (†)	268 (48.4)	255 (47.2)
Pre-professional	596 (72.1)	397 (58.9)	199 (41.7)	448 (62.6)	‡ (†)	‡ (†)	‡ (†)	‡ (†)	‡ (†)	306 (51.7)	216 (43.4)
Psychology	1,903 (128.6)	606 (72.7)	1,297 (106.1)	1,561 (116.6)	157 (33.0)	‡ (†)	‡ (†)	‡ (†)	428 (61.2)	940 (90.6)	535 (68.3)
Social sciences/history	2,436 (145.4)	1,026 (94.4)	1,410 (110.5)	1,981 (131.2)	260 (42.5)	‡ (†)	‡ (†)	‡ (†)	359 (56.0)	1,092 (97.6)	985 (92.7)
Other fields	8,243 (264.6)	4,377 (192.6)	3,866 (181.5)	6,907 (242.8)	417 (53.7)	337 (58.8)	559 (75.5)	‡ (†)	1,253 (104.5)	4,256 (191.5)	2,734 (153.9)
	Percentage distribution of degree holders, by field										
Total	**100.0 (†)**	**100.0 (†)**	**100.0 (†)**	**100.0 (†)**	**100.0 (†)**	**100.0 (†)**	**100.0 (†)**	**100.0 (†)**	**100.0 (†)**	**100.0 (†)**	**100.0 (†)**
Agriculture/forestry	1.1 (0.14)	1.7 (0.24)	0.5 (0.13)	1.2 (0.16)	0.7 (0.38)	1.1 (0.73)	0.5 (0.40)	‡ (†)	0.7 (0.29)	1.0 (0.19)	1.4 (0.26)
Art/architecture	3.0 (0.23)	2.6 (0.30)	3.3 (0.34)	2.9 (0.25)	3.3 (0.83)	4.8 (1.47)	2.2 (0.81)	4.4 (4.32)	3.7 (0.67)	3.0 (0.32)	2.5 (0.35)
Business/management	18.3 (0.52)	22.7 (0.78)	13.6 (0.65)	18.1 (0.57)	19.5 (1.86)	19.5 (2.72)	18.7 (2.16)	17.5 (7.98)	17.1 (1.33)	20.7 (0.76)	15.3 (0.81)
Communications	2.4 (0.20)	2.3 (0.28)	2.4 (0.29)	2.4 (0.22)	3.2 (0.82)	3.3 (1.23)	1.2 (0.60)	‡ (†)	4.3 (0.72)	2.9 (0.31)	0.9 (0.21)
Computer and information sciences	2.5 (0.21)	3.5 (0.34)	1.6 (0.24)	2.2 (0.22)	3.9 (0.91)	2.6 (1.10)	4.9 (1.19)	‡ (†)	3.8 (0.68)	3.4 (0.34)	0.9 (0.21)
Education	14.5 (0.47)	7.0 (0.48)	22.1 (0.79)	15.3 (0.53)	15.3 (1.69)	10.7 (2.13)	5.3 (1.24)	16.0 (7.69)	9.5 (1.03)	11.7 (0.61)	20.3 (0.90)
Engineering	8.1 (0.36)	14.2 (0.65)	1.7 (0.24)	7.7 (0.39)	3.6 (0.87)	7.9 (1.86)	16.5 (2.05)	11.4 (6.67)	6.5 (0.87)	8.3 (0.52)	8.3 (0.62)
English/literature	3.1 (0.23)	2.4 (0.29)	3.8 (0.37)	3.3 (0.26)	2.6 (0.75)	3.1 (1.19)	1.7 (0.71)	‡ (†)	3.4 (0.64)	2.6 (0.30)	3.7 (0.43)
Foreign languages	0.9 (0.13)	0.5 (0.14)	1.3 (0.22)	0.9 (0.14)	0.8 (0.42)	1.7 (0.90)	1.0 (0.56)	‡ (†)	0.6 (0.27)	0.9 (0.18)	1.1 (0.23)
Health sciences	4.7 (0.28)	1.9 (0.26)	7.5 (0.50)	4.5 (0.31)	5.4 (1.06)	4.4 (1.41)	6.3 (1.34)	2.1 (2.99)	5.4 (0.80)	5.1 (0.41)	3.8 (0.43)
Liberal arts/humanities	5.8 (0.31)	4.6 (0.39)	7.0 (0.49)	6.1 (0.35)	4.6 (0.98)	4.7 (1.45)	4.2 (1.11)	4.5 (4.37)	5.7 (0.82)	5.3 (0.42)	6.5 (0.55)
Mathematics/statistics	1.8 (0.18)	2.0 (0.26)	1.5 (0.23)	1.4 (0.17)	2.4 (0.72)	2.4 (1.05)	4.4 (1.13)	10.4 (6.41)	1.7 (0.46)	1.6 (0.23)	2.1 (0.32)
Natural sciences (biological and physical)	5.9 (0.31)	7.0 (0.48)	4.8 (0.41)	5.6 (0.34)	6.0 (1.11)	4.9 (1.49)	10.2 (1.67)	2.7 (3.41)	5.9 (0.83)	5.8 (0.44)	6.1 (0.54)
Philosophy/religion/theology	1.3 (0.15)	1.8 (0.25)	0.8 (0.17)	1.3 (0.17)	0.9 (0.45)	1.8 (0.90)	0.8 (0.49)	‡ (†)	1.5 (0.43)	1.1 (0.20)	1.5 (0.27)
Pre-professional	1.2 (0.15)	1.6 (0.23)	0.8 (0.17)	1.1 (0.16)	1.6 (0.59)	2.0 (0.97)	1.5 (0.67)	‡ (†)	1.1 (0.36)	1.2 (0.21)	1.2 (0.25)
Psychology	3.9 (0.26)	2.4 (0.29)	5.4 (0.43)	3.9 (0.29)	4.9 (1.01)	5.0 (1.50)	1.7 (0.72)	7.9 (5.65)	6.1 (0.85)	3.8 (0.36)	3.1 (0.39)
Social sciences/history	5.0 (0.29)	4.1 (0.37)	5.8 (0.45)	4.9 (0.32)	8.1 (1.28)	4.7 (1.45)	2.4 (0.85)	4.7 (4.45)	5.1 (0.78)	4.4 (0.39)	5.6 (0.52)
Other fields	16.8 (0.50)	17.5 (0.71)	16.0 (0.70)	17.2 (0.56)	13.1 (1.58)	15.4 (2.48)	16.5 (2.05)	9.9 (6.26)	17.9 (1.35)	17.3 (0.71)	15.7 (0.81)

†Not applicable.
‡Reporting standards not met.
NOTE: Race categories exclude persons of Hispanic ethnicity. Detail may not sum to totals because of rounding. Standard errors appear in parentheses.

SOURCE: U.S. Department of Commerce, Census Bureau, Survey of Income and Program Participation, 2001, unpublished tabulations. (This table was prepared September 2005.)

Table 11. Educational attainment of persons 18 years old and over, by state: 2000 and 2006–08

State	Percent of 18- to 24-year-olds who were high school completers[1]		Percent of population, 25 years old and over, by education level									
			2000					2006–08 (3-year average)[2]				
					Bachelor's or higher degree					Bachelor's or higher degree		
	2000	2006–08 (3-year average)[2]	Less than high school completion	High school completion or higher	Total	Bachelor's degree	Graduate or professional degree	Less than high school completion	High school completion or higher	Total	Bachelor's degree	Graduate or professional degree
1	2	3	4	5	6	7	8	9	10	11	12	13
United States	**74.7 (0.02)**	**82.9 (0.06)**	**19.6 (0.01)**	**80.4 (0.01)**	**24.4 (0.01)**	**15.5 (0.01)**	**8.9 (#)**	**15.4 (0.03)**	**84.6 (0.03)**	**27.4 (0.04)**	**17.3 (0.02)**	**10.1 (0.02)**
Alabama	72.2 (0.15)	79.9 (0.53)	24.7 (0.06)	75.3 (0.06)	19.0 (0.05)	12.1 (0.04)	6.9 (0.03)	19.1 (0.20)	80.9 (0.20)	21.5 (0.17)	13.8 (0.15)	7.8 (0.11)
Alaska	76.9 (0.40)	80.4 (1.37)	11.7 (0.12)	88.3 (0.12)	24.7 (0.16)	16.1 (0.13)	8.6 (0.10)	9.3 (0.36)	90.7 (0.36)	26.4 (0.52)	16.6 (0.37)	9.8 (0.35)
Arizona	69.2 (0.19)	77.5 (0.43)	19.0 (0.06)	81.0 (0.06)	23.5 (0.07)	15.1 (0.06)	8.4 (0.04)	16.4 (0.16)	83.6 (0.16)	25.4 (0.13)	16.2 (0.12)	9.2 (0.07)
Arkansas	75.4 (0.19)	81.5 (0.55)	24.7 (0.07)	75.3 (0.07)	16.7 (0.06)	11.0 (0.05)	5.7 (0.04)	18.7 (0.23)	81.3 (0.23)	19.0 (0.22)	12.6 (0.18)	6.4 (0.13)
California	70.7 (0.07)	81.8 (0.16)	23.2 (0.03)	76.8 (0.03)	26.6 (0.03)	17.1 (0.02)	9.5 (0.02)	19.7 (0.07)	80.3 (0.07)	29.4 (0.07)	18.9 (0.06)	10.6 (0.04)
Colorado	75.1 (0.15)	82.9 (0.36)	13.1 (0.05)	86.9 (0.05)	32.7 (0.06)	21.6 (0.06)	11.1 (0.04)	11.4 (0.14)	88.6 (0.14)	35.1 (0.19)	22.6 (0.20)	12.4 (0.13)
Connecticut	78.2 (0.21)	87.3 (0.50)	16.0 (0.06)	84.0 (0.06)	31.4 (0.08)	18.1 (0.07)	13.3 (0.06)	11.7 (0.17)	88.3 (0.17)	34.8 (0.21)	19.9 (0.17)	14.9 (0.14)
Delaware	77.6 (0.41)	81.9 (1.18)	17.4 (0.14)	82.6 (0.14)	25.0 (0.16)	15.6 (0.14)	9.4 (0.11)	13.5 (0.32)	86.5 (0.32)	26.8 (0.48)	16.1 (0.37)	10.7 (0.29)
District of Columbia	79.4 (0.40)	86.4 (0.94)	22.2 (0.18)	77.8 (0.18)	39.1 (0.21)	18.1 (0.17)	21.0 (0.18)	14.8 (0.39)	85.2 (0.39)	46.9 (0.47)	20.8 (0.37)	26.2 (0.38)
Florida	71.7 (0.11)	80.6 (0.26)	20.1 (0.04)	79.9 (0.04)	22.3 (0.04)	14.2 (0.03)	8.1 (0.02)	15.0 (0.08)	85.0 (0.08)	25.7 (0.08)	16.7 (0.07)	9.0 (0.05)
Georgia	70.0 (0.15)	78.4 (0.35)	21.4 (0.05)	78.6 (0.05)	24.3 (0.05)	16.0 (0.05)	8.3 (0.04)	17.1 (0.12)	82.9 (0.12)	26.9 (0.12)	17.5 (0.09)	9.4 (0.08)
Hawaii	85.8 (0.25)	90.6 (0.63)	15.4 (0.10)	84.6 (0.10)	26.2 (0.12)	17.8 (0.10)	8.4 (0.08)	10.5 (0.27)	89.5 (0.27)	29.0 (0.39)	19.2 (0.32)	9.8 (0.22)
Idaho	77.3 (0.25)	83.7 (0.75)	15.3 (0.09)	84.7 (0.09)	21.7 (0.10)	14.9 (0.09)	6.8 (0.06)	12.0 (0.28)	88.0 (0.28)	24.1 (0.31)	16.7 (0.26)	7.5 (0.15)
Illinois	76.0 (0.09)	84.2 (0.24)	18.6 (0.03)	81.4 (0.03)	26.1 (0.03)	16.6 (0.03)	9.5 (0.02)	14.4 (0.10)	85.6 (0.10)	29.5 (0.11)	18.5 (0.09)	11.0 (0.07)
Indiana	76.5 (0.15)	81.0 (0.39)	17.9 (0.05)	82.1 (0.05)	19.4 (0.05)	12.2 (0.04)	7.2 (0.04)	14.2 (0.13)	85.8 (0.13)	22.5 (0.15)	14.4 (0.11)	8.1 (0.09)
Iowa	81.4 (0.16)	87.9 (0.50)	13.9 (0.06)	86.1 (0.06)	21.2 (0.07)	14.7 (0.06)	6.5 (0.04)	10.4 (0.16)	89.6 (0.16)	24.2 (0.22)	16.8 (0.22)	7.4 (0.15)
Kansas	78.3 (0.18)	85.8 (0.56)	14.0 (0.06)	86.0 (0.06)	25.8 (0.08)	17.1 (0.06)	8.7 (0.05)	11.0 (0.19)	89.0 (0.19)	29.2 (0.30)	19.3 (0.25)	9.9 (0.19)
Kentucky	74.9 (0.15)	82.6 (0.52)	25.9 (0.06)	74.1 (0.06)	17.1 (0.05)	10.2 (0.04)	6.9 (0.03)	19.5 (0.18)	80.5 (0.18)	19.9 (0.16)	12.0 (0.11)	8.0 (0.10)
Louisiana	72.3 (0.15)	77.5 (0.53)	25.2 (0.06)	74.8 (0.06)	18.7 (0.05)	12.2 (0.04)	6.5 (0.03)	19.9 (0.20)	80.1 (0.20)	20.3 (0.17)	13.6 (0.15)	6.7 (0.10)
Maine	78.9 (0.28)	85.0 (0.91)	14.6 (0.08)	85.4 (0.08)	22.9 (0.10)	15.0 (0.09)	7.9 (0.06)	10.6 (0.26)	89.4 (0.26)	25.6 (0.35)	16.6 (0.32)	9.0 (0.26)
Maryland	79.6 (0.16)	85.6 (0.39)	16.2 (0.05)	83.8 (0.05)	31.4 (0.07)	18.0 (0.06)	13.4 (0.05)	12.5 (0.14)	87.5 (0.14)	35.3 (0.18)	19.6 (0.15)	15.7 (0.10)
Massachusetts	82.2 (0.13)	87.6 (0.33)	15.2 (0.05)	84.8 (0.05)	33.2 (0.06)	19.5 (0.05)	13.7 (0.04)	11.6 (0.11)	88.4 (0.11)	37.7 (0.17)	21.8 (0.14)	16.0 (0.13)
Michigan	76.5 (0.10)	84.0 (0.29)	16.6 (0.03)	83.4 (0.03)	21.8 (0.04)	13.7 (0.03)	8.1 (0.02)	12.3 (0.11)	87.7 (0.11)	24.8 (0.15)	15.4 (0.11)	9.4 (0.09)
Minnesota	79.3 (0.13)	86.7 (0.38)	12.1 (0.04)	87.9 (0.04)	27.4 (0.06)	19.1 (0.05)	8.3 (0.03)	8.9 (0.13)	91.1 (0.13)	31.0 (0.19)	21.1 (0.19)	9.8 (0.13)
Mississippi	71.3 (0.18)	78.4 (0.62)	27.1 (0.08)	72.9 (0.08)	16.9 (0.06)	11.1 (0.05)	5.8 (0.04)	21.1 (0.23)	78.9 (0.23)	19.1 (0.23)	12.5 (0.20)	6.6 (0.12)
Missouri	76.5 (0.13)	82.4 (0.40)	18.7 (0.05)	81.3 (0.05)	21.6 (0.05)	14.0 (0.04)	7.6 (0.03)	14.3 (0.15)	85.7 (0.15)	24.6 (0.17)	15.7 (0.14)	9.0 (0.10)
Montana	78.6 (0.31)	83.4 (0.93)	12.8 (0.10)	87.2 (0.10)	24.4 (0.13)	17.2 (0.11)	7.2 (0.08)	9.4 (0.23)	90.6 (0.23)	26.8 (0.43)	18.5 (0.37)	8.3 (0.26)
Nebraska	80.0 (0.21)	86.8 (0.60)	13.4 (0.07)	86.6 (0.07)	23.7 (0.09)	16.4 (0.08)	7.3 (0.06)	10.0 (0.22)	90.0 (0.22)	27.0 (0.31)	18.5 (0.27)	8.6 (0.20)
Nevada	66.7 (0.32)	77.6 (0.65)	19.3 (0.10)	80.7 (0.10)	18.2 (0.10)	12.1 (0.08)	6.1 (0.06)	16.3 (0.20)	83.7 (0.20)	21.4 (0.21)	14.3 (0.19)	7.1 (0.12)
New Hampshire	77.8 (0.29)	87.4 (0.75)	12.6 (0.08)	87.4 (0.08)	28.7 (0.11)	18.7 (0.10)	10.0 (0.07)	9.6 (0.23)	90.4 (0.23)	32.4 (0.39)	20.9 (0.32)	11.5 (0.24)
New Jersey	76.3 (0.14)	85.9 (0.32)	17.9 (0.04)	82.1 (0.04)	29.8 (0.05)	18.8 (0.04)	11.0 (0.04)	13.2 (0.11)	86.8 (0.11)	33.9 (0.14)	21.2 (0.12)	12.7 (0.09)
New Mexico	70.5 (0.24)	77.2 (0.71)	21.1 (0.09)	78.9 (0.09)	23.5 (0.09)	13.7 (0.07)	9.8 (0.06)	17.7 (0.26)	82.3 (0.26)	24.8 (0.26)	14.2 (0.20)	10.5 (0.17)
New York	76.1 (0.09)	84.3 (0.21)	20.9 (0.03)	79.1 (0.03)	27.4 (0.04)	15.6 (0.03)	11.8 (0.03)	15.9 (0.08)	84.1 (0.08)	31.6 (0.11)	18.0 (0.09)	13.6 (0.08)
North Carolina	74.2 (0.11)	82.4 (0.33)	21.9 (0.04)	78.1 (0.04)	22.5 (0.04)	15.3 (0.04)	7.2 (0.03)	17.1 (0.11)	82.9 (0.11)	25.7 (0.12)	17.1 (0.10)	8.5 (0.08)
North Dakota	84.4 (0.24)	90.9 (0.82)	16.1 (0.10)	83.9 (0.10)	22.0 (0.12)	16.5 (0.10)	5.5 (0.06)	10.9 (0.38)	89.1 (0.38)	26.1 (0.62)	19.7 (0.55)	6.4 (0.29)
Ohio	76.8 (0.09)	84.1 (0.28)	17.0 (0.03)	83.0 (0.03)	21.1 (0.03)	13.7 (0.03)	7.4 (0.02)	13.0 (0.09)	87.0 (0.09)	23.8 (0.10)	15.2 (0.09)	8.7 (0.06)
Oklahoma	74.8 (0.16)	81.3 (0.57)	19.4 (0.06)	80.6 (0.06)	20.3 (0.06)	13.5 (0.05)	6.8 (0.04)	15.2 (0.19)	84.8 (0.19)	22.4 (0.20)	15.0 (0.18)	7.4 (0.10)
Oregon	74.2 (0.17)	82.8 (0.48)	14.9 (0.05)	85.1 (0.05)	25.1 (0.06)	16.4 (0.06)	8.7 (0.04)	11.9 (0.14)	88.1 (0.14)	27.9 (0.19)	17.8 (0.15)	10.1 (0.12)
Pennsylvania	79.8 (0.09)	86.1 (0.28)	18.1 (0.03)	81.9 (0.03)	22.4 (0.03)	14.0 (0.03)	8.4 (0.02)	13.2 (0.09)	86.8 (0.09)	25.9 (0.12)	16.0 (0.09)	9.8 (0.07)
Rhode Island	81.3 (0.32)	88.5 (0.60)	22.0 (0.13)	78.0 (0.13)	25.6 (0.14)	15.9 (0.12)	9.7 (0.10)	17.0 (0.33)	83.0 (0.33)	29.7 (0.37)	18.3 (0.34)	11.3 (0.24)
South Carolina	74.3 (0.18)	81.3 (0.43)	23.7 (0.07)	76.3 (0.07)	20.4 (0.07)	13.5 (0.06)	6.9 (0.04)	17.7 (0.19)	82.3 (0.19)	23.4 (0.15)	15.2 (0.14)	8.2 (0.10)
South Dakota	78.2 (0.33)	83.7 (1.15)	15.4 (0.12)	84.6 (0.12)	21.5 (0.13)	15.5 (0.12)	6.0 (0.08)	11.4 (0.41)	88.6 (0.41)	24.3 (0.56)	17.2 (0.47)	7.1 (0.29)
Tennessee	75.1 (0.16)	82.9 (0.35)	24.1 (0.06)	75.9 (0.06)	19.6 (0.06)	12.8 (0.05)	6.8 (0.03)	18.2 (0.14)	81.8 (0.14)	22.3 (0.15)	14.5 (0.10)	7.8 (0.08)
Texas	68.6 (0.08)	79.7 (0.20)	24.3 (0.03)	75.7 (0.03)	23.2 (0.03)	15.6 (0.03)	7.6 (0.02)	20.8 (0.09)	79.2 (0.09)	25.1 (0.08)	16.9 (0.07)	8.2 (0.05)
Utah	80.3 (0.16)	86.8 (0.42)	12.3 (0.07)	87.7 (0.07)	26.1 (0.09)	17.8 (0.08)	8.3 (0.06)	9.5 (0.19)	90.5 (0.19)	28.9 (0.27)	19.6 (0.21)	9.3 (0.16)
Vermont	83.0 (0.28)	90.4 (1.00)	13.6 (0.10)	86.4 (0.10)	29.4 (0.13)	18.3 (0.11)	11.1 (0.09)	9.0 (0.34)	91.0 (0.34)	33.4 (0.58)	20.6 (0.49)	12.8 (0.37)
Virginia	79.4 (0.13)	86.5 (0.29)	18.5 (0.05)	81.5 (0.05)	29.5 (0.06)	17.9 (0.05)	11.6 (0.04)	14.3 (0.11)	85.7 (0.11)	33.2 (0.16)	19.7 (0.13)	13.6 (0.09)
Washington	75.3 (0.16)	82.1 (0.42)	12.9 (0.05)	87.1 (0.05)	27.7 (0.06)	18.4 (0.05)	9.3 (0.04)	10.6 (0.13)	89.4 (0.13)	30.5 (0.17)	19.8 (0.15)	10.7 (0.11)
West Virginia	78.2 (0.22)	83.6 (0.74)	24.8 (0.09)	75.2 (0.09)	14.8 (0.07)	8.9 (0.06)	5.9 (0.05)	18.6 (0.25)	81.4 (0.25)	16.9 (0.27)	10.3 (0.22)	6.6 (0.15)
Wisconsin	78.9 (0.13)	86.3 (0.39)	14.9 (0.04)	85.1 (0.04)	22.4 (0.05)	15.2 (0.04)	7.2 (0.03)	11.0 (0.13)	89.0 (0.13)	25.6 (0.17)	16.9 (0.14)	8.6 (0.11)
Wyoming	79.0 (0.41)	86.9 (1.04)	12.1 (0.13)	87.9 (0.13)	21.9 (0.16)	14.9 (0.14)	7.0 (0.10)	9.0 (0.40)	91.0 (0.40)	22.9 (0.52)	15.4 (0.46)	7.5 (0.30)

#Rounds to zero.
[1]High school completers include diploma recipients and those completing through alternative credentials, such as a GED.
[2]Use of a 3-year average increases the sample size, thereby reducing the size of sampling errors and producing more stable estimates.
NOTE: Detail may not sum to totals because of rounding. Standard errors appear in parentheses.

SOURCE: U.S. Department of Commerce, Census Bureau, Census 2000 Summary File 3, retrieved October 11, 2006, from http://factfinder.census.gov/servlet/DatasetMainPageServlet?_ds_name=DEC_2000_SF3_U&_program=DEC&_lang=en; Census Briefs, *Educational Attainment: 2000*; and 2006–2008 American Community Survey (ACS) 3-Year Public Use Microdata Sample (PUMS) data. (This table was prepared June 2010.)

Table 12. Educational attainment of persons 25 years old and over, by race/ethnicity and state: 2006–08

State	Percent with high school completion or higher								Percent with bachelor's degree or higher							
	Total	White	Black	Hispanic	Asian	Native Hawaiian/ Pacific Islander	American Indian/ Alaska Native	Two or more races	Total	White	Black	Hispanic	Asian	Native Hawaiian/ Pacific Islander	American Indian/ Alaska Native	Two or more races
1	2	3	4	5	6	7	8	9	10	11	12	13	14	15	16	17
United States	**84.6 (0.03)**	**89.5 (0.03)**	**80.2 (0.06)**	**60.6 (0.11)**	**85.5 (0.09)**	**85.6 (0.55)**	**79.1 (0.24)**	**87.3 (0.17)**	**27.4 (0.04)**	**30.4 (0.04)**	**17.2 (0.07)**	**12.6 (0.06)**	**49.7 (0.15)**	**15.5 (0.61)**	**13.3 (0.21)**	**24.9 (0.20)**
Alabama	80.9 (0.20)	83.3 (0.22)	75.5 (0.39)	57.5 (1.56)	84.6 (1.79)	‡ (†)	75.7 (2.42)	77.9 (1.59)	21.5 (0.17)	23.8 (0.21)	14.4 (0.33)	12.2 (1.04)	51.3 (2.17)	‡ (†)	13.9 (1.80)	15.6 (1.48)
Alaska	90.7 (0.36)	94.5 (0.36)	89.4 (2.97)	75.5 (3.26)	81.8 (2.32)	77.2 (9.95)	78.9 (1.10)	88.4 (2.23)	26.4 (0.52)	31.7 (0.71)	15.6 (2.81)	15.7 (2.40)	23.2 (2.37)	‡ (†)	5.9 (0.66)	19.5 (2.82)
Arizona	83.6 (0.16)	92.4 (0.13)	87.3 (0.92)	59.7 (0.51)	87.8 (0.84)	89.1 (2.96)	72.2 (0.89)	89.1 (0.99)	25.4 (0.13)	31.1 (0.19)	23.9 (1.00)	9.5 (0.24)	51.3 (1.22)	17.2 (3.73)	8.5 (0.58)	24.3 (1.40)
Arkansas	81.3 (0.23)	83.7 (0.24)	77.2 (0.69)	48.8 (1.86)	81.9 (2.19)	58.9 (13.32)	78.8 (2.95)	76.8 (2.07)	19.0 (0.22)	20.4 (0.23)	12.6 (0.54)	9.3 (0.82)	37.8 (2.94)	‡ (†)	15.1 (2.08)	12.2 (1.59)
California	80.3 (0.07)	92.8 (0.06)	86.7 (0.20)	56.3 (0.16)	85.4 (0.15)	84.9 (0.96)	83.0 (0.82)	89.4 (0.38)	29.4 (0.07)	37.9 (0.09)	21.1 (0.28)	9.9 (0.08)	47.6 (0.24)	15.1 (1.16)	14.7 (0.71)	29.5 (0.55)
Colorado	88.6 (0.14)	94.2 (0.10)	86.3 (0.86)	63.5 (0.57)	85.4 (0.99)	82.3 (5.88)	82.4 (1.87)	92.9 (1.15)	35.1 (0.19)	40.5 (0.24)	21.8 (1.14)	11.5 (0.36)	47.0 (1.25)	20.2 (5.75)	19.9 (2.20)	31.4 (1.63)
Connecticut	88.3 (0.17)	91.5 (0.14)	81.2 (0.70)	68.1 (0.85)	89.0 (0.98)	‡ (†)	72.2 (5.24)	89.5 (1.53)	34.8 (0.21)	37.9 (0.25)	18.1 (0.66)	14.3 (0.65)	62.9 (1.48)	‡ (†)	18.6 (3.86)	32.9 (2.23)
Delaware	86.5 (0.32)	89.3 (0.35)	82.5 (1.07)	57.6 (2.74)	90.1 (1.77)	‡ (†)	78.1 (5.40)	91.0 (3.74)	26.8 (0.48)	28.4 (0.56)	18.8 (1.14)	12.7 (1.72)	62.5 (2.42)	‡ (†)	8.0 ! (3.77)	24.4 (4.48)
District of Columbia	85.2 (0.39)	98.6 (0.29)	80.0 (0.63)	57.0 (2.50)	91.5 (1.36)	‡ (†)	‡ (†)	95.1 (1.73)	46.9 (0.47)	86.7 (0.64)	20.8 (0.61)	31.8 (2.45)	74.3 (2.68)	‡ (†)	‡ (†)	58.4 (5.49)
Florida	85.0 (0.08)	89.8 (0.09)	77.3 (0.22)	73.4 (0.24)	85.8 (0.47)	81.0 (5.58)	81.2 (1.49)	86.4 (0.68)	25.7 (0.08)	28.2 (0.10)	15.9 (0.21)	21.5 (0.21)	45.7 (0.61)	14.6 (3.63)	18.2 (1.48)	23.5 (0.90)
Georgia	82.9 (0.12)	86.7 (0.13)	80.6 (0.23)	54.4 (0.77)	85.0 (0.72)	87.6 (4.36)	80.5 (2.36)	86.2 (1.11)	26.9 (0.12)	30.7 (0.16)	18.9 (0.25)	12.8 (0.43)	49.7 (0.89)	15.8 ! (5.64)	22.8 (2.29)	29.0 (1.51)
Hawaii	89.5 (0.27)	95.4 (0.33)	97.8 (1.13)	88.1 (1.14)	85.8 (0.45)	84.8 (1.04)	94.7 (2.43)	91.8 (0.64)	29.0 (0.39)	41.1 (0.73)	26.8 (2.71)	16.3 (0.99)	29.5 (0.59)	12.1 (0.98)	29.1 (8.54)	18.5 (0.89)
Idaho	88.0 (0.28)	91.0 (0.22)	88.4 (3.37)	52.2 (1.65)	86.9 (2.52)	92.0 (4.77)	82.2 (2.73)	86.0 (2.55)	24.1 (0.31)	25.4 (0.34)	19.3 (4.34)	8.4 (0.85)	39.4 (3.24)	‡ (†)	11.3 (1.94)	21.9 (2.94)
Illinois	85.6 (0.10)	90.8 (0.10)	81.0 (0.33)	59.0 (0.44)	90.7 (0.42)	99.8 (0.24)	81.5 (2.23)	87.0 (0.87)	29.5 (0.11)	32.8 (0.14)	18.5 (0.35)	11.4 (0.28)	61.6 (0.74)	67.5 (9.29)	20.3 (2.53)	28.2 (1.18)
Indiana	85.8 (0.13)	87.3 (0.13)	81.5 (0.54)	60.5 (1.05)	89.4 (1.11)	‡ (†)	79.5 (3.05)	85.1 (1.19)	22.5 (0.15)	23.1 (0.16)	14.4 (0.54)	12.0 (0.65)	60.3 (1.68)	‡ (†)	17.2 (3.32)	20.0 (1.49)
Iowa	89.6 (0.16)	90.9 (0.16)	78.3 (1.77)	56.7 (2.26)	86.1 (1.87)	‡ (†)	85.0 (3.60)	87.7 (2.79)	24.2 (0.22)	24.3 (0.23)	16.5 (1.60)	11.2 (1.20)	54.2 (2.51)	‡ (†)	19.8 (4.36)	18.4 (2.85)
Kansas	89.0 (0.19)	92.0 (0.18)	85.4 (1.10)	57.9 (1.09)	83.2 (2.11)	‡ (†)	90.8 (1.78)	86.0 (1.62)	29.2 (0.30)	30.8 (0.32)	18.5 (1.15)	12.3 (0.79)	51.0 (2.87)	‡ (†)	23.7 (2.49)	20.8 (2.17)
Kentucky	80.5 (0.18)	80.7 (0.19)	80.6 (0.57)	64.3 (2.11)	89.7 (1.35)	83.0 (9.43)	83.5 (3.59)	77.7 (2.13)	19.9 (0.16)	20.2 (0.17)	13.9 (0.63)	14.7 (1.09)	54.4 (2.49)	20.5 ! (9.87)	9.8 (2.60)	16.9 (1.95)
Louisiana	80.1 (0.20)	84.2 (0.22)	71.9 (0.45)	70.1 (1.78)	73.9 (2.09)	‡ (†)	66.1 (2.88)	81.1 (1.58)	20.3 (0.17)	23.7 (0.23)	11.4 (0.31)	19.2 (1.11)	41.6 (2.09)	‡ (†)	12.9 (2.03)	18.6 (1.81)
Maine	89.4 (0.26)	89.8 (0.25)	85.1 (4.54)	78.9 (5.06)	78.8 (4.12)	‡ (†)	75.7 (4.35)	79.5 (3.24)	25.6 (0.35)	25.8 (0.35)	16.2 (4.75)	18.6 (4.46)	37.5 (4.27)	‡ (†)	7.9 (2.17)	16.9 (3.03)
Maryland	87.5 (0.14)	90.5 (0.15)	85.0 (0.27)	63.5 (1.04)	89.7 (0.70)	91.2 (6.85)	86.2 (2.13)	91.2 (1.13)	35.3 (0.18)	39.3 (0.22)	24.3 (0.33)	20.7 (0.66)	61.0 (0.99)	21.4 ! (8.67)	20.6 (2.90)	32.9 (1.80)
Massachusetts	88.4 (0.11)	91.0 (0.11)	82.2 (0.54)	65.3 (0.65)	83.1 (0.56)	‡ (†)	84.5 (2.79)	85.7 (1.20)	37.7 (0.17)	39.6 (0.19)	22.3 (0.76)	15.4 (0.62)	57.4 (0.79)	‡ (†)	23.6 (3.37)	32.7 (1.94)
Michigan	87.7 (0.11)	89.6 (0.11)	80.8 (0.38)	65.7 (1.09)	88.4 (0.88)	93.7 (4.57)	83.7 (1.46)	84.1 (1.12)	24.8 (0.15)	25.8 (0.16)	14.4 (0.34)	15.1 (0.65)	62.3 (1.17)	31.7 ! (11.36)	13.1 (1.28)	21.0 (1.22)
Minnesota	91.1 (0.13)	93.1 (0.09)	80.5 (1.30)	60.3 (1.73)	79.0 (1.38)	‡ (†)	80.6 (1.92)	88.5 (1.27)	31.0 (0.19)	31.9 (0.19)	19.8 (1.19)	15.5 (1.04)	40.9 (1.63)	‡ (†)	11.0 (0.97)	23.7 (1.85)
Mississippi	78.9 (0.23)	83.5 (0.25)	71.0 (0.41)	59.1 (2.04)	77.2 (3.43)	‡ (†)	70.8 (3.75)	84.1 (2.22)	19.1 (0.23)	22.6 (0.29)	12.1 (0.32)	11.8 (1.14)	43.0 (3.11)	‡ (†)	9.8 (2.15)	18.8 (3.06)
Missouri	85.7 (0.15)	86.9 (0.14)	80.0 (0.52)	66.6 (1.35)	83.9 (1.26)	79.5 (8.91)	79.0 (2.23)	82.6 (1.22)	24.6 (0.17)	25.6 (0.16)	15.0 (0.42)	17.3 (0.94)	53.0 (1.77)	3.4 ! (2.26)	18.3 (1.86)	16.9 (1.33)
Montana	90.6 (0.23)	91.4 (0.26)	84.8 (7.16)	85.6 (2.66)	81.9 (4.86)	‡ (†)	77.8 (1.54)	91.7 (1.91)	26.8 (0.43)	27.9 (0.44)	27.2 ! (10.87)	14.5 (2.67)	35.3 (5.73)	‡ (†)	11.3 (1.44)	17.2 (2.91)
Nebraska	90.0 (0.22)	92.9 (0.19)	85.9 (1.56)	51.0 (1.79)	82.0 (3.23)	‡ (†)	78.8 (3.52)	87.5 (3.21)	27.0 (0.31)	28.4 (0.32)	17.1 (1.59)	8.3 (0.91)	46.3 (3.81)	‡ (†)	15.2 (3.46)	21.8 (3.69)
Nevada	83.7 (0.20)	91.2 (0.19)	86.8 (0.68)	56.5 (0.71)	89.0 (0.57)	89.9 (2.17)	84.3 (1.73)	89.5 (1.47)	21.4 (0.21)	24.8 (0.27)	15.1 (0.75)	8.2 (0.31)	37.1 (0.95)	9.0 (2.40)	11.7 (1.81)	22.5 (1.87)
New Hampshire	90.4 (0.23)	90.6 (0.22)	88.2 (3.24)	81.6 (2.97)	92.5 (1.62)	‡ (†)	80.0 (6.38)	86.0 (3.37)	32.4 (0.39)	31.9 (0.39)	26.3 (5.40)	27.4 (3.30)	61.9 (3.54)	‡ (†)	38.6 (8.97)	24.1 (3.51)
New Jersey	86.8 (0.11)	90.9 (0.10)	82.7 (0.35)	69.1 (0.46)	92.2 (0.37)	‡ (†)	83.6 (3.01)	86.6 (1.38)	33.9 (0.14)	36.7 (0.17)	20.0 (0.39)	15.4 (0.33)	66.7 (0.53)	‡ (†)	20.6 (3.10)	34.6 (1.52)
New Mexico	82.3 (0.26)	93.0 (0.27)	85.2 (2.07)	70.4 (0.45)	86.5 (2.01)	‡ (†)	73.5 (1.11)	92.0 (1.57)	24.8 (0.26)	36.7 (0.40)	24.6 (2.43)	12.4 (0.41)	45.8 (2.74)	‡ (†)	9.2 (0.72)	28.7 (2.78)
New York	84.1 (0.08)	90.3 (0.08)	79.6 (0.26)	64.1 (0.32)	78.7 (0.35)	86.6 (5.09)	82.8 (1.48)	86.1 (0.65)	31.6 (0.11)	36.6 (0.14)	19.7 (0.24)	15.0 (0.21)	45.1 (0.41)	29.0 (7.25)	15.4 (1.50)	32.6 (1.06)
North Carolina	82.9 (0.11)	86.5 (0.11)	79.2 (0.25)	50.9 (0.91)	85.1 (0.91)	85.8 (8.95)	67.4 (1.38)	84.9 (1.09)	25.7 (0.12)	28.9 (0.13)	16.1 (0.27)	12.0 (0.50)	52.2 (1.09)	6.3 ! (3.14)	10.5 (0.86)	24.3 (1.37)
North Dakota	89.1 (0.38)	89.5 (0.37)	89.5 (9.03)	73.7 (6.30)	79.6 (6.64)	‡ (†)	84.3 (1.92)	94.1 (2.66)	26.1 (0.62)	26.6 (0.61)	10.7 ! (6.45)	10.7 ! (4.78)	45.3 (8.58)	‡ (†)	17.4 (3.19)	28.1 (7.21)

See notes at end of table.

Table 12. Educational attainment of persons 25 years old and over, by race/ethnicity and state: 2006–08—Continued

State	Percent with high school completion or higher								Percent with bachelor's degree or higher							
	Total	White	Black	Hispanic	Asian	Native Hawaiian/ Pacific Islander	American Indian/ Alaska Native	Two or more races	Total	White	Black	Hispanic	Asian	Native Hawaiian/ Pacific Islander	American Indian/ Alaska Native	Two or more races
1	2	3	4	5	6	7	8	9	10	11	12	13	14	15	16	17
Ohio	87.0 (0.09)	88.3 (0.09)	80.1 (0.38)	69.9 (0.99)	89.6 (0.76)	‡ (†)	79.7 (1.98)	85.8 (0.87)	23.8 (0.10)	24.5 (0.11)	14.2 (0.32)	17.5 (0.70)	62.6 (1.22)	‡ (†)	15.3 (1.86)	19.5 (1.05)
Oklahoma	84.8 (0.19)	87.3 (0.19)	83.6 (0.89)	55.0 (1.35)	82.8 (1.82)	90.1 (6.46)	81.5 (0.77)	84.8 (0.67)	22.4 (0.20)	24.2 (0.24)	15.9 (0.86)	10.3 (0.75)	41.2 (2.30)	17.2 ! (8.99)	14.2 (0.63)	17.6 (0.85)
Oregon	88.1 (0.14)	91.5 (0.14)	86.5 (1.26)	52.9 (1.11)	86.2 (0.95)	86.2 (3.84)	84.5 (1.56)	87.5 (1.16)	27.9 (0.19)	29.2 (0.22)	18.3 (1.48)	10.4 (0.53)	45.4 (1.49)	19.7 (4.60)	13.6 (1.44)	23.9 (1.16)
Pennsylvania	86.8 (0.09)	88.5 (0.09)	80.6 (0.36)	64.0 (0.90)	84.0 (0.62)	77.8 (9.48)	82.6 (2.63)	84.2 (1.26)	25.9 (0.12)	26.9 (0.13)	14.2 (0.33)	12.7 (0.47)	54.0 (0.95)	21.7 ! (7.88)	22.1 (3.37)	21.9 (1.47)
Rhode Island	83.0 (0.33)	86.1 (0.31)	77.8 (2.09)	58.6 (1.51)	78.2 (2.61)	‡ (†)	72.9 (7.64)	86.3 (2.77)	29.7 (0.37)	31.7 (0.41)	18.7 (1.77)	13.7 (1.22)	47.1 (2.76)	‡ (†)	7.6 ! (4.04)	18.1 (3.28)
South Carolina	82.3 (0.19)	86.1 (0.19)	74.8 (0.35)	58.1 (1.39)	84.8 (1.47)	86.6 (5.84)	74.0 (3.45)	85.5 (1.71)	23.4 (0.15)	27.7 (0.18)	12.3 (0.27)	11.9 (0.69)	47.4 (2.10)	25.4 ! (10.73)	13.0 (2.22)	21.9 (1.97)
South Dakota	88.6 (0.41)	89.7 (0.35)	93.4 (5.28)	64.8 (6.01)	96.1 (2.25)	‡ (†)	78.5 (1.82)	87.3 (4.47)	24.3 (0.56)	25.5 (0.60)	18.6 ! (6.06)	14.2 (3.15)	47.8 (9.42)	‡ (†)	9.5 (1.20)	16.6 (4.29)
Tennessee	81.8 (0.14)	83.3 (0.15)	78.6 (0.37)	54.3 (1.33)	87.1 (1.12)	‡ (†)	76.7 (2.48)	79.9 (1.59)	22.3 (0.15)	23.5 (0.15)	15.1 (0.39)	11.4 (0.64)	52.3 (1.95)	‡ (†)	14.0 (2.18)	17.6 (1.39)
Texas	79.2 (0.09)	90.8 (0.06)	83.2 (0.19)	56.6 (0.22)	86.7 (0.37)	91.9 (3.18)	87.6 (0.99)	89.1 (0.71)	25.1 (0.08)	33.0 (0.10)	18.2 (0.22)	10.7 (0.11)	53.2 (0.60)	20.2 (3.26)	22.5 (1.34)	27.7 (0.82)
Utah	90.5 (0.19)	93.9 (0.16)	88.1 (2.40)	63.3 (1.30)	87.9 (1.53)	91.7 (2.45)	79.0 (2.15)	91.0 (2.10)	28.9 (0.27)	30.9 (0.27)	29.4 (3.69)	11.6 (0.67)	45.3 (2.54)	13.9 (2.37)	10.5 (1.71)	24.9 (3.53)
Vermont	91.0 (0.34)	91.1 (0.35)	89.3 (9.29)	93.8 (2.04)	85.3 (4.26)	‡ (†)	67.7 (7.62)	87.5 (3.53)	33.4 (0.58)	33.4 (0.59)	42.9 (11.02)	32.5 (5.26)	50.9 (6.55)	‡ (†)	9.4 ! (5.12)	20.4 (4.35)
Virginia	85.7 (0.11)	88.7 (0.10)	78.7 (0.30)	66.7 (0.82)	88.6 (0.51)	89.6 (4.68)	79.0 (2.40)	90.3 (1.08)	33.2 (0.16)	36.4 (0.18)	17.7 (0.29)	23.0 (0.77)	56.0 (0.77)	36.4 (7.02)	19.9 (2.44)	35.5 (1.29)
Washington	89.4 (0.13)	92.7 (0.12)	86.6 (0.80)	57.9 (0.85)	84.8 (0.55)	80.8 (2.00)	82.1 (1.14)	90.8 (0.78)	30.5 (0.17)	31.9 (0.18)	19.6 (0.68)	11.5 (0.51)	43.8 (0.83)	10.5 (1.72)	12.7 (1.02)	23.9 (0.95)
West Virginia	81.4 (0.25)	81.3 (0.26)	84.7 (1.21)	75.3 (3.46)	93.2 (2.21)	‡ (†)	82.4 (4.22)	79.3 (3.12)	16.9 (0.27)	16.7 (0.27)	14.8 (1.38)	21.0 (3.06)	61.4 (4.75)	‡ (†)	15.5 ! (5.88)	15.6 (2.66)
Wisconsin	89.0 (0.13)	91.0 (0.13)	77.2 (0.93)	62.9 (1.30)	79.8 (1.35)	‡ (†)	83.1 (1.97)	86.7 (2.06)	25.6 (0.17)	26.6 (0.19)	12.5 (0.66)	12.7 (0.79)	47.1 (1.90)	‡ (†)	11.6 (1.26)	21.0 (2.36)
Wyoming	91.0 (0.40)	92.4 (0.36)	91.0 (4.74)	71.2 (2.61)	84.0 (6.31)	‡ (†)	87.5 (3.13)	89.9 (2.87)	22.9 (0.52)	24.2 (0.57)	9.9 ! (4.78)	8.2 (1.52)	45.1 (9.45)	‡ (†)	6.7 (1.95)	18.5 (4.12)

†Not applicable.
!Interpret data with caution.
‡Reporting standards not met.

NOTE: Estimates are 3-year averages of 2006–08 data. Use of a 3-year average increases the sample size, thereby reducing the size of sampling errors and producing more stable estimates. Race categories exclude persons of Hispanic ethnicity. Standard errors appear in parentheses.
SOURCE: U.S. Department of Commerce, Census Bureau, 2006–2008 American Community Survey (ACS) 3-Year Public Use Microdata Sample (PUMS) data. (This table was prepared June 2010.)

Table 13. Educational attainment of persons 25 years old and over, by sex and state: 2006–08

State	Number of persons 25 years old and over (in thousands)						Percent with high school completion or higher						Percent with bachelor's or higher degree					
	Total		Males		Females		Total		Male		Female		Total		Male		Female	
1	2		3		4		5		6		7		8		9		10	
United States	**197,783**	**(49.5)**	**95,359**	**(29.8)**	**102,424**	**(28.6)**	**84.6**	**(0.03)**	**83.9**	**(0.03)**	**85.1**	**(0.03)**	**27.4**	**(0.04)**	**28.2**	**(0.04)**	**26.7**	**(0.04)**
Alabama	3,055	(4.7)	1,440	(3.0)	1,615	(3.3)	80.9	(0.20)	80.0	(0.28)	81.6	(0.21)	21.5	(0.17)	22.2	(0.22)	20.9	(0.21)
Alaska	423	(2.5)	217	(1.9)	206	(1.5)	90.7	(0.36)	90.1	(0.50)	91.4	(0.50)	26.4	(0.52)	24.7	(0.68)	28.2	(0.70)
Arizona	4,090	(5.3)	2,013	(3.3)	2,078	(3.2)	83.6	(0.16)	82.8	(0.22)	84.4	(0.18)	25.4	(0.13)	26.4	(0.16)	24.5	(0.19)
Arkansas	1,866	(4.6)	893	(2.7)	973	(3.0)	81.3	(0.23)	80.3	(0.36)	82.2	(0.26)	19.0	(0.22)	19.3	(0.28)	18.7	(0.27)
California	23,223	(9.3)	11,424	(5.9)	11,799	(7.2)	80.3	(0.07)	79.9	(0.09)	80.7	(0.07)	29.4	(0.07)	30.4	(0.08)	28.5	(0.08)
Colorado	3,189	(4.6)	1,586	(3.1)	1,604	(3.1)	88.6	(0.14)	87.9	(0.20)	89.3	(0.15)	35.1	(0.19)	35.8	(0.25)	34.3	(0.24)
Connecticut	2,355	(3.3)	1,118	(2.3)	1,237	(2.2)	88.3	(0.17)	88.1	(0.23)	88.5	(0.19)	34.8	(0.21)	36.0	(0.28)	33.6	(0.28)
Delaware	572	(2.3)	271	(1.4)	301	(1.5)	86.5	(0.32)	85.6	(0.44)	87.3	(0.42)	26.8	(0.48)	27.3	(0.65)	26.3	(0.52)
District of Columbia	401	(1.3)	186	(0.9)	215	(0.8)	85.2	(0.39)	85.0	(0.61)	85.4	(0.50)	46.9	(0.47)	48.5	(0.64)	45.6	(0.63)
Florida	12,575	(5.8)	6,046	(4.5)	6,529	(3.5)	85.0	(0.08)	84.1	(0.11)	85.8	(0.09)	25.7	(0.08)	27.1	(0.12)	24.3	(0.10)
Georgia	6,070	(5.4)	2,907	(3.9)	3,163	(3.4)	82.9	(0.12)	81.7	(0.18)	84.1	(0.13)	26.9	(0.12)	27.2	(0.14)	26.5	(0.15)
Hawaii	869	(2.2)	428	(1.5)	440	(1.4)	89.5	(0.27)	90.3	(0.35)	88.7	(0.33)	29.0	(0.39)	28.8	(0.48)	29.3	(0.48)
Idaho	939	(2.7)	466	(1.8)	473	(1.7)	88.0	(0.28)	87.5	(0.36)	88.5	(0.33)	24.1	(0.31)	25.6	(0.43)	22.7	(0.36)
Illinois	8,340	(8.2)	4,017	(5.9)	4,323	(4.7)	85.6	(0.10)	85.1	(0.14)	86.0	(0.12)	29.5	(0.11)	30.3	(0.15)	28.8	(0.13)
Indiana	4,145	(5.4)	1,998	(3.5)	2,147	(3.8)	85.8	(0.13)	85.2	(0.18)	86.4	(0.16)	22.5	(0.15)	23.2	(0.18)	21.8	(0.18)
Iowa	1,967	(4.7)	950	(3.4)	1,017	(2.9)	89.6	(0.16)	88.9	(0.24)	90.2	(0.18)	24.2	(0.22)	24.4	(0.33)	24.0	(0.25)
Kansas	1,795	(3.9)	873	(2.7)	922	(2.5)	89.0	(0.19)	88.5	(0.28)	89.5	(0.22)	29.2	(0.30)	30.1	(0.38)	28.3	(0.34)
Kentucky	2,840	(4.3)	1,356	(3.2)	1,483	(2.6)	80.5	(0.18)	79.3	(0.25)	81.6	(0.24)	19.9	(0.16)	20.1	(0.20)	19.8	(0.20)
Louisiana	2,753	(4.6)	1,306	(3.6)	1,448	(2.9)	80.1	(0.20)	78.7	(0.30)	81.3	(0.21)	20.3	(0.17)	20.1	(0.23)	20.5	(0.22)
Maine	926	(3.1)	440	(1.9)	486	(2.1)	89.4	(0.26)	88.2	(0.33)	90.5	(0.33)	25.6	(0.35)	24.7	(0.46)	26.5	(0.39)
Maryland	3,725	(4.2)	1,753	(2.5)	1,972	(3.2)	87.5	(0.14)	86.7	(0.19)	88.3	(0.15)	35.3	(0.18)	36.1	(0.24)	34.5	(0.21)
Massachusetts	4,371	(4.1)	2,071	(2.9)	2,300	(3.0)	88.4	(0.11)	87.8	(0.15)	88.9	(0.14)	37.7	(0.17)	38.5	(0.21)	37.0	(0.21)
Michigan	6,641	(8.7)	3,206	(5.6)	3,435	(5.3)	87.7	(0.11)	86.9	(0.14)	88.4	(0.13)	24.8	(0.15)	25.6	(0.19)	24.0	(0.17)
Minnesota	3,425	(6.6)	1,683	(4.2)	1,742	(4.8)	91.1	(0.13)	90.6	(0.18)	91.5	(0.14)	31.0	(0.19)	31.5	(0.28)	30.4	(0.20)
Mississippi	1,842	(3.2)	862	(2.3)	980	(2.2)	78.9	(0.23)	77.7	(0.29)	80.0	(0.29)	19.1	(0.23)	18.8	(0.26)	19.4	(0.29)
Missouri	3,887	(5.6)	1,851	(3.8)	2,036	(3.6)	85.7	(0.15)	85.4	(0.22)	85.9	(0.16)	24.6	(0.17)	25.2	(0.21)	24.1	(0.19)
Montana	637	(3.4)	313	(2.2)	325	(2.0)	90.6	(0.23)	89.9	(0.37)	91.4	(0.29)	26.8	(0.43)	27.0	(0.62)	26.7	(0.52)
Nebraska	1,134	(4.2)	549	(2.5)	585	(2.9)	90.0	(0.22)	89.4	(0.32)	90.5	(0.25)	27.0	(0.31)	27.4	(0.38)	26.7	(0.40)
Nevada	1,680	(3.2)	848	(2.0)	832	(2.0)	83.7	(0.20)	83.3	(0.28)	84.2	(0.25)	21.4	(0.21)	22.4	(0.30)	20.5	(0.28)
New Hampshire	895	(2.6)	432	(1.6)	462	(1.8)	90.4	(0.23)	89.3	(0.34)	91.4	(0.29)	32.4	(0.39)	33.4	(0.51)	31.4	(0.46)
New Jersey	5,834	(4.9)	2,785	(3.0)	3,049	(3.5)	86.8	(0.11)	86.5	(0.15)	87.1	(0.13)	33.9	(0.14)	35.5	(0.16)	32.4	(0.18)
New Mexico	1,256	(3.7)	606	(2.4)	650	(2.4)	82.3	(0.26)	81.6	(0.36)	82.9	(0.31)	24.8	(0.26)	25.3	(0.37)	24.3	(0.31)
New York	12,987	(8.4)	6,140	(6.3)	6,848	(5.5)	84.1	(0.08)	83.9	(0.12)	84.2	(0.09)	31.6	(0.11)	32.1	(0.13)	31.2	(0.13)
North Carolina	5,961	(5.0)	2,834	(3.5)	3,126	(3.4)	82.9	(0.11)	81.3	(0.15)	84.4	(0.14)	25.7	(0.12)	25.8	(0.16)	25.5	(0.15)
North Dakota	413	(2.4)	204	(1.5)	209	(1.6)	89.1	(0.38)	88.4	(0.52)	89.7	(0.42)	26.1	(0.62)	26.2	(0.77)	26.1	(0.68)
Ohio	7,639	(6.5)	3,638	(4.8)	4,001	(3.6)	87.0	(0.09)	86.7	(0.12)	87.3	(0.11)	23.8	(0.10)	24.9	(0.13)	22.9	(0.13)
Oklahoma	2,337	(4.8)	1,126	(2.7)	1,211	(3.3)	84.8	(0.19)	84.3	(0.25)	85.2	(0.22)	22.4	(0.20)	23.1	(0.27)	21.7	(0.25)
Oregon	2,537	(3.8)	1,240	(2.7)	1,297	(2.2)	88.1	(0.14)	87.3	(0.21)	88.9	(0.17)	27.9	(0.19)	28.9	(0.27)	27.0	(0.22)
Pennsylvania	8,430	(7.3)	4,001	(4.9)	4,429	(5.4)	86.8	(0.09)	86.8	(0.12)	86.8	(0.11)	25.9	(0.12)	27.1	(0.13)	24.8	(0.16)
Rhode Island	708	(2.0)	334	(1.3)	373	(1.3)	83.0	(0.33)	82.0	(0.46)	83.8	(0.42)	29.7	(0.37)	30.7	(0.49)	28.8	(0.43)
South Carolina	2,908	(3.6)	1,372	(2.6)	1,536	(2.5)	82.3	(0.19)	81.1	(0.26)	83.4	(0.21)	23.4	(0.15)	24.0	(0.21)	23.0	(0.21)
South Dakota	518	(3.0)	252	(2.2)	266	(1.8)	88.6	(0.41)	87.8	(0.55)	89.3	(0.46)	24.3	(0.56)	24.1	(0.70)	24.5	(0.68)
Tennessee	4,130	(4.7)	1,965	(3.0)	2,165	(2.9)	81.8	(0.14)	81.0	(0.20)	82.6	(0.16)	22.3	(0.15)	23.0	(0.21)	21.6	(0.17)
Texas	14,816	(8.1)	7,248	(5.5)	7,568	(5.6)	79.2	(0.09)	78.5	(0.11)	79.8	(0.10)	25.1	(0.08)	26.0	(0.11)	24.3	(0.10)
Utah	1,506	(4.0)	744	(2.8)	762	(2.5)	90.5	(0.19)	90.0	(0.28)	90.9	(0.20)	28.9	(0.27)	32.0	(0.38)	25.9	(0.34)
Vermont	427	(2.3)	206	(1.5)	221	(1.5)	91.0	(0.34)	89.7	(0.45)	92.2	(0.48)	33.4	(0.58)	32.1	(0.74)	34.7	(0.69)
Virginia	5,110	(4.7)	2,446	(3.2)	2,664	(3.1)	85.7	(0.11)	84.8	(0.16)	86.4	(0.13)	33.2	(0.16)	34.1	(0.18)	32.4	(0.19)
Washington	4,311	(4.5)	2,117	(3.5)	2,194	(3.6)	89.4	(0.13)	89.0	(0.17)	89.7	(0.15)	30.5	(0.17)	31.8	(0.22)	29.1	(0.19)
West Virginia	1,261	(3.0)	605	(2.1)	656	(1.9)	81.4	(0.25)	80.0	(0.35)	82.6	(0.30)	16.9	(0.27)	17.0	(0.31)	16.8	(0.33)
Wisconsin	3,725	(7.6)	1,826	(4.6)	1,899	(5.1)	89.0	(0.13)	88.3	(0.18)	89.8	(0.18)	25.6	(0.17)	25.6	(0.22)	25.5	(0.22)
Wyoming	342	(1.9)	170	(1.4)	172	(1.0)	91.0	(0.40)	90.5	(0.58)	91.4	(0.50)	22.9	(0.52)	23.2	(0.69)	22.5	(0.68)

NOTE: Estimates are 3-year averages of 2006–08 data. Use of a 3-year average increases the sample size, thereby reducing the size of sampling errors and producing more stable estimates. Standard errors appear in parentheses. Detail may not sum to totals because of rounding.

SOURCE: U.S. Department of Commerce, Census Bureau, 2006–2008 American Community Survey (ACS) 3-Year Public Use Microdata Sample (PUMS) data. (This table was prepared June 2010.)

Table 14. Educational attainment of persons 25 years old and over for metropolitan areas with more than 1 million persons, by sex: 2010

Metropolitan area	Number of persons 25 years old and over (in thousands)			Percent with high school completion or higher			Percent with bachelor's or higher degree		
	Total	Males	Females	Total	Male	Female	Total	Male	Female
1	2	3	4	5	6	7	8	9	10
Atlanta-Sandy Springs-Marietta, GA CBSA	3,449 (64.0)	1,661 (44.6)	1,787 (46.3)	89.2 (0.58)	88.8 (0.85)	89.6 (0.79)	38.5 (0.91)	38.8 (1.31)	38.2 (1.26)
Austin-Round Rock, TX CBSA	1,109 (36.5)	568 (26.2)	540 (25.5)	88.2 (1.06)	88.8 (1.45)	87.6 (1.56)	46.6 (1.65)	47.9 (2.30)	45.3 (2.35)
Birmingham-Hoover, AL CBSA	867 (32.3)	392 (21.7)	475 (23.9)	85.1 (1.33)	81.6 (2.15)	88.1 (1.63)	23.5 (1.58)	24.3 (2.38)	22.9 (2.12)
Boston-Worcester-Manchester, MA-NH-CT-ME CSA[1]	3,751 (66.7)	1,810 (46.5)	1,941 (48.2)	91.5 (0.50)	90.0 (0.77)	92.8 (0.64)	43.1 (0.89)	44.3 (1.28)	42.0 (1.23)
Buffalo-Niagara Falls, NY CBSA	775 (30.5)	371 (21.1)	404 (22.0)	92.2 (1.06)	92.3 (1.52)	92.1 (1.47)	30.5 (1.82)	31.1 (2.64)	30.0 (2.50)
Charlotte-Gastonia-Concord, NC-SC CBSA	1,252 (38.8)	629 (27.5)	624 (27.4)	85.7 (1.09)	83.5 (1.63)	88.0 (1.43)	32.1 (1.45)	34.5 (2.08)	29.7 (2.01)
Chicago-Naperville-Michigan City, IL-IN-WI CSA	6,129 (84.9)	2,995 (59.7)	3,134 (61.1)	88.8 (0.44)	88.8 (0.63)	88.9 (0.62)	36.4 (0.68)	36.8 (0.97)	36.1 (0.94)
Cincinnati-Middletown, OH-KY-IN CBSA[1]	1,290 (39.3)	615 (27.2)	675 (28.5)	89.3 (0.95)	89.0 (1.39)	89.6 (1.29)	28.1 (1.37)	28.4 (2.00)	27.8 (1.89)
Cleveland-Akron-Elyria, OH CSA	1,962 (48.4)	947 (33.7)	1,015 (34.9)	89.2 (0.77)	87.8 (1.17)	90.4 (1.01)	27.0 (1.10)	25.8 (1.56)	28.1 (1.55)
Columbus, OH CSA	1,142 (37.0)	556 (25.9)	585 (26.5)	91.1 (0.93)	89.6 (1.42)	92.5 (1.19)	29.1 (1.48)	27.3 (2.08)	30.7 (2.09)
Dallas-Fort Worth-Arlington, TX CBSA	4,078 (69.5)	2,045 (49.4)	2,034 (49.3)	82.8 (0.65)	81.5 (0.94)	84.2 (0.89)	31.5 (0.80)	32.8 (1.14)	30.1 (1.12)
Denver-Aurora-Boulder, CO CSA	1,967 (48.5)	978 (34.3)	989 (34.5)	90.7 (0.72)	91.3 (0.99)	90.2 (1.04)	47.5 (1.24)	49.7 (1.76)	45.3 (1.74)
Detroit-Warren-Flint, MI CSA	3,591 (65.3)	1,731 (45.5)	1,859 (47.2)	90.2 (0.55)	89.5 (0.81)	90.8 (0.73)	32.5 (0.86)	33.2 (1.24)	31.9 (1.19)
Fresno-Madera, CA CSA	688 (28.8)	363 (20.9)	324 (19.8)	75.1 (1.81)	72.9 (2.56)	77.5 (2.54)	22.5 (1.75)	22.4 (2.40)	22.6 (2.55)
Grand Rapids-Muskegon-Holland, MI CSA	883 (32.6)	428 (22.7)	455 (23.4)	92.5 (0.97)	91.3 (1.49)	93.6 (1.26)	26.6 (1.63)	25.6 (2.32)	27.5 (2.30)
Greensboro–Winston-Salem–High Point, NC CSA	925 (33.3)	457 (23.5)	467 (23.7)	87.2 (1.20)	85.3 (1.82)	89.2 (1.58)	29.1 (1.64)	29.8 (2.35)	28.5 (2.29)
Hartford-West Hartford, CT CBSA	798 (31.0)	381 (21.4)	417 (22.4)	91.0 (1.12)	89.6 (1.72)	92.2 (1.44)	41.7 (1.92)	42.9 (2.78)	40.6 (2.64)
Houston-Baytown-Sugarland, TX CBSA	3,644 (65.8)	1,776 (46.1)	1,868 (47.3)	79.8 (0.73)	79.4 (1.05)	80.1 (1.02)	28.7 (0.82)	29.3 (1.19)	28.1 (1.14)
Indianapolis-Anderson-Columbus, IN CSA	1,327 (39.9)	645 (27.9)	682 (28.6)	91.4 (0.85)	92.1 (1.17)	90.7 (1.22)	28.6 (1.36)	30.2 (1.99)	27.1 (1.87)
Jacksonville, FL CBSA	927 (33.4)	453 (23.4)	473 (23.9)	91.9 (0.98)	92.5 (1.36)	91.4 (1.42)	33.2 (1.70)	32.1 (2.41)	34.2 (2.39)
Kansas City, MO-KS CSBA	1,279 (39.2)	615 (27.2)	664 (28.3)	89.7 (0.94)	89.0 (1.39)	90.3 (1.26)	33.7 (1.45)	32.0 (2.07)	35.3 (2.04)
Las Vegas-Paradise, NV CBSA	1,197 (37.9)	605 (27.0)	592 (26.7)	87.0 (1.07)	88.2 (1.44)	85.9 (1.57)	23.2 (1.34)	24.8 (1.93)	21.6 (1.86)
Los Angeles-Long Beach-Riverside, CA CSA	11,276 (113.9)	5,514 (80.6)	5,762 (82.4)	79.7 (0.42)	79.4 (0.60)	80.0 (0.58)	30.2 (0.47)	30.2 (0.68)	30.2 (0.66)
Louisville, KY-IN CBSA	791 (30.8)	406 (22.1)	385 (21.5)	83.7 (1.44)	84.4 (1.97)	83.0 (2.10)	25.7 (1.71)	23.9 (2.33)	27.5 (2.50)
Memphis, TN-MS-AR CBSA[1]	817 (31.3)	358 (20.8)	459 (23.5)	86.6 (1.31)	83.4 (2.16)	89.1 (1.59)	31.6 (1.79)	32.7 (2.72)	30.7 (2.36)
Miami-Fort Lauderdale-Miami Beach, FL CBSA	4,003 (68.9)	1,895 (47.6)	2,109 (50.2)	86.8 (0.59)	88.0 (0.82)	85.7 (0.84)	31.4 (0.81)	33.5 (1.19)	29.6 (1.09)
Milwaukee-Racine-Waukesha, WI CSA	1,201 (38.0)	579 (26.4)	621 (27.3)	86.8 (1.07)	85.5 (1.61)	88.0 (1.43)	30.9 (1.46)	31.7 (2.12)	30.1 (2.02)
Minneapolis-St. Paul-St. Cloud, MN-WI CSA[1]	2,142 (50.6)	1,031 (35.2)	1,111 (36.5)	92.7 (0.62)	91.6 (0.95)	93.6 (0.80)	37.6 (1.15)	37.2 (1.65)	38.0 (1.60)
Nashville-Davidson–Murfreesboro, TN CBSA	1,070 (35.8)	518 (25.0)	552 (25.8)	86.7 (1.14)	83.7 (1.78)	89.5 (1.43)	34.3 (1.59)	35.8 (2.31)	32.8 (2.19)
New Orleans-Metairie-Kenner, LA CBSA	739 (29.8)	336 (20.1)	402 (22.0)	89.9 (1.21)	89.7 (1.82)	90.2 (1.63)	33.7 (1.91)	35.4 (2.86)	32.3 (2.56)
New York-Newark, NY-NJ-PA CSA	14,266 (127.2)	6,703 (88.6)	7,563 (94.0)	87.1 (0.31)	87.7 (0.44)	86.7 (0.43)	37.5 (0.45)	37.3 (0.65)	37.8 (0.61)
Oklahoma City, OK CBSA	837 (31.7)	381 (21.4)	457 (23.4)	88.0 (1.24)	87.6 (1.86)	88.2 (1.65)	29.0 (1.72)	31.4 (2.61)	26.9 (2.28)
Orlando, FL CBSA	1,383 (40.7)	657 (28.1)	726 (29.5)	85.3 (1.05)	83.8 (1.58)	86.7 (1.38)	28.7 (1.34)	27.1 (1.90)	30.1 (1.87)
Philadelphia-Camden-Vineland, PA-NJ-DE-MD CSA	3,797 (67.1)	1,756 (45.9)	2,041 (49.4)	89.6 (0.54)	89.6 (0.80)	89.6 (0.74)	33.5 (0.84)	34.7 (1.25)	32.4 (1.14)
Phoenix-Mesa-Scottsdale, AZ CBSA	2,681 (56.5)	1,368 (40.5)	1,313 (39.7)	86.5 (0.73)	85.8 (1.04)	87.2 (1.01)	31.4 (0.98)	32.1 (1.39)	30.7 (1.40)
Pittsburgh-New Castle, PA CBSA	1,671 (44.7)	774 (30.5)	897 (32.8)	92.6 (0.70)	94.0 (0.94)	91.4 (1.03)	28.8 (1.22)	30.1 (1.81)	27.6 (1.64)
Portland-Vancouver-Beaverton, OR-WA CBSA	1,495 (42.3)	714 (29.3)	781 (30.6)	91.8 (0.78)	89.7 (1.25)	93.7 (0.95)	36.5 (1.37)	35.2 (1.96)	37.8 (1.91)
Providence-Fall River-Warwick, RI-MA CBSA	888 (32.7)	421 (22.5)	467 (23.7)	85.5 (1.30)	86.1 (1.85)	84.9 (1.82)	31.2 (1.71)	31.5 (2.49)	30.8 (2.35)
Raleigh-Durham-Cary, NC CSA	1,130 (36.8)	529 (25.2)	600 (26.9)	88.9 (1.03)	87.0 (1.61)	90.5 (1.31)	37.8 (1.58)	38.0 (2.32)	37.7 (2.17)
Richmond, VA CBSA	938 (33.6)	436 (22.9)	502 (24.6)	87.9 (1.17)	86.8 (1.78)	88.9 (1.54)	34.0 (1.70)	33.8 (2.49)	34.1 (2.32)
Rochester, NY CBSA	679 (28.6)	323 (19.7)	357 (20.7)	91.0 (1.21)	89.8 (1.85)	92.0 (1.58)	27.9 (1.89)	29.8 (2.80)	26.1 (2.55)
Sacramento–Arden-Arcade–Roseville, CA CBSA	1,394 (40.9)	665 (28.3)	729 (29.6)	87.3 (0.98)	87.2 (1.42)	87.4 (1.35)	31.8 (1.37)	29.1 (1.93)	34.3 (1.93)
Salt Lake City-Ogden-Clearfield, UT CSA	989 (34.5)	498 (24.5)	492 (24.3)	91.6 (0.97)	91.9 (1.34)	91.3 (1.39)	32.0 (1.63)	38.8 (2.40)	25.1 (2.15)
San Antonio, TX CBSA	1,353 (40.3)	656 (28.1)	697 (29.0)	80.5 (1.18)	79.4 (1.73)	81.5 (1.62)	25.1 (1.30)	23.8 (1.83)	26.4 (1.83)
San Diego-Carlsbad-San Marcos, CA CBSA	1,881 (47.4)	911 (33.1)	970 (34.1)	88.4 (0.81)	89.3 (1.12)	87.4 (1.17)	34.6 (1.20)	37.3 (1.76)	32.1 (1.65)
San Jose-San Francisco-Oakland, CA CSA	5,298 (79.1)	2,656 (56.3)	2,642 (56.1)	88.9 (0.47)	88.7 (0.67)	89.1 (0.66)	46.1 (0.75)	47.1 (1.06)	45.0 (1.06)
Seattle-Tacoma-Olympia, WA CSA	2,779 (57.6)	1,369 (40.5)	1,411 (41.1)	94.2 (0.49)	93.6 (0.73)	94.7 (0.65)	39.8 (1.02)	40.4 (1.46)	39.3 (1.43)
St. Louis, MO-IL CBSA	1,881 (47.4)	912 (33.1)	969 (34.1)	90.2 (0.75)	89.1 (1.13)	91.2 (1.00)	28.0 (1.14)	29.6 (1.66)	26.4 (1.55)
Tampa-St. Petersburg-Clearwater, FL CBSA	1,909 (47.8)	891 (32.7)	1,019 (35.0)	88.2 (0.81)	89.3 (1.14)	87.3 (1.15)	27.9 (1.13)	29.5 (1.68)	26.5 (1.52)
Virginia Beach-Norfolk-Newport News, VA-NC CBSA[1]	1,032 (35.2)	492 (24.3)	540 (25.5)	92.8 (0.88)	93.8 (1.20)	91.9 (1.29)	29.7 (1.56)	27.8 (2.22)	31.4 (2.19)
Washington-Baltimore-Northern Virginia, DC-MD-VA-WV CSA[1]	5,374 (79.6)	2,557 (55.2)	2,818 (58.0)	91.7 (0.41)	91.0 (0.62)	92.4 (0.55)	47.2 (0.75)	48.2 (1.09)	46.2 (1.03)

[1]Information on metropolitan status was suppressed for a small portion of sample observations. As a result, population estimates for these areas may be slightly underestimated.
NOTE: CSA = Combined Statistical Area; CBSA = Core Based Statistical Area. Detail may not sum to totals because of rounding. Standard errors appear in parentheses.
SOURCE: U.S. Department of Commerce, Census Bureau, Current Population Survey (CPS), March 2010. (This table was prepared October 2010.)

Table 15. Use of the Internet by persons 3 years old and over, by type of use and selected characteristics of students and other users: 2003

Selected characteristic	Number of persons using the Internet (in thousands)	Percent using the Internet anywhere	Percent using the Internet at school	Percent of internet users using the Internet for various activities during the year[1]: School assignments	E-mail and messaging	Playing games	Online courses	Product purchases and information	News, weather, and sports	Health information[2]	Government information[3]	Conduct financial transactions[3,4]	Look for jobs[3]
1	2	3	4	5	6	7	8	9	10	11	12	13	14
Total, all persons	**161,636 (309.1)**	**58.7 (0.14)**	**— (†)**	**— (†)**	**82.1 (0.15)**	**42.2 (0.19)**	**5.6 (0.09)**	**71.2 (0.17)**	**60.6 (0.19)**	**39.3 (0.20)**	**44.7 (0.21)**	**30.4 (0.19)**	**18.7 (0.16)**
Sex													
Male	78,070 (343.4)	58.2 (0.21)	— (†)	— (†)	80.4 (0.22)	45.5 (0.27)	5.4 (0.12)	71.8 (0.25)	65.5 (0.26)	34.1 (0.28)	45.5 (0.30)	32.3 (0.28)	19.1 (0.24)
Female	83,567 (348.1)	59.2 (0.20)	— (†)	— (†)	83.7 (0.20)	39.2 (0.26)	5.7 (0.12)	70.6 (0.24)	55.9 (0.26)	44.1 (0.28)	44.0 (0.29)	28.6 (0.26)	18.3 (0.22)
Race/ethnicity													
White	122,243 (353.9)	65.1 (0.17)	— (†)	— (†)	84.8 (0.16)	41.4 (0.22)	5.5 (0.10)	74.4 (0.19)	62.9 (0.21)	41.1 (0.23)	45.9 (0.24)	31.3 (0.22)	17.4 (0.18)
Black	14,898 (131.5)	45.2 (0.45)	— (†)	— (†)	71.1 (0.61)	50.2 (0.67)	5.6 (0.31)	59.7 (0.66)	50.8 (0.67)	33.6 (0.67)	41.1 (0.73)	22.3 (0.62)	25.6 (0.65)
Hispanic	14,038 (132.7)	37.2 (0.43)	— (†)	— (†)	69.6 (0.68)	43.0 (0.73)	5.0 (0.32)	57.2 (0.73)	50.6 (0.74)	30.1 (0.73)	36.4 (0.81)	26.6 (0.74)	21.5 (0.69)
Other	10,457 (133.9)	61.6 (0.65)	— (†)	— (†)	83.3 (0.64)	39.5 (0.84)	7.1 (0.44)	68.4 (0.79)	60.7 (0.83)	37.6 (0.87)	45.4 (0.93)	35.2 (0.89)	21.5 (0.76)
Age													
3 and 4	1,662 (62.5)	19.9 (0.67)	— (†)	— (†)	26.5 (1.67)	64.6 (1.81)	0.6 (0.29)	15.4 (1.36)	11.3 (1.19)	— (†)	— (†)	— (†)	— (†)
5 to 9	8,259 (137.2)	42.0 (0.54)	— (†)	— (†)	33.5 (0.80)	64.8 (0.81)	1.0 (0.17)	17.3 (0.64)	16.6 (0.63)	— (†)	— (†)	— (†)	— (†)
10 to 14	14,570 (179.4)	68.9 (0.49)	— (†)	— (†)	62.4 (0.62)	66.1 (0.60)	1.1 (0.13)	34.4 (0.61)	35.7 (0.61)	6.2 (0.38)	— (†)	— (†)	— (†)
15 to 19	15,768 (186.1)	77.7 (0.45)	— (†)	— (†)	84.0 (0.45)	61.1 (0.60)	5.0 (0.27)	61.3 (0.60)	55.4 (0.61)	13.2 (0.42)	19.3 (0.48)	8.6 (0.34)	10.5 (0.38)
20 to 24	13,800 (174.9)	69.4 (0.50)	— (†)	— (†)	87.1 (0.44)	51.9 (0.65)	8.8 (0.37)	76.4 (0.56)	65.6 (0.62)	28.4 (0.59)	36.2 (0.63)	27.6 (0.59)	30.5 (0.60)
25 to 29	12,492 (167.0)	66.7 (0.53)	— (†)	— (†)	88.7 (0.44)	42.2 (0.68)	8.0 (0.37)	83.1 (0.52)	71.0 (0.62)	44.7 (0.68)	50.2 (0.69)	41.3 (0.68)	31.5 (0.64)
30 to 39	28,580 (242.3)	69.2 (0.35)	— (†)	— (†)	88.6 (0.29)	35.9 (0.44)	7.1 (0.23)	83.6 (0.34)	70.9 (0.41)	45.0 (0.45)	49.9 (0.46)	38.8 (0.44)	23.3 (0.38)
40 to 49	29,978 (247.3)	67.5 (0.34)	— (†)	— (†)	88.3 (0.29)	33.1 (0.42)	6.3 (0.22)	83.4 (0.33)	70.1 (0.41)	48.0 (0.44)	50.9 (0.44)	34.6 (0.42)	19.0 (0.35)
50 to 59	21,911 (215.9)	62.7 (0.40)	— (†)	— (†)	89.3 (0.32)	26.9 (0.46)	5.9 (0.24)	82.1 (0.40)	66.4 (0.49)	50.5 (0.52)	51.2 (0.52)	30.0 (0.48)	12.8 (0.35)
60 to 69	9,677 (148.0)	43.9 (0.51)	— (†)	— (†)	87.5 (0.52)	27.7 (0.70)	3.7 (0.30)	77.8 (0.65)	60.2 (0.77)	49.3 (0.78)	45.6 (0.78)	24.2 (0.67)	6.1 (0.37)
70 or older	4,940 (106.9)	20.1 (0.39)	— (†)	— (†)	86.7 (0.74)	27.9 (0.98)	2.9 (0.37)	67.6 (1.03)	56.8 (1.08)	47.6 (1.09)	37.8 (1.06)	19.0 (0.86)	2.4 (0.34)
Family income[5]													
Less than $10,000	5,290 (112.1)	31.5 (0.63)	— (†)	— (†)	69.3 (1.11)	48.0 (1.20)	6.4 (0.59)	60.6 (1.17)	53.3 (1.20)	33.8 (1.21)	40.4 (1.31)	22.9 (1.12)	34.5 (1.27)
$10,000 to $19,999	8,119 (195.6)	32.5 (0.66)	— (†)	— (†)	70.6 (1.12)	45.0 (1.22)	5.9 (0.58)	60.4 (1.20)	51.3 (1.23)	33.4 (1.23)	39.7 (1.34)	20.7 (1.11)	26.1 (1.20)
$20,000 to $29,999	12,830 (243.1)	43.8 (0.64)	— (†)	— (†)	75.5 (0.84)	46.1 (0.97)	5.4 (0.44)	64.3 (0.94)	54.9 (0.97)	35.8 (0.99)	39.3 (1.04)	24.8 (0.92)	23.6 (0.91)
$30,000 to $39,999	15,730 (267.2)	54.3 (0.65)	— (†)	— (†)	79.4 (0.71)	44.9 (0.88)	5.1 (0.39)	67.0 (0.83)	56.1 (0.88)	36.3 (0.90)	40.4 (0.95)	26.3 (0.85)	21.2 (0.79)
$40,000 to $49,999	13,596 (249.8)	64.8 (0.73)	— (†)	— (†)	80.2 (0.76)	43.7 (0.94)	4.8 (0.40)	70.6 (0.86)	58.0 (0.94)	37.6 (0.97)	41.9 (1.02)	27.3 (0.92)	18.5 (0.80)
$50,000 to $74,999	32,025 (365.2)	71.8 (0.47)	— (†)	— (†)	83.6 (0.46)	42.7 (0.61)	5.1 (0.27)	72.9 (0.55)	61.7 (0.60)	39.7 (0.63)	45.7 (0.67)	31.3 (0.62)	18.2 (0.52)
$75,000 or more	48,795 (429.4)	82.9 (0.34)	— (†)	— (†)	87.3 (0.33)	39.7 (0.49)	6.5 (0.25)	77.7 (0.42)	67.4 (0.47)	44.0 (0.52)	51.5 (0.54)	38.4 (0.53)	15.9 (0.40)
Total, all students	**49,520 (300.6)**	**66.1 (0.27)**	**48.8 (0.28)**	**82.2 (0.26)**	**70.1 (0.32)**	**59.3 (0.34)**	**5.9 (0.16)**	**49.8 (0.35)**	**46.5 (0.35)**	**20.1 (0.33)**	**32.8 (0.45)**	**20.5 (0.39)**	**17.8 (0.37)**
Elementary/secondary[6]	34,636 (262.4)	59.4 (0.31)	43.3 (0.32)	77.9 (0.34)	60.6 (0.40)	64.2 (0.40)	2.0 (0.12)	37.1 (0.40)	36.0 (0.40)	9.3 (0.31)	15.8 (0.53)	5.6 (0.34)	7.0 (0.37)
3 and 4 years old	1,063 (50.1)	23.2 (0.96)	7.6 (0.60)	29.4 (2.15)	25.1 (2.05)	63.5 (2.27)	‡ (†)	12.7 (1.57)	8.5 (1.32)	— (†)	— (†)	— (†)	— (†)
5 to 9 years old	8,116 (136.0)	42.7 (0.55)	26.1 (0.49)	51.6 (0.85)	33.3 (0.81)	64.9 (0.82)	1.0 (0.17)	17.3 (0.65)	16.5 (0.63)	— (†)	— (†)	— (†)	— (†)
10 to 14 years old	14,422 (178.5)	69.4 (0.49)	53.4 (0.53)	85.6 (0.45)	62.4 (0.62)	66.1 (0.61)	1.0 (0.13)	34.2 (0.61)	35.5 (0.61)	5.9 (0.38)	— (†)	— (†)	— (†)
15 years old and over	11,035 (157.5)	79.5 (0.53)	63.6 (0.63)	91.9 (0.40)	81.6 (0.57)	61.3 (0.71)	4.2 (0.29)	57.8 (0.72)	53.6 (0.73)	12.2 (0.48)	15.8 (0.53)	5.6 (0.34)	7.0 (0.37)
College	14,884 (181.2)	89.5 (0.37)	68.1 (0.56)	92.0 (0.34)	92.4 (0.34)	47.8 (0.63)	14.9 (0.45)	79.2 (0.51)	71.1 (0.57)	34.9 (0.60)	45.4 (0.63)	31.5 (0.59)	25.8 (0.55)
Sex													
Male	24,107 (225.2)	64.6 (0.38)	47.7 (0.40)	80.7 (0.39)	66.8 (0.47)	64.1 (0.48)	5.3 (0.22)	50.5 (0.50)	49.9 (0.50)	16.1 (0.44)	31.4 (0.65)	20.2 (0.56)	17.0 (0.52)
Elementary/ secondary[6]	17,519 (195.3)	58.4 (0.44)	42.2 (0.44)	76.6 (0.49)	57.2 (0.58)	67.5 (0.54)	2.1 (0.17)	39.4 (0.57)	39.3 (0.57)	7.6 (0.40)	15.4 (0.74)	5.6 (0.47)	6.4 (0.50)
3 and 4 years old	591 (37.4)	24.2 (1.34)	7.2 (0.81)	26.9 (2.81)	23.7 (2.69)	66.4 (2.99)	‡ (†)	11.4 (2.01)	8.7 (1.79)	— (†)	— (†)	— (†)	— (†)
5 to 9 years old	4,051 (97.0)	41.8 (0.77)	25.1 (0.68)	50.4 (1.21)	30.2 (1.11)	66.8 (1.14)	1.2 (0.27)	18.9 (0.95)	17.8 (0.93)	— (†)	— (†)	— (†)	— (†)
10 to 14 years old	7,233 (128.7)	68.1 (0.70)	51.9 (0.75)	84.0 (0.66)	58.0 (0.89)	68.9 (0.84)	1.4 (0.21)	37.6 (0.88)	38.1 (0.88)	4.6 (0.48)	— (†)	— (†)	— (†)
15 years old and over	5,645 (114.1)	77.9 (0.75)	62.8 (0.87)	91.2 (0.58)	79.1 (0.83)	66.3 (0.97)	3.9 (0.40)	59.5 (1.01)	59.6 (1.01)	9.9 (0.61)	15.4 (0.74)	5.6 (0.47)	6.4 (0.50)
College	6,587 (123.0)	90.0 (0.54)	70.2 (0.82)	91.4 (0.53)	92.3 (0.51)	55.1 (0.94)	13.6 (0.65)	79.8 (0.76)	77.9 (0.79)	29.2 (0.86)	45.0 (0.94)	32.7 (0.89)	26.0 (0.83)

See notes at end of table.

Table 15. Use of the Internet by persons 3 years old and over, by type of use and selected characteristics of students and other users: 2003—Continued

Selected characteristic	Number of persons using the Internet (in thousands)	Percent using the Internet anywhere	Percent using the Internet at school	Percent of internet users using the Internet for various activities during the year[1]									
				School assignments	E-mail and messaging	Playing games	Online courses	Product purchases and information	News, weather, and sports	Health information[2]	Government information[3]	Conduct financial transactions[3,4]	Look for jobs[3]
1	2	3	4	5	6	7	8	9	10	11	12	13	14
Female	25,413 (230.4)	67.6 (0.37)	49.9 (0.40)	83.6 (0.36)	73.3 (0.43)	54.7 (0.48)	6.5 (0.24)	49.1 (0.48)	43.4 (0.48)	23.8 (0.48)	34.1 (0.62)	20.7 (0.53)	18.6 (0.51)
Elementary/ secondary[6]	17,117 (193.2)	60.5 (0.45)	44.4 (0.45)	79.3 (0.48)	64.0 (0.56)	60.8 (0.57)	1.9 (0.16)	34.8 (0.56)	32.6 (0.55)	11.1 (0.48)	16.2 (0.77)	5.7 (0.48)	7.6 (0.56)
3 and 4 years old	472 (33.4)	21.9 (1.37)	8.0 (0.90)	32.5 (3.32)	26.8 (3.14)	60.0 (3.47)	‡ (†)	14.3 (2.48)	8.3 (1.95)	— (†)	— (†)	— (†)	— (†)
5 to 9 years old	4,065 (97.2)	43.7 (0.79)	27.1 (0.71)	52.9 (1.21)	36.3 (1.16)	62.9 (1.17)	0.7 (0.20)	15.7 (0.88)	15.1 (0.86)	— (†)	— (†)	— (†)	— (†)
10 to 14 years old	7,189 (128.3)	70.7 (0.69)	54.9 (0.76)	87.3 (0.60)	66.9 (0.85)	63.3 (0.87)	0.7 (0.15)	30.9 (0.84)	32.9 (0.85)	7.1 (0.57)	— (†)	— (†)	— (†)
15 years old and over	5,390 (111.6)	81.2 (0.74)	64.5 (0.90)	92.6 (0.55)	84.1 (0.77)	56.0 (1.04)	4.4 (0.43)	56.1 (1.04)	47.4 (1.05)	14.6 (0.74)	16.2 (0.77)	5.7 (0.48)	7.6 (0.56)
College	8,297 (137.5)	89.0 (0.50)	66.4 (0.75)	92.4 (0.45)	92.4 (0.45)	42.0 (0.83)	15.9 (0.62)	78.8 (0.69)	65.7 (0.80)	39.4 (0.83)	45.8 (0.84)	30.4 (0.78)	25.7 (0.74)
Race/ethnicity													
White	34,066 (260.6)	73.4 (0.32)	54.0 (0.36)	82.6 (0.32)	74.0 (0.37)	60.1 (0.41)	6.0 (0.20)	52.9 (0.42)	48.8 (0.42)	20.8 (0.40)	34.6 (0.55)	21.9 (0.48)	16.7 (0.43)
Elementary/ secondary[6]	23,592 (223.1)	67.1 (0.39)	48.7 (0.41)	78.2 (0.41)	65.1 (0.48)	65.7 (0.48)	1.9 (0.14)	39.9 (0.49)	38.0 (0.49)	9.5 (0.38)	17.3 (0.68)	6.7 (0.45)	5.8 (0.42)
3 and 4 years old	769 (42.6)	26.8 (1.27)	7.2 (0.74)	23.9 (2.37)	24.1 (2.37)	63.5 (2.67)	‡ (†)	9.9 (1.66)	6.5 (1.37)	— (†)	— (†)	— (†)	— (†)
5 to 9 years old	5,557 (113.2)	49.6 (0.73)	30.4 (0.67)	49.7 (1.03)	35.4 (0.99)	65.5 (0.98)	0.9 (0.19)	17.4 (0.78)	17.2 (0.78)	— (†)	— (†)	— (†)	— (†)
10 to 14 years old	9,836 (149.1)	78.2 (0.57)	60.4 (0.67)	87.4 (0.52)	68.5 (0.72)	67.8 (0.72)	0.8 (0.14)	37.0 (0.75)	37.6 (0.75)	5.4 (0.44)	— (†)	— (†)	— (†)
15 years old and over	7,430 (130.4)	87.4 (0.55)	69.6 (0.77)	92.9 (0.46)	87.2 (0.60)	63.4 (0.86)	4.1 (0.36)	63.5 (0.86)	57.4 (0.88)	12.9 (0.60)	17.3 (0.68)	6.7 (0.45)	5.8 (0.42)
College	10,475 (153.6)	92.7 (0.38)	70.3 (0.66)	92.4 (0.40)	94.0 (0.36)	47.5 (0.75)	15.4 (0.54)	82.3 (0.57)	73.1 (0.67)	35.7 (0.72)	46.8 (0.75)	32.7 (0.71)	24.4 (0.65)
Black	5,810 (110.1)	53.0 (0.78)	40.8 (0.77)	82.6 (0.81)	57.4 (1.06)	61.5 (1.05)	5.9 (0.51)	41.9 (1.06)	39.3 (1.05)	18.8 (0.99)	28.2 (1.33)	12.7 (0.99)	22.8 (1.24)
Elementary/ secondary[6]	4,137 (96.7)	46.6 (0.87)	36.2 (0.83)	79.1 (1.04)	46.8 (1.27)	64.9 (1.21)	2.0 (0.36)	31.0 (1.18)	31.2 (1.18)	8.7 (0.92)	11.7 (1.42)	1.6 (0.55)	11.5 (1.41)
3 and 4 years old	103 (16.6)	15.0 (2.24)	7.2 (1.62)	51.6 (8.06)	32.5 (7.55)	56.8 (7.99)	‡ (†)	35.3 (7.70)	20.0 (6.45)	— (†)	— (†)	— (†)	— (†)
5 to 9 years old	925 (48.9)	33.1 (1.46)	21.5 (1.27)	58.2 (2.65)	27.1 (2.39)	65.6 (2.56)	0.6 (0.40)	20.0 (2.15)	16.3 (1.99)	— (†)	— (†)	— (†)	— (†)
10 to 14 years old	1,732 (65.8)	53.6 (1.44)	42.7 (1.42)	83.8 (1.45)	45.5 (1.96)	68.6 (1.83)	2.1 (0.57)	29.0 (1.79)	31.6 (1.83)	8.2 (1.33)	— (†)	— (†)	— (†)
15 years old and over	1,377 (59.1)	63.6 (1.69)	54.5 (1.75)	89.2 (1.37)	62.7 (2.13)	60.4 (2.16)	3.1 (0.76)	40.5 (2.17)	41.6 (2.17)	9.2 (1.27)	11.7 (1.42)	1.6 (0.55)	11.5 (1.41)
College	1,673 (64.8)	80.0 (1.43)	60.7 (1.75)	91.4 (1.12)	83.5 (1.48)	53.0 (2.00)	15.4 (1.45)	68.9 (1.85)	59.4 (1.97)	33.9 (1.89)	41.9 (1.97)	21.8 (1.65)	32.2 (1.87)
Hispanic	5,862 (116.2)	49.1 (0.80)	34.9 (0.76)	77.6 (0.95)	58.0 (1.13)	53.3 (1.14)	4.9 (0.49)	38.7 (1.11)	38.1 (1.11)	16.2 (1.02)	27.3 (1.47)	15.9 (1.21)	18.6 (1.29)
Elementary/ secondary[6]	4,517 (105.7)	44.2 (0.86)	31.2 (0.80)	74.5 (1.13)	49.1 (1.30)	56.1 (1.29)	2.8 (0.43)	29.1 (1.18)	30.3 (1.19)	8.6 (0.95)	13.9 (1.58)	3.7 (0.87)	9.0 (1.31)
3 and 4 years old	114 (18.6)	15.6 (2.35)	7.2 (1.67)	41.4 (8.08)	16.2 (6.04)	71.0 (7.44)	‡ (†)	7.0 (4.19)	10.6 (5.04)	— (†)	— (†)	— (†)	— (†)
5 to 9 years old	1,095 (56.5)	30.3 (1.33)	17.9 (1.11)	53.6 (2.63)	26.6 (2.33)	59.9 (2.59)	1.8 (0.70)	15.2 (1.89)	15.5 (1.91)	— (†)	— (†)	— (†)	— (†)
10 to 14 years old	1,855 (72.3)	51.9 (1.46)	38.7 (1.42)	78.5 (1.67)	48.2 (2.03)	54.9 (2.02)	1.4 (0.48)	25.5 (1.77)	28.1 (1.82)	6.5 (1.23)	— (†)	— (†)	— (†)
15 years old and over	1,454 (64.5)	63.2 (1.76)	47.9 (1.82)	87.6 (1.51)	69.8 (2.10)	53.7 (2.28)	5.3 (1.02)	45.8 (2.28)	45.8 (2.28)	10.3 (1.39)	13.9 (1.58)	3.7 (0.87)	9.0 (1.31)
College	1,344 (62.2)	78.4 (1.74)	56.9 (2.09)	88.2 (1.54)	88.1 (1.54)	43.9 (2.36)	12.0 (1.55)	71.2 (2.16)	64.2 (2.28)	31.5 (2.21)	41.8 (2.35)	29.0 (2.16)	29.0 (2.16)
Family income[5]													
Less than $10,000	2,642 (84.7)	51.9 (1.22)	41.1 (1.21)	81.4 (1.32)	64.0 (1.63)	56.0 (1.69)	7.9 (0.92)	51.9 (1.70)	50.3 (1.70)	27.1 (1.71)	39.2 (2.07)	25.4 (1.85)	32.9 (1.99)
$10,000 to $19,999	3,477 (95.2)	52.8 (1.07)	41.8 (1.06)	82.2 (1.13)	60.8 (1.45)	52.5 (1.48)	6.9 (0.75)	46.7 (1.48)	42.6 (1.46)	22.6 (1.44)	37.2 (1.90)	19.8 (1.57)	21.4 (1.62)
$20,000 to $29,999	4,226 (103.0)	55.8 (1.00)	42.8 (0.99)	79.7 (1.08)	64.5 (1.29)	56.5 (1.33)	6.8 (0.68)	47.3 (1.34)	43.4 (1.33)	22.8 (1.32)	35.4 (1.75)	19.3 (1.44)	21.7 (1.51)
$30,000 to $39,999	4,860 (108.7)	62.8 (0.96)	45.1 (0.99)	78.5 (1.03)	66.8 (1.18)	60.9 (1.22)	6.6 (0.62)	45.1 (1.25)	41.4 (1.23)	20.5 (1.23)	31.9 (1.68)	20.7 (1.46)	19.1 (1.41)
$40,000 to $49,999	3,812 (98.9)	69.0 (1.09)	49.7 (1.17)	80.2 (1.13)	65.5 (1.35)	60.1 (1.39)	5.5 (0.64)	48.2 (1.41)	41.2 (1.39)	18.7 (1.33)	28.2 (1.82)	17.4 (1.53)	14.8 (1.43)
$50,000 to $74,999	9,038 (130.9)	72.1 (0.70)	51.6 (0.78)	82.0 (0.71)	71.5 (0.83)	60.9 (0.90)	5.0 (0.40)	49.9 (0.92)	46.9 (0.92)	20.2 (0.88)	35.0 (1.23)	20.5 (1.04)	17.2 (0.98)
$75,000 or more	14,314 (132.1)	79.5 (0.53)	57.3 (0.64)	84.3 (0.53)	76.2 (0.62)	61.9 (0.71)	5.9 (0.34)	54.0 (0.73)	51.3 (0.73)	18.6 (0.69)	32.9 (0.97)	22.4 (0.86)	14.6 (0.73)

—Not available.
†Not applicable.
‡Reporting standards not met.
[1]Individuals may be counted in more than one internet activity.
[2]Data are for persons 12 years old and over.
[3]Data are for persons 15 years old and over.
[4]Includes online banking and stock and securities transactions.
[5]Excludes persons whose income data were not available.
[6]Includes prekindergarten through grade 12.
NOTE: Data are based on a sample survey of households and are subject to sampling and nonsampling error. Race categories exclude persons of Hispanic ethnicity. Detail may not sum to totals because of rounding. Standard errors appear in parentheses.
SOURCE: U.S. Department of Commerce, Census Bureau, Current Population Survey (CPS), October 2003, unpublished tabulations. (This table was prepared May 2005.)

Table 16. Number and percentage of persons 3 years old and over using the Internet and percentage distribution by means of internet access from home and main reason for not having high-speed access, by selected characteristics of students and other users: 2009

Selected characteristic	Total population age 3 and over (in thousands)	Persons using the Internet anywhere		Among internet users, percent using the Internet from home	Percentage distribution of home internet users, by means of access from home		Percentage distribution of persons with no internet access at home or no high-speed access at home, by main reason for not having high-speed access						
		Number (in thousands)	Percent of population		A regular "dial-up" telephone	High speed (i.e., faster than dial-up)[1]	Don't need it, not interested	Too expensive	Can use it somewhere else	Not available in area	No computer or computer inadequate	Lack of confidence or skill	Other reasons
1	2	3	4	5	6	7	8	9	10	11	12	13	14
Total, all persons	**289,420 (127.6)**	**235,580 (465.0)**	**81.4 (0.16)**	**90.3 (0.13)**	**6.5 (0.12)**	**93.5 (0.12)**	**32.2 (0.34)**	**32.4 (0.34)**	**4.4 (0.15)**	**4.4 (0.15)**	**17.8 (0.28)**	**2.2 (0.11)**	**6.0 (0.17)**
Sex													
Male	141,531 (585.5)	115,792 (572.9)	81.8 (0.22)	90.5 (0.19)	6.3 (0.16)	93.7 (0.16)	32.2 (0.49)	32.3 (0.49)	4.7 (0.22)	4.6 (0.22)	17.5 (0.39)	2.1 (0.15)	6.1 (0.25)
Female	147,889 (585.8)	119,788 (576.1)	81.0 (0.22)	90.2 (0.19)	6.7 (0.16)	93.3 (0.16)	32.1 (0.47)	32.4 (0.47)	4.1 (0.20)	4.3 (0.20)	18.1 (0.38)	2.3 (0.15)	6.0 (0.24)
Race/ethnicity													
White	190,004 (559.4)	162,043 (582.6)	85.3 (0.18)	92.9 (0.14)	6.3 (0.14)	93.7 (0.14)	37.0 (0.47)	27.2 (0.44)	4.4 (0.20)	6.6 (0.24)	15.4 (0.35)	2.3 (0.15)	6.5 (0.24)
Black	35,040 (317.6)	25,792 (317.0)	73.6 (0.61)	81.0 (0.63)	7.8 (0.48)	92.2 (0.48)	27.0 (0.92)	37.9 (1.00)	4.9 (0.44)	2.1 (0.30)	20.3 (0.83)	1.9 (0.28)	5.2 (0.46)
Hispanic	45,002 (186.3)	30,898 (355.3)	68.7 (0.74)	83.6 (0.71)	8.0 (0.57)	92.0 (0.57)	25.0 (1.00)	39.9 (1.13)	4.2 (0.46)	1.3 (0.26)	21.9 (0.96)	1.8 (0.30)	5.5 (0.53)
Other	19,374 (141.7)	16,846 (173.2)	87.0 (0.63)	92.1 (0.54)	4.2 (0.42)	95.8 (0.42)	31.2 (1.79)	33.2 (1.82)	4.3 (0.79)	3.9 (0.74)	15.2 (1.39)	6.5 (0.95)	‡ (†)
Age													
3 and 4	8,538 (197.1)	6,935 (178.1)	81.2 (0.91)	87.1 (0.87)	5.3 (0.62)	94.7 (0.62)	20.5 (1.65)	45.4 (2.03)	3.7 (0.77)	3.7 (0.77)	18.7 (1.59)	2.0 (0.57)	5.5 (0.93)
5 to 9	20,464 (298.7)	17,295 (276.2)	84.5 (0.55)	88.5 (0.53)	5.4 (0.39)	94.6 (0.39)	17.9 (1.07)	47.2 (1.40)	4.2 (0.56)	4.6 (0.59)	18.3 (1.08)	1.1 (0.29)	5.9 (0.66)
10 to 14	19,870 (294.6)	17,566 (278.2)	88.4 (0.49)	88.9 (0.51)	6.4 (0.42)	93.6 (0.42)	19.1 (1.17)	49.0 (1.49)	4.5 (0.62)	5.3 (0.67)	14.6 (1.05)	0.6 ! (0.24)	5.7 (0.69)
15 to 19	21,006 (302.3)	18,677 (286.3)	88.9 (0.47)	88.9 (0.50)	6.2 (0.40)	93.8 (0.40)	17.9 (1.13)	45.5 (1.46)	6.0 (0.70)	6.6 (0.73)	16.0 (1.08)	0.5 ! (0.21)	6.4 (0.72)
20 to 24	20,608 (299.7)	17,813 (280.0)	86.4 (0.52)	87.8 (0.53)	4.6 (0.36)	95.4 (0.36)	20.0 (1.15)	41.2 (1.41)	6.9 (0.73)	4.1 (0.57)	19.2 (1.13)	0.8 ! (0.26)	7.3 (0.75)
25 to 29	20,912 (301.7)	17,668 (279.0)	84.5 (0.54)	87.6 (0.54)	3.9 (0.34)	96.1 (0.34)	22.5 (1.16)	41.4 (1.37)	5.3 (0.63)	4.3 (0.56)	19.5 (1.11)	0.9 (0.27)	5.9 (0.66)
30 to 39	39,594 (400.6)	34,288 (376.7)	86.6 (0.37)	89.8 (0.35)	4.6 (0.26)	95.4 (0.26)	23.2 (0.90)	41.5 (1.06)	5.8 (0.50)	4.1 (0.42)	17.7 (0.82)	1.6 (0.27)	5.4 (0.48)
40 to 49	43,351 (416.1)	37,432 (391.2)	86.3 (0.36)	91.6 (0.31)	6.1 (0.28)	93.9 (0.28)	26.4 (0.90)	37.3 (0.99)	6.0 (0.49)	5.8 (0.48)	16.2 (0.76)	1.8 (0.27)	5.8 (0.48)
50 to 59	40,828 (405.8)	33,950 (375.1)	83.2 (0.40)	92.0 (0.32)	7.1 (0.31)	92.9 (0.31)	36.3 (0.96)	26.8 (0.88)	4.5 (0.41)	5.7 (0.46)	17.6 (0.76)	2.4 (0.30)	6.3 (0.48)
60 to 69	27,939 (344.2)	21,018 (302.4)	75.2 (0.56)	93.4 (0.37)	10.2 (0.47)	89.8 (0.47)	44.4 (1.06)	20.1 (0.85)	3.4 (0.39)	5.0 (0.47)	16.5 (0.79)	3.8 (0.41)	6.2 (0.51)
70 or older	26,311 (335.0)	12,938 (240.8)	49.2 (0.67)	93.9 (0.45)	12.9 (0.66)	87.1 (0.66)	55.9 (0.86)	10.3 (0.53)	1.4 (0.20)	1.5 (0.21)	20.1 (0.69)	4.5 (0.36)	6.1 (0.41)
Educational attainment													
Less than high school	42,263 (272.0)	26,318 (223.3)	62.3 (0.34)	83.8 (0.33)	9.4 (0.29)	90.6 (0.29)	33.0 (0.46)	32.3 (0.46)	2.7 (0.16)	2.5 (0.15)	20.8 (0.40)	3.3 (0.17)	5.0 (0.21)
High school diploma or equivalent	70,652 (325.0)	51,228 (292.5)	72.5 (0.25)	87.7 (0.21)	9.6 (0.20)	90.4 (0.20)	36.6 (0.41)	28.5 (0.38)	3.9 (0.16)	4.5 (0.18)	18.4 (0.33)	2.4 (0.13)	5.2 (0.19)
Some college	44,484 (277.5)	39,013 (263.5)	87.7 (0.23)	91.1 (0.21)	5.8 (0.18)	94.2 (0.18)	30.9 (0.64)	31.2 (0.64)	5.7 (0.32)	5.2 (0.31)	16.7 (0.52)	1.8 (0.18)	7.7 (0.37)
Associate's degree	20,335 (199.0)	18,124 (188.9)	89.1 (0.32)	91.4 (0.30)	6.1 (0.27)	93.9 (0.27)	33.0 (0.99)	30.1 (0.97)	6.1 (0.51)	6.9 (0.54)	13.9 (0.73)	1.8 (0.28)	7.3 (0.55)
Bachelor's or higher degree	62,815 (313.6)	59,100 (307.4)	94.1 (0.14)	96.0 (0.12)	3.8 (0.12)	96.2 (0.12)	37.7 (0.78)	23.7 (0.68)	8.6 (0.45)	6.5 (0.40)	12.2 (0.52)	1.6 (0.20)	9.3 (0.47)
Bachelor's degree	41,811 (270.9)	39,124 (263.8)	93.6 (0.18)	95.6 (0.15)	4.1 (0.15)	95.9 (0.15)	36.8 (0.91)	25.5 (0.83)	8.8 (0.54)	6.2 (0.46)	11.8 (0.61)	1.4 (0.22)	9.0 (0.54)
Master's or higher degree	21,003 (202.0)	19,976 (197.4)	95.1 (0.22)	96.7 (0.18)	3.4 (0.19)	96.6 (0.19)	40.1 (1.48)	19.1 (1.19)	8.1 (0.82)	7.2 (0.78)	13.0 (1.01)	2.2 (0.44)	10.2 (0.91)
Family income													
Less than $10,000	20,657 (288.7)	11,720 (221.8)	56.7 (0.72)	72.7 (0.86)	9.3 (0.66)	90.7 (0.66)	27.8 (0.83)	39.6 (0.90)	3.0 (0.32)	1.9 (0.25)	19.9 (0.74)	2.7 (0.30)	5.0 (0.40)
$10,000 to $19,999	31,668 (348.6)	18,335 (273.4)	57.9 (0.58)	78.1 (0.64)	11.5 (0.56)	88.5 (0.56)	31.9 (0.71)	33.7 (0.72)	3.0 (0.26)	1.6 (0.19)	22.2 (0.63)	2.7 (0.25)	4.4 (0.31)
$20,000 to $29,999	33,716 (358.0)	22,952 (302.8)	68.1 (0.53)	81.6 (0.54)	10.0 (0.46)	90.0 (0.46)	32.6 (0.76)	34.2 (0.77)	3.3 (0.29)	3.2 (0.28)	18.2 (0.62)	2.3 (0.24)	5.6 (0.37)
$30,000 to $39,999	33,732 (358.1)	25,912 (319.6)	76.8 (0.48)	87.0 (0.44)	9.2 (0.40)	90.8 (0.40)	33.0 (0.86)	31.0 (0.84)	5.3 (0.41)	3.9 (0.35)	17.1 (0.69)	2.2 (0.27)	6.7 (0.45)
$40,000 to $49,999	25,788 (318.9)	21,977 (297.0)	85.2 (0.46)	91.6 (0.39)	8.4 (0.41)	91.6 (0.41)	31.9 (1.14)	28.9 (1.11)	6.0 (0.58)	7.0 (0.63)	16.5 (0.91)	2.1 (0.35)	7.0 (0.62)
$50,000 to $74,999	56,205 (436.9)	50,607 (420.7)	90.0 (0.27)	93.3 (0.23)	6.6 (0.24)	93.4 (0.24)	35.1 (0.91)	29.1 (0.87)	5.2 (0.42)	7.7 (0.51)	14.4 (0.67)	1.4 (0.23)	6.4 (0.47)
$75,000 or more	87,653 (498.1)	84,075 (493.3)	95.9 (0.14)	96.7 (0.13)	3.2 (0.13)	96.8 (0.13)	33.0 (1.05)	24.8 (0.96)	7.9 (0.60)	10.7 (0.69)	11.3 (0.70)	1.8 (0.29)	9.9 (0.66)
Total, all students	**77,288 (333.1)**	**69,244 (323.1)**	**89.6 (0.16)**	**90.0 (0.17)**	**5.2 (0.13)**	**94.8 (0.13)**	**17.8 (0.41)**	**47.1 (0.54)**	**5.4 (0.24)**	**5.5 (0.25)**	**16.3 (0.40)**	**0.9 (0.10)**	**6.1 (0.26)**
Elementary/secondary[2]	57,524 (304.6)	50,255 (290.5)	87.4 (0.20)	88.7 (0.21)	5.8 (0.16)	94.2 (0.16)	17.7 (0.45)	47.6 (0.58)	4.6 (0.25)	5.3 (0.26)	16.9 (0.44)	1.0 (0.11)	6.0 (0.28)
3 and 4 years old	4,475 (96.7)	3,833 (89.6)	85.7 (0.76)	89.6 (0.72)	4.6 (0.52)	95.4 (0.52)	17.1 (1.59)	44.9 (2.10)	5.0 (0.92)	4.1 (0.84)	20.5 (1.70)	2.3 (0.64)	5.6 (0.97)
5 to 9 years old	19,704 (196.2)	16,743 (182.1)	85.0 (0.37)	88.5 (0.36)	5.4 (0.27)	94.6 (0.27)	17.7 (0.74)	46.9 (0.97)	4.3 (0.39)	4.6 (0.41)	18.5 (0.75)	1.1 (0.20)	6.1 (0.46)
10 to 14 years old	19,560 (195.5)	17,328 (185.0)	88.6 (0.33)	88.8 (0.35)	6.4 (0.29)	93.6 (0.29)	18.8 (0.80)	48.9 (1.02)	4.6 (0.43)	5.4 (0.46)	14.8 (0.72)	0.7 (0.16)	5.6 (0.47)
15 years old and over	13,785 (166.3)	12,351 (157.9)	89.6 (0.38)	88.5 (0.42)	6.1 (0.34)	93.9 (0.34)	16.2 (0.91)	47.7 (1.23)	5.2 (0.55)	6.5 (0.60)	16.0 (0.90)	0.7 (0.21)	6.6 (0.61)
College	19,764 (196.5)	18,989 (192.9)	96.1 (0.20)	93.6 (0.26)	3.6 (0.20)	96.4 (0.20)	18.5 (1.11)	44.2 (1.41)	9.6 (0.84)	6.9 (0.72)	12.9 (0.95)	0.5 ! (0.21)	6.6 (0.71)

See notes at end of table.

Table 16. Number and percentage of persons 3 years old and over using the Internet and percentage distribution by means of internet access from home and main reason for not having high-speed access, by selected characteristics of students and other users: 2009—Continued

Selected characteristic	Total population age 3 and over (in thousands)	Persons using the Internet anywhere		Among internet users, percent using the Internet from home	Percentage distribution of home internet users, by means of access from home		Percentage distribution of persons with no internet access at home or no high-speed access at home, by main reason for not having high-speed access						
		Number (in thousands)	Percent of population		A regular "dial-up" telephone	High speed (i.e., faster than dial-up)[1]	Don't need it, not interested	Too expensive	Can use it somewhere else	Not available in area	No computer or computer inadequate	Lack of confidence or skill	Other reasons
1	2	3	4	5	6	7	8	9	10	11	12	13	14
Sex													
Male	38,005 (260.7)	33,942 (248.9)	89.3 (0.23)	89.8 (0.24)	5.1 (0.18)	94.9 (0.18)	17.8 (0.59)	47.4 (0.77)	5.2 (0.34)	5.1 (0.34)	16.7 (0.57)	0.9 (0.14)	6.0 (0.36)
Elementary/secondary[2]	29,363 (234.1)	25,626 (220.7)	87.3 (0.28)	88.5 (0.29)	5.8 (0.23)	94.2 (0.23)	17.4 (0.62)	48.5 (0.82)	4.6 (0.34)	4.7 (0.35)	17.2 (0.62)	0.9 (0.16)	5.7 (0.38)
3 and 4 years old	2,237 (68.7)	1,878 (63.0)	84.0 (1.13)	88.7 (1.07)	5.5 (0.82)	94.5 (0.82)	18.3 (2.19)	46.5 (2.83)	4.2 (1.13)	5.7 (1.31)	17.6 (2.16)	3.7 (1.07)	‡ (†)
5 to 9 years old	10,060 (143.3)	8,565 (132.6)	85.1 (0.52)	87.8 (0.52)	5.1 (0.37)	94.9 (0.37)	17.9 (1.03)	46.7 (1.35)	4.3 (0.55)	4.7 (0.57)	19.2 (1.06)	1.3 (0.30)	5.2 (0.60)
10 to 14 years old	9,970 (142.7)	8,804 (134.4)	88.3 (0.47)	88.6 (0.49)	6.3 (0.40)	93.7 (0.40)	18.2 (1.09)	49.5 (1.42)	4.1 (0.56)	4.5 (0.59)	16.0 (1.04)	0.3 ! (0.16)	6.1 (0.68)
15 years old and over	7,096 (121.1)	6,379 (115.0)	89.9 (0.52)	89.3 (0.56)	6.3 (0.47)	93.7 (0.47)	14.9 (1.24)	50.9 (1.74)	5.9 (0.82)	4.8 (0.75)	15.6 (1.26)	‡ (†)	6.5 (0.86)
College	8,642 (133.2)	8,316 (130.8)	96.2 (0.30)	94.0 (0.38)	3.1 (0.29)	96.9 (0.29)	20.9 (1.81)	39.2 (2.18)	9.9 (1.33)	7.9 (1.20)	12.6 (1.48)	‡ (†)	8.3 (1.23)
Female	39,284 (264.2)	35,302 (253.0)	89.9 (0.22)	90.2 (0.23)	5.2 (0.18)	94.8 (0.18)	17.8 (0.59)	46.8 (0.76)	5.5 (0.35)	5.9 (0.36)	15.9 (0.56)	0.9 (0.15)	6.2 (0.37)
Elementary/secondary[2]	28,161 (229.9)	24,629 (216.9)	87.5 (0.29)	88.9 (0.29)	5.8 (0.23)	94.2 (0.23)	18.0 (0.65)	46.7 (0.84)	4.7 (0.36)	5.8 (0.39)	16.5 (0.62)	1.0 (0.17)	6.3 (0.41)
3 and 4 years old	2,238 (68.7)	1,955 (64.3)	87.4 (1.03)	90.4 (0.97)	3.6 (0.65)	96.4 (0.65)	15.7 (2.30)	42.9 (3.13)	6.0 (1.50)	2.2 ! (0.93)	24.1 (2.70)	‡ (†)	8.0 (1.71)
5 to 9 years old	9,644 (140.4)	8,178 (129.7)	84.8 (0.53)	89.2 (0.50)	5.6 (0.39)	94.4 (0.39)	17.4 (1.05)	47.2 (1.39)	4.2 (0.56)	4.6 (0.58)	17.7 (1.06)	1.0 (0.27)	7.0 (0.71)
10 to 14 years old	9,590 (140.0)	8,523 (132.3)	88.9 (0.47)	89.0 (0.49)	6.5 (0.41)	93.5 (0.41)	19.5 (1.16)	48.3 (1.46)	5.1 (0.64)	6.3 (0.71)	13.5 (1.00)	1.0 (0.29)	5.1 (0.64)
15 years old and over	6,689 (117.7)	5,972 (111.4)	89.3 (0.55)	87.6 (0.62)	6.0 (0.48)	94.0 (0.48)	17.6 (1.32)	44.6 (1.72)	4.5 (0.72)	8.1 (0.95)	16.4 (1.28)	1.0 ! (0.35)	6.7 (0.86)
College	11,123 (150.3)	10,673 (147.4)	96.0 (0.27)	93.2 (0.35)	3.9 (0.28)	96.1 (0.28)	16.9 (1.39)	47.6 (1.85)	9.5 (1.08)	6.3 (0.90)	13.1 (1.25)	0.7 ! (0.30)	5.5 (0.84)
Race/ethnicity													
White	45,470 (279.8)	43,096 (274.1)	94.8 (0.15)	93.6 (0.17)	4.6 (0.15)	95.4 (0.15)	19.3 (0.69)	43.8 (0.87)	6.1 (0.42)	10.7 (0.54)	11.3 (0.55)	0.7 (0.15)	6.9 (0.44)
Elementary/secondary[2]	32,645 (244.9)	30,539 (238.1)	93.5 (0.20)	92.9 (0.22)	5.2 (0.19)	94.8 (0.19)	19.2 (0.76)	44.6 (0.95)	5.0 (0.42)	10.4 (0.59)	12.0 (0.62)	0.7 (0.16)	6.7 (0.48)
3 and 4 years old	2,409 (71.3)	2,254 (69.0)	93.6 (0.73)	92.4 (0.81)	4.4 (0.66)	95.6 (0.66)	13.4 (2.43)	45.6 (3.56)	8.4 (1.98)	9.5 (2.09)	14.7 (2.53)	7.1 (1.84)	‡ (†)
5 to 9 years old	10,880 (148.7)	10,059 (143.3)	92.4 (0.37)	92.8 (0.38)	4.6 (0.32)	95.4 (0.32)	20.4 (1.32)	43.1 (1.63)	5.2 (0.73)	9.5 (0.96)	13.1 (1.11)	6.3 (0.80)	‡ (†)
10 to 14 years old	11,351 (151.8)	10,658 (147.3)	93.9 (0.33)	92.8 (0.37)	5.7 (0.34)	94.3 (0.34)	19.5 (1.28)	45.9 (1.61)	4.6 (0.68)	10.1 (0.98)	10.5 (1.00)	0.6 ! (0.25)	7.0 (0.83)
15 years old and over	8,004 (128.4)	7,567 (124.9)	94.5 (0.37)	93.2 (0.42)	5.6 (0.40)	94.4 (0.40)	18.8 (1.55)	44.3 (1.97)	4.4 (0.82)	12.7 (1.32)	11.7 (1.28)	6.8 (1.00)	‡ (†)
College	12,826 (160.8)	12,558 (159.2)	97.9 (0.18)	95.6 (0.27)	3.1 (0.23)	96.9 (0.23)	19.7 (1.68)	40.4 (2.07)	11.1 (1.32)	12.2 (1.38)	7.8 (1.13)	‡ (†)	7.9 (1.14)
Black	11,241 (143.3)	9,340 (134.1)	83.1 (0.55)	80.6 (0.63)	6.6 (0.44)	93.4 (0.44)	15.0 (0.85)	50.9 (1.20)	5.2 (0.53)	2.3 (0.36)	20.2 (0.96)	0.9 (0.23)	4.6 (0.50)
Elementary/secondary[2]	8,425 (128.9)	6,766 (118.0)	80.3 (0.67)	78.6 (0.77)	7.4 (0.56)	92.6 (0.56)	15.0 (0.94)	51.4 (1.31)	4.9 (0.57)	2.1 (0.38)	20.2 (1.05)	1.0 (0.27)	4.6 (0.55)
3 and 4 years old	761 (42.5)	601 (37.8)	79.1 (2.29)	79.8 (2.54)	5.6 (1.62)	‡ (†)	18.4 (3.43)	42.2 (4.37)	4.6 ! (1.85)	‡ (†)	25.4 (3.85)	‡ (†)	‡ (†)
5 to 9 years old	2,655 (77.7)	2,053 (68.8)	77.3 (1.26)	79.5 (1.38)	7.2 (0.99)	92.8 (0.99)	16.1 (1.69)	49.3 (2.30)	4.7 (0.97)	2.4 (0.70)	20.5 (1.85)	‡ (†)	5.5 (1.05)
10 to 14 years old	2,827 (80.0)	2,327 (73.0)	82.3 (1.11)	78.8 (1.32)	8.0 (0.98)	92.0 (0.98)	15.1 (1.64)	53.4 (2.29)	5.0 (1.00)	3.2 (0.81)	19.6 (1.83)	3.0 (0.79)	‡ (†)
15 years old and over	2,182 (70.8)	1,785 (64.3)	81.8 (1.28)	77.0 (1.55)	7.3 (1.09)	92.7 (1.09)	12.4 (1.70)	54.5 (2.57)	5.3 (1.16)	‡ (†)	18.8 (2.01)	6.3 (1.25)	‡ (†)
College	2,817 (79.8)	2,573 (76.5)	91.4 (0.82)	86.0 (1.06)	4.9 (0.71)	95.1 (0.71)	14.7 (2.06)	48.4 (2.91)	6.6 (1.44)	3.1 ! (1.01)	20.4 (2.34)	‡ (†)	4.2 (1.17)
Hispanic	14,528 (157.1)	11,181 (147.3)	77.0 (0.58)	83.2 (0.59)	7.5 (0.45)	92.5 (0.45)	17.9 (0.83)	49.1 (1.08)	4.5 (0.45)	1.2 (0.24)	19.5 (0.85)	0.8 (0.19)	6.1 (0.52)
Elementary/secondary[2]	12,095 (150.6)	8,961 (137.2)	74.1 (0.66)	81.4 (0.68)	8.0 (0.52)	92.0 (0.52)	17.6 (0.86)	48.8 (1.13)	4.0 (0.44)	1.4 (0.26)	20.2 (0.91)	0.9 (0.21)	6.2 (0.54)
3 and 4 years old	912 (49.4)	629 (41.2)	69.0 (2.54)	85.6 (2.32)	5.2 ! (1.58)	‡ (†)	17.8 (3.16)	49.5 (4.13)	2.6 ! (1.32)	‡ (†)	22.3 (3.44)	4.9 ! (1.78)	‡ (†)
5 to 9 years old	4,559 (105.0)	3,153 (89.1)	69.2 (1.13)	79.9 (1.18)	7.8 (0.88)	92.2 (0.88)	16.3 (1.29)	48.4 (1.75)	3.4 (0.63)	1.6 (0.44)	22.9 (1.47)	0.8 ! (0.32)	6.2 (0.84)
10 to 14 years old	3,975 (98.9)	3,063 (87.9)	77.1 (1.11)	83.3 (1.12)	9.0 (0.94)	91.0 (0.94)	19.9 (1.63)	50.3 (2.04)	4.1 (0.81)	0.9 ! (0.38)	17.0 (1.53)	0.9 ! (0.38)	5.5 (0.93)
15 years old and over	2,649 (82.3)	2,116 (74.1)	79.9 (1.29)	79.9 (1.44)	7.6 (1.07)	92.4 (1.07)	16.9 (1.88)	47.1 (2.51)	5.8 (1.17)	1.8 ! (0.66)	18.5 (1.95)	1.1 ! (0.52)	7.7 (1.34)
College	2,434 (79.1)	2,220 (75.8)	91.2 (0.95)	90.4 (1.03)	5.6 (0.85)	94.4 (0.85)	20.2 (2.87)	51.9 (3.57)	9.0 (2.05)	12.5 (2.36)	‡ (†)	‡ (†)	‡ (†)
Family income													
Less than $10,000	6,107 (162.0)	4,522 (139.9)	74.0 (1.18)	74.5 (1.36)	7.0 (0.93)	93.0 (0.93)	11.6 (1.23)	56.5 (1.91)	3.9 (0.75)	2.2 (0.56)	19.6 (1.53)	5.0 (0.84)	‡ (†)
$10,000 to $19,999	7,932 (183.9)	6,100 (161.9)	76.9 (0.99)	75.8 (1.15)	8.2 (0.85)	91.8 (0.85)	14.5 (1.22)	51.7 (1.73)	5.4 (0.78)	1.3 ! (0.39)	21.6 (1.42)	4.0 (0.68)	‡ (†)
$20,000 to $29,999	8,638 (191.7)	6,998 (173.1)	81.0 (0.89)	80.5 (0.99)	8.4 (0.78)	91.6 (0.78)	17.1 (1.34)	51.1 (1.78)	3.9 (0.69)	4.0 (0.70)	16.5 (1.32)	1.2 ! (0.38)	5.3 (0.80)
$30,000 to $39,999	8,259 (187.6)	7,099 (174.3)	86.0 (0.80)	87.4 (0.83)	8.0 (0.72)	92.0 (0.72)	17.7 (1.59)	45.6 (2.07)	6.8 (1.05)	4.6 (0.87)	14.3 (1.46)	1.7 ! (0.54)	7.6 (1.10)
$40,000 to $49,999	6,519 (167.2)	6,033 (161.1)	92.5 (0.68)	92.2 (0.73)	6.6 (0.70)	93.4 (0.70)	21.1 (2.35)	41.1 (2.84)	4.9 (1.24)	10.3 (1.75)	12.3 (1.89)	0.5 ! (0.40)	8.8 (1.63)
$50,000 to $74,999	14,632 (246.3)	13,868 (240.1)	94.8 (0.39)	94.1 (0.42)	5.4 (0.42)	94.6 (0.42)	24.2 (1.88)	40.5 (2.15)	5.1 (0.96)	9.3 (1.27)	12.8 (1.46)	‡ (†)	6.9 (1.11)
$75,000 or more	25,201 (315.7)	24,623 (312.4)	97.7 (0.20)	97.0 (0.23)	2.4 (0.21)	97.6 (0.21)	25.4 (2.11)	30.3 (2.22)	8.9 (1.38)	15.2 (1.73)	9.9 (1.45)	1.1 (0.52)	8.4 (1.34)

†Not applicable.
!Interpret data with caution.
‡Reporting standards not met.
[1]Includes DSL, cable, modem, satellite, wireless, mobile phone or PDA, fiber optics or other broadband, and other.
[2]Includes prekindergarten through grade 12.

NOTE: Data are based on a sample survey of households and are subject to sampling and nonsampling error. Race categories exclude persons of Hispanic ethnicity. Detail may not sum to totals because of rounding. Standard errors appear in parentheses.
SOURCE: U.S. Department of Commerce, Census Bureau, Current Population Survey (CPS), October 2009. (This table was prepared November 2010.)

Table 17. Number and percentage of home computer users, by type of application and selected characteristics: 1997 and 2003

Selected characteristic	1997: Number of home computer users (in thousands)	1997: Percent of persons using computers at home	2003: Number of home computer users (in thousands)	2003: Percent of persons using computers at home	Percent of home computer users using specific applications[1]: Word processing	Connect to Internet	E-mail	Spreadsheets/ databases[2]	Graphics/design[2]	School assignments[3]	Household records/ finances[2]	Games
1	2	3	4	5	6	7	8	9	10	11	12	13
Total, age 3 and over	**81,013 (600.0)**	**31.7 (0.16)**	**156,744 (954.0)**	**56.9 (0.16)**	**53.1 (0.22)**	**82.7 (0.17)**	**72.7 (0.19)**	**32.0 (0.23)**	**37.6 (0.24)**	**75.9 (0.29)**	**30.8 (0.22)**	**58.5 (0.22)**
Sex												
Male	41,260 (412.6)	33.1 (0.22)	76,777 (637.8)	57.2 (0.22)	49.5 (0.30)	82.4 (0.23)	70.5 (0.27)	33.7 (0.32)	39.5 (0.33)	73.9 (0.42)	31.6 (0.31)	61.5 (0.29)
Female	39,753 (384.7)	30.3 (0.20)	79,967 (627.8)	56.7 (0.21)	56.7 (0.28)	83.0 (0.21)	74.8 (0.24)	30.3 (0.29)	35.9 (0.30)	77.8 (0.39)	30.1 (0.29)	55.6 (0.28)
Race/ethnicity												
White	68,026 (543.7)	36.9 (0.19)	119,495 (801.4)	63.7 (0.19)	53.9 (0.25)	84.9 (0.18)	75.4 (0.22)	32.6 (0.26)	38.6 (0.27)	75.4 (0.34)	31.8 (0.26)	58.0 (0.25)
Black	4,943 (136.3)	15.6 (0.36)	13,457 (254.7)	40.8 (0.48)	50.5 (0.76)	74.4 (0.67)	62.5 (0.74)	26.8 (0.77)	33.4 (0.82)	79.3 (0.89)	26.9 (0.78)	64.8 (0.73)
Hispanic	4,081 (139.0)	14.5 (0.41)	13,497 (300.2)	35.8 (0.49)	46.6 (0.85)	72.4 (0.76)	59.4 (0.83)	27.8 (0.90)	31.4 (0.93)	74.9 (0.97)	25.1 (0.87)	59.5 (0.83)
Other	3,963 (136.6)	34.8 (0.88)	10,296 (248.9)	60.7 (0.74)	56.3 (0.96)	81.1 (0.76)	71.6 (0.88)	36.4 (1.06)	39.3 (1.07)	76.7 (1.14)	31.4 (1.02)	54.2 (0.97)
Age												
3 to 14	18,774 (249.8)	39.1 (0.39)	30,772 (330.0)	62.6 (0.38)	37.9 (0.48)	57.6 (0.49)	34.5 (0.47)	— (†)	— (†)	61.9 (0.44)	— (†)	86.0 (0.34)
15 and over	62,239 (505.5)	30.0 (0.17)	125,972 (813.4)	55.7 (0.18)	56.8 (0.24)	88.8 (0.15)	82.0 (0.19)	32.0 (0.23)	37.6 (0.24)	92.8 (0.29)	30.8 (0.22)	51.8 (0.24)
15 to 19	8,395 (162.3)	43.1 (0.61)	14,656 (218.2)	72.2 (0.54)	68.9 (0.66)	86.6 (0.49)	77.9 (0.59)	23.2 (0.60)	43.8 (0.71)	93.1 (0.34)	6.2 (0.34)	72.4 (0.64)
20 to 24	4,975 (123.7)	28.5 (0.59)	11,848 (194.7)	59.6 (0.60)	63.7 (0.76)	86.4 (0.54)	80.6 (0.63)	29.9 (0.73)	40.9 (0.78)	94.5 (0.53)	20.5 (0.64)	61.9 (0.77)
25 to 29	5,963 (135.8)	31.7 (0.59)	11,059 (187.7)	59.0 (0.62)	56.0 (0.82)	88.5 (0.52)	83.7 (0.61)	36.2 (0.79)	42.1 (0.81)	94.2 (0.96)	37.1 (0.79)	54.2 (0.82)
30 to 39	15,393 (224.1)	35.8 (0.40)	26,407 (302.3)	64.0 (0.41)	54.3 (0.53)	89.7 (0.32)	83.3 (0.40)	35.5 (0.51)	40.6 (0.52)	89.0 (1.26)	37.6 (0.52)	50.4 (0.53)
40 to 49	15,346 (223.7)	38.3 (0.42)	27,660 (310.4)	62.3 (0.40)	55.4 (0.52)	90.1 (0.31)	82.7 (0.39)	35.3 (0.50)	37.3 (0.50)	88.6 (1.67)	37.5 (0.50)	47.3 (0.52)
50 to 59	7,679 (154.9)	28.5 (0.48)	19,976 (258.5)	57.2 (0.46)	55.4 (0.61)	90.7 (0.35)	83.4 (0.45)	32.5 (0.57)	33.6 (0.58)	90.0 (2.49)	34.4 (0.58)	41.9 (0.60)
60 to 69	3,162 (98.1)	16.2 (0.46)	9,233 (170.6)	41.8 (0.57)	51.8 (0.90)	87.9 (0.59)	81.9 (0.69)	28.5 (0.81)	29.0 (0.82)	69.8 (9.14)	31.8 (0.84)	44.3 (0.89)
70 or older	1,327 (63.2)	5.9 (0.27)	5,134 (125.7)	20.9 (0.45)	43.9 (1.20)	84.5 (0.87)	78.1 (1.00)	20.5 (0.97)	20.6 (0.98)	‡ (†)	25.4 (1.05)	47.0 (1.20)
Family income[4]												
Under $20,000	7,374 (151.6)	11.0 (0.21)	11,951 (195.6)	28.6 (0.38)	48.5 (0.79)	70.1 (0.72)	59.9 (0.77)	23.2 (0.75)	31.5 (0.83)	78.5 (0.85)	22.5 (0.75)	64.4 (0.76)
$20,000 to $29,999	7,819 (156.3)	19.9 (0.35)	12,136 (197.2)	41.4 (0.50)	47.7 (0.78)	74.0 (0.69)	64.5 (0.75)	25.6 (0.77)	32.4 (0.82)	74.8 (1.02)	24.7 (0.76)	63.6 (0.75)
$30,000 to $39,999	10,370 (181.4)	28.5 (0.41)	15,176 (222.4)	52.4 (0.51)	45.6 (0.70)	78.9 (0.57)	68.7 (0.65)	24.9 (0.68)	31.8 (0.73)	72.8 (0.95)	27.1 (0.70)	62.8 (0.68)
$40,000 to $49,999	9,627 (174.4)	36.9 (0.52)	13,300 (207.1)	63.4 (0.57)	50.1 (0.75)	81.9 (0.58)	71.6 (0.68)	28.5 (0.75)	35.6 (0.80)	74.9 (1.03)	28.8 (0.76)	61.5 (0.73)
$50,000 to $74,999	21,685 (270.5)	46.5 (0.40)	31,581 (335.0)	70.8 (0.37)	51.9 (0.49)	85.6 (0.34)	74.8 (0.42)	30.8 (0.50)	37.4 (0.52)	74.9 (0.66)	30.5 (0.50)	59.3 (0.48)
$75,000 or more	24,138 (287.3)	60.3 (0.42)	48,583 (433.0)	82.5 (0.27)	61.3 (0.38)	89.7 (0.24)	79.8 (0.31)	41.2 (0.43)	45.1 (0.43)	77.0 (0.51)	37.8 (0.42)	55.0 (0.39)

—Not available.
†Not applicable.
‡Reporting standards not met.
[1]Individuals may be counted in more than one computer activity.
[2]Data are for persons 15 years old and over.
[3]Data are for students only.
[4]Excludes persons whose income data were not available.
NOTE: Excludes persons under age 3. Race categories exclude persons of Hispanic ethnicity. Detail may not sum to totals because of rounding. Standard errors appear in parentheses.
SOURCE: U.S. Department of Commerce, Census Bureau, Current Population Survey (CPS), October 1997 and October 2003, unpublished tabulations. (This table was prepared August 2004.)

Table 18. Number and percentage of student home computer users, by type of application and selected characteristics: 2003

Selected characteristic of students	Number (in thousands)		Number using computers at home (in thousands)		Percent using computers at home		Percent of home computer users using specific applications[1]: Games		Internet		School assignments		E-mail		Word processing		Graphics and design		Spreadsheets and databases		Personal finances	
1	2		3		4		5		6		7		8		9		10		11		12	
Total, all students	**74,911**	**(312.9)**	**52,942**	**(286.3)**	**70.7**	**(0.24)**	**76.2**	**(0.27)**	**72.3**	**(0.28)**	**75.9**	**(0.27)**	**56.5**	**(0.31)**	**55.1**	**(0.32)**	**—**	**(†)**	**—**	**(†)**	**—**	**(†)**
Elementary/secondary	58,273	(324.9)	39,364	(282.0)	67.6	(0.30)	82.8	(0.30)	66.0	(0.37)	69.9	(0.36)	46.2	(0.39)	46.8	(0.39)	—	(†)	—	(†)	—	(†)
Under age 5	4,590	(105.0)	2,291	(74.6)	49.9	(1.16)	84.3	(1.19)	29.2	(1.49)	15.1	(1.17)	8.9	(0.93)	9.4	(0.96)	—	(†)	—	(†)	—	(†)
Ages 5 to 9	19,015	(206.6)	11,887	(166.1)	62.5	(0.55)	87.6	(0.47)	45.9	(0.72)	42.0	(0.71)	18.8	(0.56)	22.6	(0.60)	—	(†)	—	(†)	—	(†)
Ages 10 to 14	20,788	(215.0)	14,875	(184.5)	71.6	(0.49)	85.3	(0.45)	74.1	(0.56)	85.1	(0.46)	53.0	(0.64)	56.5	(0.64)	—	(†)	—	(†)	—	(†)
15 years old or over	13,880	(165.7)	10,311	(144.2)	74.3	(0.54)	73.4	(0.64)	85.8	(0.50)	92.4	(0.38)	76.3	(0.61)	69.1	(0.66)	43.1	(0.71)	21.1	(0.59)	4.5	(0.30)
White	8,500	(131.6)	7,186	(121.4)	84.5	(0.57)	75.3	(0.74)	90.2	(0.51)	93.3	(0.43)	81.5	(0.67)	72.1	(0.77)	46.3	(0.86)	22.1	(0.71)	4.7	(0.36)
Black	2,164	(68.8)	1,073	(49.7)	49.6	(1.67)	73.5	(2.09)	73.6	(2.09)	90.3	(1.40)	60.7	(2.31)	59.0	(2.33)	38.9	(2.31)	15.9	(1.73)	3.5	(0.88)
Hispanic	2,298	(75.0)	1,280	(57.5)	55.7	(1.72)	68.2	(2.16)	72.0	(2.08)	87.8	(1.51)	60.8	(2.26)	59.9	(2.27)	30.0	(2.12)	18.2	(1.78)	6.1	(1.11)
Other	918	(45.9)	771	(42.2)	83.9	(1.88)	64.5	(2.68)	83.7	(2.07)	94.3	(1.30)	75.3	(2.41)	69.9	(2.57)	41.4	(2.75)	24.2	(2.40)	2.2	(0.82)
Undergraduate	13,370	(162.9)	10,701	(146.8)	80.0	(0.50)	60.5	(0.69)	89.6	(0.43)	92.8	(0.37)	84.8	(0.51)	77.1	(0.59)	46.5	(0.70)	36.8	(0.68)	21.4	(0.58)
White	8,964	(135.0)	7,551	(124.4)	84.2	(0.56)	60.8	(0.82)	91.1	(0.48)	93.0	(0.43)	86.5	(0.57)	78.7	(0.69)	48.9	(0.84)	37.8	(0.81)	21.1	(0.69)
Black	1,766	(62.8)	1,151	(51.4)	65.2	(1.76)	62.1	(2.22)	83.2	(1.71)	91.1	(1.30)	77.0	(1.93)	72.4	(2.05)	37.7	(2.22)	32.0	(2.13)	23.0	(1.93)
Hispanic	1,544	(62.7)	1,102	(53.6)	71.4	(1.91)	56.8	(2.47)	86.7	(1.69)	92.1	(1.34)	80.5	(1.98)	68.6	(2.32)	38.8	(2.43)	33.4	(2.35)	19.8	(1.99)
Other	1,095	(49.9)	898	(45.4)	82.0	(1.80)	61.5	(2.52)	89.5	(1.59)	94.0	(1.23)	86.3	(1.78)	80.3	(2.06)	47.3	(2.59)	39.4	(2.53)	23.7	(2.20)
Graduate	3,268	(66.0)	2,876	(64.1)	88.0	(0.83)	43.6	(1.35)	93.7	(0.66)	94.6	(0.61)	91.7	(0.75)	86.1	(0.94)	52.2	(1.36)	56.2	(1.35)	45.4	(1.36)
Males	37,323	(253.4)	26,168	(219.6)	70.1	(0.35)	80.1	(0.36)	71.2	(0.41)	73.9	(0.40)	53.0	(0.45)	51.7	(0.45)	—	(†)	—	(†)	—	(†)
Elementary/secondary	30,005	(252.4)	20,050	(211.6)	66.8	(0.43)	84.9	(0.40)	65.3	(0.53)	68.3	(0.51)	43.1	(0.55)	44.2	(0.55)	—	(†)	—	(†)	—	(†)
Under age 5	2,437	(76.9)	1,222	(54.6)	50.2	(1.59)	85.3	(1.59)	30.3	(2.06)	14.9	(1.60)	10.7	(1.38)	9.1	(1.29)	—	(†)	—	(†)	—	(†)
Ages 5 to 9	9,703	(150.9)	6,060	(120.3)	62.5	(0.77)	88.5	(0.64)	44.6	(1.00)	40.7	(0.99)	16.6	(0.75)	20.9	(0.82)	—	(†)	—	(†)	—	(†)
Ages 10 to 14	10,622	(157.5)	7,453	(132.9)	70.2	(0.70)	87.5	(0.60)	73.9	(0.80)	83.3	(0.68)	48.0	(0.91)	53.0	(0.91)	—	(†)	—	(†)	—	(†)
15 years old or over	7,243	(121.9)	5,313	(104.9)	73.4	(0.76)	77.1	(0.84)	84.8	(0.72)	90.9	(0.58)	73.8	(0.88)	66.4	(0.95)	43.3	(0.99)	21.0	(0.82)	4.2	(0.40)
Undergraduate	5,902	(110.4)	4,859	(100.5)	82.3	(0.72)	68.6	(0.97)	89.7	(0.64)	91.7	(0.58)	84.0	(0.77)	75.1	(0.91)	50.2	(1.05)	37.6	(1.01)	22.3	(0.87)
Graduate	1,416	(54.7)	1,259	(51.6)	88.9	(1.22)	48.9	(2.06)	93.8	(0.99)	94.1	(0.97)	91.6	(1.14)	81.2	(1.61)	53.0	(2.05)	58.3	(2.03)	46.9	(2.05)
Females	37,588	(254.1)	26,774	(221.7)	71.2	(0.34)	72.3	(0.40)	73.4	(0.39)	77.8	(0.37)	59.8	(0.44)	58.4	(0.44)	—	(†)	—	(†)	—	(†)
Elementary/secondary	28,269	(246.1)	19,315	(208.0)	68.3	(0.43)	80.7	(0.45)	66.8	(0.53)	71.6	(0.51)	49.4	(0.56)	49.5	(0.56)	—	(†)	—	(†)	—	(†)
Under age 5	2,154	(72.3)	1,069	(51.1)	49.6	(1.69)	83.2	(1.79)	28.0	(2.15)	15.3	(1.72)	6.8	(1.21)	9.8	(1.43)	—	(†)	—	(†)	—	(†)
Ages 5 to 9	9,312	(147.9)	5,827	(118.0)	62.6	(0.79)	86.7	(0.70)	47.1	(1.02)	43.3	(1.02)	21.0	(0.84)	24.4	(0.88)	—	(†)	—	(†)	—	(†)
Ages 10 to 14	10,166	(154.3)	7,422	(132.7)	73.0	(0.69)	83.1	(0.68)	74.4	(0.79)	86.8	(0.62)	57.9	(0.90)	60.0	(0.89)	—	(†)	—	(†)	—	(†)
15 years old or over	6,637	(116.9)	4,997	(101.9)	75.3	(0.77)	69.6	(0.95)	86.7	(0.70)	94.0	(0.49)	78.9	(0.84)	71.8	(0.93)	42.9	(1.02)	21.3	(0.85)	4.9	(0.45)
Undergraduate	7,468	(123.7)	5,842	(109.9)	78.2	(0.70)	53.9	(0.95)	89.6	(0.58)	93.7	(0.47)	85.5	(0.67)	78.8	(0.78)	43.4	(0.95)	36.2	(0.92)	20.6	(0.77)
Graduate	1,852	(62.5)	1,617	(58.5)	87.3	(1.13)	39.5	(1.77)	93.5	(0.89)	95.1	(0.78)	91.8	(0.99)	90.0	(1.09)	51.5	(1.81)	54.5	(1.81)	44.3	(1.80)

—Not available.
†Not applicable.
[1]Individuals may be counted in more than one computer activity.

NOTE: Estimates as of October 1. Race categories exclude persons of Hispanic ethnicity. Detail may not sum to totals because of rounding. Standard errors appear in parentheses.
SOURCE: U.S. Department of Commerce, Census Bureau, Current Population Survey (CPS), October 2003, unpublished tabulations. (This table was prepared May 2005.)

Table 19. Student use of computers, by level of enrollment, age, and student and school characteristics: 1993, 1997, and 2003

Student and school characteristic	1993			1997			2003						
								Elementary and secondary[1]					
	Total	Elementary and secondary[1]	College[2]	Total	Elementary and secondary[1]	College[2]	Total	Total	Under 5 years old	5 to 9 years old	10 to 14 years old	15 years old or over	College[2]
1	2	3	4	5	6	7	8	9	10	11	12	13	14
	Percent of students using computers at school												
Total	**59.0 (0.32)**	**60.1 (0.38)**	**54.7 (0.71)**	**68.8 (0.27)**	**70.4 (0.32)**	**62.9 (0.60)**	**83.8 (0.20)**	**83.5 (0.24)**	**42.6 (1.14)**	**80.1 (0.45)**	**90.3 (0.32)**	**91.2 (0.35)**	**84.9 (0.41)**
Sex													
Male	59.4 (0.44)	59.9 (0.53)	57.4 (1.04)	70.1 (0.37)	71.0 (0.44)	66.3 (0.88)	83.7 (0.28)	83.4 (0.34)	43.5 (1.57)	79.7 (0.64)	90.1 (0.45)	91.8 (0.47)	85.3 (0.60)
Female	58.7 (0.45)	60.5 (0.54)	52.4 (0.96)	67.6 (0.38)	69.9 (0.46)	60.2 (0.81)	83.8 (0.28)	83.5 (0.35)	41.5 (1.66)	80.7 (0.64)	90.6 (0.45)	90.5 (0.53)	84.6 (0.55)
Race/ethnicity													
White	61.6 (0.37)	63.8 (0.45)	54.0 (0.81)	71.1 (0.32)	73.9 (0.38)	62.1 (0.70)	85.0 (0.24)	84.9 (0.30)	41.1 (1.44)	82.5 (0.56)	92.4 (0.37)	91.9 (0.43)	85.0 (0.49)
Black	51.5 (0.98)	50.6 (0.98)	57.0 (2.54)	66.3 (0.74)	66.1 (0.75)	66.8 (1.78)	82.7 (0.56)	82.5 (0.67)	49.4 (3.18)	78.5 (1.30)	88.0 (0.95)	89.9 (1.01)	83.8 (1.25)
Hispanic	52.3 (1.50)	52.3 (1.16)	52.1 (4.06)	61.5 (0.89)	61.3 (0.69)	62.6 (2.38)	80.3 (0.60)	79.8 (0.71)	39.5 (3.22)	75.6 (1.27)	86.8 (1.01)	88.5 (1.10)	83.0 (1.50)
Other	59.0 (2.24)	57.7 (2.50)	62.7 (4.20)	65.3 (1.32)	65.6 (1.45)	64.6 (2.56)	83.3 (0.77)	81.7 (1.01)	48.9 (4.78)	76.3 (1.89)	86.1 (1.54)	94.1 (1.20)	87.6 (1.30)
Family income[3]													
Less than $5,000	51.2 (1.32)	48.1 (1.50)	62.4 (2.73)	62.1 (1.21)	61.6 (1.41)	63.4 (2.36)	80.9 (1.87)	79.5 (2.31)	42.4 (9.47)	78.3 (3.82)	86.9 (3.39)	86.5 (4.37)	83.8 (3.12)
$5,000 to $9,999	53.3 (1.06)	53.1 (1.17)	54.3 (2.51)	63.5 (1.02)	61.9 (1.14)	70.4 (2.20)	84.4 (1.43)	82.4 (1.74)	49.2 (7.71)	77.8 (3.30)	91.3 (2.18)	88.3 (3.04)	90.1 (2.35)
$10,000 to $14,999	56.4 (1.03)	56.7 (1.13)	55.1 (2.50)	66.2 (0.96)	66.4 (1.06)	65.2 (2.26)	81.7 (1.37)	80.0 (1.61)	50.1 (7.20)	74.1 (3.11)	84.6 (2.41)	90.4 (2.40)	88.0 (2.48)
$15,000 to $19,999	58.1 (1.18)	59.4 (1.30)	52.3 (2.77)	65.9 (1.10)	66.5 (1.21)	63.2 (2.72)	81.3 (1.57)	79.8 (1.84)	26.6 (7.08)	77.0 (3.27)	89.1 (2.38)	89.2 (3.09)	86.7 (2.92)
$20,000 to $24,999	56.4 (1.07)	56.3 (1.18)	56.6 (2.58)	66.9 (0.99)	67.5 (1.10)	64.3 (2.24)	81.3 (1.41)	80.3 (1.61)	43.7 (7.03)	73.0 (3.00)	88.9 (2.16)	92.6 (2.31)	85.3 (2.81)
$25,000 to $29,999	60.0 (1.13)	61.9 (1.25)	52.4 (2.61)	68.5 (1.01)	70.4 (1.11)	61.2 (2.37)	81.9 (1.32)	81.3 (1.48)	35.6 (7.03)	78.0 (2.66)	87.0 (2.21)	90.8 (2.21)	84.4 (2.90)
$30,000 to $34,999	59.1 (1.08)	61.3 (1.20)	50.5 (2.46)	67.6 (0.97)	71.0 (1.05)	53.9 (2.31)	82.2 (1.33)	82.5 (1.46)	40.1 (7.16)	78.5 (2.67)	90.6 (1.86)	88.8 (2.59)	80.9 (3.17)
$35,000 to $39,999	60.7 (1.11)	63.3 (1.21)	49.0 (2.67)	69.0 (0.98)	71.1 (1.08)	60.4 (2.35)	87.1 (1.17)	87.5 (1.30)	54.8 (7.43)	85.2 (2.37)	94.0 (1.53)	90.4 (2.48)	85.7 (2.69)
$40,000 to $49,999	59.3 (0.94)	60.8 (1.04)	53.1 (2.12)	70.5 (0.79)	72.6 (0.85)	60.9 (1.99)	83.5 (1.08)	84.2 (1.18)	47.1 (6.20)	80.0 (2.29)	90.8 (1.56)	90.3 (1.94)	80.4 (2.63)
$50,000 to $74,999	62.6 (0.73)	64.9 (0.82)	55.0 (1.58)	71.7 (0.57)	74.2 (0.63)	63.2 (1.28)	83.8 (0.71)	84.0 (0.80)	35.7 (3.64)	80.5 (1.53)	92.6 (0.94)	92.4 (1.21)	83.1 (1.56)
$75,000 or more	64.6 (0.90)	67.0 (1.04)	58.2 (1.78)	72.1 (0.60)	75.1 (0.68)	63.9 (1.25)	85.6 (0.57)	85.6 (0.65)	39.2 (2.98)	85.3 (1.15)	92.7 (0.81)	93.2 (0.96)	85.8 (1.16)
Control of school													
Public	60.2 (0.34)	61.6 (0.40)	54.0 (0.80)	70.2 (0.28)	72.1 (0.33)	62.3 (0.68)	85.2 (0.21)	85.4 (0.25)	47.7 (1.61)	80.5 (0.48)	90.5 (0.34)	91.2 (0.36)	84.6 (0.46)
Private	52.1 (0.85)	49.8 (1.10)	57.3 (1.52)	60.7 (0.73)	58.6 (0.96)	65.2 (1.27)	75.4 (0.60)	70.5 (0.82)	37.1 (1.61)	77.5 (1.33)	89.1 (1.09)	90.5 (1.36)	86.1 (0.85)
	Percent of students using computers at home												
Total	**27.0 (0.28)**	**24.5 (0.33)**	**36.2 (0.65)**	**45.1 (0.29)**	**42.8 (0.34)**	**53.2 (0.62)**	**70.7 (0.24)**	**67.6 (0.30)**	**49.9 (1.16)**	**62.5 (0.55)**	**71.6 (0.49)**	**74.3 (0.54)**	**81.6 (0.44)**
Sex													
Male	27.4 (0.39)	24.3 (0.45)	40.1 (0.99)	45.2 (0.40)	43.2 (0.48)	53.7 (0.93)	70.1 (0.35)	66.8 (0.43)	50.2 (1.59)	62.5 (0.77)	70.2 (0.70)	73.4 (0.76)	83.6 (0.63)
Female	26.6 (0.39)	24.7 (0.47)	33.0 (0.87)	44.9 (0.40)	42.5 (0.49)	52.8 (0.83)	71.2 (0.34)	68.3 (0.43)	49.6 (1.69)	62.6 (0.79)	73.0 (0.69)	75.3 (0.77)	80.0 (0.60)
Race/ethnicity													
White	32.8 (0.35)	30.8 (0.42)	39.2 (0.76)	54.9 (0.35)	53.9 (0.43)	58.2 (0.72)	80.1 (0.27)	78.3 (0.34)	59.6 (1.43)	74.6 (0.64)	81.8 (0.54)	84.5 (0.57)	85.4 (0.49)
Black	10.9 (0.59)	8.7 (0.54)	22.7 (2.01)	21.1 (0.64)	19.1 (0.62)	31.0 (1.75)	50.2 (0.74)	46.2 (0.88)	31.7 (2.96)	41.6 (1.55)	50.8 (1.46)	49.6 (1.67)	67.5 (1.59)
Hispanic	10.4 (0.90)	7.9 (0.62)	25.0 (3.31)	21.1 (0.74)	18.3 (0.54)	38.8 (2.40)	51.1 (0.76)	47.5 (0.88)	25.8 (2.88)	41.7 (1.46)	52.5 (1.48)	55.7 (1.72)	72.5 (1.79)
Other	28.7 (2.00)	25.8 (2.16)	36.0 (3.99)	49.1 (1.38)	46.5 (1.52)	56.3 (2.66)	74.6 (0.91)	71.3 (1.19)	57.5 (4.73)	61.6 (2.16)	75.7 (1.90)	83.9 (1.88)	83.1 (1.48)

See notes at end of table.

Table 19. Student use of computers, by level of enrollment, age, and student and school characteristics: 1993, 1997, and 2003—Continued

Student and school characteristic	1993			1997			2003						
								Elementary and secondary[1]					
	Total	Elementary and secondary[1]	College[2]	Total	Elementary and secondary[1]	College[2]	Total	Total	Under 5 years old	5 to 9 years old	10 to 14 years old	15 years old or over	College[2]
1	2	3	4	5	6	7	8	9	10	11	12	13	14
Family income[3]													
Less than $5,000	9.7 (0.76)	4.3 (0.59)	28.3 (2.43)	22.6 (1.04)	15.2 (1.04)	43.7 (2.43)	44.1 (2.36)	29.8 (2.62)	20.5 (7.74)	29.9 (4.24)	29.5 (4.58)	34.2 (6.07)	75.2 (3.65)
$5,000 to $9,999	8.0 (0.56)	4.2 (0.46)	25.0 (2.08)	15.8 (0.77)	9.3 (0.68)	42.9 (2.39)	47.0 (1.97)	36.6 (2.20)	31.0 (7.14)	30.7 (3.66)	41.3 (3.82)	40.1 (4.65)	77.7 (3.27)
$10,000 to $14,999	11.4 (0.64)	6.7 (0.56)	33.4 (2.26)	18.4 (0.78)	13.6 (0.77)	39.7 (2.32)	47.0 (1.77)	39.3 (1.96)	36.4 (6.93)	32.8 (3.33)	43.2 (3.31)	42.9 (4.03)	75.2 (3.30)
$15,000 to $19,999	15.1 (0.84)	11.2 (0.82)	31.0 (2.44)	20.7 (0.94)	16.5 (0.95)	41.2 (2.77)	48.3 (2.02)	40.8 (2.25)	16.5 (5.95)	33.4 (3.67)	49.1 (3.82)	48.4 (4.97)	74.6 (3.73)
$20,000 to $24,999	16.8 (0.79)	13.6 (0.80)	31.0 (2.27)	30.5 (0.97)	26.2 (1.04)	47.5 (2.34)	53.1 (1.80)	46.6 (2.02)	27.1 (6.29)	41.1 (3.33)	52.5 (3.43)	53.9 (4.39)	77.8 (3.29)
$25,000 to $29,999	21.1 (0.92)	19.1 (0.99)	29.0 (2.28)	34.6 (1.03)	32.0 (1.13)	45.0 (2.42)	59.0 (1.69)	54.7 (1.89)	40.6 (7.21)	47.7 (3.21)	59.5 (3.22)	61.9 (3.72)	78.3 (3.30)
$30,000 to $34,999	24.1 (0.92)	22.6 (1.02)	29.7 (2.15)	38.7 (1.01)	36.1 (1.11)	49.2 (2.32)	64.2 (1.66)	61.5 (1.87)	41.4 (7.19)	54.7 (3.23)	64.9 (3.04)	72.9 (3.66)	76.1 (3.43)
$35,000 to $39,999	27.1 (0.99)	24.9 (1.08)	36.1 (2.44)	44.1 (1.06)	42.6 (1.17)	50.5 (2.40)	70.0 (1.60)	67.8 (1.83)	49.0 (7.46)	63.0 (3.23)	71.9 (2.91)	74.6 (3.66)	78.5 (3.16)
$40,000 to $49,999	32.2 (0.87)	31.6 (0.98)	34.4 (1.92)	50.6 (0.86)	50.4 (0.95)	51.7 (2.04)	75.9 (1.25)	73.4 (1.43)	54.6 (6.18)	68.9 (2.65)	77.5 (2.24)	78.2 (2.70)	86.6 (2.26)
$50,000 to $74,999	43.0 (0.74)	42.9 (0.84)	43.5 (1.52)	61.7 (0.62)	62.2 (0.70)	59.9 (1.30)	81.3 (0.75)	79.5 (0.88)	58.9 (3.74)	74.9 (1.67)	83.8 (1.33)	86.5 (1.56)	87.8 (1.36)
$75,000 or more	56.1 (0.92)	58.1 (1.08)	50.9 (1.74)	74.2 (0.59)	77.2 (0.66)	65.8 (1.23)	88.6 (0.51)	87.6 (0.61)	66.1 (2.89)	85.3 (1.15)	91.0 (0.89)	94.1 (0.90)	91.7 (0.92)
Control of school													
Public	25.3 (0.29)	23.0 (0.34)	34.5 (0.73)	43.2 (0.31)	40.9 (0.37)	52.4 (0.70)	69.3 (0.27)	66.3 (0.33)	41.1 (1.58)	60.4 (0.59)	70.1 (0.52)	73.1 (0.57)	80.9 (0.50)
Private	37.4 (0.80)	35.0 (1.03)	42.5 (1.45)	56.1 (0.75)	56.1 (0.97)	56.1 (1.32)	78.3 (0.57)	75.6 (0.77)	59.3 (1.63)	77.3 (1.34)	84.7 (1.26)	89.3 (1.43)	84.1 (0.90)
	Percent of students using computers at home for school work												
Total	**14.8 (0.22)**	**12.0 (0.25)**	**25.0 (0.59)**	**28.6 (0.26)**	**24.8 (0.30)**	**42.5 (0.61)**	**53.6 (0.27)**	**47.2 (0.32)**	**7.5 (0.61)**	**26.2 (0.50)**	**60.9 (0.53)**	**68.6 (0.57)**	**76.0 (0.48)**
Sex													
Male	14.7 (0.31)	11.4 (0.34)	28.2 (0.91)	28.3 (0.37)	24.7 (0.42)	43.3 (0.92)	51.8 (0.38)	45.6 (0.45)	7.5 (0.83)	25.4 (0.69)	58.5 (0.75)	66.7 (0.81)	77.1 (0.72)
Female	14.8 (0.32)	12.5 (0.36)	22.4 (0.77)	28.9 (0.37)	24.9 (0.43)	41.9 (0.82)	55.4 (0.37)	48.9 (0.47)	7.6 (0.89)	27.1 (0.72)	63.4 (0.75)	70.8 (0.82)	75.2 (0.65)
Race/ethnicity													
White	18.0 (0.29)	15.1 (0.33)	27.4 (0.70)	35.0 (0.34)	31.3 (0.40)	47.0 (0.72)	60.4 (0.33)	54.1 (0.42)	7.3 (0.76)	29.1 (0.67)	70.5 (0.64)	78.9 (0.65)	79.8 (0.55)
Black	5.7 (0.44)	4.3 (0.39)	13.4 (1.64)	12.5 (0.51)	10.4 (0.48)	22.8 (1.59)	39.8 (0.73)	34.6 (0.84)	8.2 (1.75)	22.5 (1.32)	43.7 (1.45)	44.8 (1.66)	62.2 (1.65)
Hispanic	5.6 (0.68)	3.6 (0.42)	17.8 (2.92)	12.5 (0.60)	9.8 (0.42)	29.2 (2.24)	38.3 (0.74)	33.5 (0.83)	6.7 (1.65)	20.2 (1.19)	42.6 (1.47)	48.9 (1.73)	66.7 (1.89)
Other	15.8 (1.61)	12.4 (1.63)	24.5 (3.57)	33.6 (1.31)	29.3 (1.39)	45.3 (2.67)	57.2 (1.03)	49.4 (1.31)	10.3 (2.91)	26.8 (1.97)	60.9 (2.16)	79.1 (2.08)	77.8 (1.65)
Family income[3]													
Less than $5,000	6.6 (0.64)	2.4 (0.45)	21.1 (2.20)	15.1 (0.89)	8.0 (0.79)	35.5 (2.35)	36.5 (2.29)	19.4 (2.27)	4.2 (3.83)	14.4 (3.25)	22.7 (4.21)	30.4 (5.88)	73.8 (3.72)
$5,000 to $9,999	4.7 (0.44)	1.5 (0.28)	18.8 (1.88)	10.4 (0.65)	4.2 (0.47)	36.5 (2.32)	36.5 (1.90)	24.1 (1.96)	4.0 (3.01)	14.0 (2.75)	32.3 (3.62)	34.1 (4.49)	72.8 (3.49)
$10,000 to $14,999	7.2 (0.52)	3.0 (0.38)	27.1 (2.14)	11.4 (0.64)	6.7 (0.56)	32.4 (2.22)	36.9 (1.71)	27.1 (1.78)	14.3 (5.04)	14.4 (2.49)	34.6 (3.18)	36.8 (3.93)	72.2 (3.42)
$15,000 to $19,999	8.5 (0.65)	5.6 (0.60)	20.5 (2.12)	13.2 (0.79)	8.5 (0.72)	36.0 (2.70)	37.2 (1.95)	27.4 (2.04)	0.7 (1.36)	10.8 (2.42)	40.2 (3.75)	42.9 (4.92)	71.5 (3.87)
$20,000 to $24,999	9.7 (0.62)	6.3 (0.57)	24.5 (2.11)	19.4 (0.83)	15.0 (0.84)	37.1 (2.26)	40.5 (1.77)	31.9 (1.89)	8.2 (3.89)	18.9 (2.65)	40.7 (3.38)	48.8 (4.40)	73.4 (3.50)
$25,000 to $29,999	10.3 (0.69)	7.5 (0.66)	21.4 (2.06)	21.9 (0.90)	18.4 (0.94)	35.7 (2.33)	43.4 (1.70)	36.9 (1.84)	8.3 (4.05)	18.0 (2.47)	48.9 (3.28)	55.2 (3.81)	72.2 (3.58)
$30,000 to $34,999	12.9 (0.72)	10.8 (0.75)	20.8 (1.91)	24.4 (0.89)	20.3 (0.93)	40.5 (2.28)	46.8 (1.73)	41.8 (1.89)	8.8 (4.13)	20.4 (2.61)	55.4 (3.17)	64.1 (3.95)	69.0 (3.73)
$35,000 to $39,999	15.2 (0.80)	12.9 (0.83)	24.6 (2.20)	26.5 (0.94)	22.8 (0.99)	41.7 (2.37)	50.9 (1.75)	45.5 (1.96)	7.0 (3.82)	25.9 (2.93)	58.4 (3.19)	66.7 (3.96)	71.8 (3.46)
$40,000 to $49,999	17.1 (0.70)	15.4 (0.76)	23.3 (1.71)	30.1 (0.79)	28.3 (0.86)	38.5 (1.99)	56.9 (1.44)	51.6 (1.62)	12.9 (4.16)	26.3 (2.52)	67.6 (2.51)	71.4 (2.95)	79.0 (2.70)
$50,000 to $74,999	23.1 (0.63)	21.4 (0.70)	28.7 (1.38)	39.3 (0.62)	36.7 (0.70)	48.2 (1.32)	60.9 (0.94)	55.0 (1.09)	4.8 (1.63)	30.2 (1.77)	71.6 (1.62)	81.0 (1.79)	82.4 (1.58)
$75,000 or more	30.2 (0.85)	29.5 (1.00)	32.0 (1.63)	48.3 (0.67)	47.3 (0.78)	51.3 (1.30)	68.2 (0.75)	62.8 (0.89)	6.5 (1.51)	36.2 (1.56)	83.6 (1.15)	90.0 (1.14)	85.7 (1.16)
Control of school													
Public	14.1 (0.24)	11.7 (0.26)	24.1 (0.66)	27.9 (0.28)	24.5 (0.32)	41.9 (0.69)	53.4 (0.29)	47.8 (0.35)	8.0 (0.87)	25.4 (0.53)	59.2 (0.56)	67.5 (0.60)	75.1 (0.55)
Private	18.5 (0.65)	13.8 (0.75)	28.5 (1.33)	32.6 (0.70)	26.9 (0.87)	44.6 (1.32)	54.7 (0.69)	43.3 (0.89)	7.1 (0.85)	32.3 (1.50)	76.5 (1.48)	83.3 (1.73)	79.3 (1.00)

[1]Includes students enrolled in prekindergarten through grade 12, ages 3 and above.
[2]Includes students enrolled at the undergraduate and postbaccalaureate levels.
[3]Excludes persons whose income data were not available.

NOTE: Data are based on a sample survey of households and are subject to sampling and nonsampling error. Race categories exclude persons of Hispanic ethnicity. Standard errors appear in parentheses.
SOURCE: U.S. Department of Commerce, Census Bureau, Current Population Survey (CPS), October 1993, October 1997, and October 2003, unpublished tabulations. (This table was prepared May 2005.)

Table 20. Estimates of resident population, by age group: 1970 through 2010

[In thousands]

Year	Total, all ages	Total, 3 to 34 years old	3 and 4 years old	5 and 6 years old	7 to 13 years old	14 to 17 years old	18 and 19 years old	20 and 21 years old	22 to 24 years old	25 to 29 years old	30 to 34 years old
1	2	3	4	5	6	7	8	9	10	11	12
1970	205,052	109,592	6,961	7,703	28,969	15,924	7,510	7,210	9,992	13,736	11,587
1971	207,661	111,202	6,805	7,344	28,892	16,328	7,715	7,350	10,809	14,041	11,917
1972	209,896	112,807	6,789	7,051	28,628	16,639	7,923	7,593	10,560	15,240	12,383
1973	211,909	114,426	6,938	6,888	28,158	16,867	8,114	7,796	10,725	15,786	13,153
1974	213,854	116,075	7,117	6,864	27,600	17,035	8,257	8,003	10,972	16,521	13,704
1975	215,973	117,435	6,912	7,013	26,905	17,128	8,478	8,196	11,331	17,280	14,191
1976	218,035	118,474	6,436	7,195	26,321	17,119	8,659	8,336	11,650	18,274	14,485
1977	220,239	119,261	6,190	6,978	25,877	17,045	8,675	8,550	11,949	18,277	15,721
1978	222,585	119,833	6,208	6,500	25,594	16,946	8,677	8,730	12,216	18,683	16,280
1979	225,055	120,544	6,252	6,256	25,175	16,611	8,751	8,754	12,542	19,178	17,025
1980	227,225	121,132	6,366	6,291	24,800	16,143	8,718	8,669	12,716	19,686	17,743
1981	229,466	121,999	6,535	6,315	24,396	15,609	8,582	8,759	12,903	20,169	18,731
1982	231,664	121,823	6,658	6,407	24,121	15,057	8,480	8,768	12,914	20,704	18,714
1983	233,792	122,302	6,877	6,572	23,709	14,740	8,290	8,652	12,981	21,414	19,067
1984	235,825	122,254	7,045	6,694	23,367	14,725	7,932	8,567	12,962	21,459	19,503
1985	237,924	122,512	7,134	6,916	22,976	14,888	7,637	8,370	12,895	21,671	20,025
1986	240,133	122,688	7,187	7,086	22,992	14,824	7,483	8,024	12,720	21,893	20,479
1987	242,289	122,672	7,132	7,178	23,325	14,502	7,502	7,742	12,450	21,857	20,984
1988	244,499	122,713	7,176	7,238	23,791	14,023	7,701	7,606	12,048	21,739	21,391
1989	246,819	122,655	7,315	7,184	24,228	13,536	7,898	7,651	11,607	21,560	21,676
1990	249,623	122,787	7,359	7,244	24,785	13,329	7,702	7,886	11,264	21,277	21,939
1991	252,981	123,210	7,444	7,393	25,216	13,491	7,208	8,029	11,205	20,923	22,301
1992	256,514	123,722	7,614	7,447	25,752	13,775	6,949	7,797	11,391	20,503	22,494
1993	259,919	124,371	7,887	7,549	26,212	14,096	6,985	7,333	11,657	20,069	22,584
1994	263,126	124,976	8,089	7,725	26,492	14,637	7,047	7,071	11,585	19,740	22,590
1995	266,278	125,478	8,107	8,000	26,825	15,013	7,182	7,103	11,197	19,680	22,372
1996	269,394	125,924	8,022	8,206	27,168	15,443	7,399	7,161	10,715	19,864	21,945
1997	272,647	126,422	7,915	8,232	27,683	15,769	7,569	7,309	10,601	19,899	21,446
1998	275,854	126,939	7,841	8,152	28,302	15,829	7,892	7,520	10,647	19,804	20,953
1999	279,040	127,446	7,772	8,041	28,763	16,007	8,094	7,683	10,908	19,575	20,603
2000[1]	282,172	128,056	7,732	7,979	29,073	16,131	8,191	7,997	11,129	19,295	20,530
2001[1]	285,082	128,566	7,675	7,916	29,169	16,221	8,200	8,294	11,508	18,899	20,685
2002[1]	287,804	129,113	7,697	7,809	29,172	16,401	8,171	8,340	11,977	18,830	20,716
2003[1]	290,326	129,548	7,794	7,744	29,031	16,544	8,227	8,314	12,371	18,971	20,551
2004[1]	293,046	130,207	8,040	7,758	28,638	16,854	8,327	8,292	12,666	19,372	20,260
2005[1]	295,753	130,548	8,165	7,852	28,310	17,104	8,324	8,361	12,721	19,866	19,846
2006[1]	298,593	131,046	8,164	8,099	28,059	17,239	8,380	8,466	12,696	20,511	19,433
2007[1]	301,580	131,796	8,272	8,227	27,953	17,239	8,517	8,453	12,764	21,018	19,353
2008[1]	304,375	132,666	8,341	8,224	28,073	16,980	8,768	8,500	12,822	21,442	19,516
2009[1]	307,007	133,631	8,404	8,325	28,163	16,761	8,872	8,631	12,908	21,678	19,889
2010	309,629	134,595	8,585	8,391	28,345	16,550	8,745	8,879	12,947	21,782	20,370

[1]Revised from previously published figures.
NOTE: Detail may not sum to totals because of rounding. Estimates as of July 1.
SOURCE: U.S. Department of Commerce, Census Bureau, *Current Population Reports*, Series P-25, Nos. 1000, 1022, 1045, 1057, 1059, 1092, and 1095; and 2000 through 2010 Population Estimates, retrieved September 10, 2010, from http://www.census.gov/popest/national/asrh/2009-nat-res.html. (This table was prepared September 2010.)

Table 21. Estimates of resident population, by race/ethnicity and age group: Selected years, 1980 through 2010

Year and age group	Number (in thousands)								Percentage distribution							
	Total	White	Black	Hispanic	Asian	Pacific Islander	American Indian/ Alaska Native	Two or more races	Total	White	Black	Hispanic	Asian	Pacific Islander	American Indian/ Alaska Native	Two or more races
1	2	3	4	5	6	7	8	9	10	11	12	13	14	15	16	17
Total																
1980	227,225	181,140	26,215	14,869	3,665	([1])	1,336	—	100.0	79.7	11.5	6.5	1.6	([1])	0.6	—
1990	249,623	188,725	29,439	22,573	7,092	([1])	1,793	—	100.0	75.6	11.8	9.0	2.8	([1])	0.7	—
1995	266,278	194,389	32,500	28,158	9,188	([1])	2,044	—	100.0	73.0	12.2	10.6	3.5	([1])	0.8	—
2000[2]	282,172	195,763	34,405	35,642	10,453	369	2,104	3,436	100.0	69.4	12.2	12.6	3.7	0.1	0.7	1.2
2003[2]	290,326	197,146	35,442	39,786	11,583	395	2,185	3,789	100.0	67.9	12.2	13.7	4.0	0.1	0.8	1.3
2004[2]	293,046	197,648	35,801	41,139	11,929	404	2,213	3,912	100.0	67.4	12.2	14.0	4.1	0.1	0.8	1.3
2005[2]	295,753	198,074	36,150	42,552	12,289	413	2,242	4,034	100.0	67.0	12.2	14.4	4.2	0.1	0.8	1.4
2006[2]	298,593	198,549	36,524	44,017	12,648	422	2,271	4,161	100.0	66.5	12.2	14.7	4.2	0.1	0.8	1.4
2007[2]	301,580	199,109	36,931	45,508	13,003	431	2,302	4,295	100.0	66.0	12.2	15.1	4.3	0.1	0.8	1.4
2008[2]	304,375	199,529	37,319	46,979	13,349	440	2,332	4,428	100.0	65.6	12.3	15.4	4.4	0.1	0.8	1.5
2009[2]	307,007	199,851	37,682	48,419	13,686	449	2,361	4,559	100.0	65.1	12.3	15.8	4.5	0.1	0.8	1.5
2010[2]	309,629	200,141	38,045	49,877	14,022	457	2,389	4,698	100.0	64.6	12.3	16.1	4.5	0.1	0.8	1.5
Under 5 years old																
1980	16,451	11,904	2,413	1,677	319	([1])	137	—	100.0	72.4	14.7	10.2	1.9	([1])	0.8	—
1990	18,856	12,757	2,825	2,497	593	([1])	184	—	100.0	67.7	15.0	13.2	3.1	([1])	1.0	—
1995	19,627	12,415	3,050	3,245	734	([1])	182	—	100.0	63.3	15.5	16.5	3.7	([1])	0.9	—
2000[2]	19,204	11,268	2,756	3,755	687	29	172	535	100.0	58.7	14.4	19.6	3.6	0.2	0.9	2.8
2003[2]	19,940	11,206	2,761	4,367	799	33	176	598	100.0	56.2	13.8	21.9	4.0	0.2	0.9	3.0
2004[2]	20,243	11,214	2,768	4,593	841	34	178	616	100.0	55.4	13.7	22.7	4.2	0.2	0.9	3.0
2005[2]	20,484	11,183	2,773	4,802	877	35	182	633	100.0	54.6	13.5	23.4	4.3	0.2	0.9	3.1
2006[2]	20,613	11,104	2,772	4,975	896	35	185	646	100.0	53.9	13.4	24.1	4.3	0.2	0.9	3.1
2007[2]	20,921	11,112	2,816	5,180	922	36	189	667	100.0	53.1	13.5	24.8	4.4	0.2	0.9	3.2
2008[2]	21,153	11,070	2,869	5,356	945	37	192	684	100.0	52.3	13.6	25.3	4.5	0.2	0.9	3.2
2009[2]	21,300	11,016	2,909	5,485	960	37	195	698	100.0	51.7	13.7	25.8	4.5	0.2	0.9	3.3
2010[2]	21,489	11,009	2,955	5,600	974	38	197	718	100.0	51.2	13.8	26.1	4.5	0.2	0.9	3.3
5 to 17 years old																
1980	47,232	35,220	6,840	4,005	790	([1])	377	—	100.0	74.6	14.5	8.5	1.7	([1])	0.8	—
1990	45,359	—	—	—	—	—	—	—	—	—	—	—	—	—	—	—
1995	49,838	—	—	—	—	—	—	—	—	—	—	—	—	—	—	—
2000[2]	53,182	33,016	7,990	8,688	1,827	85	522	1,053	100.0	62.1	15.0	16.3	3.4	0.2	1.0	2.0
2003[2]	53,319	32,218	7,971	9,441	1,935	85	506	1,162	100.0	60.4	14.9	17.7	3.6	0.2	0.9	2.2
2004[2]	53,249	31,887	7,936	9,676	1,964	85	499	1,202	100.0	59.9	14.9	18.2	3.7	0.2	0.9	2.3
2005[2]	53,265	31,578	7,902	9,958	2,005	86	493	1,244	100.0	59.3	14.8	18.7	3.8	0.2	0.9	2.3
2006[2]	53,397	31,305	7,869	10,300	2,059	86	488	1,289	100.0	58.6	14.7	19.3	3.9	0.2	0.9	2.4
2007[2]	53,419	30,970	7,803	10,638	2,107	87	482	1,332	100.0	58.0	14.6	19.9	3.9	0.2	0.9	2.5
2008[2]	53,277	30,554	7,685	10,943	2,160	88	475	1,372	100.0	57.3	14.4	20.5	4.1	0.2	0.9	2.6
2009[2]	53,249	30,209	7,584	11,265	2,218	88	470	1,414	100.0	56.7	14.2	21.2	4.2	0.2	0.9	2.7
2010[2]	53,286	29,893	7,496	11,609	2,276	89	466	1,457	100.0	56.1	14.1	21.8	4.3	0.2	0.9	2.7
18 to 24 years old																
1980	30,103	23,278	3,872	2,284	468	([1])	201	—	100.0	77.3	12.9	7.6	1.6	([1])	0.7	—
1990	26,853	—	—	—	—	—	—	—	—	—	—	—	—	—	—	—
1995	25,482	—	—	—	—	—	—	—	—	—	—	—	—	—	—	—
2000[2]	27,317	16,927	3,782	4,779	1,152	50	239	387	100.0	62.0	13.8	17.5	4.2	0.2	0.9	1.4
2003[2]	28,912	17,834	4,045	5,057	1,210	51	264	450	100.0	61.7	14.0	17.5	4.2	0.2	0.9	1.6
2004[2]	29,286	18,053	4,114	5,115	1,212	51	272	469	100.0	61.6	14.0	17.5	4.1	0.2	0.9	1.6
2005[2]	29,405	18,097	4,145	5,146	1,208	50	276	484	100.0	61.5	14.1	17.5	4.1	0.2	0.9	1.6
2006[2]	29,541	18,116	4,195	5,196	1,206	50	280	498	100.0	61.3	14.2	17.6	4.1	0.2	0.9	1.7
2007[2]	29,734	18,167	4,264	5,248	1,208	50	284	514	100.0	61.1	14.3	17.6	4.1	0.2	1.0	1.7
2008[2]	30,090	18,278	4,367	5,360	1,215	50	287	533	100.0	60.7	14.5	17.8	4.0	0.2	1.0	1.8
2009[2]	30,412	18,335	4,457	5,503	1,224	51	289	553	100.0	60.3	14.7	18.1	4.0	0.2	1.0	1.8
2010[2]	30,572	18,252	4,520	5,653	1,235	51	290	571	100.0	59.7	14.8	18.5	4.0	0.2	0.9	1.9
25 years old and over																
1980	133,438	110,737	13,091	6,903	2,088	([1])	620	—	100.0	83.0	9.8	5.2	1.6	([1])	0.5	—
1990	158,555	125,653	16,322	11,447	4,190	([1])	944	—	100.0	79.2	10.3	7.2	2.6	([1])	0.6	—
1995	171,332	131,839	18,250	14,519	5,628	([1])	1,096	—	100.0	76.9	10.7	8.5	3.3	([1])	0.6	—
2000[2]	182,470	134,551	19,877	18,420	6,787	205	1,171	1,460	100.0	73.7	10.9	10.1	3.7	0.1	0.6	0.8
2003[2]	188,156	135,887	20,664	20,920	7,639	226	1,239	1,580	100.0	72.2	11.0	11.1	4.1	0.1	0.7	0.8
2004[2]	190,267	136,494	20,982	21,755	7,912	234	1,264	1,626	100.0	71.7	11.0	11.4	4.2	0.1	0.7	0.9
2005[2]	192,599	137,216	21,330	22,647	8,199	242	1,290	1,674	100.0	71.2	11.1	11.8	4.3	0.1	0.7	0.9
2006[2]	195,042	138,025	21,687	23,546	8,488	250	1,318	1,727	100.0	70.8	11.1	12.1	4.4	0.1	0.7	0.9
2007[2]	197,506	138,861	22,049	24,443	8,765	258	1,347	1,783	100.0	70.3	11.2	12.4	4.4	0.1	0.7	0.9
2008[2]	199,855	139,628	22,398	25,319	9,029	265	1,378	1,839	100.0	69.9	11.2	12.7	4.5	0.1	0.7	0.9
2009[2]	202,046	140,291	22,731	26,167	9,285	272	1,407	1,894	100.0	69.4	11.3	13.0	4.6	0.1	0.7	0.9
2010[2]	204,282	140,987	23,075	27,016	9,537	280	1,436	1,952	100.0	69.0	11.3	13.2	4.7	0.1	0.7	1.0

—Not available.
[1]Included under Asian.
[2]Data on persons of two or more races were collected beginning in 2000. Direct comparability of the data (other than Hispanic) prior to 2000 with the data for 2000 and later years is limited by the extent to which people reporting more than one race in later years had been reported in specific race groups in earlier years.

NOTE: Resident population includes civilian population and armed forces personnel residing within the United States; it excludes armed forces personnel residing overseas. Race categories exclude persons of Hispanic ethnicity. Detail may not sum to totals because of rounding. Some data have been revised from previously published figures. Estimates as of July 1.
SOURCE: U.S. Department of Commerce, Census Bureau, Population Estimates, retrieved September 10, 2010, from http://www.census.gov/popest/national/asrh/2009-nat-res.html. (This table was prepared September 2010.)

Table 22. Estimated total and school-age resident populations, by state: Selected years, 1970 through 2009

[In thousands]

State	Total, all ages								5- to 17-year-olds							
	1970[1]	1980[1]	1990[1]	2000[2]	2005[2]	2007[2]	2008[2]	2009[2]	1970[1]	1980[1]	1990[1]	2000[2]	2005[2]	2007[2]	2008[2]	2009[2]
1	2	3	4	5	6	7	8	9	10	11	12	13	14	15	16	17
United States	**203,302**	**226,546**	**248,765**	**282,172**	**295,753**	**301,580**	**304,375**	**307,007**	**52,540**	**47,407**	**45,178**	**53,182**	**53,265**	**53,419**	**53,277**	**53,249**
Alabama	3,444	3,894	4,040	4,452	4,545	4,638	4,677	4,709	934	866	774	827	811	819	816	814
Alaska	303	402	550	627	669	682	688	698	88	92	117	143	135	131	128	129
Arizona	1,775	2,718	3,665	5,167	5,975	6,362	6,499	6,596	486	578	686	991	1,111	1,180	1,201	1,214
Arkansas	1,923	2,286	2,351	2,678	2,776	2,842	2,868	2,889	498	496	455	499	497	504	504	505
California	19,971	23,668	29,786	33,995	35,795	36,226	36,580	36,962	4,999	4,681	5,344	6,775	6,809	6,732	6,699	6,682
Colorado	2,210	2,890	3,294	4,328	4,661	4,842	4,935	5,025	589	592	607	808	821	843	852	863
Connecticut	3,032	3,108	3,287	3,412	3,477	3,489	3,503	3,518	768	638	520	619	620	609	603	598
Delaware	548	594	666	786	840	865	876	885	148	125	114	143	146	147	147	147
District of Columbia	757	638	607	572	582	586	590	600	164	109	80	82	80	78	76	77
Florida	6,791	9,746	12,938	16,047	17,784	18,278	18,424	18,538	1,609	1,789	2,011	2,708	2,889	2,926	2,907	2,892
Georgia	4,588	5,463	6,478	8,230	9,097	9,534	9,698	9,829	1,223	1,231	1,230	1,581	1,717	1,798	1,816	1,833
Hawaii	770	965	1,108	1,212	1,266	1,277	1,287	1,295	204	198	196	217	207	204	202	201
Idaho	713	944	1,007	1,300	1,426	1,499	1,528	1,546	200	213	228	272	279	289	292	294
Illinois	11,110	11,427	11,431	12,438	12,674	12,779	12,843	12,910	2,859	2,401	2,095	2,369	2,322	2,305	2,291	2,283
Indiana	5,195	5,490	5,544	6,092	6,253	6,346	6,388	6,423	1,386	1,200	1,056	1,152	1,145	1,150	1,146	1,144
Iowa	2,825	2,914	2,777	2,928	2,949	2,979	2,994	3,008	743	604	525	545	519	514	511	509
Kansas	2,249	2,364	2,478	2,693	2,742	2,776	2,797	2,819	573	468	472	525	503	501	498	500
Kentucky	3,221	3,661	3,687	4,049	4,182	4,256	4,288	4,314	844	800	703	729	723	727	728	726
Louisiana	3,645	4,206	4,222	4,469	4,498	4,376	4,452	4,492	1,041	969	891	901	841	798	804	804
Maine	994	1,125	1,228	1,277	1,312	1,317	1,320	1,318	260	243	223	231	216	209	204	200
Maryland	3,924	4,217	4,781	5,311	5,583	5,634	5,659	5,699	1,038	895	803	1,004	1,008	991	978	971
Massachusetts	5,689	5,737	6,016	6,363	6,453	6,499	6,544	6,594	1,407	1,153	940	1,104	1,081	1,064	1,054	1,047
Michigan	8,882	9,262	9,295	9,955	10,091	10,051	10,002	9,970	2,450	2,067	1,754	1,924	1,865	1,814	1,770	1,734
Minnesota	3,806	4,076	4,376	4,934	5,107	5,191	5,231	5,266	1,051	865	829	959	919	907	900	897
Mississippi	2,217	2,521	2,575	2,848	2,900	2,922	2,940	2,952	635	599	550	571	553	550	546	545
Missouri	4,678	4,917	5,117	5,606	5,807	5,910	5,956	5,988	1,183	1,008	944	1,058	1,040	1,039	1,033	1,028
Montana	694	787	799	903	935	957	968	975	197	167	163	175	162	160	159	157
Nebraska	1,485	1,570	1,578	1,713	1,752	1,770	1,782	1,797	389	324	309	333	318	316	316	317
Nevada	489	800	1,202	2,018	2,409	2,568	2,616	2,643	127	160	204	369	439	468	474	477
New Hampshire	738	921	1,109	1,240	1,301	1,317	1,322	1,325	189	196	194	234	229	223	218	214
New Jersey	7,171	7,365	7,748	8,431	8,622	8,636	8,663	8,708	1,797	1,528	1,269	1,524	1,535	1,509	1,496	1,491
New Mexico	1,017	1,303	1,515	1,821	1,917	1,969	1,987	2,010	311	303	320	377	358	357	357	358
New York	18,241	17,558	17,991	18,998	19,331	19,423	19,468	19,541	4,358	3,552	3,000	3,448	3,352	3,283	3,233	3,201
North Carolina	5,084	5,882	6,632	8,079	8,669	9,064	9,247	9,381	1,323	1,254	1,147	1,427	1,515	1,581	1,599	1,613
North Dakota	618	653	639	641	635	638	641	647	175	136	127	121	107	103	101	101
Ohio	10,657	10,798	10,847	11,364	11,475	11,521	11,528	11,543	2,820	2,307	2,012	2,132	2,058	2,025	1,997	1,975
Oklahoma	2,559	3,025	3,146	3,454	3,533	3,612	3,644	3,687	640	622	609	656	633	641	642	647
Oregon	2,092	2,633	2,842	3,431	3,618	3,733	3,783	3,826	534	525	521	624	621	626	626	625
Pennsylvania	11,801	11,864	11,883	12,286	12,418	12,523	12,566	12,605	2,925	2,376	1,996	2,192	2,109	2,075	2,050	2,028
Rhode Island	950	947	1,003	1,051	1,065	1,055	1,054	1,053	225	186	159	184	179	172	169	167
South Carolina	2,591	3,122	3,486	4,024	4,256	4,424	4,503	4,561	720	703	662	746	753	766	767	770
South Dakota	666	691	696	756	780	797	805	812	187	147	144	152	142	141	140	140
Tennessee	3,926	4,591	4,877	5,703	5,996	6,173	6,240	6,296	1,002	972	882	1,025	1,048	1,066	1,069	1,068
Texas	11,199	14,229	16,986	20,946	22,802	23,838	24,304	24,782	3,002	3,137	3,437	4,277	4,446	4,646	4,726	4,822
Utah	1,059	1,461	1,723	2,244	2,500	2,664	2,727	2,785	312	350	457	511	533	568	582	595
Vermont	445	511	563	610	619	620	621	622	118	109	102	114	103	98	96	94
Virginia	4,651	5,347	6,189	7,105	7,564	7,720	7,795	7,883	1,197	1,114	1,060	1,279	1,307	1,312	1,310	1,314
Washington	3,413	4,132	4,867	5,911	6,261	6,465	6,566	6,664	881	826	893	1,121	1,112	1,117	1,116	1,119
West Virginia	1,744	1,950	1,793	1,807	1,804	1,811	1,815	1,820	442	414	337	300	283	282	281	280
Wisconsin	4,418	4,706	4,892	5,374	5,541	5,602	5,628	5,655	1,203	1,011	927	1,027	980	965	954	946
Wyoming	332	470	454	494	506	523	533	544	92	101	101	98	89	89	90	92

[1]As of April 1.
[2]Estimates as of July 1.
NOTE: Resident population includes civilian population and armed forces personnel residing within the United States and within each state; it excludes armed forces personnel residing overseas. Some data have been revised from previously published figures. Detail may not sum to totals because of rounding.

SOURCE: U.S. Department of Commerce, Census Bureau, *Current Population Reports*, Series P-25, No. 1095; CPH-L-74 (1990 data); and 2000 through 2009 Population Estimates, retrieved September 10, 2010, from http://www.census.gov/popest/datasets.html. (This table was prepared September 2010.)

Table 23. Number and percentage distribution of family households, by family structure and presence of own children under 18: Selected years, 1970 through 2009

Family structure and presence of children	1970		1980		1990		2000		2005		2007		2008		2009		Change, 1970 to 1990		Change, 1990 to 2009	
1	2		3		4		5		6		7		8		9		10		11	
	Number (in thousands)																Percent change			
All families	**51,456**	**(257.3)**	**59,550**	**(271.4)**	**66,090**	**(307.8)**	**72,025**	**(311.6)**	**77,010**	**(226.6)**	**78,425**	**(227.5)**	**77,873**	**(240.1)**	**78,850**	**(241.0)**	**28.4**	**(0.88)**	**19.3**	**(0.66)**
Married-couple families	44,728	(243.6)	49,112	(252.7)	52,317	(283.3)	55,311	(289.5)	58,109	(210.4)	58,945	(211.3)	58,370	(218.6)	59,118	(219.6)	17.0	(0.90)	13.0	(0.74)
Without own children under 18	19,196	(168.7)	24,151	(187.3)	27,780	(218.1)	30,062	(230.5)	31,929	(168.8)	32,787	(170.6)	33,197	(174.7)	33,989	(176.5)	44.7	(1.71)	22.4	(1.15)
With own children under 18	25,532	(192.0)	24,961	(190.1)	24,537	(206.4)	25,248	(214.1)	26,180	(155.3)	26,158	(155.2)	25,173	(154.7)	25,129	(154.6)	-3.9	(1.08)	2.4 !	(1.07)
One own child under 18	8,163	(112.5)	9,671	(122.0)	9,583	(133.0)	9,402	(136.2)	9,885	(99.6)	10,127	(100.7)	9,733	(99.3)	9,732	(99.3)	17.4	(2.30)	1.6 !	(1.75)
Two own children under 18	8,045	(111.7)	9,488	(120.9)	9,784	(134.3)	10,274	(142.1)	10,676	(103.3)	10,497	(102.4)	9,886	(100.0)	9,861	(99.9)	21.6	(2.37)	0.8 !	(1.72)
Three or more own children under 18	9,325	(119.9)	5,802	(95.3)	5,170	(98.5)	5,572	(105.9)	5,619	(75.9)	5,534	(75.3)	5,555	(75.6)	5,536	(75.5)	-44.6	(1.27)	7.1 !	(2.51)
Families with male householder, no spouse present	1,228	(44.2)	1,733	(52.5)	2,884	(73.9)	4,028	(90.4)	4,893	(70.9)	5,063	(72.1)	5,100	(72.5)	5,252	(73.6)	134.9	(10.38)	82.1	(5.32)
Without own children under 18	887	(37.6)	1,117	(42.2)	1,731	(57.4)	2,242	(67.7)	2,859	(54.5)	3,049	(56.2)	2,937	(55.3)	3,141	(57.1)	95.2	(10.50)	81.5	(6.86)
With own children under 18	341	(23.3)	616	(31.3)	1,153	(46.9)	1,786	(60.5)	2,034	(46.0)	2,015	(45.8)	2,162	(47.5)	2,111	(46.9)	238.1	(26.92)	83.1	(8.48)
One own child under 18	179	(16.9)	374	(24.4)	723	(37.2)	1,131	(48.2)	1,227	(35.8)	1,243	(36.1)	1,323	(37.2)	1,300	(36.9)	303.9	(43.44)	79.8	(10.56)
Two own children under 18	87	(11.8)	165	(16.2)	307	(24.2)	483	(31.6)	563	(24.3)	553	(24.1)	597	(25.0)	583	(24.7)	252.9	(55.35)	89.9	(17.02)
Three or more own children under 18	75	(10.9)	77	(11.1)	123	(15.3)	171	(18.8)	244	(16.0)	218	(15.1)	242	(15.9)	229	(15.5)	64.0 !	(31.49)	86.2	(26.43)
Families with female householder, no spouse present	5,500	(92.8)	8,705	(116.0)	10,890	(141.4)	12,687	(156.9)	14,009	(117.3)	14,416	(118.9)	14,404	(119.7)	14,480	(120.0)	98.0	(4.22)	33.0	(2.05)
Without own children under 18	2,642	(64.7)	3,261	(71.8)	4,290	(89.9)	5,116	(101.6)	5,703	(76.4)	5,832	(77.2)	6,030	(78.7)	6,086	(79.1)	62.4	(5.23)	41.9	(3.50)
With own children under 18	2,858	(67.2)	5,445	(92.3)	6,599	(111.0)	7,571	(122.8)	8,305	(91.6)	8,585	(93.1)	8,374	(92.4)	8,394	(92.5)	130.9	(6.68)	27.2	(2.56)
One own child under 18	1,008	(40.1)	2,398	(61.6)	3,225	(78.1)	3,777	(87.6)	4,081	(64.9)	4,280	(66.4)	4,104	(65.2)	4,185	(65.8)	219.9	(14.89)	29.8	(3.75)
Two own children under 18	810	(35.9)	1,817	(53.7)	2,173	(64.2)	2,458	(70.9)	2,626	(52.2)	2,765	(53.6)	2,675	(52.8)	2,696	(53.0)	168.3	(14.30)	24.1	(4.40)
Three or more own children under 18	1,040	(40.7)	1,230	(44.2)	1,202	(47.9)	1,336	(52.4)	1,597	(40.8)	1,540	(40.1)	1,594	(40.8)	1,514	(39.8)	15.6 !	(6.45)	26.0	(6.01)
	Percentage distribution of all families																Change in percentage points			
All families	**100.0**	**(†)**	**100.0**	**(†)**	**100.0**	**(†)**	**100.0**	**(†)**	**100.0**	**(†)**	**100.0**	**(†)**	**100.0**	**(†)**	**100.0**	**(†)**	**†**	**(†)**	**†**	**(†)**
Married-couple families	86.9	(0.19)	82.5	(0.20)	79.2	(0.22)	76.8	(0.23)	75.5	(0.16)	75.2	(0.16)	75.0	(0.16)	75.0	(0.16)	-7.8	(0.29)	-4.2	(0.27)
Without own children under 18	37.3	(0.27)	40.6	(0.25)	42.0	(0.27)	41.7	(0.26)	41.5	(0.18)	41.8	(0.18)	42.6	(0.18)	43.1	(0.18)	4.7	(0.38)	1.1	(0.32)
With own children under 18	49.6	(0.28)	41.9	(0.26)	37.1	(0.26)	35.1	(0.26)	34.0	(0.18)	33.4	(0.17)	32.3	(0.17)	31.9	(0.17)	-12.5	(0.38)	-5.3	(0.31)
One own child under 18	15.9	(0.20)	16.2	(0.19)	14.5	(0.19)	13.1	(0.18)	12.8	(0.12)	12.9	(0.12)	12.5	(0.12)	12.3	(0.12)	-1.4	(0.28)	-2.2	(0.22)
Two own children under 18	15.6	(0.20)	15.9	(0.19)	14.8	(0.19)	14.3	(0.19)	13.9	(0.13)	13.4	(0.12)	12.7	(0.12)	12.5	(0.12)	-0.8 !	(0.28)	-2.3	(0.23)
Three or more own children under 18	18.1	(0.21)	9.7	(0.15)	7.8	(0.14)	7.7	(0.14)	7.3	(0.10)	7.1	(0.09)	7.1	(0.09)	7.0	(0.09)	-10.3	(0.26)	-0.8	(0.17)
Families with male householder, no spouse present	2.4	(0.09)	2.9	(0.09)	4.4	(0.11)	5.6	(0.12)	6.4	(0.09)	6.5	(0.09)	6.5	(0.09)	6.7	(0.09)	2.0	(0.14)	2.3	(0.14)
Without own children under 18	1.7	(0.07)	1.9	(0.07)	2.6	(0.09)	3.1	(0.09)	3.7	(0.07)	3.9	(0.07)	3.8	(0.07)	4.0	(0.07)	0.9	(0.11)	1.4	(0.11)
With own children under 18	0.7	(0.05)	1.0	(0.05)	1.7	(0.07)	2.5	(0.08)	2.6	(0.06)	2.6	(0.06)	2.8	(0.06)	2.7	(0.06)	1.1	(0.08)	0.9	(0.09)
One own child under 18	0.3	(0.03)	0.6	(0.04)	1.1	(0.06)	1.6	(0.07)	1.6	(0.05)	1.6	(0.05)	1.7	(0.05)	1.6	(0.05)	0.7	(0.06)	0.6	(0.07)
Two own children under 18	0.2	(0.02)	0.3	(0.03)	0.5	(0.04)	0.7	(0.04)	0.7	(0.03)	0.7	(0.03)	0.8	(0.03)	0.7	(0.03)	0.3	(0.04)	0.3	(0.05)
Three or more own children under 18	0.1	(0.02)	0.1	(0.02)	0.2	(0.02)	0.2	(0.03)	0.3	(0.02)	0.3	(0.02)	0.3	(0.02)	0.3	(0.02)	#	(†)	0.1	(0.03)
Families with female householder, no spouse present	10.7	(0.17)	14.6	(0.18)	16.5	(0.20)	17.6	(0.20)	18.2	(0.14)	18.4	(0.14)	18.5	(0.14)	18.4	(0.14)	5.8	(0.26)	1.9	(0.24)
Without own children under 18	5.1	(0.12)	5.5	(0.12)	6.5	(0.13)	7.1	(0.14)	7.4	(0.10)	7.4	(0.10)	7.7	(0.10)	7.7	(0.10)	1.4	(0.18)	1.2	(0.16)
With own children under 18	5.6	(0.13)	9.1	(0.15)	10.0	(0.16)	10.5	(0.16)	10.8	(0.11)	10.9	(0.11)	10.8	(0.11)	10.6	(0.11)	4.4	(0.21)	0.7	(0.20)
One own child under 18	2.0	(0.08)	4.0	(0.10)	4.9	(0.12)	5.2	(0.12)	5.3	(0.08)	5.5	(0.08)	5.3	(0.08)	5.3	(0.08)	2.9	(0.14)	0.4	(0.14)
Two own children under 18	1.6	(0.07)	3.1	(0.09)	3.3	(0.10)	3.4	(0.10)	3.4	(0.07)	3.5	(0.07)	3.4	(0.07)	3.4	(0.07)	1.7	(0.12)	0.1 !	(0.12)
Three or more own children under 18	2.0	(0.08)	2.1	(0.07)	1.8	(0.07)	1.9	(0.07)	2.1	(0.05)	2.0	(0.05)	2.0	(0.05)	1.9	(0.05)	-0.2 !	(0.11)	0.1 !	(0.09)

†Not applicable.
#Rounds to zero.
!Interpret data with caution.
NOTE: Own children are never-married sons and daughters, including stepchildren and adopted children, of the householder or married couple. Detail may not sum to totals because of rounding. Standard errors appear in parentheses.

SOURCE: U.S. Department of Commerce, Census Bureau, Current Population Reports, Series P20, *Household and Family Characteristics: 1995*; and *America's Families and Living Arrangements: 2000* and *2005–2009*, Current Population Survey (CPS), Annual Social and Economic Supplement, retrieved July 21, 2010, from http://www.census.gov/population/www/socdemo/hh-fam/cps2009.html. (This table was prepared July 2010.)

Table 24. Number and percentage of family households with own children under 18, by age and number of children, race/ethnicity, and family structure: 2009

[Numbers in thousands]

Race/ethnicity and family structure	All families	Families with own children under 18							Families with own children under 6		Families with own children under 3	
					Families with							
		Total	Percent of all families	Percentage distribution	1 child under 18	2 children under 18	3 children under 18	4 or more under 18	Total	Percent of all families	Total	Percent of all families
1	2	3	4	5	6	7	8	9	10	11	12	13
All races[1]	78,850 (241.0)	35,635 (180.0)	45.2 (0.18)	100.0 (†)	15,217 (122.8)	13,139 (114.6)	5,245 (73.5)	2,034 (46.1)	15,629 (124.4)	19.8 (0.15)	9,191 (96.6)	11.7 (0.12)
Married-couple families	59,118 (219.6)	25,129 (154.6)	42.5 (0.21)	70.5 (0.25)	9,732 (99.3)	9,861 (99.9)	4,011 (64.5)	1,525 (39.9)	11,368 (107.0)	19.2 (0.17)	6,814 (83.6)	11.5 (0.13)
Families with male householder, no spouse present	5,252 (73.6)	2,111 (46.9)	40.2 (0.69)	5.9 (0.13)	1,300 (36.9)	583 (24.7)	173 (13.5)	56 (7.7)	883 (30.4)	16.8 (0.53)	549 (24.0)	10.5 (0.43)
Families with female householder, no spouse present	14,480 (120.0)	8,394 (92.5)	58.0 (0.42)	23.6 (0.23)	4,185 (65.8)	2,696 (53.0)	1,061 (33.3)	453 (21.8)	3,378 (59.2)	23.3 (0.36)	1,828 (43.7)	12.6 (0.28)
White, non-Hispanic	54,429 (213.1)	22,074 (145.9)	40.6 (0.22)	100.0 (†)	9,671 (99.0)	8,354 (92.2)	2,994 (55.8)	1,056 (33.3)	9,293 (97.1)	17.1 (0.17)	5,533 (75.5)	10.2 (0.13)
Married-couple families	44,264 (196.8)	16,971 (129.2)	38.3 (0.24)	76.9 (0.29)	6,755 (83.2)	6,751 (83.2)	2,536 (51.4)	930 (31.2)	7,450 (87.3)	16.8 (0.18)	4,501 (68.2)	10.2 (0.15)
Families with male householder, no spouse present	3,066 (56.5)	1,301 (36.9)	42.4 (0.92)	5.9 (0.16)	823 (29.4)	366 (19.6)	89 (9.7)	23 (4.9)	491 (22.7)	16.0 (0.68)	312 (18.1)	10.2 (0.56)
Families with female householder, no spouse present	7,100 (85.2)	3,802 (62.8)	53.5 (0.61)	17.2 (0.26)	2,094 (46.7)	1,237 (36.0)	369 (19.7)	103 (10.4)	1,352 (37.6)	19.0 (0.48)	720 (27.5)	10.1 (0.37)
Black[2]	9,357 (84.1)	4,980 (65.0)	53.2 (0.50)	100.0 (†)	2,176 (44.4)	1,615 (38.5)	800 (27.4)	390 (19.2)	2,122 (43.9)	22.7 (0.42)	1,208 (33.5)	12.9 (0.34)
Married-couple families	4,386 (61.4)	1,999 (42.7)	45.6 (0.73)	40.1 (0.68)	759 (26.7)	706 (25.7)	360 (18.4)	173 (12.8)	844 (28.1)	19.2 (0.58)	491 (21.5)	11.2 (0.46)
Families with male householder, no spouse present	812 (27.6)	336 (17.8)	41.4 (1.69)	6.7 (0.35)	206 (14.0)	84 (8.9)	37 (5.9)	9 (2.9)	146 (11.8)	18.0 (1.31)	87 (9.1)	10.7 (1.06)
Families with female householder, no spouse present	4,159 (60.0)	2,645 (48.7)	63.6 (0.73)	53.1 (0.69)	1,210 (33.5)	824 (27.8)	403 (19.5)	208 (14.0)	1,132 (32.4)	27.2 (0.67)	630 (24.3)	15.1 (0.54)
Hispanic	10,503 (85.1)	6,380 (71.1)	60.7 (0.46)	100.0 (†)	2,398 (46.3)	2,315 (45.5)	1,199 (33.2)	468 (21.0)	3,191 (52.8)	30.4 (0.44)	1,831 (40.7)	17.4 (0.36)
Married-couple families	6,911 (73.4)	4,329 (60.4)	62.6 (0.57)	67.9 (0.57)	1,445 (36.4)	1,652 (38.8)	905 (29.0)	326 (17.5)	2,187 (44.3)	31.6 (0.55)	1,271 (34.2)	18.4 (0.45)
Families with male householder, no spouse present	1,021 (30.8)	374 (18.8)	36.6 (1.47)	5.9 (0.29)	216 (14.3)	103 (9.9)	37 (5.9)	18 (4.1)	205 (13.9)	20.1 (1.22)	124 (10.8)	12.1 (1.00)
Families with female householder, no spouse present	2,571 (47.8)	1,677 (39.1)	65.2 (0.92)	26.3 (0.54)	737 (26.2)	560 (22.9)	257 (15.6)	124 (10.8)	799 (27.3)	31.1 (0.89)	436 (20.3)	17.0 (0.72)
Asian[2]	3,492 (51.5)	1,699 (38.2)	48.7 (0.83)	100.0 (†)	744 (26.0)	690 (25.1)	186 (13.2)	79 (8.7)	810 (27.1)	23.2 (0.70)	484 (21.2)	13.9 (0.57)
Married-couple families	2,827 (47.5)	1,477 (35.9)	52.2 (0.92)	86.9 (0.80)	621 (23.9)	622 (23.9)	164 (12.4)	70 (8.1)	730 (25.8)	25.8 (0.80)	455 (20.5)	16.1 (0.67)
Families with male householder, no spouse present	233 (14.8)	48 (6.8)	20.6 (2.59)	2.8 (0.39)	23 (4.7)	18 (4.1)	4 (2.0)	2 (1.4)	17 (4.0)	7.3 (1.66)	9 (2.9)	3.9 (1.23)
Families with female householder, no spouse present	432 (20.0)	175 (12.8)	40.5 (2.30)	10.3 (0.72)	100 (9.7)	50 (6.9)	18 (4.1)	7 (2.6)	64 (7.8)	14.8 (1.67)	20 (4.4)	4.6 (0.99)

†Not applicable.
[1]Race of family is defined as race of head of household. "All races" includes other race/ethnicity categories not separately shown.
[2]Includes persons of Hispanic ethnicity.
NOTE: Own children are never-married sons and daughters, including stepchildren and adopted children, of the householder or married couple. Detail may not sum to totals because of rounding. Standard errors appear in parentheses.

SOURCE: U.S. Department of Commerce, Census Bureau, *America's Families and Living Arrangements: 2009*, Current Population Survey (CPS), Annual Social and Economic Supplement, retrieved July 21, 2010, from http://www.census.gov/population/www/socdemo/hh-fam/cps2009.html. (This table was prepared July 2010.)

Table 25. Median household income, by state: Selected years, 1990 through 2009

[In constant 2009 dollars]

State	1990[1]	2000[2]	2005		2006		2007		2008		2009	
1	2	3	4		5		6		7		8	
United States	**$50,200**	**$54,058**	**$50,800**	**($70)**	**$51,500**	**($50)**	**$52,500**	**($50)**	**$51,800**	**($40)**	**$50,200**	**($40)**
Alabama	39,412	43,942	40,500	(350)	41,300	(330)	42,000	(270)	42,500	(410)	40,500	(320)
Alaska	69,160	66,387	61,800	(1,210)	63,200	(930)	66,600	(1,000)	68,200	(1,160)	67,000	(1,420)
Arizona	45,997	52,210	48,700	(430)	50,300	(280)	51,600	(320)	50,800	(310)	48,700	(290)
Arkansas	35,320	41,428	38,500	(400)	38,900	(320)	39,400	(460)	38,700	(430)	37,800	(380)
California	59,790	61,137	58,900	(220)	60,300	(150)	62,000	(190)	60,800	(140)	58,900	(170)
Colorado	50,340	60,764	55,700	(370)	55,300	(320)	57,100	(410)	56,800	(380)	55,400	(430)
Connecticut	69,682	69,430	67,000	(540)	67,500	(530)	68,200	(510)	68,300	(680)	67,000	(600)
Delaware	58,248	60,993	57,700	(950)	56,200	(920)	56,500	(990)	57,800	(970)	56,900	(1,060)
District of Columbia	51,320	51,655	51,900	(1,290)	55,200	(790)	56,200	(1,250)	57,700	(1,450)	59,300	(1,040)
Florida	45,902	49,971	46,600	(180)	48,400	(160)	49,500	(210)	47,600	(210)	44,700	(180)
Georgia	48,471	54,624	50,100	(290)	49,800	(260)	50,800	(310)	50,700	(250)	47,600	(250)
Hawaii	64,852	64,133	63,800	(1,320)	65,100	(750)	65,900	(1,210)	67,000	(1,130)	64,100	(960)
Idaho	42,184	48,366	45,500	(560)	45,600	(570)	47,800	(470)	47,400	(580)	44,900	(580)
Illinois	53,867	59,975	55,200	(230)	55,300	(180)	56,000	(230)	56,000	(220)	54,000	(250)
Indiana	48,097	53,509	48,300	(340)	48,300	(270)	49,100	(240)	47,800	(330)	45,400	(280)
Iowa	43,808	50,808	47,900	(350)	47,300	(340)	48,900	(360)	48,800	(390)	48,000	(260)
Kansas	45,581	52,295	47,200	(490)	48,400	(330)	49,100	(400)	50,000	(290)	47,800	(410)
Kentucky	37,636	43,346	41,100	(320)	41,900	(350)	41,700	(330)	41,400	(270)	40,100	(330)
Louisiana	36,659	41,922	40,400	(380)	41,800	(390)	42,300	(290)	43,600	(380)	42,500	(380)
Maine	46,522	47,939	47,000	(650)	46,200	(500)	47,500	(450)	46,400	(540)	45,700	(570)
Maryland	65,783	68,056	67,700	(400)	69,300	(430)	70,400	(470)	70,300	(380)	69,300	(420)
Massachusetts	61,717	65,011	62,800	(460)	63,800	(400)	64,500	(320)	65,200	(360)	64,100	(410)
Michigan	51,810	57,499	50,600	(300)	50,200	(210)	49,600	(240)	48,400	(250)	45,300	(220)
Minnesota	51,624	60,646	57,200	(240)	57,500	(290)	57,700	(380)	57,100	(310)	55,600	(330)
Mississippi	33,631	40,331	36,200	(410)	36,700	(400)	37,600	(430)	37,600	(410)	36,600	(420)
Missouri	44,030	48,832	46,100	(240)	45,600	(290)	46,700	(310)	46,700	(230)	45,200	(320)
Montana	38,395	42,511	43,200	(640)	43,200	(460)	45,000	(650)	43,500	(760)	42,300	(650)
Nebraska	43,452	50,526	48,200	(510)	48,400	(370)	48,700	(430)	49,500	(490)	47,400	(490)
Nevada	51,795	57,389	54,000	(590)	56,400	(680)	57,000	(590)	56,100	(480)	53,300	(600)
New Hampshire	60,677	63,678	62,400	(670)	63,500	(800)	64,500	(720)	63,500	(990)	60,600	(840)
New Jersey	68,356	70,989	67,800	(350)	68,600	(430)	69,300	(360)	70,100	(310)	68,300	(400)
New Mexico	40,230	43,939	41,200	(500)	43,200	(460)	42,900	(430)	43,300	(550)	43,000	(630)
New York	55,058	55,859	54,400	(280)	54,700	(160)	55,400	(220)	55,800	(230)	54,700	(240)
North Carolina	44,506	50,441	44,700	(210)	45,300	(280)	46,200	(270)	46,400	(260)	43,700	(230)
North Dakota	38,770	44,545	45,100	(470)	44,600	(650)	45,300	(760)	45,500	(590)	47,800	(600)
Ohio	47,945	52,722	47,800	(230)	47,400	(230)	48,200	(190)	47,800	(190)	45,400	(210)
Oklahoma	39,378	42,996	40,700	(380)	41,200	(420)	43,000	(250)	42,700	(430)	41,700	(310)
Oregon	45,513	52,671	47,200	(390)	49,200	(330)	50,400	(430)	50,000	(320)	48,500	(380)
Pennsylvania	48,551	51,628	48,900	(260)	49,200	(190)	50,300	(190)	50,500	(160)	49,500	(170)
Rhode Island	53,749	54,182	56,500	(920)	55,100	(740)	55,400	(850)	55,500	(1,080)	54,100	(930)
South Carolina	43,853	47,735	43,200	(410)	43,700	(280)	44,800	(400)	44,500	(380)	42,400	(340)
South Dakota	37,585	45,418	44,300	(590)	45,500	(640)	44,900	(590)	45,900	(710)	45,000	(740)
Tennessee	41,433	46,806	42,700	(320)	42,900	(270)	43,800	(220)	43,400	(260)	41,700	(270)
Texas	45,122	51,398	46,300	(160)	47,800	(190)	49,200	(190)	49,900	(130)	48,300	(150)
Utah	49,221	58,863	52,700	(630)	54,600	(370)	57,000	(480)	56,400	(430)	55,100	(490)
Vermont	49,759	52,594	50,200	(800)	50,700	(820)	51,600	(740)	51,900	(590)	51,600	(580)
Virginia	55,664	60,087	59,600	(360)	59,900	(300)	61,600	(370)	61,000	(260)	59,300	(290)
Washington	52,082	58,927	54,100	(430)	55,900	(310)	57,500	(320)	57,900	(350)	56,500	(320)
West Virginia	34,732	38,227	36,800	(530)	37,300	(400)	38,300	(480)	37,800	(620)	37,400	(430)
Wisconsin	49,174	56,372	51,800	(260)	51,900	(280)	52,300	(230)	51,900	(220)	50,000	(250)
Wyoming	45,256	48,778	50,800	(1,010)	50,500	(960)	53,500	(830)	53,000	(1,210)	52,700	(1,140)

[1]Based on 1989 incomes collected in the 1990 census.

[2]Based on 1999 incomes collected in the 2000 census.

NOTE: Constant dollars adjusted by the Consumer Price Index research series using current methods (CPI-U-RS). Standard errors appear in parentheses.

SOURCE: U.S. Department of Commerce, Census Bureau, 1990 Summary Tape File 3 (STF 3), "Median Household Income in 1989," retrieved May 12, 2005, from http://factfinder.census.gov/servlet/DTGeoSearchByListServlet?ds_name=DEC_1990_STF3_&_lang=en&_ts=134048804959; Decennial Census, 2000, *Summary Social, Economic, and Housing Characteristics*; Census 2000 Summary File 4 (SF 4), retrieved March 28, 2005, from http://factfinder.census.gov/servlet/DTGeoSearchByListServlet?ds_name=DEC_2000_SF4_U&_lang=en&_ts=134049420077; and American Community Survey, 2005 through 2009. (This table was prepared October 2010.)

Table 26. Poverty rates for all persons and poverty status of 5- to 17-year-olds, by state: Selected years, 1990 through 2009

State	Percent of persons in poverty				Poverty status of related children 5 through 17 years old[1]					
							2008		2009	
	1990[2]	2000[3]	2008	2009	1990,[2] percent in poverty	2000,[3] percent in poverty	Number in poverty (in thousands)	Percent in poverty	Number in poverty (in thousands)	Percent in poverty
1	2	3	4	5	6	7	8	9	10	11
United States	**13.1**	**12.4**	**13.2 (0.10)**	**14.3 (0.10)**	**17.0 (0.02)**	**15.4 (0.01)**	**9,166 (182.0)**	**17.4 (0.30)**	**9,982 (189.0)**	**18.9 (0.30)**
Alabama	18.3	16.1	14.3 (1.20)	16.6 (1.30)	23.2 (0.16)	20.3 (0.11)	188 (28.0)	22.8 (3.00)	202 (29.0)	26.6 (3.30)
Alaska	9.0	9.4	8.2 (1.00)	11.7 (1.20)	9.6 (0.27)	10.3 (0.18)	10 (3.0)	7.8 (2.00)	17 (3.0)	13.2 (2.60)
Arizona	15.7	13.9	18.0 (1.20)	21.2 (1.30)	20.3 (0.15)	17.8 (0.11)	282 (37.0)	23.3 (2.70)	322 (39.0)	26.9 (2.90)
Arkansas	19.1	15.8	15.3 (1.30)	18.9 (1.40)	23.8 (0.20)	20.1 (0.13)	93 (16.0)	18.4 (2.90)	109 (17.0)	22.9 (3.20)
California	12.5	14.2	14.6 (0.50)	15.3 (0.50)	17.2 (0.06)	18.5 (0.04)	1,266 (79.0)	19.0 (1.10)	1,279 (79.0)	19.6 (1.10)
Colorado	11.7	9.3	11.0 (1.10)	12.3 (1.20)	13.7 (0.13)	10.0 (0.08)	124 (24.0)	14.4 (2.70)	153 (27.0)	17.5 (2.80)
Connecticut	6.8	7.9	8.1 (1.00)	8.4 (1.00)	9.8 (0.15)	9.6 (0.10)	54 (14.0)	9.0 (2.20)	52 (14.0)	9.0 (2.20)
Delaware	8.7	9.2	9.6 (1.10)	12.3 (1.20)	11.0 (0.27)	10.9 (0.22)	18 (4.0)	12.7 (2.70)	27 (5.0)	18.1 (3.00)
District of Columbia	16.9	20.2	16.5 (1.50)	17.9 (1.50)	24.1 (0.59)	30.4 (0.44)	21 (4.0)	‡ (†)	22 (4.0)	‡ (†)
Florida	12.7	12.5	13.1 (0.60)	14.6 (0.60)	17.5 (0.10)	16.6 (0.07)	443 (44.0)	15.4 (1.40)	551 (49.0)	19.2 (1.60)
Georgia	14.7	13.0	15.5 (0.90)	18.4 (0.90)	18.9 (0.14)	16.1 (0.09)	347 (38.0)	19.5 (2.00)	382 (40.0)	20.7 (2.00)
Hawaii	8.3	10.7	9.9 (1.00)	12.5 (1.20)	10.5 (0.25)	12.9 (0.18)	29 (6.0)	15.4 (2.80)	38 (7.0)	18.4 (2.90)
Idaho	13.3	11.8	12.2 (1.20)	13.7 (1.20)	14.4 (0.23)	12.6 (0.14)	38 (7.0)	13.1 (2.40)	48 (8.0)	16.2 (2.60)
Illinois	11.9	10.7	12.3 (0.70)	13.2 (0.70)	15.9 (0.08)	13.4 (0.05)	393 (42.0)	17.8 (1.80)	390 (42.0)	17.3 (1.70)
Indiana	10.7	9.5	14.3 (1.10)	16.1 (1.10)	12.8 (0.10)	10.6 (0.08)	246 (32.0)	21.3 (2.50)	268 (34.0)	22.4 (2.50)
Iowa	11.5	9.1	9.5 (1.10)	10.7 (1.10)	12.6 (0.14)	9.5 (0.09)	65 (14.0)	12.7 (2.60)	60 (14.0)	12.2 (2.60)
Kansas	11.5	9.9	12.7 (1.30)	13.7 (1.30)	12.8 (0.15)	10.4 (0.10)	84 (16.0)	17.2 (2.90)	75 (15.0)	14.8 (2.70)
Kentucky	19.0	15.8	17.1 (1.40)	17.0 (1.40)	23.2 (0.16)	19.4 (0.10)	144 (24.0)	20.8 (3.20)	143 (24.0)	19.8 (3.10)
Louisiana	23.6	19.6	18.2 (1.40)	14.3 (1.20)	30.4 (0.19)	25.3 (0.11)	195 (28.0)	23.9 (3.10)	146 (25.0)	17.6 (2.70)
Maine	10.8	10.9	12.0 (1.30)	11.4 (1.30)	12.3 (0.20)	12.0 (0.15)	31 (7.0)	15.3 (3.20)	25 (6.0)	12.3 (2.90)
Maryland	8.3	8.5	8.7 (0.90)	9.6 (1.00)	10.5 (0.12)	9.8 (0.09)	88 (20.0)	9.3 (2.00)	119 (23.0)	12.2 (2.30)
Massachusetts	8.9	9.3	11.3 (0.90)	10.8 (0.90)	12.2 (0.12)	11.4 (0.08)	198 (29.0)	18.1 (2.40)	170 (27.0)	15.7 (2.30)
Michigan	13.1	10.5	13.0 (0.80)	14.0 (0.80)	16.7 (0.09)	12.7 (0.05)	329 (38.0)	18.6 (1.90)	330 (38.0)	19.2 (2.00)
Minnesota	10.2	7.9	9.9 (1.00)	11.1 (1.00)	11.4 (0.10)	8.7 (0.06)	116 (22.0)	14.0 (2.50)	139 (24.0)	16.3 (2.60)
Mississippi	25.2	19.9	18.1 (1.40)	23.1 (1.50)	32.6 (0.21)	26.0 (0.13)	119 (18.0)	21.5 (3.00)	144 (20.0)	26.8 (3.30)
Missouri	13.3	11.7	13.3 (1.10)	15.5 (1.10)	16.2 (0.12)	14.4 (0.08)	168 (27.0)	17.0 (2.50)	203 (30.0)	19.4 (2.60)
Montana	16.1	14.6	12.9 (1.20)	13.5 (1.20)	18.4 (0.30)	17.1 (0.20)	25 (5.0)	16.9 (3.00)	30 (5.0)	19.2 (3.10)
Nebraska	11.1	9.7	10.6 (1.10)	9.9 (1.10)	12.0 (0.18)	11.1 (0.12)	42 (9.0)	13.4 (2.60)	33 (8.0)	11.0 (2.50)
Nevada	10.2	10.5	10.8 (1.10)	13.0 (1.20)	11.7 (0.26)	12.3 (0.16)	66 (13.0)	14.5 (2.70)	77 (14.0)	17.2 (2.90)
New Hampshire	6.4	6.5	7.0 (0.90)	7.8 (1.00)	6.4 (0.16)	6.7 (0.12)	18 (5.0)	8.1 (2.20)	20 (5.0)	9.6 (2.40)
New Jersey	7.6	8.5	9.2 (0.80)	9.3 (0.80)	10.8 (0.10)	10.5 (0.07)	215 (31.0)	14.2 (1.90)	193 (29.0)	12.8 (1.80)
New Mexico	20.6	18.4	19.3 (1.60)	19.3 (1.60)	26.3 (0.25)	23.6 (0.17)	82 (14.0)	23.0 (3.40)	90 (14.0)	24.6 (3.50)
New York	13.0	14.6	14.2 (0.60)	15.8 (0.70)	18.1 (0.09)	19.1 (0.06)	611 (53.0)	19.5 (1.50)	711 (57.0)	22.7 (1.60)
North Carolina	13.0	12.3	13.9 (0.90)	16.9 (0.90)	16.0 (0.11)	14.9 (0.07)	251 (33.0)	15.7 (1.90)	392 (41.0)	23.4 (2.20)
North Dakota	14.4	11.9	11.8 (1.20)	10.9 (1.10)	15.9 (0.30)	12.2 (0.17)	14 (3.0)	13.8 (2.70)	13 (3.0)	13.4 (2.80)
Ohio	12.5	10.6	13.7 (0.80)	13.3 (0.80)	16.2 (0.08)	12.9 (0.05)	377 (40.0)	19.4 (1.90)	312 (37.0)	16.0 (1.70)
Oklahoma	16.7	14.7	13.6 (1.30)	12.9 (1.20)	19.9 (0.16)	17.7 (0.11)	122 (21.0)	19.9 (3.10)	119 (21.0)	18.9 (3.00)
Oregon	12.4	11.6	10.6 (1.20)	13.4 (1.30)	13.4 (0.15)	12.8 (0.11)	94 (19.0)	14.9 (2.90)	114 (21.0)	18.6 (3.20)
Pennsylvania	11.1	11.0	11.0 (0.70)	11.1 (0.70)	14.5 (0.08)	13.6 (0.05)	272 (34.0)	13.5 (1.60)	286 (35.0)	13.6 (1.60)
Rhode Island	9.6	11.9	12.7 (1.30)	13.0 (1.30)	12.3 (0.30)	15.6 (0.25)	27 (6.0)	16.2 (3.20)	34 (6.0)	20.7 (3.50)
South Carolina	15.4	14.1	14.0 (1.20)	13.7 (1.20)	20.0 (0.19)	17.9 (0.12)	129 (23.0)	17.2 (2.90)	139 (24.0)	18.0 (2.90)
South Dakota	15.9	13.2	13.1 (1.10)	14.1 (1.20)	18.7 (0.33)	15.5 (0.21)	24 (4.0)	17.2 (2.60)	20 (4.0)	14.2 (2.50)
Tennessee	15.7	13.5	15.0 (1.10)	16.5 (1.10)	19.5 (0.13)	16.6 (0.10)	201 (29.0)	19.6 (2.60)	212 (30.0)	21.0 (2.70)
Texas	18.1	15.4	15.9 (0.60)	17.3 (0.60)	23.4 (0.09)	19.3 (0.06)	982 (70.0)	21.1 (1.40)	1,149 (76.0)	24.0 (1.40)
Utah	11.4	9.4	7.6 (0.90)	9.7 (0.90)	10.9 (0.16)	8.9 (0.09)	47 (10.0)	8.1 (1.70)	78 (13.0)	13.1 (2.10)
Vermont	9.9	9.4	9.0 (1.10)	9.4 (1.10)	10.7 (0.26)	9.9 (0.16)	7 (2.0)	8.0 (2.40)	10 (3.0)	10.8 (2.80)
Virginia	10.2	9.6	10.3 (0.80)	10.7 (0.80)	12.4 (0.12)	11.4 (0.08)	165 (27.0)	12.1 (1.90)	184 (28.0)	13.5 (1.90)
Washington	10.9	10.6	10.4 (0.90)	11.7 (1.00)	12.8 (0.10)	12.2 (0.09)	124 (24.0)	11.2 (2.10)	150 (26.0)	14.4 (2.40)
West Virginia	19.7	17.9	14.5 (1.20)	15.8 (1.20)	24.0 (0.23)	22.9 (0.17)	57 (9.0)	21.6 (3.20)	61 (10.0)	21.8 (3.10)
Wisconsin	10.7	8.7	9.8 (1.00)	10.8 (1.00)	13.3 (0.10)	10.0 (0.07)	115 (22.0)	12.0 (2.20)	135 (24.0)	14.4 (2.40)
Wyoming	11.9	11.4	10.1 (1.20)	9.2 (1.10)	12.6 (0.33)	12.5 (0.24)	11 (3.0)	11.7 (2.60)	9 (2.0)	9.3 (2.30)

†Not applicable.
‡Reporting standards not met.
[1]Related children in a family include own children and all other children in the household who are related to the householder by birth, marriage, or adoption.
[2]Based on 1989 incomes collected in the 1990 census. Data may differ from figures derived from the Current Population Survey.
[3]Based on 1999 incomes collected in the 2000 census. Data may differ from figures derived from the Current Population Survey.
NOTE: Detail may not sum to totals because of rounding. Standard errors appear in parentheses.
SOURCE: U.S. Department of Commerce, Census Bureau, 1990 Summary Tape File 3 (STF 3), "Median Household Income in 1989" and "Poverty Status in 1989 by Family Type and Age," retrieved May 12, 2005, from http://factfinder.census.gov/servlet/DTGeoSearchByListServlet?ds_name=DEC_1990_STF3_&_lang=en&_ts=134048804959; Decennial Census, 1990, *Minority Economic Profiles*, unpublished data; Decennial Census, 2000, *Summary Social, Economic, and Housing Characteristics*; Census 2000 Summary File 4 (SF 4), "Poverty Status in 1999 of Related Children Under 18 Years by Family Type and Age," retrieved March 28, 2005, from http://factfinder.census.gov/servlet/DTGeoSearchByListServlet?ds_name=DEC_2000_SF4_U&_lang=en&_ts=134049420077; and 2008 and 2009 Poverty Tables, retrieved September 28, 2009, from http://www.census.gov/hhes/www/cpstables/032009/pov/toc.htm and retrieved October 10, 2010, from http://www.census.gov/hhes/www/cpstables/032010/pov/toc.htm. (This table was prepared October 2010.)

Table 27. Poverty status of all persons, persons in families, and related children under age 18, by race/ethnicity: Selected years, 1959 through 2009

Year and race/ethnicity	Number below the poverty level (in thousands)						Percent below the poverty level					
	All persons	In all families			In families with female householder, no husband present		All persons	In all families			In families with female householder, no husband present	
		Total	Householder[1]	Related children under 18	Total	Related children under 18		Total	Householder[1]	Related children under 18	Total	Related children under 18
1	2	3	4	5	6	7	8	9	10	11	12	13
Total												
1959	39,490 (641.5)	34,562 (489.5)	8,320 (178.3)	17,208 (289.6)	7,014 (160.3)	4,145 (117.4)	22.4 (0.34)	20.8 (0.17)	18.5 (0.31)	26.9 (0.30)	49.4 (0.71)	72.2 (1.00)
1960	39,851 (644.0)	34,925 (493.6)	8,243 (177.2)	17,288 (290.6)	7,247 (163.6)	4,095 (116.6)	22.2 (0.34)	20.7 (0.17)	18.1 (0.30)	26.5 (0.29)	48.9 (0.69)	68.4 (1.01)
1965	33,185 (595.4)	28,358 (419.2)	6,721 (156.2)	14,388 (255.6)	7,524 (167.4)	4,562 (124.1)	17.3 (0.30)	15.8 (0.14)	13.9 (0.26)	20.7 (0.26)	46.0 (0.66)	64.2 (0.96)
1970	25,420 (431.8)	20,330 (266.6)	5,260 (110.1)	10,235 (166.2)	7,503 (136.5)	4,689 (102.9)	12.6 (0.21)	10.9 (0.10)	10.1 (0.18)	14.9 (0.19)	38.1 (0.48)	53.0 (0.73)
1975	25,877 (435.2)	20,789 (271.0)	5,450 (112.4)	10,882 (173.0)	8,846 (151.3)	5,597 (114.2)	12.3 (0.20)	10.9 (0.10)	9.7 (0.17)	16.8 (0.20)	37.5 (0.43)	52.7 (0.67)
1980	29,272 (460.0)	22,601 (288.2)	6,217 (121.7)	11,114 (175.4)	10,120 (165.0)	5,866 (117.5)	13.0 (0.20)	11.5 (0.10)	10.3 (0.17)	17.9 (0.21)	36.7 (0.40)	50.8 (0.64)
1985	33,064 (513.3)	25,729 (336.0)	7,223 (141.0)	12,483 (200.4)	11,600 (190.8)	6,716 (134.8)	14.0 (0.21)	12.6 (0.11)	11.4 (0.18)	20.1 (0.23)	37.6 (0.40)	53.6 (0.65)
1986	32,370 (508.5)	24,754 (326.3)	7,023 (138.6)	12,257 (197.9)	11,944 (194.6)	6,943 (137.6)	13.6 (0.21)	12.0 (0.10)	10.9 (0.18)	19.8 (0.23)	38.3 (0.40)	54.4 (0.64)
1987	32,221 (507.5)	24,725 (326.0)	7,005 (138.3)	12,275 (198.1)	12,148 (196.8)	7,074 (139.2)	13.4 (0.21)	12.0 (0.10)	10.7 (0.18)	19.7 (0.23)	38.1 (0.40)	54.7 (0.34)
1988	31,745 (504.2)	24,048 (319.3)	6,876 (136.8)	11,935 (194.5)	11,972 (194.9)	6,742 (135.1)	13.0 (0.20)	11.6 (0.10)	10.4 (0.17)	19.0 (0.23)	37.2 (0.39)	50.6 (0.53)
1989	31,528 (548.0)	24,066 (348.2)	6,784 (147.9)	12,001 (212.7)	11,668 (208.8)	6,808 (148.2)	12.8 (0.22)	11.5 (0.11)	10.3 (0.19)	19.0 (0.25)	35.9 (0.42)	51.1 (0.69)
1990	33,585 (534.7)	25,232 (342.5)	7,098 (144.3)	12,715 (209.9)	12,578 (208.4)	7,363 (147.6)	13.5 (0.21)	12.0 (0.11)	10.7 (0.18)	19.9 (0.24)	37.2 (0.40)	53.4 (0.64)
1991	35,708 (549.1)	27,143 (362.1)	7,712 (151.9)	13,658 (220.3)	13,824 (222.2)	8,065 (156.2)	14.2 (0.22)	12.8 (0.11)	11.5 (0.19)	21.1 (0.24)	39.7 (0.39)	55.5 (0.62)
1992	38,014 (564.0)	28,961 (380.7)	7,960 (154.9)	14,521 (229.8)	14,205 (226.3)	8,032 (155.8)	14.8 (0.22)	13.3 (0.11)	11.7 (0.19)	21.6 (0.24)	39.0 (0.38)	54.3 (0.62)
1993	39,265 (571.8)	29,927 (390.5)	8,393 (160.2)	14,961 (234.6)	14,636 (231.0)	8,503 (161.5)	15.1 (0.22)	13.6 (0.11)	12.3 (0.19)	22.0 (0.24)	38.7 (0.38)	53.7 (0.60)
1994	38,059 (564.3)	28,985 (380.9)	8,053 (156.1)	14,610 (230.8)	14,380 (228.3)	8,427 (160.6)	14.5 (0.21)	13.1 (0.11)	11.6 (0.18)	21.2 (0.23)	38.6 (0.38)	52.9 (0.59)
1995	36,425 (553.8)	27,501 (365.8)	7,532 (149.7)	13,999 (224.1)	14,205 (226.3)	8,364 (159.8)	13.8 (0.21)	12.3 (0.10)	10.8 (0.18)	20.2 (0.23)	36.5 (0.37)	50.3 (0.58)
1996	36,529 (572.0)	27,376 (378.5)	7,708 (157.7)	13,764 (230.1)	13,796 (230.4)	7,990 (161.3)	13.7 (0.21)	12.2 (0.11)	11.0 (0.18)	19.8 (0.24)	35.8 (0.38)	49.3 (0.61)
1997	35,574 (565.6)	26,217 (366.2)	7,324 (152.8)	13,422 (226.2)	13,494 (227.0)	7,928 (160.5)	13.3 (0.21)	11.6 (0.11)	10.3 (0.18)	19.2 (0.23)	35.1 (0.38)	49.0 (0.61)
1998	34,476 (558.1)	25,370 (357.2)	7,186 (151.0)	12,845 (219.5)	12,907 (220.3)	7,627 (156.7)	12.7 (0.21)	11.2 (0.10)	10.0 (0.17)	18.3 (0.23)	33.1 (0.37)	46.1 (0.61)
1999	32,791 (547.3)	23,830 (340.8)	6,676 (144.4)	11,678 (206.0)	11,764 (207.0)	6,602 (143.4)	11.9 (0.20)	10.3 (0.10)	9.3 (0.17)	16.6 (0.22)	30.5 (0.37)	41.9 (0.61)
2000	31,581 (538.4)	22,347 (324.8)	6,222 (138.4)	11,005 (198.1)	10,926 (197.1)	6,116 (136.9)	11.3 (0.19)	9.6 (0.10)	8.6 (0.16)	15.6 (0.21)	28.5 (0.36)	39.8 (0.62)
2001	32,907 (548.1)	23,215 (334.2)	6,813 (146.2)	11,175 (200.1)	11,223 (200.6)	6,341 (139.9)	11.7 (0.20)	9.9 (0.10)	9.2 (0.17)	15.8 (0.21)	28.6 (0.36)	39.3 (0.60)
2002	34,570 (399.9)	24,534 (248.6)	7,229 (108.2)	11,646 (146.7)	11,657 (146.8)	6,564 (102.0)	12.1 (0.14)	10.4 (0.07)	9.6 (0.12)	16.3 (0.15)	28.8 (0.25)	39.6 (0.42)
2003	35,861 (407.8)	25,684 (257.3)	7,607 (111.6)	12,340 (152.5)	12,413 (153.1)	7,085 (106.8)	12.5 (0.14)	10.8 (0.07)	10.0 (0.12)	17.2 (0.16)	30.0 (0.25)	41.8 (0.42)
2004	37,040 (413.5)	26,544 (263.9)	7,854 (113.9)	12,473 (153.6)	12,823 (156.5)	7,132 (107.3)	12.7 (0.14)	11.0 (0.07)	10.2 (0.12)	17.3 (0.16)	30.5 (0.25)	41.9 (0.42)
2005	36,950 (413.0)	26,068 (260.3)	7,657 (112.1)	12,335 (152.5)	13,153 (159.2)	7,210 (108.0)	12.6 (0.14)	10.8 (0.07)	9.9 (0.12)	17.1 (0.16)	31.1 (0.25)	42.8 (0.43)
2006	36,460 (410.7)	25,915 (259.1)	7,668 (112.2)	12,299 (152.2)	13,199 (159.6)	7,341 (109.2)	12.3 (0.14)	10.6 (0.07)	9.8 (0.12)	16.9 (0.15)	30.5 (0.25)	42.1 (0.42)
2007	37,276 (414.6)	26,509 (263.6)	7,623 (111.8)	12,802 (156.3)	13,478 (161.9)	7,546 (111.1)	12.5 (0.14)	10.8 (0.07)	9.8 (0.12)	17.6 (0.16)	30.7 (0.25)	43.0 (0.42)
2008	39,829 (426.4)	28,564 (279.2)	8,147 (116.5)	13,507 (162.1)	13,812 (164.6)	7,587 (111.5)	13.2 (0.14)	11.5 (0.07)	10.3 (0.12)	18.5 (0.16)	31.4 (0.25)	43.5 (0.42)
2009	43,569 (444.8)	31,197 (299.0)	8,792 (122.3)	14,774 (172.4)	14,746 (172.2)	7,942 (114.7)	14.3 (0.15)	12.5 (0.07)	11.1 (0.12)	20.1 (0.16)	32.5 (0.25)	44.4 (0.41)
White												
1960[2]	28,309 (555.0)	24,262 (372.2)	6,115 (147.5)	11,229 (216.3)	4,296 (119.8)	2,357 (85.7)	17.8 (0.33)	16.2 (0.16)	14.9 (0.30)	20.0 (0.28)	39.0 (0.78)	59.9 (1.32)
1965[2]	22,496 (500.1)	18,508 (305.1)	4,824 (128.2)	8,595 (182.0)	4,092 (116.5)	2,321 (84.9)	13.3 (0.29)	11.7 (0.14)	11.1 (0.25)	14.4 (0.24)	35.4 (0.75)	52.9 (1.27)
1970[2]	17,484 (363.3)	13,323 (198.0)	3,708 (90.0)	6,138 (120.7)	3,761 (90.7)	2,247 (68.2)	9.9 (0.20)	8.1 (0.09)	8.0 (0.17)	10.5 (0.17)	28.4 (0.54)	43.1 (0.94)
1975[2]	17,770 (366.1)	13,799 (202.8)	3,838 (91.7)	6,748 (127.9)	4,577 (101.5)	2,813 (77.1)	9.7 (0.20)	8.3 (0.09)	7.7 (0.16)	12.5 (0.20)	29.4 (0.50)	44.2 (0.86)
1980[2]	19,699 (384.1)	14,587 (210.7)	4,195 (96.5)	6,817 (128.7)	4,940 (106.1)	2,813 (77.1)	10.2 (0.20)	8.6 (0.09)	8.0 (0.16)	13.4 (0.21)	28.0 (0.46)	41.6 (0.82)
1985[2]	22,860 (435.1)	17,125 (249.2)	4,983 (112.8)	7,838 (148.3)	5,990 (125.8)	3,372 (90.2)	11.4 (0.21)	9.9 (0.10)	9.1 (0.18)	15.6 (0.24)	29.8 (0.47)	45.2 (0.84)
1990[2]	22,326 (445.3)	15,916 (244.9)	4,622 (111.7)	7,696 (151.7)	6,210 (133.0)	3,597 (96.8)	10.7 (0.21)	9.0 (0.10)	8.1 (0.17)	15.1 (0.24)	29.8 (0.48)	45.9 (0.85)
1995[2]	24,423 (463.9)	17,593 (262.9)	4,994 (116.9)	8,474 (161.1)	7,047 (143.7)	4,051 (103.5)	11.2 (0.21)	9.6 (0.10)	8.5 (0.17)	15.5 (0.23)	29.7 (0.45)	42.5 (0.76)
1996[2]	24,650 (481.8)	17,621 (273.3)	5,059 (122.3)	8,488 (167.6)	7,073 (149.6)	4,029 (107.2)	11.2 (0.22)	9.6 (0.11)	8.6 (0.18)	15.5 (0.24)	29.8 (0.46)	43.1 (0.80)
1997[2]	24,396 (479.6)	17,258 (269.3)	4,990 (121.3)	8,441 (167.0)	7,296 (152.5)	4,186 (109.6)	11.0 (0.21)	9.3 (0.11)	8.4 (0.18)	15.4 (0.24)	30.7 (0.47)	44.3 (0.80)

See notes at end of table.

Table 27. Poverty status of all persons, persons in families, and related children under age 18, by race/ethnicity: Selected years, 1959 through 2009—Continued

Year and race/ethnicity	Number below the poverty level (in thousands)						Percent below the poverty level					
	All persons	In all families			In families with female householder, no husband present		All persons	In all families			In families with female householder, no husband present	
		Total	Householder[1]	Related children under 18	Total	Related children under 18		Total	Householder[1]	Related children under 18	Total	Related children under 18
1	2	3	4	5	6	7	8	9	10	11	12	13
1998[2]	23,454 (471.2)	16,549 (261.4)	4,829 (119.0)	7,935 (160.6)	6,674 (144.4)	3,875 (104.9)	10.5 (0.21)	8.9 (0.10)	8.0 (0.17)	14.4 (0.23)	27.6 (0.45)	40.0 (0.78)
1999[2]	22,169 (459.8)	15,353 (248.1)	4,377 (112.4)	7,194 (151.2)	5,947 (134.6)	3,266 (95.2)	9.8 (0.20)	8.2 (0.10)	7.3 (0.17)	12.9 (0.22)	24.9 (0.44)	35.5 (0.78)
2000[2]	21,645 (454.8)	14,692 (240.6)	4,151 (109.1)	6,834 (146.5)	5,609 (130.0)	2,955 (90.0)	9.5 (0.20)	7.8 (0.10)	6.9 (0.16)	12.3 (0.22)	23.2 (0.42)	33.0 (0.78)
2001[2]	22,739 (465.2)	15,369 (248.2)	4,579 (115.4)	7,086 (149.8)	5,972 (135.0)	3,291 (95.6)	9.9 (0.20)	8.1 (0.10)	7.4 (0.16)	12.8 (0.22)	24.3 (0.43)	34.7 (0.76)
2002[3]	15,567 (278.6)	9,389 (127.5)	3,208 (67.3)	3,848 (74.5)	3,733 (73.2)	1,949 (51.2)	8.0 (0.14)	5.9 (0.07)	6.0 (0.11)	8.9 (0.15)	20.0 (0.33)	29.2 (0.62)
2003[3]	15,902 (281.9)	9,658 (129.8)	3,270 (68.0)	3,957 (75.7)	3,959 (75.7)	2,033 (52.4)	8.2 (0.14)	6.1 (0.07)	6.1 (0.12)	9.3 (0.16)	21.1 (0.33)	30.7 (0.63)
2004[3]	16,908 (290.1)	10,323 (135.5)	3,505 (70.7)	4,190 (78.2)	4,116 (77.4)	2,114 (53.5)	8.7 (0.15)	6.5 (0.07)	6.5 (0.12)	9.9 (0.16)	21.7 (0.33)	31.5 (0.63)
2005[3]	16,227 (284.6)	9,604 (129.4)	3,285 (68.1)	3,973 (75.9)	4,278 (79.2)	2,158 (54.1)	8.3 (0.14)	6.0 (0.07)	6.1 (0.11)	9.5 (0.16)	22.6 (0.34)	33.1 (0.65)
2006[3]	16,013 (282.8)	9,676 (130.0)	3,372 (69.2)	3,930 (75.4)	4,353 (80.0)	2,206 (54.7)	8.2 (0.14)	6.1 (0.07)	6.2 (0.12)	9.5 (0.16)	22.5 (0.33)	32.9 (0.64)
2007[3]	16,032 (282.9)	9,553 (128.9)	3,184 (67.0)	3,996 (76.1)	4,099 (77.3)	2,101 (53.3)	8.2 (0.14)	6.0 (0.07)	5.9 (0.11)	9.7 (0.16)	21.4 (0.33)	32.4 (0.65)
2008[3]	17,024 (291.0)	10,138 (134.0)	3,383 (69.3)	4,059 (76.8)	4,046 (76.7)	1,985 (51.7)	8.6 (0.14)	6.4 (0.07)	6.2 (0.12)	10.0 (0.17)	21.5 (0.33)	31.7 (0.66)
2009[3]	18,530 (303.4)	11,211 (143.1)	3,797 (74.0)	4,518 (81.7)	4,532 (81.9)	2,144 (53.9)	9.4 (0.15)	7.1 (0.07)	7.0 (0.12)	11.2 (0.18)	23.8 (0.34)	33.5 (0.66)
Black[2]												
1959	9,927 (296.1)	9,112 (202.1)	1,860 (76.8)	5,022 (137.1)	2,416 (88.9)	1,475 (67.6)	55.1 (1.29)	54.9 (0.65)	48.1 (1.35)	65.5 (0.91)	70.6 (1.31)	81.6 (1.53)
1966	8,867 (285.2)	8,090 (186.5)	1,620 (71.2)	4,774 (132.9)	3,160 (103.7)	2,107 (82.3)	41.8 (1.18)	40.9 (0.59)	35.5 (1.19)	50.6 (0.87)	65.3 (1.15)	76.6 (1.36)
1970	7,548 (219.8)	6,683 (134.2)	1,481 (55.3)	3,922 (96.3)	3,656 (92.3)	2,383 (72.0)	33.5 (0.89)	32.2 (0.45)	29.5 (0.88)	41.5 (0.70)	58.7 (0.86)	67.7 (1.08)
1975	7,545 (219.8)	6,533 (132.3)	1,513 (56.0)	3,884 (95.7)	4,168 (99.9)	2,724 (77.7)	31.3 (0.85)	30.1 (0.43)	27.1 (0.82)	41.4 (0.70)	54.3 (0.78)	66.0 (1.01)
1980	8,579 (230.2)	7,190 (140.8)	1,826 (62.1)	3,906 (96.0)	4,984 (111.4)	2,944 (81.3)	32.5 (0.82)	31.1 (0.42)	28.9 (0.78)	42.1 (0.70)	53.4 (0.71)	64.8 (0.97)
1985	8,926 (246.7)	7,504 (153.2)	1,983 (68.7)	4,057 (103.9)	5,342 (123.1)	3,181 (89.9)	31.3 (0.82)	30.5 (0.43)	28.7 (0.79)	43.1 (0.74)	53.2 (0.72)	66.9 (0.99)
1990	9,837 (263.7)	8,160 (167.6)	2,193 (75.2)	4,412 (113.1)	6,005 (137.1)	3,543 (99.1)	31.9 (0.82)	31.0 (0.43)	29.3 (0.79)	44.2 (0.75)	50.6 (0.69)	64.7 (0.97)
1995	9,872 (264.0)	8,189 (168.0)	2,127 (73.9)	4,644 (116.7)	6,553 (145.0)	3,954 (105.9)	29.3 (0.77)	28.5 (0.40)	26.4 (0.74)	41.5 (0.70)	48.2 (0.64)	61.6 (0.91)
1996	9,694 (267.9)	7,993 (161.4)	2,206 (76.7)	4,411 (112.9)	6,123 (137.0)	3,619 (100.9)	28.4 (0.79)	27.6 (0.41)	26.1 (0.75)	39.5 (0.72)	46.4 (0.68)	58.2 (0.98)
1997	9,116 (262.9)	7,386 (153.6)	1,985 (72.5)	4,116 (108.5)	5,654 (130.6)	3,402 (97.4)	26.5 (0.77)	25.5 (0.40)	23.6 (0.72)	36.8 (0.71)	42.8 (0.67)	55.3 (0.99)
1998	9,091 (263.6)	7,259 (152.0)	1,981 (72.4)	4,073 (107.9)	5,629 (130.3)	3,366 (96.8)	26.1 (0.76)	24.7 (0.39)	23.4 (0.72)	36.4 (0.71)	42.8 (0.67)	54.7 (0.99)
1999	8,441 (257.8)	6,758 (145.5)	1,898 (70.7)	3,698 (102.1)	5,232 (124.8)	2,997 (90.7)	23.6 (0.72)	22.7 (0.38)	21.9 (0.69)	32.8 (0.69)	40.8 (0.68)	51.7 (1.03)
2000	7,982 (253.3)	6,221 (138.3)	1,685 (66.4)	3,495 (98.9)	4,774 (118.2)	2,830 (87.9)	22.5 (0.71)	21.2 (0.37)	19.1 (0.65)	30.9 (0.68)	38.6 (0.68)	49.4 (1.03)
2001	8,136 (255.5)	6,389 (140.6)	1,829 (69.3)	3,423 (97.7)	4,694 (117.1)	2,741 (86.4)	22.7 (0.71)	21.4 (0.37)	20.7 (0.67)	30.0 (0.67)	37.4 (0.67)	46.6 (1.02)
2002	8,602 (185.9)	6,761 (103.8)	1,923 (50.8)	3,570 (71.4)	4,980 (86.5)	2,855 (63.0)	24.1 (0.52)	22.8 (0.27)	21.5 (0.48)	32.1 (0.49)	38.2 (0.47)	47.5 (0.72)
2003	8,781 (197.6)	6,870 (104.9)	1,986 (51.7)	3,750 (73.4)	5,115 (87.9)	3,026 (65.1)	24.4 (0.52)	23.1 (0.27)	22.3 (0.49)	33.6 (0.50)	39.0 (0.47)	49.8 (0.72)
2004	9,014 (199.7)	7,153 (107.5)	2,035 (52.4)	3,702 (72.9)	5,247 (89.2)	2,963 (64.3)	24.7 (0.52)	23.8 (0.27)	22.8 (0.50)	33.4 (0.50)	39.6 (0.47)	49.2 (0.72)
2005	9,168 (201.5)	7,164 (107.6)	1,997 (51.9)	3,743 (73.4)	5,303 (89.7)	2,993 (64.7)	24.9 (0.52)	23.8 (0.27)	22.1 (0.49)	34.2 (0.51)	39.3 (0.47)	50.2 (0.72)
2006	9,048 (200.6)	7,072 (106.7)	2,007 (52.0)	3,690 (72.8)	5,180 (88.5)	2,971 (64.4)	24.3 (0.51)	23.1 (0.27)	21.6 (0.48)	33.0 (0.50)	39.1 (0.47)	49.7 (0.72)
2007	9,237 (203.0)	7,312 (108.9)	2,045 (52.5)	3,838 (74.4)	5,459 (91.3)	3,114 (66.1)	24.5 (0.51)	23.8 (0.27)	22.1 (0.48)	34.3 (0.50)	39.7 (0.47)	50.4 (0.71)
2008	9,379 (204.7)	7,339 (109.2)	2,055 (52.7)	3,781 (73.8)	5,533 (92.0)	3,123 (66.2)	24.7 (0.51)	23.7 (0.27)	22.0 (0.48)	34.4 (0.51)	40.5 (0.47)	51.9 (0.72)
2009	9,944 (209.8)	7,642 (112.0)	2,125 (53.6)	3,919 (75.3)	5,427 (91.0)	2,998 (64.8)	25.8 (0.51)	24.4 (0.27)	22.7 (0.48)	35.3 (0.51)	39.7 (0.47)	50.6 (0.72)
Hispanic												
1975	2,991 (176.8)	2,755 (90.2)	627 (41.3)	1,619 (67.7)	1,053 (54.0)	694 (43.5)	26.9 (1.41)	26.3 (0.70)	25.1 (1.41)	33.1 (1.09)	57.2 (1.88)	68.4 (2.37)
1980	3,491 (189.8)	3,143 (97.0)	751 (45.3)	1,718 (69.8)	1,319 (60.7)	809 (47.1)	25.7 (1.26)	25.1 (0.63)	23.2 (1.21)	33.0 (1.06)	54.5 (1.65)	65.0 (2.20)
1985	5,236 (202.8)	4,605 (107.7)	1,074 (48.7)	2,512 (76.6)	1,983 (67.4)	1,247 (52.7)	29.0 (1.01)	28.3 (0.51)	25.5 (0.98)	39.6 (0.89)	55.7 (1.21)	72.4 (1.57)
1990	6,006 (222.4)	5,091 (118.2)	1,244 (54.4)	2,750 (83.3)	2,115 (72.2)	1,314 (56.0)	28.1 (0.95)	26.9 (0.48)	25.0 (0.92)	37.7 (0.85)	53.0 (1.19)	68.4 (1.60)
1995	8,574 (256.1)	7,341 (147.3)	1,695 (64.1)	3,938 (101.9)	3,053 (88.3)	1,872 (67.6)	30.3 (0.85)	29.2 (0.43)	27.0 (0.84)	39.3 (0.73)	52.8 (0.99)	65.7 (1.34)
1996	8,697 (250.2)	7,515 (155.3)	1,748 (67.7)	4,090 (108.1)	3,020 (91.1)	1,779 (68.3)	29.4 (0.85)	28.5 (0.43)	26.4 (0.85)	39.9 (0.76)	53.5 (1.04)	67.4 (1.43)
1997	8,308 (246.9)	7,198 (151.2)	1,721 (67.1)	3,865 (104.7)	2,911 (89.3)	1,758 (67.9)	27.1 (0.82)	26.2 (0.41)	24.7 (0.81)	36.4 (0.73)	50.9 (1.03)	62.8 (1.43)
1998	8,070 (248.5)	6,814 (146.2)	1,648 (65.6)	3,670 (101.7)	2,837 (88.0)	1,739 (67.5)	25.6 (0.79)	24.3 (0.40)	22.7 (0.77)	33.6 (0.71)	46.7 (1.00)	59.6 (1.42)
1999	7,876 (247.8)	6,702 (144.7)	1,525 (62.9)	3,561 (99.9)	2,642 (84.6)	1,471 (61.7)	22.7 (0.72)	21.7 (0.37)	20.2 (0.72)	29.9 (0.66)	40.5 (0.95)	52.4 (1.47)
2000	7,747 (247.8)	6,430 (141.1)	1,431 (60.9)	3,342 (96.4)	2,444 (81.1)	1,303 (57.9)	21.5 (0.70)	20.3 (0.35)	18.5 (0.69)	27.6 (0.63)	37.8 (0.94)	48.3 (1.50)

See notes at end of table.

Table 27. Poverty status of all persons, persons in families, and related children under age 18, by race/ethnicity: Selected years, 1959 through 2009—Continued

Year and race/ethnicity	Number below the poverty level (in thousands)						Percent below the poverty level					
	All persons	In all families			In families with female householder, no husband present		All persons	In all families			In families with female householder, no husband present	
		Total	Householder[1]	Related children under 18	Total	Related children under 18		Total	Householder[1]	Related children under 18	Total	Related children under 18
1	2	3	4	5	6	7	8	9	10	11	12	13
2001	7,997 (251.7)	6,674 (144.4)	1,649 (65.6)	3,433 (97.9)	2,585 (83.6)	1,508 (62.6)	21.4 (0.68)	20.2 (0.35)	19.4 (0.67)	27.4 (0.62)	37.8 (0.92)	49.3 (1.41)
2002	8,555 (186.7)	7,184 (107.8)	1,792 (48.9)	3,653 (72.4)	2,554 (59.3)	1,501 (44.5)	21.8 (0.48)	20.8 (0.24)	19.7 (0.46)	28.2 (0.44)	36.4 (0.64)	47.9 (0.99)
2003	9,051 (192.6)	7,637 (111.9)	1,925 (50.8)	3,982 (76.0)	2,861 (63.1)	1,727 (48.0)	22.5 (0.48)	21.5 (0.24)	20.8 (0.47)	29.5 (0.44)	38.4 (0.63)	50.6 (0.95)
2004	9,122 (193.1)	7,705 (112.5)	1,958 (51.3)	3,985 (76.0)	3,072 (65.6)	1,837 (49.6)	21.9 (0.47)	21.1 (0.24)	20.5 (0.46)	28.6 (0.43)	39.3 (0.62)	51.9 (0.94)
2005	9,368 (196.0)	7,767 (113.1)	1,948 (51.2)	3,977 (75.9)	3,069 (65.6)	1,774 (48.7)	21.8 (0.46)	20.6 (0.23)	19.7 (0.45)	27.7 (0.42)	39.0 (0.61)	50.2 (0.94)
2006	9,243 (195.7)	7,650 (112.0)	1,922 (50.8)	3,959 (75.7)	3,189 (67.0)	1,848 (49.7)	20.6 (0.44)	19.5 (0.22)	18.9 (0.43)	26.6 (0.40)	36.9 (0.58)	47.2 (0.89)
2007	9,890 (202.5)	8,248 (117.4)	2,045 (52.5)	4,348 (79.9)	3,527 (70.9)	2,092 (53.2)	21.5 (0.44)	20.6 (0.23)	19.7 (0.44)	28.3 (0.41)	39.6 (0.58)	51.6 (0.88)
2008	10,987 (211.3)	9,303 (126.7)	2,239 (55.2)	4,888 (85.5)	3,751 (73.4)	2,218 (54.9)	23.2 (0.45)	22.3 (0.23)	21.3 (0.45)	30.3 (0.40)	40.5 (0.57)	51.9 (0.85)
2009	12,350 (220.8)	10,345 (135.7)	2,369 (56.9)	5,419 (90.9)	4,176 (78.1)	2,437 (57.8)	25.3 (0.45)	24.2 (0.23)	22.7 (0.46)	32.5 (0.40)	40.6 (0.54)	52.2 (0.82)
Asian/Pacific Islander[2]												
1990	858 (88.9)	712 (40.7)	— (†)	356 (28.6)	132 (17.3)	— (†)	12.2 (1.21)	11.3 (0.60)	— (†)	17.0 (1.23)	20.7 (2.41)	— (†)
1995	1,411 (112.3)	1,112 (51.3)	— (†)	532 (35.1)	266 (24.7)	— (†)	14.6 (1.11)	13.0 (0.55)	— (†)	18.6 (1.09)	28.9 (2.25)	— (†)
1996	1,454 (118.5)	1,172 (54.9)	— (†)	553 (37.2)	300 (27.3)	— (†)	14.5 (1.13)	13.2 (0.56)	— (†)	19.1 (1.14)	29.5 (2.24)	— (†)
1997	1,468 (119.0)	1,116 (53.5)	244 (24.6)	608 (39.1)	313 (27.9)	— (†)	14.0 (1.09)	12.0 (0.53)	10.2 (0.97)	19.9 (1.13)	33.6 (2.42)	— (†)
1998	1,360 (114.9)	1,087 (52.8)	270 (25.9)	542 (36.8)	373 (30.5)	— (†)	12.5 (1.02)	11.4 (0.51)	11.0 (0.99)	17.5 (1.07)	33.2 (2.20)	— (†)
1999	1,285 (111.9)	1,010 (50.8)	— (†)	367 (30.2)	275 (26.1)	— (†)	10.7 (0.91)	9.6 (0.45)	— (†)	11.5 (0.88)	22.9 (1.90)	— (†)
2000	1,258 (110.8)	895 (47.7)	235 (24.1)	407 (31.8)	289 (26.8)	128 (17.8)	9.9 (0.85)	8.1 (0.41)	8.8 (0.86)	12.5 (0.91)	23.4 (1.89)	32.3 (3.68)
2001	1,275 (111.5)	873 (47.1)	234 (24.1)	353 (29.6)	198 (22.1)	105 (16.1)	10.2 (0.87)	8.1 (0.41)	7.8 (0.77)	11.1 (0.87)	14.8 (1.52)	26.7 (3.49)
2002[4]	1,161 (76.0)	763 (31.3)	210 (16.2)	302 (19.5)	155 (13.9)	85 (10.3)	10.1 (0.65)	7.7 (0.30)	7.4 (0.55)	11.4 (0.69)	15.2 (1.25)	29.8 (3.02)
2003[4]	1,401 (82.9)	1,017 (36.3)	311 (19.8)	331 (20.4)	242 (17.4)	119 (12.2)	11.8 (0.68)	9.8 (0.33)	10.2 (0.61)	12.1 (0.70)	23.6 (1.48)	37.4 (3.02)
2004[4]	1,201 (77.2)	812 (32.3)	232 (17.1)	265 (18.2)	135 (13.0)	55 (8.3)	9.8 (0.62)	7.6 (0.29)	7.4 (0.52)	9.4 (0.61)	13.2 (1.18)	18.7 (2.53)
2005[4]	1,402 (83.0)	970 (35.4)	289 (19.1)	312 (19.8)	189 (15.4)	68 (9.2)	11.1 (0.64)	8.9 (0.30)	9.0 (0.56)	11.0 (0.66)	17.8 (1.31)	25.6 (2.99)
2006[4]	1,353 (81.7)	912 (34.3)	260 (18.1)	351 (21.0)	187 (15.3)	91 (10.7)	10.3 (0.61)	8.0 (0.28)	7.8 (0.52)	12.0 (0.67)	17.7 (1.31)	36.2 (3.38)
2007[4]	1,349 (81.8)	930 (34.7)	261 (18.1)	345 (20.9)	217 (16.5)	100 (11.2)	10.2 (0.60)	8.1 (0.28)	7.9 (0.52)	11.8 (0.67)	17.3 (1.19)	32.3 (2.96)
2008[4]	1,576 (88.0)	1,192 (39.4)	341 (20.7)	430 (23.3)	209 (16.2)	88 (10.5)	11.8 (0.64)	10.2 (0.31)	9.8 (0.56)	14.2 (0.71)	16.0 (1.13)	25.0 (2.57)
2009[4]	1,746 (92.4)	1,244 (40.3)	337 (20.6)	444 (23.7)	250 (17.7)	90 (10.6)	12.5 (0.64)	10.1 (0.30)	9.4 (0.54)	13.6 (0.67)	18.5 (1.18)	25.6 (2.60)

—Not available.
†Not applicable.
[1]Refers to the person who owns or rents (maintains) the housing unit.
[2]Includes persons of Hispanic ethnicity.
[3]Excludes persons of Hispanic ethnicity.
[4]Includes Asians only (i.e., does not include Pacific Islanders).

NOTE: Data are from the Current Population Survey and may differ from data shown in other tables obtained from the Decennial Census. Standard errors appear in parentheses.
SOURCE: U.S. Department of Commerce, Census Bureau, Current Population Reports, Series P-60, *Poverty in the United States*, selected years, 1959 through 2002; and *Income, Poverty, and Health Insurance Coverage in the United States*, 2003 through 2009; Current Population Survey (CPS), Annual Social and Economic Supplement, retrieved October 19, 2010, from http://www.census.gov/hhes/www/cpstables/032010/pov/toc.htm. (This table was prepared October 2010.)

Table 28. Expenditures of educational institutions related to the gross domestic product, by level of institution: Selected years, 1929–30 through 2009–10

Year	Gross domestic product (GDP) (in billions of current dollars)	School year	Expenditures for education in current dollars					
			All educational institutions		All elementary and secondary schools		All postsecondary degree-granting institutions	
			Amount (in millions)	As a percent of GDP	Amount (in millions)	As a percent of GDP	Amount (in millions)	As a percent of GDP
1	2	3	4	5	6	7	8	9
1929	$103.6	1929–30	—	—	—	—	$632	0.6
1939	92.2	1939–40	—	—	—	—	758	0.8
1949	267.2	1949–50	$8,494	3.2	$6,249	2.3	2,246	0.8
1959	506.6	1959–60	22,314	4.4	16,713	3.3	5,601	1.1
1961	544.8	1961–62	26,828	4.9	19,673	3.6	7,155	1.3
1963	617.8	1963–64	32,003	5.2	22,825	3.7	9,178	1.5
1965	719.1	1965–66	40,558	5.6	28,048	3.9	12,509	1.7
1967	832.4	1967–68	51,558	6.2	35,077	4.2	16,481	2.0
1969	984.4	1969–70	64,227	6.5	43,183	4.4	21,043	2.1
1970	1,038.3	1970–71	71,575	6.9	48,200	4.6	23,375	2.3
1971	1,126.8	1971–72	76,510	6.8	50,950	4.5	25,560	2.3
1972	1,237.9	1972–73	82,908	6.7	54,952	4.4	27,956	2.3
1973	1,382.3	1973–74	91,084	6.6	60,370	4.4	30,714	2.2
1974	1,499.5	1974–75	103,903	6.9	68,846	4.6	35,058	2.3
1975	1,637.7	1975–76	114,004	7.0	75,101	4.6	38,903	2.4
1976	1,824.6	1976–77	121,793	6.7	79,194	4.3	42,600	2.3
1977	2,030.1	1977–78	132,515	6.5	86,544	4.3	45,971	2.3
1978	2,293.8	1978–79	143,733	6.3	93,012	4.1	50,721	2.2
1979	2,562.2	1979–80	160,075	6.2	103,162	4.0	56,914	2.2
1980	2,788.1	1980–81	176,378	6.3	112,325	4.0	64,053	2.3
1981	3,126.8	1981–82	190,825	6.1	120,486	3.9	70,339	2.2
1982	3,253.2	1982–83	204,661	6.3	128,725	4.0	75,936	2.3
1983	3,534.6	1983–84	220,993	6.3	139,000	3.9	81,993	2.3
1984	3,930.9	1984–85	239,351	6.1	149,400	3.8	89,951	2.3
1985	4,217.5	1985–86	259,336	6.1	161,800	3.8	97,536	2.3
1986	4,460.1	1986–87	280,964	6.3	175,200	3.9	105,764	2.4
1987	4,736.4	1987–88	301,785	6.4	187,999	4.0	113,786	2.4
1988	5,100.4	1988–89	333,245	6.5	209,377	4.1	123,867	2.4
1989	5,482.1	1989–90	365,825	6.7	231,170	4.2	134,656	2.5
1990	5,800.5	1990–91	395,318	6.8	249,230	4.3	146,088	2.5
1991	5,992.1	1991–92	417,944	7.0	261,755	4.4	156,189	2.6
1992	6,342.3	1992–93	439,676	6.9	274,435	4.3	165,241	2.6
1993	6,667.4	1993–94	460,757	6.9	287,407	4.3	173,351	2.6
1994	7,085.2	1994–95	485,169	6.8	302,200	4.3	182,969	2.6
1995	7,414.7	1995–96	508,523	6.9	318,046	4.3	190,476	2.6
1996	7,838.5	1996–97	538,854	6.9	338,951	4.3	199,903	2.6
1997	8,332.4	1997–98	570,471	6.8	361,615	4.3	208,856	2.5
1998	8,793.5	1998–99	603,847	6.9	384,638	4.4	219,209	2.5
1999	9,353.5	1999–2000	649,322	6.9	412,538	4.4	236,784	2.5
2000	9,951.5	2000–01	705,017	7.1	444,811	4.5	260,206	2.6
2001	10,286.2	2001–02	752,780	7.3	472,064	4.6	280,715	2.7
2002	10,642.3	2002–03	795,691	7.5	492,807	4.6	302,884	2.8
2003	11,142.1	2003–04	830,293	7.5	513,542	4.6	316,751	2.8
2004	11,867.8	2004–05	875,988	7.4	540,969	4.6	335,019	2.8
2005	12,638.4	2005–06	925,712	7.3	572,135	4.5	353,577	2.8
2006	13,398.9	2006–07	984,034	7.3	608,495	4.5	375,539	2.8
2007	14,061.8	2007–08 [1]	1,054,200	7.5	645,710	4.6	408,490	2.9
2008	14,369.1	2008–09 [1]	1,080,000	7.5	649,000	4.5	431,000	3.0
2009	14,119.0	2009–10 [1]	1,111,000	7.9	650,000	4.6	461,000	3.3

—Not available.
[1]Estimated.
NOTE: Total expenditures for public elementary and secondary schools include current expenditures, interest on school debt, and capital outlay. Data for private elementary and secondary schools are estimated. Expenditures for colleges and universities in 1929–30 and 1939–40 include current-fund expenditures and additions to plant value. Public and private degree-granting institutions data for 1949–50 through 1995–96 are for current-fund expenditures. Data for private degree-granting institutions for 1996–97 and later years are for total expenditures. Data for public degree-granting institutions for 1996–97 through 2000–01 are for current expenditures; data for later years are for total expenditures. Data through 1995–96 are for institutions of higher education, while later data are for degree-granting institutions. Degree-granting institutions grant associate's or higher degrees and participate in Title IV federal financial aid programs. The degree-granting classification is very similar to the earlier higher education classification, but it includes more 2-year colleges and excludes a few higher education institutions that did not grant degrees. (See Appendix A: Guide to Sources for details.) Some data have been revised from previously published figures. Detail may not sum to totals because of rounding.
SOURCE: U.S. Department of Education, National Center for Education Statistics, *Biennial Survey of Education in the United States*, 1929–30 through 1949–50; *Statistics of State School Systems*, 1951–52 through 1969–70; *Revenues and Expenditures for Public Elementary and Secondary Education*, 1970–71 through 1986–87; Common Core of Data (CCD), "National Public Education Financial Survey," 1987–88 through 2007–08; Higher Education General Information Survey (HEGIS), Financial Statistics of Institutions of Higher Education, 1965–66 through 1985–86; 1986–87 through 2009–10 Integrated Postsecondary Education Data System, "Finance Survey" (IPEDS-F:FY87–99), and Spring 2001 through Spring 2010. U.S. Department of Commerce, Bureau of Economic Analysis, National Income and Product Accounts Tables, retrieved September 17, 2010, from http://www.bea.gov/national/nipaweb/SelectTable.asp?Selected=N. (This table was prepared September 2010.)

Table 29. Expenditures of educational institutions, by level and control of institution: Selected years, 1899–1900 through 2009–10

[In millions]

School year	Current dollars: Total	Current dollars: Elementary and secondary schools: Total	Current dollars: Elementary and secondary schools: Public	Current dollars: Elementary and secondary schools: Private[2]	Current dollars: Postsecondary degree-granting institutions: Total	Current dollars: Postsecondary degree-granting institutions: Public	Current dollars: Postsecondary degree-granting institutions: Private	Constant 2008–09 dollars[1]: Total	Constant 2008–09 dollars[1]: Elementary and secondary schools: Total	Constant 2008–09 dollars[1]: Elementary and secondary schools: Public	Constant 2008–09 dollars[1]: Postsecondary degree-granting institutions
1	2	3	4	5	6	7	8	9	10	11	12
1899–1900	—	—	$215	—	—	—	—	—	—	—	—
1909–10	—	—	426	—	—	—	—	—	—	—	—
1919–20	—	—	1,036	—	—	—	—	—	—	$11,671	—
1929–30	—	—	2,317	—	$632 [3]	$292 [3]	$341 [3]	—	—	29,054	$7,929 [3]
1939–40	—	—	2,344	—	758 [3]	392 [3]	367 [3]	—	—	36,005	11,650 [3]
1949–50	$8,494	$6,249	5,838	$411	2,246	1,154	1,092	$76,991	$56,636	52,911	20,354
1959–60	22,314	16,713	15,613	1,100	5,601	3,131	2,470	163,015	122,099	114,063	40,916
1969–70	64,227	43,183	40,683	2,500	21,043	13,250	7,794	364,970	245,392	231,185	119,578
1970–71	71,575	48,200	45,500	2,700	23,375	14,996	8,379	386,763	260,453	245,863	126,310
1971–72	76,510	50,950	48,050	2,900	25,560	16,484	9,075	399,112	265,781	250,653	133,331
1972–73	82,908	54,952	51,852	3,100	27,956	18,204	9,752	415,736	275,555	260,010	140,182
1973–74	91,084	60,370	56,970	3,400	30,714	20,336	10,377	419,344	277,941	262,287	141,403
1974–75	103,903	68,846	64,846	4,000	35,058	23,490	11,568	430,640	285,340	268,761	145,300
1975–76	114,004	75,101	70,601	4,500	38,903	26,184	12,719	441,268	290,687	273,269	150,580
1976–77	121,793	79,194	74,194	5,000	42,600	28,635	13,965	445,443	289,640	271,353	155,803
1977–78	132,515	86,544	80,844	5,700	45,971	30,725	15,246	454,161	296,608	277,073	157,553
1978–79	143,733	93,012	86,712	6,300	50,721	33,733	16,988	450,414	291,470	271,728	158,944
1979–80	160,075	103,162	95,962	7,200	56,914	37,768	19,146	442,613	285,245	265,337	157,368
1980–81	176,378	112,325	104,125	8,200	64,053	42,280	21,773	437,067	278,343	258,023	158,724
1981–82	190,825	120,486	111,186	9,300	70,339	46,219	24,120	435,268	274,826	253,612	160,443
1982–83	204,661	128,725	118,425	10,300	75,936	49,573	26,363	447,601	281,527	259,000	166,075
1983–84	220,993	139,000	127,500	11,500	81,993	53,087	28,907	466,070	293,148	268,895	172,922
1984–85	239,351	149,400	137,000	12,400	89,951	58,315	31,637	485,772	303,213	278,047	182,559
1985–86	259,336	161,800	148,600	13,200	97,536	63,194	34,342	511,579	319,175	293,136	192,404
1986–87	280,964	175,200	160,900	14,300	105,764	67,654	38,110	542,205	338,102	310,506	204,103
1987–88	301,785	187,999	172,699	15,300	113,786	72,641	41,145	559,217	348,366	320,015	210,851
1988–89	333,245	209,377	192,977	16,400	123,867	78,946	44,922	590,250	370,854	341,806	219,396
1989–90	365,825	231,170	212,770	18,400	134,656	85,771	48,885	618,447	390,804	359,698	227,642
1990–91	395,318	249,230	229,430	19,800	146,088	92,961	53,127	633,662	399,495	367,757	234,167
1991–92	417,944	261,755	241,055	20,700	156,189	98,847	57,342	649,130	406,545	374,395	242,585
1992–93	439,676	274,435	252,935	21,500	165,241	104,570	60,671	662,199	413,328	380,947	248,871
1993–94	460,757	287,407	265,307	22,100	173,351	109,310	64,041	676,428	421,935	389,491	254,492
1994–95	485,169	302,200	279,000	23,200	182,969	115,465	67,504	692,419	431,292	398,181	261,128
1995–96	508,523	318,046	293,646	24,400	190,476	119,525	70,952	706,527	441,885	407,984	264,642
1996–97	538,854	338,951	313,151	25,800	199,903 [2]	125,978	73,925 [2]	727,901	457,866	423,014	270,035 [2]
1997–98	570,471	361,615	334,315	27,300	208,856 [2]	132,846	76,010 [2]	757,108	479,922	443,691	277,186 [2]
1998–99	603,847	384,638	355,838	28,800	219,209	140,539	78,670	787,766	501,790	464,218	285,975
1999–2000	649,322	412,538	381,838	30,700	236,784	152,325	84,459	823,324	523,088	484,161	300,236
2000–01	705,017	444,811	410,811	34,000	260,206	170,345	89,861	864,331	545,326	503,643	319,005
2001–02	752,780	472,064	435,364	36,700	280,715	183,436	97,280	906,832	568,670	524,459	338,162
2002–03	795,691	492,807	454,907	37,900	302,884	197,026	105,858	937,913	580,891	536,217	357,022
2003–04	830,293	513,542	474,242	39,300	316,751	205,069	111,682	957,746	592,373	547,040	365,374
2004–05	875,988	540,969	499,569	41,400	335,019	215,794	119,225	980,937	605,780	559,420	375,157
2005–06	925,712	572,135	528,735	43,400	353,577	226,550	127,027	998,590	617,177	570,360	381,413
2006–07	984,034	608,495	562,195	46,300	375,539	238,829	136,710	1,034,745	639,853	591,167	394,892
2007–08	1,054,200	645,710	596,610	49,100	408,490	261,046	147,444	1,068,920	654,726	604,941	414,194
2008–09[2]	1,080,000	649,000	600,000	49,000	431,000	273,000	158,000	1,080,000	649,000	600,000	431,000
2009–10[2]	1,111,000	650,000	602,000	48,000	461,000	289,000	172,000	1,100,000	644,000	596,000	457,000

—Not available.

[1]Constant dollars based on the Consumer Price Index, prepared by the Bureau of Labor Statistics, U.S. Department of Labor, adjusted to a school-year basis.

[2]Estimated.

[3]Data include current-fund expenditures and additions to plant value.

NOTE: Total expenditures for public elementary and secondary schools include current expenditures, interest on school debt, and capital outlay. Public and private degree-granting institutions data for 1929–30 through 1995–96 are for current-fund expenditures, except where noted. Data for private degree-granting institutions for 1996–97 and later years are for total expenditures. Data for public degree-granting institutions for 1996–97 through 2000–01 are for current expenditures; data for later years are for total expenditures. Postsecondary data through 1995–96 are for institutions of higher education, while later data are for degree-granting institutions. Degree-granting institutions grant associate's or higher degrees and participate in Title IV federal financial aid programs. The degree-granting classification is very similar to the earlier higher education classification, but it includes more 2-year colleges and excludes a few higher education institutions that did not grant degrees. (See Appendix A: Guide to Sources for details.) Some data have been revised from previously published figures. Detail may not sum to totals because of rounding.

SOURCE: U.S. Department of Education, National Center for Education Statistics, *Annual Report of the Commissioner of Education,* 1899–1900 and 1909–10; *Biennial Survey of Education in the United States,* 1919–20 through 1949–50; *Statistics of State School Systems,* 1951–52 through 1969–70; *Revenues and Expenditures for Public Elementary and Secondary Education,* 1970–71 through 1986–87; Common Core of Data (CCD), "National Public Education Financial Survey," 1987–88 through 2007–08; Higher Education General Information Survey (HEGIS), Financial Statistics of Institutions of Higher Education, 1965–66 through 1985–86; 1986–87 through 2009–10 Integrated Postsecondary Education Data System, "Finance Survey," (IPEDS-F:FY87–99), and Spring 2001 through Spring 2010, and unpublished tabulations. (This table was prepared September 2010.)

Table 30. Amount and percentage distribution of direct general expenditures of state and local governments, by function: Selected years, 1970–71 through 2007–08

Function	1970–71	1980–81	1990–91	1994–95	1998–99	1999–2000	2000–01	2001–02	2002–03	2003–04	2004–05	2006–06	2006–07	2007–08
1	2	3	4	5	6	7	8	9	10	11	12	13	14	15
	Amount (in millions of current dollars)													
Total direct general expenditures	**$150,674**	**$407,449**	**$908,108**	**$1,146,188**	**$1,398,533**	**$1,502,768**	**$1,621,757**	**$1,732,478**	**$1,817,513**	**$1,903,915**	**$2,007,490**	**$2,116,464**	**$2,258,229**	**$2,400,204**
Education and libraries	60,174	147,649	313,744	383,557	490,100	528,767	571,374	602,954	630,246	664,471	698,106	739,410	785,162	837,675
Social services and income maintenance	30,376	92,555	214,919	303,208	338,964	365,226	396,086	433,685	467,625	502,788	536,376	551,721	582,852	618,353
Public welfare	18,226	54,121	130,402	193,110	215,190	233,350	257,380	281,176	306,463	335,977	360,730	367,395	384,769	404,624
Hospitals and health	11,205	36,101	81,110	105,946	119,361	127,342	134,010	147,065	154,878	160,943	170,193	178,777	193,072	208,557
Social insurance administration	945	2,276	3,250	3,946	4,130	4,178	4,359	5,082	5,267	4,364	4,265	4,556	3,981	4,089
Veterans' services	†	57	157	206	283	357	337	361	1,017	1,504	1,189	992	1,031	1,083
Transportation	19,819	39,231	75,410	88,938	110,163	118,974	130,422	136,824	142,255	141,070	149,626 [1]	160,460 [1]	170,976 [1]	181,322 [1]
Public safety	9,416	31,233	79,932	101,157	128,743	137,809	146,544	156,702	162,279	166,899	176,758	187,929	203,259	217,201
Police and fire protection	7,531	21,283	46,568	58,064	74,629	79,900	84,554	90,456	95,215	99,079	104,961	111,971	120,916	129,360
Correction	1,885	7,393	27,356	35,857	45,598	48,805	52,370	54,615	55,471	56,326	59,102	62,645	68,092	72,904
Protective inspection and regulation	†	2,557	6,008	7,236	8,516	9,104	9,620	11,631	11,593	11,494	12,694	13,312	14,250	14,937
Environment and housing	11,832	35,223	76,167	93,221	109,930	117,123	124,203	134,033	141,571	146,276	153,398	163,867	179,196	191,972
Natural resources, parks, and recreation	5,191	13,239	28,505	33,140	41,649	45,272	50,082	52,101	54,573	53,748	55,444	59,939	66,243	70,562
Housing and community development	2,554	7,086	16,648	21,509	25,234	26,590	27,402	31,623	35,275	37,236	40,014	42,014	45,937	50,974
Sewerage and sanitation	4,087	14,898	31,014	38,573	43,047	45,261	46,718	50,309	51,723	55,292	57,940	61,914	67,016	70,436
Governmental administration	6,703	20,001	48,461	60,018	76,699	81,659	85,910	92,779	98,658	100,067	105,546	110,407	119,396	126,997
Financial administration	2,271	7,230	16,995	22,380	27,593	29,300	30,007	32,660	34,911	34,675	36,695	37,666	39,631	40,995
General control[2]	4,432	12,771	31,466	37,638	49,106	52,360	55,903	60,119	63,747	65,392	68,851	72,741	79,765	86,003
Interest on general debt	5,089	17,131	52,234	56,970	67,294	69,814	73,836	75,287	77,277	81,812	81,122	86,001	93,586	100,055
Other direct general expenditures, not elsewhere classified	7,265	24,426	47,242	59,119	76,640	83,395	93,382	100,215	97,602	100,533	106,559	116,670	123,802	126,630
	Percentage distribution													
Total direct general expenditures	**100.0**	**100.0**	**100.0**	**100.0**	**100.0**	**100.0**	**100.0**	**100.0**	**100.0**	**100.0**	**100.0**	**100.0**	**100.0**	**100.0**
Education and libraries	39.9	36.2	34.5	33.5	35.0	35.2	35.2	34.8	34.7	34.9	34.8	34.9	34.8	34.9
Social services and income maintenance	20.2	22.7	23.7	26.5	24.2	24.3	24.4	25.0	25.7	26.4	26.7	26.1	25.8	25.8
Public welfare	12.1	13.3	14.4	16.8	15.4	15.5	15.9	16.2	16.9	17.6	18.0	17.4	17.0	16.9
Hospitals and health	7.4	8.9	8.9	9.2	8.5	8.5	8.3	8.5	8.5	8.5	8.5	8.4	8.5	8.7
Social insurance administration	0.6	0.6	0.4	0.3	0.3	0.3	0.3	0.3	0.3	0.2	0.2	0.2	0.2	0.2
Veterans' services	†	#	#	#	#	#	#	#	0.1	0.1	0.1	#	#	#
Transportation	13.2	9.6	8.3	7.8	7.9	7.9	8.0	7.9	7.8	7.4	7.5 [1]	7.6 [1]	7.6 [1]	7.6 [1]
Public safety	6.2	7.7	8.8	8.8	9.2	9.2	9.0	9.0	8.9	8.8	8.8	8.9	9.0	9.0
Police and fire protection	5.0	5.2	5.1	5.1	5.3	5.3	5.2	5.2	5.2	5.2	5.2	5.3	5.4	5.4
Correction	1.3	1.8	3.0	3.1	3.3	3.2	3.2	3.2	3.1	3.0	2.9	3.0	3.0	3.0
Protective inspection and regulation	†	0.6	0.7	0.6	0.6	0.6	0.6	0.7	0.6	0.6	0.6	0.6	0.6	0.6
Environment and housing	7.9	8.6	8.4	8.1	7.9	7.8	7.7	7.7	7.8	7.7	7.6	7.7	7.9	8.0
Natural resources, parks, and recreation	3.4	3.2	3.1	2.9	3.0	3.0	3.1	3.0	3.0	2.8	2.8	2.8	2.9	2.9
Housing and community development	1.7	1.7	1.8	1.9	1.8	1.8	1.7	1.8	1.9	2.0	2.0	2.0	2.0	2.1
Sewerage and sanitation	2.7	3.7	3.4	3.4	3.1	3.0	2.9	2.9	2.8	2.9	2.9	2.9	3.0	2.9
Governmental administration	4.4	4.9	5.3	5.2	5.5	5.4	5.3	5.4	5.4	5.3	5.3	5.2	5.3	5.3
Financial administration	1.5	1.8	1.9	2.0	2.0	1.9	1.9	1.9	1.9	1.8	1.8	1.8	1.8	1.7
General control[2]	2.9	3.1	3.5	3.3	3.5	3.5	3.4	3.5	3.5	3.4	3.4	3.4	3.5	3.6
Interest on general debt	3.4	4.2	5.8	5.0	4.8	4.6	4.6	4.3	4.3	4.3	4.0	4.1	4.1	4.2
Other direct general expenditures, not elsewhere classified	4.8	6.0	5.2	5.2	5.5	5.5	5.8	5.8	5.4	5.3	5.3	5.5	5.5	5.3

†Not applicable.
#Rounds to zero.
[1]No longer includes transit subsidies.
[2]Includes judicial and legal expenditures and expenditures on general public buildings and other governmental administration.

NOTE: Excludes monies paid by states to the federal government. Some data have been revised from previously published figures. Detail may not sum to totals because of rounding.
SOURCE: U.S. Department of Commerce, Census Bureau, Governmental Finances. August 2, 2010, from http://www.census.gov/govs/estimate/. (This table was prepared August 2010.)

Table 31. Direct general expenditures of state and local governments for all functions and for education, by level of education and state: 2006–07 and 2007–08

[In millions of current dollars]

	Direct general expenditures,[1] 2006–07		Direct general expenditures,[1] 2007–08								
				For education							
					Elementary and secondary education			Colleges and universities			
State	Total	For education	Total	Total for education	Total for elementary and secondary	Current expenditure	Capital outlay	Total for colleges and universities	Current expenditure	Capital outlay	Other education[2]
1	2	3	4	5	6	7	8	9	10	11	12
United States	**$2,258,229**	**$774,373**	**$2,400,204 (2,640.2)**	**$826,063 (247.8)**	**$565,631 (226.3)**	**$495,349**	**$70,283**	**$223,294 (22.3)**	**$196,341**	**$26,953**	**$37,138**
Alabama	30,987	12,031	32,627 (205.6)	13,021 (15.6)	7,737 (14.7)	6,923	814	4,634 (#)	3,970	663	651
Alaska	10,340	2,604	11,523 (32.3)	3,010 (25.6)	2,236 (25.5)	1,930	307	689 (#)	577	113	85
Arizona	39,288	12,972	43,224 (121.0)	14,041 (1.4)	9,184 (0.9)	7,614	1,569	4,250 (#)	3,680	569	607
Arkansas	17,053	6,777	17,890 (109.1)	6,986 (#)	4,457 (#)	3,993	463	2,164 (#)	1,922	242	366
California	314,791	98,462	335,283 (1,911.1)	103,871 (10.4)	70,687 (7.1)	61,321	9,366	29,521 (#)	25,341	4,181	3,662
Colorado	33,547	11,544	35,591 (420.0)	12,603 (#)	8,445 (#)	7,287	1,158	3,810 (#)	3,308	502	347
Connecticut	28,390	10,674	30,415 (103.4)	11,126 (55.6)	8,179 (55.6)	7,408	771	2,295 (#)	1,899	396	652
Delaware	7,750	2,710	8,075 (18.6)	2,878 (#)	1,719 (#)	1,478	241	965 (#)	836	129	194
District of Columbia	8,480	1,546	10,677 (#)	2,227 (#)	2,098 (#)	1,633	465	129 (#)	125	4	0
Florida	130,630	39,515	138,485 (692.4)	41,310 (4.1)	30,484 (6.1)	24,499	5,985	8,429 (#)	7,366	1,063	2,397
Georgia	63,714	23,258	65,290 (163.2)	25,651 (#)	18,616 (#)	15,912	2,704	5,503 (#)	4,682	821	1,532
Hawaii	10,995	3,240	11,704 (1.2)	3,394 (#)	2,249 (#)	2,064	185	1,089 (#)	1,089	0	56
Idaho	8,990	2,970	9,697 (22.3)	3,169 (#)	1,928 (#)	1,835	93	1,091 (#)	885	206	150
Illinois	91,124	30,630	96,219 (490.7)	32,736 (#)	22,986 (#)	20,427	2,559	8,286 (#)	7,588	698	1,465
Indiana	42,132	15,465	44,442 (253.3)	15,419 (#)	9,684 (#)	8,742	942	4,889 (#)	4,411	479	845
Iowa	21,634	8,099	23,031 (62.2)	8,690 (#)	5,191 (#)	4,519	672	3,090 (#)	2,795	295	408
Kansas	19,377	7,069	20,893 (110.7)	7,506 (#)	4,758 (#)	4,330	428	2,525 (#)	2,307	218	223
Kentucky	27,108	9,693	29,471 (67.8)	10,633 (#)	6,331 (#)	5,566	765	3,428 (#)	2,924	505	873
Louisiana	34,646	10,109	41,362 (124.1)	11,810 (#)	7,510 (#)	6,732	779	3,394 (#)	3,120	274	906
Maine	10,045	3,091	10,309 (24.7)	3,189 (6.7)	2,278 (6.8)	2,163	114	761 (#)	683	78	150
Maryland	42,760	15,655	45,740 (100.6)	17,202 (#)	11,675 (#)	10,329	1,346	4,821 (#)	4,344	477	706
Massachusetts	54,421	16,797	56,606 (84.9)	17,306 (26.0)	12,490 (26.2)	11,826	664	3,776 (#)	3,358	418	1,040
Michigan	69,937	28,208	72,284 (412.0)	28,311 (#)	17,985 (#)	16,670	1,315	9,453 (#)	8,400	1,053	873
Minnesota	40,932	13,882	44,064 (260.0)	14,802 (#)	9,714 (#)	8,578	1,137	4,147 (#)	3,671	476	942
Mississippi	22,161	6,717	22,454 (132.5)	7,155 (#)	4,293 (#)	3,916	377	2,536 (#)	2,259	277	326
Missouri	36,645	12,794	39,260 (251.3)	13,939 (#)	9,537 (#)	8,466	1,071	3,780 (#)	3,344	437	622
Montana	6,648	2,333	7,258 (15.2)	2,523 (#)	1,535 (#)	1,394	142	836 (#)	718	118	151
Nebraska	12,508	4,717	13,715 (382.7)	5,090 (#)	3,209 (#)	2,765	444	1,661 (#)	1,436	225	220
Nevada	17,225	5,679	18,232 (175.0)	6,227 (#)	4,633 (#)	3,575	1,058	1,424 (#)	1,174	250	170
New Hampshire	8,469	3,261	8,927 (32.1)	3,419 (#)	2,494 (#)	2,330	164	817 (#)	731	86	109
New Jersey	74,972	29,611	78,875 (173.5)	30,503 (#)	24,040 (2.4)	21,482	2,558	5,265 (#)	4,802	462	1,199
New Mexico	16,215	5,552	17,273 (62.2)	5,912 (#)	3,557 (#)	2,988	570	1,996 (#)	1,837	159	358
New York	204,016	60,844	212,375 (743.3)	64,743 (19.4)	51,185 (#)	46,384	4,801	11,560 (22.0)	10,213	1,347	1,997
North Carolina	59,236	21,572	63,365 (177.4)	22,785 (43.3)	13,468 (43.1)	11,711	1,757	8,586 (6.9)	7,853	733	731
North Dakota	4,737	1,744	5,119 (16.4)	1,845 (#)	1,021 (#)	933	89	763 (#)	687	77	60
Ohio	84,715	29,965	86,440 (458.1)	30,882 (#)	21,136 (#)	18,567	2,569	7,811 (#)	7,000	811	1,935
Oklahoma	22,698	8,676	24,005 (57.6)	9,145 (#)	5,584 (#)	5,125	459	3,117 (#)	2,682	435	443
Oregon	26,335	8,653	28,142 (109.8)	9,674 (#)	6,113 (#)	5,491	622	3,269 (#)	2,902	367	292
Pennsylvania	91,525	31,552	94,697 (217.8)	33,107 (#)	23,698 (#)	21,146	2,552	7,561 (#)	6,660	901	1,848
Rhode Island	8,537	2,797	8,965 (30.5)	2,936 (18.5)	2,165 (18.4)	2,090	76	584 (#)	573	11	186
South Carolina	31,134	11,395	33,653 (104.3)	12,253 (#)	7,920 (#)	6,738	1,182	3,299 (#)	2,836	463	1,033
South Dakota	4,958	1,613	5,223 (62.7)	1,753 (#)	1,130 (#)	1,015	115	519 (#)	461	58	104
Tennessee	35,993	11,430	37,817 (151.3)	12,376 (78.0)	8,356 (77.7)	7,572	784	3,148 (#)	2,905	243	872
Texas	147,303	59,001	163,012 (407.5)	65,970 (#)	45,440 (#)	37,306	8,134	18,764 (#)	16,242	2,522	1,766
Utah	16,762	6,374	18,716 (59.9)	7,471 (#)	4,236 (#)	3,306	930	2,953 (#)	2,715	238	282
Vermont	5,272	2,154	5,436 (8.2)	2,215 (#)	1,383 (#)	1,299	84	695 (#)	633	62	136
Virginia	53,132	20,966	57,091 (239.8)	22,693 (174.7)	15,229 (175.1)	13,373	1,855	6,641 (#)	5,317	1,323	823
Washington	49,624	16,537	53,590 (182.2)	18,042 (#)	11,237 (#)	9,440	1,797	5,567 (#)	4,872	695	1,238
West Virginia	11,806	4,543	12,420 (44.7)	4,684 (#)	2,814 (#)	2,564	250	1,398 (#)	1,214	185	472
Wisconsin	40,489	14,879	42,440 (144.3)	15,592 (#)	10,091 (#)	9,400	691	4,967 (#)	4,476	491	534
Wyoming	6,042	2,010	6,802 (38.1)	2,240 (#)	1,507 (#)	1,197	310	637 (#)	519	117	96

#Rounds to zero.

[1]Includes state and local government expenditures for education services, social services and income maintenance, transportation, public safety, environment and housing, governmental administration, interest on general debt, and other general expenditures.

[2]Includes assistance and subsidies to individuals, private elementary and secondary schools, and private colleges and universities, as well as miscellaneous education expenditures.

NOTE: Current expenditure data in this table differ from figures appearing in other tables because of slightly varying definitions used in the Governmental Finances and Common Core of Data surveys. Standard errors appear in parentheses. In 2006–07, a census of state and local governments was conducted; therefore, standard errors are not applicable. Detail may not sum to totals because of rounding.

SOURCE: U.S. Department of Commerce, Census Bureau, Governmental Finances. Retrieved August 4, 2010, from http://www.census.gov/govs/estimate/. (This table was prepared August 2010.)

Table 32. Direct general expenditures per capita of state and local governments for all functions and for education, by level of education and state: 2006–07 and 2007–08

State	Direct general expenditures,[1] 2006–07			Direct general expenditures,[1] 2007–08								
		For education			For education							
					All education		Elementary and secondary education		Colleges and universities		Other education[2]	
	Total amount per capita	Amount per capita	As a percent of all functions	Total amount per capita	Amount per capita	As a percent of all functions	Amount per capita	As a percent of all functions	Amount per capita	As a percent of all functions	Amount per capita	As a percent of all functions
1	2	3	4	5	6	7	8	9	10	11	12	13
United States	**$7,495**	**$2,570**	**34.3**	**$7,894**	**$2,717**	**34.4**	**$1,860**	**23.6**	**$734**	**9.3**	**$122**	**1.5**
Alabama	6,698	2,600	38.8	6,999	2,793	39.9	1,660	23.7	994	14.2	140	2.0
Alaska	15,181	3,823	25.2	16,790	4,387	26.1	3,258	19.4	1,004	6.0	124	0.7
Arizona	6,184	2,042	33.0	6,650	2,160	32.5	1,413	21.2	654	9.8	93	1.4
Arkansas	6,025	2,394	39.7	6,265	2,447	39.1	1,561	24.9	758	12.1	128	2.0
California	8,653	2,707	31.3	9,122	2,826	31.0	1,923	21.1	803	8.8	100	1.1
Colorado	6,927	2,384	34.4	7,205	2,551	35.4	1,710	23.7	771	10.7	70	1.0
Connecticut	8,135	3,059	37.6	8,687	3,178	36.6	2,336	26.9	656	7.5	186	2.1
Delaware	8,991	3,144	35.0	9,249	3,297	35.6	1,969	21.3	1,105	12.0	223	2.4
District of Columbia	14,426	2,630	18.2	18,041	3,762	20.9	3,545	19.6	217	1.2	0	0.0
Florida	7,178	2,171	30.2	7,556	2,254	29.8	1,663	22.0	460	6.1	131	1.7
Georgia	6,690	2,442	36.5	6,741	2,648	39.3	1,922	28.5	568	8.4	158	2.3
Hawaii	8,608	2,536	29.5	9,086	2,634	29.0	1,746	19.2	845	9.3	43	0.5
Idaho	6,009	1,985	33.0	6,364	2,079	32.7	1,265	19.9	716	11.2	98	1.5
Illinois	7,105	2,388	33.6	7,458	2,537	34.0	1,782	23.9	642	8.6	114	1.5
Indiana	6,650	2,441	36.7	6,969	2,418	34.7	1,519	21.8	767	11.0	133	1.9
Iowa	7,252	2,715	37.4	7,670	2,894	37.7	1,729	22.5	1,029	13.4	136	1.8
Kansas	6,977	2,545	36.5	7,456	2,679	35.9	1,698	22.8	901	12.1	80	1.1
Kentucky	6,399	2,288	35.8	6,903	2,490	36.1	1,483	21.5	803	11.6	205	3.0
Louisiana	7,922	2,312	29.2	9,377	2,678	28.6	1,703	18.2	769	8.2	205	2.2
Maine	7,637	2,350	30.8	7,831	2,422	30.9	1,730	22.1	578	7.4	114	1.5
Maryland	7,610	2,786	36.6	8,119	3,053	37.6	2,072	25.5	856	10.5	125	1.5
Massachusetts	8,414	2,597	30.9	8,711	2,663	30.6	1,922	22.1	581	6.7	160	1.8
Michigan	6,959	2,807	40.3	7,226	2,830	39.2	1,798	24.9	945	13.1	87	1.2
Minnesota	7,898	2,679	33.9	8,441	2,835	33.6	1,861	22.0	794	9.4	180	2.1
Mississippi	7,587	2,300	30.3	7,641	2,435	31.9	1,461	19.1	863	11.3	111	1.5
Missouri	6,234	2,176	34.9	6,641	2,358	35.5	1,613	24.3	640	9.6	105	1.6
Montana	6,949	2,439	35.1	7,502	2,608	34.8	1,587	21.2	864	11.5	156	2.1
Nebraska	7,069	2,666	37.7	7,690	2,854	37.1	1,799	23.4	931	12.1	123	1.6
Nevada	6,743	2,223	33.0	7,012	2,395	34.2	1,782	25.4	548	7.8	65	0.9
New Hampshire	6,454	2,485	38.5	6,785	2,599	38.3	1,895	27.9	621	9.1	83	1.2
New Jersey	8,664	3,422	39.5	9,084	3,513	38.7	2,769	30.5	606	6.7	138	1.5
New Mexico	8,254	2,826	34.2	8,705	2,979	34.2	1,793	20.6	1,006	11.6	181	2.1
New York	10,500	3,132	29.8	10,896	3,322	30.5	2,626	24.1	593	5.4	102	0.9
North Carolina	6,552	2,386	36.4	6,871	2,471	36.0	1,460	21.3	931	13.5	79	1.2
North Dakota	7,426	2,733	36.8	7,980	2,876	36.0	1,592	20.0	1,190	14.9	94	1.2
Ohio	7,381	2,611	35.4	7,526	2,689	35.7	1,840	24.5	680	9.0	168	2.2
Oklahoma	6,291	2,405	38.2	6,591	2,511	38.1	1,533	23.3	856	13.0	122	1.8
Oregon	7,050	2,316	32.9	7,425	2,553	34.4	1,613	21.7	863	11.6	77	1.0
Pennsylvania	7,369	2,540	34.5	7,607	2,660	35.0	1,904	25.0	607	8.0	148	2.0
Rhode Island	8,106	2,656	32.8	8,532	2,794	32.8	2,061	24.2	556	6.5	177	2.1
South Carolina	7,068	2,587	36.6	7,512	2,735	36.4	1,768	23.5	736	9.8	231	3.1
South Dakota	6,231	2,027	32.5	6,495	2,180	33.6	1,405	21.6	646	9.9	129	2.0
Tennessee	5,853	1,859	31.8	6,085	1,991	32.7	1,344	22.1	507	8.3	140	2.3
Texas	6,178	2,475	40.1	6,701	2,712	40.5	1,868	27.9	771	11.5	73	1.1
Utah	6,280	2,388	38.0	6,840	2,730	39.9	1,548	22.6	1,079	15.8	103	1.5
Vermont	8,493	3,470	40.9	8,750	3,565	40.7	2,226	25.4	1,119	12.8	220	2.5
Virginia	6,901	2,723	39.5	7,348	2,921	39.7	1,960	26.7	855	11.6	106	1.4
Washington	7,694	2,564	33.3	8,183	2,755	33.7	1,716	21.0	850	10.4	189	2.3
West Virginia	6,523	2,510	38.5	6,845	2,581	37.7	1,551	22.7	771	11.3	260	3.8
Wisconsin	7,232	2,657	36.7	7,541	2,771	36.7	1,793	23.8	883	11.7	95	1.3
Wyoming	11,548	3,841	33.3	12,769	4,205	32.9	2,829	22.2	1,195	9.4	181	1.4

[1]Includes state and local government expenditures for education services, social services and income maintenance, transportation, public safety, environment and housing, governmental administration, interest on general debt, and other general expenditures.

[2]Includes assistance and subsidies to individuals, private elementary and secondary schools, and private colleges and universities, as well as miscellaneous education expenditures.

NOTE: Per capita amounts are based on population figures as of July 2008. Detail may not sum to totals because of rounding.

SOURCE: U.S. Department of Commerce, Census Bureau, Governmental Finances, retrieved August 2, 2010, from http://www.census.gov/govs/estimate/; and GCT-T1 Population Estimates, retrieved August 6, 2010, from http://factfinder.census.gov/servlet/GCTTable?_bm=y&-geo_id=&-ds_name=PEP_2008_EST&-_lang=en&-redoLog=true&-mt_name=PEP_2008_EST_GCTT1_US40&-format=US-40|U-40Sa|U-40Sb|U-40Sc|U-40Sd|U-40Se|U-40Sf|U-40Sg|U-40Sh|US-40S&-CONTEXT=gct. (This table was prepared August 2010).

Table 33. Gross domestic product, state and local expenditures, personal income, disposable personal income, median family income, and population: Selected years, 1929 through 2009

Year	Gross domestic product (in billions)		State and local direct general expenditures (in millions)[1]		Personal income (in billions)	Disposable personal income (in billions of chained 2005 dollars)[2]	Disposable personal income per capita		Median family income	Population (in thousands)	
	Current dollars	Chained 2005 dollars[2]	All direct general expenditures	Education expenditures			Current dollars	Chained 2005 dollars[2]		Midyear data[3]	Resident as of July 1[4]
1	2	3	4	5	6	7	8	9	10	11	12
1929	$103.6	$977.0	—	—	$84.9	$792.0	$683	$6,498	—	121,878	121,767
1939	92.2	1,072.8	—	—	72.9	861.4	545	6,574	—	131,028	130,880
1940	101.4	1,166.9	$9,229	$2,638	78.4	918.6	581	6,953	—	132,122	132,122
1950	293.7	2,006.0	22,787	7,177	228.9	1,401.5	1,384	9,240	$3,319	151,684	152,271
1960	526.4	2,830.9	51,876	18,719	411.3	1,963.9	2,020	10,865	5,620	180,760	180,671
1970	1,038.3	4,269.9	131,332	52,718	838.6	3,108.8	3,586	15,158	9,867	205,089	205,052
1971	1,126.8	4,413.3	150,674	59,413	903.1	3,249.1	3,859	15,644	10,285	207,692	207,661
1972	1,237.9	4,647.7	168,550	65,814	992.6	3,406.6	4,140	16,228	11,116	209,924	209,896
1973	1,382.3	4,917.0	181,357	69,714	1,110.5	3,638.2	4,615	17,166	12,051	211,939	211,909
1974	1,499.5	4,889.9	198,959	75,833	1,222.7	3,610.2	5,010	16,878	12,902	213,898	213,854
1975	1,637.7	4,879.5	230,721	87,858	1,334.9	3,691.3	5,497	17,091	13,719	215,981	215,973
1976	1,824.6	5,141.3	256,731	97,216	1,474.7	3,838.3	5,972	17,600	14,958	218,086	218,035
1977	2,030.1	5,377.7	274,215	102,780	1,632.5	3,970.7	6,514	18,025	16,009	220,289	220,239
1978	2,293.8	5,677.6	296,984	110,758	1,836.7	4,156.5	7,220	18,670	17,640	222,629	222,585
1979	2,562.2	5,855.0	327,517	119,448	2,059.5	4,253.8	7,956	18,897	19,587	225,106	225,055
1980	2,788.1	5,839.0	369,086	133,211	2,301.5	4,295.6	8,794	18,863	21,023	227,726	227,225
1981	3,126.8	5,987.2	407,449	145,784	2,582.3	4,410.0	9,726	19,173	22,388	230,008	229,466
1982	3,253.2	5,870.9	436,733	154,282	2,766.8	4,506.5	10,390	19,406	23,433	232,218	231,664
1983	3,534.6	6,136.2	466,516	163,876	2,952.2	4,655.7	11,095	19,868	24,674	234,333	233,792
1984	3,930.9	6,577.1	505,008	176,108	3,268.9	4,989.1	12,232	21,105	26,433	236,394	235,825
1985	4,217.5	6,849.3	553,899	192,686	3,496.7	5,144.8	12,911	21,571	27,735	238,506	237,924
1986	4,460.1	7,086.5	605,623	210,819	3,696.0	5,315.0	13,540	22,083	29,458	240,683	240,133
1987	4,736.4	7,313.3	657,134	226,619	3,924.4	5,402.4	14,146	22,246	30,970	242,843	242,289
1988	5,100.4	7,613.9	704,921	242,683	4,231.2	5,635.6	15,206	22,997	32,191	245,061	244,499
1989	5,482.1	7,885.9	762,360	263,898	4,557.5	5,785.1	16,134	23,385	34,213	247,387	246,819
1990	5,800.5	8,033.9	834,818	288,148	4,846.7	5,896.3	17,004	23,568	35,353	250,181	249,623
1991	5,992.1	8,015.1	908,108	309,302	5,031.5	5,945.9	17,532	23,453	35,939	253,530	252,981
1992	6,342.3	8,287.1	981,253	324,652	5,347.3	6,155.3	18,436	23,958	36,573	256,922	256,514
1993	6,667.4	8,523.4	1,033,167	342,287	5,568.1	6,258.2	18,909	24,044	36,959	260,282	259,919
1994	7,085.2	8,870.7	1,077,665	353,287	5,874.8	6,459.0	19,678	24,517	38,782	263,455	263,126
1995	7,414.7	9,093.7	1,146,188	378,273	6,200.9	6,651.6	20,470	24,951	40,611	266,588	266,278
1996	7,838.5	9,433.9	1,189,356	398,859	6,591.6	6,870.9	21,355	25,475	42,300	269,714	269,394
1997	8,332.4	9,854.3	1,247,436	419,053	7,000.7	7,113.5	22,255	26,061	44,568	272,958	272,647
1998	8,793.5	10,283.5	1,314,496	450,365	7,525.4	7,538.8	23,534	27,299	46,737	276,154	275,854
1999	9,353.5	10,779.8	1,398,533	483,259	7,910.8	7,766.7	24,356	27,805	48,950	279,328	279,040
2000	9,951.5	11,226.0	1,502,768	521,612	8,559.4	8,161.5	25,944	28,899	50,732	282,418	282,172
2001	10,286.2	11,347.2	1,621,757	563,572	8,883.3	8,360.1	26,805	29,299	51,407	285,335	285,082
2002	10,642.3	11,553.0	1,732,478	594,694	9,060.1	8,637.1	27,799	29,976	51,680	288,133	287,804
2003	11,142.1	11,840.7	1,817,513	621,335	9,378.1	8,853.9	28,805	30,442	52,680	290,845	290,326
2004	11,867.8	12,263.8	1,903,915	655,182	9,937.2	9,155.1	30,287	31,193	54,061	293,502	293,046
2005	12,638.4	12,638.4	2,007,490	688,314	10,485.9	9,277.3	31,318	31,318	56,194	296,229	295,753
2006	13,398.9	12,976.2	2,116,464	728,922	11,268.1	9,650.7	33,157	32,271	58,407	299,052	298,593
2007	14,061.8	13,228.9	2,258,229	774,373	11,912.3	9,874.2	34,512	32,693	61,355	302,025	301,580
2008	14,369.1	13,228.8	2,400,204	826,063	12,391.1	10,042.9	35,931	32,946	61,521	304,831	304,375
2009	14,119.0	12,880.6	—	—	12,174.9	10,099.8	35,888	32,847	60,088	307,483	307,007

—Not available.
[1]Data for years prior to 1963 include expenditures for government fiscal years ending during that particular calendar year. Data for 1963 and later years are the aggregations of expenditures for government fiscal years that ended on June 30 of the stated year. General expenditures exclude expenditures of publicly owned utilities and liquor stores, and of insurance-trust activities. Intergovernmental payments between state and local governments are excluded. Payments to the federal government are included.
[2]Constant dollars based on a chain-price index, which uses the geometric mean of output weights of adjacent time periods compiled over a time series. Chain-price indexes reflect changes in prices, while implicit price deflators reflect both changes in prices and in the composition of output.
[3]Population of the United States including armed forces overseas. Includes Alaska and Hawaii beginning in 1960.
[4]Resident population of the United States. Includes Alaska and Hawaii beginning in 1958. Data for 1990 and later years include revisions based on the 2000 census. Excludes overseas armed personnel.
NOTE: Gross domestic product (GDP) data are adjusted by the GDP chained weight price deflator. Personal income data are adjusted by the personal consumption deflator. Some data have been revised from previously published figures.
SOURCE: U.S. Department of Commerce, Census Bureau, Current Population Reports, *Income, Poverty, and Health Insurance in the United States,* retrieved September 20, 2010, from http://www.census.gov/hhes/www/income/income.html; Population Estimates, retrieved September 20, 2010, from http://www.census.gov/popest/national/asrh/2009-nat-res.html; and State and Local Government Finances, retrieved September 20, 2010, from http://www.census.gov/govs/www/estimate.html. U.S. Department of Commerce, Bureau of Economic Analysis, National Income and Product Accounts Tables, retrieved September 20, 2010, from http://www.bea.gov/national/nipaweb/SelectTable.asp?Selected=N. (This table was prepared September 2010.)

Table 34. Gross domestic product price index, Consumer Price Index, education price indexes, and federal budget composite deflator: Selected years, 1919 through 2009

Calendar year			School year					Federal fiscal year	
Year	Gross domestic product price index	Consumer Price Index[1]	Year	Consumer Price Index[2]	Higher Education Price Index[3]	Research and Development Index	Academic Library Operations Index	Year	Federal budget composite deflator
1	2	3	4	5	6	7	8	9	10
1919	—	17.3	1919–20	19.1	—	—	—	1919	—
1929	10.584	17.1	1929–30	17.1	—	—	—	1929	—
1939	8.591	13.9	1939–40	14.0	—	—	—	1939	—
1949	14.502	23.8	1949–50	23.7	—	—	—	1949	0.1024
1950	14.615	24.1	1950–51	25.1	—	—	—	1950	0.1064
1951	15.622	26.0	1951–52	26.3	—	—	—	1951	0.1047
1952	15.962	26.5	1952–53	26.7	—	—	—	1952	0.1041
1953	16.164	26.7	1953–54	26.9	—	—	—	1953	0.1124
1954	16.328	26.9	1954–55	26.8	—	—	—	1954	0.1163
1955	16.562	26.8	1955–56	26.9	—	—	—	1955	0.1203
1956	17.133	27.2	1956–57	27.7	—	—	—	1956	0.1263
1957	17.733	28.1	1957–58	28.6	—	—	—	1957	0.1327
1958	18.142	28.9	1958–59	29.0	—	—	—	1958	0.1405
1959	18.348	29.1	1959–60	29.4	—	—	—	1959	0.1460
1960	18.604	29.6	1960–61	29.8	25.6	26.7	—	1960	0.1466
1961	18.814	29.9	1961–62	30.1	26.5	27.5	—	1961	0.1507
1962	19.071	30.2	1962–63	30.4	27.6	28.5	—	1962	0.1511
1963	19.273	30.6	1963–64	30.8	28.6	29.5	—	1963	0.1579
1964	19.572	31.0	1964–65	31.2	29.8	30.7	—	1964	0.1599
1965	19.928	31.5	1965–66	31.9	31.3	32.0	—	1965	0.1620
1966	20.493	32.4	1966–67	32.9	32.9	33.8	—	1966	0.1658
1967	21.124	33.4	1967–68	34.0	34.9	35.7	—	1967	0.1700
1968	22.022	34.8	1968–69	35.7	37.1	38.0	—	1968	0.1765
1969	23.110	36.7	1969–70	37.8	39.5	40.3	—	1969	0.1881
1970	24.328	38.8	1970–71	39.7	42.1	42.7	—	1970	0.1991
1971	25.545	40.5	1971–72	41.2	44.3	45.0	—	1971	0.2133
1972	26.647	41.8	1972–73	42.8	46.7	47.1	—	1972	0.2283
1973	28.124	44.4	1973–74	46.6	49.9	50.1	—	1973	0.2412
1974	30.669	49.3	1974–75	51.8	54.3	54.8	—	1974	0.2621
1975	33.577	53.8	1975–76	55.5	57.8	59.0	57.3	1975	0.2889
1976	35.505	56.9	1976–77	58.7	61.5	62.7	61.6	1976	0.3117
1977	37.764	60.6	1977–78	62.6	65.7	66.8	65.8	1977	0.3371
1978	40.413	65.2	1978–79	68.5	70.5	71.7	71.4	1978	0.3588
1979	43.773	72.6	1979–80	77.6	77.5	78.3	78.5	1979	0.3902
1980	47.776	82.4	1980–81	86.6	85.8	86.6	86.1	1980	0.4318
1981	52.281	90.9	1981–82	94.1	93.9	94.0	94.0	1981	0.4789
1982	55.467	96.5	1982–83	98.2	100.0	100.0	100.0	1982	0.5136
1983	57.655	99.6	1983–84	101.8	104.8	104.3	105.1	1983	0.5393
1984	59.823	103.9	1984–85	105.8	110.8	109.8	111.2	1984	0.5675
1985	61.633	107.6	1985–86	108.8	116.3	115.2	117.6	1985	0.5868
1986	63.003	109.6	1986–87	111.2	120.9	120.0	124.2	1986	0.6020
1987	64.763	113.6	1987–88	115.8	126.2	126.8	130.0	1987	0.6210
1988	66.990	118.3	1988–89	121.2	132.8	132.1	138.6	1988	0.6398
1989	69.520	124.0	1989–90	127.0	140.8	139.0	147.4	1989	0.6634
1990	72.213	130.7	1990–91	133.9	148.2	145.8	155.7	1990	0.6840
1991	74.762	136.2	1991–92	138.2	153.5	150.6	163.3	1991	0.7162
1992	76.537	140.3	1992–93	142.5	157.9	155.2	169.8	1992	0.7436
1993	78.222	144.5	1993–94	146.2	163.3	160.1	176.7	1993	0.7637
1994	79.867	148.2	1994–95	150.4	168.1	165.4	183.9	1994	0.7780
1995	81.533	152.4	1995–96	154.5	173.0	170.8	192.6	1995	0.7992
1996	83.083	156.9	1996–97	158.9	178.4	—	—	1996	0.8184
1997	84.554	160.5	1997–98	161.7	184.7	—	—	1997	0.8356
1998	85.507	163.0	1998–99	164.5	189.1	—	—	1998	0.8436
1999	86.766	166.6	1999–2000	169.3	196.9	—	—	1999	0.8554
2000	88.648	172.2	2000–01	175.1	208.7	—	—	2000	0.8767
2001	90.654	177.1	2001–02	178.2	212.7	—	—	2001	0.8988
2002	92.113	179.9	2002–03	182.1	223.5	—	—	2002	0.9135
2003	94.099	184.0	2003–04	186.1	231.7	—	—	2003	0.9375
2004	96.769	188.9	2004–05	191.7	240.8	—	—	2004	0.9644
2005	100.000	195.3	2005–06	199.0	253.1	—	—	2005	1.0000
2006	103.263	201.6	2006–07	204.1	260.3	—	—	2006	1.0356
2007	106.221	207.3	2007–08	211.7	273.2	—	—	2007	1.0638
2008	108.481	215.3	2008–09	214.7	279.3	—	—	2008	1.1029
2009	109.618	214.5	2009–10	216.7	281.8	—	—	2009	1.1040

—Not available.
[1]Index for urban wage earners and clerical workers through 1977; 1978 and later figures are for all urban consumers.
[2]Consumer Price Index adjusted to a school-year basis (July through June).
[3]Beginning in 2001–02, components of index were weighted through a regression methodology.
NOTE: Some data have been revised from previously published figures.
SOURCE: U.S. Department of Commerce, Bureau of Economic Analysis, National Income and Product Accounts, retrieved September 17, 2010, from http://www.bea.gov/national/nipaweb. U.S. Department of Labor, Bureau of Labor Statistics, Consumer Price Index, retrieved September 17, 2010, from ftp://ftp.bls.gov/pub/special.requests/cpi/cpiai.txt. Commonfund Institute, *Higher Education Price Index*, retrieved September 17, 2010, from http://www.commonfund.org/CommonfundInstitute/HEPI/Pages/default.aspx. U.S. Office of Management and Budget, *Budget of the U.S. Government, Fiscal Year 2011, Historical Tables*. (This table was prepared September 2010.)

CHAPTER 2
Elementary and Secondary Education

This chapter contains a variety of statistics on public and private elementary and secondary education. Data are presented for enrollments, teachers and other school staff, schools, dropouts, achievement, school violence, and revenues and expenditures. These data are derived from surveys, censuses, and administrative data collections conducted by the National Center for Education Statistics (NCES) and other public and private organizations. The information ranges from counts of students and schools to state graduation requirements.

Enrollments

Public elementary and secondary school enrollment rose from 48.5 million in 2003 to 49.3 million in 2008 (an increase of 1 percent), but enrollment at the elementary and secondary levels increased at different rates (table 39 and figure 6). Public elementary enrollment (prekindergarten through grade 8) was 0.2 percent higher in 2008 (34.3 million) than in 2003 (34.2 million), while public secondary enrollment was 4 percent higher in 2008 (15.0 million) than in 2003 (14.3 million). Enrollments in private elementary and secondary schools decreased by an estimated 2 percent between 2003 and 2008, from 6.1 million to 6.0 million (table 3).

In 2009, about 63 percent of 3- to 5-year-olds were enrolled in preprimary education (nursery school and kindergarten), similar to the proportion in 2000 (table 52 and figure 7). However, the percentage of children in full-day programs increased from 2000 to 2009. In 2009, about 61 percent of the children enrolled in preprimary education attended a full-day preprimary program, compared with 53 percent in 2000.

A higher percentage of 4-year-old children (57 percent) were cared for primarily in center-based programs during the day in 2005–06 than were cared for in home-based settings by their parents (20 percent), in home-based settings by relatives (13 percent), or in home-based settings by nonrelatives (8 percent) (table 55). There were differences in the average quality of care children received in these settings. A higher percentage of children in Head Start and other center-based programs (35 percent) received high-quality care than those in home-based relative and nonrelative care (9 percent), according to the ratings of trained observers (table 56).

The Individuals with Disabilities Education Act (IDEA), enacted in 1975, mandates that children and youth ages 3–21 with disabilities be provided a free and appropriate public school education. The percentage of total public school enrollment that represents children served by federally supported special education programs increased from 8.3 percent to 13.2 percent between 1976–77 and 2008–09 (table 45). Much of this overall increase can be attributed to a rise in the percentage of students identified as having specific learning disabilities from 1976–77 (1.8 percent) to 1990–91 (5.2 percent). The overall percentage of students being served in programs for those with disabilities decreased between 2003–04 (13.7 percent) and 2008–09 (13.2 percent). However, there were different patterns of change in the percentages served with some specific conditions between 2003–04 and 2008–09. The percentage of children identified as having other health impairments (limited strength, vitality, or alertness due to chronic or acute health problems such as a heart condition, tuberculosis, rheumatic fever, nephritis, asthma, sickle cell anemia, hemophilia, epilepsy, lead poisoning, leukemia, or diabetes) rose from 1.0 to 1.3 percent of total public school enrollment; the percentage with autism rose from 0.3 to 0.7 percent; and the percentage with developmental delays rose from 0.6 to 0.7 percent. The percentage of children with specific learning disabilities declined from 5.8 percent to 5.0 percent of total public school enrollment during this period. In fall 2008, some 95 percent of 6- to 21-year-old students with disabilities were served in regular schools; 3 percent were served in a separate school for students with disabilities; 1 percent were placed in regular private schools by their parents; and less than 1 percent each were served in one of the following environments: in a separate residential facility, homebound or in a hospital, or in a correctional facility (table 46).

Teachers and Other School Staff

During the 1970s and early 1980s, public school enrollment decreased, while the number of teachers generally increased. For public schools, the number of pupils per teacher—that is, the pupil/teacher ratio[1]—declined from 22.3 in 1970 to 17.9 in 1985 (table 68 and figure 6). After 1985, the public school pupil/teacher ratio continued to decline, reaching 17.2 in 1989. After a period of relative stability during the late 1980s through the mid-1990s, the ratio declined from 17.3 in 1995 to 16.0 in 2000. Decreases have continued since then, and the public school pupil/teacher ratio was 15.3 in 2008. By comparison, the pupil/teacher ratio for private schools was estimated at 13.1 in 2008. The average class size in 2007–08 was 20.0 pupils for public elementary schools and 23.4 pupils for public secondary schools (table 71).

In 2007–08, some 76 percent of public school teachers were female, 44 percent were under age 40, and 52 percent had a master's or higher degree (table 72). Compared with public school teachers, a lower percentage of private school teachers were female (74 percent), were under age 40 (39 percent), and had a master's or higher degree (38 percent).

Public school principals tend to be older and have more advanced credentials than public school teachers. In 2007–08, some 19 percent of public school principals were under age 40, and 99 percent of public school principals had a master's or higher degree (table 89). A lower percentage of principals than of teachers were female: about 50 percent of public school principals were female, compared with 76 percent of teachers.

From 1969–70 to 1980, there was an 8 percent increase in the number of public school teachers, compared with a 48 percent increase in the number of all other public school staff[2] (table B and table 84). Consequently, the percentage of staff who were teachers declined from 60 percent in 1969–70 to 52 percent in 1980. From 1980 to 2008, the number of teachers and the number of all other staff grew at more similar rates (47 and 56 percent, respectively) than they did in the 1970s. As a result, the proportion of teachers among total staff was 1 percentage point lower in 2008 than in 1980, in contrast to the decrease of 8 percentage points during the 1970s. Two staff categories increased more than 100 percent between 1980 and 2008—instructional aides, which rose 125 percent, and instructional coordinators, which rose 257 percent. Taken together, the percentage of staff with some instructional responsibilities (teachers and instructional aides) increased from 60 to 63 percent between 1980 and 2008. In 2008, there were 8 pupils per staff member (total staff) at public schools, compared with 10 pupils per staff member in 1980. At private schools in 2007, by comparison, the number of pupils per staff member was 7 (table 64).

Table B. Number of public school staff, by selected categories: 1969–70, 1980, and 2008

[In thousands]

Selected staff category	1969–70	1980	2008
Total	**3,361**	**4,168**	**6,318**
Teachers	2,016	2,184	3,219
Instructional aides	57	326	734
Instructional coordinators	32	21	73

SOURCE: U.S. Department of Education, National Center for Education Statistics, *Statistics of State Schools Systems, 1969–70; Statistics of Public Elementary and Secondary Schools, 1980;* and Common Core of Data (CCD), 2008.

Schools

During most of the last century, the trend to consolidate small schools brought declines in the total number of public schools in the United States. In 1929–30, there were approximately 248,000 public schools, compared with about 99,000 in 2008–09 (table 90). But this number has increased over the past 10 years: between 1998–99 and 2008–09, there was an increase of approximately 7,800 schools. Since the early 1970s, public school systems have been shifting away from junior high schools (schools consisting of either grades 7 and 8 or grades 7 to 9) and toward middle schools (a subset of elementary schools beginning with grade 4, 5, or 6 and ending with grade 6, 7, or 8) (table 97). Although the number of all elementary schools (schools beginning with grade 6 or below and having no grade higher than 8) was 1 percent lower in 1998–99 than in 1970–71 (63,500 vs. 64,000), the number of middle schools was 439 percent higher in 1998–99 than in 1970–71 (11,200 vs. 2,100). During the same period, the number of junior high schools declined by 53 percent (from 7,800 in 1970–71 to 3,600 in 1998–99). Between 1998–99 and 2008–09, the number of all elementary schools rose by 6 percent to 67,100, while the subset of middle schools rose by 17 percent to 13,100. During the same period, the number of junior high schools declined by 16 percent to 3,000.

The average number of students in public elementary schools declined from 478 students in 1998–99 to 470 students in 2008–09 (table 99). The average enrollment size of public secondary schools increased from 707 students in 1998–99 to 722 in 2003–04, but then decreased to an average of 704 students in 2008–09. The average size of regular public secondary schools, which exclude alternative, special education, and vocational education schools, rose from 786 students to 807 between 1998–99 and 2008–09.

[1] The pupil/teacher ratio is based on all teachers—including teachers for students with disabilities and other special teachers—and all students enrolled in the fall of the school year. Unlike the pupil/teacher ratio, the average class size excludes students and teachers in classes that are exclusively for special education students. Class size averages are based on surveys of teachers reporting on the counts of students in their classes.

[2] "All other public school staff" includes administrative staff, principals, librarians, guidance counselors, secretaries, custodial staff, food service workers, school bus drivers, and other professional and nonprofessional staff.

High School Graduates and Dropouts

About 3,252,000 high school students are expected to graduate during the 2010–11 school year (table 110), including 2,937,000 public school graduates and 315,000 private school graduates. High school graduates include only recipients of diplomas, not recipients of equivalency credentials. The 2010–11 projection of high school graduates is lower than the record-high projection of 3,319,000 graduates for 2008–09, but exceeds the high point during the baby boom era in 1975–76, when 3,142,000 students earned diplomas. In 2007–08, an estimated 74.7 percent of public high school students graduated on time—that is, received a diploma 4 years after beginning their freshman year (table 112).

The number of General Educational Development (GED) credentials issued by the states to GED test passers rose from 330,000 in 1977 to 487,000 in 2000 (table 114). A record number of 648,000 GED credentials were issued in 2001. In 2002, there were revisions to the GED test and to the data reporting procedures. In 2001, test takers were required to successfully complete all five components of the GED or else begin the five-part series again with the new test that was introduced in 2002. Prior to 2002, reporting was based on summary data from the states on the number of GED credentials issued. As of 2002, reporting has been based on individual GED candidate- and test-level records collected by the GED Testing Service. In 2009, some 448,000 passed the GED tests, up from 330,000 in 2002, the first year of the new test series.[3]

The percentage of dropouts among 16- to 24-year-olds has shown some decreases over the past 20 years. This percentage, known as the status dropout rate, includes all people in the 16- to 24-year-old age group who are not enrolled in school and who have not completed a high school program, regardless of when they left school. (People who left school but went on to receive a GED credential are not treated as dropouts.) Between 1989 and 2009, the status dropout rate declined from 12.6 to 8.1 percent (table 115). Although the status dropout rate declined for both Blacks and Hispanics during this period, their rates (9.3 and 17.6 percent, respectively) remained higher than the rate for Whites (5.2 percent) in 2009. This measure is based on the civilian noninstitutionalized population, which excludes people in prisons, people in the military, and other people not living in households.

Achievement

Most of the student performance data in the *Digest* are drawn from the National Assessment of Educational Progress (NAEP). The NAEP assessments have been conducted using three basic designs: the national main NAEP, state NAEP, and long-term trend NAEP. The main NAEP reports current information for the nation and specific geographic regions of the country. The assessment program includes students drawn from both public and nonpublic schools and reports results for student achievement at grades 4, 8, and 12. The main NAEP assessments follow the frameworks developed by the National Assessment Governing Board and use the latest advances in assessment methodology. Because the assessment items reflect curricula associated with specific grade levels, the main NAEP uses samples of students at those grade levels.

Since 1990, NAEP assessments have also been conducted at the state level. Each participating state receives assessment results that report on the performance of students in that state. In its content, the state assessment is identical to the assessment conducted nationally. From 1990 through 2001, the national sample was a subset of the combined sample of students assessed in each participating state along with an additional sample from the states that did not participate in the state assessment. For mathematics and reading assessments since 2002, a combined sample of public schools has been selected for both 4th- and 8th-grade state and national NAEP.

NAEP long-term trend assessments are designed to give information on the changes in the basic achievement level of America's youth since the early 1970s. They are administered nationally and report student performance in reading and mathematics at ages 9, 13, and 17. Measuring long-term trends of student achievement requires the precise replication of past procedures. For example, students of specific ages are sampled in order to maintain consistency with the original sample design. Similarly, the long-term trend instrument does not evolve based on changes in curricula or in educational practices. The differences in procedures between the main NAEP and the long-term trend NAEP mean that their results cannot be compared directly.

Reading

Reported on a scale of 0 to 500, NAEP long-term trend results in reading are available for 12 assessment years going back to the first in 1971. The average reading score for 9-year-olds was higher in 2008 than in all previous assessment years, increasing 4 points since 2004 and 12 points in comparison to 1971 (table 124). While the average score for 13-year-olds in 2008 was higher than in both 2004 and 1971, it was not significantly different from the scores in some assessment years in between. The average reading score for 17-year-olds was higher in 2008 than in 2004 but was not significantly different from the score in 1971.

White, Black, and Hispanic 9-, 13-, and 17-year-olds all had higher average reading scores in 2008 than they did in the first assessment year (which is 1975 for Hispanic students because separate data for Hispanics were not collected in 1971). At age 9, White, Black, and Hispanic students scored higher in 2008, on average, than in any previous assessment

[3] Information on changes in GED test series and reporting is based on the 2003 edition of *Who Passed the GED Tests?,* by the GED Testing Service of the American Council on Education, as well as communication with staff of the GED Testing Service.

year. In comparison to 2004, average reading scores were higher in 2008 for White students at all three ages, for Black students at ages 9 and 13, and for Hispanic students at age 9. Reading results for 2008 continued to show gaps in scores between White and Black students (ranging from 21 to 29 points, depending on age) and between White and Hispanic students (ranging from 21 to 26 points). From 2004 to 2008, no significant changes were seen in these reading score gaps. However, the White-Black reading gap was smaller in 2008 than in 1971 at all three ages, and the White-Hispanic reading gap narrowed at ages 9 and 17 in comparison to 1975.

In 2008, female students continued to have higher average reading scores than male students at all three ages. The gap between male and female 9-year-olds was 7 points in 2008; this was not significantly different from the gap in 2004 but was narrower than the gap in 1971. The 8-point gender gap for 13-year-olds in 2008 was not significantly different from the gaps in either 2004 or 1971. At age 17, the 11-point gap between males and females in 2008 was not significantly different from the gaps in any of the previous assessment years.

The main NAEP assessment data were first collected in 1992 and are reported on a scale of 0 to 500. From 2007 to 2009, there were no measurable changes in average reading scores for 4th-grade males and females or for 4th-grade students from any of the five racial/ethnic groups (table 125). From 1992 to 2009, male 4th-graders' average reading scores increased from 213 to 218 and female 4th-graders' scores increased from 221 to 224 (table 126). At grade 4, the average reading scores in 2009 for White, Black, Hispanic, Asian/Pacific Islander, and American Indian/Alaska Native students were not measurably different from their scores in 2007 (table 125). The 2009 reading scores for White, Black, and Hispanic students did, however, remain higher than scores from assessment years prior to 2007. The 2009 average NAEP reading scale score for 8th-graders was 1 point higher than the 2007 score and 4 points higher than the 1992 score, but the 2009 score was not always measurably different from the scores on the assessments given between 1994 and 2005. For 12th-graders, the 2009 average reading score was 4 points lower than the score in 1992 but 2 points higher than the score in 2005 (12th-graders were not assessed in 2007).

The 2009 main NAEP reading assessment of states found that the average reading proficiency of public school 4th- and 8th-graders varied across participating jurisdictions (the 50 states, the Department of Defense overseas and domestic schools, and the District of Columbia). For 4th-graders in public schools, the U.S. average score was 220, with average scores in participating jurisdictions ranging from 202 in the District of Columbia to 234 in Massachusetts (table 129). For 8th-graders in public schools, the U.S. average score was 262, with average scores in participating jurisdictions ranging from 242 in the District of Columbia to 274 in Massachusetts (table 130).

Mathematics

NAEP long-term trend mathematics results, reported on a scale of 0 to 500, are available for 11 assessment years, going back to the first in 1973. Average mathematics scores for 9- and 13-year-olds were higher in 2008 than in all previous assessment years (table 140). The average score for 9-year-olds in 2008 was 4 points higher than in 2004 and 24 points higher than in 1973. For 13-year-olds, the average score in 2008 was 3 points higher than in 2004 (based on unrounded scores) and 15 points higher than in 1973. In contrast, the average score for 17-year-olds in 2008 was not significantly different from the scores in 2004 and 1973.

White, Black, and Hispanic 9-, 13-, and 17-year-olds all had higher average mathematics scores in 2008 than in 1973. In comparison to 2004, average mathematics scores were higher in 2008 for White students at age 9. From 2004 to 2008, there were no significant changes in scores for 9-, 13-, and 17-year-old Black and Hispanic students or for 13- and 17-year-old White students. Mathematics results for 2008 continued to show score gaps between White and Hispanic students (ranging from 16 to 23 points, depending on age) and between White and Black students (ranging from 26 to 28 points). Across all three age groups, neither the White-Black gap nor the White-Hispanic gap in mathematics scores changed significantly from 2004 to 2008, but both were smaller in 2008 than in 1973.

While there was no significant difference between the average mathematics scores of male and female 9-year-olds in 2008, male students did score higher than female students at ages 13 and 17. At age 13, the 4-point gap between males and females in 2008 was not significantly different when compared to the gap in 2004, but it was larger than the gap in 1973. At age 17, the 5-point gender score gap in 2008 was not significantly different from the gaps in previous assessment years.

On the main NAEP mathematics assessment, gains in average scores seen in earlier years continued from 2007 to 2009 at grade 8 but not at grade 4. At grade 8, the average NAEP mathematics score (reported on a scale of 0 to 500) increased 2 points from 2007 to 2009 and was higher in 2009 than in any previous assessment year (table 146). At grade 4, the average score in 2009 was unchanged from the score in 2007 but still higher than the scores in the six assessment years from 1990 to 2005. From 2007 to 2009, no significant score changes occurred at grade 4 for males or females or for any of the racial/ethnic groups. At grade 8, average scores increased from 2007 to 2009 for both male and female students as well as for White, Black, Hispanic, and Asian/Pacific Islander students. For American Indian/Alaska Native 8th-graders, no measurable differences were detected in average scores over the assessment years. Because of major changes to the grade 12 mathematics assessment, results from 2005 and 2009 cannot be compared with results from earlier assessment years. For 12th-graders, the average mathematics score (reported on a scale of 0 to 300) was 3 points higher in 2009 than in 2005. Average scores increased from 2005 to 2009 for both male and female 12th-graders as well as for 12th-graders from all the racial/ethnic groups.

The 2009 main NAEP assessment of states found that the average mathematics proficiency of public school 4th- and 8th-graders varied across participating jurisdictions (the 50 states, the Department of Defense overseas and domestic schools, and the District of Columbia). For 4th-graders in public schools, the U.S. average score was 239, with average scores in participating jurisdictions ranging from 219 in the District of Columbia to 251 in New Hampshire and 252 in Massachusetts (table 143). For 8th-graders in public schools, the U.S. average score was 282, with average scores in participating jurisdictions ranging from 254 in the District of Columbia to 299 in Massachusetts (table 144).

Science

NAEP has assessed the science abilities of students in grades 4, 8, and 12 since 1996, using a separate scale of 0 to 300 for each grade. From 1996 to 2005, the national average 4th-grade science score increased from 147 to 151, there was no measurable change in the 8th-grade score, and the 12th-grade score decreased from 150 to 147 (table 148). Certain subgroups outperformed others in science in 2005. For example, males outperformed females at all three grades. White students scored higher, on average, than Black and Hispanic students at all three grades in 2005. At 4th grade, average scores were higher for White, Black, Hispanic, and Asian/Pacific Islander students in 2005 than in 1996. At 8th grade, the average score for Black students was higher in 2005 than in 1996, but no measurable increases occurred for other racial/ethnic groups from 1996 to 2005. At 12th grade, there were no measurable changes in average scores for any racial/ethnic group when comparing results from 2005 with those from 1996. Asian/Pacific Islander 4th-graders' results from 2000 are not included because reporting standards were not met.

Skills of Young Children

In addition to student performance data available through NAEP, the *Digest* presents data from other surveys to provide additional perspectives on student achievement. Differences among demographic groups in the acquisition of cognitive skills have been demonstrated at relatively early ages in the Early Childhood Longitudinal Survey, Birth Cohort (ECLS-B) (tables 119, 120, and 121).

In 2003–04, about 64 percent of 2-year-olds demonstrated proficiency in expressive vocabulary, which measured toddlers' ability to communicate using gestures, words, and sentences (table 119). The percentage of 2-year-olds demonstrating expressive vocabulary was higher for females (69 percent) than for males (59 percent). Also, a higher percentage of White (71 percent) and Asian (62 percent) 2-year-olds demonstrated expressive vocabulary than of Black, Hispanic, or American Indian/Alaska Native 2-year-olds (56, 54, and 50 percent, respectively). The percentage of 2-year-olds from families with high socioeconomic status (SES) who demonstrated expressive vocabulary (75 percent) was higher than the percentage of children from low-SES families who did so (52 percent).

Patterns of differences were also observed by race/ethnicity and SES for children at about 4 years of age (48 to 57 months old) and at kindergarten entry. Average early reading scores were higher for White (27.4) and Asian (30.5) 48- to 57-month-old children than for Black (22.9), Hispanic (21.2), and American Indian/Alaska Native (20.1) children (table 120). Also, high-SES children (32.7) had higher average early reading scores than low-SES children (19.3) at this age. These same patterns were observed among 48- to 57-month-old children with respect to average mathematics scores. White (31.6) and Asian (34.7) 48- to 57-month-old children had higher mathematics scores than Black (26.9), Hispanic (26.2), and American Indian/Alaska Native children (23.2). High-SES 48- to 57-month-old children (36.2) had higher average mathematics scores than low-SES children (23.6). Similarly, among 5- and 6-year-olds entering kindergarten, average mathematics scores were higher for high-SES children (49.5) than for low-SES children (37.7) (table 121). White (45.5) and Asian (48.2) 5- and 6-year-olds entering kindergarten had higher mathematics scores than Black (39.8), Hispanic (39.6), and American Indian/Alaska Native (36.2) children. Similar patterns were observed for early reading skills among children entering kindergarten. White (45.1) and Asian (51.4) children had higher early reading scores at kindergarten entry than Black (40.2), Hispanic (38.4), and American Indian/Alaska Native (36.2) children. High-SES children (51.2) had higher average early reading scores than low-SES children (35.0).

SAT Scores of College-Bound Seniors

The SAT (formerly known as the Scholastic Assessment Test and the Scholastic Aptitude Test) is not designed as an indicator of student achievement, but rather as an aid for predicting how well students will do in college. Between 1998–99 and 2004–05, the mathematics SAT average score increased by 9 points, but it declined by 4 points between 2004–05 and 2009–10 (table 152). The critical reading average score in 2009–10 (501) was 4 points lower than in 1998–99.

Coursetaking in High School

The average number of science and mathematics courses completed by public high school graduates increased between 1982 and 2005. The average number of mathematics courses (Carnegie units) completed in high school rose from 2.6 in 1982 to 3.7 in 2005, and the number of science courses rose from 2.2 to 3.3 (table 157). The average number of courses in career/technical areas completed by all high school graduates was lower in 2005 (4.0 units) than in 1982 (4.6 units). As a result of the increased academic course load, the percentage of students completing the 1983 National

Commission on Excellence recommendations for college-bound students (4 units of English, 3 units of social studies, 3 units of science, 3 units of mathematics, 2 units of foreign language, and .5 units of computer science) rose from 2 percent in 1982 to 36 percent in 2005 (table 161).

School Violence

In 2007–08, about 85 percent of public schools had a criminal incident, which is defined as a serious violent crime or a less serious crime such as a fight without weapons, theft, or vandalism (table 168). The percentage of schools having a criminal incident in 2007–08 was about the same as the percentage in 1999–2000 (86 percent). In 2007–08, some 75 percent of schools reported one or more violent incidents, 47 percent of schools reported one or more thefts/larcenies, and 67 percent reported other types of incidents. Overall, there were 4 criminal incidents reported per 100 students.

Revenues and Expenditures

The state share of revenues for public elementary and secondary schools generally grew from the 1930s through the mid-1980s, while the local share declined during the same time period (table 180 and figure 9). However, this pattern changed in the late 1980s, when the local share began to increase at the same time the state share decreased. Between 1986–87 and 1993–94, the state share declined from 49.7 percent to 45.2 percent, while the local share rose from 43.9 percent to 47.8 percent. Between 1993–94 and 2000–01, the state share rose again to 49.7 percent, the highest share since 1986–87, but declined every school year thereafter until 2005–06, when the state share was 46.5 percent. Between 1995–96 and 2005–06, the federal share of revenues rose from 6.6 to 9.1 percent. The local share declined from 45.9 percent in 1995–96 to 42.8 in 2002–03 and then increased each year, reaching 44.4 percent in 2005–06. Between 2005–06 and 2007–08, these patterns shifted. The federal percentage declined from 9.1 to 8.2 percent and the local percentage declined from 44.4 to 43.5 percent. In contrast, the state percentage rose from 46.5 to 48.3 percent.

After adjustment for inflation, current expenditures per student in fall enrollment at public schools rose during the 1980s, remained stable during the first part of the 1990s, and rose again after 1992–93 (table 190 and figure 10). There was an increase of 37 percent from 1980–81 to 1990–91; a change of less than 1 percent from 1990–91 to 1994–95 (which resulted from small decreases at the beginning of this period, followed by small increases after 1992–93); and an increase of 32 percent from 1994–95 to 2007–08. In 2007–08, current expenditures per student in fall enrollment were $10,297 in unadjusted dollars. In 2007–08, some 55 percent of students in public schools were transported at public expense at a cost of $854 per pupil transported, also in unadjusted dollars (table 184).

Figure 6. Enrollment, number of teachers, pupil/teacher ratio, and expenditures in public schools: 1960–61 through 2008–09

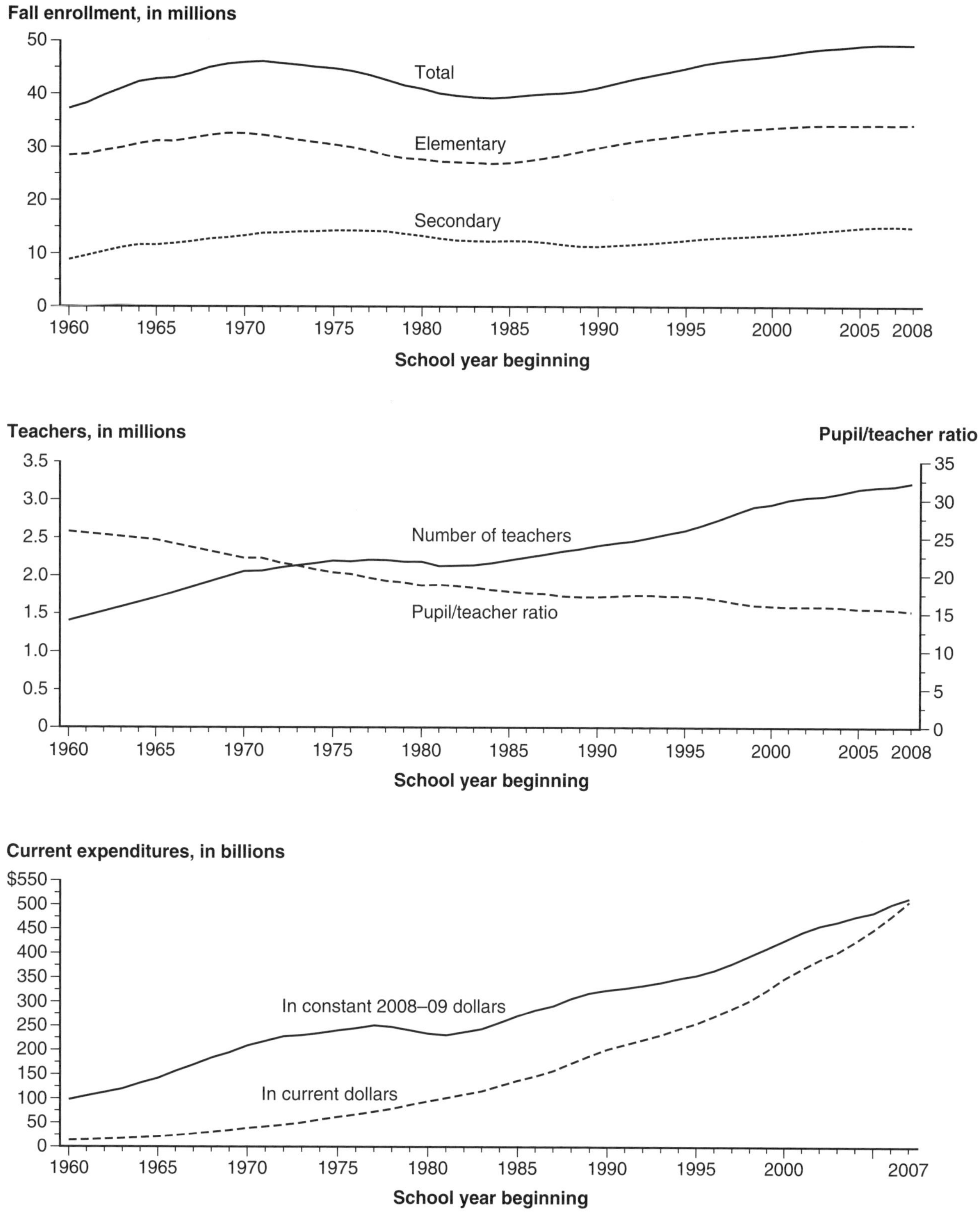

SOURCE: U.S. Department of Education, National Center for Education Statistics, *Statistics of State School Systems*, 1959–60 through 1969–70; *Statistics of Public Elementary and Secondary Day Schools*, 1956–60 through 1984–85; *Revenues and Expenditures for Public Elementary and Secondary Education*, 1970–71 through 1980–81; and Common Core of Data (CCD), "State Nonfiscal Survey of Public Elementary/Secondary Education," 1981–82 through 2008–09, and "National Public Education Financial Survey," 1989–90 through 2007–08.

Figure 7. Total and full-day preprimary enrollment of 3- to 5-year-olds: October 1970 through October 2009

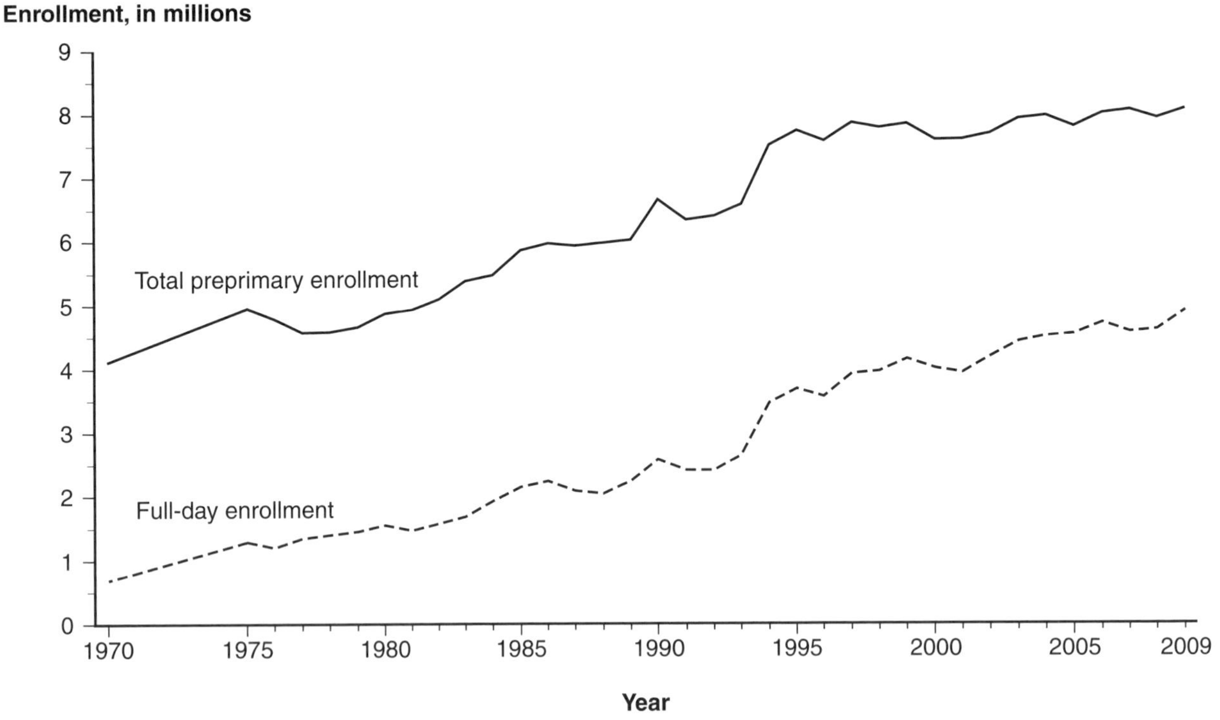

SOURCE: U.S. Department of Education, National Center for Education Statistics, *Preprimary Enrollment*, 1970 and 1975. U.S. Department of Commerce, Census Bureau, Current Population Survey (CPS), October 1976 through October 2009.

Figure 8. Percentage change in public elementary and secondary enrollment, by state: Fall 2003 to fall 2008

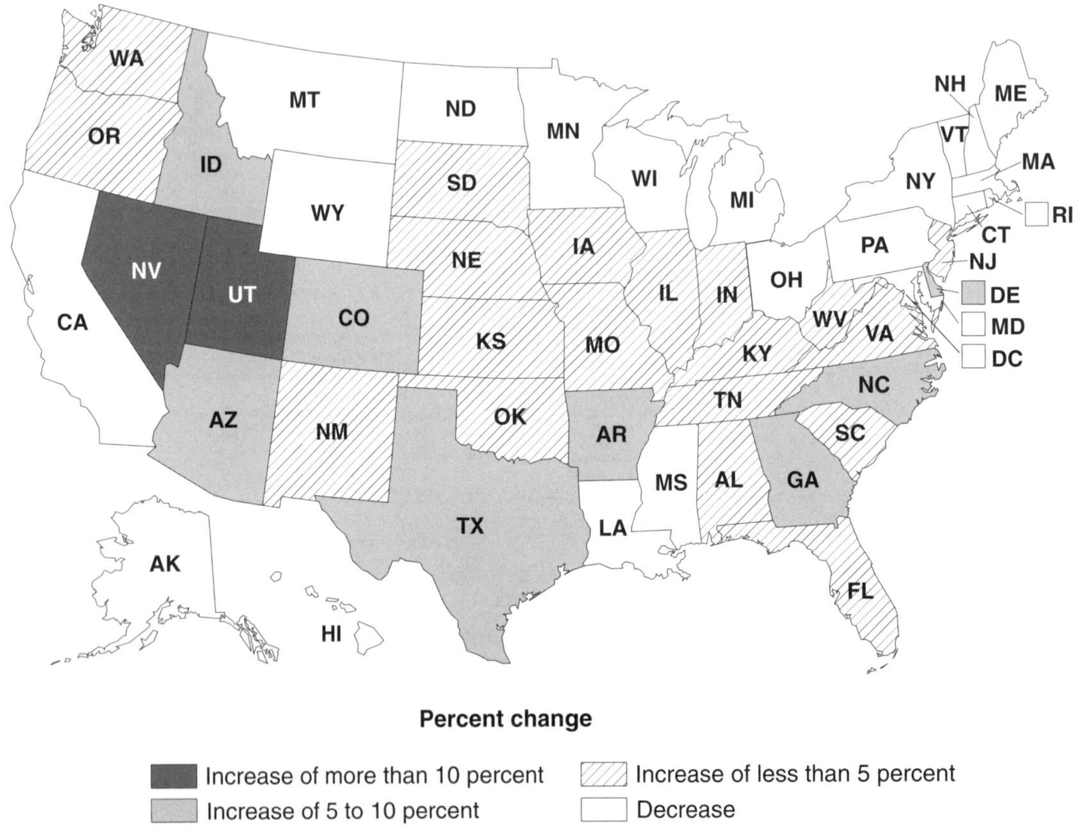

SOURCE: U.S. Department of Education, National Center for Education Statistics, Common Core of Data (CCD), "State Nonfiscal Survey of Public Elementary/Secondary Education," 2003–04 and 2008–09.

Figure 9. Percentage of revenue for public elementary and secondary schools, by source of funds: 1970–71 through 2007–08

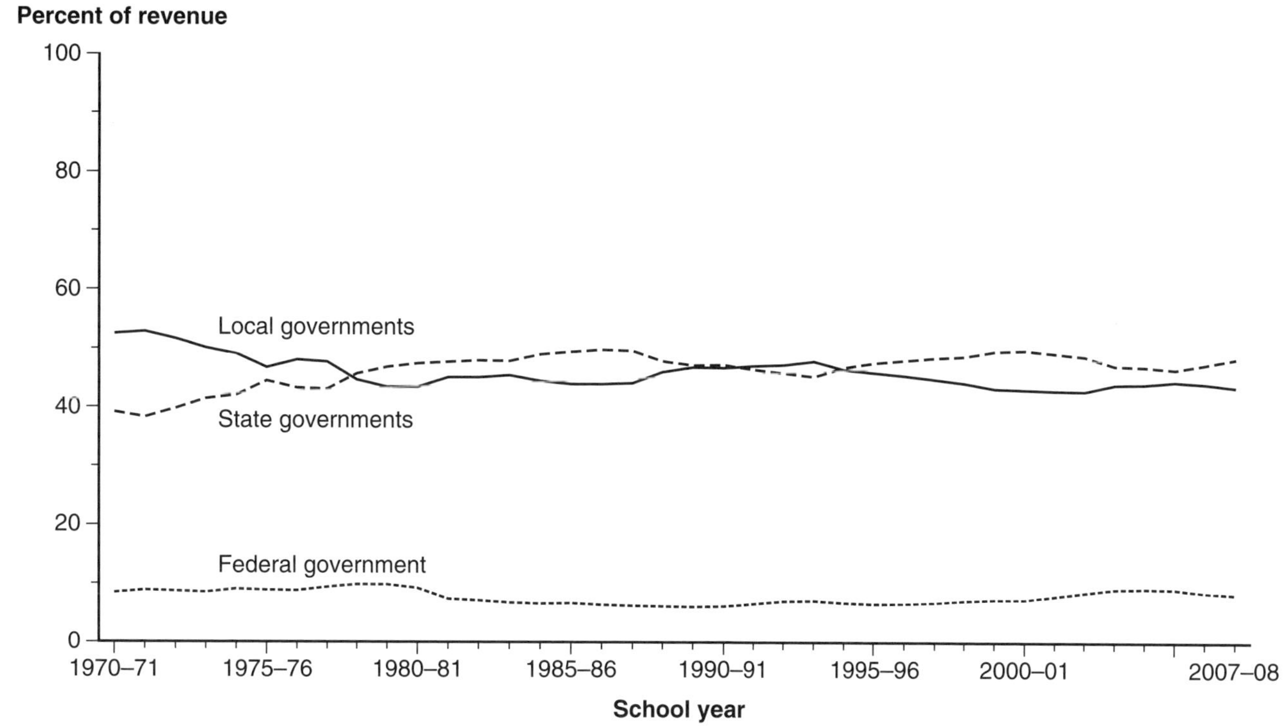

SOURCE: U.S. Department of Education, National Center for Education Statistics, *Revenues and Expenditures for Public Elementary and Secondary Education*, 1970–71 through 1986–87; and Common Core of Data (CCD), "National Public Education Financial Survey," 1987–88 through 2007–08.

Figure 10. Current expenditure per pupil in fall enrollment in public elementary and secondary schools: 1970–71 through 2007–08

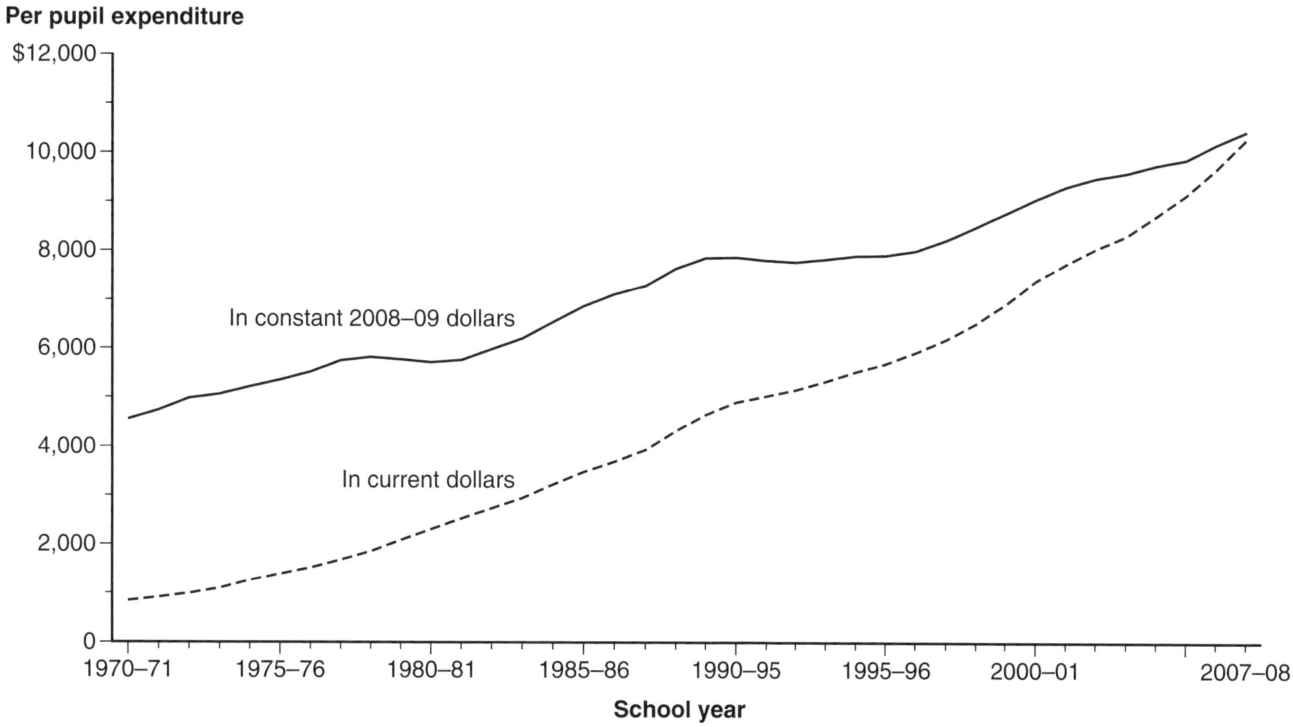

SOURCE: U.S. Department of Education, National Center for Education Statistics, *Revenues and Expenditures for Public Elementary and Secondary Education*, 1970–71 through 1986–87; and Common Core of Data (CCD), "National Public Education Financial Survey," 1987–88 through 2007–08.

Table 35. Historical summary of public elementary and secondary school statistics: Selected years, 1869–70 through 2007–08

Selected characteristic	1869–70	1879–80	1889–90	1899–1900	1909–10	1919–20	1929–30	1939–40	1949–50	1959–60	1969–70	1979–80	1989–90	1999–2000	2005–06	2006–07	2007–08
1	2	3	4	5	6	7	8	9	10	11	12	13	14	15	16	17	18
Population, pupils, and instructional staff																	
Total population (in thousands)[1]	38,558	50,156	62,622	75,995	90,490	104,514	121,878	131,028	149,188	177,830	201,385	225,055	246,819	279,040	295,753	298,593	301,580
5- to 17-year-olds (in thousands)[1]	11,683	15,066	18,473	21,573	24,011	27,571	31,414	30,151	30,223	43,881	52,386	48,043	44,947	52,811	53,265	53,397	53,419
5- to 17-year-olds as a percent of total population	30.3	30.0	29.5	28.4	26.5	26.4	25.8	23.0	20.3	24.7	26.0	21.3	18.2	18.9	18.0	17.9	17.7
Total enrollment in elementary and secondary schools (in thousands)[2]	7,562 [3]	9,867	12,723	15,503	17,814	21,578	25,678	25,434	25,112	36,087	45,550	41,651	40,543	46,857	49,113	49,316	49,293
Prekindergarten and grades 1–8 (in thousands)	7,481 [3]	9,757	12,520	14,984	16,899	19,378	21,279	18,833	19,387	27,602	32,513	28,034	29,150	33,486	34,204	34,235	34,205
Grades 9–12 (in thousands)	80 [3]	110	203	519	915	2,200	4,399	6,601	5,725	8,485	13,037	13,616	11,393	13,371	14,909	15,081	15,087
Enrollment as a percent of total population	19.6 [3]	19.7	20.3	20.4	19.7	20.6	21.1	19.4	16.8	20.3	22.6	18.5	16.4	16.8	16.6	16.5	16.3
Enrollment as a percent of 5- to 17-year-olds	64.7 [3]	65.5	68.9	71.9	74.2	78.3	81.7	84.4	83.1	82.2	87.0	86.7	90.2	88.7	92.2	92.4	92.3
Percent of total enrollment in high schools (grades 9–12)	1.1 [3]	1.1	1.6	3.3	5.1	10.2	17.1	26.0	22.8	23.5	28.6	32.7	28.1	28.5	30.4	30.6	30.6
High school graduates (in thousands)	—	—	22	62	111	231	592	1,143	1,063	1,627	2,589	2,748	2,320	2,544	2,816	2,892	3,000
Average daily attendance (in thousands)	4,077	6,144	8,154	10,633	12,827	16,150	21,265	22,042	22,284	32,477	41,934	38,289	37,799	43,807	45,932	46,133	46,156
Total number of days attended by pupils enrolled (in millions)	539	801	1,098	1,535	2,011	2,615	3,673	3,858	3,964	5,782	7,501	6,835 [4]	—	7,858	8,250	8,267	8,261
Percent of enrolled pupils attending daily	59.3	62.3	64.1	68.6	72.1	74.8	82.8	86.7	88.7	90.0	90.4	90.1 [4]	—	94.3	—	—	93.1
Average length of school term, in days	132.2	130.3	134.7	144.3	157.5	161.9	172.7	175.0	177.9	178.0	178.9	178.5 [4]	—	179.4	179.6	179.2	179.0
Average number of days attended per pupil	78.4	81.1	86.3	99.0	113.0	121.2	143.0	151.7	157.9	160.2	161.7	160.8 [4]	—	169.2	—	—	166.6
Total instructional staff (in thousands)	—	—	—	—	—	678	880	912	963	1,457	2,286	2,406	2,986	3,819	4,151	4,187	4,214
Supervisors (in thousands)	—	—	—	—	—	7	7	5	—	—	—	—	—	—	—	—	—
Principals (in thousands)	—	—	—	—	—	14	31	32	43	64	91	106	126	137	156	154	158
Teachers, librarians, and other nonsupervisory instructional staff (in thousands)[5]	201	287	364	423	523	657	843	875	920	1,393	2,195	2,300	2,860	3,6821	3,995	4,033	4,056
Males (in thousands)	78	123	126	127	110	93	140	195	196	404 [4]	711 [4]	782 [4]	—	—	—	—	—
Females (in thousands)	123	164	238	296	413	585	703	681	724	989 [4]	1,484 [4]	1,518 [4]	—	—	—	—	—
Percent male	38.7	42.8	34.5	29.9	21.1	14.1	16.6	22.2	21.3	29.0 [4]	32.4 [4]	34.0 [4]	—	—	—	—	—
	Amounts in current dollars																
Total revenues and expenditures																	
Total revenue receipts (in millions)	—	—	$143	$220	$433	$970	$2,089	$2,261	$5,437	$14,747	$40,267	$96,881	$208,548	$372,944	$520,622	$555,711	$584,729
Federal government	—	—	—	—	—	2	7	40	156	652	3,220	9,504	12,701	27,098	47,554	47,151	47,707
State governments	—	—	—	—	—	160	354	684	2,166	5,768	16,063	45,349	98,239	184,613	242,151	263,609	282,663
Local sources, including intermediate	—	—	—	—	—	808	1,728	1,536	3,116	8,327	20,985	42,029	97,608	161,233	230,917	244,951	254,359
Percentage distribution of revenue receipts																	
Federal government	—	—	—	—	—	0.3	0.4	1.8	2.9	4.4	8.0	9.8	6.1	7.3	9.1	8.5	8.2
State governments	—	—	—	—	—	16.5	16.9	30.3	39.8	39.1	39.9	46.8	47.1	49.5	46.5	47.4	48.3
Local sources, including intermediate	—	—	—	—	—	83.2	82.7	68.0	57.3	56.5	52.1	43.4	46.8	43.2	44.4	44.1	43.5
Total expenditures for public schools (in millions)	$63	$78	$141	$215	$426	$1,036	$2,317	$2,344	$5,838	$15,613	$40,683	$95,962	$212,770	$381,838	$528,269	$562,195	$596,610
Current expenditures[6]	—	—	114	180	356	861	1,844	1,942	4,687	12,329 [7]	34,218 [7]	86,984 [7]	188,229 [7]	323,889 [7]	449,131 [7]	476,814 [7]	506,827 [7]
Capital outlay[8]	—	—	26	35	70	154	371	258	1,014	2,662	4,659	6,506	17,781	43,357	57,375	62,863	65,780
Interest on school debt	—	—	—	—	—	18	93	131	101	490	1,171	1,874	3,776	9,135	14,347	14,713	15,695
Other current expenditures[9]	—	—	—	—	—	3	10	13	36	133	636	598 [10]	2,983	5,457	7,416	7,804	8,308
Percentage distribution of total expenditures																	
Current expenditures[6]	—	—	81.3	83.5	83.6	83.1	79.6	82.8	80.3	79.0 [7]	84.1 [7]	90.6 [7]	88.5 [7]	84.8 [7]	85.0 [7]	84.8 [7]	85.0 [7]
Capital outlay[8]	—	—	18.7	16.5	16.4	14.8	16.0	11.0	17.4	17.0	11.5	6.8	8.4	11.4	10.9	11.2	11.0
Interest on school debt	—	—	—	—	—	1.8	4.0	5.6	1.7	3.1	2.9	2.0	1.8	2.4	2.7	2.6	2.6
Other current expenditures[9]	—	—	—	—	—	0.3	0.4	0.6	0.6	0.8	1.6	0.6 [10]	1.4	1.4	1.4	1.4	1.4

See notes at end of table.

Table 35. Historical summary of public elementary and secondary school statistics: Selected years, 1869–70 through 2007–08—Continued

Selected characteristic	1869–70	1879–80	1889–90	1899–1900	1909–10	1919–20	1929–30	1939–40	1949–50	1959–60	1969–70	1979–80	1989–90	1999–2000	2005–06	2006–07	2007–08
1	2	3	4	5	6	7	8	9	10	11	12	13	14	15	16	17	18
Teacher salaries; income and expenditures per pupil and per capita																	
Annual salary of classroom teachers[11]	$189	$195	$252	$325	$485	$871	$1,420	$1,441	$3,010	$4,995	$8,626	$15,970	$31,367	$41,807	$49,086	$51,052	$52,800
Personal income per member of labor force[1]	—	—	—	—	—	—	1,726	1,320	3,378	5,738	9,640	19,621	36,793	56,762	70,224	74,412	77,795
Total school expenditures per capita of total population	1.59	1.56	2.23	2.83	4.71	9.91	19.01	17.89	39	88	202	426	862	1,368	1,786	1,883	1,978
National income per capita[1]	—	—	—	—	—	—	770.44	625.82	1,592	2,550	4,412	9,990	19,449	29,953	38,119	40,293	41,105
Current expenditure per pupil in ADA[6,12,13]	—	—	13.99	16.67	27.85	53.32	86.70	88.09	210	375	816	2,272	4,980	7,394	9,778	10,336	10,981
Total expenditure per pupil in ADA[13,14]	15.55	12.71	17.23	20.21	33.23	64.16	108.49	105.74	260	471	955	2,491	5,550	8,592	11,340	12,017	12,746
National income per pupil in ADA[13]	—	—	—	—	—	—	4,416	3,720	10,658	13,964	21,188	58,719	127,000	190,793	245,447	260,796	268,577
Current expenditure per day per pupil in ADA[6,13,15]	—	—	0.10	0.12	0.18	0.33	0.50	0.50	1.17	2.11	4.56	12.73	—	41.22	—	—	61.35
Total expenditure per day per pupil in ADA[13]	0.12	0.10	0.13	0.14	0.21	0.40	0.63	0.60	1.46	2.65	5.34	13.95	—	47.90	—	—	71.21
	Amounts in constant 2008–09 dollars[16]																
Annual salary of classroom teachers[11]	—	—	—	—	—	$9,810	$17,808	$22,134	$27,282	$36,491	$49,018	$44,158	$53,028	$53,010	$52,950	$53,683	$53,537
Personal income per member of labor force[1]	—	—	—	—	—	—	21,649	20,274	30,614	41,919	54,781	54,254	62,200	71,973	75,753	78,247	78,881
Total school expenditures per capita of total population	—	—	—	—	—	112	238	275	355	641	1,148	1,179	1,457	1,735	1,927	1,980	2,006
National income per capita[1]	—	—	—	—	—	—	9,662	9,613	14,429	18,630	25,071	27,623	32,880	39,979	41,120	42,369	41,679
Current expenditure per pupil in ADA[6,12,13]	—	—	—	—	—	601	1,087	1,353	1,907	2,741	4,637	6,282	8,418	9,375	10,548	10,868	11,134
Total expenditure per pupil in ADA[13,14]	—	—	—	—	—	723	1,361	1,624	2,360	3,441	5,427	6,887	9,383	10,894	12,232	12,637	12,924
National income per pupil in ADA[13]	—	—	—	—	—	—	55,376	57,142	96,601	102,012	120,402	162,361	214,700	241,920	264,771	274,235	272,327
Current expenditure per day per pupil in ADA[6,13,15]	—	—	—	—	—	3.7	6.3	7.7	10.6	15.4	25.9	35.2	—	48.6	—	—	62.2
Total expenditure per day per pupil in ADA[13]	—	—	—	—	—	4.5	7.9	9.2	13.2	19.4	30.3	38.6	—	56.5	—	—	72.2

—Not available.
[1]Data on population and labor force are from the Census Bureau, and data on personal income and national income are from the Bureau of Economic Analysis, U.S. Department of Commerce. Population data through 1900 are based on total population from the decennial census. From 1909–10 to 1959–60, population data are total population, including armed forces overseas, as of July 1. Data for later years are for resident population that excludes armed forces overseas.
[2]Data for 1869–70 through 1959–60 are school year enrollment. Data for later years are fall enrollment.
[3]Data for 1870–71.
[4]Estimated by the National Center for Education Statistics.
[5]Prior to 1919–20, data are for the number of different persons employed rather than number of positions.
[6]Prior to 1919–20, includes interest on school debt.
[7]Because of the modification of the scope of "current expenditures for elementary and secondary schools," data for 1959–60 and later years are not entirely comparable with prior years.
[8]Beginning in 1969–70, includes capital outlay by state and local school building authorities.
[9]Includes summer schools, community colleges, and adult education. Beginning in 1959–60, also includes community services, formerly classified with "current expenditures for elementary and secondary schools."
[10]Excludes community colleges and adult education.
[11]Prior to 1959–60, average includes supervisors, principals, teachers, and other nonsupervisory instructional staff. Data for 1959–60 and later years are estimated by the National Education Association.
[12]Excludes current expenditures not allocable to pupil costs.
[13]"ADA" means average daily attendance in elementary and secondary schools.
[14]Expenditure figure is the sum of current expenditures allocable to pupil costs, capital outlay, and interest on school debt.
[15]Per-day rates derived by dividing annual rates by average length of term.
[16]Constant dollars based on the Consumer Price Index, prepared by the Bureau of Labor Statistics, U.S. Department of Labor, adjusted to a school-year basis.
NOTE: Some data have been revised from previously published figures. Beginning in 1959–60, data include Alaska and Hawaii. Detail may not sum to totals because of rounding.
SOURCE: U.S. Department of Education, National Center for Education Statistics, *Annual Report of the United States Commissioner of Education*, 1869–70 through 1909–10; *Biennial Survey of Education in the United States*, 1919–20 through 1949–50; *Statistics of State School Systems*, 1959–60 and 1969–70; *Statistics of Public Elementary and Secondary School Systems, 1979–80*; *Revenues and Expenditures for Public Elementary and Secondary Education, FY 1980*; Schools and Staffing Survey (SASS), "Public School Questionnaire," 1999–2000 and 2007–08; Common Core of Data (CCD), "State Nonfiscal Survey of Public Elementary/Secondary Education," 1989–90 through 2008–09, and "National Public Financial Survey," 1989–90 through 2007–08. Census Bureau, unpublished tabulations. Bureau of Economic Analysis, unpublished tabulations. Bureau of Labor Statistics, retrieved October 4, 2010, from ftp://ftp.bls.gov/pub/special.requests/lf/aat1.txt. (This table was prepared November 2010.)

Table 36. Enrollment in public elementary and secondary schools, by state or jurisdiction: Selected years, fall 1990 through fall 2010

State or jurisdiction	Total												Fall 2007			Fall 2008			Percent change in total enrollment, 2003 to 2008	Projected fall 2009 enrollment	Projected fall 2010 enrollment
	Fall 1990	Fall 1995	Fall 1997	Fall 1998	Fall 1999	Fall 2000	Fall 2001	Fall 2002	Fall 2003	Fall 2004	Fall 2005	Fall 2006	Total	Prekindergarten to grade 8[1]	Grades 9 to 12[2]	Total	Prekindergarten to grade 8[1]	Grades 9 to 12[2]			
1	2	3	4	5	6	7	8	9	10	11	12	13	14	15	16	17	18	19	20	21	22
United States	**41,216,683**	**44,840,481**	**46,126,897**	**46,538,585**	**46,857,149**	**47,203,539**	**47,671,870**	**48,183,086**	**48,540,215**	**48,795,465**	**49,113,298**	**49,315,842**	**49,292,507**	**34,205,362**	**15,087,145**	**49,265,572**	**34,285,564**	**14,980,008**	**1.5**	**49,312,000**	**49,386,000**
Alabama	721,806	746,149	749,207	747,980	740,732	739,992	737,190	739,366	731,220	730,140	741,761	743,632	744,865	527,259	217,606	745,668	528,078	217,590	2.0	743,000	742,000
Alaska	113,903	127,618	132,123	135,373	134,391	133,356	134,349	134,364	133,933	132,970	133,288	132,608	131,029	88,980	42,049	130,662	89,263	41,399	-2.4	128,000	127,000
Arizona	639,853	743,566	814,113	848,262	852,612	877,696	922,180	937,755	1,012,068	1,043,298	1,094,454	1,068,249	1,087,447	771,056	316,391	1,087,817	771,749	316,068	7.5	1,131,000	1,159,000
Arkansas	436,286	453,257	456,497	452,256	451,034	449,959	449,805	450,985	454,523	463,115	474,206	476,409	479,016	339,920	139,096	478,965	341,603	137,362	5.4	480,000	483,000
California	4,950,474	5,536,406	5,803,887	5,926,037	6,038,590	6,140,814	6,247,726	6,353,667	6,413,867	6,441,557	6,437,202	6,406,750	6,343,471	4,328,968	2,014,503	6,322,528	4,306,258	2,016,270	-1.4	6,366,000	6,367,000
Colorado	574,213	656,279	687,167	699,135	708,109	724,508	742,145	751,862	757,693	765,976	779,826	794,026	801,867	565,726	236,141	818,443	580,304	238,139	8.0	816,000	824,000
Connecticut	469,123	517,935	535,164	544,698	553,993	562,179	570,228	570,023	577,203	577,390	575,059	575,100	570,626	394,034	176,592	567,198	392,218	174,980	-1.7	559,000	554,000
Delaware	99,658	108,461	111,960	113,262	112,836	114,676	115,555	116,342	117,668	119,091	120,937	122,254	122,574	85,019	37,555	125,430	86,811	38,619	6.6	124,000	124,000
District of Columbia	80,694	79,802	77,111	71,889	77,194	68,925	75,392	76,166	78,057	76,714	76,876	72,850	78,422	55,836	22,586	68,681	50,779	17,902	-12.0	78,000	79,000
Florida	1,861,592	2,176,222	2,294,077	2,337,633	2,381,396	2,434,821	2,500,478	2,539,929	2,587,628	2,639,336	2,675,024	2,671,513	2,666,811	1,855,859	810,952	2,631,020	1,849,295	781,725	1.7	2,679,000	2,692,000
Georgia	1,151,687	1,311,126	1,375,980	1,401,291	1,422,762	1,444,937	1,470,634	1,496,012	1,522,611	1,553,437	1,598,461	1,629,157	1,649,589	1,178,577	471,012	1,655,792	1,185,684	470,108	8.7	1,695,000	1,716,000
Hawaii	171,708	187,180	189,887	188,069	185,860	184,360	184,546	183,829	183,609	183,185	182,818	180,728	179,897	125,556	54,341	179,478	125,910	53,568	-2.2	177,000	177,000
Idaho	220,840	243,097	244,403	244,722	245,136	245,117	246,521	248,604	252,120	256,084	261,982	267,380	272,119	191,171	80,948	275,051	193,554	81,497	9.1	281,000	286,000
Illinois	1,821,407	1,943,623	1,998,289	2,011,530	2,027,600	2,048,792	2,071,391	2,084,187	2,100,961	2,097,503	2,111,706	2,118,276	2,112,805	1,472,909	639,896	2,119,707	1,479,195	640,512	0.9	2,095,000	2,084,000
Indiana	954,525	977,263	986,836	989,001	988,702	989,267	996,133	1,003,875	1,011,130	1,021,348	1,035,074	1,045,940	1,046,766	729,550	317,216	1,046,147	730,021	316,126	3.5	1,042,000	1,040,000
Iowa	483,652	502,343	501,054	498,214	497,301	495,080	485,932	482,210	481,226	478,319	483,482	483,122	485,115	329,504	155,611	487,559	335,566	151,993	1.3	478,000	476,000
Kansas	437,034	463,008	468,687	472,353	472,188	470,610	470,205	470,957	470,490	469,136	467,525	469,506	468,295	326,771	141,524	471,060	331,079	139,981	0.1	469,000	470,000
Kentucky	636,401	659,821	669,322	655,687	648,180	665,850	654,363	660,782	663,369	674,796	679,878	683,152	666,225	469,373	196,852	670,030	472,204	197,826	1.0	682,000	683,000
Louisiana	784,757	797,366	776,813	768,734	756,579	743,089	731,328	730,464	727,709	724,281	654,526	675,851	681,038	499,549	181,489	684,873	504,213	180,660	-5.9	677,000	675,000
Maine	215,149	213,569	212,579	211,051	209,253	207,037	205,586	204,337	202,084	198,820	195,498	193,986	196,245	130,742	65,503	192,935	129,324	63,611	-4.5	190,000	186,000
Maryland	715,176	805,544	830,744	841,671	846,582	852,920	860,640	866,743	869,113	865,561	860,020	851,640	845,700	576,479	269,221	843,861	576,473	267,388	-2.9	822,000	814,000
Massachusetts	834,314	915,007	949,006	962,317	971,425	975,150	973,139	982,989	980,459	975,574	971,909	968,661	962,958	666,926	296,032	958,910	666,538	292,372	-2.2	940,000	930,000
Michigan	1,584,431	1,641,456	1,702,717	1,720,287	1,725,639	1,720,626	1,730,669	1,785,160	1,757,604	1,751,290	1,742,282	1,722,656	1,692,739	1,136,823	555,916	1,659,921	1,118,569	541,352	-5.6	1,630,000	1,601,000
Minnesota	756,374	835,166	853,621	856,455	854,034	854,340	851,384	846,891	842,854	838,503	839,243	840,565	837,578	558,180	279,398	836,048	560,184	275,864	-0.8	828,000	826,000
Mississippi	502,417	506,272	504,792	502,379	500,716	497,871	493,507	492,645	493,540	495,376	494,954	495,026	494,122	353,512	140,610	491,962	351,807	140,155	-0.3	491,000	488,000
Missouri	816,558	889,881	910,613	913,494	914,110	912,744	909,792	906,499	905,941	905,449	917,705	920,353	917,188	631,746	285,442	917,871	635,411	282,460	1.3	906,000	903,000
Montana	152,974	165,547	162,335	159,988	157,556	154,875	151,947	149,995	148,356	146,705	145,416	144,418	142,823	96,354	46,469	141,899	96,869	45,030	-4.4	141,000	141,000
Nebraska	274,081	289,744	292,681	291,140	288,261	286,199	285,095	285,402	285,542	285,761	286,646	287,580	291,244	200,095	91,149	292,590	202,912	89,678	2.5	289,000	290,000
Nevada	201,316	265,041	296,621	311,061	325,610	340,706	356,814	369,498	385,401	400,083	412,395	424,766	429,362	307,573	121,789	433,371	308,328	125,043	12.4	451,000	461,000
New Hampshire	172,785	194,171	201,629	204,713	206,783	208,461	206,847	207,671	207,417	206,852	205,767	203,572	200,772	134,359	66,413	197,934	132,995	64,939	-4.6	194,000	192,000
New Jersey	1,089,646	1,197,381	1,250,276	1,268,996	1,289,256	1,313,405	1,341,656	1,367,438	1,380,753	1,393,347	1,395,602	1,388,850	1,382,348	954,418	427,930	1,381,420	956,765	424,655	#	1,360,000	1,354,000
New Mexico	301,881	329,640	331,673	328,753	324,495	320,306	320,260	320,234	323,066	326,102	326,758	328,220	329,040	229,718	99,322	330,245	231,415	98,830	2.2	332,000	334,000
New York	2,598,337	2,813,230	2,861,823	2,877,143	2,887,776	2,882,188	2,872,132	2,888,233	2,864,775	2,836,337	2,815,581	2,809,649	2,765,435	1,856,315	909,120	2,740,592	1,843,080	897,512	-4.3	2,658,000	2,620,000
North Carolina	1,086,871	1,183,090	1,236,083	1,254,821	1,275,925	1,293,638	1,315,363	1,335,954	1,360,209	1,385,754	1,416,436	1,444,481	1,489,492	1,072,324	417,168	1,488,645	1,058,926	429,719	9.4	1,548,000	1,582,000
North Dakota	117,825	119,100	118,572	114,927	112,751	109,201	106,047	104,225	102,233	100,513	98,283	96,670	95,059	63,492	31,567	94,728	63,955	30,773	-7.3	93,000	92,000

See notes at end of table.

Table 36. Enrollment in public elementary and secondary schools, by state or jurisdiction: Selected years, fall 1990 through fall 2010—Continued

State or jurisdiction	Total												Fall 2007			Fall 2008			Percent change in total enrollment, 2003 to 2008	Projected fall 2009 enrollment	Projected fall 2010 enrollment
	Fall 1990	Fall 1995	Fall 1997	Fall 1998	Fall 1999	Fall 2000	Fall 2001	Fall 2002	Fall 2003	Fall 2004	Fall 2005	Fall 2006	Total	Prekindergarten to grade 8[1]	Grades 9 to 12[2]	Total	Prekindergarten to grade 8[1]	Grades 9 to 12[2]			
1	2	3	4	5	6	7	8	9	10	11	12	13	14	15	16	17	18	19	20	21	22
Ohio	1,771,089	1,836,015	1,847,114	1,842,163	1,836,554	1,835,049	1,830,985	1,838,285	1,845,428	1,840,032	1,839,683	1,836,722	1,827,184	1,241,322	585,862	1,817,163	1,239,494	577,669	-1.5	1,786,000	1,768,000
Oklahoma	579,087	616,393	623,681	628,492	627,032	623,110	622,139	624,548	626,160	629,476	634,739	639,391	642,065	462,629	179,436	645,108	467,960	177,148	3.0	647,000	650,000
Oregon	472,394	527,914	541,346	542,809	545,033	546,231	551,480	554,071	551,273	552,505	552,194	562,574	565,586	383,598	181,988	575,393	395,421	179,972	4.4	566,000	568,000
Pennsylvania	1,667,834	1,787,533	1,815,151	1,816,414	1,816,716	1,814,311	1,821,627	1,816,747	1,821,146	1,828,089	1,830,684	1,871,060	1,801,971	1,205,351	596,620	1,775,029	1,194,327	580,702	-2.5	1,768,000	1,755,000
Rhode Island	138,813	149,799	153,321	154,785	156,454	157,347	158,046	159,205	159,375	156,498	153,422	151,612	147,629	99,159	48,470	145,342	97,983	47,359	-8.8	141,000	138,000
South Carolina	622,112	645,586	659,273	664,600	666,780	677,411	676,198	694,389	699,198	703,736	701,544	708,021	712,317	504,566	207,751	718,113	507,602	210,511	2.7	717,000	718,000
South Dakota	129,164	144,685	142,443	132,495	131,037	128,603	127,542	130,048	125,537	122,798	122,012	121,158	121,606	83,424	38,182	126,429	87,477	38,952	0.7	121,000	121,000
Tennessee	824,595	893,770	893,044	905,454	916,202	909,161	924,899	927,608	936,682	941,091	953,928	978,368	964,259	681,751	282,508	971,950	684,549	287,401	3.8	959,000	959,000
Texas	3,382,887	3,748,167	3,891,877	3,945,367	3,991,783	4,059,619	4,163,447	4,259,823	4,331,751	4,405,215	4,525,394	4,599,509	4,674,832	3,374,684	1,300,148	4,752,148	3,446,511	1,305,637	9.7	4,863,000	4,955,000
Utah	446,652	477,121	482,957	481,176	480,255	481,485	484,684	489,262	495,981	503,607	508,430	523,386	576,244	410,258	165,986	559,778	404,469	155,309	12.9	601,000	613,000
Vermont	95,762	105,565	105,984	105,120	104,559	102,049	101,179	99,978	99,103	98,352	96,638	95,399	94,038	63,096	30,942	93,625	62,994	30,631	-5.5	90,000	88,000
Virginia	998,601	1,079,854	1,110,815	1,124,022	1,133,994	1,144,915	1,163,091	1,177,229	1,192,092	1,204,739	1,213,616	1,220,440	1,230,857	850,444	380,413	1,235,795	855,008	380,787	3.7	1,228,000	1,231,000
Washington	839,709	956,572	991,235	998,053	1,003,714	1,004,770	1,009,200	1,014,798	1,021,349	1,020,005	1,031,985	1,026,774	1,030,247	697,407	332,840	1,037,018	704,794	332,224	1.5	1,029,000	1,030,000
West Virginia	322,389	307,112	301,419	297,530	291,811	286,367	282,885	282,455	281,215	280,129	280,866	281,939	282,535	198,545	83,990	282,729	199,477	83,252	0.5	279,000	278,000
Wisconsin	797,621	870,175	881,780	879,542	877,753	879,476	879,361	881,231	880,031	864,757	875,174	876,700	874,633	585,212	289,421	873,750	589,528	284,222	-0.7	857,000	854,000
Wyoming	98,226	99,859	97,115	95,241	92,105	89,940	88,128	88,116	87,462	84,733	84,409	85,193	86,422	59,243	27,179	87,161	60,635	26,526	-0.3	88,000	89,000
Bureau of Indian Education	—	—	—	50,125	49,076	46,938	46,476	46,126	45,828	45,828	50,938	—	—	—	—	40,927	30,612	10,315	-10.7	—	—
DoD, overseas	—	—	78,254	78,170	108,035[3]	73,581	73,212	72,889	71,053	68,327	62,543	60,891	57,247	44,418	12,829	56,768	43,931	12,837	-20.1	—	—
DoD, domestic	—	—	—	—	—	34,174	32,847	32,115	30,603	29,151	28,329	26,631	27,548	24,807	2,741	28,013	25,255	2,758	-8.5	—	—
Other jurisdictions																					
American Samoa	12,463	14,576	15,214	15,372	15,477	15,702	15,897	15,984	15,893	16,126	16,438	16,400	—	—	—	—	—	—	—	—	—
Guam	26,391	32,960	32,444	32,222	32,951	32,473	31,992	—	31,572	30,605	30,986	—	—	—	—	—	—	—	—	—	—
Northern Marianas	6,449	8,809	9,246	9,498	9,732	10,004	10,479	11,251	11,244	11,601	11,718	11,695	11,299	8,140	3,159	10,913	7,816	3,097	-2.9	—	—
Puerto Rico	644,734	627,620	617,157	613,862	613,019	612,725	604,177	596,502	584,916	575,648	563,490	544,138	526,565	372,514	154,051	503,635	355,115	148,520	-13.9	—	—
U.S. Virgin Islands	21,750	22,737	22,136	20,976	20,866	19,459	18,780	18,333	17,716	16,429	16,750	16,284	15,903	10,770	5,133	15,768	10,567	5,201	-11.0	—	—

—Not available.
#Rounds to zero.
[1]Includes elementary unclassified.
[2]Includes secondary unclassified.
[3]Includes both overseas and domestic schools.

NOTE: DoD = Department of Defense. Detail may not sum to totals because of rounding. Some data have been revised from previously published figures.
SOURCE: U.S. Department of Education, National Center for Education Statistics, Common Core of Data (CCD), "State Nonfiscal Survey of Public Elementary/Secondary Education," 1990–91 through 2008–09, and *Projections of Education Statistics to 2019*. (This table was prepared November 2010.)

Table 37. Enrollment in public elementary and secondary schools, by level, grade, and state or jurisdiction: Fall 2008

State or jurisdiction	Total, all grades	Prekindergarten through grade 8 and elementary ungraded												Grades 9 through 12 and secondary ungraded					
		Total	Prekindergarten	Kindergarten	Grade 1	Grade 2	Grade 3	Grade 4	Grade 5	Grade 6	Grade 7	Grade 8	Elementary ungraded	Total	Grade 9	Grade 10	Grade 11	Grade 12	Secondary ungraded
1	2	3	4	5	6	7	8	9	10	11	12	13	14	15	16	17	18	19	20
United States	**49,265,572**	**34,285,564**	**1,179,507**	**3,639,750**	**3,708,485**	**3,698,723**	**3,707,772**	**3,646,896**	**3,629,079**	**3,613,521**	**3,652,623**	**3,691,795**	**117,413**	**14,980,008**	**4,122,552**	**3,822,200**	**3,548,100**	**3,399,689**	**87,467**
Alabama	745,668	528,078	6,470	56,205	57,882	58,683	59,243	58,593	57,955	57,328	57,910	57,809	0	217,590	64,681	56,559	49,587	46,763	0
Alaska	130,662	89,263	1,905	9,744	9,735	9,950	9,912	9,756	9,507	9,441	9,640	9,673	0	41,399	10,475	10,200	10,937	9,787	0
Arizona	1,087,817	771,749	16,748	87,229	85,482	84,946	84,480	83,793	82,347	82,021	82,894	81,576	233	316,068	83,831	80,200	75,282	76,735	20
Arkansas	478,965	341,603	13,254	37,997	37,724	37,010	36,386	36,345	35,824	35,690	35,587	35,387	399	137,362	37,627	35,853	33,460	30,256	166
California	6,322,528	4,306,258	70,497	461,063	468,848	465,495	469,824	463,904	467,278	469,183	479,359	486,390	4,417	2,016,270	539,167	509,157	489,207	476,156	2,583
Colorado	818,443	580,304	28,280	63,985	64,139	63,404	62,647	61,058	60,093	58,993	58,972	58,733	0	238,139	63,779	60,554	57,870	55,936	0
Connecticut	567,198	392,218	14,952	40,684	41,171	41,303	41,732	41,792	42,387	42,137	43,033	43,027	0	174,980	47,216	44,485	42,536	40,743	0
Delaware	125,430	86,811	738	9,458	9,786	9,737	9,621	9,521	9,241	9,265	9,536	9,908	0	38,619	11,755	9,953	8,791	8,120	0
District of Columbia	68,681	50,779	7,451	5,122	5,022	5,132	5,106	4,595	4,690	4,521	4,584	4,540	16	17,902	6,334	4,390	3,723	3,444	11
Florida	2,631,020	1,849,295	48,233	193,428	201,072	202,513	208,942	198,129	195,401	201,741	199,100	200,736	0	781,725	217,105	207,296	189,619	167,705	0
Georgia	1,655,792	1,185,684	40,726	129,336	129,807	130,851	131,206	127,285	127,118	122,516	122,982	123,857	0	470,108	143,933	124,006	106,038	96,131	0
Hawaii	179,478	125,910	1,607	15,475	14,375	13,601	14,238	13,739	13,648	13,103	13,364	12,665	95	53,568	16,079	13,889	12,187	11,326	87
Idaho	275,051	193,554	2,797	21,516	21,810	21,771	21,309	21,450	20,795	20,403	21,080	20,623	0	81,497	21,686	20,874	20,111	18,826	0
Illinois	2,119,707	1,479,195	92,782	146,969	152,772	153,856	156,687	152,951	153,086	155,013	155,807	159,272	0	640,512	178,106	168,476	146,134	147,796	0
Indiana	1,046,147	730,021	11,487	76,308	80,965	82,877	79,915	78,842	78,570	78,974	81,209	80,874	0	316,126	84,538	81,245	77,354	72,989	0
Iowa	487,559	335,566	17,022	38,522	34,855	34,961	35,235	35,031	34,802	34,707	35,107	35,324	0	151,993	38,048	38,116	37,779	38,050	0
Kansas	471,060	331,079	14,271	36,267	35,599	35,503	35,409	34,965	34,652	33,601	34,160	34,366	2,286	139,981	37,354	35,662	33,803	32,267	895
Kentucky	670,030	472,204	18,660	50,643	52,440	51,472	51,933	49,875	49,507	48,623	49,200	49,668	183	197,826	55,766	51,925	46,731	43,326	78
Louisiana	684,873	504,213	28,564	52,660	55,967	53,820	54,131	57,165	49,125	48,250	52,621	51,910	0	180,660	56,174	44,525	41,727	38,234	0
Maine	192,935	129,324	2,893	13,475	13,567	13,813	13,812	13,860	14,185	14,309	14,524	14,886	0	63,611	15,980	15,918	16,290	15,423	0
Maryland	843,861	576,473	26,821	60,530	61,447	59,409	60,620	59,512	60,905	61,227	62,363	63,639	0	267,388	75,743	67,829	62,900	60,916	0
Massachusetts	958,910	666,538	26,796	68,540	70,492	70,552	70,935	70,666	71,696	71,009	71,959	73,170	723	292,372	79,315	73,214	71,514	68,329	0
Michigan	1,659,921	1,118,569	29,772	124,451	115,950	117,821	118,230	117,432	118,316	119,541	121,409	123,823	11,824	541,352	141,910	139,487	127,703	126,352	5,900
Minnesota	836,048	560,184	13,522	61,982	60,228	61,090	60,406	59,822	59,774	60,296	60,984	62,080	0	275,864	66,019	67,634	68,009	74,202	0
Mississippi	491,962	351,807	3,106	38,511	39,327	39,174	39,768	38,159	36,999	36,656	37,612	37,889	4,606	140,155	40,518	36,784	31,327	28,288	3,238
Missouri	917,871	635,411	25,435	67,690	67,710	67,938	68,391	67,620	68,105	66,974	67,518	68,030	0	282,460	75,220	71,882	69,092	66,266	0
Montana	141,899	96,869	963	10,802	10,742	10,571	10,398	10,558	10,538	10,566	10,841	10,890	0	45,030	11,890	11,326	11,144	10,670	0
Nebraska	292,590	202,912	11,046	22,790	22,151	21,695	21,391	20,939	20,609	20,562	20,771	20,958	0	89,678	23,137	22,496	21,799	22,246	0
Nevada	433,371	308,328	3,393	32,188	34,358	34,391	34,185	34,099	33,757	33,340	33,944	34,394	279	125,043	41,768	34,224	25,712	23,330	9
New Hampshire	197,934	132,995	2,834	10,968	14,444	14,239	14,475	14,613	15,013	15,174	15,452	15,783	0	64,939	17,244	16,260	16,016	15,419	0
New Jersey	1,381,420	956,765	30,746	93,504	98,778	98,907	99,123	99,242	98,998	99,460	100,152	100,894	36,961	424,655	107,770	104,922	99,293	97,515	15,155
New Mexico	330,245	231,415	6,365	25,680	26,085	25,858	25,275	25,119	24,544	24,191	23,932	24,366	0	98,830	30,191	26,530	22,169	19,940	0
New York	2,740,592	1,843,080	50,758	187,194	194,363	193,043	193,033	190,067	191,180	191,686	196,863	201,895	52,998	897,512	235,589	224,040	194,312	185,896	57,675
North Carolina	1,488,645	1,058,926	24,678	117,282	118,968	119,644	118,931	114,909	112,746	111,120	109,598	111,050	0	429,719	131,515	111,292	98,188	88,724	0
North Dakota	94,728	63,955	1,262	7,217	6,746	6,750	6,539	6,812	6,965	7,077	7,223	7,364	0	30,773	7,687	7,856	7,622	7,608	0
Ohio	1,817,163	1,239,494	37,873	130,405	133,326	133,983	133,687	132,680	133,167	132,327	134,567	137,479	0	577,669	160,269	143,494	139,384	134,522	0
Oklahoma	645,108	467,960	37,726	50,497	51,545	48,681	48,065	47,245	47,132	45,665	45,075	45,149	1,180	177,148	48,896	45,894	43,091	38,798	469
Oregon	575,393	395,421	11,855	40,556	41,976	42,530	42,954	43,272	43,186	42,597	43,156	43,339	0	179,972	44,640	44,681	44,531	46,120	0
Pennsylvania	1,775,029	1,194,327	13,686	126,197	126,458	128,895	130,488	130,592	130,224	131,401	136,000	139,173	1,213	580,702	153,341	149,052	140,191	136,937	1,181
Rhode Island	145,342	97,983	1,985	9,905	10,728	10,914	10,097	9,752	10,972	10,927	11,281	11,422	0	47,359	13,614	12,203	10,833	10,709	0

See notes at end of table.

Table 37. Enrollment in public elementary and secondary schools, by level, grade, and state or jurisdiction: Fall 2008—Continued

State or jurisdiction	Total, all grades	Prekindergarten through grade 8 and elementary ungraded												Grades 9 through 12 and secondary ungraded					
		Total	Prekindergarten	Kindergarten	Grade 1	Grade 2	Grade 3	Grade 4	Grade 5	Grade 6	Grade 7	Grade 8	Elementary ungraded	Total	Grade 9	Grade 10	Grade 11	Grade 12	Secondary ungraded
1	2	3	4	5	6	7	8	9	10	11	12	13	14	15	16	17	18	19	20
South Carolina	718,113	507,602	23,376	52,468	54,769	55,325	55,452	53,996	53,257	52,706	52,807	53,446	0	210,511	64,674	55,294	47,354	43,189	0
South Dakota	126,429	87,477	2,626	10,315	9,462	9,260	9,314	9,234	9,142	9,326	9,352	9,446	0	38,952	10,580	10,357	9,184	8,831	0
Tennessee	971,950	684,549	16,864	76,156	76,493	75,822	75,499	75,091	73,438	71,538	71,393	72,255	0	287,401	78,675	74,858	68,562	65,306	0
Texas	4,752,148	3,446,511	224,759	362,318	379,279	371,575	368,318	355,578	352,401	345,713	343,022	343,548	0	1,305,637	389,217	332,620	303,492	280,308	0
Utah	559,778	404,469	9,480	47,046	46,348	45,763	45,278	44,546	43,323	41,689	40,735	40,261	0	155,309	39,511	38,991	38,989	37,818	0
Vermont	93,625	62,994	4,698	6,192	6,229	6,229	6,243	6,471	6,532	6,656	6,740	7,004	0	30,631	7,754	7,574	7,783	7,520	0
Virginia	1,235,795	855,008	29,987	89,931	93,277	92,909	92,668	91,133	90,884	89,889	91,449	92,881	0	380,787	106,252	97,466	89,892	87,177	0
Washington	1,037,018	704,794	10,995	73,831	75,937	77,385	77,849	77,999	77,688	77,184	77,024	78,902	0	332,224	87,546	83,254	81,508	79,916	0
West Virginia	282,729	199,477	13,150	20,919	21,290	20,494	20,748	20,162	20,447	20,405	20,594	21,268	0	83,252	23,730	20,966	19,642	18,914	0
Wisconsin	873,750	589,528	43,161	60,384	59,790	60,497	60,981	60,319	60,233	60,246	61,600	62,317	0	284,222	71,676	69,408	71,339	71,799	0
Wyoming	87,161	60,635	452	7,215	6,771	6,681	6,663	6,608	6,697	6,554	6,538	6,456	0	26,526	7,027	7,029	6,359	6,111	0
Bureau of Indian Education	40,927	30,612	112	4,251	3,822	3,518	3,460	3,292	3,131	3,107	2,983	2,936	0	10,315	3,106	2,771	2,346	2,092	0
DoD, overseas	56,768	43,931	1,701	5,423	5,298	4,920	4,974	4,666	4,645	4,312	4,129	3,863	0	12,837	3,881	3,362	3,059	2,535	0
DoD, domestic	28,013	25,255	2,570	3,459	3,231	3,034	2,821	2,548	2,417	2,099	1,591	1,485	0	2,758	930	731	613	484	0
Other jurisdictions																			
American Samoa	—	—	—	—	—	—	—	—	—	—	—	—	—	—	—	—	—	—	—
Guam	—	—	—	—	—	—	—	—	—	—	—	—	—	—	—	—	—	—	—
Northern Marianas	10,913	7,816	462	614	830	829	866	819	832	820	838	824	82	3,097	1,070	875	615	537	0
Puerto Rico	503,635	355,115	372	30,914	37,521	37,847	38,079	39,544	39,230	38,939	42,564	40,500	9,605	148,520	39,849	39,893	33,566	30,419	4,793
U.S. Virgin Islands	15,768	10,567	([1])	977	1,124	1,140	1,131	1,208	1,189	1,261	1,371	1,166	0	5,201	1,856	1,253	1,036	1,056	0

[1]No prekindergarten pupils reported.
NOTE: DoD = Department of Defense.

SOURCE: U.S. Department of Education, National Center for Education Statistics, Common Core of Data (CCD), "State Nonfiscal Survey of Public Elementary/Secondary Education," 2008–09. (This table was prepared August 2010.)

Table 38. Enrollment in public elementary and secondary schools, by level, grade, and state or jurisdiction: Fall 2007

State or jurisdiction	Total, all grades	Prekindergarten through grade 8 and elementary ungraded												Grades 9 through 12 and secondary ungraded					
		Total	Prekinder-garten	Kinder-garten	Grade 1	Grade 2	Grade 3	Grade 4	Grade 5	Grade 6	Grade 7	Grade 8	Elementary ungraded	Total	Grade 9	Grade 10	Grade 11	Grade 12	Secondary ungraded
1	2	3	4	5	6	7	8	9	10	11	12	13	14	15	16	17	18	19	20
United States	**49,292,507**	**34,205,362**	**1,081,125**	**3,609,415**	**3,750,073**	**3,704,007**	**3,658,869**	**3,624,408**	**3,600,120**	**3,628,453**	**3,700,857**	**3,709,409**	**138,626**	**15,087,145**	**4,199,967**	**3,862,995**	**3,557,585**	**3,374,786**	**91,812**
Alabama	744,865	527,259	3,603	55,973	59,927	59,099	58,241	57,821	57,045	57,055	59,249	59,246	0	217,606	65,495	55,650	49,987	46,474	0
Alaska	131,029	88,980	1,679	9,625	9,735	9,983	9,762	9,420	9,527	9,475	9,821	9,953	0	42,049	10,719	10,639	10,599	10,092	0
Arizona	1,087,447	771,056	15,854	86,742	86,920	85,520	84,590	82,876	82,499	83,078	81,611	81,196	170	316,391	84,030	80,655	75,416	76,275	15
Arkansas	479,016	339,920	12,795	38,192	37,872	36,570	36,275	35,710	35,588	35,057	35,502	35,944	415	139,096	37,819	36,781	33,613	30,708	175
California	6,343,471	4,328,968	68,002	454,743	471,770	471,398	465,121	467,305	470,021	478,685	487,331	490,054	4,538	2,014,503	541,650	513,707	488,227	468,281	2,638
Colorado	801,867	565,726	25,649	61,576	63,351	62,076	60,410	59,449	58,219	58,231	58,369	58,396	0	236,141	63,333	60,702	56,772	55,334	0
Connecticut	570,626	394,034	14,180	39,889	42,023	41,790	41,953	42,488	42,136	42,864	43,041	43,670	0	176,592	48,472	44,526	42,667	40,927	0
Delaware	122,574	85,019	583	8,817	9,841	9,430	9,455	9,085	8,963	9,177	9,492	10,176	0	37,555	11,479	10,028	8,367	7,681	0
District of Columbia	78,422	55,836	7,146	5,306	5,492	5,285	4,928	4,807	4,793	4,896	4,912	5,182	3,089	22,586	7,099	5,028	4,113	4,002	2,344
Florida	2,666,811	1,855,859	46,917	197,467	206,706	203,753	208,353	195,859	199,002	199,662	204,170	193,970	0	810,952	233,376	213,074	194,670	169,832	0
Georgia	1,649,589	1,178,577	39,908	129,791	131,750	129,385	128,835	125,404	123,215	122,758	122,987	124,544	0	471,012	147,106	123,454	105,009	95,443	0
Hawaii	179,897	125,556	1,531	15,042	13,633	14,216	13,756	13,652	13,505	13,457	13,243	13,420	101	54,341	16,161	13,613	13,238	11,234	95
Idaho	272,119	191,171	2,880	21,295	21,779	21,162	21,276	20,658	20,333	20,711	20,520	20,557	0	80,948	21,800	21,013	19,537	18,598	0
Illinois	2,112,805	1,472,909	77,843	145,755	154,811	154,454	155,578	152,895	153,347	156,877	160,039	161,310	0	639,896	178,385	167,459	149,710	144,342	0
Indiana	1,046,766	729,550	10,755	75,445	85,100	80,527	78,739	78,204	78,709	80,122	81,099	80,850	0	317,216	84,937	81,968	78,556	71,755	0
Iowa	485,115	329,504	12,487	37,819	34,874	34,855	34,709	34,590	34,421	34,557	35,152	36,040	0	155,611	38,992	39,306	38,199	39,114	0
Kansas	468,295	326,771	13,477	35,471	35,734	35,292	34,715	34,383	33,467	33,792	34,295	34,572	1,573	141,524	37,569	36,316	33,859	33,149	631
Kentucky	666,225	469,373	17,985	49,986	51,907	51,459	51,958	49,250	48,351	48,903	49,664	49,723	187	196,852	56,874	51,358	46,582	41,958	80
Louisiana	681,038	499,549	26,631	53,062	56,149	54,384	51,956	56,201	45,418	52,213	52,180	51,355	0	181,489	55,735	46,857	41,091	37,806	0
Maine	196,245	130,742	2,635	13,710	13,713	13,842	13,793	14,238	14,244	14,394	14,839	15,334	0	65,503	16,100	16,839	16,242	16,322	0
Maryland	845,700	576,479	27,179	59,455	58,611	60,105	58,906	60,281	61,239	61,909	63,706	65,088	0	269,221	76,188	68,452	62,814	61,767	0
Massachusetts	962,958	666,926	25,853	67,900	71,067	70,786	70,497	71,443	70,724	71,586	73,102	73,318	650	296,032	79,576	75,397	72,302	68,757	0
Michigan	1,692,739	1,136,823	27,207	125,592	120,898	119,985	118,480	118,931	119,266	121,191	125,523	126,608	13,142	555,916	149,275	143,421	130,215	126,380	6,625
Minnesota	837,578	558,180	12,795	60,140	61,234	60,204	59,723	59,431	59,652	59,844	61,968	63,189	0	279,398	67,434	68,614	68,601	74,749	0
Mississippi	494,122	353,512	2,805	38,662	40,719	39,977	38,302	37,274	36,705	37,074	38,945	37,948	5,101	140,610	41,807	36,461	31,077	27,688	3,577
Missouri	917,188	631,746	22,691	67,314	68,262	68,127	67,334	67,996	66,550	66,675	68,161	68,636	0	285,442	79,020	73,264	67,715	65,443	0
Montana	142,823	96,354	539	10,601	10,670	10,393	10,454	10,503	10,410	10,697	10,858	11,180	49	46,469	12,134	11,970	11,287	11,057	21
Nebraska	291,244	200,095	10,091	22,588	21,760	21,367	20,844	20,519	20,458	20,508	20,913	21,047	0	91,149	23,829	22,898	22,022	22,400	0
Nevada	429,362	307,573	2,834	31,682	34,564	34,159	34,144	33,760	32,951	33,722	34,455	34,121	1,181	121,789	40,265	33,676	25,983	21,828	37
New Hampshire	200,772	134,359	2,614	10,489	14,625	14,436	14,624	15,026	15,203	15,318	15,806	16,218	0	66,413	17,532	16,922	16,000	15,959	0
New Jersey	1,382,348	954,418	28,540	91,115	99,939	98,492	98,873	98,195	98,311	99,028	100,981	100,884	40,060	427,930	108,724	104,930	100,600	97,078	16,598
New Mexico	329,040	229,718	5,378	25,796	26,044	25,441	25,107	24,452	24,365	23,801	24,271	25,063	0	99,322	30,031	26,961	22,736	19,594	0
New York	2,765,435	1,856,315	48,561	184,672	196,537	196,094	191,144	191,647	192,009	195,547	203,146	205,135	51,823	909,120	242,566	229,873	194,223	185,680	56,778
North Carolina	1,489,492	1,072,324	16,927	120,998	124,701	122,148	118,726	115,076	113,775	112,190	113,240	114,543	0	417,168	128,987	105,322	96,966	85,893	0
North Dakota	95,059	63,492	909	6,730	6,828	6,511	6,787	6,935	6,985	7,040	7,295	7,472	0	31,567	8,071	8,014	7,820	7,662	0
Ohio	1,827,184	1,241,322	32,815	130,889	136,312	133,887	132,661	132,634	131,403	132,961	137,821	139,939	0	585,862	164,768	145,347	141,330	134,417	0
Oklahoma	642,065	462,629	35,270	49,306	51,536	48,386	47,290	46,787	45,447	45,010	45,218	45,831	2,548	179,436	49,091	47,340	42,648	39,321	1,036
Oregon	565,586	383,598	1,310	39,820	42,258	42,718	42,717	42,750	42,282	42,989	43,121	43,018	615	181,988	45,179	45,820	45,161	45,559	269
Pennsylvania	1,801,971	1,205,351	12,490	122,769	130,124	130,425	130,104	129,837	130,792	134,406	140,097	143,406	901	596,620	158,874	153,174	143,749	139,930	893
Rhode Island	147,629	99,159	1,770	9.840	10,921	10,141	9.721	11,028	10,869	11,207	11,564	12,098	0	48,470	13,709	12,492	11,421	10,848	0

See notes at end of table.

Table 38. Enrollment in public elementary and secondary schools, by level, grade, and state or jurisdiction: Fall 2007—Continued

State or jurisdiction	Total, all grades	Prekindergarten through grade 8 and elementary ungraded												Grades 9 through 12 and secondary ungraded					
		Total	Prekindergarten	Kindergarten	Grade 1	Grade 2	Grade 3	Grade 4	Grade 5	Grade 6	Grade 7	Grade 8	Elementary ungraded	Total	Grade 9	Grade 10	Grade 11	Grade 12	Secondary ungraded
1	2	3	4	5	6	7	8	9	10	11	12	13	14	15	16	17	18	19	20
South Carolina	712,317	504,566	22,812	52,314	56,172	55,127	53,607	52,715	51,805	52,196	53,751	54,067	0	207,751	66,363	55,462	46,467	39,459	0
South Dakota	121,606	83,424	1,335	9,688	9,073	9,031	8,941	8,935	9,009	9,059	9,105	9,248	0	38,182	10,457	9,977	8,847	8,901	0
Tennessee	964,259	681,751	14,937	75,289	76,327	74,612	73,836	72,454	70,419	69,312	71,337	70,745	12,483	282,508	78,874	74,197	67,397	62,040	0
Texas	4,674,832	3,374,684	217,751	356,706	376,003	366,821	355,365	346,491	345,784	336,619	340,473	332,671	0	1,300,148	399,047	332,573	294,661	273,867	0
Utah	576,244	410,258	9,487	47,591	47,859	46,940	45,982	44,748	42,943	41,765	41,829	41,114	0	165,986	41,355	42,535	41,721	40,375	0
Vermont	94,038	63,096	4,556	6,161	6,241	6,229	6,409	6,490	6,571	6,581	6,819	7,039	0	30,942	7,683	7,887	7,658	7,714	0
Virginia	1,230,857	850,444	28,684	89,656	93,218	92,145	90,501	90,397	88,811	90,691	92,445	93,896	0	380,413	108,115	96,869	90,016	85,413	0
Washington	1,030,247	697,407	10,012	72,165	76,542	76,725	76,831	76,673	76,540	75,939	77,761	78,219	0	332,840	89,008	84,942	80,461	78,429	0
West Virginia	282,535	198,545	12,247	21,300	20,901	20,795	20,068	20,217	20,056	20,369	21,262	21,330	0	83,990	23,954	21,170	20,241	18,625	0
Wisconsin	874,633	585,212	37,773	59,590	60,474	60,807	60,000	59,995	59,581	60,827	62,030	64,135	0	289,421	73,746	70,788	72,507	72,380	0
Wyoming	86,422	59,243	413	6,891	6,566	6,513	6,488	6,493	6,402	6,428	6,338	6,711	0	27,179	7,174	7,274	6,485	6,246	0
Bureau of Indian Education	—	—	—	—	—	—	—	—	—	—	—	—	—	—	—	—	—	—	—
DoD, overseas	57,247	44,418	1,734	5,272	5,163	5,195	4,917	5,001	4,523	4,405	4,150	4,058	0	12,829	3,798	3,494	2,907	2,630	0
DoD, domestic	27,548	24,807	2,668	3,331	3,204	3,078	2,767	2,568	2,214	2,063	1,595	1,319	0	2,741	958	727	561	495	0
Other jurisdictions																			
American Samoa	—	—	—	—	—	—	—	—	—	—	—	—	—	—	—	—	—	—	—
Guam	—	—	—	—	—	—	—	—	—	—	—	—	—	—	—	—	—	—	—
Northern Marianas	11,299	8,140	462	689	836	930	850	869	857	862	835	855	95	3,159	1,166	811	624	558	0
Puerto Rico	526,565	372,514	420	32,490	41,008	39,811	39,915	41,523	40,547	40,574	44,309	42,807	9,110	154,051	41,525	39,176	35,374	33,478	4,498
U.S. Virgin Islands	15,903	10,770	([1])	1,015	1,100	1,098	1,121	1,199	1,294	1,173	1,540	1,230	0	5,133	1,889	1,180	1,108	956	0

[1]No prekindergarten pupils reported.
NOTE: DoD = Department of Defense.

SOURCE: U.S. Department of Education, National Center for Education Statistics, Common Core of Data (CCD), "State Nonfiscal Survey of Public Elementary/Secondary Education," 2007–08. (This table was prepared September 2009.)

Table 39. Enrollment in public elementary and secondary schools, by level and grade: Selected years, fall 1980 through fall 2008

Grade	Fall 1980	Fall 1985	Fall 1990	Fall 1992	Fall 1993	Fall 1994	Fall 1995	Fall 1996	Fall 1997	Fall 1998	Fall 1999	Fall 2000	Fall 2001	Fall 2002	Fall 2003	Fall 2004	Fall 2005	Fall 2006	Fall 2007	Fall 2008
1	2	3	4	5	6	7	8	9	10	11	12	13	14	15	16	17	18	19	20	21
	Number (in thousands)																			
All grades	**40,877**	**39,422**	**41,217**	**42,823**	**43,465**	**44,111**	**44,840**	**45,611**	**46,127**	**46,539**	**46,857**	**47,204**	**47,672**	**48,183**	**48,540**	**48,795**	**49,113**	**49,316**	**49,293**	**49,266**
Elementary	27,647	27,034	29,876	31,086	31,502	31,896	32,338	32,762	33,071	33,344	33,486	33,686	33,936	34,114	34,201	34,178	34,204	34,235	34,205	34,286
Prekindergarten	96	151	303	505	545	603	637	670	695	729	751	776	865	915	950	990	1,036	1,084	1,081	1,180
Kindergarten	2,593	3,041	3,306	3,313	3,377	3,444	3,536	3,532	3,503	3,443	3,397	3,382	3,379	3,434	3,503	3,544	3,619	3,631	3,609	3,640
1st grade	2,894	3,239	3,499	3,542	3,529	3,593	3,671	3,770	3,755	3,727	3,684	3,636	3,614	3,594	3,613	3,663	3,691	3,751	3,750	3,708
2nd grade	2,800	2,941	3,327	3,431	3,429	3,440	3,507	3,600	3,689	3,681	3,656	3,634	3,593	3,565	3,544	3,560	3,606	3,641	3,704	3,699
3rd grade	2,893	2,895	3,297	3,361	3,437	3,439	3,445	3,524	3,597	3,696	3,691	3,676	3,653	3,623	3,611	3,580	3,586	3,627	3,659	3,708
4th grade	3,107	2,771	3,248	3,342	3,361	3,426	3,431	3,454	3,507	3,592	3,686	3,711	3,695	3,669	3,619	3,612	3,578	3,586	3,624	3,647
5th grade	3,130	2,776	3,197	3,325	3,350	3,372	3,438	3,453	3,458	3,520	3,604	3,707	3,727	3,711	3,685	3,635	3,633	3,602	3,600	3,629
6th grade	3,038	2,789	3,110	3,303	3,356	3,381	3,395	3,494	3,492	3,497	3,564	3,663	3,769	3,788	3,772	3,735	3,670	3,660	3,628	3,614
7th grade	3,085	2,938	3,067	3,299	3,355	3,404	3,422	3,464	3,520	3,530	3,541	3,629	3,720	3,821	3,841	3,818	3,777	3,716	3,701	3,653
8th grade	3,086	2,982	2,979	3,129	3,249	3,302	3,356	3,403	3,415	3,480	3,497	3,538	3,616	3,709	3,809	3,825	3,802	3,766	3,709	3,692
Elementary ungraded	924	511	541	536	513	492	500	399	440	449	415	334	304	285	255	215	205	170	139	117
Secondary	13,231	12,388	11,341	11,737	11,963	12,215	12,502	12,849	13,056	13,195	13,371	13,517	13,736	14,069	14,339	14,618	14,909	15,081	15,087	14,980
9th grade	3,377	3,439	3,169	3,352	3,487	3,604	3,704	3,801	3,819	3,856	3,935	3,963	4,012	4,105	4,190	4,281	4,287	4,260	4,200	4,123
10th grade	3,368	3,230	2,896	3,027	3,050	3,131	3,237	3,323	3,376	3,382	3,415	3,491	3,528	3,584	3,675	3,750	3,866	3,882	3,863	3,822
11th grade	3,195	2,866	2,612	2,656	2,751	2,748	2,826	2,930	2,972	3,021	3,034	3,083	3,174	3,229	3,277	3,369	3,454	3,551	3,558	3,548
12th grade	2,925	2,550	2,381	2,431	2,424	2,488	2,487	2,586	2,673	2,722	2,782	2,803	2,863	2,990	3,046	3,094	3,180	3,277	3,375	3,400
Secondary ungraded	366	303	284	272	250	244	247	208	216	214	205	177	159	161	150	122	121	110	92	87
	Percentage distribution																			
All grades	**100.0**	**100.0**	**100.0**	**100.0**	**100.0**	**100.0**	**100.0**	**100.0**	**100.0**	**100.0**	**100.0**	**100.0**	**100.0**	**100.0**	**100.0**	**100.0**	**100.0**	**100.0**	**100.0**	**100.0**
Elementary	67.6	68.6	72.5	72.6	72.5	72.3	72.1	71.8	71.7	71.6	71.5	71.4	71.2	70.8	70.5	70.0	69.6	69.4	69.4	69.6
Prekindergarten	0.2	0.4	0.7	1.2	1.3	1.4	1.4	1.5	1.5	1.6	1.6	1.6	1.8	1.9	2.0	2.0	2.1	2.2	2.2	2.4
Kindergarten	6.3	7.7	8.0	7.7	7.8	7.8	7.9	7.7	7.6	7.4	7.3	7.2	7.1	7.1	7.2	7.3	7.4	7.4	7.3	7.4
1st grade	7.1	8.2	8.5	8.3	8.1	8.1	8.2	8.3	8.1	8.0	7.9	7.7	7.6	7.5	7.4	7.5	7.5	7.6	7.6	7.5
2nd grade	6.8	7.5	8.1	8.0	7.9	7.8	7.8	7.9	8.0	7.9	7.8	7.7	7.5	7.4	7.3	7.3	7.3	7.4	7.5	7.5
3rd grade	7.1	7.3	8.0	7.8	7.9	7.8	7.7	7.7	7.8	7.9	7.9	7.8	7.7	7.5	7.4	7.3	7.3	7.4	7.4	7.5
4th grade	7.6	7.0	7.9	7.8	7.7	7.8	7.7	7.6	7.6	7.7	7.9	7.9	7.8	7.6	7.5	7.4	7.3	7.3	7.4	7.4
5th grade	7.7	7.0	7.8	7.8	7.7	7.6	7.7	7.6	7.5	7.6	7.7	7.9	7.8	7.7	7.6	7.4	7.4	7.3	7.3	7.4
6th grade	7.4	7.1	7.5	7.7	7.7	7.7	7.6	7.7	7.6	7.5	7.6	7.8	7.9	7.9	7.8	7.7	7.5	7.4	7.4	7.3
7th grade	7.5	7.5	7.4	7.7	7.7	7.7	7.6	7.6	7.6	7.6	7.6	7.7	7.8	7.9	7.9	7.8	7.7	7.5	7.5	7.4
8th grade	7.5	7.6	7.2	7.3	7.5	7.5	7.5	7.5	7.4	7.5	7.5	7.5	7.6	7.7	7.8	7.8	7.7	7.6	7.5	7.5
Elementary ungraded	2.3	1.3	1.3	1.3	1.2	1.1	1.1	0.9	1.0	1.0	0.9	0.7	0.6	0.6	0.5	0.4	0.4	0.3	0.3	0.2
Secondary	32.4	31.4	27.5	27.4	27.5	27.7	27.9	28.2	28.3	28.4	28.5	28.6	28.8	29.2	29.5	30.0	30.4	30.6	30.6	30.4
9th grade	8.3	8.7	7.7	7.8	8.0	8.2	8.3	8.3	8.3	8.3	8.4	8.4	8.4	8.5	8.6	8.8	8.7	8.6	8.5	8.4
10th grade	8.2	8.2	7.0	7.1	7.0	7.1	7.2	7.3	7.3	7.3	7.3	7.4	7.4	7.4	7.6	7.7	7.9	7.9	7.8	7.8
11th grade	7.8	7.3	6.3	6.2	6.3	6.2	6.3	6.4	6.4	6.5	6.5	6.5	6.7	6.7	6.8	6.9	7.0	7.2	7.2	7.2
12th grade	7.2	6.5	5.8	5.7	5.6	5.6	5.5	5.7	5.8	5.8	5.9	5.9	6.0	6.2	6.3	6.3	6.5	6.6	6.8	6.9
Secondary ungraded	0.9	0.8	0.7	0.6	0.6	0.6	0.6	0.5	0.5	0.5	0.4	0.4	0.3	0.3	0.3	0.3	0.2	0.2	0.2	0.2

NOTE: Because of changes in reporting practices and imputation of data for nonrespondents since 1992, prekindergarten enrollment data for 1992 and later years are not comparable to prekindergarten enrollment data for prior years. Detail may not sum to totals because of rounding.

SOURCE: U.S. Department of Education, National Center for Education Statistics, *Statistics of Public Elementary and Secondary School Systems, 1980–81*; Common Core of Data (CCD), "State Nonfiscal Survey of Public Elementary/Secondary Education," 1985–86 through 2008–09. (This table was prepared November 2010.)

Table 40. Number and percentage of homeschooled students ages 5 through 17 with a grade equivalent of kindergarten through 12th grade, by selected child, parent, and household characteristics: 1999, 2003, and 2007

Selected characteristic	1999 Number of students[1] (in thousands)	1999 Number homeschooled (in thousands)	1999 Percent homeschooled	2003 Number of students[1] (in thousands)	2003 Number homeschooled (in thousands)	2003 Percent homeschooled	2007 Number of students[1] (in thousands)	2007 Number homeschooled (in thousands)	2007 Percent homeschooled
1	2	3	4	5	6	7	8	9	10
Total	**50,188 (72.7)**	**850 (71.1)**	**1.7 (0.14)**	**50,707 (89.3)**	**1,096 (92.3)**	**2.2 (0.18)**	**51,135 (155.3)**	**1,508 (117.9)**	**2.9 (0.23)**
Sex of child									
Male	25,515 (233.9)	417 (43.9)	1.6 (0.17)	25,819 (286.8)	569 (61.9)	2.2 (0.24)	26,286 (355.6)	633 (75.2)	2.4 (0.28)
Female	24,673 (238.7)	434 (46.1)	1.8 (0.19)	24,888 (277.7)	527 (58.2)	2.1 (0.23)	24,849 (386.9)	875 (97.7)	3.5 (0.39)
Race/ethnicity of child									
White	32,474 (168.2)	640 (62.3)	2.0 (0.19)	31,584 (187.2)	843 (77.5)	2.7 (0.25)	29,815 (197.9)	1159 (101.6)	3.9 (0.34)
Black	8,047 (102.3)	84 (24.8)	1.0 (0.31)	7,985 (45.7)	103 ! (33.9)	1.3 ! (0.42)	7,523 (114.0)	61 ! (21.2)	0.8 (0.28)
Hispanic	7,043 (85.5)	77 (17.7)	1.1 (0.25)	8,075 (35.1)	59 ! (21.1)	0.7 ! (0.26)	9,589 (84.8)	147 (27.5)	1.5 (0.29)
Other	2,623 (114.2)	49 ! (17.2)	1.9 ! (0.65)	3,063 (161.1)	91 ! (31.5)	3.0 ! (1.02)	4,208 (170.6)	141 (36.1)	3.3 (0.86)
Grade equivalent[2]									
Kindergarten through 5th grade	24,428 (20.5)	428 (48.1)	1.8 (0.20)	24,269 (24.7)	472 (55.3)	1.9 (0.23)	23,529 (68.1)	717 (83.8)	3.0 (0.36)
Kindergarten	3,790 (20.0)	92 (19.7)	2.4 (0.52)	3,643 (24.7)	98 (23.5)	2.7 (0.64)	3,669 (67.9)	114 ! (35.4)	3.1 (0.96)
Grades 1 through 3	12,692 (6.2)	199 (36.7)	1.6 (0.29)	12,098 (#)	214 (33.3)	1.8 (0.28)	11,965 (2.4)	406 (64.5)	3.4 (0.54)
Grades 4 through 5	7,946 (1.3)	136 (22.5)	1.7 (0.28)	8,528 (#)	160 (30.1)	1.9 (0.35)	7,895 (2.1)	197 (41.4)	2.5 (0.52)
Grades 6 through 8	11,788 (3.4)	186 (28.0)	1.6 (0.24)	12,472 (6.5)	302 (44.9)	2.4 (0.36)	12,435 (0.7)	359 (64.9)	2.9 (0.52)
Grades 9 through 12	13,954 (70.5)	235 (33.2)	1.7 (0.24)	13,958 (81.8)	315 (47.0)	2.3 (0.33)	15,161 (129.3)	422 (58.2)	2.8 (0.38)
Number of children in the household									
One child	8,226 (153.8)	120 (20.3)	1.5 (0.24)	8,033 (218.1)	110 (22.3)	1.4 (0.27)	8,463 (227.1)	187 (31.4)	2.2 (0.37)
Two children	19,883 (211.4)	207 (27.1)	1.0 (0.14)	20,530 (319.4)	306 (45.1)	1.5 (0.22)	20,694 (295.3)	412 (67.3)	2.0 (0.33)
Three or more children	22,078 (241.2)	523 (65.2)	2.4 (0.30)	22,144 (362.8)	679 (80.2)	3.1 (0.36)	21,979 (331.0)	909 (102.4)	4.1 (0.46)
Number of parents in the household									
Two parents	33,007 (203.8)	683 (68.3)	2.1 (0.21)	35,936 (315.1)	886 (82.7)	2.5 (0.23)	37,262 (302.1)	1348 (111.5)	3.6 (0.30)
One parent	15,454 (209.4)	142 (25.0)	0.9 (0.16)	13,260 (319.2)	196 (42.6)	1.5 (0.32)	11,734 (299.2)	115 (28.4)	1.0 (0.24)
Nonparental guardians	1,727 (86.0)	25 ! (14.4)	1.4 ! (0.82)	1,511 (100.1)	14 ! (11.1)	0.9 ! (0.74)	2,139 (203.2)	45 ! (17.3)	2.1 (0.81)
Parent participation in the labor force									
Two parents—both in labor force	22,880 (241.5)	237 (39.8)	1.0 (0.17)	25,108 (373.1)	274 (44.1)	1.1 (0.18)	26,075 (318.9)	509 (76.8)	2.0 (0.30)
Two parents—one in labor force	9,628 (194.4)	444 (53.8)	4.6 (0.55)	10,545 (297.2)	594 (73.7)	5.6 (0.67)	10,776 (284.8)	808 (94.3)	7.5 (0.82)
One parent—in labor force	13,907 (220.0)	98 (21.8)	0.7 (0.16)	12,045 (267.9)	174 (39.8)	1.4 (0.33)	9,989 (277.2)	127 (29.5)	1.3 (0.30)
No parent participation in labor force	3,773 (162.3)	71 (18.8)	1.9 (0.48)	3,008 (171.4)	54 ! (23.7)	1.8 ! (0.78)	4,296 (228.0)	64 ! (20.6)	1.5 (0.48)
Highest education level of parents									
High school diploma or less	18,334 (217.3)	160 (26.5)	0.9 (0.15)	16,106 (272.3)	269 (51.6)	1.7 (0.32)	14,303 (292.6)	206 (35.6)	1.4 (0.24)
Vocational/technical or some college	15,177 (215.2)	287 (37.3)	1.9 (0.24)	16,068 (323.4)	338 (57.7)	2.1 (0.36)	14,584 (326.3)	549 (77.3)	3.8 (0.52)
Bachelor's degree/some graduate school	9,412 (179.0)	230 (36.3)	2.4 (0.37)	10,849 (275.0)	309 (48.5)	2.8 (0.45)	12,321 (281.6)	502 (70.1)	4.1 (0.57)
Graduate/professional degree	7,264 (179.9)	173 (39.9)	2.4 (0.54)	7,683 (239.5)	180 (41.6)	2.3 (0.55)	9,927 (242.9)	251 (41.0)	2.5 (0.41)
Household income									
$25,000 or less	16,776 (116.9)	262 (45.0)	1.6 (0.27)	12,375 (53.6)	283 (56.0)	2.3 (0.45)	11,544 (123.8)	239 (49.9)	2.1 (0.43)
$25,001 to $50,000	15,220 (232.7)	278 (36.7)	1.8 (0.24)	13,220 (270.2)	311 (49.9)	2.4 (0.37)	10,592 (236.4)	364 (56.9)	3.4 (0.52)
$50,001 to $75,000	8,576 (189.3)	162 (25.5)	1.9 (0.30)	10,961 (282.2)	264 (51.1)	2.4 (0.46)	10,289 (232.9)	405 (57.9)	3.9 (0.56)
Over $75,000	9,615 (211.2)	148 (26.5)	1.5 (0.28)	14,150 (261.7)	238 (45.8)	1.7 (0.33)	18,710 (232.6)	501 (74.9)	2.7 (0.40)
Urbanicity									
City	— (†)	— (†)	— (†)	— (†)	— (†)	— (†)	15,998 (292.3)	327 (40.4)	2.0 (0.26)
Suburb	— (†)	— (†)	— (†)	— (†)	— (†)	— (†)	18,988 (291.3)	503 (78.8)	2.6 (0.41)
Town	— (†)	— (†)	— (†)	— (†)	— (†)	— (†)	5,574 (209.4)	165 (37.2)	3.0 (0.66)
Rural	— (†)	— (†)	— (†)	— (†)	— (†)	— (†)	10,576 (110.9)	513 (75.5)	4.9 (0.71)

—Not available.
†Not applicable.
#Rounds to zero.
!Interpret data with caution.
[1]Refers to all students in public and private schools and homeschooled students.
[2]Students whose grade equivalent was "ungraded" were excluded from the grade analysis. The percentage of students with an "ungraded" grade equivalent was 0.03 percent in 1999 and 0.02 percent in 2003 and 2007.

NOTE: The number and percentage of homeschoolers exclude students who were enrolled in school for more than 25 hours a week; also excluded in 1999 and 2003 are students who were homeschooled only due to a temporary illness and, in 2007, students who were homeschooled primarily due to a temporary illness. Detail may not sum to totals because of rounding. Some data have been revised from previously published figures. Race categories exclude persons of Hispanic ethnicity. Standard errors appear in parentheses.
SOURCE: U.S. Department of Education, National Center for Education Statistics, *Homeschooling in the United States: 2003*; and Parent Survey (Parent:1999) and Parent and Family Involvement in Education Survey (PFI:2003 and PFI:2007) of the National Household Education Surveys Program. (This table was prepared July 2010.)

Table 41. Percentage distribution of students ages 5 through 17 attending kindergarten through 12th grade, by school type or participation in homeschooling and selected child, parent, and household characteristics: 1999, 2003, and 2007

Selected characteristic	1999				2003				2007			
	Public school				Public school				Public school			
	Assigned	Chosen	Private school	Homeschooled[1]	Assigned	Chosen	Private school	Homeschooled[1]	Assigned	Chosen	Private school	Homeschooled[1]
1	2	3	4	5	6	7	8	9	10	11	12	13
Total	**74.1 (0.45)**	**14.3 (0.33)**	**10.0 (0.28)**	**1.7 (0.14)**	**72.1 (0.57)**	**15.0 (0.41)**	**10.8 (0.39)**	**2.2 (0.18)**	**70.6 (0.70)**	**15.0 (0.55)**	**11.4 (0.45)**	**2.9 (0.23)**
Sex of child												
Male	74.8 (0.60)	13.9 (0.44)	9.7 (0.34)	1.6 (0.17)	72.1 (0.70)	15.0 (0.56)	10.7 (0.48)	2.2 (0.24)	70.7 (1.05)	15.3 (0.79)	11.5 (0.73)	2.4 (0.28)
Female	73.4 (0.61)	14.6 (0.45)	10.3 (0.41)	1.8 (0.19)	72.1 (0.78)	14.9 (0.54)	10.8 (0.51)	2.1 (0.23)	70.5 (0.88)	14.7 (0.64)	11.2 (0.54)	3.5 (0.39)
Race/ethnicity of child												
White	75.0 (0.54)	11.2 (0.35)	11.8 (0.39)	2.0 (0.19)	72.7 (0.67)	12.4 (0.47)	12.2 (0.48)	2.7 (0.25)	69.9 (0.80)	12.0 (0.46)	14.2 (0.61)	3.9 (0.34)
Black	70.2 (1.24)	22.6 (1.22)	6.2 (0.47)	1.0 (0.31)	66.6 (1.49)	23.4 (1.45)	8.6 (0.85)	1.3 ! (0.42)	68.4 (2.30)	23.0 (2.20)	7.8 (1.33)	0.8 ! (0.28)
Hispanic	76.0 (1.02)	17.6 (0.91)	5.2 (0.40)	1.1 (0.25)	77.2 (1.17)	15.0 (0.99)	7.1 (0.66)	0.7 ! (0.26)	74.6 (1.41)	17.5 (1.25)	6.3 (0.57)	1.5 (0.29)
Other	69.5 (2.20)	17.6 (1.99)	11.0 (1.35)	1.9 ! (0.65)	67.1 (2.59)	18.7 (1.94)	11.3 (1.61)	3.0 ! (1.02)	70.4 (2.23)	16.7 (1.79)	9.4 (1.12)	3.3 (0.86)
Disability status of child as reported by parent												
Has a disability	74.8 (0.93)	15.3 (0.78)	8.0 (0.49)	1.8 (0.27)	72.4 (1.12)	16.2 (0.75)	9.2 (0.70)	2.2 (0.35)	72.7 (1.35)	14.0 (0.91)	10.5 (0.96)	2.6 (0.48)
Does not have a disability	73.9 (0.51)	14.0 (0.36)	10.5 (0.34)	1.7 (0.16)	72.0 (0.67)	14.5 (0.51)	11.3 (0.44)	2.1 (0.21)	69.9 (0.76)	15.3 (0.63)	11.7 (0.48)	3.1 (0.28)
Grade equivalent[2]												
Kindergarten through 5th grade	71.5 (0.61)	15.1 (0.43)	11.6 (0.41)	1.8 (0.20)	70.1 (0.70)	16.2 (0.56)	11.8 (0.53)	1.9 (0.23)	68.5 (1.16)	16.2 (1.04)	12.2 (0.69)	3.0 (0.36)
Kindergarten	66.2 (1.67)	15.4 (1.13)	15.9 (1.29)	2.4 (0.52)	69.0 (1.50)	15.5 (1.18)	12.8 (1.21)	2.7 (0.64)	66.4 (2.20)	14.7 (1.60)	15.8 (1.61)	3.1 ! (0.96)
Grades 1 through 3	72.2 (0.87)	15.3 (0.67)	10.9 (0.53)	1.6 (0.29)	70.0 (1.18)	16.2 (0.96)	12.1 (0.73)	1.8 (0.28)	68.4 (1.68)	15.9 (1.63)	12.3 (0.93)	3.4 (0.54)
Grades 4 through 5	72.9 (1.17)	14.6 (0.79)	10.7 (0.77)	1.7 (0.28)	70.7 (1.12)	16.5 (0.96)	10.9 (0.76)	1.9 (0.35)	69.7 (1.62)	17.5 (1.34)	10.3 (1.08)	2.5 (0.52)
Grades 6 through 8	77.4 (0.79)	11.5 (0.65)	9.5 (0.47)	1.6 (0.24)	73.3 (1.03)	14.1 (0.81)	10.2 (0.59)	2.4 (0.36)	74.4 (1.44)	11.6 (0.81)	11.0 (1.14)	2.9 (0.52)
Grades 9 through 12	75.7 (0.75)	15.1 (0.60)	7.5 (0.44)	1.7 (0.24)	74.6 (0.97)	13.6 (0.76)	9.5 (0.63)	2.3 (0.33)	70.8 (1.07)	15.9 (0.84)	10.5 (0.75)	2.8 (0.38)
Number of parents in the household												
Two parents	74.5 (0.54)	12.0 (0.35)	11.5 (0.37)	2.1 (0.21)	71.8 (0.67)	13.6 (0.51)	12.1 (0.47)	2.5 (0.23)	69.5 (0.73)	13.8 (0.49)	12.9 (0.52)	3.6 (0.30)
One parent	73.5 (0.78)	18.2 (0.55)	7.3 (0.47)	0.9 (0.16)	72.9 (1.09)	18.0 (0.98)	7.6 (0.67)	1.5 (0.32)	73.6 (1.39)	17.2 (1.14)	8.1 (1.18)	1.0 (0.24)
Nonparental guardians	71.6 (2.70)	21.9 (2.72)	5.1 (0.84)	1.4 ! (0.82)	73.2 (3.05)	20.1 (2.59)	5.8 (1.36)	0.9 ! (0.74)	72.2 (5.91)	23.0 (6.19)	2.6 (0.74)	2.1 ! (0.81)
Highest education level of parents												
Less than a high school diploma	79.1 (1.38)	18.0 (1.46)	2.7 (0.51)	0.2 ! (0.10)	76.9 (2.06)	18.9 (1.76)	2.9 (1.18)	1.3 ! (0.73)	83.3 (2.03)	12.7 (1.53)	3.5 (1.81)	0.5 ! (0.23)
High school diploma or GED	79.0 (0.84)	14.3 (0.72)	5.6 (0.44)	1.1 (0.19)	77.8 (1.01)	15.5 (0.89)	4.9 (0.45)	1.8 (0.34)	78.8 (1.90)	15.1 (1.84)	4.1 (0.63)	1.9 (0.36)
Vocational/technical or some college	75.8 (0.72)	14.7 (0.63)	7.7 (0.40)	1.9 (0.24)	74.0 (0.97)	15.5 (0.74)	8.3 (0.58)	2.1 (0.36)	72.0 (1.03)	15.3 (0.99)	8.8 (0.70)	3.8 (0.52)
Bachelor's degree/some graduate school	68.6 (1.06)	13.2 (0.75)	15.8 (0.75)	2.4 (0.37)	67.1 (1.00)	13.2 (0.84)	16.8 (0.90)	2.8 (0.45)	66.8 (1.24)	14.8 (1.02)	14.3 (0.87)	4.1 (0.57)
Graduate/professional degree	65.0 (1.14)	12.4 (0.77)	20.2 (0.91)	2.4 (0.54)	63.6 (1.50)	13.5 (1.14)	20.5 (1.28)	2.3 (0.55)	59.2 (1.37)	15.9 (1.01)	22.4 (1.22)	2.5 (0.41)
Poverty status of household												
Below poverty	74.8 (1.16)	19.2 (1.06)	4.3 (0.50)	1.7 (0.34)	76.3 (1.28)	17.7 (1.10)	3.7 (0.67)	2.3 (0.58)	76.6 (2.48)	17.8 (2.35)	3.7 (1.04)	1.8 (0.40)
Between poverty and 200 percent of poverty	76.8 (0.79)	15.3 (0.70)	5.9 (0.48)	2.0 (0.31)	75.1 (1.17)	16.0 (0.87)	5.9 (0.69)	3.1 (0.50)	74.4 (1.45)	16.2 (1.15)	5.2 (0.69)	4.1 (0.69)
At or above 200 percent of poverty	72.5 (0.57)	11.8 (0.34)	14.0 (0.47)	1.6 (0.18)	69.8 (0.70)	13.8 (0.54)	14.6 (0.54)	1.8 (0.21)	67.6 (0.75)	13.8 (0.48)	15.7 (0.54)	2.9 (0.30)
Urbanicity												
City	— (†)	— (†)	— (†)	— (†)	— (†)	— (†)	— (†)	— (†)	61.7 (1.46)	22.1 (1.38)	14.2 (0.97)	2.0 (0.26)
Suburb	— (†)	— (†)	— (†)	— (†)	— (†)	— (†)	— (†)	— (†)	72.7 (0.95)	11.8 (0.67)	12.8 (0.68)	2.6 (0.41)
Town	— (†)	— (†)	— (†)	— (†)	— (†)	— (†)	— (†)	— (†)	77.3 (1.77)	12.4 (1.43)	7.1 (0.75)	3.0 (0.66)
Rural	— (†)	— (†)	— (†)	— (†)	— (†)	— (†)	— (†)	— (†)	76.7 (1.36)	11.5 (1.03)	6.8 (1.09)	4.9 (0.71)
Region												
Northeast	72.8 (1.06)	13.4 (0.78)	12.6 (0.63)	1.1 (0.30)	71.6 (1.42)	11.9 (1.02)	14.6 (1.03)	1.8 ! (0.58)	72.5 (1.42)	11.8 (1.11)	13.6 (0.98)	2.1 (0.47)
South	75.4 (0.65)	13.2 (0.52)	9.3 (0.43)	2.0 (0.28)	74.2 (0.88)	14.9 (0.72)	8.3 (0.58)	2.6 (0.39)	71.9 (1.15)	13.6 (0.96)	10.8 (0.58)	3.7 (0.46)
Midwest	74.3 (0.80)	13.4 (0.72)	10.9 (0.61)	1.4 (0.24)	69.9 (1.27)	14.4 (0.92)	13.8 (1.04)	2.0 (0.37)	70.8 (1.54)	14.2 (1.06)	12.8 (1.14)	2.2 (0.53)
West	72.7 (0.95)	17.7 (0.73)	7.5 (0.49)	2.0 (0.34)	71.9 (1.07)	17.9 (0.97)	8.3 (0.59)	2.0 (0.34)	67.0 (1.40)	20.3 (1.17)	9.4 (0.75)	3.1 (0.42)

—Not available.
†Not applicable.
!Interpret data with caution.
[1]Excludes students who were enrolled in school for more than 25 hours a week; also excluded in 1999 and 2003 are students who were homeschooled only due to a temporary illness and, in 2007, students who were homeschooled primarily due to a temporary illness.
[2]Students whose grade equivalent was "ungraded" were excluded from the grade analysis. The percentage of students with an "ungraded" grade equivalent was 0.03 percent in 1999 and 0.02 percent in 2003 and 2007.
NOTE: Data are based on parent reports. Race categories exclude persons of Hispanic ethnicity. Detail may not sum to totals because of rounding. Some data have been revised from previously published figures. Standard errors appear in parentheses.
SOURCE: U.S. Department of Education, National Center for Education Statistics, Parent Survey (Parent:1999) and Parent and Family Involvement in Education Survey (PFI:2003 and PFI:2007) of the National Household Education Surveys Program. (This table was prepared July 2010.)

Table 42. Average daily attendance in public elementary and secondary schools, by state or jurisdiction: Selected years, 1969–70 through 2007–08

State or jurisdiction	1969–70	1979–80	1989–90	1994–95	1999–2000	2000–01	2001–02	2002–03	2003–04	2004–05	2005–06	2006–07	2007–08
1	2	3	4	5	6	7	8	9	10	11	12	13	14
United States	**41,934,376**	**38,288,911**	**37,799,296**	**40,720,763**	**43,806,726**	**44,075,930**	**44,604,592**	**45,017,360**	**45,325,731**	**45,625,458**	**45,931,617**	**46,132,663**	**46,155,830**
Alabama	777,123	711,432	683,833	687,047	725,212	719,562	702,423	701,235	706,446	706,588	714,197	714,302	731,161
Alaska	72,489	79,945	98,213	113,874	122,412	122,932	123,316	123,145	122,341	121,699	122,010	120,988	119,882
Arizona	391,526	481,905	557,252	658,084	782,851	803,453	834,036	868,547	878,891	911,640	933,663	972,404	973,689
Arkansas	414,158	423,610	403,025	420,229	422,958	421,625	422,817	418,775	425,571	430,290	435,278	436,804	439,347
California[1]	4,418,423	4,044,736	4,893,341	5,198,308	5,957,216	6,075,001	6,219,160	6,312,362	6,384,882	6,373,959	6,349,270	6,351,774	6,365,266
Colorado	500,388	513,475	519,419	594,019	656,700	671,909	707,202	709,349	673,285	700,485	712,476	722,168	735,549
Connecticut	618,881	507,362	439,524	481,742	533,779	540,946	547,194	557,701	561,530	559,478	558,423	555,428	553,445
Delaware	120,819	94,058	89,838	98,793	106,444	105,681	107,730	109,945	108,751	110,393	113,986	113,992	116,472
District of Columbia	138,600	91,576	71,468	71,446	65,371	62,881	62,681	61,236	65,625	70,817	59,137	61,799	61,636
Florida	1,312,693	1,464,461	1,646,583	1,927,172	2,175,453	2,269,372	2,326,142	2,362,841	2,418,329	2,463,323	2,494,778	2,527,431	2,494,397
Georgia	1,019,427	989,433	1,054,097	1,181,724	1,326,713	1,347,218	1,379,176	1,400,007	1,424,004	1,460,767	1,499,317	1,542,305	1,561,935
Hawaii	168,140	151,563	157,360	169,254	171,180	171,117	170,268	169,797	167,739	169,825	168,009	165,415	166,179
Idaho	170,920	189,199	203,987	225,986	230,828	230,890	231,861	234,244	237,095	241,590	247,009	251,278	255,523
Illinois	2,084,844	1,770,435	1,587,733	1,734,175	1,789,089	1,805,582	1,837,863	1,855,417	1,862,274	1,862,046	1,871,619	1,879,288	1,881,810
Indiana	1,111,043	983,444	884,568	900,017	929,281	928,703	931,886	942,506	943,735	944,944	966,967	976,373	969,976
Iowa	624,403	510,081	450,224	478,285	471,384	467,404	462,276	459,761	457,771	456,559	477,491	481,528	492,922
Kansas	470,296	382,019	388,986	413,699	426,853	425,036	413,670	419,285	415,529	411,455	407,812	422,142	418,701
Kentucky	647,970	619,868	569,795	572,952	565,693	564,198	566,451	569,538	570,911	574,380	580,937	583,102	585,775
Louisiana	776,555	727,601	727,125	730,148	701,957	684,566	680,122	674,949	674,333	670,238	648,243	625,916	631,163
Maine	225,146	211,400	195,089	199,387	194,554	191,963	190,477	188,776	187,492	184,374	180,223	178,870	175,161
Maryland	785,989	686,336	620,617	701,594	791,133	797,522	807,331	809,398	808,557	804,696	800,553	795,473	793,881
Massachusetts	1,056,207	935,960	763,231	831,918	913,502	920,522	921,266	921,201	932,417	930,338	930,151	933,697	917,181
Michigan	1,991,235	1,758,427	1,446,996	1,492,653	1,574,894	1,577,260	1,588,300	1,591,900	1,590,555	1,583,496	1,574,023	1,556,297	1,528,815
Minnesota	864,595	748,606	699,001	770,549	818,819	820,457	818,160	813,660	792,896	788,354	787,521	791,417	790,206
Mississippi	524,623	454,401	476,048	470,974	468,746	465,505	461,951	461,269	463,470	463,816	461,112	462,251	461,459
Missouri	906,132	777,269	729,693	794,177	836,105	836,411	843,148	849,040	851,749	851,114	859,441	858,821	852,106
Montana	162,664	144,608	135,406	148,325	142,313	139,198	136,498	133,988	132,356	130,998	129,948	128,872	132,104
Nebraska	314,516	270,524	254,754	268,732	261,767	268,897	267,909	269,499	260,352	260,725	262,805	263,800	264,810
Nevada	113,421	134,995	173,149	229,862	305,067	321,679	334,853	346,512	364,409	378,186	383,403	395,536	395,355
New Hampshire	140,203	154,187	154,915	179,892	200,283	198,389	199,429	200,184	202,352	201,242	199,952	198,004	195,383
New Jersey	1,322,124	1,140,111	997,561	1,102,565	1,222,438	1,257,124	1,297,217	1,312,610	1,336,869	1,341,156	1,358,562	1,348,279	1,340,220
New Mexico	259,997	253,453	290,245	314,822	323,963	319,939	320,082	320,189	319,637	322,046	323,964	327,244	326,034
New York	3,099,192	2,530,289	2,244,110	2,388,973	2,595,070	2,598,176	2,610,320	2,614,977	2,599,902	2,581,772	2,556,705	2,542,259	2,520,932
North Carolina	1,104,295	1,072,150	1,012,274	1,071,640	1,185,737	1,203,143	1,225,681	1,242,234	1,264,266	1,289,444	1,319,335	1,343,357	1,364,608
North Dakota	141,961	118,986	109,659	111,502	105,123	103,420	100,028	97,879	96,231	94,823	92,843	91,078	91,972
Ohio	2,246,282	1,849,283	1,584,735	1,627,984	1,659,903	1,653,316	1,654,816	1,683,337	1,700,533	1,719,566	1,730,080	1,691,206	1,660,981
Oklahoma	560,993	548,065	543,170	570,381	586,266	580,754	580,894	581,767	583,932	587,188	591,486	596,172	596,450
Oregon	436,736	418,593	419,771	458,107	479,321	481,223	483,038	487,544	486,073	506,638	513,650	516,258	515,834
Pennsylvania	2,169,225	1,808,630	1,524,839	1,629,877	1,684,913	1,683,637	1,691,123	1,694,148	1,701,096	1,698,795	1,702,566	1,701,044	1,693,569
Rhode Island	163,205	139,195	125,934	136,229	144,422	144,895	145,330	144,813	143,792	143,939	139,001	138,993	134,737
South Carolina	600,292	569,612	569,029	608,699	624,456	623,008	628,510	629,997	635,750	639,950	647,703	652,803	656,996
South Dakota	158,543	124,934	119,823	128,335	122,252	120,966	118,919	118,383	116,651	115,148	114,673	114,863	114,723
Tennessee	836,010	806,696	761,766	806,895	844,878	846,551	849,413	850,322	859,522	868,129	881,414	889,312	891,430
Texas	2,432,420	2,608,817	3,075,333	3,364,830	3,706,550	3,771,568	3,860,613	3,940,776	4,016,791	4,084,792	4,186,812	4,255,963	4,322,975
Utah	287,405	312,813	408,917	442,617	448,096	447,450	448,557	451,063	456,183	464,645	478,233	488,514	503,562
Vermont	97,772	95,045	87,832	98,608	98,894	97,717	96,996	95,868	95,160	93,608	92,508	91,437	89,880
Virginia	995,580	955,105	989,197	1,079,496	1,195,123	1,087,591	1,099,677	1,109,459	1,118,446	1,133,882	1,141,790	1,142,342	1,150,316
Washington	764,735	710,929	755,141	870,163	925,696	927,530	931,533	933,702	937,656	941,238	946,824	947,857	947,791
West Virginia	372,278	353,264	301,947	287,937	273,277	264,798	262,581	260,365	266,078	271,197	271,780	272,045	267,989
Wisconsin	880,609	770,554	711,466	782,395	825,699	824,002	821,934	831,939	826,864	831,809	834,177	835,072	823,754
Wyoming	81,293	89,471	91,277	93,691	86,092	83,243	81,734	79,921	78,652	77,878	77,757	79,090	79,788
Other jurisdictions													
American Samoa	—	—	11,448	14,000	15,102	14,818	15,487	15,243	15,123	15,302	15,237	14,606	14,646
Guam	20,315	—	23,883	31,779	—	—	—	—	28,301	—	29,617	29,515	28,358
Northern Marianas	—	—	6,809	7,351	8,712	8,968	9,426	9,739	10,047	10,301	10,871	10,277	9,927
Puerto Rico	—	656,709	597,436	547,561	540,676	538,738	536,481	535,874	534,941	540,365	522,655	531,273	494,880
U.S. Virgin Islands	—	—	18,924	20,339	18,676	16,069	17,181	16,187	15,878	15,841	15,241	14,927	15,903

—Not available.

[1]Data for California for 1989–90 and earlier years are not strictly comparable with those for other states because California's attendance figures included excused absences.

NOTE: Some data have been revised from previously published figures.

SOURCE: U.S. Department of Education, National Center for Education Statistics, *Statistics of State School Systems, 1969–70; Revenues and Expenditures for Public Elementary and Secondary Education, 1979–80*; and Common Core of Data (CCD), "National Public Education Financial Survey," 1989–90 through 2007–08. (This table was prepared November 2010.)

Table 43. Percentage distribution of enrollment in public elementary and secondary schools, by race/ethnicity and state or jurisdiction: Fall 1998 and fall 2008

State or jurisdiction	Percentage distribution, fall 1998						Percentage distribution, fall 2008						
	Total	White	Black	Hispanic	Asian/ Pacific Islander	American Indian/ Alaska Native	Total	White	Black	Hispanic	Asian/ Pacific Islander	American Indian/ Alaska Native	Other[1]
1	2	3	4	5	6	7	8	9	10	11	12	13	14
United States	**100.0**	**63.0**	**17.0**	**14.9**	**3.9**	**1.1**	**100.0**	**54.9**	**17.0**	**21.5**	**5.0**	**1.2**	**0.5**
Alabama	100.0	61.5	36.2	0.9	0.7	0.7	100.0	58.8	35.3	3.9	1.2	0.8	—
Alaska	100.0	62.5	4.6	3.0	5.1	24.8	100.0	53.3	3.5	5.8	7.2	23.1	7.0
Arizona	100.0	55.0	4.5	31.7	1.9	6.9	100.0	44.4	5.8	41.4	3.0	5.5	—
Arkansas	100.0	72.8	23.5	2.5	0.8	0.4	100.0	66.6	22.4	8.6	1.6	0.7	—
California	100.0	37.9	8.7	41.4	11.1	0.9	100.0	27.9	7.3	49.0	11.7	0.7	3.4
Colorado	100.0	70.6	5.6	19.9	2.7	1.2	100.0	60.9	6.0	28.4	3.6	1.2	—
Connecticut	100.0	71.2	13.6	12.4	2.6	0.3	100.0	64.5	13.9	17.1	4.2	0.4	—
Delaware	100.0	62.4	30.4	4.9	2.0	0.2	100.0	52.1	33.2	10.9	3.4	0.4	—
District of Columbia	100.0	4.3	85.9	8.3	1.6	#	100.0	6.0	81.5	10.8	1.6	0.1	—
Florida	100.0	55.3	25.5	17.2	1.8	0.3	100.0	47.0	24.0	26.1	2.6	0.3	—
Georgia	100.0	56.4	38.1	3.4	2.0	0.1	100.0	47.2	39.0	10.4	3.3	0.2	—
Hawaii	100.0	20.8	2.4	4.6	71.7	0.4	100.0	19.5	2.3	4.6	72.9	0.6	—
Idaho	100.0	87.1	0.7	9.7	1.2	1.2	100.0	81.2	1.3	14.1	1.7	1.6	—
Illinois	100.0	61.4	21.4	13.9	3.2	0.2	100.0	54.3	20.0	21.3	4.2	0.2	—
Indiana	100.0	84.7	11.4	2.8	0.9	0.2	100.0	78.3	12.8	7.1	1.5	0.3	—
Iowa	100.0	91.4	3.6	2.8	1.7	0.5	100.0	84.5	5.8	7.0	2.2	0.6	—
Kansas	100.0	80.6	8.6	7.5	2.1	1.2	100.0	72.8	8.8	14.0	2.8	1.6	—
Kentucky	100.0	88.4	10.4	0.7	0.4	0.1	100.0	84.7	11.0	3.0	1.1	0.1	—
Louisiana	100.0	49.7	47.1	1.3	1.3	0.7	100.0	48.8	46.1	2.9	1.4	0.8	—
Maine	100.0	97.0	1.0	0.5	0.9	0.6	100.0	93.7	2.7	1.2	1.6	0.8	—
Maryland	100.0	55.0	36.6	4.0	4.0	0.3	100.0	46.2	38.0	9.5	5.9	0.4	—
Massachusetts	100.0	77.1	8.6	10.0	4.2	0.2	100.0	69.9	8.2	14.3	5.2	0.3	2.0
Michigan	100.0	74.7	19.5	3.0	1.7	1.0	100.0	71.4	20.2	4.8	2.7	0.9	—
Minnesota	100.0	84.8	5.8	2.6	4.7	2.0	100.0	75.6	9.6	6.4	6.2	2.2	—
Mississippi	100.0	47.7	51.0	0.5	0.6	0.1	100.0	46.3	50.5	2.1	0.9	0.2	—
Missouri	100.0	80.1	17.1	1.4	1.1	0.3	100.0	76.0	17.8	3.9	1.9	0.4	—
Montana	100.0	86.8	0.5	1.6	0.8	10.2	100.0	83.7	1.0	2.6	1.2	11.4	—
Nebraska	100.0	84.8	6.3	5.9	1.4	1.5	100.0	74.6	8.1	13.5	2.1	1.7	—
Nevada	100.0	61.2	9.9	22.0	5.1	1.8	100.0	42.3	11.2	36.9	8.1	1.5	—
New Hampshire	100.0	96.2	1.0	1.4	1.2	0.2	100.0	91.9	2.1	3.3	2.4	0.3	—
New Jersey	100.0	61.6	18.1	14.3	5.8	0.2	100.0	54.0	17.1	19.9	8.5	0.2	0.3
New Mexico	100.0	37.2	2.3	48.8	1.0	10.8	100.0	28.9	2.6	56.1	1.4	11.0	—
New York	100.0	55.6	20.4	18.1	5.6	0.4	100.0	51.1	19.3	21.4	7.7	0.5	—
North Carolina	100.0	62.5	31.2	3.1	1.7	1.5	100.0	54.3	31.2	10.6	2.5	1.4	—
North Dakota	100.0	89.9	1.0	1.2	0.7	7.3	100.0	85.3	2.2	2.2	1.1	9.2	—
Ohio	100.0	81.5	15.8	1.5	1.1	0.1	100.0	78.4	16.9	2.8	1.7	0.1	—
Oklahoma	100.0	67.0	10.7	4.9	1.4	16.0	100.0	57.3	10.9	10.5	2.1	19.2	—
Oregon	100.0	82.9	2.7	8.7	3.7	2.1	100.0	71.7	3.1	18.1	5.0	2.1	—
Pennsylvania	100.0	79.4	14.6	4.0	1.9	0.1	100.0	73.6	15.8	7.5	2.9	0.2	—
Rhode Island	100.0	76.4	7.6	12.3	3.3	0.5	100.0	68.6	9.0	18.5	3.2	0.7	—
South Carolina	100.0	55.7	42.0	1.2	0.9	0.2	100.0	53.8	38.8	5.5	1.6	0.4	—
South Dakota	100.0	87.5	1.0	1.0	0.9	9.6	100.0	81.3	2.5	2.7	1.3	12.2	—
Tennessee	100.0	76.7	20.9	1.2	1.0	0.1	100.0	68.3	24.6	5.2	1.6	0.2	—
Texas	100.0	44.1	14.4	38.6	2.5	0.3	100.0	34.0	14.2	47.9	3.6	0.4	—
Utah	100.0	87.9	0.8	7.2	2.5	1.5	100.0	79.4	1.4	14.5	3.3	1.4	—
Vermont	100.0	97.1	0.9	0.4	1.0	0.5	100.0	94.0	1.7	1.2	1.5	0.2	1.5
Virginia	100.0	64.9	27.2	3.9	3.7	0.2	100.0	58.2	26.4	9.2	5.9	0.3	—
Washington	100.0	76.1	5.1	9.1	7.1	2.6	100.0	67.1	5.7	15.8	8.9	2.6	—
West Virginia	100.0	94.9	4.2	0.5	0.3	0.1	100.0	92.8	5.4	0.9	0.7	0.1	—
Wisconsin	100.0	81.9	9.8	3.8	3.1	1.4	100.0	76.3	10.5	8.0	3.7	1.5	—
Wyoming	100.0	88.6	1.0	6.7	0.8	2.9	100.0	83.3	1.6	10.4	1.1	3.5	—
Bureau of Indian Education	100.0	0.0	0.0	0.0	0.0	100.0	100.0	0.0	0.0	0.0	0.0	100.0	—
DoD, overseas	100.0	58.5	21.0	8.4	11.1	0.9	100.0	55.7	16.5	16.5	10.6	0.6	—
DoD, domestic	—	—	—	—	—	—	100.0	53.0	17.6	23.9	4.7	0.8	—
Other jurisdictions													
American Samoa	100.0	0.0	0.0	0.0	100.0	0.0	—	—	—	—	—	—	—
Guam	100.0	2.2	0.4	0.2	97.1	0.1	—	—	—	—	—	—	—
Northern Marianas	100.0	0.8	0.0	0.0	99.2	0.0	—	—	—	—	—	—	—
Puerto Rico	100.0	0.0	0.0	100.0	0.0	0.0	100.0	0.1	#	99.8	#	#	—
U.S. Virgin Islands	100.0	0.9	84.7	13.9	0.4	0.1	100.0	1.3	83.0	15.3	0.3	0.1	—

—Not available.
#Rounds to zero.
[1]Includes data for states reporting students of two or more races.
NOTE: Percentage distribution based on students for whom race/ethnicity was reported, which may be less than the total number of students in the state. Race categories exclude persons of Hispanic ethnicity. DoD = Department of Defense. Detail may not sum to totals because of rounding.
SOURCE: U.S. Department of Education, National Center for Education Statistics, Common Core of Data (CCD), "State Nonfiscal Survey of Public Elementary/Secondary Education," 1998–99 and 2008–09. (This table was prepared November 2010.)

Table 44. Number and percentage of public school students eligible for free or reduced-price lunch, by state: Selected years, 2000–01 through 2008–09

State	Number of students				Number of students eligible for free/reduced-price lunch				Percent of students eligible for free/reduced-price lunch			
	2000–01	2005–06	2007–08	2008–09	2000–01	2005–06	2007–08	2008–09	2000–01	2005–06	2007–08	2008–09
1	2	3	4	5	6	7	8	9	10	11	12	13
United States	**46,579,068** [1]	**48,403,390**	**47,772,027** [1]	**48,168,458**	**17,839,867** [1]	**20,333,474**	**20,522,564** [1]	**21,501,568**	**38.3** [1]	**42.0**	**43.0** [1]	**44.6**
Alabama	728,351	741,544	738,382	742,997	335,143	383,219	377,454	389,252	46.0	51.7	51.1	52.4
Alaska	105,333	103,498	131,029	130,662	32,468	41,872	44,043	44,578	30.8	40.5	33.6	34.1
Arizona	877,696 [2]	955,320	1,010,604	1,075,949	274,277 [2]	492,450	412,305	515,916	31.2 [2]	51.5	40.8	47.9
Arkansas	449,959	474,206	479,016	478,965	205,058	250,641	269,355	273,549	45.6	52.9	56.2	57.1
California	6,050,753	6,311,900	5,953,047	6,180,511	2,820,611	3,063,627	3,099,565	3,267,160	46.6	48.5	52.1	52.9
Colorado	724,349	779,825	791,996	816,922	195,148	258,264	275,475	289,326	26.9	33.1	34.8	35.4
Connecticut	562,179 [2]	575,051	568,405	552,978	143,030 [2]	152,669	168,586	169,742	25.4 [2]	26.5	29.7	30.7
Delaware	114,676	120,937	119,256	122,622	37,766	43,682	44,185	48,982	32.9	36.1	37.1	39.9
District of Columbia	68,380	66,498	61,184	66,511	47,839	41,050	38,309	46,102	70.0	61.7	62.6	69.3
Florida	2,434,755	2,674,998	2,666,811	2,631,020	1,079,009	1,224,228	1,215,459	1,304,324	44.3	45.8	45.6	49.6
Georgia	1,444,937	1,598,461	1,649,589	1,655,792	624,511	795,394	840,921	877,701	43.2	49.8	51.0	53.0
Hawaii	184,357	184,925	179,897	179,406	80,657	74,926	67,747	74,895	43.8	40.5	37.7	41.7
Idaho	244,755	260,343	271,976	274,672	85,824	99,093	101,202	109,071	35.1	38.1	37.2	39.7
Illinois	2,048,792 [2]	1,976,077	1,955,299	1,977,007	759,973 [2]	785,715	810,398	832,946	37.1 [2]	39.8	41.4	42.1
Indiana	977,219	1,034,719	1,044,593	1,045,833	285,267	373,433	410,324	437,293	29.2	36.1	39.3	41.8
Iowa	492,021	481,094	482,204	482,735	131,553	154,416	161,551	165,830	26.7	32.1	33.5	34.4
Kansas	462,594	466,263	468,014	470,397	154,693	180,919	186,948	202,060	33.4	38.8	39.9	43.0
Kentucky	626,723	641,682	665,066	660,419	298,334	336,287	340,413	345,926	47.6	52.4	51.2	52.4
Louisiana	741,162	654,388	680,499	684,745	433,068	400,596	430,263	444,562	58.4	61.2	63.2	64.9
Maine	198,532	189,572	190,737	187,484	60,162	65,877	68,814	71,407	30.3	34.8	36.1	38.1
Maryland	852,911	860,018	841,948	840,506	255,872	272,069	282,129	292,398	30.0	31.6	33.5	34.8
Massachusetts	979,590	971,907	962,806	958,910	237,871	274,515	283,819	294,681	24.3	28.2	29.5	30.7
Michigan	1,703,260	1,711,532	1,665,559	1,629,880	504,044	609,754	627,239	681,764	29.6	35.6	37.7	41.8
Minnesota	854,154	838,998	833,547	826,121	218,867	253,938	264,646	270,777	25.6	30.3	31.7	32.8
Mississippi	497,421	494,744	494,013	491,129	319,670	344,107	330,635	336,113	64.3	69.6	66.9	68.4
Missouri	912,247	915,844	917,188	917,871	315,608	358,428	362,385	354,973	34.6	39.1	39.5	38.7
Montana	154,438	143,093	140,715	140,430	47,415	50,172	50,936	52,021	30.7	35.1	36.2	37.0
Nebraska	286,138	286,610	291,238	291,805	87,045	99,387	108,986	112,293	30.4	34.7	37.4	38.5
Nevada	282,621	410,531	423,309	422,250	92,978	170,039	169,144	169,185	32.9	41.4	40.0	40.1
New Hampshire	206,919	203,998	200,772	197,934	31,212	35,087	36,416	40,496	15.1	17.2	18.1	20.5
New Jersey	1,312,983	1,395,600	1,341,122	1,377,573	357,728	373,946	387,965	414,582	27.2	26.8	28.9	30.1
New Mexico	320,303	326,755	321,544	322,363	174,939	181,916	199,302	202,758	54.6	55.7	62.0	62.9
New York	2,859,927	2,812,964	2,765,435	2,717,371	1,236,945	1,260,933	1,220,052	1,226,247	43.3	44.8	44.1	45.1
North Carolina	1,194,371	1,356,570	1,003,293	1,076,134	470,316	603,316	456,210	493,946	39.4	44.5	45.5	45.9
North Dakota	109,201	98,284	95,052	94,728	31,840	29,064	29,687	29,963	29.2	29.6	31.2	31.6
Ohio	1,745,237	1,836,982	1,822,586 [2]	1,813,999	494,829	597,517	616,031 [2]	661,151	28.4	32.5	33.8 [2]	36.4
Oklahoma	623,110	632,812	640,515	643,640	300,179	346,070	354,139	362,090	48.2	54.7	55.3	56.3
Oregon	535,617	534,814	558,791	553,825	186,203	230,737	235,632	255,795	34.8	43.1	42.2	46.2
Pennsylvania	1,798,977	1,813,760	1,635,217	1,638,671	510,121	574,951	560,384	591,250	28.4	31.7	34.3	36.1
Rhode Island	157,347	151,686	146,228	139,922	52,209	53,521	55,596	57,174	33.2	35.3	38.0	40.9
South Carolina	677,411	700,397	711,552	717,001	320,254	361,567	366,883	376,735	47.3	51.6	51.6	52.5
South Dakota	128,598	121,999	118,379	124,323	37,857	39,059	40,289	43,836	29.4	32.0	34.0	35.3
Tennessee	909,161 [2]	934,444	948,934	949,964	436,298 [2]	448,431	475,202	485,590	48.0 [2]	48.0	50.1	51.1
Texas	4,059,353	4,523,575	4,673,455	4,751,003	1,823,029	2,181,697	2,230,688	2,317,239	44.9	48.2	47.7	48.8
Utah	470,265	508,399	526,542	553,040	135,428	164,255	172,576	174,729	28.8	32.3	32.8	31.6
Vermont	102,049	96,638	87,038	85,842	23,986	25,487	25,767	27,115	23.5	26.4	29.6	31.6
Virginia	1,067,710	1,167,860	1,224,044	1,235,143	320,233	377,725	386,805	408,336	30.0	32.3	31.6	33.1
Washington	1,004,770 [2]	1,031,967	1,030,247	997,244	326,295 [2]	376,198	383,802	396,602	32.5 [2]	36.5	37.3	39.8
West Virginia	286,285	280,699	282,512	282,718	143,446	137,878	138,931	141,448	50.1	49.1	49.2	50.0
Wisconsin	859,276	864,207	874,478	872,338	219,276	256,645	281,027	292,609	25.5	29.7	32.1	33.5
Wyoming	89,895	84,402	86,364	87,153	43,483	26,707	25,944	27,050	48.4	31.6	30.0	31.0

[1]U.S. total includes imputation for nonreporting states.
[2]Imputation for survey nonresponse.
NOTE: Table reflects counts of students enrolled in schools for which both enrollment data and free/reduced-price lunch eligibility data were reported. Some data have been revised from previously published figures.

SOURCE: U.S. Department of Education, National Center for Education Statistics, Common Core of Data (CCD), "Public Elementary/Secondary School Universe Survey," 2000–01, 2005–06, 2007–08, and 2008–09. (This table was prepared November 2010.)

Table 45. Children 3 to 21 years old served under Individuals with Disabilities Education Act, Part B, by type of disability: Selected years, 1976–77 through 2008–09

Type of disability	1976–77	1980–81	1990–91	1995–96	1998–99	1999–2000	2000–01	2001–02	2002–03	2003–04	2004–05	2005–06	2006–07	2007–08[1]	2008–09[1]
1	2	3	4	5	6	7	8	9	10	11	12	13	14	15	16
	Number served (in thousands)														
All disabilities	**3,694**	**4,144**	**4,710**	**5,572**	**6,056**	**6,195**	**6,296**	**6,407**	**6,523**	**6,634**	**6,719**	**6,713**	**6,686**	**6,606**	**6,483**
Autism	—	—	—	28	53	65	94	114	137	163	191	223	258	296	336
Deaf-blindness	—	3	1	1	2	2	1	2	2	2	2	2	2	2	2
Developmental delay	—	—	—	—	12	19	178	242	283	305	332	339	333	358	354
Emotional disturbance	283	347	389	437	462	469	481	483	485	489	489	477	464	442	420
Hearing impairments	88	79	58	67	70	71	78	78	78	79	79	79	80	79	78
Intellectual disability	961	830	534	571	597	600	624	616	602	593	578	556	534	500	478
Multiple disabilities	—	68	96	93	106	111	133	136	138	140	140	141	142	138	130
Orthopedic impairments	87	58	49	63	69	71	83	83	83	77	73	71	69	67	70
Other health impairments[2]	141	98	55	133	220	253	303	350	403	464	521	570	611	641	659
Preschool disabled[3]	†	†	390	544	568	581	†	†	†	†	†	†	†	†	†
Specific learning disabilities	796	1,462	2,129	2,578	2,790	2,834	2,868	2,861	2,848	2,831	2,798	2,735	2,665	2,573	2,476
Speech or language impairments	1,302	1,168	985	1,022	1,068	1,080	1,409	1,391	1,412	1,441	1,463	1,468	1,475	1,456	1,426
Traumatic brain injury	—	—	—	9	13	14	16	22	22	23	24	24	25	25	26
Visual impairments	38	31	23	25	26	26	29	28	29	28	29	29	29	29	29
	Percentage distribution of children served														
All disabilities	**100.0**	**100.0**	**100.0**	**100.0**	**100.0**	**100.0**	**100.0**	**100.0**	**100.0**	**100.0**	**100.0**	**100.0**	**100.0**	**100.0**	**100.0**
Autism	—	—	—	0.5	0.9	1.0	1.5	1.8	2.1	2.5	2.8	3.3	3.9	4.5	5.2
Deaf-blindness	—	0.1	#	#	#	#	#	#	#	#	#	#	#	#	#
Developmental delay	—	—	—	—	0.2	0.3	2.8	3.8	4.3	4.6	4.9	5.1	5.0	5.4	5.5
Emotional disturbance	7.7	8.4	8.3	7.8	7.6	7.6	7.6	7.5	7.4	7.4	7.3	7.1	6.9	6.7	6.5
Hearing impairments	2.4	1.9	1.2	1.2	1.2	1.1	1.2	1.2	1.2	1.2	1.2	1.2	1.2	1.2	1.2
Intellectual disability	26.0	20.0	11.3	10.2	9.9	9.7	9.9	9.6	9.2	8.9	8.6	8.3	8.0	7.6	7.4
Multiple disabilities	—	1.6	2.0	1.7	1.8	1.8	2.1	2.1	2.1	2.1	2.1	2.1	2.1	2.1	2.0
Orthopedic impairments	2.4	1.4	1.0	1.1	1.1	1.1	1.3	1.3	1.3	1.2	1.1	1.1	1.0	1.0	1.1
Other health impairments[2]	3.8	2.4	1.2	2.4	3.6	4.1	4.8	5.5	6.2	7.0	7.7	8.5	9.1	9.7	10.2
Preschool disabled[3]	†	†	8.3	9.8	9.4	9.4	†	†	†	†	†	†	†	†	†
Specific learning disabilities	21.5	35.3	45.2	46.3	46.1	45.7	45.5	44.7	43.7	42.7	41.6	40.7	39.9	39.0	38.2
Speech or language impairments	35.2	28.2	20.9	18.3	17.6	17.4	22.4	21.7	21.6	21.7	21.8	21.9	22.1	22.0	22.0
Traumatic brain injury	—	—	—	0.2	0.2	0.2	0.2	0.3	0.3	0.4	0.4	0.4	0.4	0.4	0.4
Visual impairments	1.0	0.7	0.5	0.4	0.4	0.4	0.5	0.4	0.4	0.4	0.4	0.4	0.4	0.4	0.4
	Number served as a percent of total enrollment[4]														
All disabilities	**8.3**	**10.1**	**11.4**	**12.4**	**13.0**	**13.2**	**13.3**	**13.4**	**13.5**	**13.7**	**13.8**	**13.7**	**13.6**	**13.4**	**13.2**
Autism	—	—	—	0.1	0.1	0.1	0.2	0.2	0.3	0.3	0.4	0.5	0.5	0.6	0.7
Deaf-blindness	—	#	#	#	#	#	#	#	#	#	#	#	#	#	#
Developmental delay	—	—	—	—	#	#	0.4	0.5	0.6	0.6	0.7	0.7	0.7	0.7	0.7
Emotional disturbance	0.6	0.8	0.9	1.0	1.0	1.0	1.0	1.0	1.0	1.0	1.0	1.0	0.9	0.9	0.9
Hearing impairments	0.2	0.2	0.1	0.1	0.2	0.2	0.2	0.2	0.2	0.2	0.2	0.2	0.2	0.2	0.2
Intellectual disability	2.2	2.0	1.3	1.3	1.3	1.3	1.3	1.3	1.2	1.2	1.2	1.1	1.1	1.0	1.0
Multiple disabilities	—	0.2	0.2	0.2	0.2	0.2	0.3	0.3	0.3	0.3	0.3	0.3	0.3	0.3	0.3
Orthopedic impairments	0.2	0.1	0.1	0.1	0.1	0.2	0.2	0.2	0.2	0.2	0.2	0.1	0.1	0.1	0.1
Other health impairments[2]	0.3	0.2	0.1	0.3	0.5	0.5	0.6	0.7	0.8	1.0	1.1	1.2	1.2	1.3	1.3
Preschool disabled[3]	†	†	0.9	1.2	1.2	1.2	†	†	†	†	†	†	†	†	†
Specific learning disabilities	1.8	3.6	5.2	5.8	6.0	6.0	6.1	6.0	5.9	5.8	5.7	5.6	5.4	5.2	5.0
Speech or language impairments	2.9	2.9	2.4	2.3	2.3	2.3	3.0	2.9	2.9	3.0	3.0	3.0	3.0	3.0	2.9
Traumatic brain injury	—	—	—	#	#	#	#	#	#	#	#	#	0.1	0.1	0.1
Visual impairments	0.1	0.1	0.1	0.1	0.1	0.1	0.1	0.1	0.1	0.1	0.1	0.1	0.1	0.1	0.1

—Not available.
†Not applicable.
#Rounds to zero.
[1]Data do not include Vermont, for which 2007–08 and 2008–09 data were not available. In 2006–07, the total number of 3- to 21-year-olds served in Vermont was 14,010.
[2]Other health impairments include having limited strength, vitality, or alertness due to chronic or acute health problems such as a heart condition, tuberculosis, rheumatic fever, nephritis, asthma, sickle cell anemia, hemophilia, epilepsy, lead poisoning, leukemia, or diabetes.
[3]Prior to 1990–91 and after 1999–2000, preschool children are included in the counts by disability condition. For other years, preschool children are not included in the counts by disability condition, but are separately reported.
[4]Based on the total enrollment in public schools, prekindergarten through 12th grade.
NOTE: Prior to October 1994, children and youth with disabilities were served under Chapter 1 of the Elementary and Secondary Education Act as well as under the Individuals with Disabilities Education Act (IDEA), Part B. Data reported in this table for years prior to 1994–95 include children ages 0–21 served under Chapter 1. Data are for the 50 states and the District of Columbia only. Increases since 1987–88 are due in part to new legislation enacted in fall 1986, which added a mandate for public school special education services for 3- to 5-year-old disabled children. Some data have been revised from previously published figures. Detail may not sum to totals because of rounding.
SOURCE: U.S. Department of Education, Office of Special Education Programs, *Annual Report to Congress on the Implementation of the Individuals with Disabilities Education Act*, selected years, 1979 through 2006; and Individuals with Disabilities Education Act (IDEA) database, retrieved September 13, 2010, from http://www.ideadata.org/PartBdata.asp. National Center for Education Statistics, *Statistics of Public Elementary and Secondary School Systems*, 1977–78 and 1980–81; Common Core of Data (CCD), "State Nonfiscal Survey of Public Elementary/Secondary Education," 1990–91 through 2008–09. (This table was prepared September 2010.)

Table 46. Percentage distribution of students 6 to 21 years old served under Individuals with Disabilities Education Act, Part B, by educational environment and type of disability: Selected years, fall 1989 through fall 2008

Type of disability	All environments	Regular school, time outside regular class: Less than 21 percent	Regular school, time outside regular class: 21–60 percent	Regular school, time outside regular class: More than 60 percent	Separate school for students with disabilities: Public	Separate school for students with disabilities: Private	Separate residential facility: Public	Separate residential facility: Private	Parentally placed in regular private schools	Homebound/hospital placement	Correctional facility
1	2	3	4	5	6	7	8	9	10	11	12
All students with disabilities											
1989	100.0	31.7	37.5	24.9	3.2	1.3	0.7	0.3	—	0.6	—
1990	100.0	33.1	36.4	25.0	2.9	1.3	0.6	0.3	—	0.5	—
1994	100.0	44.8	28.5	22.4	2.0	1.0	0.5	0.3	—	0.6	—
1995	100.0	45.7	28.5	21.5	2.1	1.0	0.4	0.3	—	0.5	—
1996	100.0	46.1	28.3	21.4	2.0	1.0	0.4	0.3	—	0.5	—
1997	100.0	46.8	28.8	20.4	1.8	1.0	0.4	0.3	—	0.5	—
1998	100.0	46.0	29.9	20.0	1.8	1.1	0.4	0.3	—	0.5	—
1999	100.0	45.9	29.8	20.3	1.9	1.0	0.4	0.3	—	0.5	—
2000	100.0	46.5	29.8	19.5	1.9	1.1	0.4	0.3	—	0.5	—
2001	100.0	48.2	28.5	19.2	1.7	1.2	0.4	0.4	—	0.4	—
2002	100.0	48.2	28.7	19.0	1.7	1.2	0.3	0.4	—	0.5	—
2003	100.0	49.9	27.7	18.5	1.7	1.1	0.3	0.4	—	0.5	—
2004	100.0	51.9	26.5	17.6	1.8	1.2	0.3	0.3	—	0.4	—
2005	100.0	54.2	25.1	16.7	1.8	1.2	0.3	0.3	—	0.5	—
					2006						
All students with disabilities	**100.0**	**53.7**	**23.7**	**17.6**	**2.9**[1]	**([1])**	**0.4**[1]	**([1])**	**1.0**[2]	**0.4**	**0.4**
Autism	100.0	32.3	18.4	38.7	9.0[1]	([1])	0.7[1]	([1])	0.5[2]	0.3	#
Deaf-blindness	100.0	21.0	13.5	34.8	20.7[1]	([1])	7.6[1]	([1])	0.6[2]	1.8	#
Developmental delay	100.0	58.8	21.3	18.4	0.8[1]	([1])	0.1[1]	([1])	0.4[2]	0.2	#
Emotional disturbance	100.0	35.1	20.8	26.6	12.3[1]	([1])	2.1[1]	([1])	0.2[2]	1.2	1.7
Hearing impairments	100.0	48.8	17.8	19.8	8.2[1]	([1])	4.2[1]	([1])	1.0[2]	0.2	0.1
Intellectual disability	100.0	16.0	28.7	48.4	5.6[1]	([1])	0.4[1]	([1])	0.2[2]	0.5	0.3
Multiple disabilities	100.0	13.4	16.7	44.4	20.5[1]	([1])	2.0[1]	([1])	0.4[2]	2.3	0.3
Orthopedic impairments	100.0	47.0	19.0	26.3	5.3[1]	([1])	0.2[1]	([1])	0.7[2]	1.4	#
Other health impairments[3]	100.0	54.8	26.5	14.9	1.6[1]	([1])	0.2[1]	([1])	0.8[2]	1.0	0.2
Specific learning disabilities	100.0	54.8	31.4	11.8	0.7[1]	([1])	0.1[1]	([1])	0.7[2]	0.2	0.4
Speech or language impairments	100.0	84.2	6.1	6.8	0.3[1]	([1])	#[1]	([1])	2.5[2]	0.1	#
Traumatic brain injury	100.0	41.7	26.1	23.7	5.7[1]	([1])	0.6[1]	([1])	0.6[2]	1.4	0.2
Visual impairments	100.0	57.2	14.7	15.9	6.4[1]	([1])	4.4[1]	([1])	0.9[2]	0.5	0.1
					2007						
All students with disabilities	**100.0**	**56.8**	**22.4**	**15.4**	**3.0**[1]	**([1])**	**0.4**[1]	**([1])**	**1.1**[2]	**0.4**	**0.4**
Autism	100.0	34.6	18.2	36.9	8.7[1]	([1])	0.7[1]	([1])	0.6[2]	0.3	#
Deaf-blindness	100.0	20.8	13.8	32.4	21.2[1]	([1])	9.3[1]	([1])	0.3[2]	2.0	0.2
Developmental delay	100.0	61.6	20.8	16.2	0.7[1]	([1])	0.1[1]	([1])	0.5[2]	0.2	#
Emotional disturbance	100.0	37.3	19.7	24.1	13.1[1]	([1])	2.1[1]	([1])	0.4[2]	1.2	2.0
Hearing impairments	100.0	51.9	17.6	16.8	8.0[1]	([1])	4.3[1]	([1])	1.1[2]	0.2	0.1
Intellectual disability	100.0	15.8	27.6	49.0	6.0[1]	([1])	0.4[1]	([1])	0.3[2]	0.5	0.3
Multiple disabilities	100.0	12.9	16.1	45.2	20.6[1]	([1])	1.9[1]	([1])	0.5[2]	2.5	0.3
Orthopedic impairments	100.0	50.0	17.4	24.5	5.5[1]	([1])	0.2[1]	([1])	0.9[2]	1.5	0.1
Other health impairments[3]	100.0	59.0	25.4	11.7	1.6[1]	([1])	0.2[1]	([1])	1.0[2]	1.0	0.3
Specific learning disabilities	100.0	59.0	29.7	9.2	0.6[1]	([1])	0.1[1]	([1])	0.9[2]	0.2	0.4
Speech or language impairments	100.0	86.7	5.7	4.5	0.3[1]	([1])	#[1]	([1])	2.8[2]	0.1	#
Traumatic brain injury	100.0	43.9	24.8	22.5	5.7[1]	([1])	0.7[1]	([1])	0.7[2]	1.6	0.2
Visual impairments	100.0	60.1	14.3	12.9	6.3[1]	([1])	4.5[1]	([1])	1.3[2]	0.6	0.1
					2008						
All students with disabilities	**100.0**	**58.0**	**21.7**	**15.1**	**3.0**[1]	**([1])**	**0.4**[1]	**([1])**	**1.1**[2]	**0.4**	**0.4**
Autism	100.0	36.1	18.3	35.8	8.3[1]	([1])	0.6[1]	([1])	0.6[2]	0.3	#
Deaf-blindness	100.0	30.0	16.7	29.1	15.5[1]	([1])	7.0[1]	([1])	0.6[2]	1.3	0.1
Developmental delay	100.0	61.8	20.6	16.2	0.7[1]	([1])	0.1[1]	([1])	0.5[2]	0.2	#
Emotional disturbance	100.0	39.2	19.4	23.2	13.1[1]	([1])	2.0[1]	([1])	0.2[2]	1.1	1.9
Hearing impairments	100.0	53.3	17.2	15.8	8.3[1]	([1])	3.9[1]	([1])	1.2[2]	0.2	0.1
Intellectual disability	100.0	16.2	27.4	48.9	6.0[1]	([1])	0.4[1]	([1])	0.2[2]	0.5	0.3
Multiple disabilities	100.0	13.2	16.5	46.2	19.1[1]	([1])	1.9[1]	([1])	0.3[2]	2.6	0.2
Orthopedic impairments	100.0	51.3	16.6	24.8	4.9[1]	([1])	0.2[1]	([1])	0.8[2]	1.4	0.1
Other health impairments[3]	100.0	60.1	24.6	11.3	1.6[1]	([1])	0.2[1]	([1])	1.0[2]	1.0	0.3
Specific learning disabilities	100.0	60.9	28.4	8.6	0.6[1]	([1])	0.1[1]	([1])	0.9[2]	0.2	0.4
Speech or language impairments	100.0	86.4	5.7	4.7	0.3[1]	([1])	#[1]	([1])	2.8[2]	#	#
Traumatic brain injury	100.0	45.0	23.2	23.0	6.0[1]	([1])	0.6[1]	([1])	0.6[2]	1.5	0.2
Visual impairments	100.0	61.6	13.9	12.0	6.6[1]	([1])	4.1[1]	([1])	1.2[2]	0.6	0.1

—Not available.
#Rounds to zero.
[1]Data for 2006, 2007, and 2008 combine public and private schools and combine public and private residential facilities.
[2]Students who are enrolled by their parents or guardians in regular private schools and have their basic education paid through private resources, but receive special education services at public expense. These students are not included under "Regular school, time outside general class" (columns 3 through 5).
[3]Other health impairments include having limited strength, vitality, or alertness due to chronic or acute health problems such as a heart condition, tuberculosis, rheumatic fever, nephritis, asthma, sickle cell anemia, hemophilia, epilepsy, lead poisoning, leukemia, or diabetes.
NOTE: Data are for the 50 United States, the District of Columbia, and the Bureau of Indian Education schools. Detail may not sum to totals because of rounding.
SOURCE: U.S. Department of Education, Office of Special Education Programs, Individuals with Disabilities Education Act (IDEA) database. Retrieved September 18, 2010, from https://www.ideadata.org/arc_toc10.asp#partbLRE. (This table was prepared September 2010.)

Table 47. Number and percentage of children served under Individuals with Disabilities Education Act, Part B, by age group and state or jurisdiction: Selected years, 1990–91 through 2008–09

	3- to 21-year-olds served								3- to 5-year-olds served					
State or jurisdiction	1990–91	2000–01	2005–06	2006–07	2007–08	2008–09	As a percent of public school enrollment, 2008–09[1]	Percent change in number served, 2000–01 to 2008–09	1990–91	2000–01	2005–06	2006–07	2007–08	2008–09
1	2	3	4	5	6	7	8	9	10	11	12	13	14	15
United States	**4,710,089**	**6,295,816**	**6,712,605**	**6,686,361**	**6,605,695**	**6,483,372**	**13.2**	**3.0**	**389,751**	**592,087**	**698,608**	**706,401**	**699,841**	**699,966**
Alabama	94,601	99,828	92,635	89,013	84,772	82,861	11.1	-17.0	7,154	7,554	8,218	8,026	7,111	7,079
Alaska	14,390	17,691	17,997	17,760	17,535	17,662	13.5	-0.2	1,458	1,637	2,082	1,987	1,954	1,941
Arizona	56,629	96,442	124,504	126,654	131,136	124,793	11.5	29.4	4,330	9,144	14,062	14,040	14,097	14,028
Arkansas	47,187	62,222	67,314	68,133	65,965	64,719	13.5	4.0	4,626	9,376	10,286	11,689	11,795	12,288
California	468,420	645,287	676,318	672,737	670,904	671,095	10.6	4.0	39,627	57,651	66,653	67,052	68,002	70,497
Colorado	56,336	78,715	83,498	83,559	83,077	83,577	10.2	6.2	4,128	8,202	10,540	10,939	10,802	11,255
Connecticut	63,886	73,886	71,968	69,127	68,987	68,853	12.1	-6.8	5,466	7,172	7,881	6,833	7,660	7,911
Delaware	14,208	16,760	18,857	19,366	19,435	19,084	15.2	13.9	1,493	1,652	2,073	2,213	2,264	2,237
District of Columbia	6,290	10,559	11,738	11,113	10,863	10,671	15.5	1.1	411	374	507	754	567	543
Florida	234,509	367,335	398,916	398,289	391,092	384,975	14.6	4.8	14,883	30,660	34,350	33,644	32,819	33,796
Georgia	101,762	171,292	197,596	196,810	189,424	179,707	10.9	4.9	7,098	16,560	20,728	20,410	18,454	16,185
Hawaii	12,705	23,951	21,963	21,099	20,441	20,130	11.2	-16.0	809	1,919	2,423	2,459	2,477	2,501
Idaho	21,703	29,174	29,021	28,439	27,989	27,930	10.2	-4.3	2,815	3,591	4,043	3,889	3,976	3,981
Illinois	236,060	297,316	323,444	326,763	321,668	318,529	15.0	7.1	22,997	28,787	35,454	37,152	36,957	36,997
Indiana	112,949	156,320	177,826	179,043	179,076	176,114	16.8	12.7	7,243	15,101	19,228	19,364	19,530	18,834
Iowa	59,787	72,461	72,457	71,394	69,204	67,362	13.8	-7.0	5,421	5,580	6,118	6,199	5,872	5,944
Kansas	44,785	61,267	65,595	65,831	65,712	65,730	14.0	7.3	3,881	7,728	9,267	9,524	9,608	9,896
Kentucky	78,853	94,572	108,798	109,354	109,187	107,732	16.1	13.9	10,440	16,372	21,317	21,007	20,591	19,755
Louisiana	72,825	97,938	90,453	89,422	88,153	86,022	12.6	-12.2	6,703	9,957	10,597	10,503	10,151	9,860
Maine	27,987	35,633	36,522	35,564	34,425	33,284	17.3	-6.6	2,895	3,978	4,348	4,145	3,889	3,700
Maryland	88,017	112,077	110,959	106,739	104,585	103,451	12.3	-7.7	7,163	10,003	12,148	11,590	11,752	12,203
Massachusetts	149,743	162,216	162,654	165,959	166,747	168,497	17.6	3.9	12,141	14,328	15,195	15,813	15,920	16,317
Michigan	166,511	221,456	243,607	241,941	236,576	232,444	14.0	5.0	14,547	19,937	24,290	24,268	24,097	24,488
Minnesota	79,013	109,880	116,511	117,924	119,332	119,991	14.4	9.2	8,646	11,522	13,402	13,989	14,286	14,361
Mississippi	60,872	62,281	68,099	67,590	65,717	64,407	13.1	3.4	5,642	6,944	8,319	8,430	8,422	8,968
Missouri	101,166	137,381	143,204	141,406	138,292	132,946	14.5	-3.2	4,100	11,307	15,268	15,415	15,629	15,245
Montana	16,955	19,313	19,259	18,557	18,158	17,645	12.4	-8.6	1,751	1,635	1,925	1,941	1,971	1,954
Nebraska	32,312	42,793	45,239	44,833	45,687	44,038	15.1	2.9	2,512	3,724	4,665	4,886	5,179	4,522
Nevada	18,099	38,160	47,794	48,230	48,332	48,328	11.2	26.6	1,401	3,676	5,492	5,669	5,715	6,170
New Hampshire	19,049	30,077	31,782	31,399	32,274	30,156	15.2	0.3	1,468	2,387	2,902	2,905	2,523	2,891
New Jersey	178,870	221,715	249,385	250,109	250,099	223,910	16.2	1.0	14,741	16,361	19,329	19,782	19,580	15,379
New Mexico	36,000	52,256	50,322	47,917	46,384	45,957	13.9	-12.1	2,210	4,970	6,441	6,300	6,337	6,487
New York	307,366	441,333	447,422	451,929	453,715	444,339	16.2	0.7	26,266	51,665	58,297	60,156	63,040	61,799
North Carolina	122,942	173,067	192,820	192,451	191,668	187,728	12.6	8.5	10,516	17,361	20,543	20,433	19,914	18,682
North Dakota	12,294	13,652	13,883	13,825	13,616	13,278	14.0	-2.7	1,164	1,247	1,520	1,567	1,560	1,576
Ohio	205,440	237,643	266,447	269,133	269,742	264,878	14.6	11.5	12,487	18,664	22,702	23,455	23,137	23,209
Oklahoma	65,457	85,577	96,601	95,860	95,323	93,936	14.6	9.8	5,163	6,393	8,149	7,625	7,617	7,431
Oregon	54,422	75,204	77,376	77,832	78,264	79,404	13.8	5.6	2,854	6,926	8,167	8,311	8,572	9,008
Pennsylvania	214,254	242,655	288,733	292,798	293,865	294,958	16.6	21.6	17,982	21,477	25,964	27,599	28,145	29,496
Rhode Island	20,646	30,727	30,681	30,243	29,033	27,596	19.0	-10.2	1,682	2,614	2,815	2,982	2,967	2,930
South Carolina	77,367	105,922	110,219	107,353	103,731	101,896	14.2	-3.8	7,948	11,775	11,603	13,864	10,472	10,763
South Dakota	14,726	16,825	17,631	17,824	17,971	17,867	14.1	6.2	2,105	2,286	2,747	2,684	2,683	2,734
Tennessee	104,853	125,863	120,122	120,263	120,925	118,425	12.2	-5.9	7,487	10,699	12,008	11,967	12,264	12,325
Texas	344,529	491,642	507,405	494,302	472,749	452,311	9.5	-8.0	24,848	36,442	40,236	39,351	37,528	38,169
Utah	46,606	53,921	60,526	61,166	63,066	65,084	11.6	20.7	3,424	5,785	7,462	7,597	8,023	8,366
Vermont	12,160	13,623	13,917	14,010	—	—	—	—	1,097	1,237	1,556	1,602	—	—
Virginia	112,072	162,212	174,640	170,794	168,496	166,689	13.5	2.8	9,892	14,444	17,480	16,968	16,845	17,124
Washington	83,545	118,851	124,498	122,979	123,698	125,334	12.1	5.5	9,558	11,760	13,429	13,174	13,529	14,006
West Virginia	42,428	50,333	49,677	49,054	47,855	46,978	16.6	-6.7	2,923	5,445	5,833	6,013	5,849	5,899
Wisconsin	85,651	125,358	130,076	128,526	126,496	125,304	14.3	#	10,934	14,383	16,077	15,591	14,867	15,153
Wyoming	10,852	13,154	13,696	13,945	14,254	14,767	16.9	12.3	1,221	1,695	2,469	2,645	2,842	3,083
Bureau of Indian Education	6,997	8,448	7,795	6,918	7,057	6,730	16.4	-20.3	1,092	338	330	234	325	330
Other jurisdictions	**38,986**	**70,670**	**93,256**	**102,995**	**105,451**	**108,751**	**—**	**53.9**	**3,892**	**8,168**	**5,149**	**7,749**	**10,205**	**8,708**
American Samoa	363	697	1,211	1,146	1,171	1,087	—	56.0	48	48	80	78	169	106
Guam	1,750	2,267	2,480	2,380	2,259	2,189	—	-3.4	198	205	171	152	162	201
Northern Marianas	411	569	750	774	784	816	7.5	43.4	211	53	70	76	78	80
Palau	—	131	—	—	—	—	—	—	—	10	—	—	—	—
Puerto Rico	35,129	65,504	87,125	97,129	99,680	103,118	20.5	57.4	3,345	7,746	4,677	7,314	9,644	8,185
U.S. Virgin Islands	1,333	1,502	1,690	1,566	1,557	1,541	9.8	2.6	90	106	151	129	152	136

—Not available.
#Rounds to zero.
[1]Percentage of students with disabilities is based on the total enrollment in public schools, prekindergarten through 12th grade.
NOTE: Prior to October 1994, children and youth with disabilities were served under Chapter 1 of the Elementary and Secondary Education Act as well as under the Individuals with Disabilities Education Act (IDEA), Part B. Data reported in this table for 1990–91 include children ages 0–21 served under Chapter 1. Some data have been revised from previously published figures. U.S. totals for 2007–08 and 2008–09 do not include data for Vermont.
SOURCE: U.S. Department of Education, Office of Special Education Programs, *Annual Report to Congress on the Implementation of the Individuals with Disabilities Education Act*, selected years, 1992 through 2006, and Individuals with Disabilities Education Act (IDEA) database, retrieved September 2, 2010, from http://www.ideadata.org/PartBdata.asp. National Center for Education Statistics, Common Core of Data (CCD), "State Nonfiscal Survey of Public Elementary/Secondary Education," 2008–09. (This table was prepared September 2010.)

Table 48. Number of gifted and talented students in public elementary and secondary schools, by sex, race/ethnicity, and state: 2004 and 2006

State	2004, total	2006							
		Total	Sex		Race/ethnicity				
			Male	Female	White	Black	Hispanic	Asian/Pacific Islander	American Indian/Alaska Native
1	2	3	4	5	6	7	8	9	10
United States	**3,202,760 (24,248)**	**3,236,990 (21,177)**	**1,579,000 (10,460)**	**1,657,990 (10,859)**	**2,191,210 (15,896)**	**296,150 (3,375)**	**414,060 (3,350)**	**304,220 (6,195)**	**31,360 (1,179)**
Alabama	35,680 (798)	40,610 (361)	19,970 (184)	20,650 (184)	31,450 (338)	7,260 (109)	660 (14)	820 (6)	420 (6)
Alaska	5,390 (166)	5,620 (192)	2,810 (102)	2,810 (91)	4,390 (143)	160 (#)	160 (5)	490 (31)	420 (29)
Arizona	57,570 (1,275)	60,060 (711)	30,770 (412)	29,290 (306)	38,830 (544)	1,730 (20)	13,940 (178)	3,620 (29)	1,940 (394)
Arkansas	50,340 (3,219)	45,600 (1,870)	21,110 (924)	24,490 (967)	34,900 (1,253)	7,470 (677)	2,200 ! (860)	760 (26)	270 (41)
California	527,370 (10,256)	523,450 (13,209)	260,010 (6,688)	263,440 (6,567)	230,220 (7,405)	21,150 (559)	147,040 (2,827)	121,410 (5,930)	3,630 (276)
Colorado	50,350 (747)	54,000 (620)	27,770 (314)	26,240 (319)	40,420 (543)	2,280 (6)	8,190 (93)	2,730 (14)	400 (11)
Connecticut	15,980 (1,572)	20,170 (2,183)	9,660 (1,094)	10,510 (1,097)	15,470 (1,515)	1,710 (404)	1,350 (295)	1,560 (192)	90 ! (46)
Delaware[1]	5,260 (†)	6,240 (†)	2,830 (†)	3,410 (†)	4,120 (†)	1,290 (†)	390 (†)	430 (†)	10 (†)
District of Columbia	— (†)	— (†)	— (†)	— (†)	— (†)	— (†)	— (†)	— (†)	— (†)
Florida	114,400 (1,095)	132,440 (893)	66,740 (462)	65,700 (438)	81,710 (761)	13,170 (92)	31,020 (106)	6,130 (23)	400 (6)
Georgia	136,620 (3,954)	150,680 (5,291)	71,110 (2,572)	79,560 (2,725)	110,350 (4,419)	26,370 (796)	4,470 (187)	9,250 (265)	240 (14)
Hawaii[2]	10,290 (993)	11,140 (†)	4,680 (†)	6,460 (†)	2,570 (†)	120 (†)	220 (†)	8,180 (†)	50 (†)
Idaho	9,920 (528)	10,650 (475)	5,570 (242)	5,070 (237)	9,850 (425)	50 (3)	450 (38)	240 (18)	40 (6)
Illinois	112,570 (4,554)	118,480 (5,016)	56,230 (2,375)	62,250 (2,674)	76,680 (3,996)	18,240 (1,697)	12,720 (225)	10,610 (667)	230 (24)
Indiana	74,780 (5,219)	82,830 (4,222)	37,930 (1,896)	44,900 (2,350)	72,400 (3,820)	5,320 (644)	2,560 (222)	2,450 (272)	110 (14)
Iowa	41,460 (1,657)	39,300 (1,030)	19,490 (516)	19,820 (533)	36,060 (970)	1,000 (21)	910 (86)	1,250 (71)	80 (6)
Kansas	15,150 (389)	14,430 (487)	7,810 (280)	6,610 (218)	12,760 (445)	390 (17)	500 (20)	650 (25)	120 (11)
Kentucky	85,660 (3,179)	96,600 (2,885)	45,310 (1,384)	51,290 (1,528)	89,170 (2,781)	5,150 (394)	890 (43)	1,310 (54)	70 (8)
Louisiana	28,020 (2,300)	22,010 (721)	10,710 (362)	11,300 (369)	15,740 (591)	4,590 (107)	510 (15)	1,010 (18)	160 (30)
Maine	5,640 (619)	6,030 (304)	2,960 (147)	3,060 (168)	5,750 (297)	50 (5)	40 (10)	160 (15)	20 ! (9)
Maryland[1]	117,010 (†)	137,410 (†)	65,760 (†)	71,650 (†)	86,470 (†)	22,510 (†)	10,480 (†)	17,520 (†)	430 (†)
Massachusetts	7,440 (1,190)	6,130 (908)	2,550 (348)	3,580 (631)	4,240 (820)	540 (30)	510 (26)	820 (106)	30 (6)
Michigan	65,970 (6,408)	54,950 (4,750)	26,470 (2,312)	28,480 (2,467)	44,610 (3,918)	5,510 (1,255)	1,050 (117)	3,600 (507)	190 (21)
Minnesota	73,940 (2,585)	72,280 (2,154)	35,550 (1,043)	36,740 (1,120)	56,970 (2,047)	4,590 (24)	2,460 (43)	7,560 (62)	710 (54)
Mississippi	30,510 (837)	31,070 (1,015)	15,110 (496)	15,970 (534)	22,580 (806)	7,520 (253)	410 (23)	530 (51)	40 (6)
Missouri	34,470 (898)	33,070 (831)	16,960 (424)	16,110 (422)	28,780 (767)	2,350 (93)	440 (18)	1,420 (47)	80 (6)
Montana	8,760 (401)	7,490 (251)	3,770 (133)	3,720 (125)	6,800 (235)	30 (3)	140 (10)	130 (9)	390 (31)
Nebraska	32,160 (824)	32,650 (604)	16,200 (307)	16,450 (305)	29,100 (581)	1,080 (11)	1,390 (57)	960 (12)	130 (7)
Nevada[2]	7,640 (23)	8,270 (†)	4,220 (†)	4,050 (†)	5,570 (†)	410 (†)	1,210 (†)	1,010 (†)	70 (†)
New Hampshire	4,450 (1,089)	4,700 (1,005)	2,350 (540)	2,350 (469)	4,380 (969)	40 (7)	50 (6)	220 (39)	10 ! (7)
New Jersey	88,960 (4,851)	97,260 (4,904)	43,920 (2,190)	53,350 (2,764)	64,810 (3,890)	8,620 (808)	9,360 (787)	14,390 (1,327)	90 (9)
New Mexico	36,410 (404)	12,950 (399)	6,890 (219)	6,050 (185)	7,180 (256)	240 (8)	4,280 (137)	510 (53)	740 (36)
New York	61,350 (5,223)	81,520 (3,741)	38,090 (1,799)	43,440 (1,955)	49,010 (3,322)	12,900 (358)	8,480 (177)	10,900 (342)	230 (24)
North Carolina	155,330 (10,613)	149,700 (4,678)	72,600 (2,261)	77,100 (2,429)	120,700 (3,981)	18,090 (639)	4,040 (168)	5,150 (155)	1,710 ! (777)
North Dakota	3,320 (305)	2,770 (162)	1,450 (87)	1,320 (76)	2,370 (100)	30 (1)	20 (#)	50 (2)	300 ! (123)
Ohio	133,690 (7,411)	127,610 (5,925)	64,720 (3,150)	62,900 (2,829)	108,200 (5,477)	13,890 (949)	1,540 (70)	3,860 (386)	130 (13)
Oklahoma	87,620 (2,447)	87,320 (2,151)	42,570 (990)	44,760 (1,192)	61,980 (1,581)	5,050 (93)	4,010 (94)	2,460 (46)	13,820 (692)
Oregon	39,440 (903)	38,570 (666)	20,600 (357)	17,970 (318)	32,590 (603)	640 (10)	1,750 (63)	3,110 (26)	480 (33)
Pennsylvania	85,070 (3,170)	75,930 (2,681)	38,830 (1,414)	37,090 (1,297)	63,480 (2,415)	6,680 (292)	1,370 (60)	4,350 (362)	50 (9)
Rhode Island	2,780 (531)	2,060 (300)	920 (134)	1,150 (168)	1,560 (252)	160 ! (41)	230 (30)	110 (13)	# (†)
South Carolina	88,070 (6,564)	77,520 (3,781)	36,580 (1,772)	40,940 (2,022)	59,580 (2,832)	14,660 (964)	1,510 (118)	1,620 (164)	160 (31)
South Dakota	2,940 (241)	3,070 (175)	1,680 (92)	1,390 (87)	2,790 (139)	20 (#)	20 (1)	50 (3)	190 ! (93)
Tennessee	32,630 (1,451)	17,100 (904)	8,810 (493)	8,290 (416)	14,540 (827)	1,650 (63)	260 (15)	620 (43)	30 (4)
Texas	344,500 (3,483)	344,640 (2,413)	167,640 (1,243)	177,000 (1,234)	175,730 (1,923)	28,260 (618)	115,950 (1,189)	23,630 (134)	1,070 (30)
Utah	23,510 (1,218)	25,660 (170)	12,090 (79)	13,570 (91)	20,380 (152)	320 (1)	2,880 (19)	1,890 (#)	190 (#)
Vermont	740 (151)	730 (129)	390 (70)	340 (61)	690 (121)	10 ! (3)	10 ! (5)	20 ! (6)	# (†)
Virginia	142,140 (3,772)	160,140 (3,319)	77,980 (1,608)	82,160 (1,732)	116,360 (2,709)	18,410 (1,070)	7,310 (117)	17,510 (165)	560 (107)
Washington	38,520 (843)	39,010 (1,289)	19,050 (573)	19,960 (726)	30,390 (1,170)	850 (12)	2,430 (89)	4,970 (90)	380 (17)
West Virginia	6,040 (493)	6,630 (559)	3,500 (305)	3,130 (262)	6,120 (504)	230 (35)	30 (4)	240 (40)	10 ! (3)
Wisconsin	62,000 (4,348)	56,450 (3,095)	27,340 (1,478)	29,100 (1,628)	48,560 (2,821)	3,370 (210)	2,180 (125)	1,900 (129)	440 ! (151)
Wyoming	2,910 ! (944)	2,030 (314)	990 (152)	1,040 (164)	1,830 (295)	30 (2)	80 (8)	70 (13)	30 (#)

—Not available.
†Not applicable.
#Rounds to zero.
!Interpret data with caution.
[1]Data are based on universe counts of schools and school districts; therefore, these figures do not have standard errors.
[2]Data for 2006 are based on universe counts of schools and school districts; therefore, these figures do not have standard errors.
NOTE: Race categories exclude persons of Hispanic ethnicity. Standard errors appear in parentheses. Detail may not sum to totals because of rounding.
SOURCE: U.S. Department of Education, Office for Civil Rights, Civil Rights Data Collection: 2004 and 2006. (This table was revised May 2008.)

Table 49. Percentage of gifted and talented students in public elementary and secondary schools, by sex, race/ethnicity, and state: 2004 and 2006

State	Total		Sex				Race/ethnicity									
			Male		Female		White		Black		Hispanic		Asian/Pacific Islander		American Indian/Alaska Native	
	2004	2006	2004	2006	2004	2006	2004	2006	2004	2006	2004	2006	2004	2006	2004	2006
1	2	3	4	5	6	7	8	9	10	11	12	13	14	15	16	17
United States	**6.7 (0.05)**	**6.7 (0.04)**	**6.3 (0.05)**	**6.3 (0.04)**	**7.0 (0.06)**	**7.0 (0.05)**	**7.9 (0.07)**	**8.0 (0.07)**	**3.5 (0.05)**	**3.6 (0.05)**	**4.3 (0.05)**	**4.2 (0.04)**	**11.9 (0.20)**	**13.1 (0.29)**	**5.2 (0.20)**	**5.2 (0.24)**
Alabama	4.8 (0.11)	5.5 (0.06)	4.6 (0.11)	5.2 (0.06)	4.9 (0.11)	5.7 (0.07)	6.3 (0.16)	7.1 (0.11)	2.4 (0.09)	2.8 (0.06)	2.3 (0.17)	2.9 (0.09)	9.4 (0.50)	10.2 (0.45)	4.9 (0.54)	6.1 (0.43)
Alaska	4.1 (0.19)	4.1 (0.19)	3.9 (0.19)	4.0 (0.19)	4.2 (0.19)	4.3 (0.19)	5.8 (0.22)	5.8 (0.22)	2.1 (0.03)	2.5 (0.02)	2.3 (0.11)	2.5 (0.13)	4.5 (0.45)	5.0 (0.52)	1.0 (0.08)	1.1 (0.12)
Arizona	5.9 (0.17)	6.3 (0.11)	5.9 (0.17)	6.3 (0.12)	5.9 (0.17)	6.3 (0.11)	8.4 (0.26)	9.1 (0.21)	3.5 (0.14)	3.4 (0.06)	3.3 (0.13)	3.5 (0.07)	13.9 (0.54)	14.2 (0.21)	4.0 (1.09)	3.7 (0.92)
Arkansas	9.9 (0.65)	9.5 (0.43)	8.8 (0.63)	8.6 (0.41)	11.0 (0.67)	10.5 (0.50)	11.2 (0.80)	10.7 (0.53)	7.1 (0.90)	7.3 (0.73)	5.8 ! (2.39)	5.8 ! (2.29)	10.6 (0.78)	10.3 (0.62)	4.7 (1.21)	8.2 (1.35)
California	8.4 (0.18)	8.3 (0.21)	8.0 (0.16)	8.0 (0.21)	8.8 (0.20)	8.6 (0.23)	12.0 (0.36)	11.9 (0.42)	4.6 (0.16)	4.3 (0.16)	5.1 (0.13)	4.8 (0.11)	14.6 (0.56)	16.1 (0.89)	6.5 (0.56)	5.8 (0.62)
Colorado	6.7 (0.11)	6.8 (0.11)	6.6 (0.11)	6.9 (0.11)	6.8 (0.12)	6.8 (0.11)	7.9 (0.14)	8.2 (0.16)	5.2 (0.03)	5.0 (0.02)	3.9 (0.14)	3.8 (0.07)	9.6 (0.11)	10.4 (0.09)	4.5 (0.39)	4.3 (0.29)
Connecticut	3.0 (0.32)	3.8 (0.41)	2.9 (0.31)	3.5 (0.40)	3.2 (0.34)	4.0 (0.44)	3.5 (0.38)	4.3 (0.44)	1.7 (0.44)	2.3 (0.59)	1.4 (0.33)	1.8 (0.42)	5.7 (0.68)	7.3 (0.95)	1.7 (0.44)	4.3 ! (2.37)
Delaware[1]	4.6 (†)	5.6 (†)	4.0 (†)	4.9 (†)	5.3 (†)	6.3 (†)	6.1 (†)	6.8 (†)	2.2 (†)	3.6 (†)	1.7 (†)	3.5 (†)	11.5 (†)	13.2 (†)	3.4 (†)	3.7 (†)
District of Columbia	— (†)	— (†)	— (†)	— (†)	— (†)	— (†)	— (†)	— (†)	— (†)	— (†)	— (†)	— (†)	— (†)	— (†)	— (†)	— (†)
Florida	4.5 (0.06)	4.7 (0.05)	4.5 (0.06)	4.7 (0.05)	4.5 (0.05)	4.8 (0.05)	5.7 (0.11)	6.1 (0.10)	2.0 (0.02)	2.0 (0.02)	4.0 (0.02)	4.4 (0.03)	8.8 (0.08)	9.3 (0.06)	4.6 (0.12)	5.0 (0.15)
Georgia	8.9 (0.30)	9.3 (0.35)	8.3 (0.29)	8.6 (0.33)	9.5 (0.31)	10.0 (0.39)	13.6 (0.59)	14.1 (0.69)	3.7 (0.15)	4.1 (0.15)	2.6 (0.25)	3.1 (0.17)	18.8 (0.41)	19.3 (0.71)	7.6 (0.49)	9.6 (0.65)
Hawaii[2]	5.7 (0.57)	6.2 (†)	4.4 (0.42)	5.1 (†)	7.0 (0.74)	7.5 (†)	7.7 (0.95)	9.7 (†)	2.9 (0.53)	2.9 (†)	2.6 (0.36)	3.9 (†)	5.5 (0.59)	5.8 (†)	4.3 (0.76)	4.8 (†)
Idaho	3.9 (0.23)	4.2 (0.20)	3.9 (0.21)	4.3 (0.20)	3.9 (0.24)	4.1 (0.21)	4.4 (0.26)	4.7 (0.23)	1.7 (0.20)	2.0 (0.14)	0.9 (0.13)	1.3 (0.12)	6.9 (0.38)	6.1 (0.46)	1.2 (0.28)	1.0 (0.23)
Illinois	5.4 (0.22)	5.8 (0.24)	5.0 (0.20)	5.4 (0.23)	5.8 (0.24)	6.3 (0.28)	6.7 (0.33)	7.0 (0.39)	2.5 (0.18)	4.2 (0.40)	2.8 (0.13)	3.1 (0.08)	13.1 (0.98)	13.3 (0.97)	5.4 (1.15)	5.1 (0.83)
Indiana	7.1 (0.49)	7.9 (0.40)	6.3 (0.44)	7.0 (0.36)	7.9 (0.55)	8.8 (0.49)	7.7 (0.52)	8.7 (0.50)	3.8 (0.78)	4.1 (0.54)	3.8 (0.66)	3.9 (0.39)	15.5 (2.71)	14.1 (2.08)	6.7 (1.64)	3.9 (0.56)
Iowa	8.5 (0.38)	8.2 (0.26)	8.2 (0.37)	7.9 (0.25)	8.9 (0.40)	8.5 (0.29)	9.0 (0.41)	8.8 (0.30)	4.6 (0.33)	3.9 (0.11)	3.7 (0.61)	3.1 (0.38)	13.5 (1.10)	12.2 (0.97)	3.6 (0.35)	2.9 (0.25)
Kansas	3.3 (0.11)	3.0 (0.12)	3.5 (0.11)	3.2 (0.13)	3.1 (0.11)	2.9 (0.12)	3.9 (0.15)	3.6 (0.16)	1.1 (0.05)	1.0 (0.04)	1.0 (0.08)	0.8 (0.04)	5.5 (0.17)	5.4 (0.25)	1.5 (0.19)	1.8 (0.20)
Kentucky	13.0 (0.54)	14.6 (0.50)	11.9 (0.51)	13.2 (0.47)	14.2 (0.57)	16.1 (0.60)	14.2 (0.62)	15.8 (0.64)	5.2 (0.54)	7.0 (0.60)	4.6 (0.46)	5.7 (0.38)	20.2 (1.48)	21.3 (1.14)	6.6 (1.24)	7.2 (0.96)
Louisiana	3.9 (0.32)	3.4 (0.13)	3.8 (0.31)	3.2 (0.13)	4.0 (0.34)	3.5 (0.14)	5.5 (0.60)	4.8 (0.26)	1.9 (0.07)	1.6 (0.04)	4.2 (0.34)	3.3 (0.12)	11.7 (0.91)	11.7 (0.34)	2.6 ! (1.04)	2.7 (0.78)
Maine	3.0 (0.36)	3.2 (0.19)	2.9 (0.33)	3.1 (0.18)	3.2 (0.39)	3.4 (0.22)	3.1 (0.37)	3.3 (0.20)	1.3 (0.22)	1.1 (0.12)	1.2 (0.27)	2.3 (0.54)	3.8 (0.80)	5.6 (0.60)	0.8 ! (0.35)	3.1 ! (1.29)
Maryland[1]	13.8 (†)	16.1 (†)	12.9 (†)	15.0 (†)	14.7 (†)	17.2 (†)	17.0 (†)	21.1 (†)	6.7 (†)	7.0 (†)	14.5 (†)	14.7 (†)	33.8 (†)	37.8 (†)	9.8 (†)	12.6 (†)
Massachusetts	0.8 (0.13)	0.7 (0.10)	0.7 (0.12)	0.6 (0.08)	0.9 (0.14)	0.8 (0.15)	0.8 (0.14)	0.6 (0.12)	0.7 (0.13)	0.7 (0.05)	0.8 ! (0.21)	0.5 (0.04)	1.9 (0.30)	1.7 (0.24)	0.9 ! (0.25)	0.5 (0.13)
Michigan	3.9 (0.37)	3.4 (0.29)	3.6 (0.35)	3.2 (0.28)	4.3 (0.40)	3.7 (0.32)	4.1 (0.41)	3.8 (0.34)	3.0 (0.62)	1.9 (0.44)	2.7 (0.54)	1.4 (0.18)	10.1 (1.56)	8.1 (1.30)	1.4 (0.25)	1.2 (0.19)
Minnesota	8.1 (0.37)	8.8 (0.28)	7.7 (0.36)	8.4 (0.26)	8.6 (0.38)	9.2 (0.32)	8.3 (0.44)	8.8 (0.36)	5.2 (0.34)	6.7 (0.11)	4.5 (0.20)	5.4 (0.18)	13.7 (0.33)	16.5 (0.25)	3.8 (0.57)	4.6 (0.54)
Mississippi	6.0 (0.19)	6.1 (0.20)	5.7 (0.18)	5.8 (0.19)	6.3 (0.22)	6.4 (0.22)	9.1 (0.38)	9.6 (0.41)	3.3 (0.21)	2.9 (0.11)	5.0 (0.43)	4.5 (0.37)	10.7 (0.48)	13.5 (1.47)	3.7 (0.93)	3.7 (0.64)
Missouri	3.8 (0.12)	3.6 (0.11)	3.8 (0.12)	3.5 (0.11)	3.8 (0.13)	3.6 (0.11)	4.3 (0.15)	4.0 (0.14)	1.7 (0.05)	1.5 (0.08)	1.4 (0.10)	1.3 (0.09)	9.0 (0.33)	9.1 (0.36)	2.0 (0.22)	2.4 (0.20)
Montana	5.6 (0.28)	5.2 (0.20)	5.4 (0.26)	5.0 (0.20)	5.9 (0.31)	5.3 (0.21)	6.0 (0.31)	5.7 (0.24)	2.8 (0.21)	2.2 (0.22)	3.3 (0.22)	3.9 (0.29)	9.9 (0.77)	8.2 (0.62)	2.9 (0.38)	2.1 (0.23)
Nebraska	11.4 (0.31)	11.4 (0.24)	10.9 (0.30)	11.0 (0.24)	11.9 (0.32)	11.8 (0.27)	12.8 (0.38)	13.3 (0.33)	6.4 (0.06)	4.8 (0.05)	4.5 (0.32)	3.9 (0.24)	17.0 (0.25)	18.2 (0.28)	4.6 (0.94)	3.1 (0.36)
Nevada[2]	1.9 (0.01)	1.9 (†)	2.1 (0.01)	1.9 (†)	1.8 (0.01)	1.9 (†)	2.8 (0.01)	3.0 (†)	0.8 (#)	0.9 (†)	0.8 (0.01)	0.8 (†)	2.8 (0.02)	3.1 (†)	1.0 (0.07)	1.1 (†)
New Hampshire	2.3 (0.55)	2.6 (0.54)	2.1 (0.49)	2.5 (0.56)	2.5 ! (0.62)	2.7 (0.54)	2.3 (0.56)	2.6 (0.58)	0.6 (0.11)	1.1 (0.19)	1.0 (0.20)	0.9 (0.10)	5.8 (1.25)	5.9 (1.07)	0.9 (0.09)	2.1 ! (1.20)
New Jersey	6.9 (0.38)	7.0 (0.35)	6.2 (0.34)	6.1 (0.31)	7.7 (0.42)	7.9 (0.43)	8.4 (0.53)	8.4 (0.55)	3.3 (0.35)	3.5 (0.36)	3.4 (0.39)	3.5 (0.33)	12.2 (1.13)	13.9 (1.50)	3.3 (0.59)	4.8 (0.61)
New Mexico	10.7 (0.26)	4.0 (0.14)	10.9 (0.27)	4.1 (0.15)	10.5 (0.26)	3.8 (0.14)	12.6 (0.42)	7.1 (0.31)	9.6 (0.18)	2.8 (0.11)	11.4 (0.37)	2.4 (0.11)	13.6 (1.09)	12.0 (1.34)	2.2 (0.17)	2.1 (0.15)
New York	2.2 (0.18)	2.9 (0.13)	2.0 (0.17)	2.6 (0.12)	2.3 (0.19)	3.2 (0.15)	3.4 (0.31)	3.3 (0.23)	0.8 (0.07)	2.4 (0.09)	0.4 (0.04)	1.5 (0.04)	1.7 (0.18)	5.5 (0.19)	1.4 (0.29)	1.5 (0.25)
North Carolina	10.9 (0.83)	10.8 (0.42)	10.3 (0.81)	10.2 (0.40)	11.6 (0.85)	11.3 (0.47)	15.7 (1.17)	15.4 (0.68)	3.9 (0.27)	4.3 (0.20)	3.0 (0.29)	3.1 (0.18)	16.5 (2.76)	17.3 (0.98)	6.3 (1.39)	6.2 ! (3.81)
North Dakota	3.1 (0.30)	2.8 (0.18)	3.0 (0.30)	2.9 (0.19)	3.2 (0.32)	2.8 (0.18)	2.8 (0.23)	2.8 (0.15)	2.3 (0.05)	1.7 (0.09)	1.5 (0.23)	1.4 (0.13)	8.1 (0.38)	5.4 (0.26)	7.0 ! (3.34)	3.3 ! (1.46)
Ohio	7.4 (0.40)	7.3 (0.33)	7.3 (0.40)	7.2 (0.34)	7.6 (0.40)	7.4 (0.35)	7.6 (0.48)	7.8 (0.42)	6.5 (0.37)	4.7 (0.37)	3.5 (0.26)	3.3 (0.28)	13.6 (1.44)	14.0 (1.64)	5.6 (0.62)	5.4 (0.60)
Oklahoma	14.0 (0.45)	13.7 (0.39)	13.1 (0.41)	13.0 (0.36)	15.0 (0.50)	14.4 (0.47)	16.6 (0.56)	16.2 (0.55)	7.7 (0.22)	7.4 (0.23)	7.0 (0.27)	6.8 (0.23)	23.6 (0.56)	21.5 (0.60)	11.3 (0.67)	11.8 (0.72)
Oregon	7.1 (0.20)	6.9 (0.16)	7.3 (0.20)	7.2 (0.17)	6.9 (0.21)	6.6 (0.16)	8.0 (0.24)	8.0 (0.22)	3.6 (0.05)	3.5 (0.09)	1.8 (0.10)	2.0 (0.09)	11.6 (0.14)	11.1 (0.21)	3.6 (0.42)	3.9 (0.31)
Pennsylvania	4.8 (0.19)	4.5 (0.17)	4.9 (0.20)	4.5 (0.17)	4.8 (0.19)	4.5 (0.18)	5.3 (0.23)	5.0 (0.22)	2.7 (0.16)	2.4 (0.15)	1.8 (0.38)	1.7 (0.12)	9.5 (0.87)	9.7 (0.96)	2.2 (0.35)	1.9 (0.36)
Rhode Island	1.8 (0.38)	1.4 (0.21)	1.6 (0.35)	1.2 (0.18)	2.1 (0.41)	1.6 (0.24)	2.0 (0.44)	1.5 (0.25)	1.5 (0.47)	1.2 ! (0.34)	1.2 (0.48)	1.0 (0.13)	2.2 (0.60)	2.3 (0.30)	0.9 ! (0.34)	0.3 ! (0.10)
South Carolina	12.7 (0.98)	11.0 (0.57)	11.7 (0.89)	10.1 (0.52)	13.9 (1.07)	11.9 (0.68)	17.8 (1.29)	15.9 (0.95)	5.9 (0.70)	5.1 (0.39)	5.1 (0.93)	4.6 (0.56)	21.6 (3.32)	19.3 (2.33)	8.3 (1.29)	8.2 (2.52)
South Dakota	2.2 (0.20)	2.7 (0.17)	2.3 (0.20)	2.8 (0.18)	2.1 (0.20)	2.5 (0.18)	2.4 (0.21)	2.9 (0.19)	1.2 (0.16)	0.9 (0.03)	0.6 (0.12)	0.7 (0.04)	3.3 (0.37)	4.2 (0.31)	1.3 ! (0.67)	1.4 ! (0.70)
Tennessee	3.3 (0.18)	1.7 (0.10)	3.1 (0.18)	1.7 (0.10)	3.5 (0.18)	1.7 (0.09)	2.9 (0.21)	2.0 (0.13)	4.5 (0.15)	0.7 (0.03)	1.6 (0.15)	0.6 (0.04)	7.9 (0.77)	4.2 (0.37)	2.9 (0.41)	1.4 (0.20)
Texas	8.0 (0.10)	7.6 (0.07)	7.5 (0.10)	7.2 (0.07)	8.5 (0.11)	8.0 (0.08)	11.2 (0.21)	10.8 (0.17)	4.9 (0.14)	4.4 (0.11)	5.6 (0.12)	5.5 (0.07)	16.4 (0.28)	16.0 (0.13)	7.1 (0.27)	7.1 (0.24)
Utah	4.6 (0.29)	5.0 (0.05)	4.3 (0.28)	4.6 (0.05)	5.0 (0.29)	5.5 (0.06)	4.5 (0.29)	4.9 (0.06)	5.1 (0.26)	4.6 (0.03)	4.4 (0.37)	4.1 (0.05)	11.7 (0.81)	12.0 (0.06)	2.6 (0.36)	2.7 (0.03)
Vermont	0.8 (0.17)	0.8 (0.15)	0.8 (0.17)	0.9 (0.16)	0.9 (0.17)	0.8 (0.15)	0.8 (0.17)	0.8 (0.15)	0.4 ! (0.16)	0.5 ! (0.16)	# (†)	1.3 ! (0.57)	0.2 ! (0.10)	1.4 ! (0.41)	# (†)	# (†)
Virginia	12.1 (0.38)	12.6 (0.32)	11.5 (0.36)	12.0 (0.30)	12.8 (0.40)	13.3 (0.37)	14.9 (0.55)	15.6 (0.50)	4.6 (0.21)	5.2 (0.35)	6.7 (0.65)	7.5 (0.23)	24.5 (0.83)	26.4 (0.46)	8.3 (2.41)	13.3 (2.61)
Washington	3.8 (0.10)	3.9 (0.13)	3.6 (0.10)	3.7 (0.12)	3.9 (0.10)	4.1 (0.16)	4.2 (0.14)	4.4 (0.19)	1.4 (0.02)	1.4 (0.02)	1.8 (0.12)	1.7 (0.09)	5.0 (0.09)	5.8 (0.12)	1.6 (0.28)	1.4 (0.10)
West Virginia	2.2 (0.19)	2.2 (0.21)	2.3 (0.20)	2.2 (0.22)	2.0 (0.18)	2.1 (0.21)	2.2 (0.19)	2.2 (0.21)	1.4 (0.17)	1.6 (0.32)	1.6 (0.37)	0.9 (0.23)	9.3 (1.90)	10.9 (2.21)	3.9 ! (1.25)	2.9 ! (0.82)
Wisconsin	6.8 (0.47)	6.4 (0.35)	6.4 (0.44)	6.1 (0.33)	7.3 (0.51)	6.8 (0.41)	7.8 (0.55)	7.1 (0.45)	2.0 (0.21)	3.7 (0.25)	2.4 (0.23)	3.5 (0.21)	6.7 (0.55)	6.1 (0.44)	4.6 ! (2.04)	3.2 ! (1.23)
Wyoming	3.2 ! (1.04)	2.2 (0.35)	2.8 ! (0.90)	2.0 (0.32)	3.7 ! (1.19)	2.3 (0.39)	3.5 ! (1.14)	2.3 (0.39)	1.5 ! (0.47)	2.0 (0.19)	1.2 (0.29)	0.9 (0.11)	3.6 (0.31)	6.7 (1.35)	0.7 ! (0.53)	1.0 (0.16)

—Not available.
†Not applicable.
#Rounds to zero.
!Interpret data with caution.
[1]Data are based on universe counts of schools and school districts; therefore, these figures do not have standard errors.
[2]Data for 2006 are based on universe counts of schools and school districts; therefore, these figures do not have standard errors.
NOTE: Race categories exclude persons of Hispanic ethnicity. Standard errors appear in parentheses.
SOURCE: U.S. Department of Education, Office for Civil Rights, Civil Rights Data Collection: 2004 and 2006. (This table was prepared June 2008.)

Table 50. Enrollment in grades 9 through 12 in public and private schools compared with population 14 to 17 years of age: Selected years, 1889–90 through fall 2010

[In thousands]

Year	Enrollment, grades 9 to 12[1]														Population 14 to 17 years of age[2]	Enrollment as a ratio of population 14 to 17 years of age[3]
	All schools	Public schools						Private schools							
		Total	9th grade	10th grade	11th grade	12th grade	Secondary ungraded	Total	9th grade	10th grade	11th grade	12th grade	Secondary ungraded		
1	2	3	4	5	6	7	8	9	10	11	12	13	14	15	16
1889–90	298	203	—	—	—	—	—	95	—	—	—	—	—	5,355	5.6
1899–1900	630	519	—	—	—	—	—	111	—	—	—	—	—	6,152	10.2
1909–10	1,032	915	—	—	—	—	—	117	—	—	—	—	—	7,220	14.3
1919–20	2,414	2,200	917	576	396	312	0	214	—	—	—	—	—	7,736	31.2
1929–30	4,741	4,399	1,627	1,192	880	701	0	341[4]	—	—	—	—	—	9,341	50.7
1939–40	7,059	6,601	2,011	1,767	1,486	1,282	55	458[5]	—	—	—	—	—	9,720	72.6
1949–50	6,397	5,725	1,761	1,513	1,275	1,134	42	672	—	—	—	—	—	8,405	76.1
Fall 1959	9,306	8,271	—	—	—	—	—	1,035	—	—	—	—	—	11,155	83.4
Fall 1963	12,170	10,883	—	—	—	—	—	1,287	—	—	—	—	—	13,492	90.2
Fall 1965	13,002	11,602	3,215	2,993	2,741	2,477	176	1,400[6]	—	—	—	—	—	14,146	91.9
Fall 1966	13,280	11,880	3,318	3,111	2,756	2,508	187	1,400[6]	—	—	—	—	—	14,398	92.2
Fall 1967	13,647	12,247	3,395	3,221	2,879	2,525	226	1,400[6]	—	—	—	—	—	14,727	92.7
Fall 1968	14,123	12,723	3,508	3,310	2,986	2,650	268	1,400[6]	—	—	—	—	—	15,170	93.1
Fall 1969	14,337	13,037	3,568	3,405	3,047	2,732	285	1,300[6]	—	—	—	—	—	15,549	92.2
Fall 1970	14,647	13,336	3,654	3,458	3,128	2,775	321	1,311	—	—	—	—	—	15,924	92.0
Fall 1971	15,053	13,753	3,781	3,571	3,200	2,864	337	1,300[6]	—	—	—	—	—	16,328	92.2
Fall 1972	15,148	13,848	3,779	3,648	3,248	2,873	299	1,300[6]	—	—	—	—	—	16,639	91.0
Fall 1973	15,344	14,044	3,801	3,650	3,323	2,918	352	1,300[6]	—	—	—	—	—	16,867	91.0
Fall 1974	15,403	14,103	3,832	3,675	3,302	2,955	339	1,300[6]	—	—	—	—	—	17,035	90.4
Fall 1975	15,604	14,304	3,879	3,723	3,354	2,986	362	1,300[6]	—	—	—	—	—	17,128	91.1
Fall 1976	15,656	14,314	3,825	3,738	3,373	3,015	363	1,342	—	—	—	—	—	17,119	91.5
Fall 1977	15,546	14,203	3,779	3,686	3,388	3,026	324	1,343	—	—	—	—	—	17,045	91.2
Fall 1978	15,441	14,088	3,726	3,610	3,312	3,023	416	1,353	—	—	—	—	—	16,946	91.1
Fall 1979	14,916	13,616	3,526	3,532	3,241	2,969	348	1,300[6]	—	—	—	—	—	16,611	89.8
Fall 1980	14,570	13,231	3,377	3,368	3,195	2,925	366	1,339	—	—	—	—	—	16,143	90.3
Fall 1981	14,164	12,764	3,286	3,218	3,039	2,907	314	1,400[6]	—	—	—	—	—	15,609	90.7
Fall 1982	13,805	12,405	3,248	3,137	2,917	2,787	315	1,400[6]	—	—	—	—	—	15,057	91.7
Fall 1983	13,671	12,271	3,330	3,103	2,861	2,678	299	1,400	—	—	—	—	—	14,740	92.7
Fall 1984	13,704	12,304	3,440	3,145	2,819	2,599	300	1,400[6]	—	—	—	—	—	14,725	93.1
Fall 1985	13,750	12,388	3,439	3,230	2,866	2,550	303	1,362	—	—	—	—	—	14,888	92.4
Fall 1986	13,669	12,333	3,256	3,215	2,954	2,601	308	1,336[6]	—	—	—	—	—	14,824	92.2
Fall 1987	13,323	12,076	3,143	3,020	2,936	2,681	296	1,247	—	—	—	—	—	14,502	91.9
Fall 1988	12,893	11,687	3,106	2,895	2,749	2,650	288	1,206[6]	—	—	—	—	—	14,023	91.9
Fall 1989	12,524	11,393	3,141	2,868	2,629	2,473	281	1,131	303	284	267	273	5	13,536	92.5
Fall 1990	12,476	11,341	3,169	2,896	2,612	2,381	284	1,136[6]	—	—	—	—	—	13,329	93.6
Fall 1991	12,675	11,544	3,313	2,915	2,645	2,392	278	1,131	309	286	272	260	4	13,491	94.0
Fall 1992	12,862	11,737	3,352	3,027	2,656	2,431	272	1,125[6]	—	—	—	—	—	13,775	93.4
Fall 1993	13,081	11,963	3,487	3,050	2,751	2,424	250	1,118	312	286	266	249	5	14,096	92.8
Fall 1994	13,354	12,215	3,604	3,131	2,748	2,488	244	1,138[6]	—	—	—	—	—	14,637	91.2
Fall 1995	13,665	12,502	3,704	3,237	2,826	2,487	247	1,163	325	304	276	255	2	15,013	91.0
Fall 1996	14,027	12,849	3,801	3,323	2,930	2,586	208	1,178[6]	—	—	—	—	—	15,443	90.8
Fall 1997	14,241	13,056	3,819	3,376	2,972	2,673	216	1,185	326	306	283	266	4	15,769	90.3
Fall 1998	14,407	13,195	3,856	3,382	3,021	2,722	214	1,212[6]	—	—	—	—	—	15,829	91.0
Fall 1999	14,600	13,371	3,935	3,415	3,034	2,782	205	1,229	336	313	295	280	5	16,007	91.2
Fall 2000	14,781	13,517	3,963	3,491	3,083	2,803	177	1,264[6]	—	—	—	—	—	16,131	91.6
Fall 2001	15,032	13,736	4,012	3,528	3,174	2,863	159	1,296	350	333	316	293	3	16,221	92.7
Fall 2002	15,374	14,069	4,105	3,584	3,229	2,990	161	1,306[6]	—	—	—	—	—	16,401	93.7
Fall 2003	15,651	14,339	4,190	3,675	3,277	3,046	150	1,311	351	334	317	304	5	16,544	94.6
Fall 2004	15,949	14,618	4,281	3,750	3,369	3,094	122	1,331[6]	—	—	—	—	—	16,854	94.6
Fall 2005	16,258	14,909	4,287	3,866	3,454	3,180	121	1,349	356	348	326	315	3	17,104	95.1
Fall 2006	16,441	15,081	4,260	3,882	3,551	3,277	110	1,360[6]	—	—	—	—	—	17,239	95.4
Fall 2007	16,451	15,087	4,200	3,863	3,558	3,375	92	1,364	357	347	334	324	2	17,239	95.4
Fall 2008	16,375	14,980	4,123	3,822	3,548	3,400	87	1,395[6]	—	—	—	—	—	16,980	96.4
Fall 2009[7]	16,196	14,807	4,134	3,753	3,478	3,353	90	1,389	—	—	—	—	—	16,761	96.6
Fall 2010[7]	16,038	14,657	4,101	3,733	3,441	3,292	89	1,382	—	—	—	—	—	16,550	96.9

—Not available.
[1]Includes a relatively small number of secondary ungraded students.
[2]Data for 1890 through 1950 are from the decennial censuses of population. Later data are Census Bureau estimates as of July 1 preceding the opening of the school year.
[3]Gross enrollment ratio based on school enrollment of all ages in grades 9 to 12 divided by the 14- to 17-year-old population. Differs from enrollment rates in other tables, which are based on the enrollment of persons in the given age group only.
[4]Data are for 1927–28.
[5]Data are for 1940–41.
[6]Estimated.
[7]Projected.
NOTE: Includes enrollment in public schools that are a part of state and local school systems and also in most private schools, both religiously affiliated and nonsectarian. Some data have been revised from previously published figures. Detail may not sum to totals because of rounding.

SOURCE: U.S. Department of Education, National Center for Education Statistics, *Annual Report of the Commissioner of Education*, 1890 through 1910; *Biennial Survey of Education in the United States*, 1919–20 through 1949–50; *Statistics of State School Systems*, 1951–52 through 1957–58; *Statistics of Public Elementary and Secondary School Systems*, 1959 through 1980; *Statistics of Nonpublic Elementary and Secondary Schools*, 1959 through 1980; Common Core of Data (CCD), "State Nonfiscal Survey of Public Elementary/Secondary Education," 1981–82 through 2008–09; Schools and Staffing Survey, Private School Data File, 1987–88; Private School Universe Survey (PSS), 1989–90 through 2007–08; *Projections of Education Statistics to 2019*; and unpublished data. U.S. Department of Commerce, Census Bureau, Current Population Reports, Series P-25, Nos. 1000, 1022, 1045, 1057, 1059, 1092, and 1095; and 2000 through 2010 Population Estimates, retrieved September 10, 2010, from http://www.census.gov/popest/national/asrh/2009-nat-res.html. (This table was prepared November 2010.)

Table 51. Enrollment in foreign language courses compared with enrollment in grades 9 through 12 in public secondary schools: Selected years, fall 1948 through fall 2000

[Number in thousands]

Language	Fall 1948	Fall 1960	Fall 1965	Fall 1968	Fall 1970	Fall 1974	Fall 1976	Fall 1982	Fall 1985	Fall 1990	Fall 1994	Fall 2000	Percent change in enrollment, 1976 to 1990	Percent change in enrollment, 1990 to 2000
1	2	3	4	5	6	7	8	9	10	11	12	13	14	15
Total enrollment, grades 9 to 12	**5,602 [1]**	**8,589**	**11,602**	**12,723**	**13,336**	**14,103**	**14,314**	**12,405**	**12,388**	**11,341**	**12,215**	**13,517**	**-20.8**	**19.2**
All foreign languages[2]														
Number enrolled	**1,170**	**2,522**	**3,659**	**3,890**	**3,779**	**3,295**	**3,174**	**2,910**	**4,029**	**4,257**	**5,002**	**5,898**	**34.1**	**38.6**
Percent of all students	**20.9**	**29.4**	**31.5**	**30.6**	**28.3**	**23.3**	**22.2**	**23.3**	**32.2**	**37.5**	**40.9**	**43.6**	**†**	**†**
Modern foreign languages														
Number enrolled	741	1,867	3,068	3,518	3,514	3,127	3,023	2,740	3,852	4,093	4,813	5,721	35.4	39.8
Percent of all students	13.2	21.7	26.4	27.7	26.4	22.1	21.1	21.9	31.1	36.1	39.4	42.3	†	†
Spanish														
Number enrolled	443	933	1,427	1,698	1,811	1,678	1,717	1,563	2,334	2,611	3,220	4,058	52.1	55.4
Percent of all students	7.9	10.9	12.3	13.3	13.6	11.9	12.0	12.5	18.8	23.0	26.4	30.0	†	†
French														
Number enrolled	254	744	1,251	1,328	1,231	978	888	858	1,134	1,089	1,106	1,075	22.6	-1.3
Percent of all students	4.5	8.7	10.8	10.4	9.2	6.9	6.2	6.9	9.2	9.6	9.1	8.0	†	†
German														
Number enrolled	43	151	328	423	411	393	353	267	312	295	326	283	-16.2	-4.1
Percent of all students	0.8	1.8	2.8	3.3	3.1	2.8	2.5	2.1	2.5	2.6	2.7	2.1	†	†
Russian														
Number enrolled	—	10	27	24	20	15	11	6	6	16	16	11	46.6	-35.6
Percent of all students	—	0.1	0.2	0.2	0.2	0.1	0.1	#	#	0.1	0.1	0.1	†	†
Italian														
Number enrolled	—	20	25	27	27	40	46	44	47	40	44	64	-11.4	58.7
Percent of all students	—	0.2	0.2	0.2	0.2	0.3	0.3	0.4	0.4	0.4	0.4	0.5	†	†
Japanese[3]														
Number enrolled	—	—	—	—	—	—	—	—	—	25	42	51	—	102.5
Percent of all students	—	—	—	—	—	—	—	—	—	0.2	0.3	0.4	†	†
Other modern foreign languages[4]														
Number enrolled	1	9	9	18	15	23	9	3	18	15	59	179	73.0	1,102.3
Percent of all students	#	0.1	0.1	0.1	0.1	0.2	0.1	#	0.1	0.1	0.5	1.3	†	†
Latin														
Number enrolled	429	655	591	372	265	167	150	170	177	164	189	177	8.9	8.3
Percent of all students	7.7	7.6	5.1	2.9	2.0	1.2	1.1	1.4	1.4	1.4	1.5	1.3	†	†

—Not available.
†Not applicable.
#Rounds to zero.
[1]Estimated.
[2]Includes enrollment in ancient Greek (not shown separately). Fewer than 1,000 students were enrolled in this language in each of the years shown.
[3]Until 1990, student enrollment in Japanese courses was included in the Other modern foreign languages category.
[4]Includes students enrolled in unspecified modern foreign languages. Since 1990, enrollment in Japanese courses is reported as a separate category.
NOTE: Percent change computed from unrounded numbers.
SOURCE: U.S. Department of Education, National Center for Education Statistics, Common Core of Data (CCD), "State Nonfiscal Survey of Public Elementary/Secondary Education," 1982 through 2000. American Council on the Teaching of Foreign Languages, *Foreign Language Enrollments in U.S. Public Secondary Schools, Fall 2000.* (This table was prepared April 2002.)

Table 52. Enrollment of 3-, 4-, and 5-year-old children in preprimary programs, by level of program, control of program, and attendance status: Selected years, 1965 through 2009

[Numbers in thousands]

Year and age	Total population, 3 to 5 years old	Enrollment by level and control						Enrollment by attendance		
		Total	Percent enrolled	Nursery school		Kindergarten		Full-day	Part-day	Percent full-day
				Public	Private	Public	Private			
1	2	3	4	5	6	7	8	9	10	11
Total, 3 to 5 years old										
1965	12,549 (144.5)	3,407 (87.1)	27.1 (0.69)	127 (19.6)	393 (34.1)	2,291 (75.6)	596 (41.6)	— (†)	— (†)	— (†)
1970	10,949 (109.4)	4,104 (71.5)	37.5 (0.65)	332 (25.3)	762 (37.6)	2,498 (62.0)	511 (31.1)	698 (36.1)	3,405 (68.3)	17.0 (0.83)
1975	10,185 (105.8)	4,955 (71.2)	48.7 (0.70)	570 (32.7)	1,174 (45.5)	2,682 (62.7)	528 (31.6)	1,295 (47.4)	3,659 (68.3)	26.1 (0.88)
1980	9,284 (102.6)	4,878 (68.8)	52.5 (0.74)	628 (34.6)	1,353 (48.6)	2,438 (60.6)	459 (29.9)	1,551 (51.4)	3,327 (66.1)	31.8 (0.95)
1985	10,733 (115.6)	5,865 (77.6)	54.6 (0.72)	846 (42.0)	1,631 (56.0)	2,847 (68.8)	541 (34.1)	2,144 (62.3)	3,722 (74.2)	36.6 (0.95)
1990	11,207 (124.2)	6,659 (82.3)	59.4 (0.73)	1,199 (51.8)	2,180 (66.4)	2,772 (72.3)	509 (34.9)	2,577 (70.6)	4,082 (80.7)	38.7 (0.95)
1995[1]	12,518 (131.5)	7,739 (86.6)	61.8 (0.69)	1,950 (64.6)	2,381 (69.9)	2,800 (74.2)	608 (38.3)	3,689 (81.2)	4,051 (83.4)	47.7 (0.90)
2000[1]	11,858 (133.0)	7,592 (86.3)	64.0 (0.70)	2,146 (69.2)	2,180 (69.7)	2,701 (75.4)	565 (38.3)	4,008 (85.1)	3,584 (82.6)	52.8 (0.95)
2005[1]	12,134 (144.6)	7,801 (82.7)	64.3 (0.68)	2,409 (68.8)	2,120 (65.5)	2,804 (72.7)	468 (33.2)	4,548 (83.5)	3,253 (76.4)	58.3 (0.87)
2006[1]	12,186 (144.9)	8,010 (82.1)	65.7 (0.67)	2,481 (69.6)	2,156 (66.0)	2,960 (74.1)	413 (31.3)	4,723 (84.2)	3,286 (76.7)	59.0 (0.86)
2007[1]	12,326 (145.7)	8,056 (82.7)	65.4 (0.67)	2,532 (70.2)	2,037 (64.6)	3,088 (75.3)	400 (30.8)	4,578 (84.0)	3,478 (78.3)	56.8 (0.86)
2008[1]	12,583 (147.1)	7,928 (84.8)	63.0 (0.67)	2,609 (71.2)	1,961 (63.7)	2,982 (74.7)	376 (29.9)	4,615 (84.7)	3,313 (77.4)	58.2 (0.87)
2009[1]	12,718 (147.8)	8,076 (85.0)	63.5 (0.67)	2,703 (72.3)	1,945 (63.6)	3,144 (76.2)	284 (26.1)	4,916 (86.0)	3,160 (76.3)	60.9 (0.85)
3 years old										
1965	4,149 (84.9)	203 (24.3)	4.9 (0.59)	41 (11.1)	153 (21.2)	5 (3.9)	4 (3.5)	— (†)	— (†)	— (†)
1970	3,516 (63.2)	454 (28.1)	12.9 (0.80)	110 (14.6)	322 (24.1)	12 (4.9)	10 (4.5)	142 (16.5)	312 (23.8)	31.3 (3.07)
1975	3,177 (60.2)	683 (32.7)	21.5 (1.03)	179 (18.3)	474 (28.3)	11 (4.7)	18 (6.0)	259 (21.8)	423 (27.0)	37.9 (2.62)
1980	3,143 (60.7)	857 (35.7)	27.3 (1.14)	221 (20.5)	604 (31.6)	16 (5.7)	17 (5.9)	321 (24.3)	536 (30.2)	37.5 (2.36)
1985	3,594 (68.2)	1,035 (40.8)	28.8 (1.14)	278 (24.1)	679 (35.3)	52 (10.8)	26 (7.6)	350 (26.7)	685 (35.4)	33.8 (2.21)
1990	3,692 (72.7)	1,205 (45.1)	32.6 (1.22)	347 (28.1)	840 (40.3)	11 (5.4)	7 (4.2)	447 (31.4)	758 (38.9)	37.1 (2.20)
1995[1]	4,148 (77.4)	1,489 (49.2)	35.9 (1.19)	511 (33.7)	947 (43.0)	15 (6.1)	17 (6.5)	754 (39.6)	736 (39.2)	50.6 (2.06)
2000[1]	3,929 (78.2)	1,541 (50.5)	39.2 (1.29)	644 (38.3)	854 (42.7)	27 (8.5)	16 (6.7)	761 (40.9)	779 (41.3)	49.4 (2.10)
2005[1]	4,151 (86.3)	1,715 (49.7)	41.3 (1.20)	777 (39.4)	869 (41.1)	54 (11.4)	15 (6.0)	901 (41.6)	814 (40.1)	52.5 (1.89)
2006[1]	4,043 (85.2)	1,716 (49.2)	42.4 (1.22)	733 (38.4)	912 (41.6)	54 (11.5)	17 (6.4)	884 (41.2)	833 (40.3)	51.5 (1.89)
2007[1]	4,142 (86.2)	1,717 (49.7)	41.5 (1.20)	766 (39.1)	832 (40.4)	106 (15.9)	13 (5.7)	883 (41.3)	834 (40.4)	51.4 (1.89)
2008[1]	4,204 (86.9)	1,655 (49.6)	39.4 (1.18)	755 (39.0)	802 (39.9)	90 (14.7)	7 (4.1)	852 (40.8)	803 (39.9)	51.5 (1.92)
2009[1]	4,361 (88.4)	1,776 (50.8)	40.7 (1.17)	837 (40.7)	861 (41.2)	61 (12.2)	17 (6.5)	1,024 (43.8)	752 (39.1)	57.7 (1.84)
4 years old										
1965	4,238 (85.8)	683 (41.8)	16.1 (0.99)	68 (14.3)	213 (24.9)	284 (28.4)	118 (18.7)	— (†)	— (†)	— (†)
1970	3,620 (64.1)	1,007 (38.0)	27.8 (1.05)	176 (18.3)	395 (26.5)	318 (24.0)	117 (15.0)	230 (20.7)	776 (34.8)	22.8 (1.87)
1975	3,499 (63.1)	1,418 (41.0)	40.5 (1.17)	332 (24.5)	644 (32.3)	313 (23.8)	129 (15.7)	411 (26.9)	1,008 (37.8)	29.0 (1.70)
1980	3,072 (60.0)	1,423 (39.5)	46.3 (1.29)	363 (25.6)	701 (33.3)	239 (21.2)	120 (15.4)	467 (28.5)	956 (36.7)	32.8 (1.78)
1985	3,598 (68.2)	1,766 (45.1)	49.1 (1.25)	496 (31.1)	859 (38.5)	276 (24.0)	135 (17.1)	643 (34.6)	1,123 (41.8)	36.4 (1.72)
1990	3,723 (73.0)	2,087 (48.0)	56.1 (1.29)	695 (37.7)	1,144 (44.6)	157 (19.4)	91 (14.9)	716 (38.1)	1,371 (46.6)	34.3 (1.65)
1995[1]	4,145 (77.4)	2,553 (49.9)	61.6 (1.20)	1,054 (44.6)	1,208 (46.6)	207 (22.3)	84 (14.5)	1,104 (45.3)	1,449 (48.9)	43.3 (1.56)
2000[1]	3,940 (78.3)	2,556 (49.5)	64.9 (1.26)	1,144 (47.0)	1,121 (46.8)	227 (24.2)	65 (13.2)	1,182 (47.5)	1,374 (49.4)	46.2 (1.63)
2005[1]	4,028 (85.1)	2,668 (47.0)	66.2 (1.17)	1,295 (46.4)	1,083 (44.1)	215 (22.3)	75 (13.5)	1,332 (46.8)	1,336 (46.8)	49.9 (1.52)
2006[1]	4,095 (85.8)	2,817 (46.4)	68.8 (1.13)	1,401 (47.5)	1,067 (44.0)	306 (26.4)	43 (10.3)	1,418 (47.7)	1,399 (47.5)	50.3 (1.48)
2007[1]	4,092 (85.7)	2,774 (46.8)	67.8 (1.14)	1,417 (47.7)	993 (42.9)	295 (25.9)	69 (12.9)	1,297 (46.6)	1,476 (48.1)	46.8 (1.48)
2008[1]	4,241 (87.2)	2,804 (48.3)	66.1 (1.14)	1,525 (48.9)	995 (43.2)	234 (23.3)	49 (10.9)	1,332 (47.3)	1,472 (48.6)	47.5 (1.48)
2009[1]	4,176 (86.6)	2,698 (48.4)	64.6 (1.16)	1,512 (48.6)	905 (41.7)	256 (24.3)	25 (7.8)	1,372 (47.5)	1,326 (47.1)	50.9 (1.51)
5 years old[2]										
1965	4,162 (85.1)	2,521 (55.1)	60.6 (1.32)	18 (7.4)	27 (9.1)	2,002 (56.3)	474 (35.8)	— (†)	— (†)	— (†)
1970	3,814 (65.8)	2,643 (40.2)	69.3 (1.05)	45 (9.4)	45 (9.4)	2,168 (43.2)	384 (26.2)	326 (24.4)	2,317 (42.5)	12.3 (0.90)
1975	3,509 (63.2)	2,854 (32.6)	81.3 (0.93)	59 (10.7)	57 (10.6)	2,358 (39.2)	381 (26.0)	625 (32.0)	2,228 (40.2)	21.9 (1.09)
1980	3,069 (60.0)	2,598 (28.6)	84.7 (0.93)	44 (9.4)	48 (9.8)	2,183 (35.9)	322 (24.3)	763 (34.2)	1,835 (38.8)	29.4 (1.28)
1985	3,542 (67.7)	3,065 (30.6)	86.5 (0.86)	73 (12.7)	94 (14.4)	2,519 (40.6)	379 (27.7)	1,151 (41.9)	1,914 (44.6)	37.6 (1.32)
1990	3,792 (73.7)	3,367 (30.8)	88.8 (0.81)	157 (19.4)	196 (21.6)	2,604 (45.2)	411 (30.3)	1,414 (47.2)	1,953 (48.7)	42.0 (1.35)
1995[1]	4,224 (78.1)	3,697 (34.2)	87.5 (0.81)	385 (29.8)	226 (23.3)	2,578 (50.5)	507 (33.7)	1,830 (51.3)	1,867 (51.4)	49.5 (1.31)
2000[1]	3,989 (78.7)	3,495 (34.3)	87.6 (0.86)	359 (29.8)	206 (23.1)	2,447 (50.8)	484 (34.1)	2,065 (52.1)	1,431 (50.0)	59.1 (1.37)
2005[1]	3,955 (84.3)	3,418 (33.7)	86.4 (0.85)	337 (27.5)	168 (19.9)	2,535 (47.3)	378 (29.0)	2,316 (48.5)	1,102 (44.2)	67.7 (1.25)
2006[1]	4,049 (85.3)	3,476 (34.7)	85.9 (0.86)	346 (27.9)	178 (20.4)	2,599 (47.8)	353 (28.1)	2,422 (48.9)	1,054 (43.7)	69.7 (1.22)
2007[1]	4,091 (85.7)	3,565 (33.5)	87.1 (0.82)	349 (28.0)	212 (22.2)	2,687 (47.6)	317 (26.8)	2,397 (49.3)	1,168 (45.2)	67.2 (1.23)
2008[1]	4,137 (86.2)	3,470 (37.1)	83.9 (0.90)	329 (27.2)	163 (19.6)	2,659 (48.3)	320 (26.9)	2,432 (49.6)	1,038 (43.7)	70.1 (1.22)
2009[1]	4,180 (86.6)	3,601 (35.0)	86.1 (0.84)	354 (28.2)	179 (20.5)	2,827 (47.4)	242 (23.6)	2,519 (49.6)	1,082 (44.3)	70.0 (1.20)

—Not available.
†Not applicable.
[1]Data collected using new procedures. Data may not be comparable with figures prior to 1994.
[2]Enrollment data include only those students in preprimary programs.
NOTE: Data are based on sample surveys of the civilian noninstitutional population. Although cells with fewer than 75,000 children are subject to wide sampling variation, they are included in the table to permit various types of aggregations. Detail may not sum to totals because of rounding. Standard errors appear in parentheses.
SOURCE: U.S. Department of Education, National Center for Education Statistics, *Preprimary Enrollment*, 1965, 1970, and 1975. U.S. Department of Commerce, Census Bureau, Current Population Survey (CPS), October, 1980 through 2009. (This table was prepared August 2010.)

Table 53. Number of children under 6 years old and not yet enrolled in kindergarten, percentage in center-based programs, average weekly hours in nonparental care, and percentage in various types of primary care arrangements, by selected child and family characteristics: 2005

Selected child and family characteristic	Number of children, ages 0 to 5 (in thousands)	Percent in center-based programs	Average hours per week in nonparental care[1]	Percentage distribution, by type of primary care arrangement: Parental care only	Nonparental care: Center-based care: Head Start	Nonparental care: Center-based care: Other center-based	Nonparental care: Nonrelative care: Family child care (in another home)	Nonparental care: Nonrelative care: Sitter (in child's home)	Nonparental care: Relative	Nonparental care: Multiple arrangements[2]
1	2	3	4	5	6	7	8	9	10	11
Total preschool children	**20,665 (9.0)**	**36.1 (0.60)**	**29.3 (0.37)**	**39.8 (0.76)**	**5.1 (0.40)**	**27.3 (0.49)**	**8.3 (0.39)**	**2.3 (0.24)**	**15.4 (0.66)**	**1.7 (0.18)**
Age										
Under 1 year	3,519 (#)	12.0 (1.13)	30.9 (0.95)	57.7 (1.81)	1.2 (0.57)	10.0 (1.07)	9.2 (0.90)	3.2 (0.60)	17.2 (1.42)	1.5 (0.47)
1 year old	3,988 (#)	16.9 (1.34)	31.2 (0.81)	48.5 (1.89)	0.7 (0.25)	15.0 (1.32)	11.1 (1.09)	3.4 (0.57)	19.1 (1.52)	2.2 (0.50)
2 years old	4,093 (#)	28.7 (1.84)	29.6 (0.75)	44.9 (1.97)	3.5 (0.98)	22.7 (1.66)	10.7 (1.13)	2.4 (0.49)	14.3 (1.17)	1.5 (0.38)
3 years old	4,070 (93.0)	42.5 (1.67)	28.9 (0.64)	34.0 (1.46)	5.3 (0.75)	33.2 (1.64)	7.6 (0.91)	1.7 (0.38)	16.7 (1.35)	1.5 (0.36)
4 years old	3,873 (92.0)	69.2 (1.36)	27.9 (0.67)	20.9 (1.44)	13.2 (1.12)	48.2 (1.29)	4.0 (0.73)	1.2 (0.50)	10.4 (1.29)	2.2 (0.44)
5 years old	1,123 (67.3)	68.7 (3.51)	26.9 (1.28)	21.1 (3.17)	10.4 (2.22)	48.4 (3.33)	4.6 (1.44)	0.8 (0.44)	13.6 (2.91)	1.1 (0.79)
Race/ethnicity										
White	11,488 (99.2)	37.8 (0.87)	27.1 (0.48)	37.7 (0.97)	2.8 (0.35)	30.4 (0.82)	10.1 (0.59)	3.1 (0.35)	14.1 (0.82)	1.8 (0.26)
Black	2,962 (5.2)	43.8 (2.44)	35.9 (0.85)	30.8 (2.67)	13.3 (2.10)	28.8 (2.32)	6.6 (1.05)	1.0 (0.54)	17.8 (2.76)	1.7 (0.57)
Hispanic	4,283 (4.1)	25.2 (1.28)	28.8 (0.76)	50.9 (1.43)	6.2 (0.76)	16.8 (1.01)	6.4 (0.80)	1.5 (0.32)	16.7 (0.96)	1.4 (0.35)
Other	1,933 (100.2)	37.9 (2.72)	31.8 (0.91)	41.5 (2.80)	3.8 (0.94)	29.6 (2.43)	4.8 (0.76)	1.3 (0.35)	17.1 (2.03)	1.9 (0.68)
Number of parents in the household[3]										
Two parents	16,275 (114.0)	34.4 (0.70)	27.0 (0.42)	43.3 (0.90)	3.4 (0.33)	27.7 (0.58)	8.6 (0.44)	2.4 (0.24)	12.9 (0.66)	1.7 (0.20)
One parent	4,055 (112.6)	42.2 (1.94)	35.1 (0.77)	26.1 (1.68)	11.1 (1.42)	26.3 (1.61)	7.8 (1.06)	1.6 (0.54)	25.3 (2.28)	1.8 (0.41)
Mother in household										
Yes	19,982 (65.8)	35.7 (0.59)	28.9 (0.38)	40.1 (0.78)	4.9 (0.42)	27.3 (0.47)	8.5 (0.40)	2.3 (0.23)	15.2 (0.67)	1.7 (0.18)
No	683 (63.8)	45.2 (4.17)	38.5 (1.87)	30.9 (3.95)	9.9 (2.44)	27.4 (3.62)	3.5 (1.26)	2.9 (1.76)	22.5 (3.75)	3.0 (1.38)
Mother's employment status[4]										
Currently employed	11,328 (197.3)	43.8 (0.81)	32.3 (0.40)	20.9 (0.97)	5.4 (0.64)	33.1 (0.81)	13.7 (0.68)	3.0 (0.32)	21.4 (0.92)	2.4 (0.29)
35 or more hours/week	7,038 (185.0)	47.5 (1.15)	37.1 (0.42)	14.9 (1.06)	5.7 (0.72)	36.3 (1.14)	16.6 (0.89)	2.4 (0.32)	22.0 (1.28)	2.1 (0.35)
Less than 35 hours/week	4,290 (156.5)	37.7 (1.52)	22.7 (0.64)	30.8 (2.00)	5.1 (0.99)	27.9 (1.43)	8.9 (0.99)	3.9 (0.64)	20.5 (1.38)	2.9 (0.49)
Looking for work	1,416 (118.3)	22.6 (2.91)	26.0 (1.46)	55.0 (4.48)	4.9 (1.11)	17.1 (2.66)	3.7 (1.03)	1.8 (1.29)	16.7 (5.17)	0.9 (0.65)
Not in labor force	7,238 (173.7)	25.7 (1.03)	16.7 (0.69)	67.3 (1.13)	4.2 (0.50)	20.2 (0.91)	1.3 (0.26)	1.2 (0.22)	5.2 (0.61)	0.7 (0.19)
Mother's highest education[4]										
Less than high school	1,961 (99.4)	18.1 (1.58)	26.0 (1.58)	64.8 (2.31)	9.9 (1.33)	8.0 (1.03)	4.0 (0.89)	# (†)	12.2 (1.70)	1.0 (0.45)
High school/GED	5,590 (182.6)	30.3 (1.49)	29.2 (0.73)	45.4 (1.77)	8.0 (0.96)	20.0 (1.25)	6.3 (0.73)	1.2 (0.42)	17.3 (1.32)	1.8 (0.39)
Vocational/technical or some college	4,122 (145.7)	34.3 (1.80)	30.1 (1.02)	39.8 (2.17)	4.5 (0.68)	26.3 (1.59)	7.9 (0.94)	1.3 (0.42)	18.5 (1.76)	1.8 (0.47)
Associate's degree	1,466 (78.9)	37.1 (2.76)	28.2 (1.04)	31.6 (2.90)	3.5 (1.22)	29.9 (2.48)	15.5 (1.96)	1.4 (0.56)	16.6 (2.27)	1.5 (0.62)
Bachelor's degree	4,593 (123.1)	45.2 (1.55)	27.9 (0.63)	33.2 (1.33)	1.9 (0.57)	38.2 (1.39)	9.9 (0.86)	3.6 (0.58)	11.5 (1.01)	1.8 (0.37)
Graduate/professional degree	2,250 (121.2)	47.1 (1.80)	30.0 (0.75)	25.7 (1.89)	1.2 (0.41)	40.3 (1.75)	11.6 (1.62)	6.5 (0.99)	13.0 (1.69)	1.7 (0.47)
Mother's home language[4]										
English	16,778 (117.0)	38.1 (0.63)	29.1 (0.41)	36.7 (0.86)	4.5 (0.49)	29.5 (0.53)	9.1 (0.44)	2.5 (0.26)	15.9 (0.77)	1.8 (0.21)
Non-English	3,205 (103.3)	23.5 (1.61)	26.9 (0.97)	57.9 (1.76)	7.1 (1.02)	15.9 (1.25)	5.5 (0.82)	1.0 (0.26)	11.5 (0.99)	1.0 (0.31)
Mother's age at first birth[4]										
Less than 18	1,744 (117.6)	27.7 (2.84)	32.8 (1.40)	50.3 (3.11)	10.4 (1.81)	15.4 (2.31)	4.8 (1.03)	2.0 (1.27)	15.9 (1.91)	1.1 (0.53)
18 or 19	2,529 (135.1)	28.4 (2.14)	30.6 (1.13)	46.6 (2.81)	7.6 (1.23)	17.6 (1.90)	7.1 (1.33)	0.9 (0.34)	19.4 (2.80)	0.8 (0.34)
20 or older	15,709 (140.0)	37.8 (0.68)	28.3 (0.43)	37.9 (0.74)	3.9 (0.43)	30.2 (0.65)	9.1 (0.46)	2.5 (0.24)	14.4 (0.70)	1.9 (0.21)
Household income										
$15,000 or less	3,142 (79.3)	29.7 (2.19)	31.4 (1.11)	48.2 (2.35)	11.0 (1.61)	16.6 (1.80)	4.7 (0.90)	1.7 (0.67)	16.9 (2.31)	0.9 (0.35)
$15,001 to $25,000	2,770 (79.2)	29.0 (2.53)	31.0 (1.16)	48.9 (2.44)	8.5 (1.02)	19.2 (2.18)	4.5 (0.70)	1.5 (0.63)	15.9 (1.68)	1.5 (0.57)
$25,001 to $35,000	2,313 (94.5)	30.8 (2.06)	28.7 (1.01)	44.2 (2.22)	9.0 (1.52)	19.1 (1.89)	6.7 (1.39)	0.7 (0.31)	18.4 (1.99)	1.9 (0.52)
$35,001 to $50,000	2,943 (111.8)	28.3 (1.83)	29.5 (1.03)	48.5 (2.41)	4.2 (0.91)	21.2 (1.60)	6.7 (0.97)	0.8 (0.29)	16.7 (1.51)	2.0 (0.58)
More than $50,000	9,498 (112.8)	43.9 (0.95)	28.4 (0.42)	30.6 (1.03)	1.5 (0.27)	37.1 (0.88)	11.5 (0.71)	3.6 (0.38)	13.7 (0.84)	1.9 (0.26)
Poverty status[5]										
Above poverty threshold	15,900 (60.9)	38.4 (0.77)	29.0 (0.37)	36.6 (0.87)	3.5 (0.36)	30.6 (0.65)	9.6 (0.51)	2.5 (0.24)	15.3 (0.72)	1.9 (0.22)
At or below poverty threshold	4,766 (60.7)	28.3 (1.80)	30.2 (0.96)	50.5 (1.93)	10.4 (1.15)	16.4 (1.51)	3.9 (0.63)	1.7 (0.54)	15.9 (1.75)	1.1 (0.29)
Household size										
2 or 3 persons	5,469 (137.6)	38.2 (1.48)	32.5 (0.57)	30.6 (1.27)	5.9 (0.90)	28.9 (1.36)	11.6 (0.94)	2.2 (0.39)	18.5 (1.07)	2.2 (0.41)
4 persons	7,723 (172.4)	39.5 (1.17)	28.4 (0.56)	38.1 (1.26)	4.2 (0.56)	31.9 (0.95)	8.7 (0.65)	2.3 (0.35)	13.3 (1.14)	1.7 (0.33)
5 persons	4,279 (165.9)	34.0 (1.85)	26.8 (0.85)	44.3 (2.14)	5.6 (0.84)	24.2 (1.65)	7.2 (1.01)	3.1 (0.69)	14.4 (1.28)	1.2 (0.31)
6 or more persons	3,194 (138.4)	26.8 (1.90)	27.6 (0.95)	53.7 (2.36)	5.4 (0.90)	17.7 (1.70)	3.3 (0.62)	1.4 (0.35)	16.7 (2.53)	1.8 (0.41)
Urbanicity										
Rural	4,328 (5.4)	32.5 (1.93)	29.7 (0.91)	37.5 (2.00)	5.8 (0.82)	22.5 (1.78)	10.6 (1.04)	1.4 (0.58)	20.0 (1.68)	2.2 (0.48)
Urban	16,337 (7.5)	37.0 (0.58)	29.1 (0.37)	40.4 (0.88)	4.9 (0.43)	28.6 (0.54)	7.7 (0.44)	2.5 (0.27)	14.2 (0.70)	1.6 (0.18)

†Not applicable.
#Rounds to zero.
[1]Mean hours per week per child, among preschool children enrolled in any type of nonparental care arrangement. For children with more than one arrangement, the hours of each weekly arrangement were summed to calculate the total amount of time in child care per week.
[2]Children who spend equal hours per week in multiple nonparental care arrangements.
[3]Excludes children living apart from their parents.
[4]Excludes children living in households with no mother or female guardian present.
[5]Poverty status was determined by household income and number of persons in household.
NOTE: A child's "primary arrangement" was defined as the regular nonparental care arrangement or early childhood education program in which the child spent the most time per week. Race categories exclude persons of Hispanic ethnicity. Detail may not sum to totals because of rounding. Standard errors appear in parentheses.
SOURCE: U.S. Department of Education, National Center for Education Statistics, Early Childhood Program Participation Survey of the National Household Education Surveys Program (ECPP-NHES:2005). (This table was prepared October 2006.)

Table 54. Child care arrangements of 3- to 5-year-old children who are not yet in kindergarten, by age and race/ethnicity: Various years, 1991 through 2005

Child care arrangement	Total	Age: 3 years old	Age: 4 years old	Age: 5 years old	Race/ethnicity: White	Race/ethnicity: Black	Race/ethnicity: Hispanic	Race/ethnicity: Other
1	2	3	4	5	6	7	8	9
1991 children								
In thousands	**8,402 (40.9)**	**3,733 (7.1)**	**3,627 (14.6)**	**1,042 (38.6)**	**5,850 (59.9)**	**1,236 (41.0)**	**999 (31.3)**	**317 (34.6)**
Percent	**100.0 (†)**	**44.4 (0.21)**	**43.2 (0.24)**	**12.4 (0.40)**	**69.6 (0.67)**	**14.7 (0.47)**	**11.9 (0.37)**	**3.8 (0.41)**
Percent in nonparental arrangements								
Relative care	16.9 (0.60)	16.2 (0.72)	18.0 (0.85)	15.6 (1.34)	14.8 (0.66)	24.1 (2.09)	19.6 (2.08)	19.4 (3.87)
Nonrelative care	14.8 (0.56)	14.8 (0.76)	14.7 (0.79)	14.9 (1.81)	17.3 (0.76)	7.9 (1.20)	9.4 (1.27)	12.1 (2.45)
Center-based programs[1]	52.8 (0.89)	42.3 (1.44)	60.4 (1.04)	63.9 (2.12)	54.0 (0.95)	58.3 (2.49)	38.8 (2.20)	52.9 (3.45)
Percent with parental care only	31.0 (0.80)	37.8 (1.19)	26.0 (1.05)	24.3 (2.10)	30.6 (0.87)	24.8 (2.02)	40.7 (2.35)	32.8 (4.03)
1995 children								
In thousands	**9,222 (52.9)**	**4,123 (8.3)**	**4,061 (12.5)**	**1,038 (48.3)**	**6,334 (94.0)**	**1,389 (56.1)**	**1,042 (38.8)**	**457 (39.1)**
Percent	**100.0 (†)**	**44.7 (0.25)**	**44.0 (0.24)**	**11.3 (0.46)**	**68.7 (0.94)**	**15.1 (0.60)**	**11.3 (0.42)**	**5.0 (0.42)**
Percent in nonparental arrangements								
Relative care	19.4 (0.64)	21.4 (1.23)	18.4 (0.95)	15.2 (2.14)	16.5 (0.84)	28.7 (2.78)	22.8 (2.01)	22.6 (3.75)
Nonrelative care	16.9 (0.84)	18.5 (1.35)	15.3 (1.03)	17.2 (2.19)	19.4 (1.04)	11.3 (1.65)	12.5 (1.64)	10.5 (2.74)
Center-based programs[1]	55.1 (0.97)	40.7 (1.55)	64.8 (1.45)	74.5 (2.35)	56.9 (1.44)	59.8 (3.19)	37.4 (2.15)	56.7 (5.47)
Percent with parental care only	25.9 (1.01)	32.0 (1.95)	22.1 (1.24)	16.2 (1.78)	25.2 (1.39)	19.9 (2.50)	38.4 (2.33)	24.2 (3.59)
1999 children								
In thousands	**8,518 (139.7)**	**3,809 (79.1)**	**3,703 (79.9)**	**1,006 (54.2)**	**5,384 (77.4)**	**1,214 (59.2)**	**1,376 (52.3)**	**545 (38.3)**
Percent	**100.0 (†)**	**44.7 (0.93)**	**43.5 (0.93)**	**11.8 (0.64)**	**63.2 (0.91)**	**14.2 (0.69)**	**16.2 (0.61)**	**6.4 (0.45)**
Percent in nonparental arrangements								
Relative care	22.8 (0.77)	24.3 (1.28)	22.0 (1.14)	20.2 (2.06)	18.7 (0.90)	33.4 (2.58)	26.5 (1.86)	30.0 (3.97)
Nonrelative care	16.1 (0.67)	16.3 (1.02)	15.9 (1.07)	16.1 (2.08)	19.4 (0.88)	7.4 (1.37)	12.7 (1.29)	10.4 (1.98)
Center-based programs[1]	59.7 (0.63)	45.7 (1.28)	69.6 (1.19)	76.5 (2.40)	60.0 (0.81)	73.2 (2.40)	44.2 (2.19)	66.0 (4.10)
Percent with parental care only	23.1 (0.72)	30.8 (1.42)	17.7 (0.99)	13.5 (1.78)	23.2 (0.91)	13.7 (1.97)	33.4 (2.04)	16.6 (3.50)
2001 children								
In thousands	**8,551 (11.0)**	**3,795 (91.4)**	**3,861 (89.0)**	**896 (47.0)**	**5,313 (68.0)**	**1,251 (55.1)**	**1,506 (43.5)**	**482 (38.3)**
Percent	**100.0 (†)**	**44.4 (1.06)**	**45.1 (1.04)**	**10.5 (0.55)**	**62.1 (0.79)**	**14.6 (0.64)**	**17.6 (0.51)**	**5.6 (0.45)**
Percent in nonparental arrangements								
Relative care	22.8 (0.89)	23.6 (1.39)	22.5 (1.33)	20.9 (2.66)	19.6 (1.01)	36.7 (3.42)	22.8 (1.89)	22.8 (3.54)
Nonrelative care	14.0 (0.65)	14.7 (1.17)	13.6 (0.95)	13.1 (2.13)	16.5 (0.98)	8.5 (1.65)	11.3 (1.43)	10.8 (2.72)
Center-based programs[1]	56.4 (0.55)	42.8 (1.21)	65.9 (1.25)	73.0 (2.69)	59.1 (0.89)	63.1 (2.93)	39.9 (1.86)	61.8 (4.10)
Percent with parental care only	26.1 (0.67)	33.8 (1.29)	20.4 (1.11)	18.0 (2.49)	25.3 (0.99)	15.1 (2.22)	39.0 (2.03)	23.7 (3.90)
2005 children								
In thousands	**9,066 (9.0)**	**4,070 (93.0)**	**3,873 (92.0)**	**1,123 (67.3)**	**5,177 (80.2)**	**1,233 (57.1)**	**1,822 (50.0)**	**834 (54.3)**
Percent	**100.0 (†)**	**44.9 (1.03)**	**42.7 (1.01)**	**12.4 (0.74)**	**57.1 (0.89)**	**13.6 (0.63)**	**20.1 (0.56)**	**9.2 (0.60)**
Percent in nonparental arrangements								
Relative care	22.6 (1.02)	24.0 (1.44)	20.8 (1.56)	23.8 (3.17)	21.4 (1.34)	25.0 (3.42)	22.6 (1.79)	26.4 (3.29)
Nonrelative care	11.6 (0.73)	14.4 (1.12)	9.2 (1.03)	9.9 (2.00)	15.0 (1.13)	5.2 (1.31)	8.1 (1.36)	8.1 (1.94)
Center-based programs[1]	57.2 (0.83)	42.5 (1.67)	69.2 (1.36)	68.7 (3.51)	59.1 (1.32)	66.5 (3.41)	43.4 (2.10)	61.5 (3.31)
Percent with parental care only	26.3 (0.92)	33.4 (1.48)	20.6 (1.42)	20.4 (3.15)	24.1 (1.22)	19.5 (2.85)	38.0 (2.10)	24.7 (3.11)

†Not applicable.
[1]Center-based programs include day care centers, nursery schools, prekindergartens, preschools, and Head Start programs.
NOTE: Row percents for nonparental and parental care do not add to 100 percent because some children participated in more than one type of nonparental care arrangement. Race categories exclude persons of Hispanic ethnicity. Detail may not sum to totals because of rounding. Standard errors appear in parentheses.
SOURCE: U.S. Department of Education, National Center for Education Statistics, Early Childhood Education Survey, Parent Survey, and Early Childhood Program Participation Survey of the National Household Education Surveys Program (ECE-NHES:1991; Parent-NHES:1999; and ECPP-NHES:1995, 2001, and 2005). (This table was prepared July 2006.)

Table 55. Percentage distribution of children at about 2 and 4 years of age, by type of child care arrangement and selected child and family characteristics: 2003–04 and 2005–06

Selected characteristic	Children at about 2 years of age in 2003–04						Children at about 4 years of age in 2005–06								
	Percentage distribution of children[1]	Percentage distribution by primary type of care arrangement[2]					Percentage distribution of children[7]	Percentage distribution by primary type of care arrangement[2]							
		No regular nonparental arrangement	Home-based care		Center-based care[5]	Multiple arrangements[6]		No regular nonparental arrangement	Home-based care		Center-based care[5]			Multiple arrangements[6]
			Relative care[3]	Nonrelative care[4]					Relative care[3]	Nonrelative care[4]	Total	Head Start	Other than Head Start	
1	2	3	4	5	6	7	8	9	10	11	12	13	14	15
Total	**100.0 (†)**	**50.5 (0.74)**	**18.5 (0.62)**	**14.6 (0.51)**	**15.8 (0.50)**	**0.5 (0.10)**	**100.0 (†)**	**20.0 (0.65)**	**13.1 (0.61)**	**7.6 (0.32)**	**57.4 (0.81)**	**12.6 (0.64)**	**44.8 (0.71)**	**1.9 (0.21)**
Sex of child														
Male	51.2 (0.08)	50.0 (0.96)	19.1 (0.79)	14.3 (0.61)	16.3 (0.65)	0.3 (0.07)	51.2 (0.11)	19.3 (0.80)	13.1 (0.79)	7.5 (0.51)	58.0 (0.98)	12.9 (0.80)	45.1 (1.02)	2.1 (0.33)
Female	48.8 (0.08)	51.1 (1.01)	18.0 (0.78)	14.9 (0.71)	15.2 (0.63)	0.8 (0.19)	48.8 (0.11)	20.7 (0.90)	13.2 (0.86)	7.7 (0.52)	56.8 (1.02)	12.4 (0.74)	44.4 (0.92)	1.7 (0.20)
Race/ethnicity of child														
White	53.6 (0.54)	50.8 (1.08)	14.9 (0.88)	17.0 (0.74)	16.9 (0.74)	0.5 (0.13)	53.8 (0.59)	17.9 (0.98)	11.0 (0.74)	9.2 (0.49)	60.0 (1.04)	6.8 (0.61)	53.3 (1.00)	1.9 (0.28)
Black	13.7 (0.24)	37.3 (1.39)	25.8 (1.51)	12.0 (1.30)	24.2 (1.15)	0.8 (0.24)	13.8 (0.26)	16.3 (1.38)	13.9 (1.49)	4.4 (0.73)	62.1 (2.08)	25.1 (1.98)	37.0 (1.88)	3.3 (0.65)
Hispanic	25.3 (0.37)	57.5 (1.39)	21.4 (1.14)	11.5 (0.94)	9.2 (0.94)	0.4 (0.20)	25.1 (0.42)	27.3 (1.36)	15.9 (1.14)	6.2 (0.78)	49.3 (1.57)	18.6 (1.23)	30.7 (1.64)	1.2 (0.29)
Asian	2.7 (0.09)	55.3 (2.17)	23.8 (1.44)	10.8 (1.05)	9.6 (1.39)	0.5 (0.25)	2.6 (0.09)	17.1 (1.71)	16.1 (1.44)	3.6 (0.70)	60.9 (2.02)	5.5 (0.90)	55.3 (2.12)	2.3 (1.05)
Pacific Islander	0.2 (0.04)	73.2 (9.89)	23.8 (9.95)	3.1 (2.54)	‡ (†)	‡ (†)	0.2 (0.05)	22.3 (6.82)	45.0 (14.27)	‡ (†)	19.9 (7.94)	5.0 (3.24)	14.9 (6.47)	‡ (†)
American Indian/Alaska Native	0.5 (0.06)	57.3 (3.16)	17.4 (3.10)	11.6 (3.85)	13.8 (2.72)	‡ (†)	0.5 (0.05)	19.9 (2.40)	14.0 (2.06)	5.2 (1.45)	59.7 (3.57)	31.0 (4.71)	28.7 (5.61)	1.1 (0.95)
Two or more races	4.0 (0.28)	46.3 (2.87)	20.0 (1.71)	13.2 (2.23)	19.3 (2.18)	1.1 (0.60)	4.0 (0.28)	17.9 (2.14)	17.6 (2.43)	9.1 (2.16)	53.6 (3.47)	11.0 (2.35)	42.5 (3.22)	1.8 (0.85)
Age of child														
22 or fewer months	1.9 (0.29)	58.6 (4.73)	21.0 (4.62)	11.0 (3.41)	9.4 (2.77)	‡ (†)	† (†)	† (†)	† (†)	† (†)	(†) †	† (†)	† (†)	† (†)
23 months	38.3 (1.22)	54.1 (1.16)	17.0 (0.93)	13.6 (0.91)	14.5 (0.85)	0.7 (0.16)	† (†)	† (†)	† (†)	† (†)	(†) †	† (†)	† (†)	† (†)
24 months	38.0 (0.89)	49.1 (1.02)	18.5 (0.95)	15.6 (0.80)	16.6 (0.87)	0.2 (0.10)	† (†)	† (†)	† (†)	† (†)	(†) †	† (†)	† (†)	† (†)
25 months	12.4 (0.46)	44.9 (1.91)	23.1 (1.44)	14.7 (1.41)	16.8 (1.44)	0.5 (0.31)	† (†)	† (†)	† (†)	† (†)	(†) †	† (†)	† (†)	† (†)
26 or more months	9.4 (0.60)	47.7 (2.37)	18.6 (1.82)	14.8 (1.39)	17.9 (1.60)	1.1 (0.54)	† (†)	† (†)	† (†)	† (†)	(†) †	† (†)	† (†)	† (†)
Less than 48 months	† (†)	† (†)	† (†)	† (†)	† (†)	† (†)	16.4 (0.57)	27.3 (1.63)	13.9 (1.48)	8.7 (0.95)	47.9 (1.77)	10.6 (1.25)	37.3 (1.91)	2.2 (0.55)
48 to 52 months	† (†)	† (†)	† (†)	† (†)	† (†)	† (†)	38.1 (0.55)	19.9 (1.01)	13.0 (0.87)	8.3 (0.60)	56.8 (1.29)	12.0 (0.79)	44.8 (1.31)	2.0 (0.37)
53 to 57 months	† (†)	† (†)	† (†)	† (†)	† (†)	† (†)	36.5 (0.57)	16.5 (0.93)	13.1 (0.83)	6.7 (0.52)	62.2 (1.33)	14.4 (1.01)	47.8 (1.23)	1.5 (0.25)
58 or more months	† (†)	† (†)	† (†)	† (†)	† (†)	† (†)	9.0 (0.41)	21.1 (1.98)	12.1 (1.66)	6.4 (1.09)	57.8 (2.80)	12.0 (1.70)	45.8 (2.50)	2.7 (0.75)
Mother's employment status														
Full-time (35 hours or more)	34.7 (0.73)	15.7 (0.89)	30.4 (1.10)	26.0 (0.86)	27.1 (0.96)	0.8 (0.21)	34.7 (0.77)	11.3 (0.96)	16.2 (0.91)	12.1 (0.77)	58.7 (1.56)	11.5 (1.03)	47.2 (1.29)	1.7 (0.27)
Part-time (less than 35 hours)	20.2 (0.62)	35.4 (1.53)	26.4 (1.53)	20.5 (1.37)	16.7 (1.23)	1.0 (0.34)	20.3 (0.63)	16.4 (1.33)	14.1 (1.20)	9.1 (0.86)	57.3 (1.70)	8.7 (1.00)	48.6 (1.65)	3.1 (0.57)
Looking for work	6.3 (0.35)	71.1 (2.30)	11.5 (1.58)	3.8 (0.95)	13.4 (2.02)	0.1 (0.14)	6.3 (0.36)	22.3 (2.33)	18.5 (2.33)	5.4 (1.23)	52.4 (2.83)	25.9 (2.87)	26.5 (2.33)	1.4 (0.56)
Not in labor force	38.4 (0.78)	86.8 (0.75)	4.8 (0.48)	3.0 (0.35)	5.4 (0.46)	‡ (†)	38.3 (0.81)	29.4 (0.97)	8.6 (0.63)	3.3 (0.38)	57.1 (0.96)	13.7 (0.80)	43.5 (1.10)	1.6 (0.32)
No mother in household	0.4 (0.09)	21.2 (7.28)	33.5 (8.60)	19.5 (9.29)	25.9 (8.01)	‡ (†)	0.4 (0.10)	11.0 (6.13)	36.2 (9.59)	0.3 (0.30)	52.5 (9.42)	21.0 (8.49)	31.5 (8.19)	‡ (†)
Parents' highest level of education														
Less than high school	12.8 (0.36)	67.6 (1.98)	17.5 (1.45)	6.8 (1.08)	7.7 (0.98)	0.4 (0.24)	10.5 (0.36)	34.2 (2.10)	16.4 (1.77)	3.7 (1.04)	43.5 (2.59)	22.4 (2.13)	21.1 (2.06)	2.1 (0.80)
High school completion	25.7 (0.46)	50.1 (1.47)	23.1 (1.27)	12.3 (0.97)	14.1 (0.87)	0.4 (0.15)	23.1 (0.57)	22.0 (1.24)	17.0 (1.20)	6.9 (0.69)	52.1 (1.87)	21.6 (1.41)	30.6 (1.49)	1.9 (0.34)
Some college/vocational	29.7 (0.48)	46.9 (1.51)	21.6 (1.22)	15.1 (0.92)	15.7 (0.94)	0.7 (0.21)	33.4 (0.64)	21.0 (1.24)	15.2 (0.95)	7.1 (0.56)	54.9 (1.41)	13.3 (0.99)	41.6 (1.26)	1.8 (0.33)
Bachelor's degree	16.9 (0.46)	48.6 (1.14)	14.4 (1.18)	17.8 (1.18)	18.6 (1.14)	0.7 (0.23)	16.8 (0.45)	16.0 (1.57)	8.4 (1.02)	8.2 (0.93)	65.6 (1.88)	3.2 (0.75)	62.4 (2.00)	1.8 (0.48)
Any graduate education	14.9 (0.35)	46.0 (1.91)	10.5 (1.05)	20.7 (1.57)	22.4 (1.49)	0.4 (0.16)	16.2 (0.37)	9.7 (0.83)	6.2 (0.90)	11.3 (1.16)	70.8 (1.57)	2.0 (0.52)	68.8 (1.67)	2.0 (0.52)
Poverty status[8]														
Below poverty threshold	23.9 (0.75)	61.8 (1.40)	18.0 (1.15)	7.8 (0.79)	11.7 (0.92)	0.7 (0.24)	24.8 (0.64)	27.5 (1.27)	15.1 (1.19)	4.4 (0.54)	51.0 (1.61)	26.3 (1.45)	24.7 (1.20)	2.0 (0.40)
At or above poverty threshold	76.1 (0.75)	47.0 (0.90)	18.7 (0.68)	16.7 (0.62)	17.1 (0.60)	0.5 (0.11)	75.2 (0.64)	17.5 (0.71)	12.5 (0.64)	8.6 (0.39)	59.5 (0.86)	8.1 (0.57)	51.4 (0.85)	1.9 (0.22)
Socioeconomic status[9]														
Lowest 20 percent	20.0 (0.48)	66.7 (1.43)	17.2 (1.20)	6.8 (0.75)	8.9 (0.72)	0.4 (0.18)	20.0 (0.52)	30.5 (1.31)	14.9 (1.33)	5.0 (0.69)	47.2 (1.84)	24.9 (1.58)	22.4 (1.47)	2.3 (0.58)
Middle 60 percent	60.0 (0.67)	46.8 (0.98)	21.8 (0.78)	15.1 (0.63)	15.8 (0.58)	0.6 (0.15)	60.0 (0.67)	19.7 (0.86)	15.1 (0.82)	7.4 (0.49)	56.0 (1.09)	12.4 (0.80)	43.6 (0.90)	1.8 (0.23)
Highest 20 percent	20.0 (0.48)	45.9 (1.75)	10.2 (0.85)	20.8 (1.52)	22.6 (1.45)	0.5 (0.21)	20.0 (0.47)	10.4 (0.93)	5.4 (0.73)	10.7 (0.91)	71.6 (1.39)	1.0 (0.23)	70.5 (1.42)	1.9 (0.42)

†Not applicable.
‡Reporting standards not met.
[1]Distribution of weighted Early Childhood Longitudinal Study, Birth Cohort survey population with data on primary care arrangements.
[2]Primary type of care arrangement is the type of nonparental care in which the child spent the most hours.
[3]Care provided in the child's home or in another private home by a relative (excluding parents).
[4]Care provided in the child's home or in another private home by a person unrelated to the child.
[5]Care provided in places such as early learning centers, nursery schools, and preschools.
[6]Children who spent an equal amount of time in each of two or more arrangements.
[7]Distribution of weighted Early Childhood Longitudinal Study, Birth Cohort survey population between 44 and 65 months of age with data on primary care arrangements.
[8]Poverty status based on Census Bureau guidelines from 2002 (for 2-year-olds in 2003–04) and 2005 (for 4-year-olds in 2005–06), which identify a dollar amount determined to meet a household's needs, given its size and composition. In 2002, a family of four was considered to live below the poverty threshold if its income was less than or equal to $18,392.
[9]Socioeconomic status (SES) was measured by a composite score on parental education and occupations, and family income.
NOTE: Data are based on a representative sample of children born in 2001. Estimates for children at about 2 years of age weighted by W2R0. Estimates for children at about 4 years of age weighted by W3R0. Race categories exclude persons of Hispanic ethnicity. Detail may not sum to totals because of rounding and suppression of cells that do not meet standards. Some data have been revised from previously published figures. Standard errors appear in parentheses.
SOURCE: U.S. Department of Education, National Center for Education Statistics, Early Childhood Longitudinal Study, Birth Cohort, 9-month–Kindergarten Restricted-Use Data File and Electronic Codebook. (This table was prepared December 2010.)

Table 56. Percentage distribution of quality rating of child care arrangements of children at about 4 years of age, by type of arrangement and selected child and family characteristics: 2005–06

Selected characteristic	Quality rating of primary type of child care arrangement[1]											
				All center-based programs								
	Home-based relative and nonrelative care [2,3]			Head Start and other center-based programs[4]			Head Start[4]			Center-based care other than Head Start[4,5]		
	Low	Medium	High	Low	Medium	High	Low	Medium	High	Low	Medium	High
1	2	3	4	5	6	7	8	9	10	11	12	13
Total	**42.6 (4.01)**	**47.9 (4.22)**	**9.5 (2.37)**	**9.5 (1.40)**	**55.9 (2.44)**	**34.6 (2.58)**	**3.2 (0.78)**	**56.7 (3.27)**	**40.1 (3.34)**	**11.6 (1.74)**	**55.6 (3.05)**	**32.8 (3.10)**
Sex of child												
Male	45.5 (5.48)	44.1 (5.58)	10.4 (3.88)	6.3 (1.47)	53.5 (3.35)	40.2 (3.29)	2.2 (0.97)	56.5 (3.94)	41.2 (3.95)	7.7 (1.82)	52.4 (4.07)	39.8 (4.08)
Female	39.3 (5.23)	52.2 (5.83)	8.5 (2.45)	12.7 (2.32)	58.2 (3.33)	29.1 (3.24)	4.3 (1.14)	56.8 (4.83)	38.9 (4.88)	15.2 (2.84)	58.7 (3.98)	26.2 (3.71)
Race/ethnicity of child												
White	29.9 (4.72)	55.3 (5.34)	14.9 (4.09)	9.3 (1.79)	54.7 (3.77)	36.0 (3.69)	4.0 (1.93)	47.5 (8.27)	48.5 (8.29)	10.2 (1.95)	55.8 (4.01)	34.0 (3.84)
Black	52.8 (8.64)	47.2 (8.64)	‡ (†)	14.8 (3.75)	59.9 (4.55)	25.3 (3.91)	6.9 (1.60)	67.0 (4.49)	26.1 (4.70)	20.8 (6.22)	54.6 (6.76)	24.6 (4.24)
Hispanic	62.5 (8.53)	33.4 (8.03)	4.1 (2.31)	7.2 (2.79)	52.9 (4.25)	39.8 (4.77)	‡ (†)	56.2 (5.54)	43.4 (5.47)	11.7 (4.47)	50.8 (6.82)	37.6 (7.31)
Asian	‡ (†)	‡ (†)	‡ (†)	5.5 (3.16)	61.7 (8.22)	32.8 (8.15)	‡ (†)	‡ (†)	‡ (†)	5.9 (3.41)	64.8 (8.25)	29.3 (8.02)
Pacific Islander	‡ (†)	‡ (†)	‡ (†)	‡ (†)	‡ (†)	‡ (†)	‡ (†)	‡ (†)	‡ (†)	‡ (†)	‡ (†)	‡ (†)
American Indian/Alaska Native	‡ (†)	‡ (†)	‡ (†)	‡ (†)	73.5 (7.69)	23.5 (7.02)	‡ (†)	‡ (†)	‡ (†)	‡ (†)	‡ (†)	‡ (†)
Two or more races	‡ (†)	‡ (†)	‡ (†)	8.5 (4.83)	66.0 (7.63)	25.5 (6.61)	‡ (†)	59.7 (10.79)	40.3 (10.79)	11.9 (6.47)	68.4 (8.83)	19.7 (6.84)
Age of child												
Less than 48 months	31.8 (7.35)	64.3 (7.24)	3.9 (2.77)	9.8 (2.35)	57.1 (5.33)	33.1 (5.51)	‡ (†)	62.3 (8.56)	35.3 (8.44)	12.5 (3.49)	55.2 (7.31)	32.3 (7.22)
48 to 52 months	40.3 (6.19)	47.2 (6.86)	12.5 (4.19)	12.3 (2.59)	54.9 (4.12)	32.8 (3.72)	0.9 (0.49)	55.5 (6.29)	43.6 (6.31)	16.2 (3.23)	54.7 (5.00)	29.1 (4.37)
53 to 57 months	46.6 (6.49)	42.5 (6.69)	10.9 (3.14)	7.3 (1.67)	56.5 (3.22)	36.2 (3.36)	3.8 (1.34)	57.5 (4.02)	38.7 (4.06)	8.4 (2.08)	56.2 (4.22)	35.4 (4.29)
58 or more months	‡ (†)	‡ (†)	‡ (†)	7.2 (3.65)	55.1 (4.81)	37.7 (4.57)	14.9 (9.58)	46.7 (13.27)	38.4 (11.42)	5.0 (3.81)	57.5 (5.77)	37.5 (5.88)
Mother's employment status												
Full-time (35 hours or more)	36.6 (4.34)	56.6 (4.50)	6.9 (2.52)	14.9 (2.84)	55.5 (3.74)	29.6 (3.67)	4.9 (1.16)	47.7 (5.16)	47.4 (5.53)	17.6 (3.47)	57.6 (4.47)	24.8 (3.72)
Part-time (less than 35 hours)	48.9 (7.47)	35.1 (7.08)	16.0 (4.61)	5.7 (1.80)	60.9 (4.64)	33.4 (4.72)	3.2 (2.59)	59.8 (8.26)	37.0 (7.97)	6.5 (2.17)	61.2 (6.14)	32.3 (5.97)
Looking for work	‡ (†)	‡ (†)	‡ (†)	14.0 (5.19)	53.4 (6.27)	32.5 (6.64)	‡ (†)	73.1 (8.42)	24.5 (8.27)	22.4 (8.52)	39.2 (8.58)	38.4 (9.45)
Not in labor force	‡ (†)	‡ (†)	‡ (†)	3.5 (1.31)	53.3 (4.81)	43.2 (4.98)	1.7 (1.23)	59.0 (5.59)	39.2 (5.61)	4.2 (1.73)	51.2 (6.71)	44.7 (7.02)
No mother in household	‡ (†)	‡ (†)	‡ (†)	‡ (†)	‡ (†)	‡ (†)	‡ (†)	‡ (†)	‡ (†)	‡ (†)	‡ (†)	‡ (†)
Parents' highest level of education												
Less than high school	‡ (†)	‡ (†)	‡ (†)	12.6 (4.52)	59.6 (7.01)	27.8 (5.88)	‡ (†)	57.4 (7.36)	40.4 (7.28)	20.8 (7.99)	61.3 (10.74)	17.9 (7.65)
High school completion	62.0 (6.10)	32.8 (6.20)	5.3 (2.79)	6.3 (1.81)	49.2 (3.34)	44.5 (4.07)	5.4 (1.47)	51.8 (6.12)	42.9 (6.28)	6.7 (2.48)	47.9 (4.55)	45.4 (5.62)
Some college/vocational	41.7 (6.68)	50.9 (6.75)	7.4 (3.39)	15.3 (2.78)	59.0 (2.92)	25.7 (2.68)	2.6 (1.39)	62.0 (4.22)	35.3 (4.12)	21.5 (3.69)	57.5 (3.97)	21.0 (3.62)
Bachelor's degree	29.9 (8.51)	62.1 (8.63)	8.0 (4.86)	6.7 (2.43)	59.8 (6.64)	33.4 (6.78)	‡ (†)	‡ (†)	‡ (†)	7.3 (2.64)	60.2 (7.18)	32.6 (7.32)
Any graduate education	10.3 (5.73)	61.3 (8.63)	28.3 (7.99)	5.0 (2.53)	53.6 (7.44)	41.4 (7.48)	‡ (†)	‡ (†)	‡ (†)	5.3 (2.66)	54.5 (7.46)	40.2 (7.46)
Poverty status[6]												
Below poverty threshold	68.1 (6.76)	28.3 (6.86)	3.6 (2.03)	9.0 (2.36)	59.2 (3.18)	31.8 (3.48)	2.6 (1.10)	57.8 (4.16)	39.7 (4.35)	15.0 (4.14)	60.6 (5.68)	24.4 (5.14)
At or above poverty threshold	35.8 (4.32)	53.2 (4.79)	11.1 (2.70)	9.7 (1.46)	54.8 (3.18)	35.6 (3.30)	3.8 (1.35)	55.6 (4.74)	40.5 (4.70)	10.8 (1.73)	54.6 (3.61)	34.6 (3.73)
Socioeconomic status[7]												
Lowest 20 percent	71.2 (7.12)	26.4 (7.02)	2.4 (1.80)	6.7 (2.21)	58.6 (4.39)	34.7 (4.46)	3.5 (1.27)	53.0 (5.31)	43.6 (5.65)	9.8 (3.98)	63.9 (7.34)	26.4 (6.60)
Middle 60 percent	43.3 (5.26)	49.7 (5.50)	7.0 (2.57)	11.2 (1.83)	56.5 (2.69)	32.3 (2.68)	3.2 (1.22)	59.7 (4.07)	37.1 (4.05)	14.0 (2.28)	55.4 (3.37)	30.6 (3.37)
Highest 20 percent	7.8 (4.79)	66.3 (7.41)	25.9 (6.85)	7.3 (2.54)	52.2 (6.27)	40.5 (6.19)	‡ (†)	‡ (†)	‡ (†)	7.5 (2.61)	52.7 (6.33)	39.8 (6.21)

†Not applicable.
‡Reporting standards not met.
[1]Primary type of care arrangement is the type of nonparental care in which the child spent the most hours.
[2]Care provided in the child's home or in another private home by a relative (excluding parents) or by a person unrelated to the child.
[3]Quality rating based on the Family Day Care Rating Scale (FDCRS). Low quality = score of 1 but less than 3. Medium quality = score of 3 but less than 5. High quality = score of 5 to 7.
[4]Quality rating based on the Early Childhood Environment Rating Scale (ECERS). Low quality = score of 1 but less than 3. Medium quality = score of 3 but less than 5. High quality = score of 5 to 7.
[5]Care provided in places such as early learning centers, nursery schools, and preschools, not classified as Head Start.
[6]Poverty status based on Census Bureau guidelines from 2002, which identify a dollar amount determined to meet a household's needs, given its size and composition. In 2002, a family of four was considered to live below the poverty threshold if its income was less than or equal to $18,392.
[7]Socioeconomic status (SES) was measured by a composite score based on parental education and occupations, and family income.
NOTE: Estimates weighted by W33P0. Estimates pertain to children assessed between 44 months and 65 months of age. Rating is for child's primary type of care arrangement, which was the type of nonparental care in which the child spent the most hours. Children who were primarily cared for by parents or in multiple arrangements are not included in this table. Ratings of care arrangement quality using both the FDCRS and ECERS scales were based on interviewer observations of children's interactions with adults and peers, children's exposure to materials and activities, the extent to which and the manner in which routine care needs were met, and the furnishings and displays in the classroom. The FDCRS and ECERS metrics are designed to be equivalent. Race categories exclude persons of Hispanic ethnicity. Detail may not sum to totals because of rounding and suppression of cells that do not meet standards. Some data have been revised from previously published figures. Standard errors appear in parentheses.
SOURCE: U.S. Department of Education, National Center for Education Statistics, Early Childhood Longitudinal Study, Birth Cohort 9-month–Kindergarten Restricted-Use Data File and Electronic Codebook. (This table was prepared December 2010.)

Table 57. Children of prekindergarten through second-grade age, by enrollment status, selected maternal characteristics, and household income: 1995, 2001, and 2005

Maternal characteristic and household income	3- to 5-year-olds, not enrolled in school (includes homeschooled students)			Enrolled in nursery school or prekindergarten			Enrolled in kindergarten			Enrolled in first grade			Enrolled in second grade		
	1995	2001[1]	2005[1]	1995	2001[1]	2005[1]	1995	2001[1]	2005[1]	1995	2001[2]	2005[1]	1995	2001[2]	2005[1]
1	2	3	4	5	6	7	8	9	10	11	12	13	14	15	16
Total children (in thousands)	4,586 (102.3)	3,990 (3.2)	4,156 (5.0)	4,642 (105.0)	4,586 (#)	4,926 (#)	4,149 (75.6)	3,831 (#)	3,717 (#)	4,025 (76.7)	4,333 (#)	4,118 (#)	3,777 (72.9)	3,934 (#)	3,900 (#)
Percentage distribution															
Mother's highest level of education[3]	100.0 (†)	100.0 (†)	100.0 (†)	100.0 (†)	100.0 (†)	100.0 (†)	100.0 (†)	100.0 (†)	100.0 (†)	100.0 (†)	100.0 (†)	100.0 (†)	100.0 (†)	100.0 (†)	100.0 (†)
Less than high school	16.3 (1.27)	16.4 (1.26)	13.8 (1.24)	6.8 (0.78)	8.0 (1.26)	6.8 (0.76)	13.4 (0.93)	10.7 (1.31)	9.5 (1.16)	12.3 (0.99)	11.7 (1.28)	10.0 (1.20)	15.0 (0.81)	13.5 (1.26)	10.3 (1.21)
High school/GED	41.1 (1.51)	39.7 (1.59)	37.2 (2.18)	30.7 (1.27)	26.1 (1.59)	24.6 (1.34)	36.4 (1.19)	30.3 (1.86)	27.5 (1.92)	34.9 (1.53)	30.3 (2.17)	31.1 (2.13)	35.6 (1.44)	32.8 (2.11)	29.5 (1.77)
Vocational/technical or some college	21.3 (1.34)	19.1 (1.30)	21.2 (1.43)	22.7 (1.01)	24.6 (1.30)	19.2 (1.32)	21.7 (1.00)	23.5 (1.84)	20.7 (1.70)	23.6 (1.29)	24.3 (1.87)	19.9 (1.94)	20.6 (0.94)	22.5 (2.18)	19.8 (1.64)
Associate's degree	7.0 (0.79)	5.9 (0.67)	6.8 (0.82)	8.6 (0.72)	7.7 (0.67)	8.4 (0.71)	7.0 (0.68)	7.6 (1.18)	7.7 (0.96)	7.3 (0.81)	7.5 (1.01)	10.3 (1.22)	7.6 (0.60)	7.5 (0.92)	8.0 (0.99)
Bachelor's degree	11.3 (0.86)	14.0 (1.16)	14.9 (1.20)	22.0 (1.10)	22.5 (1.16)	25.5 (1.13)	15.1 (0.98)	20.8 (1.58)	21.3 (1.42)	15.7 (1.02)	19.5 (1.68)	18.0 (1.23)	15.0 (0.94)	15.8 (1.70)	18.7 (1.46)
Graduate/professional degree	3.0 (0.48)	5.0 (0.63)	6.1 (0.73)	9.1 (0.70)	11.1 (0.63)	15.6 (0.94)	6.3 (0.69)	7.1 (1.02)	13.4 (1.43)	6.3 (0.49)	6.7 (1.04)	10.6 (1.22)	6.2 (0.67)	7.9 (1.28)	13.6 (1.62)
Mother's employment status[3]	100.0 (†)	100.0 (†)	100.0 (†)	100.0 (†)	100.0 (†)	100.0 (†)	100.0 (†)	100.0 (†)	100.0 (†)	100.0 (†)	100.0 (†)	100.0 (†)	100.0 (†)	100.0 (†)	100.0 (†)
Working 35 hours/week or more	33.4 (1.45)	36.7 (1.55)	33.5 (1.92)	38.5 (1.13)	43.7 (1.18)	39.4 (1.42)	35.9 (1.05)	38.9 (1.99)	36.9 (2.25)	38.5 (1.49)	46.1 (2.33)	40.7 (2.35)	40.5 (1.17)	42.3 (2.30)	41.2 (2.19)
Working less than 35 hours/week	17.8 (1.23)	19.2 (1.30)	21.1 (1.50)	23.7 (1.08)	22.8 (1.00)	24.4 (1.36)	20.8 (1.10)	22.6 (1.57)	21.5 (1.62)	20.8 (1.10)	19.7 (1.59)	20.7 (1.42)	21.4 (1.19)	20.1 (1.60)	22.7 (1.72)
Looking for work	6.8 (0.83)	5.7 (0.75)	8.7 (1.37)	5.8 (0.71)	3.9 (0.55)	4.0 (0.59)	5.6 (0.70)	3.9 (0.87)	7.3 (1.06)	5.0 (0.66)	4.1 (0.89)	5.7 (1.07)	5.4 (0.70)	5.1 (1.09)	4.9 (0.82)
Not in labor force	42.0 (1.68)	38.4 (1.48)	36.8 (1.79)	32.0 (1.28)	29.6 (1.27)	32.2 (1.35)	37.7 (1.18)	34.7 (2.16)	34.3 (1.99)	35.6 (1.57)	30.1 (2.05)	32.8 (1.97)	32.7 (1.30)	32.5 (2.22)	31.2 (1.99)
Household income	100.0 (†)	100.0 (†)	100.0 (†)	100.0 (†)	100.0 (†)	100.0 (†)	100.0 (†)	100.0 (†)	100.0 (†)	100.0 (†)	100.0 (†)	100.0 (†)	100.0 (†)	100.0 (†)	100.0 (†)
$10,000 or less	22.7 (1.21)	14.1 (1.07)	10.2 (1.06)	16.1 (1.06)	8.5 (0.81)	7.5 (0.90)	19.4 (1.24)	8.5 (1.22)	8.2 (0.95)	17.4 (1.19)	9.1 (1.18)	7.8 (1.05)	19.5 (1.34)	9.4 (1.07)	7.6 (1.08)
$10,001 to $20,000	15.7 (1.08)	14.5 (1.19)	12.0 (1.14)	10.4 (0.78)	12.7 (0.87)	9.7 (0.75)	12.6 (0.87)	14.1 (1.51)	11.1 (1.05)	13.2 (0.90)	14.0 (1.45)	10.4 (1.15)	11.6 (0.84)	12.4 (1.33)	12.5 (1.39)
$20,001 to $30,000	19.1 (1.12)	15.0 (0.94)	16.9 (1.38)	13.1 (0.81)	11.7 (0.74)	9.9 (1.18)	15.8 (0.76)	16.6 (1.41)	13.0 (1.32)	16.6 (0.91)	16.5 (1.71)	12.3 (1.32)	16.5 (1.05)	14.7 (1.54)	15.4 (1.71)
$30,001 to $40,000	16.2 (1.00)	13.6 (1.07)	15.3 (1.27)	12.4 (0.91)	9.7 (0.79)	9.9 (0.91)	15.1 (1.12)	12.2 (1.29)	11.1 (1.14)	14.1 (0.85)	10.3 (1.16)	10.7 (1.42)	16.1 (0.94)	12.4 (1.33)	10.6 (1.07)
$40,001 to $50,000	11.0 (0.74)	12.0 (1.05)	10.3 (1.12)	11.5 (0.96)	7.5 (0.68)	7.7 (0.64)	11.7 (0.88)	9.1 (1.16)	7.8 (1.07)	11.1 (0.77)	9.7 (1.34)	9.9 (1.14)	11.3 (0.92)	9.2 (1.08)	7.0 (0.87)
$50,001 to $75,000	10.5 (0.69)	18.8 (1.31)	20.0 (1.24)	19.3 (0.93)	21.2 (1.09)	20.8 (0.97)	14.4 (0.82)	20.9 (1.68)	18.4 (1.46)	15.6 (0.84)	18.3 (1.41)	20.4 (1.84)	15.0 (1.00)	19.6 (1.80)	20.3 (1.56)
More than $75,000	4.7 (0.70)	12.1 (0.99)	15.4 (1.30)	17.2 (1.06)	28.7 (1.09)	34.4 (1.13)	11.1 (0.62)	18.6 (1.30)	30.4 (1.54)	12.1 (0.73)	22.1 (1.86)	28.4 (1.56)	10.1 (0.79)	22.3 (1.78)	26.7 (1.83)

†Not applicable.
#Rounds to zero.
[1]Figures exclude children for whom no grade equivalent was available.
[2]Table includes a very small number of older children enrolled in first and second grade and excludes children for whom no grade equivalent was available.
[3]Excludes children living in households with no mother or female guardian present.
NOTE: Detail may not sum to totals because of rounding. Standard errors appear in parentheses.
SOURCE: U.S. Department of Education, National Center for Education Statistics, Early Childhood Program Participation Survey and Before- and After-School Programs and Activities Survey of the National Household Education Surveys Program (ECPP-NHES:1995, 2001, and 2005; and ASPA-NHES:2001 and 2005). (This table was prepared October 2006.)

Table 58. Number of 3- to 5-year-olds not yet enrolled in kindergarten and percentage participating in home literacy activities with a family member, by type and frequency of activity and selected child and family characteristics: 1993, 2001, and 2007

Selected characteristic	Number of children (in thousands)			Percent of children participating in activity with family member[1]														
				Read to by family member three or more times in past week			At least once in past week									Visited a library at least once in past month		
							Told a story by family member			Taught letters, words, or numbers			Did arts and crafts					
	1993	2001	2007	1993[2]	2001	2007	1993	2001	2007	1993	2001	2007	1993	2001	2007	1993	2001	2007
1	2	3	4	5	6	7	8	9	10	11	12	13	14	15	16	17	18	19
Total	**8,579 (42.0)**	**8,551 (11.0)**	**8,686 (18.1)**	**78 (0.7)**	**84 (0.8)**	**83 (1.1)**	**76 (0.9)**	**84 (0.8)**	**79 (1.1)**	**86 (0.5)**	**94 (0.6)**	**87 (1.1)**	**68 (0.9)**	**79 (0.9)**	**90 (1.1)**	**38 (1.0)**	**36 (1.1)**	**36 (1.2)**
Age																		
3 years old	3,889 (8.2)	3,795 (91.4)	3,755 (108.1)	79 (1.0)	84 (1.1)	84 (1.5)	77 (1.1)	83 (1.2)	80 (2.0)	85 (0.9)	93 (1.0)	87 (1.4)	67 (1.2)	77 (1.3)	91 (1.3)	34 (1.3)	35 (1.9)	36 (2.0)
4 years old	3,713 (15.7)	3,861 (89.0)	3,738 (123.5)	78 (1.0)	85 (1.2)	83 (1.6)	75 (1.3)	84 (1.1)	76 (2.0)	88 (0.7)	95 (0.7)	86 (1.9)	69 (1.3)	82 (1.2)	89 (2.0)	41 (1.5)	37 (1.4)	35 (1.6)
5 years old	976 (39.4)	896 (47.0)	1,193 (78.0)	76 (2.1)	81 (2.7)	83 (3.0)	68 (2.3)	82 (2.4)	86 (2.6)	88 (1.7)	93 (1.8)	89 (2.2)	69 (2.4)	80 (2.4)	89 (2.7)	38 (2.7)	37 (3.4)	39 (3.4)
Sex																		
Male	4,453 (60.2)	4,292 (79.9)	4,364 (101.1)	77 (1.0)	82 (1.2)	81 (1.7)	75 (1.0)	82 (1.1)	77 (1.9)	86 (0.7)	94 (0.7)	86 (1.6)	66 (1.1)	76 (1.3)	87 (1.8)	38 (1.5)	35 (1.4)	34 (1.8)
Female	4,126 (65.0)	4,260 (79.6)	4,322 (100.8)	79 (1.0)	86 (1.0)	86 (1.2)	76 (1.4)	85 (1.0)	81 (1.6)	87 (0.9)	94 (0.8)	88 (1.5)	71 (1.2)	83 (1.3)	93 (1.1)	38 (1.1)	37 (1.6)	38 (1.8)
Race/ethnicity																		
White	5,902 (63.6)	5,313 (68.0)	4,664 (66.3)	85 (0.7)	89 (0.8)	91 (1.3)	77 (1.1)	86 (1.0)	85 (1.4)	86 (0.7)	95 (0.7)	88 (1.3)	74 (1.0)	85 (1.0)	92 (1.3)	42 (1.3)	39 (1.3)	41 (1.6)
Black	1,271 (44.9)	1,251 (55.1)	1,311 (6.0)	66 (2.4)	77 (2.6)	78 (4.0)	72 (2.5)	81 (2.1)	61 (5.0)	89 (1.8)	94 (1.8)	81 (5.2)	56 (2.6)	70 (3.1)	82 (5.1)	29 (2.6)	31 (2.6)	25 (3.6)
Hispanic	1,026 (34.1)	1,506 (43.5)	1,899 (13.6)	58 (2.4)	71 (1.9)	68 (2.4)	73 (1.9)	75 (2.0)	75 (2.2)	84 (1.6)	92 (1.1)	86 (1.6)	53 (2.4)	67 (2.2)	91 (1.4)	26 (1.6)	30 (2.0)	27 (2.2)
Asian	— (†)	— (†)	349 (43.3)	— (†)	— (†)	87 (3.9)	— (†)	— (†)	75 (7.0)	— (†)	— (†)	92 (2.8)	— (†)	— (†)	84 (6.1)	— (†)	— (†)	49 (7.3)
Mother's highest level of education[3]																		
Less than high school	1,036 (50.1)	996 (54.5)	808 (71.6)	60 (2.7)	69 (2.8)	56 (5.1)	67 (3.2)	72 (2.7)	66 (4.5)	82 (2.4)	91 (2.0)	84 (3.3)	49 (2.6)	62 (3.0)	86 (4.4)	22 (2.7)	21 (2.4)	20 (3.7)
High school/GED	3,268 (79.6)	2,712 (89.0)	2,048 (108.7)	75 (1.3)	81 (1.6)	74 (2.8)	75 (1.3)	83 (1.3)	74 (3.2)	87 (0.9)	95 (0.9)	82 (3.3)	65 (1.6)	77 (1.8)	89 (2.3)	30 (1.8)	30 (1.9)	29 (2.9)
Vocational/technical or some college	2,291 (69.1)	1,833 (73.9)	1,838 (107.2)	83 (1.4)	85 (1.8)	84 (2.3)	77 (1.5)	85 (1.7)	75 (3.5)	88 (1.0)	94 (1.2)	85 (3.2)	73 (1.5)	81 (1.9)	87 (3.4)	44 (2.2)	38 (2.2)	28 (2.5)
Associate's degree	332 (25.7)	573 (40.9)	821 (59.4)	84 (3.1)	89 (2.5)	90 (2.1)	78 (3.5)	84 (2.7)	84 (2.8)	93 (2.1)	92 (2.3)	91 (2.1)	77 (3.9)	82 (3.2)	92 (2.2)	38 (4.1)	42 (4.3)	45 (4.5)
Bachelor's degree	912 (42.3)	1,553 (68.4)	1,990 (92.4)	90 (1.6)	93 (1.2)	95 (0.9)	80 (2.0)	88 (1.5)	86 (1.7)	84 (1.7)	95 (1.1)	90 (1.3)	77 (2.0)	89 (1.4)	92 (1.7)	55 (2.2)	46 (2.4)	43 (2.5)
Graduate/professional degree	569 (37.7)	685 (45.7)	1,053 (63.7)	90 (2.1)	96 (1.1)	95 (1.6)	81 (2.5)	89 (2.3)	90 (1.7)	86 (2.3)	95 (1.3)	93 (1.4)	83 (2.2)	86 (2.2)	92 (1.8)	59 (3.5)	55 (3.8)	54 (3.5)
Mother's employment status[3]																		
Employed	4,486 (77.3)	5,148 (84.2)	4,985 (130.1)	79 (1.0)	86 (1.0)	85 (1.2)	76 (1.0)	84 (1.0)	80 (1.4)	86 (0.8)	94 (0.7)	86 (1.5)	70 (1.1)	80 (1.2)	90 (1.3)	39 (1.2)	36 (1.2)	35 (1.7)
Unemployed	594 (45.0)	396 (36.9)	467 (61.5)	71 (3.4)	77 (5.0)	69 (7.5)	73 (3.0)	80 (4.7)	69 (7.9)	89 (2.6)	94 (3.3)	94 (2.0)	63 (3.6)	69 (5.5)	88 (7.1)	37 (3.7)	37 (4.8)	26 (5.8)
Not in labor force	3,328 (72.9)	2,809 (73.3)	3,105 (128.9)	79 (1.3)	83 (1.4)	83 (1.7)	76 (1.2)	82 (1.5)	79 (2.2)	86 (1.0)	94 (0.9)	87 (2.1)	67 (1.4)	80 (1.3)	89 (2.1)	37 (1.4)	38 (1.9)	38 (2.0)
Number of parents in the household																		
Two parents	6,226 (78.1)	6,416 (75.1)	6,852 (81.1)	81 (0.7)	87 (0.8)	85 (1.1)	77 (1.0)	84 (0.9)	81 (1.2)	86 (0.6)	94 (0.6)	88 (1.0)	71 (0.9)	81 (0.9)	91 (1.0)	41 (1.2)	38 (1.2)	37 (1.4)
None or one parent	2,353 (66.5)	2,135 (75.1)	1,834 (85.1)	71 (1.7)	76 (2.0)	78 (3.2)	71 (1.7)	82 (1.6)	70 (3.6)	86 (1.2)	93 (1.2)	83 (3.7)	61 (1.8)	74 (2.3)	84 (3.6)	30 (1.7)	30 (2.1)	29 (3.1)
Poverty status[4]																		
Above poverty threshold	6,184 (60.9)	6,575 (60.3)	6,751 (71.6)	82 (0.7)	87 (0.8)	87 (1.1)	77 (0.9)	84 (0.9)	82 (1.2)	87 (0.5)	95 (0.5)	87 (1.2)	73 (0.9)	81 (0.9)	91 (1.1)	42 (1.2)	39 (1.3)	38 (1.5)
At or below poverty threshold	2,395 (54.5)	1,976 (59.6)	1,934 (72.9)	69 (1.6)	74 (2.1)	71 (3.4)	72 (1.8)	80 (1.7)	69 (3.4)	86 (1.4)	92 (1.6)	86 (3.1)	57 (2.1)	73 (2.3)	85 (3.2)	28 (1.8)	28 (2.1)	28 (2.8)

—Not available.
†Not applicable.
[1]The respondent was the parent most knowledgeable about the child's care and education. Responding parents reported on their own activities and the activities of their spouse/other adults in the household.
[2]In 1993, there were two versions of the survey question that asked how often the child was read to. Each respondent was asked one version of the question. Percentages represent all respondents who indicated a frequency of three or more times in the past week in response to either version of the question.
[3]Excludes children living in households with no mother or female guardian present.
[4]Poverty status was determined by household income and number of persons in household.
NOTE: Totals include other racial/ethnic groups not separately shown. Race categories exclude persons of Hispanic ethnicity. Detail may not sum to totals because of rounding. Standard errors appear in parentheses. Some data have been revised from previously published figures.
SOURCE: U.S. Department of Education, National Center for Education Statistics, School Readiness Survey, Early Childhood Program Participation Survey, and Parent and Family Involvement in Education Survey of the National Household Education Surveys Program (SR-NHES:1993, ECPP-NHES:2001, and PFI-NHES:2007). (This table was prepared September 2009.)

Table 59. Percentage of kindergartners through fifth-graders whose parents reported doing education-related activities with their children in the past month, by selected child, parent, and school characteristics: 1999, 2003, and 2007

Child, parent, and school characteristic	Visited a library			Went to a play, concert, or other live show			Visited an art gallery, museum, or historical site			Visited a zoo or aquarium			Attended an event sponsored by a community, religious, or ethnic group[1]		
	1999	2003	2007	1999	2003	2007	1999	2003	2007	1999	2003	2007	1999	2003	2007
1	2	3	4	5	6	7	8	9	10	11	12	13	14	15	16
Total	**48.6 (0.64)**	**50.2 (0.80)**	**48.8 (1.12)**	**32.1 (0.55)**	**35.5 (0.87)**	**31.4 (0.87)**	**22.2 (0.67)**	**22.2 (0.83)**	**26.3 (1.09)**	**14.1 (0.47)**	**16.5 (0.69)**	**19.0 (0.80)**	**52.8 (0.63)**	**62.0 (0.80)**	**58.9 (1.14)**
Sex of child															
Male	47.2 (0.91)	47.3 (1.08)	46.8 (1.66)	30.5 (0.84)	33.6 (1.09)	28.7 (1.06)	22.3 (0.93)	23.1 (1.12)	27.1 (1.80)	13.9 (0.70)	16.3 (0.88)	18.5 (0.95)	50.9 (0.89)	61.0 (1.08)	57.3 (1.48)
Female	50.1 (1.02)	53.1 (1.11)	50.9 (1.52)	33.7 (0.81)	37.5 (1.09)	34.5 (1.57)	22.1 (0.89)	21.2 (1.07)	25.4 (1.30)	14.3 (0.70)	16.7 (0.87)	19.6 (1.41)	54.8 (0.95)	63.0 (1.09)	60.6 (1.49)
Race/ethnicity of child															
White	48.9 (0.85)	49.1 (1.03)	48.5 (1.22)	33.9 (0.72)	37.2 (1.26)	32.8 (1.13)	22.3 (0.76)	21.2 (1.09)	25.4 (1.18)	12.0 (0.54)	13.6 (0.85)	15.3 (0.85)	54.6 (0.81)	64.6 (1.12)	63.1 (1.19)
Black	47.8 (1.76)	52.3 (2.50)	56.1 (3.95)	31.3 (1.60)	36.7 (2.23)	34.5 (3.02)	21.0 (1.52)	24.4 (1.97)	32.7 (5.13)	15.7 (1.24)	18.9 (1.55)	24.2 (2.72)	53.0 (1.40)	66.3 (2.35)	61.7 (4.59)
Hispanic	43.9 (1.65)	48.2 (1.77)	44.6 (2.14)	24.4 (1.10)	28.0 (1.53)	25.1 (1.67)	20.6 (1.26)	20.8 (1.38)	23.5 (2.13)	19.7 (1.02)	23.7 (1.32)	25.4 (1.97)	45.8 (1.32)	49.3 (1.75)	44.9 (2.17)
Asian	— (†)	— (†)	60.3 (5.29)	— (†)	— (†)	29.2 (4.76)	— (†)	— (†)	27.9 (4.22)	— (†)	— (†)	23.7 (3.61)	— (†)	— (†)	58.6 (5.15)
Highest education level of parents/guardians in the household															
Less than high school	34.5 (2.33)	36.1 (3.39)	37.3 (3.49)	17.5 (1.63)	20.0 (3.10)	20.2 (2.66)	12.1 (1.64)	9.3 (1.75)	17.8 (2.25)	15.2 (1.65)	15.3 (2.05)	17.3 (2.22)	36.7 (2.32)	34.3 (3.06)	35.5 (3.86)
High school/GED[2]	40.3 (1.42)	44.5 (1.64)	41.5 (3.52)	25.9 (1.13)	28.6 (1.83)	22.0 (2.31)	16.0 (1.04)	17.8 (1.73)	22.2 (3.58)	12.8 (0.98)	16.5 (1.18)	17.6 (2.21)	42.6 (1.23)	50.5 (1.81)	46.0 (3.23)
Vocational/technical or some college	47.2 (1.41)	44.3 (2.04)	43.5 (2.46)	30.2 (1.30)	32.8 (1.89)	29.6 (2.15)	20.4 (1.21)	19.1 (1.32)	18.6 (2.00)	11.9 (0.90)	15.2 (1.29)	16.4 (1.95)	53.7 (1.43)	62.1 (1.64)	58.2 (2.61)
Associate's degree	50.4 (2.12)	47.4 (3.04)	46.6 (2.74)	35.5 (2.10)	41.1 (3.24)	31.0 (2.46)	22.0 (1.77)	22.0 (2.40)	22.3 (2.72)	14.3 (1.42)	15.4 (2.09)	19.3 (2.56)	53.6 (2.26)	67.0 (2.85)	58.7 (2.84)
Bachelor's degree/some graduate school	57.6 (1.52)	57.7 (1.74)	51.9 (1.89)	40.0 (1.24)	40.1 (1.61)	37.1 (1.85)	29.1 (1.37)	27.6 (1.70)	32.1 (2.07)	15.2 (1.03)	16.0 (1.32)	21.1 (1.79)	64.6 (1.22)	71.3 (1.63)	66.7 (2.07)
Graduate/professional degree	62.9 (1.53)	65.2 (2.04)	62.2 (1.86)	43.3 (1.77)	47.2 (2.53)	40.0 (2.20)	34.7 (1.73)	31.7 (2.02)	34.7 (1.96)	17.9 (1.33)	20.7 (1.82)	20.3 (1.61)	65.3 (1.68)	75.6 (1.55)	72.3 (1.63)
Family income (in current dollars)															
$5,000 or less	42.7 (4.27)	38.2 (5.63)	46.5 (8.03)	24.9 (2.73)	25.7 (4.94)	18.6 (6.08)	16.5 (2.76)	13.2 (3.10)	21.4 (7.05)	16.6 (2.77)	18.7 (3.99)	12.3 (4.18)	37.3 (3.55)	52.9 (4.65)	43.5 (8.42)
$5,001 to 10,000	43.8 (2.86)	42.2 (4.99)	34.9 (5.37)	21.1 (2.34)	28.5 (4.74)	23.5 (5.99)	17.7 (2.07)	22.8 (4.79)	23.6 (5.63)	14.5 (1.65)	23.8 (4.05)	22.7 (5.16)	38.9 (2.62)	51.6 (4.74)	44.5 (6.75)
$10,001 to 15,000	44.8 (2.51)	49.1 (4.27)	35.6 (4.75)	24.5 (2.32)	27.3 (3.26)	21.0 (4.00)	18.2 (1.99)	20.7 (4.22)	10.6 (2.93)	15.3 (2.06)	20.9 (3.46)	17.6 (4.18)	45.5 (2.83)	49.1 (4.19)	51.0 (6.68)
$15,001 to 20,000	43.0 (3.07)	44.4 (3.95)	52.1 (9.98)	25.9 (2.37)	32.9 (3.75)	18.6 (3.76)	13.3 (1.74)	18.9 (2.83)	26.2 (11.91)	13.7 (1.61)	17.1 (2.61)	14.6 (3.78)	47.2 (2.78)	52.1 (4.19)	39.0 (7.73)
$20,001 to 25,000	38.9 (2.10)	48.4 (3.57)	45.3 (5.05)	26.3 (2.05)	26.0 (3.39)	30.1 (4.13)	18.7 (1.85)	16.3 (2.22)	21.2 (3.97)	14.7 (1.50)	16.4 (2.35)	20.4 (3.84)	47.7 (2.53)	57.8 (3.76)	52.6 (5.02)
$25,001 to 30,000	45.3 (2.27)	51.0 (3.71)	45.4 (5.59)	30.4 (2.35)	27.1 (3.35)	23.0 (3.90)	20.7 (1.97)	20.8 (3.12)	20.5 (5.61)	14.4 (1.70)	15.9 (2.50)	24.0 (6.29)	50.0 (2.30)	56.7 (3.96)	50.2 (5.60)
$30,001 to 35,000	49.2 (2.55)	44.9 (3.17)	45.9 (5.09)	31.3 (2.66)	33.2 (3.22)	30.4 (4.59)	21.4 (1.97)	18.3 (2.72)	23.7 (4.51)	11.9 (1.42)	17.1 (2.32)	20.4 (4.15)	53.7 (2.48)	59.7 (3.10)	65.5 (3.80)
$35,001 to 40,000	51.9 (2.30)	45.6 (4.30)	49.0 (3.80)	34.4 (2.60)	31.4 (3.79)	31.9 (3.85)	23.5 (2.18)	16.8 (2.99)	19.9 (4.22)	13.2 (1.48)	11.6 (2.92)	19.2 (3.80)	59.1 (2.45)	70.7 (3.70)	54.6 (4.46)
$40,001 to 50,000	52.1 (2.03)	52.2 (3.00)	47.0 (3.92)	32.5 (1.71)	35.8 (2.99)	31.8 (3.28)	22.5 (1.51)	20.9 (2.41)	26.9 (3.75)	13.1 (1.24)	14.8 (2.05)	20.9 (4.10)	58.5 (2.01)	63.1 (2.54)	56.4 (3.28)
$50,001 to 75,000	51.5 (1.67)	50.0 (1.65)	49.2 (2.28)	34.5 (1.47)	39.0 (1.59)	31.9 (1.80)	23.1 (1.37)	23.1 (1.42)	23.9 (1.64)	12.2 (0.86)	14.9 (1.27)	15.8 (1.50)	57.6 (1.72)	64.5 (1.42)	61.2 (2.02)
Over $75,000	55.5 (1.61)	55.8 (1.69)	53.5 (1.66)	44.5 (1.45)	42.6 (1.66)	38.1 (1.42)	31.6 (1.75)	27.3 (1.43)	33.1 (1.48)	15.8 (0.86)	16.9 (1.31)	20.3 (1.17)	61.9 (1.33)	67.9 (1.42)	67.6 (1.51)
Child attending public school	47.5 (0.68)	49.2 (0.87)	47.6 (1.22)	30.4 (0.58)	34.9 (0.88)	31.0 (0.93)	21.0 (0.70)	21.2 (0.92)	24.9 (1.12)	13.7 (0.49)	16.3 (0.71)	19.1 (0.88)	51.2 (0.68)	60.6 (0.85)	56.9 (1.25)
Child attending private school	56.4 (1.78)	57.0 (2.31)	57.0 (2.86)	44.3 (1.80)	40.0 (2.55)	34.3 (2.65)	31.0 (1.55)	29.0 (2.04)	35.6 (2.82)	17.1 (1.28)	17.9 (1.85)	18.5 (2.05)	64.8 (1.92)	72.2 (2.15)	71.8 (2.77)

—Not available.
†Not applicable.
[1]In 1999 and 2007, a single item asked parents if they had attended an event sponsored by a community, ethnic, or religious group. In 2003, attendance at an event sponsored by a religious group was asked about separately from attendance at an event sponsored by a community or ethnic group.
[2]GED = General Educational Development.

NOTE: The respondent was the parent most knowledgeable about the child's education. Responding parents reported on their own activities and the activities of their spouse/other adults in the household. Excludes homeschooled children. Totals include other racial/ethnic groups not separately shown. Race categories exclude persons of Hispanic ethnicity. Standard errors appear in parentheses.
SOURCE: U.S. Department of Education, National Center for Education Statistics, Parent Survey (Parent:1999) and Parent and Family Involvement in Education Survey (PFI:2003 and 2007) of the National Household Education Surveys Program. (This table was prepared July 2009.)

Table 60. Percentage of kindergartners through fifth-graders whose parents reported doing education-related activities with their children in the past week, by selected child, parent, and school characteristics: 1999, 2003, and 2007

Child, parent, and school characteristic	Told child a story						Did arts and crafts						Discussed family history/ethnic heritage						Played board games or did puzzles					
	1999		2003		2007		1999		2003		2007		1999		2003		2007		1999		2003		2007	
1	2		3		4		5		6		7		8		9		10		11		12		13	
Total	**69.4**	**(0.60)**	**74.9**	**(0.66)**	**70.3**	**(1.11)**	**68.0**	**(0.60)**	**74.9**	**(0.70)**	**75.7**	**(1.00)**	**54.9**	**(0.67)**	**53.1**	**(0.89)**	**53.5**	**(1.10)**	**—**	**(†)**	**72.9**	**(0.68)**	**69.0**	**(0.99)**
Sex of child																								
Male	69.1	(0.76)	73.3	(0.86)	68.7	(1.51)	64.2	(0.81)	69.7	(0.98)	70.3	(1.32)	53.4	(0.91)	51.1	(1.16)	52.9	(1.48)	—	(†)	71.8	(0.92)	69.0	(1.49)
Female	69.7	(0.89)	76.6	(0.96)	72.0	(1.47)	71.9	(0.90)	80.2	(1.01)	81.7	(1.33)	56.5	(0.97)	55.1	(1.28)	54.3	(1.45)	—	(†)	74.1	(1.05)	69.0	(1.43)
Race/ethnicity of child																								
White	70.9	(0.80)	76.0	(0.96)	73.2	(1.20)	72.4	(0.73)	75.4	(0.89)	74.9	(1.23)	52.6	(0.89)	44.7	(1.13)	45.6	(1.28)	—	(†)	73.8	(0.87)	69.0	(1.19)
Black	64.8	(1.73)	69.6	(2.00)	61.6	(3.81)	58.6	(1.82)	68.1	(2.14)	73.0	(3.53)	60.2	(2.05)	66.6	(2.45)	66.9	(3.59)	—	(†)	72.9	(1.92)	72.8	(3.14)
Hispanic	66.6	(1.49)	74.2	(1.55)	67.6	(2.46)	59.4	(1.33)	79.6	(1.45)	81.2	(1.66)	53.6	(1.44)	64.5	(1.71)	61.1	(2.22)	—	(†)	68.5	(1.82)	67.5	(2.33)
Asian	—	(†	—	(†)	68.9	(5.08)	—	(†)	—	(†)	66.5	(4.74)	—	(†)	—	(†)	73.6	(4.14)	—	(†)	—	(†)	61.7	(4.88)
Grade of child																								
Kindergarten through grade 1	77.6	(1.11)	84.5	(0.93)	74.1	(1.81)	75.9	(0.95)	89.3	(0.84)	89.1	(1.08)	49.6	(1.30)	47.7	(1.38)	45.7	(2.03)	—	(†)	77.5	(1.17)	73.5	(1.71)
Grades 2 through 3	67.7	(1.05)	74.5	(1.21)	70.7	(1.94)	66.4	(1.20)	74.0	(1.12)	75.4	(1.84)	56.4	(1.26)	54.7	(1.34)	55.7	(1.93)	—	(†)	72.7	(1.09)	68.9	(1.70)
Grades 4 through 5	62.3	(1.09)	66.4	(1.20)	66.1	(1.60)	61.1	(1.19)	62.2	(1.36)	62.6	(1.80)	59.1	(1.12)	56.5	(1.42)	59.3	(1.78)	—	(†)	68.9	(1.18)	64.6	(1.83)
Language spoken most at home by child																								
English	70.0	(0.64)	75.4	(0.73)	71.0	(1.22)	69.3	(0.64)	74.4	(0.72)	74.6	(1.04)	55.2	(0.71)	51.5	(0.93)	52.0	(1.10)	—	(†)	73.7	(0.73)	68.8	(1.06)
Spanish	57.7	(2.73)	65.6	(2.85)	60.7	(3.74)	52.1	(2.73)	81.7	(2.16)	84.5	(2.84)	47.3	(2.94)	60.2	(3.11)	62.2	(3.48)	—	(†)	58.1	(3.10)	69.2	(3.62)
English and Spanish equally	62.8	(3.49)	76.6	(3.83)	67.5	(4.69)	53.7	(4.27)	78.7	(3.88)	85.7	(3.23)	52.6	(3.40)	77.3	(4.18)	63.2	(3.98)	—	(†)	75.2	(3.73)	76.9	(4.06)
English and other language equally	83.9	(6.72)	‡	(†)	‡	(†)	61.9	(9.53)	‡	(†)	‡	(†)	74.0	(7.71)	‡	(†)	‡	(†)	—	(†)	‡	(†)	‡	(†)
Other language	73.1	(5.33)	81.7	(6.95)	80.3	(8.34)	61.1	(6.67)	76.7	(4.81)	84.4	(5.61)	61.5	(7.29)	75.1	(6.13)	74.8	(8.83)	—	(†)	74.8	(7.43)	66.3	(10.40)
Highest education level of parents/guardians in the household																								
Less than high school	61.9	(2.30)	67.2	(3.16)	59.3	(4.90)	54.4	(2.13)	74.8	(3.20)	80.1	(4.60)	45.1	(2.43)	60.4	(2.98)	52.1	(4.16)	—	(†)	66.8	(3.16)	67.6	(3.97)
High school/GED[1]	66.5	(1.28)	71.3	(1.59)	66.9	(2.62)	64.3	(1.27)	75.5	(1.32)	78.6	(2.44)	47.6	(1.46)	54.9	(1.91)	56.3	(3.10)	—	(†)	73.2	(1.39)	72.8	(2.47)
Vocational/technical or some college	70.2	(1.23)	75.9	(1.54)	70.0	(2.56)	68.3	(1.18)	76.2	(1.51)	76.4	(2.15)	57.7	(1.41)	50.8	(1.75)	53.1	(2.69)	—	(†)	71.6	(1.58)	69.0	(2.44)
Associate's degree	70.0	(2.04)	76.0	(2.00)	68.9	(2.58)	71.9	(1.88)	73.6	(2.47)	72.3	(3.13)	56.7	(2.31)	50.9	(3.16)	48.7	(3.17)	—	(†)	70.1	(2.50)	64.9	(2.77)
Bachelor's degree/some graduate school	74.2	(1.39)	77.3	(1.60)	70.6	(2.11)	73.3	(1.10)	74.0	(1.48)	74.2	(1.31)	61.5	(1.57)	47.3	(1.74)	51.8	(2.06)	—	(†)	75.8	(1.27)	69.4	(1.65)
Graduate/professional degree	71.4	(1.73)	78.6	(1.64)	77.9	(1.91)	73.3	(1.53)	73.9	(1.72)	74.1	(1.99)	61.4	(1.56)	60.1	(2.16)	55.9	(1.87)	—	(†)	74.9	(1.82)	66.8	(1.88)
Family income (in current dollars)																								
$5,000 or less	67.5	(4.39)	79.5	(4.52)	63.9	(7.52)	55.9	(4.38)	78.9	(4.61)	76.7	(7.70)	54.5	(4.27)	71.0	(4.75)	50.3	(7.92)	—	(†)	74.1	(3.94)	77.8	(5.04)
$5,001 to 10,000	69.6	(2.30)	70.9	(3.88)	58.6	(7.15)	58.4	(2.93)	75.3	(3.30)	78.9	(5.56)	49.8	(3.46)	63.7	(4.64)	62.5	(6.49)	—	(†)	76.8	(3.82)	74.3	(5.79)
$10,001 to 15,000	66.7	(2.62)	70.0	(3.62)	72.4	(4.17)	61.2	(2.99)	74.6	(4.03)	83.8	(3.94)	54.7	(2.48)	58.8	(4.30)	58.9	(5.61)	—	(†)	70.0	(4.15)	71.8	(4.83)
$15,001 to 20,000	62.3	(2.29)	76.9	(3.45)	64.6	(7.55)	64.1	(2.70)	76.1	(3.74)	79.6	(4.10)	49.2	(2.78)	57.3	(3.48)	58.7	(6.30)	—	(†)	73.1	(3.34)	72.2	(5.36)
$20,001 to 25,000	68.1	(2.34)	71.6	(2.86)	67.0	(5.11)	63.9	(2.42)	80.6	(2.33)	73.0	(5.58)	53.4	(2.82)	60.4	(3.71)	61.0	(5.19)	—	(†)	70.0	(2.95)	72.4	(4.21)
$25,001 to 30,000	70.6	(2.32)	74.2	(2.86)	67.6	(5.92)	68.7	(2.42)	71.9	(3.47)	84.3	(3.45)	53.3	(2.34)	52.3	(4.08)	58.4	(5.16)	—	(†)	73.0	(3.42)	63.5	(5.93)
$30,001 to 35,000	69.3	(1.85)	73.3	(2.88)	69.5	(4.44)	66.1	(2.51)	78.1	(2.72)	73.8	(4.98)	54.6	(2.68)	52.9	(3.86)	65.2	(4.25)	—	(†)	72.5	(3.24)	67.7	(4.55)
$35,001 to 40,000	72.5	(1.94)	74.5	(3.68)	69.3	(4.21)	71.6	(1.96)	75.5	(2.97)	80.5	(2.81)	56.9	(2.33)	44.6	(3.73)	52.9	(3.81)	—	(†)	71.7	(4.03)	62.5	(4.25)
$40,001 to 50,000	69.0	(1.82)	75.7	(2.20)	73.0	(2.88)	72.2	(1.87)	71.9	(2.48)	75.8	(2.89)	55.8	(1.83)	55.0	(2.94)	54.9	(3.17)	—	(†)	73.8	(2.62)	65.8	(3.55)
$50,001 to 75,000	70.9	(1.43)	74.9	(1.53)	69.1	(2.00)	72.5	(1.41)	75.3	(1.55)	75.5	(1.94)	53.8	(1.37)	49.6	(1.99)	44.4	(2.27)	—	(†)	72.1	(1.51)	66.6	(2.26)
$75,001 to 100,000	—	(†)	74.7	(2.02)	72.4	(2.29)	—	(†)	71.2	(1.98)	73.0	(2.03)	—	(†)	48.8	(2.28)	49.4	(2.77)	—	(†)	73.3	(2.30)	70.5	(2.41)
Over $100,000	—	(†)	78.6	(1.52)	75.3	(1.86)	—	(†)	75.1	(1.87)	72.5	(1.89)	—	(†)	50.1	(1.93)	55.4	(2.09)	—	(†)	74.7	(1.81)	69.1	(1.69)
Child attending public school	68.8	(0.65)	75.0	(0.68)	69.6	(1.19)	67.5	(0.66)	75.2	(0.72)	75.9	(0.99)	54.5	(0.73)	52.4	(0.98)	54.0	(1.16)	—	(†)	73.4	(0.74)	68.9	(1.06)
Child attending private school	73.7	(1.58)	74.2	(2.09)	75.2	(2.51)	71.6	(1.64)	72.1	(1.94)	74.8	(2.76)	58.2	(1.68)	58.1	(2.17)	50.6	(2.72)	—	(†)	69.1	(1.99)	69.6	(2.40)

—Not available.
†Not applicable.
‡Reporting standards not met.
[1]GED = General Educational Development.
NOTE: The respondent was the parent most knowledgeable about the child's education. Responding parents reported on their own activities and the activities of their spouse/other adults in the household. Excludes homeschooled children. Totals include other racial/ethnic groups not separately shown. Race categories exclude persons of Hispanic ethnicity. Some data have been revised from previously published figures. Standard errors appear in parentheses.
SOURCE: U.S. Department of Education, National Center for Education Statistics, Parent Survey (Parent:1999) and Parent and Family Involvement in Education Survey (PFI:2003 and 2007) of the National Household Education Surveys Program. (This table was prepared August 2010.)

Table 61. Percentage of elementary and secondary school children whose parents were involved in school activities, by selected child, parent, and school characteristics: 1999, 2003, and 2007

Child, parent, and school characteristic	Percent of children whose parents report the following types of involvement in school activities											
	1999				2003				2007			
	Attended a general school meeting	Attended parent-teacher conference	Attended a class event	Volunteered at school	Attended a general school meeting	Attended parent-teacher conference	Attended a class event	Volunteered at school	Attended a general school meeting	Attended parent-teacher conference	Attended a class event	Volunteered at school
1	2	3	4	5	6	7	8	9	10	11	12	13
Total	**78.3 (0.49)**	**72.8 (0.45)**	**65.4 (0.44)**	**36.8 (0.40)**	**87.7 (0.37)**	**77.1 (0.42)**	**69.9 (0.42)**	**41.8 (0.60)**	**89.4 (0.48)**	**78.1 (0.52)**	**74.5 (0.57)**	**46.4 (0.63)**
Sex of child												
Male	78.0 (0.62)	74.0 (0.60)	63.4 (0.62)	36.7 (0.65)	87.4 (0.49)	77.7 (0.63)	67.4 (0.75)	41.2 (0.87)	89.3 (0.70)	79.2 (0.65)	71.5 (0.90)	44.8 (0.95)
Female	78.6 (0.69)	71.5 (0.56)	67.4 (0.59)	37.0 (0.61)	87.9 (0.55)	76.5 (0.63)	72.6 (0.63)	42.4 (0.83)	89.6 (0.59)	76.8 (0.94)	77.7 (0.82)	48.1 (1.01)
Race/ethnicity of child												
White	80.5 (0.54)	73.6 (0.48)	71.6 (0.53)	42.7 (0.51)	88.7 (0.51)	76.4 (0.62)	74.1 (0.65)	48.4 (0.82)	90.9 (0.52)	77.8 (0.64)	80.1 (0.68)	54.2 (0.85)
Black	74.5 (1.12)	71.1 (1.23)	53.8 (1.29)	26.2 (1.21)	88.7 (0.85)	78.7 (1.35)	63.3 (1.54)	32.0 (1.65)	86.7 (1.77)	77.3 (1.98)	64.7 (2.31)	35.0 (1.89)
Hispanic	73.1 (1.18)	71.0 (1.05)	51.5 (1.02)	24.5 (0.90)	82.6 (1.05)	78.1 (1.10)	60.9 (1.36)	27.7 (1.23)	86.7 (1.14)	80.2 (1.05)	65.0 (1.46)	31.8 (1.34)
Asian[1]	— (†)	— (†)	— (†)	— (†)	— (†)	— (†)	— (†)	— (†)	91.0 (2.06)	79.9 (2.87)	71.4 (2.89)	45.8 (3.78)
Pacific Islander[1]	— (†)	— (†)	— (†)	— (†)	— (†)	— (†)	— (†)	— (†)	‡ (†)	‡ (†)	‡ (†)	‡ (†)
American Indian/Alaska Native[1]	— (†)	— (†)	— (†)	— (†)	— (†)	— (†)	— (†)	— (†)	94.2 (2.96)	79.7 (7.16)	80.8 (9.63)	58.4 (12.64)
Other[2]	76.7 (2.00)	73.2 (1.94)	62.4 (2.01)	30.7 (1.94)	87.5 (1.63)	77.6 (2.25)	68.5 (2.32)	37.2 (2.16)	89.2 (1.76)	73.6 (3.48)	75.7 (2.83)	44.8 (3.13)
Highest education level of parents/guardians in the household												
Less than high school	57.4 (1.77)	60.0 (1.78)	37.8 (1.68)	12.9 (1.05)	69.8 (2.04)	67.8 (2.50)	42.4 (2.42)	15.6 (2.04)	75.2 (2.37)	69.7 (2.65)	48.1 (3.06)	19.5 (3.37)
High school/GED[3]	72.7 (1.00)	69.7 (0.87)	58.7 (0.93)	26.0 (0.88)	83.8 (0.91)	75.4 (0.93)	62.1 (1.28)	30.3 (1.27)	84.5 (1.15)	74.3 (1.16)	65.1 (1.52)	33.0 (1.56)
Vocational/technical or some college	78.0 (1.04)	72.8 (0.97)	66.0 (1.05)	35.7 (1.07)	88.5 (0.67)	78.0 (1.02)	69.1 (0.93)	38.8 (1.26)	87.5 (1.56)	75.7 (1.48)	69.3 (1.60)	40.2 (1.66)
Associate's degree	81.7 (1.14)	75.8 (1.39)	68.7 (1.57)	41.5 (1.53)	88.6 (1.27)	76.6 (1.68)	73.0 (1.76)	39.7 (1.67)	91.9 (1.18)	80.2 (1.75)	76.9 (2.14)	45.3 (2.32)
Bachelor's degree/some graduate school	87.0 (0.73)	79.6 (0.84)	75.8 (0.93)	49.6 (1.10)	92.0 (0.75)	79.8 (0.89)	80.1 (0.95)	53.9 (1.29)	93.6 (0.75)	81.4 (1.00)	83.2 (0.95)	57.1 (1.44)
Graduate/professional degree	89.4 (0.70)	76.2 (1.09)	79.2 (0.98)	55.1 (1.21)	94.6 (0.74)	79.4 (0.99)	80.8 (1.09)	61.8 (1.57)	95.6 (0.64)	82.3 (1.13)	87.3 (0.95)	64.1 (1.33)
Family income (in current dollars)												
$5,000 or less	67.0 (2.83)	66.7 (3.14)	47.4 (2.87)	17.6 (2.09)	77.7 (2.84)	72.4 (4.15)	55.6 (3.91)	27.3 (4.09)	76.3 (4.85)	66.1 (5.32)	44.7 (6.01)	27.8 (5.24)
$5,001 to 10,000	66.8 (2.13)	67.6 (2.25)	50.7 (2.23)	23.3 (1.91)	79.3 (3.26)	75.7 (3.28)	59.9 (3.60)	30.4 (3.35)	80.0 (3.45)	76.0 (3.81)	56.2 (4.56)	26.3 (4.53)
$10,001 to 15,000	67.1 (1.64)	70.0 (1.62)	49.9 (2.15)	20.4 (1.40)	80.0 (2.41)	75.6 (2.35)	53.4 (2.99)	22.5 (2.44)	76.7 (4.46)	73.0 (4.57)	56.8 (4.12)	28.8 (3.69)
$15,001 to 20,000	71.1 (1.76)	70.4 (1.52)	55.1 (1.89)	25.3 (1.70)	81.1 (2.60)	74.2 (2.23)	57.5 (2.28)	25.6 (2.84)	81.9 (3.07)	83.0 (2.54)	58.9 (4.17)	17.4 (2.12)
$20,001 to 25,000	70.6 (1.90)	67.0 (1.62)	53.4 (1.76)	26.2 (1.63)	83.5 (1.64)	79.1 (1.89)	62.4 (1.99)	27.0 (2.39)	84.8 (2.26)	78.9 (2.38)	64.7 (2.96)	29.9 (3.18)
$25,001 to 30,000	74.3 (1.35)	71.6 (1.31)	59.1 (1.71)	30.9 (1.69)	85.7 (1.46)	75.9 (2.41)	64.2 (2.23)	33.8 (2.86)	85.5 (3.09)	76.6 (3.20)	63.4 (3.20)	35.9 (3.53)
$30,001 to 35,000	79.0 (1.60)	73.8 (1.72)	67.6 (1.69)	37.9 (1.84)	84.5 (1.59)	76.3 (1.94)	64.7 (2.32)	33.5 (2.51)	85.6 (2.75)	72.4 (3.23)	67.6 (2.59)	31.5 (2.80)
$35,001 to 40,000	79.4 (1.38)	73.7 (1.38)	68.4 (1.64)	36.1 (1.84)	83.4 (2.50)	74.7 (2.10)	70.9 (2.41)	37.3 (3.50)	88.0 (1.65)	74.9 (2.85)	69.9 (2.57)	32.8 (2.52)
$40,001 to 50,000	81.6 (1.07)	75.1 (1.13)	72.8 (1.25)	40.1 (1.26)	87.5 (1.18)	79.3 (1.42)	68.5 (2.11)	40.0 (1.89)	88.8 (1.57)	79.4 (2.05)	74.3 (2.09)	40.8 (2.36)
$50,001 to 75,000	84.6 (0.78)	74.8 (0.91)	72.6 (0.90)	43.8 (1.05)	89.9 (0.79)	76.9 (0.96)	74.5 (1.04)	46.0 (1.27)	92.0 (0.73)	78.6 (0.96)	79.0 (1.15)	51.7 (1.18)
Over $75,000	88.5 (0.68)	77.3 (0.74)	79.3 (0.80)	54.9 (1.02)	93.9 (0.57)	78.6 (0.89)	79.3 (0.73)	56.8 (1.01)	95.0 (0.40)	79.9 (0.87)	85.4 (0.66)	62.0 (1.10)
Child attending public school	76.8 (0.54)	71.4 (0.50)	63.5 (0.48)	33.8 (0.41)	86.7 (0.40)	75.9 (0.45)	68.0 (0.47)	38.5 (0.64)	88.5 (0.53)	76.9 (0.59)	72.6 (0.66)	42.7 (0.69)
Elementary (kindergarten to grade 8)	81.7 (0.57)	80.9 (0.45)	66.9 (0.55)	38.1 (0.48)	90.9 (0.40)	85.1 (0.42)	71.7 (0.57)	42.8 (0.74)	91.7 (0.59)	85.1 (0.69)	76.1 (0.79)	48.5 (1.00)
Secondary (grades 9 to 12)	65.8 (0.99)	50.1 (1.10)	55.9 (0.97)	24.0 (0.77)	76.9 (1.06)	54.8 (1.02)	59.4 (1.06)	28.5 (0.98)	82.0 (1.12)	59.9 (1.14)	65.5 (1.20)	30.6 (1.05)
Child attending private school	91.4 (0.80)	85.0 (0.95)	81.7 (1.09)	63.8 (1.35)	95.7 (0.61)	86.6 (1.03)	85.6 (1.23)	68.7 (1.57)	96.3 (1.08)	86.5 (1.84)	88.1 (1.27)	74.1 (1.75)
Elementary (kindergarten to grade 8)	93.0 (0.73)	90.2 (0.81)	84.2 (1.11)	68.8 (1.37)	96.6 (0.69)	91.6 (0.92)	88.4 (1.22)	73.4 (1.90)	96.8 (1.46)	92.5 (1.61)	89.2 (1.65)	80.3 (1.87)
Secondary (grades 9 to 12)	85.9 (2.09)	66.9 (2.74)	73.0 (2.62)	46.3 (3.23)	93.0 (1.56)	72.2 (2.54)	77.6 (2.93)	55.2 (2.78)	95.2 (1.11)	71.2 (4.05)	85.2 (2.21)	58.6 (3.50)

—Not available.
†Not applicable.
‡Reporting standards not met.
[1]Included in "Other" in 1999 and 2003 data.
[2]Includes all other races or two or more races.
[3]GED=General Educational Development.
NOTE: Includes children enrolled in kindergarten through grade 12 and ungraded students. Excludes homeschooled children. The respondent was the parent most knowledgeable about the child's education. Responding parents reported on their own and their spouse's, or other household adults', activities. Race categories exclude persons of Hispanic ethnicity. Standard errors appear in parentheses.
SOURCE: U.S. Department of Education, National Center for Education Statistics, *Parent and Family Involvement in Education: 2002–03;* and Parent Survey (Parent:1999) and Parent and Family Involvement in Education Survey (PFI:2003 and 2007) of the National Household Education Surveys Program, unpublished tabulations. (This table was prepared August 2008.)

Table 62. Number and percentage distribution of private elementary and secondary students, teachers, and schools, by orientation of school and selected school and student characteristics: Fall 2007

Selected characteristic	Total				Catholic				Other religious				Nonsectarian			
	Number		Percent		Number		Percent		Number		Percent		Number		Percent	
1	2		3		4		5		6		7		8		9	
Students[1]																
Total	**5,910,210**	**(28,363)**	**100**	**(†)**	**2,308,150**	**(6,083)**	**100**	**(†)**	**2,283,210**	**(20,628)**	**100**	**(†)**	**1,318,850**	**(18,235)**	**100**	**(†)**
Level of school																
Elementary	3,228,310	(17,116)	55	(0.2)	1,602,010	(4,206)	69	(0.2)	976,270	(14,547)	43	(0.4)	650,020	(7,939)	49	(0.7)
Secondary	827,390	(10,804)	14	(0.2)	594,860	(743)	26	(0.1)	128,040	(2,123)	6	(0.1)	104,480	(10,613)	8	(0.7)
Combined	1,854,510	(19,370)	31	(0.2)	111,270	(5,363)	5	(0.2)	1,178,900	(13,373)	52	(0.4)	564,350	(12,855)	43	(0.7)
School enrollment																
Less than 50	671,350	(10,026)	11	(0.2)	17,930	(364)	1	(#)	303,320	(8,012)	13	(0.3)	350,100	(5,044)	27	(0.4)
50 to 149	953,160	(16,066)	16	(0.2)	208,370	(2,309)	9	(0.1)	482,580	(13,839)	21	(0.5)	262,220	(7,255)	20	(0.5)
150 to 299	1,415,000	(6,158)	24	(0.1)	697,590	(4,483)	30	(0.2)	510,920	(3,577)	22	(0.2)	206,500	(3,256)	16	(0.3)
300 to 499	1,158,420	(4,918)	20	(0.1)	617,850	(2,955)	27	(0.1)	372,650	(4,378)	16	(0.2)	167,920	(3,129)	13	(0.3)
500 to 749	783,200	(4,374)	13	(0.1)	401,540	(3,675)	17	(0.1)	259,580	(2,371)	11	(0.1)	122,080	(†)	9	(0.1)
750 or more	929,080	(16,638)	16	(0.2)	364,870	(†)	16	(#)	354,170	(7,000)	16	(0.3)	210,030	(15,093)	16	(1.0)
Student race/ethnicity[2]																
White	3,779,030	(22,170)	75	(0.2)	1,575,890	(5,136)	73	(0.1)	1,486,660	(13,621)	77	(0.4)	716,480	(16,182)	73	(0.5)
Black	496,580	(4,455)	10	(0.1)	170,830	(642)	8	(#)	214,190	(4,191)	11	(0.2)	111,560	(1,118)	11	(0.2)
Hispanic	487,770	(7,435)	10	(0.1)	289,920	(1,986)	13	(0.1)	128,300	(7,083)	7	(0.3)	69,550	(1,188)	7	(0.1)
Asian/Pacific Islander	276,380	(3,537)	5	(0.1)	106,590	(162)	5	(#)	90,330	(2,470)	5	(0.1)	79,450	(2,817)	8	(0.3)
American Indian/ Alaska Native	32,730	(1,217)	1	(#)	12,980	(21)	1	(#)	11,220	(1,211)	1	(0.1)	8,530	(127)	1	(#)
Type of locale																
City	2,429,570	(13,222)	41	(0.2)	1,049,480	(4,213)	45	(0.1)	871,710	(9,337)	38	(0.4)	508,380	(5,557)	39	(0.5)
Suburban	2,382,550	(12,070)	40	(0.2)	945,360	(3,530)	41	(0.1)	875,540	(10,021)	38	(0.4)	561,660	(6,031)	43	(0.6)
Town	411,700	(5,477)	7	(0.1)	196,990	(1,052)	9	(0.1)	161,070	(5,209)	7	(0.2)	53,640	(1,292)	4	(0.1)
Rural	686,390	(21,308)	12	(0.3)	116,320	(3,985)	5	(0.2)	374,900	(13,812)	16	(0.5)	195,170	(15,864)	15	(1.0)
Teachers[3]																
Total	**456,270**	**(2,897)**	**100**	**(†)**	**146,630**	**(395)**	**100**	**(†)**	**183,310**	**(1,909)**	**100**	**(†)**	**126,330**	**(1,966)**	**100**	**(†)**
Level of school																
Elementary	207,230	(1,433)	45	(0.3)	94,800	(329)	65	(0.1)	67,260	(1,122)	37	(0.4)	45,170	(685)	36	(0.6)
Secondary	69,240	(767)	15	(0.2)	42,400	(110)	29	(0.1)	12,940	(169)	7	(0.1)	13,910	(743)	11	(0.5)
Combined	179,800	(2,184)	39	(0.3)	9,430	(223)	6	(0.1)	103,120	(1,392)	56	(0.4)	67,240	(1,637)	53	(0.8)
School enrollment																
Less than 50	48,310	(1,208)	11	(0.2)	1,550	(41)	1	(#)	23,890	(1,037)	13	(0.5)	22,860	(523)	18	(0.4)
50 to 149	88,250	(1,520)	19	(0.3)	16,890	(255)	12	(0.2)	42,800	(1,166)	23	(0.5)	28,560	(821)	23	(0.6)
150 to 299	105,570	(641)	23	(0.2)	43,240	(296)	29	(0.2)	40,570	(405)	22	(0.3)	21,750	(417)	17	(0.4)
300 to 499	84,750	(332)	19	(0.1)	37,720	(160)	26	(0.1)	29,010	(355)	16	(0.2)	18,020	(270)	14	(0.3)
500 to 749	57,940	(537)	13	(0.1)	24,290	(39)	17	(0.1)	20,370	(535)	11	(0.3)	13,280	(†)	11	(0.2)
750 or more	71,450	(1,618)	16	(0.3)	22,930	(†)	16	(#)	26,680	(379)	15	(0.2)	21,850	(1,573)	17	(1.0)
Type of locale																
City	185,530	(1,253)	41	(0.3)	66,010	(201)	45	(0.1)	69,640	(916)	38	(0.5)	49,870	(569)	39	(0.6)
Suburban	177,160	(1,322)	39	(0.3)	58,450	(276)	40	(0.1)	67,810	(901)	37	(0.5)	50,900	(680)	40	(0.6)
Town	32,490	(917)	7	(0.2)	13,710	(63)	9	(0.1)	13,660	(891)	7	(0.5)	5,120	(209)	4	(0.2)
Rural	61,090	(2,025)	13	(0.4)	8,450	(229)	6	(0.1)	32,200	(1,135)	18	(0.5)	20,430	(1,664)	16	(1.1)
Schools																
Total	**33,740**	**(370)**	**100**	**(†)**	**7,510**	**(37)**	**100**	**(†)**	**15,400**	**(296)**	**100**	**(†)**	**10,830**	**(179)**	**100**	**(†)**
Level of school																
Elementary	21,870	(293)	65	(0.4)	6,070	(30)	81	(0.3)	8,610	(224)	56	(0.7)	7,180	(156)	66	(0.7)
Secondary	2,930	(67)	9	(0.2)	1,090	(17)	15	(0.2)	840	(22)	5	(0.2)	1,000	(61)	9	(0.5)
Combined	8,940	(160)	26	(0.4)	340	(19)	5	(0.3)	5,950	(143)	39	(0.7)	2,640	(64)	24	(0.6)
School enrollment																
Less than 50	14,370	(311)	43	(0.5)	360	(20)	5	(0.3)	7,210	(241)	47	(0.8)	6,800	(159)	63	(0.7)
50 to 149	8,510	(148)	25	(0.4)	1,710	(29)	23	(0.3)	4,440	(118)	29	(0.6)	2,360	(74)	22	(0.6)
150 to 299	5,970	(27)	18	(0.2)	2,940	(18)	39	(0.3)	2,160	(15)	14	(0.3)	880	(17)	8	(0.2)
300 to 499	2,800	(13)	8	(0.1)	1,500	(6)	20	(0.1)	900	(11)	6	(0.1)	410	(9)	4	(0.1)
500 to 749	1,240	(8)	4	(#)	650	(7)	9	(0.1)	400	(4)	3	(0.1)	190	(†)	2	(#)
750 or more	850	(17)	3	(0.1)	350	(†)	5	(#)	310	(9)	2	(0.1)	190	(14)	2	(0.1)
Type of locale																
City	11,210	(100)	33	(0.4)	3,080	(14)	41	(0.2)	4,460	(54)	29	(0.6)	3,680	(63)	34	(0.5)
Suburban	12,670	(198)	38	(0.5)	2,770	(26)	37	(0.2)	4,850	(115)	32	(0.8)	5,040	(124)	47	(0.8)
Town	3,300	(130)	10	(0.4)	1,020	(15)	14	(0.2)	1,680	(105)	11	(0.6)	600	(75)	6	(0.7)
Rural	6,560	(263)	19	(0.6)	640	(24)	9	(0.3)	4,410	(254)	29	(1.2)	1,520	(70)	14	(0.6)

†Not applicable.
#Rounds to zero.
[1]Includes students in prekindergarten through grade 12 in schools that offer kindergarten or higher grade.
[2]Race/ethnicity is not known for an estimated 837,719 prekindergarten private school students. Percentage distribution is calculated based on the students for whom race/ethnicity is known.
[3]Reported in full-time equivalents (FTE). Excludes teachers who teach only prekindergarten students.
NOTE: Includes special education, vocational/technical education, and alternative schools. Tabulation includes schools that offer kindergarten or higher grade. Detail may not sum to totals because of rounding. Standard errors appear in parentheses.
SOURCE: U.S. Department of Education, National Center for Education Statistics, Private School Universe Survey (PSS), 2007–08. (This table was prepared June 2009.)

Table 63. Private elementary and secondary enrollment, number of schools, and average tuition, by school level, orientation, and tuition: 1999–2000, 2003–04, and 2007–08

School orientation and tuition	Kindergarten through 12th-grade enrollment[1]				Schools				Average tuition charged to students[2] (in current dollars)			
	Total	Elementary	Secondary	Combined	Total	Elementary	Secondary	Combined	Total	Elementary	Secondary	Combined
1	2	3	4	5	6	7	8	9	10	11	12	13
1999–2000												
Total	**5,262,850 (131,001)**	**2,920,680 (55,056)**	**818,920 (34,102)**	**1,523,240 (88,816)**	**27,220 (239)**	**16,560 (278)**	**2,580 (126)**	**8,080 (276)**	**$4,689 (254.3)**	**$3,267 (128.3)**	**$6,053 (1,529.3)**	**$6,779 (798.1)**
Catholic	2,548,710 (23,352)	1,810,330 (18,134)	616,190 (25,935)	122,190 (15,613)	7,930 (41)	6,530 (68)	1,100 (56)	300 (28)	3,236 (439.8)	2,451 (109.4)	4,845 (253.7)	6,780 (1,159.7)
Other religious	1,871,850 (86,781)	831,060 (41,035)	115,010 (10,980)	925,780 (66,926)	12,520 (271)	6,610 (231)	720 (76)	5,190 (243)	4,063 (936.7)	3,503 (609.1)	6,536 (787.7)	4,260 (1,240.4)
Nonsectarian	842,290 (61,373)	279,290 (28,987)	87,720 (11,774)	475,270 (43,377)	5,130 (156)	2,780 (153)	590 (90)	1,770 (151)	10,992 (928.4)	7,884 (1,727.8)	14,638 (1,279.2)	12,363 (3,043.5)
2003–04												
Total	**5,059,450 (104,287)**	**2,675,960 (55,714)**	**832,320 (54,051)**	**1,551,170 (82,059)**	**28,380 (262)**	**17,330 (262)**	**2,660 (206)**	**8,400 (217)**	**$6,600 (144.5)**	**$5,049 (119.5)**	**$8,412 (433.4)**	**$8,302 (289.7)**
Catholic	2,320,040 (49,156)	1,645,680 (41,231)	584,250 (32,236)	90,110 (14,746)	7,920 (35)	6,530 (50)	1,060 (39)	320 (39)	4,254 (95.9)	3,533 (105.9)	6,046 (130.6)	5,801 (883.0)
Other religious	1,746,460 (63,090)	714,860 (28,935)	107,980 (33,776)	923,630 (48,379)	13,660 (203)	7,280 (200)	640 (175)	5,740 (182)	5,839 (143.9)	5,398 (161.4)	9,537 (962.6)	5,748 (230.3)
Nonsectarian	992,940 (71,519)	315,430 (30,820)	140,080 (27,556)	537,440 (59,332)	6,810 (136)	3,510 (141)	960 (108)	2,340 (144)	13,419 (379.1)	12,169 (468.5)	17,413 (1,987.6)	13,112 (480.4)
2007–08												
Total	**5,165,280 (104,435)**	**2,462,980 (58,830)**	**850,750 (38,553)**	**1,851,550 (91,348)**	**28,220 (328)**	**16,370 (291)**	**3,040 (149)**	**8,810 (254)**	**$8,549 (176.0)**	**$6,733 (180.6)**	**$10,549 (355.5)**	**$10,045 (371.6)**
Less than $2,499	455,850 (33,102)	271,960 (21,952)	‡ (†)	173,660 (24,693)	6,100 (347)	3,450 (229)	‡ (†)	2,370 (226)	1,670 (80.6)	1,938 (80.7)	‡ (†)	1,313 (175.7)
$2,500 to $3,499	666,450 (42,950)	478,050 (33,038)	‡ (†)	168,440 (26,113)	3,930 (257)	2,820 (225)	‡ (†)	1,020 (119)	3,428 (41.0)	3,453 (43.2)	‡ (†)	3,416 (116.5)
$3,500 to $5,999	1,790,410 (77,850)	1,066,750 (45,444)	143,510 (19,815)	580,150 (53,528)	9,110 (341)	6,100 (263)	550 (76)	2,460 (192)	5,206 (41.6)	5,218 (49.3)	5,081 (80.0)	5,214 (89.0)
$6,000 to $9,999	1,155,290 (60,342)	366,470 (37,396)	455,840 (33,376)	332,980 (36,574)	4,460 (232)	2,390 (188)	1,050 (85)	1,020 (114)	8,264 (100.6)	9,231 (286.7)	7,657 (104.7)	8,031 (191.9)
$10,000 or more	1,097,280 (67,145)	279,740 (31,540)	221,210 (23,837)	596,320 (60,614)	4,630 (232)	1,620 (156)	1,070 (96)	1,940 (150)	20,272 (513.4)	19,510 (1,006.4)	21,202 (1,081.1)	20,285 (712.1)
Catholic	2,224,470 (49,385)	1,457,960 (32,114)	620,840 (32,581)	145,680 (25,445)	7,400 (34)	5,950 (57)	1,080 (46)	370 (39)	6,018 (180.3)	4,944 (211.6)	7,826 (231.8)	9,066 (964.2)
Less than $2,499	190,800 (20,946)	174,580 (20,080)	‡ (†)	‡ (†)	1,130 (102)	1,050 (96)	‡ (†)	‡ (†)	2,144 (75.7)	2,166 (74.7)	‡ (†)	‡ (†)
$2,500 to $3,499	428,610 (35,795)	396,980 (32,130)	‡ (†)	‡ (†)	1,680 (131)	1,630 (126)	‡ (†)	‡ (†)	3,352 (42.8)	3,385 (45.8)	‡ (†)	‡ (†)
$3,500 to $5,999	826,120 (37,974)	683,980 (32,576)	111,770 (16,043)	‡ (†)	3,040 (131)	2,680 (117)	280 (43)	‡ (†)	4,896 (48.8)	4,864 (56.7)	5,150 (80.2)	‡ (†)
$6,000 to $9,999	607,980 (49,329)	165,120 (28,123)	395,900 (30,158)	‡ (†)	1,170 (102)	470 (72)	630 (49)	‡ (†)	7,682 (116.3)	7,785 (240.4)	7,650 (116.7)	‡ (†)
$10,000 or more	170,960 (27,585)	‡ (†)	‡ (†)	‡ (†)	380 (62)	‡ (†)	‡ (†)	‡ (†)	16,536 (1,704.9)	‡ (†)	‡ (†)	‡ (†)
Other religious	1,975,980 (81,216)	709,730 (36,666)	128,550 (15,136)	1,137,700 (75,038)	13,950 (282)	7,170 (228)	960 (85)	5,820 (192)	7,117 (237.1)	6,576 (241.5)	10,493 (1,336.5)	7,073 (358.7)
Less than $2,499	221,810 (25,272)	94,820 (10,131)	‡ (†)	122,890 (21,602)	4,160 (294)	2,320 (215)	‡ (†)	1,780 (185)	1,577 (129.3)	1,552 (178.6)	‡ (†)	1,601 (185.7)
$2,500 to $3,499	208,200 (24,333)	77,840 (11,714)	‡ (†)	129,590 (23,401)	2,020 (208)	1,120 (175)	‡ (†)	880 (115)	3,520 (84.3)	3,758 (170.4)	‡ (†)	3,380 (74.7)
$3,500 to $5,999	860,370 (59,588)	340,150 (27,800)	‡ (†)	489,390 (49,116)	5,030 (257)	2,640 (170)	‡ (†)	2,160 (175)	5,372 (74.8)	5,568 (110.6)	‡ (†)	5,269 (100.8)
$6,000 to $9,999	384,850 (39,687)	103,280 (15,561)	57,150 (10,809)	224,420 (33,273)	1,640 (137)	680 (94)	370 (65)	600 (72)	8,045 (155.1)	8,807 (429.9)	7,683 (187.6)	7,787 (163.8)
$10,000 or more	300,750 (34,146)	93,640 (19,216)	‡ (†)	171,400 (31,330)	1,100 (114)	420 (72)	‡ (†)	420 (81)	17,497 (759.9)	15,209 (632.4)	‡ (†)	18,008 (1,196.0)
Nonsectarian	964,830 (55,074)	295,280 (25,191)	101,370 (12,739)	568,180 (48,321)	6,860 (119)	3,240 (143)	1,010 (87)	2,620 (138)	17,316 (555.2)	15,945 (702.2)	27,302 (1,506.3)	16,247 (795.3)
Less than $2,499	43,250 (6,840)	‡ (†)	‡ (†)	‡ (†)	800 (113)	‡ (†)	‡ (†)	‡ (†)	54 (33.2)	‡ (†)	‡ (†)	‡ (†)
$2,500 to $3,499	‡ (†)	‡ (†)	‡ (†)	‡ (†)	‡ (†)	‡ (†)	‡ (†)	‡ (†)	‡ (†)	‡ (†)	‡ (†)	‡ (†)
$3,500 to $5,999	103,930 (18,494)	42,610 (7,809)	‡ (†)	‡ (†)	1,040 (143)	770 (139)	‡ (†)	‡ (†)	6,289 (352.1)	8,094 (687.4)	‡ (†)	‡ (†)
$6,000 to $9,999	162,450 (24,872)	98,070 (16,434)	‡ (†)	‡ (†)	1,650 (168)	1,250 (151)	‡ (†)	‡ (†)	10,963 (530.4)	12,111 (792.2)	‡ (†)	‡ (†)
$10,000 or more	625,570 (45,837)	148,810 (20,542)	90,480 (12,896)	386,280 (43,701)	3,150 (177)	1,070 (129)	660 (77)	1,410 (131)	22,628 (703.0)	21,232 (1,046.6)	30,265 (1,589.3)	21,377 (983.4)

†Not applicable.
‡Reporting standards not met.
[1]Only includes kindergarten students who attend schools that offer first or higher grade.
[2]Tuition weighted by the number of students enrolled in schools.
NOTE: Excludes schools not offering first or higher grade. Elementary schools have grade 6 or lower and no grade higher than 8. Secondary schools have no grade lower than 7. Combined schools have grades lower than 7 and higher than 8. Excludes prekindergarten students. Includes schools reporting tuition of 0. Detail may not sum to totals because of rounding and cell suppression. Standard errors appear in parentheses.
SOURCE: U.S. Department of Education, National Center for Education Statistics, Schools and Staffing Survey (SASS), "Private School Questionnaire," 1999–2000, 2003–04, and 2007–08. (This table was prepared in October 2009.)

Table 64. Private elementary and secondary school full-time-equivalent staff and student to full-time-equivalent staff ratios, by orientation of school, school level, and type of staff: 2007–08

Type of staff	Total								Catholic							
	Total		Elementary[1]		Secondary[2]		Combined[3]		Total		Elementary[1]		Secondary[2]		Combined[3]	
1	2		3		4		5		6		7		8		9	
Number of schools	28,220	(328)	16,370	(291)	3,040	(149)	8,810	(254)	7,400	(34)	5,950	(57)	1,080	(46)	370	(39)
Enrollment (in thousands)	5,165	(104)	2,463	(59)	851	(39)	1,852	(91)	2,224	(49)	1,458	(32)	621	(33)	146	(25)
Total staff	**778,610**	**(16,146)**	**326,320**	**(8,044)**	**126,490**	**(5,809)**	**325,810**	**(14,362)**	**250,380**	**(6,211)**	**157,980**	**(3,488)**	**70,240**	**(3,582)**	**22,150**	**(3,520)**
Principals	30,430	(463)	15,260	(316)	3,360	(168)	11,810	(398)	7,730	(101)	5,950	(75)	1,240	(63)	530	(67)
Assistant principals	13,000	(485)	4,860	(287)	2,840	(194)	5,290	(337)	3,980	(191)	1,940	(123)	1,670	(117)	360	(79)
Other managers	25,940	(947)	9,150	(443)	5,160	(357)	11,630	(775)	7,010	(387)	3,100	(196)	3,180	(242)	730	(168)
Instruction coordinators	7,770	(535)	2,620	(274)	1,570	(217)	3,590	(391)	2,060	(252)	1,020	(179)	820	(156)	220 !	(88)
Teachers	433,400	(8,589)	186,870	(4,498)	68,840	(2,748)	177,690	(8,011)	146,120	(3,316)	92,210	(2,001)	41,910	(2,054)	12,010	(1,874)
Teacher aides	52,960	(2,577)	26,740	(1,390)	1,740	(352)	24,480	(2,237)	14,730	(997)	12,820	(543)	270	(55)	1,640 !	(779)
Other aides	11,160	(1,243)	4,780	(517)	710	(206)	5,660	(1,254)	2,580	(351)	2,440	(355)	110 !	(56)	20 !	(11)
Guidance counselors	11,620	(504)	2,290	(131)	4,140	(211)	5,190	(439)	5,040	(257)	1,600	(93)	2,880	(160)	570	(119)
Librarians/media specialists	11,960	(346)	5,680	(202)	1,900	(106)	4,380	(293)	4,730	(137)	3,230	(116)	1,160	(63)	340	(58)
Library/media center aides	4,030	(254)	1,910	(161)	600	(84)	1,520	(178)	1,770	(149)	1,200	(126)	420	(67)	140	(39)
Nurses	8,160	(396)	3,350	(163)	1,580	(181)	3,240	(281)	2,970	(153)	2,180	(121)	600	(62)	190 !	(62)
Student support staff[4]	24,500	(1,227)	7,900	(569)	4,690	(523)	11,900	(1,030)	6,080	(507)	3,670	(282)	1,500	(230)	910 !	(350)
Secretaries/clerical staff	50,010	(1,437)	19,230	(684)	9,730	(532)	21,050	(1,111)	15,940	(541)	8,840	(261)	5,730	(384)	1,380	(262)
Food service personnel	27,610	(1,008)	11,900	(490)	5,420	(461)	10,290	(814)	11,220	(476)	6,920	(341)	3,300	(264)	1,000	(195)
Custodial and maintenance	45,170	(1,464)	17,590	(596)	8,340	(526)	19,250	(1,369)	14,800	(483)	9,120	(284)	4,320	(319)	1,360	(248)
Other employees[5]	20,880	(2,707)	6,180	(784)	5,870 !	(2,016)	8,840	(1,345)	3,620	(642)	1,730	(366)	1,140 !	(378)	‡	(†)
	Students per full-time-equivalent staff member															
Total staff	**7**	**(0.1)**	**8**	**(0.1)**	**7**	**(0.2)**	**6**	**(0.1)**	**9**	**(0.1)**	**9**	**(0.1)**	**9**	**(0.2)**	**7**	**(0.6)**
Principals	170	(2.9)	161	(4.2)	253	(12.5)	157	(5.7)	288	(5.9)	245	(4.9)	500	(23.5)	273	(33.8)
Assistant principals	397	(12.5)	506	(24.5)	300	(17.1)	350	(17.6)	559	(22.0)	750	(41.9)	371	(17.1)	401	(60.3)
Other managers	199	(6.0)	269	(11.1)	165	(9.1)	159	(8.2)	317	(14.7)	470	(29.0)	195	(11.2)	201	(39.1)
Instruction coordinators	664	(43.6)	942	(91.0)	544	(83.9)	515	(55.3)	1,080	(147.3)	1,431	(279.8)	759	(183.2)	‡	(†)
Teachers	12	(0.1)	13	(0.1)	12	(0.3)	10	(0.2)	15	(0.1)	16	(0.2)	15	(0.2)	12	(0.7)
Teacher aides	98	(4.9)	92	(4.5)	489	(123.0)	76	(7.2)	151	(10.0)	114	(4.6)	2,329	(617.7)	‡	(†)
Other aides	463	(53.6)	515	(57.9)	1,190 !	(407.3)	327	(87.8)	864	(141.3)	598	(103.4)	‡	(†)	‡	(†)
Guidance counselors	444	(16.5)	1,073	(55.9)	206	(6.9)	357	(24.4)	441	(17.9)	912	(49.6)	216	(5.9)	256	(34.1)
Librarians/media specialists	432	(9.7)	434	(12.8)	447	(19.7)	423	(18.3)	470	(11.5)	451	(15.7)	535	(21.4)	431	(55.7)
Library/media center aides	1,283	(77.5)	1,288	(106.6)	1,427	(202.0)	1,219	(142.7)	1,258	(107.6)	1,210	(124.6)	1,475	(256.0)	1,027 !	(371.4)
Nurses	633	(26.9)	736	(33.2)	539	(57.7)	572	(46.1)	750	(38.6)	668	(33.3)	1,041	(117.0)	775 !	(324.2)
Student support staff[4]	211	(10.2)	312	(21.7)	181	(20.4)	156	(13.9)	366	(28.0)	397	(27.3)	414	(64.1)	‡	(†)
Secretaries/clerical staff	103	(2.1)	128	(3.0)	87	(3.6)	88	(3.2)	140	(3.2)	165	(4.0)	108	(4.6)	106	(12.9)
Food service personnel	187	(6.4)	207	(8.7)	157	(13.1)	180	(11.7)	198	(7.4)	211	(9.8)	188	(14.1)	146	(22.0)
Custodial and maintenance	114	(2.8)	140	(3.4)	102	(5.3)	96	(5.2)	150	(3.5)	160	(4.3)	144	(7.0)	107	(10.3)
Other employees[5]	247	(29.7)	399	(49.5)	145 !	(55.5)	209	(32.7)	614	(120.7)	841	(193.8)	547 !	(233.0)	‡	(†)

See notes at end of table.

Table 64. Private elementary and secondary school full-time-equivalent staff and student to full-time-equivalent staff ratios, by orientation of school, school level, and type of staff: 2007–08—Continued

Type of staff	Other religious orientation								Nonsectarian							
	Total		Elementary[1]		Secondary[2]		Combined[3]		Total		Elementary[1]		Secondary[2]		Combined[3]	
1	10		11		12		13		14		15		16		17	
Number of schools	13,950	(282)	7,170	(228)	960	(85)	5,820	(192)	6,860	(119)	3,240	(143)	1,010	(87)	2,620	(138)
Enrollment (in thousands)	1,976	(81)	710	(37)	129	(15)	1,138	(75)	965	(55)	295	(25)	101	(13)	568	(48)
Total staff	**293,830**	**(10,433)**	**105,540**	**(4,977)**	**22,270**	**(2,241)**	**166,020**	**(10,154)**	**234,410**	**(10,902)**	**62,790**	**(4,761)**	**33,980**	**(4,014)**	**137,630**	**(9,797)**
Principals	14,860	(343)	6,000	(236)	1,080	(106)	7,780	(336)	7,840	(264)	3,310	(184)	1,040	(107)	3,500	(234)
Assistant principals	4,860	(300)	1,650	(150)	560	(88)	2,650	(238)	4,160	(272)	1,270	(168)	610	(116)	2,280	(194)
Other managers	8,940	(479)	3,040	(256)	860	(145)	5,050	(393)	9,990	(661)	3,010	(314)	1,120	(175)	5,850	(628)
Instruction coordinators	2,520	(237)	640	(100)	260 !	(113)	1,610	(194)	3,190	(421)	950	(185)	490	(109)	1,760	(355)
Teachers	172,830	(6,093)	61,040	(2,838)	12,730	(1,389)	99,070	(5,822)	114,440	(5,551)	33,630	(2,610)	14,200	(1,498)	66,610	(5,111)
Teacher aides	15,280	(902)	7,260	(671)	240 !	(79)	7,780	(778)	22,950	(2,039)	6,650	(959)	1,230	(327)	15,060	(1,839)
Other aides	3,050	(387)	1,530	(306)	‡	(†)	1,480	(222)	5,540	(1,295)	820 !	(250)	560 !	(206)	4,160 !	(1,261)
Guidance counselors	3,380	(267)	420	(73)	600	(81)	2,360	(227)	3,200	(369)	280	(61)	670	(86)	2,260	(364)
Librarians/media specialists	4,280	(235)	1,530	(125)	360	(66)	2,380	(217)	2,950	(200)	910	(115)	380	(63)	1,660	(167)
Library/media center aides	1,550	(183)	570	(91)	70 !	(22)	910	(156)	710	(108)	140 !	(41)	100 !	(48)	470	(85)
Nurses	2,230	(177)	780	(84)	230	(58)	1,220	(143)	2,970	(289)	380	(71)	760	(142)	1,830	(236)
Student support staff[4]	5,750	(633)	1,910	(245)	470 !	(146)	3,360	(602)	12,670	(999)	2,320	(437)	2,720	(472)	7,630	(871)
Secretaries/clerical staff	19,530	(802)	6,870	(435)	1,760	(231)	10,910	(692)	14,530	(992)	3,520	(385)	2,250	(296)	8,760	(887)
Food service personnel	10,510	(727)	3,720	(298)	910	(171)	5,880	(653)	5,880	(606)	1,270	(209)	1,210	(321)	3,400	(483)
Custodial and maintenance	17,270	(1,073)	5,770	(355)	1,470	(225)	10,020	(1,002)	13,110	(1,009)	2,700	(337)	2,550	(429)	7,860	(919)
Other employees[5]	6,980	(950)	2,800	(601)	‡	(†)	3,540	(748)	10,280	(2,232)	1,640	(356)	4,090 !	(1,918)	4,550	(1,049)
	Students per full-time-equivalent staff member															
Total staff	**7**	**(0.1)**	**7**	**(0.2)**	**6**	**(0.4)**	**7**	**(0.2)**	**4**	**(0.1)**	**5**	**(0.2)**	**3**	**(0.3)**	**4**	**(0.2)**
Principals	133	(4.7)	118	(6.9)	119	(13.8)	146	(6.9)	123	(5.8)	89	(6.3)	98	(11.1)	162	(10.6)
Assistant principals	407	(22.3)	430	(28.8)	230	(47.6)	430	(30.3)	232	(15.6)	233	(28.9)	167	(30.1)	249	(21.1)
Other managers	221	(10.4)	234	(16.5)	150	(23.6)	225	(14.1)	97	(5.2)	98	(8.0)	90	(12.5)	97	(7.6)
Instruction coordinators	784	(72.1)	1,102	(175.4)	‡	(†)	705	(90.8)	302	(33.7)	310	(50.1)	209	(53.1)	324	(60.6)
Teachers	11	(0.2)	12	(0.3)	10	(0.7)	11	(0.2)	8	(0.2)	9	(0.3)	7	(0.5)	9	(0.2)
Teacher aides	129	(7.5)	98	(7.4)	‡	(†)	146	(12.8)	42	(4.4)	44	(6.5)	82 !	(29.7)	38	(5.7)
Other aides	648	(83.3)	464	(103.6)	‡	(†)	767	(123.2)	174	(49.2)	361 !	(139.0)	‡	(†)	137 !	(60.7)
Guidance counselors	585	(39.0)	1,689	(247.6)	216	(18.5)	481	(38.8)	301	(28.0)	1,072	(297.2)	152	(20.3)	252	(30.2)
Librarians/media specialists	462	(18.7)	463	(25.3)	354	(50.3)	478	(30.0)	327	(15.3)	324	(36.0)	267	(29.4)	342	(17.1)
Library/media center aides	1,274	(145.0)	1,243	(207.8)	1,820 !	(798.8)	1,251	(234.4)	1,363	(220.2)	2,172 !	(876.5)	‡	(†)	1,216	(231.0)
Nurses	887	(64.5)	906	(90.6)	567 !	(174.4)	933	(104.7)	325	(30.3)	775	(151.0)	134	(30.3)	310	(36.4)
Student support staff[4]	344	(39.1)	371	(48.7)	271 !	(111.5)	338	(61.8)	76	(6.8)	127	(27.7)	37	(7.8)	74	(10.1)
Secretaries/clerical staff	101	(3.0)	103	(4.3)	73	(6.9)	104	(4.2)	66	(3.6)	84	(5.4)	45	(5.3)	65	(4.7)
Food service personnel	188	(12.0)	191	(15.9)	142	(32.0)	193	(17.8)	164	(15.1)	233	(34.9)	84 !	(32.3)	167	(19.8)
Custodial and maintenance	114	(5.8)	123	(6.7)	87	(9.1)	113	(9.2)	74	(4.3)	109	(10.7)	40	(5.3)	72	(5.6)
Other employees[5]	283	(39.1)	254	(55.1)	‡	(†)	321	(84.4)	94	(20.6)	180	(44.9)	‡	(†)	125	(30.8)

†Not applicable.
!Interpret data with caution.
‡Reporting standards not met.
[1]Includes schools beginning with grade 6 or below and with no grade higher than 8.
[2]Schools with no grade lower than 7.
[3]Schools with grades lower than 7 and higher than 8.
[4]Includes student support services professional staff, such as school psychologists, social workers, and speech therapists or pathologists.
[5]Includes other employees not identified by function.
NOTE: Data are based on a sample survey and may not be strictly comparable with data reported elsewhere. Excludes all prekindergarten students from calculations, but includes kindergarten students attending schools that offer first or higher grade. Includes only schools that offer first or higher grade. Standard errors appear in parentheses. Detail may not sum to totals because of rounding.
SOURCE: U.S. Department of Education, National Center for Education Statistics, Schools and Staffing Survey (SASS), "Private School Questionnaire," 2007–08. (This table was prepared October 2009.)

Table 65. Enrollment and instructional staff in Catholic elementary and secondary schools, by level: Selected years, 1919–20 through 2009–10

School year	Number of schools			Enrollment[1]				Instructional staff[2]		
	Total	Elementary[3]	Secondary	Total	Pre-kindergarten	Elementary	Secondary	Total	Elementary[3]	Secondary
1	2	3	4	5	6	7	8	9	10	11
1919–20	8,103	6,551	1,552	1,925,521	(4)	1,795,673	129,848	49,516	41,592	7,924
1929–30	10,046	7,923	2,123	2,464,467	(4)	2,222,598	241,869	72,552	58,245	14,307
1939–40	10,049	7,944	2,105	2,396,305	(4)	2,035,182	361,123	81,057	60,081	20,976
1949–50	10,778	8,589	2,189	3,066,387	(4)	2,560,815	505,572	94,295	66,525	27,770
Fall 1960	12,893	10,501	2,392	5,253,791	(4)	4,373,422	880,369	151,902	108,169	43,733
1969–70	11,352	9,366	1,986	4,367,000	(4)	3,359,000	1,008,000	195,400 [5]	133,200 [5]	62,200 [5]
1970–71	11,350	9,370	1,980	4,363,566	(4)	3,355,478	1,008,088	166,208	112,750	53,458
1974–75	10,127	8,437	1,690	3,504,000	(4)	2,602,000	902,000	150,179	100,011	50,168
1975–76	9,993	8,340	1,653	3,415,000	(4)	2,525,000	890,000	149,276	99,319	49,957
1979–80	9,640	8,100	1,540	3,139,000	(4)	2,293,000	846,000	147,294	97,724	49,570
1980–81	9,559	8,043	1,516	3,106,000	(4)	2,269,000	837,000	145,777	96,739	49,038
1981–82	9,494	7,996	1,498	3,094,000	(4)	2,266,000	828,000	146,172	96,847	49,325
1982–83	9,432	7,950	1,482	3,007,189	(4)	2,211,412	795,777	146,460	97,337	49,123
1983–84	9,401	7,937	1,464	2,969,000	(4)	2,179,000	790,000	146,913	98,591	48,322
1984–85	9,325	7,876	1,449	2,903,000	(4)	2,119,000	784,000	149,888	99,820	50,068
1985–86	9,220	7,790	1,430	2,821,000	(4)	2,061,000	760,000	146,594	96,741	49,853
1986–87	9,102	7,693	1,409	2,726,000	(4)	1,998,000	728,000	141,930	93,554	48,376
1987–88	8,992	7,601	1,391	2,690,668	67,637	1,942,148	680,883	139,887	93,199	46,688
1988–89	8,867	7,505	1,362	2,627,745	76,626	1,911,911	639,208	137,700	93,154	44,546
1989–90	8,719	7,395	1,324	2,588,893	90,023	1,892,913	605,957	136,900	94,197	42,703
1990–91	8,587	7,291	1,296	2,575,815	100,376	1,883,906	591,533	131,198	91,039	40,159
1991–92	8,508	7,239	1,269	2,550,863	107,939	1,856,302	586,622	153,334	109,084	44,250
1992–93	8,423	7,174	1,249	2,567,630	122,788	1,860,937	583,905	154,816	109,825	44,991
1993–94	8,345	7,114	1,231	2,576,845	132,236	1,859,947	584,662	157,201	112,199	45,002
1994–95	8,293	7,055	1,238	2,618,567	143,360	1,877,782	597,425	164,219	117,620	46,599
1995–96	8,250	7,022	1,228	2,635,210	144,099	1,884,461	606,650	166,759	118,753	48,006
1996–97	8,231	7,005	1,226	2,645,462	148,264	1,885,037	612,161	153,276	107,548	45,728
1997–98	8,223	7,004	1,219	2,648,859	150,965	1,879,737	618,157	152,259	105,717	46,542
1998–99	8,217	6,990	1,227	2,648,844	152,356	1,876,211	620,277	153,081	105,943	47,138
1999–2000	8,144	6,923	1,221	2,653,038	152,622	1,877,236	623,180	157,134	109,404	47,730
2000–01	8,146	6,920	1,226	2,647,301	155,742	1,863,682	627,877	160,731	111,937	48,794
2001–02	8,114	6,886	1,228	2,616,330	159,869	1,827,319	629,142	155,658	108,485	47,173
2002–03	8,000	6,785	1,215	2,553,277	157,250	1,765,893	630,134	163,004	112,884	50,120
2003–04	7,955	6,727	1,228	2,484,252	150,422	1,708,501	625,329	162,337	112,303	50,034
2004–05	7,799	6,574	1,225	2,420,590	150,905	1,642,868	626,817	160,153	107,764	52,389
2005–06	7,589	6,386	1,203	2,325,220	146,327	1,568,687	610,206	152,502 [6]	103,481 [6]	49,021 [6]
2006–07	7,498	6,288	1,210	2,320,651	152,429	1,544,695	623,527	159,135	107,682	51,453
2007–08	7,378	6,165	1,213	2,270,913	152,980	1,494,979	622,954	160,075	107,217	52,858
2008–09	7,248	6,028	1,220	2,192,531	153,325	1,434,949	604,257	157,615	105,518	52,097
2009–10	7,094	5,889	1,205	2,119,341	150,262	1,375,982	593,097	154,316	103,460	50,856

[1]Elementary enrollment is for kindergarten through grade 8, and secondary enrollment is for grades 9 through 12.
[2]From 1919–20 through fall 1960, includes part-time teachers. From 1969–70 through 1993–94, excludes part-time teachers. Beginning in 1994–95, reported in full-time equivalents (FTE). Prekindergarten teachers not counted separately, but may be included with elementary teachers.
[3]Includes middle schools.
[4]Prekindergarten enrollment was not reported separately, but may be included in elementary enrollment.
[5]Includes estimates for the nonreporting schools.
[6]Excludes the Archdiocese of New Orleans.

NOTE: Data collected by the National Catholic Educational Association and data collected by the National Center for Education Statistics are not directly comparable because survey procedures and definitions differ. Some data have been revised from previously published figures.
SOURCE: National Catholic Educational Association, *A Statistical Report on Catholic Elementary and Secondary Schools for the Years 1967–68 to 1969–70; A Report on Catholic Schools*, 1970–71 through 1973–74; *A Statistical Report on U.S. Catholic Schools*, 1974–75 through 1980–81; and *United States Catholic Elementary and Secondary Schools*, 1981–82 through 2009–10, retrieved April 6, 2010, from http://www.ncea.org/news/AnnualDataReport.asp. (This table was prepared April 2010.)

Table 66. Private elementary and secondary schools, enrollment, teachers, and high school graduates, by state: Selected years, 1997 through 2007

State	Schools, fall 2007		Enrollment in prekindergarten through grade 12												Teachers,[1] fall 2007		High school graduates, 2006–07	
			Fall 1997		Fall 1999		Fall 2001		Fall 2003		Fall 2005		Fall 2007					
1	2		3		4		5		6		7		8		9		10	
United States	**33,740**	**(370)**	**5,944,320**	**(18,543)**	**6,018,280**	**(30,179)**	**6,319,650**	**(40,272)**	**6,099,220**	**(41,219)**	**6,073,240**	**(42,446)**	**5,910,210**	**(28,363)**	**456,270**	**(2,897)**	**306,610**	**(2,488)**
Alabama	420	(17)	82,060	(†)	81,040	(†)	92,380	(3,926)	99,580	(12,130)	92,280	(5,892)	83,840	(103)	6,400	(17)	4,580	(†)
Alaska	60	(†)	7,230	(†)	6,980	(†)	7,420	(†)	7,370	(424)	7,500	(1,028)	4,990	(†)	460	(†)	200	(†)
Arizona	360	(†)	59,730	(261)	58,740	(2,591)	78,660	(18,218)	75,360	(16,426)	66,840	(†)	64,910	(†)	4,220	(†)	2,590	(†)
Arkansas	300 !	(136)	30,410	(†)	29,400	(†)	32,570	(†)	31,300	(†)	35,390	(5,858)	40,120 !	(11,961)	3,150 !	(948)	1,380	(†)
California	4,010	(44)	721,210	(2,146)	724,010	(1,403)	757,750	(8,415)	740,460	(8,703)	737,490	(15,529)	703,810	(6,129)	50,150	(495)	34,880	(465)
Colorado	420	(†)	65,410	(†)	65,690	(†)	64,700	(†)	62,080	(476)	70,770	(1,160)	64,740	(†)	4,830	(†)	2,520	(†)
Connecticut	420	(17)	76,740	(785)	80,060	(391)	82,320	(†)	102,960	(25,024)	76,220	(1,619)	85,150	(9,241)	8,240	(705)	7,990	(1,925)
Delaware	210 !	(68)	36,730	(7,525)	26,940	(†)	31,690	(1,023)	33,020	(2,649)	29,830	(†)	32,520	(2,701)	2,440	(124)	1,800	(†)
District of Columbia	90	(†)	17,480	(†)	17,000	(†)	33,660	(14,373)	23,510	(6,121)	19,880	(†)	19,640	(†)	2,190	(†)	1,660	(†)
Florida	1,940	(82)	329,770	(2,120)	349,180	(4,957)	365,890	(8,301)	398,720	(14,590)	396,790	(7,429)	391,660	(6,123)	29,790	(653)	18,580	(291)
Georgia	910	(169)	126,520	(5,983)	137,420	(9,460)	137,060	(4,550)	144,850	(6,527)	152,600	(10,394)	157,430	(9,185)	14,010	(902)	7,570	(106)
Hawaii	140	(4)	35,530	(†)	35,550	(746)	42,980	(220)	39,940	(†)	32,810	(†)	37,300	(290)	2,880	(24)	2,390	(†)
Idaho	190 !	(71)	11,140	(†)	12,720	(†)	12,050	(†)	12,570	(†)	15,320	(2,518)	24,700 !	(11,608)	1,680 !	(758)	910 !	(405)
Illinois	1,920	(194)	345,250	(720)	347,750	(700)	357,390	(19,293)	316,430	(1,698)	317,940	(4,263)	312,270	(6,638)	20,750	(535)	15,110	(113)
Indiana	810	(27)	122,430	(1,222)	121,960	(†)	129,240	(326)	124,500	(455)	139,370	(17,870)	119,910	(2,284)	8,100	(231)	4,790	(101)
Iowa	240	(†)	64,320	(9,269)	54,640	(844)	51,540	(†)	53,850	(4,634)	60,960	(8,311)	47,820	(†)	3,410	(†)	2,260	(†)
Kansas	250	(32)	45,430	(1,964)	56,840	(12,716)	51,540	(8,341)	47,710	(2,151)	47,130	(1,654)	47,780	(2,414)	3,500	(178)	2,380	(†)
Kentucky	400	(57)	81,770	(1,078)	89,300	(6,657)	85,230	(3,227)	82,100	(1,525)	78,880	(1,228)	76,140	(2,074)	5,640	(174)	4,030	(†)
Louisiana	390	(†)	153,710	(1,198)	148,020	(†)	159,910	(11,381)	155,780	(3,515)	138,270	(525)	137,460	(†)	9,080	(†)	7,530	(†)
Maine	200	(24)	18,260	(†)	19,820	(261)	20,820	(174)	24,740	(3,629)	20,680	(337)	21,260	(143)	2,140	(24)	2,620	(†)
Maryland	820	(20)	154,920	(1,725)	166,570	(1,030)	175,740	(†)	172,360	(†)	170,350	(4,201)	165,760	(1,160)	14,290	(101)	9,450	(†)
Massachusetts	950	(57)	151,300	(†)	154,060	(147)	177,490	(9,836)	164,390	(6,636)	157,770	(3,273)	151,640	(2,516)	15,040	(295)	10,430	(85)
Michigan	910	(11)	211,950	(3,152)	208,470	(4,965)	198,380	(†)	180,080	(†)	166,950	(407)	159,100	(2,047)	10,870	(134)	8,520	(†)
Minnesota	580	(16)	97,470	(†)	101,360	(†)	112,310	(2,993)	106,010	(3,011)	104,730	(3,467)	101,740	(3,903)	7,180	(218)	4,930	(442)
Mississippi	220	(†)	57,150	(416)	67,200	(14,096)	67,380	(10,106)	57,110	(2,981)	57,930	(4,104)	55,270	(†)	4,150	(†)	3,350	(†)
Missouri	690	(73)	138,460	(6,478)	131,750	(†)	138,140	(4,321)	141,530	(9,966)	137,810	(10,580)	125,610	(3,685)	9,720	(390)	7,330	(87)
Montana	140 !	(40)	9,050	(†)	10,170	(487)	12,930	(1,895)	12,510	(2,091)	35,980 !	(22,655)	15,030 !	(5,465)	1,200 !	(364)	1,700 !	(1,214)
Nebraska	220	(†)	43,210	(†)	44,560	(†)	45,590	(618)	41,650	(†)	42,420	(†)	40,320	(†)	2,820	(†)	2,160	(†)
Nevada	160	(10)	15,360	(†)	17,350	(†)	20,370	(385)	23,930	(†)	29,120	(†)	29,820	(2,009)	1,550	(123)	700	(†)
New Hampshire	310	(†)	31,670	(1,565)	36,480	(†)	38,650	(†)	33,780	(†)	33,220	(†)	30,920	(†)	2,970	(†)	2,290	(†)
New Jersey	1,440	(86)	248,110	(8,025)	237,540	(2,316)	282,450	(4,182)	269,530	(7,577)	256,160	(8,439)	253,250	(5,016)	19,510	(301)	13,340	(†)
New Mexico	210	(31)	23,580	(84)	28,570	(220)	26,510	(†)	29,310	(3,928)	25,030	(141)	27,290	(1,388)	2,170	(123)	1,500	(65)
New York	2,130	(65)	531,510	(2,416)	542,520	(4,368)	559,670	(1,669)	515,620	(4,071)	510,750	(3,596)	518,850	(7,196)	42,840	(953)	29,890	(117)
North Carolina	660	(33)	105,450	(8,920)	104,370	(1,403)	116,500	(4,112)	126,230	(11,439)	117,280	(11,681)	121,660	(2,226)	10,850	(430)	5,590	(†)
North Dakota	50	(†)	7,970	(†)	7,730	(†)	7,180	(†)	6,840	(†)	7,290	(†)	7,430	(†)	560	(†)	‡	(†)
Ohio	1,190	(136)	285,150	(3,088)	280,930	(1,730)	290,370	(7,180)	270,660	(7,094)	254,530	(9,821)	239,520	(2,741)	16,370	(442)	13,060	(61)
Oklahoma	300 !	(90)	39,580	(7,068)	45,660	(7,770)	46,570	(8,723)	34,300	(2,013)	35,350	(1,194)	40,320	(5,032)	3,900	(880)	2,030	(293)
Oregon	560	(69)	58,290	(4,441)	61,000	(5,195)	71,500	(15,519)	54,320	(†)	69,620	(14,139)	66,260	(5,188)	4,740	(480)	2,810	(†)
Pennsylvania	2,500	(117)	395,940	(5,960)	392,060	(6,679)	374,490	(†)	357,580	(3,364)	332,740	(3,918)	324,020	(6,253)	24,640	(729)	17,480	(321)
Rhode Island	230	(50)	30,310	(†)	29,570	(†)	30,970	(†)	31,960	(†)	30,600	(†)	28,260	(1,096)	2,530	(57)	1,580	(†)
South Carolina	410	(20)	82,390	(7,965)	86,810	(18,537)	70,950	(†)	73,800	(†)	70,240	(1,797)	71,430	(1,043)	5,550	(20)	3,210	(†)
South Dakota	80	(†)	10,350	(†)	10,120	(†)	11,740	(†)	11,980	(†)	12,700	(†)	12,280	(†)	930	(†)	560	(†)
Tennessee	560	(32)	91,880	(†)	104,150	(5,281)	98,790	(†)	93,390	(†)	105,240	(2,531)	117,540	(12,851)	10,110	(1,518)	5,890	(†)
Texas	1,650	(115)	283,120	(7,997)	277,770	(2,338)	314,210	(12,244)	271,380	(2,758)	304,170	(20,453)	296,540	(4,132)	23,620	(367)	11,920	(†)
Utah	150	(†)	18,250	(†)	15,900	(†)	20,040	(†)	19,990	(†)	21,220	(†)	20,860	(†)	1,720	(†)	1,350	(†)
Vermont	150	(23)	12,230	(398)	15,010	(1,829)	14,090	(†)	12,730	(†)	11,530	(†)	12,600	(232)	1,550	(23)	1,760	(325)
Virginia	870	(104)	115,560	(443)	116,110	(215)	129,470	(†)	131,160	(6,936)	155,220	(14,290)	143,140	(7,988)	12,920	(874)	6,910	(270)
Washington	730	(93)	88,160	(1,870)	88,080	(1,493)	91,150	(2,028)	101,130	(7,935)	119,640	(13,187)	104,070	(3,054)	7,460	(225)	4,570	(9)
West Virginia	140	(†)	15,260	(†)	16,370	(†)	16,560	(†)	15,300	(†)	16,120	(†)	14,980	(†)	1,260	(†)	600	(†)
Wisconsin	990	(48)	156,330	(†)	154,340	(1,581)	162,220	(9,080)	159,240	(11,743)	142,280	(137)	138,290	(1,597)	9,910	(100)	5,430	(†)
Wyoming	40	(†)	3,200	(†)	2,640	(†)	2,430	(†)	2,600	(†)	2,310	(†)	2,930	(†)	260	(†)	‡	(†)

†Not applicable.
!Interpret data with caution.
‡Reporting standards not met.
[1]Reported in full-time equivalents (FTE). Excludes teachers who teach only prekindergarten students.
NOTE: Includes special education, vocational/technical education, and alternative schools. Tabulation includes schools that offer kindergarten or higher grade. Includes enrollment of students in prekindergarten though grade 12 in schools that offer kindergarten or higher grade. Some data have been revised from previously published figures. Detail may not sum to totals because of rounding. Standard errors appear in parentheses.
SOURCE: U.S. Department of Education, National Center for Education Statistics, Private School Universe Survey (PSS), various years, 1997–98 through 2007–08. (This table was prepared June 2009.)

Table 67. Public elementary and secondary pupil/teacher ratios, by school size, type, percentage of students eligible for free or reduced-price lunch, locale, and level of school: Fall 1988 through fall 2008

Selected school characteristic	1988	1989	1990	1991	1992	1993	1994	1995	1996	1997	1998	1999	2000	2001	2002	2003	2004	2005	2006	2007	2008
1	2	3	4	5	6	7	8	9	10	11	12	13	14	15	16	17	18	19	20	21	22
All schools	**17.9**	**17.9**	**17.4**	**17.6**	**17.7**	**17.8**	**17.7**	**17.8**	**17.6**	**17.2**	**16.9**	**16.6**	**16.4**	**16.3**	**16.2**	**16.4**	**16.2**	**16.0**	**15.8**	**15.7**	**15.7**
Enrollment size of school																					
Under 300	14.8	14.6	14.0	14.1	14.1	14.3	14.1	14.1	14.0	13.7	13.6	13.3	13.1	12.9	12.8	13.0	12.8	12.7	12.7	12.7	12.5
300 to 499	17.7	17.6	17.0	17.1	17.0	17.3	17.2	17.1	16.9	16.5	16.2	15.8	15.5	15.4	15.3	15.5	15.2	15.0	14.9	15.0	14.8
500 to 999	18.4	18.5	18.0	18.1	18.1	18.2	18.1	18.2	17.9	17.5	17.1	16.8	16.7	16.5	16.5	16.6	16.4	16.2	15.9	15.9	15.9
1,000 to 1,499	18.3	18.5	17.9	18.2	18.6	18.5	18.6	18.7	18.5	18.1	17.7	17.6	17.4	17.4	17.4	17.6	17.3	16.9	16.7	16.5	16.5
1,500 or more	20.1	19.4	19.2	19.6	20.0	19.7	19.9	20.0	20.0	19.7	19.3	19.3	19.1	19.0	18.9	19.2	19.1	18.8	18.6	18.1	18.3
Type																					
Regular schools	18.0	18.1	17.6	17.7	17.8	17.9	17.8	17.9	17.7	17.3	17.0	16.7	16.5	16.4	16.3	16.5	16.3	16.1	15.9	15.8	15.8
Alternative	14.8	16.0	14.2	15.8	16.5	17.4	18.0	16.6	16.6	16.5	16.4	15.8	15.2	14.9	14.9	15.0	14.4	14.0	14.7	13.5	14.2
Special education	6.9	6.2	6.5	6.8	7.0	7.4	6.9	7.2	7.4	7.6	7.3	7.2	7.0	6.4	7.0	7.3	7.4	6.2	6.6	7.1	6.8
Vocational	—	13.0	13.0	12.3	13.0	13.1	12.9	12.7	12.9	12.9	13.1	13.0	12.7	12.7	9.9	10.3	11.5	12.0	13.3	11.3	10.7
Percent of students eligible for free or reduced-price lunch																					
25 percent or less	—	—	—	—	—	—	—	—	—	—	—	—	—	—	—	—	16.8	16.4	16.4	16.3	16.1
26 percent to 50 percent	—	—	—	—	—	—	—	—	—	—	—	—	—	—	—	—	16.2	16.1	15.8	15.7	15.7
51 percent to 75 percent	—	—	—	—	—	—	—	—	—	—	—	—	—	—	—	—	15.9	15.6	15.3	15.2	15.4
More than 75 percent	—	—	—	—	—	—	—	—	—	—	—	—	—	—	—	—	15.9	15.5	15.4	15.0	15.1
Type of locale																					
City, large[1]	—	—	—	—	—	—	—	—	—	—	—	—	—	—	—	—	—	17.1	16.6	16.0	16.2
City, midsize[2]	—	—	—	—	—	—	—	—	—	—	—	—	—	—	—	—	—	16.2	16.2	15.9	15.9
City, small[3]	—	—	—	—	—	—	—	—	—	—	—	—	—	—	—	—	—	16.2	16.0	15.7	15.8
Suburban, large[4]	—	—	—	—	—	—	—	—	—	—	—	—	—	—	—	—	—	16.3	16.2	16.2	15.9
Suburban, midsize[5]	—	—	—	—	—	—	—	—	—	—	—	—	—	—	—	—	—	16.5	16.3	16.0	16.0
Suburban, small[6]	—	—	—	—	—	—	—	—	—	—	—	—	—	—	—	—	—	16.5	16.3	16.3	16.4
Town, fringe[7]	—	—	—	—	—	—	—	—	—	—	—	—	—	—	—	—	—	16.2	16.0	15.9	15.9
Town, distant[8]	—	—	—	—	—	—	—	—	—	—	—	—	—	—	—	—	—	15.4	15.0	15.2	15.2
Town, remote[9]	—	—	—	—	—	—	—	—	—	—	—	—	—	—	—	—	—	15.2	15.1	15.0	15.0
Rural, fringe[10]	—	—	—	—	—	—	—	—	—	—	—	—	—	—	—	—	—	16.1	15.8	16.0	15.9
Rural, distant[11]	—	—	—	—	—	—	—	—	—	—	—	—	—	—	—	—	—	14.7	14.3	14.5	14.4
Rural, remote[12]	—	—	—	—	—	—	—	—	—	—	—	—	—	—	—	—	—	12.8	12.6	12.5	12.4
Level and size																					
Elementary schools	18.6	18.6	18.1	18.2	18.1	18.2	18.0	18.1	17.8	17.4	17.0	16.7	16.5	16.3	16.2	16.3	16.0	15.8	15.6	15.6	15.5
Regular	18.7	18.7	18.2	18.2	18.1	18.3	18.0	18.1	17.9	17.4	17.0	16.7	16.5	16.3	16.2	16.3	16.0	15.8	15.6	15.6	15.5
Under 300	16.7	16.6	16.0	16.1	15.9	16.0	15.7	15.7	15.6	15.3	15.1	14.6	14.4	14.1	13.9	14.0	13.7	13.6	13.5	13.7	13.5
300 to 499	18.3	18.3	17.6	17.6	17.5	17.7	17.5	17.5	17.2	16.8	16.4	16.1	15.8	15.6	15.5	15.6	15.3	15.2	15.1	15.2	15.0
500 to 999	19.4	19.4	18.8	18.8	18.7	18.8	18.5	18.6	18.3	17.8	17.4	17.1	16.9	16.8	16.7	16.8	16.5	16.3	16.0	16.0	16.0
1,000 to 1,499	20.0	20.1	19.5	19.6	19.7	19.7	19.6	19.7	19.4	18.8	18.4	18.3	18.1	18.0	18.0	18.1	17.7	17.2	17.0	16.7	16.8
1,500 or more	18.9	19.5	19.9	20.9	20.3	21.2	20.4	20.9	21.2	20.7	19.9	20.0	20.5	20.2	20.3	20.8	20.5	19.6	19.4	18.0	18.1
Secondary schools	17.2	17.2	16.6	16.9	17.3	17.3	17.5	17.6	17.5	17.3	17.0	16.8	16.6	16.6	16.7	16.9	16.8	16.6	16.4	16.3	16.2
Regular	17.1	17.3	16.7	17.0	17.4	17.4	17.6	17.7	17.6	17.4	17.1	16.9	16.7	16.7	16.8	17.0	16.9	16.8	16.6	16.4	16.3
Under 300	12.7	12.4	12.3	12.3	12.3	12.6	12.7	12.8	12.7	12.5	12.5	12.0	12.0	11.9	12.0	12.3	12.0	12.2	12.0	12.1	11.9
300 to 499	15.4	15.5	14.9	15.1	15.3	15.5	15.7	15.7	15.5	15.3	15.1	14.6	14.5	14.4	14.4	14.7	14.7	14.6	14.4	14.4	14.3
500 to 999	16.6	16.8	16.1	16.4	16.7	16.7	16.8	16.9	16.7	16.4	16.2	16.0	15.8	15.7	15.8	16.0	15.9	15.8	15.6	15.4	15.4
1,000 to 1,499	17.7	17.9	17.2	17.5	17.9	17.8	17.9	18.0	17.9	17.5	17.2	17.1	16.8	16.8	16.9	17.2	17.0	16.8	16.5	16.5	16.3
1,500 or more	19.5	19.5	19.3	19.6	20.0	19.6	19.9	20.0	20.0	19.7	19.3	19.2	18.9	18.8	18.8	19.0	19.0	18.8	18.5	18.2	18.2
Combined schools	15.9	15.5	14.5	15.0	14.8	15.3	15.1	15.0	14.7	14.4	13.4	13.4	13.7	13.4	13.5	13.8	13.9	14.1	14.7	13.4	13.9
Under 300	9.8	9.5	8.9	9.3	9.3	9.6	9.3	9.0	8.7	8.6	8.9	9.1	9.2	9.1	9.1	9.5	9.2	9.5	10.1	9.2	8.9
300 to 499	15.3	14.4	14.2	14.3	14.4	14.8	14.4	14.7	14.3	14.0	13.6	13.8	13.5	13.1	13.1	14.4	13.4	13.9	14.3	13.7	13.9
500 to 999	17.1	17.6	16.3	16.7	15.6	16.5	16.6	16.6	16.6	16.2	15.5	14.9	15.8	15.6	16.0	15.4	15.8	15.9	16.0	15.2	15.6
1,000 to 1,499	18.5	19.0	17.8	17.9	18.6	18.6	18.3	18.2	18.4	18.0	16.9	16.9	17.5	18.1	17.7	17.5	17.4	16.4	17.3	15.9	16.7
1,500 or more	18.8	18.8	17.7	18.6	18.9	18.8	19.5	19.6	19.3	19.3	18.7	19.2	18.6	18.9	19.1	19.2	18.7	20.0	20.3	18.0	21.7
Ungraded	6.8	5.9	6.4	6.5	6.9	7.1	6.7	6.9	5.9	6.2	5.9	5.3	7.0	6.3	6.8	9.6	8.0	7.7	7.2	7.3	5.5

See notes at end of table.

Table 67. Public elementary and secondary pupil/teacher ratios, by school size, type, percentage of students eligible for free or reduced-price lunch, locale, and level of school: Fall 1988 through fall 2008—Continued

Selected school characteristic	1988	1989	1990	1991	1992	1993	1994	1995	1996	1997	1998	1999	2000	2001	2002	2003	2004	2005	2006	2007	2008
1	2	3	4	5	6	7	8	9	10	11	12	13	14	15	16	17	18	19	20	21	22
Level, type, and percent of students eligible for free or reduced-price lunch																					
Elementary, regular																					
25 percent or less	—	—	—	—	—	—	—	—	—	—	—	—	—	—	—	—	16.6	16.4	16.2	16.2	16.0
26 to 50 percent	—	—	—	—	—	—	—	—	—	—	—	—	—	—	—	—	16.0	15.8	15.5	15.6	15.6
51 to 75 percent	—	—	—	—	—	—	—	—	—	—	—	—	—	—	—	—	15.7	15.5	15.1	15.2	15.2
More than 75 percent	—	—	—	—	—	—	—	—	—	—	—	—	—	—	—	—	16.0	15.6	15.4	15.1	15.2
Secondary, regular																					
25 percent or less	—	—	—	—	—	—	—	—	—	—	—	—	—	—	—	—	17.5	17.0	16.9	16.8	16.6
26 to 50 percent	—	—	—	—	—	—	—	—	—	—	—	—	—	—	—	—	16.9	16.8	16.4	16.4	16.2
51 to 75 percent	—	—	—	—	—	—	—	—	—	—	—	—	—	—	—	—	16.9	16.7	16.3	16.1	16.4
More than 75 percent	—	—	—	—	—	—	—	—	—	—	—	—	—	—	—	—	16.2	16.7	16.2	15.7	15.9

—Not available.
[1]Located inside an urbanized area and inside a principal city with a population of at least 250,000.
[2]Located inside an urbanized area and inside a principal city with a population of at least 100,000, but less than 250,000.
[3]Located inside an urbanized area and inside a principal city with a population less than 100,000.
[4]Located inside an urbanized area and outside a principal city with a population of 250,000 or more.
[5]Located inside an urbanized area and outside a principal city with a population of at least 100,000, but less than 250,000.
[6]Located inside an urbanized area and outside a principal city with a population less than 100,000.
[7]Located inside an urban cluster that is 10 miles or less from an urbanized area.
[8]Located inside an urban cluster that is more than 10 but less than or equal to 35 miles from an urbanized area.
[9]Located inside an urban cluster that is more than 35 miles from an urbanized area.
[10]Located outside any urbanized area or urban cluster, but 5 miles or less from an urbanized area or 2.5 miles or less from an urban cluster.
[11]Located outside any urbanized area or urban cluster and more than 5 miles but less than or equal to 25 miles from an urbanized area, or more than 2.5 miles but less than or equal to 10 miles from an urban cluster.
[12]Located outside any urbanized area or urban cluster, more than 25 miles from an urbanized area, and more than 10 miles from an urban cluster.
NOTE: Pupil/teacher ratios are based on data reported by types of schools rather than by instructional programs within schools. Only includes schools that reported both enrollment and teacher data. Ratios are based on data reported by schools and may differ from data reported in other tables that reflect aggregate totals reported by states.
SOURCE: U.S. Department of Education, National Center for Education Statistics, Common Core of Data (CCD), "Public Elementary/Secondary School Universe Survey," 1988–89 through 2008–09. (This table was prepared November 2010.)

Table 68. Public and private elementary and secondary teachers, enrollment, and pupil/teacher ratios: Selected years, fall 1955 through fall 2019

Year	Teachers (in thousands)			Enrollment (in thousands)			Pupil/teacher ratio		
	Total	Public	Private	Total	Public	Private	Total	Public	Private
1	2	3	4	5	6	7	8	9	10
1955	1,286	1,141	145 [1]	35,280	30,680	4,600 [1]	27.4	26.9	31.7 [1]
1960	1,600	1,408	192 [1]	42,181	36,281	5,900 [1]	26.4	25.8	30.7 [1]
1965	1,933	1,710	223	48,473	42,173	6,300	25.1	24.7	28.3
1970	2,292	2,059	233	51,257	45,894	5,363	22.4	22.3	23.0
1971	2,293	2,063	230 [1]	51,271	46,071	5,200 [1]	22.4	22.3	22.6 [1]
1972	2,337	2,106	231 [1]	50,726	45,726	5,000 [1]	21.7	21.7	21.6 [1]
1973	2,372	2,136	236 [1]	50,445	45,445	5,000 [1]	21.3	21.3	21.2 [1]
1974	2,410	2,165	245 [1]	50,073	45,073	5,000 [1]	20.8	20.8	20.4 [1]
1975	2,453	2,198	255 [1]	49,819	44,819	5,000 [1]	20.3	20.4	19.6 [1]
1976	2,457	2,189	268	49,478	44,311	5,167	20.1	20.2	19.3
1977	2,488	2,209	279	48,717	43,577	5,140	19.6	19.7	18.4
1978	2,479	2,207	272	47,637	42,551	5,086	19.2	19.3	18.7
1979	2,461	2,185	276 [1]	46,651	41,651	5,000 [1]	19.0	19.1	18.1 [1]
1980	2,485	2,184	301	46,208	40,877	5,331	18.6	18.7	17.7
1981	2,440	2,127	313 [1]	45,544	40,044	5,500 [1]	18.7	18.8	17.6 [1]
1982	2,458	2,133	325 [1]	45,166	39,566	5,600 [1]	18.4	18.6	17.2 [1]
1983	2,476	2,139	337	44,967	39,252	5,715	18.2	18.4	17.0
1984	2,508	2,168	340 [1]	44,908	39,208	5,700 [1]	17.9	18.1	16.8 [1]
1985	2,549	2,206	343	44,979	39,422	5,557	17.6	17.9	16.2
1986	2,592	2,244	348 [1]	45,205	39,753	5,452 [1]	17.4	17.7	15.7 [1]
1987	2,631	2,279	352	45,488	40,008	5,479	17.3	17.6	15.6
1988	2,668	2,323	345	45,430	40,189	5,242 [1]	17.0	17.3	15.2 [1]
1989	2,713	2,357	356	46,141	40,543	5,599	17.0	17.2	15.7
1990	2,759	2,398	361 [1]	46,864	41,217	5,648 [1]	17.0	17.2	15.6 [1]
1991	2,797	2,432	365	47,728	42,047	5,681	17.1	17.3	15.6
1992	2,823	2,459	364 [1]	48,694	42,823	5,870 [1]	17.2	17.4	16.1 [1]
1993	2,868	2,504	364	49,532	43,465	6,067	17.3	17.4	16.7
1994	2,922	2,552	370 [1]	50,106	44,111	5,994 [1]	17.1	17.3	16.2 [1]
1995	2,974	2,598	376	50,759	44,840	5,918	17.1	17.3	15.7
1996	3,051	2,667	384 [1]	51,544	45,611	5,933 [1]	16.9	17.1	15.5 [1]
1997	3,138	2,746	391	52,071	46,127	5,944	16.6	16.8	15.2
1998	3,230	2,830	400 [1]	52,526	46,539	5,988 [1]	16.3	16.4	15.0 [1]
1999	3,319	2,911	408	52,875	46,857	6,018	15.9	16.1	14.7
2000	3,366	2,941	424 [1]	53,373	47,204	6,169 [1]	15.9	16.0	14.5 [1]
2001	3,440	3,000	441	53,992	47,672	6,320	15.7	15.9	14.3
2002	3,476	3,034	442 [1]	54,403	48,183	6,220 [1]	15.7	15.9	14.1 [1]
2003	3,490	3,049	441	54,639	48,540	6,099	15.7	15.9	13.8
2004	3,538	3,091	447 [1]	54,882	48,795	6,087 [1]	15.5	15.8	13.6 [1]
2005	3,593	3,143	450	55,187	49,113	6,073	15.4	15.6	13.5
2006	3,622	3,166	456 [1]	55,307	49,316	5,991 [1]	15.3	15.6	13.2 [1]
2007	3,634	3,178	456	55,203	49,293	5,910	15.2	15.5	13.0
2008	3,674	3,219	455 [1]	55,235	49,266	5,969 [1]	15.0	15.3	13.1 [1]
2009[2]	3,617	3,161	457	55,282	49,312	5,970	15.3	15.6	13.1
2010[2]	3,633	3,174	460	55,350	49,386	5,964	15.2	15.6	13.0
2011[2]	3,662	3,198	464	55,515	49,554	5,961	15.2	15.5	12.9
2012[2]	3,701	3,232	469	55,757	49,795	5,962	15.1	15.4	12.7
2013[2]	3,747	3,271	475	56,063	50,088	5,975	15.0	15.3	12.6
2014[2]	3,805	3,322	483	56,442	50,446	5,995	14.8	15.2	12.4
2015[2]	3,862	3,372	490	56,859	50,827	6,031	14.7	15.1	12.3
2016[2]	3,922	3,424	498	57,273	51,198	6,075	14.6	15.0	12.2
2017[2]	3,984	3,478	506	57,709	51,583	6,126	14.5	14.8	12.1
2018[2]	4,048	3,534	514	58,129	51,946	6,184	14.4	14.7	12.0
2019[2]	4,107	3,585	522	58,590	52,342	6,248	14.3	14.6	12.0

[1]Estimated.
[2]Projected.
NOTE: Data for teachers are expressed in full-time equivalents (FTE). Counts of private school teachers and enrollment include prekindergarten through grade 12 in schools offering kindergarten or higher grades. Counts of public school teachers and enrollment include prekindergarten through grade 12. The pupil/teacher ratio includes teachers for students with disabilities and other special teachers, while these teachers are generally excluded from class size calculations. Ratios for public schools reflect totals reported by states and differ from totals reported for schools or school districts. Some data have been revised from previously published figures. Detail may not sum to totals because of rounding.
SOURCE: U.S. Department of Education, National Center for Education Statistics, *Statistics of Public Elementary and Secondary Day Schools*, 1955–56 through 1984–85; Common Core of Data (CCD), "State Nonfiscal Survey of Public Elementary/Secondary Education," 1985–86 through 2008–09; Private School Universe Survey (PSS), 1989–90 through 2007–08; *Projections of Education Statistics to 2019*; and unpublished data. (This table was prepared November 2010.)

Table 69. Public elementary and secondary teachers, by level and state or jurisdiction: Selected years, fall 2000 through fall 2008

State or jurisdiction	Fall 2000	Fall 2004	Fall 2005	Fall 2006	Fall 2007[1]				Fall 2008			
					Total	Elementary	Secondary	Ungraded	Total	Elementary	Secondary	Ungraded
1	2	3	4	5	6	7	8	9	10	11	12	13
United States	**2,941,461 [2]**	**3,090,925 [2]**	**3,143,003 [2]**	**3,166,391 [2]**	**3,178,142 [2]**	**1,688,240 [2]**	**1,258,069**	**231,833**	**3,219,458 [2]**	**1,758,169 [2]**	**1,234,197**	**227,092**
Alabama	48,194 [3]	51,594	57,757	56,134	50,420	29,086	21,334	0	47,818	27,193	20,625	0
Alaska	7,880	7,756	7,912	7,903	7,613	3,897	3,716	0	7,927	4,111	3,816	0
Arizona	44,438	48,935	51,376	52,625	54,032	38,807	15,225	0	54,696	39,077	15,619	0
Arkansas	31,947	31,234	32,997	35,089	33,882	17,942	13,520	2,420	37,162	19,656	14,525	2,981
California	298,021 [3]	305,969 [3]	309,222 [3]	307,366 [3]	305,230 [3]	209,146 [3]	86,030	10,054	303,647 [3]	206,996 [3]	88,190	8,461
Colorado	41,983	45,165	45,841	46,973	47,761	26,947	20,814	0	48,692	27,679	21,013	0
Connecticut	41,044	38,808	39,687	39,115	39,304	26,005	12,259	1,040	48,463	31,808	15,602	1,053
Delaware	7,469	7,856	7,998	8,038	8,198	4,110	4,088	0	8,322	4,093	4,229	0
District of Columbia	4,949	5,387	5,481 [4]	5,383 [4]	6,347	3,238	2,619	490	5,321	2,768	2,263	290
Florida	132,030	154,864	158,962	162,851	168,737	75,670	67,019	26,048	186,361	75,396	66,343	44,622
Georgia	91,043	104,987	108,535	113,597	116,857	71,109	45,681	67	118,839	72,537	46,233	69
Hawaii	10,927	11,146	11,226	11,271	11,397	6,075	5,280	42	11,295	6,058	5,194	43
Idaho	13,714	14,269	14,521	14,770	15,013	7,874	7,139	0	15,148	7,951	7,197	0
Illinois	127,620	131,047	133,857	140,988	136,571	56,585	58,489	21,497	135,704	93,183	42,518	3
Indiana	59,226	60,563	60,592	61,346	62,334	33,870	28,074	390	62,668	34,007	28,296	365
Iowa	34,636	34,697	35,181	35,653	36,089	19,608	16,481	0	35,961	19,603	16,358	0
Kansas	32,742	32,932	33,608	35,297	35,359	16,604	18,572	183	35,883	16,957	18,769	157
Kentucky	39,589	41,463	42,413	43,371	43,536	21,699	10,168	11,669	43,451	21,609	10,117	11,725
Louisiana	49,915	49,192	44,660	45,951	48,610	34,042	14,568	0	49,377	34,573	14,804	0
Maine	16,559	16,656	16,684	16,826	16,558	11,351	5,207	0	15,912	10,881	5,031	0
Maryland	52,433	55,101	56,685	58,443	59,320	34,449	24,871	0	58,940	34,396	24,544	0
Massachusetts	67,432	73,399	73,596	73,157	70,719	47,026	23,693	0	70,398	46,585	23,813	0
Michigan	97,031	100,638	98,069	98,037	96,204	38,063	38,343	19,798	94,754	37,702	37,761	19,291
Minnesota	53,457	52,152	51,107	51,880	52,975	27,012	24,483	1,480	53,083	27,327	24,124	1,632
Mississippi	31,006	31,321	31,433	32,351	33,560	16,149	13,103	4,308	33,358	15,891	13,291	4,176
Missouri	64,735	65,847	67,076	67,521	68,430	35,420	33,010	0	68,015	34,870	33,145	0
Montana	10,411	10,224	10,369	10,398	10,519	7,082	3,437	0	9,570	6,182	3,388	0
Nebraska	20,983	21,236	21,359	21,459	21,930	13,996	7,847	87	20,258	12,403	7,855	0
Nevada	18,293	20,950	21,744	22,908	23,423	12,003	8,067	3,353	21,993	11,283	7,892	2,818
New Hampshire	14,341	15,298	15,536	15,515	15,484	10,576	4,908	0	15,661	10,649	5,012	0
New Jersey	99,061	114,875	112,673	112,301	111,500	47,442	46,343	17,715	114,713	53,374	48,663	12,676
New Mexico	21,042	21,730	22,021	22,016	22,300	15,589	6,629	82	22,825	13,473	5,127	4,225
New York	206,961	218,612 [4]	218,989	218,879	211,854	102,626	71,116	38,112	217,944	105,446	73,282	39,216
North Carolina	83,680	92,550	95,664	112,304	106,562	56,192	48,685	1,685	109,634	56,823	49,063	3,748
North Dakota	8,141	8,070	8,003	8,007	8,068	4,970	3,098	0	8,181	5,132	3,049	0
Ohio	118,361	118,060	117,982	110,459	109,766	52,616	52,498	4,652	112,845	54,741	53,743	4,361
Oklahoma	41,318	40,416	41,833	42,206	46,735	22,276	19,974	4,485	46,571	22,386	19,770	4,415
Oregon	28,094	27,431	28,346	29,940	30,013	20,677	9,120	216	30,152	20,886	9,266	0
Pennsylvania	116,963	121,167	122,397	123,114	135,234	62,770	63,313	9,151	129,708	61,395	59,464	8,849
Rhode Island	10,645	11,781	14,180 [3]	11,381	11,271	5,383	5,888	0	11,316	5,386	5,930	0
South Carolina	45,380	46,914	48,212	49,284	47,382	14,200	30,757	2,425	49,941	33,282	14,272	2,387
South Dakota	9,397	9,064	9,129	9,070	9,416	5,729	2,533	1,154	9,244	5,791	2,553	900
Tennessee	57,164	60,022	59,596	62,176	64,659	44,454	18,626	1,579	64,926	44,397	18,848	1,681
Texas	274,826	294,547	302,425	311,649	321,929	159,819	123,974	38,136	327,905	163,514	127,161	37,230
Utah	22,008	22,287 [3]	22,993	23,640	24,336	12,165	9,711	2,460	23,657	11,658	9,563	2,436
Vermont	8,414	8,720	8,851	8,859	8,749	3,399	3,601	1,749	8,766	3,333	3,551	1,882
Virginia	86,977 [3]	93,732	103,944	79,688	71,861	34,907	36,954	0	71,415	35,233	36,182	0
Washington	51,098	53,125	53,508	53,743	53,960	26,518	22,264	5,178	54,428	26,775	22,372	5,281
West Virginia	20,930	19,958	19,940	19,633	20,306	9,493	10,813	0	20,209	9,452	10,757	0
Wisconsin	60,165	60,521	60,127	59,089	58,914	28,023	30,763	128	59,401	28,622	30,660	119
Wyoming	6,783	6,657	6,706	6,737	6,915	3,551	3,364	0	7,000	3,646	3,354	0
Bureau of Indian Education	—	—	—	—	—	—	—	—	—	—	—	—
DoD, overseas	5,105	4,885	5,726	5,204	4,147	1,610	1,519	1,018	4,551	1,581	1,532	1,438
DoD, domestic	2,399	2,002	2,033	2,033	2,243	992	433	818	2,145	974	423	748
Other jurisdictions												
American Samoa	820	945	989	971	—	—	—	—	—	—	—	—
Guam	1,975	1,672	1,804	—	—	—	—	—	—	—	—	—
Northern Marianas	526	579	614	579	550	310	236	4	514	280	230	4
Puerto Rico	37,620	43,054	42,036	40,163	40,826	21,357	14,017	5,452	39,356	19,065	15,031	5,260
U.S. Virgin Islands	1,511	1,545	1,434	1,531	1,518	643	588	287	1,331	632	472	227

—Not available.
[1]Data have been revised from previously published figures.
[2]Includes imputed values for states.
[3]Includes imputations for underreporting of prekindergarten teachers.
[4]Imputed.

NOTE: Distribution of elementary and secondary teachers determined by reporting units. Teachers reported in full-time equivalents (FTE). DoD = Department of Defense.
SOURCE: U.S. Department of Education, National Center for Education Statistics, Common Core of Data (CCD), "State Nonfiscal Survey of Public Elementary/Secondary Education," 2000–01 through 2008–09. (This table was prepared November 2010.)

Table 70. Teachers, enrollment, and pupil/teacher ratios in public elementary and secondary schools, by state or jurisdiction: Selected years, fall 2000 through fall 2008

State or jurisdiction	Pupil/teacher ratio				Fall 2006			Fall 2007[1]			Fall 2008		
	Fall 2000	Fall 2003	Fall 2004	Fall 2005	Teachers	Enrollment	Pupil/teacher ratio	Teachers	Enrollment	Pupil/teacher ratio	Teachers	Enrollment	Pupil/teacher ratio
1	2	3	4	5	6	7	8	9	10	11	12	13	14
United States	**16.0 [2]**	**15.9 [2]**	**15.8 [2]**	**15.6 [2]**	**3,166,391 [2]**	**49,315,842 [2]**	**15.6 [2]**	**3,178,142 [2]**	**49,292,507 [2]**	**15.5 [2]**	**3,219,458 [2]**	**49,265,572**	**15.3 [2]**
Alabama	15.4 [3]	12.6	14.2	12.8	56,134	743,632	13.2	50,420	744,865	14.8	47,818	745,668	15.6
Alaska	16.9	17.2	17.1	16.8	7,903	132,608	16.8	7,613	131,029	17.2	7,927	130,662	16.5
Arizona	19.8	21.3	21.3	21.3	52,625	1,068,249	20.3	54,032	1,087,447	20.1	54,696	1,087,817	19.9
Arkansas	14.1	14.7	14.8	14.4	35,089	476,409	13.6	33,882	479,016	14.1	37,162	478,965	12.9
California	20.6 [3]	21.1 [3]	21.1 [3]	20.8 [3]	307,366 [3]	6,406,750 [3]	20.8 [3]	305,230 [3]	6,343,471 [3]	20.8 [3]	303,647 [3]	6,322,528	20.8 [3]
Colorado	17.3	16.9	17.0	17.0	46,973	794,026	16.9	47,761	801,867	16.8	48,692	818,443	16.8
Connecticut	13.7	13.6	14.9	14.5	39,115	575,100	14.7	39,304	570,626	14.5	48,463	567,198	11.7
Delaware	15.4	15.2	15.2	15.1	8,038	122,254	15.2	8,198	122,574	15.0	8,322	125,430	15.1
District of Columbia	13.9	13.8	14.2	14.0 [4]	5,383 [4]	72,850	13.5 [4]	6,347	78,422	12.4	5,321	68,681	12.9
Florida	18.4	17.9	17.0	16.8	162,851	2,671,513	16.4	168,737	2,666,811	15.8	186,361	2,631,020	14.1
Georgia	15.9	15.7	14.8	14.7	113,597	1,629,157	14.3	116,857	1,649,589	14.1	118,839	1,655,792	13.9
Hawaii	16.9	16.5	16.4	16.3	11,271	180,728	16.0	11,397	179,897	15.8	11,295	179,478	15.9
Idaho	17.9	17.9	17.9	18.0	14,770	267,380	18.1	15,013	272,119	18.1	15,148	275,051	18.2
Illinois	16.1	16.5	16.0	15.8	140,988	2,118,276	15.0	136,571	2,112,805	15.5	135,704	2,119,707	15.6
Indiana	16.7	16.9	16.9	17.1	61,346	1,045,940	17.0	62,334	1,046,766	16.8	62,668	1,046,147	16.7
Iowa	14.3	13.8	13.8	13.7	35,653	483,122	13.6	36,089	485,115	13.4	35,961	487,559	13.6
Kansas	14.4	14.4	14.2	13.9	35,297	469,506	13.3	35,359	468,295	13.2	35,883	471,060	13.1
Kentucky	16.8	16.1	16.3	16.0	43,371	683,152	15.8	43,536	666,225	15.3	43,451	670,030	15.4
Louisiana	16.6	16.6	16.6	16.6	45,951	675,851	16.6	48,610	681,038	16.6	49,377	684,873	16.6
Maine	12.5	11.5	11.9	11.7	16,826	193,986	11.5	16,558	196,245	11.9	15,912	192,935	12.1
Maryland	16.3	15.7	15.7	15.2	58,443	851,640	14.6	59,320	845,700	14.3	58,940	843,861	14.3
Massachusetts	14.5	13.6	13.3	13.2	73,157	968,661	13.2	70,719	962,958	13.6	70,398	958,910	13.6
Michigan	17.7 [3]	18.1	17.4	17.8	98,037	1,722,656	17.6	96,204	1,692,739	17.6	94,754	1,659,921	17.5
Minnesota	16.0	16.3	16.1	16.4	51,880	840,565	16.2	52,975	837,578	15.8	53,083	836,048	15.7
Mississippi	16.1	15.1	15.8	15.7	32,351	495,026	15.3	33,560	494,122	14.7	33,358	491,962	14.7
Missouri	14.1	13.9	13.8	13.7	67,521	920,353	13.6	68,430	917,188	13.4	68,015	917,871	13.5
Montana	14.9	14.4	14.3	14.0	10,398	144,418	13.9	10,519	142,823	13.6	9,570	141,899	14.8
Nebraska	13.6	13.6	13.5	13.4	21,459	287,580	13.4	21,930	291,244	13.3	20,258	292,590	14.4
Nevada	18.6	19.0	19.1	19.0	22,908	424,766	18.5	23,423	429,362	18.3	21,993	433,371	19.7
New Hampshire	14.5	13.7	13.5	13.2	15,515	203,572	13.1	15,484	200,772	13.0	15,661	197,934	12.6
New Jersey	13.3	12.7	12.1	12.4	112,301	1,388,850	12.4	111,500	1,382,348	12.4	114,713	1,381,420	12.0
New Mexico	15.2	15.0	15.0	14.8	22,016	328,220	14.9	22,300	329,040	14.8	22,825	330,245	14.5
New York	13.9	13.3	13.0	12.9	218,879	2,809,649	12.8	211,854	2,765,435	13.1	217,944	2,740,592	12.6
North Carolina	15.5	15.1	15.0	14.8	112,304	1,444,481	12.9	106,562	1,489,492	14.0	109,634	1,488,645	13.6
North Dakota	13.4	12.7	12.5	12.3	8,007	96,670	12.1	8,068	95,059	11.8	8,181	94,728	11.6
Ohio	15.5	15.2	15.6	15.6	110,459	1,836,722	16.6	109,766	1,827,184	16.6	112,845	1,817,163	16.1
Oklahoma	15.1	16.0	15.6	15.2	42,206	639,391	15.1	46,735	642,065	13.7	46,571	645,108	13.9
Oregon	19.4	20.6	20.1	19.5	29,940	562,574	18.8	30,013	565,586	18.8	30,152	575,393	19.1
Pennsylvania	15.5	15.2	15.1	15.0	123,114	1,871,060	15.2	135,234	1,801,971	13.3	129,708	1,775,029	13.7
Rhode Island	14.8	13.4	13.3	10.8	11,381	151,612	13.3	11,271	147,629	13.1	11,316	145,342	12.8
South Carolina	14.9	15.3	15.0	14.6	49,284	708,021	14.4	47,382	712,317	15.0	49,941	718,113	14.4
South Dakota	13.7	13.6	13.5	13.4	9,070	121,158	13.4	9,416	121,606	12.9	9,244	126,429	13.7
Tennessee	15.9 [3]	15.7 [3]	15.7 [3]	16.0	62,176	978,368	15.7	64,659	964,259	14.9	64,926	971,950	15.0
Texas	14.8	15.0	15.0	15.0	311,649	4,599,509	14.8	321,929	4,674,832	14.5	327,905	4,752,148	14.5
Utah	21.9	22.4	22.6 [3]	22.1	23,640	523,386	22.1	24,336	576,244	23.7	23,657	559,778	23.7
Vermont	12.1	11.3	11.3	10.9	8,859	95,399	10.8	8,749	94,038	10.7	8,766	93,625	10.7
Virginia	13.2 [3]	13.2	12.9	11.7	79,688	1,220,440	15.3	71,861	1,230,857	17.1	71,415	1,235,795	17.3
Washington	19.7	19.3	19.2	19.3	53,743	1,026,774	19.1	53,960	1,030,247	19.1	54,428	1,037,018	19.1
West Virginia	13.7	14.0	14.0	14.1	19,633	281,939	14.4	20,306	282,535	13.9	20,209	282,729	14.0
Wisconsin	14.6	15.1	14.3	14.6	59,089	876,700	14.8	58,914	874,633	14.8	59,401	873,750	14.7
Wyoming	13.3	13.3	12.7	12.6	6,737	85,193	12.6	6,915	86,422	12.5	7,000	87,161	12.5
Bureau of Indian Education	—	—	—	—	—	—	—	—	—	—	—	—	—
DoD, overseas	14.4	15.0	14.0	10.9	5,204	60,891	11.7	4,147	57,247	13.8	4,551	56,768	12.5
DoD, domestic	14.2	13.3	14.6	13.9	2,033	26,631	13.1	2,243	27,548	12.3	2,145	28,013	13.1
Other jurisdictions													
American Samoa	19.1	16.1	17.1	16.6	971	16,400	16.9	—	—	—	—	—	—
Guam	16.4	17.9	18.3	17.2	—	—	—	—	—	—	—	—	—
Northern Marianas	19.0	20.4	20.0	19.1	579	11,695	20.2	550	11,299	20.5	514	10,913	21.2
Puerto Rico	16.3	13.8	13.4	13.4	40,163	544,138	13.5	40,826	526,565	12.9	39,356	503,635	12.8
U.S. Virgin Islands	12.9	11.7	10.6	11.7	1,531	16,284	10.6	1,518	15,903	10.5	1,331	15,768	11.8

—Not available.
[1]Data have been revised from previously published figures.
[2]Includes imputed values for states.
[3]Includes imputations for underreporting of prekindergarten teachers/enrollment.
[4]Imputed.

NOTE: Teachers reported in full-time equivalents (FTE). DoD = Department of Defense.
SOURCE: U.S. Department of Education, National Center for Education Statistics, Common Core of Data (CCD), "State Nonfiscal Survey of Public Elementary/Secondary Education," 2000–01 through 2008–09. (This table was prepared November 2010.)

Table 71. Highest degree earned, years of full-time teaching experience, and average class size for teachers in public elementary and secondary schools, by state: 2007–08

State	Total number of teachers (in thousands)		Percent of teachers, by highest degree earned[1]								Percent of teachers, by years of full-time teaching experience								Average class size, by level of instruction[2]			
			Bachelor's		Master's		Education specialist[3]		Doctor's		Less than 3		3 to 9		10 to 20		Over 20		Elementary		Secondary	
1	2		3		4		5		6		7		8		9		10		11		12	
United States	**3,404.5**	**(43.98)**	**47.4**	**(0.59)**	**44.5**	**(0.55)**	**6.4**	**(0.25)**	**0.9**	**(0.08)**	**13.4**	**(0.59)**	**33.6**	**(0.52)**	**29.3**	**(0.55)**	**23.7**	**(0.60)**	**20.0**	**(0.14)**	**23.4**	**(0.16)**
Alabama	53.2	(3.03)	44.3	(3.32)	46.9	(2.84)	6.9	(1.15)	0.6	(0.24)	14.4	(1.40)	31.3	(1.85)	36.1	(2.36)	18.2	(1.43)	18.9	(0.64)	25.3	(1.00)
Alaska	8.1	(1.00)	56.3	(3.04)	36.3	(2.72)	5.4	(0.98)	0.7	(0.27)	12.0	(1.33)	27.5	(2.54)	39.7	(2.74)	20.7	(1.95)	19.0	(0.81)	21.6	(0.67)
Arizona	66.5	(4.13)	49.1	(2.67)	41.6	(2.56)	7.1	(1.30)	0.7	(0.38)	21.0	(2.63)	34.6	(2.62)	26.1	(2.22)	18.4	(2.26)	23.5	(0.66)	25.6	(0.76)
Arkansas	35.8	(1.30)	58.6	(2.67)	34.1	(2.26)	5.3	(1.06)	0.2	(0.14)	10.7	(1.31)	25.7	(1.91)	32.1	(2.20)	31.6	(2.16)	19.8	(0.49)	20.3	(0.61)
California	310.0	(17.05)	52.7	(1.94)	34.3	(1.77)	10.2	(1.16)	1.9	(0.43)	13.5	(1.41)	35.9	(1.70)	30.3	(1.51)	20.3	(1.48)	21.5	(0.44)	30.0	(0.57)
Colorado	50.1	(2.19)	42.9	(2.61)	48.4	(2.54)	6.9	(1.41)	1.4	(0.56)	17.2	(1.73)	37.9	(2.55)	28.1	(2.54)	16.8	(1.88)	21.2	(0.70)	23.9	(0.69)
Connecticut	50.1	(2.85)	19.2	(1.88)	64.3	(1.94)	15.0	(1.72)	0.9	(0.42)	12.2	(1.26)	29.7	(2.19)	31.1	(2.18)	27.1	(2.16)	19.4	(0.84)	21.3	(0.79)
Delaware	8.3	(0.59)	38.2	(3.13)	53.0	(3.05)	6.2	(1.79)	1.2	(0.70)	10.6	(2.42)	43.3	(4.14)	27.9	(3.25)	18.2	(2.55)	21.4	(1.35)	22.0	(0.69)
District of Columbia	4.4	(0.39)	41.3	(3.83)	45.3	(3.96)	7.1	(1.93)	5.9	(1.64)	20.0	(3.26)	29.9	(3.61)	24.6	(2.84)	25.5	(3.46)	19.0	(0.76)	19.1	(1.58)
Florida	177.2	(9.43)	60.9	(2.40)	34.1	(2.42)	3.1	(0.76)	1.1	(0.52)	14.8	(1.66)	35.0	(2.24)	27.4	(2.11)	22.8	(2.09)	18.3	(0.48)	24.2	(0.63)
Georgia	121.9	(5.22)	38.8	(2.65)	43.4	(2.67)	15.0	(1.97)	2.3	(0.77)	10.3	(1.92)	32.4	(3.27)	35.9	(3.70)	21.4	(3.01)	17.6	(0.50)	22.6	(0.82)
Hawaii	12.8	(1.44)	46.9	(3.40)	32.6	(3.23)	17.7	(2.56)	1.4	(1.25)	18.6	(3.61)	34.3	(3.63)	28.6	(3.07)	18.6	(3.21)	20.6	(1.01)	23.6	(1.37)
Idaho	16.2	(1.32)	66.1	(2.57)	29.7	(2.38)	2.7	(0.91)	0.8	(0.60)	12.5	(1.20)	31.0	(2.46)	33.6	(2.42)	22.8	(2.05)	23.7	(0.54)	23.0	(0.55)
Illinois	145.0	(5.62)	45.5	(2.39)	49.8	(2.35)	4.0	(0.93)	0.3	(0.19)	13.4	(1.43)	35.6	(2.32)	29.3	(1.82)	21.6	(2.16)	21.4	(0.78)	23.2	(0.70)
Indiana	68.4	(2.99)	37.4	(2.78)	57.0	(2.92)	4.9	(1.34)	0.4	(0.21)	9.2	(1.37)	32.3	(2.26)	29.1	(2.14)	29.4	(2.38)	21.3	(0.42)	25.5	(0.75)
Iowa	39.6	(2.67)	59.8	(2.51)	37.9	(2.54)	1.4	(0.62)	‡	(†)	11.4	(1.44)	30.5	(2.38)	29.9	(2.34)	28.2	(2.04)	20.0	(0.62)	21.3	(0.73)
Kansas	37.7	(2.13)	53.0	(2.69)	41.8	(2.72)	4.7	(1.16)	0.2	(0.17)	13.0	(1.95)	30.2	(2.35)	27.2	(2.65)	29.6	(2.23)	19.5	(0.64)	21.0	(0.94)
Kentucky	44.4	(2.88)	20.9	(2.22)	57.5	(3.42)	18.9	(2.47)	0.7	(0.31)	10.2	(1.59)	35.5	(2.90)	30.1	(3.53)	24.2	(2.46)	22.1	(0.64)	24.3	(0.90)
Louisiana	48.1	(3.63)	71.9	(2.34)	23.5	(2.18)	3.7	(0.86)	0.4	(0.16)	12.7	(1.94)	33.3	(2.08)	27.6	(2.54)	26.3	(2.12)	18.1	(1.01)	20.9	(0.57)
Maine	17.8	(0.81)	54.4	(2.57)	37.9	(2.45)	5.1	(0.95)	0.6	(0.21)	12.3	(2.19)	27.0	(2.17)	31.5	(3.38)	29.1	(2.51)	16.9	(0.69)	19.9	(1.36)
Maryland	59.9	(3.67)	42.6	(3.60)	47.0	(3.56)	8.2	(1.94)	1.5	(0.64)	12.0	(2.05)	37.1	(2.80)	26.2	(2.83)	24.8	(2.55)	20.2	(1.35)	23.1	(0.75)
Massachusetts	80.4	(2.91)	30.6	(2.73)	62.0	(2.99)	5.6	(1.19)	0.7	(0.36)	11.1	(1.58)	39.9	(2.66)	27.2	(2.63)	21.8	(2.77)	18.7	(1.02)	20.6	(0.50)
Michigan	98.3	(6.60)	37.2	(2.81)	57.6	(2.56)	4.4	(1.34)	0.3	(0.22)	9.4	(1.66)	32.5	(2.69)	36.3	(3.06)	21.8	(1.98)	24.5	(1.04)	26.7	(0.78)
Minnesota	64.0	(5.32)	41.6	(2.00)	51.4	(2.11)	6.1	(1.09)	0.8	(0.34)	12.7	(1.61)	28.5	(2.28)	35.3	(2.25)	23.6	(1.93)	23.3	(0.74)	25.8	(0.64)
Mississippi	35.5	(1.49)	56.6	(2.34)	37.2	(2.29)	4.2	(0.89)	0.7	(0.24)	17.1	(1.42)	31.8	(2.00)	26.1	(1.90)	25.1	(2.51)	19.3	(0.55)	19.9	(0.65)
Missouri	73.3	(3.52)	47.2	(3.34)	47.5	(2.90)	3.9	(1.18)	0.6	(0.45)	13.3	(1.57)	34.2	(2.43)	31.6	(2.80)	20.8	(1.68)	19.4	(0.53)	20.6	(0.61)
Montana	12.7	(0.58)	62.8	(2.34)	33.4	(2.19)	3.5	(1.06)	‡	(†)	11.0	(1.70)	26.9	(2.23)	28.8	(2.31)	33.3	(2.07)	18.2	(0.57)	18.5	(0.84)
Nebraska	23.2	(1.18)	53.1	(2.42)	44.2	(2.42)	2.0	(0.70)	‡	(†)	11.4	(1.52)	24.2	(1.79)	30.2	(2.10)	34.2	(1.98)	18.8	(0.49)	18.7	(0.73)
Nevada	23.7	(0.88)	41.5	(2.67)	49.5	(2.58)	7.5	(1.68)	1.0	(1.25)	15.6	(2.01)	37.3	(3.01)	27.8	(3.10)	19.4	(2.81)	21.5	(0.67)	26.5	(1.01)
New Hampshire	17.4	(0.70)	49.4	(2.60)	45.4	(2.51)	4.5	(1.08)	‡	(†)	13.3	(2.12)	31.7	(2.33)	29.1	(2.85)	26.0	(2.97)	19.0	(0.50)	21.7	(0.68)
New Jersey	124.5	(8.59)	55.8	(3.56)	36.5	(3.11)	6.3	(1.78)	1.4	(0.52)	12.3	(1.91)	40.8	(3.16)	22.8	(2.58)	24.1	(2.39)	19.8	(1.29)	23.0	(1.11)
New Mexico	22.7	(1.44)	53.0	(2.73)	39.5	(2.74)	5.4	(1.48)	1.5	(0.80)	13.3	(1.86)	35.6	(2.81)	29.6	(2.76)	21.5	(1.95)	18.8	(0.50)	22.5	(0.67)
New York	228.1	(17.70)	11.8	(1.61)	77.6	(2.19)	8.9	(1.62)	1.1	(0.49)	12.8	(1.67)	38.0	(2.69)	28.5	(2.78)	20.6	(2.35)	18.0	(0.73)	22.0	(0.53)
North Carolina	96.0	(4.48)	64.6	(3.22)	28.0	(2.88)	5.4	(1.22)	0.4	(0.26)	15.6	(1.74)	37.3	(2.93)	25.0	(3.08)	22.0	(1.97)	19.4	(0.63)	21.0	(0.51)
North Dakota	8.9	(1.62)	68.2	(2.27)	28.1	(2.38)	2.8	(1.21)	‡	(†)	12.0	(1.64)	23.3	(1.80)	30.0	(2.53)	34.7	(2.25)	16.4	(0.40)	18.0	(1.67)
Ohio	134.3	(12.04)	31.9	(2.84)	62.3	(2.78)	3.7	(0.93)	0.7	(0.50)	12.1	(2.33)	29.9	(2.69)	31.6	(2.88)	26.3	(2.47)	21.2	(0.97)	23.4	(0.68)
Oklahoma	46.5	(2.03)	66.5	(1.82)	28.9	(2.15)	2.9	(0.65)	0.7	(0.35)	10.9	(1.12)	31.4	(1.79)	30.7	(1.65)	27.0	(1.63)	19.7	(0.37)	20.7	(0.54)
Oregon	31.7	(1.57)	37.0	(3.13)	52.3	(3.14)	9.0	(1.33)	1.2	(0.68)	18.0	(2.00)	31.5	(2.76)	29.5	(2.18)	21.0	(1.99)	23.3	(0.74)	25.2	(0.63)
Pennsylvania	136.9	(8.48)	45.3	(2.27)	45.2	(2.19)	8.0	(1.15)	‡	(†)	12.5	(1.32)	33.6	(3.02)	26.7	(2.09)	27.2	(3.01)	20.8	(0.74)	22.4	(0.79)
Rhode Island	13.2	(0.69)	44.7	(4.09)	48.7	(4.66)	5.7	(1.54)	‡	(†)	7.7	(2.09)	37.0	(3.30)	32.2	(3.31)	23.1	(3.48)	20.7	(0.59)	22.9	(1.04)
South Carolina	49.0	(1.25)	40.9	(2.53)	52.1	(2.76)	5.1	(1.17)	0.5	(0.26)	12.8	(1.39)	31.5	(2.53)	27.3	(2.18)	28.5	(2.16)	18.5	(0.60)	21.4	(0.45)
South Dakota	10.6	(1.09)	66.8	(2.39)	30.9	(2.39)	1.1	(0.47)	0.8	(0.52)	11.4	(1.47)	23.7	(2.45)	32.5	(2.16)	32.4	(2.51)	17.9	(0.68)	20.2	(0.98)
Tennessee	67.1	(3.23)	44.9	(2.96)	43.0	(2.75)	9.3	(1.61)	0.9	(0.57)	13.6	(1.86)	28.8	(2.74)	30.8	(2.83)	26.8	(2.23)	17.7	(0.45)	23.0	(0.68)
Texas	340.4	(22.28)	70.1	(2.33)	26.3	(2.29)	2.5	(0.71)	0.6	(0.22)	17.1	(1.95)	31.2	(2.18)	27.7	(2.41)	24.0	(2.74)	17.7	(0.66)	21.7	(0.85)
Utah	27.2	(3.01)	61.1	(3.34)	30.3	(3.14)	6.1	(1.42)	0.5	(0.31)	19.9	(2.38)	32.9	(2.93)	26.0	(2.54)	21.2	(2.10)	24.0	(0.39)	29.2	(0.80)
Vermont	10.2	(0.81)	42.6	(3.33)	50.0	(3.46)	5.9	(1.38)	0.5	(0.28)	11.7	(2.24)	30.5	(2.97)	30.5	(2.92)	27.3	(2.44)	16.8	(0.61)	17.9	(0.88)
Virginia	94.0	(4.10)	57.4	(2.38)	36.1	(2.12)	4.5	(1.04)	1.0	(0.50)	14.1	(2.08)	32.8	(2.39)	26.6	(2.33)	26.5	(1.88)	18.2	(0.55)	20.8	(0.99)
Washington	58.1	(3.98)	31.4	(2.45)	60.7	(2.58)	6.4	(1.27)	0.6	(0.25)	14.1	(2.48)	27.8	(2.40)	32.6	(2.88)	25.5	(2.40)	22.8	(0.63)	24.9	(0.62)
West Virginia	22.9	(0.88)	39.5	(2.23)	51.6	(1.99)	6.7	(1.14)	0.5	(0.19)	13.1	(1.56)	26.4	(2.15)	23.1	(2.11)	37.4	(1.90)	18.6	(0.53)	21.4	(0.50)
Wisconsin	70.1	(3.21)	44.8	(3.08)	49.3	(3.67)	5.5	(1.41)	0.3	(0.18)	9.8	(1.84)	32.4	(2.32)	31.4	(2.70)	26.4	(2.27)	19.6	(0.68)	23.0	(0.51)
Wyoming	7.9	(0.45)	56.0	(2.14)	37.6	(2.19)	5.3	(1.06)	0.6	(0.37)	10.3	(1.21)	27.3	(2.49)	32.5	(2.38)	29.9	(1.94)	18.7	(0.46)	18.8	(0.73)

†Not applicable.
‡Reporting standards not met.
[1]Teachers with less than a bachelor's degree are not shown separately.
[2]Elementary teachers are those who taught self-contained classes at the elementary level, and secondary teachers are those who taught departmentalized classes (e.g., science, art, social science, or other course subjects) at the secondary level. Teachers were classified as elementary or secondary on the basis of the grades they taught, rather than on the level of the school in which they taught.
[3]Includes certificate of advanced graduate studies.
NOTE: Data are based on a head count of all teachers rather than on the number of full-time-equivalent teachers appearing in other tables. Excludes prekindergarten teachers. Standard errors appear in parentheses. Detail may not sum to totals because of rounding, cell suppression, and omitted categories (less than bachelor's).
SOURCE: U.S. Department of Education, National Center for Education Statistics, Schools and Staffing Survey (SASS), "Public Teacher Questionnaire," 2007–08. (This table was prepared September 2009.)

Table 72. Highest degree earned and years of full-time teaching experience for teachers in public and private elementary and secondary schools, by selected teacher characteristics: 1999–2000, 2003–04, and 2007–08

Selected characteristic	Number of teachers (in thousands)			Percent of teachers, by highest degree earned, 2007–08					Percent of teachers, by years of full-time teaching experience, 2007–08			
	1999–2000	2003–04	2007–08	Less than bachelor's	Bachelor's	Master's	Education specialist[1]	Doctor's	Less than 3	3 to 9	10 to 20	Over 20
1	2	3	4	5	6	7	8	9	10	11	12	13
Public schools												
Total	**3,002 (19.4)**	**3,251 (29.2)**	**3,405 (44.0)**	**0.8 (0.06)**	**47.4 (0.59)**	**44.5 (0.55)**	**6.4 (0.25)**	**0.9 (0.08)**	**13.4 (0.59)**	**33.6 (0.52)**	**29.3 (0.55)**	**23.7 (0.60)**
Sex												
Males	754 (10.7)	813 (13.3)	821 (20.4)	2.0 (0.17)	47.0 (1.05)	43.9 (1.04)	5.5 (0.40)	1.6 (0.22)	13.6 (0.87)	33.2 (0.85)	28.5 (0.90)	24.7 (0.88)
Females	2,248 (16.0)	2,438 (23.5)	2,584 (34.6)	0.4 (0.05)	47.5 (0.65)	44.8 (0.63)	6.7 (0.29)	0.7 (0.08)	13.4 (0.57)	33.7 (0.59)	29.5 (0.62)	23.4 (0.68)
Race/ethnicity												
White	2,532 (17.2)[2]	2,702 (30.1)	2,829 (38.7)	0.7 (0.05)	46.8 (0.66)	45.7 (0.64)	6.0 (0.23)	0.8 (0.09)	13.0 (0.61)	32.6 (0.55)	29.7 (0.55)	24.8 (0.64)
Black	228 (6.0)[2]	257 (11.0)	239 (15.8)	1.0 (0.22)	47.0 (2.04)	41.4 (2.12)	8.7 (1.02)	2.0 (0.45)	13.1 (1.32)	38.0 (1.90)	27.0 (1.88)	22.0 (1.85)
Hispanic	169 (6.4)[2]	202 (11.3)	240 (16.6)	0.9 (0.27)	56.3 (2.60)	34.1 (2.42)	7.7 (1.38)	1.1 (0.34)	18.0 (1.82)	39.0 (2.78)	28.3 (2.42)	14.7 (1.80)
Asian	48 (2.7)[3]	42 (2.5)	42 (7.2)	3.3 (2.12)	37.7 (5.05)	47.1 (4.62)	10.5 (2.19)	1.5 (0.71)	16.2 (3.46)	41.8 (4.79)	25.6 (3.72)	16.4 (3.13)
Pacific Islander	— (†)	6 (0.8)	6 (1.3)	‡ (†)	51.7 (9.88)	39.1 (9.95)	5.9 (4.50)	2.3 (3.35)	15.3 (6.70)	48.3 (11.55)	19.9 (9.22)	16.5 (7.21)
American Indian/Alaska Native	26 (1.9)[2]	17 (1.2)	17 (1.9)	1.8 (0.73)	56.2 (4.63)	34.1 (4.41)	4.7 (1.76)	3.2 (3.97)	11.8 (2.86)	29.7 (5.11)	33.6 (4.66)	24.9 (4.29)
Two or more races	— (†)	24 (2.2)	31 (2.9)	0.6 (0.37)	37.1 (4.67)	52.7 (4.73)	8.9 (2.51)	0.7 (0.56)	21.0 (3.95)	36.6 (4.16)	20.0 (4.00)	22.4 (3.95)
Age												
Under 30	509 (9.2)	540 (27.4)	612 (22.4)	0.3 (0.07)	70.1 (1.25)	28.0 (1.22)	1.5 (0.25)	0.1 (0.08)	44.1 (1.65)	55.9 (1.65)	‡ (†)	‡ (†)
30 to 39	661 (9.8)	798 (14.5)	898 (16.8)	0.7 (0.15)	46.8 (0.98)	46.1 (1.03)	6.0 (0.50)	0.4 (0.10)	10.3 (0.70)	53.5 (0.91)	36.3 (0.90)	‡ (†)
40 to 49	953 (10.3)	840 (14.3)	808 (19.2)	1.1 (0.14)	43.7 (1.22)	47.3 (1.15)	7.3 (0.61)	0.7 (0.12)	7.4 (0.57)	25.1 (0.88)	45.2 (1.28)	22.3 (1.09)
50 to 59	786 (12.6)	942 (26.0)	879 (21.1)	0.9 (0.14)	38.4 (1.06)	50.4 (0.97)	8.7 (0.55)	1.5 (0.25)	3.4 (0.32)	11.4 (0.63)	29.5 (1.09)	55.7 (1.05)
60 and over	93 (4.0)	131 (4.8)	207 (10.3)	1.1 (0.20)	35.0 (1.96)	51.1 (1.99)	9.6 (1.16)	3.2 (0.62)	2.9 (0.51)	8.5 (0.98)	22.4 (1.68)	66.2 (2.29)
Level												
Elementary	1,602 (13.5)	1,716 (25.8)	1,725 (37.1)	0.3 (0.07)	49.0 (0.89)	43.9 (0.79)	6.4 (0.39)	0.5 (0.11)	13.3 (0.87)	32.7 (0.83)	29.9 (0.81)	24.1 (0.99)
General	1,019 (13.6)	1,130 (29.8)	1,100 (26.5)	0.2 (0.06)	51.8 (1.08)	42.1 (1.05)	5.5 (0.54)	0.4 (0.12)	13.4 (0.84)	33.3 (0.97)	30.0 (0.92)	23.3 (1.05)
Arts/music	[4] (†)	101 (5.3)	103 (6.6)	0.1 (0.07)	48.5 (3.68)	43.9 (3.47)	6.5 (1.84)	1.0 (0.61)	14.0 (2.79)	30.8 (3.08)	29.5 (3.64)	25.8 (3.28)
English	33 (2.8)	70 (5.1)	104 (9.9)	1.2 (0.95)	42.9 (4.56)	45.3 (4.25)	10.6 (1.99)	‡ (†)	8.9 (1.99)	27.9 (3.28)	30.5 (3.40)	32.6 (4.00)
ESL/bilingual	[4] (†)	25 (3.6)	24 (3.3)	‡ (†)	35.5 (7.63)	44.7 (7.09)	19.1 (5.84)	‡ (†)	19.1 (5.58)	29.7 (5.67)	34.3 (5.83)	16.8 (4.70)
Health/physical ed.	[4] (†)	73 (5.0)	63 (6.0)	0.4 (0.30)	54.3 (3.91)	40.5 (3.72)	4.5 (1.69)	‡ (†)	15.9 (3.15)	30.6 (3.95)	28.0 (3.86)	25.4 (3.21)
Mathematics	26 (2.5)	19 (2.3)	28 (3.8)	‡ (†)	49.1 (9.51)	44.4 (9.09)	4.3 (2.11)	‡ (†)	14.5 (5.40)	23.9 (5.65)	26.6 (7.04)	34.9 (8.28)
Science	[4] (†)	19 (3.0)	15 (3.4)	‡ (†)	58.0 (9.34)	34.0 (7.93)	7.4 (6.78)	‡ (†)	13.1 (6.10)	31.4 (8.13)	28.2 (7.40)	27.4 (11.59)
Special education	210 (5.8)	240 (20.6)	230 (13.0)	0.2 (0.17)	42.1 (2.17)	51.1 (2.23)	5.9 (0.79)	0.7 (0.32)	12.4 (1.74)	36.4 (2.31)	29.0 (1.83)	22.2 (1.99)
Other elementary	314 (8.4)	40 (3.5)	58 (4.2)	0.2 (0.18)	32.1 (3.71)	52.6 (3.69)	14.3 (3.38)	‡ (†)	16.6 (3.28)	25.4 (3.67)	33.1 (4.75)	24.9 (3.57)
Secondary	1,401 (17.7)	1,534 (26.0)	1,680 (39.0)	1.3 (0.10)	45.7 (0.74)	45.2 (0.73)	6.5 (0.29)	1.3 (0.12)	13.6 (0.46)	34.5 (0.57)	28.6 (0.59)	23.3 (0.53)
Arts/music	[5] (†)	112 (4.1)	121 (6.2)	0.5 (0.23)	48.7 (2.08)	46.1 (2.14)	3.8 (0.81)	1.0 (0.42)	14.4 (1.86)	27.3 (2.07)	28.0 (2.01)	30.3 (2.16)
English	235 (5.0)	269 (9.0)	306 (10.0)	0.2 (0.06)	46.7 (1.64)	45.0 (1.50)	7.1 (0.68)	1.1 (0.23)	14.0 (1.05)	37.0 (1.60)	26.1 (1.28)	23.0 (1.04)
ESL/bilingual	[5] (†)	18 (2.5)	21 (2.5)	‡ (†)	38.3 (5.62)	52.2 (5.89)	7.1 (2.62)	2.4 (1.37)	13.8 (3.33)	38.7 (5.95)	30.4 (5.39)	17.1 (5.67)
Foreign language	[5] (†)	73 (3.3)	78 (5.0)	0.6 (0.28)	45.7 (2.86)	45.2 (2.93)	6.9 (1.04)	1.6 (0.56)	14.3 (1.59)	36.6 (2.17)	27.1 (2.53)	21.9 (1.89)
Health/physical ed.	[5] (†)	102 (4.3)	119 (5.7)	0.5 (0.25)	57.5 (1.93)	37.2 (1.91)	4.7 (0.91)	0.1 (0.09)	10.6 (1.32)	34.1 (2.93)	29.5 (2.19)	25.9 (2.18)
Mathematics	191 (4.3)	213 (5.5)	252 (9.1)	0.2 (0.11)	46.6 (1.59)	46.6 (1.59)	5.6 (0.77)	1.1 (0.31)	13.9 (1.17)	36.4 (1.56)	29.5 (1.48)	20.2 (1.27)
Science	159 (3.7)	189 (6.8)	195 (8.3)	0.4 (0.17)	42.7 (1.78)	49.3 (1.61)	5.5 (0.65)	2.1 (0.43)	14.9 (1.34)	33.2 (1.44)	30.9 (1.55)	21.1 (1.20)
Social studies	147 (4.3)	178 (5.7)	209 (9.9)	0.6 (0.22)	45.6 (1.86)	45.4 (1.84)	6.6 (1.10)	1.8 (0.41)	12.9 (0.97)	37.3 (1.74)	29.9 (1.51)	19.8 (1.38)
Special education	99 (2.3)	174 (7.5)	165 (9.7)	0.2 (0.14)	39.5 (1.95)	49.3 (1.83)	9.9 (1.15)	1.1 (0.61)	12.8 (1.81)	34.2 (1.68)	27.4 (1.85)	25.6 (1.88)
Vocational/technical	125 (3.2)	169 (5.7)	164 (6.3)	8.9 (0.72)	45.2 (1.43)	38.9 (1.45)	5.8 (0.71)	1.1 (0.39)	14.5 (1.30)	29.7 (1.38)	28.5 (1.42)	27.3 (1.38)
Other secondary	443 (8.5)	36 (2.1)	47 (3.4)	6.1 (1.00)	36.5 (3.24)	45.5 (3.71)	10.5 (2.04)	1.4 (0.52)	10.2 (1.66)	32.5 (3.30)	31.4 (2.56)	25.9 (2.47)

See notes at end of table.

Table 72. Highest degree earned and years of full-time teaching experience for teachers in public and private elementary and secondary schools, by selected teacher characteristics: 1999–2000, 2003–04, and 2007–08—Continued

Selected characteristic	Number of teachers (in thousands)			Percent of teachers, by highest degree earned, 2007–08					Percent of teachers, by years of full-time teaching experience, 2007–08			
	1999–2000	2003–04	2007–08	Less than bachelor's	Bachelor's	Master's	Education specialist[1]	Doctor's	Less than 3	3 to 9	10 to 20	Over 20
1	2	3	4	5	6	7	8	9	10	11	12	13
Private schools												
Total	**449 (10.6)**	**467 (10.3)**	**490 (9.2)**	**8.1 (0.58)**	**53.9 (0.95)**	**32.8 (0.84)**	**2.8 (0.25)**	**2.4 (0.38)**	**23.6 (0.99)**	**31.0 (0.82)**	**24.6 (0.86)**	**20.8 (0.75)**
Sex												
Males	107 (3.8)	110 (8.4)	127 (4.6)	7.1 (1.40)	45.7 (2.07)	37.6 (2.11)	4.2 (0.67)	5.4 (1.22)	24.1 (2.15)	29.5 (1.61)	23.5 (1.70)	22.9 (1.57)
Females	342 (7.7)	357 (14.3)	362 (7.7)	8.5 (0.60)	56.8 (1.09)	31.1 (0.85)	2.4 (0.28)	1.3 (0.27)	23.5 (0.86)	31.6 (0.95)	25.0 (0.88)	20.0 (0.84)
Race/ethnicity												
White	402 (9.6) [2]	411 (12.0)	423 (8.8)	7.1 (0.73)	53.5 (1.15)	34.2 (0.95)	2.9 (0.29)	2.4 (0.41)	22.5 (0.97)	30.6 (0.85)	24.5 (0.89)	22.4 (0.82)
Black	17 (1.4) [2]	19 (2.9)	20 (2.2)	20.1 (3.60)	55.3 (4.05)	22.2 (3.56)	1.6 (0.72)	‡ (†)	30.2 (3.60)	40.6 (3.70)	17.7 (3.08)	11.4 (2.36)
Hispanic	21 (1.5) [2]	23 (3.1)	29 (2.1)	15.2 (2.32)	59.3 (3.70)	20.9 (2.58)	3.7 (1.29)	0.9 (0.49)	31.9 (4.70)	29.8 (2.91)	27.7 (3.87)	10.5 (2.03)
Asian	‡ (†)	‡ (†)	11 (1.5)	7.2 (3.04)	50.3 (5.40)	33.0 (5.93)	2.9 (1.52)	6.6 (4.81)	28.6 (5.50)	34.4 (5.49)	27.5 (5.70)	9.5 (3.00)
Pacific Islander	— (†)	‡ (†)	‡ (†)	‡ (†)	‡ (†)	‡ (†)	‡ (†)	‡ (†)	‡ (†)	‡ (†)	‡ (†)	‡ (†)
American Indian/Alaska Native	‡ (†)	‡ (†)	‡ (†)	‡ (†)	‡ (†)	‡ (†)	‡ (†)	‡ (†)	‡ (†)	‡ (†)	‡ (†)	‡ (†)
Two or more races	— (†)	‡ (†)	4 (0.6)	‡ (†)	55.7 (9.60)	31.7 (8.87)	5.1 (2.81)	‡ (†)	23.6 (8.41)	34.8 (8.59)	31.2 (8.21)	10.4 (4.86)
Age												
Under 30	87 (3.1)	88 (3.7)	80 (3.9)	11.5 (1.52)	68.3 (1.86)	19.1 (1.41)	1.2 (0.48)	‡ (†)	55.5 (1.90)	44.2 (1.90)	0.3 (0.18)	‡ (†)
30 to 39	101 (3.2)	103 (5.8)	109 (5.2)	9.2 (1.76)	52.9 (2.48)	33.7 (1.95)	2.3 (0.64)	1.9 (0.55)	24.4 (2.76)	49.7 (2.61)	25.8 (1.98)	‡ (†)
40 to 49	131 (4.2)	119 (7.1)	116 (3.6)	9.1 (0.85)	54.4 (1.90)	30.1 (1.45)	2.9 (0.51)	3.5 (1.21)	20.4 (1.56)	30.4 (1.82)	38.3 (2.04)	10.9 (1.07)
50 to 59	106 (3.2)	121 (11.1)	128 (4.5)	5.7 (0.85)	49.8 (1.59)	39.8 (1.53)	2.7 (0.53)	2.0 (0.49)	13.2 (1.12)	17.8 (1.43)	28.7 (1.63)	40.3 (1.79)
60 and over	25 (1.2)	37 (4.7)	56 (3.1)	4.9 (1.00)	43.6 (2.66)	39.9 (2.85)	6.5 (1.18)	5.1 (1.47)	7.2 (1.26)	7.5 (1.62)	18.8 (1.96)	66.5 (2.27)
Level												
Elementary	261 (5.8)	263 (17.5)	258 (6.5)	10.8 (0.71)	59.3 (1.23)	27.3 (0.96)	2.1 (0.37)	0.4 (0.16)	23.0 (0.83)	31.1 (0.89)	24.4 (1.02)	21.5 (1.05)
General	168 (4.0)	174 (17.1)	163 (3.9)	10.4 (1.05)	61.6 (1.32)	26.6 (1.40)	1.1 (0.30)	0.3 (0.16)	18.5 (0.99)	30.3 (1.08)	26.1 (1.32)	25.1 (1.32)
Arts/music	[4] (†)	21 (2.5)	20 (1.6)	14.7 (2.49)	54.5 (3.62)	27.4 (3.57)	2.8 (1.29)	‡ (†)	42.9 (3.81)	25.8 (2.95)	21.3 (3.09)	10.0 (2.41)
English	[4] (†)	8 (1.1)	13 (1.2)	8.3 (2.22)	56.8 (5.08)	27.2 (4.34)	6.7 (3.39)	‡ (†)	21.0 (3.83)	33.5 (4.46)	25.5 (4.57)	20.0 (4.17)
Health/physical ed.	[4] (†)	14 (1.8)	14 (1.7)	8.9 (2.32)	71.6 (5.66)	16.8 (5.79)	1.8 (1.26)	‡ (†)	32.3 (4.36)	37.3 (4.80)	16.2 (3.56)	14.1 (5.56)
Mathematics	[4] (†)	6 (0.7)	7 (1.0)	13.4 (4.23)	48.7 (6.95)	31.9 (7.01)	4.9 (2.46)	‡ (†)	26.3 (5.59)	30.9 (5.24)	22.6 (5.97)	20.2 (7.94)
Science	[4] (†)	5 (0.8)	6 (0.8)	3.8 (3.86)	56.4 (9.12)	37.6 (8.41)	‡ (†)	‡ (†)	15.1 (6.17)	31.6 (7.60)	32.1 (7.85)	21.3 (6.87)
Special education	16 (1.6)	12 (2.3)	9 (1.0)	‡ (†)	53.1 (6.27)	38.4 (6.47)	7.7 (3.40)	‡ (†)	23.2 (5.26)	32.2 (6.49)	29.6 (7.32)	15.0 (4.33)
Other elementary	77 (2.2)	24 (3.5)	27 (2.3)	16.1 (2.36)	49.5 (3.65)	30.5 (3.74)	3.4 (1.23)	‡ (†)	32.5 (2.87)	35.6 (3.62)	16.8 (2.60)	15.1 (2.76)
Secondary	188 (6.2)	204 (13.4)	231 (7.1)	5.2 (0.91)	47.8 (1.42)	38.9 (1.37)	3.6 (0.49)	4.5 (0.80)	24.3 (1.76)	31.0 (1.38)	24.8 (1.28)	20.0 (1.02)
Arts/music	[5] (†)	13 (1.9)	19 (1.8)	10.5 (2.35)	47.4 (4.54)	35.2 (5.13)	2.8 (1.83)	4.1 (2.40)	29.5 (3.88)	29.7 (4.36)	25.2 (4.70)	15.5 (3.95)
English	33 (1.7)	38 (2.8)	39 (2.8)	3.4 (0.85)	51.3 (3.01)	39.2 (3.09)	2.7 (0.88)	3.3 (2.20)	23.3 (2.18)	29.3 (2.75)	27.6 (3.31)	19.8 (2.36)
Foreign language	[5] (†)	18 (2.1)	22 (2.6)	4.6 (1.79)	45.7 (5.15)	40.3 (4.79)	3.2 (1.39)	6.1 (3.50)	28.5 (4.64)	34.5 (4.59)	16.6 (3.46)	20.4 (3.57)
Health/physical ed.	[5] (†)	9 (1.0)	12 (1.8)	4.5 (2.80)	59.9 (7.33)	33.7 (7.48)	‡ (†)	‡ (†)	27.5 (5.72)	30.5 (6.63)	19.5 (4.73)	22.4 (4.33)
Mathematics	33 (1.6)	31 (3.2)	36 (2.6)	4.9 (1.50)	52.0 (4.38)	37.7 (4.10)	2.9 (1.09)	2.4 (1.22)	21.5 (2.89)	26.6 (3.11)	27.4 (4.00)	24.6 (2.99)
Science	23 (1.3)	27 (1.8)	31 (1.9)	‡ (†)	48.4 (3.31)	40.0 (3.21)	3.8 (1.22)	7.7 (2.32)	22.5 (3.04)	33.7 (3.35)	24.1 (2.94)	19.7 (3.01)
Social studies	19 (1.1)	27 (2.4)	31 (2.6)	1.9 (1.17)	44.3 (4.58)	41.2 (4.50)	5.7 (1.49)	6.8 (2.53)	23.0 (4.76)	28.2 (3.97)	25.9 (3.14)	22.9 (3.40)
Special education	7 (1.0)	7 (1.5)	6 (1.0)	‡ (†)	53.8 (8.31)	36.9 (7.74)	5.3 (3.13)	‡ (†)	15.9 (5.41)	45.4 (6.29)	27.9 (6.43)	10.9 (3.93)
Vocational/technical	4 (0.6)	5 (0.9)	5 (0.8)	13.7 (5.38)	49.2 (8.80)	36.2 (8.52)	‡ (†)	‡ (†)	29.6 (8.18)	27.5 (7.57)	23.2 (8.22)	19.8 (6.54)
Other secondary	69 (2.6)	24 (2.7)	29 (2.3)	13.5 (5.75)	35.5 (4.22)	41.1 (4.40)	5.1 (2.13)	4.8 (1.62)	24.6 (5.80)	34.9 (4.59)	24.9 (3.62)	15.6 (2.90)

—Not available.
†Not applicable.
‡Reporting standards not met.
[1]Includes certificate of advanced graduate studies.
[2]Data for 1999–2000 are only roughly comparable to data for later years, because the new category of two or more races was introduced in 2003–04.
[3]Includes Pacific Islander.
[4]Included under other elementary.
[5]Included under other secondary.

NOTE: Excludes prekindergarten teachers. Data are based on a head count of full-time and part-time teachers rather than on the number of full-time-equivalent teachers reported in other tables. Detail may not sum to totals because of rounding and cell suppression. Race categories exclude persons of Hispanic ethnicity. Standard errors appear in parentheses.

SOURCE: U.S. Department of Education, National Center for Education Statistics, Schools and Staffing Survey (SASS), "Public Teacher Questionnaire," 1999–2000, 2003–04, and 2007–08; "Private Teacher Questionnaire," 1999–2000, 2003–04, and 2007–08; and "Charter Teacher Questionnaire," 1999–2000. (This table was prepared September 2009.)

Table 73. Selected characteristics of public school teachers: Selected years, spring 1961 through spring 2006

Selected characteristic	1961	1966	1971	1976	1981	1986	1991	1996	2001	2006
1	2	3	4	5	6	7	8	9	10	11
Number of teachers (in thousands)	1,408	1,710	2,055	2,196	2,185	2,206	2,398	2,164	2,979	3,588
Sex (percent)										
Male	31.3	31.1	34.3	32.9	33.1	31.2	27.9	25.6	21.0	29.9
Female	68.7	68.9	65.7	67.1	66.9	68.8	72.1	74.4	79.0	70.1
Median age (years)										
All teachers	41	36	35	33	37	41	42	44	46	46
Males	34	33	33	33	38	42	43	46	47	44
Females	46	40	37	33	36	41	42	44	45	47
Marital status (percent)										
Single	22.3	22.0	19.5	20.1	18.5	12.9	11.7	12.4	15.2	13.2
Married	68.0	69.1	71.9	71.3	73.0	75.7	75.7	75.9	73.1	73.1
Widowed, divorced, or separated	9.7	9.0	8.6	8.6	8.5	11.4	12.6	11.8	11.7	13.8
Highest degree held (percent)										
Less than bachelor's	14.6	7.0	2.9	0.9	0.4	0.3	0.6	0.3	0.2	1.0
Bachelor's	61.9	69.6	69.6	61.6	50.1	48.3	46.3	43.6	43.1	37.2
Master's or specialist degree[1]	23.1	23.2	27.1	37.1	49.3	50.7	52.6	54.5	56.0	60.4
Doctor's	0.4	0.1	0.4	0.4	0.3	0.7	0.5	1.7	0.8	1.4
College credits earned in last 3 years										
Percent who earned credits	—	—	60.7	63.2	56.1	53.1	50.3	50.2	46.3	55.7
Mean number of credits earned[2]	—	—	14	—	9	4	4	—	—	—
Full-time teaching experience (percent)										
1 year	8.0	9.1	9.1	5.5	1.6	2.5	2.8	2.1	3.1	1.8
2–4 years	19.5	23.7	23.3	21.8	11.9	6.9	10.9	11.9	15.2	11.3
5–9 years	19.4	21.7	24.0	28.9	26.2	17.7	16.3	16.6	19.1	20.7
10–14 years	15.1	14.2	15.6	17.3	23.0	22.3	17.2	16.9	13.3	15.8
15–19 years	10.4	9.8	9.7	12.5	15.4	23.1	18.2	14.3	11.5	14.3
20 years or more	27.6	21.4	18.3	14.1	21.9	27.7	34.7	38.1	37.8	36.0
Median years of full-time teaching experience	11	8	8	8	12	15	15	15	14	15
Average number of pupils per class										
Elementary teachers, not departmentalized	29	28	27	25	25	24	23	24	21	22
Secondary and departmentalized elementary teachers	27	27	27	25	23	26	26	31	28	29
Average number of students taught per day by secondary and departmentalized elementary teachers	—	132	135	127	118	97	93	97	86	87
Average number of hours in required school day	7.4	7.3	7.3	7.3	7.3	7.3	7.2	7.3	7.4	7.4
Average number of hours per week spent on all teaching duties										
All teachers	47	47	47	46	46	49	47	49	50	52
Elementary teachers	49	47	46	44	44	47	44	47	49	52
Secondary teachers	46	48	48	48	48	51	50	52	52	53
Average number of days of classroom teaching in school year	—	181	181	180	180	180	180	180	181	181
Average number of nonteaching days in school year	—	5	4	5	6	5	5	6	7	7
Average annual salary as classroom teacher (current dollars)	$5,264 [3]	$6,253	$9,261	$12,005	$17,209	$24,504	$31,790	$35,549	$43,262	$49,482
Average annual salary as classroom teacher (in constant 2008–09 dollars[4])	37,982	42,066	50,043	46,467	42,644	48,338	50,957	49,391	53,038	53,378
Average total income, including spouse's (if married) (current dollars)	—	—	15,021	19,957	29,831	43,413	55,491	63,171	77,739	87,630
Average total income, including spouse's (if married) (in constant 2008–09 dollars[4])	—	—	81,167	77,246	73,922	85,639	88,948	87,768	95,306	94,529
Willingness to teach again (percent)										
Certainly would	49.9	52.6	44.9	37.5	21.8	22.7	28.6	32.1	31.7	38.2
Probably would	26.9	25.4	29.5	26.1	24.6	26.3	30.5	30.5	28.7	27.3
Chances about even	12.5	12.9	13.0	17.5	17.6	19.8	18.5	17.3	18.4	16.1
Probably would not	7.9	7.1	8.9	13.4	24.0	22.0	17.0	15.8	15.7	12.7
Certainly would not	2.8	2.0	3.7	5.6	12.0	9.3	5.4	4.3	5.6	5.8

—Not available
[1]Includes education specialist or professional diploma based on 6 years of college study.
[2]Measured in semester hours.
[3]Includes extra pay for extra duties.
[4]Constant dollars based on the Consumer Price Index, prepared by the Bureau of Labor Statistics, U.S. Department of Labor, adjusted to a school-year basis.

NOTE: Data are based on sample surveys of public school teachers. See Appendix A: Guide to Sources for information on interpreting data from this survey. Data differ from figures appearing in other tables because of varying survey processing procedures and time period coverages. Detail may not sum to totals because of rounding.
SOURCE: National Education Association, *Status of the American Public School Teacher*, selected years, 1960–61 through 2005–06. (This table was prepared June 2010.)

Table 74. Percentage of public school teachers of grades 9 through 12, by field of main teaching assignment and selected demographic and educational characteristics: 2007–08

Teacher characteristic	Total	Field of main teaching assignment: Arts and music	English or language arts	Foreign languages	Health and physical education	Mathematics	Natural sciences	Social sciences	Special education	Vocational/ technical	All other
1	2	3	4	5	6	7	8	9	10	11	12
Number of teachers (in thousands)	1,082.3 (27.39)	81.1 (3.53)	172.2 (7.55)	64.2 (3.54)	72.1 (3.75)	144.8 (5.73)	125.1 (6.14)	123.9 (5.31)	110.1 (4.91)	138.4 (4.90)	50.6 (3.27)
Total	100.0 (†)	100.0 (†)	100.0 (†)	100.0 (†)	100.0 (†)	100.0 (†)	100.0 (†)	100.0 (†)	100.0 (†)	100.0 (†)	100.0 (†)
Sex											
Male	42.0 (0.64)	43.6 (2.02)	24.6 (1.28)	21.3 (1.81)	62.3 (2.08)	43.2 (1.79)	46.2 (1.52)	64.1 (1.68)	27.5 (1.60)	48.5 (1.48)	41.5 (2.90)
Female	58.0 (0.64)	56.4 (2.02)	75.4 (1.28)	78.7 (1.81)	37.7 (2.08)	56.8 (1.79)	53.8 (1.52)	35.9 (1.68)	72.5 (1.60)	51.5 (1.48)	58.5 (2.90)
Race/ethnicity											
White	83.5 (0.87)	89.8 (1.24)	83.5 (1.51)	71.4 (2.56)	86.1 (2.09)	81.2 (1.47)	86.4 (1.26)	86.5 (1.27)	83.9 (1.65)	85.3 (1.58)	72.0 (3.38)
Black	6.9 (0.65)	4.8 (0.77)	8.2 (1.22)	2.7 (0.75)	6.7 (1.36)	7.3 (0.95)	5.5 (0.78)	5.3 (0.74)	9.0 (1.24)	8.7 (1.22)	9.3 (1.39)
Hispanic	6.6 (0.70)	3.2 (0.97)	5.8 (0.90)	22.5 (2.72)	5.6 (1.37)	6.9 (1.12)	4.2 (0.87)	5.7 (1.19)	4.9 (1.00)	3.8 (0.78)	14.7 (3.14)
Asian	1.3 (0.34)	0.5 (0.23)	1.1 (0.43)	2.0 (0.99)	0.3 (0.33)	2.9 (0.98)	2.0 (0.71)	1.1 (0.39)	0.7 (0.31)	0.5 (0.28)	1.4 (0.91)
Pacific Islander	0.2 (0.07)	0.1 (0.07)	0.3 (0.24)	‡ (†)	0.1 (0.08)	0.2 (0.19)	0.4 (0.31)	0.2 (0.17)	‡ (†)	0.3 (0.14)	‡ (†)
American Indian/Alaska Native	0.5 (0.08)	0.7 (0.40)	0.4 (0.11)	0.3 (0.15)	0.6 (0.28)	0.4 (0.13)	0.7 (0.32)	0.6 (0.31)	0.5 (0.15)	0.5 (0.17)	0.9 (0.35)
Two or more races	0.9 (0.13)	0.8 (0.27)	0.8 (0.21)	1.1 (0.63)	0.7 (0.36)	1.1 (0.44)	0.8 (0.30)	0.6 (0.25)	0.8 (0.30)	0.9 (0.27)	1.5 (0.83)
Age											
Under 30 years	17.4 (0.49)	18.8 (2.05)	20.7 (1.41)	18.8 (1.94)	16.2 (1.56)	21.6 (1.54)	17.2 (1.58)	19.9 (1.40)	13.8 (1.41)	11.7 (0.78)	8.8 (1.66)
30 to 39 years	25.9 (0.46)	22.3 (1.90)	28.4 (1.41)	25.7 (1.92)	31.1 (2.10)	25.6 (1.38)	25.9 (1.57)	31.6 (1.40)	26.3 (1.64)	19.5 (1.24)	19.6 (2.98)
40 to 49 years	22.8 (0.45)	22.6 (1.78)	18.6 (1.21)	17.3 (1.48)	25.0 (1.81)	25.0 (1.57)	25.2 (1.42)	19.4 (1.21)	23.1 (1.24)	27.2 (1.45)	25.5 (2.50)
50 to 59 years	26.4 (0.55)	30.3 (2.86)	23.7 (1.25)	26.4 (1.71)	23.5 (1.92)	21.3 (1.55)	24.7 (1.39)	23.4 (1.34)	29.5 (1.84)	32.9 (1.59)	35.0 (3.13)
60 years and over	7.5 (0.32)	6.0 (0.95)	8.5 (0.80)	11.8 (1.75)	4.2 (1.05)	6.4 (0.71)	7.0 (0.76)	5.7 (0.76)	7.3 (0.92)	8.8 (0.97)	11.1 (1.88)
Age at which first began to teach full time or part time											
25 years or under	52.2 (0.70)	59.7 (2.34)	55.8 (1.69)	52.1 (2.59)	62.8 (2.29)	57.6 (1.89)	50.0 (1.71)	52.6 (1.72)	47.6 (1.79)	43.7 (1.58)	36.0 (2.86)
26 to 35 years	29.9 (0.55)	26.1 (1.82)	29.2 (1.49)	29.9 (2.46)	31.0 (2.36)	24.6 (1.70)	33.3 (1.47)	33.8 (1.69)	32.6 (1.64)	29.9 (1.40)	27.8 (2.92)
36 to 45 years	12.7 (0.43)	10.0 (1.19)	10.8 (0.90)	11.9 (1.41)	5.0 (1.01)	12.9 (1.17)	11.4 (1.10)	10.3 (0.90)	12.2 (1.16)	19.3 (1.23)	26.9 (3.46)
46 to 55 years	4.4 (0.24)	4.1 (0.87)	3.8 (0.55)	5.1 (1.31)	1.0 (0.48)	3.7 (0.64)	4.5 (0.75)	2.8 (0.54)	6.7 (0.93)	6.1 (0.75)	7.8 (1.37)
56 years or over	0.7 (0.10)	0.1 (0.05)	0.5 (0.22)	0.9 (0.37)	0.1 (0.14)	1.1 (0.33)	0.8 (0.26)	0.5 (0.21)	0.8 (0.30)	1.1 (0.41)	1.5 (0.54)
Years of full-time teaching experience											
Less than 3 years	13.6 (0.43)	15.8 (2.13)	14.5 (1.03)	13.8 (1.43)	10.8 (1.22)	13.7 (1.15)	14.3 (1.56)	12.3 (1.24)	12.6 (1.51)	14.1 (1.14)	12.4 (1.85)
3 to 9 years	33.5 (0.56)	27.7 (2.04)	36.5 (1.64)	35.4 (2.30)	30.1 (1.99)	35.0 (1.50)	32.6 (1.46)	35.9 (1.67)	35.0 (1.51)	29.6 (1.27)	33.9 (3.15)
10 to 20 years	29.1 (0.55)	29.0 (1.95)	25.3 (1.25)	26.9 (2.22)	30.3 (1.90)	31.7 (1.50)	31.8 (1.63)	29.6 (1.48)	28.1 (1.73)	28.8 (1.28)	31.4 (2.59)
Over 20 years	23.8 (0.53)	27.4 (2.89)	23.8 (1.03)	23.9 (2.24)	28.8 (1.73)	19.6 (1.28)	21.3 (1.24)	22.2 (1.16)	24.4 (1.55)	27.5 (1.38)	22.3 (3.07)
Highest college degree											
Less than bachelor's degree	2.0 (0.16)	0.5 (0.30)	0.3 (0.11)	0.6 (0.34)	0.8 (0.43)	0.3 (0.19)	0.6 (0.24)	0.6 (0.27)	0.5 (0.25)	10.5 (0.83)	5.7 (0.94)
Bachelor's degree	44.5 (0.79)	49.6 (2.20)	45.0 (1.49)	44.9 (2.33)	52.7 (2.00)	47.2 (1.77)	38.9 (2.03)	45.4 (1.62)	39.6 (1.70)	43.7 (1.43)	39.2 (3.17)
Master's degree	46.0 (0.81)	44.3 (2.00)	46.1 (1.53)	45.9 (2.49)	41.0 (2.28)	47.5 (1.65)	51.4 (1.89)	46.7 (1.61)	50.3 (1.34)	38.6 (1.41)	46.2 (3.50)
Education specialist[1]	6.0 (0.28)	4.7 (1.06)	7.1 (0.74)	6.8 (1.02)	5.3 (0.91)	4.2 (0.75)	6.1 (0.81)	4.9 (0.61)	8.6 (1.03)	5.9 (0.75)	7.4 (1.45)
Doctorate or first professional	1.5 (0.14)	0.9 (0.25)	1.5 (0.34)	1.8 (0.65)	0.1 (0.10)	0.9 (0.23)	3.0 (0.64)	2.4 (0.55)	1.0 (0.55)	1.2 (0.46)	1.5 (0.52)
Major field of study in bachelor's or higher degree[2]											
Arts and music	8.9 (0.33)	90.3 (1.93)	4.7 (0.51)	3.0 (0.73)	1.1 (0.38)	1.6 (0.36)	0.9 (0.35)	1.6 (0.45)	2.0 (0.48)	2.2 (0.54)	3.1 (0.84)
Education, elementary instruction	6.0 (0.31)	3.7 (2.12)	5.2 (0.66)	4.7 (1.21)	3.1 (0.76)	3.8 (0.53)	1.2 (0.32)	1.5 (0.40)	22.5 (1.38)	4.0 (0.61)	16.8 (2.91)
Education, secondary instruction	17.2 (0.53)	7.2 (1.00)	22.4 (1.10)	20.6 (1.99)	5.7 (0.97)	21.8 (1.14)	27.0 (1.38)	28.7 (1.44)	4.4 (0.69)	9.5 (0.92)	10.4 (1.66)
Education, special education	10.4 (0.34)	1.1 (0.40)	6.2 (0.71)	2.8 (0.73)	3.3 (0.77)	3.8 (0.57)	1.5 (0.37)	2.7 (0.42)	72.0 (1.52)	2.6 (0.52)	6.2 (1.49)
Education, other	15.0 (0.44)	10.3 (1.23)	15.2 (1.13)	14.1 (1.61)	17.1 (1.55)	15.0 (1.12)	15.9 (1.12)	17.8 (1.33)	14.1 (1.23)	13.3 (1.06)	17.4 (2.20)
English and language arts	18.2 (0.47)	4.5 (0.82)	81.7 (1.14)	16.0 (1.76)	3.3 (0.97)	3.0 (0.51)	1.8 (0.46)	6.2 (0.88)	10.7 (1.08)	3.9 (0.69)	18.1 (2.56)
Foreign languages	6.5 (0.31)	1.0 (0.29)	3.9 (0.71)	79.9 (1.81)	0.7 (0.46)	1.6 (0.52)	1.2 (0.40)	1.2 (0.33)	1.3 (0.43)	0.5 (0.23)	8.1 (1.62)
Health and physical education	10.5 (0.41)	1.5 (0.44)	2.0 (0.43)	2.0 (0.62)	88.5 (1.46)	5.6 (0.73)	7.8 (0.77)	8.5 (1.03)	5.4 (0.79)	3.4 (0.56)	10.1 (1.25)
Mathematics	10.3 (0.34)	2.5 (0.80)	0.7 (0.32)	1.8 (0.58)	1.3 (0.42)	67.3 (1.64)	3.2 (1.39)	0.2 (0.18)	1.0 (0.36)	1.0 (0.30)	3.8 (0.98)
Natural sciences	12.7 (0.53)	1.0 (0.35)	0.5 (0.14)	1.4 (0.58)	2.0 (0.59)	10.3 (1.68)	83.5 (1.17)	1.4 (0.34)	4.1 (0.94)	3.4 (0.62)	6.2 (1.21)
Social sciences	19.6 (0.44)	4.1 (0.83)	13.0 (0.90)	15.6 (1.72)	7.5 (1.19)	8.3 (0.70)	7.5 (1.02)	82.8 (1.29)	24.8 (1.61)	7.3 (0.89)	19.2 (1.95)
Vocational/technical education	16.0 (0.49)	3.6 (0.86)	4.0 (0.68)	3.7 (0.81)	4.3 (0.94)	13.3 (1.31)	7.9 (0.90)	5.8 (0.88)	8.8 (0.88)	73.6 (1.21)	19.0 (2.81)
Other field	8.6 (0.34)	5.4 (0.91)	9.9 (0.81)	12.8 (1.62)	5.2 (1.15)	9.5 (1.04)	6.3 (1.08)	6.9 (0.87)	7.1 (0.82)	5.4 (0.62)	28.3 (3.14)
No degree	2.0 (0.16)	0.5 (0.30)	0.3 (0.11)	0.6 (0.34)	0.8 (0.43)	0.3 (0.19)	0.6 (0.24)	0.6 (0.27)	0.5 (0.25)	10.5 (0.83)	5.7 (0.94)

†Not applicable.
‡Reporting standards not met.
[1]Education specialist degrees or certificates are generally awarded for 1 year's work beyond the master's level.
[2]Data may sum to more than 100 percent because (1) a teacher who reported more than one major is represented in more than one field of study and (2) a teacher with multiple degrees in different fields of study is represented in more than one field of study.

NOTE: Race categories exclude persons of Hispanic ethnicity. Detail may not sum to totals because of rounding. Standard errors appear in parentheses.
SOURCE: U.S. Department of Education, National Center for Education Statistics, Schools and Staffing Survey (SASS), "Public Teacher Questionnaire," 2007–08. (This table was prepared October 2009.)

Table 75. Percentage of teachers indicating that certain issues are serious problems in their schools and that certain problems occur daily, by level and control of school: Selected years 1987–88 through 2007–08

Control of school and issue	Percent of teachers indicating issue is a serious problem										Percent of teachers indicating problem occurs daily, 2003–04[1]		
				2003–04			2007–08						
	1987–88 total	1993–94 total	1999–2000 total	Total[2]	Elementary schools	Secondary schools	Total	Elementary schools	Secondary schools	Combined schools	Total	Elementary schools	Secondary schools
1	2	3	4	5	6	7	8	9	10	11	12	13	14
Public schools													
Student tardiness	10.5 (0.18)	10.5 (0.28)	10.2 (0.22)	13.8 (0.29)	9.8 (0.38)	23.1 (0.58)	9.8 (0.33)	5.8 (0.37)	17.9 (0.65)	9.0 (1.36)	— (†)	— (†)	— (†)
Student absenteeism	16.4 (0.23)	14.4 (0.29)	13.9 (0.26)	13.1 (0.31)	8.3 (0.36)	23.7 (0.59)	11.7 (0.36)	6.5 (0.42)	21.4 (0.63)	14.2 (0.95)	— (†)	— (†)	— (†)
Teacher absenteeism	2.3 (0.09)	1.5 (0.09)	2.2 (0.10)	1.1 (0.08)	0.9 (0.12)	1.7 (0.15)	1.5 (0.15)	1.2 (0.20)	2.0 (0.20)	2.3 (0.48)	— (†)	— (†)	— (†)
Students cutting class	5.9 (0.16)	5.1 (0.12)	4.7 (0.12)	5.5 (0.23)	1.5 (0.17)	14.5 (0.59)	4.0 (0.20)	0.5 (0.12)	10.9 (0.52)	4.0 (0.64)	— (†)	— (†)	— (†)
Physical conflicts among students	5.8 (0.18)	8.2 (0.25)	4.8 (0.19)	12.1 (0.29)	13.7 (0.43)	9.3 (0.38)	— (†)	— (†)	— (†)	— (†)	12.1 (0.29)	13.7 (0.43)	9.3 (0.38)
Robbery or theft	3.7 (0.12)	4.1 (0.17)	2.4 (0.11)	3.7 (0.17)	2.9 (0.23)	5.9 (0.24)	— (†)	— (†)	— (†)	— (†)	3.7 (0.17)	2.8 (0.22)	5.9 (0.24)
Vandalism of school property	6.1 (0.15)	6.7 (0.23)	3.4 (0.15)	3.7 (0.16)	2.5 (0.21)	6.3 (0.33)	— (†)	— (†)	— (†)	— (†)	3.6 (0.16)	2.5 (0.21)	6.3 (0.33)
Student pregnancy	6.9 (0.17)	7.3 (0.24)	3.7 (0.12)	2.4 (0.12)	0.2 ! (0.06)	7.0 (0.34)	— (†)	— (†)	— (†)	— (†)	— (†)	— (†)	— (†)
Student use of alcohol	11.4 (0.18)	9.3 (0.17)	7.4 (0.14)	3.0 (0.10)	0.3 (0.07)	9.0 (0.28)	— (†)	— (†)	— (†)	— (†)	3.1 (0.10)	0.3 (0.07)	9.0 (0.28)
Student drug abuse	8.0 (0.14)	5.7 (0.14)	6.0 (0.11)	4.5 (0.14)	0.5 (0.10)	13.0 (0.35)	— (†)	— (†)	— (†)	— (†)	4.5 (0.14)	0.5 (0.11)	13.0 (0.35)
Student possession of weapons	1.7 (0.06)	2.8 (0.12)	0.8 (0.06)	0.5 (0.05)	0.1 ! (0.05)	1.2 (0.12)	— (†)	— (†)	— (†)	— (†)	0.5 (0.05)	0.1 (0.05)	1.2 (0.12)
Verbal abuse of teachers	8.1 (0.21)	11.1 (0.26)	— (†)	11.8 (0.31)	9.3 (0.39)	17.1 (0.50)	— (†)	— (†)	— (†)	— (†)	11.8 (0.31)	9.3 (0.39)	17.1 (0.50)
Student disrespect for teachers	— (†)	18.5 (0.35)	17.2 (0.34)	21.6 (0.45)	18.6 (0.62)	28.3 (0.58)	— (†)	— (†)	— (†)	— (†)	21.6 (0.45)	18.5 (0.61)	28.3 (0.58)
Students dropping out	— (†)	5.8 (0.16)	4.6 (0.11)	3.3 (0.13)	0.4 (0.08)	9.6 (0.41)	3.5 (0.19)	0.8 (0.19)	8.7 (0.41)	5.3 (0.77)	— (†)	— (†)	— (†)
Student apathy	— (†)	23.6 (0.35)	20.6 (0.30)	16.6 (0.34)	9.9 (0.40)	30.4 (0.56)	16.5 (0.45)	10.0 (0.55)	28.5 (0.67)	21.4 (1.16)	— (†)	— (†)	— (†)
Lack of parental involvement	— (†)	27.6 (0.45)	23.7 (0.36)	21.6 (0.42)	19.3 (0.58)	26.3 (0.59)	19.5 (0.49)	16.8 (0.68)	24.0 (0.69)	23.5 (1.42)	— (†)	— (†)	— (†)
Poverty	— (†)	19.5 (0.52)	19.2 (0.43)	21.4 (0.45)	22.4 (0.64)	19.0 (0.57)	22.1 (0.59)	22.8 (0.83)	20.2 (0.68)	26.7 (1.36)	— (†)	— (†)	— (†)
Students come unprepared to learn	— (†)	28.8 (0.39)	29.5 (0.36)	2.4 (0.15)	1.8 (0.19)	3.9 (0.22)	24.2 (0.56)	20.7 (0.84)	30.5 (0.77)	28.5 (1.45)	— (†)	— (†)	— (†)
Racial tension	— (†)	— (†)	— (†)	26.8 (0.46)	23.7 (0.68)	33.5 (0.69)	— (†)	— (†)	— (†)	— (†)	2.4 (0.15)	1.8 (0.19)	3.9 (0.22)
Private schools													
Student tardiness	3.6 (0.38)	2.6 (0.23)	2.9 (0.21)	2.8 (0.40)	2.1 (0.45)	5.0 (0.83)	2.5 (0.28)	2.3 (0.37)	3.0 (0.83)	2.6 (0.47)	— (†)	— (†)	— (†)
Student absenteeism	3.7 (0.39)	2.2 (0.19)	2.5 (0.22)	1.9 (0.23)	0.9 (0.17)	4.0 (0.75)	2.0 (0.23)	0.9 (0.23)	3.9 (0.99)	2.3 (0.40)	— (†)	— (†)	— (†)
Teacher absenteeism	0.8 (0.13)	0.8 (0.10)	0.8 (0.11)	0.3 ! (0.10)	0.2 ! (0.08)	0.5 ! (0.24)	0.5 (0.13)	0.3 ! (0.08)	0.2 ! (0.18)	1.0 ! (0.32)	— (†)	— (†)	— (†)
Students cutting class	0.9 (0.16)	0.7 (0.11)	0.8 (0.12)	0.5 (0.11)	0.2 ! (0.07)	0.9 ! (0.36)	0.5 ! (0.18)	0.1 ! (0.05)	1.1 ! (0.41)	0.7 ! (0.43)	— (†)	— (†)	— (†)
Physical conflicts among students	1.3 (0.19)	1.5 (0.15)	1.0 (0.18)	2.4 (0.31)	2.7 (0.55)	1.0 ! (0.35)	— (†)	— (†)	— (†)	— (†)	2.3 (0.33)	2.6 (0.58)	1.0 (0.35)
Robbery or theft	1.3 (0.18)	0.8 (0.10)	0.9 (0.11)	0.4 (0.10)	# (0.03)	1.3 ! (0.40)	— (†)	— (†)	— (†)	— (†)	0.4 (0.10)	# (†)	1.3 (0.40)
Vandalism of school property	1.3 (0.19)	1.2 (0.11)	0.7 (0.11)	0.5 (0.11)	0.1 ! (0.07)	0.8 ! (0.28)	— (†)	— (†)	— (†)	— (†)	0.5 (0.11)	0.1 (0.08)	0.8 (0.28)
Student pregnancy	0.6 (0.12)	0.4 (0.06)	0.4 (0.09)	0.1 ! (0.05)	0.1 ! (0.04)	0.3 ! (0.19)	— (†)	— (†)	— (†)	— (†)	— (†)	— (†)	— (†)
Student use of alcohol	3.6 (0.30)	3.1 (0.19)	3.1 (0.16)	0.7 (0.17)	# (†)	3.3 (0.86)	— (†)	— (†)	— (†)	— (†)	0.7 (0.17)	# (†)	3.3 (0.86)
Student drug abuse	1.8 (0.24)	1.3 (0.15)	1.8 (0.14)	1.1 (0.25)	# (†)	5.2 (1.31)	— (†)	— (†)	— (†)	— (†)	1.1 (0.26)	# (†)	5.2 (1.31)
Student possession of weapons	0.4 (0.11)	0.3 (0.06)	0.3 (0.06)	# (†)	# (†)	# (†)	— (†)	— (†)	— (†)	— (†)	# (†)	# (†)	# (†)
Verbal abuse of teachers	2.0 (0.24)	2.3 (0.25)	— (†)	2.4 (0.40)	1.1 (0.29)	4.0 (0.84)	— (†)	— (†)	— (†)	— (†)	2.4 (0.40)	1.2 (0.29)	4.0 (0.84)
Student disrespect for teachers	— (†)	3.4 (0.27)	3.8 (0.31)	5.1 (0.37)	3.6 (0.54)	6.3 (1.05)	— (†)	— (†)	— (†)	— (†)	5.1 (0.37)	3.6 (0.56)	6.3 (1.05)
Students dropping out	— (†)	0.6 (0.09)	0.5 (0.10)	0.3 ! (0.09)	0.2 ! (0.08)	0.5 ! (0.26)	0.4 ! (0.20)	0.4 (0.13)	0.5 ! (0.22)	0.4 ! (0.54)	— (†)	— (†)	— (†)
Student apathy	— (†)	4.5 (0.28)	4.3 (0.29)	3.0 (0.39)	1.4 (0.23)	6.6 (0.95)	3.9 (0.34)	1.7 (0.30)	6.9 (1.06)	5.1 (0.74)	— (†)	— (†)	— (†)
Lack of parental involvement	— (†)	4.0 (0.26)	3.4 (0.30)	2.5 (0.37)	1.6 (0.28)	3.6 (0.77)	2.5 (0.24)	1.9 (0.36)	2.8 (0.67)	3.0 (0.46)	— (†)	— (†)	— (†)
Poverty	— (†)	2.7 (0.23)	2.1 (0.21)	2.2 (0.26)	1.7 (0.31)	3.4 (0.78)	2.0 (0.21)	1.4 (0.28)	2.0 (0.56)	2.6 (0.44)	— (†)	— (†)	— (†)
Students come unprepared to learn	— (†)	4.1 (0.28)	4.9 (0.36)	0.4 (0.08)	0.1 ! (0.06)	0.9 ! (0.36)	3.6 (0.34)	1.9 (0.33)	6.2 (1.51)	4.4 (0.85)	— (†)	— (†)	— (†)
Racial tension	— (†)	— (†)	— (†)	3.5 (0.30)	2.1 (0.53)	6.8 (0.99)	— (†)	— (†)	— (†)	— (†)	0.4 (0.08)	0.1 (0.06)	0.9 (0.36)

—Not available.
†Not applicable.
#Rounds to zero.
!Interpret data with caution.
[1]Only the 2003–04 survey included questions about how often problems occurred.
[2]For 2003–04, combined schools are included in the total but not shown separately.
NOTE: Standard errors appear in parentheses. Some data have been revised from previously published figures.
SOURCE: U.S. Department of Education, National Center for Education Statistics, Schools and Staffing Survey (SASS), "Public Teacher Questionnaire," selected years, 1987–88 through 2007–08; "Private Teacher Questionnaire," selected years, 1987–88 through 2007–08; and "Charter Teacher Questionnaire," 1999–2000. (This table was prepared September 2009.)

Table 76. Teachers' perceptions about teaching and school conditions, by control and level of school: Selected years, 1993–94 through 2007–08

Statement about conditions	Public school teachers							Private school teachers						
	1993–94 total	1999–2000 total	2003–04 total	2007–08				1993–94 total	1999–2000 total	2003–04 total	2007–08			
				Total	Elementary schools	Secondary schools	Combined schools				Total	Elementary schools	Secondary schools	Combined schools
1	2	3	4	5	6	7	8	9	10	11	12	13	14	15
	Percent of teachers somewhat agreeing or strongly agreeing with statement													
The school administration's behavior toward the staff is supportive	79.2 (0.36)	78.8 (0.38)	85.2 (0.33)	87.7 (0.39)	88.1 (0.50)	87.1 (0.47)	86.3 (1.24)	88.2 (0.42)	87.3 (0.45)	91.1 (0.78)	93.1 (0.43)	92.6 (0.48)	92.3 (1.15)	93.9 (0.74)
My principal enforces school rules for student conduct and backs me up when I need it	80.8 (0.35)	82.2 (0.33)	87.2 (0.34)	88.0 (0.37)	89.2 (0.48)	85.9 (0.51)	86.1 (1.12)	88.4 (0.41)	88.3 (0.39)	92.2 (0.75)	92.2 (0.57)	91.7 (0.70)	91.8 (1.17)	92.8 (0.97)
The principal lets staff members know what is expected of them	85.6 (0.30)	87.7 (0.26)	91.9 (0.23)	— (†)	— (†)	— (†)	— (†)	88.2 (0.34)	89.8 (0.35)	93.8 (0.57)	— (†)	— (†)	— (†)	— (†)
Principal talks to me frequently about my instructional practices	44.3 (0.46)	45.6 (0.43)	— (†)	— (†)	— (†)	— (†)	— (†)	54.0 (0.64)	50.4 (0.64)	— (†)	— (†)	— (†)	— (†)	— (†)
In this school, staff members are recognized for a job well done	67.9 (0.39)	68.3 (0.42)	75.5 (0.38)	76.7 (0.56)	78.3 (0.77)	74.2 (0.63)	72.3 (1.42)	81.1 (0.40)	78.9 (0.50)	83.8 (1.14)	84.0 (0.66)	84.1 (0.76)	83.0 (1.71)	84.4 (1.06)
Principal knows what kind of school he/she wants and has communicated it to the staff	80.5 (0.36)	83.2 (0.28)	87.3 (0.30)	88.4 (0.33)	89.6 (0.44)	86.6 (0.51)	84.4 (1.20)	88.6 (0.38)	88.4 (0.43)	91.9 (0.68)	91.7 (0.53)	91.3 (0.65)	90.7 (1.20)	92.6 (0.81)
Most of my colleagues share my beliefs and values about what the central mission of the school should be	84.2 (0.22)	84.7 (0.26)	88.1 (0.26)	88.3 (0.35)	90.6 (0.52)	83.8 (0.53)	87.4 (0.86)	93.2 (0.37)	92.2 (0.31)	93.8 (0.49)	93.7 (0.44)	94.9 (0.47)	90.5 (1.36)	93.7 (0.78)
There is a great deal of cooperative effort among staff	77.5 (0.31)	78.4 (0.32)	83.2 (0.36)	84.3 (0.33)	86.1 (0.47)	81.0 (0.51)	81.9 (1.20)	90.5 (0.29)	89.0 (0.42)	91.2 (0.77)	91.7 (0.63)	92.1 (0.54)	88.4 (1.43)	92.6 (1.07)
I receive a great deal of support from parents for the work I do	52.5 (0.38)	57.9 (0.40)	61.1 (0.50)	64.3 (0.52)	66.4 (0.77)	60.4 (0.66)	62.6 (1.45)	84.6 (0.41)	84.0 (0.49)	86.1 (2.33)	87.7 (0.60)	89.4 (0.68)	85.1 (1.79)	86.9 (1.00)
I make a conscious effort to coordinate the content of my courses with that of other teachers	85.0 (0.25)	84.1 (0.24)	86.3 (0.31)	— (†)	— (†)	— (†)	— (†)	85.2 (0.44)	81.4 (0.55)	84.6 (0.90)	— (†)	— (†)	— (†)	— (†)
Routine duties and paperwork interfere with my job of teaching	70.8 (0.38)	71.1 (0.30)	70.8 (0.44)	69.0 (0.53)	69.4 (0.80)	68.7 (0.69)	64.4 (1.33)	40.1 (0.65)	44.5 (0.57)	40.7 (2.70)	42.7 (0.97)	44.6 (1.26)	46.3 (2.28)	39.2 (1.74)
Level of student misbehavior in this school interferes with my teaching	44.1 (0.40)	40.8 (0.42)	37.2 (0.52)	36.0 (0.57)	33.7 (0.80)	40.2 (0.79)	38.9 (1.36)	22.4 (0.43)	24.1 (0.61)	20.7 (2.47)	20.6 (0.72)	20.9 (0.95)	19.4 (1.72)	20.6 (1.36)
Amount of student tardiness and class cutting in this school interferes with my teaching	27.9 (0.32)	31.5 (0.35)	33.4 (0.45)	33.4 (0.64)	26.4 (0.85)	47.2 (0.86)	32.8 (1.35)	16.9 (0.75)	15.0 (0.43)	16.9 (1.11)	17.9 (0.72)	17.3 (0.77)	20.4 (1.77)	17.5 (1.63)
Rules for student behavior are consistently enforced by teachers in this school, even for students who are not in their classes	61.8 (0.42)	62.6 (0.39)	71.1 (0.46)	70.6 (0.55)	78.8 (0.67)	55.1 (0.66)	68.2 (1.37)	77.6 (0.50)	75.9 (0.51)	81.0 (1.52)	80.1 (0.81)	85.5 (0.85)	69.9 (2.00)	78.4 (1.49)
I am satisfied with my class sizes	64.9 (0.38)	67.7 (0.36)	69.1 (0.43)	— (†)	— (†)	— (†)	— (†)	84.4 (0.40)	85.7 (0.45)	87.5 (0.99)	— (†)	— (†)	— (†)	— (†)
I am satisfied with my teaching salary	44.9 (0.45)	39.4 (0.36)	45.9 (0.46)	50.9 (0.64)	48.9 (0.90)	55.2 (0.73)	48.0 (1.26)	41.6 (0.59)	42.6 (0.73)	50.6 (1.76)	51.7 (0.86)	44.4 (1.11)	55.6 (2.60)	57.8 (2.05)
I sometimes feel it is a waste of time to try to do my best as a teacher	26.8 (0.35)	20.3 (0.29)	16.7 (0.33)	— (†)	— (†)	— (†)	— (†)	10.2 (0.65)	10.5 (0.38)	8.6 (0.69)	— (†)	— (†)	— (†)	— (†)
I plan with the librarian/media specialist for the integration of services into my teaching	66.9 (0.42)	58.6 (0.38)	— (†)	— (†)	— (†)	— (†)	— (†)	60.6 (0.71)	48.7 (0.74)	— (†)	— (†)	— (†)	— (†)	— (†)
Necessary materials are available as needed by staff	73.1 (0.42)	75.0 (0.32)	79.0 (0.42)	82.2 (0.55)	82.5 (0.76)	81.5 (0.51)	82.2 (1.06)	85.7 (0.44)	89.0 (0.38)	91.8 (0.74)	92.1 (0.54)	92.2 (0.59)	91.2 (1.33)	92.2 (1.01)
I worry about the security of my job because of the performance of my students on state or local tests	— (†)	28.8 (0.37)	31.2 (0.43)	30.9 (0.58)	32.2 (0.81)	28.3 (0.54)	30.5 (1.31)	— (†)	6.7 (0.29)	7.8 (0.68)	7.6 (0.46)	8.2 (0.56)	6.3 (1.06)	7.5 (0.81)
State or district content standards have had a positive influence on my satisfaction with teaching	— (†)	— (†)	— (†)	— (†)	— (†)	— (†)	— (†)	— (†)	— (†)	— (†)	— (†)	— (†)	— (†)	— (†)
I am given the support I need to teach students with special needs	— (†)	60.9 (0.33)	64.5 (0.47)	67.2 (0.57)	66.2 (0.73)	68.3 (0.69)	72.7 (1.18)	— (†)	67.1 (0.58)	71.8 (2.00)	68.4 (0.84)	66.4 (1.15)	69.6 (1.81)	70.2 (1.56)
I am generally satisfied with being a teacher at this school	— (†)	89.7 (0.24)	90.9 (0.29)	92.8 (0.31)	93.0 (0.42)	92.4 (0.37)	93.1 (0.59)	— (†)	93.3 (0.26)	95.2 (0.56)	95.7 (0.43)	95.2 (0.52)	95.5 (0.92)	96.3 (0.65)

—Not available.
†Not applicable.
NOTE: Standard errors appear in parentheses.

SOURCE: U.S. Department of Education, National Center for Education Statistics, Schools and Staffing Survey (SASS), "Public Teacher Questionnaire," selected years 1993–94 through 2007–08; "Private Teacher Questionnaire," selected years 1993–94 through 2007–08; and "Charter Teacher Questionnaire," 1999–2000. (This table was prepared September 2009.)

Table 77. Mobility of public and private elementary and secondary teachers, by selected teacher and school characteristics: Selected years, 1987–88 through 2008–09

Selected characteristic	Percent of public school teachers							Percent of private school teachers						
	Left teaching				2007–08 to 2008–09			Left teaching				2007–08 to 2008–09		
	1987–88 to 1988–89	1993–94 to 1994–95	1999–2000 to 2000–01	2003–04 to 2004–05	Remained in same school	Changed schools	Left teaching	1987–88 to 1988–89	1993–94 to 1994–95	1999–2000 to 2000–01	2003–04 to 2004–05	Remained in same school	Changed schools	Left teaching
1	2	3	4	5	6	7	8	9	10	11	12	13	14	15
Total	**5.6 (0.30)**	**6.6 (0.34)**	**7.4 (0.37)**	**8.4 (0.44)**	**84.5 (0.84)**	**7.6 (0.53)**	**8.0 (0.55)**	**12.7 (0.85)**	**11.9 (0.70)**	**12.5 (0.69)**	**13.6 (2.18)**	**79.2 (1.72)**	**4.9 (0.60)**	**15.9 (1.53)**
Sex														
Male	5.1 (0.52)	5.2 (0.32)	7.4 (0.67)	7.7 (0.68)	84.4 (1.77)	7.8 (1.33)	7.9 (1.13)	10.2 (1.72)	13.1 (1.20)	11.7 (1.48)	14.2 (2.06)	80.0 (3.42)	5.7 (1.29)	14.3 (3.11)
Female	5.8 (0.39)	7.1 (0.44)	7.4 (0.45)	8.6 (0.50)	84.5 (0.94)	7.5 (0.57)	8.0 (0.65)	13.4 (0.92)	11.6 (0.78)	12.8 (0.76)	13.4 (2.88)	78.9 (1.84)	4.7 (0.68)	16.4 (1.63)
Race/ethnicity														
White	5.7 (0.32)	6.5 (0.36)	7.5 (0.45)	8.2 (0.50)	85.0 (0.96)	7.0 (0.58)	8.0 (0.67)	12.1 (0.90)	11.7 (0.69)	12.3 (0.73)	13.0 (2.33)	80.7 (1.82)	4.6 (0.59)	14.7 (1.59)
Black	5.1 ! (1.84)	6.6 (1.48)	7.4 (1.60)	11.0 (2.31)	80.5 (3.13)	10.4 (1.90)	9.0 (2.27)	34.7 (8.35)	12.6 ! (4.52)	14.8 ! (5.09)	23.0 ! (13.00)	67.2 (10.90)	8.6 ! (3.78)	24.2 ! (10.11)
Hispanic	2.9 (0.84)	9.1 (2.14)	7.5 (1.67)	9.3 (1.89)	83.8 (3.18)	10.7 (2.54)	5.6 ! (1.81)	21.3 ! (6.46)	14.6 (4.31)	9.6 (2.85)	22.1 (5.72)	69.2 (8.37)	7.1 ! (4.28)	23.7 ! (7.18)
Asian/Pacific Islander	4.2 ! (2.77)	2.4 (0.71)	2.1 ! (0.87)	10.3 ! (5.52)	80.1 (10.84)	11.9 ! (8.27)	8.0 ! (3.84)	8.8 ! (10.39)	17.5 ! (8.67)	24.2 ! (12.23)	7.6 ! (2.84)	‡ (†)	‡ (†)	‡ (†)
Asian	— (†)	— (†)	— (†)	11.0 ! (6.34)	79.5 (10.95)	10.9 ! (8.50)	9.6 ! (4.38)	— (†)	— (†)	— (†)	7.8 ! (3.01)	‡ (†)	‡ (†)	‡ (†)
Native Hawaiian/Pacific Islander	— (†)	— (†)	— (†)	‡ (†)	‡ (†)	‡ (†)	‡ (†)	— (†)	— (†)	— (†)	‡ (†)	‡ (†)	‡ (†)	
American Indian/Alaska Native	3.1 ! (1.70)	3.5 ! (1.06)	7.6 ! (3.68)	1.9 ! (0.77)	82.5 ! (29.40)	‡ (†)	‡ (†)	17.5 ! (15.61)	38.5 ! (20.33)	20.2 ! (12.71)	‡ (†)	‡ (†)	‡ (†)	‡ (†)
Two or more races	— (†)	— (†)	— (†)	5.3 ! (3.19)	82.5 (9.47)	‡ (†)	10.3 ! (6.23)	— (†)	— (†)	— (†)	‡ (†)	‡ (†)	‡ (†)	‡ (†)
Age														
Less than 25	4.3 (0.91)	3.8 (1.05)	9.3 (2.20)	4.8 (1.24)	75.3 (4.06)	16.0 (3.16)	8.7 ! (3.11)	19.0 (3.79)	20.0 (4.19)	29.9 (4.24)	18.0 (3.41)	67.0 (8.95)	6.5 ! (2.81)	26.5 ! (8.04)
25 to 29	9.0 (1.18)	10.0 (1.25)	9.7 (1.39)	10.6 (1.98)	76.3 (3.08)	14.3 (1.90)	9.4 (2.09)	17.6 (2.42)	13.1 (1.35)	18.6 (2.07)	21.2 (4.00)	69.7 (5.70)	11.6 (3.14)	18.7 (5.07)
30 to 39	5.8 (0.59)	6.7 (0.94)	6.5 (0.88)	6.8 (0.87)	84.4 (2.14)	7.3 (1.33)	8.4 (1.46)	12.4 (1.59)	14.9 (1.54)	13.7 (1.52)	14.2 (1.81)	76.9 (3.73)	4.9 (1.42)	18.2 (3.35)
40 to 49	2.4 (0.32)	3.9 (0.54)	4.6 (0.62)	5.3 (0.73)	89.6 (1.54)	6.6 (1.09)	3.9 (0.91)	10.5 (1.63)	8.7 (1.02)	8.5 (1.34)	10.7 (2.08)	83.7 (2.93)	5.4 (1.22)	10.9 (2.81)
50 to 59	5.7 (0.82)	6.3 (0.77)	8.1 (0.80)	9.8 (0.82)	85.9 (1.61)	5.7 (1.08)	8.4 (1.26)	11.3 (2.45)	8.2 (1.53)	5.9 (0.90)	8.6 ! (9.80)	85.2 (2.11)	2.4 (0.63)	12.4 (2.06)
60 to 64	23.4 (4.90)	30.5 (4.78)	25.7 (5.44)	28.0 (4.35)	80.0 (5.29)	2.6 ! (0.86)	17.5 (5.10)	16.9 ! (5.93)	13.1 (2.74)	18.1 (3.72)	20.7 (5.27)	79.2 (6.44)	3.1 ! (1.73)	17.6 ! (5.93)
65 and over	16.7 ! (8.48)	34.1 (7.79)	16.6 ! (5.44)	21.2 (5.95)	89.2 (4.72)	‡ (†)	10.4 ! (4.84)	7.9 ! (3.16)	41.9 (8.67)	29.4 (7.60)	21.2 ! (7.31)	74.7 (9.34)	‡ (†)	23.3 ! (8.67)
Full- and part-time teaching experience														
1 year or less	7.9 (0.96)	5.7 (0.82)	10.5 (1.93)	9.6 (1.66)	73.0 (4.29)	15.7 (2.28)	11.4 ! (3.94)	15.9 (2.73)	18.2 (2.12)	28.9 (3.95)	20.2 (4.36)	66.1 (8.45)	4.1 ! (2.92)	29.8 (7.86)
2 years	7.3 (1.81)	9.1 (1.51)	8.5 (1.94)	6.4 (1.43)	76.0 (4.70)	15.2 (3.26)	8.8 ! (2.93)	18.2 (3.32)	23.6 (2.72)	22.5 (3.24)	24.6 ! (16.24)	72.8 (8.46)	6.5 ! (2.18)	20.7 ! (8.57)
3 years	9.3 (1.50)	9.8 (1.42)	7.5 (1.60)	7.7 (1.55)	79.5 (5.12)	11.5 ! (4.00)	9.0 ! (3.11)	15.4 (3.80)	12.8 (2.15)	17.8 (2.49)	15.3 (2.47)	73.9 (6.77)	9.6 (2.75)	16.5 ! (6.35)
4 to 10 years	6.4 (0.89)	6.8 (0.94)	7.3 (0.72)	8.1 (0.98)	83.6 (1.70)	8.3 (1.02)	8.1 (1.27)	14.0 (1.91)	13.1 (1.51)	12.6 (1.37)	16.0 (2.54)	76.9 (2.63)	6.9 (1.44)	16.3 (2.13)
11 to 20 years	3.5 (0.42)	4.9 (0.64)	5.2 (0.74)	5.5 (0.70)	90.7 (1.13)	5.0 (0.64)	4.3 (0.89)	11.5 (1.73)	7.1 (0.93)	6.9 (1.13)	8.2 (1.75)	83.4 (3.12)	3.1 (0.90)	13.5 (2.88)
21 to 25 years	3.5 (0.87)	4.0 (0.81)	4.2 (0.68)	6.6 (1.23)	87.2 (2.93)	7.1 (1.93)	5.8 ! (2.31)	5.2 ! (2.36)	6.0 (1.64)	5.5 (1.32)	8.9 ! (4.25)	88.7 (3.19)	2.7 ! (1.23)	8.6 ! (2.88)
More than 25 years	11.3 (1.63)	12.0 (1.04)	11.4 (1.05)	14.3 (1.13)	82.8 (2.23)	4.6 ! (1.39)	12.6 (2.12)	8.4 (2.03)	12.7 (2.53)	10.0 (1.40)	8.5 (1.77)	84.4 (3.25)	2.9 ! (1.01)	12.7 (2.95)
Level taught														
Elementary	5.5 (0.39)	6.4 (0.53)	6.8 (0.45)	8.4 (0.68)	84.6 (1.28)	7.5 (0.69)	7.9 (1.01)	12.5 (0.99)	11.5 (0.96)	13.4 (0.84)	14.4 (3.64)	79.8 (1.91)	5.9 (0.88)	14.3 (1.80)
Secondary	5.6 (0.42)	6.7 (0.53)	8.6 (0.71)	8.4 (0.59)	84.3 (1.13)	7.6 (0.89)	8.0 (0.75)	12.9 (2.38)	12.6 (1.51)	8.5 (0.90)	12.5 (1.35)	78.6 (2.64)	3.8 (0.93)	17.6 (2.44)
School size														
Less than 150	7.3 (1.36)	6.4 (1.15)	9.5 (2.29)	12.1 (2.92)	79.2 (7.38)	9.6 ! (3.47)	11.2 ! (6.15)	16.6 (1.72)	14.8 (1.43)	14.6 (1.45)	22.7 (6.32)	72.8 (3.77)	6.2 (1.43)	21.0 (3.32)
150 to 349	4.8 (0.45)	7.8 (1.03)	6.7 (0.99)	10.3 (1.58)	83.4 (2.25)	9.2 (1.71)	7.3 (1.26)	10.9 (1.62)	12.6 (1.21)	13.1 (1.24)	12.4 (1.40)	78.9 (2.92)	5.5 (1.35)	15.7 (2.38)
350 to 499	6.1 (0.98)	5.8 (0.73)	7.4 (0.85)	8.6 (1.16)	82.3 (2.82)	8.3 (1.34)	9.4 (2.28)	10.7 (2.63)	12.1 (1.95)	10.3 (1.26)	9.8 (1.40)	85.4 (2.87)	3.1 ! (1.58)	11.5 (2.59)
500 to 749	5.6 (0.77)	7.6 (0.67)	7.1 (0.78)	7.0 (0.75)	87.7 (1.33)	7.0 (0.92)	5.3 (0.79)	9.6 (2.07)	7.1 (1.27)	11.1 (1.91)	9.8 (2.63)	86.7 (3.74)	3.8 (1.09)	9.6 ! (3.36)
750 or more	5.0 (0.48)	5.7 (0.57)	7.7 (0.74)	8.2 (0.79)	84.3 (1.43)	6.8 (0.94)	8.9 (1.01)	12.9 (3.14)	6.2 (1.18)	10.8 (1.64)	4.9 (0.90)	79.8 (5.61)	3.6 ! (1.81)	16.6 (4.87)
Percent of students who are Black, Hispanic, Asian, Pacific Islander, American Indian/Alaska Native or Two or more races														
Less than 5 percent	5.1 (0.56)	8.0 (0.93)	6.8 (0.96)	7.6 (1.13)	86.6 (2.30)	4.8 (0.99)	8.6 (1.97)	13.2 (1.67)	11.0 (1.06)	12.3 (1.07)	11.5 ! (8.06)	81.4 (3.29)	5.4 (1.40)	13.2 (2.87)
5 to 19 percent	5.8 (0.74)	6.0 (0.71)	6.8 (0.65)	7.5 (0.75)	85.6 (2.48)	6.6 (1.27)	7.8 (1.75)	10.3 (1.37)	11.1 (1.07)	11.4 (1.10)	12.5 (1.54)	78.9 (2.43)	5.0 (0.91)	16.1 (2.22)
20 to 49 percent	5.2 (0.64)	6.2 (0.82)	9.4 (0.96)	6.5 (0.60)	84.0 (1.93)	8.0 (1.04)	8.1 (1.42)	18.9 (4.18)	15.6 (2.28)	13.8 (1.82)	15.6 (2.00)	79.0 (3.19)	3.0 (0.84)	18.0 (2.97)
50 percent or more	5.3 (0.66)	6.8 (0.72)	6.8 (0.62)	10.3 (0.84)	83.4 (1.17)	8.7 (0.91)	7.9 (0.82)	13.6 (2.85)	13.2 (2.15)	14.7 (2.34)	18.5 (4.47)	77.0 (4.01)	7.3 ! (2.41)	15.6 (3.44)
Locale														
City	— (†)	— (†)	— (†)	10.1 (1.05)	84.5 (1.41)	8.0 (0.97)	7.5 (1.01)	— (†)	— (†)	— (†)	11.4 (1.42)	78.6 (2.81)	5.2 (0.96)	16.2 (2.55)
Suburban	— (†)	— (†)	— (†)	8.3 (0.83)	84.3 (1.30)	7.5 (0.80)	8.3 (1.08)	— (†)	— (†)	— (†)	12.4 (1.34)	79.1 (2.96)	4.8 (0.98)	16.2 (2.71)
Town	— (†)	— (†)	— (†)	6.5 (0.76)	84.9 (3.64)	7.6 (2.06)	7.5 ! (2.51)	— (†)	— (†)	— (†)	18.0 (3.63)	82.1 (4.47)	7.5 ! (2.43)	10.3 (3.08)
Rural	— (†)	— (†)	— (†)	7.9 (0.99)	84.4 (1.97)	7.2 (0.97)	8.4 (1.44)	— (†)	— (†)	— (†)	15.2 (3.30)	80.4 (4.50)	3.4 ! (1.59)	16.3 (3.86)

—Not available.
†Not applicable.
!Interpret data with caution.
‡Reporting standards not met.
NOTE: Race categories exclude persons of Hispanic ethnicity. Detail may not sum to totals because of rounding. Standard errors appear in parentheses. Some data have been revised from previously published figures.

SOURCE: U.S. Department of Education, National Center for Education Statistics, Schools and Staffing Survey (SASS), *Characteristics of Stayers, Movers, and Leavers: Results From the Teacher Follow-up Survey 1994–95; Teacher Attrition and Mobility: Results From the Teacher Follow-up Survey: 2000–01;* "Public School Teacher Data File" and "Private School Teacher Data File," 2003–04 and 2007–08; and Teacher Follow-up Survey (TFS), "Current and Former Teacher Data Files," 2004–05 and 2008–09. (This table was prepared December 2010.)

Table 78. Average base salary for full-time teachers in public elementary and secondary schools, by highest degree earned and years of full-time teaching: Selected years, 1990–91 through 2007–08

Years of full-time teaching experience	Number of full-time teachers	Salary (current dollars)					Salary (constant 2008–09 dollars)[3]				
			Highest degree earned					Highest degree earned			
		All teachers[1]	Bachelor's degree	Master's degree	Education specialist[2]	Doctor's degree	All teachers[1]	Bachelor's degree	Master's degree	Education specialist[2]	Doctor's degree
1	2	3	4	5	6	7	8	9	10	11	12
1990–91											
Total	**2,336,750 (20,958)**	**$31,300 (100)**	**$27,700 (100)**	**$35,000 (130)**	**$35,000 (390)**	**$40,100 (820)**	**$50,200 (160)**	**$44,500 (160)**	**$56,000 (200)**	**$59,700 (630)**	**$64,200 (1,310)**
1 year or less	94,000 (3,014)	22,200 (200)	21,500 (210)	26,400 (860)	26,600 (980)	‡ (†)	35,600 (320)	34,500 (330)	42,400 (1,380)	42,700 (1,570)	‡ (†)
2 years	86,900 (2,963)	22,100 (160)	21,600 (150)	25,100 (510)	‡ (†)	‡ (†)	35,500 (260)	34,700 (240)	40,200 (810)	‡ (†)	‡ (†)
3 years	80,340 (2,542)	23,000 (180)	22,400 (170)	26,000 (690)	‡ (†)	‡ (†)	36,900 (280)	36,000 (280)	41,600 (1,110)	‡ (†)	‡ (†)
4 years	79,610 (3,271)	24,000 (240)	23,200 (250)	26,300 (530)	29,200 (1,490)	‡ (†)	38,400 (380)	37,100 (390)	42,200 (840)	46,700 (2,390)	‡ (†)
5 years	83,540 (3,238)	25,100 (230)	24,100 (240)	27,200 (440)	29,900 (2,190)	‡ (†)	40,200 (320)	38,600 (390)	43,600 (700)	47,900 (3,520)	‡ (†)
6 to 9 years	316,210 (6,805)	26,500 (110)	25,000 (140)	28,800 (240)	30,200 (760)	‡ (†)	42,500 (170)	40,100 (220)	46,200 (380)	48,400 (1,220)	‡ (†)
10 to 14 years	408,300 (7,843)	29,600 (160)	27,300 (170)	31,800 (300)	33,600 (590)	37,900 (1,940)	47,500 (260)	43,800 (280)	50,900 (480)	53,900 (950)	60,800 (3,110)
15 to 19 years	444,930 (7,580)	33,600 (210)	30,800 (250)	35,200 (250)	37,800 (840)	40,300 (1,550)	53,800 (340)	49,400 (410)	56,500 (400)	60,600 (1,350)	64,700 (2,480)
20 to 24 years	392,330 (8,038)	37,000 (200)	34,100 (270)	38,500 (240)	39,500 (840)	43,700 (1,390)	59,200 (320)	54,600 (440)	61,600 (390)	63,300 (1,340)	70,100 (2,230)
25 to 29 years	219,140 (6,214)	38,100 (310)	34,800 (410)	39,800 (370)	42,500 (1,260)	43,100 (2,180)	61,100 (490)	55,700 (660)	63,800 (590)	68,100 (2,010)	69,100 (3,490)
30 to 34 years	100,460 (4,766)	38,500 (380)	35,000 (450)	40,700 (490)	40,900 (1,600)	‡ (†)	61,800 (610)	56,200 (720)	65,200 (780)	65,600 (2,560)	‡ (†)
35 years or more	30,980 (2,515)	39,200 (890)	34,100 (1,260)	41,700 (1,120)	‡ (†)	‡ (†)	62,800 (1,420)	54,700 (2,020)	66,900 (1,790)	‡ (†)	‡ (†)
1993–94											
Total	**2,329,730 (21,660)**	**$34,200 (90)**	**$30,200 (100)**	**$38,500 (150)**	**$40,700 (420)**	**$41,700 (1,330)**	**$50,200 (130)**	**$44,300 (140)**	**$56,500 (230)**	**$59,700 (620)**	**$61,100 (1,950)**
1 year or less	105,540 (2,970)	23,600 (140)	23,000 (160)	27,000 (440)	28,500 (1,340)	‡ (†)	34,700 (210)	33,800 (240)	39,600 (650)	41,800 (1,970)	‡ (†)
2 years	95,880 (3,534)	24,400 (180)	23,700 (150)	27,200 (420)	25,200 (1,180)	‡ (†)	35,800 (260)	34,800 (220)	39,900 (620)	37,000 (1,730)	‡ (†)
3 years	87,840 (3,416)	25,300 (210)	24,300 (200)	30,000 (660)	28,700 (1,000)	‡ (†)	37,100 (300)	35,700 (290)	44,000 (970)	42,200 (1,470)	‡ (†)
4 years	98,760 (3,615)	26,300 (240)	25,200 (210)	30,200 (640)	‡ (†)	‡ (†)	38,600 (360)	36,900 (310)	44,300 (940)	‡ (†)	‡ (†)
5 years	90,470 (2,813)	27,100 (220)	25,800 (170)	30,100 (560)	30,600 (670)	‡ (†)	39,800 (320)	37,900 (260)	44,200 (820)	45,000 (990)	‡ (†)
6 to 9 years	306,960 (6,059)	29,200 (140)	27,100 (140)	32,200 (290)	34,300 (1,050)	32,200 (2,300)	42,800 (200)	39,800 (200)	47,300 (420)	50,400 (1,540)	47,200 (3,370)
10 to 14 years	362,360 (6,222)	32,300 (130)	29,800 (210)	34,700 (230)	37,300 (730)	39,600 (1,320)	47,400 (200)	43,700 (310)	51,000 (330)	54,800 (1,070)	58,200 (1,940)
15 to 19 years	372,480 (6,008)	36,100 (180)	33,300 (240)	38,400 (260)	38,600 (580)	40,300 (1,250)	53,000 (270)	48,800 (350)	56,300 (380)	56,700 (840)	59,200 (1,830)
20 to 24 years	407,660 (7,928)	39,600 (210)	36,500 (270)	41,400 (290)	43,600 (810)	46,100 (2,600)	58,200 (310)	53,600 (390)	60,700 (420)	64,000 (1,190)	67,700 (3,810)
25 to 29 years	264,520 (6,324)	42,800 (260)	38,800 (350)	45,000 (390)	46,000 (870)	53,700 (2,010)	62,900 (380)	57,000 (510)	66,100 (570)	67,500 (1,270)	78,800 (2,950)
30 to 34 years	105,460 (3,940)	43,600 (390)	39,500 (630)	45,400 (420)	49,500 (1,690)	‡ (†)	63,900 (570)	58,000 (920)	66,700 (610)	72,700 (2,480)	‡ (†)
35 years or more	31,790 (1,965)	42,800 (1,080)	37,400 (1,230)	46,000 (1,640)	45,000 (2,090)	‡ (†)	62,800 (1,590)	54,900 (1,800)	67,600 (2,410)	66,100 (3,060)	‡ (†)
1999–2000											
Total	**2,742,210 (20,301)**	**$39,900 (120)**	**$35,300 (120)**	**$44,700 (170)**	**$48,000 (440)**	**$48,200 (1,420)**	**$50,600 (150)**	**$44,800 (150)**	**$56,700 (220)**	**$60,800 (560)**	**$61,100 (1,800)**
1 year or less	172,710 (5,492)	29,300 (170)	28,100 (150)	34,000 (450)	33,400 (1,010)	‡ (†)	37,100 (210)	35,600 (190)	43,100 (570)	42,300 (1,280)	‡ (†)
2 years	161,220 (5,678)	29,700 (180)	28,800 (170)	33,000 (400)	‡ (†)	‡ (†)	37,600 (230)	36,500 (210)	41,900 (510)	‡ (†)	‡ (†)
3 years	145,290 (4,630)	30,700 (170)	29,700 (200)	34,400 (370)	34,500 (1,340)	‡ (†)	38,900 (210)	37,600 (250)	43,600 (470)	43,800 (1,700)	‡ (†)
4 years	133,840 (5,657)	32,400 (260)	30,800 (230)	35,900 (670)	37,100 (1,350)	‡ (†)	41,100 (330)	39,100 (290)	45,500 (840)	47,100 (1,720)	‡ (†)
5 years	120,490 (4,300)	32,400 (250)	31,000 (290)	34,900 (390)	35,800 (1,920)	‡ (†)	41,100 (320)	39,400 (360)	44,200 (500)	45,400 (2,430)	‡ (†)
6 to 9 years	385,840 (8,205)	35,000 (170)	32,600 (190)	37,800 (240)	40,200 (840)	41,300 (2,300)	44,300 (210)	41,400 (240)	47,900 (300)	50,900 (1,060)	52,300 (2,920)
10 to 14 years	382,730 (6,298)	39,300 (260)	36,200 (390)	42,100 (330)	44,800 (990)	44,200 (2,410)	49,900 (330)	45,900 (490)	53,300 (420)	56,900 (1,250)	46,300 (2,930)
15 to 19 years	321,740 (8,067)	43,400 (220)	40,300 (320)	45,900 (360)	47,300 (920)	45,900 (1,490)	55,000 (290)	51,100 (400)	58,200 (450)	59,900 (1,160)	44,200 (1,110)
20 to 24 years	351,730 (6,993)	45,700 (260)	41,300 (280)	48,500 (380)	49,000 (1,050)	52,600 (4,020)	57,900 (330)	52,300 (350)	61,500 (490)	62,100 (1,340)	42,400 (1,670)
25 to 29 years	329,170 (7,167)	48,500 (280)	44,800 (330)	50,200 (400)	54,200 (970)	58,500 (2,010)	61,500 (350)	56,700 (420)	63,600 (510)	68,800 (1,230)	48,400 (3,090)
30 to 34 years	185,470 (5,488)	52,200 (350)	47,300 (630)	54,200 (440)	56,000 (1,130)	‡ (†)	66,100 (440)	59,900 (800)	68,800 (560)	71,000 (1,430)	‡ (†)
35 years or more	51,990 (3,006)	50,600 (670)	46,700 (1,360)	52,300 (920)	56,200 (2,800)	‡ (†)	64,200 (850)	59,200 (1,720)	66,300 (1,170)	71,300 (3,550)	‡ (†)

See notes at end of table.

Table 78. Average base salary for full-time teachers in public elementary and secondary schools, by highest degree earned and years of full-time teaching: Selected years, 1990–91 through 2007–08—Continued

Years of full-time teaching experience	Number of full-time teachers	Salary (current dollars): All teachers[1]	Highest degree earned: Bachelor's degree	Master's degree	Education specialist[2]	Doctor's degree	Salary (constant 2008–09 dollars)[3]: All teachers[1]	Highest degree earned: Bachelor's degree	Master's degree	Education specialist[2]	Doctor's degree
1	2	3	4	5	6	7	8	9	10	11	12
2003–04											
Total	**2,948,230 (28,203)**	**$44,400 (240)**	**$39,200 (300)**	**$49,400 (200)**	**$52,900 (460)**	**$53,700 (1,290)**	**$51,200 (280)**	**$45,200 (350)**	**$57,000 (230)**	**$61,100 (530)**	**$62,000 (1,490)**
1 year or less	177,920 (17,391)	33,200 (380)	31,800 (340)	38,600 (730)	44,300 (5,030)	37,300 (1,690)	38,300 (440)	36,700 (390)	44,500 (840)	51,100 (5,800)	43,000 (1,950)
2 years	153,950 (17,695)	34,100 (280)	32,700 (330)	37,900 (650)	34,000 (1,300)	‡ (†)	39,300 (330)	37,700 (390)	43,800 (740)	39,200 (1,500)	‡ (†)
3 years	168,140 (9,009)	35,200 (350)	33,400 (280)	40,200 (680)	40,300 (3,170)	‡ (†)	40,600 (400)	38,500 (330)	46,400 (790)	46,500 (3,660)	‡ (†)
4 years	159,490 (6,723)	36,300 (270)	34,600 (280)	40,300 (530)	38,500 (1,800)	‡ (†)	41,800 (310)	39,900 (320)	46,500 (610)	44,400 (2,070)	‡ (†)
5 years	153,180 (6,194)	37,400 (400)	34,900 (320)	40,800 (760)	42,800 (1,960)	‡ (†)	43,100 (460)	40,300 (370)	47,100 (880)	49,400 (2,260)	‡ (†)
6 to 9 years	498,590 (13,859)	40,300 (200)	37,100 (210)	43,700 (300)	45,800 (1,310)	44,300 (2,320)	46,500 (230)	42,800 (240)	50,400 (350)	52,800 (1,510)	51,100 (2,680)
10 to 14 years	433,530 (14,595)	44,300 (260)	39,700 (270)	47,900 (390)	50,000 (960)	55,000 (3,580)	51,100 (300)	45,800 (310)	55,300 (450)	57,700 (1,100)	63,500 (4,130)
15 to 19 years	343,970 (9,606)	49,200 (360)	44,300 (480)	52,300 (470)	56,300 (1,350)	58,400 (3,440)	56,800 (410)	51,100 (560)	60,300 (540)	64,900 (1,560)	67,300 (3,970)
20 to 24 years	285,980 (8,434)	50,800 (360)	46,400 (370)	54,000 (580)	54,900 (1,000)	53,600 (3,530)	58,600 (420)	53,500 (430)	62,300 (670)	63,300 (1,150)	61,800 (4,070)
25 to 29 years	283,460 (11,809)	52,800 (280)	48,600 (490)	55,000 (410)	55,900 (980)	65,200 (3,520)	60,900 (320)	56,100 (560)	63,400 (470)	64,400 (1,130)	75,200 (4,070)
30 to 34 years	223,710 (11,435)	56,300 (430)	51,300 (610)	58,100 (570)	62,400 (1,390)	60,800 (2,660)	64,900 (490)	59,200 (700)	67,000 (650)	72,000 (1,600)	70,200 (3,070)
35 years or more	66,310 (3,427)	58,200 (750)	55,400 (1,300)	59,100 (980)	61,300 (2,220)	‡ (†)	67,200 (870)	63,900 (1,500)	68,200 (1,130)	70,700 (2,570)	‡ (†)
2007–08											
Total	**3,114,690 (41,111)**	**$49,600 (200)**	**$43,600 (220)**	**$54,800 (280)**	**$58,400 (720)**	**$59,200 (1,620)**	**$50,300 (210)**	**$44,300 (220)**	**$55,600 (280)**	**$59,200 (730)**	**$60,000 (1,640)**
1 year or less	211,500 (12,029)	38,200 (330)	36,700 (310)	42,800 (810)	47,400 (3,580)	43,800 (4,020)	38,700 (340)	37,200 (310)	43,400 (820)	48,100 (3,630)	44,400 (4,070)
2 years	185,130 (10,587)	38,600 (330)	36,900 (340)	42,600 (720)	47,400 (4,080)	‡ (†)	39,200 (340)	37,400 (340)	43,200 (730)	48,100 (4,140)	‡ (†)
3 years	177,230 (7,735)	40,100 (370)	37,700 (360)	44,400 (860)	52,200 (4,610)	‡ (†)	40,600 (380)	38,300 (360)	45,100 (880)	53,000 (4,680)	‡ (†)
4 years	174,350 (7,951)	41,200 (380)	38,500 (430)	45,500 (580)	47,600 (2,290)	‡ (†)	41,800 (380)	39,100 (430)	46,100 (590)	48,300 (2,320)	‡ (†)
5 years	148,540 (7,995)	42,800 (530)	39,700 (480)	46,500 (870)	46,700 (2,690)	‡ (†)	43,400 (540)	40,200 (480)	47,100 (880)	47,300 (2,730)	‡ (†)
6 to 9 years	557,050 (14,475)	46,300 (250)	41,800 (380)	50,200 (440)	51,700 (1,130)	52,900 (2,350)	47,000 (260)	42,400 (380)	50,900 (450)	52,500 (1,140)	53,600 (2,380)
10 to 14 years	508,300 (14,867)	50,500 (380)	45,400 (440)	53,400 (560)	56,500 (1,220)	60,400 (4,120)	51,200 (380)	46,000 (440)	54,200 (570)	57,300 (1,240)	61,200 (4,180)
15 to 19 years	350,690 (12,953)	55,000 (480)	48,500 (550)	59,200 (720)	59,600 (1,350)	63,300 (3,460)	55,800 (490)	49,200 (560)	60,000 (730)	60,400 (1,370)	64,200 (3,510)
20 to 24 years	288,110 (11,954)	57,800 (640)	52,800 (780)	60,600 (790)	65,300 (2,160)	68,000 (6,390)	58,600 (640)	53,500 (790)	61,500 (810)	66,200 (2,190)	68,900 (6,480)
25 to 29 years	221,950 (8,609)	60,300 (740)	54,400 (830)	63,300 (1,070)	66,800 (3,310)	‡ (†)	61,100 (750)	55,200 (840)	64,200 (1,080)	67,800 (3,350)	‡ (†)
30 to 34 years	197,490 (8,304)	61,100 (750)	54,900 (1,000)	64,300 (1,000)	63,800 (1,550)	‡ (†)	62,000 (760)	55,600 (1,010)	65,200 (1,010)	64,700 (1,580)	‡ (†)
35 years or more	94,340 (7,055)	61,900 (1,070)	55,400 (1,560)	64,400 (1,500)	68,800 (3,360)	‡ (†)	62,800 (1,080)	56,100 (1,580)	65,300 (1,520)	69,700 (3,410)	‡ (†)

†Not applicable.
‡Reporting standards not met.
[1]Includes teachers with levels of education below the bachelor's degree (not shown separately).
[2]Includes certificate of advanced graduate studies.
[3]Constant dollars based on the Consumer Price Index, prepared by the Bureau of Labor Statistics, U.S. Department of Labor, adjusted to a school-year basis.

NOTE: This table includes regular full-time teachers only; it excludes other staff even when they have full-time teaching duties (regular part-time teachers, itinerant teachers, long-term substitutes, administrators, library media specialists, other professional staff, and support staff). Some data have been revised from previously published figures. Detail may not sum to totals because of rounding. Standard errors appear in parentheses.
SOURCE: U.S. Department of Education, National Center for Education Statistics, Schools and Staffing Survey (SASS), "Public Teacher Questionnaire," 1990–91, 1993–94, 1999–2000, 2003–04, and 2007–08; and "Charter Teacher Questionnaire," 1999–2000. (This table was prepared September 2010.)

Table 79. Average salaries for full-time teachers in public and private elementary and secondary schools, by selected characteristics: 2007–08

[In current dollars]

Selected characteristic	Number of full-time teachers (in thousands)	Total school-year and summer earned income	Base salary	School year supplemental contract[1]: Number of teachers (in thousands)	School year supplemental contract[1]: Average supplement	School year income from merit pay bonus and state supplements: Number of teachers (in thousands)	School year income from merit pay bonus and state supplements: Average amount	Job outside the school system during the school year: Number of teachers (in thousands)	Job outside the school system during the school year: Average income	Supplemental school system contract during summer[2]: Number of teachers (in thousands)	Supplemental school system contract during summer[2]: Average supplement	Employed in a non-school job during the summer: Number of teachers (in thousands)	Employed in a non-school job during the summer: Average income
1	2	3	4	5	6	7	8	9	10	11	12	13	14
Public schools													
Total	**3,114.7 (41.11)**	**$53,230 (233)**	**$49,630 (203)**	**1,360.8 (24.34)**	**$2,590 (46)**	**500.3 (13.62)**	**$2,030 (62)**	**507.2 (15.00)**	**$5,260 (187)**	**670.6 (16.34)**	**$2,530 (56)**	**530.3 (14.01)**	**$4,410 (177)**
Sex													
Males	772.9 (19.75)	56,890 (422)	50,630 (353)	447.1 (12.76)	3,920 (85)	107.6 (5.71)	2,360 (169)	185.5 (7.20)	6,540 (350)	185.3 (8.15)	3,140 (120)	201.6 (6.89)	5,170 (264)
Females	2,341.8 (31.93)	52,020 (230)	49,300 (211)	913.6 (17.88)	1,940 (47)	392.7 (12.20)	1,940 (69)	321.7 (11.95)	4,530 (207)	485.3 (13.51)	2,300 (58)	328.8 (10.97)	3,940 (232)
Race/ethnicity													
White	2,571.2 (37.12)	53,230 (268)	49,630 (233)	1,149.6 (23.34)	2,570 (51)	398.2 (11.14)	2,050 (76)	424.8 (13.04)	5,230 (202)	512.1 (12.64)	2,450 (62)	452.8 (13.03)	4,460 (192)
Black	226.4 (15.06)	52,460 (674)	49,050 (642)	86.9 (6.25)	2,630 (145)	40.9 (4.93)	1,840 (228)	39.1 (5.40)	4,410 (462)	69.0 (5.97)	2,820 (158)	33.9 (4.56)	3,260 (442)
Hispanic	228.1 (15.06)	53,200 (820)	49,360 (725)	88.9 (8.58)	2,880 (297)	46.0 (6.67)	1,880 (203)	30.2 (3.79)	7,110 (814)	63.9 (7.46)	2,720 (188)	30.7 (3.71)	4,760 (736)
Asian	38.6 (6.91)	58,970 (1,354)	55,870 (1,273)	13.8 (2.83)	2,300 (688)	6.1 (2.22)	2,640 (563)	4.2 (1.14)	3,620 (679)	11.8 (3.00)	2,970 (317)	3.8 (1.21)	5,670 (1,494)
Pacific Islander	6.2 (1.25)	53,660 (2,837)	50,390 (2,835)	‡ (†)	‡ (†)	‡ (†)	‡ (†)	‡ (†)	‡ (†)	2.3 (0.77)	2,810 (624)	‡ (†)	‡ (†)
American Indian/Alaska Native	15.1 (1.66)	47,350 (1,601)	44,450 (1,658)	6.0 (0.95)	2,220 (336)	2.9 (0.84)	1,680 (339)	2.4 (0.77)	3,730 (576)	3.2 (0.79)	2,300 (238)	2.4 (0.50)	4,060 (1,180)
Two or more races	28.0 (2.93)	54,620 (2,025)	50,100 (1,739)	12.7 (2.03)	2,780 (382)	5.9 (1.34)	2,330 (337)	5.2 (1.24)	5,250 (1,729)	7.7 (1.93)	3,090 (350)	5.6 (1.19)	4,810 (1,464)
Age													
Less than 30	567.6 (19.54)	43,560 (255)	39,820 (244)	280.6 (12.13)	2,400 (99)	83.4 (5.38)	1,540 (94)	103.9 (7.06)	3,800 (313)	155.3 (8.27)	2,280 (93)	157.0 (8.69)	3,630 (207)
30 to 39	823.8 (16.43)	50,050 (301)	46,380 (266)	387.4 (10.56)	2,670 (87)	119.6 (6.46)	1,820 (101)	136.6 (7.22)	5,210 (311)	183.6 (8.28)	2,420 (75)	145.7 (6.89)	4,250 (324)
40 to 49	737.2 (18.27)	54,410 (378)	50,920 (341)	322.1 (10.62)	2,640 (99)	133.2 (7.60)	1,810 (101)	114.6 (6.96)	5,260 (347)	149.5 (7.51)	2,500 (90)	112.3 (6.17)	4,490 (298)
50 or more	986.1 (24.78)	60,570 (384)	57,010 (361)	370.7 (13.81)	2,610 (89)	164.1 (6.59)	2,600 (142)	152.1 (7.81)	6,310 (435)	182.2 (6.79)	2,880 (121)	115.2 (7.12)	5,590 (588)
Years of full-time teaching experience													
1 year or less	211.5 (12.03)	42,210 (378)	38,210 (332)	74.0 (6.01)	1,990 (119)	25.8 (3.02)	1,610 (182)	35.9 (4.64)	4,790 (593)	42.1 (3.70)	2,730 (180)	73.1 (5.23)	5,090 (343)
2 to 4 years	536.7 (17.78)	43,490 (301)	39,940 (246)	248.2 (9.67)	2,390 (117)	85.6 (5.46)	1,580 (125)	90.7 (5.77)	4,800 (392)	134.5 (8.28)	2,430 (100)	115.5 (7.02)	3,570 (321)
5 to 9 years	705.6 (16.60)	49,120 (280)	45,590 (241)	341.4 (10.63)	2,490 (89)	104.9 (7.57)	1,850 (152)	120.0 (6.56)	4,880 (323)	169.2 (8.78)	2,280 (79)	121.5 (6.57)	3,900 (279)
10 to 14 years	508.3 (14.87)	54,150 (392)	50,470 (377)	226.8 (9.51)	2,750 (123)	78.9 (4.88)	2,100 (116)	84.0 (5.13)	5,680 (403)	104.1 (6.01)	2,540 (105)	74.5 (4.49)	4,630 (362)
15 to 19 years	350.7 (12.95)	58,260 (518)	55,000 (484)	150.5 (7.35)	2,660 (139)	57.8 (4.70)	2,040 (166)	51.1 (5.00)	4,850 (500)	69.1 (5.80)	2,610 (134)	44.7 (4.14)	4,440 (517)
20 to 24 years	288.1 (11.95)	61,210 (650)	57,830 (636)	120.8 (7.72)	2,610 (163)	52.2 (4.68)	1,980 (166)	45.3 (3.92)	4,700 (466)	53.9 (5.32)	2,630 (182)	40.5 (4.31)	4,950 (926)
25 to 29 years	221.9 (8.61)	63,860 (772)	60,260 (740)	86.9 (6.23)	2,980 (199)	40.8 (3.93)	2,300 (349)	34.3 (4.06)	5,940 (741)	47.7 (4.00)	2,810 (248)	26.8 (2.68)	4,020 (412)
30 or more years	291.8 (12.05)	65,470 (711)	61,380 (617)	112.2 (7.66)	3,000 (165)	54.1 (4.03)	3,000 (301)	45.8 (4.09)	7,300 (1,102)	50.0 (3.80)	2,980 (184)	33.8 (3.37)	6,770 (1,159)
Highest degree earned													
Less than bachelor's degree	24.1 (2.10)	53,880 (2,123)	47,210 (1,680)	9.1 (1.15)	2,610 (355)	3.3 (0.50)	2,390 (670)	4.8 (0.72)	11,440 (2,984)	5.7 (0.94)	4,820 (1,022)	5.2 (0.68)	9,030 (2,878)
Bachelor's degree	1,500.7 (27.51)	47,060 (233)	43,650 (220)	644.8 (17.50)	2,490 (61)	260.1 (10.37)	1,660 (76)	233.5 (8.92)	4,800 (209)	322.6 (11.72)	2,370 (71)	300.2 (10.86)	4,020 (188)
Master's degree	1,374.4 (25.18)	58,460 (324)	54,810 (281)	616.8 (14.27)	2,650 (67)	205.4 (6.86)	2,380 (110)	226.1 (9.66)	5,320 (318)	293.6 (11.50)	2,610 (85)	198.0 (9.62)	4,730 (313)
Education specialist[3]	189.5 (8.04)	62,410 (805)	58,420 (722)	78.8 (5.08)	2,850 (240)	26.9 (2.96)	2,720 (390)	35.2 (3.17)	6,250 (799)	41.8 (3.95)	2,660 (168)	23.7 (2.09)	5,360 (1,436)
Doctor's degree	25.9 (2.59)	65,560 (1,981)	59,150 (1,620)	11.2 (1.74)	2,910 (383)	4.5 (1.14)	2,580 (621)	7.6 (1.49)	9,480 (1,806)	6.8 (1.24)	4,200 (703)	3.3 (0.76)	6,520 (3,255)
Instructional level													
Elementary	1,539.7 (33.95)	51,660 (375)	49,220 (353)	504.8 (19.48)	1,630 (70)	244.2 (11.12)	1,940 (108)	203.9 (10.27)	4,730 (321)	314.5 (13.18)	2,190 (67)	220.1 (9.27)	3,700 (241)
Secondary	1,575.0 (36.69)	54,770 (305)	50,020 (276)	856.0 (21.49)	3,160 (58)	256.1 (10.51)	2,110 (90)	303.4 (11.10)	5,620 (221)	356.1 (12.47)	2,830 (83)	310.2 (10.42)	4,920 (236)
Location of school													
City[4]	819.6 (29.02)	54,880 (463)	51,230 (432)	330.7 (14.47)	2,600 (106)	139.0 (8.13)	2,190 (151)	128.2 (8.36)	5,710 (404)	192.7 (12.64)	2,840 (100)	137.1 (7.42)	4,110 (304)
Suburban[5]	1,083.3 (36.37)	57,920 (512)	54,220 (468)	499.7 (20.06)	2,610 (82)	153.4 (10.40)	2,000 (109)	180.4 (9.12)	5,210 (323)	233.1 (12.02)	2,540 (84)	178.6 (8.44)	4,830 (460)
Town[6]	431.4 (24.40)	48,520 (581)	45,190 (540)	180.9 (10.74)	2,610 (113)	69.5 (5.80)	1,970 (236)	69.4 (5.63)	4,780 (414)	89.1 (6.65)	2,090 (94)	73.6 (5.59)	4,230 (406)
Rural[7]	780.4 (36.37)	47,600 (378)	44,020 (324)	349.5 (17.72)	2,550 (108)	138.4 (9.26)	1,910 (92)	129.1 (10.51)	5,140 (369)	155.8 (9.08)	2,390 (117)	141.1 (10.21)	4,250 (208)

See notes at end of table.

Table 79. Average salaries for full-time teachers in public and private elementary and secondary schools, by selected characteristics: 2007–08—Continued

[In current dollars]

Selected characteristic	Number of full-time teachers (in thousands)		Total school-year and summer earned income		Base salary		School year supplemental contract[1]: Number of teachers (in thousands)		School year supplemental contract[1]: Average supplement		School year income from merit pay bonus and state supplements: Number of teachers (in thousands)		School year income from merit pay bonus and state supplements: Average amount		Job outside the school system during the school year: Number of teachers (in thousands)		Job outside the school system during the school year: Average income		Supplemental school system contract during summer[2]: Number of teachers (in thousands)		Supplemental school system contract during summer[2]: Average supplement		Employed in a non-school job during the summer: Number of teachers (in thousands)		Employed in a non-school job during the summer: Average income	
1	2		3		4		5		6		7		8		9		10		11		12		13		14	
Private schools																										
Total	**386.8**	**(9.06)**	**$39,690**	**(403)**	**$36,250**	**(323)**	**108.5**	**(5.02)**	**$2,700**	**(132)**	**31.2**	**(2.82)**	**$1,870**	**(195)**	**75.5**	**(3.86)**	**$5,910**	**(394)**	**84.8**	**(4.12)**	**$3,090**	**(159)**	**74.8**	**(3.90)**	**$3,660**	**(266)**
Sex																										
Males	98.6	(3.84)	46,900	(853)	40,490	(709)	42.8	(3.21)	3,030	(163)	8.6	(1.26)	2,860	(551)	28.0	(2.08)	8,850	(932)	30.8	(2.65)	3,260	(266)	26.9	(1.86)	4,860	(532)
Females	288.2	(7.51)	37,220	(417)	34,800	(347)	65.7	(3.48)	2,480	(213)	22.6	(2.44)	1,490	(190)	47.5	(2.92)	4,180	(307)	54.0	(2.93)	3,000	(194)	48.0	(3.00)	2,990	(237)
Race/ethnicity																										
White	333.1	(8.19)	39,930	(429)	36,580	(363)	94.7	(4.61)	2,580	(131)	28.1	(2.66)	1,960	(222)	65.9	(3.14)	5,900	(431)	67.6	(4.08)	2,990	(171)	65.2	(3.39)	3,560	(273)
Black	16.5	(1.95)	34,380	(1,330)	30,310	(1,111)	3.2	(0.68)	3,990	(591)	‡	(†)	‡	(†)	3.4	(0.83)	4,330	(1,190)	6.6	(0.92)	3,890	(726)	3.4	(0.81)	4,220	(1,282)
Hispanic	23.1	(1.71)	38,200	(1,626)	34,080	(1,232)	6.3	(0.95)	4,420	(1,099)	‡	(†)	‡	(†)	4.3	(0.80)	6,300	(1,187)	6.5	(0.90)	2,660	(449)	4.2	(0.78)	4,810	(1,305)
Asian	8.4	(1.10)	41,310	(1,909)	37,850	(1,822)	‡	(†)	‡	(†)	‡	(†)	‡	(†)	‡	(†)	‡	(†)	‡	(†)	‡	(†)	‡	(†)	‡	(†)
Two or more races	2.7	(0.51)	46,710	(3,841)	43,260	(3,363)	‡	(†)	‡	(†)	‡	(†)	‡	(†)	‡	(†)	‡	(†)	‡	(†)	‡	(†)	‡	(†)	‡	(†)
Age																										
Less than 30	69.4	(3.65)	34,170	(575)	30,260	(483)	21.6	(1.73)	2,320	(154)	5.5	(0.89)	1,380	(564)	15.7	(1.64)	4,800	(778)	20.3	(1.83)	2,980	(238)	23.0	(1.72)	3,510	(239)
30 to 39	89.2	(4.55)	38,500	(718)	34,840	(652)	25.6	(2.42)	3,150	(268)	6.6	(1.04)	1,710	(396)	18.0	(1.66)	5,790	(1,420)	22.3	(2.38)	2,790	(237)	17.3	(1.80)	3,900	(501)
40 to 49	89.2	(3.00)	38,760	(676)	35,280	(551)	24.3	(1.84)	2,480	(326)	8.7	(1.69)	1,480	(253)	17.7	(1.97)	6,350	(641)	15.8	(1.62)	3,880	(570)	16.7	(1.50)	3,800	(537)
50 or more	139.0	(5.09)	43,780	(647)	40,750	(599)	37.0	(2.81)	2,750	(294)	10.4	(1.45)	2,560	(461)	24.1	(1.69)	6,400	(635)	26.3	(2.17)	2,970	(233)	17.8	(1.48)	3,500	(745)
Years of full-time teaching experience																										
1 year or less	40.0	(2.31)	32,120	(784)	28,260	(660)	9.2	(1.04)	2,200	(220)	3.5	(0.82)	1,470	(348)	7.8	(0.99)	5,960	(1,118)	9.1	(1.09)	3,290	(405)	13.0	(1.11)	4,080	(402)
2 to 4 years	74.3	(3.72)	34,220	(868)	30,890	(626)	20.1	(2.24)	2,370	(229)	6.5	(1.16)	1,330	(522)	16.1	(1.44)	5,250	(631)	17.7	(2.29)	2,920	(422)	16.6	(1.42)	3,390	(546)
5 to 9 years	83.6	(4.32)	38,110	(707)	34,620	(577)	23.6	(1.83)	2,420	(177)	6.4	(0.94)	1,360	(396)	17.9	(2.13)	6,530	(1,418)	19.0	(1.66)	2,960	(215)	17.1	(1.89)	3,090	(305)
10 to 14 years	60.1	(3.16)	41,310	(687)	37,510	(666)	18.5	(2.04)	3,250	(419)	5.5	(1.27)	1,850	(425)	11.8	(1.36)	5,200	(847)	13.4	(1.34)	3,360	(490)	11.9	(1.26)	4,370	(869)
15 to 19 years	33.0	(2.35)	42,740	(1,121)	39,220	(896)	9.8	(1.13)	2,900	(544)	‡	(†)	‡	(†)	6.1	(1.08)	6,620	(1,385)	7.2	(1.05)	3,590	(675)	4.2	(0.79)	4,520	(1,257)
20 to 24 years	31.3	(2.46)	43,880	(1,482)	41,180	(1,480)	9.4	(1.70)	2,890	(481)	‡	(†)	‡	(†)	4.9	(0.73)	4,570	(702)	6.6	(1.27)	2,960	(453)	4.0	(0.78)	2,820	(547)
25 to 29 years	25.2	(1.87)	42,910	(1,133)	40,460	(950)	6.5	(0.85)	2,150	(525)	‡	(†)	‡	(†)	3.5	(0.55)	6,920	(1,902)	4.7	(0.74)	2,100	(233)	3.2	(0.50)	2,940	(641)
30 or more years	39.3	(2.56)	50,560	(1,309)	46,840	(1,212)	11.5	(1.62)	3,340	(532)	3.3	(0.74)	4,380	(1,058)	7.3	(0.95)	6,760	(1,386)	7.1	(1.03)	3,420	(692)	4.9	(0.86)	4,250	(1,569)
Highest degree earned																										
Less than bachelor's degree	27.2	(1.84)	26,670	(1,126)	23,610	(938)	3.4	(0.74)	4,260	(1,195)	‡	(†)	‡	(†)	4.8	(0.75)	5,740	(1,052)	5.9	(0.98)	3,300	(510)	5.9	(0.95)	3,440	(591)
Bachelor's degree	217.1	(6.33)	36,880	(418)	33,770	(343)	56.7	(3.30)	2,720	(161)	17.4	(1.92)	1,700	(220)	40.4	(2.78)	4,840	(323)	44.6	(2.70)	3,160	(235)	45.2	(2.77)	3,540	(243)
Master's degree	124.3	(4.85)	45,340	(755)	41,660	(605)	42.7	(3.43)	2,520	(179)	11.2	(1.58)	1,760	(338)	25.1	(1.93)	6,260	(758)	29.5	(2.62)	3,000	(235)	20.2	(1.50)	4,130	(769)
Education specialist[3]	10.1	(1.17)	50,880	(2,803)	43,560	(1,626)	2.8	(0.56)	2,850	(604)	‡	(†)	‡	(†)	‡	(†)	‡	(†)	2.7	(0.66)	2,420	(420)	2.3	(0.66)	3,460	(696)
Doctor's degree	8.0	(1.35)	57,490	(3,479)	52,660	(3,187)	‡	(†)	‡	(†)	‡	(†)	‡	(†)	‡	(†)	‡	(†)	‡	(†)	‡	(†)	‡	(†)	‡	(†)
Instructional level																										
Elementary	209.1	(5.99)	35,730	(399)	33,160	(354)	37.6	(2.62)	2,640	(290)	14.3	(1.86)	1,560	(258)	34.6	(2.29)	4,870	(339)	40.3	(2.34)	3,280	(249)	36.5	(2.18)	3,230	(221)
Secondary	177.7	(6.87)	44,350	(689)	39,890	(581)	71.0	(4.54)	2,730	(143)	16.9	(2.01)	2,130	(330)	40.8	(2.96)	6,790	(735)	44.4	(3.16)	2,930	(202)	38.3	(2.98)	4,080	(441)
Location of school																										
City[4]	163.5	(6.43)	41,770	(580)	38,240	(500)	50.5	(3.70)	2,680	(143)	14.8	(1.97)	2,110	(312)	31.9	(2.45)	5,710	(489)	40.1	(3.04)	3,210	(250)	26.6	(2.02)	3,720	(385)
Suburban[5]	140.6	(5.91)	41,730	(658)	38,100	(583)	40.2	(2.98)	2,740	(288)	10.1	(1.41)	1,560	(242)	27.3	(2.04)	6,670	(932)	30.8	(2.43)	3,130	(300)	27.9	(2.36)	3,790	(512)
Town[6]	29.8	(2.46)	31,040	(1,010)	28,600	(1,016)	7.4	(1.16)	2,550	(564)	‡	(†)	1,180	(372)	5.7	(0.94)	3,920	(501)	5.0	(0.86)	2,470	(521)	7.3	(1.06)	2,400	(416)
Rural[7]	52.9	(3.62)	32,660	(1,059)	29,450	(932)	10.5	(1.42)	2,770	(312)	3.7	(0.89)	2,230	(734)	10.5	(1.28)	5,620	(744)	9.0	(1.41)	2,770	(250)	13.0	(1.66)	3,980	(519)

†Not applicable.
‡Reporting standards not met.
[1]Includes compensation for extracurricular or additional activities such as coaching, student activity sponsorship, or teaching evening classes.
[2]Includes teaching summer sessions and other non-teaching jobs at any school.
[3]Includes certificates of advanced graduate studies.
[4]Located inside a principal city within an urbanized area.
[5]Located inside an urbanized area, but outside of a principal city.
[6]Located inside an urban cluster.
[7]Located outside any urbanized area or urban cluster.

NOTE: This table includes regular full-time teachers only; it excludes other staff even when they have full-time teaching duties (regular part-time teachers, itinerant teachers, long-term substitutes, administrators, library media specialists, other professional staff, and support staff). Race categories exclude persons of Hispanic ethnicity. Standard errors appear in parentheses. Detail may not sum to totals because of rounding, missing values in cells with too few cases to report, and survey item nonresponse.

SOURCE: U.S. Department of Education, National Center for Education Statistics, Schools and Staffing Survey (SASS), "Public Teacher Questionnaire" and "Private Teacher Questionnaire," 2007–08. (This table was prepared October 2009.)

Table 80. Average base salary for full-time public elementary and secondary school teachers with a bachelor's degree as their highest degree, by years of full-time teaching experience and state: 1993–94, 1999–2000, 2003–04, and 2007–08

[In current dollars]

State	1993–94, total	1999–2000		2003–04			2007–08					
		Total	2 or fewer years	Total	2 or fewer years	Over 20 years	Total	2 or fewer years	3 to 5 years	6 to 10 years	11 to 20 years	Over 20 years
1	2	3	4	5	6	7	8	9	10	11	12	13
United States	**$30,150 (97)**	**$35,310 (116)**	**$28,450 (109)**	**$39,200 (300)**	**$32,230 (290)**	**$49,130 (327)**	**$43,650 (220)**	**$36,780 (262)**	**$38,530 (248)**	**$42,270 (341)**	**$47,380 (400)**	**$54,170 (463)**
Alabama	24,450 (151)	31,300 (210)	28,280 (142)	32,750 (256)	29,640 (291)	37,610 (663)	39,210 (381)	34,810 (465)	36,910 (671)	39,020 (631)	42,860 (644)	44,220 (1,210)
Alaska	42,620 (308)	42,170 (269)	34,110 (290)	46,160 (720)	37,290 (1,113)	58,760 (943)	51,950 (747)	40,100 (746)	46,600 (1,693)	49,640 (827)	56,880 (1,039)	63,600 (1,932)
Arizona	28,050 (347)	30,110 (491)	25,020 (303)	33,370 (556)	29,510 (408)	44,060 (1,469)	36,880 (571)	33,640 (388)	34,780 (380)	36,560 (648)	39,290 (1,239)	45,670 (1,770)
Arkansas	24,970 (199)	29,810 (345)	25,780 (699)	32,710 (328)	26,590 (694)	38,080 (803)	40,220 (418)	33,090 (626)	35,840 (794)	38,480 (778)	42,700 (635)	44,610 (984)
California	37,330 (412)	41,930 (301)	32,820 (321)	51,210 (704)	38,920 (679)	63,110 (1,045)	56,950 (966)	44,770 (997)	46,810 (1,080)	54,040 (1,097)	62,570 (1,601)	72,680 (1,235)
Colorado	27,590 (391)	32,180 (428)	25,400 (252)	36,140 (699)	30,570 (534)	45,480 (2,188)	38,090 (884)	32,600 (621)	35,720 (1,463)	38,040 (979)	45,210 (1,980)	‡ (†)
Connecticut	40,510 (645)	38,530 (883)	32,030 (344)	48,380 (1,997)	37,800 (820)	‡ (†)	49,700 (1,286)	42,830 (1,348)	43,330 (1,395)	‡ (†)	‡ (†)	‡ (†)
Delaware	31,400 (375)	37,620 (893)	‡ (†)	41,210 (991)	‡ (†)	‡ (†)	45,880 (960)	‡ (†)	39,760 (871)	46,050 (1,038)	52,070 (1,631)	‡ (†)
District of Columbia	37,690 (645)	40,980 (593)	‡ (†)	48,350 (1,290)	‡ (†)	‡ (†)	54,970 (2,025)	42,180 (425)	‡ (†)	‡ (†)	‡ (†)	‡ (†)
Florida	28,970 (229)	33,650 (407)	27,440 (314)	36,460 (624)	31,140 (612)	47,040 (843)	41,640 (554)	36,030 (473)	37,630 (520)	38,750 (595)	43,640 (973)	55,480 (1,182)
Georgia	25,650 (215)	33,610 (373)	29,410 (287)	37,160 (490)	32,220 (424)	45,020 (1,010)	41,640 (760)	34,580 (573)	36,850 (690)	41,140 (1,277)	47,590 (843)	54,330 (1,192)
Hawaii	34,060 (460)	36,710 (533)	27,370 (299)	39,250 (887)	32,620 (781)	52,650 (1,779)	45,380 (922)	38,650 (1,496)	42,310 (1,555)	‡ (†)	48,660 (1,781)	‡ (†)
Idaho	24,610 (252)	31,500 (208)	22,880 (245)	36,150 (627)	26,060 (579)	45,330 (794)	39,870 (609)	31,110 (619)	32,650 (1,493)	37,420 (1,394)	43,300 (1,169)	48,450 (1,122)
Illinois	29,480 (277)	35,250 (563)	28,230 (398)	38,730 (791)	33,180 (1,047)	49,120 (1,797)	42,740 (836)	36,030 (926)	37,650 (812)	42,020 (1,468)	50,070 (1,986)	52,950 (1,857)
Indiana	25,400 (329)	30,760 (296)	27,360 (186)	34,600 (640)	30,270 (337)	‡ (†)	38,670 (786)	32,850 (452)	35,030 (393)	39,640 (929)	45,870 (1,519)	‡ (†)
Iowa	24,950 (319)	28,910 (279)	23,150 (253)	33,600 (696)	26,140 (457)	37,580 (840)	35,240 (500)	28,580 (827)	30,960 (637)	34,880 (624)	38,740 (844)	40,400 (903)
Kansas	25,930 (135)	29,430 (264)	26,110 (261)	32,290 (326)	28,500 (447)	36,990 (597)	37,160 (476)	34,390 (523)	34,520 (673)	35,720 (836)	38,920 (1,352)	42,250 (880)
Kentucky	24,910 (457)	27,720 (358)	24,650 (168)	31,610 (468)	28,490 (195)	‡ (†)	35,640 (608)	33,460 (1,011)	33,730 (1,099)	38,180 (988)	‡ (†)	‡ (†)
Louisiana	22,520 (159)	28,020 (476)	24,620 (943)	32,590 (489)	28,380 (693)	39,200 (646)	39,880 (462)	36,300 (825)	37,160 (813)	38,300 (718)	41,250 (753)	44,800 (1,061)
Maine	28,550 (330)	34,690 (775)	27,390 (2,511)	36,650 (606)	27,300 (1,078)	43,490 (1,062)	38,770 (651)	31,260 (573)	32,360 (864)	36,030 (1,178)	39,800 (899)	46,260 (1,321)
Maryland	33,520 (476)	37,760 (683)	28,900 (337)	42,960 (1,313)	34,100 (381)	62,750 (2,717)	50,680 (1,213)	41,270 (492)	42,630 (999)	49,870 (1,791)	‡ (†)	66,640 (1,644)
Massachusetts	34,340 (309)	40,410 (464)	29,950 (454)	43,930 (964)	35,830 (1,124)	54,780 (1,331)	50,880 (917)	37,720 (970)	45,350 (1,022)	52,770 (2,234)	‡ (†)	58,510 (2,309)
Michigan	37,170 (670)	39,950 (838)	30,760 (457)	45,230 (682)	35,340 (693)	55,950 (1,245)	47,440 (1,612)	35,930 (664)	41,240 (1,553)	48,430 (1,599)	55,430 (1,705)	59,330 (1,506)
Minnesota	31,010 (419)	35,270 (685)	28,770 (783)	39,030 (566)	31,560 (761)	47,350 (783)	41,760 (593)	33,830 (574)	35,640 (673)	39,840 (1,208)	46,140 (1,203)	51,890 (924)
Mississippi	22,640 (106)	28,000 (186)	24,080 (218)	31,890 (425)	27,110 (306)	37,990 (555)	36,610 (344)	32,770 (434)	33,860 (513)	35,310 (462)	39,250 (661)	43,690 (850)
Missouri	23,510 (286)	28,020 (378)	24,940 (513)	31,340 (547)	27,220 (593)	36,040 (1,953)	34,730 (553)	31,200 (632)	33,320 (607)	35,080 (858)	37,290 (1,540)	39,320 (1,512)
Montana	24,070 (199)	27,920 (256)	21,080 (252)	31,870 (522)	23,190 (382)	38,530 (837)	35,880 (597)	27,090 (591)	30,170 (658)	32,020 (828)	39,400 (933)	44,080 (1,045)
Nebraska	22,580 (388)	26,090 (254)	21,940 (215)	30,300 (435)	26,790 (590)	33,690 (1,329)	34,190 (805)	29,400 (379)	31,750 (1,098)	34,200 (1,302)	36,360 (1,413)	36,690 (1,524)
Nevada	29,350 (285)	34,470 (434)	27,550 (293)	35,970 (700)	29,220 (632)	‡ (†)	40,060 (619)	34,040 (462)	35,550 (647)	41,470 (1,187)	45,260 (1,379)	48,800 (2,143)
New Hampshire	31,280 (437)	34,210 (542)	25,790 (974)	38,800 (644)	28,880 (649)	46,470 (1,091)	43,910 (843)	33,810 (1,139)	36,390 (1,320)	41,760 (1,114)	47,630 (1,260)	52,430 (1,050)
New Jersey	41,330 (744)	46,720 (653)	33,810 (290)	49,780 (1,049)	38,810 (616)	67,380 (1,456)	54,580 (1,091)	45,370 (977)	46,620 (1,009)	49,180 (1,534)	59,390 (2,531)	72,840 (2,642)
New Mexico	25,260 (224)	29,290 (363)	25,700 (321)	34,310 (470)	28,830 (752)	42,300 (930)	39,830 (596)	32,520 (844)	35,800 (773)	39,830 (666)	43,170 (708)	48,430 (885)
New York	39,650 (1,152)	41,600 (1,094)	33,250 (654)	42,630 (1,074)	37,410 (1,058)	61,240 (1,827)	48,520 (2,004)	43,670 (1,652)	44,850 (1,413)	‡ (†)	‡ (†)	‡ (†)
North Carolina	26,010 (220)	31,920 (331)	25,380 (510)	33,650 (479)	26,930 (566)	43,830 (730)	37,050 (469)	30,930 (499)	32,840 (869)	35,770 (725)	39,140 (1,181)	48,070 (843)
North Dakota	22,450 (193)	25,910 (279)	20,640 (297)	30,870 (490)	23,810 (613)	33,500 (660)	34,790 (695)	27,770 (579)	29,290 (584)	31,850 (621)	36,380 (951)	38,920 (1,069)
Ohio	30,370 (399)	35,120 (583)	25,730 (400)	41,600 (891)	30,430 (474)	52,220 (1,061)	41,670 (1,567)	35,350 (1,976)	36,320 (1,549)	40,660 (1,224)	48,740 (2,393)	54,890 (2,001)
Oklahoma	24,880 (108)	27,400 (224)	24,510 (179)	31,190 (211)	27,330 (456)	35,700 (260)	35,880 (226)	32,390 (458)	33,020 (417)	34,090 (261)	37,360 (301)	41,410 (477)
Oregon	31,310 (440)	38,370 (613)	27,350 (418)	42,430 (865)	‡ (†)	51,340 (880)	46,930 (1,282)	32,050 (655)	‡ (†)	44,380 (1,719)	55,850 (1,397)	52,750 (1,869)
Pennsylvania	37,260 (523)	42,620 (826)	28,940 (894)	44,250 (963)	33,030 (630)	57,450 (993)	47,780 (1,162)	38,950 (780)	40,800 (754)	44,900 (710)	51,490 (2,252)	64,470 (1,680)
Rhode Island	38,000 (522)	43,900 (357)	‡ (†)	49,360 (834)	‡ (†)	58,910 (741)	56,680 (1,362)	‡ (†)	‡ (†)	56,900 (1,585)	‡ (†)	‡ (†)
South Carolina	25,120 (280)	29,820 (300)	25,220 (175)	34,950 (483)	28,610 (1,161)	42,630 (682)	37,150 (606)	31,670 (625)	32,550 (465)	35,960 (698)	42,870 (1,020)	45,920 (1,013)
South Dakota	22,000 (186)	26,000 (230)	23,160 (826)	29,360 (301)	24,980 (437)	32,420 (493)	32,180 (445)	27,730 (422)	27,910 (411)	29,860 (555)	33,660 (785)	36,250 (784)
Tennessee	25,650 (291)	30,830 (378)	27,740 (386)	34,510 (432)	29,690 (624)	39,100 (756)	37,420 (553)	32,990 (481)	33,000 (527)	37,120 (670)	39,600 (1,020)	43,350 (1,430)
Texas	26,950 (295)	34,770 (386)	29,010 (322)	38,140 (278)	33,440 (564)	46,710 (455)	42,890 (480)	39,150 (706)	39,500 (975)	41,100 (1,009)	45,420 (794)	48,800 (753)
Utah	25,800 (195)	31,810 (375)	24,020 (271)	35,160 (525)	26,140 (259)	45,390 (679)	38,570 (863)	30,430 (745)	32,360 (480)	39,010 (1,032)	45,560 (1,062)	48,750 (1,469)
Vermont	29,750 (494)	33,470 (733)	25,530 (671)	39,040 (840)	‡ (†)	46,720 (919)	43,430 (1,005)	‡ (†)	‡ (†)	38,340 (1,157)	48,320 (2,255)	52,160 (1,253)
Virginia	29,410 (378)	34,060 (424)	28,420 (311)	37,520 (583)	31,990 (556)	45,760 (1,595)	43,440 (569)	37,170 (974)	38,270 (573)	39,800 (621)	45,000 (943)	54,320 (1,391)
Washington	33,150 (490)	36,330 (359)	26,770 (233)	40,040 (916)	31,010 (610)	49,840 (1,000)	44,650 (905)	37,220 (2,053)	34,310 (437)	42,380 (2,010)	49,070 (1,297)	53,950 (1,445)
West Virginia	26,980 (183)	30,040 (246)	‡ (†)	32,980 (344)	‡ (†)	35,910 (320)	34,410 (475)	29,030 (491)	31,030 (488)	34,070 (697)	35,630 (1,096)	40,660 (581)
Wisconsin	31,490 (351)	35,470 (331)	27,800 (194)	37,150 (634)	29,630 (479)	44,200 (1,291)	41,390 (859)	32,020 (651)	34,750 (706)	40,660 (1,557)	46,590 (1,377)	49,630 (1,457)
Wyoming	27,310 (247)	29,470 (248)	23,760 (266)	34,080 (576)	28,270 (1,408)	39,190 (1,900)	45,750 (543)	38,230 (863)	41,710 (825)	44,480 (928)	47,640 (841)	51,210 (1,119)

†Not applicable.
‡Reporting standards not met.
NOTE: This table includes regular full-time teachers only; it excludes other staff even when they have full-time teaching duties (regular part-time teachers, itinerant teachers, long-term substitutes, administrators, library media specialists, other professional staff, and support staff). Standard errors appear in parentheses.

SOURCE: U.S. Department of Education, National Center for Education Statistics, Schools and Staffing Survey (SASS), "Public School Teacher Questionnaire," 1993–94, 1999–2000, 2003–04, and 2007–08; and "Public Charter School Teacher Questionnaire," 1999–2000. (This table was prepared September 2009.)

Table 81. Average base salary for full-time public elementary and secondary school teachers with a master's degree as their highest degree, by years of full-time teaching experience and state: 1993–94, 1999–2000, 2003–04, and 2007–08

[In current dollars]

State	1993–94, total	1999–2000			2003–04			2007–08				
		Total	6 to 10 years	Over 20 years	Total	6 to 10 years	Over 20 years	Total	5 or fewer years	6 to 10 years	11 to 20 years	Over 20 years
1	2	3	4	5	6	7	8	9	10	11	12	13
United States	**$38,480 (154)**	**$44,700 (174)**	**$38,350 (237)**	**$50,760 (262)**	**$49,440 (202)**	**$44,410 (281)**	**$55,960 (303)**	**$54,810 (281)**	**$44,560 (365)**	**$50,540 (380)**	**$56,770 (493)**	**$63,050 (576)**
Alabama	28,920 (156)	36,930 (145)	35,790 (298)	38,870 (215)	39,730 (383)	38,370 (329)	42,870 (779)	46,980 (436)	42,530 (725)	45,050 (828)	48,150 (480)	50,960 (1,102)
Alaska	50,900 (373)	51,170 (662)	43,940 (576)	58,670 (860)	53,720 (1,005)	50,560 (1,420)	60,760 (1,387)	58,640 (800)	47,410 (1,823)	54,480 (1,141)	61,530 (965)	65,260 (1,456)
Arizona	35,280 (302)	38,150 (465)	33,130 (568)	45,050 (691)	41,310 (531)	37,850 (477)	46,850 (1,268)	43,910 (701)	37,710 (727)	39,600 (877)	44,910 (853)	52,300 (1,381)
Arkansas	29,070 (322)	34,830 (483)	‡ (†)	38,740 (666)	39,480 (639)	33,970 (1,210)	44,920 (912)	45,460 (678)	39,630 (1,068)	42,450 (1,355)	45,130 (1,150)	50,260 (971)
California	43,420 (636)	50,800 (537)	44,820 (766)	56,960 (572)	59,160 (761)	54,150 (819)	69,990 (999)	65,040 (982)	50,230 (1,082)	59,930 (1,076)	68,830 (1,477)	78,710 (1,186)
Colorado	36,580 (364)	41,200 (445)	37,350 (766)	47,410 (721)	47,960 (641)	42,330 (1,012)	55,610 (1,307)	50,140 (1,069)	39,460 (843)	46,050 (1,719)	54,760 (1,692)	60,770 (1,920)
Connecticut	49,310 (416)	50,620 (590)	43,240 (795)	59,920 (604)	57,340 (934)	50,720 (810)	66,970 (743)	62,480 (762)	48,990 (1,085)	57,870 (1,079)	68,270 (1,430)	72,230 (868)
Delaware	42,350 (535)	48,120 (910)	‡ (†)	55,520 (1,366)	54,670 (913)	46,820 (1,061)	63,070 (1,148)	56,930 (1,117)	45,420 (1,238)	52,280 (1,679)	62,270 (2,243)	69,340 (1,947)
District of Columbia	45,360 (828)	51,040 (472)	‡ (†)	54,750 (451)	55,450 (1,568)	‡ (†)	63,570 (2,537)	66,250 (1,933)	‡ (†)	‡ (†)	70,100 (2,147)	81,410 (1,654)
Florida	33,150 (487)	39,330 (476)	32,340 (468)	44,940 (583)	42,120 (784)	35,420 (1,016)	49,860 (1,027)	48,680 (985)	40,440 (822)	41,600 (920)	45,760 (937)	61,650 (1,329)
Georgia	31,890 (227)	41,950 (524)	38,130 (581)	47,230 (475)	47,540 (752)	44,100 (418)	52,370 (1,322)	51,600 (799)	43,860 (1,252)	48,020 (1,214)	53,320 (863)	57,920 (1,278)
Hawaii	36,430 (731)	39,280 (524)	‡ (†)	‡ (†)	42,910 (967)	‡ (†)	‡ (†)	49,380 (1,513)	45,040 (1,808)	‡ (†)	‡ (†)	‡ (†)
Idaho	31,590 (440)	42,380 (772)	‡ (†)	48,950 (1,559)	44,140 (857)	38,380 (1,648)	48,580 (1,249)	47,020 (981)	37,290 (1,916)	41,150 (1,707)	51,410 (1,249)	53,120 (1,855)
Illinois	42,400 (588)	47,770 (953)	41,850 (1,166)	55,180 (1,087)	54,110 (1,253)	46,450 (1,114)	61,560 (1,612)	61,330 (1,503)	49,570 (1,557)	53,930 (1,513)	62,610 (1,854)	74,860 (2,895)
Indiana	38,040 (292)	45,480 (413)	36,090 (451)	49,420 (362)	49,760 (670)	38,030 (919)	53,650 (576)	51,640 (686)	39,240 (777)	43,470 (1,128)	49,100 (883)	58,370 (655)
Iowa	32,220 (571)	38,010 (494)	33,960 (1,468)	39,340 (714)	41,880 (608)	37,140 (1,001)	43,880 (900)	44,770 (829)	‡ (†)	39,040 (1,073)	43,130 (1,487)	50,980 (1,111)
Kansas	32,560 (314)	36,140 (428)	31,990 (622)	38,480 (502)	40,400 (755)	34,940 (963)	43,700 (912)	46,220 (955)	‡ (†)	41,240 (1,390)	46,160 (1,036)	50,260 (1,519)
Kentucky	31,390 (396)	36,380 (310)	32,810 (305)	41,260 (481)	40,570 (457)	37,440 (325)	45,610 (913)	46,270 (578)	40,530 (898)	42,750 (762)	48,430 (1,162)	51,540 (866)
Louisiana	27,300 (262)	33,120 (806)	‡ (†)	35,150 (1,051)	38,000 (558)	‡ (†)	40,860 (828)	44,090 (854)	38,040 (1,125)	‡ (†)	46,060 (1,135)	47,470 (974)
Maine	33,060 (499)	38,770 (458)	‡ (†)	42,340 (442)	42,460 (677)	36,100 (1,355)	47,860 (840)	44,820 (733)	36,120 (840)	38,970 (871)	45,960 (1,030)	51,680 (1,138)
Maryland	42,340 (406)	45,930 (1,055)	38,280 (736)	51,740 (900)	53,190 (1,307)	49,710 (4,001)	63,410 (1,462)	59,130 (1,422)	47,530 (1,060)	51,950 (1,240)	62,770 (2,878)	70,570 (1,880)
Massachusetts	39,710 (254)	47,630 (370)	41,960 (680)	52,390 (334)	53,500 (714)	48,280 (823)	61,270 (670)	58,680 (894)	46,260 (1,535)	57,660 (960)	62,000 (1,225)	68,590 (1,404)
Michigan	47,660 (488)	53,050 (651)	46,020 (968)	59,050 (1,034)	59,680 (906)	53,680 (1,813)	65,900 (1,194)	63,100 (1,116)	47,490 (1,973)	56,030 (1,790)	67,540 (1,494)	69,980 (1,434)
Minnesota	40,710 (552)	46,050 (674)	40,420 (1,136)	51,980 (1,175)	49,590 (731)	43,490 (621)	57,090 (1,137)	55,040 (730)	43,200 (1,339)	49,930 (1,041)	56,750 (900)	61,830 (1,203)
Mississippi	26,600 (200)	34,170 (326)	29,040 (271)	38,460 (348)	38,460 (479)	33,710 (594)	44,060 (571)	44,170 (617)	35,720 (708)	40,110 (537)	44,090 (798)	50,570 (804)
Missouri	33,180 (625)	37,400 (747)	31,650 (1,028)	44,150 (1,067)	40,880 (761)	37,090 (1,071)	46,110 (1,604)	45,830 (1,020)	38,370 (1,795)	41,260 (978)	46,150 (1,385)	54,300 (2,175)
Montana	32,270 (423)	35,960 (728)	28,230 (508)	41,050 (1,237)	39,650 (885)	‡ (†)	43,280 (1,218)	45,970 (908)	‡ (†)	39,360 (1,161)	45,700 (1,589)	51,300 (1,290)
Nebraska	30,290 (538)	33,540 (536)	28,580 (667)	37,420 (936)	39,980 (784)	35,740 (1,248)	44,380 (1,023)	40,410 (913)	‡ (†)	37,490 (1,008)	38,420 (1,330)	43,880 (1,677)
Nevada	38,570 (353)	43,350 (429)	‡ (†)	49,500 (575)	45,770 (1,083)	44,120 (3,641)	49,900 (922)	50,050 (906)	41,050 (928)	47,280 (840)	53,010 (757)	60,420 (1,560)
New Hampshire	36,970 (505)	41,310 (689)	‡ (†)	46,210 (660)	45,140 (977)	‡ (†)	52,340 (636)	51,320 (1,002)	40,090 (1,020)	46,650 (1,397)	55,020 (1,528)	59,610 (1,134)
New Jersey	50,950 (883)	57,410 (709)	‡ (†)	65,640 (670)	60,200 (1,571)	45,980 (962)	76,020 (1,723)	62,580 (1,901)	50,400 (1,853)	54,270 (2,691)	66,070 (2,656)	81,170 (2,065)
New Mexico	28,400 (281)	35,570 (539)	30,590 (835)	40,060 (742)	40,100 (810)	34,170 (572)	48,440 (1,013)	47,200 (833)	38,550 (1,391)	44,420 (854)	48,890 (553)	53,050 (1,393)
New York	47,440 (840)	53,130 (923)	42,590 (884)	66,450 (1,150)	56,650 (746)	50,450 (1,119)	67,470 (1,703)	64,300 (1,698)	51,640 (1,444)	58,520 (2,054)	67,830 (2,458)	83,090 (3,081)
North Carolina	29,180 (306)	36,810 (542)	33,780 (725)	41,890 (756)	42,720 (641)	36,440 (778)	48,390 (644)	45,470 (1,321)	34,620 (1,680)	40,790 (1,636)	46,800 (1,948)	52,660 (2,098)
North Dakota	28,520 (730)	32,920 (559)	‡ (†)	35,380 (828)	39,710 (789)	‡ (†)	43,130 (1,234)	44,090 (885)	‡ (†)	40,400 (1,690)	43,610 (1,629)	49,560 (1,644)
Ohio	37,960 (550)	43,420 (585)	35,820 (1,054)	48,710 (836)	50,090 (689)	43,810 (692)	55,920 (852)	55,680 (982)	43,220 (1,658)	49,420 (1,058)	58,470 (1,779)	63,100 (1,473)
Oklahoma	28,510 (186)	31,990 (261)	28,260 (333)	34,280 (458)	34,580 (319)	31,370 (329)	38,060 (351)	40,220 (486)	35,220 (905)	36,550 (718)	39,350 (769)	44,400 (592)
Oregon	36,930 (471)	42,180 (588)	37,840 (764)	47,990 (1,031)	45,850 (647)	41,580 (1,019)	54,690 (808)	48,170 (914)	41,260 (718)	46,830 (721)	53,310 (1,396)	57,740 (1,375)
Pennsylvania	44,830 (816)	50,790 (1,027)	43,650 (1,633)	57,220 (1,154)	54,800 (925)	46,210 (1,322)	64,100 (910)	62,340 (1,667)	46,320 (2,076)	52,120 (1,628)	64,360 (2,553)	74,360 (2,998)
Rhode Island	41,630 (303)	48,610 (204)	‡ (†)	52,300 (169)	55,110 (909)	49,330 (2,504)	60,180 (1,080)	65,180 (1,137)	‡ (†)	‡ (†)	67,950 (1,212)	69,950 (1,244)
South Carolina	31,860 (208)	38,390 (528)	32,850 (657)	41,660 (960)	42,910 (625)	37,780 (814)	49,410 (679)	46,480 (529)	37,980 (1,063)	41,280 (1,209)	47,160 (812)	52,970 (892)
South Dakota	28,110 (449)	32,800 (443)	‡ (†)	35,910 (727)	37,670 (801)	31,200 (971)	41,740 (1,162)	39,880 (764)	‡ (†)	35,110 (1,125)	39,180 (1,199)	44,110 (1,224)
Tennessee	30,270 (350)	35,610 (414)	31,750 (533)	38,470 (648)	39,620 (543)	36,120 (835)	42,860 (892)	43,730 (694)	36,320 (727)	39,840 (999)	44,370 (1,197)	49,150 (964)
Texas	31,610 (355)	40,280 (453)	33,280 (548)	44,820 (764)	43,370 (723)	37,590 (872)	49,650 (881)	47,520 (1,129)	42,320 (1,032)	44,490 (2,023)	48,340 (1,242)	51,960 (2,138)
Utah	32,590 (277)	39,880 (586)	‡ (†)	44,960 (1,332)	43,370 (636)	36,950 (1,534)	48,730 (598)	47,200 (1,092)	38,370 (1,444)	41,020 (748)	49,140 (866)	54,170 (1,687)
Vermont	36,770 (594)	37,260 (668)	‡ (†)	42,340 (1,073)	44,740 (926)	‡ (†)	51,090 (1,076)	51,320 (987)	‡ (†)	44,780 (1,742)	51,310 (1,494)	58,040 (1,387)
Virginia	33,740 (579)	40,230 (668)	35,880 (668)	46,640 (1,263)	43,860 (948)	41,140 (1,342)	50,370 (1,581)	50,910 (1,572)	43,280 (1,727)	43,090 (1,865)	52,520 (2,135)	62,310 (2,889)
Washington	38,270 (398)	43,160 (364)	36,450 (533)	48,630 (566)	47,970 (500)	43,230 (829)	55,050 (731)	51,800 (649)	41,470 (866)	47,380 (1,210)	55,970 (831)	58,670 (882)
West Virginia	32,130 (195)	36,590 (226)	‡ (†)	38,830 (240)	40,440 (716)	33,580 (668)	42,840 (1,081)	43,090 (477)	35,520 (983)	37,120 (580)	41,910 (762)	47,700 (513)
Wisconsin	40,920 (486)	46,420 (512)	39,570 (669)	49,520 (588)	47,750 (713)	40,870 (956)	53,980 (817)	52,210 (873)	40,570 (2,096)	46,650 (1,245)	53,120 (1,604)	58,010 (1,380)
Wyoming	32,490 (371)	36,120 (497)	‡ (†)	38,480 (810)	41,610 (1,014)	‡ (†)	44,490 (1,557)	52,990 (932)	‡ (†)	49,530 (1,444)	52,550 (1,243)	57,580 (1,495)

†Not applicable.
‡Reporting standards not met.
NOTE: This table includes regular full-time teachers only; it excludes other staff even when they have full-time teaching duties (regular part-time teachers, itinerant teachers, long-term substitutes, administrators, library media specialists, other professional staff, and support staff). Standard errors appear in parentheses.

SOURCE: U.S. Department of Education, National Center for Education Statistics, Schools and Staffing Survey (SASS), "Public School Teacher Questionnaire," 1993–94, 1999–2000, 2003–04, and 2007–08; and "Public Charter School Teacher Questionnaire," 1999–2000. (This table was prepared October 2009.)

Table 82. Estimated average annual salary of teachers in public elementary and secondary schools: Selected years, 1959–60 through 2009–10

School year	Current dollars					Average public school teachers' salary in constant 2008–09 dollars[2]		
	Average public school teachers' salary			Wage and salary accruals per full-time-equivalent (FTE) employee[1]	Ratio of average teachers' salary to accruals per FTE employee			
	All teachers	Elementary teachers	Secondary teachers			All teachers	Elementary teachers	Secondary teachers
1	2	3	4	5	6	7	8	9
1959–60	$4,995	$4,815	$5,276	$4,749	1.05	$36,491	$35,176	$38,544
1961–62	5,515	5,340	5,775	5,063	1.09	39,385	38,135	41,242
1963–64	5,995	5,805	6,266	5,478	1.09	41,725	40,402	43,611
1965–66	6,485	6,279	6,761	5,934	1.09	43,627	42,241	45,484
1967–68	7,423	7,208	7,692	6,533	1.14	46,854	45,497	48,552
1969–70	8,626	8,412	8,891	7,486	1.15	49,018	47,801	50,523
1970–71	9,268	9,021	9,568	7,998	1.16	50,081	48,746	51,702
1971–72	9,705	9,424	10,031	8,521	1.14	50,626	49,160	52,326
1972–73	10,174	9,893	10,507	9,056	1.12	51,017	49,608	52,687
1973–74	10,770	10,507	11,077	9,667	1.11	49,584	48,373	50,998
1974–75	11,641	11,334	12,000	10,411	1.12	48,247	46,975	49,735
1975–76	12,600	12,280	12,937	11,194	1.13	48,770	47,531	50,074
1976–77	13,354	12,989	13,776	11,971	1.12	48,840	47,505	50,384
1977–78	14,198	13,845	14,602	12,811	1.11	48,660	47,450	50,044
1978–79	15,032	14,681	15,450	13,807	1.09	47,106	46,006	48,416
1979–80	15,970	15,569	16,459	15,050	1.06	44,157	43,049	45,509
1980–81	17,644	17,230	18,142	16,461	1.07	43,722	42,696	44,956
1981–82	19,274	18,853	19,805	17,795	1.08	43,963	43,003	45,175
1982–83	20,695	20,227	21,291	18,873	1.10	45,261	44,237	46,564
1983–84	21,935	21,487	22,554	19,781	1.11	46,260	45,316	47,566
1984–85	23,600	23,200	24,187	20,694	1.14	47,897	47,085	49,088
1985–86	25,199	24,718	25,846	21,685	1.16	49,709	48,760	50,985
1986–87	26,569	26,057	27,244	22,700	1.17	51,273	50,285	52,576
1987–88	28,034	27,519	28,798	23,777	1.18	51,948	50,993	53,363
1988–89	29,564	29,022	30,218	24,752	1.19	52,364	51,404	53,523
1989–90	31,367	30,832	32,049	25,762	1.22	53,028	52,123	54,180
1990–91	33,084	32,490	33,896	26,935	1.23	53,031	52,079	54,332
1991–92	34,063	33,479	34,827	28,169	1.21	52,905	51,998	54,092
1992–93	35,029	34,350	35,880	29,245	1.20	52,757	51,735	54,039
1993–94	35,737	35,233	36,566	30,030	1.19	52,465	51,725	53,682
1994–95	36,675	36,088	37,523	30,857	1.19	52,341	51,504	53,552
1995–96	37,642	37,138	38,397	31,822	1.18	52,299	51,598	53,348
1996–97	38,443	38,039	39,184	33,058	1.16	51,930	51,384	52,931
1997–98	39,350	39,002	39,944	34,635	1.14	52,224	51,762	53,012
1998–99	40,544	40,165	41,203	36,306	1.12	52,893	52,398	53,752
1999–2000	41,807	41,306	42,546	38,176	1.10	53,010	52,375	53,947
2000–01	43,378	42,910	44,053	39,722	1.09	53,180	52,606	54,008
2001–02	44,655	44,177	45,310	40,579	1.10	53,793	53,218	54,582
2002–03	45,686	45,408	46,106	41,704	1.10	53,852	53,524	54,347
2003–04	46,542	46,187	46,976	43,301	1.07	53,686	53,277	54,187
2004–05	47,516	47,122	47,688	44,941	1.06	53,209	52,767	53,401
2005–06	49,086	48,573	49,496	46,755	1.05	52,950	52,397	53,393
2006–07	51,052	50,740	51,529	48,867	1.04	53,683	53,355	54,184
2007–08	52,800	52,385	53,262	50,627	1.04	53,537	53,116	54,006
2008–09	54,319	53,998	54,552	51,595	1.05	54,319	53,998	54,552
2009–10	55,350	55,311	55,032	—	—	54,819	54,781	54,505

—Not available.

[1]The average monetary remuneration earned by FTE employees across all industries in a given year, including wages, salaries, commissions, tips, bonuses, voluntary employee contributions to certain deferred compensation plans, and receipts in kind that represent income. Calendar-year data from the U.S. Department of Commerce, Bureau of Economic Analysis, have been converted to a school-year basis by averaging the two appropriate calendar years in each case.

[2]Constant dollars based on the Consumer Price Index, prepared by the Bureau of Labor Statistics, U.S. Department of Labor, adjusted to a school-year basis.

NOTE: Some data have been revised from previously published figures. Standard errors are not available for these estimates, which are based on state reports.

SOURCE: National Education Association, *Estimates of School Statistics*, 1959–60 through 2009–10; and unpublished tabulations. U.S. Department of Commerce, Bureau of Economic Analysis, National Income and Product Accounts, tables 6.6B-D, retrieved April 25, 2010, from http://www.bea.gov/national/nipaweb/SelectTable.asp. (This table was prepared May 2010.)

Table 83. Estimated average annual salary of teachers in public elementary and secondary schools, by state or jurisdiction: Selected years, 1969–70 through 2009–10

State	Current dollars							Constant 2008–09 dollars[1]							
	1969–70	1979–80	1989–90	1999–2000	2004–05	2008–09	2009–10	1969–70	1979–80	1989–90	1999–2000	2004–05	2008–09	2009–10	Percent change, 1999–2000 to 2009–10
1	2	3	4	5	6	7	8	9	10	11	12	13	14	15	16
United States	**$8,626**	**$15,970**	**$31,367**	**$41,807**	**$47,516**	**$54,319**	**$55,350**	**$49,018**	**$44,157**	**$53,028**	**$53,010**	**$53,209**	**$54,319**	**$54,819**	**3.4**
Alabama	6,818	13,060	24,828	36,689	38,186	46,879	47,156	38,744	36,111	41,973	46,521	42,761	46,879	46,704	0.4
Alaska	10,560	27,210	43,153	46,462	52,424	58,395	59,729	60,008	75,236	72,952	58,913	58,705	58,395	59,157	0.4
Arizona	8,711	15,054	29,402	36,902	42,905	46,358	46,952	49,501	41,625	49,706	46,791	48,045	46,358	46,502	-0.6
Arkansas	6,307	12,299	22,352	33,386	40,495	47,472	49,051	35,840	34,007	37,787	42,333	45,347	47,472	48,581	14.8
California	10,315	18,020	37,998	47,680	57,876	68,093	70,458	58,615	49,826	64,238	60,457	64,810	68,093	69,783	15.4
Colorado	7,761	16,205	30,758	38,163	43,949	48,487	49,505	44,102	44,807	51,998	48,390	49,214	48,487	49,031	1.3
Connecticut	9,262	16,229	40,461	51,780	57,737	63,152	64,350	52,632	44,874	68,401	65,656	64,654	63,152	63,733	-2.9
Delaware	9,015	16,148	33,377	44,435	50,595	56,667	57,080	51,228	44,650	56,426	56,343	56,657	56,667	56,533	0.3
District of Columbia	10,285	22,190	38,402	47,076	58,456	62,557	64,548	58,445	61,356	64,921	59,691	65,459	62,557	63,929	7.1
Florida	8,412	14,149	28,803	36,722	41,590	46,921	46,912	47,801	39,122	48,693	46,563	46,573	46,921	46,462	-0.2
Georgia	7,276	13,853	28,006	41,023	46,526	52,879	54,274	41,346	38,304	47,346	52,016	52,100	52,879	53,754	3.3
Hawaii	9,453	19,920	32,047	40,578	46,149	55,733	58,168	53,717	55,079	54,177	51,452	51,678	55,733	57,610	12.0
Idaho	6,890	13,611	23,861	35,547	42,122	45,178	46,283	39,153	37,635	40,338	45,073	47,169	45,178	45,839	1.7
Illinois	9,569	17,601	32,794	46,486	55,421	61,344	62,077	54,376	48,667	55,440	58,943	62,061	61,344	61,482	4.3
Indiana	8,833	15,599	30,902	41,850	46,583	49,569	49,986	50,194	43,132	52,241	53,065	52,164	49,569	49,507	-6.7
Iowa	8,355	15,203	26,747	35,678	39,284	48,638	50,547	47,478	42,037	45,217	45,239	43,991	48,638	50,063	10.7
Kansas	7,612	13,690	28,744	34,981	39,345	46,401	46,957	43,255	37,853	48,593	44,355	44,059	46,401	46,507	4.9
Kentucky	6,953	14,520	26,292	36,380	40,522	47,875	48,354	39,511	40,148	44,448	46,129	45,377	47,875	47,891	3.8
Louisiana	7,028	13,760	24,300	33,109	39,022	48,627	50,349	39,937	38,047	41,080	41,981	43,697	48,627	49,866	18.8
Maine	7,572	13,071	26,881	35,561	39,610	44,731	46,106	43,028	36,142	45,444	45,090	44,356	44,731	45,664	1.3
Maryland	9,383	17,558	36,319	44,048	52,331	62,849	65,333	53,319	48,548	61,399	55,852	58,601	62,849	64,707	15.9
Massachusetts	8,764	17,253	34,712	46,580	54,679	66,712	68,000	49,802	47,705	58,682	59,062	61,230	66,712	67,348	14.0
Michigan	9,826	19,663	37,072	49,044	56,973	57,327	57,958	55,837	54,369	62,672	62,187	63,799	57,327	57,402	-7.7
Minnesota	8,658	15,912	32,190	39,802	46,906	51,938	53,069	49,199	43,997	54,419	50,468	52,526	51,938	52,560	4.1
Mississippi	5,798	11,850	24,292	31,857	36,590	44,498	45,644	32,947	32,765	41,067	40,394	40,974	44,498	45,207	11.9
Missouri	7,799	13,682	27,094	35,656	39,067	44,249	45,317	44,318	37,831	45,804	45,211	43,748	44,249	44,883	-0.7
Montana	7,606	14,537	25,081	32,121	38,485	44,426	45,759	43,221	40,195	42,401	40,729	43,096	44,426	45,320	11.3
Nebraska	7,375	13,516	25,522	33,237	39,456	44,957	46,080	41,909	37,372	43,146	42,144	44,183	44,957	45,638	8.3
Nevada	9,215	16,295	30,590	39,390	43,394	50,067	51,524	52,365	45,056	51,714	49,946	48,593	50,067	51,030	2.2
New Hampshire	7,771	13,017	28,986	37,734	43,941	49,872	51,365	44,159	35,992	49,002	47,846	49,205	49,872	50,873	6.3
New Jersey	9,130	17,161	35,676	52,015	56,682	63,111	64,809	51,882	47,451	60,312	65,954	63,473	63,111	64,188	-2.7
New Mexico	7,796	14,887	24,756	32,554	39,391	45,752	46,401	44,301	41,163	41,851	41,278	44,110	45,752	45,956	11.3
New York	10,336	19,812	38,925	51,020	56,200	69,118	71,470	58,735	54,781	65,805	64,692	62,933	69,118	70,785	9.4
North Carolina	7,494	14,117	27,883	39,404	43,348	48,648	48,648	42,585	39,034	47,138	49,963	48,541	48,648	48,182	-3.6
North Dakota	6,696	13,263	23,016	29,863	36,695	41,654	42,964	38,050	36,672	38,910	37,866	41,091	41,654	42,552	12.4
Ohio	8,300	15,269	31,218	41,436	48,692	54,656	55,931	47,165	42,219	52,776	52,540	54,526	54,656	55,395	5.4
Oklahoma	6,882	13,107	23,070	31,298	37,879	43,846	44,143	39,107	36,241	39,001	39,685	42,417	43,846	43,720	10.2
Oregon	8,818	16,266	30,840	42,336	48,330	54,085	55,224	50,109	44,976	52,137	53,681	54,120	54,085	54,695	1.9
Pennsylvania	8,858	16,515	33,338	48,321	53,258	57,237	58,124	50,336	45,664	56,360	61,270	59,639	57,237	57,567	-6.0
Rhode Island	8,776	18,002	36,057	47,041	53,473	58,407	59,636	49,870	49,776	60,956	59,647	59,879	58,407	59,064	-1.0
South Carolina	6,927	13,063	27,217	36,081	42,189	47,421	48,417	39,363	36,119	46,012	45,750	47,244	47,421	47,953	4.8
South Dakota	6,403	12,348	21,300	29,071	34,040	35,070	35,136	36,385	34,142	36,009	36,861	38,118	35,070	34,799	-5.6
Tennessee	7,050	13,972	27,052	36,328	42,076	45,549	46,290	40,062	38,633	45,733	46,063	47,117	45,549	45,846	-0.5
Texas	7,255	14,132	27,496	37,567	41,011	47,157	47,157	41,227	39,075	46,483	47,634	45,924	47,157	46,705	-2.0
Utah	7,644	14,909	23,686	34,946	39,456	42,335	43,068	43,437	41,224	40,042	44,311	44,183	42,335	42,655	-3.7
Vermont	7,968	12,484	29,012	37,758	44,535	47,884	49,053	45,278	34,519	49,046	47,876	49,871	47,884	48,583	1.5
Virginia	8,070	14,060	30,938	38,744	42,768	48,365	49,999	45,858	38,876	52,302	49,126	47,892	48,365	49,520	0.8
Washington	9,225	18,820	30,457	41,043	45,718	52,567	53,653	52,421	52,038	51,489	52,042	51,195	52,567	53,139	2.1
West Virginia	7,650	13,710	22,842	35,009	38,360	44,701	45,959	43,471	37,908	38,616	44,391	42,956	44,701	45,518	2.5
Wisconsin	8,963	16,006	31,921	41,153	44,299	51,121	52,644	50,933	44,257	53,964	52,181	49,606	51,121	52,139	-0.1
Wyoming	8,232	16,012	28,141	34,127	40,497	54,602	55,694	46,779	44,274	47,574	43,272	45,349	54,602	55,160	27.5

[1]Constant dollars based on the Consumer Price Index (CPI), prepared by the Bureau of Labor Statistics, U.S. Department of Labor, adjusted to a school-year basis. The CPI does not account for differences in inflation rates from state to state.

NOTE: Some data have been revised from previously published figures. Standard errors are not available for these estimates, which are based on state reports.
SOURCE: National Education Association, *Estimates of School Statistics*, 1969–70 through 2009–10. (This table was prepared May 2010.)

Table 84. Staff employed in public elementary and secondary school systems, by functional area: Selected years, 1949–50 through fall 2008

[In full-time equivalents]

School year	Total	School district administrative staff			Instructional staff						Support staff[1]
		Total	Officials and administrators	Instruction coordinators	Total	Principals and assistant principals	Teachers	Instructional aides	Librarians	Guidance counselors	
1	2	3	4	5	6	7	8	9	10	11	12
1949–50[2]	1,300,031	33,642	23,868	9,774	956,808	43,137	913,671	([3])	([3])	([3])	309,582
1959–60[2]	2,089,283	42,423	28,648	13,775	1,448,931	63,554	1,353,372	([3])	17,363	14,643	597,929
1969–70[2]	3,360,763	65,282	33,745	31,537	2,255,707	90,593	2,016,244	57,418	42,689	48,763	1,039,774
Fall 1980[2]	4,168,286	78,784	58,230	20,554	2,729,023	107,061	2,184,216	325,755	48,018	63,973	1,360,479
Fall 1990	4,494,076	75,868	—	—	3,051,404	127,417	2,398,169	395,959	49,909	79,950	1,366,804
Fall 1993	4,808,080	80,862	47,614	33,248	3,209,381	121,486	2,503,901	450,519	50,511	82,964	1,517,837
Fall 1994	4,904,757	81,867	48,827	33,040	3,280,752	120,017	2,551,875	473,348	50,668	84,844	1,542,138
Fall 1995	4,994,358	82,998	49,315	33,683	3,351,528	120,629	2,598,220	494,289	50,862	87,528	1,559,832
Fall 1996	5,091,205	81,975	48,480	33,495	3,447,580	123,734	2,667,419	516,356	51,464	88,607	1,561,650
Fall 1997	5,266,415	85,267	50,432	34,835	3,572,955	126,129	2,746,157	557,453	52,142	91,074	1,608,193
Fall 1998	5,419,181	88,939	52,975	35,964	3,693,630	129,317	2,830,286	588,108	52,805	93,114	1,636,612
Fall 1999	5,632,004	94,134	55,467	38,667	3,819,057	137,199	2,910,633	621,942	53,659	95,624	1,718,813
Fall 2000	5,709,753	97,270	57,837	39,433	3,876,628	141,792	2,941,461	641,392	54,246	97,737	1,735,855
Fall 2001	5,904,195	109,526	63,517	46,009	3,989,211	160,543	2,999,528	674,741	54,350	100,049	1,805,458
Fall 2002	5,954,661	110,777	62,781	47,996	4,016,963	164,171	3,034,123	663,552	54,205	100,912	1,826,921
Fall 2003	5,953,667	107,483	63,418	44,065	4,052,739	165,233	3,048,652	685,118	54,349	99,387	1,793,445
Fall 2004	6,058,174	111,832	64,101	47,731	4,120,063	165,657	3,090,925	707,514	54,145	101,822	1,826,279
Fall 2005	6,130,686	121,164	62,464	58,700	4,151,236	156,454	3,143,003	693,792	54,057	103,930	1,858,286
Fall 2006	6,153,735	118,707	53,722	64,985	4,186,968	153,673	3,166,391	709,715	54,444	102,745	1,848,060
Fall 2007	6,215,635	130,046	59,369	70,677	4,213,729	157,564	3,178,142	718,119	54,385	105,519	1,871,860
Fall 2008	6,318,395	135,610	62,153	73,457	4,274,792	159,711	3,219,458	734,010	53,805	107,808	1,907,993
	Percentage distribution										
1949–50[2]	100.0	2.6	1.8	0.8	73.6	3.3	70.3	([3])	([3])	([3])	23.8
1959–60[2]	100.0	2.0	1.4	0.7	69.4	3.0	64.8	([3])	0.8	0.7	28.6
1969–70[2]	100.0	1.9	1.0	0.9	67.1	2.7	60.0	1.7	1.3	1.5	30.9
Fall 1980[2]	100.0	1.9	1.4	0.5	65.5	2.6	52.4	7.8	1.2	1.5	32.6
Fall 1990	100.0	1.7	—	—	67.9	2.8	53.4	8.8	1.1	1.8	30.4
Fall 1993	100.0	1.7	1.0	0.7	66.7	2.5	52.1	9.4	1.1	1.7	31.6
Fall 1994	100.0	1.7	1.0	0.7	66.9	2.4	52.0	9.7	1.0	1.7	31.4
Fall 1995	100.0	1.7	1.0	0.7	67.1	2.4	52.0	9.9	1.0	1.8	31.2
Fall 1996	100.0	1.6	1.0	0.7	67.7	2.4	52.4	10.1	1.0	1.7	30.7
Fall 1997	100.0	1.6	1.0	0.7	67.8	2.4	52.1	10.6	1.0	1.7	30.5
Fall 1998	100.0	1.6	1.0	0.7	68.2	2.4	52.2	10.9	1.0	1.7	30.2
Fall 1999	100.0	1.7	1.0	0.7	67.8	2.4	51.7	11.0	1.0	1.7	30.5
Fall 2000	100.0	1.7	1.0	0.7	67.9	2.5	51.5	11.2	1.0	1.7	30.4
Fall 2001	100.0	1.9	1.1	0.8	67.6	2.7	50.8	11.4	0.9	1.7	30.6
Fall 2002	100.0	1.9	1.1	0.8	67.5	2.8	51.0	11.1	0.9	1.7	30.7
Fall 2003	100.0	1.8	1.1	0.7	68.1	2.8	51.2	11.5	0.9	1.7	30.1
Fall 2004	100.0	1.8	1.1	0.8	68.0	2.7	51.0	11.7	0.9	1.7	30.1
Fall 2005	100.0	2.0	1.0	1.0	67.7	2.6	51.3	11.3	0.9	1.7	30.3
Fall 2006	100.0	1.9	0.9	1.1	68.0	2.5	51.5	11.5	0.9	1.7	30.0
Fall 2007	100.0	2.1	1.0	1.1	67.8	2.5	51.1	11.6	0.9	1.7	30.1
Fall 2008	100.0	2.1	1.0	1.2	67.7	2.5	51.0	11.6	0.9	1.7	30.2
	Pupils per staff member										
1949–50[2]	19.3	746.4	1,052.1	2,569.2	26.2	582.1	27.5	([3])	([3])	([3])	81.1
1959–60[2]	16.8	829.3	1,228.1	2,554.1	24.3	553.6	26.0	([3])	2,026.3	2,402.7	58.8
1969–70[2]	13.6	697.7	1,349.8	1,444.3	20.2	502.8	22.6	793.3	1,067.0	934.1	43.8
Fall 1980[2]	9.8	518.9	702.0	1,988.8	15.0	381.8	18.7	125.5	851.3	639.0	30.0
Fall 1990	9.2	543.3	—	—	13.5	323.5	17.2	104.1	825.8	515.5	30.2
Fall 1993	9.0	537.5	912.9	1,307.3	13.5	357.8	17.4	96.5	860.5	523.9	28.6
Fall 1994	9.0	538.8	903.4	1,335.1	13.4	367.5	17.3	93.2	870.6	519.9	28.6
Fall 1995	9.0	540.3	909.3	1,331.2	13.4	371.7	17.3	90.7	881.6	512.3	28.7
Fall 1996	9.0	556.4	940.8	1,361.7	13.2	368.6	17.1	88.3	886.3	514.8	29.2
Fall 1997	8.8	541.0	914.6	1,324.2	12.9	365.7	16.8	82.7	884.6	506.5	28.7
Fall 1998	8.6	523.3	878.5	1,294.0	12.6	359.9	16.4	79.1	881.3	499.8	28.4
Fall 1999	8.3	497.8	844.8	1,211.8	12.3	341.5	16.1	75.3	873.2	490.0	27.3
Fall 2000	8.3	485.3	816.1	1,197.1	12.2	332.9	16.0	73.6	870.2	483.0	27.2
Fall 2001	8.1	435.3	750.5	1,036.1	12.0	296.9	15.9	70.7	877.1	476.5	26.4
Fall 2002	8.1	435.0	767.5	1,003.9	12.0	293.5	15.9	72.6	888.9	477.5	26.4
Fall 2003	8.2	451.6	765.4	1,101.6	12.0	293.8	15.9	70.8	893.1	488.4	27.1
Fall 2004	8.1	436.3	761.2	1,022.3	11.8	294.6	15.8	69.0	901.2	479.2	26.7
Fall 2005	8.0	405.3	786.3	836.7	11.8	313.9	15.6	70.8	908.5	472.6	26.4
Fall 2006	8.0	415.4	918.0	758.9	11.8	320.9	15.6	69.5	905.8	480.0	26.7
Fall 2007	7.9	379.0	830.3	697.4	11.7	312.8	15.5	68.6	906.4	467.1	26.3
Fall 2008	7.8	363.3	792.6	670.7	11.5	308.5	15.3	67.1	915.6	457.0	25.8

—Not available.

[1]Includes school district administrative support staff, school and library support staff, student support staff, and other support services staff.

[2]Because of classification revisions, categories other than teachers, principals, librarians, and guidance counselors are only roughly comparable to figures for years after 1980.

[3]Data included in column 8.

NOTE: Data for 1949–50 through 1969–70 are cumulative for the entire school year, rather than counts as of the fall of the year. Some data have been revised from previously published figures. Detail may not sum to totals because of rounding.

SOURCE: U.S. Department of Education, National Center for Education Statistics, *Statistics of State School Systems*, various years; *Statistics of Public Elementary and Secondary Schools*, various years; and Common Core of Data (CCD), "State Nonfiscal Survey of Public Elementary/Secondary Education," 1986–87 through 2008–09. (This table was prepared November 2010.)

Table 85. Staff employed in public elementary and secondary school systems, by type of assignment and state or jurisdiction: Fall 2008

[In full-time equivalents]

State or jurisdiction	Total	School district staff			School staff							
		Officials and administrators	Administrative support staff	Instruction coordinators	Principals and assistant principals	School and library support staff	Teachers	Instructional aides	Guidance counselors	Librarians	Student support staff	Other support services staff
1	2	3	4	5	6	7	8	9	10	11	12	13
United States[1]	**6,318,395**	**62,153**	**189,196**	**73,457**	**159,711**	**285,693**	**3,219,458**	**734,010**	**107,808**	**53,805**	**252,394**	**1,180,710**
Alabama	95,368	884	1,755	1,032	2,706	4,031	47,818	6,914	1,873	1,425	2,316	24,614
Alaska[2]	17,160	523	755	190	758	1,248	7,927	2,190	280	170	435	2,684
Arizona	105,548	439	731	133	2,610	7,224	54,696	15,621	1,465	733	7,516	14,380
Arkansas	71,270	713	2,287	837	1,703	3,465	37,162	7,794	1,440	1,007	5,006	9,856
California[3]	585,684	3,959	23,479	7,129	14,556	37,011	303,647	68,652	7,768	1,159	18,060	100,264
Colorado	102,566	1,199	5,003	2,201	2,816	5,205	48,692	15,010	2,117	840	5,394	14,089
Connecticut	92,467	725	3,087	2,000	340	2,435	48,463	13,745	1,119	817	2,547	17,189
Delaware	14,821	340	334	296	402	413	8,322	1,550	285	137	754	1,988
District of Columbia	12,131	226	776	405	368	651	5,321	1,252	250	127	633	2,122
Florida	340,713	2,046	14,563	686	7,819	16,835	186,361	28,622	6,058	2,834	10,174	64,715
Georgia	239,139	2,352	2,689	2,042	6,546	10,621	118,839	27,950	3,691	2,300	7,893	54,216
Hawaii	21,610	228	361	616	519	1,252	11,295	2,231	661	249	1,689	2,509
Idaho	27,261	137	625	264	751	1,140	15,148	2,909	634	140	574	4,939
Illinois[4,5,6,7,8]	221,005	2,369	2,446	3,168	7,478	3,853	135,704	30,148	3,155	2,057	9,350	21,277
Indiana	141,979	1,145	780	1,983	3,199	8,855	62,668	23,120	1,939	951	2,167	35,172
Iowa	72,350	977	1,591	459	1,655	3,425	35,961	10,805	1,377	590	2,540	12,970
Kansas	55,355	479	123	96	1,868	2,803	35,883	9,204	1,125	895	1,561	1,318
Kentucky	100,217	932	2,526	942	3,048	6,073	43,451	14,076	1,461	1,120	2,640	23,948
Louisiana	100,873	350	2,789	1,864	2,852	3,794	49,377	11,380	2,878	1,195	3,677	20,717
Maine	36,459	676	1,170	293	1,194	2,045	15,912	5,900	606	247	1,721	6,695
Maryland	116,856	3,400	2,288	1,888	3,646	6,806	58,940	11,256	2,428	1,235	4,639	20,330
Massachusetts	123,636	2,264	3,529	493	4,414	6,946	70,398	22,832	2,222	867	8,229	1,442
Michigan	208,058	3,292	1,275	3,573	5,006	13,474	94,754	22,396	2,602	1,037	13,289	47,360
Minnesota	109,222	2,069	2,247	1,783	2,118	4,996	53,083	16,128	1,101	813	11,772	13,112
Mississippi	72,050	1,008	2,064	712	1,967	2,792	33,358	8,978	2,099	973	2,893	15,206
Missouri	132,676	1,330	8,786	951	2,988	481	68,015	13,027	2,469	1,400	4,896	28,333
Montana[5,6,8]	18,315	169	486	159	544	188	9,570	2,184	459	381	687	3,488
Nebraska	43,444	624	984	883	1,038	1,965	20,258	6,024	799	568	1,304	8,997
Nevada[2,5,6,7]	33,548	25	971	1,368	1,049	1,679	21,993	4,143	848	367	84	1,021
New Hampshire	31,908	677	738	167	325	621	15,661	7,095	851	324	321	5,128
New Jersey[2,5,6,8,9]	205,672	1,458	6,197	2,803	1,377	8,850	114,713	25,891	2,252	1,777	12,565	27,789
New Mexico	47,850	842	70	807	1,335	4,099	22,825	6,347	844	295	3,103	7,283
New York	428,139	3,114	23,121	2,556	9,507	8,853	217,944	39,748	6,673	3,128	12,352	101,143
North Carolina	207,859	1,676	5,120	2,366	5,016	7,950	109,634	29,008	3,984	2,352	8,095	32,658
North Dakota	15,636	468	152	124	409	506	8,181	2,062	283	193	529	2,729
Ohio	244,730	2,109	14,166	1,600	5,121	13,917	112,845	19,053	3,642	1,355	19,376	51,546
Oklahoma	87,478	609	3,177	381	2,209	4,287	46,571	8,039	1,693	1,116	3,910	15,486
Oregon	65,106	464	3,449	367	1,671	4,682	30,152	10,401	1,103	377	2,163	10,277
Pennsylvania	251,928	2,693	7,054	1,689	5,846	12,013	129,708	28,839	4,597	2,197	8,746	48,546
Rhode Island	18,598	72	454	80	465	735	11,316	2,167	408	308	561	2,032
South Carolina	69,790	643	574	520	2,522	914	49,941	8,521	1,873	1,135	2,991	156
South Dakota	18,391	624	407	102	415	512	9,244	2,520	317	141	713	3,396
Tennessee	126,841	166	839	839	3,336	5,045	64,926	15,790	2,756	1,907	827	30,410
Texas	649,381	6,075	21,238	3,531	20,934	26,842	327,905	62,746	10,936	5,084	21,591	142,499
Utah	49,057	382	809	1,526	1,223	2,807	23,657	7,933	764	262	1,129	8,565
Vermont	19,370	147	432	256	520	968	8,766	4,467	447	225	924	2,218
Virginia	203,567	1,735	4,792	12,599	4,697	8,827	71,415	20,204	4,009	2,041	7,087	66,161
Washington	104,617	1,189	1,667	542	2,878	5,303	54,428	10,436	2,111	1,238	2,939	21,886
West Virginia	38,258	744	1,128	252	1,104	790	20,209	3,514	730	364	1,591	7,832
Wisconsin	106,597	1,027	2,673	1,469	2,495	4,516	59,401	10,978	1,884	1,182	5,959	15,013
Wyoming	15,841	359	439	435	348	950	7,000	2,210	442	170	482	3,006
Bureau of Indian Education	—	—	—	—	—	—	—	—	—	—	—	—
DoD, overseas	7,526	57	47	91	214	682	4,551	491	213	120	331	729
DoD, domestic	3,845	43	21	28	100	283	2,145	350	89	69	154	563
Other jurisdictions												
American Samoa	—	—	—	—	—	—	—	—	—	—	—	—
Guam	—	—	—	—	—	—	—	—	—	—	—	—
Northern Marianas	1,043	6	56	8	36	69	514	216	17	0	30	91
Puerto Rico	70,034	258	2,470	454	1,427	3,570	39,356	191	952	1,303	3,828	16,225
U.S. Virgin Islands	2,472	25	40	68	87	121	1,331	240	91	29	275	165

—Not available.
[1]Includes imputations for undercounts in states as designated in footnotes 2 through 9.
[2]Includes imputations for instruction coordinators.
[3]Includes imputations for prekindergarten teachers.
[4]Includes imputations for administrative support staff.
[5]Includes imputations for library support staff.
[6]Includes imputations for school support staff.
[7]Includes imputations for instructional aides.
[8]Includes imputations for other support services staff.
[9]Includes imputations for principals and assistant principals.
NOTE: DoD = Department of Defense.
SOURCE: U.S. Department of Education, National Center for Education Statistics, Common Core of Data (CCD), "State Nonfiscal Survey of Public Elementary/Secondary Education," 2008–09. (This table was prepared November 2010.)

Table 86. Staff employed in public elementary and secondary school systems, by type of assignment and state or jurisdiction: Fall 2007

[In full-time equivalents]

State or jurisdiction	Total	School district staff			School staff						Student support staff	Other support services staff
		Officials and administrators	Administrative support staff	Instruction coordinators	Principals and assistant principals	School and library support staff	Teachers	Instructional aides	Guidance counselors	Librarians		
1	2	3	4	5	6	7	8	9	10	11	12	13
United States[1]	**6,215,635**	**59,369**	**184,476**	**70,677**	**157,564**	**291,537**	**3,178,142**	**718,119**	**105,519**	**54,385**	**253,700**	**1,142,147**
Alabama[2,3]	111,656	325	1,450	944	3,029	9,388	50,420	6,514	1,872	1,431	2,730	33,553
Alaska[2]	16,593	500	719	185	752	1,214	7,613	2,317	290	166	491	2,346
Arizona	104,670	447	766	127	2,532	7,474	54,032	15,362	1,450	862	7,566	14,052
Arkansas	70,331	674	2,266	788	1,728	2,647	33,882	8,008	1,414	961	3,282	14,681
California[4]	583,625	3,080	23,204	7,146	14,647	37,213	305,230	65,846	7,839	1,259	18,280	99,881
Colorado	99,326	1,266	4,398	1,813	2,778	5,584	47,761	14,322	1,707	851	5,224	13,622
Connecticut	86,762	875	3,209	2,646	2,598	2,470	39,304	13,741	1,396	799	2,359	17,365
Delaware	15,524	336	337	288	412	413	8,198	1,550	272	139	757	2,822
District of Columbia	12,532	316	309	336	443	683	6,347	1,420	220	127	468	1,863
Florida	329,726	2,134	15,012	678	8,001	16,990	168,737	29,907	6,155	2,924	12,996	66,192
Georgia	235,083	2,267	2,774	1,913	6,503	10,360	116,857	28,060	3,686	2,283	7,613	52,767
Hawaii	21,657	229	311	612	544	1,235	11,397	2,253	660	258	1,629	2,529
Idaho	27,149	133	539	266	740	1,230	15,013	2,901	614	158	561	4,994
Illinois[3,5]	214,459	1,203	2,407	2,235	3,551	3,861	136,571	29,567	1,963	1,963	10,078	21,060
Indiana	139,460	1,110	974	1,752	3,178	8,755	62,334	21,112	1,926	969	2,088	35,262
Iowa	71,794	842	1,897	421	1,674	3,201	36,089	10,544	1,214	533	2,382	12,997
Kansas	54,232	500	134	78	1,854	2,790	35,359	8,525	1,119	897	1,764	1,212
Kentucky	100,362	932	2,489	987	3,030	6,089	43,536	14,286	1,467	1,122	2,653	23,771
Louisiana	99,625	346	2,741	1,768	2,746	3,732	48,610	11,190	3,022	1,190	3,596	20,684
Maine	39,918	562	2,524	295	1,003	4,273	16,558	6,280	623	250	1,701	5,849
Maryland	116,857	3,327	2,335	1,864	3,624	6,823	59,320	10,999	2,421	1,225	4,510	20,409
Massachusetts	123,114	2,154	3,491	561	4,765	6,786	70,719	22,134	2,262	864	8,059	1,319
Michigan	208,987	3,286	1,250	3,591	5,059	13,593	96,204	22,188	2,631	1,088	12,452	47,645
Minnesota	108,432	2,042	2,314	1,793	2,000	4,854	52,975	15,745	1,078	843	11,634	13,154
Mississippi	71,144	1,010	2,018	739	1,922	2,656	33,560	9,113	1,065	973	2,985	15,103
Missouri	133,607	1,496	8,884	904	3,217	490	68,430	12,646	2,721	1,653	4,974	28,192
Montana[5,6,7,8]	19,179	167	478	163	552	189	10,519	2,110	461	382	708	3,450
Nebraska	43,672	647	815	776	1,035	2,001	21,930	5,358	790	567	1,320	8,433
Nevada[3,5,6,7,8]	35,574	306	956	1,332	1,048	1,667	23,423	4,063	888	372	491	1,028
New Hampshire	32,573	666	715	251	525	987	15,484	6,877	827	324	619	5,298
New Jersey[2,5,6,7,9]	201,552	1,454	6,098	2,728	1,368	8,745	111,500	23,967	2,794	1,778	13,630	27,490
New Mexico	46,699	834	56	663	1,519	3,894	22,300	6,117	815	294	3,283	6,924
New York	374,080	3,005	18,808	2,567	9,388	8,561	211,854	38,999	5,971	3,154	12,356	59,417
North Carolina	203,287	1,650	4,987	2,047	4,853	7,865	106,562	28,761	3,927	2,358	7,819	32,458
North Dakota	15,385	475	146	129	401	507	8,068	1,991	260	191	519	2,698
Ohio	243,579	2,625	15,519	1,592	5,171	14,569	109,766	18,702	3,703	1,433	19,470	51,029
Oklahoma	86,758	606	3,211	371	2,194	4,241	46,735	7,719	1,643	1,086	3,627	15,325
Oregon	64,619	474	3,261	384	1,639	4,806	30,013	10,512	1,166	380	1,974	10,010
Pennsylvania	254,476	2,559	6,995	1,784	5,751	11,896	135,234	28,205	4,747	2,248	9,491	45,566
Rhode Island	17,559	71	383	74	468	639	11,271	1,659	410	291	508	1,785
South Carolina	66,087	605	500	483	2,387	796	47,382	8,248	1,751	1,109	2,696	130
South Dakota	17,019	615	403	125	413	531	9,416	1,129	312	137	553	3,385
Tennessee	126,646	177	818	831	3,267	4,997	64,659	15,197	2,700	1,893	732	31,375
Texas	635,715	5,677	20,074	3,486	20,174	26,065	321,929	63,017	10,879	5,066	21,160	138,188
Utah	48,515	383	768	977	1,164	2,647	24,336	7,784	746	274	1,052	8,384
Vermont	19,184	145	435	242	550	926	8,749	4,379	428	226	940	2,164
Virginia	204,384	1,634	4,614	12,614	4,668	8,846	71,861	20,255	4,103	2,040	7,179	66,570
Washington	103,714	1,197	1,656	522	2,834	5,296	53,960	10,266	2,062	1,247	2,889	21,785
West Virginia[5]	38,309	721	1,141	205	1,091	444	20,306	3,491	698	362	1,464	8,386
Wisconsin	104,981	941	2,467	1,225	2,429	4,709	58,914	10,624	1,926	1,211	5,908	14,627
Wyoming	15,464	343	420	376	345	909	6,915	2,159	425	174	480	2,918
Bureau of Indian Education	—	—	—	—	—	—	—	—	—	—	—	—
DoD, overseas	6,265	51	28	24	224	555	4,147	237	217	132	177	473
DoD, domestic	3,994	64	21	47	98	396	2,243	308	91	67	96	563
Other jurisdictions												
American Samoa	—	—	—	—	—	—	—	—	—	—	—	—
Guam	—	—	—	—	—	—	—	—	—	—	—	—
Northern Marianas	1,111	5	68	8	37	71	550	228	21	1	28	94
Puerto Rico	71,847	590	174	501	1,457	5,477	40,826	190	951	1,134	3,703	16,844
U.S. Virgin Islands	3,137	50	29	43	83	96	1,518	370	75	25	120	728

—Not available.
[1]Includes imputations for undercounts in states as designated in footnotes 2 through 9.
[2]Includes imputations for instruction coordinators.
[3]Includes imputations for instructional aides.
[4]Includes imputations for prekindergarten teachers.
[5]Includes imputations for library support staff.
[6]Includes imputations for school support staff.
[7]Includes imputations for administrative support staff.
[8]Includes imputations for other support services staff.
[9]Includes imputations for student support staff.
NOTE: DoD = Department of Defense.
SOURCE: U.S. Department of Education, National Center for Education Statistics, Common Core of Data (CCD), "State Nonfiscal Survey of Public Elementary/Secondary Education," 2007–08. (This table was prepared September 2009.)

Table 87. Staff and teachers in public elementary and secondary school systems, by state or jurisdiction: Fall 2000 through fall 2008

State or jurisdiction	Teachers as a percent of staff, Fall 2000	Fall 2001	Fall 2002	Fall 2003	Fall 2004	Fall 2005	Fall 2006, All staff	Teachers	Teachers as a percent of staff	Fall 2007[1], All staff	Teachers	Teachers as a percent of staff	Fall 2008, All staff	Teachers	Teachers as a percent of staff
1	2	3	4	5	6	7	8	9	10	11	12	13	14	15	16
United States[2]	**51.5**	**50.8**	**51.0**	**51.2**	**51.0**	**51.3**	**6,153,735**	**3,166,391**	**51.5**	**6,215,635**	**3,178,142**	**51.1**	**6,318,395**	**3,219,458**	**51.0**
Alabama	53.7[3]	53.1[3]	53.0[3]	57.7	55.6	55.7	109,839	56,134	51.1	111,656[3]	50,420	45.2[3]	95,368	47,818	50.1
Alaska	49.3[3]	48.1[3]	47.2[3]	47.2[3]	44.0[3]	44.1[3]	16,854[3]	7,903	46.9[3]	16,593[3]	7,613	45.9[3]	17,160[3]	7,927	46.2[3]
Arizona	49.3	49.0	48.7	49.3	50.0	51.3	102,390	52,625	51.4	104,670	54,032	51.6	105,548	54,696	51.8
Arkansas	50.6	49.7	47.5	47.7	47.2	46.7	71,616	35,089	49.0	70,331	33,882	48.2	71,270	37,162	52.1
California	54.1[3]	53.0[3]	52.9[3]	53.1[3]	53.2[3]	53.4[3]	580,141[3]	307,366[3]	53.0[3]	583,625[3]	305,230[3]	52.3[3]	585,684[3]	303,647[3]	51.8[3]
Colorado	50.7	50.4	50.2	50.2	49.4	49.2	97,364	46,973	48.2	99,326	47,761	48.1	102,566	48,692	47.5
Connecticut	50.0	49.2	49.0	49.6	46.3	46.9	86,709	39,115	45.1	86,762	39,304	45.3	92,467	48,463	52.4
Delaware	59.2	53.4	53.3	53.1	52.5	51.7	15,403	8,038	52.2	15,524	8,198	52.8	14,821	8,322	56.2
District of Columbia	46.2	43.5	43.3	53.5	44.3	44.3[3]	12,177[3]	5,383[3]	44.2[3]	12,532	6,347	50.6	12,131	5,321	43.9
Florida	47.8	47.6	48.1	49.0	49.7	50.6	321,600	162,851	50.6	329,726	168,737	51.2	340,713	186,361	54.7
Georgia	49.2	48.8	48.5	48.5	50.1	49.6	227,616	113,597	49.9	235,083	116,857	49.7	239,139	118,839	49.7
Hawaii	59.5	56.6	53.0	52.7	54.3	53.3	21,061	11,271	53.5	21,657	11,397	52.6	21,610	11,295	52.3
Idaho	56.2	55.9	55.8	55.9	55.9	55.8	26,312	14,770	56.1	27,149	15,013	55.3	27,261	15,148	55.6
Illinois	51.1[3]	50.7[3]	50.9[3]	50.2[3]	50.2[3]	53.2[3]	221,661[3]	140,988	63.6[3]	214,459[3]	136,571	63.7[3]	221,005[3]	135,704	61.4[3]
Indiana	46.7	46.3	47.2	45.9	45.4	45.5	134,678	61,346	45.6	139,460	62,334	44.7	141,979	62,668	44.1
Iowa	51.1	50.2	51.3	51.1	50.7	50.9	69,690	35,653	51.2	71,794	36,089	50.3	72,350	35,961	49.7
Kansas	50.9	50.8	51.1	51.1	51.4	51.3	53,762	35,297	65.7	54,232	35,359	65.2	55,355	35,883	64.8
Kentucky	44.1	42.6	42.4	43.0	43.2	43.3	98,812	43,371	43.9	100,362	43,536	43.4	100,217	43,451	43.4
Louisiana	49.3	49.2	48.9	49.0	48.5	48.2	95,226	45,951	48.3	99,625	48,610	48.8	100,873	49,377	48.9
Maine	49.7	49.1	48.7	49.1	47.7	47.3	36,785	16,826	45.7	39,918	16,558	41.5	36,459	15,912	43.6
Maryland	54.3	54.2	54.0	51.3	50.9	51.0	113,474	58,443	51.5	116,857	59,320	50.8	116,856	58,940	50.4
Massachusetts	55.1	54.9	51.6	53.6[3]	53.3[3]	53.0[3]	136,563[3]	73,157	53.6[3]	123,114	70,719	57.4	123,636	70,398	56.9
Michigan	46.1	46.0	47.9	47.1[3]	48.0	47.9[3]	212,320	98,037	46.2	208,987	96,204	46.0	208,058	94,754	45.5
Minnesota	51.6[3]	50.7	50.1[3]	49.7	50.0	48.9	106,701	51,880	48.6	108,432	52,975	48.9	109,222	53,083	48.6
Mississippi	47.9	47.9	47.8	47.7	46.6	46.5	68,815	32,351	47.0	71,144	33,560	47.2	72,050	33,358	46.3
Missouri	53.2	52.3	52.1	51.8	51.9	52.1	131,633	67,521	51.3	133,607	68,430	51.2	132,676	68,015	51.3
Montana	53.5[3]	53.4[3]	55.4[3]	55.2	54.5[3]	52.9[3]	19,005[3]	10,398	54.7[3]	19,179[3]	10,519	54.8[3]	18,315[3]	9,570	52.3[3]
Nebraska	52.6	52.0	51.6	51.6	51.6	51.9	42,938	21,459	50.0	43,672	21,930	50.2	43,444	20,258	46.6
Nevada	58.6	56.7	59.9	59.4	67.0	67.2[3]	33,951[3]	22,908	67.5[3]	35,574[3]	23,423	65.8[3]	33,548[3]	21,993	65.6[3]
New Hampshire	51.1	50.4	49.8	49.0	48.7	48.5	32,174	15,515	48.2	32,573	15,484	47.5	31,908	15,661	49.1
New Jersey	53.4	53.6	53.7	53.5	53.8	53.2[3]	205,319[3]	112,301	54.7[3]	201,552[3]	111,500	55.3[3]	205,672[3]	114,713	55.8[3]
New Mexico	46.8	48.6	48.3	48.1	46.7	45.9	46,551	22,016	47.3	46,699	22,300	47.8	47,850	22,825	47.7
New York	49.7	49.4	49.3	54.8	54.8[3]	58.6	373,360	218,879	58.6	374,080	211,854	56.6	428,139	217,944	50.9
North Carolina	51.5	51.6	51.8	52.3	52.2	52.5	204,549	112,304	54.9	203,287	106,562	52.4	207,859	109,634	52.7
North Dakota	53.9	53.9	53.5	53.3	53.2	52.9	15,157	8,007	52.8	15,385	8,068	52.4	15,636	8,181	52.3
Ohio	53.1	53.1	51.7	50.2	49.2	49.4	242,643	110,459	45.5	243,579	109,766	45.1	244,730	112,845	46.1
Oklahoma	55.0	54.5	54.6	55.0	52.2	51.1	81,831	42,206	51.6	86,758	46,735	53.9	87,478	46,571	53.2
Oregon	50.0	49.3	49.3	49.3	48.4	47.0	62,205	29,940	48.1	64,619	30,013	46.4	65,106	30,152	46.3
Pennsylvania	52.2	51.7	51.1	51.4	51.1	50.9	240,558	123,114	51.2	254,476	135,234	53.1	251,928	129,708	51.5
Rhode Island	60.0	59.8	61.2	59.9[3]	51.6[3]	58.4[3]	17,912[3]	11,381	63.5[3]	17,559	11,271	64.2	18,598	11,316	60.8
South Carolina	65.7[3]	65.3[3]	73.8[3]	72.9[3]	72.2[3]	70.9[3]	68,833[3]	49,284	71.6[3]	66,087	47,382	71.7	69,790	49,941	71.6
South Dakota	52.0	50.6	48.6	48.6	50.1	48.0	17,294	9,070	52.4	17,019	9,416	55.3	18,391	9,244	50.3
Tennessee	52.1	52.1	51.3	51.3	51.8	52.2	123,218	62,176	50.5	126,646	64,659	51.1	126,841	64,926	51.2
Texas	50.6	48.6	48.6	48.5	48.5	50.5	616,155	311,649	50.6	635,715	321,929	50.6	649,381	327,905	50.5
Utah	54.1	54.0	53.9	53.3	50.1	50.2	47,365	23,640	49.9	48,515	24,336	50.2	49,057	23,657	48.2
Vermont	47.3	47.4	46.5	46.8	46.1	46.5	19,232	8,859	46.1	19,184	8,749	45.6	19,370	8,766	45.3
Virginia	54.1[3]	54.0	61.3	54.4	52.2	44.4	214,464	79,688	37.2	204,384	71,861	35.2	203,567	71,415	35.1
Washington	52.3	46.9	47.0	48.3	47.5	47.0	102,948	53,743	52.2	103,714	53,960	52.0	104,617	54,428	52.0
West Virginia	54.3	53.5	52.8	52.7	52.6	52.3	36,717[3]	19,633	53.5[3]	38,309[3]	20,306	53.0[3]	38,258	20,209	52.8
Wisconsin	56.3	54.6	53.3	55.7	58.2	57.0	105,033	59,089	56.3	104,981	58,914	56.1	106,597	59,401	55.7
Wyoming	48.6	48.7	49.1[3]	46.5	46.7	46.2	15,121	6,737	44.6	15,464	6,915	44.7	15,841	7,000	44.2
Bureau of Indian Education	—	—	—	—	—	—	—	—	—	—	—	—	—	—	—
DoD, overseas	66.0	65.3	68.0	64.9	71.4	62.9	8,338	5,204	62.4	6,265	4,147	66.2	7,526	4,551	60.5
DoD, domestic	59.2	57.5	57.7	55.4	69.9	55.4	3,574	2,033	56.9	3,994	2,243	56.2	3,845	2,145	55.8
Other jurisdictions															
American Samoa	50.0	54.2	54.4	55.8	52.1	68.4	1,869	971	52.0	—	—	—	—	—	—
Guam	51.5	50.9	—	50.8	50.4	52.2	—	—	—	—	—	—	—	—	—
Northern Marianas	50.2	50.9	49.9	47.6	49.7	49.8	1,160	579	49.9	1,111	550	49.5	1,043	514	49.3
Puerto Rico	54.4	57.0	56.8	56.8	56.0	56.0	71,962	40,163	55.8	71,847	40,826	56.8	70,034	39,356	56.2
U.S. Virgin Islands	52.1	53.6	49.5	52.2	51.9	53.8	3,020	1,531	50.7	3,137	1,518	48.4	2,472	1,331	53.8

—Not available.
[1]Data revised from previously published figures.
[2]U.S. totals include imputations for underreporting and nonreporting states.
[3]Includes imputations for underreporting.

NOTE: DoD = Department of Defense.
SOURCE: U.S. Department of Education, National Center for Education Statistics, Common Core of Data (CCD), "State Nonfiscal Survey of Public Elementary/Secondary Education," 2000–01 through 2008–09. (This table was prepared November 2010.)

Table 88. Staff, enrollment, and pupil/staff ratios in public elementary and secondary school systems, by state or jurisdiction: Selected years, Fall 2000 through fall 2008

State or jurisdiction	Pupil/staff ratio					Fall 2006			Fall 2007[1]			Fall 2008		
	Fall 2000	Fall 2002	Fall 2003	Fall 2004	Fall 2005	Staff	Enrollment	Pupil/ staff ratio	Staff	Enrollment	Pupil/ staff ratio	Staff	Enrollment	Pupil/ staff ratio
1	2	3	4	5	6	7	8	9	10	11	12	13	14	15
United States[2]	**8.3**	**8.1**	**8.2**	**8.1**	**8.0**	**6,153,735**	**49,315,842**	**8.0**	**6,215,635**	**49,292,507**	**7.9**	**6,318,395**	**49,265,572**	**7.8**
Alabama	8.2[3]	8.3[3]	7.3	7.9	7.1	109,839	743,632	6.8	111,656[3]	744,865	6.7[3]	95,368	745,668	7.8[3]
Alaska	8.3[3]	7.9[3]	8.1[3]	7.5[3]	7.4[3]	16,854[3]	132,608	7.9[3]	16,593[3]	131,029	7.9[3]	17,160[3]	130,662	7.6[3]
Arizona	9.7	9.7	10.5	10.7	10.9	102,390	1,068,249	10.4	104,670	1,087,447	10.4	105,548	1,087,817	10.3
Arkansas	7.1	7.1	7.0	7.0	6.7	71,616	476,409	6.7	70,331	479,016	6.8	71,270	478,965	6.7
California	11.1[3]	10.9[3]	11.2[3]	11.2[3]	11.1[3]	580,141[3]	6,406,750[3]	11.0[3]	583,625[3]	6,343,471[3]	10.9[3]	585,684[3]	6,322,528	10.8[3]
Colorado	8.7	8.3	8.5	8.4	8.4	97,364	794,026	8.2	99,326	801,867	8.1	102,566	818,443	8.0
Connecticut	6.8	6.6	6.8	6.9	6.8	86,709	575,100	6.6	86,762	570,626	6.6	92,467	567,198	6.1
Delaware	9.1	8.1	8.1	8.0	7.8	15,403	122,254	7.9	15,524	122,574	7.9	14,821	125,430	8.5
District of Columbia	6.4	6.6	7.4	6.3	6.2[3]	12,177[3]	72,850	6.0[3]	12,532	78,422	6.3	12,131	68,681	5.7
Florida	8.8	8.8	8.7	8.5	8.5	321,600	2,671,513	8.3	329,726	2,666,811	8.1	340,713	2,631,020	7.7
Georgia	7.8	7.6	7.6	7.4	7.3	227,616	1,629,157	7.2	235,083	1,649,589	7.0	239,139	1,655,792	6.9
Hawaii	10.0	8.9	8.7	8.9	8.7	21,061	180,728	8.6	21,657	179,897	8.3	21,610	179,478	8.3
Idaho	10.1	10.0	10.0	10.0	10.1	26,312	267,380	10.2	27,149	272,119	10.0	27,261	275,051	10.1
Illinois	8.2[3]	8.1[3]	8.3[3]	8.0[3]	8.4[3]	221,661[3]	2,118,276	9.6[3]	214,459[3]	2,112,805	9.9[3]	221,005[3]	2,119,707	9.6[3]
Indiana	7.8	7.9	7.7	7.7	7.8	134,678	1,045,940	7.8	139,460	1,046,766	7.5	141,979	1,046,147	7.4
Iowa	7.3	7.2	7.1	7.0	7.0	69,690	483,122	6.9	71,794	485,115	6.8	72,350	487,559	6.7
Kansas	7.3	7.4	7.4	7.3	7.1	53,762	469,506	8.7	54,232	468,295	8.6	55,355	471,060	8.5
Kentucky	7.4	6.9	6.9	7.0	6.9	98,812	683,152[3]	6.9[3]	100,362	666,225[3]	6.6	100,217	670,030	6.7
Louisiana	7.3	7.1	7.1	7.1	7.1	95,226	675,851	7.1	99,625	681,038	6.8	100,873	684,873	6.8
Maine	6.2	5.9	5.6	5.7	5.5	36,785	193,986	5.3	39,918	196,245	4.9	36,459	192,935	5.3
Maryland	8.8	8.4	8.1	8.0	7.7	113,474	851,640	7.5	116,857	845,700	7.2	116,856	843,861	7.2
Massachusetts	8.0	6.8	7.3[3]	7.1[3]	7.0[3]	136,563[3]	968,661	7.1[3]	123,114	962,958	7.8	123,636	958,910	7.8
Michigan	8.2[3]	9.5	8.5[3]	8.3	8.5[3]	212,320	1,722,656	8.1	208,987	1,692,739	8.1	208,058	1,659,921	8.0
Minnesota	8.2[3]	8.0[3]	8.1	8.0	8.0	106,701	840,565	7.9	108,432	837,578	7.7	109,222	836,048	7.7
Mississippi	7.7	7.4	7.2	7.4	7.3	68,815	495,026	7.2	71,144	494,122	6.9	72,050	491,962	6.8
Missouri	7.5	7.1	7.2	7.1	7.1	131,633	920,353	7.0	133,607	917,188	6.9	132,676	917,871	6.9
Montana	8.0[3]	8.0[3]	8.0	7.8[3]	7.4[3]	19,005[3]	144,418	7.6[3]	19,179[3]	142,823	7.4[3]	18,315[3]	141,899	7.7[3]
Nebraska	7.2	7.0	7.0	6.9	7.0	42,938	287,580	6.7	43,672	291,244	6.7	43,444	292,590	6.7
Nevada	10.9	11.0	11.3	12.8	12.7[3]	33,951[3]	424,766	12.5[3]	35,574[3]	429,362	12.1[3]	33,548[3]	433,371	12.9[3]
New Hampshire	7.4	6.9	6.7	6.6	6.4	32,174	203,572	6.3	32,573	200,772	6.2	31,908	197,934	6.2
New Jersey	7.1	6.9	6.8	6.5	6.6[3]	205,319[3]	1,388,850	6.8[3]	201,552[3]	1,382,348	6.9[3]	205,672[3]	1,381,420	6.7[3]
New Mexico	7.1	7.3	7.2	7.0	6.8	46,551	328,220	7.1	46,699	329,040	7.0	47,850	330,245	6.9
New York	6.9	6.7	7.3	7.1	7.5	373,360	2,809,649	7.5	374,080	2,765,435	7.4	428,139	2,740,592	6.4
North Carolina	8.0	7.9	7.9	7.8	7.8	204,549	1,444,481	7.1	203,287	1,489,492	7.3	207,859	1,488,645	7.2
North Dakota	7.2	6.9	6.8	6.6	6.5	15,157	96,670	6.4	15,385	95,059	6.2	15,636	94,728	6.1
Ohio	8.2	7.6	7.6	7.7	7.7	242,643	1,836,722	7.6	243,579	1,827,184	7.5	244,730	1,817,163	7.4
Oklahoma	8.3	8.4	8.8	8.1	7.8	81,831	639,391	7.8	86,758	642,065	7.4	87,478	645,108	7.4
Oregon	9.7	10.1	10.2	9.8	9.2	62,205	562,574	9.0	64,619	565,586	8.8	65,106	575,393	8.8
Pennsylvania	8.1	7.9	7.8	7.7	7.6	240,558	1,871,060	7.8	254,476	1,801,971	7.1	251,928	1,775,029	7.0
Rhode Island	8.9	8.7	8.0[3]	6.9[3]	6.3[3]	17,912[3]	151,612	8.5[3]	17,559	147,629	8.4	18,598	145,342	7.8
South Carolina	9.8[3]	11.0[3]	11.1[3]	10.8[3]	10.3[3]	68,833[3]	708,021	10.3[3]	66,087	712,317	10.8	69,790	718,113	10.3
South Dakota	7.1	6.8	6.6	6.8	6.4	17,294	121,158	7.0	17,019	121,606	7.1	18,391	126,429	6.9
Tennessee	8.3[3]	8.1[3]	8.1[3]	8.1[3]	8.4	123,218	978,368	7.9	126,646	964,259	7.6	126,841	971,950	7.7
Texas	7.5	7.2	7.3	7.3	7.6	616,155	4,599,509	7.5	635,715	4,674,832	7.4	649,381	4,752,148	7.3
Utah	11.8	11.8	11.9	11.3	11.1	47,365	523,386	11.1	48,515	576,244	11.9	49,057	559,778	11.4
Vermont	5.7	5.4	5.3	5.2	5.1	19,232	95,399	5.0	19,184	94,038	4.9	19,370	93,625	4.8
Virginia	7.1[3]	7.2	7.2	6.7	5.2	214,464	1,220,440	5.7	204,384	1,230,857	6.0	203,567	1,235,795	6.1
Washington	10.3	9.0	9.3	9.1	9.1	102,948	1,026,774	10.0	103,714	1,030,247	9.9	104,617	1,037,018	9.9
West Virginia	7.4	7.4	7.4	7.4	7.4	36,717[3]	281,939	7.7[3]	38,309[3]	282,535	7.4[3]	38,258	282,729	7.4
Wisconsin	8.2	7.8	8.4	8.3	8.3	105,033	876,700	8.3	104,981	874,633	8.3	106,597	873,750	8.2
Wyoming	6.4	6.4[3]	6.2	5.9	5.8	15,121	85,193	5.6	15,464	86,422	5.6	15,841	87,161	5.5
Bureau of Indian Education	—	—	—	—	—	—	—	—	—	—	—	—	40,927	—
DoD, overseas	9.5	10.3	9.8	10.0	6.9	8,338	60,891	7.3	6,265	57,247	9.1	7,526	56,768	7.5
DoD, domestic	8.4	7.6	7.4	10.2	7.7	3,574	26,631	7.5	3,994	27,548	6.9	3,845	28,013	7.3
Other jurisdictions														
American Samoa	9.6	9.2	9.0	8.9	11.4	1,869	16,400	8.8	—	—	—	—	—	—
Guam	8.5	—	9.1	9.2	9.0	—	—	—	—	—	—	—	—	—
Northern Marianas	9.6	10.3	9.7	9.9	9.5	1,160	11,695	10.1	1,111	11,299	10.2	1,043	10,913	10.5
Puerto Rico	8.9	8.0	7.8	7.5	7.5	71,962	544,138	7.6	71,847	526,565	7.3	70,034	503,635	7.2
U.S. Virgin Islands	6.7	6.0	6.1	5.5	6.3	3,020	16,284	5.4	3,137	15,903	5.1	2,472	15,768	6.4

—Not available.
[1]Data revised from previously published figures.
[2]U.S. totals include imputations for underreporting and nonreporting states.
[3]Includes imputations for underreporting.

NOTE: DoD = Department of Defense.
SOURCE: U.S. Department of Education, National Center for Education Statistics, Common Core of Data (CCD), "State Nonfiscal Survey of Public Elementary/Secondary Education," 2000–01 through 2008–09. (This table was prepared November 2010.)

Table 89. Number, highest degree, experience, and salaries of principals in public and private elementary and secondary schools, by selected characteristics: 1993–94, 2003–04, and 2007–08

Characteristic	Number of principals[1]			Percentage distribution by highest degree earned, 2007–08				Average years of experience				Average annual salary in constant 2008–09 dollars[2]		
				Bachelor's or less	Master's	Education specialist[3]	Doctor's and first-professional	As a principal			Teaching experience, 2007–08			
	1993–94	2003–04	2007–08					1993–94	2003–04	2007–08		1993–94	2003–04	2007–08
1	2	3	4	5	6	7	8	9	10	11	12	13	14	15
Public schools														
Total	**79,620 (235)**	**87,620 (307)**	**90,470 (544)**	**1.5 (0.23)**	**61.1 (1.01)**	**29.0 (0.97)**	**8.4 (0.57)**	**8.7 (0.10)**	**7.8 (0.10)**	**7.5 (0.14)**	**13.1 (0.14)**	**$80,500 (190)**	**$87,100 (210)**	**$86,900 (390)**
Sex														
Males	52,110 (613)	45,930 (707)	44,950 (1,129)	1.5 (0.36)	64.0 (1.64)	26.8 (1.49)	7.7 (0.78)	10.3 (0.16)	9.1 (0.16)	8.2 (0.20)	12.0 (0.21)	80,600 (230)	87,200 (330)	87,300 (670)
Females	27,500 (542)	41,690 (708)	45,520 (1,129)	1.5 (0.34)	58.1 (1.29)	31.2 (1.42)	9.2 (0.73)	5.6 (0.12)	6.3 (0.13)	6.8 (0.19)	14.3 (0.21)	80,400 (400)	86,900 (390)	86,600 (630)
Race/ethnicity														
White	67,080 (540)	72,200 (509)	73,160 (1,008)	1.5 (0.30)	60.4 (1.11)	30.2 (1.05)	8.0 (0.57)	9.0 (0.12)	8.0 (0.12)	7.8 (0.17)	13.2 (0.17)	80,000 (200)	86,600 (260)	86,000 (450)
Black	8,020 (351)	9,250 (377)	9,620 (659)	‡ (†)	56.3 (3.45)	29.6 (3.12)	13.4 (1.98)	7.1 (0.21)	6.9 (0.33)	6.2 (0.38)	13.0 (0.50)	84,700 (670)	89,200 (770)	89,100 (1,310)
Hispanic	3,270 (258)	4,680 (355)	5,870 (540)	‡ (†)	73.8 (4.06)	17.5 (4.22)	6.4 ! (2.03)	6.3 (0.37)	6.1 (0.43)	6.5 (0.62)	12.2 (0.71)	82,000 (1,170)	91,600 (1,580)	94,200 (2,690)
Asian	620 [4] (109)	460 (87)	570 (146)	‡ (†)	64.5 (12.62)	27.2 ! (13.24)	‡ (†)	6.0 [4] (0.60)	6.8 (1.17)	6.3 (0.97)	12.8 (1.48)	87,300 [4] (2,090)	95,300 (1,930)	104,900 (6,760)
Native Hawaiian/Pacific Islander	— (†)	‡ (†)	‡ (†)	‡ (†)	‡ (†)	‡ (†)	‡ (†)	— (†)	‡ (†)	‡ (†)	‡ (†)	— (†)	‡ (†)	‡ (†)
American Indian/Alaska Native	630 (67)	600 (80)	620 (179)	‡ (†)	69.2 (9.56)	21.4 ! (7.71)	‡ (†)	12.6 (0.67)	6.9 (0.63)	6.4 (1.30)	13.9 (2.80)	75,000 (2,550)	71,500 (2,450)	77,700 (3,340)
Two or more races	— (†)	350 (82)	490 ! (155)	‡ (†)	76.6 (11.09)	‡ (†)	‡ (†)	— (†)	5.6 (1.12)	5.8 (1.50)	12.9 (2.38)	— (†)	87,400 (4,340)	82,800 (5,700)
Age														
Under 40	5,940 (273)	12,840 (477)	17,290 (785)	2.9 (0.76)	65.9 (2.39)	25.2 (2.18)	6.0 (1.11)	2.8 (0.13)	2.4 (0.10)	2.9 (0.14)	7.6 (0.14)	68,300 (690)	79,400 (630)	80,600 (920)
40 to 44	14,570 (496)	9,540 (449)	13,330 (706)	‡ (†)	63.2 (2.62)	28.8 (2.40)	6.5 (1.47)	5.0 (0.12)	4.5 (0.18)	4.8 (0.22)	10.7 (0.29)	76,400 (570)	83,400 (760)	84,900 (1,130)
45 to 49	25,430 (429)	16,120 (526)	13,690 (767)	1.3 ! (0.59)	59.4 (2.71)	31.6 (2.67)	7.7 (1.36)	7.1 (0.13)	6.1 (0.16)	6.1 (0.26)	13.0 (0.33)	81,400 (380)	84,500 (610)	86,000 (970)
50 to 54	18,870 (539)	24,170 (669)	17,570 (746)	‡ (†)	60.7 (2.23)	28.5 (1.98)	10.1 (1.26)	10.3 (0.18)	8.7 (0.19)	8.2 (0.28)	15.2 (0.31)	83,000 (540)	88,900 (500)	88,100 (930)
55 or over	14,820 (441)	24,960 (679)	28,590 (1,000)	1.1 ! (0.46)	58.2 (1.81)	30.6 (1.91)	10.1 (1.02)	15.1 (0.35)	11.9 (0.23)	11.8 (0.29)	16.4 (0.37)	84,900 (730)	92,400 (550)	91,500 (950)
Type of school														
Elementary	53,680 (294)	61,480 (361)	62,340 (584)	1.2 (0.27)	61.3 (1.36)	29.1 (1.28)	8.3 (0.66)	8.9 (0.14)	7.9 (0.13)	7.7 (0.17)	13.3 (0.20)	79,500 (250)	87,000 (260)	86,400 (500)
Secondary	18,260 (161)	19,700 (272)	21,550 (460)	1.3 ! (0.40)	61.0 (1.61)	28.6 (1.47)	9.1 (0.85)	8.0 (0.12)	7.5 (0.19)	7.1 (0.19)	12.7 (0.25)	83,100 (250)	91,600 (510)	91,500 (710)
Combined	2,750 (143)	6,450 (263)	6,580 (364)	4.2 ! (1.71)	58.8 (3.38)	29.5 (3.00)	7.5 (1.47)	7.5 (0.29)	7.4 (0.36)	7.1 (0.43)	13.1 (0.51)	77,600 (750)	74,600 (710)	76,800 (1,260)
Location of school														
City	— (†)	22,690 (425)	21,560 (731)	1.5 (0.45)	61.3 (2.07)	26.5 (2.11)	10.7 (1.29)	— (†)	7.3 (0.17)	7.0 (0.25)	13.0 (0.35)	— (†)	92,500 (430)	92,500 (750)
Suburban	— (†)	25,600 (506)	25,880 (921)	‡ (†)	58.2 (1.92)	28.6 (1.92)	12.2 (1.23)	— (†)	7.9 (0.23)	7.7 (0.28)	12.9 (0.30)	— (†)	98,500 (550)	98,300 (940)
Town	— (†)	13,700 (424)	13,860 (669)	‡ (†)	63.5 (2.58)	30.3 (2.24)	4.9 (0.85)	— (†)	8.1 (0.28)	7.8 (0.34)	13.6 (0.38)	— (†)	79,500 (580)	78,600 (720)
Rural	— (†)	25,640 (492)	29,170 (1,012)	2.0 (0.55)	62.3 (1.70)	30.7 (1.74)	5.1 (0.65)	— (†)	7.9 (0.22)	7.5 (0.27)	13.1 (0.29)	— (†)	75,000 (410)	76,800 (670)
Private schools														
Total	**25,020 (198)**	**27,690 (677)**	**27,960 (328)**	**32.6 (1.37)**	**50.2 (1.20)**	**10.0 (0.75)**	**7.2 (0.63)**	**8.8 (0.20)**	**10.0 (0.24)**	**10.0 (0.22)**	**13.9 (0.29)**	**$47,100 (530)**	**$57,900 (700)**	**$58,300 (810)**
Sex														
Males	11,610 (301)	12,110 (552)	13,070 (457)	32.8 (2.33)	50.4 (1.85)	8.1 (0.96)	8.6 (1.03)	9.0 (0.26)	11.0 (0.35)	10.6 (0.37)	12.6 (0.50)	52,300 (830)	63,900 (1,160)	63,800 (1,370)
Females	13,410 (283)	15,580 (491)	14,890 (369)	32.5 (1.82)	49.9 (1.68)	11.7 (1.23)	5.9 (0.75)	8.6 (0.27)	9.2 (0.28)	9.5 (0.26)	15.0 (0.37)	42,800 (890)	53,400 (970)	53,700 (980)
Race/ethnicity														
White	23,130 (270)	24,850 (715)	24,400 (409)	31.9 (1.47)	51.2 (1.20)	9.7 (0.68)	7.2 (0.66)	8.7 (0.22)	10.3 (0.24)	10.4 (0.25)	14.0 (0.32)	46,900 (590)	58,400 (700)	59,500 (890)
Black	1,060 (124)	1,440 (155)	1,820 (184)	36.5 (5.16)	40.7 (5.19)	15.7 (4.61)	7.1 ! (3.29)	8.3 (1.04)	7.1 (1.08)	7.1 (0.90)	12.7 (1.37)	50,500 (3,640)	51,100 (3,990)	50,100 (2,180)
Hispanic	520 (91)	820 (116)	1,110 (149)	40.4 (6.38)	40.5 (6.72)	11.2 ! (4.49)	‡ (†)	10.1 (1.43)	6.6 (1.29)	7.8 (0.87)	14.0 (1.15)	46,000 (2,870)	55,400 (4,540)	48,800 (3,340)
Age														
Under 40	4,790 (302)	4,420 (267)	4,750 (318)	47.0 (3.68)	42.4 (3.16)	6.5 (1.55)	4.1 (1.13)	3.5 (0.22)	2.9 (0.20)	3.0 (0.22)	6.0 (0.33)	38,600 (1,280)	47,200 (1,820)	47,300 (1,400)
40 to 44	4,400 (217)	3,040 (250)	3,250 (277)	42.7 (4.36)	43.8 (4.18)	7.7 (1.93)	5.8 ! (2.01)	5.3 (0.24)	5.4 (0.38)	5.3 (0.35)	9.8 (0.65)	44,800 (1,360)	50,300 (1,980)	54,800 (2,710)
45 to 49	5,140 (216)	4,020 (250)	3,420 (246)	39.7 (4.20)	47.2 (3.52)	7.8 (1.80)	5.3 ! (1.68)	8.3 (0.27)	7.6 (0.28)	6.2 (0.38)	11.5 (0.72)	50,900 (1,080)	59,600 (1,690)	55,000 (2,090)
50 to 54	4,120 (228)	5,820 (337)	4,390 (263)	29.6 (3.23)	55.6 (3.06)	7.7 (1.44)	7.1 (1.43)	9.6 (0.34)	10.1 (0.35)	9.0 (0.45)	14.1 (0.66)	55,400 (1,470)	60,500 (1,810)	59,500 (1,850)
55 or over	6,550 (244)	10,390 (425)	12,150 (398)	23.4 (2.02)	53.8 (2.09)	13.4 (1.27)	9.4 (0.96)	14.8 (0.40)	15.2 (0.40)	15.4 (0.43)	18.6 (0.44)	46,700 (1,110)	62,300 (1,280)	63,700 (1,450)
Type of school														
Elementary	13,350 (158)	16,750 (327)	16,110 (297)	32.2 (1.81)	52.0 (1.64)	10.5 (1.17)	5.2 (0.70)	9.4 (0.27)	9.9 (0.30)	9.9 (0.30)	14.1 (0.37)	42,200 (650)	54,500 (780)	56,200 (980)
Secondary	2,300 (244)	2,510 (364)	2,930 (168)	18.0 (3.06)	59.5 (3.47)	11.8 (2.07)	10.7 (1.62)	7.8 (0.36)	9.3 (0.77)	9.9 (0.58)	14.6 (0.61)	64,100 (1,150)	75,000 (2,990)	76,200 (2,400)
Combined	6,770 (115)	8,430 (281)	8,920 (271)	38.1 (2.20)	43.8 (2.18)	8.5 (1.11)	9.6 (1.18)	8.0 (0.34)	10.3 (0.39)	10.2 (0.44)	13.2 (0.53)	49,400 (1,630)	59,500 (1,750)	55,800 (1,500)
Location of school														
City	— (†)	— (†)	9,610 (268)	23.2 (1.90)	55.8 (2.11)	12.2 (1.46)	8.7 (1.17)	— (†)	— (†)	10.8 (0.38)	14.8 (0.43)	— (†)	— (†)	65,800 (1,310)
Suburban	— (†)	— (†)	9,510 (229)	29.8 (2.19)	52.2 (2.04)	10.1 (1.14)	7.9 (1.06)	— (†)	— (†)	10.5 (0.36)	13.8 (0.43)	— (†)	— (†)	62,400 (1,440)
Town	— (†)	— (†)	2,780 (205)	30.7 (3.76)	49.2 (4.10)	13.0 (3.67)	7.1 (1.96)	— (†)	— (†)	9.4 (0.80)	16.1 (1.22)	— (†)	— (†)	44,900 (2,180)
Rural	— (†)	— (†)	6,060 (296)	52.8 (3.49)	38.5 (3.22)	5.0 (1.04)	3.6 (1.03)	— (†)	— (†)	8.1 (0.53)	11.5 (0.72)	— (†)	— (†)	43,500 (1,660)

—Not available.
†Not applicable.
!Interpret data with caution.
‡Reporting standards not met.
[1]Counts of principals in this table differ from totals appearing in some other tables because this table reflects counts of full- and part-time principals, while other counts of principals are reported as full-time equivalents.
[2]Constant dollars based on the Consumer Price Index, prepared by the Bureau of Labor Statistics, U.S. Department of Labor, adjusted to a school-year basis. Excludes principals reporting a salary of $0.
[3]Education specialist degrees or certificates are generally awarded for 1 year's work beyond the master's level. Includes certificate of advanced studies.
[4]Data include Native Hawaiian/Pacific Islander.
NOTE: Race categories exclude persons of Hispanic ethnicity. Detail may not sum to totals because of rounding and survey item nonresponse. Standard errors appear in parentheses.
SOURCE: U.S. Department of Education, National Center for Education Statistics, Schools and Staffing Survey (SASS), "Public School Principal Questionnaire" and "Private School Principal Questionnaire," 1993–94, 2003–04, and 2007–08. (This table was prepared August 2010.)

Table 90. Number of public school districts and public and private elementary and secondary schools: Selected years, 1869–70 through 2008–09

School year	Regular public school districts[1]	Public schools[2]					Private schools[2,3]		
		Total, all schools[4]	Total, schools with reported grade spans[5]	Schools with elementary grades		Schools with secondary grades	Total[4]	Schools with elementary grades	Schools with secondary grades
				Total	One-teacher				
1	2	3	4	5	6	7	8	9	10
1869–70	—	116,312	—	—	—	—	—	—	—
1879–80	—	178,122	—	—	—	—	—	—	—
1889–90	—	224,526	—	—	—	—	—	—	—
1899–1900	—	248,279	—	—	—	—	—	—	—
1909–10	—	265,474	—	—	212,448	—	—	—	—
1919–20	—	271,319	—	—	187,948	—	—	—	—
1929–30	—	248,117	—	238,306	148,712	23,930	—	9,275 [6]	3,258 [6]
1939–40	117,108 [7]	226,762	—	—	113,600	—	—	11,306 [6]	3,568 [6]
1949–50	83,718 [7]	—	—	128,225	59,652	24,542	—	10,375 [6]	3,331 [6]
1951–52	71,094 [7]	—	—	123,763	50,742	23,746	—	10,666 [6]	3,322 [6]
1959–60	40,520 [7]	—	—	91,853	20,213	25,784	—	13,574 [6]	4,061 [6]
1961–62	35,676 [7]	107,260	—	81,910	13,333	25,350	18,374	14,762 [6]	4,129 [6]
1963–64	31,705 [7]	104,015	—	77,584	9,895	26,431	—	—	4,451 [6]
1965–66	26,983 [7]	99,813	—	73,216	6,491	26,597	17,849 [6]	15,340 [6]	4,606 [6]
1967–68	22,010 [7]	—	94,197	70,879	4,146	27,011	—	—	—
1970–71	17,995 [7]	—	89,372	65,800	1,815	25,352	—	14,372 [6]	3,770 [6]
1973–74	16,730 [7]	—	88,655	65,070	1,365	25,906	—	—	—
1975–76	16,376 [7]	88,597	87,034	63,242	1,166	25,330	—	—	—
1976–77	16,271 [7]	—	86,501	62,644	1,111	25,378	19,910 [6]	16,385 [6]	5,904 [6]
1978–79	16,014 [7]	—	84,816	61,982	1,056	24,504	19,489 [6]	16,097 [6]	5,766 [6]
1979–80	15,944 [7]	87,004	—	—	—	—	—	—	—
1980–81	15,912 [7]	85,982	83,688	61,069	921	24,362	20,764 [6]	16,792 [6]	5,678 [6]
1982–83	15,824 [7]	84,740	82,039	59,656	798	23,988	—	—	—
1983–84	15,747 [7]	84,178	81,418	59,082	838	23,947	27,694	20,872	7,862
1984–85	—	84,007	81,147	58,827	825	23,916	—	—	—
1985–86	—	—	—	—	—	—	25,616	20,252	7,387
1986–87[8]	15,713	83,421	82,316	60,811	763	23,481	—	—	—
1987–88	15,577	83,248	81,416	59,754	729	23,841	26,807	22,959	8,418
1988–89	15,376	83,165	81,579	60,176	583	23,638	—	—	—
1989–90	15,367	83,425	81,880	60,699	630	23,461	26,712	24,221	10,197
1990–91	15,358	84,538	82,475	61,340	617	23,460	24,690	22,223	8,989
1991–92	15,173	84,578	82,506	61,739	569	23,248	25,998	23,523	9,282
1992–93	15,025	84,497	82,896	62,225	430	23,220	—	—	—
1993–94	14,881	85,393	83,431	62,726	442	23,379	26,093	23,543	10,555
1994–95	14,772	86,221	84,476	63,572	458	23,668	—	—	—
1995–96	14,766	87,125	84,958	63,961	474	23,793	34,394	32,401	10,942
1996–97	14,841	88,223	86,092	64,785	487	24,287	—	—	—
1997–98	14,805	89,508	87,541	65,859	476	24,802	33,895	31,408	10,779
1998–99	14,891	90,874	89,259	67,183	463	25,797	—	—	—
1999–2000	14,928	92,012	90,538	68,173	423	26,407	32,995	30,457	10,693
2000–01	14,859	93,273	91,691	69,697	411	27,090	—	—	—
2001–02	14,559	94,112	92,696	70,516	408	27,468	35,895	33,191	11,846
2002–03	14,465	95,615	93,869	71,270	366	28,151	—	—	—
2003–04	14,383	95,726	93,977	71,195	376	28,219	34,681	31,988	11,188
2004–05	14,205	96,513	95,001	71,556	338	29,017	—	—	—
2005–06	14,166	97,382	95,731	71,733	326	29,705	35,054	32,127	12,184
2006–07	13,856	98,793	96,362	72,442	313	29,904	—	—	—
2007–08[8]	13,838	98,916	97,654	73,011	288	30,547	33,740	30,808	11,870
2008–09	13,809	98,706	97,119	72,771	237	29,971	—	—	—

—Not available.
[1]Includes operating and nonoperating districts.
[2]Schools with both elementary and secondary programs are included under elementary schools and also under secondary schools.
[3]Data for most years prior to 1976–77 are partly estimated. Prior to 1995–96, excludes schools with highest grade of kindergarten.
[4]Includes regular schools and special schools not classified by grade span.
[5]Includes elementary, secondary, and combined elementary/secondary schools.
[6]These data cannot be compared directly with the data for years after 1980–81.
[7]Because of expanded survey coverage, data are not directly comparable with figures after 1983–84.
[8]Some data have been revised from previously published figures.

SOURCE: U.S. Department of Education, National Center for Education Statistics, *Annual Report of the Commissioner of Education*, 1870 through 1910; *Biennial Survey of Education in the United States*, 1919–20 through 1949–50; *Statistics of State School Systems*, 1951–52 through 1967–68; *Statistics of Public Elementary and Secondary School Systems*, 1970–71 through 1980–81; *Statistics of Public and Nonpublic Elementary and Secondary Day Schools, 1968–69; Statistics of Nonpublic Elementary and Secondary Schools*, 1970–71; *Private Schools in American Education*; Schools and Staffing Survey (SASS), "Private School Questionnaire," 1987–88 and 1990–91; Private School Universe Survey (PSS), 1989–90 through 2007–08; and Common Core of Data (CCD), "Local Education Agency Universe Survey" and "Public Elementary/Secondary School Universe Survey," 1982–83 through 2008–09. (This table was prepared November 2010.)

Table 91. Number and enrollment of regular public school districts, by enrollment size of district: Selected years, 1979–80 through 2008–09

Year	Total	Enrollment size of district: 25,000 or more	10,000 to 24,999	5,000 to 9,999	2,500 to 4,999	1,000 to 2,499	600 to 999	300 to 599	1 to 299	Size not reported
1	2	3	4	5	6	7	8	9	10	11
	Number of districts									
1979–80	15,944	181	478	1,106	2,039	3,475	1,841	2,298	4,223	303
1989–90	15,367	179	479	913	1,937	3,547	1,801	2,283	3,910	318
1994–95	14,772	207	542	996	2,013	3,579	1,777	2,113	3,173	372
1997–98	14,805	230	572	1,038	2,079	3,524	1,775	2,044	3,165	378
1998–99	14,891	236	574	1,026	2,062	3,496	1,790	2,066	3,245	396
1999–2000	14,928	238	579	1,036	2,068	3,457	1,814	2,081	3,298	357
2000–01	14,859	240	581	1,036	2,060	3,448	1,776	2,107	3,265	346
2001–02	14,559	243	573	1,067	2,031	3,429	1,744	2,015	3,127	330
2002–03	14,465	248	587	1,062	2,033	3,411	1,745	1,987	3,117	275
2003–04	14,383	256	594	1,058	2,031	3,421	1,728	1,981	2,994	320
2004–05	14,205	264	589	1,056	2,018	3,391	1,739	1,931	2,881	336
2005–06	14,166	269	594	1,066	2,015	3,335	1,768	1,895	2,857	367
2006–07	13,856	275	598	1,066	2,006	3,334	1,730	1,898	2,685	264
2007–08[1]	13,838	281	589	1,062	2,006	3,292	1,753	1,890	2,692	273
2008–09	13,809	280	594	1,049	1,995	3,272	1,766	1,886	2,721	246
	Percentage distribution of districts									
1979–80	100.0	1.1	3.0	6.9	12.8	21.8	11.5	14.4	26.5	1.9
1989–90	100.0	1.2	3.1	5.9	12.6	23.1	11.7	14.9	25.4	2.1
1994–95	100.0	1.4	3.7	6.7	13.6	24.2	12.0	14.3	21.5	2.5
1997–98	100.0	1.6	3.9	7.0	14.0	23.8	12.0	13.8	21.4	2.6
1998–99	100.0	1.6	3.9	6.9	13.8	23.5	12.0	13.9	21.8	2.7
1999–2000	100.0	1.6	3.9	6.9	13.9	23.2	12.2	13.9	22.1	2.4
2000–01	100.0	1.6	3.9	7.0	13.9	23.2	12.0	14.2	22.0	2.3
2001–02	100.0	1.7	3.9	7.3	14.0	23.6	12.0	13.8	21.5	2.3
2002–03	100.0	1.7	4.1	7.3	14.1	23.6	12.1	13.7	21.5	1.9
2003–04	100.0	1.8	4.1	7.4	14.1	23.8	12.0	13.8	20.8	2.2
2004–05	100.0	1.9	4.1	7.4	14.2	23.9	12.2	13.6	20.3	2.4
2005–06	100.0	1.9	4.2	7.5	14.2	23.5	12.5	13.4	20.2	2.6
2006–07	100.0	2.0	4.3	7.7	14.5	24.1	12.5	13.7	19.4	1.9
2007–08[1]	100.0	2.0	4.3	7.7	14.5	23.8	12.7	13.7	19.5	2.0
2008–09	100.0	2.0	4.3	7.6	14.4	23.7	12.8	13.7	19.7	1.8
	Number of students									
1979–80	41,882,000	11,415,000	7,004,000	7,713,000	7,076,000	5,698,000	1,450,000	1,005,000	521,000	†
1989–90	40,069,756	11,209,889	7,107,362	6,347,103	6,731,334	5,763,282	1,402,623	997,434	510,729	†
1994–95	43,669,683	13,063,753	8,113,872	6,868,964	7,032,980	5,835,233	1,393,734	927,198	433,949	†
1997–98	45,872,785	14,445,720	8,540,624	7,123,005	7,272,764	5,753,977	1,402,274	899,840	434,581	†
1998–99	46,027,818	14,692,018	8,559,319	7,058,626	7,244,109	5,706,203	1,411,553	908,530	447,460	†
1999–2000	46,318,635	14,886,636	8,656,672	7,120,704	7,244,407	5,620,962	1,426,280	911,127	451,847	†
2000–01	46,588,307	15,083,671	8,750,743	7,144,242	7,235,089	5,597,023	1,400,732	927,146	449,661	†
2001–02	46,906,607	15,356,867	8,756,777	7,393,237	7,129,358	5,576,508	1,375,571	885,061	433,228	†
2002–03	47,379,395	15,690,805	8,957,891	7,348,643	7,150,205	5,547,189	1,375,070	874,163	435,429	†
2003–04	47,685,982	15,939,776	9,039,697	7,342,745	7,160,367	5,558,125	1,355,563	867,599	422,110	†
2004–05	47,800,967	16,182,672	8,980,096	7,346,960	7,134,861	5,533,156	1,368,546	851,455	403,221	†
2005–06	48,013,931	16,376,213	9,055,547	7,394,010	7,114,942	5,442,588	1,391,314	835,430	403,887	†
2006–07	48,105,666	16,496,573	9,083,944	7,395,889	7,092,532	5,433,770	1,363,287	840,032	399,639	†
2007–08[1]	48,096,140	16,669,611	8,946,432	7,408,553	7,103,274	5,358,492	1,381,342	834,295	394,141	†
2008–09	48,033,126	16,634,807	9,043,665	7,324,565	7,079,061	5,329,406	1,392,110	832,262	397,250	†
	Percentage distribution of students									
1979–80	100.0	27.3	16.7	18.4	16.9	13.6	3.5	2.4	1.2	†
1989–90	100.0	28.0	17.7	15.8	16.8	14.4	3.5	2.5	1.3	†
1994–95	100.0	29.9	18.6	15.7	16.1	13.4	3.2	2.1	1.0	†
1997–98	100.0	31.5	18.6	15.5	15.9	12.5	3.1	2.0	0.9	†
1998–99	100.0	31.9	18.6	15.3	15.7	12.4	3.1	2.0	1.0	†
1999–2000	100.0	32.1	18.7	15.4	15.6	12.1	3.1	2.0	1.0	†
2000–01	100.0	32.4	18.8	15.3	15.5	12.0	3.0	2.0	1.0	†
2001–02	100.0	32.7	18.7	15.8	15.2	11.9	2.9	1.9	0.9	†
2002–03	100.0	33.1	18.9	15.5	15.1	11.7	2.9	1.8	0.9	†
2003–04	100.0	33.4	19.0	15.4	15.0	11.7	2.8	1.8	0.9	†
2004–05	100.0	33.9	18.8	15.4	14.9	11.6	2.9	1.8	0.8	†
2005–06	100.0	34.1	18.9	15.4	14.8	11.3	2.9	1.7	0.8	†
2006–07	100.0	34.3	18.9	15.4	14.7	11.3	2.8	1.7	0.8	†
2007–08[1]	100.0	34.7	18.6	15.4	14.8	11.1	2.9	1.7	0.8	†
2008–09	100.0	34.6	18.8	15.2	14.7	11.1	2.9	1.7	0.8	†

†Not applicable.

[1]Revised from previously published figures.

NOTE: Size not reported includes school districts reporting enrollment of zero. Regular districts exclude regional education service agencies and supervisory union administrative centers, state-operated agencies, federally operated agencies, and other types of local education agencies, such as independent charter schools. Enrollment totals differ from other tables because this table represents data reported by regular school districts rather than states or schools. Detail may not sum to totals because of rounding.

SOURCE: U.S. Department of Education, National Center for Education Statistics, Common Core of Data (CCD), "Local Education Agency Universe Survey," 1979–80 through 2008–09. (This table was prepared November 2010.)

Table 92. Number of public elementary and secondary education agencies, by type of agency and state or jurisdiction: 2007–08 and 2008–09

State or jurisdiction	Total agencies		Regular school districts, including supervisory union components[1]		Regional education service agencies and supervisory union administrative centers		State-operated agencies		Federally operated agencies		Independent charter schools and other agencies	
	2007–08	2008–09	2007–08	2008–09	2007–08	2008–09	2007–08	2008–09	2007–08	2008–09	2007–08	2008–09
1	2	3	4	5	6	7	8	9	10	11	12	13
United States	**17,772**	**17,735**	**13,838**	**13,809**	**1,471**	**1,389**	**279**	**264**	**0**	**3**	**2,184**	**2,270**
Alabama	169	171	133	133	0	0	36	38	0	0	0	0
Alaska	54	54	53	53	0	0	1	1	0	0	0	0
Arizona	603	619	226	225	16	16	10	10	0	0	351	368
Arkansas	288	295	245	245	15	15	5	5	0	0	23	30
California	1,129	1,122	965	960	137	137	9	8	0	0	18	17
Colorado	262	262	178	178	83	83	0	0	0	0	1	1
Connecticut	195	200	166	166	6	6	4	7	0	0	19	21
Delaware	39	40	19	19	1	1	2	2	0	0	17	18
District of Columbia	58	62	1	1	0	0	1	1	0	0	56	60
Florida	77	77	67	67	0	0	3	3	0	0	7	7
Georgia	205	207	180	180	16	16	5	5	0	0	4	6
Hawaii	1	1	1	1	0	0	0	0	0	0	0	0
Idaho	133	135	115	115	0	0	4	4	0	0	14	16
Illinois	1,078	1,078	870	869	202	203	5	5	0	0	1	1
Indiana	369	379	294	294	29	30	4	4	0	0	42	51
Iowa	374	372	364	362	10	10	0	0	0	0	0	0
Kansas	331	330	319	318	0	0	12	12	0	0	0	0
Kentucky	194	194	174	174	18	18	2	2	0	0	0	0
Louisiana	105	114	69	69	0	0	8	8	0	0	28	37
Maine	300	299	287	283	8	8	5	5	0	3	0	0
Maryland	24	24	24	24	0	0	0	0	0	0	0	0
Massachusetts	500	500	352	352	86	86	1	1	0	0	61	61
Michigan	844	846	552	552	57	57	5	5	0	0	230	232
Minnesota	557	559	340	340	64	63	3	3	0	0	150	153
Mississippi	164	164	152	152	0	0	12	12	0	0	0	0
Missouri	561	560	524	523	0	0	5	5	0	0	32	32
Montana	507	506	421	420	77	77	4	4	0	0	5	5
Nebraska	295	296	254	256	36	35	5	5	0	0	0	0
Nevada	18	18	17	17	0	0	0	0	0	0	1	1
New Hampshire	272	276	177	178	84	87	0	0	0	0	11	11
New Jersey	678	682	616	616	1	1	3	3	0	0	58	62
New Mexico	95	99	89	89	0	0	6	6	0	0	0	4
New York[2]	837	854	697	696	37	37	6	6	0	0	97	115
North Carolina	249	233	116	116	1	0	6	6	0	0	126	111
North Dakota	232	228	192	187	37	38	3	3	0	0	0	0
Ohio	1,055	1,051	614	614	108	107	4	4	0	0	329	326
Oklahoma	587	583	539	534	0	0	3	3	0	0	45	46
Oregon	222	221	194	194	23	22	2	2	0	0	3	3
Pennsylvania	788	790	501	501	105	105	19	19	0	0	163	165
Rhode Island	50	50	32	32	4	4	6	6	0	0	8	8
South Carolina	102	103	85	85	13	13	4	4	0	0	0	1
South Dakota	184	169	165	161	16	3	3	5	0	0	0	0
Tennessee	140	140	136	136	0	0	4	4	0	0	0	0
Texas	1,266	1,272	1,033	1,032	20	20	14	14	0	0	199	206
Utah	104	112	40	40	4	4	2	2	0	0	58	66
Vermont	360	362	292	292	59	59	2	2	0	0	7	9
Virginia	230	139	134	134	72	2	24	3	0	0	0	0
Washington	308	309	295	295	10	10	0	0	0	0	3	4
West Virginia	57	57	55	55	0	0	2	2	0	0	0	0
Wisconsin	462	461	426	426	16	16	3	3	0	0	17	16
Wyoming	60	60	48	48	0	0	12	12	0	0	0	0
Bureau of Indian Education	20	196	0	174	0	22	0	0	20	0	0	0
DoD, domestic	7	7	0	0	0	0	0	0	7	7	0	0
DoD, overseas	9	9	0	0	0	0	0	0	9	9	0	0
Other jurisdictions												
American Samoa	1	1	1	1	0	0	0	0	0	0	0	0
Guam	1	1	1	1	0	0	0	0	0	0	0	0
Northern Marianas	1	1	1	1	0	0	0	0	0	0	0	0
Puerto Rico	1	1	1	1	0	0	0	0	0	0	0	0
U.S. Virgin Islands	2	2	2	2	0	0	0	0	0	0	0	0

[1]Regular school districts include both independent districts and those that are a dependent segment of a local government. Components of supervisory unions operate schools, but share superintendent services with other districts.
[2]New York City counted as one school district.

NOTE: DoD = Department of Defense. Some data have been revised from previously published figures.
SOURCE: U.S. Department of Education, National Center for Education Statistics, Common Core of Data (CCD), "Local Education Agency Universe Survey," 2007–08 and 2008–09. (This table was prepared November 2010.)

Table 93. Public elementary and secondary students, schools, pupil/teacher ratios, and finances, by type of locale: 2007–08 and 2008–09

Selected characteristic	Total	City, large[1]	City, midsize[2]	City, small[3]	Suburban, large[4]	Suburban, midsize[5]	Suburban, small[6]	Town, fringe[7]	Town, distant[8]	Town, remote[9]	Rural, fringe[10]	Rural, distant[11]	Rural, remote[12]
1	2	3	4	5	6	7	8	9	10	11	12	13	14
Enrollment, schools, and pupil/teacher ratios, fall 2008													
Enrollment (in thousands)	49,054	7,425	3,146	3,752	14,438	1,590	1,019	2,087	2,325	1,586	6,933	3,554	1,197
Percentage distribution of enrollment, by race/ethnicity	100.0	100.0	100.0	100.0	100.0	100.0	100.0	100.0	100.0	100.0	100.0	100.0	100.0
White	54.9	21.2	35.0	50.3	54.7	65.6	67.6	72.8	68.4	64.8	68.8	81.7	76.1
Black	16.9	30.0	29.3	19.0	15.6	10.8	10.7	8.6	13.7	10.9	12.3	8.4	7.6
Hispanic	21.5	39.6	28.2	22.9	22.0	17.7	16.4	15.5	14.6	17.3	13.9	6.9	7.7
Asian/Pacific Islander	5.0	7.9	6.1	6.2	6.6	4.2	3.6	1.7	1.2	3.1	3.3	0.8	0.7
American Indian/Alaska Native	1.2	0.8	0.7	0.9	0.5	0.7	0.9	1.1	1.9	3.7	1.2	2.1	7.8
Other	0.5	0.4	0.8	0.6	0.7	1.0	0.8	0.4	0.2	0.2	0.4	0.1	0.1
Schools	98,706	12,927	5,780	6,968	22,482	2,786	1,900	4,258	5,639	4,331	12,625	11,792	7,218
Average school size[13]	517	588	575	566	662	591	558	512	443	396	579	311	171
Pupil/teacher ratio[14]	15.8	16.5	16.0	15.9	16.0	16.0	16.5	15.9	15.2	15.1	16.0	14.4	12.5
Enrollment (percentage distribution)	100.0	15.1	6.4	7.6	29.4	3.2	2.1	4.3	4.7	3.2	14.1	7.2	2.4
Schools (percentage distribution)	100.0	13.1	5.9	7.1	22.8	2.8	1.9	4.3	5.7	4.4	12.8	11.9	7.3
Revenues, 2007–08													
Total revenue (in millions of dollars)	$597,193	$102,104	$40,859	$46,151	$199,567	$18,784	$11,049	$21,596	$25,850	$17,903	$61,101	$37,241	$14,856
Federal	47,598	10,974	4,316	3,972	11,486	1,186	756	1,556	2,397	1,915	4,322	2,961	1,728
Title I	11,402	3,759	1,098	952	2,250	232	153	322	561	455	667	589	366
Child Nutrition Act	9,986	2,164	868	843	2,403	259	161	343	554	376	1,003	717	292
Children with disabilities (IDEA)	10,049	1,832	724	893	3,308	303	214	355	460	339	947	486	188
Impact aid	1,245	80	80	47	218	23	6	59	36	127	116	110	343
Bilingual education	310	79	28	37	76	6	5	10	12	11	15	17	15
Indian education	92	9	3	4	7	1	2	3	6	11	7	9	30
Math, science, and professional development	1,538	351	158	146	357	39	34	52	75	74	109	83	60
Safe and drug-free schools	261	62	20	25	60	5	5	12	15	12	20	16	10
Title V, Part A	105	21	9	7	20	2	2	3	6	7	11	11	7
Vocational and technical education	605	130	48	51	154	14	12	16	33	28	69	31	17
Other and unclassified	12,006	2,488	1,280	967	2,633	304	162	382	639	476	1,359	892	400
State (in millions of dollars)	280,246	49,989	20,145	22,550	81,476	9,005	5,276	10,901	13,985	9,263	29,221	20,627	7,763
Special education programs	16,384	3,239	1,094	1,321	6,058	506	303	544	617	408	1,210	776	279
Compensatory and basic skills	6,927	1,630	452	827	2,645	192	90	154	203	86	320	229	100
Bilingual education	727	47	22	45	490	38	5	8	17	3	41	8	3
Gifted and talented	577	37	40	25	350	29	4	6	17	5	42	18	4
Vocational education	966	55	50	71	309	33	16	26	62	49	162	100	32
Other	254,666	44,981	18,487	20,261	71,624	8,207	4,857	10,163	13,069	8,712	27,445	19,496	7,346
Local (in millions of dollars)[15]	269,349	41,140	16,398	19,629	106,605	8,593	5,017	9,139	9,469	6,725	27,558	13,654	5,365
Property tax[16]	161,859	20,424	9,085	11,734	68,436	4,678	3,204	5,829	5,957	4,471	16,209	8,353	3,478
Parent government contribution[16]	43,824	12,399	2,872	2,494	16,595	1,832	577	597	671	144	3,990	1,364	288
Private (fees from individuals)	13,253	1,112	687	933	4,850	652	262	545	621	446	1,750	1,024	360
Other[15]	50,413	7,205	3,754	4,469	16,724	1,431	974	2,167	2,220	1,664	5,608	2,912	1,238
Total revenue (percentage distribution)	100.0	100.0	100.0	100.0	100.0	100.0	100.0	100.0	100.0	100.0	100.0	100.0	100.0
Federal	8.0	10.7	10.6	8.6	5.8	6.3	6.8	7.2	9.3	10.7	7.1	8.0	11.6
State	46.9	49.0	49.3	48.9	40.8	47.9	47.7	50.5	54.1	51.7	47.8	55.4	52.3
Local	45.1	40.3	40.1	42.5	53.4	45.7	45.4	42.3	36.6	37.6	45.1	36.7	36.1
Expenditures, 2007–08													
Total expenditures (in millions of dollars)	$609,820	$106,796	$40,919	$46,996	$204,007	$18,969	$11,256	$21,726	$25,884	$17,996	$63,038	$37,400	$14,688
Current expenditures for schools	489,006	84,116	32,666	37,941	163,157	14,907	8,948	17,961	21,474	15,251	49,002	31,078	12,427
Instruction	307,408	54,740	20,439	23,957	103,115	9,410	5,550	11,141	13,286	9,269	30,322	18,833	7,322
Support services, students	26,987	3,894	1,917	2,347	10,000	826	522	961	1,123	817	2,675	1,408	498
Support services, instructional staff	9,564	1,049	487	607	2,851	254	170	436	549	536	1,095	1,012	518
Administration	37,351	5,734	2,504	2,786	12,192	1,111	700	1,425	1,761	1,367	3,877	2,716	1,179
Operation and maintenance	49,018	8,626	3,315	3,796	16,384	1,514	913	1,743	2,137	1,522	4,776	2,998	1,293
Transportation	22,199	3,428	1,278	1,434	7,531	629	407	860	943	612	2,584	1,784	679
Food service	18,833	3,054	1,348	1,492	5,395	567	341	732	1,009	694	2,127	1,472	583
Other	17,645	3,592	1,377	1,521	5,688	596	345	664	666	434	1,547	856	356
Other current expenditures	20,124	3,188	1,386	1,580	5,899	659	380	763	1,043	727	2,305	1,543	630
Interest on school debt	16,080	3,014	1,009	1,085	5,775	464	286	601	574	332	1,889	841	209
Capital outlay	69,042	12,009	4,521	5,074	22,837	2,495	1,311	2,227	2,520	1,725	8,835	3,991	1,486
Current expenditures (percentage distribution)	100.0	100.0	100.0	100.0	100.0	100.0	100.0	100.0	100.0	100.0	100.0	100.0	100.0
Instruction	62.9	65.1	62.6	63.1	63.2	63.1	62.0	62.0	61.9	60.8	61.9	60.6	58.9
Support services	7.5	5.9	7.4	7.8	7.9	7.2	7.7	7.8	7.8	8.9	7.7	7.8	8.2
Administration	7.6	6.8	7.7	7.3	7.5	7.5	7.8	7.9	8.2	9.0	7.9	8.7	9.5
Operation and maintenance	10.0	10.3	10.1	10.0	10.0	10.2	10.2	9.7	10.0	10.0	9.7	9.6	10.4
Transportation	4.5	4.1	3.9	3.8	4.6	4.2	4.6	4.8	4.4	4.0	5.3	5.7	5.5
Food service and other	7.5	7.9	8.3	7.9	6.8	7.8	7.7	7.8	7.8	7.4	7.5	7.5	7.6

See notes at end of table.

Table 93. Public elementary and secondary students, schools, pupil/teacher ratios, and finances, by type of locale: 2007–08 and 2008–09—Continued

Selected characteristic	Total	City, large[1]	City, midsize[2]	City, small[3]	Suburban, large[4]	Suburban, midsize[5]	Suburban, small[6]	Town, fringe[7]	Town, distant[8]	Town, remote[9]	Rural, fringe[10]	Rural, distant[11]	Rural, remote[12]
1	2	3	4	5	6	7	8	9	10	11	12	13	14
Current expenditure per student (in dollars)	$9,992	$10,894	$9,561	$9,825	$10,391	$9,608	$9,246	$9,364	$9,155	$9,180	$9,200	$9,401	$10,703
Instruction expenditure per student (in dollars)	6,282	7,090	5,982	6,204	6,567	6,066	5,735	5,809	5,665	5,579	5,693	5,697	6,307

[1]Located inside an urbanized area and inside a principal city with a population of at least 250,000.
[2]Located inside an urbanized area and inside a principal city with a population of at least 100,000, but less than 250,000.
[3]Located inside an urbanized area and inside a principal city with a population less than 100,000.
[4]Located inside an urbanized area and outside a principal city with a population of 250,000 or more.
[5]Located inside an urbanized area and outside a principal city with a population of at least 100,000, but less than 250,000.
[6]Located inside an urbanized area and outside a principal city with a population less than 100,000.
[7]Located inside an urban cluster that is 10 miles or less from an urbanized area.
[8]Located inside an urban cluster that is more than 10 but less than or equal to 35 miles from an urbanized area.
[9]Located inside an urban cluster that is more than 35 miles from an urbanized area.
[10]Located outside any urbanized area or urban cluster, but 5 miles or less from an urbanized area or 2.5 miles or less from an urban cluster.
[11]Located outside any urbanized area or urban cluster and more than 5 miles but less than or equal to 25 miles from an urbanized area, or more than 2.5 miles but less than or equal to 10 miles from an urban cluster.
[12]Located outside any urbanized area or urban cluster, more than 25 miles from an urbanized area, and more than 10 miles from an urban cluster.
[13]Average for schools reporting enrollment. Enrollment data were available for 94,820 out of 98,706 institutions in 2008–09.
[14]Ratio for schools reporting both full-time-equivalent teachers and fall enrollment data.
[15]Includes tuition and fee revenues from other in-state school systems, which are excluded from state data reported through the "National Public Education Financial Survey."
[16]Property tax and parent government contributions are determined on the basis of independence or dependence of the local school system and are mutually exclusive.
NOTE: Detail may not sum to totals because of rounding. Race categories exclude persons of Hispanic ethnicity.
SOURCE: U.S. Department of Education, National Center for Education Statistics, Common Core of Data (CCD), "Public Elementary/Secondary School Universe Survey," 2008–09, and "Local Education Agency Universe Survey," 2007–08 and 2008–09; and "School District Finance Survey (Form F-33)," 2007–08. (This table was prepared November 2010.)

Table 94. Selected statistics on enrollment, teachers, dropouts, and graduates in public school districts enrolling more than 15,000 students: 1990, 2000, 2006–07, and 2008

							Percentage distribution of enrollment, by race, fall 2008						Teachers and staff, fall 2008					Dropouts and graduates, 2006–07				
Name of district	State	Enrollment, fall 1990	Enrollment, fall 2000	Enrollment, fall 2008	Number of English language learners, 2008	Percent eligible for free or reduced-price lunch, 2008	White	Black	Hispanic	Asian/ Pacific Islander	American Indian/ Alaska Native	Two or more races	Number of classroom teachers	Pupil/ teacher ratio	Total number of staff	Student/ staff ratio	Teachers as a percentage of total staff	Percent dropping out of grades 9–12	Number of dropouts from grades 9–12	Averaged freshman graduation rate (AFGR)[1]	Number of high school graduates[2]	Number of schools, fall 2008
1	2	3	4	5	6	7	8	9	10	11	12	13	14	15	16	17	18	19	20	21	22	23
Districts with more than 15,000 students[3]	**†**	**16,859,375**	**20,246,710**	**21,513,000**	**2,764,401**	**50.9**	**38.1**	**23.4**	**30.3**	**6.9**	**0.7**	**0.5**	**1,334,733**	**16.1**	**2,574,329**	**8.4**	**51.8**	**6.3**	**315,127**	**68.6**	**1,150,504**	**32,178**
Baldwin County	AL	17,479	22,656	27,120	699	37.3	79.9	14.5	4.2	0.8	0.6	—	1,888	14.4	4,098	6.6	46.1	0.3	18	68.1	1,328	47
Birmingham City	AL	41,710	37,843	27,440	543	82.3	1.0	96.5	2.4	0.1	#	—	1,688	16.3	3,332	8.2	50.7	4.3	296	63.0	1,674	83
Huntsville City	AL	24,024	22,832	23,205	976	43.1	48.3	43.0	5.4	2.7	0.6	—	1,782	13.0	3,263	7.1	54.6	0.8	45	67.3	1,247	52
Jefferson County	AL	40,752	40,726	36,174	767	40.0	54.7	40.8	4.0	0.5	0.1	—	2,245	16.1	4,607	7.9	48.7	2.8	248	60.2	1,994	59
Madison County	AL	13,861	15,675	19,785	171	28.8	72.8	18.3	2.2	1.5	5.2	—	1,209	16.4	2,452	8.1	49.3	4.6	202	76.8	1,066	28
Mobile County	AL	67,286	64,976	62,531	1,140	65.4	44.3	50.9	1.5	2.3	1.0	—	3,772	16.6	8,455	7.4	44.6	2.3	322	60.2	2,983	113
Montgomery County	AL	35,973	33,267	31,307	895	70.2	15.9	78.9	2.6	2.5	0.2	—	1,936	16.2	4,251	7.4	45.6	3.8	242	45.5	1,094	61
Shelby County	AL	16,096	20,129	27,194	1,702	25.9	76.5	13.8	7.8	1.8	0.1	—	1,862	14.6	3,743	7.3	49.7	1.8	99	80.1	1,393	38
Tuscaloosa County	AL	14,514	15,666	17,535	221	45.2	69.4	27.3	2.5	0.6	0.1	—	1,035	16.9	2,130	8.2	48.6	4.2	150	68.3	848	33
Anchorage	AK	41,992	49,526	48,837	4,246	34.9	49.2	6.0	10.2	12.9	8.7	13.0	2,839	17.2	5,890	8.3	48.2	8.7	1,037	73.8	2,831	97
Matanuska-Susitna Borough	AK	9,810	13,008	16,468	411	34.1	80.4	1.3	2.5	1.7	11.1	3.0	949	17.4	1,734	9.5	54.7	6.9	276	69.4	876	42
Amphitheater Unified	AZ	13,834	16,857	15,923	1,293	42.4	52.9	4.5	37.1	3.6	1.9	—	988	16.1	1,959	8.1	50.4	3.3	131	100.0[4]	1,089	20
Cartwright Elementary	AZ	14,368	17,746	18,979	7,678	75.4	4.5	3.7	90.4	0.4	1.1	—	1,042	18.2	2,310	8.2	45.1	†	†	†	†	24
Chandler Unified	AZ	11,041	21,703	37,223	2,183	23.3	56.6	6.8	27.1	8.0	1.5	—	1,958	19.0	3,689	10.1	53.1	2.4	171	—	1,720	41
Deer Valley Unified	AZ	15,899	27,158	36,870	1,385	16.5	76.7	3.4	14.7	4.1	1.0	—	1,942	19.0	3,377	10.9	57.5	5.8	475	79.7	1,993	38
Dysart Unified	AZ	3,804	5,459	24,373	2,043	46.3	49.9	9.9	35.9	3.2	1.1	—	1,232	19.8	2,058	11.8	59.8	3.7	141	97.5	770	23
Gilbert Unified	AZ	10,862	29,188	38,796	852	21.7	72.5	4.8	16.7	5.0	1.0	—	2,247	17.3	4,247	9.1	52.9	5.7	515	87.5	2,447	42
Kyrene Elementary	AZ	10,483	19,446	18,131	472	18.6	59.5	9.8	17.6	9.5	3.6	—	1,085	16.7	1,845	9.8	58.8	†	†	†	†	26
Mesa Unified	AZ	62,748	73,587	70,346	8,078	45.2	51.7	4.3	37.4	2.5	4.1	—	3,755	18.7	7,600	9.3	49.4	7.2	1,193	70.9	4,079	90
Paradise Valley Unified	AZ	26,695	34,882	33,942	2,748	28.9	68.5	3.7	22.9	3.7	1.2	—	1,898	17.9	3,228	10.5	58.8	3.0	245	78.0	2,201	47
Peoria Unified	AZ	20,850	32,608	38,162	1,930	31.1	63.0	5.8	26.4	3.5	1.3	—	2,094	18.2	3,633	10.5	57.6	4.0	384	78.4	2,376	39
Phoenix Union High	AZ	18,297	22,192	25,305	3,112	66.1	6.6	10.1	78.0	2.0	3.3	—	1,485	17.0	2,845	8.9	52.2	5.9	1,176	—	3,866	16
Scottsdale Unified	AZ	19,752	26,958	27,082	1,387	22.0	73.3	3.2	16.5	5.0	2.0	—	1,602	16.9	2,755	9.8	58.1	3.4	192	76.9	1,788	32
Sunnyside Unified	AZ	13,067	14,518	17,813	4,694	83.7	5.2	2.2	87.3	0.8	4.5	—	1,005	17.7	2,028	8.8	49.6	7.2	254	55.8	647	23
Tucson Unified	AZ	56,174	61,869	57,391	6,953	52.7	30.0	7.3	55.7	2.7	4.3	—	3,352	17.1	6,172	9.3	54.3	4.0	546	69.4	3,281	125
Washington Elementary	AZ	22,446	24,723	23,814	4,969	74.4	36.1	7.3	49.6	3.1	3.9	—	1,355	17.6	2,666	8.9	50.8	†	†	†	†	32
Little Rock	AR	25,813	25,502	26,146	1,456	65.0	21.7	68.5	7.7	1.8	0.3	—	2,099	12.5	3,837	6.8	54.7	4.4	256	63.6	1,224	49
Pulaski Co. Spec. School Dist.	AR	21,495	18,735	18,063	305	55.4	50.0	44.0	4.0	1.7	0.3	—	1,354	13.3	2,681	6.7	50.5	13.8	570	58.4	841	38
Springdale	AR	7,877	11,422	17,869	6,879	57.4	47.5	2.3	41.5	8.0	0.6	—	1,127	15.9	2,120	8.4	53.2	7.0	235	74.8	816	25
ABC Unified	CA	20,972	22,303	20,789	4,119	41.1	8.1	9.7	39.4	39.1	0.2	3.5	909	22.9	1,770	11.7	51.3	2.7	144	87.8	1,591	30
Alhambra Unified	CA	20,313	19,776	18,749	6,535	67.7	3.9	0.7	39.8	53.7	0.1	1.8	771	24.3	1,763	10.6	43.7	2.1	140	—	1,863	18
Alvord Unified	CA	14,853	17,664	20,057	8,994	64.9	14.3	4.9	72.3	5.3	0.3	2.9	869	23.1	1,630	12.3	53.3	3.2	148	72.3	927	22
Anaheim City	CA	14,972	22,275	19,278	11,074	82.0	5.2	1.7	84.6	7.0	0.3	1.3	908	21.2	1,670	11.5	54.4	—	—	—	—	24
Anaheim Union High	CA	23,086	29,363	33,719	8,040	52.3	15.3	2.8	59.2	16.0	0.2	6.3	1,346	25.1	2,609	12.9	51.6	2.3	367	41.1	2,428	22
Antelope Valley Union High	CA	10,937	19,056	26,159	4,483	55.0	24.7	20.9	48.7	3.6	0.6	1.4	1,083	24.2	2,176	12.0	49.7	5.8	1,165	88.8	3,774	14
Antioch Unified	CA	13,045	20,018	19,422	3,453	51.6	25.1	22.0	34.0	11.6	0.9	6.5	819	23.7	1,484	13.1	55.2	10.8	557	70.0	1,205	28
Apple Valley Unified	CA	11,265	13,292	15,150	1,334	56.6	46.2	11.1	33.1	3.6	0.4	5.6	640	23.7	1,288	11.8	49.7	8.1	322	72.7	923	18
Bakersfield City	CA	24,911	27,674	27,263	8,337	84.7	11.8	10.8	74.1	1.7	1.0	0.6	1,366	20.0	2,622	10.4	52.1	—	—	—	—	42
Baldwin Park Unified	CA	15,878	17,473	20,015	6,101	71.3	4.5	3.3	85.1	5.5	0.2	1.4	932	21.5	1,674	12.0	55.7	25.0	1,554	74.8	1,152	23
Burbank Unified	CA	12,057	16,170	16,593	1,901	27.0	46.1	2.5	35.0	9.8	0.2	6.4	795	20.9	1,370	12.1	58.0	14.8	797	78.0	1,269	21
Cajon Valley Union Elementary	CA	17,328	19,059	16,092	4,516	51.0	45.1	6.8	32.8	3.9	0.6	10.8	780	20.6	1,417	11.4	55.1	†	†	†	†	30
Capistrano Unified	CA	26,852	45,074	52,681	6,224	19.1	64.9	1.3	18.7	7.0	0.3	7.7	2,262	23.3	3,951	13.3	57.2	0.7	82	80.6	3,038	61
Chaffey Joint Union High	CA	13,505	19,851	25,370	3,446	34.4	21.8	10.0	56.9	6.9	0.3	4.1	1,017	24.9	1,814	14.0	56.1	3.5	663	—	4,380	11
Chino Valley Unified	CA	23,257	31,763	32,428	4,411	36.9	26.0	4.0	48.7	14.4	0.2	6.8	1,417	22.9	2,476	13.1	57.2	3.1	256	81.9	2,149	36
Chula Vista Elementary	CA	17,604	23,132	27,156	9,905	35.9	12.1	4.2	65.4	12.9	0.4	5.0	1,433	19.0	2,277	11.9	62.9	†	†	†	†	44
Clovis Unified	CA	23,224	32,717	37,461	3,099	30.0	50.2	3.5	23.8	15.2	1.0	6.3	1,837	20.4	3,549	10.6	51.8	2.8	250	76.9	2,250	45
Coachella Valley Unified	CA	9,091	12,636	18,256	10,691	85.8	1.3	0.4	96.6	0.4	0.3	1.1	937	19.5	1,969	9.3	47.6	5.7	210	66.1	752	21

See notes at end of table.

Table 94. Selected statistics on enrollment, teachers, dropouts, and graduates in public school districts enrolling more than 15,000 students: 1990, 2000, 2006–07, and 2008—Continued

Name of district	State	Enrollment, fall 1990	Enrollment, fall 2000	Enrollment, fall 2008	Number of English language learners, 2008	Percent eligible for free or reduced-price lunch, 2008	Percentage distribution of enrollment, by race, fall 2008: White	Black	Hispanic	Asian/ Pacific Islander	American Indian/ Alaska Native	Two or more races	Teachers and staff, fall 2008: Number of classroom teachers	Pupil/ teacher ratio	Total number of staff	Student/ staff ratio	Teachers as a percentage of total staff	Dropouts and graduates, 2006–07: Percent dropping out of grades 9–12	Number of dropouts from grades 9–12	Averaged freshman graduation rate (AFGR)[1]	Number of high school graduates[2]	Number of schools, fall 2008
1	2	3	4	5	6	7	8	9	10	11	12	13	14	15	16	17	18	19	20	21	22	23
Colton Joint Unified	CA	16,415	22,118	24,337	6,117	70.2	10.0	7.2	78.1	4.0	0.4	0.3	1,076	22.6	1,879	13.0	57.3	12.3	660	53.0	1,045	28
Compton Unified	CA	27,585	31,037	27,369	14,080	82.0	0.2	22.9	75.3	0.9	0.1	0.6	1,251	21.9	2,496	11.0	50.1	12.9	721	36.7	722	40
Conejo Valley Unified	CA	17,209	20,999	21,655	2,173	15.6	65.5	1.6	19.7	10.0	0.7	2.5	967	22.4	1,767	12.3	54.7	2.9	160	95.9	1,732	29
Corona-Norco Unified	CA	23,036	37,487	52,138	7,943	40.7	31.7	5.9	48.5	8.8	0.3	4.8	2,371	22.0	4,498	11.6	52.7	3.7	436	86.2	2,989	50
Cupertino Union	CA	12,227	15,670	17,581	1,795	5.0	22.8	1.1	4.6	71.1	0.3	0.0	822	21.4	1,392	12.6	59.1	—	—	—	—	25
Desert Sands Unified	CA	16,058	23,500	28,976	6,562	54.9	26.1	2.2	66.1	2.5	0.3	2.8	1,320	22.0	2,275	12.7	58.0	5.3	342	76.7	1,584	33
Downey Unified	CA	15,418	21,474	22,464	4,387	61.7	9.2	3.5	81.6	4.4	0.4	0.9	1,028	21.8	1,696	13.2	60.6	0.9	53	75.1	1,448	20
East Side Union High	CA	21,973	24,282	26,259	5,868	31.4	10.1	4.0	47.9	37.2	0.3	0.4	1,216	21.6	2,175	12.1	55.9	6.6	1,294	100.0 [4]	4,536	22
Elk Grove Unified	CA	27,246	47,736	62,172	9,948	49.0	25.0	17.4	20.1	26.9	0.6	9.9	2,941	21.1	5,250	11.8	56.0	4.5	640	83.6	3,678	66
Escondido Union	CA	14,663	19,312	19,319	8,546	61.5	25.0	3.0	64.5	5.0	0.4	2.1	1,008	19.2	1,709	11.3	58.9	—	—	—	—	25
Fairfield-Suisun Unified	CA	20,227	22,263	22,496	4,026	49.4	25.4	22.7	33.2	17.4	0.9	0.4	1,096	20.5	2,153	10.4	50.9	6.5	364	69.0	1,306	31
Folsom-Cordova Unified	CA	12,656	16,277	19,119	2,267	31.9	61.3	7.8	16.3	13.6	0.9	0.1	871	22.0	1,763	10.8	49.4	4.2	175	72.2	1,021	35
Fontana Unified	CA	27,043	37,244	41,077	16,049	74.6	6.3	6.9	83.1	2.9	0.4	0.3	1,885	21.8	3,733	11.0	50.5	7.3	697	63.2	1,985	45
Fremont Unified	CA	27,172	31,078	32,135	5,746	17.6	21.0	4.4	15.2	55.5	0.3	3.6	1,511	21.3	2,914	11.0	51.8	2.1	162	72.3	1,954	41
Fresno Unified	CA	71,500	79,007	76,621	19,915	80.2	13.9	10.7	60.1	14.3	0.7	0.3	3,922	19.5	7,320	10.5	53.6	10.1	1,851	53.6	3,450	106
Fullerton Joint Union High	CA	12,729	15,165	16,343	2,270	32.9	23.0	2.1	48.7	21.9	0.2	4.3	583	28.0	1,141	14.3	51.1	2.8	375	—	2,708	8
Garden Grove Unified	CA	37,969	48,742	48,574	22,465	67.3	12.4	0.9	53.4	32.9	0.2	0.1	2,098	23.1	3,897	12.5	53.8	1.6	176	74.4	2,711	67
Glendale Unified	CA	25,459	30,329	26,744	6,701	43.2	55.1	1.2	21.2	19.3	0.2	2.9	1,257	21.3	2,722	9.8	46.2	2.0	149	81.8	2,079	32
Grossmont Union High	CA	18,647	23,639	24,768	1,886	37.2	49.2	8.2	27.9	5.1	1.1	8.6	1,102	22.5	2,257	11.0	48.8	4.4	792	96.4	4,490	20
Hacienda La Puente Unified	CA	23,267	24,646	21,965	5,363	61.7	5.1	1.5	77.5	14.9	0.2	0.8	1,030	21.3	1,852	11.9	55.6	5.1	277	63.8	1,366	37
Hayward Unified	CA	19,122	24,205	22,098	7,603	60.6	8.4	14.6	54.0	18.8	0.5	3.7	1,136	19.5	1,890	11.7	60.1	6.6	299	68.6	1,185	33
Hemet Unified	CA	12,811	17,451	22,908	3,622	74.2	41.9	7.6	44.5	3.4	1.6	1.0	1,027	22.3	1,992	11.5	51.5	7.6	419	75.0	1,234	28
Hesperia Unified	CA	13,113	15,360	22,345	5,108	57.9	30.2	7.8	55.9	2.2	0.7	3.1	982	22.8	1,977	11.3	49.6	6.4	337	83.0	1,188	30
Huntington Beach Union High	CA	14,039	14,359	16,125	1,632	16.2	45.0	1.3	21.7	24.9	6.8	0.3	632	25.5	1,260	12.8	50.1	1.7	204	—	3,151	9
Irvine Unified	CA	20,735	23,961	26,522	3,463	6.3	38.0	2.2	7.9	44.5	0.5	6.9	1,154	23.0	2,033	13.0	56.8	1.2	82	97.0	1,973	36
Jurupa Unified	CA	15,419	19,839	20,385	7,091	68.4	16.8	3.1	76.6	1.9	0.3	1.3	938	21.7	1,715	11.9	54.7	7.6	357	65.2	1,041	25
Kern Union High	CA	20,183	29,333	37,783	3,760	55.1	30.8	7.6	56.4	3.8	0.9	0.4	1,593	23.7	3,355	11.3	47.5	7.0	1,930	—	6,291	24
Lake Elsinore Unified	CA	11,000	17,178	21,756	3,870	48.6	37.2	5.2	50.4	4.8	0.7	1.7	956	22.7	1,652	13.2	57.9	2.8	137	82.7	1,191	26
Lancaster Elementary	CA	11,248	14,433	15,102	3,039	68.7	18.5	29.7	47.1	3.4	0.5	0.8	691	21.8	1,324	11.4	52.2	†	†	†	†	19
Lodi Unified	CA	23,954	27,339	31,216	8,400	59.9	28.9	8.6	37.4	23.1	0.7	1.3	1,642	19.0	3,029	10.3	54.2	5.2	376	70.9	1,651	55
Long Beach Unified	CA	71,342	93,694	87,509	20,715	69.2	16.1	17.1	51.7	13.7	0.2	1.2	4,017	21.8	8,466	10.3	47.4	6.6	1,426	65.0	4,654	92
Los Angeles Unified	CA	625,073	721,346	687,534	220,703	75.7	8.7	10.6	73.4	6.3	0.3	0.8	35,084	19.6	74,470	9.2	47.1	10.0	16,262	45.2	27,004	860
Lynwood Unified	CA	15,469	18,237	17,034	6,942	97.5	0.2	6.7	92.1	0.5	0.0	0.5	831	20.5	1,496	11.4	55.5	16.3	673	51.6	777	20
Madera Unified	CA	13,728	15,957	19,153	7,431	77.4	12.4	3.0	82.1	1.6	0.5	0.4	870	22.0	1,588	12.1	54.8	10.1	388	67.6	846	26
Manteca Unified	CA	13,356	19,746	23,077	4,010	47.6	28.4	9.5	46.4	13.8	1.3	0.6	1,064	21.7	1,832	12.6	58.1	4.3	231	66.1	1,202	29
Modesto City Elementary	CA	17,405	18,740	15,672	5,700	79.7	23.5	4.6	63.6	6.2	0.9	1.2	811	19.3	1,529	10.2	53.1	†	†	†	†	27
Modesto City High	CA	10,697	14,547	15,395	1,934	46.8	37.2	5.7	44.2	9.2	0.8	3.0	648	23.8	1,366	11.3	47.4	6.2	742	100.0 [4]	2,726	7
Montebello Unified	CA	32,938	34,794	33,099	11,161	85.4	2.0	0.3	94.1	3.3	0.1	0.1	1,472	22.5	2,770	11.9	53.1	4.3	341	63.7	1,714	29
Moreno Valley Unified	CA	29,064	32,730	36,092	10,166	74.3	12.4	19.2	61.5	4.9	0.5	1.5	1,671	21.6	2,876	12.6	58.1	10.0	888	61.6	1,822	38
Mount Diablo Unified	CA	32,840	36,648	34,953	6,615	35.9	47.3	5.3	32.0	13.0	0.6	1.8	1,707	20.5	2,906	12.0	58.8	7.8	677	76.5	2,157	55
Murrieta Valley Unified	CA	3,990	12,065	21,372	912	19.8	49.2	5.9	22.8	9.9	0.4	11.8	916	23.3	1,703	12.5	53.8	3.1	163	87.8	1,238	18
Napa Valley Unified	CA	13,705	16,392	17,771	3,862	39.7	35.6	2.1	44.2	7.3	0.8	9.9	909	19.5	1,592	11.2	57.1	4.7	198	74.9	1,018	37
Newport-Mesa Unified	CA	16,434	21,658	21,507	5,693	46.6	50.2	1.4	41.9	6.1	0.3	0.1	972	22.1	2,113	10.2	46.0	2.5	126	79.1	1,366	32
Norwalk-La Mirada Unified	CA	19,179	23,610	21,512	4,845	54.0	12.3	3.4	76.2	7.6	0.3	0.2	941	22.9	1,867	11.5	50.4	4.9	262	72.5	1,399	27
Oakland Unified	CA	52,095	54,863	46,516	14,257	68.4	6.5	34.8	37.3	15.3	0.4	5.8	2,686	17.3	4,551	10.2	59.0	13.1	1,384	55.5	2,111	142
Oceanside Unified	CA	17,034	22,354	21,517	5,136	55.2	28.5	7.9	53.4	8.2	0.7	1.4	1,016	21.2	1,825	11.8	55.7	6.4	292	66.6	1,035	26
Ontario-Montclair Elementary	CA	21,033	26,407	22,931	11,237	84.7	5.8	3.4	86.7	3.2	0.3	0.6	1,067	21.5	1,964	11.7	54.3	†	†	†	†	33
Orange Unified	CA	25,224	31,097	30,170	7,255	36.0	35.6	1.4	46.2	12.1	0.5	4.2	1,321	22.8	2,898	10.4	45.6	2.0	145	79.5	1,942	44
Oxnard Elementary	CA	12,212	16,249	15,400	7,707	78.9	5.2	1.8	86.2	3.1	0.2	3.3	705	21.8	1,306	11.8	54.0	†	†	†	†	21
Oxnard Union High	CA	11,512	14,552	16,885	3,761	44.6	17.9	2.9	69.9	7.1	0.5	1.7	701	24.1	1,599	10.6	43.8	5.8	724	—	2,732	9
Pajaro Valley Unified	CA	16,355	19,864	19,477	8,751	67.2	18.6	0.6	78.5	2.0	0.2	0.2	813	24.0	1,833	10.6	44.3	7.3	320	64.8	932	33
Palm Springs Unified	CA	14,427	20,847	24,347	7,390	73.1	18.4	5.6	71.5	3.8	0.6	0.1	1,117	21.8	1,907	12.8	58.6	7.6	428	61.2	1,144	25

See notes at end of table.

Table 94. Selected statistics on enrollment, teachers, dropouts, and graduates in public school districts enrolling more than 15,000 students: 1990, 2000, 2006–07, and 2008—Continued

							Percentage distribution of enrollment, by race, fall 2008						Teachers and staff, fall 2008					Dropouts and graduates, 2006–07				
Name of district	State	Enrollment, fall 1990	Enrollment, fall 2000	Enrollment, fall 2008	Number of English language learners, 2008	Percent eligible for free or reduced-price lunch, 2008	White	Black	Hispanic	Asian/ Pacific Islander	American Indian/ Alaska Native	Two or more races	Number of classroom teachers	Pupil/ teacher ratio	Total number of staff	Student/ staff ratio	Teachers as a percentage of total staff	Percent dropping out of grades 9–12	Number of dropouts from grades 9–12	Averaged freshman graduation rate (AFGR)[1]	Number of high school graduates[2]	Number of schools, fall 2008
1	2	3	4	5	6	7	8	9	10	11	12	13	14	15	16	17	18	19	20	21	22	23
Palmdale Elementary	CA	13,199	20,853	21,498	6,558	72.9	10.9	16.6	64.8	2.7	0.4	4.5	939	22.9	1,740	12.4	54.0	†	†	†	†	28
Panama-Buena Vista Union	CA	10,066	12,843	16,385	2,287	51.7	31.4	11.2	47.9	8.3	0.7	0.5	820	20.0	1,540	10.6	53.3	—	—	—	—	22
Paramount Unified	CA	12,855	16,862	15,913	6,535	88.7	2.2	10.1	84.4	2.6	0.4	0.3	735	21.7	1,343	11.8	54.7	9.7	344	50.5	645	19
Pasadena Unified	CA	21,802	23,559	20,526	4,319	52.7	16.4	21.2	56.2	4.9	0.2	1.1	1,035	19.8	2,171	9.5	47.7	5.4	258	—	—	34
Placentia-Yorba Linda Unified	CA	21,438	26,046	26,094	3,606	29.7	50.0	1.8	33.8	11.6	0.2	2.7	1,099	23.7	2,097	12.4	52.4	1.5	99	83.9	1,850	33
Pomona Unified	CA	26,918	34,479	30,032	12,278	77.2	5.8	6.3	81.7	6.0	0.1	0.3	1,368	22.0	2,552	11.8	53.6	7.2	510	52.8	1,441	45
Poway Unified	CA	24,662	32,532	33,305	3,890	11.1	55.3	3.0	11.1	24.6	0.4	5.6	1,469	22.7	2,895	11.5	50.8	1.2	100	89.1	2,449	36
Redlands Unified	CA	16,002	19,411	21,427	2,179	50.7	36.5	7.0	36.6	11.3	0.6	7.9	963	22.2	1,350	15.9	71.4	4.5	259	86.3	1,493	23
Rialto Unified	CA	19,794	28,060	27,452	8,486	75.8	5.8	17.0	73.3	2.2	0.3	1.5	1,199	22.9	2,293	12.0	52.3	7.8	534	55.6	1,384	29
Riverside Unified	CA	31,326	38,124	43,336	8,095	57.8	30.4	9.2	53.6	5.2	0.6	1.1	1,916	22.6	3,776	11.5	50.7	4.1	456	73.8	2,703	48
Rowland Unified	CA	19,143	18,972	16,485	5,617	58.5	3.7	2.3	60.8	29.5	0.1	3.6	797	20.7	1,613	10.2	49.4	1.5	59	66.6	889	23
Sacramento City Unified	CA	49,557	52,734	48,155	12,362	65.9	21.1	20.9	33.0	23.1	1.2	0.7	2,316	20.8	4,147	11.6	55.9	7.8	861	52.8	2,236	90
Saddleback Valley Unified	CA	25,130	35,199	32,936	4,090	15.8	59.6	2.0	24.9	10.8	0.3	2.4	1,377	23.9	2,473	13.3	55.7	1.6	135	85.9	2,389	37
San Bernardino City Unified	CA	40,589	52,031	54,727	18,131	84.8	10.5	15.6	69.0	2.7	0.7	1.4	2,639	20.7	4,748	11.5	55.6	9.9	1,334	44.4	2,094	73
San Diego Unified	CA	121,107	141,804	132,256	38,743	63.5	25.2	13.2	44.5	16.6	0.5	0.0	6,855	19.3	13,278	10.0	51.6	5.8	1,762	60.7	6,335	218
San Francisco Unified	CA	61,688	59,979	55,183	16,851	56.3	10.8	12.3	23.1	48.4	0.6	4.8	3,168	17.4	4,931	11.2	64.3	6.1	974	69.7	3,403	113
San Jose Unified	CA	29,630	33,015	31,918	8,495	47.6	26.7	3.4	51.7	15.5	0.8	1.9	1,548	20.6	2,594	12.3	59.7	3.6	274	74.0	1,824	52
San Juan Unified	CA	47,690	50,266	47,230	4,492	37.1	65.7	7.7	17.1	7.0	1.9	0.6	2,248	21.0	4,679	10.1	48.0	10.5	1,408	86.0	3,748	77
San Marcos Unified	CA	9,108	12,804	17,852	4,158	41.6	39.3	3.1	47.3	8.5	0.5	1.2	774	23.1	1,480	12.1	52.2	3.7	125	85.7	841	19
San Ramon Valley Unified	CA	16,119	20,742	26,975	1,231	1.8	59.2	2.1	4.8	25.2	0.2	8.5	1,267	21.3	2,272	11.9	55.8	0.8	48	97.2	1,760	34
Santa Ana Unified	CA	45,964	60,643	57,439	32,202	81.4	3.1	0.6	92.4	3.1	0.1	0.7	2,579	22.3	4,189	13.7	61.6	2.4	292	49.3	2,243	60
Simi Valley Unified	CA	18,262	21,181	20,855	2,091	24.7	61.8	1.5	24.2	8.7	0.7	3.1	913	22.8	2,172	9.6	42.0	3.9	212	76.2	1,357	29
Stockton Unified	CA	32,687	37,573	37,831	10,598	79.0	9.0	12.6	57.2	16.9	4.2	0.2	1,866	20.3	3,698	10.2	50.5	18.7	1,539	46.0	1,310	58
Sweetwater Union High	CA	27,894	35,330	42,804	11,143	47.4	10.0	4.3	73.0	12.0	0.4	0.2	1,857	23.1	3,780	11.3	49.1	3.9	867	78.3	5,493	31
Temecula Valley Unified	CA	7,596	18,980	29,492	2,131	13.0	50.0	4.4	20.3	10.2	1.0	14.1	1,363	21.6	2,451	12.0	55.6	2.8	183	86.4	1,631	31
Torrance Unified	CA	19,645	24,118	24,758	3,454	18.5	32.6	3.4	18.0	36.1	0.6	9.3	1,057	23.4	2,087	11.9	50.6	0.8	58	95.8	2,061	31
Tracy Joint Unified	CA	7,626	13,816	17,342	4,179	36.2	29.1	8.1	40.6	16.9	0.6	4.8	836	20.8	1,498	11.6	55.8	5.3	252	78.0	1,065	24
Tustin Unified	CA	10,831	16,963	21,682	5,321	35.8	33.5	2.2	42.4	17.8	0.3	3.8	907	23.9	1,669	13.0	54.4	1.4	65	80.0	1,118	28
Twin Rivers Unified	CA	—	—	30,927	8,792	73.9	33.0	15.4	31.1	12.2	0.9	7.4	1,493	20.7	3,243	9.5	46.0	—	—	—	—	59
Val Verde Unified	CA	—	11,242	19,183	4,786	67.4	7.1	16.4	69.1	4.0	0.1	3.2	834	23.0	1,483	12.9	56.3	8.0	327	65.3	734	22
Vallejo City Unified	CA	19,049	20,270	16,672	2,836	54.9	10.8	31.7	28.5	23.7	0.6	4.6	823	20.3	1,614	10.3	51.0	13.5	632	50.4	878	29
Ventura Unified	CA	15,383	17,527	17,371	2,563	40.1	45.1	1.8	40.5	3.6	1.1	7.8	811	21.4	1,565	11.1	51.8	2.2	97	75.0	1,100	31
Visalia Unified	CA	21,309	23,989	27,024	5,056	57.9	30.9	2.9	57.8	6.2	2.1	0.1	1,177	23.0	2,305	11.7	51.0	5.0	315	75.5	1,499	37
Vista Unified	CA	18,489	27,651	26,726	7,414	51.1	29.3	5.4	53.1	5.4	0.5	6.3	1,277	20.9	2,275	11.7	56.1	22.9	1,818	92.3	1,840	34
West Contra Costa Unified	CA	31,292	34,499	30,769	10,037	64.7	10.6	22.5	46.3	15.6	0.2	4.9	1,561	19.7	2,708	11.4	57.6	11.7	895	60.2	1,584	65
William S. Hart Union High	CA	10,278	17,001	25,629	1,969	11.8	52.4	5.3	29.3	11.3	0.4	1.4	1,046	24.5	1,858	13.8	56.3	4.6	600	94.9	3,488	20
Academy School District No. 20	CO	10,986	17,628	21,917	222	9.4	81.6	4.0	8.2	5.4	0.8	—	1,336	16.4	2,642	8.3	50.6	1.9	97	90.5	1,417	30
Adams 12 Five Star Schools	CO	20,838	30,079	40,818	4,512	29.3	60.2	2.7	30.9	5.4	0.9	—	2,048	19.9	4,200	9.7	48.8	12.7	1,043	77.4	1,971	51
Aurora Joint District No. 28	CO	25,897	30,453	35,523	12,525	59.6	24.1	20.1	50.6	4.3	0.8	—	1,864	19.1	4,162	8.5	44.8	19.4	1,401	54.1	1,347	53
Boulder Valley No. RE 2	CO	21,502	27,508	28,875	2,398	17.0	76.3	1.6	14.7	6.8	0.6	—	1,744	16.6	3,877	7.4	45.0	3.7	263	85.9	2,041	54
Cherry Creek	CO	29,210	42,320	51,199	3,324	22.2	63.3	14.4	13.4	8.3	0.6	—	2,950	17.4	6,295	8.1	46.9	4.9	572	91.1	3,259	57
Colorado Springs	CO	30,009	32,699	29,323	2,251	48.0	62.1	11.0	22.3	2.9	1.7	—	1,836	16.0	4,059	7.2	45.2	10.3	758	81.2	2,007	65
Denver	CO	59,013	70,847	74,189	20,379	65.9	22.8	17.2	55.5	3.4	1.1	—	4,356	17.0	9,226	8.0	47.2	20.5	3,055	54.2	2,814	143
Douglas County	CO	13,125	34,918	58,723	1,606	8.0	82.5	3.0	9.4	4.5	0.6	—	3,133	18.7	6,757	8.7	46.4	1.5	157	88.0	2,769	79
Greeley	CO	11,657	15,998	18,920	3,849	52.7	43.3	1.4	53.6	1.1	0.6	—	1,058	17.9	2,115	8.9	50.0	6.0	234	62.0	833	31
Jefferson County	CO	76,275	87,703	85,946	4,937	24.4	73.7	2.0	19.2	3.8	1.2	—	4,959	17.3	10,778	8.0	46.0	7.8	1,665	78.0	5,580	162
Littleton	CO	15,524	16,516	15,869	647	16.3	82.4	2.2	11.5	3.3	0.6	—	917	17.3	1,893	8.4	48.4	2.6	111	91.5	1,328	25
Mesa County Valley	CO	17,024	19,688	22,171	933	37.7	76.8	1.6	19.1	1.3	1.3	—	1,270	17.5	2,702	8.2	47.0	10.1	499	75.6	1,236	43
Poudre R-1	CO	18,589	24,052	25,960	1,675	24.8	77.5	1.9	16.0	3.5	1.1	—	1,531	17.0	3,310	7.8	46.3	5.0	309	89.5	1,823	51
Pueblo	CO	18,364	17,636	18,524	677	66.8	33.5	2.8	61.8	0.8	1.1	—	1,119	16.6	2,341	7.9	47.8	10.3	429	70.0	943	39
Saint Vrain Valley	CO	15,070	19,620	25,751	2,867	28.4	67.2	1.3	27.0	3.7	0.9	—	1,359	19.0	2,758	9.3	49.3	6.7	363	81.3	1,361	47
Thompson	CO	12,019	14,766	15,332	456	28.6	81.3	1.2	15.1	1.6	0.8	—	898	17.1	1,943	7.9	46.2	5.7	227	86.3	1,100	31

See notes at end of table.

Table 94. Selected statistics on enrollment, teachers, dropouts, and graduates in public school districts enrolling more than 15,000 students: 1990, 2000, 2006–07, and 2008—Continued

Name of district	State	Enrollment, fall 1990	Enrollment, fall 2000	Enrollment, fall 2008	Number of English language learners, 2008	Percent eligible for free or reduced-price lunch, 2008	Percentage distribution of enrollment, by race, fall 2008: White	Black	Hispanic	Asian/ Pacific Islander	American Indian/ Alaska Native	Two or more races	Teachers and staff, fall 2008: Number of classroom teachers	Pupil/ teacher ratio	Total number of staff	Student/ staff ratio	Teachers as a percentage of total staff	Dropouts and graduates, 2006–07: Percent dropping out of grades 9–12	Number of dropouts from grades 9–12	Averaged freshman graduation rate (AFGR)[1]	Number of high school graduates[2]	Number of schools, fall 2008
1	2	3	4	5	6	7	8	9	10	11	12	13	14	15	16	17	18	19	20	21	22	23
Bridgeport	CT	19,687	22,432	20,451	2,742	97.9	8.8	41.0	47.3	2.8	0.2	—	1,617	12.6	3,007	6.8	53.8	12.0	537	61.3	1,063	37
Hartford	CT	25,418	22,543	21,598	3,103	91.8	6.7	39.2	52.3	1.6	0.2	—	1,915	11.3	3,347	6.5	57.2	4.2	193	45.4	733	44
New Haven	CT	17,881	19,549	19,736	2,438	72.8	12.5	48.8	36.9	1.6	0.2	—	1,753	11.3	3,350	5.9	52.3	9.4	410	63.9	963	48
Waterbury	CT	13,323	16,282	18,319	2,097	74.7	25.8	28.0	44.0	1.9	0.3	—	1,494	12.3	2,865	6.4	52.1	2.3	77	59.3	780	31
Christina	DE	17,872	19,882	17,200	1,389	52.4	37.3	43.0	14.6	4.8	0.2	—	1,178	14.6	2,313	7.4	50.9	13.3	512	62.4	916	30
Red Clay Consolidated	DE	14,551	15,827	15,709	1,834	43.5	48.4	25.3	21.8	4.3	0.1	—	956	16.4	1,636	9.6	58.4	7.6	236	58.3	740	28
District of Columbia	DC	80,694	68,925	44,331	4,370	70.2	7.8	77.8	12.2	2.1	0.1	—	3,552	12.5	8,494	5.2	41.8	10.3	1,256	57.3	2,489	139
Alachua	FL	26,387	29,712	27,546	459	46.0	51.4	37.6	6.3	4.4	0.2	—	2,105	13.1	4,391	6.3	47.9	10.4	746	69.8	1,788	64
Bay	FL	21,875	25,755	25,958	354	47.9	77.5	15.7	4.1	2.2	0.5	—	2,012	12.9	3,518	7.4	57.2	3.7	224	69.4	1,583	47
Brevard	FL	56,639	70,597	73,098	1,778	34.4	73.2	15.4	8.9	2.2	0.3	—	5,290	13.8	9,296	7.9	56.9	1.3	229	74.7	4,761	121
Broward	FL	161,100	251,129	256,351	25,540	47.8	30.3	39.1	26.9	3.5	0.2	—	18,729	13.7	31,048	8.3	60.3	4.8	2,965	60.9	14,201	303
Charlotte	FL	13,030	17,170	17,370	194	50.4	80.1	9.8	8.2	1.6	0.3	—	1,279	13.6	2,586	6.7	49.5	2.3	107	86.1	1,310	22
Citrus	FL	11,697	15,199	16,030	151	47.6	87.9	4.7	5.2	1.7	0.4	—	1,263	12.7	2,485	6.5	50.8	5.1	207	66.8	878	24
Clay	FL	21,933	28,115	35,949	465	29.5	76.6	13.3	7.0	2.9	0.2	—	2,772	13.0	5,001	7.2	55.4	3.4	280	82.5	2,146	40
Collier	FL	20,878	34,203	42,534	6,293	51.2	43.2	12.1	43.3	1.2	0.3	—	3,055	13.9	5,733	7.4	53.3	4.0	410	73.1	2,409	68
Dade	FL	292,000	368,625	345,525	52,434	63.4	9.2	26.0	63.4	1.2	0.1	—	22,384	15.4	38,954	8.9	57.5	8.2	7,026	56.4	18,030	496
Duval	FL	111,100	125,846	122,606	3,497	45.7	42.1	46.1	7.3	4.3	0.2	—	7,973	15.4	12,812	9.6	62.2	8.0	2,190	60.2	5,999	175
Escambia	FL	43,091	45,012	40,924	357	58.8	55.0	38.1	3.3	2.9	0.7	—	3,550	11.5	6,192	6.6	57.3	5.6	569	59.0	2,121	76
Hernando	FL	12,861	17,215	22,728	670	50.6	77.0	7.4	13.7	1.4	0.5	—	1,735	13.1	3,205	7.1	54.1	4.5	242	68.7	1,218	27
Hillsborough	FL	123,900	164,311	192,007	22,009	51.5	43.8	23.1	29.5	3.3	0.3	—	13,986	13.7	25,893	7.4	54.0	2.5	1,007	70.4	9,858	285
Indian River	FL	11,838	14,979	17,606	995	45.7	64.4	16.3	17.7	1.3	0.2	—	1,210	14.6	2,196	8.0	55.1	2.3	97	72.6	980	28
Lake	FL	21,065	29,293	40,960	2,086	44.9	63.9	15.9	17.3	2.3	0.6	—	2,885	14.2	5,814	7.0	49.6	6.6	591	76.4	2,127	56
Lee	FL	43,240	58,401	79,434	6,700	52.2	53.0	15.4	29.4	1.7	0.4	—	5,034	15.8	9,469	8.4	53.2	3.9	671	70.4	3,801	117
Leon	FL	27,241	32,050	32,521	473	39.6	50.3	42.8	3.5	3.1	0.2	—	2,435	13.4	4,785	6.8	50.9	5.6	398	72.2	1,762	59
Manatee	FL	26,326	36,569	42,580	4,128	46.8	57.9	15.8	24.5	1.8	0.1	—	2,646	16.1	5,503	7.7	48.1	2.1	194	70.6	2,297	78
Marion	FL	29,577	38,562	42,625	1,948	55.0	61.7	20.6	15.5	1.7	0.6	—	3,006	14.2	6,363	6.7	47.2	5.0	512	64.3	2,361	61
Martin	FL	11,808	16,308	18,067	2,158	33.6	70.2	8.4	19.9	1.4	0.1	—	1,210	14.9	2,249	8.0	53.8	0.9	40	74.0	1,117	36
Okaloosa	FL	26,140	30,344	29,126	613	32.2	77.8	13.1	5.8	2.8	0.5	—	1,924	15.1	2,952	9.9	65.2	2.9	221	81.4	2,112	52
Orange	FL	103,000	150,681	172,257	33,758	48.6	34.7	28.2	32.2	4.5	0.4	—	10,975	15.7	21,875	7.9	50.2	2.7	1,037	64.0	9,178	236
Osceola	FL	19,570	34,566	51,941	9,897	65.2	31.9	11.3	53.8	2.7	0.3	—	3,117	16.7	6,672	7.8	46.7	6.7	810	72.6	2,700	60
Palm Beach	FL	106,000	153,871	170,757	17,487	44.1	41.1	30.3	25.4	2.8	0.4	—	13,213	12.9	22,117	7.7	59.7	6.1	2,528	67.1	9,472	247
Pasco	FL	33,891	49,704	66,784	2,670	45.9	76.7	6.0	14.6	2.4	0.3	—	5,082	13.1	9,709	6.9	52.3	5.3	795	64.2	3,123	102
Pinellas	FL	94,364	113,027	106,061	3,799	43.6	65.3	20.1	10.2	4.1	0.3	—	7,878	13.5	14,692	7.2	53.6	5.0	1,409	56.1	6,134	173
Polk	FL	65,218	79,477	94,657	8,461	57.7	52.2	22.8	23.3	1.5	0.3	—	7,548	12.5	13,993	6.8	53.9	6.7	1,372	64.3	4,243	156
Saint Johns	FL	12,080	20,090	29,018	203	19.2	83.9	8.6	4.7	2.6	0.2	—	1,738	16.7	3,322	8.7	52.3	2.7	171	76.3	1,560	44
Saint Lucie	FL	22,224	29,540	38,839	2,873	57.7	43.2	31.2	23.5	1.8	0.3	—	2,826	13.7	5,325	7.3	53.1	3.5	294	61.9	1,710	50
Santa Rosa	FL	15,741	22,633	25,397	126	35.1	88.9	5.5	3.2	1.8	0.6	—	1,770	14.4	2,708	9.4	65.4	2.9	172	81.2	1,609	38
Sarasota	FL	27,888	35,533	41,070	2,247	40.9	74.6	10.1	13.0	2.1	0.2	—	2,683	15.3	5,408	7.6	49.6	4.0	401	77.6	2,608	61
Seminole	FL	49,027	60,869	64,927	2,480	34.4	62.0	14.2	19.4	4.1	0.2	—	4,519	14.4	7,695	8.4	58.7	1.5	244	72.5	4,031	73
Volusia	FL	48,403	61,517	63,018	2,913	46.7	66.2	15.2	16.6	1.7	0.2	—	4,445	14.2	8,537	7.4	52.1	2.0	313	64.6	3,624	96
Atlanta	GA	60,795	58,230	49,032	1,343	76.3	10.4	83.9	4.8	0.8	0.1	—	3,764	13.0	6,968	7.0	54.0	7.6	768	48.5	1,863	107
Bibb County	GA	24,413	24,739	24,968	313	74.8	22.1	74.1	2.1	1.6	0.1	—	1,645	15.2	3,769	6.6	43.7	11.0	581	46.8	895	46
Chatham County	GA	34,100	35,344	33,994	617	62.0	26.2	66.8	4.7	2.2	0.2	—	2,715	12.5	5,001	6.8	54.3	9.0	666	49.6	1,327	58
Cherokee County	GA	16,086	26,043	37,275	1,232	24.4	79.7	7.0	11.4	1.7	0.2	—	2,604	14.3	4,902	7.6	53.1	6.8	519	68.8	1,697	40
Clayton County	GA	34,754	46,930	49,508	3,584	76.8	4.7	75.3	15.4	4.6	0.1	—	3,723	13.3	7,983	6.2	46.6	1.3	152	48.7	2,025	65
Cobb County	GA	69,441	95,781	106,747	8,348	37.9	48.1	31.6	15.3	4.8	0.2	—	8,215	13.0	14,654	7.3	56.1	3.0	746	76.4	6,298	118
Columbia County	GA	14,096	18,756	22,767	246	26.7	75.0	17.4	3.8	3.6	0.2	—	1,492	15.3	3,132	7.3	47.6	5.1	268	80.0	1,330	30
Coweta County	GA	10,430	16,766	22,151	492	37.1	70.1	22.4	5.8	1.4	0.4	—	1,510	14.7	3,229	6.9	46.8	5.7	271	71.7	1,057	30
DeKalb County	GA	74,404	95,958	99,775	7,436	66.1	10.8	75.4	9.7	4.0	0.1	—	6,902	14.5	14,374	6.9	48.0	2.7	611	59.5	4,730	146
Dougherty County	GA	18,877	16,799	16,222	120	79.1	9.9	88.2	1.4	0.5	#	—	1,115	14.6	2,509	6.5	44.4	6.7	222	51.0	645	30
Douglas County	GA	14,002	17,489	24,800	860	52.1	38.9	50.3	9.2	1.5	0.1	—	1,777	14.0	3,467	7.2	51.3	4.9	274	73.5	1,163	35

See notes at end of table.

Table 94. Selected statistics on enrollment, teachers, dropouts, and graduates in public school districts enrolling more than 15,000 students: 1990, 2000, 2006–07, and 2008—Continued

							Percentage distribution of enrollment, by race, fall 2008						Teachers and staff, fall 2008					Dropouts and graduates, 2006–07				
Name of district	State	Enrollment, fall 1990	Enrollment, fall 2000	Enrollment, fall 2008	Number of English language learners, 2008	Percent eligible for free or reduced-price lunch, 2008	White	Black	Hispanic	Asian/ Pacific Islander	American Indian/ Alaska Native	Two or more races	Number of classroom teachers	Pupil/ teacher ratio	Total number of staff	Student/ staff ratio	Teachers as a percentage of total staff	Percent dropping out of grades 9–12	Number of dropouts from grades 9–12	Averaged freshman graduation rate (AFGR)[1]	Number of high school graduates[2]	Number of schools, fall 2008
1	2	3	4	5	6	7	8	9	10	11	12	13	14	15	16	17	18	19	20	21	22	23
Fayette County	GA	13,105	19,590	22,118	474	17.4	64.2	24.6	6.4	4.6	0.2	—	1,573	14.1	3,251	6.8	48.4	2.1	126	87.3	1,718	31
Forsyth County	GA	7,742	17,131	32,374	1,496	15.9	82.9	2.3	9.4	5.3	0.2	—	2,215	14.6	4,140	7.8	53.5	3.4	185	82.0	1,331	30
Fulton County	GA	41,935	68,583	88,299	4,561	39.4	36.4	44.0	10.8	8.8	0.1	—	6,530	13.5	12,418	7.1	52.6	3.7	686	76.4	4,328	98
Gwinnett County	GA	64,980	110,075	157,219	20,521	45.7	36.4	29.1	23.3	11.0	0.1	—	10,978	14.3	20,043	7.8	54.8	4.4	1,521	72.3	7,441	115
Hall County	GA	13,833	20,330	25,629	4,477	53.5	57.4	5.2	35.3	1.7	0.3	—	1,882	13.6	3,426	7.5	54.9	9.5	549	60.0	1,068	36
Henry County	GA	10,929	23,601	39,956	938	40.9	45.4	45.8	5.8	2.4	0.5	—	2,675	14.9	5,031	7.9	53.2	7.7	670	74.7	1,844	47
Houston County	GA	16,249	21,529	26,285	717	48.5	55.6	36.6	5.2	2.3	0.2	—	1,911	13.8	3,903	6.7	49.0	5.4	309	72.7	1,373	38
Muscogee County	GA	30,125	32,916	32,585	509	59.7	31.8	61.8	4.2	2.0	0.2	—	2,363	13.8	5,396	6.0	43.8	6.1	459	61.1	1,636	64
Newton County	GA	8,054	11,734	19,315	437	56.2	41.8	52.4	4.8	0.9	0.1	—	1,330	14.5	2,738	7.1	48.6	4.0	159	58.9	676	25
Paulding County	GA	7,604	16,587	27,908	398	32.3	72.4	21.7	5.0	0.8	0.2	—	1,975	14.1	3,662	7.6	53.9	7.1	395	63.5	1,100	32
Richmond County	GA	33,660	35,424	32,716	162	70.2	21.5	74.8	2.5	1.1	0.1	—	2,345	13.9	4,747	6.9	49.4	9.2	709	53.5	1,489	61
Rockdale County	GA	10,942	13,519	15,705	575	54.6	28.7	59.1	10.3	1.7	0.1	—	1,179	13.3	2,273	6.9	51.9	3.0	122	64.0	811	21
Hawaii Department of Education	HI	159,285	184,360	179,478	18,564	41.7	19.5	2.3	4.6	72.9	0.6	—	11,294	15.9	21,604	8.3	52.3	7.0	2,938	75.4	11,063	290
Boise Independent	ID	23,394	26,598	25,543	2,096	33.9	82.9	3.2	8.8	4.6	0.5	—	1,499	17.0	2,662	9.6	56.3	3.8	234	82.1	1,660	53
Meridian Joint	ID	14,802	23,854	34,441	1,180	23.1	88.7	1.7	6.1	2.9	0.7	—	1,746	19.7	3,129	11.0	55.8	2.4	172	84.7	1,794	53
Nampa	ID	7,878	11,403	15,375	1,895	52.6	67.3	0.9	28.4	1.4	2.0	—	773	19.9	1,349	11.4	57.3	4.4	133	61.6	580	30
Carpentersville (CUSD 300)	IL	11,196	16,711	19,985	3,528	30.5	60.7	5.2	28.3	5.7	0.2	—	1,176	17.0	1,426	14.0	82.5	3.3	137	88.0	1,158	27
City of Chicago	IL	408,830	435,261	421,430	72,722	83.4	8.9	46.6	40.8	3.5	0.2	—	21,512	19.6	25,485	16.5	84.4	12.8	11,514	57.2	18,263	630
Elgin (SD U-46)	IL	27,726	36,767	41,162	10,777	46.7	39.1	7.2	45.3	8.2	0.2	—	2,353	17.5	2,743	15.0	85.8	5.8	507	81.4	2,312	58
Indian Prairie (CUSD 204)	IL	7,670	23,173	29,572	1,601	—	64.3	9.8	7.4	18.4	0.1	—	1,855	15.9	2,217	13.3	83.6	0.8	48	100.0 [4]	1,833	31
Naperville (CUSD 203)	IL	16,212	18,762	18,170	799	8.2	75.0	4.8	5.0	15.2	0.1	—	1,077	16.9	1,378	13.2	78.1	0.4	17	95.2	1,480	21
Oswego (CUSD 308)	IL	4,108	6,846	15,483	783	16.6	67.5	8.3	18.1	6.0	0.2	—	808	19.2	947	16.4	85.4	3.0	76	99.4	680	20
Plainfield (SD 202)	IL	3,324	11,986	28,796	2,713	11.8	64.8	9.3	20.4	5.4	0.1	—	1,753	16.4	2,111	13.6	83.0	1.0	52	94.9	1,210	30
Rockford (SD 205)	IL	27,255	27,399	28,471	3,177	74.8	40.2	32.2	24.1	3.4	0.1	—	1,846	15.4	2,184	13.0	84.5	7.9	527	63.3	1,386	52
Valley View (CUSD 365)	IL	11,781	13,558	18,145	2,208	47.0	33.6	24.7	35.2	6.4	0.1	—	1,114	16.3	1,348	13.5	82.6	1.7	73	75.4	997	20
Waukegan (CUSD 60)	IL	12,116	15,510	17,049	6,773	63.8	6.4	18.2	73.8	1.6	0.1	—	1,065	16.0	1,272	13.4	83.7	7.4	249	65.7	782	24
Carmel Clay Schools	IN	8,449	12,073	15,319	352	6.7	84.2	3.1	2.1	10.4	0.1	—	846	18.1	2,347	6.5	36.0	0.9	28	91.4	918	17
Evansville-Vanderburgh School Corp.	IN	22,918	22,875	22,274	285	53.0	81.1	15.4	1.9	1.2	0.3	—	1,477	15.1	2,907	7.7	50.8	3.5	181	75.1	1,314	42
Fort Wayne	IN	31,611	31,843	31,419	2,064	62.5	56.0	27.2	12.9	3.3	0.5	—	1,930	16.3	3,899	8.1	49.5	2.4	174	70.3	1,772	54
Hamilton Southeastern	IN	3,113	8,777	17,140	532	11.0	84.5	7.0	3.1	5.2	0.2	—	877	19.5	1,971	8.7	44.5	0.8	23	91.5	676	19
Indianapolis	IN	48,140	41,008	34,050	3,695	82.6	24.2	59.6	15.7	0.3	0.2	—	2,436	14.0	5,379	6.3	45.3	17.0	1,264	36.4	1,189	71
MSD Lawrence Township	IN	11,066	15,692	16,119	1,289	44.2	46.4	41.3	10.4	1.7	0.1	—	906	17.8	2,423	6.7	37.4	3.5	135	74.8	999	18
MSD Wayne Township	IN	12,229	13,263	15,384	1,702	61.7	50.8	32.6	15.0	1.4	0.2	—	921	16.7	1,933	8.0	47.6	6.6	229	66.1	774	17
South Bend	IN	21,425	21,536	21,434	2,452	68.8	43.3	38.1	16.8	1.3	0.5	—	1,319	16.3	3,251	6.6	40.6	8.2	406	63.7	1,099	38
Vigo County	IN	16,982	16,545	15,971	159	48.9	91.5	6.1	0.8	1.4	0.1	—	1,015	15.7	1,993	8.0	50.9	2.2	83	70.2	886	29
Cedar Rapids	IA	17,003	17,780	16,875	276	39.3	79.0	14.8	3.2	2.5	0.5	—	1,069	15.8	2,396	7.0	44.6	5.1	220	88.0	1,183	33
Davenport	IA	17,846	16,874	16,583	432	53.7	65.2	22.0	9.3	2.8	0.8	—	1,137	14.6	2,129	7.8	53.4	7.2	299	77.8	1,040	35
Des Moines Independent	IA	30,888	32,435	31,613	4,354	55.7	57.8	19.1	17.2	5.4	0.5	—	2,223	14.2	4,574	6.9	48.6	7.6	503	66.9	1,672	59
Blue Valley	KS	9,433	17,111	20,969	320	5.2	84.5	3.7	2.5	8.9	0.4	—	1,378	15.2	2,102	10.0	65.6	0.6	28	98.7	1,390	32
Kansas City	KS	22,118	21,173	20,317	5,278	82.5	16.0	42.2	38.0	3.5	0.4	—	1,416	14.3	2,051	9.9	69.1	4.9	221	56.6	933	46
Olathe	KS	14,870	20,703	26,662	1,187	20.6	79.5	6.0	9.7	4.5	0.3	—	1,925	13.8	3,070	8.7	62.7	1.5	83	92.9	1,538	49
Shawnee Mission	KS	30,619	30,765	27,442	1,662	27.1	76.0	8.6	11.4	3.1	0.9	—	1,958	14.0	2,868	9.6	68.3	1.5	106	84.1	2,129	48
Wichita	KS	47,222	48,228	47,260	6,470	70.3	42.5	21.8	26.8	6.1	2.8	—	2,964	15.9	4,669	10.1	63.5	7.8	781	64.5	2,398	92
Boone County	KY	9,911	13,445	18,560	770	27.8	90.8	3.0	3.5	2.5	0.2	—	1,152	16.1	2,453	7.6	47.0	2.6	99	84.6	1,033	22
Fayette County	KY	32,083	33,130	36,110	2,511	44.8	61.8	24.9	9.4	3.7	0.2	—	2,648	13.6	5,270	6.9	50.3	4.1	311	75.1	1,976	68
Jefferson County	KY	91,450	96,860	98,774	4,959	56.1	54.4	37.7	5.2	2.7	0.1	—	6,144	16.1	14,144	7.0	43.4	7.8	1,754	67.3	5,032	174

See notes at end of table.

Table 94. Selected statistics on enrollment, teachers, dropouts, and graduates in public school districts enrolling more than 15,000 students: 1990, 2000, 2006–07, and 2008—Continued

Name of district	State	Enrollment, fall 1990	Enrollment, fall 2000	Enrollment, fall 2008	Number of English language learners, 2008	Percent eligible for free or reduced-price lunch, 2008	Percentage distribution of enrollment, by race, fall 2008: White	Black	Hispanic	Asian/ Pacific Islander	American Indian/ Alaska Native	Two or more races	Teachers and staff, fall 2008: Number of classroom teachers	Pupil/ teacher ratio	Total number of staff	Student/ staff ratio	Teachers as a percentage of total staff	Dropouts and graduates, 2006–07: Percent dropping out of grades 9–12	Number of dropouts from grades 9–12	Averaged freshman graduation rate (AFGR)[1]	Number of high school graduates[2]	Number of schools, fall 2008
1	2	3	4	5	6	7	8	9	10	11	12	13	14	15	16	17	18	19	20	21	22	23
Ascension Parish	LA	13,001	15,038	19,104	226	43.7	63.8	30.6	4.4	0.9	0.3	—	1,333	14.3	2,604	7.3	51.2	6.1	233	76.2	858	27
Bossier Parish	LA	17,804	18,797	19,707	553	42.9	62.9	29.9	5.2	1.7	0.3	—	1,311	15.0	2,729	7.2	48.0	6.8	282	70.7	1,018	38
Caddo Parish	LA	51,375	45,119	42,610	390	63.1	32.8	64.5	1.4	1.1	0.3	—	2,913	14.6	6,659	6.4	43.8	11.4	1,078	57.6	1,958	78
Calcasieu Parish	LA	32,917	32,261	32,685	279	58.1	61.2	35.9	1.7	1.0	0.2	—	2,467	13.2	5,000	6.5	49.3	5.1	346	69.1	1,665	62
East Baton Rouge Parish	LA	61,669	54,246	43,869	1,340	82.5	11.6	83.0	2.8	2.6	0.1	—	3,171	13.8	6,412	6.8	49.5	13.7	1,369	58.6	2,114	89
Jefferson Parish	LA	58,177	50,891	43,682	4,185	74.8	31.7	49.5	12.9	5.2	0.8	—	3,126	14.0	6,720	6.5	46.5	15.5	1,400	54.4	2,069	90
Lafayette Parish	LA	29,403	28,931	29,653	773	60.3	51.7	43.2	3.0	1.7	0.3	—	2,212	13.4	4,270	6.9	51.8	9.6	635	70.8	1,670	48
Livingston Parish	LA	16,310	19,723	24,131	210	50.8	91.1	6.3	2.1	0.3	0.2	—	1,612	15.0	3,201	7.5	50.4	4.0	187	74.6	1,163	43
Ouachita Parish	LA	17,667	17,479	19,119	137	51.0	66.0	31.8	1.3	0.8	0.1	—	1,312	14.6	3,003	6.4	43.7	7.8	322	67.2	969	37
Rapides Parish	LA	24,765	23,467	23,582	361	66.2	52.7	43.0	2.2	1.2	0.9	—	1,679	14.0	3,379	7.0	49.7	7.5	379	70.3	1,187	54
Saint Landry Parish	LA	17,213	15,457	15,095	123	74.4	41.3	57.0	1.0	0.5	0.1	—	1,096	13.8	2,208	6.8	49.6	8.0	247	66.5	761	41
Saint Tammany Parish	LA	27,522	32,392	35,490	492	43.4	75.8	19.1	3.1	1.6	0.4	—	2,606	13.6	5,274	6.7	49.4	6.3	501	74.4	2,115	55
Tangipahoa Parish	LA	16,724	18,197	19,402	267	73.8	49.9	47.2	2.1	0.6	0.2	—	1,211	16.0	2,586	7.5	46.8	10.6	454	71.5	992	39
Terrebonne Parish	LA	21,116	19,774	18,898	241	59.8	58.5	28.8	2.5	1.1	9.1	—	1,433	13.2	2,753	6.9	52.0	10.1	412	64.5	992	43
Anne Arundel County	MD	65,011	74,491	73,653	—	22.7	66.1	22.9	6.6	4.0	0.4	—	4,939	14.9	9,235	8.0	53.5	2.8	497	78.7	5,077	124
Baltimore City	MD	108,663	99,859	82,266	—	73.7	7.8	88.4	2.8	0.7	0.3	—	5,839	14.1	11,517	7.1	50.7	13.3	2,639	56.1	4,118	194
Baltimore County	MD	86,737	106,898	103,180	—	36.7	48.7	40.4	4.7	5.8	0.5	—	7,339	14.1	14,187	7.3	51.7	4.9	1,291	82.9	7,415	172
Calvert County	MD	10,398	16,170	17,052	—	15.7	78.1	16.9	2.4	2.0	0.6	—	1,117	15.3	2,253	7.6	49.6	2.7	124	88.9	1,342	28
Carroll County	MD	21,835	27,528	27,964	—	12.7	91.2	4.0	2.4	1.9	0.4	—	1,938	14.4	3,580	7.8	54.1	2.0	151	95.3	2,380	47
Cecil County	MD	12,868	15,905	16,209	—	30.6	84.9	10.1	3.4	1.2	0.4	—	1,172	13.8	2,254	7.2	52.0	6.0	235	72.3	950	29
Charles County	MD	18,708	23,468	26,727	—	25.1	39.0	53.3	3.6	3.3	0.8	—	1,727	15.5	3,323	8.0	52.0	4.0	279	90.4	1,957	37
Frederick County	MD	26,848	36,885	40,070	—	18.4	74.3	12.3	8.2	4.8	0.4	—	2,718	14.7	5,398	7.4	50.3	1.3	129	88.2	2,826	64
Harford County	MD	31,500	39,520	38,610	—	23.3	72.5	20.2	3.7	3.1	0.6	—	2,742	14.1	5,302	7.3	51.7	4.5	433	84.8	2,792	54
Howard County	MD	29,949	44,946	49,905	—	12.9	57.3	21.3	5.5	15.6	0.3	—	3,887	12.8	7,506	6.6	51.8	1.7	201	92.3	3,550	73
Montgomery County	MD	103,757	134,180	139,282	—	27.0	39.1	23.1	22.1	15.5	0.3	—	9,401	14.8	19,870	7.0	47.3	3.9	1,342	87.3	10,037	204
Prince George's County	MD	108,868	133,723	127,977	—	47.6	4.7	73.4	18.5	3.0	0.4	—	8,870	14.4	18,292	7.0	48.5	5.5	1,839	71.3	8,226	215
Saint Mary's County	MD	12,549	15,151	16,752	—	24.9	72.2	21.0	3.3	2.9	0.6	—	1,021	16.4	1,984	8.4	51.5	4.0	158	74.9	1,026	26
Washington County	MD	17,778	19,782	21,734	—	41.2	79.9	13.5	4.4	1.9	0.2	—	1,488	14.6	2,851	7.6	52.2	3.6	183	86.4	1,437	45
Boston	MA	60,543	63,024	55,923	6,124	74.3	13.3	37.9	38.1	8.6	0.4	1.7	4,374	12.8	7,771	7.2	56.3	11.4	1,659	63.5	3,376	137
Brockton	MA	14,529	16,791	15,312	1,869	68.8	30.6	49.5	13.6	2.7	0.7	2.9	1,107	13.8	2,046	7.5	54.1	7.4	254	65.1	842	24
Springfield	MA	24,194	26,526	25,360	2,921	77.8	15.7	23.2	54.8	2.2	0.1	4.0	1,882	13.5	3,192	7.9	59.0	13.4	764	47.2	1,018	45
Worcester	MA	21,066	25,828	23,109	5,379	65.8	39.0	13.6	36.4	7.9	0.4	2.6	1,640	14.1	3,016	7.7	54.4	7.6	424	72.0	1,396	44
Ann Arbor	MI	14,190	16,539	16,523	1,062	19.2	62.0	16.1	5.3	16.2	0.4	—	1,016	16.3	3,561	4.6	28.5	4.2	181	92.0	1,278	33
Chippewa Valley	MI	9,340	12,329	15,729	493	16.7	88.1	7.0	2.1	2.5	0.2	—	731	21.5	1,388	11.3	52.7	4.7	165	91.6	1,001	20
Dearborn City	MI	13,380	17,129	18,478	6,028	61.1	92.1	4.7	2.1	0.8	0.2	—	1,090	17.0	2,150	8.6	50.7	6.6	312	79.0	1,203	36
Detroit City	MI	168,956	162,194	97,577	6,690	76.7	2.6	88.4	7.9	0.9	0.3	—	5,953	16.4	13,837	7.1	43.0	24.4	7,367	46.8	6,185	197
Grand Rapids	MI	26,871	25,625	19,815	3,851	86.2	22.4	43.7	31.3	1.2	1.4	—	1,307	15.2	2,872	6.9	45.5	16.3	814	52.3	958	76
Livonia	MI	16,543	18,347	16,864	182	17.7	87.9	7.1	1.7	3.1	0.1	—	931	18.1	2,001	8.4	46.5	4.1	198	87.5	1,420	28
Plymouth-Canton	MI	14,955	16,518	19,235	837	12.4	76.9	8.5	1.9	12.2	0.4	—	948	20.3	1,936	9.9	49.0	3.9	177	91.3	1,284	26
Utica Community Schools	MI	23,960	27,786	29,364	1,040	15.3	91.4	4.1	1.6	2.9	0.1	—	1,461	20.1	3,039	9.7	48.1	2.9	209	92.5	2,244	43
Walled Lake Consolidated	MI	9,555	14,438	15,763	1,383	16.7	83.4	7.9	2.4	6.0	0.3	—	860	18.3	1,678	9.4	51.3	4.7	185	100.0 [4]	1,186	23
Warren Consolidated	MI	14,336	14,602	15,795	2,301	36.3	80.9	10.8	0.9	6.9	0.5	—	784	20.1	1,528	10.3	51.3	1.9	76	89.6	1,176	25
Anoka-Hennepin	MN	34,524	41,314	40,218	2,381	25.7	79.4	9.2	3.6	6.4	1.4	—	2,426	16.6	4,780	8.4	50.7	3.1	325	83.7	2,757	55
Minneapolis	MN	41,050	48,834	35,312	7,467	63.5	30.2	38.4	18.0	8.7	4.7	—	2,273	15.5	5,249	6.7	43.3	13.5	1,288	56.5	1,870	92
Osseo Public	MN	19,579	22,017	21,189	1,927	32.5	56.4	22.4	6.5	13.9	0.7	—	1,167	18.2	2,538	8.3	46.0	3.0	158	82.7	1,395	29
Rochester Public	MN	14,045	15,929	16,246	2,189	29.6	71.6	11.5	6.9	9.7	0.4	—	952	17.1	1,833	8.9	51.9	2.8	117	89.2	1,220	37
Rosemount-Apple Valley-Eagan	MN	20,547	28,330	27,780	1,269	17.1	78.3	8.5	5.2	7.3	0.6	—	1,702	16.3	3,403	8.2	50.0	2.2	149	89.1	2,026	34
Saint Paul	MN	35,932	45,115	38,938	15,727	69.8	25.0	29.8	13.8	29.7	1.7	—	2,577	15.1	5,780	6.7	44.6	6.4	656	67.1	2,267	100
South Washington County	MN	11,417	14,953	17,087	662	14.5	77.6	7.4	5.0	9.3	0.6	—	1,000	17.1	1,928	8.9	51.9	2.4	93	95.1	1,076	25

See notes at end of table.

Table 94. Selected statistics on enrollment, teachers, dropouts, and graduates in public school districts enrolling more than 15,000 students: 1990, 2000, 2006–07, and 2008—Continued

							Percentage distribution of enrollment, by race, fall 2008						Teachers and staff, fall 2008					Dropouts and graduates, 2006–07				
Name of district	State	Enrollment, fall 1990	Enrollment, fall 2000	Enrollment, fall 2008	Number of English language learners, 2008	Percent eligible for free or reduced-price lunch, 2008	White	Black	Hispanic	Asian/ Pacific Islander	American Indian/ Alaska Native	Two or more races	Number of classroom teachers	Pupil/ teacher ratio	Total number of staff	Student/ staff ratio	Teachers as a percentage of total staff	Percent dropping out of grades 9–12	Number of dropouts from grades 9–12	Averaged freshman graduation rate (AFGR)[1]	Number of high school graduates[2]	Number of schools, fall 2008
1	2	3	4	5	6	7	8	9	10	11	12	13	14	15	16	17	18	19	20	21	22	23
Desoto County	MS	13,470	19,812	30,616	914	43.8	63.9	29.0	5.6	1.4	0.1	—	1,723	17.8	3,718	8.2	46.3	2.2	132	68.6	1,255	35
Jackson	MS	33,546	31,351	30,587	136	86.4	1.6	97.6	0.7	0.1	#	—	1,908	16.0	4,704	6.5	40.6	5.7	385	53.1	1,331	61
Rankin County	MS	12,824	15,013	18,230	244	38.4	74.9	21.9	1.9	1.3	0.1	—	1,274	14.3	2,270	8.0	56.1	4.0	143	68.7	823	26
Columbia 93	MO	12,786	16,178	17,256	528	34.1	67.3	23.1	4.1	5.3	0.3	—	1,317	13.1	2,460	7.0	53.5	4.7	193	99.3	1,240	31
Fort Zumwalt R-II	MO	10,110	16,521	18,687	124	14.3	89.0	6.3	2.2	2.3	0.2	—	1,198	15.6	2,325	8.0	51.5	2.8	126	85.3	1,284	24
Francis Howell R-III	MO	13,391	19,497	20,395	178	13.3	89.2	5.7	2.1	2.8	0.2	—	1,212	16.8	1,838	11.1	65.9	3.3	154	91.0	1,390	23
Hazelwood	MO	16,985	18,855	18,886	275	51.8	29.3	67.9	1.5	1.1	0.1	—	1,210	15.6	2,438	7.7	49.6	5.9	310	70.9	1,222	30
Kansas City 33	MO	34,486	37,298	19,788	2,361	74.7	8.6	65.2	23.7	2.2	0.2	—	1,722	11.5	3,736	5.3	46.1	16.5	901	50.1	1,301	65
Lee's Summit R-VII	MO	7,132	14,340	17,326	115	12.9	81.3	12.3	3.9	2.2	0.4	—	1,101	15.7	2,429	7.1	45.3	2.8	112	92.9	1,193	25
North Kansas City 74	MO	15,732	17,258	18,391	955	39.9	70.5	13.4	10.3	4.7	1.1	—	1,266	14.5	3,021	6.1	41.9	5.9	254	96.8	1,321	31
Parkway C-2	MO	21,542	20,433	17,467	361	9.1	70.4	16.1	2.4	11.0	0.2	—	1,195	14.6	2,563	6.8	46.6	2.2	108	88.5	1,531	28
Rockwood R-VI	MO	15,608	21,203	22,568	264	5.3	82.7	10.2	1.8	5.1	0.2	—	1,488	15.2	3,246	7.0	45.8	1.2	67	91.9	1,663	31
Saint Louis City	MO	43,284	44,412	27,421	1,285	—	13.8	80.8	2.7	2.4	0.3	—	2,325	11.8	3,727	7.4	62.4	13.8	1,221	49.2	1,544	91
Springfield R-XII	MO	23,631	24,630	24,398	378	44.7	86.1	7.5	3.4	2.5	0.6	—	1,577	15.5	3,315	7.4	47.6	7.1	427	81.3	1,563	54
Lincoln	NE	27,986	31,354	34,061	2,752	40.1	76.5	9.7	7.7	4.3	1.7	—	2,491	13.7	4,860	7.0	51.2	6.3	482	83.0	1,998	63
Millard	NE	16,764	19,160	22,141	285	11.0	88.0	3.2	4.2	4.2	0.4	—	1,488	14.9	2,688	8.2	55.3	1.6	82	100.0 [4]	1,528	37
Omaha	NE	41,699	45,197	48,014	6,344	62.2	39.6	31.4	25.3	2.2	1.5	—	3,386	14.2	7,678	6.3	44.1	9.7	1,078	60.5	2,276	98
Clark County	NV	121,984	231,655	312,761	59,782	41.0	35.3	14.4	40.1	9.4	0.8	—	15,348	20.4	17,823	17.5	86.1	6.8	4,654	50.2	10,943	350
Washoe County	NV	38,466	56,268	65,421	11,903	38.1	53.9	3.8	33.3	6.5	2.5	—	3,461	18.9	3,903	16.8	88.7	3.3	505	50.8	2,725	104
Elizabeth	NJ	15,266	19,674	21,382	2,373	80.5	9.0	23.8	65.3	1.8	0.0	0.0	2,005	10.7	2,839	7.5	70.6	8.1	342	57.4	903	28
Jersey City	NJ	28,585	31,347	27,832	2,267	75.5	10.7	35.0	38.4	14.8	1.1	0.0	2,891	9.6	4,341	6.4	66.6	7.9	456	73.5	1,448	38
Newark	NJ	48,433	42,150	39,992	3,158	82.0	7.6	57.0	34.4	0.8	0.1	0.0	2,776	14.4	4,493	8.9	61.8	3.7	328	68.8	2,117	74
Paterson	NJ	22,109	24,629	23,507	4,228	85.6	5.5	32.8	58.6	3.0	0.1	0.0	2,245	10.5	3,245	7.2	69.2	3.3	157	41.8	895	39
Toms River Regional	NJ	16,002	17,621	17,371	186	16.3	82.6	4.3	8.4	3.8	0.1	0.7	1,190	14.6	1,510	11.5	78.8	4.1	183	85.3	1,282	18
Albuquerque	NM	88,295	85,276	95,934	—	52.7	31.0	4.0	57.2	2.4	5.4	—	6,542	14.7	13,304	7.2	49.2	12.8	2,784	49.5	3,831	174
Las Cruces	NM	19,216	22,185	24,280	—	53.1	23.9	2.5	71.4	1.3	0.9	—	1,687	14.4	3,392	7.2	49.7	2.7	152	61.3	1,189	38
Rio Rancho	NM	—	10,219	16,023	—	35.4	47.4	4.6	41.2	2.6	4.2	—	1,044	15.3	1,891	8.5	55.2	5.7	197	72.2	691	18
Brentwood Union Free	NY	11,749	15,565	16,304	4,672	66.7	9.8	16.6	71.3	2.0	0.3	—	1,209	13.5	2,340	7.0	51.6	6.2	228	73.1	938	17
Buffalo City	NY	47,224	45,721	34,538	2,830	81.6	23.9	57.1	14.8	2.8	1.5	—	2,868	12.0	5,107	6.8	56.2	20.5	1,705	46.1	1,625	61
New York City	NY	943,969	1,066,516	981,690	122,635	75.4	14.4	30.9	39.8	14.5	0.4	—	71,824	13.7	132,727	7.4	54.1	7.6	19,047	51.9	49,978	1,436
Rochester City	NY	32,730	36,294	32,973	2,842	82.1	10.8	64.7	21.8	2.3	0.3	—	2,939	11.2	6,076	5.4	48.4	14.1	1,126	47.8	1,369	61
Sachem Central	NY	15,183	14,948	15,014	171	10.0	86.5	2.0	6.9	4.6	0.1	—	1,078	13.9	1,951	7.7	55.2	3.2	118	90.8	1,159	18
Syracuse City	NY	22,561	23,015	20,931	1,667	74.1	29.4	54.4	11.0	3.8	1.3	—	1,755	11.9	4,037	5.2	43.5	14.8	661	53.2	837	33
Yonkers City	NY	18,621	26,237	24,310	4,326	73.4	17.9	25.3	50.6	6.1	0.2	—	1,735	14.0	3,581	6.8	48.4	4.5	245	57.8	1,192	39
Alamance-Burlington	NC	10,322	20,729	22,550	2,863	45.3	54.5	26.6	17.3	1.4	0.3	—	1,529	14.7	2,892	7.8	52.9	8.1	439	67.6	1,301	35
Buncombe County	NC	22,026	24,708	25,847	1,976	43.3	79.2	10.5	8.5	1.4	0.4	—	1,677	15.4	3,629	7.1	46.2	7.4	448	68.4	1,424	41
Burke County	NC	12,098	14,588	15,569	1,181	48.4	75.7	10.3	6.5	7.2	0.3	—	1,050	14.8	2,026	7.7	51.8	7.8	267	62.8	763	30
Cabarrus County	NC	12,853	19,115	28,015	2,111	33.1	65.6	20.9	11.2	1.9	0.3	—	1,922	14.6	3,616	7.7	53.1	6.6	383	74.0	1,321	34
Catawba County	NC	12,770	16,250	17,793	1,765	39.3	73.7	9.8	9.0	7.3	0.3	—	1,132	15.7	2,186	8.1	51.8	5.7	236	74.1	1,042	28
Charlotte-Mecklenburg	NC	77,069	103,336	135,064	18,176	46.1	33.7	45.6	15.5	4.7	0.5	—	9,312	14.5	18,437	7.3	50.5	8.7	2,524	62.1	5,912	166
Cleveland County	NC	8,131	9,663	16,999	310	51.7	66.0	29.9	3.0	0.9	0.1	—	1,183	14.4	2,358	7.2	50.2	8.8	357	96.7	982	29
Cumberland County	NC	44,612	50,850	54,288	1,326	51.7	36.8	52.1	7.2	1.9	1.9	—	3,736	14.5	7,607	7.1	49.1	4.9	610	69.2	3,009	87
Davidson County	NC	16,426	19,136	20,812	396	—	89.3	4.7	4.6	1.1	0.3	—	1,267	16.4	2,507	8.3	50.5	8.1	389	73.6	1,145	32
Durham	NC	18,517	29,728	32,900	5,164	45.9	22.0	56.9	18.2	2.7	0.2	—	2,394	13.7	4,694	7.0	51.0	6.8	508	64.7	1,675	52
Forsyth County	NC	37,625	44,769	52,906	6,882	46.6	45.2	35.6	17.1	1.9	0.2	—	3,895	13.6	7,347	7.2	53.0	9.1	1,080	73.1	2,744	78
Gaston County	NC	29,631	30,603	32,809	1,666	8.6	68.2	22.6	7.5	1.4	0.2	—	2,006	16.4	4,007	8.2	50.1	8.7	686	67.7	1,814	53
Guilford County	NC	24,575	63,417	72,951	6,102	46.5	39.5	45.8	8.9	5.3	0.5	—	5,091	14.3	10,437	7.0	48.3	4.1	680	77.2	4,238	119
Harnett County	NC	11,890	16,338	18,961	1,425	49.9	53.8	32.2	12.5	0.6	1.0	—	1,297	14.6	2,411	7.9	53.8	9.1	372	64.5	858	26
Iredell-Statesville	NC	10,610	17,235	21,415	1,048	36.1	71.4	16.9	9.0	2.6	0.2	—	1,373	15.6	2,691	8.0	51.0	6.3	310	69.5	1,107	35
Johnston County	NC	14,647	21,334	31,512	3,040	—	61.1	21.9	15.9	0.6	0.5	—	2,205	14.3	4,071	7.7	54.2	7.5	457	71.4	1,310	42

See notes at end of table.

Table 94. Selected statistics on enrollment, teachers, dropouts, and graduates in public school districts enrolling more than 15,000 students: 1990, 2000, 2006–07, and 2008—Continued

Name of district	State	Enrollment, fall 1990	Enrollment, fall 2000	Enrollment, fall 2008	Number of English language learners, 2008	Percent eligible for free or reduced-price lunch, 2008	Percentage distribution of enrollment, by race, fall 2008: White	Black	Hispanic	Asian/ Pacific Islander	American Indian/ Alaska Native	Two or more races	Teachers and staff, fall 2008: Number of classroom teachers	Pupil/ teacher ratio	Total number of staff	Student/ staff ratio	Teachers as a percentage of total staff	Dropouts and graduates, 2006–07: Percent dropping out of grades 9–12	Number of dropouts from grades 9–12	Averaged freshman graduation rate (AFGR)[1]	Number of high school graduates[2]	Number of schools, fall 2008
1	2	3	4	5	6	7	8	9	10	11	12	13	14	15	16	17	18	19	20	21	22	23
Nash-Rocky Mount	NC	11,653	18,342	18,086	868	0.2	35.8	55.0	7.4	1.3	0.6	—	1,157	15.6	2,378	7.6	48.7	9.0	373	71.1	1,018	28
New Hanover County	NC	19,090	21,605	24,103	1,061	38.0	63.8	28.2	6.1	1.5	0.4	—	1,651	14.6	3,597	6.7	45.9	8.2	466	72.1	1,388	38
Onslow County	NC	18,605	20,984	24,021	370	37.0	60.8	30.3	6.7	1.5	0.7	—	1,565	15.3	3,256	7.4	48.1	6.2	319	68.5	1,204	34
Pitt County	NC	17,693	20,040	23,487	1,095	0.2	39.3	51.6	7.5	1.4	0.2	—	1,633	14.4	3,170	7.4	51.5	9.8	509	63.1	1,088	36
Randolph County	NC	13,572	17,271	19,216	1,492	42.1	79.8	7.1	11.3	1.2	0.5	—	1,244	15.4	2,526	7.6	49.2	9.0	379	64.1	967	30
Robeson County	NC	23,251	23,911	24,618	1,454	—	17.2	30.0	8.6	0.6	43.7	—	1,551	15.9	3,257	7.6	47.6	9.1	476	54.9	1,098	43
Rowan-Salisbury	NC	16,403	20,472	21,125	1,557	—	65.9	23.0	9.6	1.3	0.2	—	1,438	14.7	2,867	7.4	50.2	7.3	380	69.7	1,251	35
Union County	NC	12,864	22,862	38,439	1,955	—	69.4	17.0	11.8	1.5	0.3	—	2,624	14.6	5,216	7.4	50.3	4.3	315	82.8	1,829	49
Wake County	NC	64,266	98,950	138,443	14,227	—	51.8	30.6	11.5	5.8	0.3	—	9,317	14.9	17,123	8.1	54.4	5.8	1,648	78.3	6,788	156
Wayne County	NC	13,653	19,279	19,633	1,494	51.7	44.5	42.4	11.8	1.1	0.2	—	1,361	14.4	2,675	7.3	50.9	5.6	249	67.3	1,053	33
Akron City	OH	33,213	31,464	24,323	692	70.4	44.8	50.9	1.6	2.5	0.1	—	1,823	13.3	5,590	4.4	32.6	8.9	554	64.3	1,442	59
Cincinnati City	OH	51,148	46,562	35,346	1,016	67.8	24.7	72.4	2.0	0.8	0.1	—	1,833	19.3	4,415	8.0	41.5	4.7	424	56.0	1,803	59
Cleveland Municipal	OH	70,019	75,684	49,952	2,715	59.0	15.6	71.4	12.1	0.6	0.3	—	3,585	13.9	7,995	6.2	44.8	17.4	2,444	36.8	2,112	108
Columbus City	OH	64,280	64,511	53,536	5,333	74.5	28.6	63.1	6.1	1.9	0.2	—	3,186	16.8	7,131	7.5	44.7	7.4	926	50.6	2,464	132
Dayton City	OH	28,000	23,522	15,566	360	72.2	25.4	71.3	2.9	0.4	#	—	968	16.1	2,492	6.2	38.9	2.2	86	49.3	806	34
Hilliard City	OH	6,533	12,423	15,170	1,030	16.9	83.8	5.8	4.1	6.1	0.2	—	837	18.1	1,600	9.5	52.3	1.7	55	89.5	949	22
Lakota Local	OH	9,356	14,659	18,355	847	15.7	81.5	9.5	3.4	5.4	0.1	—	898	20.4	1,867	9.8	48.1	1.7	62	92.8	1,137	20
South-Western City	OH	16,605	19,216	21,398	2,375	48.6	76.4	11.9	9.6	1.9	0.2	—	1,148	18.6	2,502	8.6	45.9	2.7	137	71.1	1,252	35
Toledo City	OH	40,452	37,738	26,516	419	68.0	42.8	47.7	8.8	0.6	0.1	—	1,888	14.0	3,770	7.0	50.1	5.9	381	45.9	1,351	64
Broken Arrow	OK	13,872	14,990	16,193	—	32.2	74.9	5.5	6.9	3.1	9.6	—	983	16.5	1,979	8.2	49.7	5.8	199	73.1	842	22
Edmond	OK	13,041	17,084	20,290	—	22.8	74.5	11.7	5.2	4.8	3.8	—	1,140	17.8	2,320	8.7	49.2	1.4	67	93.6	1,449	23
Lawton	OK	17,727	17,338	16,140	—	59.5	46.5	31.9	11.5	2.4	7.7	—	1,096	14.7	2,358	6.8	46.5	3.9	142	79.3	1,000	35
Moore	OK	16,630	18,101	21,210	—	37.9	65.8	7.6	9.9	5.2	11.4	—	1,278	16.6	2,439	8.7	52.4	3.4	151	75.5	1,112	29
Oklahoma City	OK	36,066	39,750	41,089	—	85.4	21.6	30.5	39.7	3.0	5.1	—	2,491	16.5	4,934	8.3	50.5	6.5	510	54.5	1,569	95
Putnam City	OK	18,071	19,506	18,790	—	58.3	49.9	26.1	15.0	4.7	4.2	—	1,207	15.6	2,119	8.9	57.0	2.6	117	72.6	1,198	26
Tulsa	OK	40,732	42,812	41,195	—	76.2	33.6	33.8	20.4	1.5	10.8	—	2,705	15.2	6,140	6.7	44.1	10.7	824	63.6	1,885	88
Beaverton	OR	24,874	33,600	37,656	5,973	32.6	62.0	3.1	19.5	14.9	0.6	—	2,141	17.6	4,023	9.4	53.2	4.3	384	80.8	2,293	53
Bend-Lapine	OR	9,481	13,128	15,957	721	40.9	87.2	0.8	9.2	1.7	1.2	—	786	20.3	1,612	9.9	48.8	4.2	165	84.8	990	27
Eugene	OR	17,904	18,432	17,786	547	35.0	79.8	3.0	9.0	5.8	2.3	—	881	20.2	1,946	9.1	45.3	3.4	159	86.5	1,355	42
Hillsboro	OR	10,396	18,315	20,497	3,144	41.4	57.6	2.4	31.9	7.5	0.6	—	1,000	20.5	2,113	9.7	47.3	2.8	121	81.8	1,171	33
North Clackamas	OR	12,403	14,876	17,772	2,472	38.5	75.8	2.6	12.5	7.9	1.2	—	901	19.7	1,924	9.2	46.8	5.2	226	72.9	1,019	32
Portland	OR	53,042	53,141	45,024	5,042	44.1	57.9	15.4	14.0	11.1	1.6	—	2,557	17.6	5,311	8.5	48.1	13.2	1,296	73.8	2,461	92
Salem-Keizer	OR	27,756	35,108	40,200	7,347	57.8	58.4	1.3	33.9	4.6	1.8	—	2,102	19.1	4,412	9.1	47.6	9.5	845	75.6	2,175	68
Allentown City	PA	13,519	16,424	17,766	2,234	80.1	18.0	17.6	62.8	1.4	0.2	—	1,158	15.3	2,185	8.1	53.0	10.8	494	69.5	1,044	22
Bethlehem Area	PA	12,220	14,165	15,166	1,229	39.2	53.3	9.9	33.4	3.2	0.2	—	1,029	14.7	1,933	7.8	53.2	4.6	176	87.2	1,074	22
Central Bucks	PA	10,286	17,305	20,364	0	4.9	91.2	1.8	2.4	4.5	0.1	—	1,218	16.7	2,422	8.4	50.3	.	.	95.2	1,485	23
Philadelphia City	PA	190,979	201,190	159,867	12,211	77.3	13.6	62.5	17.3	6.5	0.2	—	10,258	15.6	20,836	7.7	49.2	7.6	3,179	54.0	8,663	274
Pittsburgh	PA	39,896	38,560	27,945	403	68.3	36.7	60.0	1.2	1.9	0.1	—	2,120	13.2	4,578	6.1	46.3	5.2	377	57.9	1,744	69
Reading	PA	11,965	15,487	17,860	3,622	81.0	10.9	12.2	76.2	0.7	#	—	1,142	15.6	2,150	8.3	53.1	9.3	356	56.1	713	22
Providence	RI	20,908	26,937	23,710	—	86.5	11.8	22.3	59.7	5.7	0.6	—	1,620	14.6	3,017	7.9	53.7	14.4	883	68.5	1,547	53
Aiken 01	SC	23,970	25,147	24,687	1,026	54.7	58.2	35.6	5.1	0.8	0.3	—	1,553	15.9	2,297	10.7	67.6	6.3	373	63.2	1,291	41
Beaufort 01	SC	12,518	16,721	19,353	2,590	50.1	44.7	35.5	18.3	1.2	0.3	—	1,366	14.2	1,679	11.5	81.4	1.5	65	58.9	936	28
Berkeley 01	SC	27,384	26,635	28,957	1,482	51.8	56.0	35.0	6.3	2.4	0.3	—	1,781	16.3	2,586	11.2	68.9	8.2	528	53.0	1,295	36
Charleston 01	SC	43,637	44,767	42,303	1,952	49.6	42.5	50.2	5.5	1.6	0.3	—	3,211	13.2	4,422	9.6	72.6	4.8	478	55.5	2,088	81
Dorchester 02	SC	13,735	16,678	21,812	469	33.7	61.1	31.4	4.0	2.8	0.7	—	1,346	16.2	1,683	13.0	80.0	4.0	186	54.6	901	20
Florence 01	SC	14,731	13,930	15,677	222	56.5	43.9	52.5	1.7	1.8	0.2	—	1,070	14.6	1,677	9.4	63.8	9.8	377	52.7	743	23
Greenville 01	SC	51,434	59,875	70,441	5,907	42.4	60.4	26.4	10.4	2.6	0.2	—	4,542	15.5	6,132	11.5	74.1	5.3	831	60.7	3,229	94
Horry 01	SC	24,080	29,894	37,948	2,081	57.6	67.2	23.7	7.0	1.5	0.6	—	2,560	14.8	3,834	9.9	66.8	3.3	266	62.6	1,661	48
Lexington 01	SC	11,202	17,285	21,835	755	30.4	82.2	10.2	4.8	2.2	0.5	—	1,315	16.6	1,733	12.6	75.9	3.2	151	75.2	1,156	26
Lexington 05	SC	11,683	15,064	16,764	393	26.0	65.7	29.1	2.2	2.9	0.2	—	1,154	14.5	1,494	11.2	77.2	3.6	147	73.8	994	19

See notes at end of table.

Table 94. Selected statistics on enrollment, teachers, dropouts, and graduates in public school districts enrolling more than 15,000 students: 1990, 2000, 2006–07, and 2008—Continued

							Percentage distribution of enrollment, by race, fall 2008						Teachers and staff, fall 2008					Dropouts and graduates, 2006–07				
Name of district	State	Enrollment, fall 1990	Enrollment, fall 2000	Enrollment, fall 2008	Number of English language learners, 2008	Percent eligible for free or reduced-price lunch, 2008	White	Black	Hispanic	Asian/ Pacific Islander	American Indian/ Alaska Native	Two or more races	Number of classroom teachers	Pupil/ teacher ratio	Total number of staff	Student/ staff ratio	Teachers as a percentage of total staff	Percent dropping out of grades 9–12	Number of dropouts from grades 9–12	Averaged freshman graduation rate (AFGR)[1]	Number of high school graduates[2]	Number of schools, fall 2008
1	2	3	4	5	6	7	8	9	10	11	12	13	14	15	16	17	18	19	20	21	22	23
Pickens 01	SC	14,289	15,938	16,647	524	42.6	84.8	9.7	3.6	1.5	0.3	—	1,153	14.4	1,560	10.7	73.9	6.7	259	58.6	828	25
Richland 01	SC	27,051	27,061	24,332	548	60.5	18.2	77.8	3.0	0.9	0.2	—	1,688	14.4	2,202	11.1	76.7	4.2	237	49.0	1,153	50
Richland 02	SC	12,788	17,409	24,516	1,295	39.0	31.5	60.2	5.0	3.2	0.1	—	1,695	14.5	2,056	11.9	82.4	3.4	176	69.0	1,175	27
York 03	SC	12,685	14,925	17,664	711	46.9	53.6	37.4	5.6	1.8	1.6	—	1,074	16.5	1,384	12.8	77.6	10.1	414	65.8	880	28
Sioux Falls	SD	16,092	19,097	21,842	1,259	36.3	76.4	8.8	6.5	2.4	5.9	—	1,381	15.8	2,615	8.4	52.8	6.3	308	79.1	1,186	48
Davidson County	TN	68,452	67,669	74,312	7,618	67.2	33.2	48.1	15.1	3.5	0.2	—	5,307	14.0	10,735	6.9	49.4	9.5	1,505	65.2	3,601	139
Hamilton County	TN	22,785	39,915	41,547	944	51.1	59.4	33.3	5.1	2.0	0.2	—	2,865	14.5	5,033	8.3	56.9	8.7	789	68.7	2,322	77
Knox County	TN	50,750	51,944	55,535	1,063	39.7	79.4	14.6	3.7	2.0	0.3	—	3,831	14.5	6,966	8.0	55.0	5.4	765	76.2	3,257	87
Memphis City	TN	107,103	113,730	111,954	5,408	72.2	7.0	85.8	5.9	1.3	0.1	—	7,201	15.5	12,636	8.9	57.0	9.4	2,559	61.2	5,741	200
Montgomery County	TN	16,591	23,339	28,737	644	43.5	61.2	27.6	7.9	2.8	0.6	—	1,870	15.4	3,640	7.9	51.4	2.0	124	79.3	1,644	34
Rutherford County	TN	17,996	25,356	37,271	1,369	32.9	71.3	16.2	8.4	4.0	0.2	—	2,421	15.4	3,834	9.7	63.1	2.1	189	84.4	2,328	43
Shelby County	TN	37,675	46,972	47,448	894	28.8	53.4	37.4	4.2	4.6	0.4	—	2,982	15.9	5,483	8.7	54.4	0.4	36	70.4	2,561	51
Sumner County	TN	19,630	22,347	26,738	470	32.9	84.7	9.7	4.1	1.3	0.2	—	1,838	14.5	3,570	7.5	51.5	1.6	98	83.8	1,691	43
Williamson County	TN	11,472	19,545	29,898	416	8.8	88.4	4.4	3.2	3.9	0.1	—	1,917	15.6	3,572	8.4	53.7	1.7	120	100.0[4]	1,966	37
Abilene ISD	TX	18,217	18,118	16,489	482	59.4	47.9	14.4	35.6	1.5	0.6	—	1,190	13.9	2,364	7.0	50.3	5.6	196	68.7	910	40
Aldine ISD	TX	41,372	52,520	61,526	14,900	84.0	3.3	29.5	65.3	1.8	0.1	—	4,144	14.8	8,350	7.4	49.6	7.3	914	54.5	2,304	72
Alief ISD	TX	29,774	42,151	45,230	13,370	76.3	3.6	34.8	49.1	12.5	0.1	—	3,077	14.7	5,898	7.7	52.2	8.1	779	56.6	1,937	45
Allen ISD	TX	5,240	10,604	17,590	1,275	14.0	63.5	11.0	12.8	12.0	0.7	—	1,167	15.1	2,079	8.5	56.1	0.6	23	100.0[4]	1,130	21
Alvin ISD	TX	9,323	11,324	16,169	1,936	52.1	39.1	12.3	41.5	6.7	0.3	—	1,058	15.3	2,126	7.6	49.8	1.9	55	68.5	668	23
Amarillo ISD	TX	27,374	28,908	31,005	3,098	61.1	43.0	11.5	41.7	3.5	0.3	—	2,171	14.3	3,991	7.8	54.4	6.7	426	69.6	1,524	55
Arlington ISD	TX	44,958	58,866	63,045	10,173	54.7	30.0	23.6	38.7	7.2	0.4	—	4,076	15.5	8,105	7.8	50.3	4.9	681	66.1	3,206	76
Austin ISD	TX	65,885	77,816	83,483	21,994	62.6	25.8	11.7	58.8	3.4	0.2	—	5,890	14.2	11,323	7.4	52.0	6.6	1,065	64.5	3,595	120
Beaumont ISD	TX	20,627	20,696	19,309	1,352	72.3	16.8	64.2	15.6	3.3	0.2	—	1,413	13.7	2,863	6.7	49.3	8.3	355	57.9	930	35
Birdville ISD	TX	18,477	21,246	22,576	2,032	47.5	54.1	7.2	32.4	5.6	0.7	—	1,448	15.6	2,779	8.1	52.1	3.8	197	71.1	1,278	33
Brownsville ISD	TX	37,489	40,898	48,587	16,101	0.6	1.3	0.2	98.2	0.4	#	—	3,322	14.6	7,436	6.5	44.7	8.5	833	57.2	1,958	55
Bryan ISD	TX	11,413	13,501	15,230	2,601	69.0	29.7	23.7	46.0	0.5	0.1	—	1,072	14.2	2,212	6.9	48.5	5.1	150	67.1	703	27
Carrollton-Farmers Branch ISD	TX	17,561	24,134	26,257	5,910	57.1	22.7	14.9	50.9	11.2	0.3	—	1,821	14.4	3,372	7.8	54.0	2.8	162	72.2	1,460	46
Clear Creek ISD	TX	22,372	29,875	37,194	2,213	22.0	59.5	9.3	20.4	10.4	0.3	—	2,401	15.5	4,607	8.1	52.1	1.3	107	83.2	2,171	39
Comal ISD	TX	5,883	10,695	16,051	687	29.1	65.6	2.7	30.2	1.4	0.2	—	1,076	14.9	2,222	7.2	48.5	1.6	51	95.0	935	21
Conroe ISD	TX	23,288	34,928	47,996	4,561	31.7	61.7	6.8	27.5	3.5	0.5	—	3,082	15.6	5,842	8.2	52.8	1.3	127	83.1	2,634	51
Corpus Christi ISD	TX	41,881	39,138	38,474	2,050	64.9	15.8	5.3	76.8	1.9	0.2	—	2,410	16.0	4,981	7.7	43.4	7.6	632	67.8	1,993	62
Crowley ISD	TX	5,832	9,137	15,031	1,030	42.6	30.6	39.3	25.1	4.3	0.6	—	1,012	14.9	1,942	7.7	52.1	3.7	114	80.9	784	20
Cypress-Fairbanks ISD	TX	41,196	63,497	100,685	13,822	41.4	37.1	15.7	38.1	8.8	0.3	—	6,411	15.7	12,276	8.2	52.2	1.4	280	85.8	5,069	78
Dallas ISD	TX	135,000	161,548	157,352	51,439	85.7	4.6	27.6	66.5	1.0	0.2	—	10,937	14.4	20,358	7.7	53.7	11.7	3,629	50.5	5,874	232
Denton ISD	TX	10,690	13,645	22,189	3,241	38.4	54.7	12.4	29.7	2.6	0.6	—	1,791	12.4	3,249	6.8	55.1	0.8	30	70.2	858	34
Eagle Mount-Saginaw ISD	TX	4,691	6,567	15,292	1,012	32.1	53.4	10.4	31.4	4.4	0.4	—	956	16.0	1,797	8.5	53.2	4.4	114	80.2	550	23
Ector County ISD	TX	26,993	26,831	27,443	3,202	48.5	29.1	5.3	63.9	0.9	0.8	—	1,697	16.2	3,334	8.2	50.9	9.9	565	58.1	1,264	38
Edinburg CISD	TX	15,645	22,005	30,749	9,449	19.5	1.8	0.4	97.0	0.7	0.1	—	2,033	15.1	4,348	7.1	46.8	6.0	339	73.9	1,311	38
El Paso ISD	TX	64,092	62,325	62,322	14,103	68.3	12.2	4.9	81.1	1.4	0.4	—	4,402	14.2	8,691	7.2	50.7	5.3	758	65.0	3,251	93
Fort Bend ISD	TX	36,286	53,999	68,708	7,816	30.5	23.1	31.5	23.7	21.5	0.2	—	4,354	15.8	8,898	7.7	48.9	3.3	540	86.6	4,456	68
Fort Worth ISD	TX	69,163	79,661	79,285	22,562	71.7	13.4	25.1	59.6	1.6	0.3	—	5,167	15.3	10,671	7.4	48.4	8.3	1,299	56.9	3,407	147
Frisco ISD	TX	1,419	7,234	30,797	1,339	11.5	62.0	11.9	13.6	11.9	0.6	—	2,243	13.7	4,100	7.5	54.7	1.1	42	100.0[4]	876	42
Galena Park ISD	TX	15,593	18,885	21,350	6,013	77.4	6.4	19.7	72.6	1.2	0.1	—	1,520	14.0	3,022	7.1	50.3	4.9	223	71.4	1,055	24
Garland ISD	TX	37,978	50,312	57,510	10,770	50.8	28.8	18.7	44.1	8.0	0.4	—	3,785	15.2	7,392	7.8	51.2	3.9	503	77.2	3,288	74
Goose Creek CISD	TX	17,654	18,003	20,698	2,160	64.2	28.8	18.3	51.4	1.3	0.2	—	1,435	14.4	2,773	7.5	51.8	7.1	305	68.4	944	28
Grand Prairie ISD	TX	16,482	20,257	25,996	4,887	65.9	16.2	17.5	62.0	3.8	0.6	—	1,719	15.1	3,194	8.1	53.8	6.9	369	67.3	1,120	39
Harlingen CISD	TX	14,863	15,857	17,990	2,186	74.4	8.3	0.7	90.1	0.8	0.1	—	1,175	15.3	2,563	7.0	45.9	7.0	273	66.9	880	31
Houston ISD	TX	194,000	208,462	200,225	57,318	63.5	7.8	27.8	61.1	3.2	0.1	—	11,994	16.7	24,488	8.2	49.0	9.6	3,692	52.2	7,645	296
Humble ISD	TX	19,560	24,684	33,883	2,496	27.2	52.5	17.9	25.7	3.5	0.3	—	2,292	14.8	4,374	7.7	52.4	4.6	321	82.0	1,771	39
Hurst-Euless-Bedford ISD	TX	18,740	19,203	20,565	1,681	45.5	49.5	15.7	24.1	9.8	0.9	—	1,307	15.7	2,436	8.4	53.5	2.0	88	86.3	1,281	32
Irving ISD	TX	23,509	29,097	33,131	12,071	74.0	14.6	12.7	68.2	4.1	0.4	—	2,330	14.2	4,116	8.1	56.6	5.4	368	64.8	1,452	39
Judson ISD	TX	13,145	16,603	21,301	1,414	57.3	21.4	27.6	48.2	2.5	0.3	—	1,453	14.7	2,578	8.3	56.4	4.1	178	81.9	1,047	25

See notes at end of table.

Table 94. Selected statistics on enrollment, teachers, dropouts, and graduates in public school districts enrolling more than 15,000 students: 1990, 2000, 2006–07, and 2008—Continued

							Percentage distribution of enrollment, by race, fall 2008						Teachers and staff, fall 2008					Dropouts and graduates, 2006–07				
Name of district	State	Enrollment, fall 1990	Enrollment, fall 2000	Enrollment, fall 2008	Number of English language learners, 2008	Percent eligible for free or reduced-price lunch, 2008	White	Black	Hispanic	Asian/ Pacific Islander	American Indian/ Alaska Native	Two or more races	Number of classroom teachers	Pupil/ teacher ratio	Total number of staff	Student/ staff ratio	Teachers as a percentage of total staff	Percent dropping out of grades 9–12	Number of dropouts from grades 9–12	Averaged freshman graduation rate (AFGR)[1]	Number of high school graduates[2]	Number of schools, fall 2008
1	2	3	4	5	6	7	8	9	10	11	12	13	14	15	16	17	18	19	20	21	22	23
Katy ISD	TX	19,507	34,503	56,862	6,476	27.6	49.0	10.0	30.5	10.3	0.2	—	3,916	14.5	7,249	7.8	54.0	1.3	152	92.8	3,323	55
Keller ISD	TX	8,212	17,083	30,299	1,455	16.8	67.1	7.9	16.7	7.4	0.9	—	1,909	15.9	3,493	8.7	54.6	1.7	100	92.8	1,561	37
Killeen ISD	TX	22,131	29,687	38,550	2,337	50.4	36.7	38.2	20.5	3.8	0.7	—	2,818	13.7	5,671	6.8	49.7	4.8	327	65.6	1,480	53
Klein ISD	TX	26,220	32,376	43,738	4,462	35.8	43.6	15.7	31.7	8.7	0.3	—	2,878	15.2	5,543	7.9	51.9	3.8	401	80.0	2,553	42
La Joya ISD	TX	9,844	17,641	27,055	12,132	25.9	0.2	#	99.7	#	#	—	1,824	14.8	3,764	7.2	48.5	8.3	386	60.2	899	38
Lamar CISD	TX	12,335	15,159	22,958	2,670	45.1	31.0	19.0	44.8	4.9	0.3	—	1,448	15.9	2,813	8.2	51.5	4.8	213	76.6	1,039	32
Laredo ISD	TX	23,304	22,547	24,963	16,295	7.9	0.2	#	99.5	0.2	0.0	—	1,589	15.7	3,839	6.5	41.4	7.3	338	56.4	938	30
Leander ISD	TX	5,419	14,499	28,507	1,273	19.0	68.8	5.3	20.2	5.2	0.5	—	2,011	14.2	3,721	7.7	54.0	3.9	188	90.5	1,188	35
Lewisville ISD	TX	20,776	39,096	50,216	5,490	23.5	59.2	9.1	21.4	9.9	0.5	—	3,666	13.7	6,146	8.2	59.7	1.6	173	83.3	2,918	64
Lubbock ISD	TX	30,991	29,026	28,970	560	60.6	33.3	14.9	49.7	1.8	0.2	—	2,026	14.3	3,615	8.0	56.0	6.8	414	73.0	1,523	61
Mansfield ISD	TX	7,570	14,888	30,759	2,593	32.6	45.6	27.2	20.6	6.1	0.5	—	1,891	16.3	3,594	8.6	52.6	2.1	132	90.4	1,559	40
McAllen ISD	TX	21,120	21,747	25,047	6,875	4.9	5.7	0.6	91.7	1.8	0.1	—	1,768	14.2	3,506	7.1	50.4	7.5	393	67.8	1,214	35
McKinney ISD	TX	5,052	12,000	23,401	1,950	23.7	61.1	12.1	22.9	3.4	0.5	—	1,664	14.1	2,722	8.6	61.1	1.7	70	88.0	981	32
Mesquite ISD	TX	25,920	32,334	37,030	4,739	56.9	28.3	25.3	42.9	3.0	0.5	—	2,363	15.7	4,385	8.4	53.9	2.6	219	73.9	2,153	46
Midland ISD	TX	21,082	20,522	21,466	1,935	46.4	34.9	9.5	54.0	1.1	0.5	—	1,395	15.4	2,656	8.1	52.5	7.5	346	67.7	1,126	36
Mission CISD	TX	11,032	12,464	15,517	5,206	0.1	1.4	0.2	98.3	0.1	0.0	—	1,040	14.9	2,277	6.8	45.7	2.8	85	66.0	640	22
North East ISD	TX	39,909	50,875	63,452	4,257	39.8	37.9	9.2	48.6	3.9	0.3	—	4,311	14.7	8,508	7.5	50.7	1.2	161	88.2	3,779	73
Northside ISD	TX	50,229	63,739	89,000	5,605	47.4	24.6	7.9	63.6	3.6	0.3	—	5,782	15.4	12,169	7.3	47.5	4.4	804	82.2	4,300	101
Pasadena ISD	TX	37,643	42,577	51,578	12,990	74.8	11.7	7.5	77.3	3.3	0.2	—	3,457	14.9	7,154	7.2	48.3	7.5	774	61.3	1,984	64
Pearland ISD	TX	6,739	10,618	17,640	1,306	23.1	47.2	17.1	25.5	9.9	0.3	—	1,079	16.3	2,141	8.2	50.4	2.1	69	89.8	919	25
Pflugerville ISD	TX	6,482	14,545	21,719	2,520	44.2	30.6	22.6	37.6	9.0	0.3	—	1,458	14.9	2,487	8.7	58.6	4.9	214	79.3	1,049	28
Pharr-San Juan-Alamo ISD	TX	18,773	22,537	30,618	12,694	5.9	0.8	0.2	98.7	0.2	#	—	1,929	15.9	4,137	7.4	46.6	6.6	364	53.5	966	42
Plano ISD	TX	30,585	47,161	54,203	5,455	20.6	50.8	10.9	17.9	20.0	0.4	—	4,067	13.3	6,776	8.0	60.0	1.3	153	83.5	3,197	75
Richardson ISD	TX	32,555	35,138	34,407	4,811	52.3	32.3	25.0	34.8	7.5	0.4	—	2,492	13.8	4,680	7.4	53.3	3.4	245	71.4	1,864	58
Round Rock ISD	TX	19,636	31,536	41,733	2,669	24.7	52.2	10.5	25.7	11.3	0.3	—	2,875	14.5	5,267	7.9	54.6	4.1	343	81.3	2,172	50
San Antonio ISD	TX	60,161	57,273	54,696	8,579	55.3	2.8	7.6	89.3	0.2	0.1	—	3,321	16.5	7,338	7.5	45.3	12.3	1,360	53.8	2,140	100
Socorro ISD	TX	14,350	26,711	39,771	8,559	74.4	4.0	1.8	93.3	0.5	0.4	—	2,429	16.4	4,709	8.4	51.6	2.1	181	74.3	1,865	42
Spring Branch ISD	TX	26,495	31,659	32,409	9,656	53.8	31.2	6.7	55.6	6.3	0.2	—	2,299	14.1	4,582	7.1	50.2	4.5	306	73.4	1,809	49
Spring ISD	TX	18,537	23,034	33,980	4,858	61.8	17.2	39.3	38.7	4.6	0.2	—	2,233	15.2	4,628	7.3	48.2	3.5	237	76.4	1,612	36
Tyler ISD	TX	16,182	16,626	18,203	3,129	63.3	28.1	31.8	38.4	1.4	0.3	—	1,299	14.0	2,502	7.3	51.9	3.1	117	60.8	792	27
United ISD	TX	12,553	27,556	40,080	18,191	72.8	1.4	0.2	98.0	0.5	#	—	2,501	16.0	5,981	6.7	41.8	0.6	46	78.3	1,761	42
Waco ISD	TX	14,304	15,433	15,417	2,242	82.6	12.9	34.3	52.3	0.4	0.1	—	1,049	14.7	2,101	7.3	49.9	10.4	304	62.8	700	33
Weslaco ISD	TX	11,903	13,407	16,611	3,828	23.1	1.7	0.2	97.8	0.3	#	—	1,078	15.4	2,395	6.9	45.0	5.9	198	67.0	765	21
Ysleta ISD	TX	49,974	46,394	44,592	10,275	63.1	5.4	2.2	91.7	0.3	0.5	—	3,044	14.7	6,240	7.1	48.8	5.2	564	73.3	2,652	63
Alpine	UT	38,854	47,117	62,281	2,747	21.3	87.6	0.8	8.8	2.4	0.5	—	2,523	24.7	4,738	13.1	53.2	5.6	673	78.6	2,952	71
Davis	UT	54,558	59,578	66,614	2,764	29.1	87.2	1.6	7.9	2.8	0.6	—	2,781	24.0	6,043	11.0	46.0	4.5	633	80.0	3,706	100
Granite	UT	78,554	71,328	70,166	13,314	22.6	59.6	2.5	29.2	7.4	1.3	—	2,854	24.6	5,789	12.1	49.3	3.2	487	63.3	3,284	115
Jordan	UT	64,991	73,158	81,485	3,907	21.4	85.2	1.2	9.9	3.3	0.5	—	3,221	25.3	6,552	12.4	49.2	2.9	521	80.8	4,632	99
Nebo	UT	16,393	21,094	28,251	1,138	31.6	87.7	0.7	9.6	1.3	0.7	—	1,113	25.4	2,422	11.7	46.0	2.6	135	81.3	1,346	48
Salt Lake	UT	24,766	25,367	24,237	6,466	65.9	43.9	4.7	40.6	8.9	1.9	—	1,098	22.1	2,485	9.8	44.2	4.9	239	63.1	1,032	44
Washington	UT	13,264	18,374	26,021	2,103	36.7	83.4	0.8	11.6	2.4	1.8	—	1,133	23.0	2,177	12.0	52.0	6.2	321	80.5	1,258	46
Weber	UT	25,661	27,783	30,090	823	30.8	86.3	1.3	9.7	2.0	0.7	—	1,269	23.7	2,479	12.1	51.2	2.5	168	77.1	1,716	49
Arlington County	VA	14,825	18,870	19,599	5,275	32.4	48.0	13.2	27.8	10.9	0.1	—	1,271	15.4	3,443	5.7	36.9	4.3	174	73.5	1,042	31
Chesapeake City	VA	29,533	37,645	39,901	488	25.6	56.6	36.4	3.3	3.3	0.4	—	2,156	18.5	6,296	6.3	34.2	4.8	514	78.2	2,756	46
Chesterfield County	VA	44,480	51,212	59,080	2,382	25.0	60.1	28.0	8.0	3.5	0.4	—	3,195	18.5	7,876	7.5	40.6	2.8	400	85.5	4,028	64
Fairfax County	VA	128,840	156,412	169,030	34,118	22.1	49.6	11.3	19.0	19.9	0.2	—	9,274	18.2	32,373	5.2	28.6	3.1	1,250	85.6	11,492	193
Hampton City	VA	21,383	23,290	21,806	374	45.1	30.5	63.8	3.3	2.1	0.3	—	1,285	17.0	3,891	5.6	33.0	5.3	294	65.7	1,279	35
Hanover County	VA	11,328	16,611	18,970	129	13.8	86.0	10.0	1.8	1.9	0.4	—	1,064	17.8	3,163	6.0	33.6	1.1	52	86.7	1,241	24
Henrico County	VA	32,638	41,655	48,991	2,684	29.1	49.5	38.8	4.8	6.5	0.4	—	2,654	18.5	6,461	7.6	41.1	3.7	420	76.6	2,829	69
Loudoun County	VA	14,485	31,804	56,894	4,416	13.2	64.4	8.2	13.4	13.7	0.3	—	3,222	17.7	9,999	5.7	32.2	1.7	173	95.3	2,752	73
Newport News City	VA	28,925	33,008	31,298	639	50.4	31.0	58.7	6.9	2.8	0.5	—	1,682	18.6	4,695	6.7	35.8	1.0	77	67.6	1,791	45
Norfolk City	VA	36,541	37,349	34,431	525	58.3	25.0	67.8	4.3	2.7	0.2	—	2,148	16.0	5,553	6.2	38.7	5.1	391	50.7	1,472	51

See notes at end of table.

Table 94. Selected statistics on enrollment, teachers, dropouts, and graduates in public school districts enrolling more than 15,000 students: 1990, 2000, 2006–07, and 2008—Continued

							Percentage distribution of enrollment, by race, fall 2008						Teachers and staff, fall 2008					Dropouts and graduates, 2006–07				
Name of district	State	Enrollment, fall 1990	Enrollment, fall 2000	Enrollment, fall 2008	Number of English language learners, 2008	Percent eligible for free or reduced-price lunch, 2008	White	Black	Hispanic	Asian/ Pacific Islander	American Indian/ Alaska Native	Two or more races	Number of classroom teachers	Pupil/ teacher ratio	Total number of staff	Student/ staff ratio	Teachers as a percentage of total staff	Percent dropping out of grades 9–12	Number of dropouts from grades 9–12	Averaged freshman graduation rate (AFGR)[1]	Number of high school graduates[2]	Number of schools, fall 2008
1	2	3	4	5	6	7	8	9	10	11	12	13	14	15	16	17	18	19	20	21	22	23
Portsmouth City	VA	18,405	16,473	15,323	49	54.4	23.3	73.6	2.0	0.9	0.2	—	794	19.3	2,298	6.7	34.5	8.0	305	55.0	727	22
Prince William County	VA	41,888	54,646	73,917	13,157	31.1	42.5	24.0	25.2	8.0	0.3	—	3,845	19.2	10,419	7.1	36.9	4.4	751	74.9	3,922	83
Richmond City	VA	27,021	27,237	23,177	750	67.3	7.8	86.7	4.7	0.7	0.1	—	1,268	18.3	4,068	5.7	31.2	6.5	341	50.8	954	49
Spotsylvania County	VA	12,227	18,876	24,116	771	23.3	68.1	20.5	8.3	2.8	0.3	—	1,395	17.3	2,781	8.7	50.2	2.6	152	81.1	1,463	30
Stafford County	VA	12,555	21,124	26,850	1,036	17.5	65.7	21.4	9.3	3.3	0.4	—	1,442	18.6	3,520	7.6	41.0	2.5	161	86.9	1,763	30
Virginia Beach City	VA	70,266	76,586	71,554	1,095	28.3	57.8	28.7	6.3	6.7	0.4	—	3,984	18.0	10,923	6.6	36.5	2.2	400	72.2	4,660	84
Bellevue	WA	14,971	15,431	17,249	1,608	18.1	58.4	2.9	8.7	29.6	0.3	—	944	18.3	1,755	9.8	53.8	2.4	108	95.0	1,226	30
Bethel	WA	11,319	16,029	18,032	237	37.6	64.3	11.9	11.8	8.8	3.2	—	887	20.3	1,719	10.5	51.6	4.7	205	71.3	992	33
Edmonds	WA	18,452	22,067	20,743	1,834	31.0	65.6	6.3	10.8	15.8	1.5	—	1,016	20.4	2,001	10.4	50.8	6.7	343	69.8	1,239	42
Everett	WA	14,846	18,683	19,084	1,715	33.6	68.7	4.8	11.4	13.6	1.4	—	942	20.3	1,773	10.8	53.2	5.7	259	66.9	1,003	33
Evergreen (Clark)	WA	14,242	21,650	26,100	2,062	35.8	76.5	3.9	9.2	9.3	1.2	—	1,344	19.4	2,496	10.5	53.9	8.2	474	76.2	1,422	37
Federal Way	WA	17,263	22,623	22,440	2,629	45.2	45.6	13.8	20.2	19.1	1.3	—	1,190	18.9	2,219	10.1	53.6	6.0	361	68.2	1,267	46
Highline	WA	15,900	18,024	17,549	3,379	59.6	33.4	14.8	28.3	21.6	1.9	—	990	17.7	1,941	9.0	51.0	6.1	272	55.6	880	48
Issaquah	WA	8,533	14,259	16,696	603	6.7	70.1	2.4	5.2	21.6	0.7	—	808	20.7	1,501	11.1	53.8	2.1	83	89.0	1,111	26
Kennewick	WA	11,147	13,629	15,413	1,579	49.0	65.1	2.4	29.1	2.5	0.9	—	761	20.3	1,480	10.4	51.4	7.7	289	80.4	945	26
Kent	WA	20,212	26,535	27,444	3,896	39.6	53.4	11.7	13.7	19.9	1.3	—	1,430	19.2	2,668	10.3	53.6	10.6	715	71.8	1,566	42
Lake Washington	WA	22,431	23,662	23,937	1,354	13.4	73.1	2.5	7.3	16.5	0.6	—	1,244	19.2	2,178	11.0	57.1	3.5	193	82.6	1,520	53
Northshore	WA	17,213	20,255	19,818	908	13.1	76.4	2.1	8.0	12.5	1.0	—	991	20.0	1,834	10.8	54.0	3.3	171	93.8	1,540	34
Puyallup	WA	14,325	19,757	20,911	591	24.0	78.7	4.6	7.5	7.7	1.6	—	1,035	20.2	2,024	10.3	51.2	3.6	187	76.3	1,256	36
Seattle	WA	40,917	47,575	45,968	5,368	40.4	43.4	21.1	11.7	22.0	1.9	—	2,540	18.1	4,918	9.3	51.6	9.4	1,102	80.2	2,864	104
Spokane	WA	27,965	31,725	29,701	1,037	50.5	82.9	4.4	4.3	4.1	4.2	—	1,707	17.4	3,133	9.5	54.5	13.9	1,050	69.2	1,792	65
Tacoma	WA	29,465	34,093	29,500	1,930	56.7	47.8	23.3	13.6	13.3	2.0	—	1,649	17.9	3,167	9.3	52.1	9.7	716	50.2	1,455	64
Vancouver	WA	15,943	21,892	22,622	1,876	47.2	73.8	5.4	13.2	6.0	1.5	—	1,163	19.4	2,329	9.7	49.9	6.2	336	70.8	1,251	41
Berkeley County Schools	WV	10,415	13,076	17,214	346	42.2	81.4	12.1	5.2	1.1	0.2	—	1,217	14.1	2,368	7.3	51.4	5.4	195	80.2	889	29
Kanawha County Schools	WV	34,284	29,250	28,465	239	51.5	84.9	13.1	0.6	1.4	0.1	—	1,889	15.1	3,741	7.6	50.5	7.6	482	71.1	1,540	72
Appleton Area	WI	12,876	14,793	15,235	1,638	34.8	77.5	3.9	6.4	11.2	0.8	—	927	16.4	1,536	9.9	60.4	1.7	66	93.6	1,163	37
Green Bay Area	WI	18,048	20,104	20,573	4,172	52.2	61.1	7.2	18.6	8.0	5.1	—	1,423	14.5	2,438	8.4	58.4	8.1	401	82.7	1,340	38
Kenosha	WI	16,219	20,099	22,772	2,023	40.5	61.4	16.6	19.8	1.8	0.5	—	1,457	15.6	2,588	8.8	56.3	4.2	217	83.9	1,423	44
Madison Metropolitan	WI	23,214	25,087	24,496	4,209	44.1	50.5	23.6	14.5	10.7	0.8	—	1,752	14.0	3,497	7.0	50.1	5.1	314	82.1	1,693	54
Milwaukee	WI	92,789	97,985	85,381	7,301	76.7	15.1	56.9	22.6	4.6	0.8	—	5,158	16.6	10,861	7.9	47.5	10.5	2,108	56.8	4,425	215
Racine	WI	22,159	21,102	21,172	2,653	47.7	49.4	27.0	21.7	1.5	0.3	—	1,364	15.5	2,523	8.4	54.1	7.1	377	72.7	1,233	35

—Not available.
†Not applicable.
#Rounds to zero.
[1]The averaged freshman graduation rate provides an estimate of the percentage of students who receive a regular diploma within 4 years of entering ninth grade. The rate uses aggregate student enrollment data to estimate the size of an incoming freshman class and aggregate counts of the number of diplomas awarded 4 years later.
[2]Includes regular diplomas only.
[3]Total for districts reporting data.
[4]Reported data indicated an averaged freshman graduation rate of greater than 100.0 percent.
NOTE: Total enrollment, staff, and teacher data in this table reflect totals reported by school districts and may differ from data derived from summing school-level data to school district aggregates. ISD = independent school district. CISD = consolidated independent school district. Race categories exclude persons of Hispanic ethnicity. Detail may not sum to totals because of rounding.
SOURCE: U.S. Department of Education, National Center for Education Statistics, Common Core of Data (CCD), "Public Elementary/Secondary School Universe Survey," 2008–09; "Local Education Agency Universe Survey," 1990–91, 2000–01, and 2008–09; and "Local Education Agency-Level Public-Use Data File on Public School Dropouts: School Year 2006–07." (This table was prepared October 2010.)

Table 95. Revenues, expenditures, poverty rate, and Title I allocations of public school districts enrolling more than 15,000 students: 2007–08 and fiscal year 2010

Name of district	State	Revenues by source of funds, 2007–08 (in thousands of dollars): Total	Federal	State	Local	Percentage distribution of revenues, 2007–08: Total	Federal	State	Local	Expenditures, 2007–08 (in thousands of dollars): Total[4]	Current expenditures: Total	Current expenditures: Instruction	Capital outlay	Interest on school debt	Poverty rate of 5- to 17-year-olds, 2008[1]	Current expenditure per pupil,[2] 2007–08	Title I allocations, fiscal year 2010,[3] in thousands	Title I allocations, fiscal year 2010, per poverty child[3]
1	2	3	4	5	6	7	8	9	10	11	12	13	14	15	16	17	18	19
Districts with more than 15,000 students[3]	†	**$251,335,580**	**$21,581,930**	**$123,185,610**	**$106,568,040**	**100.0**	**8.6**	**49.0**	**42.4**	**$261,268,596**	**$213,504,116**	**$132,055,335**	**$34,495,527**	**$7,608,389**	**17.6**	**$9,942**	**$7,606,251**	**$1,758**
Baldwin County	AL	287,620	17,547	136,611	133,462	100.0	6.1	47.5	46.4	370,288	266,775	156,879	87,497	11,539	13.4	10,062	5,332	1,346
Birmingham City	AL	350,091	50,160	167,180	132,751	100.0	14.3	47.8	37.9	305,954	274,146	136,652	20,892	3,561	25.1	9,699	15,477	1,500
Huntsville City	AL	247,091	19,754	124,995	102,342	100.0	8.0	50.6	41.4	255,627	231,420	138,742	20,562	1,367	15.9	10,150	6,632	1,386
Jefferson County	AL	361,624	24,751	212,768	124,105	100.0	6.8	58.8	34.3	411,361	311,827	184,629	86,914	6,312	13.7	8,636	7,279	1,452
Madison County	AL	196,435	10,908	130,728	54,799	100.0	5.6	66.6	27.9	174,594	161,064	95,008	5,753	4,259	10.2	8,412	2,243	1,121
Mobile County	AL	618,181	75,127	376,648	166,406	100.0	12.2	60.9	26.9	631,547	583,190	323,351	29,342	14,303	24.8	9,059	29,936	1,563
Montgomery County	AL	310,018	38,109	190,891	81,018	100.0	12.3	61.6	26.1	311,381	278,471	156,280	25,825	2,721	23.8	8,807	14,370	1,481
Shelby County	AL	285,107	13,463	150,019	121,625	100.0	4.7	52.6	42.7	286,993	239,192	140,259	33,019	8,515	7.3	9,095	2,688	1,157
Tuscaloosa County	AL	173,362	11,611	101,939	59,812	100.0	6.7	58.8	34.5	181,732	144,231	83,190	31,630	2,380	13.7	8,500	3,663	1,498
Anchorage	AK	650,738	61,866	394,410	194,462	100.0	9.5	60.6	29.9	693,415	611,450	363,382	61,860	19,695	7.6	12,515	11,739	3,012
Matanuska-Susitna Borough	AK	212,855	14,415	150,480	47,960	100.0	6.8	70.7	22.5	229,569	201,739	118,952	21,738	6,080	10.1	12,485	3,868	2,456
Amphitheater Unified	AZ	159,472	17,309	61,021	81,142	100.0	10.9	38.3	50.9	152,382	129,059	73,228	8,001	14,750	17.5	7,868	5,001	1,321
Cartwright Elementary	AZ	150,023	23,075	104,126	22,822	100.0	15.4	69.4	15.2	154,616	140,436	86,686	14,144	0	23.5	6,866	8,811	1,339
Chandler Unified	AZ	305,669	13,478	164,774	127,417	100.0	4.4	53.9	41.7	332,045	251,674	146,289	60,298	15,362	10.9	6,979	3,996	1,125
Deer Valley Unified	AZ	290,656	15,036	128,851	146,769	100.0	5.2	44.3	50.5	302,860	242,222	147,950	37,766	22,871	9.8	6,569	4,789	1,153
Dysart Unified	AZ	242,235	12,138	150,809	79,288	100.0	5.0	62.3	32.7	281,817	163,135	88,092	113,554	2,336	13.4	6,971	1,241	1,104
Gilbert Unified	AZ	299,935	12,119	164,207	123,609	100.0	4.0	54.7	41.2	323,617	253,051	154,803	58,068	7,953	8.5	6,566	3,772	1,110
Kyrene Elementary	AZ	180,473	6,854	68,825	104,794	100.0	3.8	38.1	58.1	157,205	127,146	78,701	21,467	3,675	4.9	6,954	1,495	1,002
Mesa Unified	AZ	635,243	55,855	330,173	249,215	100.0	8.8	52.0	39.2	603,146	542,481	324,979	51,696	5,440	16.4	7,427	26,703	1,541
Paradise Valley Unified	AZ	315,477	17,639	106,293	191,545	100.0	5.6	33.7	60.7	326,227	248,575	145,512	46,700	21,995	11.5	7,287	7,411	1,191
Peoria Unified	AZ	316,517	16,604	168,454	131,459	100.0	5.2	53.2	41.5	335,308	261,788	154,928	35,607	37,857	11.3	6,688	5,938	1,178
Phoenix Union High	AZ	299,440	27,846	72,053	199,541	100.0	9.3	24.1	66.6	352,856	255,986	139,767	80,412	15,200	25.8	9,666	15,295	1,450
Scottsdale Unified	AZ	297,821	12,472	45,455	239,894	100.0	4.2	15.3	80.5	322,858	211,902	123,229	82,935	27,784	7.8	7,963	3,735	1,109
Sunnyside Unified	AZ	151,740	25,087	89,233	37,420	100.0	16.5	58.8	24.7	147,798	135,261	73,742	4,688	7,777	33.8	7,605	8,722	1,394
Tucson Unified	AZ	545,561	63,503	271,967	210,091	100.0	11.6	49.9	38.5	572,557	471,360	247,262	65,880	35,200	20.7	7,945	27,885	1,574
Washington Elementary	AZ	230,241	25,871	113,949	90,421	100.0	11.2	49.5	39.3	209,056	185,530	106,477	9,375	10,842	18.3	7,631	9,983	1,360
Little Rock	AR	320,306	28,630	241,688	49,988	100.0	8.9	75.5	15.6	347,734	288,259	161,285	23,374	8,903	22.8	10,643	11,061	1,499
Pulaski Co. Spec. School Dist.	AR	191,418	15,807	144,282	31,329	100.0	8.3	75.4	16.4	201,791	170,149	96,481	20,843	3,493	17.7	9,444	6,342	1,436
Springdale	AR	150,691	12,485	117,046	21,160	100.0	8.3	77.7	14.0	149,120	135,742	84,161	7,938	5,427	17.5	7,889	3,696	1,325
ABC Unified	CA	209,009	15,015	165,761	28,233	100.0	7.2	79.3	13.5	208,234	182,498	113,068	7,144	1,591	14.4	8,749	4,193	1,320
Alhambra Unified	CA	206,706	19,581	143,127	43,998	100.0	9.5	69.2	21.3	209,552	178,833	104,017	16,466	3,046	22.9	9,424	6,680	1,418
Alvord Unified	CA	204,522	13,667	148,471	42,384	100.0	6.7	72.6	20.7	237,184	169,593	108,413	64,784	2,611	13.4	8,485	4,283	1,226
Anaheim City	CA	200,031	20,766	109,973	69,292	100.0	10.4	55.0	34.6	211,650	173,371	103,717	24,739	3,164	19.6	8,968	7,529	1,417
Anaheim Union High	CA	377,610	39,278	258,827	79,505	100.0	10.4	68.5	21.1	390,525	311,660	195,373	41,087	6,921	15.7	9,347	6,662	1,404
Antelope Valley Union High	CA	240,054	15,773	176,989	47,292	100.0	6.6	73.7	19.7	282,331	212,068	129,989	62,333	4,250	21.4	8,017	5,623	1,398
Antioch Unified	CA	184,668	11,005	122,527	51,136	100.0	6.0	66.3	27.7	185,758	158,618	101,913	22,023	4,379	15.1	7,897	4,646	1,386
Apple Valley Unified	CA	139,350	12,343	98,549	28,458	100.0	8.9	70.7	20.4	128,342	114,951	73,936	10,229	1,677	20.8	7,280	4,289	1,371
Bakersfield City	CA	297,018	44,397	215,377	37,244	100.0	14.9	72.5	12.5	276,659	262,801	162,025	9,523	2,803	34.2	9,705	17,642	1,567
Baldwin Park Unified	CA	202,799	17,656	157,575	27,568	100.0	8.7	77.7	13.6	225,549	174,923	111,180	30,791	2,331	22.4	8,881	5,644	1,398
Burbank Unified	CA	168,535	8,516	107,233	52,786	100.0	5.1	63.6	31.3	162,629	143,489	96,485	14,131	1,696	12.1	8,623	2,328	1,222
Cajon Valley Union Elementary	CA	163,476	12,842	93,063	57,571	100.0	7.9	56.9	35.2	169,912	147,947	96,015	17,868	3,966	15.9	9,079	5,143	1,398
Capistrano Unified	CA	453,589	23,800	146,857	282,932	100.0	5.2	32.4	62.4	449,234	417,759	273,955	15,224	2,441	6.5	7,974	4,424	1,202
Chaffey Joint Union High	CA	262,608	12,118	171,856	78,634	100.0	4.6	65.4	29.9	228,849	204,385	129,065	7,710	5,285	15.3	8,140	4,325	1,373
Chino Valley Unified	CA	326,640	17,835	214,473	94,332	100.0	5.5	65.7	28.9	298,800	254,523	163,216	28,713	8,056	10.2	7,702	4,651	1,239
Chula Vista Elementary	CA	278,065	18,619	123,680	135,766	100.0	6.7	44.5	48.8	268,525	239,478	153,411	12,474	10,732	14.7	8,784	5,133	1,382
Clovis Unified	CA	424,731	19,446	255,209	150,076	100.0	4.6	60.1	35.3	428,616	325,396	193,524	77,971	10,981	12.8	8,840	5,205	1,233
Coachella Valley Unified	CA	243,396	26,333	163,801	53,262	100.0	10.8	67.3	21.9	254,151	181,154	102,777	64,944	6,199	32.0	9,952	8,005	1,458
Colton Joint Unified	CA	241,979	21,272	178,681	42,026	100.0	8.8	73.8	17.4	234,190	210,954	123,000	14,782	4,795	18.7	8,601	6,557	1,430
Compton Unified	CA	315,528	40,894	223,047	51,587	100.0	13.0	70.7	16.3	303,547	261,032	154,624	23,365	3,430	28.7	9,296	17,142	1,575
Conejo Valley Unified	CA	215,973	7,519	95,442	113,012	100.0	3.5	44.2	52.3	212,754	179,670	118,449	22,096	1,597	6.1	8,471	1,496	1,080
Corona-Norco Unified	CA	476,836	26,997	306,419	143,420	100.0	5.7	64.3	30.1	481,676	414,555	265,260	49,879	7,959	11.0	8,078	6,590	1,277

See notes at end of table.

Table 95. Revenues, expenditures, poverty rate, and Title I allocations of public school districts enrolling more than 15,000 students: 2007–08 and fiscal year 2010—Continued

Name of district	State	Revenues by source of funds, 2007–08 (in thousands of dollars)				Percentage distribution of revenues, 2007–08				Expenditures, 2007–08 (in thousands of dollars)					Poverty rate of 5- to 17-year-olds, 2008[1]	Current expenditure per pupil,[2] 2007–08	Title I allocations, fiscal year 2010,[3] in thousands	Title I allocations, fiscal year 2010, per poverty child[3]
											Current expenditures							
		Total	Federal	State	Local	Total	Federal	State	Local	Total[4]	Total	Instruction	Capital outlay	Interest on school debt				
1	2	3	4	5	6	7	8	9	10	11	12	13	14	15	16	17	18	19
Cupertino Union	CA	149,452	4,381	49,773	95,298	100.0	2.9	33.3	63.8	154,860	140,354	95,185	10,777	3,379	4.6	8,116	572	669
Desert Sands Unified	CA	335,185	19,442	173,081	142,662	100.0	5.8	51.6	42.6	367,394	249,888	154,971	99,353	8,275	16.2	8,684	6,975	1,442
Downey Unified	CA	220,815	16,737	152,916	51,162	100.0	7.6	69.3	23.2	224,153	191,425	128,053	22,950	3,787	16.7	8,562	5,452	1,394
East Side Union High	CA	298,233	15,160	141,428	141,645	100.0	5.1	47.4	47.5	333,433	240,683	138,967	58,108	18,674	12.1	9,158	3,803	1,195
Elk Grove Unified	CA	596,705	39,960	396,509	160,236	100.0	6.7	66.4	26.9	593,789	532,880	341,901	20,676	5,781	14.1	8,554	12,125	1,644
Escondido Union	CA	177,114	16,214	99,065	61,835	100.0	9.2	55.9	34.9	168,245	156,661	100,047	7,757	3,073	15.5	8,057	4,921	1,377
Fairfield-Suisun Unified	CA	216,350	13,250	148,912	54,188	100.0	6.1	68.8	25.0	219,768	185,051	112,120	22,935	6,901	11.0	8,126	2,997	1,177
Folsom-Cordova Unified	CA	192,811	11,794	105,610	75,407	100.0	6.1	54.8	39.1	218,897	159,559	99,514	51,131	5,387	10.9	8,385	2,516	1,256
Fontana Unified	CA	414,953	39,080	319,291	56,582	100.0	9.4	76.9	13.6	485,417	409,452	230,687	63,784	9,134	20.4	9,758	12,678	1,508
Fremont Unified	CA	339,146	16,054	194,207	128,885	100.0	4.7	57.3	38.0	341,826	269,584	182,266	35,700	11,247	7.1	8,438	2,886	1,146
Fresno Unified	CA	838,633	123,361	590,206	125,066	100.0	14.7	70.4	14.9	866,597	768,663	458,025	52,316	22,956	34.3	10,053	50,620	1,713
Fullerton Joint Union High	CA	178,167	5,744	105,760	66,663	100.0	3.2	59.4	37.4	183,972	133,304	80,763	35,452	3,408	12.7	8,168	1,607	1,079
Garden Grove Unified	CA	468,369	41,967	321,929	104,473	100.0	9.0	68.7	22.3	470,004	456,637	293,891	4,433	29	17.4	9,383	14,773	1,554
Glendale Unified	CA	288,006	30,989	182,014	75,003	100.0	10.8	63.2	26.0	289,884	245,562	166,099	26,044	7,739	16.4	9,083	8,290	1,439
Grossmont Union High	CA	274,754	13,879	126,804	134,071	100.0	5.1	46.2	48.8	316,659	229,046	134,250	67,454	5,459	14.3	9,467	3,846	1,210
Hacienda La Puente Unified	CA	265,716	25,877	197,162	42,677	100.0	9.7	74.2	16.1	257,644	210,454	121,249	11,677	3,813	18.1	9,567	6,323	1,412
Hayward Unified	CA	226,664	19,622	146,446	60,596	100.0	8.7	64.6	26.7	226,253	207,231	133,638	4,313	1,245	14.3	9,589	5,660	1,382
Hemet Unified	CA	244,549	21,660	151,523	71,366	100.0	8.9	62.0	29.2	282,833	208,449	124,944	66,444	6,983	17.7	8,845	5,571	1,416
Hesperia Unified	CA	261,363	14,203	214,200	32,960	100.0	5.4	82.0	12.6	206,689	175,240	104,757	28,689	1,787	22.0	7,795	5,437	1,405
Huntington Beach Union High	CA	203,591	12,805	88,721	102,065	100.0	6.3	43.6	50.1	292,651	145,153	83,687	103,455	10,515	11.4	9,043	1,669	1,082
Irvine Unified	CA	265,618	10,498	76,566	178,554	100.0	4.0	28.8	67.2	305,587	222,398	143,501	69,788	6,266	6.5	8,512	1,766	1,086
Jurupa Unified	CA	186,948	14,648	132,469	39,831	100.0	7.8	70.9	21.3	197,898	177,277	111,024	16,716	3,055	18.2	8,582	6,564	1,436
Kern Union High	CA	505,486	31,330	321,216	152,940	100.0	6.2	63.5	30.3	508,867	352,023	191,692	127,411	16,665	26.2	9,427	11,894	1,478
Lake Elsinore Unified	CA	207,722	14,702	125,818	67,202	100.0	7.1	60.6	32.4	198,167	187,737	116,091	7,832	682	12.7	8,491	3,492	1,195
Lancaster Elementary	CA	158,832	14,799	119,162	24,871	100.0	9.3	75.0	15.7	151,371	134,103	85,240	14,433	1,375	19.1	8,491	4,164	1,355
Lodi Unified	CA	313,030	26,594	212,429	74,007	100.0	8.5	67.9	23.6	378,796	273,791	168,522	95,340	7,705	19.3	8,662	9,200	1,456
Long Beach Unified	CA	914,366	130,977	660,542	122,847	100.0	14.3	72.2	13.4	921,942	850,615	529,331	12,041	14,217	24.7	9,646	41,391	1,688
Los Angeles Unified	CA	9,551,053	1,053,853	6,660,389	1,836,811	100.0	11.0	69.7	19.2	10,244,106	7,878,168	4,623,969	1,808,690	336,250	23.9	11,357	407,377	2,077
Lynwood Unified	CA	168,822	17,263	130,587	20,972	100.0	10.2	77.4	12.4	179,010	161,378	94,197	7,446	811	23.6	9,159	6,138	1,408
Madera Unified	CA	186,142	18,613	131,056	36,473	100.0	10.0	70.4	19.6	187,506	160,801	95,285	20,158	2,332	29.5	8,490	7,700	1,424
Manteca Unified	CA	216,524	11,521	139,545	65,458	100.0	5.3	64.4	30.2	239,946	190,688	116,189	41,052	5,395	15.5	8,062	4,541	1,375
Modesto City Elementary	CA	362,285	28,541	245,267	88,477	100.0	7.9	67.7	24.4	340,909	288,987	175,611	38,089	1,231	25.6	9,062	7,527	1,427
Modesto City High	CA	([5])	([5])	([5])	([5])	([5])	([5])	([5])	([5])	([5])	([5])	([5])	([5])	([5])	18.2	(/5/)	3,604	1,329
Montebello Unified	CA	346,766	42,438	246,770	57,558	100.0	12.2	71.2	16.6	359,541	306,261	180,543	33,066	3,774	22.5	9,144	12,030	1,482
Moreno Valley Unified	CA	351,997	30,569	264,351	57,077	100.0	8.7	75.1	16.2	347,701	311,650	194,473	26,302	8,035	14.6	8,394	9,249	1,469
Mount Diablo Unified	CA	352,241	21,824	183,999	146,418	100.0	6.2	52.2	41.6	395,232	313,293	197,779	59,242	16,562	11.0	8,861	6,138	1,281
Murrieta Valley Unified	CA	221,714	6,020	115,549	100,145	100.0	2.7	52.1	45.2	275,323	163,974	105,030	99,472	7,972	8.0	7,725	1,390	1,093
Napa Valley Unified	CA	173,069	10,558	46,077	116,434	100.0	6.1	26.6	67.3	189,181	148,739	94,524	28,335	7,588	10.8	8,474	2,177	1,108
Newport-Mesa Unified	CA	273,372	20,435	59,670	193,267	100.0	7.5	21.8	70.7	283,532	237,304	134,836	33,299	5,869	10.8	11,121	3,429	1,165
Norwalk-La Mirada Unified	CA	248,851	18,208	192,527	38,116	100.0	7.3	77.4	15.3	258,063	196,443	117,515	35,603	4,432	15.1	8,892	5,498	1,395
Oakland Unified	CA	572,024	77,187	324,775	170,062	100.0	13.5	56.8	29.7	609,261	465,980	250,690	61,638	43,505	18.4	10,036	22,937	1,823
Oceanside Unified	CA	219,824	20,435	122,899	76,490	100.0	9.3	55.9	34.8	213,576	190,216	118,624	16,791	5,901	15.3	8,963	5,276	1,386
Ontario-Montclair Elementary	CA	244,308	31,261	169,143	43,904	100.0	12.8	69.2	18.0	252,295	209,886	132,453	40,771	1,081	20.9	9,005	9,766	1,465
Orange Unified	CA	285,294	17,521	128,380	139,393	100.0	6.1	45.0	48.9	277,338	254,610	157,719	17,513	3,334	10.3	8,451	5,083	1,220
Oxnard Elementary	CA	173,032	15,343	111,240	46,449	100.0	8.9	64.3	26.8	178,132	139,045	90,092	31,413	5,267	15.9	9,099	3,747	1,333
Oxnard Union High	CA	162,721	9,689	89,389	63,643	100.0	6.0	54.9	39.1	155,387	145,304	88,385	3,086	3,003	13.9	8,614	2,535	1,262
Pajaro Valley Unified	CA	222,258	37,148	121,890	63,220	100.0	16.7	54.8	28.4	232,017	208,015	118,993	18,585	2,292	20.2	10,711	5,828	1,401
Palm Springs Unified	CA	255,347	20,618	139,093	95,636	100.0	8.1	54.5	37.5	242,178	213,912	132,730	18,560	8,985	17.9	8,767	7,099	1,444
Palmdale Elementary	CA	249,256	41,614	187,584	20,058	100.0	16.7	75.3	8.0	236,714	183,676	108,314	6,437	3,149	19.1	8,276	5,814	1,402
Panama-Buena Vista Union	CA	163,281	9,287	126,067	27,927	100.0	5.7	77.2	17.1	156,620	134,139	84,805	12,729	253	13.3	8,100	2,251	1,109
Paramount Unified	CA	166,740	18,367	121,427	26,946	100.0	11.0	72.8	16.2	163,617	147,531	87,777	6,830	2,578	22.0	9,248	5,801	1,402
Pasadena Unified	CA	245,920	29,370	141,973	74,577	100.0	11.9	57.7	30.3	240,297	214,090	125,300	12,322	9,507	16.1	10,241	7,543	1,480
Placentia-Yorba Linda Unified	CA	337,657	13,020	204,165	120,472	100.0	3.9	60.5	35.7	283,007	224,226	141,162	47,833	6,955	7.9	8,544	2,731	1,125

See notes at end of table.

Table 95. Revenues, expenditures, poverty rate, and Title I allocations of public school districts enrolling more than 15,000 students: 2007–08 and fiscal year 2010—Continued

		Revenues by source of funds, 2007–08 (in thousands of dollars)				Percentage distribution of revenues, 2007–08				Expenditures, 2007–08 (in thousands of dollars)					Poverty rate of 5- to 17-year-olds, 2008[1]	Current expenditure per pupil,[2] 2007–08	Title I allocations, fiscal year 2010,[3] in thousands	Title I allocations, fiscal year 2010, per poverty child[3]
											Current expenditures							
Name of district	State	Total	Federal	State	Local	Total	Federal	State	Local	Total[4]	Total	Instruction	Capital outlay	Interest on school debt				
1	2	3	4	5	6	7	8	9	10	11	12	13	14	15	16	17	18	19
Pomona Unified	CA	405,437	61,998	280,094	63,345	100.0	15.3	69.1	15.6	392,503	320,013	181,381	18,550	8,043	21.3	10,397	12,351	1,489
Poway Unified	CA	377,656	10,256	165,134	202,266	100.0	2.7	43.7	53.6	563,280	316,581	180,752	211,919	32,734	5.8	9,512	2,159	1,108
Redlands Unified	CA	243,706	12,554	169,714	61,438	100.0	5.2	69.6	25.2	223,551	170,914	108,412	42,431	3,031	12.5	7,956	3,747	1,300
Rialto Unified	CA	312,860	29,158	239,582	44,120	100.0	9.3	76.6	14.1	302,791	249,817	141,475	49,005	2,823	19.1	8,594	9,046	1,459
Riverside Unified	CA	434,605	28,981	293,080	112,544	100.0	6.7	67.4	25.9	407,742	360,137	219,257	31,331	6,268	15.2	8,268	11,455	1,490
Rowland Unified	CA	202,561	23,231	148,063	31,267	100.0	11.5	73.1	15.4	198,635	150,818	90,534	9,916	4,625	17.2	8,914	5,412	1,393
Sacramento City Unified	CA	545,693	78,196	345,913	121,584	100.0	14.3	63.4	22.3	559,994	486,908	290,622	42,850	19,782	20.5	10,051	22,015	1,669
Saddleback Valley Unified	CA	309,962	11,576	137,772	160,614	100.0	3.7	44.4	51.8	352,215	269,244	186,999	64,652	6,863	6.4	8,023	2,870	1,134
San Bernardino City Unified	CA	797,791	73,382	657,628	66,781	100.0	9.2	82.4	8.4	685,268	553,930	325,229	107,044	6,778	31.0	9,765	30,648	1,669
San Diego Unified	CA	1,560,549	144,969	623,080	792,500	100.0	9.3	39.9	50.8	1,518,381	1,355,940	758,822	87,015	72,593	18.7	10,305	50,323	1,716
San Francisco Unified	CA	668,282	69,870	258,139	340,273	100.0	10.5	38.6	50.9	743,842	534,762	272,940	149,994	17,467	13.4	9,711	16,040	1,560
San Jose Unified	CA	371,634	25,018	118,058	228,558	100.0	6.7	31.8	61.5	443,147	312,469	181,074	102,958	23,722	10.7	10,005	5,952	1,362
San Juan Unified	CA	480,125	40,410	303,399	136,316	100.0	8.4	63.2	28.4	477,164	433,280	264,352	24,445	10,337	14.0	9,141	13,078	1,586
San Marcos Unified	CA	177,681	8,861	97,613	71,207	100.0	5.0	54.9	40.1	167,806	141,037	90,037	20,674	3,559	12.8	8,115	1,984	1,100
San Ramon Valley Unified	CA	266,356	4,682	84,757	176,917	100.0	1.8	31.8	66.4	306,918	218,936	140,627	71,352	14,681	3.7	8,434	582	690
Santa Ana Unified	CA	564,867	69,466	366,775	128,626	100.0	12.3	64.9	22.8	594,552	544,084	331,066	35,529	7,850	19.8	9,535	19,817	1,574
Simi Valley Unified	CA	205,157	8,296	117,864	78,997	100.0	4.0	57.5	38.5	198,966	169,378	110,832	18,794	3,936	6.3	8,013	1,546	1,082
Stockton Unified	CA	403,314	49,361	280,357	73,596	100.0	12.2	69.5	18.2	433,171	368,782	226,995	51,191	9,421	27.9	9,602	21,368	1,611
Sweetwater Union High	CA	478,500	29,990	291,222	157,288	100.0	6.3	60.9	32.9	490,538	392,655	235,669	63,490	16,631	18.2	9,219	8,430	1,457
Temecula Valley Unified	CA	255,866	8,971	138,720	108,175	100.0	3.5	54.2	42.3	245,968	227,162	154,589	13,847	2,216	7.5	7,717	2,013	1,140
Torrance Unified	CA	234,236	10,541	163,676	60,019	100.0	4.5	69.9	25.6	229,096	200,779	136,083	8,265	859	8.6	8,040	2,169	1,108
Tracy Joint Unified	CA	202,339	5,880	141,170	55,289	100.0	2.9	69.8	27.3	177,593	135,153	87,962	38,911	731	13.2	7,797	2,177	1,113
Tustin Unified	CA	203,021	9,019	84,921	109,081	100.0	4.4	41.8	53.7	195,908	166,711	106,147	14,177	8,806	9.0	7,973	1,922	1,090
Twin Rivers Unified	CA	—	—	—	—	—	—	—	—	—	—	—	—	—	—	—	—	—
Val Verde Unified	CA	346,751	56,664	121,093	168,994	100.0	16.3	34.9	48.7	366,370	171,888	108,041	6,705	4,084	17.3	8,794	3,147	1,326
Vallejo City Unified	CA	179,712	14,423	116,340	48,949	100.0	8.0	64.7	27.2	170,917	152,666	89,024	6,148	8,804	12.4	8,770	3,285	1,194
Ventura Unified	CA	171,516	13,844	84,139	73,533	100.0	8.1	49.1	42.9	172,048	151,644	87,650	10,360	3,635	9.6	8,755	2,093	1,102
Visalia Unified	CA	277,746	22,040	190,437	65,269	100.0	7.9	68.6	23.5	263,938	217,177	135,267	38,810	1,773	22.4	8,127	8,673	1,433
Vista Unified	CA	287,521	20,430	167,307	99,784	100.0	7.1	58.2	34.7	248,201	209,437	137,709	28,877	5,665	14.9	7,756	6,223	1,408
West Contra Costa Unified	CA	354,918	34,921	187,128	132,869	100.0	9.8	52.7	37.4	470,846	306,553	183,227	139,386	20,671	16.0	9,943	10,213	1,478
William S. Hart Union High	CA	240,768	6,567	177,825	56,376	100.0	2.7	73.9	23.4	250,282	202,024	117,620	36,935	9,649	8.5	8,003	1,456	1,082
Academy School District No. 20	CO	208,641	9,540	94,992	104,109	100.0	4.6	45.5	49.9	207,121	175,654	112,992	13,176	17,462	4.4	8,199	573	670
Adams 12 Five Star Schools	CO	368,618	16,013	195,570	157,035	100.0	4.3	53.1	42.6	376,199	315,517	191,742	40,416	19,135	10.1	8,129	4,925	1,253
Aurora Joint District No. 28	CO	314,711	30,152	176,627	107,932	100.0	9.6	56.1	34.3	346,713	285,742	171,559	46,769	11,204	18.6	8,514	12,099	1,733
Boulder Valley No. RE 2	CO	304,274	13,461	64,066	226,747	100.0	4.4	21.1	74.5	327,104	261,473	159,502	48,282	12,336	6.3	9,161	2,586	1,290
Cherry Creek	CO	493,657	19,321	203,803	270,533	100.0	3.9	41.3	54.8	475,950	432,943	268,111	23,207	18,601	6.8	8,556	4,636	1,490
Colorado Springs	CO	300,831	26,245	128,084	146,502	100.0	8.7	42.6	48.7	348,089	273,031	153,848	61,419	12,211	14.6	9,257	8,329	1,415
Denver	CO	861,239	93,657	239,598	527,984	100.0	10.9	27.8	61.3	1,236,973	1,151,943	648,191	23,880	33,425	24.8	15,769	41,329	1,735
Douglas County	CO	515,086	11,217	203,468	300,401	100.0	2.2	39.5	58.3	601,870	446,001	268,956	122,243	33,516	2.6	8,418	1,007	669
Greeley	CO	158,424	15,755	89,434	53,235	100.0	9.9	56.5	33.6	152,084	141,524	82,929	4,007	6,455	16.4	7,693	5,192	1,430
Jefferson County	CO	858,375	40,484	346,754	471,137	100.0	4.7	40.4	54.9	881,642	714,118	421,576	127,281	39,850	8.0	8,288	11,306	1,586
Littleton	CO	153,321	6,590	67,263	79,468	100.0	4.3	43.9	51.8	151,477	139,274	84,015	6,020	5,446	6.3	8,739	1,592	1,331
Mesa County Valley	CO	186,168	13,330	89,224	83,614	100.0	7.2	47.9	44.9	187,519	161,497	100,895	17,580	6,291	11.7	7,589	3,549	1,376
Poudre R-1	CO	246,690	14,745	92,128	139,817	100.0	6.0	37.3	56.7	240,425	211,758	121,003	13,898	13,022	9.6	8,272	2,995	1,181
Pueblo	CO	157,551	19,166	96,156	42,229	100.0	12.2	61.0	26.8	151,542	141,571	80,784	3,957	5,329	23.7	7,741	6,830	1,494
Saint Vrain Valley	CO	215,660	10,427	95,955	109,278	100.0	4.8	44.5	50.7	250,059	174,751	107,325	57,261	15,589	8.2	7,109	2,376	1,263
Thompson	CO	141,716	8,055	64,195	69,466	100.0	5.7	45.3	49.0	160,684	128,116	67,986	24,210	6,065	8.6	8,371	1,641	1,133
Bridgeport	CT	391,474	37,880	301,649	51,945	100.0	9.7	77.1	13.3	376,532	291,735	188,762	69,418	5,758	21.5	14,010	13,438	2,174
Hartford	CT	467,353	46,203	321,380	99,770	100.0	9.9	68.8	21.3	464,988	393,262	229,694	50,992	6,391	29.7	17,589	18,989	2,538
New Haven	CT	485,564	43,593	318,682	123,289	100.0	9.0	65.6	25.4	454,978	337,475	209,194	92,310	13,391	25.5	16,990	12,777	2,279
Waterbury	CT	273,188	20,458	166,056	86,674	100.0	7.5	60.8	31.7	278,404	255,762	149,549	18,524	288	25.9	13,973	11,051	2,181

See notes at end of table.

Table 95. Revenues, expenditures, poverty rate, and Title I allocations of public school districts enrolling more than 15,000 students: 2007–08 and fiscal year 2010—Continued

Name of district	State	Revenues by source of funds, 2007–08 (in thousands of dollars)				Percentage distribution of revenues, 2007–08				Expenditures, 2007–08 (in thousands of dollars)					Poverty rate of 5- to 17-year-olds, 2008[1]	Current expenditure per pupil,[2] 2007–08	Title I allocations, fiscal year 2010,[3] in thousands	Title I allocations, fiscal year 2010, per poverty child[3]
											Current expenditures							
		Total	Federal	State	Local	Total	Federal	State	Local	Total[4]	Total	Instruction	Capital outlay	Interest on school debt				
1	2	3	4	5	6	7	8	9	10	11	12	13	14	15	16	17	18	19
Christina	DE	257,222	17,301	131,484	108,437	100.0	6.7	51.1	42.2	280,884	235,726	143,041	24,852	3,437	11.1	14,159	7,475	2,315
Red Clay Consolidated	DE	211,300	12,296	102,319	96,685	100.0	5.8	48.4	45.8	244,675	182,042	109,864	38,446	3,406	10.2	11,580	5,404	2,208
District of Columbia	DC	1,224,312	85,568	†	1,138,744	100.0	7.0	0.0	93.0	1,224,785	988,672	520,090	202,768	0	24.3	16,990	47,617	2,585
Alachua	FL	298,689	30,575	144,649	123,465	100.0	10.2	48.4	41.3	289,287	254,424	140,380	25,607	5,115	16.4	8,966	7,091	1,382
Bay	FL	267,771	22,118	98,964	146,689	100.0	8.3	37.0	54.8	290,862	222,563	133,823	57,504	5,883	17.6	8,483	6,302	1,369
Brevard	FL	747,371	51,979	330,491	364,901	100.0	7.0	44.2	48.8	885,106	627,018	392,696	227,779	28,569	13.1	8,431	15,004	1,455
Broward	FL	2,874,695	233,523	1,132,545	1,508,627	100.0	8.1	39.4	52.5	2,995,075	2,339,595	1,415,286	469,517	107,318	14.0	9,037	66,614	1,608
Charlotte	FL	217,239	16,168	45,665	155,406	100.0	7.4	21.0	71.5	187,469	163,149	92,298	21,002	347	14.8	9,168	3,001	1,109
Citrus	FL	178,729	13,174	63,657	101,898	100.0	7.4	35.6	57.0	168,564	139,622	79,079	25,076	222	19.6	8,635	4,429	1,310
Clay	FL	368,132	17,145	247,068	103,919	100.0	4.7	67.1	28.2	370,701	291,313	187,547	75,199	3,069	10.2	8,071	3,841	1,163
Collier	FL	621,216	41,903	103,647	475,666	100.0	6.7	16.7	76.6	710,075	440,921	258,863	237,747	25,858	15.9	10,320	9,835	1,390
Dade	FL	3,959,408	427,479	1,431,109	2,100,820	100.0	10.8	36.1	53.1	4,624,086	3,457,902	2,108,499	944,763	137,025	20.2	9,933	129,370	1,682
Duval	FL	1,238,175	106,117	577,864	554,194	100.0	8.6	46.7	44.8	1,251,694	1,079,389	653,501	158,236	13,586	15.2	8,653	36,401	1,562
Escambia	FL	417,944	44,055	215,051	158,838	100.0	10.5	51.5	38.0	411,517	358,866	207,621	44,944	3,209	20.4	8,574	13,909	1,445
Hernando	FL	253,140	16,690	121,748	114,702	100.0	6.6	48.1	45.3	234,963	177,713	106,095	46,435	9,782	15.3	7,782	4,840	1,323
Hillsborough	FL	2,068,665	247,129	1,034,236	787,300	100.0	11.9	50.0	38.1	2,112,627	1,613,384	986,010	336,471	57,856	16.7	8,352	54,993	1,602
Indian River	FL	198,399	12,386	37,210	148,803	100.0	6.2	18.8	75.0	222,110	153,977	88,448	59,062	7,273	15.8	8,726	3,676	1,288
Lake	FL	473,899	31,666	233,241	208,992	100.0	6.7	49.2	44.1	426,034	332,093	204,685	75,673	17,673	15.1	8,166	8,832	1,386
Lee	FL	980,391	67,054	220,143	693,194	100.0	6.8	22.5	70.7	945,972	701,153	400,007	201,699	26,315	14.8	8,706	19,021	1,487
Leon	FL	367,517	28,934	175,703	162,880	100.0	7.9	47.8	44.3	402,624	281,883	156,509	104,789	6,767	15.6	8,681	8,232	1,396
Manatee	FL	517,955	38,737	164,347	314,871	100.0	7.5	31.7	60.8	501,464	392,530	233,932	85,755	13,850	16.6	9,231	11,060	1,410
Marion	FL	463,326	41,987	196,816	224,523	100.0	9.1	42.5	48.5	461,409	365,998	207,404	76,030	8,492	21.5	8,596	14,647	1,443
Martin	FL	225,340	12,924	50,149	162,267	100.0	5.7	22.3	72.0	241,830	164,794	97,652	70,144	2,414	13.8	9,100	2,814	1,110
Okaloosa	FL	296,801	24,417	115,498	156,886	100.0	8.2	38.9	52.9	320,831	249,844	159,430	61,963	3,933	12.0	8,450	4,136	1,163
Orange	FL	1,974,283	155,268	726,790	1,092,225	100.0	7.9	36.8	55.3	2,031,946	1,524,737	891,569	415,370	70,263	16.3	8,756	47,549	1,563
Osceola	FL	628,244	44,158	320,426	263,660	100.0	7.0	51.0	42.0	549,940	450,830	257,769	79,151	15,473	17.2	8,548	11,843	1,431
Palm Beach	FL	2,183,132	138,401	494,375	1,550,356	100.0	6.3	22.6	71.0	2,324,872	1,605,194	994,404	574,345	101,431	14.1	9,394	41,876	1,573
Pasco	FL	713,902	55,039	378,537	280,326	100.0	7.7	53.0	39.3	750,287	557,214	319,668	152,846	36,774	15.0	8,403	15,633	1,464
Pinellas	FL	1,211,026	94,072	454,583	662,371	100.0	7.8	37.5	54.7	1,125,639	966,587	580,605	134,646	2,553	14.3	8,959	27,637	1,539
Polk	FL	1,250,657	82,891	611,812	555,954	100.0	6.6	48.9	44.5	1,198,317	1,017,453	714,746	150,342	20,166	19.8	10,826	30,179	1,547
Saint Johns	FL	335,431	13,388	116,187	205,856	100.0	4.0	34.6	61.4	369,379	235,915	133,558	122,963	7,418	8.8	8,467	2,705	1,124
Saint Lucie	FL	487,180	36,562	218,096	232,522	100.0	7.5	44.8	47.7	573,341	349,362	192,145	206,868	16,641	17.1	8,659	10,010	1,392
Santa Rosa	FL	242,133	18,162	133,657	90,314	100.0	7.5	55.2	37.3	234,586	206,113	124,771	23,431	2,133	12.8	8,017	3,756	1,172
Sarasota	FL	626,334	29,535	114,137	482,662	100.0	4.7	18.2	77.1	616,781	455,337	273,851	149,131	3,108	13.2	10,838	7,011	1,210
Seminole	FL	633,500	40,109	297,872	295,519	100.0	6.3	47.0	46.6	626,787	529,379	332,785	82,886	12,854	9.8	8,097	9,356	1,389
Volusia	FL	713,726	51,040	260,755	401,931	100.0	7.2	36.5	56.3	748,410	564,674	340,261	149,605	29,112	16.5	8,756	18,618	1,606
Atlanta	GA	869,896	88,718	162,938	618,240	100.0	10.2	18.7	71.1	772,858	699,826	358,279	70,951	0	25.9	13,999	39,834	1,842
Bibb County	GA	267,929	31,230	122,337	114,362	100.0	11.7	45.7	42.7	293,594	235,055	141,501	55,253	3,278	28.9	9,391	15,771	1,855
Chatham County	GA	403,159	38,412	137,477	227,270	100.0	9.5	34.1	56.4	358,168	339,417	217,189	13,207	5,471	19.9	9,966	14,838	1,674
Cherokee County	GA	406,706	14,776	172,489	219,441	100.0	3.6	42.4	54.0	447,897	338,282	238,739	96,613	11,036	7.4	9,305	4,306	1,359
Clayton County	GA	567,961	55,651	264,392	247,918	100.0	9.8	46.6	43.7	542,904	487,680	295,736	54,351	0	18.8	9,251	18,120	1,675
Cobb County	GA	1,157,791	66,790	450,898	640,103	100.0	5.8	38.9	55.3	1,150,565	1,025,514	710,282	113,535	6,500	8.3	9,557	16,597	1,691
Columbia County	GA	223,610	9,388	120,569	93,653	100.0	4.2	53.9	41.9	227,343	192,848	128,235	32,588	1,704	7.4	8,585	1,958	1,205
Coweta County	GA	214,080	11,933	97,883	104,264	100.0	5.6	45.7	48.7	203,032	187,993	123,922	9,584	3,731	11.5	8,627	3,763	1,315
DeKalb County	GA	1,245,461	83,281	448,301	713,879	100.0	6.7	36.0	57.3	1,167,205	1,059,607	641,380	98,982	8,608	22.7	10,567	47,237	1,796
Dougherty County	GA	182,288	23,453	92,214	66,621	100.0	12.9	50.6	36.5	174,976	165,825	103,438	8,499	25	32.2	10,089	9,044	1,548
Douglas County	GA	266,731	18,106	121,293	127,332	100.0	6.8	45.5	47.7	267,264	226,736	149,101	29,697	10,831	13.2	9,168	5,311	1,519
Fayette County	GA	232,377	6,985	101,819	123,573	100.0	3.0	43.8	53.2	239,439	213,138	142,808	20,992	1,666	5.3	9,591	1,192	1,158
Forsyth County	GA	332,290	9,990	125,299	197,001	100.0	3.0	37.7	59.3	434,281	280,773	192,305	129,254	23,416	5.3	9,159	2,356	1,252
Fulton County	GA	1,068,153	45,181	309,750	713,222	100.0	4.2	29.0	66.8	1,105,728	897,702	574,013	199,938	7,089	12.2	10,411	21,486	1,716
Gwinnett County	GA	1,764,516	95,838	789,298	879,380	100.0	5.4	44.7	49.8	1,889,054	1,491,932	966,328	354,566	40,550	10.8	9,587	29,711	1,744
Hall County	GA	257,012	19,410	129,504	108,098	100.0	7.6	50.4	42.1	278,749	235,011	153,368	40,592	2,933	13.9	9,185	5,784	1,368

See notes at end of table.

Table 95. Revenues, expenditures, poverty rate, and Title I allocations of public school districts enrolling more than 15,000 students: 2007–08 and fiscal year 2010—Continued

Name of district	State	Revenues by source of funds, 2007–08 (in thousands of dollars)				Percentage distribution of revenues, 2007–08				Expenditures, 2007–08 (in thousands of dollars)					Poverty rate of 5- to 17-year-olds, 2008[1]	Current expenditure per pupil,[2] 2007–08	Title I allocations, fiscal year 2010,[3] in thousands	Title I allocations, fiscal year 2010, per poverty child[3]
		Total	Federal	State	Local	Total	Federal	State	Local	Total[4]	Current expenditures: Total	Current expenditures: Instruction	Capital outlay	Interest on school debt				
1	2	3	4	5	6	7	8	9	10	11	12	13	14	15	16	17	18	19
Henry County	GA	409,143	17,997	182,677	208,469	100.0	4.4	44.6	51.0	467,379	340,447	232,153	114,958	7,778	10.0	8,729	5,675	1,366
Houston County	GA	274,811	19,817	148,855	106,139	100.0	7.2	54.2	38.6	268,040	246,068	159,940	17,369	3,603	15.3	9,493	5,874	1,538
Muscogee County	GA	383,045	36,117	205,422	141,506	100.0	9.4	53.6	36.9	359,337	327,428	203,527	29,817	164	24.0	9,994	13,384	1,623
Newton County	GA	204,512	12,599	114,914	76,999	100.0	6.2	56.2	37.7	202,766	172,543	112,428	28,309	1,803	16.3	9,028	5,017	1,486
Paulding County	GA	285,118	11,930	158,018	115,170	100.0	4.2	55.4	40.4	302,571	233,890	160,373	61,247	5,272	7.8	8,709	2,929	1,259
Richmond County	GA	355,388	42,257	180,911	132,220	100.0	11.9	50.9	37.2	355,950	313,338	199,736	35,160	7,307	32.3	9,522	20,342	1,716
Rockdale County	GA	163,316	10,605	70,840	81,871	100.0	6.5	43.4	50.1	164,500	152,278	93,526	12,222	0	15.9	9,753	3,734	1,443
Hawaii Department of Education	HI	2,541,703	310,732	2,154,313	76,658	100.0	12.2	84.8	3.0	2,242,408	2,122,779	1,281,836	94,455	0	9.1	11,800	42,599	2,366
Boise Independent	ID	246,531	17,279	130,619	98,633	100.0	7.0	53.0	40.0	237,138	213,571	133,104	16,209	5,487	9.9	8,338	5,071	1,396
Meridian Joint	ID	249,927	12,219	164,406	73,302	100.0	4.9	65.8	29.3	215,764	197,567	120,523	4,785	13,342	7.1	5,910	2,901	1,288
Nampa	ID	105,735	10,524	75,872	19,339	100.0	10.0	71.8	18.3	111,553	90,258	56,729	14,310	6,985	13.4	5,937	3,345	1,415
Carpentersville (CUSD 300)	IL	206,757	9,595	48,150	149,012	100.0	4.6	23.3	72.1	259,816	173,739	103,449	68,591	11,491	7.8	8,867	2,156	1,264
City of Chicago	IL	4,844,616	808,902	2,061,414	1,974,300	100.0	16.7	42.6	40.8	4,941,544	4,235,025	2,529,405	429,476	207,167	25.5	10,392	307,538	2,417
Elgin (SD U-46)	IL	415,492	26,716	125,148	263,628	100.0	6.4	30.1	63.4	422,445	382,981	213,579	17,086	11,429	11.6	9,408	7,449	1,481
Indian Prairie (CUSD 204)	IL	307,410	6,588	59,468	241,354	100.0	2.1	19.3	78.5	314,863	264,327	175,362	32,617	17,360	3.3	9,075	674	787
Naperville (CUSD 203)	IL	236,757	6,235	36,562	193,960	100.0	2.6	15.4	81.9	217,923	200,306	124,846	12,873	806	3.4	10,999	560	783
Oswego (CUSD 308)	IL	158,651	1,969	51,552	105,130	100.0	1.2	32.5	66.3	220,071	117,143	67,728	81,295	11,457	4.1	7,994	388	802
Plainfield (SD 202)	IL	275,809	5,216	105,231	165,362	100.0	1.9	38.2	60.0	338,776	237,296	151,683	76,587	18,740	4.5	8,339	570	799
Rockford (SD 205)	IL	334,925	38,850	142,789	153,286	100.0	11.6	42.6	45.8	302,210	286,945	167,416	3,959	5,278	22.3	9,776	13,793	1,750
Valley View (CUSD 365)	IL	213,274	9,608	68,612	135,054	100.0	4.5	32.2	63.3	229,755	184,094	112,835	42,631	2,215	9.2	10,223	2,328	1,300
Waukegan (CUSD 60)	IL	167,197	17,855	84,071	65,271	100.0	10.7	50.3	39.0	164,774	158,181	89,214	2,249	2,358	20.1	9,280	5,973	1,606
Carmel Clay Schools	IN	169,519	10,359	45,249	113,911	100.0	6.1	26.7	67.2	157,859	133,395	83,767	14,222	6,217	3.1	8,878	428	634
Evansville-Vanderburgh School Corp.	IN	249,125	27,568	112,067	109,490	100.0	11.1	45.0	43.9	232,482	211,607	124,745	14,311	4,400	20.7	9,504	8,921	1,524
Fort Wayne	IN	358,885	35,435	176,554	146,896	100.0	9.9	49.2	40.9	352,536	315,277	199,429	26,298	3,769	17.4	9,989	11,672	1,622
Hamilton Southeastern	IN	162,191	2,019	61,407	98,765	100.0	1.2	37.9	60.9	136,230	123,950	71,327	9,410	437	3.2	7,653	317	684
Indianapolis	IN	529,391	73,689	279,396	176,306	100.0	13.9	52.8	33.3	510,246	416,805	211,709	61,621	4,252	29.7	11,822	37,585	2,024
MSD Lawrence Township	IN	173,785	7,867	76,863	89,055	100.0	4.5	44.2	51.2	206,322	156,169	102,323	46,616	2,700	12.8	9,668	2,822	1,185
MSD Wayne Township	IN	176,782	20,648	94,659	61,475	100.0	11.7	53.5	34.8	180,604	149,499	97,438	26,040	1,624	21.0	10,022	3,961	1,393
South Bend	IN	288,432	36,188	132,801	119,443	100.0	12.5	46.0	41.4	258,055	241,023	149,855	11,349	2,169	21.2	11,169	10,206	1,679
Vigo County	IN	159,462	11,092	84,969	63,401	100.0	7.0	53.3	39.8	150,021	134,319	84,664	12,345	232	23.4	8,290	5,603	1,442
Cedar Rapids	IA	200,351	10,102	90,937	99,312	100.0	5.0	45.4	49.6	181,129	159,547	102,918	9,584	3,140	10.1	9,475	2,920	1,302
Davenport	IA	181,449	13,326	85,122	83,001	100.0	7.3	46.9	45.7	165,867	145,362	98,514	13,679	1,008	18.1	8,932	5,260	1,510
Des Moines Independent	IA	382,539	39,218	187,461	155,860	100.0	10.3	49.0	40.7	388,799	325,311	208,971	49,341	823	15.3	10,152	9,777	1,594
Blue Valley	KS	252,185	5,726	82,684	163,775	100.0	2.3	32.8	64.9	226,021	186,041	113,458	26,899	12,557	2.1	8,900	364	771
Kansas City	KS	245,546	21,480	156,904	67,162	100.0	8.7	63.9	27.4	228,242	216,263	123,476	6,767	5,212	27.6	10,832	12,525	1,961
Olathe	KS	303,341	11,715	150,185	141,441	100.0	3.9	49.5	46.6	285,221	248,750	159,493	24,738	10,907	4.9	9,509	1,873	1,455
Shawnee Mission	KS	321,118	12,961	117,975	190,182	100.0	4.0	36.7	59.2	331,940	262,785	170,559	57,077	12,055	5.4	9,453	3,309	1,477
Wichita	KS	562,916	58,078	343,744	161,094	100.0	10.3	61.1	28.6	546,969	496,388	274,059	40,708	9,873	16.8	10,609	21,841	2,196
Boone County	KY	169,818	8,427	71,443	89,948	100.0	5.0	42.1	53.0	184,138	136,663	81,706	36,990	9,435	6.8	7,577	1,712	1,169
Fayette County	KY	392,707	30,696	146,059	215,952	100.0	7.8	37.2	55.0	386,392	326,008	195,540	48,394	9,561	17.0	9,205	11,585	1,588
Jefferson County	KY	1,087,693	114,025	455,522	518,146	100.0	10.5	41.9	47.6	1,042,775	955,482	512,944	56,781	21,815	18.4	9,966	39,599	1,769
Ascension Parish	LA	196,643	14,431	88,961	93,251	100.0	7.3	45.2	47.4	200,971	166,255	101,571	30,097	4,155	12.4	8,941	3,620	1,391
Bossier Parish	LA	191,025	17,255	92,392	81,378	100.0	9.0	48.4	42.6	207,705	172,676	100,848	31,837	2,012	16.6	8,843	5,492	1,553
Caddo Parish	LA	447,996	54,595	216,580	176,821	100.0	12.2	48.3	39.5	445,261	406,440	239,982	32,447	5,128	24.8	9,482	21,978	1,937
Calcasieu Parish	LA	343,787	41,273	154,459	148,055	100.0	12.0	44.9	43.1	334,883	308,966	176,087	17,573	7,801	18.4	9,500	10,128	1,615
East Baton Rouge Parish	LA	558,999	76,800	191,558	290,641	100.0	13.7	34.3	52.0	524,151	487,400	282,353	35,113	0	24.1	10,662	28,257	1,811
Jefferson Parish	LA	544,822	109,854	156,008	278,960	100.0	20.2	28.6	51.2	548,542	497,032	286,193	40,278	8,546	18.5	11,434	24,829	1,781
Lafayette Parish	LA	312,317	37,057	125,114	150,146	100.0	11.9	40.1	48.1	287,241	271,055	169,311	11,650	3,844	17.6	9,107	10,919	1,629
Livingston Parish	LA	205,192	15,152	135,728	54,312	100.0	7.4	66.1	26.5	200,638	191,112	122,423	7,198	2,056	13.6	8,215	4,758	1,478

See notes at end of table.

Table 95. Revenues, expenditures, poverty rate, and Title I allocations of public school districts enrolling more than 15,000 students: 2007–08 and fiscal year 2010—Continued

Name of district	State	Revenues by source of funds, 2007–08 (in thousands of dollars)				Percentage distribution of revenues, 2007–08				Expenditures, 2007–08 (in thousands of dollars)					Poverty rate of 5- to 17-year-olds, 2008[1]	Current expenditure per pupil,[2] 2007–08	Title I allocations, fiscal year 2010,[3] in thousands	Title I allocations, fiscal year 2010, per poverty child[3]
											Current expenditures							
		Total	Federal	State	Local	Total	Federal	State	Local	Total[4]	Total	Instruction	Capital outlay	Interest on school debt				
1	2	3	4	5	6	7	8	9	10	11	12	13	14	15	16	17	18	19
Ouachita Parish	LA	194,576	17,738	112,986	63,852	100.0	9.1	58.1	32.8	193,903	175,517	104,070	12,840	4,933	22.1	9,213	5,919	1,537
Rapides Parish	LA	217,919	28,020	120,057	69,842	100.0	12.9	55.1	32.0	220,029	206,087	126,850	9,357	3,670	24.3	8,813	9,507	1,597
Saint Landry Parish	LA	137,679	21,449	82,627	33,603	100.0	15.6	60.0	24.4	139,765	134,342	83,081	2,497	2,372	31.6	8,820	9,996	1,776
Saint Tammany Parish	LA	429,450	49,372	186,469	193,609	100.0	11.5	43.4	45.1	441,865	361,543	221,494	71,065	7,191	12.1	10,280	7,496	1,416
Tangipahoa Parish	LA	176,389	25,948	105,310	45,131	100.0	14.7	59.7	25.6	167,671	160,787	98,580	5,279	1,300	27.4	8,213	9,566	1,599
Terrebonne Parish	LA	180,873	22,016	95,609	63,248	100.0	12.2	52.9	35.0	182,621	170,318	107,181	11,745	25	21.0	8,951	6,794	1,563
Anne Arundel County	MD	1,003,238	45,951	323,201	634,086	100.0	4.6	32.2	63.2	1,019,185	877,288	541,858	108,664	10,715	5.8	11,952	9,727	1,885
Baltimore City	MD	1,397,983	162,776	937,373	297,834	100.0	11.6	67.1	21.3	1,373,259	1,154,284	679,115	153,981	2,807	22.5	14,201	62,186	2,578
Baltimore County	MD	1,518,801	81,477	644,803	792,521	100.0	5.4	42.5	52.2	1,331,971	1,263,668	772,638	22,238	11,741	8.2	12,118	23,253	2,225
Calvert County	MD	240,110	7,941	107,530	124,639	100.0	3.3	44.8	51.9	234,649	205,426	126,767	24,798	1,483	5.4	11,810	1,284	1,430
Carroll County	MD	407,110	12,269	164,388	230,453	100.0	3.0	40.4	56.6	399,767	323,110	192,481	66,461	2,576	4.7	11,409	1,266	886
Cecil County	MD	215,964	10,040	110,473	95,451	100.0	4.6	51.2	44.2	212,499	183,438	110,189	19,740	4,874	9.1	11,261	2,466	1,521
Charles County	MD	365,859	14,600	167,390	183,869	100.0	4.0	45.8	50.3	367,378	318,873	182,672	40,830	1,007	6.9	11,954	2,858	1,517
Frederick County	MD	568,284	17,555	239,548	311,181	100.0	3.1	42.2	54.8	539,781	455,881	280,263	66,934	9,684	5.2	11,260	3,449	1,565
Harford County	MD	586,552	21,137	252,700	312,715	100.0	3.6	43.1	53.3	570,102	455,028	275,410	100,394	4,616	5.9	11,616	4,326	1,650
Howard County	MD	805,247	20,014	234,350	550,883	100.0	2.5	29.1	68.4	789,781	688,449	435,252	78,956	12,546	4.1	13,896	1,884	894
Montgomery County	MD	2,604,887	93,751	564,940	1,946,196	100.0	3.6	21.7	74.7	2,480,429	2,066,022	1,316,495	338,620	35,348	6.1	15,002	20,927	2,122
Prince George's County	MD	1,926,633	117,772	1,039,575	769,286	100.0	6.1	54.0	39.9	1,990,476	1,757,026	979,519	150,962	21,957	7.2	13,541	26,447	2,558
Saint Mary's County	MD	225,345	12,761	107,352	105,232	100.0	5.7	47.6	46.7	209,683	188,031	108,418	17,428	2,182	8.6	11,133	2,364	1,480
Washington County	MD	309,316	16,870	162,532	129,914	100.0	5.5	52.5	42.0	309,586	246,832	145,893	55,259	1,754	11.0	11,373	4,247	1,643
Boston	MA	1,313,368	91,360	393,426	828,582	100.0	7.0	30.0	63.1	1,308,629	1,221,336	739,053	54,368	13,559	23.4	21,744	50,633	2,621
Brockton	MA	230,613	18,073	154,210	58,330	100.0	7.8	66.9	25.3	267,067	222,933	131,877	39,833	1,255	14.2	14,535	4,790	1,844
Springfield	MA	438,433	46,772	311,810	79,851	100.0	10.7	71.1	18.2	432,115	407,673	252,649	7,878	10,995	30.5	16,156	23,235	2,604
Worcester	MA	385,482	34,972	245,200	105,310	100.0	9.1	63.6	27.3	387,720	354,826	247,486	8,574	11,586	16.3	15,511	11,417	2,479
Ann Arbor	MI	240,462	5,394	86,019	149,049	100.0	2.2	35.8	62.0	272,600	197,385	112,505	58,869	8,924	9.6	11,790	2,608	1,267
Chippewa Valley	MI	164,327	4,570	99,972	59,785	100.0	2.8	60.8	36.4	171,165	123,028	76,903	25,004	21,045	7.0	7,920	1,209	1,204
Dearborn City	MI	224,205	15,561	121,414	87,230	100.0	6.9	54.2	38.9	222,112	203,879	118,603	8,162	7,699	34.3	11,155	11,792	1,891
Detroit City	MI	1,317,526	168,009	814,536	334,981	100.0	12.8	61.8	25.4	1,432,456	1,296,236	703,557	17,595	89,156	38.3	12,016	180,478	2,416
Grand Rapids	MI	271,328	31,444	141,884	98,000	100.0	11.6	52.3	36.1	312,112	234,883	140,113	43,965	7,617	26.0	11,571	16,306	1,772
Livonia	MI	192,510	2,248	113,478	76,784	100.0	1.2	58.9	39.9	201,152	180,258	104,849	9,615	6,202	7.2	10,567	1,674	1,249
Plymouth-Canton	MI	187,081	2,538	116,552	67,991	100.0	1.4	62.3	36.3	195,275	167,900	97,767	14,504	7,259	5.8	8,772	1,255	1,205
Utica Community Schools	MI	301,599	11,735	193,632	96,232	100.0	3.9	64.2	31.9	290,975	263,946	166,939	9,974	10,338	8.3	8,916	3,451	1,306
Walled Lake Consolidated	MI	193,659	2,864	106,174	84,621	100.0	1.5	54.8	43.7	186,899	165,410	100,724	9,291	9,310	7.1	10,569	1,348	1,208
Warren Consolidated	MI	182,762	7,296	98,981	76,485	100.0	4.0	54.2	41.8	176,766	165,056	91,620	2,863	7,028	12.5	10,595	2,832	1,275
Anoka-Hennepin	MN	446,236	18,527	318,661	109,048	100.0	4.2	71.4	24.4	447,355	389,126	260,126	23,895	7,700	5.8	9,556	3,945	1,502
Minneapolis	MN	610,868	63,841	383,028	163,999	100.0	10.5	62.7	26.8	590,965	479,364	305,983	45,097	27,183	19.3	13,454	23,656	2,162
Osseo Public	MN	282,038	10,948	186,479	84,611	100.0	3.9	66.1	30.0	279,758	229,288	153,632	11,347	12,411	8.3	10,397	2,616	1,331
Rochester Public	MN	179,904	11,481	121,600	46,823	100.0	6.4	67.6	26.0	179,408	147,649	93,816	15,232	6,543	8.3	9,112	2,141	1,294
Rosemount-Apple Valley-Eagan	MN	326,405	11,473	216,030	98,902	100.0	3.5	66.2	30.3	308,182	268,658	188,620	22,979	4,299	3.6	9,611	804	736
Saint Paul	MN	607,137	63,687	418,181	125,269	100.0	10.5	68.9	20.6	611,597	514,243	350,272	47,064	15,304	23.5	12,822	22,502	1,897
South Washington County	MN	198,651	5,183	122,575	70,893	100.0	2.6	61.7	35.7	252,212	146,273	96,629	75,744	15,671	3.2	8,536	419	735
Desoto County	MS	232,190	17,684	134,541	79,965	100.0	7.6	57.9	34.4	207,186	185,578	110,305	14,122	7,260	12.2	6,210	4,535	1,128
Jackson	MS	271,497	44,714	139,014	87,769	100.0	16.5	51.2	32.3	282,929	254,527	144,856	23,057	4,304	34.4	8,160	18,217	1,508
Rankin County	MS	149,395	11,375	77,402	60,618	100.0	7.6	51.8	40.6	152,387	129,521	79,372	17,065	5,037	13.4	7,246	2,938	1,055
Columbia 93	MO	181,653	12,726	73,059	95,868	100.0	7.0	40.2	52.8	207,452	168,798	106,282	26,008	6,122	14.1	9,822	3,851	1,438
Fort Zumwalt R-II	MO	175,433	5,802	65,856	103,775	100.0	3.3	37.5	59.2	187,845	158,063	95,613	20,558	6,607	5.0	8,434	1,204	1,132
Francis Howell R-III	MO	187,800	5,968	68,169	113,663	100.0	3.2	36.3	60.5	185,999	166,116	104,204	3,254	7,874	3.9	7,519	679	669
Hazelwood	MO	206,077	7,951	78,984	119,142	100.0	3.9	38.3	57.8	246,226	181,658	108,400	52,755	9,070	11.4	9,427	3,298	1,318
Kansas City 33	MO	333,098	41,622	131,163	160,313	100.0	12.5	39.4	48.1	357,456	334,949	176,991	7,599	37	25.4	13,348	17,932	1,707

See notes at end of table.

Table 95. Revenues, expenditures, poverty rate, and Title I allocations of public school districts enrolling more than 15,000 students: 2007–08 and fiscal year 2010—Continued

Name of district	State	Revenues by source of funds, 2007–08 (in thousands of dollars): Total	Federal	State	Local	Percentage distribution of revenues, 2007–08: Total	Federal	State	Local	Expenditures, 2007–08 (in thousands of dollars): Total[4]	Current expenditures: Total	Instruction	Capital outlay	Interest on school debt	Poverty rate of 5- to 17-year-olds, 2008[1]	Current expenditure per pupil,[2] 2007–08	Title I allocations, fiscal year 2010,[3] in thousands	Title I allocations, fiscal year 2010, per poverty child[3]
1	2	3	4	5	6	7	8	9	10	11	12	13	14	15	16	17	18	19
Lee's Summit R-VII	MO	188,707	5,127	71,409	112,171	100.0	2.7	37.8	59.4	186,652	153,953	95,385	15,367	11,957	6.3	8,949	1,032	1,099
North Kansas City 74	MO	203,890	9,816	59,366	134,708	100.0	4.8	29.1	66.1	237,735	162,315	98,400	58,527	10,805	8.1	9,071	2,197	1,193
Parkway C-2	MO	221,271	4,979	43,645	172,647	100.0	2.3	19.7	78.0	217,313	189,225	107,551	19,354	4,902	3.7	10,555	567	669
Rockwood R-VI	MO	240,397	4,312	54,874	181,211	100.0	1.8	22.8	75.4	233,074	187,750	108,413	28,736	7,747	2.9	8,263	420	670
Saint Louis City	MO	439,882	62,655	168,070	209,157	100.0	14.2	38.2	47.5	430,150	396,369	197,391	14,578	9,903	33.2	14,353	37,385	1,811
Springfield R-XII	MO	215,815	21,754	67,586	126,475	100.0	10.1	31.3	58.6	263,413	197,084	115,938	52,591	11,245	19.4	8,112	9,281	1,588
Lincoln	NE	375,028	29,619	92,205	253,204	100.0	7.9	24.6	67.5	426,550	291,729	195,142	122,431	12,362	9.8	8,717	6,913	1,741
Millard	NE	216,605	8,736	75,951	131,918	100.0	4.0	35.1	60.9	210,445	173,237	107,928	29,335	6,666	3.8	7,865	1,734	1,872
Omaha	NE	545,674	88,496	195,808	261,370	100.0	16.2	35.9	47.9	474,577	436,291	264,224	25,194	12,104	16.2	9,134	22,679	2,261
Clark County	NV	3,111,868	196,022	1,708,854	1,206,992	100.0	6.3	54.9	38.8	3,664,948	2,486,063	1,461,071	951,289	212,953	12.7	8,044	68,243	1,560
Washoe County	NV	618,949	45,021	380,460	193,468	100.0	7.3	61.5	31.3	612,202	537,291	319,953	48,821	22,769	14.1	8,183	13,876	1,405
Elizabeth	NJ	462,392	31,309	333,906	97,177	100.0	6.8	72.2	21.0	418,949	403,259	237,278	1,836	0	19.0	18,930	8,766	2,066
Jersey City	NJ	687,168	43,548	541,379	102,241	100.0	6.3	78.8	14.9	689,584	649,568	413,392	24,047	6,521	24.0	23,102	21,256	2,266
Newark	NJ	1,132,607	74,330	934,993	123,284	100.0	6.6	82.6	10.9	1,149,086	1,020,804	589,502	90,603	4,560	28.1	25,201	35,863	2,474
Paterson	NJ	558,609	40,916	470,704	46,989	100.0	7.3	84.3	8.4	548,590	508,252	285,356	3,704	585	29.0	21,101	20,383	2,244
Toms River Regional	NJ	230,373	7,937	94,261	128,175	100.0	3.4	40.9	55.6	230,539	212,708	125,977	12,034	3,962	9.2	12,441	3,111	1,628
Albuquerque	NM	999,503	87,819	742,891	168,793	100.0	8.8	74.3	16.9	1,002,803	802,455	477,539	196,787	3,347	16.9	8,362	31,243	1,674
Las Cruces	NM	234,068	23,678	176,629	33,761	100.0	10.1	75.5	14.4	227,044	202,226	125,280	19,890	3,216	25.2	8,293	8,507	1,433
Rio Rancho	NM	165,412	5,035	109,903	50,474	100.0	3.0	66.4	30.5	158,444	119,280	74,779	35,904	2,571	9.4	7,620	1,275	1,038
Brentwood Union Free	NY	303,596	15,822	206,746	81,028	100.0	5.2	68.1	26.7	307,215	288,031	198,833	13,250	3,352	12.4	18,145	3,449	1,648
Buffalo City	NY	850,081	87,214	610,552	152,315	100.0	10.3	71.8	17.9	867,044	659,766	448,376	154,101	42,801	33.0	18,493	35,095	2,221
New York City	NY	19,885,693	1,785,145	9,335,189	8,765,359	100.0	9.0	46.9	44.1	21,848,614	18,544,527	14,194,945	2,474,621	412,000	26.4	18,733	862,789	2,443
Rochester City	NY	631,766	68,828	445,381	117,557	100.0	10.9	70.5	18.6	643,683	567,981	327,262	30,041	7,780	33.8	17,251	29,041	2,219
Sachem Central	NY	283,838	5,562	137,093	141,183	100.0	2.0	48.3	49.7	265,618	249,718	162,382	3,841	9,421	3.8	16,448	541	891
Syracuse City	NY	384,623	45,499	273,406	65,718	100.0	11.8	71.1	17.1	375,766	353,885	244,644	10,857	4,522	27.5	17,141	13,549	2,134
Yonkers City	NY	504,974	41,836	284,464	178,674	100.0	8.3	56.3	35.4	499,063	471,835	318,346	14,045	6,065	19.1	19,535	12,564	1,905
Alamance-Burlington	NC	182,946	15,783	119,551	47,612	100.0	8.6	65.3	26.0	179,284	165,258	107,703	9,678	4,309	19.8	7,356	6,632	1,325
Buncombe County	NC	244,803	20,840	142,263	81,700	100.0	8.5	58.1	33.4	230,173	203,900	126,508	18,748	7,112	15.0	8,038	6,143	1,359
Burke County	NC	122,700	14,733	80,027	27,940	100.0	12.0	65.2	22.8	121,096	111,144	69,515	4,867	3,362	18.4	7,932	3,493	1,281
Cabarrus County	NC	251,836	14,708	137,672	99,456	100.0	5.8	54.7	39.5	259,743	197,290	128,392	45,120	13,894	9.8	7,290	2,980	1,097
Catawba County	NC	159,509	10,481	96,416	52,612	100.0	6.6	60.4	33.0	151,969	131,305	87,546	15,480	5,126	14.7	7,505	3,003	1,103
Charlotte-Mecklenburg	NC	1,345,133	105,771	690,492	548,870	100.0	7.9	51.3	40.8	1,341,285	1,073,027	670,910	170,591	82,129	12.8	8,192	31,996	1,536
Cleveland County	NC	147,736	15,520	99,588	32,628	100.0	10.5	67.4	22.1	144,417	134,806	85,918	9,398	210	23.2	8,085	5,381	1,334
Cumberland County	NC	458,835	60,684	288,445	109,706	100.0	13.2	62.9	23.9	447,851	401,506	250,390	37,425	5,056	19.6	7,661	16,292	1,487
Davidson County	NC	155,443	10,837	107,645	36,961	100.0	7.0	69.3	23.8	164,645	138,541	89,770	22,147	3,957	12.5	6,746	2,637	1,084
Durham	NC	348,269	30,502	181,912	135,855	100.0	8.8	52.2	39.0	334,597	292,829	178,734	27,239	10,728	16.2	9,145	9,598	1,361
Forsyth County	NC	505,580	45,335	295,382	164,863	100.0	9.0	58.4	32.6	500,431	444,653	294,596	36,437	18,767	18.7	8,735	15,831	1,436
Gaston County	NC	262,947	27,659	168,455	66,833	100.0	10.5	64.1	25.4	264,471	231,226	147,601	25,114	8,097	18.3	7,186	8,910	1,365
Guilford County	NC	716,338	67,308	382,482	266,548	100.0	9.4	53.4	37.2	742,346	608,618	374,244	104,606	27,881	17.3	8,577	20,359	1,470
Harnett County	NC	168,320	16,223	105,555	46,542	100.0	9.6	62.7	27.7	161,682	137,341	91,508	20,077	4,136	18.2	7,482	5,113	1,302
Iredell-Statesville	NC	193,703	14,545	112,544	66,614	100.0	7.5	58.1	34.4	190,283	163,130	104,098	14,537	10,557	13.0	7,700	3,484	1,135
Johnston County	NC	286,420	21,386	174,005	91,029	100.0	7.5	60.8	31.8	310,994	231,453	154,625	63,144	15,842	14.9	7,674	5,940	1,263
Nash-Rocky Mount	NC	151,359	18,429	103,154	29,776	100.0	12.2	68.2	19.7	145,860	140,812	87,785	4,422	559	22.5	7,984	5,755	1,320
New Hanover County	NC	245,144	20,585	129,758	94,801	100.0	8.4	52.9	38.7	259,682	214,859	126,310	35,431	9,264	16.9	9,062	6,655	1,356
Onslow County	NC	202,887	23,728	123,489	55,670	100.0	11.7	60.9	27.4	246,114	173,282	109,530	66,496	5,942	19.1	7,446	6,574	1,331
Pitt County	NC	201,755	20,102	129,991	51,662	100.0	10.0	64.4	25.6	216,959	180,392	117,804	29,116	6,115	21.8	7,986	7,589	1,345
Randolph County	NC	154,546	12,476	101,141	40,929	100.0	8.1	65.4	26.5	173,305	135,390	87,799	31,299	6,556	15.6	7,199	4,467	1,423
Robeson County	NC	222,720	38,282	161,522	22,916	100.0	17.2	72.5	10.3	215,850	198,873	127,398	16,123	37	38.1	8,417	13,498	1,420
Rowan-Salisbury	NC	192,248	18,991	118,019	55,238	100.0	9.9	61.4	28.7	181,639	163,010	102,597	12,348	6,253	18.8	7,882	5,635	1,332
Union County	NC	475,466	18,306	185,183	271,977	100.0	3.9	38.9	57.2	428,915	277,502	177,128	122,545	25,390	10.2	7,584	4,451	1,145

See notes at end of table.

Table 95. Revenues, expenditures, poverty rate, and Title I allocations of public school districts enrolling more than 15,000 students: 2007–08 and fiscal year 2010—Continued

Name of district	State	Revenues by source of funds, 2007–08 (in thousands of dollars)				Percentage distribution of revenues, 2007–08				Expenditures, 2007–08 (in thousands of dollars)					Poverty rate of 5- to 17-year-olds, 2008[1]	Current expenditure per pupil,[2] 2007–08	Title I allocations, fiscal year 2010,[3] in thousands	Title I allocations, fiscal year 2010, per poverty child[3]
											Current expenditures							
		Total	Federal	State	Local	Total	Federal	State	Local	Total[4]	Total	Instruction	Capital outlay	Interest on school debt				
1	2	3	4	5	6	7	8	9	10	11	12	13	14	15	16	17	18	19
Wake County	NC	1,264,960	68,546	691,684	504,730	100.0	5.4	54.7	39.9	1,447,518	1,039,811	673,079	311,142	89,792	10.1	7,780	23,729	1,491
Wayne County	NC	164,507	19,947	117,931	26,629	100.0	12.1	71.7	16.2	160,230	153,569	104,610	6,437	224	23.7	8,037	6,388	1,319
Akron City	OH	402,018	41,118	213,099	147,801	100.0	10.2	53.0	36.8	387,611	316,965	190,276	65,326	4	26.1	12,475	19,687	2,091
Cincinnati City	OH	616,576	67,383	218,730	330,463	100.0	10.9	35.5	53.6	672,011	468,326	274,636	138,316	39,263	28.7	13,216	33,488	2,019
Cleveland Municipal	OH	922,544	127,424	546,741	248,379	100.0	13.8	59.3	26.9	871,978	749,113	485,580	70,703	9,055	34.2	14,146	65,354	2,252
Columbus City	OH	910,711	130,197	341,345	439,169	100.0	14.3	37.5	48.2	986,576	782,548	444,063	162,371	17,900	26.0	14,159	48,459	2,341
Dayton City	OH	326,015	31,340	189,043	105,632	100.0	9.6	58.0	32.4	320,197	193,335	94,778	116,889	96	27.0	12,144	16,330	2,114
Hilliard City	OH	171,393	5,093	55,268	111,032	100.0	3.0	32.2	64.8	204,475	156,589	99,926	39,457	6,645	6.8	10,337	1,378	1,315
Lakota Local	OH	178,626	5,674	60,993	111,959	100.0	3.2	34.1	62.7	212,361	158,014	82,462	44,881	8,873	5.7	8,653	1,232	1,248
South-Western City	OH	230,064	16,371	104,637	109,056	100.0	7.1	45.5	47.4	213,493	198,815	121,276	4,713	5,465	16.0	9,201	6,953	1,854
Toledo City	OH	484,485	38,613	295,725	150,147	100.0	8.0	61.0	31.0	447,348	323,816	172,501	105,779	7,048	30.5	11,462	26,375	1,955
Broken Arrow	OK	122,490	8,105	59,953	54,432	100.0	6.6	48.9	44.4	129,809	109,512	60,442	17,955	1,912	10.1	6,836	1,805	1,042
Edmond	OK	166,014	7,863	57,134	101,017	100.0	4.7	34.4	60.8	172,217	134,630	77,319	33,299	3,287	8.0	6,760	1,838	1,097
Lawton	OK	132,107	23,267	80,695	28,145	100.0	17.6	61.1	21.3	132,180	124,368	68,276	6,662	347	21.8	7,555	4,930	1,333
Moore	OK	161,041	11,071	82,978	66,992	100.0	6.9	51.5	41.6	173,468	133,378	81,036	37,228	2,522	10.0	6,375	2,156	1,081
Oklahoma City	OK	367,947	55,036	178,023	134,888	100.0	15.0	48.4	36.7	326,113	312,073	170,867	9,305	3,410	29.6	7,614	24,550	1,627
Putnam City	OK	149,634	13,650	70,057	65,927	100.0	9.1	46.8	44.1	153,257	134,193	76,638	17,132	1,819	17.5	7,148	5,213	1,348
Tulsa	OK	386,981	56,324	171,010	159,647	100.0	14.6	44.2	41.3	383,964	340,935	182,597	37,134	4,101	23.8	8,261	18,798	1,537
Beaverton	OR	357,561	21,239	180,104	156,218	100.0	5.9	50.4	43.7	429,523	316,689	187,248	82,317	29,254	9.5	8,373	6,675	1,495
Bend-Lapine	OR	161,924	10,010	62,930	88,984	100.0	6.2	38.9	55.0	195,898	131,905	79,793	51,256	12,214	15.8	8,326	4,082	1,547
Eugene	OR	191,415	15,735	77,778	97,902	100.0	8.2	40.6	51.1	197,365	176,987	106,555	8,747	10,754	11.6	9,819	3,155	1,402
Hillsboro	OR	218,156	17,328	104,687	96,141	100.0	7.9	48.0	44.1	282,952	174,371	98,988	85,540	22,040	10.3	8,613	3,427	1,376
North Clackamas	OR	178,739	9,355	88,367	81,017	100.0	5.2	49.4	45.3	228,172	142,143	83,357	69,509	15,282	11.1	8,053	2,464	1,346
Portland	OR	522,208	60,346	194,477	267,385	100.0	11.6	37.2	51.2	524,944	513,100	300,218	8,909	1,546	14.4	11,091	17,213	1,825
Salem-Keizer	OR	403,155	35,311	255,218	112,626	100.0	8.8	63.3	27.9	384,754	357,857	223,817	7,831	17,994	18.5	8,923	13,972	1,773
Allentown City	PA	198,570	23,972	92,848	81,750	100.0	12.1	46.8	41.2	199,559	159,491	99,421	14,724	2,772	27.7	8,914	10,116	1,884
Bethlehem Area	PA	206,194	11,382	46,368	148,444	100.0	5.5	22.5	72.0	229,109	152,381	94,186	45,110	10,739	12.9	9,956	3,502	1,494
Central Bucks	PA	265,636	5,025	40,775	219,836	100.0	1.9	15.3	82.8	257,479	210,469	132,922	26,189	12,586	3.0	10,339	495	882
Philadelphia City	PA	2,567,483	311,595	1,368,208	887,680	100.0	12.1	53.3	34.6	2,830,437	1,623,187	872,336	387,859	123,038	30.1	9,399	205,337	2,683
Pittsburgh	PA	670,609	64,667	233,836	372,106	100.0	9.6	34.9	55.5	623,426	428,953	226,302	45,659	23,433	24.1	15,497	22,856	2,159
Reading	PA	188,502	26,404	119,775	42,323	100.0	14.0	63.5	22.5	221,601	156,711	96,693	46,713	6,275	35.9	8,973	12,407	2,001
Providence	RI	413,603	53,729	234,771	125,103	100.0	13.0	56.8	30.2	409,088	390,931	202,512	734	9 930	30.4	15,960	24,573	2,656
Aiken 01	SC	224,216	22,957	130,917	70,342	100.0	10.2	58.4	31.4	226,781	202,189	123,479	21,348	2,396	21.9	8,151	8,836	1,507
Beaufort 01	SC	249,942	18,579	75,658	155,705	100.0	7.4	30.3	62.3	228,892	193,511	111,206	21,489	12,827	16.3	9,913	5,764	1,439
Berkeley 01	SC	287,351	26,954	153,913	106,484	100.0	9.4	53.6	37.1	311,825	240,185	131,559	45,753	22,620	18.3	8,437	8,762	1,524
Charleston 01	SC	527,501	48,435	202,051	277,015	100.0	9.2	38.3	52.5	554,737	435,331	248,182	66,243	46,919	19.1	10,312	17,863	1,666
Dorchester 02	SC	186,549	11,303	118,185	57,061	100.0	6.1	63.4	30.6	220,761	165,340	99,415	43,827	9,479	10.5	7,799	2,596	1,223
Florence 01	SC	154,633	16,401	87,963	50,269	100.0	10.6	56.9	32.5	146,272	139,488	82,337	4,029	298	19.8	9,025	4,441	1,454
Greenville 01	SC	684,420	55,081	367,719	261,620	100.0	8.0	53.7	38.2	733,942	564,693	322,197	108,300	57,173	16.0	8,132	21,734	1,733
Horry 01	SC	444,197	33,193	167,880	243,124	100.0	7.5	37.8	54.7	442,069	357,255	210,753	61,165	20,544	20.6	9,604	12,435	1,560
Lexington 01	SC	234,779	10,638	130,346	93,795	100.0	4.5	55.5	40.0	281,387	194,186	113,767	75,377	11,600	9.7	9,249	2,076	1,153
Lexington 05	SC	196,120	7,915	110,942	77,263	100.0	4.0	56.6	39.4	188,628	169,720	96,025	16,761	1,094	7.3	10,046	1,344	1,108
Pickens 01	SC	174,812	11,719	85,814	77,279	100.0	6.7	49.1	44.2	162,407	131,055	76,866	12,689	17,626	15.6	7,867	3,912	1,418
Richland 01	SC	370,992	36,026	134,618	200,348	100.0	9.7	36.3	54.0	400,723	308,246	178,966	67,935	23,243	21.0	12,670	11,345	1,571
Richland 02	SC	258,136	13,752	138,237	106,147	100.0	5.3	53.6	41.1	288,841	223,840	129,990	50,386	12,042	10.8	9,384	2,455	1,177
York 03	SC	180,757	11,857	100,246	68,654	100.0	6.6	55.5	38.0	217,232	153,528	88,328	54,825	8,012	13.4	8,846	3,646	1,384
Sioux Falls	SD	183,994	20,523	55,985	107,486	100.0	11.2	30.4	58.4	182,545	158,643	101,363	17,305	4,252	9.5	7,953	4,235	1,736

See notes at end of table.

Table 95. Revenues, expenditures, poverty rate, and Title I allocations of public school districts enrolling more than 15,000 students: 2007–08 and fiscal year 2010—Continued

Name of district	State	Revenues by source of funds, 2007–08 (in thousands of dollars)				Percentage distribution of revenues, 2007–08				Expenditures, 2007–08 (in thousands of dollars)					Poverty rate of 5- to 17-year-olds, 2008[1]	Current expenditure per pupil,[2] 2007–08	Title I allocations, fiscal year 2010,[3] in thousands	Title I allocations, fiscal year 2010, per poverty child[3]
											Current expenditures							
		Total	Federal	State	Local	Total	Federal	State	Local	Total[4]	Total	Instruction	Capital outlay	Interest on school debt				
1	2	3	4	5	6	7	8	9	10	11	12	13	14	15	16	17	18	19
Davidson County	TN	740,835	78,816	200,955	461,064	100.0	10.6	27.1	62.2	814,449	678,154	399,854	108,273	24,533	23.5	9,200	37,150	1,540
Hamilton County	TN	360,382	41,545	116,363	202,474	100.0	11.5	32.3	56.2	354,859	344,310	220,299	4,586	2,771	17.2	8,351	13,031	1,425
Knox County	TN	487,605	43,208	147,872	296,525	100.0	8.9	30.3	60.8	489,458	429,304	266,336	48,195	11,029	14.7	7,879	14,569	1,445
Memphis City	TN	1,119,814	160,100	441,915	517,799	100.0	14.3	39.5	46.2	1,148,578	1,024,956	614,904	105,520	621	28.2	8,886	62,228	1,669
Montgomery County	TN	212,577	25,875	111,421	75,281	100.0	12.2	52.4	35.4	260,084	201,522	120,005	48,887	9,363	15.6	7,070	6,096	1,310
Rutherford County	TN	265,772	15,553	133,183	117,036	100.0	5.9	50.1	44.0	323,459	249,671	161,734	59,553	13,620	10.0	7,014	4,139	1,105
Shelby County	TN	367,604	20,894	167,253	179,457	100.0	5.7	45.5	48.8	409,334	345,192	225,027	45,026	12,851	8.6	7,357	4,899	1,305
Sumner County	TN	200,821	14,537	103,401	82,883	100.0	7.2	51.5	41.3	205,576	192,505	127,222	3,648	7,755	10.4	7,268	3,155	1,103
Williamson County	TN	221,267	8,327	87,463	125,477	100.0	3.8	39.5	56.7	255,704	215,827	140,227	25,442	12,685	4.0	7,558	655	601
Abilene ISD	TX	146,953	20,414	79,081	47,458	100.0	13.9	53.8	32.3	151,563	134,063	83,751	13,260	2,678	21.5	8,109	5,177	1,328
Aldine ISD	TX	559,919	68,093	304,002	187,824	100.0	12.2	54.3	33.5	584,369	497,157	291,364	70,002	13,980	27.4	8,275	23,607	1,477
Alief ISD	TX	405,695	41,167	210,724	153,804	100.0	10.1	51.9	37.9	404,653	364,562	230,450	24,747	11,589	26.7	8,069	19,716	1,456
Allen ISD	TX	163,733	4,093	52,788	106,852	100.0	2.5	32.2	65.3	170,144	123,570	75,270	32,231	14,061	4.6	7,225	437	599
Alvin ISD	TX	152,368	10,900	79,866	61,602	100.0	7.2	52.4	40.4	190,053	117,868	68,324	58,330	13,379	12.1	7,689	2,217	1,314
Amarillo ISD	TX	259,845	33,263	133,621	92,961	100.0	12.8	51.4	35.8	266,266	238,114	149,186	19,793	5,571	22.2	7,792	10,213	1,401
Arlington ISD	TX	537,280	49,128	215,190	272,962	100.0	9.1	40.1	50.8	512,321	482,911	310,684	6,882	19,353	15.2	7,682	16,394	1,428
Austin ISD	TX	970,089	85,664	231,489	652,936	100.0	8.8	23.9	67.3	1,002,912	745,978	425,740	92,803	29,646	19.1	9,035	31,371	1,503
Beaumont ISD	TX	190,919	28,382	60,256	102,281	100.0	14.9	31.6	53.6	215,834	181,293	106,440	31,367	1,180	27.3	9,397	7,461	1,337
Birdville ISD	TX	215,469	15,056	77,081	123,332	100.0	7.0	35.8	57.2	237,645	168,530	110,749	58,142	9,867	11.6	7,639	3,565	1,113
Brownsville ISD	TX	473,510	78,215	322,296	72,999	100.0	16.5	68.1	15.4	478,942	422,879	253,632	40,398	10,551	45.2	8,659	30,950	1,559
Bryan ISD	TX	140,621	17,627	64,323	58,671	100.0	12.5	45.7	41.7	175,595	116,864	69,985	51,101	6,574	23.8	7,882	5,190	1,304
Carrollton-Farmers Branch ISD	TX	297,051	16,975	70,732	209,344	100.0	5.7	23.8	70.5	319,837	222,653	136,251	59,272	23,177	13.0	8,435	4,811	1,147
Clear Creek ISD	TX	332,417	12,860	117,979	201,578	100.0	3.9	35.5	60.6	375,102	275,483	173,380	72,849	25,361	8.1	7,586	3,231	1,102
Comal ISD	TX	161,643	8,442	34,683	118,518	100.0	5.2	21.5	73.3	221,848	118,166	70,535	80,672	16,915	9.2	7,799	1,552	1,146
Conroe ISD	TX	409,899	24,562	160,405	224,932	100.0	6.0	39.1	54.9	486,216	330,126	202,284	117,575	37,426	10.4	7,096	6,045	1,183
Corpus Christi ISD	TX	329,464	40,445	165,376	123,643	100.0	12.3	50.2	37.5	311,410	298,012	175,525	4,151	3,899	24.0	7,702	13,746	1,406
Crowley ISD	TX	128,710	6,069	53,593	69,048	100.0	4.7	41.6	53.6	170,520	106,477	68,568	52,406	11,589	11.7	7,113	1,380	1,020
Cypress-Fairbanks ISD	TX	792,371	43,607	314,951	433,813	100.0	5.5	39.7	54.7	948,922	691,201	443,884	183,457	69,946	11.6	7,138	11,979	1,383
Dallas ISD	TX	1,613,014	216,482	473,768	922,764	100.0	13.4	29.4	57.2	1,695,717	1,457,429	900,426	137,918	72,345	29.1	9,236	94,454	1,616
Denton ISD	TX	237,087	14,052	77,199	145,836	100.0	5.9	32.6	61.5	272,921	185,117	115,614	67,584	19,599	10.0	8,861	2,797	1,246
Eagle Mount-Saginaw ISD	TX	138,169	5,199	47,316	85,654	100.0	3.8	34.2	62.0	192,566	101,183	63,185	73,456	17,644	8.8	7,143	670	940
Ector County ISD	TX	221,091	23,348	102,968	94,775	100.0	10.6	46.6	42.9	236,547	201,393	120,971	29,334	4,396	20.3	7,548	7,257	1,326
Edinburg CISD	TX	285,362	44,180	176,000	65,182	100.0	15.5	61.7	22.8	278,144	254,699	155,184	8,206	11,995	42.5	8,530	16,974	1,448
El Paso ISD	TX	583,899	87,626	314,657	181,616	100.0	15.0	53.9	31.1	593,807	535,196	324,141	35,303	20,506	33.6	8,615	34,386	1,580
Fort Bend ISD	TX	571,456	29,488	252,517	289,451	100.0	5.2	44.2	50.7	644,932	519,209	326,087	90,179	34,201	8.3	7,636	7,554	1,236
Fort Worth ISD	TX	725,234	96,921	316,310	312,003	100.0	13.4	43.6	43.0	741,991	679,641	377,875	28,863	21,069	22.5	8,619	35,050	1,508
Frisco ISD	TX	282,727	5,766	64,360	212,601	100.0	2.0	22.8	75.2	443,197	203,821	127,975	184,922	44,766	4.4	7,434	272	599
Galena Park ISD	TX	206,006	19,542	109,491	76,973	100.0	9.5	53.1	37.4	207,825	173,828	102,307	20,904	10,556	21.0	8,233	5,722	1,310
Garland ISD	TX	482,310	38,863	247,658	195,789	100.0	8.1	51.3	40.6	483,102	436,329	269,291	23,272	18,580	18.5	7,632	15,393	1,412
Goose Creek CISD	TX	216,482	18,151	62,015	136,316	100.0	8.4	28.6	63.0	281,164	172,191	100,063	86,999	19,651	17.7	8,460	4,750	1,293
Grand Prairie ISD	TX	234,682	18,955	135,473	80,254	100.0	8.1	57.7	34.2	317,571	189,267	117,097	103,498	22,293	21.2	7,476	6,524	1,312
Harlingen CISD	TX	154,358	21,942	94,025	38,391	100.0	14.2	60.9	24.9	158,068	140,280	85,765	12,056	3,742	32.2	7,839	8,286	1,371
Houston ISD	TX	2,059,689	267,705	597,926	1,194,058	100.0	13.0	29.0	58.0	1,968,836	1,716,764	1,007,273	135,279	98,034	25.4	8,604	111,084	1,673
Humble ISD	TX	293,724	12,581	131,393	149,750	100.0	4.3	44.7	51.0	382,784	245,927	154,026	108,719	26,320	9.0	7,459	2,835	1,083
Hurst-Euless-Bedford ISD	TX	194,797	11,008	63,138	120,651	100.0	5.7	32.4	61.9	177,757	156,112	99,264	2,264	17,848	12.5	7,656	3,469	1,109
Irving ISD	TX	301,593	30,822	132,027	138,744	100.0	10.2	43.8	46.0	293,491	246,429	158,006	19,459	24,943	23.8	7,525	10,374	1,346
Judson ISD	TX	198,909	13,928	95,261	89,720	100.0	7.0	47.9	45.1	208,786	159,059	96,716	34,415	13,869	16.9	7,709	4,408	1,291
Katy ISD	TX	508,389	20,328	218,887	269,174	100.0	4.0	43.1	52.9	654,452	413,816	257,694	194,298	44,944	9.8	7,607	4,585	1,167
Keller ISD	TX	249,298	5,998	92,320	150,980	100.0	2.4	37.0	60.6	316,646	205,301	129,526	79,076	31,661	5.1	6,969	1,114	1,026
Killeen ISD	TX	374,073	79,177	219,582	75,314	100.0	21.2	58.7	20.1	347,060	306,183	191,011	30,576	6,666	17.5	8,009	8,631	1,359
Klein ISD	TX	365,622	18,853	172,457	174,312	100.0	5.2	47.2	47.7	386,411	321,834	194,350	45,226	17,581	11.8	7,496	5,465	1,174
La Joya ISD	TX	258,051	39,885	181,758	36,408	100.0	15.5	70.4	14.1	307,867	228,326	135,851	65,788	11,916	53.4	8,745	17,884	1,574
Lamar CISD	TX	215,192	14,002	73,159	128,031	100.0	6.5	34.0	59.5	272,466	172,020	107,196	78,132	21,447	14.8	7,842	3,865	1,319

See notes at end of table.

Table 95. Revenues, expenditures, poverty rate, and Title I allocations of public school districts enrolling more than 15,000 students: 2007–08 and fiscal year 2010—Continued

Name of district	State	Revenues by source of funds, 2007–08 (in thousands of dollars)				Percentage distribution of revenues, 2007–08				Expenditures, 2007–08 (in thousands of dollars)					Poverty rate of 5- to 17-year-olds, 2008[1]	Current expenditure per pupil,[2] 2007–08	Title I allocations, fiscal year 2010,[3] in thousands	Title I allocations, fiscal year 2010, per poverty child[3]
		Total	Federal	State	Local	Total	Federal	State	Local	Total[4]	Current expenditures: Total	Current expenditures: Instruction	Capital outlay	Interest on school debt				
1	2	3	4	5	6	7	8	9	10	11	12	13	14	15	16	17	18	19
Laredo ISD	TX	269,699	41,500	186,955	41,244	100.0	15.4	69.3	15.3	264,651	210,155	125,424	39,122	13,142	40.0	8,357	16,718	1,582
Leander ISD	TX	267,145	7,334	82,989	176,822	100.0	2.7	31.1	66.2	398,433	210,084	125,025	167,790	18,148	5.5	7,912	1,161	1,024
Lewisville ISD	TX	495,986	21,186	136,820	337,980	100.0	4.3	27.6	68.1	555,564	401,301	256,476	101,529	46,040	4.4	8,085	1,676	610
Lubbock ISD	TX	257,559	36,962	110,413	110,184	100.0	14.4	42.9	42.8	255,086	230,705	140,556	13,990	5,408	20.4	8,066	9,176	1,392
Mansfield ISD	TX	277,535	10,861	128,482	138,192	100.0	3.9	46.3	49.8	286,299	201,693	123,623	53,698	30,266	9.3	6,792	1,732	1,032
McAllen ISD	TX	223,047	29,609	118,142	75,296	100.0	13.3	53.0	33.8	250,681	209,585	128,714	32,812	5,668	33.2	8,392	12,450	1,372
McKinney ISD	TX	228,278	9,121	69,568	149,589	100.0	4.0	30.5	65.5	263,826	175,416	110,108	63,891	20,558	9.3	7,822	1,815	1,029
Mesquite ISD	TX	340,441	22,164	203,581	114,696	100.0	6.5	59.8	33.7	310,504	268,206	167,480	22,627	19,005	18.4	7,320	9,025	1,338
Midland ISD	TX	183,331	20,341	63,022	99,968	100.0	11.1	34.4	54.5	186,392	161,773	96,462	16,229	6,478	14.2	7,683	4,646	1,371
Mission CISD	TX	151,883	23,893	103,828	24,162	100.0	15.7	68.4	15.9	175,804	130,364	77,617	38,275	5,284	45.4	8,359	9,549	1,486
North East ISD	TX	661,970	33,815	200,974	427,181	100.0	5.1	30.4	64.5	684,814	517,876	323,272	115,404	49,036	14.6	8,329	13,532	1,413
Northside ISD	TX	766,936	57,934	318,919	390,083	100.0	7.6	41.6	50.9	960,981	673,741	413,359	225,362	54,477	16.4	7,811	19,221	1,476
Pasadena ISD	TX	464,800	45,440	264,859	154,501	100.0	9.8	57.0	33.2	525,181	400,615	241,930	97,168	25,201	21.6	7,893	15,736	1,426
Pearland ISD	TX	151,991	6,571	61,024	84,396	100.0	4.3	40.1	55.5	190,138	118,208	65,918	56,000	15,167	5.5	6,917	730	985
Pflugerville ISD	TX	193,435	11,234	74,211	107,990	100.0	5.8	38.4	55.8	186,684	159,230	94,836	12,530	13,436	12.3	7,653	2,425	1,062
Pharr-San Juan-Alamo ISD	TX	286,519	41,477	196,468	48,574	100.0	14.5	68.6	17.0	278,927	250,056	149,274	16,364	10,260	42.6	8,335	16,350	1,448
Plano ISD	TX	611,837	21,894	134,561	455,382	100.0	3.6	22.0	74.4	630,243	441,662	288,907	67,221	38,747	6.2	8,227	6,040	1,168
Richardson ISD	TX	340,942	26,230	76,449	238,263	100.0	7.7	22.4	69.9	352,090	277,063	179,133	40,949	17,976	17.9	8,106	10,484	1,347
Round Rock ISD	TX	408,664	20,709	104,409	283,546	100.0	5.1	25.5	69.4	434,558	307,928	191,284	90,661	32,031	5.6	7,604	2,969	1,129
San Antonio ISD	TX	541,408	91,324	298,733	151,351	100.0	16.9	55.2	28.0	548,183	473,536	273,455	39,946	24,248	31.6	8,644	35,081	1,553
Socorro ISD	TX	348,018	34,216	231,378	82,424	100.0	9.8	66.5	23.7	368,233	294,902	183,286	49,092	21,539	26.1	7,585	10,311	1,378
Spring Branch ISD	TX	337,171	30,868	90,419	215,884	100.0	9.2	26.8	64.0	338,423	285,484	179,434	24,850	18,579	17.0	8,910	9,018	1,351
Spring ISD	TX	315,850	19,763	164,372	131,715	100.0	6.3	52.0	41.7	384,464	265,663	156,527	86,160	30,569	19.0	7,990	6,693	1,339
Tyler ISD	TX	174,164	21,824	65,106	87,234	100.0	12.5	37.4	50.1	166,584	148,202	91,604	12,506	4,799	22.4	8,204	6,274	1,363
United ISD	TX	372,490	39,256	221,521	111,713	100.0	10.5	59.5	30.0	367,034	313,481	183,108	37,235	14,610	27.2	8,036	12,104	1,407
Waco ISD	TX	144,348	24,037	75,055	45,256	100.0	16.7	52.0	31.4	138,388	129,550	74,813	3,263	2,349	29.1	8,497	7,898	1,501
Weslaco ISD	TX	155,939	26,598	107,344	21,997	100.0	17.1	68.8	14.1	162,995	140,145	81,435	18,028	2,702	47.1	8,657	12,127	1,507
Ysleta ISD	TX	423,486	54,679	284,344	84,463	100.0	12.9	67.1	19.9	410,118	374,008	227,738	16,517	16,026	30.3	8,302	20,433	1,527
Alpine	UT	428,596	35,566	256,479	136,551	100.0	8.3	59.8	31.9	437,952	327,145	224,898	90,311	14,593	6.8	5,123	5,957	1,237
Davis	UT	485,031	40,386	305,454	139,191	100.0	8.3	63.0	28.7	486,371	391,263	248,967	68,140	14,778	7.0	5,564	5,571	1,214
Granite	UT	505,372	58,887	289,476	157,009	100.0	11.7	57.3	31.1	483,481	412,839	267,730	56,260	0	10.5	5,433	12,307	1,462
Jordan	UT	635,282	45,641	333,609	256,032	100.0	7.2	52.5	40.3	601,025	455,306	288,020	121,847	11,640	6.2	5,316	6,874	1,259
Nebo	UT	205,483	18,019	129,827	57,637	100.0	8.8	63.2	28.0	217,196	152,332	94,914	52,650	8,631	7.6	5,325	2,686	1,123
Salt Lake	UT	250,466	39,226	96,840	114,400	100.0	15.7	38.7	45.7	235,591	179,086	114,198	35,614	6,077	18.8	7,190	7,928	1,376
Washington	UT	207,727	15,099	107,136	85,492	100.0	7.3	51.6	41.2	238,690	152,621	99,303	73,827	9,296	12.6	5,812	3,920	1,166
Weber	UT	215,670	16,548	144,790	54,332	100.0	7.7	67.1	25.2	201,564	175,735	115,534	20,670	3,871	6.6	5,555	2,233	1,091
Arlington County	VA	419,457	13,324	47,915	358,218	100.0	3.2	11.4	85.4	423,414	347,342	210,432	44,010	10,708	8.1	18,539	2,761	1,376
Chesapeake City	VA	466,334	24,639	221,655	220,040	100.0	5.3	47.5	47.2	483,120	417,893	263,206	54,999	0	9.4	10,447	5,851	1,499
Chesterfield County	VA	609,461	24,364	287,533	297,564	100.0	4.0	47.2	48.8	639,911	532,178	334,580	88,119	14,570	6.9	9,025	5,883	1,512
Fairfax County	VA	2,313,386	87,266	456,974	1,769,146	100.0	3.8	19.8	76.5	2,466,402	2,199,910	1,335,158	181,587	64,752	5.5	13,275	18,461	1,898
Hampton City	VA	236,642	21,391	138,529	76,722	100.0	9.0	58.5	32.4	236,907	222,920	131,164	11,830	534	17.9	9,983	7,229	1,718
Hanover County	VA	195,986	7,600	84,563	103,823	100.0	3.9	43.1	53.0	202,973	170,317	115,054	25,520	5,936	4.5	8,917	623	773
Henrico County	VA	474,941	25,736	220,878	228,327	100.0	5.4	46.5	48.1	515,742	420,874	254,866	78,905	11,809	10.2	8,656	7,997	1,555
Loudoun County	VA	814,891	19,645	164,990	630,256	100.0	2.4	20.2	77.3	824,606	710,769	456,080	102,821	8,810	3.1	13,172	1,434	782
Newport News City	VA	359,855	39,049	190,871	129,935	100.0	10.9	53.0	36.1	350,163	316,526	182,143	23,706	0	16.7	10,032	11,059	1,879
Norfolk City	VA	383,347	45,567	210,849	126,931	100.0	11.9	55.0	33.1	390,300	360,804	225,981	20,383	67	24.9	10,290	19,538	1,911
Portsmouth City	VA	187,994	17,759	98,416	71,819	100.0	9.4	52.4	38.2	178,993	152,946	90,189	19,962	319	24.0	9,928	7,611	1,738
Prince William County	VA	878,492	34,356	366,747	477,389	100.0	3.9	41.7	54.3	919,640	757,021	438,370	115,047	23,013	6.7	10,372	7,446	1,535
Richmond City	VA	319,884	42,747	134,670	142,467	100.0	13.4	42.1	44.5	318,513	305,938	182,048	4,113	3,606	35.2	12,879	20,777	1,935
Spotsylvania County	VA	265,169	10,605	127,175	127,389	100.0	4.0	48.0	48.0	288,414	227,666	138,107	47,819	12,068	7.5	9,367	2,460	1,382
Stafford County	VA	259,533	12,740	132,521	114,272	100.0	4.9	51.1	44.0	269,989	244,616	146,548	24,948	76	4.7	9,202	912	781
Virginia Beach City	VA	808,886	61,932	377,236	369,718	100.0	7.7	46.6	45.7	863,097	749,676	441,474	77,781	19,010	8.9	10,344	12,744	1,809

See notes at end of table.

Table 95. Revenues, expenditures, poverty rate, and Title I allocations of public school districts enrolling more than 15,000 students: 2007–08 and fiscal year 2010—Continued

Name of district	State	Revenues by source of funds, 2007–08 (in thousands of dollars)				Percentage distribution of revenues, 2007–08				Expenditures, 2007–08 (in thousands of dollars)					Poverty rate of 5- to 17-year-olds, 2008[1]	Current expenditure per pupil,[2] 2007–08	Title I allocations, fiscal year 2010,[3] in thousands	Title I allocations, fiscal year 2010, per poverty child[3]
											Current expenditures							
		Total	Federal	State	Local	Total	Federal	State	Local	Total[4]	Total	Instruction	Capital outlay	Interest on school debt				
1	2	3	4	5	6	7	8	9	10	11	12	13	14	15	16	17	18	19
Bellevue	WA	197,505	8,820	98,664	90,021	100.0	4.5	50.0	45.6	256,091	159,389	99,380	81,241	11,358	6.4	9,503	1,403	1,256
Bethel	WA	177,013	10,948	117,133	48,932	100.0	6.2	66.2	27.6	195,179	151,951	85,558	33,944	8,046	10.3	8,439	2,336	1,231
Edmonds	WA	223,129	11,829	126,002	85,298	100.0	5.3	56.5	38.2	261,787	183,145	110,636	63,579	13,628	7.8	8,761	2,444	1,231
Everett	WA	211,280	13,250	119,970	78,060	100.0	6.3	56.8	36.9	228,408	170,357	103,985	43,861	13,043	10.9	8,997	2,908	1,266
Evergreen (Clark)	WA	250,658	14,653	169,468	66,537	100.0	5.8	67.6	26.5	249,174	217,582	130,774	18,995	11,057	11.3	8,568	4,106	1,327
Federal Way	WA	213,539	15,437	138,134	59,968	100.0	7.2	64.7	28.1	211,618	190,192	117,862	14,768	6,228	10.4	8,491	3,743	1,419
Highline	WA	202,700	16,443	111,898	74,359	100.0	8.1	55.2	36.7	270,543	166,391	96,814	87,334	15,939	12.5	9,601	4,260	1,581
Issaquah	WA	185,945	4,802	95,579	85,564	100.0	2.6	51.4	46.0	169,446	134,128	81,131	17,850	14,619	3.1	8,060	339	686
Kennewick	WA	143,282	9,928	101,823	31,531	100.0	6.9	71.1	22.0	133,405	124,918	79,829	6,546	1,760	15.2	8,280	3,158	1,423
Kent	WA	272,614	17,645	162,446	92,523	100.0	6.5	59.6	33.9	281,151	236,524	141,287	34,777	9,149	8.9	8,613	3,843	1,465
Lake Washington	WA	253,035	9,078	139,532	104,425	100.0	3.6	55.1	41.3	256,381	196,109	122,541	44,597	13,183	4.4	8,267	781	660
Northshore	WA	220,984	8,042	124,240	88,702	100.0	3.6	56.2	40.1	233,606	175,417	107,197	42,415	15,024	4.0	8,763	613	673
Puyallup	WA	228,029	8,312	150,295	69,422	100.0	3.6	65.9	30.4	258,226	182,907	109,400	61,648	12,910	7.7	8,626	1,883	1,211
Seattle	WA	607,155	46,909	300,501	259,745	100.0	7.7	49.5	42.8	648,122	483,577	275,237	144,338	19,091	11.7	10,609	12,614	1,748
Spokane	WA	333,666	32,385	222,895	78,386	100.0	9.7	66.8	23.5	355,363	276,290	168,335	65,859	5,883	18.7	9,380	11,082	1,618
Tacoma	WA	356,539	36,665	193,732	126,142	100.0	10.3	54.3	35.4	370,863	298,938	182,169	55,451	16,166	18.2	10,073	11,445	1,651
Vancouver	WA	221,088	18,744	141,369	60,975	100.0	8.5	63.9	27.6	213,497	195,958	115,912	8,944	7,119	15.8	8,650	6,270	1,529
Berkeley County Schools	WV	166,571	13,544	89,542	63,485	100.0	8.1	53.8	38.1	166,712	159,174	95,132	4,763	1,094	11.2	9,436	3,226	1,502
Kanawha County Schools	WV	301,889	35,495	157,544	108,850	100.0	11.8	52.2	36.1	308,295	279,643	169,971	18,911	508	19.1	9,864	9,752	1,748
Appleton Area	WI	168,204	9,299	94,876	64,029	100.0	5.5	56.4	38.1	164,563	154,265	98,341	4,028	3,022	8.3	10,127	1,911	1,372
Green Bay Area	WI	235,834	18,364	138,418	79,052	100.0	7.8	58.7	33.5	231,997	217,946	136,310	5,782	3,415	11.3	11,157	5,185	1,900
Kenosha	WI	261,426	18,324	152,919	90,183	100.0	7.0	58.5	34.5	264,287	241,010	155,180	16,630	4,852	13.3	10,632	5,238	1,682
Madison Metropolitan	WI	344,752	20,817	84,704	239,231	100.0	6.0	24.6	69.4	347,601	311,149	183,482	15,408	5,534	12.6	12,612	6,756	1,811
Milwaukee	WI	1,187,218	186,192	707,164	293,862	100.0	15.7	59.6	24.8	1,180,778	1,103,006	628,732	25,549	8,807	26.8	12,705	83,555	2,598
Racine	WI	238,083	19,291	150,031	68,761	100.0	8.1	63.0	28.9	236,164	223,489	139,767	6,227	2,173	15.1	10,370	7,030	1,802

—Not available.
†Not applicable.
[1]Poverty is defined based on the number of persons and related children in the family and their income. For information on poverty thresholds for 2008, see http://www.census.gov/hhes/www/poverty/data/threshld/thresh08.html.
[2]Current expenditure per pupil based on fall enrollment collected through the "School District Finance Survey (Form F-33)," 2007–08.
[3]Fiscal year 2010 Department of Education funds available for spending by school districts beginning with the 2010–11 school year divided by number of poverty children in 2008.
[4]Includes other expenditures not shown separately.
[5]Data included under Modesto City Elementary.
NOTE: Detail may not sum to totals because of rounding. ISD = independent school district. CISD = consolidated independent school district.
SOURCE: U.S. Department of Education, National Center for Education Statistics, Common Core of Data (CCD), "School District Finance Survey (Form F-33)," 2007–08, and "Local Education Agency Universe Survey," 2008–09; and unpublished Department of Education budget data. (This table was prepared October 2010.)

Table 96. Enrollment, poverty, and federal funds for the 100 largest school districts, by enrollment size in 2008: Fall 2008, 2007–08, and federal fiscal year 2010

							Revenues by source of funds, 2007–08				Revenue for selected federal programs (in thousands), 2007–08						Title I allocations (in thousands), fiscal year 2010[2]				
Name of district	State	Rank order	Enroll-ment, fall 2008	5- to 17-year-old population, 2008	5- to 17-year-olds in poverty, 2008[1]	Poverty rate of 5- to 17-year-olds, 2008[1]	Total (in thousands)	Federal (in thousands)	Federal as a percent of total	Federal revenue per student[3]	Title I basic and concen-tration grants	School lunch	Vocational education	Drug-free schools	Eisen-hower math and science	Special education	Total	Basic grants	Concen-tration grants	Targeted grants	Education finance incentive grants
1	2	3	4	5	6	7	8	9	10	11	12	13	14	15	16	17	18	19	20	21	22
New York City	NY	1	981,690	1,338,402	353,193	26.4	$19,885,693	$1,785,145	9.0	$1,803	$811,796	$304,526	$5,880	$10,558	—	$273,434	$862,789	$324,650	$82,382	$250,133	$205,623
Los Angeles Unified	CA	2	687,534	822,138	196,104	23.9	9,551,053	1,053,853	11.0	1,519	438,643	138,622	54,221	6,331	$12,217	231,013	407,377	136,896	34,760	112,001	123,720
City of Chicago	IL	3	421,430	499,095	127,262	25.5	4,844,616	808,902	16.7	1,985	370,726	106,051	0	4,371	10,142	150,393	307,538	113,156	28,602	79,839	85,940
Dade	FL	4	345,525	381,709	76,923	20.2	3,959,408	427,479	10.8	1,228	139,575	84,685	27,058	2,297	7,162	87,357	129,370	48,911	12,419	37,419	30,621
Clark County	NV	5	312,761	343,613	43,732	12.7	3,111,868	196,022	6.3	634	56,191	41,893	13,082	2,838	4,491	52,100	68,243	26,867	6,822	18,996	15,558
Broward	FL	6	256,351	295,941	41,416	14.0	2,874,695	233,523	8.1	902	63,420	50,164	11,046	1,136	3,849	51,058	66,614	26,483	6,724	18,372	15,035
Houston ISD	TX	7	200,225	261,380	66,400	25.4	2,059,689	267,705	13.0	1,342	95,937	33,450	21,542	1,471	2,400	71,610	111,084	41,970	10,609	30,143	28,362
Hillsborough	FL	8	192,007	205,610	34,333	16.7	2,068,665	247,129	11.9	1,279	48,754	40,472	8,001	851	3,233	48,534	54,993	22,329	5,670	14,845	12,148
Hawaii Department of Education	HI	9	179,478	198,036	18,001	9.1	2,541,703	310,732	12.2	1,727	52,171	56,136	1,850	2,343	4,772	36,813	42,599	17,744	3,630	10,651	10,574
Orange	FL	10	172,257	187,038	30,431	16.3	1,974,283	155,268	7.9	892	39,227	35,441	7,261	759	2,422	38,559	47,549	19,402	4,926	12,770	10,450
Palm Beach	FL	11	170,757	189,017	26,621	14.1	2,183,132	138,401	6.3	810	41,562	37,622	—	—	2,119	31,063	41,876	17,169	4,360	11,190	9,157
Fairfax County	VA	12	169,030	176,254	9,728	5.5	2,313,386	87,266	3.8	527	18,271	30,249	3,891	507	1,813	16,286	18,461	7,556	1,918	4,177	4,810
Philadelphia City	PA	13	159,867	254,184	76,519	30.1	2,567,483	311,595	12.1	1,804	150,435	35	23,314	1,684	5,719	63,166	205,337	67,520	17,209	53,716	66,891
Dallas ISD	TX	14	157,352	200,864	58,463	29.1	1,613,014	216,482	13.4	1,372	82,137	30,936	11,424	978	1,650	60,506	94,454	35,149	8,925	25,957	24,423
Gwinnett County	GA	15	157,219	157,167	17,036	10.8	1,764,516	95,838	5.4	616	—	—	—	—	—	36,455	29,711	11,704	2,972	7,248	7,788
Montgomery County	MD	16	139,282	162,629	9,861	6.1	2,604,887	93,751	3.6	681	25,932	27,013	4,853	516	1,500	16,424	20,927	8,925	2,266	4,980	4,756
Wake County	NC	17	138,443	156,819	15,917	10.1	1,264,960	68,546	5.4	513	—	—	—	—	—	16,750	23,729	9,398	2,386	5,760	6,185
Charlotte-Mecklenburg	NC	18	135,064	163,227	20,827	12.8	1,345,133	105,771	7.9	808	—	—	—	—	—	34,413	31,996	12,436	3,158	7,909	8,493
San Diego Unified	CA	19	132,256	156,647	29,332	18.7	1,560,549	144,969	9.3	1,102	45,648	24,522	7,876	685	1,245	31,390	50,323	19,723	5,008	12,965	12,627
Prince George's County	MD	20	127,977	144,117	10,339	7.2	1,926,633	117,772	6.1	908	33,907	24,889	8,605	321	1,461	29,241	26,447	10,724	2,733	6,670	6,320
Duval	FL	21	122,606	153,761	23,297	15.2	1,238,175	106,117	8.6	851	29,107	30,290	6,776	579	1,540	25,185	36,401	14,912	3,786	9,742	7,961
Memphis City	TN	22	111,954	132,351	37,295	28.2	1,119,814	160,100	14.3	1,388	57,532	26,247	—	1,412	4,663	39,533	62,228	22,035	5,595	15,659	18,939
Cobb County	GA	23	106,747	118,069	9,812	8.3	1,157,791	66,790	5.8	622	—	—	—	—	—	15,495	16,597	6,886	1,748	3,838	4,124
Pinellas	FL	24	106,061	125,883	17,952	14.3	1,211,026	94,072	7.8	872	26,598	28,189	5,089	582	1,687	19,196	27,637	11,565	2,936	7,224	5,912
Baltimore County	MD	25	103,180	126,756	10,450	8.2	1,518,801	81,477	5.4	781	22,281	24,118	2,531	487	1,271	15,681	23,253	9,774	2,482	5,580	5,416
Cypress-Fairbanks ISD	TX	26	100,685	74,402	8,664	11.6	792,371	43,607	5.5	450	4,577	15,224	1,479	199	480	16,089	11,979	5,229	1,328	2,793	2,628
DeKalb County	GA	27	99,775	115,790	26,297	22.7	1,245,461	83,281	6.7	831	—	—	—	—	—	31,726	47,237	18,142	4,607	11,804	12,685
Jefferson County	KY	28	98,774	121,614	22,379	18.4	1,087,693	114,025	10.5	1,189	—	—	—	—	—	25,430	39,599	15,129	3,841	9,703	10,925
Detroit City	MI	29	97,577	195,127	74,702	38.3	1,317,526	168,009	12.8	1,557	101,497	—	10,840	435	3,847	27,954	180,478	59,294	15,113	47,003	59,068
Albuquerque	NM	30	95,934	110,178	18,664	16.9	999,503	87,819	8.8	915	21,305	30,320	4,740	310	1,566	—	31,243	12,052	3,060	7,578	8,552
Polk	FL	31	94,657	98,331	19,514	19.8	1,250,657	82,891	6.6	882	23,262	17,942	3,793	352	1,376	25,866	30,179	12,565	3,191	7,932	6,491
Northside ISD	TX	32	89,000	79,646	13,023	16.4	766,936	57,934	7.6	672	11,707	16,471	2,333	274	683	18,536	19,221	7,986	2,028	4,744	4,464
Fulton County	GA	33	88,299	102,456	12,524	12.2	1,068,153	45,181	4.2	524	—	—	—	—	—	16,295	21,486	8,682	2,204	5,109	5,490
Long Beach Unified	CA	34	87,509	99,358	24,528	24.7	914,366	130,977	14.3	1,485	43,302	14,876	6,398	1,258	1,528	24,946	41,391	16,387	4,161	10,605	10,239
Jefferson County	CO	35	85,946	88,777	7,128	8.0	858,375	40,484	4.7	470	9,323	15,711	2,782	255	494	7,366	11,306	4,887	1,241	2,543	2,635
Milwaukee	WI	36	85,381	120,070	32,164	26.8	1,187,218	186,192	15.7	2,145	83,298	25,255	—	—	1,993	28,549	83,555	32,096	8,113	19,474	23,871
Austin ISD	TX	37	83,483	109,075	20,870	19.1	970,089	85,664	8.8	1,038	26,335	16,010	4,272	396	1,096	22,618	31,371	12,610	3,202	8,016	7,543
Baltimore City	MD	38	82,266	107,221	24,121	22.5	1,397,983	162,776	11.6	2,003	75,330	25,846	8,753	970	2,224	24,553	62,186	23,822	6,049	15,964	16,351
Jordan	UT	39	81,485	88,370	5,460	6.2	635,282	45,641	7.2	533	4,851	14,229	2,696	189	735	9,057	6,874	3,329	0	1,641	1,904
Lee	FL	40	79,434	86,504	12,788	14.8	980,391	67,054	6.8	833	15,084	14,405	—	298	1,101	17,426	19,021	8,174	2,075	4,824	3,948

See notes at end of table.

Table 96. Enrollment, poverty, and federal funds for the 100 largest school districts, by enrollment size in 2008: Fall 2008, 2007–08, and federal fiscal year 2010—Continued

							Revenues by source of funds, 2007–08				Revenue for selected federal programs (in thousands), 2007–08						Title I allocations (in thousands), fiscal year 2010[2]				
Name of district	State	Rank order	Enrollment, fall 2008	5- to 17-year-old population, 2008	5- to 17-year-olds in poverty, 2008[1]	Poverty rate of 5- to 17-year-olds, 2008[1]	Total (in thousands)	Federal (in thousands)	Federal as a percent of total	Federal revenue per student[3]	Title I basic and concentration grants	School lunch	Vocational education	Drug-free schools	Eisenhower math and science	Special education	Total	Basic grants	Concentration grants	Targeted grants	Education finance incentive grants
1	2	3	4	5	6	7	8	9	10	11	12	13	14	15	16	17	18	19	20	21	22
Fort Worth ISD	TX	41	79,285	103,306	23,241	22.5	725,234	96,921	13.4	1,229	31,580	17,134	4,652	389	1,365	23,066	35,050	14,010	3,557	9,007	8,475
Fresno Unified	CA	42	76,621	86,072	29,559	34.3	838,633	123,361	14.7	1,613	59,071	14,459	9,023	609	2,223	27,931	50,620	19,834	5,036	13,044	12,707
Davidson County	TN	43	74,312	102,500	24,124	23.5	740,835	78,816	10.6	1,069	23,811	16,518	—	—	1,770	21,708	37,150	14,207	3,607	9,163	10,173
Denver	CO	44	74,189	96,151	23,825	24.8	861,239	93,657	10.9	1,282	32,935	15,564	4,978	562	1,523	17,401	41,329	15,804	4,013	10,189	11,323
Prince William County	VA	45	73,917	72,504	4,852	6.7	878,492	34,356	3.9	471	5,787	11,684	712	231	148	10,215	7,446	3,735	0	1,795	1,916
Anne Arundel County	MD	46	73,653	88,704	5,161	5.8	1,003,238	45,951	4.6	626	10,548	15,732	2,423	231	792	6,669	9,727	4,597	918	2,237	1,974
Brevard	FL	47	73,098	78,630	10,311	13.1	747,371	51,979	7.0	699	13,072	15,536	—	292	677	11,511	15,004	6,593	1,674	3,705	3,032
Guilford County	NC	48	72,951	80,004	13,851	17.3	716,338	67,308	9.4	949	—	—	—	—	—	19,710	20,359	8,160	2,072	4,884	5,244
Virginia Beach City	VA	49	71,554	78,936	7,045	8.9	808,886	61,932	7.7	855	11,194	15,163	2,722	270	1,156	9,004	12,744	5,511	1,399	2,800	3,034
Greenville 01	SC	50	70,441	78,170	12,542	16.0	684,420	55,081	8.0	793	17,619	16,646	2,774	285	1,181	13,712	21,734	8,338	2,117	4,923	6,356
Mesa Unified	AZ	51	70,346	105,686	17,323	16.4	635,243	55,855	8.8	765	16,823	10,974	3,147	447	834	15,512	26,703	10,467	2,658	6,516	7,062
Granite	UT	52	70,166	80,047	8,421	10.5	505,372	58,887	11.7	775	10,257	13,095	2,710	177	692	12,680	12,307	5,069	1,287	2,696	3,256
Fort Bend ISD	TX	53	68,708	73,664	6,111	8.3	571,456	29,488	5.2	434	4,968	11,661	1,406	175	434	7,754	7,554	3,829	0	1,919	1,806
Pasco	FL	54	66,784	71,282	10,677	15.0	713,902	55,039	7.7	830	12,997	15,186	2,635	262	657	13,991	15,633	6,840	1,737	3,880	3,175
Davis	UT	55	66,614	65,832	4,588	7.0	485,031	40,386	8.3	574	2,587	10,397	1,522	146	633	8,746	5,571	2,748	0	1,313	1,510
Washoe County	NV	56	65,421	69,949	9,874	14.1	618,949	45,021	7.3	686	11,387	10,485	761	168	729	9,628	13,876	6,098	1,548	3,425	2,805
Seminole	FL	57	64,927	68,594	6,737	9.8	633,500	40,109	6.3	613	9,844	13,295	2,290	231	615	10,161	9,356	4,307	1,094	2,176	1,780
North East ISD	TX	58	63,452	65,622	9,577	14.6	661,970	33,815	5.1	544	5,492	11,539	1,662	185	508	10,761	13,532	5,821	1,478	3,212	3,022
Arlington ISD	TX	59	63,045	75,668	11,481	15.2	537,280	49,128	9.1	782	12,212	12,815	2,042	219	689	15,856	16,394	6,910	1,755	3,982	3,747
Volusia	FL	60	63,018	70,473	11,596	16.5	713,726	51,040	7.2	791	14,847	14,085	3,416	292	1,113	12,964	18,618	7,832	1,996	4,837	3,953
Mobile County	AL	61	62,531	77,114	19,149	24.8	618,181	75,127	12.2	1,167	27,963	18,366	4,519	741	1,954	20,174	29,936	11,717	2,975	7,369	7,875
El Paso ISD	TX	62	62,322	64,810	21,765	33.6	583,899	87,626	15.0	1,411	34,036	12,478	5,349	401	1,095	19,154	34,386	13,536	3,450	9,002	8,397
Alpine	UT	63	62,281	70,922	4,814	6.8	428,596	35,566	8.3	557	4,093	7,599	1,447	134	642	6,989	5,957	2,920	0	1,410	1,626
Elk Grove Unified	CA	64	62,172	52,133	7,376	14.1	596,705	39,960	6.7	641	9,168	9,356	1,777	275	493	12,035	12,125	5,458	1,386	2,870	2,412
Aldine ISD	TX	65	61,526	58,281	15,987	27.4	559,919	68,093	12.2	1,133	17,053	10,771	3,683	294	764	25,110	23,607	9,655	2,452	5,925	5,575
Chesterfield County	VA	66	59,080	56,042	3,891	6.9	609,461	24,364	4.0	413	4,422	10,275	1,120	143	635	4,628	5,883	3,024	0	1,392	1,467
Douglas County	CO	67	58,723	58,226	1,505	2.6	515,086	11,217	2.2	212	728	7,011	631	66	153	1,624	1,007	1,007	0	0	0
Garland ISD	TX	68	57,510	58,767	10,901	18.5	482,310	38,863	8.1	680	6,590	12,505	1,712	121	492	12,042	15,393	6,529	1,658	3,713	3,493
Santa Ana Unified	CA	69	57,439	63,643	12,588	19.8	564,867	69,466	12.3	1,217	22,937	10,765	5,856	623	571	20,256	19,817	8,330	2,115	4,903	4,469
Tucson Unified	AZ	70	57,391	85,561	17,720	20.7	545,561	63,503	11.6	1,070	22,679	10,363	4,157	1,106	1,463	13,983	27,885	10,891	2,765	6,817	7,411
Loudoun County	VA	71	56,894	59,990	1,833	3.1	814,891	19,645	2.4	364	1,644	10,723	585	51	369	3,376	1,434	1,434	0	0	0
Katy ISD	TX	72	56,862	40,153	3,930	9.8	508,389	20,328	4.0	374	874	8,984	628	84	182	6,385	4,585	2,414	0	1,119	1,053
Boston	MA	73	55,923	82,611	19,320	23.4	1,313,368	91,360	7.0	1,627	36,145	18,709	—	—	1,522	11,760	50,633	18,252	4,652	12,093	15,636
Knox County	TN	74	55,535	68,503	10,082	14.7	487,605	43,208	8.9	793	13,841	12,727	—	318	1,624	9,899	14,569	6,104	1,550	3,428	3,487
San Francisco Unified	CA	75	55,183	76,471	10,283	13.4	668,282	69,870	10.5	1,269	19,559	—	4,485	341	443	11,744	16,040	6,920	1,757	3,905	3,458
San Bernardino City Unified	CA	76	54,727	59,206	18,367	31.0	797,791	73,382	9.2	1,294	31,779	10,363	3,792	520	743	19,298	30,648	12,375	3,142	7,765	7,365
San Antonio ISD	TX	77	54,696	71,440	22,593	31.6	541,408	91,324	16.9	1,667	30,495	12,267	6,295	510	1,204	24,835	35,081	14,275	3,608	8,861	8,337
Cumberland County	NC	78	54,288	55,921	10,957	19.6	458,835	60,684	13.2	1,158	—	—	—	—	—	15,356	16,292	6,528	1,661	3,927	4,177
Plano ISD	TX	79	54,203	84,005	5,170	6.2	611,837	21,894	3.6	408	2,267	10,054	1,198	148	295	5,084	6,040	3,107	0	1,511	1,422
Columbus City	OH	80	53,536	79,543	20,698	26.0	910,711	130,197	14.3	2,356	—	14,067	—	379	1,661	19,317	48,459	17,280	4,404	11,555	15,220

See notes at end of table.

Table 96. Enrollment, poverty, and federal funds for the 100 largest school districts, by enrollment size in 2008: Fall 2008, 2007–08, and federal fiscal year 2010—Continued

							Revenues by source of funds, 2007–08				Revenue for selected federal programs (in thousands), 2007–08						Title I allocations (in thousands), fiscal year 2010[2]				
Name of district	State	Rank order	Enrollment, fall 2008	5- to 17-year-old population, 2008	5- to 17-year-olds in poverty, 2008[1]	Poverty rate of 5- to 17-year-olds, 2008[1]	Total (in thousands)	Federal (in thousands)	Federal as a percent of total	Federal revenue per student[3]	Title I basic and concentration grants	School lunch	Vocational education	Drug-free schools	Eisenhower math and science	Special education	Total	Basic grants	Concentration grants	Targeted grants	Education finance incentive grants
1	2	3	4	5	6	7	8	9	10	11	12	13	14	15	16	17	18	19	20	21	22
Forsyth County	NC	81	52,906	59,062	11,026	18.7	505,580	45,335	9.0	891	—	—	—	—	—	12,348	15,831	6,489	1,648	3,720	3,974
Capistrano Unified	CA	82	52,681	56,470	3,679	6.5	453,589	23,800	5.2	454	3,688	8,330	1,146	61	224	3,629	4,424	2,435	0	1,107	881
Corona-Norco Unified	CA	83	52,138	46,821	5,159	11.0	476,836	26,997	5.7	526	3,452	7,766	1,052	112	194	9,195	6,590	3,495	0	1,708	1,388
Osceola	FL	84	51,941	48,095	8,276	17.2	628,244	44,158	7.0	837	9,454	9,273	—	274	642	13,715	11,843	5,349	1,358	2,825	2,312
Pasadena ISD	TX	85	51,578	50,964	11,033	21.6	464,800	45,440	9.8	895	11,341	7,578	2,367	223	532	16,788	15,736	6,659	1,691	3,805	3,580
Cherry Creek	CO	86	51,199	45,466	3,111	6.8	493,657	19,321	3.9	382	3,459	7,819	977	125	249	5,308	4,636	2,358	0	1,149	1,129
Lewisville ISD	TX	87	50,216	61,955	2,747	4.4	495,986	21,186	4.3	427	1,968	8,587	732	118	312	5,310	1,676	1,676	0	0	0
Cleveland Municipal	OH	88	49,952	84,742	29,020	34.2	922,544	127,424	13.8	2,406	0	21,632	—	645	3,284	18,518	65,354	23,718	6,081	15,069	20,486
Howard County	MD	89	49,905	51,698	2,107	4.1	805,247	20,014	2.5	404	3,149	8,987	1,370	85	457	2,778	1,884	1,884	0	0	0
Clayton County	GA	90	49,508	57,618	10,816	18.8	567,961	55,651	9.8	1,056	—	—	—	—	—	19,656	18,120	7,446	1,891	4,234	4,550
Atlanta	GA	91	49,032	83,574	21,622	25.9	869,896	88,718	10.2	1,775	—	—	—	—	—	17,611	39,834	15,194	3,841	9,601	11,198
Henrico County	VA	92	48,991	50,547	5,142	10.2	474,941	25,736	5.4	529	5,131	10,365	1,288	104	541	5,919	7,997	3,986	0	1,937	2,074
Anchorage	Ak	93	48,837	51,307	3,898	7.6	650,738	61,866	9.5	1,266	13,337	9,985	4,817	395	1,085	9,086	11,739	5,020	0	3,346	3,373
Brownsville ISD	TX	94	48,587	43,889	19,847	45.2	473,510	78,215	16.5	1,602	28,316	8,875	4,403	375	697	24,284	30,950	12,032	3,104	8,216	7,599
Garden Grove Unified	CA	95	48,574	54,514	9,504	17.4	468,369	41,967	9.0	862	13,232	8,340	2,339	243	410	13,750	14,773	6,290	2,017	3,459	3,007
Sacramento City Unified	CA	96	48,155	64,377	13,188	20.5	545,693	78,196	14.3	1,614	26,190	13,899	5,727	322	634	13,485	22,015	9,151	2,324	5,484	5,056
Omaha	NE	97	48,014	61,851	10,032	16.2	545,674	88,496	16.2	1,853	18,837	11,808	2,983	290	475	14,327	22,679	8,327	2,122	5,038	7,192
Conroe ISD	TX	98	47,996	49,129	5,111	10.4	409,899	24,562	6.0	528	5,268	8,970	1,378	141	370	6,132	6,045	3,110	0	1,512	1,423
Shelby County	TN	99	47,448	43,792	3,753	8.6	367,604	20,894	5.7	445	2,407	10,408	—	—	439	5,809	4,899	2,539	0	1,197	1,162
Wichita	KS	100	47,260	59,331	9,947	16.8	562,916	58,078	10.3	1,241	21,190	—	—	429	—	13,561	21,841	8,044	2,042	4,568	7,187

—Not available.
[1]Poverty is defined based on the number of persons and related children in the family and their income. For information on poverty thresholds for 2008, see http://www.census.gov/hhes/www/poverty/threshld/thresh08.html.
[2]Fiscal year 2010 Department of Education funds available for spending by school districts in the 2010–11 school year.
[3]Federal revenue per student is based on fall enrollment collected through the "School District Finance Survey (Form F-33)."

NOTE: Detail may not sum to totals because of rounding. ISD = independent school district.
SOURCE: U.S. Department of Education, National Center for Education Statistics, Common Core of Data (CCD), "School District Finance Survey (Form F-33)," 2007–08, and "Local Education Agency Universe Survey," 2008–09; and unpublished Department of Education budget data. (This table was prepared October 2010.)

Table 97. Public elementary and secondary schools, by type of school: Selected years, 1967–68 through 2008–09

Year	Total, all public schools	Schools with reported grade spans											Other schools[1]
			Elementary schools				Secondary schools					Combined elementary/ secondary schools[2]	
		Total	Total[3]	Middle schools[4]	One-teacher schools	Other elementary schools	Total[5]	Junior high[6]	3-year or 4-year high schools	5-year or 6-year high schools	Other secondary schools		
1	2	3	4	5	6	7	8	9	10	11	12	13	14
1967–68	—	94,197	67,186	—	4,146	63,040	23,318	7,437	10,751	4,650	480	3,693	—
1970–71	—	89,372	64,020	2,080	1,815	60,125	23,572	7,750	11,265	3,887	670	1,780	—
1972–73	—	88,864	62,942	2,308	1,475	59,159	23,919	7,878	11,550	3,962	529	2,003	—
1974–75	—	87,456	61,759	3,224	1,247	57,288	23,837	7,690	11,480	4,122	545	1,860	—
1975–76	88,597	87,034	61,704	3,916	1,166	56,622	23,792	7,521	11,572	4,113	586	1,538	1,563
1976–77	—	86,501	61,123	4,180	1,111	55,832	23,857	7,434	11,658	4,130	635	1,521	—
1978–79	—	84,816	60,312	5,879	1,056	53,377	22,834	6,282	11,410	4,429	713	1,670	—
1980–81	85,982	83,688	59,326	6,003	921	52,402	22,619	5,890	10,758	4,193	1,778	1,743	2,294
1982–83	84,740	82,039	58,051	6,875	798	50,378	22,383	5,948	11,678	4,067	690	1,605	2,701
1983–84	84,178	81,418	57,471	6,885	838	49,748	22,336	5,936	11,670	4,046	684	1,611	2,760
1984–85	84,007	81,147	57,231	6,893	825	49,513	22,320	5,916	11,671	4,021	712	1,596	2,860
1986–87[7]	83,421	82,316	58,835	7,483	763	50,589	21,505	5,109	11,430	4,196	770	1,976	1,105 [8]
1987–88	83,248	81,416	57,575	7,641	729	49,205	21,662	4,900	11,279	4,048	1,435	2,179	1,832 [8]
1988–89	83,165	81,579	57,941	7,957	583	49,401	21,403	4,687	11,350	3,994	1,372	2,235	1,586 [8]
1989–90	83,425	81,880	58,419	8,272	630	49,517	21,181	4,512	11,492	3,812	1,365	2,280	1,545 [8]
1990–91	84,538	82,475	59,015	8,545	617	49,853	21,135	4,561	11,537	3,723	1,314	2,325	2,063
1991–92	84,578	82,506	59,258	8,829	569	49,860	20,767	4,298	11,528	3,699	1,242	2,481	2,072
1992–93	84,497	82,896	59,676	9,152	430	50,094	20,671	4,115	11,651	3,613	1,292	2,549	1,601
1993–94	85,393	83,431	60,052	9,573	442	50,037	20,705	3,970	11,858	3,595	1,282	2,674	1,962
1994–95	86,221	84,476	60,808	9,954	458	50,396	20,904	3,859	12,058	3,628	1,359	2,764	1,745
1995–96	87,125	84,958	61,165	10,205	474	50,486	20,997	3,743	12,168	3,621	1,465	2,796	2,167
1996–97	88,223	86,092	61,805	10,499	487	50,819	21,307	3,707	12,424	3,614	1,562	2,980	2,131
1997–98	89,508	87,541	62,739	10,944	476	51,319	21,682	3,599	12,734	3,611	1,738	3,120	1,967
1998–99	90,874	89,259	63,462	11,202	463	51,797	22,076	3,607	13,457	3,707	1,305	3,721	1,615
1999–2000	92,012	90,538	64,131	11,521	423	52,187	22,365	3,566	13,914	3,686	1,199	4,042	1,474
2000–01	93,273	91,691	64,601	11,696	411	52,494	21,994	3,318	13,793	3,974	909	5,096	1,582
2001–02	94,112	92,696	65,228	11,983	408	52,837	22,180	3,285	14,070	3,917	908	5,288	1,416
2002–03	95,615	93,869	65,718	12,174	366	53,178	22,599	3,263	14,330	4,017	989	5,552	1,746
2003–04	95,726	93,977	65,758	12,341	376	53,041	22,782	3,251	14,595	3,840	1,096	5,437	1,749
2004–05	96,513	95,001	65,984	12,530	338	53,116	23,445	3,250	14,854	3,945	1,396	5,572	1,512
2005–06	97,382	95,731	66,026	12,545	326	53,155	23,998	3,249	15,103	3,910	1,736	5,707	1,651
2006–07	98,793	96,362	66,458	12,773	313	53,372	23,920	3,112	15,043	4,048	1,717	5,984	2,431
2007–08[7]	98,916	97,654	67,112	13,014	288	53,810	24,643	3,117	16,146	3,981	1,399	5,899	1,262
2008–09	98,706	97,119	67,148	13,060	237	53,851	24,348	3,037	16,246	3,761	1,304	5,623	1,587

—Not available.
[1]Includes special education, alternative, and other schools not reported by grade span.
[2]Includes schools beginning with grade 6 or lower and ending with grade 9 or above.
[3]Includes schools beginning with grade 6 or below and with no grade higher than 8.
[4]Includes schools with grade spans beginning with 4, 5, or 6 and ending with 6, 7, or 8.
[5]Includes schools with no grade lower than 7.
[6]Includes schools with grades 7 and 8 or grades 7 through 9.
[7]Some data have been revised from previously published figures.
[8]Because of revision in data collection procedures, figures not comparable to data for other years.
SOURCE: U.S. Department of Education, National Center for Education Statistics, *Statistics of State School Systems*, 1967–68 and 1975–76; *Statistics of Public Elementary and Secondary Day Schools*, 1970–71, 1972–73, 1974–75, and 1976–77 through 1980–81; and Common Core of Data (CCD), "Public Elementary/Secondary School Universe Survey," 1982–83 through 2008–09. (This table was prepared November 2010.)

Table 98. Number and percentage distribution of public elementary and secondary schools and enrollment, by type and enrollment size of school: 2006–07, 2007–08, and 2008–09

Enrollment size of school	Number and percentage distribution of schools, by type						Enrollment totals and percentage distribution, by type of school[1]					
			Secondary[4]						Secondary[4]			
	Total[2]	Elementary[3]	All schools	Regular schools[7]	Combined elementary/ secondary[5]	Other[6]	Total[2]	Elementary[3]	All schools	Regular schools[7]	Combined elementary/ secondary[5]	Other[6]
1	2	3	4	5	6	7	8	9	10	11	12	13
2006–07												
Total	98,793	66,458	23,920	19,152	5,984	2,431	49,065,594	31,273,476	16,068,448	15,549,702	1,672,583	51,087
Percent[8]	**100.00**	**100.00**	**100.00**	**100.00**	**100.00**	**100.00**	**100.00**	**100.00**	**100.00**	**100.00**	**100.00**	**100.00**
Under 100	10.71	5.92	18.00	9.29	36.67	60.16	0.94	0.63	1.10	0.64	4.88	16.36
100 to 199	9.60	8.40	11.10	10.20	17.81	17.89	2.75	2.68	2.27	1.84	7.97	18.99
200 to 299	11.53	12.59	8.62	8.79	11.05	6.78	5.58	6.73	3.02	2.69	8.41	12.25
300 to 399	13.75	16.22	8.07	8.89	7.40	7.59	9.24	12.01	3.96	3.79	7.91	19.24
400 to 499	13.44	16.53	6.07	6.85	6.86	3.52	11.57	15.66	3.83	3.75	9.45	11.30
500 to 599	10.98	13.30	5.78	6.53	4.62	1.63	11.53	15.37	4.45	4.37	7.79	6.29
600 to 699	8.20	9.63	5.21	6.04	3.52	0.27	10.17	13.14	4.75	4.78	7.03	1.22
700 to 799	5.60	6.40	4.04	4.66	2.45	0.81	8.01	10.08	4.24	4.26	5.63	4.23
800 to 999	6.62	6.74	7.09	8.23	3.46	0.27	11.27	12.59	8.94	9.03	9.42	1.72
1,000 to 1,499	5.67	3.80	11.68	13.59	3.61	1.08	13.01	9.32	20.16	20.42	13.45	8.39
1,500 to 1,999	2.10	0.38	7.32	8.64	1.34	0.00	6.93	1.35	17.78	18.25	7.14	0.00
2,000 to 2,999	1.48	0.08	5.74	6.77	0.84	0.00	6.71	0.38	19.11	19.61	6.08	0.00
3,000 or more	0.34	0.01	1.29	1.52	0.39	0.00	2.29	0.04	6.41	6.57	4.83	0.00
Average enrollment[8]	521	473	711	818	325	138	521	473	711	818	325	138
2007–08												
Total	98,916	67,112	24,643	19,371	5,899	1,262	48,910,025	31,225,474	16,184,724	15,680,507	1,472,248	27,579
Percent[8]	**100.00**	**100.00**	**100.00**	**100.00**	**100.00**	**100.00**	**100.00**	**100.00**	**100.00**	**100.00**	**100.00**	**100.00**
Under 100	10.90	5.98	18.41	9.25	39.82	54.68	0.97	0.64	1.14	0.64	5.77	14.22
100 to 199	9.53	8.38	11.16	10.06	16.65	23.65	2.76	2.70	2.32	1.82	8.25	24.31
200 to 299	11.55	12.69	8.51	8.75	10.34	9.85	5.63	6.85	2.99	2.67	8.62	18.09
300 to 399	13.86	16.35	8.08	8.95	7.68	5.42	9.41	12.22	3.99	3.82	9.14	14.84
400 to 499	13.64	16.69	6.32	7.23	7.01	4.93	11.84	15.95	4.01	3.96	10.69	16.10
500 to 599	11.10	13.45	5.80	6.62	4.76	0.49	11.77	15.67	4.52	4.46	8.91	2.11
600 to 699	8.13	9.56	5.02	5.85	3.79	0.49	10.19	13.17	4.63	4.66	8.43	2.48
700 to 799	5.60	6.44	3.92	4.58	2.44	0.00	8.10	10.24	4.15	4.19	6.26	0.00
800 to 999	6.40	6.50	6.93	8.16	2.92	0.00	11.00	12.25	8.81	8.95	8.84	0.00
1,000 to 1,499	5.44	3.53	11.56	13.57	3.02	0.00	12.61	8.72	20.16	20.43	12.28	0.00
1,500 to 1,999	2.10	0.33	7.52	8.93	0.77	0.00	6.99	1.17	18.46	18.94	4.49	0.00
2,000 to 2,999	1.42	0.08	5.52	6.56	0.54	0.49	6.51	0.38	18.53	19.00	4.35	7.85
3,000 or more	0.32	#	1.26	1.49	0.26	0.00	2.22	0.03	6.29	6.44	3.97	0.00
Average enrollment[8]	516	469	704	816	292	136	516	469	704	816	292	136
2008–09												
Total	98,706	67,148	24,348	19,349	5,623	1,587	49,053,786	31,446,040	16,055,123	15,568,281	1,520,246	32,377
Percent[8]	**100.00**	**100.00**	**100.00**	**100.00**	**100.00**	**100.00**	**100.00**	**100.00**	**100.00**	**100.00**	**100.00**	**100.00**
Under 100	10.51	5.88	17.76	9.18	38.56	44.26	0.94	0.63	1.11	0.64	5.33	8.45
100 to 199	9.53	8.30	11.42	10.50	17.27	14.75	2.76	2.68	2.38	1.92	8.12	12.18
200 to 299	11.42	12.46	8.62	8.81	10.00	16.94	5.56	6.71	3.04	2.72	7.91	23.68
300 to 399	13.76	16.20	7.89	8.69	7.76	13.11	9.31	12.08	3.88	3.73	8.79	26.30
400 to 499	13.86	16.87	6.60	7.46	6.72	8.20	12.00	16.09	4.19	4.13	9.73	20.36
500 to 599	11.30	13.67	5.78	6.60	5.06	1.64	11.95	15.90	4.51	4.49	9.04	5.20
600 to 699	8.33	9.78	5.14	5.90	3.60	1.09	10.40	13.44	4.73	4.74	7.59	3.84
700 to 799	5.74	6.53	4.09	4.72	2.79	0.00	8.27	10.36	4.35	4.38	6.77	0.00
800 to 999	6.42	6.50	6.98	8.09	3.08	0.00	11.00	12.20	8.87	8.98	8.82	0.00
1,000 to 1,499	5.39	3.43	11.66	13.55	3.20	0.00	12.49	8.47	20.40	20.69	12.43	0.00
1,500 to 1,999	2.03	0.31	7.33	8.59	1.01	0.00	6.78	1.08	18.05	18.46	5.58	0.00
2,000 to 2,999	1.41	0.06	5.57	6.55	0.51	0.00	6.45	0.31	18.72	19.24	4.00	0.00
3,000 or more	0.31	0.01	1.17	1.37	0.43	0.00	2.11	0.06	5.77	5.88	5.90	0.00
Average enrollment[8]	517	470	704	807	308	177	517	470	704	807	308	177

#Rounds to zero.

[1]Totals differ from those reported in other tables because this table represents data reported by schools rather than by states or school districts. Percentage distribution and average enrollment calculations exclude data for schools not reporting enrollment.

[2]Includes elementary, secondary, combined elementary/secondary, and other schools.

[3]Includes schools beginning with grade 6 or below and with no grade higher than 8.

[4]Includes schools with no grade lower than 7.

[5]Includes schools beginning with grade 6 or below and ending with grade 9 or above.

[6]Includes special education, alternative, and other schools not reported by grade span.

[7]Excludes special education schools, vocational schools, and alternative schools.

[8]Data are for schools reporting their enrollment size. Enrollment data were available for 94,164 out of 98,793 schools in 2006–07, 94,775 out of 98,916 in 2007–08, and 94,820 out of 98,706 in 2008–09.

NOTE: Detail may not sum to totals because of rounding.

SOURCE: U.S. Department of Education, National Center for Education Statistics, Common Core of Data (CCD), "Public Elementary/Secondary School Universe Survey," 2006–07, 2007–08, and 2008–09. (This table was prepared November 2010.)

Table 99. Average enrollment and percentage distribution of public elementary and secondary schools, by type and size: Selected years, 1982–83 through 2008–09

Year	Average enrollment in schools, by type						Percentage distribution of schools, by enrollment size							
	Total[1]	Elementary[2]	Secondary[3] All schools	Secondary[3] Regular schools[6]	Combined elementary/ secondary[4]	Other[5]	Under 200	200 to 299	300 to 399	400 to 499	500 to 599	600 to 699	700 to 999	1,000 or more
1	2	3	4	5	6	7	8	9	10	11	12	13	14	15
1982–83	478	399	719	—	478	142	21.9	13.8	15.5	13.1	10.2	7.1	10.2	8.3
1983–84	480	401	720	—	475	145	21.7	13.7	15.5	13.2	10.2	7.1	10.3	8.3
1984–85	482	403	721	—	476	146	21.5	13.6	15.5	13.2	10.3	7.1	10.4	8.4
1986–87[7]	489	416	707	714	426	118	21.1	13.1	15.0	13.5	10.8	7.5	10.7	8.1
1987–88	490	424	695	711	420	122	20.3	12.9	14.9	13.8	11.1	7.8	11.2	8.0
1988–89	494	433	689	697	412	142	20.0	12.5	14.7	13.8	11.4	8.0	11.6	8.0
1989–90	493	441	669	689	402	142	19.8	12.2	14.5	13.7	11.5	8.3	12.0	7.9
1990–91	497	449	663	684	398	150	19.7	11.9	14.2	13.6	11.7	8.5	12.3	8.1
1991–92	507	458	677	717	407	152	19.1	11.7	14.1	13.5	11.8	8.6	12.8	8.5
1992–93	513	464	688	733	423	135	18.6	11.6	13.9	13.5	11.9	8.7	13.1	8.7
1993–94	518	468	693	748	418	136	18.6	11.5	13.6	13.5	11.7	8.8	13.3	9.0
1994–95	520	471	696	759	412	131	18.6	11.4	13.6	13.4	11.8	8.7	13.3	9.2
1995–96	525	476	703	771	401	136	18.5	11.2	13.5	13.4	11.8	8.8	13.4	9.4
1996–97	527	478	703	777	387	135	18.7	11.3	13.2	13.2	11.8	8.8	13.6	9.5
1997–98	525	478	699	779	374	121	19.3	11.2	13.1	13.3	11.6	8.6	13.4	9.6
1998–99	524	478	707	786	290	135	19.6	11.2	13.1	13.2	11.5	8.5	13.3	9.6
1999–2000	521	477	706	785	282	123	20.0	11.3	13.3	13.2	11.2	8.4	13.1	9.5
2000–01	519	477	714	795	274	136	20.4	11.4	13.2	13.3	11.0	8.2	12.9	9.6
2001–02	520	477	718	807	270	138	20.5	11.5	13.3	13.1	10.9	8.1	12.7	9.7
2002–03	519	476	720	813	265	136	20.7	11.6	13.4	13.0	10.9	8.1	12.4	9.8
2003–04	521	476	722	816	269	142	20.7	11.6	13.5	13.2	10.8	8.0	12.3	9.9
2004–05	521	474	713	815	298	143	20.7	11.6	13.5	13.2	10.8	8.1	12.2	9.9
2005–06	521	473	709	819	318	128	20.7	11.5	13.6	13.2	11.0	8.1	12.2	9.8
2006–07	521	473	711	818	325	138	20.3	11.5	13.8	13.4	11.0	8.2	12.2	9.6
2007–08[7]	516	469	704	816	292	136	20.4	11.5	13.9	13.6	11.1	8.1	12.0	9.3
2008–09	517	470	704	807	308	177	20.0	11.4	13.8	13.9	11.3	8.3	12.2	9.1

—Not available.
[1]Includes elementary, secondary, combined elementary/secondary, and other schools.
[2]Includes schools beginning with grade 6 or below and with no grade higher than 8.
[3]Includes schools with no grade lower than 7.
[4]Includes schools beginning with grade 6 or below and ending with grade 9 or above.
[5]Includes special education, alternative, and other schools not reported by grade span.
[6]Excludes special education schools, vocational schools, and alternative schools.
[7]Some data have been revised from previously published figures.

NOTE: Data reflect reports by schools rather than by states or school districts. Percentage distribution and average enrollment calculations exclude data for schools not reporting enrollment. Enrollment data were available for 94,820 out of 98,706 schools in 2008–09. Detail may not sum to totals because of rounding.
SOURCE: U.S. Department of Education, National Center for Education Statistics, Common Core of Data (CCD), "Public Elementary/Secondary School Universe Survey," 1982–83 through 2008–09. (This table was prepared November 2010.)

Table 100. Number and enrollment of public elementary and secondary schools, by school type, level, and charter and magnet status: Selected years, 1990–91 through 2008–09

School type, level, and charter and magnet status	Number of schools							Enrollment						
	1990–91	1995–96	2000–01	2005–06	2006–07	2007–08	2008–09	1990–91	1995–96	2000–01	2005–06	2006–07	2007–08	2008–09
1	2	3	4	5	6	7	8	9	10	11	12	13	14	15
Total, all schools	**84,538**	**87,125**	**93,273**	**97,382**	**98,793**	**98,916**	**98,706**	**41,141,366**	**44,681,987**	**47,060,714**	**48,912,085**	**49,065,594**	**48,910,025**	**49,053,786**
School type														
Regular	80,395	80,971	85,422	87,585	88,273	88,274	88,801	40,599,943	43,885,130	46,194,730	47,957,375	48,098,781	47,962,492	48,168,727
Special education	1,932	1,992	2,008	2,128	2,325	2,267	2,289	209,145	209,653	174,577	222,497	221,728	207,030	164,874
Vocational	1,060	919	1,025	1,221	1,289	1,409	1,409	198,117	169,455	199,669	217,621	204,101	163,003	156,390
Alternative[1]	1,151	3,243	4,818	6,448	6,906	6,966	6,207	134,161	417,749	491,738	514,592	540,984	577,500	563,795
School level and type														
Elementary[2]	59,015	61,165	64,601	66,026	66,458	67,112	67,148	26,503,677	29,119,541	30,673,453	31,104,018	31,273,476	31,225,474	31,446,040
Regular	58,440	60,318	63,674	64,996	65,232	65,721	65,999	26,400,740	28,998,350	30,582,610	31,003,942	31,151,419	31,093,502	31,325,566
Special education	419	484	496	508	545	583	538	58,204	58,958	42,127	49,652	63,253	63,371	49,661
Vocational	31	9	8	8	10	7	1	17,686	3,782	2,409	1,713	2,719	1,634	16
Alternative[1]	125	354	423	514	671	801	610	27,047	58,451	46,307	48,711	56,085	66,967	70,797
Secondary[3]	21,135	20,997	21,994	23,998	23,920	24,643	24,348	13,569,787	14,342,507	15,038,171	16,219,309	16,068,448	16,184,724	16,055,123
Regular	19,459	18,090	18,456	19,252	19,152	19,371	19,349	13,313,097	13,940,501	14,567,969	15,685,032	15,549,702	15,680,507	15,568,281
Special education	165	234	219	368	365	375	325	11,913	17,810	12,607	42,696	39,232	30,680	24,266
Vocational	1,010	890	997	1,185	1,213	1,356	1,326	174,105	160,965	193,981	209,762	198,071	159,270	154,522
Alternative[1]	501	1,783	2,322	3,193	3,190	3,541	3,348	70,672	223,231	263,614	281,819	281,443	314,267	308,054
Combined elementary/secondary[4]	2,325	2,796	5,096	5,707	5,984	5,899	5,623	925,887	1,121,512	1,266,778	1,526,186	1,672,583	1,472,248	1,520,246
Regular	1,784	1,851	2,780	3,121	3,058	2,786	2,793	855,814	938,496	1,007,368	1,263,952	1,393,546	1,187,281	1,253,785
Special education	376	411	715	735	850	904	938	43,992	65,074	86,253	91,966	87,018	88,000	80,245
Vocational	19	20	20	28	66	46	82	6,326	4,708	3,279	6,146	3,311	2,099	1,852
Alternative[1]	146	514	1,581	1,823	2,010	2,163	1,810	19,755	113,234	169,878	164,122	188,708	194,868	184,364
Other (not classified by grade span)	2,063	2,167	1,582	1,651	2,431	1,262	1,587	142,015	98,427	82,312	62,572	51,087	27,579	32,377
Regular	712	712	512	216	831	396	660	30,292	7,783	36,783	4,449	4,114	1,202	21,095
Special education	972	863	578	517	565	405	488	95,036	67,811	33,590	38,183	32,225	24,979	10,702
Vocational	0	0	0	0	0	0	0	0	0	0	0	0	0	0
Alternative[1]	379	592	492	918	1,035	461	439	16,687	22,833	11,939	19,940	14,748	1,398	580
Charter status and level														
All charter schools[5]	—	—	1,993	3,780	4,132	4,388	4,694	—	—	448,343	1,012,906	1,157,359	1,276,731	1,433,116
Elementary[2]	—	—	1,011	1,969	2,150	2,340	2,513	—	—	249,101	532,217	611,095	674,990	746,950
Secondary[3]	—	—	467	1,057	1,110	1,218	1,255	—	—	79,588	219,627	235,912	264,402	291,016
Combined elementary/secondary[4]	—	—	448	704	762	803	865	—	—	117,377	259,837	309,480	337,195	395,122
Other (not classified by grade span)	—	—	67	50	110	27	61	—	—	2,277	1,225	872	144	28
Magnet status and level														
All magnet schools[5]	—	—	1,469	2,736	2,266	2,793	3,021	—	—	1,213,976	2,103,013	1,592,614	2,132,395	2,307,712
Elementary[2]	—	—	1,111	1,994	1,666	2,015	2,193	—	—	704,763	1,186,160	904,536	1,157,470	1,267,944
Secondary[3]	—	—	328	643	510	688	728	—	—	484,684	869,010	618,349	926,314	976,483
Combined elementary/secondary[4]	—	—	29	80	81	83	92	—	—	24,529	47,509	69,476	48,593	63,285
Other (not classified by grade span)	—	—	1	19	9	7	8	—	—	0	334	253	18	0

—Not available.
[1]Includes schools that provide nontraditional education, address needs of students that typically cannot be met in regular schools, serve as adjuncts to regular schools, or fall outside the categories of regular, special education, or vocational education.
[2]Includes schools beginning with grade 6 or below and with no grade higher than 8.
[3]Includes schools with no grade lower than 7.
[4]Includes schools beginning with grade 6 or below and ending with grade 9 or above.
[5]Magnet and charter schools are also included under regular, special education, vocational, or alternative schools as appropriate.
SOURCE: U.S. Department of Education, National Center for Education Statistics, Core of Data (CCD), "Public Elementary/Secondary School Universe Survey," 1990–91 through 2008–09. (This table was prepared October 2010.)

Table 101. Public elementary and secondary school students, by racial/ethnic enrollment concentration of school: Fall 1995, fall 2000, and fall 2008

	Distribution of students in racial/ethnic group, by percent combined Black, Hispanic, Asian/Pacific Islander, and American Indian/Alaska Native students in the school							Distribution of students in each racial/ethnic group, by percent of that racial/ethnic group in the school						
Racial/ethnic group	Total	Less than 10 percent	10 to 24 percent	25 to 49 percent	50 to 74 percent	75 to 89 percent	90 percent or more	Total	Less than 10 percent of group	10 to 24 percent of group	25 to 49 percent of group	50 to 74 percent of group	75 to 89 percent of group	90 percent or more of group
1	2	3	4	5	6	7	8	9	10	11	12	13	14	15
Total students enrolled, 1995	**44,424,467**	**14,508,573**	**8,182,484**	**8,261,110**	**5,467,784**	**2,876,302**	**5,128,214**	†	†	†	†	†	†	†
White	28,736,961	13,939,633	6,812,196	5,246,785	2,094,440	499,884	144,023	28,736,961	143,787	498,649	2,084,689	5,244,015	6,813,804	13,952,017
Total, selected groups	15,687,506	568,940	1,370,288	3,014,325	3,373,344	2,376,418	4,984,191	†	†	†	†	†	†	†
Black	7,510,678	198,386	598,716	1,588,850	1,622,448	941,335	2,560,943	7,510,678	657,403	1,119,556	1,873,303	1,386,802	811,898	1,661,716
Hispanic	6,016,293	174,140	415,761	932,949	1,289,184	1,099,109	2,105,150	6,016,293	646,364	847,792	1,359,649	1,360,020	874,878	927,590
Asian/Pacific Islander	1,656,787	142,886	259,335	367,888	379,110	297,680	209,888	1,656,787	703,101	435,495	301,984	135,001	67,558	13,648
American Indian/ Alaska Native	503,748	53,528	96,476	124,638	82,602	38,294	108,210	503,748	223,244	75,019	63,070	39,200	15,084	88,131
Total students enrolled, 2000	**46,120,425**	**12,761,478**	**8,736,252**	**8,760,300**	**6,013,131**	**3,472,083**	**6,377,181**	†	†	†	†	†	†	†
White	28,146,613	12,218,862	7,271,285	5,566,681	2,303,106	596,478	190,201	28,146,613	189,779	595,137	2,294,232	5,556,108	7,279,301	12,232,056
Total, selected groups	17,973,812	542,616	1,464,967	3,193,619	3,710,025	2,875,605	6,186,980	†	†	†	†	†	†	†
Black	7,854,032	178,185	561,488	1,485,130	1,652,393	1,043,907	2,932,929	7,854,032	735,459	1,199,865	1,899,982	1,366,363	871,399	1,780,964
Hispanic	7,649,728	181,685	505,612	1,121,809	1,542,982	1,432,639	2,865,001	7,649,728	738,509	1,054,396	1,696,944	1,739,038	1,134,466	1,286,375
Asian/Pacific Islander	1,924,875	132,813	295,437	441,769	423,175	353,395	278,286	1,924,875	799,220	524,279	331,576	171,739	81,461	16,600
American Indian/ Alaska Native	545,177	49,933	102,430	144,911	91,475	45,664	110,764	545,177	251,983	81,119	75,831	39,944	15,363	80,937
Total students enrolled, 2008	**48,566,678**	**9,335,142**	**9,062,421**	**10,269,626**	**7,178,472**	**4,447,648**	**8,273,369**	†	†	†	†	†	†	†
White	26,655,206	8,872,938	7,530,519	6,498,016	2,724,852	761,614	267,267	26,655,206	263,040	741,385	2,654,942	6,427,654	7,599,841	8,968,344
Total, selected groups	21,911,472	462,204	1,531,902	3,771,610	4,453,620	3,686,034	8,006,102	†	†	†	†	†	†	†
Black	8,225,299	144,078	527,106	1,462,655	1,718,729	1,207,549	3,165,182	8,225,299	876,408	1,444,408	1,980,487	1,403,984	871,014	1,648,998
Hispanic	10,439,072	174,124	578,299	1,470,129	1,994,543	1,940,422	4,281,555	10,439,072	863,435	1,409,966	2,203,867	2,430,896	1,713,221	1,817,687
Asian/Pacific Islander	2,419,695	101,577	315,230	601,718	548,823	443,063	409,284	2,419,695	974,599	676,841	404,394	235,263	106,117	22,481
American Indian/ Alaska Native	583,384	37,501	92,030	163,862	115,046	52,760	122,185	583,384	275,483	80,815	90,654	38,370	20,669	77,393
Other[1]	244,022	4,924	19,237	73,246	76,479	42,240	27,896	†	†	†	†	†	†	†
Percent of students enrolled, 1995	**100.0**	**32.7**	**18.4**	**18.6**	**12.3**	**6.5**	**11.5**	†	†	†	†	†	†	†
White	100.0	48.5	23.7	18.3	7.3	1.7	0.5	100.0	0.5	1.7	7.3	18.2	23.7	48.6
Total, selected groups	100.0	3.6	8.7	19.2	21.5	15.1	31.8	†	†	†	†	†	†	†
Black	100.0	2.6	8.0	21.2	21.6	12.5	34.1	100.0	8.8	14.9	24.9	18.5	10.8	22.1
Hispanic	100.0	2.9	6.9	15.5	21.4	18.3	35.0	100.0	10.7	14.1	22.6	22.6	14.5	15.4
Asian/Pacific Islander	100.0	8.6	15.7	22.2	22.9	18.0	12.7	100.0	42.4	26.3	18.2	8.1	4.1	0.8
American Indian/ Alaska Native	100.0	10.6	19.2	24.7	16.4	7.6	21.5	100.0	44.3	14.9	12.5	7.8	3.0	17.5
Percent of students enrolled, 2000	**100.0**	**27.7**	**18.9**	**19.0**	**13.0**	**7.5**	**13.8**	†	†	†	†	†	†	†
White	100.0	43.4	25.8	19.8	8.2	2.1	0.7	100.0	0.7	2.1	8.2	19.7	25.9	43.5
Total, selected groups	100.0	3.0	8.2	17.8	20.6	16.0	34.4	†	†	†	†	†	†	†
Black	100.0	2.3	7.1	18.9	21.0	13.3	37.3	100.0	9.4	15.3	24.2	17.4	11.1	22.7
Hispanic	100.0	2.4	6.6	14.7	20.2	18.7	37.5	100.0	9.7	13.8	22.2	22.7	14.8	16.8
Asian/Pacific Islander	100.0	6.9	15.3	23.0	22.0	18.4	14.5	100.0	41.5	27.2	17.2	8.9	4.2	0.9
American Indian/ Alaska Native	100.0	9.2	18.8	26.6	16.8	8.4	20.3	100.0	46.2	14.9	13.9	7.3	2.8	14.8
Percent of students enrolled, 2008	**100.0**	**19.2**	**18.7**	**21.1**	**14.8**	**9.2**	**17.0**	†	†	†	†	†	†	†
White	100.0	33.3	28.3	24.4	10.2	2.9	1.0	100.0	1.0	2.8	10.0	24.1	28.5	33.6
Total, selected groups	100.0	2.1	7.0	17.2	20.3	16.8	36.5	†	†	†	†	†	†	†
Black	100.0	1.8	6.4	17.8	20.9	14.7	38.5	100.0	10.7	17.6	24.1	17.1	10.6	20.0
Hispanic	100.0	1.7	5.5	14.1	19.1	18.6	41.0	100.0	8.3	13.5	21.1	23.3	16.4	17.4
Asian/Pacific Islander	100.0	4.2	13.0	24.9	22.7	18.3	16.9	100.0	40.3	28.0	16.7	9.7	4.4	0.9
American Indian/ Alaska Native	100.0	6.4	15.8	28.1	19.7	9.0	20.9	100.0	47.2	13.9	15.5	6.6	3.5	13.3

†Not applicable.
[1]Includes data for two or more races reported by Alaska, California, Massachusetts, New Jersey, and Vermont.
NOTE: Data reflect racial/ethnic data reported by schools. Because some schools do not report complete racial/ethnic data, totals may differ from figures in other tables. Excludes 1995 data for Idaho and 2000 data for Tennessee because racial/ethnic data were not reported. Race categories exclude persons of Hispanic ethnicity. Detail may not sum to totals because of rounding.
SOURCE: U.S. Department of Education, National Center for Education Statistics, Common Core of Data (CCD), "Public Elementary/Secondary School Universe Survey," 1995–96, 2000–01, and 2008–09. (This table was prepared July 2010.)

Table 102. Public elementary and secondary schools, by type and state or jurisdiction: 1990–91, 2000–01, and 2008–09

			Schools by level, 2008–09								Selected types of schools, 2008–09			
						Combined elementary/secondary[3]								
State or jurisdiction	Total, all schools, 1990–91	Total, all schools, 2000–01	Total, all schools	Elementary[1]	Secondary[2]	Total	Prekindergarten, kindergarten, or 1st grade to grade 12	Other schools ending with grade 12	Other combined schools	Other[4]	Alternative[5]	Special education[5]	Charter[5]	One-teacher schools[5]
1	2	3	4	5	6	7	8	9	10	11	12	13	14	15
United States	**84,538**	**93,273**	**98,706**	**67,148**	**24,348**	**5,623**	**2,847**	**2,088**	**688**	**1,587**	**6,207**	**2,289**	**4,694**	**237**
Alabama	1,297	1,517	1,605	951	395	147	105	36	6	112	116	41	0	1
Alaska	498	515	507	188	86	233	215	14	4	0	51	2	24	7
Arizona	1,049	1,724	2,186	1,341	674	136	72	46	18	35	86	20	477	5
Arkansas	1,098	1,138	1,129	721	388	13	2	7	4	7	12	4	32	0
California	7,913	8,773	10,029	6,939	2,535	538	439	87	12	17	1,357	145	751	47
Colorado	1,344	1,632	1,779	1,260	417	102	40	48	14	0	92	10	148	2
Connecticut	985	1,248	1,150	827	259	25	6	10	9	39	48	48	18	0
Delaware	173	191	240	149	47	43	30	10	3	1	33	19	18	0
District of Columbia	181	198	230	167	37	16	6	5	5	10	13	10	90	0
Florida	2,516	3,316	3,985	2,634	656	497	157	319	21	198	431	173	399	4
Georgia	1,734	1,946	2,472	1,758	440	62	14	32	16	212	168	73	63	0
Hawaii	235	261	290	210	52	26	22	2	2	2	1	3	31	0
Idaho	582	673	735	435	232	64	38	16	10	4	84	11	31	12
Illinois	4,239	4,342	4,402	3,179	1,019	126	42	68	16	78	189	150	39	0
Indiana	1,915	1,976	1,973	1,425	434	111	64	37	10	3	22	37	51	0
Iowa	1,588	1,534	1,490	1,013	434	43	5	38	0	0	59	8	9	4
Kansas	1,477	1,430	1,428	965	389	62	32	24	6	12	1	10	35	1
Kentucky	1,400	1,526	1,531	986	478	60	18	36	6	7	159	11	0	0
Louisiana	1,533	1,530	1,643	984	313	191	118	64	9	155	173	202	88	0
Maine	747	714	663	500	149	14	9	5	0	0	2	1	0	3
Maryland	1,220	1,383	1,457	1,121	270	44	19	14	11	22	66	39	34	1
Massachusetts	1,842	1,905	1,855	1,439	368	39	11	23	5	9	19	26	61	1
Michigan	3,313	3,998	4,078	2,551	1,133	292	178	95	19	102	334	317	283	7
Minnesota	1,590	2,362	2,263	1,275	818	170	88	65	17	0	326	271	174	0
Mississippi	972	1,030	1,077	620	335	114	64	49	1	8	62	4	1	0
Missouri	2,199	2,368	2,423	1,574	658	168	79	82	7	23	101	66	41	0
Montana	900	879	830	478	352	0	0	0	0	0	5	2	0	61
Nebraska	1,506	1,326	1,122	728	310	49	45	3	1	35	5	36	0	18
Nevada	354	511	617	448	105	64	13	36	15	0	30	7	30	11
New Hampshire	439	526	492	384	105	0	0	0	0	3	0	0	15	1
New Jersey	2,272	2,410	2,588	1,951	485	85	16	66	3	67	108	74	62	0
New Mexico	681	765	853	596	224	20	9	8	3	13	38	6	67	3
New York	4,010	4,336	4,690	3,301	1,063	217	84	99	34	109	28	47	115	1
North Carolina	1,955	2,207	2,548	1,830	519	134	44	57	33	65	88	33	96	0
North Dakota	663	579	525	303	187	0	0	0	0	35	0	34	0	5
Ohio	3,731	3,916	3,852	2,620	1,006	213	44	69	100	13	9	61	326	0
Oklahoma	1,880	1,821	1,796	1,231	562	3	0	3	0	0	5	4	16	0
Oregon	1,199	1,273	1,304	922	307	69	47	16	6	6	40	3	87	11
Pennsylvania	3,260	3,252	3,248	2,300	826	110	55	36	19	12	13	12	127	0
Rhode Island	309	328	327	241	80	6	3	3	0	0	15	3	11	0
South Carolina	1,097	1,127	1,211	895	276	26	9	15	2	14	23	10	36	2
South Dakota	802	769	721	433	249	18	6	12	0	21	27	7	0	8
Tennessee	1,543	1,624	1,755	1,312	359	66	34	27	5	18	26	19	14	1
Texas	5,991	7,519	8,530	5,767	2,092	632	277	222	133	39	1,076	20	499	1
Utah	714	793	1,029	621	354	50	21	11	18	4	93	81	67	4
Vermont	397	393	328	239	72	17	11	6	0	0	1	0	0	1
Virginia	1,811	1,969	2,009	1,513	389	45	34	8	3	62	107	5	4	0
Washington	1,936	2,305	2,321	1,450	568	295	145	81	69	8	320	106	0	3
West Virginia	1,015	840	762	571	125	66	46	15	5	0	28	6	0	0
Wisconsin	2,018	2,182	2,268	1,564	618	81	21	57	3	5	92	9	221	0
Wyoming	415	393	360	238	99	21	10	6	5	2	25	3	3	11
Bureau of Indian Education	—	189	173	107	20	45	40	3	2	1	0	0	0	—
DoD, domestic	—	71	67	57	7	2	1	1	0	1	0	0	0	0
DoD, overseas	—	156	125	83	27	12	9	3	0	3	0	0	0	0
Other jurisdictions														
American Samoa	30	31	31	24	6	0	0	0	0	1	0	1	0	0
Guam	35	38	36	32	0	4	4	0	0	0	0	0	0	0
Northern Marianas	26	29	31	23	6	0	0	0	0	2	1	0	0	0
Puerto Rico	1,619	1,543	1,511	906	401	179	3	5	171	25	9	27	0	0
U.S. Virgin Islands	33	36	33	23	9	1	0	0	1	0	0	0	0	0

—Not available.
[1]Includes schools beginning with grade 6 or below and with no grade higher than 8.
[2]Includes schools with no grade lower than 7.
[3]Includes schools beginning with grade 6 or below and ending with grade 9 or above.
[4]Includes schools not reported by grade span.
[5]Schools are also included under elementary, secondary, combined, or other as appropriate.
NOTE: DoD = Department of Defense.
SOURCE: U.S. Department of Education, National Center for Education Statistics, Common Core of Data (CCD), "Public Elementary/Secondary School Universe Survey," 1990–91, 2000–01, and 2008–09. (This table was prepared July 2010.)

Table 103. Public elementary schools, by grade span, average school size, and state or jurisdiction: 2008–09

State or jurisdiction	Total, all elementary schools	Total, all regular elementary schools[1]	Schools, by grade span: Prekindergarten, kindergarten, or 1st grade to grades 3 or 4	Prekindergarten, kindergarten, or 1st grade to grade 5	Prekindergarten, kindergarten, or 1st grade to grade 6	Prekindergarten, kindergarten, or 1st grade to grade 8	Grade 4, 5, or 6 to grade 6, 7, or 8	Other grade spans	Average number of students per school[2]: All elementary schools	Regular elementary schools[1]
1	2	3	4	5	6	7	8	9	10	11
United States	**67,148**	**65,999**	**4,932**	**24,984**	**11,704**	**6,063**	**13,060**	**6,405**	**470**	**475**
Alabama	951	943	87	296	168	65	220	115	479	482
Alaska	188	187	1	32	103	17	19	16	329	329
Arizona	1,341	1,317	55	267	336	423	190	70	522	526
Arkansas	721	719	127	145	182	9	156	102	417	418
California	6,939	6,689	163	2,490	2,165	852	1,057	212	555	572
Colorado	1,260	1,255	28	568	261	104	229	70	418	419
Connecticut	827	811	92	287	90	82	153	123	438	444
Delaware	149	145	23	62	10	6	38	10	539	548
District of Columbia	167	161	7	49	28	28	24	31	284	287
Florida	2,634	2,565	21	1,628	157	142	572	114	673	690
Georgia	1,758	1,757	31	1,048	39	19	451	170	663	664
Hawaii	210	209	1	78	93	8	27	3	531	534
Idaho	435	432	39	135	145	25	72	19	381	382
Illinois	3,179	3,142	303	806	340	689	571	470	444	444
Indiana	1,425	1,421	144	542	340	36	273	90	462	463
Iowa	1,013	1,010	124	327	182	14	226	140	303	303
Kansas	965	962	93	298	224	90	186	74	312	312
Kentucky	986	969	30	488	124	78	201	65	457	464
Louisiana	984	920	81	327	124	122	210	120	459	468
Maine	500	499	61	82	91	110	91	65	244	245
Maryland	1,121	1,110	16	637	122	63	219	64	499	502
Massachusetts	1,439	1,423	194	487	135	99	295	229	435	436
Michigan	2,551	2,479	229	963	305	196	514	344	399	402
Minnesota	1,275	1,128	112	327	355	73	225	183	402	438
Mississippi	620	619	66	117	133	41	137	126	496	497
Missouri	1,574	1,564	143	462	325	116	299	229	371	373
Montana	478	475	19	53	216	112	52	26	174	175
Nebraska	728	723	0	0	548	64	85	31	253	254
Nevada	448	442	8	236	90	21	77	16	630	639
New Hampshire	384	384	57	112	39	47	80	49	335	335
New Jersey	1,951	1,936	283	553	154	291	365	305	463	466
New Mexico	596	585	22	229	139	19	127	60	356	361
New York	3,301	3,301	271	1,297	402	199	749	383	524	524
North Carolina	1,830	1,821	68	1,068	61	117	426	90	541	543
North Dakota	303	302	10	58	134	62	26	13	189	190
Ohio	2,620	2,594	334	717	434	223	521	391	414	417
Oklahoma	1,231	1,227	67	385	104	302	244	129	363	364
Oregon	922	918	40	398	166	112	177	29	385	386
Pennsylvania	2,300	2,299	271	760	451	182	430	206	460	460
Rhode Island	241	240	22	87	53	4	40	35	376	377
South Carolina	895	892	43	454	53	27	230	88	545	547
South Dakota	433	431	14	126	87	99	91	16	193	194
Tennessee	1,312	1,303	176	491	81	185	290	89	499	503
Texas	5,767	5,617	592	2,555	552	117	1,310	641	551	562
Utah	621	585	6	94	411	23	38	49	539	561
Vermont	239	239	10	31	108	63	17	10	220	220
Virginia	1,513	1,510	55	847	148	9	316	138	540	541
Washington	1,450	1,376	47	558	400	72	242	131	426	440
West Virginia	571	569	81	265	34	38	117	36	339	340
Wisconsin	1,564	1,557	141	606	177	153	314	173	358	359
Wyoming	238	237	24	56	85	15	41	17	218	218
Bureau of Indian Education	107	107	6	5	23	67	4	2	196	196
DoD, domestic	57	57	15	15	5	2	10	10	408	408
DoD, overseas	83	83	5	26	22	8	17	5	468	468
Other jurisdictions										
American Samoa	24	24	1	0	0	21	1	1	—	—
Guam	32	32	0	24	0	7	0	1	—	—
Northern Marianas	23	23	0	2	10	0	2	9	282	282
Puerto Rico	906	905	54	9	795	2	26	20	256	256
U.S. Virgin Islands	23	23	1	0	21	0	1	0	367	367

—Not available.
[1]Excludes special education and alternative schools.
[2]Average for schools reporting enrollment data. Enrollment data were available for 66,906 out of 67,148 public elementary schools in 2008–09.

NOTE: Includes schools beginning with grade 6 or below and with no grade higher than 8. Excludes schools not reported by grade level, such as some special education schools for the disabled. DoD = Department of Defense.
SOURCE: U.S. Department of Education, National Center for Education Statistics, Common Core of Data (CCD), "Public Elementary/Secondary School Universe Survey," 2008–09. (This table was prepared July 2010.)

Table 104. Public secondary schools, by grade span, average school size, and state or jurisdiction: 2008–09

State or jurisdiction	Total, all secondary schools	Total, all regular secondary schools[1]	Schools, by grade span: Grades 7 to 8 and 7 to 9	Grades 7 to 12	Grades 8 to 12	Grades 9 to 12	Grades 10 to 12	Other spans ending with grade 12	Other grade spans	Vocational schools[2]	Average number of students per school[3]: All secondary schools	Regular secondary schools[1]
1	2	3	4	5	6	7	8	9	10	11	12	13
United States	**24,348**	**19,349**	**3,037**	**3,104**	**657**	**15,518**	**728**	**374**	**930**	**1,409**	**704**	**807**
Alabama	395	311	36	65	11	254	21	1	7	73	689	712
Alaska	86	67	16	19	2	47	2	0	0	3	475	571
Arizona	674	470	80	34	7	531	9	4	9	172	610	734
Arkansas	388	355	57	128	8	141	34	1	19	24	474	485
California	2,535	1,547	375	314	19	1,767	26	15	19	76	904	1,352
Colorado	417	352	61	55	2	284	7	2	6	5	605	689
Connecticut	259	193	34	14	5	179	17	7	3	17	746	931
Delaware	47	32	5	1	27	14	0	0	0	6	965	1,021
District of Columbia	37	27	0	3	1	26	1	0	6	1	439	538
Florida	656	475	19	54	22	494	12	20	35	53	1,224	1,558
Georgia	440	419	17	8	7	366	4	1	37	1	1,122	1,134
Hawaii	52	51	11	8	0	33	0	0	0	0	1,187	1,208
Idaho	232	154	40	49	1	115	24	0	3	11	440	586
Illinois	1,019	814	155	74	16	649	11	52	62	53	846	859
Indiana	434	417	74	87	1	264	2	1	5	29	857	868
Iowa	434	377	49	76	0	291	9	4	5	0	396	443
Kansas	389	385	56	76	5	244	6	0	2	1	423	425
Kentucky	478	246	29	50	19	301	9	12	58	126	598	826
Louisiana	313	258	40	48	77	119	18	0	11	6	630	712
Maine	149	120	11	16	2	119	1	0	0	27	513	521
Maryland	270	203	17	5	8	210	2	10	18	24	1,078	1,287
Massachusetts	368	318	36	36	4	291	0	1	0	39	858	876
Michigan	1,133	742	97	108	23	805	40	32	28	62	567	724
Minnesota	818	482	56	257	23	369	59	38	16	12	421	607
Mississippi	335	238	33	63	6	196	26	2	9	90	640	643
Missouri	658	579	71	184	3	350	18	12	20	63	540	545
Montana	352	348	180	1	0	171	0	0	0	0	167	169
Nebraska	310	307	28	172	2	104	1	3	0	0	356	359
Nevada	105	91	16	15	19	46	1	5	3	1	921	1,019
New Hampshire	105	105	17	0	0	84	1	0	3	0	661	661
New Jersey	485	397	57	36	10	351	15	6	10	55	973	1,100
New Mexico	224	197	41	20	3	143	8	0	9	1	514	557
New York	1,063	1,010	75	131	10	756	21	1	69	28	837	837
North Carolina	519	481	23	13	5	408	6	6	58	10	836	884
North Dakota	187	179	12	98	1	63	3	1	9	7	209	210
Ohio	1,006	924	132	137	80	611	9	11	26	72	657	674
Oklahoma	562	557	80	0	0	427	39	3	13	0	350	352
Oregon	307	277	29	46	15	206	6	2	3	0	603	657
Pennsylvania	826	730	106	154	11	458	63	8	26	87	841	854
Rhode Island	80	57	12	3	1	62	1	0	1	10	739	833
South Carolina	276	226	26	10	2	213	16	3	6	39	975	983
South Dakota	249	241	74	1	0	174	0	0	0	0	170	173
Tennessee	359	322	26	24	13	265	12	10	9	21	855	908
Texas	2,092	1,504	317	176	81	1,187	46	41	244	0	704	943
Utah	354	241	101	52	8	77	76	19	21	6	687	887
Vermont	72	56	8	19	0	30	0	0	15	15	565	575
Virginia	389	345	33	6	36	305	4	0	5	32	1,173	1,189
Washington	568	384	80	70	54	320	23	11	10	12	651	878
West Virginia	125	108	2	18	4	94	0	2	5	31	637	732
Wisconsin	618	549	66	57	1	444	16	27	7	8	493	541
Wyoming	99	81	21	13	2	60	3	0	0	0	318	375
Bureau of Indian Education	20	20	1	6	1	12	0	0	0	0	324	324
DoD, domestic	7	7	2	0	0	5	0	0	0	0	472	472
DoD, overseas	27	27	0	12	0	15	0	0	0	0	475	475
Other jurisdictions												
American Samoa	6	5	0	0	0	5	1	0	0	1	—	—
Guam	0	0	0	0	0	0	0	0	0	0	—	—
Northern Marianas	6	6	1	1	0	4	0	0	0	0	724	724
Puerto Rico	401	369	194	29	0	3	161	1	13	29	505	495
U.S. Virgin Islands	9	8	4	0	0	5	0	0	0	1	890	890

—Not available.
[1]Excludes vocational, special education, and alternative schools.
[2]Vocational schools are also included under appropriate grade span.
[3]Average for schools reporting enrollment data. Enrollment data were available for 22,793 out of 24,348 public secondary schools in 2008–09.

NOTE: Includes schools with no grade lower than 7. Excludes schools not reported by grade level, such as some special education schools for the disabled. DoD = Department of Defense.
SOURCE: U.S. Department of Education, National Center for Education Statistics, Common Core of Data (CCD), "Public Elementary/Secondary School Universe Survey," 2008–09. (This table was prepared July 2010.)

Table 105. Number and enrollment of traditional public and public charter elementary and secondary schools and percentages of students, teachers, and schools, by selected characteristics: 2007–08

Selected characteristic	Total elementary and secondary schools			Elementary schools			Secondary schools			Combined elementary/secondary schools		
	Total, all schools	Traditional (noncharter) schools	Public charter schools	Total, all schools	Traditional (noncharter) schools	Public charter schools	Total, all schools	Traditional (noncharter) schools	Public charter schools	Total, all schools	Traditional (noncharter) schools	Public charter schools
1	2	3	4	5	6	7	8	9	10	11	12	13
Enrollment (in thousands)	48,480 (696.9)	47,432 (670.6)	1,047 (122.4)	29,813 (442.2)	29,194 (436.3)	619 (92.7)	16,742 (502.4)	16,513 (486.8)	229 ! (108.6)	1,925 (140.6)	1,725 (126.2)	200 ! (63.4)
Percentage distribution of students												
Race/ethnicity	100.0 (†)	100.0 (†)	100.0 (†)	100.0 (†)	100.0 (†)	100.0 (†)	100.0 (†)	100.0 (†)	100.0 (†)	100.0 (†)	100.0 (†)	100.0 (†)
White	57.8 (0.74)	58.2 (0.75)	41.0 (4.92)	55.8 (0.96)	56.2 (0.99)	35.9 (6.19)	60.1 (1.29)	60.3 (1.24)	43.5 (11.22)	69.5 (2.23)	71.3 (2.39)	54.0 (6.78)
Black	16.0 (0.42)	15.7 (0.42)	29.0 (4.70)	16.2 (0.56)	15.8 (0.55)	36.1 (5.84)	15.9 (0.77)	15.8 (0.70)	‡ (†)	12.7 (1.09)	12.2 (1.20)	17.6 (3.37)
Hispanic	20.4 (0.69)	20.3 (0.72)	23.8 (2.42)	22.1 (0.90)	22.1 (0.92)	21.6 (3.21)	18.2 (1.21)	18.0 (1.23)	31.5 (5.56)	12.6 (1.57)	11.5 (1.74)	22.0 (5.25)
Asian/Pacific Islander	4.4 (0.26)	4.4 (0.27)	3.8 (0.66)	4.5 (0.32)	4.5 (0.33)	3.8 (1.00)	4.7 (0.43)	4.7 (0.45)	3.5 ! (1.71)	1.6 (0.38)	1.3 (0.24)	‡ (†)
American Indian/Alaska Native	1.4 (0.07)	1.4 (0.07)	2.3 (0.56)	1.4 (0.11)	1.4 (0.11)	2.6 ! (0.93)	1.2 (0.12)	1.2 (0.13)	1.5 ! (0.73)	3.6 (0.47)	3.8 (0.51)	‡ (†)
Number of teachers (in thousands)	3,405 (44.0)	3,332 (42.7)	72 (7.7)	2,148 (31.5)	2,106 (31.0)	42 (5.8)	1,100 (26.2)	1,083 (26.1)	17 (4.0)	157 (8.6)	143 (9.4)	14 ! (4.6)
Percentage distribution of teachers												
Race/ethnicity	100.0 (†)	100.0 (†)	100.0 (†)	100.0 (†)	100.0 (†)	100.0 (†)	100.0 (†)	100.0 (†)	100.0 (†)	100.0 (†)	100.0 (†)	100.0 (†)
White	83.1 (0.53)	83.3 (0.51)	72.9 (3.11)	82.7 (0.81)	82.9 (0.81)	71.9 (3.84)	83.5 (0.97)	83.7 (1.01)	71.5 (5.28)	86.3 (1.52)	87.1 (1.36)	77.8 (5.57)
Black	7.0 (0.45)	6.9 (0.45)	12.3 (2.67)	7.1 (0.53)	7.0 (0.53)	13.2 (2.54)	6.9 (0.63)	6.8 (0.66)	‡ (†)	7.2 (1.10)	6.8 (0.93)	12.1 ! (5.54)
Hispanic	7.1 (0.46)	7.0 (0.47)	9.3 (1.44)	7.5 (0.82)	7.5 (0.83)	9.9 (2.31)	6.8 (0.81)	6.7 (0.82)	12.0 (2.56)	3.0 (0.47)	2.9 (0.51)	4.3 ! (1.52)
Asian	1.2 (0.21)	1.2 (0.20)	2.6 ! (1.14)	1.2 (0.22)	1.2 (0.22)	‡ (†)	1.3 (0.34)	1.3 (0.33)	3.8 ! (1.89)	‡ (†)	0.5 ! (0.16)	‡ (†)
Native Hawaiian/Pacific Islander	0.2 (0.04)	0.2 (0.04)	‡ (†)	0.2 ! (0.06)	0.2 ! (0.06)	‡ (†)	0.2 ! (0.07)	0.2 ! (0.06)	‡ (†)	‡ (†)	‡ (†)	‡ (†)
American Indian/Alaska Native	0.5 (0.06)	0.5 (0.06)	‡ (†)	0.4 (0.08)	0.5 (0.08)	‡ (†)	0.5 (0.07)	0.5 (0.07)	‡ (†)	1.1 (0.28)	1.2 (0.25)	‡ (†)
Two or more races	0.9 (0.09)	0.9 (0.09)	2.3 (0.51)	0.9 (0.13)	0.8 (0.13)	2.8 (0.82)	0.9 (0.11)	0.9 (0.12)	‡ (†)	1.5 (0.42)	1.4 ! (0.45)	‡ (†)
Years of full-time teaching experience	100.0 (†)	100.0 (†)	100.0 (†)	100.0 (†)	100.0 (†)	100.0 (†)	100.0 (†)	100.0 (†)	100.0 (†)	100.0 (†)	100.0 (†)	100.0 (†)
Less than 3	13.4 (0.59)	13.1 (0.61)	29.2 (2.14)	13.3 (0.79)	13.0 (0.79)	27.8 (2.74)	13.3 (0.46)	13.0 (0.47)	31.9 (5.59)	16.1 (0.96)	14.7 (1.07)	30.5 (3.86)
3 to 9	33.6 (0.52)	33.3 (0.53)	44.9 (2.26)	33.9 (0.76)	33.6 (0.77)	46.6 (2.95)	33.5 (0.52)	33.4 (0.53)	41.4 (3.90)	29.5 (1.30)	28.1 (1.29)	44.0 (3.81)
10 to 20	29.3 (0.55)	29.5 (0.56)	17.7 (1.67)	29.2 (0.78)	29.4 (0.79)	17.4 (2.59)	29.2 (0.55)	29.4 (0.55)	18.4 (3.77)	30.9 (1.44)	32.2 (1.46)	17.6 (3.42)
More than 20	23.7 (0.60)	24.1 (0.61)	8.2 (1.33)	23.6 (0.87)	23.9 (0.87)	8.2 (2.23)	24.0 (0.50)	24.2 (0.51)	8.3 (1.81)	23.6 (1.18)	25.0 (1.28)	7.9 (2.34)
Number of schools	90,760 (546)	87,190 (508)	3,560 (138)	62,440 (519)	60,390 (496)	2,050 (300)	21,640 (486)	20,720 (399)	920 (268)	6,670 (375)	6,080 (284)	590 ! (263)
Percentage distribution of schools												
Size of enrollment	100.0 (†)	100.0 (†)	100.0 (†)	100.0 (†)	100.0 (†)	100.0 (†)	100.0 (†)	100.0 (†)	100.0 (†)	100.0 (†)	100.0 (†)	100.0 (†)
Less than 300	29.5 (1.00)	28.1 (1.01)	64.2 (4.66)	25.2 (1.28)	24.1 (1.23)	59.3 (6.68)	31.1 (2.24)	28.9 (2.15)	81.1 (7.61)	64.8 (3.03)	65.8 (2.95)	54.9 (12.75)
300 to 599	40.0 (1.17)	40.6 (1.22)	25.8 (3.88)	48.5 (1.49)	49.2 (1.48)	29.2 (5.11)	20.5 (1.62)	20.8 (1.69)	14.8 ! (6.43)	23.5 (2.53)	22.8 (2.47)	31.2 ! (12.75)
600 to 999	20.3 (0.79)	20.8 (0.79)	7.4 ! (2.41)	22.1 (1.04)	22.5 (1.06)	10.0 ! (4.48)	19.1 (1.18)	19.9 (1.23)	‡ (†)	7.4 (0.99)	7.5 (1.06)	6.9 ! (3.05)
1,000 or more	10.2 (0.48)	10.5 (0.49)	2.7 ! (1.12)	4.2 (0.47)	4.3 (0.49)	‡ (†)	29.2 (1.47)	30.4 (1.46)	‡ (†)	4.2 (1.07)	4.0 (1.07)	‡ (†)
Percent of students who are Black, Hispanic, Asian/Pacific Islander, or American Indian/Alaska Native	100.0 (†)	100.0 (†)	100.0 (†)	100.0 (†)	100.0 (†)	100.0 (†)	100.0 (†)	100.0 (†)	100.0 (†)	100.0 (†)	100.0 (†)	100.0 (†)
Less than 10.0	27.9 (0.82)	28.7 (0.84)	‡ (†)	27.0 (1.10)	27.7 (1.11)	‡ (†)	29.3 (1.29)	30.2 (1.35)	‡ (†)	31.9 (2.49)	33.8 (2.60)	‡ (†)
10.0 to 24.9	17.9 (0.81)	17.9 (0.81)	17.0 ! (5.27)	18.0 (1.11)	18.1 (1.12)	15.7 ! (5.52)	18.1 (1.12)	18.4 (1.11)	‡ (†)	15.9 (2.66)	14.5 (2.16)	30.7 ! (13.09)
25.0 to 49.9	19.7 (0.92)	19.7 (0.92)	18.0 (4.69)	19.3 (1.19)	19.5 (1.20)	15.1 ! (5.56)	21.2 (1.53)	21.3 (1.54)	20.8 ! (9.56)	17.9 (2.15)	17.4 (2.15)	23.9 ! (9.90)
50.0 to 74.9	12.7 (0.74)	12.6 (0.75)	14.1 ! (4.88)	13.0 (0.99)	13.1 (1.01)	11.8 ! (4.24)	11.8 (1.26)	11.4 (1.12)	20.7 ! (10.27)	12.2 (2.19)	12.2 (2.15)	‡ (†)
75.0 or more	21.9 (0.92)	21.0 (0.94)	42.7 (6.30)	22.7 (1.24)	21.7 (1.28)	50.4 (6.91)	19.5 (1.54)	18.7 (1.54)	39.2 (10.18)	22.0 (3.29)	22.1 (3.45)	21.2 ! (8.03)
Percent of students approved for free or reduced-price lunch program	100.0 (†)	100.0 (†)	100.0 (†)	100.0 (†)	100.0 (†)	100.0 (†)	100.0 (†)	100.0 (†)	100.0 (†)	100.0 (†)	100.0 (†)	100.0 (†)
School does not participate	4.8 (0.45)	4.0 (0.44)	24.5 (5.55)	2.2 (0.45)	1.7 (0.40)	16.2 ! (5.52)	9.7 (1.28)	8.5 (1.20)	35.8 ! (12.64)	13.1 (2.45)	11.0 (2.32)	35.3 ! (12.13)
0 to 25.0	26.9 (1.00)	27.6 (1.01)	9.9 ! (3.34)	26.8 (1.29)	27.4 (1.32)	9.4 ! (3.69)	31.8 (1.66)	32.7 (1.69)	‡ (†)	11.7 (1.63)	11.9 (1.36)	‡ (†)
25.1 to 50.0	27.4 (0.97)	27.7 (0.99)	18.8 (4.32)	26.2 (1.22)	26.5 (1.28)	16.6 ! (6.16)	30.8 (1.45)	30.9 (1.33)	28.7 ! (9.82)	27.0 (2.76)	28.6 (2.77)	‡ (†)
50.1 to 75.0	21.4 (0.75)	21.4 (0.76)	21.4 (4.98)	23.3 (1.02)	23.2 (1.03)	25.9 (6.56)	15.3 (1.30)	15.6 (1.30)	‡ (†)	23.1 (2.55)	22.6 (2.40)	27.5 ! (11.95)
More than 75.0	19.6 (0.86)	19.4 (0.88)	25.5 (4.38)	21.5 (1.16)	21.2 (1.17)	31.9 (6.05)	12.4 (1.42)	12.2 (1.42)	16.6 ! (6.25)	25.1 (3.39)	25.9 (3.60)	16.9 ! (8.43)

See notes at end of table.

Table 105. Number and enrollment of traditional public and public charter elementary and secondary schools and percentages of students, teachers, and schools, by selected characteristics: 2007–08—Continued

Selected characteristic	Total elementary and secondary schools			Elementary schools			Secondary schools			Combined elementary/secondary schools		
	Total, all schools	Traditional (noncharter) schools	Public charter schools	Total, all schools	Traditional (noncharter) schools	Public charter schools	Total, all schools	Traditional (noncharter) schools	Public charter schools	Total, all schools	Traditional (noncharter) schools	Public charter schools
1	2	3	4	5	6	7	8	9	10	11	12	13
Percent of schools with selected programs and services												
Programs with special instructional approaches	17.6 (0.78)	16.9 (0.80)	36.3 (5.34)	12.3 (0.84)	11.6 (0.81)	33.6 (5.99)	27.7 (1.97)	27.2 (1.96)	37.3 ! (11.61)	34.9 (3.56)	34.1 (3.26)	44.1 ! (14.53)
Talented or gifted program	68.0 (0.86)	69.2 (0.88)	38.1 (6.62)	69.6 (1.11)	70.8 (1.12)	34.1 (6.47)	71.0 (1.76)	72.6 (1.72)	35.8 ! (10.99)	43.3 (3.16)	42.1 (2.99)	55.9 (13.16)
Immersion in a foreign language program	3.1 (0.40)	3.1 (0.42)	2.7 ! (1.29)	3.6 (0.56)	3.6 (0.58)	‡ (†)	2.4 (0.46)	2.5 (0.49)	‡ (†)	1.1 ! (0.42)	1.2 ! (0.42)	‡ (†)
Advanced Placement (AP) courses	17.8 (0.65)	17.9 (0.63)	15.9 ! (5.52)	1.7 ! (0.63)	1.8 ! (0.65)	‡ (†)	59.0 (1.80)	60.2 (1.82)	31.3 (8.04)	34.4 (2.85)	33.2 (2.68)	46.5 (13.85)
International Baccalaureate	1.5 (0.25)	1.6 (0.26)	‡ (†)	1.3 (0.32)	1.4 (0.33)	‡ (†)	2.4 (0.42)	2.5 (0.44)	‡ (†)	‡ (†)	‡ (†)	‡ (†)
Distance learning courses	13.9 (0.56)	13.8 (0.54)	16.4 ! (6.27)	2.7 (0.55)	2.6 (0.52)	‡ (†)	36.9 (1.48)	37.3 (1.39)	28.0 ! (11.74)	44.3 (3.06)	45.2 (3.00)	34.8 ! (12.85)
Extended day program for students who need academic assistance	52.4 (0.95)	52.1 (1.00)	60.2 (5.67)	54.2 (1.29)	53.8 (1.36)	67.0 (7.02)	49.9 (1.43)	49.9 (1.42)	50.6 (10.02)	43.3 (3.57)	42.5 (3.80)	51.5 (13.61)
Before-school or after-school day care programs	36.0 (0.90)	35.4 (0.88)	48.5 (6.99)	47.8 (1.28)	47.2 (1.29)	65.5 (7.25)	8.1 (0.99)	7.5 (0.91)	20.0 ! (7.93)	16.0 (2.38)	14.3 (2.07)	33.8 ! (12.63)
Magnet program	6.3 (0.45)	6.1 (0.43)	‡ (†)	5.8 (0.54)	5.7 (0.55)	‡ (†)	8.3 (1.01)	8.0 (0.79)	‡ (†)	4.5 ! (1.86)	4.0 ! (1.34)	‡ (†)
Entire school is for suspended students[1]	4.2 (0.45)	4.1 (0.44)	7.7 ! (3.79)	0.7 (0.18)	0.7 (0.18)	‡ (†)	8.0 (1.49)	7.6 (1.45)	‡ (†)	24.5 (3.35)	25.6 (3.51)	‡ (†)
Percent of schools with selected opportunities for students in grades 9–12												
Dual enrollment for high school and college credit	† (†)	† (†)	† (†)	† (†)	† (†)	† (†)	69.3 (1.74)	69.6 (1.72)	62.9 (11.74)	52.9 (3.09)	52.0 (3.20)	61.8 (12.98)
Career and technical education courses	† (†)	† (†)	† (†)	† (†)	† (†)	† (†)	86.0 (1.56)	87.4 (1.53)	57.1 (10.69)	70.4 (3.71)	73.6 (3.52)	37.6 ! (13.03)
Work-based learning or internships for course credit	† (†)	† (†)	† (†)	† (†)	† (†)	† (†)	72.3 (1.63)	73.3 (1.71)	53.1 (10.33)	43.2 (3.43)	43.9 (3.21)	36.3 ! (11.39)
Specialized career academy	† (†)	† (†)	† (†)	† (†)	† (†)	† (†)	29.0 (1.46)	30.0 (1.51)	‡ (†)	8.9 (1.36)	9.4 (1.30)	‡ (†)

†Not applicable.
!Interpret data with caution.
‡Reporting standards not met.
[1]Entire school specifically for students who have been suspended or expelled, who have dropped out, or who have been referred for behavioral or adjustment problems.

NOTE: Race categories exclude persons of Hispanic ethnicity. Detail may not sum to totals because of rounding. Standard errors appear in parentheses.
SOURCE: U.S. Department of Education, National Center for Education Statistics, Schools and Staffing Survey (SASS), "Public School Questionnaire," 2007–08 and "Public Teacher Questionnaire," 2007–08. (This table was prepared October 2009.)

Table 106. Percentage of public schools with permanent and portable (temporary) buildings and with environmental factors that interfere with instruction in classrooms, by selected school characteristics, type of factor, and extent of interference: 2005

Type of environmental factor and extent of interference with ability to deliver classroom instruction	All public schools[1]	Instructional level: Elementary	Instructional level: Secondary/combined	Size of school enrollment: Less than 350	Size of school enrollment: 350 to 699	Size of school enrollment: 700 or more	Percent of students eligible for free or reduced-price lunch: Less than 35 percent	35 to 49 percent	50 to 74 percent	75 percent or more
1	2	3	4	5	6	7	8	9	10	11
Estimated number of schools	80,910 (540)	61,590 (669)	19,320 (312)	27,300 (1,039)	32,710 (1,223)	20,900 (695)	32,880 (1,231)	13,400 (1,078)	18,620 (1,244)	16,010 (1,002)
Estimated enrollment (in thousands)	46,003 (457)	29,786 (457)	16,217 (195)	5,947 (331)	16,208 (605)	23,849 (699)	20,668 (721)	6,982 (531)	9,492 (721)	8,861 (670)
	Percent of schools									
With permanent buildings	99 (0.4)	99 (0.5)	99 (0.5)	99 (0.5)	99 (0.6)	99 (0.5)	99 (0.5)	100 (†)	99 (0.7)	98 (1.2)
With portable (temporary) buildings	37 (1.9)	40 (2.5)	29 (1.9)	27 (3.1)	36 (2.9)	52 (2.8)	31 (2.9)	35 (4.6)	42 (3.3)	46 (3.9)
With portable classroom buildings	33 (1.7)	35 (2.1)	28 (1.9)	21 (2.6)	33 (2.7)	49 (2.9)	27 (2.7)	31 (4.4)	38 (3.0)	43 (3.9)
With environmental factors that interfere with instruction to a moderate or major extent										
In permanent buildings[2]										
Lighting, artificial	6 (0.9)	6 (1.1)	5 (1.0)	5 (2.0)	6 (1.4)	6 (1.4)	4 (1.2)	5 (2.7)	8 (2.0)	8 (2.0)
Lighting, natural	6 (0.8)	5 (1.0)	7 (1.1)	6 (1.6)	6 (1.5)	4 (0.8)	6 (1.3)	4 (1.8)	8 (2.3)	4 (1.4)
Heating	12 (1.3)	12 (1.5)	13 (1.8)	14 (2.4)	11 (1.9)	12 (2.0)	13 (2.1)	9 (2.4)	12 (2.7)	14 (2.2)
Air conditioning	16 (1.6)	16 (2.0)	17 (2.0)	16 (2.6)	16 (2.6)	17 (2.0)	19 (2.8)	11 (3.2)	15 (2.7)	16 (2.5)
Ventilation	12 (1.2)	11 (1.5)	12 (1.6)	11 (2.1)	12 (2.1)	12 (1.8)	12 (1.7)	10 (3.4)	12 (2.8)	13 (2.6)
Indoor air quality	9 (1.2)	9 (1.5)	9 (1.4)	8 (1.7)	11 (1.9)	9 (1.6)	10 (1.7)	6 (2.4)	10 (2.7)	10 (2.7)
Acoustics or noise control	12 (1.1)	12 (1.4)	12 (1.5)	12 (2.3)	13 (2.0)	12 (1.6)	8 (1.3)	10 (2.8)	20 (3.3)	14 (2.9)
Physical condition of buildings	10 (1.2)	10 (1.5)	12 (1.4)	10 (2.1)	11 (1.8)	10 (1.7)	9 (1.7)	7 (2.5)	14 (3.1)	13 (2.3)
Size or configuration of rooms	13 (1.1)	13 (1.4)	13 (1.2)	14 (2.3)	12 (2.0)	13 (1.7)	14 (1.9)	8 (2.5)	14 (2.9)	12 (2.2)
In portable buildings[3]										
Lighting, artificial	8 (1.5)	8 (1.9)	5 (1.9)	11 (4.5)	3 (1.9)	10 (2.7)	5 (2.6)	# (†)	12 (4.3)	11 (3.5)
Lighting, natural	9 (1.8)	9 (2.2)	9 (2.4)	11 (4.2)	5 (2.5)	12 (2.8)	7 (2.8)	2 (2.3)	14 (4.5)	11 (3.4)
Heating	9 (1.7)	9 (2.0)	9 (2.4)	11 (4.5)	6 (2.3)	12 (2.7)	9 (3.1)	7 (3.7)	10 (3.5)	10 (3.6)
Air conditioning	11 (2.0)	11 (2.3)	11 (2.6)	15 (5.3)	6 (2.3)	14 (3.1)	8 (3.0)	10 (4.5)	14 (4.6)	13 (3.8)
Ventilation	14 (1.8)	14 (2.1)	12 (2.7)	20 (5.8)	8 (2.4)	16 (3.3)	10 (3.2)	8 (3.7)	19 (5.0)	17 (3.9)
Indoor air quality	12 (1.9)	11 (2.3)	13 (2.8)	12 (4.2)	9 (2.9)	14 (3.2)	8 (2.8)	7 (3.5)	16 (4.6)	14 (3.4)
Acoustics or noise control	18 (2.1)	18 (2.5)	15 (2.8)	23 (4.8)	14 (3.4)	19 (3.4)	12 (3.8)	8 (3.8)	25 (5.1)	24 (4.3)
Physical condition of buildings	13 (1.9)	14 (2.3)	13 (2.7)	15 (5.1)	12 (3.1)	15 (2.9)	10 (3.2)	3 (2.0)	18 (4.5)	20 (3.9)
Size or configuration of rooms	16 (2.2)	16 (2.4)	16 (2.9)	15 (4.9)	16 (3.4)	18 (3.2)	9 (3.2)	15 (5.5)	16 (4.6)	26 (5.0)
	Percentage distribution of schools									
By extent to which environmental factors interfere with instruction										
In permanent buildings[2]	100 (†)	100 (†)	100 (†)	100 (†)	100 (†)	100 (†)	100 (†)	100 (†)	100 (†)	100 (†)
Not at all	56 (1.6)	56 (1.9)	58 (2.7)	55 (2.8)	56 (3.1)	59 (2.9)	57 (2.7)	62 (4.4)	51 (3.6)	57 (3.2)
Minor extent	33 (1.4)	34 (1.7)	30 (2.4)	34 (2.8)	33 (2.6)	32 (2.7)	32 (2.8)	32 (4.2)	38 (2.9)	32 (3.1)
Moderate extent	9 (1.0)	9 (1.3)	10 (1.4)	10 (2.0)	10 (1.8)	7 (1.2)	10 (1.9)	6 (2.3)	10 (2.5)	8 (2.0)
Major extent	1 (0.4)	1 (0.4)	2 (0.7)	1 (0.4)	1 (0.6)	2 (0.7)	1 (0.6)	# (†)	1 (0.5)	3 (1.0)
In portable buildings[3]	100 (†)	100 (†)	100 (†)	100 (†)	100 (†)	100 (†)	100 (†)	100 (†)	100 (†)	100 (†)
Not at all	55 (3.3)	55 (3.7)	58 (4.3)	58 (6.8)	56 (5.7)	53 (4.3)	61 (6.1)	58 (9.3)	54 (6.4)	49 (5.6)
Minor extent	30 (3.1)	31 (3.6)	27 (3.5)	19 (5.4)	34 (5.8)	32 (3.8)	27 (4.7)	34 (8.5)	30 (6.5)	32 (5.5)
Moderate extent	13 (2.1)	12 (2.4)	14 (2.6)	21 (6.0)	10 (3.0)	10 (2.7)	13 (3.6)	7 (3.7)	13 (4.4)	16 (4.5)
Major extent	2 (0.8)	2 (1.0)	1 (0.8)	1 (1.4)	# (†)	5 (1.9)	# (†)	1 (0.9)	4 (2.4)	3 (1.9)

†Not applicable.
#Rounds to zero.
[1]Excludes special education, vocational, and alternative schools; schools without enrollment data; and schools offering only preprimary education.
[2]Data are based on the 99 percent of public schools with classrooms in permanent buildings.
[3]Data are based on the 33 percent of public schools with classrooms in portable (temporary) buildings.
NOTE: Detail may not sum to totals because of rounding. Standard errors appear in parentheses.
SOURCE: U.S. Department of Education, National Center for Education Statistics, Fast Response Survey System (FRSS), "Public School Principals' Perceptions of Their School Facilities: Fall 2005," FRSS 88, 2005, and unpublished tabulations. (This table was prepared June 2007.)

Table 107. Percentage of public schools with enrollment under, at, or over capacity, by selected school characteristics: 1999 and 2005

School enrollment versus design capacity	All public schools[1]	Instructional level: Elementary	Instructional level: Secondary/combined	Size of school enrollment: Less than 350	Size of school enrollment: 350 to 699	Size of school enrollment: 700 or more	Percent of students eligible for free or reduced-price lunch: Less than 35 percent	35 to 49 percent	50 to 74 percent	75 percent or more
1	2	3	4	5	6	7	8	9	10	11
1999, total	**100 (†)**	**100 (†)**	**100 (†)**	**100 (†)**	**100 (†)**	**100 (†)**	**100 (†)**	**100 (†)**	**100 (†)**	**100 (†)**
Underenrolled by more than 25 percent	19 (1.5)	17 (1.7)	22 (2.5)	39 (4.0)	11 (2.0)	8 (1.7)	16 (2.0)	18 (3.1)	17 (4.1)	27 (4.4)
Underenrolled by 6 to 25 percent	33 (1.7)	31 (2.1)	39 (2.9)	32 (3.8)	36 (2.4)	31 (2.8)	38 (2.6)	32 (4.6)	29 (4.6)	25 (4.5)
Enrollment within 5 percent of capacity	26 (1.5)	28 (2.0)	20 (2.2)	16 (2.9)	34 (2.6)	25 (2.0)	25 (2.2)	26 (4.4)	32 (4.5)	23 (4.1)
Overenrolled by 6 to 25 percent	14 (1.2)	15 (1.5)	11 (1.8)	10 (2.4)	14 (2.0)	20 (1.8)	14 (2.1)	18 (3.6)	14 (3.3)	11 (3.0)
Overenrolled by more than 25 percent	8 (0.9)	8 (1.1)	8 (1.6)	3 (1.3)	6 (1.3)	16 (2.4)	6 (1.2)	6 (1.8)	7 (2.4)	14 (3.4)
2005, total	**100 (†)**	**100 (†)**	**100 (†)**	**100 (†)**	**100 (†)**	**100 (†)**	**100 (†)**	**100 (†)**	**100 (†)**	**100 (†)**
Underenrolled by more than 25 percent	21 (1.4)	20 (1.7)	24 (2.6)	41 (3.3)	14 (1.7)	6 (1.4)	19 (2.6)	25 (4.6)	24 (2.7)	19 (3.0)
Underenrolled by 6 to 25 percent	38 (1.8)	39 (2.1)	36 (2.6)	39 (3.4)	44 (2.9)	29 (2.4)	38 (2.7)	43 (4.0)	37 (2.8)	36 (4.1)
Enrollment within 5 percent of capacity	22 (1.5)	23 (1.9)	21 (1.9)	14 (2.3)	27 (2.5)	26 (2.4)	27 (2.5)	19 (3.3)	18 (3.1)	22 (2.9)
Overenrolled by 6 to 25 percent	10 (1.0)	10 (1.4)	11 (1.2)	4 (1.1)	9 (1.9)	20 (2.1)	11 (1.8)	6 (2.0)	12 (2.6)	9 (1.6)
Overenrolled by more than 25 percent	8 (1.0)	8 (1.3)	8 (1.0)	2 (0.9)	6 (1.4)	19 (2.5)	5 (1.0)	7 (2.3)	8 (2.2)	14 (2.9)

†Not applicable.
[1]Excludes special education, vocational, and alternative schools; schools without enrollment data; and schools offering only preprimary education.
NOTE: Detail may not sum to totals because of rounding. Standard errors appear in parentheses.
SOURCE: U.S. Department of Education, National Center for Education Statistics, Fast Response Survey System (FRSS), "Condition of America's Public School Facilities, 1999," FRSS 73, 1999, and "Public School Principals' Perceptions of Their School Facilities: Fall 2005," FRSS 88, 2005. (This table was prepared July 2007.)

Table 108. Number and internet access of instructional computers and rooms in public schools, by selected school characteristics: Selected years, 1995 through 2008

Instructional computers and rooms, and access	All public schools	Instructional level[1]: Elementary	Instructional level[1]: Secondary	Size of school enrollment: Less than 300	Size of school enrollment: 300 to 999	Size of school enrollment: 1,000 or more	Community type[2]: City	Community type[2]: Suburban	Community type[2]: Town	Community type[2]: Rural	Percent of students eligible for free or reduced-price lunch[3]: Less than 35 percent	35 to 49 percent	50 to 74 percent	75 percent or more
1	2	3	4	5	6	7	8	9	10	11	12	13	14	15
Computers for instructional purposes														
Number (in thousands)														
1995[4]	5,621 (—)	3,453 (—)	2,021 (—)	850 (—)	3,600 (—)	1,171 (—)	1,497 (—)	1,526 (—)	1,404 (—)	1,195 (—)	2,905 (—)	806 (—)	950 (—)	882 (—)
2000	8,776 (174)	5,296 (149)	3,271 (113)	1,135 (73)	5,524 (121)	2,117 (103)	2,537 (179)	3,396 (213)	1,155 (132)	1,689 (131)	4,394 (147)	1,373 (93)	1,606 (112)	1,384 (107)
2005	12,672 (281)	7,701 (251)	4,783 (148)	1,566 (98)	7,966 (243)	3,139 (163)	3,132 (177)	4,058 (242)	1,819 (193)	3,663 (255)	5,352 (261)	2,193 (185)	2,687 (244)	2,440 (152)
2008	15,434 (193)	9,711 (159)	5,415 (125)	1,746 (68)	9,486 (144)	4,202 (130)	3,611 (155)	5,787 (255)	2,062 (159)	3,974 (180)	6,195 (174)	2,364 (155)	3,805 (190)	3,070 (175)
Average number per school														
1995[4]	72 (—)	60 (—)	112 (—)	41 (—)	72 (—)	164 (—)	84 (—)	83 (—)	72 (—)	54 (—)	78 (—)	59 (—)	74 (—)	67 (—)
2000	110 (2.0)	89 (2.4)	178 (5.3)	57 (3.1)	106 (2.3)	259 (9.0)	120 (4.9)	128 (4.3)	97 (5.6)	82 (3.6)	120 (3.4)	111 (5.9)	94 (5.7)	99 (5.5)
2005	154 (3.4)	124 (3.8)	253 (6.8)	75 (4.2)	149 (4.2)	388 (13.5)	165 (7.2)	170 (6.3)	154 (13.4)	132 (5.9)	166 (5.5)	153 (9.3)	147 (6.9)	139 (7.4)
2008	189 (2.9)	157 (2.8)	301 (6.5)	87 (3.4)	179 (2.9)	486 (10.4)	205 (7.5)	221 (6.1)	189 (8.0)	147 (4.2)	209 (5.6)	182 (7.7)	181 (6.8)	170 (8.2)
Number with internet access (in thousands)														
1995[4]	447 (—)	232 (—)	187 (—)	59 (—)	315 (—)	73 (—)	96 (—)	131 (—)	126 (—)	94 (—)	286 (—)	46 (—)	57 (—)	36 (—)
2000	6,759 (174)	3,813 (136)	2,779 (113)	882 (69)	4,191 (114)	1,686 (97)	1,782 (148)	2,688 (178)	955 (111)	1,335 (91)	3,608 (139)	1,064 (80)	1,215 (93)	858 (87)
2005	12,245 (274)	7,361 (246)	4,706 (151)	1,515 (98)	7,642 (239)	3,089 (162)	3,009 (173)	3,912 (238)	1,784 (193)	3,541 (239)	5,239 (259)	2,090 (176)	2,583 (228)	2,332 (146)
2008	15,162 (204)	9,508 (169)	5,356 (128)	1,710 (69)	9,308 (153)	4,144 (130)	3,517 (154)	5,716 (253)	2,028 (154)	3,901 (178)	6,131 (174)	2,321 (153)	3,739 (188)	2,971 (175)
Percent with internet access														
1995[4]	8 (—)	7 (—)	9 (—)	7 (—)	9 (—)	6 (—)	6 (—)	9 (—)	9 (—)	8 (—)	10 (—)	6 (—)	6 (—)	4 (—)
2000	77 (1.1)	72 (1.5)	85 (1.2)	78 (2.6)	76 (1.3)	80 (1.8)	70 (2.1)	79 (1.7)	83 (2.5)	79 (2.1)	82 (1.2)	77 (2.9)	76 (2.6)	62 (3.1)
2005	97 (0.4)	96 (0.5)	98 (0.4)	97 (0.7)	96 (0.5)	98 (0.5)	96 (0.7)	96 (1.1)	98 (0.6)	97 (0.7)	98 (0.6)	95 (1.0)	96 (1.0)	96 (0.8)
2008	98 (0.2)	98 (0.3)	99 (0.2)	98 (0.7)	98 (0.3)	99 (0.4)	97 (0.5)	99 (0.3)	98 (0.7)	98 (0.4)	99 (0.3)	98 (0.5)	98 (0.4)	97 (0.7)
Ratio of students to instructional computers with internet access														
2000	6.6 (0.10)	7.8 (0.20)	5.2 (0.20)	3.9 (0.30)	7.0 (0.20)	7.2 (0.30)	8.2 (0.40)	6.6 (0.20)	6.2 (0.30)	5.0 (0.30)	6.0 (0.20)	6.3 (0.40)	7.2 (0.40)	9.1 (0.70)
2005	3.8 (0.10)	4.1 (0.10)	3.3 (0.10)	2.4 (0.10)	3.9 (0.10)	4.0 (0.10)	4.2 (0.20)	4.1 (0.10)	3.4 (0.20)	3.0 (0.10)	3.8 (0.10)	3.4 (0.20)	3.6 (0.20)	4.0 (0.20)
2008	3.1 (0.04)	3.2 (0.05)	2.9 (0.05)	2.2 (0.07)	3.2 (0.05)	3.2 (0.06)	3.4 (0.12)	3.2 (0.08)	2.7 (0.09)	2.9 (0.07)	3.1 (0.06)	3.2 (0.08)	2.9 (0.08)	3.2 (0.14)
Instructional rooms[5]														
Number (in thousands)														
2000	2,905 (35)	1,864 (28)	972 (24)	377 (22)	1,871 (23)	657 (23)	866 (56)	1,086 (61)	413 (47)	541 (39)	1,380 (46)	465 (28)	570 (36)	482 (29)
2005	3,283 (71)	2,152 (70)	1,078 (27)	426 (23)	2,152 (70)	705 (30)	849 (62)	1,050 (61)	439 (41)	945 (67)	1,339 (50)	593 (51)	695 (56)	655 (39)
2008[5]	2,663 (21)	1,723 (20)	887 (15)	282 (9)	1,692 (20)	689 (18)	639 (26)	1,003 (35)	338 (24)	683 (28)	1,053 (27)	425 (26)	653 (27)	532 (22)
Percent with internet access[6]														
1995	8 (0.7)	8 (1.0)	8 (1.0)	9 (1.6)	8 (1.0)	4 (1.0)	6 (1.3)	8 (1.4)	8 (2.0)	8 (1.5)	10 (1.2)	6 (1.4)	6 (1.9)	3 (1.0)
2000	77 (1.1)	76 (1.5)	79 (1.6)	83 (2.8)	78 (1.5)	70 (2.2)	66 (2.2)	78 (2.0)	87 (2.6)	85 (1.7)	82 (1.5)	81 (2.9)	77 (2.8)	60 (3.3)
2005	94 (1.3)	93 (1.9)	95 (0.9)	92 (1.9)	94 (1.9)	94 (1.5)	88 (3.7)	96 (0.8)	98 (0.7)	95 (1.8)	96 (0.8)	88 (4.3)	96 (0.8)	91 (2.5)
2008	— (†)	— (†)	— (†)	— (†)	— (†)	— (†)	— (†)	— (†)	— (†)	— (†)	— (†)	— (†)	— (†)	— (†)

—Not available

†Not applicable.

[1]Data for combined schools are included in the totals and in analyses by other school characteristics, but are not shown separately.

[2]Due to definitional changes for community type, estimates for years prior to 2005 may not be directly comparable with estimates for later years.

[3]Free or reduced-price lunch information was obtained on the questionnaire and supplemented, if necessary, with data from the Common Core of Data (CCD)

[4]Includes computers used for instructional or administrative purposes.

[5]In 2008, instructional rooms included classrooms only and excluded computer labs and library/media centers. Prior to 2008, instructional rooms included classrooms, computer labs and other labs, library/media centers, and other rooms used for instructional purposes.

[6]Some data differ slightly (e.g., by 1 percent) from previously published figures.

NOTE: Detail may not sum to totals because of rounding. Standard errors appear in parentheses

SOURCE: U.S. Department of Education, National Center for Education Statistics, Fast Response Survey System (FRSS), *Internet Access in U.S. Public Schools and Classrooms: 1994–2005* and *Educational Technology in U.S. Public Schools: Fall 2008*; and unpublished tabulations. (This table was prepared August 2010.)

Table 109. Percentage of public school districts and schools with students enrolled in technology-based distance education courses and number of enrollments in such courses, by instructional level and district characteristics: 2002–03 and 2004–05

District characteristic	Percent with students enrolled in technology-based distance education courses						Number of enrollments in technology-based distance education courses[1]				
	Districts (all instructional levels)	Schools									
		All instructional levels	Elementary schools	Middle or junior high schools	High schools	Combined or ungraded schools[2]	All instructional levels	Elementary schools	Middle or junior high schools	High schools	Combined or ungraded schools[2]
1	2	3	4	5	6	7	8	9	10	11	12
2002-03											
Total	**36 (1.2)**	**9 (0.3)**	**# (†)**	**4 (0.4)**	**38 (1.2)**	**20 (1.9)**	**317,070 (27,437)**	**2,780 ! (977)**	**6,390 (1,067)**	**214,140 (16,549)**	**93,760 (22,593)**
District enrollment size											
Less than 2,500	37 (1.5)	15 (0.7)	# (†)	4 (0.7)	44 (2.2)	29 (3.4)	116,300 (21,698)	80 ! (64)	1,250 ! (450)	72,730 (6,924)	42,240 ! (20,502)
2,500 to 9,999	32 (1.8)	6 (0.4)	# (†)	4 (0.8)	31 (1.6)	10 (2.6)	82,370 (6,384)	230 ! (109)	1,870 ! (642)	44,170 (5,832)	36,110 (1,210)
10,000 or more	50 (2.1)	6 (0.3)	# (†)	4 (0.3)	34 (1.7)	8 (1.0)	118,390 (15,703)	2,480 ! (968)	3,270 (723)	97,240 (13,853)	15,410 ! (8,563)
Metropolitan status											
Urban	23 (2.7)	5 (0.3)	# (†)	3 (0.5)	26 (1.9)	4 (1.2)	98,100 (13,660)	2,390 ! (973)	2,120 ! (719)	57,730 (13,860)	35,860 (1,337)
Suburban	27 (1.6)	7 (0.4)	# (†)	4 (0.5)	34 (1.6)	13 (2.1)	119,880 (23,536)	110 ! (55)	2,520 (597)	77,980 (7,858)	39,280 ! (22,063)
Rural	46 (1.9)	15 (0.7)	# (†)	4 (0.8)	47 (2.2)	32 (3.2)	99,080 (8,505)	270 ! (124)	1,760 (523)	78,440 (7,456)	18,620 (2,748)
Region											
Northeast	21 (2.2)	5 (0.5)	# (†)	1 ! (0.5)	26 (2.5)	12 ! (4.0)	41,950 ! (20,821)	100 ! (49)	190 ! (96)	17,300 (3,656)	24,350 ! (20,314)
Southeast	45 (2.6)	10 (0.6)	# (†)	6 (0.8)	45 (2.4)	14 (2.5)	59,240 (6,251)	1,390 ! (919)	2,530 (632)	50,640 (5,698)	4,680 (1,254)
Central	46 (2.3)	12 (0.7)	# (†)	3 (0.7)	46 (2.2)	28 (4.1)	106,690 (7,726)	940 ! (441)	1,050 ! (412)	59,110 (6,455)	45,590 (2,529)
West	32 (2.2)	8 (0.5)	# (†)	4 (0.7)	31 (2.1)	19 (3.2)	109,190 (16,010)	350 ! (165)	2,620 (782)	87,090 (14,825)	19,130 ! (8,619)
Poverty concentration											
Less than 10 percent	33 (2.1)	8 (0.5)	# (†)	4 (0.7)	35 (1.7)	29 (4.7)	75,740 (11,177)	570 ! (400)	2,020 (564)	55,670 (7,556)	17,470 ! (8,591)
10 to 19 percent	42 (2.1)	10 (0.5)	# (†)	4 (0.6)	40 (1.8)	23 (2.8)	95,510 (7,962)	1,450 ! (920)	1,830 (392)	78,680 (7,050)	13,560 (2,446)
20 percent or more	42 (2.5)	9 (0.5)	# (†)	4 (0.8)	40 (2.3)	16 (2.7)	86,110 (13,518)	760 ! (249)	2,540 ! (837)	75,930 (13,532)	6,880 (1,557)
2004-05											
Total	**37 (1.2)**	**10 (0.3)**	**1 (0.1)**	**5 (0.5)**	**39 (1.1)**	**20 (1.6)**	**506,950 (56,959)**	**12,540 ! (6,107)**	**15,150 (3,367)**	**309,630 (24,350)**	**169,630 ! (51,753)**
District enrollment size											
Less than 2,500	37 (1.6)	16 (0.8)	1 (0.3)	4 (0.9)	44 (2.2)	28 (2.5)	210,200 (54,063)	610 ! (275)	6,060 ! (3,097)	103,190 (17,659)	100,340 ! (51,025)
2,500 to 9,999	35 (1.6)	7 (0.3)	# (†)	4 (0.8)	33 (1.7)	13 (2.8)	102,730 (13,404)	6,650 ! (5,689)	2,570 (731)	48,420 (5,136)	45,080 (9,429)
10,000 or more	50 (2.5)	7 (0.3)	# (†)	6 (0.7)	38 (1.4)	8 (0.9)	193,440 (16,415)	5,280 ! (2,202)	6,520 (1,101)	157,440 (16,044)	24,210 (5,298)
Metropolitan status											
Urban	25 (2.8)	5 (0.5)	# (†)	3 (0.8)	26 (2.5)	4 ! (1.7)	136,100 (21,900)	3,340 ! (1,749)	2,640 ! (975)	70,540 (16,851)	59,580 (12,533)
Suburban	32 (1.6)	9 (0.3)	1 (0.1)	6 (0.6)	39 (1.4)	16 (2.4)	267,420 (53,058)	8,790 ! (5,854)	8,890 ! (2,824)	168,320 (17,217)	81,420 ! (50,181)
Rural	45 (1.9)	16 (0.8)	1 (0.3)	5 (1.1)	48 (1.9)	30 (2.9)	103,430 (12,269)	410 ! (183)	3,620 ! (1,717)	70,770 (6,846)	28,630 ! (9,266)
Region											
Northeast	22 (2.0)	6 (0.6)	1 ! (0.4)	4 (0.9)	27 (1.8)	11 (2.9)	108,300 ! (49,777)	570 ! (206)	3,870 ! (2,711)	16,860 (2,621)	87,000 ! (49,691)
Southeast	46 (3.2)	12 (0.5)	# (†)	8 (1.1)	49 (2.3)	14 (2.2)	112,830 (6,341)	1,900 ! (1,333)	5,030 (732)	89,800 (5,276)	16,090 (1,913)
Central	45 (2.4)	12 (0.7)	1 (0.2)	4 (0.9)	46 (2.4)	29 (3.9)	128,650 (22,055)	9,870 ! (5,957)	2,130 ! (953)	70,450 (13,024)	46,190 ! (15,067)
West	35 (2.1)	9 (0.6)	# (†)	4 (0.9)	34 (2.0)	21 (2.9)	157,180 (22,608)	200 ! (161)	4,110 ! (1,732)	132,520 (21,287)	20,350 ! (7,587)
Poverty concentration											
Less than 10 percent	35 (1.9)	10 (0.5)	1 (0.2)	5 (0.8)	40 (1.9)	23 (3.8)	112,320 (16,778)	10,120 ! (5,957)	4,070 (1,123)	80,150 (10,651)	17,980 ! (9,510)
10 to 19 percent	42 (2.2)	11 (0.5)	# (†)	5 (0.7)	44 (1.9)	18 (2.3)	151,050 (12,379)	2,020 ! (1,336)	4,800 (602)	124,540 (10,283)	19,700 (5,835)
20 percent or more	43 (2.7)	10 (0.6)	1 (0.3)	5 (1.0)	37 (2.0)	21 (2.4)	106,610 (14,709)	400 ! (221)	6,280 ! (3,111)	78,590 (13,367)	21,340 (2,905)

†Not applicable.
#Rounds to zero.
!Interpret data with caution.
[1]Based on students regularly enrolled in the districts. Enrollments may include duplicated counts of students, since districts were instructed to count a student enrolled in multiple courses for each course in which he or she was enrolled.
[2]Combined or ungraded schools are those in which the grades offered in the school span both elementary and secondary grades or that are not divided into grade levels.
NOTE: Percentages are based on unrounded numbers. Percentages are based on the estimated 89,310 and 89,610 public schools in the nation in 2002–03 and 2004–05, respectively. For the 2002–03 FRSS study sample, there were 3 cases for which district enrollment size was missing and 112 cases for which poverty concentration was missing. For the 2004–05 FRSS study sample, there were 7 cases for which district enrollment size was missing and 103 cases for which poverty concentration was missing. Detail may not sum to totals because of rounding or missing data. Some data have been revised from previously published figures. Standard errors appear in parentheses.
SOURCE: U.S. Department of Education, National Center for Education Statistics, Fast Response Survey System (FRSS), *Technology-Based Distance Education Courses for Public Elementary and Secondary Schools: 2002–03 and 2004–05*. (This table was prepared May 2009.)

Table 110. High school graduates, by sex and control of school: Selected years, 1869–70 through 2019–20

School year	High school graduates							Averaged freshman graduation rate for public schools[3]	Population 17 years old[4]	Graduates as a ratio of 17-year-old population
	Total[1]	Sex		Control						
		Males	Females	Public[2]			Private			
				Total	Males	Females	Total			
1	2	3	4	5	6	7	8	9	10	11
1869–70	16,000	7,064	8,936	—	—	—	—	—	815,000	2.0
1879–80	23,634	10,605	13,029	—	—	—	—	—	946,026	2.5
1889–90	43,731	18,549	25,182	21,882	—	—	21,849 [5]	—	1,259,177	3.5
1899–1900	94,883	38,075	56,808	61,737	—	—	33,146 [5]	—	1,489,146	6.4
1909–10	156,429	63,676	92,753	111,363	—	—	45,066 [5]	—	1,786,240	8.8
1919–20	311,266	123,684	187,582	230,902	—	—	80,364 [5]	—	1,855,173	16.8
1929–30	666,904	300,376	366,528	591,719	—	—	75,185 [5]	—	2,295,822	29.0
1939–40	1,221,475	578,718	642,757	1,143,246	538,273	604,973	78,229 [5]	—	2,403,074	50.8
1949–50	1,199,700	570,700	629,000	1,063,444	505,394	558,050	136,256 [5]	—	2,034,450	59.0
1959–60	1,858,023	895,000	963,000	1,627,050	791,426	835,624	230,973	—	2,672,000	69.5
1969–70	2,888,639	1,430,000	1,459,000	2,588,639	1,285,895	1,302,744	300,000 [5]	78.7	3,757,000	76.9
1970–71	2,937,642	1,454,000	1,484,000	2,637,642	1,309,319	1,328,323	300,000 [5]	78.0	3,872,000	75.9
1971–72	3,001,553	1,487,000	1,515,000	2,699,553	1,342,275	1,357,278	302,000 [5]	77.4	3,973,000	75.5
1972–73	3,034,822	1,500,000	1,535,000	2,728,822	1,352,416	1,376,406	306,000 [5]	76.8	4,049,000	75.0
1973–74	3,073,314	1,512,000	1,561,000	2,763,314	1,362,565	1,400,749	310,000 [5]	75.4	4,132,000	74.4
1974–75	3,132,502	1,542,000	1,591,000	2,822,502	1,391,519	1,430,983	310,000 [5]	74.9	4,256,000	73.6
1975–76	3,142,120	1,552,000	1,590,000	2,837,129	1,401,064	1,436,065	304,991	74.9	4,272,000	73.6
1976–77	3,139,536	1,551,000	1,589,000	2,837,340	—	—	302,196	74.4	4,272,000	73.5
1977–78	3,128,824	1,546,000	1,583,000	2,824,636	—	—	304,188	73.2	4,286,000	73.0
1978–79	3,101,152	1,532,000	1,569,000	2,801,152	—	—	300,000 [5]	71.9	4,327,000	71.7
1979–80	3,042,214	1,503,000	1,539,000	2,747,678	—	—	294,536	71.5	4,262,000	71.4
1980–81	3,020,285	1,492,000	1,528,000	2,725,285	—	—	295,000 [5]	72.2	4,212,000	71.7
1981–82	2,994,758	1,479,000	1,515,000	2,704,758	—	—	290,000 [5]	72.9	4,134,000	72.4
1982–83	2,887,604	1,426,000	1,461,000	2,597,604	—	—	290,000 [5]	73.8	3,962,000	72.9
1983–84	2,766,797	—	—	2,494,797	—	—	272,000 [5]	74.5	3,784,000	73.1
1984–85	2,676,917	—	—	2,413,917	—	—	263,000 [5]	74.2	3,699,000	72.4
1985–86	2,642,616	—	—	2,382,616	—	—	260,000 [5]	74.3	3,670,000	72.0
1986–87	2,693,803	—	—	2,428,803	—	—	265,000 [5]	74.3	3,754,000	71.8
1987–88	2,773,020	—	—	2,500,020	—	—	273,000 [5]	74.2	3,849,000	72.0
1988–89	2,743,743	—	—	2,458,800	—	—	284,943	73.4	3,842,000	71.4
1989–90	2,574,162	—	—	2,320,337	—	—	253,825 [6]	73.6	3,505,000	73.4
1990–91	2,492,988	—	—	2,234,893	—	—	258,095	73.7	3,417,913	72.9
1991–92	2,480,399	—	—	2,226,016	—	—	254,383 [6]	74.2	3,398,884	73.0
1992–93	2,480,519	—	—	2,233,241	—	—	247,278	73.8	3,449,143	71.9
1993–94	2,463,849	—	—	2,220,849	—	—	243,000 [5]	73.1	3,442,521	71.6
1994–95	2,519,084	—	—	2,273,541	—	—	245,543	71.8	3,635,803	69.3
1995–96	2,518,109	—	—	2,273,109	—	—	245,000 [5]	71.0	3,640,132	69.2
1996–97	2,611,988	—	—	2,358,403	—	—	253,585	71.3	3,792,207	68.9
1997–98	2,704,050	—	—	2,439,050	1,187,647	1,251,403	265,000 [5]	71.3	4,008,416	67.5
1998–99	2,758,655	—	—	2,485,630	1,212,924	1,272,706	273,025	71.1	3,917,885	70.4
1999–2000	2,832,844	—	—	2,553,844	1,241,631	1,312,213	279,000 [5]	71.7	4,056,639	69.8
2000–01	2,847,973	—	—	2,569,200	1,251,931	1,317,269	278,773	71.7	4,023,686	70.8
2001–02	2,906,534	—	—	2,621,534	1,275,813	1,345,721	285,000 [5]	72.6	4,023,968	72.2
2002–03	3,015,735	—	—	2,719,947	1,330,973	1,388,974	295,788	73.9	4,125,087	73.1
2003–04[7]	3,054,438	—	—	2,753,438	1,347,800	1,405,638	301,000 [5]	74.3	4,113,074	74.3
2004–05	3,106,499	—	—	2,799,250	1,369,749	1,429,501	307,249	74.7	4,120,073	75.4
2005–06	3,122,544	—	—	2,815,544	1,376,458	1,439,086	307,000 [5]	73.4	4,200,554	74.3
2006–07	3,198,956	—	—	2,892,351	1,413,738	1,478,613	306,605	73.9	4,297,239	74.4
2007–08	3,313,818	—	—	2,999,508	1,466,303	1,533,205	314,310 [5]	74.7	4,436,955	74.7
2008–09[8]	3,318,770	—	—	3,004,570	—	—	314,200	74.7	4,336,950	76.5
2009–10[8]	3,306,220	—	—	2,991,310	—	—	314,910	75.6	4,311,831	76.7
2010–11[8]	3,251,720	—	—	2,937,170	—	—	314,550	—	—	—
2011–12[8]	3,221,990	—	—	2,905,990	—	—	316,000	—	—	—
2012–13[8]	3,200,130	—	—	2,890,740	—	—	309,390	—	—	—
2013–14[8]	3,176,300	—	—	2,868,100	—	—	308,200	—	—	—
2014–15[8]	3,170,560	—	—	2,872,470	—	—	298,090	—	—	—
2015–16[8]	3,201,060	—	—	2,906,330	—	—	294,730	—	—	—
2016–17[8]	3,223,000	—	—	2,933,220	—	—	289,780	—	—	—
2017–18[8]	3,273,690	—	—	2,988,630	—	—	285,060	—	—	—
2018–19[8]	3,265,020	—	—	2,984,530	—	—	280,490	—	—	—
2019–20[8]	3,245,900	—	—	2,953,060	—	—	292,840	—	—	—

—Not available.

[1]Includes graduates of public and private schools.

[2]Data for 1929–30 and preceding years are from *Statistics of Public High Schools* and exclude graduates from high schools that failed to report to the Office of Education. Includes estimates for jurisdictions not reporting counts of graduates by sex.

[3]The averaged freshman graduation rate provides an estimate of the percentage of students who receive a regular diploma within 4 years of entering ninth grade. The rate uses aggregate student enrollment data to estimate the size of an incoming freshman class and aggregate counts of the number of diplomas awarded 4 years later. Averaged freshman graduation rates in this table are based on reported totals of enrollment by grade and high school graduates, rather than on details reported by race/ethnicity.

[4]Derived from Current Population Reports, Series P-25. For years 1869–70 through 1989–90, 17-year-old population is an estimate of the October 17-year-old population based on July data. Data for 1990–91 and later years are October resident population estimates prepared by the Census Bureau.

[5]Estimated.

[6]Projected by private schools.

[7]Includes estimates for New York and Wisconsin. Without estimates for these two states, the averaged freshman graduation rate for the remaining 48 states and the District of Columbia is 75.0 percent.

[8]Projected by NCES.

NOTE: Includes graduates of regular day school programs. Excludes graduates of other programs, when separately reported, and recipients of high school equivalency certificates. Some data have been revised from previously published figures. Detail may not sum to totals because of rounding.

SOURCE: U.S. Department of Education, National Center for Education Statistics, *Annual Report of the Commissioner of Education*, 1870 through 1910; *Biennial Survey of Education in the United States*, 1919–20 through 1949–50; *Statistics of State School Systems*, 1951–52 through 1957–58; *Statistics of Public Elementary and Secondary School Systems*, 1958–59 through 1980–81; *Statistics of Nonpublic Elementary and Secondary Schools*, 1959 through 1980; Common Core of Data (CCD), "State Nonfiscal Survey of Public Elementary/Secondary Education," 1981–82 through 2008–09; Private School Universe Survey (PSS), 1989 through 2007; and *Projections of Education Statistics to 2019*. U.S. Department of Commerce, Census Bureau, Population Estimates, retrieved August 12, 2010, from http://www.census.gov/popest/related.html. (This table was prepared August 2010.)

Table 111. Public high school graduates, by state or jurisdiction: Selected years, 1980–81 through 2008–09

State or jurisdiction	1980–81	1989–90	1999–2000	2001–02	2002–03	2003–04	2004–05	2005–06	2006–07	2007–08	Projected 2008–09 graduates	Percent change, 1999–2000 to 2008–09
1	2	3	4	5	6	7	8	9	10	11	12	13
United States	**2,725,285**	**2,320,337** [1]	**2,553,844**	**2,621,534**	**2,719,947**	**2,753,438** [1]	**2,799,250**	**2,815,544** [1]	**2,892,351**	**2,999,508**	**3,004,570**	**17.6**
Alabama	44,894	40,485	37,819	35,887	36,741	36,464	37,453	37,918	38,912	41,346	40,190	6.3
Alaska	5,343	5,386	6,615	6,945	7,297	7,236	6,909	7,361	7,666	7,855	8,160	23.4
Arizona	28,416	32,103	38,304	47,175	49,986	45,508	59,498	54,091	55,954	61,667	57,230	49.4
Arkansas	29,577	26,475	27,335	26,984	27,555	27,181	26,621	28,790	27,166	28,725	28,720	5.1
California	242,172	236,291	309,866	325,895	341,097	343,480	355,217	343,515	356,641	374,561	383,320	23.7
Colorado	35,897	32,967	38,924	40,760	42,379	44,777	44,532	44,424	45,628	46,082	48,220	23.9
Connecticut	38,369	27,878	31,562	32,327	33,667	34,573	35,515	36,222	37,541	38,419	37,730	19.5
Delaware	7,349	5,550	6,108	6,482	6,817	6,951	6,934	7,275	7,205	7,388	7,590	24.3
District of Columbia[2]	4,848	3,626	2,695	3,090	2,725	3,031	2,781	3,150 [3]	2,944	3,352	3,470	28.8
Florida	88,755	88,934	106,708	119,537	127,484	131,418	133,318	134,686	142,284	149,046	152,710	43.1
Georgia	62,963	56,605	62,563	65,983	66,890	68,550	70,834	73,498	77,829	83,505	81,030	29.5
Hawaii	11,472	10,325	10,437	10,452	10,013	10,324	10,813	10,922	11,063	11,613	11,210	7.4
Idaho	12,679	11,971	16,170	15,874	15,858	15,547	15,768	16,096	16,242	16,567	16,670	3.1
Illinois	136,795	108,119	111,835	116,657	117,507	124,763	123,615	126,817	130,220	135,143	131,680	17.7
Indiana	73,381	60,012	57,012	56,722	57,897	56,008	55,444	57,920	59,887	61,901	63,990	12.2
Iowa	42,635	31,796	33,926	33,789	34,860	34,339	33,547	33,693	34,127	34,573	34,560	1.9
Kansas	29,397	25,367	29,102	29,541	29,963	30,155	30,355	29,818	30,139	30,737	29,580	1.6
Kentucky	41,714	38,005	36,830	36,337	37,654	37,787	38,399	38,449	39,099	39,339	41,670	13.1
Louisiana	46,199	36,053	38,430	37,905	37,610	37,019	36,009	33,275	34,274	34,401	34,230	-10.9
Maine	15,554	13,839	12,211	12,593	12,947	13,278	13,077	12,950	13,151	14,350	14,620	19.7
Maryland	54,050	41,566	47,849	50,881	51,864	52,870	54,170	55,536	57,564	59,171	57,250	19.6
Massachusetts	74,831	55,941 [4]	52,950	55,272	55,987	58,326	59,665	61,272	63,903	65,197	64,010	20.9
Michigan	124,372	93,807	97,679	95,001	100,301	98,823	101,582	102,582	111,838	115,183	115,870	18.6
Minnesota	64,166	49,087	57,372	57,440	59,432	59,096	58,391	58,898	59,497	60,409	59,290	3.3
Mississippi	28,083	25,182	24,232	23,740	23,810	23,735	23,523	23,848	24,186	24,795	25,670	5.9
Missouri	60,359	48,957	52,848	54,487	56,925	57,983	57,841	58,417	60,275	61,717	61,400	16.2
Montana	11,634	9,370	10,903	10,554	10,657	10,500	10,335	10,283	10,122	10,396	10,020	-8.1
Nebraska	21,411	17,664	20,149	19,910	20,161	20,309	19,940	19,764	19,873	20,035	20,310	0.8
Nevada	9,069	9,477	14,551	16,270	16,378	15,201	15,740	16,455	16,455	17,149	18,230	25.3
New Hampshire	11,552	10,766	11,829	12,452	13,210	13,309	13,775	13,988	14,452	14,982	14,110	19.3
New Jersey	93,168	69,824	74,420	77,664	81,391	83,826	86,502	90,049	93,013	94,994	96,110	29.1
New Mexico	17,915	14,884	18,031	18,094	16,923	17,892	17,353	17,822	16,131	18,264	17,690	-1.9
New York	198,465	143,318	141,731	140,139	143,818	142,526 [5]	153,203	161,817	168,333	176,310	170,820	20.5
North Carolina	69,395	64,782	62,140	65,955	69,696	72,126	75,010	76,710	76,031	83,307	80,630	29.8
North Dakota	9,924	7,690	8,606	8,114	8,169	7,888	7,555	7,192	7,159	6,999	6,960	-19.1
Ohio	143,503	114,513	111,668	110,608	115,762	119,029	116,702	117,356	117,658	120,758	122,920	10.1
Oklahoma	38,875	35,606	37,646	36,852	36,694	36,799	36,227	36,497	37,100	37,630	37,630	0.0
Oregon	28,729	25,473	30,151	31,153	32,587	32,958	32,602	32,394	33,446	34,949	35,760	18.6
Pennsylvania	144,645	110,527	113,959	114,943	119,933	123,474	124,758	127,830 [3]	128,603	130,298	122,840	7.8
Rhode Island	10,719	7,825	8,477	9,006	9,318	9,258	9,881	10,108	10,384	10,347	9,960	17.5
South Carolina	38,347	32,483	31,617	31,302	32,482	33,235	33,439	34,970 [3]	35,108	35,140 [6]	37,010	17.1
South Dakota	10,385	7,650	9,278	8,796	8,999	9,001	8,585	8,589	8,346	8,582	8,120	-12.5
Tennessee	50,648	46,094	41,568	40,894	44,113	46,096	47,967	50,880	54,502	57,486	54,360	30.8
Texas	171,665	172,480	212,925	225,167	238,111	244,165	239,717	240,485	241,193	252,121	260,140	22.2
Utah	19,886	21,196	32,501	30,183	29,527	30,252	30,253	29,050	28,276	28,167	34,040	4.7
Vermont	6,424	6,127	6,675	7,083	6,970	7,100	7,152	6,779	7,317	7,392	6,960	4.3
Virginia	67,126	60,605	65,596	66,519	72,943	72,042	73,667	69,597	73,997	77,369	78,390	19.5
Washington	50,046	45,941	57,597	58,311	60,435	61,274	61,094	60,213	62,801	61,625	63,400	10.1
West Virginia	23,580	21,854	19,437	17,128	17,287	17,339	17,137	16,763	17,407	17,489	17,840	-8.2
Wisconsin	67,743	52,038	58,545	60,575	63,272	62,784 [5]	63,229	63,003	63,968	65,183	64,790	10.7
Wyoming	6,161	5,823	6,462	6,106	5,845	5,833	5,616	5,527	5,441	5,494	5,510	-14.7
Bureau of Indian Education	—	—	—	—	—	—	—	—	—	—	—	—
DoD, overseas	—	—	2,642	2,554	2,641	2,766	—	—	—	—	—	—
DoD, domestic	—	—	560	565	590	584	—	—	—	—	—	—
Other jurisdictions												
American Samoa	—	703	698	823	832	852	905	879	954	—	—	—
Guam	—	1,033	1,406	—	1,502	1,346	1,179	—	—	—	—	—
Northern Marianas	—	227	360	416	422	575	614	670	643	—	—	—
Puerto Rico	—	29,049	30,856	30,278	31,408	30,083	29,071	31,896	31,718	30,016	—	—
U.S. Virgin Islands	—	1,260	1,060	883	886	816	940	—	820	820	—	—

—Not available.
[1]U.S. total includes estimates for nonreporting states.
[2]Beginning in 1989–90, graduates from adult programs are excluded.
[3]Data from NCES 2009-062, *Projections of Education Statistics to 2018.*
[4]Projected data from NCES 91-490, *Projections of Education Statistics to 2002.*
[5]Estimated high school graduates from NCES 2006-606rev, *The Averaged Freshman Graduation Rate for Public High Schools From the Common Core of Data: School Years 2002–03 and 2003–04.*
[6]Projected data from NCES 2010-069, *Projections of Education Statistics to 2019.*

NOTE: Data include regular diploma recipients, but exclude students receiving a certificate of attendance and persons receiving high school equivalency certificates. DoD = Department of Defense. Detail may not sum to totals because of rounding.
SOURCE: U.S. Department of Education, National Center for Education Statistics; *Projections of Education Statistics to 2019;* Common Core of Data (CCD), "State Nonfiscal Survey of Public Elementary/Secondary Education," 1981–82 through 2008–09; and *Public School Graduates and Dropouts from the Common Core of Data: School Year 2007–08.* (This table was prepared August 2010.)

Table 112. Averaged freshman graduation rates for public secondary schools, by state or jurisdiction: Selected years, 1990–91 through 2007–08

State or jurisdiction	1990–91	1994–95	1995–96	1996–97	1997–98	1998–99	1999–2000	2000–01	2001–02	2002–03	2003–04	2004–05	2005–06	2006–07	2007–08
1	2	3	4	5	6	7	8	9	10	11	12	13	14	15	16
United States	**73.7**	**71.8**	**71.0**	**71.3**	**71.3**	**71.1**	**71.7**	**71.7**	**72.6**	**73.9**	**74.3** [1]	**74.7**	**73.4** [2]	**73.9**	**74.7** [2]
Alabama	69.8	64.8	62.7	62.4	64.4	61.3	64.1	63.7	62.1	64.7	65.0	65.9	66.2	67.1	69.0
Alaska	74.6	71.2	68.3	67.9	68.9	70.0	66.7	68.0	65.9	68.0	67.2	64.1	66.5	69.0	69.1
Arizona	76.7	65.1	60.8	65.3	65.6	62.3	63.6	74.2	74.7	75.9	66.8	84.7	70.5	69.6	70.7
Arkansas	76.6	72.7	74.2	70.6	73.9	73.7	74.6	73.9	74.8	76.6	76.8	75.7	80.4	74.4	76.4
California	69.6	66.8	67.6	68.8	69.6	71.1	71.7	71.6	72.7	74.1	73.9	74.6	69.2	70.7	71.2
Colorado	76.3	76.0	74.8	74.7	73.9	73.4	74.1	73.2	74.7	76.4	78.7	76.7	75.5	76.6	75.4
Connecticut	80.2	77.2	76.1	76.7	76.9	76.0	81.9	77.5	79.7	80.9	80.7	80.9	80.9	81.8	82.2
Delaware	72.5	68.7	70.4	71.7	74.1	70.4	66.8	71.0	69.5	73.0	72.9	73.0	76.3	71.9	72.1
District of Columbia	54.5	54.6	49.7	54.6	53.9	52.0	54.5	60.2	68.4	59.6	68.2	66.3	65.4 [3]	54.8	56.0
Florida	65.6	63.5	62.3	62.7	62.1	61.4	61.0	61.2	63.4	66.7	66.4	64.6	63.6	65.0	66.9
Georgia	70.3	63.5	61.9	62.0	58.2	57.5	59.7	58.7	61.1	60.8	61.2	61.7	62.4	64.1	65.4
Hawaii	75.9	74.8	74.5	69.1	68.8	67.5	70.9	68.3	72.1	71.3	72.6	75.1	75.5	75.4	76.0
Idaho	79.6	80.2	80.5	80.1	79.7	79.5	79.4	79.6	79.3	81.4	81.5	81.0	80.5	80.4	80.1
Illinois	76.6	74.8	75.2	76.1	76.8	76.0	76.3	75.6	77.1	75.9	80.3	79.4	79.7	79.5	80.4
Indiana	76.9	73.8	73.6	74.0	73.8	74.3	71.8	72.1	73.1	75.5	73.5	73.2	73.3	73.9	74.1
Iowa	84.4	84.5	84.3	84.6	83.9	83.3	83.1	82.8	84.1	85.3	85.8	86.6	86.9	86.5	86.4
Kansas	80.8	78.8	77.1	76.9	76.0	76.7	77.1	76.5	77.1	76.9	77.9	79.2	77.5	78.8	79.0
Kentucky	72.9	73.8	71.3	71.1	70.2	70.0	69.7	69.8	69.8	71.7	73.0	75.9	77.2	76.4	74.4
Louisiana	57.5	62.4	61.7	59.3	61.3	61.1	62.2	63.7	64.4	64.1	69.4	63.9	59.5	61.3	63.5
Maine	80.7	73.6	73.7	75.2	78.5	74.7	75.9	76.4	75.6	76.3	77.6	78.6	76.3	78.5	79.1
Maryland	77.5	78.2	78.3	76.6	76.2	76.6	77.6	78.7	79.7	79.2	79.5	79.3	79.9	80.0	80.4
Massachusetts	79.1	78.1	78.0	78.4	78.3	77.9	78.0	78.9	77.6	75.7	79.3	78.7	79.5	80.8	81.5
Michigan	72.1	71.3	71.4	73.5	74.6	73.9	75.3	75.4	72.9	74.0	72.5	73.0	72.2	77.0	76.3
Minnesota	90.8	87.7	86.1	78.6	85.0	86.0	84.9	83.6	83.9	84.8	84.7	85.9	86.2	86.5	86.4
Mississippi	63.3	62.0	59.7	59.6	59.8	59.2	59.4	59.7	61.2	62.7	62.7	63.3	63.5	63.5	63.9
Missouri	76.0	76.0	75.0	74.7	75.2	75.8	76.3	75.5	76.8	78.3	80.4	80.6	81.0	81.9	82.4
Montana	84.4	86.5	83.9	83.2	82.2	81.3	80.8	80.0	79.8	81.0	80.4	81.5	81.9	81.5	82.0
Nebraska	86.7	86.9	85.6	84.8	85.6	87.3	85.7	83.8	83.9	85.2	87.6	87.8	87.0	86.3	83.8
Nevada	77.0	65.8	65.8	73.2	70.6	71.0	69.7	70.0	71.9	72.3	57.4	55.8	55.8	52.0	51.3
New Hampshire	78.6	78.4	77.5	77.3	76.7	75.3	76.1	77.8	77.8	78.2	78.7	80.1	81.1	81.7	83.3
New Jersey	81.4	82.1	82.8	83.9	76.3	77.5	83.6	85.4	85.8	87.0	86.3	85.1	84.8	84.4	84.6
New Mexico	70.1	64.4	63.7	62.5	61.6	63.3	64.7	65.9	67.4	63.1	67.0	65.4	67.3	59.1	66.8
New York	66.1	63.7	63.6	65.3	63.4	62.5	61.8	61.5	60.5	60.9	60.9 [4]	65.3	67.4	68.9	70.9
North Carolina	71.3	69.1	66.5	65.5	65.6	65.4	65.8	66.5	68.2	70.1	71.4	72.6	71.8	68.6	72.8
North Dakota	87.6	87.5	89.5	87.8	86.7	85.6	86.0	85.4	85.0	86.4	86.1	86.3	82.2	83.1	83.8
Ohio	77.5	79.9	74.5	76.4	77.0	75.0	75.2	76.5	77.5	79.0	81.3	80.2	79.2	78.7	79.0
Oklahoma	76.5	77.4	75.6	74.8	75.1	76.4	75.8	75.8	76.0	76.0	77.0	76.9	77.8	77.8	78.0
Oregon	72.7	71.2	68.3	69.1	69.0	68.2	69.6	68.3	71.0	73.7	74.2	74.2	73.0	73.8	76.7
Pennsylvania	79.7	80.1	80.0	79.8	79.4	79.1	78.7	79.0	80.2	81.7	82.2	82.5	83.5 [3]	83.0	82.7
Rhode Island	75.0	74.3	72.7	72.9	72.5	72.2	72.8	73.5	75.7	77.7	75.9	78.4	77.8	78.4	76.4
South Carolina	66.6	61.6	60.9	59.6	59.3	59.1	58.6	56.5	57.9	59.7	60.6	60.1	61.0 [3]	58.9	61.9 [5]
South Dakota	83.8	86.9	84.5	84.2	77.7	74.2	77.6	77.4	79.0	83.0	83.7	82.3	84.5	82.5	84.4
Tennessee	69.8	66.7	66.6	61.6	58.4	58.5	59.5	59.0	59.6	63.4	66.1	68.5	70.7	72.6	74.9
Texas	72.2	66.8	66.1	67.0	69.4	69.2	71.0	70.8	73.5	75.5	76.7	74.0	72.5	71.9	73.1
Utah	77.5	77.7	76.9	81.1	80.7	81.6	82.5	81.6	80.5	80.2	83.0	84.4	78.6	76.6	74.3
Vermont	79.5	88.9	85.3	83.6	83.9	81.9	81.0	80.2	82.0	83.6	85.4	86.5	82.3	88.5	89.3
Virginia	76.2	75.0	76.2	76.6	76.6	76.3	76.9	77.5	76.7	80.6	79.3	79.6	74.5	75.5	77.0
Washington	75.7	76.4	75.5	74.0	73.3	73.2	73.7	69.2	72.2	74.2	74.6	75.0	72.9	74.8	71.9
West Virginia	76.6	75.7	77.0	76.7	77.4	77.9	76.7	75.9	74.2	75.7	76.9	77.3	76.9	78.2	77.3
Wisconsin	85.2	84.0	83.6	83.7	83.1	82.6	82.7	83.3	84.8	85.8	85.8 [4]	86.7	87.5	88.5	89.6
Wyoming	81.1	78.8	77.7	78.4	77.1	76.6	76.3	73.4	74.4	73.9	76.0	76.7	76.1	75.8	76.0
Other jurisdictions															
American Samoa	85.3	78.7	79.7	79.7	76.6	80.4	71.9	77.0	82.9	81.0	80.2	81.1	81.0	84.6	—
Guam	48.2	45.2	44.6	45.4	39.5	54.7	52.9	51.7	—	56.3	48.4	—	—	—	—
Northern Marianas	—	63.5	63.3	68.9	63.4	63.5	61.1	62.7	65.2	65.2	75.3	75.4	80.3	73.6	—
Puerto Rico	60.9	60.4	60.8	61.5	61.9	63.6	64.7	65.7	66.2	67.8	64.8	61.7	68.6	66.7	63.1
U.S. Virgin Islands	53.2	59.7	54.2	62.0	58.6	58.6	53.8	57.3	48.7	53.5	—	—	—	57.8	57.8

—Not available.
[1]Includes estimates for New York and Wisconsin. Without estimates for these two states, the averaged freshman graduation rate for the remaining 48 states and the District of Columbia is 75.0 percent.
[2]U.S. total includes estimates for nonreporting states.
[3]Projected high school graduates from NCES 2008-078, *Projections of Education Statistics to 2017.*
[4]Estimated high school graduates from NCES 2006-606rev, *The Averaged Freshman Graduation Rate for Public High Schools From the Common Core of Data: School Years 2002–03 and 2003–04.*
[5]Projected high school graduates from NCES 2010-069, *Projections of Education Statistics to 2019.*

NOTE: The averaged freshman graduation rate provides an estimate of the percentage of students who receive a regular diploma within 4 years of entering ninth grade. The rate uses aggregate student enrollment data to estimate the size of an incoming freshman class and aggregate counts of the number of diplomas awarded 4 years later. Averaged freshman graduation rates in this table are based on reported totals of enrollment by grade and high school graduates, rather than on details reported by race/ethnicity. Some data have been revised from previously published figures.
SOURCE: U.S. Department of Education, National Center for Education Statistics, Common Core of Data (CCD), "State Nonfiscal Survey of Public Elementary/Secondary Education," 1986–87 through 2008–09; *The Averaged Freshman Graduation Rate for Public High Schools From the Common Core of Data: School Years 2002–03 and 2003–04;* and *Projections of Education Statistics to 2017.* (This table was prepared August 2010.)

Table 113. Public high school graduates and dropouts, by race/ethnicity and state or jurisdiction: 2007–08

State or other jurisdiction	High school graduates, by race/ethnicity, 2007–08[1]						Event dropout rates (percent of 9th- to 12th-graders who dropped out) during 2007–08, by race/ethnicity					
	Total	White	Black	Hispanic	Asian/ Pacific Islander	American Indian/ Alaska Native	Total	White	Black	Hispanic	Asian/ Pacific Islander	American Indian/ Alaska Native
1	2	3	4	5	6	7	8	9	10	11	12	13
United States[2]	**2,974,336**	**1,902,000**	**432,241**	**448,555**	**159,394**	**32,146**	**4.1**	**2.8**	**6.7**	**6.0**	**2.4**	**7.3**
Alabama	41,313	26,375	13,343	684	474	437	2.2	2.1	2.2	2.2	1.1	1.8
Alaska	7,491	4,742	262	389	575	1,523	7.3	5.1	9.6	7.5	6.9	12.2
Arizona	61,667	32,490	3,398	20,276	1,878	3,625	6.7	5.6	7.1	7.3	3.8	11.4
Arkansas	28,725	20,474	6,132	1,421	513	185	4.7	4.0	6.7	5.1	2.8	4.9
California	366,503	141,011	25,911	142,491	54,019	3,071	5.0	3.1	9.0	6.0	2.3	6.6
Colorado	46,082	33,075	2,498	8,454	1,617	438	6.4	3.9	10.6	12.1	3.8	11.3
Connecticut	38,419	27,782	4,775	4,451	1,307	104	2.8	1.6	5.6	6.1	1.5	2.5
Delaware	7,388	—	—	—	—	—	6.0	4.9	7.7	8.2	—	9.4
District of Columbia	3,353	144	2,871	277	58	3	5.5	—	—	—	—	—
Florida	146,254	79,596	30,239	31,721	4,255	443	3.3	2.1	4.7	3.7	1.1	2.5
Georgia	82,033	45,701	29,010	4,309	2,868	145	4.3	3.6	4.6	4.8	1.3	3.6
Hawaii	11,613	2,157	217	468	8,718	53	5.4	5.9	7.3	6.7	5.1	7.2
Idaho	16,567	14,321	133	1,632	279	202	2.0	1.8	1.9	3.5	1.2	2.3
Illinois	133,554	87,097	21,728	18,411	6,000	318	5.2	2.2	9.1	7.3	1.7	3.8
Indiana	60,792	51,810	5,564	2,433	844	141	1.7	1.6	2.8	2.4	0.7	3.6
Iowa	34,573	31,250	1,266	1,267	631	159	2.9	2.5	6.2	6.1	2.6	9.1
Kansas	30,132	24,349	2,217	2,474	710	382	2.5	2.1	3.6	3.9	1.5	3.9
Kentucky	38,982	34,185	3,769	585	390	53	2.8	2.4	4.8	4.6	1.6	2.5
Louisiana	34,401	19,616	13,253	672	622	238	7.5	4.8	10.9	7.8	3.4	7.2
Maine	14,350	13,629	285	129	234	73	4.4	4.3	5.4	7.0	3.7	5.8
Maryland	59,171	31,429	20,602	3,555	3,392	193	3.6	—	—	—	—	—
Massachusetts	64,337	49,566	5,161	6,377	3,072	161	3.4	2.3	5.9	8.3	2.1	7.5
Michigan	114,657	88,225	19,158	3,500	2,807	967	6.2	4.3	12.6	10.3	3.6	8.3
Minnesota	60,409	50,762	3,678	1,788	3,351	830	2.8	1.8	7.1	7.5	3.1	11.6
Mississippi	24,795	12,544	11,660	271	280	40	4.6	3.6	5.6	3.9	2.0	3.0
Missouri	61,717	49,744	9,178	1,498	1,024	273	4.9	3.2	12.9	7.2	2.7	3.7
Montana	10,396	9,115	53	191	133	904	5.2	4.4	6.3	6.5	4.1	11.7
Nebraska	20,035	16,969	1,049	1,434	355	228	2.5	1.8	6.0	4.8	1.4	7.6
Nevada	17,149	10,150	1,449	3,620	1,678	252	5.1	3.9	6.3	6.7	3.4	4.9
New Hampshire	14,982	14,174	320	201	257	30	3.0	2.9	9.6	3.1	1.4	8.3
New Jersey	94,799	57,702	14,776	14,593	7,501	227	1.7	1.0	2.8	3.1	0.5	2.7
New Mexico	18,264	6,583	467	8,740	297	2,177	5.2	3.5	5.9	5.3	3.2	9.2
New York	176,050	106,219	28,814	26,698	13,720	599	3.9	2.4	6.2	6.1	2.4	5.7
North Carolina	81,766	51,582	23,002	4,228	1,944	1,010	5.2	4.4	6.2	7.6	2.0	7.7
North Dakota	6,999	6,410	98	79	55	357	2.4	1.8	3.9	4.4	4.5	7.3
Ohio	118,847	99,936	14,956	2,046	1,749	160	4.3	2.9	10.1	8.5	1.8	8.2
Oklahoma	37,630	23,591	3,926	2,476	867	6,770	3.1	2.8	3.5	5.2	2.3	3.3
Oregon	34,061	26,846	830	3,849	1,811	725	3.8	3.1	7.9	6.7	2.7	6.1
Pennsylvania	130,029	104,355	16,111	5,978	3,439	146	2.6	1.7	5.7	6.9	1.6	4.1
Rhode Island	10,347	7,474	890	1,605	314	64	5.3	4.3	7.8	8.2	4.8	10.3
South Carolina	35,140[3]	—	—	—	—	—	3.9	3.5	4.3	5.3	1.8	—
South Dakota	8,587	7,707	129	125	111	515	2.3	1.4	2.4	4.0	2.0	9.9
Tennessee	57,485	41,700	13,207	1,567	906	105	3.9	2.5	7.7	5.3	2.1	4.7
Texas	252,121	112,983	33,873	94,571	9,750	944	4.0	1.8	6.3	5.3	1.3	3.2
Utah	28,091	24,549	229	2,063	868	382	4.2	3.4	6.6	8.0	3.9	7.5
Vermont	6,719	6,408	93	72	99	47	—	—	—	—	—	—
Virginia	76,398	49,155	17,960	4,394	4,689	200	2.7	1.9	4.0	5.4	1.3	3.8
Washington	60,997	45,905	2,699	5,678	5,496	1,219	5.7	5.0	8.9	8.0	4.0	11.3
West Virginia	17,489	16,489	724	115	147	14	4.4	4.4	5.0	3.8	1.3	6.5
Wisconsin	65,183	54,288	4,827	2,840	2,428	800	2.3	1.4	7.8	5.4	2.0	5.8
Wyoming	5,494	4,891	55	381	67	100	5.0	4.5	8.1	8.0	2.0	11.0
Bureau of Indian Education	—	—	—	—	—	—	—	—	—	—	—	—
DoD, overseas	—	—	—	—	—	—	—	—	—	—	—	—
DoD, domestic	—	—	—	—	—	—	—	—	—	—	—	—
Other jurisdictions												
American Samoa	—	—	—	—	—	—	—	—	—	—	—	—
Guam	—	—	—	—	—	—	—	—	—	—	—	—
Northern Marianas	—	—	—	—	—	—	—	—	—	—	—	—
Puerto Rico	30,016	0	0	30,016	0	0	—	—	—	—	—	—
U.S. Virgin Islands	820	7	720	88	1	4	7.8	8.3	7.8	8.5	—	—

—Not available.
[1]Data differ slightly from figures reported in other tables due to varying reporting practices for racial/ethnic survey data.
[2]High school graduate counts include estimates for nonreporting states, based on 2007 12th-grade enrollment racial/ethnic distribution reported by state. Event dropout rate totals are totals for reporting states only.
[3]Projected data from NCES 2010-069, *Projections of Education Statistics to 2019*.

NOTE: Includes only graduates for whom race/ethnicity was reported. Race categories exclude persons of Hispanic ethnicity. Event dropout rates measure the percentage of public school students in grades 9 through 12 who dropped out of school between one October and the next. DoD = Department of Defense.
SOURCE: U.S. Department of Education, National Center for Education Statistics, Common Core of Data (CCD), "State Nonfiscal Survey of Public Elementary/Secondary Education," 2007–08 and 2008–09, and "NCES Common Core of Data State Dropout and Completion Data File," 2007–08; and unpublished tabulations. (This table was prepared September 2010.)

Table 114. General Educational Development (GED) test takers and test passers, by age: 1971 through 2009

Year	Number of test takers (in thousands)			Percentage distribution of test passers, by age[1]				
	Total[2]	Completing test battery[3]	Passing tests[4]	16 to 18 years old	19 to 24 years old	25 to 29 years old	30 to 34 years old	35 years old or over
1	2	3	4	5	6	7	8	9
1971[5]	377	—	227	—	—	—	—	—
1972[5]	419	—	245	—	—	—	—	—
1973[5]	423	—	249	—	—	—	—	—
1974	—	—	294	35 [6]	27 [6]	13	9	17
1975	—	—	340	33 [6]	26 [6]	14	9	18
1976	—	—	333	31 [6]	28 [6]	14	10	17
1977	—	—	330	40 [6]	24 [6]	13	8	14
1978	—	—	381	31 [6]	27 [6]	13	10	18
1979	—	—	426	37 [6]	28 [6]	12	13	11
1980	—	—	479	37 [6]	27 [6]	13	8	15
1981	—	—	489	37 [6]	27 [6]	13	8	14
1982	—	—	486	37 [6]	28 [6]	13	8	15
1983	—	—	465	34 [6]	29 [6]	14	8	15
1984	—	—	427	32 [6]	28 [6]	15	9	16
1985	—	—	413	32 [6]	26 [6]	15	10	16
1986	—	—	428	32 [6]	26 [6]	15	10	17
1987	—	—	444	33 [6]	24 [6]	15	10	18
1988	—	—	410	35 [6]	22 [6]	14	10	18
1989	632	541	357	22	37	13	—	—
1990	714	615	410	22	39	13	10	15
1991	755	657	462	20	40	13	10	16
1992	739	639	457	22	39	13	9	17
1993	746	651	469	22	38	13	10	16
1994	774	668	491	25	37	13	9	15
1995	787	682	504	27	36	13	9	15
1996	824	716	488	27	37	13	9	14
1997	785	681	460	31	36	12	8	13
1998	776	673	481	32	36	11	7	13
1999	808	702	498	32	37	11	7	13
2000	811	699	487	33	37	11	7	13
2001[7]	1,016	928	648	29	38	11	8	14
2002[7]	557	467	330	38	36	10	6	11
2003	657	552	387	35	37	10	7	11
2004	666	570	406	35	38	11	6	10
2005	681	588	424	34	37	12	7	11
2006	676	580	398	35	36	12	6	11
2007	692	600	429	35	35	12	7	11
2008	737	642	469	34	35	13	7	11
2009	748	645	448	31	36	13	8	12

—Not available.
[1]People who did not report their age were excluded from this calculation. Age data for 1988 and prior years are for all test takers and may not be comparable to data for later years.
[2]All people taking the GED tests (one or more subtests).
[3]People completing the entire GED battery of five tests.
[4]Data for 2002 and later years are for people passing the GED tests (i.e., earning both a passing total score on the test battery and a passing score on each individual test). Data for 2001 and prior years are for high school equivalency credentials issued by the states to GED test passers. In order to receive high school equivalency credentials in some states, GED test passers must meet additional state requirements (e.g., complete an approved course in civics or government).
[5]Includes other jurisdictions, such as Puerto Rico, Guam, and American Samoa.
[6]For 1988 and prior years, 19-year-olds are included with the 16- to 18-year-olds instead of the 19- to 24-year-olds.
[7]A revised GED test was introduced in 2002. In 2001, test takers were required to successfully complete all five components of the GED or else begin the five-part series again with the new test that was introduced in 2002.
NOTE: Data are for the United States only and exclude other jurisdictions, except where noted. Detail may not sum to totals because of rounding. Some data have been revised from previously published figures.
SOURCE: American Council on Education, General Educational Development Testing Service, the GED annual Statistical Report, 1971 through 1992; *Who Took the GED?* 1993 through 2001; *Who Passed the GED Tests?* 2002 through 2005; and *GED Testing Program Statistical Report,* 2006 through 2009. Retrieved August 11, 2010, from http://www.acenet.edu/Content/NavigationMenu/ged/pubs/2009ASR.pdf. (This table was prepared August 2010.)

Table 115. Percentage of high school dropouts among persons 16 through 24 years old (status dropout rate), by sex and race/ethnicity: Selected years, 1960 through 2009

Year	Total status dropout rate				Male status dropout rate				Female status dropout rate			
	All races[1]	White	Black	Hispanic	All races[1]	White	Black	Hispanic	All races[1]	White	Black	Hispanic
1	2	3	4	5	6	7	8	9	10	11	12	13
1960[2]	27.2 (—)	— (†)	— (†)	— (†)	27.8 (—)	— (†)	— (†)	— (†)	26.7 (—)	— (†)	— (†)	— (†)
1967[3]	17.0 (—)	15.4 (—)	28.6 (—)	— (†)	16.5 (—)	14.7 (—)	30.6 (—)	— (†)	17.3 (—)	16.1 (—)	26.9 (—)	— (†)
1968[3]	16.2 (—)	14.7 (—)	27.4 (—)	— (†)	15.8 (—)	14.4 (—)	27.1 (—)	— (†)	16.5 (—)	15.0 (—)	27.6 (—)	— (†)
1969[3]	15.2 (—)	13.6 (—)	26.7 (—)	— (†)	14.3 (—)	12.6 (—)	26.9 (—)	— (†)	16.0 (—)	14.6 (—)	26.7 (—)	— (†)
1970[3]	15.0 (0.29)	13.2 (0.30)	27.9 (1.22)	— (†)	14.2 (0.42)	12.2 (0.42)	29.4 (1.82)	— (†)	15.7 (0.41)	14.1 (0.42)	26.6 (1.65)	— (†)
1971[3]	14.7 (0.28)	13.4 (0.29)	24.0 (1.14)	— (†)	14.2 (0.41)	12.6 (0.41)	25.5 (1.70)	— (†)	15.2 (0.40)	14.2 (0.42)	22.6 (1.54)	— (†)
1972	14.6 (0.28)	12.3 (0.29)	21.3 (1.07)	34.3 (2.22)	14.1 (0.40)	11.6 (0.40)	22.3 (1.59)	33.7 (3.23)	15.1 (0.39)	12.8 (0.41)	20.5 (1.44)	34.8 (3.05)
1973	14.1 (0.27)	11.6 (0.28)	22.2 (1.06)	33.5 (2.24)	13.7 (0.38)	11.5 (0.39)	21.5 (1.53)	30.4 (3.16)	14.5 (0.38)	11.8 (0.39)	22.8 (1.47)	36.4 (3.16)
1974	14.3 (0.27)	11.9 (0.28)	21.2 (1.05)	33.0 (2.08)	14.2 (0.39)	12.0 (0.40)	20.1 (1.51)	33.8 (2.99)	14.3 (0.38)	11.8 (0.39)	22.1 (1.45)	32.2 (2.90)
1975	13.9 (0.27)	11.4 (0.27)	22.9 (1.06)	29.2 (2.02)	13.3 (0.37)	11.0 (0.38)	23.0 (1.56)	26.7 (2.84)	14.5 (0.38)	11.8 (0.39)	22.9 (1.44)	31.6 (2.86)
1976	14.1 (0.27)	12.0 (0.28)	20.5 (1.00)	31.4 (2.01)	14.1 (0.38)	12.1 (0.39)	21.2 (1.49)	30.3 (2.94)	14.2 (0.37)	11.8 (0.39)	19.9 (1.35)	32.3 (2.76)
1977	14.1 (0.27)	11.9 (0.28)	19.8 (0.99)	33.0 (2.02)	14.5 (0.38)	12.6 (0.40)	19.5 (1.45)	31.6 (2.89)	13.8 (0.37)	11.2 (0.38)	20.0 (1.36)	34.3 (2.83)
1978	14.2 (0.27)	11.9 (0.28)	20.2 (1.00)	33.3 (2.00)	14.6 (0.38)	12.2 (0.40)	22.5 (1.52)	33.6 (2.88)	13.9 (0.37)	11.6 (0.39)	18.3 (1.31)	33.1 (2.78)
1979	14.6 (0.27)	12.0 (0.28)	21.1 (1.01)	33.8 (1.98)	15.0 (0.39)	12.6 (0.40)	22.4 (1.52)	33.0 (2.83)	14.2 (0.37)	11.5 (0.38)	20.0 (1.35)	34.5 (2.77)
1980	14.1 (0.26)	11.4 (0.27)	19.1 (0.97)	35.2 (1.89)	15.1 (0.39)	12.3 (0.40)	20.8 (1.47)	37.2 (2.72)	13.1 (0.36)	10.5 (0.37)	17.7 (1.28)	33.2 (2.61)
1981	13.9 (0.26)	11.3 (0.27)	18.4 (0.93)	33.2 (1.80)	15.1 (0.38)	12.5 (0.40)	19.9 (1.40)	36.0 (2.61)	12.8 (0.35)	10.2 (0.36)	17.1 (1.24)	30.4 (2.48)
1982	13.9 (0.27)	11.4 (0.29)	18.4 (0.97)	31.7 (1.93)	14.5 (0.40)	12.0 (0.42)	21.2 (1.50)	30.5 (2.73)	13.3 (0.38)	10.8 (0.40)	15.9 (1.26)	32.8 (2.71)
1983	13.7 (0.27)	11.1 (0.29)	18.0 (0.97)	31.6 (1.93)	14.9 (0.41)	12.2 (0.43)	19.9 (1.46)	34.3 (2.84)	12.5 (0.37)	10.1 (0.39)	16.2 (1.28)	29.1 (2.61)
1984	13.1 (0.27)	11.0 (0.29)	15.5 (0.91)	29.8 (1.91)	14.0 (0.40)	11.9 (0.43)	16.8 (1.37)	30.6 (2.78)	12.3 (0.37)	10.1 (0.39)	14.3 (1.22)	29.0 (2.63)
1985	12.6 (0.27)	10.4 (0.29)	15.2 (0.92)	27.6 (1.93)	13.4 (0.40)	11.1 (0.42)	16.1 (1.37)	29.9 (2.76)	11.8 (0.37)	9.8 (0.39)	14.3 (1.23)	25.2 (2.68)
1986	12.2 (0.27)	9.7 (0.28)	14.2 (0.90)	30.1 (1.88)	13.1 (0.40)	10.3 (0.42)	15.0 (1.33)	32.8 (2.66)	11.4 (0.37)	9.1 (0.39)	13.5 (1.21)	27.2 (2.63)
1987	12.6 (0.28)	10.4 (0.30)	14.1 (0.90)	28.6 (1.84)	13.2 (0.40)	10.8 (0.43)	15.0 (1.35)	29.1 (2.57)	12.1 (0.38)	10.0 (0.41)	13.3 (1.21)	28.1 (2.64)
1988	12.9 (0.30)	9.6 (0.31)	14.5 (1.00)	35.8 (2.30)	13.5 (0.44)	10.3 (0.46)	15.0 (1.48)	36.0 (3.19)	12.2 (0.42)	8.9 (0.43)	14.0 (1.36)	35.4 (3.31)
1989	12.6 (0.31)	9.4 (0.32)	13.9 (0.98)	33.0 (2.19)	13.6 (0.45)	10.3 (0.47)	14.9 (1.46)	34.4 (3.08)	11.7 (0.42)	8.5 (0.43)	13.0 (1.32)	31.6 (3.11)
1990	12.1 (0.29)	9.0 (0.30)	13.2 (0.94)	32.4 (1.91)	12.3 (0.42)	9.3 (0.44)	11.9 (1.30)	34.3 (2.71)	11.8 (0.41)	8.7 (0.42)	14.4 (1.34)	30.3 (2.70)
1991	12.5 (0.30)	8.9 (0.31)	13.6 (0.95)	35.3 (1.93)	13.0 (0.43)	8.9 (0.44)	13.5 (1.37)	39.2 (2.74)	11.9 (0.41)	8.9 (0.43)	13.7 (1.31)	31.1 (2.70)
1992[4]	11.0 (0.28)	7.7 (0.29)	13.7 (0.95)	29.4 (1.86)	11.3 (0.41)	8.0 (0.42)	12.5 (1.32)	32.1 (2.67)	10.7 (0.39)	7.4 (0.40)	14.8 (1.36)	26.6 (2.56)
1993[4]	11.0 (0.28)	7.9 (0.29)	13.6 (0.94)	27.5 (1.79)	11.2 (0.40)	8.2 (0.42)	12.6 (1.32)	28.1 (2.54)	10.9 (0.40)	7.6 (0.41)	14.4 (1.34)	26.9 (2.52)
1994[4]	11.4 (0.26)	7.7 (0.27)	12.6 (0.75)	30.0 (1.16)	12.3 (0.38)	8.0 (0.38)	14.1 (1.14)	31.6 (1.60)	10.6 (0.36)	7.5 (0.37)	11.3 (0.99)	28.1 (1.66)
1995[4]	12.0 (0.27)	8.6 (0.28)	12.1 (0.74)	30.0 (1.15)	12.2 (0.38)	9.0 (0.40)	11.1 (1.05)	30.0 (1.59)	11.7 (0.37)	8.2 (0.39)	12.9 (1.05)	30.0 (1.66)
1996[4]	11.1 (0.27)	7.3 (0.27)	13.0 (0.80)	29.4 (1.19)	11.4 (0.38)	7.3 (0.38)	13.5 (1.18)	30.3 (1.67)	10.9 (0.38)	7.3 (0.39)	12.5 (1.08)	28.3 (1.69)
1997[4]	11.0 (0.27)	7.6 (0.28)	13.4 (0.80)	25.3 (1.11)	11.9 (0.39)	8.5 (0.41)	13.3 (1.16)	27.0 (1.55)	10.1 (0.36)	6.7 (0.37)	13.5 (1.11)	23.4 (1.59)
1998[4]	11.8 (0.27)	7.7 (0.28)	13.8 (0.81)	29.5 (1.12)	13.3 (0.40)	8.6 (0.41)	15.5 (1.24)	33.5 (1.59)	10.3 (0.36)	6.9 (0.37)	12.2 (1.05)	25.0 (1.56)
1999[4]	11.2 (0.26)	7.3 (0.27)	12.6 (0.77)	28.6 (1.11)	11.9 (0.38)	7.7 (0.39)	12.1 (1.10)	31.0 (1.58)	10.5 (0.36)	6.9 (0.37)	13.0 (1.08)	26.0 (1.54)
2000[4]	10.9 (0.26)	6.9 (0.26)	13.1 (0.78)	27.8 (1.08)	12.0 (0.38)	7.0 (0.37)	15.3 (1.20)	31.8 (1.56)	9.9 (0.35)	6.9 (0.37)	11.1 (1.00)	23.5 (1.48)
2001[4]	10.7 (0.25)	7.3 (0.26)	10.9 (0.71)	27.0 (1.06)	12.2 (0.38)	7.9 (0.39)	13.0 (1.12)	31.6 (1.55)	9.3 (0.34)	6.7 (0.36)	9.0 (0.90)	22.1 (1.42)
2002[4]	10.5 (0.24)	6.5 (0.24)	11.3 (0.70)	25.7 (0.93)	11.8 (0.35)	6.7 (0.35)	12.8 (1.07)	29.6 (1.32)	9.2 (0.32)	6.3 (0.34)	9.9 (0.91)	21.2 (1.27)
2003[4,5]	9.9 (0.23)	6.3 (0.24)	10.9 (0.69)	23.5 (0.90)	11.3 (0.34)	7.1 (0.35)	12.5 (1.05)	26.7 (1.29)	8.4 (0.30)	5.6 (0.32)	9.5 (0.89)	20.1 (1.23)
2004[4,5]	10.3 (0.23)	6.8 (0.24)	11.8 (0.70)	23.8 (0.89)	11.6 (0.34)	7.1 (0.35)	13.5 (1.08)	28.5 (1.30)	9.0 (0.31)	6.4 (0.34)	10.2 (0.92)	18.5 (1.18)
2005[4,5]	9.4 (0.22)	6.0 (0.23)	10.4 (0.66)	22.4 (0.87)	10.8 (0.33)	6.6 (0.34)	12.0 (1.02)	26.4 (1.26)	8.0 (0.29)	5.3 (0.31)	9.0 (0.86)	18.1 (1.16)
2006[4,5]	9.3 (0.22)	5.8 (0.23)	10.7 (0.66)	22.1 (0.86)	10.3 (0.33)	6.4 (0.33)	9.7 (0.91)	25.7 (1.25)	8.3 (0.30)	5.3 (0.31)	11.7 (0.96)	18.1 (1.15)
2007[4,5]	8.7 (0.21)	5.3 (0.22)	8.4 (0.59)	21.4 (0.83)	9.8 (0.32)	6.0 (0.32)	8.0 (0.82)	24.7 (1.22)	7.7 (0.29)	4.5 (0.28)	8.8 (0.84)	18.0 (1.13)
2008[4,5]	8.0 (0.20)	4.8 (0.21)	9.9 (0.63)	18.3 (0.78)	8.5 (0.30)	5.4 (0.30)	8.7 (0.85)	19.9 (1.12)	7.5 (0.28)	4.2 (0.28)	11.1 (0.93)	16.7 (1.08)
2009[4,5]	8.1 (0.20)	5.2 (0.21)	9.3 (0.61)	17.6 (0.76)	9.1 (0.31)	6.3 (0.33)	10.6 (0.93)	19.0 (1.10)	7.0 (0.27)	4.1 (0.27)	8.1 (0.80)	16.1 (1.06)

—Not available.
†Not applicable.
[1]Includes other racial/ethnic categories not separately shown.
[2]Based on the April 1960 decennial census.
[3]White and Black include persons of Hispanic ethnicity.
[4]Because of changes in data collection procedures, data may not be comparable with figures for years prior to 1992.
[5]White and Black exclude persons identifying themselves as two or more races.

NOTE: "Status" dropouts are 16- to 24-year-olds who are not enrolled in school and who have not completed a high school program, regardless of when they left school. People who have received GED credentials are counted as high school completers. All data except for 1960 are based on October counts. Data are based on sample surveys of the civilian noninstitutionalized population, which excludes persons in prisons, persons in the military, and other persons not living in households. Race categories exclude persons of Hispanic ethnicity except where otherwise noted. Standard errors appear in parentheses.
SOURCE: U.S. Department of Commerce, Census Bureau, Current Population Survey (CPS), October 1967 through October 2009. (This table was prepared August 2010.)

Table 116. Percentage of high school dropouts among persons 16 through 24 years old (status dropout rate), by income level, and percentage distribution of status dropouts, by labor force status and educational attainment: 1970 through 2009

Year	Status dropout rate	Status dropout rate, by family income quartile				Percentage distribution of status dropouts, by labor force status				Percentage distribution of status dropouts, by years of school completed				
		Lowest quartile	Middle low quartile	Middle high quartile	Highest quartile	Total	Employed[1]	Unemployed	Not in labor force	Total	Less than 9 years	9 years	10 years	11 or 12 years
1	2	3	4	5	6	7	8	9	10	11	12	13	14	15
1970	15.0 (0.29)	28.0 (0.92)	21.2 (0.65)	11.7 (0.50)	5.2 (0.34)	100.0 (†)	49.8 (1.06)	10.3 (0.65)	39.9 (1.04)	100.0 (†)	28.5 (0.96)	20.6 (0.86)	26.8 (0.94)	24.0 (0.91)
1971	14.7 (0.28)	28.8 (0.90)	20.7 (0.63)	10.9 (0.49)	5.1 (0.32)	100.0 (†)	49.5 (1.05)	10.9 (0.65)	39.6 (1.02)	100.0 (†)	27.9 (0.94)	21.7 (0.86)	27.8 (0.94)	22.7 (0.88)
1972	14.6 (0.28)	27.6 (0.85)	20.8 (0.62)	10.2 (0.46)	5.4 (0.33)	100.0 (†)	51.2 (1.03)	10.2 (0.63)	38.6 (1.01)	100.0 (†)	27.5 (0.92)	20.8 (0.84)	29.0 (0.94)	22.7 (0.87)
1973	14.1 (0.27)	28.0 (0.85)	19.6 (0.60)	9.9 (0.45)	4.9 (0.31)	100.0 (†)	53.2 (1.04)	9.2 (0.60)	37.5 (1.01)	100.0 (†)	26.5 (0.92)	20.9 (0.84)	27.4 (0.93)	25.3 (0.90)
1974	14.3 (0.27)	— (†)	— (†)	— (†)	— (†)	100.0 (†)	51.8 (1.02)	12.3 (0.67)	35.9 (0.98)	100.0 (†)	25.4 (0.89)	20.1 (0.82)	28.7 (0.93)	25.8 (0.90)
1975	13.9 (0.27)	28.8 (0.82)	18.0 (0.58)	10.2 (0.45)	5.0 (0.30)	100.0 (†)	46.0 (1.02)	15.6 (0.74)	38.4 (1.00)	100.0 (†)	23.5 (0.87)	21.1 (0.84)	27.5 (0.92)	27.9 (0.92)
1976	14.1 (0.27)	28.1 (0.79)	19.2 (0.60)	10.1 (0.45)	4.9 (0.29)	100.0 (†)	48.8 (1.01)	16.0 (0.74)	35.2 (0.97)	100.0 (†)	24.3 (0.87)	20.1 (0.81)	27.8 (0.91)	27.8 (0.91)
1977	14.1 (0.27)	28.5 (0.80)	19.0 (0.60)	10.4 (0.46)	4.5 (0.29)	100.0 (†)	52.9 (1.02)	13.6 (0.70)	33.6 (0.96)	100.0 (†)	24.3 (0.87)	21.7 (0.84)	27.3 (0.91)	26.6 (0.90)
1978	14.2 (0.27)	28.2 (0.80)	18.9 (0.60)	10.5 (0.46)	5.5 (0.31)	100.0 (†)	54.3 (1.01)	12.4 (0.67)	33.3 (0.95)	100.0 (†)	22.9 (0.85)	20.2 (0.81)	28.2 (0.91)	28.8 (0.91)
1979	14.6 (0.27)	28.1 (0.79)	18.5 (0.60)	11.5 (0.47)	5.6 (0.32)	100.0 (†)	54.0 (0.99)	12.7 (0.66)	33.3 (0.94)	100.0 (†)	22.6 (0.83)	21.0 (0.81)	28.6 (0.90)	27.8 (0.89)
1980	14.1 (0.26)	27.0 (0.77)	18.1 (0.60)	10.7 (0.46)	5.7 (0.32)	100.0 (†)	50.4 (1.01)	17.0 (0.76)	32.6 (0.95)	100.0 (†)	23.6 (0.86)	19.7 (0.80)	29.8 (0.93)	27.0 (0.90)
1981	13.9 (0.26)	26.4 (0.75)	17.8 (0.57)	11.1 (0.47)	5.2 (0.30)	100.0 (†)	49.8 (1.01)	18.3 (0.78)	31.9 (0.94)	100.0 (†)	24.3 (0.86)	18.6 (0.78)	30.2 (0.92)	26.9 (0.89)
1982	13.9 (0.27)	27.2 (0.78)	18.3 (0.63)	10.2 (0.48)	4.4 (0.29)	100.0 (†)	45.2 (1.06)	21.1 (0.87)	33.7 (1.01)	100.0 (†)	22.9 (0.90)	20.8 (0.87)	28.8 (0.96)	27.6 (0.95)
1983	13.7 (0.27)	26.5 (0.77)	17.8 (0.62)	10.5 (0.50)	4.1 (0.29)	100.0 (†)	48.4 (1.08)	18.2 (0.83)	33.4 (1.02)	100.0 (†)	23.0 (0.91)	19.3 (0.85)	28.8 (0.98)	28.8 (0.98)
1984	13.1 (0.27)	25.9 (0.76)	16.5 (0.61)	9.9 (0.48)	3.8 (0.29)	100.0 (†)	49.7 (1.11)	17.3 (0.84)	32.9 (1.05)	100.0 (†)	23.6 (0.95)	21.4 (0.91)	27.5 (1.00)	27.5 (0.99)
1985	12.6 (0.27)	27.1 (0.78)	14.7 (0.60)	8.3 (0.46)	4.0 (0.29)	100.0 (†)	50.1 (1.15)	17.5 (0.88)	32.4 (1.08)	100.0 (†)	23.9 (0.98)	21.0 (0.94)	27.9 (1.03)	27.2 (1.03)
1986	12.2 (0.27)	25.4 (0.75)	14.8 (0.60)	8.0 (0.45)	3.4 (0.28)	100.0 (†)	51.1 (1.18)	16.4 (0.87)	32.5 (1.10)	100.0 (†)	25.4 (1.03)	21.5 (0.97)	25.7 (1.03)	27.4 (1.05)
1987	12.6 (0.28)	25.5 (0.76)	16.6 (0.63)	8.0 (0.46)	3.6 (0.28)	100.0 (†)	52.4 (1.16)	13.6 (0.80)	34.0 (1.10)	100.0 (†)	25.9 (1.02)	20.7 (0.94)	26.0 (1.02)	27.5 (1.04)
1988	12.9 (0.30)	27.2 (0.85)	15.4 (0.68)	8.2 (0.51)	3.4 (0.30)	100.0 (†)	52.9 (1.27)	‡ (†)	‡ (†)	100.0 (†)	28.9 (1.15)	19.3 (1.00)	25.1 (1.10)	26.8 (1.12)
1989	12.6 (0.31)	25.0 (0.84)	16.2 (0.71)	8.7 (0.52)	3.3 (0.31)	100.0 (†)	53.2 (1.30)	13.8 (0.90)	33.0 (1.22)	100.0 (†)	29.4 (1.18)	20.8 (1.05)	24.9 (1.12)	25.0 (1.13)
1990	12.1 (0.29)	24.3 (0.82)	15.1 (0.65)	8.7 (0.51)	2.9 (0.28)	100.0 (†)	52.5 (1.29)	13.3 (0.88)	34.2 (1.23)	100.0 (†)	28.6 (1.17)	20.9 (1.05)	24.4 (1.11)	26.1 (1.14)
1991	12.5 (0.30)	25.9 (0.83)	15.5 (0.66)	7.7 (0.49)	3.0 (0.29)	100.0 (†)	47.5 (1.28)	15.8 (0.93)	36.7 (1.23)	100.0 (†)	28.6 (1.15)	20.5 (1.03)	26.1 (1.12)	24.9 (1.10)
1992[2]	11.0 (0.28)	23.4 (0.79)	12.9 (0.62)	7.3 (0.48)	2.4 (0.26)	100.0 (†)	47.6 (1.36)	15.0 (0.97)	37.4 (1.32)	100.0 (†)	21.6 (1.12)	17.5 (1.04)	24.4 (1.17)	36.5 (1.31)
1993[2]	11.0 (0.28)	22.9 (0.77)	12.7 (0.62)	6.6 (0.46)	2.9 (0.29)	100.0 (†)	48.7 (1.37)	12.8 (0.91)	38.5 (1.33)	100.0 (†)	20.5 (1.10)	16.6 (1.02)	24.1 (1.17)	38.8 (1.33)
1994[2]	11.4 (0.26)	20.7 (0.71)	13.7 (0.58)	8.7 (0.45)	4.9 (0.33)	100.0 (†)	49.5 (1.21)	13.0 (0.81)	37.5 (1.17)	100.0 (†)	23.9 (1.03)	16.2 (0.89)	20.3 (0.97)	39.6 (1.18)
1995[2]	12.0 (0.27)	23.2 (0.69)	13.8 (0.59)	8.3 (0.46)	3.6 (0.29)	100.0 (†)	48.9 (1.19)	14.2 (0.83)	37.0 (1.14)	100.0 (†)	22.2 (0.99)	17.0 (0.89)	22.5 (0.99)	38.3 (1.15)
1996[2]	11.1 (0.27)	22.0 (0.72)	13.6 (0.60)	7.0 (0.45)	3.2 (0.28)	100.0 (†)	47.3 (1.28)	15.0 (0.91)	37.7 (1.24)	100.0 (†)	20.3 (1.03)	17.7 (0.98)	22.6 (1.07)	39.4 (1.25)
1997[2]	11.0 (0.27)	21.8 (0.71)	13.5 (0.59)	6.2 (0.42)	3.4 (0.29)	100.0 (†)	53.3 (1.28)	13.2 (0.86)	33.5 (1.21)	100.0 (†)	19.9 (1.02)	15.7 (0.93)	22.3 (1.06)	42.1 (1.26)
1998[2]	11.8 (0.27)	22.3 (0.71)	14.9 (0.62)	7.7 (0.45)	3.5 (0.29)	100.0 (†)	55.1 (1.22)	10.3 (0.74)	34.6 (1.17)	100.0 (†)	21.0 (1.00)	14.9 (0.87)	21.4 (1.01)	42.6 (1.21)
1999[2]	11.2 (0.26)	21.0 (0.70)	14.3 (0.60)	7.4 (0.44)	3.9 (0.30)	100.0 (†)	55.6 (1.24)	10.0 (0.75)	34.4 (1.18)	100.0 (†)	22.2 (1.03)	16.3 (0.92)	22.5 (1.04)	39.0 (1.21)
2000[2]	10.9 (0.26)	20.7 (0.70)	12.8 (0.56)	8.3 (0.46)	3.5 (0.29)	100.0 (†)	56.9 (1.24)	12.3 (0.82)	30.8 (1.16)	100.0 (†)	21.5 (1.03)	15.3 (0.90)	23.1 (1.06)	40.0 (1.23)
2001[2]	10.7 (0.25)	19.3 (0.68)	13.4 (0.57)	9.0 (0.47)	3.2 (0.27)	100.0 (†)	58.3 (1.24)	14.8 (0.89)	26.9 (1.11)	100.0 (†)	18.4 (0.97)	16.8 (0.94)	23.8 (1.07)	40.9 (1.23)
2002[2]	10.5 (0.24)	18.8 (0.62)	12.3 (0.53)	8.4 (0.43)	3.8 (0.28)	100.0 (†)	57.4 (1.18)	13.3 (0.81)	29.2 (1.09)	100.0 (†)	22.8 (1.00)	17.1 (0.90)	21.3 (0.98)	38.9 (1.17)
2003[2]	9.9 (0.23)	19.5 (0.64)	10.8 (0.49)	7.3 (0.40)	3.4 (0.26)	100.0 (†)	53.5 (1.22)	13.7 (0.84)	32.9 (1.15)	100.0 (†)	21.2 (1.00)	18.2 (0.94)	20.7 (0.99)	40.0 (1.20)
2004[2]	10.3 (0.23)	18.0 (0.60)	12.7 (0.52)	8.2 (0.42)	3.7 (0.27)	100.0 (†)	53.0 (1.19)	14.3 (0.83)	32.7 (1.12)	100.0 (†)	21.4 (0.97)	15.9 (0.87)	22.5 (0.99)	40.3 (1.17)
2005[2]	9.4 (0.22)	17.9 (0.60)	11.5 (0.51)	7.1 (0.39)	2.7 (0.23)	100.0 (†)	56.9 (1.23)	11.9 (0.80)	31.2 (1.15)	100.0 (†)	18.9 (0.97)	16.8 (0.93)	21.4 (1.02)	42.9 (1.23)
2006[2]	9.3 (0.22)	16.5 (0.58)	12.1 (0.51)	6.3 (0.37)	3.8 (0.27)	100.0 (†)	56.4 (1.23)	11.7 (0.80)	32.0 (1.16)	100.0 (†)	22.1 (1.03)	13.4 (0.85)	20.7 (1.01)	43.9 (1.23)
2007[2]	8.7 (0.21)	16.7 (0.59)	10.5 (0.48)	6.4 (0.36)	3.2 (0.25)	100.0 (†)	55.5 (1.27)	11.2 (0.80)	33.3 (1.20)	100.0 (†)	21.2 (1.04)	16.9 (0.96)	22.9 (1.07)	39.0 (1.24)
2008[2]	8.0 (0.20)	16.4 (0.58)	9.4 (0.45)	5.4 (0.34)	2.2 (0.21)	100.0 (†)	46.8 (1.33)	16.3 (0.98)	36.9 (1.28)	100.0 (†)	18.4 (1.33)	15.2 (0.96)	23.8 (1.13)	42.6 (1.32)
2009[2]	8.1 (0.20)	15.8 (0.57)	9.7 (0.45)	5.4 (0.34)	2.5 (0.22)	100.0 (†)	43.2 (1.31)	19.9 (1.06)	36.9 (1.28)	100.0 (†)	17.7 (1.31)	13.6 (0.91)	24.4 (1.14)	44.3 (1.32)

—Not available.
†Not applicable.
‡Reporting standards not met.
[1]Includes persons employed, but not currently working.
[2]Because of changes in data collection procedures, data may not be comparable with figures for years prior to 1992.
NOTE: "Status" dropouts are 16- to 24-year-olds who are not enrolled in school and who have not completed a high school program, regardless of when they left school. People who have received GED credentials are counted as high school completers. Data are based on sample surveys of the civilian noninstitutionalized population, which excludes persons in prisons, persons in the military, and other persons not living in households. Some data have been revised from previously published figures. Detail may not sum to totals because of rounding. Standard errors appear in parentheses.
SOURCE: U.S. Department of Commerce, Census Bureau, Current Population Survey (CPS), October 1970 through October 2009. (This table was prepared August 2010.)

Table 117. Number of 14- through 21-year-old students served under Individuals with Disabilities Education Act, Part B, who exited school, by exit reason, age, and type of disability: United States and other jurisdictions, 2006–07 and 2007–08

	Exiting school							
Age and type of disability	Total	Graduated with diploma	Received a certificate of attendance	Reached maximum age[1]	Dropped out[2]	Died	Transferred to regular education[3]	Moved, known to be continuing[4]
1	2	3	4	5	6	7	8	9
2006–07								
Total	**394,786**	**221,306**	**64,918**	**5,925**	**100,831**	**1,806**	**66,840**	**213,544**
Age								
14	4,924	4	10	†	4,668	242	17,819	43,865
15	9,880	38	29	†	9,523	290	15,213	49,041
16	23,823	2,089	722	†	20,643	369	14,676	49,796
17	147,595	94,994	21,751	†	30,475	375	11,521	41,104
18	143,386	93,163	25,681	988	23,295	259	5,692	20,887
19	40,763	22,314	8,900	786	8,622	141	1,314	6,216
20	14,677	6,288	4,260	1,366	2,671	92	401	1,879
21	9,738	2,416	3,565	2,785	934	38	204	756
Type of disability								
Autism	5,958	3,536	1,567	405	420	30	557	2,441
Deaf-blindness	181	136	12	11	14	8	5	58
Emotional disturbance	46,016	19,733	5,021	633	20,458	171	6,984	46,704
Hearing impairments	4,392	2,927	827	58	563	17	614	1,697
Intellectual disability	45,288	16,987	15,625	2,303	10,039	334	2,447	20,386
Multiple disabilities	8,328	3,780	1,990	708	1,591	259	316	4,752
Orthopedic impairments	3,546	2,113	738	128	476	91	532	1,120
Other health impairments[5]	35,970	22,637	4,551	235	8,280	267	8,817	19,822
Specific learning disabilities	232,114	140,795	32,852	1,283	56,614	570	36,183	110,023
Speech or language impairments	9,048	6,028	1,088	50	1,852	30	10,009	5,147
Traumatic brain injury	2,301	1,460	400	79	348	14	171	820
Visual impairmets	1,644	1,174	247	32	176	15	205	574
2007–08								
Total	**369,118**	**217,905**	**53,260**	**5,674**	**90,766**	**1,513**	**51,786**	**212,337**
Age								
14	3,668	3	9	†	3,455	201	13,089	43,089
15	7,985	28	33	†	7,653	271	11,768	47,994
16	20,309	1,898	629	†	17,483	299	11,675	49,661
17	135,696	92,651	15,870	†	26,883	292	9,858	41,394
18	136,818	91,325	21,036	980	23,244	233	4,025	21,806
19	40,670	23,219	8,288	517	8,543	103	960	5,981
20	14,335	6,055	4,298	1,243	2,665	74	286	1,749
21	9,637	2,726	3,097	2,934	840	40	125	663
Type of disability								
Autism	7,202	4,549	1,722	401	505	25	545	2,855
Deaf-blindness	95	54	18	11	9	3	10	43
Emotional disturbance	42,502	19,400	3,973	582	18,399	148	5,201	44,158
Hearing impairments	4,213	2,936	737	65	466	9	538	1,788
Intellectual disability	41,877	15,726	14,874	1,978	9,012	287	1,788	19,648
Multiple disabilities	8,210	3,749	2,095	654	1,447	265	237	4,150
Orthopedic impairments	3,339	2,071	603	142	438	85	372	1,263
Other health impairments[5]	38,649	25,711	3,835	234	8,652	217	7,259	22,091
Specific learning disabilities	209,969	134,897	23,737	1,476	49,460	399	27,865	108,953
Speech or language impairments	9,329	6,210	1,143	32	1,908	36	7,688	6,087
Traumatic brain injury	2,259	1,466	371	65	329	28	120	810
Visual impairmets	1,474	1,136	152	34	141	11	163	491

†Not applicable.

[1]Students may exit special education services due to maximum age beginning at age 18 depending on state law or practice or order of any court.

[2]"Dropped out" is defined as the total who were enrolled at some point in the reporting year, were not enrolled at the end of the reporting year, and did not exit through any of the other bases described. Includes students previously categorized as "moved, not known to continue."

[3]"Transferred to regular education" was previously labeled "no longer receives special education."

[4]"Moved, known to be continuing" is the total number of students who moved out of the administrative area or transferred to another district and are known to be continuing in an educational program.

[5]Other health impairments include having limited strength, vitality, or alertness due to chronic or acute health problems such as a heart condition, tuberculosis, rheumatic fever, nephritis, asthma, sickle cell anemia, hemophilia, epilepsy, lead poisoning, leukemia, or diabetes.

SOURCE: U.S. Department of Education, Office of Special Education Programs, Individuals with Disabilities Education Act (IDEA) database. Retrieved September 8, 2010, from https://www.ideadata.org/PartBData.asp. (This table was prepared September 2010.)

Table 118. Percentage of children demonstrating specific cognitive and motor skills at about 9 months of age, by child's age and selected characteristics: 2001–02

Age and selected characteristic	Number of children (in thousands)	Percentage distribution of children	Percent of children who demonstrate skills[1]										
			Specific cognitive skills					Specific motor skills					
			Explores objects[2]	Explores purposefully[3]	Jabbers expressively[4]	Early problem solving[5]	Names objects[6]	Eye-hand coordination[7]	Sitting[8]	Prewalking[9]	Stands alone[10]	Skillful walking[11]	Balance[12]
1	2	3	4	5	6	7	8	9	10	11	12	13	14
8 through 10 months													
Total	**2,882 (39.1)**	**100.0 (†)**	**98.6 (0.06)**	**83.2 (0.54)**	**29.6 (0.57)**	**3.7 (0.13)**	**0.6 (0.03)**	**89.1 (0.26)**	**86.8 (0.24)**	**64.7 (0.60)**	**18.6 (0.50)**	**8.4 (0.21)**	**1.7 (0.09)**
Sex of child													
Male	1,460 (23.0)	50.7 (0.38)	98.6 (0.06)	82.7 (0.51)	28.8 (0.56)	3.5 (0.14)	0.6 (0.03)	89.3 (0.30)	87.0 (0.27)	65.1 (0.69)	18.5 (0.55)	8.3 (0.23)	1.7 (0.10)
Female	1,422 (22.0)	49.3 (0.38)	98.7 (0.09)	83.8 (0.68)	30.4 (0.71)	3.9 (0.18)	0.7 (0.05)	88.9 (0.36)	86.6 (0.33)	64.4 (0.78)	18.7 (0.67)	8.4 (0.29)	1.8 (0.14)
Race/ethnicity of child													
White	1,569 (29.2)	54.5 (0.63)	98.8 (0.07)	84.0 (0.69)	30.4 (0.72)	3.9 (0.17)	0.7 (0.04)	88.8 (0.37)	86.5 (0.33)	63.8 (0.81)	18.0 (0.66)	8.1 (0.27)	1.6 (0.10)
Black	381 (11.1)	13.3 (0.38)	98.1 (0.16)	80.8 (0.92)	27.8 (0.99)	3.3 (0.25)	0.6 (0.07)	91.0 (0.33)	88.6 (0.32)	69.7 (0.94)	22.8 (1.15)	10.4 (0.58)	2.6 (0.35)
Hispanic	717 (18.5)	24.9 (0.54)	98.5 (0.13)	82.9 (0.82)	29.0 (0.84)	3.4 (0.21)	0.6 (0.05)	88.4 (0.47)	86.1 (0.43)	63.4 (1.00)	17.0 (0.77)	7.8 (0.32)	1.6 (0.15)
Asian	79 (3.1)	2.7 (0.10)	98.8 (0.13)	83.3 (0.96)	28.2 (0.92)	3.1 (0.20)	0.5 (0.04)	89.5 (0.53)	87.1 (0.49)	65.2 (1.21)	18.2 (1.00)	8.2 (0.39)	1.6 (0.14)
Pacific Islander	6 (1.5)	0.2 (0.05)	98.9 (0.23)	81.8 (3.58)	23.8 (3.22)	2.0 (0.47)	0.3 (0.07)	95.4 (0.97)	93.0 (1.13)	79.9 (3.81)	34.8 (8.69)	15.1 (3.90)	3.9 (1.67)
American Indian/Alaska Native	10 (1.1)	0.4 (0.04)	98.4 (0.30)	80.3 (2.72)	27.2 (2.49)	3.4 (0.70)	0.6 (0.18)	90.2 (0.99)	87.8 (0.91)	66.8 (2.15)	19.6 (2.08)	8.4 (0.80)	1.5 (0.29)
Two or more races	115 (9.8)	4.0 (0.33)	98.6 (0.14)	83.0 (1.24)	29.8 (1.51)	3.9 (0.55)	0.8 (0.21)	90.0 (0.94)	87.8 (0.87)	67.7 (2.20)	22.1 (2.03)	9.6 (0.79)	2.0 (0.30)
Months of age													
8 months	642 (32.8)	29.5 (0.90)	97.5 (0.14)	67.9 (1.04)	15.7 (0.53)	1.1 (0.09)	0.1 (0.02)	84.0 (0.52)	82.0 (0.46)	52.7 (1.08)	8.8 (0.63)	4.5 (0.22)	0.5 (0.05)
9 months	1,389 (28.2)	22.3 (0.99)	98.7 (0.06)	84.5 (0.43)	27.5 (0.44)	2.7 (0.09)	0.4 (0.02)	89.1 (0.32)	86.7 (0.30)	64.2 (0.74)	16.1 (0.55)	7.2 (0.21)	1.2 (0.07)
10 months	851 (24.2)	48.2 (0.76)	99.3 (0.07)	92.7 (0.33)	43.5 (0.74)	7.1 (0.27)	1.4 (0.08)	92.8 (0.26)	90.5 (0.25)	74.6 (0.63)	30.1 (0.85)	13.3 (0.42)	3.6 (0.25)
Primary type of nonparental care arrangement[13]													
No regular nonparental arrangement	1,459 (28.0)	50.7 (0.90)	98.5 (0.09)	82.4 (0.59)	28.7 (0.55)	3.4 (0.14)	0.6 (0.04)	88.2 (0.34)	86.0 (0.30)	63.1 (0.70)	17.7 (0.52)	8.0 (0.22)	1.6 (0.10)
Home-based care													
Relative care[14]	759 (27.1)	26.4 (0.81)	98.8 (0.08)	84.3 (0.67)	30.6 (0.79)	3.9 (0.22)	0.7 (0.06)	90.3 (0.35)	87.9 (0.33)	67.3 (0.84)	20.4 (0.81)	9.2 (0.38)	2.0 (0.19)
Nonrelative care[15]	430 (17.1)	14.9 (0.53)	98.8 (0.08)	84.7 (0.80)	31.3 (1.00)	4.3 (0.29)	0.8 (0.08)	90.0 (0.45)	87.6 (0.45)	66.1 (1.14)	19.3 (1.35)	8.7 (0.58)	1.8 (0.23)
Center-based care[16]	211 (13.9)	7.3 (0.48)	98.6 (0.19)	82.8 (1.43)	29.3 (1.54)	3.5 (0.39)	0.6 (0.09)	89.0 (0.77)	86.7 (0.71)	64.0 (1.72)	18.0 (1.51)	8.3 (0.66)	1.9 (0.32)
Multiple arrangements[17]	19 (4.0)	0.7 (0.14)	98.1 (0.36)	77.5 (3.54)	24.8 (3.12)	2.8 (0.65)	0.4 (0.12)	86.8 (2.89)	84.6 (2.55)	61.8 (5.09)	14.4 (2.71)	6.4 (0.94)	0.9 (0.19)
Parents' highest level of education													
Less than high school	388 (12.4)	13.5 (0.42)	98.4 (0.11)	80.0 (0.87)	25.9 (0.79)	2.8 (0.20)	0.5 (0.06)	88.9 (0.62)	86.5 (0.58)	64.4 (1.20)	17.3 (0.96)	8.0 (0.42)	1.7 (0.20)
High school completion	702 (19.8)	24.4 (0.60)	98.4 (0.13)	82.6 (0.89)	29.2 (0.81)	3.6 (0.21)	0.7 (0.06)	89.6 (0.45)	87.3 (0.42)	66.8 (0.91)	20.6 (0.84)	9.1 (0.36)	1.9 (0.17)
Some college/vocational	847 (24.8)	29.4 (0.68)	98.7 (0.08)	84.4 (0.60)	30.8 (0.69)	3.9 (0.20)	0.7 (0.05)	90.0 (0.35)	87.7 (0.33)	66.7 (0.84)	20.8 (0.82)	9.3 (0.35)	2.0 (0.16)
Bachelor's degree	497 (16.2)	17.3 (0.54)	98.8 (0.07)	83.9 (0.60)	30.2 (0.71)	3.8 (0.20)	0.7 (0.05)	88.4 (0.46)	86.1 (0.41)	62.5 (1.05)	16.3 (0.85)	7.4 (0.34)	1.4 (0.12)
Any graduate education	446 (15.7)	15.5 (0.52)	98.8 (0.11)	84.0 (0.94)	30.4 (0.88)	3.8 (0.22)	0.7 (0.06)	87.5 (0.58)	85.4 (0.52)	60.5 (1.23)	15.2 (0.91)	7.0 (0.40)	1.4 (0.18)
Poverty status[18]													
Below poverty threshold	682 (23.0)	23.7 (0.74)	98.3 (0.14)	80.9 (0.75)	27.1 (0.79)	3.1 (0.21)	0.5 (0.05)	89.1 (0.47)	86.8 (0.43)	65.5 (0.98)	19.2 (0.86)	8.7 (0.42)	1.9 (0.24)
At or above poverty threshold	2,200 (37.2)	76.3 (0.74)	98.7 (0.07)	84.0 (0.58)	30.4 (0.63)	3.8 (0.15)	0.7 (0.04)	89.1 (0.27)	86.8 (0.25)	64.5 (0.66)	18.4 (0.56)	8.3 (0.23)	1.7 (0.10)
Socioeconomic status[19]													
Lowest 20 percent	557 (16.8)	19.3 (0.58)	98.3 (0.13)	80.7 (0.72)	26.8 (0.69)	3.0 (0.17)	0.5 (0.04)	89.1 (0.46)	86.7 (0.43)	65.4 (0.90)	18.8 (0.83)	8.5 (0.35)	1.8 (0.18)
Middle 60 percent	1,719 (38.2)	59.7 (0.83)	98.6 (0.08)	83.5 (0.63)	30.2 (0.67)	3.8 (0.18)	0.7 (0.05)	89.5 (0.30)	87.2 (0.28)	65.6 (0.73)	19.6 (0.67)	8.8 (0.28)	1.9 (0.11)
Highest 20 percent	606 (18.4)	21.0 (0.63)	98.8 (0.09)	84.8 (0.73)	30.5 (0.79)	3.8 (0.18)	0.6 (0.04)	88.0 (0.45)	85.8 (0.40)	61.5 (0.96)	15.6 (0.66)	7.1 (0.28)	1.3 (0.13)

See notes at end of table.

Table 118. Percentage of children demonstrating specific cognitive and motor skills at about 9 months of age, by child's age and selected characteristics: 2001–02—Continued

Age and selected characteristic	Number of children (in thousands)	Percentage distribution of children	Percent of children who demonstrate skills[1]										
			Specific cognitive skills					Specific motor skills					
			Explores objects[2]	Explores purposefully[3]	Jabbers expressively[4]	Early problem solving[5]	Names objects[6]	Eye-hand coordination[7]	Sitting[8]	Prewalking[9]	Stands alone[10]	Skillful walking[11]	Balance[12]
1	2	3	4	5	6	7	8	9	10	11	12	13	14
11 through 13 months													
Total	**839 (32.2)**	**100.0 (†)**	**99.7 (0.05)**	**97.3 (0.15)**	**67.9 (0.54)**	**22.5 (0.55)**	**8.2 (0.37)**	**97.1 (0.17)**	**95.6 (0.19)**	**89.0 (0.54)**	**62.5 (1.29)**	**34.9 (0.95)**	**19.1 (0.84)**
Months of age													
11 months	425 (19.6)	50.6 (1.54)	99.5 (0.10)	95.8 (0.28)	57.6 (0.77)	14.2 (0.59)	4.0 (0.33)	95.8 (0.28)	93.9 (0.29)	84.4 (0.86)	49.0 (1.74)	24.3 (1.05)	10.5 (0.77)
12 months	251 (14.8)	30.0 (1.29)	99.8 (0.03)	98.4 (0.13)	74.3 (0.83)	26.9 (0.94)	10.2 (0.65)	98.1 (0.21)	96.8 (0.26)	92.6 (0.71)	70.9 (2.09)	40.2 (1.65)	22.9 (1.50)
13 months	163 (12.1)	19.4 (1.16)	100.0 (†)	99.5 (0.08)	85.0 (0.62)	37.7 (1.04)	16.0 (0.87)	99.0 (0.27)	98.2 (0.30)	95.8 (0.85)	84.8 (2.24)	54.4 (1.81)	36.0 (1.83)
14 through 22 months	**260 (19.7)**	**100.0 (†)**	**100.0 (†)**	**99.5 (0.14)**	**90.0 (0.60)**	**58.4 (1.44)**	**40.8 (1.71)**	**99.5 (0.12)**	**99.1 (0.13)**	**98.3 (0.28)**	**94.1 (0.91)**	**74.0 (1.35)**	**61.7 (1.82)**

†Not applicable.
[1]Based on assessments collected using the Bayley Short Form Research Edition (BSF-R), a shortened field method of administering the Bayley Scales of Infant Development-II (BSID-II) (Bayley 1993). The scores are fully equated with the BSID-II; for more information, see NCES's *Early Childhood Longitudinal Study, Birth Cohort (ECLS-B) Psychometric Report for the 2-year Data Collection.* The proficiency probabilities indicate mastery of a specific skill or ability within mental or physical domains.
[2]Ability to explore objects, for example, reaching for and holding objects. The child may have no specific purpose except to play or discover.
[3]Ability to explore objects with a purpose, such as to explore a bell to understand the source of the sound.
[4]Measures proficiency in communication through diverse nonverbal sounds and gestures, such as vowel and vowel-consonant sounds.
[5]Measures proficiency in engaging in early problem solving, such as using a tool to reach an out-of-reach toy or locating a hidden toy.
[6]Measures proficiency in early communication skills, such as saying simple words like "mama" and "dada."
[7]Measures proficiency in being able to use visual tracking to guide hand movements to pick up a small object.
[8]Measures proficiency in ability to maintain control of the muscles used in sitting with and without support.
[9]Measures proficiency in ability to engage in various prewalking types of mobility, with and without support, such as shifting weight from one foot to the other.
[10]Measures proficiency in ability to walk with help and to stand independently.
[11]Measures proficiency in being able to walk independently.
[12]Measures proficiency in ability to maintain balance while shifting position.
[13]The type of nonparental care in which the child spent the most hours.
[14]Care provided in the child's home or in another private home by a relative (excluding parents).
[15]Care provided in the child's home or in another private home by a person unrelated to the child.
[16]Care provided in places such as early learning centers, nursery schools, and preschools.
[17]Children who spent an equal amount of time in each of two or more arrangements.
[18]Poverty status based on Census Bureau guidelines from 2002, which identify a dollar amount determined to meet a household's needs, given its size and composition. In 2002, a family of four was considered to live below the poverty threshold if its income was less than or equal to $18,392.
[19]Socioeconomic status (SES) was measured by a composite score based on parental education and occupations, and family income.
NOTE: This table is based on a survey that sampled children born in 2001 and was designed to collect information about them for the first time when the children were about 9 months of age (i.e., 8 to 10 months). As shown in the table, some children were older than this, although only 6.5 percent were over 13 months of age. Estimates weighted by W1C0. Race categories exclude persons of Hispanic ethnicity. Detail may not sum to totals because of rounding and survey item nonresponse. Standard errors appear in parentheses. Some data have been revised from previously published figures.
SOURCE: U.S. Department of Education, National Center for Education Statistics, Early Childhood Longitudinal Study, Birth Cohort 9-month–Kindergarten 2007 Restricted-Use Data File and Electronic Codebook. (This table was prepared December 2010.)

Table 119. Percentage of children demonstrating specific cognitive skills, motor skills, and secure emotional attachment to parents at about 2 years of age, by selected characteristics: 2003–04

Selected characteristic	Percentage distribution of children[1]		Percent of children who demonstrate skills or secure emotional attachment: Specific cognitive skills[2]: Receptive vocabulary[4]		Expressive vocabulary[5]		Listening comprehension[6]		Matching/ discrimination[7]		Early counting[8]		Specific motor skills[2]: Skillful walking[9]		Balance[10]		Fine motor control[11]		Uses stairs[12]		Alternating balance[13]		Motor planning[14]		Secure emotional attachment to parent[3]	
1	2		3		4		5		6		7		8		9		10		11		12		13		14	
Total	**100.0**	**(†)**	**84.5**	**(0.38)**	**63.9**	**(0.53)**	**36.6**	**(0.42)**	**31.9**	**(0.39)**	**3.9**	**(0.14)**	**92.6**	**(0.20)**	**89.4**	**(0.33)**	**55.5**	**(0.48)**	**48.1**	**(0.41)**	**30.0**	**(0.47)**	**10.2**	**(0.21)**	**61.6**	**(1.12)**
Sex of child																										
Male	51.1	(0.21)	81.4	(0.56)	59.3	(0.75)	32.9	(0.58)	28.4	(0.53)	3.0	(0.16)	92.0	(0.26)	88.4	(0.43)	54.2	(0.53)	46.9	(0.44)	28.7	(0.48)	9.6	(0.20)	55.0	(1.23)
Female	48.9	(0.21)	87.7	(0.38)	68.9	(0.59)	40.6	(0.50)	35.6	(0.48)	4.8	(0.20)	93.2	(0.20)	90.5	(0.32)	56.8	(0.53)	49.3	(0.47)	31.3	(0.55)	10.9	(0.26)	68.4	(1.27)
Race/ethnicity of child																										
White	54.6	(0.61)	88.7	(0.40)	70.7	(0.63)	42.2	(0.52)	37.1	(0.49)	5.2	(0.21)	92.8	(0.23)	89.9	(0.38)	55.8	(0.58)	48.4	(0.50)	30.2	(0.58)	10.4	(0.26)	65.7	(1.41)
Black	13.4	(0.29)	79.4	(0.93)	55.7	(1.18)	29.9	(0.86)	25.5	(0.75)	2.2	(0.21)	93.3	(0.40)	90.6	(0.66)	58.0	(0.94)	50.2	(0.79)	32.5	(0.87)	11.2	(0.37)	53.3	(2.13)
Hispanic	24.5	(0.45)	78.3	(0.99)	53.7	(1.19)	28.2	(0.83)	24.1	(0.73)	1.9	(0.16)	91.6	(0.42)	87.9	(0.69)	53.5	(0.76)	46.3	(0.65)	28.2	(0.66)	9.4	(0.27)	57.3	(1.84)
Asian	2.7	(0.10)	82.5	(1.23)	61.8	(1.40)	35.2	(0.93)	30.5	(0.82)	3.6	(0.27)	92.4	(0.39)	89.2	(0.65)	54.7	(0.91)	47.4	(0.72)	29.2	(0.76)	9.9	(0.29)	61.1	(2.29)
Pacific Islander	0.2	(0.05)	78.8	(4.16)	54.1	(5.83)	27.8	(4.30)	23.2	(3.61)	1.1	(0.36)	92.8	(1.34)	90.0	(2.29)	54.0	(4.00)	46.5	(2.99)	27.4	(3.24)	8.9	(1.22)	61.9	(12.63)
American Indian/Alaska Native	0.5	(0.06)	75.3	(3.99)	50.5	(4.17)	25.9	(2.69)	22.0	(2.23)	1.5	(0.27)	92.4	(0.70)	89.1	(1.28)	55.1	(1.14)	47.9	(0.90)	29.8	(1.05)	10.1	(0.45)	46.3	(5.14)
Two or more races	4.1	(0.31)	85.1	(0.91)	64.7	(1.47)	37.2	(1.26)	32.3	(1.26)	3.7	(0.55)	92.4	(0.54)	89.1	(0.93)	54.4	(1.35)	47.2	(1.11)	28.9	(1.22)	9.7	(0.53)	61.4	(3.03)
Age of child																										
22 months	2.0	(0.30)	78.1	(2.15)	53.1	(2.77)	28.4	(2.34)	24.5	(2.31)	2.9	(1.01)	90.9	(1.68)	86.5	(2.78)	53.4	(3.05)	46.5	(2.70)	29.2	(2.77)	10.6	(1.58)	65.1	(5.06)
23 months	42.3	(1.22)	81.9	(0.54)	60.1	(0.66)	33.4	(0.47)	28.8	(0.41)	2.9	(0.13)	92.2	(0.27)	88.7	(0.45)	54.3	(0.59)	47.0	(0.49)	28.8	(0.53)	9.7	(0.22)	62.7	(1.40)
24 months	42.0	(1.02)	86.5	(0.42)	66.9	(0.65)	39.1	(0.56)	34.3	(0.54)	4.6	(0.23)	92.9	(0.22)	90.0	(0.37)	56.1	(0.57)	48.6	(0.48)	30.4	(0.57)	10.4	(0.25)	60.8	(1.65)
25 months	13.7	(0.54)	87.4	(0.58)	68.3	(0.91)	40.3	(0.78)	35.4	(0.77)	5.0	(0.35)	93.0	(0.35)	90.2	(0.56)	57.5	(0.79)	50.0	(0.68)	32.4	(0.81)	11.4	(0.40)	59.8	(1.90)
Primary type of nonparental care arrangement[15]																										
No regular nonparental arrangement	50.8	(0.75)	83.4	(0.50)	62.0	(0.70)	34.8	(0.56)	30.2	(0.52)	3.3	(0.17)	92.2	(0.26)	88.8	(0.43)	54.5	(0.55)	47.2	(0.47)	29.0	(0.52)	9.7	(0.22)	62.1	(1.35)
Home-based care																										
Relative care[16]	18.6	(0.63)	83.2	(0.70)	61.6	(1.04)	34.7	(0.84)	30.1	(0.78)	3.6	(0.29)	92.7	(0.30)	89.7	(0.49)	55.8	(0.79)	48.3	(0.67)	30.1	(0.77)	10.3	(0.35)	57.5	(1.94)
Nonrelative care[17]	14.5	(0.57)	86.7	(0.72)	67.8	(1.00)	39.8	(0.81)	34.8	(0.76)	4.4	(0.29)	93.3	(0.27)	90.6	(0.46)	57.1	(0.73)	49.5	(0.63)	31.5	(0.74)	10.8	(0.35)	61.1	(2.23)
Center-based care[18]	15.6	(0.51)	87.5	(0.69)	69.4	(0.99)	41.6	(0.84)	36.8	(0.82)	5.5	(0.47)	93.0	(0.31)	90.2	(0.50)	56.9	(0.70)	49.5	(0.61)	31.8	(0.74)	11.2	(0.37)	64.6	(1.87)
Multiple arrangements[19]	0.5	(0.09)	81.7	(5.66)	63.1	(7.07)	38.0	(5.92)	33.8	(5.68)	6.2	(2.87)	91.3	(1.70)	87.1	(2.97)	52.4	(3.41)	45.8	(2.92)	27.9	(3.29)	9.8	(1.62)	72.2	(8.48)
Mother's employment status																										
Full-time (35 hours or more)	34.3	(0.76)	85.6	(0.56)	65.8	(0.83)	38.2	(0.66)	33.4	(0.62)	4.2	(0.24)	93.0	(0.25)	90.1	(0.43)	56.6	(0.65)	49.1	(0.57)	31.2	(0.66)	10.8	(0.31)	59.8	(1.58)
Part-time (less than 35 hours	20.3	(0.69)	86.6	(0.64)	67.6	(0.98)	39.7	(0.84)	34.8	(0.80)	4.7	(0.37)	92.8	(0.28)	89.8	(0.47)	55.5	(0.70)	48.1	(0.58)	29.8	(0.66)	10.1	(0.30)	65.2	(1.53)
Looking for work	6.3	(0.33)	80.1	(1.28)	56.6	(1.77)	30.2	(1.33)	25.8	(1.20)	1.9	(0.24)	92.0	(0.48)	88.4	(0.81)	53.8	(1.04)	46.7	(0.85)	28.5	(0.91)	9.6	(0.37)	58.8	(3.07)
Not in labor force	38.8	(0.82)	83.1	(0.56)	61.6	(0.77)	34.7	(0.63)	30.1	(0.60)	3.4	(0.21)	92.2	(0.26)	88.8	(0.43)	54.6	(0.56)	47.3	(0.49)	29.2	(0.54)	9.9	(0.24)	61.4	(1.41)
No mother in household	0.4	(0.09)	82.1	(4.44)	58.8	(6.94)	33.5	(6.05)	29.3	(5.73)	5.7	(3.06)	94.4	(1.25)	92.4	(2.19)	59.7	(3.58)	51.6	(2.90)	33.5	(3.30)	11.3	(1.37)	62.1	(9.92)
Parents' highest level of education																										
Less than high school	12.2	(0.37)	76.6	(1.00)	50.5	(1.32)	25.4	(0.95)	21.6	(0.81)	1.3	(0.14)	91.2	(0.43)	87.3	(0.70)	52.7	(0.84)	45.6	(0.69)	27.4	(0.71)	9.0	(0.28)	51.8	(2.90)
High school completion	25.2	(0.52)	81.9	(0.61)	58.7	(0.88)	31.8	(0.68)	27.2	(0.62)	2.3	(0.18)	92.4	(0.29)	89.3	(0.47)	55.2	(0.66)	47.8	(0.56)	29.7	(0.63)	10.0	(0.27)	54.3	(1.78)
Some college/vocational	29.7	(0.53)	84.4	(0.62)	64.0	(0.85)	36.6	(0.68)	31.8	(0.65)	3.7	(0.21)	92.5	(0.31)	89.4	(0.51)	55.6	(0.70)	48.2	(0.60)	30.2	(0.67)	10.4	(0.30)	62.6	(1.77)
Bachelor's degree	17.5	(0.46)	88.6	(0.66)	71.1	(1.11)	42.6	(0.99)	37.4	(0.98)	5.3	(0.47)	93.2	(0.30)	90.5	(0.52)	56.7	(0.79)	49.1	(0.67)	31.0	(0.78)	10.7	(0.37)	67.2	(2.09)
Any graduate education	15.4	(0.39)	90.4	(0.60)	74.8	(0.93)	46.5	(0.79)	41.4	(0.78)	7.1	(0.37)	93.0	(0.36)	90.2	(0.61)	56.5	(0.80)	48.9	(0.68)	30.9	(0.77)	10.6	(0.35)	72.8	(1.90)
Poverty status[20]																										
Below poverty threshold	23.0	(0.80)	78.7	(0.85)	54.6	(1.11)	29.0	(0.81)	24.8	(0.72)	2.1	(0.18)	91.8	(0.32)	88.1	(0.53)	54.1	(0.70)	46.8	(0.60)	28.8	(0.67)	9.6	(0.28)	52.7	(1.73)
At or above poverty threshold	77.0	(0.80)	86.2	(0.37)	66.7	(0.53)	38.9	(0.44)	34.0	(0.42)	4.4	(0.18)	92.8	(0.21)	89.8	(0.35)	55.9	(0.53)	48.4	(0.45)	30.3	(0.51)	10.4	(0.23)	64.2	(1.22)

See notes at end of table.

Table 119. Percentage of children demonstrating specific cognitive skills, motor skills, and secure emotional attachment to parents at about 2 years of age, by selected characteristics: 2003–04—Continued

Selected characteristic	Percentage distribution of children[1]	Percent of children who demonstrate skills or secure emotional attachment											
		Specific cognitive skills[2]					Specific motor skills[2]						Secure emotional attachment to parent[3]
		Receptive vocabulary[4]	Expressive vocabulary[5]	Listening comprehension[6]	Matching/ discrimination[7]	Early counting[8]	Skillful walking[9]	Balance[10]	Fine motor control[11]	Uses stairs[12]	Alternating balance[13]	Motor planning[14]	
1	2	3	4	5	6	7	8	9	10	11	12	13	14
Socioeconomic status[21]													
Lowest 20 percent	19.1 (0.53)	77.3 (0.89)	51.7 (1.12)	26.5 (0.78)	22.5 (0.67)	1.5 (0.12)	91.7 (0.37)	88.1 (0.60)	53.7 (0.75)	46.5 (0.63)	28.3 (0.66)	9.4 (0.26)	51.5 (1.90)
Middle 60 percent	60.3 (0.73)	84.5 (0.47)	63.8 (0.69)	36.3 (0.56)	31.5 (0.53)	3.5 (0.17)	92.5 (0.24)	89.4 (0.41)	55.4 (0.60)	48.0 (0.52)	30.0 (0.60)	10.2 (0.27)	61.3 (1.49)
Highest 20 percent	20.6 (0.56)	91.1 (0.43)	75.4 (0.80)	46.7 (0.70)	41.5 (0.70)	7.0 (0.38)	93.4 (0.24)	90.9 (0.40)	57.2 (0.64)	49.5 (0.54)	31.5 (0.63)	10.9 (0.29)	71.7 (1.86)

†Not applicable.
[1]Distribution of weighted Early Childhood Longitudinal Study, Birth Cohort survey population between 22 and 25 months of age.
[2]Based on assessments collected using the Bayley Short Form Research Edition (BSF-R), a shortened field method of administering the Bayley Scales of Infant Development-II (BSID-II) (Bayley 1993). The scores are fully equated with the BSID-II; for more information, see NCES's *Early Childhood Longitudinal Study, Birth Cohort (ECLS-B) Psychometric Report for the 2-year Data Collection.* The proficiency probabilities indicate mastery of a specific skill or ability within mental or physical domains.
[3]Secure attachment was measured by trained observers using the Toddler Attachment Sort-45 Item (TAS-45) assessment. The formation of secure attachments in early childhood is an indicator that the child is able to use the parent as a secure base from which to explore novel stimuli in the environment freely and acquire a sense of self-confidence and adaptability to new and challenging situations. Other possible attachment classifications were avoidant, ambivalent, and disorganized/disorientated.
[4]Ability to recognize and understand spoken words or to indicate a named object by pointing.
[5]Verbal expressiveness using gestures, words, and sentences.
[6]Ability to understand actions depicted by a story, in pictures, or by verbal instructions.
[7]Ability to match objects by their properties (e.g., color) or differentiate one object from another.
[8]Knowledge of counting words, knowledge of ordinality, and understanding of simple quantities.
[9]Ability to walk independently.
[10]Ability to maintain balance when changing position.
[11]Ability to use fine motor control with hands, such as grasping a pencil or holding a piece of paper while scribbling.
[12]Ability to walk up and down stairs, with or without alternating feet.
[13]Ability to maintain balance when changing position or when in motion, such as jumping.
[14]Ability to anticipate, regulate, and execute motor movements, such as being able to attempt to replicate the motions of others.
[15]The type of nonparental care in which the child spent the most hours.
[16]Care provided in the child's home or in another private home by a relative (excluding parents).
[17]Care provided in the child's home or in another private home by a person unrelated to the child.
[18]Care provided in places such as early learning centers, nursery schools, and preschools.
[19]Children who spent an equal amount of time in each of two or more arrangements.
[20]Poverty status based on Census Bureau guidelines from 2002, which identify a dollar amount determined to meet a household's needs, given its size and composition. In 2002, a family of four was considered to live below the poverty threshold if its income was less than or equal to $18,392.
[21]Socioeconomic status (SES) was measured by a composite score based on parental education and occupations, and family income.
NOTE: Estimates weighted by W2R0. Estimates pertain to sample of children born in 2001 and assessed between 22 months and 25 months of age. Children younger than 22 months (less than 1 percent of the survey population) and children older than 25 months (approximately 9 percent of the survey population) are excluded from this table. Race categories exclude persons of Hispanic ethnicity. Detail may not sum to totals because of rounding and survey item nonresponse. Standard errors appear in parentheses. Some data have been revised from previously published figures.
SOURCE: U.S. Department of Education, National Center for Education Statistics, Early Childhood Longitudinal Study, Birth Cohort 9-month–Kindergarten 2007 Restricted-Use Data File and Electronic Codebook. (This table was prepared December 2010.)

Table 120. Children's reading, language, mathematics, color knowledge, and fine motor skills at about 4 years of age, by age of child and selected characteristics: 2005–06

Age and selected characteristic	Number of children (in thousands)	Percentage distribution of children	Average early reading scale score[1]	Expressive vocabulary (telling stories) score[2]	Average mathematics scale score[3]	Color knowledge—percent scoring 10 out of 10[4]	Fine motor score[5]
1	2	3	4	5	6	7	8
Less than 48 months							
Total	**645 (22.3)**	**100.0 (†)**	**21.5 (0.32)**	**2.1 (0.04)**	**24.5 (0.31)**	**49.0 (1.89)**	**2.5 (0.05)**
Sex of child							
Male	324 (15.8)	50.3 (1.79)	20.7 (0.48)	1.9 (0.05)	23.5 (0.44)	41.8 (3.03)	2.3 (0.07)
Female	321 (16.3)	49.7 (1.79)	22.4 (0.43)	2.2 (0.06)	25.5 (0.45)	56.1 (2.40)	2.8 (0.06)
Socioeconomic status[6]							
Lowest 20 percent	121 (11.3)	18.7 (1.50)	16.7 (0.35)	1.8 (0.09)	19.1 (0.52)	16.2 (3.65)	2.0 (0.10)
Middle 60 percent	380 (16.7)	58.9 (1.67)	21.0 (0.39)	2.1 (0.04)	24.2 (0.39)	50.9 (2.57)	2.6 (0.06)
Highest 20 percent	144 (10.7)	22.4 (1.59)	26.3 (0.67)	2.2 (0.07)	29.2 (0.64)	67.8 (2.97)	2.9 (0.09)
48 through 57 months							
Total	**2,939 (23.2)**	**100.0 (†)**	**25.5 (0.22)**	**2.4 (0.02)**	**29.7 (0.20)**	**63.6 (0.84)**	**3.4 (0.02)**
Sex of child							
Male	1,516 (18.2)	51.6 (0.48)	24.6 (0.26)	2.3 (0.03)	29.2 (0.25)	61.2 (1.12)	3.1 (0.04)
Female	1,423 (18.4)	48.4 (0.48)	26.4 (0.29)	2.6 (0.02)	30.3 (0.24)	66.1 (1.29)	3.7 (0.04)
Race/ethnicity of child							
White	1,604 (22.9)	54.7 (0.69)	27.4 (0.30)	2.6 (0.03)	31.6 (0.28)	71.0 (1.11)	3.5 (0.03)
Black	391 (11.5)	13.3 (0.37)	22.9 (0.46)	2.4 (0.04)	26.9 (0.44)	55.3 (2.44)	3.2 (0.06)
Hispanic	729 (18.1)	24.9 (0.56)	21.2 (0.36)	2.1 (0.04)	26.2 (0.34)	50.2 (1.79)	3.3 (0.06)
Asian	74 (3.6)	2.5 (0.12)	30.5 (0.56)	2.1 (0.05)	34.7 (0.42)	70.7 (2.37)	4.5 (0.09)
Pacific Islander	4 (0.7)	0.1 (0.03)	22.2 (2.24)	2.1 (0.18)	26.3 (3.41)	39.0 (9.21)	3.0 (0.34)
American Indian/Alaska Native	15 (1.5)	0.5 (0.05)	20.1 (0.89)	2.1 (0.09)	23.2 (0.98)	44.1 (3.83)	3.0 (0.18)
Two or more races	115 (9.0)	3.9 (0.31)	27.3 (0.89)	2.5 (0.06)	30.2 (0.82)	62.7 (3.04)	3.5 (0.12)
Primary type of nonparental care arrangement[7]							
No regular nonparental arrangement	535 (20.8)	18.2 (0.69)	22.9 (0.41)	2.3 (0.04)	26.9 (0.41)	51.6 (2.04)	3.1 (0.05)
Home-based care							
Relative care[8]	384 (18.8)	13.1 (0.65)	23.0 (0.44)	2.3 (0.05)	27.3 (0.42)	53.4 (2.58)	3.2 (0.07)
Nonrelative care[9]	220 (11.8)	7.5 (0.40)	25.1 (0.51)	2.5 (0.07)	30.2 (0.58)	63.8 (2.72)	3.3 (0.09)
Head Start	386 (22.3)	13.2 (0.73)	22.2 (0.35)	2.3 (0.05)	26.8 (0.40)	52.8 (2.55)	3.2 (0.07)
Other center-based care[10]	1,358 (26.2)	46.3 (0.83)	28.0 (0.32)	2.6 (0.03)	32.2 (0.27)	73.5 (1.19)	3.6 (0.04)
Multiple arrangements[11]	52 (6.8)	1.8 (0.23)	24.6 (0.93)	2.5 (0.10)	29.3 (0.92)	67.1 (5.44)	3.2 (0.23)
Mother's employment status							
Full-time (35 hours or more)	1,149 (26.5)	39.4 (0.85)	25.6 (0.30)	2.5 (0.03)	30.3 (0.24)	67.5 (1.09)	3.5 (0.05)
Part-time (less than 35 hours)	573 (17.7)	19.6 (0.60)	26.3 (0.35)	2.5 (0.04)	30.6 (0.35)	63.5 (2.06)	3.5 (0.05)
Looking for work	163 (9.9)	5.6 (0.34)	21.7 (0.57)	2.2 (0.07)	25.8 (0.74)	47.1 (3.83)	3.0 (0.11)
Not in labor force	1,010 (27.1)	34.6 (0.88)	25.5 (0.39)	2.4 (0.03)	29.3 (0.35)	62.1 (1.42)	3.3 (0.04)
No mother in household	22 (4.0)	0.8 (0.14)	21.6 (1.35)	2.3 (0.24)	26.3 (1.25)	57.3 (8.79)	3.0 (0.21)
Parents' highest level of education							
Less than high school	292 (11.9)	9.9 (0.41)	18.7 (0.41)	1.9 (0.06)	23.6 (0.47)	37.3 (2.74)	3.1 (0.09)
High school completion	672 (24.1)	22.9 (0.79)	21.6 (0.28)	2.3 (0.03)	25.9 (0.30)	52.0 (1.64)	3.1 (0.04)
Some college/vocational	998 (23.5)	34.0 (0.76)	24.3 (0.30)	2.5 (0.03)	28.9 (0.28)	63.4 (1.29)	3.4 (0.04)
Bachelor's degree	498 (17.6)	17.0 (0.57)	28.8 (0.40)	2.7 (0.04)	33.2 (0.28)	75.6 (1.69)	3.7 (0.08)
Any graduate education	475 (14.6)	16.2 (0.49)	33.0 (0.43)	2.7 (0.04)	36.2 (0.33)	81.0 (1.48)	3.9 (0.05)
Poverty status[12]							
Below poverty threshold	732 (21.0)	24.9 (0.71)	20.5 (0.26)	2.1 (0.03)	24.6 (0.28)	46.9 (1.76)	3.1 (0.05)
At or above poverty threshold	2,207 (28.4)	75.1 (0.71)	27.0 (0.24)	2.5 (0.02)	31.3 (0.21)	68.8 (0.91)	3.5 (0.03)
Socioeconomic status[6]							
Lowest 20 percent	576 (17.2)	19.6 (0.57)	19.3 (0.31)	2.0 (0.04)	23.6 (0.35)	43.1 (2.15)	3.0 (0.06)
Middle 60 percent	1,768 (27.3)	60.2 (0.77)	24.7 (0.22)	2.5 (0.03)	29.3 (0.23)	63.5 (1.07)	3.4 (0.03)
Highest 20 percent	594 (20.4)	20.2 (0.68)	32.7 (0.43)	2.8 (0.03)	36.2 (0.33)	81.6 (1.51)	3.9 (0.05)
58 or more months							
Total	**356 (16.4)**	**100.0 (†)**	**29.7 (0.58)**	**2.6 (0.04)**	**34.5 (0.44)**	**71.1 (2.09)**	**4.1 (0.07)**
Sex of child							
Male	179 (12.1)	50.3 (2.21)	29.0 (0.77)	2.6 (0.06)	34.2 (0.64)	66.5 (3.05)	3.7 (0.10)
Female	177 (10.5)	49.7 (2.21)	30.4 (0.76)	2.7 (0.06)	34.8 (0.51)	75.9 (2.49)	4.4 (0.10)
Socioeconomic status[6]							
Lowest 20 percent	91 (8.0)	25.5 (2.26)	22.3 (0.91)	2.1 (0.11)	28.4 (0.97)	47.4 (5.25)	3.6 (0.14)
Middle 60 percent	215 (14.7)	60.5 (2.47)	30.0 (0.75)	2.7 (0.05)	34.9 (0.54)	76.0 (2.63)	4.1 (0.10)
Highest 20 percent	50 (6.9)	14.0 (1.84)	40.3 (2.31)	2.9 (0.10)	42.8 (1.15)	88.5 (2.89)	4.7 (0.18)

†Not applicable.
[1]Reflects performance on language and literacy items (e.g., conventions of print, letter recognition, understanding of letter-sound relationships, phonological awareness, sight word recognition, and understanding words in the context of simple sentences). Potential score ranges from 0 to 85.
[2]Verbal expressiveness using gestures, words, and sentences. Potential score ranges from 0 to 5.
[3]Includes number sense, geometry, counting, operations, and patterns. Potential score ranges from 0 to 71.
[4]Percentage of children who scored 10 on a test with a potential score range of 0 to 10. These children were able to name the colors of five pictured objects (2 points per correct answer).
[5]Measures the ability to use fine motor skills in drawing basic forms and shapes. Potential score ranges from 0 to 7.
[6]Socioeconomic status (SES) was measured by a composite score based on parental education and occupations, and family income.
[7]The type of nonparental care in which the child spent the most hours.
[8]Care provided in the child's home or in another private home by a relative (excluding parents).
[9]Care provided in the child's home or in another private home by a person unrelated to the child.
[10]Care provided in places such as early learning centers, nursery schools, and preschools, excluding Head Start.
[11]Children who spent an equal amount of time in each of two or more arrangements.
[12]Poverty status based on Census Bureau guidelines from 2005, which identify a dollar amount determined to meet a household's needs, given its size and composition. In 2005, a family of four was considered to live below the poverty threshold if its income was less than or equal to $19,971.
NOTE: Estimates weighted by W3R0. Estimates pertain to a sample of children who were born in 2001. Race categories exclude persons of Hispanic ethnicity. Detail may not sum to totals because of rounding and survey item nonresponse. Standard errors appear in parentheses. Some data have been revised from previously published figures.
SOURCE: U.S. Department of Education, National Center for Education Statistics, Early Childhood Longitudinal Study, Birth Cohort (ECLS-B), Longitudinal 9-Month–Kindergarten 2007 Restricted-Use Data File. (This table was prepared December 2010.)

Table 121. Children's reading, mathematics, and fine motor scale scores at kindergarten entry, by age of child and selected characteristics: 2006–07 and 2007–08

Age and selected characteristic	Number of children (in thousands)		Percentage distribution of children		Average early reading scale score[1]		Average mathematics scale score[2]		Fine motor score[3]	
1	2		3		4		5		6	
Less than 5 years old (less than 60 months)										
Total	**65**	**(10.5)**	**100.0**	**(†)**	**35.0**	**(1.96)**	**38.3**	**(1.35)**	**2.0**	**(0.18)**
Sex of child										
Male	37	(8.0)	57.0	(7.08)	37.9	(2.96)	39.8	(2.09)	2.1	(0.32)
Female	28	(6.0)	43.0	(7.08)	31.1	(2.57)	36.2	(1.98)	1.9	(0.20)
5 to 6 years old										
Total	**3,192**	**(28.7)**	**100.0**	**(†)**	**42.8**	**(0.36)**	**43.2**	**(0.24)**	**2.6**	**(0.03)**
Sex of child										
Male	1,605	(21.3)	50.3	(0.43)	41.6	(0.45)	42.8	(0.31)	2.5	(0.03)
Female	1,587	(18.4)	49.7	(0.43)	44.0	(0.42)	43.5	(0.27)	2.7	(0.04)
Race/ethnicity of child										
White	1,680	(31.9)	52.8	(0.80)	45.1	(0.47)	45.5	(0.30)	2.7	(0.04)
Black	447	(14.3)	14.0	(0.43)	40.2	(0.57)	39.8	(0.48)	2.4	(0.05)
Hispanic	813	(17.8)	25.5	(0.52)	38.4	(0.59)	39.6	(0.42)	2.5	(0.05)
Asian	88	(4.5)	2.8	(0.15)	51.4	(0.80)	48.2	(0.45)	3.2	(0.05)
Pacific Islander	‡	(†)	0.2	(0.06)	‡	(†)	‡	(†)	‡	(†)
American Indian/Alaska Native	15	(1.8)	0.5	(0.05)	36.2	(1.68)	36.2	(2.36)	2.1	(0.23)
Two or more races	134	(12.3)	4.2	(0.39)	43.9	(1.50)	43.7	(0.90)	2.6	(0.10)
Primary type of nonparental care arrangement prior to kindergarten entry[4]										
No regular nonparental arrangement	551	(22.5)	17.3	(0.72)	38.6	(0.70)	40.2	(0.53)	2.4	(0.06)
Home-based care										
Relative care[5]	382	(23.1)	12.0	(0.70)	39.4	(0.77)	41.1	(0.55)	2.4	(0.07)
Nonrelative care[6]	200	(14.3)	6.3	(0.46)	43.8	(1.19)	45.4	(0.82)	2.7	(0.10)
Head Start	436	(28.0)	13.7	(0.86)	38.7	(0.72)	40.1	(0.50)	2.4	(0.06)
Other center-based care[7]	1,565	(32.9)	49.1	(0.89)	46.2	(0.42)	45.3	(0.27)	2.7	(0.03)
Multiple arrangements[8]	54	(8.3)	1.7	(0.26)	41.5	(1.58)	42.1	(1.23)	2.5	(0.20)
Mother's employment status										
Full-time (35 hours or more)	1,366	(29.1)	43.1	(0.76)	43.7	(0.42)	43.6	(0.25)	2.6	(0.03)
Part-time (less than 35 hours)	594	(27.5)	18.8	(0.86)	44.6	(0.67)	45.3	(0.41)	2.7	(0.05)
Looking for work	172	(13.0)	5.4	(0.40)	36.2	(1.21)	38.3	(0.94)	2.4	(0.10)
Not in labor force	1,001	(29.2)	31.6	(0.91)	41.8	(0.50)	42.2	(0.38)	2.5	(0.04)
No mother in household	34	(5.8)	1.1	(0.18)	42.8	(2.30)	44.5	(1.87)	2.5	(0.20)
Parents' highest level of education										
Less than high school	345	(15.9)	10.8	(0.47)	33.7	(0.83)	36.8	(0.59)	2.3	(0.09)
High school completion	793	(26.3)	24.9	(0.80)	38.7	(0.57)	40.0	(0.42)	2.3	(0.05)
Some college/vocational	992	(27.3)	31.1	(0.80)	42.2	(0.54)	42.6	(0.36)	2.6	(0.05)
Bachelor's degree	533	(20.2)	16.7	(0.64)	47.9	(0.53)	46.9	(0.43)	2.8	(0.06)
Any graduate education	524	(16.7)	16.4	(0.49)	51.0	(0.56)	49.4	(0.36)	3.0	(0.04)
Primary home language[9]										
English	2,571	(28.4)	80.9	(0.69)	43.6	(0.41)	43.8	(0.26)	2.6	(0.03)
Non-English	605	(23.6)	19.1	(0.69)	39.3	(0.66)	40.5	(0.43)	2.7	(0.05)
Poverty status[10]										
Below poverty threshold	774	(26.8)	24.3	(0.82)	36.3	(0.51)	38.3	(0.39)	2.3	(0.05)
At or above poverty threshold	2,417	(34.8)	75.7	(0.82)	44.8	(0.38)	44.7	(0.23)	2.7	(0.03)
Socioeconomic status in 2004[11]										
Lowest 20 percent	643	(22.0)	20.2	(0.65)	35.0	(0.66)	37.7	(0.47)	2.2	(0.06)
Middle 60 percent	1,924	(34.5)	60.3	(0.93)	42.7	(0.43)	42.9	(0.28)	2.6	(0.03)
Highest 20 percent	624	(20.9)	19.5	(0.65)	51.2	(0.52)	49.5	(0.33)	3.0	(0.04)
More than 6 years old (73 months or older)										
Total	**640**	**(29.1)**	**100.0**	**(†)**	**50.4**	**(0.64)**	**48.9**	**(0.49)**	**2.8**	**(0.06)**
Sex of child										
Male	352	(20.2)	54.9	(1.87)	49.6	(0.89)	48.8	(0.66)	2.7	(0.08)
Female	288	(17.6)	45.1	(1.87)	51.4	(0.82)	48.9	(0.57)	2.9	(0.06)
Socioeconomic status in 2004[11]										
Lowest 20 percent	111	(12.8)	17.4	(1.80)	43.2	(2.05)	42.5	(1.20)	2.5	(0.13)
Middle 60 percent	392	(24.1)	61.2	(2.08)	49.5	(0.60)	48.5	(0.52)	2.8	(0.07)
Highest 20 percent	137	(11.4)	21.5	(1.78)	58.7	(1.11)	54.9	(0.72)	3.1	(0.11)

†Not applicable.
‡Reporting standards not met.
[1]Reflects performance on language and literacy items (e.g., conventions of print, letter recognition, understanding of letter-sound relationships, phonological awareness, sight word recognition, and understanding words in the context of simple sentences). Potential score ranges from 0 to 85.
[2]Includes number sense, geometry, counting, operations, and patterns. Potential score ranges from 0 to 71.
[3]Measures the ability to use fine motor skills in drawing basic forms and shapes. Potential score ranges from 0 to 4.
[4]The type of nonparental care in which the child spent the most hours.
[5]Care provided in the child's home or in another private home by a relative (excluding parents).
[6]Care provided in the child's home or in another private home by a person unrelated to the child.
[7]Care provided in places such as early learning centers, nursery schools, and preschools, excluding Head Start.
[8]Children who spent an equal amount of time in each of two or more arrangements.
[9]Primary home language was asked of the parent interview respondent.
[10]Poverty status based on Census Bureau guidelines from 2006 (for 2006–07 kindergarten entrants) and 2007 (for 2007–08 kindergarten entrants), which identify a dollar amount determined to meet a household's needs, given its size and composition. In 2006, a family of four was considered to live below the poverty threshold if its income was less than or equal to $20,614.
[11]Socioeconomic status (SES) was measured by a composite score based on parental education and occupations, and family income.
NOTE: Estimates weighted by WKR0. Estimates pertain to a sample of children who were born in 2001. About 75 percent of the children born in 2001 entered kindergarten in the 2006–07 school year, and the other 25 percent entered kindergarten in the 2007–08 school year; estimates in this table combine data collected in these two school years. Race categories exclude persons of Hispanic ethnicity. Detail may not sum to totals because of rounding and survey item response. Standard errors appear in parentheses.
SOURCE: U.S. Department of Education, National Center for Education Statistics, Early Childhood Longitudinal Study, Birth Cohort (ECLS-B), Longitudinal 9-Month–Kindergarten 2007 Restricted-Use Data File. (This table was prepared May 2010.)

Table 122. Mean reading scale scores and specific reading skills of fall 1998 first-time kindergartners, by time of assessment and selected characteristics: Selected years, fall 1998 through spring 2007

Selected characteristic	Mean reading scale score: Kindergarten, Fall 1998		Kindergarten, Spring 1999		First grade, spring 2000		Third grade, spring 2002		Fifth grade, spring 2004		Eighth grade, spring 2007		Percentage of children with specific reading skills, eighth grade, spring 2007: Deriving meaning from text		Interpreting beyond text		Evaluating nonfiction		Evaluating complex syntax	
1	2		3		4		5		6		7		8		9		10		11	
Total	**36**	**(0.2)**	**47**	**(0.3)**	**79**	**(0.6)**	**128**	**(0.8)**	**151**	**(0.7)**	**169**	**(0.8)**	**83**	**(0.8)**	**66**	**(0.8)**	**29**	**(0.9)**	**6**	**(0.3)**
Sex																				
Male	35	(0.3)	46	(0.4)	77	(0.9)	126	(1.0)	149	(1.0)	166	(1.2)	80	(1.1)	63	(1.2)	26	(1.3)	5	(0.4)
Female	36	(0.3)	48	(0.5)	81	(0.8)	131	(1.0)	153	(0.9)	172	(0.9)	85	(0.8)	69	(1.0)	31	(1.2)	7	(0.4)
Race/ethnicity																				
White	37	(0.3)	48	(0.4)	83	(0.8)	135	(0.9)	158	(0.8)	176	(0.8)	89	(0.7)	74	(0.8)	36	(1.1)	8	(0.4)
Black	32	(0.5)	42	(0.8)	70	(1.3)	114	(2.0)	135	(1.9)	149	(2.4)	66	(2.6)	45	(2.4)	10	(1.6)	2	(0.3)
Hispanic	33	(0.5)	44	(0.8)	72	(1.1)	118	(1.3)	142	(1.1)	160	(1.3)	76	(1.3)	57	(1.4)	18	(1.4)	3	(0.3)
Asian	41	(1.3)	53	(1.7)	90	(2.0)	135	(2.3)	157	(1.8)	178	(2.0)	89	(1.6)	75	(2.2)	41	(3.3)	10	(1.2)
Other	34	(1.4)	46	(1.7)	76	(2.4)	125	(3.9)	150	(4.3)	167	(3.8)	82	(3.3)	64	(4.1)	25	(3.6)	5	(0.8)
Parents' highest level of education[1]																				
Less than high school	30	(0.5)	39	(0.7)	64	(1.5)	103	(1.7)	128	(1.8)	141	(2.2)	58	(2.5)	37	(2.1)	5	(0.7)	1	(0.1)
High school	32	(0.3)	42	(0.5)	71	(1.0)	118	(1.2)	140	(1.2)	159	(1.3)	75	(1.3)	55	(1.4)	16	(1.3)	3	(0.3)
Some college	35	(0.4)	46	(0.4)	78	(0.8)	128	(1.1)	151	(1.0)	169	(1.1)	84	(1.1)	66	(1.2)	25	(1.1)	4	(0.3)
Bachelor's or higher degree	40	(0.5)	52	(0.7)	89	(1.1)	143	(0.8)	165	(0.8)	183	(0.8)	93	(0.6)	81	(0.8)	49	(1.3)	12	(0.6)
Primary home language[1]																				
English	36	(0.2)	47	(0.3)	80	(0.7)	130	(0.8)	152	(0.7)	170	(0.9)	84	(0.8)	67	(0.9)	30	(0.9)	6	(0.3)
Non-English	33	(0.6)	44	(0.8)	70	(1.1)	113	(1.3)	138	(1.4)	157	(1.6)	73	(1.6)	54	(1.6)	17	(1.4)	4	(0.5)
Socioeconomic status[1]																				
Lowest 20 percent	30	(0.3)	39	(0.5)	64	(1.1)	105	(1.3)	129	(1.3)	145	(1.5)	62	(1.7)	41	(1.5)	8	(0.9)	1	(0.2)
Middle 60 percent	35	(0.3)	46	(0.3)	78	(0.7)	128	(0.8)	151	(0.7)	169	(0.8)	84	(0.8)	66	(0.9)	26	(0.9)	5	(0.3)
Highest 20 percent	41	(0.6)	54	(0.8)	92	(1.4)	145	(0.9)	167	(0.9)	186	(0.8)	95	(0.6)	84	(0.9)	52	(1.5)	14	(0.8)
Grade level in spring 2007																				
Eighth-grade or above	36	(0.2)	48	(0.4)	82	(0.6)	133	(0.7)	155	(0.7)	173	(0.9)	86	(0.8)	70	(0.9)	32	(1.0)	7	(0.3)
Below eighth grade	30	(0.5)	37	(0.6)	57	(1.4)	100	(1.9)	126	(2.2)	143	(2.5)	58	(2.7)	39	(2.5)	9	(2.0)	2	(0.7)
School type across all waves of the study																				
Public school all years	35	(0.3)	46	(0.4)	77	(0.6)	126	(0.9)	149	(0.8)	166	(0.9)	80	(0.9)	63	(1.0)	25	(1.0)	5	(0.2)
Private school all years	39	(0.6)	52	(0.9)	88	(1.5)	140	(1.4)	163	(1.0)	184	(1.2)	94	(0.7)	81	(1.4)	47	(2.5)	10	(0.8)
Change in school type during study	38	(0.8)	51	(1.1)	84	(1.9)	134	(1.8)	158	(1.4)	177	(1.8)	89	(1.4)	74	(1.9)	38	(2.7)	9	(1.1)

[1]Status during kindergarten year.

NOTE: Reading scale ranges from 0 to 209. Estimates for each assessment round include all children assessed in English in that round, even if they were not assessed in English in a previous round. In fall 1998, 8 percent of the kindergarten sample was not administered the English battery because of non-passing scores on the OLDS (Oral Language Development Scale) English proficiency assessment. By spring of first grade, this percentage had decreased to 2 percent. In the third grade and subsequent years, the OLDS was not administered and all children were assessed in English. Most of the children were in first grade in 1999–2000, but 5 percent were in kindergarten or other grades (e.g., second grade, ungraded classrooms); most were in third grade in 2001–02, but 11 percent were in second grade or other grades (e.g., fourth grade, ungraded classrooms); most were in fifth grade in 2003–04, but 14 percent were in fourth grade or other grades (e.g., sixth grade, ungraded classrooms); most were in eighth grade in 2006–07, but 14 percent were in seventh grade or other grades (e.g., ninth grade or ungraded classrooms). Data were calculated using C1_7FC0 weight. Estimates differ from previously published figures because the data were recalibrated to represent the kindergarten through eighth-grade reading assessment item pool. Race categories exclude persons of Hispanic ethnicity. Standard errors appear in parentheses.

SOURCE: U.S. Department of Education, National Center for Education Statistics, Early Childhood Longitudinal Study, Kindergarten Class of 1998–99 (ECLS-K), Longitudinal Kindergarten–Eighth Grade Full Sample Public-Use Data File, fall 1998, spring 1999, spring 2000, spring 2002, spring 2004, and spring 2007. (This table was prepared September 2009.)

Table 123. Mean mathematics and science scale scores and specific mathematics skills of fall 1998 first-time kindergartners, by time of assessment and selected characteristics: Selected years, fall 1998 through spring 2007

Selected characteristic	Mathematics									Science		
	Mean scale score						Percentage of children with specific skills, eighth grade, spring 2007			Mean scale score		
	Kindergarten		First grade, spring 2000	Third grade, spring 2002	Fifth grade, spring 2004	Eighth grade, spring 2007	Rate and measurement	Fractions	Area and volume	Third grade, spring 2002	Fifth grade, spring 2004	Eighth grade, spring 2007
	Fall 1998	Spring 1999										
1	2	3	4	5	6	7	8	9	10	11	12	13
Total	**26 (0.2)**	**37 (0.3)**	**62 (0.4)**	**100 (0.7)**	**124 (0.7)**	**140 (0.6)**	**68 (0.9)**	**38 (1.0)**	**16 (0.8)**	**51 (0.4)**	**65 (0.4)**	**84 (0.5)**
Sex												
Male	26 (0.3)	37 (0.4)	63 (0.6)	103 (0.8)	126 (0.9)	141 (0.8)	70 (1.3)	40 (1.3)	18 (1.0)	53 (0.6)	67 (0.6)	85 (0.7)
Female	26 (0.3)	37 (0.4)	61 (0.5)	97 (0.9)	121 (1.0)	139 (0.8)	65 (1.3)	35 (1.4)	14 (1.0)	49 (0.6)	63 (0.6)	82 (0.6)
Race/ethnicity												
White	29 (0.3)	40 (0.4)	67 (0.6)	106 (0.8)	130 (0.8)	146 (0.6)	77 (1.0)	46 (1.3)	21 (1.1)	56 (0.5)	70 (0.4)	89 (0.5)
Black	22 (0.4)	31 (0.6)	52 (0.8)	84 (1.8)	105 (1.8)	123 (1.6)	40 (2.3)	13 (1.8)	4 (1.2)	40 (1.1)	52 (1.1)	69 (1.3)
Hispanic	22 (0.4)	32 (0.5)	57 (0.9)	93 (1.1)	119 (1.1)	136 (1.0)	62 (1.7)	29 (2.1)	10 (1.1)	44 (0.7)	60 (0.7)	78 (0.8)
Asian	30 (1.0)	40 (1.2)	65 (1.7)	107 (2.7)	135 (2.4)	150 (2.3)	81 (3.1)	59 (3.8)	38 (3.7)	53 (1.5)	67 (1.6)	89 (1.1)
Other	25 (1.0)	36 (1.3)	60 (2.1)	97 (3.3)	122 (3.6)	138 (3.2)	65 (5.2)	34 (4.7)	15 (3.2)	49 (2.0)	63 (2.2)	82 (2.6)
Parents' highest level of education[1]												
Less than high school	20 (0.4)	28 (0.6)	49 (1.1)	81 (1.4)	105 (1.9)	122 (2.1)	41 (2.9)	14 (1.9)	3 (0.8)	37 (0.9)	50 (1.0)	68 (1.2)
High school	23 (0.3)	33 (0.5)	56 (0.7)	91 (1.0)	114 (1.0)	131 (0.8)	53 (1.4)	21 (1.2)	7 (0.7)	45 (0.6)	59 (0.7)	77 (0.7)
Some college	26 (0.3)	37 (0.4)	62 (0.6)	100 (1.0)	124 (0.9)	141 (0.8)	70 (1.3)	35 (1.5)	13 (1.0)	51 (0.6)	65 (0.6)	84 (0.6)
Bachelor's or higher degree	31 (0.3)	42 (0.4)	70 (0.6)	111 (0.9)	136 (0.8)	152 (0.7)	85 (1.2)	59 (1.5)	30 (1.4)	59 (0.6)	73 (0.5)	92 (0.4)
Primary home language[1]												
English	27 (0.2)	38 (0.3)	63 (0.4)	101 (0.7)	125 (0.8)	141 (0.6)	69 (0.9)	38 (1.0)	16 (0.8)	52 (0.4)	66 (0.5)	84 (0.5)
Non-English	21 (0.4)	30 (0.6)	55 (0.8)	91 (1.1)	117 (1.2)	135 (1.1)	58 (1.7)	30 (1.9)	13 (1.2)	41 (0.8)	57 (0.8)	77 (0.9)
Socioeconomic status[1]												
Lowest 20 percent	20 (0.3)	28 (0.4)	50 (0.8)	83 (1.1)	105 (1.3)	123 (1.2)	42 (1.8)	14 (1.1)	4 (0.5)	38 (0.8)	51 (0.9)	70 (0.9)
Middle 60 percent	26 (0.2)	37 (0.3)	62 (0.4)	99 (0.7)	123 (0.7)	140 (0.6)	67 (0.9)	35 (1.0)	13 (0.8)	51 (0.4)	65 (0.4)	84 (0.5)
Highest 20 percent	32 (0.4)	43 (0.5)	72 (0.7)	115 (0.9)	139 (0.9)	154 (0.7)	88 (1.0)	63 (1.8)	33 (1.8)	60 (0.6)	75 (0.6)	94 (0.5)
Grade level in spring 2007												
Eighth-grade or above	27 (0.2)	38 (0.3)	65 (0.4)	103 (0.7)	127 (0.8)	143 (0.6)	73 (1.0)	41 (1.1)	18 (0.8)	53 (0.4)	67 (0.4)	86 (0.5)
Below eighth grade	20 (0.4)	27 (0.6)	47 (1.2)	79 (1.6)	103 (1.9)	121 (1.8)	37 (2.5)	14 (2.5)	5 (1.5)	40 (1.1)	53 (1.3)	69 (1.4)
School type across all waves of the study												
Public school all years	26 (0.2)	36 (0.4)	61 (0.5)	99 (0.9)	122 (0.9)	139 (0.7)	66 (1.1)	35 (1.2)	15 (0.8)	50 (0.5)	64 (0.5)	82 (0.6)
Private school all years	31 (0.6)	43 (0.8)	69 (1.0)	107 (1.7)	133 (1.5)	149 (1.3)	82 (2.4)	50 (3.0)	22 (1.9)	56 (1.0)	71 (0.9)	90 (0.8)
Change in school type during study	28 (0.7)	39 (0.8)	66 (1.1)	103 (1.5)	128 (1.6)	144 (1.3)	73 (2.0)	44 (2.6)	20 (2.1)	55 (1.0)	69 (1.0)	88 (0.9)

[1]Status during kindergarten year.

NOTE: Mathematics scale ranges from 0 to 172, and science scale ranges from 0 to 108. Estimates for each assessment round include all children assessed in that round, including children assessed in Spanish. In kindergarten and first grade, the mathematics assessment was administered in Spanish for Spanish-speaking children who did not pass the English OLDS (Oral Language Development Scale). All assessments were administered in English in third grade through eighth grade. Most of the children were in first grade in 1999–2000, but 5 percent were in kindergarten or other grades (e.g., second grade, ungraded classrooms); most were in third grade in 2001–02, but 11 percent were in second grade or other grades (e.g., fourth grade, ungraded classrooms); most were in fifth grade in 2003–04, but 14 percent were in fourth grade or other grades (e.g., sixth grade, ungraded classrooms); most were in eighth grade in 2006–07, but 14 percent were in seventh grade or other grades (e.g., ninth grade or ungraded classrooms). Data were calculated using C1_7FC0 weight. Estimates differ from previously published figures because the data were recalibrated to represent the kindergarten through eighth-grade mathematics assessment item pool and the third-grade through eighth-grade science assessment item pool. Race categories exclude persons of Hispanic ethnicity. Standard errors appear in parentheses.

SOURCE: U.S. Department of Education, National Center for Education Statistics, Early Childhood Longitudinal Study, Kindergarten Class of 1998–99 (ECLS-K), Longitudinal Kindergarten–Eighth Grade Full Sample Public-Use Data File, fall 1998, spring 1999, spring 2000, spring 2002, spring 2004, and spring 2007. (This table was prepared September 2009.)

Table 124. Average reading scale score, by age and selected student and school characteristics: Selected years, 1971 through 2008

Selected student and school characteristic	1971		1975		1980		1984		1988		1990		1994		1996		1999		2004		2008	
1	2		3		4		5		6		7		8		9		10		11		12	
9-year-olds																						
All students	**208**	**(1.0)**	**210**	**(0.7)**	**215**	**(1.0)**	**211**	**(0.8)**	**212**	**(1.1)**	**209**	**(1.2)**	**211**	**(1.2)**	**212**	**(1.0)**	**212**	**(1.3)**	**216**	**(1.0)**	**220**	**(0.9)**
Sex																						
Male	201	(1.1)	204	(0.8)	210	(1.1)	207	(1.0)	207	(1.4)	204	(1.7)	207	(1.3)	207	(1.4)	209	(1.6)	212	(1.1)	216	(1.1)
Female	214	(1.0)	216	(0.8)	220	(1.1)	214	(0.9)	216	(1.3)	215	(1.2)	215	(1.4)	218	(1.1)	215	(1.5)	219	(1.1)	224	(0.9)
Race/ethnicity																						
White	214 [1]	(0.9)	217	(0.7)	221	(0.8)	218	(0.9)	218	(1.4)	217	(1.3)	218	(1.3)	220	(1.2)	221	(1.6)	224	(0.9)	228	(1.0)
Black	170 [1]	(1.7)	181	(1.2)	189	(1.8)	186	(1.3)	189	(2.4)	182	(2.9)	185	(2.3)	191	(2.6)	186	(2.3)	197	(1.8)	204	(1.7)
Hispanic	[2]	(†)	183	(2.2)	190	(2.3)	187	(3.0)	194	(3.5)	189	(2.3)	186	(3.9)	195	(3.4)	193	(2.7)	199	(1.5)	207	(1.5)
Region																						
Northeast	213	(1.7)	215	(1.3)	221	(2.1)	216	(2.2)	215	(2.6)	217	(2.2)	217	(2.9)	220	(1.8)	222	(3.5)	221	(2.5)	225	(1.6)
Southeast	194	(2.9)	201	(1.2)	210	(2.3)	204	(2.0)	207	(2.1)	197	(3.2)	208	(3.0)	206	(2.8)	205	(2.3)	214	(1.6)	220	(2.1)
Central	215	(1.2)	215	(1.2)	217	(1.4)	215	(1.9)	218	(2.2)	213	(2.0)	214	(2.3)	215	(2.6)	215	(3.9)	217	(2.5)	218	(1.6)
West	205	(2.0)	207	(2.0)	213	(1.8)	209	(2.0)	208	(2.6)	210	(2.8)	205	(2.8)	210	(1.9)	206	(1.8)	213	(1.6)	218	(1.3)
13-year-olds																						
All students	**255**	**(0.9)**	**256**	**(0.8)**	**258**	**(0.9)**	**257**	**(0.6)**	**257**	**(1.0)**	**257**	**(0.8)**	**258**	**(0.9)**	**258**	**(1.0)**	**259**	**(1.0)**	**257**	**(1.0)**	**260**	**(0.8)**
Sex																						
Male	250	(1.0)	250	(0.8)	254	(1.1)	253	(0.7)	252	(1.3)	251	(1.1)	251	(1.2)	251	(1.2)	254	(1.3)	252	(1.1)	256	(1.0)
Female	261	(0.9)	262	(0.9)	263	(0.9)	262	(0.7)	263	(1.0)	263	(1.1)	266	(1.2)	264	(1.2)	265	(1.2)	262	(1.2)	264	(0.9)
Race/ethnicity																						
White	261 [1]	(0.7)	262	(0.7)	264	(0.7)	263	(0.6)	261	(1.1)	262	(0.9)	265	(1.1)	266	(1.0)	267	(1.2)	265	(1.0)	268	(1.0)
Black	222 [1]	(1.2)	226	(1.2)	233	(1.5)	236	(1.2)	243	(2.4)	241	(2.2)	234	(2.4)	234	(2.6)	238	(2.4)	239	(1.9)	247	(1.6)
Hispanic	[2]	(†)	232	(3.0)	237	(2.0)	240	(2.0)	240	(3.5)	238	(2.3)	235	(1.9)	238	(2.9)	244	(2.9)	241	(2.1)	242	(1.5)
Parents' highest level of education																						
Did not finish high school	—	(†)	—	(†)	239	(1.1)	240	(1.2)	246	(2.1)	241	(1.8)	237	(2.4)	239	(2.8)	238	(3.4)	238	(2.3)	239	(1.9)
Graduated high school	—	(†)	—	(†)	253	(0.9)	253	(0.8)	253	(1.2)	251	(0.9)	251	(1.4)	251	(1.5)	251	(1.8)	249	(1.1)	251	(1.1)
Some education after high school	—	(†)	—	(†)	268	(1.0)	266	(1.1)	265	(1.7)	267	(1.7)	266	(1.9)	268	(2.3)	269	(2.4)	261	(1.4)	265	(1.1)
Graduated college	—	(†)	—	(†)	273	(0.9)	268	(0.9)	265	(1.6)	267	(1.1)	269	(1.2)	269	(1.4)	270	(1.2)	266	(1.2)	270	(1.2)
Region																						
Northeast	261	(2.0)	259	(1.8)	260	(1.8)	261	(0.8)	259	(2.4)	259	(1.8)	269	(2.0)	259	(2.6)	263	(2.9)	264	(2.5)	266	(1.7)
Southeast	245	(1.7)	249	(1.5)	253	(1.6)	256	(1.9)	258	(2.2)	256	(2.2)	253	(2.5)	251	(3.3)	254	(2.4)	253	(1.8)	258	(1.9)
Central	260	(1.8)	261	(1.4)	265	(1.4)	258	(1.3)	256	(2.0)	257	(1.5)	259	(3.3)	267	(1.8)	261	(1.9)	259	(1.8)	262	(1.9)
West	254	(1.3)	253	(1.7)	256	(2.0)	254	(1.1)	258	(2.1)	256	(1.6)	253	(2.1)	257	(1.7)	259	(2.2)	253	(1.7)	256	(1.5)
17-year-olds																						
All students	**285**	**(1.2)**	**286**	**(0.8)**	**285**	**(1.2)**	**289**	**(0.8)**	**290**	**(1.0)**	**290**	**(1.1)**	**288**	**(1.3)**	**288**	**(1.1)**	**288**	**(1.3)**	**283**	**(1.1)**	**286**	**(0.9)**
Sex																						
Male	279	(1.2)	280	(1.0)	282	(1.3)	284	(0.8)	286	(1.5)	284	(1.6)	282	(2.2)	281	(1.3)	281	(1.6)	276	(1.4)	280	(1.1)
Female	291	(1.3)	291	(1.0)	289	(1.2)	294	(0.9)	294	(1.5)	296	(1.2)	295	(1.5)	295	(1.2)	295	(1.4)	289	(1.2)	291	(1.0)
Race/ethnicity																						
White	291 [1]	(1.0)	293	(0.6)	293	(0.9)	295	(0.9)	295	(1.2)	297	(1.2)	296	(1.5)	295	(1.2)	295	(1.4)	289	(1.2)	295	(1.0)
Black	239 [1]	(1.7)	241	(2.0)	243	(1.8)	264	(1.2)	274	(2.4)	267	(2.3)	266	(3.9)	266	(2.7)	264	(1.7)	262	(1.9)	266	(2.4)
Hispanic	[2]	(†)	252	(3.6)	261	(2.7)	268	(2.9)	271	(4.3)	275	(3.6)	263	(4.9)	265	(4.1)	271	(3.9)	267	(2.5)	269	(1.3)
Parents' highest level of education																						
Did not finish high school	—	(†)	—	(†)	262	(1.5)	269	(1.4)	267	(2.0)	270	(2.8)	268	(2.7)	267	(3.2)	265	(3.6)	259	(2.7)	266	(2.1)
Graduated high school	—	(†)	—	(†)	277	(1.0)	281	(0.8)	282	(1.3)	283	(1.4)	276	(1.9)	273	(1.7)	274	(2.1)	271	(1.4)	274	(1.4)
Some education after high school	—	(†)	—	(†)	295	(1.2)	298	(0.9)	299	(2.2)	295	(1.9)	294	(1.6)	295	(2.2)	295	(1.8)	285	(1.5)	288	(1.1)
Graduated college	—	(†)	—	(†)	301	(1.0)	302	(0.9)	300	(1.4)	302	(1.5)	300	(1.7)	299	(1.5)	298	(1.3)	295	(1.2)	298	(1.1)
Region																						
Northeast	291	(2.8)	289	(1.7)	286	(2.4)	291	(2.5)	295	(2.9)	296	(1.8)	297	(4.2)	292	(2.8)	295	(4.0)	286	(2.1)	290	(1.6)
Southeast	271	(2.4)	277	(1.4)	280	(2.2)	284	(2.1)	286	(2.1)	285	(2.5)	283	(2.8)	279	(2.6)	279	(2.4)	278	(1.6)	281	(1.8)
Central	291	(2.1)	292	(1.4)	287	(2.2)	290	(1.8)	291	(1.9)	294	(2.4)	286	(3.7)	293	(2.1)	292	(1.5)	289	(1.8)	290	(2.1)
West	284	(1.8)	282	(1.9)	287	(2.1)	289	(1.6)	289	(1.8)	287	(2.6)	288	(2.8)	287	(2.4)	286	(3.0)	280	(2.7)	284	(1.5)

—Not available.
†Not applicable.
[1]Data for 1971 include persons of Hispanic ethnicity.
[2]Test scores of Hispanics were not tabulated separately.
NOTE: The NAEP reading scores have been evaluated at certain performance levels. Scale ranges from 0 to 500. Students scoring 150 (or higher) are able to follow brief written directions and carry out simple, discrete reading tasks. Students scoring 200 are able to understand, combine ideas, and make inferences based on short uncomplicated passages about specific or sequentially related information. Students scoring 250 are able to search for specific information, interrelate ideas, and make generalizations about literature, science, and social studies materials. Students scoring 300 are able to find, understand, summarize, and explain relatively complicated literary and informational material. Includes public and private schools. Excludes persons not enrolled in school and students who were unable to be tested due to limited proficiency in English or due to a disability. Beginning in 2004, data are for a revised assessment format that provides accommodations for students with disabilities and English language learners. Race categories exclude persons of Hispanic ethnicity, except where noted. Totals include other racial/ethnic groups not shown separately. Some data have been revised from previously published figures. Standard errors appear in parentheses.
SOURCE: U.S. Department of Education, National Center for Education Statistics, National Assessment of Educational Progress (NAEP), *NAEP 2004 Trends in Academic Progress*; and 2008 NAEP Long-Term Trend Reading Assessment, retrieved May 4, 2009, from Long-Term Trend NAEP Data Explorer (http://nces.ed.gov/nationsreportcard/naepdata/). (This table was prepared May 2009.)

Table 125. Average reading scale score and standard deviation, by sex, grade, race/ethnicity, and percentile: Selected years, 1992 through 2009

Grade, race/ethnicity, and percentile	1992[1]	1994[2]	1998	2000	2002	2003	2005	2007 Total	2007 Male	2007 Female	2009 Total	2009 Male	2009 Female
1	2	3	4	5	6	7	8	9	10	11	12	13	14
	Average reading scale score												
All students													
4th grade	217 (0.9)	214 (1.0)	215 (1.1)	213 (1.3)	219 (0.4)	218 (0.3)	219 (0.2)	221 (0.3)	218 (0.3)	224 (0.3)	221 (0.3)	218 (0.3)	224 (0.3)
8th grade	260 (0.9)	260 (0.8)	263 (0.8)	— (†)	264 (0.4)	263 (0.3)	262 (0.2)	263 (0.2)	258 (0.3)	268 (0.3)	264 (0.3)	259 (0.3)	269 (0.3)
12th grade	292 (0.6)	287 (0.7)	290 (0.6)	— (†)	287 (0.7)	— (†)	286 (0.6)	— (†)	— (†)	— (†)	288 (0.7)	282 (0.7)	294 (0.8)
Race/ethnicity													
4th grade													
White	224 (1.2)	224 (1.3)	225 (1.0)	224 (1.1)	229 (0.3)	229 (0.2)	229 (0.2)	231 (0.2)	228 (0.3)	234 (0.3)	230 (0.3)	227 (0.3)	233 (0.3)
Black	192 (1.7)	185 (1.8)	193 (1.9)	190 (1.8)	199 (0.5)	198 (0.4)	200 (0.3)	203 (0.4)	199 (0.5)	208 (0.5)	205 (0.5)	200 (0.6)	209 (0.6)
Hispanic	197 (2.6)	188 (3.4)	193 (3.2)	190 (2.9)	201 (1.3)	200 (0.6)	203 (0.5)	205 (0.5)	202 (0.6)	208 (0.5)	205 (0.5)	202 (0.6)	208 (0.7)
Asian/Pacific Islander	216 (2.9)	220 (3.8)	215 (5.6)	225 (5.2)	224 (1.6)	226 (1.2)	229 (0.7)	232 (1.0)	228 (1.1)	236 (1.1)	235 (1.0)	230 (1.2)	240 (1.4)
American Indian/Alaska Native	‡ (†)	211 (6.6)	‡ (†)	214 (6.0)	207 (2.0)	202 (1.4)	204 (1.3)	203 (1.2)	200 (1.5)	206 (1.5)	204 (1.3)	201 (2.0)	208 (1.3)
8th grade													
White	267 (1.1)	267 (1.0)	270 (0.9)	— (†)	272 (0.4)	272 (0.2)	271 (0.2)	272 (0.2)	267 (0.3)	277 (0.3)	273 (0.2)	268 (0.3)	278 (0.3)
Black	237 (1.7)	236 (1.8)	244 (1.2)	— (†)	245 (0.7)	244 (0.5)	243 (0.4)	245 (0.4)	238 (0.5)	251 (0.5)	246 (0.4)	241 (0.5)	252 (0.5)
Hispanic	241 (1.6)	243 (1.2)	243 (1.7)	— (†)	247 (0.8)	245 (0.7)	246 (0.4)	247 (0.4)	242 (0.6)	251 (0.6)	249 (0.6)	245 (0.8)	253 (0.7)
Asian/Pacific Islander	268 (3.9)	265 (3.0)	264 (7.1)	— (†)	267 (1.7)	270 (1.1)	271 (0.8)	271 (1.1)	266 (1.3)	275 (1.4)	274 (1.1)	269 (1.2)	279 (1.5)
American Indian/Alaska Native	‡ (†)	248 (4.7)	‡ (†)	— (†)	250 (3.5)	246 (3.0)	249 (1.4)	247 (1.2)	242 (1.5)	253 (1.5)	251 (1.2)	246 (1.8)	256 (1.5)
12th grade													
White	297 (0.6)	293 (0.7)	297 (0.7)	— (†)	292 (0.7)	— (†)	293 (0.7)	— (†)	— (†)	— (†)	296 (0.6)	289 (0.7)	303 (0.7)
Black	273 (1.4)	265 (1.6)	269 (1.4)	— (†)	267 (1.3)	— (†)	267 (1.2)	— (†)	— (†)	— (†)	269 (1.1)	261 (1.4)	276 (1.2)
Hispanic	279 (2.7)	270 (1.7)	275 (1.5)	— (†)	273 (1.5)	— (†)	272 (1.2)	— (†)	— (†)	— (†)	274 (1.0)	269 (1.2)	278 (1.0)
Asian/Pacific Islander	290 (3.2)	278 (2.4)	287 (2.7)	— (†)	286 (2.0)	— (†)	287 (1.9)	— (†)	— (†)	— (†)	298 (2.4)	294 (2.4)	303 (2.6)
American Indian/Alaska Native	‡ (†)	274 (5.8)	‡ (†)	— (†)	‡ (†)	— (†)	279 (6.3)	— (†)	— (†)	— (†)	283 (3.7)	273 (4.4)	290 (4.5)
Percentile[2]													
4th grade													
10th	170 (1.9)	159 (1.5)	163 (2.1)	159 (2.3)	170 (0.9)	169 (0.5)	171 (0.4)	174 (0.4)	170 (0.5)	179 (0.5)	175 (0.5)	170 (0.6)	180 (0.7)
25th	194 (1.1)	189 (1.1)	191 (1.7)	189 (1.4)	196 (0.5)	195 (0.4)	196 (0.3)	199 (0.3)	196 (0.4)	203 (0.4)	199 (0.4)	196 (0.4)	203 (0.5)
50th	219 (1.3)	219 (1.3)	217 (1.3)	218 (1.7)	221 (0.5)	221 (0.3)	221 (0.2)	224 (0.3)	221 (0.4)	227 (0.3)	223 (0.3)	220 (0.3)	226 (0.3)
75th	242 (1.1)	243 (1.3)	242 (0.9)	243 (0.8)	244 (0.5)	244 (0.3)	244 (0.3)	246 (0.3)	243 (0.3)	248 (0.4)	245 (0.3)	243 (0.3)	248 (0.3)
90th	261 (1.4)	263 (1.7)	262 (0.9)	262 (1.4)	263 (0.4)	264 (0.3)	263 (0.3)	264 (0.4)	261 (0.5)	267 (0.4)	264 (0.3)	261 (0.7)	266 (0.4)
8th grade													
10th	213 (1.2)	211 (1.9)	216 (1.7)	— (†)	220 (0.5)	217 (0.6)	216 (0.3)	217 (0.4)	211 (0.5)	225 (0.7)	219 (0.5)	214 (0.6)	225 (0.5)
25th	237 (1.1)	236 (1.1)	241 (0.7)	— (†)	244 (0.5)	242 (0.3)	240 (0.2)	242 (0.3)	237 (0.4)	247 (0.4)	243 (0.4)	239 (0.3)	248 (0.4)
50th	262 (1.1)	262 (0.7)	266 (0.7)	— (†)	267 (0.5)	266 (0.3)	265 (0.2)	265 (0.2)	261 (0.3)	270 (0.3)	267 (0.3)	262 (0.3)	271 (0.4)
75th	285 (0.8)	286 (1.1)	288 (1.0)	— (†)	288 (0.4)	288 (0.3)	286 (0.2)	287 (0.2)	282 (0.3)	291 (0.3)	288 (0.4)	283 (0.3)	292 (0.5)
90th	305 (1.3)	305 (1.2)	306 (0.8)	— (†)	305 (0.5)	306 (0.2)	305 (0.2)	305 (0.2)	300 (0.3)	309 (0.4)	305 (0.4)	301 (0.4)	309 (0.5)
12th grade													
10th	249 (0.8)	239 (0.9)	240 (0.6)	— (†)	237 (1.5)	— (†)	235 (1.1)	— (†)	— (†)	— (†)	238 (0.8)	230 (1.0)	247 (0.8)
25th	271 (0.8)	264 (0.9)	267 (0.8)	— (†)	263 (1.3)	— (†)	262 (0.8)	— (†)	— (†)	— (†)	264 (0.8)	257 (0.8)	271 (0.8)
50th	294 (0.8)	290 (0.6)	293 (0.6)	— (†)	289 (0.7)	— (†)	288 (0.8)	— (†)	— (†)	— (†)	291 (0.7)	285 (1.0)	296 (1.0)
75th	315 (0.5)	313 (0.8)	317 (0.7)	— (†)	312 (0.6)	— (†)	313 (1.1)	— (†)	— (†)	— (†)	315 (0.9)	310 (0.8)	319 (0.8)
90th	333 (0.7)	332 (1.2)	336 (0.8)	— (†)	332 (0.9)	— (†)	333 (1.1)	— (†)	— (†)	— (†)	335 (0.9)	330 (1.1)	339 (1.0)
	Standard deviation[3] of the reading scale score												
All students													
4th grade	36 (0.6)	41 (0.6)	39 (0.7)	42 (0.9)	36 (0.3)	37 (0.2)	36 (0.1)	36 (0.2)	36 (0.2)	35 (0.2)	35 (0.2)	36 (0.3)	34 (0.2)
8th grade	36 (0.3)	37 (0.4)	35 (0.5)	— (†)	34 (0.3)	35 (0.2)	35 (0.1)	35 (0.2)	35 (0.2)	34 (0.2)	34 (0.2)	35 (0.2)	33 (0.2)
12th grade	33 (0.4)	37 (0.5)	38 (0.4)	— (†)	37 (0.4)	— (†)	38 (0.4)	— (†)	— (†)	— (†)	38 (0.3)	39 (0.4)	36 (0.3)

—Not available. Data not collected.
†Not applicable.
‡Reporting standards not met.
[1]Accommodations were not permitted for this assessment.
[2]The percentile represents a specific point on the percentage distribution of all students ranked by their reading score from low to high. For example, 10 percent of students scored at or below the 10th percentile score, while 90 percent of students scored above it.
[3]The standard deviation provides an indication of how much the test scores varied. The lower the standard deviation, the closer the scores were clustered around the average score. About two-thirds of the student scores can be expected to fall within the range of one standard deviation above and one standard deviation below the average score. For example, the average score for all 4th-graders was 221, and the standard deviation was 35. This means that we would expect about two-thirds of the students to have scores between 256 (one standard deviation above the average) and 186 (one standard deviation below). Standard errors also must be taken into account when making comparisons of these ranges. For a discussion of standard errors, see Appendix A: Guide to Sources.
NOTE: Scale ranges from 0 to 500. Includes public and private schools. Excludes persons not enrolled in school and those who were unable to be tested due to limited proficiency in English or due to a disability. Race categories exclude persons of Hispanic ethnicity. Standard errors appear in parentheses.
SOURCE: U.S. Department of Education, National Center for Education Statistics, National Assessment of Educational Progress (NAEP), 1992, 1994, 1998, 2000, 2002, 2003, 2005, 2007, and 2009 Reading Assessments, retrieved May 17 and December 2, 2010, from the Main NAEP Data Explorer (http://nces.ed.gov/nationsreportcard/naepdata/). (This table was prepared December 2010.)

Table 126. Average reading scale score, by grade and selected student and school characteristics: Selected years, 1992 through 2009

Selected student or school characteristic	1992[1]		1994[1]		1998		2000		2002		2003		2005		2007		2009	
1	2		3		4		5		6		7		8		9		10	
4th grade, all students	**217**	**(0.9)**	**214**	**(1.0)**	**215**	**(1.1)**	**213**	**(1.3)**	**219**	**(0.4)**	**218**	**(0.3)**	**219**	**(0.2)**	**221**	**(0.3)**	**221**	**(0.3)**
Sex																		
Male	213	(1.2)	209	(1.3)	212	(1.3)	208	(1.3)	215	(0.4)	215	(0.3)	216	(0.2)	218	(0.3)	218	(0.3)
Female	221	(1.0)	220	(1.1)	217	(1.3)	219	(1.4)	222	(0.5)	222	(0.3)	222	(0.3)	224	(0.3)	224	(0.3)
Eligibility for free or reduced-price lunch																		
Eligible	—	(†)	—	(†)	196	(1.7)	193	(1.7)	203	(0.7)	201	(0.3)	203	(0.3)	205	(0.3)	206	(0.3)
Not eligible	—	(†)	—	(†)	227	(0.9)	226	(1.2)	230	(0.4)	229	(0.3)	230	(0.2)	232	(0.3)	232	(0.3)
Unknown	—	(†)	—	(†)	223	(2.7)	225	(2.3)	226	(1.6)	230	(0.9)	232	(0.9)	233	(1.3)	236	(1.3)
Read for fun on own																		
Almost every day	223	(1.2)	223	(1.2)	219	(1.5)	218	(1.7)	225	(0.5)	225	(0.3)	225	(0.3)	227	(0.3)	228	(0.4)
1–2 times a week	218	(1.2)	213	(1.1)	217	(1.2)	216	(1.2)	220	(0.5)	219	(0.3)	220	(0.3)	223	(0.3)	221	(0.4)
1–2 times a month	210	(1.6)	208	(2.1)	211	(1.9)	212	(1.6)	210	(0.8)	211	(0.5)	213	(0.4)	216	(0.4)	214	(0.4)
Never or hardly ever	199	(1.8)	197	(1.9)	202	(1.9)	201	(1.8)	208	(0.5)	207	(0.4)	208	(0.3)	211	(0.4)	210	(0.3)
Magazines in home																		
Yes	221	(1.2)	220	(1.1)	221	(1.0)	219	(1.3)	223	(0.5)	223	(0.3)	223	(0.2)	225	(0.3)	224	(0.3)
No	207	(1.1)	201	(1.3)	202	(1.6)	203	(1.7)	209	(0.6)	209	(0.5)	210	(0.3)	213	(0.4)	215	(0.4)
Unknown	214	(2.1)	206	(2.1)	210	(1.9)	209	(2.4)	214	(0.6)	214	(0.4)	215	(0.4)	218	(0.4)	219	(0.4)
Control of school																		
Public	215	(1.0)	212	(1.1)	‡	(†)	211	(1.4)	217	(0.5)	216	(0.3)	‡	(†)	220	(0.3)	220	(0.3)
Private	232	(1.7)	231	(2.5)	‡	(†)	231	(1.8)	234	(0.9)	235	(0.8)	‡	(†)	234	(1.1)	235	(1.0)
8th grade, all students	**260**	**(0.9)**	**260**	**(0.8)**	**263**	**(0.8)**	**—**	**(†)**	**264**	**(0.4)**	**263**	**(0.3)**	**262**	**(0.2)**	**263**	**(0.2)**	**264**	**(0.3)**
Sex																		
Male	254	(1.1)	252	(1.0)	256	(1.0)	—	(†)	260	(0.5)	258	(0.3)	257	(0.2)	258	(0.3)	259	(0.3)
Female	267	(1.0)	267	(1.0)	270	(0.8)	—	(†)	269	(0.5)	269	(0.3)	267	(0.2)	268	(0.3)	269	(0.3)
Eligibility for free or reduced-price lunch																		
Eligible	—	(†)	—	(†)	245	(1.0)	—	(†)	249	(0.5)	247	(0.4)	247	(0.3)	247	(0.3)	249	(0.3)
Not eligible	—	(†)	—	(†)	269	(1.0)	—	(†)	272	(0.4)	271	(0.3)	270	(0.2)	271	(0.3)	273	(0.3)
Unknown	—	(†)	—	(†)	272	(2.0)	—	(†)	271	(1.4)	272	(1.0)	275	(1.1)	277	(1.3)	280	(1.3)
Read for fun on own																		
Almost every day	277	(1.1)	277	(1.4)	277	(1.0)	—	(†)	279	(0.6)	279	(0.4)	279	(0.3)	281	(0.4)	282	(0.4)
1–2 times a week	263	(1.0)	264	(1.1)	267	(1.1)	—	(†)	266	(0.5)	265	(0.4)	265	(0.3)	265	(0.3)	267	(0.4)
1–2 times a month	258	(1.2)	257	(0.8)	263	(0.9)	—	(†)	264	(0.6)	262	(0.3)	261	(0.3)	261	(0.4)	261	(0.4)
Never or hardly ever	246	(1.4)	246	(1.1)	251	(1.1)	—	(†)	255	(0.4)	253	(0.3)	252	(0.3)	253	(0.3)	253	(0.4)
Magazines in home																		
Yes	265	(0.9)	264	(0.8)	267	(0.8)	—	(†)	269	(0.4)	268	(0.3)	267	(0.2)	268	(0.2)	269	(0.3)
No	243	(1.3)	243	(1.5)	248	(1.1)	—	(†)	254	(0.7)	252	(0.4)	252	(0.3)	255	(0.3)	257	(0.4)
Unknown	242	(2.0)	237	(2.5)	240	(2.2)	—	(†)	246	(0.8)	245	(0.9)	247	(0.6)	248	(0.5)	252	(0.5)
Parents' highest level of education																		
Did not finish high school	243	(1.4)	238	(1.9)	242	(1.6)	—	(†)	248	(1.0)	245	(0.7)	244	(0.5)	245	(0.5)	248	(0.6)
Graduated high school	251	(1.4)	252	(1.2)	254	(1.3)	—	(†)	257	(0.5)	254	(0.4)	252	(0.4)	253	(0.4)	254	(0.4)
Some education after high school	265	(1.1)	266	(1.3)	268	(1.1)	—	(†)	268	(0.5)	267	(0.4)	265	(0.3)	266	(0.3)	267	(0.3)
Graduated college	271	(1.0)	270	(0.9)	273	(0.9)	—	(†)	274	(0.4)	273	(0.3)	272	(0.2)	273	(0.2)	274	(0.3)
Control of school																		
Public	258	(1.0)	257	(0.8)	‡	(†)	—	(†)	263	(0.5)	261	(0.2)	‡	(†)	261	(0.2)	262	(0.3)
Private	278	(2.0)	279	(1.4)	‡	(†)	—	(†)	281	(0.9)	282	(0.7)	‡	(†)	280	(0.9)	282	(0.9)
12th grade, all students	**292**	**(0.6)**	**287**	**(0.7)**	**290**	**(0.6)**	**—**	**(†)**	**287**	**(0.7)**	**—**	**(†)**	**286**	**(0.6)**	**—**	**(†)**	**288**	**(0.7)**
Sex																		
Male	287	(0.7)	280	(0.8)	282	(0.8)	—	(†)	279	(0.9)	—	(†)	279	(0.8)	—	(†)	282	(0.7)
Female	297	(0.7)	294	(0.8)	298	(0.8)	—	(†)	295	(0.7)	—	(†)	292	(0.7)	—	(†)	294	(0.8)
Eligibility for free or reduced-price lunch																		
Eligible	—	(†)	—	(†)	270	(1.1)	—	(†)	273	(1.4)	—	(†)	271	(1.0)	—	(†)	273	(0.7)
Not eligible	—	(†)	—	(†)	293	(0.6)	—	(†)	289	(0.9)	—	(†)	290	(0.7)	—	(†)	294	(0.8)
Unknown	—	(†)	—	(†)	295	(1.6)	—	(†)	294	(1.5)	—	(†)	295	(1.9)	—	(†)	296	(2.4)
Read for fun on own																		
Almost every day	304	(0.9)	302	(1.1)	304	(1.0)	—	(†)	304	(1.1)	—	(†)	302	(1.2)	—	(†)	305	(0.9)
1–2 times a week	296	(0.7)	294	(1.0)	298	(0.9)	—	(†)	292	(1.1)	—	(†)	292	(1.0)	—	(†)	295	(1.0)
1–2 times a month	290	(0.9)	285	(1.0)	289	(0.7)	—	(†)	288	(0.9)	—	(†)	285	(0.8)	—	(†)	288	(0.8)
Never or hardly ever	279	(1.0)	273	(1.1)	275	(1.0)	—	(†)	275	(1.0)	—	(†)	274	(0.8)	—	(†)	275	(0.6)
Magazines in home																		
Yes	295	(0.6)	291	(0.7)	294	(0.6)	—	(†)	292	(0.7)	—	(†)	292	(0.6)	—	(†)	294	(0.7)
No	278	(1.2)	271	(1.2)	277	(1.2)	—	(†)	277	(1.0)	—	(†)	276	(1.0)	—	(†)	281	(0.7)
Unknown	264	(3.5)	256	(4.2)	247	(5.2)	—	(†)	255	(3.4)	—	(†)	260	(2.8)	—	(†)	263	(1.6)
Parents' highest level of education																		
Did not finish high school	275	(1.4)	266	(1.5)	268	(1.8)	—	(†)	268	(1.5)	—	(†)	268	(1.7)	—	(†)	269	(1.0)
Graduated high school	283	(0.8)	277	(1.3)	279	(1.2)	—	(†)	278	(1.1)	—	(†)	274	(0.9)	—	(†)	276	(0.7)
Some education after high school	294	(0.8)	289	(1.0)	291	(1.0)	—	(†)	289	(1.0)	—	(†)	287	(0.8)	—	(†)	287	(0.7)
Graduated college	301	(0.8)	298	(1.0)	300	(0.7)	—	(†)	296	(0.8)	—	(†)	297	(0.7)	—	(†)	299	(0.8)
Control of school																		
Public	290	(0.7)	286	(0.7)	‡	(†)	—	(†)	‡	(†)	—	(†)	‡	(†)	—	(†)	‡	(†)
Private	308	(1.3)	301	(1.9)	‡	(†)	—	(†)	‡	(†)	—	(†)	‡	(†)	—	(†)	‡	(†)

—Not available.
†Not applicable.
‡Reporting standards not met.
[1]Accommodations were not permitted for this assessment.
NOTE: Scale ranges from 0 to 500. Includes public and private schools. Excludes persons not enrolled in school and those who were unable to be tested due to limited proficiency in English or due to a disability. Race categories exclude persons of Hispanic ethnicity. Some data have been revised from previously published figures. Standard errors appear in parentheses.
SOURCE: U.S. Department of Education, National Center for Education Statistics, National Assessment of Educational Progress (NAEP), 1992, 1994, 1998, 2000, 2002, 2003, 2005, 2007, and 2009 Reading Assessments, retrieved May 19 and November 18, 2010, from the Main NAEP Data Explorer (http://nces.ed.gov/nationsreportcard/naepdata/). (This table was prepared November 2010.)

Table 127. Average reading scale scores and percentage distribution of 9-, 13-, and 17-year-olds, by amount of reading for school, frequency of reading for fun, and time spent doing homework and watching TV/video: Selected years, 1984 through 2008

Time spent on reading and homework	9-year-olds					13-year-olds					17-year-olds				
	1984	1994	1999	2004	2008	1984	1994	1999	2004	2008	1984	1994	1999	2004	2008
1	2	3	4	5	6	7	8	9	10	11	12	13	14	15	16
	Average scale score														
Pages read daily in school and for homework															
5 or fewer	208 (0.9)	203 (2.3)	202 (1.8)	206 (1.5)	210 (1.1)	250 (0.8)	249 (1.7)	249 (2.0)	245 (1.4)	250 (1.2)	273 (0.8)	271 (1.9)	273 (2.7)	269 (1.4)	271 (1.3)
6–10	215 (1.0)	214 (1.7)	212 (1.7)	217 (1.4)	219 (1.3)	261 (0.6)	261 (1.4)	262 (1.7)	257 (1.1)	258 (1.2)	287 (0.9)	284 (2.1)	285 (1.7)	283 (1.5)	284 (1.4)
11–15	220 (1.4)	217 (2.3)	221 (2.4)	222 (1.6)	224 (1.4)	264 (1.0)	266 (1.8)	263 (2.1)	263 (1.5)	263 (1.1)	294 (0.9)	288 (1.9)	292 (2.1)	290 (2.0)	290 (1.6)
16–20	215 (1.4)	209 (2.9)	214 (2.0)	220 (1.4)	225 (1.5)	263 (1.1)	263 (2.3)	264 (2.6)	266 (1.9)	267 (1.6)	296 (1.1)	298 (2.8)	292 (2.9)	293 (1.6)	296 (1.5)
More than 20	215 (1.6)	217 (2.4)	217 (2.1)	218 (1.1)	226 (1.2)	261 (1.5)	261 (2.0)	265 (2.0)	261 (1.6)	267 (1.4)	300 (1.2)	304 (2.2)	302 (1.9)	298 (1.9)	303 (1.3)
Frequency of reading for fun															
Almost every day	214 (1.1)	215 (2.3)	215 (2.4)	— (†)	225 (1.2)	264 (1.4)	272 (3.2)	272 (3.2)	— (†)	274 (1.4)	297 (1.5)	302 (4.2)	301 (4.9)	— (†)	302 (1.3)
Once or twice a week	212 (1.7)	214 (3.1)	215 (2.6)	— (†)	225 (1.3)	255 (1.4)	255 (3.1)	263 (3.2)	— (†)	264 (1.1)	290 (1.7)	286 (4.1)	289 (2.9)	— (†)	291 (1.7)
Once or twice a month	204 (3.3)	213 (5.8)	211 (4.2)	— (†)	221 (1.7)	255 (2.1)	255 (5.7)	260 (3.7)	— (†)	261 (1.3)	290 (1.8)	286 (4.5)	286 (4.8)	— (†)	288 (1.3)
A few times a year	197 (4.2)	‡ (†)	‡ (†)	— (†)	212 (2.0)	252 (3.6)	252 (5.4)	253 (4.4)	— (†)	254 (1.3)	279 (2.7)	281 (8.2)	283 (4.4)	— (†)	287 (1.5)
Never or hardly ever	198 (2.7)	193 (3.9)	195 (3.3)	— (†)	211 (1.2)	239 (2.5)	237 (5.1)	242 (5.3)	— (†)	247 (0.9)	269 (2.4)	258 (5.2)	262 (5.0)	— (†)	269 (1.1)
Time spent on homework yesterday															
No homework assigned	212 (1.0)	213 (2.0)	210 (1.9)	215 (1.5)	219 (1.7)	254 (1.0)	250 (1.7)	251 (2.0)	248 (1.7)	251 (1.2)	276 (0.8)	273 (2.3)	275 (2.3)	268 (1.6)	272 (1.3)
Didn't do assignment	199 (2.3)	200 (4.3)	204 (4.4)	194 (3.0)	201 (2.6)	247 (1.7)	243 (5.6)	249 (4.2)	245 (2.1)	242 (2.4)	287 (1.4)	285 (2.1)	282 (3.1)	277 (1.7)	284 (1.7)
Less than 1 hour	217 (0.8)	212 (1.4)	214 (1.5)	219 (1.2)	223 (0.9)	261 (0.6)	261 (1.3)	262 (1.2)	258 (1.2)	260 (0.9)	290 (0.9)	288 (1.6)	291 (2.3)	286 (1.2)	288 (1.1)
1 to 2 hours	216 (1.4)	214 (3.0)	215 (3.2)	218 (1.9)	222 (1.6)	267 (0.8)	268 (1.7)	269 (1.6)	266 (1.4)	269 (1.2)	296 (0.8)	297 (1.7)	296 (2.0)	294 (1.5)	295 (1.1)
More than 2 hours	201 (1.9)	193 (6.1)	197 (3.5)	198 (3.6)	207 (3.1)	264 (1.2)	270 (2.4)	269 (3.0)	259 (2.3)	277 (1.9)	303 (1.4)	306 (3.1)	300 (2.8)	300 (2.4)	306 (2.2)
TV/video watched on school day															
None	212 (3.4)	212 (4.8)	221 (4.6)	— (†)	223 (3.0)	264 (2.7)	270 (5.1)	265 (6.0)	— (†)	267 (3.0)	300 (1.6)	308 (3.4)	300 (2.8)	— (†)	292 (2.4)
1 hour or less	217 (1.5)	216 (1.8)	218 (2.1)	— (†)	225 (1.2)	269 (1.1)	270 (1.5)	270 (1.6)	— (†)	266 (1.2)	300 (1.2)	299 (2.0)	298 (2.0)	— (†)	293 (1.2)
2 hours	222 (1.1)	219 (2.1)	221 (1.7)	— (†)	229 (1.1)	268 (0.8)	268 (1.4)	268 (1.6)	— (†)	266 (1.1)	295 (0.9)	292 (1.8)	292 (2.1)	— (†)	290 (1.1)
3 hours	220 (1.2)	218 (2.2)	218 (2.3)	— (†)	227 (1.3)	264 (0.7)	262 (1.4)	263 (1.5)	— (†)	262 (1.3)	288 (1.0)	284 (2.0)	282 (2.3)	— (†)	284 (1.3)
4 hours	219 (1.0)	212 (1.8)	214 (2.4)	— (†)	223 (1.4)	262 (0.9)	254 (2.2)	254 (2.4)	— (†)	255 (1.5)	284 (1.0)	276 (4.1)	273 (2.2)	— (†)	276 (2.3)
5 hours	214 (1.4)	209 (2.7)	208 (3.0)	— (†)	219 (2.2)	257 (1.0)	250 (3.0)	253 (3.2)	— (†)	255 (2.6)	277 (1.5)	269 (4.0)	275 (3.8)	— (†)	273 (2.4)
6 hours or more	199 (0.8)	192 (2.7)	191 (1.7)	— (†)	205 (1.2)	245 (1.0)	234 (3.1)	238 (1.8)	— (†)	238 (1.4)	269 (1.5)	256 (3.7)	256 (5.2)	— (†)	256 (2.3)
	Percentage distribution														
Pages read daily in school and for homework															
5 or fewer	36 (0.8)	28 (1.4)	28 (1.4)	25 (0.9)	25 (0.9)	27 (0.7)	26 (0.9)	23 (1.0)	25 (0.8)	26 (0.8)	21 (0.8)	21 (1.2)	23 (1.4)	31 (0.9)	30 (0.9)
6–10	25 (0.4)	26 (0.6)	24 (0.9)	20 (0.5)	20 (0.5)	34 (0.5)	31 (0.9)	31 (1.1)	25 (0.7)	24 (0.6)	26 (0.6)	25 (0.9)	24 (0.8)	24 (0.6)	23 (0.5)
11–15	14 (0.4)	14 (0.5)	15 (0.7)	14 (0.6)	14 (0.5)	18 (0.4)	17 (0.6)	18 (0.8)	16 (0.5)	17 (0.5)	18 (0.3)	18 (0.6)	17 (0.6)	15 (0.5)	16 (0.5)
16–20	13 (0.4)	14 (0.9)	14 (0.7)	13 (0.6)	14 (0.6)	11 (0.2)	13 (0.5)	13 (0.7)	12 (0.5)	13 (0.4)	14 (0.5)	13 (0.6)	14 (0.8)	11 (0.5)	12 (0.4)
More than 20	13 (0.5)	17 (1.0)	19 (1.0)	29 (1.0)	28 (0.8)	11 (0.5)	14 (0.8)	16 (1.0)	21 (0.7)	22 (0.9)	21 (0.9)	23 (1.5)	22 (1.2)	19 (0.9)	19 (0.7)
Frequency of reading for fun															
Almost every day	53 (1.0)	58 (1.6)	54 (1.6)	— (†)	48 (0.7)	35 (1.0)	32 (1.8)	28 (1.7)	— (†)	26 (0.7)	31 (0.8)	30 (2.6)	25 (1.7)	— (†)	20 (0.6)
Once or twice a week	28 (0.8)	25 (1.5)	26 (1.5)	— (†)	23 (0.6)	35 (1.2)	32 (2.1)	36 (1.7)	— (†)	25 (0.6)	33 (1.1)	31 (1.9)	28 (2.7)	— (†)	22 (0.5)
Once or twice a month	7 (0.6)	5 (0.6)	6 (0.6)	— (†)	8 (0.3)	14 (0.8)	14 (1.7)	17 (1.6)	— (†)	13 (0.4)	17 (0.5)	15 (1.5)	19 (1.7)	— (†)	17 (0.5)
A few times a year	3 (0.3)	3 (0.6)	4 (0.7)	— (†)	8 (0.4)	7 (0.5)	10 (1.2)	10 (1.2)	— (†)	12 (0.4)	10 (0.5)	12 (1.5)	12 (1.4)	— (†)	16 (0.5)
Never or hardly ever	9 (0.5)	9 (0.8)	10 (0.8)	— (†)	14 (0.6)	8 (0.6)	12 (1.7)	9 (1.4)	— (†)	24 (0.7)	9 (0.6)	12 (1.4)	16 (2.4)	— (†)	24 (0.6)
Time spent on homework yesterday															
No homework assigned	35 (1.3)	32 (2.1)	26 (1.6)	23 (1.5)	18 (1.3)	22 (0.7)	23 (1.4)	24 (1.2)	20 (1.2)	23 (1.2)	22 (0.9)	23 (1.4)	26 (1.0)	26 (1.0)	28 (0.8)
Didn't do assignment	4 (0.3)	4 (0.4)	4 (0.3)	4 (0.3)	5 (0.3)	4 (0.2)	6 (0.6)	5 (0.4)	7 (0.3)	7 (0.3)	11 (0.3)	11 (0.6)	13 (0.7)	15 (0.6)	12 (0.4)
Less than 1 hour	41 (1.0)	48 (1.7)	53 (1.4)	55 (1.2)	60 (1.2)	36 (0.6)	34 (1.0)	37 (1.4)	42 (0.8)	43 (1.2)	26 (0.4)	27 (0.9)	26 (1.0)	29 (0.7)	27 (0.5)
1 to 2 hours	13 (0.4)	11 (0.7)	12 (0.7)	13 (0.6)	12 (0.5)	29 (0.5)	28 (1.0)	26 (1.0)	24 (0.7)	21 (0.7)	27 (0.5)	26 (1.2)	23 (0.8)	21 (0.7)	22 (0.5)
More than 2 hours	6 (0.2)	4 (0.4)	5 (0.5)	6 (0.3)	5 (0.3)	9 (0.3)	9 (0.7)	8 (0.8)	8 (0.5)	6 (0.4)	13 (0.5)	13 (0.9)	12 (0.9)	10 (0.6)	10 (0.5)
TV/video watched on school day															
None	3 (0.2)	2 (0.2)	4 (0.8)	— (†)	4 (0.3)	2 (0.2)	3 (0.3)	4 (0.6)	— (†)	5 (0.3)	5 (0.3)	6 (0.8)	6 (0.3)	— (†)	6 (0.3)
1 hour or less	14 (0.3)	23 (1.0)	24 (0.9)	— (†)	24 (0.6)	12 (0.4)	20 (1.0)	22 (0.8)	— (†)	25 (0.7)	25 (0.5)	31 (0.9)	34 (0.9)	— (†)	33 (0.6)
2 hours	16 (0.4)	23 (0.7)	21 (0.9)	— (†)	18 (0.5)	23 (0.5)	27 (0.7)	29 (0.8)	— (†)	25 (0.5)	26 (0.3)	26 (0.8)	26 (0.9)	— (†)	27 (0.6)
3 hours	15 (0.3)	16 (0.5)	14 (0.6)	— (†)	13 (0.4)	23 (0.4)	22 (0.8)	20 (0.9)	— (†)	18 (0.5)	20 (0.3)	18 (0.8)	17 (0.7)	— (†)	16 (0.5)
4 hours	12 (0.2)	11 (0.5)	9 (0.4)	— (†)	9 (0.4)	17 (0.4)	12 (0.7)	11 (0.6)	— (†)	10 (0.4)	12 (0.3)	9 (0.6)	8 (0.5)	— (†)	8 (0.4)
5 hours	9 (0.3)	6 (0.4)	6 (0.4)	— (†)	6 (0.3)	10 (0.3)	7 (0.4)	5 (0.3)	— (†)	5 (0.3)	6 (0.2)	5 (0.5)	4 (0.4)	— (†)	4 (0.2)
6 hours or more	30 (0.7)	20 (0.8)	22 (1.2)	— (†)	26 (0.8)	13 (0.4)	10 (0.9)	9 (0.6)	— (†)	13 (0.4)	6 (0.2)	5 (0.4)	5 (0.6)	— (†)	6 (0.4)

—Not available.
†Not applicable.
‡Reporting standards not met.
NOTE: The NAEP reading scores have been evaluated at certain performance levels. Scale ranges from 0 to 500. Students scoring 150 (or higher) are able to follow brief written directions and carry out simple, discrete reading tasks. Students scoring 200 are able to understand, combine ideas, and make inferences based on short uncomplicated passages about specific or sequentially related information. Students scoring 250 are able to search for specific information, interrelate ideas, and make generalizations about literature, science, and social studies materials. Students scoring 300 are able to find, understand, summarize, and explain relatively complicated literary and informational material. Includes public and private schools. Excludes persons not enrolled in school and students who were unable to be tested due to limited proficiency in English or due to a disability. Beginning in 2004, data are for a revised assessment format that provides accommodations for students with disabilities and English language learners. Detail may not sum to totals because of rounding. Some data have been revised from previously published figures. Standard errors appear in parentheses.
SOURCE: U.S. Department of Education, National Center for Education Statistics, National Assessment of Educational Progress (NAEP), *NAEP Trends in Academic Progress*, 1996 and 1999; and 2004 and 2008 NAEP Long-Term Trend Reading Assessments, retrieved June 24, 2009, from the Long-Term Trend NAEP Data Explorer (http://nces.ed.gov/nationsreportcard/naepdata/). (This table was prepared June 2009.)

Table 128. Percentage of students at or above selected reading score levels, by age, sex, and race/ethnicity: Selected years, 1971 through 2008

Selected characteristic	1971	1975	1980	1984	1988	1990	1992	1994	1996	1999	2004	2008
1	2	3	4	5	6	7	8	9	10	11	12	13
9-year-olds												
Total												
Level 150	91 (0.5)	93 (0.4)	95 (0.4)	92 (0.4)	93 (0.7)	90 (0.9)	92 (0.4)	92 (0.7)	93 (0.6)	93 (0.7)	94 (0.5)	96 (0.4)
Level 200	59 (1.0)	62 (0.8)	68 (1.0)	62 (0.8)	63 (1.3)	59 (1.3)	62 (1.1)	63 (1.4)	64 (1.3)	64 (1.4)	69 (1.0)	73 (0.9)
Level 250	16 (0.6)	15 (0.6)	18 (0.8)	17 (0.7)	17 (1.1)	18 (1.0)	16 (0.8)	17 (1.2)	17 (0.8)	16 (1.0)	19 (0.7)	21 (0.8)
Male												
Level 150	88 (0.7)	91 (0.5)	93 (0.5)	90 (0.5)	90 (0.9)	88 (1.4)	90 (0.8)	90 (1.0)	92 (0.8)	91 (1.1)	92 (0.6)	94 (0.6)
Level 200	53 (1.2)	56 (1.0)	63 (1.1)	58 (1.0)	58 (1.8)	54 (1.9)	57 (1.6)	59 (1.5)	58 (2.0)	61 (1.8)	64 (1.3)	70 (1.2)
Level 250	12 (0.6)	12 (0.6)	15 (0.9)	16 (0.8)	16 (1.4)	16 (1.2)	14 (1.0)	15 (1.2)	14 (1.3)	15 (1.3)	17 (0.8)	19 (1.0)
Female												
Level 150	93 (0.5)	95 (0.3)	96 (0.4)	94 (0.5)	95 (1.0)	92 (1.1)	94 (0.6)	94 (0.8)	95 (0.6)	95 (0.8)	96 (0.5)	97 (0.4)
Level 200	65 (1.1)	68 (0.8)	73 (1.0)	65 (1.0)	67 (1.4)	64 (1.2)	67 (1.2)	67 (1.9)	70 (1.6)	67 (1.6)	73 (1.2)	77 (1.1)
Level 250	19 (0.8)	18 (0.8)	21 (1.0)	18 (0.8)	19 (1.2)	21 (1.2)	18 (1.1)	18 (1.5)	19 (1.3)	17 (1.3)	20 (1.0)	22 (1.0)
White												
Level 150	94 [1] (0.4)	96 (0.3)	97 (0.2)	95 (0.3)	95 (0.7)	94 (0.9)	96 (0.5)	96 (0.5)	96 (0.6)	97 (0.4)	97 (0.4)	98 (0.4)
Level 200	65 [1] (1.0)	69 (0.8)	74 (0.7)	69 (0.9)	68 (1.6)	66 (1.4)	69 (1.2)	70 (1.5)	71 (1.5)	73 (1.6)	77 (1.0)	81 (1.0)
Level 250	18 [1] (0.7)	17 (0.7)	21 (0.9)	21 (0.8)	20 (1.5)	23 (1.2)	20 (1.0)	20 (1.5)	20 (1.1)	20 (1.4)	24 (0.8)	27 (1.1)
Black												
Level 150	70 [1] (1.7)	81 (1.1)	85 (1.4)	81 (1.2)	83 (2.4)	77 (2.7)	80 (2.2)	79 (2.4)	84 (1.9)	82 (2.5)	88 (1.7)	91 (1.1)
Level 200	22 [1] (1.5)	32 (1.5)	41 (1.9)	37 (1.5)	39 (2.9)	34 (3.4)	37 (2.2)	38 (2.8)	42 (3.2)	36 (3.0)	50 (2.3)	58 (2.3)
Level 250	2 [1] (0.5)	2 (0.3)	4 (0.6)	5 (0.5)	6 (1.2)	5 (1.5)	5 (0.8)	4 (1.5)	6 (1.1)	4 (1.1)	7 (0.8)	9 (0.9)
Hispanic												
Level 150	[2] (†)	81 (2.5)	84 (1.8)	82 (3.0)	86 (3.5)	84 (1.8)	83 (2.6)	80 (4.6)	86 (2.4)	87 (3.3)	89 (1.3)	93 (0.8)
Level 200	[2] (†)	35 (3.0)	42 (2.6)	40 (2.7)	46 (3.3)	41 (2.7)	43 (3.5)	37 (4.6)	48 (3.8)	44 (3.4)	53 (1.7)	62 (1.7)
Level 250	[2] (†)	3 (0.5)	5 (1.4)	4 (0.6)	9 (2.3)	6 (2.0)	7 (2.3)	6 (1.6)	7 (3.2)	6 (1.7)	7 (0.8)	10 (1.2)
13-year-olds												
Total												
Level 200	93 (0.5)	93 (0.4)	95 (0.4)	94 (0.3)	95 (0.6)	94 (0.6)	93 (0.7)	92 (0.6)	92 (0.7)	93 (0.7)	92 (0.6)	94 (0.4)
Level 250	58 (1.1)	59 (1.0)	61 (1.1)	59 (0.8)	59 (1.3)	59 (1.0)	62 (1.4)	60 (1.2)	60 (1.3)	61 (1.5)	59 (1.1)	63 (0.8)
Level 300	10 (0.5)	10 (0.5)	11 (0.5)	11 (0.4)	11 (0.8)	11 (0.6)	15 (0.9)	14 (0.8)	14 (1.0)	15 (1.1)	12 (0.8)	13 (0.5)
Male												
Level 200	91 (0.7)	91 (0.5)	93 (0.6)	92 (0.4)	93 (1.0)	91 (0.9)	90 (1.1)	89 (1.1)	89 (1.2)	91 (0.9)	89 (0.8)	92 (0.6)
Level 250	52 (1.2)	52 (1.1)	56 (1.2)	54 (0.9)	52 (1.9)	52 (1.5)	55 (2.0)	53 (1.9)	53 (1.6)	55 (1.9)	55 (1.3)	59 (1.2)
Level 300	7 (0.5)	7 (0.4)	9 (0.7)	9 (0.5)	9 (0.9)	8 (0.8)	13 (1.1)	10 (0.7)	10 (1.0)	11 (1.1)	11 (0.9)	11 (0.7)
Female												
Level 200	95 (0.4)	96 (0.4)	96 (0.4)	96 (0.3)	97 (0.6)	96 (0.6)	95 (0.7)	95 (0.6)	95 (0.6)	96 (0.7)	95 (0.6)	96 (0.5)
Level 250	64 (1.1)	65 (1.2)	65 (1.1)	64 (0.8)	65 (1.4)	65 (1.5)	68 (1.4)	68 (1.7)	66 (1.6)	66 (1.9)	65 (1.3)	66 (1.0)
Level 300	12 (0.6)	13 (0.7)	13 (0.6)	13 (0.6)	13 (0.9)	14 (0.9)	18 (1.1)	18 (1.1)	17 (1.3)	18 (1.7)	14 (1.0)	16 (0.9)
White												
Level 200	96 [1] (0.3)	96 (0.2)	97 (0.2)	96 (0.2)	96 (0.6)	96 (0.6)	96 (0.6)	95 (0.7)	95 (0.5)	96 (0.6)	95 (0.5)	96 (0.4)
Level 250	64 [1] (0.9)	65 (0.9)	68 (0.8)	65 (0.8)	64 (1.5)	65 (1.2)	68 (1.4)	68 (1.3)	69 (1.4)	69 (1.7)	68 (1.1)	72 (1.2)
Level 300	11 [1] (0.5)	12 (0.5)	14 (0.6)	13 (0.6)	12 (0.9)	13 (0.9)	18 (1.1)	17 (1.0)	17 (1.3)	18 (1.4)	16 (0.9)	18 (0.8)
Black												
Level 200	74 [1] (1.7)	77 (1.3)	84 (1.7)	85 (1.2)	91 (2.2)	88 (2.3)	82 (2.7)	81 (2.3)	82 (3.2)	85 (2.3)	86 (1.5)	91 (1.1)
Level 250	21 [1] (1.2)	25 (1.6)	30 (2.0)	35 (1.3)	40 (2.3)	42 (3.5)	38 (2.7)	36 (3.5)	34 (3.9)	38 (2.7)	40 (2.3)	48 (2.3)
Level 300	1 [1] (0.2)	2 (0.3)	2 (0.5)	3 (0.6)	5 (1.2)	5 (0.8)	6 (1.4)	4 (1.2)	3 (0.9)	5 (1.4)	4 (0.7)	6 (0.8)
Hispanic												
Level 200	[2] (†)	81 (2.3)	87 (2.4)	86 (1.7)	87 (2.6)	86 (2.4)	83 (3.5)	82 (2.7)	85 (3.2)	89 (2.8)	85 (1.9)	87 (1.3)
Level 250	[2] (†)	32 (3.6)	35 (2.6)	39 (2.3)	38 (4.4)	37 (2.9)	41 (5.1)	34 (3.9)	38 (3.7)	43 (3.8)	44 (2.3)	44 (1.8)
Level 300	[2] (†)	2 (1.0)	2 (0.6)	4 (1.0)	4 (1.9)	4 (1.2)	6 (1.9)	4 (1.8)	5 (1.7)	6 (1.8)	5 (1.2)	5 (0.6)
17-year-olds												
Total												
Level 250	79 (0.9)	80 (0.7)	81 (0.9)	83 (0.6)	86 (0.8)	84 (1.0)	83 (0.8)	81 (1.0)	82 (0.8)	82 (1.0)	79 (0.9)	80 (0.6)
Level 300	39 (1.0)	39 (0.8)	38 (1.1)	40 (1.0)	41 (1.5)	41 (1.0)	43 (1.1)	41 (1.2)	39 (1.4)	40 (1.4)	36 (1.2)	39 (0.8)
Male												
Level 250	74 (1.0)	76 (0.8)	78 (1.0)	80 (0.7)	83 (1.4)	80 (1.4)	78 (1.2)	76 (1.5)	77 (1.2)	77 (1.5)	73 (1.2)	76 (0.8)
Level 300	34 (1.1)	34 (1.0)	35 (1.3)	36 (1.0)	37 (2.3)	36 (1.5)	38 (1.6)	36 (1.9)	34 (1.9)	34 (1.7)	32 (1.2)	35 (0.9)
Female												
Level 250	83 (1.0)	84 (0.9)	84 (1.0)	87 (0.6)	88 (1.1)	89 (1.0)	87 (1.1)	86 (1.2)	87 (1.0)	87 (1.0)	84 (0.9)	84 (0.8)
Level 300	44 (1.2)	44 (0.9)	41 (1.2)	45 (1.1)	44 (2.0)	47 (1.3)	48 (1.5)	46 (1.5)	45 (1.7)	45 (1.8)	41 (1.6)	43 (1.0)
White												
Level 250	84 [1] (0.7)	86 (0.6)	87 (0.6)	88 (0.5)	89 (0.9)	88 (1.1)	88 (0.9)	86 (1.1)	87 (0.8)	87 (1.3)	83 (0.9)	87 (0.6)
Level 300	43 [1] (0.9)	44 (0.8)	43 (1.1)	47 (1.1)	45 (1.6)	48 (1.2)	50 (1.4)	48 (1.4)	46 (1.5)	46 (1.5)	42 (1.3)	47 (1.0)
Black												
Level 250	40 [1] (1.6)	43 (1.6)	44 (2.0)	65 (1.5)	76 (2.4)	69 (2.8)	61 (2.3)	66 (4.1)	68 (4.0)	66 (2.5)	64 (2.2)	67 (2.4)
Level 300	8 [1] (0.9)	8 (0.7)	7 (0.8)	16 (1.0)	25 (3.1)	20 (1.8)	17 (2.5)	22 (3.7)	18 (2.2)	17 (1.7)	16 (1.8)	21 (1.5)
Hispanic												
Level 250	[2] (†)	53 (4.1)	62 (3.1)	68 (2.4)	71 (4.8)	75 (4.7)	69 (4.0)	63 (4.4)	65 (4.2)	68 (4.3)	67 (2.4)	70 (1.5)
Level 300	[2] (†)	13 (2.7)	17 (2.1)	21 (3.0)	23 (3.7)	27 (3.3)	27 (3.2)	20 (3.0)	20 (4.8)	24 (3.8)	23 (2.1)	22 (1.0)

†Not applicable.

[1]Data for 1971 include persons of Hispanic ethnicity.

[2]Test scores of Hispanics were not tabulated separately.

NOTE: The NAEP reading scores have been evaluated at certain performance levels. Scale ranges from 0 to 500. Students scoring 150 (or higher) are able to follow brief written directions and carry out simple, discrete reading tasks. Students scoring 200 are able to understand, combine ideas, and make inferences based on short uncomplicated passages about specific or sequentially related information. Students scoring 250 are able to search for specific information, interrelate ideas, and make generalizations about literature, science, and social studies materials. Students scoring 300 are able to find, understand, summarize, and explain relatively complicated literary and informational material. Includes public and private schools. Excludes persons not enrolled in school and students who were unable to be tested due to limited proficiency in English or due to a disability. Beginning in 2004, data are for a revised assessment format that provides accommodations for students with disabilities and English language learners. Race categories exclude persons of Hispanic ethnicity, except where noted. Standard errors appear in parentheses.

SOURCE: U.S. Department of Education, National Center for Education Statistics, National Assessment of Educational Progress (NAEP), *NAEP 1999 Trends in Academic Progress*; and 2004 and 2008 Long-Term Trend Reading Assessments, retrieved May 12, 2009, from the Long-Term Trend NAEP Data Explorer (http://nces.ed.gov/nationsreportcard/naepdata/). (This table was prepared May 2009.)

Table 129. Average reading scale score and percentage of 4th-graders in public schools attaining reading achievement levels, by race/ethnicity and state or jurisdiction: Selected years, 1992 through 2009

State or jurisdiction	Average scale score[1]								Average scale score[1] by race/ethnicity,[2] 2009					Percent attaining reading achievement levels, 2009		
	1992	1994	1998	2002	2003	2005	2007	2009	White	Black	Hispanic	Asian/ Pacific Islander	American Indian/ Alaska Native	At or above *Basic*[3]	At or above *Proficient*[4]	At *Advanced*[5]
1	2	3	4	5	6	7	8	9	10	11	12	13	14	15	16	17
United States	**215 (1.0)**	**212 (1.1)**	**212 (1.2)**	**217 (0.5)**	**216 (0.3)**	**217 (0.2)**	**220 (0.3)**	**220 (0.3)**	**229 (0.3)**	**204 (0.5)**	**204 (0.5)**	**234 (1.1)**	**206 (1.2)**	**66 (0.3)**	**32 (0.4)**	**7 (0.2)**
Alabama	207 (1.7)	208 (1.5)	211 (1.9)	207 (1.4)	207 (1.7)	208 (1.2)	216 (1.3)	216 (1.2)	225 (1.3)	201 (1.6)	200 (4.5)	‡ (†)	‡ (†)	62 (1.4)	28 (1.3)	6 (0.8)
Alaska	— (†)	— (†)	— (†)	— (†)	212 (1.6)	211 (1.4)	214 (1.0)	211 (1.2)	226 (1.0)	204 (3.3)	215 (2.1)	208 (2.5)	179 (3.0)	59 (1.3)	27 (1.3)	5 (0.7)
Arizona	209 (1.2)	206 (1.9)	206 (1.4)	205 (1.5)	209 (1.2)	207 (1.6)	210 (1.6)	210 (1.2)	225 (1.4)	206 (4.3)	198 (1.6)	228 (5.1)	190 (4.2)	56 (1.5)	25 (1.2)	5 (0.7)
Arkansas	211 (1.2)	209 (1.7)	209 (1.6)	213 (1.4)	214 (1.4)	217 (1.1)	217 (1.2)	216 (1.1)	224 (1.2)	199 (1.6)	202 (3.1)	‡ (†)	‡ (†)	63 (1.3)	29 (1.4)	6 (0.7)
California[6,7]	202 (2.0)	197 (1.8)	202 (2.5)	206 (2.5)	206 (1.2)	207 (0.7)	209 (1.0)	210 (1.5)	227 (2.0)	200 (3.3)	196 (1.2)	234 (3.8)	‡ (†)	54 (1.5)	24 (1.7)	5 (0.8)
Colorado	217 (1.1)	213 (1.3)	220 (1.4)	— (†)	224 (1.2)	224 (1.1)	224 (1.1)	226 (1.2)	236 (1.1)	213 (4.0)	204 (2.0)	238 (4.8)	‡ (†)	72 (1.3)	40 (1.5)	11 (0.8)
Connecticut	222 (1.3)	222 (1.6)	230 (1.6)	229 (1.1)	228 (1.1)	226 (1.0)	227 (1.3)	229 (1.1)	238 (1.0)	209 (2.8)	205 (2.0)	239 (4.6)	‡ (†)	76 (1.1)	42 (1.4)	11 (0.8)
Delaware[8]	213 (0.6)	206 (1.1)	207 (1.7)	224 (0.6)	224 (0.7)	226 (0.8)	225 (0.7)	226 (0.5)	235 (0.8)	213 (0.9)	216 (1.8)	242 (5.0)	‡ (†)	73 (1.1)	35 (1.3)	7 (1.0)
District of Columbia	188 (0.8)	179 (0.9)	179 (1.2)	191 (0.9)	188 (0.9)	191 (1.0)	197 (0.9)	202 (1.0)	256 (2.9)	196 (1.0)	207 (2.5)	‡ (†)	‡ (†)	44 (1.3)	17 (1.0)	5 (0.5)
Florida	208 (1.2)	205 (1.7)	206 (1.4)	214 (1.4)	218 (1.1)	220 (0.9)	224 (0.8)	226 (1.0)	233 (1.2)	211 (1.7)	223 (1.2)	237 (3.9)	‡ (†)	73 (1.2)	36 (1.5)	8 (0.9)
Georgia	212 (1.5)	207 (2.4)	209 (1.4)	215 (1.0)	214 (1.3)	214 (1.2)	219 (0.9)	218 (1.1)	229 (1.2)	204 (1.6)	208 (2.6)	238 (5.1)	‡ (†)	63 (1.5)	29 (1.2)	6 (0.7)
Hawaii	203 (1.7)	201 (1.7)	200 (1.5)	208 (0.9)	208 (1.4)	210 (1.0)	213 (1.1)	211 (1.0)	226 (2.3)	204 (7.3)	215 (4.3)	208 (1.2)	‡ (†)	57 (1.3)	26 (1.2)	6 (0.8)
Idaho	219 (0.9)	‡ (†)	— (†)	220 (1.1)	218 (1.0)	222 (0.9)	223 (0.8)	221 (0.9)	225 (0.8)	‡ (†)	201 (2.1)	225 (4.1)	‡ (†)	69 (1.2)	32 (1.1)	6 (0.5)
Illinois	— (†)	— (†)	‡ (†)	‡ (†)	216 (1.6)	217 (1.2)	219 (1.2)	219 (1.4)	231 (1.3)	198 (1.9)	203 (2.3)	249 (3.1)	‡ (†)	65 (1.5)	32 (1.6)	9 (0.8)
Indiana	221 (1.3)	220 (1.3)	— (†)	222 (1.4)	220 (1.0)	218 (1.1)	222 (0.9)	223 (1.1)	227 (0.9)	206 (4.0)	203 (3.5)	‡ (†)	‡ (†)	70 (1.4)	34 (1.5)	7 (0.9)
Iowa[6,7]	225 (1.1)	223 (1.3)	220 (1.6)	223 (1.1)	223 (1.1)	221 (0.9)	225 (1.1)	221 (1.2)	224 (1.2)	203 (4.1)	207 (3.1)	229 (5.8)	‡ (†)	69 (1.3)	34 (1.4)	7 (0.8)
Kansas[6,7]	— (†)	— (†)	221 (1.4)	222 (1.4)	220 (1.2)	221 (1.3)	225 (1.1)	224 (1.3)	229 (1.2)	210 (3.6)	210 (2.9)	234 (4.7)	‡ (†)	72 (1.7)	35 (1.6)	7 (0.8)
Kentucky	213 (1.3)	212 (1.6)	218 (1.5)	219 (1.1)	219 (1.3)	220 (1.1)	222 (1.1)	226 (1.1)	228 (1.1)	204 (2.3)	215 (3.9)	243 (5.9)	‡ (†)	72 (1.3)	36 (1.6)	8 (0.8)
Louisiana	204 (1.2)	197 (1.3)	200 (1.6)	207 (1.7)	205 (1.4)	209 (1.3)	207 (1.6)	207 (1.1)	219 (1.4)	196 (1.3)	206 (3.3)	‡ (†)	‡ (†)	51 (1.5)	18 (1.5)	2 (0.6)
Maine	227 (1.1)	228 (1.3)	225 (1.4)	225 (1.1)	224 (0.9)	225 (0.9)	226 (0.9)	224 (0.9)	225 (0.8)	198 (9.7)	‡ (†)	‡ (†)	‡ (†)	70 (1.3)	35 (1.1)	8 (0.8)
Maryland	211 (1.6)	210 (1.5)	212 (1.6)	217 (1.5)	219 (1.4)	220 (1.3)	225 (1.1)	226 (1.4)	237 (1.9)	210 (1.4)	221 (2.6)	245 (3.3)	‡ (†)	70 (1.5)	37 (1.8)	11 (1.1)
Massachusetts[6]	226 (0.9)	223 (1.3)	223 (1.4)	234 (1.1)	228 (1.2)	231 (0.9)	236 (1.1)	234 (1.1)	241 (1.0)	216 (2.0)	211 (2.5)	241 (3.0)	‡ (†)	80 (1.3)	47 (1.7)	13 (1.0)
Michigan	216 (1.5)	‡ (†)	216 (1.5)	219 (1.1)	219 (1.2)	218 (1.5)	220 (1.4)	218 (1.0)	225 (1.1)	194 (2.0)	206 (3.6)	234 (4.3)	‡ (†)	64 (1.3)	30 (1.2)	6 (0.6)
Minnesota[6,7]	221 (1.2)	218 (1.4)	219 (1.7)	225 (1.1)	223 (1.1)	225 (1.3)	225 (1.1)	223 (1.3)	230 (1.1)	195 (2.7)	194 (3.2)	219 (4.9)	200 (6.1)	70 (1.3)	37 (1.6)	9 (0.9)
Mississippi	199 (1.3)	202 (1.6)	203 (1.3)	203 (1.3)	205 (1.3)	204 (1.4)	208 (1.0)	211 (1.1)	225 (1.4)	198 (1.1)	212 (5.7)	‡ (†)	‡ (†)	55 (1.4)	22 (1.2)	4 (0.5)
Missouri	220 (1.2)	217 (1.5)	216 (1.3)	220 (1.3)	222 (1.2)	221 (0.9)	221 (1.1)	224 (1.1)	228 (1.0)	204 (2.7)	216 (3.2)	‡ (†)	‡ (†)	70 (1.6)	36 (1.2)	8 (0.8)
Montana[6,7,9]	— (†)	222 (1.4)	225 (1.5)	224 (1.8)	223 (1.2)	225 (1.1)	227 (1.0)	225 (0.8)	228 (0.9)	‡ (†)	219 (3.7)	‡ (†)	206 (3.1)	73 (1.1)	35 (1.1)	7 (0.7)
Nebraska[8,9]	221 (1.1)	220 (1.5)	— (†)	222 (1.5)	221 (1.0)	221 (1.2)	223 (1.3)	223 (1.0)	228 (1.0)	203 (2.7)	207 (1.9)	230 (5.0)	‡ (†)	70 (1.3)	35 (1.3)	8 (0.8)
Nevada	— (†)	—	206 (1.8)	209 (1.2)	207 (1.2)	207 (1.2)	211 (1.2)	211 (1.1)	222 (1.2)	201 (2.6)	199 (1.5)	225 (2.2)	‡ (†)	57 (1.2)	24 (1.1)	4 (0.6)
New Hampshire[6,8,9]	228 (1.2)	223 (1.5)	226 (1.7)	— (†)	228 (1.0)	227 (0.9)	229 (0.9)	229 (1.0)	230 (1.0)	216 (4.7)	217 (5.2)	232 (4.7)	‡ (†)	77 (1.4)	41 (1.4)	9 (0.8)
New Jersey[8]	223 (1.4)	219 (1.2)	— (†)	— (†)	225 (1.2)	223 (1.3)	231 (1.2)	229 (0.9)	237 (1.1)	213 (2.0)	213 (1.7)	246 (2.6)	‡ (†)	76 (1.2)	40 (1.3)	10 (0.9)
New Mexico	211 (1.5)	205 (1.7)	205 (1.4)	208 (1.6)	203 (1.5)	207 (1.3)	212 (1.3)	208 (1.4)	224 (1.9)	205 (4.8)	201 (1.6)	226 (5.1)	191 (3.2)	52 (1.7)	20 (1.3)	4 (0.5)
New York[6,7,8]	215 (1.4)	212 (1.4)	215 (1.6)	222 (1.5)	222 (1.1)	223 (1.1)	224 (1.0)	224 (1.0)	233 (1.2)	209 (2.2)	210 (1.8)	238 (2.5)	‡ (†)	71 (1.1)	36 (1.4)	9 (0.6)
North Carolina	212 (1.1)	214 (1.5)	213 (1.6)	222 (1.0)	221 (1.0)	217 (1.0)	218 (0.9)	219 (1.1)	230 (1.1)	204 (1.8)	204 (2.1)	241 (3.7)	202 (4.4)	65 (1.3)	32 (1.3)	7 (0.6)
North Dakota[7]	226 (1.1)	225 (1.2)	— (†)	224 (1.0)	222 (0.9)	225 (0.7)	226 (0.9)	226 (0.8)	228 (0.9)	‡ (†)	‡ (†)	‡ (†)	204 (2.8)	76 (1.3)	35 (1.3)	6 (0.5)
Ohio	217 (1.3)	— (†)	— (†)	222 (1.3)	222 (1.2)	223 (1.4)	226 (1.1)	225 (1.1)	230 (1.1)	203 (3.0)	215 (6.9)	‡ (†)	‡ (†)	71 (1.3)	36 (1.6)	9 (1.0)
Oklahoma	220 (0.9)	— (†)	219 (1.2)	213 (1.2)	214 (1.2)	214 (1.1)	217 (1.1)	217 (1.1)	223 (1.2)	197 (2.6)	207 (3.5)	‡ (†)	215 (2.1)	65 (1.4)	28 (1.5)	4 (0.5)
Oregon	— (†)	— (†)	212 (1.8)	220 (1.4)	218 (1.3)	217 (1.4)	215 (1.4)	218 (1.2)	223 (1.2)	202 (4.6)	196 (2.4)	227 (4.9)	210 (4.5)	65 (1.3)	31 (1.2)	7 (0.8)
Pennsylvania[9]	221 (1.3)	215 (1.6)	— (†)	221 (1.2)	219 (1.3)	223 (1.3)	226 (1.0)	224 (1.4)	230 (1.3)	201 (2.4)	199 (4.3)	243 (3.7)	‡ (†)	70 (1.4)	37 (1.7)	10 (1.0)
Rhode Island[9]	217 (1.8)	220 (1.3)	218 (1.4)	220 (1.2)	216 (1.3)	216 (1.2)	219 (1.0)	223 (1.1)	231 (1.1)	207 (2.0)	200 (2.3)	219 (4.5)	‡ (†)	69 (1.3)	36 (1.2)	9 (0.7)

See notes at end of table.

Table 129. Average reading scale score and percentage of 4th-graders in public schools attaining reading achievement levels, by race/ethnicity and state or jurisdiction: Selected years, 1992 through 2009—Continued

State or jurisdiction	Average scale score[1]								Average scale score[1] by race/ethnicity,[2] 2009					Percent attaining reading achievement levels, 2009		
	1992	1994	1998	2002	2003	2005	2007	2009	White	Black	Hispanic	Asian/ Pacific Islander	American Indian/ Alaska Native	At or above *Basic*[3]	At or above *Proficient*[4]	At *Advanced*[5]
1	2	3	4	5	6	7	8	9	10	11	12	13	14	15	16	17
South Carolina	210 (1.3)	203 (1.4)	209 (1.4)	214 (1.3)	215 (1.3)	213 (1.3)	214 (1.2)	216 (1.1)	226 (1.4)	200 (1.6)	205 (3.4)	‡ (†)	‡ (†)	62 (1.3)	28 (1.2)	6 (0.6)
South Dakota	— (†)	— (†)	— (†)	— (†)	222 (1.2)	222 (0.5)	223 (1.0)	222 (0.6)	227 (0.7)	‡ (†)	216 (3.8)	‡ (†)	196 (2.3)	70 (0.9)	33 (1.0)	7 (0.5)
Tennessee[7,9]	212 (1.4)	213 (1.7)	212 (1.4)	214 (1.2)	212 (1.6)	214 (1.4)	216 (1.2)	217 (1.2)	224 (1.2)	197 (2.1)	202 (3.2)	‡ (†)	‡ (†)	63 (1.4)	28 (1.4)	6 (0.7)
Texas	213 (1.6)	212 (1.9)	214 (1.9)	217 (1.7)	215 (1.0)	219 (0.8)	220 (0.9)	219 (1.2)	232 (1.5)	213 (2.1)	210 (1.2)	242 (4.1)	‡ (†)	65 (1.6)	28 (1.5)	6 (0.9)
Utah	220 (1.1)	217 (1.3)	216 (1.2)	222 (1.0)	219 (1.0)	221 (1.1)	221 (1.2)	219 (1.0)	225 (1.0)	202 (5.9)	194 (1.9)	217 (4.2)	195 (6.8)	67 (1.2)	31 (1.3)	6 (0.7)
Vermont	— (†)	— (†)	— (†)	227 (1.1)	226 (0.9)	227 (0.9)	228 (0.8)	229 (0.8)	229 (0.8)	214 (4.6)	‡ (†)	‡ (†)	‡ (†)	75 (1.0)	41 (1.0)	12 (0.9)
Virginia	221 (1.4)	213 (1.5)	217 (1.2)	225 (1.3)	223 (1.5)	226 (0.8)	227 (1.1)	227 (1.2)	234 (1.1)	210 (2.2)	214 (3.0)	242 (3.7)	‡ (†)	74 (1.4)	38 (1.5)	9 (1.0)
Washington[7]	— (†)	213 (1.5)	218 (1.4)	224 (1.2)	221 (1.1)	224 (1.1)	224 (1.4)	221 (1.2)	229 (1.4)	209 (3.0)	201 (2.2)	221 (3.4)	212 (4.4)	68 (1.1)	33 (1.4)	8 (1.0)
West Virginia	216 (1.3)	213 (1.1)	216 (1.7)	219 (1.2)	219 (1.0)	215 (0.8)	215 (1.1)	215 (1.0)	215 (1.1)	204 (3.2)	‡ (†)	‡ (†)	‡ (†)	62 (1.5)	26 (1.5)	4 (0.5)
Wisconsin[6,7,9]	224 (1.0)	224 (1.1)	222 (1.1)	‡ (†)	221 (0.8)	221 (1.0)	223 (1.2)	220 (1.1)	227 (1.0)	192 (2.3)	202 (2.3)	220 (3.3)	197 (6.7)	67 (1.4)	33 (1.2)	7 (0.7)
Wyoming	223 (1.1)	221 (1.2)	218 (1.5)	221 (1.0)	222 (0.8)	223 (0.7)	225 (0.5)	223 (0.7)	224 (0.7)	‡ (†)	212 (2.5)	‡ (†)	205 (4.9)	72 (1.1)	33 (1.0)	5 (0.6)
Department of Defense dependents schools[10]	— (†)	— (†)	220 (0.7)	224 (0.4)	224 (0.5)	226 (0.6)	229 (0.5)	228 (0.5)	234 (0.9)	218 (1.6)	223 (1.6)	224 (2.8)	‡ (†)	77 (1.1)	39 (1.2)	7 (0.6)
Other jurisdictions																
Guam	182 (1.4)	181 (1.2)	— (†)	185 (1.3)	— (†)	— (†)	— (†)	— (†)	— (†)	— (†)	— (†)	— (†)	— (†)	— (†)	— (†)	— (†)
U.S. Virgin Islands	171 (1.7)	— (†)	174 (2.2)	179 (1.9)	— (†)	— (†)	— (†)	— (†)	— (†)	— (†)	— (†)	— (†)	— (†)	— (†)	— (†)	— (†)

—Not available.
†Not applicable.
‡Reporting standards not met.
[1]Scale ranges from 0 to 500.
[2]Race/ethnicity based on school records.
[3]*Basic* denotes partial mastery of the knowledge and skills that are fundamental for proficient work at the 4th-grade level.
[4]*Proficient* represents solid academic performance for 4th-graders. Students reaching this level have demonstrated competency over challenging subject matter.
[5]*Advanced* signifies superior performance.
[6]Did not satisfy one or more of the guidelines for school participation in 1998. Data are subject to appreciable nonresponse bias.
[7]Did not satisfy one or more of the guidelines for school participation in 2002. Data are subject to appreciable nonresponse bias.
[8]Did not satisfy one or more of the guidelines for school participation in 1992. Data are subject to appreciable nonresponse bias.
[9]Did not satisfy one or more of the guidelines for school participation in 1994. Data are subject to appreciable nonresponse bias.
[10]Prior to 2005, NAEP divided the Department of Defense (DoD) schools into two jurisdictions, domestic and overseas. In 2005, NAEP began combining the DoD domestic and overseas schools into a single jurisdiction. Data shown in this table for years prior to 2005 were recalculated for comparability.
NOTE: The reading data include students for whom accommodations were permitted except for the 1992 and 1994 data. Race categories exclude persons of Hispanic ethnicity. Standard errors appear in parentheses.
SOURCE: U.S. Department of Education, National Center for Education Statistics, National Assessment of Educational Progress (NAEP), 1992, 1994, 1998, 2002, 2003, 2005, 2007, and 2009 Reading Assessments, retrieved May 19, 2010, from the Main NAEP Data Explorer (http://nces.ed.gov/nationsreport card/naepdata/). (This table was prepared May 2010.)

Table 130. Average reading scale score and percentage of 8th-graders in public schools attaining reading achievement levels, by locale and state or jurisdiction: Selected years, 2003 through 2009

State or jurisdiction	Average scale score[1] 2003	2005	2007	2009	Percent attaining reading achievement levels, 2009: Below *Basic*	At or above *Basic*[2]	At or above *Proficient*[3]	At *Advanced*[4]	Average scale score[1] by school location, 2009: City	Suburb	Town	Rural
1	2	3	4	5	6	7	8	9	10	11	12	13
United States	**261 (0.2)**	**260 (0.2)**	**261 (0.2)**	**262 (0.3)**	**26 (0.4)**	**74 (0.4)**	**30 (0.4)**	**2 (0.1)**	**256 (0.4)**	**266 (0.5)**	**261 (1.0)**	**264 (0.3)**
Alabama	253 (1.5)	252 (1.4)	252 (1.0)	255 (1.1)	34 (1.4)	66 (1.4)	24 (1.2)	1 (0.3)	249 (3.3)	261 (3.5)	256 (2.4)	255 (1.4)
Alaska	256 (1.1)	259 (0.9)	259 (1.0)	259 (0.9)	28 (1.2)	72 (1.2)	27 (1.3)	2 (0.3)	260 (1.6)	‡ (†)	268 (1.4)	250 (2.2)
Arizona	255 (1.4)	255 (1.0)	255 (1.2)	258 (1.2)	32 (1.5)	68 (1.5)	27 (1.3)	3 (0.5)	255 (2.0)	264 (2.0)	252 (3.3)	259 (2.2)
Arkansas	258 (1.3)	258 (1.1)	258 (1.0)	258 (1.2)	31 (1.3)	69 (1.3)	27 (1.4)	2 (0.4)	257 (2.6)	258 (5.5)	259 (1.7)	258 (1.9)
California[5]	251 (1.3)	250 (0.6)	251 (0.8)	253 (1.2)	36 (1.4)	64 (1.4)	22 (1.3)	2 (0.4)	251 (1.9)	254 (1.9)	245 (3.5)	262 (3.6)
Colorado	268 (1.2)	265 (1.1)	266 (1.0)	266 (0.8)	22 (1.1)	78 (1.1)	32 (1.1)	2 (0.4)	259 (1.6)	269 (1.5)	264 (2.4)	271 (1.6)
Connecticut	267 (1.1)	264 (1.3)	267 (1.6)	272 (0.9)	19 (0.9)	81 (0.9)	43 (1.4)	5 (0.5)	258 (2.3)	276 (1.2)	261 (4.5)	282 (2.7)
Delaware	265 (0.7)	266 (0.6)	265 (0.6)	265 (0.7)	22 (1.0)	78 (1.0)	31 (0.9)	2 (0.4)	256 (2.3)	262 (1.0)	268 (1.8)	271 (1.1)
District of Columbia	239 (0.8)	238 (0.9)	241 (0.7)	242 (0.9)	49 (1.1)	51 (1.1)	14 (0.8)	1 (0.6)	242 (0.9)	‡ (†)	‡ (†)	‡ (†)
Florida	257 (1.3)	256 (1.2)	260 (1.2)	264 (1.2)	24 (1.3)	76 (1.3)	32 (1.4)	2 (0.4)	262 (3.0)	267 (1.4)	256 (5.6)	264 (2.3)
Georgia	258 (1.1)	257 (1.3)	259 (1.0)	260 (1.0)	28 (1.8)	72 (1.8)	27 (1.3)	2 (0.4)	248 (2.5)	265 (1.5)	256 (3.5)	260 (1.7)
Hawaii	251 (0.9)	249 (0.9)	251 (0.8)	255 (0.6)	33 (0.9)	67 (0.9)	22 (1.4)	1 (0.4)	260 (1.5)	253 (1.3)	252 (1.2)	254 (1.5)
Idaho	264 (0.9)	264 (1.1)	265 (0.9)	265 (0.9)	23 (1.3)	77 (1.3)	33 (1.4)	2 (0.4)	269 (2.5)	265 (2.2)	263 (1.8)	263 (1.7)
Illinois	266 (1.0)	264 (1.0)	263 (1.0)	265 (1.2)	23 (1.3)	77 (1.3)	33 (1.5)	2 (0.3)	255 (1.5)	266 (1.8)	269 (2.1)	271 (2.7)
Indiana	265 (1.0)	261 (1.1)	264 (1.1)	266 (1.0)	21 (1.1)	79 (1.1)	32 (1.5)	2 (0.4)	261 (2.3)	267 (1.7)	267 (1.6)	268 (1.8)
Iowa	268 (0.8)	267 (0.9)	267 (0.9)	265 (0.9)	23 (1.0)	77 (1.0)	32 (1.4)	2 (0.5)	261 (2.4)	267 (4.4)	264 (1.3)	268 (1.8)
Kansas[5]	266 (1.5)	267 (1.0)	267 (0.8)	267 (1.1)	20 (1.3)	80 (1.3)	33 (1.4)	2 (0.5)	258 (2.8)	272 (3.3)	267 (2.0)	270 (1.9)
Kentucky	266 (1.3)	264 (1.1)	262 (1.0)	267 (0.9)	21 (0.9)	79 (0.9)	33 (1.5)	3 (0.4)	262 (1.6)	275 (3.2)	267 (1.4)	267 (1.3)
Louisiana	253 (1.6)	253 (1.6)	253 (1.1)	253 (1.6)	36 (1.8)	64 (1.8)	20 (1.8)	1 (0.3)	252 (5.2)	255 (1.8)	250 (2.7)	255 (1.9)
Maine	268 (1.0)	270 (1.0)	270 (0.8)	268 (0.7)	20 (0.7)	80 (0.7)	35 (1.3)	3 (0.5)	266 (3.0)	274 (2.7)	267 (1.5)	267 (1.1)
Maryland	262 (1.4)	261 (1.2)	265 (1.2)	267 (1.1)	23 (1.4)	77 (1.4)	36 (1.4)	4 (0.6)	265 (3.7)	266 (1.9)	272 (2.3)	273 (3.2)
Massachusetts	273 (1.0)	274 (1.0)	273 (1.0)	274 (1.2)	17 (1.1)	83 (1.1)	43 (1.7)	5 (0.7)	261 (3.9)	276 (1.4)	‡ (†)	280 (2.7)
Michigan	264 (1.8)	261 (1.2)	260 (1.2)	262 (1.4)	28 (1.6)	72 (1.6)	31 (1.7)	3 (0.5)	246 (2.8)	267 (1.9)	266 (3.7)	266 (2.1)
Minnesota	268 (1.1)	268 (1.2)	268 (0.9)	270 (1.0)	18 (1.1)	82 (1.1)	38 (1.5)	3 (0.5)	268 (2.2)	271 (2.0)	270 (2.0)	268 (2.1)
Mississippi	255 (1.4)	251 (1.3)	250 (1.1)	251 (1.0)	38 (1.4)	62 (1.4)	19 (1.2)	1 (0.3)	247 (3.4)	262 (2.4)	246 (1.9)	252 (1.5)
Missouri	267 (1.0)	265 (1.0)	263 (1.0)	267 (1.0)	21 (1.1)	79 (1.1)	34 (1.3)	3 (0.5)	258 (3.5)	272 (1.7)	266 (1.7)	266 (1.3)
Montana	270 (1.0)	269 (0.7)	271 (0.8)	270 (0.6)	16 (0.9)	84 (0.9)	38 (1.3)	2 (0.3)	271 (1.4)	277 (3.4)	269 (1.2)	271 (1.3)
Nebraska	266 (0.9)	267 (0.9)	267 (0.9)	267 (0.9)	20 (1.3)	80 (1.3)	35 (1.4)	2 (0.4)	262 (1.7)	272 (1.9)	267 (1.9)	271 (1.4)
Nevada	252 (0.8)	253 (0.9)	252 (0.8)	254 (0.9)	35 (1.0)	65 (1.0)	22 (1.0)	1 (0.3)	253 (1.4)	251 (1.4)	258 (2.5)	259 (2.0)
New Hampshire	271 (0.9)	270 (1.2)	270 (0.9)	271 (1.0)	19 (1.0)	81 (1.0)	39 (1.5)	4 (0.5)	261 (2.7)	270 (1.3)	270 (2.8)	275 (1.5)
New Jersey	268 (1.2)	269 (1.2)	270 (1.1)	273 (1.3)	17 (1.3)	83 (1.3)	42 (1.7)	5 (0.8)	242 (9.5)	274 (1.3)	‡ (†)	276 (3.8)
New Mexico	252 (0.9)	251 (1.0)	251 (0.8)	254 (1.2)	34 (1.4)	66 (1.4)	22 (1.5)	1 (0.4)	259 (1.6)	252 (3.6)	251 (1.9)	254 (2.3)
New York	265 (1.3)	265 (1.0)	264 (1.1)	264 (1.2)	25 (1.4)	75 (1.4)	33 (1.5)	3 (0.5)	253 (1.7)	275 (2.4)	272 (3.3)	268 (2.2)
North Carolina	262 (1.0)	258 (0.9)	259 (1.1)	260 (1.2)	30 (1.3)	70 (1.3)	29 (1.6)	3 (0.4)	258 (3.1)	268 (3.5)	256 (3.7)	258 (1.4)
North Dakota	270 (0.8)	270 (0.6)	268 (0.7)	269 (0.6)	14 (0.9)	86 (0.9)	34 (1.3)	1 (0.4)	270 (1.3)	271 (2.3)	271 (1.4)	268 (1.0)
Ohio	267 (1.3)	267 (1.3)	268 (1.2)	269 (1.3)	20 (1.5)	80 (1.5)	37 (1.8)	3 (0.7)	254 (3.9)	272 (2.0)	271 (2.1)	271 (2.6)
Oklahoma	262 (0.9)	260 (1.1)	260 (0.8)	259 (0.9)	27 (1.5)	73 (1.5)	26 (1.1)	1 (0.2)	250 (3.1)	267 (2.1)	259 (2.3)	260 (1.5)
Oregon	264 (1.2)	263 (1.1)	266 (0.9)	265 (1.0)	24 (1.2)	76 (1.2)	33 (1.4)	3 (0.5)	269 (1.9)	262 (2.4)	262 (1.6)	266 (2.8)
Pennsylvania	264 (1.2)	267 (1.3)	268 (1.2)	271 (0.8)	19 (0.9)	81 (0.9)	40 (1.4)	3 (0.6)	254 (3.4)	277 (1.3)	268 (1.3)	272 (2.2)
Rhode Island	261 (0.7)	261 (0.7)	258 (0.9)	260 (0.6)	28 (0.9)	72 (0.9)	28 (0.9)	2 (0.5)	250 (1.1)	263 (1.1)	271 (4.0)	267 (1.5)
South Carolina	258 (1.3)	257 (1.1)	257 (0.9)	257 (1.2)	32 (1.5)	68 (1.5)	24 (1.5)	2 (0.4)	258 (4.8)	262 (1.9)	250 (2.7)	257 (1.8)
South Dakota	270 (0.8)	269 (0.6)	270 (0.7)	270 (0.5)	16 (0.8)	84 (0.8)	37 (1.2)	2 (0.3)	268 (1.3)	‡ (†)	272 (1.2)	270 (0.8)
Tennessee	258 (1.2)	259 (0.9)	259 (1.0)	261 (1.1)	27 (1.2)	73 (1.2)	28 (1.3)	2 (0.4)	253 (2.3)	267 (2.7)	261 (2.2)	263 (1.8)
Texas	259 (1.1)	258 (0.6)	261 (0.9)	260 (1.1)	27 (1.1)	73 (1.1)	27 (1.5)	2 (0.4)	257 (1.6)	266 (2.7)	256 (2.3)	264 (2.3)
Utah	264 (0.8)	262 (0.8)	262 (1.0)	266 (0.8)	22 (0.8)	78 (0.8)	33 (1.1)	2 (0.5)	262 (2.9)	266 (1.3)	264 (1.9)	271 (2.0)
Vermont	271 (0.8)	269 (0.7)	273 (0.8)	272 (0.6)	16 (0.7)	84 (0.7)	41 (1.0)	3 (0.4)	278 (2.7)	279 (1.5)	268 (1.2)	272 (0.7)
Virginia	268 (1.1)	268 (1.0)	267 (1.1)	266 (1.1)	22 (1.2)	78 (1.2)	32 (1.6)	2 (0.4)	260 (1.8)	270 (1.6)	265 (2.7)	263 (2.5)
Washington	264 (0.9)	265 (1.3)	265 (0.9)	267 (1.1)	22 (1.2)	78 (1.2)	36 (1.3)	4 (0.5)	265 (2.7)	268 (1.7)	268 (2.5)	268 (2.7)
West Virginia	260 (1.0)	255 (1.2)	255 (1.0)	255 (0.9)	33 (1.2)	67 (1.2)	22 (1.3)	1 (0.3)	258 (2.4)	255 (2.3)	254 (2.2)	255 (1.2)
Wisconsin	266 (1.3)	266 (1.1)	264 (1.0)	266 (1.0)	22 (1.2)	78 (1.2)	34 (1.4)	2 (0.5)	256 (2.0)	270 (2.7)	269 (2.3)	269 (1.9)
Wyoming	267 (0.5)	268 (0.7)	266 (0.7)	268 (1.0)	18 (1.4)	82 (1.4)	34 (1.8)	2 (0.5)	266 (1.8)	‡ (†)	270 (1.1)	268 (1.5)
Department of Defense dependents schools[6]	272 (0.6)	271 (0.7)	273 (1.0)	272 (0.7)	13 (1.1)	87 (1.1)	39 (1.2)	2 (0.7)	272 (2.7)	268 (1.9)	‡ (†)	‡ (†)

†Not applicable.
‡Reporting standards not met.
[1]Scale ranges from 0 to 500.
[2]*Basic* denotes partial mastery of the knowledge and skills that are fundamental for proficient work at the 8th-grade level.
[3]*Proficient* represents solid academic performance for 8th-graders. Students reaching this level have demonstrated competency over challenging subject matter.
[4]*Advanced* signifies superior performance.
[5]Did not satisfy one or more of the guidelines for school participation in 2003. Data are subject to appreciable nonresponse bias.
[6]Prior to 2005, NAEP divided the Department of Defense (DoD) schools into two jurisdictions, domestic and overseas. In 2005, NAEP began combining the DoD domestic and overseas schools into a single jurisdiction. Data shown in this table for years prior to 2005 were recalculated for comparability.
NOTE: The reading data include students for whom accommodations were permitted. Standard errors appear in parentheses.
SOURCE: U.S. Department of Education, National Center for Education Statistics, National Assessment of Educational Progress (NAEP), 2003, 2005, 2007, and 2009 Reading Assessments, retrieved April 7, 2010, from the Main NAEP Data Explorer (http://nces.ed.gov/nationsreportcard/naepdata/). (This table was prepared April 2010.)

Table 131. Average reading scale scores of 4th- and 8th-grade public school students and percentage at or above selected reading achievement levels, by race/ethnicity and jurisdiction or specific urban district: 2007 and 2009

Grade level and jurisdiction or specific urban district	Average reading scale score[1]										Percent of students	
	2007					2009					2009	
	All students	White	Black	Hispanic	Asian/ Pacific Islander	All students	White	Black	Hispanic	Asian/ Pacific Islander	At or above *Basic*[2]	At or above *Proficient*[3]
1	2	3	4	5	6	7	8	9	10	11	12	13
4th grade												
United States	220 (0.3)	230 (0.2)	203 (0.4)	204 (0.5)	231 (1.0)	220 (0.3)	229 (0.3)	204 (0.5)	204 (0.5)	234 (1.1)	66 (0.3)	32 (0.4)
Large city	208 (0.7)	231 (0.9)	199 (0.7)	199 (0.8)	228 (2.7)	210 (0.7)	233 (1.4)	201 (0.9)	202 (0.8)	228 (1.7)	54 (0.8)	23 (0.8)
Atlanta	207 (1.5)	253 (2.5)	200 (1.4)	‡ (†)	‡ (†)	209 (1.5)	253 (2.9)	201 (1.6)	‡ (†)	‡ (†)	50 (1.5)	22 (1.0)
Austin	218 (2.0)	244 (1.7)	201 (4.1)	206 (2.4)	236 (8.9)	220 (1.8)	245 (2.0)	211 (3.0)	208 (2.3)	‡ (†)	65 (2.3)	32 (2.0)
Baltimore City	— (†)	— (†)	— (†)	— (†)	— (†)	202 (1.7)	220 (4.8)	200 (1.7)	‡ (†)	‡ (†)	42 (2.0)	12 (1.2)
Boston	210 (1.9)	230 (4.1)	204 (2.4)	204 (1.9)	229 (5.6)	215 (1.2)	231 (2.9)	212 (1.5)	209 (2.0)	231 (3.2)	61 (2.0)	24 (2.1)
Charlotte	222 (1.5)	244 (1.9)	206 (2.1)	207 (2.2)	235 (5.6)	225 (1.6)	243 (1.6)	211 (2.3)	212 (2.8)	233 (5.4)	71 (2.1)	36 (2.2)
Chicago	201 (1.5)	227 (3.4)	193 (2.2)	201 (2.2)	237 (5.6)	202 (1.5)	228 (3.5)	194 (1.8)	203 (2.1)	232 (3.5)	45 (1.7)	16 (1.6)
Cleveland	198 (1.7)	215 (2.8)	192 (1.8)	200 (3.9)	‡ (†)	194 (2.0)	209 (3.4)	189 (2.2)	200 (4.4)	‡ (†)	34 (3.0)	8 (1.5)
Detroit	— (†)	— (†)	— (†)	— (†)	— (†)	187 (1.9)	‡ (†)	186 (2.1)	190 (2.8)	‡ (†)	27 (2.1)	5 (0.9)
District of Columbia	197 (0.9)	258 (3.9)	192 (1.0)	206 (3.6)	‡ (†)	203 (1.2)	257 (2.9)	195 (1.3)	207 (3.2)	‡ (†)	46 (1.6)	18 (1.1)
Fresno	— (†)	— (†)	— (†)	— (†)	— (†)	197 (1.7)	217 (3.0)	193 (3.4)	194 (1.8)	194 (3.1)	40 (2.1)	12 (1.8)
Houston	206 (1.2)	241 (3.7)	205 (1.5)	200 (1.6)	231 (4.0)	211 (1.7)	243 (4.7)	210 (2.5)	206 (1.9)	240 (3.8)	55 (2.2)	19 (1.8)
Jefferson County (KY)	— (†)	— (†)	— (†)	— (†)	— (†)	219 (1.8)	230 (2.1)	203 (2.0)	‡ (†)	‡ (†)	64 (2.0)	30 (2.3)
Los Angeles	196 (1.3)	228 (1.4)	196 (4.9)	190 (1.6)	219 (4.3)	197 (1.1)	222 (3.5)	195 (3.3)	193 (1.1)	220 (3.6)	40 (1.4)	13 (1.1)
Miami-Dade	— (†)	— (†)	— (†)	— (†)	— (†)	221 (1.2)	238 (3.4)	205 (2.1)	224 (1.1)	‡ (†)	68 (1.6)	31 (1.6)
Milwaukee	— (†)	— (†)	— (†)	— (†)	— (†)	196 (2.0)	223 (4.6)	187 (2.4)	198 (2.7)	214 (5.1)	39 (2.4)	12 (1.8)
New York City	213 (1.1)	232 (2.9)	206 (1.7)	203 (1.6)	230 (2.6)	217 (1.4)	235 (2.8)	208 (1.6)	208 (1.9)	235 (2.6)	62 (1.7)	29 (1.8)
Philadelphia	— (†)	— (†)	— (†)	— (†)	— (†)	195 (1.8)	215 (4.2)	191 (2.1)	187 (4.6)	214 (3.8)	39 (2.1)	11 (1.3)
San Diego	210 (1.8)	234 (2.7)	199 (2.8)	196 (1.9)	223 (2.7)	213 (2.1)	236 (2.8)	206 (4.1)	193 (2.6)	227 (3.1)	59 (2.0)	29 (2.3)
8th grade												
United States	261 (0.2)	270 (0.2)	244 (0.4)	246 (0.4)	269 (1.2)	262 (0.3)	271 (0.2)	245 (0.4)	248 (0.6)	273 (1.1)	74 (0.4)	30 (0.4)
Large city	250 (0.7)	271 (1.0)	240 (0.9)	243 (0.7)	263 (3.5)	252 (0.5)	272 (1.0)	243 (0.7)	245 (0.9)	268 (2.0)	63 (0.6)	21 (0.7)
Atlanta	245 (1.4)	‡ (†)	242 (1.3)	‡ (†)	‡ (†)	250 (1.5)	292 (3.9)	246 (1.7)	‡ (†)	‡ (†)	60 (2.7)	17 (1.1)
Austin	257 (2.0)	284 (2.8)	238 (2.9)	244 (2.2)	‡ (†)	261 (2.0)	282 (2.5)	247 (2.5)	251 (2.1)	‡ (†)	71 (1.8)	30 (2.8)
Baltimore City	— (†)	— (†)	— (†)	— (†)	— (†)	245 (1.7)	‡ (†)	243 (1.6)	‡ (†)	‡ (†)	54 (2.8)	10 (1.4)
Boston	254 (1.6)	275 (2.3)	250 (2.2)	241 (3.2)	275 (3.7)	257 (1.5)	282 (3.0)	248 (2.4)	251 (2.1)	276 (3.4)	68 (2.3)	23 (1.8)
Charlotte	260 (1.2)	279 (1.8)	246 (1.5)	251 (4.3)	‡ (†)	259 (1.0)	276 (2.4)	249 (1.2)	254 (3.7)	‡ (†)	70 (1.4)	28 (1.8)
Chicago	250 (1.5)	266 (3.0)	240 (1.8)	255 (1.5)	‡ (†)	249 (1.6)	272 (3.1)	243 (1.8)	249 (2.5)	‡ (†)	60 (2.2)	17 (1.5)
Cleveland	246 (1.5)	262 (3.2)	243 (1.7)	249 (3.7)	‡ (†)	242 (1.6)	258 (3.4)	239 (2.2)	237 (3.5)	‡ (†)	52 (2.6)	10 (1.4)
Detroit	— (†)	— (†)	— (†)	— (†)	— (†)	232 (2.4)	‡ (†)	232 (2.6)	232 (4.7)	‡ (†)	40 (3.6)	7 (1.7)
District of Columbia	241 (0.7)	‡ (†)	238 (0.9)	249 (3.2)	‡ (†)	240 (1.5)	‡ (†)	235 (1.5)	249 (5.3)	‡ (†)	48 (1.7)	14 (1.1)
Fresno	— (†)	— (†)	— (†)	— (†)	— (†)	240 (2.4)	263 (3.8)	232 (3.4)	235 (2.7)	241 (3.5)	48 (3.0)	12 (2.3)
Houston	252 (1.4)	281 (3.9)	249 (1.6)	246 (1.4)	289 (7.3)	252 (1.2)	280 (3.6)	243 (2.2)	250 (1.2)	‡ (†)	64 (1.8)	18 (1.4)
Jefferson County (KY)	— (†)	— (†)	— (†)	— (†)	— (†)	259 (1.0)	267 (1.4)	245 (2.1)	‡ (†)	‡ (†)	68 (1.5)	26 (1.4)
Los Angeles	240 (1.0)	272 (3.4)	229 (4.7)	236 (1.1)	264 (3.4)	244 (1.1)	271 (3.4)	239 (3.6)	239 (1.0)	265 (3.4)	54 (1.5)	15 (1.1)
Miami-Dade	— (†)	— (†)	— (†)	— (†)	— (†)	261 (1.4)	273 (3.2)	250 (2.4)	261 (1.6)	‡ (†)	73 (1.6)	28 (1.4)
Milwaukee	— (†)	— (†)	— (†)	— (†)	— (†)	241 (2.0)	265 (3.4)	233 (2.3)	249 (2.9)	‡ (†)	51 (2.2)	12 (1.4)
New York City	249 (1.9)	270 (3.4)	240 (2.7)	241 (2.8)	268 (2.8)	252 (1.4)	271 (2.4)	246 (1.9)	243 (2.2)	270 (2.5)	62 (1.9)	21 (1.5)
Philadelphia	— (†)	— (†)	— (†)	— (†)	— (†)	247 (2.5)	266 (5.2)	241 (1.9)	241 (3.7)	270 (4.4)	56 (2.5)	15 (2.8)
San Diego	250 (1.2)	271 (2.6)	240 (3.2)	235 (2.0)	265 (2.6)	254 (2.8)	273 (3.4)	239 (5.0)	242 (3.8)	264 (2.6)	65 (2.8)	25 (3.1)

—Not available.
†Not applicable.
‡Reporting standards not met.
[1]Scale ranges from 0 to 500.
[2]*Basic* denotes partial mastery of prerequisite knowledge and skills that are fundamental for proficient work at a given grade.
[3]*Proficient* represents solid academic performance. Students reaching this level have demonstrated competency over challenging subject matter.
NOTE: Beginning in 2009, if the results for charter schools are not included in a school district's Adequate Yearly Progress (AYP) report to the U.S. Department of Education under the Elementary and Secondary Education Act, they are excluded from that district's results. This change had little or no impact on differences between any participating district's 2007 and 2009 average reading scores except those of the District of Columbia at grade 8. For details, see the Technical Notes in *The Nation's Report Card: Reading 2009 Trial Urban District Assessment* (NCES 2010-459). Race categories exclude persons of Hispanic ethnicity. Detail may not sum to totals because of rounding and missing data. Totals include racial/ethnic groups not shown separately.
SOURCE: U.S. Department of Education, National Center for Education Statistics, National Assessment of Educational Progress (NAEP), 2007 and 2009 Reading Assessments, retrieved May 20, 2010, from the Main NAEP Data Explorer (http://nces.ed.gov/nationsreportcard/naepdata/). (This table was prepared May 2010.)

Table 132. Average reading scale scores of 4th- and 8th-graders in public schools and percentage scoring at or above selected reading achievement levels, by English language learner (ELL) status and state or jurisdiction: 2009

State or jurisdiction	4th-graders							8th-graders						
	English language learners				Not English language learners			English language learners				Not English language learners		
	Percent of all students assessed	Average scale score[1]	Percent At or above *Basic*[2]	Percent At or above *Proficient*[3]	Average scale score[1]	Percent At or above *Basic*[2]	Percent At or above *Proficient*[3]	Percent of all students assessed	Average scale score[1]	Percent At or above *Basic*[2]	Percent At or above *Proficient*[3]	Average scale score[1]	Percent At or above *Basic*[2]	Percent At or above *Proficient*[3]
1	2	3	4	5	6	7	8	9	10	11	12	13	14	15
United States	**9 (0.3)**	**188 (0.8)**	**29 (1.0)**	**6 (0.5)**	**223 (0.3)**	**69 (0.3)**	**34 (0.4)**	**5 (0.3)**	**219 (1.0)**	**25 (1.4)**	**3 (0.5)**	**265 (0.2)**	**76 (0.3)**	**32 (0.3)**
Alabama	2 (0.4)	‡ (†)	‡ (†)	‡ (†)	217 (1.2)	63 (1.4)	29 (1.4)	1 (0.2)	‡ (†)	‡ (†)	‡ (†)	255 (1.1)	66 (1.4)	24 (1.2)
Alaska	9 (1.0)	165 (4.9)	14 (2.7)	4 (1.4)	216 (1.1)	64 (1.3)	30 (1.4)	9 (1.0)	219 (3.3)	25 (4.0)	2 (1.2)	264 (0.9)	76 (1.3)	30 (1.4)
Arizona	14 (1.1)	168 (2.8)	14 (2.9)	2 (0.8)	217 (1.1)	63 (1.3)	28 (1.3)	6 (0.7)	204 (3.3)	15 (3.4)	1 (†)	261 (1.1)	71 (1.4)	28 (1.3)
Arkansas	6 (0.8)	191 (4.6)	33 (5.9)	9 (2.8)	218 (1.0)	65 (1.2)	30 (1.4)	4 (0.6)	236 (7.3)	43 (8.2)	7 (†)	259 (1.3)	70 (1.4)	27 (1.5)
California	29 (1.6)	184 (1.6)	25 (1.5)	4 (0.7)	220 (1.7)	66 (1.7)	32 (2.2)	19 (1.4)	215 (1.6)	21 (2.6)	2 (0.8)	261 (1.1)	74 (1.3)	27 (1.4)
Colorado	10 (1.0)	184 (3.3)	26 (3.7)	4 (1.8)	231 (1.1)	77 (1.1)	44 (1.6)	6 (0.9)	222 (2.6)	29 (3.2)	3 (1.6)	268 (0.8)	81 (1.1)	34 (1.2)
Connecticut	4 (0.5)	184 (4.5)	29 (5.3)	6 (3.6)	231 (1.0)	78 (1.1)	44 (1.4)	2 (0.3)	‡ (†)	‡ (†)	‡ (†)	273 (0.9)	82 (0.9)	43 (1.4)
Delaware	3 (0.2)	201 (2.4)	42 (5.5)	9 (4.8)	226 (0.5)	74 (1.1)	36 (1.3)	1 (0.2)	‡ (†)	‡ (†)	‡ (†)	266 (0.7)	78 (1.0)	31 (0.9)
District of Columbia	6 (0.4)	194 (4.1)	35 (5.1)	6 (2.9)	202 (1.0)	44 (1.3)	17 (1.0)	3 (0.3)	‡ (†)	‡ (†)	‡ (†)	243 (1.0)	51 (1.1)	14 (0.9)
Florida	6 (0.8)	205 (3.3)	52 (6.5)	13 (2.7)	227 (0.9)	74 (1.1)	37 (1.6)	3 (0.4)	233 (5.2)	41 (8.7)	7 (†)	265 (1.1)	77 (1.3)	33 (1.5)
Georgia	3 (0.6)	186 (4.7)	22 (5.4)	6 (2.4)	219 (1.2)	64 (1.5)	30 (1.2)	1 (0.3)	‡ (†)	‡ (†)	‡ (†)	261 (1.0)	73 (1.8)	27 (1.3)
Hawaii	10 (0.7)	178 (2.7)	23 (2.7)	5 (1.4)	214 (1.0)	60 (1.3)	28 (1.3)	5 (0.3)	217 (3.2)	22 (4.0)	3 (1.3)	257 (0.7)	69 (1.0)	23 (1.5)
Idaho	5 (0.5)	177 (3.2)	19 (3.7)	3 (1.4)	223 (0.9)	71 (1.2)	34 (1.2)	4 (0.4)	224 (4.2)	26 (6.6)	3 (†)	266 (0.9)	79 (1.3)	34 (1.5)
Illinois	7 (0.7)	186 (4.0)	30 (4.3)	7 (2.8)	222 (1.3)	67 (1.4)	34 (1.5)	3 (0.3)	224 (4.3)	28 (6.9)	4 (2.5)	266 (1.2)	78 (1.3)	33 (1.6)
Indiana	4 (0.7)	190 (4.2)	31 (5.4)	6 (2.1)	224 (1.0)	71 (1.4)	35 (1.5)	3 (0.4)	‡ (†)	‡ (†)	‡ (†)	266 (1.0)	79 (1.2)	32 (1.6)
Iowa	4 (0.6)	195 (3.9)	34 (5.4)	9 (3.3)	223 (1.1)	70 (1.2)	35 (1.4)	2 (0.6)	‡ (†)	‡ (†)	‡ (†)	266 (1.0)	78 (1.0)	33 (1.4)
Kansas	8 (1.4)	203 (4.2)	47 (5.3)	17 (3.8)	226 (1.2)	74 (1.7)	37 (1.5)	5 (0.7)	235 (3.8)	39 (4.7)	5 (2.0)	268 (1.1)	82 (1.2)	34 (1.5)
Kentucky	1 (0.2)	‡ (†)	‡ (†)	‡ (†)	226 (1.1)	72 (1.3)	36 (1.6)	# (†)	‡ (†)	‡ (†)	‡ (†)	267 (0.9)	79 (0.9)	33 (1.5)
Louisiana	2 (0.3)	198 (4.6)	37 (8.3)	10 (5.3)	208 (1.1)	52 (1.5)	19 (1.5)	1 (0.2)	‡ (†)	‡ (†)	‡ (†)	253 (1.6)	65 (1.8)	20 (1.8)
Maine	2 (0.4)	‡ (†)	‡ (†)	‡ (†)	224 (0.8)	71 (1.2)	36 (1.1)	1 (0.2)	‡ (†)	‡ (†)	‡ (†)	268 (0.7)	80 (0.7)	35 (1.3)
Maryland	3 (0.6)	208 (3.8)	51 (6.8)	17 (4.7)	227 (1.4)	71 (1.6)	38 (1.8)	1 (0.2)	‡ (†)	‡ (†)	‡ (†)	268 (1.1)	78 (1.4)	36 (1.4)
Massachusetts	6 (0.7)	198 (4.6)	40 (4.4)	12 (3.8)	236 (1.0)	83 (1.2)	50 (1.7)	2 (0.4)	217 (5.8)	25 (4.5)	3 (†)	275 (1.1)	84 (1.1)	44 (1.7)
Michigan	3 (0.7)	194 (6.0)	35 (6.8)	9 (4.1)	219 (1.0)	65 (1.3)	30 (1.2)	2 (0.6)	237 (5.3)	40 (8.9)	8 (3.9)	262 (1.5)	73 (1.7)	31 (1.7)
Minnesota	8 (0.9)	188 (3.1)	30 (3.5)	7 (2.2)	226 (1.2)	73 (1.3)	40 (1.5)	5 (0.4)	230 (4.3)	39 (7.1)	3 (1.7)	272 (1.0)	84 (1.0)	40 (1.6)
Mississippi	1 (0.1)	‡ (†)	‡ (†)	‡ (†)	211 (1.1)	55 (1.4)	22 (1.2)	# (†)	‡ (†)	‡ (†)	‡ (†)	251 (1.0)	62 (1.4)	19 (1.2)
Missouri	2 (0.3)	‡ (†)	‡ (†)	‡ (†)	224 (1.2)	71 (1.6)	36 (1.2)	# (†)	‡ (†)	‡ (†)	‡ (†)	267 (1.0)	79 (1.1)	34 (1.3)
Montana	3 (0.5)	188 (6.3)	28 (8.3)	5 (2.5)	226 (0.8)	74 (1.1)	35 (1.2)	2 (0.4)	‡ (†)	‡ (†)	‡ (†)	271 (0.6)	85 (0.8)	38 (1.3)
Nebraska	6 (0.7)	186 (3.3)	27 (3.9)	4 (2.0)	225 (1.0)	73 (1.3)	37 (1.3)	2 (0.3)	‡ (†)	‡ (†)	‡ (†)	268 (0.9)	81 (1.2)	35 (1.4)
Nevada	20 (1.2)	183 (2.2)	26 (2.1)	5 (1.1)	218 (1.0)	65 (1.3)	29 (1.2)	7 (0.4)	204 (3.1)	13 (2.8)	1 (†)	257 (0.8)	69 (1.0)	24 (1.0)
New Hampshire	2 (0.4)	202 (6.1)	46 (7.0)	15 (5.1)	230 (1.0)	78 (1.3)	42 (1.5)	1 (0.2)	‡ (†)	‡ (†)	‡ (†)	271 (1.0)	82 (1.0)	40 (1.6)
New Jersey	2 (0.3)	‡ (†)	‡ (†)	‡ (†)	230 (0.9)	77 (1.2)	41 (1.3)	1 (0.1)	‡ (†)	‡ (†)	‡ (†)	273 (1.3)	84 (1.3)	42 (1.7)
New Mexico	13 (1.0)	174 (2.8)	16 (2.8)	3 (1.2)	213 (1.3)	57 (1.7)	22 (1.4)	9 (0.8)	211 (2.4)	13 (3.1)	1 (†)	258 (1.1)	71 (1.3)	24 (1.7)
New York	7 (0.5)	189 (2.6)	29 (2.7)	6 (1.4)	227 (0.9)	73 (1.1)	38 (1.4)	3 (0.4)	213 (4.0)	20 (5.3)	2 (1.2)	266 (1.2)	76 (1.4)	34 (1.5)
North Carolina	5 (0.5)	189 (3.3)	33 (5.2)	11 (2.6)	221 (1.1)	67 (1.3)	33 (1.4)	5 (0.5)	226 (3.9)	35 (4.7)	5 (2.4)	261 (1.2)	72 (1.4)	30 (1.7)
North Dakota	1 (0.1)	‡ (†)	‡ (†)	‡ (†)	226 (0.8)	76 (1.3)	35 (1.3)	1 (0.2)	‡ (†)	‡ (†)	‡ (†)	270 (0.6)	86 (0.9)	34 (1.3)
Ohio	2 (0.5)	194 (7.3)	35 (6.9)	8 (2.9)	225 (1.2)	72 (1.4)	36 (1.6)	# (†)	‡ (†)	‡ (†)	‡ (†)	269 (1.3)	81 (1.5)	37 (1.8)
Oklahoma	3 (0.5)	190 (4.9)	29 (6.2)	9 (3.6)	218 (1.0)	67 (1.3)	28 (1.5)	3 (0.4)	224 (6.7)	32 (12.2)	3 (†)	260 (0.9)	74 (1.4)	26 (1.2)
Oregon	11 (1.1)	181 (2.7)	23 (3.0)	3 (1.4)	223 (1.0)	71 (1.2)	34 (1.3)	6 (0.6)	221 (3.1)	24 (4.5)	1 (0.7)	268 (1.0)	79 (1.2)	35 (1.4)
Pennsylvania	2 (0.4)	179 (5.5)	24 (6.2)	4 (2.1)	225 (1.4)	71 (1.4)	37 (1.7)	2 (0.4)	237 (3.6)	45 (7.4)	5 (†)	271 (0.8)	82 (0.9)	41 (1.4)
Rhode Island	5 (0.7)	179 (5.2)	26 (6.1)	6 (3.3)	225 (1.0)	71 (1.4)	37 (1.2)	2 (0.2)	204 (6.8)	16 (7.9)	1 (†)	261 (0.6)	73 (0.8)	28 (0.9)
South Carolina	4 (0.5)	206 (3.2)	53 (4.9)	20 (3.2)	216 (1.1)	62 (1.3)	28 (1.2)	2 (0.4)	249 (4.3)	66 (5.8)	18 (5.9)	257 (1.2)	68 (1.5)	25 (1.5)
South Dakota	1 (0.1)	‡ (†)	‡ (†)	‡ (†)	223 (0.6)	70 (0.9)	33 (1.0)	1 (0.1)	‡ (†)	‡ (†)	‡ (†)	270 (0.5)	85 (0.7)	37 (1.2)
Tennessee	2 (0.3)	181 (8.1)	25 (7.1)	4 (†)	218 (1.2)	64 (1.4)	29 (1.4)	1 (0.2)	‡ (†)	‡ (†)	‡ (†)	261 (1.1)	73 (1.2)	28 (1.3)
Texas	17 (1.3)	197 (2.0)	37 (3.3)	8 (1.9)	223 (1.3)	70 (1.8)	32 (1.7)	6 (0.6)	216 (3.2)	20 (3.3)	1 (†)	263 (1.0)	76 (1.0)	29 (1.5)
Utah	7 (0.8)	182 (2.3)	24 (4.1)	5 (1.6)	222 (1.0)	70 (1.1)	33 (1.4)	4 (0.3)	225 (3.9)	28 (7.0)	3 (†)	267 (0.9)	80 (0.8)	34 (1.2)
Vermont	2 (0.2)	‡ (†)	‡ (†)	‡ (†)	229 (0.8)	75 (1.0)	42 (1.1)	1 (0.1)	‡ (†)	‡ (†)	‡ (†)	273 (0.6)	84 (0.8)	41 (1.0)
Virginia	6 (0.9)	201 (4.0)	45 (5.8)	12 (3.4)	228 (1.3)	76 (1.5)	40 (1.6)	3 (0.4)	233 (4.8)	37 (5.3)	9 (4.1)	267 (1.1)	79 (1.3)	33 (1.7)
Washington	9 (1.0)	181 (2.8)	20 (3.3)	3 (†)	225 (1.1)	73 (1.1)	36 (1.4)	3 (0.3)	213 (5.0)	19 (6.3)	2 (†)	269 (1.1)	80 (1.2)	37 (1.4)
West Virginia	# (†)	‡ (†)	‡ (†)	‡ (†)	215 (1.0)	62 (1.5)	26 (1.5)	1 (0.2)	‡ (†)	‡ (†)	‡ (†)	255 (0.9)	67 (1.2)	22 (1.3)
Wisconsin	5 (0.6)	191 (2.7)	31 (3.8)	8 (1.8)	222 (1.1)	69 (1.4)	34 (1.3)	3 (0.4)	240 (3.7)	49 (6.7)	7 (3.9)	267 (1.0)	79 (1.2)	35 (1.5)
Wyoming	2 (0.2)	‡ (†)	‡ (†)	‡ (†)	224 (0.7)	73 (1.1)	33 (1.1)	1 (0.3)	‡ (†)	‡ (†)	‡ (†)	269 (1.0)	82 (1.4)	35 (1.9)
Department of Defense dependents schools	5 (0.4)	200 (3.1)	43 (6.4)	8 (4.2)	230 (0.6)	79 (1.1)	40 (1.2)	3 (0.3)	‡ (†)	‡ (†)	‡ (†)	273 (0.8)	88 (1.3)	40 (1.2)

†Not applicable.
#Rounds to zero.
‡Reporting standards not met.
[1]Scale ranges from 0 to 500.
[2]*Basic* denotes partial mastery of prerequisite knowledge and skills that are fundamental for proficient work at the specified grade level.
[3]*Proficient* represents solid academic performance. Students reaching this level have demonstrated competency over challenging subject matter.

NOTE: The results for English language learners are based on students who were assessed and cannot be generalized to the total population of such students; some English language learners—making up about 2 percent of all public school students at grade 4 and 1 percent at grade 8—were excluded from the 2009 Reading Assessment. Standard errors appear in parentheses.
SOURCE: U.S. Department of Education, National Center for Education Statistics, National Assessment of Educational Progress (NAEP), 2009 Reading Assessment, retrieved April 13, 2010, from the Main NAEP Data Explorer (http://nces.ed.gov/nationsreportcard/naep data/). (This table was prepared April 2010.)

Table 133. Average writing scale score and percentage of students attaining writing achievement levels, by selected student characteristics and grade level: 2002 and 2007

Grade, year, and achievement level	All students	Sex		Race/ethnicity					Parents' highest level of education				Free or reduced-price lunch eligibility		
		Male	Female	White	Black	Hispanic	Asian/ Pacific Islander	American Indian/ Alaska Native	Did not finish high school	Graduated high school	Some education after high school	Graduated college	Eligible	Not eligible	Information not available
1	2	3	4	5	6	7	8	9	10	11	12	13	14	15	16
	Average scale score[1]														
4th-graders, 2002	154 (0.4)	146 (0.6)	163 (0.4)	161 (0.3)	140 (0.7)	141 (1.6)	167 (1.5)	139 (1.9)	— (†)	— (†)	— (†)	— (†)	141 (0.8)	163 (0.5)	161 (1.5)
8th-graders															
2002	153 (0.5)	143 (0.6)	164 (0.6)	161 (0.6)	135 (0.7)	137 (0.9)	161 (2.0)	137 (2.9)	136 (0.9)	144 (0.6)	156 (0.6)	165 (0.6)	136 (0.5)	162 (0.7)	161 (1.5)
2007	156 (0.2)	146 (0.3)	166 (0.3)	164 (0.2)	141 (0.4)	142 (0.6)	167 (1.2)	143 (1.3)	139 (0.6)	147 (0.5)	158 (0.4)	166 (0.3)	141 (0.3)	164 (0.3)	170 (1.2)
12th-graders															
2002	148 (0.8)	136 (0.8)	160 (0.9)	154 (0.8)	130 (1.3)	136 (1.5)	151 (2.4)	‡ (†)	129 (1.7)	139 (1.1)	149 (0.9)	158 (1.0)	132 (1.4)	152 (1.0)	156 (1.5)
2007	153 (0.6)	144 (0.6)	162 (0.7)	159 (0.6)	137 (1.0)	139 (1.0)	160 (1.7)	140 (3.9)	134 (1.0)	141 (0.8)	152 (0.7)	163 (0.6)	138 (0.7)	157 (0.6)	165 (1.5)
	Percent attaining achievement levels														
4th-graders, 2002															
Below *Basic*	14 (0.4)	19 (0.5)	9 (0.3)	10 (0.2)	23 (0.8)	23 (1.6)	7 (1.1)	25 (2.6)	— (†)	— (†)	— (†)	— (†)	22 (0.8)	8 (0.3)	10 (1.1)
At or above *Basic*[2]	86 (0.4)	81 (0.5)	91 (0.3)	90 (0.2)	77 (0.8)	77 (1.6)	93 (1.1)	75 (2.6)	— (†)	— (†)	— (†)	— (†)	78 (0.8)	92 (0.3)	90 (1.1)
At or above *Proficient*[3]	28 (0.4)	20 (0.5)	36 (0.6)	34 (0.4)	14 (0.7)	17 (0.9)	41 (2.1)	15 (1.7)	— (†)	— (†)	— (†)	— (†)	15 (0.5)	36 (0.6)	34 (1.6)
At *Advanced*[4]	2 (0.1)	1 (0.1)	3 (0.2)	3 (0.2)	1 (0.2)	1 (0.2)	4 (0.6)	1 (0.5)	— (†)	— (†)	— (†)	— (†)	1 (0.1)	3 (0.2)	3 (0.3)
8th-graders															
2002															
Below *Basic*	15 (0.4)	21 (0.6)	9 (0.3)	10 (0.4)	26 (1.0)	27 (1.0)	12 (1.3)	27 (3.9)	26 (1.3)	19 (0.7)	11 (0.6)	9 (0.4)	26 (0.6)	9 (0.4)	11 (0.7)
At or above *Basic*[2]	85 (0.4)	79 (0.6)	91 (0.3)	90 (0.4)	74 (1.0)	73 (1.0)	88 (1.3)	73 (3.9)	74 (1.3)	81 (0.7)	89 (0.6)	91 (0.4)	74 (0.6)	91 (0.4)	89 (0.7)
At or above *Proficient*[3]	31 (0.6)	21 (0.6)	42 (0.8)	38 (0.6)	13 (0.6)	16 (1.1)	40 (2.6)	16 (2.5)	14 (1.0)	20 (0.6)	31 (0.8)	43 (0.8)	16 (0.6)	39 (0.8)	39 (1.7)
At *Advanced*[4]	2 (0.1)	1 (0.1)	3 (0.2)	3 (0.2)	# (†)	1 (0.2)	4 (0.8)	1 (#)	# (†)	1 (0.2)	1 (0.2)	4 (0.2)	1 (0.1)	3 (0.2)	4 (0.6)
2007															
Below *Basic*	12 (0.2)	17 (0.3)	7 (0.2)	7 (0.2)	19 (0.5)	20 (0.6)	8 (0.8)	21 (1.3)	21 (1.0)	16 (0.5)	9 (0.4)	7 (0.2)	20 (0.3)	7 (0.2)	5 (0.6)
At or above *Basic*[2]	88 (0.2)	83 (0.3)	93 (0.2)	93 (0.2)	81 (0.5)	80 (0.6)	92 (0.8)	79 (1.3)	79 (1.0)	84 (0.5)	91 (0.4)	93 (0.2)	80 (0.3)	93 (0.2)	95 (0.6)
At or above *Proficient*[3]	33 (0.3)	22 (0.3)	43 (0.4)	41 (0.3)	16 (0.6)	18 (0.5)	46 (1.4)	20 (1.6)	14 (0.6)	21 (0.6)	33 (0.5)	44 (0.4)	17 (0.3)	41 (0.4)	49 (1.8)
At *Advanced*[4]	2 (0.1)	1 (0.1)	3 (0.1)	3 (0.1)	# (†)	1 (0.1)	5 (0.5)	1 (0.4)	# (†)	# (†)	1 (0.1)	3 (0.1)	# (†)	3 (0.1)	4 (0.5)
12th-graders															
2002															
Below *Basic*	26 (0.7)	37 (1.0)	15 (0.7)	21 (0.7)	41 (1.7)	36 (1.8)	24 (2.3)	‡ (†)	43 (2.1)	32 (1.2)	23 (1.0)	18 (0.9)	40 (1.5)	23 (0.8)	19 (1.3)
At or above *Basic*[2]	74 (0.7)	63 (1.0)	85 (0.7)	79 (0.7)	59 (1.7)	64 (1.8)	76 (2.3)	‡ (†)	57 (2.1)	68 (1.2)	77 (1.0)	82 (0.9)	60 (1.5)	77 (0.8)	81 (1.3)
At or above *Proficient*[3]	24 (0.8)	14 (0.8)	33 (1.0)	28 (0.9)	9 (1.0)	13 (1.4)	25 (2.8)	‡ (†)	8 (1.4)	14 (1.1)	22 (1.3)	32 (1.0)	11 (1.0)	26 (1.0)	29 (1.6)
At *Advanced*[4]	2 (0.2)	1 (0.1)	3 (0.3)	2 (0.3)	# (†)	1 (0.2)	3 (1.1)	‡ (†)	# (†)	1 (0.2)	1 (0.2)	3 (0.4)	1 (0.2)	2 (0.3)	2 (0.4)
2007															
Below *Basic*	18 (0.5)	26 (0.6)	11 (0.5)	14 (0.5)	31 (1.2)	29 (1.1)	14 (1.5)	30 (5.3)	34 (1.5)	27 (1.1)	16 (0.7)	12 (0.4)	31 (1.0)	15 (0.5)	10 (1.0)
At or above *Basic*[2]	82 (0.5)	74 (0.6)	89 (0.5)	86 (0.5)	69 (1.2)	71 (1.1)	86 (1.5)	70 (5.3)	66 (1.5)	73 (1.1)	84 (0.7)	88 (0.4)	69 (1.0)	85 (0.5)	90 (1.0)
At or above *Proficient*[3]	24 (0.6)	16 (0.6)	32 (0.8)	30 (0.6)	9 (0.8)	11 (0.9)	30 (2.2)	12 (2.6)	8 (1.0)	13 (0.6)	20 (0.7)	34 (0.8)	11 (0.5)	27 (0.7)	36 (2.1)
At *Advanced*[4]	1 (0.1)	# (†)	1 (0.2)	1 (0.2)	# (†)	# (†)	1 (0.6)	# (†)	# (†)	# (†)	# (†)	2 (0.2)	# (†)	1 (0.2)	2 (0.4)

—Not available.
†Not applicable.
#Rounds to zero.
‡Reporting standards not met.
[1]Scale ranges from 1 to 300 for all three grades, but scores cannot be compared across grades. For example, a score of 156 at grade 8 does not denote higher performance than a score of 153 at grade 12.
[2]*Basic* denotes partial mastery of the knowledge and skills that are fundamental for proficient work at a given grade.
[3]*Proficient* represents solid academic performance. Students reaching this level have demonstrated competency over challenging subject matter.
[4]*Advanced* signifies superior performance for a given grade.

NOTE: Includes public and private schools. Excludes persons unable to be tested due to limited proficiency in English or due to a disability (if the accommodations provided were not sufficient to enable the test to properly reflect the students' writing proficiency). In 2002, the NAEP national samples of 4th- and 8th-graders were obtained by aggregating the samples from each state, rather than by independently selecting national samples for grades 4 and 8. As a consequence, the size of the national samples increased for these grade levels, and smaller differences were found to be statistically significant than would have been detected in previous assessments. Grade 4 was not included in the 2007 survey. Race categories exclude persons of Hispanic ethnicity. Some data have been revised from previously published figures. Detail may not sum to totals because of rounding. Standard errors appear in parentheses.
SOURCE: U.S. Department of Education, National Center for Education Statistics, National Assessment of Educational Progress (NAEP), 2002 and 2007 Writing Assessments, retrieved May 6, 2008, from the NAEP Data Explorer (http://nces.ed.gov/nationsreportcard/nde/). (This table was prepared May 2008.)

Table 134. Average arts scale score of 8th-graders, percentage distribution by frequency of instruction, and percentage participating in selected activities, by subject and selected student and school characteristics: 2008

Selected student or school characteristic	Average score			Percentage distribution of students by school-reported frequency of instruction								Percent of students reporting participation in musical activities in school		
	Music,[1] responding scale score (0 to 300)	Visual arts[2]		Music				Visual arts						
		Responding scale score (0 to 300)	Creating task score (0 to 100)	Subject not offered	Less than once a week	Once or twice a week	At least 3 or 4 times a week	Subject not offered	Less than once a week	Once or twice a week	At least 3 or 4 times a week	Play in band	Play in orchestra	Sing in chorus or choir
1	2	3	4	5	6	7	8	9	10	11	12	13	14	15
All students	**150 (1.2)**	**150 (1.2)**	**52 (0.6)**	**8 (2.0)**	**8 (2.0)**	**27 (3.1)**	**57 (3.2)**	**14 (2.4)**	**10 (2.5)**	**30 (3.5)**	**47 (3.9)**	**16 (0.9)**	**5 (0.5)**	**17 (1.2)**
Sex														
Male	145 (1.3)	145 (1.4)	49 (0.7)	9 (2.1)	8 (2.1)	27 (3.1)	56 (3.2)	14 (2.6)	10 (2.5)	30 (3.6)	46 (4.1)	18 (1.0)	3 (0.5)	9 (1.2)
Female	155 (1.4)	155 (1.2)	54 (0.7)	8 (2.0)	7 (1.9)	28 (3.2)	57 (3.2)	13 (2.3)	10 (2.5)	29 (3.3)	48 (3.8)	14 (1.0)	6 (0.6)	26 (1.8)
Race/ethnicity														
White	161 (1.3)	160 (1.2)	55 (0.5)	6 (2.5)	8 (2.5)	29 (4.0)	57 (3.6)	11 (2.6)	11 (3.4)	34 (4.4)	44 (4.6)	19 (1.2)	5 (0.6)	19 (1.6)
Black	130 (2.0)	129 (2.4)	43 (1.5)	10 (2.9)	8 (4.5)	26 (5.5)	56 (7.0)	18 (4.9)	10 (4.9)	24 (4.5)	49 (5.7)	13 (1.2)	4 (1.0)	21 (1.9)
Hispanic	129 (1.9)	134 (1.9)	46 (1.1)	14 (4.3)	6 (2.3)	21 (4.1)	59 (4.5)	17 (4.5)	5 (2.0)	23 (4.7)	56 (6.0)	8 (1.2)	3 (0.6)	10 (1.6)
Asian/Pacific Islander	159 (4.7)	156 (4.2)	54 (2.0)	7 (4.1)	8 (3.4)	25 (6.6)	60 (8.7)	5 (2.5)	11 (4.6)	29 (6.0)	54 (8.4)	21 (3.5)	6 (2.1)	16 (2.9)
Free or reduced-price lunch eligibility														
Eligible	132 (1.3)	132 (1.4)	46 (1.0)	10 (2.1)	6 (2.1)	26 (3.4)	58 (3.9)	18 (3.4)	9 (3.2)	26 (3.7)	47 (4.7)	12 (1.2)	3 (0.6)	15 (1.4)
Not eligible	161 (1.4)	161 (1.2)	55 (0.6)	8 (2.6)	8 (2.6)	26 (4.0)	59 (4.0)	10 (2.4)	10 (3.2)	30 (4.1)	50 (4.6)	19 (1.0)	5 (0.6)	19 (1.6)
Unknown	156 (5.6)	156 (5.9)	57 (2.6)	4 †	19 (8.7)	54 (11.5)	23 (10.5)	16 (10.3)	13 (8.4)	47 (13.6)	24 (10.6)	14 (6.3)	5 (2.3)	13 (2.0)
Control of school														
Public	149 (1.3)	149 (1.2)	51 (0.7)	8 (2.1)	7 (2.1)	24 (3.2)	61 (3.5)	13 (2.4)	10 (2.7)	26 (3.5)	51 (4.2)	17 (0.9)	5 (0.5)	18 (1.3)
Private	163 (2.8)	159 (5.2)	60 (1.3)	10 (6.0)	15 (6.9)	71 (8.8)	3 (†)	17 (8.2)	10 (6.1)	70 (10.2)	3 (0.9)	9 (1.9)	1 (0.4)	13 (2.1)
School location														
City	142 (2.0)	144 (2.1)	49 (1.2)	13 (4.0)	10 (3.8)	24 (5.7)	52 (5.6)	12 (2.6)	9 (3.5)	24 (4.9)	55 (5.4)	14 (1.0)	4 (0.6)	13 (1.3)
Suburban	155 (1.9)	155 (1.8)	54 (0.7)	3 (2.2)	7 (3.5)	32 (5.6)	57 (6.3)	10 (3.1)	10 (4.6)	33 (6.4)	46 (6.1)	14 (1.5)	6 (1.0)	16 (1.6)
Town	156 (3.5)	149 (2.8)	50 (1.2)	4 (1.0)	# (†)	18 (9.0)	78 (9.0)	16 (8.4)	# (†)	23 (9.2)	60 (10.5)	23 (3.0)	4 (1.3)	23 (3.4)
Rural	150 (2.6)	151 (3.0)	52 (1.5)	13 (5.0)	8 (4.8)	29 (5.7)	50 (7.7)	20 (7.3)	17 (6.8)	35 (7.8)	28 (6.7)	18 (2.5)	3 (1.0)	21 (3.4)
Region														
Northeast	154 (3.1)	160 (2.3)	52 (0.9)	10 (5.3)	13 (5.8)	40 (9.0)	37 (8.6)	5 (3.3)	5 (†)	50 (6.2)	39 (9.3)	16 (2.7)	6 (0.9)	17 (2.6)
Midwest	158 (2.9)	155 (2.3)	53 (1.3)	12 (6.6)	# (†)	25 (7.2)	63 (5.8)	9 (2.0)	15 (7.7)	26 (6.7)	50 (7.3)	22 (2.1)	6 (1.3)	24 (3.1)
South	147 (1.9)	147 (2.2)	51 (1.0)	6 (1.8)	10 (4.0)	25 (3.9)	59 (5.7)	19 (5.3)	9 (3.8)	26 (5.0)	46 (6.4)	16 (1.2)	4 (0.6)	16 (2.0)
West	144 (2.0)	143 (2.1)	51 (1.1)	8 (3.7)	8 (3.5)	24 (6.9)	60 (5.4)	15 (4.9)	9 (4.0)	25 (9.0)	51 (8.2)	9 (1.2)	3 (0.6)	12 (1.7)
Frequency of instruction														
Subject not offered	139 (6.3)	138 (4.2)	‡ (†)	‡ (†)	‡ (†)	‡ (†)	‡ (†)	‡ (†)	‡ (†)	‡ (†)	‡ (†)	17 (4.0)	4 (1.5)	11 (2.1)
Less than once a week	149 (6.4)	154 (5.3)	‡ (†)	‡ (†)	‡ (†)	‡ (†)	‡ (†)	‡ (†)	‡ (†)	‡ (†)	‡ (†)	11 (2.4)	4 (1.5)	10 (2.0)
Once or twice a week	152 (2.8)	154 (2.6)	‡ (†)	‡ (†)	‡ (†)	‡ (†)	‡ (†)	‡ (†)	‡ (†)	‡ (†)	‡ (†)	12 (1.7)	3 (0.8)	17 (2.2)
At least 3 or 4 times a week	149 (1.8)	149 (1.8)	‡ (†)	‡ (†)	‡ (†)	‡ (†)	‡ (†)	‡ (†)	‡ (†)	‡ (†)	‡ (†)	17 (1.4)	5 (0.7)	20 (1.6)

†Not applicable.
#Rounds to zero.
‡Reporting standards not met.
[1]Students were asked to analyze and describe aspects of music they heard, critique instrumental and vocal performances, and demonstrate their knowledge of standard musical notation and music's role in society.
[2]Responding questions asked students to analyze and describe works of art and design, while creating questions required students to create works of art and design of their own.

NOTE: Excludes students unable to be tested due to limited proficiency in English or due to a disability (if the accommodations provided were not sufficient to enable the test to properly reflect the students' music or visual arts proficiency). Detail may not sum to totals because of rounding. Race categories exclude persons of Hispanic ethnicity. Totals include other racial/ethnic groups not shown separately. Standard errors appear in parentheses.
SOURCE: U.S. Department of Education, National Center for Education Statistics, National Assessment of Educational Progress (NAEP), 2008 Arts Assessment, retrieved June 30, 2009, from the Main NAEP Data Explorer (http://nces.ed.gov/nationsreportcard/naepdata/). (This table was prepared June 2009.)

Table 135. Percentage of students attaining U.S. history achievement levels, by grade level and selected student characteristics: 2001 and 2006

Selected student characteristic	Percent of 4th-graders					Percent of 8th-graders					Percent of 12th-graders				
	2001, At or above *Basic*[1]	2006				2001, At or above *Basic*[1]	2006				2001, At or above *Basic*[1]	2006			
		Below *Basic*	At or above *Basic*[1]	At or above *Proficient*[2]	At *Advanced*[3]		Below *Basic*	At or above *Basic*[1]	At or above *Proficient*[2]	At *Advanced*[3]		Below *Basic*	At or above *Basic*[1]	At or above *Proficient*[2]	At *Advanced*[3]
1	2	3	4	5	6	7	8	9	10	11	12	13	14	15	16
All students	**66 (1.2)**	**30 (1.3)**	**70 (1.3)**	**18 (1.0)**	**2 (0.3)**	**62 (1.0)**	**35 (1.0)**	**65 (1.0)**	**17 (0.8)**	**1 (0.1)**	**43 (1.2)**	**53 (1.1)**	**47 (1.1)**	**13 (0.7)**	**1 (0.2)**
Sex															
Male	65 (1.3)	31 (1.5)	69 (1.5)	20 (1.3)	2 (0.4)	62 (1.1)	33 (1.3)	67 (1.3)	19 (1.0)	2 (0.2)	45 (1.6)	50 (1.2)	50 (1.2)	15 (0.8)	1 (0.2)
Female	67 (1.4)	30 (1.2)	70 (1.2)	16 (1.0)	1 (0.3)	61 (1.2)	36 (1.0)	64 (1.0)	14 (0.7)	1 (0.2)	40 (1.2)	56 (1.2)	44 (1.2)	11 (0.7)	1 (0.2)
Race/ethnicity															
White	76 (1.5)	16 (1.2)	84 (1.2)	26 (1.5)	2 (0.4)	71 (1.1)	21 (0.8)	79 (0.8)	23 (1.1)	2 (0.2)	49 (1.3)	44 (1.3)	56 (1.3)	16 (0.8)	1 (0.2)
Black	41 (2.3)	54 (2.5)	46 (2.5)	5 (1.0)	# (†)	35 (2.1)	60 (1.7)	40 (1.7)	4 (0.5)	# (†)	19 (1.5)	80 (1.6)	20 (1.6)	2 (0.5)	# (†)
Hispanic	40 (2.8)	51 (2.7)	49 (2.7)	6 (0.7)	1 (0.2)	36 (2.6)	54 (2.2)	46 (2.2)	6 (0.8)	# (0.1)	24 (2.3)	73 (1.4)	27 (1.4)	4 (0.6)	# (†)
Asian/Pacific Islander	74 (4.5)	29 (4.8)	71 (4.8)	22 (4.3)	2 (—)	65 (3.0)	25 (4.4)	75 (4.4)	22 (3.0)	1 (0.6)	51 (6.7)	46 (3.5)	54 (3.5)	20 (3.1)	3 (0.7)
American Indian/Alaska Native	‡ (†)	59 (7.7)	41 (7.7)	6 (3.2)	# (†)	57 (6.5)	57 (6.1)	43 (6.1)	5 (—)	# (†)	37 (7.8)	68 (7.3)	32 (7.3)	4 (2.9)	# (†)
Parents' highest level of education															
Not high school graduate	— (†)	— (†)	— (†)	— (†)	— (†)	38 (4.1)	60 (2.2)	40 (2.2)	3 (0.9)	# (†)	19 (2.1)	82 (1.7)	18 (1.7)	3 (0.8)	# (†)
Graduated high school	— (†)	— (†)	— (†)	— (†)	— (†)	50 (1.8)	48 (2.2)	52 (2.2)	7 (0.7)	# (†)	25 (1.6)	69 (1.4)	31 (1.4)	5 (0.7)	# (†)
Some college	— (†)	— (†)	— (†)	— (†)	— (†)	69 (1.5)	30 (1.3)	70 (1.3)	14 (1.2)	1 (0.3)	39 (1.3)	55 (1.4)	45 (1.4)	9 (0.8)	# (†)
Graduated college	— (†)	— (†)	— (†)	— (†)	— (†)	77 (1.0)	21 (1.1)	79 (1.1)	27 (1.1)	2 (0.3)	58 (1.5)	40 (1.4)	60 (1.4)	20 (1.1)	2 (0.3)
Free or reduced-price lunch eligibility															
Eligible	45 (1.7)	49 (1.6)	51 (1.6)	6 (0.5)	# (†)	38 (1.7)	56 (1.6)	44 (1.6)	5 (0.5)	# (†)	22 (1.9)	76 (1.3)	24 (1.3)	3 (0.5)	# (†)
Not eligible	79 (1.6)	16 (1.1)	84 (1.1)	27 (1.5)	3 (0.4)	71 (1.6)	22 (0.8)	78 (0.8)	23 (1.0)	2 (0.2)	44 (1.5)	48 (1.2)	52 (1.2)	15 (0.9)	1 (0.2)
Not available	74 (2.8)	15 (4.0)	85 (4.0)	33 (4.7)	5 (1.7)	68 (2.2)	14 (3.2)	86 (3.2)	33 (3.8)	4 (1.1)	52 (2.9)	38 (3.7)	62 (3.7)	19 (2.6)	1 (0.5)
Region															
Northeast	— (†)	25 (2.5)	75 (2.5)	19 (1.5)	2 (0.5)	— (†)	31 (2.4)	69 (2.4)	21 (2.1)	2 (0.4)	— (†)	44 (3.0)	56 (3.0)	19 (1.9)	2 (0.5)
Midwest	— (†)	20 (2.1)	80 (2.1)	25 (2.8)	2 (0.7)	— (†)	27 (1.8)	73 (1.8)	21 (1.7)	1 (0.3)	— (†)	50 (1.3)	50 (1.3)	14 (1.0)	1 (0.2)
South	— (†)	29 (2.1)	71 (2.1)	18 (2.0)	2 (0.5)	— (†)	36 (1.5)	64 (1.5)	15 (1.0)	1 (0.2)	— (†)	59 (2.0)	41 (2.0)	11 (1.0)	1 (0.2)
West	— (†)	45 (3.8)	55 (3.8)	11 (1.6)	1 (0.3)	— (†)	44 (2.6)	56 (2.6)	11 (1.3)	1 (0.2)	— (†)	‡ (†)	‡ (†)	‡ (†)	‡ (†)

—Not available.
†Not applicable.
#Rounds to zero.
‡Reporting standards not met.
[1] *Basic* denotes partial mastery of the knowledge and skills that are fundamental for proficient work at a given grade.
[2] *Proficient* represents solid academic performance. Students reaching this level have demonstrated competency over challenging subject matter.
[3] *Advanced* signifies superior performance for a given grade.

NOTE: Includes public and private schools. Excludes students unable to be tested due to limited proficiency in English or due to a disability (if the accommodations provided were not sufficient to enable the test to properly reflect the students' U.S. history proficiency). Race categories exclude persons of Hispanic ethnicity. Totals include other racial/ethnic groups not shown separately. Standard errors appear in parentheses.
SOURCE: U.S. Department of Education, National Center for Education Statistics, National Assessment of Educational Progress (NAEP), 2001 and 2006 U.S. History Assessments, retrieved May 22, 2007, from the NAEP Data Explorer (http://nces.ed.gov/nationsreportcard/nde/). (This table was prepared May 2007.)

Table 136. Average U.S. history scale score, by grade level and selected student characteristics, and percentage distribution of 12th-graders, by selected student characteristics: 1994, 2001, and 2006

Selected student characteristic	4th-graders			8th-graders			12th-graders			Percentage distribution of 12th-graders		
	1994[1]	2001	2006	1994[1]	2001	2006	1994[1]	2001	2006	1994[1]	2001	2006
1	2	3	4	5	6	7	8	9	10	11	12	13
All students	**205 (1.0)**	**208 (0.9)**	**211 (1.1)**	**259 (0.6)**	**260 (0.8)**	**263 (0.8)**	**286 (0.8)**	**287 (0.9)**	**290 (0.7)**	**100 (†)**	**100 (†)**	**100 (†)**
Sex												
Male	203 (1.5)	207 (1.1)	211 (1.2)	259 (0.8)	261 (0.9)	264 (0.9)	288 (0.8)	288 (1.1)	292 (0.9)	50 (0.8)	50 (0.7)	50 (0.4)
Female	206 (1.1)	209 (1.2)	211 (1.1)	259 (0.7)	260 (0.9)	261 (0.8)	285 (0.9)	286 (0.9)	288 (0.8)	50 (0.8)	50 (0.7)	50 (0.4)
Race/ethnicity												
White	214 (1.3)	217 (1.3)	223 (1.1)	266 (0.8)	268 (0.9)	273 (0.6)	292 (0.8)	292 (1.0)	297 (0.8)	75 (0.5)	72 (0.5)	66 (1.3)
Black	176 (1.6)	186 (2.0)	191 (1.9)	238 (1.6)	240 (1.9)	244 (1.2)	265 (1.5)	267 (1.4)	270 (1.3)	13 (0.3)	13 (0.2)	13 (0.9)
Hispanic	175 (2.6)	184 (2.6)	194 (1.9)	243 (1.4)	240 (2.0)	248 (1.2)	267 (1.7)	271 (1.9)	275 (1.0)	7 (0.5)	9 (0.4)	13 (1.2)
Asian/Pacific Islander	204 (3.6)	216 (3.7)	214 (5.1)	261 (5.0)	264 (2.8)	270 (3.0)	283 (3.5)	294 (6.0)	296 (2.6)	4 (0.3)	4 (0.3)	6 (0.6)
American Indian/Alaska Native	‡ (†)	‡ (†)	190 (5.9)	245 (3.4)	255 (4.4)	244 (6.3)	272 (3.0)	283 (4.2)	278 (4.1)	1 (0.3)	1 (0.2)	2 (0.7)
Parents' highest level of education												
Not high school graduate	— (†)	— (†)	— (†)	241 (1.3)	241 (2.8)	244 (1.2)	263 (1.4)	266 (1.6)	268 (1.3)	7 (0.4)	7 (0.4)	8 (0.4)
Graduated high school	— (†)	— (†)	— (†)	251 (0.8)	251 (1.0)	252 (1.3)	276 (1.1)	274 (1.1)	278 (1.0)	20 (0.7)	19 (0.6)	18 (0.6)
Some college	— (†)	— (†)	— (†)	264 (0.8)	264 (1.0)	265 (0.9)	287 (1.2)	286 (0.8)	290 (0.8)	25 (0.7)	24 (0.7)	23 (0.6)
Graduated college	— (†)	— (†)	— (†)	270 (0.8)	273 (0.9)	274 (0.8)	296 (0.9)	298 (1.2)	300 (0.8)	45 (1.0)	46 (1.1)	49 (1.0)
Free or reduced-price lunch eligibility												
Eligible	— (†)	188 (1.4)	195 (1.1)	— (†)	242 (1.3)	247 (1.1)	— (†)	269 (1.4)	273 (1.0)	— (†)	15 (0.9)	22 (1.0)
Not eligible	— (†)	219 (1.4)	224 (1.0)	— (†)	267 (1.1)	273 (0.7)	— (†)	289 (1.2)	295 (0.8)	— (†)	64 (2.2)	67 (1.4)
Not available	— (†)	217 (2.8)	227 (3.9)	— (†)	266 (2.0)	281 (2.7)	— (†)	294 (2.1)	300 (2.4)	— (†)	21 (2.5)	11 (1.3)
Region												
Northeast	— (†)	— (†)	215 (1.7)	— (†)	— (†)	267 (1.8)	— (†)	— (†)	297 (2.2)	— (†)	— (†)	20 (0.8)
Midwest	— (†)	— (†)	220 (2.2)	— (†)	— (†)	269 (1.4)	— (†)	— (†)	292 (1.1)	— (†)	— (†)	23 (0.7)
South	— (†)	— (†)	213 (2.0)	— (†)	— (†)	262 (1.2)	— (†)	— (†)	286 (1.4)	— (†)	— (†)	33 (0.8)
West	— (†)	— (†)	199 (2.9)	— (†)	— (†)	255 (1.9)	— (†)	— (†)	‡ (†)	— (†)	— (†)	‡ (†)

—Not available.
†Not applicable.
‡Reporting standards not met.
[1]Accommodations were not permitted for this assessment.
NOTE: Scale ranges from 0 to 500. Includes public and private schools. Excludes students unable to be tested due to limited proficiency in English or due to a disability (if the accommodations provided were not sufficient to enable the test to properly reflect the students' proficiency in U.S. history). Race categories exclude persons of Hispanic ethnicity. Totals include other racial/ethnic groups not shown separately. Detail may not sum to totals because of rounding. Standard errors appear in parentheses.
SOURCE: U.S. Department of Education, National Center for Education Statistics, National Assessment of Educational Progress (NAEP), 1994, 2001, and 2006 U.S. History Assessments, retrieved June 6, 2007, from the NAEP Data Explorer (http://nces.ed.gov/nationsreportcard/nde/). (This table was prepared June 2007.)

Table 137. Average civics scale score and percentage of students attaining civics achievement levels, by grade level and selected student characteristics: 1998 and 2006

Selected student characteristic	Average scale score[1]				Percent of students attaining achievement levels											
					At or above *Basic*[2]				At or above *Proficient*[3]				At *Advanced*[4]			
	1998[5]		2006		1998[5]		2006		1998[5]		2006		1998[5]		2006	
1	2		3		4		5		6		7		8		9	
4th-graders	**150**	**(0.7)**	**154**	**(1.0)**	**69**	**(1.0)**	**73**	**(1.2)**	**23**	**(0.9)**	**24**	**(1.0)**	**2**	**(0.3)**	**1**	**(0.2)**
Sex																
Male	149	(1.0)	153	(1.1)	68	(1.2)	72	(1.3)	22	(1.2)	24	(1.2)	2	(0.4)	1	(0.3)
Female	151	(0.9)	155	(1.1)	70	(1.0)	75	(1.4)	23	(1.2)	24	(1.2)	1	(0.4)	1	(0.2)
Race/ethnicity																
White	158	(0.9)	164	(0.9)	78	(1.3)	85	(1.0)	29	(1.2)	34	(1.4)	2	(0.4)	2	(0.3)
Black	130	(1.1)	140	(1.5)	45	(1.7)	57	(2.3)	7	(1.1)	10	(1.2)	1	(0.3)	#	(†)
Hispanic	123	(2.2)	138	(1.3)	40	(2.8)	55	(2.0)	6	(1.1)	10	(1.1)	#	(†)	#	(0.1)
Asian/Pacific Islander	147	(4.0)	154	(3.8)	66	(5.5)	75	(4.5)	20	(3.5)	24	(4.0)	2	(0.9)	1	(0.6)
American Indian/Alaska Native	‡	(†)	124	(7.6)	‡	(†)	38	(11.3)	‡	(†)	7	(3.9)	‡	(†)	#	(†)
Free or reduced-price lunch eligibility																
Eligible	132	(0.9)	139	(1.1)	49	(1.3)	56	(1.6)	9	(0.9)	9	(0.8)	#	(†)	#	(†)
Not eligible	160	(1.1)	166	(0.8)	80	(1.4)	87	(0.9)	30	(1.3)	36	(1.4)	2	(0.5)	2	(0.3)
Not available	154	(2.2)	167	(2.1)	72	(3.1)	88	(2.2)	27	(2.5)	37	(4.0)	2	(0.9)	3	(1.4)
8th-graders	**150**	**(0.7)**	**150**	**(0.8)**	**70**	**(0.9)**	**70**	**(1.1)**	**22**	**(0.8)**	**22**	**(0.8)**	**2**	**(0.2)**	**2**	**(0.2)**
Sex																
Male	148	(0.9)	149	(1.0)	67	(1.1)	68	(1.3)	22	(1.0)	23	(0.9)	2	(0.3)	2	(0.3)
Female	152	(0.8)	151	(0.8)	73	(1.2)	72	(1.2)	22	(1.1)	21	(0.9)	1	(0.3)	1	(0.2)
Race/ethnicity																
White	158	(0.9)	161	(0.8)	78	(1.1)	82	(0.9)	28	(1.0)	30	(1.0)	2	(0.3)	2	(0.3)
Black	131	(1.2)	133	(1.5)	49	(1.7)	50	(2.0)	7	(1.0)	9	(1.1)	#	(†)	#	(0.2)
Hispanic	127	(1.3)	131	(1.1)	44	(2.3)	50	(2.2)	7	(1.0)	8	(1.0)	#	(0.2)	#	(†)
Asian/Pacific Islander	151	(8.9)	154	(3.2)	69	(9.5)	73	(4.0)	25	(5.8)	27	(3.2)	3	(1.3)	3	(0.9)
American Indian/Alaska Native	‡	(†)	127	(7.3)	‡	(†)	46	(9.5)	‡	(†)	7	(2.9)	‡	(†)	#	(†)
Parents' highest level of education																
Not high school graduate	—	(†)	129	(1.6)	—	(†)	47	(3.3)	—	(†)	6	(1.0)	—	(†)	#	(†)
Graduated high school	—	(†)	140	(1.3)	—	(†)	59	(1.8)	—	(†)	11	(1.0)	—	(†)	#	(0.2)
Some college	—	(†)	153	(1.0)	—	(†)	75	(1.7)	—	(†)	20	(1.3)	—	(†)	1	(0.3)
Graduated college	—	(†)	162	(0.9)	—	(†)	82	(0.9)	—	(†)	33	(1.2)	—	(†)	3	(0.4)
Free or reduced-price lunch eligibility																
Eligible	131	(1.1)	132	(1.0)	48	(1.6)	51	(1.5)	8	(0.8)	8	(0.5)	#	(0.2)	#	(0.1)
Not eligible	157	(1.0)	160	(0.8)	78	(1.2)	82	(1.0)	27	(1.2)	29	(0.9)	2	(0.3)	2	(0.3)
Not available	156	(2.2)	171	(2.4)	76	(2.7)	90	(2.2)	29	(2.1)	44	(4.1)	3	(0.6)	5	(1.8)
12th-graders	**150**	**(0.8)**	**151**	**(0.9)**	**65**	**(0.9)**	**66**	**(1.1)**	**26**	**(0.9)**	**27**	**(1.0)**	**4**	**(0.4)**	**5**	**(0.4)**
Sex																
Male	148	(1.1)	150	(1.1)	62	(1.2)	64	(1.5)	27	(1.2)	28	(1.2)	5	(0.6)	5	(0.5)
Female	152	(0.8)	152	(1.0)	68	(1.2)	67	(1.2)	26	(1.1)	26	(1.2)	3	(0.4)	4	(0.5)
Race/ethnicity																
White	157	(1.0)	158	(1.0)	73	(1.1)	74	(1.2)	32	(1.3)	34	(1.2)	5	(0.6)	6	(0.6)
Black	130	(1.6)	131	(1.4)	41	(2.0)	42	(1.9)	9	(1.3)	9	(1.1)	1	(0.3)	1	(0.3)
Hispanic	132	(1.1)	134	(1.1)	45	(1.9)	46	(1.7)	10	(1.2)	12	(1.2)	1	(0.3)	1	(0.3)
Asian/Pacific Islander	149	(5.2)	155	(3.1)	63	(4.8)	68	(3.7)	27	(6.6)	33	(3.9)	5	(2.3)	8	(1.6)
American Indian/Alaska Native	‡	(†)	131	(3.5)	‡	(†)	42	(8.0)	‡	(†)	9	(3.0)	‡	(†)	#	(†)
Parents' highest level of education																
Not high school graduate	—	(†)	126	(1.8)	—	(†)	35	(3.0)	—	(†)	8	(1.4)	—	(†)	1	(0.5)
Graduated high school	—	(†)	138	(1.0)	—	(†)	52	(1.6)	—	(†)	13	(1.2)	—	(†)	1	(0.3)
Some college	—	(†)	150	(0.9)	—	(†)	66	(1.4)	—	(†)	23	(1.2)	—	(†)	3	(0.5)
Graduated college	—	(†)	162	(1.1)	—	(†)	77	(1.2)	—	(†)	39	(1.4)	—	(†)	8	(0.7)
Free or reduced-price lunch eligibility																
Eligible	130	(1.4)	133	(1.0)	42	(2.1)	45	(1.5)	10	(1.7)	11	(1.1)	1	(0.4)	1	(0.4)
Not eligible	153	(1.0)	156	(1.0)	69	(1.1)	71	(1.2)	29	(1.3)	31	(1.2)	5	(0.5)	6	(0.5)
Not available	153	(1.3)	160	(2.4)	68	(1.6)	76	(3.1)	29	(1.5)	34	(2.8)	5	(0.7)	7	(1.3)

—Not available.
#Rounds to zero.
†Not applicable.
‡Reporting standards not met.
[1]Scale ranges from 0 to 300.
[2]Basic denotes partial mastery of the knowledge and skills that are fundamental for proficient work at a given grade.
[3]Proficient represents solid academic performance. Students reaching this level have demonstrated competency over challenging subject matter.
[4]Advanced signifies superior performance for a given grade.
[5]Accommodations were not permitted for this assessment.

NOTE: Includes public and private schools. Excludes students unable to be tested due to limited proficiency in English or due to a disability (if the accommodations provided were not sufficient to enable the test to properly reflect the students' proficiency in civics). Race categories exclude persons of Hispanic ethnicity. Totals include other racial/ethnic groups not shown separately. Standard errors appear in parentheses.

SOURCE: U.S. Department of Education, National Center for Education Statistics, National Assessment of Educational Progress (NAEP), 1998 and 2006 Civics Assessments, retrieved July 3, 2007, from the NAEP Data Explorer (http://nces.ed.gov/nationsreportcard/nde/). (This table was prepared July 2007.)

Table 138. Average economics scale score of 12th-graders, percentage attaining economics achievement levels, and percentage with different levels of economics coursework, by selected student and school characteristics: 2006

Selected student or school characteristic	Average scale score[1]		Percent of students attaining achievement levels: Below *Basic*		At or above *Basic*[2]		At or above *Proficient*[3]		At *Advanced*[4]		Percentage distribution of students by highest level of economics coursework taken: No economics courses		Combined course		Consumer economics/business		General economics		Advanced economics[5]	
1	2		3		4		5		6		7		8		9		10		11	
All students	**150**	**(0.9)**	**21**	**(0.8)**	**79**	**(0.8)**	**42**	**(1.1)**	**3**	**(0.3)**	**13**	**(0.9)**	**12**	**(0.7)**	**11**	**(0.7)**	**49**	**(1.4)**	**16**	**(0.7)**
Sex																				
Male	152	(1.0)	21	(0.8)	79	(0.8)	45	(1.3)	4	(0.5)	13	(1.0)	10	(0.6)	10	(0.7)	50	(1.4)	16	(0.8)
Female	148	(0.9)	21	(0.9)	79	(0.9)	38	(1.3)	2	(0.3)	12	(0.9)	13	(0.9)	11	(0.8)	48	(1.6)	15	(0.8)
Race/ethnicity																				
White	158	(0.8)	13	(0.7)	87	(0.7)	51	(1.2)	4	(0.4)	15	(1.1)	12	(0.8)	11	(0.8)	49	(1.6)	13	(0.9)
Black	127	(1.2)	43	(1.9)	57	(1.9)	16	(1.3)	#	(†)	8	(0.8)	11	(0.9)	11	(1.2)	49	(1.7)	21	(1.1)
Hispanic	133	(1.2)	36	(1.6)	64	(1.6)	21	(1.2)	#	(†)	8	(1.7)	13	(1.1)	7	(0.9)	55	(2.6)	18	(1.2)
Asian/Pacific Islander	153	(3.5)	20	(4.0)	80	(4.0)	44	(4.5)	4	(1.4)	13	(1.8)	10	(1.8)	10	(1.4)	45	(4.1)	22	(1.9)
American Indian/Alaska Native	137	(4.1)	28	(5.6)	72	(5.6)	26	(4.8)	2	(—)	11	(3.9)	18	(2.7)	17	(3.2)	41	(4.9)	13	(3.1)
Parents' highest level of education																				
Not high school graduate	129	(1.4)	41	(2.1)	59	(2.1)	17	(1.7)	#	(†)	10	(1.7)	13	(1.4)	10	(1.4)	53	(3.2)	14	(1.3)
Graduated high school	138	(1.2)	31	(1.5)	69	(1.5)	27	(1.4)	1	(0.3)	11	(1.2)	12	(1.0)	12	(1.0)	52	(1.7)	13	(0.9)
Some college	150	(0.8)	18	(1.1)	82	(1.1)	39	(1.4)	1	(0.4)	11	(1.0)	13	(0.9)	12	(1.0)	51	(1.9)	14	(1.0)
Graduated college	160	(0.9)	13	(0.8)	87	(0.8)	54	(1.3)	5	(0.6)	14	(1.0)	11	(0.8)	10	(0.7)	47	(1.5)	17	(1.0)
Free or reduced-price lunch eligibility																				
Eligible	132	(0.9)	38	(1.1)	62	(1.1)	20	(1.1)	1	(0.2)	9	(0.7)	13	(1.1)	10	(0.9)	50	(1.6)	18	(0.8)
Not eligible	155	(0.9)	16	(0.8)	84	(0.8)	48	(1.2)	4	(0.4)	13	(1.1)	12	(0.8)	12	(0.9)	48	(1.6)	16	(0.9)
Not available	157	(1.9)	14	(1.7)	86	(1.7)	50	(2.8)	4	(1.1)	16	(3.0)	12	(1.6)	7	(1.1)	54	(3.1)	11	(1.4)
School location																				
Central city	148	(1.4)	24	(1.3)	76	(1.3)	39	(1.8)	3	(0.7)	10	(1.3)	12	(1.2)	9	(1.0)	51	(2.7)	18	(1.3)
Urban fringe	152	(1.2)	20	(1.1)	80	(1.1)	44	(1.6)	3	(0.5)	14	(1.5)	12	(0.9)	11	(0.9)	47	(1.8)	17	(1.2)
Rural	149	(1.3)	20	(1.5)	80	(1.5)	40	(1.7)	2	(0.4)	12	(1.9)	12	(1.3)	13	(1.3)	51	(2.6)	12	(1.2)
Region																				
Northeast	153	(2.0)	19	(1.7)	81	(1.7)	46	(2.6)	4	(0.9)	26	(2.6)	7	(1.1)	11	(1.3)	43	(3.2)	13	(1.4)
Midwest	153	(1.5)	17	(1.4)	83	(1.4)	45	(2.0)	3	(0.6)	12	(2.2)	12	(1.6)	15	(1.5)	51	(2.6)	10	(1.0)
South	147	(1.4)	23	(1.4)	77	(1.4)	37	(1.7)	2	(0.5)	6	(1.1)	14	(1.2)	9	(1.3)	49	(2.0)	22	(1.5)
West	‡	(†)	‡	(†)	‡	(†)	‡	(†)	‡	(†)	‡	(†)	‡	(†)	‡	(†)	‡	(†)	‡	(†)

—Not available.
†Not applicable.
#Rounds to zero.
‡Reporting standards not met.
[1]Scale ranges from 0 to 300.
[2]*Basic* denotes partial mastery of the knowledge and skills that are fundamental for proficient work at a given grade.
[3]*Proficient* represents solid academic performance. Students reaching this level have demonstrated competency over challenging subject matter.
[4]*Advanced* signifies superior performance for a given grade.
[5]Advanced economics includes Advanced Placement, International Baccalaureate, and honors courses.
NOTE: Includes public and private schools. Excludes persons unable to be tested due to limited proficiency in English or due to a disability (if the accommodations provided were not sufficient to enable the test to properly reflect the students' economics proficiency). Detail may not sum to totals due to rounding. Race categories exclude persons of Hispanic ethnicity. Totals include other racial/ethnic groups not shown separately. Standard errors appear in parentheses.
SOURCE: U.S. Department of Education, National Center for Education Statistics, National Assessment of Educational Progress (NAEP), 2006 Economics Assessment, retrieved August 23, 2007, from the NAEP Data Explorer (http://nces.ed.gov/nationsreportcard/nde/). (This table was prepared August 2007.)

Table 139. Percentage of students attaining geography achievement levels, by grade level and selected student characteristics: 2001

Selected student characteristic	Percent of 4th-graders				Percent of 8th-graders				Percent of 12th-graders			
	Below *Basic*	At or above *Basic*	At or above *Proficient*	At *Advanced*	Below *Basic*	At or above *Basic*	At or above *Proficient*	At *Advanced*	Below *Basic*	At or above *Basic*	At or above *Proficient*	At *Advanced*
1	2	3	4	5	6	7	8	9	10	11	12	13
All students	**26 (1.2)**	**74 (1.2)**	**21 (1.0)**	**2 (0.3)**	**26 (0.9)**	**74 (0.9)**	**30 (1.2)**	**4 (0.6)**	**29 (0.9)**	**71 (0.9)**	**25 (1.1)**	**1 (0.3)**
Sex												
Male	25 (1.3)	75 (1.3)	24 (1.4)	3 (0.5)	25 (1.0)	75 (1.0)	33 (1.5)	5 (0.7)	27 (1.1)	73 (1.1)	28 (1.5)	2 (0.4)
Female	28 (1.6)	72 (1.6)	18 (1.1)	1 (0.4)	27 (1.2)	73 (1.2)	26 (1.4)	3 (0.6)	30 (1.0)	70 (1.0)	21 (1.0)	1 (0.3)
Race/ethnicity												
White	13 (1.3)	87 (1.3)	29 (1.5)	3 (0.5)	14 (0.9)	86 (0.9)	39 (1.7)	5 (0.8)	19 (0.9)	81 (0.9)	31 (1.4)	2 (0.4)
Black	56 (2.1)	44 (2.1)	5 (0.9)	# (†)	60 (2.3)	40 (2.3)	6 (0.8)	# (†)	65 (2.3)	35 (2.3)	4 (0.7)	# (†)
Hispanic	51 (3.0)	49 (3.0)	6 (1.0)	# (†)	52 (1.9)	48 (1.9)	10 (1.0)	1 (0.2)	48 (2.6)	52 (2.6)	10 (1.4)	# (†)
Asian/Pacific Islander	23 (3.4)	77 (3.4)	25 (3.0)	1 (0.9)	21 (3.4)	79 (3.4)	32 (3.2)	4 (1.8)	28 (4.3)	72 (4.3)	26 (4.7)	1 (0.7)
Free/reduced-price lunch eligibility												
Eligible	49 (2.2)	51 (2.2)	6 (0.9)	# (†)	50 (1.8)	50 (1.8)	11 (1.2)	1 (0.3)	49 (2.3)	51 (2.3)	11 (1.6)	# (†)
Not eligible	14 (1.1)	86 (1.1)	29 (1.5)	3 (0.6)	17 (0.9)	83 (0.9)	37 (1.7)	5 (0.8)	25 (1.2)	75 (1.2)	26 (1.6)	1 (0.4)
Not available	16 (2.5)	84 (2.5)	27 (3.2)	3 (0.8)	21 (2.1)	79 (2.1)	33 (2.5)	4 (0.9)	24 (2.0)	76 (2.0)	31 (2.1)	2 (0.4)
Region												
Northeast	22 (3.7)	78 (3.7)	24 (2.2)	3 (0.9)	22 (2.5)	78 (2.5)	34 (3.3)	4 (1.3)	29 (2.3)	71 (2.3)	26 (4.1)	2 (1.1)
Southeast	28 (2.5)	72 (2.5)	18 (1.9)	1 (0.6)	27 (2.4)	73 (2.4)	26 (1.6)	3 (0.6)	33 (1.6)	67 (1.6)	21 (1.3)	1 (0.3)
Central	18 (1.7)	82 (1.7)	30 (2.5)	3 (0.7)	18 (2.3)	82 (2.3)	38 (3.7)	6 (1.3)	24 (1.8)	76 (1.8)	28 (1.9)	1 (0.5)
West	34 (2.7)	66 (2.7)	14 (1.7)	1 (0.3)	34 (1.7)	66 (1.7)	23 (1.7)	2 (0.6)	30 (1.9)	70 (1.9)	23 (1.8)	1 (0.4)

†Not applicable.
#Rounds to zero.
NOTE: Includes public and private schools. Excludes students unable to be tested due to limited proficiency in English or due to a disability (if the accommodations provided were not sufficient to enable the test to properly reflect the students' proficiency in geography). Race categories exclude persons of Hispanic ethnicity. Totals include other racial/ethnic groups not shown separately. Detail may not sum to totals because of rounding. Standard errors appear in parentheses.
SOURCE: U.S. Department of Education, National Center for Education Statistics, National Assessment of Educational Progress (NAEP), *The Nation's Report Card: Geography 2001*. (This table was prepared July 2002.)

Table 140. Average mathematics scale score, by age and selected student and school characteristics: Selected years, 1973 through 2008

Selected student and school characteristic	1973	1978	1982	1986	1990	1992	1994	1996	1999	2004	2008
1	2	3	4	5	6	7	8	9	10	11	12
9-year-olds											
All students	**219 (0.8)**	**219 (0.8)**	**219 (1.1)**	**222 (1.0)**	**230 (0.8)**	**230 (0.8)**	**231 (0.8)**	**231 (0.8)**	**232 (0.8)**	**239 (0.9)**	**243 (0.8)**
Sex											
Male	218 (0.7)	217 (0.7)	217 (1.2)	222 (1.1)	229 (0.9)	231 (1.0)	232 (1.0)	233 (1.2)	233 (1.0)	239 (1.0)	242 (0.9)
Female	220 (1.1)	220 (1.0)	221 (1.2)	222 (1.2)	230 (1.1)	228 (1.0)	230 (0.9)	229 (0.7)	231 (0.9)	240 (1.0)	243 (1.0)
Race/ethnicity											
White	225 (1.0)	224 (0.9)	224 (1.1)	227 (1.1)	235 (0.8)	235 (0.8)	237 (1.0)	237 (1.0)	239 (0.9)	245 (0.8)	250 (0.8)
Black	190 (1.8)	192 (1.1)	195 (1.6)	202 (1.6)	208 (2.2)	208 (2.0)	212 (1.6)	212 (1.4)	211 (1.6)	221 (2.1)	224 (1.9)
Hispanic	202 (2.4)	203 (2.2)	204 (1.3)	205 (2.1)	214 (2.1)	212 (2.3)	210 (2.3)	215 (1.7)	213 (1.9)	229 (2.0)	234 (1.2)
Region											
Northeast	227 (1.9)	227 (1.9)	226 (1.8)	226 (2.7)	236 (2.1)	235 (1.9)	238 (2.2)	236 (2.0)	242 (1.7)	243 (2.5)	248 (1.5)
Southeast	208 (1.3)	209 (1.2)	210 (2.5)	218 (2.5)	224 (2.4)	221 (1.7)	229 (1.4)	227 (2.0)	226 (2.6)	236 (1.7)	237 (1.9)
Central	224 (1.5)	224 (1.5)	221 (2.7)	226 (2.3)	231 (1.3)	234 (1.6)	233 (1.8)	233 (2.3)	233 (1.4)	240 (1.9)	244 (1.2)
West	216 (2.2)	213 (1.3)	219 (1.8)	217 (2.4)	228 (1.8)	229 (2.3)	226 (1.6)	229 (1.3)	228 (1.7)	239 (1.7)	243 (1.1)
13-year-olds											
All students	**266 (1.1)**	**264 (1.1)**	**269 (1.1)**	**269 (1.2)**	**270 (0.9)**	**273 (0.9)**	**274 (1.0)**	**274 (0.8)**	**276 (0.8)**	**279 (1.0)**	**281 (0.9)**
Sex											
Male	265 (1.3)	264 (1.3)	269 (1.4)	270 (1.1)	271 (1.2)	274 (1.1)	276 (1.3)	276 (0.9)	277 (0.9)	279 (1.0)	284 (1.0)
Female	267 (1.1)	265 (1.1)	268 (1.1)	268 (1.5)	270 (0.9)	272 (1.0)	273 (1.0)	272 (1.0)	274 (1.1)	278 (1.2)	279 (1.0)
Race/ethnicity											
White	274 (0.9)	272 (0.8)	274 (1.0)	274 (1.3)	276 (1.1)	279 (0.9)	281 (0.9)	281 (0.9)	283 (0.8)	287 (0.9)	290 (1.2)
Black	228 (1.9)	230 (1.9)	240 (1.6)	249 (2.3)	249 (2.3)	250 (1.9)	252 (3.5)	252 (1.3)	251 (2.6)	257 (1.8)	262 (1.2)
Hispanic	239 (2.2)	238 (2.0)	252 (1.7)	254 (2.9)	255 (1.8)	259 (1.8)	256 (1.9)	256 (1.6)	259 (1.7)	264 (1.5)	268 (1.2)
Parents' highest level of education											
Did not finish high school	— (†)	245 (1.2)	251 (1.4)	252 (2.3)	253 (1.8)	256 (1.0)	255 (2.1)	254 (2.4)	256 (2.8)	263 (1.9)	268 (1.3)
Graduated high school	— (†)	263 (1.0)	263 (0.8)	263 (1.2)	263 (1.2)	263 (1.2)	266 (1.1)	267 (1.1)	264 (1.1)	270 (1.3)	272 (1.1)
Some education after high school	— (†)	273 (1.2)	275 (0.9)	274 (0.8)	277 (1.0)	278 (1.0)	277 (1.6)	277 (1.4)	279 (0.9)	282 (1.4)	285 (1.1)
Graduated college	— (†)	284 (1.2)	282 (1.5)	280 (1.4)	280 (1.0)	283 (1.0)	285 (1.2)	283 (1.2)	286 (1.0)	289 (1.1)	291 (1.0)
Region											
Northeast	275 (2.4)	273 (2.4)	277 (2.0)	277 (2.2)	275 (2.3)	274 (2.2)	284 (1.5)	275 (2.1)	279 (2.7)	282 (2.5)	285 (1.6)
Southeast	255 (3.2)	253 (3.3)	258 (2.2)	263 (1.4)	266 (1.9)	271 (2.5)	269 (2.0)	270 (1.8)	270 (2.3)	276 (2.4)	277 (1.8)
Central	271 (1.8)	269 (1.8)	273 (2.1)	266 (4.5)	272 (2.4)	275 (1.5)	275 (3.4)	280 (1.3)	278 (1.8)	281 (1.7)	284 (2.2)
West	262 (1.9)	260 (1.9)	266 (2.4)	270 (2.1)	269 (1.6)	272 (1.4)	272 (1.7)	273 (1.9)	276 (1.4)	278 (1.5)	281 (1.3)
17-year-olds											
All students	**304 (1.1)**	**300 (1.0)**	**298 (0.9)**	**302 (0.9)**	**305 (0.9)**	**307 (0.9)**	**306 (1.0)**	**307 (1.2)**	**308 (1.0)**	**305 (0.7)**	**306 (0.6)**
Sex											
Male	309 (1.2)	304 (1.0)	301 (1.0)	305 (1.2)	306 (1.1)	309 (1.1)	309 (1.4)	310 (1.3)	310 (1.4)	307 (0.9)	309 (0.7)
Female	301 (1.1)	297 (1.0)	296 (1.0)	299 (1.0)	303 (1.1)	305 (1.1)	304 (1.1)	305 (1.4)	307 (1.0)	304 (0.8)	303 (0.8)
Race/ethnicity											
White	310 (1.1)	306 (0.9)	304 (0.9)	308 (1.0)	309 (1.0)	312 (0.8)	312 (1.1)	313 (1.4)	315 (1.1)	311 (0.7)	314 (0.7)
Black	270 (1.3)	268 (1.3)	272 (1.2)	279 (2.1)	289 (2.8)	286 (2.2)	286 (1.8)	286 (1.7)	283 (1.5)	284 (1.4)	287 (1.2)
Hispanic	277 (2.2)	276 (2.3)	277 (1.8)	283 (2.9)	284 (2.9)	292 (2.6)	291 (3.7)	292 (2.1)	293 (2.5)	292 (1.2)	293 (1.1)
Parents' highest level of education											
Did not finish high school	— (†)	280 (1.2)	279 (1.0)	279 (2.3)	285 (2.2)	285 (2.3)	284 (2.4)	281 (2.4)	289 (1.8)	287 (1.2)	292 (1.3)
Graduated high school	— (†)	294 (0.8)	293 (0.8)	293 (1.0)	294 (0.9)	298 (1.7)	295 (1.1)	297 (2.4)	299 (1.6)	294 (0.9)	296 (1.2)
Some education after high school	— (†)	305 (0.9)	304 (0.9)	305 (1.2)	308 (1.0)	308 (1.1)	305 (1.3)	307 (1.5)	308 (1.6)	305 (0.9)	306 (0.8)
Graduated college	— (†)	317 (1.0)	312 (1.0)	314 (1.4)	316 (1.3)	316 (1.0)	318 (1.4)	317 (1.3)	317 (1.2)	315 (0.9)	316 (0.7)
Region											
Northeast	312 (1.8)	307 (1.8)	304 (2.0)	307 (1.9)	304 (2.1)	311 (2.0)	313 (2.9)	309 (3.0)	313 (2.4)	306 (1.6)	308 (1.4)
Southeast	296 (1.8)	292 (1.7)	292 (2.1)	297 (1.4)	301 (2.3)	301 (1.9)	301 (1.6)	303 (2.1)	300 (1.4)	300 (1.2)	303 (1.5)
Central	306 (1.8)	305 (1.9)	302 (1.4)	304 (1.9)	311 (2.1)	312 (2.0)	307 (2.2)	314 (2.0)	310 (2.0)	310 (1.3)	309 (1.6)
West	303 (2.0)	295 (1.8)	294 (1.9)	299 (2.7)	302 (1.5)	303 (2.3)	305 (2.4)	304 (2.3)	310 (2.0)	305 (1.6)	305 (1.1)

—Not available.
†Not applicable.
NOTE: Scale ranges from 0 to 500. Students scoring 150 (or higher) know some basic addition and subtraction facts. Students scoring 200 have considerable understanding of two-digit numbers and know some basic multiplication and division facts. Students scoring 250 have an initial understanding of the four basic operations and are developing an ability to analyze simple logical relations. Students scoring 300 can perform reasoning and problem solving involving fractions, decimals, percents, elementary geometry, and simple algebra. Students scoring 350 can perform reasoning and problem solving involving geometry, algebra, and beginning statistics and probability. Includes public and private schools. Excludes persons not enrolled in school and students who were unable to be tested due to limited proficiency in English or due to a disability. Beginning in 2004, data are for a revised assessment format that provides accommodations for students with disabilities and English language learners. Race categories exclude persons of Hispanic ethnicity. Totals include other racial/ethnic groups not shown separately. Some data have been revised from previously published figures. Standard errors appear in parentheses.
SOURCE: U.S. Department of Education, National Center for Education Statistics, National Assessment of Educational Progress (NAEP), *NAEP 2004 Trends in Academic Progress*; and 2008 NAEP Long-Term Trend Mathematics Assessment, retrieved May 4, 2009, from the Long-Term Trend NAEP Data Explorer (http://nces.ed.gov/nationsreportcard/naepdata/). (This table was prepared May 2009.)

Table 141. Percentage of students at or above selected mathematics proficiency levels, by age, sex, and race/ethnicity: Selected years, 1978 through 2008

Selected characteristic	9-year-olds			13-year-olds			17-year-olds		
	Simple arithmetic facts[1]	Beginning skills and understanding[2]	Numerical operations and beginning problem solving[3]	Beginning skills and understanding[2]	Numerical operations and beginning problem solving[3]	Moderately complex procedures and reasoning[4]	Numerical operations and beginning problem solving[3]	Moderately complex procedures and reasoning[4]	Multistep problem solving and algebra[5]
1	2	3	4	5	6	7	8	9	10
Total									
1978	96.7 (0.25)	70.4 (0.92)	19.6 (0.73)	94.6 (0.46)	64.9 (1.18)	18.0 (0.73)	92.0 (0.50)	51.5 (1.14)	7.3 (0.44)
1982	97.1 (0.35)	71.4 (1.18)	18.8 (0.96)	97.7 (0.37)	71.4 (1.18)	17.4 (0.95)	93.0 (0.50)	48.5 (1.28)	5.5 (0.43)
1986	97.9 (0.29)	74.1 (1.24)	20.7 (0.88)	98.6 (0.25)	73.3 (1.59)	15.8 (1.01)	95.6 (0.48)	51.7 (1.43)	6.5 (0.52)
1990	99.1 (0.21)	81.5 (0.96)	27.7 (0.86)	98.5 (0.21)	74.7 (1.03)	17.3 (0.99)	96.0 (0.52)	56.1 (1.43)	7.2 (0.63)
1992	99.0 (0.24)	81.4 (0.80)	27.8 (0.90)	98.7 (0.25)	77.9 (1.06)	18.9 (1.01)	96.6 (0.52)	59.1 (1.26)	7.2 (0.63)
1994	99.0 (0.24)	82.0 (0.66)	29.9 (1.12)	98.5 (0.33)	78.1 (1.07)	21.3 (1.35)	96.5 (0.50)	58.6 (1.35)	7.4 (0.76)
1996	99.1 (0.18)	81.5 (0.76)	29.7 (1.02)	98.8 (0.20)	78.6 (0.87)	20.6 (1.24)	96.8 (0.42)	60.1 (1.72)	7.4 (0.77)
1999	98.9 (0.17)	82.5 (0.84)	30.9 (1.07)	98.7 (0.25)	78.8 (1.02)	23.2 (0.95)	96.8 (0.45)	60.7 (1.63)	8.4 (0.83)
2004	98.7 (0.19)	87.0 (0.77)	40.9 (0.89)	98.1 (0.19)	81.1 (0.98)	27.8 (1.09)	95.8 (0.40)	58.3 (1.12)	6.1 (0.47)
2008	99.0 (0.18)	89.1 (0.69)	44.5 (1.01)	98.2 (0.19)	83.4 (0.63)	30.0 (1.08)	96.0 (0.37)	59.4 (0.87)	6.2 (0.40)
Male									
1978	96.2 (0.48)	68.9 (0.98)	19.2 (0.64)	93.9 (0.49)	63.9 (1.32)	18.4 (0.85)	93.0 (0.52)	55.1 (1.21)	9.5 (0.57)
1982	96.5 (0.55)	68.8 (1.29)	18.1 (1.06)	97.5 (0.55)	71.3 (1.44)	18.9 (1.18)	93.9 (0.58)	51.9 (1.51)	6.9 (0.70)
1986	98.0 (0.51)	74.0 (1.45)	20.9 (1.10)	98.5 (0.32)	73.8 (1.76)	17.6 (1.12)	96.1 (0.63)	54.6 (1.78)	8.4 (0.91)
1990	99.0 (0.26)	80.6 (1.05)	27.5 (0.96)	98.2 (0.34)	75.1 (1.75)	19.0 (1.24)	95.8 (0.77)	57.6 (1.42)	8.8 (0.76)
1992	99.0 (0.29)	81.9 (1.05)	29.4 (1.21)	98.8 (0.42)	78.1 (1.60)	20.7 (1.13)	96.9 (0.56)	60.5 (1.80)	9.1 (0.73)
1994	99.1 (0.27)	82.3 (0.87)	31.5 (1.59)	98.3 (0.45)	78.9 (1.49)	23.9 (1.59)	97.3 (0.57)	60.2 (2.08)	9.3 (1.04)
1996	99.1 (0.20)	82.5 (1.10)	32.7 (1.74)	98.7 (0.25)	79.8 (1.43)	23.0 (1.64)	97.0 (0.66)	62.7 (1.77)	9.5 (1.32)
1999	98.8 (0.28)	82.6 (0.92)	32.4 (1.25)	98.5 (0.27)	79.3 (1.12)	25.4 (1.19)	96.5 (0.81)	63.1 (2.12)	9.8 (1.09)
2004	98.3 (0.27)	86.1 (0.89)	40.7 (1.03)	97.7 (0.29)	80.5 (1.08)	29.9 (1.27)	95.6 (0.45)	60.8 (1.31)	7.3 (0.68)
2008	99.0 (0.27)	88.4 (0.87)	44.4 (1.18)	98.2 (0.28)	84.3 (0.75)	33.4 (1.29)	96.2 (0.47)	62.9 (0.96)	7.6 (0.61)
Female									
1978	97.2 (0.27)	72.0 (1.05)	19.9 (1.00)	95.2 (0.49)	65.9 (1.17)	17.5 (0.75)	91.0 (0.57)	48.2 (1.29)	5.2 (0.66)
1982	97.6 (0.33)	74.0 (1.30)	19.6 (1.11)	98.0 (0.27)	71.4 (1.29)	15.9 (1.00)	92.1 (0.56)	45.3 (1.37)	4.1 (0.42)
1986	97.8 (0.38)	74.3 (1.32)	20.6 (1.28)	98.6 (0.31)	72.7 (1.95)	14.1 (1.31)	95.1 (0.65)	48.9 (1.73)	4.7 (0.59)
1990	99.1 (0.26)	82.3 (1.26)	27.9 (1.31)	98.9 (0.18)	74.4 (1.32)	15.7 (1.00)	96.2 (0.84)	54.7 (1.84)	5.6 (0.79)
1992	99.0 (0.33)	80.9 (1.15)	26.3 (1.52)	98.6 (0.23)	77.7 (1.06)	17.2 (1.39)	96.3 (0.82)	57.7 (1.63)	5.2 (0.75)
1994	98.9 (0.31)	81.7 (0.91)	28.3 (1.28)	98.7 (0.31)	77.3 (0.99)	18.7 (1.39)	96.0 (0.65)	57.2 (1.40)	5.5 (0.87)
1996	99.1 (0.36)	80.7 (0.93)	26.7 (1.07)	98.8 (0.27)	77.4 (1.09)	18.4 (1.48)	96.7 (0.57)	57.6 (2.21)	5.3 (0.80)
1999	99.0 (0.19)	82.5 (1.15)	29.4 (1.36)	99.0 (0.40)	78.4 (1.22)	21.0 (1.38)	97.2 (0.40)	58.5 (1.89)	7.1 (1.06)
2004	99.0 (0.22)	87.8 (0.96)	41.1 (1.13)	98.4 (0.25)	81.7 (1.10)	25.7 (1.24)	95.9 (0.58)	55.9 (1.18)	4.9 (0.48)
2008	99.0 (0.21)	89.9 (0.78)	44.6 (1.18)	98.2 (0.25)	82.5 (0.86)	26.7 (1.13)	95.7 (0.43)	55.8 (1.25)	4.6 (0.34)
White									
1978	98.3 (0.19)	76.3 (1.00)	22.9 (0.87)	97.6 (0.27)	72.9 (0.85)	21.4 (0.73)	95.6 (0.30)	57.6 (1.14)	8.5 (0.48)
1982	98.5 (0.25)	76.8 (1.22)	21.8 (1.13)	99.1 (0.14)	78.3 (0.94)	20.5 (1.00)	96.2 (0.33)	54.7 (1.41)	6.4 (0.54)
1986	98.8 (0.24)	79.6 (1.33)	24.6 (1.03)	99.3 (0.27)	78.9 (1.69)	18.6 (1.17)	98.0 (0.36)	59.1 (1.69)	7.9 (0.68)
1990	99.6 (0.16)	86.9 (0.86)	32.7 (1.04)	99.4 (0.14)	82.0 (1.01)	21.0 (1.23)	97.6 (0.28)	63.2 (1.59)	8.3 (0.73)
1992	99.6 (0.14)	86.9 (0.68)	32.4 (1.01)	99.6 (0.18)	84.9 (1.10)	22.8 (1.28)	98.3 (0.36)	66.4 (1.40)	8.7 (0.87)
1994	99.6 (0.16)	87.0 (0.84)	35.3 (1.33)	99.3 (0.22)	85.5 (0.93)	25.6 (1.64)	98.4 (0.36)	67.0 (1.40)	9.4 (1.06)
1996	99.6 (0.15)	86.6 (0.80)	35.7 (1.38)	99.6 (0.16)	86.4 (1.02)	25.4 (1.50)	98.7 (0.37)	68.7 (2.18)	9.2 (1.02)
1999	99.6 (0.12)	88.6 (0.78)	37.1 (1.35)	99.4 (0.29)	86.7 (0.92)	29.0 (1.26)	98.7 (0.40)	69.9 (1.96)	10.4 (1.07)
2004	99.2 (0.18)	91.9 (0.61)	47.2 (0.97)	99.1 (0.16)	89.3 (0.82)	35.1 (1.21)	97.5 (0.28)	66.8 (1.08)	7.6 (0.63)
2008	99.6 (0.12)	94.0 (0.52)	52.9 (1.29)	98.9 (0.17)	90.4 (0.83)	39.2 (1.60)	98.2 (0.26)	70.5 (1.09)	8.1 (0.55)
Black									
1978	88.4 (1.01)	42.0 (1.44)	4.1 (0.64)	79.7 (1.48)	28.7 (2.06)	2.3 (0.48)	70.7 (1.73)	16.8 (1.57)	0.5 (—)
1982	90.2 (0.97)	46.1 (2.35)	4.4 (0.81)	90.2 (1.60)	37.9 (2.51)	2.9 (0.96)	76.4 (1.47)	17.1 (1.51)	0.5 (—)
1986	93.9 (1.37)	53.4 (2.47)	5.6 (0.92)	95.4 (0.95)	49.0 (3.70)	4.0 (1.42)	85.6 (2.53)	20.8 (2.83)	0.2 (—)
1990	96.9 (0.88)	60.0 (2.76)	9.4 (1.72)	95.4 (1.10)	48.7 (3.56)	3.9 (1.61)	92.4 (2.20)	32.8 (4.49)	2.0 (1.04)
1992	96.6 (1.12)	59.8 (2.82)	9.6 (1.42)	95.0 (1.35)	51.0 (2.73)	4.0 (0.69)	89.6 (2.53)	29.8 (3.94)	0.9 (—)
1994	97.4 (0.98)	65.9 (2.56)	11.1 (1.71)	95.6 (1.60)	51.0 (3.91)	6.4 (2.37)	90.6 (1.79)	29.8 (3.38)	0.4 (—)
1996	97.3 (0.84)	65.3 (2.38)	10.0 (1.24)	96.2 (1.27)	53.7 (2.56)	4.8 (1.08)	90.6 (1.33)	31.2 (2.51)	0.9 (—)
1999	96.4 (0.64)	63.3 (2.11)	12.3 (1.48)	96.5 (1.06)	50.8 (4.01)	4.4 (1.37)	88.6 (1.95)	26.6 (2.70)	1.0 (—)
2004	97.1 (0.65)	74.3 (2.61)	22.0 (1.72)	95.3 (0.78)	61.5 (2.47)	9.7 (1.35)	89.1 (1.63)	29.4 (2.07)	0.4 (—)
2008	96.9 (0.86)	75.6 (2.31)	24.6 (1.67)	96.6 (0.68)	67.6 (1.69)	10.2 (1.17)	90.6 (1.42)	31.8 (1.60)	0.8 (0.23)
Hispanic									
1978	93.0 (1.20)	54.2 (2.80)	9.2 (2.49)	86.4 (0.94)	36.0 (2.92)	4.0 (0.95)	78.3 (2.29)	23.4 (2.67)	1.4 (0.58)
1982	94.3 (1.19)	55.7 (2.26)	7.8 (1.74)	95.9 (0.95)	52.2 (2.48)	6.3 (0.97)	81.4 (1.86)	21.6 (2.16)	0.7 (0.36)
1986	96.4 (1.29)	57.6 (2.95)	7.3 (2.81)	96.9 (1.43)	56.0 (5.01)	5.5 (1.15)	89.3 (2.52)	26.5 (4.48)	1.1 (—)
1990	98.0 (0.76)	68.4 (3.03)	11.3 (3.49)	96.8 (1.06)	56.7 (3.32)	6.4 (1.70)	85.8 (4.18)	30.1 (3.09)	1.9 (0.78)
1992	97.2 (1.29)	65.0 (2.94)	11.7 (2.53)	98.1 (0.70)	63.3 (2.67)	7.0 (1.15)	94.1 (2.21)	39.2 (4.86)	1.2 (—)
1994	97.2 (1.15)	63.5 (3.08)	9.7 (1.82)	97.1 (1.31)	59.2 (2.17)	6.4 (1.78)	91.8 (3.57)	38.3 (5.50)	1.4 (—)
1996	98.1 (0.73)	67.1 (2.14)	13.8 (2.26)	96.2 (0.78)	58.3 (2.28)	6.7 (1.17)	92.2 (2.24)	40.1 (3.47)	1.8 (—)
1999	98.1 (0.71)	67.5 (2.47)	10.5 (1.63)	97.2 (0.60)	62.9 (2.50)	8.2 (1.37)	93.6 (2.21)	37.7 (4.15)	3.1 (1.12)
2004	98.0 (0.46)	80.5 (2.03)	30.2 (2.17)	96.4 (0.66)	68.5 (1.86)	13.7 (1.44)	92.3 (1.05)	38.1 (2.12)	1.9 (0.60)
2008	98.9 (0.28)	85.1 (1.25)	33.5 (1.46)	97.0 (0.44)	73.3 (1.71)	14.4 (1.09)	92.2 (1.10)	41.1 (1.69)	1.5 (0.41)

—Not available.
[1]Scale score of 150 or above.
[2]Scale score of 200 or above.
[3]Scale score of 250 or above.
[4]Scale score of 300 or above.
[5]Scale score of 350 or above.

NOTE: Excludes persons not enrolled in school and students who were unable to be tested due to limited proficiency in English or due to a disability. Beginning in 2004, data are for a revised assessment format that provides accommodations for students with disabilities and English language learners. Totals include other racial/ethnic groups not shown separately. Race categories exclude persons of Hispanic ethnicity. Standard errors appear in parentheses.

SOURCE: U.S. Department of Education, National Center for Education Statistics, National Assessment of Educational Progress (NAEP), *NAEP 1999 Trends in Academic Progress*; and 2004 and 2008 Long-Term Trend Mathematics Assessments, retrieved May 4, 2009, from the Long-Term Trend NAEP Data Explorer (http://nces.ed.gov/nationsreportcard/naepdata/). (This table was prepared June 2009.)

Table 142. Mathematics performance of 17-year-olds, by highest mathematics course taken, sex, and race/ethnicity: Selected years, 1978 through 2008

Year, sex, and race/ethnicity	Percent of students		Average scale score by highest mathematics course taken: All students		Prealgebra or general mathematics		Algebra I		Geometry		Algebra II		Precalculus or calculus		Percent of students at or above score levels: 200		250		300		350	
1	2		3		4		5		6		7		8		9		10		11		12	
1978																						
All students	**100**	**(†)**	**300**	**(1.0)**	**267**	**(0.8)**	**286**	**(0.7)**	**307**	**(0.7)**	**321**	**(0.7)**	**334**	**(1.4)**	**100**	**(†)**	**92**	**(0.5)**	**52**	**(1.1)**	**7**	**(0.4)**
Sex																						
Male	49	(0.5)	304	(1.0)	269	(1.0)	289	(0.9)	310	(1.0)	325	(0.8)	337	(2.0)	100	(†)	93	(0.5)	55	(1.2)	10	(0.6)
Female	51	(0.5)	297	(1.0)	264	(0.9)	284	(1.0)	304	(0.8)	318	(0.9)	329	(1.8)	100	(†)	91	(0.6)	48	(1.3)	5	(0.7)
Race/ethnicity																						
White	83	(1.3)	306	(0.9)	272	(0.6)	291	(0.6)	310	(0.6)	325	(0.6)	338	(1.1)	100	(†)	96	(0.3)	58	(1.1)	8	(0.5)
Black	12	(1.1)	268	(1.3)	247	(1.6)	264	(1.5)	281	(1.9)	292	(1.4)	297	(6.5)	99	(0.3)	71	(1.7)	17	(1.6)	#	(†)
Hispanic	4	(0.5)	276	(2.3)	256	(2.3)	273	(2.8)	294	(4.4)	303	(2.9)	‡	(†)	99	(0.4)	78	(2.3)	23	(2.7)	1	(0.6)
Other[1]	1	(0.1)	313	(3.3)	‡	(†)	‡	(†)	‡	(†)	323	(2.9)	‡	(†)	100	(†)	94	(2.6)	65	(4.9)	15	(3.2)
1990																						
All students	**100**	**(†)**	**305**	**(0.9)**	**273**	**(1.1)**	**288**	**(1.2)**	**299**	**(1.5)**	**319**	**(1.0)**	**344**	**(2.7)**	**100**	**(†)**	**96**	**(0.5)**	**56**	**(1.4)**	**7**	**(0.6)**
Sex																						
Male	49	(0.9)	306	(1.1)	274	(1.7)	291	(1.6)	302	(1.6)	323	(1.2)	347	(2.4)	100	(†)	96	(0.8)	58	(1.4)	9	(0.8)
Female	51	(0.9)	303	(1.1)	271	(1.8)	285	(1.8)	296	(1.8)	316	(1.1)	340	(4.0)	100	(†)	96	(0.8)	55	(1.8)	6	(0.8)
Race/ethnicity																						
White	73	(0.5)	309	(1.0)	277	(1.1)	292	(1.6)	304	(1.3)	323	(0.9)	347	(2.8)	100	(†)	98	(0.3)	63	(1.6)	8	(0.7)
Black	16	(0.3)	289	(2.8)	264	(2.2)	278	(4.0)	285	(3.5)	302	(3.2)	‡	(†)	100	(†)	92	(2.2)	33	(4.5)	2	(1.0)
Hispanic	7	(0.4)	284	(2.9)	‡	(†)	‡	(†)	‡	(†)	306	(3.3)	‡	(†)	100	(†)	86	(4.2)	30	(3.1)	2	(0.8)
Other[1]	4	(0.5)	312	(5.2)	‡	(†)	‡	(†)	‡	(†)	321	(3.8)	‡	(†)	100	(†)	98	(‡)	62	(7.0)	16	(4.3)
1994																						
All students	**100**	**(†)**	**306**	**(1.0)**	**272**	**(1.2)**	**288**	**(1.4)**	**297**	**(1.7)**	**316**	**(1.0)**	**340**	**(2.2)**	**100**	**(†)**	**97**	**(0.5)**	**59**	**(1.4)**	**7**	**(0.8)**
Sex																						
Male	49	(1.3)	309	(1.4)	274	(1.8)	289	(1.6)	301	(2.1)	320	(1.5)	343	(2.6)	100	(†)	97	(0.6)	60	(2.1)	9	(1.0)
Female	51	(1.3)	304	(1.1)	268	(1.9)	286	(1.9)	293	(1.8)	313	(1.1)	337	(2.8)	100	(†)	96	(0.6)	57	(1.4)	6	(0.9)
Race/ethnicity																						
White	73	(0.5)	312	(1.1)	275	(1.4)	292	(1.7)	301	(1.5)	320	(1.0)	344	(2.0)	100	(†)	98	(0.4)	67	(1.4)	9	(1.1)
Black	15	(0.3)	286	(1.8)	‡	(†)	275	(3.3)	283	(3.8)	297	(2.5)	‡	(†)	100	(†)	91	(1.8)	30	(3.4)	#	(†)
Hispanic	9	(0.3)	291	(3.7)	‡	(†)	‡	(†)	‡	(†)	304	(4.1)	‡	(†)	100	(†)	92	(3.6)	38	(5.5)	1	(—)
Other[1]	3	(0.3)	313	(4.5)	‡	(†)	‡	(†)	‡	(†)	323	(3.5)	‡	(†)	100	(†)	97	(‡)	66	(6.6)	12	(3.6)
1996																						
All students	**100**	**(†)**	**307**	**(1.2)**	**269**	**(1.9)**	**283**	**(1.3)**	**298**	**(1.3)**	**316**	**(1.3)**	**339**	**(1.7)**	**100**	**(†)**	**97**	**(0.4)**	**60**	**(1.7)**	**7**	**(0.8)**
Sex																						
Male	50	(1.2)	310	(1.3)	272	(2.5)	286	(1.5)	302	(1.7)	320	(1.7)	342	(2.3)	100	(†)	97	(0.7)	63	(1.8)	9	(1.3)
Female	50	(1.2)	305	(1.4)	265	(2.2)	278	(2.2)	294	(1.5)	313	(1.4)	335	(2.2)	100	(†)	97	(0.6)	58	(2.2)	5	(0.8)
Race/ethnicity																						
White	71	(0.6)	313	(1.4)	273	(2.3)	287	(2.0)	304	(1.6)	320	(1.4)	342	(1.9)	100	(†)	99	(0.4)	69	(2.2)	9	(1.0)
Black	15	(0.3)	286	(1.7)	‡	(†)	272	(2.4)	280	(3.0)	299	(2.2)	‡	(†)	100	(†)	91	(1.3)	31	(2.5)	1	(—)
Hispanic	9	(0.7)	292	(2.1)	‡	(†)	‡	(†)	‡	(†)	306	(2.8)	‡	(†)	100	(†)	92	(2.2)	40	(3.5)	2	(—)
Other[1]	4	(0.7)	312	(5.7)	‡	(†)	‡	(†)	‡	(†)	‡	(†)	‡	(†)	100	(†)	97	(1.2)	64	(7.2)	14	(5.0)
1999																						
All students	**100**	**(†)**	**308**	**(1.0)**	**278**	**(2.8)**	**285**	**(1.7)**	**298**	**(1.2)**	**315**	**(0.8)**	**341**	**(1.4)**	**100**	**(†)**	**97**	**(0.5)**	**61**	**(1.6)**	**8**	**(0.8)**
Sex																						
Male	48	(1.0)	310	(1.4)	281	(3.2)	288	(2.6)	301	(1.8)	317	(1.3)	343	(1.9)	100	(†)	96	(0.8)	63	(2.1)	10	(1.1)
Female	52	(1.0)	307	(1.0)	274	(3.2)	282	(2.5)	295	(1.3)	314	(1.1)	340	(2.0)	100	(†)	97	(0.4)	58	(1.9)	7	(1.1)
Race/ethnicity																						
White	72	(0.5)	315	(1.1)	282	(3.4)	290	(2.2)	303	(1.5)	320	(0.9)	343	(1.5)	100	(†)	99	(0.4)	70	(2.0)	10	(1.1)
Black	15	(0.4)	283	(1.5)	‡	(†)	267	(2.9)	281	(2.5)	293	(1.4)	‡	(†)	100	(†)	89	(2.0)	27	(2.7)	1	(—)
Hispanic	10	(0.5)	293	(2.5)	‡	(†)	‡	(†)	‡	(†)	308	(3.0)	‡	(†)	100	(†)	94	(2.2)	38	(4.1)	3	(1.1)
Other[1]	4	(0.2)	320	(4.0)	‡	(†)	‡	(†)	‡	(†)	320	(4.4)	‡	(†)	100	(†)	100	(†)	76	(6.3)	14	(4.1)
2008																						
All students	**100**	(†)	**306**	**(0.6)**	**270**	**(1.9)**	**280**	**(1.1)**	**295**	**(0.8)**	**307**	**(0.7)**	**333**	**(0.8)**	**—**	(†)	**96**	**(0.4)**	**59**	**(0.9)**	**6**	**(0.4)**
Sex															—	(†)						
Male	50	(0.5)	309	(0.7)	273	(2.9)	283	(1.5)	300	(0.8)	310	(0.8)	336	(1.1)	—	(†)	96	(0.5)	63	(1.0)	8	(0.6)
Female	50	(0.5)	303	(0.8)	267	(2.8)	276	(1.6)	289	(1.0)	303	(0.8)	331	(0.9)	—	(†)	96	(0.4)	56	(1.3)	5	(0.3)
Race/ethnicity															—	(†)						
White	59	(1.5)	314	(0.7)	275	(2.3)	287	(1.3)	301	(0.9)	314	(0.8)	337	(0.8)	—	(†)	98	(0.3)	71	(1.1)	8	(0.5)
Black	14	(1.4)	287	(1.2)	‡	(†)	266	(2.6)	282	(1.6)	291	(1.5)	312	(2.6)	—	(†)	91	(1.4)	32	(1.6)	1	(0.2)
Hispanic	19	(1.2)	293	(1.1)	261	(3.2)	274	(2.3)	289	(1.3)	296	(1.2)	320	(1.9)	—	(†)	92	(1.1)	41	(1.7)	1	(0.4)
Other[1]	7	(0.5)	316	(1.8)	‡	(†)	‡	(†)	297	(2.8)	311	(1.9)	340	(2.2)	—	(†)	98	(0.7)	71	(2.2)	13	(1.8)

—Not available.
†Not applicable.
#Rounds to zero.
‡Reporting standards not met.
[1]Includes Asians/Pacific Islanders and American Indians/Alaska Natives.
NOTE: Score level 200 indicates ability to perform simple additive reasoning and problem solving. Score level 250 indicates ability to perform simple multiplicative reasoning and two-step problem solving. Score level 300 indicates ability to perform reasoning and problem solving involving fractions, decimals, percents, elementary geometry, and simple algebra. Score level 350 indicates ability to perform reasoning and problem solving involving geometry, algebra, and beginning statistics and probability. Scale ranges from 0 to 500. Excludes persons not enrolled in school and students who were unable to be tested due to limited proficiency in English or due to a disability. Beginning in 2008, data are for a revised assessment format that provides accommodations for students with disabilities and English language learners. Includes public and private schools. Race categories exclude persons of Hispanic ethnicity. Detail may not sum to totals because of rounding. Standard errors appear in parentheses.
SOURCE: U.S. Department of Education, National Center for Education Statistics, National Assessment of Educational Progress (NAEP), *NAEP Trends in Academic Progress*, 1996 and 1999; and 2004 and 2008 Long-Term Trend Mathematics Assessments, retrieved June 4, 2009, from the Long-Term Trend NAEP Data Explorer (http://nces.ed.gov/nationsreportcard/naepdata/). (This table was prepared June 2009.)

Table 143. Average mathematics scale score of 4th-grade public school students and percentages attaining mathematics achievement levels and having 5 or more hours of mathematics instruction per week, by state or jurisdiction: Selected years, 1992 through 2009

State or jurisdiction	Average scale score[1]						Percent of students, 2009				
							Attaining mathematics achievement levels				Having 5 or more hours of math instruction each week
	1992	2000	2003	2005	2007	2009	Below *Basic*	At or above *Basic*[2]	At or above *Proficient*[3]	At *Advanced*[4]	
1	2	3	4	5	6	7	8	9	10	11	12
United States	**219 (0.8)**	**224 (1.0)**	**234 (0.2)**	**237 (0.2)**	**239 (0.2)**	**239 (0.2)**	**19 (0.3)**	**81 (0.3)**	**38 (0.3)**	**6 (0.2)**	**88 (0.4)**
Alabama	208 (1.6)	217 (1.2)	223 (1.2)	225 (0.9)	229 (1.3)	228 (1.1)	30 (1.5)	70 (1.5)	24 (1.5)	2 (0.5)	91 (2.1)
Alaska	— (†)	— (†)	233 (0.8)	236 (1.0)	237 (1.0)	237 (0.9)	22 (1.1)	78 (1.1)	38 (1.3)	6 (0.8)	88 (2.2)
Arizona	215 (1.1)	219 (1.3)	229 (1.1)	230 (1.1)	232 (1.0)	230 (1.1)	29 (1.4)	71 (1.4)	28 (1.6)	4 (0.6)	84 (2.1)
Arkansas	210 (0.9)	216 (1.1)	229 (0.9)	236 (0.9)	238 (1.1)	238 (0.9)	20 (1.0)	80 (1.0)	36 (1.4)	5 (0.5)	92 (1.7)
California[5]	208 (1.6)	213 (1.6)	227 (0.9)	230 (0.6)	230 (0.7)	232 (1.2)	28 (1.4)	72 (1.4)	30 (1.6)	5 (0.7)	89 (1.6)
Colorado	221 (1.0)	— (†)	235 (1.0)	239 (1.1)	240 (1.0)	243 (1.0)	16 (1.2)	84 (1.2)	45 (1.6)	8 (0.9)	89 (1.6)
Connecticut	227 (1.1)	234 (1.1)	241 (0.8)	242 (0.8)	243 (1.1)	245 (1.0)	14 (1.1)	86 (1.1)	46 (1.6)	8 (0.8)	92 (1.6)
Delaware	218 (0.8)	— (†)	236 (0.5)	240 (0.5)	242 (0.4)	239 (0.5)	16 (0.9)	84 (0.9)	36 (1.1)	5 (0.5)	86 (0.4)
District of Columbia	193 (0.5)	192 (1.1)	205 (0.7)	211 (0.8)	214 (0.8)	219 (0.7)	44 (1.3)	56 (1.3)	17 (0.8)	3 (0.4)	93 (0.5)
Florida	214 (1.5)	— (†)	234 (1.1)	239 (0.7)	242 (0.8)	242 (1.0)	14 (1.2)	86 (1.2)	40 (1.5)	5 (0.8)	88 (1.7)
Georgia	216 (1.2)	219 (1.1)	230 (1.0)	234 (1.0)	235 (0.8)	236 (0.9)	22 (1.2)	78 (1.2)	34 (1.5)	5 (0.6)	91 (1.6)
Hawaii	214 (1.3)	216 (1.0)	227 (1.0)	230 (0.8)	234 (0.8)	236 (1.1)	23 (1.4)	77 (1.4)	37 (1.5)	5 (0.6)	92 (1.5)
Idaho[5]	222 (1.0)	224 (1.4)	235 (0.7)	242 (0.7)	241 (0.7)	241 (0.8)	15 (1.0)	85 (1.0)	41 (1.4)	5 (0.4)	89 (1.9)
Illinois[5]	— (†)	223 (1.9)	233 (1.1)	233 (1.0)	237 (1.1)	238 (1.0)	20 (1.2)	80 (1.2)	38 (1.5)	7 (0.7)	83 (2.2)
Indiana[5]	221 (1.0)	233 (1.1)	238 (0.9)	240 (0.9)	245 (0.8)	243 (0.9)	13 (1.0)	87 (1.0)	42 (1.4)	5 (0.9)	83 (2.5)
Iowa[5]	230 (1.0)	231 (1.2)	238 (0.7)	240 (0.7)	243 (0.8)	243 (0.8)	13 (0.8)	87 (0.8)	41 (1.8)	5 (0.5)	76 (2.7)
Kansas[5]	— (†)	232 (1.6)	242 (1.0)	246 (1.0)	248 (0.9)	245 (1.0)	11 (1.1)	89 (1.1)	46 (1.9)	6 (0.7)	93 (1.6)
Kentucky	215 (1.0)	219 (1.4)	229 (1.1)	232 (0.9)	235 (0.9)	239 (1.1)	19 (1.0)	81 (1.0)	37 (1.7)	6 (0.8)	85 (2.3)
Louisiana	204 (1.5)	218 (1.4)	226 (1.0)	230 (0.9)	230 (1.0)	229 (1.0)	28 (1.3)	72 (1.3)	23 (1.4)	2 (0.4)	91 (1.9)
Maine[5]	232 (1.0)	230 (1.0)	238 (0.7)	241 (0.8)	242 (0.8)	244 (0.8)	13 (0.8)	87 (0.8)	45 (1.4)	7 (0.7)	89 (1.9)
Maryland	217 (1.3)	222 (1.2)	233 (1.3)	238 (1.0)	240 (0.9)	244 (0.9)	15 (1.0)	85 (1.0)	44 (1.5)	9 (0.8)	96 (1.2)
Massachusetts	227 (1.2)	233 (1.2)	242 (0.8)	247 (0.8)	252 (0.8)	252 (0.9)	8 (0.8)	92 (0.8)	57 (1.4)	12 (1.0)	96 (1.3)
Michigan[5]	220 (1.7)	229 (1.6)	236 (0.9)	238 (1.2)	238 (1.3)	236 (1.0)	22 (1.2)	78 (1.2)	35 (1.3)	5 (0.7)	83 (2.6)
Minnesota[5]	228 (0.9)	234 (1.3)	242 (0.9)	246 (1.0)	247 (1.0)	249 (1.1)	11 (1.0)	89 (1.0)	54 (1.8)	11 (1.0)	91 (1.6)
Mississippi	202 (1.1)	211 (1.1)	223 (1.0)	227 (0.9)	228 (1.0)	227 (1.0)	31 (1.3)	69 (1.3)	22 (1.4)	2 (0.3)	92 (1.7)
Missouri	222 (1.2)	228 (1.2)	235 (0.9)	235 (0.9)	239 (0.9)	241 (1.2)	17 (1.2)	83 (1.2)	41 (1.8)	6 (0.7)	88 (2.3)
Montana[5]	— (†)	228 (1.7)	236 (0.8)	241 (0.8)	244 (0.8)	244 (0.7)	12 (0.9)	88 (0.9)	45 (1.3)	6 (0.5)	91 (1.4)
Nebraska	225 (1.2)	225 (1.8)	236 (0.8)	238 (0.9)	238 (1.1)	239 (1.0)	18 (1.3)	82 (1.3)	38 (1.5)	4 (0.5)	84 (2.6)
Nevada	— (†)	220 (1.0)	228 (0.8)	230 (0.8)	232 (0.9)	235 (0.9)	21 (1.1)	79 (1.1)	32 (1.4)	3 (0.4)	95 (1.3)
New Hampshire	230 (1.2)	— (†)	243 (0.9)	246 (0.9)	249 (0.8)	251 (0.8)	8 (0.8)	92 (0.8)	56 (1.7)	10 (0.7)	89 (1.5)
New Jersey	227 (1.5)	— (†)	239 (1.1)	244 (1.1)	249 (1.1)	247 (1.0)	12 (1.1)	88 (1.1)	49 (1.5)	9 (0.8)	88 (2.0)
New Mexico	213 (1.4)	213 (1.5)	223 (1.1)	224 (0.8)	228 (0.9)	230 (1.0)	28 (1.6)	72 (1.6)	26 (1.4)	3 (0.5)	91 (1.4)
New York[5]	218 (1.2)	225 (1.4)	236 (0.9)	238 (0.9)	243 (0.8)	241 (0.7)	17 (0.8)	83 (0.8)	40 (1.3)	5 (0.7)	78 (2.5)
North Carolina	213 (1.1)	230 (1.1)	242 (0.8)	241 (0.9)	242 (0.8)	244 (0.8)	13 (1.0)	87 (1.0)	43 (1.4)	8 (0.8)	91 (1.6)
North Dakota	229 (0.8)	230 (1.2)	238 (0.7)	243 (0.5)	245 (0.5)	245 (0.6)	9 (0.6)	91 (0.6)	45 (1.3)	5 (0.7)	78 (0.5)
Ohio[5]	219 (1.2)	230 (1.5)	238 (1.0)	242 (1.0)	245 (1.0)	244 (1.1)	15 (1.0)	85 (1.0)	45 (1.9)	8 (0.8)	81 (3.4)
Oklahoma	220 (1.0)	224 (1.0)	229 (1.0)	234 (1.0)	237 (0.8)	237 (0.9)	18 (1.2)	82 (1.2)	33 (1.6)	3 (0.4)	86 (2.2)
Oregon[5]	— (†)	224 (1.8)	236 (0.9)	238 (0.8)	236 (1.0)	238 (0.9)	20 (1.0)	80 (1.0)	37 (1.5)	5 (0.6)	79 (2.5)
Pennsylvania	224 (1.3)	— (†)	236 (1.1)	241 (1.2)	244 (0.8)	244 (1.1)	16 (1.0)	84 (1.0)	46 (1.8)	8 (0.8)	90 (2.1)
Rhode Island	215 (1.5)	224 (1.1)	230 (1.0)	233 (0.9)	236 (0.9)	239 (0.8)	19 (1.0)	81 (1.0)	39 (1.3)	5 (0.6)	93 (1.2)
South Carolina	212 (1.1)	220 (1.4)	236 (0.9)	238 (0.9)	237 (0.8)	236 (0.9)	22 (1.2)	78 (1.2)	34 (1.3)	5 (0.6)	87 (2.0)
South Dakota	— (†)	— (†)	237 (0.7)	242 (0.5)	241 (0.7)	242 (0.5)	14 (0.9)	86 (0.9)	42 (1.1)	5 (0.5)	86 (0.5)
Tennessee	211 (1.4)	220 (1.4)	228 (1.0)	232 (1.2)	233 (0.9)	232 (1.1)	26 (1.4)	74 (1.4)	28 (1.5)	3 (0.5)	88 (2.5)
Texas	218 (1.2)	231 (1.1)	237 (0.9)	242 (0.6)	242 (0.7)	240 (0.7)	15 (0.9)	85 (0.9)	38 (1.4)	4 (0.5)	92 (1.8)
Utah	224 (1.0)	227 (1.3)	235 (0.8)	239 (0.8)	239 (0.9)	240 (1.0)	19 (1.0)	81 (1.0)	41 (1.4)	6 (0.7)	87 (1.8)
Vermont[5]	— (†)	232 (1.6)	242 (0.8)	244 (0.5)	246 (0.5)	248 (0.4)	11 (0.8)	89 (0.8)	51 (1.0)	9 (0.7)	91 (0.3)
Virginia	221 (1.3)	230 (1.0)	239 (1.1)	241 (0.9)	244 (0.9)	243 (1.0)	15 (1.2)	85 (1.2)	43 (1.6)	7 (0.8)	91 (1.7)
Washington	— (†)	— (†)	238 (1.0)	242 (0.9)	243 (1.0)	242 (0.8)	16 (1.0)	84 (1.0)	43 (1.2)	7 (1.0)	93 (1.5)
West Virginia	215 (1.1)	223 (1.3)	231 (0.8)	231 (0.7)	236 (0.9)	233 (0.8)	23 (1.3)	77 (1.3)	28 (1.2)	2 (0.3)	97 (0.9)
Wisconsin[5]	229 (1.1)	— (†)	237 (0.9)	241 (0.9)	244 (0.9)	244 (0.9)	15 (1.0)	85 (1.0)	45 (1.6)	8 (0.8)	88 (1.9)
Wyoming	225 (0.9)	229 (1.1)	241 (0.6)	243 (0.6)	244 (0.5)	242 (0.6)	13 (0.9)	87 (0.9)	40 (1.2)	4 (0.5)	91 (0.5)
Department of Defense dependents schools[6]	— (†)	227 (0.6)	237 (0.4)	239 (0.5)	240 (0.4)	240 (0.5)	14 (0.8)	86 (0.8)	38 (1.1)	4 (0.5)	86 (0.4)
Other jurisdictions											
American Samoa	— (†)	152 (2.5)	— (†)	— (†)	— (†)	— (†)	— (†)	— (†)	— (†)	— (†)	— (†)
Guam	193 (0.8)	184 (1.7)	— (†)	— (†)	— (†)	— (†)	— (†)	— (†)	— (†)	— (†)	— (†)
Puerto Rico[7]	— (†)	— (†)	179 (1.0)	183 (0.9)	— (†)	— (†)	— (†)	— (†)	— (†)	— (†)	— (†)
U.S. Virgin Islands	— (†)	181 (1.8)	— (†)	— (†)	— (†)	— (†)	— (†)	— (†)	— (†)	— (†)	— (†)

—Not available.

†Not applicable.

[1]Scale ranges from 0 to 500.

[2]*Basic* denotes partial mastery of prerequisite knowledge and skills that are fundamental for proficient work at the 4th-grade level.

[3]*Proficient* represents solid academic performance for 4th-graders. Students reaching this level have demonstrated competency over challenging subject matter.

[4]*Advanced* signifies superior performance.

[5]Did not meet one or more of the guidelines for school participation in 2000. Data are subject to appreciable nonresponse bias.

[6]Prior to 2005, NAEP divided the Department of Defense (DoD) schools into two jurisdictions, domestic and overseas. In 2005, NAEP began combining the DoD domestic and overseas schools into a single jurisdiction. Data shown in this table for years prior to 2005 were recalculated for comparability.

[7]Because of modifications to the 2005 Puerto Rico administration, results from 2003 should not be compared to results from 2005. Although parallel changes were not made in the nation in 2005, within-year comparisons between Puerto Rico and the nation are valid.

NOTE: With the exception of 1992, includes students for whom accommodations were permitted. Excludes students unable to be tested (even with accommodations) due to limited proficiency in English or due to a disability. Some data have been revised from previously published figures. Detail may not sum to totals because of rounding. Standard errors appear in parentheses.

SOURCE: U.S. Department of Education, National Center for Education Statistics, National Assessment of Educational Progress (NAEP), 1992, 2000, 2003, 2005, 2007, and 2009 Mathematics Assessments, retrieved November 19, 2009, from the Main NAEP Data Explorer (http://nces.ed.gov/nationsreportcard/naepdata). (This table was prepared November 2009.)

Table 144. Average mathematics scale score of 8th-grade public school students and percentage attaining mathematics achievement levels, by level of parental education and state or jurisdiction: Selected years, 1990 through 2009

State or jurisdiction	Average scale score[1]							Percent attaining mathematics achievement levels, 2009				Average scale score, by highest level of education attained by parents, 2009[2]			
	1990	1996	2000	2003	2005	2007	2009	Below *Basic*	At or above *Basic*[3]	At or above *Proficient*[4]	At *Advanced*[5]	Did not finish high school	Graduated high school	Some education after high school	Graduated college
1	2	3	4	5	6	7	8	9	10	11	12	13	14	15	16
United States	**262 (1.4)**	**271 (1.2)**	**272 (0.9)**	**276 (0.3)**	**278 (0.2)**	**280 (0.3)**	**282 (0.3)**	**29 (0.3)**	**71 (0.3)**	**33 (0.3)**	**7 (0.1)**	**265 (0.6)**	**270 (0.4)**	**283 (0.4)**	**294 (0.3)**
Alabama	253 (1.1)	257 (2.1)	264 (1.8)	262 (1.5)	262 (1.5)	266 (1.5)	269 (1.2)	42 (1.5)	58 (1.5)	20 (1.3)	4 (0.5)	255 (2.3)	257 (1.7)	273 (2.1)	278 (1.5)
Alaska	— (†)	278 (1.8)	— (†)	279 (0.9)	279 (0.8)	283 (1.1)	283 (1.0)	25 (1.5)	75 (1.5)	33 (1.3)	6 (0.6)	‡ (†)	‡ (†)	‡ (†)	‡ (†)
Arizona[6]	260 (1.3)	268 (1.6)	269 (1.8)	271 (1.2)	274 (1.1)	276 (1.2)	277 (1.4)	33 (1.5)	67 (1.5)	29 (1.6)	6 (0.8)	263 (2.7)	267 (2.0)	282 (2.1)	292 (1.8)
Arkansas	256 (0.9)	262 (1.5)	257 (1.5)	266 (1.2)	272 (1.2)	274 (1.1)	276 (1.1)	33 (1.5)	67 (1.5)	27 (1.2)	4 (0.5)	264 (2.4)	267 (1.7)	282 (1.7)	285 (1.6)
California[6]	256 (1.3)	263 (1.9)	260 (2.1)	267 (1.2)	269 (0.7)	270 (0.8)	270 (1.3)	41 (1.5)	59 (1.5)	23 (1.4)	5 (0.7)	258 (2.0)	261 (1.9)	278 (2.1)	287 (1.8)
Colorado	267 (0.9)	276 (1.1)	— (†)	283 (1.1)	281 (1.2)	286 (0.9)	287 (1.4)	24 (1.5)	76 (1.5)	40 (1.4)	10 (0.8)	265 (2.8)	272 (2.3)	286 (1.9)	301 (1.5)
Connecticut	270 (1.0)	280 (1.1)	281 (1.3)	284 (1.2)	281 (1.4)	282 (1.5)	289 (1.0)	22 (1.2)	78 (1.2)	40 (1.4)	10 (0.7)	263 (2.5)	270 (1.9)	284 (1.7)	300 (0.9)
Delaware	261 (0.9)	267 (0.9)	— (†)	277 (0.7)	281 (0.6)	283 (0.6)	284 (0.5)	25 (0.8)	75 (0.8)	32 (0.8)	6 (0.6)	276 (2.4)	276 (1.3)	284 (1.7)	292 (0.9)
District of Columbia	231 (0.9)	233 (1.3)	235 (1.1)	243 (0.8)	245 (0.9)	248 (0.9)	254 (0.9)	60 (1.4)	40 (1.4)	11 (0.8)	2 (0.4)	249 (3.3)	247 (2.1)	260 (2.2)	259 (1.7)
Florida	255 (1.2)	264 (1.8)	— (†)	271 (1.5)	274 (1.1)	277 (1.3)	279 (1.1)	30 (1.1)	70 (1.1)	29 (1.4)	6 (0.6)	266 (2.2)	272 (1.5)	285 (1.4)	287 (1.5)
Georgia	259 (1.3)	262 (1.6)	265 (1.2)	270 (1.2)	272 (1.1)	275 (1.0)	278 (0.9)	33 (1.2)	67 (1.2)	27 (1.2)	5 (0.5)	261 (2.2)	267 (1.8)	280 (1.7)	288 (1.2)
Hawaii	251 (0.8)	262 (1.0)	262 (1.4)	266 (0.8)	266 (0.7)	269 (0.8)	274 (0.7)	35 (1.0)	65 (1.0)	25 (1.0)	4 (0.6)	258 (3.4)	264 (1.8)	278 (1.8)	284 (1.1)
Idaho[6]	271 (0.8)	— (†)	277 (1.0)	280 (0.9)	281 (0.9)	284 (0.9)	287 (0.8)	22 (1.0)	78 (1.0)	38 (0.9)	8 (0.5)	267 (2.9)	274 (1.7)	290 (1.5)	297 (0.8)
Illinois[6]	261 (1.7)	— (†)	275 (1.7)	277 (1.2)	278 (1.1)	280 (1.1)	282 (1.2)	27 (1.4)	73 (1.4)	33 (1.5)	7 (0.7)	266 (2.1)	269 (1.6)	280 (1.7)	294 (1.3)
Indiana[6]	267 (1.2)	276 (1.4)	281 (1.4)	281 (1.1)	282 (1.0)	285 (1.1)	287 (0.9)	22 (1.2)	78 (1.2)	36 (1.1)	7 (0.6)	275 (4.2)	278 (1.8)	286 (1.6)	295 (1.2)
Iowa	278 (1.1)	284 (1.3)	— (†)	284 (0.8)	284 (0.9)	285 (0.9)	284 (1.0)	24 (1.0)	76 (1.0)	34 (1.4)	7 (0.9)	264 (3.0)	274 (1.8)	285 (1.8)	293 (1.2)
Kansas[6]	— (†)	— (†)	283 (1.7)	284 (1.3)	284 (1.0)	290 (1.1)	289 (1.0)	21 (1.3)	79 (1.3)	39 (1.4)	8 (0.8)	272 (2.5)	280 (2.0)	290 (1.8)	298 (1.1)
Kentucky	257 (1.2)	267 (1.1)	270 (1.3)	274 (1.2)	274 (1.2)	279 (1.1)	279 (1.1)	30 (1.2)	70 (1.2)	27 (1.4)	5 (0.6)	262 (2.2)	271 (1.8)	283 (1.3)	289 (1.3)
Louisiana	246 (1.2)	252 (1.6)	259 (1.5)	266 (1.5)	268 (1.4)	272 (1.1)	272 (1.6)	38 (1.6)	62 (1.6)	20 (1.8)	4 (1.1)	265 (2.3)	265 (1.7)	277 (1.9)	281 (2.6)
Maine[6]	— (†)	284 (1.3)	281 (1.1)	282 (0.9)	281 (0.8)	286 (0.8)	286 (0.7)	22 (1.1)	78 (1.1)	35 (1.1)	8 (0.6)	268 (3.1)	276 (1.7)	284 (1.5)	295 (1.0)
Maryland	261 (1.4)	270 (2.1)	272 (1.7)	278 (1.0)	278 (1.1)	286 (1.2)	288 (1.1)	25 (1.2)	75 (1.2)	40 (1.6)	12 (0.9)	271 (2.8)	272 (1.9)	286 (1.9)	299 (1.5)
Massachusetts	— (†)	278 (1.7)	279 (1.5)	287 (0.9)	292 (0.9)	298 (1.3)	299 (1.3)	15 (1.2)	85 (1.2)	52 (1.6)	17 (1.3)	275 (3.6)	285 (2.1)	290 (2.1)	310 (1.1)
Michigan[6]	264 (1.2)	277 (1.8)	277 (1.9)	276 (2.0)	277 (1.5)	277 (1.4)	278 (1.6)	32 (1.8)	68 (1.8)	31 (1.6)	7 (0.8)	253 (3.6)	263 (2.2)	277 (2.4)	290 (1.7)
Minnesota	275 (0.9)	284 (1.3)	287 (1.4)	291 (1.1)	290 (1.2)	292 (1.0)	294 (1.0)	17 (1.0)	83 (1.0)	47 (1.3)	13 (1.0)	265 (3.4)	276 (2.2)	294 (1.9)	304 (1.2)
Mississippi	— (†)	250 (1.2)	254 (1.1)	261 (1.1)	263 (1.2)	265 (0.8)	265 (1.2)	46 (1.8)	54 (1.8)	15 (1.0)	2 (0.4)	252 (2.5)	256 (1.7)	273 (1.6)	271 (1.4)
Missouri	— (†)	273 (1.4)	271 (1.5)	279 (1.1)	276 (1.3)	281 (1.0)	286 (1.0)	23 (1.3)	77 (1.3)	35 (1.2)	7 (0.6)	269 (2.9)	275 (1.7)	287 (1.5)	294 (1.2)
Montana[6]	280 (0.9)	283 (1.3)	285 (1.4)	286 (0.8)	286 (0.7)	287 (0.7)	292 (0.9)	18 (0.9)	82 (0.9)	44 (1.2)	10 (0.9)	268 (4.3)	280 (1.9)	294 (1.6)	300 (1.0)
Nebraska	276 (1.0)	283 (1.0)	280 (1.2)	282 (0.9)	284 (1.0)	284 (1.0)	284 (1.1)	25 (1.3)	75 (1.3)	35 (1.3)	8 (0.7)	265 (2.6)	272 (2.0)	283 (1.8)	294 (1.2)
Nevada	— (†)	— (†)	265 (0.8)	268 (0.8)	270 (0.8)	271 (0.8)	274 (0.7)	37 (1.4)	63 (1.4)	25 (0.9)	5 (0.5)	260 (1.7)	266 (1.6)	280 (1.6)	287 (1.3)
New Hampshire	273 (0.9)	— (†)	— (†)	286 (0.8)	285 (0.8)	288 (0.7)	292 (0.9)	18 (1.3)	82 (1.3)	43 (1.3)	11 (0.7)	275 (3.5)	280 (1.6)	289 (1.5)	301 (1.0)
New Jersey	270 (1.1)	— (†)	— (†)	281 (1.1)	284 (1.4)	289 (1.2)	293 (1.4)	20 (1.4)	80 (1.4)	44 (1.7)	14 (0.9)	270 (3.3)	277 (2.3)	292 (1.8)	302 (1.6)
New Mexico	256 (0.7)	262 (1.2)	259 (1.3)	263 (1.0)	263 (0.9)	268 (0.9)	270 (1.1)	41 (1.3)	59 (1.3)	20 (1.4)	3 (0.4)	260 (1.9)	261 (2.0)	273 (2.0)	284 (1.4)
New York[6]	261 (1.4)	270 (1.7)	271 (2.2)	280 (1.1)	280 (0.9)	280 (1.2)	283 (1.2)	27 (1.4)	73 (1.4)	34 (1.3)	8 (0.7)	268 (2.8)	272 (1.7)	280 (1.8)	294 (1.4)
North Carolina	250 (1.1)	268 (1.4)	276 (1.3)	281 (1.0)	282 (0.9)	284 (1.1)	284 (1.3)	26 (1.3)	74 (1.3)	36 (1.5)	9 (0.8)	267 (2.3)	272 (1.7)	284 (1.7)	296 (1.4)
North Dakota	281 (1.2)	284 (0.9)	282 (1.1)	287 (0.8)	287 (0.6)	292 (0.7)	293 (0.7)	14 (0.8)	86 (0.8)	43 (1.1)	7 (0.9)	275 (5.2)	281 (1.9)	292 (1.9)	298 (0.8)

See notes at end of table.

Table 144. Average mathematics scale score of 8th-grade public school students and percentage attaining mathematics achievement levels, by level of parental education and state or jurisdiction: Selected years, 1990 through 2009—Continued

State or jurisdiction	Average scale score[1]							Percent attaining mathematics achievement levels, 2009				Average scale score, by highest level of education attained by parents, 2009[2]			
	1990	1996	2000	2003	2005	2007	2009	Below *Basic*	At or above *Basic*[3]	At or above *Proficient*[4]	At *Advanced*[5]	Did not finish high school	Graduated high school	Some education after high school	Graduated college
1	2	3	4	5	6	7	8	9	10	11	12	13	14	15	16
Ohio	264 (1.0)	— (†)	281 (1.6)	282 (1.3)	283 (1.1)	285 (1.2)	286 (1.0)	24 (1.4)	76 (1.4)	36 (1.3)	8 (0.6)	270 (2.5)	276 (1.5)	285 (1.7)	295 (1.1)
Oklahoma	263 (1.3)	— (†)	270 (1.3)	272 (1.1)	271 (1.0)	275 (0.9)	276 (1.0)	32 (1.3)	68 (1.3)	24 (1.3)	3 (0.6)	259 (2.7)	267 (1.9)	279 (1.5)	284 (1.5)
Oregon[6]	271 (1.0)	276 (1.5)	280 (1.5)	281 (1.3)	282 (1.0)	284 (1.1)	285 (1.0)	25 (1.0)	75 (1.0)	37 (1.3)	8 (0.9)	268 (1.8)	273 (1.7)	289 (1.7)	299 (1.4)
Pennsylvania	266 (1.6)	— (†)	— (†)	279 (1.1)	281 (1.5)	286 (1.1)	288 (1.3)	22 (1.1)	78 (1.1)	40 (1.8)	10 (1.0)	268 (3.3)	274 (1.6)	289 (2.0)	300 (1.5)
Rhode Island	260 (0.6)	269 (0.9)	269 (1.3)	272 (0.7)	272 (0.8)	275 (0.7)	278 (0.8)	32 (1.3)	68 (1.3)	28 (1.0)	6 (0.6)	257 (2.8)	268 (1.7)	279 (1.8)	289 (1.2)
South Carolina	— (†)	261 (1.5)	265 (1.5)	277 (1.3)	281 (0.9)	282 (1.0)	280 (1.3)	31 (1.6)	69 (1.6)	30 (1.3)	7 (0.7)	266 (2.5)	269 (2.0)	283 (1.5)	290 (1.5)
South Dakota	— (†)	— (†)	— (†)	285 (0.8)	287 (0.6)	288 (0.8)	291 (0.5)	17 (0.7)	83 (0.7)	42 (1.1)	7 (0.5)	271 (2.8)	280 (1.7)	292 (1.3)	298 (0.7)
Tennessee	— (†)	263 (1.4)	262 (1.5)	268 (1.8)	271 (1.1)	274 (1.1)	275 (1.4)	35 (1.7)	65 (1.7)	25 (1.5)	4 (0.6)	264 (2.1)	262 (1.6)	280 (1.7)	284 (1.8)
Texas	258 (1.4)	270 (1.4)	273 (1.6)	277 (1.1)	281 (0.6)	286 (1.0)	287 (1.3)	22 (1.5)	78 (1.5)	36 (1.5)	8 (0.9)	273 (1.8)	278 (1.7)	289 (1.8)	300 (1.7)
Utah	— (†)	277 (1.0)	274 (1.2)	281 (1.0)	279 (0.7)	281 (0.9)	284 (0.9)	25 (1.0)	75 (1.0)	35 (1.2)	7 (0.8)	258 (3.2)	270 (2.3)	283 (1.7)	294 (1.1)
Vermont[6]	— (†)	279 (1.0)	281 (1.5)	286 (0.8)	287 (0.8)	291 (0.7)	293 (0.6)	19 (0.8)	81 (0.8)	43 (0.9)	13 (0.8)	271 (3.4)	276 (1.4)	288 (1.6)	304 (0.8)
Virginia	264 (1.5)	270 (1.6)	275 (1.3)	282 (1.3)	284 (1.1)	288 (1.1)	286 (1.1)	24 (1.2)	76 (1.2)	36 (1.4)	8 (0.8)	269 (2.9)	271 (1.7)	284 (1.8)	296 (1.5)
Washington	— (†)	276 (1.3)	— (†)	281 (0.9)	285 (1.0)	285 (1.0)	289 (1.0)	22 (1.1)	78 (1.1)	39 (1.2)	11 (0.8)	262 (2.1)	277 (1.7)	290 (2.0)	301 (1.2)
West Virginia	256 (1.0)	265 (1.0)	266 (1.2)	271 (1.2)	269 (1.0)	270 (1.0)	270 (1.0)	39 (1.3)	61 (1.3)	19 (0.9)	2 (0.4)	253 (3.1)	260 (1.8)	277 (1.5)	281 (1.3)
Wisconsin	274 (1.3)	283 (1.5)	— (†)	284 (1.3)	285 (1.2)	286 (1.1)	288 (0.9)	21 (1.0)	79 (1.0)	39 (1.2)	8 (0.8)	262 (3.0)	279 (1.7)	289 (1.6)	298 (1.2)
Wyoming	272 (0.7)	275 (0.9)	276 (1.0)	284 (0.7)	282 (0.8)	287 (0.7)	286 (0.6)	22 (1.2)	78 (1.2)	35 (1.1)	7 (0.6)	270 (3.4)	275 (1.8)	288 (1.6)	295 (1.1)
Department of Defense dependents schools[7]	— (†)	274 (0.9)	277 (1.1)	285 (0.7)	284 (0.7)	285 (0.8)	287 (0.9)	21 (1.0)	79 (1.0)	36 (1.4)	6 (0.8)	‡ (†)	272 (2.7)	286 (1.5)	293 (1.2)
Other jurisdictions															
American Samoa	— (†)	— (†)	192 (5.5)	— (†)	— (†)	— (†)	— (†)	— (†)	— (†)	— (†)	— (†)	— (†)	— (†)	— (†)	— (†)
Guam	232 (0.7)	239 (1.7)	234 (2.6)	— (†)	— (†)	— (†)	— (†)	— (†)	— (†)	— (†)	— (†)	— (†)	— (†)	— (†)	— (†)
Puerto Rico[8]	— (†)	— (†)	— (†)	212 (1.0)	218 (1.0)	— (†)	— (†)	— (†)	— (†)	— (†)	— (†)	— (†)	— (†)	— (†)	— (†)
U.S. Virgin Islands	219 (0.9)	— (†)	— (†)	— (†)	— (†)	— (†)	— (†)	— (†)	— (†)	— (†)	— (†)	— (†)	— (†)	— (†)	— (†)

—Not available.
†Not applicable.
‡Reporting standards not met.
[1]Scale ranges from 0 to 500.
[2]Excludes students who responded "I don't know" to the question about educational level of parents.
[3]*Basic* denotes partial mastery of prerequisite knowledge and skills that are fundamental for proficient work at the 8th-grade level.
[4]*Proficient* represents solid academic performance for 8th-graders. Students reaching this level have demonstrated competency over challenging subject matter.
[5]*Advanced* signifies superior performance.
[6]Did not meet one or more of the guidelines for school participation in 2000. Data are subject to appreciable nonresponse bias.
[7]Prior to 2005, NAEP divided the Department of Defense (DoD) schools into two jurisdictions, domestic and overseas. In 2005, NAEP began combining the DoD domestic and overseas schools into a single jurisdiction. Data shown in this table for years prior to 2005 were recalculated for comparability.
[8]Because of modifications to the 2005 Puerto Rico administration, results from 2003 should not be compared to results from 2005. Although parallel changes were not made in the nation in 2005, within-year comparisons between Puerto Rico and the nation are valid.
NOTE: Excludes persons not enrolled in school and those who were unable to be tested due to limited proficiency in English or due to a disability. Data for 2000, 2003, 2005, 2007, and 2009 include students for whom accommodations were permitted. Detail may not sum to totals because of rounding. Standard errors appear in parentheses.
SOURCE: U.S. Department of Education, National Center for Education Statistics, National Assessment of Educational Progress (NAEP), 1990, 1996, 2000, 2003, 2005, 2007, and 2009 Mathematics Assessments, retrieved November 18, 2008, from the Main NAEP Data Explorer (http://nces.ed.gov/nationsreportcard/naepdata). (This table was prepared November 2009.)

Table 145. Average mathematics scale scores of 4th- and 8th-grade public school students and percentage at or above selected mathematics achievement levels, by race/ethnicity and jurisdiction or specific urban district: 2007 and 2009

Grade level and jurisdiction or specific urban district	Average mathematics scale score[1]										Percent of students	
	2007					2009					2009	
	All students	White	Black	Hispanic	Asian/ Pacific Islander	All students	White	Black	Hispanic	Asian/ Pacific Islander	At or above *Basic*[2]	At or above *Proficient*[3]
1	2	3	4	5	6	7	8	9	10	11	12	13
4th grade												
United States	239 (0.2)	248 (0.2)	222 (0.3)	227 (0.3)	254 (0.8)	239 (0.2)	248 (0.2)	222 (0.3)	227 (0.4)	255 (1.0)	81 (0.3)	38 (0.3)
Large city	230 (0.5)	249 (0.8)	219 (0.7)	224 (0.6)	251 (2.5)	231 (0.5)	250 (1.0)	219 (0.6)	226 (0.5)	253 (2.0)	72 (0.5)	29 (0.7)
Atlanta	224 (0.9)	266 (2.5)	217 (1.1)	223 (4.4)	‡ (†)	225 (0.8)	266 (1.8)	218 (1.0)	222 (3.7)	‡ (†)	63 (1.7)	21 (1.0)
Austin	241 (1.2)	263 (1.0)	226 (1.2)	233 (1.1)	268 (2.8)	240 (1.0)	262 (1.5)	226 (2.7)	233 (1.1)	‡ (†)	83 (1.7)	38 (1.7)
Baltimore City	— (†)	— (†)	— (†)	— (†)	— (†)	222 (1.0)	240 (3.5)	220 (1.0)	‡ (†)	‡ (†)	64 (1.9)	13 (1.2)
Boston	233 (1.1)	250 (2.7)	226 (1.4)	230 (1.6)	255 (3.1)	236 (0.7)	251 (2.2)	231 (1.2)	232 (1.1)	260 (3.7)	81 (1.3)	31 (1.7)
Charlotte	244 (1.1)	261 (1.2)	230 (1.3)	234 (2.6)	263 (3.0)	245 (1.3)	263 (1.3)	231 (1.4)	235 (1.8)	257 (4.8)	86 (1.1)	45 (2.0)
Chicago	220 (1.0)	244 (2.9)	213 (1.6)	219 (1.5)	249 (3.9)	222 (1.2)	242 (3.2)	212 (1.8)	226 (1.3)	255 (4.5)	62 (1.7)	18 (1.4)
Cleveland	215 (1.6)	233 (2.3)	210 (1.5)	215 (5.3)	‡ (†)	213 (1.0)	228 (2.3)	209 (1.3)	217 (2.3)	‡ (†)	51 (2.2)	8 (1.3)
Detroit	— (†)	— (†)	— (†)	— (†)	— (†)	200 (1.7)	‡ (†)	199 (1.8)	206 (3.5)	‡ (†)	31 (2.4)	3 (1.0)
District of Columbia	214 (0.8)	262 (2.8)	209 (0.8)	220 (2.4)	‡ (†)	220 (0.8)	270 (2.3)	212 (0.9)	227 (2.8)	‡ (†)	57 (1.5)	19 (0.9)
Fresno	— (†)	— (†)	— (†)	— (†)	— (†)	219 (1.4)	237 (2.5)	213 (3.1)	216 (1.7)	220 (3.3)	58 (2.1)	14 (1.3)
Houston	234 (1.1)	263 (2.4)	225 (1.7)	234 (1.2)	265 (3.0)	236 (1.2)	260 (2.5)	227 (1.9)	235 (1.2)	264 (3.2)	82 (1.7)	30 (2.0)
Jefferson County (KY)	— (†)	— (†)	— (†)	— (†)	— (†)	233 (1.6)	243 (1.7)	216 (1.7)	226 (3.5)	‡ (†)	72 (1.8)	31 (2.1)
Los Angeles	221 (0.9)	247 (1.8)	216 (2.3)	217 (1.0)	246 (2.4)	222 (1.2)	245 (3.3)	209 (3.0)	218 (1.1)	248 (2.7)	61 (1.5)	19 (1.8)
Miami-Dade	— (†)	— (†)	— (†)	— (†)	— (†)	236 (1.3)	253 (2.0)	222 (1.6)	239 (1.1)	‡ (†)	81 (1.7)	33 (1.8)
Milwaukee	— (†)	— (†)	— (†)	— (†)	— (†)	220 (1.5)	242 (3.0)	211 (2.0)	226 (1.5)	231 (4.1)	59 (2.3)	15 (1.7)
New York City	236 (1.3)	249 (1.5)	227 (1.6)	230 (1.3)	257 (2.7)	237 (1.0)	254 (1.9)	227 (1.2)	230 (1.2)	258 (2.0)	79 (1.2)	35 (1.9)
Philadelphia	— (†)	— (†)	— (†)	— (†)	— (†)	222 (1.4)	239 (2.6)	216 (1.7)	221 (2.1)	243 (4.2)	61 (1.9)	16 (1.7)
San Diego	234 (1.4)	252 (2.5)	222 (3.4)	223 (1.5)	247 (2.0)	236 (1.6)	255 (2.3)	222 (2.8)	224 (1.7)	247 (2.2)	77 (2.0)	36 (2.2)
8th grade												
United States	280 (0.3)	290 (0.2)	259 (0.4)	264 (0.4)	296 (0.9)	282 (0.3)	292 (0.2)	260 (0.4)	266 (0.6)	300 (1.3)	71 (0.3)	33 (0.3)
Large city	269 (0.7)	292 (1.1)	254 (0.9)	261 (0.9)	291 (2.1)	271 (0.7)	294 (1.1)	256 (0.8)	264 (1.2)	299 (1.8)	60 (0.9)	24 (0.7)
Atlanta	256 (1.5)	‡ (†)	253 (1.4)	‡ (†)	‡ (†)	259 (1.6)	‡ (†)	255 (1.5)	‡ (†)	‡ (†)	46 (2.2)	11 (1.5)
Austin	283 (1.1)	308 (2.0)	265 (2.2)	271 (1.4)	‡ (†)	287 (0.9)	312 (1.8)	274 (3.4)	274 (1.2)	‡ (†)	75 (1.0)	39 (1.2)
Baltimore City	— (†)	— (†)	— (†)	— (†)	— (†)	257 (1.9)	‡ (†)	255 (1.6)	‡ (†)	‡ (†)	43 (2.7)	10 (1.9)
Boston	276 (1.0)	305 (3.0)	263 (1.7)	270 (2.0)	305 (2.7)	279 (1.3)	311 (2.5)	268 (2.0)	269 (1.9)	312 (3.9)	67 (1.8)	31 (1.3)
Charlotte	283 (1.2)	308 (1.6)	267 (1.4)	264 (3.1)	305 (6.0)	283 (0.9)	304 (1.4)	270 (1.4)	272 (2.5)	‡ (†)	72 (1.3)	33 (1.2)
Chicago	260 (1.9)	287 (3.6)	248 (2.5)	265 (1.9)	‡ (†)	264 (1.4)	289 (3.8)	252 (1.9)	268 (1.6)	301 (3.8)	51 (2.0)	15 (1.3)
Cleveland	257 (1.7)	269 (2.5)	253 (1.8)	258 (4.1)	‡ (†)	256 (1.0)	275 (2.7)	252 (1.1)	250 (5.4)	‡ (†)	42 (1.7)	8 (0.8)
Detroit	— (†)	— (†)	— (†)	— (†)	— (†)	238 (2.7)	‡ (†)	237 (2.9)	255 (5.8)	‡ (†)	23 (2.9)	4 (1.4)
District of Columbia	248 (0.9)	‡ (†)	245 (0.9)	251 (3.0)	‡ (†)	251 (1.3)	‡ (†)	244 (1.3)	263 (5.2)	‡ (†)	38 (1.7)	12 (1.1)
Fresno	— (†)	— (†)	— (†)	— (†)	— (†)	258 (1.2)	282 (3.8)	246 (3.6)	253 (1.4)	266 (2.9)	46 (1.4)	15 (1.3)
Houston	273 (1.2)	308 (3.6)	265 (1.5)	270 (1.1)	310 (8.9)	277 (1.2)	311 (2.8)	266 (1.9)	275 (1.0)	‡ (†)	69 (1.2)	24 (2.0)
Jefferson County (KY)	— (†)	— (†)	— (†)	— (†)	— (†)	271 (0.9)	284 (1.1)	252 (1.4)	‡ (†)	‡ (†)	60 (1.2)	22 (1.4)
Los Angeles	257 (1.1)	285 (3.7)	245 (2.4)	253 (1.2)	292 (2.8)	258 (1.0)	287 (3.4)	247 (3.2)	254 (0.9)	291 (3.8)	46 (1.1)	13 (1.1)
Miami-Dade	— (†)	— (†)	— (†)	— (†)	— (†)	273 (1.1)	291 (2.5)	260 (2.7)	274 (1.2)	‡ (†)	64 (1.2)	22 (1.7)
Milwaukee	— (†)	— (†)	— (†)	— (†)	— (†)	251 (1.5)	271 (4.6)	244 (1.6)	256 (3.5)	‡ (†)	37 (2.3)	7 (1.1)
New York City	270 (1.8)	289 (4.0)	258 (2.2)	262 (2.5)	299 (3.7)	273 (1.5)	295 (3.0)	261 (1.9)	261 (2.1)	309 (2.7)	60 (2.0)	26 (1.7)
Philadelphia	— (†)	— (†)	— (†)	— (†)	— (†)	265 (2.0)	284 (3.9)	256 (1.7)	258 (3.1)	295 (5.0)	52 (2.3)	17 (2.2)
San Diego	272 (1.4)	294 (2.3)	258 (3.2)	259 (2.1)	289 (2.5)	280 (2.0)	301 (2.6)	263 (4.3)	265 (2.0)	292 (3.0)	68 (2.3)	32 (2.2)

—Not available.
†Not applicable.
‡Reporting standards not met.
[1]Scale ranges from 0 to 500.
[2]*Basic* denotes partial mastery of the knowledge and skills that are fundamental for proficient work at a given grade.
[3]*Proficient* represents solid academic performance. Students reaching this level have demonstrated competency over challenging subject matter.
NOTE: Beginning in 2009, if the results for charter schools are not included in a school district's Adequate Yearly Progress (AYP) report to the U.S. Department of Education under the Elementary and Secondary Education Act, they are excluded from that district's results. This change had little or no impact on differences between any participating district's 2007 and 2009 average mathematics scores except those of the District of Columbia at grade 8. For details, see the Technical Notes in *The Nation's Report Card: Mathematics 2009 Trial Urban District Assessment* (NCES 2010-452). Race categories exclude persons of Hispanic ethnicity. Totals include racial/ethnic groups not shown separately. Standard errors appear in parentheses.
SOURCE: U.S. Department of Education, National Center for Education Statistics, National Assessment of Educational Progress (NAEP), 2007 and 2009 Mathematics Assessments, retrieved April 14 and 26, and June 7, 2010, from the Main NAEP Data Explorer (http://nces.ed.gov/nationsreportcard/naepdata/). (This table was prepared June 2010.)

Table 146. Average mathematics scale scores of 4th-, 8th-, and 12th-graders, by selected student and school characteristics: Selected years, 1990 through 2009

Selected student or school characteristic	1990[1]		1992[1]		1996		2000		2003		2005		2007		2009	
1	2		3		4		5		6		7		8		9	
4th-graders, all students	**213**	**(0.9)**	**220**	**(0.7)**	**224**	**(1.0)**	**226**	**(0.9)**	**235**	**(0.2)**	**238**	**(0.1)**	**240**	**(0.2)**	**240**	**(0.2)**
Sex																
Male	214	(1.2)	221	(0.8)	224	(1.1)	227	(1.0)	236	(0.3)	239	(0.2)	241	(0.2)	241	(0.3)
Female	213	(1.1)	219	(1.0)	223	(1.1)	224	(0.9)	233	(0.2)	237	(0.2)	239	(0.2)	239	(0.3)
Race/ethnicity																
White	220	(1.0)	227	(0.8)	232	(1.0)	234	(0.8)	243	(0.2)	246	(0.1)	248	(0.2)	248	(0.2)
Black	188	(1.8)	193	(1.4)	198	(1.6)	203	(1.2)	216	(0.4)	220	(0.3)	222	(0.3)	222	(0.3)
Hispanic	200	(2.2)	202	(1.5)	207	(1.9)	208	(1.5)	222	(0.4)	226	(0.3)	227	(0.3)	227	(0.4)
Asian/Pacific Islander	225	(4.1)	231	(2.1)	229	(4.2)	‡	(†)	246	(1.1)	251	(0.7)	253	(0.8)	255	(1.0)
American Indian/Alaska Native	‡	(†)	‡	(†)	217	(5.6)	208	(3.5)	223	(1.0)	226	(0.9)	228	(0.7)	225	(0.9)
Eligibility for free or reduced-price lunch																
Eligible	—	(†)	—	(†)	207	(1.3)	208	(0.9)	222	(0.3)	225	(0.2)	227	(0.2)	227	(0.2)
Not eligible	—	(†)	—	(†)	232	(0.8)	235	(1.1)	244	(0.3)	248	(0.2)	249	(0.2)	250	(0.3)
Unknown	—	(†)	—	(†)	231	(2.8)	237	(1.6)	241	(0.7)	244	(0.7)	246	(0.9)	246	(1.1)
Control of school																
Public	212	(1.1)	219	(0.8)	222	(1.1)	224	(1.0)	234	(0.2)	‡	(†)	239	(0.2)	239	(0.2)
Private	224	(2.6)	228	(1.1)	235	(1.9)	238	(0.8)	244	(0.7)	‡	(†)	246	(0.8)	246	(0.8)
Amount of math homework assigned per day																
None	—	(†)	—	(†)	227	(5.4)	227	(2.4)	234	(1.0)	—	(†)	236	(0.9)	236	(0.9)
15 minutes	—	(†)	—	(†)	227	(1.6)	229	(1.2)	237	(0.4)	—	(†)	242	(0.2)	242	(0.3)
30 minutes	—	(†)	—	(†)	223	(1.9)	225	(1.4)	234	(0.4)	—	(†)	239	(0.3)	239	(0.4)
45 minutes	—	(†)	—	(†)	217	(4.7)	214	(2.7)	229	(1.2)	—	(†)	233	(0.9)	235	(1.0)
1 hour	—	(†)	—	(†)	‡	(†)	225	(4.7)	225	(2.2)	—	(†)	233	(2.5)	228	(3.0)
More than 1 hour	—	(†)	—	(†)	‡	(†)	‡	(†)	217	(3.0)	—	(†)	233	(4.4)	222	(5.9)
8th-graders, all students	**263**	**(1.3)**	**268**	**(0.9)**	**270**	**(0.9)**	**273**	**(0.8)**	**278**	**(0.3)**	**279**	**(0.2)**	**281**	**(0.3)**	**283**	**(0.3)**
Sex																
Male	263	(1.6)	268	(1.1)	271	(1.1)	274	(0.9)	278	(0.3)	280	(0.2)	282	(0.3)	284	(0.3)
Female	262	(1.3)	269	(1.0)	269	(1.1)	272	(0.9)	277	(0.3)	278	(0.2)	280	(0.3)	282	(0.4)
Race/ethnicity																
White	270	(1.3)	277	(1.0)	281	(1.1)	284	(0.8)	288	(0.3)	289	(0.2)	291	(0.3)	293	(0.3)
Black	237	(2.7)	237	(1.3)	240	(1.9)	244	(1.2)	252	(0.5)	255	(0.4)	260	(0.4)	261	(0.5)
Hispanic	246	(4.3)	249	(1.2)	251	(1.7)	253	(1.3)	259	(0.6)	262	(0.4)	265	(0.4)	266	(0.6)
Asian/Pacific Islander	275	(5.0)	290	(5.9)	‡	(†)	288	(3.5)	291	(1.3)	295	(0.9)	297	(0.9)	301	(1.2)
American Indian/Alaska Native	‡	(†)	‡	(†)	‡	(†)	259	(7.5)	263	(1.8)	264	(0.9)	264	(1.2)	266	(1.1)
Eligibility for free or reduced-price lunch																
Eligible	—	(†)	—	(†)	250	(1.7)	253	(1.1)	259	(0.4)	262	(0.3)	265	(0.3)	266	(0.3)
Not eligible	—	(†)	—	(†)	277	(1.3)	283	(1.1)	287	(0.3)	288	(0.2)	291	(0.3)	294	(0.3)
Unknown	—	(†)	—	(†)	279	(2.3)	276	(1.6)	285	(1.0)	289	(1.2)	291	(1.7)	295	(1.4)
Parents' highest level of education																
Did not finish high school	242	(2.0)	249	(1.7)	250	(2.0)	253	(1.4)	257	(0.6)	259	(0.5)	263	(0.5)	265	(0.6)
Graduated high school	255	(1.6)	257	(1.2)	260	(1.3)	261	(1.0)	267	(0.4)	267	(0.3)	270	(0.4)	270	(0.5)
Some education after high school	267	(1.6)	271	(1.1)	277	(1.2)	277	(1.1)	280	(0.4)	280	(0.3)	283	(0.4)	284	(0.4)
Graduated college	274	(1.5)	281	(1.2)	281	(1.2)	286	(1.0)	288	(0.3)	290	(0.2)	292	(0.3)	295	(0.3)
Control of school																
Public	‡	(†)	267	(1.0)	269	(1.0)	272	(0.9)	276	(0.3)	‡	(†)	280	(0.3)	282	(0.3)
Private	‡	(†)	281	(2.2)	285	(1.8)	286	(1.2)	292	(1.2)	‡	(†)	293	(1.3)	296	(1.2)
Amount of math homework assigned per day																
None	—	(†)	—	(†)	—	(†)	—	(†)	—	(†)	—	(†)	—	(†)	263	(2.0)
Less than 1 hour	—	(†)	—	(†)	—	(†)	—	(†)	—	(†)	—	(†)	—	(†)	284	(0.3)
About 1 hour	—	(†)	—	(†)	—	(†)	—	(†)	—	(†)	—	(†)	—	(†)	284	(0.8)
About 2–3 hours	—	(†)	—	(†)	—	(†)	—	(†)	—	(†)	—	(†)	—	(†)	274	(3.0)
More than 3 hours	—	(†)	—	(†)	—	(†)	—	(†)	—	(†)	—	(†)	—	(†)	269	(5.0)
12th-graders, all students	**[2]**		**[2]**		**[2]**		**[2]**		**—**	**(†)**	**150**	**(0.6)**	**—**	**(†)**	**153**	**(0.7)**
Sex																
Male	[2]		[2]		[2]		[2]		—	(†)	151	(0.7)	—	(†)	155	(0.9)
Female	[2]		[2]		[2]		[2]		—	(†)	149	(0.7)	—	(†)	152	(0.7)
Race/ethnicity																
White	[2]		[2]		[2]		[2]		—	(†)	157	(0.6)	—	(†)	161	(0.6)
Black	[2]		[2]		[2]		[2]		—	(†)	127	(1.1)	—	(†)	131	(0.8)
Hispanic	[2]		[2]		[2]		[2]		—	(†)	133	(1.3)	—	(†)	138	(0.8)
Asian/Pacific Islander	[2]		[2]		[2]		[2]		—	(†)	163	(2.0)	—	(†)	175	(2.7)
American Indian/Alaska Native	[2]		[2]		[2]		[2]		—	(†)	134	(4.1)	—	(†)	144	(2.8)
Eligibility for free or reduced-price lunch																
Eligible	[2]		[2]		[2]		[2]		—	(†)	132	(1.1)	—	(†)	137	(0.8)
Not eligible	[2]		[2]		[2]		[2]		—	(†)	155	(0.7)	—	(†)	160	(0.8)
Unknown	[2]		[2]		[2]		[2]		—	(†)	162	(1.8)	—	(†)	159	(2.6)
Parents' highest level of education																
Did not finish high school	[2]		[2]		[2]		[2]		—	(†)	130	(1.5)	—	(†)	135	(1.0)
Graduated high school	[2]		[2]		[2]		[2]		—	(†)	138	(1.1)	—	(†)	142	(0.7)
Some education after high school	[2]		[2]		[2]		[2]		—	(†)	148	(0.8)	—	(†)	150	(0.7)
Graduated college	[2]		[2]		[2]		[2]		—	(†)	161	(0.6)	—	(†)	164	(0.8)
Control of school																
Public	[2]		[2]		[2]		[2]		—	(†)	—	(†)	—	(†)	—	(†)
Private	[2]		[2]		[2]		[2]		—	(†)	—	(†)	—	(†)	—	(†)

—Not available.
†Not applicable.
‡Reporting standards not met.
[1]Accommodations were not permitted for this assessment.
[2]Because of major changes to the framework and content of the grade 12 assessment, scores from 2005 and 2009 cannot be compared with scores from earlier assessment years. Therefore, this table does not include scores from the earlier grade 12 assessment years (1990, 1992, 1996, and 2000). For data pertaining to comparisons between earlier years, see *Digest of Education Statistics 2009*, table 138 (http://nces.ed.gov/programs/digest/d09/tables/dt09_138.asp).

NOTE: For the grade 4 and grade 8 assessments, scale ranges from 0 to 500. For the grade 12 assessment, scale ranges from 0 to 300. Includes public and private schools. Excludes persons not enrolled in school and students who were unable to be tested due to limited proficiency in English or due to a disability. Race categories exclude persons of Hispanic ethnicity. Some data have been revised from previously published figures. Standard errors appear in parentheses.
SOURCE: U.S. Department of Education, National Center for Education Statistics, National Assessment of Educational Progress (NAEP), 1990, 1992, 1996, 2000, 2003, 2005, 2007, and 2009 Mathematics Assessments, retrieved September 2 and November 23, 2010, from the Main NAEP Data Explorer (http://nces.ed.gov/nationsreportcard/naepdata/). (This table was prepared November 2009.)

Table 147. Average mathematics scale score of 8th-graders and percentage reporting various attitudes toward mathematics work, by frequency of attitude and selected student and school characteristics: 2009

Student or school characteristic	Math work is engaging and interesting				Math work is challenging				Math work is too easy			
	Never or hardly ever	Sometimes	Often	Always/ almost always	Never or hardly ever	Sometimes	Often	Always/ almost always	Never or hardly ever	Sometimes	Often	Always/ almost always
1	2	3	4	5	6	7	8	9	10	11	12	13
	Average scale score[1]											
All students	**279 (0.4)**	**284 (0.3)**	**287 (0.4)**	**284 (0.6)**	**293 (0.5)**	**284 (0.3)**	**283 (0.4)**	**274 (0.6)**	**283 (0.5)**	**282 (0.3)**	**287 (0.4)**	**289 (0.6)**
Sex												
Male	281 (0.5)	285 (0.5)	288 (0.5)	285 (0.7)	296 (0.7)	286 (0.4)	283 (0.5)	274 (0.8)	283 (0.7)	283 (0.4)	288 (0.4)	291 (0.8)
Female	278 (0.5)	283 (0.4)	287 (0.5)	283 (0.8)	290 (0.7)	283 (0.4)	282 (0.5)	273 (0.6)	283 (0.6)	281 (0.4)	284 (0.6)	286 (0.9)
Race/ethnicity												
White	286 (0.4)	294 (0.3)	298 (0.5)	298 (0.6)	300 (0.5)	293 (0.3)	293 (0.4)	285 (0.6)	291 (0.5)	292 (0.3)	297 (0.4)	298 (0.7)
Black	260 (0.9)	261 (0.6)	264 (0.7)	263 (0.9)	273 (1.2)	263 (0.5)	260 (0.7)	253 (1.1)	260 (0.8)	260 (0.5)	266 (0.8)	266 (1.4)
Hispanic	265 (0.9)	266 (0.7)	271 (1.0)	269 (1.0)	276 (1.4)	268 (0.7)	267 (0.9)	260 (1.3)	265 (1.0)	266 (0.7)	271 (0.8)	273 (1.5)
Asian/Pacific Islander	299 (1.9)	301 (1.5)	304 (1.7)	303 (2.4)	314 (2.3)	303 (1.4)	298 (1.7)	285 (2.7)	299 (2.0)	299 (1.2)	303 (2.1)	312 (2.3)
American Indian/ Alaska Native	264 (2.5)	266 (2.3)	269 (1.9)	268 (3.0)	283 (3.7)	267 (1.9)	263 (2.2)	260 (3.1)	262 (3.0)	266 (1.6)	268 (2.9)	277 (5.6)
Eligibility for free or reduced-price lunch												
Eligible	265 (0.5)	267 (0.5)	270 (0.5)	268 (0.6)	277 (0.7)	269 (0.4)	266 (0.5)	256 (0.7)	264 (0.6)	266 (0.4)	271 (0.5)	274 (0.8)
Not eligible	287 (0.4)	294 (0.4)	299 (0.5)	297 (0.8)	302 (0.5)	294 (0.4)	293 (0.4)	287 (0.6)	292 (0.5)	292 (0.3)	297 (0.5)	300 (0.7)
Unknown	288 (1.6)	296 (1.6)	298 (2.3)	303 (2.7)	306 (2.7)	296 (1.4)	295 (1.9)	287 (2.5)	293 (1.9)	294 (1.7)	299 (2.0)	305 (3.4)
Control of school												
Public	279 (0.4)	283 (0.3)	286 (0.4)	282 (0.5)	292 (0.5)	283 (0.3)	281 (0.4)	272 (0.5)	281 (0.4)	280 (0.3)	286 (0.4)	288 (0.6)
Private	289 (1.4)	296 (1.4)	299 (1.9)	302 (2.4)	306 (2.5)	296 (1.3)	295 (1.4)	288 (2.6)	292 (1.7)	295 (1.3)	300 (1.9)	304 (3.2)
	Percent of students											
All students	**24 (0.2)**	**36 (0.2)**	**26 (0.2)**	**13 (0.2)**	**13 (0.2)**	**46 (0.2)**	**31 (0.2)**	**11 (0.1)**	**17 (0.2)**	**54 (0.2)**	**21 (0.2)**	**8 (0.1)**
Sex												
Male	24 (0.3)	35 (0.3)	27 (0.3)	13 (0.2)	13 (0.2)	45 (0.3)	31 (0.3)	11 (0.1)	15 (0.2)	53 (0.3)	23 (0.3)	9 (0.2)
Female	24 (0.3)	37 (0.3)	26 (0.3)	13 (0.2)	13 (0.2)	46 (0.3)	30 (0.2)	11 (0.2)	20 (0.2)	55 (0.3)	19 (0.2)	6 (0.1)
Race/ethnicity												
White	27 (0.3)	36 (0.3)	26 (0.3)	11 (0.1)	14 (0.2)	46 (0.3)	30 (0.3)	11 (0.1)	20 (0.2)	53 (0.3)	20 (0.2)	7 (0.1)
Black	19 (0.4)	35 (0.3)	27 (0.4)	20 (0.5)	11 (0.3)	45 (0.5)	31 (0.4)	14 (0.3)	15 (0.3)	55 (0.4)	22 (0.4)	8 (0.3)
Hispanic	21 (0.5)	37 (0.5)	28 (0.5)	14 (0.5)	10 (0.3)	47 (0.6)	32 (0.5)	11 (0.3)	12 (0.4)	57 (0.5)	23 (0.4)	7 (0.3)
Asian/Pacific Islander	16 (1.0)	36 (0.9)	30 (1.1)	18 (1.0)	16 (0.7)	49 (1.0)	27 (0.9)	8 (0.5)	9 (0.7)	51 (1.0)	28 (0.8)	12 (0.7)
American Indian/ Alaska Native	22 (1.4)	36 (1.5)	26 (1.2)	15 (1.0)	10 (1.1)	43 (1.6)	33 (1.6)	14 (1.0)	18 (1.0)	54 (1.9)	21 (1.4)	7 (0.8)
Eligibility for free or reduced-price lunch												
Eligible	22 (0.3)	35 (0.2)	27 (0.3)	16 (0.3)	12 (0.2)	46 (0.4)	30 (0.3)	12 (0.2)	14 (0.2)	55 (0.3)	22 (0.3)	8 (0.2)
Not eligible	26 (0.3)	37 (0.3)	26 (0.2)	11 (0.2)	13 (0.2)	46 (0.3)	30 (0.3)	10 (0.1)	19 (0.3)	53 (0.3)	21 (0.3)	7 (0.2)
Unknown	23 (1.1)	34 (1.1)	28 (1.0)	15 (0.9)	11 (0.7)	44 (1.0)	34 (0.9)	11 (0.8)	22 (0.8)	54 (1.1)	18 (0.7)	7 (0.5)
Control of school												
Public	24 (0.2)	36 (0.2)	26 (0.2)	13 (0.2)	13 (0.2)	46 (0.2)	30 (0.2)	11 (0.1)	17 (0.2)	54 (0.2)	21 (0.2)	8 (0.1)
Private	23 (0.9)	36 (0.9)	27 (0.9)	14 (0.8)	11 (0.7)	45 (0.9)	34 (0.8)	10 (0.6)	22 (0.7)	55 (0.9)	18 (0.7)	6 (0.5)

[1]Scale ranges from 0 to 500.

NOTE: Includes public and private schools. Includes students for whom accommodations were permitted. Excludes students unable to be tested (even with accommodations) due to limited proficiency in English or due to a disability. Race categories exclude persons of Hispanic ethnicity. Detail may not sum to totals because of rounding. Standard errors appear in parentheses.

SOURCE: U.S. Department of Education, National Center for Education Statistics, National Assessment of Educational Progress (NAEP), 2009 Mathematics Assessment, retrieved May 6, 2010, from the Main NAEP Data Explorer (http://nces.ed.gov/nationsreportcard/naepdata/). (This table was prepared May 2010.)

Table 148. Average science scale scores and percentage of 4th-, 8th-, and 12th-graders attaining science achievement levels, by selected student characteristics and percentile: 1996, 2000, and 2005

Selected characteristic, percentile, and achievement level	4th-graders						8th-graders						12th-graders					
	1996[1]		2000		2005		1996[1]		2000		2005		1996[1]		2000		2005	
1		2		3		4		5		6		7		8		9		10
All students	**147**	**(1.1)**	**147**	**(0.9)**	**151**	**(0.3)**	**149**	**(0.8)**	**149**	**(1.0)**	**149**	**(0.3)**	**150**	**(0.7)**	**146**	**(0.9)**	**147**	**(0.6)**
Sex																		
Male	148	(1.3)	149	(1.1)	153	(0.3)	150	(0.9)	153	(1.1)	150	(0.4)	154	(1.0)	148	(1.1)	149	(0.7)
Female	146	(1.1)	145	(1.0)	149	(0.3)	148	(0.9)	146	(1.1)	147	(0.3)	147	(0.8)	145	(1.0)	145	(0.6)
Race/ethnicity																		
White	158	(0.9)	159	(0.7)	162	(0.3)	159	(0.8)	161	(0.8)	160	(0.2)	159	(0.9)	153	(1.2)	156	(0.6)
Black	120	(1.3)	122	(1.0)	129	(0.6)	121	(0.9)	121	(1.4)	124	(0.4)	123	(1.1)	122	(1.7)	120	(0.9)
Hispanic	124	(3.0)	122	(2.3)	133	(0.5)	128	(2.7)	127	(1.4)	129	(0.5)	131	(2.2)	128	(1.7)	128	(1.3)
Asian/Pacific Islander	144	(3.7)	‡	(†)	158	(1.0)	151	(4.2)	153	(2.9)	156	(0.9)	147	(3.3)	149	(3.6)	153	(1.7)
American Indian	129	(11.9)	135	(6.9)	138	(1.9)	148	(3.5)	147	(6.7)	128	(4.0)	144	(7.5)	151	(3.6)	139	(5.3)
Parents' education																		
Less than high school	—	(†)	—	(†)	—	(†)	—	(†)	—	(†)	128	(0.5)	—	(†)	—	(†)	125	(1.4)
High school diploma or equivalent	—	(†)	—	(†)	—	(†)	—	(†)	—	(†)	138	(0.5)	—	(†)	—	(†)	136	(0.9)
Some college	—	(†)	—	(†)	—	(†)	—	(†)	—	(†)	151	(0.4)	—	(†)	—	(†)	148	(0.7)
Bachelor's degree or higher	—	(†)	—	(†)	—	(†)	—	(†)	—	(†)	159	(0.3)	—	(†)	—	(†)	157	(0.6)
Eligibility for free or reduced-price lunch																		
Eligible	129	(1.7)	127	(1.3)	135	(0.3)	129	(1.6)	127	(1.1)	130	(0.3)	—	(†)	—	(†)	—	(†)
Not eligible	159	(0.9)	158	(1.1)	162	(0.3)	156	(0.9)	159	(1.0)	159	(0.3)	—	(†)	—	(†)	—	(†)
Unknown	151	(3.9)	160	(1.5)	160	(0.9)	157	(2.3)	155	(1.7)	160	(1.5)	—	(†)	—	(†)	—	(†)
Percentile[2]																		
10th	99	(2.1)	99	(1.7)	109	(0.5)	103	(1.5)	101	(1.2)	101	(0.6)	105	(1.4)	101	(1.4)	101	(1.2)
25th	125	(1.6)	125	(1.4)	130	(0.4)	127	(1.2)	126	(1.3)	126	(0.4)	128	(1.1)	124	(1.0)	125	(0.8)
50th	150	(1.2)	150	(0.9)	153	(0.4)	152	(0.7)	152	(0.9)	151	(0.3)	152	(1.2)	148	(1.0)	149	(0.8)
75th	172	(1.0)	172	(0.7)	173	(0.3)	174	(0.8)	175	(0.8)	174	(0.3)	174	(0.8)	170	(1.2)	171	(0.8)
90th	190	(0.8)	190	(1.0)	189	(0.3)	192	(0.8)	194	(1.0)	192	(0.3)	192	(0.9)	189	(1.2)	189	(1.2)
	Percent attaining science achievement levels																	
Achievement level																		
Below *Basic*	37	(1.4)	37	(1.2)	32	(0.4)	40	(1.0)	41	(1.2)	41	(0.4)	43	(1.0)	48	(1.2)	46	(0.8)
At or above *Basic*[3]	63	(1.4)	63	(1.2)	68	(0.4)	60	(1.0)	59	(1.2)	59	(0.4)	57	(1.0)	52	(1.2)	54	(0.8)
At or above *Proficient*[4]	28	(1.0)	27	(0.9)	29	(0.4)	29	(0.9)	30	(1.0)	29	(0.3)	21	(0.8)	18	(0.9)	18	(0.6)
At *Advanced*[5]	3	(0.3)	3	(0.4)	3	(0.1)	3	(0.3)	4	(0.3)	3	(0.1)	3	(0.3)	2	(0.3)	2	(0.2)

—Not available.
†Not applicable.
‡Reporting standards not met.
[1]Testing accommodations (e.g., extended time, small group testing) for children with disabilities and limited-English-proficient students were not permitted on the 1996 science assessment.
[2]The percentile represents a specific point on the percentage distribution of all students ranked by their science score from low to high. For example, 10 percent of students scored at or below the 10th percentile score, while 90 percent of students scored above it.
[3]*Basic* denotes partial mastery of the knowledge and skills that are fundamental for proficient work.
[4]*Proficient* represents solid academic performance. Students reaching this level have demonstrated competency over challenging subject matter.
[5]*Advanced* signifies superior performance.
NOTE: The NAEP science scale ranges from 0 to 300. Race categories exclude persons of Hispanic ethnicity. Standard errors appear in parentheses.
SOURCE: U.S. Department of Education, National Center for Education Statistics, National Assessment of Educational Progress (NAEP), NAEP Data Explorer (http://nces.ed.gov/nationsreportcard/nde/), retrieved November 2006. (This table was prepared November 2006.)

Table 149. Average science scale score for 8th-graders in public schools, by selected student characteristics and state or jurisdiction: 1996, 2000, and 2005

State or jurisdiction	Average scale score						Sex, 2005				Race/ethnicity, 2005										National School Lunch Program eligibility, 2005			
	1996[1]		2000		2005		Male		Female		White		Black		Hispanic		Asian/ Pacific Islander		American Indian/ Alaska Native		Eligible		Not eligible	
1	2		3		4		5		6		7		8		9		10		11		12		13	
United States	**148**	**(0.9)**	**148**	**(1.1)**	**147**	**(0.3)**	**149**	**(0.4)**	**145**	**(0.4)**	**159**	**(0.3)**	**123**	**(0.4)**	**127**	**(0.5)**	**155**	**(0.9)**	**134**	**(1.5)**	**130**	**(0.3)**	**158**	**(0.3)**
Alabama	139	(1.6)	143[2]	(1.7)	138	(1.3)	138	(1.6)	137	(1.4)	152	(1.3)	114	(1.5)	‡	(†)	‡	(†)	‡	(†)	123	(1.5)	152	(1.4)
Alaska	153[3]	(1.3)	—	(†)	—	(†)	—	(†)	—	(†)	—	(†)	—	(†)	—	(†)	—	(†)	—	(†)	—	(†)	—	(†)
Arizona	145[2]	(1.6)	145[2,4]	(1.3)	140	(0.9)	141	(1.1)	139	(1.2)	156	(1.0)	125	(3.5)	123	(1.2)	‡	(†)	121	(3.0)	124	(1.2)	152	(1.4)
Arkansas	144[3]	(1.3)	142	(1.2)	144	(1.0)	146	(1.3)	142	(1.1)	155	(0.9)	113	(1.3)	136	(4.0)	‡	(†)	‡	(†)	131	(1.3)	157	(0.9)
California	138	(1.7)	129[2,4]	(1.8)	136	(0.7)	138	(0.8)	135	(0.8)	154	(0.9)	120	(1.5)	122	(0.8)	152	(1.8)	132	(5.2)	121	(0.9)	150	(0.7)
Colorado	155	(0.9)	—	(†)	155	(1.3)	158	(1.4)	152	(1.6)	166	(1.1)	133	(3.7)	134	(2.0)	158	(4.4)	‡	(†)	135	(1.9)	164	(1.2)
Connecticut	155	(1.3)	153	(1.6)	152	(1.0)	153	(1.6)	151	(1.1)	163	(0.9)	124	(2.2)	123	(2.7)	163	(3.6)	‡	(†)	127	(1.7)	161	(1.0)
Delaware	142[2]	(0.8)	—	(†)	152	(0.6)	154	(0.7)	150	(1.0)	162	(0.6)	134	(1.1)	136	(2.4)	165	(3.4)	‡	(†)	136	(1.0)	158	(0.7)
District of Columbia	113	(0.7)	—	(†)	—	(†)	—	(†)	—	(†)	—	(†)	—	(†)	—	(†)	—	(†)	—	(†)	—	(†)	—	(†)
Florida	142	(1.6)	—	(†)	141	(1.2)	142	(1.2)	140	(1.4)	155	(1.1)	118	(1.5)	131	(2.0)	149	(4.2)	‡	(†)	128	(1.2)	152	(1.2)
Georgia	142	(1.4)	142	(1.6)	144	(1.1)	145	(1.4)	142	(1.2)	159	(1.4)	125	(1.3)	127	(3.6)	163	(5.9)	‡	(†)	127	(1.0)	158	(1.3)
Hawaii	135	(0.7)	130[2]	(1.4)	136	(0.8)	138	(1.4)	135	(0.9)	152	(1.7)	‡	(†)	131	(3.9)	133	(1.0)	‡	(†)	124	(1.2)	146	(0.9)
Idaho	—	(†)	158[4]	(1.0)	158	(1.0)	161	(1.4)	154	(1.0)	161	(0.9)	‡	(†)	131	(2.2)	‡	(†)	‡	(†)	147	(1.2)	164	(1.1)
Illinois	—	(†)	148[4]	(1.7)	148	(1.1)	150	(1.4)	146	(1.2)	161	(1.2)	120	(1.5)	130	(1.7)	164	(3.7)	‡	(†)	128	(1.2)	161	(1.2)
Indiana	153	(1.4)	154[2,4]	(1.4)	150	(1.3)	154	(1.4)	147	(1.7)	156	(1.3)	119	(2.1)	131	(3.1)	‡	(†)	‡	(†)	135	(2.0)	159	(1.4)
Iowa	158[3]	(1.2)	—	(†)	—	(†)	—	(†)	—	(†)	—	(†)	—	(†)	—	(†)	—	(†)	—	(†)	—	(†)	—	(†)
Kansas	—	(†)	—	(†)	—	(†)	—	(†)	—	(†)	—	(†)	—	(†)	—	(†)	—	(†)	—	(†)	—	(†)	—	(†)
Kentucky	147[2]	(1.2)	150[2]	(1.2)	153	(0.9)	154	(1.3)	151	(1.0)	155	(0.9)	130	(2.4)	‡	(†)	‡	(†)	‡	(†)	145	(1.4)	159	(1.2)
Louisiana	132[2]	(1.6)	134[2]	(1.5)	138	(1.5)	141	(1.7)	136	(1.6)	153	(1.3)	120	(1.5)	‡	(†)	‡	(†)	‡	(†)	127	(1.4)	153	(1.4)
Maine	163[2]	(1.0)	158[4]	(0.9)	158	(0.7)	159	(1.0)	156	(1.1)	158	(0.8)	‡	(†)	‡	(†)	‡	(†)	‡	(†)	150	(1.2)	161	(0.8)
Maryland	145[3]	(1.5)	146	(1.4)	145	(1.4)	145	(1.7)	144	(1.6)	160	(1.3)	123	(1.8)	132	(6.1)	165	(3.5)	‡	(†)	122	(2.4)	155	(1.3)
Massachusetts	157[2]	(1.4)	158[2]	(1.1)	161	(1.0)	162	(1.2)	160	(1.2)	168	(1.0)	133	(2.2)	133	(2.2)	166	(3.4)	‡	(†)	142	(2.1)	168	(1.2)
Michigan	153[3]	(1.4)	155[4]	(1.8)	155	(1.2)	156	(1.6)	154	(1.4)	163	(1.2)	128	(2.3)	132	(3.8)	‡	(†)	‡	(†)	140	(1.9)	161	(1.3)
Minnesota	159	(1.3)	159[4]	(1.2)	158	(1.1)	161	(1.5)	155	(1.3)	166	(0.9)	120	(2.6)	133	(4.3)	137	(2.7)	‡	(†)	139	(1.5)	166	(1.1)
Mississippi	133	(1.4)	134	(1.2)	132	(1.2)	135	(1.5)	130	(1.3)	150	(1.0)	114	(1.5)	‡	(†)	‡	(†)	‡	(†)	121	(1.3)	151	(1.1)
Missouri	151	(1.2)	154	(1.2)	154	(1.2)	157	(1.3)	151	(1.4)	161	(0.9)	124	(2.8)	150	(4.9)	‡	(†)	‡	(†)	140	(2.1)	162	(1.3)
Montana	162[3]	(1.2)	164[4]	(1.4)	162	(0.8)	162	(1.2)	161	(1.0)	165	(0.7)	‡	(†)	‡	(†)	‡	(†)	135	(2.6)	149	(1.4)	168	(0.7)
Nebraska	157	(1.0)	158	(1.4)	—	(†)	—	(†)	—	(†)	—	(†)	—	(†)	—	(†)	—	(†)	—	(†)	—	(†)	—	(†)
Nevada	‡	(†)	141[2]	(1.0)	138	(0.9)	139	(1.1)	138	(1.3)	150	(1.0)	115	(2.4)	122	(1.3)	150	(3.4)	‡	(†)	124	(1.3)	146	(1.0)
New Hampshire	‡	(†)	—	(†)	162	(0.9)	163	(1.1)	161	(1.1)	163	(0.8)	‡	(†)		(†)		(†)	‡	(†)	149	(1.7)	165	(0.9)
New Jersey	‡	(†)	—	(†)	153	(1.2)	157	(1.6)	150	(1.3)	165	(1.1)	131	(2.6)	133	(1.9)	172	(2.4)	‡	(†)	131	(1.9)	162	(1.2)
New Mexico	141[2]	(1.0)	139	(1.5)	138	(0.9)	141	(1.2)	135	(1.3)	157	(1.3)	129	(4.5)	129	(1.1)	‡	(†)	124	(1.5)	129	(1.0)	153	(1.4)
New York	146[3]	(1.6)	145[4]	(2.1)	—	(†)	—	(†)	—	(†)	—	(†)	—	(†)	—	(†)	—	(†)	—	(†)	—	(†)	—	(†)
North Carolina	147	(1.2)	145	(1.4)	144	(1.0)	145	(1.3)	143	(1.1)	155	(0.8)	122	(1.6)	132	(3.2)	157	(9.9)	‡	(†)	129	(1.3)	154	(1.0)
North Dakota	162	(0.8)	159[2]	(1.1)	163	(0.6)	165	(0.9)	161	(0.9)	166	(0.6)	‡	(†)	‡	(†)	‡	(†)	137	(3.2)	151	(1.5)	168	(0.6)
Ohio	—	(†)	159	(1.5)	155	(1.2)	157	(1.7)	154	(1.3)	162	(1.0)	124	(3.3)	142	(5.6)	‡	(†)	‡	(†)	134	(1.8)	165	(1.0)
Oklahoma	—	(†)	149	(1.1)	147	(1.3)	149	(1.4)	144	(1.5)	155	(1.1)	120	(2.7)	132	(3.1)	‡	(†)	139	(2.2)	137	(1.5)	156	(1.2)
Oregon	155	(1.6)	154[4]	(1.3)	153	(1.0)	155	(1.4)	152	(1.3)	159	(0.9)	127	(5.5)	129	(3.1)	154	(4.6)	‡	(†)	141	(1.8)	160	(1.2)
Pennsylvania	—	(†)	—	(†)	—	(†)	—	(†)	—	(†)	—	(†)	—	(†)	—	(†)	—	(†)	—	(†)	—	(†)	—	(†)
Rhode Island	149[2]	(0.8)	148	(0.9)	146	(0.7)	149	(0.9)	144	(0.9)	156	(0.7)	122	(2.2)	115	(1.8)	141	(4.7)	‡	(†)	127	(1.3)	155	(0.8)

See notes at end of table.

Table 149. Average science scale score for 8th-graders in public schools, by selected student characteristics and state or jurisdiction: 1996, 2000, and 2005—Continued

State or jurisdiction	Average scale score			Sex, 2005		Race/ethnicity, 2005					National School Lunch Program eligibility, 2005	
	1996[1]	2000	2005	Male	Female	White	Black	Hispanic	Asian/ Pacific Islander	American Indian/ Alaska Native	Eligible	Not eligible
1	2	3	4	5	6	7	8	9	10	11	12	13
South Carolina	139[2,3] (1.5)	140[2] (1.4)	145 (1.1)	146 (1.5)	144 (1.2)	159 (1.3)	127 (1.4)	130 (5.9)	‡ (†)	‡ (†)	131 (1.2)	158 (1.2)
South Dakota	— (†)	— (†)	161 (0.7)	164 (1.0)	158 (0.9)	165 (0.7)	‡ (†)	‡ (†)	‡ (†)	133 (2.7)	149 (1.3)	168 (0.8)
Tennessee	143 (1.8)	145 (1.5)	145 (1.2)	146 (1.5)	144 (1.4)	153 (1.0)	119 (2.2)	‡ (†)	‡ (†)	‡ (†)	131 (1.5)	156 (1.3)
Texas	145 (1.8)	143 (1.7)	143 (0.8)	145 (1.1)	141 (0.9)	160 (0.9)	125 (1.5)	131 (1.1)	161 (3.8)	‡ (†)	129 (1.0)	156 (1.0)
Utah	156[2] (0.8)	154 (1.0)	154 (0.7)	155 (1.1)	152 (0.9)	158 (0.7)	‡ (†)	130 (2.4)	139 (3.9)	‡ (†)	142 (1.2)	160 (0.9)
Vermont	157[2,3] (1.0)	159[2,4] (1.0)	162 (0.6)	163 (0.9)	161 (0.8)	162 (0.6)	‡ (†)	‡ (†)	‡ (†)	‡ (†)	150 (1.3)	166 (0.6)
Virginia	149[2] (1.6)	151[2] (1.0)	155 (1.1)	157 (1.3)	153 (1.2)	165 (1.1)	133 (1.6)	141 (2.7)	161 (3.0)	‡ (†)	136 (1.4)	163 (1.1)
Washington	150[2] (1.3)	— (†)	154 (0.8)	155 (1.2)	153 (1.0)	160 (0.8)	137 (3.1)	128 (3.2)	149 (2.6)	135 (5.8)	140 (1.4)	161 (0.9)
West Virginia	147 (0.9)	146 (1.1)	147 (0.8)	150 (1.0)	144 (0.9)	148 (0.7)	128 (3.3)	‡ (†)	‡ (†)	‡ (†)	137 (0.9)	156 (0.9)
Wisconsin	160[3] (1.7)	‡ (†)	158 (1.0)	160 (1.3)	156 (1.2)	165 (0.8)	120 (3.1)	133 (3.1)	153 (4.1)	‡ (†)	137 (2.1)	165 (0.9)
Wyoming	158 (0.6)	156[2] (1.0)	159 (0.6)	161 (1.0)	157 (0.9)	161 (0.6)	‡ (†)	145 (2.3)	‡ (†)	145 (4.5)	148 (1.2)	164 (0.7)
Department of Defense dependents schools[5]	155[2] (0.6)	158[2] (0.7)	160 (0.7)	162 (1.1)	158 (1.0)	168 (0.9)	143 (0.7)	160 (1.9)	161 (2.6)	‡ (†)	‡ (†)	‡ (†)
Other jurisdictions												
American Samoa	— (†)	74 (4.2)	— (†)	— (†)	— (†)	— (†)	— (†)	— (†)	— (†)	— (†)	— (†)	— (†)
Guam	120 (1.1)	114 (1.8)	— (†)	— (†)	— (†)	— (†)	— (†)	— (†)	— (†)	— (†)	— (†)	— (†)

—Not available.
†Not applicable.
‡Reporting standards not met.
[1]Accommodations were not permitted for this assessment.
[2]Significantly different from 2005 when only one jurisdiction or the nation is being examined.
[3]Did not satisfy one or more of the guidelines for school participation in 1996. Data are subject to appreciable nonresponse bias.
[4]Did not satisfy one or more of the guidelines for school participation in 2000. Data are subject to appreciable nonresponse bias.
[5]Before 2005, Department of Defense domestic and overseas schools were separate jurisdictions in NAEP. Data for 1996 and 2000 were recalculated for comparability.

NOTE: Excludes persons not enrolled in school and those who were unable to be tested due to limited proficiency in English or due to a disability (if sample not tested with accommodations or if the accommodations provided in 2000 and 2005 were not sufficient to enable the test to properly reflect the students' science proficiency). Scale ranges from 0 to 300. Race categories exclude persons of Hispanic ethnicity. Standard errors appear in parentheses. Some data have been revised from previously published figures.
SOURCE: U.S. Department of Education, National Center for Education Statistics, National Assessment of Educational Progress (NAEP), *NAEP 1996 Science Report Card for the Nation and the States, The Nation's Report Card: Science 2005*, and the NAEP Data Explorer (http://nces.ed.gov/nationsreportcard/nde/, retrieved on December 4, 2006). (This table was prepared December 2006.)

Table 150. Average science scale score of 12th-graders and percentage reporting various attitudes toward science, by selected student and school characteristics: 2005

Student or school characteristic	Like science			Science is boring			Science is useful for problem solving			Good at science		
	Disagree	Not sure	Agree	Disagree	Not sure	Agree	Disagree	Not sure	Agree	Disagree	Not sure	Agree
1	2	3	4	5	6	7	8	9	10	11	12	13
	Average scale score[1]											
All students	**137 (0.8)**	**139 (0.9)**	**158 (0.7)**	**156 (0.6)**	**146 (0.9)**	**137 (0.8)**	**137 (1.2)**	**143 (0.8)**	**155 (0.7)**	**134 (0.8)**	**143 (0.6)**	**161 (0.8)**
Sex												
Male	136 (1.1)	140 (1.1)	160 (0.9)	158 (0.9)	149 (1.3)	138 (1.0)	137 (1.2)	144 (1.1)	158 (0.8)	133 (1.2)	143 (0.9)	163 (1.0)
Female	137 (0.9)	138 (1.2)	155 (0.8)	153 (0.7)	145 (1.1)	136 (0.9)	137 (1.5)	143 (0.9)	152 (0.8)	134 (1.0)	143 (0.7)	159 (0.9)
Race/ethnicity												
White	145 (0.9)	149 (0.9)	166 (0.6)	165 (0.6)	155 (0.9)	145 (0.9)	145 (1.2)	152 (0.8)	164 (0.6)	142 (0.9)	152 (0.7)	168 (0.7)
Black	113 (1.5)	114 (1.7)	129 (1.3)	127 (1.1)	119 (1.5)	113 (1.6)	115 (1.9)	118 (1.6)	125 (1.3)	111 (1.6)	118 (1.3)	130 (1.4)
Hispanic	121 (1.7)	119 (1.9)	138 (1.8)	136 (1.9)	125 (1.9)	121 (1.6)	122 (2.0)	127 (2.1)	135 (1.9)	121 (1.8)	126 (1.5)	145 (2.0)
Asian/Pacific Islander	137 (3.4)	146 (2.7)	163 (2.0)	160 (2.0)	152 (2.9)	141 (3.5)	141 (4.2)	145 (2.9)	161 (2.1)	137 (2.7)	147 (2.2)	169 (2.5)
American Indian/Alaska Native	‡ (†)	‡ (†)	‡ (†)	‡ (†)	‡ (†)	‡ (†)	‡ (†)	‡ (†)	‡ (†)	‡ (†)	‡ (†)	‡ (†)
Eligibility for free or reduced-price lunch												
Eligible	121 (1.2)	121 (1.3)	139 (1.3)	136 (1.3)	128 (1.6)	120 (1.1)	121 (1.6)	126 (1.4)	136 (1.2)	120 (1.4)	126 (1.0)	142 (1.7)
Not eligible	141 (0.8)	144 (1.0)	162 (0.6)	161 (0.6)	152 (0.8)	141 (0.9)	142 (1.4)	148 (0.8)	161 (0.7)	138 (0.9)	148 (0.7)	165 (0.7)
Unknown	145 (2.0)	153 (2.3)	167 (2.0)	165 (1.8)	156 (2.9)	147 (2.0)	146 (2.8)	153 (2.4)	165 (1.7)	144 (2.0)	155 (2.2)	170 (2.0)
Control of school												
Public	135 (0.8)	138 (0.9)	156 (0.7)	154 (0.7)	145 (0.9)	136 (0.9)	136 (1.2)	142 (0.8)	154 (0.7)	133 (0.8)	142 (0.7)	160 (0.8)
Private	‡ (†)	‡ (†)	‡ (†)	‡ (†)	‡ (†)	‡ (†)	‡ (†)	‡ (†)	‡ (†)	‡ (†)	‡ (†)	‡ (†)
	Percent of students											
All students	**31 (0.4)**	**19 (0.4)**	**50 (0.5)**	**46 (0.5)**	**23 (0.5)**	**31 (0.4)**	**20 (0.4)**	**32 (0.5)**	**48 (0.6)**	**26 (0.5)**	**35 (0.5)**	**39 (0.6)**
Sex												
Male	26 (0.6)	19 (0.5)	55 (0.8)	47 (0.8)	23 (0.7)	30 (0.6)	19 (0.5)	31 (0.8)	51 (0.8)	21 (0.6)	35 (0.8)	45 (0.8)
Female	35 (0.6)	19 (0.5)	46 (0.6)	45 (0.7)	23 (0.7)	32 (0.7)	20 (0.6)	34 (0.7)	46 (0.8)	31 (0.6)	35 (0.7)	34 (0.6)
Race/ethnicity												
White	30 (0.6)	18 (0.5)	52 (0.6)	46 (0.6)	23 (0.6)	31 (0.5)	19 (0.5)	32 (0.6)	49 (0.7)	24 (0.6)	34 (0.6)	42 (0.7)
Black	36 (1.0)	19 (0.8)	45 (1.1)	45 (1.0)	18 (0.9)	37 (1.2)	22 (1.1)	30 (0.9)	48 (1.5)	31 (1.3)	30 (1.2)	39 (1.3)
Hispanic	28 (1.1)	23 (1.1)	49 (1.2)	47 (1.3)	27 (1.1)	26 (1.1)	22 (1.0)	35 (1.3)	43 (1.2)	28 (1.0)	45 (1.5)	27 (1.3)
Asian/Pacific Islander	23 (2.0)	24 (2.0)	53 (2.6)	48 (2.6)	28 (2.1)	24 (2.1)	13 (1.6)	31 (2.1)	56 (2.4)	23 (1.6)	40 (2.4)	37 (2.2)
American Indian/Alaska Native	36 (5.5)	16 (5.1)	47 (7.1)	40 (5.4)	21 (4.2)	39 (4.8)	15 (4.2)	41 (5.3)	44 (6.1)	31 (5.1)	34 (4.2)	35 (4.3)
Eligibility for free or reduced-price lunch												
Eligible	31 (0.8)	21 (0.9)	48 (1.0)	46 (1.0)	24 (0.7)	30 (1.1)	21 (0.9)	32 (1.0)	47 (1.0)	29 (0.7)	39 (1.0)	32 (1.1)
Not eligible	31 (0.6)	19 (0.6)	51 (0.7)	45 (0.7)	23 (0.6)	32 (0.6)	20 (0.5)	32 (0.6)	48 (0.7)	25 (0.6)	33 (0.6)	42 (0.6)
Unknown	29 (1.4)	17 (0.9)	54 (1.5)	48 (1.4)	24 (1.1)	28 (1.2)	16 (0.8)	30 (1.3)	53 (1.7)	24 (1.1)	36 (1.5)	40 (1.8)
Control of school												
Public	31 (0.5)	19 (0.4)	50 (0.6)	46 (0.6)	23 (0.5)	31 (0.5)	20 (0.4)	33 (0.5)	48 (0.6)	26 (0.5)	35 (0.6)	39 (0.6)
Private	‡ (†)	‡ (†)	‡ (†)	‡ (†)	‡ (†)	‡ (†)	‡ (†)	‡ (†)	‡ (†)	‡ (†)	‡ (†)	‡ (†)

†Not applicable.
‡Reporting standards not met.
[1]Scale ranges from 0 to 300.
NOTE: Includes public and private schools. Includes students for whom accommodations were permitted. Excludes students unable to be tested (even with accommodations) due to limited proficiency in English or due to a disability. Race categories exclude persons of Hispanic ethnicity. Standard errors appear in parentheses.
SOURCE: U.S. Department of Education, National Center for Education Statistics, National Assessment of Educational Progress (NAEP), 2005 Science Assessment, retrieved August 15, 2008, from the NAEP Data Explorer (http://nces.ed.gov/nationsreportcard/nde/). (This table was prepared August 2008.)

Table 151. SAT mean scores of college-bound seniors, by race/ethnicity: Selected years, 1986–87 through 2009–10

Race/ethnicity	1986–87	1990–91	1996–97	1998–99	1999–2000	2000–01	2001–02	2002–03	2003–04	2004–05	2005–06	2006–07	2007–08	2008–09	2009–10	Score change: 1986–87 to 1996–97	Score change: 1999–2000 to 2009–10	Score change: 2004–05 to 2009–10	Score change: 2008–09 to 2009–10
1	2	3	4	5	6	7	8	9	10	11	12	13	14	15	16	17	18	19	20
SAT—Critical reading																			
All students	**507**	**499**	**505**	**505**	**505**	**506**	**504**	**507**	**508**	**508**	**503**	**502**	**502**	**501**	**501**	**-2**	**-4**	**-7**	**0**
White	524	518	526	527	528	529	527	529	528	532	527	527	528	528	528	2	0	-4	0
Black	428	427	434	434	434	433	430	431	430	433	434	433	430	429	429	6	-5	-4	0
Mexican American	457	454	451	453	453	451	446	448	451	453	454	455	454	453	454	-6	1	1	1
Puerto Rican	436	436	454	455	456	457	455	456	457	460	459	459	456	452	454	18	-2	-6	2
Other Hispanic	464	458	466	463	461	460	458	457	461	463	458	459	455	455	454	2	-7	-9	-1
Asian/Pacific Islander	479	485	496	498	499	501	501	508	507	511	510	514	513	516	519	17	20	8	3
American Indian/Alaska Native	471	470	475	484	482	481	479	480	483	489	487	487	485	486	485	4	3	-4	-1
Other	480	486	512	511	508	503	502	501	494	495	494	497	496	494	494	32	-14	-1	0
SAT—Mathematics																			
All students	**501**	**500**	**511**	**511**	**514**	**514**	**516**	**519**	**518**	**520**	**518**	**515**	**515**	**515**	**516**	**10**	**2**	**-4**	**1**
White	514	513	526	528	530	531	533	534	531	536	536	534	537	536	536	12	6	0	0
Black	411	419	423	422	426	426	427	426	427	431	429	429	426	426	428	12	2	-3	2
Mexican American	455	459	458	456	460	458	457	457	458	463	465	466	463	463	467	3	7	4	4
Puerto Rican	432	439	447	448	451	451	451	453	452	457	456	454	453	450	452	15	1	-5	2
Other Hispanic	462	462	468	464	467	465	464	464	465	469	463	463	461	461	462	6	-5	-7	1
Asian/Pacific Islander	541	548	560	560	565	566	569	575	577	580	578	578	581	587	591	19	26	11	4
American Indian/Alaska Native	463	468	475	481	481	479	483	482	488	493	494	494	491	493	492	12	11	-1	-1
Other	482	492	514	513	515	512	514	513	508	513	513	512	512	514	514	32	-1	1	0
SAT—Writing																			
All students	**†**	**†**	**†**	**†**	**†**	**†**	**†**	**†**	**†**	**†**	**497**	**494**	**494**	**493**	**492**	**†**	**†**	**†**	**-1**
White	†	†	†	†	†	†	†	†	†	†	519	518	518	517	516	†	†	†	-1
Black	†	†	†	†	†	†	†	†	†	†	428	425	424	421	420	†	†	†	-1
Mexican American	†	†	†	†	†	†	†	†	†	†	452	450	447	446	448	†	†	†	2
Puerto Rican	†	†	†	†	†	†	†	†	†	†	448	447	445	443	443	†	†	†	0
Other Hispanic	†	†	†	†	†	†	†	†	†	†	450	450	448	448	447	†	†	†	-1
Asian/Pacific Islander	†	†	†	†	†	†	†	†	†	†	512	513	516	520	526	†	†	†	6
American Indian/Alaska Native	†	†	†	†	†	†	†	†	†	†	474	473	470	469	467	†	†	†	-2
Other	†	†	†	†	†	†	†	†	†	†	493	493	494	493	492	†	†	†	-1

†Not applicable.
NOTE: Data are for seniors who took the SAT any time during their high school years through March of their senior year. If a student took a test more than once, the most recent score was used. The SAT was formerly known as the Scholastic Assessment Test and the Scholastic Aptitude Test. Possible scores on each part of the SAT range from 200 to 800. The critical reading section was formerly known as the verbal section. The writing section was introduced in March 2005.

SOURCE: College Entrance Examination Board, *College-Bound Seniors: Total Group Profile [National] Report*, selected years, 1986–87 through 2009–10, retrieved September 14, 2010, from http://professionals.collegeboard.com/data-reports-research/sat/cb-seniors-2010. (This table was prepared September 2010.)

Table 152. SAT mean scores of college-bound seniors, by sex: 1966–67 through 2009–10

	SAT[1]									Scholastic Aptitude Test (old scale)					
	Critical reading score			Mathematics score			Writing score[2]			Verbal score			Mathematics score		
School year	Total	Male	Female	Total	Male	Female	Total	Male	Female	Total	Male	Female	Total	Male	Female
1	2	3	4	5	6	7	8	9	10	11	12	13	14	15	16
1966–67	543	540	545	516	535	495	†	†	†	466	463	468	492	514	467
1967–68	543	541	543	516	533	497	†	†	†	466	464	466	492	512	470
1968–69	540	536	543	517	534	498	†	†	†	463	459	466	493	513	470
1969–70	537	536	538	512	531	493	†	†	†	460	459	461	488	509	465
1970–71	532	531	534	513	529	494	†	†	†	455	454	457	488	507	466
1971–72	530	531	529	509	527	489	†	†	†	453	454	452	484	505	461
1972–73	523	523	521	506	525	489	†	†	†	445	446	443	481	502	460
1973–74	521	524	520	505	524	488	†	†	†	444	447	442	480	501	459
1974–75	512	515	509	498	518	479	†	†	†	434	437	431	472	495	449
1975–76	509	511	508	497	520	475	†	†	†	431	433	430	472	497	446
1976–77	507	509	505	496	520	474	†	†	†	429	431	427	470	497	445
1977–78	507	511	503	494	517	474	†	†	†	429	433	425	468	494	444
1978–79	505	509	501	493	516	473	†	†	†	427	431	423	467	493	443
1979–80	502	506	498	492	515	473	†	†	†	424	428	420	466	491	443
1980–81	502	508	496	492	516	473	†	†	†	424	430	418	466	492	443
1981–82	504	509	499	493	516	473	†	†	†	426	431	421	467	493	443
1982–83	503	508	498	494	516	474	†	†	†	425	430	420	468	493	445
1983–84	504	511	498	497	518	478	†	†	†	426	433	420	471	495	449
1984–85	509	514	503	500	522	480	†	†	†	431	437	425	475	499	452
1985–86	509	515	504	500	523	479	†	†	†	431	437	426	475	501	451
1986–87	507	512	502	501	523	481	†	†	†	430	435	425	476	500	453
1987–88	505	512	499	501	521	483	†	†	†	428	435	422	476	498	455
1988–89	504	510	498	502	523	482	†	†	†	427	434	421	476	500	454
1989–90	500	505	496	501	521	483	†	†	†	424	429	419	476	499	455
1990–91	499	503	495	500	520	482	†	†	†	422	426	418	474	497	453
1991–92	500	504	496	501	521	484	†	†	†	423	428	419	476	499	456
1992–93	500	504	497	503	524	484	†	†	†	424	428	420	478	502	457
1993–94	499	501	497	504	523	487	†	†	†	423	425	421	479	501	460
1994–95	504	505	502	506	525	490	†	†	†	428	429	426	482	503	463
1995–96	505	507	503	508	527	492	†	†	†	—	—	—	—	—	—
1996–97	505	507	503	511	530	494	†	†	†	—	—	—	—	—	—
1997–98	505	509	502	512	531	496	†	†	†	—	—	—	—	—	—
1998–99	505	509	502	511	531	495	†	†	†	—	—	—	—	—	—
1999–2000	505	507	504	514	533	498	†	†	†	†	†	†	†	†	†
2000–01	506	509	502	514	533	498	†	†	†	†	†	†	†	†	†
2001–02	504	507	502	516	534	500	†	†	†	†	†	†	†	†	†
2002–03	507	512	503	519	537	503	†	†	†	†	†	†	†	†	†
2003–04	508	512	504	518	537	501	†	†	†	†	†	†	†	†	†
2004–05	508	513	505	520	538	504	†	†	†	†	†	†	†	†	†
2005–06	503	505	502	518	536	502	497	491	502	†	†	†	†	†	†
2006–07	502	504	502	515	533	499	494	489	500	†	†	†	†	†	†
2007–08	502	504	500	515	533	500	494	488	501	†	†	†	†	†	†
2008–09	501	503	498	515	534	499	493	486	499	†	†	†	†	†	†
2009–10	501	503	498	516	534	500	492	486	498	†	†	†	†	†	†

—Not available.
†Not applicable.
[1]Data for 1966–67 to 1985–86 were converted to the recentered scale by using a formula applied to the original mean and standard deviation. For 1986–87 to 1994–95, individual student scores were converted to the recentered scale and then the mean was recomputed. For 1995–96 to 1998–99, nearly all students received scores on the recentered scale; any score on the original scale was converted to the recentered scale prior to recomputing the mean. From 1999–2000 on, all scores have been reported on the recentered scale.
[2]Writing data are based on students who took the SAT writing section, which was introduced in March 2005.

NOTE: Data for 1966–67 through 1970–71 are estimates derived from the test scores of all participants. Data for 1971–72 and later are for seniors who took the SAT any time during their high school years through March of their senior year. If a student took a test more than once, the most recent score was used. The SAT was formerly known as the Scholastic Assessment Test and the Scholastic Aptitude Test. Possible scores on each part of the SAT range from 200 to 800. The critical reading section was formerly known as the verbal section.
SOURCE: College Entrance Examination Board, *College-Bound Seniors: Total Group Profile [National] Report*, 1966–67 through 2009–10, retrieved September 14, 2010, from http://professionals.collegeboard.com/data-reports-research/sat/cb-seniors-2010. (This table was prepared September 2010.)

Table 153. SAT mean scores of college-bound seniors, by selected student characteristics: Selected years, 1995–96 through 2009–10

Selected student characteristic	1995–96			2000–01			2005–06				2008–09				2009–10			
	Critical reading score[1]	Mathematics score	Percentage distribution	Critical reading score[1]	Mathematics score	Percentage distribution	Critical reading score[1]	Mathematics score	Writing score[2]	Percentage distribution	Critical reading score[1]	Mathematics score	Writing score[2]	Percentage distribution	Critical reading score[1]	Mathematics score	Writing score[2]	Percentage distribution
1	2	3	4	5	6	7	8	9	10	11	12	13	14	15	16	17	18	19
All students	**505**	**508**	**100**	**506**	**514**	**100**	**503**	**518**	**497**	**100**	**501**	**515**	**493**	**100**	**501**	**516**	**492**	**100**
High school rank																		
Top decile	591	606	22	588	607	24	580	604	577	31	576	603	573	33	578	606	575	34
Second decile	530	539	22	526	540	23	516	537	511	25	512	534	505	27	514	535	505	27
Second quintile	494	496	28	490	497	26	484	498	476	20	482	497	471	19	484	499	472	19
Third quintile	455	448	24	454	452	22	—	—	—	—	—	—	—	—	—	—	—	—
Fourth quintile	429	418	4	423	417	4	—	—	—	—	—	—	—	—	—	—	—	—
Fifth quintile	411	401	1	407	401	1	—	—	—	—	—	—	—	—	—	—	—	—
Bottom three quintiles[3]	—	—	—	—	—	—	443	449	435	23	441	448	430	20	441	450	429	20
High school grade point average																		
A+ (97–100)	617	632	6	609	626	7	602	621	599	7	599	621	597	6	599	621	596	6
A (93–96)	573	583	14	566	581	17	563	582	559	18	563	583	559	19	563	584	558	19
A- (90–92)	545	554	15	540	552	17	534	552	529	18	532	551	526	19	531	550	525	19
B (80–89)	486	485	49	482	486	47	479	489	471	46	474	484	464	46	473	483	462	45
C (70–79)	432	426	15	428	425	12	426	428	414	11	420	422	406	11	418	424	405	10
D, E, or F (below 70)	414	408	#	403	404	#	406	413	389	#	399	412	387	#	411	422	399	#
High school type																		
Public	502	506	83	502	510	83	500	514	492	83	496	510	487	84	498	511	488	84
Private, religiously affiliated	525	510	12	530	523	12	531	529	528	11	533	533	530	11	533	534	530	11
Private, independent	547	556	5	549	567	5	544	573	550	5	550	578	555	6	557	583	560	6
Intended college major[4]																		
Agriculture and related sciences	491	484	2	487	484	1	481	485	469	1	478	485	465	1	476	485	464	1
Architecture/environmental design	492	519	3	493	521	2	488	528	485	3	491	534	485	2	492	536	487	2
Area, ethnic, cultural and gender studies	†	†	†	†	†	†	†	†	†	†	551	515	536	#	555	523	540	#
Arts: visual/performing	520	497	6	518	501	8	516	502	507	9	516	503	506	8	513	501	503	8
Biological sciences	546	545	6	545	549	5	540	554	532	6	541	557	533	6	544	560	536	6
Business and commerce	483	500	13	489	511	14	486	511	481	15	486	516	481	14	490	523	487	12
Communications and journalism	527	497	4	527	506	4	522	504	520	4	522	502	518	4	524	506	520	3
Computer or information sciences	497	522	3	501	533	7	503	534	482	4	506	533	481	3	510	539	486	2
Construction trades	†	†	†	†	†	†	†	†	†	†	423	458	404	#	416	452	398	#
Education	487	477	8	483	481	9	480	484	478	8	478	483	475	7	481	486	477	6
Engineering	525	569	8	523	572	9	519	577	506	8	526	582	511	8	531	587	516	8
Engineering technologies/technicians	†	†	†	†	†	†	†	†	†	†	464	511	448	1	463	509	446	2
English language and literature/letters	605	545	1	606	549	1	597	541	584	2	589	530	572	2	587	532	572	2
Family and consumer sciences/human sciences[5]	458	452	#	459	458	#	462	466	461	#	467	468	462	#	459	465	455	#
Foreign languages, literatures, and linguistics	556	534	#	557	540	1	572	549	563	1	574	545	563	1	572	545	562	1
General/interdisciplinary	576	553	#	554	539	#	542	532	532	#	†	†	†	†	†	†	†	†
Health and allied services	500	505	19	494	502	15	485	498	483	18	488	501	485	19	489	503	485	18
History	†	†	†	†	†	†	†	†	†	†	548	517	518	1	545	516	516	1
Legal professions and studies	†	†	†	†	†	†	†	†	†	†	510	506	500	3	511	506	499	3
Liberal arts and sciences, general studies, and humanities	†	†	†	†	†	†	†	†	†	†	553	532	541	1	559	539	549	1
Library and archival sciences	554	512	#	574	504	#	579	509	542	#	576	510	534	#	558	505	519	#
Mathematics	552	628	1	549	625	1	539	624	537	1	528	613	527	1	522	606	522	1
Mechanic and repair technologies/technician	†	†	†	†	†	†	†	†	†	†	418	447	401	#	419	452	402	#
Military sciences	503	505	#	507	511	#	510	521	487	1	518	520	483	#	501	504	469	#
Multi/interdisciplinary studies	†	†	†	†	†	†	†	†	†	†	604	594	590	#	605	598	592	#
Natural resources and conservation	†	†	†	†	†	†	†	†	†	†	521	521	504	1	528	528	510	1

See notes at end of table.

Table 153. SAT mean scores of college-bound seniors, by selected student characteristics: Selected years, 1995–96 through 2009–10—Continued

Selected student characteristic	1995–96			2000–01			2005–06				2008–09				2009–10			
	Critical reading score[1]	Mathematics score	Percentage distribution	Critical reading score[1]	Mathematics score	Percentage distribution	Critical reading score[1]	Mathematics score	Writing score[2]	Percentage distribution	Critical reading score[1]	Mathematics score	Writing score[2]	Percentage distribution	Critical reading score[1]	Mathematics score	Writing score[2]	Percentage distribution
1	2	3	4	5	6	7	8	9	10	11	12	13	14	15	16	17	18	19
Parks, recreation, leisure, and fitness studies	†	†	†	†	†	†	†	†	†	†	452	476	442	1	448	474	439	1
Personal and culinary services	†	†	†	†	†	†	†	†	†	†	460	458	445	#	457	460	443	#
Philosophy/religious studies	560	536	#	561	539	1	557	537	535	1	567	543	543	#	563	540	540	#
Physical sciences	575	595	1	568	588	1	557	589	542	2	561	592	544	1	558	588	540	1
Precision production	†	†	†	†	†	†	†	†	†	†	441	468	411	#	436	464	417	#
Psychology	†	†	†	†	†	†	†	†	†	†	501	488	494	5	505	492	496	5
Public affairs and services	458	448	3	461	455	2	462	461	454	3	466	451	458	#	469	459	462	#
Security and protective services	†	†	†	†	†	†	†	†	†	†	449	458	438	2	448	459	438	2
Social sciences and history	532	509	11	531	512	10	539	519	525	9	†	†	†	†	†	†	†	†
Social sciences	†	†	†	†	†	†	†	†	†	†	568	550	552	2	574	558	559	2
Technical and vocational	435	441	1	444	451	1	437	454	421	1	†	†	†	†	†	†	†	†
Theology and religious vocations	†	†	†	†	†	†	†	†	†	†	542	527	521	#	539	524	515	#
Transportation and materials moving	†	†	†	†	†	†	†	†	†	†	460	486	445	#	464	496	451	#
Other	†	†	†	†	†	†	†	†	†	†	467	474	456	1	456	465	447	2
Undecided	500	507	7	515	524	7	512	530	502	3	532	549	523	4	532	548	524	7
Degree-level goal																		
Certificate program	434	439	1	443	455	1	443	462	435	1	441	461	432	1	442	463	432	1
Associate's degree	422	415	2	419	416	2	416	420	409	1	415	418	404	1	414	421	405	1
Bachelor's degree	476	476	23	478	483	25	477	487	469	25	476	486	465	26	477	488	466	28
Master's degree	514	518	29	516	526	31	512	525	505	30	507	522	500	31	509	524	501	30
Doctor's or related degree	548	552	24	547	554	21	539	553	532	20	534	548	528	20	537	551	529	21
Other	430	438	1	438	449	1	439	456	436	1	433	452	429	#	431	452	427	1
Undecided	502	503	20	511	517	19	515	528	508	22	516	529	508	20	516	529	507	18
Family income																		
Less than $20,000	—	—	—	—	—	—	—	—	—	—	434	457	430	10	437	460	432	11
$20,000, but less than $40,000	—	—	—	—	—	—	—	—	—	—	462	475	453	15	465	479	455	16
$40,000, but less than $60,000	—	—	—	—	—	—	—	—	—	—	488	497	476	15	490	500	478	15
$60,000, but less than $80,000	—	—	—	—	—	—	—	—	—	—	503	512	491	15	504	514	492	14
$80,000, but less than $100,000	—	—	—	—	—	—	—	—	—	—	517	528	505	13	518	529	505	12
$100,000, but less than $120,000	—	—	—	—	—	—	—	—	—	—	525	538	516	11	528	541	518	10
$120,000, but less than $140,000	—	—	—	—	—	—	—	—	—	—	529	542	520	5	533	546	523	5
$140,000, but less than $160,000	—	—	—	—	—	—	—	—	—	—	536	550	527	4	540	554	531	4
$160,000, but less than $200,000	—	—	—	—	—	—	—	—	—	—	542	554	535	5	547	561	540	5
More than $200,000	—	—	—	—	—	—	—	—	—	—	563	579	560	7	568	586	567	7
Highest level of parental education																		
No high school diploma	414	439	4	411	438	4	418	445	418	4	420	443	418	5	422	446	419	5
High school diploma	475	474	35	472	476	32	467	478	460	31	464	474	454	31	464	475	453	31
Associate's degree	489	487	8	489	491	9	484	493	474	8	482	491	469	9	482	491	469	9
Bachelor's degree	525	529	28	525	533	29	522	536	514	30	521	535	512	30	521	536	512	30
Graduate degree	556	558	25	559	567	26	558	571	552	27	559	572	552	25	561	575	554	26

—Not available.
†Not applicable.
#Rounds to zero.
[1]Prior to 2006, the critical reading section was known as the verbal section.
[2]Writing data are based on students who took the SAT writing section, which was introduced in March 2005.
[3]Beginning in 2005–06, the College Board has reported third, fourth, and fifth quintiles as the bottom three quintiles instead of reporting them separately as in previous years.
[4]Data may not be comparable over time because of additions to the list of majors and changes in subspecialties within majors.
[5]Prior to 2006–07, family and consumer sciences/human sciences was called home economics.
NOTE: Data are for seniors who took the SAT any time during their high school years through March of their senior year. If a student took a test more than once, the most recent score was used. The SAT was formerly known as the Scholastic Assessment Test and the Scholastic Aptitude Test. Possible scores on each part of the SAT range from 200 to 800. Detail may not sum to totals because of rounding and survey item nonresponse.
SOURCE: College Entrance Examination Board, *College-Bound Seniors: Total Group Profile [National] Report*, selected years, 1995–96 through 2009–10, retrieved September 14, 2010, from http://professionals.collegeboard.com/data-reports-research/sat/cb-seniors-2010. (This table was prepared September 2010.)

Table 154. SAT mean scores of college-bound seniors and percentage of graduates taking SAT, by state or jurisdiction: Selected years, 1995–96 through 2009–10

State or jurisdiction	1995–96		2000–01		2005–06			2007–08			2008–09			2009–10			Percent of graduates taking SAT, 2008–09[1]	Percent of graduates taking SAT, 2009–10[1]
	Critical reading	Mathematics	Critical reading	Mathematics	Critical reading	Mathematics	Writing[2]	Critical reading	Mathematics	Writing[2]	Critical reading	Mathematics	Writing[2]	Critical reading	Mathematics	Writing[2]		
1	2	3	4	5	6	7	8	9	10	11	12	13	14	15	16	17	18	19
United States	**505**	**508**	**506**	**514**	**503**	**518**	**497**	**502**	**515**	**494**	**501**	**515**	**493**	**501**	**516**	**492**	**46**	**47**
Alabama	565	558	559	554	565	561	565	565	557	554	557	552	549	556	550	544	7	7
Alaska	521	513	514	510	517	517	493	520	520	493	520	516	492	518	515	491	46	48
Arizona	525	521	523	525	521	528	507	516	522	500	516	521	497	519	525	500	26	25
Arkansas	566	550	562	550	574	568	567	575	567	559	572	572	556	566	566	552	5	4
California	495	511	498	517	501	518	501	499	515	498	500	513	498	501	516	500	49	50
Colorado	536	538	539	542	558	564	548	564	570	553	568	575	555	568	572	555	20	18
Connecticut	507	504	509	510	512	516	511	509	513	513	509	513	512	509	514	513	83	84
Delaware	508	495	501	499	495	500	484	499	498	490	495	498	484	493	495	481	71	71
District of Columbia	489	473	482	474	487	472	482	470	455	465	466	451	461	474	464	466	79	76
Florida	498	496	498	499	496	497	480	496	497	481	497	498	480	496	498	479	59	59
Georgia	484	477	491	489	494	496	487	491	493	482	490	491	479	488	490	475	71	74
Hawaii	485	510	486	515	482	509	472	481	502	470	479	502	469	483	505	470	58	58
Idaho	543	536	543	542	543	545	525	540	540	517	541	540	520	543	541	517	18	19
Illinois	564	575	576	589	591	609	586	583	601	578	588	604	583	585	600	577	6	6
Indiana	494	494	499	501	498	509	486	496	508	481	496	507	480	494	505	477	63	64
Iowa	590	600	593	603	602	613	591	603	612	582	610	615	588	603	613	582	3	3
Kansas	579	571	577	580	582	590	566	580	589	564	581	589	564	590	595	567	7	6
Kentucky	549	544	550	550	562	562	555	568	570	554	573	573	561	575	575	563	7	6
Louisiana	559	550	564	562	570	571	571	566	564	558	563	558	555	555	550	547	7	7
Maine[3]	504	498	506	500	501	501	491	469	466	461	468	467	455	468	467	454	90	92
Maryland	507	504	508	510	503	509	499	499	502	497	*500	502	495	501	506	495	69	70
Massachusetts	507	504	511	515	513	524	510	514	525	513	514	526	510	512	526	509	84	86
Michigan	557	565	561	572	568	583	555	581	598	572	584	603	575	585	605	576	5	5
Minnesota	582	593	580	589	591	600	574	596	609	579	595	609	578	594	607	580	7	7
Mississippi	569	557	566	551	556	541	562	574	556	566	567	554	559	566	548	552	4	3
Missouri	570	569	577	577	587	591	582	594	597	584	595	600	584	593	595	580	5	4
Montana	546	547	539	539	538	545	524	541	548	523	541	542	519	538	538	517	22	24
Nebraska	567	568	562	568	576	583	566	581	585	567	587	594	572	585	593	568	4	4
Nevada	508	507	509	515	498	508	481	498	506	478	501	505	479	496	501	473	42	43
New Hampshire	520	514	520	516	520	524	509	521	523	511	523	523	510	520	524	510	75	77
New Jersey	498	505	499	513	496	515	496	495	513	496	496	513	496	495	514	497	76	76
New Mexico	554	548	551	542	557	549	543	557	548	540	553	546	534	553	549	534	11	11
New York	497	499	495	505	493	510	483	488	504	481	485	502	478	484	499	478	85	85
North Carolina	490	486	493	499	495	513	485	496	511	482	495	511	480	497	511	477	63	63
North Dakota	596	599	592	599	610	617	588	594	604	568	590	593	566	580	594	559	3	4
Ohio	536	535	534	539	535	544	521	534	544	521	537	546	523	538	548	522	22	21
Oklahoma	566	557	567	561	576	574	563	572	572	557	575	571	557	569	568	547	5	5
Oregon	523	521	526	526	523	529	503	523	527	502	523	525	499	523	524	499	52	54
Pennsylvania	498	492	500	499	493	500	483	494	501	483	493	501	483	492	501	480	71	71
Rhode Island	501	491	501	499	495	502	490	495	498	493	498	496	494	494	495	488	66	67
South Carolina	480	474	486	488	487	498	480	488	497	476	486	496	470	484	495	468	67	66
South Dakota	574	566	577	582	590	604	578	595	596	575	589	600	569	592	603	571	3	3
Tennessee	563	552	562	553	573	569	572	571	570	566	571	565	565	576	571	565	10	10
Texas	495	500	493	499	491	506	487	488	505	480	486	506	475	484	505	473	51	53
Utah	583	575	575	570	560	557	550	561	557	543	559	558	540	568	559	547	6	6
Vermont	506	500	511	506	513	519	502	519	523	507	518	518	506	519	521	506	64	66
Virginia	507	496	510	501	512	513	500	511	512	499	511	512	498	512	512	497	68	67
Washington	519	519	527	527	527	532	511	526	533	509	524	531	507	524	532	508	53	54
West Virginia	526	506	527	512	519	510	515	512	501	498	511	501	499	515	507	500	18	16
Wisconsin	577	586	584	596	588	600	577	587	604	577	594	608	582	595	604	579	5	4
Wyoming	544	544	547	545	548	555	537	562	574	541	567	568	550	570	567	546	5	5

[1]Participation rate is based on the projection of high school graduates by the Western Interstate Commission for Higher Education (WICHE), and the number of seniors who took the SAT in each state.

[2]Writing data are based on students who took the SAT writing section, which was introduced in March 2005.

[3]Beginning with the spring SAT administration in 2006, all Maine high school juniors, including all students in their third year of high school, are required to take SAT tests in critical reading, writing, and mathematics.

NOTE: Data are for seniors who took the SAT any time during their high school years through March of their senior year. If a student took a test more than once, the most recent score was used. The SAT was formerly known as the Scholastic Assessment Test and the Scholastic Aptitude Test. Possible scores on each part of the SAT range from 200 to 800. The critical reading section was formerly known as the verbal section.

SOURCE: College Entrance Examination Board, College-Bound Seniors Tables and Related Items, selected years, 1995–96 through 2009–10, retrieved September 14, 2010, from http://professionals.collegeboard.com/profdownload/2010-sat-trends.pdf. (This table was prepared September 2010.)

Table 155. ACT score averages and standard deviations, by sex and race/ethnicity, and percentage of ACT test takers, by selected composite score ranges and planned fields of study: Selected years, 1995 through 2010

Score type and test-taker characteristic	1995	1999	2000	2001	2002	2003	2004	2005	2006	2007	2008	2009	2010
1	2	3	4	5	6	7	8	9	10	11	12	13	14
Total test takers													
Number (in thousands)	**945**	**1,019**	**1,065**	**1,070**	**1,116**	**1,175**	**1,171**	**1,186**	**1,206**	**1,301**	**1,422**	**1,480**	**1,569**
Percent of graduates	**37.5**	**36.9**	**37.6**	**37.6**	**38.4**	**39.0**	**38.4**	**38.2**	**38.6**	**40.7**	**42.9**	**44.6**	**47.5**
	Average test score[1]												
Composite score, total	20.8	21.0	21.0	21.0	20.8	20.8	20.9	20.9	21.1	21.2	21.1	21.1	21.0
Sex													
Male	21.0	21.1	21.2	21.1	20.9	21.0	21.0	21.1	21.2	21.2	21.2	21.3	21.2
Female	20.7	20.9	20.9	20.9	20.7	20.8	20.9	20.9	21.0	21.0	21.0	20.9	20.9
Race/ethnicity													
White	—	22.7	22.7	21.8	21.7	21.7	21.8	21.9	22.0	22.1	22.1	22.2	22.3
Black	—	17.9	17.8	16.9	16.8	16.9	17.1	17.0	17.1	17.0	16.9	16.9	16.9
Mexican American	—	19.6	19.5	18.5	18.2	18.3	18.4	18.4	—	—	—	—	—
Other Hispanic	—	20.7	20.5	19.4	18.8	19.0	18.8	18.9	—	—	—	—	—
Hispanic	—	—	—	—	18.4	18.5	18.5	18.6	18.6	18.7	18.7	18.7	18.6
Asian American or Pacific Islander	—	22.3	22.4	21.7	21.6	21.8	21.9	22.1	22.3	22.6	22.9	23.2	23.4
American Indian/Alaska Native	—	20.4	20.4	18.8	18.6	18.7	18.8	18.7	18.8	18.9	19.0	18.9	19.0
Subject-area scores													
English	20.2	20.5	20.5	20.5	20.2	20.3	20.4	20.4	20.6	20.7	20.6	20.6	20.5
Male	19.8	20.0	20.0	20.0	19.7	19.8	19.9	20.0	20.1	20.2	20.1	20.2	20.1
Female	20.6	20.9	20.9	20.8	20.6	20.7	20.8	20.8	21.0	21.0	21.0	20.9	20.8
Mathematics	20.2	20.7	20.7	20.7	20.6	20.6	20.7	20.7	20.8	21.0	21.0	21.0	21.0
Male	20.9	21.4	21.4	21.4	21.2	21.2	21.3	21.3	21.5	21.6	21.6	21.6	21.6
Female	19.7	20.2	20.2	20.2	20.1	20.1	20.2	20.2	20.3	20.4	20.4	20.4	20.5
Reading	21.3	21.4	21.4	21.3	21.1	21.2	21.3	21.3	21.4	21.5	21.4	21.4	21.3
Male	21.1	21.1	21.2	21.1	20.9	21.0	21.1	21.0	21.1	21.2	21.2	21.3	21.1
Female	21.4	21.6	21.5	21.5	21.3	21.4	21.5	21.5	21.6	21.6	21.5	21.4	21.4
Science reasoning	21.0	21.0	21.0	21.0	20.8	20.8	20.9	20.9	20.9	21.0	20.8	20.9	20.9
Male	21.6	21.5	21.6	21.6	21.3	21.3	21.3	21.4	21.4	21.4	21.3	21.4	21.4
Female	20.5	20.6	20.6	20.6	20.4	20.4	20.5	20.5	20.5	20.5	20.4	20.4	20.5
	Standard deviation[2]												
Composite score, total	—	4.7	4.7	4.7	4.8	4.8	4.8	—	4.8	5.0	5.0	5.1	5.2
Sex													
Male	—	4.9	4.9	4.9	5.0	5.0	5.0	5.0	—	—	—	—	—
Female	—	4.6	4.6	4.6	4.7	4.7	4.7	4.7	—	—	—	—	—
Subject-area scores													
English	—	5.5	5.5	5.6	5.8	5.8	5.9	—	5.9	6.0	6.1	6.3	6.4
Male	—	5.5	5.6	5.6	5.8	5.8	5.9	6.0	—	—	—	—	—
Female	—	5.5	5.5	5.6	5.7	5.8	5.8	5.9	—	—	—	—	—
Mathematics	—	5.0	5.0	5.0	5.0	5.1	5.0	—	5.0	5.1	5.2	5.3	5.3
Male	—	5.2	5.2	5.2	5.3	4.8	5.3	5.3	—	—	—	—	—
Female	—	4.7	4.8	4.7	4.8	5.3	4.8	4.8	—	—	—	—	—
Reading	—	6.0	6.1	6.0	6.1	6.1	6.0	—	6.0	6.1	6.1	6.2	6.2
Male	—	6.1	6.1	6.1	6.3	5.3	6.1	6.1	—	—	—	—	—
Female	—	5.9	6.0	6.0	6.1	4.8	5.9	6.0	—	—	—	—	—
Science reasoning	—	4.5	4.5	4.6	4.6	4.6	4.6	—	4.6	4.9	4.9	5.0	5.1
Male	—	4.8	4.8	4.9	4.9	4.9	4.9	4.9	—	—	—	—	—
Female	—	4.2	4.3	4.3	4.3	4.3	4.3	4.3	—	—	—	—	—
	Percent of ACT test takers												
Obtaining composite scores of—													
28 or above	—	10	10	10	10	10	10	10	11	11	12	12	12
17 or below	—	25	25	25	27	27	26	26	25	25	26	27	28
Planned major field of study													
Business[3]	13	12	11	11	10	10	9	9	9	8	11	12	11
Engineering[4]	8	8	8	7	7	7	6	6	6	5	7	8	8
Social science[5]	9	9	9	9	8	8	7	7	6	5	6	7	7
Education[6]	8	9	9	8	8	7	7	6	6	5	6	7	7

—Not available.
[1]Minimum score is 1 and maximum score is 36.
[2]Standard deviations not available for racial/ethnic groups.
[3]Includes business and management, business and office, and marketing and distribution.
[4]Includes engineering and engineering-related technologies.
[5]Includes social science and philosophy, religion, and theology.
[6]Includes education and teacher education.
NOTE: Data are for high school graduates who took the ACT during their sophomore, junior, or senior year. If a student took a test more than once, the most recent score was used. Race categories exclude persons of Hispanic ethnicity. Some data have been revised from previously published figures.
SOURCE: ACT, *High School Profile Report,* selected years, 1995 through 2010. U.S. Department of Education, National Center for Education Statistics, Common Core of Data (CCD), "State Nonfiscal Survey of Public Elementary/Secondary Education," 1995–96 through 2008–09; Private School Universe Survey (PSS), 1995 through 2007; and *Projections of Education Statistics to 2019.* (This table was prepared August 2010.)

Table 156. Percentage distribution of elementary and secondary school children, by average grades and selected child and school characteristics: 1996, 2003, and 2007

Selected characteristic of children and schools	Distribution of children, by parental reports of average grades in all subjects											
	1996				2003				2007			
	Mostly A's	Mostly B's	Mostly C's	Mostly D's or F's	Mostly A's	Mostly B's	Mostly C's	Mostly D's or F's	Mostly A's	Mostly B's	Mostly C's	Mostly D's or F's
1	2	3	4	5	6	7	8	9	10	11	12	13
All students	**39.5 (0.53)**	**37.8 (0.56)**	**18.5 (0.41)**	**4.2 (0.22)**	**43.6 (0.62)**	**37.0 (0.58)**	**15.9 (0.52)**	**3.6 (0.24)**	**47.2 (0.75)**	**35.0 (0.80)**	**14.1 (0.72)**	**3.8 (0.36)**
Sex of child												
Male	32.5 (0.68)	38.3 (0.82)	23.5 (0.62)	5.7 (0.36)	36.4 (0.72)	38.6 (0.86)	19.8 (0.74)	5.2 (0.40)	40.3 (1.01)	37.1 (1.17)	17.0 (1.25)	5.7 (0.64)
Female	46.9 (0.79)	37.2 (0.77)	13.2 (0.60)	2.7 (0.27)	51.0 (0.84)	35.3 (0.76)	11.9 (0.61)	1.9 (0.24)	54.7 (0.99)	32.7 (0.97)	11.0 (0.62)	1.7 (0.24)
Race/ethnicity of child												
White	43.7 (0.66)	36.1 (0.60)	16.5 (0.48)	3.7 (0.27)	47.8 (0.86)	35.2 (0.75)	14.0 (0.63)	3.1 (0.25)	53.9 (0.97)	32.2 (0.91)	11.7 (0.68)	2.1 (0.27)
Black	27.0 (1.40)	41.0 (1.48)	26.2 (1.51)	5.8 (0.67)	34.5 (1.75)	39.5 (1.65)	20.9 (1.33)	5.0 (0.82)	28.3 (2.04)	40.5 (2.75)	24.9 (2.89)	6.3 (1.41)
Hispanic	31.7 (1.41)	43.8 (1.50)	19.6 (1.17)	4.9 (0.71)	34.9 (1.14)	42.3 (1.24)	18.6 (1.03)	4.2 (0.48)	40.8 (1.68)	39.2 (1.66)	14.1 (1.24)	6.0 (1.15)
Asian/Pacific Islander	55.5 (3.46)	35.0 (3.35)	8.3 (1.93)	1.2 ! (0.72)	62.0 (3.47)	25.5 (2.76)	11.3 (3.06)	1.2 ! (0.90)	— (†)	— (†)	— (†)	— (†)
Asian	— (†)	— (†)	— (†)	— (†)	— (†)	— (†)	— (†)	— (†)	74.5 (3.67)	20.7 (3.60)	3.2 ! (1.10)	1.7 ! (1.18)
Pacific Islander	— (†)	— (†)	— (†)	— (†)	— (†)	— (†)	— (†)	— (†)	16.9 ! (11.82)	70.5 (18.20)	6.9 ! (5.36)	‡ (†)
American Indian/Alaska Native	30.2 (3.90)	31.9 (4.78)	29.3 (4.92)	8.7 ! (3.82)	29.5 (6.53)	53.3 (6.42)	12.1 ! (4.90)	5.1 ! (2.54)	39.7 (9.13)	29.2 (8.22)	19.9 ! (6.67)	‡ (†)
Other	40.7 (2.98)	33.3 (3.35)	20.1 (2.85)	5.8 ! (1.96)	41.4 (4.34)	36.2 (3.91)	18.8 (2.81)	3.5 ! (1.38)	31.4 ! (18.09)	50.2 ! (21.33)	‡ (†)	‡ (†)
Two or more races	— (†)	— (†)	— (†)	— (†)	— (†)	— (†)	— (†)	— (†)	44.3 (3.92)	38.2 (4.13)	11.3 (2.25)	6.2 (1.77)
Highest education level of parents												
Less than high school	28.7 (1.87)	39.2 (1.89)	24.0 (1.68)	8.1 (1.04)	27.8 (2.17)	41.6 (2.05)	22.7 (2.27)	7.8 (1.46)	26.8 (3.18)	41.9 (4.27)	22.0 (2.55)	9.3 (2.02)
High school/GED	30.5 (0.90)	40.5 (1.09)	23.1 (0.91)	5.9 (0.52)	32.1 (1.20)	41.4 (1.23)	21.7 (1.12)	4.8 (0.57)	32.9 (1.70)	39.8 (1.64)	21.9 (2.02)	5.4 (0.82)
Vocational/technical or some college	35.2 (1.25)	41.3 (1.20)	19.4 (0.82)	4.1 (0.52)	39.8 (1.34)	38.3 (1.36)	17.2 (0.95)	4.7 (0.58)	40.7 (1.65)	38.6 (2.03)	16.6 (1.43)	4.0 (0.78)
Associate's degree	41.5 (1.83)	36.9 (1.88)	18.0 (1.53)	3.5 (0.68)	46.7 (2.13)	34.5 (1.94)	16.4 (1.51)	2.4 (0.57)	40.3 (2.27)	38.4 (2.00)	15.7 (1.76)	5.5 ! (2.10)
Bachelor's degree/some graduate school	52.7 (1.32)	32.9 (1.16)	12.5 (0.92)	1.9 (0.31)	53.0 (1.26)	34.2 (1.29)	11.1 (0.85)	1.7 (0.28)	58.9 (1.62)	32.2 (1.52)	7.3 (0.85)	1.6 (0.38)
Graduate/professional degree	59.1 (1.40)	30.4 (1.26)	9.5 (0.99)	1.0 (0.24)	61.9 (1.71)	30.5 (1.75)	6.7 (0.67)	0.9 (0.24)	68.2 (1.59)	24.1 (1.37)	6.6 (1.33)	1.2 ! (0.38)
Family income (in current dollars)												
$5,000 or less	28.9 (2.50)	38.8 (2.39)	23.3 (2.35)	8.9 (1.67)	31.8 (4.43)	38.9 (4.27)	21.0 (3.53)	8.3 ! (3.25)	22.9 (4.72)	31.0 (5.89)	32.6 (7.04)	13.6 (3.93)
$5,001 to $10,000	26.6 (1.97)	41.9 (2.30)	24.6 (2.33)	6.9 (1.15)	31.6 (2.90)	40.1 (3.70)	24.9 (2.70)	3.4 (0.98)	26.4 (4.16)	51.1 (5.45)	17.2 (3.65)	5.3 ! (1.97)
$10,001 to $15,000	27.6 (2.00)	40.0 (2.33)	26.1 (1.95)	6.3 (1.10)	33.4 (3.49)	35.1 (2.85)	23.9 (2.67)	7.5 (1.44)	34.7 (3.90)	38.9 (4.35)	21.1 (3.21)	5.3 (1.44)
$15,001 to $20,000	32.7 (2.34)	38.4 (1.99)	21.6 (1.81)	7.3 (1.35)	34.6 (2.28)	41.1 (2.41)	18.8 (2.00)	5.4 (1.26)	30.0 (4.45)	35.7 (4.69)	29.5 (7.46)	4.8 (1.45)
$20,001 to $25,000	34.4 (1.92)	40.8 (2.19)	20.6 (1.77)	4.2 (0.88)	33.5 (2.51)	42.1 (2.93)	19.8 (1.99)	4.7 (0.96)	32.3 (3.13)	39.8 (3.38)	20.2 (3.49)	7.7 (1.85)
$25,001 to $30,000	33.0 (1.88)	42.0 (2.05)	19.8 (1.41)	5.2 (0.76)	34.5 (2.67)	42.6 (3.13)	17.9 (1.92)	5.0 (1.21)	38.5 (4.05)	39.2 (4.27)	16.2 (2.91)	6.1 ! (2.01)
$30,001 to $35,000	40.0 (1.88)	38.0 (1.66)	18.1 (1.44)	3.9 (0.69)	35.1 (2.76)	43.1 (2.57)	16.9 (1.84)	5.0 (1.09)	44.2 (3.61)	32.7 (3.44)	18.7 (3.83)	4.4 ! (1.67)
$35,001 to $40,000	40.4 (1.70)	37.3 (1.69)	19.4 (1.22)	2.8 (0.65)	39.6 (3.20)	37.8 (2.79)	19.1 (1.78)	3.6 (0.93)	37.6 (3.35)	36.4 (3.56)	19.8 (2.89)	6.1 (1.75)
$40,001 to $50,000	43.2 (1.49)	36.0 (1.51)	16.8 (1.09)	4.0 (0.57)	43.9 (2.06)	35.8 (1.95)	15.8 (1.51)	4.4 (0.75)	37.9 (2.57)	39.4 (2.92)	15.9 (1.76)	6.9 ! (2.57)
$50,001 to $75,000	50.2 (1.05)	32.7 (1.04)	14.9 (0.86)	2.2 (0.34)	48.0 (1.29)	35.0 (1.22)	14.0 (0.81)	3.0 (0.45)	53.0 (1.50)	33.8 (1.42)	11.0 (0.97)	2.2 (0.42)
Over $75,000	51.0 (1.58)	36.8 (1.55)	10.9 (0.93)	1.3 (0.31)	54.0 (1.19)	33.8 (1.18)	11.0 (0.78)	1.2 (0.19)	59.4 (1.13)	31.3 (1.09)	8.0 (0.70)	1.3 (0.25)
Child attending public school	38.2 (0.54)	37.9 (0.56)	19.3 (0.44)	4.6 (0.23)	41.8 (0.64)	37.5 (0.62)	16.8 (0.57)	3.8 (0.26)	45.5 (0.80)	35.5 (0.84)	14.9 (0.77)	4.1 (0.39)
Elementary (kindergarten to grade 8)	43.2 (0.75)	36.6 (0.69)	16.3 (0.55)	3.9 (0.26)	46.1 (0.80)	35.9 (0.84)	14.6 (0.74)	3.4 (0.32)	50.0 (0.99)	33.1 (1.00)	13.4 (1.12)	3.5 (0.43)
Secondary (grades 9 to 12)	29.6 (0.89)	40.2 (1.00)	24.5 (0.89)	5.7 (0.46)	34.6 (0.96)	40.2 (0.97)	20.6 (0.94)	4.6 (0.46)	38.6 (1.36)	39.1 (1.27)	17.2 (1.08)	5.2 (0.71)
Child attending private school	50.6 (1.64)	36.3 (1.58)	11.9 (0.96)	1.3 ! (0.40)	57.6 (1.72)	33.0 (1.68)	8.1 (0.91)	1.3 ! (0.45)	60.6 (2.79)	30.8 (2.85)	7.8 (1.73)	0.9 ! (0.35)
Elementary (kindergarten to grade 8)	55.5 (2.02)	35.5 (1.90)	7.5 (0.86)	1.4 ! (0.57)	61.6 (2.39)	30.3 (2.28)	7.3 (1.03)	0.8 ! (0.28)	66.1 (3.73)	26.6 (4.05)	6.6 (1.66)	0.6 ! (0.40)
Secondary (grades 9 to 12)	40.9 (2.89)	37.7 (2.39)	20.4 (2.29)	1.0 ! (0.44)	48.8 (3.22)	38.9 (2.94)	10.0 (1.77)	2.3 ! (1.30)	51.2 (3.91)	37.8 (3.43)	9.8 ! (3.87)	1.2 ! (0.68)

—Not available.
†Not applicable.
!Interpret data with caution.
‡Reporting standards not met.

NOTE: Includes children enrolled in kindergarten through grade 12. Excludes children whose programs have no classes with lettered grades. Race categories exclude persons of Hispanic ethnicity. Detail may not sum to totals because of rounding. Standard errors appear in parentheses. Some data have been revised from previously published figures.

SOURCE: U.S. Department of Education, National Center for Education Statistics, Parent and Family Involvement in Education/Civic Involvement Survey and Parent and Family Involvement in Education Survey of the National Household Education Surveys Program (PFI/CI-NHES:1996 and PFI-NHES:2003 and 2007). (This table was prepared August 2009.)

Table 157. Average number of Carnegie units earned by public high school graduates in various subject fields, by selected student characteristics: Selected years, 1982 through 2005

Graduation year and selected student characteristic	Total	English	History/ social studies	Mathematics: Total	Mathematics: Less than algebra	Mathematics: Algebra or higher	Science: Total	Science: General science	Science: Biology	Science: Chemistry	Science: Physics	Foreign languages	Arts	Career/ technical education[1]	Personal use[2]	Computer related[3]
1	2	3	4	5	6	7	8	9	10	11	12	13	14	15	16	17
1982 graduates	**21.58 (0.090)**	**3.93 (0.022)**	**3.16 (0.028)**	**2.63 (0.022)**	**0.90 (0.021)**	**1.74 (0.028)**	**2.20 (0.025)**	**0.73 (0.016)**	**0.94 (0.014)**	**0.34 (0.010)**	**0.17 (0.008)**	**0.99 (0.029)**	**1.47 (0.035)**	**4.62 (0.061)**	**2.58 (0.048)**	**0.12 (0.007)**
Sex																
Male	21.40 (0.108)	3.88 (0.026)	3.16 (0.034)	2.71 (0.030)	0.94 (0.026)	1.77 (0.039)	2.27 (0.031)	0.76 (0.018)	0.91 (0.016)	0.36 (0.014)	0.23 (0.012)	0.80 (0.030)	1.29 (0.044)	4.60 (0.076)	2.69 (0.056)	0.14 (0.012)
Female	21.75 (0.101)	3.98 (0.026)	3.15 (0.029)	2.57 (0.024)	0.86 (0.025)	1.71 (0.032)	2.13 (0.029)	0.71 (0.017)	0.97 (0.017)	0.33 (0.013)	0.12 (0.008)	1.17 (0.036)	1.63 (0.044)	4.64 (0.072)	2.48 (0.049)	0.11 (0.007)
Race/ethnicity																
White	21.69 (0.107)	3.90 (0.025)	3.19 (0.032)	2.68 (0.026)	0.77 (0.023)	1.91 (0.032)	2.27 (0.029)	0.73 (0.017)	0.97 (0.015)	0.38 (0.013)	0.20 (0.010)	1.06 (0.033)	1.53 (0.042)	4.53 (0.071)	2.52 (0.052)	0.13 (0.009)
Black	21.15 (0.169)	4.08 (0.050)	3.08 (0.054)	2.61 (0.043)	1.36 (0.053)	1.25 (0.066)	2.06 (0.049)	0.81 (0.033)	0.90 (0.033)	0.26 (0.023)	0.09 (0.011)	0.72 (0.067)	1.26 (0.063)	4.75 (0.136)	2.60 (0.094)	0.12 (0.016)
Hispanic	21.23 (0.122)	3.94 (0.037)	3.00 (0.037)	2.33 (0.040)	1.21 (0.037)	1.12 (0.047)	1.80 (0.038)	0.75 (0.026)	0.81 (0.025)	0.16 (0.012)	0.07 (0.007)	0.77 (0.042)	1.29 (0.054)	5.22 (0.111)	2.87 (0.081)	0.08 (0.010)
Asian/Pacific Islander	22.46 (0.216)	4.01 (0.091)	3.16 (0.094)	3.15 (0.095)	0.71 (0.083)	2.44 (0.132)	2.64 (0.125)	0.51 (0.061)	1.11 (0.048)	0.61 (0.046)	0.42 (0.048)	1.79 (0.105)	1.31 (0.124)	3.34 (0.226)	3.05 (0.146)	0.22 (0.057)
American Indian/Alaska Native	21.45 (0.330)	3.98 (0.114)	3.25 (0.207)	2.35 (0.129)	1.23 (0.148)	1.12 (0.213)	2.04 (0.090)	0.67 (0.087)	0.84 (0.124)	0.42 (0.087)	0.12 (0.039)	0.48 (0.117)	1.72 (0.338)	4.77 (0.233)	2.84 (0.128)	0.06 (0.024)
Academic track																
Academic[4]	21.75 (0.092)	4.11 (0.026)	3.32 (0.032)	3.04 (0.024)	0.73 (0.027)	2.30 (0.037)	2.65 (0.032)	0.73 (0.018)	1.13 (0.017)	0.53 (0.016)	0.26 (0.012)	1.54 (0.042)	1.91 (0.050)	2.55 (0.042)	2.62 (0.058)	0.10 (0.006)
Career/technical[5]	20.21 (0.090)	3.44 (0.035)	2.63 (0.032)	1.80 (0.032)	1.09 (0.036)	0.71 (0.030)	1.32 (0.026)	0.69 (0.023)	0.57 (0.021)	0.04 (0.006)	0.02 (0.006)	0.18 (0.015)	0.59 (0.029)	7.74 (0.082)	2.51 (0.065)	0.12 (0.016)
Both[6]	22.89 (0.196)	4.04 (0.037)	3.33 (0.046)	2.69 (0.041)	1.02 (0.036)	1.67 (0.054)	2.17 (0.037)	0.79 (0.023)	0.94 (0.019)	0.29 (0.018)	0.14 (0.015)	0.75 (0.036)	1.41 (0.055)	6.03 (0.091)	2.47 (0.064)	0.18 (0.020)
Neither[7]	18.73 (0.141)	3.58 (0.054)	2.70 (0.054)	1.73 (0.045)	1.08 (0.055)	0.65 (0.060)	1.33 (0.051)	0.69 (0.037)	0.59 (0.035)	0.03 (0.008)	0.02 (0.007)	0.22 (0.027)	0.85 (0.063)	5.23 (0.137)	3.06 (0.115)	0.05 (0.011)
1987 graduates	**23.00 (0.157)**	**4.12 (0.022)**	**3.32 (0.037)**	**3.01 (0.029)**	**0.86 (0.030)**	**2.14 (0.042)**	**2.55 (0.046)**	**0.76 (0.033)**	**1.10 (0.020)**	**0.47 (0.015)**	**0.21 (0.011)**	**1.35 (0.049)**	**1.44 (0.044)**	**4.55 (0.084)**	**2.67 (0.073)**	**0.47 (0.022)**
Sex																
Male	22.88 (0.162)	4.08 (0.021)	3.29 (0.037)	3.05 (0.029)	0.91 (0.032)	2.14 (0.045)	2.59 (0.049)	0.79 (0.032)	1.05 (0.021)	0.47 (0.016)	0.26 (0.013)	1.16 (0.051)	1.24 (0.046)	4.64 (0.089)	2.83 (0.081)	0.47 (0.023)
Female	23.12 (0.156)	4.15 (0.026)	3.35 (0.041)	2.96 (0.030)	0.82 (0.032)	2.15 (0.045)	2.52 (0.048)	0.74 (0.035)	1.14 (0.022)	0.47 (0.017)	0.17 (0.012)	1.53 (0.051)	1.63 (0.050)	4.47 (0.094)	2.51 (0.069)	0.47 (0.023)
Race/ethnicity																
White	23.11 (0.189)	4.08 (0.028)	3.29 (0.045)	3.01 (0.034)	0.74 (0.031)	2.27 (0.050)	2.61 (0.058)	0.75 (0.040)	1.12 (0.025)	0.50 (0.020)	0.23 (0.012)	1.38 (0.055)	1.50 (0.055)	4.65 (0.107)	2.60 (0.082)	0.49 (0.027)
Black	22.40 (0.251)	4.22 (0.038)	3.34 (0.073)	2.99 (0.060)	1.40 (0.074)	1.59 (0.054)	2.33 (0.060)	0.90 (0.051)	1.01 (0.036)	0.31 (0.021)	0.10 (0.012)	1.08 (0.094)	1.20 (0.064)	4.52 (0.130)	2.73 (0.120)	0.39 (0.032)
Hispanic	22.84 (0.162)	4.30 (0.055)	3.22 (0.061)	2.81 (0.056)	1.30 (0.049)	1.50 (0.039)	2.24 (0.045)	0.78 (0.028)	1.07 (0.028)	0.29 (0.015)	0.10 (0.013)	1.25 (0.071)	1.34 (0.056)	4.49 (0.169)	3.19 (0.096)	0.42 (0.031)
Asian/Pacific Islander	24.47 (0.332)	4.37 (0.076)	3.65 (0.163)	3.71 (0.094)	0.53 (0.072)	3.18 (0.143)	3.14 (0.116)	0.59 (0.048)	1.17 (0.027)	0.87 (0.069)	0.50 (0.045)	2.07 (0.105)	1.18 (0.077)	3.11 (0.221)	3.23 (0.185)	0.58 (0.033)
American Indian/Alaska Native	23.23 (0.153)	4.22 (0.033)	3.18 (0.044)	2.98 (0.113)	1.35 (0.145)	1.63 (0.097)	2.44 (0.104)	0.81 (0.041)	1.22 (0.073)	0.32 (0.035)	0.09 (0.027)	0.75 (0.138)	1.68 (0.112)	4.92 (0.125)	3.06 (0.050)	0.39 (0.058)
Academic track																
Academic[4]	23.20 (0.153)	4.26 (0.029)	3.55 (0.045)	3.33 (0.031)	0.65 (0.034)	2.68 (0.051)	2.97 (0.053)	0.73 (0.031)	1.23 (0.024)	0.68 (0.022)	0.32 (0.014)	1.92 (0.066)	1.87 (0.059)	2.57 (0.071)	2.73 (0.081)	0.38 (0.017)
Career/technical[5]	21.07 (0.161)	3.62 (0.032)	2.59 (0.040)	2.00 (0.029)	1.29 (0.051)	0.71 (0.041)	1.48 (0.047)	0.74 (0.053)	0.70 (0.037)	0.03 (0.006)	0.01 (0.003)	0.18 (0.024)	0.47 (0.031)	8.07 (0.155)	2.67 (0.112)	0.39 (0.038)
Both[6]	23.53 (0.179)	4.11 (0.025)	3.29 (0.031)	2.93 (0.026)	0.97 (0.045)	1.96 (0.056)	2.37 (0.051)	0.81 (0.038)	1.07 (0.028)	0.35 (0.016)	0.14 (0.011)	1.01 (0.043)	1.20 (0.054)	6.09 (0.085)	2.53 (0.068)	0.64 (0.034)
Neither[7]	19.56 (0.199)	3.55 (0.050)	2.45 (0.071)	2.11 (0.082)	1.62 (0.100)	0.49 (0.094)	1.47 (0.046)	0.84 (0.075)	0.59 (0.051)	0.03 (0.011)	0.00 (0.004)	0.18 (0.040)	0.76 (0.067)	5.10 (0.233)	3.93 (0.249)	0.17 (0.031)
1990 graduates	**23.53 (0.127)**	**4.19 (0.034)**	**3.47 (0.040)**	**3.15 (0.028)**	**0.90 (0.032)**	**2.25 (0.040)**	**2.75 (0.028)**	**0.85 (0.026)**	**1.14 (0.019)**	**0.53 (0.014)**	**0.23 (0.010)**	**1.54 (0.041)**	**1.55 (0.045)**	**4.19 (0.079)**	**2.68 (0.073)**	**0.54 (0.021)**
Sex																
Male	23.35 (0.130)	4.13 (0.035)	3.45 (0.041)	3.16 (0.028)	0.96 (0.038)	2.20 (0.048)	2.78 (0.033)	0.88 (0.027)	1.11 (0.021)	0.52 (0.017)	0.28 (0.012)	1.33 (0.040)	1.31 (0.047)	4.32 (0.084)	2.87 (0.077)	0.50 (0.020)
Female	23.69 (0.132)	4.25 (0.036)	3.50 (0.041)	3.14 (0.033)	0.85 (0.032)	2.29 (0.039)	2.73 (0.027)	0.83 (0.027)	1.17 (0.019)	0.53 (0.014)	0.19 (0.010)	1.72 (0.045)	1.76 (0.050)	4.08 (0.087)	2.51 (0.072)	0.57 (0.026)
Race/ethnicity																
White	23.54 (0.133)	4.12 (0.036)	3.46 (0.045)	3.13 (0.032)	0.80 (0.033)	2.33 (0.041)	2.80 (0.033)	0.84 (0.022)	1.15 (0.020)	0.55 (0.016)	0.25 (0.011)	1.58 (0.049)	1.61 (0.056)	4.22 (0.085)	2.61 (0.076)	0.52 (0.023)
Black	23.40 (0.255)	4.34 (0.044)	3.49 (0.058)	3.20 (0.064)	1.25 (0.059)	1.95 (0.071)	2.68 (0.061)	0.98 (0.068)	1.11 (0.042)	0.42 (0.024)	0.16 (0.020)	1.20 (0.075)	1.34 (0.052)	4.41 (0.166)	2.74 (0.124)	0.60 (0.055)
Hispanic	23.83 (0.210)	4.51 (0.139)	3.42 (0.071)	3.13 (0.058)	1.30 (0.076)	1.83 (0.090)	2.50 (0.046)	0.83 (0.041)	1.10 (0.034)	0.42 (0.034)	0.14 (0.016)	1.57 (0.060)	1.48 (0.072)	4.12 (0.150)	3.10 (0.103)	0.58 (0.048)
Asian/Pacific Islander	24.07 (0.236)	4.50 (0.117)	3.70 (0.126)	3.52 (0.060)	0.70 (0.121)	2.82 (0.159)	2.97 (0.114)	0.68 (0.080)	1.12 (0.085)	0.74 (0.057)	0.42 (0.047)	2.06 (0.150)	1.29 (0.084)	3.07 (0.337)	2.96 (0.221)	0.54 (0.043)
American Indian/Alaska Native	22.64 (0.267)	4.08 (0.092)	3.34 (0.083)	3.04 (0.152)	1.03 (0.084)	2.01 (0.143)	2.48 (0.175)	0.83 (0.090)	1.09 (0.090)	0.42 (0.072)	0.15 (0.039)	1.15 (0.188)	1.11 (0.126)	4.62 (0.190)	2.81 (0.148)	0.60 (0.130)
Academic track																
Academic[4]	23.53 (0.137)	4.30 (0.044)	3.65 (0.047)	3.37 (0.025)	0.68 (0.031)	2.70 (0.038)	3.06 (0.033)	0.81 (0.033)	1.23 (0.021)	0.70 (0.018)	0.32 (0.012)	2.02 (0.046)	1.93 (0.054)	2.41 (0.048)	2.78 (0.086)	0.42 (0.019)
Career/technical[5]	21.73 (0.244)	3.60 (0.063)	2.58 (0.063)	2.07 (0.054)	1.54 (0.080)	0.53 (0.045)	1.62 (0.047)	0.87 (0.031)	0.71 (0.040)	0.03 (0.008)	0.01 (0.004)	0.17 (0.029)	0.42 (0.042)	8.68 (0.179)	2.59 (0.092)	0.46 (0.067)
Both[6]	23.92 (0.128)	4.14 (0.026)	3.38 (0.038)	3.02 (0.031)	1.12 (0.037)	1.90 (0.044)	2.51 (0.031)	0.92 (0.024)	1.09 (0.024)	0.36 (0.015)	0.14 (0.010)	1.07 (0.040)	1.17 (0.049)	6.10 (0.056)	2.53 (0.073)	0.73 (0.034)
Neither[7]	19.81 (0.564)	3.63 (0.153)	2.59 (0.076)	2.01 (0.139)	1.57 (0.176)	0.44 (0.072)	1.47 (0.085)	0.79 (0.080)	0.60 (0.090)	0.04 (0.020)	0.03 (0.018)	0.21 (0.060)	0.79 (0.249)	5.81 (0.529)	3.29 (0.338)	0.36 (0.063)

See notes at end of table.

Table 157. Average number of Carnegie units earned by public high school graduates in various subject fields, by selected student characteristics: Selected years, 1982 through 2005—Continued

Graduation year and selected student characteristic	Total	English	History/ social studies	Mathematics: Total	Mathematics: Less than algebra	Mathematics: Algebra or higher	Science: Total	Science: General science	Science: Biology	Science: Chemistry	Science: Physics	Foreign languages	Arts	Career/ technical education[1]	Personal use[2]	Computer related[3]
1	2	3	4	5	6	7	8	9	10	11	12	13	14	15	16	17
1994 graduates	**24.17 (0.144)**	**4.29 (0.028)**	**3.55 (0.041)**	**3.33 (0.021)**	**0.76 (0.029)**	**2.57 (0.036)**	**3.04 (0.028)**	**0.88 (0.024)**	**1.26 (0.018)**	**0.62 (0.013)**	**0.28 (0.011)**	**1.71 (0.033)**	**1.66 (0.041)**	**3.96 (0.068)**	**2.63 (0.077)**	**0.64 (0.025)**
Sex																
Male	23.79 (0.146)	4.26 (0.028)	3.51 (0.041)	3.32 (0.022)	0.85 (0.032)	2.48 (0.038)	3.03 (0.030)	0.91 (0.026)	1.20 (0.020)	0.59 (0.015)	0.32 (0.014)	1.49 (0.034)	1.43 (0.038)	4.13 (0.074)	2.83 (0.081)	0.63 (0.027)
Female	24.11 (0.147)	4.32 (0.030)	3.59 (0.041)	3.34 (0.023)	0.68 (0.029)	2.66 (0.037)	3.06 (0.028)	0.86 (0.024)	1.31 (0.018)	0.64 (0.014)	0.24 (0.010)	1.93 (0.034)	1.87 (0.051)	3.80 (0.074)	2.44 (0.078)	0.65 (0.027)
Race/ethnicity																
White	24.08 (0.183)	4.23 (0.035)	3.56 (0.049)	3.36 (0.023)	0.70 (0.034)	2.66 (0.041)	3.13 (0.032)	0.89 (0.030)	1.29 (0.022)	0.65 (0.014)	0.30 (0.014)	1.76 (0.039)	1.74 (0.049)	3.96 (0.080)	2.61 (0.096)	0.63 (0.028)
Black	23.28 (0.132)	4.36 (0.034)	3.51 (0.039)	3.23 (0.030)	1.09 (0.067)	2.14 (0.079)	2.80 (0.042)	0.92 (0.051)	1.21 (0.036)	0.49 (0.028)	0.17 (0.013)	1.35 (0.052)	1.36 (0.066)	4.29 (0.121)	2.69 (0.101)	0.64 (0.039)
Hispanic	23.71 (0.131)	4.61 (0.075)	3.45 (0.046)	3.28 (0.041)	0.96 (0.030)	2.32 (0.057)	2.69 (0.046)	0.83 (0.058)	1.19 (0.027)	0.49 (0.047)	0.17 (0.021)	1.73 (0.062)	1.51 (0.046)	3.87 (0.124)	2.93 (0.086)	0.76 (0.044)
Asian/Pacific Islander	23.84 (0.256)	4.60 (0.091)	3.66 (0.097)	3.66 (0.082)	0.67 (0.113)	2.98 (0.189)	3.35 (0.131)	0.80 (0.034)	1.22 (0.042)	0.81 (0.062)	0.48 (0.058)	2.09 (0.085)	1.32 (0.121)	3.01 (0.236)	2.78 (0.123)	0.71 (0.034)
American Indian/Alaska Native	23.40 (0.541)	4.27 (0.113)	3.57 (0.201)	3.11 (0.038)	0.94 (0.108)	2.17 (0.125)	2.82 (0.073)	0.91 (0.057)	1.28 (0.069)	0.50 (0.065)	0.13 (0.039)	1.30 (0.150)	2.01 (0.351)	4.27 (0.256)	3.12 (0.355)	0.53 (0.217)
Academic track																
Academic[4]	23.86 (0.133)	4.37 (0.034)	3.69 (0.042)	3.52 (0.022)	0.58 (0.030)	2.94 (0.039)	3.32 (0.031)	0.83 (0.027)	1.34 (0.021)	0.77 (0.017)	0.37 (0.014)	2.14 (0.040)	2.05 (0.054)	2.28 (0.045)	2.71 (0.071)	0.50 (0.022)
Career/technical[5]	21.20 (0.252)	3.70 (0.055)	2.49 (0.071)	2.20 (0.052)	1.56 (0.066)	0.64 (0.048)	1.69 (0.064)	0.80 (0.049)	0.83 (0.046)	0.03 (0.006)	0.02 (0.007)	0.14 (0.029)	0.34 (0.036)	8.64 (0.214)	2.41 (0.141)	0.55 (0.055)
Both[6]	24.41 (0.149)	4.23 (0.029)	3.45 (0.039)	3.17 (0.023)	0.96 (0.039)	2.21 (0.045)	2.78 (0.031)	0.96 (0.026)	1.19 (0.021)	0.45 (0.016)	0.17 (0.010)	1.24 (0.037)	1.21 (0.036)	6.01 (0.059)	2.52 (0.095)	0.85 (0.032)
Neither[7]	20.56 (0.476)	3.54 (0.130)	2.24 (0.075)	2.25 (0.073)	1.71 (0.121)	0.54 (0.100)	1.53 (0.078)	0.82 (0.076)	0.63 (0.075)	0.05 (0.024)	0.02 (0.011)	0.19 (0.063)	0.56 (0.105)	6.51 (0.347)	4.47 (0.497)	0.33 (0.063)
1998 graduates	**25.14 (0.162)**	**4.25 (0.037)**	**3.74 (0.038)**	**3.40 (0.024)**	**0.67 (0.022)**	**2.73 (0.034)**	**3.12 (0.026)**	**0.89 (0.024)**	**1.26 (0.021)**	**0.66 (0.015)**	**0.31 (0.015)**	**1.85 (0.039)**	**1.90 (0.079)**	**3.99 (0.098)**	**2.89 (0.076)**	**0.74 (0.033)**
Sex																
Male	24.64 (0.162)	4.19 (0.038)	3.68 (0.040)	3.37 (0.024)	0.74 (0.023)	2.64 (0.034)	3.09 (0.028)	0.93 (0.026)	1.20 (0.021)	0.62 (0.014)	0.33 (0.018)	1.62 (0.040)	1.61 (0.072)	4.25 (0.099)	3.12 (0.079)	0.78 (0.032)
Female	25.04 (0.166)	4.31 (0.039)	3.80 (0.036)	3.42 (0.025)	0.62 (0.023)	2.80 (0.035)	3.17 (0.029)	0.87 (0.023)	1.32 (0.023)	0.70 (0.018)	0.28 (0.015)	2.06 (0.041)	2.15 (0.094)	3.77 (0.114)	2.67 (0.080)	0.71 (0.038)
Race/ethnicity																
White	24.87 (0.178)	4.19 (0.049)	3.77 (0.046)	3.40 (0.028)	0.57 (0.022)	2.84 (0.035)	3.18 (0.028)	0.87 (0.027)	1.28 (0.025)	0.69 (0.017)	0.33 (0.019)	1.90 (0.049)	2.00 (0.078)	3.97 (0.114)	2.80 (0.088)	0.73 (0.037)
Black	24.37 (0.250)	4.28 (0.045)	3.69 (0.050)	3.42 (0.042)	0.90 (0.053)	2.53 (0.072)	3.03 (0.064)	0.97 (0.045)	1.24 (0.038)	0.58 (0.025)	0.22 (0.022)	1.58 (0.062)	1.57 (0.152)	4.33 (0.149)	2.94 (0.080)	0.84 (0.064)
Hispanic	24.69 (0.218)	4.51 (0.055)	3.60 (0.051)	3.28 (0.041)	1.05 (0.055)	2.23 (0.061)	2.81 (0.054)	0.97 (0.042)	1.13 (0.026)	0.50 (0.036)	0.20 (0.020)	1.78 (0.055)	1.78 (0.113)	3.97 (0.121)	3.36 (0.121)	0.71 (0.046)
Asian/Pacific Islander	24.67 (0.195)	4.37 (0.068)	3.92 (0.086)	3.62 (0.029)	0.65 (0.134)	2.97 (0.136)	3.43 (0.079)	0.81 (0.041)	1.26 (0.027)	0.83 (0.037)	0.51 (0.036)	2.29 (0.129)	1.52 (0.056)	3.15 (0.222)	2.95 (0.208)	0.67 (0.050)
American Indian/Alaska Native	23.81 (0.350)	4.18 (0.082)	3.67 (0.093)	3.10 (0.081)	0.90 (0.067)	2.20 (0.100)	2.68 (0.081)	0.98 (0.070)	1.07 (0.056)	0.49 (0.038)	0.15 (0.024)	1.45 (0.132)	1.94 (0.146)	4.02 (0.164)	3.40 (0.212)	0.67 (0.058)
Academic track																
Academic[4]	24.61 (0.160)	4.33 (0.034)	3.87 (0.038)	3.54 (0.023)	0.53 (0.024)	3.00 (0.036)	3.34 (0.030)	0.84 (0.028)	1.33 (0.027)	0.78 (0.016)	0.38 (0.020)	2.24 (0.041)	2.41 (0.122)	2.22 (0.061)	2.97 (0.088)	0.52 (0.024)
Career/technical[5]	22.10 (0.299)	3.46 (0.092)	2.55 (0.079)	2.17 (0.076)	1.30 (0.073)	0.87 (0.065)	1.69 (0.087)	1.05 (0.088)	0.59 (0.068)	0.03 (0.007)	0.01 (0.005)	0.14 (0.025)	0.47 (0.068)	9.12 (0.239)	3.01 (0.227)	0.81 (0.085)
Both[6]	25.38 (0.190)	4.20 (0.045)	3.66 (0.045)	3.30 (0.030)	0.81 (0.027)	2.49 (0.042)	2.94 (0.038)	0.96 (0.030)	1.20 (0.026)	0.54 (0.022)	0.23 (0.016)	1.45 (0.042)	1.31 (0.048)	6.06 (0.083)	2.73 (0.078)	1.03 (0.048)
Neither[7]	20.39 (0.371)	3.21 (0.146)	2.32 (0.235)	2.19 (0.083)	1.59 (0.137)	0.60 (0.087)	1.58 (0.095)	0.88 (0.089)	0.58 (0.052)	0.04 (0.017)	0.08 (0.031)	0.20 (0.047)	0.55 (0.083)	5.64 (0.598)	5.82 (0.379)	0.51 (0.069)
2000 graduates	**26.05 (0.201)**	**4.39 (0.035)**	**3.83 (0.033)**	**3.56 (0.028)**	**0.61 (0.028)**	**2.95 (0.038)**	**3.20 (0.038)**	**0.85 (0.028)**	**1.29 (0.028)**	**0.69 (0.018)**	**0.36 (0.017)**	**1.95 (0.044)**	**2.03 (0.054)**	**4.21 (0.123)**	**2.88 (0.065)**	**0.83 (0.032)**
Sex																
Male	26.23 (0.206)	4.31 (0.034)	3.76 (0.032)	3.53 (0.031)	0.68 (0.032)	2.86 (0.046)	3.16 (0.039)	0.88 (0.028)	1.20 (0.029)	0.65 (0.017)	0.40 (0.018)	1.71 (0.044)	1.75 (0.051)	4.60 (0.154)	3.09 (0.070)	0.93 (0.036)
Female	26.46 (0.203)	4.46 (0.038)	3.89 (0.035)	3.58 (0.028)	0.55 (0.026)	3.03 (0.036)	3.25 (0.040)	0.82 (0.030)	1.36 (0.029)	0.73 (0.020)	0.33 (0.017)	2.18 (0.049)	2.30 (0.065)	3.82 (0.104)	2.69 (0.063)	0.74 (0.034)
Race/ethnicity																
White	26.57 (0.252)	4.32 (0.037)	3.86 (0.037)	3.56 (0.031)	0.58 (0.032)	2.98 (0.043)	3.24 (0.038)	0.84 (0.031)	1.30 (0.034)	0.70 (0.020)	0.38 (0.020)	1.98 (0.053)	2.12 (0.068)	4.34 (0.164)	2.79 (0.075)	0.81 (0.036)
Black	26.28 (0.242)	4.43 (0.078)	3.75 (0.067)	3.54 (0.042)	0.72 (0.062)	2.82 (0.059)	3.13 (0.058)	0.91 (0.043)	1.26 (0.040)	0.65 (0.027)	0.27 (0.020)	1.70 (0.071)	1.95 (0.134)	4.29 (0.173)	2.98 (0.093)	0.85 (0.055)
Hispanic	25.91 (0.323)	4.69 (0.106)	3.77 (0.075)	3.42 (0.074)	0.74 (0.051)	2.68 (0.107)	2.87 (0.112)	0.85 (0.046)	1.19 (0.067)	0.58 (0.055)	0.24 (0.026)	1.90 (0.070)	1.77 (0.063)	3.83 (0.124)	3.21 (0.147)	0.89 (0.056)
Asian/Pacific Islander	26.66 (0.327)	4.57 (0.069)	3.77 (0.051)	3.96 (0.095)	0.35 (0.035)	3.61 (0.106)	3.71 (0.153)	0.71 (0.082)	1.36 (0.060)	0.96 (0.048)	0.65 (0.037)	2.51 (0.083)	1.79 (0.084)	2.82 (0.160)	3.09 (0.184)	0.92 (0.111)
American Indian/Alaska Native	26.03 (0.315)	4.12 (0.064)	3.75 (0.100)	3.29 (0.083)	0.91 (0.164)	2.38 (0.178)	2.88 (0.112)	0.98 (0.037)	1.25 (0.080)	0.45 (0.044)	0.19 (0.042)	1.40 (0.105)	1.99 (0.220)	4.79 (0.429)	2.89 (0.230)	0.96 (0.074)
Academic track																
Academic[4]	25.82 (0.186)	4.47 (0.040)	3.93 (0.043)	3.70 (0.034)	0.49 (0.024)	3.21 (0.042)	3.39 (0.042)	0.81 (0.033)	1.35 (0.033)	0.80 (0.023)	0.42 (0.019)	2.32 (0.050)	2.52 (0.072)	2.28 (0.049)	2.96 (0.075)	0.54 (0.024)
Career/technical[5]	24.13 (0.369)	3.33 (0.131)	2.62 (0.121)	2.11 (0.086)	1.28 (0.120)	0.82 (0.100)	1.61 (0.116)	0.84 (0.069)	0.65 (0.091)	0.06 (0.018)	0.05 (0.026)	0.15 (0.042)	0.57 (0.062)	9.56 (0.337)	3.50 (0.249)	1.17 (0.220)
Both[6]	27.16 (0.248)	4.33 (0.035)	3.76 (0.034)	3.45 (0.032)	0.74 (0.040)	2.71 (0.054)	3.04 (0.047)	0.89 (0.031)	1.24 (0.033)	0.59 (0.024)	0.30 (0.024)	1.56 (0.049)	1.47 (0.057)	6.46 (0.170)	2.74 (0.074)	1.20 (0.046)
Neither[7]	22.41 (0.500)	3.50 (0.088)	1.86 (0.142)	2.27 (0.088)	1.76 (0.141)	0.51 (0.101)	1.59 (0.099)	1.04 (0.097)	0.48 (0.082)	0.04 (0.018)	0.02 (0.011)	0.20 (0.056)	0.33 (0.096)	5.52 (0.443)	5.72 (0.506)	0.29 (0.051)

See notes at end of table.

Table 157. Average number of Carnegie units earned by public high school graduates in various subject fields, by selected student characteristics: Selected years, 1982 through 2005—Continued

Graduation year and selected student characteristic	Total	English	History/ social studies	Mathematics: Total	Mathematics: Less than algebra	Mathematics: Algebra or higher	Science: Total	Science: General science	Science: Biology	Science: Chemistry	Science: Physics	Foreign languages	Arts	Career/ technical education[1]	Personal use[2]	Computer related[3]
1	2	3	4	5	6	7	8	9	10	11	12	13	14	15	16	17
2005 graduates	**26.68 (0.100)**	**4.42 (0.022)**	**3.98 (0.025)**	**3.67 (0.016)**	**0.49 (0.015)**	**3.19 (0.020)**	**3.34 (0.019)**	**0.95 (0.019)**	**1.28 (0.016)**	**0.74 (0.010)**	**0.35 (0.011)**	**1.97 (0.024)**	**2.05 (0.035)**	**4.01 (0.058)**	**3.23 (0.040)**	**0.93 (0.021)**
Sex																
Male	26.50 (0.104)	4.36 (0.025)	3.91 (0.028)	3.65 (0.020	0.54 (0.016)	3.10 (0.024)	3.29 (0.023)	0.97 (0.019)	1.19 (0.016)	0.70 (0.011)	0.39 (0.013)	1.76 (0.026)	1.71 (0.035)	4.35 (0.059)	3.47 (0.043)	1.09 (0.023)
Female	26.84 (0.103)	4.48 (0.021)	4.05 (0.025)	3.70 (0.016)	0.44 (0.016)	3.26 (0.021)	3.40 (0.020)	0.92 (0.020)	1.37 (0.017)	0.78 (0.011)	0.32 (0.012)	2.16 (0.025)	2.38 (0.045)	3.68 (0.068)	3.00 (0.044)	0.79 (0.024)
Race/ethnicity																
White	26.87 (0.125)	4.32 (0.029)	4.02 (0.030)	3.69 (0.021)	0.44 (0.017)	3.24 (0.026)	3.43 (0.021)	0.96 (0.022)	1.31 (0.018)	0.76 (0.013)	0.38 (0.012)	2.01 (0.027)	2.17 (0.043)	4.12 (0.075)	3.10 (0.049)	0.90 (0.026)
Black	26.57 (0.150)	4.54 (0.028)	3.98 (0.045)	3.71 (0.032)	0.63 (0.034)	3.08 (0.047)	3.21 (0.036)	0.99 (0.037)	1.27 (0.025)	0.68 (0.017)	0.27 (0.025)	1.71 (0.040)	1.77 (0.056)	4.11 (0.111)	3.53 (0.076)	1.07 (0.033)
Hispanic	25.91 (0.142)	4.80 (0.037)	3.75 (0.039)	3.49 (0.032)	0.65 (0.034)	2.83 (0.034)	2.92 (0.035)	0.92 (0.031)	1.11 (0.020)	0.63 (0.022)	0.24 (0.017)	1.88 (0.035)	1.78 (0.054)	3.69 (0.098)	3.62 (0.058)	1.00 (0.040)
Asian/Pacific Islander	26.32 (0.189)	4.51 (0.057)	3.94 (0.042)	3.90 (0.004)	0.27 (0.025)	3.62 (0.041)	3.63 (0.057)	0.74 (0.060)	1.31 (0.035)	0.97 (0.027)	0.56 (0.032)	2.43 (0.068)	1.80 (0.076)	2.91 (0.144)	3.21 (0.086)	0.94 (0.054)
American Indian/Alaska Native	26.48 (0.443)	4.44 (0.098)	4.06 (0.129)	3.53 (0.141)	0.69 (0.087)	2.84 (0.182)	3.02 (0.072)	1.04 (0.060)	1.28 (0.063)	0.52 (0.052)	0.17 (0.036)	1.44 (0.105)	2.44 (0.179)	4.20 (0.258)	3.36 (0.291)	0.82 (0.102)
Other	26.09 (0.374)	4.39 (0.095)	3.87 (0.066)	3.72 (0.087)	0.26 (0.043)	3.46 (0.099)	3.50 (0.083)	0.93 (0.057)	1.35 (0.060)	0.81 (0.049)	0.37 (0.047)	2.31 (0.088)	2.12 (0.232)	2.93 (0.263)	3.26 (0.207)	0.72 (0.119)
Academic track																
Academic[4]	26.53 (0.092)	4.48 (0.024)	4.09 (0.026)	3.78 (0.017)	0.42 (0.014)	3.36 (0.021)	3.50 (0.021)	0.92 (0.017)	1.35 (0.018)	0.82 (0.010)	0.40 (0.012)	2.20 (0.024)	2.29 (0.043)	2.92 (0.039)	3.27 (0.044)	0.80 (0.018)
Career/technical[5]	24.01 (0.288)	3.56 (0.064)	2.78 (0.051)	2.42 (0.041)	0.96 (0.062)	1.45 (0.074)	1.87 (0.045)	0.90 (0.057)	0.75 (0.037)	0.16 (0.037)	0.05 (0.021)	0.50 (0.052)	1.32 (0.135)	8.16 (0.215)	3.40 (0.148)	0.77 (0.079)
Both[6]	27.93 (0.132)	4.36 (0.024)	3.90 (0.032)	3.63 (0.021)	0.61 (0.026)	3.02 (0.029)	3.17 (0.027)	1.06 (0.030)	1.19 (0.018)	0.62 (0.015)	0.29 (0.016)	1.51 (0.030)	1.34 (0.032)	7.01 (0.091)	3.00 (0.045)	1.42 (0.046)
Neither[7]	22.73 (0.213)	4.08 (0.095)	2.92 (0.044)	2.44 (0.045)	0.87 (0.057)	1.57 (0.056)	2.01 (0.033)	0.84 (0.045)	0.85 (0.033)	0.21 (0.037)	0.09 (0.021)	1.02 (0.051)	2.35 (0.125)	3.86 (0.128)	4.05 (0.177)	0.64 (0.033)

[1]Includes general labor market preparation, consumer and homemaking education, and occupational education in agriculture, business, marketing, health, occupational home economics, trade and industry, and technical courses.
[2]Includes general skills, personal health and physical education, religion, military sciences, special education, and other courses not included in other subject fields.
[3]Though shown separately here, computer-related courses are also included in the mathematics and career/technical categories.
[4]Includes students who complete at least 12 Carnegie units in academic courses, but less than 3 Carnegie units in any occupational education field.
[5]Includes students who complete at least 3 Carnegie units in an occupational education field, but less than 12 Carnegie units in academic courses.
[6]Includes students who complete at least 12 Carnegie units in academic courses and at least 3 Carnegie units in an occupational education field.
[7]Includes students who complete less than 12 Carnegie units in academic courses and less than 3 Carnegie units in an occupational education field.
NOTE: The Carnegie unit is a standard of measurement that represents one credit for the completion of a 1-year course. Data differ slightly from figures appearing in other NCES reports because of differences in taxonomies and case exclusion criteria. Race categories exclude persons of Hispanic ethnicity. Detail may not sum to totals because of rounding. Standard errors appear in parentheses.
SOURCE: U.S. Department of Education, National Center for Education Statistics, High School and Beyond Longitudinal Study of 1980 Sophomores (HS&B-So:80/82), "High School Transcript Study"; and 1987, 1990, 1994, 1998, 2000, and 2005 High School Transcript Study (HSTS). (This table was prepared January 2007.)

Table 158. Average number of Carnegie units earned by public high school graduates in career/technical education courses, by selected student characteristics: Selected years, 1982 through 2005

Graduation year and selected student characteristic	Total	General labor market preparation	Consumer and homemaking education	Occupational education field: Total[1]	Agriculture	Business	Marketing	Health	Occupational home economics	Trade and industrial	Technical/ communications	Other
1	2	3	4	5	6	7	8	9	10	11	12	13
1982 graduates	**4.62 (0.061)**	**0.94 (0.018)**	**0.68 (0.020)**	**3.00 (0.052)**	**0.22 (0.018)**	**1.03 (0.027)**	**0.16 (0.011)**	**0.05 (0.005)**	**0.11 (0.007)**	**1.04 (0.035)**	**0.21 (0.009)**	**0.10 (0.012)**
Sex												
Male	4.60 (0.076)	0.93 (0.026)	0.30 (0.014)	3.36 (0.071)	0.36 (0.033)	0.47 (0.020)	0.14 (0.013)	0.02 (0.004)	0.06 (0.006)	1.96 (0.064)	0.24 (0.014)	0.01 (#)
Female	4.64 (0.072)	0.95 (0.020)	1.03 (0.031)	2.67 (0.056)	0.08 (0.010)	1.55 (0.043)	0.18 (0.015)	0.08 (0.009)	0.15 (0.012)	0.20 (0.016)	0.18 (0.009)	0.18 (0.023)
Race/ethnicity												
White	4.53 (0.071)	0.92 (0.021)	0.63 (0.023)	2.97 (0.059)	0.24 (0.021)	1.06 (0.032)	0.15 (0.012)	0.04 (0.005)	0.10 (0.006)	0.99 (0.038)	0.22 (0.011)	0.09 (0.015)
Black	4.75 (0.136)	0.97 (0.046)	0.90 (0.053)	2.88 (0.130)	0.09 (0.019)	1.00 (0.071)	0.22 (0.031)	0.11 (0.024)	0.14 (0.024)	0.95 (0.091)	0.15 (0.021)	0.12 (0.040)
Hispanic	5.22 (0.111)	1.01 (0.036)	0.85 (0.045)	3.36 (0.106)	0.23 (0.034)	1.00 (0.054)	0.17 (0.020)	0.07 (0.021)	0.13 (0.017)	1.38 (0.094)	0.15 (0.014)	0.12 (0.028)
Asian/Pacific Islander	3.34 (0.226)	1.01 (0.129)	0.30 (0.035)	2.03 (0.157)	0.03 (0.015)	0.58 (0.105)	0.04 (0.023)	0.03 (0.013)	0.06 (0.020)	0.88 (0.095)	0.30 (0.061)	0.02 (0.017)
American Indian/Alaska Native	4.77 (0.233)	0.90 (0.093)	0.47 (0.076)	3.40 (0.257)	0.25 (0.086)	0.74 (0.145)	0.14 (0.045)	0.08 (0.041)	0.06 (0.031)	1.88 (0.441)	0.13 (0.038)	0.03 (0.013)
Academic track												
Academic[2]	2.55 (0.042)	0.84 (0.022)	0.60 (0.025)	1.12 (0.020)	0.04 (0.005)	0.48 (0.017)	0.03 (0.003)	0.02 (0.003)	0.06 (0.006)	0.28 (0.013)	0.17 (0.009)	0.02 (#)
Career/technical[3]	7.74 (0.082)	1.02 (0.034)	0.78 (0.036)	5.94 (0.084)	0.58 (0.056)	1.68 (0.075)	0.33 (0.032)	0.08 (0.016)	0.17 (0.018)	2.43 (0.107)	0.21 (0.019)	0.24 (0.048)
Both[4]	6.03 (0.091)	0.86 (0.025)	0.57 (0.033)	4.60 (0.066)	0.29 (0.040)	1.66 (0.059)	0.29 (0.027)	0.09 (0.012)	0.15 (0.016)	1.57 (0.066)	0.29 (0.021)	0.14 (0.028)
Neither[5]	5.23 (0.137)	1.92 (0.130)	1.62 (0.089)	1.68 (0.042)	0.11 (0.030)	0.74 (0.050)	0.09 (0.018)	0.05 (0.024)	0.13 (0.027)	0.37 (0.039)	0.10 (0.016)	0.07 (0.019)
1987 graduates	**4.55 (0.084)**	**0.83 (0.026)**	**0.61 (0.032)**	**3.11 (0.060)**	**0.19 (0.028)**	**0.96 (0.037)**	**0.16 (0.014)**	**0.08 (0.005)**	**0.11 (0.008)**	**0.96 (0.036)**	**0.43 (0.021)**	**0.11 (0.013)**
Sex												
Male	4.64 (0.089)	0.83 (0.035)	0.33 (0.025)	3.47 (0.065)	0.33 (0.047)	0.56 (0.024)	0.13 (0.014)	0.02 (0.003)	0.08 (0.008)	1.73 (0.072)	0.47 (0.023)	0.03 (0.011)
Female	4.47 (0.094)	0.83 (0.023)	0.86 (0.046)	2.77 (0.067)	0.07 (0.012)	1.34 (0.052)	0.19 (0.019)	0.12 (0.010)	0.14 (0.012)	0.23 (0.021)	0.39 (0.022)	0.18 (0.020)
Race/ethnicity												
White	4.65 (0.107)	0.84 (0.030)	0.60 (0.041)	3.20 (0.074)	0.24 (0.039)	0.97 (0.046)	0.16 (0.017)	0.07 (0.005)	0.11 (0.010)	1.00 (0.047)	0.47 (0.026)	0.10 (0.013)
Black	4.52 (0.130)	0.86 (0.026)	0.73 (0.040)	2.92 (0.113)	0.10 (0.016)	1.00 (0.068)	0.17 (0.021)	0.14 (0.027)	0.14 (0.016)	0.76 (0.053)	0.28 (0.032)	0.14 (0.017)
Hispanic	4.49 (0.169)	0.93 (0.069)	0.62 (0.062)	2.95 (0.101)	0.06 (0.020)	0.97 (0.090)	0.16 (0.037)	0.08 (0.020)	0.11 (0.017)	1.00 (0.054)	0.32 (0.020)	0.11 (0.024)
Asian/Pacific Islander	3.11 (0.221)	0.63 (0.064)	0.35 (0.062)	2.13 (0.141)	0.01 (0.006)	0.63 (0.088)	0.13 (0.076)	0.09 (0.020)	0.08 (0.017)	0.47 (0.047)	0.56 (0.065)	0.04 (0.013)
American Indian/Alaska Native	4.92 (0.125)	0.82 (0.048)	0.65 (0.045)	3.45 (0.112)	0.20 (0.036)	1.04 (0.094)	0.08 (0.041)	0.09 (0.021)	0.11 (0.032)	1.32 (0.079)	0.44 (0.062)	0.03 (0.007)
Academic track												
Academic[2]	2.57 (0.071)	0.76 (0.028)	0.57 (0.034)	1.23 (0.027)	0.02 (0.003)	0.45 (0.015)	0.04 (0.005)	0.02 (0.004)	0.04 (0.004)	0.24 (0.011)	0.37 (0.016)	0.02 (0.003)
Career/technical[3]	8.07 (0.155)	0.90 (0.038)	0.77 (0.040)	6.39 (0.121)	0.59 (0.087)	1.40 (0.087)	0.38 (0.053)	0.18 (0.037)	0.25 (0.034)	2.60 (0.077)	0.35 (0.047)	0.34 (0.049)
Both[4]	6.09 (0.085)	0.86 (0.039)	0.55 (0.040)	4.69 (0.051)	0.30 (0.057)	1.54 (0.061)	0.27 (0.024)	0.11 (0.011)	0.17 (0.015)	1.43 (0.080)	0.56 (0.029)	0.15 (0.024)
Neither[5]	5.10 (0.233)	1.77 (0.155)	1.72 (0.280)	1.62 (0.052)	0.07 (0.022)	0.60 (0.089)	0.09 (0.036)	0.05 (0.018)	0.11 (0.029)	0.37 (0.064)	0.13 (0.026)	0.10 (0.046)
1990 graduates	**4.19 (0.079)**	**0.73 (0.023)**	**0.57 (0.026)**	**2.89 (0.065)**	**0.20 (0.022)**	**0.88 (0.035)**	**0.16 (0.012)**	**0.04 (0.005)**	**0.10 (0.009)**	**0.87 (0.040)**	**0.41 (0.013)**	**0.10 (0.010)**
Sex												
Male	4.32 (0.084)	0.70 (0.025)	0.33 (0.020)	3.28 (0.074)	0.31 (0.039)	0.57 (0.030)	0.14 (0.014)	0.02 (0.004)	0.07 (0.009)	1.59 (0.064)	0.43 (0.016)	0.02 (0.006)
Female	4.08 (0.087)	0.76 (0.025)	0.79 (0.038)	2.53 (0.073)	0.09 (0.015)	1.16 (0.049)	0.18 (0.014)	0.06 (0.009)	0.13 (0.012)	0.22 (0.026)	0.39 (0.014)	0.17 (0.016)
Race/ethnicity												
White	4.22 (0.085)	0.71 (0.029)	0.55 (0.030)	2.97 (0.075)	0.24 (0.027)	0.85 (0.033)	0.16 (0.014)	0.04 (0.006)	0.09 (0.009)	0.95 (0.047)	0.40 (0.015)	0.09 (0.011)
Black	4.41 (0.166)	0.82 (0.035)	0.80 (0.066)	2.79 (0.135)	0.06 (0.010)	1.05 (0.080)	0.17 (0.023)	0.04 (0.014)	0.15 (0.023)	0.64 (0.059)	0.40 (0.036)	0.16 (0.029)
Hispanic	4.12 (0.150)	0.75 (0.048)	0.53 (0.058)	2.85 (0.126)	0.15 (0.034)	0.93 (0.105)	0.19 (0.026)	0.02 (0.007)	0.11 (0.023)	0.75 (0.061)	0.41 (0.048)	0.18 (0.042)
Asian/Pacific Islander	3.07 (0.337)	0.69 (0.124)	0.31 (0.030)	2.07 (0.201)	0.04 (0.017)	0.65 (0.057)	0.05 (0.013)	0.01 (0.005)	0.03 (0.010)	0.72 (0.178)	0.48 (0.032)	0.03 (0.010)
American Indian/Alaska Native	4.62 (0.190)	0.74 (0.141)	0.72 (0.123)	3.16 (0.157)	0.36 (0.113)	0.95 (0.091)	0.15 (0.056)	0.02 (0.021)	0.07 (0.041)	0.95 (0.193)	0.44 (0.098)	0.02 (0.008)
Academic track												
Academic[2]	2.41 (0.048)	0.67 (0.022)	0.55 (0.030)	1.19 (0.022)	0.03 (0.004)	0.46 (0.019)	0.04 (0.004)	0.01 (0.003)	0.04 (0.005)	0.22 (0.011)	0.34 (0.013)	0.02 (0.003)
Career/technical[3]	8.68 (0.179)	1.00 (0.071)	0.74 (0.051)	6.95 (0.171)	0.86 (0.111)	1.22 (0.089)	0.28 (0.056)	0.10 (0.030)	0.26 (0.052)	3.10 (0.231)	0.28 (0.026)	0.30 (0.061)
Both[4]	6.10 (0.056)	0.72 (0.026)	0.57 (0.030)	4.81 (0.048)	0.35 (0.044)	1.47 (0.062)	0.33 (0.027)	0.08 (0.010)	0.16 (0.014)	1.50 (0.060)	0.53 (0.024)	0.19 (0.021)
Neither[5]	5.81 (0.529)	2.81 (0.570)	1.26 (0.232)	1.74 (0.075)	0.10 (0.040)	0.46 (0.054)	0.04 (0.017)	0.04 (0.023)	0.08 (0.032)	0.54 (0.092)	0.32 (0.092)	0.04 (0.020)

See notes at end of table.

Table 158. Average number of Carnegie units earned by public high school graduates in career/technical education courses, by selected student characteristics: Selected years, 1982 through 2005—Continued

Graduation year and selected student characteristic	Total	General labor market preparation	Consumer and homemaking education	Occupational education field: Total[1]	Agriculture	Business	Marketing	Health	Occupational home economics	Trade and industrial	Technical/ communications	Other
1	2	3	4	5	6	7	8	9	10	11	12	13
1994 graduates	**3.96 (0.068)**	**0.64 (0.021)**	**0.52 (0.028)**	**2.79 (0.057)**	**0.24 (0.023)**	**0.88 (0.028)**	**0.18 (0.015)**	**0.08 (0.007)**	**0.13 (0.012)**	**0.70 (0.027)**	**0.35 (0.017)**	**0.09 (0.009)**
Sex												
Male	4.13 (0.074)	0.70 (0.026)	0.35 (0.026)	3.08 (0.063)	0.37 (0.036)	0.66 (0.023)	0.14 (0.012)	0.03 (0.004)	0.08 (0.008)	1.25 (0.051)	0.36 (0.020)	0.03 (0.005)
Female	3.80 (0.074)	0.58 (0.021)	0.70 (0.035)	2.52 (0.061)	0.11 (0.013)	1.09 (0.039)	0.22 (0.018)	0.12 (0.012)	0.18 (0.017)	0.17 (0.010)	0.34 (0.017)	0.15 (0.015)
Race/ethnicity												
White	3.96 (0.080)	0.63 (0.026)	0.51 (0.028)	2.81 (0.067)	0.27 (0.031)	0.87 (0.031)	0.19 (0.018)	0.08 (0.009)	0.11 (0.012)	0.72 (0.032)	0.35 (0.021)	0.07 (0.010)
Black	4.29 (0.121)	0.72 (0.050)	0.62 (0.036)	2.94 (0.097)	0.13 (0.028)	1.01 (0.050)	0.20 (0.029)	0.11 (0.020)	0.23 (0.023)	0.60 (0.053)	0.29 (0.025)	0.18 (0.023)
Hispanic	3.87 (0.124)	0.64 (0.037)	0.48 (0.027)	2.75 (0.123)	0.13 (0.022)	0.93 (0.064)	0.15 (0.018)	0.07 (0.011)	0.14 (0.026)	0.65 (0.071)	0.36 (0.028)	0.17 (0.024)
Asian/Pacific Islander	3.01 (0.236)	0.51 (0.043)	0.36 (0.057)	2.13 (0.151)	0.14 (0.053)	0.70 (0.046)	0.11 (0.017)	0.06 (0.009)	0.10 (0.028)	0.50 (0.057)	0.46 (0.029)	0.03 (0.009)
American Indian/Alaska Native	4.26 (0.256)	0.80 (0.104)	0.62 (0.091)	2.84 (0.183)	0.36 (0.147)	0.89 (0.197)	0.05 (0.024)	0.15 (0.071)	0.14 (0.044)	0.57 (0.120)	0.44 (0.076)	0.05 (0.043)
Academic track												
Academic[2]	2.28 (0.045)	0.58 (0.022)	0.49 (0.033)	1.21 (0.020)	0.04 (0.003)	0.51 (0.018)	0.05 (0.005)	0.03 (0.004)	0.05 (0.006)	0.20 (0.008)	0.28 (0.015)	0.02 (0.002)
Career/technical[3]	8.64 (0.214)	1.00 (0.077)	0.78 (0.083)	6.86 (0.237)	0.90 (0.119)	1.17 (0.124)	0.34 (0.068)	0.08 (0.023)	0.26 (0.053)	2.89 (0.203)	0.26 (0.048)	0.29 (0.077)
Both[4]	6.01 (0.059)	0.66 (0.027)	0.54 (0.031)	4.81 (0.042)	0.48 (0.047)	1.41 (0.042)	0.37 (0.031)	0.16 (0.015)	0.23 (0.022)	1.25 (0.056)	0.46 (0.020)	0.18 (0.018)
Neither[5]	6.51 (0.347)	3.91 (0.432)	1.08 (0.157)	1.52 (0.097)	0.05 (0.015)	0.48 (0.092)	0.08 (0.030)	0.02 (0.015)	0.07 (0.026)	0.46 (0.057)	0.16 (0.047)	0.06 (0.033)
1998 graduates	**3.99 (0.098)**	**0.61 (0.028)**	**0.51 (0.034)**	**2.87 (0.074)**	**0.20 (0.031)**	**0.70 (0.032)**	**0.16 (0.014)**	**0.14 (0.030)**	**0.16 (0.013)**	**0.78 (0.042)**	**0.51 (0.035)**	**0.07 (0.009)**
Sex												
Male	4.25 (0.099)	0.67 (0.028)	0.35 (0.029)	3.23 (0.085)	0.27 (0.039)	0.59 (0.029)	0.15 (0.012)	0.06 (0.019)	0.10 (0.011)	1.37 (0.077)	0.53 (0.039)	0.02 (0.003)
Female	3.77 (0.114)	0.57 (0.032)	0.66 (0.041)	2.54 (0.080)	0.14 (0.026)	0.80 (0.038)	0.18 (0.018)	0.22 (0.041)	0.21 (0.019)	0.23 (0.013)	0.49 (0.035)	0.12 (0.017)
Race/ethnicity												
White	3.97 (0.114)	0.58 (0.031)	0.49 (0.039)	2.90 (0.087)	0.24 (0.039)	0.69 (0.035)	0.15 (0.015)	0.11 (0.016)	0.14 (0.011)	0.83 (0.053)	0.51 (0.042)	0.06 (0.010)
Black	4.33 (0.149)	0.70 (0.037)	0.68 (0.062)	2.95 (0.115)	0.09 (0.015)	0.83 (0.072)	0.24 (0.029)	0.29 (0.098)	0.23 (0.048)	0.56 (0.040)	0.47 (0.040)	0.11 (0.021)
Hispanic	3.97 (0.121)	0.66 (0.048)	0.49 (0.060)	2.82 (0.104)	0.16 (0.043)	0.64 (0.052)	0.18 (0.021)	0.16 (0.070)	0.17 (0.025)	0.75 (0.047)	0.51 (0.058)	0.10 (0.026)
Asian/Pacific Islander	3.15 (0.222)	0.58 (0.107)	0.27 (0.033)	2.30 (0.119)	0.09 (0.033)	0.64 (0.040)	0.13 (0.017)	0.15 (0.082)	0.14 (0.021)	0.57 (0.094)	0.49 (0.047)	0.02 (0.005)
American Indian/Alaska Native	4.02 (0.164)	0.54 (0.063)	0.55 (0.083)	2.92 (0.162)	0.19 (0.041)	0.70 (0.084)	0.14 (0.035)	0.06 (0.035)	0.14 (0.044)	0.98 (0.167)	0.51 (0.081)	0.03 (0.014)
Academic track												
Academic[2]	2.22 (0.061)	0.54 (0.028)	0.49 (0.032)	1.19 (0.027)	0.03 (0.004)	0.41 (0.023)	0.05 (0.006)	0.03 (0.004)	0.07 (0.007)	0.22 (0.010)	0.33 (0.024)	0.02 (0.003)
Career/technical[3]	9.12 (0.239)	1.40 (0.180)	0.75 (0.117)	6.97 (0.166)	0.62 (0.123)	0.64 (0.061)	0.29 (0.058)	0.11 (0.032)	0.36 (0.079)	3.36 (0.407)	0.66 (0.091)	0.29 (0.167)
Both[4]	6.06 (0.083)	0.62 (0.032)	0.52 (0.041)	4.92 (0.060)	0.41 (0.067)	1.10 (0.049)	0.31 (0.028)	0.29 (0.067)	0.27 (0.027)	1.39 (0.075)	0.74 (0.050)	0.14 (0.016)
Neither[5]	5.64 (0.598)	2.91 (0.592)	1.20 (0.119)	1.53 (0.144)	0.10 (0.031)	0.43 (0.063)	0.06 (0.024)	0.02 (0.014)	0.07 (0.025)	0.31 (0.080)	0.19 (0.055)	0.06 (0.024)
2000 graduates	**4.21 (0.123)**	**0.69 (0.035)**	**0.49 (0.023)**	**3.03 (0.106)**	**0.25 (0.029)**	**0.74 (0.040)**	**0.16 (0.013)**	**0.13 (0.018)**	**0.17 (0.016)**	**0.80 (0.057)**	**0.61 (0.027)**	**0.08 (0.009)**
Sex												
Male	4.85 (0.154)	0.76 (0.042)	0.33 (0.018)	3.76 (0.135)	0.34 (0.041)	0.65 (0.040)	0.14 (0.013)	0.06 (0.012)	0.12 (0.012)	1.38 (0.098)	0.72 (0.032)	0.02 (0.005)
Female	3.99 (0.104)	0.61 (0.032)	0.64 (0.032)	2.74 (0.086)	0.16 (0.022)	0.83 (0.043)	0.17 (0.015)	0.20 (0.025)	0.23 (0.021)	0.25 (0.020)	0.52 (0.026)	0.13 (0.016)
Race/ethnicity												
White	4.59 (0.164)	0.69 (0.045)	0.49 (0.026)	3.41 (0.137)	0.31 (0.039)	0.73 (0.048)	0.14 (0.015)	0.12 (0.016)	0.18 (0.018)	0.90 (0.077)	0.63 (0.034)	0.07 (0.001)
Black	4.54 (0.173)	0.77 (0.049)	0.67 (0.052)	3.10 (0.125)	0.12 (0.027)	0.88 (0.063)	0.22 (0.034)	0.15 (0.022)	0.16 (0.024)	0.51 (0.043)	0.53 (0.041)	0.16 (0.030)
Hispanic	4.16 (0.124)	0.67 (0.054)	0.37 (0.038)	3.12 (0.148)	0.14 (0.021)	0.75 (0.067)	0.18 (0.032)	0.23 (0.101)	0.19 (0.030)	0.65 (0.051)	0.54 (0.028)	0.07 (0.020)
Asian/Pacific Islander	3.13 (0.160)	0.45 (0.055)	0.25 (0.033)	2.42 (0.146)	0.06 (0.014)	0.50 (0.051)	0.10 (0.031)	0.14 (0.038)	0.09 (0.018)	0.43 (0.054)	0.74 (0.103)	0.02 (0.008)
American Indian/Alaska Native	5.51 (0.429)	0.75 (0.117)	0.68 (0.081)	4.08 (0.394)	0.37 (0.131)	0.72 (0.086)	0.14 (0.037)	0.07 (0.025)	0.23 (0.115)	0.99 (0.235)	0.68 (0.087)	0.07 (0.035)
Academic track												
Academic[2]	2.35 (0.049)	0.61 (0.031)	0.47 (0.021)	1.28 (0.024)	0.03 (0.004)	0.39 (0.021)	0.03 (0.004)	0.03 (0.005)	0.08 (0.009)	0.21 (0.010)	0.38 (0.020)	0.02 (0.003)
Career/technical[3]	10.56 (0.337)	1.24 (0.272)	0.59 (0.070)	8.73 (0.365)	0.79 (0.149)	0.63 (0.117)	0.27 (0.064)	0.12 (0.050)	0.35 (0.086)	4.06 (0.438)	0.87 (0.095)	0.14 (0.057)
Both[4]	6.84 (0.170)	0.75 (0.053)	0.50 (0.031)	5.59 (0.132)	0.51 (0.058)	1.20 (0.066)	0.31 (0.025)	0.27 (0.041)	0.29 (0.029)	1.43 (0.115)	0.90 (0.047)	0.15 (0.018)
Neither[5]	5.82 (0.443)	2.83 (0.297)	1.36 (0.331)	1.62 (0.100)	0.05 (0.023)	0.13 (0.032)	0.05 (0.034)	0.04 (0.030)	0.19 (0.053)	0.40 (0.077)	0.32 (0.049)	0.06 (0.023)

See notes at end of table.

Table 158. Average number of Carnegie units earned by public high school graduates in career/technical education courses, by selected student characteristics: Selected years, 1982 through 2005—Continued

Graduation year and selected student characteristic	Total		General labor market preparation		Consumer and homemaking education		Occupational education field: Total[1]		Agriculture		Business		Marketing		Health		Occupational home economics		Trade and industrial		Technical/ communications		Other	
1	2		3		4		5		6		7		8		9		10		11		12		13	
2005 graduates	**4.01**	**(0.058)**	**0.46**	**(0.021)**	**0.51**	**(0.015)**	**3.03**	**(0.047)**	**0.23**	**(0.014)**	**0.60**	**(0.016)**	**0.15**	**(0.010)**	**0.15**	**(0.010)**	**0.23**	**(0.012)**	**0.69**	**(0.022)**	**0.79**	**(0.020)**	**0.07**	**(0.004)**
Sex																								
Male	4.35	(0.059)	0.52	(0.025)	0.34	(0.015)	3.49	(0.051)	0.32	(0.020)	0.58	(0.017)	0.15	(0.011)	0.06	(0.006)	0.16	(0.009)	1.19	(0.036)	0.90	(0.022)	0.02	(0.003)
Female	3.68	(0.068)	0.41	(0.020)	0.68	(0.020)	2.59	(0.053)	0.15	(0.012)	0.62	(0.018)	0.15	(0.010)	0.23	(0.016)	0.30	(0.017)	0.22	(0.011)	0.68	(0.021)	0.13	(0.007)
Race/ethnicity																								
White	4.12	(0.075)	0.46	(0.024)	0.53	(0.019)	3.13	(0.061)	0.29	(0.017)	0.58	(0.018)	0.15	(0.012)	0.13	(0.011)	0.22	(0.014)	0.78	(0.029)	0.80	(0.024)	0.07	(0.005)
Black	4.11	(0.111)	0.50	(0.036)	0.60	(0.033)	3.01	(0.079)	0.10	(0.018)	0.76	(0.036)	0.18	(0.015)	0.24	(0.022)	0.27	(0.029)	0.44	(0.026)	0.81	(0.047)	0.10	(0.012)
Hispanic	3.69	(0.098)	0.45	(0.029)	0.43	(0.026)	2.81	(0.089)	0.14	(0.018)	0.62	(0.033)	0.14	(0.015)	0.15	(0.020)	0.26	(0.029)	0.63	(0.042)	0.69	(0.027)	0.09	(0.010)
Asian/Pacific Islander	2.91	(0.144)	0.33	(0.046)	0.31	(0.029)	2.27	(0.119)	0.06	(0.019)	0.43	(0.038)	0.13	(0.023)	0.10	(0.022)	0.16	(0.019)	0.47	(0.075)	0.83	(0.047)	0.05	(0.010)
American Indian/Alaska Native	4.20	(0.258)	0.67	(0.170)	0.62	(0.081)	2.91	(0.178)	0.45	(0.129)	0.47	(0.074)	0.08	(0.033)	0.10	(0.029)	0.23	(0.045)	0.57	(0.094)	0.78	(0.110)	0.11	(0.048)
Other	2.93	(0.263)	0.32	(0.047)	0.33	(0.044)	2.28	(0.233)	0.13	(0.086)	0.45	(0.098)	0.20	(0.058)	0.05	(0.023)	0.24	(0.070)	0.29	(0.058)	0.83	(0.109)	0.03	(0.016)
Academic track																								
Academic[2]	2.92	(0.039)	0.40	(0.021)	0.53	(0.017)	1.99	(0.026)	0.09	(0.005)	0.48	(0.011)	0.09	(0.006)	0.07	(0.005)	0.19	(0.012)	0.31	(0.011)	0.67	(0.016)	0.04	(0.002)
Career/technical[3]	8.16	(0.215)	1.07	(0.155)	0.45	(0.044)	6.63	(0.168)	0.93	(0.167)	0.56	(0.066)	0.22	(0.066)	0.20	(0.054)	0.47	(0.081)	3.19	(0.215)	0.56	(0.062)	0.19	(0.073)
Both[4]	7.01	(0.091)	0.56	(0.033)	0.44	(0.019)	6.01	(0.081)	0.61	(0.044)	0.99	(0.038)	0.32	(0.024)	0.40	(0.032)	0.34	(0.029)	1.67	(0.053)	1.20	(0.046)	0.16	(0.013)
Neither[5]	3.86	(0.128)	0.85	(0.084)	0.76	(0.044)	2.24	(0.080)	0.25	(0.044)	0.38	(0.025)	0.14	(0.023)	0.07	(0.013)	0.23	(0.025)	0.49	(0.031)	0.52	(0.032)	0.08	(0.016)

#Rounds to zero.
[1]Includes unclassified courses not shown separately.
[2]Includes students who complete at least 12 Carnegie units in academic courses, but less than 3 Carnegie units in any occupational education field.
[3]Includes students who complete at least 3 Carnegie units in an occupational education field, but less than 12 Carnegie units in academic courses.
[4]Includes students who complete at least 12 Carnegie units in academic courses and at least 3 Carnegie units in an occupational education field.
[5]Includes students who complete less than 12 Carnegie units in academic courses and less than 3 Carnegie units in an occupational education field.

NOTE: The Carnegie unit is a standard of measurement that represents one credit for the completion of a 1-year course. Data differ slightly from figures appearing in other NCES reports because of differences in taxonomies and case exclusion criteria. Race categories exclude persons of Hispanic ethnicity. Detail may not sum to totals because of rounding. Standard errors appear in parentheses.
SOURCE: U.S. Department of Education, National Center for Education Statistics, High School and Beyond Longitudinal Study of 1980 Sophomores (HS&B-So:80/82), "High School Transcript Study"; and 1987, 1990, 1994, 1998, 2000, and 2005 High School Transcript Study (HSTS). (This table was prepared January 2007.)

Table 159. Percentage of public and private high school graduates taking selected mathematics and science courses in high school, by sex and race/ethnicity: Selected years, 1982 through 2005

Course (Carnegie units)	1982	1987	1990	1994	1998	2000	2005								
							Total	Sex		Race/ethnicity					
								Male	Female	White	Black	Hispanic	Asian/Pacific Islander	American Indian/ Alaska Native	Other
1	2	3	4	5	6	7	8	9	10	11	12	13	14	15	16
Mathematics[1]															
Any mathematics (1.0)	98.5 (0.21)	98.9 (0.24)	99.9 (0.05)	99.8 (0.05)	99.8 (0.06)	99.8 (0.04)	99.9 (0.02)	99.9 (0.03)	100.0 (†)	99.9 (0.02)	100.0 (†)	99.9 (0.05)	100.0 (†)	100.0 (†)	100.0 (†)
Algebra I (1.0)[2]	55.2 (1.01)	58.8 (1.19)	63.7 (1.54)	65.8 (1.31)	62.8 (1.42)	61.7 (1.66)	62.8 (1.04)	61.5 (1.09)	64.1 (1.13)	60.9 (1.19)	71.8 (1.67)	65.6 (1.73)	58.0 (2.61)	67.9 (4.89)	69.3 (3.49)
Geometry (1.0)	47.1 (0.99)	58.6 (0.97)	63.2 (1.38)	70.0 (1.26)	75.1 (1.06)	78.3 (1.09)	83.3 (0.65)	81.4 (0.71)	85.2 (0.68)	83.4 (0.80)	84.7 (1.03)	80.5 (1.18)	86.1 (1.31)	74.2 (3.20)	89.2 (2.04)
Algebra II (0.5)[3]	39.9 (0.93)	49.0 (1.69)	52.9 (1.32)	61.1 (1.39)	61.7 (1.77)	67.8 (1.43)	70.3 (1.00)	67.1 (1.11)	73.3 (1.02)	71.2 (1.21)	69.2 (1.64)	62.7 (1.54)	78.3 (3.40)	67.5 (3.58)	81.8 (3.43)
Trigonometry (0.5)	8.1 (0.54)	11.5 (1.54)	9.6 (1.07)	11.7 (1.16)	8.9 (1.07)	7.5 (1.31)	8.3 (0.88)	8.1 (0.91)	8.6 (0.91)	9.6 (1.18)	3.9 (0.59)	4.8 (0.83)	9.4 (1.59)	10.4 (4.80)	13.9 (3.18)
Analysis/pre-calculus (0.5)	6.2 (0.46)	12.8 (0.92)	13.3 (0.95)	17.3 (0.86)	23.1 (1.44)	26.7 (1.40)	29.5 (0.98)	28.0 (1.02)	30.8 (1.05)	32.0 (1.18)	17.9 (1.61)	20.5 (1.42)	48.8 (2.85)	15.9 (3.04)	31.6 (5.16)
Statistics/probability (0.5)	1.0 (0.16)	1.1 (0.31)	1.0 (0.21)	2.0 (0.33)	3.7 (0.54)	5.7 (0.86)	7.7 (0.53)	7.7 (0.57)	7.8 (0.55)	8.5 (0.65)	5.8 (0.84)	3.4 (0.48)	13.0 (1.21)	2.8 (0.99)	12.0 (3.04)
Calculus (1.0)	5.0 (0.43)	6.1 (0.49)	6.5 (0.46)	9.3 (0.56)	11.0 (0.85)	11.6 (0.73)	13.6 (0.53)	14.0 (0.63)	13.2 (0.59)	15.3 (0.62)	5.5 (0.53)	6.3 (0.65)	29.8 (1.65)	7.9 (2.59)	16.6 (2.49)
AP calculus (1.0)	1.6 (0.26)	3.4 (0.47)	4.1 (0.44)	7.0 (0.53)	6.7 (0.49)	7.9 (0.58)	9.2 (0.44)	9.8 (0.54)	8.7 (0.44)	10.1 (0.52)	2.9 (0.35)	5.0 (0.51)	24.6 (1.75)	2.8 (1.42)	10.9 (1.78)
Science[1]															
Any science (1.0)	96.4 (0.39)	97.8 (0.32)	99.3 (0.14)	99.5 (0.07)	99.5 (0.09)	99.5 (0.11)	99.6 (0.09)	99.5 (0.11)	99.6 (0.10)	99.7 (0.07)	99.7 (0.12)	99.1 (0.30)	99.3 (0.34)	98.3 (0.73)	100.0 (†)
Biology (1.0)	77.4 (0.87)	86.1 (1.01)	90.9 (0.97)	93.2 (0.97)	92.7 (0.67)	91.2 (1.00)	92.3 (0.63)	90.8 (0.71)	93.7 (0.61)	92.6 (0.72)	93.6 (0.59)	89.1 (1.24)	92.1 (1.83)	92.1 (1.80)	93.9 (2.41)
AP/honors biology (1.0)	10.0 (0.64)	9.4 (0.72)	10.1 (1.02)	11.9 (0.93)	16.2 (1.31)	16.3 (1.46)	16.0 (0.83)	13.9 (0.81)	18.0 (0.94)	17.0 (0.99)	12.0 (1.37)	11.8 (1.38)	24.0 (2.14)	8.3 (1.87)	21.6 (3.61)
Chemistry (1.0)	32.1 (0.84)	44.2 (1.29)	48.9 (1.23)	55.8 (1.04)	60.4 (1.29)	62.0 (1.47)	66.2 (0.92)	62.5 (1.04)	69.7 (0.99)	67.1 (1.04)	63.6 (1.61)	59.2 (2.13)	79.4 (1.60)	49.3 (4.75)	77.8 (3.11)
AP/honors chemistry (1.0)	3.0 (0.33)	3.5 (0.42)	3.5 (0.47)	3.9 (0.53)	4.7 (0.50)	5.8 (0.85)	7.6 (0.53)	7.6 (0.59)	7.6 (0.55)	8.0 (0.58)	4.0 (0.98)	5.7 (0.82)	17.2 (1.41)	4.8 (1.67)	10.5 (2.57)
Physics (1.0)	15.0 (0.62)	20.0 (0.88)	21.5 (0.81)	24.5 (0.87)	28.8 (1.49)	31.4 (1.16)	32.7 (0.92)	34.8 (0.91)	30.8 (1.11)	34.6 (0.88)	25.8 (2.31)	23.3 (1.68)	49.9 (2.42)	18.2 (3.91)	42.7 (4.08)
AP/honors physics (1.0)	1.2 (0.17)	1.8 (0.30)	2.0 (0.38)	2.7 (0.34)	3.0 (0.37)	3.9 (0.61)	5.3 (0.33)	6.6 (0.42)	4.1 (0.34)	5.6 (0.41)	2.5 (0.37)	3.4 (0.50)	14.2 (1.64)	1.5 (0.89)	8.3 (2.24)
Engineering (1.0)	1.2 (0.21)	2.6 (0.63)	4.2 (1.01)	4.5 (0.78)	6.7 (1.75)	3.9 (0.91)	4.3 (0.51)	4.6 (0.59)	4.0 (0.47)	4.4 (0.62)	4.8 (0.87)	3.3 (0.58)	3.7 (1.11)	3.8 (2.15)	4.2 (1.58)
Astronomy (0.5)	1.2 (0.24)	1.0 (0.17)	1.2 (0.31)	1.7 (0.50)	1.9 (0.46)	2.8 (0.59)	2.8 (0.37)	2.9 (0.42)	2.7 (0.34)	3.3 (0.47)	1.4 (0.24)	1.2 (0.25)	3.1 (0.68)	3.5 (1.61)	1.2 (1.19)
Geology/earth science (0.5)	13.6 (1.04)	13.4 (1.66)	24.7 (2.42)	22.9 (2.41)	20.7 (2.34)	17.4 (1.86)	23.1 (1.48)	23.9 (1.51)	22.4 (1.54)	24.0 (1.86)	24.3 (1.88)	19.6 (1.67)	16.2 (2.39)	22.7 (4.39)	23.2 (4.80)
Biology and chemistry (2.0)	29.3 (0.83)	41.4 (1.22)	47.5 (1.23)	53.7 (1.20)	59.0 (1.22)	59.4 (1.49)	64.3 (0.97)	60.3 (1.08)	68.0 (1.03)	65.3 (1.10)	62.0 (1.60)	57.2 (2.29)	75.5 (2.16)	48.0 (4.74)	73.9 (3.97)
Biology, chemistry, and physics (3.0)	11.2 (0.51)	16.5 (0.77)	18.8 (0.70)	21.4 (0.84)	25.4 (1.32)	25.1 (1.09)	27.3 (0.88)	28.2 (0.85)	26.5 (1.10)	29.0 (0.85)	21.3 (2.25)	18.9 (1.63)	42.8 (2.49)	14.1 (3.33)	33.2 (4.02)

†Not applicable.
[1]These data only report the percentage of students who earned the indicated credit (0.5 = one semester; 1.0 = one academic year) in each course while in high school and do not count those students who took these courses prior to entering high school.
[2]Excludes pre-algebra.
[3]Includes courses where trigonometry or geometry has been combined with algebra II.

NOTE: The Carnegie unit is a standard of measurement that represents one credit for the completion of a 1-year course. Data differ slightly from figures appearing in other NCES reports because of differences in taxonomies and case exclusion criteria. Some data have been revised from previously published figures. Race categories exclude persons of Hispanic ethnicity. Standard errors appear in parentheses.
SOURCE: U.S. Department of Education, National Center for Education Statistics, High School and Beyond Longitudinal Study of 1980 Sophomores (HS&B-So:80/82), "High School Transcript Study"; and 1987, 1990, 1994, 1998, 2000, and 2005 High School Transcript Study (HSTS). (This table was prepared January 2007.)

Table 160. Average number of Carnegie units and percentage distribution of high school graduates by number of units earned in advanced mathematics and advanced science and engineering courses, by selected student and school characteristics: 1990, 2000, and 2005

Selected student and school characteristic	Advanced[1] mathematics courses: Average number of Carnegie units	Advanced[1] mathematics courses, percentage distribution of graduates: 0 units	0.1 to 1.0 units	1.1 to 2.0 units	2.1 to 3.0 units	More than 3.0 units	Advanced[1] science and engineering courses: Average number of Carnegie units	Advanced[1] science and engineering courses, percentage distribution of graduates: 0 units	0.1 to 1.0 units	1.1 to 2.0 units	2.1 to 3.0 units	More than 3.0 units
1	2	3	4	5	6	7	8	9	10	11	12	13
1990 graduates	**0.9 (0.02)**	**44.1 (1.13)**	**27.4 (0.72)**	**20.5 (0.60)**	**7.2 (0.50)**	**0.8 (0.12)**	**1.0 (0.03)**	**40.6 (1.32)**	**27.9 (0.91)**	**19.8 (0.70)**	**8.3 (0.43)**	**3.3 (0.46)**
Sex												
Male	0.9 (0.03)	45.5 (1.38)	25.2 (0.88)	20.6 (0.73)	8.0 (0.63)	0.8 (0.14)	1.0 (0.03)	41.3 (1.47)	26.3 (1.03)	20.2 (0.80)	8.5 (0.49)	3.7 (0.51)
Female	0.9 (0.02)	42.8 (1.19)	29.5 (0.81)	20.4 (0.73)	6.6 (0.45)	0.7 (0.13)	1.0 (0.03)	40.1 (1.38)	29.4 (0.97)	19.5 (0.83)	8.2 (0.50)	2.9 (0.44)
Race/ethnicity												
White	1.0 (0.02)	40.8 (1.15)	27.6 (0.79)	22.7 (0.63)	8.1 (0.57)	0.8 (0.13)	1.1 (0.03)	37.7 (1.51)	28.2 (1.01)	21.2 (0.79)	9.1 (0.45)	3.8 (0.58)
Black	0.6 (0.05)	55.7 (2.78)	27.3 (1.64)	13.2 (1.68)	3.2 (0.53)	0.5 (0.33)	0.8 (0.06)	49.5 (2.93)	28.6 (2.05)	15.2 (1.37)	5.4 (1.10)	1.3 (0.30)
Hispanic	0.5 (0.04)	59.5 (2.62)	26.2 (2.02)	11.2 (0.96)	2.7 (0.45)	0.3 (0.23)	0.6 (0.05)	56.9 (2.47)	24.4 (2.08)	13.6 (1.53)	3.5 (0.71)	1.6 (0.42)
Asian/Pacific Islander	1.3 (0.13)	28.9 (6.03)	25.9 (2.17)	28.2 (3.30)	15.9 (2.40)	1.1 (0.54)	1.3 (0.14)	30.3 (5.02)	28.6 (2.62)	24.0 (1.48)	12.4 (3.48)	4.7 (1.48)
Other	0.7 (0.07)	49.0 (4.10)	31.5 (3.40)	14.2 (3.08)	5.3 (2.30)	# (†)	0.8 (0.08)	56.3 (3.79)	18.6 (3.02)	13.8 (2.82)	9.1 (2.24)	2.2 (1.37)
School poverty rate[2]												
Very low	1.1 (0.04)	32.7 (1.96)	27.9 (1.29)	29.3 (1.36)	9.2 (0.74)	0.9 (0.25)	1.2 (0.07)	32.9 (2.41)	28.3 (1.50)	23.3 (1.45)	9.9 (0.96)	5.6 (1.47)
Low	0.9 (0.03)	46.2 (1.53)	27.0 (1.13)	18.4 (0.82)	7.6 (0.86)	0.8 (0.25)	1.0 (0.04)	41.3 (1.69)	27.1 (1.32)	19.2 (1.00)	9.1 (0.74)	3.3 (0.57)
Medium	0.7 (0.06)	55.3 (2.73)	26.6 (2.10)	12.3 (0.96)	4.9 (1.24)	1.0 (0.66)	0.7 (0.07)	50.5 (3.85)	28.4 (2.91)	14.7 (1.66)	5.2 (1.06)	1.2 (0.45)
High	0.6 (0.08)	57.8 (4.44)	27.5 (2.46)	13.1 (3.56)	1.4 (0.64)	0.2 (0.15)	0.7 (0.12)	51.2 (7.42)	31.2 (4.77)	13.3 (2.86)	3.1 (1.42)	1.1 (0.88)
2000 graduates	**1.4 (0.03)**	**25.6 (0.90)**	**30.5 (0.85)**	**25.4 (0.72)**	**14.0 (0.65)**	**4.4 (0.65)**	**1.5 (0.05)**	**23.8 (1.25)**	**28.3 (0.96)**	**24.6 (0.75)**	**14.7 (0.77)**	**8.6 (0.80)**
Sex												
Male	1.3 (0.04)	29.5 (1.02)	29.0 (0.89)	23.1 (0.73)	13.7 (0.75)	4.7 (0.68)	1.5 (0.05)	26.8 (1.39)	27.2 (0.97)	24.3 (0.87)	13.4 (0.75)	8.3 (0.81)
Female	1.4 (0.03)	22.2 (1.05)	31.8 (1.05)	27.5 (1.04)	14.3 (0.68)	4.1 (0.66)	1.6 (0.05)	21.2 (1.31)	29.3 (1.14)	24.8 (0.83)	15.8 (0.92)	8.9 (0.85)
Race/ethnicity												
White	1.4 (0.04)	24.6 (0.86)	28.3 (1.01)	27.1 (0.92)	15.0 (0.68)	4.9 (0.88)	1.6 (0.05)	23.0 (1.26)	27.2 (1.06)	24.7 (0.92)	16.1 (0.91)	9.0 (0.92)
Black	1.1 (0.05)	29.3 (2.02)	39.7 (1.97)	20.8 (1.23)	8.5 (1.12)	1.7 (0.44)	1.3 (0.07)	25.8 (2.27)	34.7 (1.73)	24.4 (1.42)	10.0 (0.82)	5.2 (1.23)
Hispanic	1.0 (0.07)	32.5 (4.07)	39.3 (2.46)	19.8 (2.07)	6.5 (0.92)	1.9 (0.44)	1.2 (0.12)	31.3 (4.45)	30.9 (1.72)	23.8 (2.14)	9.2 (1.69)	4.8 (1.25)
Asian/Pacific Islander	2.0 (0.11)	12.6 (1.52)	19.3 (1.66)	26.3 (2.81)	30.5 (3.14)	11.3 (1.91)	2.3 (0.15)	14.2 (2.13)	19.0 (1.69)	24.4 (1.76)	20.3 (1.72)	22.1 (2.65)
Other	1.3 (0.19)	30.0 (4.31)	25.6 (4.13)	22.6 (3.63)	14.4 (4.09)	7.4 (4.97)	1.5 (0.25)	22.7 (6.43)	32.7 (3.47)	24.3 (3.17)	11.8 (3.27)	8.6 (3.30)
School poverty rate[2]												
Very low	1.7 (0.10)	16.1 (2.37)	26.1 (2.19)	32.7 (1.99)	19.2 (2.04)	5.9 (1.68)	1.9 (0.14)	15.8 (3.37)	25.6 (1.49)	28.3 (2.51)	16.5 (1.74)	13.8 (2.55)
Low	1.2 (0.05)	29.0 (1.69)	32.5 (1.61)	21.9 (1.22)	13.2 (1.24)	3.4 (0.65)	1.3 (0.07)	28.7 (2.20)	29.0 (2.08)	23.8 (1.34)	12.9 (1.15)	5.6 (0.90)
Medium	1.2 (0.05)	30.8 (1.73)	30.4 (1.61)	23.4 (1.42)	12.1 (1.04)	3.2 (0.76)	1.5 (0.06)	22.5 (2.40)	32.1 (2.19)	22.0 (1.24)	14.8 (1.24)	8.7 (1.14)
High	1.1 (0.08)	28.1 (4.33)	41.5 (3.16)	20.5 (1.75)	8.5 (1.49)	1.4 (0.38)	1.4 (0.13)	25.0 (4.09)	33.3 (1.47)	24.1 (1.99)	11.6 (1.74)	6.1 (1.59)
2005 graduates	**1.5 (0.02)**	**22.0 (0.55)**	**29.0 (0.66)**	**27.3 (0.53)**	**15.2 (0.47)**	**6.5 (0.50)**	**1.6 (0.03)**	**22.7 (0.80)**	**28.5 (0.71)**	**24.4 (0.72)**	**14.7 (0.53)**	**9.7 (0.55)**
Sex												
Male	1.5 (0.03)	25.0 (0.67)	28.5 (0.64)	25.1 (0.64)	14.6 (0.54)	6.9 (0.53)	1.5 (0.03)	25.7 (0.95)	29.0 (0.77)	22.5 (0.80)	13.6 (0.58)	9.2 (0.59)
Female	1.6 (0.03)	19.1 (0.61)	29.5 (0.84)	29.5 (0.62)	15.8 (0.52)	6.1 (0.53)	1.6 (0.03)	19.8 (0.80)	28.0 (0.79)	26.3 (0.86)	15.7 (0.64)	10.2 (0.58)
Race/ethnicity												
White	1.6 (0.02)	20.4 (0.60)	26.7 (0.62)	28.2 (0.64)	17.1 (0.52)	7.6 (0.62)	1.6 (0.03)	21.4 (0.87)	26.7 (0.75)	25.3 (0.84)	15.6 (0.57)	11.0 (0.63)
Black	1.2 (0.04)	24.9 (1.37)	37.4 (1.66)	26.7 (1.32)	8.7 (0.95)	2.2 (0.38)	1.4 (0.06)	23.6 (1.37)	33.9 (1.50)	24.0 (1.19)	13.5 (1.55)	5.0 (0.63)
Hispanic	1.1 (0.03)	32.1 (1.51)	35.8 (1.16)	21.8 (1.05)	8.3 (0.63)	2.1 (0.42)	1.1 (0.05)	33.1 (1.66)	33.8 (1.43)	19.4 (1.07)	9.3 (0.93)	4.5 (0.70)
Asian/Pacific Islander	2.0 (0.06)	11.9 (1.09)	21.4 (2.05)	29.2 (1.76)	22.9 (1.69)	14.5 (1.52)	2.1 (0.07)	14.6 (1.53)	23.3 (1.83)	26.1 (1.65)	18.3 (1.80)	17.7 (1.66)
Other	1.5 (0.07)	18.9 (2.43)	32.8 (2.93)	30.5 (2.54)	14.5 (2.13)	3.4 (1.13)	1.5 (0.08)	18.2 (2.71)	36.2 (2.66)	24.0 (2.72)	14.1 (1.96)	7.4 (1.41)
School poverty rate[2]												
Very low	2.1 (0.13)	11.7 (1.72)	20.1 (1.59)	32.3 (2.83)	21.8 (1.49)	14.2 (3.94)	2.2 (0.15)	13.4 (2.10)	19.4 (2.08)	27.0 (3.10)	18.6 (1.85)	21.6 (4.86)
Low	1.5 (0.04)	23.2 (0.90)	26.8 (0.97)	25.6 (0.96)	16.1 (0.81)	8.3 (1.10)	1.6 (0.05)	22.7 (1.48)	27.5 (0.94)	24.8 (1.15)	14.8 (1.04)	10.2 (0.93)
Medium	1.4 (0.03)	23.6 (1.08)	31.4 (1.07)	27.6 (1.14)	12.0 (0.59)	5.5 (0.64)	1.4 (0.05)	26.4 (1.45)	30.5 (1.11)	22.6 (0.90)	12.8 (0.96)	7.7 (0.70)
High	1.1 (0.04)	28.5 (1.95)	37.1 (2.04)	23.8 (1.31)	8.5 (0.86)	2.1 (0.41)	1.2 (0.06)	28.6 (2.39)	36.3 (1.85)	21.1 (1.44)	9.8 (1.22)	4.2 (0.59)

†Not applicable.
#Rounds to zero.
[1]Advanced courses are defined as those with higher level content or those designated as "advanced," "honors," Advanced Placement (AP), or International Baccalaureate (IB). Advanced mathematics includes algebra II and more advanced courses such as pre-calculus/analysis, calculus, trigonometry, and statistics/probability. Advanced science and engineering includes second- and third-year biology and environmental/earth sciences, chemistry, academic courses applying science and mathematics concepts and skills to engineering problems, and specialized topics such as aerospace materials and metallurgy.
[2]School poverty rate is defined as the percentage of students eligible for the national free or reduced-price lunch program: very low = 5 percent or less, low = 6 to 25 percent, medium = 26 to 50 percent, and high = 51 to 100 percent.
NOTE: The Carnegie unit is a standard of measurement that represents one credit for the completion of a 1-year course. Race categories exclude persons of Hispanic ethnicity, and Other includes American Indian/Alaska Native. Detail may not sum to totals because of rounding. Standard errors appear in parentheses.
SOURCE: U.S. Department of Education, National Center for Education Statistics, National Assessment of Educational Progress (NAEP), High School Transcript Study, retrieved April 5, 2010, from *STEM Coursetaking Among High School Graduates, 1990–2005, Additional Data Tables* (http:\\mprinc.com/products/pdf/stem_tables.pdf). (This table was prepared April 2010.)

Table 161. Percentage of public and private high school graduates earning minimum credits in selected combinations of academic courses, by sex and race/ethnicity: Selected years, 1982 through 2005

Year of graduation and course combination taken[1]	All students	Sex		Race/ethnicity					
		Male	Female	White	Black	Hispanic	Asian/Pacific Islander	American Indian/Alaska Native	Other
1	2	3	4	5	6	7	8	9	10
1982 graduates									
4 Eng, 3 SS, 3 Sci, 3 Math, .5 Comp, and 2 FL[2]	2.0 (0.22)	2.3 (0.31)	1.8 (0.27)	2.4 (0.28)	0.7 (0.28)	0.6 (0.22)	5.8 (1.72)	1.1 (0.77)	— (†)
4 Eng, 3 SS, 3 Sci, 3 Math, and 2 FL	9.5 (0.57)	9.1 (0.70)	9.9 (0.71)	10.9 (0.69)	5.2 (1.02)	3.9 (0.57)	17.0 (2.49)	3.3 (1.68)	— (†)
4 Eng, 3 SS, 3 Sci, 3 Math	14.3 (0.66)	15.2 (0.86)	13.4 (0.79)	15.9 (0.79)	11.0 (1.39)	6.7 (0.79)	21.1 (2.65)	8.1 (3.02)	— (†)
4 Eng, 3 SS, 2 Sci, 2 Math	31.5 (1.07)	31.7 (1.26)	31.3 (1.22)	32.4 (1.21)	30.8 (2.32)	25.6 (1.76)	32.0 (3.40)	23.6 (5.39)	— (†)
1987 graduates									
4 Eng, 3 SS, 3 Sci, 3 Math, .5 Comp, and 2 FL[2]	10.6 (0.73)	11.5 (1.01)	9.8 (0.65)	11.3 (0.97)	6.6 (0.91)	5.5 (1.03)	20.5 (2.57)	2.5 (0.86)	— (†)
4 Eng, 3 SS, 3 Sci, 3 Math, and 2 FL	18.1 (0.91)	18.0 (1.13)	18.3 (1.01)	19.0 (1.10)	12.7 (1.15)	10.8 (1.70)	35.7 (4.49)	4.9 (1.40)	— (†)
4 Eng, 3 SS, 3 Sci, 3 Math	24.8 (1.03)	25.9 (1.27)	23.7 (1.07)	26.1 (1.21)	19.6 (1.99)	14.5 (1.69)	39.8 (4.51)	24.3 (3.69)	— (†)
4 Eng, 3 SS, 2 Sci, 2 Math	48.1 (1.74)	48.0 (2.22)	48.4 (1.56)	48.1 (2.15)	48.3 (2.63)	43.9 (1.92)	57.9 (4.82)	61.8 (5.56)	— (†)
1990 graduates									
4 Eng, 3 SS, 3 Sci, 3 Math, .5 Comp, and 2 FL[2]	18.0 (1.06)	17.8 (1.16)	18.2 (1.09)	18.6 (1.21)	15.1 (1.66)	17.8 (2.42)	23.3 (2.23)	7.8 (3.33)	— (†)
4 Eng, 3 SS, 3 Sci, 3 Math, and 2 FL	29.9 (1.26)	28.8 (1.38)	31.0 (1.36)	31.7 (1.46)	22.9 (2.27)	25.4 (2.41)	42.6 (2.95)	9.9 (3.70)	— (†)
4 Eng, 3 SS, 3 Sci, 3 Math	38.2 (1.50)	38.5 (1.69)	37.9 (1.54)	39.2 (1.63)	39.0 (3.57)	29.8 (2.51)	47.4 (3.04)	19.2 (4.70)	— (†)
4 Eng, 3 SS, 2 Sci, 2 Math	65.5 (1.96)	64.3 (2.09)	66.4 (1.98)	64.9 (2.28)	71.3 (3.00)	63.7 (3.01)	69.1 (3.90)	46.3 (6.39)	— (†)
1994 graduates									
4 Eng, 3 SS, 3 Sci, 3 Math, .5 Comp, and 2 FL[2]	25.1 (1.05)	23.4 (0.93)	26.8 (1.32)	26.4 (1.19)	19.0 (1.45)	27.1 (3.75)	35.5 (2.84)	12.9 (3.09)	— (†)
4 Eng, 3 SS, 3 Sci, 3 Math, and 2 FL	39.0 (1.12)	35.0 (1.11)	42.7 (1.33)	41.6 (1.32)	29.6 (1.52)	35.6 (2.94)	50.1 (2.39)	22.5 (4.31)	— (†)
4 Eng, 3 SS, 3 Sci, 3 Math	49.3 (1.45)	47.0 (1.45)	51.5 (1.58)	52.4 (1.67)	43.7 (2.39)	40.3 (3.25)	54.9 (2.46)	46.0 (3.30)	— (†)
4 Eng, 3 SS, 2 Sci, 2 Math	73.9 (1.50)	71.2 (1.63)	76.4 (1.46)	75.1 (1.69)	74.5 (2.32)	74.7 (2.61)	72.3 (3.62)	76.3 (3.60)	— (†)
1998 graduates									
4 Eng, 3 SS, 3 Sci, 3 Math, .5 Comp, and 2 FL[2]	28.6 (1.72)	27.6 (2.12)	30.1 (1.90)	29.6 (1.99)	27.9 (3.36)	20.4 (2.44)	38.6 (4.61)	16.5 (4.65)	— (†)
4 Eng, 3 SS, 3 Sci, 3 Math, and 2 FL	44.2 (1.92)	40.5 (2.19)	48.2 (2.05)	46.2 (2.16)	40.0 (3.41)	32.0 (2.94)	57.8 (4.51)	28.3 (4.53)	— (†)
4 Eng, 3 SS, 3 Sci, 3 Math	55.0 (2.44)	52.9 (2.64)	57.8 (2.48)	56.8 (2.69)	55.6 (4.39)	40.0 (3.28)	66.1 (5.69)	40.0 (4.73)	— (†)
4 Eng, 3 SS, 2 Sci, 2 Math	74.5 (2.18)	72.8 (2.34)	77.0 (2.14)	74.7 (2.64)	76.0 (3.21)	70.1 (2.57)	79.5 (4.76)	76.4 (5.21)	— (†)
2000 graduates									
4 Eng, 3 SS, 3 Sci, 3 Math, .5 Comp, and 2 FL[2]	31.0 (1.53)	28.6 (1.59)	33.2 (1.73)	31.5 (1.55)	28.9 (1.65)	28.4 (5.50)	37.8 (5.45)	16.2 (2.69)	— (†)
4 Eng, 3 SS, 3 Sci, 3 Math, and 2 FL	46.5 (1.46)	40.3 (1.59)	52.1 (1.60)	47.8 (1.56)	44.2 (2.14)	38.4 (5.05)	56.5 (3.13)	25.6 (3.40)	— (†)
4 Eng, 3 SS, 3 Sci, 3 Math	57.2 (1.58)	52.9 (1.65)	61.1 (1.70)	58.1 (1.70)	62.4 (2.44)	46.4 (5.46)	61.1 (3.11)	40.9 (5.56)	— (†)
4 Eng, 3 SS, 2 Sci, 2 Math	77.6 (1.58)	74.2 (1.86)	80.6 (1.44)	77.9 (1.84)	81.2 (2.23)	74.1 (3.24)	74.5 (3.05)	71.2 (4.44)	— (†)
2005 graduates									
4 Eng, 3 SS, 3 Sci, 3 Math, .5 Comp, and 2 FL[2]	36.2 (1.00)	34.6 (0.97)	37.7 (1.23)	35.8 (1.22)	39.9 (1.72)	33.0 (1.86)	42.9 (2.34)	24.5 (3.48)	36.8 (5.09)
4 Eng, 3 SS, 3 Sci, 3 Math, and 2 FL	52.1 (1.00)	46.8 (1.16)	57.2 (1.01)	53.3 (1.20)	51.4 (1.88)	41.8 (2.07)	63.6 (2.19)	36.2 (3.40)	65.7 (3.12)
4 Eng, 3 SS, 3 Sci, 3 Math	64.7 (1.07)	61.1 (1.26)	68.0 (0.99)	65.9 (1.32)	69.6 (1.83)	49.8 (2.29)	69.1 (2.20)	59.3 (3.30)	72.4 (3.44)
4 Eng, 3 SS, 2 Sci, 2 Math	81.8 (1.02)	79.2 (1.18)	84.3 (0.97)	81.2 (1.33)	88.7 (0.93)	77.2 (1.33)	83.7 (1.72)	81.0 (3.18)	87.2 (2.71)

—Not available.
†Not applicable.
[1]Eng = English; SS = social studies; Sci = science; Comp = computer science; and FL = foreign language.
[2]The National Commission on Excellence in Education recommended that all college-bound high school students take these courses as a minimum.

NOTE: Data differ slightly from figures appearing in other NCES reports because of differences in taxonomies and case exclusion criteria. Race categories exclude persons of Hispanic ethnicity. Standard errors appear in parentheses.
SOURCE: U.S. Department of Education, National Center for Education Statistics, High School and Beyond Longitudinal Study of 1980 Sophomores (HS&B-So:80/82), "High School Transcript Study"; and 1987, 1990, 1994, 1998, 2000, and 2005 High School Transcript Study (HSTS). (This table was prepared January 2007.)

Table 162. Public high schools that offered and students enrolled in dual credit, Advanced Placement, and International Baccalaureate courses, by school characteristics: 2003

School characteristic	Total number of high schools		Percent of public high schools: Offered dual credit courses		Offered Advanced Placement courses		Offered International Baccalaureate courses		Total enrollments of public high school students[1]: Dual credit courses		Advanced Placement courses		International Baccalaureate courses	
1	2		3		4		5		6		7		8	
All public high schools	**16,500**	**(120)**	**71**	**(1.4)**	**67**	**(1.1)**	**2**	**(0.4)**	**1,162,000**	**(53,420)**	**1,795,400**	**(54,930)**	**165,100**	**(32,820)**
Enrollment size														
Less than 500	7,400	(120)	63	(2.5)	40	(2.3)	‡	(†)	185,300	(15,590)	81,100	(8,510)	‡	(†)
500 to 1,199	5,000	(80)	75	(1.7)	82	(1.6)	2	(0.6)	335,100	(24,020)	481,000	(26,970)	24,800	(11,180)
1,200 or more	4,100	(80)	82	(1.8)	97	(0.8)	7	(1.1)	641,600	(47,500)	1,233,300	(47,700)	140,200	(29,740)
School locale														
City	2,700	(110)	65	(3.4)	77	(2.9)	6	(1.3)	246,300	(33,160)	548,400	(32,020)	58,700	(15,920)
Urban fringe	4,100	(130)	74	(1.9)	87	(2.2)	4	(0.9)	458,800	(36,290)	853,200	(41,300)	97,600	(26,990)
Town	2,400	(130)	79	(3.3)	72	(3.8)	1 !	(0.6)	201,700	(20,440)	143,200	(10,970)	8,300 !	(4,770)
Rural	7,200	(220)	70	(2.3)	50	(2.2)	‡	(†)	255,200	(18,150)	250,600	(14,900)	‡	(†)
Region														
Northeast	2,800	(160)	58	(3.5)	84	(2.3)	1	(0.5)	144,800	(20,600)	390,900	(29,210)	7,300 !	(4,880)
Southeast	3,500	(180)	69	(3.4)	69	(2.6)	5	(1.1)	194,000	(19,300)	386,100	(30,540)	65,800	(18,990)
Central	5,200	(190)	80	(2.6)	54	(2.5)	1	(0.4)	333,900	(29,010)	319,300	(22,060)	25,600 !	(14,170)
West	5,100	(230)	71	(2.2)	69	(2.3)	3	(0.9)	489,400	(47,580)	699,100	(48,150)	66,400	(23,380)
Percent of students who are Black, Hispanic, Asian, Pacific Islander, or American Indian/Alaska Native[2]														
Less than 6 percent	5,600	(90)	76	(2.5)	58	(2.1)	#	(†)	317,400	(24,840)	267,100	(18,820)	#	(†)
6 to 20 percent	3,800	(80)	78	(2.4)	70	(2.2)	2	(0.6)	380,900	(35,440)	463,800	(21,630)	16,700	(5,470)
21 to 49 percent	3,200	(120)	72	(3.5)	75	(3.0)	5	(1.3)	228,900	(22,890)	528,500	(29,150)	64,300	(19,280)
50 percent or more	3,600	(100)	58	(3.1)	69	(2.5)	4	(1.0)	231,400	(36,220)	497,700	(35,430)	84,100	(26,560)

†Not applicable.
#Rounds to zero.
!Interpret data with caution.
‡Reporting standards not met.
[1]Enrollments may include duplicated counts of students in each type of course, since schools were instructed to count a student enrolled in multiple courses of a particular type for each course in which he or she was enrolled.
[2]Excludes schools not reporting these data.

NOTE: Data were collected during the 2002–03 12-month school year. Dual credit courses are those in which high school students can earn both high school and postsecondary credits for the same course. Percentages are based on unrounded numbers. Detail may not sum to totals because of rounding or missing data. Standard errors appear in parentheses.
SOURCE: U.S. Department of Education, National Center for Education Statistics, Fast Response Survey System (FRSS), "Dual Credit and Exam-Based Courses," FRSS 85, 2003. (This table was prepared July 2005.)

Table 163. Percentage of high school seniors who say they engage in various activities, by selected student and school characteristics: 1992 and 2004

Activity	Total	Sex: Male	Sex: Female	Race/ethnicity: White	Race/ethnicity: Black	Race/ethnicity: Hispanic	Race/ethnicity: Asian/Pacific Islander	Race/ethnicity: American Indian/Alaska Native	Socioeconomic status[1]: Low	Socioeconomic status[1]: Middle	Socioeconomic status[1]: High	Control of school attended: Public	Control of school attended: Catholic	Control of school attended: Other private
1	2	3	4	5	6	7	8	9	10	11	12	13	14	15
1992														
At least once a week														
Use personal computer[2]	23.6 (0.52)	28.1 (0.76)	19.3 (0.64)	23.9 (0.58)	23.3 (1.71)	20.7 (1.49)	26.6 (1.90)	22.0 (3.88)	18.7 (1.10)	23.4 (0.73)	27.6 (0.91)	23.3 (0.50)	26.0 (2.58)	29.0 (3.04)
Work on hobbies	40.9 (0.62)	44.4 (0.85)	37.6 (0.86)	42.2 (0.71)	34.5 (1.99)	39.7 (1.71)	37.7 (2.16)	51.8 (4.20)	36.3 (1.29)	41.1 (0.84)	43.6 (1.14)	40.6 (0.59)	42.4 (2.69)	41.1 (2.60)
Perform community service	11.3 (0.48)	10.7 (0.80)	11.9 (0.52)	11.1 (0.60)	12.1 (1.26)	11.1 (1.03)	13.8 (1.58)	8.0 (2.56)	7.6 (0.61)	9.6 (0.46)	16.9 (1.22)	9.6 (0.37)	23.6 (2.50)	22.9 (2.63)
Driving or riding around	73.2 (0.59)	74.4 (0.84)	72.1 (0.75)	75.7 (0.64)	67.8 (2.15)	66.0 (1.82)	66.5 (2.05)	67.6 (4.40)	69.6 (1.26)	75.3 (0.75)	72.4 (1.13)	74.0 (0.55)	76.1 (2.41)	68.7 (2.91)
Visiting with friends at a local hangout	88.0 (0.45)	88.2 (0.62)	87.9 (0.62)	90.6 (0.41)	79.8 (2.02)	82.1 (1.27)	85.7 (1.46)	73.0 (4.89)	80.6 (1.05)	88.0 (0.66)	93.2 (0.57)	88.2 (0.39)	93.3 (1.23)	95.1 (0.78)
Talk on phone with friends	80.5 (0.56)	72.6 (0.88)	88.3 (0.64)	81.7 (0.62)	81.3 (2.01)	71.8 (1.60)	77.2 (1.82)	73.7 (6.12)	72.8 (1.13)	81.6 (0.71)	83.7 (1.10)	80.4 (0.54)	86.8 (1.84)	77.9 (2.77)
Take music, art, or dance class	10.2 (0.35)	7.9 (0.44)	12.4 (0.52)	10.0 (0.40)	9.6 (1.11)	9.9 (1.27)	14.1 (1.21)	10.7 (3.40)	7.2 (0.67)	8.9 (0.43)	14.2 (0.75)	9.7 (0.35)	12.4 (1.55)	14.9 (1.49)
Take sports lessons	7.3 (0.38)	9.7 (0.62)	5.0 (0.45)	7.0 (0.46)	7.5 (0.80)	8.0 (1.14)	9.3 (1.06)	10.0 (4.07)	5.5 (0.61)	6.6 (0.40)	9.5 (0.96)	6.5 (0.29)	9.2 (1.60)	7.3 (1.13)
Play ball or other sports	26.2 (0.62)	38.7 (0.91)	14.0 (0.70)	27.1 (0.73)	22.6 (1.79)	23.4 (1.55)	28.1 (2.13)	27.3 (4.25)	20.4 (1.01)	24.5 (0.73)	32.9 (1.29)	25.6 (0.56)	35.1 (2.71)	28.0 (3.00)
Reading 3 or more hours per week (not for school)	33.7 (0.56)	30.9 (0.78)	36.4 (0.78)	34.5 (0.64)	28.6 (1.81)	32.8 (1.75)	35.3 (2.03)	34.4 (3.90)	29.7 (1.10)	33.4 (0.77)	36.7 (1.01)	33.2 (0.59)	32.4 (2.35)	38.8 (2.51)
Plays video/computer games 3 or more hours per day on weekdays	2.0 (0.16)	3.2 (0.29)	0.8 (0.12)	1.8 (0.18)	3.3 (0.64)	2.1 (0.43)	2.7 (0.88)	2.5 (1.19)	3.4 (0.40)	2.1 (0.23)	1.1 (0.19)	2.1 (0.18)	1.6 (0.50)	0.6 (0.26)
Watches television 3 or more hours per day on weekdays	27.0 (0.62)	27.7 (0.88)	26.4 (0.77)	23.6 (0.67)	49.2 (2.29)	26.6 (1.54)	25.0 (2.20)	36.4 (4.85)	34.1 (1.24)	29.3 (0.89)	18.1 (1.03)	26.4 (0.56)	26.1 (2.29)	15.5 (2.34)
2004														
At least once a week														
Use personal computer at home	79.3 (0.52)	79.6 (0.65)	79.0 (0.69)	84.7 (0.54)	62.8 (1.34)	71.4 (1.32)	89.5 (1.06)	68.8 (2.31)	61.9 (1.07)	79.8 (0.63)	92.3 (0.53)	78.2 (0.56)	93.2 (0.69)	89.6 (1.90)
Work on hobbies	46.5 (0.56)	49.6 (0.80)	43.3 (0.71)	46.8 (0.68)	44.3 (1.46)	44.8 (1.39)	49.3 (1.75)	58.4 (2.40)	42.2 (1.07)	46.6 (0.76)	49.6 (0.93)	46.3 (0.60)	47.2 (1.41)	48.6 (1.90)
Perform community service	18.7 (0.45)	15.1 (0.54)	22.3 (0.63)	17.9 (0.52)	21.1 (1.22)	17.5 (1.11)	27.4 (1.36)	11.6 (2.05)	15.7 (0.74)	17.4 (0.64)	23.5 (0.81)	18.3 (0.48)	23.8 (1.29)	22.1 (1.81)
Driving or riding around	65.7 (0.61)	67.5 (0.78)	64.0 (0.79)	70.0 (0.70)	63.9 (1.28)	54.0 (1.28)	58.3 (1.93)	77.0 (3.70)	59.0 (1.17)	67.2 (0.82)	68.4 (0.93)	65.7 (0.66)	68.8 (1.36)	62.8 (2.24)
Visiting with friends at a local hangout	86.1 (0.41)	88.4 (0.46)	83.9 (0.63)	90.7 (0.40)	79.9 (1.03)	77.7 (1.16)	79.0 (1.37)	82.6 (2.52)	76.6 (0.94)	87.7 (0.51)	90.9 (0.56)	85.7 (0.44)	92.2 (0.65)	89.2 (1.05)
Talk on phone with friends	72.1 (0.48)	65.2 (0.71)	78.9 (0.58)	71.6 (0.61)	80.5 (0.98)	66.6 (1.24)	64.7 (1.75)	73.1 (2.68)	66.0 (0.95)	73.5 (0.66)	74.2 (0.82)	71.8 (0.52)	77.5 (1.30)	72.7 (1.53)
Take music, art, or language class	17.7 (0.46)	13.8 (0.52)	21.7 (0.66)	17.5 (0.61)	18.7 (0.96)	15.2 (1.02)	21.2 (1.42)	17.8 (1.30)	13.6 (0.78)	17.0 (0.61)	22.4 (0.71)	17.4 (0.49)	19.6 (1.22)	22.6 (1.75)
Take sports lessons	13.2 (0.41)	15.8 (0.61)	10.7 (0.48)	12.5 (0.47)	15.7 (1.09)	13.5 (1.07)	12.9 (1.31)	12.1 (0.43)	10.8 (0.70)	12.6 (0.57)	16.4 (0.71)	12.9 (0.44)	18.8 (0.92)	14.4 (1.07)
Play non-school sports	27.4 (0.53)	39.2 (0.77)	15.7 (0.62)	26.8 (0.70)	28.3 (1.14)	27.5 (1.27)	30.7 (1.57)	38.7 (1.61)	24.3 (0.91)	27.3 (0.73)	30.0 (1.06)	27.3 (0.57)	31.2 (1.47)	24.8 (1.74)
Reading 3 or more hours per week (not for school)	32.0 (0.51)	29.5 (0.70)	34.5 (0.71)	31.5 (0.66)	32.7 (1.24)	32.8 (1.28)	30.5 (1.43)	34.4 (3.73)	30.3 (0.99)	30.8 (0.72)	35.6 (0.89)	32.0 (0.55)	29.6 (1.47)	34.9 (1.74)
Plays video/computer games 3 or more hours per day on weekdays	5.9 (0.27)	10.4 (0.48)	1.5 (0.18)	5.1 (0.31)	7.8 (0.78)	6.6 (0.66)	6.1 (0.81)	8.9 (1.17)	7.2 (0.54)	6.3 (0.40)	4.2 (0.35)	6.1 (0.29)	3.8 (0.50)	3.5 (0.59)
Watches television/DVDs 3 or more hours per day on weekdays	28.1 (0.54)	29.3 (0.76)	26.9 (0.69)	21.9 (0.61)	51.7 (1.37)	33.0 (1.06)	24.6 (1.72)	29.9 (3.81)	35.6 (1.00)	29.3 (0.76)	20.0 (0.75)	28.8 (0.58)	24.3 (1.60)	15.8 (1.43)
Hours of homework per week														
Less than 1 hour	13.3 (0.44)	17.3 (0.67)	9.4 (0.48)	14.0 (0.56)	15.1 (0.93)	10.7 (0.83)	6.5 (1.09)	14.9 (1.38)	15.6 (0.78)	14.8 (0.62)	8.7 (0.55)	14.0 (0.47)	5.5 (0.70)	5.4 (1.19)
1 to 3 hours	28.7 (0.52)	30.2 (0.72)	27.3 (0.75)	27.3 (0.64)	32.6 (1.18)	33.9 (1.27)	16.6 (1.52)	29.6 (2.75)	32.7 (0.97)	30.3 (0.71)	22.8 (0.89)	29.7 (0.56)	19.5 (1.32)	16.9 (1.57)
4 to 6 hours	25.0 (0.49)	24.5 (0.68)	25.5 (0.66)	25.8 (0.64)	24.7 (1.18)	23.0 (1.20)	26.7 (1.59)	21.4 (1.19)	24.2 (0.94)	25.1 (0.67)	25.6 (0.89)	25.0 (0.53)	27.3 (1.23)	24.0 (1.48)
7 to 12 hours	21.7 (0.51)	19.8 (0.68)	23.6 (0.68)	22.4 (0.65)	18.0 (0.98)	21.7 (1.26)	27.3 (1.46)	26.9 (3.86)	18.2 (0.81)	20.5 (0.66)	26.8 (0.90)	20.9 (0.55)	29.1 (1.13)	32.2 (1.87)
More than 12 hours	11.2 (0.39)	8.2 (0.43)	14.2 (0.61)	10.5 (0.47)	9.6 (0.85)	10.7 (0.99)	22.8 (1.66)	7.2 (2.20)	9.2 (0.76)	9.4 (0.46)	16.1 (0.73)	10.4 (0.40)	18.6 (1.52)	21.5 (2.83)

[1]Socioeconomic status (SES) was measured by a composite score on parental education and occupations, and family income. The "low" SES group is the lowest quartile; the "middle" SES group is the middle two quartiles; and the "high" SES group is the upper quartile.
[2]Question does not specify where computer is used.

NOTE: Race categories exclude persons of Hispanic ethnicity. Standard errors appear in parentheses.
SOURCE: U.S. Department of Education, National Center for Education Statistics, National Education Longitudinal Study of 1988 (NELS:88/92), "Second Follow-up Student Survey, 1992"; and Education Longitudinal Study of 2002 (ELS:2002/04), "First Follow-up, 2004." (This table was prepared December 2009.)

Table 164. Percentage of high school seniors who participate in various school-sponsored extracurricular activities, by selected student characteristics: 1994 and 2004

Selected student characteristic	Academic clubs		Sports: Any sport		Sports: Interscholastic[1]	Sports: Intramural[1]	Cheerleading and drill team[2]	Hobby clubs		Music (band, orchestra, chorus, or choir)		Vocational clubs	
	1994	2004	1994	2004	2004	2004	1994	1994	2004	1994	2004	1994	2004
1	2	3	4	5	6	7	8	9	10	11	12	13	14
All seniors	**25.0 (0.58)**	**21.3 (0.49)**	**42.7 (0.67)**	**44.4 (0.56)**	**38.8 (0.56)**	**19.2 (0.47)**	**7.6 (0.34)**	**7.7 (0.32)**	**11.7 (0.38)**	**19.8 (0.51)**	**21.0 (0.55)**	**17.6 (0.58)**	**15.6 (0.55)**
Sex													
Male	22.7 (0.80)	17.8 (0.58)	55.5 (0.92)	50.6 (0.80)	44.5 (0.79)	24.2 (0.71)	2.0 (0.24)	8.1 (0.44)	11.9 (0.51)	15.1 (0.62)	16.3 (0.66)	14.7 (0.68)	14.8 (0.68)
Female	27.1 (0.76)	24.7 (0.73)	30.1 (0.80)	38.2 (0.76)	33.2 (0.74)	14.3 (0.57)	13.0 (0.60)	7.4 (0.44)	11.6 (0.48)	24.3 (0.75)	25.5 (0.73)	20.4 (0.75)	16.3 (0.69)
Race/ethnicity													
White	24.3 (4.66)	22.6 (0.62)	41.4 (5.81)	46.9 (0.70)	42.1 (0.69)	18.8 (0.58)	13.3 (4.87)	10.1 (5.01)	11.4 (0.51)	15.4 (3.65)	22.0 (0.68)	12.2 (2.98)	16.8 (0.74)
Black	21.2 (1.64)	16.5 (0.90)	41.6 (2.29)	45.4 (1.21)	37.5 (1.15)	24.4 (1.05)	10.0 (1.73)	6.9 (0.94)	9.1 (0.75)	24.6 (1.57)	24.0 (1.21)	23.1 (1.82)	17.5 (1.17)
Hispanic	26.1 (0.72)	18.3 (1.15)	44.0 (0.79)	35.3 (1.25)	29.5 (1.25)	16.9 (1.02)	7.6 (0.35)	7.4 (0.37)	11.8 (0.87)	20.0 (0.62)	14.3 (0.97)	17.8 (0.71)	11.8 (1.04)
Asian/Pacific Islander	22.0 (1.55)	34.7 (1.90)	36.2 (1.84)	40.6 (1.81)	33.4 (1.71)	18.0 (1.48)	7.6 (1.16)	8.1 (1.05)	20.3 (1.50)	19.1 (1.68)	19.0 (1.57)	17.6 (1.59)	9.2 (0.78)
American Indian/Alaska Native	31.9 (2.31)	19.7 (2.88)	43.9 (2.25)	45.8 (1.42)	40.8 (2.29)	20.7 (0.34)	5.3 (0.97)	11.2 (1.51)	6.3 (0.37)	18.6 (2.01)	15.9 (2.10)	10.4 (1.53)	22.6 (2.23)
Test performance quartile[3]													
Lowest test quartile	17.0 (1.40)	13.4 (0.74)	40.5 (1.46)	34.5 (1.09)	28.0 (1.02)	20.4 (1.00)	7.6 (0.70)	7.9 (0.64)	8.4 (0.63)	18.7 (1.06)	17.7 (0.90)	25.0 (1.38)	17.8 (0.94)
Second test quartile	20.6 (1.10)	16.1 (0.86)	37.5 (1.22)	42.4 (1.06)	36.1 (1.04)	21.3 (0.85)	7.0 (0.86)	7.0 (0.66)	9.7 (0.63)	17.2 (0.88)	17.7 (0.86)	23.2 (1.19)	17.9 (0.92)
Third test quartile	24.1 (1.02)	20.9 (0.86)	44.0 (1.14)	46.5 (1.05)	41.3 (1.04)	19.2 (0.76)	8.3 (0.62)	7.1 (0.58)	11.2 (0.65)	19.7 (0.94)	20.6 (0.90)	16.6 (0.81)	15.5 (0.82)
Highest test quartile	36.1 (1.10)	31.8 (0.91)	48.3 (1.17)	52.7 (0.98)	48.0 (0.96)	17.1 (0.82)	7.8 (0.54)	8.7 (0.59)	16.7 (0.78)	24.1 (0.94)	26.3 (0.92)	11.9 (0.78)	12.5 (0.75)
Socioeconomic status[4]													
Low	18.3 (0.94)	16.4 (0.89)	32.3 (1.23)	33.1 (1.05)	26.4 (1.01)	16.5 (0.79)	6.7 (0.96)	6.6 (0.62)	8.0 (0.61)	17.6 (0.96)	16.6 (0.75)	24.4 (1.25)	17.3 (0.94)
Middle	24.1 (0.78)	19.6 (0.65)	41.3 (0.84)	43.7 (0.77)	38.5 (0.75)	19.6 (0.62)	8.0 (0.43)	7.0 (0.41)	11.2 (0.48)	19.6 (0.71)	20.7 (0.68)	19.6 (0.79)	16.8 (0.71)
High	30.9 (1.12)	28.3 (0.89)	52.2 (1.21)	54.6 (0.95)	49.3 (0.99)	20.7 (0.86)	7.8 (0.53)	9.3 (0.59)	15.7 (0.77)	22.0 (0.96)	24.9 (0.98)	9.9 (0.59)	12.1 (0.70)
Region													
Northeast	23.3 (1.06)	21.1 (0.93)	48.0 (1.41)	47.6 (1.27)	41.8 (1.42)	21.7 (1.19)	6.9 (0.67)	9.2 (0.79)	14.0 (0.99)	20.8 (1.07)	20.4 (1.19)	8.4 (0.91)	9.9 (1.03)
Midwest	25.2 (1.17)	20.1 (1.00)	45.6 (1.29)	48.3 (1.13)	41.9 (1.06)	20.9 (1.02)	8.3 (0.61)	6.5 (0.54)	9.8 (0.78)	23.8 (1.07)	25.6 (1.22)	18.0 (1.30)	16.3 (1.40)
South	28.4 (1.14)	23.5 (0.83)	38.6 (1.17)	42.1 (0.93)	36.7 (0.90)	17.6 (0.74)	8.4 (0.70)	6.8 (0.60)	10.5 (0.55)	17.8 (0.82)	20.1 (0.86)	27.4 (1.14)	21.4 (0.94)
West	21.3 (1.08)	19.5 (1.17)	40.7 (1.41)	40.9 (1.22)	36.2 (1.19)	17.7 (0.97)	6.3 (0.62)	9.4 (0.72)	13.9 (0.92)	17.6 (1.12)	17.6 (1.19)	10.2 (0.84)	10.8 (0.94)
Senior's school sector													
Public	24.9 (0.61)	20.5 (0.52)	41.4 (0.69)	42.9 (0.60)	37.5 (0.59)	18.5 (0.49)	7.7 (0.36)	7.4 (0.33)	11.1 (0.41)	19.8 (0.53)	20.6 (0.58)	19.0 (0.62)	16.6 (0.60)
Catholic	27.7 (2.50)	29.5 (1.61)	54.5 (2.98)	60.8 (1.64)	53.1 (1.46)	28.1 (1.96)	7.8 (1.39)	10.4 (1.60)	18.8 (1.22)	14.2 (1.96)	19.2 (1.53)	2.7 (0.61)	4.2 (0.66)
Other private	21.6 (2.80)	29.3 (2.40)	58.3 (3.06)	60.5 (2.72)	51.7 (2.98)	25.8 (2.82)	5.7 (1.49)	11.4 (2.32)	18.1 (1.76)	29.9 (2.67)	31.6 (3.51)	2.2 (0.76)	4.0 (0.81)

[1]Interscholastic refers to competition between teams from different schools. Intramural refers to competition between teams or students within the same school. Data on these categories are available only for 2004.
[2]These data were not collected in 2004.
[3]Composite test performance quartile on mathematics, reading, science, and social studies in 1990 (for 1994 seniors) and composite test performance quartile on mathematics, reading, and science in 2002 (for 2004 seniors).
[4]Socioeconomic status (SES) was measured by a composite score on parental education and occupations, and family income.
NOTE: Race categories exclude persons of Hispanic ethnicity. Standard errors appear in parentheses.
SOURCE: U.S. Department of Education, National Center for Education Statistics, National Education Longitudinal Study of 1988 (NELS:88/94), "Third Follow-up, 1994"; and Education Longitudinal Study of 2002 (ELS:2002/04), "First Follow-up, 2004." (This table was prepared December 2009.)

Table 165. Percentage of elementary and secondary school students who do homework outside of school, whose parents check that homework is done, and whose parents help with homework, by frequency and selected student and school characteristics: 2003 and 2007

Year and selected characteristic	Percent of students who do homework outside of school		Average hours per week spent by students who do homework outside of school		Distribution of students who do homework outside of school by how frequently they do homework: Less than once a week		1 to 2 days per week		3 to 4 days per week		5 or more days a week		Percent of students whose parents[1] check that homework is done		Distribution of students by how frequently their parents[1] help with homework: No help given		Less than once a week		1 to 2 days per week		3 to 4 days per week		5 or more days per week	
1	2		3		4		5		6		7		8		9		10		11		12		13	
2003																								
All students	**95.6**	**(0.23)**	**9.1**	**(0.19)**	**2.9**	**(0.16)**	**15.1**	**(0.45)**	**43.9**	**(0.61)**	**38.2**	**(0.57)**	**85.2**	**(0.33)**	**—**	**(†)**	**—**	**(†)**	**—**	**(†)**	**—**	**(†)**	**—**	**(†)**
All elementary school students (kindergarten through grade 8)	**96.2**	**(0.26)**	**9.2**	**(0.24)**	**2.3**	**(0.18)**	**12.9**	**(0.43)**	**46.5**	**(0.75)**	**38.3**	**(0.73)**	**94.6**	**(0.29)**	**—**	**(†)**	**—**	**(†)**	**—**	**(†)**	**—**	**(†)**	**—**	**(†)**
Sex																								
Male	95.8	(0.41)	9.6	(0.36)	2.7	(0.26)	13.5	(0.58)	47.4	(0.95)	36.4	(0.93)	95.6	(0.38)	—	(†)	—	(†)	—	(†)	—	(†)	—	(†)
Female	96.7	(0.32)	8.7	(0.32)	2.0	(0.23)	12.3	(0.61)	45.5	(1.08)	40.3	(1.09)	93.4	(0.52)	—	(†)	—	(†)	—	(†)	—	(†)	—	(†)
Race/ethnicity																								
White	95.9	(0.37)	9.4	(0.30)	2.8	(0.27)	14.9	(0.64)	47.5	(0.97)	34.7	(1.05)	93.1	(0.44)	—	(†)	—	(†)	—	(†)	—	(†)	—	(†)
Black	97.8	(0.51)	8.0	(0.44)	1.4	(0.35)	8.1	(1.02)	47.6	(1.66)	42.9	(1.61)	98.0	(0.79)	—	(†)	—	(†)	—	(†)	—	(†)	—	(†)
Hispanic	96.3	(0.50)	8.8	(0.57)	1.5	(0.34)	11.8	(0.87)	41.8	(1.37)	44.9	(1.51)	96.4	(0.45)	—	(†)	—	(†)	—	(†)	—	(†)	—	(†)
Asian	95.1	(1.62)	11.1	(1.44)	‡	(†)	6.9	(1.74)	41.1	(4.96)	51.2	(5.30)	96.6	(1.18)	—	(†)	—	(†)	—	(†)	—	(†)	—	(†)
School type																								
Public	96.4	(0.25)	9.1	(0.24)	2.5	(0.20)	13.5	(0.47)	47.1	(0.75)	36.9	(0.73)	95.0	(0.28)	—	(†)	—	(†)	—	(†)	—	(†)	—	(†)
Private	94.6	(0.87)	9.6	(0.58)	1.3	(0.31)	8.0	(0.92)	41.8	(1.90)	49.0	(1.81)	91.4	(1.16)	—	(†)	—	(†)	—	(†)	—	(†)	—	(†)
Poverty status																								
Poor	95.7	(0.71)	9.6	(0.63)	1.3	(0.34)	14.3	(1.33)	42.4	(1.87)	42.0	(1.75)	96.9	(0.77)	—	(†)	—	(†)	—	(†)	—	(†)	—	(†)
Nonpoor	96.3	(0.28)	9.1	(0.25)	2.6	(0.21)	12.6	(0.45)	47.4	(0.77)	37.5	(0.78)	94.0	(0.31)	—	(†)	—	(†)	—	(†)	—	(†)	—	(†)
All secondary school students (grades 9 through 12)	**94.2**	**(0.52)**	**8.8**	**(0.25)**	**4.1**	**(0.40)**	**20.3**	**(0.94)**	**37.6**	**(1.01)**	**38.0**	**(1.04)**	**62.8**	**(0.86)**	**—**	**(†)**	**—**	**(†)**	**—**	**(†)**	**—**	**(†)**	**—**	**(†)**
Sex																								
Male	91.3	(0.81)	9.0	(0.42)	6.2	(0.72)	23.6	(1.30)	38.1	(1.45)	32.1	(1.15)	66.6	(1.14)	—	(†)	—	(†)	—	(†)	—	(†)	—	(†)
Female	97.2	(0.56)	8.5	(0.27)	2.1	(0.35)	17.0	(1.23)	37.1	(1.35)	43.8	(1.53)	59.0	(1.47)	—	(†)	—	(†)	—	(†)	—	(†)	—	(†)
Race/ethnicity																								
White	94.2	(0.64)	8.8	(0.33)	4.4	(0.49)	20.2	(1.21)	36.3	(1.20)	39.0	(1.32)	55.4	(1.12)	—	(†)	—	(†)	—	(†)	—	(†)	—	(†)
Black	95.3	(1.05)	9.3	(0.78)	3.4	(0.82)	21.2	(2.48)	42.9	(2.56)	32.6	(2.49)	80.0	(2.13)	—	(†)	—	(†)	—	(†)	—	(†)	—	(†)
Hispanic	92.2	(1.20)	8.1	(0.45)	4.2	(1.15)	20.9	(2.20)	40.1	(2.39)	34.8	(2.45)	78.6	(1.68)	—	(†)	—	(†)	—	(†)	—	(†)	—	(†)
Asian	100.0	(†)	10.4	(1.48)	‡	(†)	6.7 !	(2.65)	32.8	(5.65)	59.0	(5.76)	52.6	(4.94)	—	(†)	—	(†)	—	(†)	—	(†)	—	(†)
School type																								
Public	93.9	(0.58)	8.7	(0.27)	4.6	(0.44)	21.7	(1.03)	38.7	(1.06)	35.0	(1.02)	64.3	(0.92)	—	(†)	—	(†)	—	(†)	—	(†)	—	(†)
Private	96.6	(1.06)	9.9	(0.47)	‡	(†)	7.1	(1.90)	26.9	(2.88)	65.9	(2.92)	49.4	(3.51)	—	(†)	—	(†)	—	(†)	—	(†)	—	(†)
Poverty status																								
Poor	90.1	(1.53)	8.6	(0.74)	4.3	(0.97)	23.2	(3.33)	42.3	(3.16)	30.2	(2.83)	75.3	(2.94)	—	(†)	—	(†)	—	(†)	—	(†)	—	(†)
Nonpoor	95.0	(0.55)	8.8	(0.28)	4.1	(0.43)	19.8	(0.94)	36.7	(1.11)	39.4	(1.05)	60.5	(0.91)	—	(†)	—	(†)	—	(†)	—	(†)	—	(†)
Coursework																								
Enrolled in AP classes	98.0	(0.47)	9.6	(0.38)	2.2	(0.46)	13.4	(1.10)	31.9	(1.44)	52.5	(1.66)	53.4	(1.32)	—	(†)	—	(†)	—	(†)	—	(†)	—	(†)
Not enrolled in AP classes	91.5	(0.80)	8.2	(0.34)	5.6	(0.67)	25.4	(1.35)	41.8	(1.43)	27.3	(1.30)	69.7	(1.10)	—	(†)	—	(†)	—	(†)	—	(†)	—	(†)
2007																								
All students	**94.4**	**(0.30)**	**5.4**	**(0.06)**	**3.1**	**(0.34)**	**13.1**	**(0.47)**	**43.6**	**(0.62)**	**40.2**	**(0.60)**	**85.4**	**(0.46)**	**10.2**	**(0.41)**	**20.3**	**(0.51)**	**31.7**	**(0.64)**	**25.3**	**(0.59)**	**12.4**	**(0.41)**
All elementary school students (kindergarten through grade 8)	**95.0**	**(0.37)**	**4.7**	**(0.07)**	**2.1**	**(0.23)**	**12.3**	**(0.56)**	**46.2**	**(0.73)**	**39.4**	**(0.68)**	**95.0**	**(0.34)**	**4.3**	**(0.34)**	**13.1**	**(0.52)**	**32.6**	**(0.77)**	**32.9**	**(0.76)**	**17.0**	**(0.56)**

See notes at end of table.

Table 165. Percentage of elementary and secondary school students who do homework outside of school, whose parents check that homework is done, and whose parents help with homework, by frequency and selected student and school characteristics: 2003 and 2007—Continued

Year and selected characteristic	Percent of students who do homework outside of school	Average hours per week spent by students who do homework outside of school	Distribution of students who do homework outside of school by how frequently they do homework: Less than once a week	1 to 2 days per week	3 to 4 days per week	5 or more days a week	Percent of students whose parents[1] check that homework is done	Distribution of students by how frequently their parents[1] help with homework: No help given	Less than once a week	1 to 2 days per week	3 to 4 days per week	5 or more days per week
1	2	3	4	5	6	7	8	9	10	11	12	13
Sex												
Male	94.6 (0.51)	4.6 (0.09)	2.1 (0.31)	12.4 (0.71)	47.9 (1.19)	37.6 (1.09)	95.3 (0.47)	4.3 (0.39)	12.9 (0.63)	32.3 (1.02)	32.7 (1.28)	17.8 (0.85)
Female	95.4 (0.53)	4.9 (0.10)	2.1 (0.31)	12.2 (0.96)	44.4 (1.13)	41.3 (1.08)	94.6 (0.48)	4.3 (0.56)	13.4 (0.76)	32.9 (1.17)	33.2 (1.17)	16.1 (0.79)
Race/ethnicity												
White	94.7 (0.48)	4.4 (0.07)	2.7 (0.36)	13.7 (0.74)	48.3 (1.05)	35.3 (0.99)	94.0 (0.42)	3.8 (0.37)	15.7 (0.74)	34.9 (0.94)	31.3 (0.92)	14.3 (0.63)
Black	95.5 (1.07)	5.6 (0.27)	1.3 ! (0.53)	7.0 (1.19)	44.4 (3.40)	47.2 (3.11)	98.1 (0.63)	3.5 (1.03)	7.4 (1.14)	25.2 (2.22)	38.3 (3.36)	25.5 (2.38)
Hispanic	94.8 (0.85)	4.7 (0.11)	1.3 (0.33)	13.5 (1.39)	40.7 (1.94)	44.4 (1.74)	96.1 (0.70)	7.1 (0.95)	10.3 (0.91)	30.1 (1.79)	34.0 (1.78)	18.6 (1.52)
Asian	97.7 (0.97)	5.7 (0.39)	1.0 ! (0.59)	5.1 ! (1.53)	39.1 (4.31)	54.8 (4.48)	88.5 (3.44)	3.1 ! (1.36)	12.8 (2.84)	37.5 (4.52)	30.7 (4.22)	15.9 (2.56)
School type												
Public	95.1 (0.38)	4.7 (0.08)	2.0 (0.25)	12.4 (0.62)	46.1 (0.76)	39.4 (0.73)	95.4 (0.36)	4.4 (0.38)	13.1 (0.55)	32.4 (0.86)	32.9 (0.81)	17.2 (0.64)
Private	94.0 (1.01)	4.8 (0.19)	2.7 (0.63)	11.4 (1.96)	46.7 (2.64)	39.2 (2.46)	91.5 (1.19)	3.6 (0.85)	13.6 (1.48)	34.3 (2.10)	33.5 (2.36)	15.2 (1.68)
Poverty status												
Poor	94.2 (0.99)	4.7 (0.20)	2.9 (0.72)	16.3 (2.18)	39.0 (2.53)	41.7 (2.21)	97.9 (0.55)	6.1 (1.01)	8.8 (1.29)	28.5 (2.44)	35.2 (2.41)	21.3 (1.90)
Nonpoor	95.2 (0.36)	4.8 (0.08)	1.9 (0.22)	11.3 (0.58)	48.0 (0.80)	38.8 (0.75)	94.2 (0.40)	3.9 (0.33)	14.2 (0.56)	33.7 (0.80)	32.4 (0.72)	15.9 (0.58)
Locale												
City	95.2 (0.65)	5.1 (0.13)	1.5 (0.31)	9.1 (0.91)	43.4 (1.58)	46.0 (1.43)	95.4 (0.54)	4.8 (0.67)	11.3 (1.02)	29.1 (1.39)	36.0 (1.41)	18.7 (1.15)
Suburban	95.4 (0.51)	4.9 (0.11)	1.9 (0.37)	9.3 (0.71)	46.1 (1.24)	42.7 (1.19)	93.5 (0.67)	4.4 (0.55)	14.5 (0.85)	33.1 (1.05)	30.8 (1.14)	17.1 (0.91)
Town	93.0 (1.50)	4.1 (0.14)	2.7 (0.79)	18.8 (1.98)	46.4 (2.29)	32.2 (2.08)	96.0 (1.04)	3.2 (0.80)	14.2 (1.62)	35.7 (2.68)	31.1 (2.31)	15.7 (1.62)
Rural	95.0 (0.85)	4.2 (0.15)	3.2 (0.69)	19.5 (1.79)	50.6 (1.90)	26.8 (1.63)	96.3 (0.72)	4.1 (0.94)	13.1 (1.30)	35.5 (2.29)	32.8 (2.23)	14.6 (1.37)
All secondary school students (grades 9 through 12)	**93.0 (0.55)**	**6.8 (0.11)**	**5.4 (0.85)**	**14.8 (0.96)**	**38.0 (1.15)**	**41.9 (1.18)**	**64.6 (1.21)**	**23.1 (1.08)**	**35.9 (1.26)**	**29.7 (1.19)**	**8.8 (0.81)**	**2.5 (0.34)**
Sex												
Male	91.2 (0.80)	6.0 (0.19)	7.4 (1.53)	18.3 (1.59)	38.2 (1.78)	36.0 (1.64)	67.8 (1.88)	24.1 (1.56)	36.9 (1.97)	29.1 (1.84)	8.2 (1.11)	1.8 (0.41)
Female	94.9 (0.79)	7.5 (0.16)	3.3 (0.72)	11.2 (1.10)	37.7 (1.79)	47.9 (1.85)	61.4 (1.78)	22.0 (1.32)	35.0 (1.44)	30.4 (1.35)	9.3 (1.11)	3.3 (0.60)
Race/ethnicity												
White	94.5 (0.52)	6.8 (0.13)	4.2 (0.58)	12.9 (0.91)	38.6 (1.51)	44.3 (1.42)	57.2 (1.54)	22.5 (1.28)	41.1 (1.36)	27.7 (1.43)	6.3 (0.66)	2.3 (0.42)
Black	91.8 (1.98)	6.3 (0.38)	9.3 ! (5.06)	20.1 (3.86)	41.0 (4.72)	29.7 (3.43)	83.1 (2.84)	19.5 (2.97)	26.5 (4.77)	34.4 (4.03)	16.7 (4.45)	2.9 ! (1.13)
Hispanic	90.7 (2.11)	6.4 (0.34)	5.9 (1.29)	17.7 (3.55)	36.6 (2.93)	39.9 (3.03)	75.6 (2.71)	26.2 (2.94)	25.8 (2.38)	33.8 (3.49)	11.0 (1.76)	3.3 ! (1.00)
Asian	93.6 (5.45)	10.3 (1.37)	‡ (†)	13.8 ! (5.51)	18.5 ! (6.12)	67.7 (7.18)	59.0 (7.69)	26.4 (7.58)	36.1 (7.55)	26.8 (7.61)	7.6 ! (3.11)	3.1 ! (1.83)
School type												
Public	92.3 (0.60)	6.5 (0.11)	5.9 (0.96)	15.9 (1.06)	39.7 (1.26)	38.5 (1.17)	66.1 (1.24)	22.8 (1.16)	35.4 (1.29)	30.0 (1.26)	9.1 (0.87)	2.7 (0.37)
Private	98.5 (0.54)	9.3 (0.39)	0.8 ! (0.35)	5.9 (1.34)	24.0 (2.72)	69.4 (2.89)	53.1 (3.98)	25.0 (2.64)	40.1 (3.68)	27.5 (4.07)	6.1 (1.36)	1.4 ! (0.61)
Poverty status												
Poor	89.5 (2.21)	5.5 (0.32)	8.3 ! (4.42)	19.2 (3.62)	38.7 (4.32)	33.7 (3.69)	81.0 (3.03)	24.2 (3.80)	24.0 (4.21)	36.1 (3.76)	14.0 (3.21)	1.7 ! (0.63)
Nonpoor	93.7 (0.58)	7.0 (0.12)	4.8 (0.53)	13.9 (0.91)	37.8 (1.27)	43.6 (1.37)	61.4 (1.30)	22.8 (1.05)	38.3 (1.19)	28.5 (1.24)	7.7 (0.66)	2.7 (0.38)
Coursework												
Enrolled in AP classes	96.9 (0.59)	8.5 (0.22)	2.4 (0.70)	7.5 (0.93)	31.9 (1.81)	58.2 (1.97)	56.3 (2.06)	27.4 (1.90)	36.3 (1.69)	28.3 (1.74)	6.0 (0.99)	1.9 (0.43)
Not enrolled in AP classes	90.6 (0.81)	5.7 (0.13)	7.3 (1.31)	19.5 (1.40)	41.9 (1.56)	31.2 (1.42)	70.1 (1.46)	20.2 (1.14)	35.7 (1.70)	30.7 (1.59)	10.5 (1.23)	2.9 (0.51)
Locale												
City	92.8 (1.01)	6.8 (0.22)	6.3 (2.46)	14.1 (1.90)	35.9 (2.32)	43.7 (2.53)	71.5 (1.89)	22.6 (1.88)	33.4 (2.64)	29.3 (2.00)	12.0 (1.80)	2.7 (0.55)
Suburban	93.6 (0.95)	7.5 (0.17)	4.8 (0.86)	11.4 (1.27)	36.5 (1.71)	47.4 (2.07)	58.9 (2.00)	23.6 (1.74)	39.1 (1.79)	27.8 (1.68)	7.5 (1.01)	2.0 (0.47)
Town	89.7 (2.16)	6.4 (0.27)	5.4 (1.48)	13.2 (1.74)	45.9 (3.46)	35.5 (3.17)	64.8 (3.12)	24.3 (2.81)	34.4 (2.96)	27.9 (3.41)	9.3 (1.80)	4.2 (1.54)
Rural	93.9 (1.23)	5.6 (0.29)	5.1 (1.20)	22.7 (2.76)	39.6 (3.04)	32.6 (2.79)	65.5 (2.94)	22.1 (2.69)	34.4 (2.71)	34.8 (3.43)	6.2 (1.53)	2.5 (0.88)

— Not available.
†Not applicable.
‡Reporting standards not met.
!Interpret data with caution.
[1]Refers to one or more parent or other household adult. Only includes students who had homework outside of school.

NOTE: Includes children enrolled in kindergarten through grade 12 and ungraded students. Data based on responses of the parent most knowledgeable about the student's education. Race categories exclude persons of Hispanic ethnicity. Detail may not sum to totals because of rounding. Standard errors appear in parentheses. Totals include data for other racial/ethnic groups not separately shown.
SOURCE: U.S. Department of Education, National Center for Education Statistics, Parent and Family Involvement in Education Survey of the National Household Education Surveys Program (PFI-NHES:2003 and 2007). (This table was prepared June 2008.)

Table 166. Tenth-graders' attendance patterns, by selected student and school characteristics: 1990 and 2002

Attendance pattern	All students	Sex		Race/ethnicity					Socioeconomic status[1]			Control of school attended		
		Male	Female	White	Black	Hispanic	Asian/ Pacific Islander	American Indian/ Alaska Native	Low	Middle	High	Public	Catholic	Other private
1	2	3	4	5	6	7	8	9	10	11	12	13	14	15
Percentage of 10th-graders in 1990														
Number of days missed in first half of current school year														
None	14.9 (0.44)	18.0 (0.69)	11.8 (0.47)	23.2 (1.82)	12.7 (1.09)	23.9 (1.98)	13.3 (0.44)	12.4 (3.02)	14.4 (0.85)	15.1 (0.65)	14.8 (0.68)	14.8 (0.46)	18.8 (2.19)	14.2 (1.66)
1 or 2 days	25.0 (0.50)	26.3 (0.78)	23.7 (0.65)	30.6 (2.06)	24.4 (1.56)	27.7 (1.55)	24.4 (0.61)	20.4 (5.38)	21.9 (0.97)	25.4 (0.71)	26.7 (0.96)	24.3 (0.51)	27.0 (2.37)	37.5 (3.92)
3 or 4 days	28.0 (0.53)	27.4 (0.77)	28.7 (0.73)	23.7 (1.96)	24.9 (1.34)	23.8 (1.51)	29.4 (0.64)	28.6 (3.55)	26.0 (0.99)	27.6 (0.71)	30.2 (1.00)	28.4 (0.56)	27.0 (2.07)	25.4 (2.71)
5 or more days	32.1 (0.61)	28.3 (0.85)	35.8 (0.83)	22.5 (2.07)	38.0 (2.08)	24.6 (1.96)	32.9 (0.69)	38.6 (4.34)	37.7 (1.33)	32.0 (0.82)	28.3 (1.12)	32.5 (0.64)	27.2 (2.23)	22.8 (2.96)
Number of times late in first half of current school year														
Never	26.9 (0.63)	27.6 (0.87)	26.1 (0.78)	23.4 (1.98)	18.9 (1.65)	21.0 (1.51)	29.1 (0.72)	19.1 (3.73)	26.5 (1.16)	27.5 (0.82)	26.4 (0.96)	27.1 (0.65)	28.7 (2.66)	19.2 (2.74)
1 or 2 days	39.1 (0.62)	39.0 (0.92)	39.1 (0.82)	41.2 (2.20)	39.0 (1.92)	41.3 (1.98)	38.6 (0.70)	38.3 (4.16)	39.2 (1.25)	39.1 (0.84)	39.3 (1.23)	38.7 (0.63)	39.3 (2.17)	48.0 (3.67)
3 or more days	34.0 (0.73)	33.4 (0.98)	34.7 (0.88)	35.3 (2.36)	42.1 (2.67)	37.7 (2.20)	32.2 (0.77)	42.6 (3.68)	34.3 (1.54)	33.4 (0.85)	34.3 (1.21)	34.2 (0.75)	31.9 (2.63)	32.8 (3.80)
Number of times cut classes in first half of current school year														
Never	66.5 (0.70)	65.7 (0.87)	67.2 (0.91)	69.8 (2.45)	55.9 (1.90)	66.6 (2.21)	67.8 (0.80)	56.6 (4.19)	64.2 (1.39)	66.6 (0.89)	68.0 (1.20)	65.2 (0.76)	78.2 (2.43)	73.2 (3.65)
1 or 2 times	21.2 (0.50)	21.2 (0.68)	21.3 (0.69)	20.2 (1.89)	24.4 (1.40)	21.3 (1.79)	20.8 (0.55)	28.8 (3.74)	22.5 (1.17)	20.6 (0.63)	21.5 (1.04)	21.8 (0.52)	16.8 (1.95)	18.0 (3.49)
3 to 6 times	7.2 (0.33)	7.7 (0.43)	6.8 (0.47)	4.7 (0.89)	10.8 (1.09)	7.0 (0.82)	6.9 (0.39)	6.9 (2.50)	7.7 (0.73)	7.3 (0.48)	6.6 (0.53)	7.5 (0.34)	3.4 (0.94)	6.9 (1.18)
More than 6 times	5.1 (0.31)	5.4 (0.48)	4.8 (0.36)	5.4 (1.00)	9.0 (0.94)	5.2 (1.22)	4.5 (0.33)	7.8 (2.61)	5.5 (0.56)	5.5 (0.46)	3.9 (0.41)	5.6 (0.35)	1.7 (0.59)	1.9 (0.63)
Percentage of 10th-graders in 2002														
Number of days missed in first half of current school year														
None	14.3 (0.38)	16.1 (0.51)	12.5 (0.47)	12.1 (0.14)	28.3 (1.59)	16.5 (0.84)	14.2 (0.88)	13.0 (0.48)	13.4 (0.68)	14.0 (0.48)	15.8 (0.80)	14.0 (0.40)	16.1 (1.23)	19.2 (2.22)
1 or 2 days	35.4 (0.52)	36.1 (0.69)	34.8 (0.68)	25.0 (0.92)	35.7 (1.58)	38.4 (1.17)	33.5 (1.46)	35.5 (0.66)	32.7 (0.97)	35.5 (0.72)	38.3 (0.97)	35.0 (0.56)	41.0 (1.62)	39.9 (1.72)
3 to 6 days	33.0 (0.53)	31.9 (0.69)	34.2 (0.69)	35.5 (1.38)	24.3 (1.23)	30.7 (1.08)	32.7 (1.01)	34.4 (0.69)	33.4 (0.86)	32.4 (0.73)	34.0 (1.01)	33.2 (0.56)	33.1 (1.51)	29.8 (2.05)
More than 6 days	17.2 (0.41)	16.0 (0.56)	18.5 (0.59)	27.4 (0.32)	11.7 (1.16)	14.3 (0.95)	19.6 (1.09)	17.1 (0.49)	20.5 (0.88)	18.1 (0.54)	11.9 (0.66)	17.8 (0.44)	9.8 (0.77)	11.1 (1.21)
Number of times late in first half of current school year														
Never	26.0 (0.54)	26.0 (0.73)	26.0 (0.68)	19.8 (0.65)	27.4 (1.41)	17.4 (0.86)	20.4 (1.18)	29.8 (0.67)	24.5 (0.87)	25.9 (0.66)	28.0 (0.95)	25.7 (0.58)	33.3 (1.79)	25.1 (2.22)
1 or 2 days	37.4 (0.54)	36.5 (0.75)	38.4 (0.71)	35.8 (2.42)	36.2 (1.52)	36.5 (1.33)	34.9 (1.17)	38.7 (0.66)	36.9 (0.98)	36.7 (0.71)	39.4 (0.89)	37.3 (0.57)	40.4 (1.32)	38.3 (1.39)
3 or more days	36.5 (0.62)	37.4 (0.82)	35.6 (0.77)	44.4 (1.89)	36.4 (1.58)	46.1 (1.48)	44.8 (1.45)	31.5 (0.71)	38.6 (1.01)	37.4 (0.78)	32.6 (1.03)	37.0 (0.67)	26.3 (1.54)	36.5 (2.08)
Number of times cut classes in first half of current school year														
Never	68.4 (0.70)	68.1 (0.87)	68.7 (0.83)	70.3 (3.43)	68.9 (1.76)	64.6 (1.64)	56.3 (1.48)	72.9 (0.75)	62.2 (1.10)	67.3 (0.85)	77.0 (1.02)	67.1 (0.75)	86.1 (1.39)	80.8 (1.89)
1 or 2 times	18.7 (0.46)	18.8 (0.65)	18.5 (0.58)	22.2 (3.43)	17.5 (1.25)	20.2 (1.15)	23.9 (1.01)	16.7 (0.55)	21.4 (0.78)	19.5 (0.64)	14.3 (0.82)	19.2 (0.49)	11.0 (1.12)	13.7 (1.38)
3 to 6 times	6.8 (0.32)	6.8 (0.40)	6.9 (0.41)	4.7 (0.29)	8.2 (1.08)	9.0 (0.76)	9.0 (0.83)	5.7 (0.34)	8.0 (0.68)	7.1 (0.38)	5.1 (0.47)	7.2 (0.34)	1.8 (0.40)	3.9 (0.57)
More than 6 times	6.1 (0.30)	6.3 (0.40)	5.9 (0.40)	2.7 (0.32)	5.3 (0.65)	6.2 (0.67)	10.9 (0.97)	4.7 (0.31)	8.4 (0.63)	6.1 (0.39)	3.6 (0.38)	6.5 (0.32)	1.0 (0.26)	1.7 (0.47)

[1]Socioeconomic status (SES) was measured by a composite score on parental education and occupations, and family income. The "low" SES group is the lowest quarter; the "middle" SES group is the middle two quarters; and the "high" SES group is the upper quarter.

NOTE: Race categories exclude persons of Hispanic ethnicity. Data for 2002 for persons reporting two or more races are not shown separately, but are included in totals. Detail may not sum to totals because of rounding. Standard errors appear in parentheses.

SOURCE: U.S. Department of Education, National Center for Education Statistics, National Education Longitudinal Study of 1988 (NELS:88/90), "First Follow-up Student Survey, 1990"; and Education Longitudinal Study of 2002 (ELS:2002), Base Year. (This table was prepared December 2009.)

Table 167. Percentage of schools with various security measures, by school control and selected characteristics: 2007–08

School control and selected characteristic	Total schools: Number	Total schools: Percentage distribution	Controlled access to school buildings[1]	Controlled access to school grounds[2]	School uniforms	Strict dress code	Daily metal detector checks[3]	Random metal detector checks	Closed lunch[4]	Random dog sniffs	Random drug sweeps	Daily presence of police or security	Security cameras	Badges required
1	2	3	4	5	6	7	8	9	10	11	12	13	14	15
Public total	**90,500 (540)**	**100.0 (†)**	**88.8 (0.63)**	**44.9 (1.12)**	**16.5 (0.83)**	**54.0 (0.99)**	**2.3 (0.31)**	**5.9 (0.45)**	**60.8 (1.07)**	**25.0 (0.68)**	**14.8 (0.76)**	**27.2 (0.99)**	**51.8 (0.94)**	**7.5 (0.53)**
School enrollment														
Under 300	26,400 (910)	29.2 (0.96)	86.0 (1.41)	38.2 (2.05)	15.9 (1.60)	49.0 (2.13)	5.1 (0.84)	6.5 (0.88)	58.8 (2.06)	24.0 (1.72)	19.3 (1.76)	17.6 (1.57)	43.3 (1.82)	4.9 (0.80)
300 to 499	25,900 (970)	28.6 (1.04)	90.6 (1.06)	42.7 (2.23)	16.0 (1.51)	50.9 (2.25)	0.8 (0.23)	3.6 (0.77)	57.2 (2.04)	18.0 (1.44)	10.3 (1.09)	15.5 (1.31)	50.1 (2.19)	3.7 (0.67)
500 to 999	29,100 (870)	32.1 (0.98)	90.5 (1.01)	49.7 (1.92)	18.2 (1.33)	57.2 (1.94)	0.8 ! (0.28)	5.4 (0.84)	61.1 (2.04)	23.5 (1.42)	11.0 (1.07)	30.7 (1.74)	53.8 (1.84)	8.5 (1.19)
1,000 to 1,499	5,400 (350)	6.0 (0.39)	88.5 (2.08)	50.1 (3.79)	16.4 (3.57)	66.6 (3.19)	2.3 ! (0.84)	9.8 (1.94)	75.5 (2.48)	48.7 (3.97)	27.5 (3.20)	66.4 (3.64)	69.5 (3.60)	18.2 (3.08)
1,500 or more	3,700 (240)	4.1 (0.26)	83.7 (2.78)	63.6 (3.16)	11.1 (3.02)	67.5 (3.34)	3.9 ! (1.49)	15.6 (2.39)	75.5 (3.17)	57.4 (3.28)	25.5 (2.91)	92.7 (1.80)	81.8 (3.89)	28.2 (3.28)
Percent of students approved for free or reduced-price school lunch														
School does not participate	3,900 (420)	4.3 (0.46)	70.2 (5.54)	38.9 (4.76)	16.9 (3.97)	43.2 (5.52)	4.8 ! (3.33)	8.2 ! (3.37)	44.0 (5.66)	13.8 (3.02)	20.2 (4.48)	23.4 (3.94)	43.5 (4.86)	10.2 (2.33)
0 to 25 percent	25,000 (920)	27.6 (1.03)	89.7 (1.35)	36.9 (2.02)	4.7 (0.86)	44.7 (2.08)	0.5 ! (0.18)	1.8 (0.35)	60.0 (2.04)	25.0 (1.83)	10.1 (1.12)	25.2 (1.60)	53.1 (2.22)	5.5 (0.78)
26 to 50 percent	24,800 (920)	27.4 (0.98)	90.6 (0.94)	41.1 (1.88)	8.2 (1.00)	53.4 (2.03)	0.7 (0.22)	4.3 (0.65)	63.8 (1.59)	30.3 (1.51)	13.5 (1.11)	26.5 (1.85)	56.8 (2.00)	7.4 (0.80)
51 to 75 percent	19,600 (690)	21.6 (0.73)	88.9 (1.38)	48.7 (2.26)	19.3 (1.80)	57.7 (2.28)	2.7 (0.52)	7.4 (1.06)	61.0 (2.26)	27.7 (1.94)	17.5 (2.05)	26.2 (1.98)	52.6 (2.30)	7.7 (1.03)
76 to 100 percent	17,300 (660)	19.1 (0.74)	89.2 (1.63)	59.0 (2.42)	42.2 (3.04)	66.5 (2.40)	6.1 (1.17)	11.9 (1.65)	61.1 (2.56)	16.6 (1.78)	19.2 (1.91)	33.1 (2.74)	43.6 (2.59)	9.6 (1.57)
School locale														
City	21,600 (730)	23.8 (0.81)	89.4 (1.45)	55.6 (2.31)	36.5 (2.33)	63.2 (2.33)	4.1 (0.76)	9.7 (1.14)	61.3 (2.57)	14.5 (1.50)	13.2 (1.51)	37.1 (1.97)	45.3 (1.96)	11.5 (1.43)
Suburban	25,900 (920)	28.6 (1.01)	89.7 (1.19)	44.9 (2.32)	13.5 (1.33)	50.4 (2.17)	2.2 ! (0.70)	5.3 (0.97)	57.9 (2.06)	17.3 (1.56)	10.5 (1.37)	29.3 (1.76)	55.9 (1.77)	8.9 (0.93)
Town	13,900 (670)	15.3 (0.74)	90.2 (1.35)	41.2 (2.55)	10.0 (1.56)	51.9 (2.43)	2.3 (0.60)	5.3 (1.01)	63.6 (2.48)	30.1 (2.14)	16.2 (1.73)	22.5 (1.86)	53.7 (2.79)	5.0 (1.03)
Rural	29,200 (1,010)	32.2 (1.07)	87.0 (1.13)	38.8 (1.78)	7.4 (0.85)	51.3 (1.87)	1.0 ! (0.31)	3.8 (0.67)	61.6 (1.86)	37.0 (1.48)	19.2 (1.32)	20.2 (1.60)	51.9 (1.78)	4.4 (0.71)
Level[5]														
Elementary	62,300 (580)	68.9 (0.54)	92.1 (0.71)	45.7 (1.61)	17.5 (1.05)	50.0 (1.38)	0.3 ! (0.14)	3.0 (0.48)	57.5 (1.47)	13.2 (0.83)	7.6 (0.84)	16.2 (1.14)	46.1 (1.29)	4.1 (0.57)
Secondary	21,600 (460)	23.8 (0.46)	82.1 (1.42)	43.3 (1.53)	12.1 (1.19)	64.4 (1.87)	5.2 (1.03)	11.9 (1.05)	68.5 (1.68)	54.6 (1.59)	30.5 (1.59)	58.3 (1.93)	68.7 (1.77)	16.8 (1.15)
Combined	6,600 (360)	7.3 (0.40)	79.8 (2.50)	42.6 (3.33)	21.4 (2.51)	57.3 (3.13)	11.3 (1.84)	13.4 (1.80)	66.0 (2.96)	39.1 (2.91)	31.7 (3.22)	29.0 (2.90)	50.1 (2.70)	9.2 (1.95)
Private total	**28,000 (330)**	**100.0 (†)**	**81.5 (1.15)**	**42.4 (1.22)**	**55.4 (1.19)**	**76.3 (1.08)**	**0.6 ! (0.19)**	**1.1 (0.24)**	**44.0 (1.06)**	**3.9 (0.43)**	**8.8 (0.69)**	**6.4 (0.54)**	**32.9 (1.21)**	**2.9 (0.42)**
School enrollment														
Under 300	22,800 (390)	81.7 (0.85)	80.6 (1.39)	41.7 (1.40)	51.9 (1.46)	73.7 (1.30)	0.6 ! (0.21)	1.3 (0.28)	41.3 (1.30)	2.5 (0.44)	9.0 (0.83)	4.3 (0.58)	27.9 (1.36)	1.7 (0.44)
300 to 499	3,000 (190)	10.6 (0.70)	88.6 (1.95)	45.7 (3.07)	73.4 (3.13)	85.8 (2.14)	0.9 ! (0.85)	0.5 ! (0.70)	55.4 (2.90)	6.5 (1.32)	7.5 (1.50)	10.1 (1.70)	49.5 (3.22)	7.8 (1.61)
500 to 999	1,800 (120)	6.3 (0.44)	83.0 (2.44)	43.4 (3.43)	69.4 (3.39)	89.4 (2.29)	# (†)	0.2 ! (0.23)	59.3 (3.58)	17.1 (2.42)	8.2 (1.96)	17.3 (2.21)	61.0 (3.32)	7.8 (1.90)
1,000 or more	400 (50)	1.4 (0.19)	77.4 (5.07)	52.7 (7.16)	61.2 (6.89)	94.6 (2.34)	# (†)	# (†)	49.9 (7.21)	9.7 (3.78)	13.2 ! (4.95)	50.5 (6.78)	67.1 (5.69)	11.6 ! (4.08)
Percent of students approved for free or reduced-price school lunch														
School does not participate	19,700 (400)	70.3 (1.05)	78.9 (1.43)	41.6 (1.45)	52.2 (1.48)	74.7 (1.34)	0.4 ! (0.14)	0.6 ! (0.20)	41.3 (1.48)	3.8 (0.48)	8.6 (0.80)	6.6 (0.58)	28.8 (1.32)	2.9 (0.52)
0 to 25 percent	4,600 (230)	16.3 (0.81)	89.7 (2.03)	40.5 (3.06)	67.6 (2.83)	85.6 (2.08)	# (†)	0.1 ! (0.09)	53.2 (3.04)	6.0 (1.42)	6.5 (1.44)	5.1 (1.47)	42.9 (3.21)	3.5 ! (1.17)
26 to 100 percent	3,700 (230)	13.3 (0.84)	85.5 (2.44)	48.8 (3.14)	57.3 (3.35)	72.8 (3.11)	2.3 ! (1.24)	4.7 ! (1.61)	47.0 (3.86)	2.3 ! (1.09)	12.7 (2.11)	7.0 (1.76)	42.1 (3.52)	2.2 ! (1.12)
Level[5]														
Elementary	16,100 (300)	57.6 (0.81)	84.1 (1.35)	45.6 (1.50)	62.2 (1.68)	75.9 (1.48)	# (†)	0.1 ! (0.07)	42.0 (1.39)	0.4 ! (0.20)	2.1 (0.42)	4.3 (0.61)	31.4 (1.65)	1.6 (0.38)
Secondary	2,900 (170)	10.5 (0.59)	76.9 (2.83)	34.7 (3.37)	42.8 (3.22)	75.3 (3.36)	0.6 ! (0.64)	1.4 ! (1.02)	56.7 (3.25)	17.0 (2.32)	26.0 (3.64)	11.8 (2.46)	43.1 (3.64)	6.2 (1.27)
Combined	8,900 (270)	31.9 (0.88)	78.4 (2.11)	39.2 (2.27)	47.2 (2.23)	77.3 (1.72)	1.7 ! (0.59)	2.9 (0.70)	43.5 (2.46)	6.0 (1.00)	15.4 (1.54)	8.3 (1.13)	32.1 (1.99)	4.2 (1.00)

Columns 4–15: Percent of schools with security measures.

†Not applicable.
#Rounds to zero.
!Interpret data with caution.
[1]Access to buildings is controlled during school hours (e.g., by locked or monitored doors).
[2]Access to grounds is controlled during school hours (e.g., by locked or monitored gates).
[3]All students must pass through a metal detector each day.
[4]All or most students are required to stay on school grounds during lunch.
[5]Elementary schools have grade 6 or below, with no grade higher than 8; secondary schools have no grade lower than 7; and combined schools have grades lower than 7 and higher than 8.
NOTE: Detail may not sum to totals because of rounding. Standard errors appear in parentheses.
SOURCE: U.S. Department of Education, National Center for Education Statistics, Schools and Staffing Survey (SASS), "Public School Principal Questionnaire" and "Private School Principal Questionnaire," 2007–08. (This table was prepared October 2009.)

Table 168. Number and percentage of public schools reporting crime incidents, and number and rate of incidents, by school characteristics and type of incident: 1999–2000, 2005–06, and 2007–08

Type of crime incident	All public schools, 1999–2000		All public schools, 2005–2006		2007–08															
					All public schools		Instruction level of school						Size of enrollment							
							Primary		Middle		High		Less than 300		300 to 499		500 to 999		1,000 or more	
1		2		3		4		5		6		7		8		9		10		11
Number of public schools (in thousands)																				
All schools	82	(#)	83	(0.4)	83	(0.4)	49	(0.3)	15	(0.1)	12	(0.1)	19	(0.3)	24	(0.3)	30	(0.2)	9	(0.1)
Schools with incident	71	(1.0)	71	(1.0)	71	(0.8)	39	(0.7)	15	(0.1)	12	(0.1)	14	(0.6)	20	(0.5)	28	(0.4)	9	(0.1)
Percent of schools with incident	**86.3**	**(1.23)**	**85.7**	**(1.07)**	**85.5**	**(0.87)**	**78.4**	**(1.36)**	**97.9**	**(0.55)**	**98.6**	**(0.49)**	**72.6**	**(2.84)**	**81.9**	**(2.30)**	**92.6**	**(1.14)**	**98.6**	**(0.83)**
Violent incidents[1]	**71.4**	**(1.37)**	**77.7**	**(1.11)**	**75.5**	**(1.09)**	**65.1**	**(1.64)**	**94.3**	**(0.88)**	**94.0**	**(1.07)**	**60.6**	**(3.53)**	**69.1**	**(2.75)**	**83.4**	**(1.69)**	**97.0**	**(1.08)**
Serious violent incidents[2]	19.7	(0.98)	17.1	(0.91)	17.2	(1.06)	13.0	(1.69)	22.0	(1.32)	28.9	(1.53)	12.3	(2.21)	11.4	(1.89)	19.8	(1.44)	34.0	(2.03)
Rape or attempted rape[3]	0.7	(0.10)	0.3	(0.07)	0.8	(0.17)	‡	(†)	‡	(†)	1.8	(0.35)	‡	(†)	‡	(†)	1.1 !	(0.37)	2.1	(0.45)
Sexual battery other than rape[4]	2.5	(0.33)	2.8	(0.24)	2.5	(0.33)	1.0 !	(0.45)	3.8	(0.59)	7.7	(0.95)	‡	(†)	1.5 !	(0.57)	2.6	(0.55)	7.3	(0.97)
Physical attack or fight[5] with weapon[6]	5.2	(0.60)	3.0	(0.38)	3.0	(0.33)	1.9	(0.50)	5.3	(0.89)	5.8	(0.75)	‡	(†)	1.1 !	(0.52)	4.4	(0.83)	7.3	(0.93)
Threat of attack with weapon[6]	11.1	(0.70)	8.8	(0.66)	9.3	(0.77)	8.5	(1.28)	11.7	(1.04)	11.8	(1.15)	6.6	(1.69)	7.9	(1.46)	10.9	(1.19)	13.6	(1.09)
Robbery[7] with a weapon[6]	0.5 !	(0.15)	0.4	(0.12)	0.5 !	(0.14)	‡	(†)	0.6 !	(0.22)	1.2 !	(0.42)	‡	(†)	#	(†)	‡	(†)	1.5	(0.38)
Robbery[7] without a weapon	5.3	(0.56)	6.4	(0.59)	5.2	(0.56)	2.9	(0.74)	6.5	(0.81)	11.6	(1.00)	4.5 !	(1.50)	2.8 !	(0.85)	4.2	(0.73)	16.0	(1.73)
Physical attack or fight without a weapon	63.7	(1.52)	74.3	(1.20)	72.7	(1.07)	62.1	(1.62)	91.4	(1.12)	91.8	(1.18)	57.7	(3.37)	66.3	(2.82)	80.2	(1.72)	96.0	(1.11)
Threat of attack without weapon	52.2	(1.47)	52.2	(1.27)	47.8	(1.19)	38.0	(1.88)	66.5	(1.53)	67.4	(1.83)	36.2	(3.20)	39.2	(2.39)	53.7	(1.84)	75.0	(2.20)
Theft/larceny[8]	**45.6**	**(1.37)**	**46.0**	**(1.07)**	**47.3**	**(1.30)**	**30.6**	**(1.85)**	**69.5**	**(1.59)**	**83.7**	**(1.51)**	**33.3**	**(2.66)**	**35.6**	**(2.49)**	**54.0**	**(2.09)**	**84.9**	**(1.78)**
Other incidents[9]	**—**	**(†)**	**68.2**	**(1.07)**	**67.4**	**(1.13)**	**55.1**	**(1.79)**	**84.0**	**(1.36)**	**93.5**	**(1.20)**	**47.6**	**(2.85)**	**62.1**	**(3.14)**	**75.5**	**(1.68)**	**95.5**	**(1.24)**
Possess firearm/explosive device[10]	5.5	(0.44)	7.2	(0.60)	4.7	(0.38)	2.9	(0.60)	6.9	(0.89)	10.9	(1.03)	1.2 !	(0.41)	2.5 !	(0.77)	6.0	(0.81)	13.4	(1.30)
Possess knife or sharp object	42.6	(1.28)	42.8	(1.23)	40.6	(1.10)	32.4	(1.61)	53.9	(1.77)	60.4	(1.75)	20.8	(2.68)	33.5	(2.66)	49.3	(1.94)	71.8	(2.16)
Distribution, possesion, or use of illegal drugs	—	(†)	25.9	(0.68)	23.2	(0.68)	3.1	(0.67)	43.8	(1.18)	76.8	(1.48)	9.5	(1.22)	12.2	(1.22)	24.7	(1.23)	75.2	(1.36)
Distribution, possession, or use of alcohol	—	(†)	16.2	(0.68)	14.9	(0.57)	2.7	(0.68)	19.1	(1.07)	56.1	(1.74)	7.6	(1.51)	5.4	(0.96)	14.5	(1.27)	55.6	(1.70)
Vandalism[11]	51.5	(1.61)	50.5	(1.17)	49.3	(1.16)	39.2	(1.82)	64.5	(1.75)	73.5	(1.65)	35.6	(2.79)	45.8	(2.65)	52.1	(2.19)	78.0	(2.01)
Number of incidents (in thousands)	**2,259**	**(117.0)**	**2,191**	**(45.0)**	**2,041**	**(65.4)**	**749**	**(54.4)**	**601**	**(23.2)**	**584**	**(16.4)**	**195**	**(22.9)**	**339**	**(35.7)**	**858**	**(44.9)**	**648**	**(20.8)**
Violent incidents[1]	**1,466**	**(103.7)**	**1,489**	**(39.0)**	**1,332**	**(62.1)**	**589**	**(52.1)**	**401**	**(16.1)**	**277**	**(10.9)**	**138**	**(20.3)**	**243**	**(31.8)**	**602**	**(42.0)**	**350**	**(15.4)**
Serious violent incidents[2]	61	(7.0)	59	(6.8)	58	(6.6)	24	(5.2)	19	(2.9)	14	(1.4)	7 !	(2.8)	8	(1.6)	24	(4.1)	19	(2.2)
Rape or attempted rape[3]	1	(0.1)	#	(†)	1	(0.2)	‡	(†)	‡	(†)	#	(†)	‡	(†)	‡	(†)	#	(†)	#	(†)
Sexual battery other than rape[4]	4	(1.1)	4	(0.4)	4	(0.6)	1 !	(0.5)	1	(0.2)	2	(0.3)	‡	(†)	‡	(†)	1	(0.2)	1	(0.3)
Physical attack or fight[5] with weapon[6]	12	(2.5)	7	(1.6)	14	(3.9)	8 !	(3.5)	5 !	(1.8)	2	(0.5)	‡	(†)	1 !	(0.2)	11 !	(3.9)	2	(0.7)
Threat of attack with weapon[6]	21	(1.9)	25	(6.5)	20	(2.6)	10	(1.8)	6	(1.6)	4	(0.5)	2 !	(0.7)	5	(1.2)	8	(1.2)	5	(1.5)
Robbery[7] with a weapon[6]	‡	(†)	1 !	(0.2)	1 !	(0.2)	‡	(†)	#	(†)	‡	(†)	‡	(†)	#	(†)	‡	(†)	#	(†)
Robbery[7] without a weapon[6]	20	(3.2)	22	(2.5)	19	(3.1)	‡	(†)	6	(1.2)	7	(1.1)	‡	(†)	2 !	(0.5)	4	(0.7)	9	(1.4)
Physical attack or fight without a weapon	807	(59.6)	898	(25.5)	812	(45.7)	380	(40.7)	239	(10.6)	163	(7.0)	72	(9.1)	139	(20.0)	382	(37.5)	219	(12.6)
Threat of attack without weapon	599	(52.7)	533	(20.3)	462	(29.4)	185	(22.2)	143	(9.0)	100	(6.1)	58	(14.6)	96	(16.9)	195	(13.7)	113	(6.2)
Theft/larceny[8]	**218**	**(9.2)**	**243**	**(6.2)**	**269**	**(9.5)**	**48**	**(4.9)**	**80**	**(5.7)**	**123**	**(4.3)**	**21**	**(4.7)**	**32**	**(3.4)**	**102**	**(5.9)**	**114**	**(4.2)**
Other incidents[9]	**—**	**(†)**	**459**	**(11.2)**	**440**	**(11.2)**	**112**	**(7.0)**	**120**	**(5.9)**	**184**	**(6.6)**	**36**	**(5.3)**	**65**	**(4.8)**	**155**	**(7.4)**	**184**	**(7.8)**
Possess firearm/explosive device[10]	9	(2.2)	12	(1.9)	5	(0.5)	2	(0.4)	1	(0.2)	2	(0.2)	#	(†)	1	(0.2)	2	(0.4)	2	(0.3)
Possess knife or sharp object	86	(4.0)	90	(2.3)	77	(2.4)	28	(1.9)	21	(1.1)	24	(1.1)	7	(1.1)	13	(1.2)	32	(1.6)	25	(1.3)
Distribution, possesion, or use of illegal drugs	—	(†)	117	(4.3)	107	(4.1)	3	(0.9)	25	(2.8)	73	(2.9)	7 !	(2.9)	7	(0.7)	27	(1.6)	67	(2.8)
Distribution, possession, or use of alcohol	—	(†)	47	(2.4)	38	(1.4)	2	(0.4)	7	(0.5)	27	(1.2)	2	(0.5)	2	(0.4)	11	(1.0)	22	(1.1)
Vandalism[11]	211	(13.6)	193	(7.2)	212	(8.8)	78	(6.4)	66	(4.3)	59	(3.7)	20	(2.7)	42	(4.3)	82	(6.8)	68	(4.7)

See notes at end of table.

Table 168. Number and percentage of public schools reporting crime incidents, and number and rate of incidents, by school characteristics and type of incident: 1999–2000, 2005–06, and 2007–08—Continued

Type of crime incident	All public schools, 1999–2000		All public schools, 2005–2006		2007–08															
					All public schools		Instruction level of school						Size of enrollment							
							Primary		Middle		High		Less than 300		300 to 499		500 to 999		1,000 or more	
1	2		3		4		5		6		7		8		9		10		11	
Number of incidents per 100,000 students	**4,849**	**(252.4)**	**4,584**	**(95.9)**	**4,270**	**(134.1)**	**3,259**	**(239.4)**	**6,197**	**(232.4)**	**4,691**	**(120.6)**	**4,883**	**(549.3)**	**3,400**	**(351.6)**	**4,277**	**(230.5)**	**4,714**	**(149.5)**
Violent incidents[1]	**3,147**	**(223.8)**	**3,116**	**(82.3)**	**2,788**	**(127.9)**	**2,560**	**(228.7)**	**4,133**	**(159.7)**	**2,229**	**(81.8)**	**3,442**	**(497.4)**	**2,433**	**(314.3)**	**2,998**	**(214.7)**	**2,549**	**(110.2)**
Serious violent incidents[2]	130	(15.2)	124	(14.2)	122	(13.8)	105	(22.4)	191	(29.9)	113	(11.8)	181 !	(71.0)	79	(15.5)	122	(20.6)	137	(16.2)
Rape or attempted rape[3]	1	(0.2)	1	(0.2)	2	(0.4)	‡	(†)	‡	(†)	2	(0.5)	‡	(†)	‡	(†)	2 !	(0.7)	2	(0.5)
Sexual battery other than rape[4]	9	(2.4)	9	(0.8)	8	(1.3)	5 !	(2.2)	12	(2.5)	13	(2.4)	‡	(†)	‡	(†)	6	(1.2)	11	(2.3)
Physical attack or fight[5] with weapon[6]	26	(5.4)	15	(3.4)	29	(8.2)	33 !	(15.3)	48 !	(18.1)	14	(3.9)	‡	(†)	5 !	(2.1)	55 !	(19.3)	17	(4.8)
Threat of attack with weapon[6]	45	(4.1)	52	(13.7)	42	(5.4)	43	(7.7)	65	(16.7)	30	(3.9)	58 !	(19.3)	48	(12.5)	39	(6.0)	38	(11.3)
Robbery[7] with a weapon[6]	‡	(†)	1 !	(0.5)	1 !	(0.5)	‡	(†)	3 !	(1.1)	‡	(†)	‡	(†)	#	(†)	‡	(†)	2 !	(0.6)
Robbery[7] without a weapon	43	(6.8)	46	(5.2)	39	(6.6)	‡	(†)	62	(11.9)	52	(9.1)	‡	(†)	16 !	(5.3)	19	(3.6)	66	(10.2)
Physical attack or fight without a weapon	1,732	(128.8)	1,878	(54.5)	1,699	(93.8)	1,651	(179.5)	2,468	(107.9)	1,309	(53.9)	1,812	(220.0)	1,391	(198.4)	1,905	(189.6)	1,590	(91.8)
Threat of attack without weapon	1,285	(113.2)	1,114	(42.6)	967	(61.5)	805	(95.8)	1,474	(90.1)	807	(46.9)	1,449	(363.2)	963	(168.1)	971	(69.2)	822	(43.9)
Theft/larceny[8]	**468**	**(20.2)**	**508**	**(12.8)**	**563**	**(20.1)**	**210**	**(21.1)**	**830**	**(58.3)**	**986**	**(34.2)**	**535**	**(114.6)**	**319**	**(33.5)**	**507**	**(29.2)**	**829**	**(31.7)**
Other incidents[9]	**—**	**(†)**	**960**	**(24.4)**	**920**	**(23.5)**	**488**	**(30.7)**	**1,235**	**(60.8)**	**1,477**	**(50.1)**	**906**	**(129.9)**	**648**	**(47.8)**	**772**	**(36.9)**	**1,336**	**(56.7)**
Possess firearm/explosive device[10]	18	(4.8)	26	(4.0)	11	(1.0)	8	(1.8)	15	(2.2)	15	(1.6)	6 !	(2.0)	6	(1.9)	12	(1.8)	15	(1.8)
Possess knife or sharp object	184	(8.7)	188	(4.9)	161	(4.7)	120	(8.1)	220	(10.5)	190	(9.0)	173	(26.7)	130	(12.0)	160	(7.9)	181	(9.6)
Distribution, possesion, or use of illegal drugs	—	(†)	245	(9.3)	225	(8.3)	14	(3.9)	253	(29.0)	585	(21.2)	170 !	(72.4)	69	(7.2)	135	(7.7)	484	(19.4)
Distribution, possession, or use of alcohol	—	(†)	98	(5.2)	79	(2.9)	7	(1.6)	68	(5.2)	216	(8.7)	59	(12.3)	22	(3.6)	54	(4.8)	163	(7.5)
Vandalism[11]	453	(28.6)	403	(15.0)	444	(19.0)	340	(28.4)	679	(44.5)	471	(29.7)	499	(68.1)	421	(42.5)	411	(34.0)	493	(35.0)

See notes at end of table.

Table 168. Number and percentage of public schools reporting crime incidents, and number and rate of incidents, by school characteristics and type of incident: 1999–2000, 2005–06, and 2007–08—Continued

Type of crime incident	2007–08																					
	Urbanicity								Combined percent Black, Hispanic, Asian/Pacific Islander, and American Indian/Alaska Native enrollment								Percent of students eligible for free/reduced-price lunch					
	City		Urban fringe		Town		Rural		Less than 5		5 to less than 20		20 to less than 50		50 or more		0 to 20		21 to 50		51 or more	
1	12		13		14		15		16		17		18		19		20		21		22	
Number of public schools (in thousands)																						
All schools	21	(0.2)	24	(0.1)	12	(0.2)	26	(0.3)	14	(0.7)	21	(0.6)	20	(0.7)	28	(0.7)	18	(0.7)	30	(1.2)	35	(1.0)
Schools with incident	19	(0.4)	20	(0.4)	10	(0.4)	21	(0.5)	11	(0.7)	18	(0.6)	18	(0.7)	25	(0.7)	14	(0.6)	25	(1.0)	31	(1.0)
Percent of schools with incident	**91.0**	**(1.71)**	**84.9**	**(1.77)**	**87.8**	**(2.85)**	**80.5**	**(1.90)**	**78.3**	**(3.02)**	**82.3**	**(2.64)**	**87.6**	**(2.01)**	**89.9**	**(1.77)**	**79.7**	**(2.43)**	**84.9**	**(1.68)**	**88.8**	**(1.52)**
Violent incidents[1]	**82.1**	**(2.01)**	**73.7**	**(2.17)**	**80.0**	**(2.79)**	**69.5**	**(2.13)**	**66.7**	**(3.34)**	**72.7**	**(2.51)**	**77.3**	**(2.40)**	**80.5**	**(2.21)**	**65.7**	**(2.59)**	**75.6**	**(2.37)**	**80.2**	**(2.01)**
Serious violent incidents[2]	20.2	(2.15)	17.4	(1.29)	17.6	(2.51)	14.4	(1.59)	15.0	(2.52)	13.7	(1.38)	15.2	(1.77)	22.5	(1.88)	14.6	(1.92)	15.7	(1.25)	19.8	(1.93)
Rape or attempted rape[3]	1.0 !	(0.32)	1.2 !	(0.52)	‡	(†)	‡	(†)	‡	(†)	0.7 !	(0.35)	‡	(†)	1.0 !	(0.34)	1.1 !	(0.43)	0.4 !	(0.17)	1.0 !	(0.36)
Sexual battery other than rape[4]	2.7	(0.72)	2.4	(0.45)	1.5	(0.39)	2.8	(0.73)	1.0 !	(0.36)	1.5	(0.43)	3.8	(0.89)	3.0	(0.56)	3.3	(0.89)	2.1	(0.33)	2.3	(0.53)
Physical attack or fight[5] with weapon[6]	5.0	(0.83)	3.4	(0.58)	2.3 !	(0.91)	1.2 !	(0.36)	0.4 !	(0.19)	2.5	(0.64)	2.4	(0.49)	5.0	(0.79)	1.7	(0.40)	2.7	(0.64)	3.9	(0.62)
Threat of attack with weapon[6]	10.1	(1.85)	9.1	(1.15)	10.9	(2.16)	8.2	(1.29)	10.7	(2.33)	7.9	(1.17)	6.8	(1.19)	11.6	(1.54)	7.5	(1.21)	9.1	(1.11)	10.4	(1.43)
Robbery[7] with a weapon[6]	0.9 !	(0.41)	0.6 !	(0.30)	#	(†)	‡	(†)	‡	(†)	‡	(†)	0.3 !	(0.11)	1.0 !	(0.38)	‡	(†)	0.2 !	(0.10)	0.7 !	(0.30)
Robbery[7] without a weapon	8.3	(1.21)	4.4	(0.85)	5.0 !	(1.65)	3.4	(0.78)	3.7 !	(1.26)	3.2	(0.81)	3.6	(0.79)	8.5	(1.06)	3.5	(0.90)	3.8	(0.68)	7.1	(1.04)
Physical attack or fight without a weapon	81.0	(2.03)	69.0	(2.35)	77.5	(2.92)	67.1	(2.02)	64.1	(3.27)	67.4	(2.58)	75.6	(2.36)	78.9	(2.12)	61.4	(2.87)	73.0	(2.30)	78.0	(1.96)
Threat of attack without weapon	56.3	(2.69)	45.5	(2.35)	48.3	(3.26)	42.8	(2.24)	46.3	(3.24)	44.4	(2.26)	46.9	(2.75)	51.8	(2.29)	42.8	(2.41)	46.1	(2.27)	51.7	(1.99)
Theft/larceny[8]	**54.5**	**(2.08)**	**40.3**	**(1.94)**	**49.1**	**(3.25)**	**47.1**	**(2.89)**	**46.1**	**(3.26)**	**43.0**	**(2.28)**	**45.8**	**(2.84)**	**52.4**	**(2.18)**	**45.8**	**(2.68)**	**45.7**	**(2.14)**	**49.4**	**(2.03)**
Other incidents[9]	**77.5**	**(2.55)**	**66.7**	**(2.16)**	**66.4**	**(3.77)**	**60.2**	**(2.51)**	**60.6**	**(3.08)**	**62.0**	**(3.23)**	**70.0**	**(2.65)**	**72.9**	**(2.31)**	**64.8**	**(2.98)**	**65.2**	**(1.82)**	**70.5**	**(1.75)**
Possess firearm/explosive device[10]	8.1	(1.06)	3.9	(0.65)	3.1	(0.72)	3.3	(0.58)	1.3 !	(0.53)	3.2	(0.65)	4.6	(0.70)	7.6	(1.05)	2.5	(0.53)	4.5	(0.55)	5.9	(0.80)
Possess knife or sharp object	50.1	(2.84)	39.3	(2.34)	42.0	(3.51)	33.3	(2.23)	29.0	(2.57)	33.9	(2.42)	44.6	(2.48)	48.6	(2.32)	32.3	(1.98)	39.0	(2.01)	46.0	(2.16)
Distribution, possesion, or use of illegal drugs	26.6	(1.36)	20.9	(0.78)	25.9	(2.02)	21.2	(1.19)	22.7	(1.76)	21.6	(1.34)	23.5	(1.42)	24.4	(1.30)	25.6	(1.79)	24.1	(1.39)	21.2	(1.25)
Distribution, possession, or use of alcohol	17.1	(1.40)	13.7	(0.78)	15.3	(1.54)	13.9	(1.22)	12.9	(1.94)	15.6	(1.04)	16.0	(1.25)	14.5	(1.00)	19.1	(1.47)	15.9	(0.96)	11.9	(0.95)
Vandalism[11]	61.5	(2.94)	52.5	(2.27)	44.7	(3.10)	38.6	(2.21)	38.5	(3.23)	45.1	(3.08)	52.7	(2.25)	55.4	(2.65)	49.5	(3.17)	46.1	(1.96)	51.9	(1.93)
Number of incidents (in thousands)	**740**	**(39.8)**	**603**	**(28.0)**	**240**	**(20.0)**	**458**	**(37.7)**	**188**	**(15.1)**	**380**	**(20.9)**	**526**	**(40.2)**	**947**	**(45.3)**	**311**	**(16.5)**	**684**	**(32.8)**	**1,046**	**(55.0)**
Violent incidents[1]	**495**	**(34.3)**	**381**	**(25.4)**	**159**	**(16.3)**	**298**	**(34.5)**	**117**	**(12.1)**	**226**	**(17.2)**	**350**	**(37.6)**	**640**	**(38.3)**	**160**	**(12.0)**	**435**	**(31.0)**	**738**	**(49.3)**
Serious violent incidents[2]	27	(5.3)	15	(3.4)	7	(1.4)	9	(1.2)	5	(1.0)	7	(1.0)	11	(1.7)	36	(6.0)	6	(0.8)	15	(2.3)	37	(6.0)
Rape or attempted rape[3]	#	(†)	#	(†)	‡	(†)	#	(†)	‡	(†)	#	(†)	‡	(†)	#	(†)	#	(†)	#	(†)	#	(†)
Sexual battery other than rape[4]	1 !	(0.5)	1	(0.3)	#	(†)	1	(0.2)	#	(†)	#	(†)	1	(0.3)	2	(0.5)	1	(0.2)	1	(0.2)	2	(0.5)
Physical attack or fight[5] with weapon[6]	8 !	(3.5)	4 !	(1.7)	1 !	(0.4)	‡	(†)	#	(†)	1 !	(0.6)	2 !	(0.6)	11 !	(3.8)	1 !	(0.2)	3 !	(0.9)	11 !	(3.9)
Threat of attack with weapon[6]	6	(1.1)	6	(1.7)	5	(1.2)	4	(0.8)	3	(0.8)	4	(0.8)	4 !	(1.2)	10	(2.0)	2	(0.4)	7	(1.6)	11	(1.9)
Robbery[7] with a weapon[6]	#	(†)	#	(†)	#	(†)	‡	(†)	‡	(†)	‡	(0.0)	‡	(†)	#	(†)	‡	(†)	‡	(†)	#	(†)
Robbery[7] without a weapon	11	(3.1)	4	(0.9)	1 !	(0.4)	2	(0.6)	1 !	(0.4)	1	(0.3)	3	(0.8)	13	(3.2)	2	(0.5)	5	(1.1)	12	(3.0)
Physical attack or fight without a weapon	299	(25.3)	241	(19.3)	88	(8.5)	184	(26.6)	63	(7.3)	138	(13.3)	221	(28.1)	391	(26.5)	100	(9.3)	277	(28.0)	435	(28.9)
Threat of attack without weapon	168	(14.8)	124	(11.7)	63	(9.7)	106	(15.3)	49	(6.4)	81	(8.3)	118	(14.4)	214	(20.4)	54	(4.4)	142	(9.0)	266	(27.2)
Theft/larceny[8]	**85**	**(5.0)**	**84**	**(4.6)**	**32**	**(2.8)**	**68**	**(5.9)**	**32**	**(2.5)**	**66**	**(4.0)**	**68**	**(4.3)**	**103**	**(7.1)**	**67**	**(4.5)**	**99**	**(4.6)**	**103**	**(6.7)**
Other incidents[9]	**160**	**(8.5)**	**138**	**(7.5)**	**49**	**(3.5)**	**92**	**(5.3)**	**40**	**(3.0)**	**87**	**(4.0)**	**109**	**(5.7)**	**204**	**(10.3)**	**84**	**(4.2)**	**151**	**(6.2)**	**204**	**(10.1)**
Possess firearm/explosive device[10]	2	(0.3)	2	(0.3)	#	(†)	1	(0.2)	#	(†)	1	(0.1)	1	(0.2)	3	(0.4)	1	(0.1)	2	(0.3)	3	(0.4)
Possess knife or sharp object	27	(2.2)	21	(1.3)	11	(1.0)	19	(1.3)	8	(1.0)	15	(1.2)	21	(1.3)	33	(2.0)	11	(0.8)	28	(1.4)	38	(2.2)
Distribution, possesion, or use of illegal drugs	36	(2.4)	31	(1.8)	13	(1.4)	27	(3.4)	11	(1.3)	25	(1.5)	28	(1.7)	43	(3.8)	24	(1.5)	44	(2.3)	40	(3.7)
Distribution, possession, or use of alcohol	12	(1.0)	12	(0.8)	5	(0.6)	9	(0.8)	4	(0.6)	11	(0.8)	10	(0.7)	13	(0.9)	12	(0.9)	15	(0.9)	11	(0.8)
Vandalism[11]	83	(5.7)	73	(6.8)	20	(2.5)	36	(2.5)	16	(1.9)	36	(2.9)	48	(4.3)	112	(8.2)	36	(3.3)	62	(4.1)	113	(7.9)

See notes at end of table.

Table 168. Number and percentage of public schools reporting crime incidents, and number and rate of incidents, by school characteristics and type of incident: 1999–2000, 2005–06, and 2007–08—Continued

Type of crime incident	2007–08										
	Urbanicity				Combined percent Black, Hispanic, Asian/Pacific Islander, and American Indian/Alaska Native enrollment				Percent of students eligible for free/reduced-price lunch		
	City	Urban fringe	Town	Rural	Less than 5	5 to less than 20	20 to less than 50	50 or more	0 to 20	21 to 50	51 or more
1	12	13	14	15	16	17	18	19	20	21	22
Number of incidents per 100,000 students	**5,356 (279.0)**	**3,615 (160.4)**	**3,997 (323.0)**	**4,057 (343.8)**	**3,497 (241.6)**	**3,158 (182.6)**	**4,069 (299.7)**	**5,422 (248.1)**	**2,600 (112.5)**	**3,929 (193.9)**	**5,679 (271.5)**
Violent incidents[1]	**3,582 (243.3)**	**2,282 (146.9)**	**2,642 (264.7)**	**2,642 (309.0)**	**2,170 (202.3)**	**1,880 (150.1)**	**2,705 (287.5)**	**3,664 (211.7)**	**1,335 (87.5)**	**2,496 (179.8)**	**4,009 (246.5)**
Serious violent incidents[2]	194 (37.8)	93 (20.6)	120 (23.1)	78 (11.0)	85 (18.8)	62 (7.8)	81 (13.2)	205 (33.6)	51 (7.2)	88 (13.6)	200 (31.1)
Rape or attempted rape[3]	2 ! (0.8)	2 ! (0.7)	‡ (†)	1 ! (0.4)	‡ (†)	2 ! (0.7)	‡ (†)	2 ! (0.7)	2 ! (0.7)	1 ! (0.4)	2 ! (0.8)
Sexual battery other than rape[4]	9 ! (3.5)	7 (1.8)	5 ! (1.7)	10 (2.2)	4 ! (1.8)	4 ! (1.2)	10 (2.4)	11 (2.9)	6 (1.8)	6 (1.4)	11 (2.7)
Physical attack or fight[5] with weapon[6]	60 ! (25.1)	23 ! (10.4)	16 ! (7.4)	‡ (†)	2 ! (0.9)	11 ! (5.0)	13 ! (4.8)	62 ! (21.7)	6 ! (1.9)	15 ! (5.4)	59 ! (21.0)
Threat of attack with weapon[6]	40 (8.1)	35 (10.3)	78 (20.8)	37 (6.8)	51 (14.2)	33 (6.6)	31 ! (9.6)	55 (11.4)	19 (3.5)	40 (9.5)	60 (9.7)
Robbery[7] with a weapon[6]	3 ! (1.1)	1 ! (0.5)	# (†)	‡ (†)	‡ (†)	‡ (†)	‡ (†)	2 ! (0.9)	‡ (†)	‡ (†)	3 ! (1.1)
Robbery[7] without a weapon	80 (22.3)	25 (5.4)	20 ! (7.1)	20 (5.4)	24 ! (7.8)	12 (2.5)	26 (6.2)	73 (18.0)	17 (4.4)	26 (6.4)	66 (16.2)
Physical attack or fight without a weapon	2,168 (179.6)	1,444 (112.8)	1,466 (138.8)	1,628 (239.2)	1,166 (123.8)	1,146 (113.9)	1,710 (218.4)	2,236 (147.6)	835 (70.9)	1,592 (160.6)	2,362 (146.3)
Threat of attack without weapon	1,219 (107.4)	746 (68.5)	1,056 (159.2)	936 (134.5)	919 (114.2)	672 (71.7)	913 (107.9)	1,223 (115.7)	449 (32.7)	815 (52.3)	1,446 (143.2)
Theft/larceny[8]	**616 (36.9)**	**504 (27.3)**	**534 (45.4)**	**599 (54.6)**	**590 (44.6)**	**552 (32.2)**	**523 (30.7)**	**591 (39.9)**	**560 (33.4)**	**567 (30.9)**	**561 (37.1)**
Other incidents[9]	**1,158 (58.6)**	**828 (44.8)**	**821 (55.4)**	**815 (50.2)**	**737 (49.7)**	**727 (34.5)**	**841 (37.8)**	**1,167 (58.7)**	**705 (34.9)**	**866 (33.3)**	**1,110 (53.6)**
Possess firearm/explosive device[10]	16 (1.9)	9 (1.9)	7 (1.5)	10 (1.8)	4 ! (1.5)	7 (1.3)	9 (1.5)	18 (2.6)	4 (1.0)	11 (1.4)	16 (2.3)
Possess knife or sharp object	195 (14.6)	123 (7.6)	180 (16.7)	165 (11.5)	147 (16.5)	126 (9.3)	164 (10.7)	188 (10.3)	93 (6.4)	162 (7.9)	205 (10.0)
Distribution, possesion, or use of illegal drugs	259 (16.0)	187 (10.1)	222 (21.3)	240 (30.3)	210 (21.8)	207 (12.7)	217 (12.7)	247 (21.7)	201 (12.9)	251 (15.1)	215 (20.6)
Distribution, possession, or use of alcohol	86 (7.2)	70 (4.6)	82 (9.7)	82 (7.5)	81 (11.1)	87 (6.7)	79 (5.2)	73 (4.7)	102 (7.5)	86 (5.1)	58 (4.5)
Vandalism[11]	601 (41.9)	439 (40.9)	330 (42.0)	318 (22.9)	295 (34.5)	300 (25.1)	372 (29.6)	642 (47.7)	305 (27.6)	357 (21.2)	616 (42.5)

—Not available.
†Not applicable.
#Rounds to zero.
!Interpret data with caution.
‡Reporting standards not met.
[1]Violent incidents include serious violent incidents (i.e., rape or attempted rape, sexual battery other than rape, physical attack or fight with a weapon, threat of physical attack with a weapon, and robbery with or without a weapon) plus physical attack or fight without a weapon and threat of physical attack without a weapon.
[2]Serious violent incidents include rape or attempted rape, sexual battery other than rape, physical attack or fight with a weapon, threat of physical attack with a weapon, and robbery with or without a weapon.
[3]Rape was defined for respondents as "forced sexual intercourse (vaginal, anal, or oral penetration). This includes penetration from a foreign object."
[4]Sexual battery was defined for respondents as an "incident that includes threatened rape, fondling, indecent liberties, child molestation, or sodomy."
[5]Physical attack or fight was defined for respondents as an "actual and intentional touching or striking of another person against his or her will, or the intentional causing of bodily harm to an individual."
[6]Weapon was defined for respondents as "any instrument or object used with the intent to threaten, injure, or kill. Includes look-alikes if they are used to threaten others."
[7]Robbery was defined for respondents as "the taking or attempting to take anything of value that is owned by another person or organization, under confrontational circumstances by force or threat of force or violence and/or by putting the victim in fear. A key difference between robbery and theft/larceny is that robbery involves a threat or battery."
[8]Theft/larceny (taking things over $10 without personal confrontation) was defined for respondents as "the unlawful taking of another person's property without personal confrontation, threat, violence, or bodily harm. Included are pocket picking, stealing purse or backpack (if left unattended or no force was used to take it from owner), theft from a building, theft from a motor vehicle or motor vehicle parts or accessories, theft of bicycles, theft from vending machines, and all other types of thefts."
[9]Other incidents include possession of a firearm or explosive device; possession of a knife or sharp object; distribution, possession, or use of illegal drugs or alcohol; and vandalism.
[10]Firearm/explosive device was defined as "any weapon that is designed to (or may readily be converted to) expel a projectile by the action of an explosive. This includes guns, bombs, grenades, mines, rockets, missiles, pipe bombs, or similar devices designed to explode and capable of causing bodily harm or property damage."
[11]Vandalism was defined for respondents as "the willful damage or destruction of school property including bombing, arson, graffiti, and other acts that cause property damage. Includes damage caused by computer hacking."
NOTE: Either the school principal or the person most knowledgeable about discipline issues at school completed the questionnaire. If the respondent did not provide a value for the total number of specified incidents at the school, the value was imputed to equal the number of specified incidents reported to police. Includes incidents happening in school buildings, on school grounds, on school buses, and at places that are holding school-sponsored events or activities. Covers times during normal school hours or when school activities/events were in session. Primary schools are defined as schools in which the lowest grade is not higher than grade 3 and the highest grade is not higher than grade 8. Middle schools are defined as schools in which the lowest grade is not lower than grade 4 and the highest grade is not higher than grade 9. High schools are defined as schools in which the lowest grade is not lower than grade 9 and the highest grade is not higher than grade 12. All public schools also includes schools with other combinations of grades (including K–12 schools), which are not shown separately. The table excludes schools with a high grade of kindergarten or lower and nonregular schools such as special education, vocational, alternative/other, and ungraded schools. Detail may not sum to totals because of rounding. Standard errors appear in parentheses.
SOURCE: U.S. Department of Education, National Center for Education Statistics, School Survey on Crime and Safety (SSOCS), 2000, 2006, and 2008. (This table was prepared June 2009.)

Table 169. Number of students suspended and expelled from public elementary and secondary schools, by sex, race/ethnicity, and state: 2006

State	Students suspended[1]							
	Total	Sex		Race/ethnicity				
		Male	Female	White	Black	Hispanic	Asian/Pacific Islander	American Indian/ Alaska Native
1	2	3	4	5	6	7	8	9
United States	**3,328,750 (20,038)**	**2,272,290 (13,667)**	**1,056,470 (6,842)**	**1,302,410 (9,493)**	**1,244,820 (11,267)**	**670,700 (6,889)**	**63,220 (836)**	**47,610 (2,861)**
Alabama	75,090 (727)	50,580 (485)	24,510 (256)	25,730 (380)	47,810 (690)	960 (11)	260 (#)	330 (26)
Alaska	8,060 (427)	5,660 (306)	2,390 (124)	3,470 (72)	620 (5)	380 (10)	460 (33)	3,120 (402)
Arizona	56,000 (1,117)	40,900 (800)	15,110 (347)	19,130 (291)	5,960 (118)	25,010 (387)	660 (9)	5,250 (973)
Arkansas	34,920 (1,191)	24,870 (910)	10,050 (318)	16,340 (757)	16,310 (819)	1,870 (121)	260 (23)	150 (19)
California	474,590 (11,349)	340,090 (8,199)	134,500 (3,481)	115,320 (3,178)	84,860 (4,117)	242,110 (6,179)	24,690 (770)	7,600 (1,531)
Colorado	47,650 (463)	33,580 (353)	14,070 (142)	22,380 (339)	6,030 (12)	17,600 (185)	850 (7)	790 (72)
Connecticut	36,370 (2,749)	24,240 (1,770)	12,130 (999)	14,430 (1,304)	12,700 (1,536)	8,620 (890)	510 (43)	100 (17)
Delaware[2]	12,150 (†)	7,890 (†)	4,260 (†)	3,890 (†)	7,110 (†)	1,020 (†)	110 (†)	20 (†)
District of Columbia[2]	210 (†)	120 (†)	80 (†)	10 (†)	190 (†)	10 (†)	# (†)	# (†)
Florida	291,820 (3,692)	192,470 (2,270)	99,350 (1,454)	105,550 (1,744)	129,630 (2,599)	54,170 (534)	1,890 (18)	580 (49)
Georgia	143,560 (2,598)	95,080 (1,757)	48,470 (877)	37,670 (1,334)	96,980 (1,684)	7,800 (297)	1,010 (22)	90 (4)
Hawaii[2]	9,770 (†)	6,640 (†)	3,120 (†)	1,290 (†)	290 (†)	310 (†)	7,810 (†)	70 (†)
Idaho	9,100 (434)	6,980 (326)	2,120 (115)	6,850 (385)	90 (5)	1,750 (85)	70 (3)	350 ! (109)
Illinois	130,650 (2,807)	86,950 (1,987)	43,700 (892)	41,270 (1,742)	63,590 (1,940)	24,340 (637)	1,330 (40)	130 (10)
Indiana	77,460 (2,737)	53,300 (1,860)	24,170 (945)	49,720 (2,094)	22,420 (1,266)	4,850 (557)	310 (30)	160 (17)
Iowa	14,190 (440)	9,860 (294)	4,330 (167)	10,000 (397)	2,960 (64)	930 (37)	160 (16)	140 (6)
Kansas	24,300 (701)	17,160 (531)	7,140 (197)	13,680 (621)	5,920 (67)	3,950 (71)	350 (8)	400 (32)
Kentucky	43,420 (2,319)	29,840 (1,636)	13,580 (734)	32,800 (1,780)	9,870 (1,002)	620 (46)	90 (11)	40 (9)
Louisiana	67,780 (2,535)	44,370 (1,636)	23,410 (911)	23,370 (1,721)	43,040 (1,536)	730 (21)	230 (12)	410 ! (107)
Maine	8,540 (440)	6,340 (345)	2,200 (114)	7,880 (421)	420 (16)	110 (22)	80 (4)	50 (8)
Maryland[2]	60,550 (†)	38,780 (†)	21,770 (†)	23,600 (†)	26,450 (†)	9,220 (†)	1,000 (†)	290 (†)
Massachusetts	49,930 (2,490)	32,960 (1,580)	16,970 (944)	28,040 (1,627)	7,650 (311)	12,780 (1,231)	1,230 (100)	230 (27)
Michigan	131,750 (5,404)	89,450 (3,547)	42,310 (2,039)	71,480 (2,916)	52,580 (4,227)	5,650 (528)	980 (136)	1,060 (133)
Minnesota	30,780 (674)	21,360 (476)	9,420 (234)	15,760 (541)	9,910 (189)	2,440 (110)	1,130 (17)	1,540 (194)
Mississippi	51,940 (1,756)	34,420 (1,154)	17,520 (623)	13,050 (565)	38,250 (1,495)	380 (34)	120 (18)	130 ! (35)
Missouri	67,820 (2,020)	47,010 (1,408)	20,810 (643)	32,790 (1,174)	32,560 (1,551)	1,780 (63)	450 (13)	240 (15)
Montana	6,500 (232)	4,600 (163)	1,900 (78)	4,490 (177)	70 (3)	120 (6)	40 (2)	1,780 (157)
Nebraska	10,600 (185)	7,240 (142)	3,360 (49)	5,620 (121)	2,820 (5)	1,770 (71)	100 (2)	280 (25)
Nevada[2]	31,620 (†)	20,690 (†)	10,930 (†)	9,700 (†)	7,360 (†)	12,850 (†)	1,270 (†)	440 (†)
New Hampshire	10,170 (498)	6,770 (399)	3,400 (111)	9,080 (489)	310 (8)	670 (7)	80 (6)	30 (2)
New Jersey	79,030 (3,559)	53,730 (2,347)	25,300 (1,260)	28,260 (2,252)	30,520 (1,609)	18,700 (1,170)	1,490 (104)	70 (12)
New Mexico	17,140 (572)	11,560 (387)	5,570 (196)	3,970 (171)	590 (15)	9,510 (497)	110 (3)	2,960 (79)
New York	106,670 (3,845)	72,970 (2,437)	33,700 (1,456)	49,950 (1,918)	38,640 (2,377)	16,040 (857)	1,360 (88)	680 (124)
North Carolina	149,780 (6,774)	101,920 (4,535)	47,860 (2,350)	50,630 (2,234)	85,000 (4,561)	9,250 (392)	790 (43)	4,100 (1,947)
North Dakota	2,140 (153)	1,460 (100)	670 (59)	1,260 (71)	100 (2)	50 (3)	20 (1)	720 (135)
Ohio	109,370 (4,049)	73,860 (2,696)	35,500 (1,442)	62,880 (2,712)	43,030 (2,880)	2,810 (357)	570 (56)	90 (10)
Oklahoma	31,160 (966)	21,830 (706)	9,330 (286)	14,940 (627)	8,210 (403)	3,150 (78)	200 (7)	4,660 (233)
Oregon	27,470 (1,028)	20,140 (732)	7,330 (322)	19,520 (773)	1,620 (44)	4,870 (339)	590 (21)	880 (73)
Pennsylvania	114,040 (6,402)	74,950 (4,013)	39,090 (2,435)	53,090 (2,856)	52,730 (4,090)	6,950 (568)	1,190 (202)	90 (16)
Rhode Island	12,250 (1,071)	8,040 (776)	4,210 (309)	6,920 (847)	1,930 (200)	2,950 (143)	340 (30)	120 (24)
South Carolina	83,830 (2,289)	54,320 (1,547)	29,520 (828)	25,750 (1,067)	55,540 (1,753)	2,120 (302)	240 (21)	180 ! (77)
South Dakota	3,100 (161)	2,180 (112)	910 (52)	1,850 (87)	170 (3)	110 (1)	40 (2)	930 (138)
Tennessee	73,380 (2,200)	49,860 (1,562)	23,520 (666)	39,350 (1,655)	31,280 (924)	2,290 (64)	400 (6)	70 (7)
Texas	253,530 (2,298)	173,460 (1,671)	80,070 (693)	46,910 (824)	82,270 (1,276)	121,480 (1,411)	2,410 (16)	460 (12)
Utah	16,350 (119)	11,740 (97)	4,610 (50)	10,020 (98)	540 (2)	4,640 (20)	660 (5)	490 (4)
Vermont	3,430 (136)	2,420 (99)	1,010 (44)	3,260 (129)	100 (8)	30 (4)	30 (3)	20 (2)
Virginia	91,810 (2,805)	61,580 (1,867)	30,230 (991)	35,200 (1,080)	49,590 (2,284)	5,490 (165)	1,370 (38)	170 (13)
Washington	59,920 (1,326)	44,470 (1,011)	15,450 (335)	36,360 (1,082)	7,060 (37)	10,280 (390)	3,180 (33)	3,040 (370)
West Virginia	30,750 (2,986)	21,430 (2,033)	9,330 (962)	27,270 (2,482)	3,090 (548)	310 (73)	50 (11)	30 (8)
Wisconsin	43,680 (1,126)	28,210 (721)	15,460 (449)	18,480 (724)	18,010 (399)	4,650 (65)	660 (16)	1,880 ! (751)
Wyoming	2,680 (400)	1,970 (288)	710 (119)	2,200 (346)	40 (5)	250 (43)	20 (3)	160 ! (46)

See notes at end of table.

Table 169. Number of students suspended and expelled from public elementary and secondary schools, by sex, race/ethnicity, and state: 2006–Continued

State	Students expelled							
		Sex		Race/ethnicity				
	Total	Male	Female	White	Black	Hispanic	Asian/Pacific Islander	American Indian/ Alaska Native
1	10	11	12	13	14	15	16	17
United States	**102,080 (1,329)**	**76,360 (976)**	**25,720 (398)**	**38,030 (612)**	**38,640 (935)**	**22,140 (388)**	**1,720 (44)**	**1,550 (69)**
Alabama	1,300 (21)	900 (21)	400 (5)	390 (8)	870 (19)	40 (#)	# (†)	# (†)
Alaska	180 (4)	140 (2)	50 (4)	100 (3)	30 (#)	10 (#)	10 (#)	40 (2)
Arizona	660 (41)	530 (36)	130 (6)	260 (32)	60 (3)	300 (16)	10 (#)	40 (5)
Arkansas	500 (43)	360 (29)	130 (19)	310 (32)	150 (15)	30 ! (9)	10 ! (2)	# (†)
California	19,460 (608)	15,600 (477)	3,870 (152)	5,350 (230)	3,010 (128)	9,960 (360)	860 (40)	280 (37)
Colorado	2,210 (62)	1,760 (43)	450 (25)	1,000 (32)	260 (2)	860 (47)	30 (1)	60 (12)
Connecticut	1,330 (135)	970 (87)	360 (56)	470 (54)	490 (80)	340 (53)	20 (4)	# (†)
Delaware[2]	230 (†)	170 (†)	50 (†)	100 (†)	110 (†)	10 (†)	# (†)	# (†)
District of Columbia[2]	130 (†)	70 (†)	60 (†)	# (†)	120 (†)	10 (†)	# (†)	# (†)
Florida	1,120 (71)	860 (60)	270 (12)	530 (39)	420 (33)	160 (9)	# (†)	10 (1)
Georgia	3,660 (170)	2,740 (131)	930 (46)	1,390 (93)	2,100 (92)	150 (15)	20 (2)	# (†)
Hawaii[2]	# (†)	# (†)	# (†)	# (†)	# (†)	# (†)	# (†)	# (†)
Idaho	230 (11)	190 (9)	40 (5)	140 (9)	# (†)	70 (6)	# (†)	# (†)
Illinois	2,760 (132)	2,040 (80)	730 (60)	890 (116)	1,390 (31)	460 (14)	20 (4)	# (†)
Indiana	6,620 (395)	4,560 (272)	2,060 (137)	4,510 (309)	1,610 (119)	460 (45)	30 (6)	20 ! (4)
Iowa	200 (39)	160 (31)	40 (8)	160 (34)	20 (3)	20 ! (6)	# (†)	# (†)
Kansas	850 (63)	630 (35)	220 (30)	430 (58)	280 (7)	110 (6)	20 (2)	10 ! (6)
Kentucky	540 (110)	370 (72)	170 ! (45)	400 (67)	130 ! (68)	# (†)	# (†)	# (†)
Louisiana	5,800 (212)	4,120 (159)	1,680 (56)	1,500 (113)	4,180 (157)	70 (3)	20 (1)	20 (4)
Maine	160 (21)	130 (14)	40 ! (10)	160 (21)	# (†)	# (†)	# (†)	# (†)
Maryland[2]	1,560 (†)	1,190 (†)	360 (†)	340 (†)	1,010 (†)	200 (—)	20 (†)	# (†)
Massachusetts	530 (35)	410 (27)	120 (12)	200 (31)	180 (8)	140 (7)	10 (2)	# (†)
Michigan	2,140 (149)	1,610 (113)	530 (46)	1,030 (77)	950 (108)	110 (15)	30 (5)	20 ! (6)
Minnesota	250 (16)	200 (15)	50 (5)	150 (12)	50 (1)	20 (3)	10 (1)	20 ! (7)
Mississippi	1,490 (73)	1,090 (64)	400 (15)	290 (47)	1,190 (45)	10 (#)	# (†)	# (†)
Missouri	280 (36)	220 (26)	60 (15)	210 (35)	60 (4)	10 (#)	# (†)	# (†)
Montana	100 (10)	90 (9)	20 (3)	60 (8)	# (†)	# (†)	# (†)	40 (7)
Nebraska	650 (11)	480 (9)	170 (2)	290 (7)	210 (1)	110 (4)	10 (#)	30 (4)
Nevada[2]	1,520 (†)	1,190 (†)	340 (†)	490 (†)	410 (†)	530 (†)	70 (†)	20 (†)
New Hampshire	120 ! (38)	80 ! (22)	40 ! (17)	100 ! (36)	10 (2)	# (†)	# (†)	# (†)
New Jersey	270 ! (118)	250 ! (118)	20 ! (5)	100 ! (49)	70 ! (23)	80 ! (39)	10 ! (8)	# (†)
New Mexico	240 (16)	200 (14)	50 (3)	40 (3)	10 (#)	110 (10)	10 (#)	80 (10)
New York	890 (180)	700 (143)	190 (41)	580 (144)	240 ! (75)	60 (11)	10 (3)	10 ! (7)
North Carolina	1,970 ! (830)	1,480 ! (572)	500 ! (260)	300 (52)	1,580 ! (821)	60 (9)	10 (1)	30 ! (8)
North Dakota	20 (6)	20 (4)	# (†)	10 (2)	# (†)	# (†)	# (†)	10 ! (5)
Ohio	8,150 (319)	5,450 (223)	2,700 (115)	2,810 (214)	4,970 (194)	340 (27)	30 (4)	10 (1)
Oklahoma	2,200 (73)	1,550 (55)	650 (23)	1,070 (47)	640 (22)	130 (7)	20 (4)	330 (22)
Oregon	1,890 (140)	1,490 (124)	400 (24)	1,320 (105)	110 (17)	360 (12)	50 (8)	60 (9)
Pennsylvania	2,750 (122)	1,890 (93)	860 (40)	1,110 (88)	1,440 (61)	160 (11)	30 (6)	# (†)
Rhode Island	# (†)	# (†)	# (†)	# (†)	# (†)	# (†)	# (†)	# (†)
South Carolina	5,130 (271)	3,730 (201)	1,400 (81)	1,390 (97)	3,650 (224)	70 (10)	20 (4)	10 ! (3)
South Dakota	120 ! (52)	90 ! (39)	30 ! (13)	40 ! (24)	# (†)	10 ! (3)	# (†)	80 ! (29)
Tennessee	3,200 (77)	2,440 (60)	760 (21)	1,350 (70)	1,700 (9)	120 (2)	30 (#)	10 (#)
Texas	11,990 (232)	9,010 (190)	2,980 (50)	2,630 (115)	3,760 (90)	5,450 (91)	120 (#)	30 (#)
Utah	250 (5)	190 (5)	60 (#)	160 (5)	20 (#)	40 (1)	10 (#)	10 (1)
Vermont	40 ! (16)	40 ! (14)	10 ! (2)	40 ! (16)	# (†)	# (†)	# (†)	# (†)
Virginia	1,150 (174)	980 (163)	170 (18)	580 ! (162)	440 (45)	90 (5)	40 (2)	# (†)
Washington	3,470 (130)	2,770 (104)	700 (35)	2,140 (101)	280 (6)	720 (40)	140 (2)	190 (34)
West Virginia	210 (34)	140 (22)	60 (14)	190 (30)	10 ! (5)	# (†)	# (†)	# (†)
Wisconsin	1,470 (65)	1,030 (50)	440 (26)	830 (60)	430 (10)	140 (12)	20 (2)	40 ! (13)
Wyoming	100 (16)	90 (12)	10 ! (4)	90 (16)	# (†)	10 (#)	# (†)	# (†)

†Not applicable.
#Rounds to zero.
!Interpret data with caution.
[1]A student is counted only once, even if suspended more than once during the same school year.
[2]Data are based on universe counts of schools and school districts; therefore, these figures do not have standard errors.

NOTE: Race categories exclude persons of Hispanic ethnicity. Detail may not sum to totals because of rounding. Standard errors appear in parentheses.
SOURCE: U.S. Department of Education, Office for Civil Rights, Civil Rights Data Collection: 2006. (This table was prepared July 2008.)

Table 170. Percentage of students suspended and expelled from public elementary and secondary schools, by sex, race/ethnicity, and state: 2006

Percent suspended

State	Total	Sex: Male	Sex: Female	Race/ethnicity: White	Race/ethnicity: Black	Race/ethnicity: Hispanic	Race/ethnicity: Asian/Pacific Islander	Race/ethnicity: American Indian/Alaska Native
1	2	3	4	5	6	7	8	9
United States	**6.9 (0.04)**	**9.1 (0.06)**	**4.5 (0.03)**	**4.8 (0.04)**	**15.0 (0.14)**	**6.8 (0.07)**	**2.7 (0.04)**	**7.9 (0.49)**
Alabama	10.1 (0.11)	13.3 (0.15)	6.8 (#)	5.8 (0.10)	18.3 (0.32)	4.3 (0.10)	3.2 (0.14)	4.8 (0.49)
Alaska	5.9 (0.35)	8.0 (0.47)	3.6 (0.21)	4.6 (0.13)	10.0 (0.10)	5.9 (0.29)	4.6 (0.50)	8.2 (1.18)
Arizona	5.9 (0.14)	8.4 (0.19)	3.3 (0.09)	4.5 (0.10)	11.8 (0.27)	6.4 (0.14)	2.6 (0.05)	10.0 (2.19)
Arkansas	7.3 (0.30)	10.2 (0.43)	4.3 (0.17)	5.0 (0.28)	15.9 (0.96)	4.9 (0.48)	3.5 (0.35)	4.7 (0.63)
California	7.5 (0.18)	10.5 (0.25)	4.4 (0.12)	6.0 (0.18)	17.1 (0.82)	7.9 (0.22)	3.3 (0.13)	12.2 (2.33)
Colorado	6.0 (0.09)	8.3 (0.13)	3.7 (0.06)	4.5 (0.09)	13.2 (0.05)	8.1 (0.14)	3.2 (0.03)	8.7 (0.89)
Connecticut	6.8 (0.52)	8.9 (0.65)	4.7 (0.39)	4.0 (0.37)	17.2 (2.39)	11.4 (1.39)	2.4 (0.22)	5.2 (0.95)
Delaware[1]	10.9 (†)	13.8 (†)	7.9 (†)	6.4 (†)	20.1 (†)	9.2 (†)	3.3 (†)	5.5 (†)
District of Columbia[1]	0.4 (†)	0.4 (†)	0.3 (†)	0.2 (†)	0.4 (†)	0.2 (†)	0.0 (†)	0.0 (†)
Florida	10.5 (0.14)	13.4 (0.17)	7.3 (0.11)	7.9 (0.16)	19.3 (0.34)	7.7 (0.08)	2.9 (0.03)	7.2 (0.59)
Georgia	8.8 (0.23)	11.4 (0.29)	6.1 (0.16)	4.8 (0.21)	15.0 (0.36)	5.4 (0.27)	2.1 (0.07)	3.7 (0.21)
Hawaii[1]	5.5 (†)	7.2 (†)	3.6 (†)	4.9 (†)	7.0 (†)	5.7 (†)	5.5 (†)	6.0 (†)
Idaho	3.6 (0.18)	5.3 (0.26)	1.7 (0.10)	3.3 (0.19)	3.5 (0.21)	5.1 (0.29)	1.6 (0.07)	8.6 ! (2.90)
Illinois	6.4 (0.15)	8.4 (0.20)	4.4 (0.10)	3.8 (0.17)	14.5 (0.53)	6.0 (0.19)	1.7 (0.08)	2.9 (0.41)
Indiana	7.4 (0.28)	9.9 (0.37)	4.7 (0.20)	6.0 (0.27)	17.3 (1.18)	7.4 (0.87)	1.8 (0.24)	6.1 (0.70)
Iowa	3.0 (0.11)	4.0 (0.14)	1.9 (0.08)	2.4 (0.11)	11.4 (0.31)	3.2 (0.27)	1.6 (0.18)	5.2 (0.25)
Kansas	5.1 (0.18)	6.9 (0.26)	3.1 (0.11)	3.8 (0.20)	14.6 (0.27)	6.6 (0.22)	2.9 (0.10)	5.8 (0.59)
Kentucky	6.6 (0.36)	8.7 (0.48)	4.3 (0.24)	5.8 (0.33)	13.3 (1.27)	4.0 (0.33)	1.5 (0.19)	3.8 (0.89)
Louisiana	10.3 (0.41)	13.2 (0.51)	7.3 (0.31)	7.1 (0.56)	14.6 (0.48)	4.7 (0.16)	2.6 (0.14)	6.8 ! (2.24)
Maine	4.6 (0.28)	6.6 (0.41)	2.4 (0.15)	4.5 (0.28)	9.0 (0.38)	5.7 (1.11)	2.9 (0.18)	6.4 (1.13)
Maryland[1]	7.1 (†)	8.9 (†)	5.2 (†)	5.8 (†)	8.2 (†)	12.9 (†)	2.2 (†)	8.5 (†)
Massachusetts	5.6 (0.28)	7.1 (0.35)	3.9 (0.22)	4.2 (0.25)	10.3 (0.50)	12.0 (1.18)	2.5 (0.25)	5.0 (0.63)
Michigan	8.2 (0.34)	10.8 (0.43)	5.4 (0.27)	6.1 (0.27)	17.8 (1.48)	7.4 (0.83)	2.2 (0.34)	6.8 (1.08)
Minnesota	3.7 (0.10)	5.0 (0.14)	2.4 (0.07)	2.4 (0.09)	14.4 (0.33)	5.4 (0.28)	2.5 (0.05)	10.0 (1.43)
Mississippi	10.2 (0.33)	13.3 (0.41)	7.0 (0.24)	5.5 (0.26)	14.8 (0.55)	4.3 (0.44)	3.0 (0.47)	12.7 ! (3.08)
Missouri	7.3 (0.24)	9.8 (0.32)	4.6 (0.16)	4.6 (0.19)	20.2 (1.07)	5.4 (0.32)	2.9 (0.10)	7.0 (0.51)
Montana	4.5 (0.18)	6.1 (0.24)	2.7 (0.12)	3.7 (0.17)	4.9 (0.27)	3.5 (0.19)	2.3 (0.16)	9.6 (1.05)
Nebraska	3.7 (0.08)	4.9 (0.11)	2.4 (0.05)	2.6 (0.06)	12.6 (0.05)	5.0 (0.30)	1.9 (0.04)	6.7 (0.89)
Nevada[1]	7.4 (†)	9.5 (†)	5.2 (†)	5.1 (†)	15.5 (†)	8.5 (†)	3.9 (†)	6.6 (†)
New Hampshire	5.6 (0.32)	7.2 (0.46)	3.9 (0.18)	5.4 (0.33)	8.7 (0.32)	12.1 (0.23)	2.2 (0.19)	4.8 (0.45)
New Jersey	5.7 (0.26)	7.5 (0.33)	3.7 (0.19)	3.7 (0.30)	12.4 (0.79)	6.9 (0.51)	1.4 (0.13)	3.7 (0.70)
New Mexico	5.3 (0.20)	6.9 (0.26)	3.5 (0.14)	4.0 (0.19)	7.0 (0.21)	5.4 (0.31)	2.5 (0.12)	8.3 (0.47)
New York	3.8 (0.14)	5.1 (0.17)	2.5 (0.11)	3.4 (0.14)	7.3 (0.45)	2.8 (0.15)	0.7 (0.05)	4.5 (0.97)
North Carolina	10.8 (0.52)	14.3 (0.66)	7.0 (0.37)	6.5 (0.33)	20.0 (1.06)	7.2 (0.40)	2.7 (0.19)	14.9 ! (8.53)
North Dakota	2.2 (0.17)	2.9 (0.21)	1.4 (0.13)	1.5 (0.10)	5.0 (0.16)	3.1 (0.35)	2.0 (0.12)	8.0 (1.80)
Ohio	6.2 (0.24)	8.2 (0.30)	4.2 (0.17)	4.6 (0.21)	14.6 (0.99)	6.0 (0.83)	2.1 (0.24)	3.7 (0.45)
Oklahoma	4.9 (0.17)	6.7 (0.24)	3.0 (0.11)	3.9 (0.18)	12.1 (0.60)	5.3 (0.18)	1.8 (0.07)	4.0 (0.24)
Oregon	4.9 (0.18)	7.1 (0.26)	2.7 (0.15)	4.8 (0.19)	8.8 (0.24)	5.5 (0.37)	2.1 (0.08)	7.2 (0.57)
Pennsylvania	6.8 (0.37)	8.7 (0.45)	4.8 (0.29)	4.2 (0.23)	18.9 (1.41)	8.7 (0.79)	2.7 (0.46)	3.4 (0.64)
Rhode Island	8.4 (0.74)	10.7 (1.00)	5.9 (0.47)	6.7 (0.83)	14.6 (2.07)	12.6 (0.65)	7.2 (0.73)	11.8 (2.92)
South Carolina	11.9 (0.44)	15.1 (0.56)	8.6 (0.33)	6.9 (0.36)	19.2 (0.89)	6.5 (1.05)	2.9 (0.31)	9.6 ! (4.26)
South Dakota	2.7 (0.16)	3.7 (0.22)	1.6 (0.11)	1.9 (0.12)	7.1 (0.24)	4.3 (0.16)	3.0 (0.19)	6.8 (1.19)
Tennessee	7.2 (0.26)	9.6 (0.35)	4.8 (0.17)	5.5 (0.27)	12.8 (0.38)	5.4 (0.22)	2.7 (0.15)	3.4 (0.36)
Texas	5.6 (0.06)	7.4 (0.08)	3.6 (0.04)	2.9 (0.06)	12.7 (0.24)	5.7 (0.08)	1.6 (0.01)	3.1 (0.10)
Utah	3.2 (0.04)	4.5 (0.05)	1.9 (0.03)	2.4 (0.03)	7.8 (0.04)	6.7 (0.07)	4.2 (0.04)	6.9 (0.09)
Vermont	4.0 (0.18)	5.5 (0.25)	2.4 (0.12)	4.0 (0.18)	5.8 (0.50)	4.1 (0.55)	1.8 (0.23)	5.7 (0.77)
Virginia	7.2 (0.24)	9.4 (0.31)	4.9 (0.18)	4.7 (0.17)	13.9 (0.73)	5.6 (0.21)	2.1 (0.06)	4.0 (0.34)
Washington	5.9 (0.15)	8.6 (0.21)	3.2 (0.08)	5.3 (0.17)	12.0 (0.09)	7.2 (0.39)	3.7 (0.05)	11.3 (1.36)
West Virginia	10.2 (1.02)	13.8 (1.31)	6.4 (0.70)	9.7 (0.91)	21.5 (4.03)	11.2 (3.07)	2.4 (0.54)	8.2 (1.98)
Wisconsin	5.0 (0.16)	6.3 (0.20)	3.6 (0.13)	2.7 (0.12)	19.7 (0.60)	7.5 (0.18)	2.1 (0.07)	13.5 ! (5.23)
Wyoming	2.8 (0.34)	4.0 (0.33)	1.6 (0.88)	2.7 (0.34)	3.2 (0.26)	3.1 (0.43)	1.7 (0.26)	6.4 ! (1.37)

Percent expelled

State	Total	Sex: Male	Sex: Female	Race/ethnicity: White	Race/ethnicity: Black	Race/ethnicity: Hispanic	Race/ethnicity: Asian/Pacific Islander	Race/ethnicity: American Indian/Alaska Native
1	10	11	12	13	14	15	16	17
United States	**0.21 (0.003)**	**0.31 (0.004)**	**0.11 (0.002)**	**0.14 (0.002)**	**0.47 (0.011)**	**0.22 (0.004)**	**0.07 (0.002)**	**0.26 (0.013)**
Alabama	0.18 (0.003)	0.24 (0.006)	0.11 (0.002)	0.09 (0.002)	0.33 (0.009)	0.16 (0.003)	# (†)	0.01 (0.001)
Alaska	0.13 (0.005)	0.20 (0.007)	0.07 (0.006)	0.13 (0.004)	0.45 (0.003)	0.16 (0.006)	0.13 (0.011)	0.10 (0.009)
Arizona	0.07 (0.004)	0.11 (0.008)	0.03 (0.001)	0.06 (0.008)	0.12 (0.006)	0.08 (0.004)	0.03 (#)	0.08 (0.015)
Arkansas	0.10 (0.009)	0.15 (0.012)	0.06 (0.008)	0.10 (0.010)	0.14 (0.016)	0.09 ! (0.025)	0.07 ! (0.031)	0.03 (0.002)
California	0.31 (0.010)	0.48 (0.015)	0.13 (0.005)	0.28 (0.013)	0.61 (0.030)	0.32 (0.013)	0.11 (0.006)	0.46 (0.068)
Colorado	0.28 (0.008)	0.43 (0.012)	0.12 (0.007)	0.20 (0.007)	0.56 (0.005)	0.40 (0.022)	0.12 (0.003)	0.60 (0.138)
Connecticut	0.25 (0.026)	0.36 (0.034)	0.14 (0.022)	0.13 (0.016)	0.66 (0.126)	0.45 (0.079)	0.10 (0.017)	0.15 ! (0.069)
Delaware[1]	0.20 (†)	0.30 (†)	0.10 (†)	0.17 (†)	0.32 (†)	0.06 (†)	0.06 (†)	0.00 (†)
District of Columbia[1]	0.22 (†)	0.25 (†)	0.20 (†)	0.03 (†)	0.25 (†)	0.17 (†)	0.10 (†)	0.00 (†)
Florida	0.04 (0.003)	0.06 (0.004)	0.02 (0.001)	0.04 (0.003)	0.06 (0.005)	0.02 (0.001)	0.01 (#)	0.06 (0.012)
Georgia	0.23 (0.011)	0.33 (0.017)	0.12 (0.006)	0.18 (0.013)	0.32 (0.015)	0.11 (0.011)	0.04 (0.005)	0.08 ! (0.035)
Hawaii[1]	0.00 (†)	0.00 (†)	0.00 (†)	0.00 (†)	0.00 (†)	0.00 (†)	0.00 (†)	0.00 (†)
Idaho	0.09 (0.005)	0.14 (0.008)	0.03 (0.004)	0.07 (0.005)	# (†)	0.20 (0.018)	# (†)	0.37 (0.111)
Illinois	0.14 (0.007)	0.20 (0.008)	0.07 (0.006)	0.08 (0.011)	0.32 (0.011)	0.11 (0.004)	0.03 (0.005)	0.07 (0.008)
Indiana	0.63 (0.039)	0.85 (0.053)	0.40 (0.028)	0.54 (0.039)	1.24 (0.111)	0.70 (0.077)	0.19 (0.038)	0.60 ! (0.168)
Iowa	0.04 (0.008)	0.07 (0.013)	0.01 (0.004)	0.04 (0.008)	0.07 (0.012)	0.06 ! (0.022)	0.01 (0.001)	0.11 ! (0.074)
Kansas	0.18 (0.014)	0.25 (0.015)	0.10 (0.013)	0.12 (0.017)	0.68 (0.019)	0.19 (0.011)	0.12 (0.013)	0.20 ! (0.090)
Kentucky	0.08 (0.017)	0.11 (0.021)	0.05 ! (0.014)	0.07 (0.012)	0.18 ! (0.091)	0.01 ! (0.004)	0.03 ! (0.013)	# (†)
Louisiana	0.89 (0.037)	1.23 (0.054)	0.52 (0.021)	0.45 (0.039)	1.42 (0.056)	0.47 (0.020)	0.17 (0.011)	0.39 (0.109)
Maine	0.09 (0.012)	0.13 (0.015)	0.04 ! (0.011)	0.09 (0.012)	0.09 ! (0.022)	0.05 (0.002)	0.07 ! (0.038)	# (†)
Maryland[1]	0.18 (†)	0.27 (†)	0.09 (†)	0.08 (†)	0.31 (†)	0.27 (†)	0.03 (†)	0.09 (†)
Massachusetts	0.06 (0.004)	0.09 (0.006)	0.03 (0.003)	0.03 (0.005)	0.24 (0.013)	0.13 (0.009)	0.02 (0.003)	0.04 (0.003)
Michigan	0.13 (0.010)	0.19 (0.014)	0.07 (0.006)	0.09 (0.007)	0.32 (0.040)	0.15 (0.023)	0.06 (0.012)	0.12 ! (0.041)
Minnesota	0.03 (0.002)	0.05 (0.004)	0.01 (0.001)	0.02 (0.002)	0.08 (0.002)	0.04 (0.007)	0.01 (0.002)	0.14 ! (0.048)
Mississippi	0.29 (0.015)	0.42 (0.025)	0.16 (0.006)	0.12 (0.020)	0.46 (0.019)	0.07 (0.007)	0.08 (0.013)	0.09 (0.009)
Missouri	0.03 (0.004)	0.05 (0.005)	0.01 (0.003)	0.03 (0.005)	0.04 (0.003)	0.02 (0.001)	0.01 (#)	# (†)
Montana	0.07 (0.007)	0.12 (0.013)	0.02 (0.005)	0.05 (0.007)	# (†)	# (†)	# (†)	0.24 (0.040)
Nebraska	0.23 (0.005)	0.32 (0.008)	0.12 (0.002)	0.13 (0.004)	0.92 (0.004)	0.32 (0.018)	0.13 (0.001)	0.76 (0.121)
Nevada[1]	0.36 (†)	0.55 (†)	0.16 (†)	0.26 (†)	0.86 (†)	0.35 (†)	0.22 (†)	0.36 (†)
New Hampshire	0.06 ! (0.021)	0.08 ! (0.024)	0.04 ! (0.020)	0.06 ! (0.021)	0.28 (0.065)	0.07 (0.001)	0.03 (0.001)	0.17 (0.011)
New Jersey	0.02 ! (0.008)	0.03 ! (0.016)	# (†)	0.01 ! (0.006)	0.03 ! (0.009)	0.03 ! (0.015)	0.01 ! (0.008)	# (†)
New Mexico	0.07 (0.005)	0.12 (0.009)	0.03 (0.002)	0.03 (0.003)	0.13 (0.002)	0.06 (0.006)	0.17 (0.006)	0.22 (0.030)
New York	0.03 (0.006)	0.05 (0.010)	0.01 (0.003)	0.04 (0.010)	0.04 ! (0.014)	0.01 (0.002)	# (†)	0.07 ! (0.044)
North Carolina	0.14 ! (0.060)	0.21 ! (0.081)	0.07 ! (0.038)	0.04 (0.007)	0.37 ! (0.193)	0.05 (0.007)	0.03 (0.004)	0.09 ! (0.050)
North Dakota	0.02 (0.006)	0.05 (0.008)	# (†)	0.01 (0.002)	0.05 (0.001)	# (†)	# (†)	0.12 ! (0.061)
Ohio	0.47 (0.020)	0.61 (0.026)	0.32 (0.014)	0.20 (0.016)	1.69 (0.091)	0.72 (0.078)	0.09 (0.014)	0.21 ! (0.038)
Oklahoma	0.34 (0.013)	0.47 (0.019)	0.21 (0.008)	0.28 (0.014)	0.94 (0.039)	0.23 (0.014)	0.16 (0.039)	0.29 (0.021)
Oregon	0.34 (0.025)	0.52 (0.044)	0.15 (0.010)	0.32 (0.026)	0.58 (0.093)	0.41 (0.015)	0.18 (0.028)	0.47 (0.070)
Pennsylvania	0.16 (0.008)	0.22 (0.011)	0.10 (0.005)	0.09 (0.007)	0.52 (0.031)	0.21 (0.017)	0.06 (0.013)	0.04 (0.002)
Rhode Island	# (†)	# (†)	# (†)	# (†)	# (†)	# (†)	# (†)	# (†)
South Carolina	0.73 (0.043)	1.03 (0.063)	0.40 (0.026)	0.37 (0.029)	1.26 (0.091)	0.20 (0.035)	0.19 (0.047)	0.42 ! (0.169)
South Dakota	0.11 ! (0.045)	0.16 ! (0.066)	0.05 ! (0.024)	0.04 ! (0.025)	0.08 ! (0.038)	0.20 ! (0.107)	# (†)	0.55 ! (0.221)
Tennessee	0.32 (0.010)	0.47 (0.016)	0.15 (0.006)	0.19 (0.011)	0.70 (0.011)	0.29 (0.011)	0.17 (0.009)	0.29 (0.014)
Texas	0.26 (0.005)	0.39 (0.008)	0.13 (0.002)	0.16 (0.007)	0.58 (0.016)	0.26 (0.005)	0.08 (#)	0.20 (0.004)
Utah	0.05 (0.001)	0.07 (0.002)	0.02 (#)	0.04 (0.001)	0.22 (0.001)	0.06 (0.002)	0.09 (#)	0.19 (0.020)
Vermont	0.05 ! (0.019)	0.08 ! (0.031)	0.02 ! (0.006)	0.05 ! (0.020)	0.06 ! (0.033)	0.12 ! (0.069)	# (†)	# (†)
Virginia	0.09 (0.014)	0.15 (0.025)	0.03 (0.003)	0.08 ! (0.022)	0.12 (0.013)	0.09 (0.005)	0.06 (0.003)	0.10 ! (0.045)
Washington	0.34 (0.014)	0.53 (0.021)	0.14 (0.007)	0.31 (0.016)	0.48 (0.010)	0.50 (0.035)	0.16 (0.002)	0.69 (0.130)
West Virginia	0.07 (0.012)	0.09 (0.015)	0.04 (0.010)	0.07 (0.011)	0.09 ! (0.034)	0.07 ! (0.053)	# (†)	# (†)
Wisconsin	0.17 (0.008)	0.23 (0.012)	0.10 (0.006)	0.12 (0.009)	0.47 (0.016)	0.22 (0.020)	0.06 (0.008)	0.30 ! (0.105)
Wyoming	0.11 (0.018)	0.18 (0.027)	0.03 ! (0.010)	0.11 (0.021)	0.23 (0.006)	0.09 (0.005)	0.10 (0.007)	# (†)

†Not applicable.
#Rounds to zero.
!Interpret data with caution.
[1]Data are based on universe counts of schools and school districts; therefore, these figures do not have standard errors.

NOTE: Race categories exclude persons of Hispanic ethnicity. Detail may not sum to totals because of rounding. Standard errors appear in parentheses.
SOURCE: U.S. Department of Education, Office for Civil Rights, Civil Rights Data Collection: 2006. (This table was prepared May 2008.)

Table 171. Percentage of students in grades 9 through 12 who reported experience with drugs and violence on school property, by race/ethnicity, grade, and sex: Selected years, 1997 through 2009

Type of violence or drug-related behavior, and sex	1997 total	1999 total	2003 total	2005 total	2007 total	2009							
						Total	Race/ethnicity			Grade			
							White	Black	Hispanic	9th	10th	11th	12th
1	2	3	4	5	6	7	8	9	10	11	12	13	14
Felt too unsafe to go to school[1]	**4.0 (0.6)**	**5.2 (1.3)**	**5.4 (0.41)**	**6.0 (0.61)**	**5.5 (0.39)**	**5.0 (0.34)**	**3.5 (0.33)**	**6.3 (0.76)**	**8.1 (0.60)**	**5.8 (0.44)**	**5.0 (0.53)**	**5.3 (0.60)**	**3.4 (0.42)**
Male	4.1 (0.8)	4.8 (1.6)	5.5 (0.51)	5.7 (0.56)	5.4 (0.44)	4.6 (0.43)	3.3 (0.43)	5.9 (0.77)	7.9 (1.06)	5.4 (0.61)	4.6 (0.66)	4.9 (0.72)	3.4 (0.63)
Female	3.9 (0.7)	5.7 (1.5)	5.3 (0.51)	6.3 (0.77)	5.6 (0.53)	5.3 (0.38)	3.8 (0.43)	6.6 (1.12)	8.3 (0.77)	6.4 (0.73)	5.3 (0.64)	5.8 (0.84)	3.3 (0.46)
Carried a weapon on school property[1,2]	**8.5 (1.5)**	**6.9 (1.2)**	**6.1 (0.56)**	**6.5 (0.46)**	**5.9 (0.37)**	**5.6 (0.32)**	**5.6 (0.44)**	**5.3 (0.74)**	**5.8 (0.58)**	**4.9 (0.46)**	**6.1 (0.57)**	**5.2 (0.44)**	**6.0 (0.57)**
Male	12.5 (2.9)	11.0 (2.1)	8.9 (0.77)	10.2 (0.82)	9.0 (0.65)	8.0 (0.52)	8.3 (0.76)	6.6 (1.06)	7.9 (0.90)	6.4 (0.74)	8.9 (0.91)	7.9 (0.77)	9.1 (1.03)
Female	3.7 (0.7)	2.8 (0.7)	3.1 (0.51)	2.6 (0.31)	2.7 (0.33)	2.9 (0.24)	2.4 (0.28)	4.0 (0.83)	3.7 (0.52)	3.2 (0.39)	3.1 (0.55)	2.3 (0.35)	2.9 (0.40)
Threatened or injured with a weapon on school property[3]	**7.4 (0.9)**	**7.7 (0.8)**	**9.2 (0.77)**	**7.9 (0.36)**	**7.8 (0.44)**	**7.7 (0.37)**	**6.4 (0.43)**	**9.4 (0.80)**	**9.1 (0.61)**	**8.7 (0.53)**	**8.4 (0.72)**	**7.9 (0.60)**	**5.2 (0.53)**
Male	10.2 (1.4)	9.5 (1.6)	11.6 (0.97)	9.7 (0.41)	10.2 (0.59)	9.6 (0.59)	7.8 (0.65)	11.2 (1.25)	12.0 (1.07)	9.5 (0.92)	11.1 (1.16)	10.7 (0.89)	6.5 (0.73)
Female	4.0 (0.6)	5.8 (1.2)	6.5 (0.61)	6.1 (0.41)	5.4 (0.41)	5.5 (0.37)	4.9 (0.47)	7.4 (0.84)	6.3 (0.60)	7.7 (0.61)	5.2 (0.74)	4.8 (0.59)	3.8 (0.52)
Engaged in a physical fight on school property[3]	**14.8 (1.3)**	**14.2 (1.3)**	**12.8 (0.77)**	**13.6 (0.56)**	**12.4 (0.48)**	**11.1 (0.54)**	**8.6 (0.58)**	**17.4 (0.99)**	**13.5 (0.82)**	**14.9 (0.98)**	**12.1 (0.83)**	**9.5 (0.63)**	**6.6 (0.59)**
Male	20.0 (2.0)	18.5 (1.4)	17.1 (0.92)	18.2 (0.92)	16.3 (0.60)	15.1 (1.05)	12.4 (1.25)	22.2 (1.40)	17.7 (1.26)	19.7 (1.75)	16.4 (1.66)	13.3 (0.97)	9.3 (0.95)
Female	8.6 (1.5)	9.8 (1.9)	8.0 (0.71)	8.8 (0.51)	8.5 (0.62)	6.7 (0.42)	4.3 (0.40)	12.5 (1.45)	9.3 (0.93)	9.5 (0.72)	7.3 (0.73)	5.5 (0.70)	3.8 (0.47)
Cigarette use on school property[1]	**14.6 (1.5)**	**14.0 (1.9)**	**8.0 (0.71)**	**6.8 (0.41)**	**5.7 (0.50)**	**5.1 (0.31)**	**5.8 (0.50)**	**2.6 (0.46)**	**4.8 (0.36)**	**3.7 (0.32)**	**4.7 (0.47)**	**6.2 (0.65)**	**6.5 (0.60)**
Male	15.9 (1.7)	14.8 (2.0)	8.2 (0.66)	7.4 (0.41)	6.5 (0.53)	6.2 (0.48)	6.6 (0.69)	4.0 (0.85)	5.9 (0.66)	4.2 (0.47)	5.6 (0.84)	7.1 (0.91)	8.4 (0.85)
Female	13.0 (2.2)	13.2 (2.0)	7.6 (0.92)	6.2 (0.61)	4.8 (0.56)	4.0 (0.32)	4.7 (0.52)	1.2 (0.34)	3.7 (0.44)	3.0 (0.37)	3.5 (0.51)	5.1 (0.66)	4.4 (0.65)
Smokeless tobacco use on school property[4]	**5.1 (1.4)**	**4.2 (1.8)**	**5.9 (1.53)**	**5.0 (0.61)**	**4.9 (0.71)**	**5.5 (0.59)**	**7.0 (0.90)**	**2.6 (0.48)**	**3.2 (0.40)**	**4.1 (0.56)**	**5.1 (0.75)**	**6.2 (0.71)**	**6.7 (0.90)**
Male	9.0 (2.5)	8.1 (3.5)	8.5 (1.48)	9.2 (1.12)	8.9 (1.31)	9.4 (1.16)	12.1 (1.83)	4.1 (0.84)	5.3 (0.77)	6.2 (0.99)	8.8 (1.37)	11.0 (1.39)	12.6 (1.74)
Female	0.4 (0.2)	0.3 (0.2)	3.3 (1.68)	0.8 (0.15)	1.0 (0.20)	1.1 (0.16)	1.1 (0.24)	1.0 (0.29)	1.2 (0.31)	1.6 (0.35)	0.9 (0.26)	1.1 (0.37)	0.6 (0.17)
Alcohol use on school property[1]	**5.6 (0.7)**	**4.9 (0.7)**	**5.2 (0.46)**	**4.3 (0.31)**	**4.1 (0.32)**	**4.5 (0.29)**	**3.3 (0.27)**	**5.4 (0.59)**	**6.9 (0.70)**	**4.4 (0.37)**	**4.8 (0.46)**	**4.6 (0.44)**	**4.1 (0.44)**
Male	7.2 (1.3)	6.1 (1.1)	6.0 (0.61)	5.3 (0.41)	4.6 (0.35)	5.3 (0.41)	4.1 (0.48)	5.9 (0.80)	7.9 (0.91)	4.3 (0.51)	5.9 (0.82)	5.7 (0.66)	5.4 (0.64)
Female	3.6 (0.7)	3.6 (0.7)	4.2 (0.41)	3.3 (0.31)	3.6 (0.37)	3.6 (0.34)	2.3 (0.34)	4.8 (0.76)	5.9 (0.79)	4.5 (0.52)	3.5 (0.45)	3.4 (0.54)	2.7 (0.40)
Marijuana use on school property[1]	**7.0 (1.0)**	**7.2 (1.4)**	**5.8 (0.66)**	**4.5 (0.31)**	**4.5 (0.46)**	**4.6 (0.35)**	**3.8 (0.38)**	**5.6 (0.64)**	**6.5 (0.76)**	**4.3 (0.38)**	**4.6 (0.50)**	**5.0 (0.55)**	**4.6 (0.49)**
Male	9.0 (1.3)	10.1 (2.6)	7.6 (0.87)	6.0 (0.46)	5.9 (0.61)	6.3 (0.54)	5.1 (0.60)	8.3 (1.03)	8.7 (0.91)	5.2 (0.67)	6.4 (0.77)	6.9 (0.80)	7.0 (0.85)
Female	4.6 (1.1)	4.4 (0.8)	3.7 (0.46)	3.0 (0.31)	3.0 (0.39)	2.8 (0.32)	2.3 (0.38)	2.9 (0.52)	4.2 (0.86)	3.4 (0.53)	2.5 (0.48)	3.0 (0.55)	2.1 (0.36)
Offered, sold, or given an illegal drug on school property[3]	**31.7 (1.8)**	**30.2 (2.4)**	**28.7 (1.94)**	**25.4 (1.07)**	**22.3 (1.04)**	**22.7 (1.04)**	**19.8 (1.13)**	**22.2 (1.42)**	**31.2 (1.53)**	**22.0 (1.32)**	**23.7 (1.11)**	**24.3 (1.44)**	**20.6 (1.21)**
Male	37.4 (2.3)	34.7 (3.3)	31.9 (2.09)	28.8 (1.22)	25.7 (1.15)	25.9 (1.36)	22.7 (1.55)	25.7 (1.90)	35.1 (1.59)	22.9 (1.94)	27.3 (1.70)	27.8 (2.05)	25.8 (1.46)
Female	24.7 (2.4)	25.7 (2.4)	25.0 (1.94)	21.8 (1.02)	18.7 (1.16)	19.3 (1.01)	16.5 (1.11)	18.8 (2.02)	27.1 (1.96)	21.1 (1.40)	19.6 (1.25)	20.5 (1.46)	15.4 (1.36)

[1]One or more times during the 30 days preceding the survey.
[2]Such as a gun, knife, or club.
[3]One or more times during the 12 months preceding the survey.
[4]Used chewing tobacco or snuff one or more times during the 30 days preceding the survey.

NOTE: Totals include other racial/ethnic groups not shown separately and students whose racial/ethnic group or grade was not reported. Race categories exclude persons of Hispanic ethnicity. Standard errors appear in parentheses.
SOURCE: U.S. Department of Health and Human Services, Centers for Disease Control and Prevention, Youth Risk Behavior Survey (YRBS), 2009 National YRBS Data Files, retrieved June 21, 2010, from http://www.cdc.gov/HealthyYouth/YRBS/data/index.htm. (This table was prepared June 2010.)

Table 172. Percentage of 12- to 17-year-olds reporting use of illicit drugs, alcohol, and cigarettes during the past 30 days and the past year, by substance used, sex, and race/ethnicity: Selected years, 1985 through 2008

Year, sex, and race/ethnicity	Percent reporting use during past 30 days										Percent reporting use during past year									
	Illicit drugs										Illicit drugs									
	Any[1]		Marijuana		Cocaine		Alcohol		Cigarettes		Any[1]		Marijuana		Cocaine		Alcohol		Cigarettes	
1	2		3		4		5		6		7		8		9		10		11	
1985	13.2	(—)	10.2	(—)	1.5	(—)	41.2	(—)	29.4	(—)	20.7	(—)	16.7	(—)	3.4	(—)	52.7	(—)	29.9	(—)
1988	8.1	(—)	5.4	(—)	1.2	(—)	33.4	(—)	22.7	(—)	14.9	(—)	10.7	(—)	2.5	(—)	45.5	(—)	26.8	(—)
1990	7.1	(—)	4.4	(—)	0.6	(—)	32.5	(—)	22.4	(—)	14.1	(—)	9.6	(—)	1.9	(—)	41.8	(—)	26.2	(—)
1993	5.7	(—)	4.0	(—)	0.4	(—)	23.9	(—)	18.5	(—)	11.9	(—)	8.5	(—)	0.7	(—)	35.9	(—)	22.5	(—)
1994	8.2	(—)	6.0	(—)	0.3	(—)	21.6	(—)	18.9	(—)	15.5	(—)	11.4	(—)	1.1	(—)	36.2	(—)	24.5	(—)
1995	10.9	(—)	8.2	(—)	0.8	(—)	21.1	(—)	20.2	(—)	18.0	(—)	14.2	(—)	1.7	(—)	35.1	(—)	26.6	(—)
1996	9.0	(—)	7.1	(—)	0.6	(—)	18.8	(—)	18.3	(—)	16.7	(—)	13.0	(—)	1.4	(—)	32.7	(—)	24.2	(—)
1997	11.4	(—)	9.4	(—)	1.0	(—)	20.5	(—)	19.9	(—)	18.8	(—)	15.8	(—)	2.2	(—)	34.0	(—)	26.4	(—)
1998	9.9	(—)	8.3	(—)	0.8	(—)	19.1	(—)	18.2	(—)	16.4	(—)	14.1	(—)	1.7	(—)	31.8	(—)	23.8	(—)
1999	9.8	(0.23)	7.2	(0.20)	0.5	(0.06)	16.5	(0.30)	14.9	(0.31)	19.8	(0.32)	14.2	(0.29)	1.6	(0.10)	34.1	(0.41)	23.4	(0.37)
2000	9.7	(0.24)	7.2	(0.21)	0.6	(0.07)	16.4	(0.29)	13.4	(0.28)	18.6	(0.31)	13.4	(0.27)	1.7	(0.12)	33.0	(0.39)	20.8	(0.34)
2001	10.8	(0.26)	8.0	(0.24)	0.4	(0.06)	17.3	(0.33)	13.0	(0.28)	20.8	(0.36)	15.2	(0.32)	1.5	(0.10)	33.9	(0.39)	20.0	(0.35)
2002	11.6	(0.29)	8.2	(0.24)	0.6	(0.07)	17.6	(0.32)	13.0	(0.30)	22.2	(0.38)	15.8	(0.32)	2.1	(0.13)	34.6	(0.42)	20.3	(0.35)
2003	11.2	(0.27)	7.9	(0.24)	0.6	(0.06)	17.7	(0.33)	12.2	(0.29)	21.8	(0.36)	15.0	(0.31)	1.8	(0.11)	34.3	(0.42)	19.0	(0.36)
2004	10.6	(0.27)	7.6	(0.23)	0.5	(0.06)	17.6	(0.32)	11.9	(0.30)	21.0	(0.34)	14.5	(0.31)	1.6	(0.11)	33.9	(0.41)	18.4	(0.35)
2005	9.9	(0.25)	6.8	(0.22)	0.6	(0.06)	16.5	(0.32)	10.8	(0.28)	19.9	(0.35)	13.3	(0.30)	1.7	(0.11)	33.3	(0.41)	17.3	(0.36)
2006	9.8	(0.27)	6.7	(0.21)	0.4	(0.05)	16.6	(0.32)	10.4	(0.26)	19.6	(0.37)	13.2	(0.31)	1.6	(0.11)	32.9	(0.42)	17.0	(0.35)
2007	9.5	(0.27)	6.7	(0.22)	0.4	(0.05)	15.9	(0.34)	9.8	(0.26)	18.7	(0.35)	12.5	(0.30)	1.5	(0.11)	31.8	(0.42)	15.7	(0.34)
Sex																				
Male	10.0	(0.41)	7.5	(0.34)	0.4	(0.07)	15.9	(0.47)	10.0	(0.37)	19.4	(0.52)	13.6	(0.44)	1.3	(0.14)	31.5	(0.58)	16.0	(0.47)
Female	9.1	(0.35)	5.8	(0.29)	0.5	(0.08)	16.0	(0.49)	9.7	(0.37)	18.0	(0.47)	11.3	(0.39)	1.7	(0.16)	32.1	(0.61)	15.3	(0.46)
Race/ethnicity																				
White	10.2	(0.33)	7.3	(0.28)	0.5	(0.07)	18.2	(0.43)	12.2	(0.36)	19.9	(0.45)	13.7	(0.38)	1.7	(0.14)	34.8	(0.53)	18.7	(0.46)
Black	9.4	(0.64)	5.8	(0.52)	0.1	(0.09)	10.1	(0.74)	6.1	(0.62)	17.6	(0.84)	11.0	(0.69)	0.3	(0.14)	24.1	(1.04)	9.6	(0.72)
Hispanic	8.1	(0.63)	5.7	(0.50)	0.5	(0.14)	15.2	(0.80)	6.7	(0.58)	17.1	(0.83)	10.8	(0.69)	2.1	(0.30)	31.6	(1.07)	13.1	(0.74)
Asian	6.0	(1.30)	4.2	(1.40)	‡	(†)	8.1	(1.68)	3.4	(0.99)	10.9	(1.64)	6.4	(1.59)	0.2	(0.10)	17.2	(2.08)	6.1	(1.46)
Native Hawaiian/Pacific Islander	‡	(†)	‡	(†)	‡	(†)	‡	(†)	‡	(†)	‡	(†)	‡	(†)	‡	(†)	‡	(†)	‡	(†)
American Indian/Alaska Native	‡	(†)	‡	(†)	‡	(†)	‡	(†)	13.4	(3.91)	‡	(†)	‡	(†)	‡	(†)	‡	(†)	19.3	(4.33)
Two or more races	9.2	(1.43)	6.9	(1.25)	0.1	(0.08)	12.5	(1.51)	8.9	(1.36)	18.9	(2.01)	14.3	(1.78)	1.1	(0.50)	27.7	(2.20)	14.5	(1.71)
2008	9.3	(0.24)	6.7	(0.22)	0.4	(0.05)	14.6	(0.31)	9.1	(0.24)	19.0	(0.35)	13.0	(0.29)	1.2	(0.10)	30.8	(0.40)	15.0	(0.31)
Sex																				
Male	9.5	(0.33)	7.3	(0.30)	0.5	(0.08)	14.2	(0.41)	9.0	(0.33)	19.0	(0.45)	13.6	(0.41)	1.3	(0.13)	29.6	(0.55)	14.8	(0.41)
Female	9.1	(0.36)	6.0	(0.32)	0.3	(0.06)	15.0	(0.46)	9.2	(0.36)	18.9	(0.52)	12.4	(0.42)	1.2	(0.14)	32.1	(0.60)	15.1	(0.47)
Race/ethnicity																				
White	9.8	(0.32)	7.2	(0.28)	0.5	(0.06)	16.3	(0.41)	10.6	(0.31)	19.7	(0.44)	13.8	(0.37)	1.4	(0.13)	33.1	(0.52)	17.0	(0.41)
Black	8.2	(0.59)	5.9	(0.51)	0.1	(0.06)	10.1	(0.68)	5.0	(0.49)	17.6	(0.89)	12.5	(0.73)	0.1	(0.07)	25.5	(0.95)	9.7	(0.67)
Hispanic	8.9	(0.66)	6.1	(0.59)	0.5	(0.16)	14.8	(0.82)	7.9	(0.64)	18.8	(0.95)	12.2	(0.76)	1.3	(0.26)	31.0	(1.07)	14.0	(0.84)
Asian	2.7	(0.87)	1.0	(0.35)	#	(†)	5.7	(1.11)	3.8	(1.16)	9.8	(1.76)	3.1	(1.00)	0.6	(0.37)	15.5	(2.01)	5.9	(1.29)
Native Hawaiian/Pacific Islander	‡	(†)	‡	(†)	‡	(†)	‡	(†)	‡	(†)	‡	(†)	‡	(†)	‡	(†)	‡	(†)	‡	(†)
American Indian/Alaska Native	18.2	(4.64)	‡	(†)	‡	(†)	17.2	(4.57)	18.9	(2.54)	31.3	(4.53)	26.8	(4.28)	‡	(†)	41.7	(4.64)	28.9	(3.92)
Two or more races	13.5	(1.88)	10.6	(1.74)	0.3	(0.22)	13.6	(1.90)	13.1	(2.19)	24.8	(2.50)	17.2	(2.07)	2.0	(0.88)	30.3	(2.58)	18.1	(2.29)

—Not available.
†Not applicable.
#Rounds to zero.
‡Reporting standards not met.
[1]Includes other illegal drug use not shown separately.
NOTE: Marijuana includes hashish usage for 1996 and later years. Data for 1999 and later years were gathered using Computer Assisted Interviewing (CAI) and may not be directly comparable to previous years. Because of survey improvements in 2002, the 2002 data constitute a new baseline for tracking trends. Valid trend comparisons can be made for 1985 through 1998, 1999 through 2001, and 2002 through 2008. Some data have been revised from previously published figures. Race categories exclude persons of Hispanic ethnicity. Standard errors appear in parentheses.
SOURCE: U.S. Department of Health and Human Services, Substance Abuse and Mental Health Services Administration, *National Household Survey on Drug Abuse: Main Findings*, selected years, 1985 through 2001, and National Survey on Drug Use and Health, 2002 through 2008. Retrieved May 21, 2010, from http://www.oas.samhsa.gov/WebOnly.htm#NSDUHtabs. (This table was prepared May 2010.)

Table 173. Percentage of high school seniors reporting drug use, by type of drug and reporting period: Selected years, 1975 through 2009

Type of drug	Class of 1975	Class of 1980	Class of 1985	Class of 1990	Class of 1995	Class of 2000	Class of 2002	Class of 2003	Class of 2004	Class of 2005	Class of 2006	Class of 2007	Class of 2008	Class of 2009
1	2	3	4	5	6	7	8	9	10	11	12	13	14	15
	Percent reporting having ever used drugs													
Alcohol[1]	90.4 (0.69)	93.2 (0.46)	92.2 (0.48)	89.5 (0.57)	80.7 (0.73)	80.3 (0.80)	78.4 (0.83)	76.6 (0.80)	76.8 (0.80)	75.1 (0.81)	72.7 (0.85)	72.2 (0.83)	71.9 (0.85)	72.3 (0.84)
Any illicit drug	55.2 (1.68)	65.4 (1.23)	60.6 (1.26)	47.9 (1.33)	48.4 (1.32)	54.0 (1.44)	53.0 (1.44)	51.1 (1.35)	51.1 (1.35)	50.4 (1.35)	48.2 (1.37)	46.8 (1.33)	47.4 (1.35)	46.7 (1.35)
Marijuana only	19.0 (1.32)	26.7 (1.15)	20.9 (1.05)	18.5 (1.03)	20.3 (1.06)	25.0 (1.25)	23.5 (1.22)	23.4 (1.15)	22.4 (1.13)	23.0 (1.14)	21.3 (1.12)	21.3 (1.09)	22.5 (1.13)	22.7 (1.13)
Any illicit drug other than marijuana[2]	36.2 (1.33)	38.7 (1.04)	39.7 (1.04)	29.4 (0.99)	28.1 (0.97)	29.0 (1.08)	29.5 (1.08)	27.7 (0.99)	28.7 (1.00)	27.4 (0.99)	26.9 (1.00)	25.5 (0.95)	24.9 (0.96)	24.0 (0.95)
Use of selected drugs														
Cocaine	9.0 (0.73)	15.7 (0.72)	17.3 (0.74)	9.4 (0.59)	6.0 (0.48)	8.6 (0.62)	7.8 (0.59)	7.7 (0.55)	8.1 (0.56)	8.0 (0.56)	8.5 (0.58)	7.8 (0.54)	7.2 (0.53)	6.0 (0.49)
Heroin	2.2 (0.21)	1.1 (0.12)	1.2 (0.12)	1.3 (0.13)	1.6 (0.14)	2.4 (0.19)	1.7 (0.16)	1.5 (0.14)	1.5 (0.14)	1.5 (0.14)	1.4 (0.14)	1.5 (0.14)	1.3 (0.13)	1.2 (0.13)
LSD	11.3 (0.81)	9.3 (0.57)	7.5 (0.52)	8.7 (0.57)	11.7 (0.64)	11.1 (0.69)	8.4 (0.61)	5.9 (0.49)	4.6 (0.43)	3.5 (0.38)	3.3 (0.37)	3.4 (0.37)	4.0 (0.40)	3.1 (0.36)
Marijuana/hashish	47.3 (1.68)	60.3 (1.27)	54.2 (1.83)	40.7 (1.30)	41.7 (1.30)	48.8 (1.45)	47.8 (1.44)	46.1 (1.35)	45.7 (1.35)	44.8 (1.34)	42.3 (1.36)	41.8 (1.31)	42.6 (1.34)	42.0 (1.34)
PCP	— (†)	9.6 (0.33)	4.9 (0.24)	2.8 (0.19)	2.7 (0.18)	3.4 (0.23)	3.1 (0.22)	2.5 (0.18)	1.6 (0.15)	2.4 (0.18)	2.2 (0.17)	2.1 (0.17)	1.8 (0.16)	1.7 (0.15)
	Percent reporting use of drugs in the past 12 months													
Alcohol[1]	84.8 (0.84)	87.9 (0.59)	85.6 (0.63)	80.6 (0.73)	73.7 (0.81)	73.2 (0.89)	71.5 (0.91)	70.1 (0.86)	70.6 (0.86)	68.6 (0.87)	66.5 (0.90)	66.4 (0.88)	65.5 (0.90)	66.2 (0.89)
Any illicit drug	45.0 (1.64)	53.1 (1.26)	46.3 (1.26)	32.5 (1.21)	39.0 (1.26)	40.9 (1.39)	41.0 (1.38)	39.3 (1.29)	38.8 (1.29)	38.4 (1.28)	36.5 (1.29)	35.9 (1.25)	36.6 (1.27)	36.5 (1.27)
Marijuana only	18.8 (1.29)	22.7 (1.06)	18.9 (0.99)	14.6 (0.91)	19.6 (1.02)	20.5 (1.14)	20.1 (1.13)	19.5 (1.05)	18.3 (1.02)	18.8 (1.03)	17.3 (1.01)	17.4 (0.99)	18.3 (1.02)	19.5 (1.05)
Any illicit drug other than marijuana[2]	26.2 (1.15)	30.4 (0.92)	27.4 (0.89)	17.9 (0.79)	19.4 (0.81)	20.4 (0.90)	20.9 (0.91)	19.8 (0.83)	20.5 (0.85)	19.7 (0.83)	19.2 (0.84)	18.5 (0.80)	18.3 (0.81)	17.0 (0.79)
Use of selected drugs														
Cocaine	5.6 (0.52)	12.3 (0.58)	13.1 (0.59)	5.3 (0.40)	4.0 (0.35)	5.0 (0.43)	5.0 (0.42)	4.8 (0.39)	5.3 (0.41)	5.1 (0.40)	5.7 (0.43)	5.2 (0.40)	4.4 (0.38)	3.4 (0.33)
Heroin	1.0 (0.13)	0.5 (0.07)	0.6 (0.07)	0.5 (0.07)	1.1 (0.10)	1.5 (0.13)	1.0 (0.11)	0.8 (0.09)	0.9 (0.10)	0.8 (0.09)	0.8 (0.09)	0.9 (0.09)	0.7 (0.08)	0.7 (0.08)
LSD	7.2 (0.59)	6.5 (0.43)	4.4 (0.36)	5.4 (0.41)	8.4 (0.49)	6.6 (0.49)	3.5 (0.36)	1.9 (0.25)	2.2 (0.27)	1.8 (0.24)	1.7 (0.24)	2.1 (0.26)	2.7 (0.30)	1.9 (0.25)
Marijuana/hashish	40.0 (1.61)	48.8 (1.27)	40.6 (1.24)	27.0 (1.15)	34.7 (1.23)	36.5 (1.36)	36.2 (1.35)	34.9 (1.26)	34.3 (1.25)	33.6 (1.24)	31.5 (1.24)	31.7 (1.21)	32.4 (1.24)	32.8 (1.24)
PCP	— (†)	4.4 (0.20)	2.9 (0.16)	1.2 (0.11)	1.8 (0.13)	2.3 (0.16)	1.1 (0.11)	1.3 (0.11)	0.7 (0.08)	1.3 (0.11)	0.7 (0.09)	0.9 (0.09)	1.1 (0.11)	1.0 (0.10)
	Percent reporting use of drugs in the past 30 days													
Alcohol[1]	68.2 (1.10)	72.0 (0.81)	65.9 (0.85)	57.1 (0.92)	51.3 (0.92)	50.0 (1.01)	48.6 (1.00)	47.5 (0.94)	48.0 (0.94)	47.0 (0.94)	45.3 (0.95)	44.4 (0.92)	43.1 (0.93)	43.5 (0.94)
Any illicit drug	30.7 (1.35)	37.2 (1.09)	29.7 (1.03)	17.2 (0.87)	23.8 (0.98)	24.9 (1.09)	25.4 (1.09)	24.1 (1.01)	23.4 (1.00)	23.1 (0.99)	21.5 (0.98)	21.9 (0.96)	22.3 (0.98)	23.3 (1.00)
Marijuana only	15.3 (1.06)	18.8 (0.88)	14.8 (0.80)	9.2 (0.67)	13.8 (0.79)	14.5 (0.89)	14.1 (0.87)	19.5 (0.93)	18.3 (0.91)	12.8 (0.78)	11.7 (0.77)	12.4 (0.76)	13.0 (0.79)	14.7 (0.83)
Any illicit drug other than marijuana[2]	15.4 (0.80)	18.4 (0.66)	14.9 (0.60)	8.0 (0.47)	10.0 (0.52)	10.4 (0.58)	11.3 (0.60)	10.4 (0.54)	10.8 (0.55)	10.3 (0.54)	9.8 (0.54)	9.5 (0.51)	9.3 (0.52)	8.6 (0.50)
Use of selected drugs														
Cocaine	1.9 (0.25)	5.2 (0.31)	6.7 (0.35)	1.9 (0.20)	1.8 (0.19)	2.1 (0.23)	2.3 (0.24)	2.1 (0.21)	2.3 (0.22)	2.3 (0.22)	2.5 (0.23)	2.0 (0.20)	1.9 (0.20)	1.3 (0.17)
Heroin	0.4 (0.08)	0.2 (0.04)	0.3 (0.05)	0.2 (0.04)	0.6 (0.08)	0.7 (0.09)	0.5 (0.08)	0.4 (0.06)	0.5 (0.07)	0.5 (0.07)	0.4 (0.06)	0.4 (0.06)	0.4 (0.06)	0.4 (0.06)
LSD	2.3 (0.28)	2.3 (0.21)	1.6 (0.18)	1.9 (0.20)	4.0 (0.28)	1.6 (0.20)	0.7 (0.13)	0.6 (0.11)	0.7 (0.12)	0.7 (0.12)	0.6 (0.12)	0.6 (0.11)	1.1 (0.15)	0.5 (0.10)
Marijuana/hashish	27.1 (1.30)	33.7 (1.07)	25.7 (0.98)	14.0 (0.80)	21.2 (0.94)	21.6 (1.04)	21.5 (1.03)	21.2 (0.96)	19.9 (0.94)	19.8 (0.94)	18.3 (0.92)	18.8 (0.90)	19.4 (0.93)	20.6 (0.95)
PCP	— (†)	1.4 (0.11)	1.6 (0.12)	0.4 (0.06)	0.6 (0.08)	0.9 (0.10)	0.4 (0.07)	0.6 (0.08)	0.4 (0.06)	0.7 (0.08)	0.4 (0.06)	0.5 (0.07)	0.6 (0.08)	0.5 (0.07)

—Not available.
†Not applicable.
[1]Survey question changed in 1993; later data are not comparable to figures for earlier years.
[2]Other illicit drugs include any use of LSD or other hallucinogens, crack or other cocaine, or heroin, or any use of other narcotics, amphetamines, barbiturates, or tranquilizers not under a doctor's orders.
NOTE: Detail may not sum to totals because of rounding. Standard errors appear in parentheses. Standard errors were calculated from formulas to perform trend analysis over an interval greater than 1 year (for example, a comparison between 1975 and 1990). A revised questionnaire was used in 1982 and later years to reduce the inappropriate reporting of nonprescription stimulants. This slightly reduced the positive responses for some types of drug abuse.
SOURCE: University of Michigan, Institute for Social Research, Monitoring the Future, selected years, 1975 through 2009, retrieved April 6, 2010, from http://www.monitoringthefuture.org/data/09data.html#2009data-drugs. (This table was prepared April 2010.)

Table 174. Age range for compulsory school attendance and special education services, and policies on year-round schools and kindergarten programs, by state: Selected years, 2000 through 2010

State	Compulsory attendance							Compulsory special education services, 2004[1]	Year-round schools, 2008		Kindergarten programs, 2010		
									Has policy on year-round schools	Has districts with year-round schools	School districts required to offer		Attendance required
	2000	2002	2004	2006	2008	2009	2010				Program	Full-day program	
1	2	3	4	5	6	7	8	9	10	11	12	13	14
Alabama	7 to 16	7 to 16	7 to 16 [2]	7 to 16	7 to 16	7 to 16	7 to 17	6 to 21		Yes	X	X	
Alaska	7 to 16	7 to 16	7 to 16 [2]	7 to 16	7 to 16	7 to 16	7 to 16	3 to 22		Yes			
Arizona	6 to 16 [2]	6 to 16 [2]	6 to 16 [2]	6 to 16 [2]	6 to 16 [2]	6 to 16 [2]	6 to 16 [2]	3 to 21	—	—	X		
Arkansas	5 to 17 [2,3]	5 to 17 [2,3]	5 to 17 [2,3]	5 to 17 [2,3]	5 to 17 [2,3]	5 to 17 [2,3]	5 to 17 [2,3]	5 to 21	X	Yes	X	X	X
California	6 to 18 [2]	6 to 18	6 to 18	6 to 18	6 to 18	6 to 18	6 to 18	Birth to 21 [4]	X	Yes	X		
Colorado	—	—	7 to 16	7 to 16	6 to 17	6 to 17	6 to 17	3 to 21		Yes	X		
Connecticut	7 to 16	7 to 18 [2]	7 to 18 [2]	5 to 18 [3]	5 to 18 [3]	5 to 18 [3]	5 to 18 [3]	3 to 21		—	X		X
Delaware	5 to 16	5 to 16	5 to 16 [2]	5 to 16	5 to 16	5 to 16	5 to 16	Birth to 20		Yes	X		X
District of Columbia	—	5 to 18 [5]	5 to 18	5 to 18	5 to 18	5 to 18	5 to 18	—	—	—	X		X
Florida	6 to 16 [5]	6 to 16 [5]	6 to 16 [5]	6 to 16 [5]	6 to 16 [5]	6 to 16 [5]	6 to 16 [5]	3 to 21	X	Yes	X		
Georgia	6 to 16	6 to 16	6 to 16	6 to 16	6 to 16	6 to 16	6 to 16	Birth to 21 [6]		Yes	X	X	
Hawaii	6 to 18	6 to 18	6 to 18	6 to 18	6 to 18	6 to 18	6 to 18	Birth to 19		([7])	X		
Idaho	7 to 16	7 to 16	7 to 16	7 to 16	7 to 16	7 to 16	7 to 16	3 to 21		Yes			
Illinois	7 to 16	7 to 16	7 to 17	7 to 17	7 to 17	7 to 17	7 to 17	3 to 21	X	Yes	X [8]		
Indiana	7 to 16	7 to 16	7 to 16	7 to 18 [2]	7 to 18 [2]	7 to 18 [2]	7 to 18 [2]	3 to 22		Yes	X		
Iowa	6 to 16 [2]	6 to 16 [2]	6 to 16	6 to 16	6 to 16	6 to 16	6 to 16	Birth to 21	X	Yes	X		
Kansas	7 to 18 [2]	7 to 18 [2]	7 to 18 [2]	7 to 18 [2]	7 to 18 [2]	7 to 18 [2]	7 to 18 [2]	3 to 21 [9]		—	X		
Kentucky	6 to 16	6 to 16	6 to 16 [2]	6 to 16	6 to 16	6 to 16	6 to 16	Birth to 21		Yes	X		
Louisiana	7 to 17	7 to 17	7 to 17 [2]	7 to 18 [2]	7 to 18 [2]	7 to 18 [2]	7 to 18 [2]	3 to 21 [10]		Yes	X	X	X
Maine	7 to 17	7 to 17	7 to 17 [2]	7 to 17 [2]	7 to 17 [2]	7 to 17 [2]	7 to 17 [2]	5 to 19 [10,11]		—	X		
Maryland	5 to 16	5 to 16	5 to 16	5 to 16	5 to 16	5 to 16 [3]	5 to 16 [3]	Birth to 21	X	—	X	X	X
Massachusetts	6 to 16	6 to 16	6 to 16	6 to 16 [2]	6 to 16 [2]	6 to 16 [2]	6 to 16 [2]	3 to 21 [6]	([12])	—	X		
Michigan	6 to 16	6 to 16	6 to 16	6 to 16	6 to 16	6 to 16	6 to 18	Birth to 25	X	Yes			
Minnesota	7 to 18 [2]	7 to 16	7 to 16	7 to 16 [2]	7 to 16 [2]	7 to 16 [2]	7 to 16 [2]	Birth to 21	X	Yes	X		
Mississippi	6 to 17	6 to 17	6 to 16	6 to 16	6 to 17	6 to 17	6 to 17	Birth to 20		—	X	X	
Missouri	7 to 16	7 to 16	7 to 16	7 to 16	7 to 16	7 to 16	7 to 17	Birth to 20		Yes [13]	X		
Montana	7 to 16 [2]	7 to 16 [2]	7 to 16 [2]	7 to 16 [2]	7 to 16 [2]	7 to 16 [2]	7 to 16 [2]	3 to 18 [10]		—	X		
Nebraska	7 to 16	7 to 16	7 to 16	6 to 18	6 to 18	6 to 18	6 to 18	Birth to 20		Yes	X		
Nevada	7 to 17	7 to 17	7 to 17	7 to 17	7 to 18 [2]	7 to 18 [2]	7 to 18 [2]	Birth to 21 [4]		Yes	X		X
New Hampshire	6 to 16	6 to 16	6 to 16	6 to 16	6 to 16	6 to 16	6 to 18	3 to 21		—			
New Jersey	6 to 16	6 to 16	6 to 16	6 to 16	6 to 16	6 to 16	6 to 16	5 to 21		—			
New Mexico	5 to 18	5 to 18	5 to 18 [2]	5 to 18 [2]	5 to 18 [2]	5 to 18 [2]	5 to 18 [2]	3 to 21	X	Yes	X		X
New York	6 to 16 [2]	6 to 16	6 to 16	6 to 16 [14]	6 to 16 [14]	6 to 16 [14]	6 to 16 [14]	Birth to 20		—			
North Carolina	7 to 16	7 to 16	7 to 16	7 to 16	7 to 16	7 to 16	7 to 16	5 to 20	X	Yes	X	X	
North Dakota	7 to 16	7 to 16	7 to 16	7 to 16	7 to 16	7 to 16	7 to 16	3 to 21		No			
Ohio	6 to 18	6 to 18	6 to 18	6 to 18	6 to 18	6 to 18	6 to 18	3 to 21	X	—	X [8]		X
Oklahoma	5 to 18	5 to 18	5 to 18	5 to 18	5 to 18	5 to 18	5 to 18	Birth to 21 [10]		Yes	X	([15])	X
Oregon	7 to 18	7 to 18	7 to 18 [2]	7 to 18	7 to 18	7 to 18	7 to 18 [2]	3 to 20		Yes	X		
Pennsylvania	8 to 17	8 to 17	8 to 17 [2]	8 to 17 [2]	8 to 17 [2]	8 to 17 [2]	8 to 17 [2]	6 to 21	X [13]	— [13]			
Rhode Island	6 to 16	6 to 16	6 to 16	6 to 16	6 to 16	6 to 16	6 to 16	3 to 21		—	X		X
South Carolina	5 to 16	5 to 16	5 to 16	5 to 17 [3]	5 to 17 [3]	5 to 17 [3]	5 to 17 [3]	3 to 21 [16]		—	X	X [8]	X
South Dakota	6 to 16	6 to 16	6 to 16	6 to 16	6 to 16	6 to 16 [2,17]	6 to 18 [2,17]	Birth to 21	X	—	X		
Tennessee	6 to 17	6 to 17	6 to 17	6 to 17 [3]	6 to 17 [3]	6 to 17 [3]	6 to 17 [3]	3 to 21 [4]	X	Yes	X		X
Texas	6 to 18	6 to 18	6 to 18	6 to 18	6 to 18	6 to 18	6 to 18	3 to 21	X	Yes	X		
Utah	6 to 18	6 to 18	6 to 18	6 to 18	6 to 18	6 to 18	6 to 18	3 to 22		Yes	X		
Vermont	7 to 16	6 to 16	6 to 16	6 to 16 [2]	6 to 16 [2]	6 to 16 [2]	6 to 16 [2]	3 to 21		— [13]	X		
Virginia	5 to 18	5 to 18	5 to 18	5 to 18 [2]	5 to 18 [2]	5 to 18 [2,3]	5 to 18 [2,3]	2 to 21	X	Yes	X		X
Washington	8 to 17 [2]	8 to 17 [2]	8 to 16 [2]	8 to 18	8 to 18	8 to 18	8 to 18	3 to 21 [16]		Yes	X		
West Virginia	6 to 16	6 to 16	6 to 16	6 to 16	6 to 16	6 to 16	6 to 17	5 to 21 [18]	X	Yes	X	X	X
Wisconsin	6 to 18	6 to 18	6 to 18	6 to 18	6 to 18	6 to 18	6 to 18	3 to 21		Yes	X		
Wyoming	6 to 16 [2]	6 to 16 [2]	7 to 16 [2]	7 to 16 [2]	7 to 16 [2]	7 to 16 [2]	7 to 16 [2]	3 to 21		—	X		

—Not available.
X Denotes that the state has a policy. A blank denotes that the state does not have a policy.
[1]Most states have a provision whereby education is provided up to a certain age or completion of secondary school, whichever comes first.
[2]Child may be exempted from compulsory attendance if he/she meets state requirements for early withdrawal with or without meeting conditions for a diploma or equivalency.
[3]Parent/guardian may delay child's entry until a later age per state law/regulation.
[4]Student may continue in the program if 22nd birthday falls before the end of the school year.
[5]Attendance is compulsory until age 18 for Manatee County students, unless they earn a high school diploma prior to reaching their 18th birthday.
[6]Through age 21 or until child graduates with a high school or special education diploma or equivalent.
[7]Some districts operate on a multitrack system; the schools are open year-round, but different cohorts start and end at different times.
[8]State requires districts with full-day programs to offer half-day programs.
[9]To be determined by rules and regulations adopted by the state board.
[10]Children from birth through age 2 are eligible for additional services.
[11]Must be age 5 before October 15, and not age 20 before start of school year.
[12]Policies about year-round schools are decided locally.
[13]State did not participate in 2008 online survey. Data are from 2006.
[14]New York City and Buffalo require school attendance until age 17 unless employed; Syracuse requires kindergarten attendance at age 5.
[15]Beginning in 2011–12, it will be mandatory for all districts in Oklahoma to offer full-day kindergarten.
[16]Student may complete school year if 21st birthday occurs while attending school.
[17]Compulsory attendance beginning at age 5 effective July 1, 2010.
[18]Severely handicapped children may begin receiving services at age 3.
NOTE: The Education of the Handicapped Act (EHA) Amendments of 1986 make it mandatory for all states receiving EHA funds to serve all 3- to 18-year-old disabled children.
SOURCE: Council of Chief State School Officers, Key State Education Policies on PK–12 Education, 2000, 2002, 2004, and 2008; Education Commission of the States (ECS), ECS StateNotes, Compulsory School Age Requirements, retrieved August 9, 2010, from http://www.ecs.org/clearinghouse/86/62/8662.pdf; ECS StateNotes, Special Education: State Special Education Definitions, Ages Served, retrieved August 9, 2010, from http://www.ecs.org/clearinghouse/52/29/5229.pdf; ECS, State Kindergarten Statutes: State Comparisons, retrieved September 22, 2010, from http://mb2.ecs.org/reports/Report.aspx?id=14; and supplemental information retrieved from various state websites. (This table was prepared October 2010.)

Table 175. Minimum amount of instructional time per year and policy on textbook selection, by state: 2000, 2006, 2008, and 2010

State	Minimum amount of instructional time per year				State policy on textbook selection, 2008					State
	In days			In hours	State recommends or selects textbooks					
	2000	2006	2010	2010	Recommends	Selects	Either recommends or selects	Local decision	State standards used in recommendation or selection	
1	2	3	4	5	6	7	8	9	10	11
Alabama	175	175	180	†			X		X	Alabama
Alaska	180	180	180 [1]	740 (K–3); 900 (4–12)				X		Alaska
Arizona	175 [2]	180	180 [3]	†				X		Arizona
Arkansas	178	178	178 [4]	†	X				X	Arkansas
California	175	180	180	†	X					California
Colorado	[5]	160	160	450/900 (K); 990 (1–5); 1,080 (6–12)				X		Colorado
Connecticut	180	180	180	450/900 (K); 900 (1–12)				X		Connecticut
Delaware	[5]	†	†	440 (K); 1,060 (1–11); 1,032 (12)				X		Delaware
District of Columbia	180 [6]	180	180	†						District of Columbia
Florida	180	180	180	†	X				X	Florida
Georgia	180 [6]	180	180	†	X				X	Georgia
Hawaii	184	179	180	†	X				X	Hawaii
Idaho	180	†	†	450[1] (K); 810[1] (1–3); 900[1] (4–8); 990[1,7] (9–12)	X				X	Idaho
Illinois	180 [8]	176	176	†				X		Illinois
Indiana	180	180	180	†	X				X	Indiana
Iowa	180	180	180	†				X		Iowa
Kansas	186	186 (K–11); 181 (12)	186 (K–11); 181 (12)	465 (K); 1,116 (1–11); 1,086 (12)				X		Kansas
Kentucky	175	175	175 [1]	†	X				X	Kentucky
Louisiana	175	177	177 [4]	†			X			Louisiana
Maine	175	175	175 [4]	†				X		Maine
Maryland	180	180	180	1,080				X		Maryland
Massachusetts	180	180	180	†				X		Massachusetts
Michigan	180	†	165	1,098				X		Michigan
Minnesota	[5]	[5]	[5]	†				X		Minnesota
Mississippi	180	180	180	†		X				Mississippi
Missouri	174	174	174	1,044	—	—	—	—	—	Missouri
Montana	180	90 (K); 180 (K–12)	†	360/720[4] (K); 720[4] (1–3); 1,080[4,7] (4–12)				X		Montana
Nebraska	[5]	†	†	400 (K); 1,032 (1–8); 1,080 (9–12)				X		Nebraska
Nevada	180	180	180	†						Nevada
New Hampshire	180	180	180	945 (1-8)[9]; 990 (9–12)				X		New Hampshire
New Jersey	180	180	180	†				X		New Jersey
New Mexico	180	180	180	450/990 (K); 990[10] (1-6); 1,080 (7–12)		X			X	New Mexico
New York	180 [6]	180	180	†				X		New York
North Carolina	180	180	180	1,000		X				North Carolina
North Dakota	173	173	173 [11]	†				X		North Dakota
Ohio	182	182	182 [1]	†				X		Ohio
Oklahoma	180	180	175 [4]	†		X			X	Oklahoma
Oregon	[5]	†	†	405 (K); 810 (1–3); 900 (4–8); 990[7] (9–12)			X		X	Oregon
Pennsylvania	180	180	180	450 (K); 900 (1–8); 990 (9–12)	—	—	—	—	—	Pennsylvania
Rhode Island	180	180	180	†				X		Rhode Island
South Carolina	180	180	180 [4]	†			X		X	South Carolina
South Dakota	—	†	†	437.5 (K); minimum of 875 (1–3)[12]; 962.5[7] (4–12)				X		South Dakota
Tennessee	180	180	180 [11]	†		X			X	Tennessee
Texas	187	180	180	†			X			Texas
Utah	180	180	180	450 (K); 810 (1); 990 (2–12)			X			Utah
Vermont	175	175	175	†	—	—	—	—	—	Vermont
Virginia	180	180	180	540 (K); 990 (1–12)	X			X	X	Virginia
Washington	180 [8]	180	180	450 (K); 1,000 (1–12)				X	X	Washington
West Virginia	180	180	180	†			X			West Virginia
Wisconsin	180	180	180	437 (K); 1,050 (1–6); 1,137 (7–12)				X		Wisconsin
Wyoming	175	175	175	†				X		Wyoming

—Not available.

†Not applicable.

X Denotes that the state has a policy. A blank denotes that the state does not have a policy.

[1]Includes time for staff development.

[2]1994 data.

[3]Or an equivalent number of minutes of instruction per year for districts on an alternate schedule.

[4]Does not include time for staff development.

[5]No statewide policy; varies by district.

[6]1996 data.

[7]Instructional time for graduating seniors may be reduced.

[8]1998 data.

[9]Middle schools (any combination of grades 4 through 8) are required to have the same hours as secondary schools (grades 9 through 12).

[10]Teachers may use 33 hours of the full-day kindergarten program and 22 hours of the grades 1 through 5 programs for home visits or parent-teacher conferences.

[11]Does not include time for staff development and parent-teacher conferences.

[12]The Board of Education sets the minimum number of hours in the school term for grades 1 through 3.

NOTE: Minimum number of instructional days refers to the actual number of days that pupils have contact with a teacher. Some states allow for different types of school calendars by setting instructional time in both days and hours, while others use only days or only hours. For states in which the number of days or hours varies by grade, the relevant grade(s) appear in parentheses.

SOURCE: Council of Chief State School Officers, *Key State Education Policies on PK–12 Education*, 2000, 2006, and 2008; Education Commission of the States, StateNotes, *Scheduling/Length of School Year* (September 2010 revision), retrieved September 20, 2010, from http://www.ecs.org/clearinghouse/78/24/7824.pdf; and supplemental information retrieved September 24, 2010, from the New Hampshire Department of Education, http://www.education.nh.gov/standards/faq.htm; retrieved September 24, 2010, from the South Dakota Department of Education, http://doe.sd.gov/oatq/districtaccrediation.asp; and retrieved September 29, 2010, from the Pennsylvania State Code, http://pacode.com/secure/data/022/Chapter11/s11.3.html. (This table was prepared September 2010.)

Table 176. Credit requirements and exit exam requirements for a standard high school diploma and the use of other high school completion credentials, by state: 2008 and 2010

State	Course credits (in Carnegie units), 2008: Total required credits for standard diploma, all courses	Required credits in selected subject areas: English/ language arts	Social studies	Science	Mathematics	Other credits	High school exit exams, 2010: Exit exam required for standard diploma	Characteristics of required exams: Subjects tested[1]	Exam based on standards for 10th grade or higher	Appeals or alternative route to standard diploma if exam failed	Other completion credentials, 2010: Advanced recognition for exceeding standard requirements	Alternative credential for not meeting all standard requirements
1	2	3	4	5	6	7	8	9	10	11	12	13
Alabama	24.0	4.0	4.0	4.0	4.0	8.0	Yes	EMSH	Yes	Yes	Yes	Yes
Alaska	21.0	4.0	3.0	2.0	2.0	10.0	Yes	EM	Yes	Yes	No	Yes
Arizona	20.0	4.0	3.0	2.0	3.0	8.0	Yes	EM	Yes	Yes	Yes	No
Arkansas	22.0	4.0	3.0	3.0	4.0	8.0	Yes	M	No	Yes	No	No
California	13.0	3.0	3.0	2.0	2.0	3.0	Yes	EM	Yes	Yes	Yes	Yes
Colorado	†[2]	†[2]	†[2]	†[2]	†[2]	†[2]	No	†	†	†	No	No
Connecticut	20.0	4.0	3.0	2.0	3.0	8.0	No	†	†	†	No	No
Delaware	22.0	4.0	3.0	3.0	3.0	9.0	No	†	†	†	No	Yes
District of Columbia	24.0	4.0	4.0	4.0	4.0	8.0	No	†	†	†	No	Yes
Florida	24.0 or 18.0[3]	4.0	3.0	3.0	4.0 or 3.0[3]	10.0 or 5.0[3]	Yes	EM	Yes	Yes	No	Yes
Georgia	23.0	4.0	3.0	4.0	4.0	8.0	Yes	EMSH	Yes	Yes	Yes	Yes
Hawaii	22.0	4.0	4.0	3.0	3.0	8.0	No	†	†	†	Yes	Yes
Idaho	42.0[4]	9.0[4]	5.0	4.0	4.0	20.0[4]	Yes	EM	Yes	Yes	No	No
Illinois	18.0	3.0	2.0	1.0	3.0	9.0	No	†	†	†	No	No
Indiana	40.0[4]	8.0[4]	6.0[4]	6.0[4]	6.0[4]	14.0[4]	Yes	EM	No	Yes	Yes	No
Iowa	†[2]	†[2]	1.5	†[2]	†[2]	†[2]	No	†	†	†	No	No
Kansas	21.0	4.0	3.0	3.0	3.0	8.0	No	†	†	†	No	No
Kentucky	22.0	4.0	3.0	3.0	3.0	9.0	No	†	†	†	Yes	Yes
Louisiana	23.0	4.0	3.0	3.0	3.0	10.0	Yes	EMSH[5]	Yes	Yes	Yes	Yes
Maine	16.0	4.0	2.0	2.0	2.0	6.0	No	†	†	†	No	Yes
Maryland	21.0	4.0	3.0	3.0	3.0	8.0	Yes	EMSH	Yes	Yes	Yes	Yes
Massachusetts	†[2]	†[2]	†[2]	†[2]	†[2]	†[2]	Yes	EMS	Yes	Yes	Yes	Yes
Michigan	†[2]	4.0	3.0	3.0	4.0	†[2]	No	†	†	†	No	Yes
Minnesota	21.5	4.0	3.5	3.0	3.0	8.0	Yes	EM[6]	Yes	Yes	No	No
Mississippi	20.0	4.0	3.0	3.0	3.0	7.0	Yes	EMSH	Yes	Yes	No	Yes
Missouri	22.0[7]	4.0[7]	2.0[7]	2.0[7]	2.0[7]	12.0[7]	No	†	†	†	Yes	No
Montana	20.0	4.0	2.0	2.0	2.0	10.0	No	†	†	†	No	No
Nebraska	200.0[8]	†[2]	†[2]	†[2]	†[2]	†[2]	No	†	†	†	No	No
Nevada	22.5	4.0	2.0	2.0	3.0	11.5	Yes	EMS	Yes	Yes	Yes	Yes
New Hampshire	20.0	4.0	2.5	2.0	3.0	8.5	No	†	†	†	Yes	Yes
New Jersey	22.0	4.0	3.0	3.0	3.0	9.0	Yes	EM	Yes	Yes	No	No
New Mexico	24.0	4.0	3.0	3.0	4.0	10.0	Yes	EMSH	No	Yes	No	Yes
New York	22.0	4.0	4.0	3.0	3.0	8.0	Yes	EMSH	Yes	Yes	Yes	Yes
North Carolina	20.0	4.0	3.0	3.0	4.0	6.0	Yes	EMSH	Yes	Yes	Yes	Yes
North Dakota	21.0	†[2]	†[2]	†[2]	†[2]	†[2]	No	†	†	†	No	No
Ohio	20.0	4.0	3.0	3.0	3.0	7.0	Yes	EMSH	Yes	Yes	Yes	No
Oklahoma	23.0	4.0	3.0	3.0	3.0	10.0	No[9]	†	†	†	Yes	No
Oregon	22.0	3.0	3.0	2.0	2.0	12.0	No	†	†	†	No	Yes
Pennsylvania	†[2,7]	†[2,7]	†[2,7]	†[2,7]	†[2,7]	†[2,7]	No	†	†	†	Yes	No
Rhode Island	20.0	4.0	3.0	3.0	4.0	6.0	No	†	†	†	No	Yes
South Carolina	24.0	4.0	3.0	3.0	4.0	10.0	Yes	EM	Yes	No	Yes	Yes
South Dakota	22.0	4.0	3.0	3.0	3.0	9.0	No	†	†	†	Yes	No
Tennessee	20.0	4.0	3.0	3.0	3.0	7.0	Yes	EMS	Yes	No	Yes	Yes
Texas	24.0	4.0	5.0	3.0	3.0	9.0	Yes	EMSH	Yes	No	Yes	Yes
Utah	24.0	3.0	2.5	2.0	2.0	14.5	No	†	†	†	No	Yes
Vermont	20.0[7]	4.0[7]	3.0[7]	3.0[7]	3.0[7]	7.0[7]	No	†	†	†	No	No
Virginia	22.0	4.0	3.0	3.0	3.0	9.0	Yes	EMSH[10]	Yes	Yes	Yes	Yes
Washington	20.0	3.0	2.5	2.0	3.0	9.5	Yes	E[11]	Yes	Yes	No	No
West Virginia	24.0	4.0	4.0	3.0	4.0	9.0	No	†	†	†	Yes	Yes
Wisconsin	21.5[12]	4.0	3.0	2.0	2.0	10.5	No	†	†	†	No	Yes
Wyoming	22.0	4.0	3.0	3.0	3.0	9.0	No	†	†	†	Yes	Yes

†Not applicable.

[1]Exit exam subjects tested: E = English (including writing), M = Mathematics, S = Science, and H = History/social studies.

[2]Graduation requirements are determined locally.

[3]Florida offers three graduation programs: one 4-year, 24-credit program, and two 3-year, 18-credit programs. The 4-year program requires 4 credits of mathematics, and both 3-year programs require 3 credits of mathematics.

[4]Expressed in semester credits instead of Carnegie units.

[5]Students must pass either the science or social studies components of the Graduation Exit Examination (GEE) to receive a standard diploma.

[6]For the graduating classes of 2010 through 2014, students can graduate by passing statewide reading and writing assessments and either passing mathematics assessments or meeting other requirements.

[7]State did not participate in the 2008 online survey; data are from 2006.

[8]Expressed in credit hours instead of Carnegie units.

[9]Requirement takes effect for class of 2012.

[10]To receive the standard diploma, students must earn at least six verified credits by passing end-of-course assessments. One of those credits may be earned by passing a student-selected test in computer science, technology, career and technical education, or other areas.

[11]For the graduating class of 2010, students must pass an exit exam in reading and writing. Students in the class of 2013 will be required to pass reading, writing, math, and science assessments.

[12]Determined locally, but state encourages school boards to adopt this requirement.

NOTE: Local school districts frequently have other graduation requirements in addition to state requirements. The Carnegie unit is a standard of measurement that represents one credit for the completion of a 1-year course. Some data have been revised from previously published figures.

SOURCE: Council of Chief State School Officers, *Key State Education Policies on PK–12 Education, 2008*, table 7, retrieved October 6, 2010, from http://www.ccsso.org/Documents/2008/Key_State_Education_Policies_2008.pdf; *Education Week* and Editorial Projects in Education Research Center, *Diplomas Count 2008*, Graduation Briefs, retrieved October 6, 2010, from http://www.edweek.org/ew/toc/2008/06/05/index.html; and *Diplomas Count 2010*, "Graduation Policies" table, retrieved August 9, 2010, from http://www.edweek.org/ew/toc/2010/06/10/index.html. (This table was prepared October 2010.)

Table 177. States that use criterion-referenced tests (CRTs) aligned to state standards, by subject area and level: 2006–07

State	Aligned to state standards		Off-the-shelf/ norm-referenced test (NRT)[1]	Criterion-referenced tests,[2] by subject area and level			
	Custom-developed test (CRT)[2]	Augmented or hybrid test[3]		English/ language arts	Mathematics	Science	Social studies/ history
1	2	3	4	5	6	7	8
Alabama	X		X	ES, MS, HS	ES, MS, HS	HS	HS
Alaska	X		X	ES, MS, HS	ES, MS, HS		
Arizona	X	X	X	ES, MS, HS	ES, MS, HS		
Arkansas	X		X	ES, MS, HS	ES, MS, HS	ES, MS	
California	X		X	ES, MS, HS	ES, MS, HS	ES, MS, HS	MS, HS
Colorado	X		X	ES, MS, HS	ES, MS, HS	ES, MS, HS	
Connecticut	X			ES, MS, HS	ES, MS, HS	HS	
Delaware		X		ES, MS, HS	ES, MS, HS	ES, MS, HS	ES, MS, HS
District of Columbia	X			ES, MS, HS	ES, MS, HS		
Florida	X		X	ES, MS, HS	ES, MS, HS	ES, MS, HS	
Georgia	X		X	ES, MS, HS	ES, MS, HS	ES, MS, HS	ES, MS, HS
Hawaii		X		ES, MS, HS	ES, MS, HS		
Idaho	X			ES, MS, HS	ES, MS, HS		
Illinois	X	X		ES, MS, HS	ES, MS, HS	HS	
Indiana	X			ES, MS, HS	ES, MS, HS	ES, MS	
Iowa			X	ES, MS, HS	ES, MS, HS	ES, MS, HS	
Kansas	X			ES, MS, HS	ES, MS, HS		
Kentucky	X		X	ES, MS, HS	ES, MS, HS	ES, MS, HS	ES, MS, HS
Louisiana	X	X		ES, MS, HS	ES, MS, HS	ES, MS, HS	ES, MS, HS
Maine	X		X	ES, MS, HS	ES, MS, HS	ES, MS	
Maryland	X	X		ES, MS, HS	ES, MS, HS	HS	HS
Massachusetts	X			ES, MS, HS	ES, MS, HS	ES, MS, HS	
Michigan	X		X	ES, MS, HS	ES, MS, HS	ES, MS, HS	MS, HS
Minnesota	X			ES, MS, HS	ES, MS, HS		
Mississippi	X		X	ES, MS, HS	ES, MS, HS	ES, MS, HS	HS
Missouri		X		ES, MS, HS	ES, MS, HS		
Montana	X		X	ES, MS, HS	ES, MS, HS		
Nebraska	X			ES, MS, HS			
Nevada	X		X	ES, MS, HS	ES, MS, HS		
New Hampshire	X			ES, MS	ES, MS		
New Jersey	X			ES, MS, HS	ES, MS, HS	ES, MS	
New Mexico	X		X	ES, MS, HS	ES, MS, HS	ES, MS, HS	
New York	X			ES, MS, HS	ES, MS, HS	ES, MS, HS	ES, MS, HS
North Carolina	X			ES, MS, HS	ES, MS, HS	HS	HS
North Dakota	X			ES, MS, HS	ES, MS, HS	ES, MS, HS	
Ohio	X			ES, MS, HS	ES, MS, HS	ES, MS, HS	ES, MS, HS
Oklahoma	X			ES, MS, HS	ES, MS, HS	ES, MS, HS	ES, MS, HS
Oregon	X			ES, MS, HS	ES, MS, HS	MS, HS	
Pennsylvania	X			ES, MS, HS	ES, MS, HS		
Rhode Island	X	X		ES, MS, HS	ES, MS, HS		
South Carolina	X			ES, MS, HS	ES, MS, HS	ES, MS, HS	ES, MS, HS
South Dakota		X	X	ES, MS, HS	ES, MS, HS	ES, MS, HS	
Tennessee	X			ES, MS, HS	ES, MS, HS	ES, MS, HS	ES, MS, HS
Texas	X			ES, MS, HS	ES, MS, HS	ES, MS, HS	MS, HS
Utah	X		X	ES, MS, HS	ES, MS, HS	ES, MS, HS	
Vermont	X			ES, MS	ES, MS		
Virginia	X			ES, MS, HS	ES, MS, HS	ES, MS, HS	ES, MS, HS
Washington	X			ES, MS, HS	ES, MS, HS	ES, MS, HS	
West Virginia	X		X	ES, MS, HS	ES, MS, HS	ES, MS, HS	ES, MS
Wisconsin		X		ES, MS, HS	ES, MS, HS	ES, MS, HS	ES, MS, HS
Wyoming	X			ES, MS, HS	ES, MS, HS		

X State has a test.
[1]Off-the-shelf/norm-referenced tests (NRTs) are commercially developed tests that have not been modified to reflect state content standards.
[2]Custom-developed criterion-referenced tests (CRTs) are explicitly designed to measure state content standards.
[3]Augmented or hybrid tests incorporate elements of both NRTs and CRTs. These tests include NRTs that have been augmented or modified to reflect state standards.
NOTE: ES = elementary school, MS = middle school, and HS = high school.
SOURCE: Quality Counts 2007, Cradle to Career, *Education Week,* 2007. (This table was prepared September 2008.)

Table 178. States using minimum-competency testing, by grade levels assessed, expected uses of standards, and state or jurisdiction: 2001–02

State or jurisdiction	Grade levels in which students are tested on at least one component	Expected uses								
		Student diagnosis or placement[1]	Improvement of instruction[1]	Program evaluation[1]	Student promotion[2]	High school exit requirement	School awards or recognition[3]	Public school performance reporting[3]	Accreditation[3]	Other
1	2	3	4	5	6	7	8	9	10	11
Alabama	3–8,10–12	X	X	X		X	X	X		
Alaska	3,4,6–10	X	X	X				X		
Arizona	2–10		X	X				X		
Arkansas	4–12	X	X	X				X		
California	2–12 [4]		X	X	X	X	X	X		(5,6)
Colorado	3–10		X	X				X		
Connecticut	4,6,8,10	X	X	X		X	X	X		
Delaware	2–11	X	X		X		X	X		(6)
Florida	3–11		X	X		X	X	X		
Georgia	K–8,11,12	X	X	X		X	X	X		
Hawaii	3,5,8,10		X	X						
Idaho	K–11		X	X				X		
Illinois	3–5,7–11 [4,7]		X	X	X			X		(5)
Indiana	3,6,8,10		X	X				X		
Iowa	4,8,11						X	X	X	
Kansas	4–8,10,11	X	X	X				X	X	
Kentucky	3–12		X	X			X	X		
Louisiana	3–11	X	X	X	X	X		X		
Maine	4,8,11 [7]		X	X						
Maryland	3,5–12	X	X	X		X	X	X		
Massachusetts	3–8,10 [7]	X	X	X		X	X	X		(5)
Michigan	4,5,7,8,11	X	X	X				X	X	
Minnesota	3–12	X	X	X		X				
Mississippi	2–12	X	X	X		X				
Missouri	3–5,7–11	X	X	X			X	X	X	
Montana	4,8,11		X	X						
Nebraska	4,8,11	X	X	X						
Nevada	3–5,8,10–12	X	X	X		X	X	X		
New Hampshire	3,6,10		X	X				X		
New Jersey	4,8,11	X	X	X		X		X	X	(5,8)
New Mexico	K,3–10	X	X	X		X	X	X	X	
New York	4,5,8–12	X	X	X	X	X		X		(5,6)
North Carolina	3–12 [4]	X	X	X	X	X	X	X		
North Dakota	4,8,12	X	X	X	X			X		(6)
Ohio	4,6,9		X	X	X	X	X	X		
Oklahoma	3,5,8,10,11	X	X	X				X	X	
Oregon	3,5,8,10		X	X				X		
Pennsylvania	5,6,8,9,11	X		X			X	X		
Rhode Island	3–5,7–11		X	X				X		
South Carolina	1,3–12 [7]	X	X	X		X		X		
South Dakota	2–6,8–11	X	X	X						
Tennessee	3–12	X	X	X		X	X	X		(5,6)
Texas	3–12	X	X	X		X	X	X	X	
Utah	1–12 [4]	X	X	X	X		X	X		
Vermont	2,4,5,8,10,11		X	X				X		
Virginia	3–6,8–12	X	X	X	X	X		X	X	
Washington	2–11 [4,7]	X	X	X				X		
West Virginia	1–12 [7]	X	X	X				X	X	(5,8)
Wisconsin	3,4,8,10	X	X	X				X		
Wyoming	4,8,10–12 [7]		X	X				X	X	
Other jurisdictions										
American Samoa	4,6,8,10,12	X	X	X						
Puerto Rico	—	—	—	—	—	—	—	—	—	—
U.S. Virgin Islands	—	—	—	—	—	—	—	—	—	—

—Not available.
X State has program.
[1]Testing program is for instructional purposes.
[2]Testing program is for the purpose of student accountability.
[3]Testing program is for school accountability.
[4]Inclusion is voluntary for students, schools, or school districts for one or more grades.
[5]Endorsed diploma.
[6]Honors diploma.
[7]A sample of students is tested for one or more grades.
[8]High school skills guarantee.
SOURCE: Council of Chief State School Officers, *Annual Survey of State Student Assessment Programs, Fall 2003.* (This table was prepared April 2005.)

Table 179. States requiring testing for initial certification of elementary and secondary teachers, by skills or knowledge assessment and state: 2009 and 2010

State	Assessment for certification, 2009				Assessment for certification, 2010			
	Basic skills exam	Subject-matter exam	Knowledge of teaching exam	Assessment of teaching performance	Basic skills exam	Subject-matter exam	Knowledge of teaching exam	Assessment of teaching performance
1	2	3	4	5	6	7	8	9
Alabama	X	X	X	X	X	X	X	X
Alaska	X				X			
Arizona		X	X			X	X	
Arkansas	X	X	X	X	X	X	X	X
California	X	—		X	X	—		X
Colorado		X				X		
Connecticut	X	X	X	X	X	X	X	X
Delaware	X	X			X	X		
District of Columbia	X	X	—	—	X	X	—	—
Florida	X			X	X			X
Georgia	X	X			X	X		
Hawaii	X	X	X	—	X	X	X	—
Idaho		X	X	X		X	X	X
Illinois	X	X	X		X	X	X	
Indiana	X	X		X	X	X		X
Iowa	—		—	—	—		—	—
Kansas		X	X			X	X	
Kentucky	X	X	X	X	X	X	X	X
Louisiana	X	X	X	X	X	X	X	X
Maine	—	—	—	—	—	—	—	—
Maryland	X	X	X	X	X	X	X	X
Massachusetts	X	X		X	X	X		X
Michigan	X	X		X	X	X		X
Minnesota	X	X	X		X	X	X	
Mississippi	—	—	—	—	—	—	—	—
Missouri	X	X		X	X	X		X
Montana								
Nebraska	X				X			
Nevada	—	X	—	—	—	X	—	—
New Hampshire	X	X			X	X		
New Jersey	—	—	—	—	—	—	—	—
New Mexico	X	X	X	X	X	X	X	X
New York		X	X			X	X	
North Carolina	—	—	—	—	—	—	—	—
North Dakota	—	X	—	—	—	X	—	—
Ohio		X	X	X		X	X	X
Oklahoma	—	—	—	—	—	—	—	—
Oregon	X	X	—	—	X	X	—	—
Pennsylvania	X	X	X	X	X	X	X	X
Rhode Island			X	X			X	X
South Carolina		X	X			X	X	
South Dakota	X	X	X	X	X	X	X	X
Tennessee	X	X	X		X	X	X	
Texas	—	—	—	—	—	—	—	—
Utah		X		X		X		X
Vermont	X	X			X	X		
Virginia	X	X	X		X	X	X	
Washington	X	X		X	X	X		X
West Virginia	X	X	X	X	X	X	X	X
Wisconsin	X	X			X	X		
Wyoming	—		—	—	—		—	—

—Not available.
X Denotes that the state requires testing. A blank denotes that the state does not require testing.

SOURCE: National Association of State Directors of Teacher Education and Certification, NASDTEC Knowledgebase, retrieved July 12, 2010, from https://www.nasdtec.info/. (This table was prepared July 2010.)

Table 180. Revenues for public elementary and secondary schools, by source of funds: Selected years, 1919–20 through 2007–08

School year	Total (in thousands)	Federal (in thousands)	Federal revenue per student: Current dollars	Federal revenue per student: Constant 2008–09 dollars	State (in thousands)	Local (including intermediate)[1] (in thousands)	Percentage distribution: Total	Percentage distribution: Federal	Percentage distribution: State	Percentage distribution: Local (including intermediate)[1]
1	2	3	4	5	6	7	8	9	10	11
1919–20	$970,121	$2,475	#	$1	$160,085	$807,561	100.0	0.3	16.5	83.2
1929–30	2,088,557	7,334	#	4	353,670	1,727,553	100.0	0.4	16.9	82.7
1939–40	2,260,527	39,810	$2	24	684,354	1,536,363	100.0	1.8	30.3	68.0
1941–42	2,416,580	34,305	1	19	759,993	1,622,281	100.0	1.4	31.4	67.1
1943–44	2,604,322	35,886	2	19	859,183	1,709,253	100.0	1.4	33.0	65.6
1945–46	3,059,845	41,378	2	21	1,062,057	1,956,409	100.0	1.4	34.7	63.9
1947–48	4,311,534	120,270	5	46	1,676,362	2,514,902	100.0	2.8	38.9	58.3
1949–50	5,437,044	155,848	6	56	2,165,689	3,115,507	100.0	2.9	39.8	57.3
1951–52	6,423,816	227,711	9	70	2,478,596	3,717,507	100.0	3.5	38.6	57.9
1953–54	7,866,852	355,237	12	98	2,944,103	4,567,512	100.0	4.5	37.4	58.1
1955–56	9,686,677	441,442	14	115	3,828,886	5,416,350	100.0	4.6	39.5	55.9
1957–58	12,181,513	486,484	15	111	4,800,368	6,894,661	100.0	4.0	39.4	56.6
1959–60	14,746,618	651,639	19	135	5,768,047	8,326,932	100.0	4.4	39.1	56.5
1961–62	17,527,707	760,975	20	145	6,789,190	9,977,542	100.0	4.3	38.7	56.9
1963–64	20,544,182	896,956	22	155	8,078,014	11,569,213	100.0	4.4	39.3	56.3
1965–66	25,356,858	1,996,954	47	319	9,920,219	13,439,686	100.0	7.9	39.1	53.0
1967–68	31,903,064	2,806,469	64	404	12,275,536	16,821,063	100.0	8.8	38.5	52.7
1969–70	40,266,923	3,219,557	71	402	16,062,776	20,984,589	100.0	8.0	39.9	52.1
1970–71	44,511,292	3,753,461	82	442	17,409,086	23,348,745	100.0	8.4	39.1	52.5
1971–72	50,003,645	4,467,969	97	506	19,133,256	26,402,420	100.0	8.9	38.3	52.8
1972–73	52,117,930	4,525,000	99	496	20,699,752	26,893,180	100.0	8.7	39.7	51.6
1973–74	58,230,892	4,930,351	108	499	24,113,409	29,187,132	100.0	8.5	41.4	50.1
1974–75	64,445,239	5,811,595	129	534	27,060,563	31,573,079	100.0	9.0	42.0	49.0
1975–76	71,206,073	6,318,345	141	546	31,602,885	33,284,840	100.0	8.9	44.4	46.7
1976–77	75,332,532	6,629,498	150	547	32,526,018	36,177,019	100.0	8.8	43.2	48.0
1977–78	81,443,160	7,694,194	177	605	35,013,266	38,735,700	100.0	9.4	43.0	47.6
1978–79	87,994,143	8,600,116	202	633	40,132,136	39,261,891	100.0	9.8	45.6	44.6
1979–80	96,881,165	9,503,537	228	631	45,348,814	42,028,813	100.0	9.8	46.8	43.4
1980–81	105,949,087	9,768,262	239	592	50,182,659	45,998,166	100.0	9.2	47.4	43.4
1981–82	110,191,257	8,186,466	204	466	52,436,435	49,568,356	100.0	7.4	47.6	45.0
1982–83	117,497,502	8,339,990	211	461	56,282,157	52,875,354	100.0	7.1	47.9	45.0
1983–84	126,055,419	8,576,547	218	461	60,232,981	57,245,892	100.0	6.8	47.8	45.4
1984–85	137,294,678	9,105,569	232	471	67,168,684	61,020,425	100.0	6.6	48.9	44.4
1985–86	149,127,779	9,975,622	253	499	73,619,575	65,532,582	100.0	6.7	49.4	43.9
1986–87	158,523,693	10,146,013	255	493	78,830,437	69,547,243	100.0	6.4	49.7	43.9
1987–88	169,561,974	10,716,687	268	496	84,004,415	74,840,873	100.0	6.3	49.5	44.1
1988–89	192,016,374	11,902,001	296	525	91,768,911	88,345,462	100.0	6.2	47.8	46.0
1989–90	208,547,573	12,700,784	313	530	98,238,633	97,608,157	100.0	6.1	47.1	46.8
1990–91	223,340,537	13,776,066	334	536	105,324,533	104,239,939	100.0	6.2	47.2	46.7
1991–92	234,581,384	15,493,330	368	572	108,783,449	110,304,605	100.0	6.6	46.4	47.0
1992–93	247,626,168	17,261,252	403	607	113,403,436	116,961,481	100.0	7.0	45.8	47.2
1993–94	260,159,468	18,341,483	422	620	117,474,209	124,343,776	100.0	7.1	45.2	47.8
1994–95	273,149,449	18,582,157	421	601	127,729,576	126,837,717	100.0	6.8	46.8	46.4
1995–96	287,702,844	19,104,019	426	592	136,670,754	131,928,071	100.0	6.6	47.5	45.9
1996–97	305,065,192	20,081,287	440	595	146,435,584	138,548,321	100.0	6.6	48.0	45.4
1997–98	325,925,708	22,201,965	481	639	157,645,372	146,078,370	100.0	6.8	48.4	44.8
1998–99	347,377,993	24,521,817	527	687	169,298,232	153,557,944	100.0	7.1	48.7	44.2
1999–2000	372,943,802	27,097,866	578	733	184,613,352	161,232,584	100.0	7.3	49.5	43.2
2000–01	401,356,120	29,100,183	616	756	199,583,097	172,672,840	100.0	7.3	49.7	43.0
2001–02	419,501,976	33,144,633	695	838	206,541,793	179,815,551	100.0	7.9	49.2	42.9
2002–03	440,111,653	37,515,909	779	918	214,277,407	188,318,337	100.0	8.5	48.7	42.8
2003–04	462,026,099	41,923,435	864	996	217,384,191	202,718,474	100.0	9.1	47.1	43.9
2004–05	487,753,525	44,809,532	918	1,028	228,553,579	214,390,414	100.0	9.2	46.9	44.0
2005–06	520,621,788	47,553,778	968	1,084	242,151,076	230,916,934	100.0	9.1	46.5	44.4
2006–07[2]	555,710,762	47,150,608	957	1,032	263,608,741	244,951,413	100.0	8.5	47.4	44.1
2007–08	584,728,896	47,707,260	969	1,019	282,662,805	254,358,830	100.0	8.2	48.3	43.5

#Rounds to zero.
[1]Includes a relatively small amount from nongovernmental private sources (gifts and tuition and transportation fees from patrons). These sources accounted for 2.1 percent of total revenues in 2007–08.
[2]Revised from previously published figures.
NOTE: Beginning in 1980–81, revenues for state education agencies are excluded. Beginning in 1988–89, data reflect new survey collection procedures and may not be entirely comparable with figures for earlier years. With the exception of federal revenue per student, data are not adjusted for changes in the purchasing power of the dollar due to inflation. Detail may not sum to totals because of rounding.
SOURCE: U.S. Department of Education, National Center for Education Statistics, *Biennial Survey of Education in the United States*, 1919–20 through 1955–56; *Statistics of State School Systems*, 1957–58 through 1969–70; *Revenues and Expenditures for Public Elementary and Secondary Education*, 1970–71 through 1986–87; and Common Core of Data (CCD), "National Public Education Financial Survey," 1987–88 through 2007–08. (This table was prepared August 2010.)

Table 181. Revenues for public elementary and secondary schools, by source and state or jurisdiction: 2007–08

State or jurisdiction	Total (in thousands)	Federal			State		Local and intermediate		Private[1]	
		Amount (in thousands)	Per student	Percent of total	Amount (in thousands)	Percent of total	Amount (in thousands)	Percent of total	Amount (in thousands)	Percent of total
1	2	3	4	5	6	7	8	9	10	11
United States	**$584,728,896**	**$47,707,260**	**$969**	**8.2**	**$282,662,805**	**48.3**	**$241,925,067**	**41.4**	**$12,433,763**	**2.1**
Alabama	7,693,742	744,382	1,002	9.7	4,658,854	60.6	1,973,914	25.7	316,592	4.1
Alaska	2,289,219	306,063	2,336	13.4	1,517,297	66.3	443,492	19.4	22,367	1.0
Arizona	10,283,842	1,092,090	1,004	10.6	5,318,991	51.7	3,624,668	35.2	248,093	2.4
Arkansas	4,674,053	506,124	1,057	10.8	2,649,411	56.7	1,375,782	29.4	142,736	3.1
California	71,224,024	6,682,198	1,053	9.4	43,660,964	61.3	20,320,028	28.5	560,833	0.8
Colorado	8,113,611	559,710	698	6.9	3,423,454	42.2	3,808,112	46.9	322,334	4.0
Connecticut	9,459,433	420,348	737	4.4	3,743,350	39.6	5,170,418	54.7	125,317	1.3
Delaware	1,690,557	132,991	1,085	7.9	1,048,771	62.0	490,506	29.0	18,289	1.1
District of Columbia	1,364,048	155,273	1,980	11.4	†	†	1,201,235	88.1	7,540	0.6
Florida	29,321,189	2,527,574	948	8.6	11,389,951	38.8	14,238,396	48.6	1,165,269	4.0
Georgia	18,671,345	1,495,453	907	8.0	8,476,711	45.4	8,199,663	43.9	499,517	2.7
Hawaii	2,541,703	310,732	1,727	12.2	2,154,312	84.8	50,825	2.0	25,834	1.0
Idaho	2,167,455	213,522	785	9.9	1,454,112	67.1	463,859	21.4	35,962	1.7
Illinois	25,426,959	2,000,312	947	7.9	7,929,343	31.2	14,993,938	59.0	503,365	2.0
Indiana	12,295,901	876,615	837	7.1	6,578,455	53.5	4,478,467	36.4	362,364	2.9
Iowa	5,297,527	403,399	854	7.6	2,465,113	46.5	2,289,265	43.2	139,750	2.6
Kansas	5,528,071	435,710	930	7.9	3,176,570	57.5	1,793,896	32.5	121,897	2.2
Kentucky	6,561,268	710,865	1,067	10.8	3,759,235	57.3	1,973,120	30.1	118,048	1.8
Louisiana	7,861,130	1,316,912	1,934	16.8	3,523,670	44.8	2,953,934	37.6	66,614	0.8
Maine	2,601,563	233,419	1,189	9.0	1,168,949	44.9	1,153,083	44.3	46,112	1.8
Maryland	13,060,333	712,141	842	5.5	5,499,093	42.1	6,527,906	50.0	321,192	2.5
Massachusetts	14,632,845	752,906	782	5.1	6,127,024	41.9	7,557,917	51.7	194,998	1.3
Michigan	19,620,055	1,532,564	905	7.8	11,287,553	57.5	6,466,557	33.0	333,381	1.7
Minnesota	10,293,655	608,058	726	5.9	6,783,079	65.9	2,583,070	25.1	319,447	3.1
Mississippi	4,388,016	708,262	1,433	16.1	2,389,464	54.5	1,175,675	26.8	114,616	2.6
Missouri	9,876,930	799,986	894	8.1	3,292,456	33.3	5,434,670	55.0	349,818	3.5
Montana	1,559,091	189,229	1,330	12.1	774,708	49.7	534,338	34.3	60,816	3.9
Nebraska	3,286,862	298,660	1,062	9.1	1,089,026	33.1	1,753,841	53.4	145,334	4.4
Nevada	4,364,266	289,633	675	6.6	1,344,111	30.8	2,595,273	59.5	135,249	3.1
New Hampshire	2,613,798	136,516	680	5.2	1,009,291	38.6	1,416,608	54.2	51,384	2.0
New Jersey	24,892,358	990,198	716	4.0	10,472,031	42.1	12,900,734	51.8	529,395	2.1
New Mexico	3,655,607	496,889	1,510	13.6	2,587,683	70.8	519,225	14.2	51,810	1.4
New York	52,766,249	3,163,749	1,144	6.0	23,641,251	44.8	25,604,576	48.5	356,673	0.7
North Carolina	12,426,731	1,247,143	847	10.0	8,158,251	65.7	2,753,531	22.2	267,807	2.2
North Dakota	1,056,726	145,767	1,533	13.8	383,231	36.3	480,853	45.5	46,876	4.4
Ohio	22,796,037	1,658,314	908	7.3	10,392,395	45.6	10,045,462	44.1	699,867	3.1
Oklahoma	5,482,414	646,417	1,007	11.8	2,973,757	54.2	1,612,616	29.4	249,624	4.6
Oregon	6,118,492	554,444	980	9.1	3,200,001	52.3	2,209,949	36.1	154,098	2.5
Pennsylvania	24,973,392	1,795,633	996	7.2	9,122,496	36.5	13,651,618	54.7	403,645	1.6
Rhode Island	2,223,575	173,043	1,172	7.8	887,762	39.9	1,140,349	51.3	22,421	1.0
South Carolina	7,773,773	715,692	1,005	9.2	3,949,713	50.8	2,859,796	36.8	248,571	3.2
South Dakota	1,206,955	184,549	1,518	15.3	409,680	33.9	577,410	47.8	35,316	2.9
Tennessee	8,230,341	863,801	896	10.5	3,752,493	45.6	3,159,760	38.4	454,287	5.5
Texas	45,574,722	4,571,881	978	10.0	20,400,120	44.8	19,665,703	43.2	937,017	2.1
Utah	4,396,364	342,166	594	7.8	2,490,823	56.7	1,373,639	31.2	189,736	4.3
Vermont	1,504,572	94,624	1,006	6.3	1,291,690	85.9	96,962	6.4	21,296	1.4
Virginia	14,527,472	897,427	729	6.2	5,951,317	41.0	7,393,100	50.9	285,628	2.0
Washington	11,107,344	895,641	869	8.1	6,941,092	62.5	2,950,463	26.6	320,148	2.9
West Virginia	3,166,494	346,332	1,226	10.9	1,872,918	59.1	917,579	29.0	29,665	0.9
Wisconsin	10,485,161	669,635	772	6.4	5,244,730	50.0	4,333,568	41.3	237,229	2.3
Wyoming	1,601,628	102,270	1,189	6.4	846,053	52.8	635,719	39.7	17,586	1.1
Other jurisdictions										
American Samoa	65,624	49,798	—	75.9	15,529	23.7	133	0.2	164	0.2
Guam	243,990	53,553	—	21.9	0	0.0	189,700	77.7	737	0.3
Northern Marianas	63,012	26,762	2,368	42.5	35,847	56.9	381	0.6	22	#
Puerto Rico	3,365,390	940,011	1,785	27.9	2,424,243	72.0	2	#	1,133	#
U.S. Virgin Islands	233,195	39,418	2,479	16.9	0	0.0	193,618	83.0	158	0.1

—Not available.
†Not applicable.
#Rounds to zero.
[1]Includes revenues from gifts, and tuition and fees from patrons.

NOTE: Excludes revenues for state education agencies. Detail may not sum to totals because of rounding.
SOURCE: U.S. Department of Education, National Center for Education Statistics, Common Core of Data (CCD), "National Public Education Financial Survey," 2007–08. (This table was prepared June 2010.)

Table 182. Revenues for public elementary and secondary schools, by source and state or jurisdiction: 2006–07

		Federal			State		Local and intermediate		Private[1]	
State or jurisdiction	Total (in thousands)	Amount (in thousands)	Per student	Percent of total	Amount (in thousands)	Percent of total	Amount (in thousands)	Percent of total	Amount (in thousands)	Percent of total
1	2	3	4	5	6	7	8	9	10	11
United States	**$555,710,762**	**$47,150,608**	**$957**	**8.5**	**$263,608,741**	**47.4**	**$233,093,719**	**41.9**	**$11,857,694**	**2.1**
Alabama	7,100,169	720,476	969	10.1	4,070,907	57.3	2,001,570	28.2	307,215	4.3
Alaska	1,896,849	284,203	2,143	15.0	1,146,630	60.4	446,188	23.5	19,828	1.0
Arizona	9,638,544	1,076,040	1,007	11.2	4,958,859	51.4	3,362,821	34.9	240,824	2.5
Arkansas	4,459,921	500,105	1,050	11.2	2,556,917	57.3	1,259,981	28.3	142,919	3.2
California	69,557,257	6,710,418	1,047	9.6	42,754,127	61.5	19,497,640	28.0	595,072	0.9
Colorado	7,717,989	541,519	682	7.0	3,323,182	43.1	3,543,206	45.9	310,083	4.0
Connecticut	9,050,539	419,906	730	4.6	3,509,495	38.8	5,001,042	55.3	120,096	1.3
Delaware	1,631,426	122,161	999	7.5	1,029,607	63.1	461,528	28.3	18,130	1.1
District of Columbia	1,282,317	155,019	2,128	12.1	†	†	1,119,711	87.3	7,587	0.6
Florida	28,241,627	2,533,503	948	9.0	11,133,826	39.4	13,636,255	48.3	938,044	3.3
Georgia	17,714,805	1,509,809	927	8.5	7,941,066	44.8	7,779,258	43.9	484,672	2.7
Hawaii	2,442,389	351,900	1,947	14.4	2,028,637	83.1	40,597	1.7	21,255	0.9
Idaho	2,039,338	209,685	784	10.3	1,371,187	67.2	420,405	20.6	38,061	1.9
Illinois	24,026,545	1,870,304	883	7.8	7,316,138	30.5	14,346,885	59.7	493,219	2.1
Indiana	10,062,766	805,079	770	8.0	5,354,404	53.2	3,602,508	35.8	300,775	3.0
Iowa	5,009,516	401,282	834	8.0	2,279,210	45.5	2,192,775	43.8	136,249	2.7
Kansas	5,259,228	445,010	948	8.5	2,980,534	56.7	1,716,551	32.6	117,133	2.2
Kentucky	6,141,245	687,706	1,007	11.2	3,483,546	56.7	1,856,212	30.2	113,782	1.9
Louisiana	7,142,552	1,233,167	1,825	17.3	3,043,752	42.6	2,801,766	39.2	63,867	0.9
Maine	2,537,228	231,870	1,195	9.1	1,147,116	45.2	1,114,825	43.9	43,417	1.7
Maryland	11,624,623	688,176	808	5.9	4,684,823	40.3	5,930,388	51.0	321,236	2.8
Massachusetts	14,179,328	763,031	788	5.4	6,641,467	46.8	6,574,725	46.4	200,104	1.4
Michigan	19,584,946	1,576,501	915	8.0	11,484,249	58.6	6,186,757	31.6	337,439	1.7
Minnesota	9,715,233	588,282	700	6.1	6,488,998	66.8	2,333,335	24.0	304,618	3.1
Mississippi	4,157,666	712,855	1,440	17.1	2,214,691	53.3	1,115,555	26.8	114,565	2.8
Missouri	9,345,716	787,309	875	8.4	3,111,235	33.3	5,099,403	54.6	347,769	3.7
Montana	1,474,331	192,940	1,343	13.1	709,781	48.1	515,189	34.9	56,422	3.8
Nebraska	3,123,329	293,223	1,045	9.4	990,277	31.7	1,696,805	54.3	143,024	4.6
Nevada	4,008,036	280,453	660	7.0	1,077,524	26.9	2,520,482	62.9	129,577	3.2
New Hampshire	2,502,258	137,549	676	5.5	937,660	37.5	1,376,859	55.0	50,190	2.0
New Jersey	24,190,490	1,055,816	760	4.4	10,194,361	42.1	12,427,778	51.4	512,535	2.1
New Mexico	3,352,094	468,393	1,427	14.0	2,399,420	71.6	434,203	13.0	50,078	1.5
New York	49,749,322	3,320,153	1,182	6.7	21,632,213	43.5	24,441,606	49.1	355,349	0.7
North Carolina	11,991,073	1,196,942	838	10.0	7,613,227	63.5	2,915,797	24.3	265,107	2.2
North Dakota	995,395	150,169	1,553	15.1	353,519	35.5	446,663	44.9	45,043	4.5
Ohio	22,242,577	1,589,201	865	7.1	9,888,710	44.5	10,074,699	45.3	689,966	3.1
Oklahoma	5,233,050	649,871	1,016	12.4	2,820,218	53.9	1,519,262	29.0	243,700	4.7
Oregon	5,661,558	547,425	973	9.7	2,908,103	51.4	2,061,087	36.4	144,943	2.6
Pennsylvania	23,988,602	1,762,026	942	7.3	8,675,316	36.2	13,132,108	54.7	419,153	1.7
Rhode Island	2,145,821	173,402	1,144	8.1	865,044	40.3	1,084,329	50.5	23,047	1.1
South Carolina	7,130,019	699,132	987	9.8	3,147,685	44.1	3,038,522	42.6	244,680	3.4
South Dakota	1,138,701	177,130	1,462	15.6	374,228	32.9	553,472	48.6	33,871	3.0
Tennessee	7,725,838	827,929	846	10.7	3,349,705	43.4	3,108,172	40.2	440,031	5.7
Texas	43,282,278	4,466,298	971	10.3	16,349,077	37.8	21,578,442	49.9	888,461	2.1
Utah	3,777,931	335,684	641	8.9	2,104,005	55.7	1,258,955	33.3	79,287	2.1
Vermont	1,441,199	97,252	1,019	6.7	1,238,582	85.9	85,173	5.9	20,191	1.4
Virginia	13,962,224	890,128	729	6.4	5,813,437	41.6	6,977,648	50.0	281,010	2.0
Washington	10,450,101	870,261	848	8.3	6,383,843	61.1	2,877,317	27.5	318,681	3.0
West Virginia	3,039,383	354,772	1,258	11.7	1,808,685	59.5	847,074	27.9	28,852	0.9
Wisconsin	10,069,345	577,878	664	5.7	5,197,595	51.6	4,054,513	40.3	239,360	2.4
Wyoming	1,476,046	111,264	1,313	7.5	721,925	48.9	625,680	42.4	17,177	1.2
Other jurisdictions										
American Samoa	61,984	45,653	2,784	73.7	16,089	26.0	0	0.0	242	0.4
Guam	228,202	49,305	—	21.6	0	0.0	178,064	78.0	834	0.4
Northern Marianas	66,691	29,666	2,537	44.5	36,354	54.5	650	1.0	21	#
Puerto Rico	3,290,513	951,213	1,748	28.9	2,339,194	71.1	10	#	97	#
U.S. Virgin Islands	215,970	38,088	2,339	17.6	0	0.0	177,729	82.3	152	0.1

—Not available.
†Not applicable.
#Rounds to zero.
[1]Includes revenues from gifts, and tuition and fees from patrons.

NOTE: Excludes revenues for state education agencies. Detail may not sum to totals because of rounding.
SOURCE: U.S. Department of Education, National Center for Education Statistics, Common Core of Data (CCD), "National Public Education Financial Survey," 2006–07. (This table was prepared August 2010.)

Table 183. Summary of expenditures for public elementary and secondary education, by purpose: Selected years, 1919–20 through 2007–08

School year	Total expenditures	Current expenditures for public elementary and secondary education							Other current expen-ditures[2]	Capital outlay[3]	Interest on school debt
		Total	Administration	Instruction	Plant operation	Plant main-tenance	Fixed charges	Other school services[1]			
1	2	3	4	5	6	7	8	9	10	11	12
	Amounts in thousands of current dollars										
1919–20	$1,036,151	$861,120	$36,752	$632,556	$115,707	$30,432	$9,286	$36,387	$3,277	$153,543	$18,212
1929–30	2,316,790	1,843,552	78,680	1,317,727	216,072	78,810	50,270	101,993	9,825	370,878	92,536
1939–40	2,344,049	1,941,799	91,571	1,403,285	194,365	73,321	50,116	129,141	13,367	257,974	130,909
1949–50	5,837,643	4,687,274	220,050	3,112,340	427,587	214,164	261,469	451,663	35,614	1,014,176	100,578
1959–60	15,613,254	12,329,388	528,408	8,350,738	1,085,036	422,586	909,323	1,033,297	132,566	2,661,786	489,514
1969–70	40,683,429	34,217,773	1,606,646	23,270,158	2,537,257	974,941	3,266,920	2,561,856	635,803	4,659,072	1,170,782
1979–80	95,961,561	86,984,142	4,263,757	53,257,937	9,744,785	([4])	11,793,934	7,923,729	597,585	6,506,167	1,873,666
1989–90	212,769,564	188,229,359	16,346,991 [5]	113,550,405 [5]	20,261,415 [5]	([4])	—	38,070,548 [5]	2,982,543	17,781,342	3,776,321
1994–95	279,000,318	243,877,582	19,877,848 [5]	150,556,118 [5]	24,542,922 [5]	([4])	—	48,900,694 [5]	5,148,505	24,456,100	5,518,131
1999–2000	381,838,155	323,888,508	25,079,298 [5]	199,968,138 [5]	31,190,295 [5]	([4])	—	67,650,776 [5]	5,457,015	43,357,186	9,135,445
2000–01	410,811,185	348,360,841	26,689,181 [5]	214,333,003 [5]	34,034,158 [5]	([4])	—	73,304,498 [5]	6,063,700	46,220,704	10,165,940
2001–02	435,364,404	368,378,006	28,309,047 [5]	226,668,386 [5]	34,829,109 [5]	([4])	—	78,571,464 [5]	6,530,554	49,960,542	10,495,301
2002–03	454,906,912	387,593,617	29,751,958 [5]	237,731,734 [5]	36,830,517 [5]	([4])	—	83,279,408 [5]	6,873,762	48,940,374	11,499,160
2003–04	474,241,531	403,390,369	30,864,875 [5]	247,444,620 [5]	38,720,429 [5]	([4])	—	86,360,444 [5]	6,927,551	50,842,973	13,080,638
2004–05	499,568,736	425,047,565	32,666,223 [5]	260,046,266 [5]	40,926,881 [5]	([4])	—	91,408,195 [5]	7,691,468	53,528,382	13,301,322
2005–06	528,268,772	449,131,342	34,197,083 [5]	273,760,798 [5]	44,313,835 [5]	([4])	—	96,859,626 [5]	7,415,575	57,375,299	14,346,556
2006–07[6]	562,194,807	476,814,206	36,213,814 [5]	290,678,482 [5]	46,828,916 [5]	([4])	—	103,092,995 [5]	7,804,253	62,863,465	14,712,882
2007–08	596,610,358	506,827,246	38,263,001 [5]	308,236,203 [5]	49,360,206 [5]	([4])	—	110,967,837 [5]	8,307,762	65,779,861	15,695,488
	Amounts in thousands of constant 2008–09 dollars										
1919–20	$11,670,590	$9,699,145	$413,953	$7,124,735	$1,303,255	$342,768	$104,592	$409,842	$36,910	$1,729,417	$205,129
1929–30	29,054,011	23,119,307	986,697	16,525,130	2,709,679	988,327	630,418	1,279,057	123,212	4,651,045	1,160,460
1939–40	36,004,928	29,826,311	1,406,544	21,554,658	2,985,474	1,126,221	769,789	1,983,624	205,319	3,962,518	2,010,781
1949–50	52,911,235	42,484,510	1,994,489	28,209,631	3,875,563	1,941,140	2,369,903	4,093,784	322,798	9,192,289	911,619
1959–60	114,062,889	90,072,551	3,860,294	61,006,457	7,926,749	3,087,209	6,643,074	7,548,769	968,463	19,445,722	3,576,153
1969–70	231,185,268	194,443,939	9,129,832	132,233,635	14,418,068	5,540,143	18,564,408	14,557,853	3,612,977	26,475,369	6,653,017
1979–80	265,337,122	240,514,239	11,789,439	147,260,086	26,944,676	([4])	32,610,646	21,909,392	1,652,344	17,989,783	5,180,753
1989–90	359,698,280	318,211,756	27,635,459 [5]	191,963,007 [5]	34,253,001 [5]	([4])	—	64,360,289 [5]	5,042,148	30,060,306	6,384,072
1994–95	398,181,282	348,055,117	28,369,097 [5]	214,869,390 [5]	35,026,957 [5]	([4])	—	69,789,673 [5]	7,347,799	34,903,047	7,875,320
1999–2000	484,161,181	410,682,486	31,799,919 [5]	253,554,572 [5]	39,548,509 [5]	([4])	—	85,779,483 [5]	6,919,358	54,975,822	11,583,515
2000–01	503,643,270	427,080,857	32,720,205 [5]	262,766,396 [5]	41,724,947 [5]	([4])	—	89,869,308 [5]	7,433,930	56,665,318	12,463,164
2001–02	524,459,304	443,764,513	34,102,336 [5]	273,054,808 [5]	41,956,692 [5]	([4])	—	94,650,676 [5]	7,866,996	60,184,689	12,643,106
2002–03	536,217,014	456,872,134	35,069,826 [5]	280,223,925 [5]	43,413,606 [5]	([4])	—	98,164,776 [5]	8,102,378	57,687,981	13,554,520
2003–04	547,039,843	465,312,693	35,602,779 [5]	285,428,537 [5]	44,664,198 [5]	([4])	—	99,617,180 [5]	7,990,963	58,647,610	15,088,578
2004–05	559,420,455	475,971,142	36,579,858 [5]	291,201,570 [5]	45,830,198 [5]	([4])	—	102,359,516 [5]	8,612,958	59,941,445	14,894,910
2005–06	569,857,673	484,490,008	36,889,310 [5]	295,313,105 [5]	47,802,520 [5]	([4])	—	104,485,073 [5]	7,999,379	61,892,271	15,476,014
2006–07[6]	591,166,823	501,386,238	38,080,049 [5]	305,658,238 [5]	49,242,186 [5]	([4])	—	108,405,765 [5]	8,206,436	66,103,056	15,471,093
2007–08	604,940,842	513,904,087	38,797,268 [5]	312,540,112 [5]	50,049,423 [5]	([4])	—	112,517,283 [5]	8,423,764	66,698,347	15,914,645
	Percentage distribution										
1919–20	100.0	83.1	3.5	61.0	11.2	2.9	0.9	3.5	0.3	14.8	1.8
1929–30	100.0	79.6	3.4	56.9	9.3	3.4	2.2	4.4	0.4	16.0	4.0
1939–40	100.0	82.8	3.9	59.9	8.3	3.1	2.1	5.5	0.6	11.0	5.6
1949–50	100.0	80.3	3.8	53.3	7.3	3.7	4.5	7.7	0.6	17.4	1.7
1959–60	100.0	79.0	3.4	53.5	6.9	2.7	5.8	6.6	0.8	17.0	3.1
1969–70	100.0	84.1	3.9	57.2	6.2	2.4	8.0	6.3	1.6	11.5	2.9
1979–80	100.0	90.6	4.4	55.5	10.2	([4])	12.3	8.3	0.6	6.8	2.0
1989–90	100.0	88.5	7.7 [5]	53.4 [5]	9.5	([4])	—	17.9 [5]	1.4	8.4	1.8
1994–95	100.0	87.4	7.1 [5]	54.0 [5]	8.8	([4])	—	17.5 [5]	1.8	8.8	2.0
1999–2000	100.0	84.8	6.6 [5]	52.4 [5]	8.2	([4])	—	17.7 [5]	1.4	11.4	2.4
2000–01	100.0	84.8	6.5 [5]	52.2 [5]	8.3	([4])	—	17.8 [5]	1.5	11.3	2.5
2001–02	100.0	84.6	6.5 [5]	52.1 [5]	8.0	([4])	—	18.0 [5]	1.5	11.5	2.4
2002–03	100.0	85.2	6.5 [5]	52.3 [5]	8.1	([4])	—	18.3 [5]	1.5	10.8	2.5
2003–04	100.0	85.1	6.5 [5]	52.2 [5]	8.2	([4])	—	18.2 [5]	1.5	10.7	2.8
2004–05	100.0	85.1	6.5 [5]	52.1 [5]	8.2	([4])	—	18.3 [5]	1.5	10.7	2.7
2005–06	100.0	85.0	6.5 [5]	51.8 [5]	8.4	([4])	—	18.3 [5]	1.4	10.9	2.7
2006–07[6]	100.0	84.8	6.4 [5]	51.7 [5]	8.3	([4])	—	18.3 [5]	1.4	11.2	2.6
2007–08	100.0	85.0	6.4 [5]	51.7 [5]	8.3	([4])	—	18.6 [5]	1.4	11.0	2.6

—Not available.
[1]Prior to 1959–60, items included under "other school services" were listed under "auxiliary services," a more comprehensive classification that also included community services.
[2]Includes expenditures for summer schools, adult education, community colleges, and community services.
[3]Prior to 1969–70, excludes capital outlay by state and local school housing authorities.
[4]Plant operation also includes plant maintenance.
[5]Data not comparable to figures prior to 1989–90.
[6]Data have been revised from previously published figures.

NOTE: Beginning in 1959–60, includes Alaska and Hawaii. Beginning in 1989–90, state administration expenditures were excluded from both "total" and "current" expenditures. Beginning in 1989–90, extensive changes were made in the data collection procedures. Detail may not sum to totals because of rounding.

SOURCE: U.S. Department of Education, National Center for Education Statistics, *Biennial Survey of Education in the United States*, 1919–20 through 1949–50; *Statistics of State School Systems*, 1959–60 and 1969–70; *Revenues and Expenditures for Public Elementary and Secondary Education, 1979–80*; and Common Core of Data (CCD), "National Public Education Financial Survey," 1989–90 through 2007–08. (This table was prepared August 2010.)

Table 184. Students transported at public expense and current expenditures for transportation: Selected years, 1929–30 through 2007–08

School year	Average daily attendance, all students	Students transported at public expense		Expenditures for transportation (in unadjusted dollars)		Expenditures for transportation (in constant 2008–09 dollars)[1]	
		Number	Percent of total	Total[2] (in thousands)	Average per student transported	Total[2] (in thousands)	Average per student transported
1	2	3	4	5	6	7	8
1929–30	21,265,000	1,902,826	8.9	$54,823	$29	$687,515	$361
1931–32	22,245,000	2,419,173	10.9	58,078	24	864,737	357
1933–34	22,458,000	2,794,724	12.4	53,908	19	873,870	313
1935–36	22,299,000	3,250,658	14.6	62,653	19	978,676	301
1937–38	22,298,000	3,769,242	16.9	75,637	20	1,133,409	301
1939–40	22,042,000	4,144,161	18.8	83,283	20	1,279,239	309
1941–42	21,031,000	4,503,081	21.4	92,922	21	1,279,275	284
1943–44	19,603,000	4,512,412	23.0	107,754	24	1,327,418	294
1945–46	19,849,000	5,056,966	25.5	129,756	26	1,526,870	302
1947–48	20,910,000	5,854,041	28.0	176,265	30	1,623,892	277
1949–50	22,284,000	6,947,384	31.2	214,504	31	1,944,222	280
1951–52	23,257,000	7,697,130	33.1	268,827	35	2,195,559	285
1953–54	25,643,871	8,411,719	32.8	307,437	37	2,454,031	292
1955–56	27,740,149	9,695,819	35.0	353,972	37	2,826,430	292
1957–58	29,722,275	10,861,689	36.5	416,491	38	3,130,581	288
1959–60	32,477,440	12,225,142	37.6	486,338	40	3,552,950	291
1961–62	34,682,340	13,222,667	38.1	576,361	44	4,116,059	311
1963–64	37,405,058	14,475,778	38.7	673,845	47	4,689,911	324
1965–66	39,154,497	15,536,567	39.7	787,358	51	5,296,875	341
1967–68	40,827,965	17,130,873	42.0	981,006	57	6,192,096	361
1969–70	41,934,376	18,198,577	43.4	1,218,557	67	6,924,501	380
1971–72	42,254,272	19,474,355	46.1	1,507,830	77	7,865,559	404
1973–74	41,438,054	21,347,039	51.5	1,858,141	87	8,554,742	401
1975–76	41,269,720	21,772,483	52.8	2,377,313	109	9,201,725	423
1977–78	40,079,590	21,800,000 [3]	54.4	2,731,041	125 [3]	9,359,919	429 [3]
1979–80	38,288,911	21,713,515	56.7	3,833,145	177	10,598,782	488
1980–81	37,703,744	22,272,000 [3]	59.1	4,408,000 [3]	198 [3]	10,923,088 [3]	490 [3]
1981–82	37,094,652	22,246,000 [3]	60.0	4,793,000 [3]	215 [3]	10,932,713 [3]	491 [3]
1982–83	36,635,868	22,199,000 [3]	60.6	5,000,000 [3]	225 [3]	10,935,201 [3]	493 [3]
1983–84	36,362,978	22,031,000 [3]	60.6	5,284,000 [3]	240 [3]	11,143,834 [3]	506 [3]
1984–85	36,404,261	22,320,000 [3]	61.3	5,722,000 [3]	256 [3]	11,613,009 [3]	520 [3]
1985–86	36,523,103	22,041,000 [3]	60.3	6,123,000 [3]	278 [3]	12,078,544 [3]	548 [3]
1986–87	36,863,867	22,397,000 [3]	60.8	6,551,000 [3]	292 [3]	12,642,153 [3]	564 [3]
1987–88	37,050,707	22,158,000 [3]	59.8	6,888,000 [3]	311 [3]	12,763,629 [3]	576 [3]
1988–89	37,268,072	22,635,000 [3]	60.7	7,550,000 [3]	334 [3]	13,372,730 [3]	591 [3]
1989–90	37,799,296	22,459,000 [3]	59.4	8,030,990	358 [3]	13,576,817	605 [3]
1990–91	38,426,543	22,000,000 [3]	57.3	8,678,954	394 [3]	13,911,654	632 [3]
1991–92	38,960,783	23,165,000 [3]	59.5	8,769,754	379 [3]	13,620,759	588 [3]
1992–93	39,570,462	23,439,000 [3]	59.2	9,252,300	395 [3]	13,934,961	595 [3]
1993–94	40,146,393	23,858,000 [3]	59.4	9,627,155	404 [3]	14,133,417	592 [3]
1994–95	40,720,763	23,693,000 [3]	58.2	9,889,034	417 [3]	14,113,346	596 [3]
1995–96	41,501,596	24,155,000 [3]	58.2	10,396,426	430 [3]	14,444,504	598 [3]
1996–97	42,262,004	24,090,000 [3]	57.0	10,989,809	456 [3]	14,845,385	616 [3]
1997–98	42,765,774	24,342,000 [3]	56.9	11,465,658	471 [3]	15,216,797	625 [3]
1998–99	43,186,715	24,898,000 [3]	57.7	12,224,454	491 [3]	15,947,764	641 [3]
1999–2000	43,806,726	24,951,000 [3]	57.0	13,007,625	521 [3]	16,493,342	661 [3]
2000–01	44,075,930	24,471,000 [3]	55.5	14,052,654	574 [3]	17,228,169	704 [3]
2001–02	44,604,592	24,529,000 [4]	55.0	14,799,365	603 [4]	17,827,973	727 [4]
2002–03	45,017,360	24,621,000 [4]	54.7	15,648,821	636 [4]	18,445,892	749 [4]
2003–04	45,325,731	25,159,000 [4]	55.5	16,348,784	650 [4]	18,858,399	750 [4]
2004–05	45,625,458	25,318,000 [4]	55.5	17,459,659	690 [4]	19,551,444	772 [4]
2005–06	45,931,617	25,252,000 [4]	55.0	18,850,234	746 [4]	20,334,252	805 [4]
2006–07	46,132,663	25,285,000 [4]	54.8	19,979,068	790 [4]	21,008,665	831 [4]
2007–08	46,155,830	25,221,000 [4]	54.6	21,535,686	854 [4]	21,836,389	866 [4]

[1]Constant dollars based on the Consumer Price Index, prepared by the Bureau of Labor Statistics, U.S. Department of Labor, adjusted to a school-year basis.
[2]Excludes capital outlay for years through 1979–80, and 1989–90 to the latest year. From 1980–81 to 1988–89 total transportation figures include capital outlay.
[3]Estimate based on data appearing in January issues of *School Bus Fleet*.
[4]Estimate based on data reported by *School Transportation News*.
NOTE: Some data have been revised from previously published figures.

SOURCE: U.S. Department of Education, National Center for Education Statistics, *Statistics of State School Systems*, 1929–30 through 1975–76; *Revenues and Expenditures for Public Elementary and Secondary Education*, 1977–78 and 1979–80; Common Core of Data (CCD), "National Public Education Financial Survey," 1987–88 through 2007–08; Bobit Publishing Co., *School Bus Fleet*, "School Transportation: 2000–2001 School Year" and "*2010 Fact Book*"; *School Transportation News*, "K–12 Enrollment/Transportation Data," 2001–02 through 2007–08; and unpublished data. (This table was prepared November 2010.)

Table 185. Current expenditures for public elementary and secondary education, by state or jurisdiction: Selected years, 1969–70 through 2007–08

[In thousands of current dollars]

State or jurisdiction	1969–70	1979–80	1980–81	1989–90	1995–96	1997–98	1998–99	1999–2000	2000–01	2001–02	2002–03	2003–04	2004–05	2005–06	2006–07[1]	2007–08
1	2	3	4	5	6	7	8	9	10	11	12	13	14	15	16	17
United States	**$34,217,773**	**$86,984,142**	**$94,321,093**	**$188,229,359**	**$255,106,683**	**$285,485,370**	**$302,876,294**	**$323,888,508**	**$348,360,841**	**$368,378,006**	**$387,593,617**	**$403,390,369**	**$425,047,565**	**$449,131,342**	**$476,814,206**	**$506,827,246**
Alabama	422,730	1,146,713	1,393,137	2,275,233	3,240,364	3,633,159	3,880,188	4,176,082	4,354,794	4,444,390	4,657,643	4,812,479	5,164,406	5,699,076	6,245,031	6,832,439
Alaska	81,374	377,947	476,368	828,051	1,045,022	1,092,750	1,137,610	1,183,499	1,229,036	1,284,854	1,326,226	1,354,846	1,442,269	1,529,645	1,634,316	1,918,375
Arizona	281,941	949,753	1,075,362	2,258,660	3,327,969	3,740,889	3,963,455	4,288,739	4,846,105	5,395,814	5,892,227	6,071,785	6,579,957	7,130,341	7,815,720	8,403,221
Arkansas	235,083	666,949	709,394	1,404,545	1,994,748	2,149,237	2,241,244	2,380,331	2,505,179	2,822,877	2,923,401	3,109,644	3,546,999	3,808,011	3,997,701	4,156,368
California	3,831,595	9,172,158	9,936,642	21,485,782	27,334,639	32,759,492	34,379,878	38,129,479	42,908,787	46,265,544	47,983,402	49,215,866	50,918,654	53,436,103	57,352,599	61,570,555
Colorado	369,218	1,243,049	1,369,883	2,451,833	3,360,529	3,886,872	4,140,699	4,401,010	4,758,173	5,151,003	5,551,506	5,666,191	5,994,440	6,368,289	6,579,053	7,338,766
Connecticut	588,710	1,227,892	1,440,881	3,444,520	4,366,123	4,763,653	5,075,580	5,402,836	5,693,207	6,031,062	6,302,988	6,600,767	7,080,396	7,517,025	7,855,459	8,336,789
Delaware	108,747	269,108	270,439	520,953	726,241	830,731	872,786	937,630	1,027,224	1,072,875	1,127,745	1,201,631	1,299,349	1,405,465	1,437,707	1,489,594
District of Columbia	141,138	298,448	295,155	639,983	679,106	647,202	693,712	780,192	830,299	912,432	902,318	1,011,536	1,067,500	1,057,166	1,130,006	1,282,437
Florida	961,273	2,766,468	3,336,657	8,228,531	11,480,359	12,737,325	13,534,374	13,885,988	15,023,514	15,535,864	16,355,123	17,578,884	19,042,877	20,897,327	22,887,024	24,224,114
Georgia	599,371	1,608,028	1,688,714	4,505,962	6,629,646	7,770,241	8,537,177	9,158,624	10,011,343	10,853,496	11,630,576	11,788,616	12,528,856	13,739,263	14,828,715	16,030,039
Hawaii	141,324	351,889	395,038	700,012	1,040,682	1,112,351	1,143,713	1,213,695	1,215,968	1,348,381	1,489,092	1,566,792	1,648,086	1,805,521	2,045,198	2,122,779
Idaho	103,107	313,927	352,912	627,794	1,019,594	1,153,778	1,239,755	1,302,817	1,403,190	1,481,803	1,511,862	1,555,006	1,618,215	1,694,827	1,777,491	1,891,505
Illinois	1,896,067	4,579,355	4,773,179	8,125,493	10,727,091	12,473,064	13,602,965	14,462,773	15,634,490	16,480,787	17,271,301	18,081,827	18,658,428	19,244,908	20,326,591	21,874,484
Indiana	809,105	1,851,292	1,898,194	4,074,578	5,493,653	6,234,563	6,697,468	7,110,930	7,548,487	7,704,547	8,088,684	8,524,980	9,108,931	9,241,986	9,497,077	9,281,709
Iowa	527,086	1,186,659	1,337,504	2,004,742	2,753,425	3,005,421	3,110,585	3,264,336	3,430,885	3,565,796	3,652,022	3,669,797	3,808,200	4,039,389	4,231,932	4,499,236
Kansas	362,593	830,133	958,281	1,848,302	2,488,077	2,684,244	2,841,147	2,971,814	3,264,698	3,450,923	3,510,675	3,658,421	3,718,153	4,039,417	4,339,477	4,627,994
Kentucky	353,265	1,054,459	1,096,472	2,134,011	3,171,495	3,489,205	3,696,331	3,837,794	4,047,392	4,268,608	4,401,627	4,553,382	4,812,591	5,213,620	5,424,621	5,822,550
Louisiana	503,217	1,303,902	1,767,692	2,838,283	3,545,832	4,029,139	4,264,981	4,391,189	4,485,878	4,802,565	5,056,583	5,290,964	5,554,766	5,554,278	6,040,368	6,814,455
Maine	155,907	385,492	401,355	1,048,195	1,313,759	1,433,175	1,510,024	1,604,438	1,704,422	1,812,798	1,909,268	1,969,497	2,056,266	2,119,408	2,258,764	2,308,071
Maryland	721,794	1,783,056	1,937,159	3,894,644	5,311,207	5,843,685	6,165,934	6,545,135	7,044,881	7,480,723	7,933,055	8,198,454	8,682,586	9,381,613	10,210,303	11,192,623
Massachusetts	907,341	2,638,734	2,794,762	4,760,390	6,435,458	7,381,784	7,948,502	8,564,039	9,272,387	9,957,292	10,281,820	10,799,765	11,357,857	11,747,010	12,383,447	13,160,383
Michigan	1,799,945	4,642,847	5,196,249	8,025,621	11,137,877	12,003,818	12,785,480	13,994,294	14,243,597	14,975,150	15,674,698	15,983,044	16,353,921	16,681,981	17,013,259	17,053,521
Minnesota	781,243	1,786,768	1,900,322	3,474,398	4,844,879	5,452,571	5,836,186	6,140,442	6,531,198	6,586,559	6,867,403	7,084,005	7,310,284	7,686,638	8,060,410	8,415,969
Mississippi	262,760	756,018	716,878	1,472,710	2,000,321	2,164,592	2,293,188	2,510,376	2,576,457	2,642,116	2,853,531	3,059,569	3,243,888	3,550,261	3,692,358	3,898,401
Missouri	642,030	1,504,988	1,643,258	3,288,738	4,531,192	5,067,720	5,348,366	5,655,531	6,076,169	6,491,885	6,793,957	6,832,454	7,115,207	7,592,485	7,957,705	8,526,641
Montana	127,176	358,118	380,092	641,345	868,892	929,197	955,695	994,770	1,041,760	1,073,005	1,124,291	1,160,838	1,193,182	1,254,360	1,320,112	1,392,449
Nebraska	231,612	581,615	629,017	1,233,431	1,648,104	1,743,775	1,821,310	1,926,500	2,067,290	2,206,946	2,304,223	2,413,404	2,512,914	2,672,629	2,825,608	2,970,323
Nevada	87,273	281,901	287,752	712,898	1,296,629	1,570,576	1,738,009	1,875,467	1,978,480	2,169,000	2,251,044	2,470,581	2,722,264	2,959,728	3,311,471	3,515,004
New Hampshire	101,370	295,400	340,518	821,671	1,114,540	1,241,255	1,316,946	1,418,503	1,518,792	1,641,378	1,781,594	1,900,240	2,021,144	2,139,113	2,246,692	2,399,330
New Jersey	1,343,564	3,638,533	3,648,914	8,119,336	11,208,558	12,056,560	12,874,579	13,327,645	14,773,650	15,822,609	17,185,966	18,416,695	19,669,576	20,869,993	22,448,262	24,357,079
New Mexico	183,736	515,451	560,213	1,020,148	1,517,517	1,659,891	1,788,382	1,890,274	2,022,093	2,204,165	2,281,608	2,446,115	2,554,638	2,729,707	2,904,474	3,057,061
New York	4,111,839	8,760,500	9,259,948	18,090,978	23,522,461	25,332,735	26,885,444	28,433,240	30,884,292	32,218,975	34,546,965	36,205,111	38,866,853	41,149,457	43,679,908	46,443,426
North Carolina	676,193	1,880,862	2,112,417	4,342,826	5,582,994	6,497,648	7,097,882	7,713,293	8,201,901	8,543,290	8,766,968	8,994,620	9,835,550	10,476,056	11,248,336	11,482,912
North Dakota	97,895	228,483	254,197	459,391	557,043	599,443	625,428	638,946	668,814	711,437	716,007	749,697	832,157	857,774	838,221	886,317
Ohio	1,639,805	3,836,576	4,149,858	7,994,379	10,408,022	11,448,722	12,138,937	12,974,575	13,893,495	14,774,065	15,868,494	16,662,985	17,167,866	17,829,599	18,251,361	18,892,374
Oklahoma	339,105	1,055,844	1,193,373	1,905,332	2,804,088	3,138,690	3,332,697	3,382,581	3,750,542	3,875,547	3,804,570	3,853,308	4,161,024	4,406,002	4,750,536	4,932,913
Oregon	403,844	1,126,812	1,292,624	2,297,944	3,056,801	3,474,714	3,706,044	3,896,287	4,112,069	4,214,512	4,150,747	4,199,485	4,458,028	4,773,751	5,039,632	5,409,630
Pennsylvania	1,912,644	4,584,320	4,955,115	9,496,788	12,374,073	13,084,859	13,532,211	14,120,112	14,895,316	15,550,975	16,344,439	17,680,332	18,711,100	19,631,006	20,404,304	21,157,430
Rhode Island	145,443	362,046	395,389	801,908	1,094,185	1,215,595	1,283,859	1,393,143	1,465,703	1,533,455	1,647,587	1,765,585	1,825,900	1,934,429	2,039,633	2,134,609

See notes at end of table.

Table 185. Current expenditures for public elementary and secondary education, by state or jurisdiction: Selected years, 1969–70 through 2007–08—Continued

[In thousands of current dollars]

State or jurisdiction	1969–70	1979–80	1980–81	1989–90	1995–96	1997–98	1998–99	1999–2000	2000–01	2001–02	2002–03	2003–04	2004–05	2005–06	2006–07[1]	2007–08
1	2	3	4	5	6	7	8	9	10	11	12	13	14	15	16	17
South Carolina	367,689	997,984	1,006,088	2,322,618	3,085,495	3,507,017	3,759,042	4,087,355	4,492,161	4,744,809	4,888,250	5,017,833	5,312,739	5,696,629	6,023,043	6,453,817
South Dakota	109,375	238,332	242,215	447,074	610,640	665,082	696,785	737,998	796,133	819,296	851,429	887,328	916,563	948,671	977,006	1,037,875
Tennessee	473,226	1,319,303	1,429,938	2,790,808	3,728,486	4,409,338	4,638,924	4,931,734	5,170,379	5,501,029	5,674,773	6,056,657	6,446,691	6,681,445	6,975,099	7,540,306
Texas	1,518,181	4,997,689	5,310,181	12,763,954	18,801,462	21,188,676	22,430,153	25,098,703	26,546,557	28,191,128	30,399,603	30,974,890	31,919,107	33,851,773	36,105,784	39,033,235
Utah	179,981	518,251	587,648	1,130,135	1,719,782	1,916,688	2,025,714	2,102,655	2,250,339	2,374,702	2,366,897	2,475,550	2,627,022	2,778,236	2,987,810	3,444,936
Vermont	78,921	189,811	224,901	546,901	684,864	749,786	792,664	870,198	934,031	992,149	1,045,213	1,111,029	1,177,478	1,237,442	1,300,149	1,356,165
Virginia	704,677	1,881,519	2,045,412	4,621,071	5,969,608	6,736,863	7,137,419	7,757,598	8,335,805	8,718,554	9,208,329	9,798,239	10,705,162	11,470,735	12,465,858	13,125,666
Washington	699,984	1,825,782	1,791,477	3,550,819	5,394,507	5,987,060	6,098,008	6,399,885	6,782,136	7,103,817	7,359,566	7,549,235	7,870,979	8,239,716	8,752,007	9,331,539
West Virginia	249,404	678,386	754,889	1,316,637	1,806,004	1,905,940	1,986,562	2,086,937	2,157,568	2,219,013	2,349,833	2,415,043	2,527,767	2,651,491	2,742,344	2,841,962
Wisconsin	777,288	1,908,523	2,035,879	3,929,920	5,670,826	6,280,696	6,620,653	6,852,178	7,249,081	7,592,176	7,934,755	8,131,276	8,435,359	8,745,195	9,029,660	9,366,134
Wyoming	69,584	226,067	271,153	509,084	581,817	603,901	651,622	683,918	704,695	761,830	791,732	814,092	863,423	965,350	1,124,564	1,191,736
Other jurisdictions																
American Samoa	—	—	—	21,838	30,382	33,088	35,092	42,395	40,642	46,192	47,566	55,519	58,163	58,539	57,093	63,105
Guam	16,652	—	—	101,130	—	—	—	—	—	—	—	182,506	—	210,119	219,881	229,243
Northern Marianas	—	—	—	20,476	44,037	56,514	50,450	49,832	49,151	46,508	50,843	47,681	58,400	57,694	55,048	51,241
Puerto Rico	—	—	713,000	1,045,407	1,667,640	1,981,603	2,024,499	2,086,414	2,257,837	2,152,724	2,541,385	2,425,372	2,865,945	3,082,295	3,268,200	3,413,884
U.S. Virgin Islands	—	—	—	128,065	122,286	131,315	146,474	135,174	125,252	107,343	125,405	128,250	137,793	146,872	157,446	196,533

—Not available.

[1]Data have been revised from previously published figures.

NOTE: Beginning in 1980–81, expenditures for state administration are excluded. Data are not adjusted for changes in the purchasing power of the dollar due to inflation. Detail may not sum to totals because of rounding.

SOURCE: U.S. Department of Education, National Center for Education Statistics, *Statistics of State School Systems, 1969–70*; *Revenues and Expenditures for Public Elementary and Secondary Education*, 1979–80 and 1980–81; and Common Core of Data (CCD), "National Public Education Financial Survey," 1989–90 through 2007–08. (This table was prepared August 2010.)

Table 186. Total expenditures for public elementary and secondary education, by function and state or jurisdiction: 2007–08

[In thousands of current dollars]

State or jurisdiction	Total expenditures: Total	Current expenditures for elementary and secondary programs: Elementary/secondary current expenditures, total	Instruction	Support services: Total	Student support[4]	Instructional staff[5]	General administration	School administration	Operation and maintenance	Student transportation	Other support services	Food services	Enterprise operations[3]	Other current expenditures[1]	Capital outlay[2]	Interest on school debt
1	2	3	4	5	6	7	8	9	10	11	12	13	14	15	16	17
United States	**$596,610,358**	**$506,827,246**	**$308,236,203**	**$178,215,243**	**$27,385,688**	**$25,362,608**	**$9,927,371**	**$28,335,630**	**$49,360,206**	**$21,535,686**	**$16,308,055**	**$19,191,507**	**$1,184,293**	**$8,307,762**	**$65,779,861**	**$15,695,488**
Alabama	7,908,316	6,832,439	4,008,734	2,378,322	369,939	328,041	173,576	420,189	614,676	337,768	134,132	445,383	0	121,772	819,031	135,074
Alaska	2,274,715	1,918,375	1,117,441	743,143	137,986	100,475	28,481	116,692	235,162	58,119	66,229	49,930	7,861	7,986	307,660	40,694
Arizona	10,538,886	8,403,221	4,751,539	3,234,614	901,085	219,922	127,508	399,890	925,441	324,757	336,012	372,916	44,151	53,845	1,613,710	468,110
Arkansas	4,800,320	4,156,368	2,426,303	1,496,531	204,167	318,318	104,192	219,160	385,190	159,241	106,262	229,186	4,348	26,041	507,487	110,424
California	73,868,616	61,570,555	36,947,505	22,300,426	3,062,280	4,274,230	569,195	4,080,401	6,236,159	1,492,241	2,585,922	2,194,867	127,757	1,185,793	9,334,458	1,777,810
Colorado	8,927,548	7,338,766	4,249,391	2,822,307	343,099	397,126	140,028	516,110	704,257	224,740	496,948	227,783	39,285	57,109	1,164,357	367,315
Connecticut	9,576,944	8,336,789	5,230,362	2,825,770	506,672	263,929	175,822	475,032	803,356	406,601	194,357	208,689	71,968	143,574	936,570	160,011
Delaware	1,795,613	1,489,594	896,817	530,721	76,411	19,266	18,452	84,698	153,225	97,188	81,482	62,057	0	20,614	250,227	35,178
District of Columbia	1,589,568	1,282,437	688,205	535,348	72,931	69,295	35,598	60,605	135,121	87,916	73,883	58,883	0	15,853	291,278	0
Florida	31,518,715	24,224,114	14,594,649	8,584,117	1,107,958	1,624,054	222,421	1,368,423	2,594,828	1,016,399	650,035	1,045,348	0	499,419	5,972,496	822,687
Georgia	19,007,701	16,030,039	10,128,309	5,089,449	743,695	818,943	208,250	939,386	1,138,419	663,394	577,360	766,147	46,135	40,297	2,707,859	229,506
Hawaii	2,342,493	2,122,779	1,281,836	742,938	239,459	77,511	17,420	130,915	156,741	53,102	67,790	98,005	0	25,381	95,729	98,604
Idaho	2,324,360	1,891,505	1,153,189	646,649	107,754	77,781	42,808	106,669	178,615	92,184	40,838	91,449	218	4,474	367,045	61,337
Illinois	25,246,942	21,874,484	12,859,165	8,323,513	1,421,224	1,019,057	704,310	1,122,822	2,186,898	1,093,775	775,428	691,806	0	157,308	2,559,861	655,289
Indiana	10,638,810	9,281,709	5,043,955	3,861,633	388,487	981,651	170,625	485,318	1,008,171	524,895	302,485	376,120	0	126,989	998,088	232,024
Iowa	5,286,896	4,499,236	2,723,916	1,566,255	257,575	203,260	120,520	265,470	408,592	166,719	144,119	203,585	5,481	28,028	677,094	82,538
Kansas	5,161,192	4,627,994	2,781,910	1,636,695	262,588	218,742	142,390	265,432	442,137	186,936	118,470	209,390	0	5,517	371,725	155,956
Kentucky	6,803,420	5,822,550	3,451,684	2,025,839	251,346	316,462	126,329	319,211	537,118	344,154	131,218	332,841	12,187	88,436	746,605	145,829
Louisiana	7,771,248	6,814,455	4,011,922	2,431,103	297,598	352,400	167,065	367,508	677,560	383,383	185,589	371,328	101	54,429	799,455	102,910
Maine	2,516,597	2,308,071	1,478,788	753,021	104,008	98,033	43,873	126,330	238,939	105,156	36,682	76,194	68	24,887	137,927	45,713
Maryland	12,740,155	11,192,623	6,846,340	3,873,763	498,920	623,241	76,060	738,669	1,043,533	571,377	321,963	300,231	172,288	27,439	1,386,999	133,094
Massachusetts	13,776,420	13,160,383	8,561,780	4,226,601	736,133	606,680	233,806	549,766	1,191,569	566,000	342,648	372,002	0	64,156	283,678	268,203
Michigan	19,729,953	17,053,521	9,665,947	6,840,011	1,276,683	811,118	352,344	984,887	1,819,614	769,771	825,594	547,563	0	353,457	1,503,111	819,865
Minnesota	10,402,154	8,415,969	5,422,836	2,607,288	228,804	399,818	257,426	353,204	651,173	476,138	240,726	358,345	27,500	395,046	1,163,743	427,395
Mississippi	4,273,451	3,898,401	2,296,424	1,371,551	181,505	181,653	114,744	222,999	404,707	183,186	82,758	230,088	338	29,779	274,948	70,322
Missouri	10,093,669	8,526,641	5,114,379	3,032,325	400,600	395,530	260,314	484,039	850,138	443,185	198,520	379,936	0	189,834	1,079,729	297,465
Montana	1,564,569	1,392,449	839,415	493,747	77,242	52,497	39,837	75,929	150,283	65,150	32,810	56,801	2,485	7,479	148,479	16,161
Nebraska	3,457,340	2,970,323	1,911,264	861,064	115,328	97,851	98,610	147,304	256,166	83,447	62,358	117,631	80,363	2,912	414,590	69,515
Nevada	4,477,823	3,515,004	2,089,251	1,298,341	164,350	180,840	74,438	245,142	373,649	146,721	113,201	127,412	0	22,095	694,725	245,999
New Hampshire	2,618,360	2,399,330	1,548,183	783,392	164,418	73,092	80,142	129,433	210,119	102,476	23,713	67,755	0	6,795	163,878	48,358
New Jersey	26,478,109	24,357,079	14,473,885	9,181,559	2,303,520	797,881	557,853	1,639,663	2,480,381	1,277,549	124,711	492,587	209,048	252,989	1,515,062	352,979
New Mexico	3,556,459	3,057,061	1,758,818	1,172,002	314,843	101,552	67,901	181,805	310,742	108,494	86,666	124,680	1,561	3,537	495,699	163
New York	51,991,666	46,443,426	32,001,143	13,451,134	1,536,857	1,303,955	933,876	1,911,236	4,079,893	2,478,445	1,206,872	991,149	0	2,002,817	2,459,642	1,085,781
North Carolina	13,382,049	11,482,912	7,304,665	3,517,618	564,546	234,817	319,169	739,918	867,683	445,114	346,371	660,629	0	61,905	1,829,756	7,476
North Dakota	993,651	886,317	515,144	298,283	36,992	28,537	40,777	43,737	85,533	40,870	21,837	46,791	26,100	7,014	87,709	12,610
Ohio	22,362,887	18,892,374	10,801,279	7,462,077	1,131,996	1,201,480	564,486	1,070,373	1,762,765	896,315	834,662	627,537	1,481	441,528	2,546,119	482,867
Oklahoma	5,400,091	4,932,913	2,845,585	1,760,803	331,037	177,838	145,947	266,715	541,852	165,517	131,897	281,157	45,367	24,557	392,689	49,933
Oregon	6,331,026	5,409,630	3,158,068	2,060,631	374,495	224,448	80,687	341,400	458,475	236,978	344,148	188,575	2,356	21,205	621,513	278,678
Pennsylvania	25,346,538	21,157,430	12,849,308	7,492,356	1,051,775	819,689	629,090	937,907	2,228,057	1,060,105	765,734	728,642	87,124	634,096	2,592,305	962,707
Rhode Island	2,252,275	2,134,609	1,288,212	793,542	252,541	106,380	30,450	102,548	181,671	79,529	40,422	52,850	5	52,909	28,682	36,075
South Carolina	8,003,122	6,453,817	3,682,085	2,422,094	469,949	442,726	80,362	374,573	606,118	240,437	207,930	329,886	19,752	75,791	1,115,482	358,032
South Dakota	1,180,854	1,037,875	602,722	376,069	56,942	43,393	37,165	51,563	111,702	38,306	36,997	54,159	4,924	3,247	116,282	23,449
Tennessee	8,494,430	7,540,306	4,759,068	2,401,877	298,693	433,886	147,369	422,966	676,869	278,533	143,561	379,361	0	59,633	710,414	184,077
Texas	49,841,926	39,033,235	23,341,635	13,658,678	1,893,545	2,101,155	578,990	2,151,218	4,416,295	1,119,333	1,398,143	2,032,922	0	305,952	8,131,050	2,371,689
Utah	4,571,248	3,444,936	2,239,421	1,014,511	126,893	146,935	39,299	202,443	313,137	109,759	76,046	175,412	15,592	99,930	919,204	107,179

See notes at end of table.

Table 186. Total expenditures for public elementary and secondary education, by function and state or jurisdiction: 2007–08—Continued

[In thousands of current dollars]

State or jurisdiction	Total expenditures															
	Total	Current expenditures for elementary and secondary programs												Other current expenditures[1]	Capital outlay[2]	Interest on school debt
		Elementary/secondary current expenditures, total	Instruction	Support services								Food services	Enterprise operations[3]			
				Total	Student support[4]	Instructional staff[5]	General administration	School administration	Operation and maintenance	Student transportation	Other support services					
1	2	3	4	5	6	7	8	9	10	11	12	13	14	15	16	17
Vermont	1,462,893	1,356,165	853,188	467,013	99,426	52,547	31,349	91,974	114,181	45,087	32,450	35,398	566	8,481	84,129	14,119
Virginia	14,885,599	13,125,666	8,003,384	4,645,355	627,358	875,941	209,282	773,706	1,266,877	683,367	208,824	475,398	1,530	78,139	1,528,758	153,035
Washington	11,597,118	9,331,539	5,555,404	3,334,496	612,168	420,206	178,651	543,924	848,628	383,643	347,277	315,770	125,868	58,034	1,800,482	407,063
West Virginia	2,962,122	2,841,962	1,683,086	996,314	103,735	115,138	67,016	151,791	298,811	212,361	47,463	162,561	0	39,663	71,906	8,591
Wisconsin	10,972,162	9,366,134	5,693,815	3,342,362	428,833	457,623	238,069	469,201	882,286	354,072	512,278	329,856	100	282,554	650,537	672,937
Wyoming	1,511,335	1,191,736	704,847	449,990	69,303	75,664	23,003	65,336	116,696	55,752	44,235	36,516	383	7,038	309,897	2,663
Other jurisdictions																
American Samoa	67,373	63,105	30,962	17,263	1,732	4,219	847	6,482	1,525	1,222	1,237	14,880	0	1,885	2,383	0
Guam	233,448	229,243	129,455	85,317	24,976	7,745	3,284	11,457	32,146	1,099	4,609	12,888	1,583	0	4,205	0
Northern Marianas	53,615	51,241	39,907	5,035	450	997	1,835	219	0	1,310	224	556	5,743	477	1,898	0
Puerto Rico	3,584,905	3,413,884	2,312,073	851,717	219,663	70,857	57,773	0	338,172	106,810	58,443	250,094	0	83,390	82,534	5,096
U.S. Virgin Islands	220,496	196,533	111,627	74,212	12,600	6,088	4,621	9,931	18,192	16,186	6,594	9,898	796	1,216	22,747	0

[1]Includes expenditures for adult education, community colleges, private school programs funded by local and state education agencies, and community services.
[2]Includes expenditures for property and for buildings and alterations completed by school district staff or contractors.
[3]Includes expenditures for operations funded by sales of products or services (e.g., school bookstore or computer time). Also includes small amounts for direct program support made by state education agencies for local school districts.
[4]Includes expenditures for health, attendance, and speech pathology services.
[5]Includes expenditures for curriculum development, staff training, libraries, and media and computer centers.
NOTE: Excludes expenditures for state education agencies. Detail may not sum to totals because of rounding.
SOURCE: U.S. Department of Education, National Center for Education Statistics, Common Core of Data (CCD), "National Public Education Financial Survey," 2007–08. (This table was prepared June 2010.)

Table 187. Total expenditures for public elementary and secondary education, by function and state or jurisdiction: 2006–07

[In thousands of current dollars]

State or jurisdiction	Total expenditures															
		Current expenditures for elementary and secondary programs														
				Support services												
	Total	Elementary/ secondary current expenditures, total	Instruction	Total	Student support[4]	Instructional staff[5]	General administration	School administration	Operation and maintenance	Student transportation	Other support services	Food services	Enterprise operations[3]	Other current expenditures[1]	Capital outlay[2]	Interest on school debt
1	2	3	4	5	6	7	8	9	10	11	12	13	14	15	16	17
United States	**$562,194,807**	**$476,814,206**	**$290,678,482**	**$166,900,659**	**$25,207,881**	**$23,156,534**	**$9,338,308**	**$26,875,507**	**$46,828,916**	**$19,979,068**	**$15,514,445**	**$18,150,488**	**$1,084,578**	**$7,804,253**	**$62,863,465**	**$14,712,882**
Alabama	7,211,897	6,245,031	3,655,694	2,177,596	330,677	304,554	163,764	386,392	565,368	298,363	128,479	411,741	0	137,255	690,125	139,486
Alaska	1,940,429	1,634,316	931,068	649,395	105,339	91,130	23,733	97,485	216,326	55,388	59,994	47,234	6,620	7,754	258,666	39,694
Arizona	9,539,185	7,815,720	4,751,055	2,719,232	554,492	185,912	124,070	382,067	858,695	293,163	320,832	345,434	0	53,296	1,443,179	226,990
Arkansas	4,644,397	3,997,701	2,365,794	1,422,035	189,033	286,027	103,453	214,949	382,274	145,778	100,523	208,159	1,712	25,899	513,872	106,925
California	70,071,235	57,352,599	34,461,563	20,713,553	2,731,324	3,815,115	551,574	3,854,644	5,867,943	1,406,157	2,486,796	2,055,898	121,585	1,122,084	9,980,745	1,615,807
Colorado	8,067,005	6,579,053	3,805,179	2,532,062	297,656	350,385	112,912	446,154	662,343	195,041	467,572	211,915	29,898	53,486	1,089,558	344,908
Connecticut	9,300,606	7,855,459	4,934,292	2,654,233	476,950	256,306	156,888	441,701	759,693	381,894	180,800	198,102	68,832	140,237	1,151,074	153,836
Delaware	1,739,840	1,437,707	861,627	513,581	72,979	19,824	17,711	80,565	143,369	90,900	88,234	62,499	0	16,357	254,456	31,319
District of Columbia	1,389,995	1,130,006	586,076	520,716	62,726	77,707	26,199	61,519	150,811	84,513	57,242	23,214	0	19,260	240,729	0
Florida	30,107,621	22,887,024	13,646,302	8,239,301	1,061,831	1,533,846	221,442	1,298,584	2,529,738	953,468	640,393	1,001,420	0	497,754	5,993,351	729,492
Georgia	17,301,301	14,828,715	9,357,132	4,716,438	695,559	776,179	191,376	884,479	1,071,342	593,438	504,065	713,136	42,009	36,425	2,271,939	164,222
Hawaii	2,300,353	2,045,198	1,210,876	745,086	244,458	71,060	20,937	136,742	183,091	36,288	52,511	89,236	0	62,647	92,866	99,643
Idaho	2,148,752	1,777,491	1,091,113	603,197	99,815	79,857	40,927	99,321	164,263	84,942	34,071	83,102	79	4,324	316,782	50,155
Illinois	23,157,195	20,326,591	11,970,050	7,699,014	1,322,640	936,584	671,354	1,050,243	2,016,805	999,556	701,832	657,528	0	152,743	2,082,240	595,621
Indiana	10,869,170	9,497,077	5,695,474	3,392,704	421,863	294,478	181,104	545,143	1,038,664	538,166	373,286	408,900	0	59,077	865,693	447,323
Iowa	4,991,024	4,231,932	2,546,475	1,486,916	242,162	195,896	114,781	255,077	388,177	153,011	137,813	193,065	5,476	27,150	652,287	79,655
Kansas	4,868,048	4,339,477	2,632,373	1,512,390	244,480	197,802	135,041	251,410	411,569	167,225	104,861	194,715	0	4,762	378,570	145,239
Kentucky	6,386,594	5,424,621	3,223,881	1,880,491	232,617	295,214	117,992	297,284	502,287	311,954	123,143	308,031	12,218	81,339	749,959	130,676
Louisiana	6,828,819	6,040,368	3,506,624	2,190,038	260,297	313,162	145,060	325,955	635,211	338,661	171,693	343,605	102	56,749	629,297	102,405
Maine	2,420,878	2,258,764	1,476,962	708,213	89,734	84,861	45,140	119,223	232,016	100,192	37,046	73,589	0	24,061	93,624	44,429
Maryland	11,559,810	10,210,303	6,263,389	3,497,390	431,929	552,431	76,272	672,143	960,470	515,060	289,086	281,727	167,797	24,872	1,199,905	124,730
Massachusetts	13,339,024	12,383,447	7,959,298	4,050,678	698,998	587,974	226,248	528,583	1,135,609	531,815	341,452	373,471	0	51,117	618,046	286,414
Michigan	19,931,731	17,013,259	9,654,939	6,828,411	1,264,116	840,234	351,001	1,005,596	1,821,304	737,961	808,199	529,909	0	345,899	1,760,625	811,948
Minnesota	9,944,675	8,060,410	5,204,264	2,491,713	218,944	370,136	253,087	341,880	621,940	445,371	240,355	339,449	24,984	376,478	1,067,873	439,914
Mississippi	4,086,883	3,692,358	2,170,683	1,303,265	169,541	176,463	106,760	210,155	395,793	166,109	78,445	218,063	347	29,547	294,450	70,527
Missouri	9,345,921	7,957,705	4,810,938	2,790,190	380,342	364,015	249,544	439,403	793,260	402,797	160,827	356,577	0	174,707	926,684	286,825
Montana	1,447,251	1,320,112	799,471	466,006	73,700	50,516	39,455	72,094	137,672	61,070	31,498	52,709	1,925	7,220	106,772	13,148
Nebraska	3,242,741	2,825,608	1,796,902	838,066	121,838	92,147	97,860	143,789	247,602	70,084	64,746	110,939	79,701	2,785	347,950	66,399
Nevada	4,278,047	3,311,471	2,007,845	1,189,274	120,117	97,209	63,759	221,817	336,715	126,549	223,108	114,352	0	22,790	735,270	208,516
New Hampshire	2,512,692	2,246,692	1,447,806	733,980	153,969	69,587	75,800	122,699	195,303	95,517	21,105	64,906	0	5,949	208,009	52,043
New Jersey	24,911,786	22,448,262	13,348,606	8,412,743	2,053,895	739,436	529,342	1,505,887	2,269,591	1,210,611	103,981	501,335	185,577	197,857	1,911,004	354,663
New Mexico	3,240,023	2,904,474	1,644,674	1,137,815	283,957	90,003	66,447	215,911	300,457	105,601	75,440	120,529	1,454	2,701	332,677	171
New York	49,552,219	43,679,908	30,174,472	12,541,875	1,405,184	1,217,594	847,174	1,774,187	3,795,201	2,325,859	1,176,676	963,561	0	1,833,250	2,940,768	1,098,293
North Carolina	12,829,210	11,248,336	6,978,065	3,669,577	633,899	457,863	202,863	739,365	898,026	439,950	297,611	600,694	0	49,765	1,464,124	66,985
North Dakota	946,658	838,221	485,805	281,662	35,790	27,308	39,559	41,384	80,691	36,798	20,131	44,500	26,254	6,028	90,189	12,220

See notes at end of table.

Table 187. Total expenditures for public elementary and secondary education, by function and state or jurisdiction: 2006–07—Continued

[In thousands of current dollars]

State or jurisdiction	Total expenditures															
		Current expenditures for elementary and secondary programs														
				Support services												
	Total	Elementary/ secondary current expenditures, total	Instruction	Total	Student support[4]	Instructional staff[5]	General administration	School administration	Operation and maintenance	Student transportation	Other support services	Food services	Enterprise operations[3]	Other current expenditures[1]	Capital outlay[2]	Interest on school debt
1	2	3	4	5	6	7	8	9	10	11	12	13	14	15	16	17
Ohio	21,729,555	18,251,361	10,469,978	7,180,598	1,094,606	1,158,781	535,318	1,058,825	1,690,145	842,722	800,200	599,289	1,496	453,159	2,578,930	446,105
Oklahoma	5,229,868	4,750,536	2,754,020	1,683,419	305,355	177,922	133,381	254,496	533,008	149,163	130,094	268,530	44,567	14,074	416,187	49,071
Oregon	5,573,769	5,039,632	2,955,718	1,904,409	352,399	208,073	70,180	320,778	423,681	219,730	309,567	177,492	2,013	19,703	293,279	221,154
Pennsylvania	24,459,545	20,404,304	12,476,672	7,138,482	1,000,133	785,630	628,455	892,492	2,126,330	991,896	713,547	696,475	92,674	581,392	2,575,259	898,591
Rhode Island	2,169,474	2,039,633	1,228,525	758,763	236,532	95,162	25,393	103,123	173,748	76,610	48,195	52,344	0	52,235	42,599	35,007
South Carolina	7,676,692	6,023,043	3,472,987	2,227,382	426,341	412,179	80,349	344,810	562,750	216,846	184,105	303,125	19,550	68,883	1,263,432	321,335
South Dakota	1,106,123	977,006	567,277	354,660	53,780	41,802	34,996	48,876	104,955	34,545	35,705	50,519	4,550	3,074	105,388	20,655
Tennessee	7,755,934	6,975,099	4,448,730	2,177,242	242,800	389,291	142,214	394,437	636,444	253,408	118,649	349,126	0	53,063	566,576	161,196
Texas	45,189,026	36,105,784	21,492,698	12,744,571	1,759,204	1,959,752	555,738	2,010,684	4,142,758	991,584	1,324,851	1,868,515	0	316,528	6,654,084	2,112,630
Utah	3,807,310	2,987,810	1,887,343	922,880	111,389	133,297	37,487	184,974	291,653	98,647	65,434	160,675	16,912	89,863	644,375	85,262
Vermont	1,393,637	1,300,149	822,122	443,624	95,756	50,706	30,532	88,162	106,618	42,028	29,822	33,919	484	7,525	70,716	15,247
Virginia	14,234,484	12,465,858	7,631,016	4,338,036	597,727	822,764	179,060	730,020	1,194,198	617,847	196,420	494,763	2,044	76,783	1,519,356	172,487
Washington	10,814,992	8,752,007	5,196,114	3,137,088	569,081	399,392	169,590	513,166	810,733	357,227	317,899	295,883	122,922	49,955	1,630,529	382,500
West Virginia	2,845,230	2,742,344	1,628,022	960,129	98,081	110,776	69,944	145,928	291,828	198,240	45,331	154,193	0	37,156	54,208	11,521
Wisconsin	10,372,911	9,029,660	5,528,117	3,191,925	415,956	437,153	232,350	458,809	858,993	339,342	449,320	309,527	92	258,456	448,497	636,298
Wyoming	1,383,239	1,124,564	662,376	428,615	65,890	75,039	22,694	62,092	111,454	49,982	41,462	32,869	704	8,779	246,694	3,203
Other jurisdictions																
American Samoa	67,085	57,093	28,615	15,552	1,519	3,321	981	6,198	1,483	1,047	1,003	12,926	0	4,227	5,764	0
Guam	224,611	219,881	128,234	80,129	24,317	6,702	4,051	11,678	26,575	1,245	5,561	10,723	794	0	3,948	782
Northern Marianas	60,363	55,048	43,180	5,590	843	562	1,530	98	1,337	1,086	134	547	5,730	375	4,941	0
Puerto Rico	3,465,934	3,268,200	2,220,789	767,147	252,424	54,345	15,999	0	314,215	86,055	44,109	280,264	0	103,478	81,230	13,025
U.S. Virgin Islands	180,028	157,446	95,816	56,908	10,022	5,006	7,348	9,304	10,405	11,439	3,384	3,965	756	1,670	20,912	0

[1]Includes expenditures for adult education, community colleges, private school programs funded by local and state education agencies, and community services.

[2]Includes expenditures for property and for buildings and alterations completed by school district staff or contractors.

[3]Includes expenditures for operations funded by sales of products or services (e.g., school bookstore or computer time). Also includes small amounts for direct program support made by state education agencies for local school districts.

[4]Includes expenditures for health, attendance, and speech pathology services.

[5]Includes expenditures for curriculum development, staff training, libraries, and media and computer centers.

NOTE: Excludes expenditures for state education agencies. Detail may not sum to totals because of rounding.

SOURCE: U.S. Department of Education, National Center for Education Statistics, Common Core of Data (CCD), "National Public Education Financial Survey," 2006–07. (This table was prepared August 2010.)

Table 188. Total expenditures for public elementary and secondary education, by function and subfunction: Selected years, 1990–91 through 2007–08

Function and subfunction	Expenditures (in thousands of current dollars)								Percentage distribution of current expenditures for public schools							
	1990–91	1995–96	1999–2000	2000–01	2004–05	2005–06	2006–07[1]	2007–08	1990–91	1995–96	1999–2000	2000–01	2004–05	2005–06	2006–07[1]	2007–08
1	2	3	4	5	6	7	8	9	10	11	12	13	14	15	16	17
Total expenditures	**$229,429,715**	**$293,646,490**	**$381,838,155**	**$410,811,185**	**$499,568,736**	**$528,268,772**	**$562,194,807**	**$596,610,358**	†	†	†	†	†	†	†	†
Current expenditures for public schools	202,037,752	255,106,683	323,888,508	348,360,841	425,047,565	449,131,342	476,814,206	506,827,246	100.00	100.00	100.00	100.00	100.00	100.00	100.00	100.00
Salaries	132,730,931[2]	165,806,160	210,158,874	224,305,806	261,572,535	273,142,308	288,146,674	303,919,546	65.70	64.99	64.89	64.39	61.54	60.82	60.43	59.97
Employee benefits	33,954,456[2]	44,786,697	53,333,592	57,976,490	81,930,228	87,888,909	95,308,994	103,000,384	16.81	17.56	16.47	16.64	19.28	19.57	19.99	20.32
Purchased services	16,380,643[2]	21,579,562	29,051,785	31,778,754	39,870,015	43,195,665	46,266,516	49,258,021	8.11	8.46	8.97	9.12	9.38	9.62	9.70	9.72
Tuition	1,192,505[2]	1,590,468	2,231,250	2,458,366	3,605,864	3,828,079	3,951,411	4,577,028	0.59	0.62	0.69	0.71	0.85	0.85	0.83	0.90
Supplies	14,805,956[2]	18,756,157	25,896,917	28,262,078	33,870,267	36,637,037	38,378,936	41,365,668	7.33	7.35	8.00	8.11	7.97	8.16	8.05	8.16
Other	2,973,261[2]	2,587,639	3,216,089	3,579,347	4,198,655	4,439,345	4,761,675	4,706,598	1.47	1.01	0.99	1.03	0.99	0.99	1.00	0.93
Instruction	122,223,362	157,473,978	199,968,138	214,333,003	260,046,266	273,760,798	290,678,482	308,236,203	60.50	61.73	61.74	61.53	61.18	60.95	60.96	60.82
Salaries	90,742,284	114,580,985	145,071,564	154,512,089	179,124,955	186,905,065	196,900,968	206,680,102	44.91	44.91	44.79	44.35	42.14	41.61	41.30	40.78
Employee benefits	22,347,524	30,299,566	36,197,167	39,522,678	55,004,561	59,032,817	64,153,369	69,283,943	11.06	11.88	11.18	11.35	12.94	13.14	13.45	13.67
Purchased services	2,722,639	3,825,111	5,839,673	6,430,708	9,014,911	10,083,561	10,997,609	12,245,531	1.35	1.50	1.80	1.85	2.12	2.25	2.31	2.42
Tuition	1,192,505	1,590,468	2,231,250	2,458,366	3,605,864	3,828,079	3,951,411	4,577,028	0.59	0.62	0.69	0.71	0.85	0.85	0.83	0.90
Supplies	4,584,754	6,513,488	9,751,743	10,377,554	12,163,557	12,731,138	13,359,899	14,141,015	2.27	2.55	3.01	2.98	2.86	2.83	2.80	2.79
Other	633,656	664,360	876,741	1,031,608	1,132,418	1,180,138	1,315,226	1,308,584	0.31	0.26	0.27	0.30	0.27	0.26	0.28	0.26
Student support[3]	8,926,010	12,266,136	16,046,845	17,292,756	22,118,879	23,336,224	25,207,881	27,385,688	4.42	4.81	4.95	4.96	5.20	5.20	5.29	5.40
Salaries	6,565,965	8,885,707	11,496,451	12,354,464	15,173,471	15,833,312	16,868,875	18,233,727	3.25	3.48	3.55	3.55	3.57	3.53	3.54	3.60
Employee benefits	1,660,082	2,307,480	2,841,949	3,036,037	4,475,112	4,859,310	5,352,820	5,895,645	0.82	0.90	0.88	0.87	1.05	1.08	1.12	1.16
Purchased services	455,996	687,300	1,180,701	1,328,600	1,799,403	1,958,934	2,141,301	2,378,230	0.23	0.27	0.36	0.38	0.42	0.44	0.45	0.47
Supplies	191,482	247,262	389,044	421,838	483,889	497,201	521,050	547,414	0.09	0.10	0.12	0.12	0.11	0.11	0.11	0.11
Other	52,485	138,387	138,699	151,817	187,005	187,468	323,835	330,672	0.03	0.05	0.04	0.04	0.04	0.04	0.07	0.07
Instructional staff services[4]	8,467,142	10,070,241	14,640,411	15,926,856	20,387,692	21,923,223	23,156,534	25,362,608	4.19	3.95	4.52	4.57	4.80	4.88	4.86	5.00
Salaries	5,560,129	6,418,530	8,971,366	9,790,767	12,108,423	13,005,332	13,753,355	15,212,060	2.75	2.52	2.77	2.81	2.85	2.90	2.88	3.00
Employee benefits	1,408,217	1,719,377	2,169,051	2,356,440	3,546,696	3,898,171	4,225,114	4,688,289	0.70	0.67	0.67	0.68	0.83	0.87	0.89	0.93
Purchased services	622,487	925,403	1,776,849	2,003,598	2,731,885	2,944,703	3,071,613	3,297,244	0.31	0.36	0.55	0.58	0.64	0.66	0.64	0.65
Supplies	776,863	918,189	1,485,730	1,566,954	1,791,507	1,867,878	1,894,927	1,956,790	0.38	0.36	0.46	0.45	0.42	0.42	0.40	0.39
Other	99,445	88,743	237,415	209,097	209,181	207,139	211,525	208,224	0.05	0.03	0.07	0.06	0.05	0.05	0.04	0.04
General administration	5,791,253	5,878,493	6,698,006	7,108,291	8,510,315	8,920,041	9,338,308	9,927,371	2.87	2.30	2.07	2.04	2.00	1.99	1.96	1.96
Salaries	2,603,562	2,901,172	3,179,759	3,351,554	3,725,275	3,860,883	4,024,030	4,294,623	1.29	1.14	0.98	0.96	0.88	0.86	0.84	0.85
Employee benefits	777,381	828,483	938,113	1,000,698	1,375,298	1,479,556	1,560,360	1,681,939	0.38	0.32	0.29	0.29	0.32	0.33	0.33	0.33
Purchased services	1,482,427	1,626,178	1,941,822	2,099,032	2,635,243	2,735,714	2,902,431	3,035,764	0.73	0.64	0.60	0.60	0.62	0.61	0.61	0.60
Supplies	172,898	185,831	196,205	206,137	221,376	225,230	227,885	241,967	0.09	0.07	0.06	0.06	0.05	0.05	0.05	0.05
Other	754,985	336,828	442,107	450,870	553,123	618,657	623,601	673,078	0.37	0.13	0.14	0.13	0.13	0.14	0.13	0.13
School administration	11,695,344	14,831,159	18,381,292	19,580,890	24,155,908	25,277,042	26,875,507	28,335,630	5.79	5.81	5.68	5.62	5.68	5.63	5.64	5.59
Salaries	8,935,903	11,156,460	13,923,730	14,817,213	17,467,947	18,181,910	19,209,872	20,180,391	4.42	4.37	4.30	4.25	4.11	4.05	4.03	3.98
Employee benefits	2,257,783	2,963,991	3,455,390	3,689,689	5,217,866	5,622,342	6,092,292	6,554,688	1.12	1.16	1.07	1.06	1.23	1.25	1.28	1.29
Purchased services	247,750	384,908	573,003	611,638	896,782	862,664	947,665	973,281	0.12	0.15	0.18	0.18	0.21	0.19	0.20	0.19
Supplies	189,711	256,857	337,651	369,257	439,418	474,816	481,794	484,433	0.09	0.10	0.10	0.11	0.10	0.11	0.10	0.10
Other	64,197	68,943	91,519	93,093	133,896	135,311	143,884	142,837	0.03	0.03	0.03	0.03	0.03	0.03	0.03	0.03
Operation and maintenance	21,290,655	25,724,062	31,190,295	34,034,158	40,926,881	44,313,835	46,828,916	49,360,206	10.54	10.08	9.63	9.77	9.63	9.87	9.82	9.74
Salaries	8,849,559	10,454,854	12,745,457	13,461,242	15,344,880	16,021,701	16,837,148	17,657,577	4.38	4.10	3.94	3.86	3.61	3.57	3.53	3.48
Employee benefits	2,633,075	3,129,632	3,531,423	3,778,520	5,483,344	5,840,665	6,276,703	6,701,602	1.30	1.23	1.09	1.08	1.29	1.30	1.32	1.32
Purchased services	5,721,125	7,698,704	8,866,099	9,642,217	10,921,591	11,913,734	12,650,704	13,050,969	2.83	3.02	2.74	2.77	2.57	2.65	2.65	2.58
Supplies	3,761,738	4,214,201	5,801,242	6,871,845	8,832,550	10,147,971	10,648,015	11,505,413	1.86	1.65	1.79	1.97	2.08	2.26	2.23	2.27
Other	325,157	226,670	246,075	280,334	344,516	389,764	416,345	444,645	0.16	0.09	0.08	0.08	0.08	0.09	0.09	0.09

See notes at end of table.

Table 188. Total expenditures for public elementary and secondary education, by function and subfunction: Selected years, 1990–91 through 2007–08—Continued

Function and subfunction	Expenditures (in thousands of current dollars)								Percentage distribution of current expenditures for public schools							
	1990–91	1995–96	1999–2000	2000–01	2004–05	2005–06	2006–07[1]	2007–08	1990–91	1995–96	1999–2000	2000–01	2004–05	2005–06	2006–07[1]	2007–08
1	2	3	4	5	6	7	8	9	10	11	12	13	14	15	16	17
Student transportation	8,678,954	10,396,426	13,007,625	14,052,654	17,459,659	18,850,234	19,979,068	21,535,686	4.30	4.08	4.02	4.03	4.11	4.20	4.19	4.25
Salaries	3,285,127	3,933,969	5,061,209	5,406,092	6,379,953	6,701,455	7,080,752	7,506,954	1.63	1.54	1.56	1.55	1.50	1.49	1.49	1.48
Employee benefits	892,985	1,207,961	1,464,249	1,592,127	2,333,027	2,535,296	2,719,742	2,867,642	0.44	0.47	0.45	0.46	0.55	0.56	0.57	0.57
Purchased services	3,345,232	4,257,805	5,331,435	5,767,462	7,054,340	7,547,730	8,085,392	8,555,590	1.66	1.67	1.65	1.66	1.66	1.68	1.70	1.69
Supplies	961,447	836,450	1,034,323	1,159,350	1,501,906	1,867,495	1,937,360	2,427,056	0.48	0.33	0.32	0.33	0.35	0.42	0.41	0.48
Other	194,163	160,239	116,410	127,623	190,433	198,259	155,822	178,443	0.10	0.06	0.04	0.04	0.04	0.04	0.03	0.04
Other support services[5]	5,587,837	7,039,408	10,188,917	11,439,134	14,058,464	14,463,815	15,514,445	16,308,055	2.77	2.76	3.15	3.28	3.31	3.22	3.25	3.22
Salaries	2,900,394	3,450,836	4,930,099	5,521,381	6,437,831	6,577,129	7,140,671	7,517,174	1.44	1.35	1.52	1.58	1.51	1.46	1.50	1.48
Employee benefits	980,859	1,182,229	1,433,054	1,594,540	2,486,442	2,483,366	2,658,808	2,980,937	0.49	0.46	0.44	0.46	0.58	0.55	0.56	0.59
Purchased services	798,922	1,362,961	2,462,775	2,783,176	3,277,148	3,455,292	3,664,598	3,777,815	0.40	0.53	0.76	0.80	0.77	0.77	0.77	0.75
Supplies	294,527	398,534	573,670	626,889	771,940	793,997	874,764	988,513	0.15	0.16	0.18	0.18	0.18	0.18	0.18	0.20
Other	613,135	644,849	789,319	913,148	1,085,102	1,154,031	1,175,605	1,043,616	0.30	0.25	0.24	0.26	0.26	0.26	0.25	0.21
Food services	8,430,490	10,648,844	12,948,807	13,816,635	16,423,973	17,263,582	18,150,488	19,191,507	4.17	4.17	4.00	3.97	3.86	3.84	3.81	3.79
Salaries	—	3,844,285	4,606,262	4,966,092	5,606,416	5,841,522	6,092,744	6,332,706	†	1.51	1.42	1.43	1.32	1.30	1.28	1.25
Employee benefits	—	1,103,433	1,267,921	1,381,923	1,934,067	2,061,344	2,186,495	2,264,203	†	0.43	0.39	0.40	0.46	0.46	0.46	0.45
Purchased services	—	627,902	897,762	923,091	1,332,761	1,464,511	1,558,949	1,700,954	†	0.25	0.28	0.26	0.31	0.33	0.33	0.34
Supplies	—	4,916,299	6,041,001	6,420,201	7,385,373	7,727,182	8,123,362	8,727,213	†	1.93	1.87	1.84	1.74	1.72	1.70	1.72
Other	—	156,924	135,861	125,327	165,355	169,023	188,937	166,431	†	0.06	0.04	0.04	0.04	0.04	0.04	0.03
Enterprise operations[6]	946,705	777,937	818,172	776,463	959,528	1,022,549	1,084,578	1,184,293	0.47	0.30	0.25	0.22	0.23	0.23	0.23	0.23
Salaries	—	179,360	172,977	124,913	203,383	213,999	238,259	304,233	†	0.07	0.05	0.04	0.05	0.05	0.05	0.06
Employee benefits	—	44,545	35,276	23,837	73,816	76,042	83,290	81,496	†	0.02	0.01	0.01	0.02	0.02	0.02	0.02
Purchased services	—	183,288	181,666	189,230	205,951	228,823	246,253	242,643	†	0.07	0.06	0.05	0.05	0.05	0.05	0.05
Supplies	—	269,046	286,309	242,052	278,751	304,129	309,881	345,854	†	0.11	0.09	0.07	0.07	0.07	0.06	0.07
Other	—	101,697	141,943	196,430	197,628	199,556	206,895	210,068	†	0.04	0.04	0.06	0.05	0.04	0.04	0.04
Other current expenditures	3,295,717	4,724,659	5,457,015	6,063,700	7,691,468	7,415,575	7,804,253	8,307,762	†	†	†	†	†	†	†	†
Community services	964,370	1,728,669	2,151,043	2,426,189	2,813,379	3,015,207	3,105,955	3,289,779	†	†	†	†	†	†	†	†
Private school programs	527,609	781,148	961,203	1,026,695	1,236,495	1,389,204	1,445,984	1,564,201	†	†	†	†	†	†	†	†
Adult education	1,365,523	1,500,438	1,715,332	1,838,265	1,964,631	2,001,459	2,047,409	2,148,350	†	†	†	†	†	†	†	†
Community colleges	5,356	7,746	265	351	435	0	31,352	32,694	†	†	†	†	†	†	†	†
Other	432,858	706,657	629,172	772,200	1,676,529	1,009,704	1,173,552	1,272,738	†	†	†	†	†	†	†	†
Capital outlay[7]	19,771,478	27,555,667	43,357,186	46,220,704	53,528,382	57,375,299	62,863,465	65,779,861	†	†	†	†	†	†	†	†
Public schools	19,655,496	27,457,489	43,231,206	46,078,494	53,430,719	57,281,425	62,763,411	65,685,300	†	†	†	†	†	†	†	†
Other current expenditures	115,982	98,179	125,980	142,210	97,663	93,874	100,054	94,561	†	†	†	†	†	†	†	†
Interest on school debt	4,324,768	6,259,480	9,135,445	10,165,940	13,301,322	14,346,556	14,712,882	15,695,488	†	†	†	†	†	†	†	†

—Not available.
†Not applicable.
[1]Data have been revised from previously published figures.
[2]Includes estimated data for subfunctions of food services and enterprise operations.
[3]Includes expenditures for guidance, health, attendance, and speech pathology services.
[4]Includes expenditures for curriculum development, staff training, libraries, and media and computer centers.
[5]Includes business support services concerned with paying, transporting, exchanging, and maintaining goods and services for local education agencies; central support services, including planning, research, evaluation, information, staff, and data processing services; and other support services.
[6]Includes expenditures for operations funded by sales of products or services (e.g., school bookstore or computer time). Includes very small amounts for direct program support made by state education agencies for local school districts.
[7]Includes expenditures for property, and for buildings and alterations completed by school district staff or contractors.
NOTE: Excludes expenditures for state education agencies. Data are not adjusted for changes in the purchasing power of the dollar due to inflation. Detail may not sum to totals because of rounding.
SOURCE: U.S. Department of Education, National Center for Education Statistics, Common Core of Data (CCD), "National Public Education Financial Survey," 1990–91 through 2007–08. (This table was prepared August 2010.)

Table 189. Expenditures for instruction in public elementary and secondary schools, by subfunction and state or jurisdiction: 2006–07 and 2007–08

[In thousands of current dollars]

State or jurisdiction	2006–07[1] Total	Salaries	Employee benefits	Purchased services[2]	Supplies	Tuition and other	2007–08 Total	Salaries	Employee benefits	Purchased services[2]	Supplies	Tuition and other
1	2	3	4	5	6	7	8	9	10	11	12	13
United States	**$290,678,482**	**$196,900,968**	**$64,153,369**	**$10,997,609**	**$13,359,899**	**$5,266,637**	**$308,236,203**	**$206,680,102**	**$69,283,943**	**$12,245,531**	**$14,141,015**	**$5,885,612**
Alabama	3,655,694	2,377,494	886,987	97,937	277,201	16,076	4,008,734	2,553,753	1,013,989	103,804	319,782	17,406
Alaska	931,068	561,122	261,063	50,715	48,780	9,388	1,117,441	578,916	412,555	58,220	57,779	9,971
Arizona	4,751,055	3,512,387	731,539	185,509	179,740	141,879	4,751,539	3,392,319	795,320	232,647	186,256	144,998
Arkansas	2,365,794	1,654,162	427,754	66,839	191,422	25,617	2,426,303	1,689,265	442,211	76,450	190,880	27,498
California	34,461,563	23,220,351	7,107,342	1,460,320	1,948,531	725,020	36,947,505	24,408,875	7,890,652	1,685,442	2,190,205	772,330
Colorado	3,805,179	2,683,762	640,195	89,181	279,962	112,079	4,249,391	2,815,247	933,355	103,557	281,898	115,334
Connecticut	4,934,292	3,221,095	1,141,204	146,944	120,555	304,495	5,230,362	3,341,632	1,263,359	157,088	122,447	345,835
Delaware	861,627	554,261	245,921	15,042	32,718	13,685	896,817	578,067	257,760	12,842	33,087	15,060
District of Columbia	586,076	370,902	44,859	22,826	7,079	140,410	688,205	420,356	63,321	68,567	92,049	43,912
Florida	13,646,302	8,698,564	2,538,912	1,682,966	618,501	107,359	14,594,649	9,189,112	2,708,437	2,018,889	568,255	109,956
Georgia	9,357,132	6,514,219	2,162,045	165,142	473,336	42,390	10,128,309	6,890,147	2,421,620	196,516	574,439	45,586
Hawaii	1,210,876	747,615	265,562	72,465	113,602	11,631	1,281,836	825,055	285,817	62,095	95,676	13,193
Idaho	1,091,113	761,040	240,564	39,060	49,059	1,391	1,153,189	795,235	256,149	43,967	56,441	1,396
Illinois	11,970,050	8,482,249	2,370,845	449,379	410,098	257,478	12,859,165	8,780,141	2,799,519	402,164	469,019	408,322
Indiana	5,695,474	3,617,653	1,821,236	76,554	167,882	12,148	5,043,955	3,681,736	998,932	118,177	97,489	147,622
Iowa	2,546,475	1,831,830	554,157	48,406	88,368	23,714	2,723,916	1,952,930	592,046	56,183	95,950	26,807
Kansas	2,632,373	1,942,380	456,137	71,277	144,642	17,935	2,781,910	2,037,787	497,929	73,669	151,677	20,848
Kentucky	3,223,881	2,294,710	711,630	60,737	142,769	14,034	3,451,684	2,477,698	765,050	61,840	133,233	13,863
Louisiana	3,506,624	2,376,887	827,706	68,654	224,674	8,704	4,011,922	2,720,713	927,876	87,779	264,983	10,573
Maine	1,476,962	909,373	377,460	59,768	42,891	87,471	1,478,788	921,456	375,231	52,596	40,940	88,565
Maryland	6,263,389	4,176,925	1,473,349	161,994	202,556	248,566	6,846,340	4,546,094	1,662,721	170,774	203,406	263,344
Massachusetts	7,959,298	5,096,762	2,246,606	44,328	189,754	381,847	8,561,780	5,285,693	2,409,017	47,488	186,548	633,034
Michigan	9,654,939	6,033,412	2,821,539	483,325	295,024	21,640	9,665,947	6,022,723	2,765,379	569,329	289,372	19,144
Minnesota	5,204,264	3,637,089	1,087,286	225,078	187,413	67,399	5,422,836	3,766,313	1,159,938	240,640	184,516	71,429
Mississippi	2,170,683	1,527,445	454,257	48,799	126,626	13,556	2,296,424	1,608,319	488,540	52,786	132,129	14,650
Missouri	4,810,938	3,421,989	848,173	138,391	370,933	31,452	5,114,379	3,621,224	928,543	156,471	378,018	30,123
Montana	799,471	527,087	150,031	52,094	65,288	4,970	839,415	555,735	156,888	54,970	67,036	4,786
Nebraska	1,796,902	1,242,155	404,505	68,863	55,664	25,715	1,911,264	1,319,902	432,365	65,969	66,156	26,873
Nevada	2,007,845	1,288,366	443,973	37,772	151,020	86,714	2,089,251	1,371,429	493,667	45,880	168,808	9,466
New Hampshire	1,447,806	923,298	329,534	35,488	39,375	120,111	1,548,183	967,074	370,606	39,190	42,565	128,748
New Jersey	13,348,606	8,378,668	3,475,123	377,073	414,790	702,953	14,473,885	8,661,067	4,279,503	360,992	437,401	734,922
New Mexico	1,644,674	1,155,351	330,589	53,639	104,732	365	1,758,818	1,220,475	365,725	62,855	109,541	222
New York	30,174,472	19,890,547	7,913,627	1,247,378	858,425	264,496	32,001,143	20,863,490	8,566,667	1,481,226	813,380	276,380
North Carolina	6,978,065	5,214,143	1,199,389	149,278	408,734	6,521	7,304,665	5,464,226	1,318,280	190,866	331,245	48
North Dakota	485,805	349,539	96,833	13,884	21,546	4,003	515,144	369,246	104,249	14,568	23,605	3,474
Ohio	10,469,978	6,956,247	2,296,273	492,471	419,772	305,215	10,801,279	7,134,460	2,368,095	515,630	434,256	348,839
Oklahoma	2,754,020	1,980,252	520,386	39,645	203,405	10,332	2,845,585	2,035,770	553,177	40,503	207,652	8,484
Oregon	2,955,718	1,803,175	822,374	121,300	170,717	38,154	3,158,068	1,903,277	891,955	132,056	192,513	38,266
Pennsylvania	12,476,672	8,113,798	2,897,956	726,669	478,574	259,675	12,849,308	8,376,840	3,056,171	646,787	518,830	250,681
Rhode Island	1,228,525	801,445	319,441	13,056	23,520	71,062	1,288,212	824,987	351,929	11,555	23,408	76,332
South Carolina	3,472,987	2,464,464	688,179	104,761	186,218	29,365	3,682,085	2,612,886	760,645	117,225	161,826	29,502
South Dakota	567,277	385,267	107,346	24,954	41,754	7,956	602,722	405,552	113,527	27,054	47,257	9,332
Tennessee	4,448,730	3,114,463	864,217	88,548	367,028	14,475	4,759,068	3,273,964	924,870	88,284	456,626	15,324
Texas	21,492,698	16,501,841	2,616,891	698,858	1,437,108	238,000	23,341,635	18,006,206	2,771,172	737,297	1,567,456	259,504
Utah	1,887,343	1,239,771	514,919	33,903	94,172	4,578	2,239,421	1,411,871	583,973	58,643	176,636	8,297
Vermont	822,122	511,891	185,137	41,919	21,464	61,711	853,188	533,206	190,186	45,069	21,961	62,766
Virginia	7,631,016	5,322,567	1,801,098	162,748	333,386	11,217	8,003,384	5,546,235	1,967,350	166,722	313,314	9,764
Washington	5,196,114	3,597,764	1,080,208	253,815	216,770	47,557	5,555,404	3,818,642	1,154,375	286,520	242,295	53,572
West Virginia	1,628,022	999,057	499,870	30,064	97,715	1,317	1,683,086	1,052,098	506,323	31,524	92,283	857
Wisconsin	5,528,117	3,468,057	1,692,932	74,693	181,270	111,165	5,693,815	3,571,390	1,719,828	89,780	196,467	116,351
Wyoming	662,376	446,081	158,208	23,102	33,336	1,648	704,847	479,265	167,150	24,382	32,024	2,026
Other jurisdictions												
American Samoa	28,615	17,990	3,240	1,578	3,311	2,496	30,962	19,583	3,053	2,286	2,873	3,167
Guam	128,234	96,935	26,164	692	3,961	482	129,455	97,874	27,733	856	2,688	304
Northern Marianas	43,180	29,969	8,252	2,844	2,066	50	39,907	30,027	5,754	2,084	1,994	47
Puerto Rico	2,220,789	1,831,293	279,250	13,500	43,855	52,891	2,312,073	1,814,028	279,664	31,474	100,432	86,475
U.S. Virgin Islands	95,816	74,237	19,854	146	1,531	48	111,627	81,913	27,896	159	1,604	56

[1]Data have been revised from previously published figures.
[2]Includes purchased professional services of teachers or others who provide instruction for students.
NOTE: Excludes expenditures for state education agencies. Detail may not sum to totals because of rounding.

SOURCE: U.S. Department of Education, National Center for Education Statistics, Common Core of Data (CCD), "National Public Education Financial Survey," 2006–07 and 2007–08. (This table was prepared August 2010.)

Table 190. Total and current expenditures per pupil in public elementary and secondary schools: Selected years, 1919–20 through 2007–08

School year	Expenditure per pupil in average daily attendance				Expenditure per pupil in fall enrollment[1]				
	Unadjusted dollars		Constant 2008–09 dollars[2]		Unadjusted dollars		Constant 2008–09 dollars[2]		
	Total expenditure[3]	Current expenditure	Total expenditure[3]	Current expenditure	Total expenditure[3]	Current expenditure	Total expenditure[3]	Current expenditure	Annual percent change in current expenditure
1	2	3	4	5	6	7	8	9	10
1919–20	$64	$53	$720	$601	$48	$40	$539	$449	—
1929–30	108	87	1,360	1,087	90	72	1,127	900	—
1931–32	97	81	1,442	1,207	82	69	1,221	1,022	—
1933–34	76	67	1,236	1,094	65	57	1,050	929	—
1935–36	88	74	1,374	1,161	74	63	1,162	982	—
1937–38	100	84	1,494	1,257	86	72	1,282	1,079	—
1939–40	106	88	1,624	1,353	92	76	1,408	1,173	—
1941–42	110	98	1,515	1,354	94	84	1,297	1,159	—
1943–44	125	117	1,536	1,441	105	99	1,294	1,214	—
1945–46	146	136	1,717	1,605	124	116	1,462	1,367	—
1947–48	205	181	1,887	1,672	179	158	1,648	1,460	—
1949–50	260	210	2,360	1,907	231	187	2,094	1,692	—
1951–52	314	246	2,568	2,009	275	215	2,249	1,759	—
1953–54	351	265	2,801	2,114	312	236	2,491	1,880	—
1955–56	387	294	3,090	2,349	354	269	2,825	2,148	—
1957–58	447	341	3,363	2,564	408	311	3,067	2,339	—
1959–60	471	375	3,441	2,741	440	350	3,215	2,560	—
1961–62	517	419	3,693	2,992	485	393	3,465	2,808	—
1963–64	559	460	3,888	3,204	520	428	3,619	2,982	—
1965–66	654	538	4,398	3,617	607	499	4,084	3,358	—
1967–68	786	658	4,964	4,155	732	612	4,618	3,865	—
1969–70	955	816	5,427	4,637	879	751	4,996	4,269	—
1970–71	1,049	911	5,671	4,923	970	842	5,243	4,552	6.6
1971–72	1,128	990	5,883	5,163	1,034	908	5,396	4,735	4.0
1972–73	1,211	1,077	6,070	5,400	1,117	993	5,599	4,981	5.2
1973–74	1,364	1,207	6,279	5,558	1,244	1,101	5,726	5,068	1.7
1974–75	1,545	1,365	6,402	5,655	1,423	1,257	5,898	5,210	2.8
1975–76	1,697	1,504	6,570	5,820	1,563	1,385	6,049	5,359	2.9
1976–77	1,816	1,638	6,643	5,989	1,674	1,509	6,121	5,519	3.0
1977–78	2,002	1,823	6,863	6,247	1,842	1,677	6,312	5,746	4.1
1978–79	2,210	2,020	6,925	6,332	2,029	1,855	6,360	5,814	1.2
1979–80	2,491	2,272	6,887	6,282	2,290	2,088	6,331	5,775	-0.7
1980–81	2,742 [4]	2,502	6,796 [4]	6,199	2,529 [4]	2,307	6,268 [4]	5,718	-1.0
1981–82	2,973 [4]	2,726	6,782 [4]	6,217	2,754 [4]	2,525	6,283 [4]	5,759	0.7
1982–83	3,203 [4]	2,955	7,006 [4]	6,463	2,966 [4]	2,736	6,487 [4]	5,985	3.9
1983–84	3,471 [4]	3,173	7,321 [4]	6,693	3,216 [4]	2,940	6,782 [4]	6,200	3.6
1984–85	3,722 [4]	3,470	7,554 [4]	7,043	3,456 [4]	3,222	7,014 [4]	6,540	5.5
1985–86	4,020 [4]	3,756	7,930 [4]	7,408	3,724 [4]	3,479	7,347 [4]	6,864	5.0
1986–87	4,308 [4]	3,970	8,314 [4]	7,662	3,995 [4]	3,682	7,709 [4]	7,105	3.5
1987–88	4,654 [4]	4,240	8,624 [4]	7,857	4,310 [4]	3,927	7,987 [4]	7,276	2.4
1988–89	5,108	4,645	9,047	8,227	4,737	4,307	8,390	7,629	4.8
1989–90	5,547	4,980	9,377	8,418	5,172	4,643	8,743	7,849	2.9
1990–91	5,882	5,258	9,428	8,428	5,484	4,902	8,790	7,857	0.1
1991–92	6,072	5,421	9,431	8,420	5,626	5,023	8,739	7,802	-0.7
1992–93	6,279	5,584	9,457	8,410	5,802	5,160	8,739	7,771	-0.4
1993–94	6,489	5,767	9,526	8,467	5,994	5,327	8,799	7,821	0.6
1994–95	6,723	5,989	9,595	8,547	6,206	5,529	8,857	7,890	0.9
1995–96	6,959	6,147	9,669	8,540	6,441	5,689	8,949	7,904	0.2
1996–97	7,297	6,393	9,857	8,636	6,761	5,923	9,133	8,002	1.2
1997–98	7,701	6,676	10,220	8,860	7,139	6,189	9,475	8,214	2.7
1998–99	8,115	7,013	10,587	9,149	7,531	6,508	9,825	8,490	3.4
1999–2000	8,589	7,394	10,891	9,375	8,030	6,912	10,182	8,765	3.2
2000–01	9,180	7,904	11,254	9,690	8,572	7,380	10,508	9,048	3.2
2001–02	9,611	8,259	11,578	9,949	8,993	7,727	10,833	9,309	2.9
2002–03	9,950	8,610	11,729	10,149	9,296	8,044	10,958	9,482	1.9
2003–04	10,308	8,900	11,890	10,266	9,625	8,310	11,103	9,586	1.1
2004–05	10,779	9,316	12,070	10,432	10,078	8,711	11,286	9,754	1.8
2005–06	11,338	9,778	12,230	10,548	10,603	9,145	11,438	9,865	1.1
2006–07[5]	12,015	10,336	12,634	10,868	11,252	9,679	11,832	10,178	3.2
2007–08	12,744	10,981	12,922	11,134	11,950	10,297	12,117	10,441	2.6

—Not available.
[1]Data for 1919–20 to 1953–54 are based on school-year enrollment.
[2]Constant dollars based on the Consumer Price Index, prepared by the Bureau of Labor Statistics, U.S. Department of Labor, adjusted to a school-year basis.
[3]Excludes "Other current expenditures," such as community services, private school programs, adult education, and other programs not allocable to expenditures per student at public schools.
[4]Estimated.
[5]Revised from previously published figures.
NOTE: Beginning in 1980–81, state administration expenditures are excluded from both "total" and "current" expenditures. Current expenditures include instruction, student support services, food services, and enterprise operations. Total expenditures include current expenditures, capital outlay, and interest on debt. Beginning in 1988–89, extensive changes were made in the data collection procedures.
SOURCE: U.S. Department of Education, National Center for Education Statistics, *Biennial Survey of Education in the United States*, 1919–20 through 1955–56; *Statistics of State School Systems*, 1957–58 through 1969–70; *Revenues and Expenditures for Public Elementary and Secondary Education*, 1970–71 through 1986–87; and Common Core of Data (CCD), "National Public Education Financial Survey," 1987–88 through 2007–08. (This table was prepared August 2010.)

Table 191. Total and current expenditures per pupil in fall enrollment in public elementary and secondary education, by function and state or jurisdiction: 2007–08

State or jurisdiction	Current expenditures, capital expenditures, and interest on school debt: Total[1]	Current expenditures: Total	Current expenditures: Instruction	Student services: Total	Student services: Student support[4]	Student services: Instructional staff[5]	Student services: General administration	Student services: School administration	Student services: Operation and maintenance	Student services: Student transportation	Student services: Other support services	Food services	Enterprise operations[3]	Capital outlay[2]	Interest on school debt
1	2	3	4	5	6	7	8	9	10	11	12	13	14	15	16
United States	**$11,950**	**$10,297**	**$6,262**	**$3,621**	**$556**	**$515**	**$202**	**$576**	**$1,003**	**$438**	**$331**	**$390**	**$24**	**$1,336**	**$319**
Alabama	10,481	9,197	5,396	3,201	498	442	234	566	827	455	181	600	0	1,102	182
Alaska	17,299	14,641	8,528	5,672	1,053	767	217	891	1,795	444	505	381	60	2,348	311
Arizona	9,641	7,727	4,369	2,975	829	202	117	368	851	299	309	343	41	1,484	430
Arkansas	9,966	8,677	5,065	3,124	426	665	218	458	804	332	222	478	9	1,059	231
California	11,458	9,706	5,824	3,515	483	674	90	643	983	235	408	346	20	1,472	280
Colorado	11,061	9,152	5,299	3,520	428	495	175	644	878	280	620	284	49	1,452	458
Connecticut	16,530	14,610	9,166	4,952	888	463	308	832	1,408	713	341	366	126	1,641	280
Delaware	14,481	12,153	7,317	4,330	623	157	151	691	1,250	793	665	506	0	2,041	287
District of Columbia	20,066	16,353	8,776	6,827	930	884	454	773	1,723	1,121	942	751	0	3,714	0
Florida	11,626	9,084	5,473	3,219	415	609	83	513	973	381	244	392	0	2,240	308
Georgia	11,498	9,718	6,140	3,085	451	496	126	569	690	402	350	464	28	1,642	139
Hawaii	12,877	11,800	7,125	4,130	1,331	431	97	728	871	295	377	545	0	532	548
Idaho	8,525	6,951	4,238	2,376	396	286	157	392	656	339	150	336	1	1,349	225
Illinois	11,874	10,353	6,086	3,940	673	482	333	531	1,035	518	367	327	0	1,212	310
Indiana	10,040	8,867	4,819	3,689	371	938	163	464	963	501	289	359	0	953	222
Iowa	11,126	9,520	5,763	3,314	545	430	255	562	865	353	305	431	12	1,433	175
Kansas	11,009	9,883	5,941	3,495	561	467	304	567	944	399	253	447	0	794	333
Kentucky	10,076	8,740	5,181	3,041	377	475	190	479	806	517	197	500	18	1,121	219
Louisiana	11,329	10,006	5,891	3,570	437	517	245	540	995	563	273	545	0	1,174	151
Maine	12,696	11,761	7,535	3,837	530	500	224	644	1,218	536	187	388	0	703	233
Maryland	15,032	13,235	8,095	4,581	590	737	90	873	1,234	676	381	355	204	1,640	157
Massachusetts	14,240	13,667	8,891	4,389	764	630	243	571	1,237	588	356	386	0	295	279
Michigan	11,445	10,075	5,710	4,041	754	479	208	582	1,075	455	488	323	0	888	484
Minnesota	11,943	10,048	6,474	3,113	273	477	307	422	777	568	287	428	33	1,389	510
Mississippi	8,587	7,890	4,647	2,776	367	368	232	451	819	371	167	466	1	556	142
Missouri	11,070	9,532	5,718	3,390	448	442	291	541	950	495	222	425	0	1,207	333
Montana	10,941	9,786	5,900	3,470	543	369	280	534	1,056	458	231	399	17	1,044	114
Nebraska	12,287	10,565	6,798	3,063	410	348	351	524	911	297	222	418	286	1,475	247
Nevada	10,377	8,187	4,866	3,024	383	421	173	571	870	342	264	297	0	1,618	573
New Hampshire	13,007	11,951	7,711	3,902	819	364	399	645	1,047	510	118	337	0	816	241
New Jersey	18,971	17,620	10,471	6,642	1,666	577	404	1,186	1,794	924	90	356	151	1,096	255
New Mexico	10,798	9,291	5,345	3,562	957	309	206	553	944	330	263	379	5	1,507	0
New York	18,073	16,794	11,572	4,864	556	472	338	691	1,475	896	436	358	0	889	393
North Carolina	9,045	7,798	4,961	2,389	383	159	217	502	589	302	235	449	0	1,243	5
North Dakota	10,378	9,324	5,419	3,138	389	300	429	460	900	430	230	492	275	923	133
Ohio	11,982	10,340	5,911	4,084	620	658	309	586	965	491	457	343	1	1,393	264
Oklahoma	8,372	7,683	4,432	2,742	516	277	227	415	844	258	205	438	71	612	78
Oregon	11,156	9,565	5,584	3,643	662	397	143	604	811	419	608	333	4	1,099	493
Pennsylvania	13,712	11,741	7,131	4,158	584	455	349	520	1,236	588	425	404	48	1,439	534
Rhode Island	14,897	14,459	8,726	5,375	1,711	721	206	695	1,231	539	274	358	0	194	244
South Carolina	11,128	9,060	5,169	3,400	660	622	113	526	851	338	292	463	28	1,566	503
South Dakota	9,684	8,535	4,956	3,093	468	357	306	424	919	315	304	445	40	956	193
Tennessee	8,746	7,820	4,935	2,491	310	450	153	439	702	289	149	393	0	737	191
Texas	10,596	8,350	4,993	2,922	405	449	124	460	945	239	299	435	0	1,739	507
Utah	7,756	5,978	3,886	1,761	220	255	68	351	543	190	132	304	27	1,595	186
Vermont	15,465	14,421	9,073	4,966	1,057	559	333	978	1,214	479	345	376	6	895	150
Virginia	12,030	10,664	6,502	3,774	510	712	170	629	1,029	555	170	386	1	1,242	124
Washington	11,200	9,058	5,392	3,237	594	408	173	528	824	372	337	306	122	1,748	395
West Virginia	10,341	10,059	5,957	3,526	367	408	237	537	1,058	752	168	575	0	255	30
Wisconsin	12,312	10,791	6,560	3,851	494	527	274	541	1,017	408	590	380	0	750	775
Wyoming	17,478	13,856	8,195	5,232	806	880	267	760	1,357	648	514	425	4	3,603	31
Other jurisdictions															
American Samoa	—	—	—	—	—	—	—	—	—	—	—	—	—	—	—
Guam	—	—	—	—	—	—	—	—	—	—	—	—	—	—	—
Northern Marianas	4,703	4,535	3,532	446	40	88	162	19	0	116	20	49	508	168	0
Puerto Rico	6,647	6,483	4,391	1,617	417	135	110	0	642	203	111	475	0	157	10
U.S. Virgin Islands	13,789	12,358	7,019	4,667	792	383	291	624	1,144	1,018	415	622	50	1,430	0

—Not available.

[1]Excludes "Other current expenditures," such as community services, private school programs, adult education, and other programs not allocable to expenditures per pupil in public schools.

[2]Includes expenditures for property and for buildings and alterations completed by school district staff or contractors. Excludes capital outlay related to "Other current expenditures."

[3]Includes expenditures for operations funded by sales of products or services (e.g., school bookstore or computer time).

[4]Includes expenditures for health, attendance, and speech pathology services.

[5]Includes expenditures for curriculum development, staff training, libraries, and media and computer centers.

NOTE: Excludes expenditures for state education agencies. "0" indicates none or less than $0.50. Detail may not sum to totals because of rounding.

SOURCE: U.S. Department of Education, National Center for Education Statistics, Common Core of Data (CCD), "National Public Education Financial Survey," 2007–08. (This table was prepared June 2010.)

Table 192. Total and current expenditures per pupil in fall enrollment in public elementary and secondary education, by function and state or jurisdiction: 2006–07

State or jurisdiction	Current expenditures, capital expenditures, and interest on school debt														
		Current expenditures													
				Support services											
	Total[1]	Total	Instruction	Total	Student support[4]	Instructional staff[5]	General administration	School administration	Operation and maintenance	Student transportation	Other support services	Food services	Enterprise operations[3]	Capital outlay[2]	Interest on school debt
1	2	3	4	5	6	7	8	9	10	11	12	13	14	15	16
United States	**$11,252**	**$9,679**	**$5,901**	**$3,388**	**$512**	**$470**	**$190**	**$546**	**$951**	**$406**	**$315**	**$368**	**$22**	**$1,276**	**$299**
Alabama	9,514	8,398	4,916	2,928	445	410	220	520	760	401	173	554	0	928	188
Alaska	14,574	12,324	7,021	4,897	794	687	179	735	1,631	418	452	356	50	1,951	299
Arizona	8,878	7,316	4,448	2,546	519	174	116	358	804	274	300	323	0	1,351	212
Arkansas	9,694	8,391	4,966	2,985	397	600	217	451	802	306	211	437	4	1,079	224
California	10,762	8,952	5,379	3,233	426	595	86	602	916	219	388	321	19	1,558	252
Colorado	10,092	8,286	4,792	3,189	375	441	142	562	834	246	589	267	38	1,372	434
Connecticut	15,925	13,659	8,580	4,615	829	446	273	768	1,321	664	314	344	120	2,002	267
Delaware	14,098	11,760	7,048	4,201	597	162	145	659	1,173	744	722	511	0	2,081	256
District of Columbia	18,791	15,511	8,045	7,148	861	1,067	360	844	2,070	1,160	786	319	0	3,304	0
Florida	11,077	8,567	5,108	3,084	397	574	83	486	947	357	240	375	0	2,243	273
Georgia	10,597	9,102	5,744	2,895	427	476	117	543	658	364	309	438	26	1,395	101
Hawaii	12,358	11,316	6,700	4,123	1,353	393	116	757	1,013	201	291	494	0	514	551
Idaho	8,020	6,648	4,081	2,256	373	299	153	371	614	318	127	311	0	1,185	188
Illinois	10,859	9,596	5,651	3,635	624	442	317	496	952	472	331	310	0	983	281
Indiana	10,334	9,080	5,445	3,244	403	282	173	521	993	515	357	391	0	828	428
Iowa	10,311	8,791	5,290	3,089	503	407	238	530	806	318	286	401	11	1,355	165
Kansas	10,358	9,243	5,607	3,221	521	421	288	535	877	356	223	415	0	806	309
Kentucky	9,228	7,941	4,719	2,753	341	432	173	435	735	457	180	451	18	1,098	191
Louisiana	10,020	8,937	5,188	3,240	385	463	215	482	940	501	254	508	0	931	152
Maine	12,355	11,644	7,614	3,651	463	437	233	615	1,196	516	191	379	0	483	229
Maryland	13,544	11,989	7,355	4,107	507	649	90	789	1,128	605	339	331	197	1,409	146
Massachusetts	13,718	12,784	8,217	4,182	722	607	234	546	1,172	549	352	386	0	638	296
Michigan	11,368	9,876	5,605	3,964	734	488	204	584	1,057	428	469	308	0	1,022	471
Minnesota	11,379	9,589	6,191	2,964	260	440	301	407	740	530	286	404	30	1,270	523
Mississippi	8,195	7,459	4,385	2,633	342	356	216	425	800	336	158	441	1	595	142
Missouri	10,195	8,848	5,349	3,102	423	405	277	489	882	448	179	396	0	1,030	319
Montana	10,026	9,191	5,566	3,245	513	352	275	502	959	425	219	367	13	743	92
Nebraska	11,544	10,068	6,403	2,986	434	328	349	512	882	250	231	395	284	1,240	237
Nevada	10,016	7,796	4,727	2,800	283	229	150	522	793	298	525	269	0	1,731	491
New Hampshire	12,311	11,036	7,112	3,606	756	342	372	603	959	469	104	319	0	1,022	256
New Jersey	17,794	16,163	9,611	6,057	1,479	532	381	1,084	1,634	872	75	361	134	1,376	255
New Mexico	9,863	8,849	5,011	3,467	865	274	202	658	915	322	230	367	4	1,014	1
New York	16,981	15,546	10,740	4,464	500	433	302	631	1,351	828	419	343	0	1,047	391
North Carolina	8,950	7,878	4,887	2,570	444	321	142	518	629	308	208	421	0	1,025	47
North Dakota	9,721	8,671	5,025	2,914	370	282	409	428	835	381	208	460	272	933	126
Ohio	11,569	9,937	5,700	3,909	596	631	291	576	920	459	436	326	1	1,404	243
Oklahoma	8,157	7,430	4,307	2,633	478	278	209	398	834	233	203	420	70	651	77
Oregon	9,872	8,958	5,254	3,385	626	370	125	570	753	391	550	316	4	521	393
Pennsylvania	12,759	10,905	6,668	3,815	535	420	336	477	1,136	530	381	372	50	1,376	480
Rhode Island	13,964	13,453	8,103	5,005	1,560	628	167	680	1,146	505	318	345	0	281	231
South Carolina	10,744	8,507	4,905	3,146	602	582	113	487	795	306	260	428	28	1,784	454
South Dakota	9,104	8,064	4,682	2,927	444	345	289	403	866	285	295	417	38	870	170
Tennessee	7,872	7,129	4,547	2,225	248	398	145	403	651	259	121	357	0	579	165
Texas	9,756	7,850	4,673	2,771	382	426	121	437	901	216	288	406	0	1,447	459
Utah	7,099	5,709	3,606	1,763	213	255	72	353	557	188	125	307	32	1,231	163
Vermont	14,528	13,629	8,618	4,650	1,004	532	320	924	1,118	441	313	356	5	741	160
Virginia	11,600	10,214	6,253	3,554	490	674	147	598	978	506	161	405	2	1,245	141
Washington	10,484	8,524	5,061	3,055	554	389	165	500	790	348	310	288	120	1,588	373
West Virginia	9,959	9,727	5,774	3,405	348	393	248	518	1,035	703	161	547	0	192	41
Wisconsin	11,614	10,372	6,350	3,666	478	502	267	527	987	390	516	356	0	515	731
Wyoming	16,183	13,266	7,814	5,056	777	885	268	732	1,315	590	489	388	8	2,910	38
Other jurisdictions															
American Samoa	3,833	3,481	1,745	948	93	203	60	378	90	64	61	788	0	351	0
Guam	—	—	—	—	—	—	—	—	—	—	—	—	—	—	—
Northern Marianas	5,129	4,707	3,692	478	72	48	131	8	114	93	11	47	490	422	0
Puerto Rico	6,177	6,006	4,081	1,410	464	100	29	0	577	158	81	515	0	149	24
U.S. Virgin Islands	10,953	9,669	5,884	3,495	615	307	451	571	639	702	208	244	46	1,284	0

—Not available.
[1]Excludes "Other current expenditures," such as community services, private school programs, adult education, and other programs not allocable to expenditures per pupil in public schools.
[2]Includes expenditures for property and for buildings and alterations completed by school district staff or contractors. Excludes capital outlay related to "Other current expenditures."
[3]Includes expenditures for operations funded by sales of products or services (e.g., school bookstore or computer time).
[4]Includes expenditures for health, attendance, and speech pathology services.
[5]Includes expenditures for curriculum development, staff training, libraries, and media and computer centers.
NOTE: Excludes expenditures for state education agencies. "0" indicates none or less than $0.50. Some data have been revised from previously published figures. Detail may not sum to totals because of rounding.
SOURCE: U.S. Department of Education, National Center for Education Statistics, Common Core of Data (CCD), "National Public Education Financial Survey," 2006–07. (This table was prepared August 2010.)

Table 193. Current expenditure per pupil in fall enrollment in public elementary and secondary schools, by state or jurisdiction: Selected years, 1969–70 through 2007–08

State or jurisdiction	Unadjusted dollars													
	1969–70	1979–80	1989–90	1997–98	1998–99	1999–2000	2000–01	2001–02	2002–03	2003–04	2004–05	2005–06	2006–07	2007–08
1	2	3	4	5	6	7	8	9	10	11	12	13	14	15
United States	**$751**	**$2,088**	**$4,643**	**$6,189**	**$6,508**	**$6,912**	**$7,380**	**$7,727**	**$8,044**	**$8,310**	**$8,711**	**$9,145**	**$9,679**	**$10,297**
Alabama	512	1,520	3,144	4,849	5,188	5,638	5,885	6,029	6,300	6,581	7,073	7,683	8,398	9,197
Alaska	1,059	4,267	7,577	8,271	8,404	8,806	9,216	9,564	9,870	10,116	10,847	11,476	12,324	14,641
Arizona	674	1,865	3,717	4,595	4,672	5,030	5,521	5,851	6,283	5,999	6,307	6,515	7,316	7,727
Arkansas	511	1,472	3,229	4,708	4,956	5,277	5,568	6,276	6,482	6,842	7,659	8,030	8,391	8,677
California	833	2,227	4,502	5,644	5,801	6,314	6,987	7,405	7,552	7,673	7,905	8,301	8,952	9,706
Colorado	686	2,258	4,357	5,656	5,923	6,215	6,567	6,941	7,384	7,478	7,826	8,166	8,286	9,152
Connecticut	911	2,167	7,463	8,901	9,318	9,753	10,127	10,577	11,057	11,436	12,263	13,072	13,659	14,610
Delaware	833	2,587	5,326	7,420	7,706	8,310	8,958	9,285	9,693	10,212	10,911	11,621	11,760	12,153
District of Columbia	947	2,811	7,872	8,393	9,650	10,107	12,046	12,102	11,847	12,959	13,915	13,752	15,511	16,353
Florida	683	1,834	4,597	5,552	5,790	5,831	6,170	6,213	6,439	6,793	7,215	7,812	8,567	9,084
Georgia	539	1,491	4,000	5,647	6,092	6,437	6,929	7,380	7,774	7,742	8,065	8,595	9,102	9,718
Hawaii	792	2,086	4,130	5,858	6,081	6,530	6,596	7,306	8,100	8,533	8,997	9,876	11,316	11,800
Idaho	573	1,548	2,921	4,721	5,066	5,315	5,725	6,011	6,081	6,168	6,319	6,469	6,648	6,951
Illinois	816	2,241	4,521	6,242	6,762	7,133	7,631	7,956	8,287	8,606	8,896	9,113	9,596	10,353
Indiana	661	1,708	4,270	6,318	6,772	7,192	7,630	7,734	8,057	8,431	8,919	8,929	9,080	8,867
Iowa	798	2,164	4,190	5,998	6,243	6,564	6,930	7,338	7,574	7,626	7,962	8,355	8,791	9,520
Kansas	699	1,963	4,290	5,727	6,015	6,294	6,937	7,339	7,454	7,776	7,926	8,640	9,243	9,883
Kentucky	502	1,557	3,384	5,213	5,637	5,921	6,079	6,523	6,661	6,864	7,132	7,668	7,941	8,740
Louisiana	589	1,629	3,625	5,187	5,548	5,804	6,037	6,567	6,922	7,271	7,669	8,486	8,937	10,006
Maine	649	1,692	4,903	6,742	7,155	7,667	8,232	8,818	9,344	9,746	10,342	10,841	11,644	11,761
Maryland	809	2,293	5,573	7,034	7,326	7,731	8,260	8,692	9,153	9,433	10,031	10,909	11,989	13,235
Massachusetts	791	2,548	5,766	7,778	8,260	8,816	9,509	10,232	10,460	11,015	11,642	12,087	12,784	13,667
Michigan	841	2,495	5,090	7,050	7,432	8,110	8,278	8,653	8,781	9,094	9,338	9,575	9,876	10,075
Minnesota	855	2,296	4,698	6,388	6,814	7,190	7,645	7,736	8,109	8,405	8,718	9,159	9,589	10,048
Mississippi	457	1,568	2,934	4,288	4,565	5,014	5,175	5,354	5,792	6,199	6,548	7,173	7,459	7,890
Missouri	596	1,724	4,071	5,565	5,855	6,187	6,657	7,136	7,495	7,542	7,858	8,273	8,848	9,532
Montana	728	2,264	4,240	5,724	5,974	6,314	6,726	7,062	7,496	7,825	8,133	8,626	9,191	9,786
Nebraska	700	2,025	4,553	5,958	6,256	6,683	7,223	7,741	8,074	8,452	8,794	9,324	10,068	10,565
Nevada	706	1,908	3,816	5,295	5,587	5,760	5,807	6,079	6,092	6,410	6,804	7,177	7,796	8,187
New Hampshire	666	1,732	4,786	6,156	6,433	6,860	7,286	7,935	8,579	9,161	9,771	10,396	11,036	11,951
New Jersey	924	2,825	7,546	9,643	10,145	10,337	11,248	11,793	12,568	13,338	14,117	14,954	16,163	17,620
New Mexico	665	1,870	3,446	5,005	5,440	5,825	6,313	6,882	7,125	7,572	7,834	8,354	8,849	9,291
New York	1,194	2,950	7,051	8,852	9,344	9,846	10,716	11,218	11,961	12,638	13,703	14,615	15,546	16,794
North Carolina	570	1,635	4,018	5,257	5,656	6,045	6,340	6,495	6,562	6,613	7,098	7,396	7,878	7,798
North Dakota	662	1,941	3,899	5,056	5,442	5,667	6,125	6,709	6,870	7,333	8,279	8,728	8,671	9,324
Ohio	677	1,894	4,531	6,198	6,590	7,065	7,571	8,069	8,632	9,029	9,330	9,692	9,937	10,340
Oklahoma	554	1,810	3,293	5,033	5,303	5,395	6,019	6,229	6,092	6,154	6,610	6,941	7,430	7,683
Oregon	843	2,412	4,864	6,419	6,828	7,149	7,528	7,642	7,491	7,618	8,069	8,645	8,958	9,565
Pennsylvania	815	2,328	5,737	7,209	7,450	7,772	8,210	8,537	8,997	9,708	10,235	10,723	10,905	11,741
Rhode Island	807	2,340	5,908	7,928	8,294	8,904	9,315	9,703	10,349	11,078	11,667	12,609	13,453	14,459
South Carolina	567	1,597	3,769	5,320	5,656	6,130	6,631	7,017	7,040	7,177	7,549	8,120	8,507	9,060
South Dakota	656	1,781	3,511	4,669	5,259	5,632	6,191	6,424	6,547	7,068	7,464	7,775	8,064	8,535
Tennessee	531	1,523	3,405	4,937	5,123	5,383	5,687	5,948	6,118	6,466	6,850	7,004	7,129	7,820
Texas	551	1,740	3,835	5,444	5,685	6,288	6,539	6,771	7,136	7,151	7,246	7,480	7,850	8,350
Utah	595	1,556	2,577	3,969	4,210	4,378	4,674	4,899	4,838	4,991	5,216	5,464	5,709	5,978
Vermont	790	1,930	5,770	7,075	7,541	8,323	9,153	9,806	10,454	11,211	11,972	12,805	13,629	14,421
Virginia	654	1,824	4,690	6,065	6,350	6,841	7,281	7,496	7,822	8,219	8,886	9,452	10,214	10,664
Washington	853	2,387	4,382	6,040	6,110	6,376	6,750	7,039	7,252	7,391	7,717	7,984	8,524	9,058
West Virginia	621	1,749	4,020	6,323	6,677	7,152	7,534	7,844	8,319	8,588	9,024	9,440	9,727	10,059
Wisconsin	793	2,225	5,020	7,123	7,527	7,806	8,243	8,634	9,004	9,240	9,755	9,993	10,372	10,791
Wyoming	805	2,369	5,239	6,218	6,842	7,425	7,835	8,645	8,985	9,308	10,190	11,437	13,266	13,856
Other jurisdictions														
American Samoa	—	—	1,781	2,175	2,283	2,739	2,588	2,906	2,976	3,493	3,607	3,561	3,481	—
Guam	766	—	3,817	5,200	—	—	—	—	—	5,781	—	6,781	—	—
Northern Marianas	—	—	3,356	6,112	5,312	5,120	4,913	4,438	4,519	4,241	5,034	4,924	4,707	4,535
Puerto Rico	—	—	1,605	3,211	3,298	3,404	3,685	3,563	4,260	4,147	4,979	5,470	6,006	6,483
U.S. Virgin Islands	—	—	6,043	5,932	6,983	6,478	6,437	5,716	6,840	7,239	8,387	8,768	9,669	12,358

See notes at end of table.

Table 193. Current expenditure per pupil in fall enrollment in public elementary and secondary schools, by state or jurisdiction: Selected years, 1969–70 through 2007–08—Continued

State or jurisdiction	Constant 2008–09 dollars[1]													
	1969–70	1979–80	1989–90	1997–98	1998–99	1999–2000	2000–01	2001–02	2002–03	2003–04	2004–05	2005–06	2006–07	2007–08
1	16	17	18	19	20	21	22	23	24	25	26	27	28	29
United States	**$4,269**	**$5,775**	**$7,849**	**$8,214**	**$8,490**	**$8,765**	**$9,048**	**$9,309**	**$9,482**	**$9,586**	**$9,754**	**$9,865**	**$10,178**	**$10,441**
Alabama	2,907	4,204	5,315	6,436	6,768	7,149	7,215	7,263	7,425	7,592	7,921	8,288	8,831	9,325
Alaska	6,019	11,799	12,810	10,977	10,963	11,166	11,299	11,521	11,635	11,669	12,146	12,380	12,960	14,845
Arizona	3,832	5,157	6,284	6,098	6,096	6,378	6,769	7,049	7,406	6,920	7,062	7,028	7,693	7,835
Arkansas	2,903	4,070	5,459	6,248	6,465	6,692	6,826	7,560	7,641	7,892	8,577	8,662	8,824	8,798
California	4,736	6,156	7,612	7,491	7,569	8,006	8,566	8,921	8,902	8,851	8,852	8,955	9,413	9,842
Colorado	3,899	6,243	7,365	7,507	7,727	7,881	8,052	8,361	8,703	8,626	8,763	8,809	8,713	9,280
Connecticut	5,175	5,992	12,616	11,813	12,156	12,366	12,415	12,741	13,034	13,191	13,732	14,101	14,363	14,814
Delaware	4,736	7,152	9,004	9,847	10,053	10,536	10,982	11,185	11,426	11,780	12,218	12,536	12,366	12,322
District of Columbia	5,381	7,774	13,308	11,139	12,589	12,815	14,769	14,579	13,964	14,948	15,582	14,834	16,311	16,581
Florida	3,879	5,071	7,772	7,369	7,553	7,394	7,565	7,485	7,590	7,836	8,079	8,427	9,009	9,210
Georgia	3,062	4,123	6,762	7,495	7,948	8,162	8,494	8,890	9,164	8,931	9,032	9,272	9,571	9,853
Hawaii	4,500	5,769	6,982	7,774	7,934	8,280	8,086	8,802	9,548	9,843	10,075	10,654	11,900	11,965
Idaho	3,257	4,281	4,938	6,265	6,609	6,739	7,018	7,241	7,168	7,114	7,076	6,979	6,990	7,048
Illinois	4,635	6,197	7,643	8,284	8,822	9,044	9,355	9,585	9,768	9,928	9,961	9,831	10,090	10,498
Indiana	3,757	4,723	7,219	8,385	8,835	9,120	9,355	9,317	9,498	9,725	9,987	9,632	9,548	8,991
Iowa	4,535	5,984	7,083	7,961	8,145	8,323	8,496	8,840	8,927	8,797	8,915	9,013	9,245	9,653
Kansas	3,971	5,427	7,252	7,601	7,847	7,980	8,505	8,841	8,787	8,969	8,875	9,320	9,719	10,021
Kentucky	2,853	4,306	5,720	6,919	7,354	7,508	7,452	7,858	7,852	7,918	7,986	8,272	8,350	8,862
Louisiana	3,349	4,504	6,128	6,884	7,238	7,359	7,401	7,911	8,160	8,387	8,588	9,154	9,398	10,146
Maine	3,689	4,679	8,289	8,948	9,334	9,722	10,093	10,622	11,014	11,242	11,581	11,695	12,244	11,925
Maryland	4,598	6,339	9,422	9,336	9,557	9,803	10,126	10,471	10,789	10,881	11,233	11,767	12,607	13,420
Massachusetts	4,493	7,045	9,748	10,323	10,775	11,178	11,657	12,326	12,329	12,706	13,037	13,038	13,443	13,857
Michigan	4,782	6,900	8,605	9,356	9,696	10,283	10,149	10,424	10,350	10,490	10,457	10,329	10,385	10,215
Minnesota	4,858	6,350	7,942	8,477	8,890	9,117	9,372	9,319	9,558	9,695	9,763	9,880	10,083	10,188
Mississippi	2,595	4,337	4,959	5,691	5,955	6,357	6,344	6,449	6,828	7,151	7,333	7,738	7,843	8,000
Missouri	3,387	4,767	6,881	7,386	7,638	7,845	8,161	8,596	8,834	8,700	8,800	8,925	9,303	9,665
Montana	4,135	6,259	7,168	7,597	7,793	8,006	8,246	8,507	8,835	9,026	9,108	9,305	9,665	9,923
Nebraska	3,976	5,598	7,697	7,907	8,161	8,474	8,856	9,325	9,517	9,749	9,847	10,058	10,587	10,712
Nevada	4,010	5,276	6,451	7,027	7,289	7,303	7,119	7,323	7,181	7,394	7,619	7,742	8,198	8,301
New Hampshire	3,785	4,789	8,090	8,170	8,393	8,698	8,932	9,559	10,112	10,568	10,942	11,214	11,605	12,117
New Jersey	5,250	7,812	12,757	12,798	13,236	13,108	13,790	14,207	14,814	15,386	15,808	16,131	16,996	17,866
New Mexico	3,779	5,172	5,825	6,642	7,097	7,386	7,740	8,291	8,398	8,734	8,772	9,012	9,305	9,421
New York	6,787	8,158	11,920	11,748	12,191	12,485	13,137	13,513	14,099	14,578	15,345	15,765	16,348	17,029
North Carolina	3,241	4,522	6,793	6,976	7,379	7,665	7,773	7,824	7,735	7,628	7,948	7,978	8,284	7,907
North Dakota	3,764	5,368	6,592	6,709	7,099	7,185	7,509	8,082	8,098	8,459	9,271	9,415	9,118	9,454
Ohio	3,844	5,238	7,660	8,226	8,597	8,958	9,282	9,720	10,175	10,415	10,448	10,455	10,449	10,484
Oklahoma	3,147	5,004	5,567	6,679	6,918	6,840	7,379	7,504	7,181	7,099	7,402	7,488	7,813	7,790
Oregon	4,792	6,670	8,224	8,519	8,907	9,064	9,229	9,206	8,830	8,787	9,035	9,326	9,420	9,698
Pennsylvania	4,633	6,438	9,699	9,567	9,719	9,855	10,065	10,284	10,605	11,199	11,462	11,568	11,467	11,905
Rhode Island	4,584	6,471	9,988	10,522	10,821	11,291	11,420	11,688	12,199	12,779	13,065	13,601	14,146	14,661
South Carolina	3,223	4,417	6,372	7,060	7,379	7,773	8,130	8,453	8,298	8,278	8,454	8,759	8,945	9,187
South Dakota	3,729	4,924	5,936	6,197	6,861	7,141	7,590	7,738	7,717	8,153	8,358	8,387	8,479	8,654
Tennessee	3,017	4,212	5,756	6,553	6,684	6,825	6,972	7,165	7,211	7,459	7,671	7,556	7,497	7,929
Texas	3,132	4,810	6,483	7,226	7,417	7,973	8,017	8,157	8,412	8,248	8,114	8,069	8,254	8,466
Utah	3,382	4,303	4,356	5,267	5,492	5,551	5,730	5,902	5,702	5,757	5,841	5,895	6,003	6,062
Vermont	4,487	5,337	9,755	9,389	9,837	10,553	11,221	11,813	12,323	12,932	13,406	13,813	14,331	14,623
Virginia	3,719	5,044	7,928	8,049	8,284	8,674	8,926	9,030	9,220	9,481	9,950	10,196	10,741	10,813
Washington	4,848	6,600	7,409	8,016	7,971	8,085	8,275	8,480	8,549	8,526	8,641	8,613	8,963	9,184
West Virginia	3,531	4,835	6,796	8,392	8,710	9,068	9,237	9,449	9,806	9,906	10,105	10,184	10,228	10,199
Wisconsin	4,507	6,152	8,486	9,453	9,820	9,898	10,105	10,401	10,614	10,658	10,923	10,779	10,906	10,942
Wyoming	4,574	6,551	8,857	8,253	8,926	9,415	9,606	10,414	10,591	10,737	11,411	12,337	13,950	14,049
Other jurisdictions														
American Samoa	—	—	3,012	2,886	2,978	3,473	3,173	3,500	3,508	4,030	4,039	3,842	3,661	—
Guam	4,356	—	6,453	6,902	—	—	—	—	—	6,668	—	7,315	—	—
Northern Marianas	—	—	5,674	8,112	6,929	6,493	6,023	5,346	5,327	4,891	5,637	5,311	4,949	4,598
Puerto Rico	—	—	2,714	4,261	4,302	4,316	4,518	4,292	5,022	4,783	5,575	5,901	6,316	6,574
U.S. Virgin Islands	—	—	10,216	7,873	9,110	8,214	7,891	6,886	8,063	8,350	9,392	9,459	10,167	12,531

—Not available.

[1]Constant dollars based on the Consumer Price Index (CPI), prepared by the Bureau of Labor Statistics, U.S. Department of Labor, adjusted to a school-year basis. The CPI does not account for differences in inflation rates from state to state.

NOTE: Expenditures for state administration are excluded in all years except 1969–70 and 1979–80. Beginning in 1989–90, the survey was expanded and coverage of state expenditures for public school districts was improved. Some data have been revised from previously published figures.

SOURCE: U.S. Department of Education, National Center for Education Statistics, *Statistics of State School Systems*, 1969–70; *Revenues and Expenditures for Public Elementary and Secondary Schools*, 1979–80; and Common Core of Data (CCD), "National Public Education Financial Survey," 1989–90 through 2007–08. (This table was prepared August 2010.)

Table 194. Current expenditure per pupil in average daily attendance in public elementary and secondary schools, by state or jurisdiction: Selected years, 1959–60 through 2007–08

State or jurisdiction	Unadjusted dollars													
	1959–60	1969–70	1979–80	1989–90	1998–99	1999–2000	2000–01	2001–02	2002–03	2003–04	2004–05	2005–06	2006–07	2007–08
1	2	3	4	5	6	7	8	9	10	11	12	13	14	15
United States	**$375**	**$816**	**$2,272**	**$4,980**	**$7,013**	**$7,394**	**$7,904**	**$8,259**	**$8,610**	**$8,900**	**$9,316**	**$9,778**	**$10,336**	**$10,981**
Alabama	241	544	1,612	3,327	5,512	5,758	6,052	6,327	6,642	6,812	7,309	7,980	8,743	9,345
Alaska	546	1,123	4,728	8,431	9,209	9,668	9,998	10,419	10,770	11,074	11,851	12,537	13,508	16,002
Arizona	404	720	1,971	4,053	5,235	5,478	6,032	6,470	6,784	6,908	7,218	7,637	8,038	8,630
Arkansas	225	568	1,574	3,485	5,193	5,628	5,942	6,676	6,981	7,307	8,243	8,748	9,152	9,460
California	424[2]	867	2,268	4,391	6,045	6,401	7,063	7,439	7,601	7,708	7,989	8,416	9,029	9,673
Colorado	396	738	2,421	4,720	6,386	6,702	7,082	7,284	7,826	8,416	8,558	8,938	9,110	9,977
Connecticut	436	951	2,420	7,837	9,620	10,122	10,525	11,022	11,302	11,755	12,655	13,461	14,143	15,063
Delaware	456	900	2,861	5,799	8,336	8,809	9,720	9,959	10,257	11,049	11,770	12,330	12,612	12,789
District of Columbia	431	1,018	3,259	8,955	10,611	11,935	13,204	14,557	14,735	15,414	15,074	17,877	18,285	20,807
Florida	318	732	1,889	4,997	6,443	6,383	6,620	6,679	6,922	7,269	7,731	8,376	9,055	9,711
Georgia	253	588	1,625	4,275	6,534	6,903	7,431	7,870	8,308	8,278	8,577	9,164	9,615	10,263
Hawaii	325	841	2,322	4,448	6,648	7,090	7,106	7,919	8,770	9,341	9,705	10,747	12,364	12,774
Idaho	290	603	1,659	3,078	5,379	5,644	6,077	6,391	6,454	6,559	6,698	6,861	7,074	7,402
Illinois	438	909	2,587	5,118	7,676	8,084	8,659	8,967	9,309	9,710	10,020	10,282	10,816	11,624
Indiana	369	728	1,882	4,606	7,249	7,652	8,128	8,268	8,582	9,033	9,640	9,558	9,727	9,569
Iowa	368	844	2,326	4,453	6,548	6,925	7,340	7,714	7,943	8,017	8,341	8,460	8,789	9,128
Kansas	348	771	2,173	4,752	6,708	6,962	7,681	8,342	8,373	8,804	9,037	9,905	10,280	11,053
Kentucky	233	545	1,701	3,745	6,501	6,784	7,174	7,536	7,728	7,976	8,379	8,975	9,303	9,940
Louisiana	372	648	1,792	3,903	6,019	6,256	6,553	7,061	7,492	7,846	8,288	8,568	9,650	10,797
Maine	283	692	1,824	5,373	7,688	8,247	8,879	9,517	10,114	10,504	11,153	11,760	12,628	13,177
Maryland	393	918	2,598	6,275	7,865	8,273	8,833	9,266	9,801	10,140	10,790	11,719	12,836	14,099
Massachusetts	409	859	2,819	6,237	8,750	9,375	10,073	10,808	11,161	11,583	12,208	12,629	13,263	14,349
Michigan	415	904	2,640	5,546	8,142	8,886	9,031	9,428	9,847	10,049	10,328	10,598	10,932	11,155
Minnesota	425	904	2,387	4,971	7,183	7,499	7,960	8,050	8,440	8,934	9,273	9,761	10,185	10,650
Mississippi	206	501	1,664	3,094	4,871	5,356	5,535	5,719	6,186	6,601	6,994	7,699	7,988	8,448
Missouri	344	709	1,936	4,507	6,393	6,764	7,265	7,700	8,002	8,022	8,360	8,834	9,266	10,007
Montana	411	782	2,476	4,736	6,768	6,990	7,484	7,861	8,391	8,771	9,108	9,653	10,244	10,541
Nebraska	337	736	2,150	4,842	6,856	7,360	7,688	8,238	8,550	9,270	9,638	10,170	10,711	11,217
Nevada	430	769	2,088	4,117	5,934	6,148	6,150	6,477	6,496	6,780	7,198	7,720	8,372	8,891
New Hampshire	347	723	1,916	5,304	6,780	7,082	7,656	8,230	8,900	9,391	10,043	10,698	11,347	12,280
New Jersey	388	1,016	3,191	8,139	10,748	10,903	11,752	12,197	13,093	13,776	14,666	15,362	16,650	18,174
New Mexico	363	707	2,034	3,515	5,363	5,835	6,320	6,886	7,126	7,653	7,933	8,426	8,876	9,377
New York	562	1,327	3,462	8,062	10,514	10,957	11,887	12,343	13,211	13,926	15,054	16,095	17,182	18,423
North Carolina	237	612	1,754	4,290	6,088	6,505	6,817	6,970	7,057	7,114	7,628	7,940	8,373	8,415
North Dakota	367	690	1,920	4,189	5,820	6,078	6,467	7,112	7,315	7,791	8,776	9,239	9,203	9,637
Ohio	365	730	2,075	5,045	7,254	7,816	8,403	8,928	9,427	9,799	9,984	10,306	10,792	11,374
Oklahoma	311	604	1,926	3,508	5,684	5,770	6,458	6,672	6,540	6,599	7,086	7,449	7,968	8,270
Oregon	448	925	2,692	5,474	7,787	8,129	8,545	8,725	8,514	8,640	8,799	9,294	9,762	10,487
Pennsylvania	409	882	2,535	6,228	8,026	8,380	8,847	9,196	9,648	10,393	11,014	11,530	11,995	12,493
Rhode Island	413	891	2,601	6,368	9,049	9,646	10,116	10,552	11,377	12,279	12,685	13,917	14,674	15,843
South Carolina	220	613	1,752	4,082	6,003	6,545	7,210	7,549	7,759	7,893	8,302	8,795	9,226	9,823
South Dakota	347	690	1,908	3,731	5,613	6,037	6,581	6,890	7,192	7,607	7,960	8,273	8,506	9,047
Tennessee	238	566	1,635	3,664	5,521	5,837	6,108	6,476	6,674	7,047	7,426	7,580	7,843	8,459
Texas	332	624	1,916	4,150	6,161	6,771	7,039	7,302	7,714	7,711	7,814	8,085	8,484	9,029
Utah	322	626	1,657	2,764	4,478	4,692	5,029	5,294	5,247	5,427	5,654	5,809	6,116	6,841
Vermont	344	807	1,997	6,227	7,984	8,799	9,559	10,229	10,903	11,675	12,579	13,377	14,219	15,089
Virginia	274	708	1,970	4,672	6,129	6,491	7,664	7,928	8,300	8,761	9,441	10,046	10,913	11,410
Washington	420	915	2,568	4,702	6,595	6,914	7,312	7,626	7,882	8,051	8,362	8,702	9,233	9,846
West Virginia	258	670	1,920	4,360	7,189	7,637	8,148	8,451	9,025	9,076	9,321	9,756	10,080	10,605
Wisconsin	413	883	2,477	5,524	8,062	8,299	8,797	9,237	9,538	9,834	10,141	10,484	10,813	11,370
Wyoming	450	856	2,527	5,577	7,393	7,944	8,466	9,321	9,906	10,351	11,087	12,415	14,219	14,936
Other jurisdictions														
American Samoa	—	—	—	1,908	2,354	2,807	2,743	2,983	3,121	3,671	3,801	3,842	3,909	4,309
Guam	236	820	—	4,234	—	—	—	—	—	6,449	—	7,095	7,450	8,084
Northern Marianas	—	—	—	3,007	5,973	5,720	5,481	4,934	5,221	4,746	5,669	5,307	5,356	5,162
Puerto Rico	106	—	—	1,750	3,771	3,859	4,191	4,013	4,743	4,534	5,304	5,897	6,152	6,898
U.S. Virgin Islands	271	—	—	6,767	7,714	7,238	7,795	6,248	7,747	8,077	8,698	9,637	10,548	12,358

See notes at end of table.

Table 194. Current expenditure per pupil in average daily attendance in public elementary and secondary schools, by state or jurisdiction: Selected years, 1959–60 through 2007–08—Continued

State or jurisdiction	Constant 2008–09 dollars[1]													
	1959–60	1969–70	1979–80	1989–90	1998–99	1999–2000	2000–01	2001–02	2002–03	2003–04	2004–05	2005–06	2006–07	2007–08
1	16	17	18	19	20	21	22	23	24	25	26	27	28	29
United States	**$2,741**	**$4,637**	**$6,282**	**$8,418**	**$9,149**	**$9,375**	**$9,690**	**$9,949**	**$10,149**	**$10,266**	**$10,432**	**$10,548**	**$10,868**	**$11,134**
Alabama	1,762	3,091	4,457	5,625	7,190	7,302	7,420	7,622	7,829	7,858	8,185	8,608	9,193	9,475
Alaska	3,991	6,379	13,072	14,253	12,014	12,259	12,257	12,551	12,695	12,774	13,271	13,524	14,204	16,226
Arizona	2,948	4,092	5,449	6,852	6,829	6,946	7,395	7,793	7,997	7,969	8,082	8,238	8,452	8,751
Arkansas	1,645	3,226	4,353	5,892	6,774	7,136	7,284	8,043	8,229	8,429	9,231	9,437	9,624	9,592
California	3,098 [2]	4,928	6,270	7,423	7,886	8,116	8,659	8,962	8,960	8,891	8,946	9,079	9,495	9,808
Colorado	2,894	4,193	6,694	7,980	8,331	8,498	8,682	8,774	9,225	9,708	9,583	9,642	9,580	10,117
Connecticut	3,186	5,406	6,692	13,249	12,550	12,834	12,903	13,277	13,322	13,559	14,172	14,521	14,872	15,274
Delaware	3,329	5,115	7,911	9,803	10,875	11,169	11,917	11,997	12,091	12,746	13,180	13,301	13,262	12,968
District of Columbia	3,150	5,787	9,011	15,139	13,843	15,133	16,188	17,536	17,369	17,780	16,880	19,284	19,227	21,097
Florida	2,321	4,161	5,223	8,448	8,405	8,094	8,116	8,046	8,159	8,385	8,657	9,036	9,522	9,847
Georgia	1,852	3,341	4,494	7,227	8,524	8,753	9,110	9,480	9,792	9,549	9,604	9,885	10,110	10,406
Hawaii	2,371	4,776	6,420	7,520	8,673	8,990	8,712	9,540	10,337	10,774	10,867	11,593	13,001	12,952
Idaho	2,116	3,428	4,588	5,203	7,017	7,157	7,451	7,699	7,608	7,565	7,501	7,402	7,438	7,506
Illinois	3,203	5,168	7,152	8,652	10,013	10,250	10,616	10,802	10,972	11,200	11,221	11,092	11,374	11,786
Indiana	2,693	4,137	5,205	7,787	9,457	9,703	9,965	9,960	10,116	10,420	10,795	10,310	10,228	9,703
Iowa	2,686	4,797	6,433	7,528	8,543	8,781	8,999	9,292	9,363	9,247	9,340	9,126	9,241	9,255
Kansas	2,540	4,381	6,008	8,033	8,751	8,828	9,417	10,049	9,870	10,156	10,119	10,685	10,809	11,208
Kentucky	1,703	3,098	4,704	6,332	8,481	8,602	8,795	9,078	9,110	9,200	9,383	9,681	9,782	10,079
Louisiana	2,717	3,682	4,955	6,599	7,852	7,932	8,034	8,506	8,831	9,051	9,281	9,243	10,148	10,947
Maine	2,065	3,935	5,042	9,083	10,030	10,457	10,885	11,465	11,922	12,117	12,489	12,686	13,279	13,361
Maryland	2,869	5,218	7,183	10,609	10,261	10,490	10,830	11,162	11,553	11,696	12,083	12,642	13,497	14,295
Massachusetts	2,987	4,882	7,795	10,544	11,416	11,887	12,349	13,020	13,156	13,361	13,671	13,623	13,946	14,549
Michigan	3,033	5,137	7,301	9,376	10,622	11,267	11,071	11,358	11,607	11,591	11,565	11,433	11,495	11,310
Minnesota	3,106	5,135	6,600	8,403	9,371	9,509	9,759	9,698	9,949	10,306	10,384	10,529	10,710	10,799
Mississippi	1,504	2,846	4,600	5,230	6,355	6,791	6,785	6,890	7,292	7,615	7,832	8,305	8,399	8,566
Missouri	2,513	4,026	5,354	7,619	8,341	8,577	8,906	9,275	9,432	9,253	9,361	9,530	9,743	10,146
Montana	3,001	4,443	6,848	8,007	8,830	8,863	9,175	9,470	9,891	10,117	10,200	10,413	10,771	10,688
Nebraska	2,462	4,185	5,945	8,185	8,944	9,332	9,425	9,923	10,078	10,693	10,793	10,970	11,263	11,373
Nevada	3,144	4,372	5,774	6,960	7,742	7,795	7,540	7,803	7,657	7,820	8,061	8,327	8,804	9,015
New Hampshire	2,537	4,109	5,297	8,967	8,845	8,980	9,386	9,915	10,491	10,832	11,247	11,540	11,931	12,452
New Jersey	2,831	5,775	8,824	13,760	14,022	13,824	14,408	14,693	15,433	15,891	16,423	16,571	17,508	18,428
New Mexico	2,649	4,018	5,623	5,942	6,997	7,398	7,748	8,295	8,399	8,828	8,883	9,089	9,333	9,507
New York	4,103	7,539	9,573	13,628	13,717	13,893	14,573	14,869	15,573	16,063	16,858	17,362	18,067	18,680
North Carolina	1,733	3,480	4,851	7,253	7,942	8,248	8,358	8,397	8,319	8,207	8,542	8,566	8,805	8,532
North Dakota	2,679	3,919	5,310	7,082	7,593	7,707	7,928	8,568	8,623	8,986	9,827	9,966	9,678	9,771
Ohio	2,667	4,148	5,736	8,528	9,464	9,911	10,302	10,755	11,112	11,303	11,180	11,117	11,348	11,533
Oklahoma	2,275	3,435	5,327	5,930	7,415	7,316	7,917	8,037	7,709	7,612	7,935	8,035	8,379	8,386
Oregon	3,275	5,255	7,443	9,255	10,159	10,307	10,476	10,511	10,035	9,966	9,853	10,025	10,265	10,634
Pennsylvania	2,991	5,010	7,009	10,529	10,470	10,626	10,846	11,077	11,372	11,989	12,334	12,438	12,613	12,667
Rhode Island	3,020	5,064	7,192	10,765	11,805	12,231	12,401	12,711	13,411	14,164	14,205	15,012	15,431	16,064
South Carolina	1,608	3,481	4,844	6,900	7,831	8,299	8,840	9,094	9,146	9,104	9,296	9,488	9,702	9,960
South Dakota	2,534	3,920	5,275	6,308	7,323	7,654	8,069	8,299	8,478	8,774	8,914	8,924	8,944	9,173
Tennessee	1,739	3,217	4,522	6,194	7,203	7,401	7,488	7,802	7,867	8,128	8,316	8,177	8,247	8,577
Texas	2,428	3,547	5,297	7,017	8,038	8,586	8,629	8,797	9,093	8,895	8,750	8,722	8,921	9,155
Utah	2,356	3,559	4,581	4,672	5,842	5,950	6,166	6,377	6,185	6,260	6,331	6,267	6,431	6,937
Vermont	2,513	4,587	5,522	10,527	10,416	11,157	11,719	12,322	12,851	13,468	14,086	14,430	14,952	15,299
Virginia	2,003	4,022	5,447	7,897	7,995	8,230	9,396	9,551	9,783	10,105	10,572	10,837	11,475	11,570
Washington	3,071	5,201	7,101	7,949	8,604	8,766	8,964	9,187	9,291	9,287	9,364	9,388	9,709	9,983
West Virginia	1,888	3,807	5,310	7,372	9,378	9,683	9,989	10,180	10,638	10,470	10,437	10,524	10,600	10,753
Wisconsin	3,017	5,016	6,848	9,338	10,518	10,522	10,785	11,127	11,242	11,343	11,356	11,309	11,370	11,529
Wyoming	3,290	4,864	6,986	9,429	9,645	10,073	10,378	11,228	11,677	11,939	12,415	13,392	14,952	15,145
Other jurisdictions														
American Samoa	—	—	—	3,225	3,071	3,559	3,363	3,593	3,678	4,235	4,256	4,144	4,110	4,369
Guam	1,727 [2]	4,658	—	7,158	—	—	—	—	—	7,439	—	7,653	7,834	8,197
Northern Marianas	—	—	—	5,084	7,793	7,253	6,719	5,944	6,154	5,474	6,349	5,725	5,632	5,234
Puerto Rico	776	—	—	2,958	4,919	4,893	5,138	4,834	5,590	5,230	5,939	6,362	6,469	6,995
U.S. Virgin Islands	1,977	—	—	11,441	10,064	9,177	9,556	7,526	9,132	9,317	9,741	10,395	11,091	12,531

—Not available.

[1]Constant dollars based on the Consumer Price Index (CPI), prepared by the Bureau of Labor Statistics, U.S. Department of Labor, adjusted to a school-year basis. The CPI does not account for differences in inflation rates from state to state.

[2]Estimated by the National Center for Education Statistics.

NOTE: State administration expenditures are excluded in all years except 1959–60, 1969–70, and 1979–80. Beginning in 1989–90, extensive changes were made in the data collection procedures. There are discrepancies in average daily attendance reporting practices from state to state. Some data have been revised from previously published figures.

SOURCE: U.S. Department of Education, National Center for Education Statistics, *Statistics of State School Systems*, 1959–60 and 1969–70; *Revenues and Expenditures for Public Elementary and Secondary Education*, 1979–80; and Common Core of Data (CCD), "National Public Education Financial Survey," 1989–90 through 2007–08. (This table was prepared November 2010.)

CHAPTER 3
Postsecondary Education

Postsecondary education includes an array of diverse educational experiences offered by American colleges and universities and technical and vocational institutions. For example, a community college may offer vocational training or the first 2 years of training at the college level. A university typically offers a full undergraduate course of study leading to a bachelor's degree, as well as first-professional and graduate programs leading to advanced degrees. Vocational and technical institutions offer training programs that are designed to prepare students for specific careers.

This chapter provides an overview of the latest statistics on postsecondary education, which includes academic, career and technical, and continuing professional education programs after high school. However, to maintain comparability over time, most of the data in the *Digest* are for degree-granting institutions, which are defined as postsecondary institutions that grant an associate's or higher degree and whose students are eligible to participate in the Title IV federal financial aid programs.[1] Degree-granting institutions include almost all 2- and 4-year colleges and universities; they exclude institutions offering only career and technical programs of less than 2 years' duration and continuing education programs. The degree-granting institution classification is very similar to the higher education institution classification that the National Center for Education Statistics (NCES) used prior to 1996–97.[2] This chapter highlights historical data that enable the reader to observe long-range trends in college education in America.

Other chapters provide related information on postsecondary education. Data on price indexes and on the number of degrees held by the general population are shown in chapter 1. Chapter 4 contains tabulations on federal funding for postsecondary education. Information on employment outcomes for college graduates is shown in chapter 5. Chapter 7 contains data on college libraries as well as non-postsecondary educational opportunities for adults. Further information on survey methodologies is presented in Appendix A: Guide to Sources and in the publications cited in the table source notes.

Enrollment

Enrollment in degree-granting institutions increased by 9 percent between 1989 and 1999 (table 197 and figure 11). Between 1999 and 2009, enrollment increased 38 percent, from 14.8 million to 20.4 million. Much of the growth between 1999 and 2009 was in full-time enrollment; the number of full-time students rose 45 percent, while the number of part-time students rose 28 percent. During the same time period, the number of females rose 40 percent, while the number of males rose 35 percent. Enrollment increases can be affected both by population growth and by rising rates of enrollment. Between 1999 and 2009, the number of 18- to 24-year-olds increased from 26.7 million to 30.4 million, an increase of 14 percent (table 20), and the percentage of 18- to 24-year-olds enrolled in college rose from 36 percent in 1999 to 41 percent in 2009 (table 212). In addition to enrollment in accredited 2-year colleges, 4-year colleges, and universities, about 472,000 students attended non-degree-granting, Title IV eligible, postsecondary institutions in fall 2008 (table 195).

In recent years, the percentage increase in the number of students age 25 and over has been larger than the percentage increase in the number of younger students, and this pattern is expected to continue (table 199 and figure 13). Between 2000 and 2009, the enrollment of students under age 25 increased by 27 percent. Enrollment of students 25 and over rose 43 percent during the same period. From 2010 to 2019, NCES projects a rise of 9 percent in enrollments of students under 25, and a rise of 23 percent in enrollments of students 25 and over.

[1] Title IV programs, which are administered by the U.S. Department of Education, provide financial aid to postsecondary students.

[2] Included among degree-granting institutions are some institutions (primarily 2-year colleges) that were not previously designated as higher education institutions. Excluded from degree-granting institutions are a few institutions that were previously designated as higher education institutions even though they did not award an associate's or higher degree. Institutions of higher education were accredited by an agency or association that was recognized by the U.S. Department of Education, or recognized directly by the Secretary of Education. Institutions of higher education offered courses that led to an associate's or higher degree, or were accepted for credit towards a degree.

Enrollment trends have differed at the undergraduate and postbaccalaureate levels (which include graduate and first-professional programs). Undergraduate enrollment generally increased during the 1970s, but dipped from 10.8 million to 10.6 million between 1983 and 1985 (table 213). From 1985 to 1992, undergraduate enrollment increased each year, rising 18 percent before stabilizing between 1992 and 1998. Undergraduate enrollment rose 39 percent between 1999 and 2009. Postbaccalaureate enrollment had been steady at about 1.6 million in the late 1970s and early 1980s, but rose about 73 percent between 1985 and 2009 (table 214).

Since 1988, the number of females in postbaccalaureate programs has exceeded the number of males (table 214). Between 1999 and 2009, the number of male full-time postbaccalaureate students increased by 36 percent, compared with a 63 percent increase in the number of females. Among part-time postbaccalaureate students, the number of males increased by 14 percent and the number of females increased by 26 percent.

Eleven percent of undergraduates reported having a disability in 2007–08, similar to the percentage in 2003–04 (table 240). In 2007–08, the percentages of undergraduates who were male (43 percent) and female (57 percent) were the same for undergraduates reporting disabilities as for those not reporting disabilities. There were some differences in characteristics such as race/ethnicity, age, dependency status, and veteran status between undergraduates reporting disabilities and those without disabilities in 2007–08. For example, White students made up a larger percentage of undergraduates reporting disabilities than of undergraduates without disabilities (66 percent vs. 61 percent). Undergraduates under age 24 made up a smaller percentage of those reporting disabilities than of those not reporting disabilities (54 percent vs. 60 percent). A smaller percentage of undergraduates who reported disabilities than of those without disabilities were dependents (47 percent vs. 54 percent). About 4 percent of undergraduates who reported disabilities were veterans, compared with 3 percent of those who did not report disabilities.

The percentage of American college students who are Hispanic, Asian/Pacific Islander, and Black has been increasing (table 235). From 1976 to 2009, the percentage of Hispanic students rose from 3 percent to 12 percent, the percentage of Asian/Pacific Islander students rose from 2 percent to 7 percent, and the percentage of Black students rose from 9 percent to 14 percent. During the same period, the percentage of White students fell from 83 percent to 62 percent. Nonresident aliens, for whom race/ethnicity is not reported, made up 3 percent of the total enrollment in 2009.

Despite the sizable numbers of small degree-granting colleges, most students attend larger colleges and universities. In fall 2009, some 39 percent of institutions had fewer than 1,000 students; however, these campuses enrolled 4 percent of all college students (table 244). While 13 percent of the campuses enrolled 10,000 or more students, they accounted for 59 percent of total college enrollment.

In 2009, the five postsecondary institutions with the highest enrollment were University of Phoenix, Online Campus, with 380,232 students; Kaplan University, with 71,011 students; Arizona State University, with 68,064 students; Miami-Dade College, with 59,120 students; and Ohio State University, with 55,014 (table 246).

Faculty, Staff, and Salaries

Approximately 3.7 million people were employed in colleges and universities in fall 2009, including 2.8 million professional and 0.9 million nonprofessional staff (table 255). In fall 2009, there were 1.4 million faculty members in degree-granting institutions, including 0.7 million full-time and 0.7 million part-time faculty. The proportion of executive, administrative, and managerial staff was 6 percent in 2009, compared to 5 percent in 1976 (table 254). The proportion of other non-teaching professional staff rose from 10 percent in 1976 to 21 percent in 2009, while the proportion of nonprofessional staff (including technical and paraprofessional, clerical and secretarial, skilled crafts, and service and maintenance staff) declined from 42 percent to 25 percent. The full-time-equivalent (FTE) student/FTE staff ratio at colleges and universities was about the same in 2009 as in 1976 (5.4 in both years). The FTE student/FTE faculty ratio was lower in 2009 (16.0) than in 1976 (16.6).

Colleges and universities differ in their practices of employing part-time and full-time staff. In fall 2009, some 47 percent of the employees at public 2-year colleges were employed full time, compared with 68 percent at public 4-year colleges and universities, 67 percent at private 4-year colleges and universities, and 65 percent at private 2-year colleges (table 255). A higher percentage of the faculty at public 4-year colleges and universities were employed full time (68 percent) than at private 4-year colleges and universities (48 percent), private 2-year colleges (44 percent), or public 2-year colleges (30 percent). In general, the number of full-time staff has been growing at a slower rate than the number of part-time staff (table 253). Between 1999 and 2009, the number of full-time staff increased by 24 percent, compared to an increase of 39 percent in the number of part-time staff. Most of the increase in the part-time staff was due to the increase in the number of part-time faculty (63 percent) and graduate assistants (43 percent) during this time period.

In fall 2009, some 7 percent of college and university faculty were Black (based on a faculty count that excludes persons whose race/ethnicity was unknown), 6 percent were Asian/Pacific Islander, 4 percent were Hispanic, and 1 percent were American Indian/Alaska Native (table 256). About 79 percent of all faculty were White; 42 percent were White males and 37 percent were White females. Staff who were Black, Hispanic, Asian/Pacific Islander, or American Indian/Alaska Native made up about 19 percent of executive, administrative, and managerial staff in 2009 and about 33 percent of nonprofessional staff. The proportion of total staff made up of Blacks, Hispanics, Asians/Pacific Islanders, and American Indians/Alaska Natives was similar at public 4-year colleges (23 percent), private 4-year colleges (22 percent), and public 2-year colleges (23 percent), but the proportion at private 2-year colleges (31 percent) was slightly higher.

On average, full-time instructional faculty and staff spent 58 percent of their time teaching in 2003 (table 261). Research and scholarship accounted for 20 percent of their time, and 22 percent was spent on other activities (administration, professional growth, etc.).

Faculty salaries generally lost purchasing power in the period from 1970–71 to 1980–81, during which average salaries for faculty on 9-month contracts declined by 16 percent after adjustment for inflation (table 267). During the 1980s, average salaries rose and recouped most of the losses. Between 1999–2000 and 2009–10, there was a further increase in average faculty salaries, resulting in an average salary in 2009–10 that was about 8 percent higher than the average salary in 1970–71, after adjustment for inflation. The average salary in current dollars for males in 2009–10 ($80,885) was higher than the average salary for females ($66,653). Between 1999–2000 and 2009–10, the average salary for males increased by 5 percent and the average salary for females increased by 6 percent, after adjustment for inflation.

The percentage of faculty with tenure has declined in recent years. Of those faculty at institutions with tenure systems, about 49 percent of full-time instructional faculty had tenure in 2009–10, compared with 56 percent in 1993–94 (table 274). Also, the percentage of institutions with tenure systems in 2009–10 (48 percent) was lower than in 1993–94 (63 percent). Part of this change was due to the expansion in the number of for-profit institutions, relatively few of which have tenure systems (1.5 percent in 2009–10). At institutions with tenure systems, a difference was observed between males and females in the percentage of full-time instructional faculty having tenure. Fifty-five percent of males had tenure in 2009–10, compared with 41 percent of females. About 51 percent of full-time instructional faculty had tenure at public and private for-profit institutions with tenure systems, compared with 44 percent at private not-for-profit institutions with tenure systems in 2009–10.

Degrees

During the 2009–10 academic year, 4,495 accredited institutions offered degrees at the associate's degree level or above (table 276). These included 1,672 public institutions, 1,624 private not-for-profit institutions, and 1,199 private for-profit institutions. Of the 4,495 institutions, 2,774 awarded degrees at the bachelor's or higher level, and 1,721 offered associate's degrees as their highest award. Institutions awarding various degrees in 2008–09 numbered 2,786 for associate's degrees, 2,348 for bachelor's degrees, 1,777 for master's degrees, and 737 for doctor's degrees (table 289).

Growing numbers of people are completing college degrees. Between 1998–99 and 2008–09, the number of associate's, bachelor's, master's, first-professional, and doctor's degrees that were conferred rose (table 279). During this period, associate's degrees increased by 41 percent, bachelor's degrees increased by 33 percent, master's degrees increased by 49 percent, first-professional degrees increased by 17 percent, and doctor's degrees increased by 54 percent. Since the mid-1980s, more females than males have earned associate's, bachelor's, and master's degrees. In 2006–07, 2007–08, and 2008–09, the number of females earning doctor's degrees exceeded the number of males. Also, the number of females receiving degrees has increased at a faster rate than the number of males. Between 1998–99 and 2008–09, the number of bachelor's degrees awarded to males increased by 32 percent, while the number awarded to females increased by 34 percent. The number of males earning doctor's degrees rose 28 percent between 1998–99 and 2008–09, while the number of females earning doctor's degrees rose 87 percent. In addition to degrees awarded at the associate's and higher levels, 806,000 certificates were awarded by postsecondary institutions participating in federal Title IV financial aid programs in 2008–09 (table 292).

Of the 1,601,000 bachelor's degrees conferred in 2008–09, the greatest numbers of degrees were conferred in the fields of business (348,000); social sciences and history (169,000); health sciences (120,000); and education (102,000) (table 282). At the master's degree level, the greatest numbers of degrees were conferred in the fields of education (179,000) and business (168,000) (table 283). At the doctor's degree level, the greatest number of degrees were conferred in the fields of health professions and related clinical sciences (12,100); education (9,000); engineering (7,900); biological and biomedical sciences (7,000); psychology (5,500); and physical sciences (5,000) (table 284).

In recent years, the numbers of bachelor's degrees conferred have followed patterns that differed significantly by field of study. While the number of degrees conferred increased by 33 percent overall between 1998–99 and 2008–09, there was substantial variation among the different fields of study, as well as shifts in the patterns of change during this time period (table 282). The number of bachelor's degrees conferred in the combined fields of engineering and engineering technologies increased 8 percent between 1998–99 and 2003–04, and then increased a further 8 percent between 2003–04 and 2008–09 (table 282 and figure 15). In contrast, the number of degrees conferred in the health professions declined by 13 percent between 1998–99 and 2003–04, but then rose 63 percent between 2003–04 and 2008–09. Similarly, the number of degrees conferred in biological sciences was 5 percent lower in 2003–04 than in 1998–99, but then increased by 31 percent between 2003–04 and 2008–09; and the number conferred in the physical sciences was 2 percent lower in 2003–04 than in 1998–99, but then increased by 25 percent between 2003–04 and 2008–09. Some technical fields experienced a contrasting pattern. After an increase of 95 percent between

1998–99 and 2003–04, the number of degrees conferred in computer and information sciences decreased by 36 percent between 2003–04 and 2008–09. Other fields with sizable numbers of degrees (over 5,000 in 2003–04) that showed increases of over 30 percent between 2003–04 and 2008–09 included security and protective services (48 percent) and parks, recreation, and leisure studies (43 percent).

Approximately 57 percent of first-time students seeking a bachelor's degree or its equivalent and attending a 4-year institution full time in 2002 completed a bachelor's degree or its equivalent at that institution within 6 years (table 341). This graduation rate was calculated as the total number of completers within the specified time to degree attainment divided by the cohort of students who first enrolled at that institution in the 2002–03 academic year. Graduation rates were higher at private not-for-profit institutions than at public or private for-profit institutions. The 6-year graduation rate for the 2002 cohort at private not-for-profit institutions was 65 percent, compared with 55 percent at public institutions and 22 percent at private for-profit institutions. Graduation rates also varied by race/ethnicity. At 4-year institutions overall, the 6-year graduation rate for Asians/Pacific Islanders in the 2002 cohort was 67 percent, compared with 60 percent for Whites, 49 percent for Hispanics, 40 percent for Blacks, and 38 percent for American Indians/Alaska Natives.

Finances and Financial Aid

For the 2009–10 academic year, annual prices for undergraduate tuition, room, and board were estimated to be $12,804 at public institutions and $32,184 at private institutions (table 345). Between 1999–2000 and 2009–10, prices for undergraduate tuition, room, and board at public institutions rose 37 percent, and prices at private institutions rose 25 percent, after adjustment for inflation.

In 2007–08, about 80 percent of full-time undergraduate students received financial aid (grants, loans, work-study, or aid of multiple types) (table 349). About 63 percent of full-time undergraduates received federal financial aid in 2007–08, and 63 percent received aid from nonfederal sources. (Some students receive aid from both federal and nonfederal sources.) Section 484(r) of the Higher Education Act of 1965, as amended, suspends a student's eligibility for Title IV federal financial aid if the student is convicted of certain drug-related offenses that were committed while the student was receiving Title IV aid. Less than 0.1 percent of postsecondary students had their eligibility to receive aid suspended for 2009–10 (table C).

Table C. Postsecondary students denied access to Title IV financial aid because eligibility was suspended due to a drug-related conviction: 2009–10

Suspension status	Number of applications	Percentage distribution
Total	**19,490,666**	**100.00**
No suspension of eligibility	19,487,370	99.98
Suspension of eligibility		
For part of award year (suspension ends during year)	666	#
For full award year		
Due to conviction	1,751	0.01
Due to failure to report conviction status on aid application form	879	#

#Rounds to zero.
NOTE: It is not possible to determine whether a student who lost eligibility due to a drug conviction otherwise would have received Title IV aid, since there are other reasons why an applicant may not receive aid. Detail may not sum to totals because of rounding.
SOURCE: U.S. Department of Education, Federal Student Aid, Free Application for Federal Student Aid (FAFSA), unpublished data.

In 2008–09, average total expenditures per full-time-equivalent (FTE) student at public degree-granting colleges were $27,135 (table 373). This total reflects an increase of about 6 percent between 2003–04 and 2008–09, after adjustment for inflation. In 2008–09, public 4-year colleges had average total expenditures per FTE student of $36,707, compared with $12,153 at public 2-year colleges. At private not-for-profit colleges, total expenditures per FTE student rose 16 percent between 1998–99 and 2008–09, after adjustment for inflation (table 375). In 2008–09, total expenditures per FTE student at private not-for-profit colleges were $45,853; they averaged $46,080 at 4-year colleges and $19,129 at 2-year colleges. The expenditures per FTE student at private for-profit institutions were $12,848 in 2008–09, which was about 1 percent higher than in 1999–2000, after adjustment for inflation (table 377). The difference between average expenditures per FTE student at private for-profit 4-year colleges ($12,654) and private for-profit 2-year colleges ($13,498) was relatively small compared to the differences between 2-year and 4-year public and private not-for-profit colleges.

As of June 30, 2009, the market value of the endowment funds of colleges and universities was $326 billion, reflecting a decrease of 21 percent compared to 2008, when the total was $413 billion. In 2009, the 120 colleges with the largest endowments accounted for $243 billion, or about three-fourths of the national total (table 372). The five colleges with the largest endowments in 2009 were Harvard University ($26 billion), Yale University ($16 billion), Princeton University ($13 billion), Stanford University ($13 billion), and the University of Texas System ($11 billion).

Figure 11. Enrollment, degrees conferred, and expenditures in degree-granting institutions: Fall 1960 through fall 2009 and 1960–61 through 2009–10

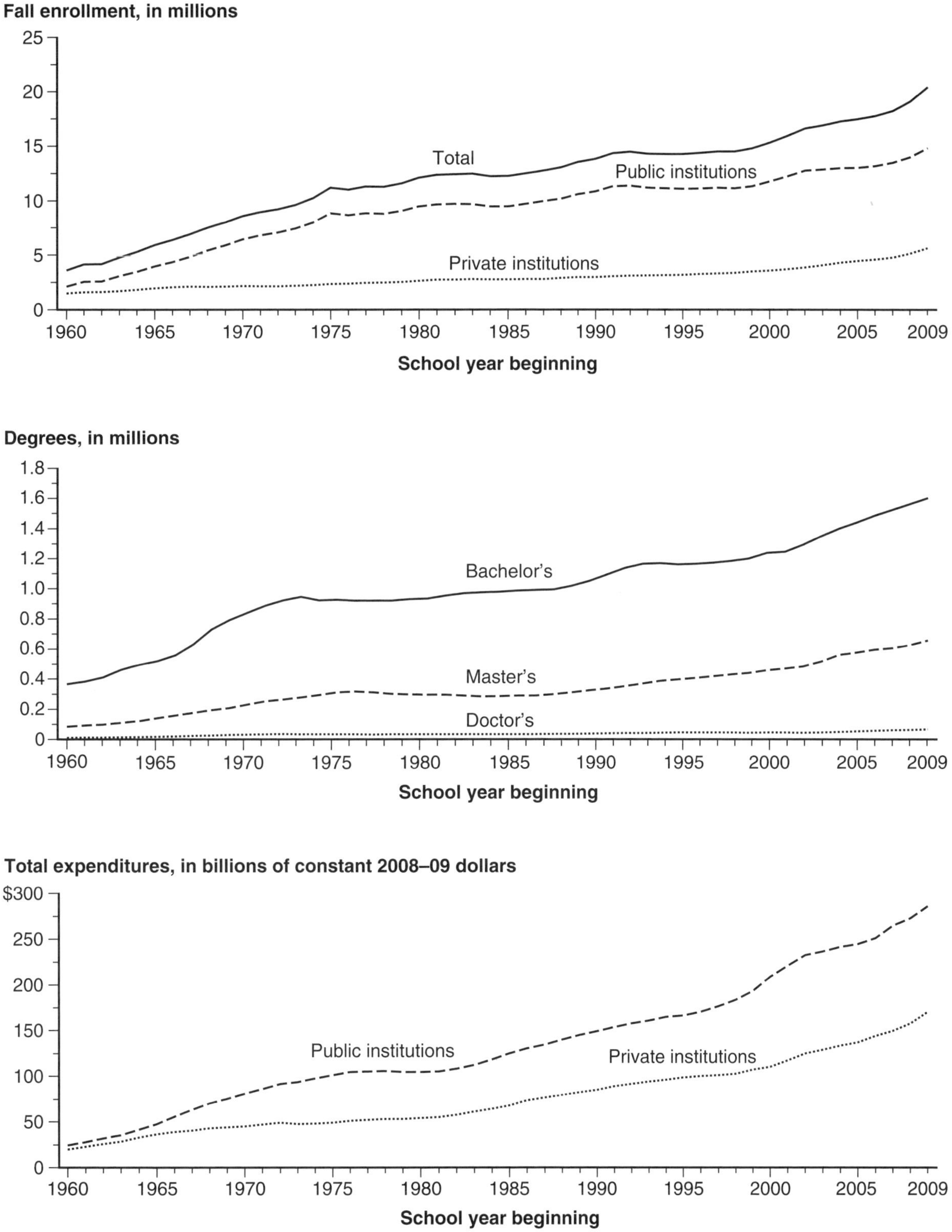

NOTE: Expenditure data for school years 2008 and 2009 (2008–09 and 2009–10) are estimated. Degree data for school year 2009 are projected.
SOURCE: U.S. Department of Education, National Center for Education Statistics, *Opening Fall Enrollment in Higher Education,* 1960 through 1965; *Financial Statistics of Higher Education,* 1959–60 through 1964–65; *Earned Degrees Conferred,* 1959–60 through 1964–65; *Projections of Education Statistics to 2019*; Higher Education General Information Survey (HEGIS), "Fall Enrollment in Institutions of Higher Education," 1966 through 1985, "Degrees and Other Formal Awards Conferred," 1965–66 through 1985–86, and "Financial Statistics of Institutions of Higher Education," 1965–66 through 1985–86; and 1986–87 through 2008–09 Integrated Postsecondary Education Data System, "Fall Enrollment Survey" (IPEDS-EF:86–99), "Completions Survey" (IPEDS-C:87–99), "Finance Survey" (IPEDS-F:FY87–99), Fall 2000 through Fall 2009, and Spring 2001 through Spring 2010.

Figure 12. Percentage change in total enrollment in degree-granting institutions, by state: Fall 2003 to fall 2008

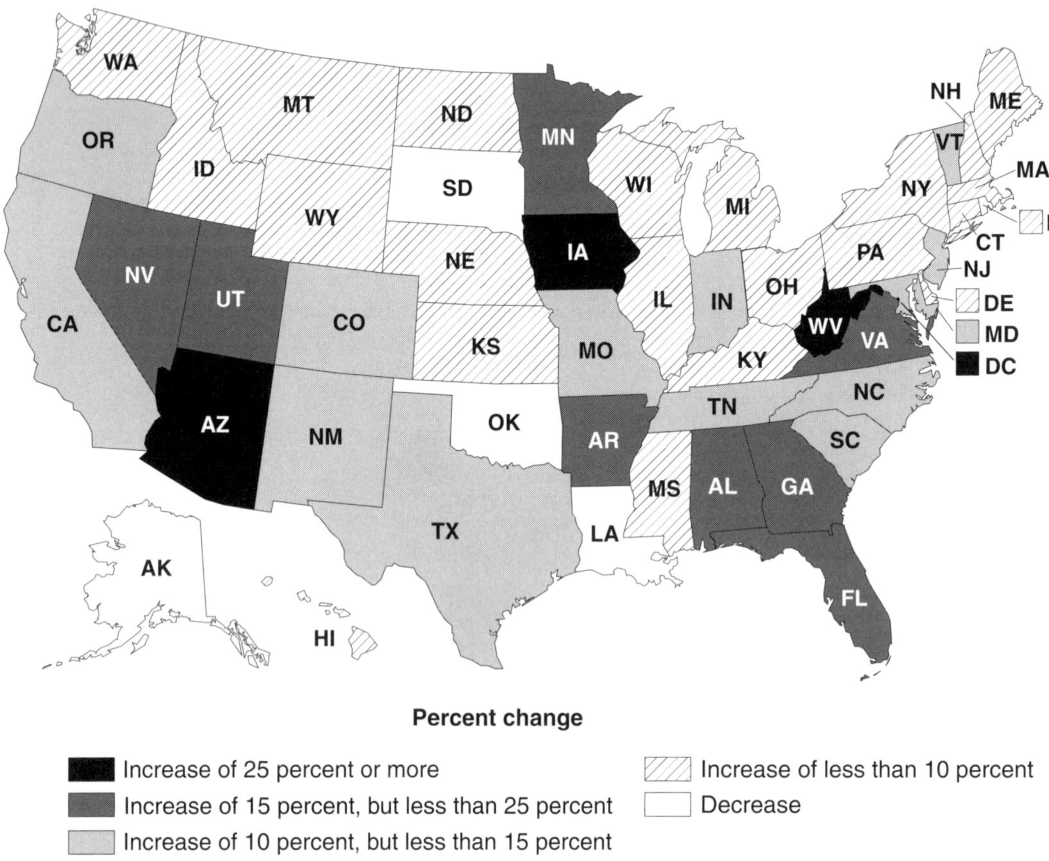

SOURCE: U.S. Department of Education, National Center for Education Statistics, 2003 and 2008 Integrated Postsecondary Education Data System (IPEDS), Spring 2004 and Spring 2009.

Figure 13. Enrollment in degree-granting institutions, by age: Fall 1970 through fall 2019

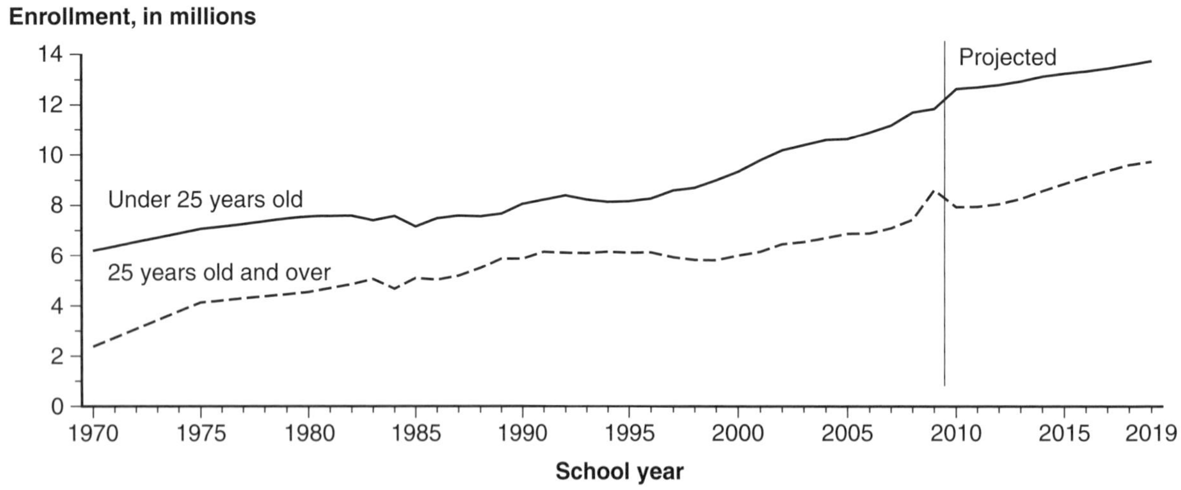

SOURCE: U.S. Department of Education, National Center for Education Statistics, Higher Education General Information Survey (HEGIS), "Fall Enrollment in Institutions of Higher Education" surveys, 1970 through 1985; 1986 through 2010 Integrated Postsecondary Education Data System, "Fall Enrollment Survey" (IPEDS-EF:86–99), and Spring 2001 through Spring 2010; and *Projections of Education Statistics to 2019.*

Figure 14. Ratio of full-time-equivalent (FTE) students to total FTE staff and to FTE faculty, by control of institution: 1999 and 2009

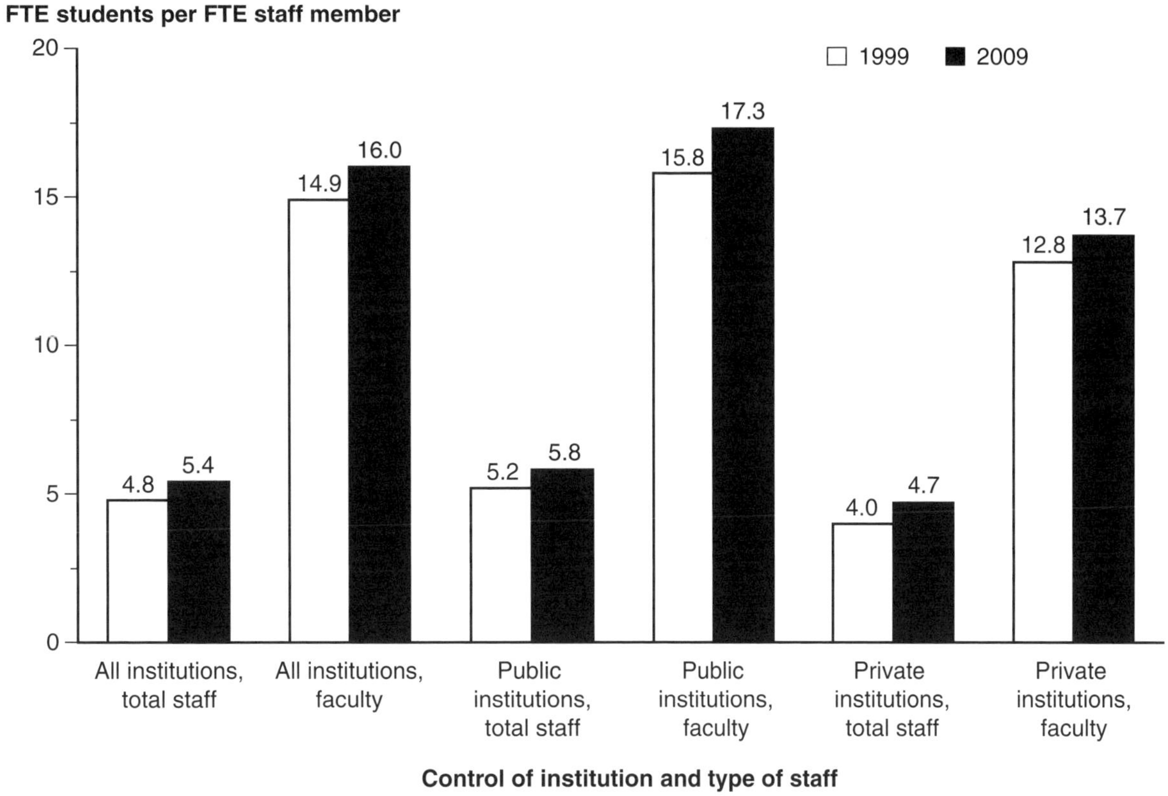

SOURCE: U.S. Department of Education, National Center for Education Statistics,1999 and 2009 Integrated Postsecondary Education Data System, "Fall Staff Survey" (IPEDS-S:99), and Winter 2009–10.

Figure 15. Bachelor's degrees conferred by degree-granting institutions in selected fields of study: 1998–99, 2003–04, and 2008–09

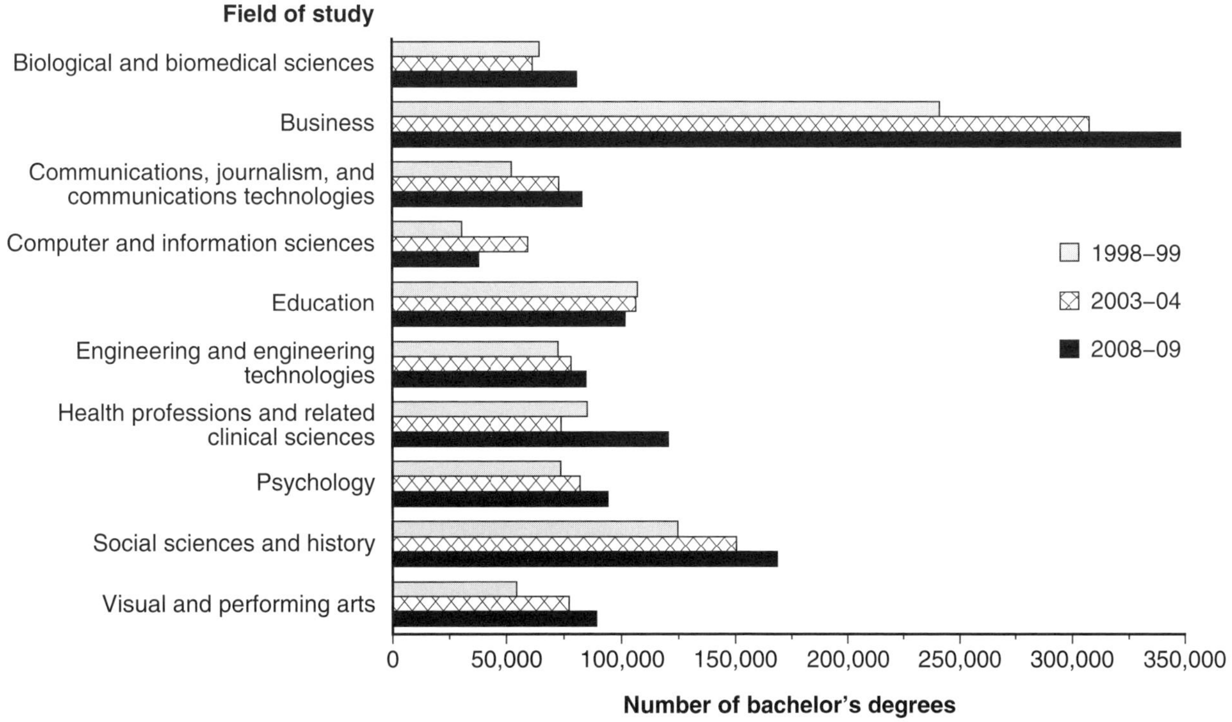

SOURCE: U.S. Department of Education, National Center for Education Statistics, 1998–99, 2003–04, and 2008–09 Integrated Postsecondary Education Data System, "Completions Survey" (IPEDS-C:98–99), and Fall 2004 and Fall 2009.

Figure 16. Percentage distribution of total revenues of public degree-granting institutions, by source of funds: 2008–09

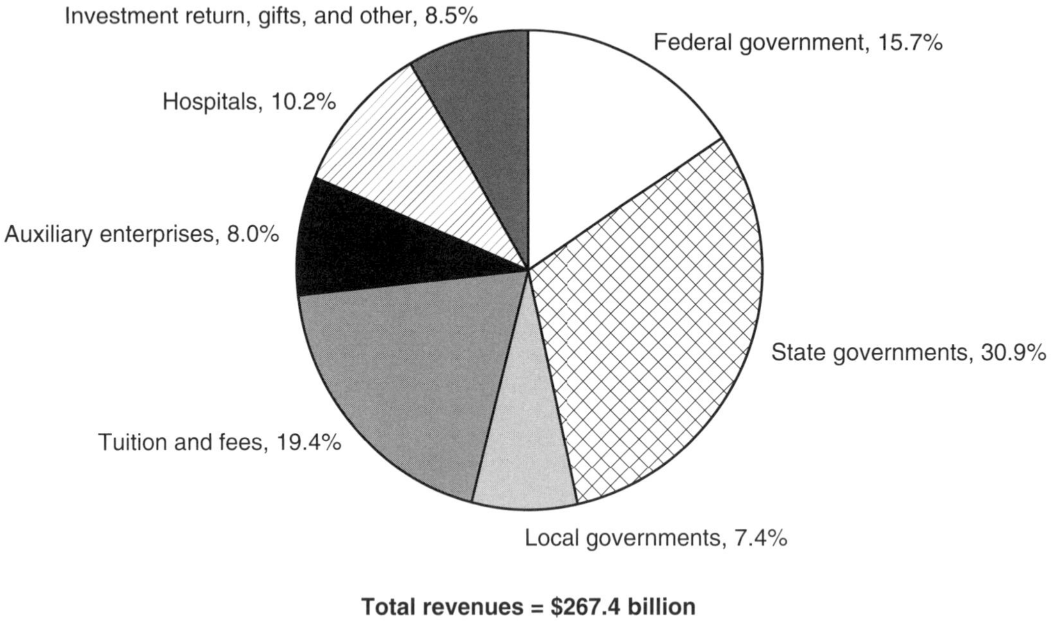

NOTE: Detail may not sum to totals because of rounding.
SOURCE: U.S. Department of Education, National Center for Education Statistics, 2008–09 Integrated Postsecondary Education Data System (IPEDS), Spring 2010.

Figure 17. Revenue per full-time-equivalent (FTE) student at private not-for-profit degree-granting institutions, by source of funds: 1999–2000 and 2008–09

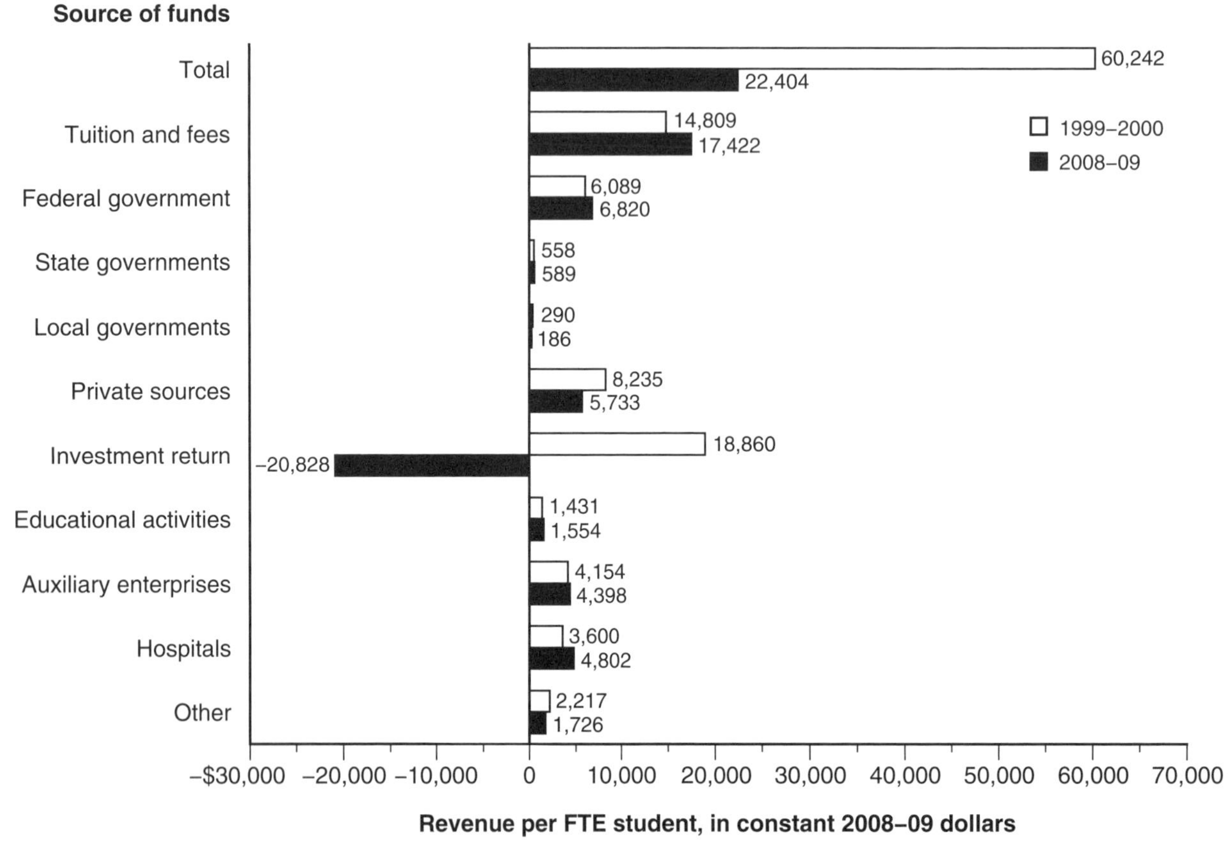

NOTE: Detail may not sum to totals because of rounding.
SOURCE: U.S. Department of Education, National Center for Education Statistics, 1999–2000 and 2008–09 Integrated Postsecondary Education Data System (IPEDS), Spring 2001 and Spring 2010.

Table 195. Enrollment, staff, and degrees conferred in postsecondary institutions participating in Title IV programs, by type and control of institution, sex of student, type of staff, and type of degree: Fall 2008, fall 2009, and 2008–09

Selected characteristic	All Title IV participating institutions[1]	Degree-granting institutions[2]					Non-degree-granting institutions[3]				
				Private					Private		
		Total	Public	Total	Not-for-profit	For-profit	Total	Public	Total	Not-for-profit	For-profit
1	2	3	4	5	6	7	8	9	10	11	12
Enrollment, fall 2008											
Total	**19,574,395**	**19,102,814**	**13,972,153**	**5,130,661**	**3,661,519**	**1,469,142**	**471,581**	**119,956**	**351,625**	**23,204**	**328,421**
4-year institutions	12,131,855	12,131,436	7,331,809	4,799,627	3,626,168	1,173,459	419	40	379	379	0
Males	5,253,105	5,253,011	3,276,762	1,976,249	1,542,869	433,380	94	13	81	81	0
Females	6,878,750	6,878,425	4,055,047	2,823,378	2,083,299	740,079	325	27	298	298	0
2-year institutions	7,100,631	6,971,378	6,640,344	331,034	35,351	295,683	129,253	52,841	76,412	11,004	65,408
Males	2,992,111	2,935,884	2,823,753	112,131	12,111	100,020	56,227	27,878	28,349	2,684	25,665
Females	4,108,520	4,035,494	3,816,591	218,903	23,240	195,663	73,026	24,963	48,063	8,320	39,743
Less-than-2-year institutions	341,909	†	†	†	†	†	341,909	67,075	274,834	11,821	263,013
Males	94,279	†	†	†	†	†	94,279	27,977	66,302	4,134	62,168
Females	247,630	†	†	†	†	†	247,630	39,098	208,532	7,687	200,845
Staff, fall 2009											
Total	**3,794,500**	**3,723,419**	**2,442,076**	**1,281,343**	**1,073,417**	**207,926**	**71,081**	**21,599**	**49,482**	**5,087**	**44,395**
Professional staff	2,838,017	2,782,149	1,804,718	977,431	797,291	180,140	55,868	16,203	39,665	3,772	35,893
Administrative	239,957	230,579	112,182	118,397	99,043	19,354	9,378	1,257	8,121	634	7,487
Faculty	1,476,775	1,439,144	913,679	525,465	408,561	116,904	37,631	13,266	24,365	2,442	21,923
Graduate assistants	342,393	342,393	275,872	66,521	66,252	269	0	0	0	0	0
Other professionals	778,892	770,033	502,985	267,048	223,435	43,613	8,859	1,680	7,179	696	6,483
Nonprofessional staff	956,483	941,270	637,358	303,912	276,126	27,786	15,213	5,396	9,817	1,315	8,502
Student/staff ratio[4]	5.2	5.1	5.7	4.0	3.4	7.1	6.6	5.6	7.1	4.6	7.4
Degrees conferred, 2008–09											
Less-than-2-year awards and 2- to 4-year awards	805,755	501,656	360,593	141,063	13,915	127,148	304,099	68,134	235,965	18,110	217,855
4-year institutions	58,372	58,298	27,488	30,810	9,917	20,893	74	0	74	74	0
Males	22,745	22,728	13,561	9,167	4,111	5,056	17	0	17	17	0
Females	35,627	35,570	13,927	21,643	5,806	15,837	57	0	57	57	0
2-year institutions	518,686	443,358	333,105	110,253	3,998	106,255	75,328	32,532	42,796	4,972	37,824
Males	218,367	186,210	155,111	31,099	1,889	29,210	32,157	14,937	17,220	1,301	15,919
Females	300,319	257,148	177,994	79,154	2,109	77,045	43,171	17,595	25,576	3,671	21,905
Less-than-2-year institutions	228,697	†	†	†	†	†	228,697	35,602	193,095	13,064	180,031
Males	61,503	†	†	†	†	†	61,503	14,495	47,008	5,186	41,822
Females	167,194	†	†	†	†	†	167,194	21,107	146,087	7,878	138,209
Associate's degrees	787,466	787,325	596,098	191,227	46,929	144,298	141	9	132	0	132
4-year institutions	213,888	213,888	87,284	126,604	40,566	86,038	0	0	0	0	0
Males	81,082	81,082	33,803	47,279	15,255	32,024	0	0	0	0	0
Females	132,806	132,806	53,481	79,325	25,311	54,014	0	0	0	0	0
2-year institutions	573,556	573,437	508,814	64,623	6,363	58,260	119	9	110	0	110
Males	217,165	217,059	191,401	25,658	1,911	23,747	106	4	102	0	102
Females	356,391	356,378	317,413	38,965	4,452	34,513	13	5	8	0	8
Less-than-2-year institutions	22	†	†	†	†	†	22	0	22	0	22
Males	5	†	†	†	†	†	5	0	5	0	5
Females	17	†	†	†	†	†	17	0	17	0	17
Bachelor's degrees	1,601,368	1,601,368	1,020,435	580,933	496,260	84,673	0	0	0	0	0
Males	685,382	685,382	444,431	240,951	204,320	36,631	0	0	0	0	0
Females	915,986	915,986	576,004	339,982	291,940	48,042	0	0	0	0	0
Master's degrees	656,784	656,784	308,206	348,578	285,098	63,480	0	0	0	0	0
Males	259,998	259,998	122,893	137,105	114,538	22,567	0	0	0	0	0
Females	396,786	396,786	185,313	211,473	170,560	40,913	0	0	0	0	0
First-professional degrees	92,004	92,004	37,357	54,647	53,572	1,075	0	0	0	0	0
Males	46,900	46,900	18,046	28,854	28,259	595	0	0	0	0	0
Females	45,104	45,104	19,311	25,793	25,313	480	0	0	0	0	0
Doctor's degrees	67,716	67,716	39,911	27,805	25,169	2,636	0	0	0	0	0
Males	32,279	32,279	20,007	12,272	11,391	881	0	0	0	0	0
Females	35,437	35,437	19,904	15,533	13,778	1,755	0	0	0	0	0

†Not applicable.
[1]Includes degree-granting and non-degree-granting institutions.
[2]Data are for degree-granting institutions, which grant associate's or higher degrees and participate in Title IV federal financial aid programs.
[3]Data are for institutions that did not offer accredited 4-year or 2-year degree programs, but were participating in Title IV federal financial aid programs. Includes some schools with nonaccredited degree programs.
[4]Ratios based on fall 2008 enrollment.
SOURCE: U.S. Department of Education, National Center for Education Statistics, 2008, 2009, and 2008–09 Integrated Postsecondary Education Data System (IPEDS), Winter 2009–10, Spring 2009, and Fall 2009. (This table was prepared August 2010.)

Table 196. Historical summary of faculty, students, degrees, and finances in degree-granting institutions: Selected years, 1869–70 through 2008–09

Selected characteristic	1869–70	1879–80	1889–90	1899–1900	1909–10	1919–20	1929–30	1939–40	1949–50	1959–60	1969–70	1979–80	1989–90	1999–2000	2005–06	2007–08	2008–09
1	2	3	4	5	6	7	8	9	10	11	12	13	14	15	16	17	18
Total institutions[1]	563	811	998	977	951	1,041	1,409	1,708	1,851	2,004	2,525	3,152	3,535	4,084	4,276	4,352	4,409
Total faculty[2]	5,553 [3]	11,522 [3]	15,809	23,868	36,480	48,615	82,386	146,929	246,722	380,554	450,000 [4]	675,000 [4]	824,220 [5]	1,027,830 [5]	1,290,426 [5]	1,371,390 [5]	—
Males	4,887 [3]	7,328 [3]	12,704 [3]	19,151	29,132	35,807	60,017	106,328	186,189	296,773	346,000 [4]	479,000 [4]	534,254 [5]	602,469 [5]	714,453 [5]	743,812 [5]	—
Females	666 [3]	4,194 [3]	3,105 [3]	4,717	7,348	12,808	22,369	40,601	60,533	83,781	104,000 [4]	196,000 [4]	289,966 [5]	425,361 [5]	575,973 [5]	627,578 [5]	—
Total fall enrollment[6]	52,286	115,817	156,756	237,592	355,213	597,880	1,100,737	1,494,203	2,444,900	3,639,847	8,004,660	11,569,899	13,538,560	14,791,224	17,487,475	18,248,128	19,102,814
Males	41,160 [3]	77,972 [3]	100,453 [3]	152,254	214,648 [3]	314,938	619,935	893,250	1,721,572	2,332,617	4,746,201	5,682,877	6,190,015	6,490,646	7,455,925	7,815,914	8,188,895
Females	11,126 [3]	37,845 [3]	56,303 [3]	85,338	140,565 [3]	282,942	480,802	600,953	723,328	1,307,230	3,258,459	5,887,022	7,348,545	8,300,578	10,031,550	10,432,214	10,913,919
Earned degrees conferred																	
Associate's, total	—	—	—	—	—	—	—	—	—	—	206,023	400,910	455,102	564,933	713,066	750,164	787,325
Males	—	—	—	—	—	—	—	—	—	—	117,432	183,737	191,195	224,721	270,095	282,521	298,141
Females	—	—	—	—	—	—	—	—	—	—	88,591	217,173	263,907	340,212	442,971	467,643	489,184
Bachelor's, total[7]	9,371	12,896	15,539	27,410	37,199	48,622	122,484	186,500	432,058	392,440	792,316	929,417	1,051,344	1,237,875	1,485,242	1,563,069	1,601,368
Males	7,993	10,411	12,857	22,173	28,762	31,980	73,615	109,546	328,841	254,063	451,097	473,611	491,696	530,367	630,600	667,928	685,382
Females	1,378	2,485	2,682	5,237	8,437	16,642	48,869	76,954	103,217	138,377	341,219	455,806	559,648	707,508	854,642	895,141	915,986
Master's, total[8]	0	879	1,015	1,583	2,113	4,279	14,969	26,731	58,183	74,435	208,291	298,081	324,301	457,056	594,065	625,023	656,784
Males	0	868	821	1,280	1,555	2,985	8,925	16,508	41,220	50,898	125,624	150,749	153,653	191,792	237,896	246,491	259,998
Females	0	11	194	303	558	1,294	6,044	10,223	16,963	23,537	82,667	147,332	170,648	265,264	356,169	378,532	396,786
First-professional, total[7]	—	—	—	—	—	—	—	—	—	—	34,918	70,131	70,988	80,057	87,655	91,309	92,004
Males	—	—	—	—	—	—	—	—	—	—	33,077	52,716	43,961	44,239	44,038	45,916	46,900
Females	—	—	—	—	—	—	—	—	—	—	1,841	17,415	27,027	35,818	43,617	45,393	45,104
Doctor's, total	1	54	149	382	443	615	2,299	3,290	6,420	9,829	29,866	32,615	38,371	44,808	56,067	63,712	67,716
Males	1	51	147	359	399	522	1,946	2,861	5,804	8,801	25,890	22,943	24,401	25,028	28,634	31,215	32,279
Females	0	3	2	23	44	93	353	429	616	1,028	3,976	9,672	13,970	19,780	27,433	32,497	35,437
	In thousands of current dollars																
Finances																	
Current-fund revenue	—	—	—	—	$76,883	$199,922	$554,511	$715,211	$2,374,645	$5,785,537	$21,515,242	$58,519,982	$139,635,477	—	—	—	—
Educational and general income	—	—	$21,464	$35,084	67,917	172,929	483,065	571,288	1,833,845	4,688,352	16,486,177	—	—	—	—	—	—
Current-fund expenditures	—	—	—	—	—	—	507,142	674,688	2,245,661	5,601,376	21,043,113	56,913,588	134,655,571	—	—	—	—
Educational and general expenditures	—	—	—	—	—	—	377,903	521,990	1,706,444	4,685,258	16,845,212	44,542,843	105,585,076	—	—	—	—
Value of physical property	—	—	95,426	253,599	457,594	747,333	2,065,049	2,753,780 [9]	4,799,964	13,548,548	42,093,580	83,733,387	164,635,000	—	—	—	—
Market value of endowment funds	—	—	78,788 [10]	194,998 [10]	323,661 [10]	569,071 [10]	1,372,068 [10]	1,686,283 [10]	2,601,223 [10]	5,322,080 [10]	11,206,632	20,743,045	67,978,726	—	$336,908,009	$412,509,820	$325,565,998

—Not available.
[1]Prior to 1979–80, excludes branch campuses.
[2]Total number of different individuals (not reduced to full-time equivalent). Beginning in 1959–60, data are for the first term of the academic year.
[3]Estimated.
[4]Estimated number of senior instructional staff based on actual enrollment data for the designated year and enrollment/staff ratios for the prior staff survey. Excludes graduate assistants.
[5]Because of revised survey procedures, data may not be directly comparable with figures prior to 1989–90. Estimated number of senior instructional staff based on actual enrollment data for the designated year and enrollment/staff ratios for the prior staff survey. Excludes graduate assistants.
[6]Data for 1869–70 to 1939–40 are for resident degree-credit students who enrolled at any time during the academic year.
[7]From 1869–70 to 1959–60, first-professional degrees are included under bachelor's degrees.
[8]Figures for years prior to 1969–70 are not precisely comparable with later data.
[9]Includes unexpended plant funds.
[10]Book value. Includes other nonexpendable funds.

NOTE: Data through 1989–90 are for institutions of higher education, while later data are for degree-granting institutions. Degree-granting institutions grant associate's or higher degrees and participate in Title IV federal financial aid programs. The degree-granting classification is very similar to the earlier higher education classification, but it includes more 2-year colleges and excludes a few higher education institutions that did not grant degrees. (See Appendix A: Guide to Sources for details.) Detail may not sum to totals because of rounding.
SOURCE: U.S. Department of Education, National Center for Education Statistics, *Biennial Survey of Education in the United States*; *Education Directory, Colleges and Universities*; *Faculty and Other Professional Staff in Institutions of Higher Education*; *Fall Enrollment in Colleges and Universities*; *Earned Degrees Conferred*; *Financial Statistics of Institutions of Higher Education*; Higher Education General Information Survey (HEGIS), "Fall Enrollment in Institutions of Higher Education," "Degrees and Other Formal Awards Conferred," and "Financial Statistics of Institutions of Higher Education" surveys; and 1989 through 2009 Integrated Postsecondary Education Data System, "Fall Enrollment Survey" (IPEDS-EF:89–99), "Fall Staff Survey" (IPEDS-S:89–99), "Finance Survey" (IPEDS-F:FY90–00), "Completions Survey" (IPEDS-C:90–00), "Institutional Characteristics Survey" (IPEDS-IC:89–99), Winter 2005–06, Winter 2007–08, Spring 2006, Spring 2008, Spring 2009, Fall 2006, Fall 2008, and Fall 2009. (This table was prepared September 2010.)

Table 197. Total fall enrollment in degree-granting institutions, by attendance status, sex of student, and control of institution: Selected years, 1947 through 2009

Year	Total enrollment	Attendance status			Sex of student			Control of institution			
									Private		
		Full-time	Part-time	Percent part-time	Male	Female	Percent female	Public	Total	Not-for-profit	For-profit
1	2	3	4	5	6	7	8	9	10	11	12
1947[1]	2,338,226	—	—	—	1,659,249	678,977	29.0	1,152,377	1,185,849	—	—
1948[1]	2,403,396	—	—	—	1,709,367	694,029	28.9	1,185,588	1,217,808	—	—
1949[1]	2,444,900	—	—	—	1,721,572	723,328	29.6	1,207,151	1,237,749	—	—
1950[1]	2,281,298	—	—	—	1,560,392	720,906	31.6	1,139,699	1,141,599	—	—
1951[1]	2,101,962	—	—	—	1,390,740	711,222	33.8	1,037,938	1,064,024	—	—
1952[1]	2,134,242	—	—	—	1,380,357	753,885	35.3	1,101,240	1,033,002	—	—
1953[1]	2,231,054	—	—	—	1,422,598	808,456	36.2	1,185,876	1,045,178	—	—
1954[1]	2,446,693	—	—	—	1,563,382	883,311	36.1	1,353,531	1,093,162	—	—
1955[1]	2,653,034	—	—	—	1,733,184	919,850	34.7	1,476,282	1,176,752	—	—
1956[1]	2,918,212	—	—	—	1,911,458	1,006,754	34.5	1,656,402	1,261,810	—	—
1957	3,323,783	—	—	—	2,170,765	1,153,018	34.7	1,972,673	1,351,110	—	—
1959	3,639,847	2,421,016	1,218,831 [2]	33.5	2,332,617	1,307,230	35.9	2,180,982	1,458,865	—	—
1961	4,145,065	2,785,133	1,359,932 [2]	32.8	2,585,821	1,559,244	37.6	2,561,447	1,583,618	—	—
1963	4,779,609	3,183,833	1,595,776 [2]	33.4	2,961,540	1,818,069	38.0	3,081,279	1,698,330	—	—
1964	5,280,020	3,573,238	1,706,782 [2]	32.3	3,248,713	2,031,307	38.5	3,467,708	1,812,312	—	—
1965	5,920,864	4,095,728	1,825,136 [2]	30.8	3,630,020	2,290,844	38.7	3,969,596	1,951,268	—	—
1966	6,389,872	4,438,606	1,951,266 [2]	30.5	3,856,216	2,533,656	39.7	4,348,917	2,040,955	—	—
1967	6,911,748	4,793,128	2,118,620 [2]	30.7	4,132,800	2,778,948	40.2	4,816,028	2,095,720	2,074,041	21,679
1968	7,513,091	5,210,155	2,302,936	30.7	4,477,649	3,035,442	40.4	5,430,652	2,082,439	2,061,211	21,228
1969	8,004,660	5,498,883	2,505,777	31.3	4,746,201	3,258,459	40.7	5,896,868	2,107,792	2,087,653	20,139
1970	8,580,887	5,816,290	2,764,597	32.2	5,043,642	3,537,245	41.2	6,428,134	2,152,753	2,134,420	18,333
1971	8,948,644	6,077,232	2,871,412	32.1	5,207,004	3,741,640	41.8	6,804,309	2,144,335	2,121,913	22,422
1972	9,214,860	6,072,389	3,142,471	34.1	5,238,757	3,976,103	43.1	7,070,635	2,144,225	2,123,245	20,980
1973	9,602,123	6,189,493	3,412,630	35.5	5,371,052	4,231,071	44.1	7,419,516	2,182,607	2,148,784	33,823
1974	10,223,729	6,370,273	3,853,456	37.7	5,622,429	4,601,300	45.0	7,988,500	2,235,229	2,200,963	34,266
1975	11,184,859	6,841,334	4,343,525	38.8	6,148,997	5,035,862	45.0	8,834,508	2,350,351	2,311,448	38,903
1976	11,012,137	6,717,058	4,295,079	39.0	5,810,828	5,201,309	47.2	8,653,477	2,358,660	2,314,298	44,362
1977	11,285,787	6,792,925	4,492,862	39.8	5,789,016	5,496,771	48.7	8,846,993	2,438,794	2,386,652	52,142
1978	11,260,092	6,667,657	4,592,435	40.8	5,640,998	5,619,094	49.9	8,785,893	2,474,199	2,408,331	65,868
1979	11,569,899	6,794,039	4,775,860	41.3	5,682,877	5,887,022	50.9	9,036,822	2,533,077	2,461,773	71,304
1980	12,096,895	7,097,958	4,998,937	41.3	5,874,374	6,222,521	51.4	9,457,394	2,639,501	2,527,787	111,714 [3]
1981	12,371,672	7,181,250	5,190,422	42.0	5,975,056	6,396,616	51.7	9,647,032	2,724,640	2,572,405	152,235 [3]
1982	12,425,780	7,220,618	5,205,162	41.9	6,031,384	6,394,396	51.5	9,696,087	2,729,693	2,552,739	176,954 [3]
1983	12,464,661	7,261,050	5,203,611	41.7	6,023,725	6,440,936	51.7	9,682,734	2,781,927	2,589,187	192,740
1984	12,241,940	7,098,388	5,143,552	42.0	5,863,574	6,378,366	52.1	9,477,370	2,764,570	2,574,419	190,151
1985	12,247,055	7,075,221	5,171,834	42.2	5,818,450	6,428,605	52.5	9,479,273	2,767,782	2,571,791	195,991
1986	12,503,511	7,119,550	5,383,961	43.1	5,884,515	6,618,996	52.9	9,713,893	2,789,618	2,572,479	217,139 [4]
1987	12,766,642	7,231,085	5,535,557	43.4	5,932,056	6,834,586	53.5	9,973,254	2,793,388	2,602,350	191,038 [4]
1988	13,055,337	7,436,768	5,618,569	43.0	6,001,896	7,053,441	54.0	10,161,388	2,893,949	2,673,567	220,382
1989	13,538,560	7,660,950	5,877,610	43.4	6,190,015	7,348,545	54.3	10,577,963	2,960,597	2,731,174	229,423
1990	13,818,637	7,820,985	5,997,652	43.4	6,283,909	7,534,728	54.5	10,844,717	2,973,920	2,760,227	213,693
1991	14,358,953	8,115,329	6,243,624	43.5	6,501,844	7,857,109	54.7	11,309,563	3,049,390	2,819,041	230,349
1992	14,487,359	8,162,118	6,325,241	43.7	6,523,989	7,963,370	55.0	11,384,567	3,102,792	2,872,523	230,269
1993	14,304,803	8,127,618	6,177,185	43.2	6,427,450	7,877,353	55.1	11,189,088	3,115,715	2,888,897	226,818
1994	14,278,790	8,137,776	6,141,014	43.0	6,371,898	7,906,892	55.4	11,133,680	3,145,110	2,910,107	235,003
1995	14,261,781	8,128,802	6,132,979	43.0	6,342,539	7,919,242	55.5	11,092,374	3,169,407	2,929,044	240,363
1996	14,367,520	8,302,953	6,064,567	42.2	6,352,825	8,014,695	55.8	11,120,499	3,247,021	2,942,556	304,465
1997	14,502,334	8,438,062	6,064,272	41.8	6,396,028	8,106,306	55.9	11,196,119	3,306,215	2,977,614	328,601
1998	14,506,967	8,563,338	5,943,629	41.0	6,369,265	8,137,702	56.1	11,137,769	3,369,198	3,004,925	364,273
1999	14,791,224	8,786,494	6,004,730	40.6	6,490,646	8,300,578	56.1	11,309,399	3,481,825	3,051,626	430,199
2000	15,312,289	9,009,600	6,302,689	41.2	6,721,769	8,590,520	56.1	11,752,786	3,559,503	3,109,419	450,084
2001	15,927,987	9,447,502	6,480,485	40.7	6,960,815	8,967,172	56.3	12,233,156	3,694,831	3,167,330	527,501
2002	16,611,711	9,946,359	6,665,352	40.1	7,202,116	9,409,595	56.6	12,751,993	3,859,718	3,265,476	594,242
2003	16,911,481	10,326,133	6,585,348	38.9	7,260,264	9,651,217	57.1	12,858,698	4,052,783	3,341,048	711,735
2004	17,272,044	10,610,177	6,661,867	38.6	7,387,262	9,884,782	57.2	12,980,112	4,291,932	3,411,685	880,247
2005	17,487,475	10,797,011	6,690,464	38.3	7,455,925	10,031,550	57.4	13,021,834	4,465,641	3,454,692	1,010,949
2006	17,758,870	10,957,305	6,801,565	38.3	7,574,815	10,184,055	57.3	13,180,133	4,578,737	3,512,866	1,065,871
2007	18,248,128	11,269,892	6,978,236	38.2	7,815,914	10,432,214	57.2	13,490,780	4,757,348	3,571,150	1,186,198
2008	19,102,814	11,747,743	7,355,071	38.5	8,188,895	10,913,919	57.1	13,972,153	5,130,661	3,661,519	1,469,142
2009	20,427,711	12,722,782	7,704,929	37.7	8,769,504	11,658,207	57.1	14,810,642	5,617,069	3,765,083	1,851,986

—Not available.
[1]Degree-credit enrollment only.
[2]Includes part-time resident students and all extension students (students attending courses at sites separate from the primary reporting campus). In later years, part-time student enrollment was collected as a distinct category.
[3]Large increases are due to the addition of schools accredited by the Accrediting Commission of Career Schools and Colleges of Technology.
[4]Because of imputation techniques, data are not consistent with figures for other years.
NOTE: Data through 1995 are for institutions of higher education, while later data are for degree-granting institutions. Degree-granting institutions grant associate's or higher degrees and participate in Title IV federal financial aid programs. The degree-granting classification is very similar to the earlier higher education classification, but it includes more 2-year colleges and excludes a few higher education institutions that did not grant degrees. (See Appendix A: Guide to Sources for details.)
SOURCE: U.S. Department of Education, National Center for Education Statistics, *Biennial Survey of Education in the United States*; *Opening Fall Enrollment in Higher Education*, 1963 through 1965; Higher Education General Information Survey (HEGIS), "Fall Enrollment in Colleges and Universities" surveys, 1966 through 1985; and 1986 through 2009 Integrated Postsecondary Education Data System, "Fall Enrollment Survey" (IPEDS-EF:86–99), and Spring 2001 through Spring 2010. (This table was prepared September 2010.)

Table 198. Total fall enrollment in degree-granting institutions, by control and type of institution: 1963 through 2009

Year	All institutions					Public institutions					Private institutions				
		4-year					4-year					4-year			
	Total	Total	University	Other 4-year	2-year	Total	Total	University	Other 4-year	2-year	Total	Total	University	Other 4-year	2-year
1	2	3	4	5	6	7	8	9	10	11	12	13	14	15	16
1963[1]	4,779,609	3,929,248	—	—	850,361	3,081,279	2,341,468	—	—	739,811	1,698,330	1,587,780	—	—	110,550
1964[1]	5,280,020	4,291,094	—	—	988,926	3,467,708	2,592,929	—	—	874,779	1,812,312	1,698,165	—	—	114,147
1965[1]	5,920,864	4,747,912	—	—	1,172,952	3,969,596	2,928,332	—	—	1,041,264	1,951,268	1,819,580	—	—	131,688
1966[1]	6,389,872	5,063,902	—	—	1,325,970	4,348,917	3,159,748	—	—	1,189,169	2,040,955	1,904,154	—	—	136,801
1967	6,911,748	5,398,986	2,186,235	3,212,751	1,512,762	4,816,028	3,443,975	1,510,333	1,933,642	1,372,053	2,095,720	1,955,011	675,902	1,279,109	140,709
1968	7,513,091	5,720,269	2,266,120	3,454,149	1,792,822	5,430,652	3,783,652	1,592,707	2,190,945	1,647,000	2,082,439	1,936,617	673,413	1,263,204	145,822
1969	8,004,660	5,937,127	2,420,429	3,516,698	2,067,533	5,896,868	3,962,522	1,738,493	2,224,029	1,934,346	2,107,792	1,974,605	681,936	1,292,669	133,187
1970	8,580,887	6,261,502	2,534,336	3,727,166	2,319,385	6,428,134	4,232,722	1,832,694	2,400,028	2,195,412	2,152,753	2,028,780	701,642	1,327,138	123,973
1971	8,948,644	6,369,355	2,594,470	3,774,885	2,579,289	6,804,309	4,346,990	1,913,626	2,433,364	2,457,319	2,144,335	2,022,365	680,844	1,341,521	121,970
1972	9,214,860	6,458,674	2,620,749	3,837,925	2,756,186	7,070,635	4,429,696	1,941,040	2,488,656	2,640,939	2,144,225	2,028,978	679,709	1,349,269	115,247
1973	9,602,123	6,590,023	2,629,796	3,960,227	3,012,100	7,419,516	4,529,895	1,950,653	2,579,242	2,889,621	2,182,607	2,060,128	679,143	1,380,985	122,479
1974	10,223,729	6,819,735	2,702,306	4,117,429	3,403,994	7,988,500	4,703,018	2,006,723	2,696,295	3,285,482	2,235,229	2,116,717	695,583	1,421,134	118,512
1975	11,184,859	7,214,740	2,838,266	4,376,474	3,970,119	8,834,508	4,998,142	2,124,221	2,873,921	3,836,366	2,350,351	2,216,598	714,045	1,502,553	133,753
1976	11,012,137	7,128,816	2,780,289	4,348,527	3,883,321	8,653,477	4,901,691	2,079,929	2,821,762	3,751,786	2,358,660	2,227,125	700,360	1,526,765	131,535
1977	11,285,787	7,242,845	2,793,418	4,449,427	4,042,942	8,846,993	4,945,224	2,070,032	2,875,192	3,901,769	2,438,794	2,297,621	723,386	1,574,235	141,173
1978	11,260,092	7,231,625	2,780,729	4,451,222	4,028,467	8,785,893	4,912,203	2,062,295	2,849,908	3,873,690	2,474,199	2,319,422	718,434	1,601,314	154,777
1979	11,569,899	7,353,233	2,839,582	4,513,651	4,216,666	9,036,822	4,980,012	2,099,525	2,880,487	4,056,810	2,533,077	2,373,221	740,057	1,633,164	159,856
1980	12,096,895	7,570,608	2,902,014	4,668,594	4,526,287	9,457,394	5,128,612	2,154,283	2,974,329	4,328,782	2,639,501	2,441,996	747,731	1,694,265	197,505 [2]
1981	12,371,672	7,655,461	2,901,344	4,754,117	4,716,211	9,647,032	5,166,324	2,152,474	3,013,850	4,480,708	2,724,640	2,489,137	748,870	1,740,267	235,503 [2]
1982	12,425,780	7,654,074	2,883,735	4,770,339	4,771,706	9,696,087	5,176,434	2,152,547	3,023,887	4,519,653	2,729,693	2,477,640	731,188	1,746,452	252,053 [2]
1983	12,464,661	7,741,195	2,888,813	4,852,382	4,723,466	9,682,734	5,223,404	2,154,790	3,068,614	4,459,330	2,781,927	2,517,791	734,023	1,783,768	264,136
1984	12,241,940	7,711,167	2,870,329	4,840,838	4,530,773	9,477,370	5,198,273	2,138,621	3,059,652	4,279,097	2,764,570	2,512,894	731,708	1,781,186	251,676
1985	12,247,055	7,715,978	2,870,692	4,845,286	4,531,077	9,479,273	5,209,540	2,141,112	3,068,428	4,269,733	2,767,782	2,506,438	729,580	1,776,858	261,344
1986	12,503,511	7,823,963	2,897,207	4,926,756	4,679,548	9,713,893	5,300,202	2,160,646	3,139,556	4,413,691	2,789,618	2,523,761	736,561	1,787,200	265,857 [3]
1987	12,766,642	7,990,420	2,929,327	5,061,093	4,776,222	9,973,254	5,432,200	2,188,008	3,244,192	4,541,054	2,793,388	2,558,220	741,319	1,816,901	235,168 [3]
1988	13,055,337	8,180,182	2,978,593	5,201,589	4,875,155	10,161,388	5,545,901	2,229,868	3,316,033	4,615,487	2,893,949	2,634,281	748,725	1,885,556	259,668
1989	13,538,560	8,387,671	3,019,115	5,368,556	5,150,889	10,577,963	5,694,303	2,266,056	3,428,247	4,883,660	2,960,597	2,693,368	753,059	1,940,309	267,229
1990	13,818,637	8,578,554	3,044,670	5,533,884	5,240,083	10,844,717	5,848,242	2,290,464	3,557,778	4,996,475	2,973,920	2,730,312	754,206	1,976,106	243,608
1991	14,358,953	8,707,053	3,065,429	5,641,624	5,651,900	11,309,563	5,904,748	2,301,222	3,603,526	5,404,815	3,049,390	2,802,305	764,207	2,038,098	247,085
1992	14,487,359	8,764,969	3,050,345	5,714,624	5,722,390	11,384,567	5,900,012	2,283,834	3,616,178	5,484,555	3,102,792	2,864,957	766,511	2,098,446	237,835
1993	14,304,803	8,738,936	3,022,728	5,716,208	5,565,867	11,189,088	5,851,760	2,259,692	3,592,068	5,337,328	3,115,715	2,887,176	763,036	2,124,140	228,539
1994	14,278,790	8,749,080	3,009,072	5,740,008	5,529,710	11,133,680	5,825,213	2,244,636	3,580,577	5,308,467	3,145,110	2,923,867	764,436	2,159,431	221,243
1995	14,261,781	8,769,252	2,999,641	5,769,611	5,492,529	11,092,374	5,814,545	2,235,939	3,578,606	5,277,829	3,169,407	2,954,707	763,702	2,191,005	214,700
1996	14,367,520	8,804,193	2,984,965	5,819,228	5,563,327	11,120,499	5,806,036	2,226,529	3,579,507	5,314,463	3,247,021	2,998,157	758,436	2,239,721	248,864
1997	14,502,334	8,896,765	2,995,886	5,900,879	5,605,569	11,196,119	5,835,433	2,231,273	3,604,160	5,360,686	3,306,215	3,061,332	764,613	2,296,719	244,883
1998	14,506,967	9,017,653	3,021,136	5,996,517	5,489,314	11,137,769	5,891,806	2,249,825	3,641,981	5,245,963	3,369,198	3,125,847	771,311	2,354,536	243,351
1999	14,791,224	9,198,525	3,044,369	6,154,156	5,592,699	11,309,399	5,969,950	2,266,494	3,703,456	5,339,449	3,481,825	3,228,575	777,875	2,450,700	253,250
2000	15,312,289	9,363,858	3,061,812	6,302,046	5,948,431	11,752,786	6,055,398	2,280,122	3,775,276	5,697,388	3,559,503	3,308,460	781,690	2,526,770	251,043
2001	15,927,987	9,677,408	3,126,907	6,550,501	6,250,579	12,233,156	6,236,455	2,336,922	3,899,533	5,996,701	3,694,831	3,440,953	789,985	2,650,968	253,878
2002	16,611,711	10,082,332	3,210,271	6,872,061	6,529,379	12,751,993	6,481,613	2,403,149	4,078,464	6,270,380	3,859,718	3,600,719	807,122	2,793,597	258,999
2003	16,911,481	10,417,247	3,242,639	7,174,608	6,494,234	12,858,698	6,649,441	2,419,631	4,229,810	6,209,257	4,052,783	3,767,806	823,008	2,944,798	284,977
2004	17,272,044	10,726,181	3,258,982	7,467,199	6,545,863	12,980,112	6,736,536	2,426,495	4,310,041	6,243,576	4,291,932	3,989,645	832,487	3,157,158	302,287
2005	17,487,475	10,999,420	3,271,620	7,727,800	6,488,055	13,021,834	6,837,605	2,443,682	4,393,923	6,184,229	4,465,641	4,161,815	827,938	3,333,877	303,826
2006	17,758,870	11,240,330	3,306,973	7,933,357	6,518,540	13,180,133	6,955,013	2,459,874	4,495,139	6,225,120	4,578,737	4,285,317	847,099	3,438,218	293,420
2007	18,248,128	11,630,198	3,349,214	8,280,984	6,617,930	13,490,780	7,166,661	2,490,615	4,676,046	6,324,119	4,757,348	4,463,537	858,599	3,604,938	293,811
2008	19,102,814	12,131,436	3,412,435	8,719,001	6,971,378	13,972,153	7,331,809	2,544,529	4,787,280	6,640,344	5,130,661	4,799,627	867,906	3,931,721	331,034
2009	20,427,711	12,906,305	3,493,246	9,413,059	7,521,406	14,810,642	7,709,197	2,603,381	5,105,816	7,101,445	5,617,069	5,197,108	889,865	4,307,243	419,961

—Not available.
[1]Data for 2-year branch campuses of 4-year institutions are included with the 4-year institutions.
[2]Large increases are due to the addition of schools accredited by the Accrediting Commission of Career Schools and Colleges of Technology.
[3]Because of imputation techniques, data are not consistent with figures for other years.
NOTE: Data through 1995 are for institutions of higher education, while later data are for degree-granting institutions. Degree-granting institutions grant associate's or higher degrees and participate in Title IV federal financial aid programs. The degree-granting classification is very similar to the earlier higher education classification, but it includes more 2-year colleges and excludes a few higher education institutions that did not grant degrees. (See Appendix A: Guide to Sources for details.) Some data have been revised from previously published figures.
SOURCE: U.S. Department of Education, National Center for Education Statistics, *Opening Fall Enrollment in Higher Education*, 1965; Higher Education General Information Survey (HEGIS), "Fall Enrollment in Institutions of Higher Education" surveys, 1966 through 1985; and 1986 through 2009 Integrated Postsecondary Education Data System, "Fall Enrollment Survey" (IPEDS-EF:86–99), and Spring 2001 through Spring 2010. (This table was prepared September 2010.)

Table 199. Total fall enrollment in degree-granting institutions, by sex, age, and attendance status: Selected years, 1970 through 2019

[In thousands]

Sex, age, and attendance status	1970	1980	1990	2000	2001	2002	2003	2004	2005	2006	2007	2008	2009	Projected 2010	Projected 2014	Projected 2019
1	2	3	4	5	6	7	8	9	10	11	12	13	14	15	16	17
All students	**8,581**	**12,097**	**13,819**	**15,312**	**15,928**	**16,612**	**16,911**	**17,272**	**17,487**	**17,759**	**18,248**	**19,103**	**20,428**	**20,550**	**21,669**	**23,448**
14 to 17 years old	259	247	177	140	161	162	184	184	210	204	202	193	200	208	213	248
18 and 19 years old	2,600	2,901	2,950	3,473	3,561	3,525	3,542	3,560	3,640	3,777	3,912	4,090	4,048	4,374	4,361	4,702
20 and 21 years old	1,880	2,424	2,761	3,104	3,291	3,405	3,519	3,634	3,676	3,717	3,751	3,929	3,891	4,316	4,401	4,534
22 to 24 years old	1,457	1,989	2,144	2,602	2,769	3,079	3,137	3,211	3,104	3,191	3,310	3,480	3,691	3,728	4,136	4,244
25 to 29 years old	1,074	1,871	1,982	1,963	2,023	2,130	2,195	2,306	2,397	2,421	2,561	2,737	3,059	2,922	3,159	3,597
30 to 34 years old	487	1,243	1,322	1,244	1,284	1,358	1,333	1,354	1,365	1,391	1,422	1,482	1,719	1,597	1,814	2,038
35 years old and over	823	1,421	2,484	2,786	2,839	2,954	3,001	3,022	3,095	3,058	3,091	3,191	3,820	3,405	3,584	4,086
Males	5,044	5,874	6,284	6,722	6,961	7,202	7,260	7,387	7,456	7,575	7,816	8,189	8,770	8,904	9,163	9,610
14 to 17 years old	130	99	87	63	66	65	73	73	79	78	86	92	98	90	89	100
18 and 19 years old	1,349	1,375	1,421	1,559	1,608	1,590	1,580	1,569	1,608	1,690	1,767	1,850	1,798	1,987	1,954	2,075
20 and 21 years old	1,095	1,259	1,368	1,427	1,522	1,545	1,602	1,672	1,727	1,680	1,711	1,792	1,854	1,987	1,993	2,021
22 to 24 years old	964	1,064	1,107	1,234	1,315	1,430	1,427	1,453	1,401	1,451	1,499	1,558	1,666	1,700	1,844	1,843
25 to 29 years old	783	993	940	895	890	941	956	991	1,024	1,016	1,110	1,177	1,357	1,276	1,333	1,463
30 to 34 years old	308	576	537	530	527	567	550	550	539	586	598	640	713	704	773	830
35 years old and over	415	507	824	1,014	1,032	1,065	1,072	1,080	1,078	1,073	1,045	1,080	1,284	1,161	1,176	1,278
Females	3,537	6,223	7,535	8,591	8,967	9,410	9,651	9,885	10,032	10,184	10,432	10,914	11,658	11,645	12,506	13,838
14 to 17 years old	129	148	90	77	95	97	111	111	131	125	116	101	102	118	124	148
18 and 19 years old	1,250	1,526	1,529	1,914	1,953	1,935	1,962	1,991	2,031	2,087	2,145	2,240	2,250	2,387	2,407	2,627
20 and 21 years old	786	1,165	1,392	1,677	1,769	1,860	1,916	1,963	1,949	2,037	2,040	2,137	2,037	2,330	2,408	2,513
22 to 24 years old	493	925	1,037	1,368	1,453	1,649	1,710	1,759	1,703	1,740	1,811	1,922	2,025	2,028	2,292	2,401
25 to 29 years old	291	878	1,043	1,068	1,133	1,189	1,240	1,315	1,373	1,405	1,451	1,560	1,702	1,646	1,826	2,134
30 to 34 years old	179	667	784	714	757	791	782	804	826	805	825	842	1,006	893	1,041	1,208
35 years old and over	409	914	1,659	1,772	1,807	1,889	1,930	1,942	2,018	1,984	2,046	2,112	2,537	2,243	2,407	2,807
Full-time	**5,816**	**7,098**	**7,821**	**9,010**	**9,448**	**9,946**	**10,326**	**10,610**	**10,797**	**10,957**	**11,270**	**11,748**	**12,723**	**12,700**	**13,368**	**14,427**
14 to 17 years old	242	223	144	124	136	135	150	139	155	150	161	162	171	165	170	199
18 and 19 years old	2,406	2,669	2,548	2,859	2,932	2,924	2,992	3,006	3,065	3,181	3,301	3,455	3,587	3,674	3,680	3,989
20 and 21 years old	1,647	2,075	2,151	2,434	2,618	2,719	2,845	2,897	2,951	2,991	3,036	3,177	3,268	3,480	3,566	3,694
22 to 24 years old	881	1,121	1,350	1,690	1,765	1,947	2,041	2,113	2,095	2,096	2,182	2,292	2,599	2,446	2,730	2,826
25 to 29 years old	407	577	770	880	920	1,023	1,069	1,127	1,170	1,193	1,257	1,317	1,490	1,439	1,571	1,813
30 to 34 years old	100	251	387	420	456	505	486	523	552	563	540	521	609	601	692	792
35 years old and over	134	182	471	603	620	694	744	805	809	782	793	823	998	895	958	1,113
Males	3,505	3,689	3,808	4,111	4,300	4,501	4,638	4,739	4,803	4,879	5,029	5,234	5,671	5,733	5,914	6,243
14 to 17 years old	124	87	71	53	53	52	60	50	55	53	70	73	76	68	68	76
18 and 19 years old	1,265	1,270	1,230	1,255	1,302	1,312	1,332	1,324	1,356	1,420	1,494	1,572	1,619	1,672	1,653	1,768
20 and 21 years old	990	1,109	1,055	1,133	1,217	1,241	1,304	1,353	1,392	1,366	1,383	1,450	1,539	1,610	1,625	1,661
22 to 24 years old	650	665	742	829	872	945	970	988	972	984	1,032	1,073	1,225	1,165	1,274	1,291
25 to 29 years old	327	360	401	419	426	477	492	491	503	530	561	575	632	654	691	774
30 to 34 years old	72	124	156	191	196	221	206	229	224	235	224	226	272	263	293	323
35 years old and over	75	74	152	233	235	252	274	305	301	292	266	266	308	302	311	349
Females	2,311	3,409	4,013	4,899	5,148	5,445	5,688	5,871	5,994	6,078	6,240	6,513	7,052	6,968	7,454	8,184
14 to 17 years old	117	136	73	72	83	82	90	89	100	97	91	89	95	97	103	123
18 and 19 years old	1,140	1,399	1,318	1,604	1,630	1,612	1,659	1,682	1,709	1,761	1,807	1,883	1,968	2,002	2,027	2,222
20 and 21 years old	657	966	1,096	1,302	1,400	1,477	1,541	1,544	1,559	1,625	1,653	1,727	1,729	1,870	1,941	2,033
22 to 24 years old	231	456	608	861	894	1,001	1,071	1,125	1,123	1,112	1,149	1,220	1,374	1,281	1,457	1,535
25 to 29 years old	80	217	369	461	494	546	577	636	667	663	696	742	858	785	880	1,038
30 to 34 years old	28	127	231	229	260	284	280	294	328	329	316	295	337	338	399	469
35 years old and over	59	108	319	370	386	443	470	501	507	491	528	557	690	594	646	764
Part-time	**2,765**	**4,999**	**5,998**	**6,303**	**6,480**	**6,665**	**6,585**	**6,662**	**6,690**	**6,802**	**6,978**	**7,355**	**7,705**	**7,849**	**8,301**	**9,021**
14 to 17 years old	17	38	32	16	25	28	34	45	55	53	41	31	29	43	43	48
18 and 19 years old	194	418	402	614	629	601	550	554	574	596	610	635	461	700	681	712
20 and 21 years old	233	441	610	670	674	686	674	737	725	726	715	752	623	836	836	840
22 to 24 years old	576	844	794	912	1,003	1,132	1,097	1,098	1,009	1,096	1,128	1,188	1,092	1,282	1,406	1,418
25 to 29 years old	668	1,209	1,213	1,083	1,103	1,107	1,126	1,179	1,227	1,228	1,304	1,420	1,569	1,483	1,588	1,784
30 to 34 years old	388	905	935	825	828	852	847	832	814	828	882	961	1,110	996	1,122	1,246
35 years old and over	689	1,145	2,012	2,184	2,219	2,260	2,258	2,217	2,287	2,275	2,297	2,368	2,822	2,509	2,626	2,973
Males	1,540	2,185	2,476	2,611	2,661	2,701	2,622	2,648	2,653	2,695	2,786	2,955	3,099	3,172	3,249	3,367
14 to 17 years old	5	17	16	10	13	12	13	23	24	25	17	19	22	22	21	23
18 and 19 years old	84	202	191	304	307	278	248	245	252	270	273	278	178	315	301	307
20 and 21 years old	105	201	313	294	305	304	298	319	335	314	328	342	315	377	369	360
22 to 24 years old	314	392	365	405	444	485	457	465	429	467	467	485	441	535	570	552
25 to 29 years old	456	594	539	476	464	464	463	500	521	486	549	602	725	622	642	688
30 to 34 years old	236	397	381	339	331	346	344	322	315	351	373	414	441	442	480	507
35 years old and over	340	382	672	782	797	813	798	775	776	781	779	814	976	859	865	929
Females	1,225	2,814	3,521	3,692	3,820	3,964	3,963	4,014	4,038	4,106	4,192	4,401	4,606	4,678	5,052	5,654
14 to 17 years old	12	20	17	5	11	15	21	22	31	28	24	12	7	21	21	25
18 and 19 years old	110	215	211	310	323	323	302	310	322	326	337	357	282	385	380	405
20 and 21 years old	128	240	297	376	369	382	375	419	390	412	387	409	308	460	467	480
22 to 24 years old	262	452	429	507	559	647	639	633	580	628	662	703	651	747	836	866
25 to 29 years old	212	616	674	607	639	643	663	679	706	742	755	818	844	860	946	1,096
30 to 34 years old	151	507	554	485	496	507	502	510	499	477	509	547	668	554	642	739
35 years old and over	349	762	1,340	1,402	1,422	1,447	1,460	1,441	1,511	1,494	1,518	1,554	1,846	1,650	1,761	2,044

NOTE: Distributions by age are estimates based on samples of the civilian noninstitutional population from the U.S. Census Bureau's Current Population Survey. Data through 1995 are for institutions of higher education, while later data are for degree-granting institutions. Degree-granting institutions grant associate's or higher degrees and participate in Title IV federal financial aid programs. The degree-granting classification is very similar to the earlier higher education classification, but it includes more 2-year colleges and excludes a few higher education institutions that did not grant degrees. (See Appendix A: Guide to Sources for details.) Some data have been revised from previously published figures. Detail may not sum to totals because of rounding.

SOURCE: U.S. Department of Education, National Center for Education Statistics, Higher Education General Information Survey (HEGIS), "Fall Enrollment in Colleges and Universities" surveys, 1970 and 1980; 1990 through 2010 Integrated Postsecondary Education Data System, "Fall Enrollment Survey" (IPEDS-EF:90–99), and Spring 2001 through Spring 2010; and *Projections of Education Statistics to 2020*. U.S. Department of Commerce, Census Bureau, Current Population Survey (CPS), October, selected years, 1970 through 2009. (This table was prepared September 2010.)

Table 200. Total fall enrollment in degree-granting institutions, by level of enrollment, sex, age, and attendance status of student: 2007 and 2009

Age of student and attendance status	Fall 2007			Fall 2009								
	All levels			All levels			Undergraduate			Postbaccalaureate		
	Total	Males	Females	Total	Males	Females	Total	Males	Females	Total	Males	Females
1	2	3	4	5	6	7	8	9	10	11	12	13
All students	**18,248,128**	**7,815,914**	**10,432,214**	**20,427,711**	**8,769,504**	**11,658,207**	**17,565,320**	**7,595,481**	**9,969,839**	**2,862,391**	**1,174,023**	**1,688,368**
Under 18	668,426	277,582	390,844	757,239	314,150	443,089	756,952	314,045	442,907	287	105	182
18 and 19	3,963,371	1,794,001	2,169,370	4,300,248	1,946,838	2,353,410	4,298,311	1,946,160	2,352,151	1,937	678	1,259
20 and 21	3,642,872	1,647,492	1,995,380	4,003,222	1,814,622	2,188,600	3,971,829	1,802,523	2,169,306	31,393	12,099	19,294
22 to 24	3,009,713	1,381,504	1,628,209	3,315,227	1,520,388	1,794,839	2,725,760	1,282,572	1,443,188	589,467	237,816	351,651
25 to 29	2,550,482	1,091,510	1,458,972	2,961,851	1,277,580	1,684,271	2,044,157	881,057	1,163,100	917,694	396,523	521,171
30 to 34	1,365,912	551,208	814,704	1,635,355	663,459	971,896	1,177,534	457,992	719,542	457,821	205,467	252,354
35 to 39	980,818	368,814	612,004	1,128,666	426,387	702,279	841,719	305,628	536,091	286,947	120,759	166,188
40 to 49	1,266,171	423,603	842,568	1,449,671	498,553	951,118	1,097,374	371,599	725,775	352,297	126,954	225,343
50 to 64	627,603	208,067	419,536	734,572	247,034	487,538	536,289	184,110	352,179	198,283	62,924	135,359
65 and over	77,379	31,040	46,339	69,844	29,251	40,593	61,650	25,505	36,145	8,194	3,746	4,448
Age unknown	95,381	41,093	54,288	71,816	31,242	40,574	53,745	24,290	29,455	18,071	6,952	11,119
Full-time	11,269,892	5,029,444	6,240,448	12,722,782	5,670,644	7,052,138	11,143,499	4,976,727	6,166,772	1,579,283	693,917	885,366
Under 18	171,784	69,033	102,751	177,445	71,603	105,842	177,332	71,566	105,766	113	37	76
18 and 19	3,383,318	1,522,297	1,861,021	3,640,621	1,636,522	2,004,099	3,638,867	1,635,905	2,002,962	1,754	617	1,137
20 and 21	2,964,697	1,346,897	1,617,800	3,249,604	1,477,485	1,772,119	3,221,556	1,466,453	1,755,103	28,048	11,032	17,016
22 to 24	1,986,776	949,700	1,037,076	2,198,573	1,047,143	1,151,430	1,737,688	855,243	882,445	460,885	191,900	268,985
25 to 29	1,284,698	584,798	699,900	1,540,444	705,203	835,241	980,396	444,069	536,327	560,048	261,134	298,914
30 to 34	565,710	235,321	330,389	725,901	304,439	421,462	505,141	197,344	307,797	220,760	107,095	113,665
35 to 39	347,864	130,397	217,467	447,946	169,775	278,171	332,217	118,170	214,047	115,729	51,605	64,124
40 to 49	380,043	125,982	254,061	501,869	173,301	328,568	379,205	126,766	252,439	122,664	46,535	76,129
50 to 64	145,757	47,812	97,945	207,365	70,665	136,700	145,838	50,045	95,793	61,527	20,620	40,907
65 and over	4,868	2,260	2,608	6,642	2,871	3,771	4,378	1,853	2,525	2,264	1,018	1,246
Age unknown	34,377	14,947	19,430	26,372	11,637	14,735	20,881	9,313	11,568	5,491	2,324	3,167
Part-time	6,978,236	2,786,470	4,191,766	7,704,929	3,098,860	4,606,069	6,421,821	2,618,754	3,803,067	1,283,108	480,106	803,002
Under 18	496,642	208,549	288,093	579,794	242,547	337,247	579,620	242,479	337,141	174	68	106
18 and 19	580,053	271,704	308,349	659,627	310,316	349,311	659,444	310,255	349,189	183	61	122
20 and 21	678,175	300,595	377,580	753,618	337,137	416,481	750,273	336,070	414,203	3,345	1,067	2,278
22 to 24	1,022,937	431,804	591,133	1,116,654	473,245	643,409	988,072	427,329	560,743	128,582	45,916	82,666
25 to 29	1,265,784	506,712	759,072	1,421,407	572,377	849,030	1,063,761	436,988	626,773	357,646	135,389	222,257
30 to 34	800,202	315,887	484,315	909,454	359,020	550,434	672,393	260,648	411,745	237,061	98,372	138,689
35 to 39	632,954	238,417	394,537	680,720	256,612	424,108	509,502	187,458	322,044	171,218	69,154	102,064
40 to 49	886,128	297,621	588,507	947,802	325,252	622,550	718,169	244,833	473,336	229,633	80,419	149,214
50 to 64	481,846	160,255	321,591	527,207	176,369	350,838	390,451	134,065	256,386	136,756	42,304	94,452
65 and over	72,511	28,780	43,731	63,202	26,380	36,822	57,272	23,652	33,620	5,930	2,728	3,202
Age unknown	61,004	26,146	34,858	45,444	19,605	25,839	32,864	14,977	17,887	12,580	4,628	7,952
	Percentage distribution											
All students	**100.0**	**100.0**	**100.0**	**100.0**	**100.0**	**100.0**	**100.0**	**100.0**	**100.0**	**100.0**	**100.0**	**100.0**
Under 18	3.7	3.6	3.7	3.7	3.6	3.8	4.3	4.1	4.4	#	#	#
18 and 19	21.7	23.0	20.8	21.1	22.2	20.2	24.5	25.6	23.6	0.1	0.1	0.1
20 and 21	20.0	21.1	19.1	19.6	20.7	18.8	22.6	23.7	21.8	1.1	1.0	1.1
22 to 24	16.5	17.7	15.6	16.2	17.3	15.4	15.5	16.9	14.5	20.6	20.3	20.8
25 to 29	14.0	14.0	14.0	14.5	14.6	14.4	11.6	11.6	11.7	32.1	33.8	30.9
30 to 34	7.5	7.1	7.8	8.0	7.6	8.3	6.7	6.0	7.2	16.0	17.5	14.9
35 to 39	5.4	4.7	5.9	5.5	4.9	6.0	4.8	4.0	5.4	10.0	10.3	9.8
40 to 49	6.9	5.4	8.1	7.1	5.7	8.2	6.2	4.9	7.3	12.3	10.8	13.3
50 to 64	3.4	2.7	4.0	3.6	2.8	4.2	3.1	2.4	3.5	6.9	5.4	8.0
65 and over	0.4	0.4	0.4	0.3	0.3	0.3	0.4	0.3	0.4	0.3	0.3	0.3
Age unknown	0.5	0.5	0.5	0.4	0.4	0.3	0.3	0.3	0.3	0.6	0.6	0.7
Full-time	100.0	100.0	100.0	100.0	100.0	100.0	100.0	100.0	100.0	100.0	100.0	100.0
Under 18	1.5	1.4	1.6	1.4	1.3	1.5	1.6	1.4	1.7	#	#	#
18 and 19	30.0	30.3	29.8	28.6	28.9	28.4	32.7	32.9	32.5	0.1	0.1	0.1
20 and 21	26.3	26.8	25.9	25.5	26.1	25.1	28.9	29.5	28.5	1.8	1.6	1.9
22 to 24	17.6	18.9	16.6	17.3	18.5	16.3	15.6	17.2	14.3	29.2	27.7	30.4
25 to 29	11.4	11.6	11.2	12.1	12.4	11.8	8.8	8.9	8.7	35.5	37.6	33.8
30 to 34	5.0	4.7	5.3	5.7	5.4	6.0	4.5	4.0	5.0	14.0	15.4	12.8
35 to 39	3.1	2.6	3.5	3.5	3.0	3.9	3.0	2.4	3.5	7.3	7.4	7.2
40 to 49	3.4	2.5	4.1	3.9	3.1	4.7	3.4	2.5	4.1	7.8	6.7	8.6
50 to 64	1.3	1.0	1.6	1.6	1.2	1.9	1.3	1.0	1.6	3.9	3.0	4.6
65 and over	#	#	#	0.1	0.1	0.1	#	#	#	0.1	0.1	0.1
Age unknown	0.3	0.3	0.3	0.2	0.2	0.2	0.2	0.2	0.2	0.3	0.3	0.4
Part-time	100.0	100.0	100.0	100.0	100.0	100.0	100.0	100.0	100.0	100.0	100.0	100.0
Under 18	7.1	7.5	6.9	7.5	7.8	7.3	9.0	9.3	8.9	#	#	#
18 and 19	8.3	9.8	7.4	8.6	10.0	7.6	10.3	11.8	9.2	#	#	#
20 and 21	9.7	10.8	9.0	9.8	10.9	9.0	11.7	12.8	10.9	0.3	0.2	0.3
22 to 24	14.7	15.5	14.1	14.5	15.3	14.0	15.4	16.3	14.7	10.0	9.6	10.3
25 to 29	18.1	18.2	18.1	18.4	18.5	18.4	16.6	16.7	16.5	27.9	28.2	27.7
30 to 34	11.5	11.3	11.6	11.8	11.6	12.0	10.5	10.0	10.8	18.5	20.5	17.3
35 to 39	9.1	8.6	9.4	8.8	8.3	9.2	7.9	7.2	8.5	13.3	14.4	12.7
40 to 49	12.7	10.7	14.0	12.3	10.5	13.5	11.2	9.3	12.4	17.9	16.8	18.6
50 to 64	6.9	5.8	7.7	6.8	5.7	7.6	6.1	5.1	6.7	10.7	8.8	11.8
65 and over	1.0	1.0	1.0	0.8	0.9	0.8	0.9	0.9	0.9	0.5	0.6	0.4
Age unknown	0.9	0.9	0.8	0.6	0.6	0.6	0.5	0.6	0.5	1.0	1.0	1.0

#Rounds to zero.
NOTE: Degree-granting institutions grant associate's or higher degrees and participate in Title IV federal financial aid programs. Detail may not sum to totals because of rounding.

SOURCE: U.S. Department of Education, National Center for Education Statistics, 2007 and 2009 Integrated Postsecondary Education Data System (IPEDS), Spring 2007 and 2009. (This table was prepared September 2010.)

Table 201. Total fall enrollment in degree-granting institutions, by control and type of institution, age, and attendance status of student: 2009

Age of student and attendance status	All institutions			Public institutions			Private (not-for-profit and for-profit) institutions						
								Private not-for-profit institutions			Private for-profit institutions		
	Total	4-year	2-year	Total	4-year	2-year	Total	Total	4-year	2-year	Total	4-year	2-year
1	2	3	4	5	6	7	8	9	10	11	12	13	14
All students	**20,427,711**	**12,906,305**	**7,521,406**	**14,810,642**	**7,709,197**	**7,101,445**	**5,617,069**	**3,765,083**	**3,730,316**	**34,767**	**1,851,986**	**1,466,792**	**385,194**
Under 18	757,239	252,415	504,824	685,380	183,963	501,417	71,859	66,151	65,185	966	5,708	3,267	2,441
18 and 19	4,300,248	2,645,704	1,654,544	3,373,060	1,776,382	1,596,678	927,188	805,278	797,161	8,117	121,910	72,161	49,749
20 and 21	4,003,222	2,759,078	1,244,144	3,025,002	1,848,966	1,176,036	978,220	802,555	797,197	5,358	175,665	112,915	62,750
22 to 24	3,315,227	2,286,382	1,028,845	2,480,545	1,523,533	957,012	834,682	584,991	580,104	4,887	249,691	182,745	66,946
25 to 29	2,961,851	1,943,572	1,018,279	1,989,236	1,051,400	937,836	972,615	571,923	566,735	5,188	400,692	325,437	75,255
30 to 34	1,635,355	1,021,005	614,350	1,050,454	484,567	565,887	584,901	294,681	291,397	3,284	290,220	245,041	45,179
35 to 39	1,128,666	683,089	445,577	708,505	295,880	412,625	420,161	201,567	199,136	2,431	218,594	188,073	30,521
40 to 49	1,449,671	841,913	607,758	920,345	349,801	570,544	529,326	265,064	262,089	2,975	264,262	230,023	34,239
50 to 64	734,572	402,822	331,750	490,101	173,439	316,662	244,471	132,392	131,049	1,343	112,079	98,334	13,745
65 and over	69,844	21,108	48,736	60,362	12,200	48,162	9,482	6,475	6,381	94	3,007	2,527	480
Age unknown	71,816	49,217	22,599	27,652	9,066	18,586	44,164	34,006	33,882	124	10,158	6,269	3,889
Full-time	12,722,782	9,474,059	3,248,723	8,530,344	5,649,713	2,880,631	4,192,438	2,806,645	2,783,162	23,483	1,385,793	1,041,184	344,609
Under 18	177,445	102,344	75,101	141,497	68,954	72,543	35,948	31,430	31,142	288	4,518	2,248	2,270
18 and 19	3,640,621	2,511,562	1,129,059	2,745,734	1,670,996	1,074,738	894,887	787,103	779,858	7,245	107,784	60,708	47,076
20 and 21	3,249,604	2,553,166	696,438	2,326,319	1,691,938	634,381	923,285	776,054	771,655	4,399	147,231	89,573	57,658
22 to 24	2,198,573	1,780,300	418,273	1,526,568	1,171,760	354,808	672,005	476,179	472,910	3,269	195,826	135,630	60,196
25 to 29	1,540,444	1,177,157	363,287	885,635	592,049	293,586	654,809	356,612	353,624	2,988	298,197	231,484	66,713
30 to 34	725,901	524,974	200,927	370,602	211,183	159,419	355,299	145,411	143,620	1,791	209,888	170,171	39,717
35 to 39	447,946	314,580	133,366	208,973	103,389	105,584	238,973	84,126	82,846	1,280	154,847	128,345	26,502
40 to 49	501,869	345,535	156,334	223,623	97,945	125,678	278,246	95,665	94,198	1,467	182,581	153,392	29,189
50 to 64	207,365	141,374	65,991	90,567	36,710	53,857	116,798	41,109	40,459	650	75,689	64,205	11,484
65 and over	6,642	4,290	2,352	3,010	1,067	1,943	3,632	1,690	1,648	42	1,942	1,575	367
Age unknown	26,372	18,777	7,595	7,816	3,722	4,094	18,556	11,266	11,202	64	7,290	3,853	3,437
Part-time	7,704,929	3,432,246	4,272,683	6,280,298	2,059,484	4,220,814	1,424,631	958,438	947,154	11,284	466,193	425,608	40,585
Under 18	579,794	150,071	429,723	543,883	115,009	428,874	35,911	34,721	34,043	678	1,190	1,019	171
18 and 19	659,627	134,142	525,485	627,326	105,386	521,940	32,301	18,175	17,303	872	14,126	11,453	2,673
20 and 21	753,618	205,912	547,706	698,683	157,028	541,655	54,935	26,501	25,542	959	28,434	23,342	5,092
22 to 24	1,116,654	506,082	610,572	953,977	351,773	602,204	162,677	108,812	107,194	1,618	53,865	47,115	6,750
25 to 29	1,421,407	766,415	654,992	1,103,601	459,351	644,250	317,806	215,311	213,111	2,200	102,495	93,953	8,542
30 to 34	909,454	496,031	413,423	679,852	273,384	406,468	229,602	149,270	147,777	1,493	80,332	74,870	5,462
35 to 39	680,720	368,509	312,211	499,532	192,491	307,041	181,188	117,441	116,290	1,151	63,747	59,728	4,019
40 to 49	947,802	496,378	451,424	696,722	251,856	444,866	251,080	169,399	167,891	1,508	81,681	76,631	5,050
50 to 64	527,207	261,448	265,759	399,534	136,729	262,805	127,673	91,283	90,590	693	36,390	34,129	2,261
65 and over	63,202	16,818	46,384	57,352	11,133	46,219	5,850	4,785	4,733	52	1,065	952	113
Age unknown	45,444	30,440	15,004	19,836	5,344	14,492	25,608	22,740	22,680	60	2,868	2,416	452
	Percentage distribution												
All students	**100.0**	**100.0**	**100.0**	**100.0**	**100.0**	**100.0**	**100.0**	**100.0**	**100.0**	**100.0**	**100.0**	**100.0**	**100.0**
Under 18	3.7	2.0	6.7	4.6	2.4	7.1	1.3	1.8	1.7	2.8	0.3	0.2	0.6
18 and 19	21.1	20.5	22.0	22.8	23.0	22.5	16.5	21.4	21.4	23.3	6.6	4.9	12.9
20 and 21	19.6	21.4	16.5	20.4	24.0	16.6	17.4	21.3	21.4	15.4	9.5	7.7	16.3
22 to 24	16.2	17.7	13.7	16.7	19.8	13.5	14.9	15.5	15.6	14.1	13.5	12.5	17.4
25 to 29	14.5	15.1	13.5	13.4	13.6	13.2	17.3	15.2	15.2	14.9	21.6	22.2	19.5
30 to 34	8.0	7.9	8.2	7.1	6.3	8.0	10.4	7.8	7.8	9.4	15.7	16.7	11.7
35 to 39	5.5	5.3	5.9	4.8	3.8	5.8	7.5	5.4	5.3	7.0	11.8	12.8	7.9
40 to 49	7.1	6.5	8.1	6.2	4.5	8.0	9.4	7.0	7.0	8.6	14.3	15.7	8.9
50 to 64	3.6	3.1	4.4	3.3	2.2	4.5	4.4	3.5	3.5	3.9	6.1	6.7	3.6
65 and over	0.3	0.2	0.6	0.4	0.2	0.7	0.2	0.2	0.2	0.3	0.2	0.2	0.1
Age unknown	0.4	0.4	0.3	0.2	0.1	0.3	0.8	0.9	0.9	0.4	0.5	0.4	1.0
Full-time	100.0	100.0	100.0	100.0	100.0	100.0	100.0	100.0	100.0	100.0	100.0	100.0	100.0
Under 18	1.4	1.1	2.3	1.7	1.2	2.5	0.9	1.1	1.1	1.2	0.3	0.2	0.7
18 and 19	28.6	26.5	34.8	32.2	29.6	37.3	21.3	28.0	28.0	30.9	7.8	5.8	13.7
20 and 21	25.5	26.9	21.4	27.3	29.9	22.0	22.0	27.7	27.7	18.7	10.6	8.6	16.7
22 to 24	17.3	18.8	12.9	17.9	20.7	12.3	16.0	17.0	17.0	13.9	14.1	13.0	17.5
25 to 29	12.1	12.4	11.2	10.4	10.5	10.2	15.6	12.7	12.7	12.7	21.5	22.2	19.4
30 to 34	5.7	5.5	6.2	4.3	3.7	5.5	8.5	5.2	5.2	7.6	15.1	16.3	11.5
35 to 39	3.5	3.3	4.1	2.4	1.8	3.7	5.7	3.0	3.0	5.5	11.2	12.3	7.7
40 to 49	3.9	3.6	4.8	2.6	1.7	4.4	6.6	3.4	3.4	6.2	13.2	14.7	8.5
50 to 64	1.6	1.5	2.0	1.1	0.6	1.9	2.8	1.5	1.5	2.8	5.5	6.2	3.3
65 and over	0.1	#	0.1	#	#	0.1	0.1	0.1	0.1	0.2	0.1	0.2	0.2
Age unknown	0.2	0.2	0.2	0.1	0.1	0.1	0.4	0.4	0.4	0.3	0.5	0.4	1.0
Part-time	100.0	100.0	100.0	100.0	100.0	100.0	100.0	100.0	100.0	100.0	100.0	100.0	100.0
Under 18	7.5	4.4	10.1	8.7	5.6	10.2	2.5	3.6	3.6	6.0	0.3	0.2	0.4
18 and 19	8.6	3.9	12.3	10.0	5.1	12.4	2.3	1.9	1.8	7.7	3.0	2.7	6.6
20 and 21	9.8	6.0	12.8	11.1	7.6	12.8	3.9	2.8	2.7	8.5	6.1	5.5	12.5
22 to 24	14.5	14.7	14.3	15.2	17.1	14.3	11.4	11.4	11.3	14.3	11.6	11.1	16.6
25 to 29	18.4	22.3	15.3	17.6	22.3	15.3	22.3	22.5	22.5	19.5	22.0	22.1	21.0
30 to 34	11.8	14.5	9.7	10.8	13.3	9.6	16.1	15.6	15.6	13.2	17.2	17.6	13.5
35 to 39	8.8	10.7	7.3	8.0	9.3	7.3	12.7	12.3	12.3	10.2	13.7	14.0	9.9
40 to 49	12.3	14.5	10.6	11.1	12.2	10.5	17.6	17.7	17.7	13.4	17.5	18.0	12.4
50 to 64	6.8	7.6	6.2	6.4	6.6	6.2	9.0	9.5	9.6	6.1	7.8	8.0	5.6
65 and over	0.8	0.5	1.1	0.9	0.5	1.1	0.4	0.5	0.5	0.5	0.2	0.2	0.3
Age unknown	0.6	0.9	0.4	0.3	0.3	0.3	1.8	2.4	2.4	0.5	0.6	0.6	1.1

#Rounds to zero.
NOTE: Degree-granting institutions grant associate's or higher degrees and participate in Title IV federal financial aid programs. Detail may not sum to totals because of rounding.

SOURCE: U.S. Department of Education, National Center for Education Statistics, 2009 Integrated Postsecondary Education Data System (IPEDS), Spring 2010. (This table was prepared September 2010.)

Table 202. Total fall enrollment in degree-granting institutions, by level of enrollment, sex, attendance status, and type and control of institution: 2009

Attendance status, and type and control of institution	Total			Undergraduate			Postbaccalaureate[1]		
	Total	Males	Females	Total	Males	Females	Total	Males	Females
1	2	3	4	5	6	7	8	9	10
Total	**20,427,711**	**8,769,504**	**11,658,207**	**17,565,320**	**7,595,481**	**9,969,839**	**2,862,391**	**1,174,023**	**1,688,368**
Full-time	12,722,782	5,670,644	7,052,138	11,143,499	4,976,727	6,166,772	1,579,283	693,917	885,366
Part-time	7,704,929	3,098,860	4,606,069	6,421,821	2,618,754	3,803,067	1,283,108	480,106	803,002
4-year	**12,906,305**	**5,572,944**	**7,333,361**	**10,043,915**	**4,398,921**	**5,644,994**	**2,862,390**	**1,174,023**	**1,688,367**
Full-time	9,474,059	4,222,234	5,251,825	7,894,776	3,528,317	4,366,459	1,579,283	693,917	885,366
Part-time	3,432,246	1,350,710	2,081,536	2,149,139	870,604	1,278,535	1,283,107	480,106	803,001
2-year	**7,521,406**	**3,196,560**	**4,324,846**	**7,521,405**	**3,196,560**	**4,324,845**	**1**	**0**	**1**
Full-time	3,248,723	1,448,410	1,800,313	3,248,723	1,448,410	1,800,313	0	0	0
Part-time	4,272,683	1,748,150	2,524,533	4,272,682	1,748,150	2,524,532	1	0	1
Public	**14,810,642**	**6,509,569**	**8,301,073**	**13,386,593**	**5,917,296**	**7,469,297**	**1,424,049**	**592,273**	**831,776**
Full-time	8,530,344	3,943,800	4,586,544	7,784,903	3,602,840	4,182,063	745,441	340,960	404,481
Part-time	6,280,298	2,565,769	3,714,529	5,601,690	2,314,456	3,287,234	678,608	251,313	427,295
Public 4-year	7,709,197	3,459,326	4,249,871	6,285,149	2,867,053	3,418,096	1,424,048	592,273	831,775
Full-time	5,649,713	2,626,170	3,023,543	4,904,272	2,285,210	2,619,062	745,441	340,960	404,481
Part-time	2,059,484	833,156	1,226,328	1,380,877	581,843	799,034	678,607	251,313	427,294
Public 2-year	7,101,445	3,050,243	4,051,202	7,101,444	3,050,243	4,051,201	1	0	1
Full-time	2,880,631	1,317,630	1,563,001	2,880,631	1,317,630	1,563,001	0	0	0
Part-time	4,220,814	1,732,613	2,488,201	4,220,813	1,732,613	2,488,200	1	0	1
Private	**5,617,069**	**2,259,935**	**3,357,134**	**4,178,727**	**1,678,185**	**2,500,542**	**1,438,342**	**581,750**	**856,592**
Full-time	4,192,438	1,726,844	2,465,594	3,358,596	1,373,887	1,984,709	833,842	352,957	480,885
Part-time	1,424,631	533,091	891,540	820,131	304,298	515,833	604,500	228,793	375,707
Private 4-year	5,197,108	2,113,618	3,083,490	3,758,766	1,531,868	2,226,898	1,438,342	581,750	856,592
Full-time	3,824,346	1,596,064	2,228,282	2,990,504	1,243,107	1,747,397	833,842	352,957	480,885
Part-time	1,372,762	517,554	855,208	768,262	288,761	479,501	604,500	228,793	375,707
Private 2-year	419,961	146,317	273,644	419,961	146,317	273,644	†	†	†
Full-time	368,092	130,780	237,312	368,092	130,780	237,312	†	†	†
Part-time	51,869	15,537	36,332	51,869	15,537	36,332	†	†	†
Not-for-profit	3,765,083	1,598,106	2,166,977	2,593,361	1,103,132	1,490,229	1,171,722	494,974	676,748
Full-time	2,806,645	1,230,953	1,575,692	2,143,354	932,315	1,211,039	663,291	298,638	364,653
Part-time	958,438	367,153	591,285	450,007	170,817	279,190	508,431	196,336	312,095
Not-for-profit 4-year	3,730,316	1,585,807	2,144,509	2,558,594	1,090,833	1,467,761	1,171,722	494,974	676,748
Full-time	2,783,162	1,221,375	1,561,787	2,119,871	922,737	1,197,134	663,291	298,638	364,653
Part-time	947,154	364,432	582,722	438,723	168,096	270,627	508,431	196,336	312,095
Not-for-profit 2-year	34,767	12,299	22,468	34,767	12,299	22,468	†	†	†
Full-time	23,483	9,578	13,905	23,483	9,578	13,905	†	†	†
Part-time	11,284	2,721	8,563	11,284	2,721	8,563	†	†	†
For-profit	1,851,986	661,829	1,190,157	1,585,366	575,053	1,010,313	266,620	86,776	179,844
Full-time	1,385,793	495,891	889,902	1,215,242	441,572	773,670	170,551	54,319	116,232
Part-time	466,193	165,938	300,255	370,124	133,481	236,643	96,069	32,457	63,612
For-profit 4-year	1,466,792	527,811	938,981	1,200,172	441,035	759,137	266,620	86,776	179,844
Full-time	1,041,184	374,689	666,495	870,633	320,370	550,263	170,551	54,319	116,232
Part-time	425,608	153,122	272,486	329,539	120,665	208,874	96,069	32,457	63,612
For-profit 2-year	385,194	134,018	251,176	385,194	134,018	251,176	†	†	†
Full-time	344,609	121,202	223,407	344,609	121,202	223,407	†	†	†
Part-time	40,585	12,816	27,769	40,585	12,816	27,769	†	†	†

†Not applicable.
[1]Includes first-professional and graduate-level students.
NOTE: Degree-granting institutions grant associate's or higher degrees and participate in Title IV federal financial aid programs.

SOURCE: U.S. Department of Education, National Center for Education Statistics, 2009 Integrated Postsecondary Education Data System (IPEDS), Spring 2010. (This table was prepared September 2010.)

Table 203. Total fall enrollment in degree-granting institutions, by level of enrollment, sex, attendance status, and type and control of institution: 2008

Attendance status, and type and control of institution	Total			Undergraduate			Postbaccalaureate[1]		
	Total	Males	Females	Total	Males	Females	Total	Males	Females
1	2	3	4	5	6	7	8	9	10
Total	**19,102,814**	**8,188,895**	**10,913,919**	**16,365,738**	**7,066,623**	**9,299,115**	**2,737,076**	**1,122,272**	**1,614,804**
Full-time	11,747,743	5,234,357	6,513,386	10,254,930	4,577,431	5,677,499	1,492,813	656,926	835,887
Part-time	7,355,071	2,954,538	4,400,533	6,110,808	2,489,192	3,621,616	1,244,263	465,346	778,917
4-year	**12,131,436**	**5,253,011**	**6,878,425**	**9,394,633**	**4,130,830**	**5,263,803**	**2,736,803**	**1,122,181**	**1,614,622**
Full-time	8,915,546	3,984,494	4,931,052	7,422,820	3,327,599	4,095,221	1,492,726	656,895	835,831
Part-time	3,215,890	1,268,517	1,947,373	1,971,813	803,231	1,168,582	1,244,077	465,286	778,791
2-year	**6,971,378**	**2,935,884**	**4,035,494**	**6,971,105**	**2,935,793**	**4,035,312**	**273**	**91**	**182**
Full-time	2,832,197	1,249,863	1,582,334	2,832,110	1,249,832	1,582,278	87	31	56
Part-time	4,139,181	1,686,021	2,453,160	4,138,995	1,685,961	2,453,034	186	60	126
Public	**13,972,153**	**6,100,515**	**7,871,638**	**12,591,217**	**5,531,965**	**7,059,252**	**1,380,936**	**568,550**	**812,386**
Full-time	7,926,611	3,640,205	4,286,406	7,216,774	3,318,505	3,898,269	709,837	321,700	388,137
Part-time	6,045,542	2,460,310	3,585,232	5,374,443	2,213,460	3,160,983	671,099	246,850	424,249
Public 4-year	7,331,809	3,276,762	4,055,047	5,951,146	2,708,303	3,242,843	1,380,663	568,459	812,204
Full-time	5,378,123	2,488,168	2,889,955	4,668,373	2,166,499	2,501,874	709,750	321,669	388,081
Part-time	1,953,686	788,594	1,165,092	1,282,773	541,804	740,969	670,913	246,790	424,123
Public 2-year	6,640,344	2,823,753	3,816,591	6,640,071	2,823,662	3,816,409	273	91	182
Full-time	2,548,488	1,152,037	1,396,451	2,548,401	1,152,006	1,396,395	87	31	56
Part-time	4,091,856	1,671,716	2,420,140	4,091,670	1,671,656	2,420,014	186	60	126
Private	**5,130,661**	**2,088,380**	**3,042,281**	**3,774,521**	**1,534,658**	**2,239,863**	**1,356,140**	**553,722**	**802,418**
Full-time	3,821,132	1,594,152	2,226,980	3,038,156	1,258,926	1,779,230	782,976	335,226	447,750
Part-time	1,309,529	494,228	815,301	736,365	275,732	460,633	573,164	218,496	354,668
Private 4-year	4,799,627	1,976,249	2,823,378	3,443,487	1,422,527	2,020,960	1,356,140	553,722	802,418
Full-time	3,537,423	1,496,326	2,041,097	2,754,447	1,161,100	1,593,347	782,976	335,226	447,750
Part-time	1,262,204	479,923	782,281	689,040	261,427	427,613	573,164	218,496	354,668
Private 2-year	331,034	112,131	218,903	331,034	112,131	218,903	†	†	†
Full-time	283,709	97,826	185,883	283,709	97,826	185,883	†	†	†
Part-time	47,325	14,305	33,020	47,325	14,305	33,020	†	†	†
Not-for-profit	3,661,519	1,554,980	2,106,539	2,536,532	1,077,638	1,458,894	1,124,987	477,342	647,645
Full-time	2,722,089	1,194,139	1,527,950	2,093,642	908,902	1,184,740	628,447	285,237	343,210
Part-time	939,430	360,841	578,589	442,890	168,736	274,154	496,540	192,105	304,435
Not-for-profit 4-year	3,626,168	1,542,869	2,083,299	2,501,181	1,065,527	1,435,654	1,124,987	477,342	647,645
Full-time	2,698,819	1,184,895	1,513,924	2,070,372	899,658	1,170,714	628,447	285,237	343,210
Part-time	927,349	357,974	569,375	430,809	165,869	264,940	496,540	192,105	304,435
Not-for-profit 2-year	35,351	12,111	23,240	35,351	12,111	23,240	†	†	†
Full-time	23,270	9,244	14,026	23,270	9,244	14,026	†	†	†
Part-time	12,081	2,867	9,214	12,081	2,867	9,214	†	†	†
For-profit	1,469,142	533,400	935,742	1,237,989	457,020	780,969	231,153	76,380	154,773
Full-time	1,099,043	400,013	699,030	944,514	350,024	594,490	154,529	49,989	104,540
Part-time	370,099	133,387	236,712	293,475	106,996	186,479	76,624	26,391	50,233
For-profit 4-year	1,173,459	433,380	740,079	942,306	357,000	585,306	231,153	76,380	154,773
Full-time	838,604	311,431	527,173	684,075	261,442	422,633	154,529	49,989	104,540
Part-time	334,855	121,949	212,906	258,231	95,558	162,673	76,624	26,391	50,233
For-profit 2-year	295,683	100,020	195,663	295,683	100,020	195,663	†	†	†
Full-time	260,439	88,582	171,857	260,439	88,582	171,857	†	†	†
Part-time	35,244	11,438	23,806	35,244	11,438	23,806	†	†	†

†Not applicable.
[1]Includes first-professional and graduate-level students.
NOTE: Degree-granting institutions grant associate's or higher degrees and participate in Title IV federal financial aid programs.

SOURCE: U.S. Department of Education, National Center for Education Statistics, 2008 Integrated Postsecondary Education Data System (IPEDS), Spring 2009. (This table was prepared September 2009.)

Table 204. Total fall enrollment in degree-granting institutions, by attendance status, sex of student, and type and control of institution: Selected years, 1970 through 2009

Attendance status and sex of student, type and control of institution	1970	1975	1980[1]	1985	1990	1995	2000	2003	2004	2005	2006	2007	2008	2009
1	2	3	4	5	6	7	8	9	10	11	12	13	14	15
Total	**8,580,887**	**11,184,859**	**12,096,895**	**12,247,055**	**13,818,637**	**14,261,781**	**15,312,289**	**16,911,481**	**17,272,044**	**17,487,475**	**17,758,870**	**18,248,128**	**19,102,814**	**20,427,711**
Full-time	5,816,290	6,841,334	7,097,958	7,075,221	7,820,985	8,128,802	9,009,600	10,326,133	10,610,177	10,797,011	10,957,305	11,269,892	11,747,743	12,722,782
Males	3,504,095	3,926,753	3,689,244	3,607,720	3,807,752	3,807,392	4,111,093	4,637,872	4,739,355	4,803,388	4,879,315	5,029,444	5,234,357	5,670,644
Females	2,312,195	2,914,581	3,408,714	3,467,501	4,013,233	4,321,410	4,898,507	5,688,261	5,870,822	5,993,623	6,077,990	6,240,448	6,513,386	7,052,138
Part-time	2,764,597	4,343,525	4,998,937	5,171,834	5,997,652	6,132,979	6,302,689	6,585,348	6,661,867	6,690,464	6,801,565	6,978,236	7,355,071	7,704,929
Males	1,539,547	2,222,244	2,185,130	2,210,730	2,476,157	2,535,147	2,610,676	2,622,392	2,647,907	2,652,537	2,695,500	2,786,470	2,954,538	3,098,860
Females	1,225,050	2,121,281	2,813,807	2,961,104	3,521,495	3,597,832	3,692,013	3,962,956	4,013,960	4,037,927	4,106,065	4,191,766	4,400,533	4,606,069
4-year	**6,261,502**	**7,214,740**	**7,570,608**	**7,715,978**	**8,578,554**	**8,769,252**	**9,363,858**	**10,417,247**	**10,726,181**	**10,999,420**	**11,240,330**	**11,630,198**	**12,131,436**	**12,906,305**
Full-time	4,587,379	5,080,256	5,344,163	5,384,614	5,937,023	6,151,755	6,792,551	7,675,740	7,926,639	8,150,209	8,313,999	8,577,299	8,915,546	9,474,059
Males	2,732,796	2,891,192	2,809,528	2,781,412	2,926,360	2,929,177	3,115,252	3,475,294	3,572,783	3,649,622	3,719,478	3,839,336	3,984,494	4,222,234
Females	1,854,583	2,189,064	2,534,635	2,603,202	3,010,663	3,222,578	3,677,299	4,200,446	4,353,856	4,500,587	4,594,521	4,737,963	4,931,052	5,251,825
Part-time	1,674,123	2,134,484	2,226,445	2,331,364	2,641,531	2,617,497	2,571,307	2,741,507	2,799,542	2,849,211	2,926,331	3,052,899	3,215,890	3,432,246
Males	936,189	1,092,461	1,017,813	1,034,804	1,124,780	1,084,753	1,047,917	1,094,929	1,116,883	1,125,935	1,150,598	1,206,007	1,268,517	1,350,710
Females	737,934	1,042,023	1,208,632	1,296,560	1,516,751	1,532,744	1,523,390	1,646,578	1,682,659	1,723,276	1,775,733	1,846,892	1,947,373	2,081,536
Public 4-year	4,232,722	4,998,142	5,128,612	5,209,540	5,848,242	5,814,545	6,055,398	6,649,441	6,736,536	6,837,605	6,955,013	7,166,661	7,331,809	7,709,197
Full-time	3,086,491	3,469,821	3,592,193	3,623,341	4,033,654	4,084,711	4,371,218	4,864,164	4,943,811	5,021,745	5,103,764	5,244,841	5,378,123	5,649,713
Males	1,813,584	1,947,823	1,873,397	1,863,689	1,982,369	1,951,140	2,008,618	2,224,876	2,259,946	2,295,456	2,338,923	2,417,717	2,488,168	2,626,170
Females	1,272,907	1,521,998	1,718,796	1,759,652	2,051,285	2,133,571	2,362,600	2,639,288	2,683,865	2,726,289	2,764,841	2,827,124	2,889,955	3,023,543
Part-time	1,146,231	1,528,321	1,536,419	1,586,199	1,814,588	1,729,834	1,684,180	1,785,277	1,792,725	1,815,860	1,851,249	1,921,820	1,953,686	2,059,484
Males	609,422	760,469	685,051	693,115	764,248	720,402	683,100	712,865	716,569	724,375	739,846	772,563	788,594	833,156
Females	536,809	767,852	851,368	893,084	1,050,340	1,009,432	1,001,080	1,072,412	1,076,156	1,091,485	1,111,403	1,149,257	1,165,092	1,226,328
Private 4-year	2,028,780	2,216,598	2,441,996	2,506,438	2,730,312	2,954,707	3,308,460	3,767,806	3,989,645	4,161,815	4,285,317	4,463,537	4,799,627	5,197,108
Full-time	1,500,888	1,610,435	1,751,970	1,761,273	1,903,369	2,067,044	2,421,333	2,811,576	2,982,828	3,128,464	3,210,235	3,332,458	3,537,423	3,824,346
Males	919,212	943,369	936,131	917,723	943,991	978,037	1,106,634	1,250,418	1,312,837	1,354,166	1,380,555	1,421,619	1,496,326	1,596,064
Females	581,676	667,066	815,839	843,550	959,378	1,089,007	1,314,699	1,561,158	1,669,991	1,774,298	1,829,680	1,910,839	2,041,097	2,228,282
Part-time	527,892	606,163	690,026	745,165	826,943	887,663	887,127	956,230	1,006,817	1,033,351	1,075,082	1,131,079	1,262,204	1,372,762
Males	326,767	331,992	332,762	341,689	360,532	364,351	364,817	382,064	400,314	401,560	410,752	433,444	479,923	517,554
Females	201,125	274,171	357,264	403,476	466,411	523,312	522,310	574,166	606,503	631,791	664,330	697,635	782,281	855,208
Not-for-profit 4-year	2,021,121	2,198,451	2,413,693	2,463,000	2,671,069	2,853,890	3,050,575	3,297,180	3,369,435	3,411,170	3,473,710	3,537,664	3,626,168	3,730,316
Full-time	1,494,625	1,596,074	1,733,014	1,727,707	1,859,124	1,989,457	2,226,028	2,441,119	2,494,090	2,534,793	2,589,590	2,643,207	2,698,819	2,783,162
Males	914,020	930,842	921,253	894,080	915,100	931,956	996,113	1,073,652	1,092,100	1,109,075	1,135,163	1,159,775	1,184,895	1,221,375
Females	580,605	665,232	811,761	833,627	944,024	1,057,501	1,229,915	1,367,467	1,401,990	1,425,718	1,454,427	1,483,432	1,513,924	1,561,787
Part-time	526,496	602,377	680,679	735,293	811,945	864,433	824,547	856,061	875,345	876,377	884,120	894,457	927,349	947,154
Males	325,693	329,662	327,986	336,168	352,106	351,874	332,814	335,954	341,391	339,572	340,842	344,325	357,974	364,432
Females	200,803	272,715	352,693	399,125	459,839	512,559	491,733	520,107	533,954	536,805	543,278	550,132	569,375	582,722
For-profit 4-year	7,659	18,147	28,303	43,438	59,243	100,817	257,885	470,626	620,210	750,645	811,607	925,873	1,173,459	1,466,792
2-year	**2,319,385**	**3,970,119**	**4,526,287**	**4,531,077**	**5,240,083**	**5,492,529**	**5,948,431**	**6,494,234**	**6,545,863**	**6,488,055**	**6,518,540**	**6,617,930**	**6,971,378**	**7,521,406**
Full-time	1,228,911	1,761,078	1,753,795	1,690,607	1,883,962	1,977,047	2,217,049	2,650,393	2,683,538	2,646,802	2,643,306	2,692,593	2,832,197	3,248,723
Males	771,299	1,035,561	879,716	826,308	881,392	878,215	995,841	1,162,578	1,166,572	1,153,766	1,159,837	1,190,108	1,249,863	1,448,410
Females	457,612	725,517	874,079	864,299	1,002,570	1,098,832	1,221,208	1,487,815	1,516,966	1,493,036	1,483,469	1,502,485	1,582,334	1,800,313
Part-time	1,090,474	2,209,041	2,772,492	2,840,470	3,356,121	3,515,482	3,731,382	3,843,841	3,862,325	3,841,253	3,875,234	3,925,337	4,139,181	4,272,683
Males	603,358	1,129,783	1,167,317	1,175,926	1,351,377	1,450,394	1,562,759	1,527,463	1,531,024	1,526,602	1,544,902	1,580,463	1,686,021	1,748,150
Females	487,116	1,079,258	1,605,175	1,664,544	2,004,744	2,065,088	2,168,623	2,316,378	2,331,301	2,314,651	2,330,332	2,344,874	2,453,160	2,524,533
Public 2-year	2,195,412	3,836,366	4,328,782	4,269,733	4,996,475	5,277,829	5,697,388	6,209,257	6,243,576	6,184,229	6,225,120	6,324,119	6,640,344	7,101,445
Full-time	1,129,165	1,662,621	1,595,493	1,496,905	1,716,843	1,840,590	2,000,008	2,406,233	2,425,621	2,387,016	2,391,799	2,442,140	2,548,488	2,880,631
Males	720,440	988,701	811,871	742,673	810,664	818,605	891,282	1,060,015	1,065,127	1,055,029	1,067,223	1,098,772	1,152,037	1,317,630
Females	408,725	673,920	783,622	754,232	906,179	1,021,985	1,108,726	1,346,218	1,360,494	1,331,987	1,324,576	1,343,368	1,396,451	1,563,001
Part-time	1,066,247	2,173,745	2,733,289	2,772,828	3,279,632	3,437,239	3,697,380	3,803,024	3,817,955	3,797,213	3,833,321	3,881,979	4,091,856	4,220,814
Males	589,439	1,107,680	1,152,268	1,138,011	1,317,730	1,417,488	1,549,407	1,514,539	1,517,834	1,514,363	1,533,412	1,568,247	1,671,716	1,732,613
Females	476,808	1,066,065	1,581,021	1,634,817	1,961,902	2,019,751	2,147,973	2,288,485	2,300,121	2,282,850	2,299,909	2,313,732	2,420,140	2,488,201
Private 2-year	123,973	133,753	197,505	261,344	243,608	214,700	251,043	284,977	302,287	303,826	293,420	293,811	331,034	419,961
Full-time	99,746	98,457	158,302	193,702	167,119	136,457	217,041	244,160	257,917	259,786	251,507	250,453	283,709	368,092
Males	50,859	46,860	67,845	83,635	70,728	59,610	104,559	102,563	101,445	98,737	92,614	91,336	97,826	130,780
Females	48,887	51,597	90,457	110,067	96,391	76,847	112,482	141,597	156,472	161,049	158,893	159,117	185,883	237,312
Part-time	24,227	35,296	39,203	67,642	76,489	78,243	34,002	40,817	44,370	44,040	41,913	43,358	47,325	51,869
Males	13,919	22,103	15,049	37,915	33,647	32,906	13,352	12,924	13,190	12,239	11,490	12,216	14,305	15,537
Females	10,308	13,193	24,154	29,727	42,842	45,337	20,650	27,893	31,180	31,801	30,423	31,142	33,020	36,332
Not-for-profit 2-year	113,299	112,997	114,094	108,791	89,158	75,154	58,844	43,868	42,250	43,522	39,156	33,486	35,351	34,767
Full-time	91,514	82,158	83,009	76,547	62,003	54,033	46,670	32,172	28,903	28,939	25,969	21,295	23,270	23,483
Males	46,030	40,548	34,968	30,878	25,946	23,265	21,950	14,371	12,347	12,086	10,832	8,691	9,244	9,578
Females	45,484	41,610	48,041	45,669	36,057	30,768	24,720	17,801	16,556	16,853	15,137	12,604	14,026	13,905
Part-time	21,785	30,839	31,085	32,244	27,155	21,121	12,174	11,696	13,347	14,583	13,187	12,191	12,081	11,284
Males	12,097	18,929	11,445	10,786	7,970	6,080	4,499	3,238	3,385	3,566	3,044	3,003	2,867	2,721
Females	9,688	11,910	19,640	21,458	19,185	15,041	7,675	8,458	9,962	11,017	10,143	9,188	9,214	8,563
For-profit 2-year	10,674	20,756	83,411	152,553	154,450	139,546	192,199	241,109	260,037	260,304	254,264	260,325	295,683	385,194

[1]Large increase in private 2-year institutions in 1980 is due to the addition of schools accredited by the Accrediting Commission of Career Schools and Colleges of Technology.

NOTE: Data through 1995 are for institutions of higher education, while later data are for degree-granting institutions. Degree-granting institutions grant associate's or higher degrees and participate in Title IV federal financial aid programs. The degree-granting classification is very similar to the earlier higher education classification, but it includes more 2-year colleges and excludes a few higher education institutions that did not grant degrees. (See Appendix A: Guide to Sources for details.)

SOURCE: U.S. Department of Education, National Center for Education Statistics, Higher Education General Information Survey (HEGIS), "Fall Enrollment in Colleges and Universities" surveys, 1970 through 1985; and 1990 through 2009 Integrated Postsecondary Education Data System, "Fall Enrollment Survey" (IPEDS-EF:90–99), and Spring 2001 through Spring 2010. (This table was prepared September 2010.)

Table 205. Fall enrollment and number of degree-granting institutions, by control and affiliation of institution: Selected years, 1980 through 2009

Control and affiliation	Total enrollment						Enrollment, fall 2009					Number of institutions[1]				
								Full-time		Part-time						
	Fall 1980	Fall 1990	Fall 2000	Fall 2006	Fall 2007	Fall 2008	Total	Males	Females	Males	Females	Fall 1980	Fall 1990	Fall 2000	Fall 2008	Fall 2009
1	2	3	4	5	6	7	8	9	10	11	12	13	14	15	16	17
All institutions	**12,096,895**	**13,818,637**	**15,312,289**	**17,758,870**	**18,248,128**	**19,102,814**	**20,427,711**	**5,670,644**	**7,052,138**	**3,098,860**	**4,606,069**	**3,226**	**3,501**	**4,056**	**4,400**	**4,474**
Public institutions	9,457,394	10,844,717	11,752,786	13,180,133	13,490,780	13,972,153	14,810,642	3,943,800	4,586,544	2,565,769	3,714,529	1,493	1,548	1,676	1,675	1,671
Federal	50,989	50,669	16,917	17,344	20,515	20,441	21,722	14,447	5,206	676	1,393	12	17	12	14	14
State	([2])	7,181,380	9,548,090	10,849,760	11,096,629	11,452,186	12,104,170	3,403,264	3,975,133	1,926,619	2,799,154	([2])	978	1,355	1,350	1,350
Local	([2])	3,508,941	2,078,090	2,127,983	2,185,618	2,302,730	2,478,076	471,982	542,308	603,936	859,850	([2])	523	277	265	261
Other public	9,406,405	103,727	109,689	185,046	188,018	196,796	206,674	54,107	63,897	34,538	54,132	1,481	30	32	46	46
Private institutions	2,639,501	2,973,920	3,559,503	4,578,737	4,757,348	5,130,661	5,617,069	1,726,844	2,465,594	533,091	891,540	1,733	1,953	2,380	2,725	2,803
Independent not-for-profit	1,521,614	1,474,818	1,577,242	1,814,579	1,839,639	1,888,905	1,953,136	654,928	788,501	203,775	305,932	795	709	729	731	734
For-profit	111,714	213,693	450,084	1,065,871	1,186,198	1,469,142	1,851,986	495,891	889,902	165,938	300,255	164	322	724	1,099	1,181
Religiously affiliated[3]	1,006,173	1,285,409	1,532,177	1,698,287	1,731,511	1,772,614	1,811,947	576,025	787,191	163,378	285,353	774	922	927	895	888
Advent Christian Church	143	—	—	—	—	—	—	—	—	—	—	1	—	—	—	—
African Methodist Episcopal Zion Church	1,091	88	34	1,300	1,317	1,366	1,485	761	635	31	58	3	1	1	3	3
African Methodist Episcopal	4,541	3,220	5,980	3,116	2,983	2,880	2,677	1,190	1,304	86	97	6	5	6	5	5
American Baptist	6,131	10,800	15,410	14,381	14,821	14,441	14,716	3,851	5,657	1,656	3,552	11	15	17	17	17
American Evangelical Lutheran Church	—	—	743	1,429	1,375	1,432	1,387	627	678	38	44	—	—	1	1	1
American Lutheran and Lutheran Church in America	3,092	—	1,460	—	—	—	—	—	—	—	—	3	—	1	—	—
American Lutheran	21,608	—	—	—	—	—	22	5	17	0	0	13	—	—	—	1
Assemblies of God Church	7,814	8,307	14,272	14,560	14,859	15,080	15,137	5,349	6,639	1,464	1,685	10	11	14	15	15
Baptist	38,231	99,510	107,610	130,113	142,145	153,525	165,848	51,109	66,750	20,291	27,698	33	69	68	74	72
Brethren Church	3,925	958	2,088	8,035	8,141	7,954	8,191	2,436	2,923	1,169	1,663	3	3	3	3	3
Brethren in Christ Church	1,301	2,239	2,797	—	—	—	—	—	—	—	—	1	1	1	—	—
Christian and Missionary Alliance Church	1,705	2,519	5,278	6,391	6,565	6,316	6,331	1,965	2,679	702	985	3	4	4	4	4
Christian Church (Disciples of Christ)	14,913	30,397	35,984	45,537	46,747	47,693	50,064	13,375	21,561	5,624	9,504	12	18	16	18	18
Christian Churches and Churches of Christ	1,342	2,263	7,277	9,405	9,236	9,005	9,263	3,785	3,638	1,008	832	7	8	18	18	18
Christian Methodist Episcopal	2,486	2,174	1,502	3,863	3,750	4,503	4,901	2,315	2,408	65	113	4	4	1	3	3
Christian Reformed Church	5,408	4,488	5,999	5,748	5,830	5,808	5,665	2,583	2,800	134	148	3	2	3	3	3
Church of Christ (Scientist)	2,773	2,557	—	—	—	—	—	—	—	—	—	6	8	—	—	—
Church of God of Prophecy	—	249	—	—	—	—	—	—	—	—	—	—	1	—	—	—
Church of God	6,082	5,627	12,540	14,753	15,278	15,977	15,117	4,884	7,124	1,476	1,633	9	9	7	7	7
Church of New Jerusalem	170	—	—	—	—	—	—	—	—	—	—	1	—	—	—	—
Church of the Brethren	8,482	4,463	4,187	5,494	5,549	5,620	5,861	2,239	3,008	236	378	6	5	4	5	5
Church of the Nazarene	11,716	10,779	16,661	20,868	21,048	20,863	21,389	6,683	9,862	1,814	3,030	10	9	12	10	10
Churches of Christ	9,343	14,611	30,140	33,028	33,755	34,368	34,996	11,835	14,349	3,395	5,417	9	19	19	19	17
Cumberland Presbyterian	594	746	1,112	2,381	2,433	2,688	3,247	1,077	1,569	235	366	2	2	2	2	2
Evangelical Congregational Church	80	88	148	177	168	158	159	31	20	66	42	1	1	1	1	1
Evangelical Covenant Church of America	1,401	1,035	2,387	3,023	3,200	3,244	3,186	777	1,108	382	919	1	1	1	1	1
Evangelical Free Church of America	833	2,355	4,022	3,028	3,121	3,021	3,106	851	712	930	613	1	2	3	2	2
Evangelical Lutheran Church	743	49,210	49,085	54,970	55,028	55,251	56,088	22,041	28,256	2,253	3,538	3	33	34	35	35
Free Methodist	5,543	5,902	7,323	9,345	9,699	11,774	12,090	3,170	6,026	764	2,130	5	3	4	5	5
Free Will Baptist Church	1,132	1,177	2,378	3,842	3,890	3,989	4,143	1,149	2,130	360	504	4	3	4	4	4
Friends United Meeting	1,109	—	—	—	—	—	—	—	—	—	—	1	—	—	—	—
Friends	5,157	5,844	10,898	13,568	13,479	13,285	13,786	4,663	6,099	1,167	1,857	5	6	8	7	7
General Conference Mennonite Church	820	1,243	1,059	—	—	—	—	—	—	—	—	2	2	1	—	—
Greek Orthodox	204	148	132	196	186	190	203	151	50	2	0	1	1	1	1	1
Interdenominational	1,254	11,103	9,788	23,066	23,776	23,161	23,038	7,984	9,912	2,622	2,520	4	17	14	29	26

See notes at end of table.

Table 205. Fall enrollment and number of degree-granting institutions, by control and affiliation of institution: Selected years, 1980 through 2009—Continued

Control and affiliation	Total enrollment						Enrollment, fall 2009					Number of institutions[1]				
								Full-time		Part-time						
	Fall 1980	Fall 1990	Fall 2000	Fall 2006	Fall 2007	Fall 2008	Total	Males	Females	Males	Females	Fall 1980	Fall 1990	Fall 2000	Fall 2008	Fall 2009
1	2	3	4	5	6	7	8	9	10	11	12	13	14	15	16	17
Jewish	5,738	12,217	14,182	8,412	8,329	8,861	8,468	6,912	925	184	447	24	63	62	34	32
Latter-Day Saints	39,172	42,274	44,680	52,091	51,711	52,321	53,249	22,609	23,424	3,446	3,770	4	4	4	4	4
Lutheran Church—Missouri Synod	11,727	13,827	18,866	21,107	22,852	24,280	26,384	7,109	10,251	2,416	6,608	15	14	13	12	13
Lutheran Church in America	23,877	5,796	4,322	8,238	8,244	8,245	8,264	3,286	4,139	269	570	20	5	2	3	3
Mennonite Brethren Church	1,344	1,864	2,390	3,124	3,116	3,192	3,426	880	1,508	312	726	3	3	3	3	3
Mennonite Church	4,008	2,859	3,553	4,150	4,001	4,126	4,325	1,528	2,024	248	525	6	5	5	6	6
Missionary Church Inc.	487	699	1,647	2,081	2,097	2,075	2,165	568	964	196	437	1	1	1	1	1
Moravian Church	2,434	2,511	2,939	3,059	2,981	2,979	3,042	681	1,537	152	672	2	2	2	2	2
Multiple Protestant denominations	5,526	211	4,690	5,156	5,052	5,014	5,341	1,370	1,553	1,520	898	8	1	7	7	7
North American Baptist	155	—	124	100	121	117	125	40	32	33	20	1	—	1	1	1
Pentecostal Holiness Church	767	566	976	1,097	1,007	1,057	1,124	501	484	60	79	3	3	2	3	3
Presbyterian U.S.A. and United Presbyterian	47,144	77,700	78,950	81,921	82,161	82,508	84,691	30,682	42,967	3,453	7,589	57	70	64	58	58
Presbyterian Church in America	—	1,877	4,499	2,893	2,137	2,166	2,174	827	836	327	184	—	1	5	2	2
Protestant Episcopal	5,396	4,559	5,479	5,015	5,012	4,921	5,036	2,295	2,411	151	179	12	9	12	11	11
Protestant, other	4,072	38,136	30,116	11,026	11,636	15,803	16,207	5,884	6,652	1,821	1,850	11	44	34	22	23
Reformed Church in America	2,713	5,525	6,002	6,460	6,582	6,472	6,514	2,560	3,510	219	225	4	4	5	5	5
Reformed Episcopal Church	67	—	—	—	—	—	—	—	—	—	—	1	—	—	—	—
Reformed Presbyterian Church	2,014	1,556	2,355	2,946	2,868	2,901	2,949	1,140	1,235	331	243	4	2	2	3	3
Reorganized Latter-Day Saints Church	4,274	4,793	3,390	—	—	—	—	—	—	—	—	2	1	2	—	
Roman Catholic	422,842	530,585	636,336	706,245	715,781	727,894	735,713	210,214	312,828	70,645	142,026	229	239	239	238	237
Russian Orthodox	47	38	106	106	80	88	79	60	7	8	4	1	1	1	1	1
Seventh-Day Adventists	19,168	15,771	19,223	23,232	23,402	23,880	24,818	7,797	10,387	2,302	4,332	11	11	13	14	14
Southern Baptist	85,281	49,493	54,275	40,747	43,041	45,026	46,689	12,975	18,363	5,980	9,371	54	29	32	22	22
Nondenominational	—	6,758	23,573	27,164	26,753	27,872	27,071	7,809	10,475	4,458	4,329	—	14	16	16	17
Unitarian Universalist	87	82	132	218	133	138	171	41	67	21	42	2	2	2	2	2
United Brethren Church	545	601	938	1,071	1,148	1,230	1,270	461	581	116	112	1	1	1	1	1
United Church of Christ	14,169	20,175	23,709	26,993	25,958	26,878	27,507	8,751	11,737	2,083	4,936	16	18	18	19	19
United Methodist	127,099	148,851	171,109	192,958	197,230	198,669	202,913	72,550	93,880	13,257	23,226	91	96	100	95	94
Wesleyan Church	3,583	5,311	11,128	19,288	19,886	20,568	20,492	6,602	11,757	777	1,356	5	4	4	6	6
Wisconsin Evangelical Lutheran Synod	808	931	1,660	1,561	1,518	1,595	1,603	665	761	107	70	1	3	2	2	2
Other religiously affiliated	462	5,743	2,534	8,211	8,295	8,146	8,041	2,342	3,982	516	1,201	1	9	4	10	10

—Not available.
[1]Counts of institutions in this table may be lower than reported in other tables, because counts in this table include only institutions reporting separate enrollment data.
[2]Included under "Other public."
[3]Religious affiliation as reported by institution.
NOTE: Data through 1995 are for institutions of higher education, while later data are for degree-granting institutions. Degree-granting institutions grant associate's or higher degrees and participate in Title IV federal financial aid programs. The degree-granting classification is very similar to the earlier higher education classification, but it includes more 2-year colleges and excludes a few higher education institutions that did not grant degrees. (See Appendix A: Guide to Sources for details.) Some data have been revised from previously published figures.
SOURCE: U.S. Department of Education, National Center for Education Statistics, Higher Education General Information Survey (HEGIS), "Fall Enrollment in Institutions of Higher Education" and "Institutional Characteristics" surveys, 1980; and 1990 through 2009 Integrated Postsecondary Education Data System, "Fall Enrollment Survey" (IPEDS-EF:90), "Institutional Characteristics Survey" (IPEDS-IC:90), and Spring 2001 through Spring 2010. (This table was prepared October 2010.)

Table 206. Total first-time freshmen fall enrollment in degree-granting institutions, by attendance status, sex of student, and type and control of institution: 1955 through 2009

Year	Total, all freshmen	Full-time	Part-time	Males			Females			4-year		2-year	
				Total	Full-time	Part-time	Total	Full-time	Part-time	Public	Private	Public	Private
1	2	3	4	5	6	7	8	9	10	11	12	13	14
1955[1]	670,013	—	—	415,604	—	—	254,409	—	—	283,084[2]	246,960[2]	117,288[2]	22,681[2]
1956[1]	717,504	—	—	442,903	—	—	274,601	—	—	292,743[2]	261,951[2]	137,406[2]	25,404[2]
1957[1]	723,879	—	—	441,969	—	—	281,910	—	—	293,544[2]	262,695[2]	140,522[2]	27,118[2]
1958[1]	775,308	—	—	465,422	—	—	309,886	—	—	328,242[2]	272,117[2]	146,379[2]	28,570[2]
1959[1]	821,520	—	—	487,890	—	—	333,630	—	—	348,150[2]	291,691[2]	153,393[2]	28,286[2]
1960[1]	923,069	—	—	539,512	—	—	383,557	—	—	395,884[2]	313,209[2]	181,860[2]	32,116[2]
1961[1]	1,018,361	—	—	591,913	—	—	426,448	—	—	438,135[2]	336,449[2]	210,101[2]	33,676[2]
1962[1]	1,030,554	—	—	598,099	—	—	432,455	—	—	445,191[2]	324,923[2]	224,537[2]	35,903[2]
1963[1]	1,046,424	—	—	604,282	—	—	442,142	—	—	—	—	—	—
1964[1]	1,224,840	—	—	701,524	—	—	523,316	—	—	539,251[2]	363,348[2]	275,413[2]	46,828[2]
1965[1]	1,441,822	—	—	829,215	—	—	612,607	—	—	642,233[2]	398,792[2]	347,788[2]	53,009[2]
1966	1,554,337	—	—	889,516	—	—	664,821	—	—	626,472[2]	382,889[2]	478,459[2]	66,517[2]
1967	1,640,936	1,335,512	305,424	931,127	761,299	169,828	709,809	574,213	135,596	644,525	368,300	561,488	66,623
1968	1,892,849	1,470,653	422,196	1,082,367	847,005	235,362	810,482	623,648	186,834	724,377	378,052	718,562	71,858
1969	1,967,104	1,525,290	441,814	1,118,269	876,280	241,989	848,835	649,010	199,825	699,167	391,508	814,132	62,297
1970	2,063,397	1,587,072	476,325	1,151,960	896,281	255,679	911,437	690,791	220,646	717,449	395,886	890,703	59,359
1971	2,119,018	1,606,036	512,982	1,170,518	895,715	274,803	948,500	710,321	238,179	704,052	384,695	971,295	58,976
1972	2,152,778	1,574,197	578,581	1,157,501	858,254	299,247	995,277	715,943	279,334	680,337	380,982	1,036,616	54,843
1973	2,226,041	1,607,269	618,772	1,182,173	867,314	314,859	1,043,868	739,955	303,913	698,777	378,994	1,089,182	59,088
1974	2,365,761	1,673,333	692,428	1,243,790	896,077	347,713	1,121,971	777,256	344,715	745,637	386,391	1,175,759	57,974
1975	2,515,155	1,763,296	751,859	1,327,935	942,198	385,737	1,187,220	821,098	366,122	771,725	395,440	1,283,523	64,467
1976	2,347,014	1,662,333	684,681	1,170,326	854,597	315,729	1,176,688	807,736	368,952	717,373	413,961	1,152,944	62,736
1977	2,394,426	1,680,916	713,510	1,155,856	839,848	316,008	1,238,570	841,068	397,502	737,497	404,631	1,185,648	66,650
1978	2,389,627	1,650,848	738,779	1,141,777	817,294	324,483	1,247,850	833,554	414,296	736,703	406,669	1,173,544	72,711
1979	2,502,896	1,706,732	796,164	1,179,846	840,315	339,531	1,323,050	866,417	456,633	760,119	415,126	1,253,854	73,797
1980	2,587,644	1,749,928	837,716	1,218,961	862,458	356,503	1,368,683	887,470	481,213	765,395	417,937	1,313,591	90,721[3]
1981	2,595,421	1,737,714	857,707	1,217,680	851,833	365,847	1,377,741	885,881	491,860	754,007	419,257	1,318,436	103,721[3]
1982	2,505,466	1,688,620	816,846	1,199,237	837,223	362,014	1,306,229	851,397	454,832	730,775	404,252	1,254,193	116,246[3]
1983	2,443,703	1,678,071	765,632	1,159,049	824,609	334,440	1,284,654	853,462	431,192	728,244	403,882	1,189,869	121,708
1984	2,356,898	1,613,185	743,713	1,112,303	786,099	326,204	1,244,595	827,086	417,509	713,790	402,959	1,130,311	109,838
1985	2,292,222	1,602,038	690,184	1,075,736	774,858	300,878	1,216,486	827,180	389,306	717,199	398,556	1,060,275	116,192
1986	2,219,208	1,589,451	629,757	1,046,527	768,856	277,671	1,172,681	820,595	352,086	719,974	391,673	990,973	116,588
1987	2,246,359	1,626,719	619,640	1,046,615	779,226	267,389	1,199,744	847,493	352,251	757,833	405,113	979,820	103,593
1988	2,378,803	1,698,927	679,876	1,100,026	807,319	292,707	1,278,777	891,608	387,169	783,358	425,907	1,048,914	120,624
1989	2,341,035	1,656,594	684,441	1,094,750	791,295	303,455	1,246,285	865,299	380,986	762,217	413,836	1,048,529	116,453
1990	2,256,624	1,617,118	639,506	1,045,191	771,372	273,819	1,211,433	845,746	365,687	727,264	400,120	1,041,097	88,143
1991	2,277,920	1,652,983	624,937	1,068,433	798,043	270,390	1,209,487	854,940	354,547	717,697	392,904	1,070,048	97,271
1992	2,184,113	1,603,737	580,376	1,013,058	760,290	252,768	1,171,055	843,447	327,608	697,393	408,306	993,074	85,340
1993	2,160,710	1,608,274	552,436	1,007,647	762,240	245,407	1,153,063	846,034	307,029	702,273	410,688	973,545	74,204
1994	2,133,205	1,603,106	530,099	984,558	751,081	233,477	1,148,647	852,025	296,622	709,042	405,917	952,468	65,778
1995	2,168,831	1,646,812	522,019	1,001,052	767,185	233,867	1,167,779	879,627	288,152	731,836	419,025	954,595	63,375
1996	2,274,319	1,739,852	534,467	1,046,662	805,982	240,680	1,227,657	933,870	293,787	741,164	427,442	989,536	116,177
1997	2,219,255	1,733,512	485,743	1,026,058	806,054	220,004	1,193,197	927,458	265,739	755,362	442,397	923,954	97,542
1998	2,212,593	1,775,412	437,181	1,022,656	825,577	197,079	1,189,937	949,835	240,102	792,772	460,948	858,417	100,456
1999	2,351,932	1,845,407	506,525	1,091,802	863,377	228,425	1,260,130	982,030	278,100	818,957	473,562	952,319	107,094
2000	2,427,551	1,918,093	509,458	1,123,948	894,432	229,516	1,303,603	1,023,661	279,942	842,228	498,532	952,175	134,616
2001	2,497,078	1,989,179	507,899	1,152,837	926,393	226,444	1,344,241	1,062,786	281,455	866,619	508,030	988,726	133,703
2002	2,570,611	2,053,065	517,546	1,170,609	945,938	224,671	1,400,002	1,107,127	292,875	886,297	517,621	1,037,267	129,426
2003	2,591,754	2,102,394	489,360	1,175,856	965,075	210,781	1,415,898	1,137,319	278,579	918,602	537,726	1,004,428	130,998
2004	2,630,243	2,147,546	482,697	1,190,268	981,591	208,677	1,439,975	1,165,955	274,020	925,249	562,485	1,009,082	133,427
2005	2,657,338	2,189,884	467,454	1,200,055	995,610	204,445	1,457,283	1,194,274	263,009	953,903	606,712	977,224	119,499
2006	2,707,213	2,219,853	487,360	1,228,665	1,015,585	213,080	1,478,548	1,204,268	274,280	990,262	598,412	1,013,080	105,459
2007	2,776,168	2,293,855	482,313	1,267,030	1,052,600	214,430	1,509,138	1,241,255	267,833	1,023,543	633,296	1,016,262	103,067
2008	3,024,723	2,427,740	596,983	1,389,302	1,115,500	273,802	1,635,421	1,312,240	323,181	1,053,838	673,581	1,186,576	110,728
2009	3,210,237	2,586,840	623,397	1,479,801	1,192,553	287,248	1,730,436	1,394,287	336,149	1,090,769	713,284	1,275,630	130,554

—Not available.
[1]Excludes first-time freshmen in occupational programs not creditable towards a bachelor's degree.
[2]Data for 2-year branches of 4-year college systems are aggregated with the 4-year institutions.
[3]Large increases are due to the addition of schools accredited by the Accrediting Commission of Career Schools and Colleges of Technology.
NOTE: Data through 1995 are for institutions of higher education, while later data are for degree-granting institutions. Degree-granting institutions grant associate's or higher degrees and participate in Title IV federal financial aid programs. The degree-granting classification is very similar to the earlier higher education classification, but it includes more 2-year colleges and excludes a few higher education institutions that did not grant degrees. (See Appendix A: Guide to Sources for details.) Beginning in fall 2000, data are for first-time degree/certificate-seeking undergraduates. Alaska and Hawaii are included in all years.
SOURCE: U.S. Department of Education, National Center for Education Statistics, *Biennial Survey of Education in the United States; Opening Fall Enrollment in Higher Education*, 1963 through 1965; Higher Education General Information Survey (HEGIS), "Fall Enrollment in Colleges and Universities" surveys, 1966 through 1985; and 1986 through 2009 Integrated Postsecondary Education Data System, "Fall Enrollment Survey" (IPEDS-EF:86–99), and Spring 2001 through Spring 2010. (This table was prepared September 2010.)

Table 207. Total first-time freshmen fall enrollment in degree-granting institutions, by attendance status, sex, control of institution, and state or jurisdiction: Selected years, 2000 through 2009

State or jurisdiction	Total, fall 2000	Total, fall 2005	Total, fall 2006	Total, fall 2007	Total, fall 2008	Fall 2009								
						Total	Full-time			Part-time			Public	Private
							Total	Males	Females	Total	Males	Females		
1	2	3	4	5	6	7	8	9	10	11	12	13	14	15
United States	**2,427,551**	**2,657,338**	**2,707,213**	**2,776,168**	**3,024,723**	**3,210,237**	**2,586,840**	**1,192,553**	**1,394,287**	**623,397**	**287,248**	**336,149**	**2,366,399**	**843,838**
Alabama	43,411	42,461	42,821	45,686	51,456	52,976	46,171	20,644	25,527	6,805	3,013	3,792	44,996	7,980
Alaska	2,432	2,899	2,984	2,979	3,193	3,770	2,902	1,312	1,590	868	350	518	3,442	328
Arizona	46,646	76,987	63,830	75,310	89,486	108,769	88,162	33,317	54,845	20,607	9,577	11,030	54,084	54,685
Arkansas	22,695	24,480	23,545	25,424	26,838	28,607	25,277	11,641	13,636	3,330	1,463	1,867	24,563	4,044
California	246,128	266,989	294,343	302,592	433,287	427,276	263,625	120,295	143,330	163,651	82,115	81,536	361,738	65,538
Colorado	43,201	47,330	52,309	51,814	54,978	59,123	46,184	20,958	25,226	12,939	5,563	7,376	41,124	17,999
Connecticut	24,212	27,520	27,913	28,490	30,754	31,282	27,030	12,491	14,539	4,252	1,792	2,460	19,874	11,408
Delaware	7,636	8,763	8,259	9,197	9,231	9,219	8,436	3,774	4,662	783	331	452	7,890	1,329
District of Columbia	9,150	11,334	9,996	10,437	13,734	15,728	9,429	3,790	5,639	6,299	2,182	4,117	897	14,831
Florida	109,931	136,694	143,052	149,125	153,189	166,939	128,674	56,279	72,395	38,265	16,767	21,498	119,809	47,130
Georgia	67,616	74,267	76,298	79,370	86,199	97,882	81,142	35,866	45,276	16,740	6,959	9,781	77,655	20,227
Hawaii	8,931	8,466	8,316	8,846	9,668	10,406	7,747	3,565	4,182	2,659	1,270	1,389	8,416	1,990
Idaho	10,669	12,549	11,555	11,657	12,057	12,964	11,469	5,148	6,321	1,495	707	788	9,297	3,667
Illinois	107,592	111,724	109,524	111,851	119,139	123,789	102,505	46,464	56,041	21,284	9,752	11,532	75,582	48,207
Indiana	59,320	61,915	64,138	66,307	73,439	78,777	65,647	31,525	34,122	13,130	6,603	6,527	57,355	21,422
Iowa	39,564	41,242	38,985	42,447	44,777	49,240	38,617	18,879	19,738	10,623	3,380	7,243	30,250	18,990
Kansas	31,424	29,173	29,057	28,816	29,593	32,777	27,203	13,914	13,289	5,574	2,553	3,021	28,238	4,539
Kentucky	34,140	37,766	38,697	39,996	40,207	42,403	36,872	16,339	20,533	5,531	2,316	3,215	32,796	9,607
Louisiana	45,383	32,018	35,643	36,444	38,473	41,378	37,127	15,512	21,615	4,251	1,654	2,597	34,088	7,290
Maine	9,231	11,181	11,465	11,779	12,142	11,598	10,417	5,098	5,319	1,181	467	714	7,813	3,785
Maryland	35,552	44,288	47,166	45,618	47,770	50,251	38,429	17,891	20,538	11,822	5,091	6,731	42,538	7,713
Massachusetts	66,044	70,873	71,764	74,276	75,530	78,183	69,153	32,084	37,069	9,030	3,833	5,197	38,920	39,263
Michigan	84,998	93,221	96,812	98,287	96,416	101,933	80,360	37,863	42,497	21,573	9,567	12,006	82,846	19,087
Minnesota	63,893	57,822	54,004	54,697	55,023	58,178	48,481	24,264	24,217	9,697	4,212	5,485	42,018	16,160
Mississippi	30,356	33,665	32,480	33,719	33,578	35,301	31,021	13,607	17,414	4,280	1,752	2,528	32,724	2,577
Missouri	48,639	52,678	52,569	54,063	57,833	63,226	54,916	24,948	29,968	8,310	3,649	4,661	43,882	19,344
Montana	7,771	8,654	8,554	7,999	8,520	9,191	7,936	4,176	3,760	1,255	577	678	8,213	978
Nebraska	19,027	19,015	18,519	18,782	18,109	18,901	17,014	8,249	8,765	1,887	805	1,082	14,860	4,041
Nevada	10,490	15,117	15,052	15,693	18,536	20,073	11,354	5,121	6,233	8,719	4,753	3,966	18,103	1,970
New Hampshire	13,143	12,692	12,985	12,701	13,056	13,208	12,005	5,632	6,373	1,203	538	665	8,578	4,630
New Jersey	52,233	58,396	61,540	63,973	65,959	69,460	60,068	28,938	31,130	9,392	4,302	5,090	58,156	11,304
New Mexico	15,261	16,653	16,961	17,940	19,569	21,572	16,924	8,224	8,700	4,648	2,300	2,348	20,207	1,365
New York	168,181	181,328	182,929	188,243	193,929	199,999	189,236	89,512	99,724	10,763	4,929	5,834	120,304	79,695
North Carolina	69,343	79,628	84,968	84,397	88,596	96,673	76,743	35,089	41,654	19,930	8,785	11,145	78,170	18,503
North Dakota	8,929	8,296	8,365	8,333	8,733	9,082	8,585	4,551	4,034	497	212	285	7,887	1,195
Ohio	98,823	102,800	103,531	107,336	108,929	120,546	105,855	50,094	55,761	14,691	6,956	7,735	86,174	34,372
Oklahoma	35,094	35,318	34,751	34,770	33,339	38,131	31,454	15,079	16,375	6,677	2,947	3,730	31,874	6,257
Oregon	26,946	28,944	29,704	30,954	33,748	37,661	28,120	13,190	14,930	9,541	4,364	5,177	30,449	7,212
Pennsylvania	125,578	132,758	137,903	137,908	143,938	144,127	127,070	60,675	66,395	17,057	6,762	10,295	81,675	62,452
Rhode Island	13,789	15,277	16,103	16,588	16,543	15,800	14,260	6,599	7,661	1,540	715	825	7,807	7,993
South Carolina	32,353	38,469	39,557	42,252	43,405	47,807	41,569	18,534	23,035	6,238	2,573	3,665	37,970	9,837
South Dakota	8,597	8,780	9,280	8,743	8,920	9,627	8,429	4,343	4,086	1,198	399	799	7,600	2,027
Tennessee	43,327	49,076	50,120	51,317	53,671	59,028	53,418	23,434	29,984	5,610	2,381	3,229	40,598	18,430
Texas	181,813	202,388	198,219	189,075	199,333	222,018	164,656	76,029	88,627	57,362	27,649	29,713	185,426	36,592
Utah	24,953	28,501	29,402	29,662	30,331	33,067	25,994	12,219	13,775	7,073	3,406	3,667	23,442	9,625
Vermont	6,810	7,684	7,191	7,490	7,744	8,043	7,500	3,875	3,625	543	215	328	4,874	3,169
Virginia	52,661	68,005	73,708	78,847	81,742	86,659	73,092	32,344	40,748	13,567	6,072	7,495	61,543	25,116
Washington	36,287	38,367	37,269	38,106	41,221	43,411	38,753	18,381	20,372	4,658	2,190	2,468	34,647	8,764
West Virginia	15,659	16,675	16,926	18,194	19,954	22,021	18,439	8,830	9,609	3,582	2,280	1,302	16,035	5,986
Wisconsin	53,662	55,326	55,816	57,420	58,310	61,335	51,325	25,067	26,258	10,010	3,882	6,128	49,438	11,897
Wyoming	4,209	6,661	6,104	6,045	6,241	6,454	5,677	3,329	2,348	777	338	439	5,166	1,288
U.S. Service Academies	3,818	4,225	4,231	4,173	4,357	4,368	4,368	3,571	797	0	0	0	4,368	†
Other jurisdictions	**39,609**	**41,800**	**42,847**	**43,611**	**45,452**	**45,246**	**41,723**	**18,757**	**22,966**	**3,523**	**1,565**	**1,958**	**17,637**	**27,609**
American Samoa	297	597	531	602	504	586	295	129	166	291	140	151	586	0
Federated States of Micronesia	786	761	1,112	954	856	924	715	347	368	209	129	80	924	0
Guam	770	1,117	1,149	621	702	874	645	260	385	229	108	121	854	20
Marshall Islands	199	12	6	158	211	254	132	63	69	122	50	72	254	0
Northern Marianas	333	199	192	228	151	306	260	111	149	46	25	21	306	0
Palau	147	105	134	118	92	87	78	47	31	9	5	4	87	0
Puerto Rico	36,773	38,648	39,343	40,526	42,381	41,735	39,179	17,666	21,513	2,556	1,093	1,463	14,146	27,589
U.S. Virgin Islands	304	361	380	404	555	480	419	134	285	61	15	46	480	0

†Not applicable.
NOTE: Degree-granting institutions grant associate's or higher degrees and participate in Title IV federal financial aid programs. Data are for first-time degree/certificate-seeking undergraduates.

SOURCE: U.S. Department of Education, National Center for Education Statistics, 2000 through 2009 Integrated Postsecondary Education Data System (IPEDS), Spring 2001 through Spring 2010. (This table was prepared September 2010.)

Table 208. Recent high school completers and their enrollment in college, by sex: 1960 through 2009

[Numbers in thousands]

Year	Number of high school completers[1]			Enrolled in college[2]					
				Total		Males		Females	
	Total	Males	Females	Number	Percent	Number	Percent	Number	Percent
1	2	3	4	5	6	7	8	9	10
1960	1,679 (43.8)	756 (31.8)	923 (29.6)	758 (40.9)	45.1 (2.13)	408 (29.5)	54.0 (3.18)	350 (28.2)	37.9 (2.80)
1961	1,763 (46.0)	790 (33.2)	973 (31.3)	847 (42.9)	48.0 (2.09)	445 (30.8)	56.3 (3.10)	402 (29.9)	41.3 (2.77)
1962	1,838 (43.6)	872 (31.5)	966 (30.0)	900 (43.2)	49.0 (2.05)	480 (31.1)	55.0 (2.96)	420 (30.0)	43.5 (2.80)
1963	1,741 (44.2)	794 (32.1)	947 (30.0)	784 (41.5)	45.0 (2.09)	415 (29.8)	52.3 (3.11)	369 (28.8)	39.0 (2.78)
1964	2,145 (43.0)	997 (31.9)	1,148 (28.5)	1,037 (45.6)	48.3 (1.89)	570 (32.9)	57.2 (2.75)	467 (31.4)	40.7 (2.54)
1965	2,659 (47.7)	1,254 (35.1)	1,405 (32.0)	1,354 (51.4)	50.9 (1.70)	718 (36.7)	57.3 (2.45)	636 (35.8)	45.3 (2.33)
1966	2,612 (45.0)	1,207 (33.8)	1,405 (29.0)	1,309 (50.2)	50.1 (1.72)	709 (36.0)	58.7 (2.49)	600 (34.8)	42.7 (2.32)
1967	2,525 (37.9)	1,142 (28.4)	1,383 (24.3)	1,311 (40.9)	51.9 (1.42)	658 (28.9)	57.6 (2.09)	653 (28.9)	47.2 (1.92)
1968	2,606 (37.3)	1,184 (28.2)	1,422 (23.8)	1,444 (41.7)	55.4 (1.39)	748 (29.6)	63.2 (2.00)	696 (29.3)	48.9 (1.89)
1969	2,842 (36.0)	1,352 (26.8)	1,490 (23.7)	1,516 (42.5)	53.3 (1.34)	812 (30.3)	60.1 (1.90)	704 (29.7)	47.2 (1.85)
1970	2,758 (37.4)	1,343 (26.1)	1,415 (26.8)	1,427 (42.2)	51.7 (1.36)	741 (29.7)	55.2 (1.94)	686 (29.8)	48.5 (1.90)
1971	2,875 (38.0)	1,371 (26.6)	1,504 (27.1)	1,538 (43.2)	53.5 (1.33)	790 (30.3)	57.6 (1.90)	749 (30.8)	49.8 (1.84)
1972	2,964 (37.8)	1,423 (27.0)	1,542 (26.4)	1,459 (43.1)	49.2 (1.31)	750 (30.4)	52.7 (1.89)	709 (30.5)	46.0 (1.81)
1973	3,058 (37.1)	1,460 (27.6)	1,599 (24.6)	1,424 (43.0)	46.6 (1.29)	730 (30.6)	50.0 (1.87)	694 (30.2)	43.4 (1.77)
1974	3,101 (38.6)	1,491 (27.8)	1,611 (26.8)	1,475 (43.7)	47.6 (1.28)	736 (30.8)	49.4 (1.85)	740 (31.1)	45.9 (1.77)
1975	3,185 (38.6)	1,513 (27.3)	1,672 (27.2)	1,615 (44.8)	50.7 (1.26)	796 (31.2)	52.6 (1.83)	818 (32.1)	49.0 (1.75)
1976	2,986 (39.8)	1,451 (28.9)	1,535 (27.3)	1,458 (43.6)	48.8 (1.31)	685 (30.4)	47.2 (1.87)	773 (31.2)	50.3 (1.82)
1977	3,141 (40.7)	1,483 (29.7)	1,659 (27.7)	1,590 (45.4)	50.6 (1.29)	773 (31.8)	52.1 (1.87)	817 (32.4)	49.3 (1.77)
1978	3,163 (39.7)	1,485 (29.3)	1,677 (26.7)	1,585 (45.2)	50.1 (1.28)	759 (31.6)	51.1 (1.87)	827 (32.4)	49.3 (1.76)
1979	3,160 (40.0)	1,475 (29.2)	1,685 (27.2)	1,559 (45.1)	49.3 (1.28)	744 (31.4)	50.4 (1.88)	815 (32.4)	48.4 (1.76)
1980	3,088 (39.4)	1,498 (28.4)	1,589 (27.3)	1,523 (44.6)	49.3 (1.30)	700 (30.9)	46.7 (1.86)	823 (32.0)	51.8 (1.81)
1981	3,056 (42.2)	1,491 (30.4)	1,565 (29.1)	1,648 (45.8)	53.9 (1.30)	817 (32.4)	54.8 (1.86)	831 (32.4)	53.1 (1.82)
1982	3,100 (40.4)	1,509 (29.0)	1,592 (28.2)	1,569 (46.9)	50.6 (1.36)	741 (32.7)	49.1 (1.95)	828 (33.6)	52.0 (1.90)
1983	2,963 (41.6)	1,389 (30.4)	1,573 (28.2)	1,562 (46.7)	52.7 (1.39)	721 (32.3)	51.9 (2.03)	841 (33.6)	53.4 (1.91)
1984	3,012 (36.5)	1,429 (28.7)	1,584 (21.9)	1,663 (46.0)	55.2 (1.37)	801 (32.7)	56.0 (1.99)	862 (32.3)	54.5 (1.90)
1985	2,668 (40.1)	1,287 (28.7)	1,381 (27.9)	1,540 (45.1)	57.7 (1.45)	755 (31.6)	58.6 (2.08)	785 (32.1)	56.8 (2.02)
1986	2,786 (38.6)	1,332 (28.5)	1,454 (26.0)	1,498 (45.0)	53.8 (1.43)	743 (31.7)	55.8 (2.06)	755 (31.9)	51.9 (1.99)
1987	2,647 (40.9)	1,278 (29.8)	1,369 (28.0)	1,503 (45.1)	56.8 (1.46)	746 (31.9)	58.3 (2.09)	757 (31.9)	55.3 (2.04)
1988	2,673 (47.0)	1,334 (34.1)	1,339 (32.3)	1,575 (50.3)	58.9 (1.57)	761 (35.6)	57.1 (2.24)	814 (35.4)	60.7 (2.20)
1989	2,450 (46.5)	1,204 (32.9)	1,246 (32.8)	1,460 (48.7)	59.6 (1.64)	693 (34.0)	57.6 (2.35)	767 (34.8)	61.6 (2.27)
1990	2,362 (43.0)	1,173 (30.6)	1,189 (30.2)	1,420 (45.9)	60.1 (1.60)	680 (32.2)	58.0 (2.29)	740 (32.6)	62.2 (2.24)
1991	2,276 (41.0)	1,140 (29.0)	1,136 (29.0)	1,423 (44.8)	62.5 (1.62)	660 (31.4)	57.9 (2.33)	763 (31.9)	67.1 (2.22)
1992	2,397 (40.4)	1,216 (29.1)	1,180 (28.1)	1,483 (45.4)	61.9 (1.58)	729 (32.3)	60.0 (2.24)	754 (31.8)	63.8 (2.23)
1993	2,342 (41.4)	1,120 (30.6)	1,223 (27.7)	1,467 (45.4)	62.6 (1.59)	670 (31.9)	59.9 (2.33)	797 (32.1)	65.2 (2.17)
1994	2,517 (38.1)	1,244 (27.9)	1,273 (25.9)	1,559 (43.0)	61.9 (1.43)	754 (30.6)	60.6 (2.05)	805 (30.2)	63.2 (1.99)
1995	2,599 (40.9)	1,238 (29.9)	1,361 (27.7)	1,610 (44.5)	61.9 (1.41)	775 (31.3)	62.6 (2.03)	835 (31.5)	61.3 (1.95)
1996	2,660 (40.5)	1,297 (29.5)	1,363 (27.7)	1,729 (46.1)	65.0 (1.42)	779 (32.4)	60.1 (2.09)	950 (32.5)	69.7 (1.92)
1997	2,769 (41.8)	1,354 (31.0)	1,415 (27.9)	1,856 (47.3)	67.0 (1.38)	860 (33.6)	63.6 (2.01)	995 (32.9)	70.3 (1.87)
1998	2,810 (43.9)	1,452 (31.0)	1,358 (31.0)	1,844 (48.3)	65.6 (1.38)	906 (34.4)	62.4 (1.96)	938 (33.9)	69.1 (1.93)
1999	2,897 (41.5)	1,474 (29.9)	1,423 (28.8)	1,822 (47.8)	62.9 (1.38)	905 (34.1)	61.4 (1.95)	917 (33.4)	64.4 (1.95)
2000	2,756 (45.3)	1,251 (33.6)	1,505 (29.7)	1,745 (48.4)	63.3 (1.41)	749 (33.4)	59.9 (2.13)	996 (34.4)	66.2 (1.88)
2001	2,549 (46.5)	1,277 (33.7)	1,273 (32.0)	1,574 (47.5)	61.8 (1.48)	767 (33.7)	60.1 (2.11)	808 (33.3)	63.5 (2.08)
2002	2,796 (42.7)	1,412 (31.3)	1,384 (29.0)	1,824 (46.1)	65.2 (1.31)	877 (33.0)	62.1 (1.88)	947 (32.1)	68.4 (1.82)
2003	2,677 (42.2)	1,306 (29.9)	1,372 (29.7)	1,711 (45.2)	63.9 (1.35)	799 (31.5)	61.2 (1.97)	913 (32.3)	66.5 (1.86)
2004	2,752 (40.0)	1,327 (29.1)	1,425 (27.3)	1,835 (44.9)	66.7 (1.31)	815 (31.5)	61.4 (1.95)	1,020 (31.6)	71.5 (1.74)
2005	2,675 (40.8)	1,262 (31.5)	1,414 (24.9)	1,834 (44.8)	68.6 (1.31)	839 (32.2)	66.5 (1.94)	995 (30.6)	70.4 (1.77)
2006	2,692 (44.6)	1,328 (32.7)	1,363 (30.1)	1,776 (46.4)	66.0 (1.33)	875 (33.2)	65.8 (1.90)	901 (32.4)	66.1 (1.87)
2007	2,955 (42.6)	1,511 (30.0)	1,444 (30.3)	1,986 (47.0)	67.2 (1.26)	999 (33.4)	66.1 (1.78)	986 (33.1)	68.3 (1.79)
2008	3,151 (42.8)	1,640 (29.6)	1,511 (30.9)	2,161 (48.0)	68.6 (1.21)	1,080 (34.1)	65.9 (1.71)	1,081 (33.8)	71.6 (1.69)
2009	2,937 (45.0)	1,407 (32.8)	1,531 (30.6)	2,058 (48.0)	70.1 (1.23)	928 (33.8)	66.0 (1.84)	1,130 (33.8)	73.8 (1.64)

[1]Individuals ages 16 to 24 who graduated from high school or completed a GED during the preceding 12 months.

[2]Enrollment in college as of October of each year for individuals ages 16 to 24 who completed high school during the preceding 12 months.

NOTE: Data are based on sample surveys of the civilian population. High school completion data in this table differ from figures appearing in other tables because of varying survey procedures and coverage. High school completers include GED recipients. Standard errors appear in parentheses. Detail may not sum to totals because of rounding.

SOURCE: American College Testing Program, unpublished tabulations, derived from statistics collected by the Census Bureau, 1960 through 1969. U.S. Department of Commerce, Census Bureau, Current Population Survey (CPS), October, 1970 through 2009. (This table was prepared August 2010.)

Table 209. Recent high school completers and their enrollment in college, by race/ethnicity: 1960 through 2009

[Numbers in thousands]

Year	Number of high school completers[1]				Enrolled in college[2]								
					Total		White		Black[3]		Hispanic[3]		
												Percent	
	Total	White	Black[3]	Hispanic[3]	Number	Percent	Number	Percent	Number	Percent	Number	Annual	3-year moving average
1	2	3	4	5	6	7	8	9	10	11	12	13	14
1960	1,679 (43.8)	1,565 (44.7)	— (†)	— (†)	758 (40.9)	45.1 (2.13)	717 (40.2)	45.8 (2.21)	— (†)	— (†)	— (†)	— (†)	— (†)
1961	1,763 (46.0)	1,612 (46.9)	— (†)	— (†)	847 (42.9)	48.0 (2.09)	798 (42.2)	49.5 (2.19)	— (†)	— (†)	— (†)	— (†)	— (†)
1962	1,838 (43.6)	1,660 (45.2)	— (†)	— (†)	900 (43.2)	49.0 (2.05)	840 (42.4)	50.6 (2.15)	— (†)	— (†)	— (†)	— (†)	— (†)
1963	1,741 (44.2)	1,615 (45.2)	— (†)	— (†)	784 (41.5)	45.0 (2.09)	736 (40.7)	45.6 (2.17)	— (†)	— (†)	— (†)	— (†)	— (†)
1964	2,145 (43.0)	1,964 (45.4)	— (†)	— (†)	1,037 (45.6)	48.3 (1.89)	967 (44.8)	49.2 (1.98)	— (†)	— (†)	— (†)	— (†)	— (†)
1965	2,659 (47.7)	2,417 (50.6)	— (†)	— (†)	1,354 (51.4)	50.9 (1.70)	1,249 (50.4)	51.7 (1.78)	— (†)	— (†)	— (†)	— (†)	— (†)
1966	2,612 (45.0)	2,403 (48.0)	— (†)	— (†)	1,309 (50.2)	50.1 (1.72)	1,243 (49.6)	51.7 (1.79)	— (†)	— (†)	— (†)	— (†)	— (†)
1967	2,525 (37.9)	2,267 (40.3)	— (†)	— (†)	1,311 (40.9)	51.9 (1.42)	1,202 (40.1)	53.0 (1.50)	— (†)	— (†)	— (†)	— (†)	— (†)
1968	2,606 (37.3)	2,303 (40.4)	— (†)	— (†)	1,444 (41.7)	55.4 (1.39)	1,304 (40.9)	56.6 (1.47)	— (†)	— (†)	— (†)	— (†)	— (†)
1969	2,842 (36.0)	2,538 (39.8)	— (†)	— (†)	1,516 (42.5)	53.3 (1.34)	1,402 (42.0)	55.2 (1.41)	— (†)	— (†)	— (†)	— (†)	— (†)
1970	2,758 (37.4)	2,461 (40.7)	— (†)	— (†)	1,427 (42.2)	51.7 (1.36)	1,280 (41.2)	52.0 (1.44)	— (†)	— (†)	— (†)	— (†)	— (†)
1971	2,875 (38.0)	2,596 (41.1)	— (†)	— (†)	1,538 (43.2)	53.5 (1.33)	1,402 (42.5)	54.0 (1.40)	— (†)	— (†)	— (†)	— (†)	— (†)
1972	2,964 (37.8)	2,520 (31.2)	316 (18.3)	101 (14.2)	1,459 (43.1)	49.2 (1.31)	1,252 (39.0)	49.7 (1.42)	141 (16.7)	44.6 (4.62)	46 (11.7)	45.0 (9.74)	— (†)
1973	3,058 (37.1)	2,590 (30.8)	324 (18.5)	119 (13.7)	1,424 (43.0)	46.6 (1.29)	1,238 (39.2)	47.8 (1.40)	105 (15.2)	32.5 (4.30)	64 (13.0)	54.1 (9.01)	48.8 (5.33)
1974	3,101 (38.6)	2,620 (31.4)	325 (19.0)	121 (15.2)	1,475 (43.7)	47.6 (1.28)	1,236 (39.4)	47.2 (1.39)	154 (17.4)	47.2 (4.58)	57 (12.9)	46.9 (8.94)	53.2 (5.09)
1975	3,185 (38.6)	2,701 (31.9)	302 (15.4)	132 (15.8)	1,615 (44.8)	50.7 (1.26)	1,381 (40.5)	51.1 (1.37)	126 (13.6)	41.7 (3.97)	77 (14.5)	58.0 (8.44)	52.7 (4.88)
1976	2,986 (39.8)	2,492 (33.1)	290 (15.8)	152 (16.2)	1,458 (43.6)	48.8 (1.31)	1,217 (39.1)	48.8 (1.43)	129 (13.8)	44.4 (4.08)	80 (14.8)	52.7 (7.97)	53.6 (4.68)
1977	3,141 (40.7)	2,618 (34.0)	325 (19.3)	155 (16.0)	1,590 (45.4)	50.6 (1.29)	1,331 (40.8)	50.8 (1.41)	161 (17.9)	49.5 (4.65)	79 (14.8)	50.8 (7.96)	48.8 (4.72)
1978	3,163 (39.7)	2,615 (33.7)	345 (18.4)	135 (15.3)	1,585 (45.2)	50.1 (1.28)	1,321 (40.6)	50.5 (1.41)	160 (17.7)	46.4 (4.51)	56 (13.0)	42.0 (8.44)	46.1 (4.69)
1979	3,160 (40.0)	2,629 (32.7)	319 (19.7)	155 (16.1)	1,559 (45.1)	49.3 (1.28)	1,313 (40.5)	49.9 (1.41)	149 (17.5)	46.7 (4.69)	70 (14.3)	45.0 (7.92)	46.3 (4.83)
1980	3,088 (39.4)	2,554 (30.9)	350 (19.7)	130 (17.1)	1,523 (44.6)	49.3 (1.30)	1,273 (39.6)	49.8 (1.43)	149 (17.7)	42.7 (4.44)	68 (14.4)	52.3 (8.70)	49.6 (4.78)
1981	3,056 (42.2)	2,490 (34.1)	349 (20.5)	146 (17.6)	1,648 (45.8)	53.9 (1.30)	1,367 (40.5)	54.9 (1.44)	149 (17.8)	42.7 (4.44)	76 (15.1)	52.1 (8.19)	48.7 (4.68)
1982	3,100 (40.4)	2,474 (32.9)	382 (19.6)	173 (18.2)	1,569 (46.9)	50.6 (1.36)	1,303 (41.5)	52.7 (1.52)	137 (17.9)	35.8 (4.33)	75 (15.8)	43.2 (7.96)	49.4 (4.94)
1983	2,963 (41.6)	2,363 (33.1)	390 (21.1)	138 (17.8)	1,562 (46.7)	52.7 (1.39)	1,301 (40.9)	55.0 (1.55)	149 (18.7)	38.2 (4.34)	75 (15.7)	54.2 (8.96)	46.7 (4.72)
1984	3,012 (36.5)	2,331 (29.1)	433 (18.5)	187 (17.0)	1,663 (46.0)	55.2 (1.37)	1,375 (39.9)	59.0 (1.54)	172 (19.4)	39.8 (4.15)	83 (16.2)	44.3 (7.67)	49.3 (4.89)
1985	2,668 (40.1)	2,104 (32.3)	332 (19.3)	141 (19.7)	1,540 (45.1)	57.7 (1.45)	1,264 (39.2)	60.1 (1.62)	140 (17.8)	42.2 (4.78)	72 (17.0)	51.0 (9.76)	46.1 (5.18)
1986	2,786 (38.6)	2,146 (30.3)	378 (18.4)	169 (21.7)	1,498 (45.0)	53.8 (1.43)	1,219 (38.8)	56.8 (1.62)	140 (17.9)	36.9 (4.38)	74 (17.7)	44.0 (8.85)	42.3 (5.20)
1987	2,647 (40.9)	2,040 (32.4)	333 (20.6)	176 (20.9)	1,503 (45.1)	56.8 (1.46)	1,195 (38.7)	58.6 (1.65)	174 (19.3)	52.2 (4.82)	59 (16.1)	33.5 (8.25)	45.0 (5.04)
1988	2,673 (47.0)	2,013 (37.9)	378 (22.3)	179 (26.6)	1,575 (50.3)	58.9 (1.57)	1,230 (42.9)	61.1 (1.79)	168 (21.1)	44.4 (4.91)	102 (23.6)	57.1 (10.14)	48.5 (5.99)
1989	2,450 (46.5)	1,889 (37.3)	332 (21.3)	168 (26.5)	1,460 (48.7)	59.6 (1.64)	1,147 (41.7)	60.7 (1.85)	177 (20.9)	53.4 (5.27)	93 (22.9)	55.1 (10.51)	52.7 (6.33)
1990	2,362 (43.0)	1,819 (32.2)	331 (21.9)	121 (21.8)	1,420 (45.9)	60.1 (1.60)	1,147 (38.5)	63.0 (1.80)	155 (19.7)	46.8 (5.08)	52 (16.0)	42.7 (10.82)	52.5 (5.70)
1991	2,276 (41.0)	1,727 (30.3)	310 (20.2)	154 (23.5)	1,423 (44.8)	62.5 (1.62)	1,129 (37.2)	65.4 (1.82)	144 (18.8)	46.4 (5.25)	88 (19.9)	57.2 (9.58)	52.6 (5.52)
1992	2,397 (40.4)	1,724 (30.9)	354 (21.4)	198 (23.0)	1,483 (45.4)	61.9 (1.58)	1,109 (37.4)	64.3 (1.84)	171 (20.2)	48.2 (4.92)	109 (21.0)	55.0 (8.50)	58.2 (5.04)
1993	2,342 (41.4)	1,719 (32.6)	304 (20.4)	201 (23.1)	1,467 (45.4)	62.6 (1.59)	1,082 (37.9)	62.9 (1.85)	169 (19.6)	55.6 (5.28)	125 (21.9)	62.2 (8.22)	55.7 (4.97)
1994	2,517 (38.1)	1,915 (27.0)	316 (17.9)	178 (17.3)	1,559 (43.0)	61.9 (1.43)	1,236 (35.5)	64.5 (1.61)	161 (16.7)	50.8 (4.42)	87 (14.0)	49.1 (6.28)	55.0 (3.23)

See notes at end of table.

Table 209. Recent high school completers and their enrollment in college, by race/ethnicity: 1960 through 2009—Continued

[Numbers in thousands]

Year	Number of high school completers[1]				Enrolled in college[2]									
					Total		White		Black[3]		Hispanic[3]			
												Percent		
	Total	White	Black[3]	Hispanic[3]	Number	Percent	Number	Percent	Number	Percent	Number	Annual	3-year moving average
1	2	3	4	5	6	7	8	9	10	11	12	13	14
1995	2,599 (40.9)	1,861 (30.1)	349 (19.2)	288 (19.4)	1,610 (44.5)	61.9 (1.41)	1,197 (36.1)	64.3 (1.64)	179 (17.6)	51.2 (4.20)	155 (17.6)	53.7 (4.92)	51.6 (3.18)
1996	2,660 (40.5)	1,875 (30.8)	406 (17.3)	227 (18.9)	1,729 (46.1)	65.0 (1.42)	1,264 (37.5)	67.4 (1.67)	227 (19.0)	56.0 (4.03)	115 (16.3)	50.8 (5.79)	57.6 (2.96)
1997	2,769 (41.8)	1,909 (31.8)	384 (19.2)	336 (19.0)	1,856 (47.3)	67.0 (1.38)	1,301 (38.1)	68.2 (1.64)	225 (19.4)	58.5 (4.12)	220 (19.7)	65.6 (4.53)	55.3 (2.93)
1998	2,810 (43.9)	1,980 (33.0)	386 (20.2)	314 (20.8)	1,844 (48.3)	65.6 (1.38)	1,357 (39.0)	68.5 (1.61)	239 (20.0)	61.9 (4.05)	149 (18.3)	47.4 (4.92)	51.9 (2.79)
1999	2,897 (41.5)	1,978 (31.8)	436 (15.2)	329 (20.9)	1,822 (47.8)	62.9 (1.38)	1,311 (38.6)	66.3 (1.64)	257 (19.1)	58.9 (3.86)	139 (18.0)	42.3 (4.76)	47.4 (2.84)
2000	2,756 (45.3)	1,938 (32.9)	393 (20.0)	300 (22.4)	1,745 (48.4)	63.3 (1.41)	1,272 (38.8)	65.7 (1.66)	216 (19.5)	54.9 (4.11)	159 (19.2)	52.9 (5.03)	48.6 (2.96)
2001	2,549 (46.5)	1,834 (34.8)	381 (20.3)	241 (21.1)	1,574 (47.5)	61.8 (1.48)	1,178 (38.7)	64.3 (1.72)	210 (19.4)	55.0 (4.17)	124 (17.4)	51.7 (5.63)	52.7 (2.80)
2002	2,796 (42.7)	1,903 (31.3)	382 (19.1)	344 (21.6)	1,824 (46.1)	65.2 (1.31)	1,314 (36.5)	69.1 (1.55)	227 (18.7)	59.4 (3.90)	184 (19.2)	53.6 (4.46)	54.7 (2.77)
2003[4]	2,677 (42.2)	1,832 (30.8)	327 (18.4)	314 (20.9)	1,711 (45.2)	63.9 (1.35)	1,213 (35.9)	66.2 (1.61)	188 (17.4)	57.5 (4.25)	184 (18.9)	58.6 (4.61)	57.7 (2.68)
2004[4]	2,752 (40.0)	1,854 (30.9)	398 (15.5)	286 (19.9)	1,835 (44.9)	66.7 (1.31)	1,276 (36.1)	68.8 (1.57)	249 (17.9)	62.5 (3.77)	177 (18.4)	61.8 (4.76)	57.7 (2.60)
2005[4]	2,675 (40.8)	1,799 (30.5)	345 (16.6)	390 (20.6)	1,834 (44.8)	68.6 (1.31)	1,317 (35.4)	73.2 (1.52)	192 (17.1)	55.7 (4.15)	211 (19.7)	54.0 (4.18)	57.5 (2.52)
2006[4]	2,692 (44.6)	1,805 (33.2)	318 (19.0)	382 (22.1)	1,776 (46.4)	66.0 (1.33)	1,237 (36.7)	68.5 (1.60)	177 (17.3)	55.5 (4.33)	222 (20.5)	57.9 (4.18)	58.5 (2.43)
2007[4]	2,955 (42.6)	2,043 (29.9)	416 (17.6)	355 (22.3)	1,986 (47.0)	67.2 (1.26)	1,421 (36.8)	69.5 (1.49)	232 (18.5)	55.7 (3.78)	227 (20.7)	64.0 (4.22)	62.0 (2.33)
2008[4]	3,151 (42.8)	2,091 (31.3)	416 (19.7)	458 (21.9)	2,161 (48.0)	68.6 (1.21)	1,499 (37.5)	71.7 (1.44)	232 (19.2)	55.7 (3.78)	292 (22.0)	63.9 (3.72)	62.3 (2.25)
2009[4]	2,937 (45.0)	1,863 (31.6)	415 (19.1)	459 (24.4)	2,058 (48.0)	70.1 (1.23)	1,329 (36.3)	71.3 (1.53)	289 (19.7)	69.5 (3.51)	272 (22.6)	59.3 (3.80)	— (†)

—Not available.
†Not applicable.
[1]Individuals ages 16 to 24 who graduated from high school or completed a GED during the preceding 12 months.
[2]Enrollment in college as of October of each year for individuals ages 16 to 24 who completed high school during the preceding 12 months.
[3]Due to the small sample size, data are subject to relatively large sampling errors. A 3-year moving average is an arithmetic average of the year indicated, the year immediately preceding, and the year immediately following. Moving averages are used to produce more stable estimates.
[4]White and Black data exclude persons identifying themselves as two or more races.
NOTE: High school completion data in this table differ from figures appearing in other tables because of varying survey procedures and coverage. High school completers include GED recipients. Race categories exclude persons of Hispanic ethnicity. Total includes persons of other racial/ethnic groups not separately shown. Standard errors appear in parentheses.
SOURCE: American College Testing Program, unpublished tabulations, derived from statistics collected by the Census Bureau, 1960 through 1969. U.S. Department of Commerce, Census Bureau, Current Population Survey (CPS), October, 1970 through 2009. (This table was prepared August 2010.)

Table 210. Graduation rates of previous year's 12th-graders and college attendance rates of those who graduated, by selected high school characteristics: 1999–2000, 2003–04, and 2007–08

Selected high school characteristic	For 1998–99 school year		College attendance rate of 1998–99 graduates in 1999–2000			For 2002–03 school year		College attendance rate of 2002–03 graduates in 2003–04			For 2006–07 school year		College attendance rate of 2006–07 graduates in 2007–08 at 4-year institutions
	Number of high schools with 12th-graders	Graduation rate of 12th-graders[1]	Total	4-year institutions	2-year institutions	Number of high schools with 12th-graders	Graduation rate of 12th-graders[1]	Total	4-year institutions	2-year institutions	Number of high schools with 12th-graders	Graduation rate of 12th-graders[1]	
1	2	3	4	5	6	7	8	9	10	11	12	13	14
Public high schools	**20,000 (230)**	**87.7 (0.67)**	**57.4 (0.50)**	**35.4 (0.43)**	**22.0 (0.34)**	**22,500 (400)**	**85.5 (0.77)**	**61.8 (0.94)**	**35.0 (0.61)**	**26.7 (0.58)**	**24,100 (540)**	**81.2 (1.34)**	**39.5 (0.91)**
Percent of students who are Black, Hispanic, Asian, Pacific Islander, American Indian/Alaska Native, or two or more races													
Less than 5 percent	6,400 (170)	94.2 (0.79)	63.2 (0.73)	41.3 (0.67)	21.9 (0.59)	6,100 (220)	95.4 (0.41)	68.8 (0.87)	42.6 (0.96)	26.3 (0.64)	5,200 (270)	90.7 (1.23)	46.8 (1.54)
5 to 19 percent	4,800 (180)	89.1 (1.13)	58.7 (1.11)	36.6 (0.88)	22.1 (0.69)	5,200 (270)	87.8 (1.81)	63.9 (2.41)	38.0 (1.77)	26.0 (1.10)	5,400 (320)	89.9 (1.53)	48.4 (2.06)
20 to 49 percent	4,000 (170)	81.7 (2.02)	54.0 (1.16)	32.5 (0.92)	21.5 (0.70)	4,700 (180)	84.8 (1.68)	61.4 (1.44)	34.1 (1.27)	27.3 (0.94)	6,200 (440)	77.2 (2.85)	35.0 (1.89)
50 percent or more	4,800 (150)	82.5 (1.26)	51.1 (0.96)	28.7 (0.89)	22.3 (0.69)	6,500 (280)	74.8 (2.34)	53.2 (2.52)	25.8 (1.43)	27.4 (1.54)	7,300 (430)	71.4 (2.76)	30.8 (2.00)
Percent of students approved for free or reduced-price lunch													
School does not participate	2,400 (130)	80.1 (2.15)	49.7 (2.32)	30.0 (1.75)	19.7 (1.49)	2,400 (230)	71.2 (2.41)	51.4 (2.83)	23.2 (2.26)	28.1 (1.81)	2,800 (320)	66.7 (3.78)	25.4 (4.12)
0 to 25 percent	8,600 (180)	92.2 (0.55)	65.1 (0.74)	42.6 (0.67)	22.5 (0.44)	6,800 (230)	92.9 (0.59)	73.6 (0.59)	46.9 (0.78)	26.7 (0.65)	6,700 (360)	91.1 (1.24)	52.1 (1.63)
26 to 50 percent	4,800 (160)	87.3 (1.49)	57.5 (0.92)	33.4 (0.81)	24.1 (0.63)	6,700 (220)	89.4 (1.19)	64.2 (0.96)	36.7 (1.08)	27.5 (0.74)	7,300 (350)	86.7 (1.54)	41.5 (1.44)
51 to 75 percent	2,300 (140)	85.9 (2.81)	48.0 (2.18)	29.1 (1.57)	18.9 (0.92)	4,000 (270)	83.8 (2.25)	55.3 (2.76)	27.3 (1.58)	28.1 (1.58)	4,100 (290)	79.0 (3.56)	33.2 (1.91)
76 to 100 percent	2,000 (100)	79.4 (2.35)	43.0 (1.91)	22.2 (1.35)	20.7 (1.61)	2,600 (260)	72.0 (4.90)	42.3 (4.49)	20.7 (2.79)	21.6 (2.22)	3,300 (360)	63.7 (5.55)	26.0 (2.93)
School locale													
City	— (†)	— (†)	— (†)	— (†)	— (†)	4,500 (240)	77.1 (1.80)	59.5 (2.00)	32.5 (1.61)	27.0 (1.28)	4,800 (300)	71.6 (2.81)	36.1 (2.73)
Suburb	— (†)	— (†)	— (†)	— (†)	— (†)	4,800 (200)	83.6 (1.40)	67.4 (1.39)	40.3 (1.11)	27.1 (1.01)	5,400 (360)	80.8 (3.25)	41.2 (2.35)
Town	— (†)	— (†)	— (†)	— (†)	— (†)	3,700 (200)	82.6 (3.24)	57.7 (1.94)	31.1 (1.65)	26.6 (0.97)	3,900 (310)	80.2 (2.61)	35.2 (2.28)
Rural	— (†)	— (†)	— (†)	— (†)	— (†)	9,500 (390)	91.6 (0.97)	61.6 (1.92)	35.2 (1.28)	26.5 (0.99)	10,000 (460)	86.4 (1.70)	41.9 (1.47)
Private high schools	**7,600 (240)**	**97.4 (0.55)**	**71.6 (1.90)**	**55.6 (1.74)**	**16.1 (1.00)**	**8,200 (260)**	**94.2 (0.86)**	**76.6 (1.58)**	**56.2 (1.77)**	**20.3 (1.30)**	**8,900 (280)**	**93.8 (0.91)**	**66.5 (1.57)**
Percent of students who are Black, Hispanic, Asian, Pacific Islander, American Indian/Alaska Native, or two or more races													
Less than 5 percent	2,700 (150)	95.5 (1.53)	67.9 (3.17)	53.3 (2.85)	14.7 (1.61)	2,500 (180)	95.6 (1.59)	73.2 (3.03)	54.4 (3.31)	18.7 (2.14)	2,100 (160)	96.4 (1.19)	68.2 (3.81)
5 to 19 percent	2,500 (130)	99.1 (0.44)	82.3 (1.68)	63.6 (2.37)	18.7 (2.01)	2,900 (170)	95.2 (1.40)	84.7 (1.82)	64.2 (2.71)	20.5 (2.10)	3,500 (200)	95.6 (1.60)	70.3 (2.24)
20 to 49 percent	1,400 (100)	98.5 (0.59)	70.5 (3.90)	55.3 (3.29)	15.2 (2.24)	1,700 (140)	90.8 (2.36)	75.8 (4.16)	56.7 (3.70)	19.1 (2.52)	2,000 (190)	91.5 (2.13)	58.7 (3.39)
50 percent or more	1,000 (110)	97.0 (1.53)	55.9 (6.56)	41.6 (5.34)	14.3 (2.28)	1,100 (140)	93.6 (1.97)	63.7 (6.03)	38.3 (4.52)	25.4 (4.47)	1,400 (130)	88.6 (2.71)	65.3 (3.37)
Percent of students approved for free or reduced-price lunch													
School does not participate	6,700 (230)	97.9 (0.47)	73.8 (1.73)	57.0 (1.74)	16.8 (1.03)	7,100 (250)	95.3 (0.86)	76.7 (1.76)	56.2 (2.00)	20.5 (1.51)	7,300 (280)	95.7 (0.66)	68.3 (1.77)
0 to 25 percent	700 (70)	98.8 (0.74)	64.9 (6.49)	53.8 (5.69)	11.0 (1.40)	600 (80)	95.0 (3.62)	84.7 (4.28)	66.2 (4.35)	18.5 (2.39)	700 (100)	91.4 (7.18)	73.2 (4.64)
26 to 100 percent	‡ (†)	‡ (†)	‡ (†)	‡ (†)	‡ (†)	400 (80)	75.1 (7.62)	59.1 (8.13)	38.9 (6.70)	20.2 (4.34)	1,000 (130)	80.8 (4.70)	46.7 (6.86)
School locale													
City	— (†)	— (†)	— (†)	— (†)	— (†)	— (†)	— (†)	— (†)	— (†)	— (†)	3,100 (170)	94.4 (1.52)	71.8 (2.62)
Suburb	— (†)	— (†)	— (†)	— (†)	— (†)	— (†)	— (†)	— (†)	— (†)	— (†)	2,800 (180)	93.0 (1.52)	67.0 (2.99)
Town	— (†)	— (†)	— (†)	— (†)	— (†)	— (†)	— (†)	— (†)	— (†)	— (†)	1,000 (150)	95.7 (2.12)	63.8 (5.02)
Rural	— (†)	— (†)	— (†)	— (†)	— (†)	— (†)	— (†)	— (†)	— (†)	— (†)	2,000 (190)	92.9 (2.88)	58.9 (3.54)

—Not available.
†Not applicable.
‡Reporting standards not met.
[1]Includes only students who were enrolled in 12th grade in fall of the school year and graduated with a diploma by the end of the following summer.

NOTE: Data are based on a sample survey and may not be strictly comparable with data reported elsewhere. Includes all schools, including combined schools, with students enrolled in the 12th grade. Some data have been revised from previously published figures. Detail may not sum to totals because of rounding. Standard errors appear in parentheses.
SOURCE: U.S. Department of Education, National Center for Education Statistics, Schools and Staffing Survey (SASS), "Public School Questionnaire," 1999–2000, 2003–04, and 2007–08, "Private School Questionnaire," 1999–2000, 2003–04, and 2007–08, and "Charter School Questionnaire," 1999–2000. (This table was prepared October 2009.)

Table 211. Estimated rate of 2007–08 high school graduates attending degree-granting institutions, by state: 2008

State	Number of graduates from high schools located in the state			Number of fall 2008 first-time freshmen graduating from high school in the previous 12 months		Estimated rate of high school graduates going to college	
	Total[1]	Public, 2007–08	Private, 2006–07	State residents enrolled in institutions in any state[2]	State residents enrolled in institutions in their home state[3]	In any state	In their home state
1	2	3	4	5	6	7	8
United States	**3,306,118**	**2,999,508**	**306,610**	**2,109,931** [4]	**1,713,334**	**63.8**	**51.8**
Alabama	45,926	41,346	4,580	30,616	27,732	66.7	60.4
Alaska	8,055	7,855	200	3,682	2,128	45.7	26.4
Arizona	64,257	61,667	2,590	33,022	29,500	51.4	45.9
Arkansas	30,105	28,725	1,380	18,820	16,739	62.5	55.6
California	409,441	374,561	34,880	267,801	245,051	65.4	59.9
Colorado	48,602	46,082	2,520	30,445	23,182	62.6	47.7
Connecticut	46,409	38,419	7,990	31,580	17,366	68.0	37.4
Delaware	9,188	7,388	1,800	6,076	4,103	66.1	44.7
District of Columbia[5]	5,012	3,352	1,660	2,680	562	53.5	11.2
Florida	167,626	149,046	18,580	98,630	87,156	58.8	52.0
Georgia	91,075	83,505	7,570	63,374	52,821	69.6	58.0
Hawaii	14,003	11,613	2,390	8,725	5,852	62.3	41.8
Idaho	17,477	16,567	910	8,578	6,020	49.1	34.4
Illinois	150,253	135,143	15,110	86,277	61,481	57.4	40.9
Indiana	66,691	61,901	4,790	43,803	38,509	65.7	57.7
Iowa	36,833	34,573	2,260	23,682	20,267	64.3	55.0
Kansas	33,117	30,737	2,380	21,665	18,451	65.4	55.7
Kentucky	43,369	39,339	4,030	26,424	23,406	60.9	54.0
Louisiana	41,931	34,401	7,530	27,362	24,720	65.3	59.0
Maine	16,970	14,350	2,620	9,690	6,575	57.1	38.7
Maryland	68,621	59,171	9,450	43,171	26,917	62.9	39.2
Massachusetts	75,627	65,197	10,430	56,456	38,275	74.7	50.6
Michigan	123,703	115,183	8,520	74,115	65,885	59.9	53.3
Minnesota	65,339	60,409	4,930	45,235	32,682	69.2	50.0
Mississippi	28,145	24,795	3,350	21,786	20,182	77.4	71.7
Missouri	69,047	61,717	7,330	41,421	34,488	60.0	49.9
Montana	12,096	10,396	1,700	6,272	4,789	51.9	39.6
Nebraska	22,195	20,035	2,160	14,531	11,883	65.5	53.5
Nevada	17,849	17,149	700	9,916	7,459	55.6	41.8
New Hampshire	17,272	14,982	2,290	11,032	5,736	63.9	33.2
New Jersey	108,334	94,994	13,340	77,068	44,863	71.1	41.4
New Mexico	19,764	18,264	1,500	13,376	11,449	67.7	57.9
New York	206,200	176,310	29,890	153,009	123,387	74.2	59.8
North Carolina	88,897	83,307	5,590	58,670	52,578	66.0	59.1
North Dakota[6]	6,999	6,999	‡	4,732	3,392	67.6	48.5
Ohio	133,818	120,758	13,060	83,895	70,330	62.7	52.6
Oklahoma	39,660	37,630	2,030	22,212	19,635	56.0	49.5
Oregon	37,759	34,949	2,810	17,566	13,315	46.5	35.3
Pennsylvania	147,778	130,298	17,480	94,458	77,647	63.9	52.5
Rhode Island	11,927	10,347	1,580	8,040	5,288	67.4	44.3
South Carolina	38,350	35,140 [7]	3,210	26,995	24,355	70.4	63.5
South Dakota	9,142	8,582	560	6,587	5,023	72.1	54.9
Tennessee	63,376	57,486	5,890	39,033	33,135	61.6	52.3
Texas	264,041	252,121	11,920	150,160	131,543	56.9	49.8
Utah	29,517	28,167	1,350	17,259	15,817	58.5	53.6
Vermont	9,152	7,392	1,760	4,416	1,955	48.3	21.4
Virginia	84,279	77,369	6,910	57,862	47,354	68.7	56.2
Washington	66,195	61,625	4,570	33,590	26,438	50.7	39.9
West Virginia	18,089	17,489	600	10,682	9,474	59.1	52.4
Wisconsin	70,613	65,183	5,430	41,738	33,703	59.1	47.7
Wyoming[6]	5,494	5,494	‡	3,262	2,479	59.4	45.1

‡Reporting standards not met.
[1]Total includes public high school graduates for 2007–08 and private high school graduates for 2006–07. Data on private high school graduates are not available for 2007–08.
[2]All U.S. resident students living in a particular state when admitted to an institution in any state. Students may be enrolled in any state.
[3]Students who attend institutions in their home state.
[4]U.S. total includes some U.S. residents whose home state is unknown.
[5]A percentage of the private high school graduates are not residents of the District of Columbia.
[6]Estimate only includes students graduating from public high schools.
[7]Projected data from NCES 2009–062, *Projections of Education Statistics to 2018.*
NOTE: Degree-granting institutions grant associate's or higher degrees and participate in Title IV federal financial aid programs. Detail may not sum to totals because of rounding.
SOURCE: U.S. Department of Education, National Center for Education Statistics, Common Core of Data (CCD), "NCES Common Core of Data State Dropout and Completion Data File," 2007–08; Private School Universe Survey (PSS), 2007–08; and 2008 Integrated Postsecondary Education Data System (IPEDS), Spring 2009. (This table was prepared June 2010.)

Table 212. Enrollment rates of 18- to 24-year-olds in degree-granting institutions, by type of institution and sex and race/ethnicity of student: 1967 through 2009

Year	Enrollment as a percent of all 18- to 24-year-olds								Enrollment as a percent of all 18- to 24-year-old high school completers[1]							
	Total, all students	Type of institution		Sex		Race/ethnicity			Total, all students	Type of institution		Sex		Race/ethnicity		
		2-year	4-year	Male	Female	White	Black	Hispanic		2-year	4-year	Male	Female	White	Black	Hispanic
1	2	3	4	5	6	7	8	9	10	11	12	13	14	15	16	17
1967[2]	25.5 (0.44)	— (†)	— (†)	33.1 (0.71)	19.2 (0.54)	26.9 (0.48)	13.0 (1.16)	— (†)	33.7 (0.55)	— (†)	— (†)	44.7 (0.87)	25.1 (0.67)	34.5 (0.58)	23.3 (1.96)	— (†)
1968[2]	26.1 (0.44)	— (†)	— (†)	34.1 (0.70)	19.5 (0.53)	27.5 (0.48)	14.5 (1.18)	— (†)	34.2 (0.54)	— (†)	— (†)	45.9 (0.86)	25.0 (0.66)	34.9 (0.57)	25.2 (1.92)	— (†)
1969[2]	27.3 (0.44)	— (†)	— (†)	35.2 (0.69)	20.9 (0.54)	28.7 (0.47)	16.0 (1.20)	— (†)	35.0 (0.53)	— (†)	— (†)	45.6 (0.82)	26.4 (0.65)	35.6 (0.56)	27.2 (1.90)	— (†)
1970[2]	25.7 (0.42)	— (†)	— (†)	32.1 (0.65)	20.3 (0.52)	27.1 (0.45)	15.5 (1.15)	— (†)	32.6 (0.50)	— (†)	— (†)	41.0 (0.78)	25.5 (0.63)	33.2 (0.53)	26.0 (1.81)	— (†)
1971[2]	26.2 (0.41)	— (†)	— (†)	32.5 (0.63)	20.8 (0.52)	27.2 (0.44)	18.2 (1.19)	— (†)	33.2 (0.49)	— (†)	— (†)	41.5 (0.76)	26.0 (0.63)	33.5 (0.52)	29.2 (1.78)	— (†)
1972	25.5 (0.37)	— (†)	— (†)	30.2 (0.56)	21.2 (0.47)	27.2 (0.41)	18.3 (1.18)	13.4 (1.83)	31.9 (0.44)	— (†)	— (†)	38.2 (0.66)	26.3 (0.57)	32.6 (0.48)	27.2 (1.65)	25.8 (3.27)
1973	24.0 (0.35)	6.9 (0.21)	17.1 (0.31)	27.7 (0.54)	20.5 (0.46)	25.5 (0.40)	15.9 (1.09)	16.1 (2.02)	29.7 (0.42)	8.5 (0.26)	21.2 (0.38)	34.6 (0.63)	25.3 (0.55)	30.2 (0.46)	23.8 (1.55)	29.1 (3.36)
1974	24.6 (0.35)	7.6 (0.22)	17.0 (0.31)	27.7 (0.53)	21.7 (0.47)	25.8 (0.40)	17.6 (1.14)	18.0 (1.95)	30.5 (0.42)	9.4 (0.27)	21.1 (0.37)	34.7 (0.63)	26.7 (0.56)	30.5 (0.46)	26.2 (1.60)	32.3 (3.17)
1975	26.3 (0.36)	9.0 (0.23)	17.3 (0.31)	29.0 (0.53)	23.7 (0.48)	27.4 (0.40)	20.4 (1.18)	20.4 (2.09)	32.5 (0.42)	11.1 (0.28)	21.4 (0.37)	36.2 (0.63)	29.2 (0.57)	32.3 (0.46)	31.5 (1.69)	35.5 (3.27)
1976	26.7 (0.35)	6.4 (0.20)	20.2 (0.32)	28.2 (0.52)	25.2 (0.48)	27.6 (0.40)	22.5 (1.20)	20.0 (2.00)	33.1 (0.42)	8.0 (0.24)	25.1 (0.39)	35.6 (0.62)	30.9 (0.57)	32.8 (0.46)	33.4 (1.66)	35.9 (3.22)
1977	26.1 (0.38)	6.8 (0.22)	19.4 (0.35)	28.1 (0.56)	24.3 (0.52)	27.2 (0.43)	21.1 (1.18)	17.2 (1.87)	32.5 (0.46)	8.4 (0.27)	24.1 (0.42)	35.6 (0.68)	29.7 (0.61)	32.3 (0.50)	31.3 (1.63)	31.5 (3.11)
1978	25.3 (0.38)	6.6 (0.22)	18.7 (0.34)	27.1 (0.55)	23.6 (0.51)	26.5 (0.43)	20.1 (1.15)	15.2 (1.74)	31.4 (0.45)	8.2 (0.26)	23.2 (0.41)	34.1 (0.66)	28.8 (0.60)	31.3 (0.49)	29.6 (1.59)	27.2 (2.89)
1979	25.0 (0.37)	6.3 (0.21)	18.7 (0.34)	25.9 (0.54)	24.2 (0.52)	26.3 (0.43)	19.8 (1.13)	16.7 (1.77)	31.2 (0.45)	7.8 (0.26)	23.4 (0.41)	32.9 (0.66)	29.6 (0.61)	31.3 (0.49)	29.4 (1.58)	30.2 (2.93)
1980	25.7 (0.38)	7.1 (0.22)	18.6 (0.33)	26.4 (0.54)	25.0 (0.52)	27.3 (0.43)	19.4 (1.12)	16.1 (1.64)	31.8 (0.45)	8.8 (0.27)	23.0 (0.40)	33.5 (0.66)	30.3 (0.61)	32.1 (0.49)	27.6 (1.51)	29.9 (2.80)
1981	26.1 (0.37)	7.5 (0.22)	18.6 (0.33)	27.1 (0.54)	25.2 (0.51)	27.7 (0.43)	19.9 (1.09)	16.6 (1.63)	32.4 (0.44)	9.3 (0.27)	23.1 (0.40)	34.7 (0.65)	30.4 (0.60)	32.7 (0.49)	28.0 (1.46)	29.9 (2.69)
1982	26.6 (0.39)	7.7 (0.24)	18.9 (0.35)	27.2 (0.57)	26.0 (0.55)	28.1 (0.46)	19.9 (1.14)	16.8 (1.77)	33.0 (0.47)	9.6 (0.29)	23.4 (0.42)	34.5 (0.68)	31.6 (0.64)	33.3 (0.52)	28.1 (1.52)	29.2 (2.83)
1983	26.2 (0.39)	7.4 (0.23)	18.8 (0.35)	27.3 (0.57)	25.1 (0.54)	27.9 (0.46)	19.2 (1.12)	17.3 (1.77)	32.5 (0.47)	9.2 (0.29)	23.3 (0.42)	35.0 (0.69)	30.3 (0.63)	33.0 (0.52)	27.0 (1.50)	31.5 (2.94)
1984	27.1 (0.40)	7.3 (0.24)	19.8 (0.36)	28.6 (0.58)	25.6 (0.55)	28.9 (0.47)	20.3 (1.15)	17.9 (1.80)	33.2 (0.47)	9.0 (0.29)	24.2 (0.43)	36.0 (0.70)	30.6 (0.64)	33.9 (0.53)	27.2 (1.47)	29.9 (2.77)
1985	27.8 (0.41)	7.4 (0.24)	20.4 (0.37)	28.4 (0.60)	27.2 (0.57)	30.0 (0.49)	19.6 (1.16)	16.9 (1.84)	33.7 (0.48)	8.9 (0.29)	24.8 (0.44)	35.3 (0.70)	32.3 (0.65)	34.9 (0.55)	26.0 (1.47)	26.8 (2.75)
1986	27.9 (0.42)	7.6 (0.25)	20.3 (0.37)	28.2 (0.60)	27.6 (0.58)	29.7 (0.50)	21.9 (1.21)	17.6 (1.76)	34.0 (0.49)	9.2 (0.30)	24.8 (0.44)	35.3 (0.71)	32.8 (0.67)	34.5 (0.56)	28.6 (1.52)	29.4 (2.72)
1987	29.6 (0.43)	8.1 (0.26)	21.5 (0.39)	30.6 (0.62)	28.7 (0.59)	31.9 (0.51)	22.8 (1.25)	17.5 (1.73)	36.2 (0.50)	10.0 (0.31)	26.3 (0.46)	38.3 (0.73)	34.4 (0.68)	37.3 (0.58)	29.5 (1.54)	28.4 (2.61)
1988	30.3 (0.47)	8.8 (0.29)	21.5 (0.42)	30.2 (0.68)	30.4 (0.66)	33.2 (0.57)	21.2 (1.33)	17.0 (2.00)	37.2 (0.55)	10.8 (0.35)	26.5 (0.50)	38.3 (0.81)	36.3 (0.75)	38.6 (0.63)	28.1 (1.69)	30.8 (3.31)
1989	30.9 (0.48)	8.0 (0.28)	22.9 (0.44)	30.2 (0.68)	31.6 (0.67)	34.2 (0.58)	23.4 (1.38)	16.1 (1.90)	38.1 (0.56)	9.9 (0.34)	28.2 (0.52)	38.3 (0.81)	37.9 (0.77)	39.8 (0.65)	30.7 (1.72)	28.7 (3.12)
1990	32.0 (0.47)	8.7 (0.28)	23.3 (0.43)	32.3 (0.68)	31.8 (0.66)	35.1 (0.57)	25.4 (1.37)	15.8 (1.67)	39.1 (0.54)	10.6 (0.34)	28.5 (0.50)	40.0 (0.79)	38.3 (0.75)	40.4 (0.63)	32.7 (1.68)	28.7 (2.79)
1991	33.3 (0.48)	9.7 (0.30)	23.6 (0.43)	32.8 (0.68)	33.6 (0.67)	36.8 (0.58)	23.5 (1.34)	17.9 (1.72)	41.0 (0.55)	11.9 (0.37)	29.1 (0.51)	41.5 (0.80)	40.5 (0.77)	42.4 (0.64)	31.2 (1.68)	34.3 (2.94)
1992	34.4 (0.49)	9.9 (0.31)	24.4 (0.44)	32.7 (0.68)	36.0 (0.69)	37.3 (0.59)	25.2 (1.37)	21.3 (1.87)	41.7 (0.56)	12.1 (0.37)	29.7 (0.51)	40.7 (0.80)	42.7 (0.77)	42.6 (0.64)	33.5 (1.71)	36.8 (2.90)
1993	34.0 (0.49)	9.8 (0.30)	24.2 (0.44)	33.6 (0.69)	34.4 (0.68)	36.8 (0.59)	24.5 (1.35)	21.7 (1.88)	41.3 (0.56)	11.9 (0.37)	29.4 (0.51)	41.7 (0.80)	40.9 (0.77)	42.3 (0.65)	32.4 (1.69)	35.5 (2.79)
1994	34.6 (0.42)	9.1 (0.26)	25.5 (0.39)	33.1 (0.59)	36.0 (0.60)	38.1 (0.53)	27.7 (1.17)	18.8 (1.10)	42.3 (0.49)	11.2 (0.31)	31.2 (0.46)	41.6 (0.70)	43.0 (0.68)	43.7 (0.57)	35.6 (1.42)	33.1 (1.76)
1995	34.3 (0.44)	8.9 (0.27)	25.4 (0.41)	33.1 (0.63)	35.5 (0.63)	37.9 (0.55)	27.5 (1.18)	20.7 (1.13)	42.3 (0.51)	11.0 (0.33)	31.3 (0.48)	41.7 (0.73)	43.0 (0.72)	44.0 (0.61)	35.4 (1.43)	35.2 (1.74)
1996	35.5 (0.47)	9.5 (0.29)	26.1 (0.43)	34.1 (0.66)	37.0 (0.67)	39.5 (0.59)	27.4 (1.23)	20.1 (1.18)	43.4 (0.54)	11.5 (0.35)	31.9 (0.50)	42.5 (0.77)	44.3 (0.75)	45.1 (0.64)	35.9 (1.51)	34.5 (1.83)
1997	36.8 (0.47)	9.9 (0.29)	27.0 (0.43)	35.0 (0.66)	38.7 (0.67)	40.6 (0.59)	29.8 (1.25)	22.4 (1.21)	45.2 (0.54)	12.1 (0.35)	33.1 (0.51)	44.0 (0.77)	46.3 (0.75)	46.6 (0.64)	39.5 (1.54)	36.0 (1.77)
1998	36.5 (0.46)	10.2 (0.29)	26.3 (0.42)	34.5 (0.65)	38.6 (0.66)	40.6 (0.59)	29.8 (1.24)	20.4 (1.11)	45.2 (0.53)	12.6 (0.36)	32.6 (0.50)	44.3 (0.77)	46.1 (0.74)	46.9 (0.64)	40.0 (1.54)	33.9 (1.68)
1999	35.6 (0.46)	9.1 (0.27)	26.5 (0.42)	34.1 (0.64)	37.0 (0.65)	39.4 (0.58)	30.4 (1.24)	18.7 (1.08)	43.7 (0.52)	11.2 (0.33)	32.5 (0.49)	42.9 (0.75)	44.4 (0.73)	45.3 (0.63)	39.2 (1.50)	31.6 (1.68)
2000	35.5 (0.45)	9.4 (0.28)	26.0 (0.41)	32.6 (0.62)	38.4 (0.65)	38.7 (0.57)	30.5 (1.21)	21.7 (1.12)	43.2 (0.52)	11.5 (0.33)	31.8 (0.48)	40.8 (0.73)	45.6 (0.72)	44.1 (0.62)	39.3 (1.46)	36.2 (1.69)
2001	36.3 (0.45)	9.8 (0.28)	26.6 (0.41)	33.6 (0.63)	39.0 (0.64)	39.5 (0.57)	31.4 (1.22)	21.7 (1.10)	44.3 (0.51)	11.9 (0.33)	32.4 (0.48)	42.4 (0.73)	46.1 (0.72)	45.4 (0.62)	40.2 (1.45)	34.8 (1.61)
2002	36.7 (0.43)	9.7 (0.26)	27.0 (0.39)	33.7 (0.59)	39.7 (0.61)	40.9 (0.55)	31.9 (1.18)	19.9 (0.94)	44.7 (0.48)	11.8 (0.31)	32.9 (0.46)	42.5 (0.69)	46.7 (0.68)	46.7 (0.59)	40.2 (1.39)	31.6 (1.38)
2003[3]	37.8 (0.43)	10.2 (0.27)	27.7 (0.39)	34.3 (0.59)	41.3 (0.61)	41.6 (0.55)	32.3 (1.20)	23.5 (1.02)	45.7 (0.48)	12.3 (0.32)	33.4 (0.46)	42.8 (0.69)	48.3 (0.67)	47.2 (0.59)	41.4 (1.43)	35.8 (1.42)
2004[3]	38.0 (0.42)	9.4 (0.25)	28.6 (0.39)	34.7 (0.59)	41.2 (0.61)	41.7 (0.55)	31.8 (1.18)	24.7 (1.02)	45.8 (0.48)	11.3 (0.30)	34.5 (0.46)	43.0 (0.68)	48.4 (0.67)	47.4 (0.59)	40.8 (1.41)	37.3 (1.40)
2005[3]	38.9 (0.43)	9.6 (0.26)	29.2 (0.40)	35.3 (0.59)	42.5 (0.61)	42.8 (0.55)	33.1 (1.18)	24.8 (1.02)	46.8 (0.48)	11.6 (0.31)	35.2 (0.46)	44.3 (0.68)	49.1 (0.67)	48.6 (0.59)	41.4 (1.39)	37.4 (1.41)
2006[3]	37.3 (0.42)	9.6 (0.25)	27.8 (0.39)	34.1 (0.58)	40.6 (0.60)	41.0 (0.54)	32.6 (1.16)	23.6 (0.99)	45.0 (0.47)	11.5 (0.30)	33.5 (0.45)	42.2 (0.67)	47.7 (0.67)	46.5 (0.58)	42.0 (1.38)	35.5 (1.37)
2007[3]	38.8 (0.42)	10.9 (0.27)	27.9 (0.39)	35.5 (0.58)	42.1 (0.60)	42.6 (0.54)	33.1 (1.15)	26.6 (1.02)	46.1 (0.47)	13.0 (0.32)	33.1 (0.44)	43.4 (0.66)	48.6 (0.66)	47.8 (0.58)	40.1 (1.32)	39.2 (1.37)
2008[3]	35.6 (0.46)	9.1 (0.27)	26.5 (0.42)	34.1 (0.64)	37.0 (0.65)	39.4 (0.58)	30.4 (1.24)	18.7 (1.08)	43.7 (0.52)	11.2 (0.33)	32.5 (0.49)	42.9 (0.75)	44.4 (0.73)	45.3 (0.63)	39.2 (1.50)	31.6 (1.68)
2009[3]	41.3 (0.42)	11.7 (0.27)	29.6 (0.39)	38.4 (0.59)	44.2 (0.60)	45.0 (0.55)	37.7 (1.17)	27.5 (1.01)	48.8 (0.46)	13.9 (0.32)	35.0 (0.44)	46.4 (0.66)	51.2 (0.65)	50.3 (0.58)	46.7 (1.34)	38.7 (1.31)

—Not available.
†Not applicable.
[1]All students who enrolled in college are counted as high school completers, including students who enrolled in college but did not report high school completion.
[2]Prior to 1972, White and Black data include persons of Hispanic ethnicity.
[3]After 2002, White and Black data exclude persons identifying themselves as two or more races.

NOTE: Data are based on sample surveys of the civilian noninstitutional population. Percentages based on 18- to 24-year-old high school completers for 1992 and later years use a slightly different definition of completion and may not be precisely comparable with figures for other years. Totals include other racial/ethnic groups not separately shown. Race categories exclude persons of Hispanic ethnicity except where otherwise noted. Standard errors appear in parentheses.
SOURCE: U.S. Department of Commerce, Census Bureau, Current Population Survey (CPS), October, 1967 through 2009. (This table was prepared August 2010.)

Table 213. Total undergraduate fall enrollment in degree-granting institutions, by attendance status, sex of student, and control of institution: 1967 through 2009

Year	Total	Full-time	Part-time	Males	Females	Males		Females		Males		Females	
						Full-time	Part-time	Full-time	Part-time	Public	Private	Public	Private
1	2	3	4	5	6	7	8	9	10	11	12	13	14
1967[1]	6,015,683	4,344,890	1,670,793	3,502,099	2,513,584	2,569,411	932,688	1,775,479	738,105	2,491,831	1,010,268	1,801,574	712,010
1968	6,475,714	4,740,408	1,735,306	3,781,000	2,694,714	2,810,135	970,865	1,930,273	764,441	2,787,269	993,731	1,994,726	699,988
1969	6,884,485	4,992,050	1,892,435	4,007,528	2,876,957	2,952,197	1,055,331	2,039,853	837,104	2,996,025	1,011,503	2,162,292	714,665
1970	7,368,644	5,280,064	2,088,580	4,249,702	3,118,942	3,096,371	1,153,331	2,183,693	935,249	3,236,128	1,013,574	2,384,127	734,815
1971	7,744,254	5,512,996	2,231,258	4,417,873	3,326,381	3,201,118	1,216,755	2,311,878	1,014,503	3,427,012	990,861	2,580,781	745,600
1972	7,942,439	5,489,090	2,453,349	4,428,593	3,513,846	3,120,817	1,307,776	2,368,273	1,145,573	3,465,701	962,892	2,756,903	756,943
1973	8,259,671	5,578,558	2,681,113	4,537,599	3,722,072	3,134,418	1,403,181	2,444,140	1,277,932	3,579,696	957,903	2,942,716	779,356
1974	8,798,728	5,726,346	3,072,382	4,765,582	4,033,146	3,191,770	1,573,812	2,534,576	1,498,570	3,800,052	965,530	3,231,678	801,468
1975	9,679,455	6,168,396	3,511,059	5,257,005	4,422,450	3,459,328	1,797,677	2,709,068	1,713,382	4,244,632	1,012,373	3,581,400	841,050
1976	9,434,591	6,033,233	3,401,358	4,906,277	4,528,314	3,244,339	1,661,938	2,788,894	1,739,420	3,950,985	955,292	3,669,377	858,937
1977	9,716,703	6,094,023	3,622,680	4,897,197	4,819,506	3,188,262	1,708,935	2,905,761	1,913,745	3,937,407	959,790	3,905,573	913,933
1978	9,684,399	5,962,826	3,721,573	4,761,067	4,923,332	3,068,641	1,692,426	2,894,185	2,029,147	3,812,299	948,768	3,974,986	948,346
1979	9,997,977	6,079,415	3,918,562	4,820,123	5,177,854	3,086,696	1,733,427	2,992,719	2,185,135	3,865,030	955,093	4,181,801	996,053
1980	10,475,055	6,361,744	4,113,311	5,000,177	5,474,878	3,226,857	1,773,320	3,134,887	2,339,991	4,015,000	985,177	4,426,955	1,047,923
1981	10,754,522	6,449,068	4,305,454	5,108,271	5,646,251	3,260,473	1,847,798	3,188,595	2,457,656	4,089,975	1,018,296	4,558,388	1,087,863
1982	10,825,062	6,483,805	4,341,257	5,170,494	5,654,568	3,299,436	1,871,058	3,184,369	2,470,199	4,139,766	1,030,728	4,573,307	1,081,261
1983	10,845,995	6,514,034	4,331,961	5,158,300	5,687,695	3,304,247	1,854,053	3,209,787	2,477,908	4,116,682	1,041,618	4,580,436	1,107,259
1984	10,618,071	6,347,653	4,270,418	5,006,813	5,611,258	3,194,930	1,811,883	3,152,723	2,458,535	3,989,549	1,017,264	4,503,942	1,107,316
1985	10,596,674	6,319,592	4,277,082	4,962,080	5,634,594	3,156,446	1,805,634	3,163,146	2,471,448	3,952,548	1,009,532	4,524,577	1,110,017
1986	10,797,975	6,352,073	4,445,902	5,017,505	5,780,470	3,146,330	1,871,175	3,205,743	2,574,727	4,002,471	1,015,034	4,658,245	1,122,225
1987	11,046,235	6,462,549	4,583,686	5,068,457	5,977,778	3,163,676	1,904,781	3,298,873	2,678,905	4,076,349	992,108	4,842,240	1,135,538
1988	11,316,548	6,642,428	4,674,120	5,137,644	6,178,904	3,206,442	1,931,202	3,435,986	2,742,918	4,113,497	1,024,147	4,989,649	1,189,255
1989	11,742,531	6,840,696	4,901,835	5,310,990	6,431,541	3,278,647	2,032,343	3,562,049	2,869,492	4,271,822	1,039,168	5,215,920	1,215,621
1990	11,959,106	6,976,030	4,983,076	5,379,759	6,579,347	3,336,535	2,043,224	3,639,495	2,939,852	4,352,875	1,026,884	5,356,721	1,222,626
1991	12,439,287	7,221,412	5,217,875	5,571,003	6,868,284	3,435,526	2,135,477	3,785,886	3,082,398	4,530,934	1,040,069	5,617,023	1,251,261
1992	12,537,700	7,244,442	5,293,258	5,582,936	6,954,764	3,424,739	2,158,197	3,819,703	3,135,061	4,536,925	1,046,011	5,679,372	1,275,392
1993	12,323,959	7,179,482	5,144,477	5,483,682	6,840,277	3,381,997	2,101,685	3,797,485	3,042,792	4,447,266	1,036,416	5,564,521	1,275,756
1994	12,262,608	7,168,706	5,093,902	5,422,113	6,840,495	3,341,591	2,080,522	3,827,115	3,013,380	4,394,309	1,027,804	5,550,819	1,289,676
1995	12,231,719	7,145,268	5,086,451	5,401,130	6,830,589	3,296,610	2,104,520	3,848,658	2,981,931	4,380,030	1,021,100	5,523,596	1,306,993
1996	12,326,948	7,298,839	5,028,109	5,420,672	6,906,276	3,339,108	2,081,564	3,959,731	2,946,545	4,382,751	1,037,921	5,552,532	1,353,744
1997	12,450,587	7,418,598	5,031,989	5,468,532	6,982,055	3,379,597	2,088,935	4,039,001	2,943,054	4,408,364	1,060,168	5,599,115	1,382,940
1998	12,436,937	7,538,711	4,898,226	5,446,133	6,990,804	3,428,161	2,017,972	4,110,550	2,880,254	4,360,935	1,085,198	5,589,277	1,401,527
1999	12,681,231	7,735,075	4,946,156	5,559,457	7,121,774	3,515,869	2,043,588	4,219,206	2,902,568	4,431,056	1,128,401	5,678,953	1,442,821
2000	13,155,393	7,922,926	5,232,467	5,778,268	7,377,125	3,588,246	2,190,022	4,334,680	3,042,445	4,622,098	1,156,170	5,917,224	1,459,901
2001	13,715,610	8,327,640	5,387,970	6,004,431	7,711,179	3,768,630	2,235,801	4,559,010	3,152,169	4,804,014	1,200,417	6,181,857	1,529,322
2002	14,257,077	8,734,252	5,522,825	6,192,390	8,064,687	3,934,168	2,258,222	4,800,084	3,264,603	4,960,291	1,232,099	6,472,564	1,592,123
2003	14,480,364	9,045,253	5,435,111	6,227,372	8,252,992	4,048,682	2,178,690	4,996,571	3,256,421	4,956,392	1,270,980	6,566,711	1,686,281
2004	14,780,630	9,284,336	5,496,294	6,340,048	8,440,582	4,140,628	2,199,420	5,143,708	3,296,874	5,009,240	1,330,808	6,641,340	1,799,242
2005	14,963,964	9,446,430	5,517,534	6,408,871	8,555,093	4,200,863	2,208,008	5,245,567	3,309,526	5,046,002	1,362,869	6,651,728	1,903,365
2006	15,184,302	9,571,079	5,613,223	6,513,756	8,670,546	4,264,606	2,249,150	5,306,473	3,364,073	5,133,850	1,379,906	6,713,576	1,956,970
2007	15,603,771	9,840,978	5,762,793	6,727,600	8,876,171	4,396,868	2,330,732	5,444,110	3,432,061	5,300,572	1,427,028	6,837,011	2,039,160
2008	16,365,738	10,254,930	6,110,808	7,066,623	9,299,115	4,577,431	2,489,192	5,677,499	3,621,616	5,531,965	1,534,658	7,059,252	2,239,863
2009	17,565,320	11,143,499	6,421,821	7,595,481	9,969,839	4,976,727	2,618,754	6,166,772	3,803,067	5,917,296	1,678,185	7,469,297	2,500,542

[1]Data for part-time students are for part-time resident students and all extension students (students attending courses at sites separate from the primary reporting campus). In later years, part-time student enrollment was collected as a distinct category.

NOTE: Data include unclassified undergraduate students. Data through 1995 are for institutions of higher education, while later data are for degree-granting institutions. Degree-granting institutions grant associate's or higher degrees and participate in Title IV federal financial aid programs. The degree-granting classification is very similar to the earlier higher education classification, but it includes more 2-year colleges and excludes a few higher education institutions that did not grant degrees. (See Appendix A: Guide to Sources for details.) Detail may not sum to totals because of rounding.

SOURCE: U.S. Department of Education, National Center for Education Statistics, Higher Education General Information Survey (HEGIS), "Fall Enrollment in Colleges and Universities" surveys, 1967 through 1985; and 1986 through 2009 Integrated Postsecondary Education Data System, "Fall Enrollment Survey" (IPEDS-EF:86–99), and Spring 2001 through Spring 2010. (This table was prepared September 2010.)

Table 214. Total postbaccalaureate fall enrollment in degree-granting institutions, by attendance status, sex of student, and control of institution: 1967 through 2009

Year	Total	Full-time	Part-time	Males	Females	Males		Females		Males		Females	
						Full-time	Part-time	Full-time	Part-time	Public	Private	Public	Private
1	2	3	4	5	6	7	8	9	10	11	12	13	14
1967	896,065	448,238	447,827	630,701	265,364	354,628	276,073	93,610	171,754	351,947	278,754	170,676	94,688
1968	1,037,377	469,747	567,630	696,649	340,728	358,686	337,963	111,061	229,667	410,609	286,040	238,048	102,680
1969	1,120,175	506,833	613,342	738,673	381,502	383,630	355,043	123,203	258,299	457,126	281,547	281,425	100,077
1970	1,212,243	536,226	676,017	793,940	418,303	407,724	386,216	128,502	289,801	496,757	297,183	311,122	107,181
1971	1,204,390	564,236	640,154	789,131	415,259	428,167	360,964	136,069	279,190	513,570	275,561	305,604	109,655
1972	1,272,421	583,299	689,122	810,164	462,257	436,533	373,631	146,766	315,491	506,950	303,214	341,081	121,176
1973	1,342,452	610,935	731,517	833,453	508,999	444,219	389,234	166,716	342,283	523,274	310,179	373,830	135,169
1974	1,425,001	643,927	781,074	856,847	568,154	454,706	402,141	189,221	378,933	538,573	318,274	418,197	149,957
1975	1,505,404	672,938	832,466	891,992	613,412	467,425	424,567	205,513	407,899	560,041	331,951	448,435	164,977
1976	1,577,546	683,825	893,721	904,551	672,995	459,286	445,265	224,539	448,456	555,912	348,639	477,203	195,792
1977	1,569,084	698,902	870,182	891,819	677,265	462,038	429,781	236,864	440,401	535,748	356,071	468,265	209,000
1978	1,575,693	704,831	870,862	879,931	695,762	458,865	421,066	245,966	449,796	519,150	360,781	479,458	216,304
1979	1,571,922	714,624	857,298	862,754	709,168	456,197	406,557	258,427	450,741	503,949	358,805	486,042	223,126
1980	1,621,840	736,214	885,626	874,197	747,643	462,387	411,810	273,827	473,816	507,587	366,610	507,852	239,791
1981	1,617,150	732,182	884,968	866,785	750,365	452,364	414,421	279,818	470,547	496,825	369,960	501,844	248,521
1982	1,600,718	736,813	863,905	860,890	739,828	453,519	407,371	283,294	456,534	493,122	367,768	489,892	249,936
1983	1,618,666	747,016	871,650	865,425	753,241	455,540	409,885	291,476	461,765	493,356	372,069	492,260	260,981
1984	1,623,869	750,735	873,134	856,761	767,108	452,579	404,182	298,156	468,952	484,963	371,798	498,916	268,192
1985	1,650,381	755,629	894,752	856,370	794,011	451,274	405,096	304,355	489,656	484,940	371,430	517,208	276,803
1986	1,705,536	767,477	938,059	867,010	838,526	452,717	414,293	314,760	523,766	503,107	363,903	550,070	288,456
1987	1,720,407	768,536	951,871	863,599	856,808	447,212	416,387	321,324	535,484	497,117	366,482	557,548	299,260
1988	1,738,789	794,340	944,449	864,252	874,537	455,337	408,915	339,003	535,534	495,461	368,791	562,781	311,756
1989	1,796,029	820,254	975,775	879,025	917,004	461,596	417,429	358,658	558,346	504,528	374,497	585,693	331,311
1990	1,859,531	844,955	1,014,576	904,150	955,381	471,217	432,933	373,738	581,643	522,136	382,014	612,985	342,396
1991	1,919,666	893,917	1,025,749	930,841	988,825	493,849	436,992	400,068	588,757	535,422	395,419	626,184	362,641
1992	1,949,659	917,676	1,031,983	941,053	1,008,606	502,166	438,887	415,510	593,096	537,471	403,582	630,799	377,807
1993	1,980,844	948,136	1,032,708	943,768	1,037,076	508,574	435,194	439,562	597,514	537,245	406,523	640,056	397,020
1994	2,016,182	969,070	1,047,112	949,785	1,066,397	513,592	436,193	455,478	610,919	535,759	414,026	652,793	413,604
1995	2,030,062	983,534	1,046,528	941,409	1,088,653	510,782	430,627	472,752	615,901	527,605	413,804	661,143	427,510
1996	2,040,572	1,004,114	1,036,458	932,153	1,108,419	512,100	420,053	492,014	616,405	519,702	412,451	665,514	442,905
1997	2,051,747	1,019,464	1,032,283	927,496	1,124,251	510,845	416,651	508,619	615,632	515,823	411,673	672,817	451,434
1998	2,070,030	1,024,627	1,045,403	923,132	1,146,898	505,492	417,640	519,135	627,763	507,763	415,369	679,794	467,104
1999	2,109,993	1,051,419	1,058,574	931,189	1,178,804	509,852	421,337	541,567	637,237	510,125	421,064	689,265	489,539
2000	2,156,896	1,086,674	1,070,222	943,501	1,213,395	522,847	420,654	563,827	649,568	510,309	433,192	703,155	510,240
2001	2,212,377	1,119,862	1,092,515	956,384	1,255,993	531,260	425,124	588,602	667,391	523,597	432,787	723,688	532,305
2002	2,354,634	1,212,107	1,142,527	1,009,726	1,344,908	566,930	442,796	645,177	699,731	551,729	457,997	767,409	577,499
2003	2,431,117	1,280,880	1,150,237	1,032,892	1,398,225	589,190	443,702	691,690	706,535	555,903	476,989	779,692	618,533
2004	2,491,414	1,325,841	1,165,573	1,047,214	1,444,200	598,727	448,487	727,114	717,086	550,236	496,978	779,296	664,904
2005	2,523,511	1,350,581	1,172,930	1,047,054	1,476,457	602,525	444,529	748,056	728,401	543,221	503,833	780,883	695,574
2006	2,574,568	1,386,226	1,188,342	1,061,059	1,513,509	614,709	446,350	771,517	741,992	545,554	515,505	787,153	726,356
2007	2,644,357	1,428,914	1,215,443	1,088,314	1,556,043	632,576	455,738	796,338	759,705	556,727	531,587	796,470	759,573
2008	2,737,076	1,492,813	1,244,263	1,122,272	1,614,804	656,926	465,346	835,887	778,917	568,550	553,722	812,386	802,418
2009	2,862,391	1,579,283	1,283,108	1,174,023	1,688,368	693,917	480,106	885,366	803,002	592,273	581,750	831,776	856,592

NOTE: Data include first-professional and graduate-level students. Data through 1995 are for institutions of higher education, while later data are for degree-granting institutions. Degree-granting institutions grant associate's or higher degrees and participate in Title IV federal financial aid programs. The degree-granting classification is very similar to the earlier higher education classification, but it includes more 2-year colleges and excludes a few higher education institutions that did not grant degrees. (See Appendix A: Guide to Sources for details.)

SOURCE: U.S. Department of Education, National Center for Education Statistics, Higher Education General Information Survey (HEGIS), "Fall Enrollment in Colleges and Universities" surveys, 1967 through 1985; and 1986 through 2009 Integrated Postsecondary Education Data System, "Fall Enrollment Survey" (IPEDS-EF:86–99), and Spring 2001 through Spring 2010. (This table was prepared September 2010.)

Table 215. Total fall enrollment in degree-granting institutions, by state or jurisdiction: Selected years, 1970 through 2008

State or jurisdiction	Fall 1970	Fall 1980	Fall 1990	Fall 2000	Fall 2003	Fall 2004	Fall 2005	Fall 2006	Fall 2007	Fall 2008	Percent change, 2003 to 2008
1	2	3	4	5	6	7	8	9	10	11	12
United States	**8,580,887**	**12,096,895**	**13,818,637**	**15,312,289**	**16,911,481**	**17,272,044**	**17,487,475**	**17,758,870**	**18,248,128**	**19,102,814**	**13.0**
Alabama	103,936	164,306	218,589	233,962	253,846	255,826	256,389	258,408	268,183	310,941	22.5
Alaska	9,471	21,296	29,833	27,953	31,035	30,869	30,231	29,853	30,616	30,717	-1.0
Arizona	109,619	202,716	264,148	342,490	435,767	490,925	545,597	567,192	624,147	704,245	61.6
Arkansas	52,039	77,607	90,425	115,172	133,950	138,399	143,272	147,391	152,168	158,374	18.2
California	1,257,245	1,790,993	1,808,740	2,256,708	2,340,698	2,374,045	2,399,833	2,434,774	2,529,522	2,652,241	13.3
Colorado	123,395	162,916	227,131	263,872	289,424	300,914	302,672	308,383	310,637	325,232	12.4
Connecticut	124,700	159,632	168,604	161,243	170,976	172,775	174,675	176,716	179,005	184,178	7.7
Delaware	25,260	32,939	42,004	43,897	49,595	49,804	51,612	51,238	52,343	53,088	7.0
District of Columbia	77,158	86,675	79,551	72,689	95,297	99,988	104,897	109,505	115,153	126,110	32.3
Florida	235,525	411,891	588,086	707,684	840,108	866,665	872,662	885,651	913,793	972,699	15.8
Georgia	126,511	184,159	251,786	346,204	411,102	434,283	426,650	435,403	453,711	476,581	15.9
Hawaii	36,562	47,181	56,436	60,182	67,481	67,225	67,083	66,893	66,601	70,104	3.9
Idaho	34,567	43,018	51,881	65,594	75,390	76,311	77,708	77,872	78,846	80,456	6.7
Illinois	452,146	644,245	729,246	743,918	796,815	801,401	832,967	830,676	837,018	859,242	7.8
Indiana	192,668	247,253	284,832	314,334	350,102	356,801	361,253	368,013	380,477	401,956	14.8
Iowa	108,902	140,449	170,515	188,974	213,958	217,646	227,722	238,634	256,259	286,891	34.1
Kansas	102,485	136,605	163,733	179,968	190,306	191,590	191,752	193,146	194,102	198,991	4.6
Kentucky	98,591	143,066	177,852	188,341	235,743	240,097	244,969	248,914	258,213	257,583	9.3
Louisiana	120,728	160,058	186,840	223,800	244,537	246,301	197,713	224,147	224,754	236,375	-3.3
Maine	34,134	43,264	57,186	58,473	64,222	65,415	65,551	66,149	67,173	67,796	5.6
Maryland	149,607	225,526	259,700	273,745	307,613	312,493	314,151	319,460	327,597	338,914	10.2
Massachusetts	303,809	418,415	417,833	421,142	436,102	439,245	443,316	451,526	463,366	477,056	9.4
Michigan	392,726	520,131	569,803	567,631	616,012	620,980	626,751	634,489	643,279	652,799	6.0
Minnesota	160,788	206,691	253,789	293,445	339,597	349,021	361,701	375,899	392,393	411,055	21.0
Mississippi	73,967	102,364	122,883	137,389	148,584	152,115	150,457	151,137	155,232	160,441	8.0
Missouri	183,930	234,421	289,899	321,348	359,749	365,204	374,445	377,098	384,366	396,409	10.2
Montana	30,062	35,177	35,876	42,240	47,240	47,173	47,850	47,501	47,371	47,840	1.3
Nebraska	66,915	89,488	112,831	112,117	119,511	121,053	121,236	124,500	127,378	130,458	9.2
Nevada	13,669	40,455	61,728	87,893	100,849	105,961	110,705	112,270	116,276	120,490	19.5
New Hampshire	29,400	46,794	59,510	61,718	69,608	70,163	69,893	70,669	70,724	71,739	3.1
New Jersey	216,121	321,610	324,286	335,945	372,632	380,374	379,758	385,656	398,136	410,160	10.1
New Mexico	44,461	58,283	85,500	110,739	127,040	131,577	131,337	131,828	134,375	142,413	12.1
New York	806,479	992,237	1,048,286	1,043,395	1,126,085	1,141,525	1,152,081	1,160,364	1,172,811	1,234,858	9.7
North Carolina	171,925	287,537	352,138	404,652	464,437	472,709	484,392	495,633	502,330	528,977	13.9
North Dakota	31,495	34,069	37,878	40,248	48,402	49,533	49,389	49,519	49,945	51,327	6.0
Ohio	376,267	489,145	557,690	549,553	603,399	614,234	616,350	619,942	630,497	653,585	8.3
Oklahoma	110,155	160,295	173,221	178,016	207,791	207,625	208,053	206,236	206,382	206,757	-0.5
Oregon	122,177	157,458	165,741	183,065	198,786	199,985	200,033	197,594	202,928	220,474	10.9
Pennsylvania	411,044	507,716	604,060	609,521	676,121	688,780	692,340	707,132	725,397	740,288	9.5
Rhode Island	45,898	66,869	78,273	75,450	79,085	80,377	81,382	81,734	82,900	83,893	6.1
South Carolina	69,518	132,476	159,302	185,931	207,601	208,910	210,444	212,422	217,755	230,695	11.1
South Dakota	30,639	32,761	34,208	43,221	55,816	48,708	48,768	48,931	49,747	50,444	-9.6
Tennessee	135,103	204,581	226,238	263,910	276,999	278,055	283,070	290,530	297,785	307,610	11.1
Texas	442,225	701,391	901,437	1,033,973	1,175,336	1,229,197	1,240,707	1,252,709	1,269,098	1,327,148	12.9
Utah	81,687	93,987	121,303	163,776	183,462	194,324	200,691	202,151	203,679	217,224	18.4
Vermont	22,209	30,628	36,398	35,489	37,695	38,639	39,915	41,095	42,191	42,946	13.9
Virginia	151,915	280,504	353,442	381,893	414,945	425,181	439,166	456,172	478,268	500,796	20.7
Washington	183,544	303,603	263,384	320,840	345,566	343,524	348,482	348,154	352,075	362,535	4.9
West Virginia	63,153	81,973	84,790	87,888	97,005	97,884	99,547	100,519	116,848	125,333	29.2
Wisconsin	202,058	269,086	299,774	307,179	329,738	331,506	335,258	340,158	343,747	352,875	7.0
Wyoming	15,220	21,147	31,326	30,004	33,695	33,955	35,334	34,693	35,246	35,936	6.7
U.S. Service Academies[1]	17,079	49,808	48,692	13,475	14,628	14,754	15,265	12,191	15,285	15,539	6.2
Other jurisdictions	**67,237**	**137,749**	**164,618**	**194,633**	**218,058**	**220,920**	**223,165**	**226,175**	**226,849**	**236,167**	**8.3**
American Samoa	0	976	1,219	297	1,537	1,550	1,579	1,607	1,767	1,806	17.5
Federated States of Micronesia	0	224	975	1,576	2,558	2,608	2,283	2,539	2,379	2,457	-3.9
Guam	2,719	3,217	4,741	5,215	4,710	4,642	6,064	5,789	5,244	5,351	13.6
Marshall Islands	0	0	0	328	601	623	604	647	557	689	14.6
Northern Marianas	0	0	661	1,078	1,237	1,101	967	968	901	791	-36.1
Palau	0	0	491	581	727	651	651	679	668	502	-30.9
Puerto Rico	63,073	131,184	154,065	183,290	203,951	207,180	208,625	211,458	212,949	222,178	8.9
U.S. Virgin Islands	1,445	2,148	2,466	2,268	2,737	2,565	2,392	2,488	2,384	2,393	-12.6

[1]Data for 2000 and later years reflect a substantial reduction in the number of Department of Defense institutions included in the IPEDS survey.

NOTE: Data through 1990 are for institutions of higher education, while later data are for degree-granting institutions. Degree-granting institutions grant associate's or higher degrees and participate in Title IV federal financial aid programs. The degree-granting classification is very similar to the earlier higher education classification, but it includes more 2-year colleges and excludes a few higher education institutions that did not grant degrees. (See Appendix A: Guide to Sources for details.)

SOURCE: U.S. Department of Education, National Center for Education Statistics, Higher Education General Information Survey (HEGIS), "Fall Enrollment in Colleges and Universities" surveys, 1970 and 1980; and 1990 through 2008 Integrated Postsecondary Education Data System, "Fall Enrollment Survey" (IPEDS-EF:90), and Spring 2001 through Spring 2009. (This table was prepared May 2010.)

Table 216. Total fall enrollment in public degree-granting institutions, by state or jurisdiction: Selected years, 1970 through 2008

State or jurisdiction	Fall 1970	Fall 1980	Fall 1990	Fall 2000	Fall 2003	Fall 2004	Fall 2005	Fall 2006	Fall 2007	Fall 2008	Percent change, 2003 to 2008
1	2	3	4	5	6	7	8	9	10	11	12
United States	**6,428,134**	**9,457,394**	**10,844,717**	**11,752,786**	**12,858,698**	**12,980,112**	**13,021,834**	**13,180,133**	**13,490,780**	**13,972,153**	**8.7**
Alabama	87,884	143,674	195,939	207,435	225,347	226,989	228,153	230,668	237,632	245,040	8.7
Alaska	8,563	20,561	27,792	26,559	29,821	29,515	28,866	28,595	29,381	29,167	-2.2
Arizona	107,315	194,034	248,213	284,522	310,679	317,974	320,865	331,441	332,154	331,310	6.6
Arkansas	43,599	66,068	78,645	101,775	119,920	123,973	128,117	131,407	135,525	140,706	17.3
California	1,123,529	1,599,838	1,594,710	1,927,771	1,978,831	1,987,283	2,008,155	2,047,565	2,136,087	2,239,487	13.2
Colorado	108,562	145,598	200,653	217,897	236,883	239,308	234,509	231,901	227,984	235,265	-0.7
Connecticut	73,391	97,788	109,556	101,027	108,815	110,354	111,705	112,476	114,072	118,694	9.1
Delaware	21,151	28,325	34,252	34,194	37,621	38,243	38,682	38,118	39,092	38,952	3.5
District of Columbia	12,194	13,900	11,990	5,499	5,424	5,388	5,595	5,769	5,608	5,584	2.9
Florida	189,450	334,349	489,081	556,912	643,784	649,857	648,999	651,908	683,328	709,593	10.2
Georgia	101,900	140,158	196,413	271,755	330,052	335,979	342,012	346,138	359,883	376,468	14.1
Hawaii	32,963	43,269	45,728	44,579	50,316	50,569	50,157	49,990	50,454	53,526	6.4
Idaho	27,072	34,491	41,315	53,751	60,481	60,695	60,303	59,211	60,526	61,190	1.2
Illinois	315,634	491,274	551,333	534,155	566,137	563,593	555,149	552,777	550,940	560,411	-1.0
Indiana	136,739	189,224	223,953	240,023	262,957	266,916	267,298	271,704	278,951	296,950	12.9
Iowa	68,390	97,454	117,834	135,008	149,195	149,776	148,907	151,052	154,644	157,019	5.2
Kansas	88,215	121,987	149,117	159,976	169,384	170,149	170,319	170,531	170,054	172,640	1.9
Kentucky	77,240	114,884	147,095	151,973	196,474	197,991	201,579	204,198	211,234	208,970	6.4
Louisiana	101,127	136,703	158,290	189,213	207,923	208,218	181,043	192,554	193,316	203,098	-2.3
Maine	25,405	31,878	41,500	40,662	46,714	47,284	47,519	47,770	48,357	48,191	3.2
Maryland	118,988	195,051	220,783	223,797	251,984	256,582	256,073	260,921	269,719	280,603	11.4
Massachusetts	116,127	183,765	186,035	183,248	189,334	187,873	188,295	192,164	198,700	205,820	8.7
Michigan	339,625	454,147	487,359	467,861	501,821	500,873	505,586	511,776	519,449	528,040	5.2
Minnesota	130,567	162,379	199,211	218,617	242,531	241,245	240,853	244,106	250,397	256,633	5.8
Mississippi	64,968	90,661	109,038	125,355	134,318	137,543	135,896	136,626	139,931	144,224	7.4
Missouri	132,540	165,179	200,093	201,509	216,777	214,561	217,722	218,475	223,155	228,737	5.5
Montana	27,287	31,178	31,865	37,387	42,444	42,289	42,997	42,995	42,857	43,565	2.6
Nebraska	51,454	73,509	94,614	88,531	93,432	93,195	93,181	94,486	96,680	99,593	6.6
Nevada	13,576	40,280	61,242	83,120	94,205	96,773	100,043	101,856	104,797	108,559	15.2
New Hampshire	15,979	24,119	32,163	35,870	41,324	40,642	41,007	41,530	41,982	42,192	2.1
New Jersey	145,373	247,028	261,601	266,921	298,906	305,034	304,315	308,374	318,296	328,838	10.0
New Mexico	40,795	55,077	83,403	101,450	117,245	121,339	120,976	121,668	124,773	132,983	13.4
New York	449,437	563,251	616,884	583,417	613,895	623,192	626,222	635,785	652,428	675,892	10.1
North Carolina	123,761	228,154	285,405	329,422	383,720	389,143	396,755	406,068	410,746	434,976	13.4
North Dakota	30,192	31,709	34,690	36,014	43,383	43,275	42,808	42,949	43,016	44,268	2.0
Ohio	281,099	381,765	427,613	411,161	450,369	454,377	453,001	452,962	460,240	475,521	5.6
Oklahoma	91,438	137,188	151,073	153,699	178,612	179,281	179,225	178,015	177,643	178,253	-0.2
Oregon	108,483	140,102	144,427	154,756	166,129	165,375	163,752	160,059	165,260	181,515	9.3
Pennsylvania	232,982	292,499	343,478	339,229	381,254	384,525	380,271	388,251	396,774	404,976	6.2
Rhode Island	25,527	35,052	42,350	38,458	39,937	39,920	40,008	40,374	41,503	42,601	6.7
South Carolina	47,101	107,683	131,134	155,519	171,893	172,386	174,686	176,415	180,479	187,253	8.9
South Dakota	23,936	24,328	26,596	34,857	38,179	37,598	37,548	38,028	38,917	39,743	4.1
Tennessee	98,897	156,835	175,049	202,530	196,088	199,904	200,394	205,056	208,524	214,140	9.2
Texas	365,522	613,552	802,314	896,534	1,035,872	1,071,926	1,081,335	1,094,139	1,109,666	1,163,132	12.3
Utah	49,588	59,598	86,108	123,046	140,282	145,182	148,960	148,228	147,982	158,037	12.7
Vermont	12,536	17,984	20,910	20,021	22,607	22,980	24,090	24,385	24,829	25,552	13.0
Virginia	123,279	246,500	291,286	313,780	341,948	343,391	349,195	357,823	370,486	383,121	12.0
Washington	162,718	276,028	227,632	273,928	298,079	293,145	296,756	297,048	301,793	312,071	4.7
West Virginia	51,363	71,228	74,108	76,136	82,273	83,274	85,148	86,501	87,838	88,695	7.8
Wisconsin	170,374	235,179	253,529	249,737	266,805	266,884	268,928	272,246	273,708	280,394	5.1
Wyoming	15,220	21,121	30,623	28,715	31,666	31,597	32.611	32,860	33,705	34,426	8.7
U.S. Service Academies[1]	17,079	49,808	48,692	13,475	14,628	14,754	15,265	12,191	15,285	15,539	6.2
Other jurisdictions	**46,680**	**60,692**	**66,244**	**84,464**	**85,665**	**83,831**	**82,341**	**80,685**	**80,958**	**82,424**	**-3.8**
American Samoa	0	976	1,219	297	1,537	1,550	1,579	1,607	1,767	1,806	17.5
Federated States of Micronesia	0	224	975	1,576	2,558	2,608	2,283	2,539	2,379	2,457	-3.9
Guam	2,719	3,217	4,741	5,215	4,546	4,470	5,875	5,603	5,077	5,202	14.4
Marshall Islands	0	0	0	328	601	623	604	647	557	689	14.6
Northern Marianas	0	0	661	1,078	1,237	1,101	967	968	901	791	-36.1
Palau	0	0	491	581	727	651	651	679	668	502	-30.9
Puerto Rico	42,516	54,127	55,691	73,121	71,722	70,263	67,990	66,154	67,225	68,584	-4.4
U.S. Virgin Islands	1,445	2,148	2,466	2,268	2,737	2,565	2,392	2,488	2,384	2,393	-12.6

[1]Data for 2000 and later years reflect a substantial reduction in the number of Department of Defense institutions included in the IPEDS survey.

NOTE: Data through 1990 are for institutions of higher education, while later data are for degree-granting institutions. Degree-granting institutions grant associate's or higher degrees and participate in Title IV federal financial aid programs. The degree-granting classification is very similar to the earlier higher education classification, but it includes more 2-year colleges and excludes a few higher education institutions that did not grant degrees. (See Appendix A: Guide to Sources for details.)

SOURCE: U.S. Department of Education, National Center for Education Statistics, Higher Education General Information Survey (HEGIS), "Fall Enrollment in Colleges and Universities" surveys, 1970 and 1980; and 1990 through 2008 Integrated Postsecondary Education Data System, "Fall Enrollment Survey" (IPEDS-EF:90), and Spring 2001 through Spring 2009. (This table was prepared May 2010.)

Table 217. Total fall enrollment in private degree-granting institutions, by state or jurisdiction: Selected years, 1970 through 2008

State or jurisdiction	Fall 1970	Fall 1980	Fall 1990	Fall 2000	Fall 2003	Fall 2004	Fall 2005	Fall 2006	Fall 2007	Fall 2008	Percent change, 2003 to 2008
1	2	3	4	5	6	7	8	9	10	11	12
United States	**2,152,753**	**2,639,501**	**2,973,920**	**3,559,503**	**4,052,783**	**4,291,932**	**4,465,641**	**4,578,737**	**4,757,348**	**5,130,661**	**26.6**
Alabama	16,052	20,632	22,650	26,527	28,499	28,837	28,236	27,740	30,551	65,901	131.2
Alaska	908	735	2,041	1,394	1,214	1,354	1,365	1,258	1,235	1,550	27.7
Arizona	2,304	8,682	15,935	57,968	125,088	172,951	224,732	235,751	291,993	372,935	198.1
Arkansas	8,440	11,539	11,780	13,397	14,030	14,426	15,155	15,984	16,643	17,668	25.9
California	133,716	191,155	214,030	328,937	361,867	386,762	391,678	387,209	393,435	412,754	14.1
Colorado	14,833	17,318	26,478	45,975	52,541	61,606	68,163	76,482	82,653	89,967	71.2
Connecticut	51,309	61,844	59,048	60,216	62,161	62,421	62,970	64,240	64,933	65,484	5.3
Delaware	4,109	4,614	7,752	9,703	11,974	11,561	12,930	13,120	13,251	14,136	18.1
District of Columbia	64,964	72,775	67,561	67,190	89,873	94,600	99,302	103,736	109,545	120,526	34.1
Florida	46,075	77,542	99,005	150,772	196,324	216,808	223,663	233,743	230,465	263,106	34.0
Georgia	24,611	44,001	55,373	74,449	81,050	98,304	84,638	89,265	93,828	100,113	23.5
Hawaii	3,599	3,912	10,708	15,603	17,165	16,656	16,926	16,903	16,147	16,578	-3.4
Idaho	7,495	8,527	10,566	11,843	14,909	15,616	17,405	18,661	18,320	19,266	29.2
Illinois	136,512	152,971	177,913	209,763	230,678	237,808	277,818	277,899	286,078	298,831	29.5
Indiana	55,929	58,029	60,879	74,311	87,145	89,885	93,955	96,309	101,526	105,006	20.5
Iowa	40,512	42,995	52,681	53,966	64,763	67,870	78,815	87,582	101,615	129,872	100.5
Kansas	14,270	14,618	14,616	19,992	20,922	21,441	21,433	22,615	24,048	26,351	25.9
Kentucky	21,351	28,182	30,757	36,368	39,269	42,106	43,390	44,716	46,979	48,613	23.8
Louisiana	19,601	23,355	28,550	34,587	36,614	38,083	16,670	31,593	31,438	33,277	-9.1
Maine	8,729	11,386	15,686	17,811	17,508	18,131	18,032	18,379	18,816	19,605	12.0
Maryland	30,619	30,475	38,917	49,948	55,629	55,911	58,078	58,539	57,878	58,311	4.8
Massachusetts	187,682	234,650	231,798	237,894	246,768	251,372	255,021	259,362	264,666	271,236	9.9
Michigan	53,101	65,984	82,444	99,770	114,191	120,107	121,165	122,713	123,830	124,759	9.3
Minnesota	30,221	44,312	54,578	74,828	97,066	107,776	120,848	131,793	141,996	154,422	59.1
Mississippi	8,999	11,703	13,845	12,034	14,266	14,572	14,561	14,511	15,301	16,217	13.7
Missouri	51,390	69,242	89,806	119,839	142,972	150,643	156,723	158,623	161,211	167,672	17.3
Montana	2,775	3,999	4,011	4,853	4,796	4,884	4,853	4,506	4,514	4,275	-10.9
Nebraska	15,461	15,979	18,217	23,586	26,079	27,858	28,055	30,014	30,698	30,865	18.4
Nevada	93	175	486	4,773	6,644	9,188	10,662	10,414	11,479	11,931	79.6
New Hampshire	13,421	22,675	27,347	25,848	28,284	29,521	28,886	29,139	28,742	29,547	4.5
New Jersey	70,748	74,582	62,685	69,024	73,726	75,340	75,443	77,282	79,840	81,322	10.3
New Mexico	3,666	3,206	2,097	9,289	9,795	10,238	10,361	10,160	9,602	9,430	-3.7
New York	357,042	428,986	431,402	459,978	512,190	518,333	525,859	524,579	520,383	558,966	9.1
North Carolina	48,164	59,383	66,733	75,230	80,717	83,566	87,637	89,565	91,584	94,001	16.5
North Dakota	1,303	2,360	3,188	4,234	5,019	6,258	6,581	6,570	6,929	7,059	40.6
Ohio	95,168	107,380	130,077	138,392	153,030	159,857	163,349	166,980	170,257	178,064	16.4
Oklahoma	18,717	23,107	22,148	24,317	29,179	28,344	28,828	28,221	28,739	28,504	-2.3
Oregon	13,694	17,356	21,314	28,309	32,657	34,610	36,281	37,535	37,668	38,959	19.3
Pennsylvania	178,062	215,217	260,582	270,292	294,867	304,255	312,069	318,881	328,623	335,312	13.7
Rhode Island	20,371	31,817	35,923	36,992	39,148	40,457	41,374	41,360	41,397	41,292	5.5
South Carolina	22,417	24,793	28,168	30,412	35,708	36,524	35,758	36,007	37,276	43,442	21.7
South Dakota	6,703	8,433	7,612	8,364	17,637	11,110	11,220	10,903	10,830	10,701	-39.3
Tennessee	36,206	47,746	51,189	61,380	80,911	78,151	82,676	85,474	89,261	93,470	15.5
Texas	76,703	87,839	99,123	137,439	139,464	157,271	159,372	158,570	159,432	164,016	17.6
Utah	32,099	34,389	35,195	40,730	43,180	49,142	51,731	53,923	55,697	59,187	37.1
Vermont	9,673	12,644	15,488	15,468	15,088	15,659	15,825	16,710	17,362	17,394	15.3
Virginia	28,636	34,004	62,156	68,113	72,997	81,790	89,971	98,349	107,782	117,675	61.2
Washington	20,826	27,575	35,752	46,912	47,487	50,379	51,726	51,106	50,282	50,464	6.3
West Virginia	11,790	10,745	10,682	11,752	14,732	14,610	14,399	14,018	29,010	36,638	148.7
Wisconsin	31,684	33,907	46,245	57,442	62,933	64,622	66,330	67,912	70,039	72,481	15.2
Wyoming	0	26	703	1,289	2,029	2,358	2,723	1,833	1,541	1,510	-25.6
Other jurisdictions	**20,557**	**77,057**	**98,374**	**110,169**	**132,393**	**137,089**	**140,824**	**145,490**	**145,891**	**153,743**	**16.1**
American Samoa	0	0	0	0	0	0	0	0	0	0	†
Federated States of Micronesia	0	0	0	0	0	0	0	0	0	0	†
Guam	0	0	0	0	164	172	189	186	167	149	-9.1
Marshall Islands	0	0	0	0	0	0	0	0	0	0	†
Northern Marianas	0	0	0	0	0	0	0	0	0	0	†
Palau	0	0	0	0	0	0	0	0	0	0	†
Puerto Rico	20,557	77,057	98,374	110,169	132,229	136,917	140,635	145,304	145,724	153,594	16.2
U.S. Virgin Islands	0	0	0	0	0	0	0	0	0	0	†

†Not applicable.

NOTE: Data through 1990 are for institutions of higher education, while later data are for degree-granting institutions. Degree-granting institutions grant associate's or higher degrees and participate in Title IV federal financial aid programs. The degree-granting classification is very similar to the earlier higher education classification, but it includes more 2-year colleges and excludes a few higher education institutions that did not grant degrees. (See Appendix A: Guide to Sources for details.)

SOURCE: U.S. Department of Education, National Center for Education Statistics, Higher Education General Information Survey (HEGIS), "Fall Enrollment in Colleges and Universities" surveys, 1970 and 1980; and 1990 through 2008 Integrated Postsecondary Education Data System, "Fall Enrollment Survey" (IPEDS-EF:90), and Spring 2001 through Spring 2009. (This table was prepared May 2010.)

Table 218. Total fall enrollment in degree-granting institutions, by attendance status, sex, and state or jurisdiction: 2007 and 2008

State or jurisdiction	Fall 2007					Fall 2008				
		Full-time		Part-time			Full-time		Part-time	
	Total	Males	Females	Males	Females	Total	Males	Females	Males	Females
1	2	3	4	5	6	7	8	9	10	11
United States	**18,248,128**	**5,029,444**	**6,240,448**	**2,786,470**	**4,191,766**	**19,102,814**	**5,234,357**	**6,513,386**	**2,954,538**	**4,400,533**
Alabama	268,183	76,106	101,202	34,118	56,757	310,941	91,438	113,560	40,897	65,046
Alaska	30,616	5,648	7,132	6,434	11,402	30,717	5,780	7,162	6,300	11,475
Arizona	624,147	160,867	259,148	82,041	122,091	704,245	184,726	315,746	80,374	123,399
Arkansas	152,168	41,143	55,874	20,193	34,958	158,374	42,861	58,120	21,086	36,307
California	2,529,522	570,597	706,796	552,957	699,172	2,652,241	589,577	732,119	596,481	734,064
Colorado	310,637	89,031	105,588	48,034	67,984	325,232	92,433	111,877	49,650	71,272
Connecticut	179,005	52,795	63,917	22,708	39,585	184,178	54,236	65,620	23,761	40,561
Delaware	52,343	14,371	19,576	6,217	12,179	53,088	14,836	20,113	6,215	11,924
District of Columbia	115,153	26,994	37,464	18,435	32,260	126,110	27,624	38,254	21,322	38,910
Florida	913,793	227,878	296,255	155,277	234,383	972,699	237,060	311,660	166,009	257,970
Georgia	453,711	129,056	173,902	53,880	96,873	476,581	136,227	184,421	55,587	100,346
Hawaii	66,601	16,628	22,422	10,929	16,622	70,104	16,747	23,073	12,262	18,022
Idaho	78,846	24,265	28,454	10,388	15,739	80,456	25,164	29,131	10,494	15,667
Illinois	837,018	225,421	272,747	134,068	204,782	859,242	230,624	277,756	140,004	210,858
Indiana	380,477	121,943	142,960	47,340	68,234	401,956	127,851	150,305	50,788	73,012
Iowa	256,259	72,189	88,157	34,477	61,436	286,891	77,217	99,398	38,017	72,259
Kansas	194,102	54,570	59,833	31,209	48,490	198,991	56,582	62,220	31,968	48,221
Kentucky	258,213	65,573	90,911	46,124	55,605	257,583	67,391	93,078	42,763	54,351
Louisiana	224,754	67,873	92,440	23,059	41,382	236,375	69,086	94,818	26,689	45,782
Maine	67,173	19,005	23,429	8,153	16,586	67,796	19,631	23,838	8,324	16,003
Maryland	327,597	78,836	98,259	56,315	94,187	338,914	81,792	100,941	59,177	97,004
Massachusetts	463,366	144,749	174,317	52,884	91,416	477,056	149,295	179,612	54,591	93,558
Michigan	643,279	172,435	203,719	104,256	162,869	652,799	178,006	207,943	104,783	162,067
Minnesota	392,393	104,918	133,250	58,238	95,987	411,055	109,022	139,972	60,424	101,637
Mississippi	155,232	47,863	71,467	11,962	23,940	160,441	49,284	73,815	12,238	25,104
Missouri	384,366	103,670	130,064	58,602	92,030	396,409	106,460	134,525	58,944	96,480
Montana	47,371	17,003	18,071	4,787	7,510	47,840	17,132	17,937	4,835	7,936
Nebraska	127,378	38,781	43,756	18,703	26,138	130,458	39,570	43,951	19,763	27,174
Nevada	116,276	23,565	30,936	28,202	33,573	120,490	24,659	31,835	29,567	34,429
New Hampshire	70,724	22,516	26,997	7,087	14,124	71,739	22,832	27,589	7,489	13,829
New Jersey	398,136	113,950	129,204	61,710	93,272	410,160	119,795	134,711	62,909	92,745
New Mexico	134,375	30,224	39,158	26,370	38,623	142,413	31,503	40,403	29,692	40,815
New York	1,172,811	371,375	463,961	124,486	212,989	1,234,858	382,355	474,688	142,118	235,697
North Carolina	502,330	136,321	181,090	65,780	119,139	528,977	142,340	188,340	72,066	126,231
North Dakota	49,945	18,312	18,353	5,518	7,762	51,327	18,777	18,616	5,901	8,033
Ohio	630,497	195,594	236,564	77,919	120,420	653,585	201,242	243,773	83,043	125,527
Oklahoma	206,382	60,871	72,237	29,048	44,226	206,757	60,260	71,415	30,078	45,004
Oregon	202,928	55,703	66,514	34,129	46,582	220,474	60,715	71,563	37,324	50,872
Pennsylvania	725,397	243,609	279,687	72,104	129,997	740,288	249,862	287,292	71,754	131,380
Rhode Island	82,900	28,163	32,849	8,130	13,758	83,893	28,612	33,107	8,071	14,103
South Carolina	217,755	63,008	85,337	22,917	46,493	230,695	67,705	90,827	24,600	47,563
South Dakota	49,747	15,332	17,095	6,005	11,315	50,444	15,479	17,210	6,136	11,619
Tennessee	297,785	93,256	122,124	30,241	52,164	307,610	96,052	125,697	31,400	54,461
Texas	1,269,098	321,442	384,631	228,537	334,488	1,327,148	330,691	393,473	245,843	357,141
Utah	203,679	64,111	61,862	38,815	38,891	217,224	67,062	65,542	42,079	42,541
Vermont	42,191	15,764	15,673	3,504	7,250	42,946	16,186	16,160	3,405	7,195
Virginia	478,268	128,162	161,832	75,639	112,635	500,796	134,257	169,204	80,237	117,098
Washington	352,075	97,884	117,979	56,246	79,966	362,535	101,863	122,157	57,450	81,065
West Virginia	116,848	35,779	41,535	19,689	19,845	125,333	37,380	43,041	23,346	21,566
Wisconsin	343,747	102,325	121,490	45,916	74,016	352,875	104,859	123,195	48,696	76,125
Wyoming	35,246	9,491	9,435	6,679	9,641	35,936	9,531	9,750	7,572	9,083
U.S. Service Academies	15,285	12,479	2,795	11	0	15,539	12,688	2,833	16	2
Other jurisdictions	**226,849**	**68,994**	**104,167**	**20,391**	**33,297**	**236,167**	**73,393**	**111,107**	**19,694**	**31,973**
American Samoa	1,767	328	509	324	606	1,806	272	447	396	691
Federated States of Micronesia	2,379	888	872	299	320	2,457	884	983	281	309
Guam	5,244	1,190	1,917	872	1,265	5,351	1,212	1,925	900	1,314
Marshall Islands	557	181	146	130	100	689	185	201	146	157
Northern Marianas	901	248	411	89	153	791	200	368	80	143
Palau	668	229	246	80	113	502	146	149	95	112
Puerto Rico	212,949	65,586	99,114	18,359	29,890	222,178	70,075	106,023	17,580	28,500
U.S. Virgin Islands	2,384	344	952	238	850	2,393	419	1,011	216	747

NOTE: Degree-granting institutions grant associate's or higher degrees and participate in Title IV federal financial aid programs.

SOURCE: U.S. Department of Education, National Center for Education Statistics, 2007 and 2008 Integrated Postsecondary Education Data System (IPEDS), Spring 2008 and Spring 2009. (This table was prepared May 2010.)

Table 219. Total fall enrollment in public degree-granting institutions, by attendance status, sex, and state or jurisdiction: 2007 and 2008

State or jurisdiction	Fall 2007					Fall 2008				
		Full-time		Part-time			Full-time		Part-time	
	Total	Males	Females	Males	Females	Total	Males	Females	Males	Females
1	2	3	4	5	6	7	8	9	10	11
United States	**13,490,780**	**3,516,489**	**4,170,492**	**2,340,810**	**3,462,989**	**13,972,153**	**3,640,205**	**4,286,406**	**2,460,310**	**3,585,232**
Alabama	237,632	66,526	86,367	32,136	52,603	245,040	69,254	89,539	32,417	53,830
Alaska	29,381	5,460	6,765	6,215	10,941	29,167	5,544	6,721	6,058	10,844
Arizona	332,154	66,897	76,872	76,912	111,473	331,310	71,370	80,341	73,231	106,368
Arkansas	135,525	34,901	48,493	19,153	32,978	140,706	36,379	50,160	19,955	34,212
California	2,136,087	443,853	535,862	512,746	643,626	2,239,487	454,615	545,351	556,657	682,864
Colorado	227,984	62,199	68,058	40,027	57,700	235,265	64,344	69,667	41,141	60,113
Connecticut	114,072	30,340	36,163	17,568	30,001	118,694	32,051	37,493	18,290	30,860
Delaware	39,092	11,526	15,549	4,154	7,863	38,952	11,711	15,487	4,081	7,673
District of Columbia	5,608	1,272	1,524	1,031	1,781	5,584	1,405	1,583	983	1,613
Florida	683,328	156,632	201,991	126,358	198,347	709,593	161,921	207,420	133,414	206,838
Georgia	359,883	99,715	129,595	46,887	83,686	376,468	105,592	136,806	48,322	85,748
Hawaii	50,454	12,513	15,218	8,920	13,803	53,526	12,909	15,926	9,783	14,908
Idaho	60,526	17,670	19,184	9,279	14,393	61,190	18,186	19,633	9,336	14,035
Illinois	550,940	136,205	152,372	104,963	157,400	560,411	139,381	154,283	108,353	158,394
Indiana	278,951	85,816	95,455	40,854	56,826	296,950	90,829	101,439	43,896	60,786
Iowa	154,644	48,334	49,877	23,689	32,744	157,019	49,369	51,124	23,800	32,726
Kansas	170,054	47,683	51,436	27,975	42,960	172,640	49,448	52,639	28,363	42,190
Kentucky	211,234	52,727	69,661	41,527	47,319	208,970	54,116	70,432	38,425	45,997
Louisiana	193,316	58,150	76,850	21,198	37,118	203,098	59,117	78,235	24,581	41,165
Maine	48,357	13,115	14,865	6,984	13,393	48,191	13,421	14,888	7,081	12,801
Maryland	269,719	63,124	76,833	48,613	81,149	280,603	65,706	79,708	51,456	83,733
Massachusetts	198,700	52,295	60,095	30,869	55,441	205,820	54,740	62,321	31,872	56,887
Michigan	519,449	141,431	161,878	85,416	130,724	528,040	145,992	165,244	85,933	130,871
Minnesota	250,397	73,283	79,329	40,336	57,449	256,633	74,336	79,192	42,427	60,678
Mississippi	139,931	43,366	63,482	11,128	21,955	144,224	44,746	65,095	11,401	22,982
Missouri	223,155	62,035	75,021	32,066	54,033	228,737	64,206	76,781	32,214	55,536
Montana	42,857	15,507	15,989	4,423	6,938	43,565	15,624	16,096	4,514	7,331
Nebraska	96,680	28,562	29,822	16,262	22,034	99,593	29,662	30,454	16,956	22,521
Nevada	104,797	19,642	24,419	27,795	32,941	108,559	20,628	25,336	29,026	33,569
New Hampshire	41,982	12,545	14,860	4,906	9,671	42,192	13,103	15,514	4,765	8,810
New Jersey	318,296	86,689	100,797	51,817	78,993	328,838	91,742	105,514	52,861	78,721
New Mexico	124,773	27,141	34,127	25,939	37,566	132,983	28,348	35,426	29,259	39,950
New York	652,428	194,215	233,729	85,151	139,333	675,892	201,628	241,998	89,118	143,148
North Carolina	410,746	102,646	136,457	61,261	110,382	434,976	107,858	142,401	67,499	117,218
North Dakota	43,016	16,347	15,124	4,930	6,615	44,268	16,874	15,507	5,243	6,644
Ohio	460,240	140,007	161,652	63,479	95,102	475,521	143,848	165,451	66,742	99,480
Oklahoma	177,643	48,932	59,234	27,367	42,110	178,253	48,385	58,794	28,247	42,827
Oregon	165,260	43,563	48,954	30,948	41,795	181,515	48,798	53,560	33,762	45,395
Pennsylvania	396,774	133,756	144,510	42,466	76,042	404,976	138,012	148,296	42,014	76,654
Rhode Island	41,503	10,165	14,277	5,792	11,269	42,601	10,554	14,535	5,882	11,630
South Carolina	180,479	50,467	67,016	20,859	42,137	187,253	52,922	69,373	22,166	42,792
South Dakota	38,917	12,949	13,080	4,410	8,478	39,743	13,166	13,234	4,567	8,776
Tennessee	208,524	61,659	78,674	24,853	43,338	214,140	63,320	79,993	25,627	45,200
Texas	1,109,666	267,117	316,753	212,006	313,790	1,163,132	275,253	323,652	228,707	335,520
Utah	147,982	40,348	36,500	35,593	35,541	158,037	41,731	38,034	38,877	39,395
Vermont	24,829	7,735	8,694	2,541	5,859	25,552	8,045	9,164	2,518	5,825
Virginia	370,486	95,113	114,109	64,303	96,961	383,121	98,588	118,189	67,239	99,105
Washington	301,793	81,347	95,679	51,541	73,226	312,071	85,447	99,603	52,744	74,277
West Virginia	87,838	30,217	33,598	8,878	15,145	88,695	30,910	33,986	8,859	14,940
Wisconsin	273,708	82,251	91,485	39,596	60,376	280,394	84,195	92,372	42,060	61,767
Wyoming	33,705	8,022	9,363	6,679	9,641	34,426	8,188	9,583	7,572	9,083
U.S. Service Academies	15,285	12,479	2,795	11	0	15,539	12,688	2,833	16	2
Other jurisdictions	**80,958**	**25,872**	**39,340**	**6,133**	**9,613**	**82,424**	**26,885**	**40,606**	**5,794**	**9,139**
American Samoa	1,767	328	509	324	606	1,806	272	447	396	691
Federated States of Micronesia	2,379	888	872	299	320	2,457	884	983	281	309
Guam	5,077	1,124	1,842	865	1,246	5,202	1,157	1,871	884	1,290
Marshall Islands	557	181	146	130	100	689	185	201	146	157
Northern Marianas	901	248	411	89	153	791	200	368	80	143
Palau	668	229	246	80	113	502	146	149	95	112
Puerto Rico	67,225	22,530	34,362	4,108	6,225	68,584	23,622	35,576	3,696	5,690
U.S. Virgin Islands	2,384	344	952	238	850	2,393	419	1,011	216	747

NOTE: Degree-granting institutions grant associate's or higher degrees and participate in Title IV federal financial aid programs.

SOURCE: U.S. Department of Education, National Center for Education Statistics, 2007 and 2008 Integrated Postsecondary Education Data System (IPEDS), Spring 2008 and Spring 2009. (This table was prepared May 2010.)

Table 220. Total fall enrollment in private degree-granting institutions, by attendance status, sex, and state or jurisdiction: 2007 and 2008

State or jurisdiction	Fall 2007					Fall 2008				
		Full-time		Part-time			Full-time		Part-time	
	Total	Males	Females	Males	Females	Total	Males	Females	Males	Females
1	2	3	4	5	6	7	8	9	10	11
United States	**4,757,348**	**1,512,955**	**2,069,956**	**445,660**	**728,777**	**5,130,661**	**1,594,152**	**2,226,980**	**494,228**	**815,301**
Alabama	30,551	9,580	14,835	1,982	4,154	65,901	22,184	24,021	8,480	11,216
Alaska	1,235	188	367	219	461	1,550	236	441	242	631
Arizona	291,993	93,970	182,276	5,129	10,618	372,935	113,356	235,405	7,143	17,031
Arkansas	16,643	6,242	7,381	1,040	1,980	17,668	6,482	7,960	1,131	2,095
California	393,435	126,744	170,934	40,211	55,546	412,754	134,962	186,768	39,824	51,200
Colorado	82,653	26,832	37,530	8,007	10,284	89,967	28,089	42,210	8,509	11,159
Connecticut	64,933	22,455	27,754	5,140	9,584	65,484	22,185	28,127	5,471	9,701
Delaware	13,251	2,845	4,027	2,063	4,316	14,136	3,125	4,626	2,134	4,251
District of Columbia	109,545	25,722	35,940	17,404	30,479	120,526	26,219	36,671	20,339	37,297
Florida	230,465	71,246	94,264	28,919	36,036	263,106	75,139	104,240	32,595	51,132
Georgia	93,828	29,341	44,307	6,993	13,187	100,113	30,635	47,615	7,265	14,598
Hawaii	16,147	4,115	7,204	2,009	2,819	16,578	3,838	7,147	2,479	3,114
Idaho	18,320	6,595	9,270	1,109	1,346	19,266	6,978	9,498	1,158	1,632
Illinois	286,078	89,216	120,375	29,105	47,382	298,831	91,243	123,473	31,651	52,464
Indiana	101,526	36,127	47,505	6,486	11,408	105,006	37,022	48,866	6,892	12,226
Iowa	101,615	23,855	38,280	10,788	28,692	129,872	27,848	48,274	14,217	39,533
Kansas	24,048	6,887	8,397	3,234	5,530	26,351	7,134	9,581	3,605	6,031
Kentucky	46,979	12,846	21,250	4,597	8,286	48,613	13,275	22,646	4,338	8,354
Louisiana	31,438	9,723	15,590	1,861	4,264	33,277	9,969	16,583	2,108	4,617
Maine	18,816	5,890	8,564	1,169	3,193	19,605	6,210	8,950	1,243	3,202
Maryland	57,878	15,712	21,426	7,702	13,038	58,311	16,086	21,233	7,721	13,271
Massachusetts	264,666	92,454	114,222	22,015	35,975	271,236	94,555	117,291	22,719	36,671
Michigan	123,830	31,004	41,841	18,840	32,145	124,759	32,014	42,699	18,850	31,196
Minnesota	141,996	31,635	53,921	17,902	38,538	154,422	34,686	60,780	17,997	40,959
Mississippi	15,301	4,497	7,985	834	1,985	16,217	4,538	8,720	837	2,122
Missouri	161,211	41,635	55,043	26,536	37,997	167,672	42,254	57,744	26,730	40,944
Montana	4,514	1,496	2,082	364	572	4,275	1,508	1,841	321	605
Nebraska	30,698	10,219	13,934	2,441	4,104	30,865	9,908	13,497	2,807	4,653
Nevada	11,479	3,923	6,517	407	632	11,931	4,031	6,499	541	860
New Hampshire	28,742	9,971	12,137	2,181	4,453	29,547	9,729	12,075	2,724	5,019
New Jersey	79,840	27,261	28,407	9,893	14,279	81,322	28,053	29,197	10,048	14,024
New Mexico	9,602	3,083	5,031	431	1,057	9,430	3,155	4,977	433	865
New York	520,383	177,160	230,232	39,335	73,656	558,966	180,727	232,690	53,000	92,549
North Carolina	91,584	33,675	44,633	4,519	8,757	94,001	34,482	45,939	4,567	9,013
North Dakota	6,929	1,965	3,229	588	1,147	7,059	1,903	3,109	658	1,389
Ohio	170,257	55,587	74,912	14,440	25,318	178,064	57,394	78,322	16,301	26,047
Oklahoma	28,739	11,939	13,003	1,681	2,116	28,504	11,875	12,621	1,831	2,177
Oregon	37,668	12,140	17,560	3,181	4,787	38,959	11,917	18,003	3,562	5,477
Pennsylvania	328,623	109,853	135,177	29,638	53,955	335,312	111,850	138,996	29,740	54,726
Rhode Island	41,397	17,998	18,572	2,338	2,489	41,292	18,058	18,572	2,189	2,473
South Carolina	37,276	12,541	18,321	2,058	4,356	43,442	14,783	21,454	2,434	4,771
South Dakota	10,830	2,383	4,015	1,595	2,837	10,701	2,313	3,976	1,569	2,843
Tennessee	89,261	31,597	43,450	5,388	8,826	93,470	32,732	45,704	5,773	9,261
Texas	159,432	54,325	67,878	16,531	20,698	164,016	55,438	69,821	17,136	21,621
Utah	55,697	23,763	25,362	3,222	3,350	59,187	25,331	27,508	3,202	3,146
Vermont	17,362	8,029	6,979	963	1,391	17,394	8,141	6,996	887	1,370
Virginia	107,782	33,049	47,723	11,336	15,674	117,675	35,669	51,015	12,998	17,993
Washington	50,282	16,537	22,300	4,705	6,740	50,464	16,416	22,554	4,706	6,788
West Virginia	29,010	5,562	7,937	10,811	4,700	36,638	6,470	9,055	14,487	6,626
Wisconsin	70,039	20,074	30,005	6,320	13,640	72,481	20,664	30,823	6,636	14,358
Wyoming	1,541	1,469	72	0	0	1,510	1,343	167	0	0
Other jurisdictions	**145,891**	**43,122**	**64,827**	**14,258**	**23,684**	**153,743**	**46,508**	**70,501**	**13,900**	**22,834**
American Samoa	0	0	0	0	0	0	0	0	0	0
Federated States of Micronesia	0	0	0	0	0	0	0	0	0	0
Guam	167	66	75	7	19	149	55	54	16	24
Marshall Islands	0	0	0	0	0	0	0	0	0	0
Northern Marianas	0	0	0	0	0	0	0	0	0	0
Palau	0	0	0	0	0	0	0	0	0	0
Puerto Rico	145,724	43,056	64,752	14,251	23,665	153,594	46,453	70,447	13,884	22,810
U.S. Virgin Islands	0	0	0	0	0	0	0	0	0	0

NOTE: Degree-granting institutions grant associate's or higher degrees and participate in Title IV federal financial aid programs.

SOURCE: U.S. Department of Education, National Center for Education Statistics, 2007 and 2008 Integrated Postsecondary Education Data System (IPEDS), Spring 2008 and Spring 2009. (This table was prepared May 2010.)

Table 221. Total fall enrollment in private not-for-profit degree-granting institutions, by attendance status, sex, and state or jurisdiction: 2007 and 2008

State or jurisdiction	Fall 2007					Fall 2008				
		Full-time		Part-time			Full-time		Part-time	
	Total	Males	Females	Males	Females	Total	Males	Females	Males	Females
1	2	3	4	5	6	7	8	9	10	11
United States	**3,571,150**	**1,168,466**	**1,496,036**	**347,328**	**559,320**	**3,661,519**	**1,194,139**	**1,527,950**	**360,841**	**578,589**
Alabama	22,527	8,150	10,855	1,337	2,185	27,357	9,912	13,308	1,543	2,594
Alaska	719	134	261	99	225	803	164	303	100	236
Arizona	7,789	3,144	2,319	1,080	1,246	8,046	3,368	2,658	1,027	993
Arkansas	14,766	5,552	6,289	978	1,947	15,181	5,589	6,451	1,078	2,063
California	277,554	85,998	113,346	32,390	45,820	268,201	87,625	115,692	27,126	37,758
Colorado	31,948	8,792	11,645	4,698	6,813	32,126	8,623	11,778	4,787	6,938
Connecticut	61,646	21,649	26,537	4,763	8,697	62,270	21,393	26,753	5,121	9,003
Delaware	13,251	2,845	4,027	2,063	4,316	14,136	3,125	4,626	2,134	4,251
District of Columbia	73,460	22,764	31,073	8,233	11,390	74,542	23,102	31,409	8,434	11,597
Florida	150,807	45,473	55,732	23,257	26,345	154,308	46,484	56,703	23,717	27,404
Georgia	65,720	22,252	32,683	3,829	6,956	66,698	22,594	34,125	3,580	6,399
Hawaii	13,119	3,274	5,416	1,904	2,525	13,469	3,063	5,213	2,362	2,831
Idaho	16,672	5,973	8,344	1,026	1,329	17,329	6,289	8,346	1,079	1,615
Illinois	220,491	70,254	92,342	21,235	36,660	221,436	70,333	91,623	21,717	37,763
Indiana	83,110	30,998	38,657	4,837	8,618	84,824	31,625	39,245	5,069	8,885
Iowa	56,170	19,494	25,221	3,939	7,516	56,467	19,649	24,976	4,232	7,610
Kansas	22,452	6,487	7,502	3,173	5,290	24,187	6,656	8,320	3,520	5,691
Kentucky	31,913	10,052	14,400	2,811	4,650	33,085	10,337	14,853	2,897	4,998
Louisiana	24,204	7,824	10,867	1,653	3,860	24,796	7,858	10,883	1,880	4,175
Maine	17,308	5,737	7,809	1,074	2,688	17,948	6,021	8,201	1,120	2,606
Maryland	52,673	13,732	18,924	7,306	12,711	52,492	13,931	18,886	7,122	12,553
Massachusetts	260,400	90,390	112,897	21,525	35,588	265,813	92,368	115,311	22,167	35,967
Michigan	116,000	27,705	38,178	18,258	31,859	116,432	28,429	39,196	18,017	30,790
Minnesota	71,851	22,455	30,596	6,869	11,931	72,131	23,060	31,166	6,393	11,512
Mississippi	13,461	4,193	6,647	796	1,825	14,092	4,223	7,143	795	1,931
Missouri	143,481	35,826	46,124	25,310	36,221	146,872	36,562	47,410	25,182	37,718
Montana	4,514	1,496	2,082	364	572	4,275	1,508	1,841	321	605
Nebraska	28,177	9,430	12,513	2,326	3,908	28,706	9,237	12,404	2,683	4,382
Nevada	1,504	534	817	60	93	1,719	622	817	76	204
New Hampshire	24,629	9,027	10,345	1,833	3,424	25,523	9,101	10,653	2,135	3,634
New Jersey	73,822	25,112	25,545	9,429	13,736	75,057	26,171	26,154	9,600	13,132
New Mexico	2,932	908	1,084	252	688	2,565	958	958	204	445
New York	474,411	162,681	206,315	36,683	68,732	514,229	166,699	209,356	50,483	87,691
North Carolina	85,809	32,013	41,700	4,146	7,950	87,135	32,359	42,619	4,132	8,025
North Dakota	5,723	1,842	2,771	446	664	5,600	1,741	2,657	448	754
Ohio	138,712	47,809	57,703	12,210	20,990	139,170	48,599	57,800	11,966	20,805
Oklahoma	21,490	8,580	9,214	1,608	2,088	21,490	8,412	9,222	1,723	2,133
Oregon	29,602	9,354	13,701	2,605	3,942	30,223	9,302	13,862	2,810	4,249
Pennsylvania	280,713	93,431	117,513	24,519	45,250	286,223	95,490	120,572	24,220	45,941
Rhode Island	40,758	17,865	18,153	2,309	2,431	41,058	18,027	18,394	2,184	2,453
South Carolina	33,875	11,372	16,855	1,875	3,773	38,365	13,222	19,080	2,084	3,979
South Dakota	7,702	1,936	3,166	888	1,712	7,445	1,882	3,196	800	1,567
Tennessee	69,572	24,662	32,944	4,509	7,457	71,398	25,334	33,972	4,640	7,452
Texas	126,003	42,934	51,656	13,865	17,548	127,358	43,212	52,204	13,899	18,043
Utah	47,173	20,187	21,707	2,782	2,497	50,186	21,497	23,465	2,783	2,441
Vermont	16,725	7,624	6,747	963	1,391	16,726	7,733	6,736	887	1,370
Virginia	77,753	23,910	32,563	9,228	12,052	84,748	25,501	34,601	10,588	14,058
Washington	41,726	12,904	19,342	3,733	5,747	41,572	12,873	19,240	3,713	5,746
West Virginia	11,965	4,094	5,968	617	1,286	12,123	4,119	6,056	624	1,324
Wisconsin	62,368	17,614	26,941	5,635	12,178	63,584	18,157	27,513	5,639	12,275
Wyoming	0	0	0	0	0	0	0	0	0	0
Other jurisdictions	**124,148**	**35,180**	**54,672**	**12,823**	**21,473**	**131,310**	**38,613**	**59,985**	**12,381**	**20,331**
American Samoa	0	0	0	0	0	0	0	0	0	0
Federated States of Micronesia	0	0	0	0	0	0	0	0	0	0
Guam	167	66	75	7	19	149	55	54	16	24
Marshall Islands	0	0	0	0	0	0	0	0	0	0
Northern Marianas	0	0	0	0	0	0	0	0	0	0
Palau	0	0	0	0	0	0	0	0	0	0
Puerto Rico	123,981	35,114	54,597	12,816	21,454	131,161	38,558	59,931	12,365	20,307
U.S. Virgin Islands	0	0	0	0	0	0	0	0	0	0

NOTE: Degree-granting institutions grant associate's or higher degrees and participate in Title IV federal financial aid programs.

SOURCE: U.S. Department of Education, National Center for Education Statistics, 2007 and 2008 Integrated Postsecondary Education Data System (IPEDS), Spring 2008 and Spring 2009. (This table was prepared May 2010.)

Table 222. Total fall enrollment in private for-profit degree-granting institutions, by attendance status, sex, and state or jurisdiction: 2007 and 2008

State or jurisdiction	Fall 2007					Fall 2008				
		Full-time		Part-time			Full-time		Part-time	
	Total	Males	Females	Males	Females	Total	Males	Females	Males	Females
1	2	3	4	5	6	7	8	9	10	11
United States	**1,186,198**	**344,489**	**573,920**	**98,332**	**169,457**	**1,469,142**	**400,013**	**699,030**	**133,387**	**236,712**
Alabama	8,024	1,430	3,980	645	1,969	38,544	12,272	10,713	6,937	8,622
Alaska	516	54	106	120	236	747	72	138	142	395
Arizona	284,204	90,826	179,957	4,049	9,372	364,889	109,988	232,747	6,116	16,038
Arkansas	1,877	690	1,092	62	33	2,487	893	1,509	53	32
California	115,881	40,746	57,588	7,821	9,726	144,553	47,337	71,076	12,698	13,442
Colorado	50,705	18,040	25,885	3,309	3,471	57,841	19,466	30,432	3,722	4,221
Connecticut	3,287	806	1,217	377	887	3,214	792	1,374	350	698
Delaware	0	0	0	0	0	0	0	0	0	0
District of Columbia	36,085	2,958	4,867	9,171	19,089	45,984	3,117	5,262	11,905	25,700
Florida	79,658	25,773	38,532	5,662	9,691	108,798	28,655	47,537	8,878	23,728
Georgia	28,108	7,089	11,624	3,164	6,231	33,415	8,041	13,490	3,685	8,199
Hawaii	3,028	841	1,788	105	294	3,109	775	1,934	117	283
Idaho	1,648	622	926	83	17	1,937	689	1,152	79	17
Illinois	65,587	18,962	28,033	7,870	10,722	77,395	20,910	31,850	9,934	14,701
Indiana	18,416	5,129	8,848	1,649	2,790	20,182	5,397	9,621	1,823	3,341
Iowa	45,445	4,361	13,059	6,849	21,176	73,405	8,199	23,298	9,985	31,923
Kansas	1,596	400	895	61	240	2,164	478	1,261	85	340
Kentucky	15,066	2,794	6,850	1,786	3,636	15,528	2,938	7,793	1,441	3,356
Louisiana	7,234	1,899	4,723	208	404	8,481	2,111	5,700	228	442
Maine	1,508	153	755	95	505	1,657	189	749	123	596
Maryland	5,205	1,980	2,502	396	327	5,819	2,155	2,347	599	718
Massachusetts	4,266	2,064	1,325	490	387	5,423	2,187	1,980	552	704
Michigan	7,830	3,299	3,663	582	286	8,327	3,585	3,503	833	406
Minnesota	70,145	9,180	23,325	11,033	26,607	82,291	11,626	29,614	11,604	29,447
Mississippi	1,840	304	1,338	38	160	2,125	315	1,577	42	191
Missouri	17,730	5,809	8,919	1,226	1,776	20,800	5,692	10,334	1,548	3,226
Montana	0	0	0	0	0	0	0	0	0	0
Nebraska	2,521	789	1,421	115	196	2,159	671	1,093	124	271
Nevada	9,975	3,389	5,700	347	539	10,212	3,409	5,682	465	656
New Hampshire	4,113	944	1,792	348	1,029	4,024	628	1,422	589	1,385
New Jersey	6,018	2,149	2,862	464	543	6,265	1,882	3,043	448	892
New Mexico	6,670	2,175	3,947	179	369	6,865	2,197	4,019	229	420
New York	45,972	14,479	23,917	2,652	4,924	44,737	14,028	23,334	2,517	4,858
North Carolina	5,775	1,662	2,933	373	807	6,866	2,123	3,320	435	988
North Dakota	1,206	123	458	142	483	1,459	162	452	210	635
Ohio	31,545	7,778	17,209	2,230	4,328	38,894	8,795	20,522	4,335	5,242
Oklahoma	7,249	3,359	3,789	73	28	7,014	3,463	3,399	108	44
Oregon	8,066	2,786	3,859	576	845	8,736	2,615	4,141	752	1,228
Pennsylvania	47,910	16,422	17,664	5,119	8,705	49,089	16,360	18,424	5,520	8,785
Rhode Island	639	133	419	29	58	234	31	178	5	20
South Carolina	3,401	1,169	1,466	183	583	5,077	1,561	2,374	350	792
South Dakota	3,128	447	849	707	1,125	3,256	431	780	769	1,276
Tennessee	19,689	6,935	10,506	879	1,369	22,072	7,398	11,732	1,133	1,809
Texas	33,429	11,391	16,222	2,666	3,150	36,658	12,226	17,617	3,237	3,578
Utah	8,524	3,576	3,655	440	853	9,001	3,834	4,043	419	705
Vermont	637	405	232	0	0	668	408	260	0	0
Virginia	30,029	9,139	15,160	2,108	3,622	32,927	10,168	16,414	2,410	3,935
Washington	8,556	3,633	2,958	972	993	8,892	3,543	3,314	993	1,042
West Virginia	17,045	1,468	1,969	10,194	3,414	24,515	2,351	2,999	13,863	5,302
Wisconsin	7,671	2,460	3,064	685	1,462	8,897	2,507	3,310	997	2,083
Wyoming	1,541	1,469	72	0	0	1,510	1,343	167	0	0
Other jurisdictions	**21,743**	**7,942**	**10,155**	**1,435**	**2,211**	**22,433**	**7,895**	**10,516**	**1,519**	**2,503**
American Samoa	0	0	0	0	0	0	0	0	0	0
Federated States of Micronesia	0	0	0	0	0	0	0	0	0	0
Guam	0	0	0	0	0	0	0	0	0	0
Marshall Islands	0	0	0	0	0	0	0	0	0	0
Northern Marianas	0	0	0	0	0	0	0	0	0	0
Palau	0	0	0	0	0	0	0	0	0	0
Puerto Rico	21,743	7,942	10,155	1,435	2,211	22,433	7,895	10,516	1,519	2,503
U.S. Virgin Islands	0	0	0	0	0	0	0	0	0	0

NOTE: Degree-granting institutions grant associate's or higher degrees and participate in Title IV federal financial aid programs.

SOURCE: U.S. Department of Education, National Center for Education Statistics, 2007 and 2008 Integrated Postsecondary Education Data System (IPEDS), Spring 2008 and Spring 2009. (This table was prepared May 2010.)

Table 223. Total fall enrollment in degree-granting institutions, by control and type of institution and state or jurisdiction: 2007 and 2008

State or jurisdiction	2007						2008					
			Private 4-year		Private 2-year				Private 4-year		Private 2-year	
	Public 4-year	Public 2-year	Total	Not-for-profit	Total	Not-for-profit	Public 4-year	Public 2-year	Total	Not-for-profit	Total	Not-for-profit
1	2	3	4	5	6	7	8	9	10	11	12	13
United States	**7,166,661**	**6,324,119**	**4,463,537**	**3,537,664**	**293,811**	**33,486**	**7,331,809**	**6,640,344**	**4,799,627**	**3,626,168**	**331,034**	**35,351**
Alabama	158,583	79,049	29,553	22,527	998	0	161,531	83,509	64,572	27,357	1,329	0
Alaska	28,033	1,348	1,235	719	0	0	28,178	989	1,550	803	0	0
Arizona	134,056	198,098	279,928	7,789	12,065	0	127,641	203,669	360,135	8,046	12,800	0
Arkansas	84,294	51,231	15,944	14,598	699	168	86,148	54,558	17,012	15,181	656	0
California	647,922	1,488,165	356,528	276,189	36,907	1,365	657,963	1,581,524	360,639	265,826	52,115	2,375
Colorado	149,381	78,603	73,515	31,762	9,138	186	153,554	81,711	79,615	31,961	10,352	165
Connecticut	65,638	48,434	62,086	59,782	2,847	1,864	67,589	51,105	62,964	60,254	2,520	2,016
Delaware	24,098	14,994	13,040	13,040	211	211	24,034	14,918	13,916	13,916	220	220
District of Columbia	5,608	0	109,545	73,460	0	0	5,584	0	120,526	74,542	0	0
Florida	437,112	246,216	213,300	150,703	17,165	104	463,684	245,909	242,450	154,156	20,656	152
Georgia	222,298	137,585	89,159	64,661	4,669	1,059	234,792	141,676	95,128	65,641	4,985	1,057
Hawaii	27,545	22,909	15,165	13,119	982	0	28,369	25,157	15,508	13,469	1,070	0
Idaho	47,996	12,530	17,720	16,672	600	0	48,051	13,139	18,433	17,329	833	0
Illinois	203,663	347,277	277,762	219,258	8,316	1,233	203,254	357,157	289,319	220,310	9,512	1,126
Indiana	209,562	69,389	94,773	82,599	6,753	511	214,536	82,414	97,807	84,329	7,199	495
Iowa	67,969	86,675	101,262	56,025	353	145	69,006	88,013	129,485	56,316	387	151
Kansas	96,951	73,103	22,691	22,020	1,357	432	98,470	74,170	23,659	22,865	2,692	1,322
Kentucky	118,701	92,533	41,702	31,913	5,277	0	119,248	89,722	41,793	33,085	6,820	0
Louisiana	140,327	52,989	27,102	24,204	4,336	0	142,830	60,268	27,867	24,796	5,410	0
Maine	34,613	13,744	17,145	17,145	1,671	163	33,451	14,740	17,798	17,798	1,807	150
Maryland	146,924	122,795	55,598	52,673	2,280	0	152,530	128,073	55,443	52,492	2,868	0
Massachusetts	110,199	88,501	261,421	258,584	3,245	1,816	112,774	93,046	267,012	264,076	4,224	1,737
Michigan	291,782	227,667	121,419	116,000	2,411	0	292,575	235,465	121,718	116,432	3,041	0
Minnesota	130,828	119,569	139,797	71,752	2,199	99	132,622	124,011	152,083	72,025	2,339	106
Mississippi	70,307	69,624	13,461	13,461	1,840	0	71,159	73,065	14,092	14,092	2,125	0
Missouri	133,834	89,321	151,760	141,740	9,451	1,741	136,309	92,428	157,746	144,597	9,926	2,275
Montana	33,575	9,282	4,043	4,043	471	471	34,168	9,397	3,783	3,783	492	492
Nebraska	55,229	41,451	29,911	28,034	787	143	56,066	43,527	30,367	28,568	498	138
Nevada	92,631	12,166	7,831	1,504	3,648	0	96,067	12,492	8,653	1,719	3,278	0
New Hampshire	29,258	12,724	27,637	24,368	1,105	261	29,309	12,883	29,040	25,240	507	283
New Jersey	159,966	158,330	78,622	73,822	1,218	0	164,602	164,236	80,142	75,057	1,180	0
New Mexico	56,899	67,874	8,886	2,932	716	0	57,788	75,195	8,649	2,565	781	0
New York	371,373	281,055	490,950	468,242	29,433	6,169	383,248	292,644	533,977	507,654	24,989	6,575
North Carolina	209,059	201,687	89,523	85,055	2,061	754	215,692	219,284	91,932	86,563	2,069	572
North Dakota	33,692	9,324	6,325	5,119	604	604	38,031	6,237	6,684	5,225	375	375
Ohio	286,470	173,770	144,060	137,156	26,197	1,556	296,166	179,355	145,990	137,898	32,074	1,272
Oklahoma	117,159	60,484	25,656	21,490	3,083	0	116,697	61,556	25,519	21,490	2,985	0
Oregon	84,584	80,676	34,750	29,602	2,918	0	88,675	92,840	35,449	30,223	3,510	0
Pennsylvania	266,500	130,274	293,292	273,572	35,331	7,141	271,042	133,934	297,085	278,731	38,227	7,492
Rhode Island	24,692	16,811	40,758	40,758	639	0	24,989	17,612	41,058	41,058	234	0
South Carolina	97,113	83,366	35,099	32,985	2,177	890	98,750	88,503	41,233	37,491	2,209	874
South Dakota	33,590	5,327	10,428	7,300	402	402	34,496	5,247	10,371	7,115	330	330
Tennessee	131,890	76,634	77,529	68,845	11,732	727	133,977	80,163	80,583	71,120	12,887	278
Texas	555,762	553,904	140,372	125,095	19,060	908	570,025	593,107	142,087	126,491	21,929	867
Utah	108,230	39,752	52,814	45,857	2,883	1,316	115,126	42,911	57,025	48,809	2,162	1,377
Vermont	19,221	5,608	16,881	16,244	481	481	19,820	5,732	16,908	16,240	486	486
Virginia	201,921	168,565	100,884	77,753	6,898	0	206,000	177,121	111,611	84,748	6,064	0
Washington	138,554	163,239	49,419	41,726	863	0	142,684	169,387	48,871	41,572	1,593	0
West Virginia	67,898	19,940	27,274	11,965	1,736	0	68,456	20,239	34,426	12,123	2,212	0
Wisconsin	175,011	98,697	67,936	61,802	2,103	566	176,447	103,947	69,756	62,991	2,725	593
Wyoming	12,875	20,830	46	0	1,495	0	12,067	22,359	158	0	1,352	0
U.S. Service Academies	15,285	0	†	†	†	†	15,539	0	†	†	†	†
Other jurisdictions	**73,423**	**7,535**	**132,109**	**120,571**	**13,782**	**3,577**	**74,763**	**7,661**	**137,746**	**125,704**	**15,997**	**5,606**
American Samoa	1,767	0	0	0	0	0	1,806	0	0	0	0	0
Federated States of Micronesia	0	2,379	0	0	0	0	0	2,457	0	0	0	0
Guam	3,282	1,795	167	167	0	0	3,387	1,815	149	149	0	0
Marshall Islands	0	557	0	0	0	0	0	689	0	0	0	0
Northern Marianas	901	0	0	0	0	0	791	0	0	0	0	0
Palau	0	668	0	0	0	0	0	502	0	0	0	0
Puerto Rico	65,089	2,136	131,942	120,404	13,782	3,577	66,386	2,198	137,597	125,555	15,997	5,606
U.S. Virgin Islands	2,384	0	0	0	0	0	2,393	0	0	0	0	0

†Not applicable.
NOTE: Degree-granting institutions grant associate's or higher degrees and participate in Title IV federal financial aid programs.

SOURCE: U.S. Department of Education, National Center for Education Statistics, 2007 and 2008 Integrated Postsecondary Education Data System (IPEDS), Spring 2008 and Spring 2009. (This table was prepared May 2010.)

Table 224. Total fall enrollment in degree-granting institutions, by level of enrollment and state or jurisdiction: Selected years, 2000 through 2008

	Undergraduate						Postbaccalaureate					
State or jurisdiction	Fall 2000	Fall 2004	Fall 2005	Fall 2006	Fall 2007	Fall 2008	Fall 2000	Fall 2004	Fall 2005	Fall 2006	Fall 2007	Fall 2008
1	2	3	4	5	6	7	8	9	10	11	12	13
United States	**13,155,393**	**14,780,630**	**14,963,964**	**15,184,302**	**15,603,771**	**16,365,738**	**2,156,896**	**2,491,414**	**2,523,511**	**2,574,568**	**2,644,357**	**2,737,076**
Alabama	201,389	218,372	219,253	220,520	229,431	268,000	32,573	37,454	37,136	37,888	38,752	42,941
Alaska	26,222	28,563	27,903	27,463	28,221	28,121	1,731	2,306	2,328	2,390	2,395	2,596
Arizona	299,529	410,416	456,881	476,547	530,074	595,335	42,961	80,509	88,716	90,645	94,073	108,910
Arkansas	104,580	125,636	129,484	132,112	136,475	141,881	10,592	12,763	13,788	15,279	15,693	16,493
California	2,012,213	2,107,426	2,135,461	2,172,354	2,261,542	2,384,604	244,495	266,619	264,372	262,420	267,980	267,637
Colorado	220,059	248,396	249,616	255,412	262,401	273,967	43,813	52,518	53,056	52,971	48,236	51,265
Connecticut	127,715	139,071	141,332	142,926	145,031	150,378	33,528	33,704	33,343	33,790	33,974	33,800
Delaware	37,930	41,907	43,382	42,488	43,289	43,576	5,967	7,897	8,230	8,750	9,054	9,512
District of Columbia	40,703	59,930	62,888	65,318	68,124	76,586	31,986	40,058	42,009	44,187	47,029	49,524
Florida	623,071	761,390	764,577	775,171	798,952	853,662	84,613	105,275	108,085	110,480	114,841	119,037
Georgia	296,980	377,266	372,269	378,947	393,926	413,469	49,224	57,017	54,381	56,456	59,785	63,112
Hawaii	51,783	58,025	57,843	57,527	57,309	60,698	8,399	9,200	9,240	9,366	9,292	9,406
Idaho	58,644	68,613	70,335	70,754	71,481	72,982	6,950	7,698	7,373	7,118	7,365	7,474
Illinois	623,018	667,249	692,401	688,043	691,093	709,773	120,900	134,152	140,566	142,633	145,925	149,469
Indiana	273,198	308,358	312,058	317,963	329,081	349,102	41,136	48,443	49,195	50,050	51,396	52,854
Iowa	165,360	193,908	203,453	212,715	228,498	254,914	23,614	23,738	24,269	25,919	27,761	31,977
Kansas	156,385	168,160	168,065	168,244	167,868	172,391	23,583	23,430	23,687	24,902	26,234	26,600
Kentucky	164,183	210,589	215,536	219,194	228,014	226,816	24,158	29,508	29,433	29,720	30,199	30,767
Louisiana	191,517	211,901	172,908	194,567	195,118	205,841	32,283	34,400	24,805	29,580	29,636	30,534
Maine	50,728	57,394	57,622	58,512	59,249	60,009	7,745	8,021	7,929	7,637	7,924	7,787
Maryland	221,952	252,340	252,964	255,933	262,451	271,725	51,793	60,153	61,187	63,527	65,146	67,189
Massachusetts	320,012	328,335	331,242	335,511	343,049	354,207	101,130	110,910	112,074	116,015	120,317	122,849
Michigan	480,618	529,083	536,745	545,001	552,162	561,891	87,013	91,897	90,006	89,488	91,117	90,908
Minnesota	254,632	280,739	283,616	289,018	298,514	309,679	38,813	68,282	78,085	86,881	93,879	101,376
Mississippi	123,299	135,449	133,642	134,699	138,097	142,317	14,090	16,666	16,815	16,438	17,135	18,124
Missouri	266,802	296,969	304,992	306,201	311,271	321,054	54,546	68,235	69,453	70,897	73,095	75,355
Montana	38,481	42,743	43,403	42,990	42,828	43,280	3,759	4,430	4,447	4,511	4,543	4,560
Nebraska	96,759	103,765	103,581	105,611	107,480	109,718	15,358	17,288	17,655	18,889	19,898	20,740
Nevada	79,053	95,563	99,548	100,760	104,488	108,077	8,840	10,398	11,157	11,510	11,788	12,413
New Hampshire	51,990	59,199	59,081	59,405	58,470	59,221	9,728	10,964	10,812	11,264	12,254	12,518
New Jersey	284,785	321,494	321,118	326,358	337,874	348,528	51,160	58,880	58,640	59,298	60,262	61,632
New Mexico	96,377	114,794	115,048	115,875	120,320	128,635	14,362	16,783	16,289	15,953	14,055	13,778
New York	839,423	914,620	921,458	928,563	940,550	996,226	203,972	226,905	230,623	231,801	232,261	238,632
North Carolina	358,912	417,786	426,106	436,662	440,903	464,984	45,740	54,923	58,286	58,971	61,427	63,993
North Dakota	36,899	44,774	44,153	44,042	44,257	45,390	3,349	4,759	5,236	5,477	5,688	5,937
Ohio	469,999	526,569	529,891	533,652	543,634	564,461	79,554	87,665	86,459	86,290	86,863	89,124
Oklahoma	157,021	182,767	183,568	182,340	181,973	182,340	20,995	24,858	24,485	23,896	24,409	24,417
Oregon	160,805	174,619	174,100	170,742	176,334	192,991	22,260	25,366	25,933	26,852	26,594	27,483
Pennsylvania	506,948	571,322	574,319	585,006	599,228	610,279	102,573	117,458	118,021	122,126	126,169	130,009
Rhode Island	65,067	69,674	70,518	71,175	72,215	73,158	10,383	10,703	10,864	10,559	10,685	10,735
South Carolina	161,699	184,413	185,252	187,254	193,336	205,417	24,232	24,497	25,192	25,168	24,419	25,278
South Dakota	37,497	43,202	43,206	42,985	43,393	43,997	5,724	5,506	5,562	5,946	6,354	6,447
Tennessee	230,376	239,918	243,912	250,974	256,297	264,236	33,534	38,137	39,158	39,556	41,488	43,374
Texas	905,649	1,082,667	1,093,491	1,104,529	1,117,311	1,169,269	128,324	146,530	147,216	148,180	151,787	157,879
Utah	149,954	176,909	182,892	183,518	184,141	196,389	13,822	17,415	17,799	18,633	19,538	20,835
Vermont	30,809	33,313	34,161	34,923	35,844	36,611	4,680	5,326	5,754	6,172	6,347	6,335
Virginia	325,395	360,484	373,041	387,593	404,274	422,398	56,498	64,697	66,125	68,579	73,994	78,398
Washington	290,292	310,944	315,154	314,862	318,852	330,387	30,548	32,580	33,328	33,292	33,223	32,148
West Virginia	76,556	85,388	86,803	87,292	98,942	105,939	11,332	12,496	12,744	13,227	17,906	19,394
Wisconsin	271,839	293,127	296,743	300,932	302,979	311,898	35,340	38,379	38,515	39,226	40,768	40,977
Wyoming	26,811	30,337	31,684	30,928	31,853	33,410	3,193	3,618	3,650	3,765	3,393	2,526
U.S. Service Academies	13,475	14,754	15,265	12,191	15,274	15,521	0	0	0	0	11	18
Other jurisdictions	**174,410**	**193,506**	**193,766**	**195,038**	**196,140**	**205,119**	**20,223**	**27,414**	**29,399**	**31,137**	**30,709**	**31,048**
American Samoa	297	1,550	1,579	1,607	1,767	1,806	0	0	0	0	0	0
Federated States of Micronesia	1,576	2,608	2,283	2,539	2,379	2,457	0	0	0	0	0	0
Guam	4,746	4,417	5,850	5,536	4,982	5,058	469	225	214	253	262	293
Marshall Islands	328	623	604	647	557	689	0	0	0	0	0	0
Northern Marianas	1,078	1,101	967	968	901	791	0	0	0	0	0	0
Palau	581	651	651	679	668	502	0	0	0	0	0	0
Puerto Rico	163,690	180,204	179,647	180,790	182,710	191,604	19,600	26,976	28,978	30,668	30,239	30,574
U.S. Virgin Islands	2,114	2,352	2,185	2,272	2,176	2,212	154	213	207	216	208	181

NOTE: Degree-granting institutions grant associate's or higher degrees and participate in Title IV federal financial aid programs.

SOURCE: U.S. Department of Education, National Center for Education Statistics, 2000 through 2008 Integrated Postsecondary Education Data System (IPEDS), Spring 2000 through Spring 2009. (This table was prepared May 2010.)

Table 225. Total fall enrollment in degree-granting institutions, by control, level of enrollment, type of institution, and state or jurisdiction: 2008

State or jurisdiction	Public				Private							
	Undergraduate			Post-baccalaureate	Undergraduate					Postbaccalaureate		
						4-year		2-year				
	Total	4-year	2-year		Total	Not-for-profit	For-profit	Not-for-profit	For-profit	Total	Not-for-profit	For-profit
1	2	3	4	5	6	7	8	9	10	11	12	13
United States	**12,591,217**	**5,951,146**	**6,640,071**	**1,380,936**	**3,774,521**	**2,501,181**	**942,306**	**35,351**	**295,683**	**1,356,140**	**1,124,987**	231,153
Alabama	209,442	125,933	83,509	35,598	58,558	23,229	34,000	0	1,329	7,343	4,128	3,215
Alaska	26,809	25,820	989	2,358	1,312	565	747	0	0	238	238	0
Arizona	303,466	99,797	203,669	27,844	291,869	3,539	275,530	0	12,800	81,066	4,507	76,559
Arkansas	127,004	72,446	54,558	13,702	14,877	12,586	1,635	0	656	2,791	2,595	196
California	2,119,829	538,305	1,581,524	119,658	264,775	136,304	76,356	2,375	49,740	147,979	129,522	18,457
Colorado	204,507	122,796	81,711	30,758	69,460	18,375	40,733	165	10,187	20,507	13,586	6,921
Connecticut	103,728	52,623	51,105	14,966	46,650	41,619	2,511	2,016	504	18,834	18,635	199
Delaware	35,129	20,211	14,918	3,823	8,447	8,227	0	220	0	5,689	5,689	0
District of Columbia	5,121	5,121	0	463	71,465	37,967	33,498	0	0	49,061	36,575	12,486
Florida	647,185	401,276	245,909	62,408	206,477	106,089	79,732	152	20,504	56,629	48,067	8,562
Georgia	337,113	195,437	141,676	39,355	76,356	47,701	23,670	1,057	3,928	23,757	17,940	5,817
Hawaii	46,748	21,591	25,157	6,778	13,950	11,507	1,373	0	1,070	2,628	1,962	666
Idaho	54,441	41,302	13,139	6,749	18,541	16,698	1,010	0	833	725	631	94
Illinois	509,510	152,353	357,157	50,901	200,263	134,075	56,676	1,126	8,386	98,568	86,235	12,333
Indiana	260,206	177,792	82,414	36,744	88,896	68,677	13,020	495	6,704	16,110	15,652	458
Iowa	141,529	53,516	88,013	15,490	113,385	45,397	67,601	151	236	16,487	10,919	5,568
Kansas	150,933	76,763	74,170	21,707	21,458	17,987	779	1,322	1,370	4,893	4,878	15
Kentucky	185,812	96,090	89,722	23,158	41,004	25,922	8,262	0	6,820	7,609	7,163	446
Louisiana	180,343	120,075	60,268	22,755	25,498	17,437	2,651	0	5,410	7,779	7,359	420
Maine	43,844	29,104	14,740	4,347	16,165	14,358	0	150	1,657	3,440	3,440	0
Maryland	238,735	110,662	128,073	41,868	32,990	27,383	2,739	0	2,868	25,321	25,109	212
Massachusetts	180,310	87,264	93,046	25,510	173,897	166,873	2,800	1,737	2,487	97,339	97,203	136
Michigan	460,639	225,174	235,465	67,401	101,252	93,562	4,649	0	3,041	23,507	22,870	637
Minnesota	230,824	106,813	124,011	25,809	78,855	50,793	25,723	106	2,233	75,567	21,232	54,335
Mississippi	129,633	56,568	73,065	14,591	12,684	10,559	0	0	2,125	3,533	3,533	0
Missouri	203,319	110,891	92,428	25,418	117,735	95,299	12,510	2,275	7,651	49,937	49,298	639
Montana	39,078	29,681	9,397	4,487	4,202	3,710	0	492	0	73	73	0
Nebraska	86,400	42,873	43,527	13,193	23,318	21,027	1,793	138	360	7,547	7,541	6
Nevada	98,622	86,130	12,492	9,937	9,455	484	5,693	0	3,278	2,476	1,235	1,241
New Hampshire	36,840	23,957	12,883	5,352	22,381	18,074	3,800	283	224	7,166	7,166	0
New Jersey	293,634	129,398	164,236	35,204	54,894	48,629	5,085	0	1,180	26,428	26,428	0
New Mexico	120,721	45,526	75,195	12,262	7,914	1,970	5,163	0	781	1,516	595	921
New York	605,791	313,147	292,644	70,101	390,435	341,205	24,241	6,575	18,414	168,531	166,449	2,082
North Carolina	389,756	170,472	219,284	45,220	75,228	68,524	4,635	572	1,497	18,773	18,039	734
North Dakota	39,102	32,865	6,237	5,166	6,288	4,454	1,459	375	0	771	771	0
Ohio	418,066	238,963	179,103	57,455	146,395	107,277	7,044	1,272	30,802	31,669	30,621	1,048
Oklahoma	158,406	96,850	61,556	19,847	23,934	17,119	3,830	0	2,985	4,570	4,371	199
Oregon	164,256	71,416	92,840	17,259	28,735	20,290	4,935	0	3,510	10,224	9,933	291
Pennsylvania	358,910	224,976	133,934	46,066	251,369	195,359	17,783	7,492	30,735	83,943	83,372	571
Rhode Island	38,006	20,394	17,612	4,595	35,152	34,918	0	0	234	6,140	6,140	0
South Carolina	167,766	79,263	88,503	19,487	37,651	32,666	2,776	874	1,335	5,791	4,825	966
South Dakota	34,427	29,180	5,247	5,316	9,570	6,304	2,936	330	0	1,131	811	320
Tennessee	188,953	108,790	80,163	25,187	75,283	54,023	8,373	278	12,609	18,187	17,097	1,090
Texas	1,041,910	448,803	593,107	121,222	127,359	92,495	12,935	867	21,062	36,657	33,996	2,661
Utah	146,272	103,361	42,911	11,765	50,117	41,387	6,568	1,377	785	9,070	7,422	1,648
Vermont	23,234	17,502	5,732	2,318	13,377	12,223	668	486	0	4,017	4,017	0
Virginia	331,959	154,838	177,121	51,162	90,439	59,959	24,416	0	6,064	27,236	24,789	2,447
Washington	293,378	123,991	169,387	18,693	37,009	28,983	6,433	0	1,593	13,455	12,589	866
West Virginia	76,080	55,862	20,218	12,615	29,859	10,658	16,989	0	2,212	6,779	1,465	5,314
Wisconsin	256,067	152,120	103,947	24,327	55,831	46,715	6,391	593	2,132	16,650	16,276	374
Wyoming	31,903	9,544	22,359	2,523	1,507	0	155	0	1,352	3	0	3
U.S. Service Academies	15,521	15,521	0	18	†	†	†	†	†	†	†	†
Other jurisdictions	**75,501**	**67,840**	**7,661**	**6,923**	**129,618**	**103,515**	**10,106**	**5,606**	**10,391**	**24,125**	**22,189**	1,936
American Samoa	1,806	1,806	0	0	0	0	0	0	0	0	0	0
Federated States of Micronesia	2,457	0	2,457	0	0	0	0	0	0	0	0	0
Guam	4,909	3,094	1,815	293	149	149	0	0	0	0	0	0
Marshall Islands	689	0	689	0	0	0	0	0	0	0	0	0
Northern Marianas	791	791	0	0	0	0	0	0	0	0	0	0
Palau	502	0	502	0	0	0	0	0	0	0	0	0
Puerto Rico	62,135	59,937	2,198	6,449	129,469	103,366	10,106	5,606	10,391	24,125	22,189	1,936
U.S. Virgin Islands	2,212	2,212	0	181	0	0	0	0	0	0	0	0

†Not applicable.
NOTE: Degree-granting institutions grant associate's or higher degrees and participate in Title IV federal financial aid programs.

SOURCE: U.S. Department of Education, National Center for Education Statistics, 2008 Integrated Postsecondary Education Data System (IPEDS), Spring 2009. (This table was prepared May 2010.)

Table 226. Full-time-equivalent fall enrollment in degree-granting institutions, by control and type of institution: 1967 through 2009

Year	All institutions			Public institutions			Private institutions						
								4-year			2-year		
	Total	4-year	2-year	Total	4-year	2-year	Total	Total	Not-for-profit	For-profit	Total	Not-for-profit	For-profit
1	2	3	4	5	6	7	8	9	10	11	12	13	14
1967	5,499,360	4,448,302	1,051,058	3,777,701	2,850,432	927,269	1,721,659	1,597,870	—	—	123,789	—	—
1968	5,977,768	4,729,522	1,248,246	4,248,639	3,128,057	1,120,582	1,729,129	1,601,465	—	—	127,664	—	—
1969	6,333,357	4,899,034	1,434,323	4,577,353	3,259,323	1,318,030	1,756,004	1,639,711	—	—	116,293	—	—
1970	6,737,819	5,145,422	1,592,397	4,953,144	3,468,569	1,484,575	1,784,675	1,676,853	—	—	107,822	—	—
1971	7,148,558	5,357,647	1,790,911	5,344,402	3,660,626	1,683,776	1,804,156	1,697,021	—	—	107,135	—	—
1972	7,253,757	5,406,833	1,846,924	5,452,854	3,706,238	1,746,616	1,800,903	1,700,595	—	—	100,308	—	—
1973	7,453,463	5,439,230	2,014,233	5,629,563	3,721,037	1,908,526	1,823,900	1,718,193	—	—	105,707	—	—
1974	7,805,452	5,606,247	2,199,205	5,944,799	3,847,543	2,097,256	1,860,653	1,758,704	—	—	101,949	—	—
1975	8,479,698	5,900,408	2,579,290	6,522,319	4,056,502	2,465,817	1,957,379	1,843,906	—	—	113,473	—	—
1976	8,312,502	5,848,001	2,464,501	6,349,903	3,998,450	2,351,453	1,962,599	1,849,551	—	—	113,048	—	—
1977	8,415,339	5,935,076	2,480,263	6,396,476	4,039,071	2,357,405	2,018,863	1,896,005	—	—	122,858	—	—
1978	8,348,482	5,932,357	2,416,125	6,279,199	3,996,126	2,283,073	2,069,283	1,936,231	—	—	133,052	—	—
1979	8,487,317	6,016,072	2,471,245	6,392,617	4,059,304	2,333,313	2,094,700	1,956,768	—	—	137,932	—	—
1980	8,819,013	6,161,372	2,657,641	6,642,294	4,158,267	2,484,027	2,176,719	2,003,105	—	—	173,614 [1]	—	—
1981	9,014,521	6,249,847	2,764,674	6,781,300	4,208,506	2,572,794	2,233,221	2,041,341	—	—	191,880 [1]	—	—
1982	9,091,648	6,248,923	2,842,725	6,850,589	4,220,648	2,629,941	2,241,059	2,028,275	—	—	212,784 [1]	—	—
1983	9,166,398	6,325,222	2,841,176	6,881,479	4,265,807	2,615,672	2,284,919	2,059,415	—	—	225,504	—	—
1984	8,951,695	6,292,711	2,658,984	6,684,664	4,237,895	2,446,769	2,267,031	2,054,816	—	—	212,215	—	—
1985	8,943,433	6,294,339	2,649,094	6,667,781	4,239,622	2,428,159	2,275,652	2,054,717	—	—	220,935	—	—
1986	9,064,165	6,360,325	2,703,842	6,778,045	4,295,494	2,482,551	2,286,122	2,064,831	—	—	221,291 [2]	—	—
1987	9,229,736	6,486,504	2,743,230	6,937,690	4,395,728	2,541,961	2,292,045	2,090,776	—	—	201,269 [2]	—	—
1988	9,464,271	6,664,146	2,800,125	7,096,905	4,505,774	2,591,131	2,367,366	2,158,372	—	—	208,994	—	—
1989	9,780,881	6,813,602	2,967,279	7,371,590	4,619,828	2,751,762	2,409,291	2,193,774	—	—	215,517	—	—
1990	9,983,436	6,968,008	3,015,428	7,557,982	4,740,049	2,817,933	2,425,454	2,227,959	2,177,668	50,291	197,495	72,785	124,710
1991	10,360,606	7,081,454	3,279,152	7,862,845	4,795,704	3,067,141	2,497,761	2,285,750	2,223,463	62,287	212,011	72,545	139,466
1992	10,436,776	7,129,379	3,307,397	7,911,701	4,797,884	3,113,817	2,525,075	2,331,495	2,267,373	64,122	193,580	66,647	126,933
1993	10,351,415	7,120,921	3,230,494	7,812,394	4,765,983	3,046,411	2,539,021	2,354,938	2,282,643	72,295	184,083	70,469	113,614
1994	10,348,072	7,137,341	3,210,731	7,784,396	4,749,524	3,034,872	2,563,676	2,387,817	2,301,063	86,754	175,859	69,578	106,281
1995	10,334,956	7,172,844	3,162,112	7,751,815	4,757,223	2,994,592	2,583,141	2,415,621	2,328,730	86,891	167,520	62,416	105,104
1996	10,481,886	7,234,541	3,247,345	7,794,895	4,767,117	3,027,778	2,686,991	2,467,424	2,353,561	113,863	219,567	63,954	155,613
1997	10,615,028	7,338,794	3,276,234	7,869,764	4,813,849	3,055,915	2,745,264	2,524,945	2,389,627	135,318	220,319	61,761	158,558
1998	10,698,775	7,467,828	3,230,947	7,880,135	4,868,857	3,011,278	2,818,640	2,598,971	2,436,188	162,783	219,669	56,834	162,835
1999	10,943,609	7,638,976	3,304,633	8,020,074	4,944,554	3,075,520	2,923,535	2,694,422	2,485,655	208,767	229,113	53,263	175,850
2000	11,267,025	7,795,139	3,471,886	8,266,932	5,025,588	3,241,344	3,000,093	2,769,551	2,549,676	219,875	230,542	51,503	179,039
2001	11,765,945	8,087,980	3,677,965	8,639,154	5,194,035	3,445,119	3,126,791	2,893,945	2,612,833	281,112	232,846	41,037	191,809
2002	12,331,319	8,439,064	3,892,255	9,061,411	5,406,283	3,655,128	3,269,908	3,032,781	2,699,702	333,079	237,127	40,110	197,017
2003	12,687,597	8,744,188	3,943,409	9,240,724	5,557,680	3,683,044	3,446,873	3,186,508	2,776,850	409,658	260,365	36,815	223,550
2004	13,000,994	9,018,024	3,982,970	9,348,081	5,640,650	3,707,431	3,652,913	3,377,374	2,837,251	540,123	275,539	34,202	241,337
2005	13,200,790	9,261,634	3,939,156	9,390,216	5,728,327	3,661,889	3,810,574	3,533,307	2,878,354	654,953	277,267	34,729	242,538
2006	13,403,097	9,456,166	3,946,931	9,503,558	5,824,768	3,678,790	3,899,539	3,631,398	2,936,172	695,226	268,141	31,203	236,938
2007	13,782,702	9,769,560	4,013,142	9,739,709	5,994,230	3,745,479	4,042,993	3,775,330	2,993,729	781,601	267,663	26,134	241,529
2008	14,394,238	10,169,454	4,224,784	10,061,812	6,139,525	3,922,287	4,332,426	4,029,929	3,060,308	969,621	302,497	28,065	274,432
2009	15,495,892	10,809,494	4,686,398	10,750,132	6,452,407	4,297,725	4,745,760	4,357,087	3,149,743	1,207,344	388,673	27,959	360,714

—Not available.
[1]Large increases are due to the addition of schools accredited by the Accrediting Commission of Career Schools and Colleges of Technology.
[2]Because of imputation techniques, data are not consistent with figures for other years.
NOTE: Full-time-equivalent enrollment is the full-time enrollment, plus the full-time equivalent of the part-time students. Data through 1995 are for institutions of higher education, while later data are for degree-granting institutions. Degree-granting institutions grant associate's or higher degrees and participate in Title IV federal financial aid programs. The degree-granting classification is very similar to the earlier higher education classification, but it includes more 2-year colleges and excludes a few higher education institutions that did not grant degrees. (See Appendix A: Guide to Sources for details.)
SOURCE: U.S. Department of Education, National Center for Education Statistics, Higher Education General Information Survey (HEGIS), "Fall Enrollment in Colleges and Universities" surveys, 1969 through 1985; and 1986 through 2009 Integrated Postsecondary Education Data System, "Fall Enrollment Survey" (IPEDS-EF:86–99), and Spring 2001 through Spring 2010. (This table was prepared September 2010.)

Table 227. Full-time-equivalent fall enrollment in degree-granting institutions, by control and type of institution and state or jurisdiction: 2000, 2007, and 2008

State or jurisdiction	Public						Private					
	4-year			2-year			4-year			2-year		
	2000	2007	2008	2000	2007	2008	2000	2007	2008	2000	2007	2008
1	2	3	4	5	6	7	8	9	10	11	12	13
United States	**5,025,588**	**5,994,230**	**6,139,525**	**3,241,344**	**3,745,479**	**3,922,287**	**2,769,551**	**3,775,330**	**4,029,929**	**230,542**	**267,663**	**302,497**
Alabama	111,322	129,661	132,900	48,545	54,185	57,317	23,518	25,855	52,747	646	976	1,194
Alaska	16,335	18,475	18,567	473	539	398	672	821	1,018	307	0	0
Arizona	87,301	108,435	110,237	85,778	100,957	103,218	43,188	270,845	345,842	9,129	11,498	12,279
Arkansas	57,897	69,763	71,482	21,519	32,447	34,609	10,995	14,129	15,031	1,475	666	656
California	476,027	575,491	587,819	707,558	798,907	834,493	250,026	300,116	307,357	34,875	35,279	50,088
Colorado	109,844	121,943	125,151	41,322	43,434	45,166	30,615	62,691	68,112	6,336	8,813	9,863
Connecticut	46,826	55,021	56,718	20,934	28,335	30,240	48,714	54,306	54,771	1,480	1,640	1,441
Delaware	20,427	22,039	22,127	6,939	9,249	9,184	6,549	9,201	10,013	142	200	210
District of Columbia	3,364	3,926	4,031	0	0	0	56,196	80,444	85,428	0	0	0
Florida	190,472	332,190	347,571	173,433	146,330	148,053	107,473	174,340	191,891	15,440	16,535	20,187
Georgia	136,069	187,994	199,404	66,571	88,333	91,262	62,132	77,123	82,012	3,935	4,506	4,816
Hawaii	17,015	22,085	22,660	14,996	13,749	14,956	11,649	12,389	12,259	1,669	819	914
Idaho	34,125	37,899	38,313	6,807	7,882	8,286	2,500	16,228	16,737	8,921	600	833
Illinois	164,592	176,211	176,075	186,533	202,445	209,125	164,273	232,349	239,250	4,689	7,046	8,253
Indiana	155,982	175,800	180,316	28,131	41,383	50,234	61,851	84,578	86,861	5,034	6,078	6,513
Iowa	61,763	61,068	62,017	44,717	56,603	57,961	43,869	77,315	97,061	2,156	314	359
Kansas	74,307	80,154	82,317	39,457	44,132	44,784	15,014	17,370	17,807	1,061	1,327	2,662
Kentucky	86,080	100,588	101,200	32,239	53,243	53,300	25,793	34,573	34,956	5,283	4,612	5,981
Louisiana	126,372	121,556	122,824	27,130	34,723	38,437	27,203	23,670	24,058	2,956	4,065	5,143
Maine	24,678	26,849	26,258	4,797	8,750	9,448	12,954	14,935	15,592	955	1,223	1,299
Maryland	94,929	114,629	118,836	57,367	71,508	74,644	35,969	43,098	42,964	622	2,027	2,430
Massachusetts	78,452	88,706	91,098	47,972	54,239	57,355	198,476	227,304	231,916	3,084	2,142	3,023
Michigan	223,981	246,926	249,158	101,794	132,584	138,352	75,020	91,314	91,648	1,224	2,045	2,619
Minnesota	95,345	108,664	109,769	65,167	78,670	80,340	54,476	105,335	116,114	8,244	2,124	2,246
Mississippi	56,107	61,805	62,516	47,245	56,805	59,537	9,677	11,863	12,435	775	1,721	1,985
Missouri	99,187	110,057	112,568	46,793	57,971	59,908	84,889	113,079	117,039	6,292	8,832	9,321
Montana	28,278	29,441	29,718	3,900	6,245	6,380	3,336	3,515	3,273	491	430	439
Nebraska	44,374	47,128	47,845	20,812	24,708	26,124	18,750	25,961	25,836	2,057	754	472
Nevada	27,631	61,651	63,967	20,468	6,087	6,383	2,519	7,358	7,995	1,959	3,487	3,083
New Hampshire	21,064	25,171	25,811	5,442	7,402	7,605	20,646	23,801	24,473	1,078	887	346
New Jersey	111,449	127,330	131,914	79,367	106,933	112,391	51,557	63,943	65,699	3,074	1,169	953
New Mexico	39,779	46,133	47,082	29,541	37,402	40,859	6,799	7,978	7,856	1,296	716	781
New York	269,664	307,247	316,490	168,911	201,561	210,837	366,833	426,116	448,631	20,670	25,377	21,539
North Carolina	140,203	181,004	186,331	96,999	117,849	128,190	67,622	81,600	83,805	981	1,902	1,921
North Dakota	24,728	28,979	32,711	6,515	6,776	4,144	3,697	5,300	5,461	290	573	351
Ohio	215,993	250,033	256,773	92,749	108,163	111,831	107,773	122,673	124,323	9,565	23,380	27,955
Oklahoma	79,786	96,056	95,205	34,997	37,359	37,796	21,723	23,368	23,085	327	3,083	2,985
Oregon	59,588	70,187	73,584	46,099	48,070	56,723	23,928	30,247	30,217	1,090	2,609	3,219
Pennsylvania	211,132	240,251	245,418	58,759	79,891	82,744	202,341	245,694	249,545	27,497	31,926	34,145
Rhode Island	17,967	20,666	21,046	8,650	9,836	10,243	33,022	37,864	38,222	0	587	219
South Carolina	74,309	86,139	88,355	41,804	53,292	56,516	25,929	31,469	37,037	1,301	1,922	2,028
South Dakota	23,881	26,350	26,976	4,193	4,668	4,598	6,688	7,927	7,856	114	209	161
Tennessee	99,636	114,029	115,877	53,146	50,673	52,712	52,015	69,729	72,408	4,303	10,883	11,893
Texas	358,523	452,633	462,079	268,057	317,188	335,879	101,852	119,376	120,262	12,580	17,514	20,278
Utah	71,982	81,549	85,574	16,454	21,978	23,587	35,110	49,362	53,445	2,076	2,330	1,872
Vermont	13,581	16,899	17,563	1,845	2,557	2,651	13,313	15,546	15,526	360	375	486
Virginia	147,370	172,802	177,258	72,913	92,642	97,404	51,517	84,742	93,089	5,470	6,683	5,683
Washington	83,899	117,550	120,698	114,754	103,522	109,234	34,489	42,583	41,947	3,467	735	1,463
West Virginia	58,171	59,060	59,819	3,969	13,570	13,800	8,891	17,911	21,629	1,931	1,643	2,141
Wisconsin	130,661	152,180	153,634	56,195	57,218	59,883	45,510	55,950	57,232	546	1,906	2,417
Wyoming	9,665	10,549	10,337	10,588	12,486	13,166	0	46	158	1,289	1,495	1,352
U.S. Service Academies	13,475	15,278	15,528	0	0	0	†	†	†	†	†	†
Other jurisdictions	**66,376**	**65,446**	**67,373**	**7,200**	**5,883**	**5,909**	**83,619**	**110,078**	**116,472**	**8,844**	**12,764**	**14,895**
American Samoa	0	1,212	1,158	214	0	0	0	0	0	0	0	0
Federated States of Micronesia	0	0	0	1,308	1,968	2,065	0	0	0	0	0	0
Guam	2,802	2,676	2,755	777	1,060	1,066	0	151	125	0	0	0
Marshall Islands	0	0	0	166	404	488	0	0	0	0	0	0
Northern Marianas	0	757	658	707	0	0	0	0	0	0	0	0
Palau	0	0	0	450	540	364	0	0	0	0	0	0
Puerto Rico	61,987	59,073	60,989	3,578	1,911	1,926	83,619	109,927	116,347	8,844	12,764	14,895
U.S. Virgin Islands	1,587	1,728	1,813	0	0	0	0	0	0	0	0	0

†Not applicable.
NOTE: Full-time-equivalent enrollment is the full-time enrollment, plus the full-time equivalent of the part-time students. Degree-granting institutions grant associate's or higher degrees and participate in Title IV federal financial aid programs.
SOURCE: U.S. Department of Education, National Center for Education Statistics, 2000 through 2008 Integrated Postsecondary Education Data System (IPEDS), Spring 2001 through Spring 2009. (This table was prepared May 2010.)

Table 228. Full-time-equivalent fall enrollment in degree-granting institutions, by control and state or jurisdiction: 2000, 2007, and 2008

State or jurisdiction	Total			Public			Private					
							Not-for-profit			For-profit		
	2000	2007	2008	2000	2007	2008	2000	2007	2008	2000	2007	2008
1	2	3	4	5	6	7	8	9	10	11	12	13
United States	**11,267,025**	**13,782,702**	**14,394,238**	**8,266,932**	**9,739,709**	**10,061,812**	**2,601,179**	**3,019,863**	**3,088,373**	**398,914**	**1,023,130**	**1,244,053**
Alabama	184,031	210,677	244,158	159,867	183,846	190,217	20,605	20,395	24,843	3,559	6,436	29,098
Alaska	17,787	19,835	19,983	16,808	19,014	18,965	672	521	597	307	300	421
Arizona	225,396	491,735	571,576	173,079	209,392	213,455	8,079	6,371	6,807	44,238	275,972	351,314
Arkansas	91,886	117,005	121,778	79,416	102,210	106,091	11,713	12,976	13,252	757	1,819	2,435
California	1,468,486	1,709,793	1,779,757	1,183,585	1,374,398	1,422,312	214,444	230,167	228,792	70,457	105,228	128,653
Colorado	188,117	236,881	248,292	151,166	165,377	170,317	20,991	24,925	24,965	15,960	46,579	53,010
Connecticut	117,954	139,302	143,170	67,760	83,356	86,958	48,648	53,425	53,634	1,546	2,521	2,578
Delaware	34,057	40,689	41,534	27,366	31,288	31,311	6,691	9,401	10,223	0	0	0
District of Columbia	59,560	84,370	89,459	3,364	3,926	4,031	54,177	61,583	62,362	2,019	18,861	23,066
Florida	486,818	669,395	707,702	363,905	478,520	495,624	90,530	120,524	123,075	32,383	70,351	89,003
Georgia	268,707	357,956	377,494	202,640	276,327	290,666	57,444	59,220	60,621	8,623	22,409	26,207
Hawaii	45,329	49,042	50,789	32,011	35,834	37,616	11,521	10,422	10,307	1,797	2,786	2,866
Idaho	52,353	62,609	64,169	40,932	45,781	46,599	10,751	15,241	15,691	670	1,587	1,879
Illinois	520,087	618,051	632,703	351,125	378,656	385,200	150,578	185,142	185,127	18,384	54,253	62,376
Indiana	250,998	307,839	323,924	184,113	217,183	230,550	60,387	74,935	76,326	6,498	15,721	17,048
Iowa	152,505	195,300	217,398	106,480	117,671	119,978	43,735	49,214	49,266	2,290	28,415	48,154
Kansas	129,839	142,983	147,570	113,764	124,286	127,101	15,605	17,284	18,563	470	1,413	1,906
Kentucky	149,395	193,016	195,437	118,319	153,831	154,500	23,859	27,407	28,319	7,217	11,778	12,618
Louisiana	183,661	184,014	190,462	153,502	156,279	161,261	25,646	20,871	21,124	4,513	6,864	8,077
Maine	43,384	51,757	52,597	29,475	35,599	35,706	13,020	15,012	15,668	889	1,146	1,223
Maryland	188,887	231,262	238,874	152,296	186,137	193,480	34,445	40,358	40,372	2,146	4,767	5,022
Massachusetts	327,984	372,391	383,392	126,424	142,945	148,453	199,745	225,710	230,275	1,815	3,736	4,664
Michigan	402,019	472,869	481,777	325,775	379,510	387,510	73,144	86,052	86,690	3,100	7,307	7,577
Minnesota	223,232	294,793	308,469	160,512	187,334	190,109	52,974	60,451	61,272	9,746	47,008	57,088
Mississippi	113,804	132,194	136,473	103,352	118,610	122,053	10,073	11,863	12,435	379	1,721	1,985
Missouri	237,161	289,939	298,836	145,980	168,028	172,476	82,425	106,005	108,461	8,756	15,906	17,899
Montana	36,005	39,631	39,810	32,178	35,686	36,098	3,827	3,945	3,712	0	0	0
Nebraska	85,993	98,551	100,277	65,186	71,836	73,969	18,956	24,383	24,388	1,851	2,332	1,920
Nevada	52,577	78,583	81,428	48,099	67,738	70,350	455	1,409	1,546	4,023	9,436	9,532
New Hampshire	48,230	57,261	58,235	26,506	32,573	33,416	18,732	21,411	21,993	2,992	3,277	2,826
New Jersey	245,447	299,375	310,957	190,816	234,263	244,305	48,751	59,705	61,198	5,880	5,407	5,454
New Mexico	77,415	92,229	96,578	69,320	83,535	87,941	3,274	2,357	2,167	4,821	6,337	6,470
New York	826,078	960,301	997,497	438,575	508,808	527,327	355,832	410,110	429,911	31,671	41,383	40,259
North Carolina	305,805	382,355	400,247	237,202	298,853	314,521	68,127	78,444	79,727	476	5,058	5,999
North Dakota	35,230	41,628	42,667	31,243	35,755	36,855	3,876	5,046	4,866	111	827	946
Ohio	426,080	504,249	520,882	308,742	358,196	368,604	105,004	118,482	119,180	12,334	27,571	33,098
Oklahoma	136,833	159,866	159,071	114,783	133,415	133,001	18,827	19,264	19,149	3,223	7,187	6,921
Oregon	130,705	151,113	163,743	105,687	118,257	130,307	22,079	25,651	25,901	2,939	7,205	7,535
Pennsylvania	499,729	597,762	611,852	269,891	320,142	328,162	201,136	238,092	243,270	28,702	39,528	40,420
Rhode Island	59,639	68,953	69,730	26,617	30,502	31,289	32,813	37,864	38,222	209	587	219
South Carolina	143,343	172,822	183,936	116,113	139,431	144,871	26,504	30,454	34,683	726	2,937	4,382
South Dakota	34,876	39,154	39,591	28,074	31,018	31,574	4,751	6,122	6,005	2,051	2,014	2,012
Tennessee	209,100	245,314	252,890	152,782	164,702	168,589	50,967	62,285	64,010	5,351	18,327	20,291
Texas	741,012	906,711	938,498	626,580	769,821	797,958	98,445	106,992	108,016	15,987	29,898	32,524
Utah	125,622	155,219	164,478	88,436	103,527	109,161	32,727	43,952	46,999	4,459	7,740	8,318
Vermont	29,099	35,377	36,226	15,426	19,456	20,214	13,336	15,284	15,344	337	637	668
Virginia	277,270	356,869	373,434	220,283	265,444	274,662	44,825	64,878	69,704	12,162	26,547	29,068
Washington	236,609	264,390	273,342	198,653	221,072	229,932	32,726	35,959	35,757	5,230	7,359	7,653
West Virginia	72,962	92,184	97,389	62,140	72,630	73,619	8,891	10,808	10,937	1,931	8,746	12,833
Wisconsin	232,912	267,254	273,166	186,856	209,398	213,517	44,416	51,491	52,621	1,640	6,365	7,028
Wyoming	21,542	24,576	25,013	20,253	23,035	23,503	0	0	0	1,289	1,541	1,510
U.S. Service Academies	13,475	15,278	15,528	13,475	15,278	15,528	†	†	†	†	†	†
Other jurisdictions	**166,039**	**194,171**	**204,649**	**73,576**	**71,329**	**73,282**	**81,642**	**103,307**	**111,369**	**10,821**	**19,535**	**19,998**
American Samoa	214	1,212	1,158	214	1,212	1,158	0	0	0	0	0	0
Federated States of Micronesia	1,308	1,968	2,065	1,308	1,968	2,065	0	0	0	0	0	0
Guam	3,579	3,887	3,946	3,579	3,736	3,821	0	151	125	0	0	0
Marshall Islands	166	404	488	166	404	488	0	0	0	0	0	0
Northern Marianas	707	757	658	707	757	658	0	0	0	0	0	0
Palau	450	540	364	450	540	364	0	0	0	0	0	0
Puerto Rico	158,028	183,675	194,157	65,565	60,984	62,915	81,642	103,156	111,244	10,821	19,535	19,998
U.S. Virgin Islands	1,587	1,728	1,813	1,587	1,728	1,813	0	0	0	0	0	0

†Not applicable.
NOTE: Full-time-equivalent enrollment is the full-time enrollment, plus the full-time equivalent of the part-time students. Degree-granting institutions grant associate's or higher degrees and participate in Title IV federal financial aid programs.

SOURCE: U.S. Department of Education, National Center for Education Statistics, 2000 through 2008 Integrated Postsecondary Education Data System, Spring 2001 through Spring 2009. (This table was prepared May 2010.)

Table 229. Total 12-month enrollment in degree-granting institutions, by control and type of institution and state or jurisdiction: 2007–08 and 2008–09

State or jurisdiction	2007–08							2008–09						
				Private 4-year		Private 2-year					Private 4-year		Private 2-year	
	Total	Public 4-year	Public 2-year	Not-for-profit	For-profit	Not-for-profit	For-profit	Total	Public 4-year	Public 2-year	Not-for-profit	For-profit	Not-for-profit	For-profit
1	2	3	4	5	6	7	8	9	10	11	12	13	14	15
United States	**25,138,967**	**8,702,159**	**9,888,876**	**4,385,552**	**1,648,494**	**47,914**	**465,972**	**26,556,839**	**9,050,518**	**10,360,959**	**4,459,602**	**2,076,191**	**45,396**	**564,173**
Alabama	370,140	193,934	118,752	28,306	27,611	0	1,537	397,025	193,955	127,088	29,136	44,570	0	2,276
Alaska	53,133	47,645	3,049	924	1,515	0	0	52,746	46,981	2,743	997	2,025	0	0
Arizona	1,024,346	139,503	365,596	11,496	489,201	0	18,550	1,179,910	146,262	370,602	11,417	636,014	0	15,615
Arkansas	198,483	99,360	78,921	16,692	2,445	0	1,065	209,599	103,858	83,736	17,297	3,538	0	1,170
California	3,565,303	733,224	2,295,880	324,995	133,535	3,063	74,606	3,855,218	738,779	2,543,518	318,035	156,046	2,878	95,962
Colorado	444,281	190,210	127,130	41,307	71,540	290	13,804	449,034	190,935	131,044	41,272	70,791	279	14,713
Connecticut	226,076	78,001	69,458	70,910	3,694	2,620	1,393	233,656	79,699	73,685	71,775	4,809	2,972	716
Delaware	65,745	27,311	20,356	17,858	0	220	0	67,200	27,339	20,853	18,746	0	262	0
District of Columbia	157,400	10,653	0	85,686	61,061	0	0	171,721	10,220	0	85,984	75,517	0	0
Florida	1,301,849	604,762	342,129	199,970	125,196	270	29,522	1,386,473	746,778	236,440	210,062	153,643	358	39,192
Georgia	610,320	271,471	216,407	73,516	40,966	1,304	6,656	654,592	288,501	225,919	76,235	53,029	627	10,281
Hawaii	89,948	34,118	33,273	18,087	2,978	0	1,492	93,047	34,970	35,753	17,482	2,929	0	1,913
Idaho	112,880	67,080	18,815	24,053	1,716	0	1,216	116,005	67,821	19,733	24,610	2,198	0	1,643
Illinois	1,298,845	233,395	680,867	265,500	103,206	1,958	13,919	1,334,965	232,569	698,366	268,693	118,501	1,837	14,999
Indiana	521,080	257,463	119,572	108,944	23,997	641	10,463	551,453	265,666	135,547	107,908	29,606	650	12,076
Iowa	385,224	79,998	127,090	76,359	101,201	168	408	468,334	81,039	129,681	77,194	179,672	192	556
Kansas	281,225	116,394	123,869	35,227	1,082	2,129	2,524	291,173	116,795	132,012	35,403	1,831	2,508	2,624
Kentucky	328,025	138,750	126,723	37,457	14,401	0	10,694	333,269	139,303	126,656	39,217	16,972	0	11,121
Louisiana	295,777	167,039	87,737	28,231	4,696	0	8,074	309,699	170,119	95,221	29,639	5,394	0	9,326
Maine	87,279	43,877	19,474	20,909	0	173	2,846	89,020	42,733	20,969	22,195	0	179	2,944
Maryland	427,447	177,684	175,897	65,567	4,529	0	3,770	448,804	186,673	185,157	66,167	4,509	0	6,298
Massachusetts	596,908	148,195	128,304	309,751	3,937	2,436	4,285	612,639	151,348	134,926	315,693	4,595	1,626	4,451
Michigan	854,281	339,243	352,820	149,474	7,769	0	4,975	873,323	338,219	368,061	152,883	8,343	0	5,817
Minnesota	523,560	159,836	171,083	84,184	104,869	189	3,399	562,086	162,980	178,946	87,355	129,639	153	3,013
Mississippi	200,737	83,544	96,751	17,625	0	0	2,817	208,491	83,605	102,351	18,309	225	0	4,001
Missouri	528,460	160,538	135,561	195,791	20,119	2,198	14,253	547,541	164,387	142,621	197,599	26,448	1,835	14,651
Montana	60,509	40,536	14,420	4,875	0	678	0	62,959	41,305	15,903	4,980	0	771	0
Nebraska	197,727	65,412	86,116	41,404	3,440	216	1,139	199,457	66,153	86,805	41,680	3,479	192	1,148
Nevada	165,017	130,169	18,621	2,019	9,962	0	4,246	167,602	131,098	19,035	2,190	10,201	0	5,078
New Hampshire	92,315	34,398	19,194	31,640	5,331	520	1,232	94,578	34,181	21,484	31,206	7,186	521	0
New Jersey	514,357	187,362	229,837	87,795	6,904	0	2,459	529,609	191,769	241,090	86,930	7,790	0	2,030
New Mexico	191,849	68,859	110,068	3,514	8,671	0	737	201,251	71,113	116,867	1,375	10,051	0	1,845
New York	1,532,043	454,414	404,793	594,824	34,644	8,667	34,701	1,583,029	466,694	425,379	612,750	36,627	8,862	32,717
North Carolina	645,908	244,619	291,802	98,724	7,997	827	1,939	694,804	252,067	329,467	99,458	10,258	699	2,855
North Dakota	60,626	43,295	8,154	6,482	1,905	790	0	63,411	45,687	8,325	6,477	2,355	567	0
Ohio	844,952	351,736	265,037	167,966	12,000	1,533	46,680	886,676	375,869	265,776	170,189	13,065	1,519	60,258
Oklahoma	268,165	142,125	89,659	25,332	5,536	0	5,513	274,462	143,478	92,760	25,278	6,507	0	6,439
Oregon	319,447	113,801	156,493	35,029	8,521	0	5,603	343,184	118,191	173,320	36,497	8,209	0	6,967
Pennsylvania	923,337	312,356	198,163	320,946	33,356	10,502	48,014	942,541	316,801	208,161	325,892	30,448	10,118	51,121
Rhode Island	100,461	29,919	23,867	45,688	0	0	987	101,282	30,176	24,352	46,401	0	0	353
South Carolina	287,639	114,009	118,889	45,937	5,831	974	1,999	299,389	114,831	127,752	45,443	8,075	978	2,310
South Dakota	64,526	42,864	6,376	9,104	5,581	601	0	66,076	44,377	6,576	8,886	5,749	488	0
Tennessee	373,975	154,822	107,172	79,435	13,975	308	18,263	390,220	156,726	113,417	81,738	16,001	328	22,010
Texas	1,755,293	655,630	890,640	148,621	23,190	1,335	35,877	1,862,048	674,309	948,521	148,390	28,152	1,386	61,290
Utah	285,449	146,075	67,143	55,871	12,916	1,779	1,665	298,907	155,153	65,084	60,107	14,557	1,843	2,163
Vermont	56,150	23,480	9,443	21,817	822	588	0	57,416	24,284	9,923	21,725	889	595	0
Virginia	643,375	239,412	251,178	99,782	41,128	0	11,875	678,098	241,491	264,547	109,147	47,523	0	15,390
Washington	520,867	182,732	275,543	49,078	11,652	0	1,862	538,511	218,241	255,734	48,472	11,543	0	4,521
West Virginia	159,956	80,414	26,976	15,898	33,494	0	3,174	181,142	82,373	25,771	16,473	52,846	0	3,679
Wisconsin	457,420	206,908	151,251	84,952	10,322	937	3,050	470,405	208,607	156,914	86,615	13,668	173	4,428
Wyoming	52,054	16,786	32,527	0	52	0	2,689	55,730	16,981	36,368	0	168	0	2,213
U.S. Service Academies	16,798	16,798	†	†	†	†	†	17,029	17,029	†	†	†	†	†
Other jurisdictions	**269,370**	**80,601**	**9,621**	**139,912**	**16,406**	**6,980**	**15,850**	**276,492**	**79,666**	**12,734**	**144,756**	**16,285**	**6,756**	**16,295**
American Samoa	2,421	2,421	0	0	0	0	0	2,576	0	2,576	0	0	0	0
Federated States of Micronesia	3,064	0	3,064	0	0	0	0	3,227	0	3,227	0	0	0	0
Guam	6,794	4,084	2,498	212	0	0	0	7,116	4,283	2,643	190	0	0	0
Marshall Islands	826	0	826	0	0	0	0	952	0	952	0	0	0	0
Northern Marianas	1,277	1,277	0	0	0	0	0	1,126	1,126	0	0	0	0	0
Palau	851	0	851	0	0	0	0	837	0	837	0	0	0	0
Puerto Rico	250,728	69,410	2,382	139,700	16,406	6,980	15,850	257,499	71,098	2,499	144,566	16,285	6,756	16,295
U.S. Virgin Islands	3,409	3,409	0	0	0	0	0	3,159	3,159	0	0	0	0	0

†Not applicable.
NOTE: Includes students who enrolled at any point during a 12-month period ending during the summer of the academic year indicated. Degree-granting institutions grant associate's or higher degrees and participate in Title IV federal financial aid programs.

SOURCE: U.S. Department of Education, National Center for Education Statistics, 2007–08 and 2008–09 Integrated Postsecondary Education Data System (IPEDS), Fall 2008 and Fall 2009. (This table was prepared September 2010.)

Table 230. Residence and migration of all freshmen students in degree-granting institutions, by state or jurisdiction: Fall 2008

State or jurisdiction	Total freshman enrollment in institutions located in the state	State residents enrolled in institutions		Ratio of in-state students		Migration of students		
		In any state[1]	In their home state	To freshman enrollment (col. 4/col. 2)	To residents enrolled in any state (col. 4/col. 3)	Out of state (col. 3 - col. 4)	Into state[2] (col. 2 - col. 4)	Net (col. 8 - col. 7)
1	2	3	4	5	6	7	8	9
United States	**3,024,723**	**2,963,570**	**2,418,035**	**0.80**	**0.82**	**545,535**	**606,688**	**61,153**
Alabama	51,456	42,596	37,581	0.73	0.88	5,015	13,875	8,860
Alaska	3,193	5,109	2,900	0.91	0.57	2,209	293	-1,916
Arizona	89,486	50,385	45,621	0.51	0.91	4,764	43,865	39,101
Arkansas	26,838	25,071	21,760	0.81	0.87	3,311	5,078	1,767
California	433,287	422,773	393,120	0.91	0.93	29,653	40,167	10,514
Colorado	54,978	48,384	39,436	0.72	0.82	8,948	15,542	6,594
Connecticut	30,754	36,886	21,200	0.69	0.57	15,686	9,554	-6,132
Delaware	9,231	7,881	5,423	0.59	0.69	2,458	3,808	1,350
District of Columbia	13,734	3,967	915	0.07	0.23	3,052	12,819	9,767
Florida	153,189	143,069	125,023	0.82	0.87	18,046	28,166	10,120
Georgia	86,199	91,194	74,153	0.86	0.81	17,041	12,046	-4,995
Hawaii	9,668	11,348	7,878	0.81	0.69	3,470	1,790	-1,680
Idaho	12,057	11,978	8,387	0.70	0.70	3,591	3,670	79
Illinois	119,139	122,184	92,908	0.78	0.76	29,276	26,231	-3,045
Indiana	73,439	65,116	56,900	0.77	0.87	8,216	16,539	8,323
Iowa	44,777	30,579	26,274	0.59	0.86	4,305	18,503	14,198
Kansas	29,593	27,498	23,041	0.78	0.84	4,457	6,552	2,095
Kentucky	40,207	38,053	32,791	0.82	0.86	5,262	7,416	2,154
Louisiana	38,473	37,390	32,786	0.85	0.88	4,604	5,687	1,083
Maine	12,142	12,465	8,733	0.72	0.70	3,732	3,409	-323
Maryland	47,770	58,421	38,234	0.80	0.65	20,187	9,536	-10,651
Massachusetts	75,530	67,903	47,699	0.63	0.70	20,204	27,831	7,627
Michigan	96,416	100,432	88,272	0.92	0.88	12,160	8,144	-4,016
Minnesota	55,023	58,383	44,137	0.80	0.76	14,246	10,886	-3,360
Mississippi	33,578	32,647	28,841	0.86	0.88	3,806	4,737	931
Missouri	57,833	56,087	46,447	0.80	0.83	9,640	11,386	1,746
Montana	8,520	8,349	6,351	0.75	0.76	1,998	2,169	171
Nebraska	18,109	17,878	14,641	0.81	0.82	3,237	3,468	231
Nevada	18,536	20,260	16,726	0.90	0.83	3,534	1,810	-1,724
New Hampshire	13,056	13,257	7,045	0.54	0.53	6,212	6,011	-201
New Jersey	65,959	96,826	60,691	0.92	0.63	36,135	5,268	-30,867
New Mexico	19,569	19,024	15,982	0.82	0.84	3,042	3,587	545
New York	193,929	190,660	156,091	0.80	0.82	34,569	37,838	3,269
North Carolina	88,596	83,364	72,436	0.82	0.87	10,928	16,160	5,232
North Dakota	8,733	6,622	4,828	0.55	0.73	1,794	3,905	2,111
Ohio	108,929	113,638	93,980	0.86	0.83	19,658	14,949	-4,709
Oklahoma	33,339	30,624	26,499	0.79	0.87	4,125	6,840	2,715
Oregon	33,748	31,189	25,759	0.76	0.83	5,430	7,989	2,559
Pennsylvania	143,938	127,454	105,349	0.73	0.83	22,105	38,589	16,484
Rhode Island	16,543	10,341	7,244	0.44	0.70	3,097	9,299	6,202
South Carolina	43,405	38,907	33,698	0.78	0.87	5,209	9,707	4,498
South Dakota	8,920	8,175	6,164	0.69	0.75	2,011	2,756	745
Tennessee	53,671	53,285	44,177	0.82	0.83	9,108	9,494	386
Texas	199,333	210,694	184,051	0.92	0.87	26,643	15,282	-11,361
Utah	30,331	24,545	22,382	0.74	0.91	2,163	7,949	5,786
Vermont	7,744	5,363	2,529	0.33	0.47	2,834	5,215	2,381
Virginia	81,742	77,797	62,966	0.77	0.81	14,831	18,776	3,945
Washington	41,221	44,245	34,466	0.84	0.78	9,779	6,755	-3,024
West Virginia	19,954	14,253	12,076	0.61	0.85	2,177	7,878	5,701
Wisconsin	58,310	57,970	47,678	0.82	0.82	10,292	10,632	340
Wyoming	6,241	4,608	3,445	0.55	0.75	1,163	2,796	1,633
U.S. Service Academies	4,357	†	321[3]	†	†	-321	4,036	4,357
State unknown[4]	†	46,443	†	†	†	46,443	†	-46,443
Other jurisdictions	**45,452**	**46,718**	**44,907**	**0.99**	**0.96**	**1,811**	**545**	**-1,266**
American Samoa	504	583	504	1.00	0.86	79	0	-79
Federated States of Micronesia	856	978	856	1.00	0.88	122	0	-122
Guam	702	807	617	0.88	0.76	190	85	-105
Marshall Islands	211	244	209	0.99	0.86	35	2	-33
Northern Marianas	151	154	108	0.72	0.70	46	43	-3
Palau	92	71	57	0.62	0.80	14	35	21
Puerto Rico	42,381	42,884	42,066	0.99	0.98	818	315	-503
U.S. Virgin Islands	555	997	490	0.88	0.49	507	65	-442
Foreign countries	†	45,295	†	†	†	45,295	†	-45,295
Residence unknown	†	14,592	†	†	†	14,592	†	-14,592

†Not applicable.
[1]Students residing in a particular state when admitted to an institution anywhere—either in their home state or another state.
[2]Includes students coming to U.S. colleges from foreign countries and other jurisdictions.
[3]Students whose residence is in the same state as the service academy.
[4]Institution unable to determine student's home state.

NOTE: Includes all first-time postsecondary students enrolled at reporting institutions. Degree-granting institutions grant associate's or higher degrees and participate in Title IV federal financial aid programs.
SOURCE: U.S. Department of Education, National Center for Education Statistics, 2008 Integrated Postsecondary Education Data System (IPEDS), Spring 2009. (This table was prepared September 2009.)

Table 231. Residence and migration of all freshmen students in degree-granting institutions who graduated from high school in the previous 12 months, by state or jurisdiction: Fall 2008

State or jurisdiction	Total freshman enrollment in institutions located in the state	State residents enrolled in institutions		Ratio of in-state students		Migration of students		
		In any state[1]	In their home state	To freshman enrollment (col. 4/col. 2)	To residents enrolled in any state (col. 4/col. 3)	Out of state (col. 3 - col. 4)	Into state[2] (col. 2 - col. 4)	Net (col. 8 - col. 7)
1	2	3	4	5	6	7	8	9
United States	**2,139,030**	**2,109,931**	**1,713,334**	**0.80**	**0.81**	**396,597**	**425,696**	**29,099**
Alabama	36,788	30,616	27,732	0.75	0.91	2,884	9,056	6,172
Alaska	2,362	3,682	2,128	0.90	0.58	1,554	234	-1,320
Arizona	39,829	33,022	29,500	0.74	0.89	3,522	10,329	6,807
Arkansas	21,005	18,820	16,739	0.80	0.89	2,081	4,266	2,185
California	265,154	267,801	245,051	0.92	0.92	22,750	20,103	-2,647
Colorado	30,428	30,445	23,182	0.76	0.76	7,263	7,246	-17
Connecticut	26,574	31,580	17,366	0.65	0.55	14,214	9,208	-5,006
Delaware	7,222	6,076	4,103	0.57	0.68	1,973	3,119	1,146
District of Columbia	8,659	2,680	562	0.06	0.21	2,118	8,097	5,979
Florida	102,980	98,630	87,156	0.85	0.88	11,474	15,824	4,350
Georgia	60,585	63,374	52,821	0.87	0.83	10,553	7,764	-2,789
Hawaii	7,166	8,725	5,852	0.82	0.67	2,873	1,314	-1,559
Idaho	9,182	8,578	6,020	0.66	0.70	2,558	3,162	604
Illinois	75,307	86,277	61,481	0.82	0.71	24,796	13,826	-10,970
Indiana	52,185	43,803	38,509	0.74	0.88	5,294	13,676	8,382
Iowa	29,294	23,682	20,267	0.69	0.86	3,415	9,027	5,612
Kansas	23,848	21,665	18,451	0.77	0.85	3,214	5,397	2,183
Kentucky	29,633	26,424	23,406	0.79	0.89	3,018	6,227	3,209
Louisiana	29,816	27,362	24,720	0.83	0.90	2,642	5,096	2,454
Maine	9,729	9,690	6,575	0.68	0.68	3,115	3,154	39
Maryland	34,691	43,171	26,917	0.78	0.62	16,254	7,774	-8,480
Massachusetts	63,502	56,456	38,275	0.60	0.68	18,181	25,227	7,046
Michigan	72,752	74,115	65,885	0.91	0.89	8,230	6,867	-1,363
Minnesota	41,418	45,235	32,682	0.79	0.72	12,553	8,736	-3,817
Mississippi	24,024	21,786	20,182	0.84	0.93	1,604	3,842	2,238
Missouri	43,544	41,421	34,488	0.79	0.83	6,933	9,056	2,123
Montana	6,640	6,272	4,789	0.72	0.76	1,483	1,851	368
Nebraska	14,864	14,531	11,883	0.80	0.82	2,648	2,981	333
Nevada	8,644	9,916	7,459	0.86	0.75	2,457	1,185	-1,272
New Hampshire	11,269	11,032	5,736	0.51	0.52	5,296	5,533	237
New Jersey	49,249	77,068	44,863	0.91	0.58	32,205	4,386	-27,819
New Mexico	13,675	13,376	11,449	0.84	0.86	1,927	2,226	299
New York	154,976	153,009	123,387	0.80	0.81	29,622	31,589	1,967
North Carolina	65,329	58,670	52,578	0.80	0.90	6,092	12,751	6,659
North Dakota	6,705	4,732	3,392	0.51	0.72	1,340	3,313	1,973
Ohio	83,283	83,895	70,330	0.84	0.84	13,565	12,953	-612
Oklahoma	24,984	22,212	19,635	0.79	0.88	2,577	5,349	2,772
Oregon	19,476	17,566	13,315	0.68	0.76	4,251	6,161	1,910
Pennsylvania	109,357	94,458	77,647	0.71	0.82	16,811	31,710	14,899
Rhode Island	13,756	8,040	5,288	0.38	0.66	2,752	8,468	5,716
South Carolina	32,675	26,995	24,355	0.75	0.90	2,640	8,320	5,680
South Dakota	7,157	6,587	5,023	0.70	0.76	1,564	2,134	570
Tennessee	41,050	39,033	33,135	0.81	0.85	5,898	7,915	2,017
Texas	140,026	150,160	131,543	0.94	0.88	18,617	8,483	-10,134
Utah	22,386	17,259	15,817	0.71	0.92	1,442	6,569	5,127
Vermont	6,800	4,416	1,955	0.29	0.44	2,461	4,845	2,384
Virginia	61,202	57,862	47,354	0.77	0.82	10,508	13,848	3,340
Washington	32,355	33,590	26,438	0.82	0.79	7,152	5,917	-1,235
West Virginia	14,651	10,682	9,474	0.65	0.89	1,208	5,177	3,969
Wisconsin	42,804	41,738	33,703	0.79	0.81	8,035	9,101	1,066
Wyoming	4,488	3,262	2,479	0.55	0.76	783	2,009	1,226
U.S. Service Academies	3,552	†	257[3]	†	†	-257	3,295	3,552
State unknown[4]	†	18,454	†	†	†	18,454	†	-18,454
Other jurisdictions	**37,206**	**38,264**	**36,965**	**0.99**	**0.97**	**1,299**	**241**	**-1,058**
American Samoa	237	294	237	1.00	0.81	57	0	-57
Federated States of Micronesia	856	929	856	1.00	0.92	73	0	-73
Guam	553	623	490	0.89	0.79	133	63	-70
Marshall Islands	211	228	209	0.99	0.92	19	2	-17
Northern Marianas	77	97	65	0.84	0.67	32	12	-20
Palau	78	62	50	0.64	0.81	12	28	16
Puerto Rico	34,878	35,366	34,750	1.00	0.98	616	128	-488
U.S. Virgin Islands	316	665	308	0.97	0.46	357	8	-349
Foreign countries	†	28,041	†	†	†	28,041	†	-28,041
Residence unknown	†	†	†	†	†	†	†	†

†Not applicable.
[1]Students residing in a particular state when admitted to an institution anywhere—either in their home state or another state.
[2]Includes students coming to U.S. colleges from foreign countries and other jurisdictions.
[3]Students whose residence is in the same state as the service academy.
[4]Institution unable to determine student's home state.

NOTE: Includes all first-time postsecondary students who graduated from high school in the previous 12 months and were enrolled at reporting institutions. Degree-granting institutions grant associate's or higher degrees and participate in Title IV federal financial aid programs.
SOURCE: U.S. Department of Education, National Center for Education Statistics, 2008 Integrated Postsecondary Data System (IPEDS), Spring 2009. (This table was prepared November 2009.)

Table 232. Residence and migration of all freshmen students in 4-year degree-granting institutions who graduated from high school in the previous 12 months, by state or jurisdiction: Fall 2008

State or jurisdiction	Total freshman enrollment in institutions located in the state	State residents enrolled in institutions: In any state[1]	State residents enrolled in institutions: In their home state	Ratio of in-state students: To freshman enrollment (col. 4/col. 2)	Ratio of in-state students: To residents enrolled in any state (col. 4/col. 3)	Migration of students: Out of state (col. 3 - col. 4)	Migration of students: Into state[2] (col. 2 - col. 4)	Migration of students: Net (col. 8 - col. 7)
1	2	3	4	5	6	7	8	9
United States	**1,444,239**	**1,417,313**	**1,053,563**	**0.73**	**0.74**	**363,750**	**390,676**	**26,926**
Alabama	23,996	18,441	15,931	0.66	0.86	2,510	8,065	5,555
Alaska	2,342	3,543	2,109	0.90	0.60	1,434	233	-1,201
Arizona	22,004	16,783	13,581	0.62	0.81	3,202	8,423	5,221
Arkansas	15,112	12,686	11,040	0.73	0.87	1,646	4,072	2,426
California	116,252	124,747	102,750	0.88	0.82	21,997	13,502	-8,495
Colorado	24,467	24,212	17,530	0.72	0.72	6,682	6,937	255
Connecticut	19,656	24,541	10,516	0.54	0.43	14,025	9,140	-4,885
Delaware	4,905	3,832	1,931	0.39	0.50	1,901	2,974	1,073
District of Columbia	8,659	2,349	562	0.06	0.24	1,787	8,097	6,310
Florida	70,373	67,932	57,207	0.81	0.84	10,725	13,166	2,441
Georgia	44,482	47,179	37,362	0.84	0.79	9,817	7,120	-2,697
Hawaii	3,846	5,345	2,621	0.68	0.49	2,724	1,225	-1,499
Idaho	7,510	6,499	4,560	0.61	0.70	1,939	2,950	1,011
Illinois	53,440	63,938	39,966	0.75	0.63	23,972	13,474	-10,498
Indiana	45,913	37,329	32,527	0.71	0.87	4,802	13,386	8,584
Iowa	19,022	14,151	11,000	0.58	0.78	3,151	8,022	4,871
Kansas	14,746	13,874	10,824	0.73	0.78	3,050	3,922	872
Kentucky	22,576	19,499	16,756	0.74	0.86	2,743	5,820	3,077
Louisiana	23,928	21,131	18,931	0.79	0.90	2,200	4,997	2,797
Maine	7,541	7,512	4,469	0.59	0.59	3,043	3,072	29
Maryland	19,922	28,546	12,804	0.64	0.45	15,742	7,118	-8,624
Massachusetts	50,540	43,646	25,814	0.51	0.59	17,832	24,726	6,894
Michigan	51,283	52,354	44,683	0.87	0.85	7,671	6,600	-1,071
Minnesota	26,776	31,177	19,160	0.72	0.61	12,017	7,616	-4,401
Mississippi	9,353	7,577	6,132	0.66	0.81	1,445	3,221	1,776
Missouri	28,854	26,883	20,693	0.72	0.77	6,190	8,161	1,971
Montana	5,324	4,809	3,605	0.68	0.75	1,204	1,719	515
Nebraska	11,117	10,497	8,354	0.75	0.80	2,143	2,763	620
Nevada	7,603	8,703	6,474	0.85	0.74	2,229	1,129	-1,100
New Hampshire	9,032	8,513	3,611	0.40	0.42	4,902	5,421	519
New Jersey	26,223	53,566	22,056	0.84	0.41	31,510	4,167	-27,343
New Mexico	7,393	7,416	5,858	0.79	0.79	1,558	1,535	-23
New York	108,398	107,119	78,139	0.72	0.73	28,980	30,259	1,279
North Carolina	45,861	39,342	33,606	0.73	0.85	5,736	12,255	6,519
North Dakota	6,239	3,927	3,012	0.48	0.77	915	3,227	2,312
Ohio	66,257	66,800	54,039	0.82	0.81	12,761	12,218	-543
Oklahoma	17,572	14,877	12,838	0.73	0.86	2,039	4,734	2,695
Oregon	14,633	13,131	9,154	0.63	0.70	3,977	5,479	1,502
Pennsylvania	86,833	72,492	56,425	0.65	0.78	16,067	30,408	14,341
Rhode Island	11,393	5,687	3,037	0.27	0.53	2,650	8,356	5,706
South Carolina	22,095	16,672	14,258	0.65	0.86	2,414	7,837	5,423
South Dakota	5,715	5,048	3,735	0.65	0.74	1,313	1,980	667
Tennessee	29,351	27,438	22,010	0.75	0.80	5,428	7,341	1,913
Texas	84,742	96,033	78,317	0.92	0.82	17,716	6,425	-11,291
Utah	18,188	13,211	12,022	0.66	0.91	1,189	6,166	4,977
Vermont	6,460	4,060	1,723	0.27	0.42	2,337	4,737	2,400
Virginia	41,853	38,789	28,780	0.69	0.74	10,009	13,073	3,064
Washington	22,786	23,890	17,129	0.75	0.72	6,761	5,657	-1,104
West Virginia	11,998	8,149	7,224	0.60	0.89	925	4,774	3,849
Wisconsin	34,522	32,962	25,578	0.74	0.78	7,384	8,944	1,560
Wyoming	1,601	1,561	863	0.54	0.55	698	738	40
U.S. Service Academies	3,552	†	257[3]	†	†	-257	3,295	3,552
State unknown[4]	†	6,915	†	†	†	6,915	†	-6,915
Other jurisdictions	**31,823**	**32,811**	**31,615**	**0.99**	**0.96**	**1,196**	**208**	**-988**
American Samoa	237	276	237	1.00	0.86	39	0	-39
Federated States of Micronesia	†	58	†	†	†	58	0	-58
Guam	524	589	461	0.88	0.78	128	63	-65
Marshall Islands	†	11	†	†	†	11	0	-11
Northern Marianas	77	95	65	0.84	0.68	30	12	-18
Palau	†	11	†	†	†	11	0	-11
Puerto Rico	30,669	31,115	30,544	1.00	0.98	571	125	-446
U.S. Virgin Islands	316	656	308	0.97	0.47	348	8	-340
Foreign countries	†	25,938	†	†	†	25,938	†	-25,938
Residence unknown	†	417	†	†	†	417	†	-417

†Not applicable.
[1]Students residing in a particular state when admitted to an institution anywhere—either in their home state or another state.
[2]Includes students coming to U.S. colleges from foreign countries and other jurisdictions.
[3]Students whose residence is in the same state as the service academy.
[4]Institution unable to determine student's home state.

NOTE: Includes all first-time postsecondary students who graduated from high school in the previous 12 months and were enrolled at reporting institutions. Degree-granting institutions grant associate's or higher degrees and participate in Title IV federal financial aid programs.
SOURCE: U.S. Department of Education, National Center for Education Statistics, 2008 Integrated Postsecondary Education Data System (IPEDS), Spring 2009. (This table was prepared November 2009.)

Table 233. Number of U.S. students studying abroad and percentage distribution, by sex, race/ethnicity, academic level, host region, and duration of stay: 1996–97 through 2007–08

Selected characteristic	1996–97	1997–98	1998–99	1999–2000	2000–01	2001–02	2002–03	2003–04	2004–05	2005–06	2006–07	2007–08	Change 1997–98 to 2007–08
1	2	3	4	5	6	7	8	9	10	11	12	13	14
	Number												Percent change
Total	**99,448**	**113,959**	**129,770**	**143,590**	**154,168**	**160,920**	**174,629**	**191,231**	**205,983**	**223,534**	**241,791**	**262,416**	**130.3**
	Percentage distribution												Change in percentage points
Sex	100.0	100.0	100.0	100.0	100.0	100.0	100.0	100.0	100.0	100.0	100.0	100.0	†
Male	35.1	35.2	34.8	35.4	35.0	35.1	35.3	34.4	34.5	34.5	34.9	34.9	-0.3
Female	64.9	64.8	65.2	64.6	65.0	64.9	64.7	65.6	65.5	65.5	65.1	65.1	0.3
Race/ethnicity	100.0	100.0	100.0	100.0	100.0	100.0	100.0	100.0	100.0	100.0	100.0	100.0	†
White	83.9	84.5	85.0	83.7	84.3	82.9	83.2	83.7	83.0	83.0	81.9	81.8	-2.7
Black	3.5	3.8	3.3	3.5	3.5	3.5	3.4	3.4	3.5	3.5	3.8	4.0	0.2
Hispanic	5.1	5.5	5.2	5.0	5.4	5.4	5.1	5.0	5.6	5.4	6.0	5.9	0.4
Asian/Pacific Islander	5.0	4.8	4.4	4.8	5.4	5.8	6.0	6.1	6.3	6.3	6.7	6.6	1.8
American Indian/ Alaska Native	0.3	0.6	0.9	0.5	0.5	0.4	0.5	0.5	0.4	0.6	0.5	0.5	-0.1
Two or more races	2.1	0.8	1.2	0.9	0.9	2.0	1.8	1.3	1.2	1.2	1.2	1.2	0.4
Visa students[1]	†	†	†	1.6	†	†	†	†	†	†	†	†	†
Academic level	100.0	100.0	100.0	100.0	100.0	100.0	100.0	100.0	100.0	100.0	100.0	100.0	†
Freshman	2.4	2.7	2.5	3.2	3.1	3.2	2.9	3.0	3.1	3.7	3.3	3.5	0.8
Sophomore	12.8	13.4	13.2	13.6	14.0	13.6	11.8	12.0	12.2	12.8	12.9	13.1	-0.3
Junior	41.3	42.2	40.3	39.8	38.9	40.7	38.0	34.7	35.8	34.2	36.6	35.9	-6.3
Senior	18.3	17.7	19.0	17.7	20.0	20.4	20.2	19.3	19.6	19.8	21.3	21.3	3.6
Associate's students	1.9	2.3	2.5	0.9	0.9	1.5	2.1	1.6	2.7	2.7	2.7	2.2	-0.1
Bachelor's unspecified	14.7	13.2	13.3	15.6	13.5	11.0	15.3	16.3	15.2	14.9	12.5	13.4	0.2
Master's level or higher	7.8	8.1	8.2	8.3	8.3	8.7	9.1	8.6	8.9	10.0	10.5	10.5	2.4
Other academic level	0.8	0.5	1.1	1.0	1.1	0.8	0.7	4.2	2.5	1.9	#	0.1	-0.4
Host region	100.0	100.0	100.0	100.0	100.0	100.0	100.0	100.0	100.0	100.0	100.0	100.0	†
Africa	2.6	2.7	2.8	2.8	2.9	2.9	2.8	3.0	3.5	3.8	4.2	4.5	1.8
Asia[2]	6.1	6.0	6.0	6.2	6.0	6.8	5.6	6.9	8.0	9.3	10.3	11.1	5.1
Europe[3]	64.6	63.8	62.8	62.5	63.3	62.7	63.1	61.0	60.3	58.3	57.4	56.3	-7.5
Latin America[4]	15.3	15.6	15.0	14.0	14.5	14.5	15.3	15.2	14.4	15.2	15.0	15.3	-0.3
Middle East[3]	1.8	1.8	2.7	2.8	0.9	0.7	0.2	0.4	1.0	1.2	1.1	1.3	-0.5
North America[4,5]	0.7	0.9	0.7	0.9	0.7	0.8	0.7	0.6	0.5	0.5	0.6	0.4	-0.5
Oceania	4.4	4.4	4.9	5.0	6.0	6.8	7.3	7.4	6.7	6.3	5.7	5.3	0.9
Multiple destinations	4.6	4.8	5.2	5.8	5.6	4.9	5.1	5.5	5.6	5.5	5.6	5.7	0.9
Duration of stay	100.0	100.0	100.0	100.0	100.0	100.0	100.0	100.0	100.0	100.0	100.0	100.0	†
Summer term	32.8	33.8	34.6	34.2	33.7	34.4	32.7	37.0	37.2	37.2	38.7	38.1	4.3
One semester	40.2	38.4	39.8	38.1	38.5	39.0	40.3	38.1	37.5	36.9	36.3	35.5	-2.9
8 weeks or less during academic year	3.3	4.2	4.8	7.3	7.4	7.3	9.4	8.9	8.0	9.5	9.8	11.0	6.8
January term	6.8	6.7	6.5	6.0	7.0	6.0	5.6	5.7	6.0	5.4	6.8	7.2	0.5
Academic year	10.7	9.5	8.6	8.2	7.3	7.8	6.7	6.0	6.0	5.3	4.3	4.1	-5.4
One quarter	4.0	4.8	4.1	4.7	4.1	3.9	3.8	3.3	3.3	3.3	3.4	3.4	-1.4
Two quarters	0.9	1.1	0.6	0.7	0.6	0.5	0.4	0.5	1.3	0.9	0.5	0.6	-0.5
Calendar year	0.2	0.5	0.2	0.4	0.6	0.5	0.5	0.2	0.2	0.2	0.1	0.1	-0.4
Other	1.2	1.0	0.8	0.4	0.8	0.6	0.6	0.3	0.5	1.3	0.1	#	-1.0

†Not applicable.
#Rounds to zero.
[1]In 1999–2000 only, separate data were collected on foreign students who, while studying in the United States on visas, left the United States for a period of time to study abroad elsewhere.
[2]Asia excludes the Middle Eastern countries (Bahrain, Iran, Iraq, Israel, Jordan, Kuwait, Lebanon, Oman, the Palestinian Authority, Qatar, Saudi Arabia, Syria, the United Arab Emirates, and Yemen).
[3]Cyprus and Turkey were classified as being in the Middle East prior to 2004–05, but in Europe for 2004–05 and later years. Data for years prior to 2004–05 have been revised for comparability.
[4]Mexico and Central America are included in Latin America, not in North America.
[5]Includes Antarctica from 2002–03 onward.
NOTE: Detail may not sum to totals because of rounding.
SOURCE: Institute of International Education, *Open Doors: Report on International Educational Exchange*, 2009. (This table was prepared May 2010.)

Table 234. Foreign students enrolled in institutions of higher education in the United States, by continent, region, and selected countries of origin: Selected years, 1980–81 through 2008–09

Continent, region, and country of origin	1980–81		1985–86		1990–91		1995–96		2000–01		2004–05		2005–06		2006–07		2007–08		2008–09	
	Number	Percent	Number	Percent	Number	Percent	Number	Percent	Number	Percent	Number	Percent	Number	Percent	Number	Percent	Number	Percent	Number	Percent
1	2	3	4	5	6	7	8	9	10	11	12	13	14	15	16	17	18	19	20	21
Total	**311,880**	**100.0**	**343,780**	**100.0**	**407,272**	**100.0**	**453,787**	**100.00**	**547,873**	**100.0**	**563,308**	**100.0**	**564,766**	**100.0**	**582,984**	**100.0**	**623,805**	**100.0**	**671,616**	**100.0**
Africa	38,180	12.2	34,190	9.9	23,803	5.8	20,844	4.6	34,217	6.2	36,100	6.4	36,308	6.4	35,802	6.1	35,654	5.7	36,937	5.5
East Africa	6,260	2.0	6,730	2.0	7,592	1.9	7,596	1.7	13,516	2.5	13,675	2.4	13,635	2.4	13,374	2.3	12,664	2.0	12,985	1.9
Kenya	1,930	0.6	1,720	0.5	2,357	0.6	2,934	0.6	6,229	1.1	6,728	1.2	6,559	1.2	6,349	1.1	5,838	0.9	5,877	0.9
Central Africa	1,130	0.4	1,540	0.4	1,647	0.4	1,346	0.3	1,859	0.3	2,505	0.4	2,825	0.5	3,257	0.6	3,405	0.5	3,363	0.5
North Africa	7,310	2.3	5,980	1.7	4,541	1.1	3,422	0.8	5,184	0.9	3,898	0.7	3,770	0.7	3,700	0.6	3,858	0.6	4,446	0.7
Southern Africa	1,480	0.5	2,360	0.7	2,835	0.7	2,657	0.6	3,304	0.6	2,240	0.4	2,232	0.4	2,124	0.4	2,095	0.3	2,278	0.3
West Africa	22,000	7.1	17,580	5.1	7,178	1.8	5,818	1.3	10,346	1.9	13,782	2.4	13,846	2.5	13,344	2.3	13,632	2.2	13,837	2.1
Nigeria	17,350	5.6	13,710	4.0	3,714	0.9	2,093	0.5	3,820	0.7	6,335	1.1	6,192	1.1	5,943	1.0	6,222	1.0	6,256	0.9
Asia	94,640	30.3	156,830	45.6	229,825	56.4	259,893	57.3	302,058	55.1	325,112	57.7	327,785	58.0	344,495	59.1	380,465	61.0	415,000	61.8
East Asia	51,650	16.6	80,720	23.5	146,017	35.9	166,717	36.7	189,371	34.6	192,561	34.2	197,576	35.0	204,023	35.0	223,306	35.8	240,952	35.9
China	2,770	0.9	13,980	4.1	39,597	9.7	39,613	8.7	59,939	10.9	62,523	11.1	62,582	11.1	67,723	11.6	81,127	13.0	98,235	14.6
Hong Kong	9,660	3.1	10,710	3.1	12,625	3.1	12,018	2.6	7,627	1.4	7,180	1.3	7,849	1.4	7,722	1.3	8,286	1.3	8,329	1.2
Japan	13,500	4.3	13,360	3.9	36,611	9.0	45,531	10.0	46,497	8.5	42,215	7.5	38,712	6.9	35,282	6.1	33,974	5.4	29,264	4.4
South Korea	6,150	2.0	18,660	5.4	23,362	5.7	36,231	8.0	45,685	8.3	53,358	9.5	59,022	10.5	62,392	10.7	69,124	11.1	75,065	11.2
Taiwan	19,460	6.2	23,770	6.9	33,531	8.2	32,702	7.2	28,566	5.2	25,914	4.6	27,876	4.9	29,094	5.0	29,001	4.6	28,065	4.2
South and Central Asia	14,540	4.7	25,800	7.5	42,366	10.4	45,401	10.0	71,765	13.1	97,961	17.4	94,965	16.8	104,457	17.9	117,001	18.8	129,572	19.3
India	9,250	3.0	16,070	4.7	28,857	7.1	31,743	7.0	54,664	10.0	80,466	14.3	76,503	13.5	83,833	14.4	94,563	15.2	103,260	15.4
Nepal	250	0.1	390	0.1	670	0.2	1,219	0.3	2,618	0.5	4,861	0.9	6,061	1.1	7,754	1.3	8,936	1.4	11,581	1.7
Pakistan	2,990	1.0	5,440	1.6	7,725	1.9	6,427	1.4	6,948	1.3	6,296	1.1	5,759	1.0	5,401	0.9	5,345	0.9	5,298	0.8
Southeast Asia	28,450	9.1	50,310	14.6	41,441	10.2	47,774	10.5	40,916	7.5	34,590	6.1	35,244	6.2	36,015	6.2	40,152	6.4	44,395	6.6
Indonesia	3,250	1.0	8,210	2.4	9,524	2.3	12,820	2.8	11,625	2.1	7,760	1.4	7,575	1.3	7,338	1.3	7,692	1.2	7,509	1.1
Malaysia	6,010	1.9	23,020	6.7	13,606	3.3	14,015	3.1	7,795	1.4	6,142	1.1	5,515	1.0	5,281	0.9	5,428	0.9	5,942	0.9
Philippines	3,390	1.1	3,920	1.1	4,273	1.0	3,127	0.7	3,139	0.6	3,531	0.6	3,758	0.7	3,730	0.6	4,170	0.7	4,226	0.6
Singapore	1,320	0.4	3,930	1.1	4,495	1.1	4,098	0.9	4,166	0.8	3,769	0.7	3,909	0.7	3,705	0.6	3,976	0.6	3,989	0.6
Thailand	6,550	2.1	6,940	2.0	7,092	1.7	12,165	2.7	11,187	2.0	8,637	1.5	8,765	1.6	8,886	1.5	9,004	1.4	8,736	1.3
Vietnam	6,490	2.1	3,270	1.0	1,396	0.3	922	0.2	2,022	0.4	3,670	0.7	4,597	0.8	6,036	1.0	8,769	1.4	12,823	1.9
Europe[1]	28,650	9.2	38,910	11.3	55,422	13.6	76,855	16.9	93,784	17.1	85,409	15.2	84,697	15.0	82,731	14.2	83,981	13.5	87,648	13.1
Cyprus[1]	720	0.2	2,140	0.6	1,710	0.4	1,819	0.4	2,217	0.4	1,326	0.2	1,111	0.2	877	0.2	782	0.1	696	0.1
France	2,570	0.8	3,680	1.1	5,633	1.4	5,710	1.3	7,273	1.3	6,555	1.2	6,640	1.2	6,704	1.1	7,050	1.1	7,421	1.1
Germany[2]	3,310	1.1	4,730	1.4	7,003	1.7	9,017	2.0	10,128	1.8	8,640	1.5	8,829	1.6	8,656	1.5	8,907	1.4	9,679	1.4
Greece	3,750	1.2	4,440	1.3	4,357	1.1	3,365	0.7	2,768	0.5	2,035	0.4	2,088	0.4	1,986	0.3	1,981	0.3	1,896	0.3
Spain	950	0.3	1,740	0.5	4,304	1.1	4,809	1.1	4,156	0.8	3,512	0.6	3,455	0.6	3,575	0.6	3,660	0.6	3,849	0.6
Turkey[1]	2,600	0.8	2,460	0.7	4,078	1.0	7,678	1.7	10,983	2.0	12,474	2.2	11,622	2.1	11,506	2.0	12,030	1.9	13,263	2.0
United Kingdom	4,440	1.4	5,940	1.7	7,298	1.8	7,799	1.7	8,139	1.5	8,236	1.5	8,274	1.5	8,438	1.4	8,367	1.3	8,701	1.3
Latin America	49,810	16.0	45,480	13.2	47,318	11.6	47,253	10.4	63,634	11.6	66,087	11.7	64,769	11.5	64,579	11.1	64,473	10.3	67,731	10.1
Caribbean	10,650	3.4	11,100	3.2	12,349	3.0	10,737	2.4	14,423	2.6	13,898	2.5	13,855	2.5	13,854	2.4	12,739	2.0	13,320	2.0
Central America	12,970	4.2	12,740	3.7	15,949	3.9	14,220	3.1	16,764	3.1	19,227	3.4	19,709	3.5	19,743	3.4	20,800	3.3	21,430	3.2
Mexico	6,730	2.2	5,460	1.6	6,739	1.7	8,687	1.9	10,670	1.9	13,063	2.3	13,931	2.5	13,826	2.4	14,837	2.4	14,850	2.2
South America	26,190	8.4	21,640	6.3	19,019	4.7	22,296	4.9	32,447	5.9	32,962	5.9	31,205	5.5	30,982	5.3	30,932	5.0	32,961	4.9
Brazil	2,870	0.9	2,840	0.8	3,898	1.0	5,497	1.2	8,846	1.6	7,244	1.3	7,009	1.2	7,126	1.2	7,578	1.2	8,767	1.3
Colombia	3,930	1.3	4,010	1.2	3,183	0.8	3,462	0.8	6,765	1.2	7,334	1.3	6,835	1.2	6,750	1.2	6,662	1.1	7,013	1.0
Venezuela	11,750	3.8	7,040	2.0	2,894	0.7	4,456	1.0	5,217	1.0	5,279	0.9	4,792	0.8	4,523	0.8	4,446	0.7	4,678	0.7
Middle East[1]	81,390	26.1	48,120	14.0	27,636	6.8	21,066	4.6	23,658	4.3	17,448	3.1	17,806	3.2	22,321	3.8	24,755	4.0	29,140	4.3
Iran	47,550	15.2	14,210	4.1	6,262	1.5	2,628	0.6	1,844	0.3	2,251	0.4	2,420	0.4	2,795	0.5	3,060	0.5	3,533	0.5
Israel	2,710	0.9	2,600	0.8	2,977	0.7	2,637	0.6	3,402	0.6	3,323	0.6	3,419	0.6	3,269	0.6	3,004	0.5	3,060	0.5
Jordan	6,140	2.0	6,590	1.9	4,321	1.1	2,222	0.5	2,187	0.4	1,754	0.3	1,733	0.3	1,726	0.3	1,799	0.3	2,225	0.3
Kuwait	2,990	1.0	3,810	1.1	1,624	0.4	3,035	0.7	3,045	0.6	1,720	0.3	1,703	0.3	1,633	0.3	1,823	0.3	2,031	0.3
Lebanon	6,770	2.2	7,090	2.1	3,899	1.0	1,554	0.3	2,005	0.4	2,040	0.4	1,950	0.3	1,852	0.3	1,807	0.3	1,823	0.3
Saudi Arabia	10,440	3.3	6,900	2.0	3,584	0.9	4,191	0.9	5,273	1.0	3,035	0.5	3,448	0.6	7,886	1.4	9,873	1.6	12,661	1.9
North America[3]	14,790	4.7	16,030	4.7	18,949	4.7	23,644	5.2	25,888	4.7	28,634	5.1	28,699	5.1	28,756	4.9	29,472	4.7	30,107	4.5
Canada	14,320	4.6	15,410	4.5	18,350	4.5	23,005	5.1	25,279	4.6	28,140	5.0	28,202	5.0	28,280	4.9	29,051	4.7	29,697	4.4
Oceania	4,180	1.3	4,030	1.2	4,230	1.0	4,202	0.9	4,624	0.8	4,481	0.8	4,702	0.8	4,300	0.7	5,005	0.8	5,053	0.8
Australia	1,530	0.5	1,530	0.4	1,906	0.5	2,244	0.5	2,645	0.5	2,659	0.5	2,806	0.5	2,797	0.5	3,088	0.5	3,203	0.5
Unidentified[4]	240	0.1	190	0.1	89	#	30	#	10	#	37	#	#	#	#	#	#	#	#	#

#Rounds to zero.
[1]Cyprus and Turkey were classified as being in the Middle East prior to 2004–05, but in Europe for 2004–05 and later years. Data for years prior to 2004–05 have been revised for comparability.
[2]Data for 1980–81 and 1985–86 are for West Germany (Federal Republic of Germany before unification).
[3]Excludes Mexico and Central America, which are included in Latin America.
[4]Home country unknown or undeclared.

NOTE: Includes foreign students enrolled in American Samoa, Guam, Puerto Rico, and the U.S. Virgin Islands. Totals and subtotals include other countries not shown separately. Data are for "nonimmigrants" (i.e., students who have not migrated to this country). Detail may not sum to totals because of rounding.
SOURCE: Institute of International Education, *Open Doors: Report on International Educational Exchange*, 1981 through 2009 (selected years). (This table was prepared May 2010.)

Table 235. Total fall enrollment in degree-granting institutions, by race/ethnicity, sex, attendance status, and level of student: Selected years, 1976 through 2009

Race/ethnicity, sex, attendance status, and level of student	Fall enrollment (in thousands)											Percentage distribution of students										
	1976	1980	1990	2000	2003	2004	2005	2006	2007	2008	2009	1976	1980	1990	2000	2003	2004	2005	2006	2007	2008	2009
1	2	3	4	5	6	7	8	9	10	11	12	13	14	15	16	17	18	19	20	21	22	23
All students, total	**10,985.6**	**12,086.8**	**13,818.6**	**15,312.3**	**16,911.5**	**17,272.0**	**17,487.5**	**17,758.9**	**18,248.1**	**19,102.8**	**20,427.7**	**100.0**	**100.0**	**100.0**	**100.0**	**100.0**	**100.0**	**100.0**	**100.0**	**100.0**	**100.0**	**100.0**
White	9,076.1	9,833.0	10,722.5	10,462.1	11,280.9	11,422.8	11,495.4	11,572.4	11,756.2	12,088.8	12,730.8	82.6	81.4	77.6	68.3	66.7	66.1	65.7	65.2	64.4	63.3	62.3
Total, selected races/ethnicities	1,690.8	1,948.8	2,704.7	4,321.5	5,032.9	5,259.1	5,407.2	5,590.6	5,867.4	6,353.5	7,012.1	15.4	16.1	19.6	28.2	29.8	30.4	30.9	31.5	32.2	33.3	34.3
Black	1,033.0	1,106.8	1,247.0	1,730.3	2,068.4	2,164.7	2,214.6	2,279.6	2,383.4	2,584.5	2,919.8	9.4	9.2	9.0	11.3	12.2	12.5	12.7	12.8	13.1	13.5	14.3
Hispanic	383.8	471.7	782.4	1,461.8	1,716.3	1,809.6	1,882.0	1,964.3	2,076.2	2,272.9	2,546.7	3.5	3.9	5.7	9.5	10.1	10.5	10.8	11.1	11.4	11.9	12.5
Asian/Pacific Islander	197.9	286.4	572.4	978.2	1,075.6	1,108.7	1,134.4	1,165.5	1,217.9	1,302.8	1,337.7	1.8	2.4	4.1	6.4	6.4	6.4	6.5	6.6	6.7	6.8	6.5
American Indian/Alaska Native	76.1	83.9	102.8	151.2	172.6	176.1	176.3	181.1	190.0	193.3	207.9	0.7	0.7	0.7	1.0	1.0	1.0	1.0	1.0	1.0	1.0	1.0
Nonresident alien	218.7	305.0	391.5	528.7	597.7	590.2	584.8	595.9	624.5	660.6	684.8	2.0	2.5	2.8	3.5	3.5	3.4	3.3	3.4	3.4	3.5	3.4
Male	5,794.4	5,868.1	6,283.9	6,721.8	7,260.3	7,387.3	7,455.9	7,574.8	7,815.9	8,188.9	8,769.5	100.0	100.0	100.0	100.0	100.0	100.0	100.0	100.0	100.0	100.0	100.0
White	4,813.7	4,772.9	4,861.0	4,634.6	4,929.8	4,988.0	5,007.2	5,046.2	5,146.1	5,302.9	5,594.4	83.1	81.3	77.4	68.9	67.9	67.5	67.2	66.6	65.8	64.8	63.8
Total, selected races/ethnicities	826.6	884.4	1,176.6	1,789.8	2,005.3	2,083.7	2,139.2	2,212.6	2,336.6	2,532.8	2,808.4	14.3	15.1	18.7	26.6	27.6	28.2	28.7	29.2	29.9	30.9	32.0
Black	469.9	463.7	484.7	635.3	730.7	758.4	774.1	795.4	838.1	911.8	1,037.1	8.1	7.9	7.7	9.5	10.1	10.3	10.4	10.5	10.7	11.1	11.8
Hispanic	209.7	231.6	353.9	627.1	709.3	745.1	774.6	810.0	861.6	946.7	1,066.3	3.6	3.9	5.6	9.3	9.8	10.1	10.4	10.7	11.0	11.6	12.2
Asian/Pacific Islander	108.4	151.3	294.9	465.9	498.2	511.6	522.0	536.0	562.5	597.4	621.5	1.9	2.6	4.7	6.9	6.9	6.9	7.0	7.1	7.2	7.3	7.1
American Indian/Alaska Native	38.5	37.8	43.1	61.4	67.1	68.6	68.4	71.2	74.4	76.9	83.4	0.7	0.6	0.7	0.9	0.9	0.9	0.9	0.9	1.0	0.9	1.0
Nonresident alien	154.1	210.8	246.3	297.3	325.2	315.6	309.5	316.1	333.2	353.3	366.7	2.7	3.6	3.9	4.4	4.5	4.3	4.2	4.2	4.3	4.3	4.2
Female	5,191.2	6,218.7	7,534.7	8,590.5	9,651.2	9,884.8	10,031.6	10,184.1	10,432.2	10,913.9	11,658.2	100.0	100.0	100.0	100.0	100.0	100.0	100.0	100.0	100.0	100.0	100.0
White	4,262.4	5,060.1	5,861.5	5,827.5	6,351.2	6,434.8	6,488.2	6,526.2	6,610.1	6,785.9	7,136.4	82.1	81.4	77.8	67.8	65.8	65.1	64.7	64.1	63.4	62.2	61.2
Total, selected races/ethnicities	864.2	1,064.4	1,528.1	2,531.7	3,027.5	3,175.4	3,268.0	3,378.0	3,530.9	3,820.7	4,203.7	16.6	17.1	20.3	29.5	31.4	32.1	32.6	33.2	33.8	35.0	36.1
Black	563.1	643.0	762.3	1,095.0	1,337.7	1,406.3	1,440.4	1,484.2	1,545.3	1,672.7	1,882.7	10.8	10.3	10.1	12.7	13.9	14.2	14.4	14.6	14.8	15.3	16.1
Hispanic	174.1	240.1	428.5	834.7	1,006.9	1,064.5	1,107.3	1,154.3	1,214.5	1,326.1	1,480.4	3.4	3.9	5.7	9.7	10.4	10.8	11.0	11.3	11.6	12.2	12.7
Asian/Pacific Islander	89.4	135.2	277.5	512.3	577.4	597.1	612.4	629.5	655.4	705.4	716.1	1.7	2.2	3.7	6.0	6.0	6.0	6.1	6.2	6.3	6.5	6.1
American Indian/Alaska Native	37.6	46.1	59.7	89.7	105.5	107.5	107.9	110.0	115.6	116.4	124.5	0.7	0.7	0.8	1.0	1.1	1.1	1.1	1.1	1.1	1.1	1.1
Nonresident alien	64.6	94.2	145.2	231.4	272.5	274.6	275.3	279.8	291.2	307.3	318.1	1.2	1.5	1.9	2.7	2.8	2.8	2.7	2.7	2.8	2.8	2.7
Full-time	6,703.6	7,088.9	7,821.0	9,009.6	10,326.1	10,610.2	10,797.0	10,957.3	11,269.9	11,747.7	12,722.8	100.0	100.0	100.0	100.0	100.0	100.0	100.0	100.0	100.0	100.0	100.0
White	5,512.6	5,717.0	6,016.5	6,231.1	6,982.0	7,129.1	7,220.5	7,267.3	7,394.2	7,593.5	8,078.8	82.2	80.6	76.9	69.2	67.6	67.2	66.9	66.3	65.6	64.6	63.5
Total, selected races/ethnicities	1,030.9	1,137.5	1,514.9	2,368.5	2,872.6	3,015.4	3,117.1	3,221.9	3,382.0	3,631.9	4,101.7	15.4	16.0	19.4	26.3	27.8	28.4	28.9	29.4	30.0	30.9	32.2
Black	659.2	685.6	718.3	982.6	1,218.4	1,282.8	1,321.7	1,354.8	1,416.1	1,530.7	1,763.7	9.8	9.7	9.2	10.9	11.8	12.1	12.2	12.4	12.6	13.0	13.9
Hispanic	211.1	247.0	394.7	710.3	882.2	936.6	979.7	1,023.8	1,082.9	1,177.2	1,362.4	3.1	3.5	5.0	7.9	8.5	8.8	9.1	9.3	9.6	10.0	10.7
Asian/Pacific Islander	117.7	162.0	347.4	591.2	670.5	691.4	710.1	735.4	770.0	808.9	848.6	1.8	2.3	4.4	6.6	6.5	6.5	6.6	6.7	6.8	6.9	6.7
American Indian/Alaska Native	43.0	43.0	54.4	84.4	101.4	104.6	105.6	107.9	113.0	115.1	127.0	0.6	0.6	0.7	0.9	1.0	1.0	1.0	1.0	1.0	1.0	1.0
Nonresident alien	160.0	234.4	289.6	410.0	471.6	465.6	459.4	468.0	493.7	522.3	542.3	2.4	3.3	3.7	4.6	4.6	4.4	4.3	4.3	4.4	4.4	4.3
Part-time	4,282.1	4,997.9	5,997.7	6,302.7	6,585.3	6,661.9	6,690.5	6,801.6	6,978.2	7,355.1	7,704.9	100.0	100.0	100.0	100.0	100.0	100.0	100.0	100.0	100.0	100.0	100.0
White	3,563.5	4,116.0	4,706.0	4,231.0	4,298.9	4,293.6	4,274.9	4,305.1	4,362.1	4,495.3	4,651.9	83.2	82.4	78.5	67.1	65.3	64.5	63.9	63.3	62.5	61.1	60.4
Total, selected races/ethnicities	659.9	811.3	1,189.8	1,953.0	2,160.3	2,243.7	2,290.1	2,368.6	2,485.4	2,721.5	2,910.4	15.4	16.2	19.8	31.0	32.8	33.7	34.2	34.8	35.6	37.0	37.8
Black	373.8	421.2	528.7	747.7	849.9	881.8	892.9	924.8	967.2	1,053.7	1,156.2	8.7	8.4	8.8	11.9	12.9	13.2	13.3	13.6	13.9	14.3	15.0
Hispanic	172.7	224.8	387.7	751.5	834.0	873.0	902.2	940.5	993.2	1,095.7	1,184.3	4.0	4.5	6.5	11.9	12.7	13.1	13.5	13.8	14.2	14.9	15.4
Asian/Pacific Islander	80.2	124.4	225.1	387.1	405.1	417.3	424.3	430.1	447.9	493.9	489.1	1.9	2.5	3.8	6.1	6.2	6.3	6.3	6.3	6.4	6.7	6.3
American Indian/Alaska Native	33.1	40.9	48.4	66.8	71.3	71.6	70.7	73.2	77.0	78.2	80.9	0.8	0.8	0.8	1.1	1.1	1.1	1.1	1.1	1.1	1.1	1.0
Nonresident alien	58.7	70.6	101.8	118.7	126.1	124.6	125.5	127.8	130.8	138.3	142.6	1.4	1.4	1.7	1.9	1.9	1.9	1.9	1.9	1.9	1.9	1.9

See notes at end of table.

Table 235. Total fall enrollment in degree-granting institutions, by race/ethnicity, sex, attendance status, and level of student: Selected years, 1976 through 2009—Continued

Race/ethnicity, sex, attendance status, and level of student	Fall enrollment (in thousands)											Percentage distribution of students										
	1976	1980	1990	2000	2003	2004	2005	2006	2007	2008	2009	1976	1980	1990	2000	2003	2004	2005	2006	2007	2008	2009
1	2	3	4	5	6	7	8	9	10	11	12	13	14	15	16	17	18	19	20	21	22	23
Undergraduate, total	**9,419.0**	**10,469.1**	**11,959.1**	**13,155.4**	**14,480.4**	**14,780.6**	**14,964.0**	**15,184.3**	**15,603.8**	**16,365.7**	**17,565.3**	**100.0**	**100.0**	**100.0**	**100.0**	**100.0**	**100.0**	**100.0**	**100.0**	**100.0**	**100.0**	**100.0**
White	7,740.5	8,480.7	9,272.6	8,983.5	9,664.6	9,771.3	9,828.6	9,885.4	10,046.6	10,339.2	10,915.3	82.2	81.0	77.5	68.3	66.7	66.1	65.7	65.1	64.4	63.2	62.1
Total, selected races/ethnicities	1,535.3	1,778.5	2,467.7	3,884.0	4,498.4	4,695.5	4,820.7	4,977.9	5,221.9	5,666.2	6,271.6	16.3	17.0	20.6	29.5	31.1	31.8	32.2	32.8	33.5	34.6	35.7
Black	943.4	1,018.8	1,147.2	1,548.9	1,838.0	1,918.5	1,955.4	2,005.7	2,092.6	2,269.3	2,577.4	10.0	9.7	9.6	11.8	12.7	13.0	13.1	13.2	13.4	13.9	14.7
Hispanic	352.9	433.1	724.6	1,351.0	1,579.8	1,666.9	1,733.6	1,810.1	1,915.9	2,103.5	2,362.5	3.7	4.1	6.1	10.3	10.9	11.3	11.6	11.9	12.3	12.9	13.4
Asian/Pacific Islander	169.3	248.7	500.5	845.5	922.7	949.9	971.4	997.9	1,042.1	1,117.9	1,142.3	1.8	2.4	4.2	6.4	6.4	6.4	6.5	6.6	6.7	6.8	6.5
American Indian/Alaska Native	69.7	77.9	95.5	138.5	157.8	160.3	160.4	164.2	171.3	175.6	189.4	0.7	0.7	0.8	1.1	1.1	1.1	1.1	1.1	1.1	1.1	1.1
Nonresident alien	143.2	209.9	218.7	288.0	317.3	313.8	314.7	321.0	335.3	360.3	378.4	1.5	2.0	1.8	2.2	2.2	2.1	2.1	2.1	2.1	2.2	2.2
Male	4,896.8	4,997.4	5,379.8	5,778.3	6,227.4	6,340.0	6,408.9	6,513.8	6,727.6	7,066.6	7,595.5	100.0	100.0	100.0	100.0	100.0	100.0	100.0	100.0	100.0	100.0	100.0
White	4,052.2	4,054.9	4,184.4	4,010.1	4,263.1	4,309.9	4,330.4	4,364.6	4,455.9	4,598.6	4,860.2	82.8	81.1	77.8	69.4	68.5	68.0	67.6	67.0	66.2	65.1	64.0
Total, selected races/ethnicities	748.2	802.7	1,069.3	1,618.0	1,806.5	1,877.0	1,926.6	1,993.3	2,107.5	2,290.3	2,546.2	15.3	16.1	19.9	28.0	29.0	29.6	30.1	30.6	31.3	32.4	33.5
Black	430.7	428.2	448.0	577.0	660.4	684.7	697.5	715.7	754.1	821.3	938.3	8.8	8.6	8.3	10.0	10.6	10.8	10.9	11.0	11.2	11.6	12.4
Hispanic	191.7	211.2	326.9	582.6	656.8	690.5	718.5	752.0	802.0	884.0	997.3	3.9	4.2	6.1	10.1	10.5	10.9	11.2	11.5	11.9	12.5	13.1
Asian/Pacific Islander	91.1	128.5	254.5	401.9	427.9	439.1	448.1	460.6	483.6	514.6	534.0	1.9	2.6	4.7	7.0	6.9	6.9	7.0	7.1	7.2	7.3	7.0
American Indian/Alaska Native	34.8	34.8	39.9	56.4	61.5	62.7	62.5	65.0	67.8	70.3	76.5	0.7	0.7	0.7	1.0	1.0	1.0	1.0	1.0	1.0	1.0	1.0
Nonresident alien	96.4	139.8	126.1	150.2	157.7	153.1	151.8	155.9	164.2	177.7	189.1	2.0	2.8	2.3	2.6	2.5	2.4	2.4	2.4	2.4	2.5	2.5
Female	4,522.1	5,471.7	6,579.3	7,377.1	8,253.0	8,440.6	8,555.1	8,670.5	8,876.2	9,299.1	9,969.8	100.0	100.0	100.0	100.0	100.0	100.0	100.0	100.0	100.0	100.0	100.0
White	3,688.3	4,425.8	5,088.2	4,973.3	5,401.5	5,461.4	5,498.2	5,520.9	5,590.6	5,740.6	6,055.0	81.6	80.9	77.3	67.4	65.4	64.7	64.3	63.7	63.0	61.7	60.7
Total, selected races/ethnicities	787.0	975.8	1,398.5	2,266.0	2,691.8	2,818.5	2,894.0	2,984.5	3,114.4	3,375.9	3,725.4	17.4	17.8	21.3	30.7	32.6	33.4	33.8	34.4	35.1	36.3	37.4
Black	512.7	590.6	699.2	971.9	1,177.7	1,233.8	1,257.8	1,290.0	1,338.5	1,448.0	1,639.1	11.3	10.8	10.6	13.2	14.3	14.6	14.7	14.9	15.1	15.6	16.4
Hispanic	161.2	221.8	397.6	768.4	923.0	976.3	1,015.0	1,058.1	1,113.9	1,219.5	1,365.2	3.6	4.1	6.0	10.4	11.2	11.6	11.9	12.2	12.5	13.1	13.7
Asian/Pacific Islander	78.2	120.2	246.0	443.6	494.8	510.8	523.2	537.3	558.5	603.2	608.3	1.7	2.2	3.7	6.0	6.0	6.1	6.1	6.2	6.3	6.5	6.1
American Indian/Alaska Native	34.9	43.1	55.5	82.1	96.3	97.6	98.0	99.2	103.6	105.2	112.9	0.8	0.8	0.8	1.1	1.2	1.2	1.1	1.1	1.2	1.1	1.1
Nonresident alien	46.8	70.1	92.6	137.8	159.6	160.7	162.9	165.2	171.2	182.6	189.4	1.0	1.3	1.4	1.9	1.9	1.9	1.9	1.9	1.9	2.0	1.9
Postbaccalaureate, total	**1,566.6**	**1,617.7**	**1,859.5**	**2,156.9**	**2,431.1**	**2,491.4**	**2,523.5**	**2,574.6**	**2,644.4**	**2,737.1**	**2,862.4**	**100.0**	**100.0**	**100.0**	**100.0**	**100.0**	**100.0**	**100.0**	**100.0**	**100.0**	**100.0**	**100.0**
White	1,335.6	1,352.4	1,449.8	1,478.6	1,616.3	1,651.5	1,666.8	1,687.0	1,709.7	1,749.6	1,815.5	85.3	83.6	78.0	68.6	66.5	66.3	66.1	65.5	64.7	63.9	63.4
Total, selected races/ethnicities	155.5	170.3	237.0	437.5	534.5	563.6	586.6	612.7	645.5	687.2	740.5	9.9	10.5	12.7	20.3	22.0	22.6	23.2	23.8	24.4	25.1	25.9
Black	89.7	87.9	99.8	181.4	230.3	246.2	259.2	273.9	290.8	315.2	342.4	5.7	5.4	5.4	8.4	9.5	9.9	10.3	10.6	11.0	11.5	12.0
Hispanic	30.9	38.6	57.9	110.8	136.5	142.7	148.4	154.2	160.3	169.4	184.2	2.0	2.4	3.1	5.1	5.6	5.7	5.9	6.0	6.1	6.2	6.4
Asian/Pacific Islander	28.6	37.7	72.0	132.7	152.8	158.8	163.0	167.6	175.8	184.9	195.4	1.8	2.3	3.9	6.2	6.3	6.4	6.5	6.5	6.6	6.8	6.8
American Indian/Alaska Native	6.4	6.0	7.3	12.6	14.8	15.8	15.9	17.0	18.7	17.7	18.5	0.4	0.4	0.4	0.6	0.6	0.6	0.6	0.7	0.7	0.6	0.6
Nonresident alien	75.5	95.1	172.7	240.7	280.4	276.3	270.1	274.8	289.1	300.3	306.4	4.8	5.9	9.3	11.2	11.5	11.1	10.7	10.7	10.9	11.0	10.7
Male	897.6	870.7	904.2	943.5	1,032.9	1,047.2	1,047.1	1,061.1	1,088.3	1,122.3	1,174.0	100.0	100.0	100.0	100.0	100.0	100.0	100.0	100.0	100.0	100.0	100.0
White	761.6	718.1	676.6	624.5	666.6	678.1	676.8	681.6	690.2	704.3	734.2	84.8	82.5	74.8	66.2	64.5	64.8	64.6	64.2	63.4	62.8	62.5
Total, selected races/ethnicities	78.4	81.7	107.4	171.9	198.8	206.7	212.5	219.2	229.1	242.5	262.2	8.7	9.4	11.9	18.2	19.2	19.7	20.3	20.7	21.0	21.6	22.3
Black	39.2	35.5	36.7	58.3	70.3	73.7	76.6	79.7	84.0	90.5	98.8	4.4	4.1	4.1	6.2	6.8	7.0	7.3	7.5	7.7	8.1	8.4
Hispanic	18.1	20.4	27.0	44.5	52.6	54.6	56.1	57.9	59.6	62.7	69.0	2.0	2.3	3.0	4.7	5.1	5.2	5.4	5.5	5.5	5.6	5.9
Asian/Pacific Islander	17.4	22.8	40.4	64.0	70.3	72.5	73.9	75.4	78.9	82.7	87.5	1.9	2.6	4.5	6.8	6.8	6.9	7.1	7.1	7.2	7.4	7.5
American Indian/Alaska Native	3.7	3.0	3.2	5.0	5.6	5.9	5.9	6.2	6.6	6.5	6.9	0.4	0.3	0.4	0.5	0.5	0.6	0.6	0.6	0.6	0.6	0.6
Nonresident alien	57.7	71.0	120.2	147.1	167.5	162.4	157.7	160.2	169.1	175.5	177.7	6.4	8.1	13.3	15.6	16.2	15.5	15.1	15.1	15.5	15.6	15.1
Female	669.1	747.0	955.4	1,213.4	1,398.2	1,444.2	1,476.5	1,513.5	1,556.0	1,614.8	1,688.4	100.0	100.0	100.0	100.0	100.0	100.0	100.0	100.0	100.0	100.0	100.0
White	574.1	634.3	773.2	854.1	949.6	973.4	990.0	1,005.4	1,019.5	1,045.3	1,081.4	85.8	84.9	80.9	70.4	67.9	67.4	67.1	66.4	65.5	64.7	64.0
Total, selected races/ethnicities	77.2	88.6	129.6	265.7	335.7	356.9	374.0	393.5	416.5	444.8	478.3	11.5	11.9	13.6	21.9	24.0	24.7	25.3	26.0	26.8	27.5	28.3
Black	50.5	52.4	63.1	123.1	160.0	172.6	182.6	194.2	206.8	224.7	243.6	7.5	7.0	6.6	10.1	11.4	11.9	12.4	12.8	13.3	13.9	14.4
Hispanic	12.8	18.3	30.9	66.3	83.9	88.2	92.3	96.3	100.7	106.7	115.2	1.9	2.4	3.2	5.5	6.0	6.1	6.3	6.4	6.5	6.6	6.8
Asian/Pacific Islander	11.2	15.0	31.5	68.7	82.6	86.3	89.1	92.2	97.0	102.2	107.9	1.7	2.0	3.3	5.7	5.9	6.0	6.0	6.1	6.2	6.3	6.4
American Indian/Alaska Native	2.7	3.0	4.1	7.6	9.2	9.9	10.0	10.8	12.1	11.2	11.6	0.4	0.4	0.4	0.6	0.7	0.7	0.7	0.7	0.8	0.7	0.7
Nonresident alien	17.8	24.1	52.5	93.6	112.9	113.9	112.4	114.6	120.1	124.8	128.7	2.7	3.2	5.5	7.7	8.1	7.9	7.6	7.6	7.7	7.7	7.6

NOTE: Race categories exclude persons of Hispanic ethnicity. Because of underreporting and nonreporting of racial/ethnic data, some figures are slightly lower than corresponding data in other tables. Data through 1990 are for institutions of higher education, while later data are for degree-granting institutions. Degree-granting institutions grant associate's or higher degrees and participate in Title IV federal financial aid programs. The degree-granting classification is very similar to the earlier higher education classification, but it includes more 2-year colleges and excludes a few higher education institutions that did not grant degrees. (See Appendix A: Guide to Sources for details.) Detail may not sum to totals because of rounding.

SOURCE: U.S. Department of Education, National Center for Education Statistics, Higher Education General Information Survey (HEGIS), "Fall Enrollment in Colleges and Universities" surveys, 1976 and 1980; and 1990 through 2009 Integrated Postsecondary Education Data System (IPEDS), "Fall Enrollment Survey" (IPEDS-EF:90), and Spring 2001 through Spring 2010. (This table was prepared October 2010.)

Table 236. Total fall enrollment in degree-granting institutions, by race/ethnicity of student and type and control of institution: Selected years, 1976 through 2009

Race/ethnicity of student and type and control of institution	Fall enrollment (in thousands)											Percentage distribution of students										
	1976	1980	1990	2000	2003	2004	2005	2006	2007	2008	2009	1976	1980	1990	2000	2003	2004	2005	2006	2007	2008	2009
1	2	3	4	5	6	7	8	9	10	11	12	13	14	15	16	17	18	19	20	21	22	23
All students, total	**10,985.6**	**12,086.8**	**13,818.6**	**15,312.3**	**16,911.5**	**17,272.0**	**17,487.5**	**17,758.9**	**18,248.1**	**19,102.8**	**20,427.7**	**100.0**	**100.0**	**100.0**	**100.0**	**100.0**	**100.0**	**100.0**	**100.0**	**100.0**	**100.0**	**100.0**
White	9,076.1	9,833.0	10,722.5	10,462.1	11,280.9	11,422.8	11,495.4	11,572.4	11,756.2	12,088.8	12,730.8	82.6	81.4	77.6	68.3	66.7	66.1	65.7	65.2	64.4	63.3	62.3
Total, selected races/ethnicities	1,690.8	1,948.8	2,704.7	4,321.5	5,032.9	5,259.1	5,407.2	5,590.6	5,867.4	6,353.5	7,012.1	15.4	16.1	19.6	28.2	29.8	30.4	30.9	31.5	32.2	33.3	34.3
Black	1,033.0	1,106.8	1,247.0	1,730.3	2,068.4	2,164.7	2,214.6	2,279.6	2,383.4	2,584.5	2,919.8	9.4	9.2	9.0	11.3	12.2	12.5	12.7	12.8	13.1	13.5	14.3
Hispanic	383.8	471.7	782.4	1,461.8	1,716.3	1,809.6	1,882.0	1,964.3	2,076.2	2,272.9	2,546.7	3.5	3.9	5.7	9.5	10.1	10.5	10.8	11.1	11.4	11.9	12.5
Asian/Pacific Islander	197.9	286.4	572.4	978.2	1,075.6	1,108.7	1,134.4	1,165.5	1,217.9	1,302.8	1,337.7	1.8	2.4	4.1	6.4	6.4	6.4	6.5	6.6	6.7	6.8	6.5
American Indian/Alaska Native	76.1	83.9	102.8	151.2	172.6	176.1	176.3	181.1	190.0	193.3	207.9	0.7	0.7	0.7	1.0	1.0	1.0	1.0	1.0	1.0	1.0	1.0
Nonresident alien	218.7	305.0	391.5	528.7	597.7	590.2	584.8	595.9	624.5	660.6	684.8	2.0	2.5	2.8	3.5	3.5	3.4	3.3	3.4	3.4	3.5	3.4
Public	8,641.0	9,456.4	10,844.7	11,752.8	12,858.7	12,980.1	13,021.8	13,180.1	13,490.8	13,972.2	14,810.6	100.0	100.0	100.0	100.0	100.0	100.0	100.0	100.0	100.0	100.0	100.0
White	7,094.5	7,656.1	8,385.4	7,963.4	8,534.0	8,546.3	8,518.2	8,540.5	8,640.3	8,817.7	9,234.6	82.1	81.0	77.3	67.8	66.4	65.8	65.4	64.8	64.0	63.1	62.4
Total, selected races/ethnicities	1,401.2	1,596.2	2,199.2	3,446.3	3,936.7	4,062.4	4,130.8	4,256.6	4,448.8	4,727.5	5,135.2	16.2	16.9	20.3	29.3	30.6	31.3	31.7	32.3	33.0	33.8	34.7
Black	831.2	876.1	976.4	1,319.2	1,532.7	1,574.6	1,580.4	1,612.6	1,667.6	1,759.2	1,937.2	9.6	9.3	9.0	11.2	11.9	12.1	12.1	12.2	12.4	12.6	13.1
Hispanic	336.8	406.2	671.4	1,229.3	1,414.8	1,477.4	1,525.6	1,594.3	1,685.4	1,832.4	2,017.7	3.9	4.3	6.2	10.5	11.0	11.4	11.7	12.1	12.5	13.1	13.6
Asian/Pacific Islander	165.7	239.7	461.0	770.5	845.0	866.1	881.9	903.8	942.5	982.9	1,018.5	1.9	2.5	4.3	6.6	6.6	6.7	6.8	6.9	7.0	7.0	6.9
American Indian/Alaska Native	67.5	74.2	90.4	127.3	144.3	144.4	143.0	145.9	153.3	153.0	161.8	0.8	0.8	0.8	1.1	1.1	1.1	1.1	1.1	1.1	1.1	1.1
Nonresident alien	145.3	204.2	260.0	343.1	387.9	371.4	372.8	383.1	401.7	427.0	440.8	1.7	2.2	2.4	2.9	3.0	2.9	2.9	2.9	3.0	3.1	3.0
Private	2,344.6	2,630.4	2,973.9	3,559.5	4,052.8	4,291.9	4,465.6	4,578.7	4,757.3	5,130.7	5,617.1	100.0	100.0	100.0	100.0	100.0	100.0	100.0	100.0	100.0	100.0	100.0
White	1,981.6	2,176.9	2,337.0	2,498.7	2,746.9	2,876.5	2,977.3	3,032.0	3,116.0	3,271.1	3,496.2	84.5	82.8	78.6	70.2	67.8	67.0	66.7	66.2	65.5	63.8	62.2
Total, selected races/ethnicities	289.6	352.7	505.5	875.2	1,096.2	1,196.7	1,276.4	1,333.9	1,418.6	1,625.9	1,876.9	12.4	13.4	17.0	24.6	27.0	27.9	28.6	29.1	29.8	31.7	33.4
Black	201.8	230.7	270.6	411.1	535.7	590.1	634.2	667.0	715.7	825.3	982.7	8.6	8.8	9.1	11.5	13.2	13.7	14.2	14.6	15.0	16.1	17.5
Hispanic	47.0	65.6	111.0	232.5	301.5	332.2	356.4	370.1	390.7	440.5	529.0	2.0	2.5	3.7	6.5	7.4	7.7	8.0	8.1	8.2	8.6	9.4
Asian/Pacific Islander	32.2	46.7	111.5	207.7	230.6	242.6	252.4	261.7	275.4	319.9	319.1	1.4	1.8	3.7	5.8	5.7	5.7	5.7	5.7	5.8	6.2	5.7
American Indian/Alaska Native	8.6	9.7	12.4	23.9	28.4	31.8	33.3	35.2	36.7	40.3	46.1	0.4	0.4	0.4	0.7	0.7	0.7	0.7	0.8	0.8	0.8	0.8
Nonresident alien	73.4	100.8	131.4	185.6	209.7	218.8	212.0	212.8	222.8	233.6	244.0	3.1	3.8	4.4	5.2	5.2	5.1	4.7	4.6	4.7	4.6	4.3
4-year, total	**7,106.5**	**7,565.4**	**8,578.6**	**9,363.9**	**10,417.2**	**10,726.2**	**10,999.4**	**11,240.3**	**11,630.2**	**12,131.4**	**12,906.3**	**100.0**	**100.0**	**100.0**	**100.0**	**100.0**	**100.0**	**100.0**	**100.0**	**100.0**	**100.0**	**100.0**
White	5,999.0	6,274.5	6,768.1	6,658.0	7,202.8	7,359.0	7,496.9	7,603.4	7,781.0	7,987.1	8,357.4	84.4	82.9	78.9	71.1	69.1	68.6	68.2	67.6	66.9	65.8	64.8
Total, selected races/ethnicities	931.0	1,049.9	1,486.1	2,266.1	2,713.0	2,868.0	3,009.5	3,134.4	3,320.5	3,588.4	3,964.4	13.1	13.9	17.3	24.2	26.0	26.7	27.4	27.9	28.6	29.6	30.7
Black	603.7	634.3	722.8	995.4	1,188.5	1,258.9	1,313.4	1,361.7	1,441.7	1,565.0	1,767.0	8.5	8.4	8.4	10.6	11.4	11.7	11.9	12.1	12.4	12.9	13.7
Hispanic	173.6	216.6	358.2	617.9	783.7	837.2	900.5	950.0	1,008.7	1,092.2	1,237.7	2.4	2.9	4.2	6.6	7.5	7.8	8.2	8.5	8.7	9.0	9.6
Asian/Pacific Islander	118.7	162.1	357.2	576.3	650.3	678.0	700.0	722.7	761.5	823.4	842.0	1.7	2.1	4.2	6.2	6.2	6.3	6.4	6.4	6.5	6.8	6.5
American Indian/Alaska Native	35.0	36.9	47.9	76.5	90.4	93.9	95.6	100.0	108.6	107.8	117.7	0.5	0.5	0.6	0.8	0.9	0.9	0.9	0.9	0.9	0.9	0.9
Nonresident alien	176.5	240.9	324.3	439.7	501.5	499.2	493.1	502.5	528.7	555.9	584.6	2.5	3.2	3.8	4.7	4.8	4.7	4.5	4.5	4.5	4.6	4.5
Public	4,892.9	5,127.6	5,848.2	6,055.4	6,649.4	6,736.5	6,837.6	6,955.0	7,166.7	7,331.8	7,709.2	100.0	100.0	100.0	100.0	100.0	100.0	100.0	100.0	100.0	100.0	100.0
White	4,120.2	4,243.0	4,605.6	4,311.2	4,611.0	4,642.9	4,678.1	4,720.8	4,813.6	4,879.2	5,057.8	84.2	82.7	78.8	71.2	69.3	68.9	68.4	67.9	67.2	66.5	65.6
Total, selected races/ethnicities	666.7	740.8	1,046.2	1,486.4	1,744.7	1,811.5	1,876.9	1,942.8	2,045.3	2,128.2	2,307.6	13.6	14.4	17.9	24.5	26.2	26.9	27.5	27.9	28.5	29.0	29.9
Black	421.8	438.2	495.1	627.8	717.9	741.2	754.0	770.1	801.7	827.3	896.7	8.6	8.5	8.5	10.4	10.8	11.0	11.0	11.1	11.2	11.3	11.6
Hispanic	129.3	156.4	262.5	420.0	528.4	555.8	595.6	629.8	668.6	709.9	794.1	2.6	3.1	4.5	6.9	7.9	8.3	8.7	9.1	9.3	9.7	10.3
Asian/Pacific Islander	87.5	117.2	250.6	381.3	432.0	447.4	460.1	473.2	498.5	518.3	540.1	1.8	2.3	4.3	6.3	6.5	6.6	6.7	6.8	7.0	7.1	7.0
American Indian/Alaska Native	28.2	29.0	38.0	57.2	66.4	67.0	67.2	69.7	76.5	72.6	76.7	0.6	0.6	0.7	0.9	1.0	1.0	1.0	1.0	1.1	1.0	1.0
Nonresident alien	106.0	143.8	196.4	257.8	293.8	282.2	282.6	291.4	307.8	324.4	343.7	2.2	2.8	3.4	4.3	4.4	4.2	4.1	4.2	4.3	4.4	4.5
Private	2,213.6	2,437.8	2,730.3	3,308.5	3,767.8	3,989.6	4,161.8	4,285.3	4,463.5	4,799.6	5,197.1	100.0	100.0	100.0	100.0	100.0	100.0	100.0	100.0	100.0	100.0	100.0
White	1,878.8	2,031.5	2,162.5	2,346.9	2,591.8	2,716.1	2,818.8	2,882.6	2,967.5	3,107.9	3,299.5	84.9	83.3	79.2	70.9	68.8	68.1	67.7	67.3	66.5	64.8	63.5
Total, selected races/ethnicities	264.3	309.2	439.8	779.7	968.3	1,056.5	1,132.5	1,191.6	1,275.3	1,460.2	1,656.7	11.9	12.7	16.1	23.6	25.7	26.5	27.2	27.8	28.6	30.4	31.9
Black	182.0	196.1	227.7	367.6	470.7	517.7	559.4	591.6	640.0	737.6	870.3	8.2	8.0	8.3	11.1	12.5	13.0	13.4	13.8	14.3	15.4	16.7
Hispanic	44.3	60.2	95.7	197.9	255.3	281.3	304.9	320.2	340.1	382.3	443.6	2.0	2.5	3.5	6.0	6.8	7.1	7.3	7.5	7.6	8.0	8.5
Asian/Pacific Islander	31.2	44.9	106.6	195.0	218.3	230.6	239.8	249.5	263.1	305.1	301.8	1.4	1.8	3.9	5.9	5.8	5.8	5.8	5.8	5.9	6.4	5.8
American Indian/Alaska Native	6.8	7.9	9.9	19.3	23.9	26.9	28.4	30.3	32.1	35.2	41.0	0.3	0.3	0.4	0.6	0.6	0.7	0.7	0.7	0.7	0.7	0.8
Nonresident alien	70.5	97.1	127.9	181.9	207.7	217.0	210.4	211.1	220.8	231.5	240.8	3.2	4.0	4.7	5.5	5.5	5.4	5.1	4.9	4.9	4.8	4.6

See notes at end of table.

Table 236. Total fall enrollment in degree-granting institutions, by race/ethnicity of student and type and control of institution: Selected years, 1976 through 2009—Continued

Race/ethnicity of student and type and control of institution	Fall enrollment (in thousands)											Percentage distribution of students										
	1976	1980	1990	2000	2003	2004	2005	2006	2007	2008	2009	1976	1980	1990	2000	2003	2004	2005	2006	2007	2008	2009
1	2	3	4	5	6	7	8	9	10	11	12	13	14	15	16	17	18	19	20	21	22	23
2-year, total	**3,879.1**	**4,521.4**	**5,240.1**	**5,948.4**	**6,494.2**	**6,545.9**	**6,488.1**	**6,518.5**	**6,617.9**	**6,971.4**	**7,521.4**	**100.0**	**100.0**	**100.0**	**100.0**	**100.0**	**100.0**	**100.0**	**100.0**	**100.0**	**100.0**	**100.0**
White	3,077.1	3,558.5	3,954.3	3,804.1	4,078.1	4,063.8	3,998.6	3,969.1	3,975.2	4,101.6	4,373.4	79.3	78.7	75.5	64.0	62.8	62.1	61.6	60.9	60.1	58.8	58.1
Total, selected races/ethnicities	759.8	898.9	1,218.6	2,055.4	2,319.9	2,391.2	2,397.7	2,456.1	2,546.9	2,765.0	3,047.8	19.6	19.9	23.3	34.6	35.7	36.5	37.0	37.7	38.5	39.7	40.5
Black	429.3	472.5	524.3	734.9	879.8	905.8	901.1	917.9	941.7	1,019.5	1,152.8	11.1	10.4	10.0	12.4	13.5	13.8	13.9	14.1	14.2	14.6	15.3
Hispanic	210.2	255.1	424.2	843.9	932.5	972.4	981.5	1,014.3	1,067.4	1,180.7	1,309.0	5.4	5.6	8.1	14.2	14.4	14.9	15.1	15.6	16.1	16.9	17.4
Asian/Pacific Islander	79.2	124.3	215.2	401.9	425.3	430.7	434.4	442.8	456.4	479.4	495.7	2.0	2.8	4.1	6.8	6.5	6.6	6.7	6.8	6.9	6.9	6.6
American Indian/Alaska Native	41.2	47.0	54.9	74.7	82.3	82.2	80.7	81.1	81.4	85.5	90.3	1.1	1.0	1.0	1.3	1.3	1.3	1.2	1.2	1.2	1.2	1.2
Nonresident alien	42.2	64.1	67.1	89.0	96.2	90.9	91.8	93.4	95.8	104.7	100.2	1.1	1.4	1.3	1.5	1.5	1.4	1.4	1.4	1.4	1.5	1.3
Public	3,748.1	4,328.8	4,996.5	5,697.4	6,209.3	6,243.6	6,184.2	6,225.1	6,324.1	6,640.3	7,101.4	100.0	100.0	100.0	100.0	100.0	100.0	100.0	100.0	100.0	100.0	100.0
White	2,974.3	3,413.1	3,779.8	3,652.2	3,923.1	3,903.4	3,840.1	3,819.7	3,826.7	3,938.5	4,176.8	79.4	78.8	75.7	64.1	63.2	62.5	62.1	61.4	60.5	59.3	58.8
Total, selected races/ethnicities	734.5	855.4	1,153.0	1,959.9	2,192.0	2,251.0	2,253.9	2,313.8	2,403.6	2,599.3	2,827.6	19.6	19.8	23.1	34.4	35.3	36.1	36.4	37.2	38.0	39.1	39.8
Black	409.5	437.9	481.4	691.4	814.8	833.4	826.3	842.5	865.9	931.9	1,040.4	10.9	10.1	9.6	12.1	13.1	13.3	13.4	13.5	13.7	14.0	14.7
Hispanic	207.5	249.8	408.9	809.2	886.4	921.6	930.0	964.4	1,016.8	1,122.5	1,223.6	5.5	5.8	8.2	14.2	14.3	14.8	15.0	15.5	16.1	16.9	17.2
Asian/Pacific Islander	78.2	122.5	210.3	389.2	413.0	418.6	421.8	430.6	444.1	464.5	478.4	2.1	2.8	4.2	6.8	6.7	6.7	6.8	6.9	7.0	7.0	6.7
American Indian/Alaska Native	39.3	45.2	52.4	70.1	77.8	77.4	75.7	76.2	76.8	80.4	85.1	1.0	1.0	1.0	1.2	1.3	1.2	1.2	1.2	1.2	1.2	1.2
Nonresident alien	39.2	60.3	63.6	85.2	94.1	89.2	90.2	91.6	93.9	102.6	97.1	1.0	1.4	1.3	1.5	1.5	1.4	1.5	1.5	1.5	1.5	1.4
Private	131.0	192.6	243.6	251.0	285.0	302.3	303.8	293.4	293.8	331.0	420.0	100.0	100.0	100.0	100.0	100.0	100.0	100.0	100.0	100.0	100.0	100.0
White	102.8	145.4	174.5	151.8	155.1	160.4	158.4	149.4	148.5	163.2	196.6	78.5	75.5	71.6	60.5	54.4	53.1	52.1	50.9	50.6	49.3	46.8
Total, selected races/ethnicities	25.3	43.5	65.6	95.5	127.9	140.2	143.8	142.3	143.3	165.7	220.2	19.3	22.6	26.9	38.0	44.9	46.4	47.3	48.5	48.8	50.1	52.4
Black	19.8	34.6	42.9	43.5	65.0	72.5	74.8	75.4	75.7	87.7	112.4	15.1	17.9	17.6	17.3	22.8	24.0	24.6	25.7	25.8	26.5	26.8
Hispanic	2.6	5.3	15.3	34.7	46.2	50.8	51.4	49.8	50.6	58.2	85.4	2.0	2.8	6.3	13.8	16.2	16.8	16.9	17.0	17.2	17.6	20.3
Asian/Pacific Islander	0.9	1.8	4.9	12.7	12.3	12.1	12.6	12.2	12.3	14.8	17.3	0.7	0.9	2.0	5.1	4.3	4.0	4.2	4.2	4.2	4.5	4.1
American Indian/Alaska Native	1.8	1.8	2.5	4.5	4.4	4.9	5.0	4.9	4.6	5.0	5.1	1.4	0.9	1.0	1.8	1.6	1.6	1.6	1.7	1.6	1.5	1.2
Nonresident alien	3.0	3.7	3.5	3.8	2.0	1.7	1.6	1.7	2.0	2.1	3.2	2.3	1.9	1.4	1.5	0.7	0.6	0.5	0.6	0.7	0.6	0.8

NOTE: Race categories exclude persons of Hispanic ethnicity. Because of underreporting and nonreporting of racial/ethnic data, some figures are slightly lower than corresponding data in other tables. Data through 1990 are for institutions of higher education, while later data are for degree-granting institutions. Degree-granting institutions grant associate's or higher degrees and participate in Title IV federal financial aid programs. The degree-granting classification is very similar to the earlier higher education classification, but it includes more 2-year colleges and excludes a few higher education institutions that did not grant degrees. (See Appendix A: Guide to Sources for details.) Detail may not sum to totals because of rounding.

SOURCE: U.S. Department of Education, National Center for Education Statistics, Higher Education General Information Survey (HEGIS), "Fall Enrollment in Colleges and Universities" surveys, 1976 and 1980; and 1990 through 2009 Integrated Postsecondary Education Data System (IPEDS), "Fall Enrollment Survey" (IPEDS-EF:90), and Spring 2001 through Spring 2010. (This table was prepared October 2010.)

Table 237. Fall enrollment in degree-granting institutions, by race/ethnicity of student and state or jurisdiction: 2009

State or jurisdiction	Number							Percentage distribution						
	Total	White	Black	Hispanic	Asian/Pacific Islander	American Indian/Alaska Native	Nonresident alien	Total	White	Black	Hispanic	Asian/Pacific Islander	American Indian/Alaska Native	Nonresident alien
1	2	3	4	5	6	7	8	9	10	11	12	13	14	15
United States	**20,427,711**	**12,730,780**	**2,919,826**	**2,546,710**	**1,337,671**	**207,917**	**684,807**	**100.0**	**62.3**	**14.3**	**12.5**	**6.5**	**1.0**	**3.4**
Alabama	311,740	196,790	94,302	6,492	5,235	2,601	6,320	100.0	63.1	30.3	2.1	1.7	0.8	2.0
Alaska	32,406	23,628	1,091	1,149	1,757	4,184	597	100.0	72.9	3.4	3.5	5.4	12.9	1.8
Arizona	828,631	497,461	133,415	124,983	29,623	22,669	20,480	100.0	60.0	16.1	15.1	3.6	2.7	2.5
Arkansas	168,352	121,219	33,147	5,117	3,052	1,781	4,036	100.0	72.0	19.7	3.0	1.8	1.1	2.4
California	2,735,579	1,077,169	223,827	829,598	492,564	22,791	89,630	100.0	39.4	8.2	30.3	18.0	0.8	3.3
Colorado	352,034	253,720	28,175	43,281	14,192	5,461	7,205	100.0	72.1	8.0	12.3	4.0	1.6	2.0
Connecticut	191,806	131,675	22,213	20,141	9,269	695	7,813	100.0	68.7	11.6	10.5	4.8	0.4	4.1
Delaware	55,174	36,835	11,530	2,637	2,186	188	1,798	100.0	66.8	20.9	4.8	4.0	0.3	3.3
District of Columbia	136,851	58,897	55,399	7,200	8,355	706	6,294	100.0	43.0	40.5	5.3	6.1	0.5	4.6
Florida	1,053,221	556,680	202,182	220,610	38,517	5,019	30,213	100.0	52.9	19.2	20.9	3.7	0.5	2.9
Georgia	532,493	292,413	182,151	19,435	21,816	1,949	14,729	100.0	54.9	34.2	3.6	4.1	0.4	2.8
Hawaii	74,809	18,090	1,722	3,322	46,313	446	4,916	100.0	24.2	2.3	4.4	61.9	0.6	6.6
Idaho	84,450	73,353	948	5,072	1,888	1,219	1,970	100.0	86.9	1.1	6.0	2.2	1.4	2.3
Illinois	900,824	559,591	140,536	114,735	53,343	3,280	29,339	100.0	62.1	15.6	12.7	5.9	0.4	3.3
Indiana	441,294	351,369	45,791	15,703	9,952	1,762	16,717	100.0	79.6	10.4	3.6	2.3	0.4	3.8
Iowa	350,631	268,332	36,150	21,342	10,749	2,583	11,475	100.0	76.5	10.3	6.1	3.1	0.7	3.3
Kansas	210,843	163,525	14,837	11,685	5,656	3,506	11,634	100.0	77.6	7.0	5.5	2.7	1.7	5.5
Kentucky	277,907	236,229	28,598	4,281	3,609	982	4,208	100.0	85.0	10.3	1.5	1.3	0.4	1.5
Louisiana	251,853	151,097	78,669	7,299	5,829	1,833	7,126	100.0	60.0	31.2	2.9	2.3	0.7	2.8
Maine	70,170	63,464	1,687	1,233	1,407	1,036	1,343	100.0	90.4	2.4	1.8	2.0	1.5	1.9
Maryland	358,941	196,157	104,938	16,267	25,396	1,560	14,623	100.0	54.6	29.2	4.5	7.1	0.4	4.1
Massachusetts	497,290	342,550	43,248	39,038	37,418	2,061	32,975	100.0	68.9	8.7	7.9	7.5	0.4	6.6
Michigan	686,049	509,320	101,671	20,952	23,008	6,385	24,713	100.0	74.2	14.8	3.1	3.4	0.9	3.6
Minnesota	442,281	340,261	51,991	12,717	19,967	5,281	12,064	100.0	76.9	11.8	2.9	4.5	1.2	2.7
Mississippi	173,136	96,574	70,040	1,859	1,699	701	2,263	100.0	55.8	40.5	1.1	1.0	0.4	1.3
Missouri	424,944	324,124	59,770	13,725	11,997	2,723	12,605	100.0	76.3	14.1	3.2	2.8	0.6	3.0
Montana	51,588	42,883	566	1,214	736	5,045	1,144	100.0	83.1	1.1	2.4	1.4	9.8	2.2
Nebraska	138,645	115,365	7,747	6,581	3,567	1,370	4,015	100.0	83.2	5.6	4.7	2.6	1.0	2.9
Nevada	125,320	71,516	10,969	24,251	14,449	1,526	2,609	100.0	57.1	8.8	19.4	11.5	1.2	2.1
New Hampshire	74,234	64,366	2,038	2,953	2,192	568	2,117	100.0	86.7	2.7	4.0	3.0	0.8	2.9
New Jersey	432,127	245,433	62,825	67,690	37,488	1,370	17,321	100.0	56.8	14.5	15.7	8.7	0.3	4.0
New Mexico	152,752	62,147	5,098	64,839	3,165	13,993	3,510	100.0	40.7	3.3	42.4	2.1	9.2	2.3
New York	1,289,604	749,077	183,482	161,351	109,992	5,640	80,062	100.0	58.1	14.2	12.5	8.5	0.4	6.2
North Carolina	568,865	368,984	142,866	20,991	15,646	6,901	13,477	100.0	64.9	25.1	3.7	2.8	1.2	2.4
North Dakota	54,433	45,579	1,130	697	646	3,540	2,841	100.0	83.7	2.1	1.3	1.2	6.5	5.2
Ohio	711,095	555,596	99,094	17,026	15,899	2,980	20,500	100.0	78.1	13.9	2.4	2.2	0.4	2.9
Oklahoma	220,650	150,872	22,078	10,177	5,951	22,632	8,940	100.0	68.4	10.0	4.6	2.7	10.3	4.1
Oregon	243,412	191,978	6,900	16,940	15,978	4,514	7,102	100.0	78.9	2.8	7.0	6.6	1.9	2.9
Pennsylvania	778,123	590,734	87,946	33,913	35,095	2,478	27,957	100.0	75.9	11.3	4.4	4.5	0.3	3.6
Rhode Island	84,673	64,528	5,403	6,785	3,898	397	3,662	100.0	76.2	6.4	8.0	4.6	0.5	4.3

See notes at end of table.

Table 237. Fall enrollment in degree-granting institutions, by race/ethnicity of student and state or jurisdiction: 2009—Continued

State or jurisdiction	Number							Percentage distribution						
	Total	White	Black	Hispanic	Asian/Pacific Islander	American Indian/Alaska Native	Nonresident alien	Total	White	Black	Hispanic	Asian/Pacific Islander	American Indian/Alaska Native	Nonresident alien
1	2	3	4	5	6	7	8	9	10	11	12	13	14	15
South Carolina	246,667	162,776	69,554	5,725	4,108	934	3,570	100.0	66.0	28.2	2.3	1.7	0.4	1.4
South Dakota	53,342	45,689	1,099	863	607	3,839	1,245	100.0	85.7	2.1	1.6	1.1	7.2	2.3
Tennessee	332,918	241,043	69,274	8,422	6,702	1,247	6,230	100.0	72.4	20.8	2.5	2.0	0.4	1.9
Texas	1,447,868	682,891	193,287	430,457	80,169	7,998	53,066	100.0	47.2	13.3	29.7	5.5	0.6	3.7
Utah	236,590	199,608	4,656	14,413	8,657	2,717	6,539	100.0	84.4	2.0	6.1	3.7	1.1	2.8
Vermont	44,975	40,514	1,068	1,184	1,106	240	863	100.0	90.1	2.4	2.6	2.5	0.5	1.9
Virginia	545,036	346,927	119,457	27,956	33,028	2,707	14,961	100.0	63.7	21.9	5.1	6.1	0.5	2.7
Washington	382,532	277,383	18,098	29,390	37,984	6,201	13,476	100.0	72.5	4.7	7.7	9.9	1.6	3.5
West Virginia	142,484	119,069	12,136	5,406	2,379	726	2,768	100.0	83.6	8.5	3.8	1.7	0.5	1.9
Wisconsin	373,228	310,658	23,744	14,058	12,124	4,097	8,547	100.0	83.2	6.4	3.8	3.2	1.1	2.3
Wyoming	37,093	32,480	463	2,044	396	722	988	100.0	87.6	1.2	5.5	1.1	1.9	2.7
U.S. Service Academies	15,748	12,161	820	1,511	912	133	211	100.0	77.2	5.2	9.6	5.8	0.8	1.3
Other jurisdictions	**243,792**	**563**	**2,215**	**226,800**	**13,128**	**24**	**1,062**	**100.0**	**0.2**	**0.9**	**93.0**	**5.4**	**#**	**0.4**
American Samoa	2,189	6	0	2	2,003	1	177	100.0	0.3	0.0	0.1	91.5	#	8.1
Federated States of Micronesia	3,401	3	0	0	3,398	0	0	100.0	0.1	0.0	0.0	99.9	0.0	0.0
Guam	5,755	200	32	44	5,420	10	49	100.0	3.5	0.6	0.8	94.2	0.2	0.9
Marshall Islands	847	0	0	0	842	0	5	100.0	0.0	0.0	0.0	99.4	0.0	0.6
Northern Marianas	989	0	1	1	748	0	239	100.0	0.0	0.1	0.1	75.6	0.0	24.2
Palau	651	0	0	0	651	0	0	100.0	0.0	0.0	0.0	100.0	0.0	0.0
Puerto Rico	227,358	238	82	226,569	53	9	407	100.0	0.1	#	99.7	#	#	0.2
U.S. Virgin Islands	2,602	116	2,100	184	13	4	185	100.0	4.5	80.7	7.1	0.5	0.2	7.1

#Rounds to zero.
NOTE: Race categories exclude persons of Hispanic ethnicity. Degree-granting institutions grant associate's or higher degrees and participate in Title IV federal financial aid programs. Detail may not sum to totals because of rounding.

SOURCE: U.S. Department of Education, National Center for Education Statistics, 2009 Integrated Postsecondary Education Data System (IPEDS), Spring 2010. (This table was prepared October 2010.)

Table 238. Fall enrollment in degree-granting institutions, by race/ethnicity of student and by state or jurisdiction: 2008

State or jurisdiction	Number							Percentage distribution						
	Total	White	Black	Hispanic	Asian/Pacific Islander	American Indian/Alaska Native	Nonresident alien	Total	White	Black	Hispanic	Asian/Pacific Islander	American Indian/Alaska Native	Nonresident alien
1	2	3	4	5	6	7	8	9	10	11	12	13	14	15
United States	**19,102,814**	**12,088,781**	**2,584,478**	**2,272,888**	**1,302,797**	**193,289**	**660,581**	**100.0**	**63.3**	**13.5**	**11.9**	**6.8**	**1.0**	**3.5**
Alabama	310,941	199,837	90,446	7,066	5,198	2,536	5,858	100.0	64.3	29.1	2.3	1.7	0.8	1.9
Alaska	30,717	21,392	1,041	1,276	1,837	4,329	842	100.0	69.6	3.4	4.2	6.0	14.1	2.7
Arizona	704,245	429,869	101,276	106,780	25,489	20,032	20,799	100.0	61.0	14.4	15.2	3.6	2.8	3.0
Arkansas	158,374	114,839	29,981	5,277	2,795	1,805	3,677	100.0	72.5	18.9	3.3	1.8	1.1	2.3
California	2,652,241	1,066,385	216,554	764,410	491,873	24,635	88,384	100.0	40.2	8.2	28.8	18.5	0.9	3.3
Colorado	325,232	239,719	22,548	38,204	12,967	4,776	7,018	100.0	73.7	6.9	11.7	4.0	1.5	2.2
Connecticut	184,178	128,546	20,710	17,649	8,631	611	8,031	100.0	69.8	11.2	9.6	4.7	0.3	4.4
Delaware	53,088	36,057	10,726	2,303	2,140	176	1,686	100.0	67.9	20.2	4.3	4.0	0.3	3.2
District of Columbia	126,110	55,529	49,143	6,746	8,081	629	5,982	100.0	44.0	39.0	5.3	6.4	0.5	4.7
Florida	972,699	527,133	178,502	197,330	35,480	4,277	29,977	100.0	54.2	18.4	20.3	3.6	0.4	3.1
Georgia	476,581	271,277	153,597	15,909	20,144	1,576	14,078	100.0	56.9	32.2	3.3	4.2	0.3	3.0
Hawaii	70,104	17,204	1,577	2,237	43,579	382	5,125	100.0	24.5	2.2	3.2	62.2	0.5	7.3
Idaho	80,456	70,007	851	4,551	1,849	1,072	2,126	100.0	87.0	1.1	5.7	2.3	1.3	2.6
Illinois	859,242	544,284	128,408	105,411	50,374	2,987	27,778	100.0	63.3	14.9	12.3	5.9	0.3	3.2
Indiana	401,956	323,978	38,515	13,483	9,122	1,538	15,320	100.0	80.6	9.6	3.4	2.3	0.4	3.8
Iowa	286,891	218,295	18,612	10,539	29,465	1,589	8,391	100.0	76.1	6.5	3.7	10.3	0.6	2.9
Kansas	198,991	156,395	13,004	10,510	5,258	3,363	10,461	100.0	78.6	6.5	5.3	2.6	1.7	5.3
Kentucky	257,583	221,049	24,463	3,725	3,280	818	4,248	100.0	85.8	9.5	1.4	1.3	0.3	1.6
Louisiana	236,375	144,792	71,320	6,298	5,575	1,706	6,684	100.0	61.3	30.2	2.7	2.4	0.7	2.8
Maine	67,796	61,778	1,451	1,041	1,321	958	1,247	100.0	91.1	2.1	1.5	1.9	1.4	1.8
Maryland	338,914	188,394	95,918	14,871	23,943	1,460	14,328	100.0	55.6	28.3	4.4	7.1	0.4	4.2
Massachusetts	477,056	334,907	39,942	34,159	35,567	1,998	30,483	100.0	70.2	8.4	7.2	7.5	0.4	6.4
Michigan	652,799	489,548	91,614	19,112	22,381	5,477	24,667	100.0	75.0	14.0	2.9	3.4	0.8	3.8
Minnesota	411,055	323,793	41,034	10,128	18,878	5,088	12,134	100.0	78.8	10.0	2.5	4.6	1.2	3.0
Mississippi	160,441	91,364	63,030	1,645	1,580	678	2,144	100.0	56.9	39.3	1.0	1.0	0.4	1.3
Missouri	396,409	307,449	51,397	12,414	10,659	2,550	11,940	100.0	77.6	13.0	3.1	2.7	0.6	3.0
Montana	47,840	40,324	338	946	650	4,454	1,128	100.0	84.3	0.7	2.0	1.4	9.3	2.4
Nebraska	130,458	110,434	6,359	5,592	3,388	1,084	3,601	100.0	84.7	4.9	4.3	2.6	0.8	2.8
Nevada	120,490	70,446	10,217	20,734	14,626	1,700	2,767	100.0	58.5	8.5	17.2	12.1	1.4	2.3
New Hampshire	71,739	63,703	1,557	2,071	1,904	537	1,967	100.0	88.8	2.2	2.9	2.7	0.7	2.7
New Jersey	410,160	236,420	58,324	60,887	35,480	1,302	17,747	100.0	57.6	14.2	14.8	8.7	0.3	4.3
New Mexico	142,413	59,204	4,419	58,749	2,837	12,912	4,292	100.0	41.6	3.1	41.3	2.0	9.1	3.0
New York	1,234,858	725,899	172,500	148,670	104,298	5,066	78,425	100.0	58.8	14.0	12.0	8.4	0.4	6.4
North Carolina	528,977	348,983	128,676	17,455	14,961	6,344	12,558	100.0	66.0	24.3	3.3	2.8	1.2	2.4
North Dakota	51,327	43,435	963	630	562	3,150	2,587	100.0	84.6	1.9	1.2	1.1	6.1	5.0
Ohio	653,585	518,970	83,104	14,968	14,707	2,727	19,109	100.0	79.4	12.7	2.3	2.3	0.4	2.9
Oklahoma	206,757	142,831	19,433	8,793	5,540	21,106	9,054	100.0	69.1	9.4	4.3	2.7	10.2	4.4
Oregon	220,474	174,776	5,937	14,479	14,846	3,866	6,570	100.0	79.3	2.7	6.6	6.7	1.8	3.0
Pennsylvania	740,288	569,310	80,331	28,136	33,475	2,095	26,941	100.0	76.9	10.9	3.8	4.5	0.3	3.6
Rhode Island	83,893	64,408	5,203	6,617	3,913	433	3,319	100.0	76.8	6.2	7.9	4.7	0.5	4.0

See notes at end of table.

Table 238. Fall enrollment in degree-granting institutions, by race/ethnicity of student and by state or jurisdiction: 2008—Continued

State or jurisdiction	Number							Percentage distribution						
	Total	White	Black	Hispanic	Asian/Pacific Islander	American Indian/Alaska Native	Nonresident alien	Total	White	Black	Hispanic	Asian/Pacific Islander	American Indian/Alaska Native	Nonresident alien
1	2	3	4	5	6	7	8	9	10	11	12	13	14	15
South Carolina	230,695	154,165	63,614	4,621	3,920	915	3,460	100.0	66.8	27.6	2.0	1.7	0.4	1.5
South Dakota	50,444	43,666	851	595	553	3,579	1,200	100.0	86.6	1.7	1.2	1.1	7.1	2.4
Tennessee	307,610	226,329	61,323	6,598	6,320	1,173	5,867	100.0	73.6	19.9	2.1	2.1	0.4	1.9
Texas	1,327,148	647,092	170,169	377,176	73,325	7,078	52,308	100.0	48.8	12.8	28.4	5.5	0.5	3.9
Utah	217,224	184,828	3,642	12,645	7,757	2,323	6,029	100.0	85.1	1.7	5.8	3.6	1.1	2.8
Vermont	42,946	38,802	926	1,050	1,063	248	857	100.0	90.4	2.2	2.4	2.5	0.6	2.0
Virginia	500,796	327,310	103,226	22,944	31,281	2,514	13,521	100.0	65.4	20.6	4.6	6.2	0.5	2.7
Washington	362,535	265,756	16,684	26,469	34,961	6,169	12,496	100.0	73.3	4.6	7.3	9.6	1.7	3.4
West Virginia	125,333	107,184	9,141	3,596	2,182	635	2,595	100.0	85.5	7.3	2.9	1.7	0.5	2.1
Wisconsin	352,875	296,715	20,743	12,151	11,428	4,038	7,800	100.0	84.1	5.9	3.4	3.2	1.1	2.2
Wyoming	35,936	31,778	398	1,869	441	644	806	100.0	88.4	1.1	5.2	1.2	1.8	2.2
U.S. Service Academies	15,539	12,193	740	1,373	913	151	169	100.0	78.5	4.8	8.8	5.9	1.0	1.1
Other jurisdictions	**236,167**	**633**	**2,025**	**221,700**	**10,575**	**29**	**1,205**	**100.0**	**0.3**	**0.9**	**93.9**	**4.5**	**#**	**0.5**
American Samoa	1,806	4	0	2	1,599	0	201	100.0	0.2	0.0	0.1	88.5	0.0	11.1
Federated States of Micronesia	2,457	0	0	0	2,457	0	0	100.0	0.0	0.0	0.0	100.0	0.0	0.0
Guam	5,351	227	40	43	4,708	11	322	100.0	4.2	0.7	0.8	88.0	0.2	6.0
Marshall Islands	689	0	0	0	689	0	0	100.0	0.0	0.0	0.0	100.0	0.0	0.0
Northern Marianas	791	15	1	2	587	0	186	100.0	1.9	0.1	0.3	74.2	0.0	23.5
Palau	502	0	0	25	476	0	1	100.0	0.0	0.0	5.0	94.8	0.0	0.2
Puerto Rico	222,178	249	59	221,474	43	14	339	100.0	0.1	#	99.7	#	#	0.2
U.S. Virgin Islands	2,393	138	1,925	154	16	4	156	100.0	5.8	80.4	6.4	0.7	0.2	6.5

#Rounds to zero.

NOTE: Race categories exclude persons of Hispanic ethnicity. Degree-granting institutions grant associate's or higher degrees and participate in Title IV federal financial aid programs. Detail may not sum to totals because of rounding.

SOURCE: U.S. Department of Education, National Center for Education Statistics, 2008 Integrated Postsecondary Education Data System (IPEDS), Spring 2009. (This table was prepared September 2009.)

Table 239. Fall enrollment of specific racial/ethnic groups in degree-granting institutions, by type and control of institution and percentage of students in the same racial/ethnic group: 2009

Racial/ethnic group and percentage of total enrollment of institution	Total, all institution types	Public institutions								Not-for-profit institutions								For-profit institutions		
		Total	Research university, very high[1]	Research university, high[2]	Doctoral/ research[3]	Master's[4]	Baccalaureate[5]	Special focus[6]	2-year	Total	Research university, very high[1]	Research university, high[2]	Doctoral/ research[3]	Master's[4]	Baccalaureate[5]	Special focus[6]	2-year	Total	4-year	2-year
1	2	3	4	5	6	7	8	9	10	11	12	13	14	15	16	17	18	19	20	21
All institutions																				
Total enrollment	20,427,711	14,810,642	2,048,560	1,493,987	407,190	2,626,164	1,043,783	89,513	7,101,445	3,765,083	501,175	319,342	338,731	1,363,862	864,684	342,522	34,767	1,851,986	1,466,792	385,194
White	12,730,780	9,234,619	1,371,800	999,033	284,441	1,696,585	650,368	55,598	4,176,794	2,546,585	276,130	214,168	208,107	966,349	625,542	236,519	19,770	949,576	772,727	176,849
Black	2,919,826	1,937,163	123,883	173,423	71,615	369,787	150,875	7,146	1,040,434	461,227	33,092	32,261	42,265	176,424	136,540	33,014	7,631	521,436	416,712	104,724
Hispanic	2,546,710	2,017,703	156,967	141,656	21,437	303,517	164,775	5,731	1,223,620	270,165	36,218	19,299	38,581	107,982	45,883	18,880	3,322	258,842	176,769	82,073
Asian/Pacific Islander	1,337,671	1,018,540	230,532	85,894	14,071	152,116	46,626	10,910	478,391	246,467	75,217	24,324	28,647	59,739	27,256	29,540	1,744	72,664	57,102	15,562
American Indian/ Alaska Native	207,917	161,824	14,737	15,870	2,690	25,262	11,571	6,552	85,142	25,905	2,726	1,698	1,749	8,150	5,296	4,913	1,373	20,188	16,451	3,737
Nonresident alien	684,807	440,793	150,641	78,111	12,936	78,897	19,568	3,576	97,064	214,734	77,792	27,592	19,382	45,218	24,167	19,656	927	29,280	27,031	2,249
White enrollment, by percentage White																				
Less than 10.0 percent	31,953	26,480	0	1,344	940	6,038	6,743	176	11,239	2,122	0	10	0	717	875	444	76	3,351	1,031	2,320
10.0 to 24.9 percent	187,843	155,709	4,054	8,472	3,796	14,211	8,282	108	116,786	9,145	0	2,189	0	3,896	1,593	839	628	22,989	13,419	9,570
25.0 to 49.9 percent	1,382,565	1,068,214	89,398	78,631	0	206,916	50,794	7,539	634,936	160,876	44,931	7,206	44,643	34,564	14,389	12,508	2,635	153,475	111,921	41,554
50.0 to 74.9 percent	5,092,399	3,330,177	581,144	440,242	100,714	396,238	210,900	22,268	1,578,671	1,128,623	225,743	125,959	116,670	410,074	145,299	96,786	8,092	633,599	572,175	61,424
75.0 to 89.9 percent	4,837,031	3,727,814	697,204	422,249	170,095	849,023	274,206	25,460	1,289,577	1,003,471	5,456	78,804	45,990	447,272	332,103	88,477	5,369	105,746	60,417	45,329
90.0 percent or more	1,198,989	926,225	0	48,095	8,896	224,159	99,443	47	545,585	242,348	0	0	804	69,826	131,283	37,465	2,970	30,416	13,764	16,652
Black enrollment, by percentage Black																				
Less than 10.0 percent	567,176	421,535	89,581	43,875	7,996	79,198	19,277	3,368	178,240	131,871	30,420	18,239	9,096	39,373	23,549	10,829	365	13,770	8,046	5,724
10.0 to 24.9 percent	887,749	652,841	25,150	90,015	31,554	97,589	57,629	2,871	348,033	156,469	2,672	2,008	17,472	83,961	35,584	12,773	1,999	78,439	59,750	18,689
25.0 to 49.9 percent	865,935	496,103	9,152	22,058	3,397	80,473	40,092	555	340,376	77,331	0	0	15,697	38,660	16,231	3,840	2,903	292,501	252,085	40,416
50.0 to 74.9 percent	253,893	137,463	0	0	0	2,753	9,941	352	124,417	18,771	0	0	0	5,282	9,232	2,426	1,831	97,659	72,875	24,784
75.0 to 89.9 percent	167,463	117,389	0	9,294	6,651	48,250	16,267	0	36,927	19,071	0	8,214	0	4,244	4,308	1,919	386	31,003	19,573	11,430
90.0 percent or more	177,610	111,832	0	8,181	22,017	61,524	7,669	0	12,441	57,714	0	3,800	0	4,904	47,636	1,227	147	8,064	4,383	3,681
Hispanic enrollment, by percentage Hispanic																				
Less than 10.0 percent	532,328	326,645	57,721	37,000	13,041	62,028	26,931	2,820	127,104	137,857	27,581	15,304	11,113	43,032	28,288	11,514	1,025	67,826	61,991	5,835
10.0 to 24.9 percent	691,339	533,216	84,457	47,766	3,350	72,468	30,043	2,094	293,038	98,944	8,637	3,995	21,733	45,604	12,567	5,281	1,127	59,179	48,292	10,887
25.0 to 49.9 percent	839,365	733,374	14,789	16,934	0	115,694	38,644	817	546,496	21,154	0	0	5,735	11,497	2,067	685	1,170	84,837	48,342	36,495
50.0 to 74.9 percent	313,881	274,351	0	23,917	5,046	15,761	43,262	0	186,365	8,363	0	0	0	7,849	374	140	0	31,167	10,860	20,307
75.0 to 89.9 percent	121,635	110,284	0	16,039	0	31,735	894	0	61,616	3,490	0	0	0	0	2,587	903	0	7,861	4,636	3,225
90.0 percent or more	48,162	39,833	0	0	0	5,831	25,001	0	9,001	357	0	0	0	0	0	357	0	7,972	2,648	5,324
Asian/Pacific Islander enrollment, by percentage Asian/Pacific Islander																				
Less than 10.0 percent	536,966	391,072	79,059	36,879	12,270	59,612	23,956	1,602	177,694	96,489	4,417	14,276	12,664	37,698	19,227	7,420	787	49,405	41,948	7,457
10.0 to 24.9 percent	512,656	363,833	66,676	49,015	1,801	48,127	15,638	7,190	175,386	131,298	70,262	10,048	12,650	18,387	6,965	12,507	479	17,525	11,832	5,693
25.0 to 49.9 percent	229,922	210,325	58,959	0	0	44,377	1,118	2,118	103,753	16,353	538	0	3,333	2,241	1,064	8,699	478	3,244	1,968	1,276
50.0 to 74.9 percent	46,141	43,471	25,838	0	0	0	5,914	0	11,719	2,033	0	0	0	1,413	0	620	0	637	637	0
75.0 to 89.9 percent	11,692	9,839	0	0	0	0	0	0	9,839	0	0	0	0	0	0	0	0	1,853	717	1,136
90.0 percent or more	294	0	0	0	0	0	0	0	0	294	0	0	0	0	0	294	0	0	0	0

See notes at end of table.

Table 239. Fall enrollment of specific racial/ethnic groups in degree-granting institutions, by type and control of institution and percentage of students in the same racial/ethnic group: 2009—Continued

Racial/ethnic group and percentage of total enrollment of institution	Total, all institution types	Public institutions								Not-for-profit institutions								For-profit institutions		
		Total	Research university, very high[1]	Research university, high[2]	Doctoral/ research[3]	Master's[4]	Baccalaureate[5]	Special focus[6]	2-year	Total	Research university, very high[1]	Research university, high[2]	Doctoral/ research[3]	Master's[4]	Baccalaureate[5]	Special focus[6]	2-year	Total	4-year	2-year
1	2	3	4	5	6	7	8	9	10	11	12	13	14	15	16	17	18	19	20	21
American Indian/Alaska Native enrollment, by percentage American Indian/Alaska Native																				
Less than 10.0 percent	165,504	125,650	14,737	14,153	2,690	18,742	8,629	817	65,882	21,139	2,726	1,698	1,749	8,029	4,931	1,878	128	18,715	15,745	2,970
10.0 to 24.9 percent	12,296	10,831	0	1,717	0	2,643	2,942	0	3,529	188	0	0	0	121	0	26	41	1,277	510	767
25.0 to 49.9 percent	12,302	11,981	0	0	0	3,877	0	0	8,104	321	0	0	0	0	321	0	0	0	0	0
50.0 to 74.9 percent	2,755	478	0	0	0	0	0	0	478	2,081	0	0	0	0	44	2,037	0	196	196	0
75.0 to 89.9 percent	5,086	4,990	0	0	0	0	0	804	4,186	96	0	0	0	0	0	0	96	0	0	0
90.0 percent or more	9,974	7,894	0	0	0	0	0	4,931	2,963	2,080	0	0	0	0	0	972	1,108	0	0	0
Nonresident alien enrollment, by percentage nonresident alien																				
Less than 10.0 percent	483,042	370,829	108,885	68,919	12,936	71,003	17,905	2,807	88,374	89,835	3,804	11,657	14,033	33,297	19,604	7,116	324	22,378	20,701	1,677
10.0 to 24.9 percent	175,468	66,475	41,756	9,192	0	4,405	1,663	769	8,690	103,126	67,409	11,195	3,625	8,577	3,245	8,763	312	5,867	5,755	112
25.0 to 49.9 percent	22,162	3,489	0	0	0	3,489	0	0	0	18,365	6,579	4,740	1,724	2,256	978	1,797	291	308	57	251
50.0 to 74.9 percent	1,297	0	0	0	0	0	0	0	0	1,297	0	0	0	0	143	1,154	0	0	0	0
75.0 to 89.9 percent	2,360	0	0	0	0	0	0	0	0	1,633	0	0	0	904	197	532	0	727	518	209
90.0 percent or more	478	0	0	0	0	0	0	0	0	478	0	0	0	184	0	294	0	0	0	0

[1]Research universities with a very high level of research activity.
[2]Research universities with a high level of research activity.
[3]Institutions that award at least 20 doctor's degrees per year, but did not have high levels of research activity.
[4]Institutions that award at least 50 master's degrees per year.
[5]Institutions that primarily emphasize undergraduate education. Also includes institutions classified as 4-year under the IPEDS system, which had been classified as 2-year in the Carnegie system because they primarily award associate's degrees.
[6]Four-year institutions that award degrees primarily in single fields of study, such as medicine, business, fine arts, theology, and engineering.

NOTE: Relative levels of research activity for research universities were determined by an analysis of research and development expenditures, science and engineering research staffing, and doctoral degrees conferred, by field. Further information on the research index ranking may be obtained from http://www.carnegiefoundation.org/classifications/index.asp?key=798#related. Degree-granting institutions grant associate's or higher degrees and participate in Title IV federal financial aid programs. Race categories exclude persons of Hispanic ethnicity.
SOURCE: U.S. Department of Education, National Center for Education Statistics, 2009 Integrated Postsecondary Education Data System (IPEDS), Spring 2010. (This table was prepared October 2010.)

Table 240. Number and percentage distribution of students enrolled in postsecondary institutions, by level, disability status, and selected student characteristics: 2003–04 and 2007–08

Selected student characteristic	Undergraduate, 2003–04: All students	Undergraduate, 2003–04: Students with disabilities[2]	Undergraduate, 2003–04: Nondisabled students	Undergraduate, 2007–08: All students	Undergraduate, 2007–08: Students with disabilities[2]	Undergraduate, 2007–08: Nondisabled students	Graduate and first-professional,[1] 2007–08: All students	Graduate and first-professional,[1] 2007–08: Students with disabilities[2]	Graduate and first-professional,[1] 2007–08: Nondisabled students
1	2	3	4	5	6	7	8	9	10
Number of students (in thousands)	19,054 (—)	2,154 (—)	16,900 (—)	20,928 (—)	2,266 (—)	18,662 (—)	3,456 (—)	261 (—)	3,195 (—)
Percentage distribution	100.0 (†)	11.3 (0.18)	88.7 (0.18)	100.0 (†)	10.8 (0.18)	89.2 (0.18)	100.0 (†)	7.6 (0.47)	92.4 (0.47)
Sex (percent)	100.0 (†)	100.0 (†)	100.0 (†)	100.0 (†)	100.0 (†)	100.0 (†)	100.0 (†)	100.0 (†)	100.0 (†)
Male	42.4 (0.34)	42.0 (0.82)	42.5 (0.35)	43.1 (0.60)	42.7 (0.84)	43.1 (0.62)	40.1 (0.71)	39.2 (2.87)	40.2 (0.70)
Female	57.6 (0.34)	58.0 (0.82)	57.5 (0.35)	56.9 (0.60)	57.3 (0.84)	56.9 (0.62)	59.9 (0.71)	60.8 (2.87)	59.8 (0.70)
Race/ethnicity of student (percent)	100.0 (†)	100.0 (†)	100.0 (†)	100.0 (†)	100.0 (†)	100.0 (†)	100.0 (†)	100.0 (†)	100.0 (†)
White	62.9 (0.71)	65.0 (0.86)	62.6 (0.74)	61.8 (0.52)	66.3 (0.80)	61.2 (0.53)	66.6 (0.89)	63.6 (3.70)	66.9 (0.93)
Black	14.0 (0.60)	13.2 (0.73)	14.1 (0.61)	14.0 (0.28)	12.7 (0.51)	14.1 (0.29)	11.7 (0.61)	19.0 (4.24)	11.1 (0.58)
Hispanic	12.9 (0.39)	12.3 (0.55)	13.0 (0.40)	14.1 (0.44)	12.3 (0.61)	14.4 (0.46)	8.0 (0.38)	7.4 (1.21)	8.0 (0.41)
Asian/Pacific Islander	5.9 (0.30)	3.9 (0.40)	6.2 (0.31)	6.6 (0.19)	4.8 (0.36)	6.8 (0.19)	11.1 (0.50)	7.3 (1.08)	11.4 (0.51)
American Indian/Alaska Native	0.9 (0.10)	1.2 (0.17)	0.9 (0.11)	0.8 (0.09)	0.8 (0.12)	0.9 (0.09)	0.3 (0.07)	0.5 (0.48)	0.3 (0.06)
Other	3.3 (0.16)	4.5 (0.35)	3.2 (0.15)	2.7 (0.13)	3.2 (0.25)	2.6 (0.13)	2.3 (0.19)	2.3 (0.61)	2.3 (0.19)
Age (percent)	100.0 (†)	100.0 (†)	100.0 (†)	100.0 (†)	100.0 (†)	100.0 (†)	100.0 (†)	100.0 (†)	100.0 (†)
15 to 23	57.7 (0.51)	46.8 (0.91)	59.1 (0.50)	59.7 (0.29)	54.0 (0.74)	60.4 (0.31)	11.4 (0.42)	7.8 (1.10)	11.7 (0.44)
24 to 29	16.9 (0.24)	15.2 (0.48)	17.1 (0.24)	17.3 (0.18)	20.1 (0.65)	17.0 (0.19)	39.9 (0.86)	36.2 (2.70)	40.2 (0.88)
30 or older	25.4 (0.46)	38.0 (0.92)	23.8 (0.46)	23.0 (0.25)	25.9 (0.63)	22.7 (0.27)	48.7 (1.02)	56.0 (3.07)	48.1 (1.0)
Attendance status (percent)	100.0 (†)	100.0 (†)	100.0 (†)	100.0 (†)	100.0 (†)	100.0 (†)	100.0 (†)	100.0 (†)	100.0 (†)
Full-time, full-year	40.3 (0.42)	34.8 (0.72)	41.0 (0.42)	39.3 (0.28)	34.7 (0.75)	39.8 (0.28)	34.1 (0.77)	32.6 (3.22)	34.2 (0.78)
Part-time or part-year	59.7 (0.42)	65.2 (0.72)	59.0 (0.42)	60.7 (0.28)	65.3 (0.75)	60.2 (0.28)	65.9 (0.77)	67.4 (3.22)	65.8 (0.78)
Student housing status (percent)	100.0 (†)	100.0 (†)	100.0 (†)	100.0 (†)	100.0 (†)	100.0 (†)	— (†)	— (†)	— (†)
On-campus	14.2 (0.34)	10.9 (0.44)	14.6 (0.35)	14.2 (0.53)	11.1 (0.55)	14.5 (0.55)	— (†)	— (†)	— (†)
Off-campus	54.8 (1.19)	61.2 (1.62)	54.0 (1.16)	54.0 (1.05)	56.3 (1.27)	53.7 (1.04)	— (†)	— (†)	— (†)
With parents or relatives	31.0 (1.16)	27.9 (1.52)	31.4 (1.13)	31.9 (1.53)	32.6 (1.58)	31.8 (1.54)	— (†)	— (†)	— (†)
Dependency status (percent)	100.0 (†)	100.0 (†)	100.0 (†)	100.0 (†)	100.0 (†)	100.0 (†)	100.0 (†)	100.0 (†)	100.0 (†)
Dependent	50.5 (0.54)	40.4 (0.97)	51.8 (0.52)	53.0 (0.31)	46.8 (0.71)	53.7 (0.34)	‡ (†)	‡ (†)	‡ (†)
Independent, unmarried	14.8 (0.25)	19.0 (0.59)	14.2 (0.25)	15.3 (0.20)	19.5 (0.59)	14.7 (0.20)	50.0 (0.87)	52.7 (4.23)	49.8 (0.79)
Independent, married	7.7 (0.18)	9.0 (0.43)	7.5 (0.18)	6.4 (0.13)	6.9 (0.39)	6.3 (0.15)	16.9 (0.58)	12.9 (1.77)	17.2 (0.61)
Independent with dependents	27.0 (0.40)	31.6 (0.78)	26.4 (0.39)	25.4 (0.30)	26.7 (0.74)	25.2 (0.29)	33.1 (0.99)	34.4 (4.14)	33.0 (0.93)
Veteran status (percent)	100.0 (†)	100.0 (†)	100.0 (†)	100.0 (†)	100.0 (†)	100.0 (†)	100.0 (†)	100.0 (†)	100.0 (†)
Veteran	3.3 (0.13)	6.0 (0.44)	2.9 (0.12)	3.1 (0.13)	4.4 (0.30)	3.0 (0.13)	3.1 (0.32)	6.5 (1.70)	2.8 (0.28)
Not veteran	96.7 (0.13)	94.0 (0.44)	97.1 (0.12)	96.9 (0.13)	95.6 (0.30)	97.0 (0.13)	96.9 (0.32)	93.5 (1.70)	97.2 (0.28)
Field of study (percent)	100.0 (†)	100.0 (†)	100.0 (†)	100.0 (†)	100.0 (†)	100.0 (†)	100.0 (†)	100.0 (†)	100.0 (†)
Business/management	15.4 (0.26)	14.2 (0.61)	15.6 (0.25)	16.2 (0.24)	14.6 (0.56)	16.4 (0.25)	17.3 (1.11)	13.0 (2.11)	17.6 (1.11)
Education	6.7 (0.20)	6.3 (0.36)	6.7 (0.21)	5.8 (0.19)	5.4 (0.36)	5.9 (0.19)	23.9 (1.05)	28.3 (3.83)	23.6 (0.99)
Engineering/computer science/mathematics	9.4 (0.24)	9.3 (0.46)	9.4 (0.24)	8.9 (0.16)	8.7 (0.52)	8.9 (0.17)	8.8 (0.45)	6.3 (0.93)	9.0 (0.48)
Health	12.8 (0.31)	12.3 (0.51)	12.9 (0.32)	14.3 (0.37)	14.8 (0.63)	14.3 (0.38)	11.7 (0.39)	12.6 (2.48)	11.6 (0.37)
Humanities	10.3 (0.24)	10.9 (0.47)	10.3 (0.25)	15.2 (0.31)	17.0 (0.59)	15.0 (0.33)	6.7 (0.48)	5.9 (0.89)	6.8 (0.47)
Law	‡ (†)	‡ (†)	‡ (†)	‡ (†)	‡ (†)	‡ (†)	4.9 (0.34)	4.2 (0.58)	5.0 (0.36)
Life/physical sciences	4.5 (0.11)	4.2 (0.26)	4.5 (0.12)	6.2 (0.11)	5.6 (0.33)	6.3 (0.12)	4.8 (0.25)	3.9 (0.76)	4.8 (0.25)
Social/behavioral sciences	7.0 (0.15)	7.3 (0.34)	6.9 (0.16)	6.4 (0.11)	6.2 (0.38)	6.4 (0.12)	6.8 (0.52)	7.9 (1.41)	6.7 (0.52)
Vocational/technical	2.5 (0.15)	3.0 (0.23)	2.4 (0.15)	2.4 (0.16)	2.6 (0.23)	2.4 (0.16)	‡ (†)	‡ (†)	‡ (†)
Undeclared	21.7 (0.49)	22.3 (0.78)	21.6 (0.50)	14.1 (0.32)	14.3 (0.74)	14.0 (0.33)	6.3 (0.43)	6.0 (1.33)	6.3 (0.45)
Other	9.7 (0.25)	10.2 (0.48)	9.6 (0.26)	10.5 (0.25)	10.9 (0.46)	10.4 (0.25)	8.7 (0.38)	11.8 (1.83)	8.5 (0.37)

—Not available.
†Not applicable.
‡Reporting standards not met.
[1]First-professional includes chiropractic medicine, medicine, dentistry, optometry, osteopathic medicine, pharmacy, podiatry, veterinary medicine, law, and theology.
[2]Students with disabilities are those who reported that they had one or more of the following conditions: a specific learning disability, a visual handicap, hard of hearing, deafness, a speech disability, an orthopedic handicap, or a health impairment.

NOTE: Data are based on a sample survey of students who enrolled at any time during the school year. Data include Puerto Rico. Detail may not sum to totals because of survey item nonresponse and rounding. Race categories exclude persons of Hispanic ethnicity. Standard errors appear in parentheses.
SOURCE: U.S. Department of Education, National Center for Education Statistics, 2003–04 and 2007–08 National Postsecondary Student Aid Study (NPSAS:04 and NPSAS:08). (This table was prepared October 2009.)

Table 241. Percentage of first-year undergraduate students who took remedial education courses, by selected characteristics: 2003–04 and 2007–08

Selected characteristic	2003–04 first-year undergraduates[1]							2007–08 first-year undergraduates[1]						
	Percent who ever took a remedial course	Percent who took remedial course in 2003–04						Number of students (in thousands)	Percent who ever took a remedial course	Number who took a course in 2007–08 (in thousands)	Percent who took remedial courses in 2007–08			
		Any course	English	Mathematics	Reading	Studying	Writing				Any courses	1 course	2 courses	3 or more courses
1	2	3	4	5	6	7	8	9	10	11	12	13	14	15
Total	**34.7 (0.37)**	**19.1 (0.29)**	**5.7 (0.22)**	**14.6 (0.26)**	**5.5 (0.17)**	**2.3 (0.10)**	**6.9 (0.18)**	**8,517**	**36.2 (0.39)**	**1,724**	**20.2 (0.32)**	**9.3 (0.21)**	**6.5 (0.16)**	**4.4 (0.17)**
Sex														
Male	32.9 (0.52)	18.3 (0.45)	5.5 (0.30)	13.9 (0.41)	5.2 (0.22)	2.2 (0.15)	6.6 (0.27)	3,714	32.8 (0.51)	719	19.4 (0.47)	8.9 (0.33)	6.5 (0.25)	3.9 (0.20)
Female	36.0 (0.55)	19.7 (0.39)	5.8 (0.23)	15.0 (0.33)	5.8 (0.24)	2.4 (0.15)	7.1 (0.26)	4,802	38.8 (0.49)	1,005	20.9 (0.40)	9.7 (0.28)	6.5 (0.23)	4.8 (0.23)
Race/ethnicity of student														
White	31.7 (0.42)	17.7 (0.35)	4.9 (0.21)	13.5 (0.32)	4.4 (0.18)	2.2 (0.14)	6.4 (0.22)	4,897	31.3 (0.39)	881	18.0 (0.39)	8.8 (0.28)	5.4 (0.22)	3.9 (0.19)
Black	41.2 (0.99)	22.4 (0.76)	7.5 (0.52)	17.1 (0.66)	7.8 (0.49)	2.9 (0.26)	6.9 (0.44)	1,397	45.1 (0.96)	344	24.7 (0.85)	11.3 (0.64)	7.7 (0.44)	5.6 (0.48)
Hispanic	37.5 (0.92)	20.9 (0.69)	6.4 (0.52)	16.5 (0.63)	6.9 (0.49)	2.4 (0.25)	8.1 (0.48)	1,386	43.3 (1.11)	323	23.3 (0.79)	9.5 (0.48)	8.8 (0.49)	5.0 (0.41)
Asian	39.6 (1.72)	17.6 (1.56)	8.2 (1.09)	10.9 (1.19)	7.0 (0.83)	1.8 (0.48)	8.4 (0.93)	455	38.0 (1.82)	90	19.8 (1.84)	7.2 (1.03)	7.3 (0.78)	5.2 (0.84)
Pacific Islander	40.8 (5.11)	22.4 (4.55)	10.2 (4.18)	19.8 (4.64)	10.1 (4.07)	2.1 (1.08)	11.3 (4.00)	69	40.0 (4.0)	13	19.3 (3.87)	7.9 (2.65)	9.2 (2.67)	2.3 (1.16)
American Indian/Alaska Native	44.8 (4.33)	23.6 (3.10)	3.4 (0.99)	17.3 (2.79)	8.4 (2.28)	3.9 (1.53)	8.0 (2.35)	82	46.8 (4.43)	24	29.0 (3.62)	12.0 (2.03)	9.0 (1.77)	8.0 (1.91)
Two or more races	33.9 (2.01)	20.8 (1.80)	4.7 (0.90)	14.8 (1.48)	4.9 (0.98)	1.9 (0.48)	6.5 (1.12)	205	32.8 (2.15)	43	20.9 (1.72)	12.2 (1.40)	5.2 (1.0)	3.5 (0.81)
Other	31.1 (2.78)	17.2 (2.34)	5.0 (1.35)	14.3 (2.12)	6.1 (1.30)	2.7 (0.86)	6.9 (1.63)	26	35.6 (5.97)	6	23.2 (4.92)	7.7 (3.08)	9.9 (3.02)	5.6 (3.18)
Age														
15 to 23	33.6 (0.41)	21.3 (0.38)	6.5 (0.28)	16.0 (0.34)	6.4 (0.22)	2.5 (0.13)	8.2 (0.22)	5,260	34.6 (0.46)	1,168	22.2 (0.39)	10.1 (0.31)	7.4 (0.22)	4.7 (0.20)
24 to 29	34.9 (1.02)	15.9 (0.78)	4.3 (0.40)	12.8 (0.65)	4.0 (0.40)	2.1 (0.27)	5.0 (0.55)	1,347	39.5 (0.88)	261	19.4 (0.73)	8.9 (0.59)	6.1 (0.45)	4.4 (0.41)
30 or older	37.4 (0.86)	15.6 (0.51)	4.5 (0.35)	12.1 (0.51)	4.4 (0.32)	2.1 (0.21)	4.6 (0.31)	1,910	38.1 (0.92)	295	15.5 (0.63)	7.5 (0.48)	4.3 (0.28)	3.6 (0.35)
Attendance status														
Exclusively full-time	31.3 (0.46)	19.0 (0.37)	5.7 (0.22)	14.0 (0.35)	5.6 (0.22)	2.6 (0.15)	7.5 (0.23)	4,010	31.4 (0.52)	786	19.6 (0.41)	8.8 (0.28)	6.2 (0.26)	4.6 (0.22)
Exclusively part-time	37.4 (0.65)	17.9 (0.51)	5.3 (0.31)	14.0 (0.46)	5.0 (0.28)	2.0 (0.16)	5.6 (0.28)	3,426	39.8 (0.66)	650	19.0 (0.52)	9.2 (0.33)	5.9 (0.30)	3.9 (0.27)
Mixed full- and part-time	40.9 (0.96)	23.5 (0.84)	7.1 (0.56)	18.6 (0.79)	7.1 (0.47)	2.1 (0.25)	8.3 (0.45)	1,081	42.5 (1.03)	288	26.7 (1.07)	11.8 (0.70)	9.6 (0.51)	5.3 (0.45)
Student housing status														
On-campus	24.5 (0.70)	16.8 (0.56)	4.8 (0.30)	11.3 (0.49)	4.8 (0.31)	2.4 (0.27)	8.2 (0.40)	1,081	23.1 (0.78)	185	17.1 (0.73)	8.8 (0.59)	5.1 (0.43)	3.2 (0.30)
Off-campus	35.8 (0.59)	16.9 (0.40)	5.1 (0.30)	13.3 (0.35)	4.6 (0.22)	2.3 (0.15)	5.5 (0.28)	4,327	37.3 (0.59)	777	18.0 (0.49)	8.4 (0.36)	5.4 (0.23)	4.1 (0.24)
With parents or relatives	37.6 (0.60)	24.2 (0.59)	7.1 (0.37)	18.3 (0.52)	7.6 (0.35)	2.5 (0.20)	8.6 (0.36)	2,538	39.8 (0.69)	646	25.4 (0.62)	11.0 (0.49)	8.9 (0.37)	5.6 (0.33)
Attended more than one institution	36.5 (1.18)	18.3 (0.99)	6.4 (0.58)	14.5 (0.98)	5.0 (0.48)	2.2 (0.32)	6.3 (0.48)	570	36.2 (0.91)	116	20.4 (1.18)	9.6 (0.73)	6.5 (0.52)	4.3 (0.47)
Dependency status														
Dependent	33.3 (0.45)	21.9 (0.40)	6.6 (0.27)	16.3 (0.35)	6.5 (0.24)	2.5 (0.14)	8.6 (0.23)	4,521	34.3 (0.47)	1,036	22.9 (0.41)	10.4 (0.32)	7.5 (0.24)	5.0 (0.22)
Independent	36.3 (0.62)	16.1 (0.39)	4.8 (0.27)	12.7 (0.37)	4.5 (0.23)	2.2 (0.15)	5.0 (0.27)	3,996	38.3 (0.58)	689	17.2 (0.45)	8.1 (0.30)	5.4 (0.26)	3.7 (0.25)
Veteran status														
Veteran	35.8 (2.32)	13.2 (1.52)	1.9 (0.51)	9.8 (1.40)	3.1 (0.68)	1.1 (0.33)	4.3 (0.84)	260	36.7 (2.27)	44	16.9 (1.95)	10.8 (1.55)	3.8 (0.80)	2.3 (1.20)
Not veteran	34.7 (0.39)	19.3 (0.30)	5.8 (0.22)	14.7 (0.27)	5.6 (0.18)	2.4 (0.11)	6.9 (0.18)	8,257	36.1 (0.39)	1,681	20.4 (0.33)	9.3 (0.21)	6.6 (0.17)	4.5 (0.17)
Field of study														
Business/management	36.3 (0.98)	19.5 (0.95)	5.5 (0.41)	14.6 (0.99)	6.0 (0.44)	2.3 (0.35)	7.3 (0.60)	1,147	36.6 (0.97)	253	22.0 (0.88)	10.4 (0.65)	6.3 (0.50)	5.3 (0.56)
Computer science	33.7 (1.59)	19.1 (1.37)	4.7 (0.66)	14.6 (1.26)	5.3 (0.82)	2.1 (0.46)	5.6 (0.73)	296	36.0 (2.12)	60	20.3 (1.68)	8.7 (1.10)	6.9 (1.04)	4.7 (0.84)
Education	41.1 (1.58)	22.9 (1.13)	6.3 (0.74)	17.4 (1.0)	6.3 (0.72)	2.0 (0.42)	8.7 (0.86)	380	40.8 (1.80)	87	23.0 (1.40)	10.5 (1.04)	7.3 (0.73)	5.2 (0.80)
Engineering	30.3 (1.81)	16.2 (1.42)	5.4 (0.79)	12.7 (1.25)	4.7 (0.76)	2.4 (0.56)	6.6 (0.91)	378	32.3 (1.52)	71	18.7 (1.48)	8.2 (1.10)	6.4 (0.85)	4.2 (0.62)
Health	36.9 (0.82)	19.6 (0.67)	6.1 (0.48)	15.4 (0.62)	5.7 (0.43)	2.7 (0.26)	6.2 (0.49)	1,417	39.1 (0.87)	276	19.5 (0.75)	9.0 (0.57)	5.9 (0.46)	4.6 (0.36)
Humanities	34.1 (1.28)	18.9 (0.94)	5.7 (0.46)	14.3 (0.88)	5.0 (0.52)	1.7 (0.23)	7.3 (0.52)	1,405	38.4 (0.91)	322	22.9 (0.77)	10.6 (0.56)	7.6 (0.46)	4.7 (0.37)
Life sciences	31.1 (1.82)	19.6 (1.71)	5.7 (1.26)	14.5 (1.47)	5.4 (1.21)	2.7 (0.65)	8.0 (1.20)	311	30.6 (1.78)	63	20.3 (1.57)	9.8 (1.09)	6.9 (0.95)	3.5 (0.62)
Mathematics	23.0 (5.55)	11.0 (4.43)	2.6 (2.19)	9.3 (4.26)	4.3 (3.47)	0.1 (0.16)	3.6 (2.15)	29	40.8 (5.87)	‡	15.1 (4.54)	4.8 (2.17)	5.6 (2.60)	4.7 (2.60)
Physical sciences	23.7 (4.35)	12.8 (3.45)	7.4 (2.82)	5.2 (2.11)	6.3 (3.02)	1.2 (0.82)	5.0 (2.63)	45	25.6 (4.12)	‡	15.2 (3.16)	7.0 (1.92)	6.3 (2.61)	1.9 (0.95)
Social/behavioral sciences	33.2 (2.06)	19.3 (1.57)	5.5 (0.90)	14.5 (1.38)	6.5 (1.0)	2.6 (0.54)	8.6 (1.04)	286	33.7 (1.81)	65	22.5 (1.61)	11.7 (1.21)	6.6 (0.99)	4.3 (0.93)
Vocational/technical	38.4 (2.09)	18.3 (1.59)	5.0 (0.85)	14.4 (1.39)	5.6 (1.0)	2.2 (0.46)	4.7 (0.60)	288	31.5 (2.09)	46	15.8 (1.64)	6.8 (1.04)	5.7 (0.89)	3.3 (0.70)
Undeclared	33.5 (0.67)	19.2 (0.58)	5.9 (0.37)	14.4 (0.49)	5.1 (0.33)	2.5 (0.20)	7.2 (0.37)	1,013	35.8 (1.18)	205	20.3 (1.03)	9.0 (0.65)	6.8 (0.63)	4.4 (0.45)
Other	33.2 (1.51)	17.9 (1.07)	5.2 (0.67)	13.6 (0.95)	6.1 (0.56)	2.4 (0.34)	5.8 (0.56)	888	34.2 (1.18)	164	18.5 (0.93)	8.3 (0.73)	6.0 (0.56)	4.2 (0.44)
Type of institution														
Public less-than-2-year	30.6 (1.85)	10.9 (1.09)	4.8 (0.80)	9.4 (1.05)	4.0 (0.86)	1.4 (0.58)	3.9 (0.90)	80	31.5 (2.58)	7	9.1 (0.88)	4.7 (1.01)	0.7 (0.34)	3.7 (0.70)
Public 2-year	41.4 (0.59)	23.0 (0.47)	6.9 (0.33)	18.3 (0.42)	7.1 (0.28)	2.4 (0.15)	7.2 (0.27)	4,855	41.9 (0.48)	1,160	23.9 (0.43)	10.7 (0.30)	8.0 (0.25)	5.2 (0.25)
Public 4-year nondoctorate	34.1 (1.75)	21.3 (1.11)	5.3 (0.60)	16.3 (1.04)	5.2 (0.55)	1.9 (0.28)	8.5 (0.62)	690	38.6 (1.47)	175	25.3 (1.10)	12.0 (0.68)	8.8 (0.64)	4.5 (0.53)
Public 4-year doctorate	25.7 (1.11)	16.3 (0.63)	4.4 (0.34)	11.6 (0.60)	3.9 (0.39)	2.6 (0.27)	8.1 (0.42)	823	24.2 (0.96)	142	17.2 (0.77)	10.0 (0.58)	4.5 (0.35)	2.7 (0.28)
Private not-for-profit less-than-4-year	30.8 (1.87)	12.6 (1.69)	4.2 (0.93)	10.1 (1.33)	2.7 (0.71)	2.3 (0.73)	4.8 (1.14)	53	33.0 (3.07)	6	10.7 (2.47)	4.6 (1.23)	1.8 (0.71)	4.3 (0.99)
Private not-for-profit 4-year nondoctorate	25.7 (1.19)	14.4 (0.81)	5.2 (0.70)	9.4 (0.56)	3.9 (0.42)	2.0 (0.29)	6.7 (0.79)	415	25.8 (1.69)	68	16.5 (1.44)	6.9 (1.08)	5.4 (0.67)	4.1 (0.68)
Private not-for-profit 4-year doctorate	18.4 (1.64)	11.7 (1.37)	2.5 (0.53)	7.5 (1.34)	2.9 (0.56)	2.2 (0.67)	6.3 (0.90)	319	22.3 (1.66)	43	13.3 (1.36)	6.9 (1.10)	3.7 (0.65)	2.7 (0.43)
Private for-profit less-than-2-year	24.1 (0.48)	7.8 (0.23)	3.1 (0.18)	4.7 (0.16)	2.2 (0.19)	2.3 (0.12)	3.5 (0.22)	380	26.7 (0.77)	22	5.7 (0.43)	2.2 (0.25)	1.4 (0.25)	2.0 (0.22)
Private for-profit 2 years or more	25.3 (1.63)	11.7 (1.04)	4.1 (0.50)	7.5 (0.75)	3.3 (0.45)	2.7 (0.39)	4.9 (0.70)	904	28.8 (1.32)	103	11.4 (1.12)	4.9 (0.69)	2.9 (0.57)	3.6 (0.73)

‡Reporting standards not met.
[1]Student status was determined by accumulation of credits. Students attending postsecondary education part time, or not completing the credit accumulation requirements for second-year status, could be considered first-year students for more than one year.

NOTE: Data are based on a sample survey of students who enrolled at any time during the school year. Data include Puerto Rico. Detail may not sum to totals because of survey item nonresponse and rounding. Race categories exclude persons of Hispanic ethnicity. Standard errors appear in parentheses.
SOURCE: U.S. Department of Education, National Center for Education Statistics, 2003–04 and 2007–08 National Postsecondary Student Aid Study (NPSAS:04 and NPSAS:08). (This table was prepared July 2010.)

Table 242. Enrollment in postsecondary education, by student level, type of institution, age, and major field of study: 2007–08

Field of study	Undergraduate: All students: Total (in thousands)	All students: Percentage distribution, by age: Under 25	All students: 25 to 35	All students: Over 35	2-year institutions[1]: Total (in thousands)	2-year institutions[1]: Percentage distribution, by age: Under 25	2-year: 25 to 35	2-year: Over 35	4-year institutions: Total (in thousands)	4-year institutions: Percentage distribution, by age: Under 25	4-year: 25 to 35	4-year: Over 35	Graduate and first-professional: Total (in thousands)
1	2	3	4	5	6	7	8	9	10	11	12	13	14
Total	**20,928**	**63.8 (0.29)**	**21.4 (0.18)**	**14.7 (0.19)**	**11,150**	**56.3 (0.71)**	**24.8 (0.39)**	**18.9 (0.42)**	**9,778**	**72.5 (0.68)**	**17.6 (0.42)**	**10.0 (0.34)**	**3,456**
Agriculture and related sciences	121	76.4 (2.45)	10.7 (1.84)	12.9 (2.25)	55	58.3 (4.67)	17.1 (3.39)	24.5 (4.89)	66	91.4 (1.73)	5.3 (1.25)	3.3 (1.21)	10
Anthropology	40	82.1 (3.27)	14.6 (3.17)	3.3 (1.25)	6	73.5 (12.20)	26.3 (12.20)	0.2 (0.18)	34	83.6 (2.94)	12.5 (2.52)	3.9 (1.48)	7
Architecture and related services	95	82.7 (2.89)	14.0 (2.59)	3.2 (1.01)	27	75.5 (5.55)	18.3 (5.15)	6.2 (2.54)	69	85.5 (3.11)	12.4 (2.74)	2.1 (1.08)	24
Area, ethnic, and gender studies	28	81.4 (4.68)	12.5 (3.87)	6.1 (2.36)	4	87.8 (5.98)	11.8 (5.94)	0.4 (0.45)	25	80.4 (5.23)	12.6 (4.45)	7.0 (2.68)	‡
Biological and biomedical sciences	605	85.7 (0.83)	11.9 (0.76)	2.4 (0.42)	145	77.9 (2.01)	17.0 (1.83)	5.1 (1.00)	460	88.1 (0.88)	10.3 (0.80)	1.6 (0.48)	96
Business, management, and marketing	3,389	60.5 (0.96)	23.1 (0.64)	16.5 (0.57)	1,388	57.5 (0.98)	23.9 (0.81)	18.6 (0.74)	2,001	62.6 (1.51)	22.5 (0.87)	15.0 (0.88)	597
Communication and journalism	414	85.1 (1.13)	11.0 (0.93)	3.9 (0.57)	74	75.8 (3.88)	16.5 (3.07)	7.7 (2.18)	340	87.2 (1.12)	9.8 (0.93)	3.1 (0.49)	29
Communications technologies/technicians	51	68.2 (5.07)	22.7 (4.19)	9.1 (2.99)	28	56.5 (8.28)	29.7 (6.96)	13.8 (5.13)	23	82.1 (4.91)	14.4 (4.65)	3.5 (1.87)	‡
Computer and information sciences	702	50.6 (1.51)	29.4 (1.12)	20.0 (1.30)	357	48.1 (1.69)	27.7 (1.67)	24.2 (1.81)	346	53.2 (2.51)	31.2 (2.16)	15.6 (1.80)	95
Construction trades	111	43.4 (3.84)	34.0 (2.73)	22.5 (2.80)	95	40.1 (3.88)	35.4 (2.89)	24.6 (2.96)	15	64.3 (5.47)	25.7 (4.74)	10.0 (4.05)	‡
Criminology	30	76.3 (4.92)	14.0 (3.54)	9.8 (3.03)	15	‡ (†)	‡ (†)	‡ (†)	26	76.1 (5.51)	15.4 (4.19)	8.5 (3.05)	‡
Economics	109	85.9 (2.21)	10.0 (2.02)	4.1 (1.01)	15	77.8 (5.77)	21.2 (5.81)	0.9 (0.81)	94	87.2 (2.40)	8.2 (2.12)	4.6 (1.19)	13
Education	1,219	67.3 (0.82)	17.9 (0.61)	14.8 (0.69)	512	57.2 (1.34)	21.1 (1.11)	21.7 (1.21)	708	74.6 (1.06)	15.6 (0.88)	9.7 (0.80)	827
Engineering	690	79.2 (1.13)	15.0 (1.03)	5.8 (0.53)	204	62.2 (2.33)	25.2 (1.77)	12.6 (1.53)	486	86.3 (0.97)	10.7 (0.96)	3.0 (0.51)	171
Engineering technologies/technicians	360	56.5 (1.77)	26.6 (1.61)	16.9 (1.44)	250	51.4 (2.26)	28.6 (2.30)	20.0 (2.09)	111	68.0 (2.63)	22.2 (2.70)	9.9 (1.58)	13
English language and literature/letters	247	79.0 (1.36)	14.8 (1.19)	6.2 (1.01)	57	66.9 (4.34)	23.1 (3.89)	10.0 (2.72)	190	82.7 (1.53)	12.3 (1.31)	5.0 (0.96)	36
Family and consumer/human sciences	179	64.8 (2.36)	18.6 (2.21)	16.7 (1.87)	83	48.7 (3.48)	24.3 (3.68)	27.0 (3.69)	96	78.6 (2.67)	13.6 (2.51)	7.8 (1.37)	17
Foreign languages and literatures	95	78.5 (2.69)	12.4 (2.13)	9.1 (1.83)	29	65.4 (6.40)	18.1 (5.15)	16.5 (5.01)	66	84.3 (2.32)	9.9 (1.64)	5.8 (1.55)	24
Geography	21	70.9 (6.00)	20.8 (4.80)	8.4 (2.94)	‡	‡ (†)	‡ (†)	‡ (†)	20	73.2 (6.22)	18.4 (4.88)	8.5 (3.09)	‡
Health professions and related sciences	3,002	50.9 (0.57)	30.0 (0.54)	19.1 (0.44)	2,082	47.3 (0.76)	32.1 (0.64)	20.7 (0.57)	919	59.0 (1.39)	25.4 (1.34)	15.7 (1.05)	405
History	176	80.8 (1.85)	11.9 (1.34)	7.3 (1.10)	35	79.3 (4.69)	15.0 (3.46)	5.7 (2.22)	141	81.1 (2.06)	11.1 (1.48)	7.7 (1.25)	26
International relations and affairs	44	88.0 (3.14)	7.8 (2.45)	4.2 (2.31)	9	65.2 (13.50)	17.1 (8.99)	17.7 (11.50)	35	93.6 (2.09)	5.5 (1.90)	0.9 (0.55)	12
Legal professions and studies	162	47.6 (3.82)	28.5 (2.77)	23.8 (2.97)	107	40.9 (3.37)	31.8 (3.63)	27.3 (3.48)	55	60.8 (9.03)	22.1 (4.02)	17.1 (7.18)	170
Liberal arts, sciences and humanities	1,900	66.6 (0.78)	19.6 (0.61)	13.8 (0.61)	1,500	65.6 (0.94)	20.0 (0.72)	14.3 (0.76)	400	70.0 (1.79)	18.1 (1.31)	11.9 (0.99)	24
Library science	‡	‡ (†)	‡ (†)	‡ (†)	‡	‡ (†)	‡ (†)	‡ (†)	‡	‡ (†)	‡ (†)	‡ (†)	30
Mathematics and statistics	108	79.0 (2.36)	12.6 (1.87)	8.5 (1.68)	36	66.5 (4.12)	17.9 (4.30)	15.6 (3.45)	72	85.1 (2.75)	9.9 (1.91)	4.9 (1.92)	26
Mechanic and repair technologies	209	55.5 (2.55)	26.7 (2.25)	17.8 (1.83)	195	54.6 (2.65)	27.1 (2.22)	18.3 (1.98)	14	67.6 (7.16)	21.4 (7.74)	11.0 (4.78)	‡
Military technologies	‡	‡ (†)	‡ (†)	‡ (†)	‡	‡ (†)	‡ (†)	‡ (†)	‡	‡ (†)	‡ (†)	‡ (†)	‡
Multi/interdisciplinary studies	248	70.0 (1.99)	18.3 (1.53)	11.7 (1.28)	111	61.2 (3.16)	22.4 (2.23)	16.4 (2.14)	137	77.2 (2.43)	15.0 (2.09)	7.9 (1.32)	28
Natural resources and conservation	52	77.6 (3.33)	18.6 (3.02)	3.7 (1.91)	15	79.0 (7.30)	12.2 (5.06)	8.8 (4.85)	38	77.1 (3.71)	21.1 (3.78)	1.8 (1.24)	13
Parks, recreation, and fitness studies	159	84.1 (1.54)	11.5 (1.41)	4.4 (0.95)	40	79.4 (3.32)	12.6 (3.03)	8.0 (2.66)	119	85.6 (1.88)	11.2 (1.74)	3.2 (0.85)	14
Personal and culinary services	336	59.5 (2.00)	27.7 (1.68)	12.7 (1.33)	290	58.8 (2.05)	28.0 (1.81)	13.3 (1.38)	46	64.2 (8.90)	26.4 (6.13)	9.4 (5.02)	‡
Philosophy and religious studies	71	76.2 (3.27)	13.2 (2.26)	10.6 (2.13)	11	51.5 (11.00)	30.1 (8.50)	18.4 (8.56)	60	80.6 (2.99)	10.2 (1.97)	9.2 (1.85)	29
Physical sciences	180	81.7 (1.73)	14.4 (1.57)	3.9 (0.94)	46	72.0 (4.32)	19.0 (3.72)	9.0 (2.89)	134	85.0 (1.67)	12.8 (1.60)	2.2 (0.68)	52
Political science and government	200	86.1 (1.45)	10.2 (1.11)	3.7 (0.99)	32	77.7 (5.04)	20.2 (4.73)	2.1 (1.69)	168	87.8 (1.49)	8.3 (1.01)	4.0 (1.20)	14
Precision production	54	41.2 (4.78)	32.7 (4.40)	26.1 (3.88)	52	40.1 (4.77)	33.8 (4.49)	26.1 (3.94)	‡	‡ (†)	‡ (†)	‡ (†)	‡
Psychology	606	76.0 (0.99)	16.5 (0.83)	7.5 (0.61)	167	71.5 (1.92)	18.8 (1.89)	9.7 (1.29)	439	77.8 (1.33)	15.6 (1.02)	6.6 (0.70)	147
Public administration and social services	180	51.8 (1.96)	22.9 (1.87)	25.2 (1.91)	68	41.0 (3.21)	22.6 (3.29)	36.5 (3.89)	112	58.5 (2.36)	23.2 (2.26)	18.4 (1.92)	107
Science technologies/technicians	47	60.5 (4.94)	23.4 (3.73)	16.1 (3.78)	35	60.2 (5.76)	22.2 (4.56)	17.7 (4.72)	13	61.3 (7.80)	26.9 (6.43)	11.8 (5.31)	‡
Security and protective services	646	63.1 (1.79)	22.8 (1.18)	14.1 (1.33)	382	59.7 (3.08)	23.2 (1.99)	17.2 (2.00)	264	68.1 (2.17)	22.3 (1.78)	9.6 (1.15)	17
Social sciences, other	65	62.8 (3.89)	19.7 (3.42)	17.5 (3.44)	23	62.4 (8.10)	21.7 (7.19)	15.8 (7.11)	42	63.0 (4.38)	18.5 (3.19)	18.4 (3.86)	13
Sociology	138	73.3 (2.19)	13.9 (1.20)	12.8 (1.82)	32	67.9 (4.72)	14.2 (3.25)	18.0 (4.46)	106	75.0 (2.21)	13.8 (1.42)	11.3 (1.71)	10
Theology and religious vocations	32	68.3 (7.66)	20.4 (6.12)	11.3 (2.34)	‡	‡ (†)	‡ (†)	‡ (†)	30	67.1 (8.08)	21.4 (6.33)	11.5 (2.56)	51
Transportation and materials moving	58	37.7 (5.83)	36.5 (3.90)	25.8 (4.33)	28	28.6 (6.24)	35.8 (5.83)	35.6 (5.72)	30	46.0 (9.04)	37.2 (5.70)	16.8 (5.21)	‡
Visual and performing arts	805	78.1 (0.84)	15.2 (0.73)	6.7 (0.59)	283	71.0 (1.75)	16.5 (1.41)	12.5 (1.41)	523	81.9 (1.03)	14.5 (0.92)	3.5 (0.47)	63
Undeclared or not in a degree program	1,683	67.4 (1.14)	19.3 (0.81)	13.3 (0.73)	1,171	61.1 (1.39)	22.8 (0.98)	16.1 (0.93)	512	81.9 (1.91)	11.3 (1.23)	6.8 (1.09)	†

†Not applicable.
‡Reporting standards not met.
[1]Includes students attending less-than-2-year institutions and students attending more than one institution.

NOTE: Because of different survey editing and processing procedures, enrollment data in this table may differ from those appearing in other tables. Includes students who enrolled at any time during the 2007–08 academic year. Data include Puerto Rico. Detail may not sum to totals because of rounding. Standard errors appear in parentheses.
SOURCE: U.S. Department of Education, National Center for Education Statistics, 2007–08 National Postsecondary Student Aid Study (NPSAS:08), unpublished tabulations. (This table was prepared October 2010.)

Table 243. Graduate enrollment in science and engineering programs in degree-granting institutions, by discipline division: Fall 1996 through fall 2008

Discipline of engineering or science	1996	1997	1998	1999	2000	2001	2002	2003	2004	2005	2006	2007[1]	2008[1]
1	2	3	4	5	6	7	8	9	10	11	12	13	14
Total, all sciences and engineering	**494,079** [2]	**487,208** [2]	**485,627** [2]	**493,256** [2]	**493,311** [2]	**509,607** [2]	**540,404** [2]	**567,121** [2]	**574,463** [2]	**582,226** [2]	**597,643** [2]	**619,499**	**631,489**
Engineering	103,224	101,148	100,038	101,691	104,112	109,493	119,668	127,377	123,566	120,565	123,041	131,676	137,856
Aerospace	3,208	3,083	3,137	3,349	3,407	3,451	3,685	4,048	4,089	4,170	4,482	4,616	4,902
Agricultural	1,012	941	975	986	943	947	952	1,058	1,041	1,059	1,073	1,126	1,233
Architecture[3]	†	†	†	†	†	†	†	†	†	†	†	4,601	5,905
Biomedical	2,732	2,847	2,855	3,069	3,197	3,599	4,338	5,301	5,807	6,067	6,482	6,904	7,339
Chemical	7,408	7,288	7,093	6,883	7,056	6,913	7,414	7,516	7,452	7,173	7,261	7,584	7,892
Civil[3]	18,528	17,193	16,517	16,226	16,451	16,665	17,713	18,890	18,561	18,114	17,802	16,071	16,931
Electrical	29,941	30,787	31,384	31,822	33,611	36,100	39,948	41,763	38,995	37,450	38,265	40,588	41,164
Engineering science	1,751	1,647	1,701	1,627	1,632	1,798	2,121	2,240	2,198	1,951	2,046	1,806	2,099
Industrial/manufacturing	12,675	11,957	11,221	11,803	12,119	12,940	14,033	14,313	13,852	13,650	13,829	14,474	15,692
Mechanical	15,509	15,045	14,696	14,956	15,235	15,852	17,139	18,393	17,852	17,373	17,919	18,347	19,585
Metallurgical/materials	4,747	4,688	4,680	4,481	4,377	4,721	4,992	5,131	5,059	5,160	5,268	5,314	5,539
Mining	371	348	304	328	287	240	267	278	308	279	244	222	290
Nuclear	980	868	821	830	792	801	795	885	971	1,013	1,099	1,180	1,201
Petroleum	562	561	571	642	627	656	766	849	845	808	813	1,014	1,009
Other engineering	3,800	3,895	4,083	4,689	4,378	4,810	5,505	6,712	6,536	6,298	6,458	7,829	7,075
Physical sciences	32,333	31,105	30,575	30,691	30,385	31,038	32,341	34,298	35,761	36,375	36,901	36,824	37,319
Astronomy	874	778	820	832	888	916	990	1,080	1,119	1,191	1,211	1,232	1,275
Chemistry	19,334	18,774	18,482	18,416	18,105	18,366	19,045	20,049	20,776	21,101	21,351	21,298	21,574
Physics	11,728	11,147	10,809	10,869	10,841	11,248	11,701	12,555	13,298	13,472	13,722	13,816	13,862
Other physical sciences	397	406	464	574	551	508	605	614	568	611	617	478	608
Earth, atmospheric, and ocean sciences	15,183	14,548	14,258	14,083	13,941	13,841	14,240	14,620	15,131	14,836	14,920	14,100	14,389
Atmospheric sciences	1,086	1,092	965	913	963	924	1,036	1,150	1,086	1,146	1,079	1,178	1,400
Geosciences	7,304	6,959	6,687	6,637	6,596	6,544	6,712	6,889	7,358	7,212	7,177	7,020	7,089
Oceanography	2,615	2,479	2,562	2,624	2,668	2,585	2,618	2,695	2,801	2,760	2,770	2,615	2,634
Other environmental sciences	4,178	4,018	4,044	3,909	3,714	3,788	3,874	3,886	3,886	3,718	3,894	3,287	3,266
Family and consumer science/ human science[4]	†	†	†	†	†	†	†	†	†	†	†	2,780	3,549
Mathematical sciences	18,008	16,719	16,485	16,257	15,650	16,651	18,163	19,465	19,931	20,210	20,815	20,975	21,400
Mathematics and applied mathematics	14,948	14,027	13,827	13,521	12,823	13,569	14,702	15,569	15,964	16,106	16,649	16,528	16,449
Statistics	3,060	2,692	2,658	2,736	2,827	3,082	3,461	3,896	3,967	4,104	4,166	4,447	4,951
Multidisciplinary/interdisciplinary studies[4]	†	†	†	†	†	†	†	†	†	†	†	4,484	5,559
Neuroscience[5]	†	†	†	†	†	†	†	†	†	†	†	1,584	2,012
Communication[4]	†	†	†	†	†	†	†	†	†	†	†	7,303	8,444
Computer sciences	34,626	35,991	38,027	42,478	47,350	52,196	55,269	53,696	50,016	47,978	47,653	48,246	49,553
Life sciences	148,948	148,486	149,634	151,345	148,080	150,252	159,356	170,374	178,600	185,553	194,313	188,760	189,033
Agricultural sciences	12,301	12,203	12,168	12,312	12,023	12,235	12,698	13,197	13,445	13,123	13,016	13,528	14,153
Biological sciences	57,749	56,705	56,695	56,959	56,282	57,639	61,088	64,701	66,565	68,479	69,941	71,932	72,666
Anatomy	878	856	785	749	795	735	906	908	897	938	961	867	764
Biochemistry	5,275	5,102	5,148	5,101	4,966	4,917	5,190	5,552	5,612	5,814	5,824	5,853	5,473
Biology	14,611	14,646	14,277	13,989	13,407	13,352	13,822	14,770	15,458	15,681	16,463	15,898	16,514
Biometry/epidemiology	3,005	2,896	3,514	3,704	3,615	3,817	4,071	4,439	4,674	4,805	4,789	5,694	5,971
Biophysics	833	748	737	710	751	877	953	1,032	1,180	1,183	1,203	1,193	1,084
Botany	2,213	2,082	2,042	1,974	1,904	1,921	1,973	1,901	1,831	1,860	1,850	1,821	1,803
Cell biology	4,207	4,300	4,379	4,637	4,820	4,911	5,375	5,689	5,830	6,177	6,553	6,839	7,096
Ecology	1,632	1,640	1,670	1,704	1,762	1,888	1,967	2,230	2,185	2,165	2,162	2,026	2,026
Entomology/parasitology	1,234	1,161	1,168	1,145	1,104	1,170	1,191	1,206	1,241	1,126	1,114	1,078	1,079
Genetics	1,741	1,776	1,727	1,783	1,712	1,841	1,909	2,073	2,129	2,155	2,154	2,120	2,120
Microbiology, immunology, and virology	4,912	4,805	4,773	4,815	4,814	4,798	5,208	5,256	5,375	5,401	5,324	5,212	5,054
Nutrition	4,918	4,604	4,486	4,508	4,413	4,429	4,539	4,695	4,771	4,817	5,042	4,890	5,177
Pathology	1,656	1,674	1,580	1,580	1,531	1,637	1,613	1,541	1,557	1,593	1,612	1,580	1,618
Pharmacology	2,663	2,597	2,730	2,757	2,963	3,140	3,234	3,357	3,122	3,114	2,985	3,013	3,005
Physiology	2,377	2,298	2,151	2,083	2,015	1,967	2,076	2,328	2,409	2,399	2,416	2,738	2,863
Zoology	1,808	1,627	1,586	1,523	1,445	1,411	1,349	1,301	1,236	1,264	1,145	1,108	925
Other biosciences	3,786	3,893	3,942	4,197	4,265	4,828	5,712	6,423	7,058	7,987	8,344	10,002	10,094
Health fields	78,898	79,578	80,771	82,074	79,775	80,378	85,570	92,476	98,590	103,951	111,356	103,300	102,214
Medical fields[5]	15,363	15,470	16,643	17,276	16,407	17,363	19,166	20,574	20,866	21,414	23,441	22,751	23,939
Other health fields	63,535	64,108	64,128	64,798	63,368	63,015	66,404	71,902	77,724	82,537	87,915	80,549	78,275
Dentistry	1,388	1,491	1,518	1,467	1,430	1,494	1,446	1,654	1,946	1,748	1,614	1,688	1,643
Nursing	27,388	26,861	25,591	25,074	23,457	23,609	24,715	26,649	29,781	31,670	35,846	31,803	30,471
Pharmaceutical sciences	2,846	2,710	2,882	3,422	3,611	3,679	4,538	5,493	5,218	6,091	6,315	5,066	4,251
Speech pathology/audiology	12,857	13,212	13,198	13,600	13,636	13,193	13,368	13,694	14,045	14,821	14,847	16,229	15,968
Veterinary sciences	997	1,224	1,288	1,314	1,367	1,476	1,691	1,719	1,732	1,970	2,067	2,371	2,478
Other health related	18,059	18,610	19,651	19,921	19,867	19,564	20,646	22,693	25,002	26,237	27,226	23,392	23,464
Psychology	53,122	53,126	52,557	51,727	50,466	50,454	51,152	52,162	54,126	57,282	57,653	59,617	58,991
Social sciences	88,635	86,085	84,053	84,984	83,327	85,682	90,215	95,129	97,332	99,427	102,347	103,150	103,384
Agricultural economics	2,117	2,043	1,995	2,014	2,079	2,161	2,187	2,318	2,195	2,127	2,158	1,989	2,132
Economics (except agricultural)	12,080	11,097	10,701	10,562	10,748	11,408	12,009	12,316	12,318	11,805	12,132	12,597	12,971
Geography	4,331	4,287	4,326	4,250	4,036	4,304	4,383	4,721	4,809	4,800	4,750	4,660	4,745
Linguistics	3,156	3,068	2,935	2,799	2,674	2,744	2,875	3,028	2,941	3,187	3,074	2,879	3,095
Political science	33,252	32,083	30,828	31,372	31,131	31,805	34,934	36,880	39,023	40,780	41,784	41,349	40,871
Sociology and anthropology	18,121	17,921	17,492	17,340	17,023	17,111	17,146	17,689	17,539	17,616	18,022	18,453	18,988
Other social sciences	15,578	15,586	15,776	16,647	15,636	16,149	16,681	18,177	18,507	19,112	20,427	21,223	20,582

†Not applicable.
[1]Data for 2007 and 2008 may not be comparable to previous years' data because some surveyed fields were reclassified, new fields were added, and the survey was redesigned to improve coverage and coding.
[2]Because three fields were added to the survey in 2007, previous years' totals for all fields are not comparable to the 2007 and 2008 totals.
[3]Before 2007, architecture was included under civil engineering instead of being reported as a separate field of engineering.
[4]Three science fields—family and consumer science/human science, multidisciplinary/interdisciplinary studies, and communication—were added to the survey in 2007; some of the data may have been reported under other fields prior to 2007.
[5]Before 2007, neuroscience was included under the health/medical field of neurology instead of being reported as a separate field of science.
NOTE: The survey on which this table is based includes institutions in other jurisdictions, including Guam, Puerto Rico, and the U.S. Virgin Islands. Some data have been revised from previously published figures. Detail may not sum to totals because of rounding.
SOURCE: National Science Foundation, Division of Science Resources Studies, Survey of Graduate Students and Postdoctorates in Science and Engineering, 1996 through 2008. (This table was prepared September 2010.)

Table 244. Number of degree-granting institutions and enrollment in these institutions, by size, type, and control of institution: Fall 2009

Type and control of institution	Total	Enrollment size: Under 200	200 to 499	500 to 999	1,000 to 2,499	2,500 to 4,999	5,000 to 9,999	10,000 to 19,999	20,000 to 29,999	30,000 or more
1	2	3	4	5	6	7	8	9	10	11
Number of institutions										
Total	**4,474**	**455**	**582**	**719**	**945**	**662**	**533**	**351**	**144**	**83**
Research university, very high[1]	99	0	0	0	3	1	9	20	34	32
Research university, high[2]	102	0	0	0	1	6	16	41	25	13
Doctoral/research university[3]	80	0	1	3	7	13	21	23	9	3
Master's[4]	649	5	8	23	107	205	180	92	17	12
Baccalaureate[5]	883	24	65	197	394	137	36	18	6	6
Specialized institutions[6]	950	271	260	210	139	54	12	3	0	1
2-year	1,711	155	248	286	294	246	259	154	53	16
Public	1,671	6	35	79	277	368	413	294	132	67
Research university, very high[1]	66	0	0	0	2	1	0	5	29	29
Research university, high[2]	75	0	0	0	0	1	9	31	22	12
Doctoral/research university[3]	27	0	0	0	0	1	5	15	6	0
Master's[4]	261	0	0	1	6	45	110	76	16	7
Baccalaureate[5]	197	1	0	17	61	68	28	13	6	3
Specialized institutions[6]	46	1	8	7	15	13	2	0	0	0
Medical or other health	31	1	3	4	9	12	2	0	0	0
Other specialized	15	0	5	3	6	1	0	0	0	0
2-year	999	4	27	54	193	239	259	154	53	16
Private	2,803	449	547	640	668	294	120	57	12	16
Research university, very high[1]	33	0	0	0	1	0	9	15	5	3
Research university, high[2]	27	0	0	0	1	5	7	10	3	1
Doctoral/research university[3]	53	0	1	3	7	12	16	8	3	3
Master's[4]	388	5	8	22	101	160	70	16	1	5
Baccalaureate[5]	686	23	65	180	333	69	8	5	0	3
Specialized institutions[6]	904	270	252	203	124	41	10	3	0	1
Art, music, or design	127	16	30	28	38	11	2	2	0	0
Business and management	137	23	32	40	23	11	6	1	0	1
Engineering or technology	118	12	36	47	16	6	1	0	0	0
Medical or other health	168	49	45	39	26	9	0	0	0	0
Theological	288	160	90	28	8	1	1	0	0	0
Other specialized	66	10	19	21	13	3	0	0	0	0
2-year	712	151	221	232	101	7	0	0	0	0
Enrollment in institutions										
Total	**20,427,711**	**51,522**	**197,125**	**522,691**	**1,552,330**	**2,357,099**	**3,761,159**	**4,854,250**	**3,552,599**	**3,578,936**
Research university, very high[1]	2,549,735	0	0	0	5,237	3,895	65,700	289,062	876,218	1,309,623
Research university, high[2]	1,813,329	0	0	0	2,261	21,819	115,546	607,864	611,855	453,984
Doctoral/research university[3]	1,212,637	0	227	2,475	13,170	51,717	166,697	300,742	224,665	452,944
Master's[4]	4,279,308	585	2,899	17,890	195,437	721,803	1,255,297	1,250,617	401,564	433,216
Baccalaureate[5]	2,236,825	2,747	24,222	147,110	635,343	464,632	244,704	262,888	164,116	291,063
Specialized institutions[6]	814,471	29,380	85,159	151,025	213,910	183,220	79,316	41,537	0	30,924
2-year	7,521,406	18,810	84,618	204,191	486,972	910,013	1,833,899	2,101,540	1,274,181	607,182
Public	14,810,642	687	11,731	59,960	495,090	1,352,683	2,946,038	4,083,673	3,258,805	2,601,975
Research university, very high[1]	2,048,560	0	0	0	3,107	3,895	0	83,401	758,722	1,199,435
Research university, high[2]	1,493,987	0	0	0	0	2,642	67,705	467,022	536,764	419,854
Doctoral/research university[3]	407,190	0	0	0	0	4,538	42,882	209,682	150,088	0
Master's[4]	2,626,164	0	0	948	11,533	168,349	801,275	1,032,209	374,934	236,916
Baccalaureate[5]	1,043,783	57	0	14,367	104,651	244,345	187,840	189,819	164,116	138,588
Specialized institutions[6]	89,513	51	2,585	5,188	27,559	41,693	12,437	0	0	0
Medical or other health	70,395	51	936	3,108	16,816	37,047	12,437	0	0	0
Other specialized	19,118	0	1,649	2,080	10,743	4,646	0	0	0	0
2-year	7,101,445	579	9,146	39,457	348,240	887,221	1,833,899	2,101,540	1,274,181	607,182
Private	5,617,069	50,835	185,394	462,731	1,057,240	1,004,416	815,121	770,577	293,794	976,961
Research university, very high[1]	501,175	0	0	0	2,130	0	65,700	205,661	117,496	110,188
Research university, high[2]	319,342	0	0	0	2,261	19,177	47,841	140,842	75,091	34,130
Doctoral/research university[3]	805,447	0	227	2,475	13,170	47,179	123,815	91,060	74,577	452,944
Master's[4]	1,653,144	585	2,899	16,942	183,904	553,454	454,022	218,408	26,630	196,300
Baccalaureate[5]	1,193,042	2,690	24,222	132,743	530,692	220,287	56,864	73,069	0	152,475
Specialized institutions[6]	724,958	29,329	82,574	145,837	186,351	141,527	66,879	41,537	0	30,924
Art, music, or design	181,299	1,981	10,814	19,597	62,004	41,265	17,422	28,216	0	0
Business and management	191,738	2,554	9,925	28,629	33,080	36,041	37,264	13,321	0	30,924
Engineering or technology	99,189	1,452	12,956	33,370	23,167	22,039	6,205	0	0	0
Medical or other health	117,708	5,317	14,933	28,463	39,173	29,822	0	0	0	0
Theological	84,463	16,835	26,529	20,455	11,690	2,966	5,988	0	0	0
Other specialized	50,561	1,190	7,417	15,323	17,237	9,394	0	0	0	0
2-year	419,961	18,231	75,472	164,734	138,732	22,792	0	0	0	0

[1]Research universities with a very high level of research activity.
[2]Research universities with a high level of research activity.
[3]Institutions that award at least 20 doctor's degrees per year, but did not have a high level of research activity.
[4]Institutions that award at least 50 master's degrees per year.
[5]Institutions that primarily emphasize undergraduate education. Also includes institutions classified as 4-year under the IPEDS system, which had been classified as 2-year in the Carnegie system because they primarily award associate's degrees.
[6]Special-focus 4-year institutions award degrees primarily in single fields of study, such as medicine, business, fine arts, theology, and engineering.

NOTE: Degree-granting institutions grant associate's or higher degrees and participate in Title IV federal financial aid programs. Relative levels of research activity for research universities were determined by an analysis of research and development expenditures, science and engineering research staffing, and doctoral degrees conferred, by field. Further information on the research index ranking may be obtained from http://www.carnegiefoundation.org/classifications/index.asp?key=798#related.

SOURCE: U.S. Department of Education, National Center for Education Statistics, 2009 Integrated Postsecondary Education Data System (IPEDS), Spring 2010. (This table was prepared October 2010.)

Table 245. Selected statistics for degree-granting institutions enrolling more than 15,000 students in 2009: Selected years, 1990 through 2008–09

Line number	Institution	State	Control[1]	Type[2]	Total fall enrollment: Fall 1990	Fall 2000	Fall 2006	Fall 2007	Fall 2008	Fall enrollment, 2009: Total	Sex: Male	Female
1	2	3	4	5	6	7	8	9	10	11	12	13
i	**United States, all institutions[5]**	†	†	†	**13,818,637**	**15,312,289**	**17,758,870**	**18,248,128**	**19,102,814**	**20,427,711**	**8,769,504**	**11,658,207**
ii	Colleges with enrollment over 15,000	†	†	†	6,166,764	6,671,162	7,895,870	8,211,347	8,599,148	9,143,046	4,074,652	5,068,394
1	Auburn University, Main Campus	AL	1	1	21,537	21,860	23,547	24,137	24,530	24,602	12,590	12,012
2	Troy University	AL	1	1	5,024	12,541	27,938	28,955	28,303	29,328	11,061	18,267
3	University of Alabama	AL	1	1	19,794	19,277	23,838	25,544	27,014	28,699	13,434	15,265
4	University of Alabama at Birmingham	AL	1	1	15,356	14,951	16,561	16,246	16,149	16,874	6,814	10,060
5	University of Alaska Anchorage	AK	1	1	17,490	14,794	16,163	16,463	16,649	17,276	7,122	10,154
6	Arizona State University	AZ	1	1	42,936	44,126	51,234	51,481	67,082	68,064	33,005	35,059
7	Glendale Community College	AZ	1	2	18,512	20,091	19,133	18,444	18,228	20,154	9,355	10,799
8	Grand Canyon University	AZ	3	1	1,813	3,615	10,297	13,415	22,025	34,205	8,448	25,757
9	Mesa Community College	AZ	1	2	19,818	22,821	25,881	24,470	23,825	25,960	12,423	13,537
10	Northern Arizona University	AZ	1	1	16,992	19,964	20,555	21,347	22,502	23,597	8,999	14,598
11	Pima Community College	AZ	1	2	28,766	28,078	32,532	32,982	34,136	35,880	16,315	19,565
12	Rio Salado College	AZ	1	2	10,480	11,275	17,952	18,331	19,186	20,865	7,292	13,573
13	University of Arizona	AZ	1	1	35,729	34,488	36,805	37,217	38,057	38,767	18,440	20,327
14	University of Phoenix, Online Campus	AZ	3	1	†	14,783	165,373	224,880	301,323	380,232	115,950	264,282
15	University of Arkansas	AR	1	1	14,732	15,346	17,926	18,648	19,194	19,849	10,209	9,640
16	Academy of Art University	CA	3	1	1,767	5,995	9,483	11,334	13,181	15,413	6,620	8,793
17	American River College	CA	1	2	18,716	28,420	31,908	33,821	34,610	35,413	16,382	19,031
18	Antelope Valley College	CA	1	2	8,077	10,315	12,156	13,312	15,108	15,705	6,352	9,353
19	Bakersfield College	CA	1	2	10,776	14,466	15,850	17,405	19,287	18,402	8,043	10,359
20	Cabrillo College	CA	1	2	12,075	12,807	14,217	15,114	16,387	15,974	7,430	8,544
21	California Polytechnic State U., San Luis Obispo	CA	1	1	17,751	16,877	18,722	19,777	19,471	19,325	10,837	8,488
22	California State Polytechnic University, Pomona	CA	1	1	19,468	18,424	20,510	21,477	21,190	22,273	12,459	9,814
23	California State University, Chico	CA	1	1	16,633	15,912	16,250	17,034	17,132	16,934	8,064	8,870
24	California State University, Fresno	CA	1	1	19,960	19,056	22,098	22,383	22,613	21,500	8,802	12,698
25	California State University, Fullerton	CA	1	1	25,592	28,381	35,921	37,130	36,996	36,262	15,080	21,182
26	California State University, Long Beach	CA	1	1	33,987	30,918	35,574	36,868	37,891	35,557	14,260	21,297
27	California State University, Los Angeles	CA	1	1	21,597	19,593	20,565	21,051	20,743	20,619	8,098	12,521
28	California State University, Northridge	CA	1	1	31,167	29,066	34,560	35,446	36,208	35,198	14,838	20,360
29	California State University, Sacramento	CA	1	1	26,336	25,714	28,529	28,829	29,011	29,241	12,084	17,157
30	California State University, San Bernardino	CA	1	1	11,923	14,909	16,479	17,066	17,646	17,852	6,398	11,454
31	Cerritos College	CA	1	2	15,886	24,536	22,434	22,273	23,236	21,776	9,492	12,284
32	Chabot College	CA	1	2	19,705	13,615	12,744	13,229	13,398	15,375	6,971	8,404
33	Chaffey College	CA	1	2	10,985	15,220	17,916	18,736	20,304	21,399	8,773	12,626
34	City College of San Francisco	CA	1	2	24,408	39,386	44,392	46,411	34,868	32,950	15,032	17,918
35	College of the Canyons	CA	1	2	4,815	10,528	17,067	17,499	21,010	21,575	12,536	9,039
36	Cosumnes River College	CA	1	2	8,235	16,493	11,977	12,967	14,401	15,946	6,940	9,006
37	Cypress College	CA	1	2	11,917	21,361	12,898	13,592	15,102	15,439	6,949	8,490
38	De Anza College	CA	1	2	21,948	22,770	22,938	24,115	26,056	25,191	12,637	12,554
39	Diablo Valley College	CA	1	2	20,255	21,581	19,302	19,768	21,205	21,951	10,509	11,442
40	East Los Angeles College	CA	1	2	12,447	27,199	27,481	28,889	34,065	35,717	17,054	18,663
41	El Camino Community College District	CA	1	2	25,789	24,067	23,488	24,895	27,098	27,237	12,936	14,301
42	Foothill College	CA	1	2	12,811	14,193	16,936	18,132	19,485	18,293	9,112	9,181
43	Fresno City College	CA	1	2	14,710	19,351	22,040	21,624	24,783	25,511	12,380	13,131
44	Fullerton College	CA	1	2	17,548	19,993	19,995	20,719	22,068	22,469	10,956	11,513
45	Glendale Community College	CA	1	2	12,072	15,596	15,727	16,827	16,166	16,781	7,386	9,395
46	Grossmont College	CA	1	2	15,357	16,309	16,530	17,359	16,082	20,335	8,752	11,583
47	Long Beach City College	CA	1	2	18,378	20,926	23,509	25,536	26,927	27,894	13,442	14,452
48	Los Angeles City College	CA	1	2	14,479	15,174	15,654	17,204	19,672	19,873	8,428	11,445
49	Los Angeles Pierce College	CA	1	2	16,970	16,111	18,690	19,526	22,434	21,928	9,954	11,974
50	Los Angeles Trade Technical College	CA	1	2	12,030	18,164	13,393	13,194	17,487	15,968	8,369	7,599
51	Los Angeles Valley College	CA	1	2	16,457	17,393	16,767	17,264	19,542	19,951	8,340	11,611
52	Modesto Junior College	CA	1	2	11,300	15,158	18,034	18,546	19,307	18,410	7,734	10,676
53	Moorpark College	CA	1	2	10,471	13,233	13,888	14,495	16,090	16,393	7,533	8,860
54	Mount San Antonio College	CA	1	2	20,563	28,329	29,079	29,842	30,026	29,935	14,373	15,562
55	Mount San Jacinto Community College District	CA	1	2	3,978	9,045	12,493	14,197	15,924	17,583	7,167	10,416
56	National University	CA	2	1	8,836	16,848	25,844	26,363	15,521	15,553	5,417	10,136
57	Orange Coast College	CA	1	2	22,365	23,315	22,680	24,424	24,742	25,316	12,871	12,445
58	Palomar College	CA	1	2	16,707	21,062	26,118	27,222	26,805	27,442	14,301	13,141
59	Pasadena City College	CA	1	2	19,581	22,948	25,873	26,672	26,713	26,453	12,524	13,929
60	Reedley College	CA	1	2	3,078	9,081	11,782	12,158	14,223	15,384	6,355	9,029
61	Rio Hondo College	CA	1	2	12,048	19,506	20,121	21,041	20,609	22,432	12,236	10,196
62	Riverside Community College	CA	1	2	15,683	22,107	29,486	30,961	36,146	36,586	15,841	20,745
63	Sacramento City College	CA	1	2	14,474	20,878	22,615	24,596	26,128	27,171	11,324	15,847
64	Saddleback College	CA	1	2	14,527	18,563	18,243	18,371	16,679	23,260	10,532	12,728
65	San Diego City College	CA	1	2	13,737	27,165	16,203	17,013	18,637	18,074	8,310	9,764
66	San Diego Mesa College	CA	1	2	23,410	21,233	21,131	21,437	23,059	23,211	11,039	12,172
67	San Diego State University	CA	1	1	35,493	31,609	33,441	35,695	34,889	32,817	14,017	18,800
68	San Francisco State University	CA	1	1	29,343	26,826	29,628	30,125	30,014	30,469	12,280	18,189
69	San Joaquin Delta College	CA	1	2	14,792	16,973	17,121	18,668	20,190	20,223	8,603	11,620
70	San Jose State University	CA	1	1	30,334	26,698	29,604	31,906	32,746	31,280	14,430	16,850
71	Santa Ana College	CA	1	2	20,532	27,571	33,203	33,514	33,916	31,073	19,749	11,324
72	Santa Barbara City College	CA	1	2	11,031	13,834	21,016	21,632	19,081	19,753	9,261	10,492
73	Santa Monica College	CA	1	2	18,108	27,868	28,337	28,958	31,404	32,313	14,489	17,824
74	Santa Rosa Junior College	CA	1	2	20,475	27,020	24,806	25,626	20,298	25,877	11,510	14,367
75	Sierra College	CA	1	2	11,637	17,517	18,339	18,859	20,664	20,688	9,606	11,082

See notes at end of table.

Table 245. Selected statistics for degree-granting institutions enrolling more than 15,000 students in 2009: Selected years, 1990 through 2008–09—Continued

Fall enrollment, 2009					Earned degrees conferred, 2008–09						Full-time-equivalent enrollment		
Attendance status		Percent combined Black, Hispanic, Asian/Pacific Islander, and American Indian/Alaska Native[4]	Student level							Total expenses and deductions, 2008–09 (in thousands)[3]			
Full-time	Part-time		Under-graduate	Postbacca-laureate	Associate's	Bachelor's	Master's	First profes-sional	Doctor's		Fall 2008	Fall 2009	Line number
14	15	16	17	18	19	20	21	22	23	24	25	26	27
12,722,782	**7,704,929**	**34.3**	**17,565,320**	**2,862,391**	**787,325**	**1,601,368**	**656,784**	**92,004**	**46,900**	**$430,743,890**	**14,394,238**	**15,495,892**	**i**
5,716,534	3,426,512	37.4	7,630,647	1,512,399	262,313	793,685	337,745	39,489	44,537	212,071,440	6,447,878	6,958,488	ii
20,996	3,606	12.6	19,926	4,676	†	3,942	865	215	222	722,465	22,279	22,365	1
13,221	16,107	50.6	22,212	7,116	446	2,498	2,420	†	†	242,413	18,742	19,513	2
24,935	3,764	15.7	23,700	4,999	†	3,713	1,265	172	192	658,672	24,873	26,379	3
11,648	5,226	28.7	10,646	6,228	†	1,916	1,075	256	186	2,223,549	13,041	13,652	4
7,786	9,490	23.0	16,242	1,034	663	956	270	†	†	244,488	11,087	11,583	5
54,626	13,438	28.7	54,277	13,787	†	11,229	3,615	179	587	1,465,566	57,636	59,850	6
7,126	13,028	39.7	20,154	†	1,132	†	†	†	†	90,312	9,992	11,500	7
7,534	26,671	35.7	18,999	15,206	†	956	3,809	†	0	148,517	3,890	17,875	8
8,853	17,107	33.5	25,960	†	1,729	†	†	†	†	114,904	12,880	14,596	9
17,288	6,309	25.9	18,300	5,297	†	3,151	1,719	†	103	368,343	18,327	19,699	10
11,708	24,172	43.8	35,880	†	2,232	†	†	†	†	172,490	18,032	19,823	11
2,395	18,470	29.7	20,865	†	379	†	†	†	†	79,879	7,696	8,596	12
33,106	5,661	28.6	30,346	8,421	†	5,914	1,489	345	479	1,446,773	34,274	35,290	13
380,232	†	39.1	314,308	65,924	23,824	14,576	17,246	†	467	1,965,845	301,323	380,232	14
15,441	4,408	13.3	15,835	4,014	†	2,492	946	122	160	613,972	16,490	17,121	15
9,101	6,312	32.4	10,864	4,549	73	750	376	†	†	185,169	8,204	11,561	16
9,209	26,204	44.0	35,413	†	1,863	†	†	†	†	154,923	17,407	18,007	17
4,777	10,928	65.9	15,705	†	840	†	†	†	†	111,192	8,262	8,446	18
5,962	12,440	63.9	18,402	†	993	†	†	†	†	122,844	10,790	10,139	19
4,785	11,189	37.2	15,974	†	760	†	†	†	†	104,672	8,205	8,542	20
18,336	989	26.8	18,302	1,023	†	3,796	363	†	†	314,894	18,802	18,722	21
17,476	4,797	66.9	20,136	2,137	†	3,503	397	†	†	287,159	18,413	19,357	22
15,160	1,774	24.5	15,614	1,320	†	3,230	373	†	†	218,119	16,010	15,855	23
17,444	4,056	58.5	18,343	3,157	†	3,549	813	†	12	285,931	19,636	19,031	24
25,436	10,826	60.2	30,737	5,525	†	6,580	1,421	†	†	377,034	30,085	29,678	25
26,754	8,803	61.9	29,324	6,233	†	6,685	1,686	†	†	412,168	32,080	30,172	26
13,850	6,769	78.2	16,008	4,611	†	2,890	1,154	†	†	259,145	16,580	16,472	27
24,473	10,725	56.8	29,576	5,622	†	6,416	1,549	†	†	396,576	29,835	28,674	28
22,496	6,745	49.2	24,820	4,421	†	5,075	1,111	†	1	346,734	24,236	25,136	29
13,649	4,203	64.5	14,619	3,233	†	2,702	742	†	†	231,239	14,915	15,263	30
6,782	14,994	84.4	21,776	†	1,050	†	†	†	†	133,852	12,405	11,816	31
4,344	11,031	76.5	15,375	†	699	†	†	†	†	105,694	6,775	8,048	32
7,264	14,135	70.4	21,399	†	1,274	†	†	†	†	119,217	11,229	12,010	33
7,278	25,672	69.0	32,950	†	1,120	†	†	†	†	336,459	17,628	15,897	34
6,129	15,446	50.5	21,575	†	1,024	†	†	†	†	110,834	11,055	11,315	35
4,369	11,577	68.9	15,946	†	580	†	†	†	†	68,071	7,688	8,256	36
5,679	9,760	68.6	15,439	†	763	†	†	†	†	98,710	8,530	8,956	37
11,139	14,052	66.3	25,191	†	1,195	†	†	†	†	—	15,672	15,857	38
7,376	14,575	43.4	21,951	†	604	†	†	†	†	113,071	11,865	12,269	39
7,738	27,979	89.9	35,717	†	1,215	†	†	†	†	136,148	15,848	17,132	40
8,521	18,716	75.9	27,237	†	1,139	†	†	†	†	173,268	14,723	14,805	41
4,985	13,308	47.2	18,293	†	504	†	†	†	†	119,286	9,518	9,453	42
7,781	17,730	70.6	25,511	†	1,436	†	†	†	†	145,285	14,065	13,734	43
8,879	13,590	63.3	22,469	†	1,140	†	†	†	†	154,393	13,256	13,442	44
5,964	10,817	39.8	16,781	†	674	†	†	†	†	133,243	9,140	9,596	45
7,631	12,704	44.8	20,335	†	1,157	†	†	†	†	78,471	8,305	11,896	46
9,070	18,824	72.2	27,894	†	968	†	†	†	†	195,008	14,259	15,390	47
5,700	14,173	75.3	19,873	†	656	†	†	†	†	106,998	10,081	10,458	48
5,896	16,032	60.9	21,928	†	924	†	†	†	†	96,400	11,700	11,279	49
3,932	12,036	92.6	15,968	†	386	†	†	†	†	78,628	8,381	7,973	50
4,671	15,280	64.9	19,951	†	887	†	†	†	†	87,458	9,611	9,801	51
6,512	11,898	50.7	18,410	†	1,253	†	†	†	†	138,170	11,048	10,507	52
6,716	9,677	35.6	16,393	†	1,250	†	†	†	†	63,050	9,639	9,965	53
10,501	19,434	80.3	29,935	†	2,107	†	†	†	†	212,530	16,609	17,026	54
6,356	11,227	51.5	17,583	†	1,511	†	†	†	†	81,129	9,014	10,125	55
8,504	7,049	42.0	5,150	10,403	86	1,113	3,473	†	†	160,031	10,976	11,225	56
9,797	15,519	51.9	25,316	†	1,594	†	†	†	†	144,194	14,801	15,007	57
9,170	18,272	45.8	27,442	†	1,611	†	†	†	†	145,122	14,766	15,305	58
9,164	17,289	75.8	26,453	†	1,683	†	†	†	†	180,601	15,071	14,969	59
6,207	9,177	62.1	15,384	†	694	†	†	†	†	83,665	8,536	9,288	60
5,125	17,307	87.0	22,432	†	833	†	†	†	†	95,606	10,240	10,936	61
11,251	25,335	66.7	36,586	†	2,501	†	†	†	†	228,449	18,958	19,757	62
7,097	20,074	65.7	27,171	†	1,252	†	†	†	†	122,590	13,458	13,837	63
7,451	15,809	30.6	23,260	†	997	†	†	†	†	100,800	8,637	12,759	64
3,377	14,697	67.8	18,074	†	661	†	†	†	†	110,838	8,589	8,311	65
5,178	18,033	54.8	23,211	†	916	†	†	†	†	151,143	11,484	11,232	66
25,883	6,934	46.6	26,800	6,017	†	6,830	1,743	†	66	485,908	30,473	28,561	67
23,001	7,468	56.2	25,434	5,035	†	5,473	1,543	†	6	437,220	25,762	25,927	68
7,849	12,374	68.0	20,223	†	2,065	†	†	†	†	156,421	11,903	12,003	69
21,893	9,387	59.3	24,273	7,007	†	4,730	2,768	†	†	396,659	27,290	25,538	70
4,647	26,426	63.7	31,073	†	1,292	†	†	†	†	131,794	14,434	13,519	71
7,816	11,937	44.6	19,753	†	1,188	†	†	†	†	132,250	10,909	11,824	72
11,468	20,845	57.3	32,313	†	1,329	†	†	†	†	204,960	17,943	18,466	73
8,579	17,298	34.1	25,877	†	1,188	†	†	†	†	152,562	10,805	14,387	74
7,609	13,079	24.6	20,688	†	2,260	†	†	†	†	118,041	11,751	12,000	75

See notes at end of table.

Table 245. Selected statistics for degree-granting institutions enrolling more than 15,000 students in 2009: Selected years, 1990 through 2008–09—Continued

Line number	Institution	State	Control[1]	Type[2]	Total fall enrollment: Fall 1990	Total fall enrollment: Fall 2000	Total fall enrollment: Fall 2006	Total fall enrollment: Fall 2007	Total fall enrollment: Fall 2008	Fall enrollment, 2009: Total	Fall enrollment, 2009: Sex: Male	Fall enrollment, 2009: Sex: Female
1	2	3	4	5	6	7	8	9	10	11	12	13
76	Southwestern College	CA	1	2	13,010	17,994	19,446	20,153	22,030	21,597	10,013	11,584
77	Stanford University	CA	2	1	14,724	18,549	17,747	19,782	17,833	18,498	10,642	7,856
78	University of California, Berkeley	CA	1	1	30,634	31,277	33,920	34,940	35,396	35,830	17,686	18,144
79	University of California, Davis	CA	1	1	23,890	26,094	29,628	29,796	30,568	31,247	13,983	17,264
80	University of California, Irvine	CA	1	1	16,808	20,211	25,230	26,483	26,984	27,142	13,287	13,855
81	University of California, Los Angeles	CA	1	1	36,420	36,890	36,611	37,476	38,220	38,550	18,150	20,400
82	University of California, Riverside	CA	1	1	8,708	13,015	16,875	17,187	18,079	19,384	9,435	9,949
83	University of California, San Diego	CA	1	1	17,790	20,197	26,247	27,020	27,520	28,418	14,216	14,202
84	University of California, Santa Barbara	CA	1	1	18,385	19,962	21,082	21,410	21,868	22,850	10,816	12,034
85	University of California, Santa Cruz	CA	1	1	10,054	12,144	15,364	15,825	16,615	16,775	7,958	8,817
86	University of Southern California	CA	2	1	28,374	29,194	33,389	33,408	33,747	34,824	17,952	16,872
87	Colorado State University	CO	1	1	26,828	26,807	27,636	27,569	28,882	28,902	14,001	14,901
88	Colorado Technical University Online	CO	3	1	†	†	16,314	21,876	25,797	30,924	10,623	20,301
89	Front Range Community College	CO	1	2	9,706	12,962	14,749	15,270	15,695	18,713	8,059	10,654
90	Metropolitan State College of Denver	CO	1	1	17,400	17,688	21,154	21,425	21,729	22,837	10,334	12,503
91	University of Colorado at Boulder	CO	1	1	28,600	29,352	31,665	31,796	32,469	33,010	17,505	15,505
92	University of Colorado Denver	CO	1	1	11,512	13,737	20,162	21,658	21,903	23,715	9,781	13,934
93	University of Connecticut	CT	1	1	25,497	19,393	23,557	23,692	24,273	25,029	12,411	12,618
94	University of Delaware	DE	1	1	20,818	19,072	20,380	20,342	20,500	21,138	9,202	11,936
95	George Washington University	DC	2	1	19,103	20,527	24,531	25,078	25,116	25,061	11,066	13,995
96	Georgetown University	DC	2	1	11,525	12,427	14,148	14,826	15,318	16,520	8,009	8,511
97	Strayer University	DC	3	1	2,916	1,425	30,654	35,754	45,491	54,325	17,609	36,716
98	Brevard Community College	FL	1	2	14,319	13,265	13,670	14,496	15,607	17,853	7,613	10,240
99	Broward College	FL	1	1	24,365	27,389	30,607	31,730	33,448	37,360	15,196	22,164
100	Daytona State College	FL	1	1	10,950	10,420	12,064	13,675	15,030	17,352	6,663	10,689
101	Edison State College	FL	1	1	8,919	8,919	10,474	11,369	13,007	16,034	6,172	9,862
102	Embry Riddle Aeronautical University, Worldwide	FL	2	1	†	†	15,570	15,189	15,225	15,249	13,271	1,978
103	Florida Atlantic University	FL	1	1	12,767	21,046	25,325	26,193	26,839	27,637	11,411	16,226
104	Florida International University	FL	1	1	22,466	31,945	37,997	38,182	38,759	39,610	17,157	22,453
105	Florida State College at Jacksonville	FL	1	1	20,974	20,838	22,732	24,939	25,903	28,877	11,525	17,352
106	Florida State University	FL	1	1	28,170	33,971	39,973	40,555	38,682	39,785	17,766	22,019
107	Hillsborough Community College	FL	1	2	19,134	18,497	21,293	22,621	24,037	26,964	11,349	15,615
108	Indian River State College	FL	1	1	12,774	13,186	13,270	14,932	15,366	17,110	6,663	10,447
109	Keiser University, Ft. Lauderdale	FL	3	1	104	3,086	9,639	11,548	13,392	16,882	4,864	12,018
110	Miami Dade College	FL	1	1	50,078	46,834	51,329	54,094	57,222	59,120	23,786	35,334
111	Nova Southeastern University	FL	2	1	9,562	18,587	25,960	27,518	28,378	29,153	8,666	20,487
112	Palm Beach State College	FL	1	1	18,392	17,326	21,563	22,881	25,122	28,017	11,962	16,055
113	Saint Petersburg College	FL	1	1	20,012	19,900	24,558	25,450	26,659	29,282	11,415	17,867
114	Santa Fe College	FL	1	1	11,053	12,464	14,012	14,824	14,796	15,043	6,889	8,154
115	Seminole State College of Florida	FL	1	2	7,799	9,042	11,655	12,745	14,049	16,417	6,833	9,584
116	University of Central Florida	FL	1	1	21,541	33,713	46,646	48,398	50,121	53,401	23,809	29,592
117	University of Florida	FL	1	1	35,477	45,114	50,912	51,725	51,474	50,691	23,509	27,182
118	University of Miami	FL	2	1	13,841	13,963	15,670	15,449	15,323	15,629	7,574	8,055
119	University of North Florida	FL	1	1	8,021	12,550	15,954	16,406	15,280	16,477	7,134	9,343
120	University of South Florida, Main Campus	FL	1	1	32,326	35,561	43,636	44,870	46,189	40,022	16,908	23,114
121	Valencia Community College	FL	1	2	18,438	27,565	30,245	32,870	35,460	39,008	16,924	22,084
122	Georgia Institute of Technology, Main Campus	GA	1	1	12,241	14,805	17,936	18,742	19,413	20,291	14,519	5,772
123	Georgia Perimeter College	GA	1	2	13,944	13,708	19,955	21,473	22,808	24,549	9,498	15,051
124	Georgia Southern University	GA	1	1	12,249	14,184	16,425	16,841	17,764	19,086	9,378	9,708
125	Georgia State University	GA	1	1	23,336	23,625	26,135	27,134	28,229	30,427	11,977	18,450
126	Kennesaw State University	GA	1	1	10,018	13,360	19,844	20,607	21,449	22,389	9,125	13,264
127	University of Georgia	GA	1	1	28,395	31,288	33,959	33,831	34,180	34,885	14,715	20,170
128	University of Hawaii at Manoa	HI	1	1	18,799	17,263	20,357	20,051	20,169	20,435	9,099	11,336
129	Boise State University	ID	1	1	13,367	16,287	18,829	19,540	19,667	18,933	8,596	10,337
130	American InterContinental University, Online	IL	3	1	†	†	24,073	22,173	22,798	26,630	8,651	17,979
131	College of DuPage	IL	1	2	29,185	28,862	26,032	25,768	25,668	27,083	12,439	14,644
132	College of Lake County	IL	1	2	13,526	14,441	15,558	16,010	16,359	18,092	7,956	10,136
133	DePaul University	IL	2	1	15,711	20,548	23,149	23,401	24,352	25,072	11,599	13,473
134	DeVry University, Illinois	IL	3	1	3,303	4,095	16,113	19,417	24,624	30,127	14,309	15,818
135	Harper College	IL	1	2	16,509	15,021	15,053	15,156	15,250	15,711	7,058	8,653
136	Illinois State University	IL	1	1	22,662	20,755	20,521	20,274	20,799	21,184	9,098	12,086
137	Joliet Junior College	IL	1	2	9,645	11,334	12,924	13,149	14,088	15,288	6,699	8,589
138	Loyola University Chicago	IL	2	1	14,780	12,605	15,194	15,545	15,670	15,879	5,728	10,151
139	Moraine Valley Community College	IL	1	2	13,601	12,972	15,693	15,859	17,477	17,774	8,194	9,580
140	Northern Illinois University	IL	1	1	24,509	23,248	25,313	25,254	24,397	24,424	11,579	12,845
141	Northwestern University	IL	2	1	17,041	16,952	18,486	19,005	19,291	19,853	10,179	9,674
142	Southern Illinois University Carbondale	IL	1	1	24,078	22,552	21,003	20,983	20,673	20,350	11,091	9,259
143	Triton College	IL	1	2	16,759	16,927	15,738	15,658	15,547	15,706	6,946	8,760
144	University of Chicago	IL	2	1	10,867	12,531	14,263	14,538	14,788	15,094	8,516	6,578
145	University of Illinois at Chicago	IL	1	1	24,959	24,942	24,644	25,747	25,835	26,840	12,059	14,781
146	University of Illinois at Urbana, Champaign	IL	1	1	38,163	38,465	42,738	42,326	43,246	43,881	23,389	20,492
147	Ball State University	IN	1	1	20,343	19,004	20,030	19,849	20,243	21,401	9,823	11,578
148	Indiana University, Bloomington	IN	1	1	35,451	37,076	38,247	38,990	40,354	42,347	21,380	20,967

See notes at end of table.

Table 245. Selected statistics for degree-granting institutions enrolling more than 15,000 students in 2009: Selected years, 1990 through 2008–09—Continued

Fall enrollment, 2009					Earned degrees conferred, 2008–09						Full-time-equivalent enrollment		
Attendance status		Percent combined Black, Hispanic, Asian/Pacific Islander, and American Indian/Alaska Native[4]	Student level							Total expenses and deductions, 2008–09 (in thousands)[3]			
Full-time	Part-time		Under-graduate	Postbacca-laureate	Associate's	Bachelor's	Master's	First profes-sional	Doctor's		Fall 2008	Fall 2009	Line number
14	15	16	17	18	19	20	21	22	23	24	25	26	27
7,904	13,693	86.0	21,597	†	1,152	†	†	†	†	123,550	10,625	12,501	76
14,562	3,936	35.6	6,602	11,896	†	1,680	2,004	259	661	3,129,846	15,705	16,067	77
34,089	1,741	53.3	25,530	10,300	†	7,249	2,033	347	869	1,892,784	34,305	34,750	78
29,804	1,443	53.9	24,626	6,621	†	5,762	824	394	500	2,766,817	29,641	30,359	79
26,169	973	66.6	22,226	4,916	†	5,625	1,138	77	402	1,761,994	26,301	26,543	80
37,174	1,376	53.2	26,687	11,863	†	7,220	2,634	622	760	4,297,383	37,430	37,710	81
18,783	601	74.1	16,996	2,388	†	3,055	406	†	188	565,764	17,791	19,021	82
27,502	916	61.7	23,143	5,275	†	5,323	990	164	437	2,589,151	27,008	27,863	83
22,158	692	43.0	19,796	3,054	†	4,881	611	†	347	782,882	21,503	22,429	84
16,254	521	45.3	15,259	1,516	†	3,271	262	†	145	539,706	16,310	16,461	85
30,578	4,246	41.2	16,751	18,073	†	4,295	4,583	768	803	2,191,669	31,140	32,207	86
22,884	6,018	14.3	22,221	6,681	†	4,232	1,225	125	227	782,397	24,728	25,156	87
30,924	†	42.3	28,159	2,765	5,236	2,454	1,599	†	†	203,478	25,797	30,924	88
6,905	11,808	20.1	18,713	†	1,010	†	†	†	†	79,717	8,977	10,869	89
14,321	8,516	27.5	22,837	†	†	2,588	†	†	†	134,640	16,590	17,758	90
27,408	5,602	15.4	27,219	5,791	†	5,481	1,063	166	300	941,566	28,994	29,530	91
11,267	12,448	23.5	13,246	10,469	†	1,743	1,736	366	152	1,161,661	14,668	16,021	92
21,191	3,838	21.0	17,008	8,021	19	4,610	1,532	421	266	1,762,235	21,921	22,607	93
18,469	2,669	15.9	17,504	3,634	195	3,569	727	†	251	702,105	18,902	19,505	94
16,261	8,800	27.9	10,558	14,503	214	2,428	3,611	717	294	953,346	19,421	19,633	95
13,461	3,059	22.9	7,461	9,059	†	1,766	2,164	864	103	937,521	13,950	14,633	96
8,195	46,130	72.9	39,864	14,461	702	2,446	2,253	†	†	319,995	8,119	26,209	97
7,147	10,706	22.0	17,853	†	2,244	†	†	†	†	94,899	9,308	10,741	98
13,490	23,870	66.8	37,360	†	3,898	0	†	†	†	205,484	20,381	23,123	99
8,368	8,984	27.9	17,352	†	1,906	97	†	†	†	116,024	8,242	11,993	100
5,724	10,310	33.2	16,034	†	1,532	13	†	†	†	65,755	7,975	9,885	101
3,708	11,541	26.2	11,131	4,118	676	2,200	959	†	†	—	8,131	8,215	102
14,899	12,738	41.1	22,843	4,794	157	4,467	1,102	†	90	402,663	19,139	19,909	103
23,973	15,637	76.6	31,729	7,881	51	5,663	2,230	123	127	599,355	29,369	30,141	104
9,893	18,984	37.4	28,877	†	3,206	3	†	†	†	182,048	15,272	17,554	105
33,687	6,098	26.1	30,803	8,982	157	7,630	2,129	337	343	908,011	34,604	36,022	106
11,277	15,687	48.0	26,964	†	2,452	†	†	†	†	134,962	13,802	16,544	107
5,966	11,144	31.6	17,110	†	1,731	34	†	†	†	107,977	9,418	10,463	108
10,580	6,302	53.4	16,524	358	2,652	388	26	†	†	174,364	8,078	13,053	109
22,313	36,807	89.5	59,120	†	7,489	150	†	†	†	417,097	36,075	37,166	110
14,847	14,306	55.5	5,867	23,286	4	1,305	4,393	960	772	537,179	19,337	20,334	111
10,525	17,492	48.4	28,017	†	2,657	†	†	†	†	130,449	15,690	17,584	112
9,555	19,727	22.3	29,282	†	2,924	668	†	†	†	172,217	15,929	17,516	113
6,616	8,427	30.5	15,043	†	2,767	†	†	†	†	86,480	9,993	10,017	114
7,064	9,353	37.2	16,417	†	1,704	†	†	†	†	85,801	8,593	10,204	115
37,609	15,792	30.2	45,371	8,030	202	9,373	1,848	†	192	695,122	41,057	43,788	116
43,960	6,731	31.0	33,628	17,063	277	9,207	3,544	1,187	841	2,157,318	47,408	46,491	117
14,212	1,417	39.0	10,370	5,259	†	2,575	862	559	199	2,141,466	14,568	14,763	118
11,254	5,223	23.8	14,495	1,982	476	2,892	586	†	33	205,948	12,328	13,312	119
27,329	12,693	33.5	30,536	9,486	186	6,067	2,083	114	288	897,723	36,125	32,248	120
17,591	21,417	53.7	39,008	†	5,128	†	†	†	†	199,148	22,410	24,781	121
17,928	2,363	24.4	13,515	6,776	†	2,695	1,877	†	490	1,051,641	18,097	18,828	122
11,522	13,027	62.7	24,549	†	1,499	†	†	†	†	145,908	14,186	15,896	123
15,771	3,315	27.2	16,486	2,600	†	2,378	497	†	55	241,161	15,812	17,041	124
22,012	8,415	48.9	22,361	8,066	†	3,842	1,754	182	213	522,917	23,230	25,282	125
16,535	5,854	23.6	20,304	2,085	†	3,019	944	†	†	223,075	17,723	18,853	126
31,017	3,868	17.2	26,142	8,743	†	6,316	1,676	438	459	1,138,522	31,512	32,477	127
14,726	5,709	64.0	13,952	6,483	†	2,933	1,155	148	205	908,664	16,549	16,900	128
12,874	6,059	13.3	16,693	2,240	292	1,992	482	†	9	279,320	15,129	15,256	129
25,208	1,422	49.7	24,384	2,246	5,005	2,858	1,534	†	†	261,697	22,798	25,765	130
10,591	16,492	32.2	27,083	†	1,630	†	†	†	†	175,623	15,182	16,128	131
5,779	12,313	43.2	18,092	†	968	†	†	†	†	109,467	8,950	9,913	132
18,789	6,283	32.0	16,199	8,873	†	3,131	2,672	320	30	434,340	20,405	21,222	133
9,375	20,752	46.5	22,896	7,231	468	2,158	2,025	†	†	199,422	7,964	17,460	134
6,988	8,723	35.3	15,711	†	1,271	†	†	†	†	131,447	9,606	9,917	135
18,494	2,690	12.6	18,389	2,795	†	4,117	713	†	45	399,698	19,104	19,512	136
6,668	8,620	30.1	15,288	†	1,115	†	†	†	†	105,723	8,751	9,562	137
13,626	2,253	25.7	10,077	5,802	†	2,124	1,247	438	142	421,527	14,379	14,494	138
7,761	10,013	26.8	17,774	†	1,251	†	†	†	†	88,233	10,762	11,123	139
18,548	5,876	26.4	18,277	6,147	†	4,027	1,497	92	124	484,375	20,876	20,754	140
16,477	3,376	27.8	9,555	10,298	†	2,110	2,804	421	451	1,588,143	17,352	17,778	141
16,261	4,089	25.1	15,551	4,799	69	4,130	1,008	178	137	652,763	18,353	17,821	142
4,960	10,746	58.1	15,706	†	813	†	†	†	†	66,275	8,129	8,568	143
12,067	3,027	28.3	5,114	9,980	†	1,207	2,496	328	366	2,543,875	13,025	13,224	144
22,126	4,714	43.9	16,044	10,796	†	3,379	1,879	533	318	2,072,105	23,014	23,879	145
39,877	4,004	24.0	31,477	12,404	†	7,399	2,677	297	784	1,966,957	40,951	41,360	146
17,693	3,708	10.3	17,737	3,664	371	3,057	1,004	†	68	396,733	18,051	19,090	147
37,472	4,875	12.0	32,490	9,857	23	5,941	1,905	288	441	1,197,588	37,482	39,295	148

See notes at end of table.

Table 245. Selected statistics for degree-granting institutions enrolling more than 15,000 students in 2009: Selected years, 1990 through 2008–09—Continued

Line number	Institution	State	Con-trol[1]	Type[2]	Total fall enrollment: Fall 1990	Fall 2000	Fall 2006	Fall 2007	Fall 2008	Fall enrollment, 2009: Total	Sex: Male	Female
1	2	3	4	5	6	7	8	9	10	11	12	13
149	Indiana University, Purdue U., Indianapolis	IN	1	1	27,517	27,525	29,764	29,854	30,300	30,383	12,898	17,485
150	Indiana Wesleyan University	IN	2	1	2,719	7,088	13,917	14,756	15,442	15,345	5,486	9,859
151	Ivy Tech Community College, Central Indiana	IN	1	2	4,871	6,748	11,189	13,439	16,415	19,533	8,201	11,332
152	Purdue University, Main Campus	IN	1	1	37,588	39,667	40,609	40,534	41,433	41,052	24,043	17,009
153	Ashford University	IA	3	1	311	616	3,836	10,568	25,605	46,835	13,255	33,580
154	Des Moines Area Community College	IA	1	2	10,553	10,998	16,853	18,320	18,695	22,324	10,129	12,195
155	Iowa State University	IA	1	1	25,737	26,845	25,462	26,160	26,856	27,945	15,728	12,217
156	Kaplan University	IA	3	1	641	376	25,168	32,734	45,153	71,011	18,361	52,650
157	Kirkwood Community College	IA	1	2	8,623	11,645	15,064	15,091	15,241	17,841	8,527	9,314
158	University of Iowa	IA	1	1	28,785	28,311	28,816	29,117	29,152	28,987	13,852	15,135
159	Johnson County Community College	KS	1	2	13,740	16,383	19,088	18,897	19,055	20,385	9,389	10,996
160	Kansas State University	KS	1	1	21,137	21,929	23,141	23,332	23,520	23,581	11,745	11,836
161	University of Kansas	KS	1	1	26,434	25,920	26,773	28,569	29,365	29,242	14,200	15,042
162	Eastern Kentucky University	KY	1	1	15,290	13,285	15,763	15,839	16,031	16,268	6,773	9,495
163	Northern Kentucky University	KY	1	1	11,254	12,080	14,617	14,785	15,082	15,378	6,616	8,762
164	University of Kentucky	KY	1	1	22,538	23,114	26,382	25,856	26,054	26,295	12,708	13,587
165	University of Louisville	KY	1	1	22,979	19,771	20,785	20,592	20,834	21,016	9,986	11,030
166	Western Kentucky University	KY	1	1	15,170	15,481	18,660	19,258	19,742	20,712	8,420	12,292
167	Delgado Community College	LA	1	2	11,614	12,784	11,916	13,210	14,450	16,758	5,423	11,335
168	Louisiana State U. and Agricultural & Mechanical	LA	1	1	26,112	31,527	29,925	28,628	28,810	28,643	14,074	14,569
169	Southeastern Louisiana University	LA	1	1	10,262	14,525	15,106	14,744	15,215	15,151	5,641	9,510
170	University of Louisiana at Lafayette	LA	1	1	15,764	15,742	16,302	16,345	16,320	16,361	6,997	9,364
171	Anne Arundel Community College	MD	1	2	12,148	11,761	11,874	14,834	15,149	16,741	6,484	10,257
172	Community College of Baltimore County	MD	1	2	—	18,168	19,446	19,426	20,673	23,584	8,838	14,746
173	Johns Hopkins University	MD	2	1	13,363	17,774	19,708	19,682	19,758	20,383	9,808	10,575
174	Montgomery College	MD	1	2	14,361	20,923	22,893	23,866	24,452	26,147	12,099	14,048
175	Towson University	MD	1	1	15,035	16,729	18,921	19,758	21,111	21,177	7,922	13,255
176	University of Maryland, College Park	MD	1	1	34,829	33,189	35,102	36,014	37,000	37,195	19,511	17,684
177	University of Maryland, University College	MD	1	1	14,476	18,276	33,096	32,540	34,172	37,347	16,441	20,906
178	Boston College	MA	2	1	14,502	15,240	14,661	14,621	14,836	15,036	6,969	8,067
179	Boston University	MA	2	1	27,996	28,318	31,574	32,053	31,766	31,960	13,652	18,308
180	Harvard University	MA	2	1	22,851	24,279	25,778	25,690	26,496	27,651	13,820	13,831
181	Northeastern University	MA	2	1	30,510	23,897	23,411	24,434	25,837	27,537	13,278	14,259
182	University of Massachusetts Amherst	MA	1	1	26,025	24,416	25,593	25,873	26,359	27,016	13,523	13,493
183	Central Michigan University	MI	1	1	18,286	26,845	26,710	26,611	27,225	27,247	11,517	15,730
184	Eastern Michigan University	MI	1	1	25,011	23,561	22,950	22,837	22,032	22,893	9,471	13,422
185	Grand Rapids Community College	MI	1	2	12,054	13,400	15,224	15,212	15,403	16,944	8,205	8,739
186	Grand Valley State University	MI	1	1	11,725	18,569	23,295	23,464	23,892	24,408	9,752	14,656
187	Henry Ford Community College	MI	1	2	16,147	12,742	12,812	13,983	15,571	17,542	7,554	9,988
188	Lansing Community College	MI	1	2	22,343	16,011	20,394	19,465	19,445	21,123	9,559	11,564
189	Macomb Community College	MI	1	2	31,538	22,001	21,131	22,081	22,985	24,376	11,814	12,562
190	Michigan State University	MI	1	1	44,307	43,366	45,520	46,045	46,510	47,071	21,986	25,085
191	Oakland Community College	MI	1	2	28,069	23,188	24,123	24,532	24,957	28,042	12,164	15,878
192	Oakland University	MI	1	1	12,400	15,235	17,737	18,081	18,175	18,918	7,184	11,734
193	University of Michigan, Ann Arbor	MI	1	1	36,391	38,103	40,025	41,042	41,028	41,674	21,830	19,844
194	Wayne County Community College District	MI	1	2	11,986	9,008	19,265	20,504	21,540	20,770	6,134	14,636
195	Wayne State University	MI	1	1	33,872	30,408	32,061	32,380	31,024	31,786	13,052	18,734
196	Western Michigan University	MI	1	1	26,989	28,657	24,841	24,433	24,818	24,576	12,028	12,548
197	Capella University	MN	3	1	†	36	17,203	21,773	25,245	31,998	8,937	23,061
198	Saint Cloud State University	MN	1	1	17,075	15,181	16,334	16,940	17,430	18,123	8,571	9,552
199	University of Minnesota, Twin Cities	MN	1	1	57,168	45,481	50,402	50,883	51,140	51,659	24,726	26,933
200	Walden University	MN	3	1	422	1,544	27,412	29,455	34,779	40,714	9,196	31,518
201	Mississippi State University	MS	1	1	14,391	16,561	16,206	17,039	17,824	18,601	9,544	9,057
202	University of Mississippi, Main Campus	MS	1	1	11,288	12,118	15,220	15,129	15,289	15,932	7,388	8,544
203	University of Southern Mississippi	MS	1	1	13,490	14,509	14,777	14,592	14,793	15,300	5,823	9,477
204	Columbia College	MO	2	1	4,214	7,948	12,280	12,954	14,081	15,556	6,006	9,550
205	Missouri State University	MO	1	1	19,480	17,703	19,218	19,348	19,489	20,371	8,934	11,437
206	Saint Louis University, Main Campus	MO	2	1	12,891	13,847	14,897	15,539	16,086	16,317	6,608	9,709
207	University of Missouri, Columbia	MO	1	1	25,058	23,309	28,184	28,405	30,130	31,237	14,523	16,714
208	University of Missouri, St. Louis	MO	1	1	15,393	15,397	15,528	15,527	15,741	16,534	6,311	10,223
209	Webster University	MO	2	1	8,745	13,783	18,963	19,398	19,154	19,372	7,820	11,552
210	Metropolitan Community College Area	NE	1	2	8,516	11,534	14,098	14,804	15,055	17,003	7,326	9,677
211	University of Nebraska, Lincoln	NE	1	1	24,453	22,268	22,106	22,973	23,573	24,100	12,825	11,275
212	College of Southern Nevada	NV	1	1	14,161	29,905	35,414	37,758	40,310	42,108	20,867	21,241
213	University of Nevada, Las Vegas	NV	1	1	17,937	22,041	27,912	27,960	28,600	29,080	12,907	16,173
214	University of Nevada, Reno	NV	1	1	11,487	13,149	16,663	16,681	16,867	16,875	7,789	9,086
215	University of New Hampshire, Main Campus	NH	1	1	13,260	14,689	14,811	15,005	14,898	15,253	6,679	8,574
216	Bergen Community College	NJ	1	2	12,119	11,993	14,608	15,057	15,283	16,469	8,013	8,456
217	Brookdale Community College	NJ	1	2	11,885	11,552	13,745	14,025	14,642	15,639	7,185	8,454

See notes at end of table.

Table 245. Selected statistics for degree-granting institutions enrolling more than 15,000 students in 2009: Selected years, 1990 through 2008–09—Continued

Fall enrollment, 2009					Earned degrees conferred, 2008–09						Full-time-equivalent enrollment		
Attendance status			Student level										
Full-time	Part-time	Percent combined Black, Hispanic, Asian/Pacific Islander, and American Indian/Alaska Native[4]	Undergraduate	Postbaccalaureate	Associate's	Bachelor's	Master's	First professional	Doctor's	Total expenses and deductions, 2008–09 (in thousands)[3]	Fall 2008	Fall 2009	Line number
14	15	16	17	18	19	20	21	22	23	24	25	26	27
19,741	10,642	16.6	22,119	8,264	364	3,150	1,825	598	89	1,071,500	23,347	23,859	149
13,899	1,446	19.5	10,331	5,014	736	2,587	2,112	0	5	136,392	14,626	14,463	150
7,500	12,033	31.1	19,533	†	988	†	†	†	†	67,645	9,479	11,540	151
36,422	4,630	11.6	32,500	8,552	512	6,064	1,321	181	701	1,443,568	38,555	38,187	152
46,717	118	42.8	42,977	3,858	25	3,029	745	†	†	139,057	25,463	46,763	153
8,947	13,377	15.1	22,324	†	1,595	†	†	†	†	132,266	11,211	13,438	154
24,738	3,207	8.9	22,521	5,424	†	4,129	810	113	316	919,059	24,768	25,945	155
8,162	62,849	34.7	66,324	4,687	1,932	2,394	655	216	†	582,381	3,954	32,813	156
9,715	8,126	12.0	17,841	†	1,899	†	†	†	†	144,507	10,630	12,443	157
24,313	4,674	10.8	20,574	8,413	†	4,465	1,303	533	404	2,196,535	25,709	26,092	158
7,433	12,952	16.3	20,385	†	1,097	†	†	†	†	167,621	10,873	11,781	159
18,850	4,731	10.0	18,778	4,803	59	3,224	868	108	147	615,480	20,436	20,656	160
24,411	4,831	13.4	21,066	8,176	†	4,097	1,481	447	319	987,752	26,406	26,248	161
12,354	3,914	7.9	13,991	2,277	195	2,128	726	†	†	267,328	13,419	13,865	162
10,543	4,835	8.8	13,179	2,199	124	1,836	491	137	†	195,491	12,067	12,426	163
23,273	3,022	11.2	19,183	7,112	†	3,650	1,334	407	312	2,045,197	24,098	24,431	164
15,612	5,404	17.4	15,477	5,539	20	2,482	1,281	332	142	759,036	17,431	17,713	165
14,936	5,776	13.2	17,645	3,067	217	2,382	757	†	†	270,489	16,431	17,176	166
7,981	8,777	55.5	16,758	†	881	†	†	†	†	101,556	9,094	10,928	167
25,838	2,805	16.2	23,012	5,631	†	4,734	973	260	240	1,021,203	27,120	26,914	168
11,652	3,499	20.3	13,778	1,373	67	1,880	351	†	3	189,496	12,969	13,026	169
13,419	2,942	22.5	14,832	1,529	†	2,125	378	†	32	238,122	14,429	14,579	170
5,957	10,784	26.2	16,741	†	1,218	†	†	†	†	127,927	8,589	9,578	171
8,558	15,026	42.9	23,584	†	1,578	†	†	†	†	172,162	11,705	13,603	172
12,509	7,874	30.8	5,831	14,552	†	1,487	4,154	125	434	3,789,862	14,815	15,519	173
10,379	15,768	55.8	26,147	†	1,773	†	†	†	†	283,351	14,463	15,673	174
16,542	4,635	21.5	17,148	4,029	†	3,380	974	†	15	303,696	18,117	18,296	175
31,679	5,516	31.7	26,542	10,653	†	6,704	2,157	30	587	1,425,463	33,460	33,755	176
3,678	33,669	52.6	24,284	13,063	248	2,698	2,293	†	30	257,309	15,199	16,729	177
12,345	2,691	21.6	10,076	4,960	†	2,300	1,336	263	152	620,915	13,107	13,378	178
25,745	6,215	25.8	18,283	13,677	†	4,233	3,722	598	581	1,443,477	27,996	28,136	179
19,967	7,684	28.5	10,257	17,394	18	1,779	3,495	834	646	3,756,071	22,199	22,936	180
20,344	7,193	22.3	18,782	8,755	62	3,168	1,749	333	234	684,169	22,232	23,120	181
21,515	5,501	18.7	20,873	6,143	74	4,573	1,123	†	255	807,314	23,038	23,570	182
20,153	7,094	16.8	20,581	6,666	†	3,571	1,990	†	101	362,041	22,766	22,816	183
13,968	8,925	26.2	17,780	5,113	†	2,944	1,190	†	18	313,606	16,681	17,401	184
7,546	9,398	24.3	16,944	†	1,482	†	†	†	†	131,869	9,639	10,701	185
19,392	5,016	11.6	20,850	3,558	†	3,710	1,007	†	37	335,507	20,775	21,307	186
7,001	10,541	37.8	17,542	†	1,247	†	†	†	†	92,377	9,132	10,540	187
7,815	13,308	19.8	21,123	†	1,405	†	†	†	†	137,281	10,967	12,283	188
9,599	14,777	14.0	24,376	†	2,383	†	†	†	†	136,940	13,737	14,560	189
41,413	5,658	16.4	36,290	10,781	†	7,793	1,942	387	489	1,798,712	43,131	43,580	190
10,032	18,010	26.6	28,042	†	1,762	†	†	†	†	179,535	13,993	16,079	191
12,679	6,239	15.3	15,273	3,645	†	2,226	1,008	†	93	241,254	14,349	15,101	192
38,873	2,801	23.1	26,208	15,466	†	6,473	3,479	734	842	4,917,321	39,307	39,922	193
4,743	16,027	77.7	20,770	†	1,180	†	†	†	†	147,016	10,441	10,124	194
19,070	12,716	39.6	20,765	11,021	†	2,635	2,206	520	252	776,242	23,123	23,986	195
18,067	6,509	13.5	19,547	5,029	†	3,969	1,338	†	103	491,668	20,917	20,526	196
2,361	29,637	46.6	5,619	26,379	†	573	2,502	†	700	232,191	2,240	13,735	197
12,908	5,215	9.0	16,186	1,937	120	2,491	427	†	†	195,783	14,560	14,960	198
38,094	13,565	15.8	33,236	18,423	†	6,686	3,115	715	879	2,682,239	41,992	43,197	199
29,744	10,970	42.4	5,597	35,117	†	272	7,007	†	344	266,345	26,889	33,989	200
15,187	3,414	23.2	14,602	3,999	†	2,656	835	67	123	582,747	15,699	16,480	201
13,969	1,963	18.0	13,204	2,728	†	2,506	448	238	99	358,870	14,046	14,725	202
12,146	3,154	32.3	12,389	2,911	†	2,375	705	†	119	320,323	12,919	13,359	203
8,442	7,114	30.7	14,705	851	1,008	2,280	167	†	†	62,389	10,655	11,235	204
14,879	5,492	7.9	17,024	3,347	†	3,015	889	†	29	260,875	16,253	17,020	205
9,852	6,465	16.0	11,159	5,158	†	1,617	833	458	184	607,624	12,117	12,370	206
26,553	4,684	11.7	23,799	7,438	†	4,855	1,506	307	306	1,641,980	27,235	28,307	207
7,000	9,534	22.2	12,966	3,568	†	2,018	771	44	63	203,598	10,262	10,739	208
6,422	12,950	45.2	3,911	15,461	†	1,188	5,360	†	13	169,668	11,235	11,382	209
7,095	9,908	23.1	17,003	†	985	†	†	†	†	81,556	8,944	10,421	210
20,702	3,398	9.5	18,955	5,145	8	3,219	835	133	266	773,014	21,401	21,983	211
10,108	32,000	52.1	42,108	†	1,676	9	†	†	†	173,324	21,847	23,021	212
19,233	9,847	43.2	22,734	6,346	†	3,737	1,222	214	134	535,183	22,409	23,059	213
12,110	4,765	21.3	13,340	3,535	†	2,225	586	51	126	530,396	13,805	13,945	214
13,290	1,963	7.6	12,575	2,678	154	2,592	843	†	56	471,919	13,666	14,023	215
9,303	7,166	46.1	16,469	†	1,481	†	†	†	†	99,675	10,747	11,709	216
9,201	6,438	24.5	15,639	†	1,588	†	†	†	†	111,302	10,486	11,362	217

See notes at end of table.

Table 245. Selected statistics for degree-granting institutions enrolling more than 15,000 students in 2009: Selected years, 1990 through 2008–09—Continued

Line number	Institution	State	Control[1]	Type[2]	Total fall enrollment: Fall 1990	Total fall enrollment: Fall 2000	Total fall enrollment: Fall 2006	Total fall enrollment: Fall 2007	Total fall enrollment: Fall 2008	Fall enrollment, 2009: Total	Fall enrollment, 2009: Sex: Male	Fall enrollment, 2009: Sex: Female
1	2	3	4	5	6	7	8	9	10	11	12	13
218	Camden County College	NJ	1	2	12,010	12,131	14,587	14,741	15,198	15,670	6,153	9,517
219	Kean University	NJ	1	1	13,303	11,468	13,050	13,394	14,203	15,051	5,300	9,751
220	Montclair State University	NJ	1	1	13,067	13,502	16,076	16,736	17,475	18,171	6,578	11,593
221	Rutgers University, New Brunswick	NJ	1	1	33,016	35,236	34,392	34,804	36,041	37,366	18,151	19,215
222	Thomas Edison State College	NJ	1	1	7,813	8,137	13,173	16,423	17,369	18,206	11,010	7,196
223	Central New Mexico Community College	NM	1	2	9,739	17,265	22,615	22,759	24,870	27,999	12,430	15,569
224	New Mexico State University, Main Campus	NM	1	1	14,812	14,958	16,415	16,722	17,239	18,526	8,285	10,241
225	University of New Mexico, Main Campus	NM	1	1	23,950	23,670	25,721	25,672	25,754	27,241	12,017	15,224
226	Columbia University in the City of New York	NY	2	1	18,242	19,639	22,317	22,655	23,196	24,230	11,992	12,238
227	Cornell University	NY	2	1	11,533	12,043	19,639	19,800	20,273	20,633	10,887	9,746
228	CUNY Bernard M. Baruch College	NY	1	1	15,849	15,698	15,730	16,097	16,321	16,195	7,892	8,303
229	CUNY Borough of Manhattan Community College	NY	1	2	14,819	15,875	18,457	19,259	21,858	21,424	8,651	12,773
230	CUNY Brooklyn College	NY	1	1	16,605	15,039	15,947	16,087	16,689	17,094	6,482	10,612
231	CUNY City College	NY	1	1	14,085	11,055	13,155	14,392	15,306	16,212	7,572	8,640
232	CUNY Hunter College	NY	1	1	19,639	20,011	20,899	20,845	21,258	22,168	6,733	15,435
233	CUNY John Jay College of Criminal Justice	NY	1	1	8,665	10,612	14,645	14,841	14,844	15,330	6,453	8,877
234	CUNY Kingsborough Community College	NY	1	2	13,809	14,801	14,687	14,962	15,739	18,204	8,034	10,170
235	CUNY LaGuardia Community College	NY	1	2	9,167	11,778	14,185	15,169	15,540	17,028	6,891	10,137
236	CUNY New York City College of Technology	NY	1	1	10,908	11,028	13,368	13,502	14,268	15,399	8,061	7,338
237	CUNY Queens College	NY	1	1	18,072	15,061	18,107	18,728	19,572	20,711	7,896	12,815
238	CUNY Queensborough Community College	NY	1	2	12,184	10,598	13,150	13,359	13,752	15,507	6,868	8,639
239	Excelsior College	NY	2	1	13,303	18,067	30,665	34,894	33,453	34,629	15,314	19,315
240	Monroe Community College	NY	1	2	13,545	15,315	17,110	17,482	18,114	18,976	8,896	10,080
241	Nassau Community College	NY	1	2	21,537	19,621	21,229	21,483	21,952	22,719	11,041	11,678
242	New York University	NY	2	1	32,813	37,150	40,870	41,783	42,189	43,404	17,859	25,545
243	Rochester Institute of Technology	NY	2	1	12,391	14,106	14,479	14,849	15,055	15,445	10,406	5,039
244	St. John's University, New York	NY	2	1	19,105	18,621	20,069	20,096	20,109	20,352	8,603	11,749
245	Stony Brook University	NY	1	1	17,624	19,924	22,522	23,347	23,991	24,681	11,967	12,714
246	Suffolk County Community College	NY	1	2	†	†	21,859	22,092	23,015	24,822	11,162	13,660
247	SUNY at Albany	NY	1	1	17,400	16,751	17,434	17,684	18,204	18,020	8,666	9,354
248	Syracuse University	NY	2	1	21,900	18,186	19,082	19,084	19,366	19,638	8,782	10,856
249	Touro College	NY	2	1	4,456	8,092	23,651	17,129	17,327	17,116	5,167	11,949
250	University at Buffalo	NY	1	1	27,638	24,830	27,823	28,054	28,192	28,881	15,077	13,804
251	Appalachian State University	NC	1	1	11,931	13,227	15,117	15,871	16,610	16,968	7,835	9,133
252	Central Piedmont Community College	NC	1	2	16,311	14,908	17,942	18,052	18,608	19,364	8,469	10,895
253	East Carolina University	NC	1	1	17,564	18,750	24,351	25,990	27,677	27,654	10,830	16,824
254	North Carolina State University at Raleigh	NC	1	1	27,199	28,619	31,130	31,802	32,872	33,819	18,777	15,042
255	University of North Carolina at Chapel Hill	NC	1	1	23,878	24,892	27,717	28,136	28,567	28,916	11,825	17,091
256	University of North Carolina at Charlotte	NC	1	1	14,699	17,241	21,519	22,388	23,300	24,701	11,661	13,040
257	University of North Carolina at Greensboro	NC	1	1	12,882	13,125	16,872	18,627	19,976	21,306	6,978	14,328
258	Wake Technical Community College	NC	1	2	6,129	9,654	12,046	12,238	14,747	15,203	7,150	8,053
259	Bowling Green State University, Main Campus	OH	1	1	18,657	18,096	19,108	18,619	17,874	17,309	7,811	9,498
260	Cleveland State University	OH	1	1	19,214	15,294	14,807	15,038	15,139	16,216	7,149	9,067
261	Columbus State Community College	OH	1	2	13,290	18,094	22,745	23,057	24,482	28,539	12,312	16,227
262	Cuyahoga Community College District	OH	1	2	23,157	19,518	24,289	24,563	23,234	29,807	11,285	18,522
263	Kent State University, Kent Campus	OH	1	1	24,434	21,924	22,697	22,819	22,944	25,127	10,024	15,103
264	Miami University, Oxford	OH	1	1	15,835	16,757	16,329	15,968	17,191	16,884	7,567	9,317
265	Ohio State University, Main Campus	OH	1	1	54,087	47,952	51,818	52,568	53,715	55,014	28,528	26,486
266	Ohio University, Main Campus	OH	1	1	18,505	19,920	20,610	21,089	21,369	22,647	10,698	11,949
267	Owens Community College	OH	1	2	6,857	15,845	18,739	19,853	21,095	22,530	11,988	10,542
268	Sinclair Community College	OH	1	2	16,367	19,026	19,103	18,691	19,466	21,561	9,437	12,124
269	University of Akron, Main Campus	OH	1	1	28,801	21,363	21,882	23,007	24,119	25,959	12,796	13,163
270	University of Cincinnati, Main Campus	OH	1	1	31,013	27,327	28,327	29,319	29,617	31,134	14,781	16,353
271	University of Toledo	OH	1	1	24,691	19,491	19,374	19,767	22,336	23,064	11,326	11,738
272	Wright State University, Main Campus	OH	1	1	16,393	13,964	16,088	16,151	16,672	17,558	7,920	9,638
273	Oklahoma State University, Main Campus	OK	1	1	19,827	18,676	23,499	23,213	22,995	23,033	11,916	11,117
274	Tulsa Community College	OK	1	2	17,955	16,270	16,632	16,881	18,325	19,730	7,793	11,937
275	University of Central Oklahoma	OK	1	1	14,232	14,099	15,588	15,495	15,724	16,092	6,598	9,494
276	University of Oklahoma, Norman Campus	OK	1	1	20,774	24,205	25,923	26,068	26,140	25,881	12,851	13,030
277	Oregon State University	OR	1	1	16,361	16,758	19,352	19,738	20,305	21,950	11,494	10,456
278	Portland Community College	OR	1	2	21,888	24,209	23,618	24,353	26,278	30,161	13,861	16,300
279	Portland State University	OR	1	1	16,921	18,889	24,254	24,963	26,382	27,901	12,665	15,236
280	University of Oregon	OR	1	1	18,840	17,801	20,348	20,332	21,452	22,335	10,956	11,379
281	Community College of Allegheny County	PA	1	2	20,553	15,556	18,110	18,525	19,020	20,520	8,739	11,781
282	Community College of Philadelphia	PA	1	2	15,151	15,953	16,870	17,334	17,327	19,048	6,469	12,579
283	Drexel University	PA	2	1	11,926	13,128	19,860	20,682	21,537	22,493	11,138	11,355
284	Harrisburg Area Community College, Harrisburg	PA	1	2	8,355	7,572	9,767	9,774	9,699	22,529	8,221	14,308
285	Pennsylvania State University, Main Campus	PA	1	1	38,864	40,571	42,914	43,252	44,406	45,185	24,774	20,411
286	Temple University	PA	1	1	29,714	28,355	33,865	34,696	35,490	36,507	16,942	19,565
287	University of Pennsylvania	PA	2	1	21,868	21,853	23,743	23,980	24,107	24,599	11,622	12,977
288	University of Pittsburgh, Pittsburgh Campus	PA	1	1	28,120	26,329	26,860	27,020	27,562	28,328	13,445	14,883
289	Community College of Rhode Island	RI	1	2	16,620	15,583	16,373	16,811	17,612	17,760	7,117	10,643
290	University of Rhode Island	RI	1	1	16,047	14,362	15,062	15,650	15,904	16,389	7,148	9,241

See notes at end of table.

Table 245. Selected statistics for degree-granting institutions enrolling more than 15,000 students in 2009: Selected years, 1990 through 2008–09—Continued

Fall enrollment, 2009					Earned degrees conferred, 2008–09					Total expenses and deductions, 2008–09 (in thousands)[3]	Full-time-equivalent enrollment		Line number
Attendance status: Full-time	Attendance status: Part-time	Percent combined Black, Hispanic, Asian/Pacific Islander, and American Indian/Alaska Native[4]	Student level: Undergraduate	Student level: Postbaccalaureate	Associate's	Bachelor's	Master's	First professional	Doctor's		Fall 2008	Fall 2009	
14	15	16	17	18	19	20	21	22	23	24	25	26	27
8,529	7,141	40.1	15,670	†	1,371	†	†	†	†	95,166	10,283	10,926	218
10,081	4,970	46.0	12,072	2,979	†	2,082	693	†	†	204,720	11,108	11,992	219
13,192	4,979	34.1	14,139	4,032	†	2,675	810	†	7	272,629	14,380	15,078	220
32,147	5,219	40.6	29,095	8,271	†	5,752	1,545	257	410	1,808,652	32,640	34,098	221
†	18,206	32.6	17,319	887	454	1,970	77	†	†	47,618	6,985	7,310	222
8,765	19,234	59.1	27,999	†	1,373	†	†	†	†	136,829	13,460	15,223	223
14,681	3,845	55.8	14,692	3,834	30	2,304	836	†	71	496,522	15,033	16,158	224
19,438	7,803	48.4	21,332	5,909	11	3,160	1,100	272	208	1,626,955	21,141	22,482	225
20,611	3,619	30.2	7,743	16,487	†	1,862	5,523	691	590	3,061,281	21,105	22,004	226
20,529	104	29.7	13,931	6,702	†	3,456	1,800	269	516	1,689,355	20,219	20,569	227
10,379	5,816	53.3	12,332	3,863	†	2,710	1,368	†	†	238,762	12,818	12,603	228
14,009	7,415	78.9	21,424	†	2,387	†	†	†	†	188,382	16,432	16,498	229
9,875	7,219	50.3	13,069	4,025	†	2,200	1,174	†	†	228,892	12,395	12,645	230
10,009	6,203	68.1	12,878	3,334	†	1,414	952	†	†	324,856	11,534	12,388	231
12,613	9,555	47.2	15,884	6,284	†	2,620	1,411	†	†	307,533	15,476	16,266	232
10,825	4,505	69.7	13,346	1,984	206	1,801	542	†	†	187,713	11,897	12,579	233
10,621	7,583	59.6	18,204	†	1,899	†	†	†	†	138,553	11,066	13,167	234
9,623	7,405	72.4	17,028	†	1,601	†	†	†	†	166,764	10,897	12,109	235
9,130	6,269	80.3	15,399	†	878	647	†	†	†	158,685	10,704	11,660	236
12,272	8,439	46.3	16,059	4,652	†	2,646	1,134	†	†	270,207	14,444	15,504	237
8,927	6,580	69.9	15,507	†	1,154	†	†	†	†	119,883	9,539	11,136	238
†	34,629	34.2	33,306	1,323	2,906	2,698	109	†	†	58,623	13,132	13,589	239
12,159	6,817	28.2	18,976	†	2,482	†	†	†	†	142,289	13,427	14,448	240
15,358	7,361	44.5	22,719	†	2,703	†	†	†	†	199,331	17,136	17,829	241
33,141	10,263	33.2	21,638	21,766	319	5,074	6,050	996	423	3,050,744	36,057	37,077	242
13,372	2,073	15.6	13,032	2,413	158	2,304	898	†	10	428,380	13,583	14,177	243
14,824	5,528	45.2	14,808	5,544	37	2,180	1,129	525	98	427,513	16,380	16,968	244
19,914	4,767	38.1	16,384	8,297	†	3,264	1,725	145	341	1,850,829	21,044	21,690	245
15,337	9,485	25.2	24,822	†	2,618	†	†	†	†	212,488	16,136	18,521	246
14,693	3,327	25.6	13,114	4,906	†	2,895	1,225	†	131	684,936	16,069	15,930	247
17,074	2,564	24.7	13,736	5,902	7	2,670	1,846	217	146	716,382	17,802	18,061	248
10,091	7,025	36.3	8,222	8,894	780	1,506	2,653	485	65	259,059	12,633	12,794	249
24,102	4,779	19.3	19,368	9,513	†	4,036	2,033	597	367	1,227,703	25,447	25,889	250
14,923	2,045	7.3	14,872	2,096	†	2,812	695	†	6	317,606	15,272	15,694	251
7,630	11,734	39.4	19,364	†	1,062	†	†	†	†	133,574	10,889	11,570	252
20,942	6,712	19.5	21,458	6,196	†	3,606	1,521	65	70	704,067	23,339	23,498	253
26,736	7,083	16.6	25,255	8,564	182	4,623	1,664	73	457	1,138,695	28,583	29,433	254
24,146	4,770	23.1	17,981	10,935	†	4,236	1,825	618	483	2,286,088	25,572	25,901	255
18,379	6,322	25.9	19,419	5,282	†	3,455	1,036	†	68	391,495	19,523	20,788	256
14,263	7,043	29.5	17,455	3,851	†	2,441	985	†	107	336,132	15,892	17,002	257
4,554	10,649	34.6	15,203	†	944	†	†	†	†	96,846	7,566	8,129	258
14,693	2,616	14.7	14,319	2,990	†	3,265	931	†	99	352,298	16,257	15,688	259
9,718	6,498	27.1	10,438	5,778	†	1,732	1,340	206	50	273,255	11,371	12,188	260
12,877	15,662	30.0	28,539	†	1,652	†	†	†	†	169,050	15,355	18,135	261
12,113	17,694	38.9	29,807	†	1,639	†	†	†	†	275,697	14,133	18,054	262
20,286	4,841	12.3	19,918	5,209	†	3,879	1,378	†	141	475,696	20,126	22,133	263
15,487	1,397	9.8	14,671	2,213	289	3,606	478	†	59	479,890	16,144	16,001	264
47,129	7,885	14.9	41,348	13,666	†	8,993	2,679	879	738	3,990,319	48,889	50,127	265
19,492	3,155	8.7	18,589	4,058	44	3,917	886	103	166	498,347	20,025	20,720	266
8,441	14,089	20.6	22,530	†	1,224	†	†	†	†	110,410	11,644	13,171	267
10,009	11,552	21.0	21,561	†	1,612	†	†	†	†	154,487	11,974	13,887	268
18,925	7,034	17.5	21,327	4,632	379	2,403	950	145	100	444,318	20,105	21,666	269
23,808	7,326	15.6	21,884	9,250	94	3,716	1,879	344	250	943,389	25,222	26,610	270
18,275	4,789	21.7	18,140	4,924	145	2,414	971	387	155	792,065	19,291	20,140	271
13,750	3,808	20.0	13,504	4,054	0	2,150	1,164	99	60	374,113	14,535	15,220	272
17,377	5,656	16.6	17,992	5,041	†	3,833	992	78	172	684,681	19,548	19,533	273
8,387	11,343	25.2	19,730	†	1,719	†	†	†	†	135,118	10,734	12,195	274
10,514	5,578	25.1	14,413	1,679	†	2,330	436	†	†	152,456	12,367	12,721	275
19,159	6,722	22.4	19,566	6,315	†	3,862	1,645	156	204	749,230	22,026	21,692	276
17,858	4,092	18.0	18,067	3,883	†	3,300	648	128	178	704,933	18,016	19,458	277
12,103	18,058	24.6	30,161	†	1,886	†	†	†	†	264,694	15,393	18,166	278
16,722	11,179	20.1	21,618	6,283	†	3,325	1,577	†	68	385,629	19,563	21,084	279
20,069	2,266	14.1	18,509	3,826	†	3,460	899	161	173	610,945	20,011	20,953	280
8,525	11,995	21.1	20,520	†	1,661	†	†	†	†	122,532	11,484	12,552	281
6,476	12,572	63.1	19,048	†	1,807	†	†	†	†	134,471	9,564	10,697	282
15,381	7,112	26.2	13,484	9,009	20	2,745	1,699	395	163	746,243	17,371	18,127	283
8,838	13,691	20.9	22,529	†	1,719	†	†	†	†	157,802	5,901	13,435	284
43,065	2,120	13.3	38,630	6,555	122	9,692	1,312	71	632	3,627,649	43,057	43,880	285
30,296	6,211	32.0	27,047	9,460	4	5,238	1,308	764	405	2,072,166	31,465	32,666	286
20,643	3,956	31.4	11,954	12,645	1	2,831	3,087	646	544	5,015,111	21,668	22,172	287
24,077	4,251	14.0	18,031	10,297	†	3,856	1,993	559	463	1,553,890	24,825	25,669	288
6,663	11,097	26.0	17,760	†	1,254	†	†	†	†	107,317	10,243	10,389	289
13,438	2,951	14.8	13,233	3,156	†	2,276	509	93	90	409,367	13,985	14,566	290

See notes at end of table.

Table 245. Selected statistics for degree-granting institutions enrolling more than 15,000 students in 2009: Selected years, 1990 through 2008–09—Continued

Line number	Institution	State	Control[1]	Type[2]	Total fall enrollment					Fall enrollment, 2009		
											Sex	
					Fall 1990	Fall 2000	Fall 2006	Fall 2007	Fall 2008	Total	Male	Female
1	2	3	4	5	6	7	8	9	10	11	12	13
291	Clemson University	SC	1	1	15,714	17,465	17,309	17,585	18,317	19,111	10,368	8,743
292	Greenville Technical College	SC	1	2	7,917	10,786	13,893	14,300	14,414	15,089	6,138	8,951
293	University of South Carolina, Columbia	SC	1	1	25,613	23,728	27,390	27,272	27,488	28,482	12,685	15,797
294	Middle Tennessee State University	TN	1	1	14,865	19,121	22,863	23,246	23,872	25,188	11,744	13,444
295	University of Memphis	TN	1	1	20,681	19,986	20,562	20,379	20,220	21,424	8,236	13,188
296	University of Tennessee	TN	1	1	26,055	25,890	28,901	29,937	30,410	29,934	14,713	15,221
297	Austin Community College District	TX	1	2	24,251	25,735	33,039	33,508	35,798	40,248	17,672	22,576
298	Blinn College	TX	1	2	6,849	11,588	14,017	14,589	15,608	17,173	8,520	8,653
299	Central Texas College	TX	1	2	4,815	14,636	17,726	21,532	24,498	24,133	12,715	11,418
300	Collin County Community College District	TX	1	2	9,059	12,996	19,332	20,143	21,000	24,872	10,744	14,128
301	El Paso Community College	TX	1	2	17,081	18,001	26,105	25,023	25,818	28,168	11,843	16,325
302	Houston Community College	TX	1	2	36,437	40,929	42,526	43,518	48,169	54,942	22,621	32,321
303	Lone Star College System	TX	1	2	15,653	24,554	40,846	39,756	41,345	46,504	18,975	27,529
304	Richland College	TX	1	2	12,567	12,537	14,555	15,311	15,917	18,201	8,121	10,080
305	Sam Houston State University	TX	1	1	12,753	12,358	15,959	16,496	16,662	16,772	7,070	9,702
306	San Antonio College	TX	1	2	20,083	19,253	20,202	19,819	21,766	24,135	10,115	14,020
307	San Jacinto Community College	TX	1	2	9,424	10,507	23,753	23,805	24,834	27,011	11,904	15,107
308	South Texas College	TX	1	1	†	11,319	18,460	19,827	21,666	26,338	11,127	15,211
309	Tarrant County College District	TX	1	2	28,161	26,868	34,777	37,948	39,596	44,355	18,527	25,828
310	Texas A & M University	TX	1	1	41,171	44,026	45,380	46,542	48,039	48,702	25,868	22,834
311	Texas State University, San Marcos	TX	1	1	20,940	22,423	27,485	28,121	29,105	30,803	13,583	17,220
312	Texas Tech University	TX	1	1	25,363	24,558	27,996	28,260	28,422	30,049	16,584	13,465
313	University of Houston	TX	1	1	33,115	32,123	34,334	34,663	36,104	37,000	18,299	18,701
314	University of North Texas	TX	1	1	27,160	27,054	33,395	34,710	34,830	35,003	15,579	19,424
315	University of Texas at Arlington	TX	1	1	24,782	20,424	24,825	24,889	25,084	28,085	13,192	14,893
316	University of Texas at Austin	TX	1	1	49,617	49,996	49,697	50,170	49,984	50,995	25,139	25,856
317	University of Texas at Brownsville	TX	1	1	1,448	9,072	15,688	17,215	17,189	17,151	6,978	10,173
318	University of Texas at Dallas	TX	1	1	8,558	10,945	14,523	14,556	14,913	15,783	8,833	6,950
319	University of Texas at El Paso	TX	1	1	16,524	15,224	19,842	20,154	20,458	21,011	9,467	11,544
320	University of Texas at San Antonio	TX	1	1	15,489	18,830	28,379	28,533	28,413	28,955	14,212	14,743
321	University of Texas, Pan American	TX	1	1	12,337	12,759	17,337	17,435	17,534	18,337	7,866	10,471
322	Brigham Young University	UT	2	1	31,662	32,554	34,185	34,174	34,244	34,130	17,710	16,420
323	Salt Lake Community College	UT	1	2	13,344	21,596	24,241	25,235	29,396	34,966	17,191	17,775
324	University of Utah	UT	1	1	24,922	24,948	30,511	28,025	28,211	29,284	16,251	13,033
325	Utah State University	UT	1	1	15,155	21,490	14,444	14,893	15,099	15,612	8,174	7,438
326	Utah Valley University	UT	1	1	7,879	20,946	23,305	23,840	26,696	28,765	16,371	12,394
327	Weber State University	UT	1	1	13,449	16,050	18,303	18,081	21,388	23,001	11,117	11,884
328	Western Governors University	UT	2	1	†	205	6,462	9,022	11,706	15,870	6,167	9,703
329	George Mason University	VA	1	1	20,308	23,408	29,889	30,276	30,613	32,067	14,467	17,600
330	James Madison University	VA	1	1	11,251	15,326	17,393	17,918	18,454	18,971	7,478	11,493
331	Liberty University	VA	2	1	18,533	6,192	17,798	27,068	33,604	46,312	21,503	24,809
332	Northern Virginia Community College	VA	1	2	35,194	37,073	38,166	41,266	42,663	46,619	21,861	24,758
333	Old Dominion University	VA	1	1	16,729	18,969	21,625	22,287	23,086	24,013	10,492	13,521
334	Tidewater Community College	VA	1	2	17,726	20,184	24,938	25,857	26,898	30,447	11,890	18,557
335	University of Virginia, Main Campus	VA	1	1	21,110	22,411	24,068	24,257	24,541	24,355	10,800	13,555
336	Virginia Commonwealth University	VA	1	1	21,764	24,066	30,189	31,700	32,044	32,172	13,574	18,598
337	Virginia Polytechnic Institute and State U.	VA	1	1	25,568	27,869	28,470	29,898	30,739	30,870	17,590	13,280
338	University of Washington, Seattle Campus	WA	1	1	33,854	36,139	39,524	40,218	39,675	45,943	22,291	23,652
339	Washington State University	WA	1	1	18,412	20,492	23,655	24,396	25,352	26,101	12,360	13,741
340	American Public University System	WV	3	1	†	†	†	14,769	21,729	31,331	21,417	9,914
341	West Virginia University	WV	1	1	20,854	21,987	27,115	28,113	28,840	28,898	14,979	13,919
342	Madison Area Technical College	WI	1	1	12,410	14,474	14,789	14,647	14,666	16,610	7,643	8,967
343	Milwaukee Area Technical College	WI	1	2	21,600	14,296	17,774	17,193	18,780	20,215	9,158	11,057
344	University of Wisconsin, Madison	WI	1	1	43,209	40,658	41,028	41,563	41,620	41,654	20,112	21,542
345	University of Wisconsin, Milwaukee	WI	1	1	26,020	23,578	28,309	29,338	29,215	30,418	14,370	16,048

—Not available.
†Not applicable.
[1]Publicly controlled institutions are identified by a "1"; private, not-for-profit, by a "2"; and private, for-profit, by a "3."
[2]The types of institutions are identified as follows: "1" for 4-year institutions; and "2" for 2-year institutions.
[3]Includes private and some public institutions reporting total expenses and deductions under Financial Accounting Standards Board (FASB) reporting standards and public institutions reporting total expenses and deductions under Governmental Accounting Standards Board (GASB) 34/35 reporting standards.

Table 245. Selected statistics for degree-granting institutions enrolling more than 15,000 students in 2009: Selected years, 1990 through 2008–09—Continued

Fall enrollment, 2009					Earned degrees conferred, 2008–09						Full-time-equivalent enrollment		
Attendance status		Percent combined Black, Hispanic, Asian/Pacific Islander, and American Indian/Alaska Native[4]	Student level							Total expenses and deductions, 2008–09 (in thousands)[3]			
Full-time	Part-time		Under-graduate	Postbacca-laureate	Associate's	Bachelor's	Master's	First profes-sional	Doctor's		Fall 2008	Fall 2009	Line number
14	15	16	17	18	19	20	21	22	23	24	25	26	27
16,837	2,274	10.9	15,346	3,765	†	3,198	785	†	162	626,930	16,921	17,700	291
6,910	8,179	30.9	15,089	†	965	†	†	†	†	100,986	9,005	9,656	292
23,969	4,513	17.6	20,495	7,987	5	4,092	1,525	433	270	722,958	24,762	25,664	293
19,827	5,361	21.6	22,299	2,889	†	3,786	682	†	24	314,502	20,860	21,908	294
14,700	6,724	41.5	16,719	4,705	†	2,590	862	121	132	363,878	16,333	17,308	295
26,308	3,626	13.0	21,182	8,752	†	4,205	1,770	584	410	1,403,133	28,161	27,678	296
10,815	29,433	40.8	40,248	†	1,263	†	†	†	†	224,668	18,215	20,697	297
15,363	1,810	25.3	17,173	†	864	†	†	†	†	72,748	10,814	15,971	298
4,130	20,003	53.2	24,133	†	2,425	†	†	†	†	103,439	10,990	10,846	299
9,675	15,197	33.2	24,872	†	1,224	†	†	†	†	112,663	12,675	14,777	300
10,943	17,225	89.4	28,168	†	2,104	†	†	†	†	147,130	15,201	16,726	301
16,821	38,121	69.8	54,942	†	2,720	†	†	†	†	322,983	25,509	29,620	302
16,440	30,064	47.8	46,504	†	2,450	†	†	†	†	272,016	23,252	26,534	303
5,192	13,009	61.2	18,201	†	883	†	†	†	†	74,676	8,269	9,560	304
12,789	3,983	30.9	14,569	2,203	†	3,018	768	†	41	222,330	14,200	14,328	305
8,290	15,845	56.6	24,135	†	1,125	†	†	†	†	128,889	12,226	13,610	306
9,689	17,322	55.9	27,011	†	1,815	†	†	†	†	161,819	14,838	15,505	307
8,613	17,725	96.3	26,338	†	1,493	72	†	†	†	133,117	12,644	15,766	308
15,861	28,494	43.5	44,355	†	2,385	†	†	†	†	234,730	22,343	25,427	309
43,338	5,364	21.6	38,809	9,893	†	8,377	2,016	120	597	1,992,292	44,813	45,421	310
23,372	7,431	32.7	26,001	4,802	†	5,227	1,123	†	17	430,605	24,784	26,260	311
25,860	4,189	21.1	24,236	5,813	†	4,550	1,075	204	198	619,281	26,185	27,466	312
26,385	10,615	55.6	29,298	7,702	†	4,874	1,521	555	231	768,001	29,760	30,568	313
24,158	10,845	30.2	27,468	7,535	†	5,728	1,528	†	212	476,020	28,234	28,339	314
17,451	10,634	42.5	21,370	6,715	†	3,999	1,790	†	113	368,102	19,672	21,594	315
46,563	4,432	36.8	38,168	12,827	†	8,747	2,893	555	824	2,126,069	47,289	48,284	316
6,237	10,914	90.8	16,259	892	†	961	188	†	†	163,581	10,355	10,610	317
10,442	5,341	35.9	9,801	5,982	†	2,292	1,598	†	120	308,981	11,608	12,478	318
12,687	8,324	80.9	17,205	3,806	†	2,969	759	†	45	324,883	15,447	15,939	319
21,323	7,632	58.6	25,006	3,949	†	3,801	974	†	46	422,877	23,792	24,303	320
12,559	5,778	91.4	15,947	2,390	†	2,660	734	†	30	249,514	14,131	14,823	321
30,109	4,021	9.3	30,745	3,385	†	6,864	1,086	149	74	823,152	31,615	31,675	322
11,080	23,886	19.2	34,966	†	3,001	†	†	†	†	168,385	15,696	19,099	323
20,534	8,750	12.8	22,149	7,135	†	4,578	1,541	281	403	2,485,491	22,997	23,990	324
12,584	3,028	5.8	13,809	1,803	18	2,968	696	†	88	462,652	13,290	13,771	325
15,072	13,693	11.1	28,718	47	1,651	1,772	0	†	†	208,501	18,654	20,596	326
10,838	12,163	12.3	22,381	620	1,851	1,872	194	†	†	176,958	14,393	15,731	327
15,870	†	20.2	11,648	4,222	1	842	383	†	†	72,828	11,706	15,870	328
17,998	14,069	34.6	19,702	12,365	†	4,009	2,499	228	202	562,545	21,917	23,275	329
17,462	1,509	12.4	17,281	1,690	†	3,630	655	†	22	357,015	17,618	18,041	330
25,053	21,259	25.7	28,986	17,326	294	3,045	2,078	215	236	226,885	24,848	33,290	331
17,350	29,269	48.1	46,619	†	3,210	†	†	†	†	207,178	24,265	27,177	332
15,643	8,370	31.2	18,253	5,760	†	2,955	1,257	†	122	325,205	17,681	18,858	333
12,101	18,346	44.9	30,447	†	2,311	†	†	†	†	129,755	15,582	18,260	334
20,854	3,501	22.6	15,476	8,879	†	3,560	1,727	547	360	2,177,282	22,122	22,153	335
24,100	8,072	34.7	22,886	9,286	†	3,680	1,556	395	227	794,473	26,641	27,183	336
27,887	2,983	15.9	23,558	7,312	51	5,307	1,419	86	435	983,239	28,717	28,985	337
38,572	7,371	34.3	32,718	13,225	†	7,143	2,668	493	683	3,473,693	35,459	41,432	338
21,748	4,353	16.7	21,726	4,375	†	4,907	711	191	195	841,379	22,677	23,448	339
5,448	25,883	30.3	23,627	7,704	214	1,138	1,052	†	†	91,666	2,683	15,541	340
24,899	3,999	7.6	21,720	7,178	†	3,892	1,481	367	186	834,562	26,437	26,406	341
5,928	10,682	16.7	16,570	40	1,225	†	†	†	†	147,567	9,063	10,237	342
7,048	13,167	42.5	20,215	†	1,392	†	†	†	†	268,055	10,319	11,469	343
37,050	4,604	12.9	29,925	11,729	†	6,637	1,811	636	794	2,277,087	38,761	38,822	344
23,570	6,848	16.8	25,204	5,214	†	3,617	1,361	†	126	460,903	25,037	26,222	345

[4]Combined enrollment of Black, Hispanic, Asian/Pacific Islander, and American Indian/Alaska Native students who are U.S. citizens or resident aliens as a percentage of total enrollment, including nonresident aliens.

[5]Data for total enrollment in 1990 are for institutions of higher education, rather than degree-granting institutions.

NOTE: Degree-granting institutions grant associate's or higher degrees and participate in Title IV federal financial aid programs.

SOURCE: U.S. Department of Education, National Center for Education Statistics, 1990 through 2009 Integrated Postsecondary Education Data System, "Fall Enrollment Survey" (IPEDS-EF:90), Spring 2001 through Spring 2010, and Fall 2009. (This table was prepared October 2010.)

Table 246. Enrollment of the 120 largest degree-granting college and university campuses, by selected characteristics and institution: Fall 2009

Institution	State	Rank[1]	Control[2]	Type[3]	Total enroll-ment	Institution	State	Rank[1]	Control[2]	Type[3]	Total enroll-ment
1	2	3	4	5	6	1	2	3	4	5	6
University of Phoenix, Online Campus	AZ	1	3	1	380,232	Santa Monica College	CA	61	1	2	32,313
Kaplan University	IA	2	3	1	71,011	Virginia Commonwealth University	VA	62	1	1	32,172
Arizona State University	AZ	3	1	1	68,064	George Mason University	VA	63	1	1	32,067
Miami Dade College	FL	4	1	1	59,120	Capella University	MN	64	3	1	31,998
Ohio State University, Main Campus	OH	5	1	1	55,014	Boston University	MA	65	2	1	31,960
Houston Community College	TX	6	1	2	54,942	Wayne State University	MI	66	1	1	31,786
Strayer University	DC	7	3	1	54,325	American Public University System	WV	67	3	1	31,331
University of Central Florida	FL	8	1	1	53,401	San Jose State University	CA	68	1	1	31,280
University of Minnesota, Twin Cities	MN	9	1	1	51,659	University of California, Davis	CA	69	1	1	31,247
University of Texas at Austin	TX	10	1	1	50,995	University of Missouri, Columbia	MO	70	1	1	31,237
University of Florida	FL	11	1	1	50,691	University of Cincinnati, Main Campus	OH	71	1	1	31,134
Texas A & M University	TX	12	1	1	48,702	Santa Ana College	CA	72	1	2	31,073
Michigan State University	MI	13	1	1	47,071	Colorado Technical University Online	CO	73	3	1	30,924
Ashford University	IA	14	3	1	46,835	Virginia Polytechnic Institute and State U.	VA	74	1	1	30,870
Northern Virginia Community College	VA	15	1	2	46,619	Texas State University, San Marcos	TX	75	1	1	30,803
Lone Star College System	TX	16	1	2	46,504	San Francisco State University	CA	76	1	1	30,469
Liberty University	VA	17	2	1	46,312	Tidewater Community College	VA	77	1	2	30,447
University of Washington, Seattle Campus	WA	18	1	1	45,943	Georgia State University	GA	78	1	1	30,427
Pennsylvania State University, Main Campus	PA	19	1	1	45,185	University of Wisconsin, Milwaukee	WI	79	1	1	30,418
Tarrant County College District	TX	20	1	2	44,355	Indiana University, Purdue U., Indianapolis	IN	80	1	1	30,383
University of Illinois at Urbana, Champaign	IL	21	1	1	43,881	Portland Community College	OR	81	1	2	30,161
New York University	NY	22	2	1	43,404	DeVry University, Illinois	IL	82	3	1	30,127
Indiana University, Bloomington	IN	23	1	1	42,347	Texas Tech University	TX	83	1	1	30,049
College of Southern Nevada	NV	24	1	1	42,108	Mount San Antonio College	CA	84	1	2	29,935
University of Michigan, Ann Arbor	MI	25	1	1	41,674	University of Tennessee	TN	85	1	1	29,934
University of Wisconsin, Madison	WI	26	1	1	41,654	Cuyahoga Community College District	OH	86	1	2	29,807
Purdue University, Main Campus	IN	27	1	1	41,052	Troy University	AL	87	1	1	29,328
Walden University	MN	28	3	1	40,714	University of Utah	UT	88	1	1	29,284
Austin Community College District	TX	29	1	2	40,248	Saint Petersburg College	FL	89	1	1	29,282
University of South Florida, Main Campus	FL	30	1	1	40,022	University of Kansas	KS	90	1	1	29,242
Florida State University	FL	31	1	1	39,785	California State University, Sacramento	CA	91	1	1	29,241
Florida International University	FL	32	1	1	39,610	Nova Southeastern University	FL	92	2	1	29,153
Valencia Community College	FL	33	1	2	39,008	University of Nevada, Las Vegas	NV	93	1	1	29,080
University of Arizona	AZ	34	1	1	38,767	University of Iowa	IA	94	1	1	28,987
University of California, Los Angeles	CA	35	1	1	38,550	University of Texas at San Antonio	TX	95	1	1	28,955
Rutgers University, New Brunswick	NJ	36	1	1	37,366	University of North Carolina at Chapel Hill	NC	96	1	1	28,916
Broward College	FL	37	1	1	37,360	Colorado State University	CO	97	1	1	28,902
University of Maryland, University College	MD	38	1	1	37,347	West Virginia University	WV	98	1	1	28,898
University of Maryland, College Park	MD	39	1	1	37,195	University at Buffalo	NY	99	1	1	28,881
University of Houston	TX	40	1	1	37,000	Florida State College at Jacksonville	FL	100	1	1	28,877
Riverside Community College	CA	41	1	2	36,586	Utah Valley University	UT	101	1	1	28,765
Temple University	PA	42	1	1	36,507	University of Alabama	AL	102	1	1	28,699
California State University, Fullerton	CA	43	1	1	36,262	Louisiana State U. and Agricultural & Mechanical	LA	103	1	1	28,643
Pima Community College	AZ	44	1	2	35,880	Columbus State Community College	OH	104	1	2	28,539
University of California, Berkeley	CA	45	1	1	35,830	University of South Carolina, Columbia	SC	105	1	1	28,482
East Los Angeles College	CA	46	1	2	35,717	University of California, San Diego	CA	106	1	1	28,418
California State University, Long Beach	CA	47	1	1	35,557	University of Pittsburgh, Pittsburgh Campus	PA	107	1	1	28,328
American River College	CA	48	1	2	35,413	El Paso Community College	TX	108	1	2	28,168
California State University, Northridge	CA	49	1	1	35,198	University of Texas at Arlington	TX	109	1	1	28,085
University of North Texas	TX	50	1	1	35,003	Oakland Community College	MI	110	1	2	28,042
Salt Lake Community College	UT	51	1	2	34,966	Palm Beach State College	FL	111	1	1	28,017
University of Georgia	GA	52	1	1	34,885	Central New Mexico Community College	NM	112	1	2	27,999
University of Southern California	CA	53	2	1	34,824	Iowa State University	IA	113	1	1	27,945
Excelsior College	NY	54	2	1	34,629	Portland State University	OR	114	1	1	27,901
Grand Canyon University	AZ	55	3	1	34,205	Long Beach City College	CA	115	1	2	27,894
Brigham Young University	UT	56	2	1	34,130	East Carolina University	NC	116	1	1	27,654
North Carolina State University at Raleigh	NC	57	1	1	33,819	Harvard University	MA	117	2	1	27,651
University of Colorado at Boulder	CO	58	1	1	33,010	Florida Atlantic University	FL	118	1	1	27,637
City College of San Francisco	CA	59	1	2	32,950	Northeastern University	MA	119	2	1	27,537
San Diego State University	CA	60	1	1	32,817	Palomar College	CA	120	1	2	27,442

[1]College and university campuses ranked by fall 2009 enrollment data.
[2]Publicly controlled institutions are identified by a "1"; private, not-for-profit, by a "2"; and private, for-profit, by a "3."
[3]The types of institutions are identified as follows: "1" for 4-year institutions; and "2" for 2-year institutions.

NOTE: Degree-granting institutions grant associate's or higher degrees and participate in Title IV federal financial aid programs.
SOURCE: U.S. Department of Education, National Center for Education Statistics, 2009 Integrated Postsecondary Education Data System (IPEDS), Spring 2010. (This table was prepared October 2010.)

Table 247. Enrollment and degrees conferred in degree-granting women's colleges, by selected characteristics and institution: Fall 2009 and 2008–09

Institution[1]	State	Type and control[2]	Enrollment, fall 2009							Degrees awarded to females, 2008–09			
			Total	Females	Percent female	Males, full-time	Females, full-time	Males, part-time	Females, part-time	Associate's	Bachelor's	Master's	Doctor's
1	2	3	4	5	6	7	8	9	10	11	12	13	14
Total	†	†	**100,598**	**93,739**	**93.2**	**2,826**	**65,677**	**4,033**	**28,062**	**690**	**14,510**	**6,230**	**297**
Judson College	AL	3	313	299	95.5	1	247	13	52	†	42	†	†
Mills College	CA	3	1,501	1,390	92.6	101	1,274	10	116	†	236	115	5
Mount Saint Mary's College	CA	3	2,482	2,209	89.0	159	1,685	114	524	163	296	75	15
Scripps College	CA	3	921	914	99.2	7	908	0	6	†	226	†	†
Saint Joseph College	CT	3	1,935	1,795	92.8	20	915	120	880	†	223	233	†
Trinity Washington University	DC	3	2,024	1,856	91.7	29	979	139	877	5	123	173	†
Agnes Scott College	GA	3	868	854	98.4	11	817	3	37	†	185	11	†
Brenau University	GA	3	2,760	2,421	87.7	149	1,422	190	999	1	366	231	†
Spelman College	GA	3	2,229	2,229	100.0	†	2,121	0	108	†	444	†	†
Wesleyan College	GA	3	685	660	96.4	2	399	23	261	†	90	21	†
Lexington College	IL	3	54	54	100.0	0	52	0	2	4	4	†	†
Saint Mary-of-the-Woods College	IN	3	1,677	1,570	93.6	28	652	79	918	3	130	40	†
Saint Mary's College	IN	3	1,664	1,656	99.5	6	1,641	2	15	†	337	†	†
Midway College	KY	3	1,392	1,137	81.7	164	747	91	390	55	244	†	†
College of Notre Dame of Maryland	MD	3	2,971	2,548	85.8	51	622	372	1,926	†	356	297	4
Bay Path College	MA	3	2,034	1,969	96.8	23	1,372	42	597	73	259	108	†
Mount Holyoke College	MA	3	2,304	2,298	99.7	1	2,231	5	67	†	565	1	†
Pine Manor College	MA	3	484	478	98.8	6	468	0	10	0	61	14	†
Simmons College	MA	3	5,003	4,599	91.9	75	2,453	329	2,146	†	487	822	55
Smith College	MA	3	3,121	3,049	97.7	62	2,959	10	90	†	679	122	5
Wellesley College	MA	3	2,324	2,268	97.6	1	2,185	55	83	†	592	†	†
College of Saint Benedict	MN	3	2,105	2,105	100.0	0	2,057	0	48	†	488	†	†
St. Catherine University	MN	3	5,277	5,045	95.6	118	3,288	114	1,757	166	562	347	32
Cottey College	MO	4	309	309	100.0	0	305	0	4	118	†	†	†
Stephens College	MO	3	1,231	1,162	94.4	53	946	16	216	1	182	61	†
College of Saint Mary	NE	3	1,120	1,102	98.4	10	858	8	244	86	108	83	8
College of Saint Elizabeth	NJ	3	2,157	1,881	87.2	59	813	217	1,068	†	238	186	†
Georgian Court University	NJ	3	3,023	2,650	87.7	115	1,683	258	967	†	410	200	†
Barnard College	NY	3	2,357	2,357	100.0	0	2,307	0	50	†	633	†	†
College of New Rochelle	NY	3	4,859	4,454	91.7	258	3,236	147	1,218	†	880	356	†
Bennett College for Women	NC	3	766	766	100.0	0	709	0	57	†	99	†	†
Meredith College	NC	3	2,262	2,221	98.2	4	1,842	37	379	†	413	42	†
Peace College	NC	3	732	727	99.3	4	655	1	72	†	113	†	†
Salem College	NC	3	985	944	95.8	13	620	28	324	†	161	43	†
Bryn Mawr College	PA	3	1,771	1,681	94.9	68	1,517	22	164	†	331	89	18
Carlow College	PA	3	2,533	2,272	89.7	89	1,245	172	1,027	†	336	160	0
Cedar Crest College	PA	3	1,887	1,778	94.2	24	999	85	779	†	303	44	†
Chatham University	PA	3	2,219	1,913	86.2	157	1,243	149	670	†	169	294	72
Moore College of Art and Design	PA	3	582	580	99.7	†	514	2	66	†	103	0	†
Wilson College	PA	3	840	708	84.3	13	360	119	348	9	90	4	†
Columbia College	SC	3	1,444	1,373	95.1	25	1,111	46	262	†	198	172	†
Converse College	SC	3	1,720	1,477	85.9	40	765	203	712	†	159	112	†
Texas Woman's University	TX	1	13,338	12,018	90.1	692	6,754	628	5,264	†	1,479	1,431	83
Hollins University	VA	3	1,057	1,001	94.7	16	831	40	170	†	178	89	†
Mary Baldwin College	VA	3	1,782	1,614	90.6	106	1,004	62	610	†	248	64	†
Sweet Briar College	VA	3	756	732	96.8	20	696	4	36	†	133	13	†
Alverno College	WI	3	2,815	2,769	98.4	25	1,934	21	835	6	321	85	†
Mount Mary College	WI	3	1,925	1,847	95.9	21	1,236	57	611	†	230	92	†

†Not applicable.
[1]Data are for colleges and universities identified by the Women's College Coalition as women's colleges in 2010. Excludes women's colleges whose IPEDS data are reported together with a coed institution or coordinate men's college. The following institutions were excluded for this reason: The Women's College of the University of Denver; Newcomb College Institute of Tulane University; Douglass Residential College of Rutgers University; and Russell Sage College of the Sage Colleges.
[2]1 = public, 4-year; 3 = private not-for-profit, 4-year; and 4 = private not-for-profit, 2-year.
NOTE: Degree-granting institutions grant associate's or higher degrees and participate in Title IV federal financial aid programs.
SOURCE: U.S. Department of Education, National Center for Education Statistics, 2009 and 2008–09 Integrated Postsecondary Education Data System (IPEDS), Spring 2010 and Fall 2009. (This table was prepared October 2010.)

Table 248. Enrollment and degrees conferred in degree-granting institutions that serve large proportions of Hispanic undergraduate students, by selected characteristics and institution: Fall 2009 and 2008–09

Institution	Type and control[1]	Enrollment, fall 2009: Total	Enrollment, fall 2009: Hispanic	Enrollment, fall 2009: Percent Hispanic[2]	Enrollment, fall 2009: Hispanic undergraduate	Enrollment, fall 2009: Hispanic postbaccalaureate	Degrees awarded to Hispanics, 2008–09: Associate's	Degrees awarded to Hispanics, 2008–09: Bachelor's	Degrees awarded to Hispanics, 2008–09: Master's	Degrees awarded to Hispanics, 2008–09: First-professional	Degrees awarded to Hispanics, 2008–09: Doctor's
1	2	3	4	5	6	7	8	9	10	11	12
Total, 50 states and District of Columbia	**†**	**3,123,957**	**1,326,666**	**42.5**	**1,275,912**	**50,754**	**55,404**	**41,316**	**10,514**	**654**	**336**
Total, 50 states, District of Columbia, and Puerto Rico	**†**	**3,349,193**	**1,551,160**	**46.3**	**1,472,936**	**78,224**	**60,555**	**58,331**	**16,187**	**1,215**	**676**
Arizona											
Apollo College/Phoenix Inc.	5	5,844	2,460	42.1	2,460	†	124	†	†	†	†
Argosy University, Phoenix	5	885	120	13.6	28	92	†	4	12	†	6
Arizona Western College	2	7,984	4,646	58.2	4,646	†	234	†	†	†	†
Art Center Design College, Tucson	5	279	81	29.0	81	†	0	6	†	†	†
Art Institute of Phoenix	5	1,243	333	26.8	333	†	1	29	†	†	†
Art Institute of Tucson	5	346	123	35.5	123	†	11	1	†	†	†
Brookline College, Phoenix	5	1,313	465	35.4	465	†	47	4	†	†	†
Brookline College, Tempe	6	379	108	28.5	108	†	2	0	†	†	†
Brookline College, Tucson	6	638	374	58.6	374	†	21	0	†	†	†
Brown Mackie College, Tucson	5	557	166	29.8	166	†	13	14	†	†	†
Bryman School of Arizona	6	643	264	41.1	264	†	49	†	†	†	†
Central Arizona College	2	6,795	1,974	29.1	1,974	†	87	†	†	†	†
Cochise College	2	4,739	2,000	42.2	2,000	†	180	†	†	†	†
DeVry University, Arizona	5	2,016	505	25.0	451	54	3	35	17	†	†
Estrella Mountain Community College	2	7,202	2,820	39.2	2,820	†	146	†	†	†	†
Everest College, Mesa	5	628	176	28.0	176	†	4	1	†	†	†
Fortis College	6	124	44	35.5	44	†	0	†	†	†	†
GateWay Community College	2	7,863	2,259	28.7	2,259	†	111	†	†	†	†
Glendale Community College	2	20,154	5,314	26.4	5,314	†	201	†	†	†	†
ITT Technical Institute, Phoenix	5	339	104	30.7	104	†	0	0	†	†	†
ITT Technical Institute, Tucson	5	494	219	44.3	219	†	35	12	†	†	†
Lamson College	6	442	170	38.5	170	†	4	†	†	†	†
Phoenix College	2	12,164	4,660	38.3	4,660	†	286	†	†	†	†
Pima Community College	2	35,880	11,628	32.4	11,628	†	612	†	†	†	†
Pima Medical Institute, Mesa	6	1,274	401	31.5	401	†	13	†	†	†	†
Pima Medical Institute, Tucson	6	1,198	534	44.6	534	†	37	†	†	†	†
Refrigeration School Inc.	6	492	176	35.8	176	†	7	†	†	†	†
South Mountain Community College	2	5,444	2,288	42.0	2,288	†	104	†	†	†	†
Universal Technical Institute of Arizona Inc.	6	3,088	866	28.0	866	†	260	†	†	†	†
University of Phoenix, Southern Arizona	5	2,465	950	38.5	736	214	†	133	48	†	†
California											
Advanced College	6	207	155	74.9	155	†	0	†	†	†	†
Allan Hancock College	2	11,070	4,946	44.7	4,946	†	390	†	†	†	†
Alliant International University	3	4,157	589	14.2	46	543	†	13	63	†	38
American Career College, Anaheim	6	1,808	898	49.7	898	†	29	†	†	†	†
American Career College, Los Angeles	6	1,764	917	52.0	917	†	†	†	†	†	†
American Career College, Ontario	6	1,115	733	65.7	733	†	0	†	†	†	†
Antelope Valley College	2	15,705	5,423	34.5	5,423	†	235	†	†	†	†
Argosy University, Inland Empire	5	611	191	31.3	92	99	†	7	12	†	†
Argosy University, Los Angeles	5	435	114	26.2	45	69	0	0	5	†	†
Argosy University, Orange County	5	935	185	19.8	54	131	2	5	13	†	3
Argosy University, San Diego	5	269	65	24.2	21	44	2	1	0	†	†
Art Institute of California, Hollywood	5	1,256	460	36.6	460	†	13	24	†	†	†
Art Institute of California, Inland Empire	5	1,377	652	47.3	652	†	10	9	†	†	†
Art Institute of California, Los Angeles	5	2,159	847	39.2	847	†	15	27	†	†	†
Art Institute of California, Orange County	5	1,873	633	33.8	633	†	7	43	†	†	†
Art Institute of California, San Diego	5	2,040	701	34.4	701	†	31	61	†	†	†
Art Institute of California, Sunnyvale	5	504	128	25.4	128	†	0	0	†	†	†
Bakersfield College	2	18,402	8,848	48.1	8,848	†	412	†	†	†	†
Brandman University of Chapman University System	3	6,386	1,376	21.5	657	719	6	170	155	†	†
Cabrillo College	2	15,974	4,753	29.8	4,753	†	199	†	†	†	†
California Christian College	3	30	12	40.0	12	†	2	1	†	†	†
California College, San Diego	5	1,299	386	29.7	386	†	42	9	†	†	†
California State Polytechnic University, Pomona	1	22,273	7,607	34.2	6,999	608	†	755	69	†	†
California State University, Bakersfield	1	8,003	3,572	44.6	3,072	500	†	423	99	†	†
California State University, Channel Islands	1	3,862	1,203	31.1	1,145	58	†	180	7	†	†
California State University, Dominguez Hills	1	14,477	5,856	40.5	4,820	1,036	†	674	165	†	†
California State University, Fresno	1	21,500	7,679	35.7	6,735	944	†	1,013	181	†	1
California State University, Fullerton	1	36,262	11,741	32.4	10,620	1,121	†	1,641	206	†	†
California State University, Long Beach	1	35,557	10,869	30.6	9,386	1,483	†	1,353	358	†	†
California State University, Los Angeles	1	20,619	10,319	50.0	8,614	1,705	†	1,098	332	†	†
California State University, Monterey Bay	1	4,688	1,533	32.7	1,428	105	†	152	6	†	†
California State University, Northridge	1	35,198	12,020	34.1	10,713	1,307	†	1,416	339	†	†
California State University, San Bernardino	1	17,852	7,764	43.5	6,762	1,002	†	940	168	†	†
California State University, San Marcos	1	9,767	2,848	29.2	2,653	195	†	304	19	†	†
California State University, Stanislaus	1	8,586	3,063	35.7	2,631	432	†	335	44	†	†
Cambridge Junior College	6	188	76	40.4	76	†	0	†	†	†	†
Canada College	2	7,280	3,345	45.9	3,345	†	65	†	†	†	†
Career Networks Institute	6	712	195	27.4	195	†	0	†	†	†	†
Casa Loma College, Van Nuys	4	604	210	34.8	210	†	†	†	†	†	†
Cerritos College	2	21,776	13,358	61.3	13,358	†	511	†	†	†	†
Chabot College	2	15,375	4,597	29.9	4,597	†	152	†	†	†	†

See notes at end of table.

Table 248. Enrollment and degrees conferred in degree-granting institutions that serve large proportions of Hispanic undergraduate students, by selected characteristics and institution: Fall 2009 and 2008–09—Continued

Institution	Type and control[1]	Enrollment, fall 2009: Total	Hispanic	Percent Hispanic[2]	Hispanic undergraduate	Hispanic postbaccalaureate	Degrees awarded to Hispanics, 2008–09: Associate's	Bachelor's	Master's	First-professional	Doctor's
1	2	3	4	5	6	7	8	9	10	11	12
Chaffey College	2	21,399	10,475	49.0	10,475	†	523	†	†	†	†
Citrus College	2	12,895	5,525	42.8	5,525	†	342	†	†	†	†
College of San Mateo	2	11,310	2,798	24.7	2,798	†	82	†	†	†	†
College of the Canyons	2	21,575	7,400	34.3	7,400	†	202	†	†	†	†
College of the Desert	2	10,193	6,875	67.4	6,875	†	250	†	†	†	†
College of the Sequoias	2	13,322	5,732	43.0	5,732	†	244	†	†	†	†
Community Christian College	4	74	30	40.5	30	†	2	†	†	†	†
Concorde Career College, Garden Grove	6	608	278	39.8	278	†	19	†	†	†	†
Concorde Career College, North Hollywood	6	650	389	59.8	389	†	21	†	†	†	†
Concorde Career College, San Bernardino	6	860	396	46.0	396	†	33	†	†	†	†
Concorde Career College, San Diego	6	666	230	34.5	230	†	6	†	†	†	†
Contra Costa College	2	8,316	2,507	30.1	2,507	†	102	†	†	†	†
Crafton Hills College	2	6,380	2,042	32.0	2,042	†	83	†	†	†	†
Cuyamaca College	2	9,459	2,459	26.0	2,459	†	68	†	†	†	†
Cypress College	2	15,439	5,299	34.3	5,299	†	206	†	†	†	†
DeVry University, California	5	8,993	3,253	36.2	2,953	300	53	231	71	†	†
East Los Angeles College	2	35,717	25,629	71.8	25,629	†	769	†	†	†	†
East San Gabriel Valley Regional Occupational Program	2	675	264	39.1	264	†	5	†	†	†	†
El Camino College, Compton Center	2	6,691	2,375	35.5	2,375	†	48	†	†	†	†
El Camino Community College District	2	27,237	10,494	38.5	10,494	†	320	†	†	†	†
Empire College School of Business	6	718	198	27.6	198	†	26	†	†	†	†
Everest College, Los Angeles/Wilshire	6	608	365	60.0	365	†	†	†	†	†	†
Everest College, Ontario Metro	5	986	666	67.5	666	†	100	28	†	†	†
Everest College, San Bernardino	6	1,267	726	57.3	726	†	1	†	†	†	†
Everest College, West Los Angeles	6	729	287	39.4	287	†	1	†	†	†	†
Evergreen Valley College	2	11,186	4,387	39.2	4,387	†	112	†	†	†	†
Fashion Careers College	6	75	27	36.0	27	†	7	†	†	†	†
Fashion Institute of Design & Merchandising, Orange	6	382	107	28.0	107	†	†	†	†	†	†
Fashion Institute of Design & Merchandising, San Diego	6	287	77	26.8	77	†	10	†	†	†	†
Fremont College	6	266	118	44.4	118	†	24	†	†	†	†
Fresno City College	2	25,511	10,993	43.1	10,993	†	523	†	†	†	†
Fresno Pacific University	3	2,668	874	32.8	673	201	0	151	37	†	†
Fullerton College	2	22,469	9,295	41.4	9,295	†	396	†	†	†	†
Gavilan College	2	8,087	7,064	87.4	7,064	†	121	†	†	†	†
Hartnell College	2	10,451	6,952	66.5	6,952	†	311	†	†	†	†
Heald College, Concord	6	1,371	420	30.6	420	†	74	†	†	†	†
Heald College, Fresno	6	1,430	854	59.7	854	†	123	†	†	†	†
Heald College, Hayward	6	1,660	565	34.0	565	†	108	†	†	†	†
Heald College, Salinas	6	1,069	835	78.1	835	†	97	†	†	†	†
Heald College, San Francisco	6	1,083	328	30.3	328	†	57	†	†	†	†
Heald College, San Jose	6	1,273	627	49.3	627	†	117	†	†	†	†
Heald College, Stockton	6	1,545	600	38.8	600	†	93	†	†	†	†
Holy Names University	3	1,135	229	20.2	167	62	†	17	11	†	†
Humphreys College, Stockton and Modesto	3	867	306	35.3	272	34	17	28	0	1	†
ICDC College	6	2,892	2,065	71.4	2,065	†	†	†	†	†	†
Imperial Valley College	2	8,831	6,722	76.1	6,722	†	382	†	†	†	†
Institute of Technology Inc.	6	1,182	458	38.7	458	†	6	†	†	†	†
Interamerican College	3	183	94	51.4	60	34	†	9	†	†	†
ITT Technical Institute, Anaheim	5	951	507	53.3	507	†	83	34	†	†	†
ITT Technical Institute, Clovis	5	554	280	50.5	280	†	50	0	†	†	†
ITT Technical Institute, Concord	5	226	76	33.6	76	†	0	0	†	†	†
ITT Technical Institute, Lathrop	5	737	297	40.3	297	†	71	22	†	†	†
ITT Technical Institute, Oxnard	5	442	237	53.6	237	†	34	21	†	†	†
ITT Technical Institute, San Bernardino	5	1,549	843	54.4	843	†	140	68	†	†	†
ITT Technical Institute, San Diego	5	1,430	598	41.8	598	†	56	31	†	†	†
ITT Technical Institute, San Dimas	5	1,030	689	66.9	689	†	86	56	†	†	†
ITT Technical Institute, Sylmar	5	1,032	661	64.1	661	†	99	42	†	†	†
ITT Technical Institute, Torrance	5	980	556	56.7	556	†	62	26	†	†	†
Kaplan College, Bakersfield	6	774	497	64.2	497	†	12	†	†	†	†
Kaplan College, Fresno	6	564	369	65.4	369	†	24	†	†	†	†
Kaplan College, Palm Springs	6	643	411	63.9	411	†	7	†	†	†	†
Kaplan College, Panorama City	6	243	182	74.9	182	†	17	†	†	†	†
Kaplan College, Sacramento Campus	6	653	229	35.1	229	†	10	†	†	†	†
Kaplan College, San Diego	6	1,402	550	39.2	550	†	51	†	†	†	†
Kaplan College, Stockton	6	489	238	48.7	238	†	†	†	†	†	†
Kaplan College, Vista	6	1,235	443	35.9	443	†	12	†	†	†	†
La Sierra University	3	1,857	507	27.3	438	69	†	54	20	0	0
Le Cordon Bleu College of Culinary Arts	6	2,253	941	41.8	941	†	48	†	†	†	†
Long Beach City College	2	27,894	10,695	38.3	10,695	†	287	†	†	†	†
Los Angeles City College	2	19,873	8,734	43.9	8,734	†	238	†	†	†	†
Los Angeles Co. College of Nursing and Allied Health	2	333	130	39.0	130	†	27	†	†	†	†
Los Angeles Harbor College	2	10,181	5,006	49.2	5,006	†	192	†	†	†	†
Los Angeles Mission College	2	10,792	8,235	76.3	8,235	†	265	†	†	†	†
Los Angeles ORT College, Los Angeles	4	234	63	26.9	63	†	0	†	†	†	†
Los Angeles ORT College, Van Nuys	4	76	25	32.9	25	†	1	†	†	†	†
Los Angeles Pierce College	2	21,928	8,217	37.5	8,217	†	243	†	†	†	†
Los Angeles Trade Technical College	2	15,968	8,895	55.7	8,895	†	208	†	†	†	†

See notes at end of table.

Table 248. Enrollment and degrees conferred in degree-granting institutions that serve large proportions of Hispanic undergraduate students, by selected characteristics and institution: Fall 2009 and 2008–09—Continued

Institution	Type and control[1]	Enrollment, fall 2009: Total	Hispanic	Percent Hispanic[2]	Hispanic under-graduate	Hispanic postbacca-laureate	Degrees awarded to Hispanics, 2008–09: Associate's	Bachelor's	Master's	First-professional	Doctor's
1	2	3	4	5	6	7	8	9	10	11	12
Los Angeles Valley College	2	19,951	9,372	47.0	9,372	†	321	†	†	†	†
Los Medanos College	2	10,773	3,262	30.3	3,262	†	109	†	†	†	†
Marymount College	4	569	146	25.7	146	†	16	†	†	†	†
Merced College	2	10,446	4,958	47.5	4,958	†	158	†	†	†	†
MiraCosta College	2	13,537	3,440	25.4	3,440	†	103	†	†	†	†
Modesto Junior College	2	18,410	6,602	35.9	6,602	†	282	†	†	†	†
Monterey Institute of International Studies	3	810	50	6.2	2	48	†	0	16	†	†
Mount Saint Mary's College	3	2,482	1,211	48.8	1,041	170	80	147	32	†	4
Mount San Antonio College	2	29,935	15,120	50.5	15,120	†	868	†	†	†	†
Mount San Jacinto Community College District	2	17,583	5,858	33.3	5,858	†	366	†	†	†	†
Mount Sierra College	5	465	195	41.9	195	†	†	24	†	†	†
National Hispanic University	3	595	463	77.8	375	88	1	21	†	†	†
National Polytechnic College of Science	4	254	68	26.8	68	†	2	†	†	†	†
Newschool of Architecture and Design	5	598	163	27.3	129	34	†	11	6	†	†
Notre Dame de Namur University	3	1,613	372	23.1	262	110	†	41	24	†	†
Oxnard College	2	8,642	5,948	68.8	5,948	†	334	†	†	†	†
Pacific College	6	292	109	37.3	109	†	0	†	†	†	†
Pacific College of Oriental Medicine	5	507	52	10.3	14	38	0	0	3	†	1
Pacific Oaks College	3	578	174	30.1	39	135	†	33	67	†	†
Palo Verde College	2	3,516	1,203	34.2	1,203	†	49	†	†	†	†
Palomar College	2	27,442	9,062	33.0	9,062	†	365	†	†	†	†
Pasadena City College	2	26,453	9,867	37.3	9,867	†	409	†	†	†	†
Pima Medical Institute, Chula Vista	6	896	456	50.9	456	†	10	†	†	†	†
Pinnacle College	6	148	52	35.1	52	†	†	†	†	†	†
Platt College, Los Angeles	5	398	239	60.1	239	†	39	9	†	†	†
Platt College, Ontario	5	556	351	63.1	351	†	64	19	†	†	†
Platt College, San Diego	5	293	86	29.4	86	†	12	8	†	†	†
Porterville College	2	4,571	2,502	54.7	2,502	†	149	†	†	†	†
Reedley College	2	15,384	7,833	50.9	7,833	†	316	†	†	†	†
Remington College, San Diego	5	39	20	51.3	20	†	15	7	†	†	†
Rio Hondo College	2	22,432	16,553	73.8	16,553	†	529	†	†	†	†
Riverside Community College	2	36,586	16,474	45.0	16,474	†	846	†	†	†	†
Sacramento City College	2	27,171	6,845	25.2	6,845	†	214	†	†	†	†
Sage College	6	531	180	33.9	180	†	1	†	†	†	†
San Bernardino Valley College	2	14,916	7,370	49.4	7,370	†	309	†	†	†	†
San Diego City College	2	18,074	7,027	38.9	7,027	†	181	†	†	†	†
San Diego State University	1	32,817	8,293	25.3	7,248	1,045	†	1,430	200	†	5
San Diego State University, Imperial Valley Campus	1	1,003	894	89.1	694	200	†	167	16	†	†
San Joaquin Delta College	2	20,223	6,762	33.4	6,762	†	170	†	†	†	†
San Joaquin Valley College, Bakersfield	6	877	404	46.1	404	†	122	†	†	†	†
San Joaquin Valley College, Fresno Aviation	6	75	24	32.0	24	†	6	†	†	†	†
San Joaquin Valley College, Fresno	6	870	430	49.4	430	†	198	†	†	†	†
San Joaquin Valley College, Hesperia	6	233	127	54.5	127	†	0	†	†	†	†
San Joaquin Valley College, Modesto	6	525	233	44.4	233	†	39	†	†	†	†
San Joaquin Valley College, Rancho Cucamonga	6	608	392	64.5	392	†	270	†	†	†	†
San Joaquin Valley College, Visalia	6	1,252	645	51.5	645	†	196	†	†	†	†
San Jose City College	2	12,364	5,157	41.7	5,157	†	114	†	†	†	†
Santa Ana College	2	31,073	14,911	48.0	14,911	†	652	†	†	†	†
Santa Barbara Business College, Bakersfield	6	737	499	67.7	499	†	52	†	†	†	†
Santa Barbara Business College, Santa Maria	6	293	172	58.7	172	†	19	†	†	†	†
Santa Barbara Business College, Ventura	6	442	242	54.8	242	†	40	†	†	†	†
Santa Barbara City College	2	19,753	6,607	33.4	6,607	†	265	†	†	†	†
Santa Monica College	2	32,313	10,124	31.3	10,124	†	309	†	†	†	†
Santiago Canyon College	2	12,698	5,342	42.1	5,342	†	134	†	†	†	†
South Coast College	6	366	127	34.7	127	†	2	†	†	†	†
Southern California Institute of Technology	5	686	299	43.6	299	†	8	22	†	†	†
Southwestern College	2	21,597	14,045	65.0	14,045	†	695	†	†	†	†
Taft College	2	7,031	2,668	37.9	2,668	†	46	†	†	†	†
University of Antelope Valley	5	792	311	39.3	311	†	8	†	†	†	†
University of California, Merced	1	3,414	1,104	32.3	1,069	35	†	65	2	†	1
University of California, Riverside	1	19,384	5,378	27.7	5,135	243	†	754	48	†	14
University of La Verne	3	7,482	2,886	38.6	1,767	1,119	†	379	240	8	11
University of Phoenix, Central Valley	5	2,644	1,171	44.3	1,043	128	†	76	25	†	†
University of Phoenix, San Diego	5	4,139	1,603	38.7	1,353	250	†	136	64	†	†
University of Phoenix, Southern California	5	11,658	4,470	38.3	3,811	659	0	564	192	†	†
Ventura College	2	14,395	6,724	46.7	6,724	†	398	†	†	†	†
West Hills College, Coalinga	2	2,965	1,688	56.9	1,688	†	118	†	†	†	†
West Hills College, Lemoore	2	3,915	1,771	45.2	1,771	†	140	†	†	†	†
West Los Angeles College	2	11,866	3,861	32.5	3,861	†	67	†	†	†	†
Western Career College, San Jose	6	1,016	443	43.6	443	†	29	†	†	†	†
Western Career College, San Leandro	6	893	242	27.1	242	†	10	†	†	†	†
Western Career College, Stockton	6	566	183	32.3	183	†	22	†	†	†	†
Westwood College, Anaheim	5	1,206	673	55.8	673	†	6	61	†	†	†
Westwood College, Inland Empire	5	1,140	808	70.9	808	†	12	65	†	†	†
Westwood College, Los Angeles	5	3,968	1,385	34.9	1,365	20	6	110	0	†	†
Westwood College, South Bay	5	724	421	58.1	421	†	7	91	†	†	†
Whittier College	3	2,093	637	30.4	464	173	†	99	19	16	†

See notes at end of table.

Table 248. Enrollment and degrees conferred in degree-granting institutions that serve large proportions of Hispanic undergraduate students, by selected characteristics and institution: Fall 2009 and 2008–09—Continued

Institution	Type and control[1]	Enrollment, fall 2009					Degrees awarded to Hispanics, 2008–09				
		Total	Hispanic	Percent Hispanic[2]	Hispanic under-graduate	Hispanic postbacca-laureate	Associate's	Bachelor's	Master's	First-professional	Doctor's
1	2	3	4	5	6	7	8	9	10	11	12
Woodbury University	3	1,615	489	30.3	437	52	†	98	22	†	†
Wyotech, Fremont	6	1,926	732	38.0	732	†	23	†	†	†	†
Wyotech, Long Beach	6	2,166	1,462	67.5	1,462	†	†	†	†	†	†
Wyotech, West Sacramento	6	737	238	32.3	238	†	16	†	†	†	†
Colorado											
Adams State College	1	3,121	943	30.2	817	126	3	52	29	†	†
Aims Community College	2	5,510	1,392	25.3	1,392	†	67	†	†	†	†
Argosy University, Denver	5	397	52	13.1	18	34	0	0	4	†	†
College America, Denver	5	681	181	26.6	181	†	11	5	†	†	†
College America, Fort Collins	5	439	122	27.8	122	†	6	0	†	†	†
Colorado State University, Pueblo	1	6,443	1,401	21.7	1,281	120	†	179	9	†	†
Community College of Denver	2	10,918	3,003	27.5	3,003	†	127	†	†	†	†
Denver Academy of Court Reporting	6	147	59	40.1	59	†	6	†	†	†	†
Everest College, Thornton	6	1,021	498	48.8	498	†	34	†	†	†	†
Heritage College	6	703	204	29.0	204	†	63	†	†	†	†
Institute of Business and Medical Careers	6	293	108	36.9	108	†	20	†	†	†	†
Intellitec College, Grand Junction	6	729	207	28.4	207	†	50	†	†	†	†
Lincoln College of Technology	6	1,225	370	30.2	370	†	52	†	†	†	†
Otero Junior College	2	1,660	591	35.6	591	†	41	†	†	†	†
Pima Medical Institute	6	1,082	351	32.4	351	†	3	†	†	†	†
Pueblo Community College	2	6,592	2,187	33.2	2,187	†	161	†	†	†	†
Trinidad State Junior College	2	1,812	776	42.8	776	†	69	†	†	†	†
Westwood College, Denver South	5	445	124	27.9	124	†	4	6	†	†	†
Connecticut											
Capital Community College	2	4,280	1,428	33.4	1,428	†	75	†	†	†	†
Housatonic Community College	2	5,609	1,416	25.2	1,416	†	82	†	†	†	†
Norwalk Community College	2	6,685	1,702	25.5	1,702	†	89	†	†	†	†
Acupuncture and Massage College	5	144	81	56.3	60	21	†	0	7	†	†
Florida											
AI Miami International University of Art and Design	5	4,177	1,726	41.3	1,717	9	13	74	0	†	†
American InterContinental University	5	904	377	41.7	355	22	15	37	11	†	†
Art Institute of Fort Lauderdale, Inc.	5	3,217	1,221	38.0	1,221	†	79	83	†	†	†
ATI College of Health	6	1,209	392	32.4	392	†	73	†	†	†	†
Barry University	3	8,846	2,849	32.2	1,990	859	†	351	238	29	20
Broward College	1	37,360	11,822	31.6	11,822	†	990	0	†	†	†
Carlos Albizu University, Miami	3	1,081	903	83.5	353	550	†	93	91	†	17
Central Florida College	6	475	176	37.1	176	†	9	†	†	†	†
City College, Casselberry	4	292	100	34.2	100	†	12	†	†	†	†
City College, Miami	3	416	280	67.3	280	†	32	12	†	†	†
College of Business and Technology, Cutler Bay	6	124	35	28.2	35	†	0	†	†	†	†
College of Business and Technology, Flagler Campus	6	129	128	99.2	128	†	5	†	†	†	†
College of Business and Technology, Hialeah Campus	6	218	218	100.0	218	†	0	†	†	†	†
College of Business and Technology, Miami	6	50	49	98.0	49	†	16	†	†	†	†
Dade Medical College, Hialeah	6	79	74	93.7	74	†	133	†	†	†	†
Dade Medical College, Miami	6	99	76	76.8	76	†	67	†	†	†	†
DeVry University, Florida	5	4,423	1,394	31.5	1,145	249	16	146	44	†	†
Everest Institute, Hialeah	6	1,349	898	66.6	898	†	15	†	†	†	†
Everest Institute, Kendall	6	809	515	63.7	515	†	16	†	†	†	†
Everest University, South Orlando	5	7,799	1,623	20.8	1,598	25	214	46	9	†	†
Everest University, Tampa	5	1,756	662	37.7	658	4	17	10	2	†	†
Florida Career College, Miami	5	3,958	1,727	43.6	1,727	†	175	23	†	†	†
Florida College of Natural Health, Maitland	6	467	117	25.1	117	†	6	†	†	†	†
Florida College of Natural Health, Miami	6	349	250	71.6	250	†	23	†	†	†	†
Florida International University	1	39,610	23,917	60.4	20,615	3,302	38	3,555	956	58	23
Florida National College	5	2,811	2,648	94.2	2,648	†	237	0	†	†	†
Florida Technical College	6	1,636	536	32.8	536	†	75	†	†	†	†
Heritage Institute, Fort Myers	6	1,055	281	26.6	281	†	64	†	†	†	†
High-Tech Institute, Orlando	6	609	287	47.1	287	†	25	†	†	†	†
Hodges University	3	2,292	600	26.2	564	36	41	47	14	†	†
International Academy of Design and Technology	5	1,121	387	34.5	387	†	1	9	†	†	†
ITT Technical Institute, Fort Lauderdale	5	785	244	31.1	244	†	38	7	†	†	†
ITT Technical Institute, Fort Myers	5	42	11	26.2	11	†	0	0	†	†	†
ITT Technical Institute, Miami	5	828	686	82.9	686	†	119	38	†	†	†
ITT Technical Institute, Tampa	5	837	224	26.8	224	†	38	11	†	†	†
Jones College, Miami	3	59	26	44.1	26	†	†	†	†	†	†
Keiser Career College, Greenacres	6	1,754	556	31.7	556	†	49	†	†	†	†
Keiser University, Fort Lauderdale	5	16,882	4,410	26.1	4,354	56	624	77	8	†	†
Key College	6	104	26	25.0	26	†	4	†	†	†	†
Le Cordon Bleu College of Culinary Arts, Miramar	6	1,114	751	67.4	751	†	413	†	†	†	†
Le Cordon Bleu College of Culinary Arts, Orlando	6	1,113	381	34.2	381	†	79	†	†	†	†
Medvance Institute, Miami	6	497	367	73.8	367	†	9	†	†	†	†
Medvance Institute, West Palm Beach	6	1,067	361	33.8	361	†	3	†	†	†	†
Miami Ad School	6	181	76	42.0	76	†	0	†	0	†	†
Miami-Dade College	1	59,120	41,800	70.7	41,800	†	4,872	66	†	†	†
Nova Southeastern University	3	29,153	6,141	21.1	1,810	4,331	1	301	783	194	77
Polytechnic University of Puerto Rico, Miami	3	185	169	91.4	106	63	†	23	16	†	†

See notes at end of table.

Table 248. Enrollment and degrees conferred in degree-granting institutions that serve large proportions of Hispanic undergraduate students, by selected characteristics and institution: Fall 2009 and 2008–09—Continued

Institution	Type and control[1]	Enrollment, fall 2009: Total	Hispanic	Percent Hispanic[2]	Hispanic undergraduate	Hispanic postbaccalaureate	Degrees awarded to Hispanics, 2008–09: Associate's	Bachelor's	Master's	First-professional	Doctor's
1	2	3	4	5	6	7	8	9	10	11	12
Professional Training Centers	6	238	234	98.3	234	†	†	†	†	†	†
Saint John Vianney College Seminary	3	76	28	36.8	24	4	†	0	†	†	†
Saint Thomas University	3	2,476	1,099	44.4	632	467	†	126	78	58	†
Southern Technical College	6	982	271	27.6	271	†	22	†	†	†	†
Technical Career Institute	6	901	824	91.5	824	†	74	†	†	†	†
Trinity International University	3	376	136	36.2	105	31	†	40	6	†	†
Universidad Politecnica de Puerto Rico, Orlando	3	192	188	97.9	152	36	†	17	6	†	†
University of Miami	3	15,629	3,801	24.3	2,756	1,045	†	612	154	82	17
University of Phoenix, Central Florida Campus	5	1,612	449	27.9	397	52	†	49	40	†	†
Valencia Community College	2	39,008	11,718	30.0	11,718	†	1,127	†	†	†	†
Georgia											
Southern Catholic College	3	173	69	39.9	69	†	†	12	†	†	†
Illinois											
City Colleges of Chicago, Harold Washington College	2	8,464	2,323	27.4	2,323	†	106	†	†	†	†
City Colleges of Chicago, Harry S Truman College	2	13,174	5,724	43.4	5,724	†	64	†	†	†	†
City Colleges of Chicago, Malcolm X College	2	8,718	3,226	37.0	3,226	†	38	†	†	†	†
City Colleges of Chicago, Richard J. Daley College	2	9,991	7,125	71.3	7,125	†	141	†	†	†	†
City Colleges of Chicago, Wilbur Wright College	2	12,866	6,465	50.2	6,465	†	209	†	†	†	†
Coyne American Institute Inc.	6	938	255	27.2	255	†	28	†	†	†	†
Dominican University	3	3,909	685	17.5	506	179	†	45	22	†	†
Elgin Community College	2	11,704	3,766	32.2	3,766	†	117	†	†	†	†
Fox College Inc.	6	370	109	29.5	109	†	28	†	†	†	†
ITT Technical Institute, Burr Ridge	5	425	138	32.5	138	†	26	5	†	†	†
ITT Technical Institute, Mount Prospect	5	549	155	28.2	155	†	28	4	†	†	†
Lexington College	3	54	15	27.8	15	†	0	2	†	†	†
Lincoln College of Technology	6	1,670	731	43.8	731	†	86	†	†	†	†
Morton College	2	5,290	4,095	77.4	4,095	†	212	†	†	†	†
Northeastern Illinois University	1	11,631	3,305	28.4	2,977	328	†	369	80	†	†
Northwestern College	6	935	329	35.2	329	†	41	†	†	†	†
Northwestern College, Southwestern Campus	6	1,195	374	31.3	374	†	53	†	†	†	†
Saint Augustine College	3	1,430	1,234	86.3	1,234	†	164	16	†	†	†
Triton College	2	15,706	5,390	34.3	5,390	†	152	†	†	†	†
Waubonsee Community College	2	10,532	3,288	31.2	3,288	†	112	†	†	†	†
Westwood College, Chicago Loop	5	885	231	26.1	231	†	6	24	†	†	†
Westwood College, Dupage	5	582	158	27.1	158	†	0	7	†	†	†
Westwood College, O'Hare Airport	5	888	385	43.4	385	†	2	21	†	†	†
Indiana											
Calumet College of Saint Joseph	3	1,292	301	23.3	278	23	5	62	6	†	†
Kaplan College, Hammond	6	637	173	27.2	173	†	6	†	†	†	†
Kansas											
Dodge City Community College	2	1,706	529	31.0	529	†	31	†	†	†	†
Donnelly College	3	661	174	26.3	174	†	4	0	†	†	†
Garden City Community College	2	2,054	638	31.1	638	†	39	†	†	†	†
Seward Co. Community College and Area Technical School	2	1,850	564	30.5	564	†	58	†	†	†	†
Maryland											
DeVry University, Maryland	5	142	24	16.9	15	9	†	1	2	†	†
Saint Mary's Seminary & University	3	241	16	6.6	2	14	†	0	1	0	0
Massachusetts											
Cambridge College	3	4,830	690	14.3	292	398	†	29	148	†	0
Northern Essex Community College	2	7,385	2,072	28.1	2,072	†	84	†	†	†	†
Salter College, West Boylston	6	1,279	333	26.0	333	†	17	†	†	†	†
Urban College of Boston	4	617	303	49.1	303	†	20	†	†	†	†
Nevada											
College of Southern Nevada	1	42,108	11,299	26.8	11,299	†	245	0	†	†	†
Everest College, Henderson	6	946	333	35.2	333	†	21	†	†	†	†
International Academy of Design and Technology	5	512	129	25.2	129	†	2	2	†	†	†
ITT Technical Institute, Henderson	5	1,193	336	28.2	336	†	38	18	†	†	†
The Art Institute of Las Vegas	5	1,346	337	25.0	337	†	9	16	†	†	†
New Jersey											
Bergen Community College	2	16,469	4,752	28.9	4,752	†	297	†	†	†	†
Berkeley College	5	3,709	1,399	37.7	1,399	†	80	119	†	†	†
DeVry University, New Jersey	5	1,713	462	27.0	462	†	37	28	†	†	†
Eastern International College, Belleville	6	187	80	42.8	80	†	†	†	†	†	†
Eastern International College, Jersey City	6	267	147	55.1	147	†	†	†	†	†	†
Hudson County Community College	2	8,682	4,428	51.0	4,428	†	273	†	†	†	†
New Jersey City University	1	8,399	2,950	35.1	2,509	441	†	268	96	†	†
Passaic County Community College	2	8,883	4,604	51.8	4,604	†	177	†	†	†	†
Saint Peter's College	3	3,122	775	24.8	675	100	2	85	65	†	†
Union County College	2	12,751	3,357	26.3	3,357	†	174	†	†	†	†
University of Phoenix, Jersey City Campus	5	533	154	28.9	154	†	†	8	†	†	†
New Mexico											
Brookline College	6	383	262	68.4	262	†	29	0	†	†	†
Central New Mexico Community College	2	27,999	12,456	44.5	12,456	†	538	†	†	†	†

See notes at end of table.

Table 248. Enrollment and degrees conferred in degree-granting institutions that serve large proportions of Hispanic undergraduate students, by selected characteristics and institution: Fall 2009 and 2008–09—Continued

Institution	Type and control[1]	Enrollment, fall 2009					Degrees awarded to Hispanics, 2008–09				
		Total	Hispanic	Percent Hispanic[2]	Hispanic undergraduate	Hispanic postbaccalaureate	Associate's	Bachelor's	Master's	First-professional	Doctor's
1	2	3	4	5	6	7	8	9	10	11	12
Clovis Community College	2	4,282	1,241	29.0	1,241	†	43	†	†	†	†
Eastern New Mexico University, Main Campus	1	4,679	1,417	30.3	1,187	230	1	143	12	†	†
Eastern New Mexico University, Roswell	2	4,347	1,998	46.0	1,998	†	61	†	†	†	†
Eastern New Mexico University, Ruidoso	2	920	261	28.4	261	†	4	†	†	†	†
ITT Technical Institute, Albuquerque	5	722	319	44.2	319	†	71	24	†	†	†
Luna Community College	2	1,791	1,525	85.1	1,525	†	62	†	†	†	†
Mesalands Community College	2	991	391	39.5	391	†	17	†	†	†	†
National American University, Albuquerque	5	432	141	32.6	141	†	4	21	†	†	†
National American University, Rio Rancho	5	226	65	28.8	65	†	5	14	†	†	†
New Mexico Highlands University	1	3,739	1,956	52.3	1,320	636	1	191	138	†	†
New Mexico Institute of Mining and Technology	1	1,761	405	23.0	357	48	0	40	5	†	0
New Mexico Junior College	2	2,313	836	36.1	836	†	137	†	†	†	†
New Mexico Military Institute	2	416	124	29.8	124	†	17	†	†	†	†
New Mexico State University, Alamogordo	2	3,641	1,459	40.1	1,459	†	37	†	†	†	†
New Mexico State University, Carlsbad	2	2,043	991	48.5	991	†	39	†	†	†	†
New Mexico State University, Dona Ana	2	9,021	6,196	68.7	6,196	†	456	†	†	†	†
New Mexico State University, Grants	2	1,478	633	42.8	633	†	23	†	†	†	†
New Mexico State University, Main Campus	1	18,526	8,641	46.6	7,376	1,265	12	948	227	†	10
Northern New Mexico College	1	2,066	1,462	70.8	1,462	†	90	17	†	†	†
Pima Medical Institute, Albuquerque	6	1,003	371	37.0	371	†	37	†	†	†	†
Santa Fe Community College	2	4,630	2,235	48.3	2,235	†	98	†	†	†	†
The Art Center Design College, Albuquerque	5	252	95	37.7	95	†	1	9	†	†	†
University of New Mexico, Los Alamos	2	683	278	40.7	278	†	13	†	†	†	†
University of New Mexico, Main Campus	1	27,241	9,411	34.5	8,066	1,345	2	1,013	228	81	16
University of New Mexico, Taos	2	1,429	814	57.0	814	†	26	†	†	†	†
University of New Mexico, Valencia County	2	2,170	1,248	57.5	1,248	†	58	†	†	†	†
University of Phoenix, Albuquerque	5	5,120	3,950	77.1	3,417	533	†	381	203	†	†
University of the Southwest	3	528	191	36.2	115	76	†	51	16	†	†
Western New Mexico University	1	3,370	1,690	50.1	1,520	170	36	62	26	†	†
New York											
Art Institute of New York City	6	1,329	429	32.3	429	†	85	†	†	†	†
ASA Institute of Business and Computer Technology	6	4,582	1,817	39.7	1,817	†	363	†	†	†	†
Berkeley College	5	4,430	1,368	30.9	1,368	†	40	118	†	†	†
Boricua College	3	1,051	890	84.7	851	39	125	117	13	†	†
College of Mount Saint Vincent	3	1,894	586	30.9	521	65	0	62	17	†	†
College of Westchester	5	1,363	541	39.7	541	†	99	†	†	†	†
CUNY, Borough of Manhattan Community College	2	21,424	7,583	35.4	7,583	†	632	†	†	†	†
CUNY, Bronx Community College	2	10,420	6,065	58.2	6,065	†	392	†	†	†	†
CUNY, City College	1	16,212	4,914	30.3	4,163	751	†	377	107	†	†
CUNY, Hostos Community College	2	6,187	3,570	57.7	3,570	†	286	†	†	†	†
CUNY, John Jay College of Criminal Justice	1	15,330	5,881	38.4	5,462	419	93	607	70	†	†
CUNY, LaGuardia Community College	2	17,028	6,199	36.4	6,199	†	484	†	†	†	†
CUNY, Lehman College	1	12,195	5,700	46.7	4,942	758	†	643	123	†	†
CUNY, New York City College of Technology	1	15,399	4,046	26.3	4,046	†	210	147	†	†	†
DeVry College of New York	5	1,817	502	27.6	410	92	10	23	8	†	†
Long Island University, Brentwood	3	508	42	8.3	11	31	†	3	13	†	†
Mandl College of Allied Health	6	617	246	39.9	246	†	53	†	†	†	†
Mercy College	3	9,673	2,768	28.6	1,940	828	30	220	237	†	2
Monroe College, Main Campus	5	5,068	2,610	51.5	2,514	96	494	306	24	†	†
Plaza College	5	776	247	31.8	247	†	56	11	†	†	†
Professional Business College	4	767	225	29.3	225	†	25	†	†	†	†
Technical Career Institutes	6	4,360	1,893	43.4	1,893	†	258	†	†	†	†
Vaughn College of Aeronautics and Technology	3	1,310	559	42.7	556	3	41	37	0	†	†
Wood Tobe-Coburn School	6	592	294	49.7	294	†	108	†	†	†	†
Oregon											
Mount Angel Seminary	3	152	53	34.9	25	28	†	8	4	8	†
Pennsylvania											
Berks Technical Institute	6	872	286	32.8	286	†	41	†	†	†	†
CHI Institute	6	920	247	26.8	247	†	2	†	†	†	†
Consolidated School of Business	6	182	49	26.9	49	†	11	†	†	†	†
Lincoln Technical Institute	6	894	277	31.0	277	†	8	†	†	†	†
Pace Institute	6	288	148	51.4	148	†	25	†	†	†	†
Pennsylvania School of Business	6	427	211	49.4	211	†	0	†	†	†	†
Rhode Island											
Sanford-Brown Institute	6	27	8	29.6	8	†	24	†	†	†	†
Texas											
Academy of Health Care Professions	6	392	180	45.9	180	†	7	†	†	†	†
Art Institute of Austin	5	873	343	39.3	343	†	0	0	†	†	†
Art Institute of Houston	5	2,223	635	28.6	635	†	12	40	†	†	†
University of Texas at Brownsville	1	17,151	15,399	89.8	14,746	653	†	859	152	†	†
University of Texas at El Paso	1	21,011	16,039	76.3	13,746	2,293	†	2,309	420	†	7
University of Texas at San Antonio	1	28,955	12,466	43.1	11,021	1,445	†	1,717	320	†	12
University of Texas Health Science Center at San Antonio	1	3,223	817	25.3	302	515	†	118	52	49	6
University of Texas of the Permian Basin	1	3,546	1,407	39.7	1,187	220	†	216	45	†	†
University of Texas, Pan American	1	18,337	16,336	89.1	14,405	1,931	†	2,386	574	†	16
Allied Health Careers	6	371	182	49.1	182	†	4	†	†	†	†

See notes at end of table.

Table 248. Enrollment and degrees conferred in degree-granting institutions that serve large proportions of Hispanic undergraduate students, by selected characteristics and institution: Fall 2009 and 2008–09—Continued

Institution	Type and control[1]	Enrollment, fall 2009					Degrees awarded to Hispanics, 2008–09				
		Total	Hispanic	Percent Hispanic[2]	Hispanic under-graduate	Hispanic postbacca-laureate	Associate's	Bachelor's	Master's	First-professional	Doctor's
1	2	3	4	5	6	7	8	9	10	11	12
Amarillo College	2	11,289	2,955	26.2	2,955	†	142	†	†	†	†
American InterContinental University	5	514	130	25.3	126	4	10	16	4	†	†
Anamarc Educational Institute	6	715	626	87.6	626	†	†	†	†	†	†
ATI Career Training Center	6	1,172	308	26.3	308	†	8	†	†	†	†
Austin Graduate School of Theology	3	56	9	16.1	5	4	†	0	1	†	†
Baptist Health System School of Health Professions	6	458	208	45.4	208	†	153	†	†	†	†
Baptist University of the Americas	3	208	140	67.3	140	†	4	21	†	†	†
Brazosport College	1	3,908	1,063	27.2	1,063	†	49	6	†	†	†
Brookhaven College	2	11,814	3,310	28.0	3,310	†	157	†	†	†	†
Career Centers of Texas, Brownsville	6	628	622	99.0	622	†	†	†	†	†	†
Career Centers of Texas, Corpus Christi	6	755	634	84.0	634	†	†	†	†	†	†
Career Point College	6	1,802	1,260	69.9	1,260	†	31	†	†	†	†
Center for Advanced Legal Studies	5	208	53	25.5	40	13	13	†	†	†	†
Coastal Bend College	2	4,196	2,821	67.2	2,821	†	129	†	†	†	†
College of Biblical Studies, Houston	3	617	236	38.2	236	†	4	10	†	†	†
Computer Career Center	6	994	728	73.2	728	†	73	†	†	†	†
Culinary Institute Inc.	6	199	71	35.7	71	†	2	†	†	†	†
Del Mar College	2	12,069	7,461	61.8	7,461	†	561	†	†	†	†
DeVry University, Texas	5	5,058	1,362	26.9	1,250	112	32	101	21	†	†
Eastfield College	2	11,944	4,052	33.9	4,052	†	127	†	†	†	†
El Centro College	2	9,072	2,942	32.4	2,942	†	111	†	†	†	†
El Paso Community College	2	28,168	24,196	85.9	24,196	†	1,792	†	†	†	†
Everest College, Arlington	6	783	256	32.7	256	†	5	†	†	†	†
Everest College, Fort Worth	6	939	337	35.9	337	†	8	†	†	†	†
Frank Phillips College	2	1,239	293	23.6	293	†	8	†	†	†	†
Galen College of Nursing, San Antonio	6	639	339	53.1	339	†	†	†	†	†	†
Galveston College	2	2,167	616	28.4	616	†	40	†	†	†	†
Hallmark College of Technology/Aeronautics	5	835	477	57.1	477	†	146	†	†	†	†
Houston Baptist University	3	2,710	653	24.1	608	45	0	43	8	†	†
Houston Community College	2	54,942	16,884	30.7	16,884	†	648	†	†	†	†
Howard College	2	3,984	1,472	36.9	1,472	†	77	†	†	†	†
International Academy of Design and Technology	6	476	281	59.0	281	†	†	†	†	†	†
International Business College, Cromo St., El Paso	6	214	191	89.3	191	†	0	†	†	†	†
International Business College, N. Zaragosa Rd., El Paso	6	300	285	95.0	285	†	11	†	†	†	†
ITT Technical Institute, Arlington	6	793	227	28.6	227	†	60	0	†	†	†
ITT Technical Institute, Austin	6	787	310	39.4	310	†	64	†	†	†	†
ITT Technical Institute, Houston North	6	905	325	35.9	325	†	70	0	†	†	†
ITT Technical Institute, Houston West	6	622	242	38.9	242	†	74	0	†	†	†
ITT Technical Institute, Richardson	6	744	215	28.9	215	†	50	0	†	†	†
ITT Technical Institute, San Antonio	6	729	457	62.7	457	†	115	0	†	†	†
ITT Technical Institute, Webster	6	439	151	34.4	151	†	36	0	†	†	†
Kaplan Career Institute, Fort Worth	6	721	359	49.8	359	†	†	†	†	†	†
Kaplan Career Institute, McAllen	6	1,015	1,013	99.8	1,013	†	†	†	†	†	†
Kaplan Career Institute, San Antonio Campus	6	1,082	515	47.6	515	†	†	†	†	†	†
Kaplan College, Dallas	6	368	119	32.3	119	†	†	†	†	†	†
Laredo Community College	2	9,361	9,001	96.2	9,001	†	600	†	†	†	†
Le Cordon Bleu Institute of Culinary Arts, Dallas	6	886	230	26.0	230	†	45	†	†	†	†
Lee College	2	6,658	1,845	27.7	1,845	†	139	†	†	†	†
Lincoln College of Technology	6	2,018	603	29.9	603	†	1	†	†	†	†
Lone Star College System	2	46,504	12,501	26.9	12,501	†	567	†	†	†	†
Midland College	1	6,227	2,126	34.1	2,126	†	155	0	†	†	†
Mountain View College	2	8,203	4,029	49.1	4,029	†	193	†	†	†	†
North Lake College	2	11,644	3,050	26.2	3,050	†	98	†	†	†	†
Northwest Vista College	2	14,587	6,691	45.9	6,691	†	251	†	†	†	†
Northwood University	3	930	213	22.9	207	6	24	41	†	†	†
Odessa College	2	5,132	2,542	49.5	2,542	†	147	†	†	†	†
Our Lady of the Lake University, San Antonio	3	2,660	1,814	68.2	1,189	625	†	193	132	†	12
Palo Alto College	2	8,335	5,524	66.3	5,524	†	271	†	†	†	†
Remington College, Dallas	6	1,446	490	33.9	490	†	63	†	†	†	†
Remington College, Fort Worth	6	782	222	28.4	222	†	14	†	†	†	†
Remington College, Houston	6	651	244	37.5	244	†	26	†	†	†	†
Remington College, Houston Southeast	6	423	136	32.2	136	†	0	†	†	†	†
Remington College, North Houston	6	796	323	40.6	323	†	18	†	†	†	†
Saint Edward's University	3	5,293	1,580	29.9	1,391	189	†	311	51	†	†
Saint Mary's University	3	3,893	2,141	55.0	1,674	467	†	291	83	58	0
Saint Philips College	2	11,008	5,027	45.7	5,027	†	255	†	†	†	†
San Antonio College	2	24,135	11,557	47.9	11,557	†	504	†	†	†	†
San Jacinto Community College	2	27,011	10,397	38.5	10,397	†	573	†	†	†	†
Sanford-Brown College, Houston	6	1,513	512	33.8	512	†	0	†	†	†	†
Sanford-Brown College, San Antonio	6	221	111	50.2	111	†	0	†	†	†	†
South Plains College	2	10,011	3,110	31.1	3,110	†	123	†	†	†	†
South Texas College	1	26,338	25,001	94.9	25,001	†	1,392	71	†	†	†
Southwest Career College	6	650	615	94.6	615	†	†	†	†	†	†
Southwest Collegiate Institute for the Deaf	2	119	28	23.5	28	†	0	†	†	†	†
Southwest Institute of Technology	6	21	11	52.4	11	†	7	†	†	†	†
Southwest Texas Junior College	2	5,767	4,753	82.4	4,753	†	400	†	†	†	†
Southwestern Adventist University	3	809	240	29.7	234	6	5	29	0	†	†

See notes at end of table.

Table 248. Enrollment and degrees conferred in degree-granting institutions that serve large proportions of Hispanic undergraduate students, by selected characteristics and institution: Fall 2009 and 2008–09—Continued

Institution	Type and control[1]	Enrollment, fall 2009: Total	Hispanic	Percent Hispanic[2]	Hispanic under-graduate	Hispanic postbacca-laureate	Degrees awarded to Hispanics, 2008–09: Associate's	Bachelor's	Master's	First-professional	Doctor's
1	2	3	4	5	6	7	8	9	10	11	12
Sul Ross State University	1	3,047	1,796	58.9	1,328	468	1	228	103	†	†
Texas A & M International University	1	6,419	5,831	90.8	4,970	861	†	672	222	†	0
Texas A & M University, Corpus Christi	1	9,468	3,692	39.0	3,100	592	†	524	127	†	12
Texas A & M University, Kingsville	1	8,194	5,046	61.6	4,177	869	†	597	71	†	3
Texas Careers, Laredo	6	380	378	99.5	378	†	†	†	†	†	†
Texas Careers, Lubbock	6	490	412	84.1	412	†	†	†	†	†	†
Texas Careers, San Antonio	6	1,058	784	74.1	784	†	†	†	†	†	†
Texas Culinary Academy	6	1,020	328	32.2	328	†	102	†	†	†	†
Texas School of Business Inc.	6	1,206	399	33.1	399	†	†	†	†	†	†
Texas State Technical College, Harlingen	2	5,988	5,026	83.9	5,026	†	282	†	†	†	†
Texas Wesleyan University	3	3,333	632	19.0	480	152	†	67	15	11	†
University of Houston, Downtown	1	12,742	4,448	34.9	4,415	33	†	729	6	†	†
University of Phoenix, Austin	5	505	142	28.1	126	16	†	8	4	†	†
University of Phoenix, San Antonio	5	942	486	51.6	402	84	†	49	24	†	†
University of Saint Thomas	3	3,132	976	31.2	642	334	†	95	83	1	0
University of the Incarnate Word	3	6,756	3,894	57.6	3,206	688	0	528	133	0	2
Vet Tech Institute of Houston	6	134	47	35.1	47	†	12	†	†	†	†
Victoria College, Victoria	2	4,054	1,392	34.3	1,392	†	113	†	†	†	†
Virginia College, Austin	6	865	308	35.6	308	†	40	†	†	†	†
Western Technical College, Diana Dr., El Paso	6	549	451	82.1	451	†	59	†	†	†	†
Western Technical College, Plaza Circle, El Paso	6	958	884	92.3	884	†	157	†	†	†	†
Western Texas College	2	2,473	644	26.0	644	†	21	†	†	†	†
Westwood College, Dallas	5	611	194	31.8	194	†	30	0	†	†	†
Westwood College, Fort Worth	5	367	104	28.3	104	†	17	0	†	†	†
Westwood College, Houston South	5	478	255	53.3	255	†	25	0	†	†	†
Wharton County Junior College	2	6,622	1,811	27.3	1,811	†	109	†	†	†	†
Virginia											
Everest College, Arlington	6	783	265	33.8	265	†	13	†	†	†	†
ITT Technical Institute, Chantilly	5	634	169	26.7	169	†	13	1	†	†	†
Sanz School	6	1,658	966	58.3	966	†	2	†	†	†	†
Washington											
Big Bend Community College	2	2,169	668	30.8	668	†	72	†	†	†	†
Heritage University	3	1,115	524	47.0	450	74	14	63	34	†	†
Yakima Valley Community College	2	4,724	1,693	35.8	1,693	†	162	†	†	†	†
Puerto Rico											
American University of Puerto Rico, Bayamon	3	1,698	1,697	99.9	1,597	100	31	136	21	†	†
American University of Puerto Rico, Manati	3	1,455	1,455	100.0	1,369	86	15	141	18	†	†
Atenas College	3	1,469	1,469	100.0	1,469	†	†	†	†	†	†
Atlantic College	3	1,236	1,236	100.0	1,168	68	17	159	30	†	†
Bayamon Central University	3	2,287	2,287	100.0	1,783	504	23	258	119	†	†
Caribbean University, Bayamon	3	1,892	1,892	100.0	1,687	205	24	107	116	†	†
Caribbean University, Carolina	3	602	602	100.0	509	93	10	35	71	†	†
Caribbean University, Ponce	3	1,402	1,402	100.0	1,142	260	13	77	78	†	†
Caribbean University, Vega Baja	3	697	697	100.0	559	138	40	40	72	†	†
Carlos Albizu University	3	898	891	99.2	166	725	†	59	77	†	67
Centro de Estudios Multidisciplinarios, Humacao	4	685	685	100.0	685	†	81	†	†	†	†
Centro de Estudios Multidisciplinarios, San Juan	4	1,224	1,224	100.0	1,224	†	205	†	†	†	†
Centro de Estudios Multidisciplinarios, Bayamon	4	631	631	100.0	631	†	0	†	†	†	†
Colegio de Cinematografía, Artes y Television	6	527	527	100.0	527	†	12	†	†	†	†
Colegio Pentecostal Mizpa	3	275	275	100.0	275	†	14	9	†	†	†
Colegio Universitario de San Juan	1	1,785	1,785	100.0	1,785	†	100	76	†	†	†
Columbia Centro Universitario, Caguas	5	1,344	1,344	100.0	1,258	86	148	102	74	†	†
Columbia Centro Universitario, Yauco	5	559	559	100.0	559	†	95	5	†	†	†
EDIC College	6	903	903	100.0	903	†	43	†	†	†	†
EDP College of Puerto Rico Inc., San Juan	5	1,026	1,026	100.0	980	46	54	84	20	†	†
EDP College of Puerto Rico Inc., San Sebastian	3	1,084	1,084	100.0	1,084	†	42	50	†	†	†
Escuela de Artes Plasticas de Puerto Rico	1	530	528	99.6	528	†	†	62	†	†	†
Huertas Junior College	6	1,843	1,843	100.0	1,843	†	414	†	†	†	†
Humacao Community College	4	758	758	100.0	758	†	152	†	†	†	†
ICPR Junior College, Arecibo	6	359	359	100.0	359	†	51	†	†	†	†
ICPR Junior College, General Institutional	6	602	602	100.0	602	†	46	†	†	†	†
ICPR Junior College, Mayaguez	6	525	525	100.0	525	†	77	†	†	†	†
Instituto Tecnologico de Puerto Rico, Recinto de Guayama	2	776	776	100.0	776	†	145	†	†	†	†
Instituto Tecnologico de Puerto Rico, Recinto de Ponce	2	753	753	100.0	753	†	216	†	†	†	†
Instituto Tecnologico de Puerto Rico, Recinto de San Juan	2	745	745	100.0	745	†	177	†	†	†	†
Inter American University of Puerto Rico, Aguadilla	3	4,502	4,502	100.0	4,237	265	66	266	51	†	†
Inter American University of Puerto Rico, Arecibo	3	4,878	4,878	100.0	4,549	329	52	468	60	†	†
Inter American University of Puerto Rico, Barranquitas	3	2,418	2,418	100.0	2,247	171	40	224	33	†	†
Inter American University of Puerto Rico, Bayamon	3	5,245	5,245	100.0	5,145	100	39	495	18	†	†
Inter American University of Puerto Rico, Fajardo	3	2,288	2,288	100.0	2,217	71	10	222	10	†	†
Inter American University of Puerto Rico, Guayama	3	2,377	2,377	100.0	2,296	81	78	216	1	†	†
Inter American University of Puerto Rico, Metro	3	10,693	10,693	100.0	7,158	3,535	78	750	745	†	45
Inter American University of Puerto Rico, Ponce	3	6,048	6,048	100.0	5,713	335	134	381	44	†	†
Inter American University of Puerto Rico, San German	3	5,716	5,716	100.0	4,825	891	73	511	146	†	17
John Dewey College	4	840	840	100.0	840	†	†	†	†	†	†
John Dewey College, University Division	3	1,267	1,267	100.0	1,267	†	185	88	†	†	†

See notes at end of table.

Table 248. Enrollment and degrees conferred in degree-granting institutions that serve large proportions of Hispanic undergraduate students, by selected characteristics and institution: Fall 2009 and 2008–09—Continued

Institution	Type and control[1]	Enrollment, fall 2009: Total	Enrollment, fall 2009: Hispanic	Enrollment, fall 2009: Percent Hispanic[2]	Enrollment, fall 2009: Hispanic undergraduate	Enrollment, fall 2009: Hispanic postbaccalaureate	Degrees awarded to Hispanics, 2008–09: Associate's	Degrees awarded to Hispanics, 2008–09: Bachelor's	Degrees awarded to Hispanics, 2008–09: Master's	Degrees awarded to Hispanics, 2008–09: First-professional	Degrees awarded to Hispanics, 2008–09: Doctor's
1	2	3	4	5	6	7	8	9	10	11	12
Mech-Tech College LLC	6	3,554	3,554	100.0	3,554	†	30	†	†	†	†
National College of Business and Technology, Arecibo	5	1,763	1,763	100.0	1,763	†	195	62	†	†	†
National College of Business and Technology, Bayamon	5	2,703	2,703	100.0	2,703	†	292	95	†	†	†
National College of Business and Technology, Rio Grande	5	1,567	1,567	100.0	1,567	†	178	84	†	†	†
Ponce Paramedical College Inc.	6	2,977	2,903	97.5	2,903	†	201	†	†	†	†
Pontifical Catholic University of Puerto Rico, Arecibo	3	680	679	99.9	470	209	8	61	54	†	†
Pontifical Catholic University of Puerto Rico, Mayaguez	3	1,498	1,498	100.0	1,355	143	10	97	48	†	†
Pontifical Catholic University of Puerto Rico, Ponce	3	7,682	7,641	99.5	5,332	2,309	11	624	172	143	68
Puerto Rico Conservatory of Music	1	402	400	99.5	371	29	†	42	3	†	†
Universal Technology College of Puerto Rico	4	1,818	1,795	98.7	1,795	†	140	†	†	†	†
Universidad Adventista de las Antillas	3	1,019	934	91.7	872	62	11	96	24	†	†
Universidad Central Del Caribe	3	485	470	96.9	178	292	21	5	6	57	†
Universidad Del Este	3	13,317	13,317	100.0	12,062	1,255	168	790	391	†	†
Universidad Del Turabo	3	16,190	16,190	100.0	13,150	3,040	119	991	982	†	29
Universidad Metropolitana	3	12,622	12,622	100.0	10,316	2,306	73	883	744	†	†
Universidad Politecnica de Puerto Rico	3	5,529	5,529	100.0	4,853	676	†	471	242	†	†
Universidad Teologica del Caribe	3	251	251	100.0	251	†	†	26	†	†	†
University of Phoenix, Puerto Rico	5	2,965	2,778	93.7	1,150	1,628	†	134	375	†	†
University of Puerto Rico at Cayey	1	3,830	3,830	100.0	3,830	†	2	495	†	†	†
University of Puerto Rico in Ponce	1	3,438	3,438	100.0	3,438	†	90	362	†	†	†
University of Puerto Rico, Aguadilla	1	3,076	3,076	100.0	3,076	†	29	289	†	†	†
University of Puerto Rico, Arecibo	1	4,352	4,352	100.0	4,352	†	56	449	†	†	†
University of Puerto Rico, Bayamon	1	5,184	5,184	100.0	5,184	†	53	459	†	†	†
University of Puerto Rico, Carolina	1	4,321	4,321	100.0	4,321	†	124	410	†	†	†
University of Puerto Rico, Humacao	1	4,676	4,662	99.7	4,662	†	110	490	†	†	†
University of Puerto Rico, Mayaguez	1	13,852	13,852	100.0	12,758	1,094	†	1,520	111	†	18
University of Puerto Rico, Medical Sciences Campus	1	2,381	2,353	98.8	532	1,821	47	101	231	184	7
University of Puerto Rico, Rio Piedras	1	18,966	18,704	98.6	15,271	3,433	†	2,334	358	177	89
University of Puerto Rico, Utuado	1	1,623	1,623	100.0	1,623	†	59	94	†	†	†
University of Sacred Heart	3	5,673	5,673	100.0	4,589	1,084	124	530	128	†	†

†Not applicable.
[1]1 = public, 4-year; 2 = public, 2-year; 3 = private not-for-profit, 4-year; 4 = private not-for-profit, 2-year; 5 = private for-profit, 4-year; and 6 = private for-profit, 2-year.
[2]Hispanic headcount enrollment (U.S. citizens and permanent residents only) as a percentage of total headcount enrollment, including both resident and nonresident students. Hispanic and total headcount enrollment include graduate as well as undergraduate students.
NOTE: Degree-granting institutions grant associate's or higher degrees and participate in Title IV federal financial aid programs. This table includes institutions that serve large proportions of Hispanic undergraduate students, defined as institutions with a full-time-equivalent undergraduate enrollment of Hispanic students at 25 percent or more of full-time-equivalent undergraduate enrollment of U.S. citizens. Data for Hispanics include only persons who were U.S. citizens or permanent residents.
SOURCE: U.S. Department of Education, National Center for Education Statistics, 2008–09 and 2009 Integrated Postsecondary Education Data System (IPEDS), Fall 2009 and Spring 2010. (This table was prepared November 2010.)

Table 249. Fall enrollment and degrees conferred in degree-granting tribally controlled institutions, by institution: Selected years, fall 2000 through fall 2009, and 2007–08 and 2008–09

Institution	Type and control[1]	Total fall enrollment: 2000	2003	2004	2005	2006	2007	2008	2009: Total	2009: Total American Indian/ Alaska Native	2009: Percent American Indian/ Alaska Native	2009: Undergraduate American Indian/ Alaska Native	Degrees to American Indians/ Alaska Natives: Associate's 2007–08	Associate's 2008–09	Bachelor's 2007–08	Bachelor's 2008–09
1	2	3	4	5	6	7	8	9	10	11	12	13	14	15	16	17
Tribally controlled institutions[2]	†	**13,680**	**17,776**	**17,605**	**17,167**	**17,255**	**17,418**	**17,014**	**19,686**	**15,592**	**79.2**	**15,491**	**1,263**	**1,153**	**173**	**160**
Alaska																
Ilisagvik College	2	322	417	214	278	203	439	251	226	142	62.8	142	4	4	†	†
Arizona																
Diné College	1	1,712	1,878	1,935	1,825	1,669	1,657	1,527	1,935	1,914	98.9	1,914	229	169	†	0
Iohono O'odham Community College	2	—	181	169	270	198	154	163	254	224	88.2	224	21	4	†	†
Kansas																
Haskell Indian Nations University	1	918	918	928	918	889	894	997	1,059	1,059	100.0	1,059	100	69	68	37
Michigan																
Bay Mills Community College	2	360	386	401	406	550	427	501	608	336	55.3	336	16	11	†	†
Saginaw Chippewa Tribal College	2	—	66	109	123	125	127	133	134	118	88.1	118	10	6	†	†
Minnesota																
Fond du Lac Tribal and Community College	2	999	1,735	1,775	1,981	2,181	2,197	2,206	2,305	325	14.1	325	44	33	†	†
Leech Lake Tribal College	2	240	162	195	189	198	243	228	233	205	88.0	205	10	26	†	†
White Earth Tribal and Community College	4	—	81	67	61	106	99	106	113	96	85.0	96	0	3	†	†
Montana																
Blackfeet Community College	4	299	546	561	485	467	471	492	533	515	96.6	515	62	57	†	†
Chief Dull Knife College	2	461	442	356	554	359	437	443	472	381	80.7	381	17	19	†	†
Fort Belknap College	2	295	215	257	175	161	244	168	236	232	98.3	232	15	22	†	†
Fort Peck Community College	2	400	419	504	408	441	422	436	427	337	78.9	337	31	31	†	†
Little Big Horn College	2	320	394	291	259	312	272	337	415	403	97.1	403	37	23	†	†
Salish Kootenai College	3	1,042	1,100	1,130	1,142	1,092	1,040	993	1,204	895	74.3	895	36	34	30	24
Stone Child College	2	38	434	347	344	397	305	236	303	284	93.7	284	34	23	†	†
Nebraska																
Little Priest Tribal College	4	141	130	154	109	95	120	116	141	133	94.3	133	5	11	†	†
Nebraska Indian Community College	2	170	190	190	107	115	89	92	129	123	95.3	123	3	2	†	†
New Mexico																
Institute of American Indian and Alaska Native Culture	1	139	154	176	113	192	231	249	350	316	90.3	316	7	7	14	21
Navajo Technical College	2	841	300	306	333	392	367	571	751	747	99.5	747	40	36	†	†
Southwestern Indian Polytechnic Institute	2	304	936	772	614	561	600	470	635	635	100.0	635	38	68	†	†
North Dakota																
Candeska Cikana Community College	2	9	190	197	198	233	223	201	250	241	96.4	241	19	33	†	†
Fort Berthold Community College	2	50	274	285	241	196	201	162	323	298	92.3	298	24	29	†	†
Sitting Bull College	1	22	317	289	287	286	290	296	335	295	88.1	295	22	34	6	9
Turtle Mountain Community College	3	686	959	787	615	788	928	951	1,058	972	91.9	972	67	75	4	8
United Tribes Technical College	4	204	466	536	885	606	604	375	476	460	96.6	460	80	69	†	†
South Dakota																
Oglala Lakota College[2]	1	1,174	1,441	1,501	1,302	1,485	1,456	1,531	1,804	1,642	91.0	1,584	83	68	37	33
Sinte Gleska University[2]	3	900	1,055	1,400	1,123	969	971	1,012	936	677	72.3	634	66	50	14	28
Sisseton-Wahpeton College	2	250	287	287	290	279	245	227	237	191	80.6	191	17	18	†	†
Washington																
Northwest Indian College	1	524	643	519	495	623	584	554	609	509	83.6	509	45	43	†	0
Wisconsin																
College of the Menominee Nation	3	371	499	507	532	513	505	512	634	465	73.3	465	38	29	†	0
Lac Courte Oreilles Ojibwa Community College	2	489	561	460	505	574	576	478	561	422	75.2	422	43	47	†	†

—Not available.
†Not applicable.
[1]1 = public, 4-year; 2 = public, 2-year; 3 = private not-for-profit, 4-year; and 4 = private not-for-profit, 2-year.
[2]"Total American Indian/Alaska Native" enrollment (column 11) includes graduate students and therefore does not equal "Undergraduate American Indian/Alaska Native" enrollment (column 13).
NOTE: This table only includes institutions that were in operation during the 2009–10 academic year. They are all members of the American Indian Higher Education Consortium and, with few exceptions, are tribally controlled and located on reservations. Degree-granting institutions grant associate's or higher degrees and participate in Title IV federal financial aid programs. Totals include persons of other racial/ethnic groups not separately identified.
SOURCE: U.S. Department of Education, National Center for Education Statistics, 2000 through 2009, 2007–08, and 2008–09 Integrated Postsecondary Education Data System (IPEDS), Spring 2001 through Spring 2010, Fall 2008, and Fall 2009. (This table was prepared October 2010.)

Table 250. Fall enrollment, degrees conferred, and expenditures in degree-granting historically Black colleges and universities, by institution: 2008, 2009, and 2008–09

Institution	State	Type and control[1]	Total enroll-ment, fall 2008	Enrollment, fall 2009		Degrees conferred, 2008–09					Total expenditures, 2008–09 (in thousands)
				Total	Black enrollment	Associate's	Bachelor's	Master's	First-profes-sional	Doctor's	
1	2	3	4	5	6	7	8	9	10	11	12
Total	**†**	**†**	**313,491**	**322,789**	**264,090**	**3,469**	**31,416**	**7,228**	**1,908**	**667**	**$7,447,698**
Alabama A&M University[2]	AL	1	5,124	5,327	4,944	†	628	234	†	16	122,978
Alabama State University	AL	1	5,695	5,564	5,352	†	497	216	†	58	128,144
Bishop State Community College	AL	2	3,215	3,598	2,087	208	†	†	†	†	37,759
Concordia College, Selma	AL	3	539	568	541	17	42	†	†	†	8,456
Gadsden State Community College	AL	2	5,803	6,917	1,529	450	†	†	†	†	54,416
H. Councill Trenholm State Technical College	AL	2	1,358	1,733	1,103	133	†	†	†	†	22,060
J. F. Drake Technical College	AL	2	756	1,258	810	56	†	†	†	†	11,541
Lawson State Community College, Birmingham Campus	AL	2	3,609	4,353	3,646	233	†	†	†	†	42,821
Miles College	AL	3	1,786	1,791	1,760	†	219	†	†	†	24,123
Oakwood College	AL	3	1,865	1,916	1,741	3	254	†	†	†	38,468
Selma University[3]	AL	3	3,351	35	35	0	3	5	†	†	1,050
Shelton State Community College, C. A. Fredd campus	AL	2	5,511	5,808	1,846	226	†	†	†	†	42,687
Stillman College	AL	3	1,048	1,041	1,009	†	110	†	†	†	21,258
Talladega College	AL	3	601	700	660	†	42	†	†	†	12,135
Tuskegee University[2]	AL	3	2,994	2,931	2,735	†	349	61	54	6	115,530
Arkansas Baptist College	AR	3	626	640	588	16	15	†	†	†	7,576
Philander Smith College	AR	3	587	668	640	†	71	†	†	†	16,364
University of Arkansas at Pine Bluff[2]	AR	1	3,525	3,792	3,582	0	401	24	†	†	71,718
Delaware State University[2]	DE	1	3,534	3,609	2,919	†	506	126	†	14	107,648
Howard University	DC	3	10,320	10,573	8,214	†	1,402	387	452	108	1,051,876
University of the District of Columbia[2]	DC	1	5,339	4,960	4,083	184	384	75	†	†	130,611
Bethune-Cookman College	FL	3	3,633	3,637	3,437	†	453	6	†	†	63,393
Edward Waters College	FL	3	843	831	799	†	85	†	†	†	22,561
Florida A&M University[2]	FL	1	11,857	12,274	11,124	47	1,435	271	276	28	281,218
Florida Memorial College	FL	3	1,816	1,923	1,666	†	183	55	†	†	37,038
Albany State College	GA	1	4,176	4,473	4,139	3	519	112	†	†	64,347
Clark Atlanta University	GA	3	4,068	3,873	3,800	†	493	152	†	28	93,025
Fort Valley State University[2]	GA	1	3,106	3,553	3,395	9	241	39	†	†	67,348
Interdenominational Theological Center	GA	3	426	421	409	†	†	†	89	5	8,314
Morehouse College	GA	3	2,781	2,689	2,596	†	488	†	†	†	81,158
Morehouse School of Medicine	GA	3	322	326	271	†	†	24	56	7	121,342
Paine College	GA	3	863	907	889	†	76	†	†	†	16,948
Savannah State University	GA	1	3,453	3,820	3,603	†	326	42	†	†	63,560
Spelman College	GA	3	2,270	2,229	2,134	†	444	†	†	†	84,627
Kentucky State University[2]	KY	1	2,659	2,834	1,876	39	184	40	†	†	66,473
Dillard University	LA	3	851	1,011	985	†	171	†	†	†	54,355
Grambling State University	LA	1	5,253	4,992	4,361	33	554	115	†	9	102,069
Southern University and A&M College[2]	LA	1	7,669	7,619	7,203	2	896	312	†	18	184,956
Southern University at New Orleans	LA	1	3,104	3,141	3,030	11	228	148	†	†	40,221
Southern University at Shreveport	LA	2	2,429	3,014	2,522	242	†	†	†	†	31,374
Xavier University of Louisiana	LA	3	3,236	3,338	2,605	†	350	35	147	†	90,661
Bowie State University	MD	1	5,483	5,617	5,090	†	613	300	†	22	80,329
Coppin State College	MD	1	4,051	3,801	3,564	†	358	87	†	†	73,136
Morgan State University	MD	1	7,005	7,226	6,554	†	843	188	†	36	177,332
University of Maryland, Eastern Shore[2]	MD	1	4,290	4,433	3,528	†	429	76	0	28	98,524
Alcorn State University[2]	MS	1	3,252	3,334	3,050	27	437	162	†	†	77,345
Coahoma Community College	MS	2	2,263	2,565	2,493	202	†	†	†	†	29,588
Hinds Community College, Utica Campus	MS	2	1,243	1,220	1,184	66	†	†	†	†	—
Jackson State University	MS	1	8,377	8,783	8,181	†	905	352	†	67	182,170
Mississippi Valley State University	MS	1	2,929	2,850	2,713	†	308	121	†	†	75,888
Rust College	MS	3	942	1,072	1,057	9	104	†	†	†	15,413
Tougaloo College	MS	3	871	939	924	1	148	†	†	†	24,605

See notes at end of table.

Table 250. Fall enrollment, degrees conferred, and expenditures in degree-granting historically Black colleges and universities, by institution: 2008, 2009, and 2008–09—Continued

Institution	State	Type and control[1]	Total enrollment, fall 2008	Enrollment, fall 2009		Degrees conferred, 2008–09					Total expenditures, 2008–09 (in thousands)
				Total	Black enrollment	Associate's	Bachelor's	Master's	First-professional	Doctor's	
1	2	3	4	5	6	7	8	9	10	11	12
Harris-Stowe State College	MO	1	1,854	1,886	1,721	†	131	†	†	†	24,113
Lincoln University[2]	MO	1	3,109	3,314	1,297	69	297	60	†	†	50,915
Bennett College for Women	NC	3	689	766	755	†	99	†	†	†	18,390
Elizabeth City State University	NC	1	3,104	3,264	2,677	†	396	22	†	†	76,600
Fayetteville State University	NC	1	6,217	6,283	4,773	†	773	145	†	9	105,672
Johnson C. Smith University	NC	3	1,571	1,466	1,444	†	208	†	†	†	42,526
Livingstone College	NC	3	994	1,082	1,066	†	145	†	†	†	20,103
North Carolina A&T State University[2]	NC	1	10,388	10,614	9,294	†	1,372	377	†	33	236,594
North Carolina Central University	NC	1	8,035	8,587	7,194	†	809	373	191	†	181,324
Saint Augustine's College	NC	3	1,451	1,529	1,485	†	167	†	†	†	33,153
Shaw University	NC	3	2,702	2,538	2,445	8	394	9	36	†	49,133
Winston-Salem State University	NC	1	6,442	6,427	5,191	†	1,012	127	†	†	132,733
Central State University	OH	1	2,171	2,436	2,366	†	182	6	†	†	58,069
Wilberforce University	OH	3	785	710	682	†	153	0	†	†	16,807
Langston University[2]	OK	1	2,734	2,749	2,287	13	377	72	†	11	38,197
Cheyney University of Pennsylvania	PA	1	1,488	1,488	1,438	†	168	76	†	†	46,360
Lincoln University of Pennsylvania	PA	1	2,524	2,649	2,521	†	254	206	†	†	57,829
Allen University	SC	3	725	827	822	†	49	†	†	†	19,146
Benedict College	SC	3	2,883	2,983	2,962	†	296	†	†	†	53,557
Claflin College	SC	3	1,773	1,860	1,777	†	267	39	†	†	40,898
Clinton Junior College	SC	4	124	148	147	24	†	†	†	†	2,272
Denmark Technical College	SC	2	2,277	1,105	1,060	104	†	†	†	†	16,753
Morris College	SC	3	921	966	963	†	134	†	†	†	18,278
South Carolina State University[2]	SC	1	4,888	4,538	4,339	†	521	115	†	29	124,362
Voorhees College	SC	3	568	701	683	†	131	†	†	†	17,621
Fisk University	TN	3	726	650	575	†	115	9	†	†	24,175
Lane College	TN	3	1,981	2,146	2,138	†	189	†	†	†	27,588
Le Moyne-Owen College	TN	3	693	890	886	†	58	†	†	†	13,405
Meharry Medical College	TN	3	739	786	673	†	†	14	121	6	119,798
Tennessee State University[2]	TN	1	8,254	8,824	6,651	112	948	401	†	59	171,374
Huston-Tillotson College	TX	3	785	882	679	†	94	†	†	†	15,262
Jarvis Christian College	TX	3	728	628	587	†	66	†	†	†	14,765
Paul Quinn College	TX	3	445	171	159	†	80	†	†	†	9,834
Prairie View A&M University[2]	TX	1	8,203	8,608	7,513	†	835	745	†	19	180,428
Saint Philip's College	TX	2	10,335	11,008	1,709	629	†	†	†	†	78,171
Southwestern Christian College	TX	3	203	201	182	34	4	†	†	†	6,249
Texas College	TX	3	736	964	806	3	93	†	†	†	12,113
Texas Southern University	TX	1	9,102	9,394	7,964	†	920	189	317	24	198,671
Wiley College	TX	3	967	1,237	1,144	0	170	†	†	†	16,780
Hampton University	VA	3	5,427	5,402	4,904	0	855	108	62	7	148,546
Norfolk State University	VA	1	6,325	6,993	6,382	60	784	210	†	3	133,741
Saint Paul's College	VA	3	644	584	566	†	101	†	†	†	20,593
Virginia State University[2]	VA	1	5,042	5,366	5,100	8	609	95	†	7	122,112
Virginia Union University	VA	3	1,501	1,691	1,654	†	141	†	96	0	25,489
Virginia University of Lynchburg	VA	3	267	327	323	16	16	20	11	10	1,241
Bluefield State College	WV	1	1,868	1,989	254	95	227	†	†	†	23,905
West Virginia State College	WV	1	3,003	4,003	746	†	372	5	†	†	49,985
University of the Virgin Islands[2]	VI	1	2,393	2,602	2,100	77	210	40	†	†	73,536

—Not available.
†Not applicable.
[1]1 = public, 4-year; 2 = public, 2-year; 3 = private not-for-profit, 4-year; and 4 = private not-for-profit, 2-year.
[2]Land-grant institution.
[3]Data were imputed due to institution nonresponse.
NOTE: Degree-granting institutions grant associate's or higher degrees and participate in Title IV federal financial aid programs. Excludes historically Black colleges and universities that are not participating in Title IV programs. Historically Black colleges and universities are degree-granting institutions established prior to 1964 with the principal mission of educating Black Americans. Federal regulations, 20 U.S. Code, Section 1061 (2), allow for certain exceptions to the founding date. Totals include persons of other racial/ethnic groups not separately identified. Detail may not sum to totals because of rounding.
SOURCE: U.S. Department of Education, National Center for Education Statistics, 2008 and 2009 Integrated Postsecondary Education Data System (IPEDS), Fall 2009, Spring 2009, and Spring 2010. (This table was prepared October 2010.)

Table 251. Selected statistics on degree-granting historically Black colleges and universities, by control and type of institution: Selected years, 1990 through 2009

Enrollment, degrees, type of revenues, and type of expenditures	Total	Public			Private		
		Total	4-year	2-year	Total	4-year	2-year
1	2	3	4	5	6	7	8
Number of institutions, fall 2009	**100**	**51**	**40**	**11**	**49**	**48**	**1**
Fall enrollment							
Total enrollment, fall 1990	257,152	187,046	171,969	15,077	70,106	68,528	1,578
Males	105,157	76,541	70,220	6,321	28,616	28,054	562
Males, Black	82,897	57,255	54,041	3,214	25,642	25,198	444
Females	151,995	110,505	101,749	8,756	41,490	40,474	1,016
Females, Black	125,785	86,949	80,883	6,066	38,836	38,115	721
Total enrollment, fall 2000	275,680	199,725	175,404	24,321	75,955	75,306	649
Males	108,164	78,186	68,322	9,864	29,978	29,771	207
Males, Black	87,319	60,029	56,017	4,012	27,290	27,085	205
Females	167,516	121,539	107,082	14,457	45,977	45,535	442
Females, Black	139,920	96,677	89,260	7,417	43,243	42,810	433
Total enrollment, fall 2009	322,789	246,595	204,016	42,579	76,194	76,046	148
Males	125,666	94,950	77,702	17,248	30,716	30,647	69
Males, Black	100,550	72,627	65,696	6,931	27,923	27,854	69
Females	197,123	151,645	126,314	25,331	45,478	45,399	79
Females, Black	163,540	121,461	108,403	13,058	42,079	42,001	78
Full-time enrollment, fall 2009	256,036	185,111	162,032	23,079	70,925	70,799	126
Males	102,351	73,723	64,198	9,525	28,628	28,562	66
Females	153,625	111,388	97,834	13,554	42,237	42,237	60
Part-time enrollment, fall 2009	66,753	61,484	41,984	19,500	5,269	5,247	22
Males	23,315	21,227	13,504	7,723	2,088	2,085	3
Females	43,438	40,257	28,480	11,777	3,181	3,162	19
Earned degrees conferred, 2008–09							
Associate's	3,469	3,338	789	2,549	131	107	24
Males	1,163	1,107	179	928	56	45	11
Males, Black	522	469	107	362	53	42	11
Females	2,306	2,231	610	1,621	75	62	13
Females, Black	1,293	1,222	349	873	71	58	13
Bachelor's	31,416	21,889	21,889	†	9,527	9,527	†
Males	11,068	7,622	7,622	†	3,446	3,446	†
Males, Black	9,415	6,308	6,308	†	3,107	3,107	†
Females	20,348	14,267	14,267	†	6,081	6,081	†
Females, Black	17,598	11,993	11,993	†	5,605	5,605	†
Master's	7,228	6,304	6,304	†	924	924	†
Males	2,024	1,736	1,736	†	288	288	†
Males, Black	1,419	1,183	1,183	†	236	236	†
Females	5,204	4,568	4,568	†	636	636	†
Females, Black	4,012	3,456	3,456	†	556	556	†
First-professional	1,908	784	784	†	1,124	1,124	†
Males	786	317	317	†	469	469	†
Males, Black	470	130	130	†	340	340	†
Females	1,122	467	467	†	655	655	†
Females, Black	750	254	254	†	496	496	†
Doctor's	667	490	490	†	177	177	†
Males	262	188	188	†	74	74	†
Males, Black	168	108	108	†	60	60	†
Females	405	302	302	†	103	103	†
Females, Black	293	199	199	†	94	94	†
	In thousands of current dollars						
Financial statistics, 2008–09[1]							
Total revenue	$7,052,762	$4,738,339	$4,361,043	$377,296	$2,314,423	$2,311,766	$2,657
Student tuition and fees	1,599,492	806,851	764,435	42,416	792,641	792,231	410
Federal government[2]	1,954,972	1,149,778	1,003,698	146,080	805,194	803,924	1,270
State governments	2,016,014	1,922,031	1,771,515	150,516	93,983	93,733	250
Local governments	170,312	155,434	134,904	20,530	14,878	14,878	0
Private gifts and grants[3]	318,896	78,468	75,152	3,316	240,428	239,727	701
Investment return (gain or loss)	-325,715	-13,458	-14,344	886	-312,257	-312,265	8
Auxiliary (essentially self-supporting) enterprises	749,464	456,502	448,443	8,059	292,962	292,962	0
Hospitals and other sources	569,327	182,733	177,240	5,493	386,594	386,577	17
Total expenditures	7,447,698	4,649,702	4,282,533	367,169	2,797,996	2,795,724	2,272
Instruction	2,073,628	1,391,215	1,243,302	147,913	682,413	681,962	451
Research	413,985	276,258	275,901	357	137,728	137,728	0
Academic support	609,093	432,067	403,934	28,133	177,026	176,999	27
Institutional support	1,267,374	647,194	593,034	54,160	620,180	619,328	852
Auxiliary (essentially self-supporting) enterprises	823,162	543,741	531,307	12,434	279,421	279,421	0
Other expenditures	2,260,456	1,359,228	1,235,055	124,173	901,228	900,286	942

†Not applicable.
[1]Totals (column 2) of public and private institutions together are approximate because public and private not-for-profit institutions fill out different survey forms with different accounting concepts.
[2]Includes independent operations.
[3]Includes contributions from affiliated entities.
NOTE: Degree-granting institutions grant associate's or higher degrees and participate in Title IV federal financial aid programs. Historically Black colleges and universities are degree-granting institutions established prior to 1964 with the principal mission of educating Black Americans. Federal regulations, 20 U.S. Code, Section 1061 (2), allow for certain exceptions to the founding date. Federal, state, and local governments revenue includes appropriations, grants, and contracts. Totals include persons of other racial/ethnic groups not separately identified. Detail may not sum to totals because of rounding.
SOURCE: U.S. Department of Education, National Center for Education Statistics, 1990 through 2009 Integrated Postsecondary Education Data System, "Fall Enrollment Survey" (IPEDS-EF:90), Spring 2001, Spring 2010, and Fall 2009. (This table was prepared October 2010.)

Table 252. Fall enrollment in degree-granting historically Black colleges and universities, by type and control of institution: Selected years, 1976 through 2009

Year	Total enrollment	Males	Females	4-year	2-year	Public			Private		
						Total	4-year	2-year	Total	4-year	2-year
1	2	3	4	5	6	7	8	9	10	11	12
						All students					
1976	222,613	104,669	117,944	206,676	15,937	156,836	143,528	13,308	65,777	63,148	2,629
1980	233,557	106,387	127,170	218,009	15,548	168,217	155,085	13,132	65,340	62,924	2,416
1981	232,460	106,033	126,427	217,152	15,308	166,991	154,269	12,722	65,469	62,883	2,586
1982	228,371	104,897	123,474	212,017	16,354	165,871	151,472	14,399	62,500	60,545	1,955
1983	234,446	106,884	127,562	217,909	16,537	170,051	155,665	14,386	64,395	62,244	2,151
1984	227,519	102,823	124,696	212,844	14,675	164,116	151,289	12,827	63,403	61,555	1,848
1985	225,801	100,698	125,103	210,648	15,153	163,677	150,002	13,675	62,124	60,646	1,478
1986	223,275	97,523	125,752	207,231	16,044	162,048	147,631	14,417	61,227	59,600	1,627
1987	227,994	97,085	130,909	211,654	16,340	165,486	150,560	14,926	62,508	61,094	1,414
1988	239,755	100,561	139,194	223,250	16,505	173,672	158,606	15,066	66,083	64,644	1,439
1989	249,096	102,484	146,612	232,890	16,206	181,151	166,481	14,670	67,945	66,409	1,536
1990	257,152	105,157	151,995	240,497	16,655	187,046	171,969	15,077	70,106	68,528	1,578
1991	269,335	110,442	158,893	252,093	17,242	197,847	182,204	15,643	71,488	69,889	1,599
1992	279,541	114,622	164,919	261,089	18,452	204,966	188,143	16,823	74,575	72,946	1,629
1993	282,856	116,397	166,459	262,430	20,426	208,197	189,032	19,165	74,659	73,398	1,261
1994	280,071	114,006	166,065	259,997	20,074	206,520	187,735	18,785	73,551	72,262	1,289
1995	278,725	112,637	166,088	259,409	19,316	204,726	186,278	18,448	73,999	73,131	868
1996	273,018	109,498	163,520	253,654	19,364	200,569	182,063	18,506	72,449	71,591	858
1997	269,167	106,865	162,302	248,860	20,307	194,674	175,297	19,377	74,493	73,563	930
1998	273,472	108,752	164,720	248,931	24,541	198,603	174,776	23,827	74,869	74,155	714
1999	274,212	108,398	165,814	249,169	25,043	199,704	175,364	24,340	74,508	73,805	703
2000	275,680	108,164	167,516	250,710	24,970	199,725	175,404	24,321	75,955	75,306	649
2001	289,985	112,874	177,111	260,547	29,438	210,083	181,346	28,737	79,902	79,201	701
2002	299,041	115,466	183,575	269,020	30,021	218,433	189,183	29,250	80,608	79,837	771
2003	306,727	117,795	188,932	274,326	32,401	228,096	196,077	32,019	78,631	78,249	382
2004	308,939	118,129	190,810	276,136	32,803	231,179	198,810	32,369	77,760	77,326	434
2005	311,768	120,023	191,745	272,666	39,102	235,875	197,200	38,675	75,893	75,466	427
2006	308,774	118,865	189,909	272,770	36,004	234,505	198,676	35,829	74,269	74,094	175
2007	306,515	118,640	187,875	270,915	35,600	233,807	198,300	35,507	72,708	72,615	93
2008	313,491	121,873	191,618	274,568	38,923	235,824	197,025	38,799	77,667	77,543	124
2009	322,789	125,666	197,123	280,062	42,727	246,595	204,016	42,579	76,194	76,046	148
						Black students					
1976	190,305	84,492	105,813	179,848	10,457	129,770	121,851	7,919	60,535	57,997	2,538
1980	190,989	81,818	109,171	181,237	9,752	131,661	124,236	7,425	59,328	57,001	2,327
1982	182,639	78,874	103,765	171,942	10,697	126,368	117,562	8,806	56,271	54,380	1,891
1984	180,803	76,819	103,984	171,401	9,402	124,445	116,845	7,600	56,358	54,556	1,802
1986	178,628	74,276	104,352	167,971	10,657	123,555	114,502	9,053	55,073	53,469	1,604
1988	194,151	78,268	115,883	183,402	10,749	133,786	124,438	9,348	60,365	58,964	1,401
1990	208,682	82,897	125,785	198,237	10,445	144,204	134,924	9,280	64,478	63,313	1,165
1991	218,366	87,380	130,986	207,449	10,917	152,864	143,411	9,453	65,502	64,038	1,464
1992	228,963	91,949	137,014	217,614	11,349	159,585	149,754	9,831	69,378	67,860	1,518
1993	231,198	93,110	138,088	219,431	11,767	161,444	150,867	10,577	69,754	68,564	1,190
1994	230,162	91,908	138,254	218,565	11,597	161,098	150,682	10,416	69,064	67,883	1,181
1995	229,418	91,132	138,286	218,379	11,039	159,925	149,661	10,264	69,493	68,718	775
1996	224,201	88,306	135,895	213,309	10,892	156,851	146,753	10,098	67,350	66,556	794
1997	222,331	86,641	135,690	210,741	11,590	153,039	142,326	10,713	69,292	68,415	877
1998	223,745	87,163	136,582	211,822	11,923	154,244	142,985	11,259	69,501	68,837	664
1999	226,407	88,057	138,350	213,729	12,678	156,115	144,124	11,991	70,292	69,605	687
2000	227,239	87,319	139,920	215,172	12,067	156,706	145,277	11,429	70,533	69,895	638
2001	238,638	90,718	147,920	224,417	14,221	164,354	150,831	13,523	74,284	73,586	698
2002	247,292	93,538	153,754	231,834	15,458	172,203	157,507	14,696	75,089	74,327	762
2003	253,257	95,703	157,554	236,753	16,504	180,104	163,977	16,127	73,153	72,776	377
2004	257,545	96,750	160,795	241,030	16,515	184,708	168,619	16,089	72,837	72,411	426
2005	256,584	96,891	159,693	238,030	18,554	186,047	167,916	18,131	70,537	70,114	423
2006	255,150	96,508	158,642	238,446	16,704	185,894	169,365	16,529	69,256	69,081	175
2007	253,415	96,313	157,102	236,885	16,530	185,344	168,906	16,438	68,071	67,979	92
2008	258,403	98,634	159,769	240,133	18,270	186,446	168,299	18,147	71,957	71,834	123
2009	264,090	100,550	163,540	243,954	20,136	194,088	174,099	19,989	70,002	69,855	147

NOTE: Historically Black colleges and universities are degree-granting institutions established prior to 1964 with the principal mission of educating Black Americans. Federal regulations, 20 U.S. Code, Section 1061 (2), allow for certain exceptions to the founding date. Data through 1995 are for institutions of higher education, while later data are for degree-granting institutions. Degree-granting institutions grant associate's or higher degrees and participate in Title IV federal financial aid programs. The degree-granting classification is very similar to the earlier higher education classification, but it includes more 2-year colleges and excludes a few higher education institutions that did not grant degrees. (See Appendix A: Guide to Sources for details.)

SOURCE: U.S. Department of Education, National Center for Education Statistics, Higher Education General Information Survey (HEGIS), "Fall Enrollment in Colleges and Universities," 1976 through 1985 surveys; and 1986 through 2009 Integrated Postsecondary Education Data System, "Fall Enrollment Survey" (IPEDS-EF:86–99), and Spring 2001 through Spring 2010. (This table was prepared October 2010.)

Table 253. Employees in degree-granting institutions, by sex, employment status, control and type of institution, and primary occupation: Selected years, fall 1989 through fall 2009

Sex, employment status, control and type of institution, and primary occupation	1989	1991	1993	1995	1997	1999	2001	2003	2005	2007	2009	Percent change, 1999 to 2009
1	2	3	4	5	6	7	8	9	10	11	12	13
All institutions	**2,473,116**	**2,545,235**	**2,602,612**	**2,662,075**	**2,752,504**	**2,883,175**	**3,083,353**	**3,187,907**	**3,379,087**	**3,561,428**	**3,723,419**	**29.1**
Professional staff	1,531,071	1,595,460	1,687,287	1,744,867	1,835,916	1,950,861	2,132,150	2,268,268	2,459,885	2,629,401	2,782,149	42.6
Executive/administrative/managerial	144,670	144,755	143,675	147,445	151,363	159,888	152,038	184,913	196,324	217,518	230,579	44.2
Faculty (instruction/research/public service)	824,220	826,252	915,474	931,706	989,813	1,027,830	1,113,183	1,173,593	1,290,426	1,371,390	1,439,144	40.0
Graduate assistants	163,298	197,751	202,819	215,909	222,724	239,738	261,136	292,061	317,141	328,979	342,393	42.8
Other professional	398,883	426,702	425,319	449,807	472,016	523,405	605,793	617,701	655,994	711,514	770,033	47.1
Nonprofessional staff	942,045	949,775	915,325	917,208	916,588	932,314	951,203	919,639	919,202	932,027	941,270	1.0
Males	**1,212,924**	**1,227,591**	**1,256,037**	**1,274,676**	**1,315,311**	**1,365,812**	**1,451,773**	**1,496,867**	**1,581,498**	**1,650,350**	**1,709,636**	**25.2**
Professional staff	880,766	895,591	930,933	946,134	982,870	1,026,882	1,105,053	1,160,417	1,240,030	1,302,131	1,353,915	31.8
Executive/administrative/managerial	87,951	85,423	82,748	82,127	81,931	83,883	79,348	91,604	95,223	102,258	106,892	27.4
Faculty (instruction/research/public service)	534,254	525,599	561,123	562,893	587,420	602,469	644,514	663,723	714,453	743,812	761,035	26.3
Graduate assistants	98,887	119,125	120,384	123,962	125,873	132,607	142,120	156,881	167,529	173,121	180,941	36.4
Other professional	159,674	165,444	166,678	177,152	187,646	207,923	239,071	248,209	262,825	282,940	305,047	46.7
Nonprofessional staff	332,158	332,000	325,104	328,542	332,441	338,930	346,720	336,450	341,468	348,219	355,721	5.0
Females	**1,260,192**	**1,317,644**	**1,346,575**	**1,387,399**	**1,437,193**	**1,517,363**	**1,631,580**	**1,691,040**	**1,797,589**	**1,911,078**	**2,013,783**	**32.7**
Professional staff	650,305	699,869	756,354	798,733	853,046	923,979	1,027,097	1,107,851	1,219,855	1,327,270	1,428,234	54.6
Executive/administrative/managerial	56,719	59,332	60,927	65,318	69,432	76,005	72,690	93,309	101,101	115,260	123,687	62.7
Faculty (instruction/research/public service)	289,966	300,653	354,351	368,813	402,393	425,361	468,669	509,870	575,973	627,578	678,109	59.4
Graduate assistants	64,411	78,626	82,435	91,947	96,851	107,131	119,016	135,180	149,612	155,858	161,452	50.7
Other professional	239,209	261,258	258,641	272,655	284,370	315,482	366,722	369,492	393,169	428,574	464,986	47.4
Nonprofessional staff	609,887	617,775	590,221	588,666	584,147	593,384	604,483	583,189	577,734	583,808	585,549	-1.3
Full-time	**1,779,044**	**1,812,912**	**1,783,510**	**1,801,371**	**1,828,507**	**1,918,676**	**2,043,208**	**2,083,142**	**2,179,864**	**2,281,223**	**2,381,702**	**24.1**
Professional staff	1,000,396	1,031,797	1,039,094	1,066,510	1,104,834	1,180,173	1,283,684	1,337,568	1,432,107	1,526,823	1,619,517	37.2
Executive/administrative/managerial	138,454	139,116	137,834	140,990	144,529	153,722	146,523	178,691	190,078	210,257	222,282	44.6
Faculty (instruction/research/public service)	524,426	535,623	545,706	550,822	568,719	590,937	617,868	630,092	675,624	703,463	728,977	23.4
Other professional	337,516	357,058	355,554	374,698	391,586	435,514	519,293	528,785	566,405	613,103	668,258	53.4
Nonprofessional staff	778,648	781,115	744,416	734,861	723,673	738,503	759,524	745,574	747,757	754,400	762,185	3.2
Part-time	**694,072**	**732,323**	**819,102**	**860,704**	**923,997**	**964,499**	**1,040,145**	**1,104,765**	**1,199,223**	**1,280,205**	**1,341,717**	**39.1**
Professional staff	530,675	563,663	648,193	678,357	731,082	770,688	848,466	930,700	1,027,778	1,102,578	1,162,632	50.9
Executive/administrative/managerial	6,216	5,639	5,841	6,455	6,834	6,166	5,515	6,222	6,246	7,261	8,297	34.6
Faculty (instruction/research/public service)	299,794	290,629	369,768	380,884	421,094	436,893	495,315	543,501	614,802	667,927	710,167	62.5
Graduate assistants	163,298	197,751	202,819	215,909	222,724	239,738	261,136	292,061	317,141	328,979	342,393	42.8
Other professional	61,367	69,644	69,765	75,109	80,430	87,891	86,500	88,916	89,589	98,411	101,775	15.8
Nonprofessional staff	163,397	168,660	170,909	182,347	192,915	193,811	191,679	174,065	171,445	177,627	179,085	-7.6
Public 4-year	**1,307,524**	**1,341,914**	**1,333,533**	**1,383,476**	**1,418,661**	**1,470,842**	**1,558,576**	**1,569,870**	**1,656,709**	**1,741,699**	**1,803,724**	**22.6**
Professional staff	791,319	826,633	855,913	893,345	932,972	987,622	1,069,161	1,115,312	1,200,168	1,278,894	1,336,958	35.4
Executive/administrative/managerial	64,343	63,674	59,678	60,590	61,984	64,336	60,245	70,397	74,241	81,364	84,355	31.1
Faculty (instruction/research/public service)	350,720	358,376	374,021	384,399	404,109	417,086	438,459	450,123	486,691	518,221	539,901	29.4
Graduate assistants	131,970	144,344	170,916	178,342	182,481	196,393	218,260	239,600	257,578	266,429	275,872	40.5
Other professional	244,286	260,239	251,298	270,014	284,398	309,807	352,197	355,192	381,658	412,880	436,830	41.0
Nonprofessional staff	516,205	515,281	477,620	490,131	485,689	483,220	489,415	454,558	456,541	462,805	466,766	-3.4
Private 4-year	**722,841**	**734,509**	**762,034**	**770,004**	**786,634**	**857,820**	**912,924**	**988,895**	**1,073,764**	**1,157,226**	**1,229,784**	**43.4**
Professional staff	431,403	442,524	473,372	495,383	517,485	569,579	627,364	701,244	789,179	867,234	934,298	64.0
Executive/administrative/managerial	57,861	57,148	59,230	62,314	62,580	69,626	65,739	84,306	90,415	103,183	111,616	60.3
Faculty (instruction/research/public service)	232,980	232,893	251,948	262,660	278,541	296,737	325,713	364,166	430,305	472,628	498,582	68.0
Graduate assistants	22,231	23,989	28,880	33,853	36,064	38,597	41,611	52,101	59,147	62,550	66,521	72.3
Other professional	118,331	128,494	133,314	136,556	140,300	164,619	194,301	200,671	209,312	228,873	257,579	56.5
Nonprofessional staff	291,438	291,985	288,662	274,621	269,149	288,241	285,560	287,651	284,585	289,992	295,486	2.5
Public 2-year	**413,245**	**441,414**	**478,980**	**482,454**	**512,086**	**517,967**	**578,394**	**593,466**	**610,978**	**620,784**	**638,352**	**23.2**
Professional staff	287,418	306,631	337,371	336,661	358,367	364,703	408,792	422,756	440,536	449,372	467,760	28.3
Executive/administrative/managerial	19,289	20,772	21,531	21,806	22,822	21,459	22,566	25,872	26,770	27,363	27,827	29.7
Faculty (instruction/research/public service)	226,578	222,532	276,413	272,434	290,451	296,239	332,665	341,643	354,497	358,925	373,778	26.2
Graduate assistants	8,928	29,216	2,762	3,401	3,561	4,170	1,215	323	374	0	0	-100.0
Other professional	32,623	34,111	36,665	39,020	41,533	42,835	52,346	54,918	58,895	63,084	66,155	54.4
Nonprofessional staff	125,827	134,783	141,609	145,793	153,719	153,264	169,602	170,710	170,442	171,412	170,592	11.3
Private 2-year	**29,506**	**27,398**	**28,065**	**26,141**	**35,123**	**36,546**	**33,459**	**35,676**	**37,636**	**41,719**	**51,559**	**41.1**
Professional staff	20,931	19,672	20,631	19,478	27,092	28,957	26,833	28,956	30,002	33,901	43,133	49.0
Executive/administrative/managerial	3,177	3,161	3,236	2,735	3,977	4,467	3,488	4,338	4,898	5,608	6,781	51.8
Faculty (instruction/research/public service)	13,942	12,451	13,092	12,213	16,712	17,768	16,346	17,661	18,933	21,616	26,883	51.3
Graduate assistants	169	202	261	313	618	578	50	37	42	0	0	-100.0
Other professional	3,643	3,858	4,042	4,217	5,785	6,144	6,949	6,920	6,129	6,677	9,469	54.1
Nonprofessional staff	8,575	7,726	7,434	6,663	8,031	7,589	6,626	6,720	7,634	7,818	8,426	11.0

NOTE: Data through 1995 are for institutions of higher education, while later data are for degree-granting institutions. Degree-granting institutions grant associate's or higher degrees and participate in Title IV federal financial aid programs. The degree-granting classification is very similar to the earlier higher education classification, but it includes more 2-year colleges and excludes a few higher education institutions that did not grant degrees. (See Appendix A: Guide to Sources for details.) Beginning in 2007, includes institutions with fewer than 15 full-time employees; these institutions did not report staff data prior to 2007. By definition, all graduate assistants are part time.

SOURCE: U.S. Department of Education, National Center for Education Statistics, 1989 through 2009 Integrated Postsecondary Education Data System (IPEDS), "Fall Staff Survey" (IPEDS-S:89–99), and Winter 2001–02 through Winter 2009–10. (This table was prepared August 2010.)

Table 254. Total and full-time-equivalent staff in degree-granting institutions, by employment status, control of institution, and occupation: Fall 1976, fall 1999, and fall 2009

Control of institution and primary occupation	Fall 1976					Fall 1999				Fall 2009			
	Total			Full-time equivalent (FTE)		Total		Full-time equivalent (FTE)		Total		Full-time equivalent (FTE)	
	Number	Percent	Full-time	Total	FTE students per FTE staff	Number	Percent	Total	FTE students per FTE staff	Number	Percent	Total	FTE students per FTE staff
1	2	3	4	5	6	7	8	9	10	11	12	13	14
All institutions	**1,863,790**	**100.0**	**1,339,911**	**1,541,339**	**5.4**	**2,883,175**	**100.0**	**2,285,525**	**4.8**	**3,723,419**	**100.0**	**2,884,785**	**5.4**
Professional staff	1,073,119	57.6	709,400	845,456	9.8	1,950,861	67.7	1,467,852	7.5	2,782,149	74.7	2,049,529	7.6
Executive/administrative/managerial	101,263	5.4	97,003	98,972	84.0	159,888	5.5	156,571	69.9	230,579	6.2	226,095	68.5
Faculty (instruction/research/public service)	633,210	34.0	434,071	500,533	16.6	1,027,830	35.6	736,584	14.9	1,439,144	38.7	966,852	16.0
Graduate assistants	160,086	8.6	28,007	82,684	100.5	239,738	8.3	99,133	110.4	342,393	9.2	141,977	109.1
Other professionals	178,560	9.6	150,319	163,267	50.9	523,405	18.2	475,564	23.0	770,033	20.7	714,605	21.7
Nonprofessional staff	790,671	42.4	630,511	695,883	11.9	932,314	32.3	817,674	13.4	941,270	25.3	835,256	18.6
Public	**1,329,122**	**100.0**	**946,354**	**1,092,558**	**5.8**	**1,988,809**	**100.0**	**1,550,190**	**5.2**	**2,442,076**	**100.0**	**1,868,956**	**5.8**
Professional staff	769,836	57.9	502,325	601,942	10.5	1,352,325	68.0	994,132	8.1	1,804,718	73.9	1,309,452	8.2
Executive/administrative/managerial	60,733	4.6	58,649	59,579	106.6	85,795	4.3	84,110	95.4	112,182	4.6	109,543	98.1
Faculty (instruction/research/public service)	448,733	33.8	313,367	357,761	17.7	713,325	35.9	507,630	15.8	913,679	37.4	621,181	17.3
Graduate assistants	127,925	9.6	19,076	63,420	100.1	200,563	10.1	81,707	98.2	275,872	11.3	112,388	95.7
Other professionals	132,445	10.0	111,233	121,182	52.4	352,642	17.7	320,684	25.0	502,985	20.6	466,340	23.1
Nonprofessional staff	559,286	42.1	444,029	490,616	12.9	636,484	32.0	556,058	14.4	637,358	26.1	559,504	19.2
Private	**534,668**	**100.0**	**393,557**	**448,781**	**4.4**	**894,366**	**100.0**	**735,335**	**4.0**	**1,281,343**	**100.0**	**1,015,829**	**4.7**
Professional staff	303,283	56.7	207,075	243,514	8.1	598,536	66.9	473,720	6.2	977,431	76.3	740,077	6.4
Executive/administrative/managerial	40,530	7.6	38,354	39,393	49.8	74,093	8.3	72,461	40.3	118,397	9.2	116,551	40.7
Faculty (instruction/research/public service)	184,477	34.5	120,704	142,772	13.7	314,505	35.2	228,954	12.8	525,465	41.0	345,671	13.7
Graduate assistants	32,161	6.0	8,931	19,264	101.9	39,175	4.4	17,426	167.8	66,521	5.2	29,589	160.4
Other professionals	46,115	8.6	39,086	42,085	46.6	170,763	19.1	154,879	18.9	267,048	20.8	248,265	19.1
Nonprofessional staff	231,385	43.3	186,482	205,267	9.6	295,830	33.1	261,615	11.2	303,912	23.7	275,752	17.2

NOTE: Full-time-equivalent staff is the full-time staff, plus the full-time equivalent of the part-time staff. Data for 1976 are for institutions of higher education, while later data are for degree-granting institutions. Degree-granting institutions grant associate's or higher degrees and participate in Title IV federal financial aid programs. The degree-granting classification is very similar to the earlier higher education classification, but it includes more 2-year colleges and excludes a few higher education institutions that did not grant degrees. (See Appendix A: Guide to Sources for details.) Beginning in 2007, includes institutions with fewer than 15 full-time employees; these institutions did not report staff data prior to 2007. By definition, all graduate assistants are part-time in 1999 and 2009. Detail may not sum to totals because of rounding.

SOURCE: U.S. Department of Education, National Center for Education Statistics, Higher Education General Information Survey (HEGIS), "Staff Survey," 1976; and 1999 and 2009 Integrated Postsecondary Education Data System, "Fall Staff Survey" (IPEDS-S:99), and Winter 2009–10. (This table was prepared August 2010.)

Table 255. Employees in degree-granting institutions, by employment status, sex, control and type of institution, and primary occupation: Fall 2009

Control and type of institution and primary occupation	Full-time and part-time: Total: Number	Full-time and part-time: Total: Percentage distribution	Full-time and part-time: Males	Full-time and part-time: Females: Number	Full-time and part-time: Females: Percent of all employees	Full-time: Total: Number	Full-time: Total: Percent of all employees	Full-time: Males	Full-time: Females	Part-time: Total	Part-time: Males	Part-time: Females
1	2	3	4	5	6	7	8	9	10	11	12	13
All institutions	**3,723,419**	**100.0**	**1,709,636**	**2,013,783**	**54.1**	**2,381,702**	**64.0**	**1,079,099**	**1,302,603**	**1,341,717**	**630,537**	**711,180**
Professional staff	2,782,149	74.7	1,353,915	1,428,234	51.3	1,619,517	58.2	788,204	831,313	1,162,632	565,711	596,921
Executive/administrative/managerial	230,579	6.2	106,892	123,687	53.6	222,282	96.4	103,781	118,501	8,297	3,111	5,186
Faculty (instruction/research/public service)	1,439,144	38.7	761,035	678,109	47.1	728,977	50.7	415,821	313,156	710,167	345,214	364,953
Graduate assistants	342,393	9.2	180,941	161,452	47.2	†	†	†	†	342,393	180,941	161,452
Other professional	770,033	20.7	305,047	464,986	60.4	668,258	86.8	268,602	399,656	101,775	36,445	65,330
Nonprofessional staff	941,270	25.3	355,721	585,549	62.2	762,185	81.0	290,895	471,290	179,085	64,826	114,259
Technical and paraprofessionals	201,867	5.4	83,189	118,678	58.8	159,254	78.9	66,915	92,339	42,613	16,274	26,339
Clerical and secretarial	442,287	11.9	66,593	375,694	84.9	347,902	78.7	42,370	305,532	94,385	24,223	70,162
Skilled crafts	62,575	1.7	58,374	4,201	6.7	59,968	95.8	56,623	3,345	2,607	1,751	856
Service and maintenance	234,541	6.3	147,565	86,976	37.1	195,061	83.2	124,987	70,074	39,480	22,578	16,902
Public 4-year	**1,803,724**	**100.0**	**848,481**	**955,243**	**53.0**	**1,224,543**	**67.9**	**572,550**	**651,993**	**579,181**	**275,931**	**303,250**
Professional staff	1,336,958	74.1	665,737	671,221	50.2	830,103	62.1	416,181	413,922	506,855	249,556	257,299
Executive/administrative/managerial	84,355	4.7	41,452	42,903	50.9	80,380	95.3	39,887	40,493	3,975	1,565	2,410
Faculty (instruction/research/public service)	539,901	29.9	302,573	237,328	44.0	365,619	67.7	217,447	148,172	174,282	85,126	89,156
Graduate assistants	275,872	15.3	145,151	130,721	47.4	†	†	†	†	275,872	145,151	130,721
Other professional	436,830	24.2	176,561	260,269	59.6	384,104	87.9	158,847	225,257	52,726	17,714	35,012
Nonprofessional staff	466,766	25.9	182,744	284,022	60.8	394,440	84.5	156,369	238,071	72,326	26,375	45,951
Technical and paraprofessionals	105,302	5.8	43,306	61,996	58.9	87,120	82.7	36,266	50,854	18,182	7,040	11,142
Clerical and secretarial	199,132	11.0	28,177	170,955	85.9	162,082	81.4	17,984	144,098	37,050	10,193	26,857
Skilled crafts	41,761	2.3	39,241	2,520	6.0	40,617	97.3	38,384	2,233	1,144	857	287
Service and maintenance	120,571	6.7	72,020	48,551	40.3	104,621	86.8	63,735	40,886	15,950	8,285	7,665
Public 2-year	**638,352**	**100.0**	**271,863**	**366,489**	**57.4**	**301,974**	**47.3**	**121,623**	**180,351**	**336,378**	**150,240**	**186,138**
Professional staff	467,760	73.3	210,121	257,639	55.1	189,728	40.6	81,455	108,273	278,032	128,666	149,366
Executive/administrative/managerial	27,827	4.4	12,570	15,257	54.8	27,037	97.2	12,221	14,816	790	349	441
Faculty (instruction/research/public service)	373,778	58.6	173,557	200,221	53.6	112,824	30.2	51,681	61,143	260,954	121,876	139,078
Graduate assistants	0	0.0	0	0	†	†	†	†	†	0	0	0
Other professional	66,155	10.4	23,994	42,161	63.7	49,867	75.4	17,553	32,314	16,288	6,441	9,847
Nonprofessional staff	170,592	26.7	61,742	108,850	63.8	112,246	65.8	40,168	72,078	58,346	21,574	36,772
Technical and paraprofessionals	43,538	6.8	17,197	26,341	60.5	28,101	64.5	11,253	16,848	15,437	5,944	9,493
Clerical and secretarial	85,152	13.3	13,534	71,618	84.1	52,816	62.0	4,795	48,021	32,336	8,739	23,597
Skilled crafts	5,795	0.9	5,067	728	12.6	5,036	86.9	4,588	448	759	479	280
Service and maintenance	36,107	5.7	25,944	10,163	28.1	26,293	72.8	19,532	6,761	9,814	6,412	3,402
Private 4-year[1]	**1,229,784**	**100.0**	**569,375**	**660,409**	**53.7**	**821,549**	**66.8**	**372,521**	**449,028**	**408,235**	**196,854**	**211,381**
Professional staff	934,298	76.0	460,758	473,540	50.7	572,658	61.3	280,107	292,551	361,640	180,651	180,989
Executive/administrative/managerial	111,616	9.1	50,287	61,329	54.9	108,264	97.0	49,155	59,109	3,352	1,132	2,220
Faculty (instruction/research/public service)	498,582	40.5	273,114	225,468	45.2	238,801	47.9	141,425	97,376	259,781	131,689	128,092
Graduate assistants	66,521	5.4	35,790	30,731	46.2	†	†	†	†	66,521	35,790	30,731
Other professional	257,579	20.9	101,567	156,012	60.6	225,593	87.6	89,527	136,066	31,986	12,040	19,946
Nonprofessional staff	295,486	24.0	108,617	186,869	63.2	248,891	84.2	92,414	156,477	46,595	16,203	30,392
Technical and paraprofessionals	51,974	4.2	22,229	29,745	57.2	43,217	83.2	19,032	24,185	8,757	3,197	5,560
Clerical and secretarial	152,145	12.4	23,809	128,336	84.4	128,237	84.3	18,757	109,480	23,908	5,052	18,856
Skilled crafts	14,891	1.2	13,980	911	6.1	14,221	95.5	13,587	634	670	393	277
Service and maintenance	76,476	6.2	48,599	27,877	36.5	63,216	82.7	41,038	22,178	13,260	7,561	5,699
Private not-for-profit 4-year	**1,066,427**	**100.0**	**494,941**	**571,486**	**53.6**	**742,995**	**69.7**	**338,626**	**404,369**	**323,432**	**156,315**	**167,117**
Professional staff	791,632	74.2	394,042	397,590	50.2	511,609	64.6	252,770	258,839	280,023	141,272	138,751
Executive/administrative/managerial	98,157	9.2	44,083	54,074	55.1	94,928	96.7	42,996	51,932	3,229	1,087	2,142
Faculty (instruction/research/public service)	404,845	38.0	226,936	177,909	43.9	225,054	55.6	134,020	91,034	179,791	92,916	86,875
Graduate assistants	66,252	6.2	35,677	30,575	46.1	†	†	†	†	66,252	35,677	30,575
Other professional	222,378	20.9	87,346	135,032	60.7	191,627	86.2	75,754	115,873	30,751	11,592	19,159
Nonprofessional staff	274,795	25.8	100,899	173,896	63.3	231,386	84.2	85,856	145,530	43,409	15,043	28,366
Technical and paraprofessionals	47,716	4.5	20,173	27,543	57.7	40,149	84.1	17,361	22,788	7,567	2,812	4,755
Clerical and secretarial	137,328	12.9	19,374	117,954	85.9	114,893	83.7	14,722	100,171	22,435	4,652	17,783
Skilled crafts	14,821	1.4	13,930	891	6.0	14,175	95.6	13,546	629	646	384	262
Service and maintenance	74,930	7.0	47,422	27,508	36.7	62,169	83.0	40,227	21,942	12,761	7,195	5,566

See notes at end of table.

Table 255. Employees in degree-granting institutions, by employment status, sex, control and type of institution, and primary occupation: Fall 2009—Continued

Control and type of institution and primary occupation	Full-time and part-time					Full-time				Part-time		
	Total		Males	Females		Total		Males	Females	Total	Males	Females
	Number	Percentage distribution		Number	Percent of all employees	Number	Percent of all employees					
1	2	3	4	5	6	7	8	9	10	11	12	13
Private for-profit 4-year	**163,357**	**100.0**	**74,434**	**88,923**	**54.4**	**78,554**	**48.1**	**33,895**	**44,659**	**84,803**	**40,539**	**44,264**
Professional staff	142,666	87.3	66,716	75,950	53.2	61,049	42.8	27,337	33,712	81,617	39,379	42,238
Executive/administrative/managerial	13,459	8.2	6,204	7,255	53.9	13,336	99.1	6,159	7,177	123	45	78
Faculty (instruction/research/public service)	93,737	57.4	46,178	47,559	50.7	13,747	14.7	7,405	6,342	79,990	38,773	41,217
Graduate assistants	269	0.2	113	156	58.0	†	†	†	†	269	113	156
Other professional	35,201	21.5	14,221	20,980	59.6	33,966	96.5	13,773	20,193	1,235	448	787
Nonprofessional staff	20,691	12.7	7,718	12,973	62.7	17,505	84.6	6,558	10,947	3,186	1,160	2,026
Technical and paraprofessionals	4,258	2.6	2,056	2,202	51.7	3,068	72.1	1,671	1,397	1,190	385	805
Clerical and secretarial	14,817	9.1	4,435	10,382	70.1	13,344	90.1	4,035	9,309	1,473	400	1,073
Skilled crafts	70	0.0	50	20	28.6	46	65.7	41	5	24	9	15
Service and maintenance	1,546	0.9	1,177	369	23.9	1,047	67.7	811	236	499	366	133
Private 2-year[1]	**51,559**	**100.0**	**19,917**	**31,642**	**61.4**	**33,636**	**65.2**	**12,405**	**21,231**	**17,923**	**7,512**	**10,411**
Professional staff	43,133	83.7	17,299	25,834	59.9	27,028	62.7	10,461	16,567	16,105	6,838	9,267
Executive/administrative/managerial	6,781	13.2	2,583	4,198	61.9	6,601	97.3	2,518	4,083	180	65	115
Faculty (instruction/research/public service)	26,883	52.1	11,791	15,092	56.1	11,733	43.6	5,268	6,465	15,150	6,523	8,627
Graduate assistants	0	0.0	0	0	†	†	†	†	†	0	0	0
Other professional	9,469	18.4	2,925	6,544	69.1	8,694	91.8	2,675	6,019	775	250	525
Nonprofessional staff	8,426	16.3	2,618	5,808	68.9	6,608	78.4	1,944	4,664	1,818	674	1,144
Technical and paraprofessionals	1,053	2.0	457	596	56.6	816	77.5	364	452	237	93	144
Clerical and secretarial	5,858	11.4	1,073	4,785	81.7	4,767	81.4	834	3,933	1,091	239	852
Skilled crafts	128	0.2	86	42	32.8	94	73.4	64	30	34	22	12
Service and maintenance	1,387	2.7	1,002	385	27.8	931	67.1	682	249	456	320	136
Private not-for-profit 2-year	**6,990**	**100.0**	**2,714**	**4,276**	**61.2**	**4,086**	**58.5**	**1,504**	**2,582**	**2,904**	**1,210**	**1,694**
Professional staff	5,659	81.0	2,230	3,429	60.6	3,116	55.1	1,153	1,963	2,543	1,077	1,466
Executive/administrative/managerial	886	12.7	333	553	62.4	822	92.8	313	509	64	20	44
Faculty (instruction/research/public service)	3,716	53.2	1,526	2,190	58.9	1,429	38.5	547	882	2,287	979	1,308
Graduate assistants	0	0.0	0	0	†	†	†	†	†	0	0	0
Other professional	1,057	15.1	371	686	64.9	865	81.8	293	572	192	78	114
Nonprofessional staff	1,331	19.0	484	847	63.6	970	72.9	351	619	361	133	228
Technical and paraprofessionals	229	3.3	102	127	55.5	174	76.0	80	94	55	22	33
Clerical and secretarial	584	8.4	45	539	92.3	408	69.9	19	389	176	26	150
Skilled crafts	45	0.6	35	10	22.2	41	91.1	33	8	4	2	2
Service and maintenance	473	6.8	302	171	36.2	347	73.4	219	128	126	83	43
Private for-profit 2-year	**44,569**	**100.0**	**17,203**	**27,366**	**61.4**	**29,550**	**66.3**	**10,901**	**18,649**	**15,019**	**6,302**	**8,717**
Professional staff	37,474	84.1	15,069	22,405	59.8	23,912	63.8	9,308	14,604	13,562	5,761	7,801
Executive/administrative/managerial	5,895	13.2	2,250	3,645	61.8	5,779	98.0	2,205	3,574	116	45	71
Faculty (instruction/research/public service)	23,167	52.0	10,265	12,902	55.7	10,304	44.5	4,721	5,583	12,863	5,544	7,319
Graduate assistants	0	0.0	0	0	†	†	†	†	†	0	0	0
Other professional	8,412	18.9	2,554	5,858	69.6	7,829	93.1	2,382	5,447	583	172	411
Nonprofessional staff	7,095	15.9	2,134	4,961	69.9	5,638	79.5	1,593	4,045	1,457	541	916
Technical and paraprofessionals	824	1.8	355	469	56.9	642	77.9	284	358	182	71	111
Clerical and secretarial	5,274	11.8	1,028	4,246	80.5	4,359	82.7	815	3,544	915	213	702
Skilled crafts	83	0.2	51	32	38.6	53	63.9	31	22	30	20	10
Service and maintenance	914	2.1	700	214	23.4	584	63.9	463	121	330	237	93

†Not applicable.
[1]Includes not-for-profit and for-profit private institutions.
NOTE: Degree-granting institutions grant associate's or higher degrees and participate in Title IV federal financial aid programs. Beginning in 2007, includes institutions with fewer than 15 full-time employees; these institutions did not report staff data prior to 2007. By definition, all graduate assistants are part-time. Detail may not sum to totals because of rounding.
SOURCE: U.S. Department of Education, National Center for Education Statistics, 2009 Integrated Postsecondary Education Data System (IPEDS), Winter 2009–10. (This table was prepared August 2010.)

Table 256. Employees in degree-granting institutions, by race/ethnicity, sex, employment status, control and type of institution, and primary occupation: Fall 2009

Sex, employment status, control and type of institution, and primary occupation	Total	White	Black, Hispanic, Asian/Pacific Islander, and American Indian/Alaska Native						Race/ethnicity unknown	Nonresident alien[3]
			Number[1]	Percent[2]	Black	Hispanic	Asian/Pacific Islander	American Indian/ Alaska Native		
1	2	3	4	5	6	7	8	9	10	11
All institutions	**3,723,419**	**2,586,098**	**817,954**	**22.9**	**366,324**	**220,794**	**208,842**	**21,994**	**153,153**	**166,214**
Professional staff	2,782,149	1,983,921	515,050	19.4	207,335	123,718	169,582	14,415	125,091	158,087
Executive/administrative/managerial	230,579	182,459	42,384	18.8	21,828	11,486	7,782	1,288	4,718	1,018
Faculty (instruction/research/public service)	1,439,144	1,078,392	246,288	18.0	95,095	57,811	86,308	7,074	74,130	40,334
Graduate assistants	342,393	174,127	51,433	16.1	13,511	12,436	23,891	1,595	23,357	93,476
Other professional	770,033	548,943	174,945	23.4	76,901	41,985	51,601	4,458	22,886	23,259
Nonprofessional staff	941,270	602,177	302,904	33.2	158,989	97,076	39,260	7,579	28,062	8,127
Males	**1,709,636**	**1,192,954**	**342,665**	**20.9**	**137,012**	**94,279**	**102,035**	**9,339**	**73,439**	**100,578**
Professional staff	1,353,915	968,049	227,179	17.6	78,491	55,724	86,600	6,364	61,750	96,937
Executive/administrative/managerial	106,892	86,818	17,273	16.5	8,434	4,688	3,601	550	2,263	538
Faculty (instruction/research/public service)	761,035	574,653	123,119	17.0	39,720	29,731	50,235	3,433	37,857	25,406
Graduate assistants	180,941	87,563	23,865	14.1	5,199	5,857	12,087	722	11,977	57,536
Other professional	305,047	219,015	62,922	21.3	25,138	15,448	20,677	1,659	9,653	13,457
Nonprofessional staff	355,721	224,905	115,486	33.6	58,521	38,555	15,435	2,975	11,689	3,641
Females	**2,013,783**	**1,393,144**	**475,289**	**24.6**	**229,312**	**126,515**	**106,807**	**12,655**	**79,714**	**65,636**
Professional staff	1,428,234	1,015,872	287,871	21.1	128,844	67,994	82,982	8,051	63,341	61,150
Executive/administrative/managerial	123,687	95,641	25,111	20.7	13,394	6,798	4,181	738	2,455	480
Faculty (instruction/research/public service)	678,109	503,739	123,169	19.2	55,375	28,080	36,073	3,641	36,273	14,928
Graduate assistants	161,452	86,564	27,568	18.4	8,312	6,579	11,804	873	11,380	35,940
Other professional	464,986	329,928	112,023	24.8	51,763	26,537	30,924	2,799	13,233	9,802
Nonprofessional staff	585,549	377,272	187,418	32.9	100,468	58,521	23,825	4,604	16,373	4,486
Full-time	**2,381,702**	**1,690,443**	**579,429**	**24.9**	**264,497**	**155,613**	**144,450**	**14,869**	**55,058**	**56,772**
Professional staff	1,619,517	1,201,637	328,792	20.8	130,231	76,578	113,303	8,680	37,337	51,751
Executive/administrative/managerial	222,282	175,482	41,377	19.0	21,397	11,225	7,525	1,230	4,477	946
Faculty (instruction/research/public service)	728,977	551,271	130,903	18.4	39,715	28,040	59,691	3,457	16,058	30,745
Other professional	668,258	474,884	156,512	24.0	69,119	37,313	46,087	3,993	16,802	20,060
Nonprofessional staff	762,185	488,806	250,637	33.7	134,266	79,035	31,147	6,189	17,721	5,021
Part-time	**1,341,717**	**895,655**	**238,525**	**19.2**	**101,827**	**65,181**	**64,392**	**7,125**	**98,095**	**109,442**
Professional staff	1,162,632	782,284	186,258	17.3	77,104	47,140	56,279	5,735	87,754	106,336
Executive/administrative/managerial	8,297	6,977	1,007	12.5	431	261	257	58	241	72
Faculty (instruction/research/public service)	710,167	527,121	115,385	17.7	55,380	29,771	26,617	3,617	58,072	9,589
Graduate assistants	342,393	174,127	51,433	16.1	13,511	12,436	23,891	1,595	23,357	93,476
Other professional	101,775	74,059	18,433	19.3	7,782	4,672	5,514	465	6,084	3,199
Nonprofessional staff	179,085	113,371	52,267	31.0	24,723	18,041	8,113	1,390	10,341	3,106
Public 4-year	**1,803,724**	**1,220,598**	**404,805**	**23.2**	**167,981**	**107,240**	**118,122**	**11,462**	**60,144**	**118,177**
Professional staff	1,336,958	920,637	253,353	19.7	87,194	59,986	98,757	7,416	48,733	114,235
Executive/administrative/managerial	84,355	66,830	15,836	19.1	8,323	3,999	2,956	558	1,273	416
Faculty (instruction/research/public service)	539,901	401,717	95,938	18.4	28,449	21,464	43,203	2,822	19,532	22,714
Graduate assistants	275,872	143,101	41,450	15.9	10,767	10,313	18,939	1,431	15,960	75,361
Other professional	436,830	308,989	100,129	23.6	39,655	24,210	33,659	2,605	11,968	15,744
Nonprofessional staff	466,766	299,961	151,452	33.3	80,787	47,254	19,365	4,046	11,411	3,942
Private 4-year	**1,229,784**	**864,333**	**260,255**	**22.3**	**125,674**	**63,405**	**66,347**	**4,829**	**61,810**	**43,386**
Professional staff	934,298	675,565	166,235	18.8	73,207	35,821	53,899	3,308	51,636	40,862
Executive/administrative/managerial	111,616	89,181	19,317	17.7	9,713	5,341	3,894	369	2,604	514
Faculty (instruction/research/public service)	498,582	368,984	81,260	17.5	33,921	16,166	29,531	1,642	33,343	14,995
Graduate assistants	66,521	31,026	9,983	16.9	2,744	2,123	4,952	164	7,397	18,115
Other professional	257,579	186,374	55,675	22.3	26,829	12,191	15,522	1,133	8,292	7,238
Nonprofessional staff	295,486	188,768	94,020	33.0	52,467	27,584	12,448	1,521	10,174	2,524
Public 2-year	**638,352**	**468,120**	**137,941**	**22.6**	**65,354**	**44,939**	**22,487**	**5,161**	**27,686**	**4,605**
Professional staff	467,760	359,356	83,815	18.8	41,033	24,088	15,367	3,327	21,642	2,947
Executive/administrative/managerial	27,827	21,790	5,506	20.1	2,963	1,526	731	286	450	81
Faculty (instruction/research/public service)	373,778	289,642	62,389	17.6	29,235	18,170	12,570	2,414	19,137	2,610
Graduate assistants	0	0	0	†	0	0	0	0	0	0
Other professional	66,155	47,924	15,920	24.8	8,835	4,392	2,066	627	2,055	256
Nonprofessional staff	170,592	108,764	54,126	32.9	24,321	20,851	7,120	1,834	6,044	1,658
Private 2-year	**51,559**	**33,047**	**14,953**	**31.1**	**7,315**	**5,210**	**1,886**	**542**	**3,513**	**46**
Professional staff	43,133	28,363	11,647	29.1	5,901	3,823	1,559	364	3,080	43
Executive/administrative/managerial	6,781	4,658	1,725	27.0	829	620	201	75	391	7
Faculty (instruction/research/public service)	26,883	18,049	6,701	27.1	3,490	2,011	1,004	196	2,118	15
Graduate assistants	0	0	0	†	0	0	0	0	0	0
Other professional	9,469	5,656	3,221	36.2	1,582	1,192	354	93	571	21
Nonprofessional staff	8,426	4,684	3,306	41.4	1,414	1,387	327	178	433	3

†Not applicable.
[1]The combined number of Black, Hispanic, Asian/Pacific Islander, and American Indian/Alaska Native staff.
[2]Combined Black, Hispanic, Asian/Pacific Islander, and American Indian/Alaska Native staff as a percentage of total staff, excluding race/ethnicity unknown.
[3]Race/ethnicity not collected.

NOTE: Degree-granting institutions grant associate's or higher degrees and participate in Title IV federal financial aid programs. Beginning in 2007, includes institutions with fewer than 15 full-time employees; these institutions did not report staff data prior to 2007. By definition, all graduate assistants are part-time. Race categories exclude persons of Hispanic ethnicity.
SOURCE: U.S. Department of Education, National Center for Education Statistics, 2009 Integrated Postsecondary Education Data System (IPEDS), Winter 2009–10. (This table was prepared August 2010.)

Table 257. Number of full-time-equivalent (FTE) staff and faculty, and FTE staff and faculty/FTE student ratios in public degree-granting institutions, by type of institution and state or jurisdiction: Fall 2009

State or jurisdiction	Full-time-equivalent (FTE) staff			FTE faculty			FTE faculty as a percent of FTE staff		FTE students per FTE staff			FTE students per FTE faculty		
	Total	4-year	2-year	Total	4-year	2-year	4-year	2-year	Total	4-year	2-year	Total	4-year	2-year
1	2	3	4	5	6	7	8	9	10	11	12	13	14	15
United States	**1,868,956**	**1,449,825**	**419,131**	**621,181**	**422,776**	**198,405**	**29.2**	**47.3**	**5.8**	**4.5**	**10.3**	**17.3**	**15.3**	**21.7**
Alabama	38,534	32,149	6,386	11,531	8,509	3,022	26.5	47.3	5.2	4.2	10.3	17.5	16.0	21.8
Alaska	5,418	5,260	158	1,769	1,721	47	32.7	30.0	3.7	3.7	2.3	11.3	11.4	7.8
Arizona	35,263	24,281	10,982	11,406	6,429	4,977	26.5	45.3	6.5	4.8	10.4	20.2	18.1	23.0
Arkansas	21,720	17,047	4,673	6,700	4,671	2,028	27.4	43.4	5.2	4.4	8.4	17.0	15.9	19.3
California	191,529	130,158	61,371	68,510	35,491	33,019	27.3	53.8	7.7	4.5	14.3	21.4	16.7	26.6
Colorado	32,978	27,484	5,495	13,926	11,316	2,610	41.2	47.5	5.6	4.8	9.8	13.3	11.5	20.7
Connecticut	16,331	13,431	2,901	5,338	3,682	1,656	27.4	57.1	5.5	4.3	11.3	16.9	15.6	19.8
Delaware	6,621	5,339	1,282	1,959	1,338	621	25.1	48.4	5.0	4.3	7.9	16.8	17.0	16.3
District of Columbia	802	802	0	303	303	0	37.8	†	4.5	4.5	†	12.0	12.0	†
Florida	75,190	63,892	11,297	25,183	20,493	4,690	32.1	41.5	7.2	6.7	9.8	21.4	20.8	23.6
Georgia	55,812	44,195	11,617	17,342	11,948	5,394	27.0	46.4	5.9	4.9	9.5	18.9	18.2	20.4
Hawaii	8,127	6,402	1,725	3,057	2,204	853	34.4	49.4	5.0	3.7	9.7	13.3	10.8	19.6
Idaho	8,439	7,101	1,338	2,897	2,351	546	33.1	40.8	5.8	5.6	6.9	16.9	16.9	17.0
Illinois	72,555	51,375	21,180	21,001	11,854	9,147	23.1	43.2	5.6	3.5	10.8	19.3	15.0	25.0
Indiana	47,569	42,907	4,662	15,113	12,578	2,534	29.3	54.4	5.3	4.4	13.6	16.7	15.1	25.0
Iowa	25,636	19,370	6,267	7,959	5,340	2,618	27.6	41.8	5.1	3.3	10.7	16.5	12.0	25.6
Kansas	25,655	18,837	6,819	8,873	6,041	2,831	32.1	41.5	5.2	4.4	7.4	15.1	13.8	17.9
Kentucky	33,695	27,829	5,866	10,261	7,456	2,805	26.8	47.8	4.9	3.7	10.4	16.0	13.9	21.8
Louisiana	30,347	26,381	3,966	10,053	7,950	2,103	30.1	53.0	5.6	4.7	11.6	16.9	15.6	21.9
Maine	6,610	5,543	1,066	2,280	1,673	608	30.2	57.0	5.6	4.7	10.0	16.2	15.7	17.5
Maryland	41,629	29,780	11,849	15,944	10,518	5,426	35.3	45.8	4.9	4.1	7.0	12.9	11.6	15.3
Massachusetts	29,113	21,847	7,266	9,592	6,467	3,125	29.6	43.0	5.4	4.3	8.8	16.5	14.7	20.4
Michigan	72,383	58,761	13,622	25,190	18,592	6,597	31.6	48.4	5.6	4.3	11.2	16.2	13.7	23.1
Minnesota	33,738	25,862	7,875	11,542	7,718	3,824	29.8	48.6	6.0	4.4	11.2	17.4	14.6	23.1
Mississippi	28,715	22,057	6,657	7,754	4,723	3,031	21.4	45.5	4.6	2.9	10.1	17.1	13.8	22.2
Missouri	38,492	30,730	7,762	12,466	9,112	3,353	29.7	43.2	4.8	3.8	8.9	14.9	12.8	20.5
Montana	7,597	6,634	963	2,439	2,045	395	30.8	41.0	5.1	4.6	8.0	15.8	15.1	19.5
Nebraska	17,079	13,959	3,121	5,496	3,994	1,502	28.6	48.1	4.6	3.5	9.5	14.3	12.3	19.8
Nevada	10,168	9,603	565	3,469	3,181	287	33.1	50.9	7.2	7.0	12.2	21.2	21.0	24.0
New Hampshire	6,690	5,060	1,630	2,422	1,470	952	29.0	58.4	5.2	5.2	5.2	14.3	17.9	8.8
New Jersey	46,758	36,102	10,656	14,960	10,236	4,723	28.4	44.3	5.6	3.8	11.6	17.5	13.5	26.2
New Mexico	20,484	14,910	5,574	5,991	3,734	2,257	25.0	40.5	4.7	3.4	8.2	16.0	13.5	20.2
New York	77,055	54,219	22,837	30,610	20,379	10,231	37.6	44.8	7.3	6.0	10.2	18.3	16.1	22.8
North Carolina	70,532	48,401	22,131	25,270	13,340	11,930	27.6	53.9	4.9	4.0	6.9	13.6	14.4	12.7
North Dakota	8,151	7,437	714	2,534	2,261	273	30.4	38.2	4.7	4.6	6.1	15.2	15.1	15.9
Ohio	77,332	65,072	12,260	22,817	17,008	5,809	26.1	47.4	5.2	4.3	10.2	17.8	16.5	21.5
Oklahoma	28,214	23,575	4,639	8,350	6,565	1,785	27.8	38.5	5.0	4.2	9.2	17.0	15.1	23.9
Oregon	26,303	18,186	8,116	9,870	6,466	3,403	35.6	41.9	5.6	4.3	8.4	14.9	12.2	20.0
Pennsylvania	65,679	55,917	9,762	23,821	19,012	4,809	34.0	49.3	5.3	4.5	9.5	14.5	13.3	19.3
Rhode Island	4,464	3,584	880	1,718	1,237	480	34.5	54.6	7.2	6.1	11.8	18.8	17.7	21.6
South Carolina	27,821	21,223	6,598	9,290	6,172	3,118	29.1	47.3	5.6	4.3	9.8	16.8	14.8	20.8
South Dakota	5,920	5,239	681	2,048	1,721	327	32.8	48.1	5.6	5.3	8.1	16.2	16.1	16.8
Tennessee	32,055	26,276	5,779	10,368	7,554	2,814	28.8	48.7	5.7	4.6	10.8	17.7	16.0	22.1
Texas	173,248	130,140	43,108	49,094	30,206	18,888	23.2	43.8	5.0	3.7	8.8	17.6	16.0	20.2
Utah	19,936	17,084	2,853	7,099	5,894	1,205	34.5	42.2	6.0	5.4	9.2	16.8	15.7	21.9
Vermont	5,194	4,810	384	1,810	1,608	202	33.4	52.5	4.1	3.8	7.7	11.8	11.4	14.7
Virginia	50,305	42,043	8,262	17,774	13,264	4,510	31.5	54.6	5.8	4.3	13.2	16.4	13.7	24.2
Washington	43,355	32,894	10,461	13,722	9,160	4,562	27.8	43.6	5.7	4.4	10.1	18.2	15.7	23.1
West Virginia	12,810	11,613	1,196	4,826	4,106	721	35.4	60.3	6.1	5.4	12.0	16.1	15.4	19.9
Wisconsin	41,551	31,914	9,637	14,494	9,644	4,850	30.2	50.3	5.4	4.9	7.0	15.5	16.4	13.9
Wyoming	5,443	3,199	2,243	2,001	1,097	904	34.3	40.3	4.6	3.3	6.4	12.5	9.8	15.8
U.S. Service Academies	1,912	1,912	0	940	940	0	49.2	†	8.2	8.2	†	16.7	16.7	†
Other jurisdictions	**16,664**	**15,259**	**1,405**	**5,357**	**4,802**	**555**	**31.5**	**39.5**	**4.6**	**4.5**	**5.8**	**14.4**	**14.3**	**14.7**
American Samoa	293	0	293	91	0	91	†	31.1	4.8	†	4.8	15.3	†	15.3
Federated States of Micronesia	371	0	371	103	0	103	†	27.8	6.7	†	6.7	24.0	†	24.0
Guam	886	646	240	347	222	126	34.3	52.4	4.6	4.6	4.7	11.8	13.5	9.0
Marshall Islands	134	0	134	50	0	50	†	37.3	4.9	†	4.9	13.0	†	13.0
Northern Marianas	159	159	0	55	55	0	34.7	†	5.4	5.4	†	15.6	15.6	†
Palau	133	0	133	44	0	44	†	33.1	3.6	†	3.6	10.9	†	10.9
Puerto Rico	14,108	13,874	235	4,509	4,368	141	31.5	60.3	4.6	4.5	8.6	14.4	14.4	14.2
U.S. Virgin Islands	581	581	0	158	158	0	27.1	†	3.4	3.4	†	12.6	12.6	†

†Not applicable.
NOTE: Full-time-equivalent staff is the full-time staff, plus the full-time equivalent of the part-time staff. Degree-granting institutions grant associate's or higher degrees and participate in Title IV federal financial aid programs. Data are for all degree-granting institutions, including those with fewer than 15 employees. Detail may not sum to totals because of rounding.

SOURCE: U.S. Department of Education, National Center for Education Statistics, 2009 Integrated Postsecondary Education Data System (IPEDS), Winter 2009–10 and Spring 2010. (This table was prepared September 2010.)

Table 258. Number of full-time-equivalent (FTE) staff and faculty, and FTE staff and faculty/FTE student ratios in private degree-granting institutions, by type of institution and state or jurisdiction: Fall 2009

State or jurisdiction	Full-time-equivalent (FTE) staff				FTE faculty				FTE faculty as a percent of FTE staff		FTE students per FTE staff		FTE students per FTE faculty	
	All private	Not-for-profit 4-year	Not-for-profit 2-year	For-profit	All private	Not-for-profit 4-year	Not-for-profit 2-year	For-profit	Not-for-profit 4-year	For-profit	Not-for-profit 4-year	For-profit	Not-for-profit 4-year	For-profit
1	2	3	4	5	6	7	8	9	10	11	12	13	14	15
United States	**1,015,829**	**867,502**	**5,141**	**143,187**	**345,671**	**287,269**	**2,220**	**56,182**	**33.1**	**39.2**	**3.6**	**11.0**	**11.0**	**27.9**
Alabama	6,144	4,489	0	1,655	2,182	1,629	0	553	36.3	33.4	5.0	12.5	13.8	37.3
Alaska	320	148	0	172	129	66	0	63	44.6	36.4	3.7	5.2	8.4	14.4
Arizona	26,050	1,498	0	24,551	9,901	519	0	9,381	34.7	38.2	4.7	18.3	13.6	48.0
Arkansas	2,994	2,668	0	325	1,125	944	0	182	35.4	55.8	5.1	9.8	14.3	17.5
California	86,981	69,681	347	16,954	30,607	23,275	135	7,197	33.4	42.4	3.3	9.1	10.0	21.5
Colorado	10,147	5,623	28	4,496	3,906	2,297	13	1,596	40.8	35.5	4.4	13.2	10.9	37.1
Connecticut	23,218	22,443	250	525	7,874	7,543	116	214	33.6	40.8	2.4	5.3	7.2	13.1
Delaware	1,217	1,183	34	0	559	544	15	0	46.0	†	8.8	†	19.1	†
District of Columbia	23,162	20,458	0	2,704	7,339	6,283	0	1,056	30.7	39.0	3.1	9.9	10.3	25.2
Florida	40,487	28,947	27	11,514	15,112	10,426	11	4,675	36.0	40.6	4.5	9.5	12.6	23.4
Georgia	23,559	19,676	78	3,804	8,333	6,756	24	1,553	34.3	40.8	3.1	9.7	9.1	23.8
Hawaii	2,029	1,651	0	379	952	763	0	189	46.2	50.0	6.4	8.1	13.8	16.2
Idaho	2,079	1,780	0	299	946	803	0	143	45.1	48.0	9.1	10.2	20.3	21.1
Illinois	61,937	53,555	202	8,180	21,120	18,313	103	2,705	34.2	33.1	3.5	8.4	10.2	25.5
Indiana	19,894	17,268	78	2,548	6,496	5,517	31	949	31.9	37.2	4.5	9.6	14.1	25.8
Iowa	19,090	9,937	32	9,121	5,857	3,675	19	2,163	37.0	23.7	5.1	9.1	13.7	38.4
Kansas	3,986	3,355	284	346	1,592	1,342	116	134	40.0	38.8	5.2	7.8	13.0	20.2
Kentucky	7,367	5,541	0	1,826	2,951	2,081	0	871	37.5	47.7	5.4	9.7	14.3	20.3
Louisiana	8,242	7,179	0	1,063	2,869	2,394	0	475	33.4	44.7	3.2	8.8	9.5	19.7
Maine	4,166	4,005	23	138	1,267	1,198	16	52	29.9	38.0	4.0	9.0	13.5	23.8
Maryland	23,286	22,543	0	743	6,321	6,047	0	273	26.8	36.8	1.8	8.7	6.9	23.7
Massachusetts	77,878	77,041	106	730	25,919	25,505	67	347	33.1	47.5	3.0	7.8	9.2	16.5
Michigan	13,667	12,644	0	1,023	5,552	5,078	0	475	40.2	46.4	7.2	8.5	18.0	18.2
Minnesota	18,438	12,593	26	5,818	6,836	4,934	7	1,895	39.2	32.6	4.9	11.4	12.5	35.0
Mississippi	2,491	2,185	0	306	949	804	0	146	36.8	47.7	6.0	8.2	16.3	17.2
Missouri	31,188	28,566	262	2,361	10,776	9,732	79	965	34.1	40.9	3.8	10.6	11.2	25.9
Montana	966	860	105	0	366	327	39	0	38.0	†	4.5	†	11.7	†
Nebraska	6,066	5,655	36	375	2,038	1,871	11	155	33.1	41.4	4.4	8.0	13.2	19.4
Nevada	1,218	267	0	952	573	120	0	453	44.9	47.6	5.8	10.9	13.0	22.9
New Hampshire	7,502	7,020	30	451	2,077	1,875	20	182	26.7	40.3	3.0	9.7	11.4	24.0
New Jersey	15,875	14,956	0	918	5,360	5,038	0	322	33.7	35.1	4.2	6.7	12.4	19.2
New Mexico	965	263	0	702	477	96	0	380	36.6	54.2	3.9	11.4	10.7	21.0
New York	138,372	132,122	788	5,461	46,668	44,019	447	2,203	33.3	40.3	3.3	8.3	9.9	20.7
North Carolina	35,832	34,628	127	1,077	9,405	8,943	40	422	25.8	39.1	2.3	7.6	9.1	19.4
North Dakota	1,106	715	272	120	413	304	63	46	42.5	38.9	6.5	10.1	15.2	26.0
Ohio	31,088	26,293	177	4,618	11,859	9,661	71	2,127	36.7	46.1	4.6	9.0	12.4	19.5
Oklahoma	5,405	4,322	0	1,083	1,922	1,433	0	490	33.1	45.2	4.6	7.8	13.9	17.2
Oregon	6,864	5,805	0	1,059	2,782	2,290	0	492	39.5	46.4	4.7	8.9	11.9	19.2
Pennsylvania	75,859	69,325	1,119	5,415	26,095	23,050	494	2,551	33.2	47.1	3.5	8.7	10.5	18.6
Rhode Island	9,855	9,849	0	6	2,937	2,935	0	2	29.8	33.8	3.9	1.8	13.1	5.4
South Carolina	8,079	7,150	154	775	2,557	2,194	47	317	30.7	40.8	4.8	8.4	15.8	20.5
South Dakota	1,708	1,183	31	494	661	461	15	184	39.0	37.3	5.0	5.2	12.8	13.9
Tennessee	35,109	32,718	19	2,371	8,520	7,462	12	1,046	22.8	44.1	2.0	10.4	9.0	23.6
Texas	34,992	28,722	189	6,082	12,148	9,758	77	2,313	34.0	38.0	3.8	9.2	11.1	24.1
Utah	7,363	6,093	86	1,184	2,518	1,918	40	559	31.5	47.2	8.2	8.2	26.2	17.3
Vermont	4,284	3,894	217	173	1,357	1,231	87	40	31.6	22.8	3.9	4.1	12.4	18.2
Virginia	19,604	15,341	0	4,263	6,810	4,905	0	1,904	32.0	44.7	5.1	9.8	16.1	21.8
Washington	8,472	7,371	0	1,102	3,502	3,043	0	459	41.3	41.7	5.0	9.1	12.1	21.9
West Virginia	3,478	2,072	0	1,406	1,355	710	0	645	34.2	45.9	5.7	13.4	16.6	29.2
Wisconsin	15,497	14,222	13	1,262	5,688	5,157	5	527	36.3	41.7	3.8	8.1	10.5	19.4
Wyoming	256	0	0	256	113	0	0	113	†	44.3	†	5.5	†	12.4
Other jurisdictions	**12,691**	**10,537**	**439**	**1,716**	**5,361**	**4,344**	**190**	**827**	**41.2**	**48.2**	**10.4**	**11.9**	**25.2**	**24.6**
American Samoa	0	0	0	0	0	0	0	0	†	†	†	†	†	†
Federated States of Micronesia	0	0	0	0	0	0	0	0	†	†	†	†	†	†
Guam	8	8	0	0	4	4	0	0	52.7	†	8.8	†	16.8	†
Marshall Islands	0	0	0	0	0	0	0	0	†	†	†	†	†	†
Northern Marianas	0	0	0	0	0	0	0	0	†	†	†	†	†	†
Palau	0	0	0	0	0	0	0	0	†	†	†	†	†	†
Puerto Rico	12,683	10,528	439	1,716	5,356	4,339	190	827	41.2	48.2	10.4	11.9	25.2	24.6
U.S. Virgin Islands	0	0	0	0	0	0	0	0	†	†	†	†	†	†

†Not applicable.
NOTE: Full-time-equivalent staff is the full-time staff, plus the full-time equivalent of the part-time staff. Degree-granting institutions grant associate's or higher degrees and participate in Title IV federal financial aid programs. Data are for all degree-granting institutions, including those with fewer than 15 employees. Detail may not sum to totals because of rounding.

SOURCE: U.S. Department of Education, National Center for Education Statistics, 2009 Integrated Postsecondary Education Data System (IPEDS), Winter 2009–10 and Spring 2010. (This table was prepared September 2010.)

Table 259. Number of instructional faculty in degree-granting institutions, by employment status, sex, control, and type of institution: Selected years, fall 1970 through fall 2009

Year	Total	Employment status			Sex			Control				Type	
									Private				
		Full-time	Part-time	Percent full-time	Males	Females	Percent female	Public	Total	Not-for-profit	For-profit	4-year	2-year
1	2	3	4	5	6	7	8	9	10	11	12	13	14
1970	474,000	369,000	104,000	77.8	—	—	—	314,000	160,000	—	—	382,000	92,000
1971[1]	492,000	379,000	113,000	77.0	—	—	—	333,000	159,000	—	—	387,000	105,000
1972	500,000	380,000	120,000	76.0	—	—	—	343,000	157,000	—	—	384,000	116,000
1973[1]	527,000	389,000	138,000	73.8	—	—	—	365,000	162,000	—	—	401,000	126,000
1974[1]	567,000	406,000	161,000	71.6	—	—	—	397,000	170,000	—	—	427,000	140,000
1975[1]	628,000	440,000	188,000	70.1	—	—	—	443,000	185,000	—	—	467,000	161,000
1976	633,000	434,000	199,000	68.6	—	—	—	449,000	184,000	—	—	467,000	166,000
1977	678,000	448,000	230,000	66.1	—	—	—	492,000	186,000	—	—	485,000	193,000
1979[1]	675,000	445,000	230,000	65.9	—	—	—	488,000	187,000	—	—	494,000	182,000
1980[1]	686,000	450,000	236,000	65.6	—	—	—	495,000	191,000	—	—	494,000	192,000
1981	705,000	461,000	244,000	65.4	—	—	—	509,000	196,000	—	—	493,000	212,000
1982[1]	710,000	462,000	248,000	65.1	—	—	—	506,000	204,000	—	—	493,000	217,000
1983	724,000	471,000	254,000	65.1	—	—	—	512,000	212,000	—	—	504,000	220,000
1984[1]	717,000	462,000	255,000	64.4	—	—	—	505,000	212,000	—	—	504,000	213,000
1985[1]	715,000	459,000	256,000	64.2	—	—	—	503,000	212,000	—	—	504,000	211,000
1986[1]	722,000	459,000	263,000	63.6	—	—	—	510,000	212,000	—	—	506,000	216,000
1987[2]	793,070	523,420	269,650	66.0	529,413	263,657	33.2	552,749	240,321	—	—	547,505	245,565
1989[2]	824,220	524,426	299,794	63.6	534,254	289,966	35.2	577,298	246,922	—	—	583,700	240,520
1991[2]	826,252	535,623	290,629	64.8	525,599	300,653	36.4	580,908	245,344	—	—	591,269	234,983
1993[2]	915,474	545,706	369,768	59.6	561,123	354,351	38.7	650,434	265,040	254,130	10,910	625,969	289,505
1995[2]	931,706	550,822	380,884	59.1	562,893	368,813	39.6	656,833	274,873	260,900	13,973	647,059	284,647
1997[2]	989,813	568,719	421,094	57.5	587,420	402,393	40.7	694,560	295,253	271,257	23,996	682,650	307,163
1999[2]	1,027,830	590,937	436,893	57.5	602,469	425,361	41.4	713,325	314,505	284,652	29,853	713,823	314,007
2001[2]	1,113,183	617,868	495,315	55.5	644,514	468,669	42.1	771,124	342,059	306,487	35,572	764,172	349,011
2003[2]	1,173,593	630,092	543,501	53.7	663,723	509,870	43.4	791,766	381,827	330,097	51,730	814,289	359,304
2005[2]	1,290,426	675,624	614,802	52.4	714,453	575,973	44.6	841,188	449,238	361,523	87,715	916,996	373,430
2007[2]	1,371,390	703,463	667,927	51.3	743,812	627,578	45.8	877,146	494,244	385,875	108,369	990,849	380,541
2009[2]	1,439,144	728,977	710,167	50.7	761,035	678,109	47.1	913,679	525,465	408,561	116,904	1,038,483	400,661

—Not available.
[1]Estimated on the basis of enrollment. For methodological details on estimates, see National Center for Education Statistics, *Projections of Education Statistics to 2000*.
[2]Because of revised survey methods, data are not directly comparable with figures for years prior to 1987.
NOTE: Includes faculty members with the title of professor, associate professor, assistant professor, instructor, lecturer, assisting professor, adjunct professor, or interim professor (or the equivalent). Excluded are graduate students with titles such as graduate or teaching fellow who assist senior faculty. Data through 1995 are for institutions of higher education, while later data are for degree-granting institutions. Degree-granting institutions grant associate's or higher degrees and participate in Title IV federal financial aid programs. The degree-granting classification is very similar to the earlier higher education classification, but it includes more 2-year colleges and excludes a few higher education institutions that did not grant degrees. (See Appendix A: Guide to Sources for details.) Beginning in 2007, includes institutions with fewer than 15 full-time employees; these institutions did not report staff data prior to 2007. Detail may not sum to totals because of rounding.
SOURCE: U.S. Department of Education, National Center for Education Statistics, Higher Education General Information Survey (HEGIS), *Employees in Institutions of Higher Education*, 1970 and 1972, and "Staff Survey" 1976; *Projections of Education Statistics to 2000*; 1987 through 2009 Integrated Postsecondary Education Data System (IPEDS), "Fall Staff Survey" (IPEDS-S:87–99), and Winter 2001–02 through Winter 2009–10; and U.S. Equal Employment Opportunity Commission, Higher Education Staff Information Survey (EEO-6), 1977, 1981, and 1983. (This table was prepared August 2010.)

Table 260. Full-time instructional faculty in degree-granting institutions, by race/ethnicity, sex, and academic rank: Fall 2005, fall 2007, and fall 2009

Sex and academic rank	Total	White	Selected racial/ethnic groups						Race/ ethnicity unknown	Nonresident alien[3]
			Number[1]	Percent[2]	Black	Hispanic	Asian/Pacific Islander	American Indian/Alaska Native		
1	2	3	4	5	6	7	8	9	10	11
2005										
Total	**675,624**	**527,900**	**109,964**	**16.5**	**35,458**	**22,818**	**48,457**	**3,231**	**9,703**	**28,057**
Professors	169,192	145,936	20,856	12.4	5,484	3,793	11,060	519	1,014	1,386
Associate professors	138,444	112,507	22,429	16.4	7,402	4,319	10,144	564	1,296	2,212
Assistant professors	159,689	114,470	31,253	19.9	9,897	5,728	14,922	706	2,809	11,157
Instructors	98,555	76,359	18,368	19.0	7,462	5,261	4,740	905	1,853	1,975
Lecturers	27,215	20,982	4,342	16.2	1,286	1,233	1,714	109	480	1,411
Other faculty	82,529	57,646	12,716	15.8	3,927	2,484	5,877	428	2,251	9,916
2007										
Total	**703,463**	**540,460**	**119,906**	**17.3**	**37,930**	**24,975**	**53,661**	**3,340**	**11,875**	**31,222**
Professors	173,395	147,867	22,734	13.2	5,839	4,128	12,239	528	1,309	1,485
Associate professors	143,692	115,274	24,255	17.1	7,855	4,714	11,082	604	1,628	2,535
Assistant professors	168,508	117,618	34,940	21.2	10,642	6,329	17,290	679	3,593	12,357
Instructors	101,429	77,609	19,470	19.7	7,480	5,800	5,225	965	2,350	2,000
Lecturers	31,264	23,470	5,326	17.4	1,602	1,492	2,081	151	661	1,807
Other faculty	85,175	58,622	13,181	15.9	4,512	2,512	5,744	413	2,334	11,038
Males	409,115	314,375	67,147	16.7	17,782	13,468	34,178	1,719	6,660	20,933
Professors	127,488	108,404	16,882	13.3	3,646	2,874	10,018	344	973	1,229
Associate professors	86,660	68,982	14,760	17.2	4,110	2,768	7,570	312	1,038	1,880
Assistant professors	88,741	60,407	18,207	21.0	4,607	3,265	10,037	298	1,945	8,182
Instructors	46,599	35,795	8,665	19.0	2,928	2,782	2,463	492	1,066	1,073
Lecturers	14,784	11,045	2,367	16.4	721	613	956	77	347	1,025
Other faculty	44,843	29,742	6,266	14.4	1,770	1,166	3,134	196	1,291	7,544
Females	294,348	226,085	52,759	18.2	20,148	11,507	19,483	1,621	5,215	10,289
Professors	45,907	39,463	5,852	12.8	2,193	1,254	2,221	184	336	256
Associate professors	57,032	46,292	9,495	16.8	3,745	1,946	3,512	292	590	655
Assistant professors	79,767	57,211	16,733	21.4	6,035	3,064	7,253	381	1,648	4,175
Instructors	54,830	41,814	10,805	20.2	4,552	3,018	2,762	473	1,284	927
Lecturers	16,480	12,425	2,959	18.3	881	879	1,125	74	314	782
Other faculty	40,332	28,880	6,915	17.6	2,742	1,346	2,610	217	1,043	3,494
2009										
Total	**728,977**	**551,271**	**130,903**	**18.4**	**39,715**	**28,040**	**59,691**	**3,457**	**16,058**	**30,745**
Professors	177,581	149,568	24,633	14.0	6,086	4,683	13,284	580	1,923	1,457
Associate professors	148,981	117,270	26,779	18.3	8,163	5,383	12,632	601	2,387	2,545
Assistant professors	171,639	117,892	37,199	22.3	10,979	6,789	18,712	719	4,617	11,931
Instructors	104,521	78,329	20,951	20.7	7,806	6,577	5,566	1,002	3,396	1,845
Lecturers	33,332	24,895	5,851	18.0	1,812	1,583	2,318	138	882	1,704
Other faculty	92,923	63,317	15,490	17.2	4,869	3,025	7,179	417	2,853	11,263
Males	415,821	314,712	71,889	17.7	18,026	14,865	37,261	1,737	8,973	20,247
Professors	127,931	107,315	18,013	14.2	3,755	3,209	10,684	365	1,405	1,198
Associate professors	87,965	68,747	15,935	18.4	4,180	3,096	8,338	321	1,497	1,786
Assistant professors	88,665	59,607	18,954	22.0	4,568	3,422	10,658	306	2,477	7,627
Instructors	46,762	35,137	9,003	19.9	2,880	3,078	2,568	477	1,583	1,039
Lecturers	15,724	11,702	2,620	17.2	822	650	1,084	64	466	936
Other faculty	48,774	32,204	7,364	15.6	1,821	1,410	3,929	204	1,545	7,661
Females	313,156	236,559	59,014	19.3	21,689	13,175	22,430	1,720	7,085	10,498
Professors	49,650	42,253	6,620	13.5	2,331	1,474	2,600	215	518	259
Associate professors	61,016	48,523	10,844	18.0	3,983	2,287	4,294	280	890	759
Assistant professors	82,974	58,285	18,245	22.6	6,411	3,367	8,054	413	2,140	4,304
Instructors	57,759	43,192	11,948	21.4	4,926	3,499	2,998	525	1,813	806
Lecturers	17,608	13,193	3,231	18.8	990	933	1,234	74	416	768
Other faculty	44,149	31,113	8,126	19.0	3,048	1,615	3,250	213	1,308	3,602

[1]Combined number of Black, Hispanic, Asian/Pacific Islander, and American Indian/Alaska Native faculty.
[2]Combined Black, Hispanic, Asian/Pacific Islander, and American Indian/Alaska Native faculty as a percentage of total faculty, excluding race/ethnicity unknown.
[3]Race/ethnicity not collected.
NOTE: Degree-granting institutions grant associate's or higher degrees and participate in Title IV federal financial aid programs. Beginning in 2007, includes institutions with fewer than 15 full-time employees; these institutions did not report staff data prior to 2007. Race categories exclude persons of Hispanic ethnicity. Totals may differ from figures reported in other tables because of varying survey methodologies.
SOURCE: U.S. Department of Education, National Center for Education Statistics, 2005, 2007, and 2009 Integrated Postsecondary Education Data System (IPEDS), Winter 2005–06, Winter 2007–08, and Winter 2009–10. (This table was prepared August 2010.)

Table 261. Percentage distribution of full-time faculty and instructional staff in degree-granting institutions, by type and control of institution, selected instruction activities, and number of classes taught for credit: Fall 2003

Instruction activity and number of classes	All institutions		Research: Public		Research: Private		Doctoral: Public		Doctoral: Private		Comprehensive: Public		Comprehensive: Private		Private liberal arts		Public 2-year		Other	
1	2		3		4		5		6		7		8		9		10		11	
Number of full-time faculty and instructional staff (in thousands)	681.8	(0.05)	162.1	(0.85)	63.5	(1.58)	51.3	(0.76)	21.7	(0.79)	107.3	(2.98)	41.4	(1.59)	49.6	(1.80)	114.6	(1.09)	70.2	(3.36)
Percentage distribution	100.0	(†)	23.8	(0.12)	9.3	(0.23)	7.5	(0.11)	3.2	(0.12)	15.7	(0.44)	6.1	(0.23)	7.3	(0.26)	16.8	(0.16)	10.3	(0.49)
Average hours worked per week	53.3	(0.13)	55.6	(0.21)	55.8	(0.42)	54.0	(0.38)	52.4	(0.59)	53.2	(0.31)	51.8	(0.53)	54.0	(0.39)	49.2	(0.34)	53.1	(0.49)
Paid activities within institution	45.4	(0.12)	48.8	(0.19)	47.8	(0.36)	45.9	(0.31)	44.7	(0.47)	44.4	(0.27)	42.9	(0.55)	45.6	(0.39)	40.9	(0.27)	45.1	(0.59)
Unpaid activities within institution	3.8	(0.04)	3.1	(0.08)	3.3	(0.15)	3.9	(0.14)	3.8	(0.20)	4.4	(0.13)	4.4	(0.15)	4.4	(0.11)	4.2	(0.12)	3.6	(0.22)
Paid activities outside institution	2.2	(0.05)	1.8	(0.08)	2.7	(0.21)	2.1	(0.13)	2.3	(0.25)	2.3	(0.12)	2.2	(0.17)	2.0	(0.13)	2.3	(0.12)	2.8	(0.24)
Unpaid activities outside institution	1.9	(0.03)	1.9	(0.05)	2.0	(0.09)	2.1	(0.11)	1.7	(0.11)	2.1	(0.09)	2.3	(0.12)	2.0	(0.14)	1.7	(0.08)	1.6	(0.10)
Work time distribution (percent)	100.0	(†)	100.0	(†)	100.0	(†)	100.0	(2.08)	100.0	(†)	100.0	(†)	100.0	(†)	100.0	(†)	100.0	(†)	100.0	(†)
Teaching	58.2	(0.27)	43.5	(0.43)	43.1	(0.76)	55.5	(0.72)	55.0	(1.15)	64.7	(0.70)	67.5	(0.78)	65.9	(0.80)	78.4	(0.65)	55.0	(1.61)
Research/scholarship	20.0	(0.44)	33.2	(0.42)	34.0	(0.84)	22.3	(0.72)	24.6	(0.84)	15.0	(0.49)	11.2	(0.57)	12.7	(0.67)	3.7	(0.26)	18.7	(0.97)
Other	21.7	(0.17)	23.2	(0.45)	22.8	(0.67)	22.2	(0.64)	20.4	(1.21)	20.4	(0.66)	21.3	(0.75)	21.3	(0.73)	17.9	(0.54)	26.3	(1.27)
Faculty/staff distribution by instruction activity (percent)																				
Distribution by hours taught per week	100.0	(†)	100.0	(†)	100.0	(†)	100.0	(†)	100.0	(†)	100.0	(†)	100.0	(†)	100.0	(†)	100.0	(†)	100.0	(†)
Less than 4.0	30.3	(0.44)	48.9	(0.83)	52.2	(1.31)	30.0	(1.70)	26.5	(1.74)	16.3	(1.08)	14.9	(1.06)	15.5	(1.15)	14.5	(0.86)	36.0	(2.35)
4.0 to 5.9	5.8	(0.21)	8.4	(0.50)	8.8	(0.77)	6.0	(0.58)	8.4	(1.37)	4.1	(0.53)	4.1	(0.57)	4.1	(0.57)	2.5	(0.33)	6.7	(0.99)
6.0 to 7.9	13.8	(0.37)	20.0	(0.80)	15.2	(1.20)	22.2	(1.14)	22.0	(1.77)	12.0	(0.78)	11.0	(1.43)	13.3	(1.48)	4.4	(0.60)	9.0	(0.88)
8.0 to 9.9	12.5	(0.30)	9.0	(0.49)	9.3	(0.87)	16.9	(1.20)	19.3	(1.76)	21.5	(0.93)	18.7	(1.78)	19.5	(1.83)	5.7	(0.61)	7.2	(0.98)
10.0 to 14.9	18.2	(0.39)	7.9	(0.55)	8.8	(0.88)	15.1	(1.13)	15.0	(1.53)	31.5	(1.24)	32.7	(2.15)	33.5	(1.93)	14.7	(0.90)	19.6	(1.95)
15.0 or more	19.4	(0.40)	5.8	(0.43)	5.7	(0.67)	9.7	(0.92)	8.7	(1.34)	14.6	(0.93)	18.5	(1.92)	14.1	(1.39)	58.2	(1.47)	21.5	(1.73)
Distribution by number of students taught	100.0	(†)	100.0	(†)	100.0	(†)	100.0	(†)	100.0	(†)	100.0	(†)	100.0	(†)	100.0	(†)	100.0	(†)	100.0	(†)
Less than 25	30.6	(0.46)	46.0	(0.84)	51.5	(1.56)	29.7	(1.53)	31.9	(1.88)	16.8	(1.25)	16.5	(1.23)	20.8	(1.44)	15.9	(0.94)	36.8	(1.96)
25 to 49	17.0	(0.34)	17.0	(0.83)	16.9	(1.06)	17.1	(0.99)	18.8	(1.74)	17.9	(0.96)	22.7	(1.57)	25.4	(1.62)	12.0	(0.77)	13.4	(1.41)
50 to 74	16.2	(0.33)	11.9	(0.69)	10.0	(0.99)	16.3	(1.29)	20.9	(1.64)	18.7	(0.77)	26.5	(1.32)	24.4	(1.40)	16.2	(0.86)	14.4	(1.07)
75 to 99	13.0	(0.30)	7.6	(0.51)	6.2	(0.57)	13.9	(0.91)	11.2	(0.95)	17.5	(0.86)	17.6	(1.15)	15.8	(1.09)	18.1	(0.78)	11.5	(1.03)
100 to 149	14.2	(0.39)	7.6	(0.54)	7.0	(0.78)	13.2	(0.87)	9.9	(1.21)	19.4	(1.22)	13.1	(1.61)	10.6	(0.96)	25.7	(0.98)	14.9	(1.58)
150 or more	9.0	(0.27)	9.8	(0.59)	8.4	(0.73)	9.8	(0.87)	7.4	(1.04)	9.7	(0.85)	3.6	(0.72)	3.0	(0.62)	12.1	(0.86)	8.9	(0.63)
Distribution by student classroom contact hours per week[1]	100.0	(†)	100.0	(†)	100.0	(†)	100.0	(†)	100.0	(†)	100.0	(†)	100.0	(†)	100.0	(†)	100.0	(†)	100.0	(†)
Less than 50	24.2	(0.40)	38.3	(0.83)	42.7	(1.33)	23.2	(1.52)	22.0	(1.53)	11.9	(1.04)	12.6	(1.02)	12.2	(1.05)	11.9	(0.77)	30.8	(1.87)
50 to 99	5.3	(0.23)	7.7	(0.56)	7.0	(0.82)	6.4	(0.68)	7.0	(1.20)	4.3	(0.52)	2.7	(0.55)	4.9	(0.48)	2.5	(0.39)	5.2	(0.88)
100 to 199	7.1	(0.20)	9.4	(0.54)	10.7	(0.87)	8.0	(0.88)	8.6	(1.38)	6.2	(0.62)	4.5	(0.66)	7.2	(1.02)	3.4	(0.43)	6.1	(0.99)
200 to 349	9.0	(0.28)	10.9	(0.52)	10.4	(0.83)	10.4	(0.88)	12.8	(1.74)	8.6	(0.71)	10.9	(1.38)	11.9	(1.27)	3.6	(0.54)	6.8	(0.79)
350 to 499	7.7	(0.24)	8.0	(0.44)	8.1	(0.83)	10.6	(1.03)	11.5	(1.03)	7.9	(0.91)	10.2	(0.79)	12.4	(0.93)	3.5	(0.40)	4.6	(0.70)
500 or more	46.8	(0.44)	25.6	(0.74)	21.2	(1.21)	41.4	(1.36)	38.0	(1.81)	61.1	(1.46)	59.1	(1.75)	51.4	(2.13)	75.0	(1.16)	46.6	(2.30)
Distribution by total classroom credit hours	100.0	(†)	100.0	(†)	100.0	(†)	100.0	(†)	100.0	(†)	100.0	(†)	100.0	(†)	100.0	(†)	100.0	(†)	100.0	(†)
Less than 4.0	31.8	(0.54)	48.9	(0.82)	52.1	(1.55)	30.1	(1.46)	29.0	(1.75)	18.0	(1.03)	17.5	(1.44)	23.7	(2.18)	15.4	(0.84)	38.1	(2.23)
4.0 to 5.9	6.6	(0.22)	9.4	(0.54)	10.2	(0.63)	6.8	(0.67)	10.5	(1.53)	3.5	(0.35)	4.5	(0.61)	5.6	(0.67)	3.7	(0.44)	7.0	(0.83)
6.0 to 7.9	15.0	(0.37)	21.6	(0.66)	14.0	(1.04)	25.1	(1.29)	21.3	(1.71)	14.2	(0.94)	12.2	(1.04)	11.4	(1.15)	6.6	(0.72)	10.1	(1.07)
8.0 to 9.9	14.8	(0.33)	10.4	(0.60)	10.7	(0.84)	19.9	(1.28)	20.8	(1.47)	25.3	(1.15)	23.4	(1.73)	19.1	(1.16)	8.1	(0.60)	10.0	(1.19)
10.0 to 14.9	20.2	(0.38)	7.7	(0.51)	9.7	(0.99)	14.8	(1.17)	13.2	(1.40)	32.0	(1.20)	35.4	(1.94)	32.5	(2.20)	24.3	(1.28)	22.3	(1.38)
15.0 or more	11.6	(0.31)	1.9	(0.24)	3.2	(0.52)	3.3	(0.64)	5.2	(0.99)	7.0	(0.88)	6.9	(0.71)	7.7	(1.28)	41.8	(1.50)	12.5	(1.17)

See notes at end of table.

Table 261. Percentage distribution of full-time faculty and instructional staff in degree-granting institutions, by type and control of institution, selected instruction activities, and number of classes taught for credit: Fall 2003—Continued

Instruction activity and number of classes	All institutions		Research: Public		Research: Private		Doctoral: Public		Doctoral: Private		Comprehensive: Public		Comprehensive: Private		Private liberal arts		Public 2-year		Other	
1	2		3		4		5		6		7		8		9		10		11	
Faculty/staff distribution by number of classes taught for credit (percent)																				
Faculty/staff with undergraduate classes only, by total for-credit courses	100.0	(†)	100.0	(†)	100.0	(†)	100.0	(†)	100.0	(†)	100.0	(†)	100.0	(†)	100.0	(†)	100.0	(†)	100.0	(†)
1	11.0	(0.43)	24.2	(2.40)	20.2	(2.97)	14.1	(2.91)	10.0	(2.52)	10.5	(1.31)	9.3	(1.13)	9.9	(0.98)	8.7	(0.75)	11.2	(2.17)
2	17.4	(0.62)	38.0	(2.80)	31.2	(3.96)	24.2	(3.05)	38.6	(5.05)	14.6	(1.51)	18.5	(2.14)	22.7	(2.32)	10.7	(0.77)	13.7	(2.29)
3	23.7	(0.65)	22.6	(2.21)	30.8	(3.42)	31.1	(2.98)	37.3	(3.60)	28.6	(1.89)	30.3	(2.48)	34.3	(2.57)	16.0	(0.96)	17.3	(2.77)
4	21.9	(0.73)	10.8	(1.43)	11.7	(2.99)	20.4	(1.92)	10.9	(2.75)	33.3	(1.87)	30.7	(2.77)	21.1	(2.22)	16.9	(1.00)	28.4	(2.48)
5 or more	26.1	(0.70)	4.4	(0.86)	6.1	(1.74)	10.1	(1.97)	3.2	(1.15)	13.0	(1.56)	11.2	(1.53)	12.0	(1.44)	47.6	(1.49)	29.4	(2.14)
Faculty/staff with graduate classes only, by total for-credit courses	100.0	(†)	100.0	(†)	100.0	(†)	100.0	(†)	100.0	(†)	100.0	(†)	100.0	(†)	100.0	(†)	‡	(†)	100.0	(†)
1	40.1	(1.21)	50.4	(2.17)	48.0	(3.69)	34.3	(3.04)	25.9	(4.02)	23.6	(3.86)	13.0	(3.72)	15.8	(6.35)	‡	(†)	37.8	(3.15)
2	31.0	(1.07)	26.3	(1.81)	27.9	(2.93)	39.1	(3.32)	50.7	(4.02)	33.6	(5.32)	28.7	(4.00)	31.6	(12.42)	‡	(†)	32.9	(2.93)
3	16.7	(0.88)	14.3	(1.38)	13.3	(2.60)	16.3	(2.76)	14.1	(3.52)	29.6	(4.35)	36.3	(4.99)	22.7	(9.79)	‡	(†)	13.4	(2.48)
4	7.1	(0.80)	4.5	(1.24)	7.4	(2.07)	7.4	(2.04)	3.7	(1.44)	10.1	(3.39)	16.5	(3.92)	16.7	(8.04)	‡	(†)	7.2	(2.21)
5 or more	5.1	(0.52)	4.4	(0.69)	3.4	(1.33)	2.9	(1.62)	5.7	(2.80)	3.1	(1.52)	5.5	(2.85)	13.1	(6.95)	‡	(†)	8.7	(1.94)
Faculty/staff with both undergraduate and graduate classes, by total for-credit courses	100.0	(†)	100.0	(†)	100.0	(†)	100.0	(†)	100.0	(†)	100.0	(†)	100.0	(†)	100.0	(†)	‡	(†)	100.0	(†)
1	23.3	(0.68)	32.5	(1.37)	38.4	(1.89)	21.1	(2.17)	20.2	(2.37)	9.0	(1.04)	10.3	(2.14)	9.4	(2.00)	‡	(†)	24.8	(3.18)
2	33.4	(0.83)	44.3	(1.36)	42.8	(2.33)	37.1	(2.15)	37.8	(2.58)	19.6	(1.30)	19.0	(2.78)	18.3	(2.62)	‡	(†)	18.7	(3.00)
3	24.3	(0.70)	15.5	(0.99)	12.4	(1.37)	26.5	(1.75)	32.0	(3.01)	38.1	(1.91)	34.8	(2.85)	29.5	(3.77)	‡	(†)	21.2	(3.06)
4	12.2	(0.54)	4.5	(0.64)	3.7	(1.06)	10.1	(1.37)	6.6	(2.02)	23.4	(1.69)	24.4	(3.39)	27.5	(3.74)	‡	(†)	16.6	(3.55)
5 or more	6.7	(0.43)	3.1	(0.45)	2.8	(0.78)	5.2	(0.75)	3.2	(1.74)	9.9	(1.01)	11.4	(2.07)	15.2	(3.65)	‡	(†)	18.6	(2.88)

†Not applicable.
‡Reporting standards not met.
[1]Distribution by student classroom contact hours per week is based on the number of contact hours that faculty and instructional staff spend each week with students during classroom instruction multiplied by the number of students taught.

NOTE: Degree-granting institutions grant associate's or higher degrees and participate in Title IV federal financial aid programs. Totals may differ from figures reported in other tables because of varying survey methodologies. Detail may not sum to totals because of rounding. Standard errors appear in parentheses.
SOURCE: U.S. Department of Education, National Center for Education Statistics, 2004 National Study of Postsecondary Faculty (NSOPF:04). (This table was prepared December 2008.)

Table 262. Percentage distribution of part-time faculty and instructional staff in degree-granting institutions, by type and control of institution, selected instruction activities, and number of classes taught for credit: Fall 2003

Instruction activity and number of classes	All institutions		Research Public		Research Private		Doctoral Public		Doctoral Private		Comprehensive Public		Comprehensive Private		Private liberal arts		Public 2-year		Other	
1	2		3		4		5		6		7		8		9		10		11	
Number of part-time faculty and instructional staff (in thousands)	530.0	(0.02)	39.7	(0.78)	23.2	(0.96)	20.8	(0.82)	15.4	(0.83)	60.3	(2.49)	53.5	(2.17)	28.4	(2.19)	230.1	(2.00)	58.7	(3.38)
Percentage distribution	100.0	(†)	7.5	(0.15)	4.4	(0.18)	3.9	(0.15)	2.9	(0.16)	11.4	(0.47)	10.1	(0.41)	5.4	(0.41)	43.4	(0.38)	11.1	(0.64)
Average hours worked per week	39.9	(0.30)	41.1	(0.85)	42.6	(1.24)	43.5	(1.37)	42.1	(1.29)	38.8	(1.01)	42.7	(1.14)	39.6	(1.23)	38.0	(0.45)	41.8	(1.18)
Paid activities within institution	13.7	(0.13)	19.0	(0.61)	14.0	(0.65)	16.4	(0.76)	13.5	(0.97)	14.9	(0.48)	12.1	(0.56)	13.5	(0.73)	12.5	(0.19)	14.2	(0.46)
Unpaid activities within institution	1.7	(0.06)	1.8	(0.25)	2.5	(0.25)	2.3	(0.28)	2.8	(0.37)	2.3	(0.19)	2.7	(0.12)	2.6	(0.17)	2.1	(0.08)	2.5	(0.17)
Paid activities outside institution	22.1	(0.28)	18.3	(0.98)	23.9	(1.34)	23.3	(1.55)	24.1	(1.40)	19.9	(1.00)	26.6	(1.38)	21.9	(0.98)	21.6	(0.41)	23.3	(1.06)
Unpaid activities outside institution	2.3	(0.06)	2.0	(0.25)	2.2	(0.25)	1.6	(0.28)	1.7	(0.37)	1.8	(0.19)	1.3	(0.12)	1.6	(0.17)	1.7	(0.08)	1.8	(0.17)
Work time distribution (percent)	100.0	(†)	100.0	(†)	100.0	(†)	100.0	(†)	100.0	(†)	100.0	(†)	100.0	(†)	100.0	(†)	100.0	(†)	100.0	(†)
Teaching	88.3	(0.32)	74.1	(1.79)	80.6	(1.89)	84.9	(1.71)	87.2	(1.87)	90.8	(0.83)	90.4	(0.70)	90.2	(1.20)	91.3	(0.43)	85.4	(1.19)
Research/scholarship	3.9	(0.80)	13.3	(1.62)	7.0	(0.97)	7.4	(1.35)	5.2	(1.42)	3.2	(0.46)	2.4	(0.49)	2.6	(0.54)	2.1	(0.21)	4.4	(0.61)
Other	7.8	(0.20)	12.6	(1.04)	12.4	(1.75)	7.6	(1.03)	7.6	(1.22)	6.0	(0.63)	7.2	(0.81)	7.2	(0.92)	6.6	(0.40)	10.3	(0.93)
Faculty/staff distribution by instruction activity (percent)																				
Distribution by hours taught per week	100.0	(†)	100.0	(†)	100.0	(†)	100.0	(†)	100.0	(†)	100.0	(†)	100.0	(†)	100.0	(†)	100.0	(†)	100.0	(†)
Less than 4.0	45.3	(0.80)	58.1	(2.25)	62.4	(3.87)	53.3	(2.71)	48.0	(2.67)	45.5	(1.68)	39.8	(2.34)	44.8	(2.96)	41.3	(1.30)	46.5	(2.46)
4.0 to 5.9	12.2	(0.48)	9.3	(1.25)	12.9	(2.46)	12.5	(1.49)	15.0	(1.57)	9.7	(1.25)	17.7	(2.07)	13.2	(1.73)	11.7	(0.71)	12.6	(1.62)
6.0 to 7.9	14.3	(0.57)	12.5	(1.50)	10.1	(1.69)	14.5	(1.76)	14.3	(2.01)	19.4	(1.68)	12.9	(2.14)	13.8	(1.98)	14.5	(1.04)	13.0	(1.72)
8.0 to 9.9	10.4	(0.47)	8.9	(1.22)	5.6	(1.46)	8.3	(1.82)	7.8	(1.58)	10.8	(1.11)	11.7	(1.93)	10.7	(1.54)	11.3	(0.73)	9.5	(1.45)
10.0 to 14.9	9.4	(0.47)	7.5	(1.27)	3.0	(1.16)	5.5	(1.29)	7.3	(2.03)	8.0	(1.27)	7.7	(1.29)	8.3	(1.55)	11.7	(0.99)	9.8	(1.27)
15.0 or more	8.3	(0.43)	3.6	(0.90)	6.0	(1.94)	5.9	(1.50)	7.6	(1.26)	6.5	(1.05)	10.3	(1.61)	9.1	(2.38)	9.5	(0.67)	8.5	(1.19)
Distribution by number of students taught	100.0	(†)	100.0	(†)	100.0	(†)	100.0	(†)	100.0	(†)	100.0	(†)	100.0	(†)	100.0	(†)	100.0	(†)	100.0	(†)
Less than 25	52.0	(0.82)	55.6	(2.16)	68.9	(3.98)	44.6	(2.68)	56.9	(3.29)	41.6	(2.07)	57.9	(2.45)	60.5	(2.34)	49.7	(1.37)	54.0	(3.15)
25 to 49	24.9	(0.58)	17.4	(1.54)	16.9	(2.13)	27.4	(2.51)	20.7	(2.48)	24.5	(2.10)	29.4	(1.90)	24.1	(1.76)	26.7	(0.97)	22.6	(2.74)
50 to 74	12.1	(0.54)	11.6	(1.23)	3.7	(1.15)	12.5	(1.71)	9.8	(2.48)	17.5	(1.52)	8.5	(0.77)	10.0	(1.65)	12.9	(0.95)	11.7	(1.55)
75 to 99	5.8	(0.30)	5.4	(0.89)	4.1	(1.57)	7.6	(1.52)	6.8	(1.62)	6.7	(1.22)	2.0	(0.44)	3.7	(0.97)	6.2	(0.48)	7.5	(1.18)
100 to 149	3.4	(0.23)	4.8	(1.07)	2.0	(0.72)	4.2	(1.46)	2.9	(0.89)	7.2	(1.14)	1.8	(0.55)	1.2	(0.66)	3.2	(0.41)	2.4	(0.76)
150 or more	1.9	(0.19)	5.2	(0.96)	4.5	(1.35)	3.7	(0.94)	2.8	(1.12)	2.6	(0.59)	0.4	(0.30)	0.4	(0.34)	1.2	(0.35)	1.7	(0.44)
Distribution by student classroom contact hours per week[1]	100.0	(†)	100.0	(†)	100.0	(†)	100.0	(†)	100.0	(†)	100.0	(†)	100.0	(†)	100.0	(†)	100.0	(†)	100.0	(†)
Less than 50	33.9	(0.80)	41.6	(2.52)	53.4	(3.98)	27.7	(2.98)	40.2	(2.67)	25.4	(1.88)	36.0	(2.52)	38.2	(2.66)	31.3	(1.34)	36.7	(3.40)
50 to 99	17.0	(0.54)	13.1	(1.46)	17.5	(2.13)	23.0	(3.38)	17.0	(2.30)	18.9	(1.40)	19.5	(1.53)	17.4	(1.97)	16.6	(0.96)	14.5	(1.65)
100 to 199	13.2	(0.49)	13.3	(1.51)	8.5	(1.44)	14.2	(2.34)	7.5	(1.56)	14.8	(1.72)	13.3	(1.65)	14.1	(2.01)	13.4	(0.82)	13.5	(2.19)
200 to 349	11.2	(0.46)	10.8	(1.29)	5.6	(1.42)	10.9	(1.97)	12.3	(1.88)	10.3	(1.80)	13.5	(0.93)	10.1	(1.26)	11.4	(0.66)	12.1	(1.62)
350 to 499	7.2	(0.34)	6.1	(0.98)	3.0	(0.96)	7.7	(1.74)	8.5	(1.74)	10.2	(1.00)	4.5	(0.64)	5.5	(0.95)	8.0	(0.69)	6.0	(0.93)
500 or more	17.5	(0.58)	15.1	(1.89)	12.1	(2.50)	16.5	(2.29)	14.5	(2.58)	20.3	(1.97)	13.3	(1.53)	14.5	(2.85)	19.3	(0.98)	17.2	(1.87)
Distribution by total classroom credit hours	100.0	(†)	100.0	(†)	100.0	(†)	100.0	(†)	100.0	(†)	100.0	(†)	100.0	(†)	100.0	(†)	100.0	(†)	100.0	(†)
Less than 4.0	53.3	(0.89)	59.8	(2.39)	67.5	(3.65)	62.2	(2.96)	55.4	(2.34)	52.0	(2.05)	51.3	(2.05)	58.9	(2.14)	50.2	(1.43)	52.2	(3.00)
4.0 to 5.9	11.7	(0.52)	12.2	(1.52)	11.8	(2.12)	10.8	(1.63)	10.6	(1.81)	9.3	(1.09)	14.1	(1.77)	10.3	(1.68)	12.2	(0.75)	11.5	(1.68)
6.0 to 7.9	16.9	(0.55)	12.8	(1.61)	10.2	(2.20)	14.9	(1.96)	18.7	(2.12)	23.1	(2.10)	18.1	(1.22)	15.4	(1.81)	16.5	(0.98)	17.5	(1.62)
8.0 to 9.9	9.4	(0.42)	8.2	(0.92)	6.2	(1.22)	8.5	(1.64)	8.3	(2.03)	9.5	(0.99)	9.0	(1.08)	8.3	(1.34)	10.8	(0.81)	7.4	(1.33)
10.0 to 14.9	6.6	(0.35)	5.6	(1.48)	1.8	(0.75)	3.6	(0.97)	4.8	(1.22)	3.8	(0.81)	5.2	(0.82)	5.1	(1.57)	8.1	(0.62)	9.2	(1.54)
15.0 or more	2.1	(0.21)	1.4	(0.58)	2.5	(0.91)	‡	(†)	2.2	(0.78)	2.2	(0.57)	2.3	(0.64)	2.0	(0.80)	2.2	(0.31)	2.2	(0.63)

See notes at end of table.

Table 262. Percentage distribution of part-time faculty and instructional staff in degree-granting institutions, by type and control of institution, selected instruction activities, and number of classes taught for credit: Fall 2003—Continued

Instruction activity and number of classes	All institutions		Research Public		Research Private		Doctoral Public		Doctoral Private		Comprehensive Public		Comprehensive Private		Private liberal arts		Public 2-year		Other	
1	2		3		4		5		6		7		8		9		10		11	
Faculty/staff distribution by number of classes taught for credit (percent)																				
Faculty/staff with undergraduate classes only, by total for-credit courses	100.0	(†)	100.0	(†)	100.0	(†)	100.0	(†)	100.0	(†)	100.0	(†)	100.0	(†)	100.0	(†)	100.0	(†)	100.0	(†)
1	49.2	(0.90)	53.1	(3.85)	62.3	(5.20)	58.8	(4.27)	45.4	(4.58)	48.4	(2.43)	54.1	(2.78)	53.7	(3.42)	47.9	(1.20)	43.2	(3.57)
2	29.7	(0.86)	31.2	(3.04)	28.5	(5.51)	26.9	(3.12)	39.8	(4.33)	33.1	(2.35)	29.2	(2.27)	25.0	(2.20)	29.3	(1.24)	29.7	(2.70)
3	12.5	(0.47)	9.4	(1.83)	6.9	(2.33)	11.5	(2.36)	13.1	(3.15)	10.8	(1.26)	9.4	(1.35)	10.2	(1.62)	13.9	(0.84)	13.7	(1.71)
4	5.3	(0.41)	4.6	(1.41)	‡	(†)	‡	(†)	‡	(†)	4.0	(1.06)	5.4	(1.08)	5.6	(1.95)	5.9	(0.65)	6.9	(1.73)
5 or more	3.3	(0.32)	1.7	(1.03)	‡	(†)	2.6	(1.27)	1.3	(1.11)	3.7	(0.95)	1.8	(0.77)	5.5	(1.69)	3.1	(0.44)	6.5	(1.87)
Faculty/staff with graduate classes only, by total for-credit courses	100.0	(†)	100.0	(†)	100.0	(†)	100.0	(†)	100.0	(†)	100.0	(†)	100.0	(†)	100.0	(†)	‡	(†)	100.0	(†)
1	72.6	(1.73)	71.7	(5.24)	81.7	(4.89)	81.8	(4.93)	72.2	(5.28)	74.8	(5.62)	62.2	(3.67)	69.9	(6.67)	‡	(†)	75.6	(5.21)
2	16.6	(1.30)	20.6	(4.61)	7.4	(3.23)	10.8	(4.07)	16.2	(4.50)	12.9	(4.45)	23.3	(2.37)	18.8	(5.77)	‡	(†)	16.4	(3.91)
3	5.3	(0.93)	4.0	(2.25)	5.7	(2.74)	7.4	(4.52)	5.7	(3.51)	3.7	(2.40)	7.6	(2.41)	2.9	(2.09)	‡	(†)	3.8	(2.34)
4	3.1	(0.81)	‡	(†)	5.2	(3.18)	‡	(†)	4.0	(1.41)	5.2	(3.55)	3.9	(1.32)	6.6	(4.24)	‡	(†)	‡	(†)
5 or more	2.4	(0.53)	3.7	(2.05)	‡	(†)	‡	(†)	‡	(†)	‡	(†)	2.9	(1.38)	‡	(†)	‡	(†)	3.0	(1.45)
Faculty/staff with both undergraduate and graduate classes, by total for-credit courses	100.0	(†)	100.0	(†)	100.0	(†)	100.0	(†)	100.0	(†)	100.0	(†)	100.0	(†)	100.0	(†)	‡	(†)	100.0	(†)
1	46.5	(2.05)	51.3	(5.19)	46.4	(10.59)	59.3	(5.24)	63.7	(8.93)	38.0	(6.03)	38.9	(4.23)	44.1	(8.69)	‡	(†)	47.4	(6.18)
2	28.7	(1.96)	29.6	(4.47)	36.3	(8.39)	18.5	(6.24)	18.1	(5.75)	30.7	(3.91)	32.7	(5.11)	35.1	(9.57)	‡	(†)	23.9	(5.54)
3	13.5	(1.78)	11.3	(3.25)	11.4	(5.72)	16.9	(6.27)	‡	(†)	17.8	(4.04)	16.6	(3.72)	12.3	(4.69)	‡	(†)	9.5	(4.84)
4	5.9	(1.19)	3.3	(1.63)	‡	(†)	‡	(†)	7.8	(5.97)	7.9	(3.54)	5.4	(3.06)	5.8	(2.25)	‡	(†)	10.0	(4.03)
5 or more	5.4	(1.18)	4.4	(2.08)	‡	(†)	5.0	(2.36)	‡	(†)	5.7	(2.75)	6.4	(2.36)	2.7	(2.30)	‡	(†)	9.2	(4.56)

†Not applicable.
‡Reporting standards not met.
[1]Distribution by student classroom contact hours per week is based on the number of contact hours that faculty and instructional staff spend each week with students during classroom instruction multiplied by the number of students taught.

NOTE: Degree-granting institutions grant associate's or higher degrees and participate in Title IV federal financial aid programs. Totals may differ from figures reported in other tables because of varying survey methodologies. Detail may not sum to totals because of rounding. Standard errors appear in parentheses.
SOURCE: U.S. Department of Education, National Center for Education Statistics, 2004 National Study of Postsecondary Faculty (NSOPF:04). (This table was prepared December 2008.)

Table 263. Full-time and part-time faculty and instructional staff in degree-granting institutions, by type and control of institution and selected characteristics: Fall 1992, fall 1998, and fall 2003

Selected characteristic	Number (in thousands)				Fall 2003																			
							Research				Doctoral				Comprehensive				Private liberal arts		Public 2-year		Other	
	1992	1998	2003		Total		Public		Private		Public		Private		Public		Private							
1	2	3	4		5		6		7		8		9		10		11		12		13		14	
Full-time faculty and instructional staff																								
Number (in thousands)	528.3	560.4	681.8	(0.05)	681.8	(0.05)	162.1	(0.85)	63.5	(1.58)	51.3	(0.76)	21.7	(0.79)	107.3	(2.98)	41.4	(1.59)	49.6	(1.80)	114.6	(1.09)	70.2	(3.36)
Percentage distribution	†	†	†	(†)	100.0	(†)	23.8	(0.12)	9.3	(0.23)	7.5	(0.11)	3.2	(0.12)	15.7	(0.44)	6.1	(0.23)	7.3	(0.26)	16.8	(0.16)	10.3	(0.49)
					Percentage distribution of full-time faculty and instructional staff																			
Total	**528.3**	**560.4**	**681.8**	**(0.05)**	**100.0**	**(†)**	**100.0**	**(†)**	**100.0**	**(†)**	**100.0**	**(†)**	**100.0**	**(†)**	**100.0**	**(†)**	**100.0**	**(†)**	**100.0**	**(†)**	**100.0**	**(†)**	**100.0**	**(†)**
Sex																								
Male	352.7	356.9	420.4	(—)	61.7	(0.35)	69.9	(0.62)	68.8	(0.90)	62.8	(1.29)	66.7	(2.04)	58.8	(0.84)	57.6	(2.03)	59.7	(1.14)	50.5	(1.08)	60.3	(1.41)
Female	175.5	203.5	261.4	(—)	38.3	(0.35)	30.1	(0.62)	31.2	(0.90)	37.2	(1.29)	33.3	(2.04)	41.2	(0.84)	42.4	(2.03)	40.3	(1.14)	49.5	(1.08)	39.7	(1.41)
Race/ethnicity																								
White	456.7	477.0	547.7	(—)	80.3	(0.27)	79.0	(0.50)	77.6	(0.73)	81.3	(1.33)	82.7	(1.55)	78.0	(1.12)	85.6	(1.02)	86.0	(0.81)	80.9	(0.84)	79.8	(1.14)
Black	27.4	28.4	38.1	(—)	5.6	(0.17)	3.7	(0.26)	4.9	(0.49)	4.1	(0.50)	5.1	(0.79)	8.7	(0.73)	4.8	(0.65)	6.3	(0.69)	6.9	(0.43)	4.7	(0.81)
Hispanic	13.9	18.5	23.8	(—)	3.5	(0.10)	2.9	(0.18)	3.5	(0.36)	2.9	(0.37)	2.2	(0.59)	3.6	(0.23)	2.4	(0.36)	2.3	(0.26)	5.8	(0.44)	3.1	(0.44)
Asian/Pacific Islander	27.7	32.5	62.3	(—)	9.1	(0.16)	13.2	(0.45)	12.8	(0.63)	10.1	(1.17)	9.3	(1.40)	7.9	(0.34)	5.9	(0.74)	3.8	(0.33)	4.2	(0.44)	11.3	(0.94)
American Indian/Alaska Native	2.6	4.0	10.0	(—)	1.5	(0.11)	1.1	(0.17)	1.2	(0.40)	1.6	(0.35)	0.7	(0.36)	1.8	(0.50)	1.2	(0.38)	1.6	(0.31)	2.2	(0.36)	1.0	(0.32)
Age																								
Under 30	7.6	8.8	11.9	(—)	1.7	(0.13)	1.7	(0.24)	1.5	(0.28)	1.8	(0.37)	1.3	(0.44)	1.7	(0.29)	2.3	(0.56)	2.1	(0.41)	1.8	(0.36)	1.7	(0.68)
30 to 34	35.4	32.2	47.2	(—)	6.9	(0.21)	7.5	(0.44)	8.6	(0.89)	7.2	(0.82)	5.9	(0.73)	6.5	(0.74)	7.0	(0.92)	8.9	(0.73)	5.1	(0.52)	6.4	(0.75)
35 to 39	66.8	60.1	77.1	(—)	11.3	(0.29)	12.8	(0.58)	14.3	(1.35)	11.8	(0.95)	8.9	(1.45)	10.1	(0.86)	9.6	(0.88)	12.8	(1.22)	9.0	(0.70)	11.1	(1.05)
40 to 44	90.2	81.9	92.6	(—)	13.6	(0.31)	15.3	(0.57)	15.0	(0.75)	11.9	(0.83)	11.8	(1.36)	12.1	(0.78)	14.4	(1.15)	12.3	(0.75)	12.7	(0.88)	14.4	(1.38)
45 to 49	97.7	96.8	105.3	(—)	15.4	(0.32)	15.9	(0.53)	14.6	(1.24)	16.5	(1.38)	16.0	(1.89)	15.2	(0.75)	13.0	(1.18)	14.3	(1.10)	14.7	(0.70)	18.0	(1.36)
50 to 54	94.9	104.7	114.4	(—)	16.8	(0.34)	16.3	(0.66)	14.6	(0.87)	16.0	(1.09)	14.9	(1.34)	16.6	(0.90)	17.1	(1.26)	16.5	(1.00)	19.3	(0.84)	17.1	(1.35)
55 to 59	67.3	90.2	111.6	(—)	16.4	(0.37)	13.9	(0.66)	12.0	(0.61)	15.1	(1.01)	16.5	(1.60)	17.3	(0.89)	16.8	(1.24)	15.6	(0.87)	21.9	(1.05)	16.8	(1.46)
60 to 64	44.6	55.0	78.3	(—)	11.5	(0.31)	10.7	(0.58)	10.9	(0.74)	13.8	(0.90)	12.8	(1.54)	13.4	(0.72)	12.9	(1.42)	11.8	(1.10)	10.5	(0.68)	9.4	(0.83)
65 or older	23.8	30.6	43.3	(—)	6.3	(0.23)	6.0	(0.40)	8.6	(0.64)	5.9	(0.83)	11.8	(1.53)	7.1	(0.67)	6.8	(0.78)	5.7	(0.80)	4.9	(0.67)	5.2	(0.59)
Highest degree																								
Less than bachelor's	6.3	6.7	10.0	(—)	1.5	(0.12)	0.2	(0.09)	0.2	(0.14)	0.2	(0.09)	‡	(†)	0.1	(0.07)	‡	(†)	0.8	(0.26)	6.1	(0.58)	2.4	(0.64)
Bachelor's	20.9	22.5	29.4	(—)	4.3	(0.24)	2.0	(0.27)	2.0	(0.41)	2.9	(0.51)	1.6	(0.46)	3.1	(0.63)	2.8	(0.58)	2.1	(0.53)	11.1	(0.97)	6.9	(0.82)
Master's	155.8	156.0	179.8	(—)	26.4	(0.39)	12.3	(0.49)	9.9	(0.93)	20.3	(1.19)	12.9	(1.17)	22.7	(1.08)	28.7	(2.10)	27.2	(1.71)	63.3	(1.22)	25.5	(1.68)
First-professional	58.3	51.7	56.1	(—)	8.2	(0.30)	11.8	(0.53)	18.4	(1.19)	4.7	(0.49)	9.7	(1.47)	2.0	(0.30)	3.5	(0.89)	0.9	(0.18)	1.6	(0.30)	21.3	(1.99)
Doctoral	283.8	323.5	406.6	(—)	59.6	(0.48)	73.7	(0.61)	69.4	(1.45)	71.9	(1.30)	75.4	(2.03)	72.1	(1.34)	65.0	(2.47)	69.1	(1.92)	17.9	(1.13)	43.8	(2.47)
Academic rank																								
Professor	160.6	172.2	194.4	(3.67)	28.5	(0.54)	33.8	(0.95)	34.0	(1.15)	27.3	(1.34)	30.3	(2.37)	29.8	(1.23)	24.8	(1.61)	28.5	(1.79)	21.7	(1.89)	22.9	(1.39)
Associate professor	123.7	132.0	149.6	(2.56)	21.9	(0.37)	23.3	(0.63)	22.0	(1.12)	25.9	(1.54)	31.6	(1.73)	23.2	(1.30)	27.0	(1.41)	24.6	(1.27)	12.1	(1.22)	22.3	(1.47)
Assistant professor	124.3	125.0	158.1	(2.81)	23.2	(0.41)	22.5	(0.68)	26.6	(1.38)	23.5	(1.36)	21.6	(1.63)	28.3	(1.08)	31.8	(2.00)	30.3	(1.14)	10.3	(1.12)	25.2	(1.37)
Instructor	73.9	74.9	82.7	(2.85)	12.1	(0.42)	4.3	(0.27)	5.0	(0.79)	9.0	(0.94)	4.5	(0.89)	7.6	(0.81)	6.8	(1.02)	6.6	(0.91)	37.5	(2.13)	13.9	(1.30)
Lecturer	11.9	14.1	21.9	(1.48)	3.2	(0.22)	4.6	(0.34)	4.9	(0.59)	5.4	(0.80)	2.5	(0.40)	5.4	(0.99)	1.9	(0.67)	1.0	(0.23)	0.3	(0.09)	0.9	(0.27)
Other	17.1	26.3	56.5	(2.15)	8.3	(0.32)	10.6	(0.64)	7.1	(0.54)	8.5	(0.59)	8.9	(1.23)	5.7	(0.94)	7.3	(1.12)	8.8	(1.11)	8.3	(0.80)	7.9	(0.90)
No rank	16.9	15.8	18.6	(1.28)	2.7	(0.19)	0.8	(0.14)	0.4	(0.20)	0.5	(0.25)	0.6	(0.45)	0.1	(0.05)	0.5	(0.13)	0.2	(0.10)	9.8	(0.88)	7.0	(1.14)
Base salary																								
Under $10,000	13.8	9.7	4.4	(0.49)	0.7	(0.07)	0.8	(0.19)	0.7	(0.31)	0.8	(0.26)	‡	(†)	0.5	(0.20)	0.3	(0.13)	0.6	(0.18)	0.6	(0.15)	0.9	(0.35)
$10,000 to 24,999	29.4	19.3	19.0	(1.03)	2.8	(0.15)	2.5	(0.28)	3.0	(0.44)	3.8	(0.55)	1.7	(0.74)	3.1	(0.36)	2.9	(0.45)	2.6	(0.58)	2.9	(0.42)	2.4	(0.59)
$25,000 to 39,999	181.8	123.7	79.7	(2.90)	11.7	(0.42)	8.0	(0.49)	5.6	(0.66)	13.0	(0.65)	6.6	(1.03)	12.2	(1.12)	12.8	(1.85)	15.2	(1.38)	18.0	(1.44)	12.0	(1.28)
$40,000 to 54,999	163.8	171.1	192.4	(3.09)	28.2	(0.45)	19.2	(0.78)	15.5	(1.13)	27.4	(1.10)	21.3	(2.12)	34.0	(1.40)	38.8	(1.63)	39.6	(1.64)	37.1	(1.48)	25.7	(1.55)
$55,000 to 69,999	76.7	106.2	147.7	(3.54)	21.7	(0.52)	18.9	(0.58)	15.4	(0.99)	22.3	(1.05)	26.4	(2.02)	24.1	(1.26)	24.9	(1.78)	23.1	(1.34)	24.3	(1.58)	20.9	(1.43)
$70,000 to 84,999	32.1	57.9	94.8	(2.19)	13.9	(0.32)	15.3	(0.64)	16.0	(1.01)	14.7	(1.03)	15.6	(1.52)	14.7	(1.21)	10.5	(1.18)	11.2	(1.46)	12.9	(1.10)	12.0	(1.38)
$85,000 to 99,999	11.1	28.1	50.7	(1.98)	7.4	(0.29)	11.1	(0.54)	9.8	(0.80)	7.8	(0.79)	10.1	(1.32)	8.1	(0.78)	4.0	(1.15)	3.7	(0.56)	3.6	(0.59)	5.7	(0.58)
$100,000 or more	19.6	44.4	93.1	(2.29)	13.7	(0.34)	24.1	(0.76)	34.0	(1.20)	10.2	(0.82)	18.2	(1.63)	3.3	(0.46)	5.8	(0.90)	4.0	(0.57)	0.8	(0.21)	20.4	(2.00)

See notes at end of table.

Table 263. Full-time and part-time faculty and instructional staff in degree-granting institutions, by type and control of institution and selected characteristics: Fall 1992, fall 1998, and fall 2003—Continued

Selected characteristic	Number (in thousands)			Fall 2003									
					Research		Doctoral		Comprehensive				
	1992	1998	2003	Total	Public	Private	Public	Private	Public	Private	Private liberal arts	Public 2-year	Other
1	2	3	4	5	6	7	8	9	10	11	12	13	14
Part-time faculty and instructional staff													
Number (in thousands)	376.7	416.0	530.0 (0.02)	530.0 (0.02)	39.7 (0.78)	23.2 (0.96)	20.8 (0.82)	15.4 (0.83)	60.3 (2.49)	53.5 (2.17)	28.4 (2.19)	230.1 (2.00)	58.7 (3.38)
Percentage distribution	†	†	† †	100.0 (†)	7.5 (0.15)	4.4 (0.18)	3.9 (0.15)	2.9 (0.16)	11.4 (0.47)	10.1 (0.41)	5.4 (0.41)	43.4 (0.38)	11.1 (0.64)
				Percentage distribution of part-time faculty and instructional staff									
Total	**376.7**	**416.0**	**530.0 (0.02)**	**100.0 (†)**	**100.0 (†)**	**100.0 (†)**	**100.0 (†)**	**100.0 (†)**	**100.0 (†)**	**100.0 (†)**	**100.0 (†)**	**100.0 (†)**	**100.0 (†)**
Sex													
Male	208.7	217.0	275.9 (—)	52.1 (0.45)	50.4 (1.97)	60.2 (1.92)	50.2 (2.26)	58.4 (3.34)	50.0 (1.59)	53.9 (1.53)	50.3 (1.95)	50.7 (0.57)	55.4 (1.66)
Female	168.0	199.1	254.1 (—)	47.9 (0.45)	49.6 (1.97)	39.8 (1.92)	49.8 (2.26)	41.6 (3.34)	50.0 (1.59)	46.1 (1.53)	49.7 (1.95)	49.3 (0.57)	44.6 (1.66)
Race/ethnicity													
White	332.8	364.4	451.6 (—)	85.2 (0.38)	82.4 (1.63)	85.8 (1.78)	87.9 (2.19)	88.9 (1.99)	87.2 (1.89)	91.0 (0.85)	86.2 (1.59)	83.7 (0.54)	83.0 (1.84)
Black	18.3	18.9	29.7 (—)	5.6 (0.20)	2.7 (0.72)	4.1 (1.14)	2.4 (1.01)	2.8 (0.99)	4.7 (1.20)	2.8 (0.40)	8.1 (1.27)	6.9 (0.25)	7.2 (1.02)
Hispanic	11.2	15.5	18.7 (—)	3.5 (0.13)	3.2 (0.56)	2.5 (0.78)	4.1 (0.81)	2.8 (0.66)	3.1 (0.39)	2.4 (0.30)	2.1 (0.48)	4.4 (0.21)	3.0 (0.57)
Asian/Pacific Islander	12.2	13.2	20.3 (—)	3.8 (0.22)	9.9 (1.39)	6.4 (1.05)	4.5 (1.14)	4.9 (1.79)	3.3 (0.59)	1.9 (0.61)	2.7 (0.63)	2.9 (0.23)	4.7 (1.02)
American Indian/Alaska Native	2.3	4.0	9.7 (—)	1.8 (0.22)	1.8 (0.68)	‡ (†)	1.1 (0.69)	0.6 (0.35)	1.7 (0.61)	1.9 (0.42)	0.9 (0.35)	2.1 (0.38)	2.1 (0.70)
Age													
Under 30	20.5	15.1	22.8 (—)	4.3 (0.30)	5.6 (0.94)	3.1 (1.11)	8.9 (1.75)	4.8 (1.58)	5.7 (1.04)	1.8 (0.51)	3.8 (0.72)	4.4 (0.46)	3.1 (0.72)
30 to 34	35.9	37.1	43.4 (—)	8.2 (0.38)	10.0 (1.32)	8.8 (1.79)	6.8 (1.20)	6.5 (1.81)	8.1 (1.11)	7.9 (1.16)	8.9 (1.33)	8.2 (0.68)	7.6 (1.11)
35 to 39	58.9	47.2	54.6 (—)	10.3 (0.48)	8.7 (1.36)	9.4 (1.48)	8.3 (1.74)	12.5 (2.38)	11.1 (1.55)	9.7 (0.88)	10.8 (1.78)	10.4 (0.74)	10.8 (1.35)
40 to 44	70.0	60.4	61.0 (—)	11.5 (0.44)	12.9 (1.78)	11.4 (1.81)	13.2 (2.26)	11.2 (2.26)	11.9 (1.34)	10.1 (1.18)	12.2 (1.37)	11.3 (0.78)	11.3 (1.40)
45 to 49	68.0	72.1	76.5 (—)	14.4 (0.48)	15.6 (1.51)	16.0 (1.54)	16.3 (2.42)	7.9 (1.93)	11.3 (1.17)	14.3 (1.27)	14.0 (1.95)	14.6 (0.75)	17.1 (1.84)
50 to 54	45.1	69.8	82.8 (—)	15.6 (0.42)	14.5 (1.39)	12.2 (1.49)	16.3 (2.27)	16.5 (2.76)	13.6 (1.50)	18.5 (1.24)	15.0 (1.66)	15.9 (0.72)	15.8 (1.57)
55 to 59	28.8	47.1	77.0 (—)	14.5 (0.48)	12.1 (1.53)	14.4 (2.14)	13.5 (1.99)	14.2 (2.99)	14.8 (1.35)	14.2 (1.32)	13.7 (1.69)	15.3 (0.71)	14.1 (1.59)
60 to 64	22.9	28.8	51.6 (—)	9.7 (0.50)	8.4 (1.38)	9.6 (1.78)	8.0 (1.86)	12.5 (2.58)	11.2 (1.30)	10.5 (1.38)	9.5 (1.41)	9.7 (0.85)	8.5 (1.25)
65 or older	26.6	38.4	60.3 (—)	11.4 (0.46)	12.3 (1.49)	15.1 (1.95)	8.7 (1.61)	13.8 (2.90)	12.2 (1.19)	13.1 (1.85)	12.1 (1.93)	10.1 (0.77)	11.7 (2.06)
Highest degree													
Less than bachelor's	17.2	20.3	41.1 (—)	7.8 (0.59)	2.2 (0.59)	2.5 (1.27)	0.5 (0.28)	2.1 (0.76)	2.1 (0.61)	0.7 (0.28)	0.9 (0.38)	14.3 (1.21)	7.6 (1.51)
Bachelor's	62.7	58.8	83.8 (—)	15.8 (0.55)	9.9 (1.32)	10.9 (1.94)	13.9 (2.09)	7.6 (2.48)	13.1 (1.84)	7.5 (1.08)	8.6 (1.52)	21.5 (1.17)	15.9 (1.67)
Master's	190.2	225.1	273.1 (—)	51.5 (0.80)	35.6 (2.39)	36.6 (3.36)	53.8 (3.16)	41.7 (3.47)	57.8 (2.32)	64.4 (2.33)	61.0 (2.21)	52.1 (1.63)	44.7 (3.32)
First-professional	39.6	36.0	38.5 (—)	7.3 (0.39)	16.7 (1.98)	21.3 (2.68)	7.7 (1.52)	13.6 (2.41)	4.2 (0.79)	4.8 (0.90)	7.2 (1.50)	3.3 (0.49)	14.4 (1.83)
Doctor's	58.9	75.8	93.5 (—)	17.6 (0.60)	35.6 (2.56)	28.7 (3.88)	24.1 (3.30)	35.0 (2.65)	22.7 (1.83)	22.6 (1.88)	22.2 (2.09)	8.7 (0.66)	17.4 (2.28)
Academic rank													
Professor	32.3	30.2	23.3 (1.58)	4.4 (0.30)	8.1 (1.54)	5.6 (1.18)	4.6 (1.43)	5.7 (1.40)	5.7 (1.01)	2.4 (0.55)	4.4 (0.85)	3.2 (0.52)	6.0 (1.03)
Associate professor	22.5	19.4	14.6 (1.18)	2.8 (0.22)	4.3 (0.94)	6.0 (1.45)	2.6 (1.14)	2.9 (1.03)	2.1 (0.69)	3.1 (0.79)	4.7 (1.11)	1.5 (0.27)	4.8 (1.07)
Assistant professor	24.2	23.1	19.8 (1.53)	3.7 (0.29)	11.0 (1.49)	11.9 (3.02)	3.3 (0.80)	7.0 (1.73)	2.0 (0.49)	3.0 (0.86)	5.1 (1.81)	0.8 (0.20)	8.3 (1.24)
Instructor	215.4	205.4	187.7 (4.42)	35.4 (0.83)	20.8 (1.72)	18.2 (1.92)	28.7 (2.27)	20.1 (3.25)	25.4 (2.41)	21.9 (1.64)	24.5 (2.13)	48.5 (1.54)	35.2 (2.66)
Lecturer	45.3	46.3	40.9 (2.15)	7.7 (0.41)	21.5 (1.67)	18.6 (2.30)	13.2 (2.07)	9.6 (1.72)	15.8 (2.18)	8.6 (2.32)	6.7 (1.72)	2.7 (0.42)	2.7 (0.80)
Other	27.6	75.2	230.9 (4.51)	43.6 (0.85)	33.3 (2.17)	38.2 (2.49)	45.4 (2.50)	53.4 (3.25)	47.7 (3.01)	59.7 (3.84)	52.2 (3.03)	40.5 (1.38)	38.3 (3.23)
No rank	9.3	16.5	12.8 (1.07)	2.4 (0.20)	1.0 (0.30)	1.6 (1.20)	2.3 (0.80)	1.4 (0.81)	1.2 (0.39)	1.2 (0.32)	2.3 (0.70)	2.8 (0.39)	4.6 (1.10)
Base salary													
Under $10,000	280.5	256.2	340.5 (3.17)	64.2 (0.60)	43.7 (2.35)	54.7 (2.80)	65.1 (2.94)	59.3 (3.10)	66.0 (2.44)	71.8 (2.97)	67.5 (2.75)	66.6 (1.02)	63.5 (1.97)
$10,000 to 24,999	68.1	112.4	140.8 (3.17)	26.6 (0.60)	29.3 (2.32)	27.5 (2.55)	24.7 (2.63)	30.3 (3.38)	26.3 (2.05)	21.4 (2.40)	23.4 (2.00)	28.1 (0.97)	24.6 (1.74)
$25,000 to 39,999	15.8	26.3	27.5 (1.72)	5.2 (0.32)	12.2 (1.38)	7.7 (1.76)	5.7 (1.48)	4.8 (1.72)	4.9 (1.09)	4.4 (1.15)	5.3 (1.24)	4.1 (0.46)	4.7 (0.92)
$40,000 to 54,999	5.3	11.8	9.6 (0.74)	1.8 (0.14)	5.8 (1.05)	5.0 (1.18)	1.9 (0.70)	3.0 (1.00)	1.6 (0.44)	0.9 (0.31)	1.1 (0.55)	0.5 (0.15)	4.0 (0.83)
$55,000 to 69,999	2.2	4.2	4.7 (0.78)	0.9 (0.15)	3.0 (0.65)	2.0 (1.00)	1.4 (0.71)	1.0 (0.65)	0.9 (0.59)	0.8 (0.31)	1.6 (0.65)	0.4 (0.14)	0.3 (0.25)
$70,000 to 84,999	1.1	2.4	1.9 (0.35)	0.4 (0.07)	2.2 (0.57)	0.9 (0.55)	‡ (†)	‡ (†)	‡ (†)	‡ (†)	‡ (†)	‡ (†)	0.9 (0.30)
$85,000 to 99,999	0.9	#	1.5 (0.39)	0.3 (0.07)	1.0 (0.46)	1.0 (0.51)	‡ (†)	‡ (†)	‡ (†)	‡ (†)	‡ (†)	0.2 (0.10)	0.2 (0.12)
$100,000 or more	2.7	#	3.5 (0.53)	0.7 (0.10)	2.9 (0.63)	1.3 (0.72)	‡ (†)	1.2 (0.75)	‡ (†)	0.4 (0.27)	‡ (†)	0.1 (0.07)	1.8 (0.56)

—Not available.
†Not applicable.
#Rounds to zero.
‡Reporting standards not met.

NOTE: Degree-granting institutions grant associate's or higher degrees and participate in Title IV federal financial aid programs. Totals may differ from figures reported in other tables because of varying survey methodologies. Race categories exclude persons of Hispanic ethnicity. Detail may not sum to totals because of rounding. Standard errors appear in parentheses.
SOURCE: U.S. Department of Education, National Center for Education Statistics, 1993, 1999, and 2004 National Study of Postsecondary Faculty (NSOPF:93;99;04). (This table was prepared January 2009.)

Table 264. Full-time and part-time faculty and instructional staff in degree-granting institutions, by race/ethnicity, sex, and selected characteristics: Fall 2003

Selected characteristic	Number (in thousands)	Percent	White: Male	White: Female	Black: Male	Black: Female	Hispanic: Male	Hispanic: Female	Asian/Pacific Islander: Male	Asian/Pacific Islander: Female	American Indian/Alaska Native: Male	American Indian/Alaska Native: Female
1	2	3	4	5	6	7	8	9	10	11	12	13
Full-time faculty and instructional staff												
Number (in thousands)	681.8 (0.05)	†	338.4 (2.63)	209.3 (2.45)	19.5 (1.03)	18.5 (0.87)	13.4 (0.60)	10.4 (0.56)	43.2 (1.00)	19.0 (1.03)	5.8 (0.57)	4.2 (0.50)
Percentage distribution	† (†)	100.0	49.6 (0.39)	30.7 (0.36)	2.9 (0.15)	2.7 (0.13)	2.0 (0.09)	1.5 (0.08)	6.3 (0.15)	2.8 (0.15)	0.8 (0.08)	0.6 (0.07)
Type and control												
Public research	162.1 (0.85)	100.0	55.4 (0.67)	23.6 (0.59)	2.1 (0.27)	1.7 (0.19)	1.8 (0.16)	1.1 (0.15)	10.0 (0.47)	3.2 (0.35)	0.6 (0.14)	0.6 (0.11)
Private research	63.5 (1.58)	100.0	54.7 (1.00)	22.9 (0.80)	2.2 (0.30)	2.7 (0.37)	2.1 (0.30)	1.4 (0.31)	8.9 (0.66)	3.9 (0.48)	0.8 (0.39)	0.4 (0.23)
Public doctoral	51.3 (0.76)	100.0	50.2 (1.48)	31.1 (1.22)	2.1 (0.44)	2.0 (0.30)	1.6 (0.20)	1.3 (0.27)	7.9 (1.27)	2.2 (0.56)	1.0 (0.32)	0.6 (0.22)
Private doctoral	21.7 (0.79)	100.0	56.0 (2.39)	26.7 (1.94)	3.0 (0.70)	2.1 (0.42)	1.4 (0.49)	0.8 (0.38)	5.8 (1.06)	3.5 (0.93)	0.6 (0.34)	‡ (†)
Public comprehensive	107.3 (2.98)	100.0	45.9 (1.03)	32.1 (0.98)	4.7 (0.64)	4.0 (0.42)	2.1 (0.20)	1.6 (0.19)	5.3 (0.40)	2.6 (0.28)	0.8 (0.23)	1.0 (0.33)
Private comprehensive	41.4 (1.59)	100.0	48.9 (2.00)	36.7 (1.93)	2.3 (0.53)	2.4 (0.44)	1.6 (0.31)	0.8 (0.22)	4.1 (0.65)	1.9 (0.53)	0.6 (0.26)	0.6 (0.30)
Private liberal arts	49.6 (1.80)	100.0	51.9 (1.20)	34.1 (0.99)	3.5 (0.56)	2.8 (0.36)	1.0 (0.20)	1.3 (0.27)	2.2 (0.28)	1.5 (0.29)	1.0 (0.24)	0.6 (0.18)
Public 2-year	114.6 (1.09)	100.0	40.8 (1.19)	40.1 (0.90)	3.1 (0.29)	3.8 (0.34)	3.0 (0.38)	2.7 (0.34)	2.2 (0.27)	2.1 (0.39)	1.3 (0.30)	0.8 (0.19)
Other	70.2 (3.36)	100.0	48.3 (1.65)	31.5 (1.20)	2.4 (0.59)	2.3 (0.59)	1.7 (0.36)	1.5 (0.29)	7.2 (0.87)	4.1 (0.78)	0.7 (0.34)	0.3 (0.14)
Academic rank												
Professor	194.4 (3.67)	100.0	65.5 (0.74)	20.3 (0.61)	2.6 (0.27)	1.1 (0.21)	1.8 (0.13)	0.8 (0.13)	5.7 (0.42)	1.1 (0.21)	0.8 (0.14)	0.4 (0.12)
Associate professor	149.6 (2.56)	100.0	51.6 (0.98)	28.4 (0.78)	3.1 (0.42)	2.4 (0.26)	1.7 (0.19)	1.3 (0.15)	7.0 (0.52)	2.9 (0.36)	1.0 (0.21)	0.5 (0.11)
Assistant professor	158.1 (2.81)	100.0	41.0 (0.83)	33.6 (0.81)	3.1 (0.37)	3.8 (0.38)	2.3 (0.22)	1.9 (0.15)	8.7 (0.49)	4.3 (0.35)	0.7 (0.16)	0.6 (0.15)
Instructor	82.7 (2.85)	100.0	38.2 (1.23)	41.2 (1.09)	3.2 (0.56)	4.4 (0.57)	2.5 (0.37)	2.3 (0.31)	3.1 (0.44)	3.1 (0.48)	0.9 (0.26)	1.1 (0.31)
Lecturer	21.9 (1.48)	100.0	36.7 (2.59)	43.9 (2.21)	2.9 (0.91)	3.0 (0.91)	1.3 (0.38)	3.8 (0.77)	2.4 (0.89)	4.0 (0.99)	1.3 (0.52)	0.7 (0.30)
Other	56.5 (2.15)	100.0	38.8 (1.51)	39.8 (1.37)	2.5 (0.54)	3.9 (0.56)	1.7 (0.22)	2.2 (0.35)	7.0 (0.98)	2.8 (0.56)	0.8 (0.39)	0.6 (0.18)
No rank	18.6 (1.28)	100.0	40.2 (2.37)	43.0 (2.45)	1.5 (0.52)	2.0 (0.83)	2.3 (0.75)	0.7 (0.24)	4.5 (1.17)	3.8 (1.39)	1.1 (0.74)	0.8 (0.46)
Age												
Under 35	59.1 (1.77)	100.0	39.4 (1.31)	33.4 (1.36)	2.9 (0.53)	4.7 (0.62)	2.5 (0.40)	2.8 (0.41)	8.9 (0.85)	4.2 (0.70)	0.6 (0.25)	0.5 (0.17)
35 to 44	169.8 (2.78)	100.0	43.7 (0.96)	30.2 (0.82)	2.7 (0.31)	3.4 (0.36)	2.8 (0.25)	1.8 (0.18)	9.3 (0.45)	5.0 (0.44)	0.8 (0.17)	0.5 (0.16)
45 to 54	219.7 (3.28)	100.0	47.0 (0.86)	34.4 (0.79)	3.1 (0.28)	2.6 (0.22)	1.8 (0.17)	1.6 (0.18)	5.7 (0.32)	2.2 (0.25)	1.0 (0.16)	0.6 (0.12)
55 to 64	190.0 (3.10)	100.0	57.1 (0.74)	28.7 (0.59)	2.8 (0.26)	1.9 (0.17)	1.4 (0.12)	1.1 (0.13)	4.1 (0.36)	1.4 (0.24)	0.9 (0.17)	0.7 (0.12)
65 to 69	31.8 (1.43)	100.0	67.6 (2.05)	20.2 (1.82)	1.7 (0.50)	2.0 (0.61)	1.6 (0.44)	0.4 (0.19)	4.5 (0.94)	1.1 (0.42)	0.3 (0.20)	‡ (†)
70 or older	11.5 (0.67)	100.0	69.0 (3.16)	15.7 (2.71)	5.4 (1.54)	1.6 (0.93)	0.7 (0.43)	‡ (†)	3.8 (1.40)	‡ (†)	1.3 (0.81)	‡ (†)
Base salary												
Under $10,000	4.4 (0.49)	100.0	39.7 (5.71)	34.2 (5.09)	5.8 (0.92)	4.5 (2.39)	0.6 (0.48)	4.4 (1.96)	7.8 (3.27)	2.9 (1.67)	‡ (†)	‡ (†)
$10,000 to 24,999	19.0 (1.03)	100.0	43.2 (2.61)	34.8 (2.40)	1.3 (0.37)	3.2 (0.89)	2.1 (0.61)	2.4 (0.60)	6.5 (1.23)	4.6 (0.93)	0.8 (0.51)	1.1 (0.48)
$25,000 to 39,999	79.7 (2.90)	100.0	36.0 (1.21)	44.5 (1.25)	2.9 (0.55)	3.7 (0.46)	1.8 (0.29)	2.1 (0.28)	3.8 (0.68)	3.6 (0.48)	0.7 (0.26)	0.8 (0.23)
$40,000 to 54,999	192.4 (3.09)	100.0	42.2 (0.95)	38.2 (0.79)	2.7 (0.27)	3.7 (0.37)	1.9 (0.18)	1.8 (0.14)	5.0 (0.43)	2.6 (0.27)	1.0 (0.15)	0.9 (0.14)
$55,000 to 69,999	147.7 (3.54)	100.0	48.7 (0.88)	31.9 (0.80)	3.1 (0.35)	2.5 (0.28)	2.0 (0.25)	1.6 (0.21)	6.0 (0.43)	2.6 (0.31)	1.0 (0.23)	0.6 (0.15)
$70,000 to 84,999	94.8 (2.19)	100.0	55.8 (1.29)	24.2 (1.14)	2.9 (0.39)	1.7 (0.40)	2.4 (0.34)	1.0 (0.20)	8.1 (0.67)	2.6 (0.41)	0.9 (0.23)	0.5 (0.19)
$85,000 to 99,999	50.7 (1.98)	100.0	61.9 (1.58)	18.5 (1.03)	3.8 (0.69)	1.5 (0.38)	1.5 (0.41)	1.0 (0.28)	8.3 (1.06)	2.5 (0.57)	0.8 (0.24)	0.2 (0.12)
$100,000 or more	93.1 (2.29)	100.0	66.9 (0.99)	13.7 (0.74)	2.4 (0.38)	1.6 (0.33)	2.1 (0.29)	0.8 (0.17)	9.0 (0.80)	2.8 (0.50)	0.6 (0.20)	0.1 (0.09)
Total household income												
Under $10,000	‡ (†)	100.0	‡ (†)	‡ (†)	‡ (†)	‡ (†)	‡ (†)	‡ (†)	‡ (†)	‡ (†)	‡ (†)	‡ (†)
$10,000 to 24,999	3.0 (0.33)	100.0	42.0 (6.54)	29.3 (6.12)	1.4 (1.13)	2.5 (1.38)	‡ (†)	2.7 (1.60)	9.8 (3.74)	8.7 (3.59)	‡ (†)	‡ (†)
$25,000 to 39,999	20.1 (1.13)	100.0	36.5 (2.68)	39.0 (2.28)	3.3 (1.56)	4.5 (0.97)	1.5 (0.43)	2.5 (0.62)	7.3 (1.56)	3.8 (0.95)	0.6 (0.39)	0.9 (0.29)
$40,000 to 54,999	55.0 (1.76)	100.0	39.8 (1.66)	38.4 (1.42)	2.9 (0.59)	4.2 (0.59)	2.5 (0.35)	1.9 (0.29)	6.2 (0.80)	2.5 (0.51)	0.4 (0.18)	1.2 (0.31)
$55,000 to 69,999	86.2 (1.56)	100.0	43.1 (1.23)	34.2 (1.21)	4.1 (0.50)	4.4 (0.42)	2.1 (0.29)	1.9 (0.29)	5.6 (0.56)	2.5 (0.37)	1.1 (0.26)	1.0 (0.29)
$70,000 to 84,999	75.2 (2.19)	100.0	50.6 (1.20)	31.2 (1.11)	2.4 (0.40)	2.8 (0.45)	1.9 (0.26)	1.3 (0.17)	6.3 (0.59)	2.1 (0.40)	0.9 (0.30)	0.5 (0.17)
$85,000 to 99,999	95.0 (2.16)	100.0	46.7 (1.15)	32.5 (0.83)	2.8 (0.39)	3.0 (0.58)	2.7 (0.32)	1.6 (0.24)	7.0 (0.81)	2.5 (0.50)	0.6 (0.18)	0.5 (0.14)
$100,000 or more	347.3 (3.57)	100.0	50.9 (0.52)	27.5 (0.52)	2.6 (0.18)	1.9 (0.16)	1.7 (0.14)	1.3 (0.11)	6.3 (0.29)	3.0 (0.24)	0.9 (0.11)	0.4 (0.07)

See notes at end of table.

Table 264. Full-time and part-time faculty and instructional staff in degree-granting institutions, by race/ethnicity, sex, and selected characteristics: Fall 2003—Continued

Selected characteristic	Number (in thousands)	Percent	White		Black		Hispanic		Asian/Pacific Islander		American Indian/Alaska Native	
			Male	Female	Male	Female	Male	Female	Male	Female	Male	Female
1	2	3	4	5	6	7	8	9	10	11	12	13
Part-time faculty and instructional staff												
Number (in thousands)	530.0 (0.02)	†	235.5 (2.44)	216.1 (2.87)	13.8 (0.91)	15.9 (0.75)	10.2 (0.61)	8.5 (0.56)	10.9 (0.82)	9.4 (0.97)	5.5 (0.78)	4.2 (0.77)
Percentage distribution	‡ (†)	100.0	44.4 (0.46)	40.8 (0.54)	2.6 (0.17)	3.0 (0.14)	1.9 (0.12)	1.6 (0.10)	2.1 (0.15)	1.8 (0.18)	1.0 (0.15)	0.8 (0.15)
Type and control												
Public research	39.7 (0.78)	100.0	41.7 (1.93)	40.7 (2.12)	1.1 (0.37)	1.6 (0.60)	1.5 (0.40)	1.7 (0.43)	4.5 (1.03)	5.4 (0.90)	1.6 (0.67)	‡ (†)
Private research	23.2 (0.96)	100.0	51.1 (2.51)	34.7 (2.29)	2.7 (1.00)	1.4 (0.57)	1.5 (0.62)	0.9 (0.51)	3.6 (1.07)	2.8 (0.77)	‡ (†)	‡ (†)
Public doctoral	20.8 (0.82)	100.0	44.3 (2.27)	43.6 (2.39)	1.4 (0.85)	1.0 (0.47)	1.9 (0.68)	2.2 (0.61)	2.6 (0.86)	1.9 (0.83)	‡ (†)	1.1 (0.68)
Private doctoral	15.4 (0.83)	100.0	51.7 (3.99)	37.3 (3.60)	1.7 (0.77)	1.1 (0.55)	1.6 (0.64)	1.2 (0.36)	3.4 (1.06)	1.4 (0.90)	‡ (†)	0.6 (0.35)
Public comprehensive	60.3 (2.49)	100.0	43.1 (1.34)	44.1 (2.18)	2.3 (0.74)	2.4 (0.79)	1.6 (0.31)	1.5 (0.32)	2.0 (0.38)	1.3 (0.43)	1.0 (0.43)	0.7 (0.34)
Private comprehensive	53.5 (2.17)	100.0	49.1 (1.43)	41.9 (1.56)	1.7 (0.34)	1.1 (0.21)	1.0 (0.19)	1.4 (0.26)	1.1 (0.54)	0.8 (0.35)	1.0 (0.30)	0.9 (0.32)
Private liberal arts	28.4 (2.19)	100.0	44.2 (1.98)	42.0 (2.14)	2.5 (0.85)	5.6 (1.24)	1.1 (0.42)	1.0 (0.35)	1.7 (0.61)	1.1 (0.49)	0.9 (0.35)	‡ (†)
Public 2-year	230.1 (2.00)	100.0	42.8 (0.70)	41.0 (0.67)	2.9 (0.22)	4.0 (0.18)	2.4 (0.20)	2.0 (0.19)	1.5 (0.18)	1.4 (0.19)	1.1 (0.23)	1.0 (0.25)
Other	58.7 (3.38)	100.0	45.7 (1.83)	37.3 (2.14)	4.2 (0.79)	3.0 (0.74)	2.2 (0.53)	0.8 (0.22)	2.4 (0.75)	2.4 (0.92)	1.0 (0.40)	1.1 (0.50)
Academic rank												
Professor	23.3 (1.58)	100.0	59.3 (2.83)	25.0 (2.60)	4.0 (1.17)	2.6 (0.84)	0.6 (0.35)	1.0 (0.41)	3.6 (0.96)	‡ (†)	2.0 (1.08)	1.2 (0.85)
Associate professor	14.6 (1.18)	100.0	43.7 (4.03)	39.5 (3.88)	2.8 (0.84)	2.0 (1.02)	1.8 (0.92)	1.4 (0.49)	6.3 (2.27)	1.6 (0.85)	‡ (†)	‡ (†)
Assistant professor	19.8 (1.53)	100.0	38.8 (3.39)	42.7 (3.37)	2.8 (1.19)	2.5 (1.23)	1.3 (0.68)	1.0 (0.42)	4.8 (1.65)	6.0 (1.62)	‡ (†)	‡ (†)
Instructor	187.7 (4.42)	100.0	41.5 (1.09)	43.9 (1.11)	2.5 (0.30)	3.4 (0.25)	2.2 (0.24)	1.7 (0.22)	1.6 (0.25)	1.6 (0.28)	1.1 (0.26)	0.6 (0.18)
Lecturer	40.9 (2.15)	100.0	41.4 (2.05)	40.1 (1.96)	2.7 (0.63)	2.1 (0.77)	2.1 (0.45)	1.7 (0.42)	3.7 (0.80)	4.2 (0.93)	1.6 (0.56)	0.4 (0.25)
Other	230.9 (4.51)	100.0	46.5 (1.01)	39.9 (1.04)	2.5 (0.29)	3.1 (0.28)	1.8 (0.23)	1.5 (0.17)	1.5 (0.22)	1.3 (0.31)	0.9 (0.22)	1.0 (0.22)
No rank	12.8 (1.07)	100.0	43.8 (3.52)	39.8 (4.63)	2.4 (1.26)	0.9 (0.43)	2.8 (1.31)	3.5 (1.34)	2.0 (0.94)	1.8 (1.15)	‡ (†)	‡ (†)
Age												
Under 35	66.2 (2.30)	100.0	35.3 (1.73)	43.1 (2.04)	3.2 (0.63)	4.3 (0.53)	3.0 (0.49)	3.0 (0.35)	2.4 (0.52)	3.6 (0.93)	1.6 (0.68)	0.4 (0.23)
35 to 44	115.6 (3.03)	100.0	40.7 (1.42)	41.5 (1.41)	2.6 (0.39)	3.0 (0.33)	2.5 (0.30)	2.4 (0.32)	2.6 (0.37)	2.9 (0.45)	0.7 (0.24)	1.2 (0.30)
45 to 54	159.3 (3.22)	100.0	41.7 (1.13)	44.0 (1.17)	2.9 (0.34)	3.2 (0.33)	1.6 (0.24)	1.5 (0.19)	2.1 (0.35)	1.3 (0.26)	0.9 (0.24)	0.8 (0.27)
55 to 64	128.6 (3.31)	100.0	48.2 (1.09)	40.4 (1.06)	2.1 (0.35)	2.8 (0.35)	1.3 (0.30)	0.6 (0.10)	1.6 (0.32)	0.9 (0.23)	1.1 (0.34)	1.0 (0.26)
65 to 69	33.5 (1.81)	100.0	62.8 (3.10)	27.6 (2.83)	2.3 (0.81)	0.9 (0.32)	1.6 (0.54)	1.3 (0.55)	1.3 (0.52)	‡ (†)	1.5 (0.63)	‡ (†)
70 or older	26.8 (1.83)	100.0	58.3 (2.99)	30.7 (3.32)	2.4 (0.79)	1.6 (0.70)	2.5 (0.87)	‡ (†)	2.1 (0.65)	0.8 (0.42)	‡ (†)	‡ (†)
Base salary												
Under $10,000	340.5 (3.17)	100.0	45.4 (0.68)	39.9 (0.77)	2.6 (0.23)	3.5 (0.23)	1.9 (0.17)	1.6 (0.12)	1.6 (0.17)	1.4 (0.26)	1.1 (0.20)	1.0 (0.20)
$10,000 to 24,999	140.8 (3.17)	100.0	41.3 (1.36)	43.6 (1.50)	2.8 (0.38)	2.3 (0.25)	2.1 (0.26)	1.8 (0.24)	2.3 (0.40)	2.4 (0.40)	0.9 (0.25)	0.5 (0.18)
$25,000 to 39,999	27.5 (1.72)	100.0	47.3 (3.06)	38.8 (2.72)	3.3 (0.83)	1.6 (0.98)	1.2 (0.58)	1.6 (0.55)	3.2 (1.02)	1.9 (0.61)	0.8 (0.51)	‡ (†)
$40,000 to 54,999	9.6 (0.74)	100.0	48.2 (4.55)	34.0 (4.33)	0.7 (0.40)	1.4 (0.68)	3.2 (1.19)	‡ (†)	6.2 (2.60)	3.8 (1.70)	‡ (†)	‡ (†)
$55,000 to 69,999	4.7 (0.78)	100.0	45.5 (6.46)	40.4 (6.35)	1.2 (0.72)	3.8 (2.18)	‡ (†)	2.2 (1.08)	‡ (†)	5.1 (2.57)	‡ (†)	‡ (†)
$70,000 to 84,999	1.9 (0.35)	100.0	39.0 (11.51)	43.0 (10.25)	‡ (†)	‡ (†)	‡ (†)	‡ (†)	‡ (†)	5.6 (4.00)	‡ (†)	‡ (†)
$85,000 to 99,999	1.5 (0.39)	100.0	33.4 (13.01)	51.7 (13.73)	‡ (†)	‡ (†)	‡ (†)	‡ (†)	‡ (†)	‡ (†)	‡ (†)	‡ (†)
$100,000 or more	3.5 (0.53)	100.0	47.4 (7.01)	37.1 (5.35)	‡ (†)	‡ (†)	‡ (†)	‡ (†)	10.8 (5.15)	‡ (†)	‡ (†)	‡ (†)
Total household income												
Under $10,000	1.3 (0.37)	100.0	25.7 (13.36)	46.4 (14.12)	‡ (†)	‡ (†)	6.5 (5.17)	‡ (†)	‡ (†)	‡ (†)	‡ (†)	‡ (†)
$10,000 to 24,999	28.5 (1.93)	100.0	36.5 (3.33)	42.5 (3.42)	2.0 (0.71)	4.0 (0.80)	1.7 (0.53)	2.4 (0.55)	1.6 (0.76)	3.5 (1.71)	3.7 (1.34)	2.2 (1.01)
$25,000 to 39,999	47.7 (1.92)	100.0	35.5 (2.27)	46.5 (2.32)	3.4 (0.58)	3.9 (0.66)	2.2 (0.44)	1.8 (0.47)	1.7 (0.55)	2.9 (0.92)	1.1 (0.46)	1.0 (0.43)
$40,000 to 54,999	55.7 (2.52)	100.0	38.1 (2.05)	46.2 (2.35)	3.2 (0.71)	3.4 (0.52)	3.1 (0.67)	2.5 (0.60)	1.1 (0.40)	1.1 (0.35)	0.8 (0.54)	0.5 (0.21)
$55,000 to 69,999	87.2 (2.95)	100.0	41.1 (1.50)	43.0 (1.48)	1.9 (0.38)	4.1 (0.38)	1.7 (0.37)	2.5 (0.35)	2.1 (0.42)	1.6 (0.45)	0.8 (0.27)	1.0 (0.37)
$70,000 to 84,999	58.1 (2.66)	100.0	44.7 (2.15)	41.2 (2.38)	2.3 (0.44)	2.3 (0.57)	2.3 (0.41)	1.3 (0.34)	1.4 (0.41)	2.0 (0.58)	1.1 (0.41)	1.1 (0.37)
$85,000 to 99,999	66.4 (2.39)	100.0	48.6 (1.85)	38.4 (1.81)	2.4 (0.59)	3.1 (0.52)	1.8 (0.37)	1.2 (0.34)	1.9 (0.49)	1.3 (0.41)	0.6 (0.29)	0.7 (0.25)
$100,000 or more	185.1 (3.59)	100.0	34.9 (0.68)	37.0 (0.91)	2.8 (0.32)	2.1 (0.26)	1.5 (0.21)	1.0 (0.17)	2.8 (0.34)	1.6 (0.25)	0.8 (0.22)	0.4 (0.17)

†Not applicable.
‡Reporting standards not met.
NOTE: Degree-granting institutions grant associate's or higher degrees and participate in Title IV federal financial aid programs. Totals may differ from figures reported in other tables because of varying survey methodologies. Race categories exclude persons of Hispanic ethnicity. Detail may not sum to totals because of rounding. Standard errors appear in parentheses.

SOURCE: U.S. Department of Education, National Center for Education Statistics, 2003 National Study of Postsecondary Faculty (NSOPF:04). (This table was prepared January 2009.)

Table 265. Full-time and part-time faculty and instructional staff in degree-granting institutions, by field and faculty characteristics: Fall 1992, fall 1998, and fall 2003

Selected characteristic	Number (in thousands) 1992	1998	2003	Fall 2003 All fields	Agriculture and home economics	Business	Education	Engineering	Fine arts	Health	Humanities[1]	Natural sciences[2]	Social sciences[3]	Other[4]
1	2	3	4	5	6	7	8	9	10	11	12	13	14	15
Full-time faculty and instructional staff														
Number (in thousands)	528	560	682 (#)	681.8 (0.05)	16.9 (0.80)	43.2 (1.40)	50.9 (1.89)	33.4 (1.32)	43.3 (1.68)	93.9 (2.67)	58.8 (1.82)	127.2 (2.19)	88.7 (2.07)	125.5 (2.36)
Percentage distribution	†	†	† (†)	100.0 (†)	2.5 (0.12)	6.3 (0.21)	7.5 (0.28)	4.9 (0.19)	6.3 (0.25)	13.8 (0.39)	8.6 (0.27)	18.7 (0.32)	13.0 (0.30)	18.4 (0.35)
				Percentage distribution of full-time faculty and instructional staff										
Total	**528**	**560**	**682 (#)**	**100.0 (†)**	**100.0 (†)**	**100.0 (†)**	**100.0 (†)**	**100.0 (†)**	**100.0 (†)**	**100.0 (†)**	**100.0 (†)**	**100.0 (†)**	**100.0 (†)**	**100.0 (†)**
Sex														
Male	353	357	420 (—)	61.7 (0.35)	64.6 (2.88)	68.5 (1.61)	39.3 (1.57)	91.5 (1.06)	61.9 (1.38)	46.7 (1.32)	45.3 (1.47)	74.5 (0.88)	64.3 (1.13)	64.0 (0.94)
Female	176	203	261 (—)	38.3 (0.35)	35.4 (2.88)	31.5 (1.61)	60.7 (1.57)	8.5 (1.06)	38.1 (1.38)	53.3 (1.32)	54.7 (1.47)	25.5 (0.88)	35.7 (1.13)	36.0 (0.94)
Race/ethnicity														
White	457	477	548 (—)	80.3 (0.27)	87.8 (1.61)	79.5 (1.51)	80.5 (1.26)	70.9 (1.85)	86.4 (1.24)	79.7 (0.84)	80.7 (1.31)	77.8 (0.75)	81.4 (1.09)	82.0 (0.69)
Black	27	28	38 (—)	5.6 (0.17)	2.3 (0.76)	4.5 (0.79)	7.8 (1.01)	5.4 (0.99)	6.0 (0.88)	5.0 (0.50)	5.6 (0.58)	4.1 (0.48)	7.3 (0.72)	6.1 (0.44)
Hispanic	14	19	24 (—)	3.5 (0.10)	2.5 (0.76)	2.3 (0.51)	4.7 (0.63)	2.6 (0.47)	3.3 (0.75)	3.0 (0.32)	6.7 (0.53)	2.9 (0.30)	4.0 (0.47)	2.9 (0.33)
Asian/Pacific Islander	28	33	62 (—)	9.1 (0.16)	6.4 (1.34)	12.2 (1.22)	4.8 (0.70)	20.1 (1.64)	2.9 (0.74)	10.7 (0.79)	5.2 (0.94)	14.3 (0.69)	5.9 (0.71)	7.1 (0.49)
American Indian/Alaska Native	3	4	10 (—)	1.5 (0.11)	1.0 (0.49)	1.6 (0.37)	2.2 (0.40)	1.0 (0.57)	1.4 (0.38)	1.6 (0.33)	1.8 (0.35)	0.8 (0.17)	1.4 (0.22)	1.8 (0.32)
Age														
Under 30	8	9	12 (—)	1.7 (0.13)	2.0 (0.67)	0.7 (0.31)	2.6 (0.78)	1.6 (0.48)	1.6 (0.45)	1.1 (0.26)	1.8 (0.33)	1.3 (0.21)	1.8 (0.35)	2.7 (0.41)
30 to 34	35	32	47 (—)	6.9 (0.21)	5.6 (1.27)	4.0 (0.71)	6.8 (0.83)	7.0 (0.99)	6.2 (0.84)	6.3 (0.60)	8.2 (0.74)	6.8 (0.41)	7.6 (0.47)	7.9 (0.52)
35 to 39	67	60	77 (—)	11.3 (0.29)	7.5 (1.19)	11.0 (1.15)	7.6 (0.95)	11.3 (1.18)	10.5 (1.20)	13.1 (0.88)	10.9 (0.88)	12.0 (0.65)	12.7 (0.92)	10.9 (0.74)
40 to 44	90	82	93 (—)	13.6 (0.31)	13.3 (1.63)	11.8 (1.43)	9.9 (1.03)	15.0 (1.21)	12.3 (1.75)	15.0 (0.91)	13.6 (1.15)	15.4 (0.79)	13.7 (0.79)	12.8 (0.69)
45 to 49	98	97	105 (—)	15.4 (0.32)	15.4 (1.84)	17.9 (1.51)	12.7 (1.04)	17.1 (1.70)	18.0 (1.42)	17.3 (0.95)	14.8 (1.24)	15.5 (0.86)	12.9 (0.79)	15.0 (0.66)
50 to 54	95	105	114 (—)	16.8 (0.34)	25.3 (2.31)	19.0 (1.30)	17.6 (1.27)	15.2 (1.61)	18.5 (1.38)	19.9 (1.03)	14.1 (1.04)	14.8 (0.64)	14.2 (0.89)	17.1 (0.93)
55 to 59	67	90	112 (—)	16.4 (0.37)	16.8 (1.83)	18.8 (1.32)	21.9 (1.43)	15.1 (2.32)	16.8 (1.58)	15.4 (0.80)	16.6 (1.07)	13.3 (0.75)	16.2 (0.85)	17.3 (0.73)
60 to 64	45	55	78 (—)	11.5 (0.31)	10.4 (1.61)	10.9 (1.11)	13.7 (1.27)	10.3 (1.33)	11.4 (1.12)	7.8 (0.62)	12.9 (1.07)	12.5 (0.64)	14.0 (0.76)	10.6 (0.61)
65 or older	24	31	43 (—)	6.3 (0.23)	3.7 (1.20)	5.9 (0.74)	7.2 (0.74)	7.5 (1.09)	4.7 (0.82)	4.1 (0.51)	7.0 (0.81)	8.5 (0.54)	6.8 (0.59)	5.6 (0.53)
Highest degree														
Less than bachelor's	6	7	10 (—)	1.5 (0.12)	1.0 (0.68)	0.2 (0.12)	1.7 (0.74)	2.6 (0.77)	1.4 (0.46)	1.7 (0.31)	0.2 (0.12)	0.1 (0.09)	‡ (†)	4.4 (0.54)
Bachelor's	21	23	29 (—)	4.3 (0.24)	6.4 (1.71)	4.0 (0.80)	4.0 (0.64)	6.5 (1.22)	9.1 (1.10)	5.5 (0.69)	1.1 (0.31)	1.4 (0.23)	1.0 (0.26)	7.9 (0.67)
Master's	156	156	180 (—)	26.4 (0.39)	29.2 (2.18)	31.8 (1.69)	35.5 (1.37)	13.2 (1.64)	53.9 (1.82)	22.9 (1.16)	35.1 (1.42)	14.9 (0.72)	12.5 (0.72)	34.4 (1.24)
First-professional	58	52	56 (—)	8.2 (0.30)	‡ (†)	2.1 (0.45)	1.1 (0.35)	0.5 (0.30)	1.1 (0.41)	41.1 (1.32)	0.4 (0.18)	3.0 (0.35)	0.5 (0.19)	8.7 (0.76)
Doctor's	284	324	407 (—)	59.6 (0.48)	63.0 (2.74)	61.9 (1.73)	57.7 (1.53)	77.1 (2.08)	34.6 (1.96)	28.9 (1.06)	63.2 (1.43)	80.6 (0.67)	86.0 (0.74)	44.6 (1.23)
Academic rank														
Professor	161	172	194 (3.67)	28.5 (0.54)	33.0 (2.71)	29.1 (1.66)	21.9 (1.41)	37.6 (1.69)	28.4 (1.85)	20.1 (0.93)	26.2 (1.46)	35.5 (0.87)	35.4 (1.20)	23.5 (1.09)
Associate professor	124	132	150 (2.56)	21.9 (0.37)	21.0 (2.55)	22.6 (1.32)	17.6 (1.07)	25.3 (1.77)	23.7 (1.64)	23.5 (0.96)	20.0 (1.27)	23.4 (0.93)	22.8 (0.97)	19.9 (1.08)
Assistant professor	124	125	158 (2.81)	23.2 (0.41)	19.2 (1.79)	23.4 (1.51)	23.8 (1.56)	19.6 (1.67)	23.2 (1.75)	32.2 (1.12)	21.7 (1.30)	21.1 (0.82)	24.8 (1.22)	19.2 (0.73)
Instructor	74	75	83 (2.85)	12.1 (0.42)	9.9 (1.60)	13.4 (1.37)	12.6 (1.18)	9.1 (1.39)	9.7 (1.01)	15.3 (0.90)	14.9 (1.17)	7.7 (0.56)	5.7 (0.53)	18.7 (1.02)
Lecturer	12	14	22 (1.48)	3.2 (0.22)	3.4 (1.50)	3.6 (0.68)	3.0 (0.60)	2.0 (0.52)	4.3 (0.64)	1.9 (0.37)	7.9 (0.78)	2.1 (0.25)	2.3 (0.42)	3.6 (0.57)
Other	17	26	57 (2.15)	8.3 (0.32)	11.8 (2.16)	4.9 (0.64)	18.2 (1.57)	5.4 (0.82)	7.1 (1.03)	5.5 (0.50)	5.7 (0.59)	6.7 (0.48)	6.4 (0.67)	12.4 (0.76)
No rank	17	16	19 (1.28)	2.7 (0.19)	1.8 (1.37)	3.0 (0.68)	2.9 (1.05)	0.9 (0.38)	3.6 (1.24)	1.5 (0.27)	3.6 (0.67)	3.5 (0.48)	2.6 (0.47)	2.7 (0.36)

See notes at end of table.

Table 265. Full-time and part-time faculty and instructional staff in degree-granting institutions, by field and faculty characteristics: Fall 1992, fall 1998, and fall 2003—Continued

Selected characteristic	Number (in thousands) 1992	1998	2003	Fall 2003 All fields	Agriculture and home economics	Business	Education	Engineering	Fine arts	Health	Humanities[1]	Natural sciences[2]	Social sciences[3]	Other[4]
1	2	3	4	5	6	7	8	9	10	11	12	13	14	15
Part-time faculty and instructional staff														
Number (in thousands)	377	416	530 (#)	530.0 (0.02)	7.3 (0.97)	44.9 (2.98)	63.5 (2.57)	14.0 (1.49)	47.8 (3.65)	57.8 (3.06)	58.9 (2.05)	63.7 (2.46)	53.0 (2.39)	119.2 (3.48)
Percentage distribution	†	†	† (†)	100.0 (†)	1.4 (0.18)	8.5 (0.56)	12.0 (0.48)	2.7 (0.28)	9.0 (0.69)	10.9 (0.58)	11.1 (0.39)	12.0 (0.46)	10.0 (0.45)	22.5 (0.66)
				Percentage distribution of part-time faculty and instructional staff										
Total	**377**	**416**	**530 (#)**	**100.0 (†)**	**100.0 (†)**	**100.0 (†)**	**100.0 (†)**	**100.0 (†)**	**100.0 (†)**	**100.0 (†)**	**100.0 (†)**	**100.0 (†)**	**100.0 (†)**	**100.0 (†)**
Sex														
Male	209	217	276 (—)	52.1 (0.45)	32.0 (6.05)	69.6 (1.89)	29.1 (1.71)	90.8 (2.68)	51.4 (2.26)	34.5 (1.60)	31.6 (1.86)	58.2 (2.22)	60.5 (1.90)	66.2 (1.41)
Female	168	199	254 (—)	47.9 (0.45)	68.0 (6.05)	30.4 (1.89)	70.9 (1.71)	9.2 (2.68)	48.6 (2.26)	65.5 (1.60)	68.4 (1.86)	41.8 (2.22)	39.5 (1.90)	33.8 (1.41)
Race/ethnicity														
White	333	364	452 (—)	85.2 (0.38)	91.4 (3.66)	86.8 (1.54)	85.1 (1.34)	85.4 (2.89)	88.7 (1.22)	85.0 (1.14)	83.0 (1.14)	83.4 (1.35)	84.2 (1.62)	85.5 (0.80)
Black	18	19	30 (—)	5.6 (0.20)	2.7 (1.61)	6.7 (0.96)	6.6 (0.98)	2.0 (1.26)	3.0 (0.70)	5.2 (0.68)	5.0 (0.71)	6.0 (0.66)	5.8 (0.75)	6.5 (0.57)
Hispanic	11	16	19 (—)	3.5 (0.13)	‡ (†)	2.2 (0.79)	5.1 (0.71)	2.6 (0.64)	2.7 (0.52)	2.2 (0.47)	6.5 (0.81)	2.2 (0.40)	3.7 (0.61)	3.6 (0.39)
Asian/Pacific Islander	12	13	20 (—)	3.8 (0.22)	‡ (†)	3.0 (0.80)	1.6 (0.43)	8.4 (2.11)	2.9 (0.70)	6.5 (1.17)	4.2 (0.71)	7.1 (0.89)	2.7 (1.04)	2.5 (0.34)
American Indian/Alaska Native	2	4	10 (—)	1.8 (0.22)	‡ (†)	1.4 (0.54)	1.5 (0.37)	1.6 (1.03)	2.8 (0.84)	1.0 (0.35)	1.3 (0.38)	1.4 (0.60)	3.6 (0.91)	1.9 (0.36)
Age														
Under 30	20	15	23 (—)	4.3 (0.30)	6.4 (2.51)	2.3 (0.70)	2.7 (0.64)	2.8 (1.78)	4.4 (0.79)	3.7 (0.72)	5.7 (0.95)	7.2 (1.15)	3.5 (0.66)	4.3 (0.60)
30 to 34	36	37	43 (—)	8.2 (0.38)	7.7 (2.78)	6.7 (1.28)	7.0 (1.03)	1.8 (0.99)	9.4 (1.24)	8.9 (1.01)	10.0 (1.01)	7.6 (1.16)	10.6 (1.17)	7.7 (0.62)
35 to 39	59	47	55 (—)	10.3 (0.48)	5.5 (1.97)	9.6 (1.49)	8.7 (1.21)	10.7 (3.34)	11.7 (1.38)	9.5 (1.34)	8.7 (1.07)	10.2 (1.16)	9.9 (1.27)	12.6 (1.20)
40 to 44	70	60	61 (—)	11.5 (0.44)	6.3 (2.79)	10.5 (1.35)	7.9 (0.88)	15.6 (3.25)	12.0 (1.13)	14.9 (1.54)	9.2 (0.91)	10.1 (1.19)	11.2 (1.26)	13.8 (0.96)
45 to 49	68	72	76 (—)	14.4 (0.48)	17.4 (5.26)	13.1 (1.45)	11.7 (1.12)	11.4 (3.50)	16.4 (1.68)	19.7 (1.56)	14.3 (1.65)	9.5 (1.05)	13.1 (1.24)	16.5 (1.13)
50 to 54	45	70	83 (—)	15.6 (0.42)	16.4 (4.15)	16.3 (1.42)	17.4 (1.41)	22.3 (3.60)	18.4 (1.76)	15.9 (1.55)	14.1 (1.35)	11.9 (1.34)	11.1 (1.29)	17.1 (1.15)
55 to 59	29	47	77 (—)	14.5 (0.48)	17.6 (4.45)	17.9 (2.01)	15.5 (1.58)	11.7 (2.89)	14.6 (1.78)	11.5 (1.27)	13.8 (1.46)	15.6 (1.56)	17.5 (1.88)	12.8 (0.82)
60 to 64	23	29	52 (—)	9.7 (0.50)	18.0 (5.10)	11.5 (1.25)	13.1 (1.26)	6.5 (1.96)	5.7 (1.05)	6.7 (1.13)	12.7 (1.42)	12.8 (1.67)	10.9 (1.29)	6.6 (0.76)
65 or older	27	38	60 (—)	11.4 (0.46)	4.7 (2.09)	12.2 (1.65)	15.8 (1.26)	17.2 (3.46)	7.4 (1.33)	9.3 (1.22)	11.6 (1.50)	15.0 (1.99)	12.2 (1.48)	8.6 (0.79)
Highest degree														
Less than bachelor's	17	20	41 (—)	7.8 (0.59)	5.5 (2.53)	1.8 (0.79)	3.7 (0.96)	17.1 (4.44)	9.1 (1.42)	17.3 (1.86)	1.1 (0.57)	0.9 (0.47)	0.5 (0.25)	16.2 (1.31)
Bachelor's	63	59	84 (—)	15.8 (0.55)	26.7 (5.80)	13.9 (1.84)	12.0 (1.25)	17.9 (3.50)	28.2 (2.09)	16.2 (1.61)	12.9 (1.65)	16.1 (1.46)	3.2 (0.82)	19.4 (1.11)
Master's	190	225	273 (—)	51.5 (0.80)	50.3 (6.09)	66.5 (2.34)	63.0 (1.84)	32.3 (4.61)	54.7 (2.95)	30.2 (1.86)	70.2 (2.33)	49.0 (1.94)	55.5 (1.83)	41.6 (1.56)
First-professional	40	36	39 (—)	7.3 (0.39)	2.0 (1.63)	6.3 (1.10)	1.9 (0.45)	‡ (†)	0.9 (0.39)	25.2 (2.12)	2.3 (0.55)	4.3 (0.85)	3.1 (0.62)	11.2 (1.00)
Doctor's	59	76	94 (—)	17.6 (0.60)	15.5 (4.57)	11.5 (1.48)	19.4 (1.61)	31.2 (4.13)	7.1 (1.39)	11.1 (1.28)	13.4 (1.80)	29.7 (1.72)	37.7 (1.90)	11.7 (0.94)
Academic rank														
Professor	32	30	23 (1.6)	4.4 (0.30)	8.9 (4.03)	4.6 (1.06)	3.4 (0.55)	5.9 (2.27)	3.9 (1.05)	5.4 (0.84)	3.5 (0.75)	4.8 (0.82)	4.7 (1.01)	4.1 (0.63)
Associate professor	23	19	15 (1.2)	2.8 (0.22)	‡ (†)	2.3 (0.74)	1.9 (0.47)	5.7 (2.24)	3.7 (0.92)	5.4 (0.89)	1.6 (0.35)	3.3 (0.63)	2.9 (0.60)	1.6 (0.30)
Assistant professor	24	23	20 (1.5)	3.7 (0.29)	2.8 (1.76)	1.5 (0.55)	2.0 (0.50)	3.3 (1.97)	3.6 (0.86)	15.1 (1.64)	1.7 (0.64)	2.8 (0.66)	3.7 (0.89)	1.7 (0.34)
Instructor	215	205	188 (4.4)	35.4 (0.83)	39.9 (5.70)	29.2 (2.00)	37.0 (2.11)	25.3 (4.10)	33.6 (2.12)	36.5 (2.40)	42.9 (2.29)	32.4 (2.05)	30.4 (1.85)	38.2 (1.54)
Lecturer	45	46	41 (2.1)	7.7 (0.41)	14.8 (4.39)	7.6 (1.52)	6.8 (0.97)	9.3 (2.49)	9.7 (1.16)	4.7 (0.93)	11.2 (1.10)	7.8 (1.02)	9.5 (1.20)	5.8 (0.67)
Other	28	75	231 (4.5)	43.6 (0.85)	30.8 (5.98)	51.8 (2.46)	46.6 (1.78)	49.4 (5.02)	42.4 (3.00)	30.5 (1.88)	37.4 (2.23)	45.8 (2.02)	46.0 (2.22)	46.6 (1.47)
No rank	9	16	13 (1.1)	2.4 (0.20)	‡ (†)	3.0 (0.75)	2.1 (0.59)	‡ (†)	3.2 (1.10)	2.4 (0.68)	1.7 (0.49)	3.1 (0.79)	2.8 (0.71)	2.1 (0.40)

—Not available.
†Not applicable.
#Rounds to zero.
‡Reporting standards not met.
[1]Excludes history and philosophy.
[2]Excludes computer sciences.
[3]Includes history.
[4]Includes philosophy, law, occupationally specific programs, computer sciences, and other.
NOTE: Degree-granting institutions grant associate's or higher degrees and participate in Title IV federal financial aid programs. Totals may differ from figures reported in other tables because of varying survey methodologies. Race categories exclude persons of Hispanic ethnicity. Detail may not sum to totals because of survey item nonresponse and rounding. Standard errors appear in parentheses.
SOURCE: U.S. Department of Education, National Center for Education Statistics, 1993, 1999, and 2004 National Study of Postsecondary Faculty (NSOPF:93;99;04). (This table was prepared January 2009.)

Table 266. Full-time and part-time faculty and instructional staff in degree-granting institutions, by race/ethnicity, sex, and program area: Fall 1998 and fall 2003

Program area	Number (in thousands)		Percentage distribution, fall 2003										
				White		Black		Hispanic		Asian/Pacific Islander		American Indian/Alaska Native	
	1998	2003	Total	Male	Female	Male	Female	Male	Female	Male	Female	Male	Female
1	2	3	4	5	6	7	8	9	10	11	12	13	14
Full-time faculty and instructional staff	**560 (4.8)**	**682 (#)**	**100.0**	**49.6 (0.39)**	**30.7 (0.36)**	**2.9 (0.15)**	**2.7 (0.13)**	**2.0 (0.09)**	**1.5 (0.08)**	**6.3 (0.15)**	**2.8 (0.15)**	**0.8 (0.08)**	**0.6 (0.07)**
Agriculture and home economics	10 (0.4)	17 (0.8)	100.0	58.9 (3.03)	28.9 (2.72)	‡ (†)	1.8 (0.73)	1.2 (0.46)	1.3 (0.52)	3.6 (1.13)	2.8 (0.86)	‡ (†)	0.6 (0.35)
Business	39 (1.1)	43 (1.4)	100.0	53.2 (1.49)	26.2 (1.71)	2.5 (0.73)	2.0 (0.44)	1.8 (0.48)	0.5 (0.16)	9.7 (1.06)	2.5 (0.46)	1.3 (0.35)	0.4 (0.17)
Communications	10 (1.0)	16 (1.4)	100.0	48.1 (3.39)	38.7 (3.30)	2.0 (0.73)	3.3 (0.94)	1.9 (0.58)	1.5 (0.59)	1.9 (0.87)	0.6 (0.39)	1.1 (0.77)	0.9 (0.64)
Education	40 (1.4)	51 (1.9)	100.0	32.5 (1.49)	48.0 (1.64)	3.0 (0.60)	4.9 (0.64)	1.5 (0.34)	3.2 (0.52)	1.3 (0.43)	3.5 (0.59)	0.9 (0.25)	1.3 (0.34)
Teacher education	14 (0.6)	18 (1.0)	100.0	31.1 (2.31)	54.4 (2.54)	2.1 (0.86)	5.2 (1.10)	0.4 (0.24)	3.1 (0.89)	‡ (†)	2.1 (0.87)	0.5 (0.25)	0.9 (0.44)
Other education	26 (1.3)	33 (1.5)	100.0	33.3 (2.09)	44.4 (2.46)	3.4 (0.84)	4.7 (0.75)	2.2 (0.51)	3.2 (0.57)	1.9 (0.64)	4.2 (0.81)	1.1 (0.40)	1.5 (0.45)
Engineering	25 (0.9)	33 (1.3)	100.0	65.6 (1.93)	5.3 (0.90)	4.9 (0.84)	0.5 (0.26)	2.2 (0.42)	0.4 (0.17)	17.9 (1.61)	2.2 (0.63)	0.8 (0.53)	‡ (†)
Fine arts	33 (1.4)	43 (1.7)	100.0	52.8 (1.68)	33.6 (1.36)	4.4 (0.83)	1.6 (0.34)	2.0 (0.59)	1.3 (0.44)	1.5 (0.42)	1.4 (0.59)	1.2 (0.36)	0.3 (0.18)
Health sciences	84 (2.0)	94 (2.7)	100.0	36.2 (1.23)	43.5 (1.15)	1.6 (0.26)	3.4 (0.44)	1.6 (0.25)	1.4 (0.19)	6.6 (0.60)	4.1 (0.57)	0.7 (0.22)	1.0 (0.28)
First-professional	40 (1.6)	45 (1.7)	100.0	53.9 (1.58)	20.1 (1.42)	2.2 (0.49)	2.5 (0.58)	2.2 (0.40)	1.3 (0.30)	10.6 (1.08)	5.3 (0.89)	1.1 (0.37)	0.8 (0.39)
Nursing	20 (0.6)	20 (1.2)	100.0	3.5 (0.86)	84.6 (2.21)	‡ (†)	5.3 (1.29)	‡ (†)	0.7 (0.27)	‡ (†)	3.4 (1.10)	‡ (†)	1.8 (0.85)
Other health sciences	24 (1.0)	29 (1.4)	100.0	31.0 (1.98)	52.0 (2.05)	1.5 (0.50)	3.6 (0.84)	1.6 (0.44)	1.9 (0.48)	4.8 (1.02)	2.6 (0.71)	‡ (†)	0.7 (0.31)
Humanities	81 (1.8)	90 (2.4)	100.0	47.3 (1.40)	35.0 (1.33)	2.4 (0.43)	2.6 (0.39)	2.2 (0.24)	2.9 (0.31)	2.9 (0.48)	2.9 (0.54)	0.9 (0.23)	0.9 (0.25)
English and literature	40 (1.2)	39 (1.5)	100.0	38.8 (1.90)	46.0 (2.10)	2.1 (0.45)	4.5 (0.70)	1.3 (0.27)	1.9 (0.50)	0.8 (0.34)	2.7 (0.87)	0.5 (0.18)	1.4 (0.39)
Foreign languages	15 (0.8)	20 (1.0)	100.0	36.2 (1.86)	36.7 (2.07)	2.7 (0.89)	0.9 (0.46)	5.1 (0.75)	8.3 (1.07)	4.0 (1.11)	4.5 (1.01)	0.7 (0.43)	0.8 (0.44)
History	14 (0.6)	18 (1.0)	100.0	59.4 (2.90)	23.0 (2.12)	2.7 (0.80)	2.4 (0.94)	1.9 (0.71)	1.2 (0.52)	5.0 (1.49)	3.2 (0.91)	1.0 (0.45)	‡ (†)
Philosophy	12 (0.8)	13 (1.0)	100.0	72.3 (3.55)	16.6 (2.33)	2.3 (1.11)	‡ (†)	1.0 (0.35)	‡ (†)	4.0 (1.49)	‡ (†)	2.0 (1.20)	‡ (†)
Law	8 (0.6)	10 (1.0)	100.0	54.5 (3.56)	29.9 (3.63)	3.3 (1.10)	4.0 (2.03)	0.9 (0.68)	2.4 (1.15)	2.8 (1.36)	2.0 (1.12)	‡ (†)	‡ (†)
Natural sciences	111 (2.1)	151 (2.5)	100.0	57.3 (1.12)	20.3 (0.80)	2.5 (0.31)	1.5 (0.22)	2.0 (0.20)	0.9 (0.15)	11.2 (0.65)	3.3 (0.35)	0.6 (0.16)	0.3 (0.09)
Biological sciences	40 (1.3)	59 (1.7)	100.0	55.4 (1.69)	21.6 (1.30)	2.2 (0.48)	1.2 (0.28)	1.9 (0.39)	1.2 (0.31)	11.1 (1.13)	4.8 (0.67)	0.3 (0.17)	0.3 (0.12)
Physical sciences	27 (0.8)	36 (1.3)	100.0	68.9 (2.03)	12.8 (1.50)	2.6 (0.59)	0.7 (0.31)	1.4 (0.29)	0.6 (0.19)	9.4 (1.05)	3.0 (0.64)	0.4 (0.33)	‡ (†)
Mathematics	26 (1.0)	32 (1.3)	100.0	52.2 (2.15)	22.7 (1.84)	3.8 (0.67)	2.6 (0.67)	2.8 (0.67)	0.7 (0.28)	11.7 (1.41)	1.8 (0.67)	1.2 (0.56)	0.3 (0.18)
Computer sciences	17 (0.9)	24 (1.2)	100.0	51.0 (2.74)	25.1 (2.15)	1.5 (0.59)	2.0 (0.58)	2.3 (0.52)	0.9 (0.31)	13.5 (1.69)	2.0 (0.66)	1.1 (0.48)	0.6 (0.36)
Social sciences	58 (1.3)	70 (1.8)	100.0	52.2 (1.46)	29.0 (1.23)	3.7 (0.45)	4.1 (0.81)	2.6 (0.36)	1.7 (0.35)	3.4 (0.58)	1.9 (0.48)	0.9 (0.25)	0.6 (0.15)
Economics	9 (0.6)	12 (0.7)	100.0	62.3 (3.46)	18.0 (3.09)	3.5 (0.92)	‡ (†)	3.1 (1.13)	‡ (†)	8.9 (2.18)	3.2 (2.24)	‡ (†)	‡ (†)
Political science	8 (0.5)	10 (0.7)	100.0	67.1 (3.74)	16.8 (2.59)	2.8 (1.19)	3.2 (1.62)	5.1 (1.57)	‡ (†)	2.9 (1.31)	‡ (†)	‡ (†)	‡ (†)
Psychology	20 (0.7)	25 (1.1)	100.0	46.3 (2.33)	37.8 (2.16)	3.4 (1.01)	5.0 (1.99)	1.6 (0.42)	2.7 (0.70)	1.1 (0.49)	1.2 (0.39)	0.6 (0.34)	‡ (†)
Sociology	9 (0.4)	9 (0.6)	100.0	49.9 (3.72)	30.1 (3.42)	3.9 (1.69)	8.0 (2.43)	3.0 (0.97)	1.4 (0.92)	1.1 (0.89)	1.3 (0.75)	‡ (†)	‡ (†)
Other social sciences	13 (0.6)	14 (0.9)	100.0	45.2 (3.59)	30.5 (3.09)	4.8 (1.33)	3.9 (1.28)	1.9 (0.80)	2.4 (0.71)	4.7 (1.50)	3.7 (1.22)	1.9 (0.75)	1.1 (0.54)
Occupationally specific programs	16 (0.8)	27 (1.1)	100.0	60.7 (2.47)	24.2 (2.16)	4.2 (1.16)	1.9 (0.55)	2.5 (0.63)	0.8 (0.26)	2.0 (0.92)	1.4 (0.46)	1.9 (0.62)	0.5 (0.36)
All other programs	44 (1.2)	29 (1.4)	100.0	42.0 (2.03)	37.4 (2.00)	4.7 (1.01)	6.0 (1.01)	1.7 (0.44)	1.7 (0.53)	3.2 (0.99)	2.0 (0.64)	0.7 (0.31)	0.6 (0.28)

See notes at end of table.

Table 266. Full-time and part-time faculty and instructional staff in degree-granting institutions, by race/ethnicity, sex, and program area: Fall 1998 and fall 2003—Continued

Program area	Number (in thousands)				Percentage distribution, fall 2003																				
						White				Black				Hispanic				Asian/Pacific Islander				American Indian/Alaska Native			
	1998		2003		Total	Male		Female		Male		Female		Male		Female		Male		Female		Male		Female	
1	2		3		4	5		6		7		8		9		10		11		12		13		14	
Part-time faculty and instructional staff	**416**	**(5.9)**	**530**	**(#)**	**100.0**	**44.4**	**(0.46)**	**40.8**	**(0.54)**	**2.6**	**(0.17)**	**3.0**	**(0.14)**	**1.9**	**(0.12)**	**1.6**	**(0.10)**	**2.1**	**(0.15)**	**1.8**	**(0.18)**	**1.0**	**(0.15)**	**0.8**	**(0.15)**
Agriculture and home economics	3	(0.2)	7	(1.0)	100.0	30.8	(6.24)	60.6	(6.30)	‡	(†)	2.1	(1.46)	‡	(†)	‡	(†)	‡	(†)	‡	(†)	‡	(†)	‡	(†)
Business	32	(1.8)	45	(3.0)	100.0	60.6	(1.96)	26.2	(1.73)	4.3	(0.70)	2.3	(0.54)	1.7	(0.77)	0.5	(0.28)	2.0	(0.69)	1.0	(0.50)	1.0	(0.52)	0.4	(0.23)
Communications	10	(1.0)	14	(1.2)	100.0	47.7	(3.71)	39.3	(3.89)	2.1	(0.97)	2.8	(0.95)	0.5	(0.36)	1.5	(0.99)	‡	(†)	0.8	(0.52)	3.5	(1.82)	1.1	(0.86)
Education	34	(1.6)	64	(2.6)	100.0	25.3	(1.65)	59.8	(2.11)	1.4	(0.41)	5.2	(0.90)	1.7	(0.37)	3.4	(0.49)	0.4	(0.19)	1.3	(0.38)	0.3	(0.15)	1.2	(0.36)
Teacher education	13	(1.0)	29	(1.8)	100.0	22.2	(2.41)	63.9	(2.84)	0.9	(0.35)	6.4	(1.17)	1.3	(0.41)	2.2	(0.52)	‡	(†)	0.9	(0.52)	‡	(†)	1.6	(0.69)
Other education	20	(1.2)	34	(1.8)	100.0	27.9	(2.53)	56.4	(2.98)	1.9	(0.66)	4.1	(1.17)	2.0	(0.57)	4.5	(0.77)	0.5	(0.24)	1.6	(0.60)	‡	(†)	0.8	(0.37)
Engineering	9	(0.8)	14	(1.5)	100.0	78.6	(3.70)	6.8	(2.77)	1.4	(1.22)	‡	(†)	1.7	(0.46)	0.9	(0.46)	8.0	(2.13)	‡	(†)	‡	(†)	‡	(†)
Fine arts	38	(1.5)	48	(3.6)	100.0	44.8	(2.06)	43.9	(2.44)	1.7	(0.54)	1.3	(0.34)	1.8	(0.49)	0.9	(0.25)	1.0	(0.36)	1.9	(0.58)	2.1	(0.84)	0.7	(0.30)
Health sciences	49	(2.2)	58	(3.1)	100.0	27.9	(1.65)	57.1	(1.74)	1.2	(0.41)	4.0	(0.52)	0.8	(0.26)	1.4	(0.38)	4.0	(0.87)	2.4	(0.72)	0.5	(0.32)	0.5	(0.23)
First-professional	15	(1.3)	17	(1.2)	100.0	47.2	(3.33)	34.7	(3.64)	2.0	(1.03)	2.1	(0.92)	1.2	(0.72)	0.9	(0.45)	6.4	(2.10)	5.1	(2.41)	‡	(†)	‡	(†)
Nursing	12	(0.8)	13	(1.3)	100.0	‡	(†)	86.3	(2.04)	‡	(†)	8.0	(1.30)	‡	(†)	1.4	(0.56)	‡	(†)	1.3	(1.03)	‡	(†)	0.9	(0.47)
Other health sciences	21	(1.7)	28	(2.0)	100.0	29.4	(2.86)	56.4	(3.07)	1.2	(0.66)	3.2	(0.76)	0.8	(0.32)	1.7	(0.70)	4.3	(1.23)	1.4	(0.56)	‡	(†)	0.7	(0.40)
Humanities	74	(2.1)	80	(2.5)	100.0	35.9	(1.52)	49.2	(1.61)	1.6	(0.35)	2.9	(0.45)	2.3	(0.35)	2.9	(0.44)	0.9	(0.30)	2.7	(0.55)	1.0	(0.33)	0.6	(0.22)
English and literature	43	(1.4)	44	(1.9)	100.0	29.5	(2.31)	58.5	(2.47)	1.2	(0.33)	4.3	(0.78)	1.0	(0.35)	1.3	(0.37)	1.0	(0.41)	1.6	(0.46)	0.8	(0.34)	0.8	(0.29)
Foreign languages	12	(1.2)	15	(1.2)	100.0	16.6	(3.57)	52.0	(3.38)	1.4	(0.83)	2.0	(0.80)	7.2	(1.50)	11.4	(1.97)	‡	(†)	7.9	(2.18)	‡	(†)	‡	(†)
History	11	(0.7)	11	(1.0)	100.0	61.1	(4.58)	28.9	(4.15)	1.5	(0.89)	0.5	(0.38)	2.5	(1.05)	‡	(†)	‡	(†)	1.0	(0.63)	3.7	(1.99)	‡	(†)
Philosophy	9	(0.6)	10	(1.2)	100.0	65.7	(4.20)	26.0	(4.60)	3.5	(1.71)	0.5	(0.28)	0.6	(0.46)	‡	(†)	1.8	(1.18)	‡	(†)	‡	(†)	‡	(†)
Law	11	(0.8)	11	(1.2)	100.0	52.6	(4.43)	32.8	(4.18)	4.4	(1.41)	2.0	(0.82)	2.2	(1.05)	‡	(†)	3.5	(1.89)	‡	(†)	1.0	(0.86)	‡	(†)
Natural sciences	65	(2.2)	90	(2.9)	100.0	50.5	(1.72)	32.4	(1.73)	3.8	(0.44)	2.7	(0.36)	1.9	(0.41)	0.7	(0.16)	4.2	(0.61)	2.3	(0.46)	1.0	(0.34)	0.5	(0.26)
Biological sciences	11	(0.9)	16	(1.0)	100.0	41.7	(3.76)	40.1	(3.78)	2.2	(0.67)	2.1	(0.90)	1.0	(0.39)	1.0	(0.40)	5.6	(2.32)	5.3	(1.63)	‡	(†)	‡	(†)
Physical sciences	11	(0.8)	16	(1.1)	100.0	57.8	(3.30)	28.7	(3.42)	3.9	(1.37)	0.9	(0.52)	1.9	(1.05)	0.9	(0.41)	3.1	(1.06)	2.6	(0.99)	‡	(†)	‡	(†)
Mathematics	24	(1.4)	32	(2.3)	100.0	46.6	(3.20)	36.0	(3.04)	4.4	(0.78)	3.1	(0.83)	1.4	(0.48)	0.5	(0.24)	3.9	(0.85)	1.8	(0.64)	1.3	(0.85)	0.9	(0.59)
Computer sciences	19	(1.2)	26	(1.7)	100.0	56.4	(2.98)	25.3	(2.64)	4.1	(1.03)	3.7	(0.60)	3.0	(0.93)	0.7	(0.39)	4.2	(1.10)	0.9	(0.45)	1.4	(0.63)	‡	(†)
Social sciences	41	(2.4)	42	(2.0)	100.0	49.8	(1.85)	32.9	(2.09)	3.7	(0.68)	3.0	(0.66)	2.5	(0.65)	1.5	(0.31)	0.9	(0.48)	2.3	(1.23)	1.5	(0.65)	2.0	(0.62)
Economics	4	(0.5)	5	(0.8)	100.0	68.6	(7.36)	9.3	(4.08)	7.2	(3.52)	‡	(†)	7.0	(4.24)	‡	(†)	‡	(†)	‡	(†)	‡	(†)	‡	(†)
Political science	4	(0.4)	5	(0.8)	100.0	71.1	(5.32)	11.9	(3.93)	5.7	(2.79)	1.7	(1.32)	3.9	(2.30)	1.0	(0.67)	‡	(†)	‡	(†)	‡	(†)	‡	(†)
Psychology	18	(2.1)	18	(1.2)	100.0	42.2	(3.36)	44.4	(3.12)	2.0	(0.76)	3.0	(0.91)	1.4	(0.64)	1.7	(0.58)	‡	(†)	0.6	(0.52)	1.9	(1.11)	2.2	(0.93)
Sociology	6	(0.5)	7	(0.9)	100.0	44.6	(6.09)	30.7	(6.03)	4.0	(1.61)	4.1	(1.54)	1.7	(0.98)	1.6	(0.76)	‡	(†)	‡	(†)	1.7	(1.52)	5.7	(3.43)
Other social sciences	10	(0.9)	8	(0.8)	100.0	46.2	(4.24)	36.4	(4.19)	3.8	(2.28)	4.5	(1.85)	1.8	(1.04)	1.9	(0.83)	‡	(†)	2.8	(1.29)	‡	(†)	‡	(†)
Occupationally specific programs	17	(1.1)	37	(2.4)	100.0	68.2	(2.51)	18.6	(2.19)	4.5	(1.03)	1.8	(0.63)	4.0	(0.92)	0.6	(0.23)	0.6	(0.32)	0.3	(0.19)	1.1	(0.50)	0.4	(0.25)
All other programs	35	(1.6)	19	(1.2)	100.0	41.8	(3.30)	42.6	(2.95)	2.5	(0.81)	5.5	(1.46)	1.9	(0.58)	2.6	(0.90)	0.9	(0.75)	1.2	(0.63)	‡	(†)	‡	(†)

†Not applicable.
#Rounds to zero.
‡Reporting standards not met.
NOTE: Degree-granting institutions grant associate's or higher degrees and participate in Title IV federal financial aid programs. Totals may differ from figures reported in other tables because of varying survey methodologies. Race categories exclude persons of Hispanic ethnicity. Detail may not sum to totals because of rounding and nonresponse to program area question. Standard errors appear in parentheses.
SOURCE: U.S. Department of Education, National Center for Education Statistics, 1999 and 2004 National Study of Postsecondary Faculty (NSOPF:99;04). (This table was prepared December 2008.)

Table 267. Average salary of full-time instructional faculty on 9-month contracts in degree-granting institutions, by academic rank, control and type of institution, and sex: Selected years, 1970–71 through 2009–10

Sex and academic year	All faculty	Academic rank						Public institutions			Private institutions		
		Professor	Associate professor	Assistant professor	Instructor	Lecturer	No rank	Total	4-year	2-year	Total	4-year	2-year
1	2	3	4	5	6	7	8	9	10	11	12	13	14
	Current dollars												
Total													
1970–71	$12,710	$17,958	$13,563	$11,176	$9,360	$11,196	$12,333	$12,953	$13,121	$12,644	$11,619	$11,824	$8,664
1975–76	16,659	22,649	17,065	13,986	13,672	12,906	15,196	16,942	17,400	15,820	15,921	16,116	10,901
1978–79	19,820	26,470	20,047	16,374	13,193	15,281	18,725	20,179	20,722	18,844	18,807	19,010	12,496
1979–80	21,348	28,388	21,451	17,465	14,023	16,122	20,262	21,798	22,349	20,429	20,105	20,318	13,250
1980–81	23,302	30,753	23,214	18,901	15,178	17,301	22,334	23,745	24,373	22,177	22,093	22,325	15,065
1981–82	25,449	33,437	25,278	20,608	16,450	18,756	24,331	25,886	26,591	24,193	24,255	24,509	15,926
1982–83	27,196	35,540	26,921	22,056	17,601	20,072	25,557	27,488	28,293	25,567	26,393	26,691	16,595
1984–85	30,447	39,743	29,945	24,668	20,230	22,334	27,683	30,646	31,764	27,864	29,910	30,247	18,510
1985–86	32,392	42,268	31,787	26,277	20,918	23,770	29,088	32,750	34,033	29,590	31,402	31,732	19,436
1987–88	35,897	47,040	35,231	29,110	22,728	25,977	31,532	36,231	37,840	32,209	35,049	35,346	21,867
1989–90	40,133	52,810	39,392	32,689	25,030	28,990	34,559	40,416	42,365	35,516	39,464	39,817	24,601
1990–91	42,165	55,540	41,414	34,434	26,332	30,097	36,395	42,317	44,510	37,055	41,788	42,224	24,088
1991–92	43,851	57,433	42,929	35,745	30,916	30,456	37,783	43,641	45,638	38,959	44,376	44,793	25,673
1992–93	44,714	58,788	43,945	36,625	28,499	30,543	37,771	44,197	46,515	38,935	45,985	46,427	26,105
1993–94	46,364	60,649	45,278	37,630	28,828	32,729	40,584	45,920	48,019	41,040	47,465	47,880	28,435
1994–95	47,811	62,709	46,713	38,756	29,665	33,198	41,227	47,432	49,738	42,101	48,741	49,379	25,613
1995–96	49,309	64,540	47,966	39,696	30,344	34,136	42,996	48,837	51,172	43,295	50,466	50,819	31,915
1996–97	50,829	66,659	49,307	40,687	31,193	34,962	44,200	50,303	52,718	44,584	52,112	52,443	32,628
1997–98	52,335	68,731	50,828	41,830	32,449	35,484	45,268	51,638	54,114	45,919	54,039	54,379	33,592
1998–99	54,097	71,322	52,576	43,348	33,819	36,819	46,250	53,319	55,948	47,285	55,981	56,284	34,821
1999–2000	55,888	74,410	54,524	44,978	34,918	38,194	47,389	55,011	57,950	48,240	58,013	58,323	35,925
2001–02	59,742	80,792	58,724	48,796	46,959	41,798	46,569	58,524	62,013	50,837	62,818	63,088	33,139
2002–03	61,330	83,466	60,471	50,552	48,304	42,622	46,338	60,014	63,486	52,330	64,533	64,814	34,826
2003–04	62,579	85,333	61,746	51,798	49,065	43,648	47,725	60,874	64,340	53,076	66,666	66,932	36,322
2004–05	64,234	88,158	63,558	53,308	49,730	44,514	48,942	62,346	66,053	53,932	68,755	68,995	37,329
2005–06	66,172	91,208	65,714	55,106	50,883	45,896	50,425	64,158	67,951	55,405	71,016	71,263	38,549
2006–07	68,585	94,870	68,153	57,143	53,278	47,478	52,161	66,566	70,460	57,466	73,419	73,636	41,138
2007–08	71,085	98,548	70,826	59,294	55,325	49,392	54,405	68,981	72,857	59,646	76,133	76,341	43,402
2008–09	73,570	102,346	73,439	61,550	56,918	51,188	56,370	71,237	75,245	61,433	79,147	79,410	43,542
2009–10	74,625	103,684	74,126	62,246	57,797	52,177	56,807	72,183	76,153	62,265	80,385	80,603	44,748
Males													
1975–76	17,414	22,902	17,209	14,174	14,430	13,579	15,761	17,661	18,121	16,339	16,784	16,946	11,378
1978–79	20,777	26,727	20,221	16,602	13,441	15,927	19,400	21,080	21,628	19,475	19,935	20,086	13,048
1979–80	22,394	28,672	21,651	17,720	14,323	16,932	20,901	22,789	23,350	21,131	21,317	21,472	13,938
1980–81	24,499	31,082	23,451	19,227	15,545	18,281	23,170	24,873	25,509	22,965	23,493	23,669	16,075
1981–82	26,796	33,799	25,553	21,025	16,906	19,721	25,276	27,149	27,864	25,085	25,849	26,037	16,834
1982–83	28,664	35,956	27,262	22,586	18,160	21,225	26,541	28,851	29,661	26,524	28,159	28,380	17,346
1984–85	32,182	40,269	30,392	25,330	21,159	23,557	28,670	32,240	33,344	28,891	32,028	32,278	19,460
1985–86	34,294	42,833	32,273	27,094	21,693	25,238	30,267	34,528	35,786	30,758	33,656	33,900	20,412
1987–88	38,112	47,735	35,823	30,086	23,645	27,652	32,747	38,314	39,898	33,477	37,603	37,817	22,641
1989–90	42,763	53,650	40,131	33,781	25,933	31,162	35,980	42,959	44,834	37,081	42,312	42,595	25,218
1990–91	45,065	56,549	42,239	35,636	27,388	32,398	38,036	45,084	47,168	38,787	45,019	45,319	25,937
1991–92	46,848	58,494	43,814	36,969	33,359	32,843	39,422	46,483	48,401	40,811	47,733	48,042	26,825
1992–93	47,866	59,972	44,855	37,842	29,583	32,512	39,365	47,175	49,392	40,725	49,518	49,837	27,402
1993–94	49,579	61,857	46,229	38,794	29,815	34,796	42,251	48,956	50,989	42,938	51,076	51,397	30,783
1994–95	51,228	64,046	47,705	39,923	30,528	35,082	43,103	50,629	52,874	44,020	52,653	53,036	29,639
1995–96	52,814	65,949	49,037	40,858	30,940	36,135	44,624	52,163	54,448	45,209	54,364	54,649	33,301
1996–97	54,465	68,214	50,457	41,864	31,738	36,932	45,688	53,737	56,162	46,393	56,185	56,453	34,736
1997–98	56,115	70,468	52,041	43,017	33,070	37,481	46,822	55,191	57,744	47,690	58,293	58,576	36,157
1998–99	58,048	73,260	53,830	44,650	34,741	38,976	47,610	57,038	59,805	48,961	60,392	60,641	38,040
1999–2000	60,084	76,478	55,939	46,414	35,854	40,202	48,788	58,984	62,030	50,033	62,631	62,905	38,636
2001–02	64,320	83,356	60,300	50,518	48,844	44,519	48,049	62,835	66,577	52,360	67,871	68,100	33,395
2002–03	66,126	86,191	62,226	52,441	50,272	45,469	47,412	64,564	68,322	53,962	69,726	69,976	34,291
2003–04	67,485	88,262	63,466	53,649	50,985	46,214	48,973	65,476	69,248	54,623	72,021	72,250	35,604
2004–05	69,337	91,290	65,394	55,215	51,380	46,929	50,102	67,130	71,145	55,398	74,318	74,540	34,970
2005–06	71,569	94,733	67,654	57,099	52,519	48,256	51,811	69,191	73,353	56,858	76,941	77,143	38,215
2006–07	74,167	98,563	70,168	59,150	55,061	49,641	53,665	71,797	76,072	58,971	79,491	79,663	41,196
2007–08	76,935	102,555	72,940	61,368	57,116	51,804	56,196	74,389	78,673	61,166	82,681	82,850	42,995
2008–09	79,706	106,759	75,634	63,726	58,819	53,777	58,341	76,897	81,394	62,870	86,008	86,205	43,871
2009–10	80,885	108,227	76,401	64,450	59,799	54,946	58,649	77,951	82,428	63,698	87,386	87,549	44,500

See notes at end of table.

Table 267. Average salary of full-time instructional faculty on 9-month contracts in degree-granting institutions, by academic rank, control and type of institution, and sex: Selected years, 1970–71 through 2009–10—Continued

Sex and academic year	All faculty	Academic rank						Public institutions			Private institutions		
		Professor	Associate professor	Assistant professor	Instructor	Lecturer	No rank	Total	4-year	2-year	Total	4-year	2-year
1	2	3	4	5	6	7	8	9	10	11	12	13	14
Females													
1975–76	14,308	20,308	16,364	13,522	12,572	11,901	14,094	14,762	14,758	14,769	13,030	13,231	10,201
1978–79	17,080	24,143	19,300	15,914	12,966	14,465	17,482	17,646	17,627	17,676	15,388	15,611	11,898
1979–80	18,396	25,910	20,642	16,974	13,750	15,142	19,069	19,042	18,985	19,134	16,539	16,787	12,541
1980–81	19,996	27,959	22,295	18,302	14,854	16,168	20,843	20,673	20,608	20,778	18,073	18,326	13,892
1981–82	21,802	30,438	24,271	19,866	16,054	17,676	22,672	22,524	22,454	22,632	19,743	20,024	14,984
1982–83	23,261	32,221	25,738	21,130	17,102	18,830	23,855	23,892	23,876	23,917	21,451	21,785	15,845
1984–85	25,941	35,824	28,517	23,575	19,362	21,004	26,050	26,566	26,813	26,172	24,186	24,560	17,575
1985–86	27,576	38,252	30,300	24,966	20,237	22,273	27,171	28,299	28,680	27,693	25,523	25,889	18,504
1987–88	30,499	42,371	33,528	27,600	21,962	24,370	29,605	31,215	31,820	30,228	28,621	28,946	21,215
1989–90	34,183	47,663	37,469	31,090	24,320	26,995	32,528	34,796	35,704	33,307	32,650	33,010	24,002
1990–91	35,881	49,728	39,329	32,724	25,534	28,111	34,179	36,459	37,573	34,720	34,359	34,898	22,585
1991–92	37,534	51,621	40,766	34,063	28,873	28,550	35,622	37,800	38,634	36,517	36,828	37,309	24,683
1992–93	38,385	52,755	41,861	35,032	27,700	28,922	35,792	38,356	39,470	36,710	38,460	38,987	25,068
1993–94	40,058	54,746	43,178	36,169	28,136	31,048	38,474	40,118	41,031	38,707	39,902	40,378	26,142
1994–95	41,369	56,555	44,626	37,352	29,072	31,677	38,967	41,548	42,663	39,812	40,908	41,815	22,851
1995–96	42,871	58,318	45,803	38,345	29,940	32,584	41,085	42,871	43,986	41,086	42,871	43,236	30,671
1996–97	44,325	60,160	47,101	39,350	30,819	33,415	42,474	44,306	45,402	42,531	44,374	44,726	30,661
1997–98	45,775	61,965	48,597	40,504	32,011	33,918	43,491	45,648	46,709	43,943	46,106	46,466	30,995
1998–99	47,421	64,236	50,347	41,894	33,152	35,115	44,723	47,247	48,355	45,457	47,874	48,204	31,524
1999–2000	48,997	67,079	52,091	43,367	34,228	36,607	45,865	48,714	50,168	46,340	49,737	50,052	32,951
2001–02	52,662	72,542	56,186	46,824	45,262	39,538	45,003	52,123	53,895	49,290	54,149	54,434	32,921
2002–03	54,105	75,028	57,716	48,380	46,573	40,265	45,251	53,435	55,121	50,717	55,881	56,158	35,296
2003–04	55,378	76,652	59,095	49,689	47,404	41,536	46,519	54,408	56,117	51,591	57,921	58,192	36,896
2004–05	56,926	79,160	60,809	51,154	48,351	42,455	47,860	55,780	57,714	52,566	59,919	60,143	39,291
2005–06	58,665	81,514	62,860	52,901	49,533	43,934	49,172	57,462	59,437	54,082	61,830	62,092	38,786
2006–07	61,016	85,090	65,237	54,974	51,832	45,693	50,812	59,781	61,875	56,127	64,246	64,481	41,099
2007–08	63,347	88,301	67,816	57,111	53,889	47,407	52,837	62,129	64,226	58,318	66,528	66,745	43,670
2008–09	65,638	91,522	70,375	59,286	55,424	49,078	54,649	64,231	66,393	60,195	69,300	69,593	43,344
2009–10	66,653	92,835	71,019	60,001	56,246	49,945	55,211	65,144	67,283	61,047	70,516	70,756	44,892
	Constant 2008–09 dollars[1]												
Total													
1970–71	68,677	97,035	73,291	60,391	50,576	60,499	66,644	69,995	70,903	68,323	62,782	63,894	46,817
1975–76	64,479	87,667	66,053	54,135	52,921	49,954	58,818	65,576	67,349	61,232	61,623	62,381	42,193
1978–79	62,111	82,950	62,823	51,312	41,342	47,885	58,678	63,235	64,937	59,051	58,936	59,570	39,159
1979–80	59,028	78,495	59,312	48,292	38,773	44,577	56,024	60,273	61,795	56,487	55,590	56,179	36,637
1980–81	57,743	76,206	57,525	46,837	37,611	42,872	55,344	58,840	60,397	54,955	54,747	55,322	37,331
1981–82	58,049	76,269	57,658	47,006	37,522	42,782	55,498	59,045	60,654	55,184	55,326	55,905	36,326
1982–83	59,479	77,727	58,877	48,237	38,494	43,898	55,894	60,117	61,878	55,916	57,723	58,374	36,294
1984–85	61,793	80,660	60,774	50,065	41,058	45,328	56,184	62,197	64,466	56,551	60,703	61,387	37,567
1985–86	63,898	83,380	62,705	51,835	41,264	46,890	57,380	64,604	67,135	58,371	61,945	62,596	38,340
1987–88	66,518	87,166	65,284	53,942	42,115	48,135	58,430	67,137	70,118	59,684	64,947	65,497	40,520
1989–90	67,847	89,277	66,595	55,263	42,315	49,010	58,423	68,325	71,620	60,042	66,715	67,313	41,589
1990–91	67,588	89,026	66,383	55,195	42,208	48,244	58,338	67,831	71,346	59,396	66,983	67,682	38,611
1991–92	68,108	89,202	66,675	55,518	48,017	47,302	58,683	67,781	70,882	60,510	68,922	69,570	39,874
1992–93	67,344	88,541	66,185	55,161	42,923	46,001	56,887	66,565	70,057	58,640	69,258	69,924	39,317
1993–94	68,067	89,038	66,471	55,244	42,322	48,048	59,580	67,415	70,496	60,249	69,683	70,291	41,745
1994–95	68,235	89,496	66,668	55,311	42,337	47,379	58,838	67,693	70,984	60,085	69,561	70,472	36,554
1995–96	68,509	89,670	66,643	55,153	42,160	47,427	59,737	67,853	71,097	60,153	70,116	70,607	44,342
1996–97	68,662	90,045	66,606	54,961	42,137	47,228	59,707	67,951	71,213	60,225	70,395	70,842	44,076
1997–98	69,457	91,218	67,457	55,515	43,065	47,093	60,078	68,532	71,819	60,942	71,719	72,170	44,582
1998–99	70,573	93,046	68,589	56,551	44,119	48,033	60,337	69,559	72,988	61,686	73,032	73,427	45,426
1999–2000	70,865	94,350	69,135	57,031	44,275	48,429	60,088	69,753	73,479	61,168	73,559	73,952	45,551
2001–02	71,967	97,326	70,742	58,782	56,569	50,352	56,099	70,501	74,703	61,240	75,673	75,999	39,921
2002–03	72,292	98,385	71,279	59,588	56,938	50,241	54,621	70,741	74,834	61,684	76,068	76,399	41,050
2003–04	72,185	98,432	71,224	59,749	56,596	50,348	55,051	70,219	74,217	61,223	76,899	77,206	41,897
2004–05	71,930	98,720	71,173	59,694	55,688	49,847	54,805	69,815	73,966	60,393	76,992	77,261	41,801
2005–06	71,382	98,388	70,887	59,444	54,889	49,509	54,394	69,209	73,301	59,767	76,607	76,874	41,583
2006–07	72,119	99,759	71,665	60,087	56,023	49,925	54,849	69,996	74,091	60,428	77,203	77,431	43,258
2007–08	72,077	99,924	71,815	60,122	56,098	50,081	55,164	69,945	73,874	60,479	77,196	77,407	44,008
2008–09	73,570	102,346	73,439	61,550	56,918	51,188	56,370	71,237	75,245	61,433	79,147	79,410	43,542
2009–10	73,910	102,691	73,416	61,650	57,243	51,677	56,263	71,491	75,424	61,668	79,615	79,830	44,319

See notes at end of table.

Table 267. Average salary of full-time instructional faculty on 9-month contracts in degree-granting institutions, by academic rank, control and type of institution, and sex: Selected years, 1970–71 through 2009–10—Continued

Sex and academic year	All faculty	Academic rank: Professor	Associate professor	Assistant professor	Instructor	Lecturer	No rank	Public institutions: Total	4-year	2-year	Private institutions: Total	4-year	2-year
1	2	3	4	5	6	7	8	9	10	11	12	13	14
Males													
1975–76	67,402	88,645	66,608	54,864	55,853	52,559	61,004	68,360	70,138	63,244	64,966	65,591	44,039
1978–79	65,107	83,755	63,365	52,025	42,119	49,911	60,792	66,059	67,777	61,029	62,469	62,943	40,888
1979–80	61,920	79,279	59,865	48,996	39,604	46,817	57,792	63,013	64,564	58,427	58,943	59,370	38,540
1980–81	60,709	77,022	58,112	47,645	38,521	45,301	57,416	61,636	63,212	56,908	58,216	58,652	39,834
1981–82	61,121	77,095	58,286	47,958	38,562	44,983	57,654	61,925	63,557	57,218	58,961	59,389	38,398
1982–83	62,689	78,637	59,623	49,396	39,717	46,420	58,046	63,098	64,870	58,009	61,585	62,068	37,936
1984–85	65,315	81,727	61,682	51,408	42,943	47,810	58,187	65,432	67,673	58,635	65,002	65,509	39,495
1985–86	67,650	84,495	63,663	53,447	42,793	49,786	59,706	68,112	70,593	60,675	66,392	66,873	40,266
1987–88	70,622	88,453	66,381	55,751	43,814	51,240	60,681	70,997	73,932	62,034	69,679	70,076	41,954
1989–90	72,294	90,698	67,843	57,108	43,840	52,681	60,826	72,624	75,795	62,688	71,532	72,008	42,633
1990–91	72,236	90,644	67,705	57,121	43,901	51,931	60,968	72,266	75,606	62,172	72,162	72,643	41,574
1991–92	72,762	90,849	68,050	57,418	51,812	51,011	61,228	72,195	75,174	63,386	74,136	74,616	41,663
1992–93	72,091	90,324	67,557	56,994	44,555	48,967	59,288	71,050	74,390	61,336	74,580	75,060	41,270
1993–94	72,785	90,811	67,868	56,952	43,771	51,083	62,028	71,871	74,856	63,036	74,984	75,455	45,193
1994–95	73,112	91,405	68,083	56,976	43,569	50,068	61,516	72,257	75,460	62,824	75,145	75,692	42,301
1995–96	73,379	91,628	68,131	56,767	42,988	50,205	62,000	72,474	75,649	62,812	75,532	75,928	46,268
1996–97	73,573	92,146	68,158	56,552	42,873	49,889	61,717	72,590	75,865	62,669	75,897	76,258	46,922
1997–98	74,474	93,523	69,067	57,090	43,890	49,744	62,140	73,248	76,636	63,292	77,365	77,741	47,986
1998–99	75,728	95,574	70,225	58,249	45,323	50,847	62,112	74,411	78,021	63,874	78,786	79,111	49,627
1999–2000	76,185	96,972	70,929	58,851	45,462	50,975	61,862	74,790	78,653	63,441	79,414	79,762	48,989
2001–02	77,483	100,414	72,640	60,856	58,839	53,630	57,882	75,693	80,202	63,075	81,760	82,036	40,229
2002–03	77,946	101,597	73,348	61,814	59,257	53,596	55,886	76,104	80,534	63,607	82,188	82,484	40,420
2003–04	77,844	101,810	73,209	61,884	58,811	53,308	56,491	75,526	79,877	63,008	83,077	83,340	41,070
2004–05	77,644	102,227	73,228	61,830	57,536	52,552	56,104	75,173	79,669	62,035	83,222	83,471	39,160
2005–06	77,203	102,191	72,980	61,594	56,654	52,055	55,890	74,638	79,128	61,334	82,999	83,216	41,224
2006–07	77,989	103,642	73,784	62,198	57,899	52,199	56,431	75,497	79,992	62,010	83,587	83,768	43,319
2007–08	78,010	103,987	73,958	62,225	57,914	52,527	56,980	75,428	79,772	62,020	83,836	84,007	43,596
2008–09	79,706	106,759	75,634	63,726	58,819	53,777	58,341	76,897	81,394	62,870	86,008	86,205	43,871
2009–10	80,110	107,190	75,669	63,833	59,226	54,419	58,087	77,204	81,638	63,087	86,548	86,710	44,074
Females													
1975–76	55,379	78,605	63,339	52,338	48,661	46,063	54,553	57,140	57,125	57,165	50,436	51,211	39,483
1978–79	53,524	75,656	60,481	49,868	40,631	45,328	54,784	55,297	55,238	55,390	48,222	48,921	37,284
1979–80	50,866	71,643	57,075	46,933	38,020	41,869	52,728	52,651	52,494	52,907	45,730	46,417	34,675
1980–81	49,550	69,283	55,247	45,353	36,808	40,065	51,649	51,228	51,067	51,488	44,785	45,412	34,425
1981–82	49,730	69,428	55,362	45,314	36,619	40,319	51,714	51,376	51,217	51,623	45,033	45,673	34,178
1982–83	50,873	70,469	56,290	46,212	37,403	41,182	52,172	52,253	52,218	52,307	46,914	47,645	34,654
1984–85	52,648	72,706	57,876	47,846	39,296	42,628	52,869	53,917	54,418	53,117	49,086	49,845	35,669
1985–86	54,398	75,458	59,771	49,249	39,921	43,937	53,599	55,824	56,576	54,629	50,348	51,070	36,502
1987–88	56,516	78,514	62,128	51,144	40,696	45,158	54,859	57,842	58,963	56,013	53,035	53,638	39,312
1989–90	57,788	80,576	63,343	52,559	41,114	45,637	54,991	58,825	60,360	56,307	55,196	55,805	40,577
1990–91	57,514	79,711	63,042	52,454	40,929	45,060	54,785	58,441	60,227	55,654	55,074	55,938	36,202
1991–92	58,296	80,175	63,315	52,905	44,844	44,342	55,327	58,709	60,005	56,717	57,199	57,946	38,337
1992–93	57,811	79,455	63,047	52,763	41,720	43,560	53,906	57,768	59,446	55,290	57,925	58,718	37,755
1993–94	58,809	80,371	63,388	53,099	41,306	45,581	56,482	58,896	60,236	56,825	58,580	59,278	38,378
1994–95	59,041	80,713	63,689	53,308	41,491	45,208	55,612	59,296	60,887	56,818	58,382	59,677	32,613
1995–96	59,564	81,025	63,637	53,276	41,598	45,271	57,082	59,564	61,113	57,084	59,564	60,071	42,614
1996–97	59,875	81,266	63,626	53,155	41,632	45,138	57,376	59,849	61,330	57,452	59,941	60,418	41,418
1997–98	60,751	82,237	64,497	53,755	42,484	45,015	57,720	60,582	61,990	58,320	61,190	61,669	41,136
1998–99	61,864	83,801	65,682	54,654	43,250	45,810	58,344	61,638	63,082	59,302	62,456	62,886	41,125
1999–2000	62,127	85,054	66,050	54,989	43,400	46,417	58,155	61,768	63,612	58,758	63,065	63,465	41,781
2001–02	63,439	87,387	67,684	56,406	54,524	47,629	54,212	62,790	64,925	59,377	65,230	65,574	39,658
2002–03	63,775	88,438	68,033	57,027	54,898	47,462	53,339	62,986	64,973	59,783	65,870	66,196	41,605
2003–04	63,878	88,418	68,167	57,317	54,681	47,912	53,660	62,760	64,732	59,511	66,813	67,124	42,560
2004–05	63,746	88,644	68,094	57,283	54,144	47,541	53,594	62,463	64,628	58,864	67,098	67,348	43,998
2005–06	63,283	87,931	67,808	57,066	53,433	47,393	53,043	61,986	64,116	58,340	66,698	66,981	41,840
2006–07	64,160	89,475	68,599	57,807	54,503	48,048	53,430	62,862	65,064	59,019	67,557	67,804	43,217
2007–08	64,232	89,534	68,763	57,909	54,641	48,069	53,575	62,996	65,122	59,133	67,457	67,677	44,280
2008–09	65,638	91,522	70,375	59,286	55,424	49,078	54,649	64,231	66,393	60,195	69,300	69,593	43,344
2009–10	66,014	91,945	70,338	59,426	55,707	49,466	54,682	64,519	66,638	60,462	69,840	70,078	44,462

[1]Constant dollars based on the Consumer Price Index, prepared by the Bureau of Labor Statistics, U.S. Department of Labor, adjusted to an academic-year basis.

NOTE: Data through 1995–96 are for institutions of higher education, while later data are for degree-granting institutions. Degree-granting institutions grant associate's or higher degrees and participate in Title IV federal financial aid programs. The degree-granting classification is very similar to the earlier higher education classification, but it includes more 2-year colleges and excludes a few higher education institutions that did not grant degrees. (See Appendix A: Guide to Sources for details.) Data for 1987–88 and later years include imputations for nonrespondent institutions.

SOURCE: U.S. Department of Education, National Center for Education Statistics, Higher Education General Information Survey (HEGIS), "Faculty Salaries, Tenure, and Fringe Benefits" surveys, 1970–71 through 1985–86; and 1987–88 through 2009–10 Integrated Postsecondary Education Data System, "Salaries, Tenure, and Fringe Benefits of Full-Time Instructional Faculty Survey" (IPEDS-SA:87–99), and Winter 2001–02 through Winter 2009–10. (This table was prepared August 2010.)

Table 268. Average salary of full-time instructional faculty on 9-month contracts in degree-granting institutions, by sex, academic rank, and control and type of institution: Selected years, 1999–2000 through 2009–10

[In current dollars]

Academic year, control and type of institution	All faculty			Academic rank									
				Professor			Associate professor						
	Total	Males	Females	Total	Males	Females	Total	Males	Females	Assistant professor	Instructor	Lecturer	No academic rank
1	2	3	4	5	6	7	8	9	10	11	12	13	14
1999–2000													
All institutions	$55,888	$60,084	$48,997	$74,410	$76,478	$67,079	$54,524	$55,939	$52,091	$44,978	$34,918	$38,194	$47,389
Public	55,011	58,984	48,714	72,475	74,501	65,568	54,641	55,992	52,305	45,285	35,007	37,403	47,990
4-year	57,950	62,030	50,168	75,204	76,530	69,619	55,681	56,776	53,599	45,822	33,528	37,261	40,579
Doctoral[1]	62,686	67,294	52,605	81,651	82,900	75,116	57,938	59,190	55,332	48,438	33,334	39,184	39,068
Master's[2]	52,664	55,505	48,068	66,505	67,062	64,715	53,001	53,665	51,888	43,394	33,223	34,208	42,995
Other 4-year	48,280	50,263	44,957	61,327	61,653	60,236	49,888	50,390	48,987	42,304	35,829	36,007	38,345
2-year	48,240	50,033	46,340	57,806	59,441	55,501	48,056	49,425	46,711	41,984	37,634	40,061	48,233
Not-for-profit	58,172	62,788	49,881	78,512	80,557	70,609	54,300	55,836	51,687	44,423	34,670	40,761	41,415
4-year	58,425	63,028	50,117	78,604	80,622	70,774	54,388	55,898	51,809	44,502	34,813	40,783	41,761
Doctoral[1]	74,347	79,678	61,442	97,751	99,341	89,614	63,780	65,347	60,477	53,946	41,820	43,538	46,135
Master's[2]	51,202	54,326	46,413	65,331	66,591	61,378	51,202	52,474	49,167	41,922	33,913	37,266	44,364
Other 4-year	47,743	49,962	44,218	62,007	62,613	59,974	47,285	47,564	46,876	38,937	31,978	33,531	34,809
2-year	37,583	39,933	34,733	39,454	38,431	40,571	36,349	37,342	35,608	31,818	27,696	25,965	40,373
For-profit	29,543	30,023	28,942	45,505	44,248	49,693	48,469	53,548	43,389	33,043	29,894	—	27,958
2005–06													
All institutions	66,172	71,569	58,665	91,208	94,733	81,514	65,714	67,654	62,860	55,106	50,883	45,896	50,425
Public	64,158	69,191	57,462	87,599	91,080	78,412	65,107	67,077	62,231	55,029	52,297	44,628	50,096
4-year	67,951	73,353	59,437	91,600	93,976	83,946	66,745	68,475	64,013	56,181	40,044	44,598	47,107
Doctoral[1]	73,985	80,186	62,865	100,403	102,366	92,511	70,259	72,242	66,876	59,777	39,961	45,422	46,126
Master's[2]	60,338	63,599	55,992	77,776	78,734	75,465	62,045	62,996	60,709	52,352	39,424	43,241	45,777
Other 4-year	56,117	58,617	52,836	72,348	74,162	68,815	59,091	60,179	57,427	49,860	42,287	43,941	51,912
2-year	55,405	56,858	54,082	65,740	67,782	63,544	54,870	55,825	54,004	48,425	57,224	45,427	50,513
Not-for-profit	71,203	77,136	61,985	98,253	101,638	88,144	66,877	68,753	64,074	55,278	41,302	49,777	53,231
4-year	71,419	77,314	62,212	98,378	101,713	88,379	66,981	68,818	64,226	55,367	41,494	49,786	53,907
Doctoral[1]	89,278	96,862	74,490	122,784	125,275	112,800	78,684	81,043	74,518	67,151	46,016	51,647	55,222
Master's[2]	61,186	64,596	56,637	78,400	80,151	74,214	61,777	63,056	60,038	50,948	41,530	45,110	57,098
Other 4-year	58,344	60,800	54,868	76,571	77,504	74,285	57,964	58,039	57,860	47,877	38,394	45,837	45,605
2-year	39,101	38,817	39,307	47,174	48,786	45,945	42,433	43,628	41,753	35,437	36,264	38,908	39,399
For-profit	42,480	42,878	42,027	60,111	59,423	61,417	56,621	55,546	58,393	47,598	35,661	—	41,579
2008–09													
All institutions	73,570	79,706	65,638	102,346	106,759	91,522	73,439	75,634	70,375	61,550	56,918	51,188	56,370
Public	71,237	76,897	64,231	98,097	102,488	87,777	72,700	74,939	69,611	61,544	58,505	49,376	55,233
4-year	75,245	81,394	66,393	102,806	105,939	93,960	74,591	76,553	71,684	62,881	45,365	49,315	53,717
Doctoral[1]	81,485	88,691	69,864	112,569	115,095	103,686	78,375	80,617	74,812	66,754	44,238	49,714	53,990
Master's[2]	66,700	70,072	62,579	86,611	87,689	84,368	69,092	70,039	67,838	58,373	43,533	48,658	53,527
Other 4-year	62,475	65,129	59,242	78,568	81,811	73,346	65,679	67,152	63,704	55,553	53,317	48,375	53,134
2-year	61,433	62,870	60,195	71,802	73,766	69,873	59,953	60,938	59,101	53,445	64,577	51,194	55,491
Not-for-profit	79,358	86,228	69,478	110,486	114,653	99,369	74,877	76,966	71,893	61,572	46,771	56,219	63,252
4-year	79,554	86,380	69,690	110,626	114,748	99,597	74,990	77,043	72,048	61,650	46,971	56,226	63,718
Doctoral[1]	97,702	106,983	81,798	138,584	141,639	127,667	87,777	90,646	83,138	73,289	52,785	58,218	68,175
Master's[2]	67,324	70,874	62,845	85,704	87,791	81,334	67,879	69,101	66,285	56,333	45,976	51,676	62,932
Other 4-year	65,522	68,374	61,749	87,036	87,877	85,178	65,088	65,260	64,853	53,328	42,692	52,925	52,523
2-year	44,302	44,254	44,331	55,182	58,434	52,153	46,686	46,989	46,504	43,515	40,360	39,443	39,968
For-profit	52,557	54,816	50,074	79,589	82,037	74,310	68,058	70,509	65,649	59,043	43,000	—	50,212
2009–10													
All institutions	74,625	80,885	66,653	103,684	108,227	92,835	74,126	76,401	71,019	62,246	57,797	52,177	56,807
Public	72,183	77,951	65,144	99,208	103,747	88,813	73,378	75,686	70,256	62,159	59,319	50,214	55,868
4-year	76,153	82,428	67,283	103,947	107,192	95,045	75,250	77,281	72,297	63,441	46,029	50,089	54,024
Doctoral[1]	82,244	89,597	70,575	113,534	116,275	104,261	78,768	81,064	75,156	67,162	44,513	50,406	53,211
Master's[2]	68,176	71,579	64,086	88,021	89,111	85,814	70,312	71,324	69,016	59,318	44,205	49,534	55,249
Other 4-year	61,513	63,979	58,676	77,327	79,877	73,213	65,135	66,419	63,485	55,157	54,132	49,446	54,566
2-year	62,265	63,698	61,047	72,377	74,425	70,429	60,633	61,565	59,853	54,162	65,505	53,548	56,239
Not-for-profit	80,593	87,603	70,686	112,155	116,406	101,138	75,570	77,768	72,509	62,401	47,843	57,508	62,242
4-year	80,744	87,724	70,843	112,261	116,477	101,308	75,670	77,831	72,649	62,472	47,885	57,520	62,542
Doctoral[1]	97,732	107,067	82,187	138,137	141,581	126,575	87,300	90,233	82,668	73,585	54,058	59,386	66,964
Master's[2]	67,976	71,503	63,654	86,768	88,738	82,733	68,256	69,449	66,772	56,828	46,446	53,223	60,880
Other 4-year	66,184	68,963	62,565	87,868	88,699	86,100	65,657	65,868	65,372	53,658	43,027	52,453	52,497
2-year	45,731	44,417	46,529	53,063	55,046	51,310	45,768	45,863	45,717	42,706	46,010	32,393	43,562
For-profit	54,842	56,689	52,925	79,574	81,765	75,817	71,376	72,429	70,199	66,027	41,742	—	53,705

—Not available.

[1]Institutions that awarded 20 or more doctor's degrees during the previous academic year.

[2]Institutions that awarded 20 or more master's degrees, but less than 20 doctor's degrees, during the previous academic year.

NOTE: Degree-granting institutions grant associate's or higher degrees and participate in Title IV federal financial aid programs.

SOURCE: U.S. Department of Education, National Center for Education Statistics, 1999–2000 through 2009–10 Integrated Postsecondary Education Data System, "Salaries, Tenure, and Fringe Benefits of Full-Time Instructional Faculty Survey" (IPEDS-SA:99), and Winter 2005–06 through Winter 2009–10. (This table was prepared August 2010.)

Table 269. Average salary of full-time instructional faculty on 9-month contracts in degree-granting institutions, by control and type of institution and state or jurisdiction: 2009–10

[In current dollars]

State or jurisdiction	All institutions	Public institutions						Not-for-profit institutions						For-profit institutions
		Total	4-year institutions				2-year	Total	4-year institutions				2-year	
			Total	Doctoral[1]	Master's[2]	Other			Total	Doctoral[1]	Master's[2]	Other		
1	2	3	4	5	6	7	8	9	10	11	12	13	14	15
United States	**$74,625**	**$72,183**	**$76,153**	**$82,244**	**$68,176**	**$61,513**	**$62,265**	**$80,593**	**$80,744**	**$97,732**	**$67,976**	**$66,184**	**$45,731**	**$54,842**
Alabama	63,395	64,994	69,596	74,579	59,380	68,661	53,376	54,793	54,793	68,322	54,226	48,349	†	24,226
Alaska	70,760	71,403	71,335	72,465	70,567	†	79,991	55,619	55,619	†	55,619	†	†	†
Arizona	76,399	76,729	81,227	81,593	†	51,729	68,259	56,630	56,630	†	42,969	65,276	†	82,929
Arkansas	54,663	54,848	59,296	65,468	51,972	55,151	43,820	53,608	53,608	†	56,463	51,495	†	†
California	89,690	88,011	91,779	106,873	78,974	73,197	83,684	96,616	96,711	105,869	81,287	93,001	64,586	67,920
Colorado	69,185	68,250	72,137	78,708	58,474	56,673	50,118	76,085	76,085	77,478	76,546	53,637	†	48,928
Connecticut	90,321	83,084	87,823	99,890	76,851	†	68,850	97,966	97,966	112,294	85,483	76,537	†	45,225
Delaware	88,007	88,505	94,579	98,068	67,987	†	62,317	83,488	83,488	64,584	103,373	†	†	†
District of Columbia	88,096	77,787	77,787	†	76,409	92,224	†	91,090	91,090	91,843	79,748	†	†	53,529
Florida	69,160	67,966	70,775	76,554	66,565	57,985	53,183	72,558	72,558	85,613	68,290	55,009	†	92,469
Georgia	68,420	67,151	69,182	82,950	58,313	51,765	47,303	72,011	72,023	98,605	63,201	56,498	35,000	†
Hawaii	78,970	81,036	86,718	91,616	71,594	69,640	68,213	68,480	68,480	†	65,596	86,446	†	†
Idaho	58,357	59,104	61,158	63,161	61,365	48,055	48,241	50,859	50,859	†	50,447	51,176	†	†
Illinois	76,844	71,870	74,809	80,202	63,558	†	66,575	84,351	84,525	101,715	66,512	59,604	39,416	33,370
Indiana	70,229	69,462	73,399	78,789	59,571	54,480	44,060	71,857	72,011	89,867	61,718	60,729	43,283	41,085
Iowa	67,913	72,580	82,260	86,781	65,584	†	53,095	60,021	60,021	61,336	59,043	60,515	†	†
Kansas	62,813	65,410	72,428	78,594	58,586	66,164	49,869	46,545	46,920	†	49,925	41,667	37,815	60,734
Kentucky	60,082	61,391	66,277	78,226	59,543	†	48,856	54,885	54,885	63,399	48,785	56,432	†	†
Louisiana	63,584	61,972	64,612	72,786	56,273	59,333	49,280	71,406	71,406	84,609	63,394	57,747	†	21,571
Maine	71,261	68,209	71,807	79,449	74,961	57,521	55,223	76,309	76,379	59,011	53,365	87,179	70,705	†
Maryland	75,087	72,793	76,330	82,184	68,358	†	65,944	82,984	82,984	105,776	69,969	†	†	†
Massachusetts	92,335	74,583	80,247	89,736	70,783	†	60,046	100,193	100,221	114,694	81,918	80,408	42,846	61,796
Michigan	78,811	81,410	82,667	86,299	70,080	55,497	75,813	63,853	63,853	47,522	63,248	64,915	†	†
Minnesota	70,307	71,382	78,161	93,673	70,056	59,197	61,151	68,338	68,371	67,270	64,155	71,687	42,993	42,230
Mississippi	54,953	55,163	59,811	61,951	50,733	†	48,607	53,086	53,086	†	57,948	40,108	†	†
Missouri	66,607	63,821	66,776	73,245	58,634	56,936	54,486	72,146	72,423	89,555	56,112	51,970	51,111	57,576
Montana	56,825	58,510	61,245	64,293	54,585	48,415	42,452	46,058	47,381	†	46,190	48,222	34,248	†
Nebraska	65,774	68,749	74,212	85,125	64,289	†	50,927	57,872	57,924	70,704	53,665	47,815	41,732	†
Nevada	79,986	80,427	81,873	89,657	†	66,295	63,398	63,854	63,854	†	63,854	†	†	46,922
New Hampshire	79,431	77,204	84,032	92,936	70,384	80,136	54,120	83,005	83,005	100,625	69,209	61,142	†	58,360
New Jersey	91,058	89,403	97,021	104,707	90,141	†	70,224	95,303	95,303	110,531	73,149	65,602	†	52,470
New Mexico	62,567	62,508	68,555	74,081	56,252	44,980	48,298	77,244	77,244	†	77,244	†	†	25,482
New York	84,784	78,663	82,814	96,306	79,747	72,862	69,854	90,853	91,081	102,177	73,538	79,528	50,241	40,996
North Carolina	68,053	65,373	78,123	83,660	69,019	68,324	47,331	76,717	76,891	102,319	55,655	55,059	38,929	90,410
North Dakota	58,355	59,901	61,838	67,630	55,653	47,535	46,191	46,865	46,865	49,990	†	44,349	†	†
Ohio	70,423	72,538	75,783	78,322	†	58,276	59,533	66,025	66,066	76,908	60,231	65,347	58,334	35,862
Oklahoma	61,291	61,393	64,954	74,881	55,835	47,938	47,649	60,850	60,850	78,729	56,982	42,679	†	†
Oregon	67,065	66,312	69,343	73,552	55,402	56,994	61,941	69,395	69,395	59,066	72,570	70,506	†	†
Pennsylvania	79,084	76,860	80,024	87,393	76,694	63,991	59,890	81,593	81,835	96,604	69,144	73,920	44,023	38,183
Rhode Island	83,902	73,372	77,174	83,955	65,200	†	62,212	90,538	90,538	94,211	85,411	117,764	†	†
South Carolina	59,911	61,712	69,333	76,889	63,140	53,408	46,308	52,543	52,786	†	53,120	52,364	41,027	111,136
South Dakota	56,359	58,192	60,538	61,177	61,914	41,645	44,986	48,523	48,523	†	46,856	49,357	†	45,265
Tennessee	63,539	61,233	65,841	67,612	58,191	†	46,497	68,209	68,209	91,880	52,961	55,637	†	42,944
Texas	70,018	68,676	75,324	80,637	61,774	52,587	54,011	76,428	76,716	88,491	66,259	59,181	31,361	65,205
Utah	72,095	64,944	67,948	76,569	59,416	58,960	49,955	91,513	91,874	95,027	67,786	†	56,163	†
Vermont	71,869	72,528	72,528	78,697	64,726	57,878	†	71,247	74,255	†	79,512	58,510	43,154	†
Virginia	72,597	74,432	79,044	83,296	64,617	66,271	57,503	66,665	66,665	66,355	67,253	66,301	†	†
Washington	68,322	67,918	74,163	82,430	67,524	56,105	55,770	70,181	70,181	72,639	69,849	67,444	†	49,267
West Virginia	57,809	59,415	61,736	73,001	57,915	51,131	45,870	46,922	46,922	49,707	46,319	46,471	†	†
Wisconsin	69,370	71,121	70,926	80,632	58,695	92,789	71,496	62,639	62,639	74,097	57,017	55,348	†	†
Wyoming	70,106	70,106	79,487	79,487	†	†	59,133	†	†	†	†	†	†	†
U.S. Service Academies	118,643	118,643	118,643	†	†	118,643	†	†	†	†	†	†	†	†
Other jurisdictions	**58,910**	**59,186**	**64,039**	**69,567**	**63,841**	**58,784**	**31,539**	**34,826**	**34,826**	**36,109**	**33,819**	**†**	**†**	**†**
American Samoa	28,862	28,862	†	†	†	†	28,862	†	†	†	†	†	†	†
Federated States of Micronesia	19,849	19,849	†	†	†	†	19,849	†	†	†	†	†	†	†
Guam	57,874	57,874	64,240	†	64,240	†	48,975	†	†	†	†	†	†	†
Marshall Islands	26,150	26,150	†	†	†	†	26,150	†	†	†	†	†	†	†
Northern Marianas	41,979	41,979	41,979	†	†	41,979	†	†	†	†	†	†	†	†
Palau	17,079	17,079	†	†	†	†	17,079	†	†	†	†	†	†	†
Puerto Rico	64,042	64,507	64,507	69,567	†	59,447	†	34,826	34,826	36,109	33,819	†	†	†
U.S. Virgin Islands	63,318	63,318	63,318	†	63,318	†	†	†	†	†	†	†	†	†

†Not applicable.
[1]Institutions that awarded 20 or more doctor's degrees during the previous academic year.
[2]Institutions that awarded 20 or more master's degrees, but less than 20 doctor's degrees, during the previous academic year.

NOTE: Degree-granting institutions grant associate's or higher degrees and participate in Title IV federal financial aid programs. Data include imputations for nonrespondent institutions.
SOURCE: U.S. Department of Education, National Center for Education Statistics, 2009–10 Integrated Postsecondary Education Data System (IPEDS), Winter 2009–10. (This table was prepared August 2010.)

Table 270. Average salary of full-time instructional faculty on 9-month contracts in degree-granting institutions, by control and type of institution and state or jurisdiction: 2008–09

[In current dollars]

State or jurisdiction	All institu-tions	Public institutions						Not-for-profit institutions						For-profit institutions
		Total	4-year institutions				2-year	Total	4-year institutions				2-year	
			Total	Doctoral[1]	Master's[2]	Other			Total	Doctoral[1]	Master's[2]	Other		
1	2	3	4	5	6	7	8	9	10	11	12	13	14	15
United States	**$73,570**	**$71,237**	**$75,245**	**$81,485**	**$66,700**	**$62,475**	**$61,433**	**$79,358**	**$79,554**	**$97,702**	**$67,324**	**$65,522**	**$44,302**	**$52,557**
Alabama	63,086	64,645	69,198	72,769	59,032	68,352	53,220	54,675	54,675	68,717	54,022	47,876	†	†
Alaska	68,104	68,659	68,603	70,151	67,492	†	75,472	54,209	54,209	†	54,209	†	†	†
Arizona	75,466	76,007	80,469	80,469	†	†	67,921	55,739	55,739	†	40,237	64,448	†	63,912
Arkansas	54,600	54,828	59,677	66,021	51,993	55,010	43,128	53,319	53,319	†	55,943	51,399	†	†
California	87,736	86,049	89,809	102,078	77,680	71,245	81,765	94,773	94,909	105,468	79,040	88,890	62,991	68,821
Colorado	68,753	67,636	71,528	78,352	57,697	55,539	49,338	76,485	76,485	78,473	75,991	51,824	†	51,390
Connecticut	90,314	83,590	87,922	99,894	76,374	†	70,449	98,126	98,126	118,151	84,013	77,179	†	45,490
Delaware	85,476	85,941	90,935	94,470	65,480	†	63,686	81,080	81,080	61,582	100,835	†	†	†
District of Columbia	88,635	78,932	78,932	†	78,454	85,278	†	91,487	91,487	92,640	78,241	†	†	52,283
Florida	68,068	67,215	71,664	76,734	63,243	60,518	52,738	70,522	70,522	83,157	66,826	53,037	†	88,304
Georgia	67,190	66,001	68,128	81,422	57,028	50,282	46,760	70,456	70,666	93,680	62,981	55,540	55,528	42,000
Hawaii	78,957	81,325	86,586	91,265	71,505	70,071	69,049	68,855	68,855	†	63,240	86,087	†	†
Idaho	57,786	58,458	60,118	61,869	59,757	49,141	49,160	50,935	50,935	†	49,020	52,415	†	†
Illinois	75,346	70,507	73,756	79,571	61,667	†	64,566	82,725	82,901	105,247	64,206	62,201	38,004	33,192
Indiana	69,408	69,076	72,799	78,145	59,200	54,592	45,219	70,111	70,259	95,408	60,436	59,845	43,093	39,985
Iowa	67,526	71,915	82,343	86,921	65,847	†	51,400	59,879	59,879	58,024	59,357	60,444	†	†
Kansas	62,666	65,322	72,275	78,223	58,819	60,351	48,888	46,137	46,390	†	49,453	41,076	39,941	40,000
Kentucky	60,003	61,384	66,203	78,108	59,534	†	49,103	54,474	54,474	61,304	48,837	56,889	†	†
Louisiana	63,098	61,824	63,980	72,432	55,885	57,807	50,573	69,400	69,400	82,084	63,366	52,693	†	45,000
Maine	70,138	67,178	70,224	76,500	73,173	56,479	54,586	75,373	75,565	†	54,660	86,301	58,264	†
Maryland	73,023	72,457	76,057	88,029	65,484	†	65,426	75,103	75,103	91,836	68,430	72,324	†	†
Massachusetts	91,612	74,391	79,992	90,300	69,726	†	60,200	99,351	99,494	114,790	81,855	80,206	52,515	53,878
Michigan	77,147	79,589	80,787	84,356	68,284	54,918	74,237	63,349	63,349	45,630	61,108	65,375	†	†
Minnesota	70,044	71,351	77,573	94,300	68,319	59,220	61,523	67,425	67,433	67,223	63,823	69,581	41,256	40,126
Mississippi	55,302	55,667	60,225	62,602	50,465	†	49,495	52,073	52,073	†	56,707	39,662	†	†
Missouri	66,082	63,537	66,698	73,326	58,098	57,068	53,540	71,233	71,612	88,555	55,798	50,605	48,030	52,745
Montana	56,689	58,350	61,125	64,168	55,677	48,435	41,786	43,354	44,769	†	40,822	45,848	34,077	†
Nebraska	64,340	66,923	72,146	78,026	58,195	†	49,373	57,693	57,732	71,232	52,888	50,095	45,240	†
Nevada	79,794	80,216	81,709	89,145	†	67,202	63,195	62,802	62,802	†	62,802	†	†	53,580
New Hampshire	80,335	76,729	84,608	93,396	71,060	79,127	49,874	86,103	86,103	112,768	66,806	60,516	†	47,364
New Jersey	89,013	86,968	94,427	98,116	90,170	†	68,821	93,781	93,781	111,787	72,640	62,959	†	58,640
New Mexico	61,853	61,500	67,632	73,274	55,896	45,087	47,062	70,995	70,995	†	76,805	64,217	†	†
New York	82,642	76,180	80,096	92,583	77,077	70,554	67,773	89,041	89,288	99,952	72,568	79,701	47,620	41,892
North Carolina	67,498	64,880	77,643	83,046	68,898	67,639	47,331	76,300	76,416	101,230	55,743	55,496	36,389	†
North Dakota	54,551	56,877	58,822	64,538	52,085	45,853	44,119	40,935	46,552	49,011	†	44,381	20,339	†
Ohio	69,235	70,766	74,227	76,439	69,724	57,588	58,185	65,988	66,046	79,927	59,383	66,066	56,651	37,780
Oklahoma	61,106	61,223	64,758	74,679	55,535	47,723	47,932	60,590	60,590	†	63,477	42,909	†	†
Oregon	64,928	63,880	66,497	70,070	54,578	56,705	60,211	68,151	68,151	59,234	71,672	67,562	†	†
Pennsylvania	77,822	75,247	78,274	85,872	74,055	63,882	58,666	80,862	81,101	98,297	69,413	71,990	41,565	36,960
Rhode Island	82,332	71,330	75,110	81,830	62,994	†	59,617	89,110	89,110	93,215	83,485	114,596	†	†
South Carolina	59,920	61,508	68,918	77,755	62,230	53,103	46,492	52,851	53,182	†	53,650	52,491	38,577	125,743
South Dakota	55,667	57,484	59,903	60,589	61,041	41,736	44,556	48,579	48,579	†	47,598	49,155	†	36,775
Tennessee	63,167	60,962	65,308	68,345	59,946	†	46,984	67,685	67,685	92,784	51,874	54,094	†	27,532
Texas	69,131	68,029	74,035	79,941	60,852	51,206	54,510	74,682	74,908	87,080	64,911	59,610	33,137	21,430
Utah	71,309	64,770	67,810	77,045	58,361	57,961	49,790	89,305	89,658	92,672	65,180	†	56,641	†
Vermont	69,851	69,505	69,505	75,162	58,219	55,326	†	70,193	73,487	†	76,985	52,172	43,065	†
Virginia	71,924	74,242	78,740	85,851	64,873	66,540	57,742	64,539	64,539	63,943	66,522	63,239	†	†
Washington	67,287	67,215	74,658	81,718	66,315	54,137	55,328	67,637	67,637	71,754	66,582	66,715	†	58,968
West Virginia	57,440	59,333	61,764	73,454	57,638	51,321	45,352	45,924	45,924	49,092	45,745	44,552	†	†
Wisconsin	68,531	70,148	69,973	79,971	58,249	86,476	70,493	62,286	62,384	72,233	58,235	55,381	49,631	†
Wyoming	68,020	68,020	76,719	76,719	†	†	58,089	†	†	†	†	†	†	†
U.S. Service Academies	113,473	113,473	113,473	†	†	113,473	†	†	†	†	†	†	†	†
Other jurisdictions	**58,497**	**58,822**	**62,896**	**†**	**69,777**	**56,251**	**31,329**	**33,971**	**33,971**	**†**	**33,971**	**†**	**†**	**†**
American Samoa	28,336	28,336	28,336	†	†	28,336	†	†	†	†	†	†	†	†
Federated States of Micronesia	20,727	20,727	†	†	†	†	20,727	†	†	†	†	†	†	†
Guam	56,815	56,815	63,389	†	63,389	†	47,327	†	†	†	†	†	†	†
Marshall Islands	26,335	26,335	†	†	†	†	26,335	†	†	†	†	†	†	†
Northern Marianas	41,592	41,592	41,592	†	†	41,592	†	†	†	†	†	†	†	†
Palau	17,321	17,321	†	†	†	†	17,321	†	†	†	†	†	†	†
Puerto Rico	64,208	64,772	64,772	†	72,836	58,603	†	33,971	33,971	†	33,971	†	†	†
U.S. Virgin Islands	59,906	59,906	59,906	†	59,906	†	†	†	†	†	†	†	†	†

†Not applicable.
[1]Institutions that awarded 20 or more doctor's degrees during the previous academic year.
[2]Institutions that awarded 20 or more master's degrees, but less than 20 doctor's degrees, during the previous academic year.

NOTE: Degree-granting institutions grant associate's or higher degrees and participate in Title IV federal financial aid programs. Data include imputations for nonrespondent institutions.
SOURCE: U.S. Department of Education, National Center for Education Statistics, 2008–09 Integrated Postsecondary Education Data System (IPEDS), Winter 2008–09. (This table was prepared July 2009.)

Table 271. Average salary of full-time instructional faculty on 9-month contracts in 4-year degree-granting institutions, by type and control of institution, rank of faculty, and state or jurisdiction: 2009–10

[In current dollars]

State or jurisdiction	Public doctoral[1]			Public master's[2]			Not-for-profit doctoral[1]			Not-for-profit master's[2]		
	Professor	Associate professor	Assistant professor	Professor	Associate professor	Assistant professor	Professor	Associate professor	Assistant professor	Professor	Associate professor	Assistant professor
1	2	3	4	5	6	7	8	9	10	11	12	13
United States	**$113,534**	**$78,768**	**$67,162**	**$88,021**	**$70,312**	**$59,318**	**$138,137**	**$87,300**	**$73,585**	**$86,768**	**$68,256**	**$56,828**
Alabama	104,894	74,639	59,983	77,703	64,101	53,367	88,983	66,009	54,706	64,503	59,610	50,538
Alaska	98,619	74,143	62,679	95,422	73,974	62,288	†	†	†	69,988	57,438	48,885
Arizona	111,531	78,215	66,929	†	†	†	†	†	†	†	†	†
Arkansas	92,878	68,412	60,198	67,125	56,745	49,721	†	†	†	66,580	58,119	49,767
California	133,948	87,156	77,805	95,595	76,122	66,973	140,509	93,146	78,987	101,770	79,088	65,659
Colorado	108,183	82,164	68,092	77,791	63,337	55,039	110,931	77,361	64,510	100,950	65,143	56,322
Connecticut	134,045	91,679	72,406	92,710	73,902	60,121	163,221	83,600	75,525	113,862	83,368	66,871
Delaware	133,938	89,943	76,216	82,539	67,908	61,894	76,044	70,419	58,945	123,849	101,367	70,176
District of Columbia	†	†	†	93,628	74,164	56,816	132,688	89,829	72,289	106,413	72,051	62,139
Florida	106,615	73,871	65,429	95,450	74,903	60,225	121,330	80,777	70,444	89,466	66,818	57,040
Georgia	115,381	80,532	70,608	76,317	61,899	53,153	144,400	90,565	75,906	69,800	60,912	52,313
Hawaii	114,808	87,495	75,001	90,483	75,383	66,661	†	†	†	84,083	71,592	61,378
Idaho	83,959	65,494	55,838	77,340	64,036	55,642	†	†	†	61,213	51,624	42,222
Illinois	113,574	76,588	68,903	86,900	68,868	58,941	149,143	88,885	78,055	80,054	66,240	56,783
Indiana	109,843	75,498	65,707	79,961	62,367	56,103	123,584	81,457	67,745	81,869	62,553	53,351
Iowa	117,777	81,462	70,833	83,870	67,052	54,418	73,791	58,108	51,946	78,203	58,551	49,539
Kansas	107,123	75,358	62,257	80,322	61,056	51,734	†	†	†	57,791	50,768	45,818
Kentucky	103,034	74,725	64,209	82,801	64,166	54,812	76,917	63,378	53,575	57,126	50,109	43,370
Louisiana	103,620	74,564	63,645	73,993	61,534	52,440	128,702	83,921	66,676	88,783	64,768	53,299
Maine	96,837	75,963	62,353	93,282	72,528	56,877	79,900	63,693	55,046	70,094	57,528	49,936
Maryland	114,302	82,416	72,360	93,342	73,276	62,342	148,167	105,002	89,106	87,765	70,250	59,823
Massachusetts	116,105	88,149	70,799	84,941	68,634	58,956	155,568	97,701	86,285	111,201	79,439	65,000
Michigan	118,824	81,314	68,088	86,054	70,822	59,651	60,365	49,770	39,976	75,290	62,367	53,926
Minnesota	128,244	84,421	76,270	85,473	68,595	59,488	86,836	68,737	58,305	78,702	62,674	53,501
Mississippi	90,292	68,403	57,926	62,661	55,538	49,199	†	†	†	74,492	55,849	50,506
Missouri	98,128	71,341	60,334	75,863	60,239	50,705	129,608	78,760	67,576	70,183	59,196	48,588
Montana	81,239	63,627	57,412	66,412	57,688	51,564	†	†	†	55,118	45,209	41,802
Nebraska	114,530	77,648	67,875	78,477	68,888	54,831	100,614	67,766	58,028	64,116	53,845	47,449
Nevada	121,450	88,385	70,622	†	†	†	†	†	†	74,796	56,908	53,895
New Hampshire	113,785	86,010	71,609	85,004	69,774	57,955	131,819	88,392	62,647	87,508	63,058	54,075
New Jersey	141,126	96,674	78,311	114,089	88,280	70,947	151,919	91,004	76,315	91,400	79,677	60,104
New Mexico	96,251	70,350	61,120	67,589	58,657	49,942	†	†	†	†	†	†
New York	125,088	89,645	72,888	102,753	79,744	66,177	144,229	91,830	75,063	94,590	74,380	61,564
North Carolina	120,310	81,421	71,338	90,621	73,097	62,192	149,686	93,559	74,335	66,139	57,031	49,818
North Dakota	89,386	71,824	61,887	75,293	58,148	53,145	62,575	54,084	46,141	†	†	†
Ohio	107,314	75,890	64,133	†	†	†	108,558	71,438	61,606	74,521	61,106	50,960
Oklahoma	103,452	73,628	63,225	71,705	60,310	52,152	102,867	75,606	60,553	69,261	57,170	49,690
Oregon	97,574	74,882	65,826	68,237	54,997	45,671	70,646	59,939	51,196	96,581	67,970	59,742
Pennsylvania	122,678	86,302	68,008	100,525	80,216	64,209	134,541	88,320	76,260	91,023	71,333	59,861
Rhode Island	104,797	77,667	66,214	76,144	65,835	55,717	136,619	78,153	70,314	104,401	85,886	69,799
South Carolina	106,184	76,027	68,042	79,917	65,472	56,265	†	†	†	79,770	62,891	49,644
South Dakota	82,856	64,695	56,370	81,873	63,263	52,842	†	†	†	58,622	48,062	43,807
Tennessee	90,822	68,077	56,292	74,201	59,749	49,630	131,272	83,665	67,686	61,988	54,330	47,735
Texas	114,822	78,609	69,144	82,227	67,314	58,784	121,727	84,310	75,653	84,139	64,975	54,774
Utah	96,876	71,501	67,053	71,926	61,150	51,654	119,844	88,652	80,793	79,109	68,915	58,888
Vermont	109,789	81,029	68,005	72,436	58,889	44,538	†	†	†	106,949	73,866	62,420
Virginia	115,597	81,077	66,307	81,194	66,529	56,919	80,990	67,762	56,997	90,140	69,242	54,421
Washington	106,936	79,834	70,462	83,294	68,390	62,158	91,287	69,727	58,213	93,800	69,392	61,166
West Virginia	102,035	72,995	59,107	71,203	58,668	49,562	65,768	50,408	46,039	54,515	50,490	42,873
Wisconsin	104,083	74,204	67,343	71,504	60,127	54,593	98,577	74,360	61,397	69,393	59,170	51,137
Wyoming	108,682	77,205	68,249	†	†	†	†	†	†	†	†	†
U.S. Service Academies	†	†	†	†	†	†	†	†	†	†	†	†
Other jurisdictions	**80,069**	**66,381**	**61,635**	**84,121**	**65,983**	**53,956**	**†**	**†**	**43,440**	**†**	**†**	**†**
American Samoa	†	†	†	†	†	†	†	†	†	†	†	†
Federated States of Micronesia	†	†	†	†	†	†	†	†	†	†	†	†
Guam	†	†	†	86,406	67,156	55,830	†	†	†	†	†	†
Marshall Islands	†	†	†	†	†	†	†	†	†	†	†	†
Northern Marianas	†	†	†	†	†	†	†	†	†	†	†	†
Palau	†	†	†	†	†	†	†	†	†	†	†	†
Puerto Rico	80,069	66,381	61,635	†	†	†	†	†	43,440	†	†	†
U.S. Virgin Islands	†	†	†	80,843	64,591	52,178	†	†	†	†	†	†

†Not applicable.
[1]Institutions that awarded 20 or more doctor's degrees during the previous academic year.
[2]Institutions that awarded 20 or more master's degrees, but less than 20 doctor's degrees, during the previous academic year.

NOTE: Degree-granting institutions grant associate's or higher degrees and participate in Title IV federal financial aid programs. Data include imputations for nonrespondent institutions.
SOURCE: U.S. Department of Education, National Center for Education Statistics, 2009–10 Integrated Postsecondary Education Data System (IPEDS), Winter 2009–10. (This table was prepared September 2010.)

Table 272. Average salary of full-time instructional faculty on 9-month contracts in 4-year degree-granting institutions, by type and control of institution, rank of faculty, and state or jurisdiction: 2008–09

[In current dollars]

State or jurisdiction	Public doctoral[1]			Public master's[2]			Not-for-profit doctoral[1]			Not-for-profit master's[2]		
	Professor	Associate professor	Assistant professor	Professor	Associate professor	Assistant professor	Professor	Associate professor	Assistant professor	Professor	Associate professor	Assistant professor
1	2	3	4	5	6	7	8	9	10	11	12	13
United States	**$112,569**	**$78,375**	**$66,754**	**$86,611**	**$69,092**	**$58,373**	**$138,584**	**$87,777**	**$73,289**	**$85,704**	**$67,879**	**$56,333**
Alabama	103,801	73,722	59,697	76,781	63,969	52,613	89,618	65,125	54,899	66,063	58,835	48,676
Alaska	94,952	70,881	60,221	90,258	72,071	59,002	†	†	†	66,779	55,340	48,804
Arizona	110,591	77,146	66,260	†	†	†	†	†	†	†	†	†
Arkansas	93,019	69,195	60,875	67,083	57,180	49,379	†	†	†	66,507	58,494	48,779
California	129,851	85,526	75,646	94,241	76,107	66,642	140,030	92,441	77,996	102,854	79,092	64,372
Colorado	109,418	81,866	67,634	77,591	62,739	53,940	111,467	79,158	64,916	101,639	65,436	58,539
Connecticut	133,017	91,837	73,913	92,419	72,900	59,448	169,425	90,566	77,557	110,729	79,667	66,367
Delaware	129,217	86,890	73,807	79,651	65,318	60,437	72,189	65,987	57,209	122,169	97,891	63,639
District of Columbia	†	†	†	95,427	74,403	58,871	134,608	89,854	71,797	100,660	70,853	58,683
Florida	106,877	74,042	65,740	87,715	69,380	56,991	120,410	79,455	67,237	88,554	65,450	56,605
Georgia	114,573	79,045	68,590	74,824	60,389	52,409	139,944	89,196	74,839	68,644	61,191	52,909
Hawaii	114,730	87,935	75,535	90,663	74,818	67,107	†	†	†	81,522	71,609	58,753
Idaho	83,140	65,913	55,754	78,330	64,013	55,225	†	†	†	59,150	49,712	40,870
Illinois	111,880	75,645	68,945	85,310	67,414	57,367	153,784	93,045	81,918	78,177	65,105	54,282
Indiana	108,606	75,481	65,026	80,688	61,974	55,637	133,470	84,253	71,292	78,849	60,077	53,204
Iowa	118,184	81,445	71,553	85,451	68,185	55,490	72,334	54,969	50,438	77,261	59,767	49,505
Kansas	107,416	75,489	62,734	82,156	62,599	51,456	†	†	†	57,547	50,440	45,543
Kentucky	103,336	74,082	63,641	82,471	64,597	55,117	76,734	61,727	51,771	56,659	49,732	43,379
Louisiana	103,844	75,878	63,964	74,437	62,404	52,819	126,621	82,876	63,848	86,441	62,993	53,922
Maine	93,920	74,081	60,627	92,785	71,247	57,734	†	†	†	76,530	61,024	50,712
Maryland	126,152	88,311	76,175	85,313	69,406	61,459	135,506	94,468	80,440	89,359	68,271	58,748
Massachusetts	116,037	89,378	70,453	83,787	67,391	58,497	156,132	96,334	83,783	110,773	80,459	65,496
Michigan	116,268	79,895	66,918	84,467	68,713	59,326	57,510	47,474	38,768	73,617	61,031	51,499
Minnesota	130,692	85,843	74,596	84,184	67,433	58,295	87,285	68,829	57,776	78,582	63,265	52,595
Mississippi	90,822	69,399	58,401	61,472	56,036	49,088	†	†	†	72,893	56,369	49,496
Missouri	98,571	71,972	60,753	75,997	60,018	50,550	130,473	78,126	67,552	70,542	58,415	49,131
Montana	79,967	64,277	57,158	68,655	58,021	53,518	†	†	†	47,809	42,090	37,409
Nebraska	103,250	75,684	63,886	72,904	61,409	48,552	101,287	69,004	59,146	63,905	53,126	47,418
Nevada	122,641	89,235	70,659	†	†	†	†	†	†	73,986	55,250	51,141
New Hampshire	114,042	85,870	70,370	85,769	69,868	58,294	145,656	96,911	72,127	84,588	61,242	54,020
New Jersey	131,438	93,125	73,267	113,882	88,023	70,998	154,864	91,321	75,324	92,681	77,430	60,349
New Mexico	95,069	69,537	60,645	68,592	57,742	50,408	†	†	†	74,587	55,343	†
New York	122,234	86,258	70,253	100,474	76,912	64,250	141,349	91,976	74,936	94,716	73,524	59,806
North Carolina	119,714	82,667	72,238	91,096	73,680	62,830	146,917	93,703	72,597	65,406	58,336	50,242
North Dakota	84,361	67,466	60,349	68,828	56,701	50,795	61,009	52,754	45,091	†	†	†
Ohio	105,617	74,306	62,308	88,909	69,912	58,663	108,913	73,660	63,820	73,945	60,457	50,626
Oklahoma	102,972	72,955	62,839	71,381	59,566	51,654	†	†	†	81,409	63,627	52,346
Oregon	93,846	70,490	62,776	68,864	54,625	44,677	70,050	60,286	51,393	95,129	67,130	58,189
Pennsylvania	120,970	84,707	66,972	97,316	77,665	62,269	137,168	90,778	76,087	91,568	71,494	59,907
Rhode Island	101,943	74,364	65,885	73,460	63,958	54,266	136,734	77,913	68,797	102,161	85,246	68,427
South Carolina	109,135	76,987	68,575	78,144	65,518	56,388	†	†	†	56,967	59,861	49,764
South Dakota	82,966	63,991	55,852	80,395	63,268	53,269	†	†	†	60,003	49,950	44,101
Tennessee	91,893	69,966	57,695	77,078	60,921	50,649	132,254	84,430	66,876	61,769	53,162	46,857
Texas	113,333	76,831	68,281	81,075	66,446	57,697	118,586	83,876	75,814	83,589	63,822	53,749
Utah	99,881	72,635	67,210	72,486	60,589	51,715	118,530	87,354	77,212	79,639	64,331	57,672
Vermont	104,378	77,824	65,836	69,127	53,616	43,078	†	†	†	104,387	74,220	61,734
Virginia	118,958	84,101	68,437	82,879	67,284	56,605	77,479	64,769	56,210	85,581	68,864	54,461
Washington	106,677	79,846	70,533	82,307	67,471	60,507	91,973	69,553	57,907	82,600	68,628	60,250
West Virginia	101,800	72,067	59,019	71,895	58,641	48,971	65,369	49,688	46,019	54,655	49,446	43,035
Wisconsin	102,907	73,222	66,288	71,943	59,682	53,736	101,679	73,898	59,379	69,719	60,298	51,153
Wyoming	104,607	75,001	65,567	†	†	†	†	†	†	†	†	†
U.S. Service Academies	†	†	†	†	†	†	†	†	†	†	†	†
Other jurisdictions	**†**	**†**	**†**	**79,982**	**64,492**	**58,177**	**†**	**†**	**†**	**†**	**32,400**	**44,565**
American Samoa	†	†	†	†	†	†	†	†	†	†	†	†
Federated States of Micronesia	†	†	†	†	†	†	†	†	†	†	†	†
Guam	†	†	†	82,219	66,239	53,640	†	†	†	†	†	†
Marshall Islands	†	†	†	†	†	†	†	†	†	†	†	†
Northern Marianas	†	†	†	†	†	†	†	†	†	†	†	†
Palau	†	†	†	†	†	†	†	†	†	†	†	†
Puerto Rico	†	†	†	79,721	66,131	61,178	†	†	†	†	32,400	44,565
U.S. Virgin Islands	†	†	†	80,899	55,028	54,672	†	†	†	†	†	†

†Not applicable.
[1]Institutions that awarded 20 or more doctor's degrees during the previous academic year.
[2]Institutions that awarded 20 or more master's degrees, but less than 20 doctor's degrees, during the previous academic year.

NOTE: Degree-granting institutions grant associate's or higher degrees and participate in Title IV federal financial aid programs. Data include imputations for nonrespondent institutions.
SOURCE: U.S. Department of Education, National Center for Education Statistics, 2008–09 Integrated Postsecondary Education Data System (IPEDS), Winter 2008–09. (This table was prepared July 2009.)

Table 273. Average benefit expenditure for full-time instructional faculty on 9-month contracts in degree-granting institutions, by type of benefit and control of institution: Selected years, 1977–78 through 2009–10

Control and year	Average total benefit per full-time faculty member	Average benefit expenditure per full-time faculty member receiving benefit: Retirement plans: Total	Retirement plans: Vested within 5 years	Retirement plans: Vested after 5 years	Medical/ dental plans	Guaranteed disability income protection	Tuition plan for depen- dents	Housing plan	Social Security taxes	Unemploy- ment compen- sation taxes	Group life insurance	Worker's compen- sation taxes	Other insurance	Other benefits
1	2	3	4	5	6	7	8	9	10	11	12	13	14	15
	Current dollars													
Total														
1977–78	$3,203	$1,725	$1,739	$1,691	$521	$96	$1,410	$886	$899	$109	$105	$80	—	$288
1982–83	5,799	2,731	2,741	2,703	1,111	151	1,993	1,639	1,712	146	138	114	—	915
1987–88	7,227	3,677	3,494	4,028	1,682	132	1,585	2,004	2,379	134	178	190	—	716
1989–90	8,241	4,048	3,974	4,192	2,339	147	2,070	2,643	2,764	121	182	49	—	637
1992–93	10,473	4,397	4,391	4,410	3,266	179	2,196	2,574	3,168	143	237	344	—	874
1997–98	12,263	5,289	5,195	5,498	3,535	218	2,765	4,100	3,562	158	195	340	$1,501	1,043
1998–99	12,580	5,256	5,268	5,228	3,726	213	3,012	3,698	3,668	152	190	347	1,267	845
1999–2000	13,227	5,292	5,365	5,125	3,989	237	3,362	4,187	3,793	146	190	343	1,512	1,303
2001–02	14,408	5,541	5,738	5,126	4,792	250	3,487	4,931	4,079	164	231	402	668	1,267
2002–03	15,552	5,781	6,039	5,208	5,396	264	3,308	4,329	4,158	170	211	411	797	1,263
2003–04	16,437	5,895	6,161	5,281	5,919	261	3,506	6,101	4,260	191	215	435	951	1,452
2004–05	17,269	6,211	6,429	5,682	6,314	272	4,072	4,176	4,354	225	199	481	853	1,637
2005–06	18,082	6,402	6,571	6,010	6,863	280	4,511	5,599	4,451	228	210	473	1,095	1,457
2006–07	18,783	6,710	6,851	6,361	7,217	280	5,029	6,914	4,627	176	217	484	1,226	1,564
2007–08	19,756	7,033	7,142	6,767	7,635	282	5,607	7,436	4,773	168	215	509	1,172	1,706
2008–09	20,332	7,222	7,396	6,797	7,900	291	5,596	9,001	4,918	169	213	498	1,156	1,540
2009–10	20,978	7,292	7,472	6,846	8,389	276	6,016	8,729	4,993	180	211	499	1,155	1,561
Public														
1977–78	3,252	1,791	1,833	1,724	560	99	430	846	911	99	105	88	—	94
1982–83	5,920	2,846	2,880	2,776	1,189	153	576	1,027	1,741	139	140	115	—	980
1987–88	7,146	3,815	3,602	4,086	1,757	140	404	1,172	2,399	109	180	192	—	611
1989–90	8,361	4,186	4,128	4,259	2,425	154	605	1,767	2,771	97	182	60	—	602
1992–93	10,280	4,467	4,469	4,464	3,352	188	693	1,135	3,122	117	250	318	—	827
1997–98	12,114	5,432	5,302	5,617	3,646	219	830	2,614	3,482	133	187	340	1,643	1,175
1998–99	12,192	5,249	5,230	5,276	3,830	202	828	1,826	3,553	127	183	348	1,252	709
1999–2000	12,756	5,258	5,297	5,200	4,131	237	962	2,283	3,660	121	176	347	1,603	1,272
2001–02	13,919	5,437	5,641	5,158	4,936	254	994	686	3,930	137	233	402	694	1,162
2002–03	15,097	5,703	5,968	5,323	5,565	274	978	2,415	4,005	142	198	402	872	1,274
2003–04	15,916	5,757	6,044	5,330	6,127	262	1,022	4,589	4,073	173	206	425	901	1,334
2004–05	16,769	6,104	6,321	5,760	6,498	274	1,280	3,655	4,161	202	189	479	866	1,725
2005–06	17,594	6,308	6,458	6,078	7,126	279	1,483	4,418	4,237	210	202	446	1,209	1,299
2006–07	18,299	6,620	6,743	6,419	7,446	281	1,609	393	4,409	149	202	494	1,303	1,523
2007–08	19,245	6,994	7,071	6,872	7,858	289	1,815	3,382	4,542	136	197	520	1,209	1,516
2008–09	19,778	7,156	7,292	6,941	8,079	291	1,876	4,635	4,657	138	194	511	1,245	1,475
2009–10	20,435	7,237	7,387	6,998	8,613	276	1,972	4,276	4,717	148	189	509	1,269	1,543
Private														
1977–78	3,071	1,509	1,542	905	404	89	2,025	890	873	131	103	60	—	838
1982–83	5,462	2,340	2,404	1,295	886	146	3,403	1,798	1,648	170	134	113	—	212
1987–88	7,438	3,280	3,306	2,906	1,488	120	3,666	2,303	2,337	197	175	184	—	977
1989–90	7,954	3,657	3,718	2,478	2,112	134	4,259	3,032	2,750	188	182	25	—	712
1992–93	10,958	4,206	4,259	2,877	3,039	163	4,523	2,956	3,267	212	207	402	—	957
1997–98	12,629	4,915	5,023	2,531	3,255	216	5,513	4,228	3,735	222	209	339	1,207	897
1998–99	13,519	5,274	5,327	3,879	3,468	231	6,722	3,936	3,915	219	205	345	1,313	1,020
1999–2000	14,366	5,380	5,471	3,354	3,638	237	6,951	4,349	4,074	213	215	335	1,331	1,342
2001–02	15,644	5,818	5,897	4,518	4,416	245	7,159	5,083	4,414	242	225	403	628	1,450
2002–03	16,660	5,981	6,153	2,983	4,964	249	6,943	4,348	4,490	247	236	429	629	1,248
2003–04	17,687	6,245	6,346	4,225	5,395	259	7,481	6,104	4,667	239	231	457	1,057	1,584
2004–05	18,465	6,483	6,603	4,092	5,849	269	7,600	4,455	4,775	284	217	484	821	1,527
2005–06	19,258	6,637	6,756	5,037	6,195	281	8,594	6,001	4,914	275	223	528	860	1,658
2006–07	19,942	6,935	7,027	5,382	6,632	278	9,610	7,750	5,097	248	246	465	1,049	1,619
2007–08	20,984	7,131	7,257	4,843	7,062	272	10,368	7,474	5,275	253	248	487	1,098	1,944
2008–09	21,656	7,385	7,564	4,195	7,442	292	9,941	9,017	5,489	251	251	472	985	1,628
2009–10	22,258	7,426	7,608	3,951	7,824	275	10,805	8,750	5,590	265	250	479	919	1,580

See notes at end of table.

Table 273. Average benefit expenditure for full-time instructional faculty on 9-month contracts in degree-granting institutions, by type of benefit and control of institution: Selected years, 1977–78 through 2009–10—Continued

Control and year	Average total benefit per full-time faculty member	Average benefit expenditure per full-time faculty member receiving benefit												
		Retirement plans: Total	Retirement plans: Vested within 5 years	Retirement plans: Vested after 5 years	Medical/ dental plans	Guaranteed disability income protection	Tuition plan for depen- dents	Housing plan	Social Security taxes	Unemploy- ment compen- sation taxes	Group life insurance	Worker's compen- sation taxes	Other insurance	Other benefits
1	2	3	4	5	6	7	8	9	10	11	12	13	14	15
	Constant 2008–09 dollars[1]													
Total														
1977–78	10,978	5,910	5,961	5,796	1,785	328	4,832	3,038	3,082	372	359	273	—	986
1982–83	12,682	5,972	5,994	5,912	2,431	329	4,359	3,584	3,744	320	303	250	—	2,000
1987–88	13,392	6,813	6,474	7,464	3,117	245	2,937	3,714	4,408	248	330	352	—	1,326
1989–90	13,932	6,843	6,718	7,087	3,954	248	3,500	4,469	4,673	205	308	83	—	1,077
1992–93	15,773	6,622	6,614	6,642	4,919	269	3,308	3,876	4,771	215	357	518	—	1,317
1997–98	16,275	7,019	6,894	7,297	4,692	289	3,670	5,441	4,728	209	258	451	1,992	1,384
1998–99	16,411	6,857	6,872	6,820	4,860	278	3,930	4,824	4,785	198	248	453	1,653	1,103
1999–2000	16,771	6,711	6,802	6,498	5,057	301	4,263	5,309	4,810	185	241	435	1,917	1,652
2001–02	17,356	6,675	6,913	6,176	5,772	301	4,201	5,941	4,914	198	278	485	804	1,526
2002–03	18,332	6,815	7,119	6,139	6,361	311	3,899	5,102	4,901	200	249	484	939	1,488
2003–04	18,960	6,800	7,106	6,091	6,828	301	4,045	7,038	4,914	220	248	502	1,097	1,674
2004–05	19,338	6,956	7,199	6,363	7,070	305	4,560	4,677	4,876	252	223	538	955	1,833
2005–06	19,506	6,906	7,089	6,483	7,404	302	4,866	6,040	4,801	246	226	510	1,181	1,572
2006–07	19,751	7,055	7,204	6,689	7,589	294	5,288	7,270	4,865	186	228	509	1,289	1,644
2007–08	20,032	7,131	7,242	6,861	7,742	286	5,685	7,539	4,840	171	218	516	1,189	1,730
2008–09	20,332	7,222	7,396	6,797	7,900	291	5,596	9,001	4,918	169	213	498	1,156	1,540
2009–10	20,777	7,222	7,400	6,781	8,309	273	5,959	8,645	4,945	178	209	495	1,144	1,546
Public														
1977–78	11,145	6,137	6,281	5,908	1,920	341	1,473	2,901	3,123	339	360	302	—	321
1982–83	12,948	6,225	6,299	6,072	2,600	334	1,260	2,246	3,808	303	306	251	—	2,144
1987–88	13,242	7,069	6,675	7,571	3,256	260	749	2,172	4,445	202	333	356	—	1,133
1989–90	14,135	7,076	6,978	7,200	4,100	261	1,024	2,987	4,684	163	308	101	—	1,017
1992–93	15,483	6,728	6,731	6,723	5,049	282	1,044	1,710	4,702	176	377	480	—	1,246
1997–98	16,077	7,209	7,037	7,455	4,839	291	1,101	3,469	4,621	177	248	452	2,180	1,560
1998–99	15,906	6,847	6,823	6,883	4,996	263	1,080	2,382	4,635	166	238	454	1,633	925
1999–2000	16,175	6,667	6,716	6,593	5,238	300	1,220	2,894	4,641	153	223	440	2,032	1,613
2001–02	16,767	6,549	6,795	6,213	5,946	306	1,197	827	4,734	166	281	485	836	1,400
2002–03	17,795	6,722	7,035	6,274	6,560	323	1,153	2,847	4,721	167	234	473	1,028	1,501
2003–04	18,359	6,640	6,972	6,148	7,067	303	1,178	5,293	4,698	199	238	490	1,039	1,539
2004–05	18,778	6,835	7,078	6,450	7,276	307	1,434	4,092	4,660	227	212	536	970	1,932
2005–06	18,979	6,804	6,966	6,557	7,687	301	1,599	4,765	4,571	227	218	482	1,304	1,402
2006–07	19,242	6,961	7,091	6,750	7,830	296	1,692	414	4,636	157	212	520	1,370	1,602
2007–08	19,513	7,092	7,170	6,968	7,968	293	1,840	3,430	4,605	138	200	527	1,226	1,537
2008–09	19,778	7,156	7,292	6,941	8,079	291	1,876	4,635	4,657	138	194	511	1,245	1,475
2009–10	20,240	7,168	7,316	6,931	8,530	274	1,953	4,235	4,672	147	188	504	1,257	1,529
Private														
1977–78	10,527	5,171	5,284	3,103	1,386	305	6,942	3,049	2,990	448	355	206	—	2,872
1982–83	11,946	5,118	5,257	2,833	1,939	319	7,442	3,932	3,604	372	294	247	—	464
1987–88	13,783	6,079	6,127	5,385	2,757	222	6,794	4,268	4,331	366	324	340	—	1,810
1989–90	13,447	6,183	6,285	4,189	3,570	226	7,200	5,126	4,650	319	308	42	—	1,204
1992–93	16,504	6,335	6,414	4,334	4,577	246	6,812	4,452	4,921	319	312	605	—	1,441
1997–98	16,760	6,524	6,667	3,358	4,319	287	7,316	5,612	4,958	295	278	450	1,601	1,191
1998–99	17,636	6,881	6,950	5,060	4,524	301	8,769	5,134	5,107	286	268	450	1,712	1,331
1999–2000	18,216	6,821	6,937	4,252	4,612	301	8,813	5,514	5,166	270	273	424	1,688	1,701
2001–02	18,845	7,008	7,104	5,443	5,320	295	8,625	6,123	5,318	291	272	485	756	1,747
2002–03	19,638	7,050	7,252	3,517	5,852	293	8,184	5,126	5,292	291	279	506	742	1,471
2003–04	20,402	7,204	7,320	4,873	6,223	299	8,630	7,042	5,383	275	267	527	1,219	1,827
2004–05	20,677	7,260	7,394	4,583	6,550	301	8,511	4,989	5,348	318	243	542	920	1,710
2005–06	20,774	7,160	7,288	5,433	6,682	304	9,270	6,474	5,301	297	241	569	928	1,789
2006–07	20,970	7,292	7,389	5,660	6,974	292	10,106	8,149	5,360	261	258	488	1,103	1,702
2007–08	21,277	7,230	7,359	4,911	7,161	276	10,513	7,579	5,349	256	251	494	1,113	1,972
2008–09	21,656	7,385	7,564	4,195	7,442	292	9,941	9,017	5,489	251	251	472	985	1,628
2009–10	22,044	7,355	7,535	3,913	7,749	272	10,701	8,667	5,537	262	248	474	910	1,565

—Not available.

[1]Constant dollars based on the Consumer Price Index, prepared by the Bureau of Labor Statistics, U.S. Department of Labor, adjusted to an academic-year basis.

NOTE: Data through 1992–93 are for institutions of higher education, while later data are for degree-granting institutions. Degree-granting institutions grant associate's or higher degrees and participate in Title IV federal financial aid programs. The degree-granting classification is very similar to the earlier higher education classification, but it includes more 2-year colleges and excludes a few higher education institutions that did not grant degrees. (See Appendix A: Guide to Sources for details.)

SOURCE: U.S. Department of Education, National Center for Education Statistics, Higher Education General Information Survey (HEGIS), "Faculty Salaries, Tenure, and Fringe Benefits" surveys, 1977–78 and 1982–83; and 1987–88 through 2009–10 Integrated Postsecondary Education Data System, "Salaries, Tenure, and Fringe Benefits of Full-Time Instructional Faculty Survey" (IPEDS-SA:87–99), and Winter 2001–02 through Winter 2009–10. (This table was prepared September 2010.)

Table 274. Percentage of full-time instructional staff with tenure for degree-granting institutions with a tenure system, by academic rank, sex, and control and type of institution: Selected years, 1993–94 through 2009–10

Academic year, control and type of institution	Percent of institutions with tenure systems	Percent of full-time instructional staff with tenure: Total			Professor			Associate professor			Assistant professor			Instructor	Lecturer	No academic rank
		Total	Male	Female	Total	Male	Female	Total	Male	Female	Total	Male	Female			
1	2	3	4	5	6	7	8	9	10	11	12	13	14	15	16	17
1993–94																
All institutions	62.6	56.2	62.6	42.7	91.9	92.8	87.7	76.8	77.5	75.1	14.4	13.6	15.5	38.3	10.8	26.0
Public institutions	73.6	58.9	65.4	45.6	92.6	93.6	87.5	80.8	81.6	78.9	17.1	16.1	18.5	45.5	7.2	28.6
4-year	92.6	56.3	63.5	39.3	94.3	94.7	92.0	80.4	81.2	78.4	13.8	13.0	14.8	4.4	5.4	6.1
Doctoral[1]	100.0	54.5	62.1	35.0	94.2	94.7	90.1	81.3	82.1	79.2	7.3	6.7	8.3	2.8	2.1	5.4
Master's[2]	98.3	60.5	67.7	46.1	95.4	95.5	95.0	79.3	80.0	77.7	23.0	23.0	22.9	6.4	11.7	11.0
Other	76.4	51.1	56.3	40.0	88.4	88.8	86.4	76.5	77.3	74.8	22.7	22.8	22.6	4.6	15.0	6.4
2-year	62.1	69.9	75.4	63.0	80.7	83.7	75.5	84.2	86.4	81.5	47.7	51.1	44.6	68.9	39.9	65.7
Not-for-profit institutions	62.0	49.5	56.0	35.5	90.3	90.8	88.1	67.6	68.1	66.5	9.0	8.7	9.4	6.1	21.9	18.9
4-year	66.3	49.5	56.0	35.4	90.3	90.8	88.0	67.6	68.1	66.5	9.0	8.7	9.4	5.5	21.6	15.7
Doctoral[1]	90.5	47.6	53.5	31.9	90.5	90.8	88.5	62.5	63.4	60.0	3.7	3.7	3.7	8.9	29.2	15.4
Master's[2]	76.5	51.8	59.2	38.2	90.8	91.1	89.8	71.3	72.2	69.6	13.4	13.6	13.1	2.6	0.7	10.5
Other	58.3	50.4	57.4	37.2	89.4	90.4	85.1	70.6	70.9	70.2	11.9	11.9	11.9	3.9	3.4	20.0
2-year	26.1	47.9	54.5	38.5	88.0	84.3	94.3	63.8	65.1	62.7	12.0	12.3	11.9	20.0	86.7	68.6
For-profit institutions	7.8	33.8	39.0	27.8	95.2	94.1	100.0	—	—	—	‡	‡	‡	32.9	—	—
1999–2000																
All institutions	55.0	53.7	59.6	43.2	92.8	93.1	91.2	76.8	76.9	76.7	11.8	11.0	12.9	34.1	3.4	18.3
Public institutions	72.8	55.9	62.0	45.6	93.9	94.4	91.9	81.0	81.2	80.7	14.1	13.1	15.4	39.8	4.1	21.2
4-year	94.6	53.2	60.3	39.3	94.2	94.6	92.5	80.8	81.0	80.3	10.0	9.5	10.6	3.9	3.0	4.0
Doctoral[1]	100.0	50.4	58.0	34.5	92.9	93.6	89.3	79.9	80.2	79.4	4.7	4.4	5.2	2.1	1.5	1.4
Master's[2]	95.5	59.1	66.0	48.0	96.9	96.9	96.8	82.7	83.0	82.1	18.1	17.8	18.5	6.4	5.9	25.3
Other	86.3	54.7	61.2	43.2	94.9	95.1	94.0	80.7	81.3	79.7	21.8	24.1	18.8	5.8	7.2	49.3
2-year	60.3	67.7	70.6	64.5	91.2	92.2	89.7	83.3	83.6	83.1	53.8	56.0	52.0	60.4	21.2	64.4
Not-for-profit institutions	59.0	48.2	54.2	36.8	90.3	90.5	89.7	68.0	67.8	68.4	7.5	6.8	8.2	1.8	1.2	7.4
4-year	63.4	48.1	54.1	36.7	90.3	90.5	89.7	68.0	67.8	68.5	7.4	6.8	8.1	1.6	1.2	4.1
Doctoral[1]	81.2	43.4	49.6	29.6	88.6	88.7	87.6	62.6	62.8	62.2	3.0	2.8	3.2	1.0	1.3	0.5
Master's[2]	72.6	52.3	59.4	41.4	91.2	91.6	90.0	72.0	73.0	70.3	12.1	11.9	12.3	0.9	0.8	22.3
Other	54.9	53.5	59.3	44.0	93.5	93.8	92.8	73.1	71.2	76.0	9.9	9.4	10.5	3.6	1.6	23.5
2-year	14.0	59.7	63.3	53.6	96.0	96.0	96.0	57.1	61.3	54.3	31.6	36.7	28.3	30.2	—	65.8
For-profit institutions	4.0	77.4	77.2	77.6	47.4	50.0	33.3	—	—	—	—	—	—	86.1	—	71.9
2007–08																
All institutions	49.5	48.8	54.5	40.4	90.6	90.9	89.6	74.0	73.7	74.6	7.8	7.4	8.2	27.8	1.4	25.2
Public institutions	70.7	50.5	56.2	42.6	92.1	92.4	91.2	77.7	77.5	78.0	9.4	8.7	10.2	33.2	1.8	29.8
4-year	91.0	47.8	54.5	37.4	92.3	92.5	91.8	77.7	77.5	78.1	5.8	5.4	6.2	2.0	1.2	4.8
Doctoral[1]	100.0	46.1	53.2	33.9	90.6	91.0	89.2	75.0	74.8	75.3	2.2	2.0	2.5	1.1	0.7	1.1
Master's[2]	98.6	51.9	58.5	43.7	97.1	97.1	97.0	83.8	83.9	83.6	12.1	11.9	12.3	3.0	1.9	6.1
Other	71.6	49.1	53.5	43.2	92.2	93.5	89.8	81.3	81.8	80.5	16.3	17.1	15.4	5.1	3.1	41.6
2-year	57.4	63.6	66.7	60.7	89.7	91.1	88.3	77.6	77.9	77.4	45.3	48.7	42.6	56.2	21.8	68.1
Not-for-profit institutions	57.5	44.7	50.9	35.2	87.5	87.9	86.4	66.8	66.2	67.9	4.7	4.8	4.6	0.6	0.3	8.5
4-year	60.2	44.7	50.9	35.2	87.5	87.9	86.4	66.8	66.2	67.9	4.7	4.7	4.6	0.4	0.3	8.2
Doctoral[1]	87.8	40.1	46.9	28.5	84.9	85.6	82.2	59.4	59.4	59.2	2.8	2.8	2.7	0.2	0.2	1.9
Master's[2]	66.0	49.8	56.1	41.7	89.9	90.5	88.4	73.7	73.9	73.4	8.3	8.9	7.8	0.7	0.6	18.0
Other	49.0	52.7	58.2	44.9	93.2	93.0	93.8	77.2	75.2	80.0	5.0	5.2	4.9	1.0	1.4	41.5
2-year	13.0	41.3	46.4	37.4	92.5	96.2	85.7	60.0	61.5	59.5	17.9	14.3	20.4	17.8	‡	51.6
For-profit institutions	1.4	51.3	58.0	42.1	77.4	77.8	76.5	23.7	35.3	8.0	16.0	23.8	10.3	77.9	‡	‡
2009–10																
All institutions	47.8	48.7	54.5	40.6	90.3	90.7	89.3	74.6	74.5	74.6	7.2	6.9	7.6	28.2	1.4	24.7
Public institutions	71.2	50.6	56.3	42.9	91.6	92.0	90.6	78.3	78.4	78.2	9.1	8.4	9.8	33.7	1.8	30.2
4-year	90.9	47.9	54.6	38.0	92.0	92.2	91.4	78.7	78.6	78.8	5.7	5.4	6.0	2.5	1.2	7.5
Doctoral[1]	99.5	45.7	52.9	34.1	90.2	90.6	88.6	75.6	75.7	75.4	2.4	2.2	2.6	0.9	0.7	1.6
Master's[2]	98.6	53.5	60.0	45.6	97.5	97.5	97.4	86.0	86.2	85.8	11.3	11.5	11.2	3.2	1.8	8.7
Other	72.4	51.2	55.5	46.1	92.2	93.3	90.2	84.6	85.0	84.0	20.5	21.4	19.6	11.8	3.0	58.7
2-year	57.7	64.1	67.2	61.4	88.2	89.6	86.9	74.1	75.2	73.3	45.2	48.3	42.9	58.4	22.6	67.6
Not-for-profit institutions	57.1	44.3	50.6	35.2	87.8	88.2	86.6	67.2	67.0	67.6	3.8	3.8	3.7	0.6	0.3	7.1
4-year	59.5	44.3	50.6	35.2	87.8	88.2	86.7	67.2	67.0	67.6	3.8	3.8	3.7	0.5	0.3	7.0
Doctoral[1]	83.8	39.7	46.6	28.4	85.6	86.4	82.7	59.7	60.2	59.0	1.8	1.9	1.7	0.2	0.2	1.0
Master's[2]	65.8	49.8	55.7	42.4	89.7	90.1	88.8	74.0	74.1	73.8	7.2	7.6	6.8	0.7	0.2	20.4
Other	47.4	53.4	59.1	45.8	93.2	92.9	93.8	79.4	78.6	80.5	4.8	5.0	4.5	1.6	1.6	45.7
2-year	12.9	38.5	49.5	31.7	86.7	‡	70.0	59.3	64.7	56.8	20.5	18.5	21.4	8.2	‡	30.0
For-profit institutions	1.5	51.0	58.6	42.1	75.5	74.7	77.8	8.5	3.2	12.5	‡	‡	‡	87.3	‡	‡

—Not available.
‡Reporting standards not met.
[1]Institutions that awarded 20 or more doctor's degrees during the previous academic year.
[2]Institutions that awarded 20 or more master's degrees, but less than 20 doctor's degrees, during the previous academic year.
NOTE: The coverage of this table differs from similar tables published in editions of the *Digest* prior to 2003. Previous tenure tabulations included only instructional staff classified as full-time faculty; this table includes all staff with full-time instructional duties, including faculty and other instructional staff. Data for 1993–94 are for institutions of higher education, while later data are for degree-granting institutions. Degree-granting institutions grant associate's or higher degrees and participate in Title IV federal financial aid programs. The degree-granting classification is very similar to the earlier higher education classification, but it includes more 2-year colleges and excludes a few higher education institutions that did not grant degrees. (See Appendix A: Guide to Sources for details.) Beginning in 2007–08, includes institutions with fewer than 15 full-time employees; institutions with fewer than 15 employees did not report staff data prior to 2007–08. Some data have been revised from previously published figures.
SOURCE: U.S. Department of Education, National Center for Education Statistics, 1993–94 through 2009–10 Integrated Postsecondary Education Data System, "Fall Staff Survey" (IPEDS-S:93–99), Winter 2007–08, and Winter 2009–10. (This table was prepared September 2010.)

Table 275. Degree-granting institutions, by control and type of institution: Selected years, 1949–50 through 2009–10

Year	All institutions			Public			Private								
										Not-for-profit			For-profit		
	Total	4-year	2-year	Total	4-year	2-year	Total	4-year, total	2-year, total	Total	4-year	2-year	Total	4-year	2-year
1	2	3	4	5	6	7	8	9	10	11	12	13	14	15	16
Excluding branch campuses															
1949–50	1,851	1,327	524	641	344	297	1,210	983	227	—	—	—	—	—	—
1959–60	2,004	1,422	582	695	367	328	1,309	1,055	254	—	—	—	—	—	—
1969–70	2,525	1,639	886	1,060	426	634	1,465	1,213	252	—	—	—	—	—	—
1970–71	2,556	1,665	891	1,089	435	654	1,467	1,230	237	—	—	—	—	—	—
1971–72	2,606	1,675	931	1,137	440	697	1,469	1,235	234	—	—	—	—	—	—
1972–73	2,665	1,701	964	1,182	449	733	1,483	1,252	231	—	—	—	—	—	—
1973–74	2,720	1,717	1,003	1,200	440	760	1,520	1,277	243	—	—	—	—	—	—
1974–75	2,747	1,744	1,003	1,214	447	767	1,533	1,297	236	—	—	—	—	—	—
1975–76	2,765	1,767	998	1,219	447	772	1,546	1,320	226	—	—	—	—	—	—
1976–77	2,785	1,783	1,002	1,231	452	779	1,554	1,331	223	—	—	—	—	—	—
1977–78	2,826	1,808	1,018	1,241	454	787	1,585	1,354	231	—	—	—	—	—	—
1978–79	2,954	1,843	1,111	1,308	463	845	1,646	1,380	266	—	—	—	—	—	—
1979–80	2,975	1,863	1,112	1,310	464	846	1,665	1,399	266	—	—	—	—	—	—
1980–81	3,056	1,861	1,195	1,334	465	869	1,722	1,396	326 [1]	—	—	—	—	—	—
1981–82	3,083	1,883	1,200	1,340	471	869	1,743	1,412	331 [1]	—	—	—	—	—	—
1982–83	3,111	1,887	1,224	1,336	472	864	1,775	1,415	360 [1]	—	—	—	—	—	—
1983–84	3,117	1,914	1,203	1,325	474	851	1,792	1,440	352	—	—	—	—	—	—
1984–85	3,146	1,911	1,235	1,329	461	868	1,817	1,450	367	—	—	—	—	—	—
1985–86	3,155	1,915	1,240	1,326	461	865	1,829	1,454	375	—	—	—	—	—	—
Including branch campuses															
1974–75	3,004	1,866	1,138	1,433	537	896	1,571	1,329	242	—	—	—	—	—	—
1975–76	3,026	1,898	1,128	1,442	545	897	1,584	1,353	231	—	—	—	—	—	—
1976–77	3,046	1,913	1,133	1,455	550	905	1,591	1,363	228	1,536	1,348	188	55	15	40
1977–78	3,095	1,938	1,157	1,473	552	921	1,622	1,386	236	—	—	—	—	—	—
1978–79	3,134	1,941	1,193	1,474	550	924	1,660	1,391	269	1,564	1,376	188	96	15	81
1979–80	3,152	1,957	1,195	1,475	549	926	1,677	1,408	269	—	—	—	—	—	—
1980–81	3,231	1,957	1,274	1,497	552	945	1,734	1,405	329 [1]	1,569	1,387	182	165	18	147
1981–82	3,253	1,979	1,274	1,498	558	940	1,755	1,421	334 [1]	—	—	—	—	—	—
1982–83	3,280	1,984	1,296	1,493	560	933	1,787	1,424	363 [1]	—	—	—	—	—	—
1983–84	3,284	2,013	1,271	1,481	565	916	1,803	1,448	355	—	—	—	—	—	—
1984–85	3,331	2,025	1,306	1,501	566	935	1,830	1,459	371	1,616	1,430	186	214	29	185
1985–86	3,340	2,029	1,311	1,498	566	932	1,842	1,463	379	—	—	—	—	—	—
1986–87	3,406	2,070	1,336	1,533	573	960	1,873	1,497	376	1,635	1,462	173	238	35	203
1987–88	3,587	2,135	1,452	1,591	599	992	1,996	1,536	460	1,673	1,487	186	323	49	274
1988–89	3,565	2,129	1,436	1,582	598	984	1,983	1,531	452	1,658	1,478	180	325	53	272
1989–90	3,535	2,127	1,408	1,563	595	968	1,972	1,532	440	1,656	1,479	177	316	53	263
1990–91	3,559	2,141	1,418	1,567	595	972	1,992	1,546	446	1,649	1,482	167	343	64	279
1991–92	3,601	2,157	1,444	1,598	599	999	2,003	1,558	445	1,662	1,486	176	341	72	269
1992–93	3,638	2,169	1,469	1,624	600	1,024	2,014	1,569	445	1,672	1,493	179	342	76	266
1993–94	3,632	2,190	1,442	1,625	604	1,021	2,007	1,586	421	1,687	1,506	181	320	80	240
1994–95	3,688	2,215	1,473	1,641	605	1,036	2,047	1,610	437	1,702	1,510	192	345	100	245
1995–96	3,706	2,244	1,462	1,655	608	1,047	2,051	1,636	415	1,706	1,519	187	345	117	228
1996–97	4,009	2,267	1,742	1,702	614	1,088	2,307	1,653	654	1,693	1,509	184	614	144	470
1997–98	4,064	2,309	1,755	1,707	615	1,092	2,357	1,694	663	1,707	1,528	179	650	166	484
1998–99	4,048	2,335	1,713	1,681	612	1,069	2,367	1,723	644	1,695	1,531	164	672	192	480
1999–2000	4,084	2,363	1,721	1,682	614	1,068	2,402	1,749	653	1,681	1,531	150	721	218	503
2000–01	4,182	2,450	1,732	1,698	622	1,076	2,484	1,828	656	1,695	1,551	144	789	277	512
2001–02	4,197	2,487	1,710	1,713	628	1,085	2,484	1,859	625	1,676	1,541	135	808	318	490
2002–03	4,168	2,466	1,702	1,712	631	1,081	2,456	1,835	621	1,665	1,538	127	791	297	494
2003–04	4,236	2,530	1,706	1,720	634	1,086	2,516	1,896	620	1,664	1,546	118	852	350	502
2004–05	4,216	2,533	1,683	1,700	639	1,061	2,516	1,894	622	1,637	1,525	112	879	369	510
2005–06	4,276	2,582	1,694	1,693	640	1,053	2,583	1,942	641	1,647	1,534	113	936	408	528
2006–07	4,314	2,629	1,685	1,688	643	1,045	2,626	1,986	640	1,640	1,533	107	986	453	533
2007–08	4,352	2,675	1,677	1,685	653	1,032	2,667	2,022	645	1,624	1,532	92	1,043	490	553
2008–09	4,409	2,719	1,690	1,676	652	1,024	2,733	2,067	666	1,629	1,537	92	1,104	530	574
2009–10	4,495	2,774	1,721	1,672	672	1,000	2,823	2,102	721	1,624	1,539	85	1,199	563	636

—Not available.
[1]Large increases are due to the addition of schools accredited by the Accrediting Commission of Career Schools and Colleges of Technology.
NOTE: Data through 1995–96 are for institutions of higher education, while later data are for degree-granting institutions. Degree-granting institutions grant associate's or higher degrees and participate in Title IV federal financial aid programs. The degree-granting classification is very similar to the earlier higher education classification, but it includes more 2-year colleges and excludes a few higher education institutions that did not grant degrees. (See Appendix A: Guide to Sources for details.) Changes in counts of institutions over time are partly affected by increasing or decreasing numbers of institutions submitting separate data for branch campuses.
SOURCE: U.S. Department of Education, National Center for Education Statistics, *Education Directory, Colleges and Universities*, 1949–50 through 1965–66; Higher Education General Information Survey (HEGIS), "Institutional Characteristics of Colleges and Universities" surveys, 1966–67 through 1985–86; and 1986–87 through 2009–10 Integrated Postsecondary Education Data System, "Institutional Characteristics Survey" (IPEDS-IC:86–99), and Fall 2000 through Fall 2009. (This table was prepared September 2010.)

Table 276. Degree-granting institutions and branches, by type and control of institution and state or jurisdiction: 2009–10

State or jurisdiction	Total	All public institutions	Public 4-year institutions							Public 2-year	All not-for-profit institutions	Not-for-profit 4-year institutions							Not-for-profit 2-year	For-profit institutions		
			Total	Research university, very high[1]	Research university, high[2]	Doctoral/research university[3]	Master's[4]	Baccalaureate[5]	Special focus[6]			Total	Research university, very high[1]	Research university, high[2]	Doctoral/research university[3]	Master's[4]	Baccalaureate[5]	Special focus[6]		Total	4-year	2-year
1	2	3	4	5	6	7	8	9	10	11	12	13	14	15	16	17	18	19	20	21	22	23
United States	**4,495**	**1,672**	**672**	**66**	**75**	**27**	**261**	**197**	**46**	**1,000**	**1,624**	**1,539**	**33**	**27**	**45**	**341**	**529**	**564**	**85**	**1,199**	**563**	**636**
Alabama	72	39	14	1	3	0	9	1	0	25	19	19	0	0	1	2	10	6	0	14	10	4
Alaska	7	5	3	0	1	0	2	0	0	2	1	1	0	0	0	1	0	0	0	1	1	0
Arizona	78	24	4	2	1	0	0	0	1	20	11	11	0	0	0	2	2	7	0	43	29	14
Arkansas	50	33	11	0	1	1	5	3	1	22	12	12	0	0	0	1	9	2	0	5	3	2
California	436	147	35	8	1	0	19	5	2	112	146	139	3	1	11	26	22	76	7	143	63	80
Colorado	82	27	12	3	1	1	2	5	0	15	12	11	0	1	0	3	3	4	1	43	25	18
Connecticut	45	21	9	1	0	0	4	4	0	12	18	16	1	0	2	6	5	2	2	6	4	2
Delaware	10	5	2	1	0	0	1	0	0	3	5	4	0	0	1	1	1	1	1	0	0	0
District of Columbia	18	2	2	0	0	0	1	0	1	0	13	13	1	3	1	2	0	6	0	3	3	0
Florida	207	43	27	6	3	2	2	13	1	16	61	60	1	1	2	11	21	24	1	103	54	49
Georgia	131	69	27	2	1	1	13	9	1	42	35	33	1	1	0	4	18	9	2	27	17	10
Hawaii	20	10	4	1	0	0	0	3	0	6	5	5	0	0	0	2	1	2	0	5	4	1
Idaho	15	7	4	0	1	1	1	1	0	3	4	4	0	0	0	1	2	1	0	4	3	1
Illinois	181	60	12	2	2	1	7	0	0	48	84	80	2	2	2	16	22	36	4	37	21	16
Indiana	106	29	15	2	1	2	6	4	0	14	41	40	1	0	0	9	20	10	1	36	19	17
Iowa	65	19	3	2	0	0	1	0	0	16	35	34	0	0	0	5	20	9	1	11	10	1
Kansas	67	33	8	2	1	0	4	0	1	25	24	22	0	0	0	6	13	3	2	10	5	5
Kentucky	75	24	8	1	1	0	5	1	0	16	26	26	0	0	1	3	14	8	0	25	9	16
Louisiana	87	52	17	1	2	1	9	1	3	35	10	10	1	0	0	2	4	3	0	25	4	21
Maine	30	15	8	0	1	0	1	6	0	7	13	12	0	0	0	3	6	3	1	2	0	2
Maryland	59	29	13	1	1	1	8	1	1	16	22	22	1	0	0	4	7	10	0	8	4	4
Massachusetts	125	30	14	1	0	2	7	2	2	16	84	81	5	3	1	14	25	33	3	11	5	6
Michigan	105	45	15	3	2	2	7	1	0	30	51	51	0	0	1	9	23	18	0	9	6	3
Minnesota	117	43	12	1	0	0	8	3	0	31	36	35	0	0	3	6	11	15	1	38	33	5
Mississippi	41	24	9	0	4	0	4	0	1	15	11	11	0	0	0	3	4	4	0	6	1	5
Missouri	132	34	13	1	3	0	6	3	0	21	57	53	1	1	0	12	12	27	4	41	22	19
Montana	23	18	6	1	1	0	1	3	0	12	5	4	0	0	0	1	2	1	1	0	0	0
Nebraska	43	15	7	1	0	0	3	2	1	8	19	17	0	0	0	3	9	5	2	9	5	4
Nevada	21	7	6	0	2	0	0	4	0	1	2	2	0	0	0	0	1	1	0	12	7	5
New Hampshire	28	12	5	0	1	0	2	2	0	7	14	13	1	0	1	2	6	3	1	2	2	0
New Jersey	65	33	14	1	2	0	9	1	1	19	25	25	1	1	1	9	3	10	0	7	3	4
New Mexico	41	28	8	1	1	0	4	1	1	20	3	3	0	0	0	2	1	0	0	10	8	2
New York	305	78	43	3	3	0	20	13	4	35	182	164	6	5	6	39	30	78	18	45	18	27
North Carolina	137	75	16	2	2	2	6	3	1	59	45	44	1	1	0	5	28	9	1	17	12	5
North Dakota	22	14	8	0	2	0	1	4	1	6	6	5	0	0	0	1	1	3	1	2	2	0
Ohio	213	60	36	2	7	1	1	22	3	24	75	69	1	1	1	18	24	24	6	78	10	68
Oklahoma	61	29	17	0	2	0	6	7	2	12	14	14	0	1	1	3	5	4	0	18	8	10
Oregon	60	26	9	1	1	1	3	2	1	17	24	24	0	0	2	3	8	11	0	10	5	5
Pennsylvania	257	61	44	2	1	1	16	22	2	17	114	102	2	2	3	30	36	29	12	82	10	72
Rhode Island	13	3	2	0	1	0	1	0	0	1	9	9	1	0	0	4	1	3	0	1	0	1
South Carolina	71	33	13	1	1	1	4	5	1	20	25	23	0	0	0	5	14	4	2	13	8	5
South Dakota	25	12	7	0	1	1	0	3	2	5	8	7	0	0	0	1	3	3	1	5	5	0
Tennessee	106	22	9	1	1	2	5	0	0	13	47	45	1	0	1	10	17	16	2	37	16	21
Texas	240	109	45	2	6	3	21	5	8	64	57	53	1	1	2	16	17	16	4	74	19	55
Utah	40	13	7	1	1	0	2	3	0	6	4	3	0	1	0	1	1	0	1	23	17	6

See notes at end of table.

Table 276. Degree-granting institutions and branches, by type and control of institution and state or jurisdiction: 2009–10—Continued

State or jurisdiction	Total	All public institutions	Public 4-year institutions: Total	Public 4-year: Research university, very high[1]	Public 4-year: Research university, high[2]	Public 4-year: Doctoral/research university[3]	Public 4-year: Master's[4]	Public 4-year: Baccalaureate[5]	Public 4-year: Special focus[6]	Public 2-year	All not-for-profit institutions	Not-for-profit 4-year institutions: Total	Not-for-profit 4-year: Research university, very high[1]	Not-for-profit 4-year: Research university, high[2]	Not-for-profit 4-year: Doctoral/research university[3]	Not-for-profit 4-year: Master's[4]	Not-for-profit 4-year: Baccalaureate[5]	Not-for-profit 4-year: Special focus[6]	Not-for-profit 2-year	For-profit institutions: Total	For-profit: 4-year	For-profit: 2-year
1	2	3	4	5	6	7	8	9	10	11	12	13	14	15	16	17	18	19	20	21	22	23
Vermont	25	6	5	0	1	0	2	2	0	1	17	16	0	0	0	5	8	3	1	2	2	0
Virginia	119	39	15	2	4	0	6	3	0	24	35	35	0	0	1	7	20	7	0	45	22	23
Washington	81	43	16	2	0	0	6	6	2	27	19	19	0	0	0	10	3	6	0	19	12	7
West Virginia	45	23	13	0	1	0	1	10	1	10	9	9	0	0	0	2	6	1	0	13	3	10
Wisconsin	77	31	14	1	1	0	9	3	0	17	30	29	0	1	0	10	10	8	1	16	12	4
Wyoming	11	8	1	0	1	0	0	0	0	7	0	0	0	0	0	0	0	0	0	3	2	1
U.S. Service Academies	5	5	5	0	0	0	0	5	0	0	†	†	†	†	†	†	†	†	†	†	†	†
Other jurisdictions	**86**	**25**	**17**	**0**	**1**	**0**	**2**	**11**	**3**	**8**	**45**	**39**	**0**	**0**	**2**	**5**	**20**	**12**	**6**	**16**	**7**	**9**
American Samoa	1	1	0	0	0	0	0	0	0	1	0	0	0	0	0	0	0	0	0	0	0	0
Federated States of Micronesia	1	1	0	0	0	0	0	0	0	1	0	0	0	0	0	0	0	0	0	0	0	0
Guam	3	2	1	0	0	0	1	0	0	1	1	1	0	0	0	0	0	1	0	0	0	0
Marshall Islands	1	1	0	0	0	0	0	0	0	1	0	0	0	0	0	0	0	0	0	0	0	0
Northern Marianas	1	1	1	0	0	0	0	1	0	0	0	0	0	0	0	0	0	0	0	0	0	0
Palau	1	1	0	0	0	0	0	0	0	1	0	0	0	0	0	0	0	0	0	0	0	0
Puerto Rico	77	17	14	0	1	0	1	9	3	3	44	38	0	0	2	5	20	11	6	16	7	9
U.S. Virgin Islands	1	1	1	0	0	0	0	1	0	0	0	0	0	0	0	0	0	0	0	0	0	0

†Not applicable.
[1]Research universities with a very high level of research activity.
[2]Research universities with a high level of research activity.
[3]Institutions that award at least 20 doctor's degrees per year, but did not have a high level of research activity.
[4]Institutions that award at least 50 master's degrees per year.
[5]Institutions that primarily emphasize undergraduate education.
[6]Four-year institutions that award degrees primarily in single fields of study, such as medicine, business, fine arts, theology, and engineering. Includes some institutions that have 4-year programs, but have not reported sufficient data to identify program category. Also includes institutions classified as 4-year under the IPEDS system, which had been classified as 2-year in the Carnegie classification system because they primarily award associate's degrees.
NOTE: Relative levels of research activity for research universities were determined by an analysis of research and development expenditures, science and engineering research staffing, and doctoral degrees conferred, by field. Further information on the research index ranking may be obtained from http://www.carnegiefoundation.org/classifications/index.asp?key=798#related. Degree-granting institutions grant associate's or higher degrees and participate in Title IV federal financial aid programs.
SOURCE: U.S. Department of Education, National Center for Education Statistics, 2009–10 Integrated Postsecondary Education Data System (IPEDS), Fall 2009. (This table was prepared September 2010.)

Table 277. Number of non-degree-granting Title IV institutions offering postsecondary education, by control and state or jurisdiction: Selected years, 2000–01 through 2009–10

State or jurisdiction	2000–01, total	2005–06, total	2006–07, total	2007–08					2008–09					2009–10				
				Total	Public	Private			Total	Public	Private			Total	Public	Private		
						Total	Not-for-profit	For-profit			Total	Not-for-profit	For-profit			Total	Not-for-profit	For-profit
1	2	3	4	5	6	7	8	9	10	11	12	13	14	15	16	17	18	19
United States	**2,297**	**2,187**	**2,222**	**2,199**	**319**	**1,880**	**191**	**1,689**	**2,223**	**321**	**1,902**	**180**	**1,722**	**2,247**	**317**	**1,930**	**185**	**1,745**
Alabama	10	9	9	6	0	6	1	5	5	0	5	1	4	10	0	10	1	9
Alaska	3	2	2	2	1	1	0	1	2	1	1	0	1	3	1	2	1	1
Arizona	33	34	35	35	3	32	0	32	37	3	34	0	34	38	3	35	0	35
Arkansas	36	32	32	32	3	29	2	27	32	3	29	2	27	33	3	30	2	28
California	230	235	244	233	9	224	24	200	225	10	215	18	197	230	10	220	20	200
Colorado	21	26	27	28	4	24	2	22	29	4	25	3	22	31	4	27	3	24
Connecticut	37	36	38	40	0	40	5	35	42	0	42	5	37	43	0	43	5	38
Delaware	4	6	6	6	0	6	1	5	7	0	7	1	6	7	0	7	1	6
District of Columbia	5	6	6	5	0	5	1	4	6	0	6	1	5	5	0	5	1	4
Florida	124	126	129	128	37	91	5	86	142	37	105	5	100	148	37	111	6	105
Georgia	38	44	43	44	1	43	1	42	44	1	43	1	42	42	1	41	1	40
Hawaii	6	5	5	6	0	6	1	5	5	0	5	1	4	4	0	4	1	3
Idaho	11	13	12	12	0	12	0	12	12	0	12	0	12	14	0	14	0	14
Illinois	88	94	92	90	2	88	10	78	88	2	86	8	78	98	2	96	8	88
Indiana	34	28	28	32	3	29	1	28	33	3	30	1	29	35	3	32	1	31
Iowa	27	26	26	25	0	25	2	23	27	0	27	2	25	26	0	26	2	24
Kansas	23	25	27	27	6	21	2	19	23	4	19	1	18	20	1	19	1	18
Kentucky	52	32	33	34	0	34	2	32	32	0	32	2	30	30	0	30	2	28
Louisiana	57	57	55	60	13	47	2	45	61	15	46	2	44	60	14	46	2	44
Maine	11	9	10	10	0	10	3	7	10	0	10	3	7	10	0	10	3	7
Maryland	34	27	27	27	0	27	0	27	30	0	30	0	30	32	0	32	0	32
Massachusetts	60	61	62	61	5	56	3	53	60	5	55	3	52	62	5	57	3	54
Michigan	72	65	69	68	1	67	2	65	72	1	71	1	70	82	1	81	2	79
Minnesota	20	21	22	21	0	21	3	18	21	0	21	3	18	22	0	22	3	19
Mississippi	16	20	19	19	0	19	0	19	20	0	20	0	20	19	0	19	0	19
Missouri	69	61	65	60	22	38	4	34	61	24	37	4	33	63	24	39	3	36
Montana	10	8	8	7	0	7	1	6	6	0	6	0	6	6	0	6	0	6
Nebraska	12	10	9	8	0	8	2	6	8	0	8	2	6	8	0	8	2	6
Nevada	10	9	12	13	0	13	1	12	14	0	14	1	13	16	0	16	1	15
New Hampshire	11	14	14	16	0	16	3	13	15	0	15	2	13	14	0	14	2	12
New Jersey	89	91	92	87	4	83	9	74	86	4	82	9	73	83	4	79	8	71
New Mexico	6	7	7	7	0	7	0	7	6	0	6	0	6	6	0	6	0	6
New York	152	133	138	140	32	108	31	77	141	33	108	31	77	139	32	107	32	75
North Carolina	36	29	27	28	1	27	2	25	32	1	31	2	29	33	1	32	2	30
North Dakota	5	5	6	6	0	6	0	6	7	0	7	0	7	8	0	8	0	8
Ohio	130	119	114	116	48	68	7	61	124	48	76	8	68	126	47	79	8	71
Oklahoma	84	78	81	80	45	35	0	35	81	45	36	0	36	82	46	36	0	36
Oregon	28	27	27	25	0	25	0	25	25	0	25	0	25	24	0	24	0	24
Pennsylvania	167	131	129	126	28	98	25	73	122	28	94	24	70	123	28	95	24	71
Rhode Island	12	10	10	10	0	10	2	8	10	0	10	2	8	10	0	10	2	8
South Carolina	14	21	21	20	0	20	0	20	21	0	21	0	21	23	0	23	0	23
South Dakota	5	6	6	6	0	6	3	3	6	0	6	3	3	6	0	6	3	3
Tennessee	54	58	62	61	26	35	1	34	63	26	37	1	36	58	26	32	1	31
Texas	161	169	169	166	1	165	4	161	168	0	168	4	164	154	0	154	4	150
Utah	26	24	26	27	2	25	0	25	29	3	26	0	26	30	4	26	0	26
Vermont	3	4	3	3	1	2	0	2	3	1	2	0	2	4	1	3	0	3
Virginia	56	42	41	37	7	30	6	24	35	7	28	6	22	34	7	27	7	20
Washington	42	37	39	41	1	40	4	36	39	1	38	4	34	36	1	35	4	31
West Virginia	36	31	32	29	12	17	6	11	28	11	17	6	11	27	11	16	5	11
Wisconsin	24	22	24	27	0	27	7	20	27	0	27	7	20	29	0	29	8	21
Wyoming	3	2	2	2	1	1	0	1	1	0	1	0	1	1	0	1	0	1
Other jurisdictions	**74**	**74**	**80**	**72**	**0**	**72**	**13**	**59**	**69**	**1**	**68**	**11**	**57**	**68**	**1**	**67**	**11**	**56**
American Samoa	0	0	0	0	0	0	0	0	0	0	0	0	0	0	0	0	0	0
Guam	0	0	0	0	0	0	0	0	0	0	0	0	0	0	0	0	0	0
Northern Marianas	0	0	0	0	0	0	0	0	0	0	0	0	0	0	0	0	0	0
Palau	0	0	0	0	0	0	0	0	0	0	0	0	0	0	0	0	0	0
Puerto Rico	74	74	80	72	0	72	13	59	69	1	68	11	57	68	1	67	11	56
U.S. Virgin Islands	0	0	0	0	0	0	0	0	0	0	0	0	0	0	0	0	0	0

NOTE: Includes all Title IV institutions that did not grant degrees at the associate's or higher level.

SOURCE: U.S. Department of Education, National Center for Education Statistics, 2000–01 through 2009–10 Integrated Postsecondary Education Data System (IPEDS), Fall 2000 through Fall 2009. (This table was prepared September 2010.)

Table 278. Degree-granting institutions that have closed their doors, by control and type of institution: 1969–70 through 2009–10

							Private								
	All institutions			Public			Total			Not-for-profit			For-profit		
Year	Total	4-year	2-year	Total	4-year	2-year	Total	4-year	2-year	Total	4-year	2-year	Total	4-year	2-year
1	2	3	4	5	6	7	8	9	10	11	12	13	14	15	16
Excluding branch campuses															
1969–70	18	8	10	3	0	3	15	8	7	—	—	—	—	—	—
1970–71	32	9	23	9	0	9	23	9	14	—	—	—	—	—	—
1971–72	12	3	9	3	0	3	9	3	6	—	—	—	—	—	—
1972–73	19	12	7	2	0	2	17	12	5	—	—	—	—	—	—
1973–74	18	11	7	0	0	0	18	11	7	—	—	—	—	—	—
1974–75	17	13	4	3	0	3	14	13	1	—	—	—	—	—	—
1975–76	8	6	2	2	1	1	6	5	1	—	—	—	—	—	—
1976–77	8	5	3	0	0	0	8	5	3	—	—	—	—	—	—
1977–78	12	9	3	0	0	0	12	9	3	—	—	—	—	—	—
1978–79	9	4	5	0	0	0	9	4	5	—	—	—	—	—	—
1979–80	6	5	1	0	0	0	6	5	1	—	—	—	—	—	—
1980–81	4	3	1	0	0	0	4	3	1	—	—	—	—	—	—
1981–82	7	6	1	0	0	0	7	6	1	—	—	—	—	—	—
1982–83	7	4	3	0	0	0	7	4	3	—	—	—	—	—	—
1983–84	4	4	0	0	0	0	4	4	0	—	—	—	—	—	—
1984–85	4	4	0	0	0	0	4	4	0	—	—	—	—	—	—
1985–86	10	6	4	1	0	1	9	6	3	—	—	—	—	—	—
1986–87 and 1987–88	25	19	6	1	0	1	24	19	5	—	—	—	—	—	—
1988–89	14	6	8	0	0	0	14	6	8	—	—	—	—	—	—
1989–90	12	6	6	0	0	0	12	6	6	—	—	—	—	—	—
1990–91	10	4	6	0	0	0	10	4	6	—	—	—	—	—	—
1991–92	10	7	3	0	0	0	10	7	3	—	—	—	—	—	—
Including branch campuses															
1969–70	24	10	14	5	1	4	19	9	10	—	—	—	—	—	—
1970–71	35	10	25	11	0	11	24	10	14	—	—	—	—	—	—
1971–72	14	5	9	3	0	3	11	5	6	—	—	—	—	—	—
1972–73	21	12	9	4	0	4	17	12	5	—	—	—	—	—	—
1973–74	20	12	8	1	0	1	19	12	7	—	—	—	—	—	—
1974–75	18	13	5	4	0	4	14	13	1	—	—	—	—	—	—
1975–76	9	7	2	2	1	1	7	6	1	—	—	—	—	—	—
1976–77	9	6	3	0	0	0	9	6	3	—	—	—	—	—	—
1977–78	12	9	3	0	0	0	12	9	3	—	—	—	—	—	—
1978–79	9	4	5	0	0	0	9	4	5	—	—	—	—	—	—
1979–80	6	5	1	0	0	0	6	5	1	—	—	—	—	—	—
1980–81	4	3	1	0	0	0	4	3	1	—	—	—	—	—	—
1981–82	7	6	1	0	0	0	7	6	1	—	—	—	—	—	—
1982–83	7	4	3	0	0	0	7	4	3	—	—	—	—	—	—
1983–84	5	5	0	1	1	0	4	4	0	—	—	—	—	—	—
1984–85	4	4	0	0	0	0	4	4	0	—	—	—	—	—	—
1985–86	12	8	4	1	1	0	11	7	4	—	—	—	—	—	—
1986–87 and 1987–88	26	19	7	1	0	1	25	19	6	—	—	—	—	—	—
1988–89	14	6	8	0	0	0	14	6	8	—	—	—	—	—	—
1989–90	19	8	11	0	0	0	19	8	11	—	—	—	—	—	—
1990–91	18	6	12	0	0	0	18	6	12	7	5	2	11	1	10
1991–92	26	8	18	1	0	1	25	8	17	8	7	1	17	1	16
1992–93	23	6	17	0	0	0	23	6	17	6	5	1	17	1	16
1993–94	38	11	27	1	0	1	37	11	26	13	10	3	24	1	23
1994–95	15	8	7	2	0	2	13	8	5	8	7	1	5	1	4
1995–96	21	8	13	1	1	0	20	7	13	9	7	2	11	0	11
1996–97	36	13	23	2	0	2	34	13	21	14	10	4	20	3	17
1997–98	5	0	5	0	0	0	5	0	5	1	0	1	4	0	4
1998–99	7	1	6	1	0	1	6	1	5	2	0	2	4	1	3
1999–2000	16	3	13	3	0	3	13	3	10	8	3	5	5	0	5
2000–01	14	9	5	0	0	0	14	9	5	8	8	0	6	1	5
2001–02	14	2	12	0	0	0	14	2	12	1	1	0	13	1	12
2002–03	13	7	6	0	0	0	13	7	6	6	6	0	7	1	6
2003–04	12	5	7	0	0	0	12	5	7	8	5	3	4	0	4
2004–05	3	1	2	0	0	0	3	1	2	1	1	0	2	0	2
2005–06	11	6	5	1	1	0	10	5	5	5	4	1	5	1	4
2006–07	13	4	9	0	0	0	13	4	9	6	4	2	7	0	7
2007–08	26	10	16	0	0	0	26	10	16	9	6	3	17	4	13
2008–09	16	6	10	0	0	0	16	6	10	6	5	1	10	1	9
2009–10	17	11	6	0	0	0	17	11	6	9	9	0	8	2	6

—Not available

NOTE: This table indicates the year by which the institution no longer operated (generally it closed at the end of or during the prior year). Data through 1995–96 are for institutions of higher education, while later data are for degree-granting institutions. Degree-granting institutions grant associate's or higher degrees and participate in Title IV federal financial aid programs. The degree-granting classification is very similar to the earlier higher education classification, but it includes more 2-year colleges and excludes a few higher education institutions that did not grant degrees. (See Appendix A: Guide to Sources for details.) Some data have been revised from previously published figures.

SOURCE: U.S. Department of Education, National Center for Education Statistics, *Education Directory, Higher Education*, 1969–70 through 1974–75; *Education Directory, Colleges and Universities*, 1975–76 through 1985–86; *1982–83 Supplement to the Education Directory, Colleges and Universities;* and 1986–87 through 2009–10 Integrated Postsecondary Education Data System, "Institutional Characteristics Survey" (IPEDS-IC:86-99), and Spring 2000 through Spring 2010. (This table was prepared August 2010.)

Table 279. Degrees conferred by degree-granting institutions, by level of degree and sex of student: Selected years, 1869–70 through 2019–20

Year	Associate's degrees			Bachelor's degrees			Master's degrees			First-professional degrees			Doctor's degrees[1]		
	Total	Males	Females	Total	Males	Females	Total	Males	Females	Total	Males	Females	Total	Males	Females
1	2	3	4	5	6	7	8	9	10	11	12	13	14	15	16
1869–70	—	—	—	9,371 [2]	7,993 [2]	1,378 [2]	0	0	0	([3])	([3])	([3])	1	1	0
1879–80	—	—	—	12,896 [2]	10,411 [2]	2,485 [2]	879	868	11	([3])	([3])	([3])	54	51	3
1889–90	—	—	—	15,539 [2]	12,857 [2]	2,682 [2]	1,015	821	194	([3])	([3])	([3])	149	147	2
1899–1900	—	—	—	27,410 [2]	22,173 [2]	5,237 [2]	1,583	1,280	303	([3])	([3])	([3])	382	359	23
1909–10	—	—	—	37,199 [2]	28,762 [2]	8,437 [2]	2,113	1,555	558	([3])	([3])	([3])	443	399	44
1919–20	—	—	—	48,622 [2]	31,980 [2]	16,642 [2]	4,279	2,985	1,294	([3])	([3])	([3])	615	522	93
1929–30	—	—	—	122,484 [2]	73,615 [2]	48,869 [2]	14,969	8,925	6,044	([3])	([3])	([3])	2,299	1,946	353
1939–40	—	—	—	186,500 [2]	109,546 [2]	76,954 [2]	26,731	16,508	10,223	([3])	([3])	([3])	3,290	2,861	429
1949–50	—	—	—	432,058 [2]	328,841 [2]	103,217 [2]	58,183	41,220	16,963	([3])	([3])	([3])	6,420	5,804	616
1959–60	—	—	—	392,440 [2]	254,063 [2]	138,377 [2]	74,435	50,898	23,537	([3])	([3])	([3])	9,829	8,801	1,028
1969–70	206,023	117,432	88,591	792,316	451,097	341,219	208,291	125,624	82,667	34,918	33,077	1,841	29,866	25,890	3,976
1970–71	252,311	144,144	108,167	839,730	475,594	364,136	230,509	138,146	92,363	37,946	35,544	2,402	32,107	27,530	4,577
1971–72	292,014	166,227	125,787	887,273	500,590	386,683	251,633	149,550	102,083	43,411	40,723	2,688	33,363	28,090	5,273
1972–73	316,174	175,413	140,761	922,362	518,191	404,171	263,371	154,468	108,903	50,018	46,489	3,529	34,777	28,571	6,206
1973–74	343,924	188,591	155,333	945,776	527,313	418,463	277,033	157,842	119,191	53,816	48,530	5,286	33,816	27,365	6,451
1974–75	360,171	191,017	169,154	922,933	504,841	418,092	292,450	161,570	130,880	55,916	48,956	6,960	34,083	26,817	7,266
1975–76	391,454	209,996	181,458	925,746	504,925	420,821	311,771	167,248	144,523	62,649	52,892	9,757	34,064	26,267	7,797
1976–77	406,377	210,842	195,535	919,549	495,545	424,004	317,164	167,783	149,381	64,359	52,374	11,985	33,232	25,142	8,090
1977–78	412,246	204,718	207,528	921,204	487,347	433,857	311,620	161,212	150,408	66,581	52,270	14,311	32,131	23,658	8,473
1978–79	402,702	192,091	210,611	921,390	477,344	444,046	301,079	153,370	147,709	68,848	52,652	16,196	32,730	23,541	9,189
1979–80	400,910	183,737	217,173	929,417	473,611	455,806	298,081	150,749	147,332	70,131	52,716	17,415	32,615	22,943	9,672
1980–81	416,377	188,638	227,739	935,140	469,883	465,257	295,739	147,043	148,696	71,956	52,792	19,164	32,958	22,711	10,247
1981–82	434,526	196,944	237,582	952,998	473,364	479,634	295,546	145,532	150,014	72,032	52,223	19,809	32,707	22,224	10,483
1982–83	449,620	203,991	245,629	969,510	479,140	490,370	289,921	144,697	145,224	73,054	51,250	21,804	32,775	21,902	10,873
1983–84	452,240	202,704	249,536	974,309	482,319	491,990	284,263	143,595	140,668	74,468	51,378	23,090	33,209	22,064	11,145
1984–85	454,712	202,932	251,780	979,477	482,528	496,949	286,251	143,390	142,861	75,063	50,455	24,608	32,943	21,700	11,243
1985–86	446,047	196,166	249,881	987,823	485,923	501,900	288,567	143,508	145,059	73,910	49,261	24,649	33,653	21,819	11,834
1986–87	436,304	190,839	245,465	991,264	480,782	510,482	289,349	141,269	148,080	71,617	46,523	25,094	34,041	22,061	11,980
1987–88	435,085	190,047	245,038	994,829	477,203	517,626	299,317	145,163	154,154	70,735	45,484	25,251	34,870	22,615	12,255
1988–89	436,764	186,316	250,448	1,018,755	483,346	535,409	310,621	149,354	161,267	70,856	45,046	25,810	35,720	22,648	13,072
1989–90	455,102	191,195	263,907	1,051,344	491,696	559,648	324,301	153,653	170,648	70,988	43,961	27,027	38,371	24,401	13,970
1990–91	481,720	198,634	283,086	1,094,538	504,045	590,493	337,168	156,482	180,686	71,948	43,846	28,102	39,294	24,756	14,538
1991–92	504,231	207,481	296,750	1,136,553	520,811	615,742	352,838	161,842	190,996	74,146	45,071	29,075	40,659	25,557	15,102
1992–93	514,756	211,964	302,792	1,165,178	532,881	632,297	369,585	169,258	200,327	75,387	45,153	30,234	42,132	26,073	16,059
1993–94	530,632	215,261	315,371	1,169,275	532,422	636,853	387,070	176,085	210,985	75,418	44,707	30,711	43,185	26,552	16,633
1994–95	539,691	218,352	321,339	1,160,134	526,131	634,003	397,629	178,598	219,031	75,800	44,853	30,947	44,446	26,916	17,530
1995–96	555,216	219,514	335,702	1,164,792	522,454	642,338	406,301	179,081	227,220	76,734	44,748	31,986	44,652	26,841	17,811
1996–97	571,226	223,948	347,278	1,172,879	520,515	652,364	419,401	180,947	238,454	78,730	45,564	33,166	45,876	27,146	18,730
1997–98	558,555	217,613	340,942	1,184,406	519,956	664,450	430,164	184,375	245,789	78,598	44,911	33,687	46,010	26,664	19,346
1998–99	559,954	218,417	341,537	1,200,303	518,746	681,557	439,986	186,148	253,838	78,439	44,339	34,100	44,077	25,146	18,931
1999–2000	564,933	224,721	340,212	1,237,875	530,367	707,508	457,056	191,792	265,264	80,057	44,239	35,818	44,808	25,028	19,780
2000–01	578,865	231,645	347,220	1,244,171	531,840	712,331	468,476	194,351	274,125	79,707	42,862	36,845	44,904	24,728	20,176
2001–02	595,133	238,109	357,024	1,291,900	549,816	742,084	482,118	199,120	282,998	80,698	42,507	38,191	44,160	23,708	20,452
2002–03	634,016	253,451	380,565	1,348,811	573,258	775,553	513,339	211,664	301,675	80,897	41,887	39,010	46,042	24,351	21,691
2003–04	665,301	260,033	405,268	1,399,542	595,425	804,117	558,940	229,545	329,395	83,041	42,169	40,872	48,378	25,323	23,055
2004–05	696,660	267,536	429,124	1,439,264	613,000	826,264	574,618	233,590	341,028	87,289	43,849	43,440	52,631	26,973	25,658
2005–06	713,066	270,095	442,971	1,485,242	630,600	854,642	594,065	237,896	356,169	87,655	44,038	43,617	56,067	28,634	27,433
2006–07	728,114	275,187	452,927	1,524,092	649,570	874,522	604,607	238,189	366,418	90,064	45,057	45,007	60,616	30,251	30,365
2007–08	750,164	282,521	467,643	1,563,069	667,928	895,141	625,023	246,491	378,532	91,309	45,916	45,393	63,712	31,215	32,497
2008–09	787,325	298,141	489,184	1,601,368	685,382	915,986	656,784	259,998	396,786	92,004	46,900	45,104	67,716	32,279	35,437
2009–10[4]	797,000	297,000	500,000	1,652,000	711,000	941,000	670,000	270,000	400,000	97,100	48,800	48,200	68,800	33,100	35,800
2010–11[4]	818,000	303,000	515,000	1,696,000	732,000	964,000	687,000	280,000	407,000	100,700	51,000	49,700	71,700	34,100	37,700
2011–12[4]	833,000	307,000	526,000	1,725,000	749,000	976,000	696,000	281,000	416,000	102,300	52,100	50,200	74,700	35,100	39,500
2012–13[4]	845,000	309,000	535,000	1,744,000	755,000	989,000	709,000	283,000	426,000	103,100	52,300	50,700	77,600	36,200	41,400
2013–14[4]	858,000	312,000	547,000	1,762,000	759,000	1,003,000	727,000	289,000	439,000	104,600	52,900	51,700	80,500	37,200	43,300
2014–15[4]	876,000	315,000	561,000	1,786,000	765,000	1,021,000	750,000	297,000	453,000	107,200	53,800	53,300	83,400	38,200	45,100
2015–16[4]	895,000	319,000	576,000	1,812,000	773,000	1,039,000	771,000	306,000	466,000	110,600	55,200	55,400	86,300	39,300	47,000
2016–17[4]	915,000	323,000	592,000	1,844,000	784,000	1,060,000	791,000	313,000	478,000	113,900	56,500	57,400	89,200	40,300	48,900
2017–18[4]	934,000	326,000	608,000	1,871,000	792,000	1,079,000	809,000	319,000	490,000	116,900	57,600	59,200	92,100	41,400	50,700
2018–19[4]	955,000	330,000	624,000	1,899,000	800,000	1,099,000	827,000	324,000	502,000	119,500	58,600	60,900	95,000	42,400	52,600
2019–20[4]	975,000	334,000	641,000	1,926,000	809,000	1,117,000	839,000	328,000	512,000	121,900	59,400	62,500	97,900	43,400	54,500

—Not available.
[1]Includes Ph.D., Ed.D., and comparable degrees at the doctoral level. Excludes first-professional, such as M.D., D.D.S., and law degrees.
[2]Includes first-professional degrees.
[3]First-professional degrees are included with bachelor's degrees.
[4]Projected.
NOTE: Data through 1994–95 are for institutions of higher education, while later data are for degree-granting institutions. Degree-granting institutions grant associate's or higher degrees and participate in Title IV federal financial aid programs. The degree-granting classification is very similar to the earlier higher education classification, but it includes more 2-year colleges and excludes a few higher education institutions that did not grant degrees. (See Appendix A: Guide to Sources for details.) Some data have been revised from previously published figures. Detail may not sum to totals because of rounding.
SOURCE: U.S. Department of Education, National Center for Education Statistics, *Earned Degrees Conferred*, 1869–70 through 1964–65; *Projections of Education Statistics to 2019*; Higher Education General Information Survey (HEGIS), "Degrees and Other Formal Awards Conferred" surveys, 1965–66 through 1985–86; and 1986–87 through 2008–09 Integrated Postsecondary Education Data System, "Completions Survey" (IPEDS-C:87–99), and Fall 2000 through Fall 2009. (This table was prepared September 2010.)

Table 280. Associate's degrees conferred by degree-granting institutions, by discipline division: 1997–98 through 2008–09

Discipline division	1997–98	1998–99	1999–2000	2000–01	2001–02	2002–03	2003–04	2004–05	2005–06	2006–07	2007–08	2008–09
1	2	3	4	5	6	7	8	9	10	11	12	13
Total	**558,555**	**559,954**	**564,933**	**578,865**	**595,133**	**634,016**	**665,301**	**696,660**	**713,066**	**728,114**	**750,164**	**787,325**
Agriculture and natural resources, total	6,673	6,632	6,666	6,649	6,494	6,210	6,283	6,404	6,168	5,838	5,738	5,724
Agriculture, agriculture operations, and related sciences	5,206	5,220	5,292	5,200	5,125	4,892	4,959	5,137	4,958	4,638	4,554	4,525
Natural resources and conservation	1,467	1,412	1,374	1,449	1,369	1,318	1,324	1,267	1,210	1,200	1,184	1,199
Architecture and related services	265	405	392	417	443	440	492	583	656	517	568	596
Area, ethnic, cultural, and gender studies	97	85	113	73	94	120	105	115	124	164	169	173
Biological and biomedical sciences	2,113	2,213	1,448	1,443	1,534	1,496	1,456	1,709	1,827	2,060	2,200	2,364
Business, management, and marketing	87,672	86,964	86,106	87,059	86,713	89,627	92,065	96,067	96,933	99,998	104,566	111,521
Accounting	14,807	14,325	13,562	13,158	12,315	13,229	14,506	13,988	13,620	14,232	15,965	16,731
Business, general	11,311	11,514	12,283	12,621	12,936	13,054	13,387	12,050	13,297	12,725	12,473	13,067
Business administration and management	28,793	28,615	28,486	28,947	30,268	33,112	33,652	42,979	43,868	47,684	52,560	58,050
Business and management, other	14,148	14,027	13,398	13,122	13,269	13,108	14,909	13,042	13,925	14,486	14,490	15,021
Management information systems	4,261	4,526	5,394	6,016	6,417	5,600	4,214	2,812	2,179	2,007	1,237	1,103
Secretarial and related programs	14,352	13,957	12,983	13,195	11,508	11,524	11,397	11,196	10,044	8,864	7,841	7,549
Communications	2,368	2,639	2,754	2,949	2,819	2,589	2,444	2,545	2,629	2,609	2,620	2,722
Communications technologies	2,642	2,528	2,625	3,038	3,006	3,304	3,401	3,516	3,380	3,095	4,237	4,803
Computer and information sciences	18,185	22,445	28,185	34,356	40,127	46,234	41,845	36,173	31,246	27,712	28,296	30,006
Construction trades	2,172	2,137	2,337	2,682	2,639	3,009	3,560	3,512	3,850	3,895	4,309	4,252
Education	9,461	10,165	8,510	9,533	9,611	11,205	12,465	13,329	14,475	13,021	13,108	14,123
Engineering	2,118	2,012	1,722	1,795	1,691	2,177	2,737	2,441	2,162	2,136	2,286	2,181
Engineering-related technologies	40,784	42,362	43,732	42,366	40,217	39,998	36,915	33,548	30,461	29,199	29,334	30,434
English language and literature/letters	1,035	1,032	947	877	864	896	828	995	1,105	1,249	1,402	1,525
Family and consumer sciences	7,811	8,063	8,031	8,329	9,208	9,496	9,478	9,707	9,488	9,124	8,613	9,020
Foreign languages, literatures, and linguistics	1,674	1,705	1,059	1,100	1,085	1,050	1,047	1,234	1,161	1,207	1,258	1,627
Health professions and related sciences	94,940	93,218	86,676	84,656	82,361	90,716	106,208	122,520	134,931	145,436	155,816	165,163
Dental assisting	4,904	6,628	5,569	5,193	5,223	5,498	5,652	5,813	6,085	6,313	6,642	6,633
Emergency medical technician (EMT paramedic)	975	918	1,152	1,134	1,203	1,410	1,617	1,825	1,980	2,008	2,140	2,270
Medical lab technician	2,370	2,033	1,644	1,502	1,384	1,496	1,678	1,932	2,030	2,160	2,152	2,285
Medical assisting	5,102	5,358	5,414	5,863	4,748	5,859	8,499	10,411	12,367	12,071	11,261	11,967
Nursing assisting	23	12	7	2	0	8	4	38	101	158	329	385
Practical nursing	499	447	575	619	814	916	1,049	1,388	1,481	1,509	1,417	1,299
Nursing, R.N. and other	47,329	43,029	40,767	40,278	40,800	45,117	51,552	58,007	62,095	66,516	73,277	77,929
Health sciences, other	33,738	34,793	31,548	30,065	28,189	30,412	36,157	43,106	48,792	54,701	58,598	62,395
Legal professions and studies	9,890	9,133	8,842	8,119	7,815	8,412	9,466	9,885	10,509	10,391	9,465	9,062
Liberal arts and sciences, general studies, and humanities	186,248	181,977	187,454	196,843	207,163	217,361	227,650	240,131	244,689	250,030	254,012	263,853
Library science	96	86	98	103	96	87	114	108	136	84	117	116
Mathematics	844	823	675	695	685	732	801	807	753	827	855	930
Mechanics and repairers	10,576	10,781	11,678	12,689	12,063	12,028	12,553	13,619	14,454	15,432	15,297	16,066
Military technologies	22	42	65	120	62	85	293	355	610	781	851	721
Multi/interdisciplinary studies	9,402	8,661	11,784	10,439	13,205	14,067	14,794	13,888	14,473	15,838	16,255	15,459
Parks, recreation, leisure, and fitness studies	840	819	819	790	764	805	923	966	1,128	1,251	1,344	1,587
Personal and culinary services	7,648	8,933	9,203	9,786	9,325	12,607	14,239	16,311	17,162	16,103	16,592	16,327
Philosophy and religion	101	297	209	299	359	379	404	422	367	375	458	191
Physical sciences and science technologies	2,286	2,399	2,460	2,337	2,308	2,190	2,676	2,814	2,902	3,404	3,388	3,617
Physical sciences	1,584	1,679	1,350	1,207	1,346	1,141	1,588	1,626	1,733	2,015	1,973	2,190
Science technologies	702	720	1,110	1,130	962	1,049	1,088	1,188	1,169	1,389	1,415	1,427
Precision production trades	1,929	2,201	2,308	2,256	2,260	2,287	1,968	2,039	1,977	1,973	1,968	2,126
Psychology	1,765	1,625	1,455	1,554	1,705	1,785	1,887	1,942	1,944	2,213	2,412	3,949
Public administration and social services	4,156	3,881	3,656	3,333	3,323	3,534	3,728	4,027	4,415	4,338	4,192	4,178
Security and protective services	19,002	17,430	16,298	16,425	16,689	18,614	20,573	23,749	26,425	28,208	29,590	33,033
Criminal justice and corrections	15,915	14,448	13,487	13,589	13,603	15,155	17,040	19,942	22,351	23,917	25,588	28,996
Fire control and safety	2,480	2,395	2,364	2,346	2,619	2,941	3,012	3,366	3,554	3,811	3,937	3,970
Security and protective services, other	607	587	447	490	467	518	521	441	520	480	65	67
Social sciences and history	4,196	4,550	5,136	5,132	5,593	5,720	6,245	6,533	6,730	7,080	7,812	9,142
Social sciences	3,910	4,254	4,812	4,877	5,304	5,404	5,875	6,233	6,308	6,673	7,358	8,657
History	286	296	324	255	289	316	370	300	422	407	454	485
Theology and religious vocations	570	476	636	576	414	425	492	581	570	608	582	675
Transportation and material moving workers	977	1,101	956	1,028	1,122	1,211	1,217	1,435	1,472	1,674	1,550	1,430
Visual and performing arts	14,980	17,640	17,100	18,435	20,911	23,120	23,949	22,650	21,754	20,244	18,890	18,629
Fine arts, general	1,281	3,029	1,314	1,435	1,521	1,763	1,326	1,623	1,651	1,758	1,711	2,023
Design and music	11,591	12,026	12,780	14,410	16,388	18,342	18,836	17,482	16,387	15,467	14,296	13,599
Visual and performing arts, other	2,108	2,585	3,006	2,590	3,002	3,015	3,787	3,545	3,716	3,019	2,883	3,007
Not classified by field of study	3,017	2,494	2,798	584	365	0	0	0	0	0	14	0

NOTE: Degree-granting institutions grant associate's or higher degrees and participate in Title IV federal financial aid programs. The new Classification of Instructional Programs was initiated in 2002–03. The figures for earlier years have been reclassified when necessary to make them conform to the new taxonomy. To facilitate trend comparisons, certain aggregations have been made of the degree fields as reported in the IPEDS "Completions Survey": "Agriculture and natural resources" includes Agriculture, agriculture operations, and related sciences and Natural resources and conservation; "Business" includes Business, management, marketing, and related support services and Personal and culinary services; and "Engineering technologies" includes Engineering technologies/technicians, Construction trades, and Mechanic and repair technologies/technicians.

SOURCE: U.S. Department of Education, National Center for Education Statistics, 1997–98 through 2008–09 Integrated Postsecondary Education Data System, "Completions Survey" (IPEDS-C:98–99), and Fall 2000 through Fall 2009. (This table was prepared August 2010.)

Table 281. Associate's degrees and other subbaccalaureate awards conferred by degree-granting institutions, by length of curriculum, sex of student, and discipline division: 2008–09

Discipline division	Less-than-1-year awards			1- to less-than-4-year awards			Associate's degrees		
	Total	Males	Females	Total	Males	Females	Total	Males	Females
1	2	3	4	5	6	7	8	9	10
Total	**285,277**	**126,389**	**158,888**	**216,379**	**82,549**	**133,830**	**787,325**	**298,141**	**489,184**
Agriculture and natural resources, total	3,167	2,357	810	1,817	1,194	623	5,724	3,755	1,969
Agriculture, agriculture operations, and related sciences	2,550	1,832	718	1,742	1,139	603	4,525	2,871	1,654
Natural resources and conservation	617	525	92	75	55	20	1,199	884	315
Architecture and related services	256	174	82	72	45	27	596	274	322
Area, ethnic, cultural, and gender studies	434	99	335	102	38	64	173	51	122
Biological and biomedical sciences	118	54	64	26	9	17	2,364	756	1,608
Business, management, and marketing	31,869	10,399	21,470	15,588	4,190	11,398	111,521	37,868	73,653
Accounting	5,827	1,259	4,568	3,430	699	2,731	16,731	3,687	13,044
Business, general	1,106	567	539	1,010	498	512	13,067	5,536	7,531
Business administration and management	8,086	3,190	4,896	3,565	1,314	2,251	58,050	22,490	35,560
Business and management, other	7,651	3,016	4,635	2,423	1,051	1,372	15,021	4,864	10,157
Management information systems	419	319	100	318	200	118	1,103	682	421
Secretarial and related programs	8,780	2,048	6,732	4,842	428	4,414	7,549	609	6,940
Communications	327	155	172	351	194	157	2,722	1,252	1,470
Communications technologies	1,138	641	497	973	605	368	4,803	3,372	1,431
Computer and information sciences	10,436	7,139	3,297	5,783	3,823	1,960	30,006	22,553	7,453
Construction trades	9,102	8,661	441	8,334	8,022	312	4,252	4,035	217
Education	2,788	229	2,559	2,647	386	2,261	14,123	2,040	12,083
Engineering	189	158	31	113	102	11	2,181	1,870	311
Engineering-related technologies	10,156	8,574	1,582	6,921	6,107	814	30,434	26,143	4,291
English language and literature/letters	1,218	462	756	252	107	145	1,525	541	984
Family and consumer sciences	11,816	1,918	9,898	2,738	329	2,409	9,020	356	8,664
Foreign languages, literatures, and linguistics	881	228	653	512	58	454	1,627	261	1,366
Health professions and related sciences	120,911	23,627	97,284	101,312	14,463	86,849	165,163	24,270	140,893
Dental assisting	4,285	401	3,884	7,007	341	6,666	6,633	282	6,351
Emergency medical technician (EMT paramedic)	14,136	9,599	4,537	3,893	3,012	881	2,270	1,582	688
Medical lab technician	313	31	282	542	329	213	2,285	546	1,739
Medical assisting	20,151	1,664	18,487	20,125	1,455	18,670	11,967	691	11,276
Nursing assisting	30,163	3,466	26,697	649	61	588	385	39	346
Practical nursing	4,573	524	4,049	32,465	3,372	29,093	1,299	134	1,165
Nursing, R.N. and other	2,156	222	1,934	3,540	476	3,064	77,929	9,996	67,933
Health sciences, other	45,134	7,720	37,414	33,091	5,417	27,674	62,395	11,000	51,395
Legal professions and studies	1,457	216	1,241	2,281	353	1,928	9,062	937	8,125
Liberal arts and sciences, general studies, and humanities	613	172	441	10,684	4,205	6,479	263,853	102,218	161,635
Library science	184	21	163	66	14	52	116	15	101
Mathematics	10	7	3	2	2	0	930	635	295
Mechanics and repairers	20,219	19,103	1,116	22,341	21,380	961	16,066	15,176	890
Military technologies	3	3	0	0	0	0	721	563	158
Multi/interdisciplinary studies	845	449	396	1,154	491	663	15,459	5,955	9,504
Parks, recreation, leisure, and fitness studies	346	172	174	327	130	197	1,587	946	641
Personal and culinary services	8,829	2,094	6,735	10,981	2,239	8,742	16,327	7,867	8,460
Philosophy and religion	68	32	36	35	13	22	191	136	55
Physical sciences and science technologies	227	141	86	453	264	189	3,617	2,120	1,497
Physical sciences	25	13	12	22	7	15	2,190	1,272	918
Science technologies	202	128	74	431	257	174	1,427	848	579
Precision production trades	9,530	8,974	556	6,639	6,304	335	2,126	1,988	138
Psychology	81	15	66	38	4	34	3,949	744	3,205
Public administration and social services	1,006	188	818	549	96	453	4,178	583	3,595
Security and protective services	19,113	14,620	4,493	5,251	3,869	1,382	33,033	17,230	15,803
Criminal justice and corrections	14,295	10,128	4,167	4,136	2,851	1,285	28,996	13,489	15,507
Fire control and safety	4,701	4,425	276	1,022	963	59	3,970	3,705	265
Security and protective services, other	117	67	50	93	55	38	67	36	31
Social sciences and history	333	170	163	183	109	74	9,142	3,253	5,889
Social sciences	319	167	152	183	109	74	8,657	2,949	5,708
History	14	3	11	0	0	0	485	304	181
Theology and religious vocations	135	55	80	360	160	200	675	337	338
Transportation and material moving workers	14,848	13,923	925	584	544	40	1,430	1,248	182
Visual and performing arts	2,624	1,159	1,465	6,910	2,700	4,210	18,629	6,793	11,836
Fine arts, general	147	82	65	3,010	1,114	1,896	2,023	634	1,389
Design and music	1,970	839	1,131	2,615	904	1,711	13,599	4,630	8,969
Visual and performing arts, other	507	238	269	1,285	682	603	3,007	1,529	1,478
Not classified by field of study	0	0	0	0	0	0	0	0	0

NOTE: Degree-granting institutions grant associate's or higher degrees and participate in Title IV federal financial aid programs.

SOURCE: U.S. Department of Education, National Center for Education Statistics, 2008–09 Integrated Postsecondary Education Data System (IPEDS), Fall 2009. (This table was prepared August 2010.)

Table 282. Bachelor's degrees conferred by degree-granting institutions, by field of study: Selected years, 1970–71 through 2008–09

Field of study	1970–71	1975–76	1980–81	1985–86	1990–91	1995–96	1998–99	1999–2000	2000–01	2001–02	2002–03	2003–04	2004–05	2005–06	2006–07	2007–08	2008–09
1	2	3	4	5	6	7	8	9	10	11	12	13	14	15	16	17	18
Total	**839,730**	**925,746**	**935,140**	**987,823**	**1,094,538**	**1,164,792**	**1,200,303**	**1,237,875**	**1,244,171**	**1,291,900**	**1,348,811**	**1,399,542**	**1,439,264**	**1,485,242**	**1,524,092**	**1,563,069**	**1,601,368**
Agriculture and natural resources	12,672	19,402	21,886	16,823	13,124	21,425	23,916	24,238	23,370	23,331	23,348	22,835	23,002	23,053	23,133	24,113	24,988
Architecture and related services	5,570	9,146	9,455	9,119	9,781	8,352	8,246	8,462	8,480	8,808	9,056	8,838	9,237	9,515	9,717	9,805	10,119
Area, ethnic, cultural, and gender studies	2,579	3,577	2,887	3,021	4,776	5,633	6,009	6,212	6,160	6,390	6,634	7,181	7,569	7,879	8,194	8,454	8,772
Biological and biomedical sciences	35,683	54,085	43,003	38,320	39,377	60,750	64,608	63,005	59,865	59,415	60,104	61,509	64,611	69,178	75,151	77,854	80,756
Business	115,396	143,171	200,521	236,700	249,165	226,623	240,947	256,070	263,515	278,217	293,391	307,149	311,574	318,042	327,531	335,254	347,985
Communication, journalism, and related programs	10,324	20,045	29,428	41,666	51,650	47,320	51,384	55,760	58,013	62,791	67,895	70,968	72,715	73,955	74,783	76,382	78,009
Communications technologies	478	1,237	1,854	1,479	1,397	853	1,076	1,298	1,178	1,245	1,933	2,034	2,523	2,981	3,637	4,666	5,100
Computer and information sciences	2,388	5,652	15,121	42,337	25,159	24,506	30,574	37,788	44,142	50,365	57,433	59,488	54,111	47,480	42,170	38,476	37,994
Education	176,307	154,437	108,074	87,147	110,807	105,384	107,086	108,034	105,458	106,295	105,845	106,278	105,451	107,238	105,641	102,582	101,708
Engineering	45,034	38,733	63,642	77,391	62,448	62,257	58,260	58,822	58,315	59,627	62,655	63,558	64,906	67,045	67,092	68,676	69,133
Engineering technologies	5,148	7,943	11,713	19,731	17,303	15,829	14,405	14,597	14,660	15,052	14,664	14,669	14,837	14,565	14,980	15,177	15,503
English language and literature/letters	63,914	41,452	31,922	34,083	51,064	49,928	49,800	50,106	50,569	52,375	53,699	53,984	54,379	55,096	55,122	55,038	55,462
Family and consumer sciences/human sciences	11,167	17,409	18,370	13,847	13,920	14,353	16,059	16,321	16,421	16,938	17,929	19,172	20,074	20,775	21,400	21,870	21,905
Foreign languages, literatures, and linguistics	20,988	17,068	11,638	11,550	13,937	14,832	15,821	15,886	16,128	16,258	16,912	17,754	18,386	19,410	20,275	20,977	21,158
Health professions and related clinical sciences	25,223	53,885	63,665	65,309	59,875	86,087	85,214	80,863	75,933	72,887	71,261	73,934	80,685	91,973	101,810	111,478	120,488
Legal professions and studies	545	531	776	1,223	1,827	2,123	1,960	1,969	1,991	2,003	2,474	2,841	3,161	3,302	3,596	3,771	3,822
Liberal arts and sciences, general studies, and humanities	7,481	18,855	21,643	21,336	30,526	33,997	34,772	36,104	37,962	39,333	40,480	42,106	43,751	44,898	44,255	46,940	47,096
Library science	1,013	843	375	155	90	58	78	154	52	74	99	72	76	76	82	68	78
Mathematics and statistics	24,801	15,984	11,078	16,122	14,393	12,713	11,966	11,418	11,171	11,950	12,505	13,327	14,351	14,770	14,954	15,192	15,496
Military technologies	357	952	42	255	183	7	2	7	21	3	6	10	40	33	168	39	55
Multi/interdisciplinary studies	6,346	13,778	13,061	13,829	17,879	27,149	27,545	28,561	27,189	28,943	28,639	29,162	30,243	32,012	33,792	36,149	37,444
Parks, recreation, leisure and fitness studies	1,621	5,182	5,729	4,623	4,315	12,974	16,532	17,571	17,948	18,885	21,432	22,164	22,888	25,490	27,430	29,931	31,667
Philosophy and religious studies	8,149	8,447	6,776	6,396	7,423	7,541	8,506	8,535	8,717	9,473	10,344	11,152	11,584	11,985	11,969	12,257	12,444
Physical sciences and science technologies	21,410	21,458	23,936	21,711	16,334	19,627	18,285	18,331	17,919	17,799	17,950	17,983	18,905	20,318	21,073	21,934	22,466
Precision production	0	0	0	2	2	12	43	33	31	47	42	61	64	55	23	33	29
Psychology	38,187	50,278	41,068	40,628	58,655	73,416	73,636	74,194	73,645	76,775	78,650	82,098	85,614	88,134	90,039	92,587	94,271
Public administration and social services	5,466	15,440	16,707	11,887	14,350	19,849	20,287	20,185	19,447	19,392	19,900	20,552	21,769	21,986	23,147	23,493	23,851
Security and protective services	2,045	12,507	13,707	12,704	16,806	24,810	24,601	24,877	25,211	25,536	26,200	28,175	30,723	35,319	39,206	40,235	41,800
Social sciences and history	155,324	126,396	100,513	93,840	125,107	126,479	124,658	127,101	128,036	132,874	143,256	150,357	156,892	161,485	164,183	167,363	168,500
Theology and religious vocations	3,720	5,490	5,808	5,510	4,799	5,292	6,235	6,789	6,945	7,762	7,962	8,126	9,284	8,548	8,696	8,992	8,940
Transportation and materials moving	0	225	263	1,838	2,622	3,561	3,383	3,395	3,748	4,020	4,631	4,824	4,904	5,349	5,657	5,203	5,189
Visual and performing arts	30,394	42,138	40,479	37,241	42,186	49,296	54,404	58,791	61,148	66,773	71,482	77,181	80,955	83,297	85,186	87,703	89,140
Not classified by field of study	0	0	0	0	13,258	1,756	5	2,398	783	264	0	0	0	0	0	377	0

NOTE: Data through 1990–91 are for institutions of higher education, while later data are for degree-granting institutions. Degree-granting institutions grant associate's or higher degrees and participate in Title IV federal financial aid programs. The degree-granting classification is very similar to the earlier higher education classification, but it includes more 2-year colleges and excludes a few higher education institutions that did not grant degrees. (See Appendix A: Guide to Sources for details.) The new Classification of Instructional Programs was initiated in 2002–03. The figures for earlier years have been reclassified when necessary to make them conform to the new taxonomy. To facilitate trend comparisons, certain aggregations have been made of the degree fields as reported in the IPEDS "Completions Survey": "Agriculture and natural resources" includes Agriculture, agriculture operations, and related sciences and Natural resources and conservation; "Business" includes Business, management, marketing, and related support services and Personal and culinary services; and "Engineering technologies" includes Engineering technologies/technicians, Construction trades, and Mechanic and repair technologies/technicians.
SOURCE: U.S. Department of Education, National Center for Education Statistics, Higher Education General Information Survey (HEGIS), "Degrees and Other Formal Awards Conferred" surveys, 1970–71 through 1985–86; and 1990–91 through 2008–09 Integrated Postsecondary Education Data System, "Completions Survey" (IPEDS-C:91–99), and Fall 2000 through Fall 2009. (This table was prepared August 2010.)

Table 283. Master's degrees conferred by degree-granting institutions, by field of study: Selected years, 1970–71 through 2008–09

Field of study	1970–71	1975–76	1980–81	1985–86	1990–91	1995–96	1998–99	1999–2000	2000–01	2001–02	2002–03	2003–04	2004–05	2005–06	2006–07	2007–08	2008–09
1	2	3	4	5	6	7	8	9	10	11	12	13	14	15	16	17	18
Total	**230,509**	**311,771**	**295,739**	**288,567**	**337,168**	**406,301**	**439,986**	**457,056**	**468,476**	**482,118**	**513,339**	**558,940**	**574,618**	**594,065**	**604,607**	**625,023**	**656,784**
Agriculture and natural resources	2,457	3,340	4,003	3,801	3,295	4,551	4,404	4,360	4,272	4,503	4,492	4,783	4,746	4,640	4,623	4,684	4,877
Architecture and related services	1,705	3,215	3,153	3,260	3,490	3,993	4,172	4,268	4,302	4,566	4,925	5,424	5,674	5,743	5,951	6,065	6,587
Area, ethnic, cultural, and gender studies	1,032	993	802	915	1,233	1,652	1,438	1,544	1,555	1,541	1,509	1,683	1,755	2,080	1,699	1,778	1,779
Biological and biomedical sciences	5,623	6,453	5,759	5,043	4,796	6,544	6,913	6,781	6,955	6,937	6,990	7,657	8,199	8,681	8,747	9,565	9,898
Business	26,490	42,592	57,888	66,676	78,255	93,554	107,477	111,532	115,602	119,725	127,685	139,347	142,617	146,406	150,211	155,637	168,375
Communication, journalism, and related programs	1,770	2,961	2,896	3,500	4,123	5,080	5,293	5,169	5,218	5,510	6,053	6,535	6,762	7,244	6,773	6,915	7,092
Communications technologies	86	165	209	308	204	481	263	356	427	470	442	365	433	501	499	631	475
Computer and information sciences	1,588	2,603	4,218	8,070	9,324	10,579	12,858	14,990	16,911	17,173	19,509	20,143	18,416	17,055	16,232	17,087	17,907
Education	87,666	126,061	96,713	74,816	87,352	104,936	118,048	123,045	127,829	135,189	147,883	162,345	167,490	174,620	176,572	175,880	178,564
Engineering	16,813	16,472	16,893	21,529	24,454	26,892	24,734	24,850	25,259	24,908	28,338	32,698	32,633	30,989	29,472	31,719	34,750
Engineering technologies	134	328	323	617	996	2,054	2,004	1,876	2,013	2,149	2,332	2,499	2,500	2,541	2,690	2,873	3,455
English language and literature/letters	10,441	8,599	5,742	5,335	6,784	7,657	7,288	7,022	6,763	7,097	7,428	7,956	8,468	8,845	8,742	9,161	9,261
Family and consumer sciences/human sciences	1,452	2,179	2,570	2,011	1,541	1,712	1,736	1,882	1,838	1,683	1,607	1,794	1,827	1,983	2,080	2,199	2,453
Foreign languages, literatures, and linguistics	5,480	4,432	2,934	2,690	3,049	3,443	3,106	3,037	3,035	3,075	3,049	3,124	3,407	3,539	3,443	3,565	3,592
Health professions and related clinical sciences	5,330	12,164	16,176	18,603	21,354	33,920	40,707	42,593	43,623	43,560	42,748	44,939	46,703	51,380	54,531	58,120	62,620
Legal professions and studies	955	1,442	1,832	1,924	2,057	2,751	3,308	3,750	3,829	4,053	4,141	4,243	4,170	4,453	4,486	4,754	5,150
Liberal arts and sciences, general studies, and humanities	885	2,633	2,375	1,586	2,213	2,778	3,101	3,256	3,193	2,754	3,314	3,697	3,680	3,702	3,634	3,797	3,728
Library science	7,001	8,037	4,859	3,564	4,763	5,099	4,752	4,577	4,727	5,113	5,295	6,015	6,213	6,448	6,767	7,162	7,091
Mathematics and statistics	5,191	3,857	2,567	3,131	3,549	3,651	3,286	3,208	3,209	3,350	3,620	4,191	4,477	4,730	4,884	4,980	5,211
Military technologies	2	0	43	83	0	136	0	0	0	0	0	0	0	0	202	0	3
Multi/interdisciplinary studies	926	1,287	2,363	2,890	2,117	2,762	3,073	3,487	3,475	3,708	3,781	4,047	4,252	4,491	4,762	5,289	5,344
Parks, recreation, leisure, and fitness studies	218	571	643	570	483	1,684	2,011	2,322	2,354	2,580	2,978	3,199	3,740	3,992	4,110	4,440	4,822
Philosophy and religious studies	1,326	1,358	1,231	1,193	1,471	1,363	1,357	1,376	1,386	1,371	1,578	1,578	1,647	1,739	1,716	1,879	1,859
Physical sciences and science technologies	6,336	5,428	5,246	5,860	5,281	5,807	5,124	4,810	5,049	5,012	5,109	5,570	5,678	5,922	5,839	5,899	5,658
Precision production	0	0	0	0	0	8	7	5	2	2	3	13	6	9	5	3	10
Psychology	5,717	10,167	10,223	9,845	11,349	15,152	15,688	15,740	16,539	16,357	17,161	17,898	18,830	19,770	21,037	21,431	23,415
Public administration and social services	7,785	15,209	17,803	15,692	17,905	24,229	24,925	25,594	25,268	25,448	25,903	28,250	29,552	30,510	31,131	33,029	33,933
Security and protective services	194	1,197	1,538	1,074	1,108	1,812	2,249	2,609	2,514	2,935	2,956	3,717	3,991	4,277	4,906	5,760	6,128
Social sciences and history	16,539	15,953	11,945	10,564	12,233	15,012	14,431	14,066	13,791	14,112	14,630	16,110	16,952	17,369	17,665	18,495	19,240
Theology and religious vocations	2,692	3,258	4,163	4,543	4,803	5,030	4,679	5,534	4,850	4,909	5,133	5,486	5,815	6,092	6,446	6,996	7,541
Transportation and materials moving	0	0	0	454	406	919	713	697	756	709	765	728	802	784	985	982	1,048
Visual and performing arts	6,675	8,817	8,629	8,420	8,657	10,280	10,753	10,918	11,404	11,595	11,982	12,906	13,183	13,530	13,767	14,164	14,918
Not classified by field of study	0	0	0	0	8,523	780	88	1,802	528	24	0	0	0	0	0	84	0

NOTE: Data through 1990–91 are for institutions of higher education, while later data are for degree-granting institutions. Degree-granting institutions grant associate's or higher degrees and participate in Title IV federal financial aid programs. The degree-granting classification is very similar to the earlier higher education classification, but it includes more 2-year colleges and excludes a few higher education institutions that did not grant degrees. (See Appendix A: Guide to Sources for details.) The new Classification of Instructional Programs was initiated in 2002–03. The figures for earlier years have been reclassified when necessary to make them conform to the new taxonomy. To facilitate trend comparisons, certain aggregations have been made of the degree fields as reported in the IPEDS "Completions Survey": "Agriculture and natural resources" includes Agriculture, agriculture operations, and related sciences and Natural resources and conservation; "Business" includes Business, management, marketing, and related support services and Personal and culinary services; and "Engineering technologies" includes Engineering technologies/technicians, Construction trades, and Mechanic and repair technologies/technicians.
SOURCE: U.S. Department of Education, National Center for Education Statistics, Higher Education General Information Survey (HEGIS), "Degrees and Other Formal Awards Conferred" surveys, 1970–71 through 1985–86; and 1990–91 through 2008–09 Integrated Postsecondary Education Data System, "Completions Survey" (IPEDS-C:91–99), and Fall 2000 through Fall 2009. (This table was prepared August 2010.)

Table 284. Doctor's degrees conferred by degree-granting institutions, by field of study: Selected years, 1970–71 through 2008–09

Field of study	1970–71	1975–76	1980–81	1985–86	1990–91	1995–96	1998–99	1999–2000	2000–01	2001–02	2002–03	2003–04	2004–05	2005–06	2006–07	2007–08	2008–09
1	2	3	4	5	6	7	8	9	10	11	12	13	14	15	16	17	18
Total	**32,107**	**34,064**	**32,958**	**33,653**	**39,294**	**44,652**	**44,077**	**44,808**	**44,904**	**44,160**	**46,042**	**48,378**	**52,631**	**56,067**	**60,616**	**63,712**	**67,716**
Agriculture and natural resources	1,086	928	1,067	1,158	1,185	1,259	1,231	1,168	1,127	1,148	1,229	1,185	1,173	1,194	1,272	1,257	1,328
Architecture and related services	36	82	93	73	135	141	123	129	153	183	152	173	179	201	178	199	212
Area, ethnic, cultural, and gender studies	143	186	161	156	159	183	187	205	216	212	186	209	189	226	233	270	239
Biological and biomedical sciences	3,595	3,313	3,591	3,352	4,034	5,035	5,024	5,180	4,953	4,823	5,003	5,242	5,578	5,775	6,354	6,918	6,957
Business	774	906	808	923	1,185	1,366	1,201	1,194	1,180	1,156	1,252	1,481	1,498	1,711	2,029	2,084	2,123
Communication, journalism, and related programs	145	196	171	212	259	338	347	347	368	374	394	418	465	461	479	489	533
Communications technologies	0	8	11	6	13	7	5	10	2	9	4	8	3	3	1	7	2
Computer and information sciences	128	244	252	344	676	869	801	779	768	752	816	909	1,119	1,416	1,595	1,698	1,580
Education	6,041	7,202	7,279	6,610	6,189	6,246	6,394	6,409	6,284	6,549	6,832	7,088	7,681	7,584	8,261	8,491	9,028
Engineering	3,687	2,872	2,598	3,444	5,316	6,381	5,432	5,390	5,542	5,187	5,276	5,923	6,547	7,396	8,062	8,112	7,931
Engineering technologies	1	2	10	12	14	50	29	31	62	58	57	58	54	75	61	55	59
English language and literature/letters	1,554	1,514	1,040	895	1,056	1,395	1,407	1,470	1,330	1,291	1,246	1,207	1,212	1,254	1,178	1,262	1,271
Family and consumer sciences/human sciences	123	178	247	307	229	375	323	327	354	311	376	329	331	340	337	323	333
Foreign languages, literatures, and linguistics	1,084	1,245	931	768	889	1,020	1,049	1,086	1,078	1,003	1,042	1,031	1,027	1,074	1,059	1,078	1,111
Health professions and related clinical sciences	518	617	868	1,139	1,534	1,651	1,920	2,053	2,242	2,913	3,329	4,361	5,868	7,128	8,355	9,886	12,112
Legal professions and studies	20	76	60	54	90	91	58	74	286	79	105	119	98	129	143	172	259
Liberal arts and sciences, general studies, and humanities	32	162	121	90	70	75	78	83	102	113	78	95	109	84	77	76	67
Library science	39	71	71	62	56	53	55	68	58	45	62	47	42	44	52	64	35
Mathematics and statistics	1,199	856	728	742	978	1,158	1,090	1,075	997	923	1,007	1,060	1,176	1,293	1,351	1,360	1,535
Multi/interdisciplinary studies	109	190	285	405	424	764	754	792	784	765	899	876	983	987	1,093	1,142	1,273
Parks, recreation, leisure, and fitness studies	2	15	42	39	28	104	137	134	177	151	199	222	207	194	218	228	285
Philosophy and religious studies	555	556	411	480	464	550	584	598	600	610	662	595	586	578	637	635	686
Physical sciences and science technologies	4,324	3,388	3,105	3,521	4,248	4,512	4,142	3,963	3,911	3,760	3,858	3,815	4,114	4,489	4,846	4,804	5,048
Psychology	2,144	3,157	3,576	3,593	3,932	4,141	4,695	4,731	5,091	4,759	4,835	4,827	5,106	4,921	5,153	5,296	5,477
Public administration and social services	174	292	362	382	430	499	532	537	574	571	599	649	673	704	726	760	812
Security and protective services	1	9	21	21	28	38	48	52	44	49	72	54	94	80	85	88	97
Social sciences and history	3,660	4,157	3,122	2,955	3,012	3,760	3,855	4,095	3,930	3,902	3,850	3,811	3,819	3,914	3,844	4,059	4,234
Theology and religious vocations	312	1,022	1,273	1,185	1,076	1,517	1,440	1,630	1,461	1,350	1,329	1,304	1,422	1,429	1,573	1,446	1,520
Transportation and materials moving	0	0	0	3	0	0	0	0	0	0	0	0	0	0	0	0	0
Visual and performing arts	621	620	654	722	838	1,067	1,130	1,127	1,167	1,114	1,293	1,282	1,278	1,383	1,364	1,453	1,569
Not classified by field of study	0	0	0	0	747	7	6	71	63	0	0	0	0	0	0	0	0

NOTE: Data through 1990-91 are for institutions of higher education, while later data are for degree-granting institutions. Degree-granting institutions grant associate's or higher degrees and participate in Title IV federal financial aid programs. The degree-granting classification is very similar to the earlier higher education classification, but it includes more 2-year colleges and excludes a few higher education institutions that did not grant degrees. (See Appendix A: Guide to Sources for details.) Includes Ph.D., E.D., and comparable degrees at the doctoral level. Excludes first-professional degrees such as M.D., D.D.S., and law degrees. The new Classification of Instructional Programs was initiated in 2002–03. The figures for earlier years have been reclassified when necessary to make them conform to the new taxonomy. To facilitate trend comparisons, certain aggregations have been made of the degree fields as reported in the IPEDS "Completions Survey": "Agriculture and natural resources" includes Agriculture, agriculture operations, and related sciences and Natural resources and conservation; "Business" includes Business, management, marketing, and related support services and Personal and culinary services; and "Engineering technologies" includes Engineering technologies/technicians, Construction trades, and Mechanic and repair technologies/technicians.

SOURCE: U.S. Department of Education, National Center for Education Statistics, Higher Education General Information Survey (HEGIS), "Degrees and Other Formal Awards Conferred" surveys, 1970–71 through 1985–86; and 1990–91 through 2008–09 Integrated Postsecondary Education Data System, "Completions Survey" (IPEDS-C:91–99), and Fall 2000 through Fall 2009. (This table was prepared August 2010.)

Table 285. Bachelor's, master's, and doctor's degrees conferred by degree-granting institutions, by field of study and year: Selected years, 1970–71 through 2008–09

Degree and year	Number of degrees conferred								Percentage distribution of degrees conferred							
	Total degrees	Humanities[1]	Social and behavioral sciences[2]	Natural sciences[3]	Computer sciences and engineering[4]	Education	Business	Other fields[5]	Total degrees	Humanities[1]	Social and behavioral sciences[2]	Natural sciences[3]	Computer sciences and engineering[4]	Education	Business	Other fields[5]
1	2	3	4	5	6	7	8	9	10	11	12	13	14	15	16	17
Bachelor's degrees																
1970–71	839,730	143,571	193,511	81,894	52,570	176,307	115,396	76,481	100.0	17.1	23.0	9.8	6.3	21.0	13.7	9.1
1975–76	925,746	150,805	176,674	91,527	52,328	154,437	143,171	156,804	100.0	16.3	19.1	9.9	5.7	16.7	15.5	16.9
1980–81	935,140	134,214	141,581	78,017	90,476	108,074	200,521	182,257	100.0	14.4	15.1	8.3	9.7	11.6	21.4	19.5
1985–86	987,823	132,966	134,468	76,153	139,459	87,147	236,700	180,930	100.0	13.5	13.6	7.7	14.1	8.8	24.0	18.3
1990–91	1,094,538	172,590	183,762	70,104	104,910	110,807	249,165	203,200	100.0	15.8	16.8	6.4	9.6	10.1	22.8	18.6
1995–96	1,164,792	193,668	199,895	93,090	102,592	105,384	226,623	243,540	100.0	16.6	17.2	8.0	8.8	9.0	19.5	20.9
2000–01	1,244,171	214,818	201,681	88,955	117,117	105,458	263,515	252,627	100.0	17.3	16.2	7.1	9.4	8.5	21.2	20.3
2004–05	1,439,264	256,151	242,506	97,867	133,854	105,451	311,574	291,861	100.0	17.8	16.8	6.8	9.3	7.3	21.6	20.3
2005–06	1,485,242	263,125	249,619	104,266	129,090	107,238	318,042	313,862	100.0	17.7	16.8	7.0	8.7	7.2	21.4	21.1
2006–07	1,524,092	267,489	254,222	111,178	124,242	105,641	327,531	333,789	100.0	17.6	16.7	7.3	8.2	6.9	21.5	21.9
2007–08	1,563,069	276,510	259,950	114,980	122,329	102,582	335,254	351,464	100.0	17.7	16.6	7.4	7.8	6.6	21.4	22.5
2008–09	1,601,368	280,456	262,771	118,718	122,630	101,708	347,985	367,100	100.0	17.5	16.4	7.4	7.7	6.4	21.7	22.9
Master's degrees																
1970–71	230,509	29,457	22,256	17,150	18,535	87,666	26,490	28,955	100.0	12.8	9.7	7.4	8.0	38.0	11.5	12.6
1975–76	311,771	31,377	26,120	15,738	19,403	126,061	42,592	50,480	100.0	10.1	8.4	5.0	6.2	40.4	13.7	16.2
1980–81	295,739	28,239	22,168	13,572	21,434	96,713	57,888	55,725	100.0	9.5	7.5	4.6	7.2	32.7	19.6	18.8
1985–86	288,567	27,572	20,409	14,034	30,216	74,816	66,676	54,844	100.0	9.6	7.1	4.9	10.5	25.9	23.1	19.0
1990–91	337,168	30,327	23,582	13,626	34,774	87,352	78,255	69,252	100.0	9.0	7.0	4.0	10.3	25.9	23.2	20.5
1995–96	406,301	34,965	30,164	16,002	39,525	104,936	93,554	87,155	100.0	8.6	7.4	3.9	9.7	25.8	23.0	21.5
2000–01	468,476	35,661	30,330	15,213	44,183	127,829	115,602	99,658	100.0	7.6	6.5	3.2	9.4	27.3	24.7	21.3
2004–05	574,618	42,207	35,782	18,354	53,549	167,490	142,617	114,619	100.0	7.3	6.2	3.2	9.3	29.1	24.8	19.9
2005–06	594,065	44,018	37,139	19,333	50,585	174,620	146,406	121,964	100.0	7.4	6.3	3.3	8.5	29.4	24.6	20.5
2006–07	604,607	44,209	38,702	19,470	48,394	176,572	150,211	127,049	100.0	7.3	6.4	3.2	8.0	29.2	24.8	21.0
2007–08	625,023	46,629	39,926	20,444	51,679	175,880	155,637	134,828	100.0	7.5	6.4	3.3	8.3	28.1	24.9	21.6
2008–09	656,784	48,022	42,655	20,767	56,112	178,564	168,375	142,289	100.0	7.3	6.5	3.2	8.5	27.2	25.6	21.7
Doctor's degrees[6]																
1970–71	32,107	4,410	5,804	9,118	3,816	6,041	774	2,144	100.0	13.7	18.1	28.4	11.9	18.8	2.4	6.7
1975–76	34,064	5,495	7,314	7,557	3,118	7,202	906	2,472	100.0	16.1	21.5	22.2	9.2	21.1	2.7	7.3
1980–81	32,958	4,876	6,698	7,424	2,860	7,279	808	3,013	100.0	14.8	20.3	22.5	8.7	22.1	2.5	9.1
1985–86	33,653	4,701	6,548	7,615	3,800	6,610	923	3,456	100.0	14.0	19.5	22.6	11.3	19.6	2.7	10.3
1990–91	39,294	4,976	6,944	9,260	6,006	6,189	1,185	4,734	100.0	12.7	17.7	23.6	15.3	15.8	3.0	12.0
1995–96	44,652	6,571	7,901	10,705	7,300	6,246	1,366	4,563	100.0	14.7	17.7	24.0	16.3	14.0	3.1	10.2
2000–01	44,904	6,738	9,021	9,861	6,372	6,284	1,180	5,448	100.0	15.0	20.1	22.0	14.2	14.0	2.6	12.1
2004–05	52,631	6,806	8,925	10,868	7,720	7,681	1,498	9,133	100.0	12.9	17.0	20.6	14.7	14.6	2.8	17.4
2005–06	56,067	7,015	8,835	11,557	8,887	7,584	1,711	10,478	100.0	12.5	15.8	20.6	15.9	13.5	3.1	18.7
2006–07	60,616	7,214	8,997	12,551	9,718	8,261	2,029	11,846	100.0	11.9	14.8	20.7	16.0	13.6	3.3	19.5
2007–08	63,712	7,362	9,355	13,082	9,865	8,491	2,084	13,473	100.0	11.6	14.7	20.5	15.5	13.3	3.3	21.1
2008–09	67,716	7,736	9,711	13,540	9,570	9,028	2,123	16,008	100.0	11.4	14.3	20.0	14.1	13.3	3.1	23.6

[1]Includes degrees in Area, ethnic, cultural, and gender studies; English language and literature/letters; Foreign languages, literatures, and linguistics; Liberal arts and sciences, general studies, and humanities; Multi/interdisciplinary studies; Philosophy and religious studies; Theology and religious vocations; and Visual and performing arts.
[2]Includes Psychology; and Social sciences and history.
[3]Includes Biological and biomedical sciences; Mathematics and statistics; and Physical sciences and science technologies.
[4]Includes Computer and information sciences; Engineering; and Engineering technologies.
[5]Includes Agriculture and natural resources; Architecture and related services; Communication, journalism, and related programs; Communications technologies; Family and consumer sciences/human sciences; Health professions and related clinical sciences; Legal professions and studies; Library science; Military technologies; Parks, recreation, leisure, and fitness studies; Precision production; Public administration and social services; Security and protective services; Transportation and materials moving; and Not classified by field of study.
[6]Includes Ph.D., Ed.D., and comparable degrees at the doctoral level. Excludes first-professional, such as M.D., D.D.S., and law degrees.

NOTE: Degree-granting institutions grant associate's or higher degrees and participate in Title IV federal financial aid programs. The new Classification of Instructional Programs was initiated in 2002–03. The figures for earlier years have been reclassified when necessary to make them conform to the new taxonomy. To facilitate trend comparisons, certain aggregations have been made of the degree fields as reported in the IPEDS "Completions Survey": "Agriculture and natural resources" includes Agriculture, agriculture operations, and related sciences and Natural resources and conservation; "Business" includes Business, management, marketing, and related support services and Personal and culinary services; and "Engineering technologies" includes Engineering technologies/technicians, Construction trades, and Mechanic and repair technologies/technicians. Detail may not sum to totals because of rounding.
SOURCE: U.S. Department of Education, National Center for Education Statistics, Higher Education General Information Survey (HEGIS), "Degrees and Other Formal Awards Conferred" surveys, 1970–71 through 1985–86; and 1990–91 through 2008–09 Integrated Postsecondary Education Data System, "Completions Survey" (IPEDS-C:91–96), and Fall 2001 through Fall 2009. (This table was prepared August 2010.)

Table 286. Bachelor's, master's, and doctor's degrees conferred by degree-granting institutions, by sex of student and discipline division: 2008–09

Discipline division	Bachelor's degrees			Master's degrees			Doctor's degrees (Ph.D., Ed.D., etc.)[1]		
	Total	Males	Females	Total	Males	Females	Total	Males	Females
1	2	3	4	5	6	7	8	9	10
All fields, total	**1,601,368**	**685,382**	**915,986**	**656,784**	**259,998**	**396,786**	**67,716**	**32,279**	**35,437**
Agriculture and natural resources	24,988	13,101	11,887	4,877	2,328	2,549	1,328	741	587
Agriculture, agriculture operations, and related sciences	15,160	7,677	7,483	2,252	1,075	1,177	765	437	328
Agriculture, general	1,483	854	629	308	149	159	22	14	8
Agricultural business and management, general	927	590	337	58	35	23	0	0	0
Agribusiness/agricultural business operations	1,499	1,057	442	32	17	15	0	0	0
Agricultural economics	1,296	887	409	409	220	189	157	86	71
Farm/farm and ranch management	107	71	36	12	7	5	0	0	0
Agricultural/farm supplies retailing and wholesaling	87	48	39	0	0	0	0	0	0
Agricultural business technology	2	1	1	0	0	0	0	0	0
Agricultural business and management, other	395	241	154	12	2	10	0	0	0
Agricultural mechanization, general	272	256	16	4	4	0	0	0	0
Agricultural mechanics and equipment/machine technology	0	0	0	0	0	0	0	0	0
Agricultural mechanization, other	0	0	0	0	0	0	0	0	0
Agricultural production operations, general	61	36	25	21	11	10	0	0	0
Animal/livestock husbandry and production	184	74	110	0	0	0	0	0	0
Aquaculture	43	29	14	25	15	10	5	3	2
Crop production	26	22	4	4	4	0	4	3	1
Horse husbandry/equine science and management	25	6	19	0	0	0	0	0	0
Agricultural and food products processing	71	35	36	9	5	4	3	2	1
Equestrian/equine studies	313	13	300	0	0	0	0	0	0
Agricultural and domestic animal services, other	0	0	0	0	0	0	0	0	0
Applied horticulture/horticultural operations, general	125	65	60	9	5	4	7	4	3
Ornamental horticulture	138	83	55	3	1	2	4	2	2
Landscaping and groundskeeping	204	137	67	7	4	3	0	0	0
Plant nursery operations and management	1	1	0	0	0	0	0	0	0
Turf and turfgrass management	140	137	3	0	0	0	0	0	0
Floriculture/floristry operations and management	0	0	0	0	0	0	1	0	1
Applied horticulture/horticultural business services, other	27	23	4	0	0	0	0	0	0
International agriculture	17	6	11	10	5	5	0	0	0
Agricultural and extension education services	29	15	14	12	3	9	3	1	2
Agricultural communication/journalism	187	48	139	17	4	13	0	0	0
Agricultural public services, other	52	33	19	0	0	0	0	0	0
Animal sciences, general	4,239	1,069	3,170	352	142	210	125	71	54
Agricultural animal breeding	17	4	13	6	0	6	8	5	3
Animal health	0	0	0	8	3	5	0	0	0
Animal nutrition	0	0	0	0	0	0	1	1	0
Dairy science	117	58	59	14	8	6	3	3	0
Livestock management	14	7	7	0	0	0	0	0	0
Poultry science	82	42	40	15	9	6	11	9	2
Animal sciences, other	126	14	112	5	4	1	1	1	0
Food science	874	310	564	299	99	200	116	60	56
Food technology and processing	3	1	2	12	5	7	0	0	0
Food science and technology, other	0	0	0	12	6	6	7	3	4
Plant sciences, general	323	233	90	90	53	37	40	23	17
Agronomy and crop science	410	323	87	137	81	56	98	62	36
Horticultural science	698	429	269	96	47	49	40	20	20
Agricultural and horticultural plant breeding	0	0	0	18	11	7	12	8	4
Plant protection and integrated pest management	10	7	3	12	8	4	1	1	0
Range science and management	117	84	33	42	21	21	16	11	5
Plant sciences, other	42	30	12	52	26	26	23	11	12
Soil science and agronomy, general	98	78	20	96	44	52	34	19	15
Soil chemistry and physics	15	12	3	4	2	2	0	0	0
Soil sciences, other	23	11	12	9	6	3	6	3	3
Agriculture, agriculture operations, and related sciences, other	241	197	44	21	9	12	17	11	6
Natural resources and conservation	9,828	5,424	4,404	2,625	1,253	1,372	563	304	259
Natural resources/conservation, general	1,053	605	448	390	161	229	74	43	31
Environmental studies	3,024	1,354	1,670	516	217	299	74	25	49
Environmental science	2,513	1,243	1,270	618	277	341	106	47	59
Environmental science/studies	0	0	0	0	0	0	0	0	0
Natural resources conservation and research, other	2	1	1	12	5	7	7	2	5
Natural resources management and policy	356	202	154	269	127	142	34	18	16
Natural resource economics	20	12	8	4	0	4	4	2	2
Water, wetlands, and marine resources management	49	25	24	54	21	33	0	0	0
Land use planning and management/development	44	28	16	81	55	26	7	4	3
Natural resources management and policy, other	173	104	69	7	3	4	0	0	0
Fishing and fisheries sciences and management	229	163	66	63	35	28	35	23	12
Forestry, general	638	492	146	254	135	119	79	42	37
Forest sciences and biology	159	137	22	104	65	39	55	37	18
Forest management/forest resources management	114	97	17	29	16	13	6	3	3
Urban forestry	22	10	12	3	2	1	0	0	0
Wood science and wood products/pulp and paper technology	117	103	14	26	19	7	7	7	0
Forest resources production and management	6	6	0	23	16	7	14	13	1
Forest technology/technician	9	8	1	0	0	0	4	4	0
Forestry, other	62	41	21	4	2	2	3	0	3
Wildlife and wildlands science and management	1,074	686	388	143	85	58	41	26	15
Natural resources and conservation, other	164	107	57	25	12	13	13	8	5

See notes at end of table.

Table 286. Bachelor's, master's, and doctor's degrees conferred by degree-granting institutions, by sex of student and discipline division: 2008–09—Continued

Discipline division	Bachelor's degrees			Master's degrees			Doctor's degrees (Ph.D., Ed.D., etc.)[1]		
	Total	Males	Females	Total	Males	Females	Total	Males	Females
1	2	3	4	5	6	7	8	9	10
Architecture and related services	10,119	5,797	4,322	6,587	3,657	2,930	212	113	99
Architecture	6,173	3,695	2,478	3,719	2,254	1,465	96	52	44
City/urban, community and regional planning	844	569	275	2,111	1,096	1,015	79	44	35
Environmental design/architecture	766	435	331	20	3	17	26	11	15
Interior architecture	727	73	654	76	10	66	0	0	0
Landscape architecture	1,040	683	357	545	238	307	3	1	2
Architectural history and criticism, general	43	12	31	8	2	6	5	2	3
Architectural technology/technician	160	105	55	0	0	0	0	0	0
Architecture and related services, other	366	225	141	108	54	54	3	3	0
Area, ethnic, cultural, and gender studies	8,772	2,735	6,037	1,779	607	1,172	239	87	152
African studies	73	25	48	55	20	35	7	4	3
American/United States studies/civilization	1,581	592	989	269	90	179	82	26	56
Asian studies/civilization	741	361	380	120	48	72	0	0	0
East Asian studies	484	221	263	118	56	62	19	4	15
Central/Middle and Eastern European studies	12	6	6	22	9	13	0	0	0
European studies/civilization	182	44	138	11	2	9	0	0	0
Latin American studies	556	173	383	262	88	174	4	3	1
Near and Middle Eastern studies	251	116	135	141	71	70	35	17	18
Pacific Area/Pacific rim studies	4	1	3	9	4	5	0	0	0
Russian studies	91	36	55	71	31	40	0	0	0
Scandinavian studies	27	11	16	2	1	1	0	0	0
South Asian studies	14	3	11	13	4	9	1	1	0
Southeast Asian studies	0	0	0	16	9	7	0	0	0
Western European studies	17	2	15	50	16	34	3	2	1
Canadian studies	2	1	1	0	0	0	0	0	0
Slavic studies	3	1	2	0	0	0	0	0	0
Ural-Altaic and Central Asian studies	0	0	0	25	15	10	1	0	1
Commonwealth studies	0	0	0	0	0	0	0	0	0
Regional studies (U.S., Canadian, foreign)	5	3	2	3	1	2	3	0	3
Chinese studies	28	14	14	11	7	4	0	0	0
French studies	42	8	34	3	1	2	8	2	6
German studies	48	21	27	5	4	1	5	2	3
Italian studies	49	15	34	6	2	4	0	0	0
Japanese studies	51	24	27	5	2	3	0	0	0
Korean studies	0	0	0	2	1	1	0	0	0
Spanish and Iberian studies	20	4	16	0	0	0	0	0	0
Tibetan studies	0	0	0	0	0	0	0	0	0
Area studies, other	689	209	480	69	27	42	0	0	0
African-American/Black studies	725	240	485	87	28	59	24	13	11
American Indian/Native American studies	202	80	122	27	9	18	9	4	5
Hispanic-American, Puerto Rican, and Mexican-American/Chicano studies	344	100	244	46	11	35	4	2	2
Asian-American studies	151	60	91	18	5	13	0	0	0
Women's studies	1,281	38	1,243	181	7	174	14	0	14
Gay/lesbian studies	4	1	3	0	0	0	0	0	0
Ethnic, cultural minority, and gender studies, other	529	158	371	66	16	50	11	3	8
Area, ethnic, cultural, and gender studies, other	566	167	399	66	22	44	9	4	5
Biological and biomedical sciences	80,756	32,925	47,831	9,898	4,200	5,698	6,957	3,292	3,665
Biology/biological sciences, general	55,856	21,906	33,950	2,986	1,257	1,729	896	434	462
Biomedical sciences, general	1,965	715	1,250	507	242	265	291	112	179
Biochemistry	5,713	2,858	2,855	301	128	173	515	274	241
Biophysics	75	52	23	42	28	14	151	105	46
Molecular biology	589	274	315	176	72	104	258	112	146
Molecular biochemistry	311	144	167	20	7	13	75	37	38
Molecular biophysics	0	0	0	1	1	0	12	7	5
Structural biology	0	0	0	0	0	0	3	2	1
Radiation biology/radiobiology	4	1	3	12	11	1	4	2	2
Biochemistry/biophysics and molecular biology	476	240	236	84	33	51	127	66	61
Biochemistry, biophysics and molecular biology, other	150	68	82	4	2	2	9	4	5
Botany/plant biology	213	98	115	79	28	51	111	65	46
Plant pathology/phytopathology	15	7	8	55	22	33	61	35	26
Plant physiology	0	0	0	6	3	3	12	3	9
Plant molecular biology	0	0	0	3	1	2	3	2	1
Botany/plant biology, other	10	6	4	17	6	11	9	5	4
Cell/cellular biology and histology	476	219	257	46	22	24	183	93	90
Anatomy	500	240	260	82	47	35	71	34	37
Developmental biology and embryology	0	0	0	21	6	15	29	17	12
Neuroanatomy	0	0	0	2	2	0	5	3	2
Cell/cellular and molecular biology	1,924	865	1,059	128	57	71	383	184	199
Cell biology and anatomy	8	2	6	6	2	4	25	14	11
Cell/cellular biology and anatomical sciences, other	206	91	115	134	58	76	147	58	89
Microbiology, general	1,544	694	850	144	55	89	241	113	128
Medical microbiology and bacteriology	797	354	443	89	27	62	216	82	134
Virology	0	0	0	1	0	1	13	3	10
Parasitology	0	0	0	0	0	0	0	0	0
Immunology	0	0	0	20	9	11	144	60	84
Microbiological sciences and immunology, other	139	65	74	37	12	25	102	45	57
Zoology/animal biology	1,739	662	1,077	127	48	79	111	50	61

See notes at end of table.

Table 286. Bachelor's, master's, and doctor's degrees conferred by degree-granting institutions, by sex of student and discipline division: 2008–09—Continued

	Bachelor's degrees			Master's degrees			Doctor's degrees (Ph.D., Ed.D., etc.)[1]		
Discipline division	Total	Males	Females	Total	Males	Females	Total	Males	Females
1	2	3	4	5	6	7	8	9	10
Entomology	105	54	51	114	53	61	120	68	52
Animal physiology	57	27	30	85	31	54	52	22	30
Animal behavior and ethology	23	5	18	5	1	4	7	1	6
Wildlife biology	217	99	118	12	9	3	7	4	3
Physiology, human and animal	0	0	0	0	0	0	0	0	0
Zoology/animal biology, other	0	0	0	4	2	2	0	0	0
Genetics, general	200	88	112	48	13	35	134	59	75
Molecular genetics	83	28	55	34	9	25	62	25	37
Animal genetics	66	40	26	16	9	7	45	21	24
Plant genetics	0	0	0	5	4	1	7	4	3
Human/medical genetics	4	1	3	73	11	62	79	33	46
Genetics, plant and animal	0	0	0	0	0	0	0	0	0
Genetics, other	0	0	0	0	0	0	9	4	5
Physiology, general	1,195	493	702	352	180	172	169	79	90
Molecular physiology	0	0	0	5	0	5	18	6	12
Cell physiology	0	0	0	3	1	2	17	5	12
Endocrinology	0	0	0	5	3	2	7	2	5
Reproductive biology	0	0	0	2	0	2	2	2	0
Neurobiology and neurophysiology	366	139	227	16	12	4	94	45	49
Cardiovascular science	0	0	0	7	6	1	6	3	3
Exercise physiology	1,210	565	645	138	62	76	16	6	10
Vision science/physiological optics	85	28	57	10	4	6	14	8	6
Pathology/experimental pathology	20	4	16	126	44	82	199	93	106
Oncology and cancer biology	0	0	0	13	4	9	70	33	37
Medical physiology	0	0	0	0	0	0	0	0	0
Physiology, pathology, and related sciences, other	26	16	10	20	12	8	21	7	14
Pharmacology	46	22	24	102	43	59	296	140	156
Molecular pharmacology	0	0	0	6	2	4	38	20	18
Neuropharmacology	0	0	0	28	21	7	0	0	0
Toxicology	66	22	44	46	16	30	93	37	56
Molecular toxicology	0	0	0	1	0	1	6	4	2
Environmental toxicology	25	5	20	7	3	4	29	12	17
Pharmacology and toxicology	56	20	36	24	12	12	34	16	18
Biometry/biometrics	32	19	13	26	17	9	22	8	14
Biostatistics	7	3	4	334	122	212	119	54	65
Bioinformatics	123	83	40	197	112	85	92	69	23
Biomathematics and bioinformatics, other	15	8	7	26	17	9	9	6	3
Biotechnology	576	277	299	798	347	451	2	1	1
Ecology	580	256	324	181	85	96	163	82	81
Marine biology and biological oceanography	922	284	638	197	64	133	81	48	33
Evolutionary biology	74	31	43	9	5	4	39	18	21
Aquatic biology/limnology	83	45	38	11	4	7	0	0	0
Environmental biology	178	81	97	47	16	31	4	1	3
Population biology	0	0	0	9	2	7	18	7	11
Conservation biology	159	62	97	27	8	19	3	2	1
Systemic biology/biological systemics	0	0	0	0	0	0	1	1	0
Epidemiology	0	0	0	714	218	496	229	60	169
Ecology, evolution, systematics and population biology, other	266	113	153	29	14	15	75	33	42
Biological and biomedical sciences, other	1,181	446	735	856	416	440	242	122	120
Business, management, marketing, and personal and culinary services	347,985	177,862	170,123	168,375	91,981	76,394	2,123	1,302	821
Business, management, marketing, and related support services	346,972	177,381	169,591	168,367	91,979	76,388	2,123	1,302	821
Business/commerce, general	22,237	11,878	10,359	10,713	6,461	4,252	307	194	113
Business administration and management, general	130,312	66,190	64,122	104,132	58,766	45,366	937	607	330
Purchasing, procurement/acquisitions and contracts management	349	178	171	290	143	147	0	0	0
Logistics and materials management	1,384	994	390	297	199	98	1	1	0
Office management and supervision	2,706	989	1,717	8	1	7	0	0	0
Operations management and supervision	2,308	1,533	775	749	464	285	173	88	85
Nonprofit/public/organizational management	708	274	434	1,258	358	900	32	11	21
Customer service management	44	22	22	4	0	4	0	0	0
E-commerce/electronic commerce	386	250	136	74	43	31	4	0	4
Transportation/transportation management	90	71	19	69	56	13	1	1	0
Business administration, management and operations, other	10,555	5,090	5,465	4,515	2,394	2,121	33	21	12
Accounting	44,514	20,446	24,068	11,415	5,314	6,101	41	27	14
Accounting technology/technician and bookkeeping	121	55	66	2	1	1	0	0	0
Auditing	2	0	2	47	20	27	0	0	0
Accounting and finance	353	176	177	878	354	524	0	0	0
Accounting and business/management	2,637	631	2,006	890	317	573	2	2	0
Accounting and related services, other	408	229	179	332	217	115	0	0	0
Administrative assistant and secretarial science, general	53	16	37	2	0	2	0	0	0
Executive assistant/executive secretary	2	1	1	0	0	0	0	0	0
Business/office automation/technology/data entry	81	36	45	8	8	0	0	0	0
General office occupations and clerical services	0	0	0	0	0	0	0	0	0
Business operations support and secretarial services, other	2	1	1	64	27	37	0	0	0
Business/corporate communications	608	195	413	270	85	185	0	0	0
Business/managerial economics	4,486	3,054	1,432	227	104	123	56	36	20
Entrepreneurship/entrepreneurial studies	1,642	1,098	544	413	265	148	0	0	0
Small business administration/management	97	45	52	55	30	25	0	0	0

See notes at end of table.

Table 286. Bachelor's, master's, and doctor's degrees conferred by degree-granting institutions, by sex of student and discipline division: 2008–09—Continued

Discipline division	Bachelor's degrees			Master's degrees			Doctor's degrees (Ph.D., Ed.D., etc.)[1]		
	Total	Males	Females	Total	Males	Females	Total	Males	Females
1	2	3	4	5	6	7	8	9	10
Entrepreneurial and small business operations, other	64	40	24	7	1	6	0	0	0
Finance, general	34,067	22,931	11,136	5,268	3,526	1,742	50	37	13
Banking and financial support services	552	327	225	97	70	27	2	1	1
Financial planning and services	146	99	47	251	164	87	2	1	1
International finance	14	5	9	93	49	44	0	0	0
Investments and securities	23	16	7	74	52	22	0	0	0
Public finance	0	0	0	0	0	0	0	0	0
Finance and financial management services, other	275	166	109	544	323	221	0	0	0
Hospitality administration/management, general	5,961	2,155	3,806	279	100	179	22	3	19
Tourism and travel services management	791	239	552	182	89	93	0	0	0
Hotel/motel administration/management	1,811	738	1,073	120	39	81	8	3	5
Restaurant/food services management	559	280	279	1	1	0	0	0	0
Resort management	113	51	62	0	0	0	0	0	0
Hotel/motel and restaurant management	0	0	0	0	0	0	0	0	0
Hospitality administration/management, other	714	276	438	95	31	64	2	1	1
Human resources management/personnel administration, general	5,375	1,719	3,656	4,136	956	3,180	30	12	18
Labor and industrial relations	766	385	381	581	201	380	23	15	8
Organizational behavior studies	3,184	1,295	1,889	1,654	629	1,025	177	88	89
Labor studies	42	24	18	1	1	0	1	0	1
Human resources development	524	131	393	705	223	482	1	0	1
Human resources management and services, other	580	283	297	1,397	542	855	19	11	8
International business/trade/commerce	5,908	2,832	3,076	2,597	1,498	1,099	31	20	11
Management information systems, general	7,163	5,299	1,864	4,389	3,042	1,347	40	28	12
Information resources management/CIO training	115	93	22	435	318	117	41	37	4
Knowledge management	9	8	1	65	40	25	4	2	2
Management information systems and services, other	167	120	47	41	29	12	0	0	0
Management science, general	3,199	1,880	1,319	807	461	346	12	12	0
Business statistics	28	19	9	35	21	14	0	0	0
Actuarial science	640	400	240	191	117	74	0	0	0
Management sciences and quantitative methods, other	217	139	78	440	205	235	7	6	1
Marketing/marketing management, general	32,638	14,613	18,025	1,791	701	1,090	34	20	14
Marketing research	59	20	39	80	32	48	0	0	0
International marketing	102	13	89	66	22	44	2	1	1
Marketing, other	942	463	479	117	53	64	0	0	0
Real estate	981	696	285	559	426	133	1	0	1
Taxation	0	0	0	1,456	658	798	0	0	0
Insurance	661	428	233	88	44	44	2	0	2
Sales, distribution, and marketing operations, general	1,365	712	653	274	139	135	3	2	1
Merchandising and buying operations	83	17	66	11	0	11	0	0	0
Retailing and retail operations	300	80	220	12	4	8	0	0	0
Selling skills and sales operations	272	134	138	0	0	0	0	0	0
General merchandising/sales/related marketing operations, other	235	88	147	2	2	0	0	0	0
Fashion merchandising	2,352	95	2,257	1	0	1	0	0	0
Apparel and accessories marketing operations	479	27	452	9	2	7	0	0	0
Tourism and travel services marketing operations	47	17	30	0	0	0	0	0	0
Tourism promotion operations	101	29	72	0	0	0	0	0	0
Vehicle and vehicle parts and accessories marketing operations	137	115	22	0	0	0	0	0	0
Business and personal/financial services marketing operations	18	9	9	0	0	0	0	0	0
Special products marketing operations	117	35	82	14	6	8	0	0	0
Hospitality and recreation marketing operations	71	56	15	21	11	10	0	0	0
Specialized merchandising/sales/related marketing operations, other	109	27	82	57	23	34	0	0	0
Construction management	1,995	1,871	124	156	120	36	0	0	0
Business/management/marketing/related support services, other	4,816	2,434	2,382	2,456	1,381	1,075	22	14	8
Personal and culinary services	1,013	481	532	8	2	6	0	0	0
Funeral service and mortuary science, general	143	54	89	0	0	0	0	0	0
Funeral direction/service	20	7	13	0	0	0	0	0	0
Cooking and related culinary arts, general	35	17	18	0	0	0	0	0	0
Baking and pastry arts/baker/pastry chef	56	10	46	0	0	0	0	0	0
Culinary arts/chef training	440	235	205	0	0	0	0	0	0
Restaurant, culinary, and catering management/manager	261	131	130	0	0	0	0	0	0
Food preparation/professional cooking/kitchen assistant	18	11	7	0	0	0	0	0	0
Culinary arts and related services, other	39	15	24	8	2	6	0	0	0
Personal and culinary services, other	1	1	0	0	0	0	0	0	0
Communication and communications technologies	83,109	31,218	51,891	7,567	2,459	5,108	535	225	310
Communication, journalism, and related programs	78,009	27,519	50,490	7,092	2,212	4,880	533	223	310
Communication studies/speech communication and rhetoric	33,229	11,229	22,000	2,167	638	1,529	281	102	179
Mass communication/media studies	8,390	3,032	5,358	772	265	507	137	71	66
Communication and media studies, other	1,554	505	1,049	447	125	322	33	13	20
Journalism	12,439	4,091	8,348	1,464	456	1,008	25	10	15
Broadcast journalism	1,120	472	648	45	7	38	6	6	0
Photojournalism	178	65	113	0	0	0	0	0	0
Journalism, other	674	227	447	115	34	81	0	0	0
Radio and television	5,579	3,215	2,364	289	126	163	15	8	7
Digital communication and media/multimedia	1,127	650	477	142	80	62	7	5	2

See notes at end of table.

Table 286. Bachelor's, master's, and doctor's degrees conferred by degree-granting institutions, by sex of student and discipline division: 2008–09—Continued

Discipline division	Bachelor's degrees			Master's degrees			Doctor's degrees (Ph.D., Ed.D., etc.)[1]		
	Total	Males	Females	Total	Males	Females	Total	Males	Females
1	2	3	4	5	6	7	8	9	10
Radio, television, and digital communication, other	449	243	206	10	5	5	0	0	0
Organizational communication, general	1,079	363	716	217	55	162	5	2	3
Public relations/image management	4,475	869	3,606	254	50	204	0	0	0
Advertising	4,901	1,492	3,409	235	73	162	7	2	5
Political communication	60	27	33	0	0	0	0	0	0
Health communication	6	0	6	23	1	22	3	0	3
Public relations, advertising and applied communication, other	861	218	643	128	36	92	0	0	0
Publishing	0	0	0	116	16	100	0	0	0
Communication, journalism, and related programs, other	1,888	821	1,067	668	245	423	14	4	10
Communications technologies/technicians and support services	5,100	3,699	1,401	475	247	228	2	2	0
Communications technology/technician	77	56	21	54	29	25	2	2	0
Photographic and film/video technology/technician and assistant	43	23	20	0	0	0	0	0	0
Radio and television broadcasting technology/technician	636	389	247	149	33	116	0	0	0
Recording arts technology/technician	489	436	53	16	13	3	0	0	0
Audiovisual communications technologies/technicians, other	270	240	30	0	0	0	0	0	0
Graphic communications, general	235	86	149	0	0	0	0	0	0
Printing management	74	33	41	10	6	4	0	0	0
Prepress/desktop publishing and digital imaging design	67	32	35	3	1	2	0	0	0
Animation/interactive technology/video graphics/special effects	2,824	2,169	655	185	134	51	0	0	0
Graphic and printing equipment operator, general production	65	39	26	0	0	0	0	0	0
Printing press operator	18	8	10	0	0	0	0	0	0
Computer typography and composition equipment operator	0	0	0	0	0	0	0	0	0
Graphic communications, other	91	47	44	12	4	8	0	0	0
Communications technologies/technicians and support services, other	211	141	70	46	27	19	0	0	0
Computer and information sciences and support services	37,994	31,215	6,779	17,907	13,063	4,844	1,580	1,226	354
Computer and information sciences, general	12,526	10,392	2,134	4,935	3,718	1,217	622	501	121
Artificial intelligence and robotics	0	0	0	52	43	9	32	27	5
Information technology	4,180	3,251	929	1,448	1,070	378	29	19	10
Computer and information sciences, other	220	174	46	47	39	8	0	0	0
Computer programming/programmer, general	458	404	54	87	65	22	0	0	0
Computer programming, specific applications	27	22	5	28	24	4	0	0	0
Computer programming, other	287	249	38	5	5	0	0	0	0
Data processing and data processing technology/technician	150	114	36	6	5	1	0	0	0
Information science/studies	4,923	3,759	1,164	3,394	2,172	1,222	125	74	51
Computer systems analysis/analyst	915	724	191	209	153	56	8	6	2
Computer science	7,568	6,655	913	5,219	3,980	1,239	710	565	145
Web page, digital/multimedia and information resources design	952	637	315	179	94	85	0	0	0
Data modeling/warehousing and database administration	12	9	3	35	23	12	0	0	0
Computer graphics	1,378	1,082	296	231	138	93	1	1	0
Computer software and media applications, other	363	310	53	98	67	31	0	0	0
Computer systems networking and telecommunications	1,202	1,080	122	772	586	186	3	2	1
System administration/administrator	147	139	8	5	4	1	0	0	0
System, networking, and LAN/WAN management/manager	198	170	28	0	0	0	0	0	0
Computer and information systems security	1,363	1,165	198	376	310	66	0	0	0
Web/multimedia management and webmaster	6	3	3	0	0	0	0	0	0
Computer/information tech. services admin. and management, other	521	372	149	183	112	71	3	2	1
Computer and information sciences and support services, other	598	504	94	598	455	143	47	29	18
Education	101,708	21,159	80,549	178,564	40,324	138,240	9,028	2,956	6,072
Education, general	2,681	464	2,217	26,057	5,832	20,225	1,328	401	927
Bilingual and multilingual	389	15	374	1,013	251	762	13	5	8
Multicultural education	0	0	0	62	9	53	14	6	8
Indian/Native American education	6	3	3	0	0	0	0	0	0
Bilingual, multilingual, and multicultural education, other	0	0	0	3	0	3	0	0	0
Curriculum and instruction	14	3	11	17,727	3,451	14,276	948	253	695
Educational leadership and administration, general	93	4	89	20,225	7,139	13,086	3,339	1,176	2,163
Administration of special education	0	0	0	9	3	6	10	3	7
Adult and continuing education administration	7	6	1	535	133	402	52	19	33
Educational, instructional, and curriculum supervision	43	13	30	1,192	319	873	142	33	109
Higher education/higher education administration	0	0	0	2,065	700	1,365	384	161	223
Community college education	0	0	0	72	12	60	42	13	29
Elementary and middle school administration/principalship	0	0	0	967	359	608	54	21	33
Secondary school administration/principalship	0	0	0	361	146	215	23	7	16
Urban education and leadership	76	28	48	200	70	130	39	10	29
Superintendency and educational system administration	0	0	0	586	184	402	67	18	49
Elementary, middle and secondary education/administration	0	0	0	0	0	0	0	0	0
Educational administration and supervision, other	3	1	2	1,288	503	785	391	160	231
Educational/instructional media design	43	17	26	3,594	1,052	2,542	134	54	80
Educational evaluation and research	0	0	0	48	17	31	32	14	18
Educational statistics and research methods	0	0	0	34	15	19	26	10	16
Educational assessment, testing, and measurement	0	0	0	80	16	64	32	14	18
Educational assessment, evaluation, and research, other	0	0	0	34	10	24	15	6	9
International and comparative education	0	0	0	197	36	161	15	3	12
Social and philosophical foundations of education	0	0	0	458	111	347	174	69	105
Special education and teaching, general	6,405	666	5,739	13,945	2,182	11,763	182	26	156
Education/teaching of individuals with hearing impairments/deafness	144	8	136	150	20	130	2	0	2

See notes at end of table.

Table 286. Bachelor's, master's, and doctor's degrees conferred by degree-granting institutions, by sex of student and discipline division: 2008–09—Continued

Discipline division	Bachelor's degrees			Master's degrees			Doctor's degrees (Ph.D., Ed.D., etc.)[1]		
	Total	Males	Females	Total	Males	Females	Total	Males	Females
1	2	3	4	5	6	7	8	9	10
Education/teaching of the gifted and talented	0	0	0	405	35	370	2	1	1
Education/teaching of individuals with emotional disturbances	135	19	116	109	25	84	6	0	6
Education/teaching of individuals with mental retardation	175	19	156	86	14	72	10	1	9
Education/teaching of individuals with multiple disabilities	67	9	58	338	39	299	0	0	0
Educ./teach. of individuals with orthopedic/physical health impair.	3	0	3	12	3	9	2	0	2
Education/teaching of individuals with vision impairments/blindness	19	3	16	76	14	62	0	0	0
Educ./teach. of individuals with specific learning disabilities	371	36	335	820	113	707	0	0	0
Education/teaching of individuals with speech/language impairments	270	6	264	209	7	202	0	0	0
Education/teaching of individuals with autism	0	0	0	21	1	20	0	0	0
Education/teaching of individuals who are developmentally delayed	0	0	0	0	0	0	0	0	0
Educ./teach. of individuals in early childhood spec. educ. programs	73	5	68	421	21	400	3	0	3
Special education and teaching, other	322	29	293	652	117	535	12	2	10
Counselor education/school counseling and guidance services	26	5	21	12,611	2,079	10,532	310	65	245
College student counseling and personnel services	2	1	1	897	241	656	14	7	7
Student counseling and personnel services, other	6	1	5	233	41	192	7	2	5
Adult and continuing education and teaching	43	18	25	1,233	340	893	177	55	122
Elementary education and teaching	39,870	3,512	36,358	17,073	1,860	15,213	45	2	43
Junior high/intermediate/middle school education and teaching	2,576	577	1,999	1,307	320	987	3	0	3
Secondary education and teaching	3,776	1,517	2,259	9,364	3,351	6,013	28	8	20
Teacher education, multiple levels	947	134	813	4,317	894	3,423	22	9	13
Montessori teacher education	2	0	2	155	4	151	0	0	0
Waldorf/Steiner teacher education	1	1	0	0	0	0	0	0	0
Kindergarten/preschool education and teaching	2,030	48	1,982	400	29	371	19	4	15
Early childhood education and teaching	9,235	335	8,900	2,309	79	2,230	28	3	25
Pre-elementary/early childhood/kindergarten teacher education	0	0	0	0	0	0	0	0	0
Teacher educ. and prof. dev., specific levels and methods, other	279	35	244	4,116	876	3,240	56	22	34
Agricultural teacher education	483	195	288	312	90	222	29	14	15
Art teacher education	1,494	250	1,244	958	157	801	33	9	24
Business teacher education	407	170	237	244	100	144	1	1	0
Driver and safety teacher education	0	0	0	8	7	1	0	0	0
English/language arts teacher education	2,615	501	2,114	1,169	278	891	29	10	19
Foreign language teacher education	144	19	125	214	39	175	11	2	9
Health teacher education	1,591	494	1,097	621	156	465	40	6	34
Family and consumer sciences/home economics teacher education	361	11	350	59	6	53	7	0	7
Technology teacher education/industrial arts teacher education	670	560	110	488	285	203	11	8	3
Sales and marketing operations/marketing and dist. teacher educ.	30	13	17	1	0	1	0	0	0
Mathematics teacher education	1,976	701	1,275	1,580	553	1,027	51	22	29
Music teacher education	3,595	1,436	2,159	1,287	509	778	59	32	27
Physical education teaching and coaching	9,270	5,356	3,914	2,418	1,397	1,021	80	38	42
Reading teacher education	121	8	113	8,373	425	7,948	49	10	39
Science teacher education/general science teacher education	684	265	419	983	304	679	40	16	24
Social science teacher education	598	309	289	158	70	88	0	0	0
Social studies teacher education	2,030	1,145	885	707	349	358	5	4	1
Technical teacher education	263	148	115	231	84	147	60	16	44
Trade and industrial teacher education	1,159	767	392	289	92	197	9	4	5
Computer teacher education	1	1	0	903	263	640	8	2	6
Biology teacher education	353	154	199	243	73	170	0	0	0
Chemistry teacher education	63	23	40	57	18	39	0	0	0
Drama and dance teacher education	173	25	148	54	18	36	0	0	0
French language teacher education	60	9	51	13	2	11	0	0	0
German language teacher education	14	8	6	1	0	1	0	0	0
Health occupations teacher education	8	0	8	40	9	31	0	0	0
History teacher education	810	472	338	86	53	33	0	0	0
Physics teacher education	47	27	20	17	11	6	0	0	0
Spanish language teacher education	422	84	338	195	42	153	0	0	0
Speech teacher education	56	18	38	80	19	61	5	1	4
Geography teacher education	13	6	7	19	9	10	0	0	0
Latin teacher education	4	1	3	4	2	2	0	0	0
School librarian/library media specialist	1	0	1	170	11	159	0	0	0
Psychology teacher education	13	4	9	5	1	4	0	0	0
Teacher educ. and prof. dev., specific subject areas, other	495	136	359	1,722	389	1,333	46	14	32
Teaching English as a second/foreign language/ESL language instructor	182	33	149	2,374	456	1,918	21	5	16
Teaching French as a second or foreign language	0	0	0	2	1	1	0	0	0
Teacher assistant/aide	0	0	0	0	0	0	0	0	0
Adult literacy tutor/instructor	0	0	0	38	1	37	2	0	2
Teaching assistants/aides, other	0	0	0	0	0	0	0	0	0
Education, other	1,370	272	1,098	4,375	972	3,403	230	79	151
Engineering and engineering technologies	84,636	70,675	13,961	38,205	29,595	8,610	7,990	6,259	1,731
Engineering	69,133	56,716	12,417	34,750	26,970	7,780	7,931	6,212	1,719
Engineering, general	2,054	1,652	402	1,992	1,559	433	313	249	64
Aerospace, aeronautical and astronautical engineering	3,037	2,600	437	1,075	906	169	257	224	33
Agricultural/biological engineering and bioengineering	766	532	234	203	131	72	95	60	35
Architectural engineering	789	572	217	133	87	46	2	2	0
Biomedical/medical engineering	3,695	2,329	1,366	1,347	808	539	725	440	285
Ceramic sciences and engineering	69	53	16	8	4	4	7	3	4
Chemical engineering	5,036	3,302	1,734	994	652	342	789	572	217
Civil engineering, general	10,549	8,442	2,107	3,443	2,508	935	727	560	167

See notes at end of table.

Table 286. Bachelor's, master's, and doctor's degrees conferred by degree-granting institutions, by sex of student and discipline division: 2008–09—Continued

Discipline division	Bachelor's degrees			Master's degrees			Doctor's degrees (Ph.D., Ed.D., etc.)[1]		
	Total	Males	Females	Total	Males	Females	Total	Males	Females
1	2	3	4	5	6	7	8	9	10
Geotechnical engineering	0	0	0	5	4	1	0	0	0
Structural engineering	180	134	46	172	136	36	12	10	2
Transportation and highway engineering	0	0	0	88	65	23	6	5	1
Water resources engineering	11	6	5	46	27	19	16	11	5
Civil engineering, other	45	32	13	40	31	9	1	1	0
Computer engineering, general	3,682	3,410	272	1,668	1,320	348	273	227	46
Computer hardware engineering	0	0	0	2	2	0	0	0	0
Computer software engineering	457	438	19	1,731	1,322	409	5	5	0
Computer engineering, other	38	36	2	75	62	13	0	0	0
Electrical, electronics and communications engineering	11,619	10,368	1,251	9,178	7,462	1,716	1,811	1,519	292
Engineering mechanics	92	79	13	56	49	7	44	40	4
Engineering physics	416	359	57	46	39	7	31	27	4
Engineering science	403	295	108	260	207	53	84	64	20
Environmental/environmental health engineering	555	313	242	558	292	266	134	95	39
Materials engineering	679	513	166	572	406	166	434	323	111
Mechanical engineering	17,352	15,424	1,928	4,620	3,929	691	1,142	986	156
Metallurgical engineering	100	77	23	52	41	11	31	25	6
Mining and mineral engineering	176	157	19	48	40	8	10	8	2
Naval architecture and marine engineering	325	298	27	23	22	1	6	4	2
Nuclear engineering	373	306	67	245	196	49	80	70	10
Ocean engineering	165	134	31	56	43	13	19	17	2
Petroleum engineering	690	592	98	251	205	46	52	44	8
Systems engineering	623	507	116	1,455	1,143	312	67	60	7
Textile sciences and engineering	181	64	117	49	22	27	33	20	13
Materials science	222	164	58	204	143	61	189	138	51
Polymer/plastics engineering	67	53	14	38	29	9	37	29	8
Construction engineering	377	345	32	46	38	8	0	0	0
Forest engineering	12	11	1	3	2	1	7	6	1
Industrial engineering	2,851	2,017	834	1,997	1,499	498	298	218	80
Industrial/manufacturing engineering	0	0	0	0	0	0	0	0	0
Manufacturing engineering	247	211	36	295	244	51	3	3	0
Operations research	391	258	133	399	297	102	61	44	17
Surveying engineering	21	20	1	6	5	1	1	1	0
Geological/geophysical engineering	133	95	38	78	58	20	4	3	1
Engineering, other	655	518	137	1,193	935	258	125	99	26
Engineering technologies/construction trades/mechanics and repairers	15,503	13,959	1,544	3,455	2,625	830	59	47	12
Engineering technologies/technicians	15,112	13,589	1,523	3,455	2,625	830	59	47	12
Engineering technology, general	892	823	69	198	158	40	5	5	0
Architectural engineering technology/technician	552	476	76	0	0	0	0	0	0
Civil engineering technology/technician	608	539	69	0	0	0	0	0	0
Electrical/electronic/communications eng. technology/technician	1,956	1,816	140	38	30	8	0	0	0
Laser and optical technology/technician	0	0	0	0	0	0	0	0	0
Telecommunications technology/technician	60	57	3	120	102	18	0	0	0
Electrical/electronic eng. technologies/technicians, other	260	231	29	0	0	0	0	0	0
Biomedical technology/technician	92	70	22	20	10	10	8	7	1
Electromechanical technology/electromechanical eng. technology	112	107	5	9	8	1	0	0	0
Instrumentation technology/technician	14	14	0	0	0	0	0	0	0
Robotics technology/technician	25	18	7	0	0	0	0	0	0
Electromechanical/instrumentation and maintenance technol./tech.	6	6	0	0	0	0	0	0	0
Heating, air conditioning and refrigeration technology/technician	14	14	0	0	0	0	0	0	0
Energy management and systems technology/technician	50	50	0	25	21	4	0	0	0
Solar energy technology/technician	21	20	1	0	0	0	0	0	0
Water quality/wastewater treatment manage./recycling technol./tech.	25	12	13	0	0	0	0	0	0
Environmental engineering technology/environmental technology	66	44	22	71	46	25	0	0	0
Hazardous materials management and waste technology/technician	0	0	0	1	1	0	0	0	0
Environmental control technologies/technicians, other	11	6	5	46	29	17	0	0	0
Plastics engineering technology/technician	85	78	7	9	5	4	0	0	0
Metallurgical technology/technician	4	3	1	0	0	0	0	0	0
Industrial technology/technician	1,658	1,511	147	366	264	102	8	6	2
Manufacturing technology/technician	616	544	72	71	62	9	0	0	0
Industrial/manufacturing technology/technician	0	0	0	0	0	0	0	0	0
Industrial production technologies/technicians, other	323	281	42	9	8	1	0	0	0
Occupational safety and health technology/technician	555	455	100	178	136	42	0	0	0
Quality control technology/technician	15	13	2	79	53	26	0	0	0
Industrial safety technology/technician	74	60	14	13	11	2	0	0	0
Quality control and safety technologies/technicians, other	31	30	1	5	2	3	0	0	0
Aeronautical/aerospace engineering technology/technician	78	74	4	0	0	0	0	0	0
Automotive engineering technology/technician	342	324	18	0	0	0	0	0	0
Mechanical engineering/mechanical technology/technician	1,250	1,179	71	10	6	4	0	0	0
Mechanical engineering related technologies/technicians, other	305	278	27	0	0	0	0	0	0
Mining technology/technician	2	2	0	0	0	0	0	0	0
Petroleum technology/technician	9	9	0	0	0	0	0	0	0
Mining and petroleum technologies/technicians, other	2	2	0	1	1	0	0	0	0
Construction engineering technology/technician	2,215	2,046	169	156	128	28	0	0	0
Surveying technology/surveying	191	171	20	9	6	3	6	3	3
Engineering-related technologies, other	0	0	0	0	0	0	0	0	0
Computer engineering technology/technician	595	540	55	6	4	2	0	0	0

See notes at end of table.

Table 286. Bachelor's, master's, and doctor's degrees conferred by degree-granting institutions, by sex of student and discipline division: 2008–09—Continued

Discipline division	Bachelor's degrees			Master's degrees			Doctor's degrees (Ph.D., Ed.D., etc.)[1]		
	Total	Males	Females	Total	Males	Females	Total	Males	Females
1	2	3	4	5	6	7	8	9	10
Computer technology/computer systems technology	232	197	35	0	0	0	0	0	0
Computer hardware technology/technician	1	1	0	1	1	0	0	0	0
Computer software technology/technician	54	47	7	7	7	0	0	0	0
Computer engineering technologies/technicians, other	0	0	0	0	0	0	0	0	0
Drafting/design engineering technologies/technicians, general	68	49	19	0	0	0	0	0	0
CAD/CADD drafting and/or design technology/technician	57	47	10	9	8	1	0	0	0
Architectural drafting and architectural CAD/CADD	1	1	0	0	0	0	0	0	0
Electrical/electronics drafting and electrical/electronics	0	0	0	0	0	0	0	0	0
Mechanical drafting and mechanical drafting CAD/CADD	148	115	33	0	0	0	0	0	0
Drafting/design engineering technologies/technicians, other	13	11	2	0	0	0	0	0	0
Nuclear engineering technology/technician	108	99	9	0	0	0	0	0	0
Engineering/industrial management	617	517	100	1,884	1,432	452	32	26	6
Engineering technologies/technicians, other	699	602	97	114	86	28	0	0	0
Construction trades	168	163	5	0	0	0	0	0	0
Electrician	0	0	0	0	0	0	0	0	0
Building/construction finishing, mgmt., and inspection	15	15	0	0	0	0	0	0	0
Building/construction finishing, mgmt., and inspection, other	81	76	5	0	0	0	0	0	0
Construction trades, other	72	72	0	0	0	0	0	0	0
Mechanic and repair technologies/technicians	223	207	16	0	0	0	0	0	0
Electrical/electronics equipment installation/repair	3	3	0	0	0	0	0	0	0
Business machine repair	2	2	0	0	0	0	0	0	0
Industrial electronics technology/technician	1	1	0	0	0	0	0	0	0
Heating, air conditioning, ventilation/refrig. maintenance	2	2	0	0	0	0	0	0	0
Heavy equipment maintenance technology/technician	12	12	0	0	0	0	0	0	0
Automobile/automotive mechanics technology/technician	42	40	2	0	0	0	0	0	0
Diesel mechanics technology/technician	19	19	0	0	0	0	0	0	0
Airframe mechanics and aircraft maintenance technology/technician	50	42	8	0	0	0	0	0	0
Aircraft powerplant technology/technician	22	21	1	0	0	0	0	0	0
Avionics maintenance technology/technician	69	64	5	0	0	0	0	0	0
Vehicle maintenance and repair, other	1	1	0	0	0	0	0	0	0
Mechanic and repair technologies/technicians, other	0	0	0	0	0	0	0	0	0
English language and literature/letters	55,462	17,973	37,489	9,261	3,001	6,260	1,271	464	807
English language and literature, general	42,279	13,334	28,945	5,342	1,706	3,636	1,087	390	697
English composition	447	167	280	83	22	61	10	1	9
Creative writing	2,339	917	1,422	2,740	977	1,763	10	6	4
American literature (United States)	89	30	59	26	4	22	0	0	0
English literature (British and Commonwealth)	660	210	450	155	45	110	10	5	5
Speech and rhetorical studies	8,222	2,836	5,386	500	129	371	101	42	59
Technical and business writing	481	175	306	232	61	171	17	8	9
English language and literature/letters, other	945	304	641	183	57	126	36	12	24
Family and consumer sciences/human sciences	21,905	2,754	19,151	2,453	366	2,087	333	66	267
Work and family studies	2	0	2	0	0	0	0	0	0
Family and consumer sciences/human sciences, general	4,387	427	3,960	470	67	403	48	13	35
Business family and consumer sciences/human sciences	223	90	133	16	7	9	3	0	3
Family and consumer sciences/human sciences communication	30	0	30	0	0	0	0	0	0
Consumer merchandising/retailing management	106	6	100	3	0	3	1	0	1
Family and consumer sciences/human sciences business serv., other	0	0	0	0	0	0	0	0	0
Family resource management studies, general	722	329	393	75	28	47	8	0	8
Consumer economics	403	137	266	3	0	3	0	0	0
Consumer services and advocacy	1	0	1	0	0	0	0	0	0
Family and consumer economics and related services, other	287	15	272	5	0	5	5	0	5
Foods, nutrition, and wellness studies, general	2,381	418	1,963	502	70	432	38	9	29
Human nutrition	363	58	305	173	30	143	14	5	9
Food service systems administration/management	590	277	313	2	0	2	0	0	0
Foods, nutrition, and related services, other	25	2	23	24	0	24	0	0	0
Housing and human environments, general	367	64	303	16	2	14	2	0	2
Facilities planning and management	35	32	3	7	7	0	0	0	0
Housing and human environments, other	32	0	32	0	0	0	0	0	0
Human development and family studies, general	6,073	513	5,560	547	99	448	95	14	81
Adult development and aging	21	1	20	36	5	31	0	0	0
Family systems	461	49	412	28	10	18	26	13	13
Child development	1,359	55	1,304	145	5	140	48	7	41
Family and community services	839	85	754	195	16	179	7	0	7
Child care and support services management	247	7	240	40	0	40	0	0	0
Child care provider/assistant	4	0	4	0	0	0	0	0	0
Human development, family studies, and related services, other	211	9	202	36	5	31	12	2	10
Apparel and textiles, general	2,410	160	2,250	74	7	67	12	2	10
Apparel and textile manufacture	48	8	40	0	0	0	0	0	0
Textile science	0	0	0	0	0	0	2	0	2
Apparel and textile marketing management	260	10	250	24	3	21	4	0	4
Fashion and fabric consultant	0	0	0	0	0	0	0	0	0
Apparel and textiles, other	1	0	1	0	0	0	0	0	0
Family and consumer sciences/human sciences, other	17	2	15	32	5	27	8	1	7

See notes at end of table.

Table 286. Bachelor's, master's, and doctor's degrees conferred by degree-granting institutions, by sex of student and discipline division: 2008–09—Continued

Discipline division	Bachelor's degrees			Master's degrees			Doctor's degrees (Ph.D., Ed.D., etc.)[1]		
	Total	Males	Females	Total	Males	Females	Total	Males	Females
1	2	3	4	5	6	7	8	9	10
Foreign languages, literatures, and linguistics	21,158	6,302	14,856	3,592	1,211	2,381	1,111	426	685
Foreign languages and literatures, general	1,544	450	1,094	211	62	149	28	10	18
Linguistics	1,392	483	909	682	200	482	229	84	145
Language interpretation and translation	44	20	24	103	28	75	0	0	0
Comparative literature	800	227	573	172	68	104	143	49	94
Linguistic/comparative/related language studies and serv., other	86	20	66	31	15	16	11	4	7
African languages, literatures, and linguistics	3	0	3	5	3	2	1	1	0
East Asian languages, literatures, and linguistics, general	128	69	59	76	34	42	28	11	17
Chinese language and literature	384	199	185	45	7	38	11	4	7
Japanese language and literature	571	286	285	23	8	15	8	1	7
Korean language and literature	24	12	12	2	1	1	1	1	0
East Asian languages, literatures, and linguistics, other	131	68	63	31	14	17	10	2	8
Slavic languages, literatures, and linguistics, general	57	24	33	45	13	32	26	11	15
Russian language and literature	325	146	179	21	4	17	1	0	1
Czech language and literature	0	0	0	0	0	0	0	0	0
Polish language and literature	1	1	0	0	0	0	0	0	0
Slavic/Baltic/Albanian languages, lit., and linguistics, other	0	0	0	2	1	1	1	0	1
Germanic languages, literatures, and linguistics, general	101	52	49	36	15	21	16	4	12
German language and literature	1,058	479	579	163	56	107	47	20	27
Scandinavian languages, literatures, and linguistics	6	1	5	2	1	1	3	0	3
Danish language and literature	4	2	2	0	0	0	0	0	0
Dutch/Flemish language and literature	0	0	0	0	0	0	0	0	0
Norwegian language and literature	6	4	2	0	0	0	0	0	0
Swedish language and literature	2	1	1	0	0	0	0	0	0
Finnish and related language, literature, and linguistics	1	0	1	0	0	0	0	0	0
Germanic languages, literatures, and linguistics, other	0	0	0	0	0	0	0	0	0
Modern Greek language and literature	5	0	5	0	0	0	0	0	0
South Asian languages, literatures, and linguistics, general	3	3	0	2	2	0	4	3	1
Sanskrit and classical Indian languages, lit., and linguistics	1	0	1	1	0	1	2	2	0
Iranian and Persian languages, lit., and linguistics	1	0	1	0	0	0	0	0	0
Romance languages, literatures, and linguistics, general	146	27	119	71	24	47	40	15	25
French language and literature	2,450	513	1,937	386	95	291	86	26	60
Italian language and literature	341	81	260	76	17	59	34	12	22
Portuguese language and literature	43	19	24	8	4	4	3	2	1
Spanish language and literature	9,331	2,286	7,045	878	267	611	218	84	134
Romanian language and literature	0	0	0	0	0	0	0	0	0
Romance languages, literatures, and linguistics, other	67	18	49	66	27	39	30	13	17
American Indian/Native American languages, literatures, and linguistics	0	0	0	3	1	2	1	0	1
Turkish language and literature	1	1	0	0	0	0	0	0	0
Semitic languages, literatures, and linguistics, general	2	1	1	7	4	3	9	7	2
Arabic language and literature	85	46	39	14	7	7	1	0	1
Hebrew language and literature	65	22	43	41	24	17	3	1	2
Ancient Near Eastern and biblical languages, lit., and linguistics	37	24	13	29	20	9	4	4	0
Middle/Near Eastern and Semitic languages, lit., and ling., other	96	43	53	70	44	26	20	10	10
Classics and classical languages, lit., and linguistics, general	1,152	507	645	230	113	117	77	38	39
Ancient/classical Greek language and literature	33	17	16	1	1	0	0	0	0
Latin language and literature	84	27	57	7	4	3	0	0	0
Classics and classical languages, lit., and linguistics, other	21	11	10	24	16	8	2	2	0
Celtic languages, literatures, and linguistics	4	2	2	0	0	0	1	0	1
Filipino/Tagalog language and literature	7	4	3	0	0	0	0	0	0
American sign language (ASL)	58	5	53	0	0	0	0	0	0
Linguistics of ASL and other sign languages	0	0	0	0	0	0	0	0	0
Sign language interpretation and translation	211	17	194	12	2	10	0	0	0
American sign language, other	0	0	0	1	1	0	0	0	0
Foreign languages, literatures, and linguistics, other	246	84	162	15	8	7	12	5	7
Health professions and related clinical sciences	120,488	17,792	102,696	62,620	11,869	50,751	12,112	3,191	8,921
Health services/allied health/health sciences, general	4,390	1,154	3,236	584	219	365	26	10	16
Communication disorders, general	2,521	118	2,403	1,350	58	1,292	34	3	31
Audiology/audiologist and hearing sciences	178	11	167	72	10	62	1,242	173	1,069
Speech-language pathology/pathologist	898	34	864	2,090	66	2,024	24	4	20
Audiology/audiologist and speech-language pathology/pathologist	3,846	153	3,693	2,428	74	2,354	161	23	138
Communication disorders sciences and services, other	82	0	82	65	1	64	7	2	5
Dental clinical sciences, general	0	0	0	262	166	96	16	3	13
Advanced general dentistry	0	0	0	10	5	5	6	1	5
Oral biology and oral pathology	0	0	0	63	38	25	19	10	9
Dental public health and education	0	0	0	9	3	6	0	0	0
Dental materials (M.S., Ph.D.)	0	0	0	1	0	1	0	0	0
Endodontics/endodontology	0	0	0	21	14	7	0	0	0
Oral/maxillofacial surgery	0	0	0	2	2	0	1	0	1
Orthodontics/orthodontology	0	0	0	79	45	34	0	0	0
Pediatric dentistry/pedodontics	0	0	0	27	10	17	0	0	0
Periodontics/periodontology	0	0	0	36	24	12	0	0	0
Prosthodontics/prosthodontology	0	0	0	28	17	11	0	0	0
Advanced/graduate dentistry and oral sciences, other	0	0	0	35	17	18	10	5	5
Dental assisting/assistant	0	0	0	0	0	0	0	0	0
Dental hygiene/hygienist	1,737	57	1,680	37	0	37	0	0	0
Dental laboratory technology/technician	11	6	5	1	0	1	0	0	0
Dental services and allied professions, other	31	1	30	0	0	0	0	0	0
Health/health care administration/management	4,126	945	3,181	5,294	1,560	3,734	137	52	85
Hospital and health care facilities administration/management	1,542	237	1,305	663	216	447	0	0	0

See notes at end of table.

Table 286. Bachelor's, master's, and doctor's degrees conferred by degree-granting institutions, by sex of student and discipline division: 2008–09—Continued

Discipline division	Bachelor's degrees			Master's degrees			Doctor's degrees (Ph.D., Ed.D., etc.)[1]		
	Total	Males	Females	Total	Males	Females	Total	Males	Females
1	2	3	4	5	6	7	8	9	10
Health unit coordinator/ward clerk	0	0	0	0	0	0	0	0	0
Health unit manager/ward supervisor	1	0	1	4	3	1	0	0	0
Medical office management/administration	2	0	2	0	0	0	0	0	0
Health information/medical records administration/administrator	775	115	660	57	11	46	0	0	0
Health information/medical records technology/technician	61	9	52	0	0	0	0	0	0
Medical office assistant/specialist	13	2	11	0	0	0	0	0	0
Medical/health management and clinical assistant/specialist	68	9	59	0	0	0	0	0	0
Health/medical claims examiner	0	0	0	0	0	0	0	0	0
Medical administrative/executive assistant and medical secretary	0	0	0	0	0	0	0	0	0
Medical staff services technology/technician	0	0	0	0	0	0	0	0	0
Health and medical administrative services, other	459	79	380	399	90	309	11	3	8
Medical/clinical assistant	9	0	9	0	0	0	1	1	0
Clinical/medical laboratory assistant	11	5	6	0	0	0	0	0	0
Occupational therapist assistant	1	0	1	0	0	0	0	0	0
Pharmacy technician/assistant	0	0	0	0	0	0	0	0	0
Physical therapist assistant	5	2	3	0	0	0	0	0	0
Veterinary/animal health technology/technician and vet. assistant	219	17	202	2	0	2	0	0	0
Anesthesiologist assistant	0	0	0	101	51	50	0	0	0
Pathology/pathologist assistant	9	2	7	9	1	8	0	0	0
Respiratory therapy technician/assistant	6	1	5	0	0	0	0	0	0
Allied health and medical assisting services, other	215	48	167	72	23	49	0	0	0
Cardiovascular technology/technologist	47	12	35	0	0	0	0	0	0
Electrocardiograph technology/technician	0	0	0	0	0	0	0	0	0
Electroneurodiagnostic/electroencephalographic tech./technologist	0	0	0	0	0	0	0	0	0
Emergency medical technology/technician (EMT paramedic)	107	79	28	20	16	4	0	0	0
Nuclear medical technology/technologist	356	143	213	0	0	0	0	0	0
Perfusion technology/perfusionist	5	4	1	25	10	15	0	0	0
Medical radiologic technology/science radiation therapist	1,222	349	873	9	5	4	0	0	0
Respiratory care therapy/therapist	770	188	582	10	3	7	0	0	0
Surgical technology/technologist	4	0	4	0	0	0	0	0	0
Diagnostic medical sonography/sonographer and ultrasound technician	416	70	346	0	0	0	0	0	0
Radiologic technology/science radiographer	841	224	617	27	6	21	1	0	1
Physician assistant	838	247	591	3,975	974	3,001	7	7	0
Athletic training/trainer	2,664	1,070	1,594	276	108	168	0	0	0
Gene/genetic therapy	22	5	17	0	0	0	0	0	0
Radiation protection/health physics technician	11	5	6	21	12	9	0	0	0
Allied health diagnostic/intervention/treatment professions, other	268	94	174	25	12	13	0	0	0
Cytotechnology/cytotechnologist	68	27	41	11	7	4	0	0	0
Hematology technology/technician	0	0	0	3	3	0	0	0	0
Clinical/medical laboratory technician	38	15	23	2	0	2	0	0	0
Clinical laboratory science/medical technology/technologist	2,410	680	1,730	159	47	112	0	0	0
Histologic technology/histotechnologist	1	0	1	0	0	0	0	0	0
Cytogenetics/genetics/clinical genetics technology/technologist	37	16	21	0	0	0	0	0	0
Clinical/medical laboratory science and allied professions, other	104	40	64	162	61	101	12	3	9
Pre-dentistry studies	52	20	32	0	0	0	0	0	0
Pre-medicine/pre-medical studies	646	307	339	0	0	0	0	0	0
Pre-pharmacy studies	121	42	79	0	0	0	0	0	0
Pre-veterinary studies	131	16	115	0	0	0	0	0	0
Pre-nursing studies	2	0	2	0	0	0	0	0	0
Health/medical preparatory programs, other	636	181	455	38	16	22	0	0	0
Medical scientist (M.S., Ph.D.)	0	0	0	303	133	170	48	21	27
Substance abuse/addiction counseling	188	45	143	170	51	119	0	0	0
Psychiatric/mental health services technician	90	13	77	9	1	8	0	0	0
Clinical/medical social work	113	13	100	259	32	227	6	2	4
Community health services/liaison/counseling	861	161	700	235	42	193	2	0	2
Marriage and family therapy/counseling	3	2	1	1,829	306	1,523	89	22	67
Clinical pastoral counseling/patient counseling	6	4	2	113	35	78	7	2	5
Psychoanalysis and psychotherapy	0	0	0	6	3	3	1	0	1
Mental health counseling/counselor	12	4	8	1,299	213	1,086	10	3	7
Genetic counseling/counselor	0	0	0	105	7	98	0	0	0
Mental and social health services and allied professions, other	366	37	329	293	27	266	16	5	11
Nursing/registered nurse training (RN, ASN, BSN, MSN)	68,883	7,478	61,405	9,049	773	8,276	383	36	347
Nursing administration	170	26	144	1,583	143	1,440	28	4	24
Adult health nurse/nursing	40	4	36	501	40	461	0	0	0
Nurse anesthetist	0	0	0	1,544	612	932	6	3	3
Family practice nurse/nurse practitioner	4	0	4	1,796	166	1,630	6	0	6
Maternal/child health and neonatal nurse/nursing	0	0	0	191	8	183	0	0	0
Nurse midwife/nursing midwifery	0	0	0	93	1	92	0	0	0
Nursing science	680	76	604	2,126	163	1,963	436	26	410
Pediatric nurse/nursing	0	0	0	186	7	179	1	0	1
Psychiatric/mental health nurse/nursing	0	0	0	95	18	77	0	0	0
Public health/community nurse/nursing	2	0	2	123	3	120	1	0	1
Perioperative/operating room and surgical nurse/nursing	0	0	0	12	0	12	0	0	0
Licensed practical/voc. nurse training (LPN, LVN, AAS)	6	0	6	0	0	0	0	0	0
Nurse/nursing assistant/aide and patient care assist.	17	1	16	2	0	2	0	0	0
Clinical nurse specialist	0	0	0	254	26	228	0	0	0
Critical care nursing	49	0	49	145	12	133	0	0	0
Occupational and environmental health nursing	0	0	0	0	0	0	2	0	2
Nursing, other	1,767	181	1,586	2,525	212	2,313	303	34	269

See notes at end of table.

Table 286. Bachelor's, master's, and doctor's degrees conferred by degree-granting institutions, by sex of student and discipline division: 2008–09—Continued

Discipline division	Bachelor's degrees			Master's degrees			Doctor's degrees (Ph.D., Ed.D., etc.)[1]		
	Total	Males	Females	Total	Males	Females	Total	Males	Females
1	2	3	4	5	6	7	8	9	10
Opthalmic technician/technologist	3	1	2	1	1	0	0	0	0
Ophthalmic/optometric support services/allied professions, other	20	10	10	22	9	13	0	0	0
Pharmacy (PharmD, BS/BPharm)	242	102	140	0	0	0	0	0	0
Pharmacy admin. and pharmacy policy and regulatory affairs	0	0	0	207	104	103	31	16	15
Pharmaceutics and drug design	178	75	103	123	56	67	194	105	89
Medicinal and pharmaceutical chemistry	8	4	4	27	12	15	79	43	36
Natural products chemistry and pharmacognosy	0	0	0	6	1	5	11	4	7
Clinical and industrial drug development (M.S., Ph.D.)	34	7	27	174	59	115	0	0	0
Pharmacoeconomics/pharmaceutical economics	0	0	0	11	3	8	3	2	1
Clinical, hospital, and managed care pharmacy	0	0	0	3	3	0	0	0	0
Industrial and physical pharmacy and cosmetic sciences	0	0	0	0	0	0	0	0	0
Pharmacy, pharmaceutical sciences, and administration, other	264	101	163	353	181	172	156	66	90
Public health, general	523	86	437	4,952	1,432	3,520	149	43	106
Environmental health	239	116	123	365	162	203	59	23	36
Health/medical physics	26	16	10	109	72	37	16	10	6
Occupational health and industrial hygiene	46	24	22	63	35	28	8	3	5
Public health education and promotion	1,330	252	1,078	536	84	452	65	15	50
Community health and preventive medicine	657	118	539	278	61	217	26	11	15
Maternal and child health	8	0	8	93	7	86	14	0	14
International public health/international health	28	14	14	251	46	205	0	0	0
Health services administration	383	65	318	722	218	504	13	5	8
Public health, other	431	131	300	779	213	566	119	37	82
Art therapy/therapist	100	9	91	296	10	286	0	0	0
Dance therapy/therapist	0	0	0	20	0	20	0	0	0
Music therapy/therapist	220	28	192	49	4	45	2	1	1
Occupational therapy/therapist	817	60	757	3,845	369	3,476	185	23	162
Orthotist/prosthetist	36	17	19	21	10	11	0	0	0
Physical therapy/therapist	550	147	403	1,360	402	958	7,192	2,086	5,106
Therapeutic recreation/recreational therapy	453	84	369	16	1	15	6	1	5
Vocational rehabilitation counseling/counselor	316	57	259	855	198	657	14	5	9
Kinesiotherapy/kinesiotherapist	49	15	34	10	3	7	0	0	0
Assistive/augmentative technology and rehabilitation engineering	0	0	0	0	0	0	2	1	1
Rehabilitation and therapeutic professions, other	676	158	518	418	85	333	42	14	28
Veterinary sciences/veterinary clinical sciences, general	36	12	24	194	67	127	266	85	181
Veterinary anatomy	0	0	0	0	0	0	1	0	1
Veterinary physiology	0	0	0	4	2	2	5	2	3
Veterinary microbiology and immunobiology	0	0	0	2	1	1	4	1	3
Veterinary pathology and pathobiology	0	0	0	3	2	1	5	3	2
Veterinary toxicology and pharmacology (M.S., Ph.D.)	0	0	0	0	0	0	1	1	0
Large animal/food animal/equine surgery and medicine	0	0	0	2	1	1	2	1	1
Small/companion animal surgery and medicine	0	0	0	1	0	1	0	0	0
Comparative and laboratory animal medicine	0	0	0	26	4	22	0	0	0
Veterinary preventive medicine epidemiology/public health	0	0	0	4	4	0	0	0	0
Veterinary infectious diseases	0	0	0	7	4	3	3	1	2
Veterinary biomedical and clinical sciences, other	0	0	0	1	0	1	0	0	0
Health aide	0	0	0	0	0	0	0	0	0
Medical illustration/medical illustrator	37	6	31	33	10	23	0	0	0
Medical informatics	9	5	4	88	47	41	23	15	8
Dietetics/dietitian (RD)	2,354	212	2,142	257	22	235	6	0	6
Clinical nutrition/nutritionist	76	17	59	111	13	98	5	0	5
Dietetics/human nutritional services	0	0	0	0	0	0	0	0	0
Dietetics and clinical nutrition services, other	54	3	51	15	1	14	0	0	0
Bioethics/medical ethics	2	1	1	137	52	85	17	7	10
Acupuncture	42	13	29	1,183	380	803	34	13	21
Traditional Chinese/Asian medicine and Chinese herbology	14	3	11	589	189	400	5	2	3
Naturopathic medicine/naturopathy (ND)	0	0	0	0	0	0	164	30	134
Ayurvedic medicine/ayurveda	0	0	0	0	0	0	0	0	0
Acupuncture and oriental medicine	0	0	0	0	0	0	0	0	0
Alternative and complementary medicine and medical systems, other	90	12	78	13	0	13	0	0	0
Direct entry midwifery (LM, CPM)	5	0	5	0	0	0	0	0	0
Alternative and complementary medical support services, other	28	5	23	0	0	0	0	0	0
Massage therapy/therapeutic massage	3	1	2	0	0	0	0	0	0
Asian bodywork therapy	4	1	3	0	0	0	0	0	0
Movement therapy and movement education	19	6	13	9	0	9	3	1	2
Movement and mind-body therapies and education, other	3	0	3	0	0	0	0	0	0
Herbalism/herbalist	13	3	10	8	0	8	0	0	0
Health professions and related clinical sciences, other	3,772	911	2,861	558	191	367	122	57	65
Legal professions and studies	3,822	1,037	2,785	5,150	2,683	2,467	259	138	121
Legal studies, general	1,376	467	909	124	55	69	0	0	0
Pre-law studies	264	125	139	0	0	0	0	0	0
Advanced legal research/studies, general (M.C.L., M.L.I., M.S.L.)[2]	75	32	43	752	407	345	115	63	52
Programs for foreign lawyers (LL.M., M.C.L.)	0	0	0	795	448	347	0	0	0
American/U.S. law/legal studies/jurisprudence (M.C.J.)[2]	43	15	28	295	138	157	80	38	42
Banking, corporate, finance, and securities law[2]	0	0	0	108	66	42	0	0	0
Comparative law (LL.M., M.C.L., J.S.D./S.J.D.)	0	0	0	46	23	23	0	0	0
Energy, environment, and natural resources law (M.S.)[2]	0	0	0	51	29	22	4	4	0
Health law (LL.M., M.J., J.S.D./S.J.D.)	0	0	0	79	21	58	0	0	0
International law and legal studies[2]	0	0	0	204	99	105	16	7	9

See notes at end of table.

Table 286. Bachelor's, master's, and doctor's degrees conferred by degree-granting institutions, by sex of student and discipline division: 2008–09—Continued

Discipline division	Bachelor's degrees			Master's degrees			Doctor's degrees (Ph.D., Ed.D., etc.)[1]		
	Total	Males	Females	Total	Males	Females	Total	Males	Females
1	2	3	4	5	6	7	8	9	10
International business, trade, and tax law[2]	0	0	0	37	26	11	0	0	0
Tax law/taxation[2]	0	0	0	475	274	201	17	11	6
Legal research and advanced professional studies, other	0	0	0	899	495	404	8	5	3
Legal administrative assistant/secretary	2	0	2	0	0	0	0	0	0
Legal assistant/paralegal	1,646	268	1,378	57	18	39	0	0	0
Court reporting/court reporter	4	0	4	0	0	0	0	0	0
Legal support services, other	0	0	0	1	1	0	0	0	0
Legal professions and studies, other	412	130	282	1,227	583	644	19	10	9
Liberal arts and sciences, general studies and humanities	47,096	16,616	30,480	3,728	1,439	2,289	67	34	33
Liberal arts and sciences/liberal studies	28,597	9,201	19,396	2,191	840	1,351	10	5	5
General studies	13,050	5,299	7,751	112	26	86	0	0	0
Humanities/humanistic studies	2,434	890	1,544	590	203	387	53	29	24
Liberal arts and sciences, general studies and humanities, other	3,015	1,226	1,789	835	370	465	4	0	4
Library science	78	8	70	7,091	1,344	5,747	35	14	21
Library science/librarianship	78	8	70	6,952	1,320	5,632	34	14	20
Library science, other	0	0	0	139	24	115	1	0	1
Mathematics and statistics	15,496	8,793	6,703	5,211	3,064	2,147	1,535	1,059	476
Mathematics, general	13,415	7,447	5,968	2,635	1,604	1,031	938	689	249
Analysis and functional analysis	0	0	0	5	5	0	0	0	0
Mathematics, other	168	98	70	16	7	9	0	0	0
Applied mathematics	1,047	694	353	627	408	219	200	130	70
Computational mathematics	63	49	14	38	29	9	22	20	2
Applied mathematics, other	126	88	38	177	131	46	9	8	1
Statistics, general	545	341	204	1,501	738	763	342	198	144
Mathematical statistics and probability	3	2	1	103	71	32	4	2	2
Statistics, other	26	12	14	3	2	1	9	5	4
Mathematics and statistics, other	103	62	41	106	69	37	11	7	4
Military technologies	55	54	1	3	2	1	0	0	0
Military technologies	55	54	1	3	2	1	0	0	0
Multi/interdisciplinary studies	37,444	11,857	25,587	5,344	1,946	3,398	1,273	572	701
Biological and physical sciences	1,821	834	987	247	95	152	55	34	21
Peace studies and conflict resolution	307	106	201	490	178	312	15	7	8
Systems science and theory	96	80	16	173	92	81	18	12	6
Mathematics and computer science	139	116	23	39	28	11	21	16	5
Biopsychology	70	11	59	0	0	0	4	2	2
Gerontology	205	33	172	272	40	232	21	1	20
Historic preservation and conservation	109	29	80	169	37	132	1	1	0
Cultural resource management and policy analysis	1	0	1	32	5	27	0	0	0
Historic preservation and conservation, other	0	0	0	0	0	0	0	0	0
Medieval and renaissance studies	46	13	33	22	11	11	9	4	5
Museology/museum studies	17	5	12	237	23	214	0	0	0
Science, technology and society	387	210	177	111	47	64	20	9	11
Accounting and computer science	7	5	2	2	1	1	0	0	0
Behavioral sciences	1,990	317	1,673	114	31	83	20	4	16
Natural sciences	404	144	260	123	49	74	3	3	0
Nutrition sciences	1,120	185	935	560	91	469	132	36	96
International/global studies	3,550	1,350	2,200	431	262	169	0	0	0
Holocaust and related studies	0	0	0	10	4	6	0	0	0
Ancient studies/civilization	137	62	75	6	3	3	3	2	1
Classical, ancient Mediterranean/Near Eastern studies/archaeology	123	43	80	6	3	3	7	2	5
Intercultural/multicultural and diversity studies	106	35	71	72	22	50	1	1	0
Neuroscience	2,069	780	1,289	119	50	69	542	257	285
Cognitive science	390	216	174	40	21	19	20	7	13
Multi/interdisciplinary studies, other	24,350	7,283	17,067	2,069	853	1,216	381	174	207
Parks, recreation, leisure, and fitness studies	31,667	16,666	15,001	4,822	2,605	2,217	285	151	134
Parks, recreation and leisure studies	2,704	1,317	1,387	261	128	133	28	12	16
Parks, recreation and leisure facilities management	2,946	1,546	1,400	287	142	145	21	10	11
Health and physical education, general	9,645	5,075	4,570	1,301	674	627	39	20	19
Sport and fitness administration/management	5,559	3,988	1,571	1,685	1,017	668	16	10	6
Kinesiology and exercise science	9,624	4,174	5,450	1,149	585	564	156	89	67
Health and physical education/fitness, other	1,027	475	552	111	48	63	20	8	12
Parks, recreation, leisure, and fitness studies, other	162	91	71	28	11	17	5	2	3
Philosophy and religious studies	12,444	7,761	4,683	1,859	1,178	681	686	472	214
Philosophy	7,280	5,044	2,236	853	634	219	398	280	118
Logic	1	1	0	6	6	0	7	6	1
Ethics	32	20	12	84	42	42	0	0	0
Philosophy, other	124	74	50	0	0	0	0	0	0
Religion/religious studies	4,122	2,130	1,992	584	314	270	229	156	73
Buddhist studies	0	0	0	2	2	0	0	0	0
Christian studies	215	130	85	106	62	44	0	0	0
Islamic studies	11	7	4	6	2	4	1	1	0

See notes at end of table.

Table 286. Bachelor's, master's, and doctor's degrees conferred by degree-granting institutions, by sex of student and discipline division: 2008–09—Continued

Discipline division	Bachelor's degrees			Master's degrees			Doctor's degrees (Ph.D., Ed.D., etc.)[1]		
	Total	Males	Females	Total	Males	Females	Total	Males	Females
1	2	3	4	5	6	7	8	9	10
Jewish/Judaic studies	200	73	127	78	28	50	10	5	5
Religion/religious studies, other	51	29	22	20	12	8	3	2	1
Philosophy and religious studies, other	408	253	155	120	76	44	38	22	16
Physical sciences and science technologies	22,466	13,299	9,167	5,658	3,433	2,225	5,048	3,416	1,632
Physical sciences	22,153	13,151	9,002	5,628	3,410	2,218	5,044	3,415	1,629
Physical sciences	301	160	141	34	23	11	17	13	4
Astronomy	182	99	83	89	52	37	96	59	37
Astrophysics	130	78	52	37	23	14	25	15	10
Planetary astronomy and science	1	0	1	5	5	0	8	5	3
Astronomy and astrophysics, other	22	12	10	8	2	6	14	10	4
Atmospheric physics and dynamics	538	363	175	188	112	76	92	65	27
Atmospheric sciences and meteorology, general	7	7	0	0	0	0	0	0	0
Meteorology	164	109	55	37	22	15	15	10	5
Atmospheric sciences and meteorology, other	12	7	5	0	0	0	3	2	1
Chemistry, general	11,373	5,723	5,650	2,003	1,071	932	2,442	1,501	941
Analytical chemistry	6	2	4	31	17	14	12	6	6
Inorganic chemistry	0	0	0	0	0	0	3	2	1
Organic chemistry	0	0	0	1	0	1	6	4	2
Physical and theoretical chemistry	3	3	0	0	0	0	1	1	0
Polymer chemistry	2	1	1	14	7	7	25	18	7
Chemical physics	15	10	5	4	1	3	15	12	3
Chemistry, other	452	206	246	32	18	14	52	32	20
Geology/earth science, general	3,257	1,973	1,284	1,015	545	470	396	243	153
Geochemistry	10	6	4	13	6	7	3	3	0
Geophysics and seismology	86	53	33	77	45	32	50	34	16
Paleontology	0	0	0	4	2	2	0	0	0
Hydrology and water resources science	18	9	9	46	28	18	3	1	2
Oceanography, chemical and physical	142	79	63	130	56	74	111	51	60
Geological and earth sciences/geosciences, other	296	162	134	67	31	36	51	27	24
Physics, general	4,550	3,684	866	1,447	1,130	317	1,408	1,143	265
Atomic/molecular physics	23	17	6	14	10	4	5	5	0
Elementary particle physics	0	0	0	0	0	0	0	0	0
Nuclear physics	0	0	0	5	3	2	8	5	3
Optics/optical sciences	43	38	5	71	56	15	49	41	8
Solid state and low-temperature physics	0	0	0	0	0	0	0	0	0
Acoustics	14	13	1	13	11	2	6	5	1
Theoretical and mathematical physics	11	7	4	0	0	0	0	0	0
Physics, other	181	146	35	103	72	31	104	88	16
Physical sciences, other	314	184	130	140	62	78	24	14	10
Science technologies/technicians	313	148	165	30	23	7	4	1	3
Biology technician/biotechnology laboratory technician	12	4	8	0	0	0	4	1	3
Nuclear/nuclear power technology/technician	2	2	0	2	1	1	0	0	0
Chemical technology/technician	16	6	10	0	0	0	0	0	0
Physical science technologies/technicians, other	1	1	0	0	0	0	0	0	0
Science technologies/technicians, other	282	135	147	28	22	6	0	0	0
Precision production	29	19	10	10	5	5	0	0	0
Tool and die technology/technician	0	0	0	0	0	0	0	0	0
Welding technology/welder	8	8	0	0	0	0	0	0	0
Furniture design and manufacturing	21	11	10	10	5	5	0	0	0
Precision production, other	0	0	0	0	0	0	0	0	0
Psychology	94,271	21,488	72,783	23,415	4,789	18,626	5,477	1,478	3,999
Psychology, general	89,240	20,432	68,808	6,242	1,541	4,701	1,611	526	1,085
Clinical psychology	138	24	114	2,564	490	2,074	2,305	538	1,767
Cognitive psychology and psycholinguistics	66	25	41	16	1	15	3	3	0
Community psychology	393	61	332	325	48	277	7	1	6
Comparative psychology	0	0	0	5	3	2	0	0	0
Counseling psychology	422	62	360	8,515	1,528	6,987	352	94	258
Developmental and child psychology	609	70	539	93	13	80	33	2	31
Experimental psychology	274	68	206	71	27	44	66	21	45
Industrial and organizational psychology	251	79	172	946	295	651	114	39	75
Personality psychology	21	1	20	6	0	6	0	0	0
Physiological psychology/psychobiology	813	258	555	6	4	2	23	5	18
Social psychology	936	193	743	71	13	58	45	15	30
School psychology	0	0	0	1,703	248	1,455	257	53	204
Educational psychology	155	21	134	1,261	220	1,041	423	118	305
Psychometrics and quantitative psychology	1	1	0	2	0	2	8	3	5
Clinical child psychology	0	0	0	12	4	8	17	3	14
Environmental psychology	12	9	3	5	3	2	5	3	2
Geropsychology	0	0	0	0	0	0	0	0	0
Health/medical psychology	20	1	19	25	6	19	14	3	11
Psychopharmacology	0	0	0	80	38	42	0	0	0
Family psychology	3	0	3	7	4	3	5	2	3
Forensic psychology	423	96	327	495	86	409	19	4	15
Psychology, other	494	87	407	965	217	748	170	45	125

See notes at end of table.

Table 286. Bachelor's, master's, and doctor's degrees conferred by degree-granting institutions, by sex of student and discipline division: 2008–09—Continued

Discipline division	Bachelor's degrees			Master's degrees			Doctor's degrees (Ph.D., Ed.D., etc.)[1]		
	Total	Males	Females	Total	Males	Females	Total	Males	Females
1	2	3	4	5	6	7	8	9	10
Public administration and social service professions	23,851	4,374	19,477	33,933	8,346	25,587	812	306	506
Human services, general	3,516	534	2,982	835	237	805	42	8	18
Community organization and advocacy	1,933	419	1,514	574	184	351	9	0	1
Public administration	2,548	1,383	1,165	9,669	4,181	5,721	171	94	102
Public policy analysis	994	426	568	2,163	979	1,222	153	106	98
Social work	14,634	1,554	13,080	18,692	2,361	16,716	344	80	265
Youth services/administration	6	3	3	1	0	0	0	0	0
Social work, other	14	2	12	76	24	126	0	0	0
Public administration and social service professions, other	206	53	153	1,019	380	646	41	18	22
Security and protective services	41,800	21,073	20,727	6,128	2,829	3,299	97	46	51
Corrections	475	190	285	10	3	7	0	0	0
Criminal justice/law enforcement administration	13,224	6,620	6,604	1,846	826	1,020	19	7	12
Criminal justice/safety studies	22,137	11,012	11,125	2,024	872	1,152	75	36	39
Forensic science and technology	795	169	626	552	140	412	0	0	0
Criminal justice/police science	1,529	899	630	28	10	18	1	1	0
Security and loss prevention services	176	140	36	52	37	15	0	0	0
Juvenile corrections	4	1	3	0	0	0	0	0	0
Criminalistics and criminal science	150	28	122	15	6	9	0	0	0
Securities services administration/management	90	80	10	739	312	427	0	0	0
Corrections administration	61	31	30	9	3	6	0	0	0
Corrections and criminal justice, other	2,059	999	1,060	278	163	115	2	2	0
Fire protection and safety technology/technician	191	168	23	6	5	1	0	0	0
Fire services administration	321	312	9	13	13	0	0	0	0
Fire science/firefighting	159	148	11	58	58	0	0	0	0
Fire protection, other	63	52	11	44	34	10	0	0	0
Security and protective services, other	366	224	142	454	347	107	0	0	0
Social sciences and history	168,500	85,197	83,303	19,240	9,605	9,635	4,234	2,353	1,881
Social sciences	133,789	64,757	69,032	15,698	7,593	8,105	3,316	1,816	1,500
Social sciences, general	8,593	3,199	5,394	595	228	367	21	18	3
Anthropology	8,845	2,647	6,198	1,207	394	813	518	211	307
Physical anthropology	6	0	6	5	1	4	0	0	0
Anthropology, other	55	9	46	0	0	0	2	0	2
Archeology	226	63	163	36	15	21	7	1	6
Criminology	5,402	2,689	2,713	449	173	276	40	16	24
Demography and population studies	0	0	0	17	7	10	7	6	1
Economics, general	25,189	17,756	7,433	2,553	1,582	971	983	651	332
Applied economics	147	95	52	147	101	46	19	10	9
Econometrics and quantitative economics	160	130	30	1	1	0	0	0	0
Development economics and international development	275	91	184	307	121	186	4	1	3
International economics	137	67	70	177	94	83	6	3	3
Economics, other	391	235	156	48	23	25	3	2	1
Geography	4,477	2,951	1,526	892	528	364	219	139	80
Cartography	118	95	23	46	30	16	1	1	0
Geography, other	150	73	77	32	21	11	2	0	2
International relations and affairs	8,681	3,354	5,327	4,126	1,991	2,135	69	37	32
Political science and government, general	38,394	20,947	17,447	2,051	1,122	929	706	434	272
American government and politics (United States)	141	76	65	93	44	49	0	0	0
Canadian government and politics	0	0	0	0	0	0	0	0	0
Political science and government, other	663	331	332	27	10	17	3	1	2
Sociology	28,732	8,668	20,064	1,580	529	1,051	628	249	379
Urban studies/affairs	913	452	461	365	147	218	45	23	22
Social sciences, other	2,094	829	1,265	944	431	513	33	13	20
History	34,711	20,440	14,271	3,542	2,012	1,530	918	537	381
History, general	34,067	20,088	13,979	3,069	1,706	1,363	861	500	361
American history (United States)	58	44	14	24	15	9	12	7	5
European history	29	14	15	3	1	2	0	0	0
History and philosophy of science and technology	100	48	52	33	17	16	19	12	7
Public/applied history and archival administration	23	13	10	126	28	98	2	2	0
Asian history	1	1	0	0	0	0	0	0	0
History, other	433	232	201	287	245	42	24	16	8
Theology and religious vocations	8,940	5,950	2,990	7,541	4,839	2,702	1,520	1,166	354
Bible/biblical studies	2,908	1,831	1,077	561	439	122	46	32	14
Missions/missionary studies and missiology	422	165	257	245	118	127	37	33	4
Religious education	716	375	341	616	332	284	39	27	12
Religious/sacred music	247	130	117	67	40	27	2	2	0
Theology/theological studies	1,087	736	351	3,614	2,456	1,158	683	536	147
Pre-theology/pre-ministerial studies	250	179	71	0	0	0	0	0	0
Rabbinical studies	0	0	0	77	56	21	0	0	0
Talmudic studies	1,292	1,290	2	343	343	0	33	33	0
Theological and ministerial studies, other	493	302	191	542	339	203	260	214	46
Pastoral studies/counseling	409	278	131	702	262	440	179	138	41
Youth ministry	566	369	197	79	56	23	0	0	0
Pastoral counseling and specialized ministries, other	147	60	87	132	59	73	12	10	2
Theology and religious vocations, other	403	235	168	563	339	224	229	141	88

See notes at end of table.

Table 286. Bachelor's, master's, and doctor's degrees conferred by degree-granting institutions, by sex of student and discipline division: 2008–09—Continued

Discipline division	Bachelor's degrees			Master's degrees			Doctor's degrees (Ph.D., Ed.D., etc.)[1]		
	Total	Males	Females	Total	Males	Females	Total	Males	Females
1	2	3	4	5	6	7	8	9	10
Transportation and materials moving	5,189	4,631	558	1,048	905	143	0	0	0
Aeronautics/aviation/aerospace science and technology, general	2,777	2,511	266	71	56	15	0	0	0
Airline/commercial/professional pilot and flight crew	1,102	1,003	99	773	689	84	0	0	0
Aviation/airway management and operations	778	661	117	177	139	38	0	0	0
Air traffic controller	201	171	30	0	0	0	0	0	0
Flight instructor	9	7	2	0	0	0	0	0	0
Air transportation, other	1	1	0	27	21	6	0	0	0
Ground transportation, other	0	0	0	0	0	0	0	0	0
Marine science/merchant marine officer	295	261	34	0	0	0	0	0	0
Marine transportation, other	0	0	0	0	0	0	0	0	0
Transportation and materials moving, other	26	16	10	0	0	0	0	0	0
Visual and performing arts	89,140	35,051	54,089	14,918	6,325	8,593	1,569	726	843
Visual and performing arts, general	1,668	627	1,041	144	52	92	2	1	1
Crafts/craft design, folk art and artisanry	160	44	116	9	5	4	0	0	0
Dance, general	1,790	166	1,624	235	25	210	5	1	4
Ballet	21	0	21	5	0	5	0	0	0
Dance, other	7	0	7	1	0	1	3	1	2
Design and visual communications, general	2,454	999	1,455	210	91	119	0	0	0
Commercial and advertising art	1,693	675	1,018	124	59	65	0	0	0
Industrial design	1,377	926	451	149	85	64	0	0	0
Commercial photography	182	57	125	24	13	11	0	0	0
Fashion/apparel design	2,176	152	2,024	82	8	74	0	0	0
Interior design	4,234	354	3,880	269	25	244	0	0	0
Graphic design	4,756	2,084	2,672	170	58	112	0	0	0
Illustration	1,270	578	692	111	50	61	0	0	0
Design and applied arts, other	1,137	634	503	263	109	154	3	2	1
Drama and dramatics/theatre arts, general	8,916	3,303	5,613	1,141	482	659	91	29	62
Technical theatre/theatre design and technology	358	150	208	96	43	53	0	0	0
Playwriting and screenwriting	113	59	54	111	66	45	0	0	0
Theatre literature, history and criticism	24	5	19	5	4	1	3	0	3
Acting	568	245	323	130	70	60	0	0	0
Directing and theatrical production	66	30	36	89	38	51	0	0	0
Theatre/theatre arts management	112	34	78	29	9	20	0	0	0
Acting and directing	0	0	0	0	0	0	0	0	0
Dramatic/theatre arts and stagecraft, other	217	87	130	62	25	37	6	2	4
Film/cinema studies	2,486	1,603	883	370	200	170	23	8	15
Cinematography and film/video production	4,108	3,021	1,087	605	339	266	4	1	3
Photography	1,763	583	1,180	259	116	143	0	0	0
Film/video and photographic arts, other	866	555	311	102	58	44	0	0	0
Art/art studies, general	12,939	4,110	8,829	755	318	437	14	3	11
Fine/studio arts, general	9,231	3,322	5,909	1,321	583	738	0	0	0
Art history, criticism and conservation	3,893	474	3,419	724	93	631	210	50	160
Arts management	609	168	441	375	65	310	0	0	0
Drawing	266	83	183	24	12	12	0	0	0
Intermedia/multimedia	636	384	252	72	47	25	0	0	0
Painting	779	291	488	214	95	119	0	0	0
Sculpture	313	142	171	62	20	42	0	0	0
Printmaking	147	45	102	50	22	28	0	0	0
Ceramic arts and ceramics	205	67	138	52	23	29	0	0	0
Fiber, textile and weaving arts	173	3	170	31	1	30	3	0	3
Metal and jewelry arts	119	17	102	27	7	20	0	0	0
Fine arts and art studies, other	1,243	376	867	383	133	250	1	0	1
Music, general	7,527	3,828	3,699	1,766	902	864	477	258	219
Music history, literature, and theory	117	56	61	48	21	27	13	8	5
Music performance, general	4,087	2,107	1,980	2,326	1,106	1,220	409	198	211
Music theory and composition	456	331	125	219	165	54	71	52	19
Musicology and ethnomusicology	34	20	14	82	25	57	47	24	23
Conducting	2	2	0	110	74	36	30	21	9
Piano and organ	140	45	95	165	51	114	60	23	37
Voice and opera	317	93	224	237	75	162	20	7	13
Music management and merchandising	1,632	1,104	528	12	3	9	0	0	0
Jazz/jazz studies	267	237	30	104	88	16	11	9	2
Violin, viola, guitar and other stringed instruments	166	74	92	171	74	97	26	11	15
Music pedagogy	57	21	36	45	12	33	5	2	3
Music, other	679	422	257	233	135	98	13	8	5
Visual and performing arts, other	584	258	326	515	145	370	19	7	12
Not classified by field of study	0	0	0	0	0	0	0	0	0

[1]Excludes first-professional, such as M.D., D.D.S., and law degrees.
[2]Includes LL.M. and J.S.D./S.J.D.
NOTE: Degree-granting institutions grant associate's or higher degrees and participate in Title IV federal financial aid programs. Aggregations by field of study derived from the Classification of Instructional Programs developed by the National Center for Education Statistics.

SOURCE: U.S. Department of Education, National Center for Education Statistics, 2008–09 Integrated Postsecondary Education Data System (IPEDS), Fall 2009. (This table was prepared July 2010.)

Table 287. Degrees conferred by degree-granting institutions, by control of institution and level of degree: 1969–70 through 2008–09

Year	Public institutions					Private institutions				
	Associate's degrees	Bachelor's degrees	Master's degrees	First-professional degrees[1]	Doctor's degrees[2]	Associate's degrees	Bachelor's degrees	Master's degrees	First-professional degrees[1]	Doctor's degrees[2]
1	2	3	4	5	6	7	8	9	10	11
1969–70	170,966	519,550	134,545	14,542	19,183	35,057	272,766	73,746	20,376	10,683
1970–71	215,645	557,996	151,603	16,139	20,788	36,666	281,734	78,906	21,807	11,319
1971–72	255,218	599,615	167,075	18,521	21,776	36,796	287,658	84,558	24,890	11,587
1972–73	278,132	630,899	174,405	21,872	22,357	38,042	291,463	88,966	28,146	12,420
1973–74	303,188	651,544	184,632	23,208	21,810	40,736	294,232	92,401	30,608	12,006
1974–75	318,474	634,785	193,804	23,612	22,176	41,697	288,148	98,646	32,304	11,907
1975–76	345,006	635,161	206,298	25,766	21,751	46,448	290,585	105,473	36,883	12,313
1976–77	355,650	630,463	208,901	26,344	21,229	50,727	289,086	108,263	38,015	12,003
1977–78	358,874	627,903	202,099	27,097	20,456	53,372	293,301	109,521	39,484	11,675
1978–79	346,808	621,666	192,016	27,785	20,817	55,894	299,724	109,063	41,063	11,913
1979–80	344,536	624,084	187,499	27,942	20,608	56,374	305,333	110,582	42,189	12,007
1980–81	352,391	626,452	184,384	29,128	20,895	63,986[3]	308,688	111,355	42,828	12,063
1981–82	366,732	636,475	182,295	29,611	20,889	67,794[3]	316,523	113,251	42,421	11,818
1982–83	377,817	646,317	176,246	29,757	21,186	71,803[3]	323,193	113,675	43,297	11,589
1983–84	379,249	646,013	170,693	29,586	21,141	72,991	328,296	113,570	44,882	12,068
1984–85	377,625	652,246	170,000	30,152	21,337	77,087	327,231	116,251	44,911	11,606
1985–86	369,052	658,586	169,903	29,568	21,433	76,995	329,237	118,664	44,342	12,220
1986–87	358,811	659,260	167,797	29,346	21,870	77,493	332,004	121,552	42,271	12,171
1987–88	354,180	658,491	173,778	29,153	22,488	80,905	336,338	125,539	41,582	12,382
1988–89	357,001	675,675	179,109	28,993	22,970	79,763	343,080	131,512	41,863	12,750
1989–90	375,635	700,015	186,104	28,810	24,641	79,467	351,329	138,197	42,178	13,730
1990–91	398,055	724,062	193,057	29,554	25,681	83,665	370,476	144,111	42,394	13,613
1991–92	420,265	759,475	203,398	29,366	26,820	83,966	377,078	149,440	44,780	13,839
1992–93	430,321	785,112	213,843	29,628	27,392	84,435	380,066	155,742	45,759	14,740
1993–94	444,373	789,148	221,428	29,842	28,524	86,259	380,127	165,642	45,576	14,661
1994–95	451,539	776,670	224,152	29,871	28,917	88,152	383,464	173,477	45,929	15,529
1995–96	454,291	774,070	227,179	29,882	29,516	100,925	390,722	179,122	46,852	15,136
1996–97	465,494	776,677	233,237	31,243	29,838	105,732	396,202	186,164	47,487	16,038
1997–98	455,084	784,296	235,922	31,233	29,715	103,471	400,110	194,242	47,365	16,295
1998–99	448,334	790,287	238,501	31,693	28,134	111,620	410,016	201,485	46,746	15,943
1999–2000	448,446	810,855	243,157	32,247	28,408	116,487	427,020	213,899	47,810	16,400
2000–01	456,487	812,438	246,054	32,633	28,187	122,378	431,733	222,422	47,074	16,717
2001–02	471,660	841,180	249,820	33,439	27,622	123,473	450,720	232,298	47,259	16,538
2002–03	498,279	875,596	265,643	33,549	28,062	135,737	473,215	247,696	47,348	17,980
2003–04	524,875	905,718	285,138	34,499	29,706	140,426	493,824	273,802	48,542	18,672
2004–05	547,519	932,443	291,505	35,768	31,743	149,141	506,821	283,113	51,521	20,888
2005–06	557,134	955,369	293,517	36,269	33,767	155,932	529,873	300,548	51,386	22,300
2006–07	566,535	975,513	291,971	36,855	36,230	161,579	548,579	312,636	53,209	24,386
2007–08	578,520	996,435	299,923	37,278	38,315	171,644	566,634	325,100	54,031	25,397
2008–09	596,098	1,020,435	308,206	37,357	39,911	191,227	580,933	348,578	54,647	27,805

[1]Includes degrees that require at least 6 years of college work for completion (including at least 2 years of preprofessional training).
[2]Doctor's degrees include Ph.D., Ed.D., and comparable degrees at the doctoral level. Excludes first-professional degrees such as M.D., D.D.S., and law degrees.
[3]Part of the increase is due to the addition of schools accredited by the Accrediting Commission of Career Schools and Colleges of Technology.

NOTE: Degree-granting institutions grant associate's or higher degrees and participate in Title IV federal financial aid programs.
SOURCE: U.S. Department of Education, National Center for Education Statistics, Higher Education General Information Survey (HEGIS), "Degrees and Other Formal Awards Conferred" surveys, 1969–70 through 1985–86; and 1986–87 through 2008–09 Integrated Postsecondary Education Data System, "Completions Survey" (IPEDS-C:87–99), and Fall 2000 through Fall 2009. (This table was prepared September 2010.)

Table 288. Degrees conferred by degree-granting institutions, by control of institution, level of degree, and field of study: 2008–09

Field of study	Public institutions				Private institutions			
	Associate's degrees	Bachelor's degrees	Master's degrees	Doctor's degrees[1]	Associate's degrees	Bachelor's degrees	Master's degrees	Doctor's degrees[1]
1	2	3	4	5	6	7	8	9
All fields, total	**596,098**	**1,020,435**	**308,206**	**39,911**	**191,227**	**580,933**	**348,578**	**27,805**
Agriculture and natural resources	5,487	21,592	4,053	1,228	237	3,396	824	100
Architecture and related services	584	7,278	3,986	161	12	2,841	2,601	51
Area, ethnic, cultural, and gender studies	156	5,568	1,063	130	17	3,204	716	109
Biological and biomedical sciences	2,302	55,336	6,079	4,793	62	25,420	3,819	2,164
Business	70,489	191,485	58,543	880	57,359	156,500	109,832	1,243
Communications, journalism, and related programs	2,132	54,476	3,484	438	590	23,533	3,608	95
Communications technologies	2,678	1,120	65	0	2,125	3,980	410	2
Computer and information sciences	13,359	18,048	8,943	1,030	16,647	19,946	8,964	550
Construction trades	3,466	157	0	0	786	11	0	0
Education	12,751	73,019	83,513	5,181	1,372	28,689	95,051	3,847
Engineering	2,006	52,763	22,684	5,781	175	16,370	12,066	2,150
Engineering technologies[2]	19,992	11,921	1,803	22	10,442	3,191	1,652	37
English language and literature/letters	1,513	38,912	5,989	984	12	16,550	3,272	287
Family and consumer sciences	8,078	18,380	1,674	248	942	3,525	779	85
Foreign languages, literatures, and linguistics	1,288	14,581	2,588	747	339	6,577	1,004	364
Health professions and related clinical sciences	112,527	72,555	29,802	5,554	52,636	47,933	32,818	6,558
Legal professions and studies	4,933	2,055	1,267	62	4,129	1,767	3,883	197
Liberal arts and sciences, general studies, and humanities	251,285	32,392	1,448	25	12,568	14,704	2,280	42
Library science	116	78	5,811	35	0	0	1,280	0
Mathematics and statistics	922	10,324	3,793	1,092	8	5,172	1,418	443
Mechanics and repair technologies	9,616	164	0	0	6,450	59	0	0
Military technologies	660	42	0	0	61	13	3	0
Multi/interdisciplinary studies	14,932	26,330	3,155	723	527	11,114	2,189	550
Parks, recreation, leisure and fitness studies	1,159	23,735	3,759	258	428	7,932	1,063	27
Philosophy and religious studies	88	5,685	724	262	103	6,759	1,135	424
Physical sciences and science technologies	3,523	15,329	4,266	3,548	94	7,137	1,392	1,500
Precision production	1,917	6	0	0	209	23	10	0
Psychology	2,452	63,030	7,907	2,316	1,497	31,241	15,508	3,161
Public administration and social service professions	3,882	15,419	20,987	494	296	8,432	12,946	318
Security and protective services	21,207	25,800	2,694	85	11,826	16,000	3,434	12
Social sciences and history	9,047	113,455	10,785	2,737	95	55,045	8,455	1,497
Social sciences	8,570	90,303	8,328	2,149	87	43,486	7,370	1,167
History	477	23,152	2,457	588	8	11,559	1,085	330
Theology and religious vocations	1	2	0	0	674	8,938	7,541	1,520
Transportation and materials moving	819	2,186	65	0	611	3,003	983	0
Visual and performing arts	10,731	47,212	7,276	1,097	7,898	41,928	7,642	472
Other and unclassified	0	0	0	0	0	0	0	0

[1]Includes Ph.D., Ed.D., and comparable degrees at the doctoral level. Excludes first-professional degrees, such as M.D., D.D.S., and law degrees.
[2]Excludes "Construction trades" and "Mechanics and repair technologies," which are listed separately.
NOTE: Degree-granting institutions grant associate's or higher degrees and participate in Title IV federal financial aid programs. To facilitate trend comparisons, certain aggregations have been made of the degree fields as reported in the IPEDS Fall survey: "Agriculture and natural resources" includes Agriculture, agriculture operations, and related sciences and Natural resources and conservation; and "Business" includes Business management, marketing, and related support services and Personal and culinary services.
SOURCE: U.S. Department of Education, National Center for Education Statistics, 2008–09 Integrated Postsecondary Education Data System (IPEDS), Fall 2009. (This table was prepared September 2010.)

Table 289. Number of degree-granting institutions conferring degrees, by control, level of degree, and field of study: 2008–09

Field of study	Total number of institutions				Public institutions				Private institutions			
	Associate's degrees	Bachelor's degrees	Master's degrees	Doctor's degrees[1]	Associate's degrees	Bachelor's degrees	Master's degrees	Doctor's degrees[1]	Associate's degrees	Bachelor's degrees	Master's degrees	Doctor's degrees[1]
1	2	3	4	5	6	7	8	9	10	11	12	13
All fields, total	**2,786**	**2,348**	**1,777**	**737**	**1,291**	**625**	**520**	**277**	**1,495**	**1,723**	**1,257**	**460**
Agriculture and natural resources	452	610	205	91	427	293	161	85	25	317	44	6
Architecture and related services	78	185	143	36	74	117	94	27	4	68	49	9
Area, ethnic, cultural, and gender studies	47	471	127	47	41	225	80	28	6	246	47	19
Biological and biomedical sciences	234	1,329	476	252	215	508	342	174	19	821	134	78
Business	1,901	1,833	1,120	154	1,130	570	404	92	771	1,263	716	62
Communications, journalism, and related programs	254	1,107	294	68	212	435	195	51	42	672	99	17
Communications technologies	314	197	20	1	272	44	5	0	42	153	15	1
Computer and information sciences	1,435	1,466	459	157	919	506	274	106	516	960	185	51
Construction trades	313	10	0	0	286	8	0	0	27	2	0	0
Education	701	1,213	1,114	327	604	441	454	194	97	772	660	133
Engineering	294	467	307	202	276	260	201	147	18	207	106	55
Engineering technologies[2]	1,113	350	145	11	840	214	99	6	273	136	46	5
English language and literature/letters	158	1,321	471	146	150	507	314	99	8	814	157	47
Family and consumer sciences	616	330	149	45	573	201	107	34	43	129	42	11
Foreign languages, literatures, and linguistics	182	917	218	92	173	407	160	63	9	510	58	29
Health professions and related clinical sciences	1,797	1,237	905	322	1,077	492	368	176	720	745	537	146
Legal professions and studies	705	204	124	30	428	66	50	10	277	138	74	20
Liberal arts and sciences, general studies, and humanities	1,384	884	194	13	1,093	370	98	6	291	514	96	7
Library science	36	8	71	11	36	8	56	11	0	0	15	0
Mathematics and statistics	159	1,162	340	167	154	486	262	118	5	676	78	49
Mechanics and repair technologies	669	17	0	0	604	12	0	0	65	5	0	0
Military technologies	7	3	1	0	6	2	0	0	1	1	1	0
Multi/interdisciplinary studies	344	851	323	151	315	325	192	98	29	526	131	53
Parks, recreation, leisure and fitness studies	218	761	229	44	182	326	174	39	36	435	55	5
Philosophy and religious studies	56	922	211	105	39	305	91	50	17	617	120	55
Physical sciences and science technologies	321	1,069	332	211	309	473	244	148	12	596	88	63
Precision production	321	4	1	0	309	1	0	0	12	3	1	0
Psychology	186	1,391	667	285	165	505	320	143	21	886	347	142
Public administration and social service professions	337	738	442	112	315	323	290	72	22	415	152	40
Security and protective services	1,232	828	248	17	843	314	139	15	389	514	109	2
Social sciences and history	249	1,355	445	185	224	513	310	128	25	842	135	57
Social sciences	25	1,272	375	168	0	498	260	117	25	774	115	51
History	88	1,230	342	136	84	481	265	95	4	749	77	41
Theology and religious vocations	86	399	309	119	1	1	0	0	85	398	309	119
Transportation and materials moving	94	87	14	0	83	49	4	0	11	38	10	0
Visual and performing arts	753	1,388	425	104	542	475	251	69	211	913	174	35
Other and unclassified	0	0	0	0	0	0	0	0	0	0	0	0

[1]Includes Ph.D., Ed.D., and comparable degrees at the doctoral level. Excludes first-professional degrees, such as M.D., D.D.S., and law degrees.
[2]Excludes "Construction trades" and "Mechanics and repair technologies," which are listed separately.
NOTE: Degree-granting institutions grant associate's or higher degrees and participate in Title IV federal financial aid programs. Prior to counting the numbers of institutions awarding various types of degrees, certain aggregations were made of the degree fields as reported in the IPEDS Fall survey: "Agriculture and natural resources" includes Agriculture, agriculture operations, and related sciences and Natural resources and conservation; and "Business" includes Business management, marketing, and related support services and Personal and culinary services.
SOURCE: U.S. Department of Education, National Center for Education Statistics, 2008–09 Integrated Postsecondary Education Data System (IPEDS), Fall 2009. (This table was prepared September 2010.)

Table 290. Number of institutions and first-professional degrees conferred by degree-granting institutions in dentistry, medicine, and law, by sex of student: Selected years, 1949–50 through 2008–09

Year	Dentistry (D.D.S. or D.M.D.)				Medicine (M.D.)				Law (LL.B. or J.D.)			
	Number of institutions conferring degrees	Degrees conferred			Number of institutions conferring degrees	Degrees conferred			Number of institutions conferring degrees	Degrees conferred		
		Total	Males	Females		Total	Males	Females		Total	Males	Females
1	2	3	4	5	6	7	8	9	10	11	12	13
1949–50	40	2,579	2,561	18	72	5,612	5,028	584	—	—	—	—
1951–52	41	2,918	2,895	23	72	6,201	5,871	330	—	—	—	—
1953–54	42	3,102	3,063	39	73	6,712	6,377	335	—	—	—	—
1955–56	42	3,009	2,975	34	73	6,810	6,464	346	131	8,262	7,974	288
1957–58	43	3,065	3,031	34	75	6,816	6,469	347	131	9,394	9,122	272
1959–60	45	3,247	3,221	26	79	7,032	6,645	387	134	9,240	9,010	230
1961–62	46	3,183	3,166	17	81	7,138	6,749	389	134	9,364	9,091	273
1963–64	46	3,180	3,168	12	82	7,303	6,878	425	133	10,679	10,372	307
1964–65	46	3,108	3,086	22	81	7,304	6,832	472	137	11,583	11,216	367
1965–66	47	3,178	3,146	32	84	7,673	7,170	503	136	13,246	12,776	470
1967–68	48	3,422	3,375	47	85	7,944	7,318	626	138	16,454	15,805	649
1968–69	—	3,408	3,376	32	—	8,025	7,415	610	—	17,053	16,373	680
1969–70	48	3,718	3,684	34	86	8,314	7,615	699	145	14,916	14,115	801
1970–71	48	3,745	3,703	42	89	8,919	8,110	809	147	17,421	16,181	1,240
1971–72	48	3,862	3,819	43	92	9,253	8,423	830	147	21,764	20,266	1,498
1972–73	51	4,047	3,992	55	97	10,307	9,388	919	152	27,205	25,037	2,168
1973–74	52	4,440	4,355	85	99	11,356	10,093	1,263	151	29,326	25,986	3,340
1974–75	52	4,773	4,627	146	104	12,447	10,818	1,629	154	29,296	24,881	4,415
1975–76	56	5,425	5,187	238	107	13,426	11,252	2,174	166	32,293	26,085	6,208
1976–77	57	5,138	4,764	374	109	13,461	10,891	2,570	169	34,104	26,447	7,657
1977–78	57	5,189	4,623	566	109	14,279	11,210	3,069	169	34,402	25,457	8,945
1978–79	58	5,434	4,794	640	109	14,786	11,381	3,405	175	35,206	25,180	10,026
1979–80	58	5,258	4,558	700	112	14,902	11,416	3,486	179	35,647	24,893	10,754
1980–81	58	5,460	4,672	788	116	15,505	11,672	3,833	176	36,331	24,563	11,768
1981–82	59	5,282	4,467	815	119	15,814	11,867	3,947	180	35,991	23,965	12,026
1982–83	59	5,585	4,631	954	118	15,484	11,350	4,134	177	36,853	23,550	13,303
1983–84	60	5,353	4,302	1,051	119	15,813	11,359	4,454	179	37,012	23,382	13,630
1984–85	59	5,339	4,233	1,106	120	16,041	11,167	4,874	181	37,491	23,070	14,421
1985–86	59	5,046	3,907	1,139	120	15,938	11,022	4,916	181	35,844	21,874	13,970
1986–87	58	4,741	3,603	1,138	121	15,428	10,431	4,997	179	36,056	21,561	14,495
1987–88	57	4,477	3,300	1,177	122	15,358	10,278	5,080	180	35,397	21,067	14,330
1988–89	58	4,265	3,124	1,141	124	15,460	10,310	5,150	182	35,634	21,069	14,565
1989–90	57	4,100	2,834	1,266	124	15,075	9,923	5,152	182	36,485	21,079	15,406
1990–91	55	3,699	2,510	1,189	121	15,043	9,629	5,414	179	37,945	21,643	16,302
1991–92	52	3,593	2,431	1,162	120	15,243	9,796	5,447	177	38,848	22,260	16,588
1992–93	55	3,605	2,383	1,222	122	15,531	9,679	5,852	184	40,302	23,182	17,120
1993–94	53	3,787	2,330	1,457	121	15,368	9,544	5,824	185	40,044	22,826	17,218
1994–95	53	3,897	2,480	1,417	119	15,537	9,507	6,030	183	39,349	22,592	16,757
1995–96	53	3,697	2,374	1,323	119	15,341	9,061	6,280	183	39,828	22,508	17,320
1996–97	52	3,784	2,387	1,397	118	15,571	9,121	6,450	184	40,079	22,548	17,531
1997–98	53	4,032	2,490	1,542	117	15,424	9,006	6,418	185	39,331	21,876	17,455
1998–99	53	4,144	2,674	1,470	118	15,562	8,954	6,608	188	39,167	21,628	17,539
1999–2000	54	4,250	2,547	1,703	118	15,286	8,761	6,525	190	38,152	20,638	17,514
2000–01	54	4,391	2,696	1,695	118	15,403	8,728	6,675	192	37,904	19,981	17,923
2001–02	53	4,239	2,608	1,631	118	15,237	8,469	6,768	192	38,981	20,254	18,727
2002–03	53	4,345	2,654	1,691	118	15,034	8,221	6,813	194	39,067	19,916	19,151
2003–04	53	4,335	2,532	1,803	118	15,442	8,273	7,169	195	40,209	20,332	19,877
2004–05	53	4,454	2,505	1,949	120	15,461	8,151	7,310	198	43,423	22,297	21,126
2005–06	54	4,389	2,435	1,954	119	15,455	7,900	7,555	197	43,440	22,597	20,843
2006–07	55	4,596	2,548	2,048	120	15,730	7,987	7,743	200	43,486	22,777	20,709
2007–08	55	4,795	2,661	2,134	120	15,646	7,935	7,711	201	43,769	23,197	20,572
2008–09	55	4,918	2,637	2,281	120	15,987	8,164	7,823	203	44,045	23,860	20,185

—Not available.
NOTE: Degree-granting institutions grant associate's or higher degrees and participate in Title IV federal financial aid programs.
SOURCE: U.S. Department of Education, National Center for Education Statistics, *Earned Degrees Conferred*, 1949–50 through 1964–65; Higher Education General Information Survey (HEGIS), "Degrees and Other Formal Awards Conferred" surveys, 1965–66 through 1985–86; and 1986–87 through 2008–09 Integrated Postsecondary Education Data System, "Completions Survey" (IPEDS-C:87–99), and Fall 2000 through Fall 2009. (This table was prepared September 2010.)

Table 291. First-professional degrees conferred by degree-granting institutions, by sex of student, control of institution, and field of study: Selected years, 1985–86 through 2008–09

Control of institution and field of study	1985–86	1990–91	1995–96	1999–2000	2000–01	2001–02	2002–03	2003–04	2004–05	2005–06	2006–07			2007–08			2008–09		
											Total	Males	Females	Total	Males	Females	Total	Males	Females
1	2	3	4	5	6	7	8	9	10	11	12	13	14	15	16	17	18	19	20
Total, all institutions	**73,910**	**71,948**	**76,734**	**80,057**	**79,707**	**80,698**	**80,897**	**83,041**	**87,289**	**87,655**	**90,064**	**45,057**	**45,007**	**91,309**	**45,916**	**45,393**	**92,004**	**46,900**	**45,104**
Dentistry (D.D.S. or D.M.D.)	5,046	3,699	3,697	4,250	4,391	4,239	4,345	4,335	4,454	4,389	4,596	2,548	2,048	4,795	2,661	2,134	4,918	2,637	2,281
Medicine (M.D.)	15,938	15,043	15,341	15,286	15,403	15,237	15,034	15,442	15,461	15,455	15,730	7,987	7,743	15,646	7,935	7,711	15,987	8,164	7,823
Optometry (O.D.)	1,029	1,115	1,231	1,293	1,289	1,280	1,281	1,275	1,252	1,198	1,311	493	818	1,304	445	859	1,338	466	872
Osteopathic medicine (D.O.)	1,547	1,459	1,895	2,236	2,450	2,416	2,596	2,722	2,762	2,718	2,992	1,475	1,517	3,232	1,581	1,651	3,665	1,798	1,867
Pharmacy (Pharm.D.)	903	1,244	2,555	5,669	6,324	7,076	7,474	8,221	8,885	9,292	10,439	3,394	7,045	10,932	3,716	7,216	11,291	4,011	7,280
Podiatry (Pod.D. or D.P.) or podiatric medicine (D.P.M.)	612	589	650	569	528	474	439	382	343	347	331	173	158	555	305	250	431	250	181
Veterinary medicine (D.V.M.)	2,270	2,032	2,109	2,251	2,248	2,289	2,354	2,228	2,354	2,370	2,443	537	1,906	2,504	580	1,924	2,377	526	1,851
Chiropractic (D.C. or D.C.M.)	3,395	2,640	3,379	3,809	3,796	3,284	2,718	2,730	2,560	2,564	2,525	1,617	908	2,639	1,683	956	2,512	1,584	928
Law (LL.B. or J.D.)	35,844	37,945	39,828	38,152	37,904	38,981	39,067	40,209	43,423	43,440	43,486	22,777	20,709	43,769	23,197	20,572	44,045	23,860	20,185
Theology (M. Div., M.H.L., B.D., or Ord. and M.H.L./Rav.)	7,283	5,695	5,879	6,129	5,026	5,195	5,360	5,332	5,533	5,666	5,990	4,000	1,990	5,751	3,777	1,974	5,362	3,586	1,776
Other	43	487	170	413	348	227	229	165	262	216	221	56	165	182	36	146	78	18	60
Total, public institutions	**29,568**	**29,554**	**29,882**	**32,247**	**32,633**	**33,439**	**33,549**	**34,499**	**35,768**	**36,269**	**36,855**	**17,471**	**19,384**	**37,278**	**17,912**	**19,366**	**37,357**	**18,046**	**19,311**
Dentistry (D.D.S. or D.M.D.)	2,827	2,308	2,198	2,512	2,477	2,525	2,493	2,498	2,577	2,669	2,769	1,586	1,183	2,760	1,577	1,183	2,870	1,551	1,319
Medicine (M.D.)	9,991	9,364	9,370	9,389	9,408	9,390	9,276	9,418	9,536	9,650	9,733	4,993	4,740	9,646	4,976	4,670	9,795	5,042	4,753
Optometry (O.D.)	441	477	499	493	497	503	481	476	477	462	518	198	320	492	147	345	517	176	341
Osteopathic medicine (D.O.)	486	493	528	535	562	538	571	586	568	585	637	301	336	634	306	328	679	320	359
Pharmacy (Pharm.D.)	473	808	1,557	3,485	3,876	4,382	4,558	4,930	5,352	5,523	5,903	1,966	3,937	6,218	2,129	4,089	6,395	2,301	4,094
Podiatry (Pod.D. or D.P.) or podiatric medicine (D.P.M.)	0	0	0	84	84	75	81	64	64	65	66	32	34	73	36	37	68	35	33
Veterinary medicine (D.V.M.)	1,931	1,814	1,889	2,021	2,017	2,052	2,023	1,912	2,033	2,048	2,116	474	1,642	2,123	507	1,616	1,968	443	1,525
Chiropractic (D.C. or D.C.M.)	0	0	0	0	0	0	0	0	0	0	0	0	0	0	0	0	0	0	0
Law (LL.B. or J.D.)	13,419	14,290	13,841	13,728	13,712	13,974	14,066	14,615	15,161	15,267	15,113	7,921	7,192	15,332	8,234	7,098	15,065	8,178	6,887
Theology (M. Div., M.H.L., B.D., or Ord. and M.H.L./Rav.)	0	0	0	0	0	0	0	0	0	0	0	0	0	0	0	0	0	0	0
Other	0	0	0	0	0	0	0	0	0	0	0	0	0	0	0	0	0	0	0
Total, private institutions	**44,342**	**42,394**	**46,852**	**47,810**	**47,074**	**47,259**	**47,348**	**48,542**	**51,521**	**51,386**	**53,209**	**27,586**	**25,623**	**54,031**	**28,004**	**26,027**	**54,647**	**28,854**	**25,793**
Dentistry (D.D.S. or D.M.D.)	2,219	1,391	1,499	1,738	1,914	1,714	1,852	1,837	1,877	1,720	1,827	962	865	2,035	1,084	951	2,048	1,086	962
Medicine (M.D.)	5,947	5,679	5,971	5,897	5,995	5,847	5,758	6,024	5,925	5,805	5,997	2,994	3,003	6,000	2,959	3,041	6,192	3,122	3,070
Optometry (O.D.)	588	638	732	800	792	777	800	799	775	736	793	295	498	812	298	514	821	290	531
Osteopathic medicine (D.O.)	1,061	966	1,367	1,701	1,888	1,878	2,025	2,136	2,194	2,133	2,355	1,174	1,181	2,598	1,275	1,323	2,986	1,478	1,508
Pharmacy (Pharm.D.)	430	436	998	2,184	2,448	2,694	2,916	3,291	3,533	3,769	4,536	1,428	3,108	4,714	1,587	3,127	4,896	1,710	3,186
Podiatry (Pod.D. or D.P.) or podiatric medicine (D.P.M.)	612	589	650	485	444	399	358	318	279	282	265	141	124	482	269	213	363	215	148
Veterinary medicine (D.V.M.)	339	218	220	230	231	237	331	316	321	322	327	63	264	381	73	308	409	83	326
Chiropractic (D.C. or D.C.M.)	3,395	2,640	3,379	3,809	3,796	3,284	2,718	2,730	2,560	2,564	2,525	1,617	908	2,639	1,683	956	2,512	1,584	928
Law (LL.B. or J.D.)	22,425	23,655	25,987	24,424	24,192	25,007	25,001	25,594	28,262	28,173	28,373	14,856	13,517	28,437	14,963	13,474	28,980	15,682	13,298
Theology (M. Div., M.H.L., B.D., or Ord. and M.H.L./Rav.)	7,283	5,695	5,879	6,129	5,026	5,195	5,360	5,332	5,533	5,666	5,990	4,000	1,990	5,751	3,777	1,974	5,362	3,586	1,776
Other	43	487	170	413	348	227	229	165	262	216	221	56	165	182	36	146	78	18	60

NOTE: Degree-granting institutions grant associate's or higher degrees and participate in Title IV federal financial aid programs. Includes degrees that require at least 6 years of college work for completion (including at least 2 years of preprofessional training).

SOURCE: U.S. Department of Education, National Center for Education Statistics, Higher Education General Information Survey (HEGIS), "Degrees and Other Formal Awards Conferred," 1985–86; and 1990–91 through 2008–09 Integrated Postsecondary Education Data System, "Completions Survey" (IPEDS-C:91–99), and Fall 2000 through Fall 2009. (This table was prepared September 2010.)

Table 292. Certificates conferred by postsecondary institutions participating in Title IV programs, by race/ethnicity and sex of student: 1998–99 through 2008–09

Year and sex	Number of certificates conferred							Percentage distribution of certificates conferred						
	Total	White	Black	Hispanic	Asian/ Pacific Islander	American Indian/ Alaska Native	Non-resident alien	Total	White	Black	Hispanic	Asian/ Pacific Islander	American Indian/ Alaska Native	Non-resident alien
1	2	3	4	5	6	7	8	9	10	11	12	13	14	15
Total														
1998–99	555,883	345,359	92,800	76,833	27,920	7,510	5,461	100.0	62.1	16.7	13.8	5.0	1.4	1.0
1999–2000	558,129	337,546	97,329	81,132	29,361	6,966	5,795	100.0	60.5	17.4	14.5	5.3	1.2	1.0
2000–01	552,503	333,478	99,397	78,528	28,123	6,598	6,379	100.0	60.4	18.0	14.2	5.1	1.2	1.2
2001–02	584,248	352,559	106,647	83,950	27,490	7,430	6,172	100.0	60.3	18.3	14.4	4.7	1.3	1.1
2002–03	646,425	382,289	120,582	95,499	32,981	8,117	6,957	100.0	59.1	18.7	14.8	5.1	1.3	1.1
2003–04	687,787	402,989	129,891	107,216	32,819	8,375	6,497	100.0	58.6	18.9	15.6	4.8	1.2	0.9
2004–05	710,873	415,670	133,601	114,089	32,783	8,150	6,580	100.0	58.5	18.8	16.0	4.6	1.1	0.9
2005–06	715,401	412,077	135,460	118,853	34,110	8,400	6,501	100.0	57.6	18.9	16.6	4.8	1.2	0.9
2006–07	729,037	420,585	139,995	119,501	32,962	8,793	7,201	100.0	57.7	19.2	16.4	4.5	1.2	1.0
2007–08	749,883	430,187	145,181	122,676	35,985	8,596	7,258	100.0	57.4	19.4	16.4	4.8	1.1	1.0
2008–09	805,755	451,107	161,954	138,550	37,804	9,510	6,830	100.0	56.0	20.1	17.2	4.7	1.2	0.8
Males														
1998–99	219,872	144,735	29,875	27,719	11,742	3,061	2,740	100.0	65.8	13.6	12.6	5.3	1.4	1.2
1999–2000	226,110	143,634	33,792	30,337	13,082	2,862	2,403	100.0	63.5	14.9	13.4	5.8	1.3	1.1
2000–01	223,951	143,144	34,381	28,685	12,072	2,719	2,950	100.0	63.9	15.4	12.8	5.4	1.2	1.3
2001–02	235,275	152,226	36,482	29,749	10,938	3,226	2,654	100.0	64.7	15.5	12.6	4.6	1.4	1.1
2002–03	254,238	161,001	40,080	33,925	12,930	3,506	2,796	100.0	63.3	15.8	13.3	5.1	1.4	1.1
2003–04	257,138	161,684	40,809	36,157	12,713	3,135	2,640	100.0	62.9	15.9	14.1	4.9	1.2	1.0
2004–05	259,261	161,126	41,644	38,297	12,448	3,068	2,678	100.0	62.1	16.1	14.8	4.8	1.2	1.0
2005–06	259,737	158,747	41,863	40,752	12,790	3,219	2,366	100.0	61.1	16.1	15.7	4.9	1.2	0.9
2006–07	269,589	164,939	44,870	40,958	12,622	3,527	2,673	100.0	61.2	16.6	15.2	4.7	1.3	1.0
2007–08	283,266	172,398	48,024	43,085	13,527	3,452	2,780	100.0	60.9	17.0	15.2	4.8	1.2	1.0
2008–09	302,615	179,968	53,948	47,876	14,354	3,862	2,607	100.0	59.5	17.8	15.8	4.7	1.3	0.9
Females														
1998–99	336,011	200,624	62,925	49,114	16,178	4,449	2,721	100.0	59.7	18.7	14.6	4.8	1.3	0.8
1999–2000	332,019	193,912	63,537	50,795	16,279	4,104	3,392	100.0	58.4	19.1	15.3	4.9	1.2	1.0
2000–01	328,552	190,334	65,016	49,843	16,051	3,879	3,429	100.0	57.9	19.8	15.2	4.9	1.2	1.0
2001–02	348,973	200,333	70,165	54,201	16,552	4,204	3,518	100.0	57.4	20.1	15.5	4.7	1.2	1.0
2002–03	392,187	221,288	80,502	61,574	20,051	4,611	4,161	100.0	56.4	20.5	15.7	5.1	1.2	1.1
2003–04	430,649	241,305	89,082	71,059	20,106	5,240	3,857	100.0	56.0	20.7	16.5	4.7	1.2	0.9
2004–05	451,612	254,544	91,957	75,792	20,335	5,082	3,902	100.0	56.4	20.4	16.8	4.5	1.1	0.9
2005–06	455,664	253,330	93,597	78,101	21,320	5,181	4,135	100.0	55.6	20.5	17.1	4.7	1.1	0.9
2006–07	459,448	255,646	95,125	78,543	20,340	5,266	4,528	100.0	55.6	20.7	17.1	4.4	1.1	1.0
2007–08	466,617	257,789	97,157	79,591	22,458	5,144	4,478	100.0	55.2	20.8	17.1	4.8	1.1	1.0
2008–09	503,140	271,139	108,006	90,674	23,450	5,648	4,223	100.0	53.9	21.5	18.0	4.7	1.1	0.8

NOTE: Includes less-than-1-year awards and 1- to 4-year awards (excluding associate's degrees) conferred by degree-granting and non-degree-granting institutions participating in Title IV programs. Race categories exclude persons of Hispanic ethnicity. Reported racial/ethnic distributions of students by level of degree, field of degree, and sex were used to estimate race/ethnicity for students whose race/ethnicity was not reported. (See Appendix A: Guide to Sources for details.) Detail may not sum to totals because of rounding.

SOURCE: U.S. Department of Education, National Center for Education Statistics, 1998–99 through 2008–09 Integrated Postsecondary Education Data System, "Completions Survey" (IPEDS-C:99), and Fall 2000 through Fall 2009. (This table was prepared September 2010.)

Table 293. Associate's degrees conferred by degree-granting institutions, by race/ethnicity and sex of student: Selected years, 1976–77 through 2008–09

Year and sex	Number of degrees conferred: Total	White	Black	Hispanic	Asian/ Pacific Islander	American Indian/ Alaska Native	Non-resident alien	Percentage distribution of degrees conferred: Total	White	Black	Hispanic	Asian/ Pacific Islander	American Indian/ Alaska Native	Non-resident alien
1	2	3	4	5	6	7	8	9	10	11	12	13	14	15
Total														
1976–77[1]	404,956	342,290	33,159	16,636	7,044	2,498	3,329	100.0	84.5	8.2	4.1	1.7	0.6	0.8
1980–81[2]	410,174	339,167	35,330	17,800	8,650	2,584	6,643	100.0	82.7	8.6	4.3	2.1	0.6	1.6
1989–90	455,102	376,816	34,326	21,504	13,066	3,430	5,960	100.0	82.8	7.5	4.7	2.9	0.8	1.3
1990–91	481,720	391,264	38,835	25,540	15,257	3,871	6,953	100.0	81.2	8.1	5.3	3.2	0.8	1.4
1993–94	530,632	419,694	45,523	32,118	18,444	4,876	9,977	100.0	79.1	8.6	6.1	3.5	0.9	1.9
1994–95	539,691	420,656	47,067	35,962	20,677	5,482	9,847	100.0	77.9	8.7	6.7	3.8	1.0	1.8
1995–96	555,216	426,106	52,014	38,254	23,138	5,573	10,131	100.0	76.7	9.4	6.9	4.2	1.0	1.8
1996–97	571,226	429,464	56,306	43,549	25,159	5,984	10,764	100.0	75.2	9.9	7.6	4.4	1.0	1.9
1997–98	558,555	413,561	55,314	45,876	25,196	6,246	12,362	100.0	74.0	9.9	8.2	4.5	1.1	2.2
1998–99	559,954	409,086	57,439	48,670	27,586	6,424	10,749	100.0	73.1	10.3	8.7	4.9	1.1	1.9
1999–2000	564,933	408,772	60,221	51,573	27,782	6,497	10,088	100.0	72.4	10.7	9.1	4.9	1.2	1.8
2000–01	578,865	411,075	63,855	57,288	28,463	6,623	11,561	100.0	71.0	11.0	9.9	4.9	1.1	2.0
2001–02	595,133	417,733	67,343	60,003	30,945	6,832	12,277	100.0	70.2	11.3	10.1	5.2	1.1	2.1
2002–03	634,016	438,261	75,609	66,673	32,629	7,461	13,383	100.0	69.1	11.9	10.5	5.1	1.2	2.1
2003–04	665,301	456,047	81,183	72,270	33,149	8,119	14,533	100.0	68.5	12.2	10.9	5.0	1.2	2.2
2004–05	696,660	475,513	86,402	78,557	33,669	8,435	14,084	100.0	68.3	12.4	11.3	4.8	1.2	2.0
2005–06	713,066	485,297	89,784	80,854	35,201	8,552	13,378	100.0	68.1	12.6	11.3	4.9	1.2	1.9
2006–07	728,114	491,572	91,529	85,410	37,266	8,583	13,754	100.0	67.5	12.6	11.7	5.1	1.2	1.9
2007–08	750,164	501,079	95,702	91,274	38,843	8,849	14,417	100.0	66.8	12.8	12.2	5.2	1.2	1.9
2008–09	787,325	522,985	101,487	97,921	40,914	8,834	15,184	100.0	66.4	12.9	12.4	5.2	1.1	1.9
Males														
1976–77[1]	209,672	178,236	15,330	9,105	3,630	1,216	2,155	100.0	85.0	7.3	4.3	1.7	0.6	1.0
1980–81[2]	183,819	151,242	14,290	8,327	4,557	1,108	4,295	100.0	82.3	7.8	4.5	2.5	0.6	2.3
1989–90	191,195	158,954	12,502	9,370	6,170	1,364	2,835	100.0	83.1	6.5	4.9	3.2	0.7	1.5
1990–91	198,634	161,858	14,143	10,738	7,164	1,439	3,292	100.0	81.5	7.1	5.4	3.6	0.7	1.7
1993–94	215,261	170,905	16,931	13,214	8,289	1,837	4,085	100.0	79.4	7.9	6.1	3.9	0.9	1.9
1994–95	218,352	170,251	16,727	15,670	9,252	2,098	4,354	100.0	78.0	7.7	7.2	4.2	1.0	2.0
1995–96	219,514	169,230	17,941	15,740	10,229	1,993	4,381	100.0	77.1	8.2	7.2	4.7	0.9	2.0
1996–97	223,948	168,882	19,394	17,990	10,937	2,068	4,677	100.0	75.4	8.7	8.0	4.9	0.9	2.1
1997–98	217,613	161,212	18,686	19,108	10,953	2,252	5,402	100.0	74.1	8.6	8.8	5.0	1.0	2.5
1998–99	218,417	160,794	19,402	19,379	11,671	2,241	4,930	100.0	73.6	8.9	8.9	5.3	1.0	2.3
1999–2000	224,721	164,315	20,967	20,946	12,010	2,225	4,258	100.0	73.1	9.3	9.3	5.3	1.0	1.9
2000–01	231,645	166,322	22,147	23,350	12,339	2,294	5,193	100.0	71.8	9.6	10.1	5.3	1.0	2.2
2001–02	238,109	170,622	22,806	23,963	13,256	2,308	5,154	100.0	71.7	9.6	10.1	5.6	1.0	2.2
2002–03	253,451	179,163	25,591	26,461	14,057	2,618	5,561	100.0	70.7	10.1	10.4	5.5	1.0	2.2
2003–04	260,033	183,819	25,961	27,828	13,907	2,740	5,778	100.0	70.7	10.0	10.7	5.3	1.1	2.2
2004–05	267,536	188,569	27,151	29,658	13,802	2,774	5,582	100.0	70.5	10.1	11.1	5.2	1.0	2.1
2005–06	270,095	190,139	27,619	30,040	14,224	2,774	5,299	100.0	70.4	10.2	11.1	5.3	1.0	2.0
2006–07	275,187	191,565	28,273	31,646	15,510	2,873	5,320	100.0	69.6	10.3	11.5	5.6	1.0	1.9
2007–08	282,521	194,099	30,016	33,817	15,936	3,003	5,650	100.0	68.7	10.6	12.0	5.6	1.1	2.0
2008–09	298,141	203,086	31,994	36,739	17,156	3,074	6,092	100.0	68.1	10.7	12.3	5.8	1.0	2.0
Females														
1976–77[1]	195,284	164,054	17,829	7,531	3,414	1,282	1,174	100.0	84.0	9.1	3.9	1.7	0.7	0.6
1980–81[2]	226,355	187,925	21,040	9,473	4,093	1,476	2,348	100.0	83.0	9.3	4.2	1.8	0.7	1.0
1989–90	263,907	217,862	21,824	12,134	6,896	2,066	3,125	100.0	82.6	8.3	4.6	2.6	0.8	1.2
1990–91	283,086	229,406	24,692	14,802	8,093	2,432	3,661	100.0	81.0	8.7	5.2	2.9	0.9	1.3
1993–94	315,371	248,789	28,592	18,904	10,155	3,039	5,892	100.0	78.9	9.1	6.0	3.2	1.0	1.9
1994–95	321,339	250,405	30,340	20,292	11,425	3,384	5,493	100.0	77.9	9.4	6.3	3.6	1.1	1.7
1995–96	335,702	256,876	34,073	22,514	12,909	3,580	5,750	100.0	76.5	10.1	6.7	3.8	1.1	1.7
1996–97	347,278	260,582	36,912	25,559	14,222	3,916	6,087	100.0	75.0	10.6	7.4	4.1	1.1	1.8
1997–98	340,942	252,349	36,628	26,768	14,243	3,994	6,960	100.0	74.0	10.7	7.9	4.2	1.2	2.0
1998–99	341,537	248,292	38,037	29,291	15,915	4,183	5,819	100.0	72.7	11.1	8.6	4.7	1.2	1.7
1999–2000	340,212	244,457	39,254	30,627	15,772	4,272	5,830	100.0	71.9	11.5	9.0	4.6	1.3	1.7
2000–01	347,220	244,753	41,708	33,938	16,124	4,329	6,368	100.0	70.5	12.0	9.8	4.6	1.2	1.8
2001–02	357,024	247,111	44,537	36,040	17,689	4,524	7,123	100.0	69.2	12.5	10.1	5.0	1.3	2.0
2002–03	380,565	259,098	50,018	40,212	18,572	4,843	7,822	100.0	68.1	13.1	10.6	4.9	1.3	2.1
2003–04	405,268	272,228	55,222	44,442	19,242	5,379	8,755	100.0	67.2	13.6	11.0	4.7	1.3	2.2
2004–05	429,124	286,944	59,251	48,899	19,867	5,661	8,502	100.0	66.9	13.8	11.4	4.6	1.3	2.0
2005–06	442,971	295,158	62,165	50,814	20,977	5,778	8,079	100.0	66.6	14.0	11.5	4.7	1.3	1.8
2006–07	452,927	300,007	63,256	53,764	21,756	5,710	8,434	100.0	66.2	14.0	11.9	4.8	1.3	1.9
2007–08	467,643	306,980	65,686	57,457	22,907	5,846	8,767	100.0	65.6	14.0	12.3	4.9	1.3	1.9
2008–09	489,184	319,899	69,493	61,182	23,758	5,760	9,092	100.0	65.4	14.2	12.5	4.9	1.2	1.9

[1]Excludes 1,170 males and 251 females whose racial/ethnic group was not available.
[2]Excludes 4,819 males and 1,384 females whose racial/ethnic group was not available.
NOTE: Degree-granting institutions grant associate's or higher degrees and participate in Title IV federal financial aid programs. Race categories exclude persons of Hispanic ethnicity. For 1989–90 and later years, reported racial/ethnic distributions of students by level of degree, field of degree, and sex were used to estimate race/ethnicity for students whose race/ethnicity was not reported. (See Appendix A: Guide to Sources for details.) Detail may not sum to totals because of rounding.
SOURCE: U.S. Department of Education, National Center for Education Statistics, Higher Education General Information Survey (HEGIS), "Degrees and Other Formal Awards Conferred" surveys, 1976–77 and 1980–81; and 1989–90 through 2008–09 Integrated Postsecondary Education Data System, "Completions Survey" (IPEDS-C:90–99), and Fall 2000 through Fall 2009. (This table was prepared September 2010.)

Table 294. Associate's degrees conferred by degree-granting institutions, by sex, race/ethnicity, and field of study: 2008–09

Field of study	Total: Total	Total: White	Total: Black	Total: Hispanic	Total: Asian/Pacific Islander	Total: American Indian/Alaska Native	Total: Nonresident alien	Males: Total	Males: White	Males: Black	Males: Hispanic	Males: Asian/Pacific Islander	Males: American Indian/Alaska Native	Males: Nonresident alien	Females: Total	Females: White	Females: Black	Females: Hispanic	Females: Asian/Pacific Islander	Females: American Indian/Alaska Native	Females: Nonresident alien
1	2	3	4	5	6	7	8	9	10	11	12	13	14	15	16	17	18	19	20	21	22
All fields, total	**787,325**	**522,985**	**101,487**	**97,921**	**40,914**	**8,834**	**15,184**	**298,141**	**203,086**	**31,994**	**36,739**	**17,156**	**3,074**	**6,092**	**489,184**	**319,899**	**69,493**	**61,182**	**23,758**	**5,760**	**9,092**
Agriculture and natural resources	5,724	5,345	49	150	54	99	27	3,755	3,531	27	97	22	57	21	1,969	1,814	22	53	32	42	6
Architecture and related services	596	364	23	151	39	7	12	274	152	13	75	28	3	3	322	212	10	76	11	4	9
Area, ethnic, cultural, and gender studies	173	17	26	34	10	81	5	51	4	16	10	1	20	0	122	13	10	24	9	61	5
Biological and biomedical sciences	2,364	1,282	183	416	359	55	69	756	433	50	122	110	14	27	1,608	849	133	294	249	41	42
Business	127,848	80,434	20,326	14,604	7,270	1,445	3,769	45,735	29,576	5,958	5,328	2,921	479	1,473	82,113	50,858	14,368	9,276	4,349	966	2,296
Communications, journalism, and related programs	2,722	1,974	261	310	85	26	66	1,252	953	90	147	30	14	18	1,470	1,021	171	163	55	12	48
Communications technologies	4,803	3,478	542	440	186	48	109	3,372	2,441	389	317	126	31	68	1,431	1,037	153	123	60	17	41
Computer and information sciences	30,006	19,955	4,705	3,043	1,496	320	487	22,553	15,500	2,972	2,372	1,174	200	335	7,453	4,455	1,733	671	322	120	152
Construction trades	4,252	3,484	359	222	97	81	9	4,035	3,321	334	209	92	72	7	217	163	25	13	5	9	2
Education	14,123	9,569	2,102	1,664	267	388	133	2,040	1,456	205	220	51	80	28	12,083	8,113	1,897	1,444	216	308	105
Engineering	2,181	1,408	174	250	183	19	147	1,870	1,257	142	191	149	15	116	311	151	32	59	34	4	31
Engineering technologies[1]	30,434	21,875	3,423	3,376	1,213	326	221	26,143	18,995	2,816	2,874	1,021	267	170	4,291	2,880	607	502	192	59	51
English language and literature/letters	1,525	831	104	377	167	14	32	541	293	36	129	71	5	7	984	538	68	248	96	9	25
Family and consumer sciences	9,020	4,908	1,931	1,616	336	104	125	356	171	73	78	26	5	3	8,664	4,737	1,858	1,538	310	99	122
Foreign languages, literatures, and linguistics	1,627	1,086	91	286	41	22	101	261	134	9	63	16	4	35	1,366	952	82	223	25	18	66
Health professions and related clinical sciences	165,163	116,434	21,824	14,799	8,662	1,697	1,747	24,270	15,779	2,881	2,658	2,272	229	451	140,893	100,655	18,943	12,141	6,390	1,468	1,296
Legal professions and studies	9,062	5,954	1,606	1,145	208	90	59	937	565	187	121	38	15	11	8,125	5,389	1,419	1,024	170	75	48
Liberal arts and sciences, general studies, and humanities	263,853	172,756	30,433	38,125	13,914	2,626	5,999	102,218	68,386	10,629	13,920	5,893	879	2,511	161,635	104,370	19,804	24,205	8,021	1,747	3,488
Library science	116	96	3	9	6	1	1	15	10	2	1	1	1	0	101	86	1	8	5	0	1
Mathematics and statistics	930	490	38	210	138	12	42	635	338	27	152	81	9	28	295	152	11	58	57	3	14
Mechanics and repair technologies	16,066	11,670	1,418	1,968	670	240	100	15,176	11,093	1,282	1,856	637	218	90	890	577	136	112	33	22	10
Military technologies	721	508	84	85	36	8	0	563	413	58	65	20	7	0	158	95	26	20	16	1	0
Multi/interdisciplinary studies	15,459	9,105	1,214	2,750	1,891	105	394	5,955	3,749	414	833	787	35	137	9,504	5,356	800	1,917	1,104	70	257
Parks, recreation, leisure and fitness studies	1,587	1,088	192	190	57	25	35	946	629	134	113	36	11	23	641	459	58	77	21	14	12
Philosophy and religious studies	191	125	25	23	10	5	3	136	93	16	16	7	3	1	55	32	9	7	3	2	2
Physical sciences and science technologies	3,617	2,241	307	433	391	56	189	2,120	1,343	152	267	208	40	110	1,497	898	155	166	183	16	79
Precision production	2,126	1,819	88	124	58	36	1	1,988	1,719	70	112	56	30	1	138	100	18	12	2	6	0
Psychology	3,949	2,451	419	767	180	80	52	744	443	88	153	46	11	3	3,205	2,008	331	614	134	69	49
Public administration and social service professions	4,178	2,212	1,200	565	87	85	29	583	292	171	94	9	11	6	3,595	1,920	1,029	471	78	74	23
Security and protective services	33,033	21,288	5,363	5,104	778	363	137	17,230	12,581	1,652	2,279	497	152	69	15,803	8,707	3,711	2,825	281	211	68
Social sciences and history	9,142	4,748	1,031	2,216	801	183	163	3,253	1,793	287	735	319	57	62	5,889	2,955	744	1,481	482	126	101
Social sciences	8,657	4,402	1,021	2,106	789	178	161	2,949	1,579	283	664	308	54	61	5,708	2,823	738	1,442	481	124	100
History	485	346	10	110	12	5	2	304	214	4	71	11	3	1	181	132	6	39	1	2	1
Theology and religious vocations	675	461	157	32	11	5	9	337	222	86	15	5	3	6	338	239	71	17	6	2	3
Transportation and materials moving	1,430	1,034	108	168	60	18	42	1,248	922	98	142	49	16	21	182	112	10	26	11	2	21
Visual and performing arts	18,629	12,495	1,678	2,269	1,153	164	870	6,793	4,499	630	975	357	81	251	11,836	7,996	1,048	1,294	796	83	619
Other and not classified	0	0	0	0	0	0	0	0	0	0	0	0	0	0	0	0	0	0	0	0	0

[1]Excludes "Construction trades" and "Mechanics and repair technologies," which are listed separately.

NOTE: Degree-granting institutions grant associate's or higher degrees and participate in Title IV federal financial aid programs. Race categories exclude persons of Hispanic ethnicity. Reported racial/ethnic distributions of students by level of degree, field of degree, and sex were used to estimate race/ethnicity for students whose race/ethnicity was not reported. To facilitate trend comparisons, certain aggregations have been made of the degree fields as reported in the IPEDS Fall survey: "Agriculture and natural resources" includes Agriculture, agriculture operations, and related sciences and Natural resources and conservation; and "Business" includes Business management, marketing, and related support services and Personal and culinary services.

SOURCE: U.S. Department of Education, National Center for Education Statistics, 2008–09 Integrated Postsecondary Education Data System (IPEDS), Fall 2009. (This table was prepared September 2010.)

Table 295. Associate's degrees conferred by degree-granting institutions, by sex, race/ethnicity, and field of study: 2007–08

Field of study	Total: Total	Total: White	Total: Black	Total: Hispanic	Total: Asian/ Pacific Islander	Total: American Indian/ Alaska Native	Total: Non-resident alien	Males: Total	Males: White	Males: Black	Males: Hispanic	Males: Asian/ Pacific Islander	Males: American Indian/ Alaska Native	Males: Non-resident alien	Females: Total	Females: White	Females: Black	Females: Hispanic	Females: Asian/ Pacific Islander	Females: American Indian/ Alaska Native	Females: Non-resident alien
1	2	3	4	5	6	7	8	9	10	11	12	13	14	15	16	17	18	19	20	21	22
All fields, total	**750,164**	**501,079**	**95,702**	**91,274**	**38,843**	**8,849**	**14,417**	**282,521**	**194,099**	**30,016**	**33,817**	**15,936**	**3,003**	**5,650**	**467,643**	**306,980**	**65,686**	**57,457**	**22,907**	**5,846**	**8,767**
Agriculture and natural resources	5,738	5,364	70	146	38	93	27	3,598	3,370	52	87	16	62	11	2,140	1,994	18	59	22	31	16
Architecture and related services	568	320	46	115	48	9	30	260	126	31	58	33	4	8	308	194	15	57	15	5	22
Area, ethnic, cultural, and gender studies	169	27	28	32	2	78	2	59	14	10	12	0	23	0	110	13	18	20	2	55	2
Biological and biomedical sciences	2,200	1,201	168	372	323	60	76	667	360	56	116	97	14	24	1,533	841	112	256	226	46	52
Business	121,158	77,175	18,739	13,509	6,951	1,469	3,315	43,245	28,504	5,473	4,827	2,759	426	1,256	77,913	48,671	13,266	8,682	4,192	1,043	2,059
Communications, journalism, and related programs	2,620	1,840	253	317	91	33	86	1,271	933	106	141	50	15	26	1,349	907	147	176	41	18	60
Communications technologies	4,237	3,099	501	377	141	34	85	2,968	2,153	369	264	98	23	61	1,269	946	132	113	43	11	24
Computer and information sciences	28,296	18,774	4,582	2,928	1,286	326	400	21,191	14,523	2,862	2,307	997	202	300	7,105	4,251	1,720	621	289	124	100
Construction trades	4,309	3,572	287	284	86	72	8	4,106	3,415	267	269	79	68	8	203	157	20	15	7	4	0
Education	13,108	8,660	2,163	1,412	279	427	167	1,914	1,301	272	173	55	85	28	11,194	7,359	1,891	1,239	224	342	139
Engineering	2,286	1,478	238	306	146	30	88	1,986	1,307	208	251	121	21	78	300	171	30	55	25	9	10
Engineering technologies[1]	29,334	21,032	3,160	3,323	1,233	315	271	25,261	18,421	2,551	2,776	1,046	252	215	4,073	2,611	609	547	187	63	56
English language and literature/letters	1,402	726	122	354	155	13	32	484	235	38	133	63	4	11	918	491	84	221	92	9	21
Family and consumer sciences	8,613	4,614	1,871	1,561	304	120	143	344	191	64	53	23	2	11	8,269	4,423	1,807	1,508	281	118	132
Foreign languages, literatures, and linguistics	1,258	819	81	277	43	9	29	216	120	8	63	12	3	10	1,042	699	73	214	31	6	19
Health professions and related clinical sciences	155,816	110,963	20,427	13,370	7,749	1,589	1,718	22,934	15,166	2,664	2,525	1,962	224	393	132,882	95,797	17,763	10,845	5,787	1,365	1,325
Legal professions and studies	9,465	6,238	1,662	1,225	205	84	51	1,010	622	190	140	31	18	9	8,455	5,616	1,472	1,085	174	66	42
Liberal arts and sciences, general studies, and humanities	254,012	166,565	28,916	35,871	14,071	2,670	5,919	95,438	64,386	9,613	12,486	5,655	879	2,419	158,574	102,179	19,303	23,385	8,416	1,791	3,500
Library science	117	92	3	17	2	3	0	26	18	0	7	1	0	0	91	74	3	10	1	3	0
Mathematics and statistics	855	436	47	183	128	16	45	575	298	23	137	80	5	32	280	138	24	46	48	11	13
Mechanics and repair technologies	15,297	11,361	1,312	1,685	646	215	78	14,534	10,823	1,219	1,616	612	188	76	763	538	93	69	34	27	2
Military technologies	851	559	159	80	45	8	0	694	465	126	66	31	6	0	157	94	33	14	14	2	0
Multi/interdisciplinary studies	16,255	9,175	1,801	2,987	1,753	142	397	6,549	3,898	749	944	724	61	173	9,706	5,277	1,052	2,043	1,029	81	224
Parks, recreation, leisure and fitness studies	1,344	939	179	137	33	22	34	809	557	121	85	25	9	12	535	382	58	52	8	13	22
Philosophy and religious studies	458	376	17	25	7	1	32	137	104	7	13	2	1	10	321	272	10	12	5	0	22
Physical sciences and science technologies	3,388	2,121	275	393	381	55	163	1,954	1,244	159	237	191	25	98	1,434	877	116	156	190	30	65
Precision production	1,968	1,712	69	100	56	26	5	1,838	1,603	61	92	53	24	5	130	109	8	8	3	2	0
Psychology	2,412	1,440	228	523	120	71	30	554	336	39	120	33	19	7	1,858	1,104	189	403	87	52	23
Public administration and social service professions	4,192	2,268	1,141	580	73	96	34	569	311	149	74	9	18	8	3,623	1,957	992	506	64	78	26
Security and protective services	29,590	19,410	4,540	4,563	618	343	116	16,051	11,866	1,406	2,126	414	171	68	13,539	7,544	3,134	2,437	204	172	48
Social sciences and history	7,812	4,224	777	1,779	685	204	143	2,759	1,588	237	566	257	62	49	5,053	2,636	540	1,213	428	142	94
Social sciences	7,358	3,909	759	1,683	669	196	142	2,499	1,407	228	511	246	58	49	4,859	2,502	531	1,172	423	138	93
History	454	315	18	96	16	8	1	260	181	9	55	11	4	0	194	134	9	41	5	4	1
Theology and religious vocations	582	401	139	22	7	7	6	282	180	85	6	2	5	4	300	221	54	16	5	2	2
Transportation and materials moving	1,550	1,139	123	155	83	17	33	1,308	981	105	126	68	15	13	242	158	18	29	15	2	20
Visual and performing arts	18,890	12,959	1,564	2,266	1,055	192	854	6,927	4,680	693	921	337	69	227	11,963	8,279	871	1,345	718	123	627
Other and not classified	14	0	14	0	0	0	0	3	0	3	0	0	0	0	11	0	11	0	0	0	0

[1]Excludes "Construction trades" and "Mechanics and repair technologies," which are listed separately.
NOTE: Degree-granting institutions grant associate's or higher degrees and participate in Title IV federal financial aid programs. Race categories exclude persons of Hispanic ethnicity. Reported racial/ethnic distributions of students by level of degree, field of degree, and sex were used to estimate race/ethnicity for students whose race/ethnicity was not reported. To facilitate trend comparisons, certain aggregations have been made of the degree fields as reported in the IPEDS Fall survey: "Agriculture and natural resources" includes Agriculture, agriculture operations, and related sciences and Natural resources and conservation; and "Business" includes Business management, marketing, and related support services and Personal and culinary services.
SOURCE: U.S. Department of Education, National Center for Education Statistics, 2007–08 Integrated Postsecondary Education Data System (IPEDS), Fall 2008. (This table was prepared June 2009.)

Table 296. Bachelor's degrees conferred by degree-granting institutions, by race/ethnicity and sex of student: Selected years, 1976–77 through 2008–09

Year and sex	Number of degrees conferred							Percentage distribution of degrees conferred						
	Total	White	Black	Hispanic	Asian/ Pacific Islander	American Indian/ Alaska Native	Non-resident alien	Total	White	Black	Hispanic	Asian/ Pacific Islander	American Indian/ Alaska Native	Non-resident alien
1	2	3	4	5	6	7	8	9	10	11	12	13	14	15
Total														
1976–77[1]	917,900	807,688	58,636	18,743	13,793	3,326	15,714	100.0	88.0	6.4	2.0	1.5	0.4	1.7
1980–81[2]	934,800	807,319	60,673	21,832	18,794	3,593	22,589	100.0	86.4	6.5	2.3	2.0	0.4	2.4
1989–90	1,051,344	887,151	61,046	32,829	39,230	4,390	26,698	100.0	84.4	5.8	3.1	3.7	0.4	2.5
1990–91	1,094,538	914,093	66,375	37,342	42,529	4,583	29,616	100.0	83.5	6.1	3.4	3.9	0.4	2.7
1993–94	1,169,275	939,008	83,909	50,299	55,689	6,192	34,178	100.0	80.3	7.2	4.3	4.8	0.5	2.9
1994–95	1,160,134	914,610	87,236	54,230	60,502	6,610	36,946	100.0	78.8	7.5	4.7	5.2	0.6	3.2
1995–96	1,164,792	905,846	91,496	58,351	64,433	6,976	37,690	100.0	77.8	7.9	5.0	5.5	0.6	3.2
1996–97	1,172,879	900,809	94,349	62,509	68,859	7,425	38,928	100.0	76.8	8.0	5.3	5.9	0.6	3.3
1997–98	1,184,406	901,344	98,251	66,005	71,678	7,903	39,225	100.0	76.1	8.3	5.6	6.1	0.7	3.3
1998–99	1,200,303	907,245	102,214	70,085	74,197	8,423	38,139	100.0	75.6	8.5	5.8	6.2	0.7	3.2
1999–2000	1,237,875	929,106	108,013	75,059	77,912	8,719	39,066	100.0	75.1	8.7	6.1	6.3	0.7	3.2
2000–01	1,244,171	927,357	111,307	77,745	78,902	9,049	39,811	100.0	74.5	8.9	6.2	6.3	0.7	3.2
2001–02	1,291,900	958,597	116,623	82,966	83,093	9,165	41,456	100.0	74.2	9.0	6.4	6.4	0.7	3.2
2002–03	1,348,811	994,616	124,253	89,029	87,964	9,875	43,074	100.0	73.7	9.2	6.6	6.5	0.7	3.2
2003–04	1,399,542	1,026,114	131,241	94,644	92,073	10,638	44,832	100.0	73.3	9.4	6.8	6.6	0.8	3.2
2004–05	1,439,264	1,049,141	136,122	101,124	97,209	10,307	45,361	100.0	72.9	9.5	7.0	6.8	0.7	3.2
2005–06	1,485,242	1,075,561	142,420	107,588	102,376	10,940	46,357	100.0	72.4	9.6	7.2	6.9	0.7	3.1
2006–07	1,524,092	1,099,850	146,653	114,936	105,297	11,455	45,901	100.0	72.2	9.6	7.5	6.9	0.8	3.0
2007–08	1,563,069	1,122,675	152,457	123,048	109,058	11,509	44,322	100.0	71.8	9.8	7.9	7.0	0.7	2.8
2008–09	1,601,368	1,144,612	156,615	129,526	112,510	12,222	45,883	100.0	71.5	9.8	8.1	7.0	0.8	2.9
Males														
1976–77[1]	494,424	438,161	25,147	10,318	7,638	1,804	11,356	100.0	88.6	5.1	2.1	1.5	0.4	2.3
1980–81[2]	469,625	406,173	24,511	10,810	10,107	1,700	16,324	100.0	86.5	5.2	2.3	2.2	0.4	3.5
1989–90	491,696	414,982	23,257	14,932	19,711	1,860	16,954	100.0	84.4	4.7	3.0	4.0	0.4	3.4
1990–91	504,045	421,290	24,800	16,598	21,203	1,938	18,216	100.0	83.6	4.9	3.3	4.2	0.4	3.6
1993–94	532,422	430,526	30,766	21,834	26,952	2,620	19,724	100.0	80.9	5.8	4.1	5.1	0.5	3.7
1994–95	526,131	417,878	31,793	23,626	28,992	2,739	21,103	100.0	79.4	6.0	4.5	5.5	0.5	4.0
1995–96	522,454	409,565	32,974	25,029	30,669	2,885	21,332	100.0	78.4	6.3	4.8	5.9	0.6	4.1
1996–97	520,515	403,366	33,616	26,318	32,521	2,996	21,698	100.0	77.5	6.5	5.1	6.2	0.6	4.2
1997–98	519,956	399,553	34,510	27,677	33,445	3,151	21,620	100.0	76.8	6.6	5.3	6.4	0.6	4.2
1998–99	518,746	396,996	34,876	28,662	34,225	3,323	20,664	100.0	76.5	6.7	5.5	6.6	0.6	4.0
1999–2000	530,367	402,961	37,024	30,301	35,853	3,464	20,764	100.0	76.0	7.0	5.7	6.8	0.7	3.9
2000–01	531,840	401,780	38,103	31,368	35,865	3,700	21,024	100.0	75.5	7.2	5.9	6.7	0.7	4.0
2001–02	549,816	414,892	39,196	32,951	37,660	3,624	21,493	100.0	75.5	7.1	6.0	6.8	0.7	3.9
2002–03	573,258	430,248	41,494	35,101	40,230	3,870	22,315	100.0	75.1	7.2	6.1	7.0	0.7	3.9
2003–04	595,425	445,483	43,851	37,288	41,360	4,244	23,199	100.0	74.8	7.4	6.3	6.9	0.7	3.9
2004–05	613,000	456,592	45,810	39,490	43,711	4,143	23,254	100.0	74.5	7.5	6.4	7.1	0.7	3.8
2005–06	630,600	467,467	48,079	41,814	45,809	4,203	23,228	100.0	74.1	7.6	6.6	7.3	0.7	3.7
2006–07	649,570	480,558	49,685	44,750	47,582	4,505	22,490	100.0	74.0	7.6	6.9	7.3	0.7	3.5
2007–08	667,928	492,137	52,247	47,884	49,485	4,523	21,652	100.0	73.7	7.8	7.2	7.4	0.7	3.2
2008–09	685,382	503,356	53,473	50,628	50,743	4,849	22,333	100.0	73.4	7.8	7.4	7.4	0.7	3.3
Females														
1976–77[1]	423,476	369,527	33,489	8,425	6,155	1,522	4,358	100.0	87.3	7.9	2.0	1.5	0.4	1.0
1980–81[2]	465,175	401,146	36,162	11,022	8,687	1,893	6,265	100.0	86.2	7.8	2.4	1.9	0.4	1.3
1989–90	559,648	472,169	37,789	17,897	19,519	2,530	9,744	100.0	84.4	6.8	3.2	3.5	0.5	1.7
1990–91	590,493	492,803	41,575	20,744	21,326	2,645	11,400	100.0	83.5	7.0	3.5	3.6	0.4	1.9
1993–94	636,853	508,482	53,143	28,465	28,737	3,572	14,454	100.0	79.8	8.3	4.5	4.5	0.6	2.3
1994–95	634,003	496,732	55,443	30,604	31,510	3,871	15,843	100.0	78.3	8.7	4.8	5.0	0.6	2.5
1995–96	642,338	496,281	58,522	33,322	33,764	4,091	16,358	100.0	77.3	9.1	5.2	5.3	0.6	2.5
1996–97	652,364	497,443	60,733	36,191	36,338	4,429	17,230	100.0	76.3	9.3	5.5	5.6	0.7	2.6
1997–98	664,450	501,791	63,741	38,328	38,233	4,752	17,605	100.0	75.5	9.6	5.8	5.8	0.7	2.6
1998–99	681,557	510,249	67,338	41,423	39,972	5,100	17,475	100.0	74.9	9.9	6.1	5.9	0.7	2.6
1999–2000	707,508	526,145	70,989	44,758	42,059	5,255	18,302	100.0	74.4	10.0	6.3	5.9	0.7	2.6
2000–01	712,331	525,577	73,204	46,377	43,037	5,349	18,787	100.0	73.8	10.3	6.5	6.0	0.8	2.6
2001–02	742,084	543,705	77,427	50,015	45,433	5,541	19,963	100.0	73.3	10.4	6.7	6.1	0.7	2.7
2002–03	775,553	564,368	82,759	53,928	47,734	6,005	20,759	100.0	72.8	10.7	7.0	6.2	0.8	2.7
2003–04	804,117	580,631	87,390	57,356	50,713	6,394	21,633	100.0	72.2	10.9	7.1	6.3	0.8	2.7
2004–05	826,264	592,549	90,312	61,634	53,498	6,164	22,107	100.0	71.7	10.9	7.5	6.5	0.7	2.7
2005–06	854,642	608,094	94,341	65,774	56,567	6,737	23,129	100.0	71.2	11.0	7.7	6.6	0.8	2.7
2006–07	874,522	619,292	96,968	70,186	57,715	6,950	23,411	100.0	70.8	11.1	8.0	6.6	0.8	2.7
2007–08	895,141	630,538	100,210	75,164	59,573	6,986	22,670	100.0	70.4	11.2	8.4	6.7	0.8	2.5
2008–09	915,986	641,256	103,142	78,898	61,767	7,373	23,550	100.0	70.0	11.3	8.6	6.7	0.8	2.6

[1]Excludes 1,121 males and 528 females whose racial/ethnic group was not available.
[2]Excludes 258 males and 82 females whose racial/ethnic group was not available.
NOTE: Degree-granting institutions grant associate's or higher degrees and participate in Title IV federal financial aid programs. Race categories exclude persons of Hispanic ethnicity. For 1989–90 and later years, reported racial/ethnic distributions of students by level of degree, field of degree, and sex were used to estimate race/ethnicity for students whose race/ethnicity was not reported. (See Appendix A: Guide to Sources for details.) Detail may not sum to totals because of rounding.
SOURCE: U.S. Department of Education, National Center for Education Statistics, Higher Education General Information Survey (HEGIS), "Degrees and Other Formal Awards Conferred" surveys, 1976–77 and 1980–81; and 1989–90 through 2008–09 Integrated Postsecondary Education Data System, "Completions Survey" (IPEDS-C:90–99), and Fall 2000 through Fall 2009. (This table was prepared September 2010.)

Table 297. Bachelor's degrees conferred by degree-granting institutions, by sex, race/ethnicity, and field of study: 2008–09

Field of study	Total							Males							Females						
	Total	White	Black	Hispanic	Asian/ Pacific Islander	American Indian/ Alaska Native	Non-resident alien	Total	White	Black	Hispanic	Asian/ Pacific Islander	American Indian/ Alaska Native	Non-resident alien	Total	White	Black	Hispanic	Asian/ Pacific Islander	American Indian/ Alaska Native	Non-resident alien
1	2	3	4	5	6	7	8	9	10	11	12	13	14	15	16	17	18	19	20	21	22
All fields, total	**1,601,368**	**1,144,612**	**156,615**	**129,526**	**112,510**	**12,222**	**45,883**	**685,382**	**503,356**	**53,473**	**50,628**	**50,743**	**4,849**	**22,333**	**915,986**	**641,256**	**103,142**	**78,898**	**61,767**	**7,373**	**23,550**
Agriculture and natural resources	24,988	21,441	742	1,128	1,075	268	334	13,101	11,496	355	489	477	133	151	11,887	9,945	387	639	598	135	183
Architecture and related services	10,119	7,215	486	1,017	922	65	414	5,797	4,237	288	607	438	32	195	4,322	2,978	198	410	484	33	219
Area, ethnic, cultural, and gender studies	8,772	4,804	1,192	1,241	1,087	209	239	2,735	1,493	380	353	359	68	82	6,037	3,311	812	888	728	141	157
Biological and biomedical sciences	80,756	52,251	6,379	5,539	13,666	590	2,331	32,925	22,076	1,755	2,199	5,754	232	909	47,831	30,175	4,624	3,340	7,912	358	1,422
Business	347,985	237,403	39,532	27,972	25,493	2,216	15,369	177,862	128,420	15,035	12,773	12,685	1,046	7,903	170,123	106,983	24,497	15,199	12,808	1,170	7,466
Communications, journalism, and related programs	78,009	59,112	7,636	5,677	3,565	472	1,547	27,519	21,346	2,594	1,797	1,098	169	515	50,490	37,766	5,042	3,880	2,467	303	1,032
Communications technologies	5,100	3,642	462	507	308	37	144	3,699	2,668	299	397	207	29	99	1,401	974	163	110	101	8	45
Computer and information sciences	37,994	25,607	4,322	2,792	3,216	238	1,819	31,215	21,996	2,813	2,250	2,568	170	1,418	6,779	3,611	1,509	542	648	68	401
Construction trades	168	138	13	9	8	0	0	163	136	10	9	8	0	0	5	2	3	0	0	0	0
Education	101,708	85,338	6,645	5,832	1,974	926	993	21,159	17,674	1,601	1,008	426	189	261	80,549	67,664	5,044	4,824	1,548	737	732
Engineering	69,133	47,894	3,259	4,682	8,832	364	4,102	56,716	40,183	2,362	3,716	6,911	286	3,258	12,417	7,711	897	966	1,921	78	844
Engineering technologies[1]	15,112	11,591	1,373	960	611	141	436	13,589	10,614	1,124	844	524	118	365	1,523	977	249	116	87	23	71
English language and literature/letters	55,462	43,579	4,225	3,982	2,805	384	487	17,973	14,536	1,092	1,270	817	117	141	37,489	29,043	3,133	2,712	1,988	267	346
Family and consumer sciences	21,905	16,410	2,437	1,464	1,108	198	288	2,754	1,958	394	164	160	21	57	19,151	14 452	2,043	1,300	948	177	231
Foreign languages, literatures, and linguistics	21,158	14,872	919	3,525	1,246	131	465	6,302	4,583	237	922	395	44	121	14,856	10 289	682	2,603	851	87	344
Health professions and related clinical sciences	120,488	87,999	13,827	7,430	8,237	928	2,067	17,792	12,295	1,987	1,255	1,726	135	394	102,696	75,704	11,840	6,175	6,511	793	1,673
Legal professions and studies	3,822	2,443	656	407	255	28	33	1,037	713	126	91	89	7	11	2,785	1,730	530	316	166	21	22
Liberal arts and sciences, general studies, and humanities	47,096	31,908	6,701	4,585	1,653	610	1,639	16,616	11,781	2,188	1,266	522	232	627	30,480	20,127	4,513	3,319	1,131	378	1,012
Library science	78	74	2	2	0	0	0	8	7	0	1	0	0	0	70	67	2	1	0	0	0
Mathematics and statistics	15,496	11,213	876	993	1,598	72	744	8,793	6,346	458	570	929	35	455	6,703	4,867	418	423	669	37	289
Mechanics and repair technologies	223	174	20	5	9	5	10	207	159	19	5	9	5	10	16	15	1	0	0	0	0
Military technologies	55	44	2	4	2	2	1	54	43	2	4	2	2	1	1	1	0	0	0	0	0
Multi/interdisciplinary studies	37,444	25,463	3,522	4,474	2,780	305	900	11,857	8,425	992	994	1,027	98	321	25,587	17,038	2,530	3,480	1,753	207	579
Parks, recreation, leisure and fitness studies	31,667	24,251	3,118	2,316	1,210	257	515	16,666	12,515	1,802	1,308	616	132	293	15,001	11,736	1,316	1,008	594	125	222
Philosophy and religious studies	12,444	9,889	761	793	749	101	151	7,761	6,257	421	495	431	64	93	4,683	3,632	340	298	318	37	58
Physical sciences and science technologies	22,466	16,589	1,315	1,170	2,330	180	882	13,299	10,278	567	642	1,192	104	516	9,167	6,311	748	528	1,138	76	366
Precision production	29	24	1	1	2	0	1	19	15	1	0	2	0	1	10	9	0	1	0	0	0
Psychology	94,271	64,699	11,270	9,609	6,416	672	1,605	21,488	15,061	2,078	2,099	1,749	164	337	72,783	49,638	9,192	7,510	4,667	508	1,268
Public administration and social service professions	23,851	14,053	5,498	2,845	883	282	290	4,374	2,703	837	496	216	63	59	19,477	11,350	4,661	2,349	667	219	231
Security and protective services	41,800	25,902	8,011	5,873	1,268	428	318	21,073	14,572	2,881	2,549	728	201	142	20,727	11,330	5,130	3,324	540	227	176
Social sciences and history	168,500	119,023	15,183	15,088	13,202	1,392	4,612	85,197	63,547	5,806	6,581	6,312	620	2,331	83,303	55,476	9,377	8,507	6,890	772	2,281
Social sciences	133,789	90,330	13,527	12,645	11,821	1,102	4,364	64,757	46,338	4,966	5,184	5,610	462	2,197	69,032	43,992	8,561	7,461	6,211	640	2,167
History	34,711	28,693	1,656	2,443	1,381	290	248	20,440	17,209	840	1,397	702	158	134	14,271	11,484	816	1,046	679	132	114
Theology and religious vocations	8,940	7,534	591	354	219	54	188	5,950	5,118	298	223	145	35	131	2,990	2,416	293	131	74	19	57
Transportation and materials moving	5,189	4,183	304	326	185	46	145	4,631	3,748	270	286	164	38	125	558	435	34	40	21	8	20
Visual and performing arts	89,140	67,850	5,335	6,924	5,596	621	2,814	35,051	26,357	2,401	2,965	2,057	260	1,011	54,089	41,493	2,934	3,959	3,539	361	1,803
Other and not classified	0	0	0	0	0	0	0	0	0	0	0	0	0	0	0	0	0	0	0	0	0

[1]Excludes "Construction trades" and "Mechanics and repair technologies," which are listed separately.

NOTE: Degree-granting institutions grant associate's or higher degrees and participate in Title IV federal financial aid programs. Race categories exclude persons of Hispanic ethnicity. Reported racial/ethnic distributions of students by level of degree, field of degree, and sex were used to estimate race/ethnicity for students whose race/ethnicity was not reported. To facilitate trend comparisons, certain aggregations have been made of the degree fields as reported in the IPEDS Fall survey: "Agriculture and natural resources" includes Agriculture, agriculture operations, and related sciences and Natural resources and conservation; and "Business" includes Business management, marketing, and related support services and Personal and culinary services.

SOURCE: U.S. Department of Education, National Center for Education Statistics, 2008–09 Integrated Postsecondary Education Data System (IPEDS), Fall 2009. (This table was prepared September 2010.)

Table 298. Bachelor's degrees conferred by degree-granting institutions, by sex, race/ethnicity, and field of study: 2007–08

Field of study	Total							Males							Females						
	Total	White	Black	Hispanic	Asian/Pacific Islander	American Indian/Alaska Native	Nonresident alien	Total	White	Black	Hispanic	Asian/Pacific Islander	American Indian/Alaska Native	Nonresident alien	Total	White	Black	Hispanic	Asian/Pacific Islander	American Indian/Alaska Native	Nonresident alien
1	2	3	4	5	6	7	8	9	10	11	12	13	14	15	16	17	18	19	20	21	22
All fields, total	**1,563,069**	**1,122,675**	**152,457**	**123,048**	**109,058**	**11,509**	**44,322**	**667,928**	**492,137**	**52,247**	**47,884**	**49,485**	**4,523**	**21,652**	**895,141**	**630,538**	**100,210**	**75,164**	**59,573**	**6,986**	**22,670**
Agriculture and natural resources	24,113	20,733	761	1,174	916	217	312	12,634	11,130	353	483	406	108	154	11,479	9,603	408	691	510	109	158
Architecture and related services	9,805	6,968	490	1,052	818	60	417	5,579	4,071	280	620	379	28	201	4,226	2,897	210	432	439	32	216
Area, ethnic, cultural, and gender studies	8,454	4,654	1,227	1,196	1,017	192	168	2,641	1,468	387	349	310	70	57	5,813	3,186	840	847	707	122	111
Biological and biomedical sciences	77,854	50,875	6,113	5,180	12,961	522	2,203	31,637	21,353	1,639	2,031	5,520	223	871	46,217	29,522	4,474	3,149	7,441	299	1,332
Business	335,254	229,211	37,981	26,099	24,701	2,226	15,036	170,978	123,780	14,512	11,789	12,213	1,010	7,674	164,276	105,431	23,469	14,310	12,488	1,216	7,362
Communications, journalism, and related programs	76,382	58,104	7,563	5,392	3,378	434	1,511	27,043	21,052	2,567	1,728	1,064	133	499	49,339	37,052	4,996	3,664	2,314	301	1,012
Communications technologies	4,666	3,328	456	430	285	26	141	3,341	2,434	274	323	200	18	92	1,325	894	182	107	85	8	49
Computer and information sciences	38,476	25,734	4,461	2,764	3,470	246	1,801	31,694	22,100	2,960	2,258	2,801	184	1,391	6,782	3,634	1,501	506	669	62	410
Construction trades	180	161	7	6	6	0	0	172	157	6	3	6	0	0	8	4	1	3	0	0	0
Education	102,582	86,545	6,595	5,436	2,122	909	975	21,828	18,359	1,621	998	377	204	269	80,754	68,186	4,974	4,438	1,745	705	706
Engineering	68,676	47,617	3,252	4,419	8,850	360	4,178	56,067	39,774	2,309	3,451	6,861	307	3,365	12,609	7,843	943	968	1,989	53	813
Engineering technologies[1]	14,765	11,193	1,397	996	691	118	370	13,266	10,238	1,132	860	631	102	303	1,499	955	265	136	60	16	67
English language and literature/letters	55,038	43,421	4,223	3,871	2,630	367	526	17,681	14,332	1,079	1,190	816	126	138	37,357	29,089	3,144	2,681	1,814	241	388
Family and consumer sciences	21,870	16,540	2,396	1,400	1,081	201	252	2,659	1,915	365	166	153	20	40	19,211	14,625	2,031	1,234	928	181	212
Foreign languages, literatures, and linguistics	20,977	14,865	874	3,484	1,161	120	473	6,254	4,552	238	951	353	34	126	14,723	10,313	636	2,533	808	86	347
Health professions and related clinical sciences	111,478	82,201	12,842	6,749	7,041	834	1,811	16,286	11,314	1,807	1,173	1,494	126	372	95,192	70,887	11,035	5,576	5,547	708	1,439
Legal professions and studies	3,771	2,422	643	403	245	30	28	1,089	759	115	96	101	8	10	2,682	1,663	528	307	144	22	18
Liberal arts and sciences, general studies, and humanities	46,940	31,585	6,533	4,999	1,944	515	1,364	15,876	11,283	2,138	1,206	592	169	488	31,064	20,302	4,395	3,793	1,352	346	876
Library science	68	67	1	0	0	0	0	6	6	0	0	0	0	0	62	61	1	0	0	0	0
Mathematics and statistics	15,192	11,139	818	943	1,531	77	684	8,490	6,224	416	510	882	51	407	6,702	4,915	402	433	649	26	277
Mechanics and repair technologies	232	186	11	11	7	5	12	219	174	10	11	7	5	12	13	12	1	0	0	0	0
Military technologies	39	31	4	3	0	1	0	35	29	2	3	0	1	0	4	2	2	0	0	0	0
Multi/interdisciplinary studies	36,149	24,739	3,239	4,352	2,651	249	919	11,279	7,990	973	972	927	80	337	24,870	16,749	2,266	3,380	1,724	169	582
Parks, recreation, leisure and fitness studies	29,931	23,204	2,937	2,044	1,023	230	493	15,615	11,868	1,712	1,156	527	116	236	14,316	11,336	1,225	888	496	114	257
Philosophy and religious studies	12,257	9,893	665	769	701	77	152	7,696	6,255	364	502	425	50	100	4,561	3,638	301	267	276	27	52
Physical sciences and science technologies	21,934	16,307	1,264	1,138	2,225	149	851	12,959	10,057	536	636	1,163	70	497	8,975	6,250	728	502	1,062	79	354
Precision production	33	25	2	4	1	0	1	22	18	2	1	1	0	0	11	7	0	3	0	0	1
Psychology	92,587	64,410	10,940	8,816	6,274	676	1,471	21,202	14,946	2,096	1,921	1,754	160	325	71,385	49,464	8,844	6,895	4,520	516	1,146
Public administration and social service professions	23,493	13,726	5,447	2,915	848	256	301	4,202	2,553	829	501	195	55	69	19,291	11,173	4,618	2,414	653	201	232
Security and protective services	40,235	25,359	7,599	5,269	1,253	348	407	20,149	14,149	2,695	2,274	698	142	191	20,086	11,210	4,904	2,995	555	206	216
Social sciences and history	167,363	118,552	15,290	14,646	13,051	1,376	4,448	84,868	63,521	5,821	6,451	6,218	637	2,220	82,495	55,031	9,469	8,195	6,833	739	2,228
Social sciences	132,922	90,112	13,545	12,222	11,736	1,088	4,219	64,512	46,324	5,009	5,081	5,530	468	2,100	68,410	43,788	8,536	7,141	6,206	620	2,119
History	34,441	28,440	1,745	2,424	1,315	288	229	20,356	17,197	812	1,370	688	169	120	14,085	11,243	933	1,054	627	119	109
Theology and religious vocations	8,992	7,646	599	323	197	31	196	5,873	5,089	294	202	127	15	146	3,119	2,557	305	121	70	16	50
Transportation and materials moving	5,203	4,159	347	345	194	44	114	4,604	3,688	305	311	170	35	95	599	471	42	34	24	9	19
Visual and performing arts	87,703	67,039	5,155	6,416	5,782	613	2,698	33,862	25,488	2,306	2,756	2,113	236	963	53,841	41,551	2,849	3,660	3,669	377	1,735
Other and not classified	377	36	325	4	3	0	9	122	11	104	2	1	0	4	255	25	221	2	2	0	5

[1]Excludes "Construction trades" and "Mechanics and repair technologies," which are listed separately.
NOTE: Degree-granting institutions grant associate's or higher degrees and participate in Title IV federal financial aid programs. Race categories exclude persons of Hispanic ethnicity. Reported racial/ethnic distributions of students by level of degree, field of degree, and sex were used to estimate race/ethnicity for students whose race/ethnicity was not reported. To facilitate trend comparisons, certain aggregations have been made of the degree fields as reported in the IPEDS Fall survey: "Agriculture and natural resources" includes Agriculture, agriculture operations, and related sciences and Natural resources and conservation; and "Business" includes Business management, marketing, and related support services and Personal and culinary services.
SOURCE: U.S. Department of Education, National Center for Education Statistics, 2007–08 Integrated Postsecondary Education Data System (IPEDS), Fall 2008. (This table was prepared June 2009.)

Table 299. Master's degrees conferred by degree-granting institutions, by race/ethnicity and sex of student: Selected years, 1976–77 through 2008–09

	Number of degrees conferred							Percentage distribution of degrees conferred						
Year and sex	Total	White	Black	Hispanic	Asian/ Pacific Islander	American Indian/ Alaska Native	Non-resident alien	Total	White	Black	Hispanic	Asian/ Pacific Islander	American Indian/ Alaska Native	Non-resident alien
1	2	3	4	5	6	7	8	9	10	11	12	13	14	15
Total														
1976–77[1]	316,602	266,061	21,037	6,071	5,122	967	17,344	100.0	84.0	6.6	1.9	1.6	0.3	5.5
1980–81[2]	294,183	241,216	17,133	6,461	6,282	1,034	22,057	100.0	82.0	5.8	2.2	2.1	0.4	7.5
1989–90	324,301	254,299	15,336	7,892	10,439	1,090	35,245	100.0	78.4	4.7	2.4	3.2	0.3	10.9
1990–91	337,168	261,232	16,616	8,887	11,650	1,178	37,605	100.0	77.5	4.9	2.6	3.5	0.3	11.2
1993–94	387,070	289,536	21,986	11,933	15,411	1,699	46,505	100.0	74.8	5.7	3.1	4.0	0.4	12.0
1994–95	397,629	293,345	24,166	12,905	16,847	1,621	48,745	100.0	73.8	6.1	3.2	4.2	0.4	12.3
1995–96	406,301	298,133	25,822	14,442	18,216	1,778	47,910	100.0	73.4	6.4	3.6	4.5	0.4	11.8
1996–97	419,401	305,005	28,403	15,440	19,061	1,940	49,552	100.0	72.7	6.8	3.7	4.5	0.5	11.8
1997–98	430,164	308,196	30,155	16,248	21,133	2,053	52,379	100.0	71.6	7.0	3.8	4.9	0.5	12.2
1998–99	439,986	313,487	32,541	17,838	22,072	2,016	52,032	100.0	71.2	7.4	4.1	5.0	0.5	11.8
1999–2000	457,056	320,485	35,874	19,253	23,218	2,246	55,980	100.0	70.1	7.8	4.2	5.1	0.5	12.2
2000–01	468,476	320,480	38,265	21,543	24,283	2,481	61,424	100.0	68.4	8.2	4.6	5.2	0.5	13.1
2001–02	482,118	327,645	40,370	22,385	25,411	2,624	63,683	100.0	68.0	8.4	4.6	5.3	0.5	13.2
2002–03	513,339	342,131	44,438	25,047	27,264	2,858	71,601	100.0	66.6	8.7	4.9	5.3	0.6	13.9
2003–04	558,940	369,582	50,657	29,666	30,952	3,192	74,891	100.0	66.1	9.1	5.3	5.5	0.6	13.4
2004–05	574,618	379,350	54,482	31,485	32,783	3,295	73,223	100.0	66.0	9.5	5.5	5.7	0.6	12.7
2005–06	594,065	393,357	58,976	32,438	34,029	3,504	71,761	100.0	66.2	9.9	5.5	5.7	0.6	12.1
2006–07	604,607	399,267	62,574	34,822	36,134	3,575	68,235	100.0	66.0	10.3	5.8	6.0	0.6	11.3
2007–08	625,023	409,312	65,062	36,801	37,408	3,758	72,682	100.0	65.5	10.4	5.9	6.0	0.6	11.6
2008–09	656,784	424,188	70,010	39,439	39,944	3,759	79,444	100.0	64.6	10.7	6.0	6.1	0.6	12.1
Males														
1976–77[1]	167,396	139,210	7,781	3,268	3,123	521	13,493	100.0	83.2	4.6	2.0	1.9	0.3	8.1
1980–81[2]	145,666	115,562	6,158	3,085	3,773	501	16,587	100.0	79.3	4.2	2.1	2.6	0.3	11.4
1989–90	153,653	114,203	5,474	3,548	5,896	455	24,077	100.0	74.3	3.6	2.3	3.8	0.3	15.7
1990–91	156,482	114,419	5,916	3,936	6,575	488	25,148	100.0	73.1	3.8	2.5	4.2	0.3	16.1
1993–94	176,085	124,409	7,424	5,122	8,298	692	30,140	100.0	70.7	4.2	2.9	4.7	0.4	17.1
1994–95	178,598	124,277	8,097	5,487	8,923	659	31,155	100.0	69.6	4.5	3.1	5.0	0.4	17.4
1995–96	179,081	124,847	8,445	5,843	9,400	705	29,841	100.0	69.7	4.7	3.3	5.2	0.4	16.7
1996–97	180,947	125,552	8,960	6,246	9,218	734	30,237	100.0	69.4	5.0	3.5	5.1	0.4	16.7
1997–98	184,375	125,605	9,652	6,512	10,262	782	31,562	100.0	68.1	5.2	3.5	5.6	0.4	17.1
1998–99	186,148	126,674	10,058	7,032	10,491	771	31,122	100.0	68.1	5.4	3.8	5.6	0.4	16.7
1999–2000	191,792	128,046	11,212	7,635	11,047	836	33,016	100.0	66.8	5.8	4.0	5.8	0.4	17.2
2000–01	194,351	125,993	11,568	8,271	11,349	917	36,253	100.0	64.8	6.0	4.3	5.8	0.5	18.7
2001–02	199,120	128,776	11,795	8,430	11,746	993	37,380	100.0	64.7	5.9	4.2	5.9	0.5	18.8
2002–03	211,664	133,398	12,869	9,270	12,518	1,027	42,582	100.0	63.0	6.1	4.4	5.9	0.5	20.1
2003–04	229,545	143,827	14,653	10,813	14,347	1,127	44,778	100.0	62.7	6.4	4.7	6.3	0.5	19.5
2004–05	233,590	147,546	15,733	11,385	15,031	1,160	42,735	100.0	63.2	6.7	4.9	6.4	0.5	18.3
2005–06	237,896	150,954	16,959	11,637	15,803	1,244	41,299	100.0	63.5	7.1	4.9	6.6	0.5	17.4
2006–07	238,189	151,358	17,907	12,362	16,451	1,264	38,847	100.0	63.5	7.5	5.2	6.9	0.5	16.3
2007–08	246,491	155,035	18,357	13,057	17,227	1,280	41,535	100.0	62.9	7.4	5.3	7.0	0.5	16.9
2008–09	259,998	160,505	19,718	14,215	18,480	1,340	45,740	100.0	61.7	7.6	5.5	7.1	0.5	17.6
Females														
1976–77[1]	149,206	126,851	13,256	2,803	1,999	446	3,851	100.0	85.0	8.9	1.9	1.3	0.3	2.6
1980–81[2]	148,517	125,654	10,975	3,376	2,509	533	5,470	100.0	84.6	7.4	2.3	1.7	0.4	3.7
1989–90	170,648	140,096	9,862	4,344	4,543	635	11,168	100.0	82.1	5.8	2.5	2.7	0.4	6.5
1990–91	180,686	146,813	10,700	4,951	5,075	690	12,457	100.0	81.3	5.9	2.7	2.8	0.4	6.9
1993–94	210,985	165,127	14,562	6,811	7,113	1,007	16,365	100.0	78.3	6.9	3.2	3.4	0.5	7.8
1994–95	219,031	169,068	16,069	7,418	7,924	962	17,590	100.0	77.2	7.3	3.4	3.6	0.4	8.0
1995–96	227,220	173,286	17,377	8,599	8,816	1,073	18,069	100.0	76.3	7.6	3.8	3.9	0.5	8.0
1996–97	238,454	179,453	19,443	9,194	9,843	1,206	19,315	100.0	75.3	8.2	3.9	4.1	0.5	8.1
1997–98	245,789	182,591	20,503	9,736	10,871	1,271	20,817	100.0	74.3	8.3	4.0	4.4	0.5	8.5
1998–99	253,838	186,813	22,483	10,806	11,581	1,245	20,910	100.0	73.6	8.9	4.3	4.6	0.5	8.2
1999–2000	265,264	192,439	24,662	11,618	12,171	1,410	22,964	100.0	72.5	9.3	4.4	4.6	0.5	8.7
2000–01	274,125	194,487	26,697	13,272	12,934	1,564	25,171	100.0	70.9	9.7	4.8	4.7	0.6	9.2
2001–02	282,998	198,869	28,575	13,955	13,665	1,631	26,303	100.0	70.3	10.1	4.9	4.8	0.6	9.3
2002–03	301,675	208,733	31,569	15,777	14,746	1,831	29,019	100.0	69.2	10.5	5.2	4.9	0.6	9.6
2003–04	329,395	225,755	36,004	18,853	16,605	2,065	30,113	100.0	68.5	10.9	5.7	5.0	0.6	9.1
2004–05	341,028	231,804	38,749	20,100	17,752	2,135	30,488	100.0	68.0	11.4	5.9	5.2	0.6	8.9
2005–06	356,169	242,403	42,017	20,801	18,226	2,260	30,462	100.0	68.1	11.8	5.8	5.1	0.6	8.6
2006–07	366,418	247,909	44,667	22,460	19,683	2,311	29,388	100.0	67.7	12.2	6.1	5.4	0.6	8.0
2007–08	378,532	254,277	46,705	23,744	20,181	2,478	31,147	100.0	67.2	12.3	6.3	5.3	0.7	8.2
2008–09	396,786	263,683	50,292	25,224	21,464	2,419	33,704	100.0	66.5	12.7	6.4	5.4	0.6	8.5

[1]Excludes 387 men and 175 women whose racial/ethnic group was not available.
[2]Excludes 1,377 men and 179 women whose racial/ethnic group was not available.
NOTE: Degree-granting institutions grant associate's or higher degrees and participate in Title IV federal financial aid programs. Race categories exclude persons of Hispanic ethnicity. For 1989–90 and later years, reported racial/ethnic distributions of students by level of degree, field of degree, and sex were used to estimate race/ethnicity for students whose race/ethnicity was not reported. (See Appendix A: Guide to Sources for details.) Detail may not sum to totals because of rounding.
SOURCE: U.S. Department of Education, National Center for Education Statistics, Higher Education General Information Survey (HEGIS), "Degrees and Other Formal Awards Conferred" surveys, 1976–77 and 1980–81; and 1989–90 through 2008–09 Integrated Postsecondary Education Data System, "Completions Survey" (IPEDS-C:90–99), and Fall 2000 through Fall 2009. (This table was prepared September 2010.)

Table 300. Master's degrees conferred by degree-granting institutions, by sex, race/ethnicity, and field of study: 2008–09

Field of study	Total: Total	Total: White	Total: Black	Total: Hispanic	Total: Asian/ Pacific Islander	Total: American Indian/ Alaska Native	Total: Non-resident alien	Males: Total	Males: White	Males: Black	Males: Hispanic	Males: Asian/ Pacific Islander	Males: American Indian/ Alaska Native	Males: Non-resident alien	Females: Total	Females: White	Females: Black	Females: Hispanic	Females: Asian/ Pacific Islander	Females: American Indian/ Alaska Native	Females: Non-resident alien
1	2	3	4	5	6	7	8	9	10	11	12	13	14	15	16	17	18	19	20	21	22
All fields, total	656,784	424,188	70,010	39,439	39,944	3,759	79,444	259,998	160,505	19,718	14,215	18,480	1,340	45,740	396,786	263,683	50,292	25,224	21,464	2,419	33,704
Agriculture and natural resources	4,877	3,652	167	157	160	30	711	2,328	1,784	71	65	55	12	341	2,549	1,868	96	92	105	18	370
Architecture and related services	6,587	4,434	280	390	437	36	1,010	3,657	2,558	147	212	176	18	546	2,930	1,876	133	178	261	18	464
Area, ethnic, cultural, and gender studies	1,779	973	199	189	134	29	255	607	354	57	58	46	9	83	1,172	619	142	131	88	20	172
Biological and biomedical sciences	9,898	5,836	560	487	1,233	41	1,741	4,200	2,549	167	202	540	18	724	5,698	3,287	393	285	693	23	1,017
Business	168,375	96,286	23,220	9,756	14,327	925	23,861	91,981	55,952	8,217	5,033	8,183	479	14,117	76,394	40,334	15,003	4,723	6,144	446	9,744
Communications, journalism, and related programs	7,092	4,408	798	413	351	37	1,085	2,212	1,438	196	115	91	13	359	4,880	2,970	602	298	260	24	726
Communications technologies	475	227	53	20	32	0	143	247	121	15	12	19	0	80	228	106	38	8	13	0	63
Computer and information sciences	17,907	6,127	1,107	504	1,781	43	8,345	13,063	4,852	680	360	1,219	29	5,923	4,844	1,275	427	144	562	14	2,422
Construction trades	0	0	0	0	0	0	0	0	0	0	0	0	0	0	0	0	0	0	0	0	0
Education	178,564	136,373	18,697	12,451	4,919	1,064	5,060	40,324	31,212	3,797	2,798	1,039	266	1,212	138,240	105,161	14,900	9,653	3,880	798	3,848
Engineering	34,750	13,167	993	1,187	4,239	90	15,074	26,970	10,620	690	895	3,086	74	11,605	7,780	2,547	303	292	1,153	16	3,469
Engineering technologies[1]	3,455	1,510	238	152	259	18	1,278	2,625	1,175	148	111	180	11	1,000	830	335	90	41	79	7	278
English language and literature/letters	9,261	7,560	460	468	363	59	351	3,001	2,550	101	152	86	19	93	6,260	5,010	359	316	277	40	258
Family and consumer sciences	2,453	1,766	304	99	93	12	179	366	273	31	11	10	3	38	2,087	1,493	273	88	83	9	141
Foreign languages, literatures, and linguistics	3,592	2,054	98	533	152	14	741	1,211	756	39	153	36	5	222	2,381	1,298	59	380	116	9	519
Health professions and related clinical sciences	62,620	44,617	6,716	3,303	4,717	404	2,863	11,869	7,612	1,066	729	1,277	74	1,111	50,751	37,005	5,650	2,574	3,440	330	1,752
Legal professions and studies	5,150	1,582	311	200	288	19	2,750	2,683	857	125	103	151	7	1,440	2,467	725	186	97	137	12	1,310
Liberal arts and sciences, general studies, and humanities	3,728	2,649	356	251	216	33	223	1,439	1,041	109	94	99	8	88	2,289	1,608	247	157	117	25	135
Library science	7,091	5,911	350	391	275	50	114	1,344	1,108	50	94	59	8	25	5,747	4,803	300	297	216	42	89
Mathematics and statistics	5,211	2,376	153	162	437	9	2,074	3,064	1,436	75	100	234	7	1,212	2,147	940	78	62	203	2	862
Mechanics and repair technologies	0	0	0	0	0	0	0	0	0	0	0	0	0	0	0	0	0	0	0	0	0
Military technologies	3	3	0	0	0	0	0	2	2	0	0	0	0	0	1	1	0	0	0	0	0
Multi/interdisciplinary studies	5,344	3,681	391	359	264	47	602	1,946	1,318	135	114	93	14	272	3,398	2,363	256	245	171	33	330
Parks, recreation, leisure and fitness studies	4,822	3,688	443	220	136	32	303	2,605	1,971	248	136	77	15	158	2,217	1,717	195	84	59	17	145
Philosophy and religious studies	1,859	1,442	99	94	83	7	134	1,178	928	51	68	48	2	81	681	514	48	26	35	5	53
Physical sciences and science technologies	5,658	3,367	187	208	309	32	1,555	3,433	2,038	102	126	168	19	980	2,225	1,329	85	82	141	13	575
Precision production	10	7	0	0	0	2	1	5	3	0	0	0	2	0	5	4	0	0	0	0	1
Psychology	23,415	16,493	3,317	1,791	947	150	717	4,789	3,563	526	358	165	24	153	18,626	12,930	2,791	1,433	782	126	564
Public administration and social service professions	33,933	21,068	6,419	2,921	1,437	317	1,771	8,346	5,069	1,261	709	379	78	850	25,587	15,999	5,158	2,212	1,058	239	921
Security and protective services	6,128	3,982	1,263	503	200	54	126	2,829	2,024	386	238	100	23	58	3,299	1,958	877	265	100	31	68
Social sciences and history	19,240	12,284	1,349	1,133	933	110	3,431	9,605	6,413	503	559	384	50	1,696	9,635	5,871	846	574	549	60	1,735
Social sciences	15,698	9,281	1,208	939	870	79	3,321	7,593	4,682	440	444	348	35	1,644	8,105	4,599	768	495	522	44	1,677
History	3,542	3,003	141	194	63	31	110	2,012	1,731	63	115	36	15	52	1,530	1,272	78	79	27	16	58
Theology and religious vocations	7,541	5,601	716	273	304	19	628	4,839	3,653	360	169	180	14	463	2,702	1,948	356	104	124	5	165
Transportation and materials moving	1,048	861	59	63	34	6	25	905	748	47	55	26	6	23	143	113	12	8	8	0	2
Visual and performing arts	14,918	10,203	707	761	884	70	2,293	6,325	4,527	318	386	274	33	787	8,593	5,676	389	375	610	37	1,506
Other and not classified	0	0	0	0	0	0	0	0	0	0	0	0	0	0	0	0	0	0	0	0	0

[1]Excludes "Construction trades" and "Mechanics and repair technologies," which are listed separately.

NOTE: Degree-granting institutions grant associate's or higher degrees and participate in Title IV federal financial aid programs. Race categories exclude persons of Hispanic ethnicity. Reported racial/ethnic distributions of students by level of degree, field of degree, and sex were used to estimate race/ethnicity for students whose race/ethnicity was not reported. To facilitate trend comparisons, certain aggregations have been made of the degree fields as reported in the IPEDS Fall survey: "Agriculture and natural resources" includes Agriculture, agriculture operations, and related sciences and Natural resources and conservation; and "Business" includes Business management, marketing, and related support services and Personal and culinary services.

SOURCE: U.S. Department of Education, National Center for Education Statistics, 2008–09 Integrated Postsecondary Education Data System (IPEDS), Fall 2009. (This table was prepared September 2010.)

Table 301. Master's degrees conferred by degree-granting institutions, by sex, race/ethnicity, and field of study: 2007–08

Field of study	Total: Total	Total: White	Total: Black	Total: Hispanic	Total: Asian/ Pacific Islander	Total: American Indian/ Alaska Native	Total: Non-resident alien	Males: Total	Males: White	Males: Black	Males: Hispanic	Males: Asian/ Pacific Islander	Males: American Indian/ Alaska Native	Males: Non-resident alien	Females: Total	Females: White	Females: Black	Females: Hispanic	Females: Asian/ Pacific Islander	Females: American Indian/ Alaska Native	Females: Non-resident alien
1	2	3	4	5	6	7	8	9	10	11	12	13	14	15	16	17	18	19	20	21	22
All fields, total	**625,023**	**409,312**	**65,062**	**36,801**	**37,408**	**3,758**	**72,682**	**246,491**	**155,035**	**18,357**	**13,057**	**17,227**	**1,280**	**41,535**	**378,532**	**254,277**	**46,705**	**23,744**	**20,181**	**2,478**	**31,147**
Agriculture and natural resources	4,684	3,546	124	128	113	36	737	2,180	1,651	46	56	46	12	369	2,504	1,895	78	72	67	24	368
Architecture and related services	6,065	4,063	253	357	405	31	956	3,252	2,277	121	191	170	16	477	2,813	1,786	132	166	235	15	479
Area, ethnic, cultural, and gender studies	1,778	960	196	198	132	36	256	642	366	53	72	44	18	89	1,136	594	143	126	88	18	167
Biological and biomedical sciences	9,565	5,797	597	494	1,120	65	1,492	4,041	2,544	188	188	483	31	607	5,524	3,253	409	306	637	34	885
Business	155,637	90,269	20,569	8,553	13,604	851	21,791	86,258	53,301	7,277	4,443	7,835	415	12,987	69,379	36,968	13,292	4,110	5,769	436	8,804
Communications, journalism, and related programs	6,915	4,407	738	387	367	45	971	2,216	1,489	187	111	106	10	313	4,699	2,918	551	276	261	35	658
Communications technologies	631	282	49	39	50	0	211	364	185	25	19	26	0	109	267	97	24	20	24	0	102
Computer and information sciences	17,087	6,108	1,120	484	1,919	52	7,404	12,513	4,802	668	370	1,289	41	5,343	4,574	1,306	452	114	630	11	2,061
Construction trades	0	0	0	0	0	0	0	0	0	0	0	0	0	0	0	0	0	0	0	0	0
Education	175,880	134,870	18,001	12,028	4,553	1,209	5,219	40,055	31,104	3,710	2,679	930	291	1,341	135,825	103,766	14,291	9,349	3,623	918	3,878
Engineering	31,719	12,685	993	1,145	3,700	83	13,113	24,446	10,205	705	828	2,607	64	10,037	7,273	2,480	288	317	1,093	19	3,076
Engineering technologies[1]	2,873	1,379	228	151	261	18	836	2,128	1,082	134	102	188	8	614	745	297	94	49	73	10	222
English language and literature/letters	9,161	7,425	499	441	347	58	391	3,027	2,510	125	135	120	33	104	6,134	4,915	374	306	227	25	287
Family and consumer sciences	2,199	1,569	247	93	83	18	189	316	224	31	18	12	2	29	1,883	1,345	216	75	71	16	160
Foreign languages, literatures, and linguistics	3,565	2,082	86	531	162	13	691	1,128	701	26	151	46	6	198	2,437	1,381	60	380	116	7	493
Health professions and related clinical sciences	58,120	41,373	6,143	3,266	4,141	404	2,793	11,010	7,091	972	721	1,050	78	1,098	47,110	34,282	5,171	2,545	3,091	326	1,695
Legal professions and studies	4,754	1,575	208	164	284	16	2,507	2,394	818	75	98	123	9	1,271	2,360	757	133	66	161	7	1,236
Liberal arts and sciences, general studies, and humanities	3,797	2,851	348	177	171	32	218	1,443	1,075	115	69	82	13	89	2,354	1,776	233	108	89	19	129
Library science	7,162	6,043	387	350	230	44	108	1,429	1,202	66	75	47	10	29	5,733	4,841	321	275	183	34	79
Mathematics and statistics	4,980	2,393	169	175	431	12	1,800	2,860	1,420	81	104	222	4	1,029	2,120	973	88	71	209	8	771
Mechanics and repair technologies	0	0	0	0	0	0	0	0	0	0	0	0	0	0	0	0	0	0	0	0	0
Military technologies	0	0	0	0	0	0	0	0	0	0	0	0	0	0	0	0	0	0	0	0	0
Multi/interdisciplinary studies	5,289	3,637	424	332	285	42	569	1,807	1,213	123	100	88	17	266	3,482	2,424	301	232	197	25	303
Parks, recreation, leisure and fitness studies	4,440	3,460	394	178	98	26	284	2,313	1,788	202	93	51	13	166	2,127	1,672	192	85	47	13	118
Philosophy and religious studies	1,879	1,488	80	79	80	8	144	1,228	980	40	57	57	6	88	651	508	40	22	23	2	56
Physical sciences and science technologies	5,899	3,551	192	214	302	23	1,617	3,649	2,227	93	127	148	8	1,046	2,250	1,324	99	87	154	15	571
Precision production	3	2	0	0	0	0	1	2	2	0	0	0	0	0	1	0	0	0	0	0	1
Psychology	21,431	15,097	2,920	1,680	893	128	713	4,356	3,211	421	383	177	21	143	17,075	11,886	2,499	1,297	716	107	570
Public administration and social service professions	33,029	20,774	6,168	2,772	1,407	293	1,615	8,140	5,075	1,271	636	337	59	762	24,889	15,699	4,897	2,136	1,070	234	853
Security and protective services	5,760	3,819	1,141	505	152	36	107	2,653	1,892	373	248	74	13	53	3,107	1,927	768	257	78	23	54
Social sciences and history	18,495	11,951	1,330	952	938	89	3,235	9,349	6,235	520	469	412	35	1,678	9,146	5,716	810	483	526	54	1,557
Social sciences	15,092	9,044	1,186	820	860	71	3,111	7,393	4,536	453	388	370	28	1,618	7,699	4,508	733	432	490	43	1,493
History	3,403	2,907	144	132	78	18	124	1,956	1,699	67	81	42	7	60	1,447	1,208	77	51	36	11	64
Theology and religious vocations	6,996	5,163	662	198	304	26	643	4,443	3,292	346	131	180	16	478	2,553	1,871	316	67	124	10	165
Transportation and materials moving	982	788	71	66	27	10	20	829	674	56	53	19	9	18	153	114	15	13	8	1	2
Visual and performing arts	14,164	9,892	656	664	848	54	2,050	5,998	4,395	290	330	258	22	703	8,166	5,497	366	334	590	32	1,347
Other and not classified	84	13	69	0	1	0	1	22	4	17	0	0	0	1	62	9	52	0	1	0	0

[1]Excludes "Construction trades" and "Mechanics and repair technologies," which are listed separately.
NOTE: Degree-granting institutions grant associate's or higher degrees and participate in Title IV federal financial aid programs. Race categories exclude persons of Hispanic ethnicity. Reported racial/ethnic distributions of students by level of degree, field of degree, and sex were used to estimate race/ethnicity for students whose race/ethnicity was not reported. To facilitate trend comparisons, certain aggregations have been made of the degree fields as reported in the IPEDS Fall survey: "Agriculture and natural resources" includes Agriculture, agriculture operations, and related sciences and Natural resources and conservation; and "Business" includes Business management, marketing, and related support services and Personal and culinary services.
SOURCE: U.S. Department of Education, National Center for Education Statistics, 2007–08 Integrated Postsecondary Education Data System (IPEDS), Fall 2008. (This table was prepared June 2009.)

Table 302. Doctor's degrees conferred by degree-granting institutions, by race/ethnicity and sex of student: Selected years, 1976–77 through 2008–09

Year and sex	Number of degrees conferred[1]							Percentage distribution of degrees conferred[1]						
	Total	White	Black	Hispanic	Asian/ Pacific Islander	American Indian/ Alaska Native	Non-resident alien	Total	White	Black	Hispanic	Asian/ Pacific Islander	American Indian/ Alaska Native	Non-resident alien
1	2	3	4	5	6	7	8	9	10	11	12	13	14	15
Total														
1976–77[2]	33,126	26,851	1,253	522	658	95	3,747	100.0	81.1	3.8	1.6	2.0	0.3	11.3
1980–81[3]	32,839	25,908	1,265	456	877	130	4,203	100.0	78.9	3.9	1.4	2.7	0.4	12.8
1989–90	38,371	26,221	1,149	780	1,225	98	8,898	100.0	68.3	3.0	2.0	3.2	0.3	23.2
1990–91	39,294	25,855	1,248	757	1,504	106	9,824	100.0	65.8	3.2	1.9	3.8	0.3	25.0
1993–94	43,185	27,212	1,385	900	2,024	134	11,530	100.0	63.0	3.2	2.1	4.7	0.3	26.7
1994–95	44,446	27,846	1,667	984	2,689	130	11,130	100.0	62.7	3.8	2.2	6.1	0.3	25.0
1995–96	44,652	27,773	1,632	997	2,641	159	11,450	100.0	62.2	3.7	2.2	5.9	0.4	25.6
1996–97	45,876	28,596	1,865	1,120	2,667	175	11,453	100.0	62.3	4.1	2.4	5.8	0.4	25.0
1997–98	46,010	28,803	2,067	1,275	2,339	186	11,340	100.0	62.6	4.5	2.8	5.1	0.4	24.6
1998–99	44,077	27,838	2,136	1,302	2,299	194	10,308	100.0	63.2	4.8	3.0	5.2	0.4	23.4
1999–2000	44,808	27,843	2,246	1,305	2,420	160	10,834	100.0	62.1	5.0	2.9	5.4	0.4	24.2
2000–01	44,904	27,454	2,207	1,516	2,587	177	10,963	100.0	61.1	4.9	3.4	5.8	0.4	24.4
2001–02	44,160	26,903	2,395	1,434	2,319	180	10,929	100.0	60.9	5.4	3.2	5.3	0.4	24.7
2002–03	46,042	27,709	2,522	1,562	2,424	196	11,629	100.0	60.2	5.5	3.4	5.3	0.4	25.3
2003–04	48,378	28,214	2,900	1,662	2,632	217	12,753	100.0	58.3	6.0	3.4	5.4	0.4	26.4
2004–05	52,631	30,261	3,056	1,824	2,911	237	14,342	100.0	57.5	5.8	3.5	5.5	0.5	27.3
2005–06	56,067	31,601	3,122	1,882	3,257	230	15,975	100.0	56.4	5.6	3.4	5.8	0.4	28.5
2006–07	60,616	34,071	3,727	2,034	3,541	249	16,994	100.0	56.2	6.1	3.4	5.8	0.4	28.0
2007–08	63,712	36,390	3,906	2,279	3,618	272	17,247	100.0	57.1	6.1	3.6	5.7	0.4	27.1
2008–09	67,716	39,648	4,434	2,540	3,875	332	16,887	100.0	58.6	6.5	3.8	5.7	0.5	24.9
Males														
1976–77[2]	25,036	20,032	766	383	540	67	3,248	100.0	80.0	3.1	1.5	2.2	0.3	13.0
1980–81[3]	22,595	17,310	694	277	655	95	3,564	100.0	76.6	3.1	1.2	2.9	0.4	15.8
1989–90	24,401	15,314	531	419	865	49	7,223	100.0	62.8	2.2	1.7	3.5	0.2	29.6
1990–91	24,756	14,853	597	399	1,017	59	7,831	100.0	60.0	2.4	1.6	4.1	0.2	31.6
1993–94	26,552	15,159	627	463	1,373	66	8,864	100.0	57.1	2.4	1.7	5.2	0.2	33.4
1994–95	26,916	15,375	730	488	1,756	58	8,509	100.0	57.1	2.7	1.8	6.5	0.2	31.6
1995–96	26,841	15,112	727	514	1,692	80	8,716	100.0	56.3	2.7	1.9	6.3	0.3	32.5
1996–97	27,146	15,499	795	585	1,645	87	8,535	100.0	57.1	2.9	2.2	6.1	0.3	31.4
1997–98	26,664	15,399	824	652	1,392	83	8,314	100.0	57.8	3.1	2.4	5.2	0.3	31.2
1998–99	25,146	14,726	873	625	1,337	92	7,493	100.0	58.6	3.5	2.5	5.3	0.4	29.8
1999–2000	25,028	14,472	876	611	1,356	57	7,656	100.0	57.8	3.5	2.4	5.4	0.2	30.6
2000–01	24,728	13,937	855	687	1,453	76	7,720	100.0	56.4	3.5	2.8	5.9	0.3	31.2
2001–02	23,708	13,330	922	650	1,242	67	7,497	100.0	56.2	3.9	2.7	5.2	0.3	31.6
2002–03	24,351	13,478	915	741	1,243	76	7,898	100.0	55.3	3.8	3.0	5.1	0.3	32.4
2003–04	25,323	13,567	1,015	766	1,293	90	8,592	100.0	53.6	4.0	3.0	5.1	0.4	33.9
2004–05	26,973	14,023	1,049	764	1,403	87	9,647	100.0	52.0	3.9	2.8	5.2	0.3	35.8
2005–06	28,634	14,659	1,081	826	1,555	105	10,408	100.0	51.2	3.8	2.9	5.4	0.4	36.3
2006–07	30,251	15,268	1,282	892	1,703	96	11,010	100.0	50.5	4.2	2.9	5.6	0.3	36.4
2007–08	31,215	16,168	1,312	977	1,628	115	11,015	100.0	51.8	4.2	3.1	5.2	0.4	35.3
2008–09	32,279	17,094	1,484	1,092	1,770	138	10,701	100.0	53.0	4.6	3.4	5.5	0.4	33.2
Females														
1976–77	8,090	6,819	487	139	118	28	499	100.0	84.3	6.0	1.7	1.5	0.3	6.2
1980–81[3]	10,244	8,598	571	179	222	35	639	100.0	83.9	5.6	1.7	2.2	0.3	6.2
1989–90	13,970	10,907	618	361	360	49	1,675	100.0	78.1	4.4	2.6	2.6	0.4	12.0
1990–91	14,538	11,002	651	358	487	47	1,993	100.0	75.7	4.5	2.5	3.3	0.3	13.7
1993–94	16,633	12,053	758	437	651	68	2,666	100.0	72.5	4.6	2.6	3.9	0.4	16.0
1994–95	17,530	12,471	937	496	933	72	2,621	100.0	71.1	5.3	2.8	5.3	0.4	15.0
1995–96	17,811	12,661	905	483	949	79	2,734	100.0	71.1	5.1	2.7	5.3	0.4	15.4
1996–97	18,730	13,097	1,070	535	1,022	88	2,918	100.0	69.9	5.7	2.9	5.5	0.5	15.6
1997–98	19,346	13,404	1,243	623	947	103	3,026	100.0	69.3	6.4	3.2	4.9	0.5	15.6
1998–99	18,931	13,112	1,263	677	962	102	2,815	100.0	69.3	6.7	3.6	5.1	0.5	14.9
1999–2000	19,780	13,371	1,370	694	1,064	103	3,178	100.0	67.6	6.9	3.5	5.4	0.5	16.1
2000–01	20,176	13,517	1,352	829	1,134	101	3,243	100.0	67.0	6.7	4.1	5.6	0.5	16.1
2001–02	20,452	13,573	1,473	784	1,077	113	3,432	100.0	66.4	7.2	3.8	5.3	0.6	16.8
2002–03	21,691	14,231	1,607	821	1,181	120	3,731	100.0	65.6	7.4	3.8	5.4	0.6	17.2
2003–04	23,055	14,647	1,885	896	1,339	127	4,161	100.0	63.5	8.2	3.9	5.8	0.6	18.0
2004–05	25,658	16,238	2,007	1,060	1,508	150	4,695	100.0	63.3	7.8	4.1	5.9	0.6	18.3
2005–06	27,433	16,942	2,041	1,056	1,702	125	5,567	100.0	61.8	7.4	3.8	6.2	0.5	20.3
2006–07	30,365	18,803	2,445	1,142	1,838	153	5,984	100.0	61.9	8.1	3.8	6.1	0.5	19.7
2007–08	32,497	20,222	2,594	1,302	1,990	157	6,232	100.0	62.2	8.0	4.0	6.1	0.5	19.2
2008–09	35,437	22,554	2,950	1,448	2,105	194	6,186	100.0	63.6	8.3	4.1	5.9	0.5	17.5

[1]Includes Ph.D., Ed.D, and comparable degrees at the doctoral level. Excludes first-professional degrees, such as M.D., D.D.S., and law degrees.
[2]Excludes 106 men whose racial/ethnic group was not available.
[3]Excludes 116 men and 3 women whose racial/ethnic group was not available.
NOTE: Degree-granting institutions grant associate's or higher degrees and participate in Title IV federal financial aid programs. Race categories exclude persons of Hispanic ethnicity. For 1989–90 and later years, reported racial/ethnic distributions of students by level of degree, field of degree, and sex were used to estimate race/ethnicity for students whose race/ethnicity was not reported. (See Appendix A: Guide to Sources for details.) Detail may not sum to totals because of rounding.
SOURCE: U.S. Department of Education, National Center for Education Statistics, Higher Education General Information Survey (HEGIS), "Degrees and Other Formal Awards Conferred" surveys, 1976–77 and 1980–81; and 1989–90 through 2008–09 Integrated Postsecondary Education Data System, "Completions Survey" (IPEDS-C:90–99), and Fall 2000 through Fall 2009. (This table was prepared September 2010.)

Table 303. Doctor's degrees conferred by degree-granting institutions, by sex, race/ethnicity, and field of study: 2008–09

Field of study	Total							Males							Females						
	Total	White	Black	Hispanic	Asian/ Pacific Islander	American Indian/ Alaska Native	Non-resident alien	Total	White	Black	Hispanic	Asian/ Pacific Islander	American Indian/ Alaska Native	Non-resident alien	Total	White	Black	Hispanic	Asian/ Pacific Islander	American Indian/ Alaska Native	Non-resident alien
1	2	3	4	5	6	7	8	9	10	11	12	13	14	15	16	17	18	19	20	21	22
All fields, total	67,716	39,648	4,434	2,540	3,875	332	16,887	32,279	17,094	1,484	1,092	1,770	138	10,701	35,437	22,554	2,950	1,448	2,105	194	6,186
Agriculture and natural resources	1,328	676	31	29	41	6	545	741	362	9	12	17	3	338	587	314	22	17	24	3	207
Architecture and related services	212	87	7	7	22	1	88	113	38	5	6	11	0	53	99	49	2	1	11	1	35
Area, ethnic, cultural, and gender studies	239	113	41	9	15	12	49	87	37	15	4	7	4	20	152	76	26	5	8	8	29
Biological and biomedical sciences	6,957	3,822	264	254	573	31	2,013	3,292	1,830	88	120	245	16	993	3,665	1,992	176	134	328	15	1,020
Business	2,123	1,043	267	55	129	10	619	1,302	648	139	32	77	7	399	821	395	128	23	52	3	220
Communications, journalism, and related programs	533	312	41	11	13	3	153	223	136	14	3	3	1	66	310	176	27	8	10	2	87
Communications technologies	2	2	0	0	0	0	0	2	2	0	0	0	0	0	0	0	0	0	0	0	0
Computer and information sciences	1,580	546	34	24	131	2	843	1,226	430	23	20	98	1	654	354	116	11	4	33	1	189
Construction trades	0	0	0	0	0	0	0	0	0	0	0	0	0	0	0	0	0	0	0	0	0
Education	9,028	5,852	1,585	540	301	74	676	2,956	1,994	432	187	87	25	231	6,072	3,858	1,153	353	214	49	445
Engineering	7,931	2,468	156	163	557	21	4,566	6,212	1,867	105	123	401	14	3,702	1,719	601	51	40	156	7	864
Engineering technologies[1]	59	26	4	0	2	0	27	47	22	2	0	1	0	22	12	4	2	0	1	0	5
English language and literature/letters	1,271	956	63	48	59	14	131	464	353	20	18	18	4	51	807	603	43	30	41	10	80
Family and consumer sciences	333	185	43	12	15	2	76	66	39	10	4	0	0	13	267	146	33	8	15	2	63
Foreign languages, literatures, and linguistics	1,111	538	16	116	77	2	362	426	217	8	46	19	0	136	685	321	8	70	58	2	226
Health professions and related clinical sciences	12,112	9,599	651	400	699	62	701	3,191	2,371	157	127	237	23	276	8,921	7,228	494	273	462	39	425
Legal professions and studies	259	99	14	4	8	0	134	138	54	4	2	5	0	73	121	45	10	2	3	0	61
Liberal arts and sciences, general studies, and humanities	67	50	10	1	1	0	5	34	26	4	1	0	0	3	33	24	6	0	1	0	2
Library science	35	22	3	0	2	0	8	14	9	0	0	1	0	4	21	13	3	0	1	0	4
Mathematics and statistics	1,535	629	30	38	87	3	748	1,059	456	12	25	57	2	507	476	173	18	13	30	1	241
Mechanics and repair technologies	0	0	0	0	0	0	0	0	0	0	0	0	0	0	0	0	0	0	0	0	0
Military technologies	0	0	0	0	0	0	0	0	0	0	0	0	0	0	0	0	0	0	0	0	0
Multi/interdisciplinary studies	1,273	773	98	63	90	3	246	572	328	38	28	33	1	144	701	445	60	35	57	2	102
Parks, recreation, leisure and fitness studies	285	191	15	7	7	1	64	151	105	6	4	5	0	31	134	86	9	3	2	1	33
Philosophy and religious studies	686	481	41	12	31	2	119	472	337	26	8	19	2	80	214	144	15	4	12	0	39
Physical sciences and science technologies	5,048	2,451	89	123	227	12	2,146	3,416	1,674	42	79	129	7	1,485	1,632	777	47	44	98	5	661
Precision production	0	0	0	0	0	0	0	0	0	0	0	0	0	0	0	0	0	0	0	0	0
Psychology	5,477	4,046	390	328	322	34	357	1,478	1,118	78	81	69	12	120	3,999	2,928	312	247	253	22	237
Public administration and social service professions	812	468	104	35	37	4	164	306	166	29	11	8	1	91	506	302	75	24	29	3	73
Security and protective services	97	62	5	4	9	0	17	46	26	2	1	5	0	12	51	36	3	3	4	0	5
Social sciences and history	4,234	2,324	198	167	200	22	1,323	2,353	1,289	90	90	84	12	788	1,881	1,035	108	77	116	10	535
Social sciences	3,316	1,639	147	125	177	17	1,211	1,816	877	66	68	72	8	725	1,500	732	81	57	105	9	486
History	918	685	51	42	23	5	112	537	412	24	22	12	4	63	381	273	27	20	11	1	49
Theology and religious vocations	1,520	827	189	40	128	2	334	1,166	639	106	31	115	1	274	354	138	83	9	13	1	60
Transportation and materials moving	0	0	0	0	0	0	0	0	0	0	0	0	0	0	0	0	0	0	0	0	0
Visual and performing arts	1,569	1,000	45	50	92	9	373	726	521	20	29	19	2	135	843	479	25	21	73	7	238

[1]Excludes "Construction trades" and "Mechanics and repair technologies," which are listed separately.
NOTE: Degree-granting institutions grant associate's or higher degrees and participate in Title IV federal financial aid programs. Race categories exclude persons of Hispanic ethnicity. Reported racial/ethnic distributions of students by level of degree, field of degree, and sex were used to estimate race/ethnicity for students whose race/ethnicity was not reported. To facilitate trend comparisons, certain aggregations have been made of the degree fields as reported in the IPEDS Fall survey: "Agriculture and natural resources" includes Agriculture, agriculture operations, and related sciences and Natural resources and conservation; and "Business" includes Business management, marketing, and related support services and Personal and culinary services. Includes Ph.D., Ed.D., and comparable degrees at the doctoral level. Excludes first-professional, such as M.D., D.D.S., and law degrees.
SOURCE: U.S. Department of Education, National Center for Education Statistics, 2008–09 Integrated Postsecondary Education Data System (IPEDS), Fall 2009. (This table was prepared September 2010.)

Table 304. Doctor's degrees conferred by degree-granting institutions, by sex, race/ethnicity, and field of study: 2007–08

Field of study	Total							Males							Females						
	Total	White	Black	Hispanic	Asian/ Pacific Islander	American Indian/ Alaska Native	Non-resident alien	Total	White	Black	Hispanic	Asian/ Pacific Islander	American Indian/ Alaska Native	Non-resident alien	Total	White	Black	Hispanic	Asian/ Pacific Islander	American Indian/ Alaska Native	Non-resident alien
1	2	3	4	5	6	7	8	9	10	11	12	13	14	15	16	17	18	19	20	21	22
All fields, total	**63,712**	**36,390**	**3,906**	**2,279**	**3,618**	**272**	**17,247**	**31,215**	**16,168**	**1,312**	**977**	**1,628**	**115**	**11,015**	**32,497**	**20,222**	**2,594**	**1,302**	**1,990**	**157**	**6,232**
Agriculture and natural resources	1,257	633	31	22	41	8	522	742	389	10	13	17	5	308	515	244	21	9	24	3	214
Architecture and related services	199	66	10	5	26	0	92	103	31	4	4	12	0	52	96	35	6	1	14	0	40
Area, ethnic, cultural, and gender studies	270	132	41	14	12	7	64	103	50	20	6	2	3	22	167	82	21	8	10	4	42
Biological and biomedical sciences	6,918	3,690	241	253	595	17	2,122	3,403	1,873	91	118	271	5	1,045	3,515	1,817	150	135	324	12	1,077
Business	2,084	1,004	228	60	114	15	663	1,250	624	110	39	64	12	401	834	380	118	21	50	3	262
Communications, journalism, and related programs	489	275	47	18	18	3	128	206	121	8	7	11	0	59	283	154	39	11	7	3	69
Communications technologies	7	2	2	0	0	0	3	3	2	0	0	0	0	1	4	0	2	0	0	0	2
Computer and information sciences	1,698	526	30	14	102	0	1,026	1,323	410	15	11	80	0	807	375	116	15	3	22	0	219
Construction trades	0	0	0	0	0	0	0	0	0	0	0	0	0	0	0	0	0	0	0	0	0
Education	8,491	5,589	1,437	442	283	61	679	2,773	1,906	383	149	58	24	253	5,718	3,683	1,054	293	225	37	426
Engineering	8,112	2,324	140	140	552	16	4,940	6,368	1,788	88	99	385	11	3,997	1,744	536	52	41	167	5	943
Engineering technologies[1]	55	25	2	0	2	0	26	45	21	1	0	2	0	21	10	4	1	0	0	0	5
English language and literature/letters	1,262	977	52	42	65	2	124	453	366	12	22	18	2	33	809	611	40	20	47	0	91
Family and consumer sciences	323	163	44	12	9	1	94	84	46	6	3	1	0	28	239	117	38	9	8	1	66
Foreign languages, literatures, and linguistics	1,078	541	23	84	47	4	379	431	231	7	27	15	3	148	647	310	16	57	32	1	231
Health professions and related clinical sciences	9,886	7,738	456	359	577	45	711	2,674	1,941	101	125	180	11	316	7,212	5,797	355	234	397	34	395
Legal professions and studies	172	30	4	1	5	0	132	104	18	3	0	2	0	81	68	12	1	1	3	0	51
Liberal arts and sciences, general studies, and humanities	76	59	9	2	0	1	5	30	24	4	1	0	0	1	46	35	5	1	0	1	4
Library science	64	34	4	2	3	0	21	21	12	4	0	0	0	5	43	22	0	2	3	0	16
Mathematics and statistics	1,360	550	25	33	59	2	691	938	376	13	28	33	2	486	422	174	12	5	26	0	205
Mechanics and repair technologies	0	0	0	0	0	0	0	0	0	0	0	0	0	0	0	0	0	0	0	0	0
Military technologies	0	0	0	0	0	0	0	0	0	0	0	0	0	0	0	0	0	0	0	0	0
Multi/interdisciplinary studies	1,142	683	67	50	79	7	256	506	297	24	27	35	2	121	636	386	43	23	44	5	135
Parks, recreation, leisure and fitness studies	228	151	6	6	6	1	58	126	82	2	4	4	1	33	102	69	4	2	2	0	25
Philosophy and religious studies	635	449	34	12	39	4	97	442	321	21	10	26	3	61	193	128	13	2	13	1	36
Physical sciences and science technologies	4,804	2,228	92	120	243	8	2,113	3,363	1,579	50	73	146	6	1,509	1,441	649	42	47	97	2	604
Precision production	0	0	0	0	0	0	0	0	0	0	0	0	0	0	0	0	0	0	0	0	0
Psychology	5,296	3,935	358	325	317	44	317	1,440	1,112	83	80	68	13	84	3,856	2,823	275	245	249	31	233
Public administration and social service professions	760	446	103	39	40	4	128	269	155	22	13	14	1	64	491	291	81	26	26	3	64
Security and protective services	88	55	11	2	4	1	15	39	20	6	1	3	0	9	49	35	5	1	1	1	6
Social sciences and history	4,059	2,254	185	162	205	15	1,238	2,194	1,191	85	75	84	9	750	1,865	1,063	100	87	121	6	488
Social sciences	3,199	1,619	128	121	177	9	1,145	1,705	818	60	54	75	5	693	1,494	801	68	67	102	4	452
History	860	635	57	41	28	6	93	489	373	25	21	9	4	57	371	262	32	20	19	2	36
Theology and religious vocations	1,446	886	182	25	87	1	265	1,107	686	117	21	71	0	212	339	200	65	4	16	1	53
Transportation and materials moving	0	0	0	0	0	0	0	0	0	0	0	0	0	0	0	0	0	0	0	0	0
Visual and performing arts	1,453	945	42	35	88	5	338	675	496	22	21	26	2	108	778	449	20	14	62	3	230

[1]Excludes "Construction trades" and "Mechanics and repair technologies," which are listed separately.
NOTE: Degree-granting institutions grant associate's or higher degrees and participate in Title IV federal financial aid programs. Race categories exclude persons of Hispanic ethnicity. Reported racial/ethnic distributions of students by level of degree, field of degree, and sex were used to estimate race/ethnicity for students whose race/ethnicity was not reported. To facilitate trend comparisons, certain aggregations have been made of the degree fields as reported in the IPEDS Fall survey: "Agriculture and natural resources" includes Agriculture, agriculture operations, and related sciences and Natural resources and conservation; and "Business" includes Business management, marketing, and related support services and Personal and culinary services. Includes Ph.D., Ed.D., and comparable degrees at the doctoral level. Excludes first-professional, such as M.D., D.D.S., and law degrees.
SOURCE: U.S. Department of Education, National Center for Education Statistics, 2007–08 Integrated Postsecondary Education Data System (IPEDS), Fall 2008. (This table was prepared June 2009.)

Table 305. First-professional degrees conferred by degree-granting institutions, by race/ethnicity and sex of student: Selected years, 1976–77 through 2008–09

Year and sex	Number of degrees conferred							Percentage distribution of degrees conferred						
	Total	White	Black	Hispanic	Asian/Pacific Islander	American Indian/Alaska Native	Non-resident alien	Total	White	Black	Hispanic	Asian/Pacific Islander	American Indian/Alaska Native	Non-resident alien
1	2	3	4	5	6	7	8	9	10	11	12	13	14	15
Total														
1976–77[1]	63,953	58,422	2,537	1,076	1,021	196	701	100.0	91.4	4.0	1.7	1.6	0.3	1.1
1980–81[2]	71,340	64,551	2,931	1,541	1,456	192	669	100.0	90.5	4.1	2.2	2.0	0.3	0.9
1989–90	70,988	60,487	3,409	2,425	3,362	257	1,048	100.0	85.2	4.8	3.4	4.7	0.4	1.5
1990–91	71,948	60,631	3,588	2,547	3,835	261	1,086	100.0	84.3	5.0	3.5	5.3	0.4	1.5
1993–94	75,418	60,143	4,444	3,131	5,892	371	1,437	100.0	79.7	5.9	4.2	7.8	0.5	1.9
1994–95	75,800	59,402	4,747	3,231	6,396	413	1,611	100.0	78.4	6.3	4.3	8.4	0.5	2.1
1995–96	76,734	59,525	5,022	3,475	6,627	463	1,622	100.0	77.6	6.5	4.5	8.6	0.6	2.1
1996–97	78,730	60,280	5,301	3,615	7,374	514	1,646	100.0	76.6	6.7	4.6	9.4	0.7	2.1
1997–98	78,598	59,443	5,499	3,552	7,757	561	1,786	100.0	75.6	7.0	4.5	9.9	0.7	2.3
1998–99	78,439	58,720	5,333	3,864	8,152	612	1,758	100.0	74.9	6.8	4.9	10.4	0.8	2.2
1999–2000	80,057	59,637	5,555	3,865	8,584	564	1,852	100.0	74.5	6.9	4.8	10.7	0.7	2.3
2000–01	79,707	58,598	5,416	3,806	9,261	543	2,083	100.0	73.5	6.8	4.8	11.6	0.7	2.6
2001–02	80,698	58,874	5,811	3,965	9,584	581	1,883	100.0	73.0	7.2	4.9	11.9	0.7	2.3
2002–03	80,897	58,740	5,719	4,093	9,798	586	1,961	100.0	72.6	7.1	5.1	12.1	0.7	2.4
2003–04	83,041	60,379	5,930	4,273	9,964	565	1,930	100.0	72.7	7.1	5.1	12.0	0.7	2.3
2004–05	87,289	63,429	6,313	4,445	10,501	564	2,037	100.0	72.7	7.2	5.1	12.0	0.6	2.3
2005–06	87,655	63,590	6,223	4,446	10,645	710	2,041	100.0	72.5	7.1	5.1	12.1	0.8	2.3
2006–07	90,064	64,546	6,474	4,700	11,686	681	1,977	100.0	71.7	7.2	5.2	13.0	0.8	2.2
2007–08	91,309	65,383	6,400	4,840	11,846	675	2,165	100.0	71.6	7.0	5.3	13.0	0.7	2.4
2008–09	92,004	65,439	6,571	5,089	12,182	659	2,064	100.0	71.1	7.1	5.5	13.2	0.7	2.2
Males														
1976–77[1]	51,980	47,777	1,761	893	776	159	614	100.0	91.9	3.4	1.7	1.5	0.3	1.2
1980–81[2]	52,194	47,629	1,772	1,131	991	134	537	100.0	91.3	3.4	2.2	1.9	0.3	1.0
1989–90	43,961	38,036	1,671	1,449	1,962	135	708	100.0	86.5	3.8	3.3	4.5	0.3	1.6
1990–91	43,846	37,533	1,679	1,517	2,211	144	762	100.0	85.6	3.8	3.5	5.0	0.3	1.7
1993–94	44,707	36,574	1,902	1,780	3,214	222	1,015	100.0	81.8	4.3	4.0	7.2	0.5	2.3
1994–95	44,853	36,147	2,077	1,835	3,490	223	1,081	100.0	80.6	4.6	4.1	7.8	0.5	2.4
1995–96	44,748	35,786	2,112	1,947	3,539	256	1,108	100.0	80.0	4.7	4.4	7.9	0.6	2.5
1996–97	45,564	36,008	2,201	1,985	3,959	290	1,121	100.0	79.0	4.8	4.4	8.7	0.6	2.5
1997–98	44,911	35,172	2,310	1,973	4,017	291	1,148	100.0	78.3	5.1	4.4	8.9	0.6	2.6
1998–99	44,339	34,271	2,197	2,064	4,333	333	1,141	100.0	77.3	5.0	4.7	9.8	0.8	2.6
1999–2000	44,239	34,004	2,313	2,095	4,372	285	1,170	100.0	76.9	5.2	4.7	9.9	0.6	2.6
2000–01	42,862	32,717	2,110	1,977	4,518	278	1,262	100.0	76.3	4.9	4.6	10.5	0.6	2.9
2001–02	42,507	32,224	2,223	2,045	4,613	292	1,110	100.0	75.8	5.2	4.8	10.9	0.7	2.6
2002–03	41,887	31,635	2,174	2,050	4,624	296	1,108	100.0	75.5	5.2	4.9	11.0	0.7	2.6
2003–04	42,169	31,994	2,248	2,080	4,528	275	1,044	100.0	75.9	5.3	4.9	10.7	0.7	2.5
2004–05	43,849	33,268	2,257	2,214	4,709	288	1,113	100.0	75.9	5.1	5.0	10.7	0.7	2.5
2005–06	44,038	33,544	2,290	2,123	4,641	332	1,108	100.0	76.2	5.2	4.8	10.5	0.8	2.5
2006–07	45,057	33,866	2,368	2,266	5,152	335	1,070	100.0	75.2	5.3	5.0	11.4	0.7	2.4
2007–08	45,916	34,618	2,389	2,301	5,135	343	1,130	100.0	75.4	5.2	5.0	11.2	0.7	2.5
2008–09	46,900	35,287	2,500	2,403	5,349	329	1,032	100.0	75.2	5.3	5.1	11.4	0.7	2.2
Females														
1976–77[1]	11,973	10,645	776	183	245	37	87	100.0	88.9	6.5	1.5	2.0	0.3	0.7
1980–81[2]	19,146	16,922	1,159	410	465	58	132	100.0	88.4	6.1	2.1	2.4	0.3	0.7
1989–90	27,027	22,451	1,738	976	1,400	122	340	100.0	83.1	6.4	3.6	5.2	0.5	1.3
1990–91	28,102	23,098	1,909	1,030	1,624	117	324	100.0	82.2	6.8	3.7	5.8	0.4	1.2
1993–94	30,711	23,569	2,542	1,351	2,678	149	422	100.0	76.7	8.3	4.4	8.7	0.5	1.4
1994–95	30,947	23,255	2,670	1,396	2,906	190	530	100.0	75.1	8.6	4.5	9.4	0.6	1.7
1995–96	31,986	23,739	2,910	1,528	3,088	207	514	100.0	74.2	9.1	4.8	9.7	0.6	1.6
1996–97	33,166	24,272	3,100	1,630	3,415	224	525	100.0	73.2	9.3	4.9	10.3	0.7	1.6
1997–98	33,687	24,271	3,189	1,579	3,740	270	638	100.0	72.0	9.5	4.7	11.1	0.8	1.9
1998–99	34,100	24,449	3,136	1,800	3,819	279	617	100.0	71.7	9.2	5.3	11.2	0.8	1.8
1999–2000	35,818	25,633	3,242	1,770	4,212	279	682	100.0	71.6	9.1	4.9	11.8	0.8	1.9
2000–01	36,845	25,881	3,306	1,829	4,743	265	821	100.0	70.2	9.0	5.0	12.9	0.7	2.2
2001–02	38,191	26,650	3,588	1,920	4,971	289	773	100.0	69.8	9.4	5.0	13.0	0.8	2.0
2002–03	39,010	27,105	3,545	2,043	5,174	290	853	100.0	69.5	9.1	5.2	13.3	0.7	2.2
2003–04	40,872	28,385	3,682	2,193	5,436	290	886	100.0	69.4	9.0	5.4	13.3	0.7	2.2
2004–05	43,440	30,161	4,056	2,231	5,792	276	924	100.0	69.4	9.3	5.1	13.3	0.6	2.1
2005–06	43,617	30,046	3,933	2,323	6,004	378	933	100.0	68.9	9.0	5.3	13.8	0.9	2.1
2006–07	45,007	30,680	4,106	2,434	6,534	346	907	100.0	68.2	9.1	5.4	14.5	0.8	2.0
2007–08	45,393	30,765	4,011	2,539	6,711	332	1,035	100.0	67.8	8.8	5.6	14.8	0.7	2.3
2008–09	45,104	30,152	4,071	2,686	6,833	330	1,032	100.0	66.8	9.0	6.0	15.1	0.7	2.3

[1]Excludes 394 men and 12 women whose racial/ethnic group was not available.
[2]Excludes 598 men and 18 women whose racial/ethnic group was not available.
NOTE: Degree-granting institutions grant associate's or higher degrees and participate in Title IV federal financial aid programs. Includes degrees that require at least 6 years of college work for completion (including at least 2 years of preprofessional training). Race categories exclude persons of Hispanic ethnicity. For 1989–90 and later years, reported racial/ethnic distributions of students by level of degree, field of degree, and sex were used to estimate race/ethnicity for students whose race/ethnicity was not reported. (See Appendix A: Guide to Sources for details.) Detail may not sum to totals because of rounding.
SOURCE: U.S. Department of Education, National Center for Education Statistics, Higher Education General Information Survey (HEGIS), "Degrees and Other Formal Awards Conferred" surveys, 1976–77 and 1980–81; and 1989–90 through 2008–09 Integrated Postsecondary Education Data System, "Completions Survey" (IPEDS-C:90–99), and Fall 2000 through Fall 2009. (This table was prepared September 2010.)

Table 306. First-professional degrees conferred by degree-granting institutions, by sex, race/ethnicity, and field of study: 2008–09

	Total							Males							Females						
Field of study	Total	White	Black	Hispanic	Asian/ Pacific Islander	American Indian/ Alaska Native	Non-resident alien	Total	White	Black	Hispanic	Asian/ Pacific Islander	American Indian/ Alaska Native	Non-resident alien	Total	White	Black	Hispanic	Asian/ Pacific Islander	American Indian/ Alaska Native	Non-resident alien
1	2	3	4	5	6	7	8	9	10	11	12	13	14	15	16	17	18	19	20	21	22
All fields, total	**92,004**	**65,439**	**6,571**	**5,089**	**12,182**	**659**	**2,064**	**46,900**	**35,287**	**2,500**	**2,403**	**5,349**	**329**	**1,032**	**45,104**	**30,152**	**4,071**	**2,686**	**6,833**	**330**	**1,032**
Dentistry (D.D.S. or D.M.D.)	4,918	3,005	275	280	991	35	332	2,637	1,840	95	125	416	25	136	2,281	1,165	180	155	575	10	196
Medicine (M.D.)	15,987	10,414	1,095	778	3,384	110	206	8,164	5,577	399	384	1,645	61	98	7,823	4,837	696	394	1,739	49	108
Optometry (O.D.)	1,338	864	40	62	297	3	72	466	342	8	13	80	1	22	872	522	32	49	217	2	50
Osteopathic medicine (D.O.)	3,665	2,652	150	151	670	18	24	1,798	1,374	43	73	287	8	13	1,867	1,278	107	78	383	10	11
Pharmacy (Pharm.D.)	11,291	7,177	801	449	2,524	53	287	4,011	2,646	270	160	816	18	101	7,280	4,531	531	289	1,708	35	186
Podiatry (Pod.D. or D.P.) or podiatric medicine (D.P.M.)	431	298	39	25	48	8	13	250	193	11	17	19	5	5	181	105	28	8	29	3	8
Veterinary medicine (D.V.M.)	2,377	2,083	75	101	92	19	7	526	468	12	16	24	6	0	1,851	1,615	63	85	68	13	7
Chiropractic medicine (D.C. or D.C.M.)	2,512	2,038	94	140	154	17	69	1,584	1,327	28	87	88	11	43	928	711	66	53	66	6	26
Naturopathic medicine	78	52	5	1	9	2	9	18	12	3	0	0	0	3	60	40	2	1	9	2	6
Law (LL.B. or J.D.)	44,045	33,096	3,162	2,958	3,702	378	749	23,860	18,977	1,172	1,419	1,733	185	374	20,185	14,119	1,990	1,539	1,969	193	375
Theology (M.Div., M.H.L., B.D., or Ord.)	5,362	3,760	835	144	311	16	296	3,586	2,531	459	109	241	9	237	1,776	1,229	376	35	70	7	59

NOTE: Degree-granting institutions grant associate's or higher degrees and participate in Title IV federal financial aid programs. Includes degrees that require at least 6 years of college work for completion (including at least 2 years of preprofessional training). Race categories exclude persons of Hispanic ethnicity. Reported racial/ethnic distributions of students by level of degree, field of degree, and sex were used to estimate race/ethnicity for students whose race/ethnicity was not reported.

SOURCE: U.S. Department of Education, National Center for Education Statistics, 2008–09 Integrated Postsecondary Education Data System (IPEDS), Fall 2009. (This table was prepared September 2010.)

Table 307. First-professional degrees conferred by degree-granting institutions, by sex, race/ethnicity, and field of study: 2007–08

	Total							Males							Females						
Field of study	Total	White	Black	Hispanic	Asian/ Pacific Islander	American Indian/ Alaska Native	Non-resident alien	Total	White	Black	Hispanic	Asian/ Pacific Islander	American Indian/ Alaska Native	Non-resident alien	Total	White	Black	Hispanic	Asian/ Pacific Islander	American Indian/ Alaska Native	Non-resident alien
1	2	3	4	5	6	7	8	9	10	11	12	13	14	15	16	17	18	19	20	21	22
All fields, total	**91,309**	**65,383**	**6,400**	**4,840**	**11,846**	**675**	**2,165**	**45,916**	**34,618**	**2,389**	**2,301**	**5,135**	**343**	**1,130**	**45,393**	**30,765**	**4,011**	**2,539**	**6,711**	**332**	**1,035**
Dentistry (D.D.S. or D.M.D.)	4,795	3,030	221	261	926	24	333	2,661	1,866	86	119	422	14	154	2,134	1,164	135	142	504	10	179
Medicine (M.D.)	15,646	10,232	1,147	747	3,230	132	158	7,935	5,455	396	363	1,565	66	90	7,711	4,777	751	384	1,665	66	68
Optometry (O.D.)	1,304	822	46	40	305	2	89	445	320	8	12	78	0	27	859	502	38	28	227	2	62
Osteopathic medicine (D.O.)	3,232	2,388	118	125	550	28	23	1,581	1,235	38	58	230	10	10	1,651	1,153	80	67	320	18	13
Pharmacy (Pharm.D.)	10,932	7,053	781	443	2,314	69	272	3,716	2,528	248	137	677	32	94	7,216	4,525	533	306	1,637	37	178
Podiatry (Pod.D. or D.P.) or podiatric medicine (D.P.M.)	555	375	71	30	61	1	17	305	233	27	12	23	0	10	250	142	44	18	38	1	7
Veterinary medicine (D.V.M.)	2,504	2,272	42	78	90	10	12	580	537	9	17	11	5	1	1,924	1,735	33	61	79	5	11
Chiropractic medicine (D.C. or D.C.M.)	2,639	2,125	100	120	179	17	98	1,683	1,370	47	73	123	12	58	956	755	53	47	56	5	40
Naturopathic medicine	182	154	5	3	10	3	7	36	30	2	0	2	2	0	146	124	3	3	8	1	7
Law (LL.B. or J.D.)	43,769	32,939	3,002	2,821	3,865	370	772	23,197	18,388	1,109	1,378	1,753	189	380	20,572	14,551	1,893	1,443	2,112	181	392
Theology (M.Div., M.H.L., B.D., or Ord.)	5,751	3,993	867	172	316	19	384	3,777	2,656	419	132	251	13	306	1,974	1,337	448	40	65	6	78

NOTE: Degree-granting institutions grant associate's or higher degrees and participate in Title IV federal financial aid programs. Includes degrees that require at least 6 years of college work for completion (including at least 2 years of preprofessional training). Race categories exclude persons of Hispanic ethnicity. Reported racial/ethnic distributions of students by level of degree, field of degree, and sex were used to estimate race/ethnicity for students whose race/ethnicity was not reported.

SOURCE: U.S. Department of Education, National Center for Education Statistics, 2007–08 Integrated Postsecondary Education Data System (IPEDS), Fall 2008. (This table was prepared June 2009.)

Table 308. Degrees in agriculture and natural resources conferred by degree-granting institutions, by level of degree and sex of student: 1970–71 through 2008–09

Year	Bachelor's degrees				Master's degrees			Doctor's degrees		
	Total									
	Number	Annual percent change	Males	Females	Total	Males	Females	Total	Males	Females
1	2	3	4	5	6	7	8	9	10	11
1970–71	12,672	†	12,136	536	2,457	2,313	144	1,086	1,055	31
1971–72	13,516	6.7	12,779	737	2,680	2,490	190	971	945	26
1972–73	14,756	9.2	13,661	1,095	2,807	2,588	219	1,059	1,031	28
1973–74	16,253	10.1	14,684	1,569	2,928	2,640	288	930	897	33
1974–75	17,528	7.8	15,061	2,467	3,067	2,703	364	991	958	33
1975–76	19,402	10.7	15,845	3,557	3,340	2,862	478	928	867	61
1976–77	21,467	10.6	16,690	4,777	3,724	3,177	547	893	831	62
1977–78	22,650	5.5	17,069	5,581	4,023	3,268	755	971	909	62
1978–79	23,134	2.1	16,854	6,280	3,994	3,187	807	950	877	73
1979–80	22,802	-1.4	16,045	6,757	3,976	3,082	894	991	879	112
1980–81	21,886	-4.0	15,154	6,732	4,003	3,061	942	1,067	940	127
1981–82	21,029	-3.9	14,443	6,586	4,163	3,114	1,049	1,079	925	154
1982–83	20,909	-0.6	14,085	6,824	4,254	3,129	1,125	1,149	1,004	145
1983–84	19,317	-7.6	13,206	6,111	4,178	2,989	1,189	1,172	1,001	171
1984–85	18,107	-6.3	12,477	5,630	3,928	2,846	1,082	1,213	1,036	177
1985–86	16,823	-7.1	11,544	5,279	3,801	2,701	1,100	1,158	966	192
1986–87	14,991	-10.9	10,314	4,677	3,522	2,460	1,062	1,049	871	178
1987–88	14,222	-5.1	9,744	4,478	3,479	2,427	1,052	1,142	926	216
1988–89	13,492	-5.1	9,298	4,194	3,245	2,231	1,014	1,183	950	233
1989–90	12,900	-4.4	8,822	4,078	3,382	2,239	1,143	1,295	1,038	257
1990–91	13,124	1.7	8,832	4,292	3,295	2,160	1,135	1,185	953	232
1991–92	15,113	15.2	9,867	5,246	3,730	2,409	1,321	1,205	955	250
1992–93	16,769	11.0	11,079	5,690	3,959	2,474	1,485	1,159	869	290
1993–94	18,056	7.7	11,746	6,310	4,110	2,512	1,598	1,262	969	293
1994–95	19,832	9.8	12,686	7,146	4,234	2,541	1,693	1,256	955	301
1995–96	21,425	8.0	13,531	7,894	4,551	2,642	1,909	1,259	926	333
1996–97	22,597	5.5	13,791	8,806	4,505	2,601	1,904	1,202	875	327
1997–98	23,276	3.0	13,806	9,470	4,464	2,545	1,919	1,290	924	366
1998–99	23,916	2.7	13,864	10,052	4,404	2,377	2,027	1,231	855	376
1999–2000	24,238	1.3	13,843	10,395	4,360	2,356	2,004	1,168	803	365
2000–01	23,370	-3.6	12,840	10,530	4,272	2,251	2,021	1,127	741	386
2001–02	23,331	-0.2	12,630	10,701	4,503	2,340	2,163	1,148	760	388
2002–03	23,348	0.1	12,343	11,005	4,492	2,232	2,260	1,229	790	439
2003–04	22,835	-2.2	11,889	10,946	4,783	2,306	2,477	1,185	758	427
2004–05	23,002	0.7	11,987	11,015	4,746	2,288	2,458	1,173	763	410
2005–06	23,053	0.2	12,063	10,990	4,640	2,280	2,360	1,194	710	484
2006–07	23,133	0.3	12,309	10,824	4,623	2,174	2,449	1,272	768	504
2007–08	24,113	4.2	12,634	11,479	4,684	2,180	2,504	1,257	742	515
2008–09	24,988	3.6	13,101	11,887	4,877	2,328	2,549	1,328	741	587
Percent change										
1998–99 to 2003–04	-4.5	†	-14.2	8.9	8.6	-3.0	22.2	-3.7	-11.3	13.6
2003–04 to 2008–09	9.4	†	10.2	8.6	2.0	1.0	2.9	12.1	-2.2	37.5

†Not applicable.
NOTE: Degree-granting institutions grant associate's or higher degrees and participate in Title IV federal financial aid programs. Includes degrees in agriculture, agriculture operations, and related sciences and in natural resources and conservation.

SOURCE: U.S. Department of Education, National Center for Education Statistics, Higher Education General Information Survey (HEGIS), "Degrees and Other Formal Awards Conferred" surveys, 1970–71 through 1985–86; and 1986–87 through 2008–09 Integrated Postsecondary Education Data System, "Completions Survey" (IPEDS-C:87–99), and Fall 2000 through Fall 2009. (This table was prepared July 2010.)

Table 309. Degrees in architecture and related services conferred by degree-granting institutions, by level of degree and sex of student: Selected years, 1949–50 through 2008–09

Year	Bachelor's degrees				Master's degrees			Doctor's degrees		
	Total									
	Number	Annual percent change	Males	Females	Total	Males	Females	Total	Males	Females
1	2	3	4	5	6	7	8	9	10	11
1949–50	2,563	†	2,441	122	166	159	7	1	1	0
1959–60	1,801	†	1,744	57	319	305	14	17	17	0
1967–68	3,057	†	2,931	126	1,021	953	68	15	15	0
1969–70	4,105	†	3,888	217	1,427	1,260	167	35	33	2
1970–71	5,570	35.7	4,906	664	1,705	1,469	236	36	33	3
1971–72	6,440	15.6	5,667	773	1,899	1,626	273	50	43	7
1972–73	6,962	8.1	6,042	920	2,307	1,943	364	58	54	4
1973–74	7,822	12.4	6,665	1,157	2,702	2,208	494	69	65	4
1974–75	8,226	5.2	6,791	1,435	2,938	2,343	595	69	58	11
1975–76	9,146	11.2	7,396	1,750	3,215	2,545	670	82	69	13
1976–77	9,222	0.8	7,249	1,973	3,213	2,489	724	73	62	11
1977–78	9,250	0.3	7,054	2,196	3,115	2,304	811	73	57	16
1978–79	9,273	0.2	6,876	2,397	3,113	2,226	887	96	74	22
1979–80	9,132	-1.5	6,596	2,536	3,139	2,245	894	79	66	13
1980–81	9,455	3.5	6,800	2,655	3,153	2,234	919	93	73	20
1981–82	9,728	2.9	6,825	2,903	3,327	2,242	1,085	80	58	22
1982–83	9,823	1.0	6,403	3,420	3,357	2,224	1,133	97	74	23
1983–84	9,186	-6.5	5,895	3,291	3,223	2,197	1,026	84	62	22
1984–85	9,325	1.5	6,019	3,306	3,275	2,148	1,127	89	66	23
1985–86	9,119	-2.2	5,824	3,295	3,260	2,129	1,131	73	56	17
1986–87	8,950	-1.9	5,617	3,333	3,163	2,086	1,077	92	66	26
1987–88	8,603	-3.9	5,271	3,332	3,159	2,042	1,117	98	66	32
1988–89	9,150	6.4	5,545	3,605	3,383	2,192	1,191	86	63	23
1989–90	9,364	2.3	5,703	3,661	3,499	2,228	1,271	103	73	30
1990–91	9,781	4.5	5,788	3,993	3,490	2,244	1,246	135	101	34
1991–92	8,753	-10.5	5,805	2,948	3,640	2,271	1,369	132	93	39
1992–93	9,167	4.7	5,940	3,227	3,808	2,376	1,432	148	105	43
1993–94	8,975	-2.1	5,764	3,211	3,943	2,428	1,515	161	111	50
1994–95	8,756	-2.4	5,741	3,015	3,923	2,310	1,613	141	95	46
1995–96	8,352	-4.6	5,340	3,012	3,993	2,361	1,632	141	96	45
1996–97	7,944	-4.9	5,090	2,854	4,034	2,336	1,698	135	93	42
1997–98	7,652	-3.7	4,966	2,686	4,347	2,537	1,810	131	80	51
1998–99	8,246	7.8	5,157	3,089	4,172	2,394	1,778	123	80	43
1999–2000	8,462	2.6	5,193	3,269	4,268	2,508	1,760	129	85	44
2000–01	8,480	0.2	5,086	3,394	4,302	2,515	1,787	153	83	70
2001–02	8,808	3.9	5,224	3,584	4,566	2,606	1,960	183	117	66
2002–03	9,056	2.8	5,331	3,725	4,925	2,832	2,093	152	83	69
2003–04	8,838	-2.4	5,059	3,779	5,424	3,049	2,375	173	94	79
2004–05	9,237	4.5	5,222	4,015	5,674	3,180	2,494	179	110	69
2005–06	9,515	3.0	5,414	4,101	5,743	3,165	2,578	201	108	93
2006–07	9,717	2.1	5,393	4,324	5,951	3,304	2,647	178	104	74
2007–08	9,805	0.9	5,579	4,226	6,065	3,252	2,813	199	103	96
2008–09	10,119	3.2	5,797	4,322	6,587	3,657	2,930	212	113	99
Percent change										
1998–99 to 2003–04	7.2	†	-1.9	22.3	30.0	27.4	33.6	40.7	17.5	83.7
2003–04 to 2008–09	14.5	†	14.6	14.4	21.4	19.9	23.4	22.5	20.2	25.3

†Not applicable.
NOTE: Degree-granting institutions grant associate's or higher degrees and participate in Title IV federal financial aid programs.
SOURCE: U.S. Department of Education, National Center for Education Statistics, *Earned Degrees Conferred*, 1949–50 and 1959–60; Higher Education General Information Survey (HEGIS), "Degrees and Other Formal Awards Conferred" surveys, 1967–68 through 1985–86; and 1986–87 through 2008–09 Integrated Postsecondary Education Data System, "Completions Survey" (IPEDS-C:87–99), and Fall 2000 through Fall 2009. (This table was prepared July 2010.)

Table 310. Degrees in the biological and biomedical sciences conferred by degree-granting institutions, by level of degree and sex of student: Selected years, 1951–52 through 2008–09

Year	Bachelor's degrees				Master's degrees			Doctor's degrees		
	Total									
	Number	Annual percent change	Males	Females	Total	Males	Females	Total	Males	Females
1	2	3	4	5	6	7	8	9	10	11
1951–52	11,094	†	8,212	2,882	2,307	1,908	399	764	680	84
1953–54	9,279	†	6,710	2,569	1,610	1,287	323	1,077	977	100
1955–56	12,423	†	9,515	2,908	1,759	1,379	380	1,025	908	117
1957–58	14,308	†	11,159	3,149	1,852	1,448	404	1,125	987	138
1959–60	15,576	†	11,654	3,922	2,154	1,668	486	1,205	1,086	119
1961–62	16,915	†	12,136	4,779	2,642	1,982	660	1,338	1,179	159
1963–64	22,723	†	16,321	6,402	3,296	2,348	948	1,625	1,432	193
1965–66	26,916	†	19,368	7,548	4,232	3,085	1,147	2,097	1,792	305
1967–68	31,826	†	22,986	8,840	5,506	3,959	1,547	2,784	2,345	439
1969–70	34,034	†	23,919	10,115	5,800	3,975	1,825	3,289	2,820	469
1970–71	35,683	4.8	25,303	10,380	5,623	3,780	1,843	3,595	3,011	584
1971–72	37,269	4.4	26,314	10,955	5,983	4,050	1,933	3,566	2,963	603
1972–73	42,205	13.2	29,624	12,581	6,153	4,314	1,839	3,569	2,880	689
1973–74	48,224	14.3	33,205	15,019	6,405	4,510	1,895	3,342	2,670	672
1974–75	51,576	7.0	34,559	17,017	6,422	4,551	1,871	3,315	2,598	717
1975–76	54,085	4.9	35,449	18,636	6,453	4,463	1,990	3,313	2,606	707
1976–77	53,420	-1.2	34,150	19,270	6,948	4,666	2,282	3,299	2,601	698
1977–78	51,326	-3.9	31,654	19,672	6,644	4,351	2,293	3,218	2,447	771
1978–79	48,668	-5.2	29,146	19,522	6,631	4,194	2,437	3,410	2,560	850
1979–80	46,190	-5.1	26,757	19,433	6,322	4,032	2,290	3,527	2,626	901
1980–81	43,003	-6.9	24,069	18,934	5,759	3,597	2,162	3,591	2,581	1,010
1981–82	41,425	-3.7	22,687	18,738	5,667	3,375	2,292	3,611	2,579	1,032
1982–83	39,767	-4.0	21,483	18,284	5,693	3,284	2,409	3,331	2,268	1,063
1983–84	38,445	-3.3	20,499	17,946	5,468	3,108	2,360	3,435	2,367	1,068
1984–85	38,229	-0.6	20,017	18,212	5,100	2,770	2,330	3,408	2,302	1,106
1985–86	38,320	0.2	19,950	18,370	5,043	2,719	2,324	3,352	2,236	1,116
1986–87	37,977	-0.9	19,626	18,351	4,980	2,637	2,343	3,397	2,216	1,181
1987–88	36,576	-3.7	18,202	18,374	4,857	2,520	2,337	3,606	2,338	1,268
1988–89	35,957	-1.7	17,935	18,022	5,009	2,583	2,426	3,535	2,245	1,290
1989–90	37,204	3.5	18,305	18,899	4,906	2,492	2,414	3,837	2,425	1,412
1990–91	39,377	5.8	19,358	20,019	4,796	2,396	2,400	4,034	2,547	1,487
1991–92	42,781	8.6	20,748	22,033	4,816	2,411	2,405	4,323	2,676	1,647
1992–93	46,868	9.6	22,795	24,073	4,974	2,505	2,469	4,595	2,767	1,828
1993–94	51,157	9.2	25,002	26,155	5,390	2,644	2,746	4,724	2,809	1,915
1994–95	55,790	9.1	26,628	29,162	5,824	2,885	2,939	4,881	2,901	1,980
1995–96	60,750	8.9	28,782	31,968	6,544	3,180	3,364	5,035	2,929	2,106
1996–97	63,679	4.8	29,432	34,247	6,925	3,389	3,536	5,094	2,890	2,204
1997–98	65,583	3.0	29,511	36,072	6,788	3,301	3,487	5,236	2,970	2,266
1998–99	64,608	-1.5	28,175	36,433	6,913	3,247	3,666	5,024	2,875	2,149
1999–2000	63,005	-2.5	26,310	36,695	6,781	3,131	3,650	5,180	2,887	2,293
2000–01	59,865	-5.0	24,293	35,572	6,955	3,043	3,912	4,953	2,757	2,196
2001–02	59,415	-0.8	23,346	36,069	6,937	2,996	3,941	4,823	2,667	2,156
2002–03	60,104	1.2	22,918	37,186	6,990	2,981	4,009	5,003	2,714	2,289
2003–04	61,509	2.3	23,248	38,261	7,657	3,227	4,430	5,242	2,804	2,438
2004–05	64,611	5.0	24,617	39,994	8,199	3,318	4,881	5,578	2,845	2,733
2005–06	69,178	7.1	26,651	42,527	8,681	3,654	5,027	5,775	2,933	2,842
2006–07	75,151	8.6	29,951	45,200	8,747	3,568	5,179	6,354	3,221	3,133
2007–08	77,854	3.6	31,637	46,217	9,565	4,041	5,524	6,918	3,403	3,515
2008–09	80,756	3.7	32,925	47,831	9,898	4,200	5,698	6,957	3,292	3,665
Percent change										
1998–99 to 2003–04	-4.8	†	-17.5	5.0	10.8	-0.6	20.8	4.3	-2.5	13.4
2003–04 to 2008–09	31.3	†	41.6	25.0	29.3	30.2	28.6	32.7	17.4	50.3

†Not applicable.

NOTE: Degree-granting institutions grant associate's or higher degrees and participate in Title IV federal financial aid programs.

SOURCE: U.S. Department of Education, National Center for Education Statistics, *Earned Degrees Conferred*, 1951–52 through 1963–64; Higher Education General Information Survey (HEGIS), "Degrees and Other Formal Awards Conferred" surveys, 1965–66 through 1985–86; and 1986–87 through 2008–09 Integrated Postsecondary Education Data System, "Completions Survey" (IPEDS-C:87–99), and Fall 2000 through Fall 2009. (This table was prepared July 2010.)

Table 311. Degrees in biology, microbiology, and zoology conferred by degree-granting institutions, by level of degree: 1970–71 through 2008–09

Year	Biology, general			Microbiology[1]			Zoology[2]		
	Bachelor's	Master's	Doctor's	Bachelor's	Master's	Doctor's	Bachelor's	Master's	Doctor's
1	2	3	4	5	6	7	8	9	10
1970–71	26,294	2,665	536	1,475	456	365	5,721	1,027	878
1971–72	27,473	2,943	580	1,548	470	351	5,518	1,040	836
1972–73	31,185	2,959	627	1,940	517	344	5,763	1,042	803
1973–74	36,188	3,186	657	2,311	505	384	6,128	1,091	677
1974–75	38,748	3,109	637	2,767	552	345	6,110	1,039	697
1975–76	40,163	3,177	624	2,927	585	364	6,077	976	645
1976–77	39,530	3,322	608	2,884	659	325	5,574	985	696
1977–78	37,598	3,094	664	2,695	615	353	5,096	958	624
1978–79	35,962	3,093	663	2,670	597	395	4,738	946	669
1979–80	33,523	2,911	718	2,631	596	376	4,301	922	639
1980–81	31,323	2,598	734	2,414	482	370	3,873	881	613
1981–82	29,651	2,579	678	2,377	470	350	3,615	868	625
1982–83	28,022	2,354	521	2,324	499	358	3,407	738	533
1983–84	27,379	2,313	617	2,349	505	388	3,231	700	521
1984–85	27,593	2,130	658	2,207	471	319	3,069	664	508
1985–86	27,618	2,173	574	2,257	392	362	2,894	618	548
1986–87	27,465	2,022	537	2,159	451	380	2,791	623	464
1987–88	26,838	1,981	576	2,061	404	442	2,537	629	492
1988–89	26,229	2,097	527	1,833	449	423	2,549	634	466
1989–90	27,213	1,998	551	1,973	403	441	2,473	548	545
1990–91	29,285	1,956	632	1,788	343	443	2,641	551	516
1991–92	31,909	1,995	657	1,750	372	532	2,811	530	494
1992–93	34,932	2,000	671	1,798	367	621	3,036	559	465
1993–94	38,103	2,178	665	1,872	359	591	3,162	658	503
1994–95	41,658	2,350	729	1,992	326	572	3,149	586	487
1995–96	44,818	2,606	768	2,220	364	606	3,463	677	501
1996–97	46,632	2,742	693	2,530	363	612	3,438	720	474
1997–98	47,054	2,617	809	2,926	401	585	3,653	685	465
1998–99	46,078	2,608	711	2,871	410	547	3,426	604	461
1999–2000	44,982	2,599	727	3,049	383	551	3,226	616	481
2000–01	42,310	2,582	780	2,779	334	553	3,045	560	380
2001–02	42,281	2,424	689	2,622	325	538	2,979	578	413
2002–03	42,699	2,340	680	2,455	297	507	2,488	379	355
2003–04	43,465	2,529	681	2,365	350	599	2,454	367	245
2004–05	45,540	2,564	712	2,318	390	610	2,159	384	268
2005–06	48,855	2,719	776	2,243	372	612	2,140	384	254
2006–07	52,527	2,679	788	2,347	369	667	2,223	416	263
2007–08	54,384	2,935	866	2,458	353	734	2,235	381	281
2008–09	55,856	2,986	896	2,480	291	716	2,141	347	297
Percent change									
1998–99 to 2003–04	-5.7	-3.0	-4.2	-17.6	-14.6	9.5	-28.4	-39.2	-46.9
2003–04 to 2008–09	28.5	18.1	31.6	4.9	-16.9	19.5	-12.8	-5.4	21.2

[1]Includes microbiology, general; medical microbiology and bacteriology; virology; parisitology; immunology; and microbiological sciences and immunology, other.
[2]Includes zoology/animal biology; entomology; animal physiology; animal behavior and ethology; wildlife biology; and zoology/animal biology, other.
NOTE: Degree-granting institutions grant associate's or higher degrees and participate in Title IV federal financial aid programs.

SOURCE: U.S. Department of Education, National Center for Education Statistics, Higher Education General Information Survey (HEGIS), "Degrees and Other Formal Awards Conferred" surveys, 1970–71 through 1985–86; and 1986–87 through 2008–09 Integrated Postsecondary Education Data System, "Completions Survey" (IPEDS-C:87–99), and Fall 2000 through Fall 2009. (This table was prepared July 2010.)

Table 312. Degrees in business conferred by degree-granting institutions, by level of degree and sex of student: Selected years, 1955–56 through 2008–09

Year	Bachelor's degrees				Master's degrees			Doctor's degrees		
	Total									
	Number	Annual percent change	Males	Females	Total	Males	Females	Total	Males	Females
1	2	3	4	5	6	7	8	9	10	11
1955–56	42,813	†	38,706	4,107	3,280	3,118	162	129	127	2
1957–58	51,991	†	48,063	3,928	4,223	4,072	151	110	105	5
1959–60	51,076	†	47,262	3,814	4,643	4,476	167	135	133	2
1961–62	49,017	†	45,184	3,833	7,691	7,484	207	226	221	5
1963–64	55,474	†	51,056	4,418	9,251	9,008	243	275	268	7
1965–66	62,721	†	57,516	5,205	12,959	12,628	331	387	370	17
1967–68	79,074	†	72,126	6,948	17,795	17,186	609	441	427	14
1969–70	105,580	†	96,346	9,234	21,561	20,792	769	620	610	10
1970–71	115,396	9.3	104,936	10,460	26,490	25,458	1,032	774	753	21
1971–72	121,917	5.7	110,331	11,586	30,509	29,317	1,192	876	857	19
1972–73	126,717	3.9	113,337	13,380	31,208	29,689	1,519	917	864	53
1973–74	132,304	4.4	115,363	16,941	32,691	30,557	2,134	922	873	49
1974–75	133,639	1.0	111,983	21,656	36,315	33,274	3,041	939	900	39
1975–76	143,171	7.1	114,986	28,185	42,592	37,654	4,938	906	856	50
1976–77	152,010	6.2	116,394	35,616	46,505	39,852	6,653	839	785	54
1977–78	160,775	5.8	117,103	43,672	48,347	40,224	8,123	834	760	74
1978–79	172,392	7.2	119,765	52,627	50,397	40,766	9,631	852	752	100
1979–80	186,264	8.0	123,639	62,625	55,008	42,744	12,264	767	650	117
1980–81	200,521	7.7	126,798	73,723	57,888	43,411	14,477	808	686	122
1981–82	215,190	7.3	130,693	84,497	61,251	44,230	17,021	826	676	150
1982–83	226,442	5.2	131,451	94,991	64,741	45,987	18,754	770	638	132
1983–84	229,013	1.1	129,296	99,717	66,129	46,167	19,962	926	727	199
1984–85	232,282	1.4	127,467	104,815	66,981	46,199	20,782	827	685	142
1985–86	236,700	1.9	128,415	108,285	66,676	45,927	20,749	923	720	203
1986–87	240,346	1.5	128,506	111,840	67,093	44,913	22,180	1,062	808	254
1987–88	242,859	1.0	129,467	113,392	69,230	45,980	23,250	1,063	810	253
1988–89	246,262	1.4	131,098	115,164	73,065	48,540	24,525	1,100	800	300
1989–90	248,568	0.9	132,284	116,284	76,676	50,585	26,091	1,093	818	275
1990–91	249,165	0.2	131,557	117,608	78,255	50,883	27,372	1,185	876	309
1991–92	256,298	2.9	135,263	121,035	84,517	54,609	29,908	1,242	953	289
1992–93	256,473	0.1	135,368	121,105	89,425	57,504	31,921	1,346	969	377
1993–94	246,265	-4.0	128,946	117,319	93,285	59,223	34,062	1,364	980	384
1994–95	233,895	-5.0	121,663	112,232	93,540	58,931	34,609	1,391	1,011	380
1995–96	226,623	-3.1	116,545	110,078	93,554	58,400	35,154	1,366	972	394
1996–97	225,934	-0.3	116,023	109,911	97,204	59,333	37,871	1,336	947	389
1997–98	232,079	2.7	119,379	112,700	101,652	62,357	39,295	1,290	885	405
1998–99	240,947	3.8	122,250	118,697	107,477	64,700	42,777	1,201	843	358
1999–2000	256,070	6.3	128,521	127,549	111,532	67,078	44,454	1,194	812	382
2000–01	263,515	2.9	132,275	131,240	115,602	68,471	47,131	1,180	783	397
2001–02	278,217	5.6	138,343	139,874	119,725	70,463	49,262	1,156	746	410
2002–03	293,391	5.5	145,075	148,316	127,685	75,239	52,446	1,252	820	432
2003–04	307,149	4.7	152,513	154,636	139,347	80,858	58,489	1,481	960	521
2004–05	311,574	1.4	155,940	155,634	142,617	82,151	60,466	1,498	901	597
2005–06	318,042	2.1	159,683	158,359	146,406	83,550	62,856	1,711	1,049	662
2006–07	327,531	3.0	166,350	161,181	150,211	84,115	66,096	2,029	1,188	841
2007–08	335,254	2.4	170,978	164,276	155,637	86,258	69,379	2,084	1,250	834
2008–09	347,985	3.8	177,862	170,123	168,375	91,981	76,394	2,123	1,302	821
Percent change										
1998–99 to 2003–04	27.5	†	24.8	30.3	29.7	25.0	36.7	23.3	13.9	45.5
2003–04 to 2008–09	13.3	†	16.6	10.0	20.8	13.8	30.6	43.3	35.6	57.6

†Not applicable.

NOTE: Degree-granting institutions grant associate's or higher degrees and participate in Title IV federal financial aid programs. Includes degrees in business, management, marketing, and related support services and in personal and culinary services.

SOURCE: U.S. Department of Education, National Center for Education Statistics, *Earned Degrees Conferred*, 1955–56 through 1963–64; Higher Education General Information Survey (HEGIS), "Degrees and Other Formal Awards Conferred" surveys, 1965–66 through 1985–86; and 1986–87 through 2008–09 Integrated Postsecondary Education Data System, "Completions Survey" (IPEDS-C:87–99), and Fall 2000 through Fall 2009. (This table was prepared July 2010.)

Table 313. Degrees in communication, journalism, and related programs and in communications technologies conferred by degree-granting institutions, by level of degree and sex of student: 1970–71 through 2008–09

Year	Bachelor's degrees				Master's degrees			Doctor's degrees		
	Total									
	Number	Annual percent change	Males	Females	Total	Males	Females	Total	Males	Females
1	2	3	4	5	6	7	8	9	10	11
1970–71	10,802	†	6,989	3,813	1,856	1,214	642	145	126	19
1971–72	12,340	14.2	7,964	4,376	2,200	1,443	757	111	96	15
1972–73	14,317	16.0	9,074	5,243	2,406	1,546	860	139	114	25
1973–74	17,096	19.4	10,536	6,560	2,640	1,668	972	175	146	29
1974–75	19,248	12.6	11,455	7,793	2,794	1,618	1,176	165	119	46
1975–76	21,282	10.6	12,458	8,824	3,126	1,818	1,308	204	154	50
1976–77	23,214	9.1	12,932	10,282	3,091	1,719	1,372	171	130	41
1977–78	25,400	9.4	13,480	11,920	3,296	1,673	1,623	191	138	53
1978–79	26,457	4.2	13,266	13,191	2,882	1,483	1,399	192	138	54
1979–80	28,616	8.2	13,656	14,960	3,082	1,527	1,555	193	121	72
1980–81	31,282	9.3	14,179	17,103	3,105	1,448	1,657	182	107	75
1981–82	34,222	9.4	14,917	19,305	3,327	1,578	1,749	200	136	64
1982–83	38,647	12.9	16,213	22,434	3,600	1,660	1,940	208	123	85
1983–84	40,203	4.0	16,662	23,541	3,620	1,578	2,042	216	129	87
1984–85	42,102	4.7	17,233	24,869	3,657	1,574	2,083	232	141	91
1985–86	43,145	2.5	17,681	25,464	3,808	1,603	2,205	218	116	102
1986–87	45,521	5.5	18,201	27,320	3,881	1,584	2,297	275	158	117
1987–88	46,916	3.1	18,672	28,244	3,916	1,568	2,348	233	133	100
1988–89	48,889	4.2	19,357	29,532	4,249	1,734	2,515	248	137	111
1989–90	51,572	5.5	20,374	31,198	4,353	1,705	2,648	272	145	127
1990–91	53,047	2.9	20,806	32,241	4,327	1,711	2,616	272	150	122
1991–92	55,144	4.0	21,601	33,543	4,463	1,692	2,771	255	132	123
1992–93	54,907	-0.4	22,154	32,753	5,179	1,969	3,210	301	146	155
1993–94	52,033	-5.2	21,484	30,549	5,388	2,088	3,300	345	174	171
1994–95	48,969	-5.9	20,501	28,468	5,559	2,086	3,473	321	162	159
1995–96	48,173	-1.6	19,868	28,305	5,561	2,153	3,408	345	190	155
1996–97	47,894	-0.6	19,771	28,123	5,552	1,989	3,563	300	155	145
1997–98	50,263	4.9	20,103	30,160	6,097	2,369	3,728	359	171	188
1998–99	52,460	4.4	20,950	31,510	5,556	2,001	3,555	352	183	169
1999–2000	57,058	8.8	22,152	34,906	5,525	2,030	3,495	357	168	189
2000–01	59,191	3.7	22,542	36,649	5,645	1,964	3,681	370	190	180
2001–02	64,036	8.2	23,692	40,344	5,980	2,169	3,811	383	168	215
2002–03	69,828	9.0	25,338	44,490	6,495	2,301	4,194	398	179	219
2003–04	73,002	4.5	25,813	47,189	6,900	2,329	4,571	426	186	240
2004–05	75,238	3.1	26,926	48,312	7,195	2,535	4,660	468	195	273
2005–06	76,936	2.3	28,142	48,794	7,745	2,611	5,134	464	207	257
2006–07	78,420	1.9	29,009	49,411	7,272	2,485	4,787	480	188	292
2007–08	81,048	3.4	30,384	50,664	7,546	2,580	4,966	496	209	287
2008–09	83,109	2.5	31,218	51,891	7,567	2,459	5,108	535	225	310
Percent change										
1998–99 to 2003–04	39.2	†	23.2	49.8	24.2	16.4	28.6	21.0	1.6	42.0
2003–04 to 2008–09	13.8	†	20.9	10.0	9.7	5.6	11.7	25.6	21.0	29.2

†Not applicable.
NOTE: Degree-granting institutions grant associate's or higher degrees and participate in Title IV federal financial aid programs.
SOURCE: U.S. Department of Education, National Center for Education Statistics, Higher Education General Information Survey (HEGIS), "Degrees and Other Formal Awards Conferred" surveys, 1970–71 through 1985–86; and 1986–87 through 2008–09 Integrated Postsecondary Education Data System, "Completions Survey" (IPEDS-C:87–99), and Fall 2000 through Fall 2009. (This table was prepared July 2010.)

Table 314. Degrees in computer and information sciences conferred by degree-granting institutions, by level of degree and sex of student: 1970–71 through 2008–09

Year	Bachelor's degrees				Master's degrees			Doctor's degrees		
	Total		Males	Females	Total	Males	Females	Total	Males	Females
	Number	Annual percent change								
1	2	3	4	5	6	7	8	9	10	11
1970–71	2,388	†	2,064	324	1,588	1,424	164	128	125	3
1971–72	3,402	42.5	2,941	461	1,977	1,752	225	167	155	12
1972–73	4,304	26.5	3,664	640	2,113	1,888	225	196	181	15
1973–74	4,756	10.5	3,976	780	2,276	1,983	293	198	189	9
1974–75	5,033	5.8	4,080	953	2,299	1,961	338	213	199	14
1975–76	5,652	12.3	4,534	1,118	2,603	2,226	377	244	221	23
1976–77	6,407	13.4	4,876	1,531	2,798	2,332	466	216	197	19
1977–78	7,201	12.4	5,349	1,852	3,038	2,471	567	196	181	15
1978–79	8,719	21.1	6,272	2,447	3,055	2,480	575	236	206	30
1979–80	11,154	27.9	7,782	3,372	3,647	2,883	764	240	213	27
1980–81	15,121	35.6	10,202	4,919	4,218	3,247	971	252	227	25
1981–82	20,267	34.0	13,218	7,049	4,935	3,625	1,310	251	230	21
1982–83	24,565	21.2	15,641	8,924	5,321	3,813	1,508	262	228	34
1983–84	32,439	32.1	20,416	12,023	6,190	4,379	1,811	251	225	26
1984–85	39,121	20.6	24,737	14,384	7,101	5,064	2,037	248	223	25
1985–86	42,337	8.2	27,208	15,129	8,070	5,658	2,412	344	299	45
1986–87	39,767	-6.1	25,962	13,805	8,481	5,985	2,496	374	322	52
1987–88	34,651	-12.9	23,414	11,237	9,197	6,726	2,471	428	380	48
1988–89	30,560	-11.8	21,143	9,417	9,414	6,775	2,639	551	466	85
1989–90	27,347	-10.5	19,159	8,188	9,677	6,960	2,717	627	534	93
1990–91	25,159	-8.0	17,771	7,388	9,324	6,563	2,761	676	584	92
1991–92	24,821	-1.3	17,685	7,136	9,655	6,980	2,675	772	669	103
1992–93	24,519	-1.2	17,606	6,913	10,353	7,557	2,796	805	689	116
1993–94	24,527	#	17,528	6,999	10,568	7,836	2,732	810	685	125
1994–95	24,737	0.9	17,684	7,053	10,595	7,805	2,790	887	726	161
1995–96	24,506	-0.9	17,757	6,749	10,579	7,729	2,850	869	743	126
1996–97	25,422	3.7	18,527	6,895	10,513	7,526	2,987	857	721	136
1997–98	27,829	9.5	20,372	7,457	11,765	8,343	3,422	858	718	140
1998–99	30,574	9.9	22,298	8,276	12,858	8,871	3,987	801	650	151
1999–2000	37,788	23.6	27,185	10,603	14,990	9,978	5,012	779	648	131
2000–01	44,142	16.8	31,923	12,219	16,911	11,195	5,716	768	632	136
2001–02	50,365	14.1	36,462	13,903	17,173	11,447	5,726	752	581	171
2002–03	57,433	14.0	41,950	15,483	19,509	13,267	6,242	816	648	168
2003–04	59,488	3.6	44,585	14,903	20,143	13,868	6,275	909	709	200
2004–05	54,111	-9.0	42,125	11,986	18,416	13,136	5,280	1,119	905	214
2005–06	47,480	-12.3	37,705	9,775	17,055	12,470	4,585	1,416	1,109	307
2006–07	42,170	-11.2	34,342	7,828	16,232	11,985	4,247	1,595	1,267	328
2007–08	38,476	-8.8	31,694	6,782	17,087	12,513	4,574	1,698	1,323	375
2008–09	37,994	-1.3	31,215	6,779	17,907	13,063	4,844	1,580	1,226	354
Percent change										
1998–99 to 2003–04	94.6	†	100.0	80.1	56.7	56.3	57.4	13.5	9.1	32.5
2003–04 to 2008–09	-36.1	†	-30.0	-54.5	-11.1	-5.8	-22.8	73.8	72.9	77.0

†Not applicable.
#Rounds to zero.
NOTE: Degree-granting institutions grant associate's or higher degrees and participate in Title IV federal financial aid programs.

SOURCE: U.S. Department of Education, National Center for Education Statistics, Higher Education General Information Survey (HEGIS), "Degrees and Other Formal Awards Conferred" surveys, 1970–71 through 1985–86; and 1986–87 through 2008–09 Integrated Postsecondary Education Data System, "Completions Survey" (IPEDS-C:87–99), and Fall 2000 through Fall 2009. (This table was prepared July 2010.)

Table 315. Degrees in education conferred by degree-granting institutions, by level of degree and sex of student: Selected years, 1949–50 through 2008–09

Year	Bachelor's degrees				Master's degrees			Doctor's degrees		
	Total									
	Number	Annual percent change	Males	Females	Total	Males	Females	Total	Males	Females
1	2	3	4	5	6	7	8	9	10	11
1949–50	61,472	†	31,398	30,074	20,069	12,025	8,044	953	797	156
1959–60	89,002	†	25,556	63,446	33,433	18,057	15,376	1,591	1,279	312
1967–68	133,965	†	31,926	102,039	63,399	30,672	32,727	4,078	3,250	828
1969–70	163,964	†	40,420	123,544	78,020	34,832	43,188	5,588	4,479	1,109
1970–71	176,307	7.5	44,896	131,411	87,666	38,365	49,301	6,041	4,771	1,270
1971–72	190,880	8.3	49,344	141,536	96,668	41,141	55,527	6,648	5,104	1,544
1972–73	193,984	1.6	51,300	142,684	103,777	43,298	60,479	6,857	5,191	1,666
1973–74	184,907	-4.7	48,997	135,910	110,402	44,112	66,290	6,757	4,974	1,783
1974–75	166,758	-9.8	44,463	122,295	117,841	44,430	73,411	6,975	4,856	2,119
1975–76	154,437	-7.4	42,004	112,433	126,061	44,831	81,230	7,202	4,826	2,376
1976–77	143,234	-7.3	39,867	103,367	124,267	42,308	81,959	7,338	4,832	2,506
1977–78	135,821	-5.2	37,410	98,411	116,916	37,662	79,254	7,018	4,281	2,737
1978–79	125,873	-7.3	33,743	92,130	109,866	34,410	75,456	7,170	4,174	2,996
1979–80	118,038	-6.2	30,901	87,137	101,819	30,300	71,519	7,314	4,100	3,214
1980–81	108,074	-8.4	27,039	81,035	96,713	27,548	69,165	7,279	3,843	3,436
1981–82	100,932	-6.6	24,380	76,552	91,601	25,339	66,262	6,999	3,612	3,387
1982–83	97,908	-3.0	23,651	74,257	83,254	22,824	60,430	7,063	3,550	3,513
1983–84	92,310	-5.7	22,200	70,110	75,700	21,164	54,536	6,914	3,448	3,466
1984–85	88,078	-4.6	21,254	66,824	74,667	20,539	54,128	6,614	3,174	3,440
1985–86	87,147	-1.1	20,982	66,165	74,816	20,302	54,514	6,610	3,088	3,522
1986–87	86,788	-0.4	20,705	66,083	72,619	18,955	53,664	5,905	2,745	3,160
1987–88	90,928	4.8	20,947	69,981	75,270	18,777	56,493	5,568	2,530	3,038
1988–89	96,740	6.4	21,643	75,097	79,793	19,616	60,177	5,884	2,522	3,362
1989–90	105,112	8.7	23,007	82,105	84,890	20,469	64,421	6,503	2,776	3,727
1990–91	110,807	5.4	23,417	87,390	87,352	20,448	66,904	6,189	2,614	3,575
1991–92	107,836	-2.7	22,655	85,181	91,225	20,897	70,328	6,423	2,652	3,771
1992–93	107,578	-0.2	23,199	84,379	94,497	21,857	72,640	6,581	2,712	3,869
1993–94	107,440	-0.1	24,424	83,016	97,427	22,656	74,771	6,450	2,555	3,895
1994–95	105,929	-1.4	25,619	80,310	99,835	23,511	76,324	6,475	2,490	3,985
1995–96	105,384	-0.5	26,214	79,170	104,936	24,955	79,981	6,246	2,404	3,842
1996–97	105,116	-0.3	26,242	78,874	108,720	25,518	83,202	6,297	2,367	3,930
1997–98	105,833	0.7	26,285	79,548	113,374	26,814	86,560	6,261	2,334	3,927
1998–99	107,086	1.2	26,224	80,862	118,048	27,997	90,051	6,394	2,298	4,096
1999–2000	108,034	0.9	26,103	81,931	123,045	29,081	93,964	6,409	2,295	4,114
2000–01	105,458	-2.4	24,580	80,878	127,829	29,997	97,832	6,284	2,237	4,047
2001–02	106,295	0.8	24,049	82,246	135,189	31,907	103,282	6,549	2,211	4,338
2002–03	105,845	-0.4	22,604	83,241	147,883	34,033	113,850	6,832	2,314	4,518
2003–04	106,278	0.4	22,802	83,476	162,345	37,843	124,502	7,088	2,403	4,685
2004–05	105,451	-0.8	22,513	82,938	167,490	38,863	128,627	7,681	2,557	5,124
2005–06	107,238	1.7	22,448	84,790	174,620	40,700	133,920	7,584	2,664	4,920
2006–07	105,641	-1.5	22,516	83,125	176,572	40,164	136,408	8,261	2,681	5,580
2007–08	102,582	-2.9	21,828	80,754	175,880	40,055	135,825	8,491	2,773	5,718
2008–09	101,708	-0.9	21,159	80,549	178,564	40,324	138,240	9,028	2,956	6,072
Percent change										
1998–99 to 2003–04	-0.8	†	-13.0	3.2	37.5	35.2	38.3	10.9	4.6	14.4
2003–04 to 2008–09	-4.3	†	-7.2	-3.5	10.0	6.6	11.0	27.4	23.0	29.6

†Not applicable.
NOTE: Degree-granting institutions grant associate's or higher degrees and participate in Title IV federal financial aid programs.
SOURCE: U.S. Department of Education, National Center for Education Statistics, *Earned Degrees Conferred*, 1949–50 and 1959–60; Higher Education General Information Survey (HEGIS), "Degrees and Other Formal Awards Conferred" surveys, 1967–68 through 1985–86; and 1986–87 through 2008–09 Integrated Postsecondary Education Data System, "Completions Survey" (IPEDS-C:87–99), and Fall 2000 through Fall 2009. (This table was prepared July 2010.)

Table 316. Degrees in engineering and engineering technologies conferred by degree-granting institutions, by level of degree and sex of student: Selected years, 1949–50 through 2008–09

Year	Bachelor's degrees				Master's degrees			Doctor's degrees		
	Total									
	Number	Annual percent change	Males	Females	Total	Males	Females	Total	Males	Females
1	2	3	4	5	6	7	8	9	10	11
1949–50	52,246	†	52,071	175	4,496	4,481	15	417	416	1
1959–60	37,679	†	37,537	142	7,159	7,133	26	786	783	3
1969–70	44,479	†	44,149	330	15,593	15,421	172	3,681	3,657	24
1970–71	50,182	12.8	49,775	407	16,947	16,734	213	3,688	3,663	25
1971–72	51,258	2.1	50,726	532	17,299	17,009	290	3,708	3,685	23
1972–73	51,384	0.2	50,766	618	16,988	16,694	294	3,513	3,459	54
1973–74	50,412	-1.9	49,611	801	15,851	15,470	381	3,374	3,318	56
1974–75	47,131	-6.5	46,105	1,026	15,837	15,426	411	3,181	3,113	68
1975–76	46,676	-1.0	45,184	1,492	16,800	16,174	626	2,874	2,805	69
1976–77	49,482	6.0	47,238	2,244	16,659	15,891	768	2,622	2,547	75
1977–78	56,150	13.5	52,353	3,797	16,887	15,940	947	2,483	2,424	59
1978–79	62,898	12.0	57,603	5,295	16,012	14,971	1,041	2,545	2,459	86
1979–80	69,387	10.3	62,877	6,510	16,765	15,535	1,230	2,546	2,447	99
1980–81	75,355	8.6	67,573	7,782	17,216	15,761	1,455	2,608	2,499	109
1981–82	80,632	7.0	71,305	9,327	18,475	16,747	1,728	2,676	2,532	144
1982–83	89,811	11.4	78,673	11,138	19,949	18,038	1,911	2,871	2,742	129
1983–84	95,295	6.1	82,841	12,454	21,197	18,916	2,281	3,032	2,864	168
1984–85	97,099	1.9	83,991	13,108	22,124	19,688	2,436	3,269	3,055	214
1985–86	97,122	#	84,050	13,072	22,146	19,545	2,601	3,456	3,220	236
1986–87	93,560	-3.7	80,543	13,017	23,101	20,137	2,964	3,854	3,585	269
1987–88	89,406	-4.4	76,886	12,520	23,839	20,815	3,024	4,237	3,941	296
1988–89	85,982	-3.8	74,020	11,962	25,066	21,731	3,335	4,572	4,160	412
1989–90	82,480	-4.1	70,859	11,621	25,294	21,753	3,541	5,030	4,576	454
1990–91	79,751	-3.3	68,482	11,269	25,450	21,780	3,670	5,330	4,834	496
1991–92	78,058	-2.1	67,104	10,954	26,430	22,444	3,986	5,533	4,998	535
1992–93	78,662	0.8	67,248	11,414	29,149	24,758	4,391	5,894	5,322	572
1993–94	78,662	0.0	66,920	11,742	30,172	25,453	4,719	6,011	5,339	672
1994–95	78,569	-0.1	66,223	12,346	30,031	25,090	4,941	6,173	5,435	738
1995–96	78,086	-0.6	65,430	12,656	28,946	23,928	5,018	6,431	5,623	808
1996–97	75,757	-3.0	63,066	12,691	27,106	22,114	4,992	6,250	5,476	774
1997–98	74,649	-1.5	61,955	12,694	27,327	21,867	5,460	6,038	5,294	744
1998–99	72,665	-2.7	59,703	12,962	26,738	21,394	5,344	5,461	4,676	785
1999–2000	73,419	1.0	59,741	13,678	26,726	21,100	5,626	5,421	4,582	839
2000–01	72,975	-0.6	59,564	13,411	27,272	21,405	5,867	5,604	4,669	935
2001–02	74,679	2.3	60,474	14,205	27,057	21,263	5,794	5,245	4,332	913
2002–03	77,319	3.5	62,884	14,435	30,670	24,170	6,500	5,333	4,415	918
2003–04	78,227	1.2	63,502	14,725	35,197	27,667	7,530	5,981	4,923	1,058
2004–05	79,743	1.9	65,164	14,579	35,133	27,161	7,972	6,601	5,368	1,233
2005–06	81,610	2.3	67,013	14,597	33,530	25,666	7,864	7,471	5,963	1,508
2006–07	82,072	0.6	68,230	13,842	32,162	24,865	7,297	8,123	6,422	1,701
2007–08	83,853	2.2	69,724	14,129	34,592	26,574	8,018	8,167	6,413	1,754
2008–09	84,636	0.9	70,675	13,961	38,205	29,595	8,610	7,990	6,259	1,731
Percent change										
1998–99 to 2003–04	7.7	†	6.4	13.6	31.6	29.3	40.9	9.5	5.3	34.8
2003–04 to 2008–09	8.2	†	11.3	-5.2	8.5	7.0	14.3	33.6	27.1	63.6

†Not applicable.
#Rounds to zero.
NOTE: Degree-granting institutions grant associate's or higher degrees and participate in Title IV federal financial aid programs. Includes degrees in engineering, engineering-related technologies, mechanic and repair technologies, and construction trades for 1969–70 and later years.

SOURCE: U.S. Department of Education, National Center for Education Statistics, *Earned Degrees Conferred*, 1949–50 and 1959–60; Higher Education General Information Survey (HEGIS), "Degrees and Other Formal Awards Conferred" surveys, 1969–70 through 1985–86; and 1986–87 through 2008–09 Integrated Postsecondary Education Data System, "Completions Survey" (IPEDS-C:87–99), and Fall 2000 through Fall 2009. (This table was prepared July 2010.)

Table 317. Degrees in chemical, civil, electrical, and mechanical engineering conferred by degree-granting institutions, by level of degree: 1970–71 through 2008–09

Year	Chemical engineering			Civil engineering			Electrical, electronics, and communications engineering			Mechanical engineering		
	Bachelor's	Master's	Doctor's	Bachelor's	Master's	Doctor's	Bachelor's	Master's	Doctor's	Bachelor's	Master's	Doctor's
1	2	3	4	5	6	7	8	9	10	11	12	13
1970–71	3,579	1,100	406	6,526	2,425	446	12,198	4,282	879	8,858	2,237	438
1971–72	3,625	1,154	394	6,803	2,487	415	12,101	4,206	824	8,530	2,282	411
1972–73	3,578	1,051	397	7,390	2,627	397	12,313	3,895	791	8,523	2,141	370
1973–74	3,399	1,044	400	8,017	2,652	368	11,316	3,499	705	7,677	1,843	385
1974–75	3,070	990	346	7,651	2,769	356	10,161	3,469	701	6,890	1,858	340
1975–76	3,140	1,031	308	7,923	2,999	370	9,791	3,774	649	6,800	1,907	305
1976–77	3,524	1,086	291	8,228	2,964	309	9,936	3,788	566	7,703	1,952	283
1977–78	4,569	1,235	259	9,135	2,685	277	11,133	3,740	503	8,875	1,942	279
1978–79	5,568	1,149	304	9,809	2,646	253	12,338	3,591	586	10,107	1,877	271
1979–80	6,320	1,270	284	10,326	2,683	270	13,821	3,836	525	11,808	2,060	281
1980–81	6,527	1,267	300	10,678	2,891	325	14,938	3,901	535	13,329	2,291	276
1981–82	6,740	1,285	311	10,524	2,995	329	16,455	4,462	526	13,922	2,399	333
1982–83	7,185	1,368	319	9,989	3,074	340	18,049	4,531	550	15,675	2,511	299
1983–84	7,475	1,514	330	9,693	3,146	369	19,943	5,078	585	16,629	2,797	319
1984–85	7,146	1,544	418	9,162	3,172	377	21,691	5,153	660	16,794	3,053	409
1985–86	5,877	1,361	446	8,679	2,926	395	23,742	5,534	722	16,194	3,075	426
1986–87	4,991	1,184	497	8,147	2,901	451	24,547	6,183	724	15,450	3,198	528
1987–88	3,917	1,088	579	7,488	2,836	481	23,597	6,688	860	14,900	3,329	596
1988–89	3,663	1,093	602	7,312	2,903	505	21,908	7,028	998	14,843	3,498	633
1989–90	3,430	1,035	562	7,252	2,812	516	20,711	7,225	1,162	14,336	3,424	742
1990–91	3,444	903	611	7,314	2,927	536	19,320	7,095	1,220	13,977	3,516	757
1991–92	3,754	956	590	8,034	3,113	540	17,958	7,360	1,282	14,067	3,653	851
1992–93	4,459	990	595	8,868	3,610	577	17,281	7,870	1,413	14,464	3,982	871
1993–94	5,163	1,032	604	9,479	3,873	651	15,823	7,791	1,470	15,030	4,099	887
1994–95	5,901	1,085	571	9,927	4,077	625	14,929	7,693	1,543	14,794	4,213	890
1995–96	6,319	1,176	670	10,607	3,905	616	13,900	7,103	1,591	14,177	3,881	940
1996–97	6,564	1,131	650	10,437	3,833	640	13,336	6,393	1,512	13,493	3,608	913
1997–98	6,319	1,128	652	9,926	3,795	610	12,995	6,737	1,458	13,071	3,441	933
1998–99	6,033	1,130	572	9,121	3,648	543	12,531	6,690	1,303	12,705	3,258	774
1999–2000	5,807	1,078	590	8,136	3,433	543	12,930	6,926	1,392	12,807	3,273	776
2000–01	5,611	1,083	610	7,588	3,310	571	13,091	6,815	1,417	12,817	3,371	849
2001–02	5,462	973	605	7,665	3,295	574	13,056	6,587	1,235	13,058	3,391	772
2002–03	5,109	1,065	542	7,836	3,596	599	13,627	7,621	1,256	13,693	3,695	747
2003–04	4,742	1,165	623	7,827	3,790	636	14,123	9,511	1,440	14,050	4,420	787
2004–05	4,397	1,183	773	8,186	3,834	713	14,171	9,054	1,566	14,609	4,637	915
2005–06	4,326	1,116	819	9,090	3,768	750	13,966	8,123	1,860	15,850	4,443	1,096
2006–07	4,492	957	835	9,671	3,482	805	13,089	7,777	2,042	16,601	4,294	1,106
2007–08	4,795	933	853	10,455	3,595	752	12,375	8,631	1,996	17,367	4,497	1,109
2008–09	5,036	994	789	10,785	3,794	762	11,619	9,178	1,811	17,352	4,620	1,142
Percent change												
1998–99 to 2003–04	-21.4	3.1	8.9	-14.2	3.9	17.1	12.7	42.2	10.5	10.6	35.7	1.7
2003–04 to 2008–09	6.2	-14.7	26.6	37.8	0.1	19.8	-17.7	-3.5	25.8	23.5	4.5	45.1

NOTE: Degree-granting institutions grant associate's or higher degrees and participate in Title IV federal financial aid programs. From 1970–71 through 1981–82, civil engineering includes construction and transportation engineering. From 1991–92, civil engineering includes geotechnical, structural, transportation, and water resources engineering. Degrees in engineering technologies are not included in this table.

SOURCE: U.S. Department of Education, National Center for Education Statistics, Higher Education General Information Survey (HEGIS), "Degrees and Other Formal Awards Conferred" surveys, 1970–71 through 1985–86; and 1986–87 through 2008–09 Integrated Postsecondary Education Data System, "Completions Survey" (IPEDS-C:87–99), and Fall 2000 through Fall 2009. (This table was prepared July 2010.)

Table 318. Degrees in English language and literature/letters conferred by degree-granting institutions, by level of degree and sex of student: Selected years, 1949–50 through 2008–09

Year	Bachelor's degrees				Master's degrees			Doctor's degrees		
	Total									
	Number	Annual percent change	Males	Females	Total	Males	Females	Total	Males	Females
1	2	3	4	5	6	7	8	9	10	11
1949–50	17,240	†	8,221	9,019	2,259	1,320	939	230	181	49
1959–60	20,128	†	7,580	12,548	2,931	1,458	1,473	397	314	83
1967–68	47,977	†	15,700	32,277	7,916	3,434	4,482	977	717	260
1969–70	56,410	†	18,650	37,760	8,517	3,326	5,191	1,213	837	376
1970–71	63,914	13.3	22,005	41,909	10,441	4,126	6,315	1,554	1,107	447
1971–72	63,707	-0.3	22,580	41,127	10,412	4,066	6,346	1,734	1,173	561
1972–73	60,607	-4.9	22,022	38,585	10,035	3,988	6,047	1,817	1,189	628
1973–74	54,190	-10.6	20,082	34,108	9,573	3,824	5,749	1,755	1,142	613
1974–75	47,062	-13.2	17,689	29,373	9,178	3,463	5,715	1,595	974	621
1975–76	41,452	-11.9	15,898	25,554	8,599	3,290	5,309	1,514	895	619
1976–77	37,343	-9.9	14,135	23,208	7,824	2,907	4,917	1,373	768	605
1977–78	34,799	-6.8	12,972	21,827	7,444	2,623	4,821	1,272	698	574
1978–79	33,218	-4.5	12,085	21,133	6,503	2,307	4,196	1,186	639	547
1979–80	32,187	-3.1	11,237	20,950	6,026	2,181	3,845	1,196	635	561
1980–81	31,922	-0.8	11,082	20,840	5,742	2,026	3,716	1,040	497	543
1981–82	33,078	3.6	11,300	21,778	5,593	1,916	3,677	986	467	519
1982–83	31,327	-5.3	10,699	20,628	4,866	1,653	3,213	877	419	458
1983–84	32,296	3.1	11,007	21,289	4,814	1,681	3,133	899	413	486
1984–85	32,686	1.2	11,195	21,491	4,987	1,723	3,264	915	414	501
1985–86	34,083	4.3	11,657	22,426	5,335	1,811	3,524	895	390	505
1986–87	35,667	4.6	12,133	23,534	5,298	1,819	3,479	853	367	486
1987–88	38,106	6.8	12,687	25,419	5,366	1,796	3,570	858	380	478
1988–89	41,786	9.7	13,729	28,057	5,716	1,930	3,786	929	405	524
1989–90	46,803	12.0	15,437	31,366	6,317	2,125	4,192	986	444	542
1990–91	51,064	9.1	16,891	34,173	6,784	2,203	4,581	1,056	469	587
1991–92	54,250	6.2	18,314	35,936	7,215	2,441	4,774	1,142	484	658
1992–93	55,289	1.9	19,007	36,282	7,537	2,570	4,967	1,201	495	706
1993–94	53,150	-3.9	18,214	34,936	7,611	2,620	4,991	1,205	512	693
1994–95	51,170	-3.7	17,581	33,589	7,612	2,672	4,940	1,393	589	804
1995–96	49,928	-2.4	17,007	32,921	7,657	2,727	4,930	1,395	535	860
1996–97	48,641	-2.6	16,325	32,316	7,487	2,650	4,837	1,431	610	821
1997–98	49,016	0.8	16,280	32,736	7,587	2,568	5,019	1,489	611	878
1998–99	49,800	1.6	16,285	33,515	7,288	2,442	4,846	1,407	560	847
1999–2000	50,106	0.6	16,124	33,982	7,022	2,315	4,707	1,470	611	859
2000–01	50,569	0.9	15,997	34,572	6,763	2,160	4,603	1,330	533	797
2001–02	52,375	3.6	16,457	35,918	7,097	2,270	4,827	1,291	532	759
2002–03	53,699	2.5	16,738	36,961	7,428	2,433	4,995	1,246	492	754
2003–04	53,984	0.5	16,792	37,192	7,956	2,459	5,497	1,207	479	728
2004–05	54,379	0.7	17,154	37,225	8,468	2,615	5,853	1,212	494	718
2005–06	55,096	1.3	17,316	37,780	8,845	2,860	5,985	1,254	510	744
2006–07	55,122	#	17,475	37,647	8,742	2,867	5,875	1,178	478	700
2007–08	55,038	#	17,681	37,357	9,161	3,027	6,134	1,262	453	809
2008–09	55,462	0.8	17,973	37,489	9,261	3,001	6,260	1,271	464	807
Percent change										
1998–99 to 2003–04	8.4	†	3.1	11.0	9.2	0.7	13.4	-14.2	-14.5	-14.0
2003–04 to 2008–09	2.7	†	7.0	0.8	16.4	22.0	13.9	5.3	-3.1	10.9

†Not applicable.
#Rounds to zero.
NOTE: Data through 1994–95 are for institutions of higher education, while later data are for degree-granting institutions. Degree-granting institutions grant associate's or higher degrees and participate in Title IV federal financial aid programs. The degree-granting classification is very similar to the earlier higher education classification, but it includes more 2-year colleges and excludes a few higher education institutions that did not grant degrees. (See Appendix A: Guide to Sources for details.)

SOURCE: U.S. Department of Education, National Center for Education Statistics, *Earned Degrees Conferred*, 1949–50 and 1959–60; Higher Education General Information Survey (HEGIS), "Degrees and Other Formal Awards Conferred" surveys, 1967–68 through 1985–86; and 1986–87 through 2008–09 Integrated Postsecondary Education Data System, "Completions Survey" (IPEDS-C:87–99), and Fall 2000 through Fall 2009. (This table was prepared July 2010.)

Table 319. Degrees in modern foreign languages and literatures conferred by degree-granting institutions, by level of degree and sex of student: Selected years, 1949–50 through 2008–09

Year	Bachelor's degrees				Master's degrees			Doctor's degrees		
	Total									
	Number	Annual percent change	Males	Females	Total	Males	Females	Total	Males	Females
1	2	3	4	5	6	7	8	9	10	11
1949–50	4,477	†	1,746	2,731	919	456	463	168	135	33
1959–60	4,527	†	1,548	2,979	832	392	440	150	100	50
1967–68	17,499	†	4,450	13,049	3,911	1,555	2,356	491	336	155
1969–70	19,457	†	4,921	14,536	4,154	1,476	2,678	590	369	221
1970–71	19,806	1.8	4,994	14,812	4,847	1,668	3,179	854	536	318
1971–72	18,673	-5.7	4,635	14,038	4,692	1,633	3,059	911	575	336
1972–73	18,989	1.7	4,589	14,400	4,422	1,578	2,844	1,092	650	442
1973–74	18,807	-1.0	4,486	14,321	4,105	1,399	2,706	1,035	575	460
1974–75	17,842	-5.1	4,174	13,668	4,004	1,330	2,674	969	504	465
1975–76	15,731	-11.8	3,718	12,013	3,670	1,235	2,435	1,010	514	496
1976–77	14,162	-10.0	3,416	10,746	3,293	1,019	2,274	875	430	445
1977–78	13,037	-7.9	3,127	9,910	2,913	870	2,043	768	351	417
1978–79	11,957	-8.3	2,845	9,112	2,563	771	1,792	765	363	402
1979–80	11,315	-5.4	2,783	8,532	2,376	704	1,672	639	278	361
1980–81	10,464	-7.5	2,542	7,922	2,255	739	1,516	708	328	380
1981–82	10,014	-4.3	2,426	7,588	2,170	671	1,499	646	281	365
1982–83	10,026	0.1	2,560	7,466	1,891	633	1,258	594	254	340
1983–84	9,829	-2.0	2,611	7,218	1,929	602	1,327	565	242	323
1984–85	10,357	5.4	2,719	7,638	1,879	597	1,282	558	236	322
1985–86	10,407	0.5	2,884	7,523	1,870	562	1,308	523	206	317
1986–87	10,740	3.2	2,988	7,752	1,918	586	1,332	545	230	315
1987–88	10,513	-2.1	2,839	7,674	2,028	665	1,363	534	228	306
1988–89	11,376	8.2	3,037	8,339	2,110	654	1,456	512	216	296
1989–90	11,991	5.4	3,185	8,806	2,225	674	1,551	599	239	360
1990–91	12,704	5.9	3,526	9,178	2,282	710	1,572	647	274	373
1991–92	13,300	4.7	3,679	9,621	2,400	738	1,662	706	284	422
1992–93	13,904	4.5	3,848	10,056	2,683	857	1,826	717	287	430
1993–94	13,761	-1.0	3,960	9,801	2,699	830	1,869	747	273	474
1994–95	13,196	-4.1	3,949	9,247	2,578	790	1,788	814	335	479
1995–96	13,337	1.1	3,881	9,456	2,562	792	1,770	746	292	454
1996–97	13,053	-2.1	3,792	9,261	2,470	753	1,717	793	316	477
1997–98	13,618	4.3	3,926	9,692	2,367	715	1,652	819	327	492
1998–99	14,163	4.0	4,084	10,079	2,267	657	1,610	757	294	463
1999–2000	14,186	0.2	3,939	10,247	2,228	669	1,559	804	311	493
2000–01	14,292	0.7	3,966	10,326	2,244	664	1,580	818	294	524
2001–02	14,236	-0.4	3,945	10,291	2,284	648	1,636	780	313	467
2002–03	14,854	4.3	4,202	10,652	2,256	600	1,656	749	282	467
2003–04	15,408	3.7	4,362	11,046	2,307	662	1,645	743	278	465
2004–05	16,008	3.9	4,494	11,514	2,517	736	1,781	762	295	467
2005–06	16,762	4.7	4,814	11,948	2,637	742	1,895	777	296	481
2006–07	17,344	3.5	5,059	12,285	2,577	731	1,846	748	288	460
2007–08	17,866	3.0	5,078	12,788	2,650	757	1,893	773	271	502
2008–09	18,073	1.2	5,168	12,905	2,535	810	1,725	777	286	491
Percent change										
1998–99 to 2003–04	8.8	†	6.8	9.6	1.8	0.8	2.2	-1.8	-5.4	0.4
2003–04 to 2008–09	17.3	†	18.5	16.8	9.9	22.4	4.9	4.6	2.9	5.6

†Not applicable.
NOTE: Data through 1994–95 are for institutions of higher education, while later data are for degree-granting institutions. Degree-granting institutions grant associate's or higher degrees and participate in Title IV federal financial aid programs. The degree-granting classification is very similar to the earlier higher education classification, but it includes more 2-year colleges and excludes a few higher education institutions that did not grant degrees. (See Appendix A: Guide to Sources for details.) Includes degrees conferred in a single language or a combination of modern foreign languages. Excludes degrees in linguistics, Latin, classics, ancient and Middle/Near Eastern biblical and Semitic languages, ancient/classical Greek, Sanskrit and classical Indian languages, American sign language, linguistics of sign languages, and sign language interpretation and translation.
SOURCE: U.S. Department of Education, National Center for Education Statistics, *Earned Degrees Conferred*, 1949–50 and 1959–60; Higher Education General Information Survey (HEGIS), "Degrees and Other Formal Awards Conferred" surveys, 1967–68 through 1985–86; and 1986–87 through 2008–09 Integrated Postsecondary Education Data System, "Completions Survey" (IPEDS-C:87–99), and Fall 2000 through Fall 2009. (This table was prepared July 2010.)

Table 320. Degrees in French, German, Italian, and Spanish conferred by degree-granting institutions, by level of degree: Selected years, 1949–50 through 2008–09

Year	French			German			Italian			Spanish		
	Bachelor's	Master's	Doctor's	Bachelor's	Master's	Doctor's	Bachelor's	Master's	Doctor's	Bachelor's	Master's	Doctor's
1	2	3	4	5	6	7	8	9	10	11	12	13
1949–50	1,471	299	53	540	121	40	—	—	—	2,122	373	34
1959–60	1,927	316	58	659	126	21	—	—	—	1,610	261	31
1967–68	7,068	1,301	152	2,368	771	117	—	—	—	6,381	1,188	123
1969–70	7,624	1,409	181	2,652	669	118	242	71	14	7,226	1,372	139
1970–71	7,306	1,437	192	2,601	690	144	201	87	10	7,068	1,456	168
1971–72	6,822	1,421	193	2,477	608	167	287	104	19	6,847	1,421	152
1972–73	6,705	1,277	203	2,520	598	176	313	78	27	7,209	1,298	206
1973–74	6,263	1,195	213	2,425	550	149	292	81	19	7,250	1,217	203
1974–75	5,745	1,077	200	2,289	480	147	329	100	13	6,719	1,228	202
1975–76	4,783	914	190	1,983	471	164	342	85	19	5,984	1,080	176
1976–77	4,228	875	177	1,820	394	126	325	89	16	5,359	930	153
1977–78	3,708	692	155	1,647	357	101	301	58	19	4,832	822	113
1978–79	3,558	576	143	1,524	344	106	236	60	14	4,563	720	118
1979–80	3,285	513	128	1,466	309	94	272	49	9	4,331	685	103
1980–81	3,178	460	115	1,286	294	79	205	65	13	3,870	592	131
1981–82	3,054	485	92	1,327	324	76	208	55	14	3,633	568	140
1982–83	2,871	360	106	1,367	281	68	224	45	18	3,349	506	129
1983–84	2,876	418	86	1,292	241	63	206	41	13	3,254	537	102
1984–85	2,991	385	74	1,411	240	58	190	44	9	3,415	505	115
1985–86	3,015	409	86	1,396	249	73	240	42	10	3,385	521	95
1986–87	3,062	421	85	1,366	234	70	219	53	17	3,450	504	104
1987–88	3,082	437	89	1,350	244	71	224	45	7	3,416	553	93
1988–89	3,297	444	83	1,428	263	59	239	45	17	3,748	552	101
1989–90	3,259	478	115	1,437	253	67	247	38	19	4,176	573	108
1990–91	3,355	480	98	1,543	242	58	253	36	21	4,480	609	125
1991–92	3,371	465	112	1,616	273	85	238	55	18	4,768	647	143
1992–93	3,280	513	98	1,572	317	86	274	50	13	5,233	667	145
1993–94	3,094	479	104	1,580	298	61	264	47	24	5,505	691	160
1994–95	2,764	470	118	1,352	278	83	271	69	31	5,602	709	161
1995–96	2,655	446	113	1,290	305	75	232	44	22	5,995	769	151
1996–97	2,468	414	119	1,214	281	80	234	49	18	6,161	677	175
1997–98	2,530	389	104	1,181	209	94	252	60	25	6,595	781	160
1998–99	2,555	357	116	1,246	238	77	260	41	12	6,964	694	152
1999–2000	2,514	343	129	1,125	184	76	237	48	13	7,031	718	175
2000–01	2,371	376	115	1,143	242	73	286	42	11	7,164	716	185
2001–02	2,396	356	89	1,092	208	64	263	46	15	7,243	792	193
2002–03	2,294	348	75	1,097	188	77	307	54	20	7,619	791	190
2003–04	2,362	361	85	1,031	153	30	279	49	31	7,991	833	199
2004–05	2,394	356	80	1,103	180	56	277	70	12	8,304	919	190
2005–06	2,410	395	84	1,106	172	48	321	94	17	8,690	981	192
2006–07	2,462	364	95	1,055	158	56	280	97	20	9,013	982	195
2007–08	2,432	359	102	1,085	173	51	359	88	25	9,278	990	193
2008–09	2,450	386	86	1,058	163	47	341	76	34	9,331	878	218
Percent change												
1998–99 to 2003–04	-7.6	1.1	-26.7	-17.3	-35.7	-61.0	7.3	19.5	158.3	14.7	20.0	30.9
2003–04 to 2008–09	3.7	6.9	1.2	2.6	6.5	56.7	22.2	55.1	9.7	16.8	5.4	9.5

—Not available.
NOTE: Data through 1994–95 are for institutions of higher education, while later data are for degree-granting institutions. Degree-granting institutions grant associate's or higher degrees and participate in Title IV federal financial aid programs. The degree-granting classification is very similar to the earlier higher education classification, but it includes more 2-year colleges and excludes a few higher education institutions that did not grant degrees. (See Appendix A: Guide to Sources for details.)

SOURCE: U.S. Department of Education, National Center for Education Statistics, *Earned Degrees Conferred*, 1949–50 and 1959–60; Higher Education General Information Survey (HEGIS), "Degrees and Other Formal Awards Conferred" surveys, 1967–68 through 1985–86; and 1986–87 through 2008–09 Integrated Postsecondary Education Data System, "Completions Survey" (IPEDS-C:87–99), and Fall 2000 through Fall 2009. (This table was prepared July 2010.)

Table 321. Degrees in Arabic, Chinese, Korean, and Russian conferred by degree-granting institutions, by level of degree: 1969–70 through 2008–09

Year	Arabic			Chinese			Korean			Russian		
	Bachelor's	Master's	Doctor's	Bachelor's	Master's	Doctor's	Bachelor's	Master's	Doctor's	Bachelor's	Master's	Doctor's
1	2	3	4	5	6	7	8	9	10	11	12	13
1969–70	—	—	—	81	34	0	—	—	—	768	172	24
1970–71	15	6	4	89	22	8	—	—	—	715	110	14
1971–72	10	4	0	103	20	11	—	—	—	658	150	15
1972–73	12	3	1	98	29	13	—	—	—	622	120	27
1973–74	20	5	1	121	37	5	—	—	—	624	100	27
1974–75	13	11	2	141	26	12	—	—	—	598	106	20
1975–76	10	7	2	150	23	6	—	—	—	531	81	13
1976–77	7	15	1	112	32	6	—	—	—	528	66	19
1977–78	8	3	1	116	23	4	—	—	—	442	50	12
1978–79	4	4	5	91	22	12	—	—	—	465	51	9
1979–80	13	2	5	79	33	7	—	—	—	402	60	6
1980–81	6	7	0	73	20	6	—	—	—	409	68	8
1981–82	15	4	4	68	14	10	—	—	—	324	49	7
1982–83	12	4	1	92	15	7	—	—	—	342	33	5
1983–84	6	2	0	115	14	10	—	—	—	340	39	3
1984–85	9	4	0	97	21	3	—	—	—	432	47	6
1985–86	5	4	0	87	23	11	—	—	—	493	33	3
1986–87	8	1	1	110	16	10	—	—	—	502	54	8
1987–88	9	4	0	103	31	9	—	—	—	472	54	8
1988–89	6	2	1	138	27	8	—	—	—	469	55	6
1989–90	4	0	1	144	33	8	—	—	—	549	52	5
1990–91	9	0	1	150	24	9	—	—	—	593	70	6
1991–92	13	0	0	183	36	14	—	—	—	629	68	7
1992–93	8	3	2	129	54	8	—	—	—	612	68	4
1993–94	8	2	0	112	48	18	—	—	—	611	71	3
1994–95	10	1	1	107	63	16	—	—	—	572	66	3
1995–96	8	3	2	136	42	19	—	—	—	494	58	7
1996–97	9	3	0	152	31	15	—	—	—	455	46	9
1997–98	16	2	1	161	21	13	—	—	—	383	49	9
1998–99	13	3	1	178	20	14	—	—	—	394	29	4
1999–2000	6	4	5	183	18	15	—	—	—	340	33	10
2000–01	7	2	3	183	13	7	—	—	—	335	24	7
2001–02	13	2	2	189	16	12	—	—	—	277	34	5
2002–03	13	3	0	190	12	9	5	0	0	271	16	6
2003–04	13	3	1	186	15	5	9	2	1	301	21	3
2004–05	21	5	0	208	21	8	8	0	0	298	18	0
2005–06	26	4	2	241	20	10	17	4	3	279	28	7
2006–07	68	2	0	261	30	2	13	0	0	311	18	4
2007–08	57	8	1	289	35	5	15	4	1	294	20	1
2008–09	85	14	1	384	45	11	24	2	1	325	21	1
Percent change												
1998–99 to 2003–04	0.0	0.0	0.0	4.5	-25.0	-64.3	†	†	†	-23.6	-27.6	-25.0
2003–04 to 2008–09	553.8	366.7	0.0	106.5	200.0	120.0	166.7	0.0	0.0	8.0	0.0	-66.7

—Not available.
†Not applicable.
NOTE: Data through 1994–95 are for institutions of higher education, while later data are for degree-granting institutions. Degree-granting institutions grant associate's or higher degrees and participate in Title IV federal financial aid programs. The degree-granting classification is very similar to the earlier higher education classification, but it includes more 2-year colleges and excludes a few higher education institutions that did not grant degrees. (See Appendix A: Guide to Sources for details.)
SOURCE: U.S. Department of Education, National Center for Education Statistics, Higher Education General Information Survey (HEGIS), "Degrees and Other Formal Awards Conferred" surveys, 1969–70 through 1985–86; and 1986–87 through 2008–09 Integrated Postsecondary Education Data System, "Completions Survey" (IPEDS-C:87-99), and Fall 2000 through Fall 2009. (This table was prepared August 2010.)

Table 322. Degrees in the health professions and related sciences conferred by degree-granting institutions, by level of degree and sex of student: 1970–71 through 2008–09

Year	Bachelor's degrees				Master's degrees			Doctor's degrees		
	Total									
	Number	Annual percent change	Males	Females	Total	Males	Females	Total	Males	Females
1	2	3	4	5	6	7	8	9	10	11
1970–71	25,223	†	5,785	19,438	5,330	2,165	3,165	518	437	81
1971–72	28,611	13.4	7,005	21,606	6,811	2,749	4,062	459	376	83
1972–73	33,562	17.3	7,752	25,810	7,978	3,189	4,789	685	519	166
1973–74	41,421	23.4	9,347	32,074	9,232	3,444	5,788	645	507	138
1974–75	49,002	18.3	10,844	38,158	10,277	3,686	6,591	666	481	185
1975–76	53,885	10.0	11,386	42,499	12,164	3,837	8,327	617	444	173
1976–77	57,222	6.2	11,896	45,326	12,627	3,865	8,762	578	402	176
1977–78	59,445	3.9	11,600	47,845	14,027	3,972	10,055	704	454	250
1978–79	62,095	4.5	11,214	50,881	15,110	4,155	10,955	731	463	268
1979–80	63,848	2.8	11,330	52,518	15,374	4,060	11,314	821	467	354
1980–81	63,665	-0.3	10,531	53,134	16,176	4,024	12,152	868	499	369
1981–82	63,660	#	10,110	53,550	16,212	3,743	12,469	956	527	429
1982–83	65,642	3.1	10,247	55,395	16,941	4,138	12,803	1,093	615	478
1983–84	65,305	-0.5	10,068	55,237	17,351	4,124	13,227	1,077	528	549
1984–85	65,331	#	9,741	55,590	17,442	4,046	13,396	1,142	546	596
1985–86	65,309	#	9,629	55,680	18,603	4,355	14,248	1,139	547	592
1986–87	63,963	-2.1	9,137	54,826	18,442	3,818	14,624	1,120	518	602
1987–88	61,614	-3.7	8,955	52,659	18,774	4,004	14,770	1,188	516	672
1988–89	59,850	-2.9	8,878	50,972	19,493	4,197	15,296	1,329	555	774
1989–90	58,983	-1.4	9,075	49,908	20,406	4,486	15,920	1,449	635	814
1990–91	59,875	1.5	9,619	50,256	21,354	4,423	16,931	1,534	649	885
1991–92	62,779	4.9	10,330	52,449	23,671	4,794	18,877	1,432	576	856
1992–93	68,434	9.0	11,605	56,829	26,190	5,249	20,941	1,451	571	880
1993–94	75,890	10.9	13,377	62,513	28,442	5,813	22,629	1,552	593	959
1994–95	81,596	7.5	14,812	66,784	31,770	6,718	25,052	1,653	647	1,006
1995–96	86,087	5.5	15,942	70,145	33,920	7,017	26,903	1,651	655	996
1996–97	87,997	2.2	16,440	71,557	36,162	7,536	28,626	2,179	926	1,253
1997–98	86,843	-1.3	15,700	71,143	39,567	8,644	30,923	1,975	678	1,297
1998–99	85,214	-1.9	15,187	70,027	40,707	9,202	31,505	1,920	721	1,199
1999–2000	80,863	-5.1	13,342	67,521	42,593	9,500	33,093	2,053	720	1,333
2000–01	75,933	-6.1	12,514	63,419	43,623	9,711	33,912	2,242	798	1,444
2001–02	72,887	-4.0	10,869	62,018	43,560	9,588	33,972	2,913	991	1,922
2002–03	71,261	-2.2	10,096	61,165	42,748	9,280	33,468	3,329	1,030	2,299
2003–04	73,934	3.8	10,017	63,917	44,939	9,670	35,269	4,361	1,261	3,100
2004–05	80,685	9.1	10,858	69,827	46,703	9,816	36,887	5,868	1,710	4,158
2005–06	91,973	14.0	12,914	79,059	51,380	10,630	40,750	7,128	1,959	5,169
2006–07	101,810	10.7	14,325	87,485	54,531	10,636	43,895	8,355	2,242	6,113
2007–08	111,478	9.5	16,286	95,192	58,120	11,010	47,110	9,886	2,674	7,212
2008–09	120,488	8.1	17,792	102,696	62,620	11,869	50,751	12,112	3,191	8,921
Percent change										
1998–99 to 2003–04	-13.2	†	-34.0	-8.7	10.4	5.1	11.9	127.1	74.9	158.5
2003–04 to 2008–09	63.0	†	77.6	60.7	39.3	22.7	43.9	177.7	153.1	187.8

†Not applicable.
#Rounds to zero.
NOTE: Data through 1994–95 are for institutions of higher education, while later data are for degree-granting institutions. Degree-granting institutions grant associate's or higher degrees and participate in Title IV federal financial aid programs. The degree-granting classification is very similar to the earlier higher education classification, but it includes more 2-year colleges and excludes a few higher education institutions that did not grant degrees. (See Appendix A: Guide to Sources for details.) Excludes degrees awarded in first-professional fields, such as medicine (M.D.) and dentistry (D.D.S. and D.M.D.).
SOURCE: U.S. Department of Education, National Center for Education Statistics, Higher Education General Information Survey (HEGIS), "Degrees and Other Formal Awards Conferred" surveys, 1970–71 through 1985–86; and 1986–87 through 2008–09 Integrated Postsecondary Education Data System, "Completions Survey" (IPEDS-C:87–99), and Fall 2000 through Fall 2009. (This table was prepared August 2010.)

Table 323. Degrees in mathematics and statistics conferred by degree-granting institutions, by level of degree and sex of student: Selected years, 1949–50 through 2008–09

Year	Bachelor's degrees				Master's degrees			Doctor's degrees		
	Total									
	Number	Annual percent change	Males	Females	Total	Males	Females	Total	Males	Females
1	2	3	4	5	6	7	8	9	10	11
1949–50	6,382	†	4,942	1,440	974	784	190	160	151	9
1959–60	11,399	†	8,293	3,106	1,757	1,422	335	303	285	18
1967–68	23,513	†	14,782	8,731	5,527	4,199	1,328	947	895	52
1969–70	27,442	†	17,177	10,265	5,636	3,966	1,670	1,236	1,140	96
1970–71	24,801	-9.6	15,369	9,432	5,191	3,673	1,518	1,199	1,106	93
1971–72	23,713	-4.4	14,454	9,259	5,198	3,655	1,543	1,128	1,039	89
1972–73	23,067	-2.7	13,796	9,271	5,028	3,525	1,503	1,068	966	102
1973–74	21,635	-6.2	12,791	8,844	4,834	3,337	1,497	1,031	931	100
1974–75	18,181	-16.0	10,586	7,595	4,327	2,905	1,422	975	865	110
1975–76	15,984	-12.1	9,475	6,509	3,857	2,547	1,310	856	762	94
1976–77	14,196	-11.2	8,303	5,893	3,695	2,396	1,299	823	714	109
1977–78	12,569	-11.5	7,398	5,171	3,373	2,228	1,145	805	681	124
1978–79	11,806	-6.1	6,899	4,907	3,036	1,985	1,051	730	608	122
1979–80	11,378	-3.6	6,562	4,816	2,860	1,828	1,032	724	624	100
1980–81	11,078	-2.6	6,342	4,736	2,567	1,692	875	728	614	114
1981–82	11,599	4.7	6,593	5,006	2,727	1,821	906	681	587	94
1982–83	12,294	6.0	6,888	5,406	2,810	1,838	972	697	581	116
1983–84	13,087	6.5	7,290	5,797	2,723	1,773	950	695	569	126
1984–85	15,009	14.7	8,080	6,929	2,859	1,858	1,001	699	590	109
1985–86	16,122	7.4	8,623	7,499	3,131	2,028	1,103	742	618	124
1986–87	16,257	0.8	8,673	7,584	3,283	1,995	1,288	723	598	125
1987–88	15,712	-3.4	8,408	7,304	3,413	2,052	1,361	750	625	125
1988–89	15,017	-4.4	8,081	6,936	3,405	2,061	1,344	866	700	166
1989–90	14,276	-4.9	7,674	6,602	3,624	2,172	1,452	917	754	163
1990–91	14,393	0.8	7,580	6,813	3,549	2,096	1,453	978	790	188
1991–92	14,468	0.5	7,668	6,800	3,558	2,151	1,407	1,048	825	223
1992–93	14,384	-0.6	7,566	6,818	3,644	2,151	1,493	1,138	867	271
1993–94	14,171	1.5	7,594	6,577	3,682	2,237	1,445	1,125	880	245
1994–95	13,494	-4.8	7,154	6,340	3,820	2,289	1,531	1,181	919	262
1995–96	12,713	-5.8	6,847	5,866	3,651	2,178	1,473	1,158	919	239
1996–97	12,401	-2.5	6,649	5,752	3,504	2,055	1,449	1,134	861	273
1997–98	11,795	-4.9	6,247	5,548	3,409	1,985	1,424	1,215	903	312
1998–99	11,966	1.4	6,181	5,785	3,286	1,901	1,385	1,090	803	287
1999–2000	11,418	-4.6	5,955	5,463	3,208	1,749	1,459	1,075	803	272
2000–01	11,171	-2.2	5,791	5,380	3,209	1,857	1,352	997	715	282
2001–02	11,950	7.0	6,333	5,617	3,350	1,913	1,437	923	658	265
2002–03	12,505	4.6	6,784	5,721	3,620	1,996	1,624	1,007	734	273
2003–04	13,327	6.6	7,203	6,124	4,191	2,302	1,889	1,060	762	298
2004–05	14,351	7.7	7,937	6,414	4,477	2,525	1,952	1,176	841	335
2005–06	14,770	2.9	8,115	6,655	4,730	2,712	2,018	1,293	911	382
2006–07	14,954	1.2	8,360	6,594	4,884	2,859	2,025	1,351	949	402
2007–08	15,192	1.6	8,490	6,702	4,980	2,860	2,120	1,360	938	422
2008–09	15,496	2.0	8,793	6,703	5,211	3,064	2,147	1,535	1,059	476
Percent change										
1998–99 to 2003–04	11.4	†	16.5	5.9	27.5	21.1	36.4	-2.8	-5.1	3.8
2003–04 to 2008–09	16.3	†	22.1	9.5	24.3	33.1	13.7	44.8	39.0	59.7

†Not applicable.
NOTE: Data through 1994–95 are for institutions of higher education, while later data are for degree-granting institutions. Degree-granting institutions grant associate's or higher degrees and participate in Title IV federal financial aid programs. The degree-granting classification is very similar to the earlier higher education classification, but it includes more 2-year colleges and excludes a few higher education institutions that did not grant degrees. (See Appendix A: Guide to Sources for details.)

SOURCE: U.S. Department of Education, National Center for Education Statistics, *Earned Degrees Conferred*, 1949–50 and 1959–60; Higher Education General Information Survey (HEGIS), "Degrees and Other Formal Awards Conferred" surveys, 1967–68 through 1985–86; and 1986–87 through 2008–09 Integrated Postsecondary Education Data System, "Completions Survey" (IPEDS-C:87–99), and Fall 2000 through Fall 2009. (This table was prepared August 2010.)

Table 324. Degrees in the physical sciences and science technologies conferred by degree-granting institutions, by level of degree and sex of student: Selected years, 1959–60 through 2008–09

Year	Bachelor's degrees				Master's degrees			Doctor's degrees		
	Total									
	Number	Annual percent change	Males	Females	Total	Males	Females	Total	Males	Females
1	2	3	4	5	6	7	8	9	10	11
1959–60	16,007	†	14,013	1,994	3,376	3,049	327	1,838	1,776	62
1967–68	19,380	†	16,739	2,641	5,499	4,869	630	3,593	3,405	188
1969–70	21,439	†	18,522	2,917	5,908	5,069	839	4,271	4,038	233
1970–71	21,410	-0.1	18,457	2,953	6,336	5,495	841	4,324	4,082	242
1971–72	20,743	-3.1	17,661	3,082	6,268	5,390	878	4,075	3,805	270
1972–73	20,692	-0.2	17,622	3,070	6,230	5,388	842	3,961	3,698	263
1973–74	21,170	2.3	17,669	3,501	6,019	5,157	862	3,558	3,312	246
1974–75	20,770	-1.9	16,986	3,784	5,782	4,949	833	3,577	3,284	293
1975–76	21,458	3.3	17,349	4,109	5,428	4,622	806	3,388	3,097	291
1976–77	22,482	4.8	17,985	4,497	5,281	4,411	870	3,295	2,981	314
1977–78	22,975	2.2	18,083	4,892	5,507	4,583	924	3,073	2,763	310
1978–79	23,197	1.0	17,976	5,221	5,418	4,438	980	3,061	2,717	344
1979–80	23,407	0.9	17,861	5,546	5,167	4,210	957	3,044	2,669	375
1980–81	23,936	2.3	18,052	5,884	5,246	4,172	1,074	3,105	2,733	372
1981–82	24,045	0.5	17,861	6,184	5,446	4,274	1,172	3,246	2,804	442
1982–83	23,374	-2.8	16,988	6,386	5,250	4,131	1,119	3,214	2,767	447
1983–84	23,645	1.2	17,112	6,533	5,541	4,249	1,292	3,269	2,789	480
1984–85	23,694	0.2	17,065	6,629	5,752	4,425	1,327	3,349	2,808	541
1985–86	21,711	-8.4	15,750	5,961	5,860	4,443	1,417	3,521	2,946	575
1986–87	20,060	-7.6	14,365	5,695	5,586	4,193	1,393	3,629	3,004	625
1987–88	17,797	-11.3	12,385	5,412	5,696	4,300	1,396	3,758	3,085	673
1988–89	17,179	-3.5	12,071	5,108	5,691	4,180	1,511	3,795	3,046	749
1989–90	16,056	-6.5	11,026	5,030	5,410	3,996	1,414	4,116	3,328	788
1990–91	16,334	1.7	11,170	5,164	5,281	3,823	1,458	4,248	3,417	831
1991–92	16,948	3.8	11,425	5,523	5,340	3,888	1,452	4,344	3,402	942
1992–93	17,534	3.5	11,819	5,715	5,346	3,803	1,543	4,348	3,404	944
1993–94	18,392	4.9	12,218	6,174	5,648	4,010	1,638	4,595	3,606	989
1994–95	19,161	4.2	12,490	6,671	5,716	3,996	1,720	4,421	3,386	1,035
1995–96	19,627	2.4	12,566	7,061	5,807	3,943	1,864	4,512	3,479	1,033
1996–97	19,496	-0.7	12,213	7,283	5,526	3,732	1,794	4,417	3,411	1,006
1997–98	19,362	-0.7	11,924	7,438	5,328	3,417	1,911	4,520	3,387	1,133
1998–99	18,285	-5.6	11,003	7,282	5,124	3,366	1,758	4,142	3,144	998
1999–2000	18,331	0.3	10,946	7,385	4,810	3,114	1,696	3,963	2,959	1,004
2000–01	17,919	-2.2	10,553	7,366	5,049	3,212	1,837	3,911	2,875	1,036
2001–02	17,799	-0.7	10,292	7,507	5,012	3,135	1,877	3,760	2,719	1,041
2002–03	17,950	0.8	10,562	7,388	5,109	3,211	1,898	3,858	2,792	1,066
2003–04	17,983	0.2	10,476	7,507	5,570	3,364	2,206	3,815	2,753	1,062
2004–05	18,905	5.1	10,934	7,971	5,678	3,457	2,221	4,114	2,966	1,148
2005–06	20,318	7.5	11,831	8,487	5,922	3,568	2,354	4,489	3,143	1,346
2006–07	21,073	3.7	12,455	8,618	5,839	3,556	2,283	4,846	3,317	1,529
2007–08	21,934	4.1	12,959	8,975	5,899	3,649	2,250	4,804	3,363	1,441
2008–09	22,466	2.4	13,299	9,167	5,658	3,433	2,225	5,048	3,416	1,632
Percent change										
1998–99 to 2003–04	-1.7	†	-4.8	3.1	8.7	-0.1	25.5	-7.9	-12.4	6.4
2003–04 to 2008–09	24.9	†	26.9	22.1	1.6	2.1	0.9	32.3	24.1	53.7

†Not applicable.
NOTE: Data through 1994–95 are for institutions of higher education, while later data are for degree-granting institutions. Degree-granting institutions grant associate's or higher degrees and participate in Title IV federal financial aid programs. The degree-granting classification is very similar to the earlier higher education classification, but it includes more 2-year colleges and excludes a few higher education institutions that did not grant degrees. (See Appendix A: Guide to Sources for details.)

SOURCE: U.S. Department of Education, National Center for Education Statistics, *Earned Degrees Conferred*, 1959–60; Higher Education General Information Survey (HEGIS), "Degrees and Other Formal Awards Conferred" surveys, 1967–68 through 1985–86; and 1986–87 through 2008–09 Integrated Postsecondary Education Data System, "Completions Survey" (IPEDS-C:87–99), and Fall 2000 through Fall 2009. (This table was prepared August 2010.)

Table 325. Degrees in chemistry, geology and earth science, and physics conferred by degree-granting institutions, by level of degree: 1970–71 through 2008–09

Year	Chemistry			Geology and earth science[1]			Physics[2]		
	Bachelor's	Master's	Doctor's	Bachelor's	Master's	Doctor's	Bachelor's	Master's	Doctor's
1	2	3	4	5	6	7	8	9	10
1970–71	11,061	2,244	2,093	3,312	1,074	408	5,071	2,188	1,482
1971–72	10,588	2,229	1,943	3,766	1,233	433	4,634	2,033	1,344
1972–73	10,124	2,198	1,827	4,117	1,296	430	4,259	1,747	1,328
1973–74	10,430	2,082	1,755	4,526	1,479	416	3,952	1,655	1,115
1974–75	10,541	1,961	1,773	4,566	1,340	433	3,706	1,574	1,080
1975–76	11,015	1,745	1,578	4,677	1,384	445	3,544	1,700	997
1976–77	11,200	1,717	1,522	5,280	1,446	480	3,420	1,319	945
1977–78	11,304	1,832	1,461	5,648	1,633	419	3,330	1,294	873
1978–79	11,499	1,724	1,475	5,753	1,616	414	3,337	1,319	918
1979–80	11,229	1,671	1,500	5,785	1,623	440	3,396	1,192	830
1980–81	12,682	1,862	1,649	6,332	1,702	404	3,441	1,294	866
1981–82	11,058	1,683	1,682	6,650	1,865	452	3,503	1,318	878
1982–83	10,789	1,582	1,691	6,981	1,784	406	3,793	1,369	873
1983–84	10,698	1,632	1,707	7,524	1,747	408	3,907	1,532	953
1984–85	10,472	1,675	1,735	7,194	1,927	401	4,097	1,523	951
1985–86	10,110	1,712	1,878	5,760	2,036	395	4,180	1,501	1,010
1986–87	9,660	1,695	1,932	3,943	1,835	399	4,318	1,543	1,074
1987–88	9,043	1,671	1,944	3,204	1,722	462	4,100	1,675	1,093
1988–89	8,618	1,742	1,974	2,847	1,609	492	4,352	1,736	1,112
1989–90	8,122	1,643	2,135	2,372	1,399	562	4,155	1,831	1,192
1990–91	8,311	1,637	2,196	2,367	1,336	600	4,236	1,725	1,209
1991–92	8,629	1,746	2,233	2,784	1,245	549	4,098	1,834	1,337
1992–93	8,903	1,822	2,216	3,123	1,195	626	4,063	1,777	1,277
1993–94	9,417	1,968	2,298	3,456	1,221	577	4,001	1,945	1,465
1994–95	9,706	2,062	2,211	4,032	1,280	539	3,823	1,817	1,424
1995–96	10,395	2,214	2,228	4,019	1,288	555	3,679	1,678	1,462
1996–97	10,609	2,203	2,202	4,023	1,258	564	3,376	1,496	1,410
1997–98	10,528	2,108	2,291	3,866	1,227	588	3,441	1,371	1,393
1998–99	10,068	2,002	2,143	3,544	1,200	533	3,213	1,309	1,252
1999–2000	9,989	1,857	2,028	3,516	1,186	492	3,342	1,232	1,208
2000–01	9,466	1,952	2,056	3,495	1,220	472	3,418	1,365	1,169
2001–02	9,084	1,823	1,984	3,449	1,174	494	3,627	1,344	1,096
2002–03	9,013	1,777	2,092	3,381	1,323	466	3,900	1,438	1,089
2003–04	9,016	2,009	2,033	3,312	1,389	463	4,118	1,625	1,119
2004–05	9,664	1,879	2,148	3,276	1,420	476	4,182	1,785	1,254
2005–06	10,606	2,044	2,403	3,322	1,476	505	4,541	1,846	1,341
2006–07	10,994	2,097	2,514	3,319	1,437	640	4,843	1,777	1,442
2007–08	11,568	2,194	2,410	3,561	1,350	577	4,862	1,791	1,507
2008–09	11,851	2,085	2,556	3,809	1,352	614	4,822	1,653	1,580
Percent change									
1998–99 to 2003–04	-10.4	0.3	-5.1	-6.5	15.8	-13.1	28.2	24.1	-10.6
2003–04 to 2008–09	31.4	3.8	25.7	15.0	-2.7	32.6	17.1	1.7	41.2

[1]Includes geology/earth science, general; geochemistry; geophysics; paleontology; hydrology; oceanography; and geological and earth sciences, other.
[2]Includes physics, general; atomic/molecular physics; elementary particle physics; nuclear physics; optics; acoustics; theoretical physics; and physics, other.
NOTE: Data through 1994–95 are for institutions of higher education, while later data are for degree-granting institutions. Degree-granting institutions grant associate's or higher degrees and participate in Title IV federal financial aid programs. The degree-granting classification is very similar to the earlier higher education classification, but it includes more 2-year colleges and excludes a few higher education institutions that did not grant degrees. (See Appendix A: Guide to Sources for details.)
SOURCE: U.S. Department of Education, National Center for Education Statistics, Higher Education General Information Survey (HEGIS), "Degrees and Other Formal Awards Conferred" surveys, 1970–71 through 1985–86; and 1986–87 through 2008–09 Integrated Postsecondary Education Data System, "Completions Survey" (IPEDS-C:87–99), and Fall 2000 through Fall 2009. (This table was prepared August 2010.)

Table 326. Degrees in psychology conferred by degree-granting institutions, by level of degree and sex of student: Selected years, 1949–50 through 2008–09

Year	Bachelor's degrees				Master's degrees			Doctor's degrees		
	Total									
	Number	Annual percent change	Males	Females	Total	Males	Females	Total	Males	Females
1	2	3	4	5	6	7	8	9	10	11
1949–50	9,569	†	6,055	3,514	1,316	948	368	283	241	42
1959–60	8,061	†	4,773	3,288	1,406	981	425	641	544	97
1967–68	23,819	†	13,792	10,027	3,479	2,321	1,158	1,268	982	286
1969–70	33,679	†	19,077	14,602	5,158	2,975	2,183	1,962	1,505	457
1970–71	38,187	13.4	21,227	16,960	5,717	3,395	2,322	2,144	1,629	515
1971–72	43,433	13.7	23,352	20,081	6,764	3,934	2,830	2,277	1,694	583
1972–73	47,940	10.4	25,117	22,823	7,619	4,325	3,294	2,550	1,797	753
1973–74	52,139	8.8	25,868	26,271	8,796	4,983	3,813	2,872	1,987	885
1974–75	51,245	-1.7	24,284	26,961	9,394	5,035	4,359	2,913	1,979	934
1975–76	50,278	-1.9	22,898	27,380	10,167	5,136	5,031	3,157	2,115	1,042
1976–77	47,861	-4.8	20,627	27,234	10,859	5,293	5,566	3,386	2,127	1,259
1977–78	44,879	-6.2	18,422	26,457	10,282	4,670	5,612	3,164	1,974	1,190
1978–79	42,697	-4.9	16,540	26,157	10,132	4,405	5,727	3,228	1,895	1,333
1979–80	42,093	-1.4	15,440	26,653	9,938	4,096	5,842	3,395	1,921	1,474
1980–81	41,068	-2.4	14,332	26,736	10,223	4,066	6,157	3,576	2,002	1,574
1981–82	41,212	0.4	13,645	27,567	9,947	3,823	6,124	3,461	1,856	1,605
1982–83	40,460	-1.8	13,131	27,329	9,981	3,647	6,334	3,602	1,838	1,764
1983–84	39,955	-1.2	12,812	27,143	9,525	3,400	6,125	3,535	1,774	1,761
1984–85	39,900	-0.1	12,706	27,194	9,891	3,452	6,439	3,447	1,739	1,708
1985–86	40,628	1.8	12,605	28,023	9,845	3,347	6,498	3,593	1,724	1,869
1986–87	43,152	6.2	13,395	29,757	11,000	3,516	7,484	4,062	1,801	2,261
1987–88	45,371	5.1	13,579	31,792	10,488	3,256	7,232	3,973	1,783	2,190
1988–89	49,083	8.2	14,265	34,818	11,329	3,465	7,864	4,143	1,773	2,370
1989–90	53,952	9.9	15,336	38,616	10,730	3,377	7,353	3,811	1,566	2,245
1990–91	58,655	8.7	16,067	42,588	11,349	3,329	8,020	3,932	1,520	2,412
1991–92	63,683	8.6	17,062	46,621	11,659	3,335	8,324	3,814	1,490	2,324
1992–93	66,931	5.1	17,942	48,989	12,518	3,380	9,138	4,100	1,570	2,530
1993–94	69,419	3.7	18,668	50,751	13,723	3,763	9,960	4,021	1,497	2,524
1994–95	72,233	4.1	19,570	52,663	15,378	4,210	11,168	4,252	1,562	2,690
1995–96	73,416	1.6	19,836	53,580	15,152	4,090	11,062	4,141	1,380	2,761
1996–97	74,308	1.2	19,408	54,900	15,769	4,155	11,614	4,507	1,495	3,012
1997–98	74,107	-0.3	18,976	55,131	15,142	3,978	11,164	4,541	1,470	3,071
1998–99	73,636	-0.6	18,304	55,332	15,688	3,990	11,698	4,695	1,510	3,185
1999–2000	74,194	0.8	17,451	56,743	15,740	3,821	11,919	4,731	1,529	3,202
2000–01	73,645	-0.7	16,585	57,060	16,539	3,892	12,647	5,091	1,598	3,493
2001–02	76,775	4.3	17,284	59,491	16,357	3,814	12,543	4,759	1,503	3,256
2002–03	78,650	2.4	17,514	61,136	17,161	3,839	13,322	4,835	1,483	3,352
2003–04	82,098	4.4	18,193	63,905	17,898	3,789	14,109	4,827	1,496	3,331
2004–05	85,614	4.3	19,000	66,614	18,830	3,900	14,930	5,106	1,466	3,640
2005–06	88,134	2.9	19,865	68,269	19,770	4,079	15,691	4,921	1,347	3,574
2006–07	90,039	2.2	20,343	69,696	21,037	4,265	16,772	5,153	1,382	3,771
2007–08	92,587	2.8	21,202	71,385	21,431	4,356	17,075	5,296	1,440	3,856
2008–09	94,271	1.8	21,488	72,783	23,415	4,789	18,626	5,477	1,478	3,999
Percent change										
1998–99 to 2003–04	11.5	†	-0.6	15.5	14.1	-5.0	20.6	2.8	-0.9	4.6
2003–04 to 2008–09	14.8	†	18.1	13.9	30.8	26.4	32.0	13.5	-1.2	20.1

†Not applicable.
NOTE: Data through 1994–95 are for institutions of higher education, while later data are for degree-granting institutions. Degree-granting institutions grant associate's or higher degrees and participate in Title IV federal financial aid programs. The degree-granting classification is very similar to the earlier higher education classification, but it includes more 2-year colleges and excludes a few higher education institutions that did not grant degrees. (See Appendix A: Guide to Sources for details.)

SOURCE: U.S. Department of Education, National Center for Education Statistics, *Earned Degrees Conferred*, 1949–50 and 1959–60; Higher Education General Information Survey (HEGIS), "Degrees and Other Formal Awards Conferred" surveys, 1967–68 through 1985–86; and 1986–87 through 2008–09 Integrated Postsecondary Education Data System, "Completions Survey" (IPEDS-C:87–99), and Fall 2000 through Fall 2009. (This table was prepared August 2010.)

Table 327. Degrees in public administration and social services conferred by degree-granting institutions, by level of degree and sex of student: 1970–71 through 2008–09

Year	Bachelor's degrees				Master's degrees			Doctor's degrees		
	Total									
	Number	Annual percent change	Males	Females	Total	Males	Females	Total	Males	Females
1	2	3	4	5	6	7	8	9	10	11
1970–71	5,466	†	1,726	3,740	7,785	3,893	3,892	174	132	42
1971–72	7,508	37.4	2,588	4,920	8,756	4,537	4,219	193	150	43
1972–73	10,690	42.4	3,998	6,692	10,068	5,271	4,797	198	160	38
1973–74	11,966	11.9	4,266	7,700	11,415	6,028	5,387	201	154	47
1974–75	13,661	14.2	4,630	9,031	13,617	7,200	6,417	257	192	65
1975–76	15,440	13.0	5,706	9,734	15,209	7,969	7,240	292	192	100
1976–77	16,136	4.5	5,544	10,592	17,026	8,810	8,216	292	197	95
1977–78	16,607	2.9	5,096	11,511	17,337	8,513	8,824	357	237	120
1978–79	17,328	4.3	4,938	12,390	17,306	8,051	9,255	315	215	100
1979–80	16,644	-3.9	4,451	12,193	17,560	7,866	9,694	342	216	126
1980–81	16,707	0.4	4,248	12,459	17,803	7,460	10,343	362	212	150
1981–82	16,495	-1.3	4,176	12,319	17,416	6,975	10,441	372	205	167
1982–83	14,414	-12.6	3,343	11,071	16,046	5,961	10,085	347	184	163
1983–84	12,570	-12.8	2,998	9,572	15,060	5,634	9,426	420	230	190
1984–85	11,754	-6.5	2,829	8,925	15,575	5,573	10,002	431	213	218
1985–86	11,887	1.1	2,966	8,921	15,692	5,594	10,098	382	171	211
1986–87	12,328	3.7	2,993	9,335	16,432	5,673	10,759	398	216	182
1987–88	12,385	0.5	2,923	9,462	16,424	5,631	10,793	470	238	232
1988–89	13,162	6.3	3,214	9,948	17,020	5,615	11,405	428	210	218
1989–90	13,908	5.7	3,334	10,574	17,399	5,634	11,765	508	235	273
1990–91	14,350	3.2	3,215	11,135	17,905	5,679	12,226	430	190	240
1991–92	15,987	11.4	3,479	12,508	19,243	5,769	13,474	432	204	228
1992–93	16,775	4.9	3,801	12,974	20,634	6,105	14,529	459	215	244
1993–94	17,815	6.2	3,919	13,896	21,833	6,406	15,427	519	238	281
1994–95	18,586	4.3	3,935	14,651	23,501	6,870	16,631	556	274	282
1995–96	19,849	6.8	4,205	15,644	24,229	6,927	17,302	499	220	279
1996–97	20,649	4.0	4,177	16,472	24,781	6,957	17,824	518	243	275
1997–98	20,408	-1.2	3,881	16,527	25,144	7,025	18,119	499	223	276
1998–99	20,287	-0.6	3,791	16,496	24,925	6,556	18,369	532	239	293
1999–2000	20,185	-0.5	3,816	16,369	25,594	6,808	18,786	537	227	310
2000–01	19,447	-3.7	3,670	15,777	25,268	6,544	18,724	574	263	311
2001–02	19,392	-0.3	3,706	15,686	25,448	6,505	18,943	571	250	321
2002–03	19,900	2.6	3,726	16,174	25,903	6,391	19,512	599	265	334
2003–04	20,552	3.3	3,793	16,759	28,250	7,001	21,249	649	275	374
2004–05	21,769	5.9	4,209	17,560	29,552	7,370	22,182	673	272	401
2005–06	21,986	1.0	4,126	17,860	30,510	7,572	22,938	704	285	419
2006–07	23,147	5.3	4,354	18,793	31,131	7,758	23,373	726	253	473
2007–08	23,493	1.5	4,202	19,291	33,029	8,140	24,889	760	269	491
2008–09	23,851	1.5	4,374	19,477	33,933	8,346	25,587	812	306	506
Percent change										
1998–99 to 2003–04	1.3	†	0.1	1.6	13.3	6.8	15.7	22.0	15.1	27.6
2003–04 to 2008–09	16.1	†	15.3	16.2	20.1	19.2	20.4	25.1	11.3	35.3

†Not applicable.
NOTE: Data through 1994–95 are for institutions of higher education, while later data are for degree-granting institutions. Degree-granting institutions grant associate's or higher degrees and participate in Title IV federal financial aid programs. The degree-granting classification is very similar to the earlier higher education classification, but it includes more 2-year colleges and excludes a few higher education institutions that did not grant degrees. (See Appendix A: Guide to Sources for details.)

SOURCE: U.S. Department of Education, National Center for Education Statistics, Higher Education General Information Survey (HEGIS), "Degrees and Other Formal Awards Conferred" surveys, 1970–71 through 1985–86; and 1986–87 through 2008–09 Integrated Postsecondary Education Data System, "Completions Survey" (IPEDS-C:87–99), and Fall 2000 through Fall 2009. (This table was prepared August 2010.)

Table 328. Degrees in the social sciences and history conferred by degree-granting institutions, by level of degree and sex of student: 1970–71 through 2008–09

Year	Bachelor's degrees				Master's degrees			Doctor's degrees		
	Total		Males	Females	Total	Males	Females	Total	Males	Females
	Number	Annual percent change								
1	2	3	4	5	6	7	8	9	10	11
1970–71	155,324	†	98,173	57,151	16,539	11,833	4,706	3,660	3,153	507
1971–72	158,060	1.8	100,895	57,165	17,445	12,540	4,905	4,081	3,483	598
1972–73	155,970	-1.3	99,735	56,235	17,477	12,605	4,872	4,234	3,573	661
1973–74	150,320	-3.6	95,650	54,670	17,293	12,321	4,972	4,124	3,383	741
1974–75	135,190	-10.1	84,826	50,364	16,977	11,875	5,102	4,212	3,334	878
1975–76	126,396	-6.5	78,691	47,705	15,953	10,918	5,035	4,157	3,262	895
1976–77	117,040	-7.4	71,128	45,912	15,533	10,413	5,120	3,802	2,957	845
1977–78	112,952	-3.5	67,217	45,735	14,718	9,845	4,873	3,594	2,722	872
1978–79	108,059	-4.3	62,852	45,207	12,963	8,395	4,568	3,371	2,501	870
1979–80	103,662	-4.1	58,511	45,151	12,176	7,794	4,382	3,230	2,357	873
1980–81	100,513	-3.0	56,131	44,382	11,945	7,457	4,488	3,122	2,274	848
1981–82	99,705	-0.8	55,196	44,509	12,002	7,468	4,534	3,061	2,237	824
1982–83	95,228	-4.5	52,771	42,457	11,205	6,974	4,231	2,931	2,042	889
1983–84	93,323	-2.0	52,154	41,169	10,577	6,551	4,026	2,911	2,030	881
1984–85	91,570	-1.9	51,226	40,344	10,503	6,475	4,028	2,851	1,933	918
1985–86	93,840	2.5	52,724	41,116	10,564	6,419	4,145	2,955	1,970	985
1986–87	96,342	2.7	53,949	42,393	10,506	6,373	4,133	2,916	2,026	890
1987–88	100,460	4.3	56,377	44,083	10,412	6,310	4,102	2,781	1,849	932
1988–89	108,151	7.7	60,121	48,030	11,023	6,599	4,424	2,885	1,949	936
1989–90	118,083	9.2	65,887	52,196	11,634	6,898	4,736	3,010	2,019	991
1990–91	125,107	5.9	68,701	56,406	12,233	7,016	5,217	3,012	1,956	1,056
1991–92	133,974	7.1	73,001	60,973	12,702	7,237	5,465	3,218	2,126	1,092
1992–93	135,703	1.3	73,589	62,114	13,471	7,671	5,800	3,460	2,203	1,257
1993–94	133,680	-1.5	72,006	61,674	14,561	8,152	6,409	3,627	2,317	1,310
1994–95	128,154	-4.1	68,139	60,015	14,845	8,207	6,638	3,725	2,319	1,406
1995–96	126,479	-1.3	65,872	60,607	15,012	8,093	6,919	3,760	2,339	1,421
1996–97	124,891	-1.3	64,115	60,776	14,787	7,830	6,957	3,989	2,479	1,510
1997–98	125,040	0.1	63,537	61,503	14,938	7,960	6,978	4,127	2,445	1,682
1998–99	124,658	-0.3	61,736	62,922	14,431	7,456	6,975	3,855	2,270	1,585
1999–2000	127,101	2.0	62,062	65,039	14,066	7,024	7,042	4,095	2,407	1,688
2000–01	128,036	0.7	61,749	66,287	13,791	6,816	6,975	3,930	2,302	1,628
2001–02	132,874	3.8	64,170	68,704	14,112	6,941	7,171	3,902	2,219	1,683
2002–03	143,256	7.8	69,517	73,739	14,630	7,202	7,428	3,850	2,196	1,654
2003–04	150,357	5.0	73,834	76,523	16,110	7,810	8,300	3,811	2,188	1,623
2004–05	156,892	4.3	77,702	79,190	16,952	8,256	8,696	3,819	2,184	1,635
2005–06	161,485	2.9	80,799	80,686	17,369	8,415	8,954	3,914	2,218	1,696
2006–07	164,183	1.7	82,417	81,766	17,665	8,577	9,088	3,844	2,110	1,734
2007–08	167,363	1.9	84,868	82,495	18,495	9,349	9,146	4,059	2,194	1,865
2008–09	168,500	0.7	85,197	83,303	19,240	9,605	9,635	4,234	2,353	1,881
Percent change										
1998–99 to 2003–04	20.6	†	19.6	21.6	11.6	4.7	19.0	-1.1	-3.6	2.4
2003–04 to 2008–09	12.1	†	15.4	8.9	19.4	23.0	16.1	11.1	7.5	15.9

†Not applicable.
NOTE: Data through 1994–95 are for institutions of higher education, while later data are for degree-granting institutions. Degree-granting institutions grant associate's or higher degrees and participate in Title IV federal financial aid programs. The degree-granting classification is very similar to the earlier higher education classification, but it includes more 2-year colleges and excludes a few higher education institutions that did not grant degrees. (See Appendix A: Guide to Sources for details.)

SOURCE: U.S. Department of Education, National Center for Education Statistics, Higher Education General Information Survey (HEGIS), "Degrees and Other Formal Awards Conferred" surveys, 1970–71 through 1985–86; and 1986–87 through 2008–09 Integrated Postsecondary Education Data System, "Completions Survey" (IPEDS-C:87–99), and Fall 2000 through Fall 2009. (This table was prepared August 2010.)

Table 329. Degrees in economics, history, political science and government, and sociology conferred by degree-granting institutions, by level of degree: Selected years, 1949–50 through 2008–09

Year	Economics			History			Political science and government			Sociology		
	Bachelor's	Master's	Doctor's	Bachelor's	Master's	Doctor's	Bachelor's	Master's	Doctor's	Bachelor's	Master's	Doctor's
1	2	3	4	5	6	7	8	9	10	11	12	13
1949–50	14,568	921	200	13,542	1,801	275	6,336	710	127	7,870	552	98
1951–52	8,593	695	239	10,187	1,445	317	4,911	525	147	6,648	517	141
1953–54	6,719	609	245	9,363	1,220	355	5,314	534	153	5,692	440	184
1955–56	6,555	581	232	10,510	1,114	259	5,633	509	203	5,878	402	170
1957–58	7,457	669	239	12,840	1,397	297	6,116	665	170	6,568	397	150
1959–60	7,453	708	237	14,737	1,794	342	6,596	722	201	7,147	440	161
1961–62	8,366	853	268	17,340	2,163	343	8,326	839	214	8,120	578	173
1963–64	10,583	1,104	385	23,668	2,705	507	12,126	1,163	263	10,943	646	198
1965–66	11,555	1,522	458	28,612	3,883	599	15,242	1,429	336	15,038	981	244
1967–68	15,193	1,916	600	35,291	4,845	688	20,387	1,937	457	21,710	1,193	367
1969–70	17,197	1,988	794	43,386	5,049	1,038	25,713	2,105	525	30,436	1,813	534
1970–71	15,758	1,995	721	44,663	5,157	991	27,482	2,318	700	33,263	1,808	574
1971–72	15,231	2,224	794	43,695	5,217	1,133	28,135	2,451	758	35,216	1,944	636
1972–73	14,770	2,225	845	40,943	5,030	1,140	30,100	2,398	747	35,436	1,923	583
1973–74	14,285	2,141	788	37,049	4,533	1,114	30,744	2,448	766	35,491	2,196	632
1974–75	14,046	2,127	815	31,470	4,226	1,117	29,126	2,333	680	31,488	2,112	693
1975–76	14,741	2,087	763	28,400	3,658	1,014	28,302	2,191	723	27,634	2,009	729
1976–77	15,296	2,158	758	25,433	3,393	921	26,411	2,222	641	24,713	1,830	714
1977–78	15,661	1,995	706	23,004	3,033	813	26,069	2,069	636	22,750	1,611	599
1978–79	16,409	1,955	712	21,019	2,536	756	25,628	2,037	563	20,285	1,415	612
1979–80	17,863	1,821	677	19,301	2,367	712	25,457	1,938	535	18,881	1,341	583
1980–81	18,753	1,911	727	18,301	2,237	643	24,977	1,875	484	17,272	1,240	610
1981–82	19,876	1,964	677	17,146	2,210	636	25,658	1,954	513	16,042	1,145	558
1982–83	20,517	1,972	734	16,467	2,041	575	25,791	1,829	435	14,105	1,112	522
1983–84	20,719	1,891	729	16,643	1,940	561	25,719	1,769	457	13,145	1,008	520
1984–85	20,711	1,992	749	16,049	1,921	468	25,834	1,500	441	11,968	1,022	480
1985–86	21,602	1,937	789	16,415	1,961	497	26,439	1,704	439	12,271	965	504
1986–87	22,378	1,855	750	16,997	2,021	534	26,817	1,618	435	12,239	950	451
1987–88	22,911	1,847	770	18,207	2,093	517	27,207	1,579	391	13,024	984	452
1988–89	23,454	1,886	827	20,159	2,121	487	30,450	1,598	452	14,435	1,135	451
1989–90	23,923	1,950	806	22,476	2,369	570	33,560	1,580	480	16,035	1,198	432
1990–91	23,488	1,951	802	24,541	2,591	606	35,737	1,772	468	17,550	1,260	465
1991–92	23,423	2,106	866	26,966	2,754	644	37,805	1,908	535	19,568	1,347	501
1992–93	21,321	2,292	879	27,774	2,952	690	37,931	1,943	529	20,896	1,521	536
1993–94	19,496	2,521	869	27,503	3,009	752	36,097	2,147	616	22,368	1,639	530
1994–95	17,673	2,400	910	26,598	3,091	816	33,013	2,019	637	22,886	1,748	546
1995–96	16,674	2,533	916	26,005	2,898	805	30,775	2,024	634	24,071	1,772	527
1996–97	16,539	2,433	968	25,214	2,901	873	28,969	1,909	686	24,672	1,731	591
1997–98	17,074	2,435	928	25,726	2,895	937	28,044	1,957	705	24,806	1,737	596
1998–99	17,611	2,323	810	24,794	2,633	921	27,418	1,681	696	24,933	1,943	515
1999–2000	18,441	2,168	851	25,247	2,573	984	27,635	1,627	693	25,598	1,996	595
2000–01	19,437	2,139	851	25,090	2,365	931	27,792	1,596	688	25,268	1,845	546
2001–02	20,927	2,330	826	26,001	2,420	924	29,354	1,641	625	25,202	1,928	534
2002–03	23,007	2,582	836	27,757	2,521	861	33,205	1,664	671	26,095	1,897	591
2003–04	24,069	2,824	849	29,808	2,522	855	35,581	1,869	618	26,939	2,009	558
2004–05	24,217	3,092	973	31,398	2,893	819	38,107	1,983	636	28,473	1,499	527
2005–06	23,807	2,941	930	33,153	2,992	852	39,409	2,054	649	28,467	1,547	562
2006–07	23,916	2,962	941	34,446	3,144	807	39,899	2,102	614	28,960	1,545	569
2007–08	25,278	3,187	1,025	34,441	3,403	860	40,259	2,156	639	28,815	1,560	585
2008–09	26,299	3,233	1,015	34,711	3,542	918	39,198	2,171	709	28,732	1,580	628
Percent change												
1998–99 to 2003–04	36.7	21.6	4.8	20.2	-4.2	-7.2	29.8	11.2	-11.2	8.0	3.4	8.3
2003–04 to 2008–09	9.3	14.5	19.6	16.4	40.4	7.4	10.2	16.2	14.7	6.7	-21.4	12.5

NOTE: Data through 1994–95 are for institutions of higher education, while later data are for degree-granting institutions. Degree-granting institutions grant associate's or higher degrees and participate in Title IV federal financial aid programs. The degree-granting classification is very similar to the earlier higher education classification, but it includes more 2-year colleges and excludes a few higher education institutions that did not grant degrees. (See Appendix A: Guide to Sources for details.)

SOURCE: U.S. Department of Education, National Center for Education Statistics, *Earned Degrees Conferred*, 1949–50 through 1963–64; Higher Education General Information Survey (HEGIS), "Degrees and Other Formal Awards Conferred" surveys, 1965–66 through 1985–86; and 1986–87 through 2008–09 Integrated Postsecondary Education Data System, "Completions Survey" (IPEDS-C:87–99), and Fall 2000 through Fall 2009. (This table was prepared August 2010.)

Table 330. Degrees in visual and performing arts conferred by degree-granting institutions, by level of degree and sex of student: 1970–71 through 2008–09

Year	Bachelor's degrees				Master's degrees			Doctor's degrees		
	Total									
	Number	Annual percent change	Males	Females	Total	Males	Females	Total	Males	Females
1	2	3	4	5	6	7	8	9	10	11
1970–71	30,394	†	12,256	18,138	6,675	3,510	3,165	621	483	138
1971–72	33,831	11.3	13,580	20,251	7,537	4,049	3,488	572	428	144
1972–73	36,017	6.5	14,267	21,750	7,254	4,005	3,249	616	449	167
1973–74	39,730	10.3	15,821	23,909	8,001	4,325	3,676	585	440	145
1974–75	40,782	2.6	15,532	25,250	8,362	4,448	3,914	649	446	203
1975–76	42,138	3.3	16,491	25,647	8,817	4,507	4,310	620	447	173
1976–77	41,793	-0.8	16,166	25,627	8,636	4,211	4,425	662	447	215
1977–78	40,951	2.0	15,572	25,379	9,036	4,327	4,709	708	448	260
1978–79	40,969	#	15,380	25,589	8,524	3,933	4,591	700	454	246
1979–80	40,892	-0.2	15,065	25,827	8,708	4,067	4,641	655	413	242
1980–81	40,479	-1.0	14,798	25,681	8,629	4,056	4,573	654	396	258
1981–82	40,422	-0.1	14,819	25,603	8,746	3,866	4,880	670	380	290
1982–83	39,804	-1.5	14,695	25,109	8,763	4,013	4,750	692	404	288
1983–84	40,131	0.8	15,089	25,042	8,526	3,897	4,629	730	406	324
1984–85	38,285	-4.6	14,518	23,767	8,720	3,896	4,824	696	407	289
1985–86	37,241	-2.7	14,236	23,005	8,420	3,775	4,645	722	396	326
1986–87	36,873	-1.0	13,980	22,893	8,508	3,756	4,752	793	447	346
1987–88	37,150	0.8	14,225	22,925	7,939	3,442	4,497	727	424	303
1988–89	38,420	3.4	14,698	23,722	8,267	3,611	4,656	753	446	307
1989–90	39,934	3.9	15,189	24,745	8,481	3,706	4,775	849	472	377
1990–91	42,186	5.6	15,761	26,425	8,657	3,830	4,827	838	466	372
1991–92	46,522	10.3	17,616	28,906	9,353	4,078	5,275	906	504	402
1992–93	47,761	2.7	18,610	29,151	9,440	4,099	5,341	882	478	404
1993–94	49,053	2.7	19,538	29,515	9,925	4,229	5,696	1,054	585	469
1994–95	48,690	-0.7	19,781	28,909	10,277	4,374	5,903	1,080	545	535
1995–96	49,296	1.2	20,126	29,170	10,280	4,361	5,919	1,067	524	543
1996–97	50,083	1.6	20,729	29,354	10,627	4,470	6,157	1,060	525	535
1997–98	52,077	4.0	21,483	30,594	11,145	4,596	6,549	1,163	566	597
1998–99	54,404	4.5	22,281	32,123	10,753	4,543	6,210	1,130	574	556
1999–2000	58,791	8.1	24,003	34,788	10,918	4,672	6,246	1,127	537	590
2000–01	61,148	4.0	24,967	36,181	11,404	4,788	6,616	1,167	568	599
2001–02	66,773	9.2	27,130	39,643	11,595	4,912	6,683	1,114	490	624
2002–03	71,482	7.1	27,922	43,560	11,982	4,975	7,007	1,293	613	680
2003–04	77,181	8.0	30,037	47,144	12,906	5,531	7,375	1,282	572	710
2004–05	80,955	4.9	31,355	49,600	13,183	5,646	7,537	1,278	594	684
2005–06	83,297	2.9	32,117	51,180	13,530	5,801	7,729	1,383	639	744
2006–07	85,186	2.3	32,729	52,457	13,767	5,910	7,857	1,364	625	739
2007–08	87,703	3.0	33,862	53,841	14,164	5,998	8,166	1,453	675	778
2008–09	89,140	1.6	35,051	54,089	14,918	6,325	8,593	1,569	726	843
Percent change										
1998–99 to 2003–04	41.9	†	34.8	46.8	20.0	21.7	18.8	13.5	-0.3	27.7
2003–04 to 2008–09	15.5	†	16.7	14.7	15.6	14.4	16.5	22.4	26.9	18.7

†Not applicable.
#Rounds to zero.
NOTE: Data through 1994–95 are for institutions of higher education, while later data are for degree-granting institutions. Degree-granting institutions grant associate's or higher degrees and participate in Title IV federal financial aid programs. The degree-granting classification is very similar to the earlier higher education classification, but it includes more 2-year colleges and excludes a few higher education institutions that did not grant degrees. (See Appendix A: Guide to Sources for details.)

SOURCE: U.S. Department of Education, National Center for Education Statistics, Higher Education General Information Survey (HEGIS), "Degrees and Other Formal Awards Conferred" surveys, 1970–71 through 1985–86; and 1986–87 through 2008–09 Integrated Postsecondary Education Data System, "Completions Survey" (IPEDS-C:87–99), and Fall 2000 through Fall 2009. (This table was prepared August 2010.)

Table 331. Statistical profile of persons receiving doctor's degrees, by field of study and selected characteristics: 2006–07 and 2007–08

Selected characteristic	All fields, 2006–07	Field of study, 2007–08									
							Physical sciences[1]		Social sciences and psychology	Other fields	
		All fields	Education	Engineering	Humanities	Life sciences	Total	Mathematics		Total	Business and management
1	2	3	4	5	6	7	8	9	10	11	12
Number of doctor's degrees conferred	48,112	48,802	6,578	7,862	4,722	11,088	8,129	1,400	7,509	2,914	1,437
Sex (percent)[2]											
Male	54.5	53.9	32.9	78.5	47.8	47.2	72.1	69.1	41.6	51.4	60.7
Female	45.5	46.1	67.1	21.5	52.2	52.8	27.9	30.9	58.4	48.6	39.3
Race/ethnicity (percent)[3]											
White	75.9	75.4	73.2	70.9	80.5	75.5	78.7	78.3	75.0	72.0	72.5
Black	6.6	6.6	13.6	3.8	4.6	4.5	3.2	4.5	6.2	11.2	9.6
Hispanic	5.6	5.7	6.3	4.5	5.5	5.5	4.1	4.3	7.8	4.9	3.3
Asian	7.9	8.3	3.7	16.7	4.6	10.7	10.4	9.0	6.3	7.5	9.2
American Indian/Alaska Native	0.5	0.4	0.7	0.2	0.3	0.4	0.1	0.0	0.4	0.3	0.3
Two or more races	1.7	1.7	1.2	1.5	2.4	1.7	1.3	0.7	2.2	1.5	1.7
Other and unknown[4]	1.7	2.0	1.4	2.4	2.1	1.7	2.2	3.1	2.1	2.6	3.4
Citizenship (percent)											
U.S. citizen and permanent resident	61.2	63.1	85.0	37.5	79.1	65.6	49.5	47.6	72.9	59.8	49.1
Temporary visa holder	31.4	31.2	8.6	57.1	14.8	29.3	45.2	46.7	21.4	33.0	43.5
Unknown	7.4	5.7	6.4	5.4	6.1	5.2	5.2	5.6	5.6	7.1	7.4
Median age at doctorate (years)	32.5	32.4	41.5	30.5	34.9	31.4	30.3	30.3	32.7	35.6	34.4
Percent with bachelor's degree in same field as doctorate	52.3	52.9	32.0	76.5	50.4	47.7	62.0	64.3	53.0	33.8	35.6
Median time lapse (years) to doctorate											
Since bachelor's degree completion	9.5	9.4	17.0	7.9	11.3	8.6	7.7	7.6	9.6	12.1	11.3
Since starting graduate school	7.8	7.7	12.7	6.7	9.3	6.9	6.7	6.7	7.7	9.3	8.4
Postdoctoral plans (percent)[5]											
Definite postdoctoral study[6]	24.8	24.7	3.7	19.6	8.7	42.9	37.6	32.3	23.5	5.3	2.9
Fellowship	13.1	13.2	1.4	6.5	7.3	25.3	16.0	18.9	16.2	3.2	1.9
Research associateship	10.3	10.4	1.3	12.5	0.9	15.6	21.0	12.6	5.3	1.6	‡
Traineeship	0.3	0.3	‡	0.2	0.2	0.6	0.4	‡	0.4	‡	‡
Intern, clinical residency	0.6	0.5	‡	0.2	‡	1.2	0.1	‡	1.3	‡	‡
Other	0.4	0.2	0.6	0.2	‡	0.2	0.1	‡	0.4	‡	0.0
Definite postdoctoral employment[7]	43.7	43.5	68.7	44.2	54.8	22.1	32.9	39.3	48.3	70.1	77.8
Educational institution[8]	22.8	22.6	35.4	7.7	46.8	10.9	11.3	22.7	30.2	55.0	63.2
Government	2.9	2.9	2.7	3.5	1.1	2.9	2.1	2.1	5.0	2.5	‡
Industry, business	11.4	11.4	2.6	31.3	1.8	5.8	17.8	12.8	6.6	7.6	9.7
Nonprofit organization	1.9	2.0	2.9	1.0	2.3	1.6	0.7	1.0	3.8	2.7	‡
Other and unknown	4.7	4.6	25.1	0.8	2.8	0.9	1.0	0.8	2.8	2.2	1.8
Seeking employment or study	28.4	27.9	24.6	33.2	33.4	27.8	26.7	26.3	25.4	22.4	17.5
Other/unknown	3.1	3.9	3.1	3.0	3.1	7.2	2.9	2.0	2.7	2.2	1.8
Primary work activity after doctorate (percent)[9]											
Research and development	38.1	39.2	9.2	74.0	15.1	45.1	64.2	43.7	38.1	34.9	45.9
Teaching	36.1	35.7	39.5	9.0	74.8	28.7	25.3	45.7	36.5	45.9	40.4
Management or administration	14.0	14.2	41.4	5.6	5.1	11.4	3.6	2.7	7.6	11.6	9.0
Professional services	9.3	9.5	9.1	10.3	3.3	11.9	5.9	7.3	16.8	6.4	4.0
Other	2.5	1.3	0.9	1.1	1.7	2.9	1.1	0.7	1.1	1.2	0.6
Employment location after doctorate (percent)[10]											
New England	6.0	6.2	3.7	6.3	8.1	7.1	7.1	5.1	6.2	6.6	8.1
Middle Atlantic	13.6	13.6	12.0	11.8	14.6	11.7	17.5	22.5	14.8	13.5	12.5
East North Central	11.7	12.7	13.9	10.7	14.7	12.9	10.9	15.4	11.7	15.2	13.9
West North Central	6.3	6.3	9.3	3.4	6.8	6.2	4.8	7.0	6.2	6.6	4.8
South Atlantic	17.0	17.4	21.7	12.2	17.4	17.2	14.4	15.0	19.8	17.0	17.3
East South Central	4.4	4.8	7.8	2.6	5.4	5.4	2.7	5.3	3.4	5.5	5.2
West South Central	8.8	8.8	9.7	10.8	7.6	8.4	8.7	6.8	6.6	9.7	10.3
Mountain	6.2	5.4	7.3	5.6	5.1	5.0	3.5	2.9	5.1	5.0	4.9
Pacific and insular	15.9	15.6	10.5	25.8	12.7	14.6	22.3	11.9	13.4	8.9	9.7
Foreign	9.0	8.8	3.8	‡	7.3	11.1	‡	8.0	12.5	11.6	12.9
Region unknown	0.1	0.1	0.0	‡	0.0	0.1	‡	0.0	0.1	0.1	0.0

‡Reporting standards not met.
[1]Includes mathematics, computer science, physics and astronomy, chemistry, and earth, atmospheric, and marine sciences.
[2]Distribution based on respondents reporting sex data.
[3]Distribution based on U.S. citizens and permanent residents.
[4]Includes Native Hawaiians and other Pacific Islanders.
[5]Percentages are based on only those doctorate recipients who responded to questions about postdoctoral plans.
[6]Percentages are based on only those doctorate recipients who indicated definite postdoctoral plans for study and who indicated the type of study.
[7]Percentages are based on only those doctorate recipients who indicated definite postdoctoral plans for employment and who indicated the sector of employment.
[8]Includes 2-year, 4-year, and foreign colleges and universities, medical schools, and elementary/secondary schools.
[9]Percentages are based on only those doctorate recipients who indicated definite postdoctoral plans for employment and who indicated their primary work activity.
[10]Percentages are based on only those doctorate recipients who indicated definite postdoctoral plans for employment.

NOTE: The above classification of degrees by field differs somewhat from that in most publications of the National Center for Education Statistics (NCES). One major difference is that history is included under humanities rather than social sciences. Includes Ph.D., Ed.D., and comparable degrees at the doctoral level. Excludes first-professional degrees, such as M.D., D.D.S., and D.V.M. Includes only graduates of research programs, which typically require the preparation and defense of a dissertation based on original research, or the planning and execution of an original project demonstrating substantial artistic or scholarly achievement. Excludes nonresearch professional practice doctor's degrees that are conferred upon completion of a program providing the knowledge and skills for the recognition, credential, or license required for professional practice in such fields as health and theology. The number of doctor's degrees in this table differs from that reported in the NCES Integrated Postsecondary Education Data System (IPEDS), which includes both the research and nonresearch degrees. Race categories exclude persons of Hispanic ethnicity. Detail may not sum to totals because of rounding.
SOURCE: *Doctorate Recipients From U.S. Universities: Summary Report 2007–08*, Survey of Earned Doctorates, National Science Foundation, National Institutes of Health, U.S. Department of Education, National Endowment for the Humanities, U.S. Department of Agriculture, and the National Aeronautics and Space Administration. (This table was prepared June 2010.)

Table 332. Degrees conferred by degree-granting institutions, by control, level of degree, and state or jurisdiction: 2008–09

State or jurisdiction	Public					Private				
	Associate's degrees	Bachelor's degrees	Master's degrees	First-professional degrees[1]	Doctor's degrees (Ph.D., Ed.D., etc.)[2]	Associate's degrees	Bachelor's degrees	Master's degrees	First-professional degrees[1]	Doctor's degrees (Ph.D., Ed.D., etc.)[2]
1	2	3	4	5	6	7	8	9	10	11
United States	**596,098**	**1,020,435**	**308,206**	**37,357**	**39,911**	**191,227**	**580,933**	**348,578**	**54,647**	**27,805**
Alabama	7,985	19,928	9,445	706	801	1,329	4,317	1,224	443	60
Alaska	932	1,527	537	0	37	67	99	67	0	0
Arizona	12,741	20,294	6,823	524	1,169	29,229	19,604	23,746	380	592
Arkansas	6,276	9,680	3,150	506	288	209	2,347	607	17	3
California	83,469	117,309	28,073	2,379	3,887	15,042	43,621	34,142	6,485	3,781
Colorado	6,111	20,593	5,530	657	813	8,437	8,240	7,299	416	306
Connecticut	4,398	9,849	3,118	421	282	1,140	9,101	6,040	509	514
Delaware	1,438	4,075	853	0	265	207	1,397	1,525	235	47
District of Columbia	184	384	75	69	0	951	10,573	10,737	2,787	760
Florida	54,154	52,481	14,904	2,037	1,968	16,729	27,794	13,472	2,795	1,661
Georgia	11,575	29,217	9,600	860	1,367	2,783	11,244	5,242	1,490	495
Hawaii	2,408	3,705	1,185	148	206	813	2,092	808	0	31
Idaho	1,881	5,078	1,307	163	159	1,478	3,988	274	10	0
Illinois	26,523	33,783	12,107	1,224	1,431	9,640	35,556	27,555	3,448	1,781
Indiana	9,825	25,386	7,842	1,067	1,361	5,180	14,197	5,061	651	339
Iowa	10,322	10,862	2,586	646	730	3,317	15,377	3,567	1,310	201
Kansas	7,188	13,693	4,504	692	531	654	3,828	1,805	90	8
Kentucky	7,615	15,134	5,662	876	454	3,198	4,862	1,810	264	113
Louisiana	4,072	17,982	4,320	819	508	1,347	3,443	1,890	798	113
Maine	2,054	4,131	881	91	61	582	2,778	866	119	55
Maryland	10,624	20,548	8,116	954	963	681	6,306	7,031	168	460
Massachusetts	9,073	15,385	5,286	99	436	2,287	34,721	24,805	4,458	2,753
Michigan	21,845	41,171	16,078	1,817	2,023	5,297	13,470	5,596	1,648	144
Minnesota	13,176	19,012	4,748	715	898	3,909	12,263	14,272	1,093	1,334
Mississippi	8,652	10,403	3,052	430	500	393	2,027	1,094	186	0
Missouri	9,056	19,399	5,835	763	516	5,647	18,971	13,453	2,004	1,328
Montana	1,504	4,677	1,090	140	140	126	575	77	0	0
Nebraska	3,964	7,408	2,548	356	368	799	5,167	1,912	527	120
Nevada	2,829	6,231	1,808	265	260	841	888	697	182	0
New Hampshire	1,844	4,809	1,230	0	56	1,068	4,070	2,098	209	147
New Jersey	16,617	24,843	7,191	1,238	803	896	9,782	6,257	524	639
New Mexico	4,700	6,625	2,564	272	288	358	1,250	639	0	0
New York	41,312	51,677	17,207	1,286	1,502	17,736	69,322	49,640	7,772	3,524
North Carolina	18,412	31,055	10,060	947	1,249	2,187	13,779	4,269	1,248	520
North Dakota	1,948	4,851	974	223	175	378	753	375	0	29
Ohio	19,317	38,448	13,028	2,283	1,856	8,648	21,600	8,330	1,285	587
Oklahoma	8,201	15,976	4,615	768	421	1,311	3,658	1,292	368	36
Oregon	7,168	12,796	3,854	471	475	996	5,122	2,454	702	240
Pennsylvania	15,070	41,846	10,846	1,666	1,710	11,975	42,846	20,861	3,649	2,509
Rhode Island	1,254	3,504	758	93	93	2,775	6,787	1,617	274	243
South Carolina	7,351	15,167	3,638	701	568	1,080	5,891	1,377	328	25
South Dakota	1,519	3,704	903	180	104	445	1,327	339	0	0
Tennessee	7,028	18,390	5,562	767	767	2,728	10,998	4,479	690	382
Texas	42,452	80,756	27,591	3,233	3,261	5,484	21,401	8,622	2,151	711
Utah	8,996	12,303	2,738	281	491	1,239	9,201	2,287	149	74
Vermont	878	3,109	379	105	80	320	2,679	1,799	191	4
Virginia	13,298	30,969	10,812	1,450	1,439	5,471	11,514	5,676	1,427	695
Washington	21,083	22,061	4,772	684	915	775	8,030	4,287	630	123
West Virginia	2,730	8,443	2,540	518	201	1,098	2,923	1,680	0	40
Wisconsin	10,879	24,515	5,450	636	966	1,329	9,136	3,521	537	278
Wyoming	2,167	1,747	423	131	69	618	18	5	0	0
U.S. Service Academies	0	3,516	8	0	0	†	†	†	†	†
Other jurisdictions	**1,695**	**7,722**	**911**	**361**	**122**	**4,047**	**9,938**	**5,295**	**620**	**269**
American Samoa	212	0	0	0	0	0	0	0	0	0
Federated States of Micronesia	191	0	0	0	0	0	0	0	0	0
Guam	50	295	92	0	0	0	11	0	0	0
Marshall Islands	72	0	0	0	0	0	0	0	0	0
Northern Marianas	57	28	0	0	0	0	0	0	0	0
Palau	40	0	0	0	0	0	0	0	0	0
Puerto Rico	1,208	7,189	779	361	122	4,047	9,927	5,295	620	269
U.S. Virgin Islands	77	210	40	0	0	0	0	0	0	0

†Not applicable.
[1]Includes degrees that require at least 6 years of college work for completion (including at least 2 years of preprofessional training). See Appendix B: Definitions for details.
[2]Excludes first-professional, such as M.D., D.D.S., and law degrees.

NOTE: Degree-granting institutions grant associate's or higher degrees and participate in Title IV federal financial aid programs.
SOURCE: U.S. Department of Education, National Center for Education Statistics, 2008–09 Integrated Postsecondary Education Data System (IPEDS), Fall 2009. (This table was prepared September 2010.)

Table 333. Bachelor's degrees conferred by degree-granting institutions, by field of study and state or jurisdiction: 2008–09

State or jurisdiction	Total	Humanities[1]	Psychology	Social sciences and history	Natural sciences[2]	Computer sciences	Engineering[3]	Education	Business/ management	Health professions and related clinical sciences	Other fields[4]
1	2	3	4	5	6	7	8	9	10	11	12
United States	**1,601,368**	**280,456**	**94,271**	**168,500**	**118,718**	**37,994**	**84,636**	**101,708**	**347,985**	**120,488**	**246,612**
Alabama	24,245	2,557	1,215	1,595	1,783	459	1,510	2,387	6,293	2,247	4,199
Alaska	1,626	240	122	177	159	38	99	99	283	151	258
Arizona	39,898	5,270	1,907	2,211	1,950	2,068	1,386	2,394	13,562	4,032	5,118
Arkansas	12,027	1,686	546	848	788	250	483	1,400	2,551	1,461	2,014
California	160,930	34,899	11,173	22,911	14,532	3,431	8,547	2,857	30,880	7,746	23,954
Colorado	28,833	5,176	1,663	3,227	2,362	961	1,905	208	6,857	1,750	4,724
Connecticut	18,950	4,113	1,542	2,973	1,457	167	711	718	3,321	1,471	2,477
Delaware	5,472	748	245	659	266	108	249	511	1,333	461	892
District of Columbia	10,957	1,371	494	2,655	529	629	221	76	3,425	548	1,009
Florida	80,275	10,610	4,587	7,436	4,417	2,153	3,961	5,701	19,827	6,776	14,807
Georgia	40,461	6,338	2,217	3,764	3,014	1,088	2,145	4,241	9,398	2,889	5,367
Hawaii	5,797	928	392	674	389	151	170	333	1,388	485	887
Idaho	9,066	1,294	416	648	603	204	431	1,089	1,749	892	1,740
Illinois	69,339	12,304	3,763	6,322	4,683	2,110	3,198	6,128	15,843	4,802	10,186
Indiana	39,583	6,212	1,665	2,953	2,296	836	3,079	3,956	9,001	3,736	5,849
Iowa	26,239	3,439	1,969	2,102	1,538	545	1,136	1,809	7,203	1,577	4,921
Kansas	17,521	3,356	723	1,491	1,040	366	1,025	1,665	3,677	1,555	2,623
Kentucky	19,996	3,062	999	1,732	1,316	240	904	2,251	4,138	1,608	3,746
Louisiana	21,425	4,038	1,174	1,719	1,700	340	1,153	1,601	4,758	2,186	2,756
Maine	6,909	1,184	411	1,023	641	59	375	710	737	816	953
Maryland	26,854	4,199	1,857	3,926	2,284	1,370	1,175	1,301	5,023	1,812	3,907
Massachusetts	50,106	9,728	3,603	7,299	4,072	1,035	2,822	1,346	9,531	3,261	7,409
Michigan	54,641	7,034	2,961	4,568	3,799	1,240	4,689	4,248	12,592	4,763	8,747
Minnesota	31,275	5,679	1,895	3,031	2,924	864	1,124	2,568	6,671	1,977	4,542
Mississippi	12,430	1,442	703	781	1,042	148	570	1,740	2,803	1,049	2,152
Missouri	38,370	5,204	2,436	2,402	2,496	878	1,837	3,237	10,155	3,730	5,995
Montana	5,252	757	240	549	512	83	495	494	893	288	941
Nebraska	12,575	1,236	613	854	834	360	481	1,346	3,561	1,312	1,978
Nevada	7,119	1,083	390	553	398	173	295	505	1,997	587	1,138
New Hampshire	8,879	1,549	662	1,178	516	157	350	470	2,040	506	1,451
New Jersey	34,625	6,843	2,874	4,628	3,017	710	1,595	2,061	6,345	1,803	4,749
New Mexico	7,875	1,368	389	567	563	223	469	1,013	1,562	544	1,177
New York	120,999	26,132	8,762	14,993	8,387	2,930	5,320	7,212	24,434	8,019	14,810
North Carolina	44,834	5,665	2,788	5,076	3,880	841	2,474	3,914	8,657	3,302	8,237
North Dakota	5,604	490	175	234	325	138	405	585	1,239	792	1,221
Ohio	60,048	9,146	2,977	5,408	3,938	1,185	3,372	5,460	12,488	6,120	9,954
Oklahoma	19,634	3,240	844	1,290	1,360	271	1,137	1,856	4,553	1,640	3,443
Oregon	17,918	4,174	1,059	2,378	1,416	388	864	616	3,091	1,224	2,708
Pennsylvania	84,692	14,228	4,757	8,398	6,401	2,567	5,026	6,069	17,436	7,676	12,134
Rhode Island	10,291	1,540	540	1,046	692	205	443	580	2,727	513	2,005
South Carolina	21,058	2,951	1,239	2,233	1,972	352	781	1,868	5,324	1,448	2,890
South Dakota	5,031	460	200	431	355	149	401	469	839	765	962
Tennessee	29,388	6,652	1,653	2,457	1,834	431	1,347	1,523	6,015	2,620	4,856
Texas	102,157	22,601	5,251	8,391	7,951	1,349	5,507	2,272	23,447	6,856	18,532
Utah	21,504	3,041	998	2,219	1,584	913	1,109	2,381	4,072	1,711	3,476
Vermont	5,788	1,349	403	910	432	148	197	311	844	266	928
Virginia	42,483	9,403	3,116	5,917	3,349	971	2,457	856	8,150	2,911	5,353
Washington	30,091	6,856	1,508	4,127	2,493	736	1,531	1,417	5,469	1,794	4,160
West Virginia	11,366	2,204	442	896	736	226	546	976	2,088	1,069	2,183
Wisconsin	33,651	4,852	1,610	3,513	3,170	642	1,740	2,628	7,217	2,789	5,490
Wyoming	1,765	121	83	174	181	7	171	252	261	152	363
U.S. Service Academies	3,516	404	20	953	342	101	1,218	0	237	0	241
Other jurisdictions	**17,660**	**958**	**627**	**668**	**1,346**	**502**	**1,407**	**3,188**	**5,059**	**1,428**	**2,477**
Guam	306	29	18	17	14	7	0	78	71	21	51
Northern Marianas	28	0	0	0	0	0	0	28	0	0	0
Puerto Rico	17,116	913	587	642	1,301	492	1,407	3,069	4,896	1,388	2,421
U.S. Virgin Islands	210	16	22	9	31	3	0	13	92	19	5

[1]Includes degrees in area, ethnic, cultural, and gender studies; English language and literature/letters; foreign languages, literatures, and linguistics; liberal arts and sciences, general studies and humanities; multi/interdisciplinary studies; philosophy and religious studies; theology and religious vocations; and visual and performing arts.
[2]Includes biological and biomedical sciences; physical sciences; science technologies/technicians; and mathematics and statistics.
[3]Includes engineering; engineering technologies/technicians; mechanic and repair technologies/technicians; and construction trades.
[4]Includes agriculture, agricultural operations, and related sciences; natural resources and conservation; architecture and related services; communication, journalism, and related programs; communications technologies/technicians and support services; family and consumer services/human sciences; legal professions and studies; library science; military technologies; parks, recreation, leisure, and fitness studies; security and protective services; public administration and social service professions; transportation and materials moving; and not classified by field of study.
NOTE: Degree-granting institutions grant associate's or higher degrees and participate in Title IV federal financial aid programs.
SOURCE: U.S. Department of Education, National Center for Education Statistics, 2008–09 Integrated Postsecondary Education Data System (IPEDS), Fall 2009. (This table was prepared September 2010.)

Table 334. Master's degrees conferred by degree-granting institutions, by field of study and state or jurisdiction: 2008–09

State or jurisdiction	Total	Humanities[1]	Psychology	Social sciences and history	Natural sciences[2]	Computer sciences	Engineering[3]	Education	Business/ management	Health professions and related clinical sciences	Other fields[4]
1	2	3	4	5	6	7	8	9	10	11	12
United States	**656,784**	**48,022**	**23,415**	**19,240**	**20,767**	**17,907**	**38,205**	**178,564**	**168,375**	**62,620**	**79,669**
Alabama	10,669	368	411	222	244	143	705	3,401	2,694	1,130	1,351
Alaska	604	37	29	14	46	2	67	214	88	19	88
Arizona	30,569	519	1,133	170	341	248	616	10,585	12,231	3,185	1,541
Arkansas	3,757	237	77	83	112	90	64	1,272	831	492	499
California	62,215	6,209	3,634	2,170	2,034	1,759	5,291	14,298	14,235	5,929	6,656
Colorado	12,829	778	665	355	378	343	781	2,444	4,697	925	1,463
Connecticut	9,158	781	325	274	450	256	936	2,246	1,953	871	1,066
Delaware	2,378	83	34	98	63	53	74	910	652	154	257
District of Columbia	10,812	949	103	1,185	426	384	574	1,148	3,055	836	2,152
Florida	28,376	1,205	917	583	845	457	2,018	6,083	9,159	3,146	3,963
Georgia	14,842	914	396	384	426	554	1,039	3,778	4,262	1,638	1,451
Hawaii	1,993	163	121	73	73	34	52	563	435	134	345
Idaho	1,581	107	21	37	90	9	130	454	264	173	296
Illinois	39,662	2,588	1,410	947	1,234	1,904	1,613	11,003	11,782	2,498	4,683
Indiana	12,903	1,066	287	290	443	91	660	2,958	4,197	1,346	1,565
Iowa	6,153	424	62	78	196	209	279	1,602	2,075	480	748
Kansas	6,309	472	155	187	142	78	389	2,033	1,334	449	1,070
Kentucky	7,472	488	371	143	228	109	388	2,835	938	921	1,051
Louisiana	6,210	554	116	143	307	131	297	1,338	1,481	967	876
Maine	1,747	124	19	13	48	6	26	770	209	340	192
Maryland	15,147	857	400	894	843	1,128	859	3,029	4,299	1,566	1,272
Massachusetts	30,091	2,691	834	1,217	974	955	1,576	7,797	7,259	2,640	4,148
Michigan	21,674	1,068	499	440	724	555	1,986	5,980	5,799	1,795	2,828
Minnesota	19,020	751	1,167	139	285	483	400	7,829	3,739	2,235	1,992
Mississippi	4,146	142	73	91	320	50	164	1,590	800	431	485
Missouri	19,288	994	913	458	422	326	670	4,849	7,250	1,640	1,766
Montana	1,167	134	28	53	86	13	65	302	129	85	272
Nebraska	4,460	226	113	218	164	122	104	1,533	1,039	474	467
Nevada	2,505	100	83	68	75	36	114	1,105	570	117	237
New Hampshire	3,328	144	85	84	82	67	168	908	1,187	372	231
New Jersey	13,448	1,060	412	284	559	503	1,228	3,542	3,045	957	1,858
New Mexico	3,203	296	89	110	142	62	300	950	603	372	279
New York	66,847	6,390	1,889	2,430	1,906	2,116	3,033	21,353	12,341	5,703	9,686
North Carolina	14,329	1,105	216	446	508	474	890	3,199	3,871	1,790	1,830
North Dakota	1,349	44	25	16	54	22	64	281	377	232	234
Ohio	21,358	1,918	655	569	769	330	1,226	6,090	5,267	2,000	2,534
Oklahoma	5,907	627	208	95	169	148	437	1,273	1,682	631	637
Oregon	6,308	587	240	113	186	68	275	2,455	1,146	578	660
Pennsylvania	31,707	2,347	1,152	742	1,017	1,050	1,802	8,923	6,526	3,948	4,200
Rhode Island	2,375	217	75	136	109	58	96	438	711	131	404
South Carolina	5,015	336	164	126	229	33	239	1,706	1,009	529	644
South Dakota	1,242	54	81	18	56	45	99	364	260	134	131
Tennessee	10,041	722	399	175	287	90	386	3,413	2,217	1,350	1,002
Texas	36,213	2,919	1,427	927	1,316	1,211	2,946	7,691	10,248	3,394	4,134
Utah	5,025	304	102	115	176	138	315	1,063	1,639	459	714
Vermont	2,178	430	76	538	25	117	49	394	232	70	247
Virginia	16,488	1,929	848	553	434	539	1,711	4,458	2,914	1,051	2,051
Washington	9,059	642	500	163	326	213	342	2,201	2,424	840	1,408
West Virginia	4,220	314	61	280	90	27	157	1,075	975	440	801
Wisconsin	8,971	546	310	268	274	65	457	2,760	2,187	977	1,127
Wyoming	428	62	5	25	34	3	40	78	58	46	77
U.S. Service Academies	8	0	0	0	0	0	8	0	0	0	0
Other jurisdictions	**6,206**	**203**	**363**	**23**	**94**	**81**	**276**	**1,851**	**2,050**	**619**	**646**
Guam	92	3	0	0	5	0	0	59	8	0	17
Northern Marianas	0	0	0	0	0	0	0	0	0	0	0
Puerto Rico	6,074	200	363	23	89	81	276	1,772	2,029	619	622
U.S. Virgin Islands	40	0	0	0	0	0	0	20	13	0	7

[1]Includes degrees in area, ethnic, cultural, and gender studies; English language and literature/letters; foreign languages, literatures, and linguistics; liberal arts and sciences, general studies and humanities; multi/interdisciplinary studies; philosophy and religious studies; theology and religious vocations; and visual and performing arts.
[2]Includes biological and biomedical sciences; physical sciences; science technologies/technicians; and mathematics and statistics.
[3]Includes engineering; engineering technologies/technicians; mechanic and repair technologies/technicians; and construction trades.
[4]Includes agriculture, agricultural operations, and related sciences; natural resources and conservation; architecture and related services; communication, journalism, and related programs; communications technologies/technicians and support services; family and consumer services/human sciences; legal professions and studies; library science; military technologies; parks, recreation, leisure, and fitness studies; security and protective services; public administration and social service professions; transportation and materials moving; and not classified by field of study.
NOTE: Degree-granting institutions grant associate's or higher degrees and participate in Title IV federal financial aid programs.
SOURCE: U.S. Department of Education, National Center for Education Statistics, 2008–09 Integrated Postsecondary Education Data System (IPEDS), Fall 2009. (This table was prepared September 2010.)

Table 335. Degrees conferred by degree-granting institutions, by level of degree and state or jurisdiction: 2007–08 and 2008–09

State or jurisdiction	2007–08					2008–09				
	Associate's degrees	Bachelor's degrees	Master's degrees	First-professional degrees[1]	Doctor's degrees (Ph.D., Ed.D., etc.)[2]	Associate's degrees	Bachelor's degrees	Master's degrees	First-professional degrees[1]	Doctor's degrees (Ph.D., Ed.D., etc.)[2]
1	2	3	4	5	6	7	8	9	10	11
United States	**750,164**	**1,563,069**	**625,023**	**91,309**	**63,712**	**787,325**	**1,601,368**	**656,784**	**92,004**	**67,716**
Alabama	9,171	23,448	10,619	1,120	778	9,314	24,245	10,669	1,149	861
Alaska	1,031	1,498	692	0	29	999	1,626	604	.	37
Arizona	33,325	39,016	28,042	968	1,342	41,970	39,898	30,569	904	1,761
Arkansas	5,567	11,574	3,509	517	236	6,485	12,027	3,757	523	291
California	97,010	158,652	59,652	9,006	7,524	98,511	160,930	62,215	8,864	7,668
Colorado	11,219	29,185	11,841	1,059	1,067	14,548	28,833	12,829	1,073	1,119
Connecticut	5,056	18,715	8,586	944	766	5,538	18,950	9,158	930	796
Delaware	1,475	5,322	2,291	266	263	1,645	5,472	2,378	235	312
District of Columbia	1,047	10,736	10,066	2,837	636	1,135	10,957	10,812	2,856	760
Florida	65,948	77,460	26,576	4,942	3,457	70,883	80,275	28,376	4,832	3,629
Georgia	13,684	39,035	13,131	2,299	1,700	14,358	40,461	14,842	2,350	1,862
Hawaii	3,128	5,853	1,959	154	239	3,221	5,797	1,993	148	237
Idaho	2,924	7,912	1,576	165	156	3,359	9,066	1,581	173	159
Illinois	34,013	69,621	39,339	4,958	3,024	36,163	69,339	39,662	4,672	3,212
Indiana	14,598	38,991	12,292	1,808	1,551	15,005	39,583	12,903	1,718	1,700
Iowa	13,537	24,265	5,251	1,746	927	13,639	26,239	6,153	1,956	931
Kansas	8,175	17,048	6,268	834	540	7,842	17,521	6,309	782	539
Kentucky	10,148	19,639	7,113	1,116	592	10,813	19,996	7,472	1,140	567
Louisiana	4,997	21,163	5,962	1,630	569	5,419	21,425	6,210	1,617	621
Maine	2,679	7,109	1,661	198	69	2,636	6,909	1,747	210	116
Maryland	10,964	26,085	14,653	1,112	1,461	11,305	26,854	15,147	1,122	1,423
Massachusetts	10,926	49,526	29,370	4,526	3,136	11,360	50,106	30,091	4,557	3,189
Michigan	26,443	54,010	20,858	3,502	1,980	27,142	54,641	21,674	3,465	2,167
Minnesota	16,592	30,378	17,991	1,843	2,064	17,085	31,275	19,020	1,808	2,232
Mississippi	8,822	12,186	3,987	613	473	9,045	12,430	4,146	616	500
Missouri	14,445	35,736	17,534	2,819	1,754	14,703	38,370	19,288	2,767	1,844
Montana	1,601	5,198	1,114	141	137	1,630	5,252	1,167	140	140
Nebraska	4,836	12,360	4,148	865	465	4,763	12,575	4,460	883	488
Nevada	3,415	6,860	2,568	371	173	3,670	7,119	2,505	447	260
New Hampshire	3,179	8,460	3,185	177	196	2,912	8,879	3,328	209	203
New Jersey	16,904	33,645	13,219	1,785	1,322	17,513	34,625	13,448	1,762	1,442
New Mexico	5,053	7,791	3,300	269	253	5,058	7,875	3,203	272	288
New York	57,807	118,387	63,720	8,849	4,937	59,048	120,999	66,847	9,058	5,026
North Carolina	19,622	43,452	13,450	2,052	1,613	20,599	44,834	14,329	2,195	1,769
North Dakota	2,211	5,531	1,326	233	269	2,326	5,604	1,349	223	204
Ohio	26,830	59,385	20,991	3,521	2,404	27,965	60,048	21,358	3,568	2,443
Oklahoma	9,457	19,218	5,435	1,128	409	9,512	19,634	5,907	1,136	457
Oregon	8,023	17,920	5,924	1,091	648	8,164	17,918	6,308	1,173	715
Pennsylvania	26,575	82,132	29,867	4,835	3,798	27,045	84,692	31,707	5,315	4,219
Rhode Island	3,692	10,265	2,240	363	322	4,029	10,291	2,375	367	336
South Carolina	7,943	20,257	5,180	1,000	603	8,431	21,058	5,015	1,029	593
South Dakota	2,045	4,992	1,243	224	109	1,964	5,031	1,242	180	104
Tennessee	9,712	27,649	9,104	1,471	994	9,756	29,388	10,041	1,457	1,149
Texas	45,867	98,205	33,929	5,439	3,833	47,936	102,157	36,213	5,384	3,972
Utah	9,904	20,959	5,056	430	564	10,235	21,504	5,025	430	565
Vermont	1,264	5,315	2,302	254	89	1,198	5,788	2,178	296	84
Virginia	17,675	41,236	14,975	2,748	1,791	18,769	42,483	16,488	2,877	2,134
Washington	21,194	29,524	8,796	1,338	952	21,858	30,091	9,059	1,314	1,038
West Virginia	3,844	11,488	3,897	492	251	3,828	11,366	4,220	518	241
Wisconsin	11,884	33,187	8,812	1,134	1,173	12,208	33,651	8,971	1,173	1,244
Wyoming	2,703	1,802	423	117	74	2,785	1,765	428	131	69
U.S. Service Academies	0	3,688	0	0	0	0	3,516	8	0	0
Other jurisdictions	**5,434**	**17,344**	**5,312**	**991**	**362**	**5,954**	**17,660**	**6,206**	**981**	**391**
American Samoa	113	0	0	0	0	212	0	0	0	0
Federated States of Micronesia	204	0	0	0	0	191	0	0	0	0
Guam	70	323	67	0	0	50	306	92	0	0
Marshall Islands	61	0	0	0	0	72	0	0	0	0
Northern Marianas	69	28	0	0	0	57	28	0	0	0
Palau	45	0	0	0	0	40	0	0	0	0
Puerto Rico	4,803	16,800	5,192	991	362	5,255	17,116	6,074	981	391
U.S. Virgin Islands	69	193	53	0	0	77	210	40	0	0

[1]Includes degrees that require at least 6 years of college work for completion (including at least 2 years of preprofessional training). See Appendix B: Definitions for details.
[2]Excludes first-professional, such as M.D., D.D.S., and law degrees.
NOTE: Degree-granting institutions grant associate's or higher degrees and participate in Title IV federal financial aid programs.

SOURCE: U.S. Department of Education, National Center for Education Statistics, 2007–08 and 2008–09 Integrated Postsecondary Education Data System (IPEDS), Fall 2008 and Fall 2009. (This table was prepared September 2010.)

Table 336. Doctor's degrees conferred by the 60 institutions conferring the most doctor's degrees: 1999–2000 through 2008–09

Institution	Rank order[1]	Total, 1999–2000 to 2008–09	1999–2000	2000–01	2001–02	2002–03	2003–04	2004–05	2005–06	2006–07	2007–08	2008–09
1	2	3	4	5	6	7	8	9	10	11	12	13
United States, all institutions	**†**	**529,034**	**44,808**	**44,904**	**44,160**	**46,042**	**48,378**	**52,631**	**56,067**	**60,616**	**63,712**	**67,716**
Total, 60 institutions conferring most doctorates	**†**	**264,209**	**23,379**	**23,225**	**22,608**	**23,422**	**24,646**	**26,128**	**28,252**	**30,008**	**30,965**	**31,576**
University of California, Berkeley	1	8,078	756	759	805	772	775	803	763	903	873	869
University of Texas at Austin	2	7,393	659	733	639	674	702	719	796	779	868	824
Nova Southeastern University	3	7,213	587	519	555	749	705	777	757	911	881	772
University of Wisconsin, Madison	4	6,972	729	663	650	656	628	666	648	775	763	794
University of Michigan, Ann Arbor	5	6,955	629	568	610	616	660	725	763	789	753	842
University of Florida	6	6,894	516	574	607	591	694	702	718	794	857	841
University of Minnesota, Twin Cities	7	6,850	604	632	560	560	592	678	751	819	775	879
University of California, Los Angeles	8	6,684	606	612	593	596	666	657	708	734	752	760
University of Illinois at Urbana-Champaign	9	6,623	597	667	602	617	574	636	689	698	759	784
Ohio State University, Main Campus	10	6,424	620	633	617	575	560	590	664	667	760	738
Stanford University	11	6,348	589	573	548	611	625	671	677	720	673	661
University of Southern California	12	6,140	481	522	496	559	573	657	650	691	708	803
Harvard University	13	5,967	602	520	543	548	572	560	627	683	666	646
Pennsylvania State University, Main Campus	14	5,715	513	526	519	503	539	571	646	646	620	632
University of Washington, Seattle Campus	15	5,496	486	486	452	493	503	528	612	631	622	683
Massachusetts Institute of Technology	16	5,365	475	492	501	440	467	581	602	601	599	607
Texas A & M University	17	5,312	490	509	504	442	515	528	535	598	594	597
Purdue University, Main Campus	18	5,254	468	464	409	463	446	524	566	613	600	701
Columbia University in the City of New York	19	5,244	461	465	452	433	495	603	579	568	598	590
University of Maryland, College Park	20	5,234	461	430	430	418	482	516	602	653	655	587
University of North Carolina at Chapel Hill	21	4,608	425	398	390	412	439	459	490	512	600	483
Cornell University[2]	22	4,477	441	423	382	411	412	452	476	485	479	516
Michigan State University	23	4,474	444	414	428	442	430	425	463	493	446	489
University of Pennsylvania	24	4,430	427	376	380	384	413	463	496	483	464	544
University of Arizona	25	4,082	405	359	370	378	398	386	395	460	452	479
University of California, Davis	26	4,064	357	337	346	373	375	389	413	474	500	500
New York University	27	4,060	402	368	415	411	407	423	415	364	432	423
University of Georgia	28	3,950	352	351	393	414	404	424	374	388	391	459
Indiana University, Bloomington	29	3,929	409	420	347	367	375	397	389	370	414	441
Johns Hopkins University	30	3,906	351	384	373	364	362	387	408	397	446	434
Northwestern University	31	3,897	321	350	349	370	367	366	423	462	438	451
University of Pittsburgh, Pittsburgh Campus	32	3,878	316	360	336	348	382	372	412	410	479	463
Boston University	33	3,855	274	304	246	270	267	320	491	540	562	581
Rutgers University, New Brunswick	34	3,838	371	392	363	358	382	332	393	406	431	410
Arizona State University	35	3,615	286	277	313	300	355	314	389	376	418	587
University of Chicago	36	3,601	391	371	333	332	331	327	398	357	395	366
North Carolina State University at Raleigh	37	3,490	316	306	300	322	338	343	369	411	328	457
Georgia Institute of Technology, Main Campus	38	3,449	230	255	257	225	311	355	400	459	467	490
University of Virginia, Main Campus	39	3,444	343	316	321	337	358	341	327	348	393	360
University of California, San Diego	40	3,436	294	285	278	279	327	303	358	387	488	437
Capella University	41	3,421	29	61	70	131	178	272	499	667	814	700
University of Iowa	42	3,418	317	334	320	249	300	341	364	376	413	404
Yale University	43	3,378	334	313	310	317	332	329	318	360	375	390
Virginia Polytechnic Institute and State University	44	3,292	309	268	326	272	290	329	366	356	341	435
University at Buffalo	45	3,263	303	294	231	269	299	380	353	394	373	367
Temple University	46	3,133	263	238	226	161	334	322	383	392	409	405
City University of New York, Graduate School and University Center	47	3,070	280	250	271	272	298	298	330	303	358	410
University of Tennessee	48	3,053	286	239	276	262	280	281	317	347	355	410
Florida State University	49	2,986	263	252	248	290	271	276	325	350	368	343
University of Colorado at Boulder	50	2,929	266	292	258	303	286	272	310	319	323	300
A. T. Still University of Health Sciences	51	2,878	0	67	148	244	273	327	396	440	467	516
Stony Brook University	52	2,875	244	231	20	298	285	317	367	364	408	341
Princeton University	53	2,862	279	268	230	260	276	273	288	332	307	349
University of California, Santa Barbara	54	2,822	232	258	199	251	253	287	339	310	346	347
University of Missouri, Columbia	55	2,787	256	278	252	274	251	274	277	293	326	306
University of Utah	56	2,716	215	192	218	225	216	229	276	345	397	403
Duke University	57	2,707	230	259	246	253	259	277	271	277	302	333
University of Connecticut	58	2,682	275	234	221	237	257	261	307	339	285	266
University of Massachusetts, Amherst	59	2,670	276	261	287	213	274	267	253	293	291	255
Iowa State University	60	2,623	238	243	239	228	228	246	281	296	308	316

†Not applicable.
[1]Institutions are ranked by the total number of doctor's degrees conferred during the 10-year period ending June 30, 2009.
[2]Includes degrees conferred by the Endowed and Statutory Colleges.
NOTE: Includes Ph.D., Ed.D., and comparable degrees at the doctoral level. Excludes first-professional, such as M.D., D.D.S., and law degrees.

SOURCE: U.S. Department of Education, National Center for Education Statistics, 1999–2000 through 2008–09 Integrated Postsecondary Education Data System, Fall 2000 through Fall 2009. (This table was prepared September 2010.)

Table 337. Percentage distribution of 1990 high school sophomores, by highest level of education completed through 2000 and selected student characteristics: 2000

Student characteristic	Total	Less than high school completion	High school completion	Some post-secondary	Certificate	Associate's degree	Bachelor's or higher degree: Total	Bachelor's or higher degree: Bachelor's degree	Bachelor's or higher degree: Master's degree	Bachelor's or higher degree: Professional and doctor's degrees
1	2	3	4	5	6	7	8	9	10	11
Total	**100.0 (†)**	**8.8 (0.73)**	**17.8 (0.73)**	**30.2 (0.90)**	**7.9 (0.44)**	**6.6 (0.37)**	**28.7 (0.89)**	**25.5 (0.81)**	**2.8 (0.23)**	**0.4 (0.06)**
Sex										
Male	100.0 (†)	8.5 (1.02)	19.7 (1.06)	32.6 (1.27)	6.8 (0.60)	6.6 (0.56)	25.8 (1.16)	23.2 (1.08)	2.2 (0.31)	0.4 (0.09)
Female	100.0 (†)	9.1 (1.00)	15.9 (0.99)	27.9 (1.12)	8.9 (0.67)	6.6 (0.46)	31.5 (1.12)	27.8 (1.03)	3.3 (0.31)	0.4 (0.09)
Race/ethnicity										
White	100.0 (†)	6.8 (0.75)	17.8 (0.75)	27.6 (0.85)	7.2 (0.44)	7.2 (0.46)	33.3 (0.98)	29.4 (0.91)	3.5 (0.30)	0.5 (0.08)
Black	100.0 (†)	11.1 (2.14)	17.9 (2.29)	38.5 (3.51)	12.0 (1.91)	4.1 (0.66)	16.4 (1.68)	15.4 (1.64)	0.8 (0.25)	0.2 (0.08)
Hispanic	100.0 (†)	16.3 (3.23)	18.5 (2.63)	37.8 (2.93)	8.5 (1.43)	7.3 (1.12)	11.6 (1.16)	10.7 (1.10)	0.8 (0.20)	0.1 (0.07)
Asian/Pacific Islander	100.0 (†)	6.5 (3.14)	6.2 (1.33)	32.2 (4.09)	5.7 (1.62)	3.5 (1.37)	46.1 (4.63)	41.0 (4.45)	3.6 (0.91)	1.5 (0.41)
American Indian/Alaska Native	100.0 (†)	21.6 (3.81)	40.1 (8.24)	23.0 (7.29)	6.4 (4.00)	3.0 (0.97)	5.9 (2.35)	5.3 (2.25)	‡ (†)	‡ (†)
Socioeconomic status in 1990[1]										
Low quartile	100.0 (†)	19.9 (1.97)	31.7 (1.84)	25.4 (1.71)	10.6 (1.12)	5.4 (0.69)	6.9 (0.60)	6.5 (0.59)	0.3 (0.10)	# (†)
Middle two quartiles	100.0 (†)	6.1 (0.79)	17.0 (0.90)	34.4 (1.16)	8.2 (0.61)	8.5 (0.60)	25.7 (1.02)	23.6 (1.00)	1.9 (0.26)	0.2 (0.06)
High quartile	100.0 (†)	0.3 (0.10)	5.2 (0.81)	25.5 (1.47)	4.5 (0.79)	4.6 (0.56)	59.8 (1.58)	51.2 (1.48)	7.3 (0.68)	1.4 (0.23)
Test score composite in 1990[2]										
Low quartile	100.0 (†)	19.3 (1.99)	31.8 (2.00)	28.1 (1.93)	11.2 (1.27)	4.9 (0.76)	4.7 (0.50)	4.5 (0.50)	0.2 (0.08)	0.1 (0.05)
Middle two quartiles	100.0 (†)	4.9 (1.00)	17.0 (0.98)	34.4 (1.29)	8.9 (0.62)	9.2 (0.61)	25.5 (1.08)	23.6 (1.05)	1.8 (0.20)	0.1 (0.03)
High quartile	100.0 (†)	0.7 (0.09)	5.3 (0.72)	23.4 (1.23)	2.7 (0.59)	4.7 (0.57)	63.2 (1.44)	53.9 (1.43)	7.7 (0.75)	1.5 (0.24)
Locus of control in 1990[3]										
Low quartile	100.0 (†)	13.6 (1.91)	26.2 (1.85)	29.9 (1.82)	7.6 (0.93)	6.4 (0.84)	16.2 (1.29)	14.9 (1.26)	1.2 (0.24)	0.1 (0.05)
Middle two quartiles	100.0 (†)	6.8 (0.97)	15.6 (0.98)	30.6 (1.21)	8.0 (0.59)	7.2 (0.51)	31.8 (1.16)	28.5 (1.08)	2.7 (0.33)	0.5 (0.10)
High quartile	100.0 (†)	2.3 (0.60)	12.4 (1.24)	30.6 (1.73)	7.1 (1.05)	6.7 (0.76)	40.9 (1.74)	35.2 (1.60)	5.0 (0.62)	0.7 (0.17)
Self-concept in 1990[4]										
Low quartile	100.0 (†)	8.7 (1.08)	20.6 (1.26)	31.9 (1.51)	7.1 (0.62)	6.9 (0.72)	24.8 (1.32)	22.2 (1.26)	2.5 (0.44)	0.2 (0.08)
Middle two quartiles	100.0 (†)	7.9 (1.20)	18.3 (1.16)	28.6 (1.12)	7.6 (0.59)	7.7 (0.58)	29.9 (1.19)	26.5 (1.12)	2.9 (0.30)	0.5 (0.10)
High quartile	100.0 (†)	5.3 (1.20)	13.3 (1.39)	32.4 (2.26)	8.3 (1.16)	5.2 (0.66)	35.5 (1.81)	31.4 (1.66)	3.4 (0.54)	0.7 (0.15)
High school completion timing										
Dropout (never completed)	100.0 (†)	100.0 (†)	‡ (†)	‡ (†)	‡ (†)	‡ (†)	‡ (†)	‡ (†)	‡ (†)	‡ (†)
Early (before January 1992)	100.0 (†)	1.3[5] (0.71)	38.2 (5.06)	29.1 (3.87)	11.9 (2.68)	12.1 (4.28)	7.3 (1.78)	6.0 (1.43)	‡ (†)	‡ (†)
Normal (from January 1992 through August 1992)	100.0 (†)	# (†)	16.2 (0.80)	32.7 (0.99)	7.9 (0.47)	7.4 (0.41)	35.7 (1.00)	31.7 (0.92)	3.4 (0.28)	0.5 (0.08)
Late (after August 1992)	100.0 (†)	0.1 (0.08)	42.0 (3.00)	39.2 (3.14)	13.0 (2.35)	4.0 (0.95)	1.9 (0.52)	1.9 (0.52)	‡ (†)	‡ (†)
Control of school attended in 1992										
Public	100.0 (†)	7.9 (0.70)	19.0 (0.78)	31.0 (1.00)	8.0 (0.48)	7.0 (0.40)	27.2 (0.91)	24.2 (0.83)	2.6 (0.24)	0.4 (0.07)
Private	100.0 (†)	3.3 (0.99)	3.2 (0.56)	25.3 (2.37)	4.2 (1.10)	4.1 (0.77)	60.0 (2.69)	52.4 (2.64)	6.5 (0.99)	1.1 (0.28)
Postsecondary expectations in 1992										
None	100.0 (†)	11.7 (5.67)	52.6 (5.00)	23.3 (4.45)	7.4 (1.43)	1.7 (0.60)	3.3 (0.79)	3.3 (0.79)	‡ (†)	‡ (†)
Some postsecondary	100.0 (†)	3.9 (1.14)	31.1 (1.82)	34.2 (1.89)	15.2 (1.26)	10.7 (0.98)	4.9 (0.71)	4.5 (0.69)	0.3 (0.18)	‡ (†)
Bachelor's degree	100.0 (†)	0.6 (0.33)	6.7 (0.71)	36.5 (1.47)	6.5 (0.92)	7.6 (0.62)	42.1 (1.48)	38.9 (1.42)	3.0 (0.44)	0.2 (0.08)
Master's degree	100.0 (†)	0.2 (0.09)	5.9 (0.93)	26.6 (1.64)	3.0 (0.51)	6.1 (1.01)	58.2 (1.87)	50.8 (1.86)	6.7 (0.67)	0.8 (0.23)
First-professional or doctor's degree	100.0 (†)	0.9 (0.42)	2.2 (0.44)	28.2 (2.51)	4.7 (0.91)	5.6 (0.96)	58.4 (2.44)	48.4 (2.29)	7.8 (1.19)	2.2 (0.40)
Type of start in postsecondary education										
Fall 1992 full-time 4-year	100.0 (†)	‡ (†)	0.6 (0.13)	22.7 (1.11)	2.2 (0.30)	3.7 (0.43)	70.7 (1.20)	61.4 (1.22)	8.0 (0.64)	1.3 (0.19)
Fall 1992 full-time public 2-year	100.0 (†)	‡ (†)	2.1 (0.60)	41.7 (2.34)	13.4 (1.61)	19.3 (1.54)	23.4 (1.79)	22.1 (1.75)	1.2 (0.36)	‡ (†)
Fall 1992 part-time 4-year	100.0 (†)	‡ (†)	‡ (†)	57.1 (7.33)	3.7 (1.91)	3.3 (1.70)	31.9 (6.33)	29.5 (6.17)	2.4 (1.80)	‡ (†)
Fall 1992 part-time public 2-year	100.0 (†)	2.7 (2.04)	2.8 (2.24)	57.6 (4.97)	15.1 (3.78)	9.7 (2.47)	12.2 (3.16)	12.0 (3.15)	(†)	‡ (†)
Other enrollment	100.0 (†)	2.2 (1.36)	12.4 (3.60)	35.3 (4.82)	15.3 (4.64)	8.2 (1.67)	26.5 (4.43)	24.6 (4.39)	1.6 (0.62)	‡ (†)
Never enrolled	100.0 (†)	18.0 (1.39)	35.4 (1.34)	28.8 (1.37)	8.8 (0.66)	4.5 (0.48)	4.5 (0.47)	4.3 (0.46)	0.1 (0.06)	‡ (†)
Parents' educational attainment in 1990										
No high school diploma	100.0 (†)	25.9 (3.46)	26.7 (2.51)	26.8 (2.81)	11.0 (1.77)	3.7 (0.64)	5.9 (0.99)	5.5 (0.97)	0.4 (0.17)	‡ (†)
High school graduate	100.0 (†)	12.7 (1.75)	30.6 (2.12)	26.1 (1.60)	8.3 (0.83)	9.0 (1.10)	13.3 (1.01)	12.1 (1.01)	1.0 (0.20)	0.1 (0.06)
Vocational/some college	100.0 (†)	4.6 (0.53)	17.3 (0.94)	35.1 (1.20)	9.1 (0.81)	8.1 (0.60)	25.7 (1.09)	23.7 (1.08)	1.9 (0.24)	0.2 (0.06)
Bachelor's degree	100.0 (†)	2.9 (1.35)	7.4 (1.24)	29.7 (2.15)	5.6 (0.91)	5.1 (0.64)	49.4 (2.10)	43.6 (2.02)	5.0 (0.74)	0.7 (0.22)
Master's degree	100.0 (†)	0.8 (0.46)	2.5 (0.74)	23.3 (2.49)	4.6 (1.18)	3.4 (0.62)	65.4 (2.50)	55.3 (2.46)	8.6 (1.39)	1.5 (0.39)
First-professional or doctor's degree	100.0 (†)	0.6 (0.38)	1.8 (0.70)	18.3 (4.50)	2.0 (1.20)	4.1 (2.00)	73.3 (4.66)	61.1 (4.47)	9.3 (2.24)	2.9 (0.78)

†Not applicable.
#Rounds to zero.
‡Reporting standards not met.
[1]Socioeconomic status (SES) was measured by a composite score on parental education and occupations, and family income.
[2]Standardized quartile of composite of student assessments in mathematics and reading.
[3]Locus of control measures whether students attribute the events that happened to them, such as performing well on a test, to being under their own control (i.e., internal locus of control) or to being under the control of others or the environment (external locus of control). Higher scores (highest quartile) means greater internal control and lower scores (lowest quartile) means greater external control.
[4]Self-concept measures the degree to which students like and feel positively about themselves and perceive themselves as a person of worth. The NELS:88 variable is the general self-concept scale from Herbert Marsh's Self-Description Questionnaire (SDQ) II (Marsh 1990).
[5]These students' responses to the educational attainment question were not consistent with their transcript data.
NOTE: Race categories exclude persons of Hispanic ethnicity. Detail may not sum to totals because of rounding. Standard errors appear in parentheses.
SOURCE: U.S. Department of Education, National Center for Education Statistics, National Education Longitudinal Study of 1988 (NELS:88/2000), "Fourth Follow-up, Student Survey, 2000." (This table was prepared December 2005.)

Table 338. Number and percentage of degree-granting institutions with first-year undergraduates using various selection criteria for admission, by type and control of institution: Selected years, 2000–01 through 2009–10

	All institutions			Public institutions			Private institutions								
										Not-for-profit			For-profit		
Selection criteria	Total	4-year	2-year	Total	4-year	2-year	Total	4-year	2-year	Total	4-year	2-year	Total	4-year	2-year
1	2	3	4	5	6	7	8	9	10	11	12	13	14	15	16
	Number of institutions with first-year undergraduates														
2000–01	3,717	2,034	1,683	1,647	580	1,067	2,070	1,454	616	1,383	1,247	136	687	207	480
2005–06	3,880	2,198	1,682	1,638	588	1,050	2,242	1,610	632	1,351	1,240	111	891	370	521
2008–09	4,034	2,351	1,683	1,632	609	1,023	2,402	1,742	660	1,333	1,243	90	1,069	499	570
2009–10	4,112	2,404	1,708	1,628	629	999	2,484	1,775	709	1,330	1,247	83	1,154	528	626
	Percent of institutions														
Open admissions															
2000–01	40.2	12.9	73.2	63.8	12.1	91.9	21.4	13.3	40.7	14.0	11.7	34.6	36.5	22.7	42.5
2005–06	44.7	18.3	79.3	66.1	13.6	95.4	29.2	20.1	52.4	15.3	13.1	40.5	50.2	43.5	54.9
2008–09	45.7	20.2	81.3	65.7	14.9	96.0	32.1	22.0	58.6	15.7	13.4	46.7	52.5	43.3	60.5
2009–10	46.6	21.9	81.3	65.7	17.2	96.3	34.0	23.5	60.2	15.3	13.2	45.8	55.6	47.9	62.1
Some admission requirements[1]															
2000–01	58.4	85.8	25.1	35.4	87.4	7.1	76.6	85.2	56.3	84.5	86.8	63.2	60.7	75.4	54.4
2005–06	53.4	80.5	18.0	33.6	86.1	4.3	67.9	78.5	40.8	84.2	86.5	57.7	43.2	51.6	37.2
2008–09	51.8	78.3	14.7	34.1	84.9	3.9	63.7	76.0	31.4	83.8	86.1	52.2	38.7	50.9	28.1
2009–10	50.7	76.6	14.3	34.2	82.7	3.6	61.6	74.4	29.5	84.2	86.4	51.8	35.5	46.2	26.5
Secondary grades															
2000–01	34.6	58.7	5.5	23.9	63.4	2.4	43.0	56.7	10.7	60.1	64.1	23.5	8.7	12.6	7.1
2005–06	34.1	57.1	4.2	25.9	68.4	2.2	40.1	53.0	7.4	62.8	66.2	25.2	5.7	8.6	3.6
2008–09	34.2	56.1	3.5	27.0	69.1	2.0	39.0	51.5	5.9	65.2	68.1	25.6	6.4	10.4	2.8
2009–10	33.9	55.7	3.2	27.5	68.4	1.7	38.1	51.2	5.4	65.8	68.2	28.9	6.2	11.0	2.2
Secondary class rank															
2000–01	13.7	24.3	1.0	10.9	30.3	0.3	16.0	21.9	2.3	23.2	25.1	5.9	1.6	2.4	1.3
2005–06	11.3	19.4	0.7	10.4	28.7	0.2	11.9	16.0	1.6	19.3	20.5	6.3	0.7	0.8	0.6
2008–09	9.6	16.0	0.6	9.4	24.6	0.4	9.7	13.0	0.9	17.1	17.9	5.6	0.5	0.8	0.2
2009–10	9.1	15.2	0.5	9.3	23.5	0.4	8.9	12.2	0.7	16.3	17.1	4.8	0.4	0.8	0.2
Secondary school record															
2000–01	45.8	70.3	16.2	29.4	72.9	5.8	58.7	69.2	34.1	73.2	75.5	52.2	29.5	30.9	29.0
2005–06	48.5	73.3	15.9	30.8	78.2	4.2	61.4	71.6	35.4	77.6	79.7	55.0	36.7	44.3	31.3
2008–09	46.7	70.6	13.2	31.2	77.3	3.7	57.2	68.3	27.9	77.0	79.1	47.8	32.5	41.3	24.7
2009–10	46.4	70.5	12.5	32.7	79.2	3.4	55.4	67.4	25.4	77.0	79.0	47.0	30.6	40.2	22.5
College preparatory program															
2000–01	15.5	27.3	1.2	16.2	44.0	1.1	14.9	20.7	1.3	22.1	24.1	4.4	0.4	0.5	0.4
2005–06	15.2	26.4	0.6	17.4	47.1	0.8	13.6	18.8	0.3	22.4	24.3	1.8	0.2	0.5	0.0
2008–09	15.1	25.5	0.5	17.9	46.8	0.7	13.2	18.1	0.2	23.6	25.2	1.1	0.2	0.4	0.0
2009–10	15.0	25.3	0.4	18.1	45.9	0.6	12.9	18.0	0.1	23.9	25.4	1.2	0.3	0.6	0.0
Recommendations															
2000–01	20.4	34.4	3.5	2.7	7.4	0.2	34.4	45.1	9.3	46.6	49.2	22.8	10.0	20.8	5.4
2005–06	19.2	31.9	2.5	2.9	7.7	0.2	31.1	40.8	6.3	49.1	51.5	23.4	3.7	5.1	2.7
2008–09	17.9	29.1	2.3	2.8	7.2	0.2	28.1	36.7	5.6	48.8	50.5	24.4	2.4	2.2	2.6
2009–10	17.8	29.0	2.0	3.0	7.6	0.1	27.5	36.6	4.8	49.5	51.2	25.3	2.2	2.3	2.1
Demonstration of competencies[2]															
2000–01	8.0	12.1	3.0	2.2	5.0	0.7	12.7	15.0	7.1	12.1	12.7	7.4	13.7	29.0	7.1
2005–06	7.0	9.8	3.3	2.3	6.1	0.2	10.3	11.1	8.4	10.2	10.3	9.0	10.5	13.8	8.3
2008–09	6.2	8.7	2.7	2.1	5.3	0.2	9.0	9.9	6.7	9.4	9.3	11.1	8.5	11.4	6.0
2009–10	6.3	8.5	3.1	2.0	4.9	0.2	9.0	9.7	7.2	9.3	9.2	10.8	8.7	11.0	6.7
Test scores[3]															
2000–01	47.2	72.5	16.7	33.2	83.4	5.8	58.5	68.2	35.6	70.3	73.4	41.9	34.6	36.7	33.8
2005–06	36.5	62.5	2.6	31.1	82.3	2.4	40.5	55.2	3.0	65.7	70.5	12.6	2.2	4.1	1.0
2008–09	33.8	56.6	2.1	31.3	80.5	2.1	35.6	48.2	2.1	63.3	66.9	14.4	0.9	1.8	0.2
2009–10	32.4	54.1	1.9	30.2	74.9	2.0	33.9	46.8	1.8	62.6	65.8	13.3	1.0	1.7	0.3
TOEFL[4]															
2000–01	43.4	71.2	9.9	30.2	77.4	4.6	54.0	68.7	19.2	66.2	70.1	30.9	29.3	60.4	15.8
2005–06	41.5	67.9	7.1	31.0	79.3	3.9	49.3	63.8	12.3	67.0	70.6	27.0	22.4	41.1	9.2
2008–09	41.1	65.8	6.7	31.0	77.5	3.3	48.0	61.7	11.8	66.7	69.4	28.9	24.7	42.5	9.1
2009–10	39.3	62.9	6.0	29.6	71.7	3.1	45.6	59.8	10.0	66.6	69.3	26.5	21.4	37.5	7.8
No admission requirements, only recommendations for admission															
2000–01	1.4	1.2	1.7	0.8	0.5	0.9	1.9	1.5	2.9	1.5	1.4	2.2	2.8	1.9	3.1
2005–06	1.8	1.1	2.7	0.3	0.3	0.3	2.9	1.4	6.8	0.5	0.4	1.8	6.6	4.9	7.9
2008–09	2.6	1.5	4.0	0.1	0.2	0.1	4.2	2.0	10.0	0.5	0.5	1.1	8.8	5.8	11.4
2009–10	2.7	1.5	4.3	0.1	0.2	0.1	4.4	2.0	10.3	0.5	0.4	2.4	8.8	5.9	11.3

[1]Many institutions have more than one admission requirement.
[2]Formal demonstration of competencies (e.g., portfolios, certificates of mastery, assessment instruments).
[3]Includes SAT, ACT, or other admission tests.
[4]Test of English as a Foreign Language.

NOTE: Degree-granting institutions grant associate's or higher degrees and participate in Title IV federal financial aid programs. Detail may not sum to totals because of rounding.
SOURCE: U.S. Department of Education, National Center for Education Statistics, 2000–01 through 2009–10 Integrated Postsecondary Education Data System, Fall 2000 through Fall 2009. (This table was prepared September 2010.)

Table 339. Number of applications, admissions, and enrollees; their distribution across institutions accepting various percentages of applications; and SAT and ACT scores of enrollees, by type and control of institution: 2009–10

Application, admission, enrollment, and SAT and ACT score	All institutions			Public institutions			Private institutions								
										Not-for-profit			For-profit		
	Total	4-year	2-year	Total	4-year	2-year	Total	4-year	2-year	Total	4-year	2-year	Total	4-year	2-year
1	2	3	4	5	6	7	8	9	10	11	12	13	14	15	16
Number of undergraduate institutions reporting application data[1]	4,109	2,401	1,708	1,628	629	999	2,481	1,772	709	1,328	1,245	83	1,153	527	626
Percentage distribution of institutions by their acceptance of applications	100.0	100.0	100.0	100.0	100.0	100.0	100.0	100.0	100.0	100.0	100.0	100.0	100.0	100.0	100.0
No application criteria	46.6	21.9	81.3	65.7	17.2	96.3	34.1	23.6	60.2	15.3	13.3	45.8	55.7	48.0	62.1
90 percent or more accepted	7.3	8.7	5.3	3.6	7.8	1.0	9.7	9.1	11.3	9.2	9.0	12.0	10.3	9.3	11.2
75.0 to 89.9 percent accepted	11.7	17.0	4.3	8.8	21.6	0.8	13.6	15.3	9.2	18.5	19.1	9.6	7.9	6.5	9.1
50.0 to 74.9 percent accepted	23.7	36.4	6.0	16.3	39.9	1.5	28.6	35.1	12.3	39.8	41.4	15.7	15.6	20.1	11.8
25.0 to 49.9 percent accepted	9.1	13.8	2.4	4.7	11.9	0.2	11.9	14.4	5.5	13.6	14.0	8.4	9.9	15.6	5.1
10.0 to 24.9 percent accepted	1.3	1.8	0.6	0.7	1.4	0.2	1.7	2.0	1.1	2.7	2.6	4.8	0.6	0.6	0.6
Less than 10 percent accepted	0.3	0.4	0.2	0.1	0.2	0.0	0.4	0.5	0.4	0.8	0.6	3.6	0.0	0.0	0.0
Number of applications (in thousands)	7,934	7,752	182	4,395	4,299	96	3,538	3,452	86	3,263	3,246	16	275	206	70
Percentage distribution of applications by institutions' acceptance of applications	100.0	100.0	100.0	100.0	100.0	100.0	100.0	100.0	100.0	100.0	100.0	100.0	100.0	100.0	100.0
No application criteria	†	†	†	†	†	†	†	†	†	†	†	†	†	†	†
90 percent or more accepted	4.1	3.5	27.0	5.1	4.5	31.1	2.8	2.3	22.3	1.7	1.6	15.6	16.6	14.1	23.9
75.0 to 89.9 percent accepted	14.7	14.8	11.9	16.7	17.0	5.4	12.2	12.1	19.2	12.1	12.1	7.0	14.2	11.6	22.1
50.0 to 74.9 percent accepted	46.9	46.9	45.6	49.8	49.7	54.9	43.2	43.4	35.2	43.0	43.0	44.8	45.6	49.9	32.9
25.0 to 49.9 percent accepted	25.9	26.3	10.8	24.1	24.5	3.0	28.3	28.5	19.5	28.8	28.8	24.7	22.5	23.9	18.3
10.0 to 24.9 percent accepted	7.0	7.1	4.7	4.0	3.9	5.7	10.8	11.0	3.6	11.6	11.6	7.4	1.1	0.6	2.7
Less than 10 percent accepted	1.4	1.4	0.1	0.3	0.4	0.0	2.6	2.7	0.1	2.8	2.9	0.6	0.0	0.0	0.0
Number of admissions (in thousands)	4,546	4,419	127	2,671	2,604	68	1,875	1,816	59	1,692	1,682	10	183	134	49
Percentage distribution of admissions by institutions' acceptance of applications	100.0	100.0	100.0	100.0	100.0	100.0	100.0	100.0	100.0	100.0	100.0	100.0	100.0	100.0	100.0
No application criteria	†	†	†	†	†	†	†	†	†	†	†	†	†	†	†
90 percent or more accepted	6.7	5.8	38.1	7.7	6.8	43.8	5.1	4.2	31.6	3.0	2.9	24.8	24.1	20.9	33.0
75.0 to 89.9 percent accepted	20.9	21.1	14.0	22.5	23.0	6.2	18.5	18.4	23.0	18.6	18.7	9.3	17.6	14.5	25.8
50.0 to 74.9 percent accepted	52.1	52.4	40.1	52.2	52.4	46.6	51.8	52.4	32.6	52.7	52.7	47.0	43.7	48.9	29.6
25.0 to 49.9 percent accepted	17.9	18.2	6.3	16.0	16.4	1.5	20.5	20.8	11.8	21.2	21.3	16.3	14.3	15.6	10.9
10.0 to 24.9 percent accepted	2.3	2.4	1.5	1.4	1.4	2.0	3.7	3.7	0.9	4.0	4.0	2.6	0.3	0.2	0.6
Less than 10 percent accepted	0.2	0.2	#	0.1	0.1	0.0	0.4	0.4	#	0.4	0.4	0.1	0.0	0.0	0.0
Number of enrollees (in thousands)	1,640	1,544	95	1,010	961	48	630	583	47	480	474	6	150	109	41
Percentage distribution of enrollees by institutions' acceptance of applications	100.0	100.0	100.0	100.0	100.0	100.0	100.0	100.0	100.0	100.0	100.0	100.0	100.0	100.0	100.0
No application criteria	†	†	†	†	†	†	†	†	†	†	†	†	†	†	†
90 percent or more accepted	8.4	6.9	35.4	8.2	7.1	35.5	8.8	6.6	35.4	5.7	5.6	17.6	21.5	13.1	37.7
75.0 to 89.9 percent accepted	22.0	22.3	18.1	24.7	25.0	17.9	17.6	17.5	18.3	18.0	18.2	1.7	15.9	13.6	20.4
50.0 to 74.9 percent accepted	48.5	49.2	36.1	51.3	51.6	43.3	43.8	44.9	30.2	47.5	47.6	45.8	28.6	28.8	28.2
25.0 to 49.9 percent accepted	17.8	18.3	9.8	14.1	14.6	3.3	24.0	24.7	15.2	21.6	21.5	26.0	33.8	44.3	13.7
10.0 to 24.9 percent accepted	2.8	2.9	0.6	1.7	1.7	#	4.7	5.0	1.0	5.8	5.8	8.8	0.2	0.2	#
Less than 10 percent accepted	0.4	0.4	#	0.0	0.0	0.0	1.1	1.1	#	1.3	1.3	#	#	#	0.0
SAT scores of enrollees															
Critical reading, 25th percentile[2]	473	474	405	457	459	404	481	482	406	482	482	406	468	468	‡
Critical reading, 75th percentile[2]	583	584	522	565	566	516	593	594	529	593	594	529	576	576	‡
Mathematics, 25th percentile[2]	477	479	400	468	471	403	483	484	396	483	484	396	463	463	‡
Mathematics, 75th percentile[2]	589	590	513	579	581	519	594	595	506	594	595	506	572	572	‡
ACT scores of enrollees															
Composite, 25th percentile[2]	20.1	20.2	16.8	19.3	19.5	16.3	20.6	20.6	17.8	20.6	20.6	17.4	19.6	19.4	‡
Composite, 75th percentile[2]	25.2	25.2	21.7	24.3	24.4	21.6	25.7	25.7	22.1	25.7	25.7	21.7	24.2	24.0	‡
English, 25th percentile[2]	19.1	19.2	15.4	18.2	18.3	15.2	19.7	19.7	15.9	19.7	19.8	15.9	19.0	19.0	‡
English, 75th percentile[2]	25.4	25.5	21.7	24.3	24.4	22.1	26.1	26.2	21.0	26.1	26.2	21.0	25.0	25.0	‡
Mathematics, 25th percentile[2]	19.0	19.1	16.2	18.5	18.6	15.9	19.4	19.4	16.8	19.4	19.4	16.8	18.1	18.1	‡
Mathematics, 75th percentile[2]	24.9	25.0	20.9	24.3	24.5	20.7	25.3	25.3	21.1	25.3	25.3	21.1	24.3	24.3	‡

†Not applicable.
#Rounds to zero.
‡Reporting standards not met.
[1]Excludes institutions not enrolling first-time degree/certificate-seeking undergraduates. The total on this table differs slightly from other counts of undergraduate institutions because approximately 0.3 percent of undergraduate institutions did not report application information.
[2]Data are only for institutions that require test scores for admission. Relatively few 2-year institutions require test scores for admission.
NOTE: Detail may not sum to totals because of rounding.
SOURCE: U.S. Department of Education, National Center for Education Statistics, 2009–10 Integrated Postsecondary Education Data System, Fall 2009. (This table was prepared October 2010.)

Table 340. Percentage of degree-granting institutions offering remedial services, by control and type of institution: 1989–90 through 2009–10

Year	Public and private			Public			Private: Total			Private: Not-for-profit			Private: For-profit		
	Total	4-year	2-year	Total	4-year	2-year	Total	4-year	2-year	Total	4-year	2-year	Total	4-year	2-year
1	2	3	4	5	6	7	8	9	10	11	12	13	14	15	16
1989–90	76.6	69.6	87.2	92.4	82.9	98.2	64.1	64.5	63.0	65.0	64.2	71.8	59.5	71.7	57.0
1990–91	77.7	70.6	88.4	93.0	83.5	98.9	65.6	65.6	65.5	65.6	64.9	71.3	65.6	81.3	62.0
1991–92	78.6	71.4	89.2	93.9	84.5	99.6	66.3	66.4	65.8	66.2	65.8	69.9	66.6	79.2	63.2
1992–93	78.5	71.5	88.8	93.5	84.5	98.8	66.4	66.5	65.8	66.7	66.2	71.5	64.6	73.7	62.0
1993–94	79.0	72.2	89.5	93.5	84.6	98.7	67.4	67.5	67.0	67.7	67.0	73.5	65.6	76.3	62.1
1994–95	79.8	73.6	89.1	93.7	85.3	98.6	68.6	69.2	66.6	69.3	68.7	74.0	65.2	76.0	60.8
1995–96	79.5	73.0	89.4	93.7	85.4	98.6	68.0	68.4	66.3	68.9	68.3	73.3	63.5	69.2	60.5
1996–97	80.0	73.1	91.0	94.0	85.1	99.2	68.6	68.6	68.4	69.2	68.3	77.3	65.2	72.7	60.8
1997–98	76.7	72.5	82.2	93.8	85.2	98.7	64.2	67.8	55.1	69.0	68.3	75.4	51.7	63.9	47.5
1998–99	76.1	72.0	81.5	93.6	84.2	99.0	63.6	67.7	52.8	68.6	68.3	71.6	51.1	63.4	46.2
1999–2000	76.1	71.6	82.2	93.5	83.6	99.2	63.9	67.4	54.4	69.2	68.5	76.7	51.5	60.1	47.7
2000–01	75.1	71.4	80.4	93.1	81.7	99.7	62.8	67.9	48.8	67.6	67.0	73.6	52.7	72.9	41.8
2001–02	73.3	69.0	79.5	92.3	79.9	99.4	60.2	65.3	45.0	66.1	65.5	72.6	48.0	64.5	37.3
2002–03	72.5	67.6	79.5	91.7	78.4	99.4	59.0	63.9	44.8	65.4	64.7	74.0	45.6	59.6	37.2
2003–04	72.1	67.1	79.7	91.3	77.3	99.5	59.0	63.7	44.8	65.0	64.0	77.1	47.4	62.0	37.3
2004–05	72.6	67.4	80.3	90.6	75.6	99.6	60.4	64.7	47.4	63.1	62.5	71.4	55.4	73.7	42.2
2005–06	72.2	66.9	80.2	90.2	75.2	99.3	60.4	64.2	48.8	62.2	61.3	74.3	57.2	75.0	43.4
2006–07	72.8	67.5	80.9	90.4	75.6	99.5	61.4	64.9	50.6	62.2	61.3	74.8	60.1	77.0	45.8
2007–08	72.4	67.2	80.9	89.7	74.1	99.5	61.6	64.9	51.0	61.4	60.6	73.9	61.8	78.4	47.2
2008–09	72.6	67.9	80.2	89.9	74.5	99.6	62.1	65.8	50.5	61.4	60.8	70.7	63.1	80.4	47.2
2009–10	72.7	68.3	79.7	89.8	75.3	99.6	62.5	66.1	52.1	61.2	60.6	72.9	64.3	81.2	49.4
Change in percentage points															
1989–90 to 1999–2000	-0.6	2.0	-5.0	1.1	0.7	1.0	-0.3	2.9	-8.6	4.1	4.2	4.9	-8.0	-11.6	-9.3
1999–2000 to 2009–10	-3.4	-3.3	-2.5	-3.7	-8.3	0.4	-1.3	-1.3	-2.2	-8.0	-7.9	-3.7	12.8	21.1	1.7

NOTE: Data through 1995–96 are for institutions of higher education, while later data are for degree-granting institutions. Degree-granting institutions grant associate's or higher degrees and participate in Title IV federal financial aid programs. The degree-granting classification is very similar to the earlier higher education classification, but it includes more 2-year colleges and excludes a few higher education institutions that did not grant degrees. (See Appendix A: Guide to Sources for details.)

SOURCE: U.S. Department of Education, National Center for Education Statistics, 1989–90 through 2009–10 Integrated Postsecondary Education Data System, "Institutional Characteristics Survey" (IPEDS-IC:89–99), and Fall 2000 through Fall 2009. (This table was prepared September 2010.)

Table 341. Graduation rates of first-time postsecondary students who started as full-time degree-seeking students, by sex, race/ethnicity, time between starting and graduating, and level and control of institution where student started: Selected cohort entry years, 1996 through 2005

Level and control of institution and entry year	All first-time, full-time degree-seekers							Males							Females						
	Total	White	Black	Hispanic	Asian/ Pacific Islander	American Indian/ Alaska Native	Non-resident alien	Total	White	Black	Hispanic	Asian/ Pacific Islander	American Indian/ Alaska Native	Non-resident alien	Total	White	Black	Hispanic	Asian/ Pacific Islander	American Indian/ Alaska Native	Non-resident alien
1	2	3	4	5	6	7	8	9	10	11	12	13	14	15	16	17	18	19	20	21	22
	Percent of bachelor's degree-seeking students completing bachelor's degrees within 4 years after start																				
All 4-year institutions																					
1996 starting cohort	33.7	36.3	19.5	22.8	37.5	18.8	41.7	28.5	30.6	13.9	19.0	32.2	15.1	38.6	38.0	41.1	23.2	25.8	42.2	21.7	45.8
1997 starting cohort	34.1	36.8	19.2	22.7	38.7	18.6	40.6	29.0	31.2	14.0	19.0	33.4	15.2	37.6	38.3	41.5	22.7	25.6	43.5	21.3	44.4
1998 starting cohort	34.5	37.2	19.8	23.7	39.6	18.6	41.2	29.3	31.5	14.0	19.5	33.7	15.1	38.0	38.8	41.9	23.6	26.9	44.7	21.3	45.3
1999 starting cohort	35.3	37.9	20.6	25.3	40.8	19.4	41.6	30.1	32.3	14.8	20.7	35.3	16.1	38.1	39.7	42.7	24.6	28.7	45.7	21.9	46.1
2000 starting cohort	36.1	38.9	21.3	25.9	41.0	21.0	41.9	31.1	33.4	15.5	21.8	35.7	17.1	39.3	40.2	43.5	25.2	29.0	45.7	24.0	45.3
2001 starting cohort	36.2	39.1	21.4	25.8	41.9	21.1	42.5	31.0	33.4	15.0	21.3	35.7	18.0	38.7	40.6	43.9	25.7	29.1	47.2	23.5	47.1
2002 starting cohort	36.4	39.3	20.4	26.4	42.8	20.5	38.7	31.3	33.8	14.7	21.8	37.4	17.2	36.6	40.5	43.9	24.3	29.9	47.4	23.0	41.0
Public institutions																					
1996 starting cohort	26.0	28.3	15.0	15.8	28.5	14.5	30.9	20.8	22.6	9.9	12.5	23.4	10.9	28.6	30.3	33.3	18.3	18.4	33.2	17.3	34.1
1997 starting cohort	26.4	28.7	15.4	15.7	30.2	13.8	31.8	21.1	22.9	10.4	12.2	24.6	10.4	28.8	30.7	33.6	18.7	18.5	35.5	16.5	35.6
1998 starting cohort	26.8	29.1	15.7	16.4	30.8	14.7	30.7	21.4	23.2	10.3	12.3	24.6	11.3	28.4	31.2	34.0	19.1	19.5	36.4	17.3	33.9
1999 starting cohort	27.9	30.1	17.0	18.0	32.7	14.7	32.7	22.5	24.2	11.1	13.8	27.0	11.7	30.1	32.4	35.1	20.9	21.2	38.0	17.0	36.3
2000 starting cohort	29.0	31.4	17.9	18.9	33.7	16.4	32.7	23.6	25.5	11.7	14.5	27.8	11.9	30.2	33.5	36.3	22.0	22.2	39.1	19.9	36.2
2001 starting cohort	29.4	31.8	17.3	19.0	34.8	16.5	33.3	24.0	26.0	11.2	14.6	28.8	13.7	30.4	33.9	36.8	21.4	22.3	40.3	18.7	37.2
2002 starting cohort	29.9	32.3	16.9	20.1	35.8	16.0	33.4	24.5	26.6	11.0	15.8	30.4	12.7	30.3	34.3	37.2	20.9	23.4	40.8	18.5	37.0
Not-for-profit institutions																					
1996 starting cohort	48.6	51.3	29.3	39.9	57.9	33.7	50.4	43.6	46.2	22.1	35.0	53.5	28.9	47.0	52.6	55.5	34.2	43.5	61.6	37.5	54.4
1997 starting cohort	48.9	52.1	27.7	38.8	57.5	35.0	47.7	44.4	47.3	21.5	34.8	54.3	32.2	44.9	52.5	56.0	32.0	41.8	60.1	37.2	51.0
1998 starting cohort	49.8	52.8	28.8	41.0	59.7	32.2	50.1	44.9	47.7	21.4	36.2	55.9	27.8	46.6	53.8	57.0	33.9	44.5	62.7	35.5	54.4
1999 starting cohort	50.2	53.3	28.3	42.2	60.4	35.5	50.5	45.4	48.3	21.9	36.5	56.7	31.3	46.8	54.0	57.3	32.7	46.3	63.3	38.7	54.8
2000 starting cohort	50.3	53.5	28.2	42.9	58.8	36.0	50.3	46.0	48.9	22.3	38.2	56.1	33.2	48.0	53.7	57.3	32.3	46.2	60.9	38.1	53.2
2001 starting cohort	50.9	53.9	30.2	43.4	61.3	37.8	53.9	45.8	48.8	22.3	37.9	56.3	33.2	49.4	55.0	58.0	35.5	47.2	65.0	41.2	58.9
2002 starting cohort	51.0	54.0	29.4	44.1	61.0	36.6	54.8	46.3	49.1	22.9	38.8	57.6	32.1	50.6	54.7	57.8	34.0	47.8	63.6	39.9	59.2
For-profit institutions																					
1996 starting cohort	21.8	26.3	14.8	20.1	24.6	16.5	33.8	22.3	25.5	16.1	23.0	27.7	25.6	33.1	21.1	27.5	13.7	16.1	20.3	9.6	34.6
1997 starting cohort	19.1	21.6	12.1	19.5	31.9	13.0	27.9	20.9	23.1	13.2	22.3	37.0	10.2	23.3	16.6	19.4	11.1	15.9	23.4	16.3	35.7
1998 starting cohort	19.9	23.8	15.8	21.7	31.8	11.6	29.9	22.2	25.6	17.6	22.5	32.2	13.6	30.1	17.5	21.5	14.6	20.6	31.0	9.9	29.7
1999 starting cohort	22.1	25.6	18.5	25.4	34.4	10.2	24.1	23.3	25.9	18.8	26.6	34.0	11.5	22.4	20.4	25.0	18.2	23.8	35.2	9.0	28.0
2000 starting cohort	25.7	30.3	22.5	27.4	42.7	28.0	36.5	30.1	34.3	23.7	30.9	44.5	28.7	36.7	20.7	24.5	21.4	23.1	39.3	27.2	36.3
2001 starting cohort	18.6	24.6	19.1	22.4	27.3	13.8	17.5	21.8	28.0	20.0	25.7	30.6	17.5	17.5	15.2	20.1	18.3	19.1	22.4	9.9	17.5
2002 starting cohort	14.2	17.5	10.0	19.1	29.4	11.2	3.4	17.0	20.9	11.8	20.1	33.3	17.6	4.0	11.6	14.0	8.7	18.1	23.9	6.0	3.1
	Percent of bachelor's degree-seeking students completing bachelor's degrees within 5 years after start																				
All 4-year institutions																					
1996 starting cohort	50.2	53.3	33.3	38.9	56.4	33.3	54.3	46.2	49.2	27.0	34.4	51.8	31.2	51.5	53.6	56.8	37.5	42.4	60.5	34.9	57.9
1997 starting cohort	51.1	54.3	34.0	39.3	58.1	31.7	53.0	47.2	50.3	27.7	34.7	53.7	28.2	50.6	54.4	57.7	38.2	42.7	62.0	34.5	55.9
1998 starting cohort	51.5	54.5	34.4	40.2	59.1	31.9	54.1	47.7	50.7	28.1	35.5	54.4	28.0	51.4	54.6	57.7	38.6	43.7	63.3	35.0	57.5
1999 starting cohort	52.3	55.2	35.4	42.0	60.3	33.0	55.1	48.4	51.4	28.8	36.6	55.7	29.5	52.2	55.5	58.4	39.9	46.1	64.3	35.7	58.8
2000 starting cohort	52.6	55.7	36.0	42.4	60.1	35.1	55.2	49.0	52.0	29.9	37.8	56.5	31.6	53.0	55.6	58.8	40.2	45.9	63.4	37.8	58.0
2001 starting cohort	52.6	55.8	35.8	42.1	60.5	34.8	55.6	48.6	51.9	28.9	37.3	56.0	31.5	52.4	55.8	59.1	40.6	45.6	64.5	37.4	59.6
2002 starting cohort	52.3	55.7	34.3	42.5	61.0	33.8	50.6	48.7	52.1	28.2	37.5	57.4	30.9	49.3	55.2	58.6	38.4	46.2	64.1	36.0	52.0
Public institutions																					
1996 starting cohort	45.9	49.0	30.5	34.1	51.3	30.0	46.5	41.6	44.6	24.0	29.4	46.4	27.7	44.1	49.5	52.7	34.8	37.8	56.0	31.8	50.0
1997 starting cohort	46.9	49.9	31.8	34.6	53.7	28.2	47.4	42.6	45.5	25.3	29.5	48.7	24.5	44.6	50.5	53.7	36.1	38.6	58.3	31.3	51.0
1998 starting cohort	47.4	50.3	32.1	35.1	54.5	29.2	47.1	43.2	46.2	25.3	30.0	49.2	24.9	44.7	50.8	53.9	36.4	38.9	59.4	32.5	50.3
1999 starting cohort	48.3	51.0	33.7	37.4	56.1	29.3	49.9	44.0	46.9	26.4	31.8	50.9	25.5	47.3	51.8	54.5	38.5	41.6	60.9	32.3	53.5
2000 starting cohort	49.1	51.9	34.6	38.0	56.8	31.9	49.8	44.8	47.6	27.4	32.6	52.1	27.7	47.2	52.7	55.5	39.3	42.1	61.0	35.1	53.5
2001 starting cohort	49.1	52.0	33.7	37.8	57.2	31.8	50.0	44.9	47.8	26.5	32.6	52.5	28.4	47.2	52.6	55.6	38.5	41.7	61.4	34.3	53.7
2002 starting cohort	49.2	52.2	32.9	38.8	57.7	30.8	50.4	45.3	48.3	26.0	33.7	53.7	27.5	47.0	52.5	55.4	37.6	42.6	61.5	33.2	54.4

See notes at end of table.

Table 341. Graduation rates of first-time postsecondary students who started as full-time degree-seeking students, by sex, race/ethnicity, time between starting and graduating, and level and control of institution where student started: Selected cohort entry years, 1996 through 2005—Continued

Level and control of institution and entry year	All first-time, full-time degree-seekers							Males							Females						
	Total	White	Black	Hispanic	Asian/ Pacific Islander	American Indian/ Alaska Native	Non-resident alien	Total	White	Black	Hispanic	Asian/ Pacific Islander	American Indian/ Alaska Native	Non-resident alien	Total	White	Black	Hispanic	Asian/ Pacific Islander	American Indian/ Alaska Native	Non-resident alien
1	2	3	4	5	6	7	8	9	10	11	12	13	14	15	16	17	18	19	20	21	22
Not-for-profit institutions																					
1996 starting cohort	59.2	61.8	40.2	51.4	68.7	45.2	60.4	55.8	58.5	34.0	47.4	65.9	42.9	57.7	61.8	64.5	44.5	54.3	71.0	47.0	63.7
1997 starting cohort	59.9	63.0	39.7	50.9	68.6	44.5	57.6	57.0	60.1	33.4	47.8	66.3	42.7	55.8	62.2	65.3	44.0	53.1	70.4	45.8	59.8
1998 starting cohort	60.5	63.2	40.6	53.3	70.8	42.5	60.3	57.4	60.2	34.4	49.7	68.8	39.6	57.6	62.9	65.6	44.8	56.0	72.5	44.7	63.6
1999 starting cohort	61.0	64.0	39.9	54.1	71.5	47.0	60.8	58.1	61.2	33.9	49.3	69.7	44.5	58.4	63.3	66.2	44.1	57.5	73.0	48.9	63.7
2000 starting cohort	60.8	63.8	39.9	55.1	70.0	46.9	60.4	58.5	61.3	35.1	51.7	69.9	45.9	58.9	62.7	65.8	43.2	57.4	70.0	47.7	62.3
2001 starting cohort	61.6	64.4	41.6	55.5	72.1	47.6	64.3	58.2	61.3	34.4	51.2	69.3	44.1	60.4	64.3	66.9	46.6	58.5	74.2	50.2	68.7
2002 starting cohort	61.3	64.2	40.2	55.7	71.1	46.7	64.7	58.5	61.5	34.7	51.4	70.0	44.0	61.9	63.5	66.4	44.0	58.7	71.9	48.6	67.7
For-profit institutions																					
1996 starting cohort	25.4	30.1	17.8	23.1	27.3	19.8	51.6	25.6	29.2	18.1	25.4	29.9	30.8	51.0	25.1	31.4	17.6	20.0	23.7	11.5	52.2
1997 starting cohort	22.5	25.1	15.4	22.5	35.5	13.9	39.5	24.0	26.2	16.0	24.6	40.5	10.2	36.5	20.4	23.5	14.9	19.6	27.2	18.4	44.6
1998 starting cohort	23.1	27.0	18.3	26.5	35.1	16.9	35.4	25.1	28.5	20.3	27.1	35.1	17.0	34.9	20.9	25.2	16.9	25.6	35.1	16.8	35.9
1999 starting cohort	26.9	31.0	22.7	30.0	38.0	13.1	32.4	27.6	30.4	22.6	30.8	37.5	14.9	28.9	26.1	32.0	22.7	29.0	39.2	11.2	40.0
2000 starting cohort	30.0	34.8	28.0	31.3	45.1	29.4	44.0	33.6	38.1	27.6	34.4	46.4	28.7	43.1	25.9	30.0	28.4	27.5	42.6	30.4	45.1
2001 starting cohort	22.4	28.2	22.4	27.1	32.3	16.2	21.5	25.1	31.3	23.2	29.6	33.8	18.3	21.5	19.6	24.0	21.5	24.6	30.1	14.0	21.5
2002 starting cohort	17.2	20.7	12.5	22.7	32.0	12.6	6.0	19.9	24.1	14.3	23.6	35.4	18.5	6.3	14.7	17.3	11.2	21.7	27.1	8.0	5.8
	Percent of bachelor's degree-seeking students completing bachelor's degrees within 6 years after start																				
All 4-year institutions																					
1996 starting cohort	55.4	58.1	38.9	45.7	63.4	38.0	58.0	52.0	54.8	32.8	41.3	59.5	36.2	55.4	58.2	60.9	43.0	49.1	66.8	39.5	61.5
1997 starting cohort	56.0	58.7	40.0	45.8	64.4	36.7	57.2	52.8	55.6	33.7	41.4	60.7	33.7	54.6	58.7	61.4	44.1	49.1	67.7	39.1	60.4
1998 starting cohort	56.4	59.0	40.4	46.9	65.5	36.4	58.1	53.1	55.9	34.1	42.1	61.6	32.8	55.6	59.0	61.6	44.5	50.5	68.8	39.2	61.4
1999 starting cohort	57.1	59.7	40.9	48.5	66.3	38.3	59.4	53.7	56.5	34.3	43.3	62.4	35.3	56.4	59.8	62.4	45.3	52.4	69.8	40.6	63.5
2000 starting cohort	57.5	60.2	42.1	49.1	66.7	40.2	59.6	54.3	57.1	35.6	44.6	62.9	37.1	56.8	60.2	62.8	46.4	52.4	70.1	42.7	63.1
2001 starting cohort	57.3	60.3	41.5	48.3	66.5	39.5	59.3	54.2	57.3	34.6	44.1	62.7	36.1	56.4	60.0	62.8	46.2	51.5	69.8	42.1	62.8
2002 starting cohort[1]	57.2	60.2	40.1	48.9	67.1	38.3	55.3	54.1	57.3	34.0	44.1	64.0	35.1	53.9	59.7	62.5	44.2	52.5	69.8	40.7	56.7
Open admissions	27.1	32.9	18.4	25.8	30.3	13.6	16.8	25.4	31.2	14.8	21.9	31.8	12.1	17.3	28.6	34.4	21.1	29.0	28.9	14.6	16.4
90 percent or more accepted	45.9	48.2	30.4	33.8	53.1	35.4	53.1	42.5	44.9	26.0	28.5	51.1	33.0	48.8	48.8	51.2	33.6	38.5	54.8	37.2	58.5
75.0 to 89.9 percent accepted	54.6	57.0	40.5	47.0	55.6	34.0	57.2	51.3	53.8	34.9	42.1	52.5	29.7	53.0	57.2	59.6	44.2	50.4	58.1	37.1	62.2
50.0 to 74.9 percent accepted	59.9	62.8	43.7	51.9	65.1	45.8	59.2	56.4	59.5	36.9	46.4	61.7	42.8	56.8	62.7	65.5	48.4	55.9	68.2	48.1	61.9
25.0 to 49.9 percent accepted	73.1	78.8	47.2	62.1	82.3	67.2	75.2	71.0	77.2	39.8	57.7	79.4	61.2	72.9	74.7	80.2	51.7	65.2	84.5	71.5	77.4
Less than 25.0 percent accepted	82.8	84.5	57.5	83.6	93.1	76.0	90.6	82.3	84.5	53.4	80.4	91.2	72.4	89.6	83.5	84.4	60.8	87.3	94.8	80.2	91.9
Public institutions																					
1996 starting cohort	51.7	54.3	36.8	42.1	59.5	35.3	51.3	48.1	50.8	30.3	37.5	55.2	33.1	48.8	54.7	57.4	41.0	45.7	63.5	37.0	54.9
1997 starting cohort	52.8	55.4	38.2	42.6	61.4	33.7	52.2	49.3	52.1	31.6	37.7	57.4	30.5	49.7	55.7	58.2	42.4	46.4	65.3	36.3	55.5
1998 starting cohort	53.2	55.7	38.9	43.3	62.2	34.1	51.7	49.8	52.5	32.3	38.0	57.9	30.0	49.6	56.1	58.4	43.2	47.3	66.1	37.4	54.6
1999 starting cohort	54.1	56.4	39.8	45.3	63.3	35.2	54.9	50.5	53.1	32.9	39.9	59.0	31.9	52.6	57.0	59.2	44.4	49.3	67.3	37.7	58.0
2000 starting cohort	54.8	57.1	40.8	46.0	64.1	37.5	54.6	51.3	53.8	34.1	41.1	60.0	33.6	52.1	57.7	59.9	45.2	49.7	67.8	40.5	58.1
2001 starting cohort	55.0	57.5	40.1	45.7	64.5	37.2	55.0	51.7	54.5	33.1	41.1	60.6	33.8	52.5	57.8	60.2	44.8	49.1	67.9	39.8	58.2
2002 starting cohort[1]	54.9	57.4	39.4	46.3	64.7	35.7	55.5	51.7	54.4	32.9	41.4	61.3	32.2	52.5	57.5	59.9	43.7	50.0	67.7	38.3	59.0
Open admissions	30.7	35.0	19.9	28.0	35.6	11.3	33.5	27.2	31.7	16.0	23.1	31.3	9.1	29.5	33.7	37.8	23.2	32.1	40.5	13.0	38.4
90 percent or more accepted	43.5	45.5	30.7	32.4	51.7	34.6	52.4	40.8	42.9	26.3	27.4	49.3	32.3	46.5	46.0	48.0	33.6	37.0	53.9	36.3	59.8
75.0 to 89.9 percent accepted	52.2	54.5	39.9	44.3	53.4	32.0	56.1	49.1	51.5	34.1	39.8	50.5	27.6	52.5	54.8	56.9	43.7	47.5	56.0	35.1	60.7
50.0 to 74.9 percent accepted	58.9	61.5	43.3	51.5	65.1	43.9	55.6	55.6	58.4	36.0	46.4	61.7	40.3	53.7	61.7	64.1	48.1	55.2	68.3	46.5	57.8
25.0 to 49.9 percent accepted	67.3	75.1	41.9	53.0	78.7	65.8	66.1	64.1	71.8	34.6	48.2	75.5	59.0	63.4	69.8	77.8	46.5	56.4	81.3	70.9	68.7
Less than 25.0 percent accepted	72.6	73.9	45.5	72.9	88.7	68.2	74.4	73.1	75.5	44.0	69.5	85.3	66.7	71.3	71.8	71.1	46.6	77.5	92.2	71.1	80.3

See notes at end of table.

Table 341. Graduation rates of first-time postsecondary students who started as full-time degree-seeking students, by sex, race/ethnicity, time between starting and graduating, and level and control of institution where student started: Selected cohort entry years, 1996 through 2005—Continued

Level and control of institution and entry year	All first-time, full-time degree-seekers							Males							Females						
	Total	White	Black	Hispanic	Asian/ Pacific Islander	American Indian/ Alaska Native	Nonresident alien	Total	White	Black	Hispanic	Asian/ Pacific Islander	American Indian/ Alaska Native	Nonresident alien	Total	White	Black	Hispanic	Asian/ Pacific Islander	American Indian/ Alaska Native	Nonresident alien
1	2	3	4	5	6	7	8	9	10	11	12	13	14	15	16	17	18	19	20	21	22
Not-for-profit institutions																					
1996 starting cohort	63.1	65.7	44.6	55.7	73.5	48.1	63.4	60.4	63.0	38.9	52.1	71.5	46.7	60.9	65.4	67.9	48.4	58.3	75.0	49.2	66.4
1997 starting cohort	63.0	65.6	45.0	54.5	71.9	48.0	61.4	60.4	63.2	39.0	51.8	69.6	46.5	59.0	65.1	67.6	49.1	56.5	73.7	49.1	64.3
1998 starting cohort	63.7	66.2	45.0	57.1	74.4	45.9	63.8	60.8	63.3	38.9	53.6	72.6	44.0	61.1	66.0	68.5	49.3	59.7	75.7	47.4	67.0
1999 starting cohort	64.0	66.7	44.1	57.9	74.9	50.6	64.8	61.3	64.2	37.9	53.3	73.0	48.6	61.5	66.3	68.8	48.4	61.1	76.4	52.1	68.7
2000 starting cohort	64.5	67.0	45.9	59.0	75.2	50.9	64.5	61.7	64.4	39.3	55.3	73.1	50.1	61.7	66.7	69.1	50.4	61.7	76.7	51.5	67.9
2001 starting cohort	64.4	66.9	45.9	58.7	75.2	50.3	66.8	61.4	64.3	38.9	55.0	72.6	47.0	63.3	66.7	69.0	50.7	61.2	77.1	52.7	70.8
2002 starting cohort[1]	64.6	67.2	44.9	59.5	75.3	49.8	68.3	61.9	64.8	38.6	55.4	73.8	46.6	65.4	66.7	69.1	49.4	62.2	76.3	52.1	71.5
Open admissions	35.4	44.0	23.2	28.1	40.7	21.0	36.2	32.9	42.2	17.5	23.0	44.9	20.6	37.2	37.7	45.7	27.8	31.4	36.0	21.2	34.3
90 percent or more accepted	53.8	56.3	27.6	42.3	58.7	44.2	54.3	48.9	51.4	22.9	40.5	58.6	45.2	52.8	57.8	60.3	33.0	43.6	58.8	43.7	56.4
75.0 to 89.9 percent accepted	59.7	62.3	42.6	53.6	60.7	45.2	58.7	56.2	58.9	37.5	47.7	58.1	40.8	54.0	62.3	64.8	46.1	57.3	62.4	48.6	63.7
50.0 to 74.9 percent accepted	63.4	66.7	45.9	55.0	67.1	51.7	64.3	60.0	63.6	40.1	49.1	65.3	48.3	61.3	65.9	69.2	50.2	58.8	68.5	54.1	67.4
25.0 to 49.9 percent accepted	79.2	82.3	56.7	75.1	87.2	71.2	79.2	78.4	81.8	49.8	72.9	85.3	65.8	77.1	79.9	82.7	60.4	76.7	88.6	74.9	81.4
Less than 25.0 percent accepted	89.1	91.4	65.5	90.2	96.2	81.1	92.9	88.8	91.6	59.5	87.9	95.8	77.6	92.6	89.5	91.1	70.4	92.7	96.5	84.1	93.1
For-profit institutions																					
1996 starting cohort	28.0	33.2	19.2	24.6	28.9	23.1	54.0	28.0	32.3	19.4	26.7	31.7	30.8	53.0	27.9	34.5	19.0	21.9	24.9	17.3	55.1
1997 starting cohort	24.0	26.6	17.8	23.4	38.0	18.5	41.5	25.4	27.5	18.1	25.6	43.4	13.6	37.6	22.2	25.2	17.6	20.5	29.0	24.5	48.2
1998 starting cohort	24.5	28.4	19.6	28.2	37.0	17.5	41.9	26.4	29.6	21.6	29.1	37.0	17.0	38.4	22.5	26.8	18.2	27.0	37.0	17.8	45.5
1999 starting cohort	29.1	33.6	24.4	31.9	40.8	14.8	34.2	29.5	32.5	24.2	32.2	40.1	14.9	30.0	28.6	35.3	24.7	31.6	42.2	14.6	43.4
2000 starting cohort	32.6	38.1	29.7	33.8	47.3	30.4	47.5	35.5	40.2	29.8	36.2	48.4	30.3	46.3	29.1	35.1	29.7	30.9	45.2	30.4	48.9
2001 starting cohort	24.5	30.3	23.8	28.8	34.3	16.6	22.5	27.6	33.6	24.4	31.5	36.3	18.3	22.2	21.1	25.8	23.2	26.1	31.4	14.9	22.7
2002 starting cohort	22.0	25.5	16.3	27.5	35.5	17.1	12.5	23.6	27.8	16.6	26.7	38.4	23.5	11.7	20.5	23.1	16.1	28.3	31.3	12.0	13.0
	Percent completing certificates or associate's degrees within 150 percent of normal time																				
All 2-year institutions																					
1999 starting cohort	29.3	30.7	23.3	27.0	30.8	25.1	27.3	28.2	29.7	20.8	25.8	29.1	24.2	24.9	30.2	31.7	25.1	27.8	32.6	25.8	29.8
2000 starting cohort	30.5	31.5	26.1	30.1	33.3	29.3	25.5	28.7	30.0	23.1	27.9	30.1	28.3	22.9	32.1	33.0	28.1	31.8	36.3	30.0	28.3
2001 starting cohort	30.0	31.1	24.3	30.3	32.7	28.6	27.8	28.5	29.9	22.0	28.1	29.1	27.1	23.7	31.3	32.2	25.9	32.0	36.3	29.8	31.8
2002 starting cohort	29.3	30.4	24.2	30.7	31.4	26.3	26.7	27.2	28.6	21.3	27.0	28.7	23.7	22.5	30.9	32.0	26.1	33.4	33.9	28.2	30.4
2003 starting cohort	29.1	29.9	24.2	30.2	31.7	25.9	27.2	27.2	28.5	20.6	26.8	29.4	22.4	22.6	30.7	31.2	26.3	32.7	33.9	28.4	31.5
2004 starting cohort	27.8	29.0	22.9	26.3	30.2	26.7	32.9	25.7	27.3	19.1	22.6	27.9	23.6	30.1	29.6	30.5	25.2	29.0	32.6	28.8	35.3
2005 starting cohort	27.5	28.5	22.6	25.7	31.5	24.9	32.2	25.3	27.0	18.6	21.8	28.4	23.4	29.4	29.3	29.9	25.2	28.6	34.6	25.9	34.8
Public institutions																					
1999 starting cohort	22.9	25.3	15.3	16.6	24.2	18.1	25.0	21.6	23.7	14.1	15.0	21.8	17.3	22.1	24.2	26.8	16.2	17.9	26.7	18.8	28.0
2000 starting cohort	23.6	25.7	17.8	16.8	25.5	19.6	23.2	22.2	24.2	16.5	15.4	22.6	19.3	20.4	24.8	27.1	18.8	17.9	28.4	19.9	26.2
2001 starting cohort	22.9	25.2	14.7	17.5	25.6	21.2	25.2	21.7	23.8	14.1	16.2	22.3	19.9	21.5	24.0	26.6	15.1	18.4	28.9	22.3	28.8
2002 starting cohort	21.9	24.5	13.2	16.7	23.8	18.8	25.5	20.9	23.2	13.1	15.2	21.8	16.9	21.4	22.8	25.8	13.2	17.8	25.9	20.2	29.2
2003 starting cohort	21.5	24.1	12.7	16.3	24.8	17.9	25.8	20.8	23.0	12.5	15.2	22.7	16.4	21.3	22.2	25.1	12.8	17.3	27.1	19.0	30.0
2004 starting cohort	20.3	22.9	11.5	15.0	24.2	17.8	30.5	19.6	21.8	11.5	13.8	22.6	17.5	27.8	21.0	24.0	11.5	16.0	26.1	17.9	32.8
2005 starting cohort	20.6	22.9	12.1	15.6	25.8	18.2	29.9	19.9	22.1	12.0	14.6	23.5	18.7	27.4	21.2	23.8	12.1	16.4	28.2	17.8	32.2
Not-for-profit institutions																					
1999 starting cohort	44.7	45.6	42.4	36.9	56.6	51.3	47.5	43.6	43.7	34.5	43.7	59.5	48.1	45.3	45.7	47.3	47.1	33.3	54.0	53.1	49.6
2000 starting cohort	50.1	49.6	37.5	56.3	61.4	62.1	43.1	49.5	49.3	31.7	54.3	62.5	64.5	42.6	50.7	50.0	43.1	58.3	60.1	60.2	43.8
2001 starting cohort	54.8	58.9	48.8	45.6	55.9	35.7	54.2	57.0	62.4	48.4	45.0	56.8	35.4	41.4	51.9	53.9	49.1	46.5	54.6	35.9	68.8
2002 starting cohort	49.1	55.1	36.5	46.1	49.5	20.3	45.3	51.1	58.8	33.0	42.9	56.0	21.7	35.3	47.3	51.4	39.2	48.9	44.3	19.3	55.0
2003 starting cohort	49.0	56.0	35.8	39.4	50.1	17.9	64.2	49.6	57.0	31.4	42.4	48.1	16.8	51.6	48.5	55.0	38.8	37.5	51.4	18.7	75.4
2004 starting cohort	44.4	48.9	37.3	35.6	36.6	19.5	54.7	43.2	46.4	38.3	36.4	40.3	17.5	52.0	45.4	51.1	36.3	35.1	34.3	21.0	57.4
2005 starting cohort	48.2	52.3	41.6	47.3	41.6	14.8	51.7	44.5	49.1	38.7	42.9	43.7	10.4	47.7	51.3	54.9	44.9	49.6	40.1	18.0	55.2

See notes at end of table.

Table 341. Graduation rates of first-time postsecondary students who started as full-time degree-seeking students, by sex, race/ethnicity, time between starting and graduating, and level and control of institution where student started: Selected cohort entry years, 1996 through 2005—Continued

Level and control of institution and entry year	All first-time, full-time degree-seekers							Males							Females						
	Total	White	Black	Hispanic	Asian/ Pacific Islander	American Indian/ Alaska Native	Non-resident alien	Total	White	Black	Hispanic	Asian/ Pacific Islander	American Indian/ Alaska Native	Non-resident alien	Total	White	Black	Hispanic	Asian/ Pacific Islander	American Indian/ Alaska Native	Non-resident alien
1	2	3	4	5	6	7	8	9	10	11	12	13	14	15	16	17	18	19	20	21	22
For-profit institutions																					
1999 starting cohort	61.0	64.6	51.3	63.2	64.4	54.2	59.3	63.2	67.5	49.0	62.9	67.5	56.2	72.3	59.1	61.8	52.7	63.4	61.6	52.6	48.7
2000 starting cohort	59.1	63.1	47.6	60.3	64.4	60.3	55.4	59.3	63.7	45.6	58.2	63.1	55.9	55.0	58.9	62.6	48.6	61.8	65.3	63.8	55.7
2001 starting cohort	58.7	64.1	48.2	60.8	63.3	61.2	64.2	58.9	65.7	45.9	58.5	60.5	62.7	58.3	58.5	62.8	49.3	62.3	65.5	60.2	68.8
2002 starting cohort	57.1	61.0	49.3	59.7	61.7	58.1	58.9	56.6	62.0	45.9	56.1	59.7	58.4	61.9	57.4	60.3	50.8	61.7	63.3	58.0	56.7
2003 starting cohort	57.2	61.8	48.4	60.0	55.8	59.1	36.5	58.0	63.7	45.7	56.9	62.0	59.5	36.7	56.8	60.4	49.4	61.9	52.1	59.0	36.4
2004 starting cohort	58.2	64.3	48.4	59.6	65.4	59.0	71.1	58.1	65.4	44.6	55.4	64.3	59.6	69.4	58.3	63.4	49.9	61.9	66.2	58.7	72.3
2005 starting cohort	57.7	62.9	47.8	61.4	65.8	55.8	57.7	57.7	64.8	43.1	57.5	65.7	56.3	56.3	57.7	61.6	49.4	63.3	65.8	55.7	58.6

[1]Includes data for institutions not reporting admissions data.
NOTE: Totals include data for persons whose race/ethnicity was not reported. Race categories exclude persons of Hispanic ethnicity.

SOURCE: U.S. Department of Education, National Center for Education Statistics, 2001–02 to 2008–09 Integrated Postsecondary Education Data System, Fall 2001, and Spring 2002 through Spring 2009. (This table was prepared July 2010.)

Table 342. Retention of first-time degree-seeking undergraduates at degree-granting institutions, by attendance status, control and type of institution, and percentage of applications accepted: 2006 to 2008

Control, type, and percent of applications accepted	First-time degree-seekers (adjusted entry cohort),[1] by entry year: 2006	First-time degree-seekers (adjusted entry cohort),[1] by entry year: 2007	Students from adjusted cohort returning in the following year: 2007	Students from adjusted cohort returning in the following year: 2008	Percent of first-time undergraduates retained: 2006 to 2007	Percent of first-time undergraduates retained: 2007 to 2008
1	2	3	4	5	6	7
	Full-time student retention					
All institutions	**2,171,714**	**2,269,712**	**1,542,175**	**1,619,269**	**71.0**	**71.3**
Public institutions	1,524,044	1,603,819	1,072,644	1,132,790	70.4	70.6
Not-for-profit institutions	466,139	477,369	369,084	375,721	79.2	78.7
For-profit institutions	181,531	188,524	100,447	110,758	55.3	58.8
4-year institutions	1,458,731	1,505,161	1,115,529	1,152,921	76.5	76.6
Public institutions	912,401	936,000	711,490	732,384	78.0	78.2
Open admissions	62,724	60,815	38,839	38,724	61.9	63.7
90 percent or more accepted	68,835	66,114	49,274	46,731	71.6	70.7
75.0 to 89.9 percent accepted	244,177	237,913	185,457	180,287	76.0	75.8
50.0 to 74.9 percent accepted	417,093	439,824	336,199	356,969	80.6	81.2
25.0 to 49.9 percent accepted	103,118	107,824	88,908	90,123	86.2	83.6
Less than 25.0 percent accepted	7,716	10,223	7,048	9,479	91.3	92.7
Information not available	8,738	13,287	5,765	10,071	66.0	75.8
Not-for-profit institutions	457,566	468,955	363,760	370,740	79.5	79.1
Open admissions	26,679	26,571	16,116	15,227	60.4	57.3
90 percent or more accepted	13,684	16,008	9,549	11,249	69.8	70.3
75.0 to 89.9 percent accepted	102,218	93,360	78,495	71,066	76.8	76.1
50.0 to 74.9 percent accepted	190,079	196,121	148,781	152,948	78.3	78.0
25.0 to 49.9 percent accepted	93,560	100,121	81,880	86,755	87.5	86.7
Less than 25.0 percent accepted	26,696	28,631	25,639	27,621	96.0	96.5
Information not available	4,650	8,143	3,300	5,874	71.0	72.1
For-profit institutions	88,764	100,206	40,279	49,797	45.4	49.7
Open admissions	45,273	46,801	18,735	22,723	41.4	48.6
90 percent or more accepted	6,285	5,347	3,454	2,764	55.0	51.7
75.0 to 89.9 percent accepted	3,703	6,157	2,081	3,129	56.2	50.8
50.0 to 74.9 percent accepted	12,845	19,724	6,536	10,249	50.9	52.0
25.0 to 49.9 percent accepted	18,142	18,118	8,036	8,672	44.3	47.9
Less than 25.0 percent accepted	0	410	0	312	†	76.1
Information not available	2,516	3,649	1,437	1,948	57.1	53.4
2-year institutions	712,983	764,551	426,646	466,348	59.8	61.0
Public institutions	611,643	667,819	361,154	400,406	59.0	60.0
Not-for-profit institutions	8,573	8,414	5,324	4,981	62.1	59.2
For-profit institutions	92,767	88,318	60,168	60,961	64.9	69.0
	Part-time student retention					
All institutions	**463,234**	**532,827**	**191,586**	**219,857**	**41.4**	**41.3**
Public institutions	419,006	475,209	171,746	194,321	41.0	40.9
Not-for-profit institutions	14,585	14,414	7,018	6,523	48.1	45.3
For-profit institutions	29,643	43,204	12,822	19,013	43.3	44.0
4-year institutions	82,367	95,410	38,257	43,441	46.4	45.5
Public institutions	48,353	48,190	23,631	23,006	48.9	47.7
Open admissions	20,223	20,645	8,298	9,122	41.0	44.2
90 percent or more accepted	3,745	3,450	1,909	1,667	51.0	48.3
75.0 to 89.9 percent accepted	8,969	8,145	4,196	3,818	46.8	46.9
50.0 to 74.9 percent accepted	11,599	12,236	6,766	6,245	58.3	51.0
25.0 to 49.9 percent accepted	3,373	3,023	2,223	1,866	65.9	61.7
Less than 25.0 percent accepted	65	44	50	34	76.9	77.3
Information not available	379	647	189	254	49.9	39.3
Not-for-profit institutions	12,828	12,886	6,045	5,614	47.1	43.6
Open admissions	5,446	5,330	2,579	2,306	47.4	43.3
90 percent or more accepted	523	1,272	237	434	45.3	34.1
75.0 to 89.9 percent accepted	2,459	2,132	1,047	895	42.6	42.0
50.0 to 74.9 percent accepted	3,131	2,899	1,406	1,307	44.9	45.1
25.0 to 49.9 percent accepted	853	917	452	478	53.0	52.1
Less than 25.0 percent accepted	112	94	86	84	76.8	89.4
Information not available	304	242	238	110	78.3	45.5
For-profit institutions	21,186	34,334	8,581	14,821	40.5	43.2
Open admissions	10,515	20,602	4,105	9,896	39.0	48.0
90 percent or more accepted	2,212	1,616	639	735	28.9	45.5
75.0 to 89.9 percent accepted	2,838	2,702	1,342	959	47.3	35.5
50.0 to 74.9 percent accepted	2,774	4,360	1,134	1,399	40.9	32.1
25.0 to 49.9 percent accepted	2,033	3,185	627	951	30.8	29.9
Less than 25.0 percent accepted	0	170	0	67	†	39.4
Information not available	814	1,699	734	814	90.2	47.9
2-year institutions	380,867	437,417	153,329	176,416	40.3	40.3
Public institutions	370,653	427,019	148,115	171,315	40.0	40.1
Not-for-profit institutions	1,757	1,528	973	909	55.4	59.5
For-profit institutions	8,457	8,870	4,241	4,192	50.1	47.3

†Not applicable.
[1]Adjusted student counts exclude students who died or were totally and permanently disabled, served in the armed forces (including those called to active duty), served with a foreign aid service of the federal government (e.g., Peace Corps), or served on official church missions.

SOURCE: U.S. Department of Education, National Center for Education Statistics, 2006–07 to 2007–08 Integrated Postsecondary Education Data System, Spring 2008 and Spring 2009. (This table was prepared May 2010.)

Table 343. Percentage distribution of enrollment and completion status of first-time postsecondary students starting during the 1995–96 academic year, by type of institution and other student characteristics: 2001

Student and institution characteristic	Students starting in 2-year institutions						Students starting in 4-year institutions					
	Highest degree attained				No degree, still enrolled	No degree, not enrolled	Highest degree attained				No degree, still enrolled	No degree, not enrolled
	Total, any degree[1]	Certificate	Associate's	Bachelor's[2]			Total, any degree[1]	Certificate	Associate's	Bachelor's[2]		
1	2	3	4	5	6	7	8	9	10	11	12	13
Total	**38.4 (1.7)**	**11.5 (1.2)**	**17.3 (1.3)**	**9.7 (1.1)**	**16.4 (1.4)**	**45.2 (1.6)**	**65.1 (1.0)**	**2.7 (0.3)**	**4.0 (0.4)**	**58.4 (1.2)**	**14.4 (0.6)**	**20.5 (0.8)**
Sex												
Male	39.2 (2.4)	10.8 (1.6)	18.7 (1.9)	9.7 (1.5)	18.0 (2.2)	42.8 (2.4)	60.6 (1.4)	2.5 (0.4)	3.6 (0.6)	54.6 (1.5)	16.2 (0.9)	23.2 (1.1)
Female	37.7 (2.2)	12.0 (1.6)	15.9 (1.7)	9.8 (1.4)	14.9 (1.7)	47.4 (2.2)	68.7 (1.3)	2.9 (0.3)	4.3 (0.5)	61.6 (1.4)	12.9 (0.8)	18.4 (1.0)
Age when first enrolled												
18 years or younger	43.8 (2.3)	7.3 (1.2)	19.4 (2.0)	17.0 (1.9)	17.8 (2.1)	38.4 (2.1)	70.0 (1.0)	1.8 (0.2)	3.4 (0.4)	64.7 (1.1)	13.4 (0.6)	16.6 (0.7)
19 years	38.2 (4.1)	8.2 (2.0)	24.3 (4.0)	5.7 (2.2)	20.9 (3.6)	40.9 (4.0)	57.1 (2.8)	3.3 (0.9)	6.0 (1.3)	47.9 (2.9)	16.4 (2.0)	26.6 (2.3)
20 to 23 years	29.9 (4.2)	13.1 (3.0)	13.0 (3.4)	3.7 (1.6)	20.1 (4.2)	50.0 (4.8)	37.7 (3.8)	8.7 (2.1)	6.7 (2.1)	22.3 (3.0)	20.9 (3.0)	41.4 (3.6)
24 to 29 years	36.5 (4.8)	25.6 (4.6)	8.4 (2.2)	2.5 (1.5)	11.0 (3.5)	52.6 (5.1)	34.4 (5.5)	4.3 (1.8)	7.2 (3.5)	23.0 (4.7)	22.7 (5.8)	42.9 (6.3)
30 years or over	30.6 (5.5)	14.1 (3.8)	14.5 (3.3)	2.0 (1.5)	8.7 (2.4)	60.7 (5.8)	26.1 (4.3)	11.5 (3.5)	4.3 (1.6)	10.3 (2.8)	17.0 (4.2)	56.9 (5.1)
Race/ethnicity												
White	40.5 (2.0)	10.9 (1.3)	18.2 (1.5)	11.4 (1.6)	16.5 (1.7)	43.0 (2.0)	68.1 (1.1)	2.4 (0.3)	3.8 (0.4)	61.9 (1.3)	12.5 (0.7)	19.4 (0.9)
Black	28.4 (4.2)	16.7 (4.0)	8.5 (2.3)	3.2 (1.3)	13.3 (2.9)	58.3 (4.3)	51.3 (2.6)	4.6 (1.0)	3.2 (0.8)	43.4 (2.8)	20.6 (2.3)	28.2 (2.2)
Hispanic	34.3 (4.8)	11.1 (3.2)	17.8 (3.2)	5.5 (2.3)	18.1 (3.3)	47.6 (4.8)	53.9 (2.3)	3.1 (0.7)	6.8 (1.7)	44.0 (2.4)	20.4 (1.8)	25.7 (2.1)
Asian/Pacific Islander	41.9 (9.2)	11.6 (6.4)	23.0 (8.2)	7.4 (3.7)	21.2 (7.7)	36.9 (8.7)	71.3 (3.1)	0.2 (0.2)	2.0 (0.8)	69.1 (3.1)	13.9 (2.3)	14.8 (2.4)
American Indian/Alaska Native	‡ (†)	‡ (†)	‡ (†)	‡ (†)	‡ (†)	‡ (†)	55.4 (10.6)	‡ (†)	3.7 (3.7)	51.7 (10.7)	26.1 (8.4)	18.5 (6.8)
Highest education level of parents												
High school diploma or less	36.5 (2.3)	13.5 (1.8)	17.0 (1.9)	6.0 (1.2)	12.4 (1.6)	51.1 (2.4)	52.0 (1.6)	4.1 (0.6)	4.8 (0.6)	43.1 (1.6)	16.5 (1.3)	31.5 (1.5)
Some postsecondary	32.8 (3.3)	10.1 (2.1)	14.3 (2.6)	8.4 (2.0)	19.0 (2.8)	48.2 (2.9)	59.5 (1.9)	3.1 (0.7)	5.4 (1.1)	50.9 (2.1)	16.4 (1.4)	24.2 (1.6)
Bachelor's degree	47.7 (4.2)	9.1 (2.3)	22.4 (3.7)	16.2 (3.2)	18.8 (3.5)	33.5 (3.9)	72.1 (1.5)	1.8 (0.4)	4.0 (0.6)	66.3 (1.5)	13.4 (1.1)	14.5 (1.1)
Advanced degree	45.4 (6.0)	3.1 (2.0)	17.2 (4.4)	25.2 (5.5)	25.2 (5.4)	29.4 (6.0)	76.5 (1.7)	1.2 (0.3)	1.4 (0.3)	73.9 (1.7)	11.7 (1.2)	11.8 (1.2)
Dependency status when first enrolled												
Dependent	42.1 (2.2)	8.2 (1.2)	20.1 (1.8)	13.8 (1.7)	18.3 (1.9)	39.6 (2.1)	68.0 (1.0)	2.1 (0.2)	3.6 (0.4)	62.1 (1.2)	14.0 (0.6)	18.1 (0.7)
Independent	32.9 (3.1)	17.6 (2.4)	12.3 (1.9)	3.0 (0.9)	13.8 (2.4)	53.4 (3.5)	35.9 (2.9)	8.8 (1.7)	6.4 (1.6)	20.6 (2.3)	19.1 (2.5)	45.0 (3.2)
Dependent student family income in 1994												
Less than $25,000	43.0 (3.8)	10.9 (2.6)	24.5 (3.4)	7.6 (2.1)	14.3 (2.6)	42.7 (3.5)	58.8 (1.8)	3.4 (0.7)	5.1 (1.0)	50.3 (2.1)	18.6 (1.5)	22.6 (1.5)
$25,000 to $44,999	41.2 (4.5)	10.5 (2.3)	16.4 (2.9)	14.3 (2.7)	19.1 (3.0)	39.6 (3.6)	61.7 (1.7)	2.3 (0.4)	4.4 (0.8)	55.0 (1.7)	15.1 (1.3)	23.1 (1.4)
$45,000 to $69,999	40.2 (3.8)	5.3 (1.8)	22.1 (3.2)	12.8 (2.5)	19.3 (3.5)	40.5 (4.0)	69.1 (1.6)	1.7 (0.4)	3.7 (0.7)	63.6 (1.7)	13.2 (1.0)	17.7 (1.3)
$70,000 or more	44.7 (5.5)	4.5 (1.8)	15.8 (3.6)	24.4 (4.5)	22.1 (4.2)	33.2 (4.8)	77.4 (1.3)	1.6 (0.4)	2.0 (0.4)	73.8 (1.5)	10.7 (1.0)	11.9 (0.9)
Timing of postsecondary enrollment												
Did not delay[3]	43.9 (2.3)	7.0 (1.1)	20.9 (2.0)	15.9 (1.8)	18.4 (2.0)	37.7 (2.1)	69.2 (1.0)	1.9 (0.2)	3.3 (0.4)	64.0 (1.1)	13.7 (0.6)	17.1 (0.7)
Delayed entry	32.8 (2.7)	15.6 (2.0)	13.7 (1.8)	3.5 (1.0)	14.9 (2.0)	52.3 (2.8)	45.0 (2.2)	6.6 (1.0)	7.0 (1.3)	31.4 (2.1)	18.0 (1.6)	37.0 (2.2)
Attendance status when first enrolled												
Full-time	47.3 (2.4)	10.2 (1.4)	21.3 (1.9)	15.8 (2.1)	15.9 (2.0)	36.8 (2.3)	69.3 (1.0)	1.9 (0.2)	4.0 (0.4)	63.3 (1.2)	12.7 (0.6)	18.0 (0.8)
Part-time	29.5 (3.2)	13.9 (2.7)	12.2 (2.3)	3.4 (1.0)	15.6 (2.4)	54.9 (3.4)	33.4 (3.2)	7.3 (2.0)	2.1 (0.8)	23.9 (3.3)	27.3 (3.0)	39.3 (3.4)
Intensity of enrollment through 2001												
Always part-time	13.2 (2.9)	11.5 (2.8)	1.7 (0.8)	# (†)	13.3 (3.0)	73.4 (3.8)	10.3 (2.9)	9.7 (2.9)	0.6 (0.6)	# (†)	12.9 (3.8)	76.8 (4.1)
Mixed	42.3 (2.5)	12.6 (1.7)	20.8 (2.0)	8.9 (1.3)	21.7 (2.1)	36.0 (2.2)	51.7 (1.5)	4.4 (0.6)	5.5 (0.6)	41.8 (1.6)	26.6 (1.3)	21.7 (1.1)
Always full-time	49.5 (3.2)	9.3 (1.4)	22.0 (2.8)	18.1 (3.1)	9.1 (1.8)	41.4 (3.1)	74.2 (1.1)	1.5 (0.2)	3.3 (0.5)	69.4 (1.2)	8.1 (0.6)	17.8 (0.9)
Degree goal at first institution												
Certificate	45.2 (5.1)	38.4 (5.3)	6.2 (2.3)	0.7 (0.4)	6.8 (2.5)	48.0 (4.8)	37.7 (7.0)	16.1 (6.2)	14.2 (7.5)	7.5 (3.0)	19.4 (6.5)	42.8 (6.7)
Associate's degree	40.9 (2.3)	8.7 (1.3)	24.7 (2.1)	7.5 (1.4)	15.6 (2.0)	43.5 (2.3)	52.6 (4.2)	7.3 (2.4)	24.7 (3.7)	20.7 (3.3)	8.9 (2.3)	38.5 (4.2)
Bachelor's degree	40.3 [4] (3.7)	6.0 [4] (1.9)	11.7 [4] (2.4)	22.6 [4] (3.3)	21.9 [4] (3.5)	37.8 [4] (3.4)	67.6 (1.0)	2.1 (0.3)	2.7 (0.3)	62.9 (1.1)	14.2 (0.6)	18.2 (0.7)

See notes at end of table.

Table 343. Percentage distribution of enrollment and completion status of first-time postsecondary students starting during the 1995–96 academic year, by type of institution and other student characteristics: 2001—Continued

Student and institution characteristic	Students starting in 2-year institutions: Highest degree attained: Total, any degree[1]	Certificate	Associate's	Bachelor's[2]	No degree, still enrolled	No degree, not enrolled	Students starting in 4-year institutions: Highest degree attained: Total, any degree[1]	Certificate	Associate's	Bachelor's[2]	No degree, still enrolled	No degree, not enrolled
1	2	3	4	5	6	7	8	9	10	11	12	13
Worked while enrolled, 1995–96												
Did not work	43.0 (3.0)	13.9 (2.3)	21.5 (2.8)	7.6 (1.9)	10.4 (2.5)	46.6 (3.1)	71.1 (1.3)	2.0 (0.4)	3.7 (0.7)	65.3 (1.6)	11.9 (0.8)	17.0 (1.1)
Worked part time	44.7 (2.6)	8.5 (1.5)	20.9 (2.1)	15.2 (2.0)	18.4 (2.4)	36.9 (2.3)	65.0 (1.3)	2.3 (0.4)	4.0 (0.4)	58.6 (1.4)	14.7 (0.8)	20.3 (1.0)
Worked full time	27.2 (2.6)	14.3 (2.2)	9.6 (1.5)	3.4 (0.9)	17.0 (2.5)	55.8 (2.9)	41.7 (2.6)	7.1 (1.3)	4.2 (1.1)	30.5 (2.5)	21.7 (2.2)	36.6 (2.5)
Control of first institution												
Public	36.7 (1.8)	10.1 (1.3)	16.4 (1.4)	10.3 (1.3)	17.4 (1.6)	45.9 (1.7)	60.5 (1.2)	2.8 (0.3)	4.4 (0.6)	53.3 (1.4)	17.4 (0.8)	22.2 (1.0)
Private, not for profit	58.9 (5.4)	19.3 (4.6)	27.8 (3.9)	11.8 (3.3)	8.4 (2.4)	32.7 (4.6)	73.6 (1.7)	1.8 (0.3)	2.8 (0.5)	68.9 (2.0)	9.3 (0.8)	17.1 (1.3)
Private, for profit	55.6 (3.2)	27.8 (3.9)	25.8 (3.9)	2.0 (0.8)	4.3 (1.2)	40.0 (3.4)	52.8 (10.5)	17.9 (7.2)	14.9 (6.0)	20.0 (5.1)	11.1 (3.1)	36.1 (8.6)
Socioeconomic status in 1995–96[5]												
Not disadvantaged	41.7 (2.8)	8.9 (1.8)	18.1 (2.1)	14.6 (2.0)	20.4 (2.7)	38.0 (2.7)	71.4 (1.1)	2.0 (0.3)	3.3 (0.4)	66.1 (1.3)	12.3 (0.7)	16.3 (0.8)
Minimally disadvantaged	33.9 (2.4)	12.8 (1.7)	14.9 (1.8)	6.2 (1.4)	13.1 (1.6)	53.0 (2.7)	59.8 (1.6)	3.7 (0.6)	5.4 (0.7)	50.8 (1.7)	16.4 (1.2)	23.8 (1.3)
Moderately or highly disadvantaged	43.7 (3.6)	14.6 (3.0)	21.6 (3.4)	7.5 (1.9)	14.5 (2.7)	41.8 (3.7)	47.1 (2.0)	3.7 (0.8)	3.8 (0.8)	39.6 (2.1)	19.5 (1.9)	33.4 (2.1)

†Not applicable.
#Rounds to zero.
‡Reporting standards not met.
[1]Includes a small percentage of students who had attained a degree and were still enrolled. Includes recipients of degrees not shown separately.
[2]Includes a small percentage of students who had attained an advanced degree.
[3]Includes students with a standard high school diploma who enrolled in postsecondary education in the same year as their graduation.
[4]Includes students whose goal was to transfer to a 4-year institution.
[5]Determined by a socioeconomic diversity index that includes parental income as a percentage of the 1994 federal poverty level, parental education, and the proportion of the student body at the student's high school that was eligible for free or reduced-price lunch.
NOTE: Data reflect completion and enrollment status by spring 2001 of first-time postsecondary students starting in academic year 1995–96. Race categories exclude persons of Hispanic ethnicity. Detail may not sum to totals because of rounding. Standard errors appear in parentheses.
SOURCE: U.S. Department of Education, National Center for Education Statistics, 1996/01 Beginning Postsecondary Students Longitudinal Study (BPS:96/01). (This table was prepared August 2003.)

Table 344. Average scores on Graduate Record Examination (GRE) general and subject tests: 1965 through 2009

Academic year ending	Number of GRE takers	GRE takers as a percent of bachelor's degrees[1]	General test sections: Verbal	General test sections: Quantitative	General test sections: Analytical reasoning	General test sections: Analytical writing	Subject tests: Biochemistry, cell and molecular biology	Subject tests: Biology	Subject tests: Chemistry	Subject tests: Computer science	Subject tests: Education	Subject tests: Engineering	Subject tests: Literature	Subject tests: Mathematics	Subject tests: Physics	Subject tests: Psychology
1	2	3	4	5	6	7	8	9	10	11	12	13	14	15	16	17
1965	93,792	18.7	530 (124)	533 (137)	† (†)	† (†)	† (†)	617 (117)	628 (114)	† (†)	481 (86)	618 (108)	591 (95)	— (†)	— (†)	556 (91)
1966	123,960	23.8	520 (124)	528 (133)	† (†)	† (†)	† (†)	610 (115)	618 (110)	† (†)	474 (87)	609 (106)	588 (94)	— (†)	— (†)	552 (91)
1967	151,134	27.0	519 (125)	528 (134)	† (†)	† (†)	† (†)	613 (114)	615 (104)	† (†)	476 (90)	603 (104)	582 (91)	— (†)	— (†)	553 (93)
1968	182,432	28.8	520 (124)	527 (135)	† (†)	† (†)	† (†)	614 (114)	617 (104)	† (†)	478 (87)	601 (105)	572 (91)	— (†)	— (†)	547 (93)
1969	206,113	28.3	515 (124)	524 (132)	† (†)	† (†)	† (†)	613 (112)	613 (104)	† (†)	477 (88)	591 (103)	569 (89)	— (†)	— (†)	543 (89)
1970	265,359	33.5	503 (123)	516 (132)	† (†)	† (†)	† (†)	603 (111)	613 (113)	† (†)	462 (92)	586 (110)	556 (90)	— (†)	— (†)	532 (91)
1971	293,600	35.0	497 (125)	512 (134)	† (†)	† (†)	† (†)	603 (114)	618 (117)	† (†)	457 (95)	587 (115)	546 (91)	— (†)	— (†)	530 (92)
1972	293,506	33.1	494 (126)	508 (136)	† (†)	† (†)	† (†)	606 (115)	624 (124)	† (†)	446 (93)	594 (119)	544 (96)	— (†)	— (†)	528 (92)
1973	290,104	31.5	497 (125)	512 (135)	† (†)	† (†)	† (†)	619 (110)	630 (114)	† (†)	459 (96)	593 (114)	545 (96)	— (†)	— (†)	529 (92)
1974	301,070	31.8	492 (126)	509 (137)	† (†)	† (†)	† (†)	624 (110)	634 (115)	† (†)	452 (93)	591 (121)	547 (99)	— (†)	— (†)	530 (95)
1975	298,335	32.3	493 (125)	508 (137)	† (†)	† (†)	† (†)	— (†)	— (†)	† (†)	— (†)	— (†)	— (†)	— (†)	— (†)	— (†)
1976	299,292	32.3	492 (127)	510 (138)	† (†)	† (†)	† (†)	627 (112)	627 (107)	— (†)	454 (93)	594 (119)	539 (101)	— (†)	— (†)	531 (93)
1977	287,715	31.3	490 (129)	514 (139)	† (†)	† (†)	† (†)	625 (113)	630 (109)	— (†)	453 (93)	592 (115)	532 (101)	— (†)	— (†)	532 (95)
1978	286,383	31.1	484 (128)	518 (135)	† (†)	† (†)	† (†)	622 (113)	624 (108)	— (†)	452 (91)	594 (114)	530 (102)	— (†)	— (†)	529 (97)
1979	282,482	30.7	476 (130)	517 (135)	† (†)	† (†)	† (†)	621 (117)	623 (104)	— (†)	451 (89)	592 (115)	525 (102)	— (†)	— (†)	530 (97)
1980	272,281	29.3	474 (131)	522 (136)	† (†)	† (†)	† (†)	619 (115)	618 (105)	— (†)	449 (90)	590 (116)	521 (105)	— (†)	— (†)	534 (98)
1981	262,855	28.1	473 (128)	523 (136)	† (†)	† (†)	† (†)	617 (115)	615 (103)	— (†)	453 (90)	590 (116)	520 (99)	— (†)	— (†)	532 (97)
1982	256,381	26.9	469 (130)	533 (137)	498 (126)	† (†)	† (†)	616 (114)	616 (105)	— (†)	456 (89)	593 (115)	521 (100)	— (†)	— (†)	532 (97)
1983	263,674	27.2	473 (131)	541 (138)	504 (128)	† (†)	† (†)	623 (115)	620 (105)	— (†)	459 (90)	599 (114)	527 (98)	— (†)	— (†)	542 (95)
1984	265,221	27.2	475 (130)	541 (139)	512 (129)	† (†)	† (†)	622 (115)	619 (102)	— (†)	461 (90)	604 (114)	530 (97)	— (†)	— (†)	543 (96)
1985	271,972	27.8	474 (126)	545 (140)	516 (129)	† (†)	† (†)	619 (114)	621 (101)	— (†)	459 (89)	615 (120)	531 (95)	— (†)	— (†)	541 (95)
1986	279,428	28.3	475 (126)	552 (140)	520 (129)	† (†)	† (†)	612 (114)	628 (106)	— (†)	464 (87)	616 (119)	527 (96)	— (†)	— (†)	542 (97)
1987	293,560	29.6	477 (126)	550 (140)	521 (128)	† (†)	† (†)	616 (116)	629 (104)	— (†)	465 (86)	619 (119)	526 (95)	— (†)	— (†)	536 (95)
1988	303,703	30.5	483 (123)	557 (140)	528 (128)	† (†)	† (†)	615 (114)	631 (108)	— (†)	467 (85)	622 (120)	525 (94)	— (†)	— (†)	537 (94)
1989	326,096	32.0	484 (125)	560 (142)	530 (129)	† (†)	† (†)	612 (114)	642 (117)	— (†)	465 (87)	626 (116)	528 (91)	— (†)	— (†)	538 (95)
1990	344,572	32.8	486 (123)	562 (143)	534 (128)	† (†)	— (†)	612 (114)	662 (123)	— (†)	461 (84)	617 (111)	523 (92)	— (†)	— (†)	537 (95)
1991	379,882	34.7	485 (122)	562 (141)	536 (129)	† (†)	— (†)	609 (113)	660 (123)	— (†)	457 (85)	611 (111)	523 (93)	— (†)	— (†)	535 (95)
1992	411,528	36.2	483 (120)	561 (140)	537 (129)	† (†)	— (†)	605 (113)	654 (128)	— (†)	462 (82)	610 (117)	525 (92)	— (†)	— (†)	536 (95)
1993	400,246	34.4	481 (117)	557 (140)	541 (129)	† (†)	— (†)	606 (114)	662 (133)	— (†)	462 (80)	602 (115)	516 (94)	— (†)	— (†)	536 (97)
1994	399,395 [2]	34.2	479 (116)	553 (139)	545 (129)	† (†)	— (†)	620 (116)	627 (113)	— (†)	493 [3] (104)	601 (115)	517 (95)	— (†)	— (†)	538 (96)
1995	389,539 [2]	33.6	477 (115)	553 (140)	544 (131)	† (†)	— (†)	622 (116)	675 (138)	— (†)	488 [3] (102)	596 (113)	513 (96)	— (†)	— (†)	544 (98)
1996	376,013 [2]	32.3	473 (114)	558 (139)	549 (131)	† (†)	— (†)	614 (114)	678 (135)	— (†)	489 [3] (104)	604 (119)	512 (97)	— (†)	— (†)	547 (99)
1997	376,062 [2]	32.1	472 (113)	562 (139)	548 (129)	† (†)	— (†)	620 (115)	684 (143)	— (†)	487 [3] (103)	602 (114)	525 (100)	— (†)	— (†)	554 (99)
1998	364,554 [2]	30.8	471 (113)	569 (141)	543 (133)	† (†)	— (†)	628 (113)	686 (137)	— (†)	477 [3] (100)	609 (118)	530 (100)	— (†)	— (†)	563 (100)
1999[4]	396,330	33.0	468 (114)	565 (143)	542 (133)	† (†)	— (†)	626 (114)	684 (137)	— (†)	† (†)	604 (115)	527 (100)	— (†)	— (†)	559 (99)

See notes at end of table.

Table 344. Average scores on Graduate Record Examination (GRE) general and subject tests: 1965 through 2009—Continued

Academic year ending	Number of GRE takers	GRE takers as a percent of bachelor's degrees[1]	General test sections: Verbal	Quantitative	Analytical reasoning	Analytical writing	Subject tests: Biochemistry, cell and molecular biology	Biology	Chemistry	Computer science	Education	Engineering	Literature	Mathematics	Physics	Psychology
1	2	3	4	5	6	7	8	9	10	11	12	13	14	15	16	17
2000[4]	387,422	31.3	465 (116)	578 (147)	562 (141)	† (†)	— (†)	629 (114)	686 (133)	— (†)	† (†)	— (†)	530 (99)	— (†)	— (†)	563 (98)
2001	433,109	34.8	— (†)	— (†)	— (†)	† (†)	— (†)	— (†)	— (†)	— (†)	† (†)	— (†)	— (†)	— (†)	— (†)	— (†)
2002	538,070	41.6	473 (123)	597 (151)	571 (139)	† (†)	— (†)	— (†)	— (†)	— (†)	† (†)	† (†)	— (†)	— (†)	— (†)	— (†)
2003[5,6]	571,606	42.4	470 (121)	598 (148)	† (†)	4.2 (0.96)	517 (100)	635 (114)	682 (125)	712 (97)	† (†)	† (†)	538 (98)	620 (131)	669 (151)	580 (101)
2004[5,6,7]	449,259	32.1	469 (120)	597 (148)	† (†)	4.2 (1.00)	517 (101)	643 (115)	675 (120)	715 (93)	† (†)	† (†)	537 (97)	621 (130)	665 (148)	586 (101)
2005[5,6,7]	477,031	33.1	467 (118)	591 (148)	† (†)	4.2 (0.90)	518 (100)	647 (117)	675 (117)	715 (91)	† (†)	† (†)	540 (97)	623 (130)	672 (151)	592 (101)
2006[5,7,8]	509,049	34.3	465 (117)	584 (149)	† (†)	4.1 (0.90)	519 (99)	650 (118)	677 (116)	717 (92)	† (†)	† (†)	541 (97)	627 (129)	678 (153)	598 (101)
2007[5,7,8]	561,061	36.8	462 (119)	584 (151)	† (†)	4.0 (0.90)	521 (97)	650 (120)	689 (115)	715 (91)	† (†)	† (†)	542 (98)	636 (130)	686 (155)	600 (101)
2008[5,7,8]	546,443	35.0	457 (121)	586 (152)	† (†)	3.9 (0.90)	525 (97)	651 (120)	694 (116)	712 (92)	† (†)	† (†)	541 (98)	640 (131)	692 (156)	603 (101)
2009[5,7,8]	601,032	37.5	456 (120)	590 (150)	† (†)	3.8 (0.90)	523 (97)	650 (120)	699 (115)	708 (91)	† (†)	† (†)	541 (97)	648 (134)	692 (156)	605 (103)

—Not available.
†Not applicable.
[1]GRE takers include examinees from inside and outside of the United States, while the bachelor's degree recipients include U.S. institutions only.
[2]Total includes examinees who received no score on one or more general test measures.
[3]Data reported for 1994 through 1998 are from the revised education test.
[4]Subject test score data reflect the three-year average for all examinees who tested between October 1 three years prior to the reported test year and September 30 of the reported test year. These data are not directly comparable with data for most other years.
[5]Subject test score data reflect the three-year average for all examinees who tested between July 1 three years prior to the reported test year and June 30 of the reported test year. These data are not directly comparable with previous years, except for 1999 and 2000.
[6]Analytical writing test score data reflect the average for all examinees who tested between October 1, 2002, and June 30 of the reported test year.
[7]Verbal and quantitative test score data reflect the three-year average for all examinees who tested between July 1 three years prior to the reported test year and June 30 of the reported test year. These data are not directly comparable with previous years.
[8]Analytical writing test score data reflect the three-year average for all examinees who tested between July 1 three years prior to the reported test year and June 30 of the reported test year.
NOTE: GRE data include test takers from both within and outside of the United States. GRE scores for the verbal, quantitative, and analytical reasoning sections range from 200 to 800. Scores for the analytical writing section range from 0 to 6, in half-point increments. The range of scores is different for the various subject tests, from as low as 200 to as high as 990. The analytical reasoning section of the GRE, a multiple-choice test, was discontinued in September 2002, and replaced by the analytical writing section, an essay-based test. The education subject test was administered for the final time in April 1998. The engineering subject test was administered for the final time in April 2001. Some data have been revised from previously published figures. Standard deviations appear in parentheses.
SOURCE: Graduate Record Examination Board, *Examinee and Score Trends for the GRE General Test*, 1964–65 through 1985–86; *A Summary of Data Collected From Graduate Record Examinations Test-Takers During 1986–87; Guide to the Use of Scores*, 1987–88 through 2004–05; *GRE Volumes by Country*, 2000–2009; and *Interpreting Your GRE Scores*, 2005–06 through 2010–11. U.S. Department of Education, National Center for Education Statistics, Higher Education General Information Survey (HEGIS), "Degrees and Other Formal Awards Conferred" surveys, 1964–65 through 1985–86; and 1986–87 through 2008–09 Integrated Postsecondary Education Data System (IPEDS), "Completions Survey" (IPEDS-C:87–99), and Fall 2000 through Fall 2009. (This table was prepared August 2010.)

Table 345. Average undergraduate tuition and fees and room and board rates charged for full-time students in degree-granting institutions, by type and control of institution: 1964–65 through 2009–10

Year and control of institution	Constant 2008–09 dollars[1]			Current dollars																			
	Total tuition, room, and board			Total tuition, room, and board					Tuition and required fees (in-state for public institutions)					Dormitory rooms					Board (7-day basis)[2]				
					4-year institutions					4-year institutions					4-year institutions					4-year institutions			
	All institutions	All 4-year	2-year	All institutions	All 4-year	Universities	Other 4-year	2-year	All institutions	All 4-year	Universities	Other 4-year	2-year	All institutions	All 4-year	Universities	Other 4-year	2-year	All institutions	All 4-year	Universities	Other 4-year	2-year
1	2	3	4	5	6	7	8	9	10	11	12	13	14	15	16	17	18	19	20	21	22	23	24
All institutions																							
1976–77	$8,321	$9,425	$5,844	$2,275	$2,577	$2,647	$2,527	$1,598	$924	$1,218	$1,210	$1,223	$346	$603	$611	$649	$584	$503	$748	$748	$788	$719	$750
1977–78	8,262	9,339	5,838	2,411	2,725	2,777	2,685	1,703	984	1,291	1,269	1,305	378	645	654	691	628	525	781	780	818	752	801
1978–79	8,106	9,142	5,729	2,587	2,917	2,967	2,879	1,828	1,073	1,397	1,370	1,413	411	688	696	737	667	575	826	825	860	800	842
1979–80	7,767	8,757	5,473	2,809	3,167	3,223	3,124	1,979	1,163	1,513	1,484	1,530	451	751	759	803	729	628	895	895	936	865	900
1980–81	7,685	8,672	5,526	3,101	3,499	3,535	3,469	2,230	1,289	1,679	1,634	1,705	526	836	846	881	821	705	976	975	1,020	943	1,000
1981–82	7,959	9,012	5,647	3,489	3,951	4,005	3,908	2,476	1,457	1,907	1,860	1,935	590	950	961	1,023	919	793	1,083	1,082	1,121	1,055	1,094
1982–83	8,478	9,636	5,934	3,877	4,406	4,466	4,356	2,713	1,626	2,139	2,081	2,173	675	1,064	1,078	1,150	1,028	873	1,187	1,189	1,235	1,155	1,165
1983–84	8,789	10,012	6,020	4,167	4,747	4,793	4,712	2,854	1,783	2,344	2,300	2,368	730	1,145	1,162	1,211	1,130	916	1,239	1,242	1,282	1,214	1,208
1984–85	9,260	10,473	6,453	4,563	5,160	5,236	5,107	3,179	1,985	2,567	2,539	2,583	821	1,267	1,282	1,343	1,242	1,058	1,310	1,311	1,353	1,282	1,301
1985–86[3]	9,636	10,858	6,642	4,885	5,504	5,597	5,441	3,367	2,181	2,784	2,770	2,793	888	1,338	1,355	1,424	1,309	1,107	1,365	1,365	1,403	1,339	1,372
1986–87	10,046	11,509	6,359	5,206	5,964	6,124	5,857	3,295	2,312	3,042	3,042	3,042	897	1,405	1,427	1,501	1,376	1,034	1,489	1,495	1,581	1,439	1,364
1987–88	10,181	11,623	6,046	5,494	6,272	6,339	6,226	3,263	2,458	3,201	3,168	3,220	809	1,488	1,516	1,576	1,478	1,017	1,549	1,555	1,596	1,529	1,437
1988–89	10,395	11,912	6,328	5,869	6,725	6,801	6,673	3,573	2,658	3,472	3,422	3,499	979	1,575	1,609	1,665	1,573	1,085	1,636	1,644	1,715	1,601	1,509
1989–90	10,494	12,192	6,263	6,207	7,212	7,347	7,120	3,705	2,839	3,800	3,765	3,819	978	1,638	1,675	1,732	1,638	1,105	1,730	1,737	1,850	1,663	1,622
1990–91	10,518	12,185	6,300	6,562	7,602	7,709	7,528	3,930	3,016	4,009	3,958	4,036	1,087	1,743	1,782	1,848	1,740	1,182	1,802	1,811	1,903	1,751	1,660
1991–92	10,992	12,794	6,356	7,077	8,238	8,390	8,142	4,092	3,286	4,385	4,368	4,394	1,189	1,874	1,921	1,996	1,875	1,210	1,918	1,931	2,026	1,872	1,692
1992–93	11,224	13,190	6,337	7,452	8,758	8,934	8,648	4,207	3,517	4,752	4,665	4,795	1,276	1,939	1,991	2,104	1,926	1,240	1,996	2,015	2,165	1,927	1,692
1993–94	11,644	13,648	6,531	7,931	9,296	9,495	9,186	4,449	3,827	5,119	5,104	5,127	1,399	2,057	2,111	2,190	2,068	1,332	2,047	2,067	2,201	1,992	1,718
1994–95	11,853	13,883	6,613	8,306	9,728	9,863	9,646	4,633	4,044	5,391	5,287	5,441	1,488	2,145	2,200	2,281	2,155	1,396	2,116	2,138	2,295	2,049	1,750
1995–96	12,227	14,352	6,565	8,800	10,330	10,560	10,195	4,725	4,338	5,786	5,733	5,812	1,522	2,264	2,318	2,423	2,260	1,473	2,199	2,226	2,404	2,123	1,730
1996–97	12,435	14,644	6,613	9,206	10,841	11,033	10,726	4,895	4,564	6,118	6,055	6,150	1,543	2,365	2,422	2,518	2,368	1,522	2,276	2,301	2,460	2,208	1,830
1997–98	12,724	14,967	6,891	9,588	11,277	11,382	11,205	5,192	4,755	6,351	6,232	6,408	1,695	2,444	2,507	2,575	2,469	1,598	2,389	2,419	2,576	2,327	1,900
1998–99	13,145	15,509	6,902	10,076	11,888	12,123	11,752	5,291	5,013	6,723	6,713	6,728	1,725	2,557	2,626	2,710	2,578	1,616	2,506	2,540	2,700	2,446	1,950
1999–2000	13,243	15,662	6,857	10,444	12,352	12,613	12,198	5,408	5,238	7,044	7,026	7,052	1,721	2,682	2,749	2,845	2,695	1,733	2,524	2,559	2,741	2,451	1,954
2000–01	13,263	15,843	6,693	10,818	12,922	13,177	12,775	5,460	5,377	7,372	7,360	7,377	1,698	2,819	2,893	2,999	2,833	1,744	2,622	2,658	2,818	2,565	2,017
2001–02	13,709	16,430	6,888	11,380	13,639	13,942	13,468	5,718	5,646	7,786	7,788	7,785	1,800	2,981	3,060	3,184	2,992	1,848	2,753	2,793	2,970	2,692	2,070
2002–03	14,161	17,020	7,370	12,014	14,439	14,827	14,233	6,252	6,002	8,309	8,406	8,264	1,903	3,179	3,263	3,377	3,201	2,077	2,832	2,867	3,044	2,767	2,272
2003–04	14,942	17,885	7,734	12,953	15,505	16,096	15,205	6,705	6,608	9,029	9,268	8,924	2,174	3,359	3,448	3,599	3,368	2,208	2,986	3,028	3,230	2,914	2,322
2004–05	15,444	18,487	7,935	13,792	16,509	17,219	16,164	7,086	7,122	9,706	10,051	9,559	2,338	3,569	3,661	3,813	3,582	2,336	3,100	3,142	3,355	3,023	2,413
2005–06	15,780	18,820	7,800	14,629	17,447	18,229	17,075	7,231	7,601	10,279	10,666	10,119	2,417	3,804	3,899	4,050	3,821	2,396	3,224	3,269	3,513	3,135	2,418
2006–07	16,281	19,423	7,850	15,483	18,471	19,304	18,085	7,466	8,092	10,931	11,404	10,738	2,496	4,019	4,116	4,261	4,041	2,527	3,372	3,424	3,640	3,306	2,443
2007–08	16,385	19,592	7,744	16,159	19,323	20,302	18,874	7,637	8,412	11,414	11,997	11,175	2,519	4,214	4,317	4,487	4,229	2,635	3,534	3,592	3,818	3,470	2,483
2008–09	17,012	20,385	8,238	17,012	20,385	21,471	19,890	8,238	8,813	12,021	12,667	11,759	2,618	4,446	4,557	4,744	4,462	2,780	3,754	3,807	4,060	3,669	2,839
2009–10	17,464	20,986	8,451	17,633	21,189	22,450	20,650	8,533	9,120	12,467	13,298	12,148	2,923	4,657	4,785	4,979	4,689	2,985	3,856	3,937	4,173	3,813	2,626
Public institutions																							
1964–65	6,529	—	4,385	950	—	1,051	867	638	243	—	298	224	99	271	—	291	241	178	436	—	462	402	361
1965–66	6,613	—	4,507	983	—	1,105	904	670	257	—	327	241	109	281	—	304	255	194	445	—	474	408	367
1966–67	6,691	—	4,630	1,026	—	1,171	947	710	275	—	360	259	121	294	—	321	271	213	457	—	490	417	376
1967–68	6,716	—	4,980	1,064	—	1,199	997	789	283	—	366	268	144	313	—	337	292	243	468	—	496	437	402
1968–69	6,723	—	5,314	1,117	—	1,245	1,063	883	295	—	377	281	170	337	—	359	318	278	485	—	509	464	435
1969–70	6,836	—	5,404	1,203	—	1,362	1,135	951	323	—	427	306	178	369	—	395	346	308	511	—	540	483	465
1970–71	6,954	—	5,393	1,287	—	1,477	1,206	998	351	—	478	332	187	401	—	431	375	338	535	—	568	499	473
1971–72	7,079	—	5,597	1,357	—	1,579	1,263	1,073	376	—	526	354	192	430	—	463	400	366	551	—	590	509	515
1972–73	7,311	—	6,002	1,458	—	1,668	1,460	1,197	407	—	566	455	233	476	—	500	455	398	575	—	602	550	566
1973–74	6,984	—	5,865	1,517	—	1,707	1,506	1,274	438	—	581	463	274	480	—	505	464	409	599	—	621	579	591
1974–75	6,478	—	5,550	1,563	—	1,760	1,558	1,339	432	—	599	448	277	506	—	527	497	424	625	—	634	613	638
1975–76	6,448	—	5,365	1,666	—	1,935	1,657	1,386	433	—	642	469	245	544	—	573	533	442	689	—	720	655	699
1976–77	6,543	7,078	5,452	1,789	1,935	2,067	1,827	1,491	479	617	689	564	283	582	592	614	572	465	728	727	763	692	742
1977–78	6,469	6,984	5,448	1,888	2,038	2,170	1,931	1,590	512	655	736	596	306	621	631	649	616	486	755	752	785	720	797
1978–79	6,247	6,721	5,299	1,994	2,145	2,289	2,027	1,691	543	688	777	622	327	655	664	689	641	527	796	793	823	764	837

See notes at end of table.

Table 345. Average undergraduate tuition and fees and room and board rates charged for full-time students in degree-granting institutions, by type and control of institution: 1964–65 through 2009–10—Continued

Year and control of institution	Constant 2008–09 dollars[1]			Current dollars																			
	Total tuition, room, and board			Total tuition, room, and board					Tuition and required fees (in-state for public institutions)					Dormitory rooms					Board (7-day basis)[2]				
					4-year institutions					4-year institutions					4-year institutions					4-year institutions			
	All institutions	All 4-year	2-year	All institutions	All 4-year	Universities	Other 4-year	2-year	All institutions	All 4-year	Universities	Other 4-year	2-year	All institutions	All 4-year	Universities	Other 4-year	2-year	All institutions	All 4-year	Universities	Other 4-year	2-year
1	2	3	4	5	6	7	8	9	10	11	12	13	14	15	16	17	18	19	20	21	22	23	24
1979–80	5,986	6,435	5,037	2,165	2,327	2,487	2,198	1,822	583	738	840	662	355	715	725	750	703	574	867	865	898	833	893
1980–81	5,881	6,320	5,023	2,373	2,550	2,712	2,421	2,027	635	804	915	722	391	799	811	827	796	642	940	936	969	904	994
1981–82	6,074	6,548	5,073	2,663	2,871	3,079	2,705	2,224	714	909	1,042	813	434	909	925	970	885	703	1,039	1,036	1,067	1,006	1,086
1982–83	6,440	6,990	5,226	2,945	3,196	3,403	3,032	2,390	798	1,031	1,164	936	473	1,010	1,030	1,072	993	755	1,136	1,134	1,167	1,103	1,162
1983–84	6,656	7,240	5,344	3,156	3,433	3,628	3,285	2,534	891	1,148	1,284	1,052	528	1,087	1,110	1,131	1,092	801	1,178	1,175	1,213	1,141	1,205
1984–85	6,917	7,472	5,697	3,408	3,682	3,899	3,518	2,807	971	1,228	1,386	1,117	584	1,196	1,217	1,237	1,200	921	1,241	1,237	1,276	1,201	1,302
1985–86[3]	7,045	7,611	5,880	3,571	3,859	4,146	3,637	2,981	1,045	1,318	1,536	1,157	641	1,242	1,263	1,290	1,240	960	1,285	1,278	1,320	1,240	1,380
1986–87	7,343	7,985	5,768	3,805	4,138	4,469	3,891	2,989	1,106	1,414	1,651	1,248	660	1,301	1,323	1,355	1,295	979	1,398	1,401	1,464	1,348	1,349
1987–88	7,505	8,159	5,681	4,050	4,403	4,619	4,250	3,066	1,218	1,537	1,726	1,407	706	1,378	1,410	1,410	1,409	943	1,454	1,456	1,482	1,434	1,417
1988–89	7,571	8,286	5,637	4,274	4,678	4,905	4,526	3,183	1,285	1,646	1,846	1,515	730	1,457	1,496	1,483	1,506	965	1,533	1,536	1,576	1,504	1,488
1989–90	7,614	8,411	5,577	4,504	4,975	5,324	4,723	3,299	1,356	1,780	2,035	1,608	756	1,513	1,557	1,561	1,554	962	1,635	1,638	1,728	1,561	1,581
1990–91	7,625	8,403	5,558	4,757	5,243	5,585	5,004	3,467	1,454	1,888	2,159	1,707	824	1,612	1,657	1,658	1,655	1,050	1,691	1,698	1,767	1,641	1,594
1991–92	7,981	8,843	5,627	5,138	5,693	6,050	5,458	3,623	1,628	2,117	2,409	1,931	936	1,731	1,785	1,789	1,782	1,074	1,780	1,792	1,852	1,745	1,612
1992–93	8,101	9,067	5,721	5,379	6,020	6,442	5,740	3,799	1,782	2,349	2,604	2,192	1,025	1,756	1,816	1,856	1,787	1,106	1,841	1,854	1,982	1,761	1,668
1993–94	8,360	9,345	5,866	5,694	6,365	6,710	6,146	3,996	1,942	2,537	2,820	2,360	1,125	1,873	1,934	1,897	1,958	1,190	1,880	1,895	1,993	1,828	1,681
1994–95	8,513	9,519	5,904	5,965	6,670	7,077	6,409	4,137	2,057	2,681	2,977	2,499	1,192	1,959	2,023	1,992	2,044	1,232	1,949	1,967	2,108	1,866	1,712
1995–96	8,692	9,745	5,859	6,256	7,014	7,448	6,730	4,217	2,179	2,848	3,151	2,660	1,239	2,057	2,121	2,104	2,133	1,297	2,020	2,045	2,192	1,937	1,681
1996–97	8,821	9,907	5,949	6,530	7,334	7,792	7,035	4,404	2,271	2,987	3,323	2,778	1,276	2,148	2,214	2,187	2,232	1,339	2,111	2,133	2,282	2,025	1,789
1997–98	9,042	10,184	5,985	6,813	7,673	8,210	7,318	4,509	2,360	3,110	3,486	2,877	1,314	2,225	2,301	2,285	2,312	1,401	2,228	2,263	2,438	2,130	1,795
1998–99	9,271	10,472	6,007	7,107	8,027	8,625	7,631	4,604	2,430	3,229	3,640	2,974	1,327	2,330	2,409	2,408	2,410	1,450	2,347	2,389	2,576	2,247	1,828
1999–2000	9,269	10,492	5,985	7,310	8,275	8,912	7,852	4,720	2,506	3,349	3,768	3,091	1,338	2,440	2,519	2,516	2,521	1,549	2,364	2,406	2,628	2,239	1,834
2000–01	9,300	10,609	5,933	7,586	8,653	9,321	8,218	4,839	2,562	3,501	3,979	3,208	1,333	2,569	2,654	2,657	2,652	1,600	2,455	2,499	2,686	2,358	1,906
2001–02	9,663	11,078	6,189	8,022	9,196	9,948	8,715	5,137	2,700	3,735	4,273	3,409	1,380	2,723	2,816	2,838	2,801	1,722	2,598	2,645	2,837	2,504	2,036
2002–03	10,021	11,537	6,603	8,502	9,787	10,604	9,280	5,601	2,903	4,046	4,686	3,668	1,483	2,930	3,029	3,023	3,032	1,954	2,669	2,712	2,895	2,580	2,164
2003–04	10,666	12,312	6,935	9,247	10,674	11,679	10,063	6,012	3,319	4,587	5,363	4,141	1,702	3,106	3,212	3,232	3,199	2,089	2,822	2,875	3,084	2,724	2,221
2004–05	11,046	12,795	7,139	9,864	11,426	12,588	10,734	6,375	3,629	5,027	5,939	4,512	1,849	3,304	3,418	3,427	3,413	2,174	2,931	2,981	3,222	2,809	2,353
2005–06	11,277	13,062	7,003	10,454	12,108	13,424	11,335	6,492	3,874	5,351	6,399	4,765	1,935	3,545	3,664	3,654	3,672	2,251	3,035	3,093	3,372	2,899	2,306
2006–07	11,618	13,457	7,166	11,049	12,797	14,215	11,983	6,815	4,102	5,666	6,842	5,020	2,018	3,757	3,878	3,875	3,881	2,407	3,191	3,253	3,498	3,083	2,390
2007–08	11,735	13,616	7,073	11,573	13,429	14,921	12,590	6,975	4,291	5,943	7,173	5,285	2,061	3,952	4,082	4,079	4,083	2,506	3,331	3,404	3,668	3,221	2,409
2008–09	12,256	14,262	7,568	12,256	14,262	15,878	13,349	7,568	4,512	6,312	7,624	5,610	2,136	4,190	4,331	4,344	4,322	2,664	3,554	3,619	3,911	3,417	2,769
2009–10	12,681	14,870	7,629	12,804	15,014	16,712	14,104	7,703	4,751	6,695	8,123	5,964	2,285	4,399	4,565	4,571	4,561	2,845	3,653	3,754	4,018	3,578	2,574
Private institutions																							
1964–65	13,106	—	10,000	1,907	—	2,202	1,810	1,455	1,088	—	1,297	1,023	702	331	—	390	308	289	488	—	515	479	464
1965–66	13,488	—	10,475	2,005	—	2,316	1,899	1,557	1,154	—	1,369	1,086	768	356	—	418	330	316	495	—	529	483	473
1966–67	13,851	—	10,949	2,124	—	2,456	2,007	1,679	1,233	—	1,456	1,162	845	385	—	452	355	347	506	—	548	490	487
1967–68	13,918	—	11,122	2,205	—	2,545	2,104	1,762	1,297	—	1,534	1,237	892	392	—	455	366	366	516	—	556	501	504
1968–69	13,969	—	11,291	2,321	—	2,673	2,237	1,876	1,383	—	1,638	1,335	956	404	—	463	382	391	534	—	572	520	529
1969–70	14,377	—	11,325	2,530	—	2,920	2,420	1,993	1,533	—	1,809	1,468	1,034	436	—	503	409	413	561	—	608	543	546
1970–71	14,795	—	11,364	2,738	—	3,163	2,599	2,103	1,684	—	1,980	1,603	1,109	468	—	542	434	434	586	—	641	562	560
1971–72	15,216	—	11,403	2,917	—	3,375	2,748	2,186	1,820	—	2,133	1,721	1,172	494	—	576	454	449	603	—	666	573	565
1972–73	15,234	—	11,398	3,038	—	3,512	2,934	2,273	1,898	—	2,226	1,846	1,221	524	—	622	490	457	616	—	664	598	595
1973–74	14,567	—	11,095	3,164	—	3,717	3,040	2,410	1,989	—	2,375	1,925	1,303	533	—	622	502	483	642	—	720	613	624
1974–75	14,104	—	10,739	3,403	—	4,076	3,156	2,591	2,117	—	2,614	1,954	1,367	586	—	691	536	564	700	—	771	666	660
1975–76	14,178	—	10,493	3,663	—	4,467	3,385	2,711	2,272	—	2,881	2,084	1,427	636	—	753	583	572	755	—	833	718	712
1976–77	14,286	14,545	10,866	3,906	3,977	4,715	3,714	2,971	2,467	2,534	3,051	2,351	1,592	649	651	783	604	607	790	791	882	759	772
1977–78	14,251	14,532	10,788	4,158	4,240	5,033	3,967	3,148	2,624	2,700	3,240	2,520	1,706	698	702	850	648	631	836	838	943	800	811
1978–79	14,146	14,445	10,621	4,514	4,609	5,403	4,327	3,389	2,867	2,958	3,487	2,771	1,831	758	761	916	704	700	889	890	1,000	851	858

See notes at end of table.

Table 345. Average undergraduate tuition and fees and room and board rates charged for full-time students in degree-granting institutions, by type and control of institution: 1964–65 through 2009–10—Continued

Year and control of institution	Constant 2008–09 dollars[1]: Total tuition, room, and board: All institutions	Constant 2008–09 dollars[1]: Total tuition, room, and board: All 4-year	Constant 2008–09 dollars[1]: Total tuition, room, and board: 2-year	Current dollars: Total tuition, room, and board: All institutions	Total tuition, room, and board: 4-year institutions: All 4-year	Total tuition, room, and board: 4-year institutions: Universities	Total tuition, room, and board: 4-year institutions: Other 4-year	Total tuition, room, and board: 2-year	Tuition and required fees (in-state for public institutions): All institutions	Tuition and required fees: 4-year institutions: All 4-year	Tuition and required fees: 4-year institutions: Universities	Tuition and required fees: 4-year institutions: Other 4-year	Tuition and required fees: 2-year	Dormitory rooms: All institutions	Dormitory rooms: 4-year institutions: All 4-year	Dormitory rooms: 4-year institutions: Universities	Dormitory rooms: 4-year institutions: Other 4-year	Dormitory rooms: 2-year	Board (7-day basis)[2]: All institutions	Board: 4-year institutions: All 4-year	Board: 4-year institutions: Universities	Board: 4-year institutions: Other 4-year	Board: 2-year
1	2	3	4	5	6	7	8	9	10	11	12	13	14	15	16	17	18	19	20	21	22	23	24
1979–80	13,583	13,860	10,372	4,912	5,013	5,891	4,700	3,751	3,130	3,225	3,811	3,020	2,062	827	831	1,001	768	766	955	957	1,078	912	923
1980–81	13,555	13,861	10,663	5,470	5,594	6,569	5,249	4,303	3,498	3,617	4,275	3,390	2,413	918	921	1,086	859	871	1,054	1,056	1,209	1,000	1,019
1981–82	14,063	14,438	10,826	6,166	6,330	7,443	5,947	4,746	3,953	4,113	4,887	3,853	2,605	1,038	1,039	1,229	970	1,022	1,175	1,178	1,327	1,124	1,119
1982–83	15,134	15,585	11,732	6,920	7,126	8,536	6,646	5,364	4,439	4,639	5,583	4,329	3,008	1,181	1,181	1,453	1,083	1,177	1,300	1,306	1,501	1,234	1,179
1983–84	15,835	16,364	11,749	7,508	7,759	9,308	7,244	5,571	4,851	5,093	6,217	4,726	3,099	1,278	1,279	1,531	1,191	1,253	1,380	1,387	1,559	1,327	1,219
1984–85	16,646	17,151	12,590	8,202	8,451	10,243	7,849	6,203	5,315	5,556	6,843	5,135	3,485	1,426	1,426	1,753	1,309	1,424	1,462	1,469	1,647	1,405	1,294
1985–86[3]	17,526	18,204	12,846	8,885	9,228	11,034	8,551	6,512	5,789	6,121	7,374	5,641	3,672	1,553	1,557	1,940	1,420	1,500	1,542	1,551	1,720	1,490	1,340
1986–87	18,673	19,374	12,319	9,676	10,039	12,278	9,276	6,384	6,316	6,658	8,118	6,171	3,684	1,658	1,673	2,097	1,518	1,266	1,702	1,708	2,063	1,587	1,434
1987–88	19,478	19,752	13,115	10,512	10,659	13,075	9,854	7,078	6,988	7,116	8,771	6,574	4,161	1,748	1,760	2,244	1,593	1,380	1,775	1,783	2,060	1,687	1,537
1988–89	19,819	20,323	14,111	11,189	11,474	14,073	10,620	7,967	7,461	7,722	9,451	7,172	4,817	1,849	1,863	2,353	1,686	1,540	1,880	1,889	2,269	1,762	1,609
1989–90	20,317	20,767	14,658	12,018	12,284	15,098	11,374	8,670	8,147	8,396	10,348	7,778	5,196	1,923	1,935	2,411	1,774	1,663	1,948	1,953	2,339	1,823	1,811
1990–91	20,693	21,218	14,911	12,910	13,237	16,503	12,220	9,302	8,772	9,083	11,379	8,389	5,570	2,063	2,077	2,654	1,889	1,744	2,074	2,077	2,470	1,943	1,989
1991–92	21,577	22,144	14,961	13,892	14,258	17,572	13,201	9,632	9,419	9,759	12,037	9,060	5,754	2,221	2,241	2,825	2,042	1,788	2,252	2,257	2,709	2,098	2,090
1992–93	22,040	22,606	14,916	14,634	15,009	18,898	13,882	9,903	9,942	10,294	13,055	9,533	6,059	2,348	2,362	3,018	2,151	1,970	2,344	2,354	2,825	2,197	1,875
1993–94	22,749	23,348	15,277	15,496	15,904	20,097	14,640	10,406	10,572	10,952	13,874	10,100	6,370	2,490	2,506	3,277	2,261	2,067	2,434	2,445	2,946	2,278	1,970
1994–95	23,130	23,694	15,942	16,207	16,602	21,041	15,363	11,170	11,111	11,481	14,537	10,653	6,914	2,587	2,601	3,469	2,347	2,233	2,509	2,520	3,035	2,362	2,023
1995–96	23,909	24,469	16,066	17,208	17,612	22,502	16,198	11,563	11,864	12,243	15,605	11,297	7,094	2,738	2,751	3,680	2,473	2,371	2,606	2,617	3,218	2,429	2,098
1996–97	24,367	24,912	16,148	18,039	18,442	23,520	16,994	11,954	12,498	12,881	16,552	11,871	7,236	2,878	2,889	3,826	2,602	2,537	2,663	2,672	3,142	2,520	2,181
1997–98	24,574	25,309	17,149	18,516	19,070	24,116	17,717	12,921	12,801	13,344	17,229	12,338	7,464	2,954	2,964	3,756	2,731	2,672	2,762	2,761	3,132	2,648	2,785
1998–99	25,267	25,999	17,376	19,368	19,929	25,443	18,430	13,319	13,428	13,973	18,340	12,815	7,854	3,075	3,091	3,914	2,850	2,581	2,865	2,865	3,188	2,765	2,884
1999–2000	25,595	26,255	17,707	20,186	20,706	26,534	19,127	13,965	14,081	14,588	19,307	13,361	8,235	3,224	3,237	4,070	2,976	2,808	2,882	2,881	3,157	2,790	2,922
2000–01	26,197	26,795	18,130	21,368	21,856	27,676	20,247	14,788	15,000	15,470	20,106	14,233	9,067	3,374	3,392	4,270	3,121	2,722	2,993	2,993	3,300	2,893	3,000
2001–02	27,000	27,581	19,064	22,413	22,896	29,115	21,220	15,825	15,742	16,211	21,176	14,923	10,076	3,567	3,576	4,478	3,301	3,116	3,104	3,109	3,462	2,996	2,633
2002–03	27,512	28,039	20,926	23,340	23,787	31,043	21,965	17,753	16,383	16,826	22,716	15,416	10,651	3,752	3,764	4,724	3,478	3,232	3,206	3,197	3,602	3,071	3,870
2003–04	28,404	28,918	22,560	24,624	25,069	32,886	23,153	19,558	17,315	17,763	24,128	16,284	11,545	3,945	3,952	4,979	3,647	3,581	3,364	3,354	3,778	3,222	4,432
2004–05	28,903	29,403	22,500	25,810	26,257	34,761	24,274	20,093	18,154	18,604	25,643	17,050	12,122	4,171	4,170	5,263	3,854	4,243	3,485	3,483	3,855	3,370	3,728
2005–06	29,006	29,467	22,836	26,889	27,317	36,510	25,282	21,170	18,862	19,292	26,954	17,702	12,450	4,380	4,386	5,517	4,063	3,994	3,647	3,639	4,039	3,517	4,726
2006–07	29,905	30,409	21,329	28,439	28,919	38,437	26,823	20,284	20,048	20,517	28,580	18,848	12,708	4,606	4,613	5,691	4,302	4,147	3,785	3,788	4,166	3,672	3,429
2007–08	30,680	31,207	21,988	30,258	30,778	40,634	28,531	21,685	21,462	21,979	30,251	20,190	13,126	4,804	4,808	6,006	4,466	4,484	3,992	3,991	4,376	3,875	4,074
Not-for-profit	32,367	32,498	19,120	31,921	32,050	40,634	29,679	18,857	23,201	23,328	30,251	21,451	11,789	4,725	4,730	6,006	4,347	3,796	3,994	3,991	4,376	3,880	3,272
For-profit	25,466	26,023	23,850	25,115	25,665	†	25,665	23,522	14,778	15,226	†	15,226	13,363	6,445	6,781	†	6,781	4,901	3,892	3,658	†	3,658	5,258
2008–09	31,532	32,090	22,726	31,532	32,090	42,844	29,716	22,726	22,299	22,852	31,968	20,948	13,562	5,025	5,032	6,254	4,688	4,537	4,209	4,206	4,622	4,080	4,627
Not-for-profit	33,679	33,804	20,271	33,679	33,804	42,844	31,327	20,271	24,502	24,636	31,968	22,653	12,603	4,957	4,962	6,254	4,575	3,889	4,221	4,206	4,622	4,098	3,779
For-profit	24,860	25,193	24,669	24,860	25,193	†	25,193	24,669	14,846	15,168	†	15,168	13,725	6,212	6,441	†	6,441	4,899	3,802	3,583	†	3,583	6,044
2009–10	31,876	32,475	24,248	32,184	32,790	44,619	30,346	24,483	22,604	23,210	33,315	21,244	14,876	5,249	5,249	6,539	4,897	5,217	4,331	4,331	4,765	4,205	4,390
Not-for-profit	34,604	34,725	20,577	34,939	35,061	44,619	32,489	20,776	25,413	25,552	33,315	23,485	12,656	5,174	5,178	6,539	4,776	4,116	4,353	4,331	4,765	4,228	4,004
For-profit	25,016	25,048	25,744	25,258	25,291	†	25,291	25,993	15,166	15,172	†	15,172	15,146	6,248	6,338	†	6,338	5,689	3,845	3,781	†	3,781	5,158

—Not available.
†Not applicable.
[1]Constant dollars based on the Consumer Price Index, prepared by the Bureau of Labor Statistics, U.S. Department of Labor, adjusted to a school-year basis.
[2]Data for 1986–87 and later years reflect a basis of 20 meals per week rather than meals 7 days per week. Because of this revision in data collection and tabulation procedures, data are not entirely comparable with figures for previous years. In particular, data on board rates are somewhat higher than in earlier years because they reflect the basis of 20 meals per week rather than meals served 7 days per week. Since many institutions serve fewer than 3 meals each day, the 1986–87 and later data reflect a more accurate accounting of total board costs.
[3]Room and board data are estimated.
NOTE: Data are for the entire academic year and are average total charges for full-time attendance. Tuition and fees were weighted by the number of full-time-equivalent undergraduates, but were not adjusted to reflect student residency. Room and board were based on full-time students. Data through 1995–96 are for institutions of higher education, while later data are for degree-granting institutions. Degree-granting institutions grant associate's or higher degrees and participate in Title IV federal financial aid programs. The degree-granting classification is very similar to the earlier higher education classification, but it includes more 2-year colleges and excludes a few higher education institutions that did not grant degrees. (See Appendix A: Guide to Sources for details.) Because of their low response rate, data for private 2-year colleges must be interpreted with caution. Some data have been revised from previously published figures. Detail may not sum to totals because of rounding.
SOURCE: U.S. Department of Education, National Center for Education Statistics, Higher Education General Information Survey (HEGIS), "Institutional Characteristics of Colleges and Universities" surveys, 1965–66 through 1985–86; "Fall Enrollment in Institutions of Higher Education" surveys, 1965 through 1985; and 1986–87 through 2009–10 Integrated Postsecondary Education Data System, "Fall Enrollment Survey" (IPEDS-EF:86–99), "Institutional Characteristics Survey" (IPEDS-IC:86–99), Spring 2001 through Spring 2010, and Fall 2000 through Fall 2009. (This table was prepared October 2010.)

Table 346. Average undergraduate tuition and fees and room and board rates charged for full-time students in degree-granting institutions, by type and control of institution and state or jurisdiction: 2008–09 and 2009–10

[In current dollars]

State or jurisdiction	Public 4-year							Private 4-year							Public 2-year, tuition and required fees		
	In-state, 2008–09		In-state, 2009–10				Out-of-state tuition and required fees, 2009–10	2008–09		2009–10						
	Total	Tuition and required fees	Total	Tuition and required fees	Room	Board		Total	Tuition and required fees	Total	Tuition and required fees	Room	Board	In-state, 2008–09	In-state, 2009–10	Out-of-state, 2009–10
1	2	3	4	5	6	7	8	9	10	11	12	13	14	15	16	17
United States	**$14,262**	**$6,312**	**$15,014**	**$6,695**	**$4,565**	**$3,754**	**$18,451**	**$32,090**	**$22,852**	**$32,790**	**$23,210**	**$5,249**	**$4,331**	**$2,136**	**$2,285**	**$6,075**
Alabama	12,183	5,554	13,052	6,061	3,572	3,420	15,202	20,997	13,997	23,234	15,896	3,655	3,682	2,826	2,834	6,141
Alaska	12,970	5,008	13,281	5,246	4,545	3,490	15,246	28,514	19,194	29,412	19,765	4,400	5,247	3,289	3,900	4,300
Arizona	14,098	5,589	15,710	6,720	5,417	3,573	20,116	24,939	16,430	29,383	17,389	7,892	4,102	1,610	1,652	7,129
Arkansas	11,708	5,748	11,841	5,846	3,442	2,554	12,610	21,086	14,884	22,147	15,516	3,366	3,266	2,119	2,188	3,915
California	15,679	5,266	17,652	6,240	5,849	5,563	24,319	36,779	25,780	37,832	26,397	6,378	5,057	586	719	5,413
Colorado	14,250	5,693	15,056	6,188	4,533	4,335	23,567	28,702	18,757	28,765	18,808	5,544	4,414	2,198	2,446	7,443
Connecticut	17,358	7,883	18,331	8,375	5,361	4,595	23,348	42,142	30,768	43,780	31,878	6,576	5,326	2,983	3,199	9,559
Delaware	17,199	8,306	18,383	9,026	5,564	3,793	21,598	21,033	12,554	21,852	12,951	4,558	4,342	2,684	2,816	6,524
District of Columbia	†	3,140	†	5,370	†	†	12,300	36,636	25,232	37,357	25,713	7,694	3,949	†	†	†
Florida	11,487	3,293	11,659	3,452	4,827	3,380	13,798	27,694	18,808	28,352	19,116	5,072	4,164	2,106	2,480	9,064
Georgia	11,532	4,261	12,552	4,839	4,335	3,378	18,158	30,587	21,211	30,323	20,717	5,496	4,110	1,904	2,324	7,380
Hawaii	13,358	5,326	14,182	5,943	4,112	4,126	17,755	22,780	12,232	22,948	12,405	4,538	6,006	1,757	1,955	6,589
Idaho	10,403	4,610	10,895	4,883	2,798	3,214	14,376	11,937	6,491	12,670	6,650	2,013	4,006	2,240	2,420	6,939
Illinois	18,228	9,860	19,355	10,443	4,706	4,206	24,179	32,223	22,443	33,272	23,166	5,600	4,507	2,520	2,670	8,342
Indiana	14,976	6,920	15,590	7,306	4,188	4,097	22,397	31,099	23,152	31,722	23,468	4,237	4,017	2,930	3,090	6,306
Iowa	13,828	6,434	14,174	6,712	3,707	3,754	20,054	23,680	17,186	23,019	16,392	2,969	3,657	3,418	3,549	4,595
Kansas	11,999	5,733	12,578	6,052	3,206	3,320	15,745	23,877	17,563	25,067	18,414	3,124	3,529	2,090	2,212	3,548
Kentucky	13,213	6,843	14,228	7,165	3,693	3,371	16,121	23,744	16,876	23,779	16,984	3,377	3,418	2,930	3,026	10,299
Louisiana	10,380	4,079	10,873	4,282	3,701	2,890	11,839	32,303	23,736	32,781	24,043	4,917	3,821	1,703	1,849	3,929
Maine	16,162	8,045	17,020	8,504	4,169	4,347	21,586	34,553	24,854	34,871	25,090	4,850	4,931	3,273	3,303	5,853
Maryland	16,112	7,252	16,407	7,321	5,150	3,937	18,857	38,528	28,560	39,750	29,361	6,130	4,258	3,061	3,099	7,399
Massachusetts	17,103	8,207	17,819	9,221	5,553	3,045	20,584	43,490	32,051	45,087	33,160	6,745	5,181	3,252	3,522	7,991
Michigan	17,034	9,075	17,852	9,638	4,171	4,043	26,696	22,847	15,528	23,170	15,524	3,727	3,920	2,254	2,312	5,011
Minnesota	15,097	8,284	15,730	8,728	3,596	3,406	12,805	31,439	23,572	31,927	23,814	4,297	3,816	4,611	4,791	5,381
Mississippi	11,093	4,953	11,583	5,046	3,742	2,795	12,668	19,256	13,211	19,666	13,563	2,953	3,150	1,769	1,837	3,657
Missouri	14,056	6,925	14,368	7,047	4,287	3,035	14,813	26,353	18,481	27,106	18,766	4,343	3,997	2,458	2,406	4,651
Montana	11,970	5,461	12,399	5,612	3,122	3,665	17,578	22,945	16,082	23,438	16,471	3,156	3,811	3,082	3,121	7,972
Nebraska	12,652	5,883	13,265	6,229	3,486	3,550	14,969	23,809	17,156	24,895	17,778	3,599	3,518	2,212	2,248	3,054
Nevada	12,824	3,316	13,682	3,559	5,689	4,434	15,219	26,207	16,299	25,768	15,651	5,538	4,579	1,920	2,010	8,198
New Hampshire	19,228	10,183	20,492	10,958	5,554	3,980	22,026	36,681	26,681	37,766	27,344	5,975	4,448	5,999	6,296	13,817
New Jersey	20,727	10,366	21,591	10,680	7,061	3,851	21,075	36,908	26,135	38,071	26,933	6,036	5,102	3,195	3,388	6,122
New Mexico	11,261	4,414	11,809	4,655	3,892	3,262	13,880	24,977	16,249	22,210	13,413	4,281	4,516	1,273	1,338	3,493
New York	14,878	5,098	16,147	5,720	6,278	4,149	13,167	38,526	27,539	40,115	28,646	6,857	4,612	3,520	3,724	6,725
North Carolina	11,354	4,376	11,874	4,559	4,072	3,243	16,411	30,890	22,838	32,252	23,788	4,357	4,107	1,404	1,639	7,054
North Dakota	11,426	5,780	11,891	5,968	2,616	3,307	14,837	15,749	10,799	16,419	11,227	2,271	2,921	4,116	3,873	8,500
Ohio	16,567	8,043	17,133	8,058	5,033	4,042	20,187	31,592	23,514	32,751	24,115	4,360	4,276	3,155	3,014	6,728
Oklahoma	12,355	5,011	11,444	4,955	3,384	3,106	13,538	24,747	17,399	25,811	18,105	3,896	3,810	2,533	2,423	6,003
Oregon	15,183	6,274	15,629	6,941	4,900	3,789	21,656	33,898	25,397	35,090	26,260	4,494	4,337	2,942	3,220	6,456
Pennsylvania	18,147	10,148	19,017	10,550	4,948	3,519	20,273	38,131	28,224	39,574	29,317	5,617	4,640	3,300	3,454	10,246
Rhode Island	17,289	7,663	18,509	8,435	6,075	3,999	24,642	38,951	28,305	40,295	29,420	6,065	4,810	3,090	3,376	9,008
South Carolina	16,137	8,985	16,788	9,439	4,597	2,751	22,062	25,311	18,502	26,156	19,000	3,581	3,575	3,355	3,477	7,224
South Dakota	11,357	5,748	12,022	6,128	2,665	3,229	7,820	21,666	15,730	22,207	16,024	2,848	3,335	3,945	4,357	4,583
Tennessee	12,057	5,682	12,748	6,048	3,628	3,072	18,991	27,316	19,598	27,925	19,965	4,304	3,657	2,778	2,941	11,460
Texas	13,222	6,023	13,764	6,350	3,890	3,524	16,823	29,399	21,275	30,636	22,178	4,620	3,837	1,473	1,512	4,061
Utah	10,301	4,236	10,109	4,532	2,627	2,950	13,545	13,658	6,765	14,098	6,992	3,551	3,555	2,571	2,734	7,566
Vermont	19,688	11,339	20,735	12,008	5,510	3,216	28,503	36,143	26,815	37,677	28,046	5,157	4,473	4,684	4,876	9,652
Virginia	14,850	7,427	15,616	7,795	4,322	3,498	22,512	26,997	19,412	27,247	19,365	4,082	3,801	2,665	2,853	7,266
Washington	14,153	5,688	15,189	6,032	4,561	4,596	21,058	33,698	25,201	35,132	26,184	4,763	4,185	2,841	3,025	5,861
West Virginia	12,128	4,708	12,426	4,899	3,948	3,579	14,623	18,561	11,365	17,761	10,490	3,517	3,754	2,785	2,847	7,694
Wisconsin	12,400	6,552	13,190	6,963	3,675	2,551	17,982	30,050	22,556	30,805	22,879	4,122	3,804	3,521	3,543	8,680
Wyoming	10,556	3,057	10,952	3,162	3,466	4,324	9,498	†	11,325	†	11,325	†	†	2,009	2,120	5,393

†Not applicable.

NOTE: Data are for the entire academic year and are average charges. In-state tuition and fees were weighted by the number of full-time-equivalent undergraduates, but were not adjusted to reflect student residency. Out-of-state tuition and fees were weighted by the number of first-time freshmen attending the institution in fall 2008 from out of state. Room and board are based on full-time students. (See Appendix A: Guide to Sources for details.) Degree-granting institutions grant associate's or higher degrees and participate in Title IV federal financial aid programs. Some data have been revised from previously published figures. Detail may not sum to totals because of rounding.

SOURCE: U.S. Department of Education, National Center for Education Statistics, 2008–09 and 2009–10 Integrated Postsecondary Education Data System (IPEDS), Fall 2008, Fall 2009, Spring 2009, and Spring 2010. (This table was prepared October 2010.)

Table 347. Undergraduate tuition and fees and room and board rates for full-time students in degree-granting institutions, by percentile of charges and control and type of institution: Selected years, 2000–01 through 2009–10

[In current dollars]

Control and type of institution, and year	Tuition, room, and board					Tuition and required fees				
	10th percentile	25th percentile	Median (50th percentile)	75th percentile	90th percentile	10th percentile	25th percentile	Median (50th percentile)	75th percentile	90th percentile
1	2	3	4	5	6	7	8	9	10	11
All public institutions[1]										
2000–01	$5,701	$6,878	$8,279	$9,617	$11,384	$612	$1,480	$2,403	$3,444	$4,583
2003–04	6,909	8,522	10,029	12,085	14,440	900	1,800	2,913	4,464	6,149
2004–05	7,265	9,081	10,797	12,842	15,401	900	1,920	3,152	4,977	6,752
2005–06	7,700	9,623	11,348	13,543	16,264	990	2,070	3,329	5,322	6,972
2006–07	8,337	10,125	12,042	14,505	16,965	1,080	2,190	3,490	5,652	7,530
2007–08	8,827	10,890	12,690	15,446	17,979	1,144	2,245	3,666	5,988	7,969
2008–09	9,370	11,518	13,616	16,283	18,866	1,144	2,348	3,948	6,360	8,467
2009–10	9,433	12,069	14,446	17,146	19,898	1,200	2,492	4,370	6,726	8,726
Public 4-year[1]										
2000–01	6,503	7,347	8,468	9,816	11,611	2,118	2,516	3,314	4,094	5,085
2003–04	7,924	9,023	10,447	12,292	14,655	2,609	3,251	4,254	5,702	6,882
2004–05	8,380	9,574	11,022	13,031	15,622	2,880	3,582	4,665	6,081	7,542
2005–06	8,863	10,219	11,596	13,830	16,443	3,094	3,822	5,084	6,458	8,097
2006–07	9,461	10,797	12,272	14,748	17,160	3,206	4,074	5,376	6,825	8,667
2007–08	10,012	11,471	13,035	15,819	18,384	3,355	4,262	5,689	7,272	8,907
2008–09	10,638	12,169	13,983	16,614	19,291	3,687	4,399	6,056	7,819	9,399
2009–10	11,158	12,793	15,040	17,661	20,253	4,044	4,900	6,458	8,266	9,886
Public 2-year[1]										
2000–01	3,321	3,804	4,627	5,750	6,871	310	724	1,387	1,799	2,455
2003–04	3,874	4,725	5,562	6,983	8,360	478	1,024	1,700	2,325	2,844
2004–05	4,097	4,889	6,021	7,420	9,015	710	1,048	1,803	2,459	3,033
2005–06	4,380	4,822	6,234	7,567	8,993	691	1,109	1,920	2,589	3,100
2006–07	4,487	5,199	6,376	8,035	9,719	670	1,184	2,059	2,713	3,316
2007–08	4,637	5,361	6,777	8,138	10,471	590	1,200	2,091	2,819	3,384
2008–09	4,860	5,612	6,935	8,823	11,183	590	1,200	2,215	2,930	3,456
2009–10	5,114	6,008	7,048	8,981	10,977	704	1,316	2,380	3,090	3,650
All private institutions										
2000–01	13,514	17,530	22,398	27,280	32,659	7,520	10,716	14,880	18,795	24,336
2003–04	16,332	20,833	26,455	32,242	37,710	8,650	12,020	16,930	21,790	28,400
2004–05	17,144	21,746	27,872	34,342	39,565	9,184	12,750	17,590	22,712	29,786
2005–06	18,243	23,044	29,279	35,783	41,707	9,285	12,840	18,120	24,030	31,444
2006–07	19,102	24,350	31,009	38,448	43,770	10,200	14,010	19,125	25,414	33,210
2007–08	19,982	25,762	32,710	40,778	46,203	10,684	14,360	21,074	27,856	35,089
2008–09	20,813	26,986	34,599	43,055	48,469	11,176	14,470	21,950	28,990	36,504
Not-for-profit	21,649	27,438	34,805	43,246	48,524	12,020	18,415	24,930	31,540	37,125
For-profit	17,150	17,150	20,813	29,959	30,400	10,770	11,700	14,130	16,356	20,935
2009–10	20,481	28,192	36,230	44,776	50,294	10,632	14,432	21,790	29,750	37,954
Not-for-profit	22,334	28,699	36,550	44,895	50,297	11,696	18,970	25,890	32,816	38,690
For-profit	17,789	17,789	21,321	31,433	32,000	10,115	11,735	14,212	17,148	21,980
Private 4-year										
2000–01	13,972	17,714	22,493	27,430	32,659	8,305	11,548	15,420	19,200	24,336
2003–04	16,364	20,833	26,536	32,242	37,710	9,082	12,660	17,524	22,420	28,440
2004–05	17,156	21,808	27,925	34,468	39,565	9,570	13,200	18,170	23,386	29,910
2005–06	18,350	23,238	29,294	35,912	41,707	9,675	12,956	18,900	24,366	31,452
2006–07	19,187	24,500	31,099	38,448	43,792	10,560	14,880	19,924	26,120	33,318
2007–08	20,005	25,876	32,768	40,778	46,203	11,066	15,600	21,500	28,630	35,187
2008–09	20,859	27,131	34,610	43,068	48,520	11,288	15,500	22,576	29,700	36,847
Not-for-profit	21,668	27,752	34,849	43,246	48,524	12,242	18,554	25,120	31,620	37,125
For-profit	17,150	17,150	20,813	29,959	30,400	11,176	12,245	14,248	16,389	21,922
2009–10	20,490	28,267	36,264	44,776	50,294	10,884	14,800	22,880	30,186	38,174
Not-for-profit	22,356	28,840	36,665	44,895	50,298	12,240	19,200	26,180	32,910	38,690
For-profit	17,789	17,789	21,321	31,433	32,000	9,966	11,712	14,432	17,148	22,125
Private 2-year										
2000–01	6,650	6,850	13,220	16,400	21,845	5,013	6,887	8,329	11,064	13,995
2003–04	11,955	14,119	17,124	26,560	40,780	6,800	8,325	10,462	12,892	17,500
2004–05	13,807	15,486	19,844	27,276	34,385	7,008	8,813	10,629	13,548	18,025
2005–06	11,560	15,680	18,410	22,809	43,425	7,560	9,285	11,180	14,196	17,995
2006–07	8,685	16,568	19,115	26,677	40,130	7,980	9,688	11,600	14,833	18,710
2007–08	15,529	17,460	20,362	26,727	40,232	8,160	10,150	11,840	15,015	18,760
2008–09	17,568	18,714	22,347	26,863	43,382	9,000	10,605	12,350	16,356	18,175
Not-for-profit	16,085	17,568	21,595	24,390	39,463	3,740	8,900	11,800	16,250	18,000
For-profit	21,442	23,327	26,863	43,382	43,382	9,000	10,910	12,600	16,356	18,175
2009–10	18,235	18,776	22,517	26,455	36,300	9,655	11,496	13,250	17,100	21,245
Not-for-profit	13,105	18,316	20,369	26,455	40,733	3,530	8,950	12,292	15,177	19,000
For-profit	22,857	22,857	26,696	26,696	26,696	10,116	11,735	13,548	17,148	21,245

[1]Average undergraduate tuition and fees are based on in-state students only.
NOTE: Data are for the entire academic year and are average rates for full-time students. Student charges were weighted by the number of full-time-equivalent undergraduates, but were not adjusted to reflect student residency. The data have not been adjusted for changes in the purchasing power of the dollar. Degree-granting institutions grant associate's or higher degrees and participate in Title IV federal financial aid programs. Some data have been revised from previously published figures.
SOURCE: U.S. Department of Education, National Center for Education Statistics, 2000–01 through 2009–10 Integrated Postsecondary Education Data System (IPEDS), Fall 2000 through Fall 2009 and Spring 2001 through Spring 2010. (This table was prepared October 2010.)

Table 348. Average graduate and first-professional tuition and required fees in degree-granting institutions, by first-professional field of study and control of institution: 1988–89 through 2009–10

Year and control	Average full-time graduate tuition and required fees		Average full-time first-professional tuition and required fees in current dollars									
	Current dollars	Constant 2008–09 dollars	Chiropractic	Dentistry	Medicine	Optometry	Osteopathic medicine	Pharmacy	Podiatry	Veterinary medicine	Law	Theology
1	2	3	4	5	6	7	8	9	10	11	12	13
All institutions												
1988–89	$3,728	$6,603	$7,972	$9,324	$9,439	$8,503	$11,462	$4,952	$13,232	$4,856	$7,099	$3,911
1989–90	4,135	6,990	8,315	10,515	10,597	9,469	11,888	5,890	14,611	5,470	8,059	4,079
1990–91	4,488	7,194	9,108	10,270	10,571	9,512	12,830	5,889	15,143	5,396	8,708	4,569
1991–92	5,116	7,946	10,226	12,049	11,646	9,610	13,004	6,731	16,257	6,367	9,469	4,876
1992–93	5,475	8,246	11,117	12,710	12,265	10,858	14,297	6,635	17,426	6,771	10,463	5,331
1993–94	5,973	8,769	11,503	14,403	13,074	10,385	15,038	7,960	17,621	7,159	11,552	5,253
1994–95	6,247	8,916	12,324	15,164	13,834	11,053	15,913	8,315	18,138	7,741	12,374	5,648
1995–96	6,741	9,366	12,507	15,647	14,860	11,544	16,785	8,602	18,434	8,208	13,278	5,991
1996–97	7,111	9,606	12,721	16,585	15,481	12,250	17,888	9,207	19,056	8,668	14,081	6,558
1997–98	7,246	9,617	13,144	17,695	16,310	12,679	18,668	9,744	19,355	9,013	14,992	6,832
1998–99	7,685	10,025	13,582	19,051	17,107	14,066	20,000	9,735	19,547	9,392	15,601	7,171
1999–2000	8,071	10,234	14,256	19,576	17,818	14,354	20,903	10,740	20,158	9,867	16,491	7,725
2000–01	8,429	10,334	15,093	22,097	19,151	15,448	21,784	11,273	20,455	10,365	17,795	7,868
2001–02	8,857	10,670	15,632	22,597	19,795	16,148	22,970	12,259	20,886	11,070	18,707	8,737
2002–03	9,226	10,875	16,758	24,517	21,206	16,439	24,379	13,597	21,633	12,142	19,810	9,485
2003–04	10,312	11,895	17,264	26,124	22,892	17,439	26,059	14,987	22,645	13,420	21,305	9,850
2004–05	11,004	12,323	18,535	28,455	24,293	18,048	27,900	15,951	23,631	14,535	22,935	10,412
2005–06	11,621	12,536	19,445	29,729	25,699	18,717	29,320	17,224	24,347	15,526	24,474	10,811
2006–07	12,312	12,946	21,473	32,004	27,086	19,886	30,604	18,634	25,594	16,551	26,042	11,628
2007–08	12,962	13,143	22,815	34,699	28,040	21,046	32,163	19,542	26,112	17,012	27,670	11,346
2008–09[1]	13,634	13,634	23,979	37,543	29,890	22,125	33,607	20,842	27,118	18,223	29,585	11,983
2009–10	14,537	14,398	—	—	—	—	—	—	—	—	—	—
Public[2]												
1988–89	1,913	3,388	†	5,286	5,669	3,455	6,269	2,218	†	3,889	2,766	†
1989–90	1,999	3,379	†	5,728	6,259	3,569	6,521	2,816	†	4,505	3,196	†
1990–91	2,206	3,536	†	5,927	6,437	3,821	7,188	2,697	†	4,840	3,430	†
1991–92	2,524	3,920	†	6,595	7,106	4,161	7,699	2,871	†	5,231	3,933	†
1992–93	2,791	4,204	†	7,006	7,867	5,106	8,404	2,987	†	5,553	4,261	†
1993–94	3,050	4,478	†	7,525	8,329	5,325	8,640	3,567	†	6,107	4,835	†
1994–95	3,250	4,639	†	8,125	8,812	5,643	8,954	3,793	†	6,571	5,307	†
1995–96	3,449	4,792	†	8,806	9,585	6,130	9,448	4,100	†	6,907	5,821	†
1996–97	3,607	4,872	†	9,434	10,057	6,561	9,932	4,884	†	7,343	6,565	†
1997–98	3,744	4,969	†	9,762	10,555	7,366	10,358	5,046	19,541	7,472	7,125	†
1998–99	3,897	5,083	†	10,259	11,141	7,890	10,858	5,476	19,818	7,707	7,510	†
1999–2000	4,043	5,127	†	10,795	11,610	7,922	11,377	5,997	19,578	8,271	7,824	†
2000–01	4,243	5,202	†	11,946	12,188	8,452	11,866	6,476	20,228	8,720	8,414	†
2001–02	4,496	5,416	†	13,092	13,186	9,619	12,708	7,187	21,254	9,375	9,115	†
2002–03	4,842	5,707	†	13,992	14,591	10,187	13,497	8,304	21,992	10,396	10,172	†
2003–04	5,544	6,395	†	15,613	16,500	11,537	14,994	9,424	22,638	11,763	11,838	†
2004–05	6,080	6,808	†	17,690	18,078	12,387	16,467	10,332	24,788	12,878	13,155	†
2005–06	6,493	7,004	†	19,177	19,473	13,229	17,653	11,444	24,808	13,849	14,544	†
2006–07	6,894	7,250	†	20,701	20,627	14,392	18,102	12,523	26,242	14,915	15,658	†
2007–08	7,415	7,519	†	22,037	21,206	15,489	19,310	13,490	27,322	15,838	16,962	†
2008–09[1]	7,999	7,999	†	24,787	22,959	16,285	20,898	14,476	28,942	17,070	18,461	†
2009–10	8,763	8,679	—	—	—	—	—	—	—	—	—	—
Private												
1988–89	6,945	12,301	7,972	16,127	15,610	12,050	13,536	9,692	13,232	13,285	9,892	3,911
1989–90	7,881	13,323	8,315	16,800	16,826	13,640	14,117	10,656	14,611	14,184	10,901	4,079
1990–91	8,507	13,636	9,108	18,270	17,899	13,767	15,009	11,546	15,143	14,159	12,247	4,569
1991–92	9,592	14,898	10,226	20,318	19,225	14,366	16,098	12,937	16,257	15,816	12,946	4,876
1992–93	10,008	15,073	11,117	21,309	19,585	14,459	17,098	13,373	17,426	17,103	13,975	5,331
1993–94	10,790	15,841	11,503	23,824	20,769	14,156	17,720	14,838	17,621	17,433	15,193	5,253
1994–95	11,338	16,182	12,324	24,641	21,819	14,497	18,422	14,894	18,138	17,940	16,201	5,648
1995–96	12,083	16,787	12,507	25,678	23,001	15,235	19,619	15,618	18,434	19,380	17,251	5,991
1996–97	12,537	16,935	12,721	26,618	24,242	15,949	20,714	15,934	19,056	19,526	18,276	6,558
1997–98	12,774	16,953	13,144	29,985	25,249	16,550	21,707	16,575	19,316	18,624	19,311	6,832
1998–99	13,299	17,349	13,582	31,917	26,495	17,848	22,867	16,874	19,492	19,617	20,253	7,171
1999–2000	13,782	17,475	14,256	32,268	27,702	18,317	23,791	18,220	20,259	20,128	21,393	7,725
2000–01	14,420	17,678	15,093	35,234	30,077	19,838	24,719	19,022	20,498	20,883	23,063	7,868
2001–02	15,165	18,269	15,632	36,184	30,438	20,374	25,909	20,325	20,825	21,772	24,019	8,737
2002–03	14,983	17,661	16,758	39,085	31,895	20,197	27,552	21,561	21,551	22,813	25,243	9,485
2003–04	16,209	18,697	17,264	40,414	32,913	20,955	29,095	23,022	22,647	23,941	26,746	9,850
2004–05	16,751	18,758	18,535	43,228	34,296	21,532	30,707	24,152	23,365	25,027	28,175	10,412
2005–06	17,244	18,602	19,445	45,633	35,895	22,162	32,349	25,439	24,240	26,191	29,782	10,811
2006–07	18,108	19,041	21,473	49,135	37,569	23,474	33,986	26,681	25,432	27,135	31,561	11,628
2007–08	19,208	19,476	22,815	51,803	39,280	24,503	35,299	27,884	25,928	23,558	33,481	11,346
2008–09[1]	19,619	19,619	23,979	54,774	41,289	25,757	36,708	29,618	26,842	24,646	35,622	11,983
2009–10	20,368	20,172	—	—	—	—	—	—	—	—	—	—

—Not available.
†Not applicable.
[1]Preliminary first-professional tuition average based on 2007–08 degrees.
[2]Data are based on in-state tuition only.
NOTE: Average graduate student tuition weighted by fall full-time-equivalent graduate enrollment. Average first-professional tuition weighted by number of degrees conferred during the academic year. Some year-to-year fluctuations in tuition data may reflect nonreporting by individual institutions. Excludes institutions not reporting degrees conferred and institutions not reporting tuition. Data through 1995–96 are for institutions of higher education, while later data are for degree-granting institutions. Degree-granting institutions grant associate's or higher degrees and participate in Title IV federal financial aid programs. The degree-granting classification is very similar to the earlier higher education classification, but it includes more 2-year colleges and excludes a few higher education institutions that did not grant degrees. (See Appendix A: Guide to Sources for details.) Some data have been revised from previously published figures.
SOURCE: U.S. Department of Education, National Center for Education Statistics, 1988–89 through 2009–10 Integrated Postsecondary Education Data System, "Fall Enrollment Survey" (IPEDS-EF:88–89); "Completions Survey," (IPEDS-C:89–99); "Institutional Characteristics Survey" (IPEDS-IC:88–99); Fall 2000 through Fall 2009; and Spring 2001 through Spring 2010. (This table was prepared October 2010.)

Table 349. Percentage of undergraduates receiving aid, by type and source of aid and selected student characteristics: 2007–08

Selected student characteristic	Number of undergraduates[1] (in thousands)	Any aid			Grants			Loans			Work study
		Total[2]	Federal[3]	Nonfederal	Total	Federal	Nonfederal	Total[4]	Federal[4]	Nonfederal	Total[5]
1	2	3	4	5	6	7	8	9	10	11	12
All undergraduates	**20,928 (0.4)**	**65.6 (1.20)**	**48.2 (0.85)**	**48.0 (0.77)**	**51.7 (0.96)**	**27.6 (0.47)**	**38.5 (0.72)**	**38.7 (0.24)**	**34.9 (0.18)**	**14.8 (0.21)**	**7.4 (0.20)**
Sex											
Male	9,013 (126.0)	61.4 (1.38)	43.1 (0.98)	45.7 (1.01)	46.7 (1.16)	21.7 (0.59)	37.0 (0.95)	35.0 (0.45)	31.1 (0.38)	13.8 (0.26)	7.2 (0.31)
Female	11,915 (125.7)	68.8 (1.04)	52.0 (0.74)	49.7 (0.62)	55.5 (0.78)	32.0 (0.37)	39.5 (0.61)	41.5 (0.26)	37.8 (0.24)	15.5 (0.28)	7.6 (0.18)
Race/ethnicity											
White	12,924 (109.7)	63.5 (1.32)	44.4 (0.99)	47.8 (0.83)	48.2 (0.95)	20.7 (0.39)	38.5 (0.79)	38.5 (0.54)	34.6 (0.52)	15.0 (0.28)	7.3 (0.25)
Black	2,925 (59.1)	76.2 (1.56)	63.5 (1.57)	50.5 (0.93)	63.5 (1.31)	46.4 (1.19)	38.4 (0.84)	49.6 (1.05)	46.1 (1.02)	17.7 (0.62)	7.2 (0.35)
Hispanic	2,960 (93.0)	69.0 (0.76)	53.4 (0.72)	48.8 (0.85)	58.1 (0.99)	39.5 (0.63)	39.2 (0.93)	34.4 (1.09)	30.3 (1.15)	14.1 (0.44)	7.2 (0.33)
Asian	1,236 (38.0)	53.4 (1.96)	36.7 (1.21)	42.1 (1.71)	43.1 (1.54)	22.7 (0.96)	36.0 (1.37)	25.6 (0.89)	22.4 (0.90)	9.3 (0.57)	8.7 (0.56)
American Indian/Alaska Native	176 (18.7)	70.8 (2.92)	54.3 (3.17)	48.4 (3.06)	60.4 (3.12)	39.3 (3.51)	41.8 (2.74)	35.5 (3.34)	31.9 (3.49)	12.0 (2.09)	5.3 (1.12)
Native Hawaiian/Pacific Islander	151 (11.6)	61.5 (3.28)	42.4 (3.32)	44.5 (2.97)	49.3 (3.10)	26.6 (3.02)	36.3 (2.83)	32.1 (3.01)	27.9 (2.83)	12.3 (1.57)	7.7 (1.46)
Other	61 (5.2)	64.1 (4.03)	49.2 (3.84)	41.1 (4.13)	51.1 (3.96)	33.2 (3.10)	33.1 (3.88)	35.5 (4.02)	32.8 (3.88)	12.7 (2.37)	6.1 (1.60)
Two or more races	495 (25.9)	68.1 (1.51)	53.2 (1.46)	49.7 (1.58)	53.8 (1.43)	31.2 (1.31)	40.7 (1.31)	41.6 (1.55)	38.6 (1.60)	14.0 (0.98)	11.4 (1.02)
Age											
15 to 23 years old	12,490 (60.2)	66.9 (1.02)	49.3 (0.67)	51.4 (0.72)	52.5 (0.94)	25.0 (0.40)	42.7 (0.76)	40.4 (0.25)	36.3 (0.24)	15.6 (0.21)	10.4 (0.26)
24 to 29 years old	3,621 (37.1)	66.3 (1.60)	52.5 (1.10)	43.0 (1.12)	52.0 (1.10)	36.5 (0.72)	30.6 (0.93)	41.6 (0.61)	37.4 (0.49)	16.3 (0.53)	3.8 (0.23)
30 years old or over	4,817 (52.5)	61.8 (1.55)	42.1 (1.35)	42.7 (0.95)	49.4 (1.16)	27.4 (0.77)	33.4 (0.84)	32.3 (0.55)	29.5 (0.50)	11.7 (0.42)	2.3 (0.18)
Marital status											
Not married[6]	16,761 (59.2)	66.4 (1.28)	49.6 (0.89)	49.2 (0.84)	52.7 (1.05)	28.1 (0.51)	39.8 (0.77)	40.2 (0.32)	36.2 (0.26)	15.4 (0.25)	8.6 (0.23)
Married	3,763 (58.7)	60.8 (1.01)	40.4 (0.96)	42.3 (0.71)	45.7 (0.80)	22.0 (0.54)	33.1 (0.78)	31.0 (0.50)	28.2 (0.51)	11.7 (0.39)	2.6 (0.20)
Separated	404 (13.1)	77.1 (2.32)	64.8 (1.94)	47.8 (2.75)	67.9 (2.69)	55.3 (1.97)	32.9 (2.69)	48.9 (1.66)	45.3 (1.62)	18.0 (1.49)	3.2 (0.53)
Attendance status[7]											
Full-time, full-year	8,220 (59.4)	79.5 (0.37)	63.0 (0.32)	62.9 (0.43)	64.4 (0.38)	33.0 (0.38)	52.8 (0.52)	53.3 (0.42)	49.6 (0.42)	20.1 (0.29)	13.5 (0.29)
Part-time or part-year	12,708 (59.2)	56.6 (1.86)	38.6 (1.48)	38.3 (1.13)	43.5 (1.50)	24.0 (0.97)	29.2 (0.99)	29.3 (0.63)	25.5 (0.55)	11.4 (0.34)	3.5 (0.23)
Dependency status and family income											
Dependent	11,081 (65.7)	66.5 (1.06)	48.2 (0.71)	52.5 (0.78)	51.4 (0.94)	22.1 (0.37)	43.9 (0.81)	40.6 (0.33)	36.5 (0.31)	15.9 (0.23)	11.0 (0.29)
Less than $20,000	1,263 (22.5)	80.7 (1.13)	71.4 (0.82)	57.5 (1.13)	76.7 (1.25)	68.2 (0.84)	50.4 (1.23)	40.0 (1.01)	36.7 (0.98)	12.5 (0.55)	12.1 (0.59)
$20,000–$39,999	1,853 (23.2)	78.5 (1.07)	68.5 (0.78)	59.7 (0.88)	71.8 (1.10)	59.3 (0.76)	52.2 (0.98)	44.6 (0.81)	41.7 (0.89)	15.1 (0.46)	14.6 (0.51)
$40,000–$59,999	1,852 (26.1)	66.8 (1.69)	49.3 (1.31)	54.9 (1.29)	53.1 (1.41)	23.7 (0.94)	46.5 (1.21)	43.2 (0.81)	39.0 (0.71)	17.3 (0.58)	12.5 (0.53)
$60,000–$79,999	1,646 (28.8)	63.3 (1.27)	41.6 (0.99)	51.4 (1.15)	41.7 (1.17)	1.7 (0.18)	41.2 (1.19)	43.2 (0.91)	38.5 (0.92)	18.1 (0.61)	11.0 (0.71)
$80,000–$99,999	1,398 (23.8)	63.1 (0.98)	40.0 (0.78)	51.1 (1.01)	41.7 (1.02)	0.5 (0.14)	41.6 (1.02)	42.7 (0.76)	37.7 (0.76)	18.4 (0.62)	10.2 (0.60)
$100,000 or more	3,070 (42.8)	56.4 (1.06)	32.9 (0.80)	45.9 (0.81)	37.4 (0.81)	0.6 (0.08)	37.3 (0.80)	34.4 (0.71)	30.2 (0.77)	14.5 (0.36)	8.0 (0.31)
Independent	9,847 (65.6)	64.6 (1.42)	48.2 (1.08)	42.9 (0.87)	52.0 (1.06)	33.7 (0.63)	32.3 (0.76)	36.6 (0.35)	33.2 (0.28)	13.6 (0.34)	3.3 (0.16)
Less than $10,000	2,268 (31.4)	74.0 (1.25)	63.3 (0.70)	45.9 (1.04)	67.4 (1.08)	58.3 (0.59)	33.4 (0.97)	45.0 (0.80)	40.6 (0.93)	16.0 (0.59)	6.8 (0.33)
$10,000–$19,999	1,714 (30.2)	71.5 (1.74)	62.4 (1.24)	42.9 (1.28)	62.3 (1.50)	52.3 (1.09)	30.7 (1.04)	45.6 (0.78)	42.0 (0.77)	15.8 (0.66)	3.7 (0.30)
$20,000–$29,999	1,502 (27.4)	68.6 (2.17)	54.8 (1.85)	42.9 (1.60)	51.5 (1.89)	34.9 (1.31)	30.8 (1.22)	40.6 (0.89)	36.9 (0.93)	15.4 (0.76)	3.0 (0.37)
$30,000–$49,999	2,001 (34.5)	62.9 (1.74)	44.6 (1.63)	43.9 (1.17)	49.3 (1.27)	28.4 (1.08)	33.6 (1.10)	34.9 (0.89)	31.8 (0.80)	13.1 (0.65)	1.8 (0.22)
$50,000 or more	2,362 (40.8)	49.7 (1.07)	22.4 (1.02)	39.1 (0.76)	32.4 (0.79)	0.3 (0.09)	32.3 (0.79)	20.9 (0.75)	18.4 (0.75)	9.0 (0.44)	1.2 (0.18)
Housing status[8]											
School-owned	2,964 (111.5)	80.1 (1.21)	70.1 (1.00)	60.7 (1.14)	66.6 (1.14)	23.5 (0.57)	62.3 (1.11)	57.9 (0.84)	53.7 (0.75)	22.0 (0.57)	22.5 (0.85)
Off-campus, not with parents	11,296 (219.5)	65.5 (1.53)	45.5 (1.31)	48.4 (0.91)	51.3 (1.19)	29.9 (0.77)	35.0 (0.78)	38.4 (0.51)	34.8 (0.47)	14.5 (0.33)	4.5 (0.21)
With parents	5,002 (143.6)	56.1 (1.66)	40.4 (1.14)	38.7 (1.19)	43.9 (1.67)	24.5 (0.95)	32.5 (1.26)	25.8 (0.45)	22.1 (0.40)	10.6 (0.30)	4.9 (0.26)

[1]Numbers of undergraduates may not equal figures reported in other tables, since these data are based on a sample survey of students who enrolled at any time during the school year. Includes all postsecondary institutions.
[2]Includes students who reported they were awarded aid, but did not specify the source or type of aid.
[3]Includes Department of Veterans Affairs and Department of Defense benefits.
[4]Includes Parent Loans for Undergraduate Students (PLUS).
[5]Details on federal and nonfederal work-study participants are not available.
[6]Includes students who were single, divorced, or widowed.
[7]Full-time, full-year includes students enrolled full time for 9 or more months. Part-time or part-year includes students enrolled part time for 9 or more months and students enrolled less than 9 months either part time or full time.
[8]Excludes students attending more than one institution.
NOTE: Excludes students whose attendance status was not reported. Detail may not sum to totals because of rounding and because some students receive multiple types of aid and aid from different sources. Data include undergraduates in degree-granting and non-degree-granting institutions. Data include Puerto Rico. Race categories exclude persons of Hispanic ethnicity. Standard errors appear in parentheses.
SOURCE: U.S. Department of Education, National Center for Education Statistics, 2007–08 National Postsecondary Student Aid Study (NPSAS:08). (This table was prepared August 2009.)

Table 350. Full-time, first-time degree/certificate-seeking undergraduate students enrolled in degree-granting institutions, by participation and average amount awarded in financial aid programs, and type and control of institution: 2000–01 through 2008–09

[In current dollars]

Control and type of institution, and year	Number enrolled	Number receiving financial aid	Percent receiving aid	Percent of enrolled students in student aid programs				Average award for students in aid programs[1]			
				Federal grants	State/local grants	Institutional grants	Student loans[2]	Federal grants	State/local grants	Institutional grants	Student loans[2]
1	2	3	4	5	6	7	8	9	10	11	12
All institutions											
2000–01	1,976,600	1,390,527	70.3	31.6	31.2	31.1	40.1	$2,486	$2,039	$4,740	$3,764
2001–02	2,050,016	1,481,592	72.3	33.3	32.5	31.5	40.7	2,739	2,057	4,918	3,970
2002–03	2,135,613	1,553,024	72.7	34.1	30.9	31.5	41.4	2,947	2,189	5,267	4,331
2003–04	2,178,517	1,610,967	73.9	34.6	31.2	31.9	43.1	2,934	2,226	5,648	4,193
2004–05	2,260,590	1,689,910	74.8	35.2	31.3	31.7	44.0	2,939	2,343	5,958	4,463
2005–06	2,309,543	1,731,315	75.0	33.7	30.8	32.7	44.6	2,959	2,441	6,213	4,831
2006–07	2,427,043	1,766,257	72.8	32.1	30.0	32.2	43.5	3,125	2,526	6,593	5,014
2007–08	2,532,955	1,914,567	75.6	35.4	30.6	33.6	45.6	3,376	2,580	6,791	6,009
2008–09	2,675,974	2,089,288	78.1	38.0	30.2	34.1	48.6	3,915	2,705	7,250	6,974
Public											
2000–01	1,333,236	872,109	65.4	30.0	33.5	22.7	30.7	2,408	1,707	2,275	3,050
2004–05	1,497,590	1,045,144	69.8	33.0	34.9	23.5	33.7	2,891	2,138	2,976	3,715
2005–06	1,510,268	1,066,041	70.6	31.1	34.8	25.1	34.2	2,926	2,226	3,162	3,866
2006–07	1,568,395	1,096,808	69.9	30.9	34.9	25.2	34.2	3,099	2,318	3,316	4,081
2007–08	1,648,583	1,173,222	71.2	32.6	35.8	25.9	34.7	3,368	2,351	3,530	4,803
2008–09	1,700,907	1,246,670	73.3	33.7	36.9	26.5	36.3	3,869	2,486	3,755	5,542
4-year											
2000–01	804,793	573,430	71.3	26.6	36.5	29.6	40.7	2,569	2,068	2,616	3,212
2004–05	888,267	670,365	75.5	28.3	38.2	32.0	44.3	3,048	2,622	3,388	3,998
2005–06	906,948	695,017	76.6	26.6	36.8	34.2	44.4	3,071	2,752	3,573	4,166
2006–07	949,162	716,323	75.5	26.6	36.7	34.2	43.8	3,365	2,848	3,759	4,433
2007–08	976,830	753,643	77.2	28.0	37.4	36.2	45.2	3,675	2,963	3,956	5,190
2008–09	1,007,609	792,028	78.6	28.4	37.9	37.2	46.9	4,157	3,152	4,186	5,972
2-year											
2000–01	528,443	298,679	56.5	35.2	28.8	12.1	15.3	2,222	1,009	1,004	2,396
2004–05	609,323	374,779	61.5	39.7	30.2	11.1	18.2	2,728	1,246	1,238	2,712
2005–06	603,320	371,024	61.5	38.0	31.9	11.3	19.0	2,774	1,314	1,297	2,812
2006–07	619,233	380,485	61.4	37.5	32.2	11.6	19.6	2,810	1,393	1,311	2,877
2007–08	671,753	419,579	62.5	39.1	33.4	10.8	19.4	3,048	1,354	1,458	3,488
2008–09	693,298	454,642	65.6	41.5	35.4	11.0	21.1	3,584	1,451	1,637	4,152
Private not-for-profit											
2000–01	439,369	363,044	82.6	28.4	31.8	68.1	57.7	2,879	2,998	7,368	4,019
2004–05	471,015	400,562	85.0	27.9	31.5	72.9	59.6	3,427	3,057	9,284	4,981
2005–06	471,069	401,908	85.3	26.5	31.3	73.8	59.8	3,426	3,117	9,932	5,270
2006–07	477,698	407,247	85.3	26.2	30.5	73.9	59.3	3,704	3,321	10,724	5,544
2007–08	494,088	424,943	86.0	27.3	30.0	74.4	60.2	3,928	3,386	11,465	6,415
2008–09	496,638	433,208	87.2	27.4	30.2	76.6	60.6	4,450	3,523	12,699	7,609
4-year											
2000–01	419,499	347,638	82.9	27.4	32.2	70.1	58.1	2,930	3,001	7,458	4,000
2004–05	459,435	390,761	85.1	27.2	31.4	73.8	59.8	3,463	3,059	9,360	4,991
2005–06	460,832	393,429	85.4	26.0	31.2	74.6	59.8	3,437	3,121	10,002	5,264
2006–07	468,969	400,044	85.3	25.8	30.4	74.4	59.4	3,729	3,329	10,797	5,558
2007–08	484,021	416,405	86.0	26.7	30.0	75.1	60.3	3,960	3,391	11,539	6,435
2008–09	487,050	424,881	87.2	26.8	30.1	77.4	60.6	4,488	3,523	12,780	7,638
2-year											
2000–01	19,870	15,406	77.5	49.2	23.9	25.7	49.5	2,269	2,892	2,168	4,509
2004–05	11,580	9,801	84.6	55.3	35.9	36.5	55.2	2,715	2,996	3,133	4,526
2005–06	10,237	8,479	82.8	51.6	36.1	38.5	55.9	3,176	2,974	3,799	5,531
2006–07	8,729	7,203	82.5	47.6	37.2	44.0	53.5	2,992	2,963	4,122	4,715
2007–08	10,067	8,538	84.8	53.3	31.6	37.7	54.1	3,161	3,138	4,364	5,323
2008–09	9,588	8,327	86.8	59.2	32.0	37.5	58.1	3,563	3,550	4,194	6,089
Private for-profit											
2000–01	203,995	155,374	76.2	49.3	15.2	6.2	63.5	2,312	2,494	1,540	5,517
2004–05	291,985	244,204	83.6	58.6	12.1	7.5	71.3	2,703	2,380	1,639	5,575
2005–06	328,206	263,366	80.2	55.6	11.4	8.8	70.4	2,725	2,796	1,423	6,454
2006–07	380,950	262,202	68.8	44.8	9.3	8.4	61.7	2,776	2,474	1,545	6,506
2007–08	390,284	316,402	81.1	57.8	9.5	14.9	72.9	3,066	2,996	1,154	8,010
2008–09	478,429	409,410	85.6	64.5	6.6	17.2	79.6	3,766	3,167	1,184	8,798
4-year											
2000–01	81,075	51,739	63.8	36.1	11.9	8.3	57.7	2,295	2,889	1,616	5,749
2004–05	125,041	99,840	79.8	52.2	10.6	11.2	73.6	2,564	2,189	1,845	5,955
2005–06	157,705	116,237	73.7	46.8	8.9	10.9	67.2	2,490	2,945	1,641	7,046
2006–07	229,746	127,215	55.4	32.5	5.7	8.4	52.0	2,608	2,622	1,878	6,989
2007–08	210,468	159,991	76.0	51.5	7.2	20.4	68.7	3,030	2,922	1,235	8,799
2008–09	258,498	221,487	85.7	62.7	5.8	23.5	81.4	3,745	3,139	1,296	9,660
2-year											
2000–01	122,920	103,635	84.3	58.0	17.3	4.8	67.3	2,319	2,314	1,453	5,387
2004–05	166,944	144,364	86.5	63.5	13.3	4.7	69.6	2,789	2,494	1,275	5,274
2005–06	170,501	147,129	86.3	63.6	13.7	6.8	73.4	2,885	2,706	1,098	5,951
2006–07	151,204	134,987	89.3	63.4	14.7	8.3	76.4	2,906	2,386	1,029	6,007
2007–08	179,816	156,411	87.0	65.0	12.3	8.4	77.9	3,100	3,047	924	7,195
2008–09	219,931	187,923	85.4	66.6	7.6	9.8	77.5	3,788	3,191	869	7,734

[1]Average amounts for students participating in indicated programs.
[2]Includes only loans made directly to students. Does not include Parent Loans for Undergraduate Students (PLUS) and other loans made directly to parents.
NOTE: Degree-granting institutions grant associate's or higher degrees and participate in Title IV federal financial aid programs.

SOURCE: U.S. Department of Education, National Center for Education Statistics, 2000–01 through 2008–09 Integrated Postsecondary Education Data System (IPEDS), Spring 2002 through Spring 2010. (This table was prepared October 2010.)

Table 351. Average amount of financial aid awarded to full-time, full-year undergraduates, by type and source of aid and selected student characteristics: 2007–08

Selected student characteristic	Any aid			Grants			Loans			Work study
	Total[1]	Federal[2]	Nonfederal	Total	Federal	Nonfederal	Total[3]	Federal[3]	Nonfederal	Total[4]
1	2	3	4	5	6	7	8	9	10	11
All full-time, full-year undergraduates	**$12,740 (115)**	**$8,070 (73)**	**$8,020 (84)**	**$7,110 (73)**	**$3,670 (34)**	**$6,390 (78)**	**$9,480 (69)**	**$7,050 (53)**	**$7,780 (105)**	**$2,270 (27)**
Sex										
Male	12,830 (158)	8,170 (112)	8,170 (112)	7,160 (95)	3,690 (43)	6,400 (98)	9,690 (112)	7,170 (88)	8,060 (168)	2,340 (40)
Female	12,670 (124)	7,990 (71)	7,920 (106)	7,080 (85)	3,650 (36)	6,370 (95)	9,340 (80)	6,960 (58)	7,580 (125)	2,230 (39)
Race/ethnicity										
White	12,860 (131)	8,040 (79)	8,390 (111)	7,090 (91)	3,500 (45)	6,590 (96)	9,790 (90)	7,150 (74)	8,110 (127)	2,270 (38)
Black	13,530 (163)	8,970 (105)	7,340 (162)	7,040 (133)	3,830 (48)	6,000 (168)	8,940 (156)	6,990 (107)	6,820 (218)	2,170 (66)
Hispanic	11,360 (261)	7,370 (138)	6,610 (183)	6,500 (137)	3,750 (43)	5,170 (152)	8,970 (189)	6,660 (125)	7,110 (310)	2,350 (81)
Asian	12,570 (361)	7,400 (208)	8,410 (277)	8,760 (271)	3,950 (63)	7,400 (296)	8,770 (244)	6,870 (227)	7,770 (425)	2,410 (104)
American Indian/Alaska Native	10,850 (847)	7,650 (554)	6,360 (759)	6,680 (695)	4,130 (333)	5,140 (747)	7,980 (592)	6,520 (519)	6,250 (845)	1,700 (279)
Native Hawaiian/Pacific Islander	13,430 (840)	8,950 (643)	7,720 (818)	6,140 (567)	3,440 (253)	5,510 (702)	11,100 (665)	8,360 (578)	8,540 (721)	2,470 (261)
Other	12,240 (1,247)	7,810 (584)	8,220 (1,222)	7,340 (1,233)	3,420 (335)	6,980 (1,245)	7,220 (713)	5,650 (466)	‡ (†)	‡ (†)
Two or more races	13,580 (397)	8,530 (242)	8,410 (381)	8,170 (353)	3,890 (141)	7,150 (366)	8,870 (355)	6,910 (267)	7,460 (562)	2,390 (106)
Age										
15 to 23 years old	12,980 (119)	7,820 (71)	8,570 (97)	7,680 (85)	3,730 (37)	6,870 (85)	9,590 (83)	7,040 (66)	8,170 (129)	2,260 (28)
24 to 29 years old	12,290 (218)	9,140 (154)	5,740 (131)	5,150 (122)	3,560 (65)	3,740 (130)	9,300 (132)	7,130 (93)	6,710 (226)	2,450 (120)
30 years old or over	11,350 (198)	8,510 (142)	5,310 (144)	4,810 (88)	3,490 (53)	3,520 (118)	9,000 (159)	6,990 (100)	6,320 (222)	2,470 (133)
Marital status										
Not married[5]	12,880 (119)	8,020 (72)	8,240 (88)	7,330 (77)	3,700 (34)	6,570 (80)	9,520 (76)	7,050 (59)	7,960 (116)	2,270 (28)
Married	11,290 (199)	8,340 (157)	5,790 (140)	4,940 (114)	3,360 (73)	4,100 (146)	9,180 (163)	7,000 (103)	6,400 (238)	2,430 (132)
Separated	12,210 (350)	9,200 (257)	4,930 (316)	4,970 (175)	3,790 (93)	3,080 (246)	9,050 (342)	6,900 (178)	5,980 (538)	1,670 (288)
Dependency status and family income										
Dependent	13,110 (127)	7,780 (73)	8,740 (103)	7,800 (92)	3,710 (37)	6,990 (90)	9,700 (87)	7,080 (71)	8,340 (139)	2,250 (30)
Less than $20,000	12,840 (195)	8,060 (109)	6,820 (163)	8,590 (143)	4,560 (35)	5,950 (156)	7,050 (156)	5,650 (121)	5,910 (268)	2,220 (66)
$20,000–$39,999	13,720 (256)	7,900 (132)	7,860 (185)	8,550 (162)	3,740 (41)	6,690 (157)	8,010 (191)	6,210 (131)	6,500 (233)	2,170 (75)
$40,000–$59,999	13,180 (280)	7,080 (148)	8,860 (254)	7,460 (213)	2,360 (48)	6,960 (215)	9,180 (228)	6,550 (148)	7,960 (499)	2,260 (49)
$60,000–$79,999	12,650 (225)	7,140 (138)	9,070 (208)	7,050 (209)	1,660 (248)	7,040 (208)	9,780 (160)	6,920 (138)	8,350 (265)	2,310 (69)
$80,000–$99,999	13,250 (283)	7,680 (161)	9,780 (285)	7,590 (266)	‡ (†)	7,570 (264)	10,590 (216)	7,500 (165)	9,060 (255)	2,250 (84)
$100,000 or more	12,960 (185)	8,470 (176)	9,390 (152)	7,400 (147)	2,860 (634)	7,380 (146)	11,780 (177)	8,560 (178)	9,860 (229)	2,290 (61)
Independent	11,710 (158)	8,720 (110)	5,580 (87)	5,240 (74)	3,600 (43)	3,920 (87)	8,950 (94)	6,970 (61)	6,370 (137)	2,450 (80)
Less than $10,000	12,450 (224)	9,330 (136)	5,560 (162)	6,170 (108)	4,120 (41)	4,150 (135)	8,470 (147)	6,890 (95)	6,070 (235)	2,400 (97)
$10,000–$19,999	11,490 (220)	8,690 (150)	5,200 (199)	4,890 (121)	3,290 (59)	3,700 (170)	8,620 (186)	6,980 (111)	6,030 (320)	2,720 (205)
$20,000–$29,999	11,600 (275)	8,420 (202)	5,610 (246)	5,050 (178)	3,660 (65)	3,620 (208)	9,070 (265)	6,770 (148)	6,770 (452)	2,470 (261)
$30,000–$49,999	11,010 (252)	8,280 (187)	5,120 (177)	3,840 (113)	2,520 (77)	3,350 (159)	9,230 (203)	7,150 (125)	6,030 (313)	2,320 (238)
$50,000 or more	10,990 (335)	7,700 (217)	6,880 (294)	4,610 (248)	‡ (†)	4,680 (241)	10,310 (362)	7,180 (167)	7,400 (369)	2,210 (322)
Housing status[6]										
School-owned	17,220 (198)	9,120 (116)	11,530 (174)	10,250 (149)	4,010 (50)	9,340 (151)	10,700 (163)	7,710 (131)	9,250 (248)	2,130 (40)
Off-campus, not with parents	11,850 (109)	8,280 (74)	6,680 (96)	5,880 (80)	3,580 (39)	5,000 (97)	9,320 (84)	7,060 (62)	7,240 (126)	2,440 (55)
With parents	8,570 (130)	6,140 (92)	5,220 (115)	5,270 (83)	3,610 (39)	4,040 (99)	7,740 (140)	5,730 (98)	6,740 (188)	2,610 (79)

†Not applicable.
‡Reporting standards not met.
[1]Includes students who reported they were awarded aid, but did not specify the source or type of aid.
[2]Includes Department of Veterans Affairs and Department of Defense benefits.
[3]Includes Parent Loans for Undergraduate Students (PLUS).
[4]Details on federal and nonfederal work-study participants are not available.
[5]Includes students who were single, divorced, or widowed.
[6]Excludes students attending more than one institution.

NOTE: Detail may not sum to totals because of rounding and because some students receive multiple types of aid and aid from different sources. Full-time, full-year undergraduates were enrolled full time for 9 or more months at one or more institutions. Data include undergraduates in degree-granting and non-degree-granting institutions. Data include Puerto Rico. Race categories exclude persons of Hispanic ethnicity. Standard errors appear in parentheses.

SOURCE: U.S. Department of Education, National Center for Education Statistics, 2007–08 National Postsecondary Student Aid Study (NPSAS:08). (This table was prepared August 2009.)

Table 352. Average amount of financial aid awarded to part-time or part-year undergraduates, by type and source of aid and selected student characteristics: 2007–08

Selected student characteristic	Any aid: Total[1]	Any aid: Federal[2]	Any aid: Nonfederal	Grants: Total	Grants: Federal	Grants: Nonfederal	Loans: Total[3]	Loans: Federal[3]	Loans: Nonfederal	Work study: Total[4]
1	2	3	4	5	6	7	8	9	10	11
All part-time or part-year undergraduates	**$5,820 (105)**	**$5,170 (101)**	**$3,400 (75)**	**$2,710 (54)**	**$2,320 (37)**	**$2,350 (67)**	**$6,490 (74)**	**$5,180 (50)**	**$5,080 (99)**	**$2,720 (67)**
Sex										
Male	5,810 (122)	5,300 (132)	3,540 (91)	2,770 (62)	2,600 (59)	2,500 (74)	6,660 (128)	5,290 (104)	5,310 (169)	2,990 (115)
Female	5,830 (113)	5,090 (95)	3,300 (83)	2,680 (59)	2,180 (33)	2,250 (79)	6,400 (79)	5,130 (43)	4,940 (92)	2,520 (72)
Race/ethnicity										
White	5,840 (101)	5,230 (101)	3,570 (85)	2,720 (51)	2,320 (40)	2,500 (64)	6,530 (98)	5,170 (66)	5,320 (126)	2,610 (79)
Black	6,120 (143)	5,250 (121)	3,230 (106)	2,580 (76)	2,240 (50)	2,030 (101)	6,400 (107)	5,080 (75)	4,760 (199)	2,800 (149)
Hispanic	5,360 (212)	4,880 (155)	2,860 (150)	2,590 (93)	2,310 (54)	1,940 (115)	6,490 (162)	5,390 (129)	4,610 (176)	2,940 (196)
Asian	5,920 (336)	5,130 (245)	3,820 (344)	3,550 (310)	2,640 (194)	3,160 (395)	6,590 (243)	5,360 (231)	5,090 (348)	2,850 (253)
American Indian/Alaska Native	4,940 (563)	4,460 (520)	2,500 (278)	2,800 (352)	2,840 (342)	1,850 (241)	4,830 (497)	4,090 (393)	3,440 (601)	‡ (†)
Native Hawaiian/Pacific Islander	5,010 (393)	4,900 (410)	3,110 (386)	2,430 (267)	2,170 (286)	1,930 (350)	6,550 (608)	5,230 (397)	6,360 (809)	‡ (†)
Other	5,250 (621)	4,810 (476)	3,010 (568)	2,180 (248)	2,060 (157)	1,610 (339)	7,100 (671)	5,450 (590)	5,130 (868)	‡ (†)
Two or more races	6,700 (299)	5,580 (208)	3,790 (316)	3,100 (195)	2,590 (180)	2,820 (263)	6,840 (323)	5,410 (205)	5,250 (689)	2,970 (257)
Age										
15 to 23 years old	6,330 (158)	5,020 (98)	4,120 (141)	3,270 (99)	2,300 (42)	2,980 (124)	6,660 (111)	5,160 (83)	5,590 (145)	2,620 (80)
24 to 29 years old	6,010 (148)	5,520 (120)	3,000 (98)	2,360 (44)	2,480 (61)	1,830 (61)	6,390 (138)	5,220 (73)	4,600 (143)	2,910 (146)
30 years old or over	4,990 (74)	5,080 (130)	2,680 (67)	2,240 (37)	2,210 (40)	1,860 (44)	6,300 (113)	5,190 (71)	4,640 (200)	2,950 (156)
Marital status										
Not married[5]	6,110 (128)	5,170 (100)	3,650 (97)	2,890 (66)	2,290 (36)	2,540 (83)	6,540 (93)	5,190 (60)	5,170 (110)	2,650 (71)
Married	4,940 (95)	5,110 (126)	2,710 (79)	2,200 (38)	2,440 (75)	1,910 (47)	6,360 (143)	5,210 (74)	4,740 (245)	3,220 (224)
Separated	6,060 (311)	5,390 (171)	2,980 (347)	2,470 (110)	2,340 (89)	1,750 (177)	6,210 (431)	4,950 (138)	4,890 (965)	2,520 (270)
Dependency status and family income										
Dependent	6,530 (180)	5,060 (112)	4,370 (159)	3,470 (114)	2,260 (44)	3,200 (136)	6,870 (136)	5,260 (100)	5,790 (170)	2,610 (79)
Less than $20,000	5,470 (246)	4,540 (161)	2,830 (167)	3,290 (126)	2,600 (60)	2,120 (140)	5,420 (199)	4,420 (133)	4,490 (265)	2,260 (203)
$20,000–$39,999	6,090 (214)	4,720 (136)	3,380 (145)	3,260 (98)	2,230 (49)	2,550 (110)	6,060 (186)	4,810 (143)	4,640 (272)	2,540 (177)
$40,000–$59,999	6,500 (274)	4,830 (152)	4,360 (250)	3,140 (181)	1,590 (94)	3,140 (222)	6,600 (211)	4,970 (148)	5,620 (302)	2,470 (198)
$60,000–$79,999	6,710 (239)	5,360 (282)	4,870 (183)	3,550 (190)	2,320 (445)	3,600 (192)	7,090 (275)	5,330 (292)	5,980 (299)	2,730 (206)
$80,000–$99,999	7,500 (378)	5,660 (256)	5,750 (406)	4,190 (468)	‡ (†)	4,180 (469)	7,620 (343)	5,550 (263)	6,610 (373)	3,100 (234)
$100,000 or more	7,460 (275)	6,200 (266)	5,550 (263)	4,190 (236)	‡ (†)	4,190 (235)	8,340 (283)	6,490 (290)	6,940 (321)	2,720 (197)
Independent	5,430 (79)	5,230 (108)	2,810 (49)	2,330 (34)	2,350 (40)	1,850 (40)	6,270 (67)	5,140 (45)	4,610 (112)	2,900 (112)
Less than $10,000	6,140 (141)	5,440 (115)	2,910 (98)	2,700 (60)	2,520 (48)	1,730 (77)	5,910 (135)	4,840 (67)	4,510 (196)	2,340 (132)
$10,000–$19,999	5,970 (186)	5,120 (118)	2,830 (143)	2,300 (63)	2,130 (46)	1,650 (95)	6,050 (129)	4,950 (77)	4,370 (191)	2,660 (223)
$20,000–$29,999	5,630 (133)	5,160 (130)	2,860 (100)	2,410 (73)	2,460 (72)	1,770 (82)	6,350 (140)	5,260 (110)	4,480 (214)	3,210 (243)
$30,000–$49,999	5,130 (120)	5,030 (161)	2,660 (89)	2,050 (53)	1,950 (62)	1,800 (67)	6,400 (131)	5,350 (104)	4,540 (184)	3,420 (233)
$50,000 or more	4,330 (101)	5,350 (149)	2,830 (88)	2,100 (70)	3,850 (266)	2,110 (70)	6,930 (178)	5,530 (133)	5,330 (219)	3,920 (393)
Housing status[6]										
School-owned	11,330 (356)	6,710 (230)	7,990 (328)	6,520 (258)	2,840 (114)	6,360 (290)	8,300 (268)	5,950 (248)	7,540 (383)	1,690 (98)
Off-campus, not with parents	5,590 (95)	5,180 (106)	3,060 (66)	2,450 (42)	2,300 (42)	2,020 (53)	6,400 (83)	5,140 (48)	4,920 (118)	2,900 (105)
With parents	4,730 (141)	4,390 (131)	2,780 (98)	2,420 (65)	2,250 (50)	1,850 (80)	5,940 (135)	4,820 (122)	4,650 (133)	3,280 (162)

†Not applicable.
‡Reporting standards not met.
[1]Includes students who reported they were awarded aid, but did not specify the source or type of aid.
[2]Includes Department of Veterans Affairs and Department of Defense benefits.
[3]Includes Parent Loans for Undergraduate Students (PLUS).
[4]Details on federal and nonfederal work-study participants are not available.
[5]Includes students who were single, divorced, or widowed.
[6]Excludes students attending more than one institution.

NOTE: Detail may not sum to totals because of rounding and because some students receive multiple types of aid and aid from different sources. Part-time or part-year undergraduates include students enrolled part time for 9 or more months and students enrolled less than 9 months either part time or full time. Data include undergraduates in degree-granting and non-degree-granting institutions. Data include veteran's benefits and Department of Defense aid. Data include Puerto Rico. Race categories exclude persons of Hispanic ethnicity. Standard errors appear in parentheses.
SOURCE: U.S. Department of Education, National Center for Education Statistics, 2007–08 National Postsecondary Student Aid Study (NPSAS:08). (This table was prepared August 2009.)

Table 353. Amount borrowed, aid status, and sources of aid for full-time and part-time undergraduates, by control and type of institution: 2003–04 and 2007–08

Control and type of institution	Number of undergraduates[1] (in thousands)		Cumulative amount borrowed for undergraduate education[2]		Aid status (percent of students): Nonaided		Receiving aid, by source: Any aid[3,4]		Federal[4]		State		Institutional		Other[3]	
1	2		3		4		5		6		7		8		9	
2003–04																
Full-time, full-year students																
All institutions	**7,679**	**(79.8)**	**$11,800**	**(106)**	**24.5**	**(0.56)**	**75.5**	**(0.56)**	**60.7**	**(0.42)**	**24.3**	**(0.59)**	**32.0**	**(0.72)**	**23.4**	**(0.45)**
Public	5,569	(72.0)	10,560	(115)	29.7	(0.54)	70.3	(0.54)	55.0	(0.41)	23.6	(0.54)	24.0	(0.59)	19.9	(0.37)
4-year doctoral	2,375	(30.0)	11,810	(136)	24.4	(0.63)	75.6	(0.63)	58.3	(0.68)	24.5	(0.75)	32.4	(0.82)	23.1	(0.51)
Other 4-year	1,201	(41.0)	10,790	(294)	22.6	(1.36)	77.4	(1.36)	64.7	(1.25)	29.8	(1.62)	23.9	(1.45)	20.5	(0.93)
2-year	1,967	(52.1)	7,390	(245)	40.5	(0.86)	59.5	(0.86)	45.1	(0.76)	18.7	(0.81)	14.3	(0.89)	15.5	(0.67)
Less-than-2-year	26	(2.2)	6,230	(518)	34.3	(3.09)	65.7	(3.09)	45.1	(2.95)	18.0	(2.62)	7.0	(1.39)	20.6	(2.38)
Private, not-for-profit	1,623	(38.6)	14,310	(275)	11.6	(0.74)	88.4	(0.74)	72.4	(0.72)	29.4	(1.77)	65.4	(2.19)	34.0	(1.21)
4-year doctoral	653	(27.8)	15,010	(445)	16.1	(1.02)	83.9	(1.02)	65.7	(1.53)	23.8	(1.90)	64.2	(2.12)	34.2	(1.29)
Other 4-year	925	(33.9)	14,040	(398)	8.4	(1.11)	91.6	(1.11)	77.1	(1.17)	33.3	(2.73)	67.5	(3.34)	34.4	(1.96)
Less-than-4-year	45	(4.1)	9,730	(1,240)	13.8	(3.04)	86.2	(3.04)	71.4	(3.93)	30.1	(5.32)	38.1	(7.04)	20.8	(3.58)
Private, for-profit	487	(17.9)	12,950	(344)	7.6	(0.86)	92.4	(0.86)	87.2	(1.26)	15.6	(2.22)	12.3	(1.54)	28.1	(1.89)
2-year and above	355	(19.3)	14,670	(448)	6.0	(0.91)	94.0	(0.91)	89.3	(1.30)	19.6	(3.01)	12.3	(2.08)	30.9	(2.56)
Less-than-2-year	132	(3.8)	7,730	(278)	12.0	(1.15)	88.0	(1.15)	81.8	(1.72)	5.0	(0.74)	12.2	(0.95)	20.5	(1.09)
Part-time or part-year students																
All institutions	**11,375**	**(79.8)**	**10,660**	**(132)**	**45.9**	**(0.79)**	**54.1**	**(0.79)**	**38.3**	**(0.76)**	**10.2**	**(0.44)**	**10.3**	**(0.49)**	**19.2**	**(0.34)**
Public	9,095	(74.6)	10,230	(134)	53.1	(1.01)	46.9	(1.01)	31.2	(1.06)	10.1	(0.44)	7.9	(0.45)	16.6	(0.36)
Private, not-for-profit	1,232	(36.9)	13,790	(470)	23.2	(1.04)	76.8	(1.04)	53.2	(1.27)	13.9	(1.52)	30.7	(2.39)	33.1	(1.25)
Private, for-profit	1,048	(20.4)	9,520	(291)	10.3	(0.52)	89.7	(0.52)	83.1	(0.70)	6.8	(0.87)	6.9	(0.91)	25.0	(1.43)
2007–08																
Full-time, full-year students																
All institutions	**8,220**	**(59.4)**	**$15,100**	**(133)**	**20.5**	**(0.37)**	**79.5**	**(0.37)**	**63.0**	**(0.32)**	**27.7**	**(0.43)**	**34.0**	**(0.52)**	**32.3**	**(0.31)**
Public	5,618	(39.9)	13,010	(147)	26.0	(0.46)	74.0	(0.46)	56.6	(0.34)	28.9	(0.42)	26.6	(0.42)	26.2	(0.38)
4-year doctoral	2,690	(25.7)	14,580	(230)	23.3	(0.71)	76.7	(0.71)	57.5	(0.78)	29.7	(0.68)	33.3	(0.62)	30.6	(0.47)
Other 4-year	1,162	(18.2)	13,280	(229)	19.1	(0.67)	80.9	(0.67)	65.7	(0.94)	33.6	(0.93)	25.1	(1.01)	28.7	(0.70)
2-year	1,738	(31.2)	8,710	(237)	34.6	(0.65)	65.4	(0.65)	49.2	(1.26)	24.8	(0.78)	17.8	(0.90)	17.6	(0.64)
Less-than-2-year	28	(3.1)	10,050	(964)	31.9	(4.65)	68.1	(4.65)	57.2	(4.34)	17.0	(4.14)	2.1	(1.41)	21.6	(3.38)
Private, not-for-profit	1,864	(25.9)	19,140	(328)	10.9	(0.64)	89.1	(0.64)	70.0	(0.63)	31.3	(1.05)	66.2	(1.47)	42.3	(0.69)
4-year doctoral	928	(20.6)	20,610	(601)	15.2	(1.05)	84.8	(1.05)	65.5	(1.21)	26.9	(1.11)	64.5	(2.05)	40.9	(1.02)
Other 4-year	913	(17.8)	17,920	(462)	6.7	(0.88)	93.3	(0.88)	74.3	(1.13)	35.5	(1.89)	69.1	(2.21)	44.2	(1.11)
Less-than-4-year	23	(2.1)	12,770	(1,338)	6.6	(2.20)	93.4	(2.20)	88.0	(3.21)	39.3	(6.79)	15.3	(7.33)	23.7	(4.96)
Private, for-profit	738	(33.9)	16,380	(374)	3.1	(0.33)	96.9	(0.33)	93.6	(0.63)	9.8	(1.22)	8.2	(1.95)	53.6	(1.36)
2-year and above	611	(31.0)	17,570	(448)	2.6	(0.30)	97.4	(0.30)	94.5	(0.59)	9.3	(1.39)	8.5	(2.41)	56.8	(1.58)
Less-than-2-year	126	(7.2)	9,590	(246)	5.5	(0.92)	94.5	(0.92)	89.3	(1.66)	12.1	(2.29)	6.9	(1.82)	38.4	(1.44)
Part-time or part-year students																
All institutions	**12,708**	**(59.2)**	**$12,910**	**(140)**	**43.4**	**(1.86)**	**56.6**	**(1.86)**	**38.6**	**(1.48)**	**10.9**	**(0.41)**	**12.2**	**(0.80)**	**23.9**	**(0.43)**
Public	10,276	(39.9)	11,820	(142)	50.5	(2.02)	49.5	(2.02)	30.2	(1.58)	10.9	(0.47)	10.8	(0.84)	19.2	(0.34)
4-year doctoral	1,656	(25.6)	16,360	(340)	35.7	(0.90)	64.3	(0.90)	43.3	(1.14)	16.3	(0.66)	16.8	(0.61)	27.0	(0.84)
Other 4-year	1,182	(18.2)	13,650	(269)	40.3	(1.14)	59.7	(1.14)	42.6	(1.05)	11.6	(0.68)	7.9	(0.40)	25.0	(0.82)
2-year	7,374	(31.2)	9,390	(160)	55.5	(2.54)	44.5	(2.54)	25.2	(1.85)	9.5	(0.58)	10.0	(1.10)	16.5	(0.40)
Less-than-2-year	64	(3.1)	8,230	(709)	51.6	(4.55)	48.4	(4.55)	31.8	(3.12)	10.0	(4.52)	4.8	(2.14)	16.0	(2.12)
Private, not-for-profit	1,174	(25.9)	18,510	(352)	23.0	(1.69)	77.0	(1.69)	54.3	(1.23)	15.6	(0.87)	28.4	(1.24)	40.8	(1.19)
4-year doctoral	466	(20.6)	20,460	(565)	25.1	(1.89)	74.9	(1.89)	48.1	(1.69)	12.5	(1.11)	31.9	(1.84)	43.0	(1.65)
Other 4-year	641	(17.8)	17,710	(485)	21.4	(1.98)	78.6	(1.98)	57.5	(1.96)	17.5	(1.19)	28.0	(1.69)	40.9	(1.57)
Less-than-4-year	67	(2.1)	12,720	(1,890)	25.0	(4.05)	75.0	(4.05)	66.8	(3.91)	18.5	(5.45)	8.4	(3.55)	24.4	(2.26)
Private, for-profit	1,258	(33.9)	13,000	(370)	3.8	(0.28)	96.2	(0.28)	93.2	(0.39)	7.3	(0.59)	8.8	(1.72)	46.8	(1.56)
2-year and above	939	(31.0)	14,210	(438)	1.4	(0.26)	98.6	(0.26)	97.2	(0.42)	8.0	(0.69)	9.3	(2.45)	50.2	(2.01)
Less-than-2-year	319	(7.2)	8,900	(306)	10.9	(1.32)	89.1	(1.32)	81.5	(1.83)	5.3	(1.06)	7.3	(2.04)	36.8	(1.79)

[1]Numbers of undergraduates may not equal figures reported in other tables, since these data are based on a sample survey of students who enrolled at any time during the academic year.
[2]Includes only those students who borrowed to finance their undergraduate education. Excludes loans from family sources.
[3]Includes students who reported that they were awarded aid, but did not specify the source of the aid.
[4]Includes Department of Veterans Affairs and Department of Defense benefits.

NOTE: Excludes students whose attendance status was not reported. Detail may not sum to totals because of rounding and because some students receive multiple types of aid and aid from different sources. Data include Puerto Rico. Some data have been revised from previously published figures. Standard errors appear in parentheses.
SOURCE: U.S. Department of Education, National Center for Education Statistics, 2003–04 and 2007–08 National Postsecondary Student Aid Study (NPSAS:04 and NPSAS:08). (This table was prepared November 2009.)

Table 354. Percentage of full-time, full-year undergraduates receiving aid, by type and source of aid and control and type of institution: Selected years, 1992–93 through 2007–08

Control and type of institution	Any aid			Grants			Loans			Work study[1]	
	Total[2]	Federal[3]	Nonfederal	Total	Federal	Nonfederal	Total[4]	Federal[4]	Nonfederal	Total	Federal
1	2	3	4	5	6	7	8	9	10	11	12
1992–93, all institutions	**58.7 (0.81)**	**45.6 (0.80)**	**37.9 (0.76)**	**48.9 (0.75)**	**29.4 (0.76)**	**34.0 (0.71)**	**32.3 (0.78)**	**31.3 (0.77)**	**2.7 (0.20)**	**10.2 (0.48)**	**6.8 (0.39)**
Public	52.6 (1.03)	40.0 (0.98)	33.0 (0.88)	43.1 (0.94)	27.8 (0.83)	29.1 (0.79)	25.5 (0.89)	24.8 (0.88)	2.0 (0.22)	6.8 (0.43)	4.2 (0.30)
4-year doctoral	54.1 (1.18)	39.3 (1.17)	34.8 (0.81)	42.4 (1.02)	23.8 (0.96)	30.8 (0.74)	31.2 (1.05)	30.4 (1.04)	2.4 (0.26)	7.1 (0.55)	4.3 (0.37)
Other 4-year	57.1 (1.56)	46.1 (1.61)	37.4 (1.69)	46.1 (1.65)	32.1 (1.63)	32.4 (1.55)	32.2 (1.38)	31.1 (1.34)	2.8 (0.59)	9.5 (0.76)	5.4 (0.57)
2-year	47.2 (2.35)	36.0 (2.09)	27.0 (1.96)	41.9 (2.19)	29.9 (1.81)	24.3 (1.87)	12.1 (1.40)	11.7 (1.38)	0.7 (0.24)	4.1 (0.75)	3.0 (0.58)
Less-than-2-year	35.4 (7.28)	31.6 (7.27)	15.7 (6.50)	30.3 (5.52)	26.6 (5.70)	12.8 (5.75)	3.0 (1.63)	3.0 (1.63)	0.6 (0.51)	1.5 (0.98)	1.4 (0.95)
Private, not-for-profit	70.2 (1.52)	53.4 (1.43)	58.0 (1.60)	62.9 (1.50)	27.7 (1.78)	54.1 (1.64)	45.4 (1.33)	43.6 (1.31)	5.0 (0.48)	22.2 (1.11)	15.9 (0.99)
4-year doctoral	63.6 (1.80)	44.5 (1.57)	54.8 (1.78)	56.1 (1.79)	17.3 (1.29)	51.8 (1.70)	40.5 (1.37)	38.5 (1.31)	6.1 (0.65)	18.9 (1.24)	13.2 (1.38)
Other 4-year	76.2 (2.07)	60.8 (2.07)	62.7 (2.66)	69.4 (2.07)	35.6 (2.77)	58.1 (2.81)	50.6 (2.17)	49.0 (2.20)	4.1 (0.77)	27.0 (1.61)	19.7 (1.47)
Less-than-4-year	73.9 (4.01)	63.9 (5.69)	42.0 (5.38)	61.3 (4.73)	47.3 (7.16)	35.4 (6.71)	39.7 (5.73)	38.1 (5.51)	2.5 (0.97)	4.6 (1.36)	3.0 (1.01)
Private, for-profit	77.3 (2.53)	72.4 (2.76)	16.4 (2.97)	57.0 (2.67)	50.9 (2.69)	11.4 (2.75)	52.9 (3.87)	52.4 (3.87)	2.1 (0.66)	1.9 (1.18)	0.8 (0.36)
2-year and above	82.7 (3.43)	77.4 (4.27)	22.7 (5.67)	52.5 (4.19)	43.4 (4.13)	16.4 (5.15)	63.3 (4.16)	63.0 (4.18)	3.0 (1.41)	3.5 (2.55)	1.4 (0.78)
Less-than-2-year	73.2 (3.27)	68.6 (3.26)	11.5 (2.43)	60.4 (3.57)	56.7 (3.75)	7.5 (2.47)	45.0 (5.12)	44.3 (5.09)	1.5 (0.40)	0.7 (0.43)	0.2 (0.09)
1999–2000, all institutions	**72.5 (0.51)**	**57.7 (0.56)**	**51.8 (0.64)**	**58.7 (0.59)**	**30.3 (0.59)**	**48.3 (0.65)**	**45.4 (0.62)**	**44.3 (0.63)**	**6.8 (0.25)**	**11.2 (0.38)**	**8.5 (0.31)**
Public	67.5 (0.64)	52.6 (0.68)	46.0 (0.72)	53.0 (0.70)	29.8 (0.69)	42.5 (0.72)	38.9 (0.74)	37.9 (0.75)	4.4 (0.24)	7.2 (0.36)	5.4 (0.30)
4-year doctoral	71.0 (0.65)	54.7 (0.70)	48.7 (0.74)	53.1 (0.70)	25.7 (0.72)	44.6 (0.71)	48.3 (0.76)	47.2 (0.78)	5.5 (0.36)	8.3 (0.46)	5.8 (0.38)
Other 4-year	75.0 (1.24)	62.2 (1.48)	50.0 (1.61)	57.7 (1.74)	34.5 (2.11)	46.2 (1.60)	49.1 (1.75)	48.2 (1.78)	4.5 (0.46)	10.4 (1.05)	7.7 (0.83)
2-year	58.2 (1.34)	43.8 (1.28)	40.0 (1.56)	49.9 (1.42)	32.1 (1.17)	37.7 (1.60)	20.5 (1.26)	19.6 (1.24)	3.1 (0.47)	3.8 (0.53)	3.4 (0.50)
Less-than-2-year	60.7 (5.94)	48.1 (6.42)	33.6 (4.81)	49.2 (6.35)	40.8 (6.85)	25.0 (5.05)	11.0 (4.14)	11.0 (4.14)	0.3 (0.31)	0.8 (0.77)	# (†)
Private, not-for-profit	84.0 (0.77)	67.6 (1.02)	71.6 (1.27)	74.7 (1.12)	27.7 (1.23)	68.9 (1.36)	59.3 (1.14)	57.7 (1.18)	13.4 (0.65)	24.4 (1.07)	18.8 (0.82)
4-year doctoral	78.8 (1.13)	62.3 (1.41)	69.4 (1.29)	69.7 (1.24)	22.4 (0.95)	66.4 (1.36)	57.3 (1.42)	55.5 (1.43)	15.1 (0.86)	24.7 (1.17)	20.9 (1.06)
Other 4-year	88.3 (1.12)	72.2 (1.53)	74.1 (2.12)	78.7 (1.81)	30.9 (2.13)	71.6 (2.27)	62.2 (1.79)	60.6 (1.87)	12.8 (1.01)	24.8 (1.75)	17.7 (1.26)
Less-than-4-year	81.1 (3.64)	62.6 (3.94)	61.5 (4.76)	73.9 (3.59)	40.0 (3.66)	59.4 (5.18)	40.3 (5.18)	40.2 (5.19)	5.0 (0.80)	15.1 (2.91)	10.9 (2.54)
Private, for-profit	89.2 (1.25)	86.0 (1.50)	35.3 (3.45)	61.8 (2.49)	52.0 (2.95)	28.8 (3.14)	75.0 (2.87)	74.1 (2.93)	7.3 (1.69)	2.3 (0.84)	2.0 (0.83)
2-year and above	88.3 (1.60)	85.3 (1.90)	38.3 (4.46)	58.5 (2.99)	46.3 (3.47)	33.1 (4.01)	79.5 (2.77)	78.7 (2.80)	6.8 (2.15)	2.6 (1.03)	2.1 (1.00)
Less-than-2-year	91.7 (1.27)	88.3 (1.92)	26.1 (3.49)	71.9 (3.47)	69.9 (3.52)	15.6 (3.83)	61.0 (7.08)	59.9 (7.28)	8.9 (1.89)	1.6 (1.41)	1.6 (1.41)
2003–04, all institutions	**75.5 (0.56)**	**60.7 (0.42)**	**54.7 (0.68)**	**62.6 (0.51)**	**33.4 (0.29)**	**49.9 (0.64)**	**48.2 (0.45)**	**46.7 (0.44)**	**8.9 (0.31)**	**13.9 (0.41)**	**10.7 (0.36)**
Public	70.3 (0.54)	55.0 (0.41)	48.8 (0.55)	56.3 (0.51)	31.6 (0.37)	44.3 (0.53)	40.5 (0.41)	39.0 (0.40)	5.9 (0.18)	10.1 (0.31)	7.6 (0.27)
4-year doctoral	75.6 (0.63)	58.3 (0.68)	55.4 (0.67)	59.3 (0.62)	28.1 (0.78)	50.8 (0.73)	51.7 (0.75)	50.2 (0.73)	7.4 (0.38)	11.1 (0.40)	8.2 (0.36)
Other 4-year	77.4 (1.36)	64.7 (1.25)	54.3 (1.23)	59.6 (1.74)	35.0 (1.54)	48.9 (1.21)	53.2 (1.33)	51.6 (1.32)	7.6 (0.52)	13.4 (0.77)	10.3 (0.71)
2-year	59.5 (0.86)	45.1 (0.76)	37.6 (1.02)	50.6 (0.96)	33.7 (0.75)	34.0 (1.01)	19.6 (0.80)	18.2 (0.80)	3.1 (0.22)	7.0 (0.54)	5.2 (0.46)
Less-than-2-year	65.7 (3.09)	45.1 (2.95)	37.9 (2.69)	51.7 (3.06)	36.4 (2.20)	24.9 (2.59)	17.5 (4.55)	16.8 (4.64)	2.9 (0.88)	2.4 (1.00)	1.2 (0.59)
Private, not-for-profit	88.4 (0.74)	72.4 (0.72)	78.3 (1.77)	81.2 (0.92)	31.9 (0.64)	74.6 (1.81)	64.9 (1.04)	63.1 (1.00)	16.8 (0.97)	29.8 (1.49)	23.5 (1.34)
4-year doctoral	83.9 (1.02)	65.7 (1.53)	76.0 (1.43)	75.9 (1.16)	24.2 (2.24)	72.2 (1.38)	60.3 (1.59)	58.4 (1.59)	17.5 (1.71)	28.1 (1.42)	22.9 (1.44)
Other 4-year	91.6 (1.11)	77.1 (1.17)	80.7 (2.87)	85.2 (1.48)	36.6 (1.64)	77.2 (2.99)	69.1 (1.95)	67.6 (1.90)	16.6 (1.35)	31.9 (2.18)	24.7 (1.95)
Less-than-4-year	86.2 (3.04)	71.4 (3.93)	62.2 (4.94)	75.4 (3.74)	49.4 (4.06)	55.4 (5.88)	44.2 (4.56)	41.5 (4.18)	9.1 (3.53)	10.2 (3.20)	8.5 (2.74)
Private, for-profit	92.4 (0.86)	87.2 (1.26)	44.1 (2.44)	72.6 (1.46)	58.9 (1.29)	31.6 (2.43)	80.6 (1.83)	79.5 (1.85)	16.3 (1.66)	3.7 (0.69)	3.1 (0.58)
2-year and above	94.0 (0.91)	89.3 (1.30)	48.5 (3.23)	73.8 (1.93)	58.7 (1.65)	36.3 (3.15)	84.5 (1.62)	83.7 (1.64)	17.5 (2.14)	4.5 (0.90)	3.8 (0.76)
Less-than-2-year	88.0 (1.15)	81.8 (1.72)	32.5 (1.45)	69.2 (0.98)	59.5 (1.11)	19.0 (1.98)	70.2 (3.73)	68.4 (3.73)	13.1 (1.34)	1.6 (0.31)	1.5 (0.33)
2007–08, all institutions	**79.5 (0.37)**	**63.0 (0.32)**	**62.9 (0.43)**	**64.4 (0.38)**	**33.0 (0.38)**	**52.8 (0.52)**	**53.3 (0.42)**	**49.6 (0.42)**	**20.1 (0.29)**	**13.5 (0.29)**	**10.3 (0.24)**
Public	74.0 (0.46)	56.6 (0.34)	57.0 (0.49)	58.0 (0.39)	30.7 (0.39)	48.7 (0.49)	44.3 (0.40)	40.7 (0.40)	13.9 (0.23)	9.2 (0.25)	6.9 (0.21)
4-year doctoral	76.7 (0.71)	57.5 (0.78)	62.1 (0.68)	58.9 (0.66)	26.1 (0.37)	53.1 (0.68)	52.7 (0.59)	48.6 (0.63)	17.1 (0.38)	9.9 (0.32)	7.3 (0.31)
Other 4-year	80.9 (0.67)	65.7 (0.94)	61.4 (0.79)	62.1 (0.91)	34.3 (0.98)	51.7 (0.81)	54.6 (0.68)	51.3 (0.69)	15.8 (0.56)	11.1 (0.69)	8.4 (0.52)
2-year	65.4 (0.65)	49.2 (1.26)	46.6 (0.82)	53.9 (0.68)	35.1 (1.69)	40.4 (0.81)	24.8 (1.16)	21.5 (1.26)	7.8 (0.35)	7.0 (0.35)	5.4 (0.28)
Less-than-2-year	68.1 (4.65)	57.2 (4.34)	33.0 (5.08)	55.1 (4.52)	48.2 (5.04)	16.1 (2.99)	26.2 (3.54)	23.1 (3.31)	10.6 (2.48)	# (†)	# (†)
Private, not-for-profit	89.1 (0.64)	70.0 (0.63)	81.8 (0.81)	80.6 (0.86)	28.3 (0.44)	76.0 (1.02)	64.9 (0.62)	60.9 (0.57)	29.1 (0.72)	30.7 (0.97)	23.7 (0.80)
4-year doctoral	84.8 (1.05)	65.5 (1.21)	78.3 (1.20)	75.9 (1.25)	23.6 (1.13)	72.4 (1.46)	61.6 (1.18)	57.1 (1.19)	28.6 (1.01)	29.1 (1.08)	23.3 (1.03)
Other 4-year	93.3 (0.88)	74.3 (1.13)	86.0 (1.16)	85.7 (1.19)	32.3 (1.25)	80.3 (1.48)	68.8 (1.22)	65.2 (1.28)	29.9 (1.11)	33.0 (1.68)	24.6 (1.35)
Less-than-4-year	93.4 (2.20)	88.0 (3.21)	58.3 (7.17)	72.3 (5.01)	61.2 (6.87)	46.2 (6.21)	44.9 (6.03)	41.6 (5.61)	19.5 (5.65)	4.8 (1.01)	4.1 (1.09)
Private, for-profit	96.9 (0.33)	93.6 (0.63)	60.1 (1.77)	72.3 (1.36)	62.2 (1.44)	25.4 (1.80)	92.0 (0.59)	88.7 (0.77)	44.0 (1.52)	2.1 (0.34)	1.8 (0.31)
2-year and above	97.4 (0.30)	94.5 (0.59)	62.2 (2.03)	71.7 (1.63)	60.0 (1.76)	27.0 (2.18)	94.7 (0.59)	92.8 (0.70)	45.6 (1.80)	2.4 (0.42)	2.1 (0.38)
Less-than-2-year	94.5 (0.92)	89.3 (1.66)	50.1 (2.45)	75.3 (1.87)	72.6 (1.90)	17.7 (1.93)	78.7 (1.62)	68.8 (2.81)	35.8 (1.71)	0.8 (0.26)	0.6 (0.26)

†Not applicable.
#Rounds to zero.
[1]Details on nonfederal work-study participants are not available.
[2]Includes students who reported they were awarded aid, but did not specify the source of aid.
[3]Includes Department of Veterans Affairs and Department of Defense benefits.
[4]The 2003–04 and 2007–08 data include Parent Loans for Undergraduate Students (PLUS).

NOTE: Excludes students whose attendance status was not reported. Detail may not sum to totals because of rounding and because some students receive multiple types of aid and aid from different sources. Data include Puerto Rico. Some data have been revised from previously published figures. Standard errors appear in parentheses.
SOURCE: U.S. Department of Education, National Center for Education Statistics, 1992–93, 1999–2000, 2003–04, and 2007–08 National Postsecondary Student Aid Studies (NPSAS:93, NPSAS:2000, NPSAS:04, and NPSAS:08). (This table was prepared November 2009.)

Table 355. Average amount of financial aid awarded to full-time, full-year undergraduates, by type and source of aid and control and type of institution: Selected years, 1992–93 through 2007–08

Control and type of institution	Any aid			Grants			Loans			Work study[1]	
	Total[2]	Federal[3]	Nonfederal	Total[4]	Federal	Nonfederal	Total[5]	Federal[5]	Nonfederal	Total	Federal
1	2	3	4	5	6	7	8	9	10	11	12
1992–93, all institutions	**$5,730 (1,344)**	**$4,300 (334)**	**$3,480 (915)**	**$3,550 (643)**	**$1,980 (32)**	**$3,320 (807)**	**$3,880 (293)**	**$3,760 (198)**	**$2,730 (664)**	**$1,380 (103)**	**$1,290 (93)**
Public	4,070 (314)	3,700 (45)	1,800 (262)	2,400 (60)	1,880 (21)	1,660 (325)	3,330 (41)	3,270 (46)	2,020 (133)	1,370 (84)	1,350 (65)
4-year doctoral	4,750 (349)	4,360 (55)	2,280 (235)	2,710 (106)	1,970 (25)	2,140 (278)	3,640 (60)	3,560 (68)	2,110 (269)	1,430 (116)	1,360 (102)
Other 4-year	4,240 (302)	3,780 (71)	1,660 (85)	2,420 (49)	1,940 (29)	1,450 (123)	3,200 (64)	3,120 (66)	2,150 (204)	1,240 (61)	1,270 (69)
2-year	2,760 (189)	2,620 (100)	1,090 (461)	1,930 (76)	1,720 (61)	1,030 (524)	2,530 (163)	2,560 (152)	‡ (†)	1,470 (165)	1,470 (156)
Less-than-2-year	2,300 (322)	1,950 (217)	1,140 (503)	1,970 (305)	1,760 (44)	880 (163)	3,140 (801)	2,970 (885)	‡ (†)	‡ (†)	‡ (†)
Private, not-for-profit	9,220 (3,036)	5,250 (949)	6,050 (1,869)	6,030 (1,564)	2,310 (124)	5,740 (1,651)	4,430 (809)	4,190 (600)	3,440 (772)	1,360 (268)	1,250 (194)
4-year doctoral	10,240 (932)	5,630 (341)	6,920 (326)	6,810 (241)	2,410 (59)	6,390 (422)	4,880 (142)	4,540 (121)	3,690 (468)	1,520 (63)	1,370 (80)
Other 4-year	8,280 (1,403)	4,920 (363)	5,160 (315)	5,370 (359)	2,260 (71)	4,790 (316)	4,170 (175)	4,020 (155)	2,910 (318)	1,280 (74)	1,180 (62)
Less-than-4-year	7,670 (920)	4,750 (225)	4,580 (434)	4,860 (405)	2,230 (25)	4,620 (389)	3,730 (124)	3,640 (111)	2,670 (405)	1,120 (68)	1,100 (66)
Private, for-profit	5,210 (294)	4,920 (284)	2,350 (1,168)	2,120 (307)	1,900 (71)	1,850 (1,392)	4,740 (287)	4,680 (286)	2,360 (605)	2,420 (593)	‡ (†)
2-year and above	6,010 (328)	5,530 (285)	2,560 (1,307)	2,410 (528)	1,970 (142)	2,210 (1,955)	5,190 (417)	5,110 (381)	‡ (†)	‡ (†)	‡ (†)
Less-than-2-year	4,510 (434)	4,390 (430)	1,990 (1,238)	1,920 (158)	1,860 (70)	1,160 (679)	4,240 (420)	4,210 (384)	‡ (†)	‡ (†)	‡ (†)
1995–96, all institutions	**$6,860 (240)**	**$5,370 (115)**	**$3,800 (253)**	**$3,900 (212)**	**$2,010 (22)**	**$3,610 (253)**	**$5,020 (95)**	**$4,970 (94)**	**$2,750 (363)**	**$1,370 (75)**	**$1,300 (66)**
Public	5,230 (148)	4,820 (136)	2,210 (74)	2,700 (76)	1,930 (26)	2,080 (72)	4,620 (138)	4,610 (139)	2,350 (564)	1,350 (100)	1,290 (77)
4-year doctoral	6,290 (165)	5,670 (248)	2,860 (104)	3,190 (142)	1,910 (24)	2,730 (106)	5,180 (233)	5,130 (232)	2,690 (715)	1,310 (199)	1,280 (147)
Other 4-year	5,420 (229)	4,850 (197)	1,980 (63)	2,700 (68)	1,950 (73)	1,850 (53)	4,310 (135)	4,300 (133)	‡ (†)	1,440 (102)	1,370 (70)
2-year	3,420 (232)	3,460 (206)	1,270 (112)	2,010 (75)	1,940 (185)	1,090 (91)	3,620 (303)	3,680 (319)	‡ (†)	1,270 (171)	1,220 (175)
Less-than-2-year	2,960 (1,682)	2,660 (1,040)	2,410 (471)	2,370 (113)	1,740 (328)	2,550 (282)	3,600 (564)	3,600 (564)	‡ (†)	‡ (†)	‡ (†)
Private, not-for-profit	10,540 (660)	6,500 (236)	6,390 (586)	6,360 (576)	2,270 (60)	5,990 (567)	5,700 (137)	5,580 (130)	3,110 (620)	1,390 (109)	1,310 (100)
4-year doctoral	13,040 (1,635)	7,310 (433)	8,450 (1,494)	8,240 (1,549)	2,350 (61)	7,870 (1,465)	6,450 (276)	6,320 (217)	3,560 (1,564)	1,650 (239)	1,540 (204)
Other 4-year	9,810 (240)	6,270 (237)	5,700 (133)	5,790 (120)	2,270 (101)	5,330 (126)	5,420 (161)	5,310 (148)	3,340 (329)	1,280 (69)	1,210 (62)
Less-than-4-year	6,190 (296)	5,100 (183)	2,850 (303)	3,190 (622)	2,030 (32)	2,760 (619)	5,000 (349)	4,870 (236)	1,280 (90)	1,190 (55)	1,090 (213)
Private, for-profit	6,400 (158)	5,870 (114)	2,700 (273)	2,510 (97)	1,950 (33)	2,360 (253)	5,280 (245)	5,210 (230)	2,350 (255)	‡ (†)	‡ (†)
2-year and above	7,040 (389)	6,370 (328)	2,950 (197)	2,830 (193)	2,000 (33)	2,690 (149)	5,670 (220)	5,620 (224)	‡ (†)	‡ (†)	‡ (†)
Less-than-2-year	5,650 (525)	5,270 (461)	2,370 (527)	2,140 (102)	1,900 (88)	1,620 (407)	4,770 (713)	4,680 (678)	2,070 (404)	‡ (†)	‡ (†)
1999–2000, all institutions	**$8,520 (78)**	**$6,160 (57)**	**$5,030 (97)**	**$4,980 (69)**	**$2,520 (17)**	**$4,460 (90)**	**$6,280 (72)**	**$5,690 (69)**	**$4,940 (128)**	**$1,670 (33)**	**$1,560 (26)**
Public	6,340 (74)	5,500 (60)	3,000 (57)	3,490 (38)	2,460 (13)	2,620 (42)	5,450 (65)	5,130 (68)	3,330 (212)	1,730 (38)	1,640 (53)
4-year doctoral	7,560 (85)	6,420 (68)	3,800 (74)	4,110 (57)	2,510 (38)	3,440 (72)	5,950 (74)	5,620 (59)	3,950 (204)	1,790 (54)	1,690 (31)
Other 4-year	6,310 (193)	5,480 (149)	2,630 (141)	3,240 (104)	2,410 (26)	2,240 (99)	5,120 (197)	4,880 (197)	3,630 (477)	1,660 (103)	1,570 (171)
2-year	4,400 (109)	4,000 (70)	1,990 (82)	2,810 (72)	2,450 (154)	1,630 (49)	4,430 (100)	3,990 (86)	4,160 (454)	1,690 (135)	1,610 (74)
Less-than-2-year	4,480 (947)	4,100 (1,163)	2,040 (391)	2,850 (210)	2,380 (308)	1,770 (430)	5,540 (1,081)	5,490 (1,157)	‡ (†)	‡ (†)	‡ (†)
Private, not-for-profit	13,490 (218)	7,260 (78)	8,920 (258)	8,270 (276)	2,700 (70)	7,870 (233)	7,610 (83)	6,480 (84)	5,790 (160)	1,610 (52)	1,480 (30)
4-year doctoral	15,670 (268)	7,960 (169)	10,610 (325)	9,850 (290)	2,610 (66)	9,370 (261)	8,350 (146)	6,870 (178)	6,500 (310)	1,820 (52)	1,700 (59)
Other 4-year	12,280 (259)	6,860 (94)	7,920 (257)	7,380 (290)	2,620 (136)	6,980 (255)	7,140 (96)	6,250 (67)	5,150 (196)	1,470 (63)	1,290 (37)
Less-than-4-year	8,520 (981)	6,110 (464)	4,940 (618)	5,040 (637)	2,510 (22)	4,460 (710)	6,100 (326)	5,440 (268)	5,520 (1,439)	960 (119)	870 (80)
Private, for-profit	9,300 (345)	8,030 (233)	3,880 (344)	3,500 (190)	2,570 (87)	2,850 (331)	7,460 (256)	6,930 (232)	6,210 (478)	‡ (†)	‡ (†)
2-year and above	9,980 (441)	8,520 (308)	3,980 (377)	3,780 (247)	2,460 (96)	3,010 (350)	7,840 (311)	7,320 (281)	6,820 (659)	‡ (†)	‡ (†)
Less-than-2-year	6,930 (390)	6,290 (374)	3,310 (597)	2,610 (72)	2,880 (78)	1,270 (411)	5,940 (357)	5,330 (339)	4,680 (617)	‡ (†)	‡ (†)
2003–04, all institutions	**$9,670 (100)**	**$6,950 (50)**	**$5,640 (126)**	**$5,630 (107)**	**$3,240 (23)**	**$4,890 (132)**	**$6,970 (67)**	**$6,040 (52)**	**$6,080 (137)**	**$1,930 (35)**	**$1,780 (37)**
Public	7,380 (93)	6,240 (89)	3,610 (45)	4,230 (45)	3,200 (31)	3,090 (45)	6,060 (72)	5,520 (64)	5,090 (114)	2,010 (45)	1,850 (51)
4-year doctoral	8,930 (106)	7,330 (96)	4,480 (72)	4,880 (65)	3,230 (60)	3,910 (66)	6,750 (99)	6,150 (81)	5,500 (160)	2,070 (64)	1,900 (65)
Other 4-year	7,820 (190)	6,400 (152)	3,530 (87)	4,220 (116)	3,170 (45)	2,880 (95)	5,870 (127)	5,280 (111)	5,250 (226)	1,930 (85)	1,810 (100)
2-year	4,690 (130)	4,410 (143)	2,140 (84)	3,330 (64)	3,180 (157)	1,810 (86)	4,170 (146)	3,850 (147)	3,700 (207)	2,000 (99)	1,820 (108)
Less-than-2-year	4,770 (388)	4,490 (366)	2,920 (250)	3,180 (205)	2,800 (297)	2,500 (243)	5,260 (621)	4,740 (402)	4,230 (802)	2,430 (1,160)	‡ (†)
Private, not-for-profit	15,700 (359)	8,270 (114)	10,080 (266)	9,330 (328)	3,410 (47)	8,690 (275)	8,680 (157)	6,960 (113)	7,390 (269)	1,810 (53)	1,670 (51)
4-year doctoral	17,230 (529)	8,830 (244)	11,390 (430)	10,410 (510)	3,510 (55)	9,770 (487)	9,640 (290)	7,500 (192)	8,200 (335)	2,100 (77)	1,960 (74)
Other 4-year	15,040 (513)	8,030 (177)	9,400 (331)	8,800 (389)	3,350 (264)	8,130 (309)	8,170 (206)	6,660 (144)	6,870 (388)	1,630 (58)	1,480 (53)
Less-than-4-year	8,580 (641)	6,040 (334)	4,960 (543)	5,590 (536)	3,580 (40)	4,400 (635)	6,160 (572)	5,580 (456)	4,460 (763)	1,540 (456)	1,540 (449)
Private, for-profit	10,380 (335)	8,460 (228)	5,000 (286)	4,280 (165)	3,240 (69)	3,800 (319)	7,640 (267)	6,580 (190)	5,720 (524)	2,650 (274)	2,720 (326)
2-year and above	11,330 (435)	9,050 (297)	5,300 (349)	4,650 (221)	3,370 (67)	4,000 (366)	8,140 (351)	6,950 (253)	6,050 (657)	2,780 (308)	2,890 (361)
Less-than-2-year	7,650 (128)	6,740 (85)	3,780 (130)	3,240 (111)	2,880 (104)	2,770 (145)	6,050 (139)	5,340 (112)	4,540 (203)	1,730 (116)	1,550 (101)

See notes at end of table.

Table 355. Average amount of financial aid awarded to full-time, full-year undergraduates, by type and source of aid and control and type of institution: Selected years, 1992–93 through 2007–08—Continued

Control and type of institution	Any aid			Grants			Loans			Work study[1]	
	Total[2]	Federal[3]	Nonfederal	Total[4]	Federal	Nonfederal	Total[5]	Federal[5]	Nonfederal	Total	Federal
1	2	3	4	5	6	7	8	9	10	11	12
2007–08, all institutions	**$12,740 (115)**	**$8,070 (73)**	**$8,020 (84)**	**$7,110 (73)**	**$3,670 (34)**	**$6,390 (78)**	**$9,480 (69)**	**$7,050 (53)**	**$7,780 (105)**	**$2,270 (27)**	**$2,160 (30)**
Public	9,480 (82)	7,150 (67)	5,210 (51)	5,340 (65)	3,650 (43)	4,050 (47)	7,970 (78)	6,450 (66)	6,570 (105)	2,440 (37)	2,380 (44)
4-year doctoral	11,470 (92)	8,220 (89)	6,560 (82)	6,340 (68)	3,760 (33)	5,170 (65)	8,880 (106)	7,080 (96)	7,220 (150)	2,450 (44)	2,310 (53)
Other 4-year	9,810 (134)	7,270 (106)	5,140 (108)	5,360 (96)	3,700 (78)	3,980 (114)	7,670 (132)	6,210 (101)	6,340 (209)	2,310 (77)	2,140 (86)
2-year	5,650 (233)	5,130 (205)	2,520 (47)	3,660 (130)	3,490 (135)	1,850 (38)	5,450 (124)	4,600 (145)	4,690 (158)	2,570 (105)	2,790 (123)
Less-than-2-year	6,130 (499)	5,130 (388)	3,770 (525)	3,570 (219)	3,270 (186)	2,420 (482)	6,840 (514)	5,490 (421)	4,950 (580)	‡ (†)	‡ (†)
Private, not-for-profit	20,740 (297)	9,660 (159)	14,310 (209)	12,070 (186)	4,060 (50)	11,300 (171)	12,160 (205)	8,220 (160)	9,910 (235)	2,090 (37)	1,920 (38)
4-year doctoral	22,160 (448)	10,110 (205)	15,540 (319)	12,870 (293)	4,220 (63)	12,110 (251)	13,300 (269)	8,750 (212)	11,160 (381)	2,220 (54)	2,070 (59)
Other 4-year	19,710 (438)	9,350 (243)	13,320 (323)	11,490 (239)	3,920 (708)	10,680 (244)	11,150 (335)	7,770 (236)	8,720 (267)	1,970 (44)	1,780 (45)
Less-than-4-year	9,920 (1,509)	6,910 (846)	5,460 (1,351)	5,720 (1,394)	4,370 (51)	3,150 (1,124)	10,670 (731)	7,570 (1,102)	8,420 (1,075)	2,190 (275)	2,230 (335)
Private, for-profit	13,120 (247)	9,270 (164)	6,700 (215)	3,990 (88)	3,280 (59)	3,300 (184)	10,260 (200)	7,110 (129)	7,140 (245)	3,520 (376)	3,700 (343)
2-year and above	13,810 (297)	9,580 (186)	7,060 (251)	4,060 (103)	3,260 (91)	3,520 (213)	10,670 (241)	7,230 (155)	7,440 (288)	3,660 (391)	3,840 (349)
Less-than-2-year	9,700 (235)	7,700 (241)	4,570 (205)	3,660 (101)	3,390 (76)	1,690 (210)	7,910 (260)	6,330 (192)	5,230 (221)	1,470 (675)	1,390 (799)

†Not applicable.
‡Reporting standards not met.
[1]Details on nonfederal work-study participants are not available.
[2]Includes students who reported that they were awarded aid, but did not specify the source or type of aid.
[3]Includes Department of Veterans Affairs and Department of Defense benefits.
[4]Indicates all grants, scholarships, or tuition waivers received from federal, state, institutional, or private sources, including employers.
[5]The 2003–04 and 2007–08 data include Parent Loans for Undergraduate Students (PLUS).

NOTE: Aid averages are for those students who received the specified type of aid. Full-time, full-year students were enrolled full time for 9 or more months from July 1 through June 30. Data include Puerto Rico. Some data have been revised from previously published figures. Standard errors appear in parentheses.
SOURCE: U.S. Department of Education, National Center for Education Statistics, 1992–93, 1995–96, 1999–2000, 2003–04, and 2007–08 National Postsecondary Student Aid Studies (NPSAS:93, NPSAS:96, NPSAS:2000, NPSAS:04, and NPSAS:08). (This table was prepared November 2009.)

Table 356. Percentage of part-time or part-year undergraduates receiving aid, by type and source of aid and control and type of institution: Selected years, 1992–93 through 2007–08

Control and type of institution	Any aid: Total[2]	Any aid: Federal[3]	Any aid: Nonfederal	Grants: Total	Grants: Federal	Grants: Nonfederal	Loans: Total[4]	Loans: Federal[4]	Loans: Nonfederal	Work study[1]: Total	Work study[1]: Federal
1	2	3	4	5	6	7	8	9	10	11	12
1992–93, all institutions	**37.6 (0.80)**	**25.0 (0.83)**	**16.5 (0.44)**	**32.4 (0.76)**	**18.8 (0.77)**	**14.5 (0.39)**	**13.5 (0.50)**	**13.1 (0.49)**	**0.8 (0.09)**	**2.1 (0.13)**	**1.2 (0.09)**
Public	31.7 (0.71)	19.8 (0.67)	14.5 (0.46)	27.6 (0.66)	15.3 (0.60)	12.6 (0.40)	9.3 (0.41)	8.9 (0.39)	0.6 (0.09)	1.7 (0.12)	0.9 (0.09)
4-year doctoral	40.5 (1.02)	27.5 (0.95)	19.5 (0.66)	31.3 (0.85)	17.1 (0.68)	16.6 (0.61)	20.9 (0.83)	20.4 (0.82)	1.1 (0.18)	3.6 (0.32)	2.1 (0.24)
Other 4-year	39.5 (1.24)	28.4 (1.25)	19.2 (1.00)	33.8 (1.17)	22.0 (1.17)	16.1 (0.88)	16.2 (0.99)	15.6 (0.93)	1.3 (0.32)	3.1 (0.42)	1.6 (0.26)
2-year	28.6 (0.91)	16.5 (0.83)	12.7 (0.61)	25.9 (0.87)	13.7 (0.76)	11.2 (0.52)	5.6 (0.44)	5.3 (0.43)	0.4 (0.11)	1.1 (0.11)	0.6 (0.10)
Less-than-2-year	21.2 (3.11)	15.1 (3.55)	6.9 (1.47)	19.4 (3.43)	13.8 (3.90)	6.0 (1.41)	0.7 (0.32)	0.7 (0.32)	# (†)	0.6 (0.36)	0.4 (0.34)
Private, not-for-profit	56.4 (1.96)	35.1 (2.65)	33.7 (1.54)	50.2 (2.12)	23.2 (2.96)	31.7 (1.49)	23.7 (1.38)	23.2 (1.34)	1.8 (0.23)	5.9 (0.71)	3.8 (0.42)
4-year doctoral	51.4 (1.91)	28.3 (1.49)	33.0 (1.91)	44.4 (1.90)	12.8 (0.98)	31.7 (1.91)	24.2 (1.42)	23.3 (1.39)	2.7 (0.47)	5.4 (0.88)	3.1 (0.58)
Other 4-year	59.4 (2.83)	38.1 (4.18)	35.6 (2.25)	53.8 (3.14)	26.8 (4.73)	33.6 (2.19)	24.4 (2.08)	23.9 (2.02)	1.5 (0.32)	7.3 (1.14)	4.8 (0.65)
Less-than-4-year	53.9 (5.17)	35.8 (4.98)	28.4 (4.07)	47.3 (4.83)	28.3 (4.56)	24.4 (4.05)	20.7 (3.59)	20.3 (3.58)	1.2 (0.44)	1.2 (0.66)	1.2 (0.66)
Private, for-profit	71.0 (3.08)	64.4 (3.44)	11.8 (1.58)	55.3 (3.30)	48.8 (3.61)	8.6 (1.34)	42.3 (3.54)	41.9 (3.51)	1.5 (0.46)	0.9 (0.29)	0.4 (0.11)
2-year and above	64.4 (5.75)	54.9 (5.93)	14.3 (2.75)	46.2 (4.25)	35.0 (4.19)	12.1 (2.45)	45.7 (5.59)	45.5 (5.58)	0.9 (0.63)	1.4 (0.58)	0.6 (0.24)
Less-than-2-year	75.5 (2.78)	70.8 (3.36)	10.2 (1.74)	61.5 (4.15)	58.1 (4.52)	6.3 (1.27)	40.0 (4.50)	39.4 (4.42)	1.8 (0.63)	0.5 (0.27)	0.3 (0.08)
1999–2000, all institutions	**44.6 (0.81)**	**29.8 (0.64)**	**27.4 (0.75)**	**35.4 (0.70)**	**18.6 (0.52)**	**25.0 (0.73)**	**18.4 (0.56)**	**17.7 (0.55)**	**2.1 (0.12)**	**1.9 (0.11)**	**1.4 (0.10)**
Public	39.7 (0.85)	24.8 (0.57)	25.3 (0.86)	31.7 (0.78)	15.9 (0.48)	23.3 (0.83)	13.5 (0.41)	13.0 (0.39)	1.3 (0.11)	1.5 (0.11)	1.1 (0.10)
4-year doctoral	51.0 (0.93)	36.8 (0.93)	30.0 (0.83)	35.7 (0.79)	17.9 (0.70)	26.7 (0.70)	31.5 (0.96)	30.3 (0.87)	3.3 (0.42)	3.0 (0.28)	1.9 (0.25)
Other 4-year	51.2 (1.33)	37.0 (1.36)	29.9 (1.10)	39.1 (1.24)	21.5 (1.33)	27.9 (1.10)	27.4 (1.04)	26.6 (1.02)	2.4 (0.34)	3.1 (0.48)	2.5 (0.44)
2-year	34.9 (1.14)	19.8 (0.69)	23.5 (1.20)	29.5 (1.08)	14.4 (0.62)	21.9 (1.16)	6.9 (0.42)	6.5 (0.40)	0.6 (0.10)	0.8 (0.12)	0.7 (0.11)
Less-than-2-year	38.6 (3.11)	21.9 (3.93)	22.2 (1.77)	29.6 (3.16)	18.2 (3.53)	14.4 (2.46)	5.0 (3.12)	4.7 (3.10)	0.4 (0.27)	1.6 (0.47)	0.9 (0.33)
Private, not-for-profit	64.8 (1.02)	44.5 (1.56)	47.2 (1.32)	53.9 (1.15)	22.1 (1.33)	44.8 (1.44)	34.8 (1.48)	33.4 (1.39)	6.0 (0.50)	5.9 (0.52)	4.0 (0.41)
4-year doctoral	60.2 (1.59)	40.9 (1.74)	46.8 (1.64)	49.9 (1.54)	17.0 (1.15)	44.2 (1.48)	35.1 (1.76)	34.1 (1.74)	7.6 (1.01)	6.5 (0.93)	4.7 (0.80)
Other 4-year	66.2 (1.33)	44.6 (2.23)	48.5 (1.78)	54.9 (1.58)	22.2 (1.94)	46.3 (2.02)	34.4 (2.11)	32.8 (1.95)	5.7 (0.63)	5.8 (0.68)	3.7 (0.52)
Less-than-4-year	71.2 (4.24)	57.3 (5.11)	37.2 (6.39)	61.0 (4.36)	41.7 (4.22)	34.4 (6.66)	36.4 (5.14)	35.9 (5.04)	2.9 (0.62)	4.6 (1.49)	3.5 (1.12)
Private, for-profit	83.1 (1.78)	78.5 (1.53)	22.3 (1.82)	58.9 (2.03)	53.3 (2.19)	14.6 (1.69)	62.7 (3.06)	61.2 (3.07)	6.1 (0.86)	0.3 (0.16)	0.3 (0.15)
2-year and above	81.8 (2.03)	77.9 (2.24)	25.4 (2.77)	54.0 (2.92)	45.6 (2.94)	19.3 (2.16)	69.5 (3.09)	68.5 (3.12)	6.0 (1.28)	0.3 (0.24)	0.3 (0.24)
Less-than-2-year	84.7 (2.75)	79.1 (1.97)	18.7 (2.41)	64.5 (2.44)	62.2 (2.45)	9.1 (1.83)	54.8 (6.25)	52.9 (6.32)	6.3 (1.11)	0.4 (0.19)	0.3 (0.18)
2003–04, all institutions	**54.1 (0.79)**	**38.3 (0.76)**	**31.6 (0.59)**	**43.3 (0.72)**	**24.4 (0.59)**	**28.2 (0.57)**	**24.5 (0.23)**	**23.4 (0.23)**	**3.7 (0.17)**	**3.5 (0.17)**	**2.3 (0.12)**
Public	46.9 (1.01)	31.2 (1.06)	28.3 (0.61)	37.7 (0.86)	20.3 (0.80)	25.8 (0.58)	15.9 (0.32)	15.0 (0.31)	2.0 (0.10)	3.0 (0.18)	1.9 (0.11)
4-year doctoral	60.1 (0.92)	44.5 (0.89)	35.5 (0.86)	42.8 (0.93)	21.7 (0.74)	31.2 (0.96)	39.1 (0.95)	37.2 (0.90)	4.8 (0.33)	4.4 (0.38)	2.9 (0.27)
Other 4-year	57.8 (2.31)	44.0 (2.18)	31.2 (2.15)	41.5 (2.63)	24.2 (1.87)	28.1 (1.96)	33.5 (1.49)	32.4 (1.42)	3.4 (0.53)	3.4 (0.54)	2.2 (0.41)
2-year	42.2 (1.17)	26.2 (1.21)	26.1 (0.73)	35.9 (0.95)	19.5 (0.90)	24.2 (0.70)	7.9 (0.35)	7.2 (0.32)	1.1 (0.10)	2.6 (0.21)	1.6 (0.13)
Less-than-2-year	41.6 (3.49)	20.5 (3.03)	28.5 (3.70)	32.6 (3.01)	16.3 (2.66)	19.8 (3.08)	6.2 (1.65)	4.7 (1.42)	1.7 (0.72)	3.5 (1.13)	1.1 (0.49)
Private, not-for-profit	76.8 (1.04)	53.2 (1.27)	55.8 (2.12)	63.9 (1.69)	26.5 (0.98)	52.5 (2.13)	44.2 (1.05)	41.9 (1.08)	8.6 (0.72)	8.9 (0.72)	6.4 (0.60)
4-year doctoral	73.5 (1.36)	46.4 (1.91)	61.0 (1.89)	63.7 (1.59)	20.0 (1.76)	57.6 (1.86)	42.2 (1.99)	39.2 (2.01)	11.0 (1.05)	13.3 (1.42)	8.8 (1.20)
Other 4-year	78.1 (1.32)	55.5 (2.15)	54.1 (2.78)	63.8 (2.25)	27.7 (1.65)	51.3 (2.93)	45.7 (1.78)	44.0 (1.80)	7.6 (0.86)	7.4 (0.82)	5.6 (0.69)
Less-than-4-year	78.5 (4.82)	63.1 (3.84)	47.3 (5.70)	67.2 (3.34)	48.6 (3.77)	40.1 (4.26)	35.5 (4.92)	30.7 (2.84)	3.2 (3.82)	3.7 (0.99)	2.8 (0.79)
Private, for-profit	89.7 (0.52)	83.1 (0.70)	32.1 (1.50)	67.5 (1.04)	56.8 (1.23)	20.5 (1.24)	75.8 (0.92)	74.2 (0.92)	12.3 (1.24)	1.8 (0.30)	1.1 (0.28)
2-year and above	91.1 (0.79)	83.9 (1.24)	35.7 (2.50)	69.1 (1.68)	56.4 (2.23)	24.2 (2.13)	78.4 (1.67)	77.0 (1.65)	13.2 (1.92)	1.5 (0.48)	1.1 (0.46)
Less-than-2-year	87.4 (0.69)	81.6 (1.07)	25.7 (0.87)	64.7 (0.55)	57.5 (0.88)	13.8 (1.02)	71.0 (1.59)	69.2 (1.66)	10.8 (0.51)	2.3 (0.13)	1.2 (0.12)
2007–08, all institutions	**56.6 (1.86)**	**38.6 (1.48)**	**38.3 (1.13)**	**43.5 (1.50)**	**24.0 (0.97)**	**29.2 (0.99)**	**29.3 (0.63)**	**25.5 (0.55)**	**11.4 (0.34)**	**3.5 (0.23)**	**2.7 (0.18)**
Public	49.5 (2.02)	30.2 (1.58)	33.9 (1.14)	38.3 (1.57)	19.1 (1.00)	28.2 (1.05)	19.3 (0.50)	15.6 (0.44)	6.6 (0.20)	3.0 (0.23)	2.3 (0.18)
4-year doctoral	64.3 (0.90)	43.3 (1.14)	45.5 (0.67)	43.4 (0.64)	19.4 (0.54)	34.8 (0.61)	41.8 (0.92)	35.9 (0.94)	14.1 (0.53)	4.5 (0.38)	3.4 (0.30)
Other 4-year	59.7 (1.14)	42.6 (1.05)	36.4 (1.06)	42.4 (0.91)	25.1 (0.79)	27.6 (0.93)	33.7 (1.00)	28.6 (0.85)	10.5 (0.60)	3.4 (0.44)	2.5 (0.42)
2-year	44.5 (2.54)	25.2 (1.85)	30.9 (1.48)	36.5 (2.12)	18.0 (1.31)	26.9 (1.37)	12.0 (0.53)	9.0 (0.44)	4.3 (0.23)	2.6 (0.25)	2.0 (0.17)
Less-than-2-year	48.4 (4.55)	31.8 (3.12)	27.9 (6.02)	40.1 (3.33)	27.8 (2.64)	17.4 (3.45)	14.6 (1.89)	11.3 (1.97)	5.7 (1.22)	# (†)	# (†)
Private, not-for-profit	77.0 (1.69)	54.3 (1.23)	60.0 (1.38)	60.7 (1.49)	24.8 (0.98)	50.0 (1.21)	49.6 (1.24)	44.8 (1.02)	19.8 (0.92)	9.4 (0.73)	7.1 (0.63)
4-year doctoral	74.9 (1.89)	48.1 (1.69)	62.4 (1.64)	59.4 (1.67)	19.5 (1.24)	52.3 (1.66)	47.9 (1.61)	41.6 (1.79)	21.1 (1.22)	11.0 (1.23)	8.2 (1.04)
Other 4-year	78.6 (1.98)	57.5 (1.96)	60.1 (1.76)	62.3 (1.94)	26.5 (1.48)	50.8 (1.57)	51.4 (1.84)	47.5 (1.60)	19.0 (1.41)	9.0 (0.96)	6.8 (0.88)
Less-than-4-year	75.0 (4.05)	66.8 (3.91)	42.7 (5.44)	55.2 (3.32)	44.8 (3.55)	26.3 (4.11)	44.9 (1.91)	41.1 (2.09)	18.4 (2.51)	2.0 (0.68)	1.6 (0.52)
Private, for-profit	96.2 (0.28)	93.2 (0.39)	54.1 (1.55)	70.1 (1.10)	63.8 (1.05)	17.9 (1.70)	91.7 (0.46)	88.2 (0.45)	42.7 (1.59)	2.2 (0.31)	1.8 (0.31)
2-year and above	98.6 (0.26)	97.2 (0.42)	57.3 (1.92)	71.4 (1.21)	64.1 (1.30)	19.3 (2.48)	96.6 (0.31)	95.3 (0.40)	45.6 (1.99)	2.8 (0.41)	2.4 (0.41)
Less-than-2-year	89.1 (1.32)	81.5 (1.83)	45.0 (1.80)	66.3 (1.43)	62.9 (1.52)	13.6 (2.14)	77.4 (1.57)	67.2 (1.21)	34.5 (2.11)	0.1 (0.08)	0.1 (0.07)

†Not applicable.
#Rounds to zero.
[1]Details on nonfederal work-study participants are not available.
[2]Includes students who reported they were awarded aid, but did not specify the source of aid.
[3]Includes Department of Veterans Affairs and Department of Defense benefits.
[4]The 2003–04 and 2007–08 loan estimates include Parent Loans for Undergraduate Students (PLUS).

NOTE: Excludes students whose attendance status was not reported. Detail may not sum to totals because of rounding and because some students receive multiple types of aid and aid from different sources. Data include Puerto Rico. Some data have been revised from previously published figures. Standard errors appear in parentheses.
SOURCE: U.S. Department of Education, National Center for Education Statistics, 1992–93, 1999–2000, 2003–04, and 2007–08 National Postsecondary Student Aid Studies (NPSAS:93, NPSAS:2000, NPSAS:04, and NPSAS:08). (This table was prepared November 2009.)

Table 357. Percentage of full-time and part-time undergraduates receiving federal aid, by aid program and control and type of institution: 2003–04 and 2007–08

Control and type of institution	Number of undergraduates[1] (in thousands)	Percent receiving federal aid, by type: Any federal aid	Any Title IV aid	Selected Title IV programs[2]: Pell	SEOG[3]	CWS[4]	Perkins[5]	Stafford[6]	PLUS[7]
1	2	3	4	5	6	7	8	9	10
2003-04									
Full-time, full-year students									
All institutions	**7,679 (79.8)**	**60.7 (0.42)**	**59.6 (0.43)**	**32.2 (0.30)**	**10.2 (0.31)**	**10.7 (0.36)**	**7.3 (0.27)**	**45.3 (0.43)**	**6.7 (0.22)**
Public	5,569 (72.0)	55.0 (0.41)	53.7 (0.42)	30.6 (0.38)	8.1 (0.36)	7.6 (0.27)	5.6 (0.26)	37.8 (0.41)	5.1 (0.22)
4-year doctoral	2,375 (30.0)	58.3 (0.68)	57.1 (0.71)	26.8 (0.77)	8.3 (0.48)	8.2 (0.36)	9.0 (0.39)	48.4 (0.76)	8.2 (0.37)
Other 4-year	1,201 (41.0)	64.7 (1.25)	63.9 (1.26)	34.3 (1.59)	8.4 (0.67)	10.3 (0.71)	6.8 (0.81)	50.7 (1.32)	6.0 (0.69)
2-year	1,967 (52.1)	45.1 (0.76)	43.6 (0.77)	32.7 (0.77)	7.7 (0.56)	5.2 (0.46)	0.9 (0.13)	17.5 (0.81)	1.0 (0.15)
Less-than-2-year	26 (2.2)	45.1 (2.95)	44.0 (3.01)	36.2 (2.14)	2.2 (0.74)	1.2 (0.59)	‡ (†)	16.6 (4.65)	0.3 (0.27)
Private, not-for-profit	1,623 (38.6)	72.4 (0.72)	71.8 (0.72)	30.5 (0.65)	14.6 (0.83)	23.5 (1.34)	14.3 (0.84)	60.9 (0.99)	11.5 (0.47)
4-year doctoral	653 (27.8)	65.7 (1.53)	64.9 (1.56)	22.8 (2.28)	11.5 (1.66)	22.9 (1.44)	18.3 (0.93)	54.9 (1.78)	12.0 (0.69)
Other 4-year	925 (33.9)	77.1 (1.17)	76.7 (1.18)	35.0 (1.70)	16.9 (1.05)	24.7 (1.95)	12.2 (1.34)	66.2 (1.88)	11.3 (0.76)
Less-than-4-year	45 (4.1)	71.4 (3.93)	69.8 (3.79)	47.7 (3.71)	12.4 (2.74)	8.5 (2.74)	1.2 (0.94)	40.5 (4.25)	8.0 (2.12)
Private, for-profit	487 (17.9)	87.2 (1.26)	86.4 (1.35)	57.2 (1.34)	20.1 (2.05)	3.1 (0.58)	2.5 (1.08)	79.2 (1.84)	8.8 (1.04)
2-year and above	355 (19.3)	89.3 (1.30)	88.2 (1.44)	57.7 (1.64)	19.1 (2.65)	3.8 (0.76)	3.1 (1.48)	83.3 (1.64)	9.0 (1.36)
Less-than-2-year	132 (3.8)	81.8 (1.72)	81.6 (1.72)	55.7 (1.26)	22.8 (1.67)	1.5 (0.33)	0.9 (0.45)	68.2 (3.73)	8.2 (0.74)
Part-time or part-year students									
All institutions	**11,375 (79.8)**	**38.3 (0.76)**	**36.1 (0.71)**	**23.8 (0.59)**	**4.7 (0.22)**	**2.3 (0.12)**	**1.3 (0.08)**	**23.0 (0.23)**	**1.4 (0.09)**
Public	9,095 (74.6)	31.2 (1.06)	28.9 (0.98)	19.9 (0.80)	3.0 (0.20)	1.9 (0.11)	1.0 (0.08)	14.7 (0.31)	0.7 (0.06)
Private, not-for-profit	1,232 (36.9)	53.2 (1.27)	50.2 (1.28)	25.8 (0.91)	6.8 (0.52)	6.4 (0.60)	3.7 (0.39)	41.2 (1.10)	3.6 (0.45)
Private, for-profit	1,048 (20.4)	83.1 (0.70)	82.1 (0.71)	54.9 (1.11)	16.5 (1.49)	1.1 (0.28)	0.9 (0.41)	74.0 (0.95)	4.8 (0.44)
2007-08									
Full-time, full-year students									
All institutions	**8,220 (59.4)**	**63.0 (0.32)**	**62.0 (0.33)**	**32.6 (0.37)**	**8.7 (0.27)**	**10.3 (0.24)**	**5.6 (0.16)**	**48.7 (0.45)**	**7.2 (0.18)**
Public	5,618 (39.9)	56.6 (0.34)	55.5 (0.35)	30.4 (0.40)	6.4 (0.28)	6.9 (0.21)	3.9 (0.15)	39.9 (0.40)	6.0 (0.20)
4-year doctoral	2,690 (25.7)	57.5 (0.78)	56.5 (0.77)	25.6 (0.37)	6.1 (0.24)	7.3 (0.31)	5.7 (0.24)	47.5 (0.63)	9.1 (0.37)
Other 4-year	1,162 (18.2)	65.7 (0.94)	64.8 (0.87)	34.1 (0.94)	7.5 (0.35)	8.4 (0.52)	4.7 (0.42)	50.7 (0.69)	6.3 (0.42)
2-year	1,738 (31.2)	49.2 (1.26)	47.7 (1.42)	35.1 (1.70)	6.1 (0.56)	5.4 (0.28)	0.4 (0.08)	21.3 (1.28)	1.1 (0.12)
Less-than-2-year	28 (3.1)	57.2 (4.34)	55.5 (4.42)	47.9 (5.15)	9.3 (5.67)	# (†)	‡ (†)	23.1 (3.31)	1.2 (1.09)
Private, not-for-profit	1,864 (25.9)	70.0 (0.63)	69.2 (0.63)	27.5 (0.42)	12.7 (0.48)	23.7 (0.80)	12.7 (0.57)	59.4 (0.64)	11.6 (0.54)
4-year doctoral	928 (20.6)	65.5 (1.21)	64.4 (1.23)	22.1 (1.07)	11.1 (0.51)	23.3 (1.03)	15.1 (0.93)	55.4 (1.26)	11.8 (0.63)
Other 4-year	913 (17.8)	74.3 (1.13)	73.7 (1.13)	32.1 (1.26)	14.0 (0.79)	24.6 (1.35)	10.5 (0.71)	64.0 (1.36)	11.5 (0.87)
Less-than-4-year	23 (2.1)	88.0 (3.21)	86.9 (3.71)	59.8 (7.05)	22.7 (5.70)	4.1 (1.09)	1.0 (0.80)	40.9 (5.77)	9.6 (5.55)
Private, for-profit	738 (33.9)	93.6 (0.63)	93.4 (0.67)	62.0 (1.43)	16.0 (1.55)	1.8 (0.31)	1.1 (0.23)	88.5 (0.77)	5.6 (0.56)
2-year and above	611 (31.0)	94.5 (0.59)	94.3 (0.65)	59.8 (1.74)	14.7 (1.91)	2.1 (0.38)	1.3 (0.28)	92.8 (0.70)	4.8 (0.62)
Less-than-2-year	126 (7.2)	89.3 (1.66)	89.2 (1.71)	72.5 (1.91)	22.7 (2.11)	0.6 (0.26)	0.2 (0.14)	68.1 (2.75)	9.5 (1.14)
Part-time or part-year students									
All institutions	**12,708 (59.2)**	**38.6 (1.48)**	**37.1 (1.40)**	**23.9 (0.96)**	**4.4 (0.23)**	**2.7 (0.18)**	**1.0 (0.05)**	**25.3 (0.53)**	**1.5 (0.08)**
Public	10,276 (39.9)	30.2 (1.58)	28.5 (1.48)	19.0 (0.99)	2.2 (0.13)	2.3 (0.18)	0.6 (0.04)	15.4 (0.42)	0.9 (0.06)
4-year doctoral	1,656 (25.6)	43.3 (1.14)	41.5 (1.10)	19.2 (0.54)	3.2 (0.25)	3.4 (0.30)	2.5 (0.20)	35.2 (0.92)	3.5 (0.29)
Other 4-year	1,182 (18.2)	42.6 (1.05)	40.2 (1.00)	24.9 (0.80)	2.6 (0.26)	2.5 (0.42)	1.4 (0.21)	28.4 (0.84)	1.5 (0.23)
2-year	7,374 (31.2)	25.2 (1.85)	23.7 (1.74)	17.9 (1.31)	1.9 (0.15)	2.0 (0.17)	0.1 (0.02)	8.9 (0.43)	0.2 (0.04)
Less-than-2-year	64 (3.1)	31.8 (3.12)	31.2 (3.21)	27.8 (2.64)	2.6 (2.07)	# (†)	# (†)	11.3 (1.97)	# (†)
Private, not-for-profit	1,174 (25.9)	54.3 (1.23)	52.2 (1.28)	24.5 (0.96)	6.5 (0.54)	7.1 (0.63)	3.4 (0.42)	44.2 (1.00)	3.6 (0.48)
4-year doctoral	466 (20.6)	48.1 (1.69)	46.8 (1.69)	19.4 (1.26)	5.3 (0.62)	8.2 (1.04)	4.0 (0.75)	40.8 (1.80)	2.5 (0.26)
Other 4-year	641 (17.8)	57.5 (1.96)	54.7 (1.99)	26.3 (1.41)	6.8 (0.82)	6.8 (0.88)	3.2 (0.57)	47.0 (1.59)	4.5 (0.81)
Less-than-4-year	67 (2.1)	66.8 (3.91)	65.5 (4.04)	43.0 (3.58)	11.6 (2.93)	1.6 (0.52)	1.5 (1.16)	41.1 (2.12)	2.9 (1.28)
Private, for-profit	1,258 (33.9)	93.2 (0.39)	93.1 (0.39)	63.8 (1.05)	20.3 (1.71)	1.8 (0.31)	1.2 (0.20)	88.0 (0.44)	5.0 (0.49)
2-year and above	939 (31.0)	97.2 (0.42)	97.1 (0.43)	64.1 (1.30)	20.8 (2.27)	2.4 (0.41)	1.5 (0.27)	95.2 (0.40)	4.7 (0.66)
Less-than-2-year	319 (7.2)	81.5 (1.83)	81.3 (1.86)	62.8 (1.51)	18.9 (1.63)	0.1 (0.07)	0.4 (0.10)	66.7 (1.18)	5.8 (0.47)

†Not applicable.
#Rounds to zero.
‡Reporting standards not met.
[1]Numbers of undergraduates may not equal figures reported in other tables, since these data are based on a sample survey of students who enrolled at any point during the year.
[2]Title IV of the Higher Education Act.
[3]Supplemental Educational Opportunity Grants.
[4]College Work Study. Prior to October 17, 1986, private, for-profit institutions were prohibited by law from spending CWS funds for on-campus work. Includes persons who participated in the program, but had no earnings.
[5]Formerly National Direct Student Loans (NDSL).
[6]Formerly Guaranteed Student Loans (GSL).
[7]Parent Loans for Undergraduate Students.
NOTE: Excludes students whose attendance status was not reported. Detail may not sum to totals because of rounding and because some students receive multiple types of aid and aid from different sources. Data include Puerto Rico. Some data have been revised from previously published figures. Standard errors appear in parentheses.
SOURCE: U.S. Department of Education, National Center for Education Statistics, 2003–04 and 2007–08 National Postsecondary Student Aid Study (NPSAS:04 and NPSAS:08). (This table was prepared November 2009.)

Table 358. Amount borrowed, aid status, and sources of aid for full-time, full-year postbaccalaureate students, by level of study and control and type of institution: Selected years, 1992–93 through 2007–08

Level of study, control and type of institution	Cumulative borrowing for undergraduate and graduate education: Percent who borrowed		Cumulative borrowing: Average amount for those who borrowed (in current dollars)		Aid status (percent of students): Nonaided		Receiving aid, by source: Any aid[1]		Federal[2]		State		Institutional		Employer	
1	2		3		4		5		6		7		8		9	
1992–93, all institutions	**—**	**(†)**	**—**	**(†)**	**31.9**	**(1.03)**	**68.1**	**(1.03)**	**44.4**	**(1.47)**	**7.0**	**(0.66)**	**40.6**	**(1.73)**	**5.3**	**(0.52)**
Master's degree	—	(†)	—	(†)	37.5	(2.13)	62.5	(2.13)	33.8	(2.01)	5.8	(0.79)	42.4	(2.70)	8.3	(0.87)
Public	—	(†)	—	(†)	34.6	(1.98)	65.4	(1.98)	33.9	(1.93)	7.8	(1.07)	44.0	(2.31)	7.6	(1.02)
4-year doctoral	—	(†)	—	(†)	34.3	(2.14)	65.7	(2.14)	32.4	(2.02)	6.7	(1.18)	46.3	(2.52)	7.7	(1.09)
Other 4-year	—	(†)	—	(†)	36.1	(4.12)	63.9	(4.12)	42.5	(4.41)	14.4	(2.90)	30.4	(4.28)	6.8	(2.59)
Private	—	(†)	—	(†)	41.6	(4.05)	58.4	(4.05)	33.7	(3.69)	3.2	(1.04)	40.2	(5.27)	9.4	(1.56)
4-year doctoral	—	(†)	—	(†)	39.3	(4.44)	60.7	(4.44)	34.2	(4.37)	2.9	(1.20)	42.9	(5.75)	8.9	(1.84)
Other 4-year	—	(†)	—	(†)	56.5	(3.79)	43.5	(3.79)	30.5	(3.17)	5.1	(2.58)	22.8	(2.27)	12.1	(2.27)
Doctor's degree	—	(†)	—	(†)	30.4	(2.28)	69.6	(2.28)	28.3	(2.45)	4.4	(0.71)	51.6	(2.32)	3.0	(0.85)
Public	—	(†)	—	(†)	30.3	(2.77)	69.7	(2.77)	22.3	(2.44)	6.5	(1.02)	55.5	(2.70)	3.9	(1.23)
Private	—	(†)	—	(†)	30.4	(4.11)	69.6	(4.11)	37.8	(4.48)	1.1	(0.73)	45.5	(4.00)	1.7	(0.96)
First-professional	—	(†)	—	(†)	23.0	(1.17)	77.0	(1.17)	68.2	(1.82)	10.0	(1.54)	37.0	(1.89)	2.3	(0.47)
Public	—	(†)	—	(†)	20.7	(1.30)	79.3	(1.30)	72.5	(1.78)	13.4	(2.13)	37.7	(2.04)	2.3	(0.70)
Private	—	(†)	—	(†)	25.1	(1.71)	74.9	(1.71)	64.3	(2.29)	6.8	(1.32)	36.4	(3.10)	2.3	(0.62)
Other graduate	—	(†)	—	(†)	39.3	(5.42)	60.7	(5.42)	42.4	(4.39)	6.7	(1.44)	22.9	(3.01)	6.0	(1.91)
1999–2000, all institutions	**—**	**(†)**	**—**	**(†)**	**17.8**	**(0.73)**	**82.2**	**(0.73)**	**54.0**	**(1.05)**	**6.2**	**(0.53)**	**48.7**	**(1.17)**	**5.8**	**(0.45)**
Master's degree	—	(†)	—	(†)	20.6	(1.09)	79.4	(1.09)	50.4	(1.33)	5.4	(0.72)	46.2	(1.38)	8.4	(0.88)
Public	—	(†)	—	(†)	21.5	(1.49)	78.5	(1.49)	45.8	(1.62)	7.7	(1.17)	49.6	(1.74)	6.8	(0.88)
4-year doctoral	—	(†)	—	(†)	19.8	(1.60)	80.2	(1.60)	43.9	(1.74)	7.2	(1.34)	54.3	(1.93)	7.1	(1.03)
Other 4-year	—	(†)	—	(†)	29.8	(3.69)	70.2	(3.69)	54.9	(4.45)	10.4	(2.31)	26.8	(3.17)	5.3	(1.30)
Private	—	(†)	—	(†)	19.4	(1.59)	80.6	(1.59)	56.3	(2.16)	2.5	(0.60)	41.9	(2.22)	10.4	(1.66)
4-year doctoral	—	(†)	—	(†)	17.5	(1.82)	82.5	(1.82)	57.7	(2.32)	3.0	(0.79)	49.4	(2.56)	8.3	(1.06)
Other 4-year	—	(†)	—	(†)	24.8	(3.30)	75.2	(3.31)	52.4	(5.10)	1.1	(0.36)	20.9	(4.74)	16.3	(5.55)
Doctor's degree	—	(†)	—	(†)	11.5	(1.39)	88.6	(1.39)	30.2	(2.85)	2.6	(0.63)	77.5	(1.73)	5.4	(0.65)
Public	—	(†)	—	(†)	10.7	(1.23)	89.4	(1.23)	26.5	(1.60)	3.2	(0.88)	80.6	(1.71)	7.4	(0.97)
Private	—	(†)	—	(†)	12.7	(2.94)	87.3	(2.94)	35.9	(6.36)	1.6	(0.79)	72.9	(3.44)	2.3	(0.54)
First-professional	—	(†)	—	(†)	11.5	(1.06)	88.5	(1.06)	80.1	(1.48)	9.8	(1.43)	40.2	(2.65)	1.6	(0.44)
Public	—	(†)	—	(†)	11.4	(1.57)	88.6	(1.57)	81.7	(1.81)	13.1	(2.18)	39.5	(2.87)	1.6	(0.64)
Private	—	(†)	—	(†)	11.6	(1.45)	88.4	(1.45)	78.8	(2.29)	7.1	(1.84)	40.8	(4.22)	1.5	(0.60)
Other graduate	—	(†)	—	(†)	37.3	(3.60)	62.7	(3.60)	44.4	(3.70)	6.3	(1.44)	23.3	(3.35)	7.3	(1.82)
2003–04, all institutions	**74.8**	**(1.12)**	**$50,740**	**(1,361)**	**14.1**	**(1.06)**	**85.9**	**(1.06)**	**59.6**	**(1.29)**	**4.0**	**(0.74)**	**41.1**	**(1.14)**	**8.6**	**(0.85)**
Master's degree	71.5	(2.05)	36,770	(1,294)	19.5	(1.95)	80.5	(1.95)	54.6	(2.25)	2.8	(0.63)	35.5	(2.00)	10.5	(1.36)
Public	63.3	(2.45)	32,370	(1,202)	21.7	(2.11)	78.3	(2.11)	44.9	(2.46)	2.8	(0.66)	45.0	(2.56)	7.0	(1.06)
4-year doctoral	63.0	(2.62)	33,340	(1,332)	18.7	(1.75)	81.3	(1.75)	46.3	(2.40)	3.1	(0.75)	47.5	(2.57)	7.7	(1.17)
Other 4-year	65.3	(10.80)	25,150	(3,958)	44.6	(10.59)	55.4	(10.59)	34.2	(10.25)	‡	(†)	26.2	(9.64)	1.4	(1.09)
Private	79.6	(3.32)	40,250	(2,071)	17.4	(3.45)	82.6	(3.45)	64.1	(3.42)	2.8	(1.08)	26.1	(2.97)	14.0	(2.47)
4-year doctoral	79.1	(2.58)	44,090	(2,641)	14.2	(2.53)	85.8	(2.53)	61.5	(3.60)	2.7	(1.63)	37.1	(2.89)	10.3	(2.13)
Other 4-year	80.2	(7.39)	34,450	(3,261)	22.3	(6.94)	77.7	(6.94)	68.1	(6.49)	2.9	(1.74)	9.1	(4.28)	19.7	(5.43)
Doctor's degree	58.7	(1.38)	48,810	(2,468)	7.7	(0.86)	92.3	(0.86)	36.0	(1.67)	2.9	(0.80)	72.8	(1.87)	7.9	(0.79)
Public	55.0	(1.57)	40,150	(1,519)	6.6	(0.85)	93.4	(0.85)	33.5	(1.72)	2.7	(0.61)	79.2	(1.59)	8.5	(0.94)
Private	63.9	(2.42)	59,420	(4,821)	9.3	(1.63)	90.7	(1.63)	39.6	(3.33)	3.3	(1.79)	63.8	(3.54)	7.1	(1.26)
First-professional	87.3	(1.23)	70,710	(2,425)	9.7	(1.23)	90.3	(1.23)	79.5	(1.85)	6.4	(1.79)	33.0	(1.55)	5.0	(0.76)
Public	88.2	(1.77)	61,830	(2,127)	9.4	(1.45)	90.6	(1.45)	79.4	(2.30)	5.1	(0.84)	36.6	(2.15)	5.0	(0.93)
Private	86.5	(1.65)	78,500	(3,687)	9.9	(1.71)	90.1	(1.71)	79.7	(2.37)	7.5	(3.19)	29.9	(2.34)	5.0	(1.05)
Other graduate	88.0	(3.13)	38,880	(3,212)	19.1	(4.80)	80.9	(4.80)	73.0	(5.69)	3.8	(1.39)	17.1	(4.29)	14.1	(5.74)
2007–08, all institutions	**71.3**	**(1.18)**	**$54,740**	**(970)**	**13.0**	**(0.65)**	**87.0**	**(0.65)**	**56.7**	**(1.19)**	**3.9**	**(0.28)**	**44.1**	**(1.46)**	**11.5**	**(0.94)**
Master's degree	72.2	(1.58)	43,210	(1,375)	15.2	(1.10)	84.8	(1.10)	56.5	(1.61)	3.0	(0.40)	35.4	(1.68)	16.1	(1.70)
Public	66.0	(1.76)	37,420	(1,400)	13.7	(1.37)	86.3	(1.37)	49.6	(1.84)	4.2	(0.85)	52.1	(2.48)	13.5	(1.45)
4-year doctoral	64.4	(1.95)	38,160	(1,566)	12.3	(1.40)	87.7	(1.40)	48.9	(2.01)	4.3	(0.93)	56.4	(2.67)	14.7	(1.66)
Other 4-year	76.6	(4.80)	33,280	(2,440)	23.1	(4.06)	76.9	(4.06)	54.7	(6.18)	‡	(†)	23.6	(5.07)	5.1	(2.08)
Private	76.5	(2.25)	46,660	(1,916)	16.3	(1.61)	83.7	(1.61)	61.3	(2.36)	2.2	(0.40)	23.9	(1.62)	18.0	(2.69)
4-year doctoral	71.0	(1.95)	46,070	(1,609)	19.3	(1.53)	80.7	(1.53)	54.5	(1.65)	2.6	(0.63)	36.0	(2.65)	14.5	(1.17)
Other 4-year	83.4	(40.8)	47,310	(3,605)	12.4	(2.90)	87.6	(2.90)	70.2	(4.43)	1.6	(0.40)	8.0	(1.28)	22.6	(6.10)
Doctor's degree	58.8	(1.85)	54,420	(2,183)	7.0	(0.84)	93.0	(0.84)	37.0	(2.18)	2.9	(0.41)	72.4	(2.66)	8.0	(0.70)
Public	51.6	(2.20)	43,930	(1,635)	7.9	(1.47)	92.1	(1.47)	28.9	(1.83)	3.6	(0.61)	81.3	(1.85)	7.9	(0.98)
Private	66.6	(2.42)	63,150	(3,182)	6.0	(1.02)	94.0	(1.02)	45.7	(3.39)	2.2	(0.65)	62.8	(4.41)	8.0	(1.14)
First-professional	84.6	(1.49)	81,170	(1,822)	11.9	(1.18)	88.1	(1.18)	81.1	(1.59)	7.7	(0.84)	35.5	(1.85)	4.6	(0.76)
Public	84.2	(2.00)	72,900	(2,705)	12.0	(1.88)	88.0	(1.88)	81.2	(2.17)	10.9	(1.44)	33.7	(2.60)	4.9	(1.41)
Private	85.0	(2.14)	87,560	(2,334)	11.8	(1.72)	88.2	(1.72)	81.0	(2.11)	5.2	(0.80)	36.9	(2.47)	4.4	(0.68)
Other graduate	62.2	(6.77)	43,440	(4,185)	31.2	(6.75)	68.8	(6.75)	50.5	(6.93)	1.9	(1.82)	25.7	(5.69)	6.1	(2.97)

—Not available.
†Not applicable.
‡Reporting standards not met.
[1]Includes students who reported they were awarded aid, but did not specify the source of aid.
[2]Includes Department of Veterans Affairs and Department of Defense benefits.
NOTE: Total includes some students whose level of study was unknown. Detail may not sum to totals because of rounding and because some students receive multiple types of aid and aid from different sources. Data include Puerto Rico. Some data have been revised from previously published figures. Standard errors appear in parentheses.
SOURCE: U.S. Department of Education, National Center for Education Statistics, 1992–93, 1999–2000, 2003–04, and 2007–08 National Postsecondary Student Aid Studies (NPSAS:93, NPSAS:2000, NPSAS:04, and NPSAS:08). (This table was prepared November 2009.)

Table 359. Amount borrowed, aid status, and sources of aid for part-time or part-year postbaccalaureate students, by level of study and control and type of institution: Selected years, 1992–93 through 2007–08

Level of study, control and type of institution	Cumulative borrowing for undergraduate and graduate education: Percent who borrowed		Cumulative borrowing: Average amount for those who borrowed (in current dollars)		Aid status (percent of students): Nonaided		Receiving aid, by source: Any aid[1]		Federal[2]		State		Institutional		Employer	
1	2		3		4		5		6		7		8		9	
1992–93, all institutions	**—**	**(†)**	**—**	**(†)**	**71.3**	**(0.84)**	**28.7**	**(0.84)**	**10.8**	**(0.48)**	**1.9**	**(0.19)**	**12.7**	**(0.65)**	**16.7**	**(0.69)**
Master's degree	—	(†)	—	(†)	71.7	(0.93)	28.3	(0.93)	10.5	(0.56)	1.6	(0.21)	11.1	(0.67)	18.7	(0.85)
Public	—	(†)	—	(†)	73.9	(0.99)	26.1	(0.99)	10.1	(0.64)	2.5	(0.36)	11.7	(0.79)	14.6	(0.90)
4-year doctoral	—	(†)	—	(†)	69.6	(1.28)	30.4	(1.28)	11.9	(0.80)	2.5	(0.43)	15.3	(1.03)	14.6	(1.06)
Other 4-year	—	(†)	—	(†)	81.2	(1.59)	18.8	(1.59)	6.9	(0.99)	2.4	(0.56)	5.5	(1.01)	14.4	(1.30)
Private	—	(†)	—	(†)	68.6	(1.73)	31.4	(1.73)	11.1	(0.95)	0.4	(0.14)	10.3	(1.02)	24.4	(1.25)
4-year doctoral	—	(†)	—	(†)	66.9	(1.96)	33.1	(1.96)	12.1	(1.30)	0.4	(0.16)	12.1	(1.43)	25.1	(1.65)
Other 4-year	—	(†)	—	(†)	71.7	(2.92)	28.3	(2.92)	9.3	(1.25)	0.6	(0.27)	6.9	(1.13)	23.1	(2.32)
Doctor's degree	—	(†)	—	(†)	56.2	(2.41)	43.8	(2.41)	8.6	(1.07)	3.5	(0.83)	33.1	(2.18)	12.0	(1.53)
Public	—	(†)	—	(†)	56.1	(2.58)	43.9	(2.58)	8.5	(1.19)	4.4	(1.23)	33.3	(2.48)	12.9	(1.63)
Private	—	(†)	—	(†)	56.4	(4.85)	43.6	(4.85)	8.9	(2.03)	1.6	(0.69)	32.6	(4.21)	10.2	(3.19)
First-professional	—	(†)	—	(†)	42.6	(3.20)	57.4	(3.20)	44.9	(3.10)	3.3	(0.70)	25.7	(2.26)	6.1	(1.16)
Public	—	(†)	—	(†)	50.8	(5.23)	49.2	(5.23)	42.9	(4.44)	3.6	(1.19)	22.2	(3.54)	5.1	(1.87)
Private	—	(†)	—	(†)	37.8	(3.98)	62.2	(3.98)	46.1	(4.24)	3.2	(0.88)	27.8	(2.91)	6.7	(1.50)
Other graduate	—	(†)	—	(†)	79.7	(1.50)	20.3	(1.50)	7.7	(0.83)	1.7	(0.45)	8.4	(0.97)	13.4	(1.17)
1999–2000, all institutions	**—**	**(†)**	**—**	**(†)**	**52.1**	**(0.77)**	**47.9**	**(0.77)**	**18.1**	**(0.60)**	**1.6**	**(0.19)**	**15.9**	**(0.55)**	**20.3**	**(0.67)**
Master's degree	—	(†)	—	(†)	50.3	(0.92)	49.7	(0.92)	18.6	(0.73)	1.4	(0.21)	14.2	(0.68)	23.2	(0.84)
Public	—	(†)	—	(†)	53.7	(1.30)	46.3	(1.30)	15.9	(0.92)	2.0	(0.33)	15.3	(0.95)	20.6	(1.15)
4-year doctoral	—	(†)	—	(†)	50.3	(1.61)	49.7	(1.61)	17.1	(1.12)	2.0	(0.43)	17.9	(1.22)	21.5	(1.40)
Other 4-year	—	(†)	—	(†)	61.5	(2.03)	38.5	(2.03)	13.3	(1.54)	2.0	(0.49)	9.5	(1.43)	18.6	(2.04)
Private	—	(†)	—	(†)	45.9	(1.28)	54.1	(1.28)	22.0	(1.14)	0.6	(0.22)	12.7	(0.95)	26.5	(1.20)
4-year doctoral	—	(†)	—	(†)	43.6	(1.48)	56.4	(1.48)	23.1	(1.40)	0.8	(0.32)	14.7	(1.16)	25.9	(1.33)
Other 4-year	—	(†)	—	(†)	50.6	(2.47)	49.4	(2.47)	19.7	(1.97)	0.3	(0.18)	8.4	(1.53)	27.7	(2.41)
Doctor's degree	—	(†)	—	(†)	45.5	(1.68)	54.5	(1.68)	14.5	(1.30)	1.0	(0.33)	37.8	(1.69)	13.9	(1.30)
Public	—	(†)	—	(†)	46.4	(2.13)	53.6	(2.13)	12.8	(1.16)	1.5	(0.48)	40.8	(2.01)	12.2	(1.30)
Private	—	(†)	—	(†)	43.4	(2.66)	56.6	(2.66)	18.1	(3.18)	#	(†)	31.4	(2.97)	17.5	(2.96)
First-professional	—	(†)	—	(†)	22.2	(2.29)	77.8	(2.29)	58.1	(4.76)	5.2	(1.35)	28.3	(2.81)	10.1	(1.90)
Public	—	(†)	—	(†)	20.6	(4.87)	79.4	(4.87)	60.7	(6.96)	6.6	(3.17)	23.9	(5.65)	6.5	(3.62)
Private	—	(†)	—	(†)	22.8	(2.56)	77.2	(2.56)	57.0	(6.00)	4.6	(1.40)	30.1	(3.19)	11.5	(2.22)
Other graduate	—	(†)	—	(†)	58.9	(2.85)	41.1	(2.85)	16.8	(2.46)	1.5	(0.74)	9.1	(1.52)	18.6	(2.40)
2003–04, all institutions	**60.6**	**(0.87)**	**$30,150**	**(733)**	**35.7**	**(1.08)**	**64.3**	**(1.08)**	**30.0**	**(1.05)**	**1.9**	**(0.36)**	**19.6**	**(0.83)**	**25.7**	**(0.92)**
Master's degree	62.3	(1.15)	28,710	(828)	33.9	(1.27)	66.1	(1.27)	32.8	(1.22)	1.9	(0.46)	17.7	(1.17)	27.4	(1.19)
Public	58.9	(1.45)	24,720	(730)	37.5	(1.64)	62.5	(1.64)	26.6	(1.43)	2.2	(0.44)	22.1	(1.25)	24.9	(1.27)
4-year doctoral	58.4	(1.53)	25,480	(745)	36.1	(1.52)	63.9	(1.52)	27.2	(1.35)	2.2	(0.43)	24.1	(1.38)	24.8	(1.45)
Other 4-year	60.5	(2.97)	22,640	(2,063)	41.3	(4.27)	58.7	(4.27)	24.9	(3.99)	2.3	(1.20)	16.7	(2.35)	25.1	(3.34)
Private	66.2	(1.89)	32,790	(1,467)	29.7	(1.79)	70.3	(1.79)	39.8	(2.03)	1.5	(0.77)	12.6	(2.11)	30.3	(1.99)
4-year doctoral	66.3	(2.61)	32,790	(1,724)	30.6	(2.58)	69.4	(2.58)	39.2	(3.57)	1.8	(1.41)	15.0	(2.78)	28.2	(2.65)
Other 4-year	66.1	(3.52)	32,790	(2,592)	28.8	(3.19)	71.2	(3.19)	40.6	(4.10)	1.1	(0.55)	9.7	(2.52)	32.7	(3.32)
Doctor's degree	55.2	(1.60)	42,070	(2,120)	28.1	(1.68)	71.9	(1.68)	22.0	(1.99)	2.0	(0.35)	46.3	(1.74)	19.6	(1.72)
Public	50.4	(1.82)	34,220	(1,381)	25.6	(1.31)	74.4	(1.31)	18.3	(1.78)	2.6	(0.51)	55.7	(1.38)	17.4	(1.02)
Private	63.9	(2.95)	53,370	(4,432)	32.6	(3.74)	67.4	(3.74)	28.7	(4.07)	0.7	(0.38)	29.3	(3.30)	23.4	(4.33)
First-professional	71.3	(3.28)	51,040	(5,836)	25.1	(3.55)	74.9	(3.55)	52.8	(4.43)	6.5	(1.82)	23.1	(4.34)	14.1	(2.59)
Public	81.9	(5.27)	62,800	(7,809)	22.2	(5.45)	77.8	(5.45)	61.1	(6.94)	3.1	(2.30)	31.4	(5.65)	9.9	(3.88)
Private	68.8	(3.90)	47,730	(6,596)	25.8	(4.35)	74.2	(4.35)	50.8	(5.42)	7.4	(2.37)	21.2	(5.60)	15.1	(3.17)
Other graduate	54.9	(2.43)	23,210	(1,183)	49.6	(2.80)	50.4	(2.80)	18.8	(2.79)	1.1	(0.46)	10.5	(1.39)	25.6	(2.20)
2007–08, all institutions	**66.3**	**(0.71)**	**$35,930**	**(640)**	**33.1**	**(0.81)**	**66.9**	**(0.81)**	**32.0**	**(0.64)**	**1.8**	**(0.23)**	**19.0**	**(0.82)**	**27.2**	**(0.85)**
Master's degree	67.2	(0.88)	34,480	(840)	30.7	(0.89)	69.3	(0.89)	34.9	(0.83)	1.8	(0.30)	16.1	(0.75)	29.6	(1.02)
Public	64.8	(1.24)	30,650	(715)	34.6	(1.35)	65.4	(1.35)	29.2	(0.87)	1.7	(0.38)	18.0	(1.04)	27.8	(1.26)
4-year doctoral	65.0	(1.34)	31,240	(920)	32.4	(1.65)	67.6	(1.65)	29.2	(1.11)	1.9	(0.46)	20.5	(1.27)	29.5	(1.53)
Other 4-year	64.2	(3.38)	28,940	(1,459)	40.9	(2.87)	59.1	(2.87)	29.3	(2.66)	1.3	(0.51)	10.6	(1.50)	23.0	(2.94)
Private	69.7	(1.30)	38,180	(1,493)	26.7	(1.24)	73.3	(1.24)	40.8	(1.29)	1.9	(0.51)	14.1	(1.07)	31.5	(1.54)
4-year doctoral	66.3	(1.39)	37,320	(834)	29.0	(1.46)	71.0	(1.46)	33.8	(1.58)	1.5	(0.38)	16.2	(1.32)	33.0	(1.21)
Other 4-year	75.3	(2.49)	39,470	(3,369)	22.8	(2.22)	77.2	(2.22)	52.8	(2.53)	2.5	(1.24)	10.5	(1.54)	28.9	(3.83)
Doctor's degree	59.9	(1.67)	47,950	(1,970)	22.7	(1.39)	77.3	(1.39)	25.6	(2.06)	1.8	(0.40)	51.9	(1.69)	19.5	(1.06)
Public	54.7	(1.72)	36,650	(1,425)	23.3	(1.53)	76.7	(1.53)	17.8	(1.33)	2.2	(0.47)	60.0	(2.06)	19.8	(1.34)
Private	69.2	(3.22)	64,010	(3,629)	21.4	(2.69)	78.6	(2.69)	39.5	(5.11)	1.2	(0.62)	37.2	(3.12)	18.7	(2.18)
First-professional	82.0	(2.76)	64,170	(4,599)	14.2	(2.87)	85.8	(2.87)	63.7	(4.61)	3.9	(1.65)	31.8	(3.41)	16.3	(2.40)
Public	76.1	(5.47)	62,420	(5,451)	12.1	(4.77)	87.9	(4.77)	63.3	(6.89)	8.4	(3.14)	33.0	(5.83)	15.8	(4.09)
Private	85.0	(2.72)	64,990	(6,760)	15.4	(3.10)	84.6	(3.10)	63.9	(5.79)	1.6	(1.24)	31.2	(4.49)	16.6	(2.91)
Other graduate	63.5	(2.57)	29,150	(1,565)	55.3	(2.50)	44.7	(2.50)	17.2	(1.50)	1.3	(0.33)	7.7	(1.12)	23.1	(2.20)

—Not available.
†Not applicable.
#Rounds to zero.
[1]Includes students who reported they were awarded aid, but did not specify the source of aid.
[2]Includes Department of Veterans Affairs and Department of Defense benefits.
NOTE: Total includes some students whose level of study was unknown. Detail may not sum to totals because of rounding and because some students receive multiple types of aid and aid from different sources. Data include Puerto Rico. Some data have been revised from previously published figures. Standard errors appear in parentheses.
SOURCE: U.S. Department of Education, National Center for Education Statistics, 1992–93, 1999–2000, 2003–04, and 2007–08 National Postsecondary Student Aid Studies (NPSAS:93, NPSAS:2000, NPSAS:04, and NPSAS:08). (This table was prepared November 2009.)

Table 360. Percentage of full-time, full-year postbaccalaureate students receiving aid, by type of aid, level of study, and control and type of institution: Selected years, 1992–93 through 2007–08

Level of study, control and type of institution	Number of students[1] (in thousands)		Percent receiving aid, by type: Any aid[2]		Fellowship grants		Tuition waivers		Assistantships[3]		Employer (includes college staff)		Loans: Any loans		Stafford[4]		Perkins[5]	
1	2		3		4		5		6		7		8		9		10	
1992–93, all institutions	**679**	**(42.6)**	**67.7**	**(1.19)**	**[6]**	**(†)**	**12.3**	**(1.01)**	**14.1**	**(1.17)**	**3.3**	**(0.45)**	**43.0**	**(1.58)**	**40.8**	**(1.57)**	**9.0**	**(0.96)**
Master's degree	286	(18.2)	61.9	(2.28)	[6]	(†)	15.4	(1.31)	17.6	(1.85)	5.1	(0.73)	32.0	(2.12)	30.0	(2.09)	5.1	(0.80)
Public	165	(8.2)	64.8	(2.17)	[6]	(†)	20.3	(1.77)	21.9	(1.78)	4.8	(0.85)	31.9	(2.05)	30.6	(1.94)	4.1	(0.73)
4-year doctoral	141	(6.7)	65.2	(2.27)	[6]	(†)	23.0	(1.87)	23.0	(1.94)	4.7	(0.89)	30.5	(2.10)	29.3	(1.98)	3.4	(0.62)
Other 4-year	24	(2.5)	62.8	(4.36)	[6]	(†)	4.3	(1.82)	15.6	(2.73)	5.2	(2.46)	40.0	(5.20)	38.0	(5.03)	8.2	(3.36)
Private	121	(15.1)	57.8	(4.32)	[6]	(†)	8.7	(1.69)	11.7	(3.84)	5.5	(1.21)	32.0	(3.84)	29.3	(3.88)	6.5	(1.67)
4-year doctoral	105	(13.9)	60.2	(4.66)	[6]	(†)	9.3	(1.89)	13.1	(4.33)	5.6	(1.39)	32.7	(4.50)	30.3	(4.59)	6.9	(1.66)
Other 4-year	16	(1.3)	42.4	(3.68)	[6]	(†)	4.8	(0.53)	2.9	(2.05)	4.7	(0.38)	27.7	(3.32)	23.2	(3.15)	4.4	(1.23)
Doctor's degree	121	(5.9)	69.0	(2.00)	[6]	(†)	19.2	(1.99)	26.6	(1.93)	2.4	(0.54)	25.6	(2.32)	23.8	(2.35)	3.5	(0.55)
Public	74	(4.3)	69.6	(2.61)	[6]	(†)	23.3	(2.74)	31.6	(2.80)	3.4	(0.79)	20.4	(2.30)	18.7	(2.21)	2.9	(0.73)
Private	47	(4.3)	68.0	(3.17)	[6]	(†)	12.7	(2.50)	18.8	(2.15)	0.9	(0.58)	33.9	(3.72)	31.7	(3.85)	4.4	(0.83)
First-professional	211	(23.3)	77.3	(1.18)	[6]	(†)	5.6	(1.00)	4.4	(0.68)	1.2	(0.40)	68.0	(1.80)	65.8	(1.76)	19.4	(1.90)
Public	100	(23.1)	79.5	(1.29)	[6]	(†)	5.4	(1.25)	4.3	(0.61)	1.3	(0.59)	72.0	(1.83)	70.1	(1.64)	23.2	(2.16)
Private	110	(7.1)	75.2	(1.76)	[6]	(†)	5.9	(1.28)	4.5	(1.22)	1.2	(0.54)	64.4	(2.22)	61.9	(2.30)	15.9	(1.86)
Other graduate	62	(6.7)	59.9	(6.40)	[6]	(†)	7.4	(1.78)	6.1	(1.87)	3.7	(2.40)	42.4	(4.68)	38.5	(4.50)	2.5	(0.62)
1999–2000, all institutions	**918**	**(14.6)**	**82.2**	**(0.68)**	**20.0**	**(0.72)**	**11.5**	**(0.49)**	**23.2**	**(0.60)**	**5.8**	**(0.29)**	**53.7**	**(0.99)**	**52.0**	**(1.00)**	**8.7**	**(0.71)**
Master's degree	415	(10.5)	79.2	(0.81)	16.5	(0.74)	11.4	(0.66)	21.8	(1.23)	9.0	(1.04)	50.2	(1.78)	48.6	(1.90)	5.7	(0.87)
Public	228	(9.4)	78.1	(1.16)	15.5	(1.12)	18.1	(1.21)	30.3	(1.99)	6.8	(0.57)	44.0	(1.82)	42.8	(1.76)	2.9	(0.68)
4-year doctoral	184	(6.0)	80.2	(0.98)	16.6	(1.09)	19.4	(1.26)	34.0	(1.60)	7.1	(0.82)	42.2	(1.78)	41.6	(1.71)	3.1	(0.77)
Other 4-year	44	(5.3)	69.1	(4.98)	11.2	(2.61)	12.3	(3.74)	15.0	(5.31)	5.7	(1.60)	51.4	(6.34)	48.0	(7.03)	1.9	(0.50)
Private	187	(7.1)	57.8	(2.96)	17.7	(0.97)	3.3	(0.62)	11.5	(0.82)	11.6	(2.03)	57.8	(2.96)	55.5	(3.78)	9.1	(1.42)
4-year doctoral	127	(11.5)	82.5	(1.92)	23.4	(1.31)	4.1	(0.67)	14.0	(1.91)	8.3	(1.50)	60.1	(1.66)	56.7	(2.39)	11.5	(1.69)
Other 4-year	61	(8.5)	76.6	(3.91)	5.8	(1.77)	1.4	(0.64)	6.4	(3.53)	18.6	(5.21)	53.0	(8.54)	53.0	(8.54)	4.2	(2.31)
Doctor's degree	187	(8.3)	88.0	(0.74)	37.4	(2.14)	23.0	(1.57)	54.3	(2.24)	5.3	(0.87)	29.3	(3.58)	27.7	(3.33)	4.6	(2.79)
Public	113	(1.9)	88.6	(1.58)	29.8	(1.32)	34.8	(1.95)	62.5	(2.19)	7.3	(1.25)	26.0	(2.27)	24.2	(1.71)	1.1	(0.46)
Private	73	(7.8)	87.1	(2.48)	49.2	(4.37)	4.9	(0.73)	41.7	(4.41)	2.3	(0.64)	34.4	(6.95)	33.2	(6.99)	10.1	(6.98)
First-professional	254	(10.6)	88.1	(0.87)	16.3	(1.85)	4.0	(0.80)	6.5	(0.72)	1.5	(0.41)	80.4	(0.78)	78.3	(0.69)	17.9	(1.25)
Public	114	(7.0)	87.8	(1.18)	12.2	(1.33)	7.2	(1.75)	6.5	(1.28)	1.6	(0.46)	81.0	(1.51)	79.8	(1.57)	19.9	(1.83)
Private	140	(5.7)	88.4	(1.14)	19.8	(2.27)	1.5	(0.80)	6.5	(0.81)	1.5	(0.71)	79.9	(1.73)	77.1	(1.59)	16.3	(1.33)
Other graduate	62	(12.1)	59.8	(5.00)	5.6	(2.02)	8.4	(3.32)	7.2	(2.08)	3.1	(1.49)	41.0	(4.99)	40.4	(4.89)	3.8	(1.67)
2003–04, all institutions	**914**	**(30.5)**	**85.9**	**(1.06)**	**21.6**	**(0.94)**	**13.2**	**(0.63)**	**22.5**	**(0.92)**	**8.6**	**(0.85)**	**61.0**	**(1.25)**	**56.4**	**(1.24)**	**10.8**	**(1.35)**
Master's degree	381	(28.4)	80.5	(1.95)	17.1	(1.44)	11.7	(1.04)	21.6	(1.65)	10.5	(1.36)	57.3	(2.15)	52.4	(2.25)	5.4	(0.80)
Public	190	(12.0)	78.3	(2.11)	15.0	(1.86)	19.0	(1.69)	33.7	(2.50)	7.0	(1.06)	46.1	(2.54)	42.5	(2.45)	4.1	(0.87)
4-year doctoral	168	(10.4)	81.3	(1.75)	15.4	(2.06)	19.7	(1.71)	36.4	(2.52)	7.7	(1.17)	47.6	(2.55)	43.6	(2.39)	4.7	(0.99)
Other 4-year	22	(5.0)	55.4	(10.59)	12.1	(6.63)	13.2	(7.69)	13.0	(8.31)	1.4	(1.09)	34.7	(10.36)	34.2	(10.25)	‡	(†)
Private	191	(23.0)	82.6	(3.45)	19.3	(2.44)	4.6	(1.01)	9.5	(2.19)	14.0	(2.47)	68.4	(3.34)	62.3	(3.45)	6.6	(1.38)
4-year doctoral	116	(10.0)	85.8	(2.53)	27.9	(2.90)	7.0	(1.51)	12.4	(2.32)	10.3	(2.13)	67.8	(3.26)	60.0	(3.60)	9.8	(1.96)
Other 4-year	76	(19.4)	77.7	(6.94)	6.1	(2.94)	0.9	(0.73)	4.9	(3.91)	19.7	(5.43)	69.3	(6.36)	65.8	(6.36)	1.6	(1.45)
Doctor's degree	190	(9.0)	92.3	(0.86)	37.1	(1.71)	32.3	(1.71)	52.1	(1.82)	7.9	(0.79)	34.6	(1.86)	31.3	(1.67)	6.9	(1.50)
Public	111	(5.5)	93.4	(0.85)	33.2	(2.03)	43.5	(2.20)	59.1	(1.94)	8.5	(0.94)	30.8	(1.80)	27.9	(1.71)	4.7	(0.87)
Private	78	(6.3)	90.7	(1.63)	42.7	(3.12)	16.4	(1.73)	42.2	(3.30)	7.1	(1.26)	39.8	(3.53)	36.0	(3.27)	10.1	(3.30)
First-professional	273	(7.2)	90.3	(1.23)	21.2	(1.87)	3.8	(0.67)	7.5	(0.89)	5.0	(0.76)	81.2	(1.60)	75.3	(2.08)	23.1	(3.31)
Public	126	(7.3)	90.6	(1.45)	21.0	(2.51)	5.6	(0.90)	9.7	(1.35)	5.0	(0.93)	80.7	(2.11)	74.9	(2.44)	22.8	(2.01)
Private	147	(10.5)	90.1	(1.71)	21.3	(2.51)	2.2	(0.91)	5.6	(1.12)	5.0	(1.05)	81.6	(2.07)	75.8	(2.89)	23.3	(5.81)
Other graduate	71	(11.7)	80.9	(4.80)	6.2	(1.59)	5.6	(2.04)	6.6	(2.49)	14.1	(5.74)	73.4	(5.67)	72.5	(5.77)	2.7	(1.20)
2007–08, all institutions	**1,177**	**(26.7)**	**87.0**	**(0.65)**	**23.6**	**(1.07)**	**12.3**	**(0.66)**	**25.4**	**(0.93)**	**11.5**	**(0.94)**	**58.2**	**(1.27)**	**55.2**	**(1.24)**	**6.0**	**(0.36)**
Master's degree	616	(17.5)	84.8	(1.10)	17.7	(1.14)	10.6	(0.87)	19.4	(1.08)	16.1	(1.70)	60.1	(1.72)	55.9	(1.61)	4.4	(0.48)
Public	251	(8.8)	86.3	(1.37)	19.7	(1.78)	21.2	(1.92)	35.6	(1.80)	13.5	(1.45)	52.4	(1.79)	49.1	(1.78)	4.7	(0.95)
4-year doctoral	219	(8.6)	87.7	(1.40)	21.9	(1.96)	23.4	(2.12)	37.9	(2.01)	14.7	(1.66)	51.2	(1.94)	48.2	(1.96)	4.4	(0.99)
Other 4-year	33	(3.5)	76.9	(4.06)	5.2	(2.35)	6.1	(2.39)	20.0	(4.75)	5.1	(2.08)	60.4	(6.17)	54.7	(6.18)	‡	(†)
Private	364	(16.2)	83.7	(1.61)	16.3	(1.42)	3.4	(0.52)	8.2	(0.73)	18.0	(2.69)	65.4	(2.43)	60.6	(2.39)	4.2	(0.52)
4-year doctoral	207	(11.5)	80.7	(1.53)	25.5	(2.42)	3.9	(0.64)	13.0	(1.12)	14.5	(1.17)	57.4	(1.72)	53.3	(1.72)	7.0	(0.92)
Other 4-year	157	(12.0)	87.6	(2.90)	4.1	(0.90)	2.8	(0.89)	2.0	(0.54)	22.6	(6.10)	76.0	(4.59)	70.1	(4.43)	0.5	(0.30)
Doctor's degree	285	(19.5)	93.0	(0.84)	36.0	(1.89)	25.9	(1.57)	54.3	(2.30)	8.0	(0.70)	35.8	(2.33)	33.9	(2.24)	2.6	(0.46)
Public	148	(14.2)	92.1	(1.47)	30.7	(2.12)	39.4	(2.31)	66.5	(2.51)	7.9	(0.98)	28.3	(1.77)	27.0	(1.75)	2.4	(0.70)
Private	138	(10.7)	94.0	(1.02)	41.7	(3.17)	11.4	(1.36)	41.2	(3.46)	8.0	(1.14)	43.8	(3.79)	41.3	(3.65)	2.8	(0.63)
First-professional	242	(10.3)	88.1	(1.18)	26.1	(1.67)	1.6	(0.47)	7.8	(0.77)	4.6	(0.76)	81.3	(1.69)	79.8	(1.71)	14.4	(1.28)
Public	106	(5.9)	88.0	(1.88)	21.9	(2.10)	3.2	(0.91)	9.4	(1.31)	4.9	(1.41)	81.1	(2.25)	80.0	(2.24)	14.5	(1.95)
Private	136	(11.2)	88.2	(1.72)	29.3	(2.33)	0.4	(0.18)	6.6	(0.84)	4.4	(0.68)	81.5	(2.21)	79.7	(2.23)	14.4	(1.83)
Other graduate	34	(4.4)	68.8	(6.75)	10.5	(2.98)	3.0	(1.17)	16.2	(5.09)	6.1	(2.97)	48.8	(6.82)	46.9	(6.72)	4.5	(2.09)

—Not available.
†Not applicable.
‡Reporting standards not met.
[1]Numbers of full-time, full-year postbaccalaureate students may not equal figures reported in other tables, since these data are based on a sample survey of all postbaccalaureate students who enrolled at any time during the school year.
[2]Includes students who reported they were awarded aid, but did not specify the source of aid.
[3]Includes students who received teaching or research assistantships and/or participated in work-study programs.
[4]Formerly Guaranteed Student Loans (GSL).
[5]Formerly National Direct Student Loans (NDSL). Includes subsidized amounts only.
[6]Fellowship estimates for 1992–93 were based primarily on information provided by institutions and are not comparable to data for 1999–2000 and later years, which were based on information provided by both students and institutions.
NOTE: Excludes students whose attendance status was not reported. Total includes some students whose level of study or control of institution was unknown. Detail may not sum to totals because of rounding and because some students receive aid from multiple sources. Data include Puerto Rico. Some data have been revised from previously published figures. Standard errors appear in parentheses.
SOURCE: U.S. Department of Education, National Center for Education Statistics, 1992–93, 1999–2000, 2003–04, and 2007–08 National Postsecondary Student Aid Studies (NPSAS:93, NPSAS:2000, NPSAS:04, and NPSAS:08). (This table was prepared December 2010.)

Table 361. Percentage of part-time or part-year postbaccalaureate students receiving aid, by type of aid, level of study, and control and type of institution: Selected years, 1992–93 through 2007–08

Level of study, control and type of institution	Number of students[1] (in thousands)		Percent receiving aid, by type: Any aid[2]		Fellowship grants		Tuition waivers		Assistantships[3]		Employer (includes college staff)		Loans: Any loans		Loans: Stafford[4]		Loans: Perkins[5]	
1	2		3		4		5		6		7		8		9		10	
1992–93, all institutions	**1,957**	**(88.6)**	**28.8**	**(0.85)**	**[6]**	**(†)**	**5.0**	**(0.35)**	**4.3**	**(0.32)**	**7.8**	**(0.44)**	**10.7**	**(0.48)**	**9.5**	**(0.44)**	**1.0**	**(0.11)**
Master's degree	1,324	(72.6)	28.4	(0.93)	[6]	(†)	4.6	(0.36)	3.8	(0.34)	8.8	(0.52)	10.3	(0.56)	9.3	(0.53)	0.9	(0.13)
Public	774	(41.5)	26.2	(1.05)	[6]	(†)	4.9	(0.45)	5.2	(0.46)	6.6	(0.49)	9.9	(0.64)	9.0	(0.61)	1.2	(0.18)
4-year doctoral	489	(22.0)	30.5	(1.34)	[6]	(†)	6.5	(0.61)	6.8	(0.64)	6.7	(0.65)	11.8	(0.81)	10.7	(0.75)	1.5	(0.22)
Other 4-year	285	(26.3)	18.8	(1.61)	[6]	(†)	2.2	(0.53)	2.6	(0.60)	6.5	(0.76)	6.5	(0.91)	6.0	(0.85)	0.6	(0.29)
Private	550	(45.5)	31.4	(1.68)	[6]	(†)	4.2	(0.55)	1.9	(0.43)	11.8	(0.91)	11.0	(0.94)	9.7	(0.86)	0.5	(0.17)
4-year doctoral	358	(37.2)	33.0	(1.84)	[6]	(†)	4.4	(0.67)	2.5	(0.50)	12.1	(1.10)	11.9	(1.19)	10.5	(1.11)	0.6	(0.26)
Other 4-year	193	(17.3)	28.4	(2.97)	[6]	(†)	3.8	(1.04)	0.7	(0.25)	11.2	(1.57)	9.4	(1.33)	8.2	(1.15)	0.3	(0.17)
Doctor's degree	149	(7.7)	43.9	(2.18)	[6]	(†)	12.8	(1.66)	17.1	(1.68)	5.4	(1.00)	7.2	(0.93)	6.8	(0.91)	0.8	(0.07)
Public	98	(4.2)	43.9	(2.48)	[6]	(†)	14.9	(2.08)	17.0	(1.76)	6.3	(1.09)	7.1	(0.92)	6.5	(0.86)	0.6	(0.08)
Private	52	(6.4)	43.8	(3.68)	[6]	(†)	8.9	(2.32)	17.4	(3.40)	3.7	(2.09)	7.6	(1.88)	7.4	(1.89)	1.2	(0.17)
First-professional	66	(4.8)	57.9	(2.71)	[6]	(†)	5.9	(1.04)	3.0	(0.70)	3.3	(0.89)	46.4	(2.94)	42.9	(2.66)	6.7	(0.91)
Public	165	(8.2)	64.8	(2.17)	[6]	(†)	20.3	(1.77)	21.9	(1.78)	4.8	(0.85)	31.9	(2.05)	30.6	(1.94)	4.1	(0.73)
Private	121	(15.1)	57.8	(4.32)	[6]	(†)	8.7	(1.69)	11.7	(3.84)	5.5	(1.21)	32.0	(3.84)	29.3	(3.88)	6.5	(1.67)
Other graduate	417	(28.6)	20.3	(1.54)	[6]	(†)	3.4	(0.57)	1.6	(0.39)	6.4	(0.90)	7.2	(0.74)	6.0	(0.66)	0.6	(0.27)
1999–2000, all institutions	**1,740**	**(35.8)**	**47.9**	**(1.05)**	**4.8**	**(0.38)**	**5.8**	**(0.23)**	**5.4**	**(0.20)**	**20.3**	**(0.82)**	**18.0**	**(0.42)**	**16.9**	**(0.52)**	**1.0**	**(0.26)**
Master's degree	1,137	(42.7)	50.1	(0.76)	4.4	(0.47)	4.9	(0.25)	4.7	(0.20)	23.4	(0.90)	18.9	(0.91)	17.7	(1.14)	0.7	(0.23)
Public	634	(19.2)	46.3	(1.16)	3.8	(0.55)	6.3	(0.39)	6.2	(0.30)	20.8	(1.51)	15.9	(0.99)	14.7	(1.08)	0.7	(0.29)
4-year doctoral	434	(13.7)	49.7	(1.44)	4.2	(0.41)	7.4	(0.40)	8.0	(0.40)	21.5	(1.51)	16.7	(1.06)	15.6	(1.11)	0.5	(0.20)
Other 4-year	200	(9.9)	39.0	(1.54)	3.1	(1.35)	4.0	(0.74)	2.2	(0.51)	19.1	(2.24)	14.1	(1.63)	12.9	(1.45)	1.1	(0.54)
Private	503	(27.9)	22.7	(1.19)	5.0	(0.68)	3.2	(0.24)	2.8	(0.44)	26.8	(0.93)	22.7	(1.19)	21.4	(1.49)	0.7	(0.23)
4-year doctoral	323	(8.9)	56.4	(1.61)	6.3	(0.73)	3.6	(0.39)	3.3	(0.38)	25.9	(2.39)	22.7	(1.51)	21.4	(1.77)	0.8	(0.29)
Other 4-year	180	(25.4)	52.4	(2.17)	2.8	(0.71)	2.6	(0.20)	1.8	(0.95)	28.5	(3.04)	22.6	(1.18)	21.3	(1.38)	0.7	(0.43)
Doctor's degree	162	(10.4)	54.3	(1.47)	10.7	(1.11)	14.8	(1.40)	20.7	(1.67)	14.1	(1.30)	14.4	(1.55)	13.8	(1.51)	1.2	(0.78)
Public	109	(4.2)	53.0	(1.94)	8.7	(1.27)	19.4	(1.12)	25.6	(1.60)	12.1	(0.91)	12.4	(1.15)	11.8	(1.11)	0.3	(0.17)
Private	53	(7.2)	57.0	(1.65)	14.9	(2.62)	5.4	(2.53)	10.5	(1.65)	18.1	(3.23)	18.5	(4.01)	17.9	(4.04)	3.1	(2.70)
First-professional	75	(11.3)	76.0	(2.71)	9.7	(1.89)	5.1	(0.98)	3.8	(2.05)	10.6	(2.55)	58.7	(2.74)	55.5	(2.79)	6.9	(1.56)
Public	23	(2.2)	73.0	(6.16)	8.5	(3.11)	3.9	(1.30)	5.9	(4.58)	7.6	(1.17)	58.5	(6.19)	54.5	(7.07)	5.4	(2.32)
Private	52	(10.8)	77.3	(4.59)	10.3	(2.33)	5.6	(1.67)	2.9	(1.40)	11.9	(3.95)	58.7	(4.92)	55.9	(6.36)	7.6	(3.11)
Other graduate	366	(13.0)	32.3	(2.53)	2.6	(0.64)	4.4	(0.57)	1.3	(0.29)	15.3	(1.68)	8.7	(1.46)	8.1	(1.45)	0.4	(0.19)
2003–04, all institutions	**1,910**	**(100.6)**	**64.3**	**(1.08)**	**6.0**	**(0.47)**	**6.1**	**(0.47)**	**11.8**	**(0.54)**	**25.7**	**(0.92)**	**30.0**	**(1.07)**	**28.3**	**(1.02)**	**1.7**	**(0.21)**
Master's degree	1,300	(69.5)	66.1	(1.27)	4.8	(0.66)	5.7	(0.64)	10.6	(0.70)	27.4	(1.19)	32.7	(1.23)	30.9	(1.17)	1.6	(0.28)
Public	695	(33.7)	62.5	(1.64)	3.4	(0.55)	7.6	(0.78)	16.1	(0.95)	24.9	(1.27)	27.2	(1.45)	25.0	(1.37)	2.2	(0.39)
4-year doctoral	514	(29.9)	63.9	(1.52)	3.7	(0.63)	8.3	(0.89)	17.8	(1.04)	24.8	(1.45)	27.7	(1.39)	25.1	(1.30)	2.6	(0.48)
Other 4-year	181	(13.3)	58.7	(4.27)	2.6	(0.96)	5.5	(1.76)	11.2	(2.13)	25.1	(3.34)	25.8	(4.10)	24.6	(3.95)	1.0	(0.76)
Private	605	(43.8)	70.3	(1.79)	6.5	(1.38)	3.5	(0.96)	4.3	(0.77)	30.3	(1.99)	39.1	(2.01)	37.8	(1.99)	1.0	(0.38)
4-year doctoral	326	(28.1)	69.4	(2.58)	8.6	(2.00)	3.0	(0.72)	6.0	(1.35)	28.2	(2.65)	38.3	(3.69)	36.4	(3.63)	1.6	(0.68)
Other 4-year	279	(28.4)	71.2	(3.19)	4.0	(1.45)	4.0	(1.81)	2.2	(0.74)	32.7	(3.32)	40.0	(3.96)	39.4	(4.01)	0.2	(0.15)
Doctor's degree	197	(24.2)	71.9	(1.68)	15.2	(1.02)	15.3	(1.37)	33.9	(1.26)	19.6	(1.72)	22.3	(1.97)	20.5	(1.98)	1.4	(0.32)
Public	127	(15.7)	74.4	(1.31)	15.8	(1.10)	20.9	(1.75)	42.1	(1.22)	17.4	(1.02)	18.2	(1.71)	16.5	(1.71)	1.8	(0.46)
Private	70	(9.8)	67.4	(3.74)	14.0	(2.39)	5.1	(1.21)	18.8	(2.24)	23.4	(4.33)	29.6	(4.14)	27.9	(4.04)	0.8	(0.33)
First-professional	77	(13.8)	74.9	(3.55)	15.6	(3.96)	3.6	(1.58)	6.2	(1.51)	14.1	(2.59)	51.3	(5.17)	48.4	(4.76)	6.0	(1.75)
Public	15	(2.1)	77.8	(5.45)	17.6	(4.67)	6.9	(3.10)	8.3	(4.07)	9.9	(3.88)	61.9	(6.90)	52.4	(7.05)	20.3	(4.32)
Private	62	(13.2)	74.2	(4.35)	15.2	(4.82)	2.8	(1.88)	5.7	(1.76)	15.1	(3.17)	48.8	(6.30)	47.4	(5.96)	2.6	(1.52)
Other graduate	336	(25.0)	50.4	(2.80)	3.1	(0.76)	3.0	(0.56)	5.1	(0.85)	25.6	(2.20)	19.2	(2.79)	18.2	(2.78)	1.0	(0.44)
2007–08, all institutions	**2,279**	**(26.7)**	**66.9**	**(0.81)**	**6.5**	**(0.48)**	**7.0**	**(0.39)**	**10.0**	**(0.54)**	**27.2**	**(0.85)**	**34.6**	**(0.61)**	**30.5**	**(0.56)**	**0.9**	**(0.10)**
Master's degree	1,640	(41.9)	69.3	(0.89)	5.5	(0.49)	5.7	(0.41)	7.6	(0.40)	29.6	(1.02)	37.4	(0.84)	33.2	(0.79)	0.9	(0.13)
Public	837	(19.8)	65.4	(1.35)	4.5	(0.56)	7.2	(0.71)	10.6	(0.71)	27.8	(1.26)	32.2	(1.10)	27.2	(0.85)	1.0	(0.19)
4-year doctoral	621	(18.7)	67.6	(1.65)	5.0	(0.67)	8.5	(0.85)	12.2	(0.89)	29.5	(1.53)	31.7	(1.21)	27.4	(1.13)	1.0	(0.26)
Other 4-year	216	(7.3)	59.1	(2.87)	3.1	(1.00)	3.6	(1.25)	6.1	(1.18)	23.0	(2.94)	33.8	(3.15)	26.7	(2.64)	1.3	(0.38)
Private	803	(31.5)	73.3	(1.24)	6.6	(0.77)	4.1	(0.51)	4.5	(0.42)	31.5	(1.54)	42.8	(1.18)	39.4	(1.18)	0.8	(0.21)
4-year doctoral	507	(21.8)	71.0	(1.46)	8.0	(1.03)	3.9	(0.51)	5.8	(0.60)	33.0	(1.21)	36.2	(1.36)	32.5	(1.30)	1.1	(0.32)
Other 4-year	296	(15.8)	77.2	(2.22)	4.1	(0.77)	4.5	(1.04)	2.4	(0.50)	28.9	(3.83)	53.9	(2.49)	51.3	(2.51)	0.2	(0.13)
Doctor's degree	238	(20.4)	77.3	(1.39)	16.4	(1.25)	19.1	(1.34)	38.3	(1.58)	19.5	(1.06)	26.9	(1.85)	23.7	(2.07)	0.6	(0.18)
Public	153	(11.4)	76.7	(1.53)	16.8	(1.53)	24.7	(1.72)	46.8	(2.18)	19.8	(1.34)	18.7	(1.84)	15.7	(1.29)	0.5	(0.27)
Private	85	(10.7)	78.6	(2.69)	15.7	(2.47)	8.9	(1.38)	23.0	(2.68)	18.7	(2.18)	41.8	(4.96)	38.2	(5.23)	0.7	(0.31)
First-professional	59	(8.1)	85.8	(2.87)	20.6	(3.63)	6.4	(2.52)	10.3	(2.18)	16.3	(2.40)	68.0	(3.77)	62.6	(4.66)	4.0	(1.61)
Public	20	(3.4)	87.9	(4.77)	13.9	(3.88)	11.2	(4.16)	18.4	(4.64)	15.8	(4.09)	66.0	(5.79)	60.5	(6.84)	7.7	(3.09)
Private	39	(8.8)	84.6	(3.10)	24.1	(4.93)	3.9	(3.06)	6.1	(1.64)	16.6	(2.91)	69.1	(4.84)	63.6	(5.72)	2.1	(1.15)
Other graduate	342	(19.6)	44.7	(2.50)	1.6	(0.34)	4.9	(1.06)	1.5	(0.38)	23.1	(2.20)	21.1	(2.08)	16.6	(1.52)	0.5	(0.30)

—Not available.
†Not applicable.
[1]Numbers of part-time or part-year postbaccalaureate students may not equal figures reported in other tables, since these data are based on a sample survey of all postbaccalaureate students enrolled at any time during the school year.
[2]Includes students who reported they were awarded aid, but did not specify the source of aid.
[3]Includes students who received teaching or research assistantships and/or participated in work-study programs.
[4]Formerly Guaranteed Student Loans (GSL).
[5]Formerly National Direct Student Loans (NDSL). Includes subsidized amounts only.
[6]Fellowship estimates for 1992–93 were based primarily on information provided by institutions and are not comparable to data for 1999–2000 and later years, which were based on information provided by both students and institutions.
NOTE: Excludes students whose attendance status was not reported. Total includes some students whose level of study or control of institution was unknown. Detail may not sum to totals because of rounding and because some students receive aid from multiple sources. Data include Puerto Rico. Some data have been revised from previously published figures. Standard errors appear in parentheses
SOURCE: U.S. Department of Education, National Center for Education Statistics, 1992–93, 1999–2000, 2003–04, and 2007–08 National Postsecondary Student Aid Studies (NPSAS:93, NPSAS:2000, NPSAS:04, and NPSAS:08). (This table was prepared December 2010.)

Table 362. Revenues of public degree-granting institutions, by source of revenue and type of institution: 2005–06 through 2008–09

Type of institution and year	Total revenues	Operating revenues									
			Grants and contracts								
		Tuition and fees[1]	Total	Federal (excludes Federal Direct Student Loans)	State	Local	Sales and services of auxiliary enterprises[2]	Sales and services of hospitals	Independent operations	Other operating revenues	
1	2	3	4	5	6	7	8	9	10	11	
	In thousands of current dollars										
All institutions											
2005–06	$246,164,836	$41,770,600	$45,147,837	$30,333,948	$7,207,813	$7,606,076	$18,786,806	$22,100,555	$635,607	$14,483,979	
2006–07	268,556,045	44,773,470	46,569,572	30,779,946	7,613,614	8,176,011	20,398,261	22,575,459	688,024	13,765,596	
2007–08	273,109,306	48,070,012	42,053,774	25,522,915	7,831,530	8,699,329	20,488,319	25,183,379	1,174,836	14,108,986	
2008–09	267,385,180	51,840,367	43,095,658	26,092,100	7,403,141	9,600,416	21,358,319	27,301,883	1,036,660	14,165,654	
4-year											
2005–06	202,511,496	34,506,560	37,991,199	25,583,341	5,383,780	7,024,078	16,945,544	22,100,555	635,607	13,753,422	
2006–07	221,882,332	37,205,630	39,145,011	26,027,591	5,530,987	7,586,434	18,520,922	22,575,459	688,024	13,057,589	
2007–08	223,566,529	40,083,063	37,341,007	23,518,933	5,715,188	8,106,887	18,507,934	25,183,379	1,174,836	13,135,633	
2008–09	216,432,317	43,478,018	38,736,492	24,178,064	5,526,583	9,031,844	19,391,219	27,301,883	1,036,660	13,291,611	
2-year											
2005–06	43,653,340	7,264,040	7,156,638	4,750,607	1,824,034	581,998	1,841,262	0	0	730,557	
2006–07	46,673,713	7,567,840	7,424,561	4,752,356	2,082,627	589,578	1,877,338	0	0	708,007	
2007–08	49,542,777	7,986,949	4,712,766	2,003,982	2,116,343	592,442	1,980,385	0	0	973,353	
2008–09	50,952,862	8,362,349	4,359,166	1,914,036	1,876,558	568,572	1,967,100	0	0	874,043	
	Percentage distribution										
All institutions											
2005–06	100.00	16.97	18.34	12.32	2.93	3.09	7.63	8.98	0.26	5.88	
2006–07	100.00	16.67	17.34	11.46	2.84	3.04	7.60	8.41	0.26	5.13	
2007–08	100.00	17.60	15.40	9.35	2.87	3.19	7.50	9.22	0.43	5.17	
2008–09	100.00	19.39	16.12	9.76	2.77	3.59	7.99	10.21	0.39	5.30	
4-year											
2005–06	100.00	17.04	18.76	12.63	2.66	3.47	8.37	10.91	0.31	6.79	
2006–07	100.00	16.77	17.64	11.73	2.49	3.42	8.35	10.17	0.31	5.88	
2007–08	100.00	17.93	16.70	10.52	2.56	3.63	8.28	11.26	0.53	5.88	
2008–09	100.00	20.09	17.90	11.17	2.55	4.17	8.96	12.61	0.48	6.14	
2-year											
2005–06	100.00	16.64	16.39	10.88	4.18	1.33	4.22	0.00	0.00	1.67	
2006–07	100.00	16.21	15.91	10.18	4.46	1.26	4.02	0.00	0.00	1.52	
2007–08	100.00	16.12	9.51	4.04	4.27	1.20	4.00	0.00	0.00	1.96	
2008–09	100.00	16.41	8.56	3.76	3.68	1.12	3.86	0.00	0.00	1.72	
	Revenue per full-time-equivalent student in current dollars										
All institutions											
2005–06	$26,215	$4,448	$4,808	$3,230	$768	$810	$2,001	$2,354	$68	$1,542	
2006–07	28,258	4,711	4,900	3,239	801	860	2,146	2,375	72	1,448	
2007–08	28,041	4,935	4,318	2,621	804	893	2,104	2,586	121	1,449	
2008–09	26,574	5,152	4,283	2,593	736	954	2,123	2,713	103	1,408	
4-year											
2005–06	35,353	6,024	6,632	4,466	940	1,226	2,958	3,858	111	2,401	
2006–07	38,093	6,387	6,720	4,468	950	1,302	3,180	3,876	118	2,242	
2007–08	37,297	6,687	6,229	3,924	953	1,352	3,088	4,201	196	2,191	
2008–09	35,252	7,082	6,309	3,938	900	1,471	3,158	4,447	169	2,165	
2-year											
2005–06	11,921	1,984	1,954	1,297	498	159	503	0	0	200	
2006–07	12,687	2,057	2,018	1,292	566	160	510	0	0	192	
2007–08	13,227	2,132	1,258	535	565	158	529	0	0	260	
2008–09	12,991	2,132	1,111	488	478	145	502	0	0	223	
	Revenue per full-time-equivalent student in constant 2008–09 dollars[3]										
All institutions											
2005–06	$28,279	$4,799	$5,186	$3,485	$828	$874	$2,158	$2,539	$73	$1,664	
2006–07	29,715	4,954	5,153	3,406	842	905	2,257	2,498	76	1,523	
2007–08	28,432	5,004	4,378	2,657	815	906	2,133	2,622	122	1,469	
2008–09	26,574	5,152	4,283	2,593	736	954	2,123	2,713	103	1,408	
4-year											
2005–06	38,136	6,498	7,154	4,818	1,014	1,323	3,191	4,162	120	2,590	
2006–07	40,056	6,717	7,067	4,699	998	1,370	3,344	4,076	124	2,357	
2007–08	37,818	6,780	6,316	3,978	967	1,371	3,131	4,260	199	2,222	
2008–09	35,252	7,082	6,309	3,938	900	1,471	3,158	4,447	169	2,165	
2-year											
2005–06	12,859	2,140	2,108	1,399	537	171	542	0	0	215	
2006–07	13,341	2,163	2,122	1,358	595	169	537	0	0	202	
2007–08	13,412	2,162	1,276	543	573	160	536	0	0	264	
2008–09	12,991	2,132	1,111	488	478	145	502	0	0	223	

See notes at end of table.

Table 362. Revenues of public degree-granting institutions, by source of revenue and type of institution: 2005–06 through 2008–09—Continued

Type of institution and year	Nonoperating revenues									Other revenues and additions			
	Appropriations			Nonoperating grants									
	Federal	State	Local	Federal	State	Local	Gifts	Investment income	Other	Capital appro-priations	Capital grants and gifts	Additions to permanent endowments	Other
1	12	13	14	15	16	17	18	19	20	21	22	23	24
	In thousands of current dollars												
All institutions													
2005–06	$1,858,625	$58,720,088	$8,249,690	$2,811,434	$1,177,322	$102,497	$4,975,616	$9,597,624	$2,705,351	$5,421,660	$2,568,688	$1,004,691	$4,046,166
2006–07	1,910,169	63,204,939	8,818,685	2,859,223	1,291,896	129,138	5,589,156	15,588,573	3,950,191	7,332,387	3,509,682	1,039,425	4,562,199
2007–08	1,849,775	68,375,062	9,319,219	10,022,315	1,909,570	177,555	6,070,499	5,278,643	2,251,324	7,578,049	3,090,589	1,133,783	4,973,618
2008–09	2,010,843	65,486,232	9,787,019	12,760,716	2,720,449	265,789	5,893,912	-9,487,915	3,011,240	7,038,658	2,938,605	843,528	5,317,562
4-year													
2005–06	1,720,108	45,591,539	336,424	1,546,322	613,928	33,269	4,713,701	8,927,767	2,330,293	3,680,390	2,250,167	986,771	3,847,930
2006–07	1,786,143	49,216,667	446,923	1,625,932	705,405	71,908	5,332,020	14,616,593	3,365,017	5,064,705	3,161,015	1,016,329	4,281,040
2007–08	1,776,452	53,268,648	453,280	5,177,569	1,201,394	103,824	5,798,732	4,430,479	1,770,108	5,637,968	2,762,277	1,120,806	4,639,141
2008–09	1,934,958	50,863,465	484,689	6,425,434	1,729,985	131,427	5,635,304	-9,958,068	2,601,770	4,987,773	2,554,107	830,264	4,975,326
2-year													
2005–06	138,517	13,128,549	7,913,266	1,265,113	563,394	69,228	261,914	669,858	375,058	1,741,270	318,521	17,920	198,236
2006–07	124,026	13,988,272	8,371,762	1,233,292	586,491	57,230	257,136	971,979	585,175	2,267,682	348,667	23,096	281,159
2007–08	73,324	15,106,414	8,865,938	4,844,746	708,176	73,731	271,766	848,164	481,216	1,940,082	328,312	12,978	334,477
2008–09	75,885	14,622,766	9,302,330	6,335,282	990,464	134,362	258,608	470,153	409,470	2,050,885	384,498	13,263	342,236
	Percentage distribution												
All institutions													
2005–06	0.76	23.85	3.35	1.14	0.48	0.04	2.02	3.90	1.10	2.20	1.04	0.41	1.64
2006–07	0.71	23.54	3.28	1.06	0.48	0.05	2.08	5.80	1.47	2.73	1.31	0.39	1.70
2007–08	0.68	25.04	3.41	3.67	0.70	0.07	2.22	1.93	0.82	2.77	1.13	0.42	1.82
2008–09	0.75	24.49	3.66	4.77	1.02	0.10	2.20	-3.55	1.13	2.63	1.10	0.32	1.99
4-year													
2005–06	0.85	22.51	0.17	0.76	0.30	0.02	2.33	4.41	1.15	1.82	1.11	0.49	1.90
2006–07	0.80	22.18	0.20	0.73	0.32	0.03	2.40	6.59	1.52	2.28	1.42	0.46	1.93
2007–08	0.79	23.83	0.20	2.32	0.54	0.05	2.59	1.98	0.79	2.52	1.24	0.50	2.08
2008–09	0.89	23.50	0.22	2.97	0.80	0.06	2.60	-4.60	1.20	2.30	1.18	0.38	2.30
2-year													
2005–06	0.32	30.07	18.13	2.90	1.29	0.16	0.60	1.53	0.86	3.99	0.73	0.04	0.45
2006–07	0.27	29.97	17.94	2.64	1.26	0.12	0.55	2.08	1.25	4.86	0.75	0.05	0.60
2007–08	0.15	30.49	17.90	9.78	1.43	0.15	0.55	1.71	0.97	3.92	0.66	0.03	0.68
2008–09	0.15	28.70	18.26	12.43	1.94	0.26	0.51	0.92	0.80	4.03	0.75	0.03	0.67
	Revenue per full-time-equivalent student in current dollars												
All institutions													
2005–06	$198	$6,253	$879	$299	$125	$11	$530	$1,022	$288	$577	$274	$107	$431
2006–07	201	6,651	928	301	136	14	588	1,640	416	772	369	109	480
2007–08	190	7,020	957	1,029	196	18	623	542	231	778	317	116	511
2008–09	200	6,508	973	1,268	270	26	586	-943	299	700	292	84	528
4-year													
2005–06	300	7,959	59	270	107	6	823	1,559	407	642	393	172	672
2006–07	307	8,450	77	279	121	12	915	2,509	578	870	543	174	735
2007–08	296	8,887	76	864	200	17	967	739	295	941	461	187	774
2008–09	315	8,285	79	1,047	282	21	918	-1,622	424	812	416	135	810
2-year													
2005–06	38	3,585	2,161	345	154	19	72	183	102	476	87	5	54
2006–07	34	3,802	2,276	335	159	16	70	264	159	616	95	6	76
2007–08	20	4,033	2,367	1,293	189	20	73	226	128	518	88	3	89
2008–09	19	3,728	2,372	1,615	253	34	66	120	104	523	98	3	87
	Revenue per full-time-equivalent student in constant 2008–09 dollars[3]												
All institutions													
2005–06	$214	$6,746	$948	$323	$135	$12	$572	$1,103	$311	$623	$295	$115	$465
2006–07	211	6,993	976	316	143	14	618	1,725	437	811	388	115	505
2007–08	193	7,118	970	1,043	199	18	632	550	234	789	322	118	518
2008–09	200	6,508	973	1,268	270	26	586	-943	299	700	292	84	528
4-year													
2005–06	324	8,586	63	291	116	6	888	1,681	439	693	424	186	725
2006–07	322	8,885	81	294	127	13	963	2,639	607	914	571	183	773
2007–08	300	9,011	77	876	203	18	981	749	299	954	467	190	785
2008–09	315	8,285	79	1,047	282	21	918	-1,622	424	812	416	135	810
2-year													
2005–06	41	3,867	2,331	373	166	20	77	197	110	513	94	5	58
2006–07	35	3,998	2,393	353	168	16	73	278	167	648	100	7	80
2007–08	20	4,090	2,400	1,312	192	20	74	230	130	525	89	4	91
2008–09	19	3,728	2,372	1,615	253	34	66	120	104	523	98	3	87

[1]Net of allowances and discounts.
[2]After deducting discounts and allowances.
[3]Constant dollars based on the Consumer Price Index, prepared by the Bureau of Labor Statistics, U.S. Department of Labor, adjusted to a school-year basis.
NOTE: Degree-granting institutions grant associate's or higher degrees and participate in Title IV federal financial aid programs. Includes data for public institutions reporting data according to either the Governmental Accounting Standards Board (GASB) or the Financial Accounting Standards Board (FASB) questionnaire. Detail may not sum to totals because of rounding.
SOURCE: U.S. Department of Education, National Center for Education Statistics, 2005–06 through 2008–09 Integrated Postsecondary Education Data System, Spring 2006 through Spring 2010. (This table was prepared October 2010.)

Table 363. Revenues of public degree-granting institutions, by source of revenue and state or jurisdiction: 2007–08

[In thousands of current dollars]

State or jurisdiction	Total revenues	Operating revenue: Total	Operating revenue: Tuition and fees[2]	Operating revenue: Federal grants and contracts	Operating revenue: State and local grants and contracts	Operating revenue: Sales and services of auxiliary enterprises[3]	Operating revenue: Sales and services of hospitals	Operating revenue: Independent operations and other	Nonoperating revenue[1]: Total	Nonoperating revenue[1]: State appro-priations	Nonoperating revenue[1]: Local appro-priations	Other revenues and additions
1	2	3	4	5	6	7	8	9	10	11	12	13
United States	**$273,109,306**	**$151,079,305**	**$48,070,012**	**$25,522,915**	**$16,530,859**	**$20,488,319**	**$25,183,379**	**$15,283,822**	**$105,253,961**	**$68,375,062**	**$9,319,219**	**$16,776,039**
Alabama	6,090,977	3,950,331	986,818	724,265	304,527	271,775	1,065,623	597,322	1,972,844	1,777,102	0	167,802
Alaska	788,040	350,021	92,519	131,799	68,214	39,676	0	17,814	352,359	328,490	6,955	85,660
Arizona	4,665,755	2,021,479	972,592	445,048	139,083	344,829	0	119,927	2,526,369	1,230,384	671,580	117,907
Arkansas	3,130,740	1,893,016	352,410	198,500	164,654	209,736	765,358	202,358	1,086,653	749,809	27,250	151,071
California	38,767,240	19,872,123	3,916,748	3,230,281	2,620,295	1,795,802	4,917,236	3,391,761	15,944,683	9,782,352	2,415,087	2,950,433
Colorado	4,276,407	3,660,397	1,300,923	781,371	561,362	407,489	310,038	299,213	425,991	27,352	73,247	190,019
Connecticut	2,720,233	1,490,946	476,082	160,193	91,931	203,569	232,470	326,700	1,159,598	975,581	0	69,689
Delaware	852,502	556,321	289,714	112,469	34,860	99,535	0	19,744	283,652	238,239	0	12,529
District of Columbia	131,172	50,227	20,376	15,976	8,969	1,399	0	3,507	73,013	7,549	62,770	7,932
Florida	10,185,317	3,908,884	1,393,418	891,033	809,327	651,580	0	163,526	4,822,014	3,649,036	0	1,454,419
Georgia	6,146,541	3,124,126	1,070,565	615,987	436,020	582,884	215,552	203,118	2,699,089	2,276,656	437	323,327
Hawaii	1,678,048	634,411	170,408	290,086	64,077	86,352	0	23,488	887,550	690,625	0	156,087
Idaho	1,042,040	507,796	203,851	103,577	59,699	94,309	0	46,360	481,307	369,740	9,076	52,937
Illinois	9,188,486	4,926,651	1,765,579	691,158	378,458	827,162	463,209	801,086	4,144,653	1,714,574	862,300	117,182
Indiana	5,608,429	3,389,418	1,617,398	513,128	255,617	679,738	0	323,537	2,090,930	1,429,095	7,862	128,081
Iowa	4,184,391	2,822,651	632,114	516,129	149,640	397,897	848,744	278,128	1,248,508	911,645	79,855	113,232
Kansas	2,761,127	1,449,274	609,303	279,718	119,671	279,020	0	161,563	1,236,934	794,575	229,974	74,918
Kentucky	4,542,789	2,907,030	718,362	449,543	321,468	234,686	1,017,345	165,626	1,402,591	1,063,063	14,060	233,168
Louisiana	4,122,613	2,159,356	558,504	340,849	453,927	291,125	417,138	97,814	1,770,965	1,455,270	0	192,292
Maine	802,561	465,683	191,258	62,843	63,276	96,765	0	51,541	314,440	257,003	0	22,438
Maryland	5,578,686	3,207,388	1,267,566	659,996	416,957	540,232	0	322,637	2,013,349	1,338,598	311,560	357,949
Massachusetts	3,782,374	2,329,562	859,220	354,428	247,533	320,279	0	548,103	1,396,494	1,224,381	0	56,317
Michigan	12,260,192	7,993,692	2,838,558	1,189,534	448,345	937,276	2,105,439	474,541	3,917,180	1,967,204	602,296	349,320
Minnesota	4,652,718	2,561,749	1,111,719	473,416	366,481	584,854	0	25,279	1,851,401	1,392,652	0	239,569
Mississippi	3,541,987	1,869,174	400,357	423,646	177,902	213,852	531,192	122,224	1,490,907	1,016,787	43,608	181,906
Missouri	4,192,883	2,627,615	828,926	281,694	194,592	596,630	561,642	164,131	1,441,947	950,546	140,624	123,321
Montana	916,382	589,262	225,598	158,107	39,468	100,516	0	65,572	288,412	183,291	6,966	38,708
Nebraska	2,032,164	990,318	293,760	180,662	170,051	222,128	24,493	99,224	966,324	601,076	93,493	75,522
Nevada	1,556,699	654,192	256,803	170,864	61,467	92,284	0	72,774	694,146	613,100	0	208,361
New Hampshire	834,737	600,212	277,553	86,001	42,702	170,130	0	23,825	181,645	127,667	0	52,881
New Jersey	6,277,546	3,908,959	1,541,619	456,338	494,656	456,695	739,486	220,165	2,246,248	1,605,917	210,209	122,339
New Mexico	3,063,988	1,606,003	200,917	407,762	183,307	122,724	462,701	228,591	1,312,795	860,988	108,045	145,191
New York	12,895,861	6,325,514	1,922,497	844,981	1,031,556	777,469	1,595,895	153,117	5,927,354	4,262,790	689,261	642,993
North Carolina	9,031,470	3,594,445	1,171,458	678,635	367,940	1,220,149	0	156,263	4,765,096	3,502,291	185,257	671,929
North Dakota	870,797	552,824	224,740	149,325	38,444	80,674	0	59,641	294,798	225,028	2,083	23,176
Ohio	10,251,023	7,211,073	2,713,715	703,789	601,719	858,385	1,957,761	375,705	2,662,572	1,972,173	141,039	377,378
Oklahoma	3,463,866	1,905,114	601,283	256,290	269,129	347,885	51,032	379,495	1,384,679	932,134	44,626	174,074
Oregon	4,457,055	2,978,285	717,102	623,058	232,605	342,906	856,755	205,859	1,371,399	779,394	171,928	107,371
Pennsylvania	10,303,601	7,671,918	2,915,019	1,062,250	446,732	828,788	1,932,957	486,173	2,527,809	1,471,509	117,768	103,874
Rhode Island	688,991	421,523	217,677	60,925	25,046	92,730	0	25,145	202,969	167,557	0	64,499
South Carolina	3,684,704	2,229,887	988,045	362,020	300,675	312,190	0	266,957	1,268,557	863,770	56,196	186,259
South Dakota	621,960	390,161	153,756	94,329	38,024	46,853	0	57,199	217,494	171,461	0	14,305
Tennessee	3,730,613	1,676,876	700,061	271,019	299,165	247,417	0	159,214	1,804,170	1,251,995	5,019	249,566
Texas	24,178,993	10,719,654	3,439,471	1,964,345	1,516,971	999,047	1,196,091	1,603,730	9,522,981	5,265,444	1,205,186	3,936,358
Utah	3,903,428	2,603,441	453,467	310,468	126,049	166,350	937,047	610,060	1,119,465	788,853	0	180,523
Vermont	662,717	537,854	269,830	119,743	31,105	91,428	0	25,749	111,135	70,697	0	13,728
Virginia	7,544,757	4,508,535	1,593,944	711,465	189,375	913,800	956,466	143,484	2,550,579	1,719,145	2,026	485,643
Washington	7,037,521	4,315,163	1,044,154	1,015,027	554,975	457,464	923,869	319,673	2,136,029	1,554,111	0	586,330
West Virginia	1,552,299	933,851	407,467	138,920	150,612	184,723	0	52,131	533,485	401,636	197	84,963
Wisconsin	5,345,887	2,887,956	1,034,310	599,720	314,468	434,650	0	504,808	2,239,029	1,079,275	682,752	218,903
Wyoming	661,423	243,687	58,969	55,390	43,781	47,331	0	38,217	368,064	285,453	38,627	49,672
U.S. Service Academies	1,846,573	293,277	1,510	104,818	3,953	85,155	97,841	0	1,521,307	0	0	31,990
Other jurisdictions	**1,648,226**	**396,384**	**84,612**	**183,513**	**38,307**	**15,669**	**48,575**	**25,708**	**1,221,057**	**993,118**	**49,328**	**30,785**
American Samoa	16,573	8,521	2,379	5,834	0	308	0	0	8,052	0	0	0
Federated States of Micronesia	18,246	5,346	626	3,063	0	942	0	714	12,900	0	0	0
Guam	101,950	48,702	13,708	25,913	1,576	3,024	0	4,481	52,659	31,776	15,214	589
Marshall Islands	11,784	689	271	0	43	375	0	0	6,247	1,988	0	4,848
Northern Marianas	16,012	7,336	909	6,124	0	0	0	304	7,826	5,869	0	850
Palau	8,487	3,867	1,238	1,201	338	778	0	311	4,308	2,334	0	311
Puerto Rico	1,410,914	291,118	54,494	129,484	33,066	5,958	48,575	19,541	1,098,802	951,150	3,096	20,994
U.S. Virgin Islands	64,260	30,804	10,986	11,894	3,283	4,283	0	357	30,264	0	31,018	3,192

[1]Includes other categories not separately shown.
[2]Net of allowances and discounts.
[3]After deducting discounts and allowances.
NOTE: Degree-granting institutions grant associate's or higher degrees and participate in Title IV federal financial aid programs. Includes data for public institutions reporting data according to either the Governmental Accounting Standards Board (GASB) or the Financial Accounting Standards Board (FASB) questionnaire. Detail may not sum to totals because of rounding.
SOURCE: U.S. Department of Education, National Center for Education Statistics, 2007–08 Integrated Postsecondary Education Data System, Spring 2009. (This table was prepared June 2010.)

Table 364. Revenues of public degree-granting institutions, by source of revenue and state or jurisdiction: 2008–09

[In thousands of current dollars]

State or jurisdiction	Total revenues	Operating revenue							Nonoperating revenue[1]			Other revenues and additions
		Total	Tuition and fees[2]	Federal grants and contracts	State and local grants and contracts	Sales and services of auxiliary enterprises[3]	Sales and services of hospitals	Independent operations and other	Total	State appro-priations	Local appro-priations	
1	2	3	4	5	6	7	8	9	10	11	12	13
United States	**$267,385,180**	**$158,798,541**	**$51,840,367**	**$26,092,100**	**$17,003,557**	**$21,358,319**	**$27,301,883**	**$15,202,314**	**$92,448,286**	**$65,486,232**	**$9,787,019**	**$16,138,352**
Alabama	6,151,396	4,076,517	1,098,661	710,671	279,677	301,897	1,100,468	585,142	1,956,724	1,422,961	13,011	118,154
Alaska	764,304	360,307	98,639	130,141	71,421	40,478	0	19,628	340,259	320,770	8,005	63,738
Arizona	4,794,451	2,160,182	1,101,987	447,654	155,241	343,353	0	111,948	2,569,638	1,062,586	706,572	64,631
Arkansas	3,200,463	1,974,327	395,193	209,648	161,801	222,671	781,472	203,542	1,049,939	742,037	27,823	176,197
California	38,094,143	20,542,748	4,248,919	3,472,492	2,539,228	1,855,951	5,496,077	2,930,081	15,291,920	8,521,074	2,473,159	2,259,475
Colorado	4,598,454	3,813,090	1,340,718	805,742	569,879	431,754	348,509	316,488	617,023	36,200	74,301	168,341
Connecticut	2,911,329	1,552,254	514,773	166,372	101,280	225,235	250,611	293,983	1,187,089	989,310	0	171,986
Delaware	625,893	598,159	317,592	115,617	35,756	104,387	0	24,806	12,377	223,207	0	15,358
District of Columbia	143,598	58,136	22,001	19,226	10,073	1,397	0	5,439	79,098	7,671	62,070	6,363
Florida	10,165,831	4,359,447	1,567,244	951,371	984,723	692,311	49	163,750	4,658,278	3,396,175	0	1,148,105
Georgia	6,408,322	3,280,279	1,208,597	572,681	481,110	655,896	208,667	153,328	2,737,870	2,139,000	0	390,172
Hawaii	1,652,153	674,771	196,793	301,377	68,421	83,964	0	24,216	790,448	585,499	0	186,934
Idaho	1,054,013	508,491	219,005	106,325	46,230	97,245	0	39,686	512,730	376,123	12,188	32,792
Illinois	9,587,662	5,117,079	1,939,119	714,904	374,729	860,984	481,943	745,402	4,398,332	1,749,634	922,697	72,251
Indiana	5,574,614	3,607,739	1,783,621	523,509	293,463	677,244	0	329,902	1,883,630	1,463,735	9,486	83,245
Iowa	4,359,349	3,060,522	668,856	539,306	172,962	409,841	952,263	317,295	1,158,646	893,101	90,427	140,182
Kansas	2,894,348	1,585,870	648,713	294,764	149,904	293,166	0	199,322	1,216,991	772,802	230,758	91,486
Kentucky	4,629,300	2,929,517	786,308	416,771	224,847	256,892	1,076,638	168,060	1,333,330	1,028,163	14,494	366,453
Louisiana	4,178,534	2,254,252	581,839	325,160	477,649	309,945	460,550	99,110	1,769,104	1,447,049	0	155,177
Maine	827,818	485,942	210,898	61,581	62,503	98,600	0	52,361	305,076	250,552	0	36,800
Maryland	5,563,724	3,287,242	1,319,832	676,945	418,611	567,355	0	304,498	1,927,389	1,382,428	331,231	349,093
Massachusetts	3,872,944	2,518,005	927,714	337,902	254,627	343,008	0	654,754	1,260,178	1,068,344	0	94,761
Michigan	9,656,724	8,385,989	3,026,921	1,250,984	473,162	976,921	2,220,551	437,450	1,067,364	1,825,548	605,773	203,372
Minnesota	4,473,365	2,611,869	1,176,967	444,611	342,604	412,219	0	235,467	1,598,782	1,367,277	0	262,714
Mississippi	3,642,542	1,965,838	435,291	419,302	173,831	221,392	594,933	121,090	1,471,111	984,810	55,670	205,593
Missouri	4,119,133	2,686,115	877,554	241,738	186,830	632,488	576,555	170,951	1,308,625	986,891	146,038	124,393
Montana	971,082	618,776	234,865	172,815	40,802	79,893	0	90,401	299,113	196,192	8,017	53,192
Nebraska	2,031,530	1,041,093	318,803	193,757	143,717	244,716	28,115	111,985	941,482	633,652	100,596	48,955
Nevada	1,315,508	670,506	284,888	153,263	61,728	93,179	0	77,447	628,459	608,602	0	16,543
New Hampshire	796,892	628,332	300,228	77,140	49,221	180,704	0	21,038	108,968	131,584	0	59,592
New Jersey	6,530,236	4,189,399	1,682,446	444,129	499,806	483,146	863,175	216,697	2,230,788	1,527,419	216,991	110,049
New Mexico	3,064,303	1,778,012	208,370	413,227	216,239	122,913	574,495	242,768	1,169,268	824,101	113,956	117,023
New York	13,516,877	6,443,804	2,058,023	712,597	973,276	822,598	1,723,164	154,146	6,464,681	4,414,596	730,623	608,393
North Carolina	8,453,629	3,640,354	1,224,980	694,656	312,715	1,274,265	0	133,739	4,312,747	3,301,440	196,114	500,528
North Dakota	934,159	588,641	240,179	146,082	47,688	94,956	0	59,736	311,266	243,119	2,131	34,252
Ohio	9,997,962	7,467,309	2,784,637	677,003	609,467	903,915	2,111,808	380,478	2,161,187	2,131,926	144,413	369,466
Oklahoma	3,616,680	2,012,718	675,345	235,365	293,710	371,215	53,301	383,782	1,419,923	953,077	44,518	184,039
Oregon	4,707,674	3,358,542	793,142	635,914	308,434	370,051	1,063,070	187,932	1,187,790	565,110	180,757	161,342
Pennsylvania	9,721,818	8,113,786	3,184,887	1,083,689	424,078	890,739	2,027,702	502,691	1,514,124	1,437,979	116,313	93,907
Rhode Island	701,969	454,653	239,369	67,064	25,631	95,547	0	27,042	185,589	147,023	0	61,728
South Carolina	3,577,475	2,309,087	1,010,951	372,419	338,539	336,812	0	250,366	1,153,916	664,787	59,937	114,472
South Dakota	719,986	433,580	170,002	102,915	39,672	52,849	0	68,143	242,057	167,323	0	44,349
Tennessee	3,710,659	1,774,261	751,693	307,592	288,746	258,302	0	167,928	1,654,331	1,168,300	4,971	282,067
Texas	20,851,090	11,307,824	3,665,026	2,090,895	1,678,219	1,054,742	1,148,397	1,670,545	5,304,053	5,427,478	1,327,613	4,239,213
Utah	4,036,414	2,823,002	488,599	324,527	127,930	178,488	1,067,747	635,711	944,124	724,434	0	269,288
Vermont	621,156	575,714	300,843	122,228	33,324	97,136	0	22,182	36,627	68,624	0	8,816
Virginia	6,672,199	4,828,576	1,754,797	757,710	193,010	981,866	990,621	150,573	1,335,501	1,656,467	1,834	508,122
Washington	6,748,641	4,582,051	1,144,471	1,036,602	607,271	476,906	988,370	328,431	1,545,710	1,572,975	0	620,880
West Virginia	1,585,490	995,933	446,584	134,950	175,039	190,907	0	48,452	540,477	420,838	169	49,080
Wisconsin	5,893,329	3,157,686	1,097,111	710,233	360,504	460,355	0	529,482	2,277,161	1,138,454	716,434	458,482
Wyoming	741,381	244,829	65,203	54,587	40,573	51,538	0	32,927	367,894	317,785	37,929	128,658
U.S. Service Academies	1,922,632	305,385	1,171	113,944	3,653	73,984	112,633	0	1,609,097	0	0	8,150
Other jurisdictions	**1,724,513**	**414,874**	**86,134**	**174,285**	**47,855**	**17,915**	**55,532**	**33,153**	**1,280,127**	**1,002,653**	**50,688**	**29,512**
American Samoa	16,331	7,284	2,664	4,092	0	528	0	0	9,047	0	0	0
Federated States of Micronesia	23,549	7,401	963	4,698	0	1,483	0	257	16,148	0	0	0
Guam	111,460	47,876	12,583	24,218	1,858	3,108	0	6,108	63,584	32,952	15,834	0
Marshall Islands	12,901	1,009	399	0	0	521	0	89	6,892	2,000	0	5,000
Northern Marianas	17,477	10,206	2,048	6,934	0	1,184	0	40	7,271	5,563	0	0
Palau	11,014	6,043	1,261	3,462	741	278	0	301	4,669	2,342	0	301
Puerto Rico	1,458,141	300,807	54,122	116,036	42,990	6,037	55,532	26,090	1,136,574	959,797	3,408	20,760
U.S. Virgin Islands	73,640	34,247	12,095	14,845	2,265	4,775	0	267	35,943	0	31,446	3,450

[1]Includes other categories not separately shown.
[2]Net of allowances and discounts.
[3]After deducting discounts and allowances.
NOTE: Degree-granting institutions grant associate's or higher degrees and participate in Title IV federal financial aid programs. Includes data for public institutions reporting data according to either the Governmental Accounting Standards Board (GASB) or the Financial Accounting Standards Board (FASB) questionnaire. Detail may not sum to totals because of rounding.
SOURCE: U.S. Department of Education, National Center for Education Statistics, 2008–09 Integrated Postsecondary Education Data System, Spring 2010. (This table was prepared October 2010.)

Table 365. Appropriations from state and local governments for public degree-granting institutions, by state or jurisdiction: Selected years, 1990–91 through 2008–09

[In thousands of current dollars]

State or jurisdiction	State appropriations						Local appropriations					
	1990–91	2000–01	2005–06	2006–07	2007–08	2008–09	1990–91	2000–01	2005–06	2006–07	2007–08	2008–09
1	2	3	4	5	6	7	8	9	10	11	12	13
United States	**$35,898,653**	**$56,268,990**	**$58,720,088**	**$63,204,939**	**$68,375,062**	**$65,486,232**	**$3,159,789**	**$5,582,287**	**$8,249,690**	**$8,818,685**	**$9,319,219**	**$9,787,019**
Alabama	708,191	991,302	1,302,342	1,532,416	1,777,102	1,422,961	6,796	4,829	733	10	0	13,011
Alaska	168,395	190,650	252,512	287,414	328,490	320,770	260	10,340	0	0	6,955	8,005
Arizona	591,656	903,196	1,015,117	1,151,631	1,230,384	1,062,586	149,337	310,762	562,474	635,756	671,580	706,572
Arkansas	315,372	583,794	639,745	682,379	749,809	742,037	216	9,496	23,269	24,579	27,250	27,823
California	5,313,052	7,891,669	8,275,470	9,233,141	9,782,352	8,521,074	771,160	1,764,717	2,218,323	2,340,897	2,415,087	2,473,159
Colorado	423,710	655,037	15,436	16,918	27,352	36,200	22,400	36,840	54,422	61,730	73,247	74,301
Connecticut	363,427	664,356	814,255	891,977	975,581	989,310	0	0	0	0	0	0
Delaware	115,729	193,695	218,634	231,428	238,239	223,207	0	0	0	0	0	0
District of Columbia	0	3,019	6,554	6,516	7,549	7,671	73,495	46,933	61,266	62,636	62,770	62,070
Florida	1,638,218	2,656,376	3,186,756	3,632,755	3,649,036	3,396,175	1,850	2	0	0	0	0
Georgia	915,303	1,826,961	1,959,504	2,065,879	2,276,656	2,139,000	25,705	21,615	0	0	437	0
Hawaii	304,131	395,884	430,451	514,988	690,625	585,499	0	0	0	0	0	0
Idaho	177,918	290,746	338,143	351,950	369,740	376,123	6,161	11,148	7,633	8,198	9,076	12,188
Illinois	1,296,895	1,760,300	1,602,641	1,671,782	1,714,574	1,749,634	284,635	520,136	768,509	795,108	862,300	922,697
Indiana	886,124	1,257,919	1,338,901	1,359,913	1,429,095	1,463,735	1,507	6,190	7,379	7,460	7,862	9,486
Iowa	544,945	813,805	798,961	831,047	911,645	893,101	21,624	36,129	73,502	80,541	79,855	90,427
Kansas	437,413	664,201	725,777	759,922	794,575	772,802	87,026	160,873	211,593	219,384	229,974	230,758
Kentucky	617,915	939,047	1,014,939	1,045,794	1,063,063	1,028,163	4,682	14,930	12,035	12,857	14,060	14,494
Louisiana	566,798	834,643	1,084,984	1,270,820	1,455,270	1,447,049	1,462	517	0	0	0	0
Maine	174,737	212,144	231,890	243,198	257,003	250,552	0	0	0	0	0	0
Maryland	724,223	999,723	1,078,966	1,225,201	1,338,598	1,382,428	117,913	185,034	253,486	283,634	311,560	331,231
Massachusetts	471,368	1,038,998	1,039,187	1,143,743	1,224,381	1,068,344	0	0	0	0	0	0
Michigan	1,326,884	1,991,098	1,771,921	1,610,778	1,967,204	1,825,548	159,202	288,112	535,401	575,550	602,296	605,773
Minnesota	744,381	1,174,797	1,194,106	1,237,370	1,392,652	1,367,277	2,040	0	0	0	0	0
Mississippi	365,574	758,242	774,001	877,807	1,016,787	984,810	25,670	38,167	57,539	58,166	43,608	55,670
Missouri	563,430	945,746	868,899	891,523	950,546	986,891	38,097	101,562	128,638	133,449	140,624	146,038
Montana	110,199	137,341	154,770	157,125	183,291	196,192	3,310	4,069	6,283	6,781	6,966	8,017
Nebraska	318,482	514,235	532,258	568,781	601,076	633,652	36,569	19,892	78,470	84,249	93,493	100,596
Nevada	161,581	333,117	524,701	582,558	613,100	608,602	0	0	0	0	0	0
New Hampshire	71,226	96,157	114,557	119,078	127,667	131,584	6	0	0	0	0	0
New Jersey	854,989	1,246,554	1,644,413	1,565,374	1,605,917	1,527,419	145,010	172,667	195,502	203,338	210,209	216,991
New Mexico	307,083	538,822	679,588	741,110	860,988	824,101	34,364	60,183	92,644	92,000	108,045	113,956
New York	2,313,128	4,461,671	3,500,566	4,021,727	4,262,790	4,414,596	372,650	431,415	622,550	651,770	689,261	730,623
North Carolina	1,351,111	2,221,600	2,815,090	3,190,505	3,502,291	3,301,440	62,785	113,448	156,171	170,547	185,257	196,114
North Dakota	129,986	188,047	195,040	209,801	225,028	243,119	9	21	1,786	1,959	2,083	2,131
Ohio	1,360,141	1,922,571	1,848,717	1,881,090	1,972,173	2,131,926	63,899	101,647	126,530	133,803	141,039	144,413
Oklahoma	473,898	754,540	782,847	886,467	932,134	953,077	12,822	28,367	38,081	46,846	44,626	44,518
Oregon	377,476	640,347	657,011	581,557	779,394	565,110	118,499	106,436	161,438	167,657	171,928	180,757
Pennsylvania	962,121	1,331,544	1,371,792	1,438,787	1,471,509	1,437,979	62,794	94,338	111,721	117,397	117,768	116,313
Rhode Island	113,614	157,137	172,703	175,497	167,557	147,023	0	0	0	0	0	0
South Carolina	578,794	853,139	715,967	804,836	863,770	664,787	18,670	36,060	50,592	53,058	56,196	59,937
South Dakota	81,859	129,680	153,928	164,247	171,461	167,323	0	0	0	165	0	0
Tennessee	663,536	969,316	1,081,753	1,154,530	1,251,995	1,168,300	1,779	3,824	4,326	4,749	5,019	4,971
Texas	2,627,916	4,236,852	4,658,611	4,717,666	5,265,444	5,427,478	210,934	439,342	971,351	1,093,086	1,205,186	1,327,613
Utah	304,738	531,975	669,271	707,415	788,853	724,434	0	0	0	0	0	0
Vermont	40,997	53,605	63,740	70,244	70,697	68,624	4	0	0	0	0	0
Virginia	886,208	1,395,308	1,482,002	1,618,445	1,719,145	1,656,467	973	1,570	1,934	2,261	2,026	1,834
Washington	828,700	1,200,392	1,315,804	1,403,518	1,554,111	1,572,975	2,470	0	33	0	0	0
West Virginia	263,269	382,269	355,870	374,863	401,636	420,838	574	503	0	273	197	169
Wisconsin	841,192	1,186,415	1,019,374	1,039,886	1,079,275	1,138,454	197,712	379,648	621,514	650,880	682,752	716,434
Wyoming	120,623	149,009	229,620	261,541	285,453	317,785	12,721	20,525	32,562	37,910	38,627	37,929
U.S. Service Academies	0	0	0	0	0	0	0	0	0	0	0	0
Other jurisdictions	**337,393**	**709,473**	**913,597**	**943,527**	**993,118**	**1,002,653**	**12,724**	**20,612**	**45,878**	**47,193**	**49,328**	**50,688**
American Samoa	0	0	0	0	0	0	0	0	0	0	0	0
Federated States of Micronesia	0	40	0	0	0	0	0	3,327	0	0	0	0
Guam	28,283	29,122	29,684	32,142	31,776	32,952	10,028	12,826	13,827	14,221	15,214	15,834
Marshall Islands	0	1,924	0	1,988	1,988	2,000	0	0	2,000	0	0	0
Northern Marianas	0	9,055	7,270	5,948	5,869	5,563	0	0	0	0	0	0
Palau	644	2,345	2,385	2,385	2,334	2,342	0	0	0	0	0	0
Puerto Rico	277,295	647,623	874,258	901,064	951,150	959,797	2,375	4,459	2,996	3,057	3,096	3,408
U.S. Virgin Islands	31,170	19,365	0	0	0	0	320	0	27,055	29,915	31,018	31,446

NOTE: Data for 1990–91 are for institutions of higher education, while later data are for degree-granting institutions. Degree-granting institutions grant associate's or higher degrees and participate in Title IV federal financial aid programs. The degree-granting classification is very similar to the earlier higher education classification, but it includes more 2-year colleges and excludes a few higher education institutions that did not grant degrees. (See Appendix A: Guide to Sources for details.) Includes data for public institutions reporting data according to either the Governmental Accounting Standards Board (GASB) or the Financial Accounting Standards Board (FASB) questionnaire. Detail may not sum to totals because of rounding.

SOURCE: U.S. Department of Education, National Center for Education Statistics, 1990–91 through 2008–09 Integrated Postsecondary Education Data System, "Finance Survey" (IPEDS-F:FY91–96), and Spring 2001 through Spring 2010. (This table was prepared October 2010.)

Table 366. Total revenue of private not-for-profit degree-granting institutions, by source of funds and type of institution: 1999–2000 through 2008–09

Type of institution and year	Total revenue and investment return, by source of funds										
	Total	Student tuition and fees (net of allowances)	Federal appropriations, grants, and contracts[1]	State appropriations, grants, and contracts	Local appropriations, grants, and contracts	Private gifts, grants, and contracts[2]	Investment return (gain or loss)	Educational activities	Auxiliary enterprises	Hospitals	Other
1	2	3	4	5	6	7	8	9	10	11	12
	In thousands of current dollars										
All institutions											
1999–2000	$120,625,806	$29,651,812	$12,191,827	$1,117,742	$580,237	$16,488,984	$37,763,518	$2,865,606	$8,317,607	$7,208,600	$4,439,874
2000–01	82,174,492	31,318,106	13,378,019	1,176,060	508,365	15,859,313	-3,602,326	3,468,680	8,742,610	7,126,343	4,199,323
2001–02	84,346,652	33,499,121	14,790,235	1,303,772	493,158	15,394,353	-6,545,330	3,220,868	9,317,922	8,083,935	4,788,618
2002–03	105,672,753	36,019,267	16,625,072	1,514,087	474,889	14,380,351	9,340,400	3,056,259	9,833,972	8,942,047	5,486,409
2003–04	134,230,762	38,505,631	18,335,784	1,455,556	485,717	15,847,571	30,896,917	3,290,420	10,325,606	9,657,753	5,429,805
2004–05	140,150,716	41,394,424	19,699,204	1,469,912	488,010	16,738,916	30,431,521	3,595,559	10,823,963	10,377,808	5,131,401
2005–06	152,744,665	44,263,227	19,683,291	1,558,741	517,109	18,346,525	35,634,520	3,716,409	11,610,762	11,536,658	5,877,423
2006–07	182,381,275	47,481,431	20,193,637	1,626,429	538,942	20,193,231	55,907,662	4,105,289	12,291,973	12,636,904	7,405,779
2007–08	139,250,857	50,736,003	20,204,523	1,857,422	528,466	20,991,936	6,446,982	4,849,728	12,928,521	13,299,928	7,407,348
2008–09	69,064,329	53,707,913	21,023,733	1,816,429	574,856	17,671,730	-64,205,252	4,791,466	13,559,084	14,802,999	5,321,371
4-year											
1999–2000	119,708,625	29,257,523	12,133,829	1,098,961	574,746	16,346,616	37,698,219	2,837,784	8,261,507	7,208,600	4,290,841
2000–01	81,568,928	30,996,381	13,318,572	1,156,503	503,002	15,788,869	-3,623,323	3,452,731	8,703,316	7,125,648	4,147,227
2001–02	83,764,907	33,165,965	14,708,582	1,280,787	490,596	15,328,974	-6,547,915	3,206,440	9,263,171	8,083,935	4,784,371
2002–03	105,064,157	35,676,736	16,515,854	1,487,604	470,126	14,319,622	9,338,684	3,041,307	9,779,275	8,942,047	5,492,904
2003–04	133,594,668	38,181,648	18,236,313	1,423,269	480,104	15,789,672	30,854,091	3,277,767	10,287,215	9,657,753	5,406,836
2004–05	139,528,763	41,045,608	19,622,002	1,446,643	484,379	16,671,017	30,408,545	3,581,869	10,784,161	10,377,808	5,106,733
2005–06	152,150,193	43,944,766	19,607,858	1,530,038	515,776	18,288,085	35,603,805	3,699,630	11,573,115	11,536,658	5,850,463
2006–07	181,853,949	47,211,041	20,137,112	1,606,890	537,460	20,143,850	55,857,220	4,097,001	12,253,297	12,636,904	7,373,173
2007–08	138,749,560	50,431,352	20,143,833	1,834,505	527,006	20,938,774	6,459,197	4,838,649	12,890,431	13,299,928	7,385,886
2008–09	68,617,694	53,408,932	20,964,805	1,795,981	574,235	17,625,407	-64,173,065	4,785,951	13,522,267	14,802,999	5,310,181
2-year											
1999–2000	917,181	394,289	57,998	18,781	5,491	142,368	65,299	27,822	56,100	0	149,033
2000–01	605,564	321,724	59,446	19,557	5,363	70,444	20,996	15,949	39,294	694	52,096
2001–02	581,745	333,156	81,653	22,985	2,562	65,379	2,585	14,429	54,750	0	4,246
2002–03	608,596	342,531	109,217	26,483	4,764	60,729	1,716	14,953	54,697	0	-6,495
2003–04	636,094	323,983	99,471	32,287	5,613	57,900	42,826	12,653	38,391	0	22,969
2004–05	621,953	348,815	77,202	23,269	3,631	67,899	22,976	13,690	39,802	0	24,668
2005–06	594,473	318,460	75,433	28,703	1,333	58,441	30,716	16,778	37,648	0	26,960
2006–07	527,327	270,389	56,525	19,539	1,482	49,381	50,442	8,288	38,675	0	32,606
2007–08	501,297	304,651	60,689	22,917	1,460	53,162	-12,214	11,080	38,091	0	21,462
2008–09	446,635	298,981	58,927	20,448	621	46,323	-32,187	5,515	36,816	0	11,191
	Percentage distribution										
All institutions											
1999–2000	100.00	24.58	10.11	0.93	0.48	13.67	31.31	2.38	6.90	5.98	3.68
2000–01	100.00	38.11	16.28	1.43	0.62	19.30	-4.38	4.22	10.64	8.67	5.11
2001–02	100.00	39.72	17.54	1.55	0.58	18.25	-7.76	3.82	11.05	9.58	5.68
2002–03	100.00	34.09	15.73	1.43	0.45	13.61	8.84	2.89	9.31	8.46	5.19
2003–04	100.00	28.69	13.66	1.08	0.36	11.81	23.02	2.45	7.69	7.19	4.05
2004–05	100.00	29.54	14.06	1.05	0.35	11.94	21.71	2.57	7.72	7.40	3.66
2005–06	100.00	28.98	12.89	1.02	0.34	12.01	23.33	2.43	7.60	7.55	3.85
2006–07	100.00	26.03	11.07	0.89	0.30	11.07	30.65	2.25	6.74	6.93	4.06
2007–08	100.00	36.43	14.51	1.33	0.38	15.07	4.63	3.48	9.28	9.55	5.32
2008–09	100.00	77.77	30.44	2.63	0.83	25.59	-92.96	6.94	19.63	21.43	7.70
4-year											
1999–2000	100.00	24.44	10.14	0.92	0.48	13.66	31.49	2.37	6.90	6.02	3.58
2000–01	100.00	38.00	16.33	1.42	0.62	19.36	-4.44	4.23	10.67	8.74	5.08
2001–02	100.00	39.59	17.56	1.53	0.59	18.30	-7.82	3.83	11.06	9.65	5.71
2002–03	100.00	33.96	15.72	1.42	0.45	13.63	8.89	2.89	9.31	8.51	5.23
2003–04	100.00	28.58	13.65	1.07	0.36	11.82	23.10	2.45	7.70	7.23	4.05
2004–05	100.00	29.42	14.06	1.04	0.35	11.95	21.79	2.57	7.73	7.44	3.66
2005–06	100.00	28.88	12.89	1.01	0.34	12.02	23.40	2.43	7.61	7.58	3.85
2006–07	100.00	25.96	11.07	0.88	0.30	11.08	30.72	2.25	6.74	6.95	4.05
2007–08	100.00	36.35	14.52	1.32	0.38	15.09	4.66	3.49	9.29	9.59	5.32
2008–09	100.00	77.84	30.55	2.62	0.84	25.69	-93.52	6.97	19.71	21.57	7.74
2-year											
1999–2000	100.00	42.99	6.32	2.05	0.60	15.52	7.12	3.03	6.12	0.00	16.25
2000–01	100.00	53.13	9.82	3.23	0.89	11.63	3.47	2.63	6.49	0.11	8.60
2001–02	100.00	57.27	14.04	3.95	0.44	11.24	0.44	2.48	9.41	0.00	0.73
2002–03	100.00	56.28	17.95	4.35	0.78	9.98	0.28	2.46	8.99	0.00	-1.07
2003–04	100.00	50.93	15.64	5.08	0.88	9.10	6.73	1.99	6.04	0.00	3.61
2004–05	100.00	56.08	12.41	3.74	0.58	10.92	3.69	2.20	6.40	0.00	3.97
2005–06	100.00	53.57	12.69	4.83	0.22	9.83	5.17	2.82	6.33	0.00	4.54
2006–07	100.00	51.28	10.72	3.71	0.28	9.36	9.57	1.57	7.33	0.00	6.18
2007–08	100.00	60.77	12.11	4.57	0.29	10.60	-2.44	2.21	7.60	0.00	4.28
2008–09	100.00	66.94	13.19	4.58	0.14	10.37	-7.21	1.23	8.24	0.00	2.51

See notes at end of table.

Table 366. Total revenue of private not-for-profit degree-granting institutions, by source of funds and type of institution: 1999–2000 through 2008–09—Continued

Type of institution and year	Total revenue and investment return, by source of funds										
	Total	Student tuition and fees (net of allowances)	Federal appropriations, grants, and contracts[1]	State appropriations, grants, and contracts	Local appropriations, grants, and contracts	Private gifts, grants, and contracts[2]	Investment return (gain or loss)	Educational activities	Auxiliary enterprises	Hospitals	Other
1	2	3	4	5	6	7	8	9	10	11	12
	Revenue per full-time-equivalent student in current dollars										
All institutions											
1999–2000	$47,511	$11,679	$4,802	$440	$229	$6,494	$14,874	$1,129	$3,276	$2,839	$1,749
2000–01	31,737	12,095	5,167	454	196	6,125	-1,391	1,340	3,376	2,752	1,622
2001–02	31,876	12,660	5,589	493	186	5,818	-2,474	1,217	3,521	3,055	1,810
2002–03	38,645	13,173	6,080	554	174	5,259	3,416	1,118	3,596	3,270	2,006
2003–04	47,917	13,746	6,545	520	173	5,657	11,029	1,175	3,686	3,448	1,938
2004–05	48,842	14,426	6,865	512	170	5,833	10,605	1,253	3,772	3,617	1,788
2005–06	52,506	15,215	6,766	536	178	6,307	12,249	1,278	3,991	3,966	2,020
2006–07	61,586	16,033	6,819	549	182	6,819	18,879	1,386	4,151	4,267	2,501
2007–08	45,871	16,713	6,656	612	174	6,915	2,124	1,598	4,259	4,381	2,440
2008–09	22,404	17,422	6,820	589	186	5,733	-20,828	1,554	4,398	4,802	1,726
4-year											
1999–2000	48,160	11,771	4,882	442	231	6,576	15,166	1,142	3,324	2,900	1,726
2000–01	31,995	12,158	5,224	454	197	6,193	-1,421	1,354	3,414	2,795	1,627
2001–02	32,129	12,721	5,642	491	188	5,880	-2,512	1,230	3,553	3,101	1,835
2002–03	38,939	13,223	6,121	551	174	5,307	3,461	1,127	3,624	3,314	2,036
2003–04	48,299	13,804	6,593	515	174	5,708	11,155	1,185	3,719	3,492	1,955
2004–05	49,216	14,478	6,921	510	171	5,880	10,726	1,263	3,804	3,661	1,801
2005–06	52,870	15,270	6,813	532	179	6,355	12,372	1,286	4,021	4,009	2,033
2006–07	61,940	16,080	6,859	547	183	6,861	19,025	1,395	4,174	4,304	2,511
2007–08	46,116	16,762	6,695	610	175	6,959	2,147	1,608	4,284	4,420	2,455
2008–09	22,448	17,473	6,859	588	188	5,766	-20,994	1,566	4,424	4,843	1,737
2-year											
1999–2000	17,220	7,403	1,089	353	103	2,673	1,226	522	1,053	0	2,798
2000–01	15,214	8,083	1,494	491	135	1,770	528	401	987	17	1,309
2001–02	14,936	8,553	2,096	590	66	1,679	66	370	1,406	0	109
2002–03	16,784	9,446	3,012	730	131	1,675	47	412	1,508	0	-179
2003–04	18,013	9,174	2,817	914	159	1,640	1,213	358	1,087	0	650
2004–05	18,062	10,130	2,242	676	105	1,972	667	398	1,156	0	716
2005–06	19,004	10,181	2,411	918	43	1,868	982	536	1,204	0	862
2006–07	20,719	10,624	2,221	768	58	1,940	1,982	326	1,520	0	1,281
2007–08	18,574	11,288	2,249	849	54	1,970	-453	411	1,411	0	795
2008–09	17,203	11,516	2,270	788	24	1,784	-1,240	212	1,418	0	431
	Revenue per full-time-equivalent student in constant 2008–09 dollars[3]										
All institutions											
1999–2000	$60,242	$14,809	$6,089	$558	$290	$8,235	$18,860	$1,431	$4,154	$3,600	$2,217
2000–01	38,908	14,829	6,334	557	241	7,509	-1,706	1,642	4,139	3,374	1,988
2001–02	38,399	15,251	6,733	594	225	7,008	-2,980	1,466	4,242	3,680	2,180
2002–03	45,553	15,527	7,167	653	205	6,199	4,026	1,317	4,239	3,855	2,365
2003–04	55,273	15,856	7,550	599	200	6,526	12,723	1,355	4,252	3,977	2,236
2004–05	54,694	16,154	7,688	574	190	6,532	11,876	1,403	4,224	4,050	2,003
2005–06	56,639	16,413	7,299	578	192	6,803	13,214	1,378	4,305	4,278	2,179
2006–07	64,760	16,860	7,170	578	191	7,170	19,852	1,458	4,365	4,487	2,630
2007–08	46,511	16,946	6,749	620	177	7,012	2,153	1,620	4,318	4,442	2,474
2008–09	22,404	17,422	6,820	589	186	5,733	-20,828	1,554	4,398	4,802	1,726
4-year											
1999–2000	61,065	14,925	6,190	561	293	8,339	19,231	1,448	4,214	3,677	2,189
2000–01	39,225	14,905	6,405	556	242	7,592	-1,742	1,660	4,185	3,427	1,994
2001–02	38,704	15,325	6,796	592	227	7,083	-3,026	1,482	4,280	3,735	2,211
2002–03	45,899	15,586	7,215	650	205	6,256	4,080	1,329	4,272	3,906	2,400
2003–04	55,713	15,923	7,605	594	200	6,585	12,867	1,367	4,290	4,028	2,255
2004–05	55,112	16,213	7,750	571	191	6,585	12,011	1,415	4,260	4,099	2,017
2005–06	57,032	16,472	7,350	574	193	6,855	13,346	1,387	4,338	4,324	2,193
2006–07	65,132	16,909	7,212	576	192	7,215	20,006	1,467	4,389	4,526	2,641
2007–08	46,760	16,996	6,789	618	178	7,057	2,177	1,631	4,344	4,482	2,489
2008–09	22,448	17,473	6,859	588	188	5,766	-20,994	1,566	4,424	4,843	1,737
2-year											
1999–2000	21,834	9,386	1,381	447	131	3,389	1,555	662	1,336	0	3,548
2000–01	18,652	9,909	1,831	602	165	2,170	647	491	1,210	21	1,605
2001–02	17,992	10,304	2,525	711	79	2,022	80	446	1,693	0	131
2002–03	19,784	11,135	3,550	861	155	1,974	56	486	1,778	0	-211
2003–04	20,778	10,583	3,249	1,055	183	1,891	1,399	413	1,254	0	750
2004–05	20,226	11,344	2,511	757	118	2,208	747	445	1,294	0	802
2005–06	20,500	10,982	2,601	990	46	2,015	1,059	579	1,298	0	930
2006–07	21,787	11,171	2,335	807	61	2,040	2,084	342	1,598	0	1,347
2007–08	18,833	11,446	2,280	861	55	1,997	-459	416	1,431	0	806
2008–09	17,203	11,516	2,270	788	24	1,784	-1,240	212	1,418	0	431

[1]Includes independent operations.
[2]Includes contributions from affiliated entities.
[3]Constant dollars based on the Consumer Price Index, prepared by the Bureau of Labor Statistics, U.S. Department of Labor, adjusted to a school-year basis.
NOTE: Degree-granting institutions grant associate's or higher degrees and participate in Title IV federal financial aid programs. Detail may not sum to totals because of rounding.

SOURCE: U.S. Department of Education, National Center for Education Statistics, 1999–2000 through 2008–09 Integrated Postsecondary Education Data System, "Fall Enrollment Survey" (IPEDS-EF:99) and "Finance Survey" (IPEDS-F:FY99), and Spring 2001 through Spring 2010. (This table was prepared June 2010.)

Table 367. Total revenue of private not-for-profit degree-granting institutions, by source of funds and type of institution: 2008–09

	Total revenue and investment return, by source of funds										
Type of institution	Total	Student tuition and fees (net of allowances)	Federal appropriations, grants, and contracts[1]	State appropriations, grants, and contracts	Local appropriations, grants, and contracts	Private gifts, grants, and contracts[2]	Investment return (gain or loss)	Educational activities	Auxiliary enterprises	Hospitals	Other
1	2	3	4	5	6	7	8	9	10	11	12
	In thousands of current dollars										
Total	**$69,064,329**	**$53,707,913**	**$21,023,733**	**$1,816,429**	**$574,856**	**$17,671,730**	**-$64,205,252**	**$4,791,466**	**$13,559,084**	**$14,802,999**	**$5,321,371**
4-year	68,617,694	53,408,932	20,964,805	1,795,981	574,235	17,625,407	-64,173,065	4,785,951	13,522,267	14,802,999	5,310,181
Research university, very high[3]	15,892,490	11,006,167	15,792,967	738,383	284,980	8,363,759	-41,733,362	3,395,899	3,546,169	11,565,774	2,931,755
Research university, high[4]	7,738,871	5,161,542	1,271,649	178,972	26,882	1,457,130	-3,301,493	611,527	1,405,597	487,953	439,113
Doctoral/research[5]	5,902,169	5,457,424	203,460	101,704	10,780	599,193	-1,674,043	68,535	886,976	0	248,140
Master's[6]	19,578,271	16,184,893	1,037,592	321,406	12,211	1,806,778	-3,830,847	148,878	3,227,395	150,413	519,553
Baccalaureate[7]	8,475,847	10,527,115	727,971	255,108	3,752	3,276,652	-10,531,968	153,600	3,739,925	0	323,692
Specialized institutions[8]	11,030,045	5,071,791	1,931,166	200,409	235,629	2,121,896	-3,101,351	407,512	716,206	2,598,859	847,928
Art, music, or design	1,372,835	1,257,582	34,481	15,567	3,617	239,406	-429,452	21,994	190,470	0	39,171
Business and management	513,193	413,300	13,844	5,172	0	73,050	-88,767	5,008	79,360	0	12,227
Engineering or technology	84,425	233,997	12,115	1,943	0	25,613	-241,078	657	43,311	0	7,866
Law	481,102	510,595	8,941	2,167	297	23,889	-86,505	1,015	15,258	0	5,445
Medical or other health	7,707,157	1,956,183	1,748,123	161,256	225,788	1,086,146	-1,292,075	348,188	171,886	2,598,859	702,803
Theological	600,601	486,092	62,030	4,059	311	619,855	-827,072	15,393	185,778	0	54,155
Tribal[9]	65,547	4,987	45,101	2,942	507	1,321	-121	340	1,664	0	8,807
Other specialized	205,186	209,055	6,532	7,303	5,110	52,616	-136,282	14,918	28,478	0	17,455
2-year	446,635	298,981	58,927	20,448	621	46,323	-32,187	5,515	36,816	0	11,191
Associate's of arts	412,093	297,006	32,141	19,869	202	44,966	-32,264	5,515	34,465	0	10,194
Tribal[9]	34,542	1,975	26,787	579	419	1,357	77	0	2,351	0	997
	Percentage distribution										
Total	**100.00**	**77.77**	**30.44**	**2.63**	**0.83**	**25.59**	**-92.96**	**6.94**	**19.63**	**21.43**	**7.70**
4-year	100.00	77.84	30.55	2.62	0.84	25.69	-93.52	6.97	19.71	21.57	7.74
Research university, very high[3]	100.00	69.25	99.37	4.65	1.79	52.63	-262.60	21.37	22.31	72.78	18.45
Research university, high[4]	100.00	66.70	16.43	2.31	0.35	18.83	-42.66	7.90	18.16	6.31	5.67
Doctoral/research[5]	100.00	92.46	3.45	1.72	0.18	10.15	-28.36	1.16	15.03	0.00	4.20
Master's[6]	100.00	82.67	5.30	1.64	0.06	9.23	-19.57	0.76	16.48	0.77	2.65
Baccalaureate[7]	100.00	124.20	8.59	3.01	0.04	38.66	-124.26	1.81	44.12	0.00	3.82
Specialized institutions[8]	100.00	45.98	17.51	1.82	2.14	19.24	-28.12	3.69	6.49	23.56	7.69
Art, music, or design	100.00	91.60	2.51	1.13	0.26	17.44	-31.28	1.60	13.87	0.00	2.85
Business and management	100.00	80.53	2.70	1.01	0.00	14.23	-17.30	0.98	15.46	0.00	2.38
Engineering or technology	100.00	277.17	14.35	2.30	0.00	30.34	-285.55	0.78	51.30	0.00	9.32
Law	100.00	106.13	1.86	0.45	0.06	4.97	-17.98	0.21	3.17	0.00	1.13
Medical or other health	100.00	25.38	22.68	2.09	2.93	14.09	-16.76	4.52	2.23	33.72	9.12
Theological	100.00	80.93	10.33	0.68	0.05	103.21	-137.71	2.56	30.93	0.00	9.02
Tribal[9]	100.00	7.61	68.81	4.49	0.77	2.02	-0.18	0.52	2.54	0.00	13.44
Other specialized	100.00	101.89	3.18	3.56	2.49	25.64	-66.42	7.27	13.88	0.00	8.51
2-year	100.00	66.94	13.19	4.58	0.14	10.37	-7.21	1.23	8.24	0.00	2.51
Associate's of arts	100.00	72.07	7.80	4.82	0.05	10.91	-7.83	1.34	8.36	0.00	2.47
Tribal[9]	100.00	5.72	77.55	1.68	1.21	3.93	0.22	0.00	6.81	0.00	2.89
	Revenue per full-time-equivalent student in current dollars										
Total	**$22,404**	**$17,422**	**$6,820**	**$589**	**$186**	**$5,733**	**-$20,828**	**$1,554**	**$4,398**	**$4,802**	**$1,726**
4-year	22,448	17,473	6,859	588	188	5,766	-20,994	1,566	4,424	4,843	1,737
Research university, very high[3]	35,781	24,780	35,557	1,662	642	18,831	-93,961	7,646	7,984	26,040	6,601
Research university, high[4]	28,663	19,117	4,710	663	100	5,397	-12,228	2,265	5,206	1,807	1,626
Doctoral/research[5]	22,229	20,554	766	383	41	2,257	-6,305	258	3,341	0	935
Master's[6]	18,509	15,301	981	304	12	1,708	-3,622	141	3,051	142	491
Baccalaureate[7]	11,444	14,214	983	344	5	4,424	-14,220	207	5,050	0	437
Specialized institutions[8]	39,581	18,200	6,930	719	846	7,614	-11,129	1,462	2,570	9,326	3,043
Art, music, or design	25,031	22,930	629	284	66	4,365	-7,830	401	3,473	0	714
Business and management	16,910	13,618	456	170	0	2,407	-2,925	165	2,615	0	403
Engineering or technology	6,069	16,821	871	140	0	1,841	-17,330	47	3,113	0	565
Law	29,138	30,925	542	131	18	1,447	-5,239	61	924	0	330
Medical or other health	94,382	23,956	21,408	1,975	2,765	13,301	-15,823	4,264	2,105	31,826	8,607
Theological	8,671	7,018	896	59	4	8,949	-11,940	222	2,682	0	782
Tribal[9]	25,664	1,953	17,659	1,152	198	517	-47	133	652	0	3,448
Other specialized	21,429	21,833	682	763	534	5,495	-14,233	1,558	2,974	0	1,823
2-year	17,203	11,516	2,270	788	24	1,784	-1,240	212	1,418	0	431
Associate's of arts	16,483	11,880	1,286	795	8	1,799	-1,291	221	1,379	0	408
Tribal[9]	35,943	2,055	27,874	602	436	1,412	80	0	2,447	0	1,037

[1]Includes independent operations.
[2]Includes contributions from affiliated entities.
[3]Research universities with a very high level of research activity.
[4]Research universities with a high level of research activity.
[5]Includes institutions that award at least 20 doctor's degrees per year, but did not have high levels of research activity.
[6]Master's institutions award at least 50 master's degrees per year.
[7]Baccalaureate institutions primarily emphasize undergraduate education. Also includes institutions classified as 4-year under the IPEDS system, which had been classified as 2-year in the Carnegie classification system because they primarily award associate's degrees.
[8]Special-focus 4-year institutions award degrees primarily in single fields of study, such as medicine, business, fine arts, theology, and engineering.
[9]Tribally controlled colleges are located on reservations and are members of the American Indian Higher Education Consortium.

NOTE: Relative levels of research activity for research universities were determined by an analysis of research and development expenditures, science and engineering research staffing, and doctoral degrees conferred, by field. Further information on the research index ranking may be obtained from http://www.carnegiefoundation.org/classifications/index.asp?key=798#related. Degree-granting institutions grant associate's or higher degrees and participate in Title IV federal financial aid programs. Detail may not sum to totals because of rounding.

SOURCE: U.S. Department of Education, National Center for Education Statistics, 2008–09 Integrated Postsecondary Education Data System (IPEDS), Spring 2009 and Spring 2010. (This table was prepared October 2010.)

Table 368. Total revenue of private for-profit degree-granting institutions, by source of funds and type of institution: Selected years, 1999–2000 through 2008–09

Type of institution and year	Total revenue and investment return, by source of funds								
	Total	Student tuition and fees (net of allowances)	Federal appropriations, grants, and contracts	State and local appropriations, grants, and contracts	Private gifts, grants, and contracts	Investment return	Educational activities	Auxiliary enterprises	Other
1	2	3	4	5	6	7	8	9	10
	In thousands of current dollars								
All institutions									
1999–2000	$4,321,985	$3,721,032	$198,923	$71,904	$2,151	$18,537	$70,672	$156,613	$82,153
2002–03	7,496,714	6,712,019	282,521	50,265	5,545	15,112	92,380	250,712	88,160
2003–04	8,989,815	8,049,205	397,828	59,112	7,079	16,813	139,125	238,735	81,918
2004–05	10,979,154	9,566,692	673,950	63,227	7,138	24,526	231,957	252,199	159,465
2005–06	12,586,553	11,016,780	799,544	67,008	4,108	43,962	195,099	270,433	189,620
2006–07	13,978,218	12,329,854	726,002	69,944	3,715	48,802	245,526	312,301	242,073
2007–08	16,083,784	14,029,958	959,684	67,926	4,755	64,848	289,640	351,900	315,073
2008–09	19,373,779	16,740,041	1,407,615	130,378	80,345	38,707	368,034	395,728	212,930
4-year									
1999–2000	2,381,042	2,050,136	103,865	39,460	1,109	10,340	33,764	102,103	40,266
2002–03	4,753,546	4,353,233	108,806	9,757	3,064	5,952	58,281	173,027	41,427
2003–04	6,016,415	5,489,245	196,945	15,076	3,696	10,931	104,314	164,260	31,948
2004–05	7,692,472	6,864,048	345,810	21,146	4,035	17,332	173,830	201,512	64,760
2005–06	9,124,105	8,225,732	399,919	31,576	2,851	35,383	160,863	190,409	77,373
2006–07	10,307,793	9,227,102	446,632	35,145	2,426	37,052	211,132	217,725	130,579
2007–08	12,174,363	10,751,121	644,062	30,688	2,638	50,771	246,419	269,771	178,894
2008–09	14,766,008	12,954,629	897,503	80,021	71,601	35,461	327,474	297,764	101,555
2-year									
1999–2000	1,940,943	1,670,896	95,058	32,444	1,042	8,197	36,908	54,510	41,888
2002–03	2,743,168	2,358,786	173,715	40,508	2,482	9,160	34,099	77,685	46,733
2003–04	2,973,400	2,559,960	200,883	44,036	3,383	5,882	34,811	74,475	49,970
2004–05	3,286,682	2,702,644	328,141	42,081	3,103	7,194	58,127	50,687	94,705
2005–06	3,462,448	2,791,047	399,626	35,431	1,257	8,579	34,236	80,025	112,247
2006–07	3,670,424	3,102,752	279,370	34,799	1,289	11,750	34,394	94,576	111,494
2007–08	3,909,421	3,278,837	315,622	37,238	2,117	14,077	43,222	82,129	136,178
2008–09	4,607,770	3,785,412	510,112	50,358	8,745	3,246	40,560	97,964	111,374
	Percentage distribution								
All institutions									
1999–2000	100.00	86.10	4.60	1.66	0.05	0.43	1.64	3.62	1.90
2002–03	100.00	89.53	3.77	0.67	0.07	0.20	1.23	3.34	1.18
2003–04	100.00	89.54	4.43	0.66	0.08	0.19	1.55	2.66	0.91
2004–05	100.00	87.14	6.14	0.58	0.07	0.22	2.11	2.30	1.45
2005–06	100.00	87.53	6.35	0.53	0.03	0.35	1.55	2.15	1.51
2006–07	100.00	88.21	5.19	0.50	0.03	0.35	1.76	2.23	1.73
2007–08	100.00	87.23	5.97	0.42	0.03	0.40	1.80	2.19	1.96
2008–09	100.00	86.41	7.27	0.67	0.41	0.20	1.90	2.04	1.10
4-year									
1999–2000	100.00	86.10	4.36	1.66	0.05	0.43	1.42	4.29	1.69
2002–03	100.00	91.58	2.29	0.21	0.06	0.13	1.23	3.64	0.87
2003–04	100.00	91.24	3.27	0.25	0.06	0.18	1.73	2.73	0.53
2004–05	100.00	89.23	4.50	0.27	0.05	0.23	2.26	2.62	0.84
2005–06	100.00	90.15	4.38	0.35	0.03	0.39	1.76	2.09	0.85
2006–07	100.00	89.52	4.33	0.34	0.02	0.36	2.05	2.11	1.27
2007–08	100.00	88.31	5.29	0.25	0.02	0.42	2.02	2.22	1.47
2008–09	100.00	87.73	6.08	0.54	0.48	0.24	2.22	2.02	0.69
2-year									
1999–2000	100.00	86.09	4.90	1.67	0.05	0.42	1.90	2.81	2.16
2002–03	100.00	85.99	6.33	1.48	0.09	0.33	1.24	2.83	1.70
2003–04	100.00	86.10	6.76	1.48	0.11	0.20	1.17	2.50	1.68
2004–05	100.00	82.23	9.98	1.28	0.09	0.22	1.77	1.54	2.88
2005–06	100.00	80.61	11.54	1.02	0.04	0.25	0.99	2.31	3.24
2006–07	100.00	84.53	7.61	0.95	0.04	0.32	0.94	2.58	3.04
2007–08	100.00	83.87	8.07	0.95	0.05	0.36	1.11	2.10	3.48
2008–09	100.00	82.15	11.07	1.09	0.19	0.07	0.88	2.13	2.42
	Revenue per full-time-equivalent student in constant 2008–09 dollars[1]								
All institutions									
1999–2000	$14,248	$12,267	$656	$237	$7	$61	$233	$516	$271
2002–03	16,344	14,633	616	110	12	33	201	547	192
2003–04	16,027	14,350	709	105	13	30	248	426	146
2004–05	15,600	13,593	958	90	10	35	330	358	227
2005–06	15,077	13,197	958	80	5	53	234	324	227
2006–07	15,579	13,742	809	78	4	54	274	348	270
2007–08	15,825	13,804	944	67	5	64	285	346	310
2008–09	15,211	13,143	1,105	102	63	30	289	311	167
4-year									
1999–2000	14,462	12,452	631	240	7	63	205	620	245
2002–03	16,209	14,844	371	33	10	20	199	590	141
2003–04	16,251	14,827	532	41	10	30	282	444	86
2004–05	15,557	13,882	699	43	8	35	352	408	131
2005–06	14,858	13,395	651	51	5	58	262	310	126
2006–07	15,394	13,780	667	52	4	55	315	325	195
2007–08	15,645	13,816	828	39	3	65	317	347	230
2008–09	15,069	13,220	916	82	73	36	334	304	104
2-year									
1999–2000	13,995	12,048	685	234	8	59	266	393	302
2002–03	16,583	14,259	1,050	245	15	55	206	470	283
2003–04	15,592	13,424	1,053	231	18	31	183	391	262
2004–05	15,701	12,911	1,568	201	15	34	278	242	452
2005–06	15,688	12,646	1,811	161	6	39	155	363	509
2006–07	16,124	13,630	1,227	153	6	52	151	415	490
2007–08	16,410	13,763	1,325	156	9	59	181	345	572
2008–09	15,685	12,886	1,736	171	30	11	138	333	379

[1]Constant dollars based on the Consumer Price Index, prepared by the Bureau of Labor Statistics, U.S. Department of Labor, adjusted to a school-year basis.

NOTE: Degree-granting institutions grant associate's or higher degrees and participate in Title IV federal financial aid programs. Detail may not sum to totals because of rounding.

SOURCE: U.S. Department of Education, National Center for Education Statistics, 1999–2000 through 2008–09 Integrated Postsecondary Education Data System, "Fall Enrollment Survey" (IPEDS-EF:99) and Spring 2002 through Spring 2010. (This table was prepared October 2010.)

Table 369. Total revenue of private for-profit degree-granting institutions, by source of funds and type of institution: 2008–09

Type of institution	Total	Student tuition and fees (net of allowances)	Federal appropriations, grants, and contracts	State and local appropriations, grants, and contracts	Private gifts, grants, and contracts	Investment return (gain or loss)	Educational activities	Auxiliary enterprises	Other
1	2	3	4	5	6	7	8	9	10
	Total revenue, by source of funds								
Total	**$19,373,779**	**$16,740,041**	**$1,407,615**	**$130,378**	**$80,345**	**$38,707**	**$368,034**	**$395,728**	**$212,930**
4-year	14,766,008	12,954,629	897,503	80,021	71,601	35,461	327,474	297,764	101,555
Doctoral/research[1]	3,670,327	3,481,777	1,915	756	0	12,604	161,936	270	11,069
Master's[2]	2,608,680	2,432,212	1,897	982	32,455	7,441	40,351	60,965	32,377
Baccalaureate[3]	3,463,263	2,562,747	694,638	29,789	10,103	5,926	66,007	72,363	21,690
Specialized institutions[4]	5,023,739	4,477,893	199,053	48,492	29,043	9,490	59,180	164,167	36,420
Art, music, or design	2,280,641	1,952,805	127,750	38,031	5,496	996	12,076	129,778	13,709
Business and management	1,260,531	1,136,441	30,553	3,029	22,777	6,659	24,229	19,282	17,562
Engineering or technology	1,018,513	961,777	28,563	6,595	334	1,562	7,880	10,286	1,515
Law	106,052	103,045	2,445	0	0	64	393	50	55
Medical or other health	225,474	205,383	9,007	636	100	166	6,687	2,998	496
Other specialized	132,529	118,440	735	202	335	44	7,916	1,772	3,083
2-year	4,607,770	3,785,412	510,112	50,358	8,745	3,246	40,560	97,964	111,374
	Percentage distribution								
Total	**100.00**	**86.41**	**7.27**	**0.67**	**0.41**	**0.20**	**1.90**	**2.04**	**1.10**
4-year	100.00	87.73	6.08	0.54	0.48	0.24	2.22	2.02	0.69
Doctoral/research[1]	100.00	94.86	0.05	0.02	0.00	0.34	4.41	0.01	0.30
Master's[2]	100.00	93.24	0.07	0.04	1.24	0.29	1.55	2.34	1.24
Baccalaureate[3]	100.00	74.00	20.06	0.86	0.29	0.17	1.91	2.09	0.63
Specialized institutions[4]	100.00	89.13	3.96	0.97	0.58	0.19	1.18	3.27	0.72
Art, music, or design	100.00	85.63	5.60	1.67	0.24	0.04	0.53	5.69	0.60
Business and management	100.00	90.16	2.42	0.24	1.81	0.53	1.92	1.53	1.39
Engineering or technology	100.00	94.43	2.80	0.65	0.03	0.15	0.77	1.01	0.15
Law	100.00	97.17	2.31	0.00	0.00	0.06	0.37	0.05	0.05
Medical or other health	100.00	91.09	3.99	0.28	0.04	0.07	2.97	1.33	0.22
Other specialized	100.00	89.37	0.55	0.15	0.25	0.03	5.97	1.34	2.33
2-year	100.00	82.15	11.07	1.09	0.19	0.07	0.88	2.13	2.42
	Revenue per full-time-equivalent student in current dollars								
Total	**$15,211**	**$13,143**	**$1,105**	**$102**	**$63**	**$30**	**$289**	**$311**	**$167**
4-year	15,069	13,220	916	82	73	36	334	304	104
Doctoral/research[1]	10,435	9,899	5	2	0	36	460	1	31
Master's[2]	15,559	14,507	11	6	194	44	241	364	193
Baccalaureate[3]	19,079	14,118	3,827	164	56	33	364	399	119
Specialized institutions[4]	18,007	16,051	713	174	104	34	212	588	131
Art, music, or design	26,156	22,396	1,465	436	63	11	138	1,488	157
Business and management	10,782	9,721	261	26	195	57	207	165	150
Engineering or technology	19,266	18,192	540	125	6	30	149	195	29
Law	36,862	35,817	850	0	0	22	137	17	19
Medical or other health	18,339	16,705	733	52	8	14	544	244	40
Other specialized	19,361	17,303	107	29	49	6	1,157	259	450
2-year	15,685	12,886	1,736	171	30	11	138	333	379

#Rounds to zero.
[1]Includes institutions that award at least 20 doctor's degrees per year, but did not have high levels of research activity.
[2]Master's institutions award at least 50 master's degrees per year.
[3]Baccalaureate institutions primarily emphasize undergraduate education. Also includes institutions classified as 4-year under the IPEDS system, which had been classified as 2-year in the Carnegie classification system because they primarily award associate's degrees.
[4]Special-focus 4-year institutions award degrees primarily in single fields of study, such as medicine, business, fine arts, theology, and engineering.
NOTE: Degree-granting institutions grant associate's or higher degrees and participate in Title IV federal financial aid. Detail may not sum to totals because of rounding.
SOURCE: U.S. Department of Education, National Center for Education Statistics, 2008–09 Integrated Postsecondary Education Data System (IPEDS), Spring 2009 and Spring 2010. (This table was prepared October 2010.)

Table 370. Revenue received from the federal government by the 120 degree-granting institutions receiving the largest amounts, by control and rank order: 2008–09

Institution	Control[1]	Rank order	Revenue from the federal government[2] (in thousands)
1	2	3	4
United States (all institutions)	†	†	**$64,331,668**
120 institutions receiving the largest amounts	†	†	**40,451,304**
California Institute of Technology	2	1	2,168,737
Johns Hopkins University (MD)	2	2	1,818,671
University of Chicago (IL)	2	3	1,261,002
Massachusetts Institute of Technology	2	4	1,173,648
University of Washington, Seattle Campus	1	5	890,385
Stanford University (CA)	2	6	825,613
University of Michigan, Ann Arbor	1	7	744,107
Columbia University in the City of New York	2	8	698,290
University of Pennsylvania	2	9	681,818
University of California, Los Angeles	1	10	635,913
New York University	2	11	625,810
University of California, San Diego	1	12	613,751
Weill Cornell Medical College (NY)	2	13	598,879
United States Air Force Academy (CO)	1	14	576,398
University of Pittsburgh, Pittsburgh Campus (PA)	1	15	561,793
United States Military Academy (NY)	1	16	560,897
Harvard University (MA)	2	17	558,663
University of Wisconsin, Madison	1	18	546,501
University of North Carolina at Chapel Hill	1	19	531,040
University of California, San Francisco	1	20	506,352
University of Southern California	2	21	499,822
Duke University (NC)	2	22	487,365
Washington University in Saint Louis (MO)	2	23	467,894
Yale University (CT)	2	24	460,762
Kaplan University (IA)	3	25	454,279
University of Alabama at Birmingham	1	26	446,233
University of Minnesota, Twin Cities	1	27	437,740
Vanderbilt University (TN)	2	28	425,118
Pennsylvania State University, Main Campus	1	29	416,976
United States Naval Academy (MD)	1	30	411,578
University of Texas at Austin	1	31	391,727
Texas A & M University	1	32	385,919
University of California, Davis	1	33	376,884
University of California, Berkeley	1	34	376,625
University of Illinois at Urbana-Champaign	1	35	371,309
University of Florida	1	36	366,719
University of Arizona	1	37	366,287
Emory University (GA)	2	38	358,041
University of Oklahoma Health Sciences Center	1	39	346,112
University of Connecticut	1	40	344,786
Howard University (DC)	2	41	328,191
Georgia Institute of Technology, Main Campus	1	42	327,227
Cornell University (NY)	2	43	324,628
Case Western Reserve University (OH)	2	44	313,091
Ohio State University, Main Campus	1	45	309,506
University of Iowa	1	46	308,399
Northwestern University (IL)	2	47	307,515
University of New Mexico, Main Campus	1	48	299,317
University of Colorado, Denver	1	49	295,655
Baylor College of Medicine (TX)	2	50	295,245
University of Maryland, College Park	1	51	293,335
University of Rochester (NY)	2	52	291,020
Oregon Health & Science University	1	53	278,770
University of Colorado at Boulder	1	54	272,494
University of Virginia, Main Campus	1	55	269,641
Carnegie Mellon University (PA)	2	56	267,139
Michigan State University	1	57	266,278
University of Illinois at Chicago	1	58	265,933
Mount Sinai School of Medicine (NY)	2	59	261,328
University of Hawaii at Manoa	1	60	249,369
University of California, Irvine	1	61	241,392
Rutgers University, New Brunswick (NJ)	1	62	239,788
Boston University (MA)	2	63	238,488
University of Maryland, Baltimore	1	64	235,129
U. of Massachusetts Medical School, Worcester	1	65	229,874
University of Texas Medical Branch	1	66	229,025
University of Cincinnati, Main Campus	1	67	226,659
University of Kentucky	1	68	226,625
University of Miami (FL)	2	69	225,824
University of Utah	1	70	225,349
Purdue University, Main Campus (IN)	1	71	224,430
University of Tennessee	1	72	222,951
Princeton University (NJ)	2	73	215,441
U. of Texas Southwestern Medical Center at Dallas	1	74	213,107
Florida State University	1	75	208,749
Indiana U.-Purdue U., Indianapolis	1	76	205,963
Arizona State University	1	77	200,272
Colorado State University	1	78	200,165
University of South Florida, Main Campus	1	79	195,767
Georgetown University (DC)	2	80	192,402
Virginia Polytechnic Institute and State U.	1	81	178,993
Iowa State University	1	82	173,828
George Washington University (DC)	2	83	169,111
Mississippi State University	1	84	168,292
University of Kansas	1	85	160,582
University of California, Santa Barbara	1	86	158,036
Tulane University of Louisiana	2	87	155,877
Oregon State University	1	88	155,731
Stony Brook University (NY)	1	89	153,115
U. of Texas Health Science Center at Houston	1	90	148,834
Virginia Commonwealth University	1	91	147,503
Wake Forest University (NC)	2	92	147,136
University of Missouri, Columbia	1	93	145,602
North Carolina State University at Raleigh	1	94	144,190
Yeshiva University (NY)	2	95	142,952
Wayne State University (MI)	1	96	142,721
Louisiana State University and Ag. & Mech. College	1	97	142,331
U. of Texas Health Science Center at San Antonio	1	98	142,230
New Mexico State University, Main Campus	1	99	142,171
U. of Medicine and Dentistry of New Jersey	1	100	140,522
Tufts University (MA)	2	101	138,198
University of Georgia	1	102	130,498
University at Buffalo (NY)	1	103	128,583
University of Nebraska, Lincoln	1	104	127,542
Dartmouth College (NH)	2	105	127,405
University of South Carolina, Columbia	1	106	125,231
Washington State University	1	107	124,614
Indiana University, Bloomington	1	108	123,259
Medical College of Wisconsin	2	109	122,680
Utah State University	1	110	122,121
Medical University of South Carolina	1	111	119,783
University of Vermont	1	112	117,852
University of California, Santa Cruz	1	113	117,037
University of California, Riverside	1	114	114,646
Miami Dade College (FL)	1	115	114,147
Brown University (RI)	2	116	111,640
University of Central Florida	1	117	110,795
University of Massachusetts, Amherst	1	118	110,547
University of Alaska, Fairbanks	1	119	108,478
State University of New York at Albany	1	120	104,568

†Not applicable.
[1]Publicly controlled institutions are identified by a "1"; private not-for-profit, by a "2"; and private for-profit, by a "3."
[2]Includes federal appropriations, unrestricted and restricted federal contracts and grants, and revenue for independent operations. Independent operations generally include only the revenues associated with major federally funded research and development centers. Federally supported student aid that is received through students is excluded. Data for public, private not-for-profit, and private for-profit institutions are only roughly comparable because they were collected using different survey instruments.
NOTE: Degree-granting institutions grant associate's or higher degrees and participate in Title IV federal financial aid programs.
SOURCE: U.S. Department of Education, National Center for Education Statistics, 2008–09 Integrated Postsecondary Education Data System (IPEDS), Spring 2010. (This table was prepared October 2010.)

Table 371. Voluntary support for degree-granting institutions, by source and purpose of support: Selected years, 1959–60 through 2008–09

[In millions of current dollars]

Year	Total voluntary support	Sources						Purpose		Voluntary support as a percent of total expenditures[1]
		Alumni	Nonalumni individuals	Corporations	Foundations	Religious organizations	Other	Current operations	Capital purposes	
1	2	3	4	5	6	7	8	9	10	11
1959–60	$815	$191	$194	$130	$163	$80	$57	$385	$430	14.6
1965–66	1,440	310	350	230	357	108	85	675	765	11.5
1970–71	1,860	458	495	259	418	104	126	1,050	810	8.0
1975–76	2,410	588	569	379	549	130	195	1,480	930	6.2
1980–81	4,230	1,049	1,007	778	922	140	334	2,590	1,640	6.6
1985–86	7,400	1,825	1,781	1,702	1,363	211	518	4,022	3,378	7.6
1990–91	10,200	2,680	2,310	2,230	2,030	240	710	5,830	4,370	7.0
1994–95	12,750	3,600	2,940	2,560	2,460	250	940	7,230	5,520	7.0
1995–96	14,250	4,040	3,400	2,800	2,815	255	940	7,850	6,400	7.5
1996–97	16,000	4,650	3,850	3,050	3,200	250	1,000	8,500	7,500	8.0
1997–98	18,400	5,500	4,500	3,250	3,800	300	1,050	9,000	9,400	8.8
1998–99	20,400	5,930	4,810	3,610	4,530	330	1,190	9,900	10,500	9.3
1999–2000	23,200	6,800	5,420	4,150	5,080	370	1,380	11,270	11,930	9.8
2000–01	24,200	6,830	5,200	4,350	6,000	370	1,450	12,200	12,000	9.3
2001–02	23,900	5,900	5,400	4,370	6,300	360	1,570	12,400	11,500	8.5
2002–03	23,600	6,570	4,280	4,250	6,600	360	1,540	12,900	10,700	7.8
2003–04	24,400	6,700	5,200	4,400	6,200	350	1,550	13,600	10,800	7.7
2004–05	25,600	7,100	5,000	4,400	7,000	370	1,730	14,200	11,400	7.6
2005–06	28,000	8,400	5,700	4,600	7,100	375	1,825	15,000	13,000	7.9
2006–07	29,750	8,270	5,650	4,800	8,500	380	2,150	16,100	13,650	7.9
2007–08	31,600	8,700	6,120	4,900	9,100	380	2,400	17,070	14,530	7.7
2008–09	27,850	7,130	4,995	4,620	8,235	325	2,545	16,955	10,895	6.5

[1]Total expenditures include current-fund expenditures and additions to plant value through 1995–96.

NOTE: Data rounding is consistent with the original source material. Some data have been revised from previously published figures.

SOURCE: Council for Aid to Education, *Voluntary Support of Education*, selected years, 1959–60 through 2008–09. U.S. Department of Education, National Center for Education Statistics, Higher Education General Information Survey (HEGIS), 1965–66 through 1985–86; *Financial Statistics of Institutions of Higher Education, 1959–60*; and 1986–87 through 2008–09 Integrated Postsecondary Education Data System, "Finance Survey" (IPEDS-F:FY87–99), and Spring 2001 through Spring 2010. (This table was prepared October 2010.)

Table 372. Endowment funds of the 120 colleges and universities with the largest endowments, by rank order: 2008 and 2009

Institution	2009 rank order[1]	Market value of endowment, as of June 30 (in thousands) 2008	Market value of endowment, as of June 30 (in thousands) 2009	Percent change, 2008 to 2009[2]
1	2	3	4	5
United States (all institutions)	†	**$412,509,820**	**$325,565,998**	**-21.1**
120 institutions with the largest amounts	†	**312,068,725**	**243,496,721**	**-22.0**
Harvard University (MA)	1	36,926,693	26,035,389	-29.5
Yale University (CT)	2	22,686,282	16,103,497	-29.0
Princeton University (NJ)	3	16,727,060	13,386,280	-20.0
Stanford University (CA)	4	17,214,373	12,619,094	-26.7
University of Texas System	5	13,512,573	11,083,357	-18.0
Massachusetts Institute of Technology	6	10,068,787	7,982,021	-20.7
University of Michigan, Ann Arbor	7	7,462,302	5,914,285	-20.7
Columbia University in the City of New York	8	7,146,806	5,892,798	-17.5
University of Pennsylvania	9	6,233,271	5,170,539	-17.0
University of California System Administration	10	6,217,334	4,977,483	-19.9
University of Notre Dame (IN)	11	6,351,855	4,920,742	-22.5
Emory University (GA)	12	5,515,479	4,601,488	-16.6
University of Chicago (IL)	13	5,933,761	4,535,633	-23.6
Duke University (NC)	14	6,123,743	4,440,745	-27.5
Northwestern University (IL)	15	5,342,297	4,398,200	-17.7
Washington U. in Saint Louis (MO)	16	5,428,641	4,147,461	-23.6
Rice University (TX)	17	4,609,863	3,665,267	-20.5
University of Virginia, Main Campus	18	4,517,750	3,531,688	-21.8
Cornell University (NY)	19	4,509,068	3,071,987	-31.9
Dartmouth College (NH)	20	3,944,329	2,999,497	-24.0
Vanderbilt University (TN)	21	3,495,439	2,833,614	-18.9
University of Southern California	22	3,589,225	2,671,426	-25.6
University of Texas at Austin	23	2,772,786	2,383,866	-14.0
New York University	24	2,492,604	2,194,839	-11.9
University of Minnesota, Twin Cities	25	1,119,919	2,070,002	84.8
Brown University (RI)	26	2,778,022	2,039,135	-26.6
Johns Hopkins University (MD)	27	2,475,722	1,983,341	-19.9
U. of North Carolina at Chapel Hill	28	2,335,824	1,903,575	-18.5
U. of Pittsburgh, Pittsburgh Campus (PA)	29	2,361,281	1,842,796	-22.0
University of Washington, Seattle Campus	30	2,237,360	1,770,281	-20.9
Ohio State University, Main Campus	31	2,060,918	1,646,908	-20.1
University of Wisconsin, Madison	32	2,026,633	1,613,069	-20.4
California Institute of Technology	33	1,664,320	1,507,703	-9.4
Boston College (MA)	34	1,826,908	1,491,159	-18.4
University of Richmond (VA)	35	1,704,350	1,428,391	-16.2
Purdue University, Main Campus (IN)	36	1,693,693	1,423,009	-16.0
Case Western Reserve University (OH)	37	1,766,478	1,401,799	-20.6
Williams College (MA)	38	1,755,960	1,368,031	-22.1
Michigan State University	39	1,657,725	1,359,659	-18.0
Pomona College (CA)	40	1,795,212	1,345,000	-25.1
Amherst College (MA)	41	1,705,917	1,305,944	-23.4
Wellesley College (MA)	42	1,629,447	1,287,284	-21.0
University of Rochester (NY)	43	1,722,211	1,282,924	-25.5
George Washington University (DC)	44	1,507,133	1,261,893	-16.3
Pennsylvania State U., Main Campus	45	1,522,988	1,173,540	-22.9
Swarthmore College (PA)	46	1,412,609	1,128,675	-20.1
Tufts University (MA)	47	1,445,662	1,103,440	-23.7
Smith College (MA)	48	1,365,792	1,096,322	-19.7
Grinnell College (IA)	49	1,472,448	1,076,249	-26.9
Southern Methodist University (TX)	50	1,401,274	1,032,262	-26.3
University of Florida	51	977,718	1,008,921	3.2
University of California, Los Angeles	52	1,222,548	997,111	-18.4
University of Kansas	53	1,232,172	967,171	-21.5
Texas Christian University	54	1,380,621	945,329	-31.5
University of Delaware	55	1,227,116	929,116	-24.3
Boston University (MA)	56	1,182,053	919,441	-22.2
Washington and Lee University (VA)	57	—	897,141	†
Georgetown University (DC)	58	1,068,608	895,107	-16.2
Weill Cornell Medical College (NY)	59	1,069,034	894,055	-16.4
Lehigh University (PA)	60	1,126,942	886,234	-21.4
Yeshiva University (NY)	61	1,194,753	882,063	-26.2
Baylor University (TX)	62	1,068,934	880,255	-17.7
Wake Forest University (NC)	63	1,253,673	866,212	-30.9
Trinity University (TX)	64	1,034,659	850,739	-17.8
U. of Cincinnati, Main Campus (OH)	65	1,095,780	831,664	-24.1
University of California, Berkeley	66	999,202	827,808	-17.2
Tulane University of Louisiana	67	1,052,881	815,473	-22.5
University of Iowa	68	353,800	810,368	129.0
Berea College (KY)	69	1,023,255	791,210	-22.7
Carnegie Mellon University (PA)	70	1,061,625	749,640	-29.4
Princeton Theological Seminary (NJ)	71	1,026,189	749,241	-27.0
University of Illinois at Urbana-Champaign	72	929,081	729,373	-21.5
University of Kentucky	73	896,820	701,762	-21.7
Middlebury College (VT)	74	885,389	699,684	-21.0
Baylor College of Medicine (TX)	75	1,062,130	696,887	-34.4
Bowdoin College (ME)	76	831,460	688,384	-17.2
U. of Texas Southwestern Med. Center at Dallas	77	824,778	684,691	-17.0
Vassar College (NY)	78	853,644	680,154	-20.3
University of Tulsa (OK)	79	843,030	646,672	-23.3
Saint Louis University, Main Campus	80	879,908	645,800	-26.6
Indiana University, Bloomington	81	828,585	643,520	-22.3
University of Arkansas, Main Campus	82	858,840	623,686	-27.4
Syracuse University (NY)	83	945,875	621,951	-34.2
Washington State University	84	678,980	619,766	-8.7
Juilliard School (NY)	85	766,149	613,526	-19.9
Brigham Young University (UT)	86	868,059	608,861	-29.9
Oberlin College (OH)	87	828,715	604,965	-27.0
Rensselaer Polytechnic Institute (NY)	88	793,323	602,636	-24.0
University of Louisville (KY)	89	783,333	599,712	-23.4
University of Oklahoma, Norman Campus	90	766,925	597,911	-22.0
Lafayette College (PA)	91	721,086	567,919	-21.2
Berry College (GA)	92	656,543	566,087	-13.8
Colgate University (NY)	93	729,249	560,537	-23.1
Brandeis University (MA)	94	712,446	558,517	-21.6
Macalester College (MN)	95	709,275	544,541	-23.2
Hamilton College (NY)	96	742,541	540,154	-27.3
University of Miami (FL)	97	736,239	538,606	-26.8
University of Tennessee	98	710,514	537,873	-24.3
Denison University (OH)	99	690,193	533,179	-22.7
Cooper Union for the Advan. of Science and Art (NY)	100	607,958	530,983	-12.7
Rochester Institute of Technology (NY)	101	671,482	530,412	-21.0
Pepperdine University (CA)	102	673,666	528,943	-21.5
Santa Clara University (CA)	103	676,072	528,892	-21.8
Bryn Mawr College (PA)	104	689,334	527,194	-23.5
Carleton College (MN)	105	647,822	517,310	-20.1
University of Alabama	106	516,271	508,934	-1.4
Rutgers University, New Brunswick (NJ)	107	593,114	508,766	-14.2
Mount Holyoke College (MA)	108	662,094	503,168	-24.0
Northeastern University (MA)	109	672,761	501,019	-25.5
College of the Holy Cross (MA)	110	627,264	492,680	-21.5
University of Oregon	111	497,650	491,155	-1.3
College of William and Mary (VA)	112	573,651	489,251	-14.7
Wesleyan University (CT)	113	652,208	476,481	-26.9
Indiana University-Purdue University, Indianapolis	114	601,933	470,947	-21.8
University of Missouri, Columbia	115	550,623	469,885	-14.7
Oregon State University	116	476,062	469,193	-1.4
Colby College (ME)	117	600,248	452,990	-24.5
University of Houston (TX)	118	545,068	452,755	-16.9
Virginia Polytechnic Institute and State University	119	520,600	446,300	-14.3
Furman University (SC)	120	560,044	444,223	-20.7

—Not available.
†Not applicable.
[1]Institutions ranked by size of endowment in 2009.
[2]Change in market value of endowment. Includes growth from gifts and returns on investments, as well as reductions from expenditures and withdrawals.

NOTE: Degree-granting institutions grant associate's or higher degrees and participate in Title IV federal financial aid programs.
SOURCE: U.S. Department of Education, National Center for Education Statistics, 2007–08 and 2008–09 Integrated Postsecondary Education Data System (IPEDS), Spring 2009 and Spring 2010. (This table was prepared October 2010.)

Table 373. Expenditures of public degree-granting institutions, by purpose of expenditure and type of institution: 2003–04 through 2008–09

Type of institution and year	Total expenditures	Operating expenditures																Nonoperating expenditures		
		Total	Instruction		Research	Public service	Academic support	Student services	Institutional support	Operation and maintenance of plant	Depreciation	Scholarships and fellowships[1]	Auxiliary enterprises	Hospitals	Independent operations	Other	Total	Interest	Other
			Total	Salaries and wages															
1	2	3	4	5	6	7	8	9	10	11	12	13	14	15	16	17	18	19	20
	In thousands of current dollars																		
All institutions																			
2003–04	$205,068,500	$198,321,711	$56,767,947	$39,431,881	$21,408,497	$8,981,907	$13,613,774	$9,426,787	$16,849,813	$12,611,040	$8,999,651	$8,172,682	$15,705,951	$18,471,970	$736,799	$6,574,893	$6,746,790	$2,679,502	$4,067,287
2004–05	215,794,343	208,488,447	59,656,806	41,026,819	22,550,836	9,481,391	14,258,857	10,042,243	17,454,934	13,578,182	9,592,800	8,402,515	16,664,085	20,104,812	658,166	6,042,819	7,305,896	2,989,771	4,316,125
2005–06	226,549,889	219,061,195	62,988,407	43,202,237	23,056,406	9,746,753	15,299,823	10,634,906	18,528,338	15,117,844	10,071,291	8,616,689	17,314,237	20,689,224	744,028	6,253,250	7,488,694	3,404,166	4,084,528
2006–07	238,828,801	230,398,826	67,188,249	45,998,524	23,893,564	10,148,312	16,306,542	11,377,541	19,962,037	15,806,925	10,772,442	8,956,265	18,501,797	22,111,404	784,684	4,589,065	8,429,974	3,819,104	4,610,870
2007–08[2]	261,045,829	247,847,226	71,807,253	48,691,508	25,331,167	10,800,588	17,871,280	12,205,110	22,145,030	17,032,966	12,814,049	9,664,173	19,533,181	23,974,721	931,838	3,735,869	13,198,604	4,301,708	8,896,896
2008–09[2]	273,030,301	262,771,774	75,078,714	51,151,501	26,651,018	11,244,501	18,805,325	12,939,434	23,078,908	17,839,601	13,719,465	11,104,773	20,588,239	25,944,900	1,177,848	4,599,049	10,258,527	2,972,642	7,285,885
4-year																			
2003–04	167,654,408	161,575,599	42,287,792	29,290,396	21,394,125	8,293,533	10,904,235	6,062,776	11,691,429	9,469,470	7,586,394	5,123,190	13,680,554	18,471,970	711,188	5,898,943	6,078,810	2,240,096	3,838,714
2004–05	177,191,847	170,580,039	44,699,891	30,555,416	22,528,940	8,819,093	11,417,218	6,475,649	12,151,581	10,287,442	8,136,660	5,453,252	14,593,314	20,104,812	658,166	5,254,019	6,611,808	2,526,222	4,085,586
2005–06	186,074,213	179,399,853	47,286,043	32,206,726	23,031,885	9,054,397	12,290,114	6,906,675	12,915,660	11,508,008	8,517,539	5,697,202	15,158,273	20,689,224	744,028	5,600,805	6,674,361	2,856,931	3,817,430
2006–07	196,121,062	188,683,105	50,755,304	34,541,885	23,875,451	9,455,605	13,151,359	7,430,739	14,046,030	12,031,682	9,140,557	6,031,919	16,308,351	22,111,404	784,684	3,560,022	7,437,956	3,129,141	4,308,815
2007–08[2]	215,474,080	203,415,102	54,371,328	36,618,879	25,312,279	10,055,606	14,471,795	8,051,799	15,812,151	13,047,228	10,959,500	6,467,362	17,296,774	23,974,721	931,838	2,662,720	12,058,978	3,523,683	8,535,296
2008–09[2]	225,363,128	216,029,612	57,265,615	38,666,432	26,629,400	10,499,031	15,300,115	8,612,795	16,505,969	13,805,143	11,719,734	7,156,258	18,293,456	25,944,900	1,177,848	3,119,348	9,333,516	2,354,694	6,978,823
2-year																			
2003–04	37,414,092	36,746,112	14,480,155	10,141,485	14,371	688,374	2,709,539	3,364,011	5,158,384	3,141,570	1,413,258	3,049,492	2,025,397	0	25,612	675,949	667,980	439,406	228,574
2004–05	38,602,497	37,908,408	14,956,915	10,471,403	21,896	662,298	2,841,639	3,566,594	5,303,353	3,290,740	1,456,140	2,949,262	2,070,771	0	0	788,800	694,089	463,549	230,539
2005–06	40,475,676	39,661,343	15,702,364	10,995,511	24,520	692,356	3,009,709	3,728,231	5,612,677	3,609,836	1,553,752	2,919,487	2,155,964	0	0	652,445	814,333	547,234	267,099
2006–07	42,707,739	41,715,721	16,432,945	11,456,639	18,113	692,707	3,155,183	3,946,803	5,916,007	3,775,243	1,631,885	2,924,346	2,193,446	0	0	1,029,044	992,018	689,963	302,055
2007–08[2]	45,571,749	44,432,124	17,435,926	12,072,630	18,887	744,982	3,399,485	4,153,311	6,332,879	3,985,738	1,854,549	3,196,811	2,236,407	0	0	1,073,149	1,139,625	778,025	361,600
2008–09[2]	47,667,173	46,742,162	17,813,099	12,485,070	21,617	745,470	3,505,209	4,326,639	6,572,940	4,034,457	1,999,732	3,948,515	2,294,783	0	0	1,479,702	925,010	617,948	307,062
	Percentage distribution																		
All institutions																			
2003–04	100.00	96.71	27.68	19.23	10.44	4.38	6.64	4.60	8.22	6.15	4.39	3.99	7.66	9.01	0.36	3.21	3.29	1.31	1.98
2004–05	100.00	96.61	27.65	19.01	10.45	4.39	6.61	4.65	8.09	6.29	4.45	3.89	7.72	9.32	0.30	2.80	3.39	1.39	2.00
2005–06	100.00	96.69	27.80	19.07	10.18	4.30	6.75	4.69	8.18	6.67	4.45	3.80	7.64	9.13	0.33	2.76	3.31	1.50	1.80
2006–07	100.00	96.47	28.13	19.26	10.00	4.25	6.83	4.76	8.36	6.62	4.51	3.75	7.75	9.26	0.33	1.92	3.53	1.60	1.93
2007–08[2]	100.00	94.94	27.51	18.65	9.70	4.14	6.85	4.68	8.48	6.52	4.91	3.70	7.48	9.18	0.36	1.43	5.06	1.65	3.41
2008–09[2]	100.00	96.24	27.50	18.73	9.76	4.12	6.89	4.74	8.45	6.53	5.02	4.07	7.54	9.50	0.43	1.68	3.76	1.09	2.67
4-year																			
2003–04	100.00	96.37	25.22	17.47	12.76	4.95	6.50	3.62	6.97	5.65	4.53	3.06	8.16	11.02	0.42	3.52	3.63	1.34	2.29
2004–05	100.00	96.27	25.23	17.24	12.71	4.98	6.44	3.65	6.86	5.81	4.59	3.08	8.24	11.35	0.37	2.97	3.73	1.43	2.31
2005–06	100.00	96.41	25.41	17.31	12.38	4.87	6.60	3.71	6.94	6.18	4.58	3.06	8.15	11.12	0.40	3.01	3.59	1.54	2.05
2006–07	100.00	96.21	25.88	17.61	12.17	4.82	6.71	3.79	7.16	6.13	4.66	3.08	8.32	11.27	0.40	1.82	3.79	1.60	2.20
2007–08[2]	100.00	94.40	25.23	16.99	11.75	4.67	6.72	3.74	7.34	6.06	5.09	3.00	8.03	11.13	0.43	1.24	5.60	1.64	3.96
2008–09[2]	100.00	95.86	25.41	17.16	11.82	4.66	6.79	3.82	7.32	6.13	5.20	3.18	8.12	11.51	0.52	1.38	4.14	1.04	3.10
2-year																			
2003–04	100.00	98.21	38.70	27.11	0.04	1.84	7.24	8.99	13.79	8.40	3.78	8.15	5.41	0.00	0.07	1.81	1.79	1.17	0.61
2004–05	100.00	98.20	38.75	27.13	0.06	1.72	7.36	9.24	13.74	8.52	3.77	7.64	5.36	0.00	0.00	2.04	1.80	1.20	0.60
2005–06	100.00	97.99	38.79	27.17	0.06	1.71	7.44	9.21	13.87	8.92	3.84	7.21	5.33	0.00	0.00	1.61	2.01	1.35	0.66
2006–07	100.00	97.68	38.48	26.83	0.04	1.62	7.39	9.24	13.85	8.84	3.82	6.85	5.14	0.00	0.00	2.41	2.32	1.62	0.71
2007–08[2]	100.00	97.50	38.26	26.49	0.04	1.63	7.46	9.11	13.90	8.75	4.07	7.01	4.91	0.00	0.00	2.35	2.50	1.71	0.79
2008–09[2]	100.00	98.06	37.37	26.19	0.05	1.56	7.35	9.08	13.79	8.46	4.20	8.28	4.81	0.00	0.00	3.10	1.94	1.30	0.64

See notes at end of table.

Table 373. Expenditures of public degree-granting institutions, by purpose of expenditure and type of institution: 2003–04 through 2008–09—Continued

Type of institution and year	Total expenditures	Operating expenditures: Total	Operating expenditures: Instruction: Total	Operating expenditures: Instruction: Salaries and wages	Operating expenditures: Research	Operating expenditures: Public service	Operating expenditures: Academic support	Operating expenditures: Student services	Operating expenditures: Institutional support	Operating expenditures: Operation and maintenance of plant	Operating expenditures: Depreciation	Operating expenditures: Scholarships and fellowships[1]	Operating expenditures: Auxiliary enterprises	Operating expenditures: Hospitals	Operating expenditures: Independent operations	Operating expenditures: Other	Nonoperating expenditures: Total	Nonoperating expenditures: Interest	Nonoperating expenditures: Other
1	2	3	4	5	6	7	8	9	10	11	12	13	14	15	16	17	18	19	20
	Expenditures per full-time-equivalent student in current dollars																		
All institutions																			
2003–04	$22,192	$21,462	$6,143	$4,267	$2,317	$972	$1,473	$1,020	$1,823	$1,365	$974	$884	$1,700	$1,999	$80	$712	$730	$290	$440
2004–05	23,084	22,303	6,382	4,389	2,412	1,014	1,525	1,074	1,867	1,453	1,026	899	1,783	2,151	70	646	782	320	462
2005–06	24,126	23,329	6,708	4,601	2,455	1,038	1,629	1,133	1,973	1,610	1,073	918	1,844	2,203	79	666	797	363	435
2006–07	25,130	24,243	7,070	4,840	2,514	1,068	1,716	1,197	2,100	1,663	1,134	942	1,947	2,327	83	483	887	402	485
2007–08[2]	26,802	25,447	7,373	4,999	2,601	1,109	1,835	1,253	2,274	1,749	1,316	992	2,006	2,462	96	384	1,355	442	913
2008–09[2]	27,135	26,116	7,462	5,084	2,649	1,118	1,869	1,286	2,294	1,773	1,364	1,104	2,046	2,579	117	457	1,020	295	724
4-year																			
2003–04	30,166	29,072	7,609	5,270	3,849	1,492	1,962	1,091	2,104	1,704	1,365	922	2,462	3,324	128	1,061	1,094	403	691
2004–05	31,413	30,241	7,925	5,417	3,994	1,563	2,024	1,148	2,154	1,824	1,443	967	2,587	3,564	117	931	1,172	448	724
2005–06	32,483	31,318	8,255	5,622	4,021	1,581	2,145	1,206	2,255	2,009	1,487	995	2,646	3,612	130	978	1,165	499	666
2006–07	33,670	32,393	8,714	5,930	4,099	1,623	2,258	1,276	2,411	2,066	1,569	1,036	2,800	3,796	135	611	1,277	537	740
2007–08[2]	35,947	33,935	9,071	6,109	4,223	1,678	2,414	1,343	2,638	2,177	1,828	1,079	2,886	4,000	155	444	2,012	588	1,424
2008–09[2]	36,707	35,187	9,327	6,298	4,337	1,710	2,492	1,403	2,688	2,249	1,909	1,166	2,980	4,226	192	508	1,520	384	1,137
2-year																			
2003–04	10,158	9,977	3,932	2,754	4	187	736	913	1,401	853	384	828	550	0	7	184	181	119	62
2004–05	10,412	10,225	4,034	2,824	6	179	766	962	1,430	888	393	796	559	0	0	213	187	125	62
2005–06	11,053	10,831	4,288	3,003	7	189	822	1,018	1,533	986	424	797	589	0	0	178	222	149	73
2006–07	11,609	11,340	4,467	3,114	5	188	858	1,073	1,608	1,026	444	795	596	0	0	280	270	188	82
2007–08[2]	12,167	11,863	4,655	3,223	5	199	908	1,109	1,691	1,064	495	854	597	0	0	287	304	208	97
2008–09[2]	12,153	11,917	4,542	3,183	6	190	894	1,103	1,676	1,029	510	1,007	585	0	0	377	236	158	78
	Expenditures per full-time-equivalent student in constant 2008–09 dollars[3]																		
All institutions																			
2003–04	$25,598	$24,756	$7,086	$4,922	$2,672	$1,121	$1,699	$1,177	$2,103	$1,574	$1,123	$1,020	$1,961	$2,306	$92	$821	$842	$334	$508
2004–05	25,850	24,975	7,146	4,915	2,701	1,136	1,708	1,203	2,091	1,627	1,149	1,007	1,996	2,408	79	724	875	358	517
2005–06	26,026	25,165	7,236	4,963	2,649	1,120	1,758	1,222	2,128	1,737	1,157	990	1,989	2,377	85	718	860	391	469
2006–07	26,426	25,493	7,434	5,090	2,644	1,123	1,804	1,259	2,209	1,749	1,192	991	2,047	2,447	87	508	933	423	510
2007–08[2]	27,176	25,802	7,476	5,069	2,637	1,124	1,861	1,271	2,305	1,773	1,334	1,006	2,034	2,496	97	389	1,374	448	926
2008–09[2]	27,135	26,116	7,462	5,084	2,649	1,118	1,869	1,286	2,294	1,773	1,364	1,104	2,046	2,579	117	457	1,020	295	724
4-year																			
2003–04	34,797	33,535	8,777	6,079	4,440	1,721	2,263	1,258	2,427	1,965	1,575	1,063	2,839	3,834	148	1,224	1,262	465	797
2004–05	35,177	33,864	8,874	6,066	4,473	1,751	2,267	1,286	2,412	2,042	1,615	1,083	2,897	3,991	131	1,043	1,313	502	811
2005–06	35,040	33,784	8,905	6,065	4,337	1,705	2,314	1,301	2,432	2,167	1,604	1,073	2,855	3,896	140	1,055	1,257	538	719
2006–07	35,405	34,063	9,163	6,236	4,310	1,707	2,374	1,341	2,536	2,172	1,650	1,089	2,944	3,992	142	643	1,343	565	778
2007–08[2]	36,449	34,409	9,197	6,194	4,282	1,701	2,448	1,362	2,675	2,207	1,854	1,094	2,926	4,055	158	450	2,040	596	1,444
2008–09[2]	36,707	35,187	9,327	6,298	4,337	1,710	2,492	1,403	2,688	2,249	1,909	1,166	2,980	4,226	192	508	1,520	384	1,137
2-year																			
2003–04	11,718	11,509	4,535	3,176	5	216	849	1,054	1,616	984	443	955	634	0	8	212	209	138	72
2004–05	11,660	11,450	4,518	3,163	7	200	858	1,077	1,602	994	440	891	625	0	0	238	210	140	70
2005–06	11,923	11,684	4,626	3,239	7	204	887	1,098	1,653	1,063	458	860	635	0	0	192	240	161	79
2006–07	12,207	11,924	4,697	3,275	5	198	902	1,128	1,691	1,079	466	836	627	0	0	294	284	197	86
2007–08[2]	12,337	12,029	4,720	3,268	5	202	920	1,124	1,714	1,079	502	865	605	0	0	291	309	211	98
2008–09[2]	12,153	11,917	4,542	3,183	6	190	894	1,103	1,676	1,029	510	1,007	585	0	0	377	236	158	78

[1]Excludes discounts and allowances.
[2]All expenditures reported by institutions for operation and maintenance of plant have been aggregated in the operation and maintenance of plant category, even in cases where they originally were reported by purpose. Similarly, all expenditures reported by institutions for depreciation have been aggregated in the depreciation category, even in cases where they originally were reported by purpose.
[3]Constant dollars based on the Consumer Price Index, prepared by the Bureau of Labor Statistics, U.S. Department of Labor, adjusted to a school-year basis.

NOTE: Degree-granting institutions grant associate's or higher degrees and participate in Title IV federal financial aid programs. Includes data for public institutions reporting data according to either the Governmental Accounting Standards Board (GASB) or the Financial Accounting Standards Board (FASB) questionnaire. Detail may not sum to totals because of rounding.
SOURCE: U.S. Department of Education, National Center for Education Statistics, 2003–04 through 2008–09 Integrated Postsecondary Education Data System (IPEDS), Spring 2004 through Spring 2010. (This table was prepared November 2010.)

Table 374. Expenditures of public degree-granting institutions, by type of institution, purpose of expenditure, and state or jurisdiction: 2006–07, 2007–08, and 2008–09

[In thousands of current dollars]

State or jurisdiction	Total expenditures, 2006–07	Total expenditures, 2007–08	2008–09									
			All institutions		4-year institutions				2-year institutions			
						Operating expenditures				Operating expenditures		
			Total[1]	Operating	Total	Total[1]	Instruction	Nonoperating	Total	Total[1]	Instruction	Nonoperating
1	2	3	4	5	6	7	8	9	10	11	12	13
United States	**$238,828,801**	**$261,045,829**	**$273,030,301**	**$262,771,774**	**$225,363,128**	**$216,029,612**	**$57,265,615**	**$9,333,516**	**$47,667,173**	**$46,742,162**	**$17,813,099**	**$925,010**
Alabama	5,120,941	5,839,899	5,964,685	5,919,999	5,242,474	5,197,788	1,119,237	44,686	722,211	722,211	272,767	0
Alaska	692,853	736,890	750,308	750,308	732,107	732,107	195,854	0	18,202	18,202	5,510	0
Arizona	4,098,686	4,421,229	4,523,629	4,419,125	3,314,844	3,214,744	946,415	100,100	1,208,785	1,204,381	432,416	4,403
Arkansas	2,711,428	2,923,204	3,109,431	3,051,004	2,701,907	2,651,721	520,440	50,186	407,524	399,284	145,114	8,241
California	33,939,568	37,559,728	39,706,162	36,686,859	29,458,744	26,874,484	6,498,041	2,584,260	10,247,418	9,812,375	3,577,752	435,043
Colorado	3,766,780	4,049,015	4,424,140	4,249,389	3,920,136	3,749,657	1,100,757	170,479	504,004	499,732	198,569	4,272
Connecticut	2,482,496	2,713,513	2,833,427	2,831,741	2,412,114	2,412,114	606,198	0	421,314	419,628	161,525	1,686
Delaware	853,410	905,359	937,997	937,997	809,752	809,752	304,064	0	128,245	128,245	56,717	0
District of Columbia	125,484	117,014	138,348	138,348	138,348	138,348	44,067	0	0	0	0	0
Florida	8,307,928	8,678,611	9,220,508	9,119,147	8,166,913	8,065,553	2,360,465	101,360	1,053,595	1,053,595	327,766	0
Georgia	5,318,459	5,798,067	6,063,773	5,969,028	5,110,437	5,018,445	1,343,612	91,992	953,336	950,583	362,249	2,753
Hawaii	1,266,174	1,576,768	1,531,975	1,391,056	1,300,841	1,165,147	322,407	135,693	231,134	225,908	96,478	5,226
Idaho	917,108	991,494	1,024,541	1,003,971	885,139	865,177	293,438	19,962	139,401	138,794	40,535	607
Illinois	8,317,879	8,955,961	9,350,383	9,218,996	6,930,267	6,824,831	1,855,460	105,436	2,420,116	2,394,165	789,740	25,951
Indiana	4,929,528	5,237,143	5,487,959	5,402,316	5,027,865	4,951,648	1,816,791	76,217	460,093	450,668	177,943	9,426
Iowa	3,632,046	3,896,227	4,193,485	4,158,556	3,382,457	3,360,579	608,825	21,878	811,028	797,977	329,167	13,051
Kansas	2,607,366	2,654,178	2,821,376	2,775,578	2,188,173	2,149,499	654,171	38,674	633,203	626,079	227,652	7,124
Kentucky	3,976,747	4,256,949	4,513,299	4,454,668	3,900,018	3,841,387	825,722	58,631	613,281	613,281	214,469	0
Louisiana	3,519,436	4,162,047	4,303,137	4,264,490	3,829,679	3,795,908	1,042,195	33,772	473,458	468,582	195,192	4,875
Maine	746,481	786,047	809,983	790,343	701,470	681,829	184,815	19,641	108,513	108,513	47,659	0
Maryland	4,643,844	4,995,230	5,282,745	5,263,416	4,095,732	4,076,701	1,022,187	19,030	1,187,014	1,186,714	442,836	299
Massachusetts	3,515,544	3,662,053	3,731,294	3,660,115	3,046,133	2,976,840	775,892	69,294	685,161	683,275	259,079	1,885
Michigan	10,563,666	12,675,466	11,928,733	11,873,367	10,184,054	10,161,118	2,477,735	22,936	1,744,680	1,712,249	573,600	32,430
Minnesota	4,112,919	4,541,298	4,679,338	4,658,373	3,735,577	3,723,217	970,991	12,360	943,761	935,156	403,164	8,605
Mississippi	3,111,365	3,303,199	3,445,846	3,408,557	2,658,956	2,626,563	541,056	32,392	786,891	781,994	300,074	4,897
Missouri	3,648,634	3,933,741	4,067,585	4,044,127	3,387,674	3,376,516	893,711	11,159	679,911	667,612	260,062	12,299
Montana	819,680	883,825	936,000	925,229	830,716	823,522	200,038	7,195	105,284	101,707	28,524	3,577
Nebraska	1,722,136	1,816,761	1,893,340	1,845,358	1,591,629	1,546,101	456,886	45,528	301,711	299,257	120,306	2,453
Nevada	1,315,804	1,374,553	1,417,355	1,363,639	1,352,474	1,299,173	467,042	53,301	64,881	64,466	27,423	415
New Hampshire	725,778	767,736	803,946	803,946	703,227	703,227	203,373	0	100,719	100,719	31,272	0
New Jersey	5,695,452	6,049,637	6,487,776	6,411,246	5,372,186	5,298,851	1,402,773	73,335	1,115,590	1,112,395	379,026	3,195
New Mexico	2,565,733	2,798,416	3,033,621	3,010,324	2,487,846	2,466,284	404,040	21,562	545,775	544,040	199,938	1,735
New York	12,607,530	13,153,312	14,393,529	13,548,411	11,703,776	10,933,336	2,987,936	770,440	2,689,753	2,615,075	1,120,637	74,678
North Carolina	7,649,176	8,260,453	8,648,614	8,281,468	6,840,438	6,474,239	2,106,713	366,200	1,808,176	1,807,229	793,994	947
North Dakota	787,853	840,092	900,709	885,014	823,965	808,615	262,116	15,350	76,744	76,399	30,430	345
Ohio	9,638,217	10,197,635	10,690,988	10,567,867	9,329,865	9,209,299	2,520,717	120,566	1,361,123	1,358,568	474,106	2,555
Oklahoma	2,982,655	3,229,565	3,424,475	3,380,529	2,987,792	2,951,810	846,461	35,982	436,683	428,719	166,022	7,964
Oregon	3,961,130	4,211,743	4,705,101	4,661,277	3,619,116	3,619,116	683,859	0	1,085,985	1,042,161	345,777	43,824
Pennsylvania	9,093,770	9,813,416	10,424,097	10,331,060	9,390,625	9,321,447	2,242,583	69,178	1,033,472	1,009,613	399,161	23,859
Rhode Island	587,678	633,263	639,371	630,435	532,054	523,118	131,292	8,936	107,317	107,317	46,940	0
South Carolina	3,123,388	3,420,357	3,415,654	3,380,624	2,731,646	2,696,910	884,853	34,736	684,008	683,714	262,763	294
South Dakota	546,221	590,375	626,176	617,635	562,122	555,757	174,184	6,366	64,054	61,878	24,137	2,175
Tennessee	3,289,781	3,531,341	3,607,113	3,568,305	3,062,117	3,023,823	1,047,199	38,293	544,996	544,482	219,842	514
Texas	20,016,371	23,442,222	24,222,080	20,625,928	20,271,928	16,829,491	4,835,585	3,442,437	3,950,152	3,796,437	1,438,463	153,715
Utah	3,291,002	3,554,103	3,797,090	3,791,965	3,520,100	3,515,924	572,203	4,177	276,989	276,042	105,891	948
Vermont	647,066	714,575	718,762	697,562	694,488	673,288	187,759	21,200	24,274	24,274	8,338	0
Virginia	6,311,272	6,924,955	7,183,108	7,067,296	6,326,116	6,210,304	1,600,700	115,812	856,992	856,992	384,627	0
Washington	5,980,733	6,477,202	6,714,962	6,653,470	5,427,477	5,371,080	1,546,121	56,397	1,287,485	1,282,390	558,523	5,095
West Virginia	1,324,271	1,426,853	1,518,943	1,489,529	1,417,983	1,388,757	414,357	29,226	100,961	100,773	38,155	188
Wisconsin	4,904,966	5,203,602	5,499,072	5,311,815	4,271,587	4,096,487	1,143,223	175,101	1,227,485	1,215,329	627,664	12,156
Wyoming	522,738	592,850	639,509	636,146	405,223	403,163	119,583	2,061	234,286	232,983	83,106	1,303
U.S. Service Academies	1,791,631	1,766,655	1,844,822	1,844,822	1,844,822	1,844,822	499,473	0	0	0	0	0
Other jurisdictions	**1,549,127**	**1,632,804**	**1,721,830**	**1,719,260**	**1,632,194**	**1,629,676**	**506,615**	**2,518**	**89,636**	**89,584**	**31,168**	**52**
American Samoa	11,419	12,489	12,910	12,910	0	0	0	0	12,910	12,910	4,386	0
Federated States of Micronesia	19,306	20,606	22,380	22,380	0	0	0	0	22,380	22,380	7,079	0
Guam	96,492	102,571	106,784	106,732	80,030	80,030	18,062	0	26,754	26,702	9,027	52
Marshall Islands	7,833	8,383	8,503	8,503	0	0	0	0	8,503	8,503	2,405	0
Northern Marianas	13,132	13,812	13,945	13,945	13,945	13,945	8,085	0	0	0	0	0
Palau	8,359	5,653	5,858	5,858	0	0	0	0	5,858	5,858	2,141	0
Puerto Rico	1,318,439	1,402,526	1,477,913	1,477,894	1,464,682	1,464,663	466,136	20	13,231	13,231	6,132	0
U.S. Virgin Islands	74,146	66,764	73,536	71,038	73,536	71,038	14,332	2,498	0	0	0	0

[1]Includes other categories not separately shown.

NOTE: Degree-granting institutions grant associate's or higher degrees and participate in Title IV federal financial aid programs. Includes data for public institutions reporting data according to either the Governmental Accounting Standards Board (GASB) or the Financial Accounting Standards Board (FASB) questionnaire. All expenditures reported by institutions for operation and maintenance of plant have been aggregated in the operation and maintenance of plant category, even in cases where they originally were reported by purpose. Similarly, all expenditures reported by institutions for depreciation have been aggregated in the depreciation category, even in cases where they originally were reported by purpose. Detail may not sum to totals because of rounding.

SOURCE: U.S. Department of Education, National Center for Education Statistics, 2006–07 through 2008–09 Integrated Postsecondary Education Data System (IPEDS), Spring 2008 through Spring 2010. (This table was prepared November 2010.)

Table 375. Total expenditures of private not-for-profit degree-granting institutions, by purpose and type of institution: 1998–99 through 2008–09

Type of institution and year	Total expenditures, by purpose											
	Total	Instruction	Research	Public service	Academic support	Student services	Institutional support	Auxiliary enterprises[1]	Net grant aid to students[2]	Hospitals	Independent operations	Other
1	2	3	4	5	6	7	8	9	10	11	12	13
	In thousands of current dollars											
All institutions												
1998–99	$75,516,696	$25,181,848	$7,779,001	$1,521,440	$6,349,076	$5,295,059	$9,901,658	$8,027,492	$1,222,565	$7,258,939	$2,979,619	—
1999–2000	80,613,037	26,012,599	8,381,926	1,446,958	6,510,951	5,688,499	10,585,850	8,300,021	1,180,882	7,355,110	2,753,679	$2,396,563
2000–01	85,625,016	27,607,324	9,025,739	1,473,292	7,368,263	6,117,195	11,434,074	9,010,853	1,176,160	7,255,376	3,134,609	2,022,132
2001–02	92,192,297	29,689,041	10,035,480	1,665,884	7,802,637	6,573,185	12,068,120	9,515,829	1,188,690	7,633,043	3,397,979	2,622,409
2002–03	99,748,076	32,062,218	11,079,532	1,878,380	8,156,688	7,096,223	13,157,744	9,936,478	1,173,845	7,586,208	3,879,736	3,741,024
2003–04	104,317,870	33,909,179	12,039,531	1,972,351	8,759,743	7,544,021	13,951,408	10,508,719	1,101,738	8,374,128	4,222,980	1,934,070
2004–05	110,394,127	36,258,473	12,812,857	2,000,437	9,342,064	8,191,737	14,690,328	10,944,342	1,069,591	9,180,775	4,223,779	1,679,741
2005–06	116,817,913	38,465,058	13,242,343	1,941,519	10,217,274	8,965,704	15,667,101	11,741,258	708,158	9,645,428	4,203,523	2,020,548
2006–07	124,557,725	41,223,483	13,704,450	2,036,588	10,882,028	9,591,334	16,831,353	12,451,087	728,139	10,400,055	4,680,393	2,028,816
2007–08	133,503,539	44,226,329	14,474,367	2,182,676	11,884,345	10,363,476	18,364,513	13,319,602	721,487	10,754,966	4,887,609	2,324,170
2008–09	141,349,229	46,452,942	15,262,667	2,298,526	12,579,759	11,012,204	19,400,981	13,707,921	757,852	11,930,840	5,158,480	2,787,056
4-year												
1998–99	74,805,484	24,823,398	7,778,900	1,513,641	6,308,251	5,224,455	9,766,020	7,957,265	1,198,516	7,257,021	2,978,017	—
1999–2000	79,699,659	25,744,199	8,376,568	1,438,544	6,476,338	5,590,978	10,398,914	8,228,409	1,162,570	7,355,110	2,752,019	2,176,011
2000–01	85,048,123	27,413,897	9,019,966	1,467,325	7,333,851	6,036,478	11,292,310	8,957,973	1,160,660	7,253,479	3,133,099	1,979,086
2001–02	91,612,337	29,492,583	10,035,394	1,658,781	7,768,870	6,497,127	11,914,149	9,470,557	1,173,725	7,632,942	3,396,831	2,571,376
2002–03	99,137,236	31,866,310	11,079,332	1,871,274	8,122,181	7,014,149	12,996,836	9,876,937	1,161,441	7,586,208	3,854,471	3,708,098
2003–04	103,733,257	33,712,542	12,039,080	1,964,898	8,726,505	7,466,472	13,774,084	10,464,984	1,084,880	8,374,128	4,221,611	1,904,075
2004–05	109,789,731	36,051,084	12,812,326	1,993,767	9,307,600	8,101,214	14,516,197	10,899,456	1,051,216	9,180,775	4,223,779	1,652,317
2005–06	116,247,359	38,249,125	13,241,769	1,931,804	10,177,381	8,894,330	15,524,004	11,696,510	699,462	9,645,428	4,203,523	1,984,024
2006–07	124,061,478	41,056,590	13,703,502	2,028,364	10,850,270	9,522,535	16,693,987	12,414,609	714,398	10,400,055	4,680,393	1,996,775
2007–08	132,967,352	44,041,162	14,473,394	2,176,695	11,847,922	10,286,780	18,216,170	13,281,694	711,903	10,754,966	4,887,609	2,289,058
2008–09	140,852,609	46,286,662	15,262,322	2,294,914	12,538,248	10,943,745	19,258,651	13,670,550	750,687	11,930,840	5,158,480	2,757,510
2-year												
1998–99	711,212	358,450	101	7,799	40,826	70,603	135,638	70,226	24,049	1,917	1,602	—
1999–2000	913,378	268,400	5,358	8,415	34,612	97,521	186,936	71,612	18,311	0	1,660	220,553
2000–01	576,893	193,428	5,772	5,967	34,412	80,717	141,764	52,880	15,500	1,896	1,510	43,046
2001–02	579,960	196,459	86	7,102	33,767	76,058	153,971	45,271	14,965	100	1,147	51,033
2002–03	610,840	195,909	200	7,106	34,506	82,074	160,908	59,541	12,404	0	25,265	32,926
2003–04	584,612	196,637	451	7,453	33,238	77,549	177,324	43,735	16,859	0	1,369	29,995
2004–05	604,395	207,389	532	6,670	34,464	90,523	174,131	44,886	18,375	0	0	27,425
2005–06	570,554	215,934	574	9,715	39,893	71,374	143,096	44,748	8,696	0	0	36,524
2006–07	496,247	166,893	947	8,224	31,758	68,799	137,366	36,478	13,741	0	0	32,041
2007–08	536,187	185,167	973	5,982	36,423	76,696	148,343	37,908	9,584	0	0	35,112
2008–09	496,620	166,280	345	3,612	41,511	68,459	142,330	37,372	7,165	0	0	29,546
	Percentage distribution											
All institutions												
1998–99	100.00	33.35	10.30	2.01	8.41	7.01	13.11	10.63	1.62	9.61	3.95	—
1999–2000	100.00	32.27	10.40	1.79	8.08	7.06	13.13	10.30	1.46	9.12	3.42	2.97
2000–01	100.00	32.24	10.54	1.72	8.61	7.14	13.35	10.52	1.37	8.47	3.66	2.36
2001–02	100.00	32.20	10.89	1.81	8.46	7.13	13.09	10.32	1.29	8.28	3.69	2.84
2002–03	100.00	32.14	11.11	1.88	8.18	7.11	13.19	9.96	1.18	7.61	3.89	3.75
2003–04	100.00	32.51	11.54	1.89	8.40	7.23	13.37	10.07	1.06	8.03	4.05	1.85
2004–05	100.00	32.84	11.61	1.81	8.46	7.42	13.31	9.91	0.97	8.32	3.83	1.52
2005–06	100.00	32.93	11.34	1.66	8.75	7.67	13.41	10.05	0.61	8.26	3.60	1.73
2006–07	100.00	33.10	11.00	1.64	8.74	7.70	13.51	10.00	0.58	8.35	3.76	1.63
2007–08	100.00	33.13	10.84	1.63	8.90	7.76	13.76	9.98	0.54	8.06	3.66	1.74
2008–09	100.00	32.86	10.80	1.63	8.90	7.79	13.73	9.70	0.54	8.44	3.65	1.97
4-year												
1998–99	100.00	33.18	10.40	2.02	8.43	6.98	13.06	10.64	1.60	9.70	3.98	—
1999–2000	100.00	32.30	10.51	1.80	8.13	7.02	13.05	10.32	1.46	9.23	3.45	2.73
2000–01	100.00	32.23	10.61	1.73	8.62	7.10	13.28	10.53	1.36	8.53	3.68	2.33
2001–02	100.00	32.19	10.95	1.81	8.48	7.09	13.00	10.34	1.28	8.33	3.71	2.81
2002–03	100.00	32.14	11.18	1.89	8.19	7.08	13.11	9.96	1.17	7.65	3.89	3.74
2003–04	100.00	32.50	11.61	1.89	8.41	7.20	13.28	10.09	1.05	8.07	4.07	1.84
2004–05	100.00	32.84	11.67	1.82	8.48	7.38	13.22	9.93	0.96	8.36	3.85	1.50
2005–06	100.00	32.90	11.39	1.66	8.75	7.65	13.35	10.06	0.60	8.30	3.62	1.71
2006–07	100.00	33.09	11.05	1.63	8.75	7.68	13.46	10.01	0.58	8.38	3.77	1.61
2007–08	100.00	33.12	10.88	1.64	8.91	7.74	13.70	9.99	0.54	8.09	3.68	1.72
2008–09	100.00	32.86	10.84	1.63	8.90	7.77	13.67	9.71	0.53	8.47	3.66	1.96
2-year												
1998–99	100.00	50.40	0.01	1.10	5.74	9.93	19.07	9.87	3.38	0.27	0.23	—
1999–2000	100.00	29.39	0.59	0.92	3.79	10.68	20.47	7.84	2.00	0.00	0.18	24.15
2000–01	100.00	33.53	1.00	1.03	5.96	13.99	24.57	9.17	2.69	0.33	0.26	7.46
2001–02	100.00	33.87	0.01	1.22	5.82	13.11	26.55	7.81	2.58	0.02	0.20	8.80
2002–03	100.00	32.07	0.03	1.16	5.65	13.44	26.34	9.75	2.03	0.00	4.14	5.39
2003–04	100.00	33.64	0.08	1.27	5.69	13.27	30.33	7.48	2.88	0.00	0.23	5.13
2004–05	100.00	34.31	0.09	1.10	5.70	14.98	28.81	7.43	3.04	0.00	0.00	4.54
2005–06	100.00	37.85	0.10	1.70	6.99	12.51	25.08	7.84	1.52	0.00	0.00	6.40
2006–07	100.00	33.63	0.19	1.66	6.40	13.86	27.68	7.35	2.77	0.00	0.00	6.46
2007–08	100.00	34.53	0.18	1.12	6.79	14.30	27.67	7.07	1.79	0.00	0.00	6.55
2008–09	100.00	33.48	0.07	0.73	8.36	13.78	28.66	7.53	1.44	0.00	0.00	5.95

See notes at end of table.

Table 375. Total expenditures of private not-for-profit degree-granting institutions, by purpose and type of institution: 1998–99 through 2008–09—Continued

Type of institution and year	Total expenditures, by purpose											
	Total	Instruction	Research	Public service	Academic support	Student services	Institutional support	Auxiliary enterprises[1]	Net grant aid to students[2]	Hospitals	Independent operations	Other
1	2	3	4	5	6	7	8	9	10	11	12	13
	Expenditure per full-time-equivalent student in current dollars											
All institutions												
1998–99	$30,291	$10,101	$3,120	$610	$2,547	$2,124	$3,972	$3,220	$490	$2,912	$1,195	—
1999–2000	31,751	10,246	3,301	570	2,564	2,241	4,169	3,269	465	2,897	1,085	$944
2000–01	33,069	10,662	3,486	569	2,846	2,363	4,416	3,480	454	2,802	1,211	781
2001–02	34,841	11,220	3,793	630	2,949	2,484	4,561	3,596	449	2,885	1,284	991
2002–03	36,479	11,725	4,052	687	2,983	2,595	4,812	3,634	429	2,774	1,419	1,368
2003–04	37,240	12,105	4,298	704	3,127	2,693	4,980	3,751	393	2,989	1,508	690
2004–05	38,472	12,636	4,465	697	3,256	2,855	5,120	3,814	373	3,199	1,472	585
2005–06	40,156	13,222	4,552	667	3,512	3,082	5,386	4,036	243	3,316	1,445	695
2006–07	42,060	13,920	4,628	688	3,675	3,239	5,684	4,204	246	3,512	1,580	685
2007–08	43,978	14,569	4,768	719	3,915	3,414	6,049	4,388	238	3,543	1,610	766
2008–09	45,853	15,069	4,951	746	4,081	3,572	6,294	4,447	246	3,870	1,673	904
4-year												
1998–99	30,706	10,189	3,193	621	2,589	2,145	4,009	3,266	492	2,979	1,222	—
1999–2000	32,064	10,357	3,370	579	2,605	2,249	4,184	3,310	468	2,959	1,107	875
2000–01	33,359	10,753	3,538	576	2,877	2,368	4,429	3,514	455	2,845	1,229	776
2001–02	35,139	11,312	3,849	636	2,980	2,492	4,570	3,633	450	2,928	1,303	986
2002–03	36,742	11,810	4,106	694	3,010	2,600	4,817	3,661	430	2,812	1,429	1,374
2003–04	37,504	12,188	4,353	710	3,155	2,699	4,980	3,784	392	3,028	1,526	688
2004–05	38,726	12,716	4,519	703	3,283	2,858	5,120	3,845	371	3,238	1,490	583
2005–06	40,394	13,291	4,601	671	3,536	3,091	5,394	4,064	243	3,352	1,461	689
2006–07	42,256	13,984	4,667	691	3,696	3,243	5,686	4,228	243	3,542	1,594	680
2007–08	44,194	14,638	4,810	723	3,938	3,419	6,054	4,414	237	3,575	1,624	761
2008–09	46,080	15,143	4,993	751	4,102	3,580	6,300	4,472	246	3,903	1,688	902
2-year												
1998–99	12,514	6,307	2	137	718	1,242	2,387	1,236	423	34	28	—
1999–2000	17,148	5,039	101	158	650	1,831	3,510	1,345	344	0	31	4,141
2000–01	14,494	4,860	145	150	865	2,028	3,562	1,329	389	48	38	1,081
2001–02	14,890	5,044	2	182	867	1,953	3,953	1,162	384	3	29	1,310
2002–03	16,846	5,403	6	196	952	2,263	4,438	1,642	342	0	697	908
2003–04	16,561	5,570	13	211	942	2,197	5,023	1,239	478	0	39	850
2004–05	17,552	6,023	15	194	1,001	2,629	5,057	1,304	534	0	0	796
2005–06	18,240	6,903	18	311	1,275	2,282	4,575	1,431	278	0	0	1,168
2006–07	19,498	6,557	37	323	1,248	2,703	5,397	1,433	540	0	0	1,259
2007–08	19,867	6,861	36	222	1,350	2,842	5,496	1,405	355	0	0	1,301
2008–09	19,129	6,405	13	139	1,599	2,637	5,482	1,439	276	0	0	1,138
	Expenditure per full-time-equivalent student in constant 2008–09 dollars[3]											
All institutions												
1998–99	$39,517	$13,177	$4,071	$796	$3,322	$2,771	$5,181	$4,201	$640	$3,799	$1,559	—
1999–2000	40,259	12,991	4,186	723	3,252	2,841	5,287	4,145	590	3,673	1,375	$1,197
2000–01	40,542	13,072	4,274	698	3,489	2,896	5,414	4,266	557	3,435	1,484	957
2001–02	41,971	13,516	4,569	758	3,552	2,992	5,494	4,332	541	3,475	1,547	1,194
2002–03	42,999	13,821	4,776	810	3,516	3,059	5,672	4,283	506	3,270	1,672	1,613
2003–04	42,956	13,963	4,958	812	3,607	3,107	5,745	4,327	454	3,448	1,739	796
2004–05	43,081	14,150	5,000	781	3,646	3,197	5,733	4,271	417	3,583	1,648	656
2005–06	43,317	14,263	4,910	720	3,789	3,325	5,810	4,354	263	3,577	1,559	749
2006–07	44,228	14,638	4,866	723	3,864	3,406	5,976	4,421	259	3,693	1,662	720
2007–08	44,592	14,772	4,835	729	3,970	3,462	6,134	4,449	241	3,592	1,633	776
2008–09	45,853	15,069	4,951	746	4,081	3,572	6,294	4,447	246	3,870	1,673	904
4-year												
1998–99	40,058	13,293	4,166	811	3,378	2,798	5,230	4,261	642	3,886	1,595	—
1999–2000	40,656	13,133	4,273	734	3,304	2,852	5,305	4,197	593	3,752	1,404	1,110
2000–01	40,898	13,183	4,337	706	3,527	2,903	5,430	4,308	558	3,488	1,507	952
2001–02	42,330	13,627	4,637	766	3,590	3,002	5,505	4,376	542	3,527	1,570	1,188
2002–03	43,310	13,921	4,840	817	3,548	3,064	5,678	4,315	507	3,314	1,684	1,620
2003–04	43,261	14,059	5,021	819	3,639	3,114	5,744	4,364	452	3,492	1,761	794
2004–05	43,366	14,240	5,061	788	3,676	3,200	5,734	4,305	415	3,626	1,668	653
2005–06	43,574	14,337	4,964	724	3,815	3,334	5,819	4,384	262	3,615	1,576	744
2006–07	44,433	14,705	4,908	726	3,886	3,411	5,979	4,446	256	3,725	1,676	715
2007–08	44,811	14,842	4,878	734	3,993	3,467	6,139	4,476	240	3,624	1,647	771
2008–09	46,080	15,143	4,993	751	4,102	3,580	6,300	4,472	246	3,903	1,688	902
2-year												
1998–99	16,325	8,228	2	179	937	1,621	3,113	1,612	552	44	37	—
1999–2000	21,744	6,389	128	200	824	2,322	4,450	1,705	436	0	40	5,250
2000–01	17,769	5,958	178	184	1,060	2,486	4,366	1,629	477	58	47	1,326
2001–02	17,937	6,076	3	220	1,044	2,352	4,762	1,400	463	3	35	1,578
2002–03	19,857	6,368	7	231	1,122	2,668	5,231	1,936	403	0	821	1,070
2003–04	19,103	6,425	15	244	1,086	2,534	5,794	1,429	551	0	45	980
2004–05	19,655	6,744	17	217	1,121	2,944	5,663	1,460	598	0	0	892
2005–06	19,676	7,446	20	335	1,376	2,461	4,935	1,543	300	0	0	1,260
2006–07	20,503	6,895	39	340	1,312	2,843	5,675	1,507	568	0	0	1,324
2007–08	20,144	6,957	37	225	1,368	2,881	5,573	1,424	360	0	0	1,319
2008–09	19,129	6,405	13	139	1,599	2,637	5,482	1,439	276	0	0	1,138

—Not available.
[1]Essentially self-supporting operations of institutions that furnish a service to students, faculty, or staff, such as residence halls and food services.
[2]Excludes tuition and fee allowances and agency transactions, such as student awards made from contributed funds or grant funds. These exclusions account for the majority of total student grants.
[3]Constant dollars based on the Consumer Price Index, prepared by the Bureau of Labor Statistics, U.S. Department of Labor, adjusted to a school-year basis.

NOTE: Degree-granting institutions grant associate's or higher degrees and participate in Title IV federal financial aid programs. Detail may not sum to totals because of rounding.
SOURCE: U.S. Department of Education, National Center for Education Statistics, 1998–99 through 2008–09 Integrated Postsecondary Education Data System, "Fall Enrollment Survey" (IPEDS-EF:98–99) and "Finance Survey" (IPEDS-F:FY99), and Spring 2001 through Spring 2010. (This table was prepared October 2010.)

Table 376. Total expenditures of private not-for-profit degree-granting institutions, by purpose and type of institution: 2008–09

Type of institution	Total expenditures, by purpose											
	Total	Instruction	Research	Public service	Academic support	Student services	Institutional support	Auxiliary enterprises[1]	Net grant aid to students[2]	Hospitals	Independent operations	Other
1	2	3	4	5	6	7	8	9	10	11	12	13
	In thousands of current dollars											
Total	**$141,349,229**	**$46,452,942**	**$15,262,667**	**$2,298,526**	**$12,579,759**	**$11,012,204**	**$19,400,981**	**$13,707,921**	**$757,852**	**$11,930,840**	**$5,158,480**	**$2,787,056**
4-year	140,852,609	46,286,662	15,262,322	2,294,914	12,538,248	10,943,745	19,258,651	13,670,550	750,687	11,930,840	5,158,480	2,757,510
Research university, very high[3]	64,342,196	19,611,222	11,999,023	793,396	4,696,381	2,310,567	5,753,547	4,256,136	355,339	9,366,479	4,084,409	1,115,696
Research university, high[4]	11,297,279	3,872,497	1,105,664	145,474	1,618,071	783,079	1,549,004	1,409,973	44,724	512,819	62,276	193,699
Doctoral/research[5]	7,466,253	3,162,224	170,175	117,086	866,189	784,396	1,344,797	926,126	12,054	0	27,053	56,154
Master's[6]	22,755,905	8,745,557	269,893	252,476	2,259,694	3,181,718	4,342,874	3,019,290	127,563	112,665	148,141	296,033
Baccalaureate[7]	20,399,608	7,201,000	214,278	184,173	1,813,525	3,122,463	3,983,416	3,349,335	145,503	0	78,672	307,241
Specialized institutions[8]	14,591,369	3,694,161	1,503,289	802,310	1,284,388	761,522	2,285,012	709,691	65,504	1,938,877	757,928	788,686
Art, music, or design	1,805,259	728,589	788	25,549	191,466	163,082	377,242	199,467	6,068	0	29,212	83,796
Business and management	548,672	190,610	6,525	21	58,999	77,668	137,040	74,896	408	0	0	2,504
Engineering or technology	369,940	151,064	9,823	147	23,780	51,490	80,596	38,012	8,977	0	55	5,996
Law	557,333	244,347	4,551	6,564	92,919	63,668	124,553	13,860	1,296	0	0	5,574
Medical or other health	9,225,922	1,713,744	1,472,690	731,534	713,993	222,137	969,893	178,187	13,813	1,938,877	708,983	562,071
Theological	1,673,996	518,026	3,598	19,030	162,407	145,342	485,075	176,205	30,800	0	18,827	114,685
Tribal[9]	60,559	20,728	587	3,850	3,526	6,538	17,129	1,966	2,683	0	0	3,552
Other specialized	349,689	127,054	4,726	15,615	37,298	31,597	93,486	27,098	1,458	0	851	10,507
2-year	496,620	166,280	345	3,612	41,511	68,459	142,330	37,372	7,165	0	0	29,546
Associate's of arts	464,224	160,669	48	2,534	38,557	62,659	132,452	35,565	5,608	0	0	26,132
Tribal[9]	32,395	5,611	297	1,077	2,954	5,800	9,878	1,806	1,557	0	0	3,414
	Percentage distribution											
Total	**100.00**	**32.86**	**10.80**	**1.63**	**8.90**	**7.79**	**13.73**	**9.70**	**0.54**	**8.44**	**3.65**	**1.97**
4-year	100.00	32.86	10.84	1.63	8.90	7.77	13.67	9.71	0.53	8.47	3.66	1.96
Research university, very high[3]	100.00	30.48	18.65	1.23	7.30	3.59	8.94	6.61	0.55	14.56	6.35	1.73
Research university, high[4]	100.00	34.28	9.79	1.29	14.32	6.93	13.71	12.48	0.40	4.54	0.55	1.71
Doctoral/research[5]	100.00	42.35	2.28	1.57	11.60	10.51	18.01	12.40	0.16	0.00	0.36	0.75
Master's[6]	100.00	38.43	1.19	1.11	9.93	13.98	19.08	13.27	0.56	0.50	0.65	1.30
Baccalaureate[7]	100.00	35.30	1.05	0.90	8.89	15.31	19.53	16.42	0.71	0.00	0.39	1.51
Specialized institutions[8]	100.00	25.32	10.30	5.50	8.80	5.22	15.66	4.86	0.45	13.29	5.19	5.41
Art, music, or design	100.00	40.36	0.04	1.42	10.61	9.03	20.90	11.05	0.34	0.00	1.62	4.64
Business and management	100.00	34.74	1.19	0.00	10.75	14.16	24.98	13.65	0.07	0.00	0.00	0.46
Engineering or technology	100.00	40.83	2.66	0.04	6.43	13.92	21.79	10.28	2.43	0.00	0.01	1.62
Law	100.00	43.84	0.82	1.18	16.67	11.42	22.35	2.49	0.23	0.00	0.00	1.00
Medical or other health	100.00	18.58	15.96	7.93	7.74	2.41	10.51	1.93	0.15	21.02	7.68	6.09
Theological	100.00	30.95	0.21	1.14	9.70	8.68	28.98	10.53	1.84	0.00	1.12	6.85
Tribal[9]	100.00	34.23	0.97	6.36	5.82	10.80	28.28	3.25	4.43	0.00	0.00	5.87
Other specialized	100.00	36.33	1.35	4.47	10.67	9.04	26.73	7.75	0.42	0.00	0.24	3.00
2-year	100.00	33.48	0.07	0.73	8.36	13.78	28.66	7.53	1.44	0.00	0.00	5.95
Associate's of arts	100.00	34.61	0.01	0.55	8.31	13.50	28.53	7.66	1.21	0.00	0.00	5.63
Tribal[9]	100.00	17.32	0.92	3.33	9.12	17.90	30.49	5.58	4.81	0.00	0.00	10.54
	Expenditure per full-time-equivalent student in current dollars											
Total	**$45,853**	**$15,069**	**$4,951**	**$746**	**$4,081**	**$3,572**	**$6,294**	**$4,447**	**$246**	**$3,870**	**$1,673**	**$904**
4-year	46,080	15,143	4,993	751	4,102	3,580	6,300	4,472	246	3,903	1,688	902
Research university, very high[3]	144,864	44,154	27,015	1,786	10,574	5,202	12,954	9,583	800	21,088	9,196	2,512
Research university, high[4]	41,843	14,343	4,095	539	5,993	2,900	5,737	5,222	166	1,899	231	717
Doctoral/research[5]	28,120	11,910	641	441	3,262	2,954	5,065	3,488	45	0	102	211
Master's[6]	21,513	8,268	255	239	2,136	3,008	4,106	2,854	121	107	140	280
Baccalaureate[7]	27,544	9,723	289	249	2,449	4,216	5,378	4,522	196	0	106	415
Specialized institutions[8]	52,360	13,256	5,394	2,879	4,609	2,733	8,200	2,547	235	6,958	2,720	2,830
Art, music, or design	32,916	13,285	14	466	3,491	2,974	6,878	3,637	111	0	533	1,528
Business and management	18,079	6,281	215	1	1,944	2,559	4,515	2,468	13	0	0	83
Engineering or technology	26,593	10,859	706	11	1,709	3,701	5,794	2,733	645	0	4	431
Law	33,755	14,799	276	398	5,628	3,856	7,544	839	79	0	0	338
Medical or other health	112,981	20,987	18,035	8,958	8,744	2,720	11,877	2,182	169	23,744	8,682	6,883
Theological	24,167	7,479	52	275	2,345	2,098	7,003	2,544	445	0	272	1,656
Tribal[9]	23,711	8,116	230	1,507	1,381	2,560	6,707	770	1,051	0	0	1,391
Other specialized	36,521	13,269	494	1,631	3,895	3,300	9,764	2,830	152	0	89	1,097
2-year	19,129	6,405	13	139	1,599	2,637	5,482	1,439	276	0	0	1,138
Associate's of arts	18,568	6,426	2	101	1,542	2,506	5,298	1,423	224	0	0	1,045
Tribal[9]	33,710	5,839	309	1,121	3,074	6,035	10,279	1,880	1,620	0	0	3,553

[1]Essentially self-supporting operations of institutions that furnish a service to students, faculty, or staff, such as residence halls and food services.
[2]Excludes tuition and fee allowances and agency transactions, such as student awards made from contributed funds or grant funds. These exclusions account for the majority of total student grants.
[3]Research universities with a very high level of research activity.
[4]Research universities with a high level of research activity.
[5]Includes institutions that award at least 20 doctor's degrees per year, but did not have high levels of research activity.
[6]Master's institutions award at least 50 master's degrees per year.
[7]Baccalaureate institutions primarily emphasize undergraduate education. Also includes institutions classified as 4-year under the IPEDS system, which had been classified as 2-year in the Carnegie classification system because they primarily award associate's degrees.
[8]Special-focus 4-year institutions award degrees primarily in single fields of study, such as medicine, business, fine arts, theology, and engineering.
[9]Tribally controlled colleges are located on reservations and are members of the American Indian Higher Education Consortium.
NOTE: Relative levels of research activity for research universities were determined by an analysis of research and development expenditures, science and engineering research staffing, and doctoral degrees conferred, by field. Further information on the research index ranking may be obtained from http://www.carnegiefoundation.org/classifications/index.asp?key=798#related. Degree-granting institutions grant associate's or higher degrees and participate in Title IV federal financial aid programs. Detail may not sum to totals because of rounding.
SOURCE: U.S. Department of Education, National Center for Education Statistics, 2008–09 Integrated Postsecondary Education Data System (IPEDS), Spring 2009 and Spring 2010. (This table was prepared October 2010.)

Table 377. Total expenditures of private for-profit degree-granting institutions, by purpose and type of institution: 1999–2000 through 2008–09

Year and type of institution	Total expenditures, by purpose: Total	Instruction	Research and public service	Student services, academic and institutional support	Auxiliary enterprises[1]	Net grant aid to students[2]	Other
1	2	3	4	5	6	7	8
	In thousands of current dollars						
All institutions							
1999–2000	$3,846,246	$1,171,732	$24,738	$2,041,594	$144,305	$26,278	$437,599
2000–01	4,235,781	1,310,054	22,896	2,337,151	181,243	43,788	340,649
2001–02	5,087,292	1,517,389	16,632	2,977,225	213,195	23,283	339,567
2002–03	6,110,378	1,747,725	17,987	3,670,218	240,380	36,031	398,037
2003–04	7,364,012	1,883,733	8,606	4,592,730	249,472	56,467	573,004
2004–05	8,830,792	2,313,895	7,583	5,693,200	269,883	54,819	491,411
2005–06	10,208,845	2,586,870	8,445	6,569,329	276,587	66,569	701,044
2006–07	12,152,366	2,884,481	6,087	7,760,044	332,887	68,300	1,100,568
2007–08	13,940,442	3,238,406	9,547	9,322,781	421,714	82,072	865,922
2008–09	16,364,360	3,871,127	9,939	11,004,500	396,704	44,440	1,037,650
4-year							
1999–2000	2,022,622	595,976	4,393	1,104,001	92,071	11,805	214,377
2000–01	2,414,655	726,328	4,878	1,385,095	113,371	18,519	166,465
2001–02	3,046,929	883,899	3,192	1,842,373	134,740	8,229	174,495
2002–03	3,754,727	1,030,470	5,339	2,337,388	153,528	14,813	213,190
2003–04	4,821,864	1,143,050	3,705	3,108,697	168,069	32,603	365,740
2004–05	5,989,792	1,430,196	3,513	4,110,514	180,036	38,639	226,894
2005–06	7,218,830	1,680,603	4,065	4,985,531	179,064	54,291	315,276
2006–07	8,837,598	1,857,765	4,303	5,909,914	228,624	56,930	780,063
2007–08	10,424,536	2,149,651	7,534	7,335,592	312,834	71,324	547,602
2008–09	12,399,217	2,580,208	7,629	8,832,095	276,200	33,417	669,669
2-year							
1999–2000	1,823,624	575,756	20,345	937,593	52,234	14,473	223,223
2000–01	1,821,126	583,727	18,019	952,056	67,872	25,269	174,184
2001–02	2,040,363	633,490	13,440	1,134,853	78,455	15,054	165,071
2002–03	2,355,650	717,255	12,648	1,332,830	86,853	21,218	184,846
2003–04	2,542,148	740,683	4,901	1,484,033	81,403	23,864	207,264
2004–05	2,840,999	883,699	4,070	1,582,687	89,846	16,181	264,517
2005–06	2,990,015	906,267	4,381	1,583,798	97,523	12,278	385,768
2006–07	3,314,768	1,026,716	1,784	1,850,129	104,264	11,370	320,505
2007–08	3,515,906	1,088,755	2,014	1,987,189	108,880	10,747	318,320
2008–09	3,965,143	1,290,919	2,310	2,172,405	120,504	11,023	367,981
	Percentage distribution						
All institutions							
1999–2000	100.00	30.46	0.64	53.08	3.75	0.68	11.38
2000–01	100.00	30.93	0.54	55.18	4.28	1.03	8.04
2001–02	100.00	29.83	0.33	58.52	4.19	0.46	6.67
2002–03	100.00	28.60	0.29	60.07	3.93	0.59	6.51
2003–04	100.00	25.58	0.12	62.37	3.39	0.77	7.78
2004–05	100.00	26.20	0.09	64.47	3.06	0.62	5.56
2005–06	100.00	25.34	0.08	64.35	2.71	0.65	6.87
2006–07	100.00	23.74	0.05	63.86	2.74	0.56	9.06
2007–08	100.00	23.23	0.07	66.88	3.03	0.59	6.21
2008–09	100.00	23.66	0.06	67.25	2.42	0.27	6.34
4-year							
1999–2000	100.00	29.47	0.22	54.58	4.55	0.58	10.60
2000–01	100.00	30.08	0.20	57.36	4.70	0.77	6.89
2001–02	100.00	29.01	0.10	60.47	4.42	0.27	5.73
2002–03	100.00	27.44	0.14	62.25	4.09	0.39	5.68
2003–04	100.00	23.71	0.08	64.47	3.49	0.68	7.59
2004–05	100.00	23.88	0.06	68.63	3.01	0.65	3.79
2005–06	100.00	23.28	0.06	69.06	2.48	0.75	4.37
2006–07	100.00	21.02	0.05	66.87	2.59	0.64	8.83
2007–08	100.00	20.62	0.07	70.37	3.00	0.68	5.25
2008–09	100.00	20.81	0.06	71.23	2.23	0.27	5.40
2-year							
1999–2000	100.00	31.57	1.12	51.41	2.86	0.79	12.24
2000–01	100.00	32.05	0.99	52.28	3.73	1.39	9.56
2001–02	100.00	31.05	0.66	55.62	3.85	0.74	8.09
2002–03	100.00	30.45	0.54	56.58	3.69	0.90	7.85
2003–04	100.00	29.14	0.19	58.38	3.20	0.94	8.15
2004–05	100.00	31.11	0.14	55.71	3.16	0.57	9.31
2005–06	100.00	30.31	0.15	52.97	3.26	0.41	12.90
2006–07	100.00	30.97	0.05	55.81	3.15	0.34	9.67
2007–08	100.00	30.97	0.06	56.52	3.10	0.31	9.05
2008–09	100.00	32.56	0.06	54.79	3.04	0.28	9.28

See notes at end of table.

Table 377. Total expenditures of private for-profit degree-granting institutions, by purpose and type of institution: 1999–2000 through 2008–09—Continued

Year and type of institution	Total expenditures, by purpose: Total	Instruction	Research and public service	Student services, academic and institutional support	Auxiliary enterprises[1]	Net grant aid to students[2]	Other
1	2	3	4	5	6	7	8
	Total expenditures per full-time-equivalent student in current dollars						
All institutions							
1999–2000	$10,000	$3,046	$64	$5,308	$375	$68	$1,138
2000–01	10,781	3,334	58	5,949	461	111	867
2001–02	11,144	3,324	36	6,522	467	51	744
2002–03	11,301	3,232	33	6,788	445	67	736
2003–04	11,381	2,911	13	7,098	386	87	886
2004–05	11,205	2,936	10	7,224	342	70	624
2005–06	11,336	2,873	9	7,295	307	74	778
2006–07	12,880	3,057	6	8,225	353	72	1,166
2007–08	13,527	3,142	9	9,046	409	80	840
2008–09	12,848	3,039	8	8,640	311	35	815
4-year							
1999–2000	9,688	2,855	21	5,288	441	57	1,027
2000–01	10,588	3,185	21	6,074	497	81	730
2001–02	11,021	3,197	12	6,664	487	30	631
2002–03	10,862	2,981	15	6,762	444	43	617
2003–04	11,291	2,677	9	7,279	394	76	856
2004–05	10,818	2,583	6	7,424	325	70	410
2005–06	10,897	2,537	6	7,526	270	82	476
2006–07	12,551	2,638	6	8,393	325	81	1,108
2007–08	13,212	2,725	10	9,297	396	90	694
2008–09	12,654	2,633	8	9,013	282	34	683
2-year							
1999–2000	10,370	3,274	116	5,332	297	82	1,269
2000–01	11,048	3,541	109	5,776	412	153	1,057
2001–02	11,333	3,519	75	6,303	436	84	917
2002–03	12,081	3,678	65	6,835	445	109	948
2003–04	11,557	3,367	22	6,747	370	108	942
2004–05	12,120	3,770	17	6,752	383	69	1,128
2005–06	12,558	3,806	18	6,652	410	52	1,620
2006–07	13,848	4,289	7	7,729	436	47	1,339
2007–08	14,555	4,507	8	8,226	451	44	1,318
2008–09	13,498	4,394	8	7,395	410	38	1,253
	Total expenditures per full-time-equivalent student in constant 2008–09 dollars[3]						
All institutions							
1999–2000	$12,680	$3,863	$82	$6,731	$476	$87	$1,443
2000–01	11,375	3,518	61	6,276	487	118	915
2001–02	13,424	4,004	44	7,856	563	61	896
2002–03	13,321	3,810	39	8,002	524	79	868
2003–04	13,128	3,358	15	8,188	445	101	1,022
2004–05	12,548	3,288	11	8,089	383	78	698
2005–06	12,229	3,099	10	7,869	331	80	840
2006–07	13,544	3,215	7	8,649	371	76	1,227
2007–08	13,716	3,186	9	9,173	415	81	852
2008–09	12,848	3,039	8	8,640	311	35	815
4-year							
1999–2000	12,285	3,620	27	6,705	559	72	1,302
2000–01	12,981	3,905	26	7,446	609	100	895
2001–02	13,276	3,851	14	8,027	587	36	760
2002–03	12,803	3,514	18	7,970	524	51	727
2003–04	13,024	3,087	10	8,397	454	88	988
2004–05	12,114	2,892	7	8,313	364	78	459
2005–06	11,755	2,737	7	8,119	292	88	513
2006–07	13,198	2,774	6	8,826	341	85	1,165
2007–08	13,397	2,763	10	9,427	402	92	704
2008–09	12,654	2,633	8	9,013	282	34	683
2-year							
1999–2000	13,149	4,152	147	6,761	377	104	1,610
2000–01	13,545	4,342	134	7,081	505	188	1,296
2001–02	13,652	4,239	90	7,593	525	101	1,104
2002–03	14,240	4,336	76	8,057	525	128	1,117
2003–04	13,331	3,884	26	7,782	427	125	1,087
2004–05	13,572	4,222	19	7,561	429	77	1,264
2005–06	13,547	4,106	20	7,176	442	56	1,748
2006–07	14,561	4,510	8	8,127	458	50	1,408
2007–08	14,758	4,570	8	8,341	457	45	1,336
2008–09	13,498	4,394	8	7,395	410	38	1,253

[1]Essentially self-supporting operations of institutions that furnish a service to students, faculty, or staff, such as residence halls and food services.
[2]Excludes tuition and fee allowances and agency transactions, such as student awards made from contributed funds or grant funds.
[3]Constant dollars based on the Consumer Price Index, prepared by the Bureau of Labor Statistics, U.S. Department of Labor, adjusted to a school-year basis.

NOTE: Degree-granting institutions grant associate's or higher degrees and participate in Title IV federal financial aid programs. Detail may not sum to totals because of rounding.
SOURCE: U.S. Department of Education, National Center for Education Statistics, 1999–2000 through 2008–09 Integrated Postsecondary Education Data System, "Fall Enrollment Survey" (IPEDS-EF:99) and Spring 2001 through Spring 2010. (This table was prepared October 2010.)

Table 378. Total expenditures of private for-profit degree-granting institutions, by purpose and type of institution: 2008–09

Type of institution	Total expenditures, by purpose						
	Total	Instruction	Research and public service	Student services, academic and institutional support	Auxiliary enterprises[1]	Net grant aid to students[2]	Other
1	2	3	4	5	6	7	8
	In thousands of current dollars						
Total	**$16,364,360**	**$3,871,127**	**$9,939**	**$11,004,500**	**$396,704**	**$44,440**	**$1,037,650**
4-year	12,399,217	2,580,208	7,629	8,832,095	276,200	33,417	669,669
Doctoral/research[3]	2,577,448	404,378	264	2,084,457	2,625	0	85,725
Master's[4]	2,269,558	375,006	224	1,640,841	44,968	310	208,209
Baccalaureate[5]	2,801,981	734,472	1,426	1,866,096	50,419	14,086	135,481
Specialized institutions[6]	4,750,230	1,066,352	5,716	3,240,701	178,189	19,021	240,253
Art, music, or design	1,905,533	486,545	3,511	1,259,830	130,184	1,021	24,441
Business and management	1,378,268	231,214	197	978,632	35,747	11,540	120,938
Engineering or technology	984,856	231,612	207	705,542	8,841	1,400	37,255
Law	105,273	27,408	1,154	53,656	76	5,060	17,919
Medical or other health	254,911	47,027	647	178,761	1,525	0	26,951
Other specialized	121,390	42,546	0	64,279	1,816	0	12,749
2-year	3,965,143	1,290,919	2,310	2,172,405	120,504	11,023	367,981
	Percentage distribution						
Total	**100.00**	**23.66**	**0.06**	**67.25**	**2.42**	**0.27**	**6.34**
4-year	100.00	20.81	0.06	71.23	2.23	0.27	5.40
Doctoral/research[3]	100.00	15.69	0.01	80.87	0.10	0.00	3.33
Master's[4]	100.00	16.52	0.01	72.30	1.98	0.01	9.17
Baccalaureate[5]	100.00	26.21	0.05	66.60	1.80	0.50	4.84
Specialized institutions[6]	100.00	22.45	0.12	68.22	3.75	0.40	5.06
Art, music, or design	100.00	25.53	0.18	66.11	6.83	0.05	1.28
Business and management	100.00	16.78	0.01	71.00	2.59	0.84	8.77
Engineering or technology	100.00	23.52	0.02	71.64	0.90	0.14	3.78
Law	100.00	26.04	1.10	50.97	0.07	4.81	17.02
Medical or other health	100.00	18.45	0.25	70.13	0.60	0.00	10.57
Other specialized	100.00	35.05	0.00	52.95	1.50	0.00	10.50
2-year	100.00	32.56	0.06	54.79	3.04	0.28	9.28
	Expenditure per full-time-equivalent student in current dollars						
Total	**$12,848**	**$3,039**	**$8**	**$8,640**	**$311**	**$35**	**$815**
4-year	12,654	2,633	8	9,013	282	34	683
Doctoral/research[3]	7,328	1,150	1	5,926	7	0	244
Master's[4]	13,537	2,237	1	9,787	268	2	1,242
Baccalaureate[5]	15,436	4,046	8	10,280	278	78	746
Specialized institutions[6]	17,027	3,822	20	11,616	639	68	861
Art, music, or design	21,854	5,580	40	14,448	1,493	12	280
Business and management	11,789	1,978	2	8,371	306	99	1,034
Engineering or technology	18,629	4,381	4	13,346	167	26	705
Law	36,591	9,527	401	18,650	26	1,759	6,228
Medical or other health	20,733	3,825	53	14,539	124	0	2,192
Other specialized	17,734	6,216	0	9,391	265	0	1,863
2-year	13,498	4,394	8	7,395	410	38	1,253

[1]Essentially self-supporting operations of institutions that furnish a service to students, faculty, or staff, such as residence halls and food services.
[2]Excludes tuition and fee allowances and agency transactions, such as student awards made from contributed funds or grant funds.
[3]Includes institutions that award at least 20 doctor's degrees per year, but did not have high levels of research activity.
[4]Master's institutions award at least 50 master's degrees per year.
[5]Baccalaureate institutions primarily emphasize undergraduate education. Also includes institutions classified as 4-year under the IPEDS system, which had been classified as 2-year in the Carnegie classification system because they primarily award associate's degrees.
[6]Special focus 4-year institutions award degrees primarily in single fields of study, such as medicine, business, fine arts, theology, and engineering.
NOTE: Degree-granting institutions grant associate's or higher degrees and participate in Title IV federal financial aid programs. Detail may not sum to totals because of rounding.
SOURCE: U.S. Department of Education, National Center for Education Statistics, 2008–09 Integrated Postsecondary Education Data System (IPEDS), Spring 2009 and Spring 2010. (This table was prepared October 2010.)

Table 379. Total expenditures of private not-for-profit and for-profit degree-granting institutions, by level and state or jurisdiction: Selected years, 1999–2000 through 2008–09

[In thousands of current dollars]

State or jurisdiction	Not-for-profit institutions										For-profit institutions	
					2007–08			2008–09				
	1999–2000	2004–05	2005–06	2006–07	Total	4-year	2-year	Total	4-year	2-year	2007–08	2008–09
1	2	3	4	5	6	7	8	9	10	11	12	13
United States ...	**$80,613,037**	**$110,394,127**	**$116,817,913**	**$124,557,725**	**$133,503,539**	**$132,967,352**	**$536,187**	**$141,349,229**	**$140,852,609**	**$496,620**	**$13,940,442**	**$16,364,360**
Alabama	393,465	459,250	473,626	505,523	525,506	525,506	†	546,535	546,535	†	75,320	98,444
Alaska	19,042	21,076	23,276	14,740	15,338	15,338	†	17,211	17,211	†	6,275	9,109
Arizona	143,698	147,825	144,560	136,677	156,501	156,501	†	165,960	165,960	†	2,246,491	2,722,216
Arkansas	230,860	239,357	239,460	251,234	275,135	275,135	†	287,259	287,259	†	20,364	26,615
California	7,871,651	10,728,872	11,328,736	12,121,864	12,868,260	12,824,294	43,965	13,421,736	13,379,113	42,622	1,742,128	2,047,729
Colorado	376,887	524,349	562,544	585,013	617,099	614,443	2,656	632,322	629,882	2,440	576,748	611,882
Connecticut	2,094,981	2,882,963	3,074,362	3,279,174	3,599,071	3,578,785	20,286	3,858,956	3,833,724	25,232	47,948	52,340
Delaware	52,533	87,617	93,079	105,469	114,940	110,584	4,355	124,757	119,977	4,780	†	0
District of Columbia	2,267,409	2,824,081	2,922,770	3,134,498	3,382,416	3,382,416	†	3,715,850	3,715,850	†	258,686	328,919
Florida	2,031,623	3,067,443	3,239,855	3,598,947	4,053,067	4,051,380	1,687	4,523,485	4,521,415	2,070	1,194,823	1,379,974
Georgia	2,635,438	3,442,374	3,694,276	3,863,137	4,070,825	4,045,391	25,434	4,340,833	4,330,498	10,335	395,565	509,600
Hawaii	209,135	195,152	199,857	199,856	204,318	204,318	†	214,383	214,383	†	28,731	37,439
Idaho	118,150	164,694	176,300	188,165	199,378	199,378	†	219,607	219,607	†	17,119	23,649
Illinois	5,668,566	7,113,842	7,310,521	8,003,782	8,659,351	8,645,554	13,797	9,088,501	9,076,041	12,460	939,766	988,986
Indiana	1,343,315	1,796,767	1,879,185	1,996,634	2,099,562	2,093,222	6,340	2,185,735	2,179,264	6,471	360,238	433,600
Iowa	740,760	921,320	961,673	1,025,119	1,096,403	1,093,739	2,664	1,143,991	1,140,586	3,405	502,716	758,054
Kansas	208,729	265,476	277,289	306,622	339,399	317,606	21,794	357,557	334,950	22,606	26,927	35,743
Kentucky	400,513	470,392	495,803	517,782	555,967	555,967	†	589,525	589,525	†	159,716	187,046
Louisiana	746,629	940,075	1,088,847	902,642	893,334	893,334	†	1,032,490	1,032,490	†	79,405	89,353
Maine	316,114	422,938	451,904	479,171	511,073	508,895	2,179	530,015	526,969	3,047	11,578	11,192
Maryland	2,205,880	3,497,182	3,716,510	3,965,788	4,182,593	4,182,593	†	4,547,357	4,547,357	†	58,370	70,854
Massachusetts	7,591,344	10,799,206	11,622,482	12,192,561	13,093,562	13,076,270	17,292	13,916,336	13,904,907	11,429	88,955	103,384
Michigan	995,384	1,327,051	1,407,082	1,433,884	1,532,229	1,532,229	†	1,563,761	1,563,761	†	84,783	100,224
Minnesota	1,004,427	1,297,457	1,358,101	1,446,858	1,542,479	1,539,729	2,750	1,626,949	1,624,485	2,463	685,848	784,964
Mississippi	150,123	178,142	192,778	195,996	205,197	205,197	†	221,582	221,582	†	24,669	16,466
Missouri	2,144,299	3,128,635	3,336,361	3,486,983	3,671,592	3,645,802	25,790	3,864,444	3,837,877	26,567	344,635	277,715
Montana	69,426	91,446	91,423	97,769	102,845	94,324	8,521	104,336	96,859	7,477	†	†
Nebraska	387,569	557,724	590,420	637,536	687,153	684,853	2,299	699,561	696,869	2,692	36,176	34,999
Nevada	7,006	9,637	11,116	30,311	37,411	37,411	†	43,433	43,433	†	123,251	118,434
New Hampshire	589,823	883,914	932,584	992,159	1,071,230	1,070,035	1,195	1,073,128	1,071,966	1,162	48,467	47,523
New Jersey	1,362,090	1,873,156	2,038,712	2,143,312	2,300,613	2,300,613	†	2,472,048	2,472,048	†	91,612	115,467
New Mexico	54,280	54,076	60,376	59,510	60,922	60,922	†	31,149	31,149	†	45,591	111,888
New York	12,519,671	17,680,799	18,471,543	20,111,096	21,721,660	21,641,041	80,619	22,892,724	22,808,334	84,390	667,775	718,608
North Carolina	3,530,337	4,808,306	5,158,463	5,540,302	5,904,228	5,891,386	12,842	6,272,149	6,261,034	11,115	76,722	116,192
North Dakota	56,000	88,860	92,921	95,061	97,781	71,002	26,779	94,477	74,591	19,886	12,014	14,835
Ohio	2,211,035	3,017,764	3,205,370	3,334,147	3,431,802	3,417,702	14,100	3,551,098	3,535,844	15,254	367,147	437,588
Oklahoma	338,276	392,427	419,638	463,629	479,382	479,382	†	515,934	515,934	†	85,333	103,780
Oregon	456,683	550,322	578,958	620,302	671,348	671,348	†	706,683	706,683	†	101,677	118,604
Pennsylvania	7,590,629	9,960,675	10,603,066	11,252,008	12,039,799	11,921,745	118,054	12,681,659	12,573,274	108,385	677,975	706,505
Rhode Island	828,715	1,237,106	1,287,905	1,367,600	1,468,749	1,468,749	†	1,554,627	1,554,627	†	9,076	7,084
South Carolina	408,127	563,952	570,769	605,736	763,573	750,920	12,653	786,592	773,734	12,858	53,667	69,377
South Dakota	69,555	99,575	107,581	111,659	117,465	114,396	3,069	117,711	115,152	2,559	30,502	30,354
Tennessee	1,971,564	3,140,336	3,435,062	3,717,946	3,970,594	3,968,340	2,254	4,262,494	4,260,505	1,988	211,102	245,140
Texas	2,490,597	3,379,710	3,542,703	3,718,549	4,002,023	3,985,196	16,827	4,283,965	4,268,028	15,937	481,695	677,625
Utah	648,035	867,956	888,654	935,899	971,056	960,193	10,863	962,042	950,157	11,885	103,675	115,801
Vermont	347,293	510,623	553,310	620,608	670,263	647,366	22,897	762,710	739,003	23,707	23,478	24,079
Virginia	944,905	1,311,743	1,400,161	1,503,421	1,587,241	1,587,241	†	1,686,972	1,686,972	†	380,405	443,621
Washington	600,315	778,678	803,657	847,942	921,089	921,089	†	964,938	964,938	†	123,645	140,546
West Virginia	170,653	181,181	181,222	184,220	201,405	201,405	†	201,699	201,699	†	90,811	121,720
Wisconsin	999,502	1,410,625	1,521,060	1,628,880	1,759,315	1,747,089	12,226	1,889,964	1,888,566	1,398	81,610	102,556
Wyoming	†	†	†	†	†	†	†	†	†	†	39,235	36,535
Other jurisdictions	**431,216**	**615,990**	**648,562**	**661,324**	**726,558**	**688,339**	**38,218**	**727,264**	**685,315**	**41,949**	**105,094**	**116,452**
Guam	†	1,535	2,635	2,797	2,091	2,091	†	3,680	3,680	†	†	†
Puerto Rico	431,216	614,455	645,927	658,526	724,467	686,248	38,218	723,583	681,635	41,949	105,094	116,452

†Not applicable.
NOTE: Degree-granting institutions grant associate's or higher degrees and participate in Title IV federal financial aid programs. Detail may not sum to totals because of rounding.
SOURCE: U.S. Department of Education, National Center for Education Statistics, 1999–2000 through 2008–09 Integrated Postsecondary Education Data System, Spring 2001 through Spring 2010. (This table was prepared October 2010.)

CHAPTER 4

Federal Programs for Education and Related Activities

This chapter provides a summary of federal legislation and funding for education that describes the scope and variety of federal education programs. Data in this chapter primarily reflect outlays and appropriations of federal agencies. These tabulations differ from federal receipts reported in other chapters because of numerous variations in the data collection systems. Federal dollars are not necessarily spent by recipient institutions in the same year in which they are appropriated. In some cases, institutions cannot identify the source of federal revenues because they flow through state agencies. Some types of revenues, such as tuition and fees, are reported as revenues from students even though they may be supported by federal student aid programs. Some institutions that receive federal education funds are not included in regular surveys, censuses, and administrative data collections conducted by the National Center for Education Statistics (NCES). Thus, the federal programs data tabulated in this chapter are not comparable with figures reported in other chapters. Readers should also be careful about comparing the data on obligations shown in table 387 with the data on outlays and appropriations appearing in other tables in this chapter.

Federal on-budget funding (federal appropriations) for education increased 349 percent from fiscal year (FY) 1965 to FY 2009, after adjustment for inflation (table D and table 380). Between FY 1965 and FY 1975, federal on-budget funding for education increased 145 percent. After a decrease of less than 1 percent from FY 1975 to FY 1980, there was a further decrease of 17 percent from FY 1980 to FY 1985. Thereafter, federal on-budget funding for education generally increased. After adjustment for inflation, federal on-budget funding for education increased by 13 percent from FY 1985 to FY 1990, by 19 percent from FY 1990 to FY 1995, by 9 percent from FY 1995 to FY 2000, and by 51 percent from FY 2000 to FY 2009.

Between FY 1990 and FY 2000, after adjustment for inflation, federal on-budget funding increased for three of the four major categories reported: elementary and secondary education (by 55 percent), other education (by 26 percent), and research at educational institutions (by 34 percent) (table D, table 380, and figure 18). During the same period, funding for postsecondary education decreased by 14 percent. Between FY 2000 and FY 2009, federal funding increased for each of the four major categories: elementary and secondary education (by 60 percent), postsecondary education (by 93 percent), other education (by 19 percent), and research at educational institutions (by 11 percent). For FY 2010, federal program funds were estimated to be $115.4 billion for elementary and secondary education, $47.9 billion for postsecondary education, and $10.6 billion for other education programs (table 382). (FY 2010 data on research at educational institutions were not available at the time this publication was prepared.)

Table D. Federal on-budget funding for education, by category: Selected fiscal years, 1965 through 2009

[In billions of constant fiscal year 2010 dollars]

Year	Total	Elementary/ secondary	Post- secondary	Other education	Research at educational institutions
1965	$36.9	$13.5	$8.3	$2.6	$12.6
1975	90.5	41.2	29.7	6.2	13.3
1980	89.7	41.7	28.9	4.0	15.1
1985	74.6	32.3	21.4	4.0	16.9
1990	84.7	36.1	22.4	5.6	20.7
1995	100.6	47.2	24.7	6.6	22.0
2000	110.0	56.1	19.2	7.0	27.7
2009	165.8	89.6	37.0	8.3	30.8

NOTE: Detail may not sum to totals because of rounding.
SOURCE: U.S. Department of Education, Budget Service and National Center for Education Statistics, unpublished tabulations. U.S. Office of Management and Budget, *Budget of the U.S. Government, Appendix,* various FYs. National Science Foundation, *Federal Funds for Research and Development,* various FYs.

After adjustment for inflation, off-budget support (federal support for education not tied to appropriations) and nonfederal funds generated by federal legislation (e.g., private loans, grants, and aid) showed an increase of 134 percent between FY 1990 ($18.4 billion in FY 2010 dollars) and FY 2000 ($43.0 billion in FY 2010 dollars) (table 380). In FY 2009, these same funds totaled $98.7 billion in FY 2010 dollars, an increase of 129 percent over FY 2000. In FY 2010, these funds were an estimated $109.3 billion.

In FY 2009, federal on-budget funds for education totaled $163.1 billion in current dollars (figure 19 and table 381). The U.S. Department of Education provided about 52 percent ($85.2 billion) of this total. Large amounts of money also came from the U.S. Department of Health and Human Services ($28.5 billion), the U.S. Department of Agriculture ($16.4 billion), the U.S. Department of Defense ($6.7 billion), the U.S. Department of Labor ($6.1 billion), the National Science Foundation ($5.0 billion), the U.S. Department of Veterans Affairs ($4.6 billion), the U.S. Department of Energy ($2.9 billion), and the National Aeronautics and Space Administration ($1.7 billion).

In FY 2009, educational institutions (including local education agencies, state education agencies, and degree-granting institutions) received an estimated 68 percent ($110.1 billion in current dollars) of federal program funds for education (table 383). Another 14 percent ($22.3 billion) was used for postsecondary student support. Other education organizations (including Head Start programs at child care centers, Job Corps and other vocational programs, adult basic education programs, and federal programs at libraries and museums) received 14 percent ($22.5 billion) of federal program funds for education. Federal institutions received 3 percent ($5.6 billion). Other recipients (including American Indian tribes, private nonprofit agencies, and banks) received 2 percent ($2.6 billion) of federal program funds for education.

Of the $116.8 billion in current dollars spent by the U.S. Department of Education in FY 2010, about 50 percent ($58.9 billion) went to local education agencies (school districts) and 10 percent ($11.7 billion) to state education agencies (table 384 and figure 20). About 16 percent ($18.9 billion) went to postsecondary institutions and another 16 percent ($18.7 billion) to postsecondary students. Smaller percentages (totaling 7 percent) went to federal institutions, other education organizations, and other recipients. Local education agencies received a greater percentage of U.S. Department of Education expenditures in FY 2010 than in FY 2009 (50 percent vs. 47 percent).

Chronology of Federal Education Legislation

A capsule view of the history of federal education activities is provided in the following list of selected legislation:

1787 *Northwest Ordinance* authorized land grants for the establishment of educational institutions.

1802 *An Act Fixing the Military Peace Establishment of the United States* established the U.S. Military Academy. (The U.S. Naval Academy was established in 1845 by the Secretary of the Navy.)

1862 *First Morrill Act* authorized public land grants to the states for the establishment and maintenance of agricultural and mechanical colleges.

1867 *Department of Education Act* authorized the establishment of the U.S. Department of Education.[1]

1876 *Appropriation Act*, U.S. Department of the Treasury, established the U.S. Coast Guard Academy.

1890 *Second Morrill Act* provided for money grants for support of instruction in the agricultural and mechanical colleges.

[1] The U.S. Department of Education as established in 1867 was later known as the Office of Education. In 1980, under Public Law 96-88, it became a cabinet-level department. Therefore, for purposes of consistency, it is referred to as the "U.S. Department of Education" even in those tables covering years when it was officially the Office of Education.

1911 *State Marine School Act* authorized federal funds to be used for the benefit of any nautical school in any of 11 specified state seaport cities.

1917 *Smith-Hughes Act* provided for grants to states for support of vocational education.

1918 *Vocational Rehabilitation Act* provided for grants for rehabilitation through training of World War I veterans.

1920 *Smith-Bankhead Act* authorized grants to states for vocational rehabilitation programs.

1935 *Bankhead-Jones Act* (Public Law 74-182) authorized grants to states for agricultural experiment stations.

Agricultural Adjustment Act (Public Law 74-320) authorized 30 percent of the annual customs receipts to be used to encourage the exportation and domestic consumption of agricultural commodities. Commodities purchased under this authorization began to be used in school lunch programs in 1936. The National School Lunch Act of 1946 continued and expanded this assistance.

1936 *An Act to Further the Development and Maintenance of an Adequate and Well-Balanced American Merchant Marine* (Public Law 74-415) established the U.S. Merchant Marine Academy.

1937 *National Cancer Institute Act* established the Public Health Service fellowship program.

1941 *Amendment to Lanham Act of 1940* authorized federal aid for construction, maintenance, and operation of schools in federally impacted areas. Such assistance was continued under Public Law 815 and Public Law 874, 81st Congress, in 1950.

1943 *Vocational Rehabilitation Act* (Public Law 78-16) provided assistance to disabled veterans.

School Lunch Indemnity Plan (Public Law 78-129) provided funds for local lunch food purchases.

1944 *Servicemen's Readjustment Act* (Public Law 78-346), known as the GI Bill, provided assistance for the education of veterans.

Surplus Property Act (Public Law 78-457) authorized transfer of surplus property to educational institutions.

1946 *National School Lunch Act* (Public Law 79-396) authorized assistance through grants-in-aid and other means to states to assist in providing adequate foods and facilities for the establishment, maintenance, operation, and expansion of nonprofit school lunch programs.

George-Barden Act (Public Law 80-402) expanded federal support of vocational education.

1948 *United States Information and Educational Exchange Act* (Public Law 80-402) provided for the interchange of persons, knowledge, and skills between the United States and other countries.

1949 *Federal Property and Administrative Services Act* (Public Law 81-152) provided for donation of surplus property to educational institutions and for other public purposes.

1950 *Financial Assistance for Local Educational Agencies Affected by Federal Activities* (Public Law 81-815 and Public Law 81-874) provided assistance for construction (Public Law 815) and operation (Public Law 874) of schools in federally affected areas.

Housing Act (Public Law 81-475) authorized loans for construction of college housing facilities.

1954 *An Act for the Establishment of the United States Air Force Academy and Other Purposes* (Public Law 83-325) established the U.S. Air Force Academy.

Educational Research Act (Public Law 83-531) authorized cooperative arrangements with universities, colleges, and state educational agencies for educational research.

School Milk Program Act (Public Law 83-597) provided funds for purchase of milk for school lunch programs.

1956 *Library Services Act* (Public Law 84-597) provided grants to states for extension and improvement of rural public library services.

1957 *Practical Nurse Training Act* (Public Law 84-911) provided grants to states for practical nurse training.

1958 *National Defense Education Act* (Public Law 85-864) provided assistance to state and local school systems for instruction in science, mathematics, modern foreign languages, and other critical subjects; state statistical services; guidance, counseling, and testing services and training institutes; higher education student loans and fellowships as well as foreign language study and training; experimentation and dissemination of information on more effective use of television, motion pictures, and related media for educational purposes; and vocational education for technical occupations necessary to the national defense.

Education of Mentally Retarded Children Act (Public Law 85-926) authorized federal assistance for training teachers of the disabled.

Captioned Films for the Deaf Act (Public Law 85-905) authorized a loan service of captioned films for the deaf.

1961 *Area Redevelopment Act* (Public Law 87-27) included provisions for training or retraining of persons in redevelopment areas.

1962 *Manpower Development and Training Act* (Public Law 87-415) provided training in new and improved skills for the unemployed and underemployed.

Migration and Refugee Assistance Act of 1962 (Public Law 87-510) authorized loans, advances, and grants for education and training of refugees.

1963 *Health Professions Educational Assistance Act of 1963* (Public Law 88-129) provided funds to expand teaching facilities and for loans to students in the health professions.

Vocational Education Act of 1963 (Part of Public Law 88-210) increased federal support of vocational education schools; vocational work-study programs; and research, training, and demonstrations in vocational education.

Higher Education Facilities Act of 1963 (Public Law 88-204) authorized grants and loans for classrooms, libraries, and laboratories in public community colleges and technical institutes, as well as undergraduate and graduate facilities in other institutions of higher education.

1964 *Civil Rights Act of 1964* (Public Law 88-352) authorized the Commissioner of Education to arrange for support for institutions of higher education and school districts to provide inservice programs for assisting instructional staff in dealing with problems caused by desegregation.

Economic Opportunity Act of 1964 (Public Law 88-452) authorized grants for college work-study programs for students from low-income families; established a Job Corps program and authorized support for work-training programs to provide education and vocational training and work experience opportunities in welfare programs; authorized support of education and training activities and of community action programs, including Head Start, Follow Through, and Upward Bound; and authorized the establishment of Volunteers in Service to America (VISTA).

1965 *Elementary and Secondary Education Act of 1965* (Public Law 89-10) authorized grants for elementary and secondary school programs for children of low-income families; school library resources, textbooks, and other instructional materials for school children; supplementary educational centers and services; strengthening state education agencies; and educational research and research training.

Health Professions Educational Assistance Amendments of 1965 (Public Law 89-290) authorized scholarships to aid needy students in the health professions.

Higher Education Act of 1965 (Public Law 89-329) provided grants for university community service programs, college library assistance, library training and research, strengthening developing institutions, teacher training programs, and undergraduate instructional equipment. Authorized insured student loans, established a National Teacher Corps, and provided for graduate teacher training fellowships.

National Foundation on the Arts and the Humanities Act (Public Law 89-209) authorized grants and loans for projects in the creative and performing arts and for research, training, and scholarly publications in the humanities.

National Technical Institute for the Deaf Act (Public Law 89-36) provided for the establishment, construction, equipping, and operation of a residential school for postsecondary education and technical training of the deaf.

School Assistance in Disaster Areas Act (Public Law 89-313) provided for assistance to local education agencies to help meet exceptional costs resulting from a major disaster.

1966 *International Education Act* (Public Law 89-698) provided grants to institutions of higher education for the establishment, strengthening, and operation of centers for research and training in international studies and the international aspects of other fields of study.

National Sea Grant College and Program Act (Public Law 89-688) authorized the establishment and operation of Sea Grant Colleges and programs by initiating and supporting programs of education and research in the various fields relating to the development of marine resources.

Adult Education Act (Public Law 89-750) authorized grants to states for the encouragement and expansion of educational programs for adults, including training of teachers of adults and demonstrations in adult education (previously part of Economic Opportunity Act of 1964).

Model Secondary School for the Deaf Act (Public Law 89-694) authorized the establishment and operation, by Gallaudet College, of a model secondary school for the deaf.

1967 *Education Professions Development Act* (Public Law 90-35) amended the Higher Education Act of 1965 for the purpose of improving the quality of teaching and to help meet critical shortages of adequately trained educational personnel.

Public Broadcasting Act of 1967 (Public Law 90-129) established a Corporation for Public Broadcasting to assume major responsibility in channeling federal funds to noncommercial radio and television stations, program production groups, and educational television networks; conduct research, demonstration, or training in matters related to noncommercial broadcasting; and award grants for construction of educational radio and television facilities.

1968 *Elementary and Secondary Education Amendments of 1968*, (Public Law 90-247) modified existing programs and authorized support of regional centers for education of children with disabilities, model centers and services for deaf-blind children, recruitment of personnel and dissemination of information on education of the disabled; technical assistance in education to rural areas; support of dropout prevention projects; and support of bilingual education programs.

Handicapped Children's Early Education Assistance Act (Public Law 90-538) authorized preschool and early education programs for disabled children.

Vocational Education Amendments of 1968 (Public Law 90-576) modified existing programs and provided for a National Advisory Council on Vocational Education and collection and dissemination of information for programs administered by the Commissioner of Education.

1970 *Elementary and Secondary Education Assistance Programs, Extension* (Public Law 91-230) authorized comprehensive planning and evaluation grants to state and local education agencies; provided for the establishment of a National Commission on School Finance.

National Commission on Libraries and Information Services Act (Public Law 91-345) established a National Commission on Libraries and Information Science to effectively utilize the nation's educational resources.

Office of Education Appropriation Act (Public Law 91-380) provided emergency school assistance to desegregating local education agencies.

Environmental Education Act (Public Law 91-516) established an Office of Environmental Education to develop curriculum and initiate and maintain environmental education programs at the elementary/secondary levels; disseminate information; provide training programs for teachers and other educational, public, community, labor, and industrial leaders and employees; provide community education programs; and distribute material dealing with the environment and ecology.

Drug Abuse Education Act of 1970 (Public Law 91-527) provided for development, demonstration, and evaluation of curricula on the problems of drug abuse.

1971 *Comprehensive Health Manpower Training Act of 1971* (Public Law 92-257) amended Title VII of the Public Health Service Act, increasing and expanding provisions for health manpower training and training facilities.

1972 *Drug Abuse Office and Treatment Act of 1972* (Public Law 92-255) established a Special Action Office for Drug Abuse Prevention to provide overall planning and policy for all federal drug-abuse prevention functions; a National Advisory Council for Drug Abuse Prevention; community assistance grants for community mental health centers for treatment and rehabilitation of persons with drug-abuse problems; and, in December 1974, a National Institute on Drug Abuse.

Education Amendments of 1972 (Public Law 92-318) established the Education Division in the U.S. Department of Health, Education, and Welfare and the National Institute of Education; general aid for institutions of higher education; federal matching grants for state Student Incentive Grants; a National

Commission on Financing Postsecondary Education; State Advisory Councils on Community Colleges; a Bureau of Occupational and Adult Education and State Grants for the design, establishment, and conduct of postsecondary occupational education; and a bureau-level Office of Indian Education. Amended current U.S. Department of Education programs to increase their effectiveness and better meet special needs. Prohibited sex bias in admission to vocational, professional, and graduate schools, and public institutions of undergraduate higher education.

1973 *Older Americans Comprehensive Services Amendment of 1973* (Public Law 93-29) made available to older citizens comprehensive programs of health, education, and social services.

Comprehensive Employment and Training Act of 1973 (Public Law 93-203) provided for opportunities for employment and training to unemployed and underemployed persons. Extended and expanded provisions in the Manpower Development and Training Act of 1962, Title I of the Economic Opportunity Act of 1962, Title I of the Economic Opportunity Act of 1964, and the Emergency Employment Act of 1971 as in effect prior to June 30, 1973.

1974 *Education Amendments of 1974* (Public Law 93-380) provided for the consolidation of certain programs; and established a National Center for Education Statistics.

Juvenile Justice and Delinquency Prevention Act of 1974 (Public Law 93-415) provided for technical assistance, staff training, centralized research, and resources to develop and implement programs to keep students in elementary and secondary schools; and established, in the U.S. Department of Justice, a National Institute for Juvenile Justice and Delinquency Prevention.

1975 *Indian Self-Determination and Education Assistance Act* (Public Law 93-638) provided for increased participation of Indians in the establishment and conduct of their education programs and services.

Harry S Truman Memorial Scholarship Act (Public Law 93-642) established the Harry S Truman Scholarship Foundation and created a perpetual education scholarship fund for young Americans to prepare and pursue careers in public service.

Education for All Handicapped Children Act (Public Law 94-142) provided that all children with disabilities have available to them a free appropriate education designed to meet their unique needs.

1976 *Educational Broadcasting Facilities and Telecommunications Demonstration Act of 1976* (Public Law 94-309) established a telecommunications demonstration program to promote the development of nonbroadcast telecommunications facilities and services for the transmission, distribution, and delivery of health, education, and public or social service information.

1977 *Youth Employment and Demonstration Projects Act of 1977* (Public Law 95-93) established a youth employment training program including, among other activities, promoting education-to-work transition, literacy training and bilingual training, and attainment of certificates of high school equivalency.

Career Education Incentive Act (Public Law 95-207) authorized the establishment of a career education program for elementary and secondary schools.

1978 *Tribally Controlled Community College Assistance Act of 1978* (Public Law 95-471) provided federal funds for the operation and improvement of tribally controlled community colleges for Indian students.

Middle Income Student Assistance Act (Public Law 95-566) modified the provisions for student financial assistance programs to allow middle-income as well as low-income students attending college or other postsecondary institutions to qualify for federal education assistance.

1979 *Department of Education Organization Act* (Public Law 96-88) established a U.S. Department of Education containing functions from the Education Division of the U.S. Department of Health, Education, and Welfare (HEW) along with other selected education programs from HEW, the U.S. Department of Justice, U.S. Department of Labor, and the National Science Foundation.

1980 *Asbestos School Hazard Detection and Control Act of 1980* (Public Law 96-270) established a program for inspection of schools for detection of hazardous asbestos materials and provided loans to assist educational agencies to contain or remove and replace such materials.

1981 *Education Consolidation and Improvement Act of 1981* (Part of Public Law 97-35) consolidated 42 programs into 7 programs to be funded under the elementary and secondary block grant authority.

1983 *Student Loan Consolidation and Technical Amendments Act of 1983* (Public Law 98-79) established an 8 percent interest rate for Guaranteed Student Loans and an extended Family Contribution Schedule.

Challenge Grant Amendments of 1983 (Public Law 98-95) amended Title III, Higher Education Act, and added authorization of the Challenge Grant program. The Challenge Grant program provides funds to eligible institutions on a matching basis as an incentive to seek alternative sources of funding.

Education of the Handicapped Act Amendments of 1983 (Public Law 98-199) added the Architectural Barrier amendment and clarified participation of children with disabilities in private schools.

1984 *Education for Economic Security Act* (Public Law 98-377) added new science and mathematics programs for elementary, secondary, and postsecondary education. The new programs included magnet schools, excellence in education, and equal access.

Carl D. Perkins Vocational Education Act (Public Law 98-524) continued federal assistance for vocational education through FY 1989. The act replaced the Vocational Education Act of 1963. It provided aid to the states to make vocational education programs accessible to all persons, including disabled and disadvantaged, single parents and homemakers, and the incarcerated.

Human Services Reauthorization Act (Public Law 98-558) created a Carl D. Perkins scholarship program, a National Talented Teachers Fellowship program, a Federal Merit Scholarships program, and a Leadership in Educational Administration program.

1985 *Montgomery GI Bill—Active Duty* (Public Law 98-525), brought about a new GI Bill for individuals who initially entered active military duty on or after July 1, 1985.

Montgomery GI Bill—Selected Reserve (Public Law 98-525), established an education program for members of the Selected Reserve (which includes the National Guard) who enlist, reenlist, or extend an enlistment after June 30, 1985, for a 6-year period.

1986 *Handicapped Children's Protection Act of 1986* (Public Law 99-372) allowed parents of children with disabilities to collect attorneys' fees in cases brought under the Education of the Handicapped Act and provided that the Education of the Handicapped Act does not preempt other laws, such as Section 504 of the Rehabilitation Act.

Drug-Free Schools and Communities Act of 1986 (Part of Public Law 99-570) established programs for drug abuse education and prevention, coordinated with related community efforts and resources, through the use of federal financial assistance.

1988 *Augustus F. Hawkins-Robert T. Stafford Elementary and Secondary School Improvement Amendments of 1988* (Public Law 100-297) reauthorized through 1993 major elementary and secondary education programs, including Chapter 1, Chapter 2, Bilingual Education, Math-Science Education, Magnet Schools, Impact Aid, Indian Education, Adult Education, and other smaller education programs.

Stewart B. McKinney Homeless Assistance Amendments Act of 1988 (Public Law 100-628) extended for 2 additional years programs providing assistance to the homeless, including literacy training for homeless adults and education for homeless youths.

Tax Reform Technical Amendments (Public Law 100-647) authorized an Education Savings Bond for the purpose of postsecondary educational expenses. The bill grants tax exclusion for interest earned on regular series EE savings bonds.

1989 *Childhood Education and Development Act of 1989* (Part of Public Law 101-239) authorized the appropriations to expand Head Start programs and programs carried out under the Elementary and Secondary Education Act of 1965 to include child care services.

1990 *Excellence in Mathematics, Science and Engineering Education Act of 1990* (Public Law 101-589) created a national mathematics and science clearinghouse and created several other mathematics, science, and engineering education programs.

Student Right-To-Know and Campus Security Act (Public Law 101-542) required institutions of higher education receiving federal financial assistance to provide certain information with respect to the graduation rates of student-athletes at such institutions.

Americans with Disabilities Act of 1990 (Public Law 101-336) prohibited discrimination against persons with disabilities.

National and Community Service Act of 1990 (Public Law 101-610) increased school and college-based community service opportunities and authorized the President's Points of Light Foundation.

1991 *National Literacy Act of 1991* (Public Law 102-73) established the National Institute for Literacy, the National Institute Board, and the Interagency Task Force on Literacy. Amended various federal laws to establish and extend various literacy programs.

High-Performance Computing Act of 1991 (Public Law 102-194) directed the President to implement a National High-Performance Computing Program. Provided for (1) establishment of a National Research and Education Network; (2) standards and guidelines for high-performance networks; and (3) the responsibility of certain federal departments and agencies with regard to the Network.

Veterans' Educational Assistance Amendments of 1991 (Public Law 102-127) restored certain educational benefits available to reserve and active-duty personnel under the Montgomery GI Bill to students whose course of studies were interrupted by the Persian Gulf War.

Civil Rights Act of 1991 (Public Law 102-166) amended the Civil Rights Act of 1964, the Age Discrimination in Employment Act of 1967, and the Americans with Disabilities Act of 1990, with regard to employment discrimination. Established the Technical Assistance Training Institute.

1992 *Ready-To-Learn Act* (Public Law 102-545) amended the General Education Provisions Act to establish Ready-To-Learn Television programs to support educational programming and support materials for preschool and elementary school children and their parents, child care providers, and educators.

1993 *Student Loan Reform Act* (Public Law 103-66) reformed the student aid process by phasing in a system of direct lending designed to provide savings for taxpayers and students. Allows students to choose among a variety of repayment options, including income contingency.

National Service Trust Act (Public Law 103-82) amended the National and Community Service Act of 1990 to establish a Corporation for National Service. In addition, provided education grants up to $4,725 per year for 2 years to people age 17 or older who perform community service before, during, or after postsecondary education.

NAEP Assessment Authorization (Public Law 103-33) authorized use of the National Assessment of Educational Progress (NAEP) for state-by-state comparisons.

1994 *Goals 2000: Educate America Act* (Public Law 103-227) established a new federal partnership through a system of grants to states and local communities to reform the nation's education system. The Act formalized the national education goals and established the National Education Goals Panel.

School-To-Work Opportunities Act of 1994 (Public Law 103-239) established a national framework within which states and communities can develop School-To-Work Opportunities systems to prepare young people for first jobs and continuing education. The Act also provided money to states and communities to develop a system of programs that include work-based learning, school-based learning, and connecting activities components.

Safe Schools Act of 1994 (Part of Public Law 103-227) authorized the award of competitive grants to local educational agencies with serious crime to implement violence prevention activities such as conflict resolution and peer mediation.

1996 *Contract With America: Unfunded Mandates* (Public Law 104-4) ended the imposition, in the absence of full consideration by Congress, of federal mandates on state, local, and tribal governments without adequate funding, in a manner that may displace other essential governmental priorities; and ensured that the federal government pays the costs incurred by those governments in complying with certain requirements under federal statutes and regulations.

1997 *The Taxpayer Relief Act of 1997* (Public Law 105-34) enacted the Hope Scholarship and Life-Long Learning Tax Credit provisions into law.

Emergency Student Loan Consolidation Act of 1997 (Public Law 105-78) amended the Higher Education Act to provide for improved student loan consolidation services.

1998 *Workforce Investment Act of 1998* (Public Law 105-220) enacted the Adult Education and Family Literacy Act, and substantially revised and extended, through FY 2003, the Rehabilitation Act of 1973.

Omnibus Consolidated and Emergency Supplemental Appropriations Act, 1999 (Public Law 105-277) enacted the Reading Excellence Act, to promote the ability of children to read independently by the third grade; and earmarked funds to help states and school districts reduce class sizes in the early grades.

Charter School Expansion Act (Public Law 105-278) amended the charter school program, enacted in 1994 as Title X, Part C of the Elementary and Secondary Education Act of 1965.

Carl D. Perkins Vocational and Applied Technology Education Amendments of 1998 (Public Law 105-332) revised, in its entirety, the Carl D. Perkins Vocational and Applied Technology Education Act, and reauthorized the Act through FY 2003.

Assistive Technology Act of 1998 (Public Law 105-394) replaced the Technology-Related Assistance for Individuals with Disabilities Act of 1988 with a new Act, authorized through FY 2004, to address the assistive-technology needs of individuals with disabilities.

1999 *Education Flexibility Partnership Act of 1999* (Public Law 106-25) authorized the Secretary of Education to allow all states to participate in the Education Flexibility Partnership program.

District of Columbia College Access Act of 1999 (Public Law 106-98) established a program to afford high school graduates from the District of Columbia the benefits of in-state tuition at state colleges and universities outside the District of Columbia.

2000 *The National Defense Authorization Act for Fiscal Year 2001* (Public Law 106-398) included, as Title XVIII, the Impact Aid Reauthorization Act of 2000, which extended the Impact Aid programs through FY 2003.

College Scholarship Fraud Prevention Act of 2000 (Public Law 106-420) enhanced federal penalties for offenses involving scholarship fraud; required an annual scholarship fraud report by the Attorney General, the Secretary of Education, and the Federal Trade Commission (FTC); and required the Secretary of Education, in conjunction with the FTC, to maintain a scholarship fraud awareness website.

Consolidated Appropriations Act 2001 (Public Law 106-554) created a new program of assistance for school repair and renovation, and amended the Elementary and Secondary Education Act of 1965 to authorize credit enhancement initiatives to help charter schools obtain, construct, or repair facilities; reauthorized the Even Start program; and enacted the "Children's Internet Protection Act."

2001 *50th Anniversary of Brown v. the Board of Education* (Public Law 107-41) established a commission for the purpose of encouraging and providing for the commemoration of the 50th anniversary of the 1954 Supreme Court decision *Brown* v. *Board of Education.*

2002 *No Child Left Behind Act of 2001* (Public Law 107-110) provided for the comprehensive reauthorization of the Elementary and Secondary Education Act of 1965, incorporating specific proposals in such areas as testing, accountability, parental choice, and early reading.

Reauthorization of the National Center for Education Statistics and the Creating of the Institute of Education Sciences of 2002 (Public Law 107-279) established the Institute of Education Sciences within the U.S. Department of Education to carry out a coordinated, focused agenda of high-quality research, statistics, and evaluation that is relevant to the educational challenges of the nation.

The Higher Education Relief Opportunities for Students Act of 2001 (Public Law 107-122) provided the Secretary of Education with waiver authority under student financial aid programs under Title IV of the Higher Education Act of 1965, to deal with student and family situations resulting from the September 11, 2001, terrorist attacks.

Established fixed interest rates for student and parent borrowers (Public Law 107-139) under Title IV of the Higher Education Act of 1965.

2003 *The Higher Education Relief Opportunities for Students Act of 2003* (Public Law 108-76) provided the Secretary of Education with waiver authority under student financial aid programs under Title IV of the Higher Education Act of 1965, to deal with student and family situations resulting from wars or national emergencies.

2004 *Assistive Technology Act of 2004* (Public Law 108-364) reauthorized the Assistive Technology program, administered by the Department of Education.

Taxpayer-Teacher Protection Act of 2004 (Public Law 108-409) temporarily stopped excessive special allowance payments to certain lenders under the Federal Family Education Loan (FFEL) Program and increases the amount of loans that can be forgiven for certain borrowers who are highly qualified mathematics, science, and special education teachers who serve in high-poverty schools for 5 years.

Individuals with Disabilities Education Improvement Act of 2004 (Public Law 108-446) provided a comprehensive reauthorization of the Individuals with Disabilities Education Act.

2005 *Student Grant Hurricane and Disaster Relief Act* (Public Law 109-67) authorized the Secretary of Education to waive certain repayment requirements for students receiving campus-based federal grant assistance if they were residing in, employed in, or attending an institution of higher education located in a major disaster area, or their attendance was interrupted because of the disaster.

Natural Disaster Student Aid Fairness Act (Public Law 109-86) authorized the Secretary of Education during FY 2006 to reallocate campus-based student aid funds to institutions of higher learning in Louisiana, Mississippi, Alabama, and Texas, or institutions that have accepted students displaced by Hurricane Katrina or Rita. The law also waived requirements for matching funds that are normally imposed on institutions and students.

Hurricane Education Recovery Act (HERA) (Public Law 109-148, provision in the Defense Department Appropriations Act for FY 2006) provided funds for states affected by Hurricane Katrina to restart school operations, provide temporary emergency aid for displaced students, and assist homeless youth. The law also permitted the Secretary of Education to extend deadlines under the Individuals with Disabilities Education Act for those affected by Katrina or Rita.

2006 *Higher Education Reconciliation Act of 2005* (Public Law 109-171) made various amendments to programs of student financial assistance under Title IV of the Higher Education Act of 1965.

Public Law 109-211 reauthorized the "ED-FLEX" program (under the Education Flexibility Partnership Act of 1999), under which the Secretary of Education permits states to waive certain requirements of federal statutes and regulations if they meet certain conditions.

Carl D. Perkins Career and Technical Education Improvement Act of 2006 (Public Law 109-270) reauthorized the vocational and technical education programs under the Perkins Act through 2012.

2007 Public Law 110-15 designated the Department of Education Headquarters Building as the "Lyndon Baines Johnson Department of Education Building."

America COMPETES Act (or *"America Creating Opportunities to Meaningfully Promote Excellence in Technology, Education, and Science"*) (Public Law 110-69) created new STEM (science, technology, engineering, and mathematics) education programs in various agencies, including the Department of Education.

College Cost Reduction and Access Act of 2007 (Public Law 110-84) reduced interest rates on student loans and made other amendments to the Higher Education Act of 1965 to make college more accessible and affordable.

Permanent extension of the *Higher Education Relief Opportunities for Students Act of 2003 (HEROES Act)* (Public Law 110-93) gave the Secretary of Education authority to waive or modify any statutory or regulatory provision applicable to the student financial assistance programs under title IV of the Higher Education Act of 1965 as deemed necessary in connection with a war or other military operation or national emergency.

2008 *Ensuring Continued Access to Student Loans Act of 2008* (Public Law 110-227) provided various authorities to the Department of Education, among other provisions, to help ensure that college students and their parents continue to have access to loans in the tight credit market.

Higher Education Opportunity Act (Public Law 110-315) provided a comprehensive reauthorization of the Higher Education Act of 1965.

2009 *American Recovery and Reinvestment Act of 2008* (Public Law 111-5) provided about $100 billion to state education systems and supplemental appropriations for several Department of Education programs.

Public Law 111-39 made miscellaneous and technical amendments to the Higher Education Act of 1965.

2010 *Health Care and Education Reconciliation Act of 2010* (Public Law 111-152) included, as Title II, the "SAFRA Act" (also known as the "Student Aid and Fiscal Responsibility Act"). The SAFRA Act ended the federal government's role in subsidizing financial institutions that make student loans through the Federal Family Education Loan (FFEL) Program under Part B of Title IV of the Higher Education Act of 1965 (HEA), and correspondingly expanded the Federal Direct Student Loan Program administered by the Department of Education under Part D of Title IV of the HEA.

Public Law 111-226 provided an additional $10 billion to states and school districts, through an "Education Jobs Fund" modeled closely on the State Fiscal Stabilization Fund created by the 2009 Recovery Act, to hire (or avoid laying off) teachers and other educators.

Figure 18. Federal on-budget funds for education, by level or other educational purpose: Selected years, 1965 through 2010

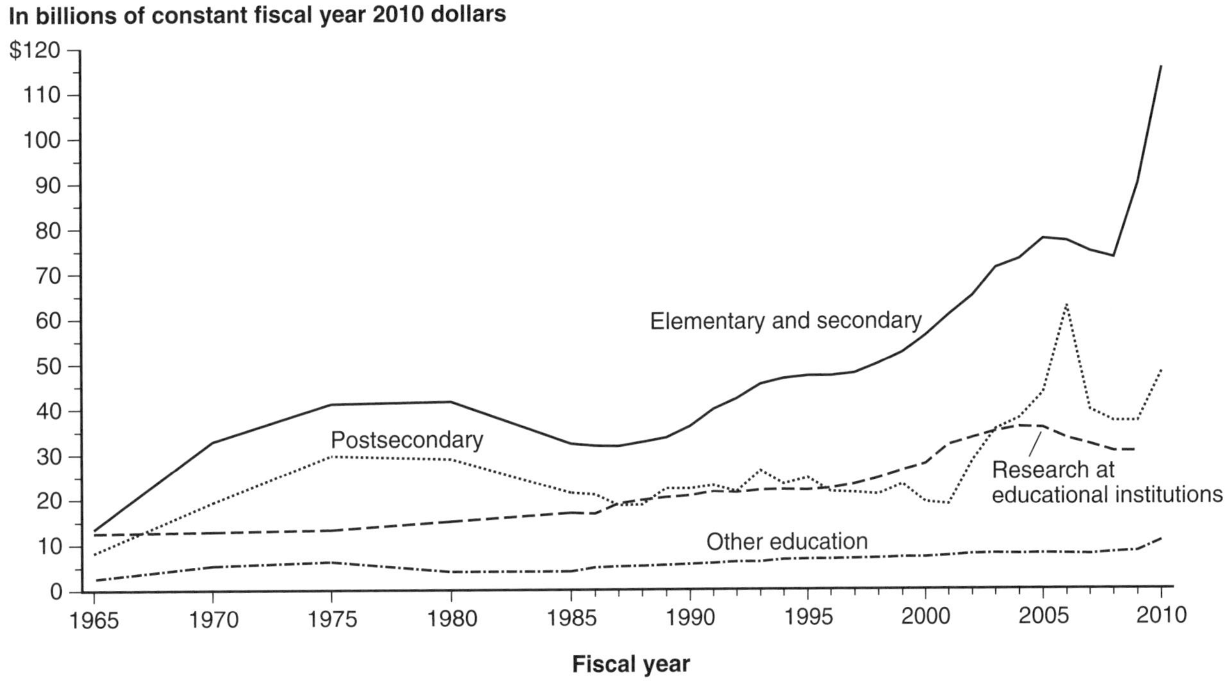

NOTE: The increase in postsecondary expenditures in 2006 resulted primarily from an accounting adjustment. Data for research at educational institutions are estimated for 2009 and not available for 2010. Data for 2010 for elementary and secondary, postsecondary, and other education are estimated.
SOURCE: U.S. Department of Education, Budget Service, unpublished tabulations. U.S. Department of Education, National Center for Education Statistics, unpublished tabulations. U.S. Office of Management and Budget, *Budget of the U.S. Government, Appendix,* fiscal years 1967 through 2011. National Science Foundation, *Federal Funds for Research and Development*, fiscal years 1965 through 2009.

Figure 19. Percentage of federal on-budget funds for education, by agency: Fiscal year 2009

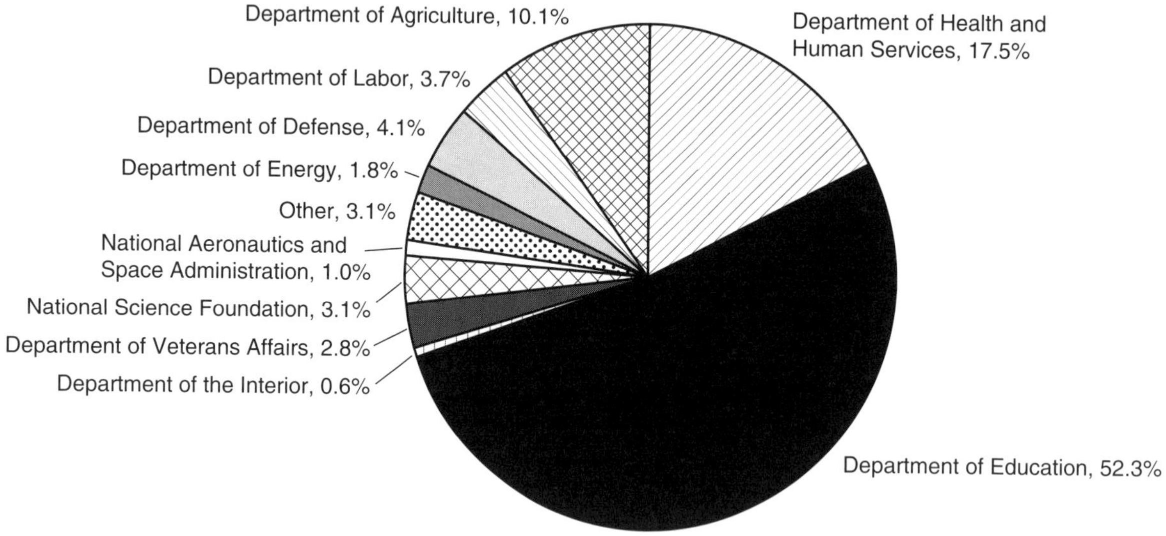

Total = $163.1 billion (fiscal year 2009 dollars)

NOTE: Detail may not sum to totals because of rounding.
SOURCE: U.S. Department of Education, National Center for Education Statistics, unpublished tabulations. U.S. Office of Management and Budget, *Budget of the U.S. Government, Appendix*, fiscal year 2011. National Science Foundation, *Federal Funds for Research and Development*, fiscal year 2009.

Figure 20. Percentage of U.S. Department of Education outlays, by type of recipient: Fiscal year 2010

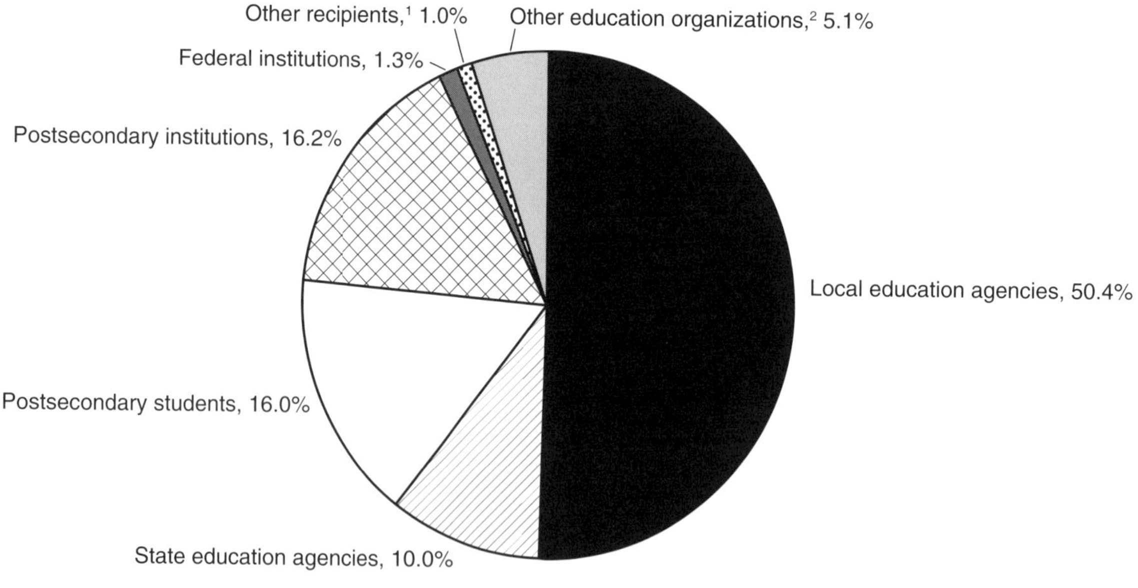

Total outlays = $116.8 billion (fiscal year 2010 dollars)

[1]Other recipients include American Indian tribes, private nonprofit agencies, and banks.
[2]Includes funds for vocational education and for federal programs at libraries and museums.
NOTE: Detail may not sum to totals because of rounding.
SOURCE: U.S. Office of Management and Budget, *Budget of the U.S. Government*, fiscal year 2011. U.S. Department of Education, Budget Service, unpublished tabulations.

Table 380. Federal support and estimated federal tax expenditures for education, by category: Selected fiscal years, 1965 through 2010

[In millions of dollars]

Fiscal year	Total on-budget support, off-budget support, and nonfederal funds generated by federal legislation	On-budget support[1]					Off-budget support and nonfederal funds generated by federal legislation								Estimated federal tax expenditures for education[2]
		Total	Elementary and secondary	Post-secondary	Other education[3]	Research at educational institutions	Total	Off-budget support: Direct Loan Program[4]	Nonfederal funds: Federal Family Education Loan Program[5]	Perkins Loans[6]	Income Contingent Loans[7]	Leveraging Educational Assistance Partnerships[8]	Supplemental Educational Opportunity Grants[9]	Work-Study Aid[10]	
1	2	3	4	5	6	7	8	9	10	11	12	13	14	15	16
	Current dollars														
1965	$5,354.7	$5,331.0	$1,942.6	$1,197.5	$374.7	$1,816.3	$23.7	†	†	$16.1	†	†	†	$7.6	—
1970	13,359.1	12,526.5	5,830.4	3,447.7	964.7	2,283.6	832.6	†	$770.0	21.0	†	†	†	41.6	—
1975	24,691.5	23,288.1	10,617.2	7,644.0	1,608.5	3,418.4	1,403.4	†	1,233.0	35.7	†	$20.0	†	114.7	$8,605.0
1980	39,349.5	34,493.5	16,027.7	11,115.9	1,548.7	5,801.2	4,856.0	†	4,598.0	31.8	†	76.8	†	149.4	13,320.0
1985	47,753.4	39,027.9	16,901.3	11,174.4	2,107.6	8,844.6	8,725.5	†	8,467.0	21.4	†	76.0	†	161.1	19,105.0
1986	48,357.3	39,962.9	17,049.9	11,283.6	2,620.0	9,009.4	8,394.4	†	8,142.0	20.2	†	72.7	†	159.5	20,425.0
1987	50,724.6	41,194.7	17,535.7	10,300.0	2,820.4	10,538.6	9,529.8	†	9,272.0	20.9	$0.6	76.0	†	160.4	20,830.0
1988	54,078.7	43,454.4	18,564.9	10,657.5	2,981.6	11,250.5	10,624.3	†	10,380.0	20.6	0.5	72.8	†	150.4	17,025.0
1989	59,537.4	48,269.6	19,809.5	13,269.9	3,180.3	12,009.8	11,267.8	†	10,938.0	20.4	0.5	71.9	$22.0	215.0	17,755.0
1990	62,811.5	51,624.3	21,984.4	13,650.9	3,383.0	12,606.0	11,187.2	†	10,826.0	15.0	0.5	59.2	48.8	237.7	19,040.0
1991	70,375.6	57,599.5	25,418.0	14,707.4	3,698.6	13,775.4	12,776.1	†	12,372.0	17.3	0.5	63.5	87.7	235.0	18,995.0
1992	74,481.1	60,483.1	27,926.9	14,387.4	3,992.0	14,176.9	13,998.0	†	13,568.0	17.3	0.5	72.0	97.2	242.9	19,950.0
1993	84,741.5	67,740.6	30,834.3	17,844.0	4,107.2	14,955.1	17,000.8	†	16,524.0	29.3	†	72.4	184.6	190.5	21,010.0
1994	92,781.5	68,254.2	32,304.4	16,177.1	4,483.7	15,289.1	24,527.3	$813.0	23,214.0	52.7	†	72.4	184.6	190.5	22,630.0
1995	95,810.8	71,639.5	33,623.8	17,618.1	4,719.7	15,677.9	24,171.2	5,161.0	18,519.0	52.7	†	63.4	184.6	190.5	24,600.0
1996	96,833.0	71,327.4	34,391.5	15,775.5	4,828.0	16,332.3	25,505.6	8,357.0	16,711.0	31.1	†	31.4	184.6	190.5	26,340.0
1997	103,259.8	73,731.8	35,478.9	15,959.4	5,021.2	17,272.4	29,528.0	9,838.0	19,163.0	52.7	†	50.0	184.6	239.7	28,125.0
1998	107,810.5	76,909.2	37,486.2	15,799.6	5,148.5	18,475.0	30,901.3	10,400.1	20,002.5	45.0	†	25.0	194.3	234.4	29,540.0
1999	113,417.2	82,863.6	39,937.9	17,651.2	5,318.0	19,956.5	30,553.6	9,953.0	20,107.0	33.3	†	25.0	195.9	239.4	37,360.0
2000	119,541.6	85,944.2	43,790.8	15,008.7	5,484.6	21,660.1	33,597.4	10,347.0	22,711.0	33.3	†	50.0	199.7	256.4	39,475.0
2001	130,668.5	94,846.5	48,530.1	14,938.3	5,880.0	25,498.1	35,822.0	10,635.0	24,694.0	25.0	†	80.0	184.0	204.0	41,460.0
2002	150,034.5	109,211.5	52,754.1	22,964.2	6,297.7	27,195.5	40,823.0	11,689.0	28,606.0	25.0	†	104.0	192.0	207.0	—
2003	170,671.5	124,374.5	59,274.2	29,499.7	6,532.5	29,068.1	46,297.0	11,969.0	33,791.0	33.0	†	103.0	202.0	199.0	—
2004	185,176.7	132,420.7	62,653.2	32,433.0	6,576.8	30,757.7	52,756.0	12,840.0	39,266.0	33.0	†	102.0	244.0	271.0	—
2005	203,036.0	146,207.0	68,957.7	38,587.3	6,908.5	31,753.5	56,829.0	12,930.0	43,284.0	0.0	†	101.0	246.0	268.0	—
2006	226,978.7	166,495.7	70,948.2	57,757.7	7,074.5	30,715.2	60,483.0	12,677.0	47,307.0	0.0	†	100.0	205.0	194.0	—
2007	210,536.0	145,698.0	70,735.9	37,465.3	7,214.9	30,281.9	64,838.0	13,022.0	51,320.0	0.0	†	100.0	205.0	191.0	—
2008	222,106.8	146,108.8	71,927.9	36,395.2	7,882.2	29,903.6[11]	75,998.0	18,213.0	57,296.0	0.0	†	98.0	201.0	190.0	—
2009	260,122.7	163,070.7	88,133.6	36,394.2	8,211.0	30,331.9[11]	97,052.0	29,738.0	66,778.0	0.0	†	98.0	201.0	237.0	—
2010[11]	—	—	115,404.3	47,888.8	10,630.5	—	109,252.0	73,529.0	35,234.0	0.0	†	98.0	201.0	190.0	—
	Constant fiscal year 2010 dollars[12]														
1965	$37,096.4	$36,932.1	$13,457.7	$8,296.1	$2,595.5	$12,582.8	$164.3	†	†	$111.6	†	†	†	$52.7	—
1970	75,303.3	70,610.2	32,865.4	19,434.2	5,438.0	12,872.6	4,693.1	†	$4,340.4	118.2	†	†	†	234.5	—
1975	95,919.9	90,468.2	41,245.0	29,695.1	6,248.5	13,279.6	5,451.7	†	4,789.9	138.6	†	$77.7	†	445.6	$33,428.1
1980	102,274.0	89,652.7	41,657.9	28,891.5	4,025.3	15,078.0	12,621.3	†	11,950.8	82.6	†	199.6	†	388.3	34,620.3
1985	91,332.0	74,643.8	32,325.1	21,371.9	4,030.9	16,915.9	16,688.2	†	16,193.8	40.9	†	145.4	†	308.1	36,539.8
1986	90,151.8	74,502.3	31,786.0	21,035.8	4,884.5	16,796.0	15,649.6	†	15,179.0	37.7	†	135.5	†	297.4	38,078.0
1987	91,671.8	74,449.0	31,691.3	18,614.6	5,097.2	19,045.9	17,222.8	†	16,756.8	37.8	$1.0	137.4	†	289.9	37,644.9
1988	94,861.8	76,225.2	32,565.4	18,694.8	5,230.1	19,734.9	18,636.6	†	18,208.0	36.2	0.8	127.7	†	263.8	29,864.3
1989	100,721.8	81,659.5	33,512.6	22,449.2	5,380.3	20,317.5	19,062.2	†	18,504.2	34.5	0.9	121.6	$37.2	363.7	30,036.8

See notes at end of table.

Table 380. Federal support and estimated federal tax expenditures for education, by category: Selected fiscal years, 1965 through 2010—Continued

[In millions of dollars]

Fiscal year	Total on-budget support, off-budget support, and nonfederal funds generated by federal legislation	On-budget support[1]					Off-budget support and nonfederal funds generated by federal legislation								Estimated federal tax expenditures for education[2]
		Total	Elementary and secondary	Post-secondary	Other education[3]	Research at educational institutions	Total	Off-budget support: Direct Loan Program[4]	Nonfederal funds: Federal Family Education Loan Program[5]	Perkins Loans[6]	Income Contingent Loans[7]	Leveraging Educational Assistance Partnerships[8]	Supplemental Educational Opportunity Grants[9]	Work-Study Aid[10]	
1	2	3	4	5	6	7	8	9	10	11	12	13	14	15	16
1990	103,060.5	84,704.7	36,071.7	22,398.3	5,550.8	20,683.8	18,355.8	†	17,763.2	24.6	0.8	97.1	80.1	390.0	31,240.6
1991	110,279.9	90,259.6	39,830.6	23,046.8	5,795.8	21,586.4	20,020.4	†	19,387.2	27.2	0.8	99.6	137.4	368.2	29,765.6
1992	112,412.8	91,285.9	42,149.5	21,714.6	6,025.0	21,396.8	21,127.0	†	20,477.9	26.2	0.8	108.7	146.8	366.6	30,110.1
1993	124,532.3	99,548.6	45,312.8	26,222.8	6,035.8	21,977.3	24,983.7	†	24,282.9	43.0	†	106.4	271.3	280.0	30,875.4
1994	133,841.4	98,459.8	46,600.5	23,336.1	6,467.9	22,055.2	35,381.7	$1,172.8	33,487.2	76.0	†	104.5	266.3	274.9	32,644.8
1995	134,545.1	100,601.9	47,217.2	24,740.8	6,627.7	22,016.2	33,943.2	7,247.5	26,005.8	74.0	†	89.0	259.3	267.6	34,545.3
1996	132,790.4	97,813.7	47,162.2	21,633.5	6,620.9	22,397.1	34,976.7	11,460.2	22,916.4	42.6	†	43.1	253.1	261.2	36,120.9
1997	138,689.0	99,029.7	47,652.0	21,435.2	6,744.0	23,198.6	39,659.3	13,213.5	25,738.0	70.8	†	67.2	247.9	321.9	37,774.9
1998	143,427.9	102,317.7	49,870.5	21,019.3	6,849.4	24,578.6	41,110.2	13,836.0	26,610.7	59.9	†	33.3	258.5	311.8	39,299.1
1999	148,805.4	108,718.5	52,399.2	23,158.7	6,977.3	26,183.2	40,086.9	13,058.5	26,380.7	43.7	†	32.8	257.0	314.1	49,017.0
2000	153,030.2	110,020.7	56,058.4	19,213.3	7,021.0	27,728.0	43,009.4	13,245.6	29,073.3	42.6	†	64.0	255.6	328.2	50,533.6
2001	163,161.1	118,431.5	60,597.8	18,652.9	7,342.2	31,838.6	44,729.7	13,279.6	30,834.5	31.2	†	99.9	229.8	254.7	51,769.6
2002	184,328.1	134,174.1	64,812.2	28,213.1	7,737.2	33,411.6	50,154.0	14,360.8	35,144.5	30.7	†	127.8	235.9	254.3	—
2003	204,314.3	148,891.2	70,958.4	35,314.7	7,820.2	34,798.0	55,423.1	14,328.3	40,451.9	39.5	†	123.3	241.8	238.2	—
2004	215,495.5	154,101.8	72,911.4	37,743.2	7,653.6	35,793.6	61,393.7	14,942.3	45,695.0	38.4	†	118.7	283.9	315.4	—
2005	227,867.3	164,088.1	77,391.2	43,306.5	7,753.4	35,637.0	63,779.2	14,511.3	48,577.6	0.0	†	113.4	276.1	300.8	—
2006	245,981.2	180,434.6	76,888.0	62,593.2	7,666.8	33,286.7	65,546.6	13,738.3	51,267.5	0.0	†	108.4	222.2	210.2	—
2007	222,113.7	153,710.1	74,625.7	39,525.6	7,611.7	31,947.2	68,403.5	13,738.1	54,142.2	0.0	†	105.5	216.3	201.5	—
2008	226,013.7	148,678.9	73,193.1	37,035.4	8,020.9	30,429.6 [11]	77,334.8	18,533.4	58,303.8	0.0	†	99.7	204.5	193.3	—
2009	264,434.5	165,773.8	89,594.5	36,997.5	8,347.1	30,834.7 [11]	98,660.7	30,230.9	67,884.9	0.0	†	99.6	204.3	240.9	—
2010[11]	—	—	115,404.3	47,888.8	10,630.5	—	109,252.0	73,529.0	35,234.0	0.0	†	98.0	201.0	190.0	—

—Not available.

†Not applicable.

[1]On-budget support includes federal funds for education programs tied to appropriations. Excludes federal support for medical education benefits under Medicare in the U.S. Department of Health and Human Services. Benefits excluded because data before fiscal year (FY) 1990 are not available. This program existed since Medicare began, but was not available as a separate budget item until FY 1990. Excluded amounts range from $4,440,000,000 in FY 1990 to an estimated $9,100,000,000 in FY 2010.

[2]Losses of tax revenue attributable to provisions of the federal income tax laws that allow a special exclusion, exemption, or deduction from gross income or provide a special credit, preferential rate of tax, or a deferral of tax liability affecting individual or corporate income tax liabilities.

[3]Other education includes libraries, museums, cultural activities, and miscellaneous research.

[4]The William D. Ford Direct Program (commonly referred to as the Direct Loan Program) provides students with the same benefits they are currently eligible to receive under the Federal Family Education Loan (FFEL) program, but provides loans to students through federal capital rather than through private lenders.

[5]Formerly the Guaranteed Student Loan program. Includes new student loans guaranteed by the federal government and disbursed to borrowers.

[6]Student loans created from institutional matching funds (since 1993 one-third of federal capital contributions). Excludes repayments of outstanding loans.

[7]Student loans created from institutional matching funds (one-ninth of the federal contribution). This was a demonstration project that involved only 10 institutions and had unsubsidized interest rates. Program repealed in fiscal year 1992.

[8]Formerly the State Student Incentive Grant program. Starting in fiscal year 2000, amounts under $30.0 million have required dollar-for-dollar state matching contributions, while amounts over $30.0 million have required two-to-one state matching contributions.

[9]Institutions award grants to undergraduate students, and the federal share of such grants may not exceed 75 percent of the total grant.

[10]Employer contributions to student earnings are generally one-third of federal allocation.

[11]Estimated.

[12]Data adjusted by the federal funds composite deflator reported in the U.S. Office of Management and Budget, *Budget of the U.S. Government, Historical Tables, Fiscal Year 2011*.

NOTE: To the extent possible, federal education funds data represent outlays rather than obligations. Some data have been revised from previously published figures. Detail may not sum to totals because of rounding. The increase in postsecondary expenditures in 2006 resulted primarily from an accounting adjustment.

SOURCE: U.S. Department of Education, Budget Service, unpublished tabulations. U.S. Department of Education, National Center for Education Statistics, unpublished tabulations. U.S. Office of Management and Budget, *Budget of the U.S. Government, Appendix*, fiscal years 1967 through 2011. National Science Foundation, *Federal Funds for Research and Development*, fiscal years 1967 through 2009. (This table was prepared October 2010.)

Table 381. Federal on-budget funds for education, by agency: Selected fiscal years, 1970 through 2009

[In thousands of current dollars]

Agency	1970	1980	1990[1]	1995[1]	2000[1]	2005[1]	2006[1]	2007[1]	2008[1]	2009[1,2]
1	2	3	4	5	6	7	8	9	10	11
Total	**$12,526,499**	**$34,493,502**	**$51,624,342**	**$71,639,520**	**$85,944,203**	**$146,206,999**	**$166,495,660**	**$145,697,988**	**$146,108,840**	**$163,070,710**
Department of Education	4,625,224	13,137,785	23,198,575	31,403,000	34,106,697	72,893,301	93,571,541	71,808,014	72,177,819	85,224,697
Department of Agriculture	960,910	4,562,467	6,260,843	9,092,089	11,080,031	13,817,553	14,677,672	15,547,977	16,680,529	16,428,091
Department of Commerce	13,990	135,561	53,835	88,929	114,575	243,948	249,962	200,374	192,733	198,012
Department of Defense	821,388	1,560,301	3,605,509	3,879,002	4,525,080	6,320,454	6,136,390	6,322,843	6,682,258	6,678,142
Department of Energy	551,527	1,605,558	2,561,950	2,692,314	3,577,004	4,339,879	4,283,520	3,382,683	2,560,298	2,883,661
Department of Health and Human Services	1,796,854	5,613,930	7,956,011	12,469,563	17,670,867	26,107,860	25,601,712	26,350,200	26,704,168	28,470,391
Department of Homeland Security	†	†	†	†	†	624,860	560,380	484,118	457,082	558,458
Department of Housing and Urban Development	114,709	5,314	118	1,613	1,400	1,100	600	400	400	400
Department of the Interior	190,975	440,547	630,537	702,796	959,802	1,254,533	1,146,750	1,102,615	1,050,004	968,516
Department of Justice	15,728	60,721	99,775	172,350	278,927	608,148	563,434	829,010	823,950	876,158
Department of Labor	424,494	1,862,738	2,511,380	3,967,914	4,696,100	5,764,500	5,414,500	5,249,800	5,073,600	6,084,600
Department of State	59,742	25,188	51,225	54,671	388,349	533,309	555,014	587,120	638,280	655,520
Department of Transportation	27,534	54,712	76,186	135,816	117,054	126,900	133,700	127,500	144,178	139,933
Department of the Treasury	18	1,247,463	41,715	49,496	83,000	0	0	100	0	0
Department of Veterans Affairs	1,032,918	2,351,233	757,476	1,324,382	1,577,374	4,293,624	4,547,560	5,256,399	4,527,232	4,601,426
Other agencies and programs										
ACTION	†	2,833	8,472	†	†	†	†	†	†	†
Agency for International Development	88,034	176,770	249,786	290,580	332,500	602,100	596,100	657,700	624,620	628,225
Appalachian Regional Commission	37,838	19,032	93	10,623	7,243	8,542	11,027	7,463	7,176	6,106
Barry Goldwater Scholarship and Excellence in Education Foundation	†	†	1,033	3,000	3,000	3,000	3,000	3,000	3,000	3,000
Corporation for National and Community Service	†	†	†	214,600	386,000	472,000	503,000	395,000	333,000	401,000
Environmental Protection Agency	19,446	41,083	87,481	125,721	98,900	83,400	64,600	68,900	66,600	64,700
Estimated education share of federal aid to the District of Columbia	33,019	81,847	104,940	78,796	127,127	154,962	140,997	168,156	149,722	157,465
Federal Emergency Management Agency	290	1,946	215	170,400	14,894	†	†	†	†	†
General Services Administration	14,775	34,800	†	†	†	†	†	†	†	†
Harry S Truman Scholarship fund	†	-1,895	2,883	3,000	3,000	3,000	3,000	3,000	3,000	2,000
Institute of American Indian and Alaska Native Culture and Arts Development	†	†	4,305	13,000	2,000	6,000	6,000	6,000	7,000	8,000
Institute of Museum and Library Services	†	†	†	†	166,000	250,000	241,000	258,000	253,000	265,000
James Madison Memorial Fellowship Foundation	†	†	191	2,000	7,000	2,000	2,000	2,000	2,000	2,000
Japanese-United States Friendship Commission	†	2,294	2,299	2,000	3,000	3,000	2,000	2,000	2,000	2,000
Library of Congress	29,478	151,871	189,827	241,000	299,000	430,000	435,000	463,000	434,000	468,000
National Aeronautics and Space Administration	258,366	255,511	1,093,303	1,757,900	2,077,830	2,763,120	2,386,342	1,651,205	1,646,305	1,655,373
National Archives and Records Administration	†	†	77,397	105,172	121,879	276,000	276,000	273,000	279,000	329,000
National Commission on Libraries and Information Science	†	2,090	3,281	1,000	2,000	1,000	1,000	1,000	1,000	†
National Endowment for the Arts	340	5,220	5,577	9,421	10,048	10,976	10,561	11,767	12,808	12,918
National Endowment for the Humanities	8,459	142,586	141,048	151,727	100,014	117,825	120,305	121,086	124,162	134,533
National Science Foundation	295,628	808,392	1,588,891	2,086,195	2,955,244	3,993,216	4,087,701	4,262,057	4,348,647	5,034,481
Nuclear Regulatory Commission	†	32,590	42,328	22,188	12,200	15,100	13,600	10,100	6,800	8,100
Office of Economic Opportunity	1,092,410	†	†	†	†	†	†	†	†	†
Smithsonian Institution	2,461	5,153	5,779	9,961	25,764	45,890	42,092	46,101	64,768	61,104
United States Arms Control Agency	100	661	25	†	†	†	†	†	†	†
United States Information Agency	8,423	66,210	201,547	294,800	†	†	†	†	†	†
United States Institute of Peace	†	†	7,621	12,000	13,000	28,000	101,000	32,000	17,000	49,000
Other agencies	1,421	990	885	500	300	7,900	6,600	6,300	10,700	10,700

†Not applicable.

[1]Excludes federal support for medical education benefits under Medicare in the U.S. Department of Health and Human Services. Benefits excluded from total because data before fiscal year (FY) 1990 are not available. This program existed since Medicare began, but was not available as a separate budget item until FY 1990. Excluded amounts are as follows: $4,440,000,000 in FY 1990, $7,510,000,000 in FY 1995, $8,020,000,000 in FY 2000, $8,300,000,000 in FY 2005, $8,300,000,000 in FY 2006, $8,200,000,000 in FY 2007, $8,600,000,000 in FY 2008, $8,800,000,000 in FY 2009, and an estimated $9,100,000,000 in FY 2010.

[2]Estimated.

NOTE: To the extent possible, amounts reported represent outlays, rather than obligations. Some data have been revised from previously published figures. Detail may not sum to totals because of rounding. Negative amounts occur when program receipts exceed outlays. Much of the increase in Department of Education funds in 2006 was due to an increase in postsecondary expenditures that resulted primarily from an accounting adjustment.

SOURCE: U.S. Department of Education, National Center for Education Statistics, unpublished tabulations. U.S. Office of Management and Budget, *Budget of the U.S. Government, Appendix*, fiscal years 1972 through 2011. National Science Foundation, *Federal Funds for Research and Development*, fiscal years 1970 to 2009. (This table was prepared October 2010.)

Table 382. Federal on-budget funds for education, by level/educational purpose, agency, and program: Selected fiscal years, 1970 through 2010

[In thousands of current dollars]

Level/educational purpose, agency, and program	1970	1980	1990[1]	1995[1]	2000[1]	2005[1]	2006[1]	2007[1]	2008[1,2]	2009[1,2]	2010[1,2]
1	2	3	4	5	6	7	8	9	10	11	12
Total	**$12,526,499**	**$34,493,502**	**$51,624,342**	**$71,639,520**	**$85,944,203**	**$146,206,999**	**$166,495,660**	**$145,697,988**	**$146,108,840**	**$163,070,710**	**—**
Elementary/secondary education	**5,830,442**	**16,027,686**	**21,984,361**	**33,623,809**	**43,790,783**	**68,957,711**	**70,948,229**	**70,735,875**	**71,927,854**	**88,133,564**	**$115,404,287**
Department of Education[3]	2,719,204	6,629,095	9,681,313	14,029,000	20,039,563	37,477,594	38,863,442	37,562,078	38,330,372	52,468,074	76,932,504
Education for the disadvantaged	1,339,014	3,204,664	4,494,111	6,808,000	8,529,111	14,635,566	14,695,815	14,486,936	14,872,535	15,880,530	22,134,348
Impact aid program[4]	656,372	690,170	816,366	808,000	877,101	1,262,174	1,141,455	1,162,814	1,247,691	1,307,847	1,187,654
School improvement programs[5]	288,304	788,918	1,189,158	1,397,000	2,549,971	7,918,091	7,463,468	7,083,651	7,077,721	19,600,501	34,267,358
Indian education	†	93,365	69,451	71,000	65,285	121,911	120,360	117,992	115,780	118,241	109,853
English Language Acquisition	21,250	169,540	188,919	225,000	362,662	667,485	616,075	728,703	700,395	709,750	753,528
Special education	79,090	821,777	1,616,623	3,177,000	4,948,977	10,940,312	11,836,477	11,777,258	12,280,101	12,768,786	16,450,617
Vocational and adult education	335,174	860,661	1,306,685	1,482,000	1,462,977	1,967,086	1,987,455	1,955,780	1,894,706	2,034,226	1,944,359
Education Reform—Goals 2000[6]	†	†	†	61,000	1,243,479	-35,031	16,540	†	†	†	†
Hurricane Education Recovery	†	†	†	†	†	†	985,797	248,944	141,443	48,193	84,787
Department of Agriculture	760,477	4,064,497	5,528,950	8,201,294	10,051,278	12,577,265	13,412,550	14,245,994	15,296,812	15,273,387	17,277,429
Child nutrition programs[7]	299,131	3,377,056	4,977,075	7,644,789	9,554,028	11,901,943	12,660,758	13,081,994	13,932,120	13,714,903	15,500,909
McGovern-Dole International Food for Education and Child Nutrition Program[8]	†	†	†	†	†	86,000	98,000	98,000	89,000	133,000	226,000
Agricultural Marketing Service—commodities[9]	341,597	388,000	350,441	400,000	400,000	399,322	463,792	878,000	1,097,210	1,237,008	1,354,920
Special Milk Program	83,800	159,293	18,707	(7)	(7)	(7)	(7)	(7)	(7)	(7)	(7)
Estimated education share of Forest Service permanent appropriations	35,949	140,148	182,727	156,505	97,250	190,000	190,000	188,000	178,482	188,476	195,600
Department of Commerce	†	54,816	†	†	†	†	†	†	†	†	†
Local public works program—school facilities[10]	†	54,816	†	†	†	†	†	†	†	†	†
Department of Defense	143,100	370,846	1,097,876	1,295,547	1,485,611	1,786,253	1,755,924	1,772,293	1,863,835	1,907,670	2,048,858
Junior Reserve Officers Training Corps (JROTC)	12,100	32,000	39,300	155,600	210,432	315,122	308,208	324,917	352,821	378,703	427,226
Overseas dependents schools	131,000	338,846	864,958	855,772	904,829	1,060,920	1,063,908	1,062,367	1,110,108	1,110,476	1,186,560
Domestic schools[4]	†	†	193,618	284,175	370,350	410,211	383,808	385,009	400,906	418,491	435,072
Department of Energy	200	77,633	15,563	12,646	†	†	†	†	†	†	†
Energy conservation for school buildings[11]	†	77,240	15,213	10,746	†	†	†	†	†	†	†
Pre-engineering program	200	393	350	1,900	†	†	†	†	†	†	†
Department of Health and Human Services	167,333	1,077,000	2,396,793	5,116,559	6,011,036	8,003,348	8,118,935	7,901,700	8,003,300	9,738,023	8,539,330
Head Start[12]	†	735,000	1,447,758	3,534,000	5,267,000	6,842,348	6,851,235	6,888,000	6,877,000	8,499,123	7,235,230
Payments to states for Aid for Families with Dependent Children (AFDC) work programs[13]	†	†	459,221	953,000	15,000	—	—	—	—	—	—
Social Security student benefits[14]	167,333	342,000	489,814	629,559	729,036	1,161,000	1,267,700	1,013,700	1,126,300	1,238,900	1,304,100
Department of Homeland Security	†	†	†	†	†	500	511	500	2,600	2,600	2,900
Tuition assistance for educational accreditation—Coast Guard personnel[15]	†	†	†	†	†	500	511	500	2,600	2,600	2,900
Department of the Interior	140,705	318,170	445,267	493,124	725,423	938,506	928,637	859,720	822,106	782,543	784,535
Mineral Leasing Act and other funds											
Payments to states—estimated education share	12,294	62,636	123,811	18,750	24,610	60,290	56,806	52,030	50,913	24,610	23,460
Payments to counties—estimated education share	16,359	48,953	102,522	37,490	53,500	79,686	124,000	71,034	72,743	53,500	51,000
Indian Education											
Bureau of Indian Education schools	95,850	178,112	192,841	411,524	466,905	517,647	523,673	518,700	540,734	560,799	582,492
Johnson-O'Malley assistance[16]	16,080	28,081	25,556	24,359	17,387	16,510	16,371	12,000	13,782	13,797	13,589
Education construction	†	†	†	†	161,021	263,373	206,787	204,956	142,935	128,837	112,994
Education expenses for children of employees, Yellowstone National Park	122	388	538	1,000	2,000	1,000	1,000	1,000	1,000	1,000	1,000
Department of Justice	8,237	23,890	65,997	128,850	224,800	554,500	514,300	719,600	769,825	821,065	882,079
Vocational training expenses for prisoners in federal prisons	2,720	4,966	2,066	3,000	1,000	0	1,000	6,000	1,025	1,065	1,079
Inmate programs[17]	5,517	18,924	63,931	125,850	223,800	554,500	513,300	713,600	768,800	820,000	881,000
Department of Labor	420,927	1,849,800	2,505,487	3,957,800	4,683,200	5,654,000	5,355,000	5,226,000	5,070,000	6,073,000	7,811,000
Job Corps	†	469,800	739,376	1,029,000	1,256,000	1,521,000	1,599,000	1,605,000	763,000	1,612,000	1,850,000
Training programs—estimated funds for education programs[18]	420,927	1,380,000	1,766,111	2,928,800	3,427,200	4,133,000	3,756,000	3,621,000	4,307,000	4,461,000	5,961,000
Department of Transportation	45	60	46	62	188	†	†	†	†	†	†
Tuition assistance for educational accreditation—Coast Guard personnel[15]	45	60	46	62	188	†	†	†	†	†	†
Department of the Treasury	†	935,903	†	†	†	†	†	†	†	†	†
Estimated education share of general revenue sharing[19]											
State[20]	†	525,019	†	†	†	†	†	†	†	†	†
Local	†	410,884	†	†	†	†	†	†	†	†	†

See notes at end of table.

Table 382. Federal on-budget funds for education, by level/educational purpose, agency, and program: Selected fiscal years, 1970 through 2010—Continued

[In thousands of current dollars]

Level/educational purpose, agency, and program	1970	1980	1990[1]	1995[1]	2000[1]	2005[1]	2006[1]	2007[1]	2008[1,2]	2009[1,2]	2010[1,2]
1	2	3	4	5	6	7	8	9	10	11	12
Department of Veterans Affairs	338,910	545,786	155,351	311,768	445,052	1,815,000	1,866,000	2,300,564	1,628,100	919,139	967,163
Noncollegiate and job training programs[21]	281,640	439,993	12,848	†	†	†	†	†	†	†	†
Vocational rehabilitation for disabled veterans[22]	41,700	87,980	136,780	298,132	438,635	1,815,000	1,866,000	2,300,564	1,628,100	919,139	967,163
Dependents' education[23]	15,570	17,813	5,723	5,961	6,417	—	—	—	—	—	—
Service members occupational conversion training act of 1992	†	†	†	7,675	†	†	†	†	†	†	†
Other agencies											
Appalachian Regional Commission	33,161	9,157	93	2,173	2,588	2,962	1,218	1,110	1,000	1,141	982
National Endowment for the Arts	†	4,989	4,641	7,117	6,002	8,470	8,058	8,825	9,606	9,916	10,440
Arts in education	†	4,989	4,641	7,117	6,002	8,470	8,058	8,825	9,606	9,916	10,440
National Endowment for the Humanities	20	330	404	997	812	603	0	75	0	0	0
Office of Economic Opportunity	1,072,375	†	†	†	†	†	†	†	†	†	†
Head Start[24]	325,700	†	†	†	†	†	†	†	†	†	†
Other elementary and secondary programs[25]	42,809	†	†	†	†	†	†	†	†	†	†
Job Corps[26]	144,000	†	†	†	†	†	†	†	†	†	†
Youth Corps and other training programs[26]	553,368	†	†	†	†	†	†	†	†	†	†
Volunteers in Service to America (VISTA)[27]	6,498	†	†	†	†	†	†	†	†	†	†
Other programs											
Estimated education share of federal aid to the District of Columbia	25,748	65,714	86,579	66,871	115,230	138,710	123,653	137,416	130,298	137,006	147,067
Postsecondary education	**$3,447,697**	**$11,115,882**	**$13,650,915**	**$17,618,137**	**$15,008,715**	**$38,587,287**	**$57,757,738**	**$37,465,287**	**$36,395,182**	**$36,394,239**	**$47,888,777**
Department of Education[3]	1,187,962	5,682,242	11,175,978	14,234,000	10,727,315	31,420,023	50,624,621	30,052,007	28,838,752	27,626,632	33,673,323
Student financial assistance	†	3,682,789	5,920,328	7,047,000	9,060,317	15,209,515	14,864,129	15,355,736	17,751,084	23,040,153	31,796,133
Federal Direct Student Loan Program	†	†	†	840,000	-2,862,240	3,020,992	6,842,092	5,391,146	5,333,920	1,406,154	3,377
Federal Family Education Loan Program	2,323	1,407,977	4,372,446	5,190,000	2,707,473	10,777,470	26,336,661	6,033,322	3,288,531	526,894	-1,003,618
Higher education	1,029,131	399,787	659,492	871,000	1,530,779	2,053,288	2,058,920	2,399,892	2,029,379	2,241,074	2,445,459
Facilities—loans and insurance	114,199	-19,031	19,219	-6,000	-2,174	-1,464	-1,304	-1,671	-1,688	-497	-2,404
College housing loans[28]	†	14,082	-57,167	-46,000	-41,886	-33,521	-27,229	-20,722	-17,529	-17,662	-16,400
Educational activities overseas	774	3,561	82	†	†	†	†	†	†	†	†
Historically Black Colleges and Universities Capital Financing, Program Account	†	†	†	†	150	169	165	318,840	18,222	1,476	20,551
Gallaudet College and Howard University	38,559	176,829	230,327	292,000	291,060	339,823	340,664	351,665	343,164	353,310	348,116
National Technical Institute for the Deaf	2,976	16,248	31,251	46,000	43,836	53,751	56,670	57,836	58,308	63,682	60,912
Hurricane Katrina, aid to institutions	†	†	†	†	†	†	153,853	165,963	35,361	12,048	21,197
Department of Agriculture	†	10,453	31,273	33,373	30,676	61,957	62,327	64,357	66,709	73,150	80,697
Agriculture Extension Service, Second Morrill Act payments to agricultural and mechanical colleges and Tuskegee Institute	†	10,453	31,273	33,373	30,676	61,957	62,327	64,357	66,709	73,150	80,697
Department of Commerce	8,277	29,971	3,312	3,487	3,800	—	—	—	—	—	—
Sea Grant Program[29]	†	3,123	3,312	3,487	3,800	—	—	—	—	—	—
Merchant Marine Academy[30]	6,160	14,809	†	†	†	†	†	†	†	†	†
State marine schools[30]	2,117	12,039	†	†	†	†	†	†	†	†	†
Department of Defense	322,100	545,000	635,769	729,500	1,147,759	1,858,301	1,833,446	1,846,850	1,975,323	2,262,772	2,243,372
Tuition assistance for military personnel	57,500	—	95,300	127,000	263,303	608,109	563,961	607,515	603,610	657,702	627,526
Service academies	78,700	106,100	120,613	163,300	212,678	300,760	321,920	354,528	359,127	371,156	376,932
Senior Reserve Officers Training Corps (SROTC)	108,100	—	193,056	219,400	363,461	537,525	498,165	434,687	549,633	653,591	661,903
Professional development education[31]	77,800	—	226,800	219,800	308,317	411,907	449,400	450,120	462,953	580,323	577,011
Department of Energy	3,000	57,701	25,502	28,027	†	†	†	†	†	†	†
University laboratory cooperative program	3,000	2,800	9,402	8,552	†	†	†	†	†	†	†
Teacher development projects	†	1,400	†	†	†	†	†	†	†	†	†
Energy conservation for buildings--higher education[11]	†	53,501	7,459	7,381	†	†	†	†	†	†	†
Minority honors vocational training	†	†	†	†	†	†	†	†	†	†	†
Honors research program	†	†	6,472	2,221	†	†	†	†	†	†	†
Students and teachers	†	†	2,169	9,873	†	†	†	†	†	†	†
Department of Health and Human Services	981,483	2,412,058	578,542	796,035	954,190	1,433,516	1,264,585	1,159,279	1,184,856	1,235,850	1,345,760
Health professions training programs[32]	353,029	460,736	230,600	298,302	340,361	581,661	420,115	302,081	318,225	354,322	406,705
Indian health manpower	†	7,187	9,508	27,000	16,000	27,000	32,000	32,000	29,000	36,000	43,000
National Health Service Corps scholarships	†	70,667	4,759	78,206	33,300	45,000	40,000	40,000	40,000	40,000	41,000
National Institutes of Health training grants[33]	†	176,388	241,356	380,502	550,220	756,014	748,642	761,034	770,481	776,313	824,441
National Institute of Occupational Safety and Health training grants	8,088	12,899	10,461	11,660	14,198	23,841	23,828	24,164	27,150	29,215	30,614
Alcohol, drug abuse, and mental health training programs[34]	118,366	122,103	81,353	†	†	†	†	†	†	†	†
Health teaching facilities[35]	†	3,078	505	365	110	†	†	†	†	†	†
Social Security postsecondary students' benefits[36]	502,000	1,559,000	†	†	†	†	†	†	†	†	†

See notes at end of table.

Table 382. Federal on-budget funds for education, by level/educational purpose, agency, and program: Selected fiscal years, 1970 through 2010—Continued

[In thousands of current dollars]

Level/educational purpose, agency, and program	1970	1980	1990[1]	1995[1]	2000[1]	2005[1]	2006[1]	2007[1]	2008[1,2]	2009[1,2]	2010[1,2]
1	2	3	4	5	6	7	8	9	10	11	12
Department of Homeland Security	†	†	†	†	†	36,400	44,000	48,900	52,400	52,700	59,000
Coast Guard Academy[15]	†	†	†	†	†	16,400	22,800	23,400	21,500	21,500	22,000
Postgraduate training for Coast Guard officers[37]	†	†	†	†	†	8,700	11,400	12,800	17,000	18,300	19,500
Tuition assistance to Coast Guard military personnel[15]	†	†	†	†	†	11,300	9,800	12,700	13,900	12,900	17,500
Department of Housing and Urban Development[28]	114,199	†	†	†	†	†	†	†	†	†	†
College housing loans[28]	114,199	†	†	†	†	†	†	†	†	†	†
Department of the Interior	31,749	80,202	135,480	159,054	187,179	249,227	165,313	176,695	180,497	147,873	159,463
Shared revenues, Mineral Leasing Act and other receipts—estimated education share	6,949	35,403	69,980	82,810	98,740	146,235	59,579	52,400	52,743	15,749	14,908
Indian programs											
Continuing education	9,380	16,909	34,911	43,907	57,576	76,271	79,610	98,463	101,795	106,029	113,504
Higher education scholarships	15,420	27,890	30,589	32,337	30,863	26,721	26,124	25,832	25,959	26,095	31,051
Department of State	30,850	†	2,167	3,000	319,000	424,000	443,000	473,000	522,000	537,000	610,000
Educational exchange[38]	30,850	†	†	†	319,000	424,000	443,000	473,000	522,000	537,000	610,000
Mutual educational and cultural exchange activities	30,454	†	†	†	303,000	402,000	423,000	453,000	503,000	517,000	587,000
International educational exchange activities	396	†	†	†	16,000	22,000	20,000	20,000	19,000	20,000	23,000
Russian, Eurasian, and East European Research and Training	†	†	2,167	3,000	†	†	†	†	†	†	†
Department of Transportation	11,197	12,530	46,025	59,257	60,300	73,000	71,000	74,000	72,000	69,000	104,000
Merchant Marine Academy[30]	†	†	20,926	30,850	34,000	61,000	63,000	61,000	59,000	54,000	86,000
State marine schools[30]	†	†	8,269	8,980	7,000	12,000	8,000	13,000	13,000	15,000	18,000
Coast Guard Academy[15]	9,342	10,000	12,074	13,500	15,500	†	†	†	†	†	†
Postgraduate training for Coast Guard officers[37]	1,655	2,230	4,173	5,513	2,500	†	†	†	†	†	†
Tuition assistance to Coast Guard military personnel[15]	200	300	582	414	1,300	†	†	†	†	†	†
Department of the Treasury	†	296,750	†	†	†	†	†	†	†	†	†
General revenue sharing—estimated state share to higher education[19,20]	†	296,750	†	†	†	†	†	†	†	†	†
Department of Veterans Affairs	693,490	1,803,847	599,825	1,010,114	1,132,322	2,478,624	2,681,560	2,955,835	2,899,132	3,682,287	8,810,588
Vietnam-era veterans	638,260	1,579,974	46,998	†	†	†	†	†	†	†	†
College student support	†	1,560,081	39,458	†	†	†	†	†	†	†	†
Work-study	†	19,893	7,540	†	†	†	†	†	†	†	†
Service persons college support	18,900	46,617	8,911	†	†	†	†	†	†	†	†
Post-Vietnam veterans	†	922	161,475	33,596	3,958	1,136	1,275	914	891	448	147
All-volunteer-force educational assistance	†	†	269,947	868,394	984,068	2,070,996	2,230,022	2,227,531	2,296,543	3,013,559	8,253,187
Veterans	†	†	183,765	760,390	876,434	1,887,239	1,956,747	2,081,097	2,145,475	2,669,960	7,947,252
Reservists	†	†	86,182	108,004	107,634	183,757	273,275	146,434	151,068	343,599	305,935
Veteran dependents' education	36,330	176,334	100,494	95,124	131,296	388,719	413,136	511,793	434,733	469,360	477,346
Payments to state education agencies	†	†	12,000	13,000	13,000	17,773	17,657	—	—	—	—
Reserve Education Assistance Program (REAP)[39]	†	†	†	†	†	†	19,470	215,597	166,965	198,920	79,908
Other agencies											
Appalachian Regional Commission	4,105	1,751	—	2,741	2,286	4,407	7,876	3,498	3,120	2,985	2,900
National Endowment for the Humanities	3,349	56,451	50,938	56,481	28,395	29,253	34,055	40,446	36,472	40,795	40,000
National Science Foundation	42,000	64,583	161,884	211,800	389,000	490,000	496,000	527,000	531,000	629,000	728,000
Science and engineering education programs	37,000	64,583	161,884	211,800	389,000	490,000	496,000	527,000	531,000	629,000	728,000
Sea Grant Program[29]	5,000	†	†	†	†	†	†	†	†	†	†
United States Information Agency[40]	8,423	51,095	181,172	260,800	†	†	†	†	†	†	†
Educational and cultural affairs[38]	†	49,546	35,862	13,600	†	†	†	†	†	†	†
Educational and cultural exchange programs[41]	†	†	145,307	247,200	†	†	†	†	†	†	†
Educational exchange activities, international	†	1,549	3	†	†	†	†	†	†	†	†
Information center and library activities	8,423	†	†	†	†	†	†	†	†	†	†
Other programs											
Barry Goldwater Scholarship and Excellence in Education Foundation	†	†	1,033	3,000	3,000	3,000	3,000	3,000	3,000	3,000	4,000
Estimated education share of federal aid to the District of Columbia	5,513	13,143	14,637	9,468	11,493	14,578	15,954	29,418	17,920	19,195	14,674
Harry S Truman Scholarship fund	†	-1,895	2,883	3,000	3,000	3,000	3,000	3,000	3,000	2,000	3,000
Institute of American Indian and Alaska Native Culture and Arts Development	†	†	4,305	13,000	2,000	6,000	6,000	6,000	7,000	8,000	8,000
James Madison Memorial Fellowship Foundation	†	†	191	2,000	7,000	2,000	2,000	2,000	2,000	2,000	2,000

See notes at end of table.

Table 382. Federal on-budget funds for education, by level/educational purpose, agency, and program: Selected fiscal years, 1970 through 2010—Continued

[In thousands of current dollars]

Level/educational purpose, agency, and program	1970	1980	1990[1]	1995[1]	2000[1]	2005[1]	2006[1]	2007[1]	2008[1,2]	2009[1,2]	2010[1,2]
1	2	3	4	5	6	7	8	9	10	11	12
Other education	**$964,719**	**$1,548,730**	**$3,383,031**	**$4,719,655**	**$5,484,571**	**$6,908,504**	**$7,074,484**	**$7,214,906**	**$7,882,220**	**$8,211,022**	**$10,630,473**
Department of Education[3]	630,235	747,706	2,251,801	2,861,000	3,223,355	3,538,862	3,692,930	3,756,445	4,544,966	4,551,389	5,592,748
Administration	47,456	187,317	328,293	404,000	458,054	548,842	557,837	539,378	1,252,527	1,339,034	1,418,387
Libraries[42]	108,284	129,127	137,264	117,000	†	†	†	†	†	†	†
Rehabilitative services and disability research	473,091	426,886	1,780,360	2,333,000	2,755,468	2,973,346	3,115,842	3,177,031	3,242,297	3,185,719	4,145,151
American Printing House for the Blind	1,404	4,349	5,736	7,000	9,368	16,538	18,901	18,359	19,522	26,627	29,210
Trust funds and contributions	0	27	148	0	465	136	350	21,677	30,620	9	0
Department of Agriculture	135,637	271,112	352,511	422,878	444,477	468,631	475,395	515,026	517,208	542,754	565,423
Extension Service	131,734	263,584	337,907	405,371	424,174	445,631	451,395	491,026	494,208	519,754	543,423
National Agricultural Library	3,903	7,528	14,604	17,507	20,303	23,000	24,000	24,000	23,000	23,000	22,000
Department of Commerce	1,226	2,479	†	†	†	†	†	†	†	†	†
Maritime Administration											
Training for private sector employees[30]	1,226	2,479	†	†	†	†	†	†	†	†	†
Department of Health and Human Services	24,273	37,819	77,962	138,000	214,000	313,000	312,000	307,000	323,000	331,000	34,000
National Library of Medicine	24,273	37,819	77,962	138,000	214,000	313,000	312,000	307,000	323,000	331,000	34,000
Department of Homeland Security	†	†	†	†	†	278,243	194,744	307,076	264,523	351,120	1,920,000
Federal Law Enforcement Training Center[43]	†	†	†	†	†	159,000	180,000	280,000	245,000	331,000	339,000
Estimated disaster relief[44]	†	†	†	†	†	119,243	14,744	27,076	19,523	20,120	1,581,000
Department of Justice	5,546	27,642	26,920	36,296	34,727	26,148	26,734	28,056	28,425	28,993	29,573
Federal Bureau of Investigation National Academy	2,066	7,234	6,028	12,831	22,479	15,619	15,931	16,727	17,062	17,403	17,751
Federal Bureau of Investigation Field Police Academy	2,500	7,715	10,548	11,140	11,962	10,456	10,770	11,308	11,343	11,570	11,802
Narcotics and dangerous drug training	980	2,416	850	325	286	73	33	20	20	20	20
National Institute of Corrections	†	10,277	9,494	12,000	†	†	†	†	†	†	†
Department of State	20,672	25,000	47,539	51,648	69,349	109,309	112,014	114,120	116,280	118,520	117,960
Foreign Service Institute	15,857	25,000	47,539	51,648	69,349	109,309	112,014	114,120	116,280	118,520	117,960
Center for Cultural and Technical Interchange[38]	4,815	†	†	†	†	†	†	†	†	†	†
Department of Transportation	3,964	10,212	1,507	650	700	1,100	700	200	178	133	229
Highways training and education grants	2,418	3,412	—	—	—	—	—	—	—	—	—
Maritime Administration											
Training for private sector employees[30]	†	†	1,507	650	700	1,100	700	200	178	133	229
Urban mass transportation—managerial training grants	1,546	500	†	†	†	†	†	†	†	†	†
Federal Aviation Administration											
Air traffic controllers second career program	—	6,300	—	—	—	—	—	—	—	—	—
Department of the Treasury	18	14,584	41,488	48,000	83,000	†	†	†	†	†	†
Federal Law Enforcement Training Center[43]	18	14,584	41,488	48,000	83,000	†	†	†	†	†	†
Other agencies											
ACTION[45]	†	2,833	8,472	†	†	†	†	†	†	†	†
Estimated education funds	†	2,833	8,472	†	†	†	†	†	†	†	†
Agency for International Development	88,034	99,707	170,371	260,408	299,000	574,000	566,800	629,200	608,420	612,025	614,000
Education and human resources	61,570	80,518	142,801	248,408	299,000	574,000	566,800	629,200	608,420	612,025	614,000
American schools and hospitals abroad	26,464	19,189	27,570	12,000	†	†	†	†	†	†	†
Appalachian Regional Commission	572	8,124	†	5,709	2,369	1,173	1,933	2,855	3,056	1,980	1,650
Corporation for National and Community Service[45]	†	†	†	214,600	386,000	472,000	503,000	395,000	333,000	401,000	506,000
Estimated education funds	†	†	†	214,600	386,000	472,000	503,000	395,000	333,000	401,000	506,000
Federal Emergency Management Agency[46]	290	281	215	170,400	14,894	†	†	†	†	†	†
Estimated architect/engineer student development program	40	31	200	—	—	†	†	†	†	†	†
Estimated other training programs[47]	250	250	15	—	—	†	†	†	†	†	†
Estimated disaster relief[44]	—	—	—	170,400	14,894	†	†	†	†	†	†
General Services Administration											
Libraries and other archival activities[48]	14,775	34,800	†	†	†	†	†	†	†	†	†
Institute of Museum and Library Services[42]	†	†	†	†	166,000	250,000	241,000	258,000	253,000	265,000	277,000
Japanese-United States Friendship Commission	†	2,294	2,299	2,000	3,000	3,000	2,000	2,000	2,000	2,000	2,000

See notes at end of table.

Table 382. Federal on-budget funds for education, by level/educational purpose, agency, and program: Selected fiscal years, 1970 through 2010—Continued

[In thousands of current dollars]

Level/educational purpose, agency, and program	1970	1980	1990[1]	1995[1]	2000[1]	2005[1]	2006[1]	2007[1]	2008[1,2]	2009[1,2]	2010[1,2]
1	2	3	4	5	6	7	8	9	10	11	12
Library of Congress	29,478	151,871	189,827	241,000	299,000	430,000	435,000	463,000	434,000	468,000	420,000
Salaries and expenses	20,700	102,364	148,985	198,000	247,000	383,000	381,000	413,000	395,000	420,000	341,000
Books for the blind and the physically handicapped	6,195	31,436	37,473	39,000	46,000	47,000	54,000	50,000	39,000	48,000	79,000
Special foreign currency program	2,273	3,492	10	†	†	†	†	†	†	†	†
Furniture and furnishings	310	14,579	3,359	4,000	6,000	—	—	—	—	—	—
National Aeronautics and Space Administration Aerospace education services project	350	882	3,300	5,923	6,800	—	—	—	—	—	—
National Archives and Records Administration Libraries and other archival activities[48]	†	†	77,397	105,172	121,879	276,000	276,000	273,000	279,000	329,000	338,000
National Commission on Libraries and Information Science[49]	†	2,090	3,281	1,000	2,000	1,000	1,000	1,000	1,000	†	†
National Endowment for the Arts	340	231	936	2,304	4,046	2,506	2,503	2,942	3,202	3,002	4,003
National Endowment for the Humanities	5,090	85,805	89,706	94,249	70,807	87,969	86,250	80,564	87,690	93,738	93,000
Smithsonian Institution	2,461	5,153	5,779	9,961	25,764	45,890	42,092	46,101	64,768	61,104	64,111
Museum programs and related research	2,261	3,254	690	3,190	18,000	32,000	33,000	37,000	55,600	51,000	53,000
National Gallery of Art extension service	200	426	474	771	764	890	92	101	168	104	111
Woodrow Wilson International Center for Scholars	†	1,473	4,615	6,000	7,000	13,000	9,000	9,000	9,000	10,000	11,000
U.S. Information Agency—Center for Cultural and Technical Interchange[38]	†	15,115	20,375	34,000	†	†	†	†	†	†	†
U.S. Institute of Peace	†	†	7,621	12,000	13,000	28,000	101,000	32,000	17,000	49,000	49,000
Other programs Estimated education share of federal aid for the District of Columbia	1,758	2,990	3,724	2,457	404	1,674	1,389	1,321	1,504	1,264	1,776
Research programs at universities and related institutions[50]	**$2,283,641**	**$5,801,204**	**$12,606,035**	**$15,677,919**	**$21,660,134**	**$31,753,498**	**$30,715,210**	**$30,281,920**	**$29,903,583**	**$30,331,885**	**—**
Department of Education[51]	87,823	78,742	89,483	279,000	116,464	456,822	390,548	437,484	463,729	578,602	613,018
Department of Agriculture	64,796	216,405	348,109	434,544	553,600	709,700	727,400	722,600	799,800	538,800	—
Department of Commerce	4,487	48,295	50,523	85,442	110,775	243,948	249,962	200,374	192,733	198,012	—
Department of Defense	356,188	644,455	1,871,864	1,853,955	1,891,710	2,675,900	2,547,020	2,703,700	2,843,100	2,507,700	—
Department of Energy	548,327	1,470,224	2,520,885	2,651,641	3,577,004	4,339,879	4,283,520	3,382,683	2,560,298	2,883,661	—
Department of Health and Human Services	623,765	2,087,053	4,902,714	6,418,969	10,491,641	16,357,996	15,906,192	16,982,221	17,193,012	17,165,518	—
Department of Homeland Security	†	†	†	†	†	309,717	321,125	127,642	137,559	152,038	—
Department of Housing and Urban Development	510	5,314	118	1,613	1,400	1,100	600	400	400	400	—
Department of the Interior	18,521	42,175	49,790	50,618	47,200	66,800	52,800	66,200	47,400	38,100	—
Department of Justice	1,945	9,189	6,858	7,204	19,400	27,500	22,400	81,354	25,700	26,100	—
Department of Labor	3,567	12,938	5,893	10,114	12,900	110,500	59,500	23,800	3,600	11,600	—
Department of State	8,220	188	1,519	23	†	†	†	†	†	†	†
Department of Transportation	12,328	31,910	28,608	75,847	55,866	52,800	62,000	53,300	72,000	70,800	—
Department of the Treasury	†	226	227	1,496	†	†	†	100	†	†	†
Department of Veterans Affairs	518	1,600	2,300	2,500	†	†	†	†	†	†	†
Agency for International Development	†	77,063	79,415	30,172	33,500	28,100	29,300	28,500	16,200	16,200	—
Environmental Protection Agency	19,446	41,083	87,481	125,721	98,900	83,400	64,600	68,900	66,600	64,700	—
Federal Emergency Management Agency	†	1,665	†	†	†	†	†	†	†	†	†
National Aeronautics and Space Administration	258,016	254,629	1,090,003	1,751,977	2,071,030	2,763,120	2,386,342	1,651,205	1,646,305	1,655,373	—
National Science Foundation	253,628	743,809	1,427,007	1,874,395	2,566,244	3,503,216	3,591,701	3,735,057	3,817,647	4,405,481	—
Nuclear Regulatory Commission	†	32,590	42,328	22,188	12,200	15,100	13,600	10,100	6,800	8,100	—
Office of Economic Opportunity	20,035	†	†	†	†	†	†	†	†	†	†
US Arms Control and Disarmament Agency	100	661	25	†	†	†	†	†	†	†	†
Other agencies	1,421	990	885	500	300	7,900	6,600	6,300	10,700	10,700	—

—Not available.

†Not applicable.

[1]Excludes federal support for medical education benefits under Medicare in the U.S. Department of Health and Human Services. Benefits excluded from total because data before fiscal year (FY) 1990 are not available. This program existed since Medicare began, but was not available as a separate budget item until FY 1990. Excluded amounts are as follows: $4,440,000,000 in FY 1990, $7,510,000,000 in FY 1995, $8,020,000,000 in FY 2000, $8,300,000,000 in FY 2005, $8,300,000,000 in FY 2006, $8,200,000,000 in FY 2007, $8,600,000,000 in FY 2008, $8,800,000,000 in FY 2009, and an estimated $9,100,000,000 in FY 2010.

[2]Estimated.

[3]The U.S. Department of Education was created in May 1980. It formerly was the Office of Education in the U.S. Department of Health, Education, and Welfare.

[4]Arranges for the education of children who reside on federal property when no suitable local school district can or will provide for the education of these children.

[5]Includes many programs, such as No Child Left Behind, 21st Century Community Learning Centers, Class Size Reduction, Charter Schools, Safe and Drug-Free Schools, and Innovative programs.

[6]Included the School-To-Work Opportunities program, which initiated a national system to be administered jointly by the U.S. Departments of Education and Labor. Programs in the Education Reform program were transferred to the school improvement programs or discontinued in FY 2002. Amounts after FY 2002 reflect balances that are spending out from prior-year appropriations.

[7]Starting in FY 1994, the Special Milk Program has been included in the child nutrition programs.
[8]The Farm Security and Rural Investment Act of 2002 (Public Law 107-171) carries out preschool and school feeding programs in foreign countries to help reduce the incidence of hunger and malnutrition, and improve literacy and primary education.
[9]These commodities are purchased under Section 32 of the Act of August 24, 1935, for use in the child nutrition programs.
[10]Assisted in the construction of public facilities, such as vocational schools, through grants or loans. No funds have been appropriated for this program since FY 1977, and it was completely phased out in FY 1984.
[11]Established in 1979, with funds first appropriated in FY 1980.
[12]Formerly in the Office of Economic Opportunity. In FY 1972, funds were transferred to the U.S. Department of Health, Education, and Welfare, Office of Child Development.
[13]Created by the Family Support Act of 1988 to provide funds for the Job Opportunities and Basic Skills Training program. Replaced by Temporary Assistance for Needy Families program.
[14]After age 18, benefits terminate at the end of the school term or in 3 months, whichever comes first.
[15]Transferred from the U.S. Department of Transportation to the U.S. Department of Homeland Security in March of 2003.
[16]Provides funding for supplemental programs for eligible American Indian students in public schools.
[17]Finances the cost of academic, social, and occupational education courses for inmates in federal prisons.
[18]Some of the work and training programs were in the Office of Economic Opportunity and were transferred to the U.S. Department of Labor in FYs 1971 and 1972. From FY 1994 through FY 2001, included the School-to-Work Opportunities program, which was administered jointly by the U.S. Departments of Education and Labor.
[19]Established in FY 1972 and closed in FY 1986.
[20]The states' share of revenue-sharing funds could not be spent on education in FYs 1981 through 1986.
[21]Provided educational assistance allowances in order to restore lost educational opportunities to those individuals whose careers were interrupted or impeded by reason of active military service between January 31, 1955, and January 1, 1977.
[22]This program is in "Readjustment Benefits" program, Chapter 31, and covers the costs of subsistence, tuition, books, supplies, and equipment for disabled veterans requiring vocational rehabilitation.
[23]This program is in "Readjustment Benefits" program, Chapter 35, and provides benefits to children and spouses of veterans.
[24]Head Start program funds were transferred to the U.S. Department of Health, Education, and Welfare, Office of Child Development, in FY 1972.
[25]Most of these programs were transferred to the U.S. Department of Health, Education, and Welfare, Office of Education, in FY 1972.
[26]Transferred to the U.S. Department of Labor in FYs 1971 and 1972.
[27]Transferred to the ACTION Agency in FY 1972.
[28]Transferred from the U.S. Department of Housing and Urban Development to the U.S. Department of Health, Education, and Welfare, Office of Education, in FY 1979.
[29]Transferred from the National Science Foundation to the U.S. Department of Commerce in October 1970.
[30]Transferred from the U.S. Department of Commerce to the U.S. Department of Transportation in FY 1981.
[31]Includes special education programs (military and civilian); legal education program; flight training; advanced degree program; college degree program (officers); and "Armed Forces Health Professions Scholarship" program.
[32]Does not include higher education assistance loans.
[33]Alcohol, drug abuse, and mental health training programs are included starting in FY 1992.
[34]Beginning in FY 1992, data were included in the National Institutes of Health training grants program.
[35]This program closed in FY 2004.
[36]Postsecondary student benefits were ended by the Omnibus Budget Reconciliation Act of 1981 (Public Law 97-35) and were completely phased out by August 1985.
[37]Includes flight training. Transferred to the U.S. Department of Homeland Security in March of 2003.
[38]Transferred from the U.S. Department of State to the United States Information Agency in 1977, then transferred back to the U.S. Department of State in FY 1998.
[39]Part of the Ronald W. Reagan National Defense Authorization Act for FY 2005 (Public Law 108-375), enacted October 28, 2004. The Reserve Education Assistance Program (REAP) provides educational assistance to members of the National Guard and Reserves who serve on active duty in support of a contingency operation under federal authority on or after September 11, 2001.
[40]Abolished in FY 1998, with functions transferred to the U.S. Department of State and the newly created Broadcasting Board of Governors.
[41]Included in the "Educational and Cultural Affairs" program in FYs 1980 through 1983, and became an independent program in FY 1984.
[42]Transferred from U.S. Department of Education to the Institute of Museum and Library Services in FY 1997.
[43]Transferred to the U.S. Department of Homeland Security in FY 2003.
[44]The disaster relief program repairs and replaces damaged and destroyed school buildings. In FY 1995, funds were for repairs due to the Northridge Earthquake in California. In FY 1995, $74.4 million was spent on school districts, $8.4 million on community colleges, and $87.6 million on colleges and universities. This program was transferred from the Federal Emergency Management Agency to the U.S. Department of Homeland Security in FY 2003.
[45]The National Service Trust Act of 1993 established the Corporation for National and Community Service. In 1993, ACTION became part of this agency.
[46]The Federal Emergency Management Agency was created in 1979, representing a combination of five existing agencies. The funds for the Federal Emergency Management Agency in FY 1970 to FY 1975 were in other agencies. This agency was transferred to the U.S. Department of Homeland Security in March of 2003.
[47]These programs include the Fall-Out Shelter Analysis, Blast Protection Design through FY 1992. Starting in FY 1993, earthquake training and safety for teachers and administrators for grades 1 through 12 are included.
[48]Transferred from the General Services Administration to the National Archives and Records Administration in April 1985.
[49]Public Law 110-161 transferred the National Commission on Libraries and Information Science to the Institute of Museum and Library Services starting in FY 2008.
[50]Includes federal obligations for research and development centers and R & D plant administered by colleges and universities. FY 2008 and FY 2009 data are estimated, except the U.S Department of Education data, which are actual numbers.
[51]FY 1970 includes outlays for the "Research and Training" program. FY 1975 includes the "National Institute of Education" program. FYs 1990 through 2009 include outlays for the Office of Educational Research and Improvement and the Institute of Education Sciences.
NOTE: Some data have been revised from previously published figures. To the extent possible, amounts reported represent outlays rather than obligations. Detail may not sum to totals because of rounding. Negative amounts occur when program receipts exceed outlays. The increase in total postsecondary expenditures in 2006 resulted primarily from an accounting adjustment in the Federal Family Education Loan Program.
SOURCE: U.S. Department of Education, Budget Service, unpublished tabulations. U.S. Office of Management and Budget, *Budget of the U.S. Government, Appendix*, fiscal years 1972 through 2010. National Science Foundation, *Federal Funds for Research and Development*, fiscal years 1970 through 2009. (This table was prepared October 2010.)

Table 383. Estimated federal support for education, by type of ultimate recipient and agency: Fiscal year 2009

[In millions of current dollars]

Agency	Total	Local education agencies	State education agencies	Post-secondary students	Degree-granting institutions	Federal institutions	Other education organizations[1]	Other recipients[2]
1	2	3	4	5	6	7	8	9
Total[3]	**$260,122.7**	**$54,951.6**	**$13,965.7**	**$61,226.4**	**$88,779.9**	**$5,582.5**	**$22,485.4**	**$13,131.2**
Total program funds—on-budget	**163,070.7**	**54,951.6**	**9,113.1**	**22,346.6**	**46,018.1**	**5,582.5**	**22,485.4**	**2,573.4**
Department of Education	85,224.7	40,300.0	8,402.8	14,828.8	14,782.5	1,415.3	4,068.7	1,426.6
Department of Agriculture	16,428.1	13,217.6	685.7	†	612.0	23.0	1,370.0	519.8
Department of Commerce	198.0	†	†	†	198.0	†	†	†
Department of Defense	6,678.1	378.7	†	747.4	3,071.6	1,900.2	580.3	†
Department of Energy	2,883.7	†	†	†	2,883.7	†	†	†
Department of Health and Human Services	28,470.4	849.9	†	1,764.0	17,688.9	331.0	7,836.6	†
Department of Homeland Security	558.5	†	†	20.4	165.4	352.5	20.1	†
Department of Housing and Urban Development	0.4	†	†	†	0.4	†	†	†
Department of the Interior	968.5	68.3	24.6	26.1	53.8	560.8	234.8	†
Department of Justice	876.2	†	†	†	26.1	30.1	820.0	†
Department of Labor	6,084.6	†	†	†	11.6	†	6,073.0	†
Department of State	655.5	†	†	†	†	118.5	537.0	†
Department of Transportation	139.9	†	†	†	70.8	54.0	0.1	15.0
Department of Veterans Affairs	4,601.4	†	†	4,601.4	†	†	†	†
Other agencies and programs								
Agency for International Development	628.2	†	†	†	16.2	†	†	612.0
Appalachian Regional Commission	6.1	†	†	†	3.0	†	3.1	†
Barry Goldwater Scholarship and Excellence in Education Foundation	3.0	†	†	†	†	†	3.0	†
Corporation for National and Community Service	401.0	†	†	†	†	†	401.0	†
Environmental Protection Agency	64.7	†	†	†	64.7	†	†	†
Estimated education share of federal aid to the District of Columbia	157.5	137.0	†	†	19.2	†	1.3	†
Harry S Truman scholarship fund	2.0	†	†	†	†	†	2.0	†
Institute of American Indian and Alaska Native Culture and Arts Development	8.0	†	†	†	†	†	8.0	†
Institute of Museum and Library Services	265.0	†	†	†	†	†	265.0	†
James Madison Memorial Fellowship Foundation	2.0	†	†	†	†	†	2.0	†
Japanese-United States Friendship Commission	2.0	†	†	†	†	†	2.0	†
Library of Congress	468.0	†	†	†	†	468.0	†	†
National Aeronautics and Space Administration	1,655.4	†	†	†	1,655.4	†	†	†
National Archives and Records Administration	329.0	†	†	†	†	329.0	†	†
National Endowment for the Arts	12.9	†	†	†	†	†	12.9	†
National Endowment for the Humanities	134.5	†	†	†	†	†	134.5	†
National Science Foundation	5,034.5	†	†	358.5	4,676.0	†	†	†
Nuclear Regulatory Commission	8.1	†	†	†	8.1	†	†	†
Smithsonian Institution	61.1	†	†	†	†	0.1	61.0	†
U.S. Institute of Peace	49.0	†	†	†	†	†	49.0	†
Other agencies	10.7	†	†	†	10.7	†	†	†
Off-budget support and nonfederal funds generated by federal legislation	**97,052.0**	**†**	**4,852.6**	**38,879.8**	**42,761.8**	**†**	**†**	**10,557.8**

†Not applicable.
[1]Includes Head Start programs at child care centers, Job Corps and other vocational programs, adult basic education programs, and federal programs at libraries and museums.
[2]Other recipients include American Indian tribes, private nonprofit agencies, and banks.
[3]Includes on-budget funds, off-budget support, and nonfederal funds generated by federal legislation. Excludes federal tax expenditures.

NOTE: Outlays by type of recipient are estimated based on obligation data. Detail may not sum to totals because of rounding.
SOURCE: U.S. Department of Education, Budget Service, unpublished tabulations. U.S. Department of Education, National Center for Education Statistics, unpublished tabulations. U.S. Office of Management and Budget, *Budget of the U.S. Government, Appendix, Fiscal Year 2011*. National Science Foundation, *Federal Funds for Research and Development, fiscal years 2007, 2008, and 2009*. (This table was prepared October 2010.)

Table 384. U.S. Department of Education outlays, by type of recipient and level of education: Selected fiscal years, 1980 through 2010

[In millions of current dollars]

Year and level of education	Total	Local education agencies	State education agencies	Postsecondary students	Postsecondary institutions	Federal institutions	Other education organizations[1]	Other recipients[2]
1	2	3	4	5	6	7	8	9
1980 total	**$13,137.8**	**$5,313.7**	**$1,103.2**	**$2,137.4**	**$2,267.2**	**$249.8**	**$693.8**	**$1,372.7**
Elementary/secondary	6,629.1	5,309.4	662.2	34.2	22.0	62.5	513.4	25.5
Postsecondary	5,682.2	†	99.5	2,103.2	2,166.5	†	†	1,313.0
Other programs	747.7	4.3	341.5	†	†	187.3	180.4	34.2
Education research and statistics	78.7	†	†	†	78.7	†	†	†
1985 total	**16,701.1**	**6,225.0**	**1,502.9**	**2,434.7**	**2,362.3**	**287.3**	**503.9**	**3,385.0**
Elementary/secondary	7,296.7	6,220.8	636.0	58.0	25.2	2.4	322.4	31.9
Postsecondary	8,202.5	†	228.3	2,376.7	2,308.3	†	†	3,289.2
Other programs	1,173.1	4.2	638.6	†	†	284.9	181.5	63.9
Education research and statistics	28.8	†	†	†	28.8	†	†	†
1990 total	**23,198.6**	**8,000.7**	**2,490.3**	**3,859.6**	**3,649.8**	**441.4**	**912.2**	**3,844.4**
Elementary/secondary	9,681.3	7,995.0	700.3	80.5	85.4	113.1	650.7	56.3
Postsecondary	11,176.0	†	261.6	3,779.1	3,475.0	†	†	3,660.4
Other programs	2,251.8	5.7	1,528.5	†	†	328.3	261.5	127.8
Education research and statistics	89.5	†	†	†	89.5	†	†	†
1995 total	**31,403.0**	**11,210.7**	**3,584.0**	**4,964.7**	**5,016.1**	**485.4**	**1,349.2**	**4,792.9**
Elementary/secondary	14,029.0	11,203.3	1,410.0	190.5	170.1	70.3	946.9	37.9
Postsecondary	14,234.0	†	250.8	4,774.2	4,567.0	†	†	4,642.0
Other programs	2,861.0	7.4	1,923.2	†	†	415.1	402.3	113.0
Education research and statistics	279.0	†	†	†	279.0	†	†	†
2000 total	**34,106.7**	**16,016.0**	**4,316.5**	**4,711.7**	**5,005.7**	**506.6**	**1,820.2**	**1,730.1**
Elementary/secondary	20,039.6	16,003.5	1,989.6	260.5	198.9	48.5	1,461.8	76.8
Postsecondary	10,727.3	†	55.2	4,451.2	4,690.3	†	†	1,530.6
Other programs	3,223.4	12.5	2,271.7	†	†	458.1	358.4	122.7
Education research and statistics	116.5	†	†	†	116.5	†	†	†
2001 total	**36,562.0**	**18,027.4**	**4,336.7**	**4,525.6**	**5,793.3**	**600.4**	**2,149.1**	**1,129.7**
Elementary/secondary	22,862.4	18,014.5	1,999.8	392.5	405.9	69.8	1,780.6	199.4
Postsecondary	9,840.7	†	98.5	4,133.1	4,821.9	†	†	787.2
Other programs	3,293.4	12.9	2,238.4	†	†	530.6	368.5	143.1
Education research and statistics	565.5	†	†	†	565.5	†	†	†
2002 total	**46,324.4**	**19,742.1**	**4,967.8**	**8,306.0**	**8,668.2**	**608.9**	**2,200.3**	**1,831.3**
Elementary/secondary	25,246.2	19,729.2	2,429.8	490.0	454.9	77.6	1,829.5	235.3
Postsecondary	17,056.2	†	199.2	7,816.0	7,588.1	†	†	1,452.9
Other programs	3,396.8	12.9	2,338.8	†	†	531.3	370.8	143.1
Education research and statistics	625.2	†	†	†	625.2	†	†	†
2003 total	**57,442.9**	**23,837.7**	**6,164.6**	**11,032.5**	**10,731.8**	**657.8**	**2,478.9**	**2,539.6**
Elementary/secondary	30,749.3	23,882.8	3,141.1	594.3	637.4	109.5	2,105.6	338.6
Postsecondary	22,706.4	†	668.6	10,438.2	9,542.5	†	†	2,057.2
Other programs	3,435.2	14.9	2,354.9	†	†	548.3	373.3	143.8
Education research and statistics	551.9	†	†	†	551.9	†	†	†
2004 total	**62,903.4**	**26,012.4**	**6,334.5**	**12,005.0**	**10,977.0**	**648.9**	**2,730.1**	**4,195.4**
Elementary/secondary	33,689.4	25,990.0	3,611.7	606.2	642.5	126.4	2,300.0	412.6
Postsecondary	25,341.0	†	420.9	11,398.8	9,899.3	†	†	3,621.9
Other programs	3,437.8	22.4	2,301.9	†	†	522.5	430.1	160.9
Education research and statistics	435.2	†	†	†	435.2	†	†	†
2005 total	**72,893.3**	**28,900.2**	**7,126.3**	**14,708.2**	**13,362.4**	**669.8**	**3,023.0**	**5,103.4**
Elementary/secondary	37,477.6	28,878.6	3,971.6	698.1	790.0	145.9	2,578.4	415.0
Postsecondary	31,420.0	†	777.1	14,010.1	12,115.6	†	†	4,517.2
Other programs	3,538.9	21.6	2,377.6	†	†	523.9	444.6	171.2
Education research and statistics	456.8	†	†	†	456.8	†	†	†
2006 total	**93,571.5**	**30,236.6**	**8,331.3**	**22,955.1**	**21,376.1**	**693.2**	**2,902.3**	**7,076.8**
Elementary/secondary	38,863.4	30,214.8	4,098.7	741.5	775.1	168.6	2,455.5	409.2
Postsecondary	50,624.6	†	1,702.4	22,213.6	20,210.5	†	†	6,498.1
Other programs	3,692.9	21.8	2,530.2	†	†	524.6	446.8	169.5
Education research and statistics	390.5	†	†	†	390.5	†	†	†
2007 total	**71,808.0**	**29,008.8**	**7,429.4**	**14,269.9**	**13,877.6**	**613.2**	**2,931.5**	**3,677.7**
Elementary/secondary	37,562.1	28,990.4	4,018.7	824.4	781.5	73.8	2,460.7	412.6
Postsecondary	30,052.0	†	805.5	13,445.5	12,658.6	†	57.8	3,084.6
Other programs	3,756.4	18.4	2,605.2	†	†	539.4	413.0	180.5
Education research and statistics	437.5	†	†	†	437.5	†	†	†
2008 total	**72,177.8**	**29,553.0**	**7,377.7**	**14,371.2**	**13,585.9**	**1,348.8**	**2,997.9**	**2,943.3**
Elementary/secondary	38,330.4	29,533.5	4,100.2	859.6	800.2	96.3	2,518.1	422.5
Postsecondary	28,838.8	†	618.8	13,511.6	12,322.0	†	58.3	2,328.1
Other programs	4,545.0	19.5	2,658.7	†	†	1,252.5	421.5	192.7
Education research and statistics	463.7	†	†	†	463.7	†	†	†
2009 total	**85,224.7**	**40,300.0**	**8,402.8**	**14,828.8**	**14,782.5**	**1,415.3**	**4,068.7**	**1,426.6**
Elementary/secondary	52,468.1	40,273.4	5,562.4	893.8	1,325.9	76.3	3,590.7	745.4
Postsecondary	27,626.6	†	228.0	13,935.0	12,878.0	†	63.7	521.9
Other programs	4,551.4	26.6	2,612.3	†	†	1,339.0	414.1	159.3
Education research and statistics	578.6	†	†	†	578.6	†	†	†
2010 total	**116,811.6**	**58,868.4**	**11,733.5**	**18,733.8**	**18,936.5**	**1,496.4**	**5,920.2**	**1,122.9**
Elementary/secondary	76,932.5	58,839.2	8,272.2	1,151.5	2,085.6	78.0	5,320.4	1,185.7
Postsecondary	33,673.3	†	62.3	17,582.3	16,237.9	†	60.9	-270.1
Other programs	5,592.7	29.2	3,399.0	†	†	1,418.4	538.9	207.3
Education research and statistics	613.0	†	†	†	613.0	†	†	†

†Not applicable.

[1]Includes funds for vocational education and for federal programs at libraries and museums.

[2]Other recipients include American Indian tribes, private nonprofit agencies, and banks.

NOTE: Outlays by type of recipient are estimated based on obligation data. The increase in postsecondary expenditures in 2006 resulted primarily from an accounting adjustment. Some data have been revised from previously published figures. Detail may not sum to totals because of rounding.

SOURCE: U.S. Office of Management and Budget, *Budget of the U.S. Government*, fiscal years 1982 through 2011. U.S. Department of Education, Budget Service, unpublished tabulations. (This table was prepared October 2010.)

Table 385. U.S. Department of Education appropriations for major programs, by state or jurisdiction: Fiscal year 2009

[In thousands of current dollars]

State or jurisdiction	Total	Grants for the disadvantaged[1]	Block grants to states for school improvement[2]	School assistance in federally affected areas[3]	Career/technical and adult education[4]	Special education[5]	Language assistance[6]	American Indian education	Degree-granting institutions[7]	Student financial assistance[8]	Rehabilitation services[9]
1	2	3	4	5	6	7	8	9	10	11	12
Total, 50 states and D.C.[10]	**$149,212,569**	**$27,193,784**	**$53,542,474**	**$1,214,695**	**$1,773,241**	**$24,123,025**	**$670,531**	**$99,331**	**$2,484,776**	**$34,377,069**	**$3,733,644**
Total, 50 states, D.C., other activities, and other jurisdictions	**153,880,921**	**28,549,686**	**54,778,065**	**1,294,646**	**1,836,871**	**24,518,737**	**730,000**	**99,331**	**2,547,128**	**35,649,137**	**3,877,320**
Alabama	2,498,058	463,081	830,280	3,884	30,709	386,959	4,349	1,805	81,108	619,916	75,966
Alaska	509,842	86,221	144,308	120,019	5,500	76,311	1,323	10,055	19,414	31,679	15,012
Arizona	4,094,889	565,161	1,127,196	173,962	38,688	395,330	24,900	10,701	29,277	1,648,451	81,223
Arkansas	1,884,625	321,697	511,093	547	18,784	242,964	3,332	308	41,069	694,999	49,832
California	17,559,394	3,341,323	6,641,271	66,428	223,255	2,638,315	168,456	6,185	254,770	3,842,175	377,216
Colorado	2,143,502	317,836	831,178	16,901	23,920	327,424	11,215	767	27,105	536,919	50,238
Connecticut	1,439,938	212,064	594,982	6,575	16,466	283,720	5,737	0	16,468	273,141	30,784
Delaware	475,965	85,322	165,339	83	6,690	73,590	1,169	0	8,189	119,699	15,884
District of Columbia	677,104	99,638	119,412	1,692	5,729	38,473	807	0	252,993	140,533	17,827
Florida	8,167,591	1,363,507	2,974,711	10,611	101,826	1,340,987	43,560	57	74,526	2,047,354	210,453
Georgia	4,758,673	980,701	1,724,259	23,507	59,739	688,522	16,479	0	72,253	1,088,394	104,819
Hawaii	585,798	88,962	222,760	49,441	8,241	86,197	2,666	0	34,069	75,212	18,250
Idaho	722,072	100,954	278,935	7,641	9,360	117,720	1,998	429	10,671	171,933	22,431
Illinois	6,474,536	1,207,422	2,297,876	18,902	70,298	1,082,593	30,907	130	80,123	1,539,683	146,602
Indiana	3,041,889	499,659	1,111,083	153	38,196	546,266	6,661	0	26,691	725,376	87,805
Iowa	1,665,579	150,371	519,402	671	17,275	259,976	2,770	154	25,390	647,975	41,595
Kansas	1,357,390	213,615	499,624	26,410	15,759	230,372	3,684	1,171	28,705	301,590	36,458
Kentucky	2,230,891	447,205	748,914	877	28,780	347,187	3,765	0	39,296	547,292	67,574
Louisiana	2,509,840	560,172	837,487	9,957	32,487	402,961	2,952	813	64,723	550,507	47,780
Maine	633,942	105,156	227,297	2,958	8,119	117,185	724	114	12,207	138,628	21,555
Maryland	2,342,158	377,400	963,021	6,214	27,017	442,514	9,406	75	44,061	413,995	58,454
Massachusetts	2,916,821	471,283	1,098,145	720	30,061	598,602	11,839	72	36,894	602,054	67,151
Michigan	5,204,829	1,092,258	1,817,441	5,004	59,430	850,249	10,927	2,953	44,244	1,193,662	128,660
Minnesota	2,336,447	273,332	891,657	18,739	25,839	408,447	7,923	3,413	31,229	617,804	58,063
Mississippi	1,833,325	381,092	568,098	2,156	21,193	255,252	1,574	49	49,685	499,913	54,312
Missouri	2,860,606	440,296	1,028,903	21,961	35,027	481,955	5,014	73	33,756	731,092	82,529
Montana	568,001	93,469	184,312	44,231	7,139	80,663	502	3,192	32,175	105,469	16,849
Nebraska	867,962	139,152	321,899	18,124	10,191	158,964	2,668	816	13,747	176,990	25,412
Nevada	926,041	187,112	433,686	4,849	13,663	149,338	8,030	744	14,766	96,017	17,835
New Hampshire	556,264	81,855	233,838	11	7,790	102,333	786	0	4,112	108,366	17,174
New Jersey	3,613,375	541,015	1,457,906	13,589	41,885	765,864	18,324	59	31,261	665,902	77,570
New Mexico	1,249,118	229,216	368,924	110,575	13,576	200,283	5,116	8,580	38,897	242,292	31,660
New York	10,405,827	2,480,360	3,482,279	22,321	101,833	1,632,210	49,793	1,780	96,882	2,336,875	201,496
North Carolina	4,180,283	727,207	1,571,471	17,530	55,322	689,619	14,335	3,570	93,604	883,027	124,598
North Dakota	434,822	72,739	135,541	30,364	5,651	60,180	541	1,786	20,732	92,736	14,552
Ohio	5,653,257	1,060,810	2,008,464	2,583	66,402	929,374	7,938	0	51,500	1,371,212	154,975
Oklahoma	1,913,038	312,715	658,268	47,303	22,850	313,619	3,944	24,540	44,525	431,394	53,881
Oregon	1,685,217	276,318	633,550	3,358	20,866	275,185	7,868	2,200	19,380	391,107	55,383
Pennsylvania	5,881,807	1,131,471	2,134,799	1,547	68,262	910,456	12,756	0	54,676	1,409,394	158,445
Rhode Island	575,890	101,889	195,464	2,097	8,315	95,131	1,927	0	7,684	147,968	15,416
South Carolina	2,210,585	407,523	779,344	2,821	29,248	376,542	4,629	9	55,029	486,803	68,637
South Dakota	525,270	91,055	158,838	48,762	5,937	71,809	500	3,468	11,682	118,393	14,826
Tennessee	2,977,092	539,887	1,059,991	4,224	38,009	496,512	5,998	0	52,161	693,259	87,051
Texas	12,593,400	2,724,469	4,498,201	99,950	152,773	2,053,069	98,712	366	201,714	2,468,453	295,692
Utah	1,326,872	139,327	519,584	10,666	17,153	233,097	5,323	1,234	15,568	343,783	41,138
Vermont	359,263	69,261	124,442	5	5,420	58,353	500	199	9,756	76,187	15,139
Virginia	3,292,504	476,672	1,309,939	49,126	40,517	601,799	11,448	15	50,967	665,147	86,873
Washington	2,695,673	401,106	1,099,054	58,602	32,540	475,945	16,489	4,309	49,927	487,288	70,413
West Virginia	959,621	177,759	314,290	21	13,043	163,033	677	0	25,476	231,832	33,488
Wisconsin	2,502,716	415,846	970,935	14,422	31,165	449,340	7,091	2,428	41,330	497,072	73,086
Wyoming	332,971	69,823	112,781	11,601	5,300	60,238	500	713	8,309	50,124	13,582
Other activities/jurisdictions											
Indian Tribe (Set-Aside)	390,684	199,099	38,224	0	14,511	97,635	5,000	0	0	0	36,214
Other	285,041	24,248	57,330	77,964	12,731	15,000	47,450	0	0	43,904	6,414
American Samoa	93,515	19,346	52,368	1,755	577	7,131	1,219	0	1,596	7,960	1,563
Guam	185,396	23,856	119,398	20	1,050	15,949	1,192	0	3,196	16,570	4,166
Marshall Islands	309	0	0	0	0	0	0	0	309	0	0
Federated States of Micronesia	32,245	0	0	0	190	6,579	0	0	1,683	23,792	0
Northern Marianas	69,447	7,027	48,615	0	676	5,423	1,184	0	1,445	2,962	2,116
Palau	1,359	0	0	0	0	0	0	0	1,359	0	0
Puerto Rico	3,480,208	1,056,330	838,770	0	32,769	238,009	3,370	0	49,757	1,171,001	90,204
U.S. Virgin Islands	130,148	25,996	80,886	213	1,126	9,986	55	0	3,007	5,880	2,999

[1]Title I includes Grants to Local Education Agencies (Basic, Concentration, Targeted, and Education Finance Incentive Grants); School Turnaround Grants; Even Start; Migrant Education Grants; and Neglected and Delinquent Children Grants.

[2]Title VI includes Teacher Quality State Grants; Mathematics and Science Partnerships; Educational Technology State Grants; 21st Century Community Learning Centers; Assessing Achievement, including No Child Left Behind; Education for the Homeless Children and Youth; Rural and Low-Income Schools Program; Small, Rural School Achievement Program; Safe and Drug Free Schools and Communities State Grants; State Fiscal Stabilization Fund—Education State Grants; and Government Services, Recovery Act.

[3]Includes Impact Aid—Basic Support Payments; Impact Aid—Payments for Children with Disabilities; and Impact Aid—Construction.

[4]Includes Career and Technical Education State Grants; English Literacy and Civics Education State Grants; Tech-Prep Education; State Grants for Incarcerated Youth Offenders; State Grants for Workplace and Community Transition Training for Incarcerated Individuals; and Adult Basic and Literacy Education State Grants.

[5]Includes Special Education—Grants to States; Preschool Grants; and Grants for Infants and Families.

[6]Includes English Learner Education.

[7]Includes Institutional Aid to Strengthen Higher Education Institutions serving significant numbers of low-income students; Other Special Programs for the Disadvantaged; Cooperative Education; Fund for the Improvement of Postsecondary Education; Fellowships and Scholarships; and College Access Challenge Funds.

[8]Includes Pell Grants; Leveraging Educational Assistance Partnership; Federal Supplemental Educational Opportunity Grants; Federal Work-Study; Special Allowances; and Federal Family Education Loan Program interest subsidies.

[9]Includes Vocational Rehabilitation State Grants; Supported Employment State Grants; Client Assistance State Grants; Independent Living State Grants; Services for Older Blind Individuals; Protection and Advocacy for Assistive Technology; Assistive Technology State Grant Program; and Protection and Advocacy of Individual Rights.

[10]Total excludes other activities and other jurisdictions.

NOTE: Data reflect revisions to figures in the Budget of the United States Government, Fiscal Year 2011. Detail may not sum to totals because of rounding.

SOURCE: U.S. Department of Education, Budget Service, unpublished tabulations. (This table was prepared September 2010.)

Table 386. Appropriations for Title I and selected other programs under the No Child Left Behind Act of 2001, by program and state or jurisdiction: Fiscal years 2009 and 2010

[In thousands of current dollars]

State or jurisdiction	Title I total, 2009	Title I, 2010: Total	Title I, 2010: Grants to local education agencies[1]	Title I, 2010: State agency programs: Neglected and Delinquent	Title I, 2010: State agency programs: Migrant	Title I, 2010: Turn-around Grants	Title I, 2010: Even Start	Assessing Achievement, 2010	Improving Teacher Quality State Grants, 2010
1	2	3	4	5	6	7	8	9	10
Total, 50 states and D.C.[2]	**$14,301,514**	**$14,800,530**	**$13,788,607**	**$48,619**	**$384,771**	**$519,761**	**$58,773**	**$389,754**	**$2,805,454**
Total, 50 states, D.C., other activities, and other jurisdictions	**15,004,053**	**15,549,686**	**14,492,401**	**50,427**	**394,771**	**545,633**	**66,454**	**410,732**	**2,947,749**
Alabama	242,060	232,515	220,631	802	2,144	8,035	904	6,618	46,531
Alaska	46,044	46,693	37,246	254	7,251	1,637	306	3,574	14,024
Arizona	300,152	325,547	304,582	1,478	6,842	11,382	1,263	8,396	50,189
Arkansas	170,408	170,006	157,648	333	5,487	5,890	647	5,246	28,986
California	1,800,558	1,940,215	1,726,744	1,769	135,300	69,095	7,307	32,709	331,147
Colorado	166,968	170,293	155,759	633	7,325	5,933	643	6,838	33,529
Connecticut	115,601	121,584	114,520	1,325	1,035	4,231	473	5,657	26,746
Delaware	42,313	44,067	41,388	526	304	1,544	306	3,655	14,024
District of Columbia	49,535	50,073	47,617	358	0	1,792	306	3,342	14,024
Florida	702,690	774,714	718,131	2,128	23,656	27,742	3,056	15,857	134,533
Georgia	506,877	544,960	514,051	1,199	8,212	19,333	2,165	11,148	81,286
Hawaii	44,783	45,656	42,599	327	835	1,589	306	3,895	14,024
Idaho	53,409	55,835	49,334	521	3,714	1,961	306	4,308	14,024
Illinois	640,580	641,079	613,255	1,183	1,984	22,145	2,512	13,153	118,521
Indiana	269,669	268,180	251,583	612	5,718	9,240	1,027	8,085	51,268
Iowa	80,164	82,803	77,475	389	1,673	2,940	327	5,264	22,564
Kansas	115,985	118,510	101,985	309	12,002	4,214	0	5,221	22,813
Kentucky	235,930	244,820	226,553	969	7,687	8,659	951	6,229	45,478
Louisiana	315,407	332,787	316,260	1,651	2,569	11,063	1,244	6,575	63,438
Maine	54,832	56,063	52,339	224	1,216	1,978	306	3,891	14,024
Maryland	194,194	193,190	183,802	1,341	525	6,759	763	7,319	40,874
Massachusetts	248,911	236,762	224,208	1,958	1,673	8,023	900	7,656	51,111
Michigan	566,379	565,850	534,724	377	8,896	19,650	2,202	10,709	112,441
Minnesota	144,364	137,779	130,061	243	2,152	4,787	536	6,987	38,577
Mississippi	201,042	212,736	202,656	746	1,077	7,418	838	5,424	43,030
Missouri	238,468	250,602	237,637	1,531	1,577	8,860	997	7,570	51,012
Montana	47,250	48,386	45,249	104	1,046	1,682	306	3,700	14,024
Nebraska	73,880	70,105	61,407	645	5,292	2,455	306	4,409	14,301
Nevada	93,546	94,774	90,361	393	246	3,390	384	5,123	15,772
New Hampshire	40,758	41,972	39,526	518	152	1,470	306	3,953	14,024
New Jersey	291,371	315,737	298,946	2,447	2,038	11,063	1,243	9,627	65,420
New Mexico	119,878	120,121	114,256	258	957	4,179	471	4,593	22,841
New York	1,264,435	1,305,263	1,240,979	2,932	10,268	45,905	5,179	17,232	227,670
North Carolina	378,758	401,024	378,123	1,216	5,854	14,237	1,594	10,172	68,478
North Dakota	36,283	37,530	35,595	73	243	1,314	306	3,447	14,024
Ohio	555,749	560,075	533,140	2,386	2,756	19,582	2,211	11,780	107,946
Oklahoma	164,244	169,950	161,249	391	1,594	6,036	680	5,877	34,344
Oregon	148,129	163,739	145,447	1,218	10,644	5,816	614	5,778	28,890
Pennsylvania	589,777	611,057	576,550	1,153	9,408	21,534	2,411	12,018	115,388
Rhode Island	53,545	53,341	50,517	632	69	1,817	306	3,741	14,024
South Carolina	213,873	226,895	215,650	1,685	583	8,067	910	6,422	38,087
South Dakota	45,102	46,725	43,747	165	869	1,638	306	3,622	14,024
Tennessee	278,045	285,639	273,327	455	597	10,111	1,148	7,747	52,054
Texas	1,437,805	1,459,697	1,339,020	2,426	61,224	51,428	5,598	24,442	248,010
Utah	72,333	74,313	68,647	806	1,917	2,638	306	5,646	19,511
Vermont	34,913	36,093	33,384	482	659	1,263	306	3,417	14,024
Virginia	251,482	262,791	249,633	1,927	825	9,351	1,055	8,842	52,927
Washington	215,768	215,834	190,738	1,024	15,691	7,585	795	7,975	47,725
West Virginia	94,877	95,963	91,428	751	84	3,324	376	4,247	23,379
Wisconsin	217,408	205,417	196,433	802	660	6,757	764	7,207	46,334
Wyoming	34,981	34,774	32,465	545	242	1,216	306	3,408	14,024
Other activities/jurisdictions									
Indian Tribe Set-Aside	102,123	105,350	100,671	0	0	3,682	997	2,000	14,665
Other nonstate allocations	24,248	24,248	9,000	1,261	10,000	0	3,987	10,732	19,739
American Samoa	9,921	10,541	10,086	0	0	369	85	379	3,498
Guam	12,234	12,446	11,910	0	0	436	101	815	5,155
Northern Marianas	3,604	3,829	3,664	0	0	134	31	256	1,646
Puerto Rico	537,078	578,578	554,910	548	0	20,756	2,364	6,246	93,226
U.S. Virgin Islands	13,331	14,164	13,553	0	0	496	115	551	4,365

[1]Includes Basic, Concentration, Targeted, and Education Finance Incentive Grants.

[2]Total excludes other activities and other jurisdictions.

NOTE: Detail may not sum to totals because of rounding. These are preliminary estimates for fiscal year 2010.

SOURCE: U.S. Department of Education, Budget Service, Elementary, Secondary, and Vocational Education Analysis Division, unpublished tabulations. (This table was prepared September 2010.)

Table 387. Federal obligations for research, development, and R&D plant, by category of obligation, performers, and fields of science: Fiscal years 2001 through 2009

[In millions of current dollars]

Category of obligation, performers, and fields of science	Actual							Estimated		
	2001	2002	2003	2004	2005	2006	2007	2008	2009	Percent change, 2008 to 2009
1	2	3	4	5	6	7	8	9	10	11
Total obligations for research, development, and R&D plant	**$84,003.0**	**$90,157.7**	**$97,927.9**	**$105,370.7**	**$112,994.6**	**$112,270.6**	**$115,922.5**	**$116,476.3**	**$116,568.8**	**0.1**
Research and development obligations	**79,933.2**	**85,853.0**	**93,661.3**	**101,376.5**	**109,223.5**	**110,145.8**	**113,754.1**	**114,624.9**	**114,453.9**	**-0.1**
Performers										
Federal intramural[1]	20,219.8	21,044.8	22,861.6	22,423.2	24,125.4	25,563.2	25,535.1	26,827.7	26,142.5	-2.6
Industrial firms	27,006.2	29,538.2	33,852.7	39,214.6	44,112.5	44,152.9	47,258.7	46,046.2	46,328.6	0.6
FFRDCs[2] administered by industrial firms	1,186.6	1,351.1	1,507.6	1,543.1	1,612.1	1,421.9	2,642.2	3,874.9	3,892.6	0.5
Universities and colleges	19,587.9	21,290.1	22,693.5	24,169.7	24,841.5	24,336.3	25,252.2	25,709.2	25,723.8	0.1
FFRDCs[2] administered by universities and colleges	4,617.7	4,641.2	4,754.2	5,400.9	5,686.1	5,439.1	4,042.3	3,278.7	3,502.8	6.8
Other nonprofit institutions	5,138.8	5,739.1	5,706.7	5,623.7	5,910.0	6,000.1	5,966.0	5,918.7	5,821.8	-1.6
FFRDCs[2] administered by nonprofit institutions	1,269.1	1,404.8	1,352.8	1,443.2	1,649.2	1,816.0	2,028.4	2,017.1	2,107.5	4.5
State and local governments	450.6	452.2	400.0	880.1	660.8	619.6	355.3	340.2	331.8	-2.5
Foreign	456.5	391.6	532.4	677.9	625.8	796.7	673.8	612.3	602.5	-1.6
Research obligations	**44,713.7**	**48,006.7**	**51,071.8**	**53,357.8**	**53,738.2**	**53,535.7**	**54,093.6**	**55,096.9**	**54,801.0**	**-0.5**
Performers										
Federal intramural[1]	11,130.9	11,857.4	12,419.6	12,085.2	12,349.9	12,261.6	11,816.4	12,162.3	11,948.4	-1.8
Industrial firms	5,262.3	5,786.8	6,042.4	6,782.7	6,456.4	6,436.3	6,074.2	6,448.8	6,024.2	-6.6
FFRDCs[2] administered by industrial firms	822.3	937.3	1,103.5	1,131.6	1,082.0	947.9	1,863.0	2,459.0	2,371.1	-3.6
Universities and colleges	18,657.1	20,285.4	21,676.5	22,699.1	23,156.0	22,809.4	23,966.9	24,446.4	24,640.5	0.8
FFRDCs[2] administered by universities and colleges	3,096.3	3,219.4	3,272.6	3,687.3	3,743.4	3,783.0	2,942.4	2,243.9	2,429.7	8.3
Other nonprofit institutions	4,577.9	4,723.0	5,196.3	5,216.4	5,295.8	5,448.9	5,416.7	5,368.7	5,366.9	#
FFRDCs[2] administered by nonprofit institutions	739.4	749.6	779.0	795.5	907.8	1,028.6	1,283.0	1,232.8	1,305.7	5.9
State and local governments	308.7	275.5	305.8	532.9	376.8	417.9	297.6	302.5	284.5	-5.9
Foreign	118.9	172.3	276.1	427.0	370.2	402.1	433.3	432.6	430.1	-0.6
Fields of science										
Life sciences	23,057.3	25,476.8	27,772.2	27,728.5	28,127.8	27,927.7	29,463.6	29,674.7	29,298.9	-1.3
Psychology	741.9	905.9	1,104.4	1,854.9	1,891.8	1,747.3	1,837.9	1,860.7	1,852.5	-0.4
Physical sciences	4,600.8	4,983.2	5,021.6	5,211.1	5,493.7	5,351.1	5,136.1	5,249.3	5,593.2	6.6
Environmental sciences	3,251.7	3,418.3	3,740.9	3,741.6	3,502.6	3,430.6	3,170.5	3,315.1	3,352.3	1.1
Mathematics and computer sciences	2,610.6	2,630.7	1,104.4	2,949.4	2,983.4	2,814.9	2,945.7	3,285.3	3,333.1	1.5
Engineering	8,197.0	8,274.9	8,405.1	8,866.4	8,552.9	8,678.7	8,989.7	9,353.4	8,906.7	-4.8
Social sciences	1,008.6	1,038.5	1,025.8	1,089.6	1,097.1	1,123.9	1,147.1	1,071.1	1,123.2	4.9
Other sciences	1,245.8	1,278.4	1,329.3	1,916.3	2,088.9	2,461.3	1,403.1	1,287.3	1,341.1	4.2
Basic research obligations	21,958.1	23,668.3	24,751.4	26,120.7	27,140.3	26,584.6	26,865.8	27,558.6	28,536.1	3.5
Performers										
Federal intramural[1]	4,193.8	4,460.0	4,662.1	4,671.6	4,772.7	4,763.9	4,572.2	4,681.8	4,699.8	0.4
Industrial firms	917.1	1,231.9	1,279.6	1,969.4	2,051.0	1,858.9	1,736.2	1,898.5	2,009.4	5.8
FFRDCs[2] administered by industrial firms	175.1	239.6	312.8	292.2	270.1	220.4	341.3	349.4	353.3	1.1
Universities and colleges	11,792.2	12,668.2	13,151.8	13,398.5	13,989.9	13,657.6	14,220.3	14,487.4	15,033.4	3.8
FFRDCs[2] administered by universities and colleges	1,762.1	1,805.2	1,827.8	2,005.8	2,021.2	2,096.8	1,982.8	2,010.0	2,181.3	8.5
Other nonprofit institutions	2,441.7	2,531.7	2,703.9	2,746.1	2,914.2	2,867.4	2,793.8	2,853.3	2,919.1	2.3
FFRDCs[2] administered by nonprofit institutions	540.5	563.4	582.1	606.8	670.7	755.8	889.5	943.6	1,001.0	6.1
State and local governments	71.5	71.5	85.4	197.9	235.9	152.7	101.3	103.2	106.0	2.7
Foreign	64.0	96.8	146.1	232.3	214.6	211.2	228.4	231.5	232.8	0.6
Fields of science										
Life sciences	12,835.5	14,024.1	14,765.3	14,490.0	15,247.6	14,934.4	15,643.5	15,978.5	15,951.3	-0.2
Psychology	292.9	464.6	543.8	979.2	1,040.1	944.9	978.8	995.8	996.2	#
Physical sciences	3,327.1	3,405.9	3,454.0	3,662.6	3,738.7	3,515.5	3,544.5	3,603.7	4,007.0	11.2
Environmental sciences	1,663.0	1,833.3	1,899.5	2,022.9	1,966.1	1,849.5	1,727.8	1,764.5	1,929.8	9.4
Mathematics and computer sciences	957.8	998.7	1,120.2	1,239.1	1,228.4	1,208.2	1,293.5	1,389.5	1,569.1	12.9
Engineering	1,911.5	1,864.9	1,913.1	2,271.7	2,300.5	2,364.6	2,629.9	2,755.1	2,937.5	6.6
Social sciences	278.4	361.7	352.8	419.3	391.4	381.0	361.3	357.5	390.6	9.3
Other sciences	691.7	715.2	702.7	1,035.9	1,227.5	1,386.5	686.4	713.9	754.6	5.7
Applied research obligations	22,755.6	24,338.4	26,320.4	27,237.1	26,597.9	26,951.1	27,227.8	27,538.3	26,264.9	-4.6
Performers										
Federal intramural[1]	6,937.2	7,397.4	7,757.5	7,413.6	7,577.2	7,498.0	7,244.2	7,480.5	7,248.6	-3.1
Industrial firms	4,345.2	4,554.9	4,762.8	4,813.3	4,405.4	4,577.4	4,338.0	4,550.4	4,014.8	-11.8
FFRDCs[2] administered by industrial firms	647.2	697.7	790.7	839.3	811.9	727.5	1,521.6	2,109.6	2,017.8	-4.3
Universities and colleges	6,864.9	7,617.2	8,524.7	9,300.6	9,166.1	9,151.8	9,746.6	9,959.0	9,607.0	-3.5
FFRDCs[2] administered by universities and colleges	1,334.2	1,414.1	1,444.8	1,681.6	1,722.2	1,686.2	959.6	233.9	248.4	6.2
Other nonprofit institutions	2,136.2	2,191.3	2,492.5	2,470.3	2,381.6	2,581.5	2,622.9	2,515.4	2,447.8	-2.7
FFRDCs[2] administered by nonprofit institutions	198.9	186.2	197.0	188.7	237.1	272.8	393.5	289.2	304.7	5.4
State and local governments	237.1	204.0	220.4	335.0	140.9	265.1	196.3	199.3	178.5	-10.4
Foreign	54.9	75.6	130.0	194.7	155.6	190.9	205.0	201.1	197.3	-1.9

See notes at end of table.

Table 387. Federal obligations for research, development, and R&D plant, by category of obligation, performers, and fields of science: Fiscal years 2001 through 2009—Continued

[In millions of current dollars]

Category of obligation, performers, and fields of science	Actual							Estimated		
	2001	2002	2003	2004	2005	2006	2007	2008	2009	Percent change, 2008 to 2009
1	2	3	4	5	6	7	8	9	10	11
Fields of science										
Life sciences	10,221.8	11,452.7	13,007.0	13,238.5	12,880.2	12,993.3	13,820.1	13,696.2	13,347.6	-2.5
Psychology	449.0	441.3	560.6	875.6	851.6	802.4	859.1	865.0	856.3	-1.0
Physical sciences	1,273.6	1,577.4	1,567.6	1,548.6	1,755.0	1,835.6	1,591.6	1,645.6	1,586.2	-3.6
Environmental sciences	1,588.6	1,585.0	1,841.4	1,718.7	1,536.5	1,581.1	1,442.7	1,550.5	1,422.5	-8.3
Mathematics and computer sciences	1,652.8	1,632.0	1,552.2	1,710.3	1,754.9	1,606.7	1,652.1	1,895.8	1,764.0	-7.0
Engineering	6,285.5	6,410.0	6,492.0	6,594.7	6,252.5	6,314.2	6,359.8	6,598.3	5,969.3	-9.5
Social sciences	730.2	676.9	673.0	670.3	705.8	742.9	785.9	713.6	732.5	2.7
Other sciences	554.1	563.3	626.6	880.5	861.4	1,074.9	716.7	573.4	586.5	2.3
Development obligations	**35,219.5**	**37,846.3**	**42,589.5**	**48,018.7**	**55,485.3**	**56,610.2**	**59,660.5**	**59,528.0**	**59,652.9**	**0.2**
Performers										
Federal intramural[1]	9,088.9	9,187.4	10,442.0	10,338.0	11,775.5	13,301.6	13,718.8	14,665.4	14,194.1	-3.2
Industrial firms	21,744.0	23,751.4	27,810.3	32,431.8	37,656.1	37,716.6	41,184.5	39,597.3	40,304.4	1.8
FFRDCs[2] administered by industrial firms	364.3	413.7	404.1	411.6	530.1	474.0	779.3	1,415.9	1,521.6	7.5
Universities and colleges	930.8	1,004.7	1,017.0	1,470.6	1,685.6	1,526.9	1,285.3	1,262.8	1,083.3	-14.2
FFRDCs[2] administered by universities and colleges	1,521.4	1,421.8	1,481.6	1,713.5	1,942.8	1,656.1	1,099.9	1,034.8	1,073.1	3.7
Other nonprofit institutions	560.8	1,016.1	510.3	407.4	614.1	551.2	549.3	550.0	454.9	-17.3
FFRDCs[2] administered by nonprofit institutions	529.7	655.2	573.7	647.7	741.5	787.4	745.4	784.3	801.9	2.2
State and local governments	141.9	176.7	94.1	347.2	284.1	201.7	57.7	37.7	47.3	25.5
Foreign	337.6	219.2	256.3	250.9	255.6	394.6	240.4	179.8	172.4	-4.1
R&D plant obligations	**4,069.8**	**4,304.7**	**4,266.5**	**3,994.2**	**3,771.1**	**2,124.8**	**2,168.4**	**1,851.4**	**2,114.9**	**14.2**
Performers										
Federal intramural[1]	520.4	414.8	609.7	961.3	859.3	662.8	593.4	484.3	428.9	-11.4
Industrial firms	2,179.8	2,524.9	1,817.0	1,442.0	1,381.4	265.8	401.4	312.0	295.3	-5.4
FFRDCs[2] administered by industrial firms	41.8	109.1	145.7	188.3	125.7	82.7	27.6	66.0	66.9	1.5
Universities and colleges	284.7	241.1	686.9	354.3	423.0	262.5	265.6	304.1	300.8	-1.1
FFRDCs[2] administered by universities and colleges	615.9	583.3	578.4	603.9	558.3	519.3	498.4	357.9	432.8	20.9
Other nonprofit institutions	27.9	29.1	70.7	164.5	134.6	127.3	79.7	95.3	91.8	-3.7
FFRDCs[2] administered by nonprofit institutions	357.5	388.8	333.9	252.4	218.0	201.6	296.2	225.2	492.4	118.6
State and local governments	1.4	2.0	0.8	15.8	55.2	2.6	#	#	#	#
Foreign	40.4	11.7	23.4	11.7	15.6	0.3	6.1	6.6	6.0	-9.0

#Rounds to zero.

[1]Includes costs associated with the administration of intramural and extramural programs by federal personnel as well as actual intramural performance.

[2]Federally funded research and development centers.

NOTE: Some data have been revised from previously published figures. Detail may not sum to totals because of rounding. Totals do not include the U.S. Department of Homeland Security.

SOURCE: National Science Foundation, *Federal Funds for Research and Development*, 2001 through 2009. (This table was prepared October 2010.)

CHAPTER 5
Outcomes of Education

This chapter contains tables comparing educational attainment and workforce characteristics. The data show labor force participation and income levels of high school dropouts and high school and college graduates. Population characteristics are provided for many of the measures to allow for comparisons among various demographic groups. Tables 388 through 390 contain data from the U.S. Bureau of Labor Statistics on labor force participation, employment, unemployment, and type of occupation by highest level of educational attainment, sex, age, and race/ethnicity. Tables 391 and 392 provide comparisons of earnings by education level and sex from the U.S. Census Bureau. Table 393 provides literacy scores for adults by education level, employment status, and demographic characteristics. The percentages of high school seniors with various characteristics who work different numbers of hours per week are shown in table 394.

Tables 395 and 396, compiled from U.S. Census Bureau data on high school completers and dropouts, show the labor force participation and college enrollment of high school students within the year after they leave school. The tabulations also provide comparative labor force participation and unemployment rates for high school completers and dropouts. Additional information on college enrollment rates by race/ethnicity and sex has been included to help form a more complete picture of high school outcomes. Table 397 provides data on college enrollment and employment among special education students who have left secondary school. Tables 398 and 399 provide data on the employment outcomes and salaries of college graduates 1 year after graduation. Tables 400 and 401 provide data on drug use of young adults from the Substance Abuse and Mental Health Services Administration. Table 402 provides information on life values of high school seniors and young adults.

Statistics related to outcomes of education appear in other sections of the *Digest*. For example, statistics on educational attainment of the entire population are in chapter 1. More detailed data on the numbers of high school and college graduates can be found in chapters 2 and 3. Chapter 3 contains trend data on the percentage of high school completers going to college. Additional data on earnings by educational attainment may be obtained from the U.S. Census Bureau's Current Population Reports, Series P-60. The U.S. Bureau of Labor Statistics has a series of publications dealing with the educational characteristics of the labor force. Further information on survey methodologies is in Appendix A: Guide to Sources and in the publications cited in the table source notes.

Labor Force

Adults with higher levels of education generally had higher labor force participation rates than adults with less education (table 388 and figure 21). (People participating in the labor force are those employed or actively seeking employment.) Among people 25 to 64 years old, 86 percent of those with a bachelor's or higher degree participated in the labor force in 2009, compared with 76 percent of those who had completed only high school. In comparison, 63 percent of those ages 25 to 64 who had not completed high school were in the labor force. The 2009 labor force participation rates for those ages 25 to 64 who had completed only high school were higher for Hispanics (78 percent) and Whites (76 percent) than for Asians (74 percent) and Blacks (72 percent) (table 388). Among people ages 25 to 64 with a bachelor's or higher degree, the labor force participation rates for Blacks (87 percent), Whites (86 percent), and Hispanics (86 percent) were higher than the rate for Asians (83 percent).

Unemployment rates were generally higher for people with lower levels of educational attainment than for those with higher levels of educational attainment (table 389 and figure 22). (The unemployment rate is the percentage of people in the labor force who are not employed and who have made specific efforts to find employment sometime during the prior 4 weeks.) The 2009 unemployment rate for adults (25 years old and over) who had not completed high school was 15 percent, compared with 10 percent for those who had completed high school and 5 percent for those with a bachelor's or higher degree. Younger people tended to have higher unemployment rates than did people 25 years old and over (table 389).

The relative difficulties that dropouts encounter in entering the job market are highlighted by comparing their labor force participation rates to those of other youth. Of the 2008–09 high school completers who were not in college in October 2009, 70 percent were in the civilian labor force (employed or looking for work), and 35 percent of those in the labor force were looking for work (table 395). In comparison, 2008–09 high school dropouts participated in the labor force at a lower rate (48 percent) in October 2009, and 55 percent of those in the labor force were looking for work (table 396).

Earnings

For both males and females, full-time year-round workers 25 years old and over who had higher levels of educational attainment generally had higher median annual earnings than did those with lower levels of educational attainment (table E, table 391, and figure 24). In 2009, for example, male bachelor's degree holders working full-time year-round earned 58 percent more than male high school completers, and female bachelor's degree holders working full-time year-round earned 61 percent more than female high school completers.

Among full-time year-round workers 25 years old and over, the earnings of females remained lower than the earnings of males overall, as well as by education level. For example, median 2009 earnings for full-time year-round workers with a bachelor's degree were 33 percent higher for males than for females. Among those whose highest level of educational attainment was high school completion, median 2009 earnings were 35 percent higher for males than for females.

For full-time year-round workers 25 years old and over, changes in median annual earnings in constant 2009 dollars from 1995 to 2009 varied according to highest level of educational attainment and sex. Among workers with the same level of educational attainment, net percentage changes in earnings tended to be more positive for females than for males. For both male and female full-time year-round workers, net percentage changes in earnings were generally more positive for those with higher levels of educational attainment than for those with lower levels of attainment. The median annual earnings in constant 2009 dollars of male workers with a bachelor's degree were not significantly different in 1995 ($63,720) than in 2009 ($62,440), the median earnings of male workers who had completed high school decreased 5 percent from 1995 ($41,540) to 2009 ($39,480), and the median earnings of male workers who had not completed high school decreased 10 percent from 1995 ($31,230) to 2009 ($28,020). Among female full-time year-round workers, the median annual earnings of those with a bachelor's degree increased 4 percent from 1995 ($45,120) to 2009 ($46,830), the median earnings of those who had completed high school were not significantly different in 1995 ($28,810) than in 2009 ($29,150), and the median earnings of those who had not completed high school decreased 5 percent from 1995 ($22,280) to 2009 ($21,230).

Table E. Median annual earnings of full-time year-round workers 25 years old and over, by selected levels of educational attainment and sex: Selected years, 1995 through 2009
[In constant 2009 dollars]

Sex and year	Some high school, no completion	High school completion	Bachelor's degree
Males			
1995	$31,230	$41,540	$63,720
2000	31,260	42,740	70,180
2005	29,870	39,880	65,930
2009	28,020	39,480	62,440
Females			
1995	22,280	28,810	45,120
2000	22,320	31,110	50,350
2005	22,110	28,880	46,330
2009	21,230	29,150	46,830

SOURCE: U.S. Department of Commerce, Census Bureau, Current Population Reports, Series P-60, *Money Income in the United States,* 1995 and 2000; and Detailed Income Tabulations from the CPS, 2005 and 2009.

Figure 21. Labor force participation rate of persons 20 to 64 years old, by age group and highest level of educational attainment: 2009

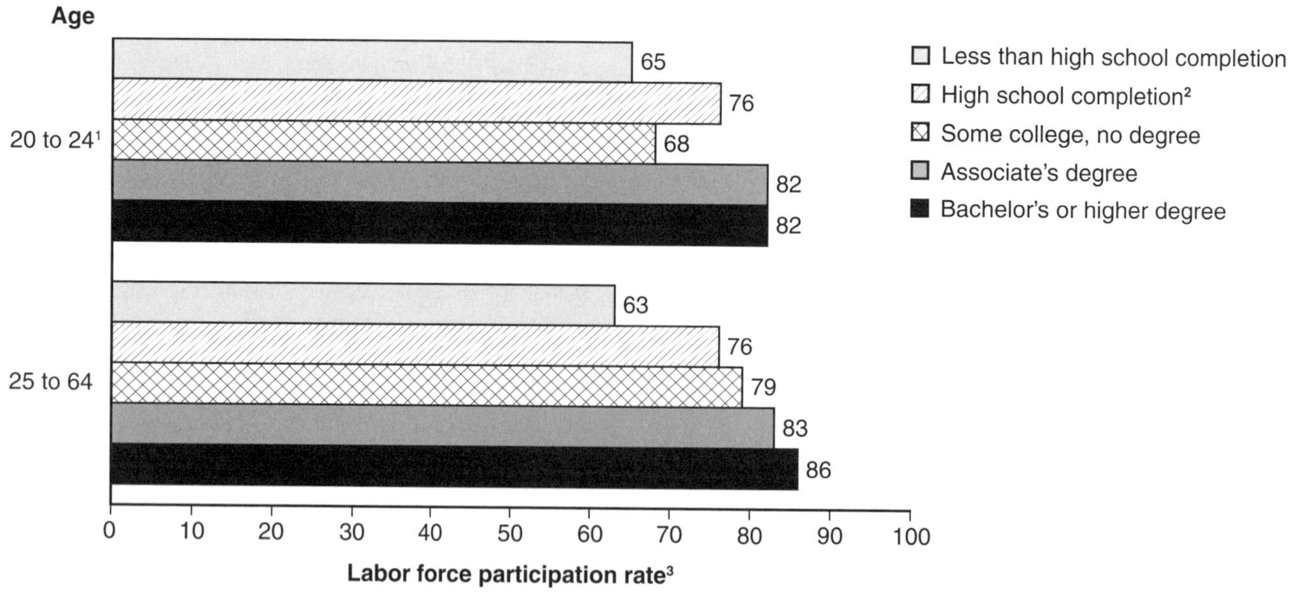

[1]Excludes persons enrolled in school.
[2]Includes equivalency credentials, such as the General Educational Development (GED) credential.
[3]Percentage of the civilian population who are employed or seeking employment.
SOURCE: U.S. Department of Labor, Bureau of Labor Statistics, Office of Employment and Unemployment Statistics, unpublished 2009 annual average data from the Current Population Survey (CPS).

Figure 22. Unemployment rates of persons 25 years old and over, by highest level of educational attainment: 2009

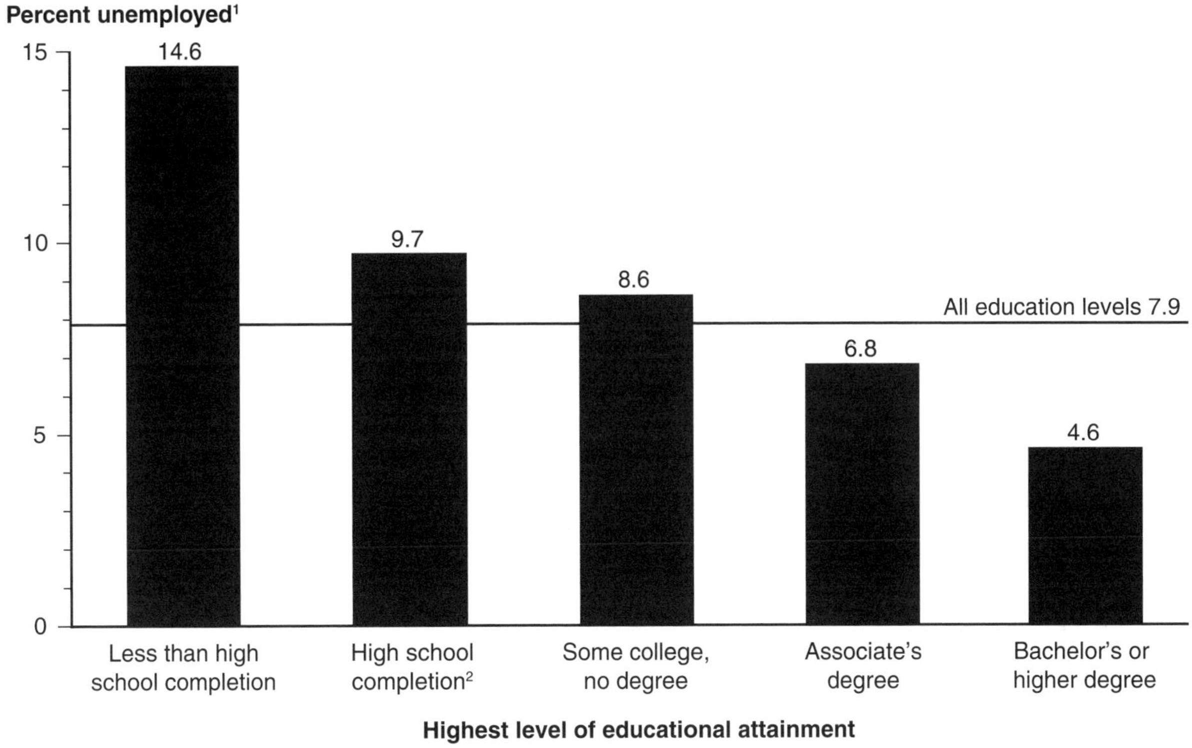

[1]The unemployment rate is the percentage of individuals in the civilian labor force who are not working and who made specific efforts to find employment sometime during the prior 4 weeks.
[2]Includes equivalency credentials, such as the General Educational Development (GED) credential.
SOURCE: U.S. Department of Labor, Bureau of Labor Statistics, Office of Employment and Unemployment Statistics, unpublished 2009 annual average data from the Current Population Survey (CPS).

Figure 23. Labor force status of 2008–09 high school dropouts and completers not enrolled in college: October 2009

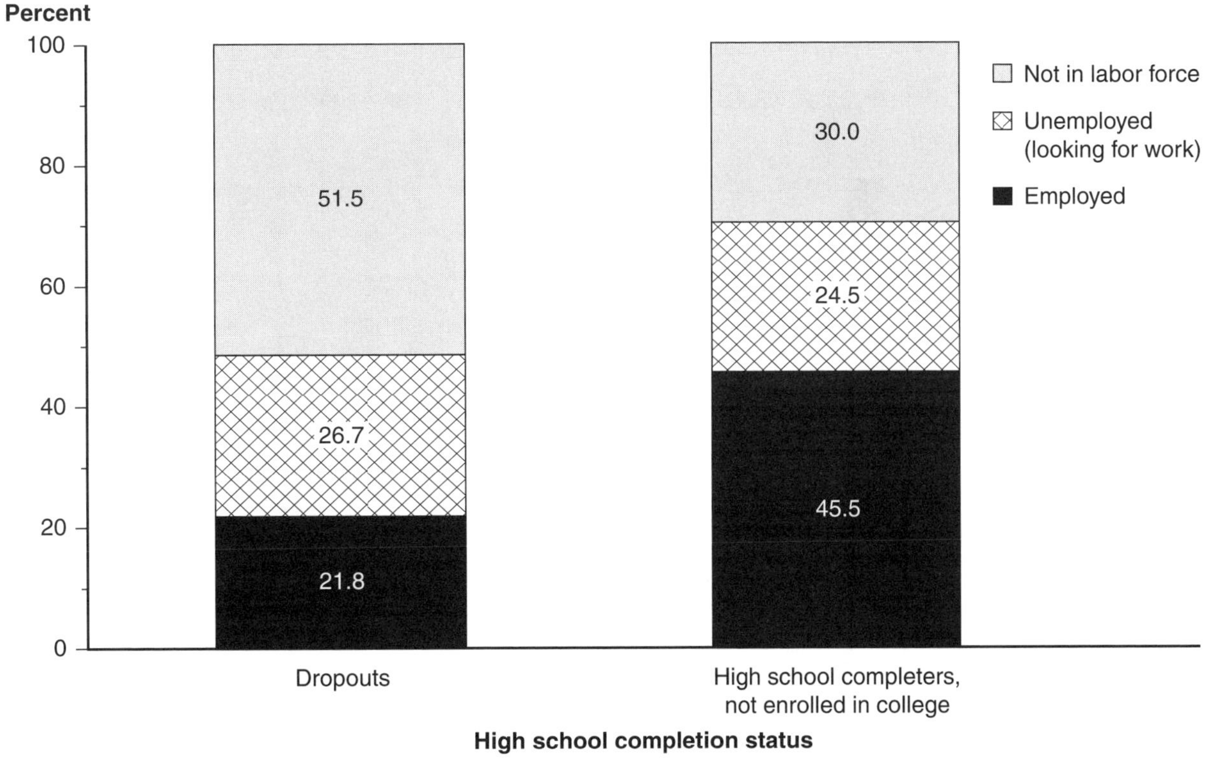

NOTE: Dropouts are persons who have not completed high school and are not enrolled in school. High school completers include recipients of equivalency credentials as well as diploma recipients. Detail may not sum to totals because of rounding.
SOURCE: U.S. Department of Commerce, Census Bureau, Current Population Survey (CPS), October 2009.

Figure 24. Median annual earnings of full-time year-round workers 25 years old and over, by highest level of educational attainment and sex: 2009

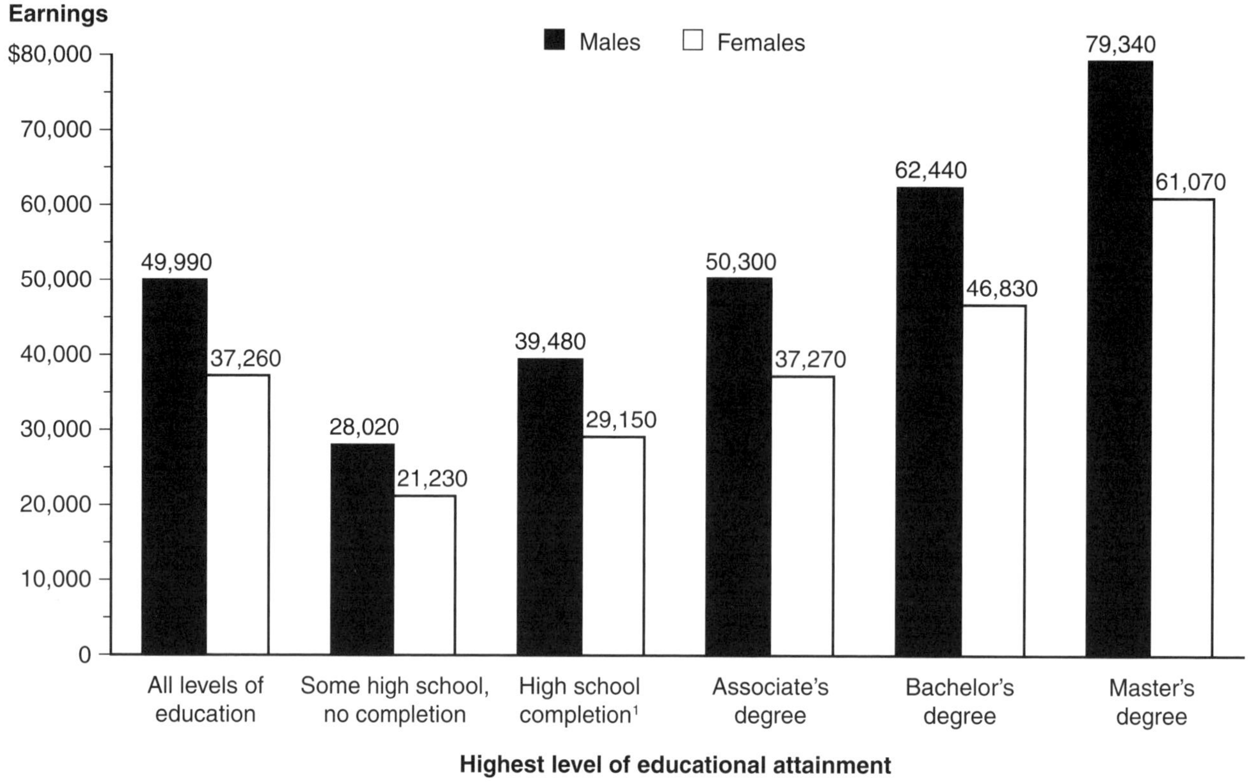

[1]Includes equivalency credentials, such as the General Educational Development (GED) credential.
SOURCE: U.S. Department of Commerce, Census Bureau, Current Population Reports, Detailed Income Tabulations from the CPS, 2009.

Figure 25. Average salaries of bachelor's degree recipients 1 year after graduation, by field: 1981, 1991, and 2001
(in constant 2009 dollars)

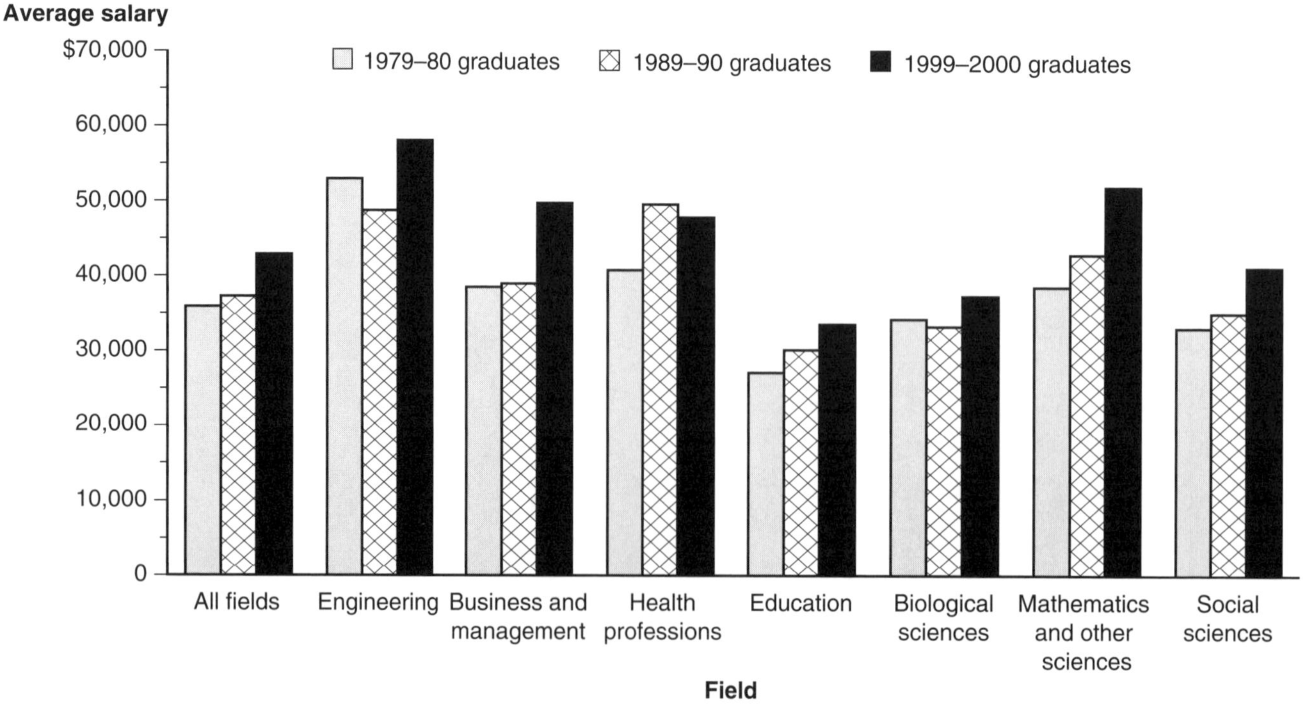

SOURCE: U.S. Department of Education, National Center for Education Statistics, "Recent College Graduates" surveys, 1981 and 1991; and 2000/01 Baccalaureate and Beyond Longitudinal Study (B&B:2000/01).

Table 388. Labor force participation rates and employment to population ratios of persons 16 to 64 years old, by educational attainment, age, sex, and race/ethnicity: 2009

Age, sex, and race/ethnicity	Labor force participation rate[1]						Employment to population ratio[2]					
	Total	Less than high school completion	High school completion (includes equivalency)	College			Total	Less than high school completion	High school completion (includes equivalency)	College		
				Some college, no degree	Associate's degree	Bachelor's or higher degree				Some college, no degree	Associate's degree	Bachelor's or higher degree
1	2	3	4	5	6	7	8	9	10	11	12	13
16 to 19 years old[3]	**37.5 (0.37)**	**28.2 (0.43)**	**57.1 (0.89)**	**53.3 (0.98)**	**‡ (†)**	**‡ (†)**	**28.4 (0.35)**	**20.4 (0.38)**	**42.1 (0.89)**	**45.4 (0.98)**	**‡ (†)**	**‡ (†)**
Male	37.3 (0.52)	28.3 (0.59)	59.9 (1.23)	50.9 (1.47)	‡ (†)	‡ (†)	26.9 (0.48)	19.7 (0.52)	42.0 (1.24)	42.0 (1.45)	‡ (†)	‡ (†)
Female	37.7 (0.53)	28.0 (0.61)	54.0 (1.28)	55.2 (1.31)	‡ (†)	‡ (†)	29.9 (0.50)	21.2 (0.56)	42.3 (1.27)	48.1 (1.32)	‡ (†)	‡ (†)
White	42.5 (0.49)	33.4 (0.59)	61.0 (1.13)	56.1 (1.20)	‡ (†)	‡ (†)	33.9 (0.47)	25.9 (0.54)	47.1 (1.16)	49.1 (1.21)	‡ (†)	‡ (†)
Black	26.9 (0.86)	18.3 (0.90)	47.3 (2.27)	45.9 (2.86)	‡ (†)	‡ (†)	16.4 (0.72)	9.7 (0.69)	29.1 (2.07)	35.4 (2.75)	‡ (†)	‡ (†)
Hispanic	34.0 (0.79)	24.1 (0.86)	56.3 (1.90)	54.7 (2.39)	‡ (†)	‡ (†)	23.7 (0.71)	15.5 (0.73)	39.9 (1.88)	44.8 (2.38)	‡ (†)	‡ (†)
Asian	20.5 (1.66)	12.3 (1.72)	35.7 (5.43)	31.4 (3.86)	‡ (†)	‡ (†)	15.2 (1.47)	8.1 (1.43)	26.9 (5.02)	25.6 (3.63)	‡ (†)	‡ (†)
20 to 24 years old[3]	**72.9 (0.36)**	**64.8 (1.16)**	**75.7 (0.64)**	**68.1 (0.61)**	**81.6 (1.17)**	**82.1 (0.82)**	**62.2 (0.39)**	**46.8 (1.21)**	**61.2 (0.72)**	**60.4 (0.64)**	**74.4 (1.32)**	**75.0 (0.93)**
Male	76.2 (0.48)	76.4 (1.34)	81.7 (0.76)	67.9 (0.86)	83.6 (1.67)	82.6 (1.24)	63.3 (0.54)	55.0 (1.57)	65.2 (0.93)	58.9 (0.91)	75.0 (1.96)	74.4 (1.43)
Female	69.6 (0.50)	49.4 (1.76)	68.2 (0.99)	68.3 (0.81)	80.1 (1.52)	81.8 (1.03)	61.1 (0.53)	35.9 (1.68)	56.2 (1.05)	61.8 (0.84)	74.0 (1.67)	75.4 (1.15)
White	75.7 (0.44)	64.3 (1.88)	78.6 (0.80)	69.9 (0.74)	84.8 (1.30)	84.7 (0.89)	66.4 (0.49)	45.2 (1.95)	65.2 (0.93)	63.2 (0.78)	78.9 (1.48)	78.5 (1.02)
Black	65.8 (1.09)	56.3 (3.02)	67.4 (1.81)	64.8 (1.81)	72.7 (4.74)	75.9 (3.44)	49.5 (1.15)	32.6 (2.86)	47.9 (1.93)	52.8 (1.89)	59.8 (5.22)	64.5 (3.85)
Hispanic	73.1 (0.88)	70.8 (1.82)	75.1 (1.45)	70.6 (1.66)	77.2 (3.48)	79.2 (3.36)	61.2 (0.96)	55.8 (1.99)	62.2 (1.62)	61.9 (1.77)	66.8 (3.90)	69.6 (3.80)
Asian	56.2 (1.79)	‡ (†)	68.4 (4.48)	45.0 (2.65)	‡ (†)	66.9 (3.28)	49.7 (1.80)	‡ (†)	59.1 (4.73)	40.6 (2.61)	‡ (†)	58.5 (3.44)
25 to 64 years old	**78.8 (0.12)**	**63.3 (0.42)**	**75.8 (0.23)**	**78.5 (0.28)**	**83.4 (0.34)**	**85.9 (0.18)**	**72.5 (0.13)**	**53.7 (0.43)**	**68.3 (0.25)**	**71.7 (0.31)**	**77.7 (0.38)**	**81.9 (0.20)**
Male	85.6 (0.14)	75.8 (0.50)	83.3 (0.27)	84.9 (0.35)	88.3 (0.44)	91.4 (0.20)	78.0 (0.17)	64.2 (0.56)	74.0 (0.32)	77.0 (0.41)	81.3 (0.53)	87.1 (0.24)
Female	72.2 (0.17)	49.0 (0.60)	67.8 (0.34)	72.6 (0.41)	79.6 (0.47)	80.7 (0.27)	67.2 (0.18)	41.8 (0.59)	62.3 (0.35)	66.8 (0.43)	75.0 (0.50)	77.1 (0.29)
White	79.9 (0.14)	58.0 (0.72)	76.2 (0.28)	78.4 (0.34)	83.9 (0.39)	86.1 (0.20)	74.5 (0.15)	49.2 (0.72)	69.5 (0.30)	72.3 (0.37)	78.8 (0.44)	82.6 (0.22)
Black	74.7 (0.39)	51.2 (1.27)	72.3 (0.67)	77.6 (0.81)	81.2 (1.11)	86.5 (0.67)	65.4 (0.43)	39.6 (1.25)	61.9 (0.73)	68.2 (0.91)	72.8 (1.27)	80.2 (0.78)
Hispanic	77.7 (0.32)	71.4 (0.59)	78.2 (0.58)	81.6 (0.81)	84.7 (1.08)	85.5 (0.73)	69.5 (0.36)	61.5 (0.64)	69.9 (0.65)	73.7 (0.92)	77.6 (1.25)	80.7 (0.82)
Asian	78.8 (0.48)	62.8 (1.87)	73.7 (1.22)	77.0 (1.55)	80.9 (1.75)	83.1 (0.59)	73.7 (0.52)	57.7 (1.92)	68.3 (1.29)	70.1 (1.69)	74.9 (1.93)	78.5 (0.64)

†Not applicable.
‡Reporting standards not met.
[1]Percentage of the civilian population who are employed or seeking employment.
[2]Number of persons employed as a percentage of the civilian population.
[3]Excludes persons enrolled in school.

NOTE: Race categories exclude persons of Hispanic ethnicity. Totals include racial/ethnic groups not separately shown. Standard errors appear in parentheses.
SOURCE: U.S. Department of Labor, Bureau of Labor Statistics, Office of Employment and Unemployment Statistics, unpublished 2009 annual average data from the Current Population Survey (CPS). (This table was prepared October 2010.)

Table 389. Unemployment rate of persons 16 years old and over, by age, sex, race/ethnicity, and educational attainment: 2007, 2008, and 2009

Sex, race/ethnicity, and educational attainment	Unemployment rate, 2007				Unemployment rate, 2008				Unemployment rate, 2009			
	16- to 24-year-olds[1]			25 years old and over	16- to 24-year-olds[1]			25 years old and over	16- to 24-year-olds[1]			25 years old and over
	Total	16 to 19	20 to 24		Total	16 to 19	20 to 24		Total	16 to 19	20 to 24	
1	2	3	4	5	6	7	8	9	10	11	12	13
All persons, all education levels	**10.5** (0.16)	**15.7** (0.30)	**8.2** (0.17)	**3.6** (0.04)	**12.8** (0.17)	**18.7** (0.32)	**10.2** (0.19)	**4.6** (0.04)	**17.6** (0.20)	**24.3** (0.37)	**14.7** (0.22)	**7.9** (0.06)
Less than high school completion	17.3 (0.39)	18.3 (0.43)	15.3 (0.67)	7.1 (0.18)	21.9 (0.45)	22.2 (0.48)	21.1 (0.81)	9.0 (0.20)	27.6 (0.51)	27.5 (0.55)	27.8 (0.90)	14.6 (0.25)
High school completion (includes equivalency)	11.6 (0.30)	15.5 (0.57)	10.1 (0.34)	4.4 (0.08)	14.5 (0.33)	18.6 (0.61)	12.9 (0.38)	5.7 (0.09)	21.1 (0.40)	26.1 (0.72)	19.1 (0.45)	9.7 (0.12)
Some college, no degree	6.5 (0.24)	8.4 (0.54)	6.1 (0.25)	3.8 (0.10)	8.1 (0.26)	10.2 (0.57)	7.5 (0.28)	5.1 (0.11)	12.1 (0.31)	14.8 (0.65)	11.3 (0.34)	8.6 (0.14)
Associate's degree	4.5 (0.46)	‡ (†)	4.4 (0.47)	3.0 (0.12)	6.3 (0.55)	‡ (†)	6.0 (0.54)	3.7 (0.13)	9.3 (0.64)	‡ (†)	8.8 (0.63)	6.8 (0.17)
Bachelor's or higher degree	5.5 (0.37)	‡ (†)	5.4 (0.37)	2.0 (0.05)	5.8 (0.37)	‡ (†)	5.8 (0.38)	2.6 (0.06)	8.8 (0.45)	‡ (†)	8.7 (0.45)	4.6 (0.08)
Male, all education levels	**11.6** (0.22)	**17.6** (0.44)	**8.9** (0.24)	**3.6** (0.05)	**14.4** (0.25)	**21.2** (0.48)	**11.4** (0.27)	**4.8** (0.06)	**20.1** (0.29)	**27.8** (0.54)	**17.0** (0.32)	**8.8** (0.08)
Less than high school completion	17.7 (0.52)	19.9 (0.61)	13.8 (0.77)	6.6 (0.21)	22.7 (0.59)	24.3 (0.69)	19.9 (0.94)	8.8 (0.24)	29.5 (0.67)	30.4 (0.78)	28.0 (1.08)	14.9 (0.31)
High school completion (includes equivalency)	12.2 (0.40)	17.6 (0.83)	10.3 (0.43)	4.4 (0.11)	15.5 (0.44)	21.2 (0.87)	13.5 (0.48)	5.9 (0.12)	22.7 (0.52)	30.0 (1.02)	20.2 (0.58)	11.0 (0.16)
Some college, no degree	7.3 (0.35)	9.5 (0.88)	6.9 (0.38)	3.6 (0.13)	9.3 (0.39)	12.1 (0.93)	8.7 (0.42)	5.0 (0.15)	14.0 (0.47)	17.4 (1.07)	13.3 (0.51)	9.3 (0.20)
Associate's degree	4.9 (0.70)	‡ (†)	4.8 (0.70)	3.0 (0.17)	6.2 (0.78)	‡ (†)	5.9 (0.78)	3.8 (0.18)	10.8 (1.01)	‡ (†)	10.3 (1.00)	7.9 (0.26)
Bachelor's or higher degree	6.4 (0.60)	‡ (†)	6.4 (0.61)	1.9 (0.07)	6.6 (0.60)	‡ (†)	6.7 (0.61)	2.5 (0.08)	10.1 (0.72)	‡ (†)	9.9 (0.72)	4.7 (0.10)
Female, all education levels	**9.4** (0.21)	**13.8** (0.40)	**7.3** (0.23)	**3.6** (0.06)	**11.2** (0.23)	**16.2** (0.43)	**8.8** (0.25)	**4.4** (0.06)	**14.9** (0.26)	**20.7** (0.49)	**12.3** (0.29)	**6.9** (0.08)
Less than high school completion	16.9 (0.56)	16.5 (0.60)	18.5 (1.21)	8.2 (0.30)	20.7 (0.63)	20.0 (0.66)	23.6 (1.41)	9.4 (0.32)	25.1 (0.71)	24.4 (0.76)	27.3 (1.48)	14.2 (0.38)
High school completion (includes equivalency)	10.9 (0.43)	13.2 (0.78)	9.8 (0.50)	4.3 (0.11)	13.0 (0.47)	15.4 (0.84)	11.9 (0.55)	5.3 (0.13)	18.8 (0.56)	21.6 (0.99)	17.6 (0.65)	8.0 (0.15)
Some college, no degree	5.9 (0.29)	7.6 (0.67)	5.4 (0.32)	4.1 (0.14)	6.9 (0.31)	8.7 (0.70)	6.4 (0.34)	5.1 (0.15)	10.3 (0.37)	12.9 (0.81)	9.5 (0.41)	8.0 (0.19)
Associate's degree	4.0 (0.57)	‡ (†)	4.0 (0.58)	3.1 (0.15)	6.4 (0.71)	‡ (†)	6.1 (0.71)	3.7 (0.16)	8.1 (0.76)	‡ (†)	7.6 (0.75)	5.9 (0.20)
Bachelor's or higher degree	4.8 (0.43)	‡ (†)	4.6 (0.42)	2.1 (0.07)	5.2 (0.44)	‡ (†)	5.2 (0.44)	2.7 (0.08)	7.9 (0.53)	‡ (†)	7.9 (0.53)	4.5 (0.10)
White, all education levels	**8.9** (0.18)	**13.1** (0.33)	**6.9** (0.20)	**3.0** (0.04)	**10.8** (0.20)	**15.6** (0.37)	**8.5** (0.22)	**3.8** (0.05)	**14.7** (0.23)	**20.2** (0.42)	**12.3** (0.26)	**6.7** (0.06)
Less than high school completion	15.7 (0.49)	15.4 (0.48)	17.0 (1.16)	7.3 (0.30)	19.0 (0.56)	18.1 (0.54)	22.7 (1.38)	8.3 (0.33)	23.8 (0.63)	22.3 (0.61)	29.7 (1.50)	14.4 (0.42)
High school completion (includes equivalency)	9.8 (0.36)	12.5 (0.64)	8.6 (0.41)	3.8 (0.09)	12.9 (0.41)	16.7 (0.73)	11.3 (0.46)	4.9 (0.10)	18.8 (0.48)	22.8 (0.85)	17.1 (0.56)	8.7 (0.14)
Some college, no degree	5.8 (0.27)	7.4 (0.60)	5.4 (0.29)	3.3 (0.11)	6.9 (0.29)	8.1 (0.61)	6.6 (0.31)	4.4 (0.12)	10.3 (0.35)	12.5 (0.73)	9.7 (0.38)	7.7 (0.16)
Associate's degree	3.7 (0.50)	‡ (†)	3.7 (0.50)	2.6 (0.13)	4.5 (0.55)	‡ (†)	4.1 (0.54)	3.3 (0.14)	7.3 (0.68)	‡ (†)	6.9 (0.67)	6.0 (0.18)
Bachelor's or higher degree	5.0 (0.40)	‡ (†)	5.0 (0.41)	1.9 (0.06)	5.7 (0.42)	‡ (†)	5.7 (0.42)	2.3 (0.06)	7.4 (0.47)	‡ (†)	7.3 (0.47)	4.1 (0.08)
Black, all education levels	**19.4** (0.63)	**29.7** (1.20)	**15.3** (0.67)	**6.2** (0.17)	**21.7** (0.66)	**31.2** (1.23)	**17.9** (0.72)	**7.9** (0.18)	**28.7** (0.73)	**39.3** (1.35)	**24.8** (0.82)	**12.2** (0.22)
Less than high school completion	32.2 (1.54)	32.9 (1.70)	31.4 (2.59)	12.4 (0.73)	36.0 (1.61)	37.0 (1.80)	34.5 (2.63)	14.9 (0.79)	44.9 (1.73)	46.9 (2.00)	42.1 (2.67)	21.5 (0.93)
High school completion (includes equivalency)	20.8 (1.05)	29.3 (2.09)	18.1 (1.15)	7.4 (0.30)	21.9 (1.09)	26.8 (2.06)	20.3 (1.22)	9.3 (0.34)	31.2 (1.26)	38.4 (2.37)	28.8 (1.42)	14.1 (0.40)
Some college, no degree	10.8 (0.92)	17.3 (2.73)	10.0 (0.95)	5.9 (0.35)	14.1 (1.02)	21.8 (2.75)	12.7 (1.06)	8.1 (0.40)	19.3 (1.13)	22.7 (2.61)	18.6 (1.22)	12.1 (0.47)
Associate's degree	8.0 (2.22)	‡ (†)	7.6 (2.19)	4.9 (0.47)	16.8 (2.88)	‡ (†)	16.1 (2.88)	6.1 (0.51)	18.8 (3.18)	‡ (†)	17.7 (3.17)	10.3 (0.64)
Bachelor's or higher degree	8.8 (1.77)	‡ (†)	8.1 (1.71)	2.9 (0.24)	8.0 (1.67)	‡ (†)	8.2 (1.70)	3.9 (0.27)	15.0 (2.18)	‡ (†)	15.0 (2.19)	7.3 (0.36)
Hispanic, all education levels	**10.7** (0.41)	**18.1** (0.84)	**7.8** (0.42)	**4.6** (0.13)	**14.7** (0.47)	**22.4** (0.90)	**11.5** (0.51)	**6.1** (0.15)	**20.2** (0.54)	**30.2** (1.02)	**16.2** (0.59)	**10.5** (0.18)
Less than high school completion	14.5 (0.77)	21.1 (1.21)	9.5 (0.84)	6.0 (0.25)	21.0 (0.93)	27.5 (1.33)	15.4 (1.12)	8.2 (0.29)	27.8 (1.08)	35.6 (1.52)	21.2 (1.34)	13.7 (0.36)
High school completion (includes equivalency)	10.2 (0.69)	17.3 (1.57)	8.0 (0.71)	4.4 (0.23)	14.1 (0.78)	19.4 (1.58)	12.2 (0.85)	6.2 (0.26)	20.3 (0.92)	29.2 (1.81)	17.2 (1.00)	10.4 (0.33)
Some college, no degree	6.9 (0.72)	8.8 (1.55)	6.5 (0.79)	4.4 (0.34)	9.2 (0.80)	12.3 (1.71)	8.4 (0.87)	5.4 (0.36)	13.6 (0.90)	18.1 (1.94)	12.3 (0.98)	9.6 (0.47)
Associate's degree	5.7 (1.52)	‡ (†)	5.7 (1.54)	3.5 (0.43)	8.9 (1.85)	‡ (†)	8.6 (1.87)	4.1 (0.45)	13.8 (2.18)	‡ (†)	13.5 (2.22)	8.5 (0.62)
Bachelor's or higher degree	6.5 (1.63)	‡ (†)	5.3 (1.50)	2.3 (0.24)	5.8 (1.54)	‡ (†)	5.9 (1.56)	3.4 (0.28)	12.1 (2.08)	‡ (†)	12.0 (2.07)	5.7 (0.35)
Asian, all education levels	**7.0** (0.78)	**11.9** (2.08)	**5.6** (0.79)	**2.8** (0.16)	**7.6** (0.82)	**14.7** (2.29)	**5.5** (0.80)	**3.5** (0.18)	**14.7** (1.14)	**26.1** (3.08)	**11.6** (1.16)	**6.5** (0.24)
Less than high school completion	16.9 (3.12)	‡ (†)	‡ (†)	3.0 (0.65)	16.3 (3.03)	‡ (†)	‡ (†)	6.3 (0.89)	27.6 (4.04)	‡ (†)	‡ (†)	7.9 (0.98)
High school completion (includes equivalency)	5.7 (1.66)	‡ (†)	4.1 (1.63)	3.2 (0.41)	11.8 (2.42)	‡ (†)	9.5 (2.58)	4.2 (0.46)	16.5 (2.80)	‡ (†)	13.6 (3.01)	7.3 (0.62)
Some college, no degree	5.6 (1.14)	‡ (†)	5.0 (1.20)	3.6 (0.58)	4.9 (1.08)	‡ (†)	3.6 (1.04)	3.7 (0.61)	11.9 (1.73)	‡ (†)	9.8 (1.79)	8.8 (0.89)
Associate's degree	‡ (†)	‡ (†)	‡ (†)	4.0 (0.74)	‡ (†)	‡ (†)	‡ (†)	3.7 (0.69)	‡ (†)	‡ (†)	‡ (†)	7.3 (0.96)
Bachelor's or higher degree	6.7 (1.54)	‡ (†)	6.1 (1.49)	2.3 (0.20)	4.3 (1.24)	‡ (†)	4.6 (1.30)	2.8 (0.21)	‡ (†)	‡ (†)	12.5 (2.14)	5.6 (0.29)

†Not applicable.
‡Reporting standards not met.
[1]Excludes persons enrolled in school.
NOTE: The unemployment rate is the percentage of individuals in the civilian labor force who are not working and who made specific efforts to find employment sometime during the prior 4 weeks. The labor force includes both employed and unemployed persons. Race categories exclude persons of Hispanic ethnicity. Totals include racial/ethnic groups not separately shown. Standard errors appear in parentheses.
SOURCE: U.S. Department of Labor, Bureau of Labor Statistics, Office of Employment and Unemployment Statistics, unpublished 2007, 2008, and 2009 annual average data from the Current Population Survey (CPS). (This table was prepared September 2010.)

Table 390. Occupation of employed persons 25 years old and over, by educational attainment and sex: 2009

Occupation and sex	Total employed (in thousands)		Percentage distribution, by highest level of educational attainment: Total	High school: Less than 1 year of high school		High school: 1–4 years of high school, no completion		High school: High school completion (includes equivalency)		College: Some college, no degree		College: Associate's degree		College: Bachelor's degree		College: Master's or higher degree	
1	2		3	4		5		6		7		8		9		10	
All persons	**122,277**	**(233.7)**	**100.0**	**3.2**	**(0.06)**	**5.3**	**(0.07)**	**28.2**	**(0.15)**	**17.2**	**(0.12)**	**10.5**	**(0.10)**	**22.9**	**(0.14)**	**12.7**	**(0.11)**
Management, professional, and related	49,236	(219.5)	100.0	0.4	(0.03)	1.0	(0.05)	11.7	(0.17)	12.4	(0.17)	10.6	(0.16)	36.2	(0.25)	27.7	(0.23)
Management, business, and financial operations	20,682	(156.6)	100.0	0.7	(0.07)	1.7	(0.10)	17.5	(0.31)	15.9	(0.29)	8.7	(0.23)	37.1	(0.39)	18.4	(0.31)
Professional and related	28,555	(179.5)	100.0	0.2	(0.03)	0.5	(0.05)	7.5	(0.18)	9.8	(0.20)	12.0	(0.22)	35.6	(0.33)	34.4	(0.32)
Education, training, and library	7,900	(100.5)	100.0	0.1 !	(0.05)	0.4	(0.08)	6.7	(0.33)	7.7	(0.35)	5.2	(0.29)	36.2	(0.62)	43.7	(0.65)
Preschool and kindergarten teachers	609	(28.5)	100.0	0.5 !	(0.33)	1.1 !	(0.50)	13.1	(1.58)	16.0	(1.72)	10.6	(1.44)	39.8	(2.29)	18.8	(1.83)
Elementary and middle school teachers	2,701	(59.6)	100.0	#	(†)	0.2 !	(0.10)	1.9	(0.30)	2.6	(0.35)	2.0	(0.31)	47.6	(1.11)	45.6	(1.11)
Secondary school teachers	1,156	(39.2)	100.0	—	(†)	—	(†)	0.9 !	(0.31)	2.0	(0.47)	1.0 !	(0.34)	46.1	(1.69)	50.0	(1.70)
Special education teachers	368	(22.2)	100.0	—	(†)	0.5 !	(0.44)	2.2 !	(0.88)	4.6	(1.26)	3.5 !	(1.11)	33.6	(2.85)	55.6	(2.99)
Postsecondary teachers	1,221	(40.3)	100.0	#	(†)	0.2 !	(0.13)	1.3	(0.38)	1.3	(0.38)	2.3	(0.50)	16.0	(1.21)	79.0	(1.35)
Other education, training, and library workers	1,844	(49.4)	100.0	0.4 !	(0.17)	1.0	(0.26)	19.7	(1.07)	20.8	(1.09)	12.6	(0.89)	25.8	(1.18)	19.7	(1.07)
Service occupations	18,964	(150.8)	100.0	7.3	(0.22)	10.4	(0.26)	38.4	(0.41)	19.8	(0.33)	10.2	(0.25)	11.8	(0.27)	2.1	(0.12)
Sales and office occupations	28,159	(178.5)	100.0	1.1	(0.07)	3.8	(0.13)	33.6	(0.33)	24.0	(0.29)	11.7	(0.22)	21.4	(0.28)	4.3	(0.14)
Natural resources, construction, and maintenance	11,799	(121.5)	100.0	8.3	(0.29)	11.5	(0.34)	43.4	(0.53)	17.1	(0.40)	11.4	(0.34)	7.2	(0.27)	1.1	(0.11)
Production, transportation, and material moving	14,118	(132.0)	100.0	7.1	(0.25)	11.2	(0.31)	48.5	(0.49)	16.9	(0.36)	7.6	(0.26)	7.2	(0.25)	1.4	(0.12)
Males	**64,831**	**(158.5)**	**100.0**	**3.9**	**(0.09)**	**6.2**	**(0.11)**	**29.4**	**(0.20)**	**16.6**	**(0.17)**	**9.0**	**(0.13)**	**22.2**	**(0.19)**	**12.6**	**(0.15)**
Management, professional, and related	24,103	(151.9)	100.0	0.5	(0.05)	1.3	(0.08)	11.8	(0.24)	12.4	(0.24)	8.1	(0.20)	36.5	(0.35)	29.4	(0.33)
Management, business, and financial operations	11,900	(115.8)	100.0	0.9	(0.10)	2.0	(0.15)	17.3	(0.39)	15.1	(0.37)	7.7	(0.28)	37.8	(0.51)	19.2	(0.41)
Professional and related	12,203	(117.1)	100.0	0.2	(0.05)	0.6	(0.08)	6.4	(0.25)	9.8	(0.31)	8.5	(0.29)	35.2	(0.49)	39.3	(0.50)
Education, training, and library	2,028	(50.7)	100.0	#	(†)	0.2 !	(0.11)	2.7	(0.41)	4.9	(0.54)	3.0	(0.43)	31.8	(1.18)	57.4	(1.25)
Service occupations	8,029	(97.4)	100.0	8.1	(0.35)	9.7	(0.38)	36.1	(0.61)	20.6	(0.51)	9.4	(0.37)	13.7	(0.44)	2.4	(0.20)
Sales and office occupations	10,372	(109.2)	100.0	1.6	(0.14)	3.9	(0.22)	28.9	(0.51)	22.0	(0.46)	9.8	(0.33)	27.8	(0.50)	6.0	(0.27)
Natural resources, construction, and maintenance	11,295	(113.3)	100.0	8.2	(0.29)	11.6	(0.34)	43.8	(0.53)	17.0	(0.40)	11.4	(0.34)	6.9	(0.27)	1.0	(0.11)
Production, transportation, and material moving	11,032	(112.1)	100.0	6.2	(0.26)	11.0	(0.34)	48.8	(0.54)	17.5	(0.41)	7.7	(0.29)	7.3	(0.28)	1.5	(0.13)
Females	**57,445**	**(161.0)**	**100.0**	**2.3**	**(0.07)**	**4.3**	**(0.09)**	**26.8**	**(0.20)**	**17.8**	**(0.18)**	**12.2**	**(0.15)**	**23.7**	**(0.20)**	**12.9**	**(0.15)**
Management, professional, and related	25,133	(148.7)	100.0	0.2	(0.03)	0.8	(0.06)	11.6	(0.22)	12.3	(0.23)	13.0	(0.23)	36.0	(0.33)	26.1	(0.30)
Management, business, and financial operations	8,782	(98.1)	100.0	0.4	(0.07)	1.2	(0.13)	17.7	(0.45)	17.0	(0.44)	10.1	(0.35)	36.2	(0.56)	17.4	(0.45)
Professional and related	16,351	(127.6)	100.0	0.2	(0.04)	0.5	(0.06)	8.4	(0.24)	9.8	(0.26)	14.5	(0.30)	35.8	(0.41)	30.7	(0.40)
Education, training, and library	5,873	(81.6)	100.0	0.2 !	(0.06)	0.5	(0.10)	8.1	(0.39)	8.7	(0.40)	5.9	(0.34)	37.7	(0.70)	39.0	(0.70)
Service occupations	10,935	(108.0)	100.0	6.7	(0.26)	10.9	(0.33)	40.0	(0.52)	19.3	(0.42)	10.8	(0.33)	10.4	(0.32)	1.9	(0.14)
Sales and office occupations	17,787	(131.8)	100.0	0.9	(0.08)	3.8	(0.16)	36.3	(0.40)	25.2	(0.36)	12.8	(0.28)	17.7	(0.32)	3.2	(0.15)
Natural resources, construction, and maintenance	504	(24.6)	100.0	10.3	(1.49)	9.5	(1.44)	34.7	(2.33)	19.0	(1.92)	10.5	(1.50)	12.9	(1.64)	3.2	(0.86)
Production, transportation, and material moving	3,086	(60.1)	100.0	10.3	(0.60)	12.1	(0.65)	47.5	(0.99)	14.9	(0.71)	7.2	(0.51)	6.6	(0.49)	1.4	(0.23)

—Not available.
†Not applicable.
#Rounds to zero.
!Interpret data with caution.

NOTE: Detail may not sum to totals because of rounding. Standard errors appear in parentheses.
SOURCE: U.S. Department of Labor, Bureau of Labor Statistics, Office of Employment and Unemployment Statistics, unpublished 2009 annual average data from the Current Population Survey (CPS). (This table was prepared September 2010.)

Table 391. Median annual earnings of year-round, full-time workers 25 years old and over, by highest level of educational attainment and sex: 1990 through 2009

Sex and year	Total	Elementary/secondary: Less than 9th grade	Elementary/secondary: Some high school, no completion[1]	Elementary/secondary: High school completion (includes equivalency)[2]	College: Some college, no degree[3]	College: Associate's degree	College: Bachelor's or higher degree[4]: Total	Bachelor's or higher degree[4]: Bachelor's degree[5]	Bachelor's or higher degree[4]: Master's degree	Bachelor's or higher degree[4]: Professional degree	Bachelor's or higher degree[4]: Doctor's degree
1	2	3	4	5	6	7	8	9	10	11	12
	Current dollars										
Males											
1990	$30,730 (—)	$17,390 (—)	$20,900 (—)	$26,650 (—)	$31,730 (—)	([6]) (†)	$42,670 (—)	$39,240 (—)	([6]) (†)	([6]) (†)	([6]) (†)
1991	31,610 (—)	17,620 (—)	21,400 (—)	26,780 (—)	31,660 (—)	$33,820 (—)	45,140 (—)	40,910 (—)	$49,730 (—)	$74,000 (—)	$57,190 (—)
1992	32,060 (120)	17,290 (—)	21,270 (—)	27,280 (175)	32,100 (—)	33,430 (—)	45,800 (—)	41,360 (304)	49,970 (—)	76,220 (—)	57,420 (—)
1993	32,360 (124)	16,860 (—)	21,750 (—)	27,370 (204)	32,080 (—)	33,690 (—)	47,740 (—)	42,760 (536)	51,870 (—)	80,550 (—)	63,150 (—)
1994	33,440 (246)	17,530 (453)	22,050 (319)	28,040 (322)	32,280 (300)	35,790 (430)	49,230 (707)	43,660 (633)	53,500 (854)	75,010 (3,040)	61,920 (1,619)
1995	34,550 (275)	18,350 (545)	22,190 (342)	29,510 (358)	33,880 (517)	35,200 (535)	50,480 (312)	45,270 (510)	55,220 (973)	79,670 (2,582)	65,340 (2,188)
1996	35,620 (150)	17,960 (594)	22,720 (414)	30,710 (184)	34,850 (456)	37,130 (435)	51,440 (303)	45,850 (458)	60,510 (945)	85,960 (3,317)	71,230 (3,362)
1997	36,680 (149)	19,290 (629)	24,730 (466)	31,220 (171)	35,950 (293)	38,020 (774)	53,450 (755)	48,620 (851)	61,690 (771)	85,010 (4,253)	76,230 (3,611)
1998	37,910 (291)	19,380 (600)	23,960 (547)	31,480 (169)	36,930 (291)	40,270 (539)	56,520 (421)	51,410 (349)	62,240 (847)	94,740 (12,105)	75,080 (2,507)
1999	40,330 (144)	20,430 (444)	25,040 (535)	33,180 (388)	39,220 (581)	41,640 (459)	60,200 (439)	52,990 (722)	66,240 (690)	100,000 (37,836)	81,690 (3,953)
2000	41,060 (156)	20,790 (376)	25,100 (436)	34,300 (457)	40,340 (312)	41,950 (460)	61,870 (303)	56,330 (573)	68,320 (1,506)	99,410 (20,832)	80,250 (2,446)
2001	41,620 (104)	21,360 (235)	26,210 (251)	34,720 (299)	41,050 (214)	42,780 (561)	62,220 (279)	55,930 (335)	70,900 (687)	100,000 (—)	86,970 (3,013)
2002	41,150 (100)	20,920 (213)	25,900 (207)	33,210 (311)	40,850 (195)	42,860 (673)	61,700 (201)	56,080 (385)	67,280 (1,294)	100,000 (—)	83,310 (2,076)
2003	41,940 (90)	21,220 (227)	26,470 (280)	35,410 (168)	41,350 (182)	42,870 (719)	62,080 (187)	56,500 (365)	70,640 (562)	100,000 (—)	87,130 (2,528)
2004	42,090 (89)	21,660 (191)	26,280 (234)	35,730 (148)	41,900 (175)	44,400 (931)	62,800 (798)	57,220 (393)	71,530 (490)	100,000 (—)	82,400 (2,423)
2005	43,320 (367)	22,330 (220)	27,190 (237)	36,300 (141)	42,420 (323)	47,180 (367)	66,170 (356)	60,020 (653)	75,030 (1,229)	100,000 (—)	85,860 (3,061)
2006	45,760 (134)	22,710 (398)	27,650 (573)	37,030 (164)	43,830 (812)	47,070 (390)	66,930 (346)	60,910 (235)	75,430 (859)	100,000 (—)	100,000 (—)
2007	47,000 (130)	23,380 (544)	29,320 (590)	37,860 (406)	44,900 (585)	49,040 (801)	70,400 (241)	62,090 (236)	76,280 (416)	100,000 (—)	92,090 (1,894)
2008	49,000 (339)	24,260 (631)	29,680 (458)	39,010 (399)	45,820 (276)	50,150 (344)	72,220 (236)	65,800 (388)	80,960 (468)	100,000 (—)	100,000 (—)
2009	49,990 (201)	23,950 (394)	28,020 (542)	39,480 (379)	47,100 (347)	50,300 (238)	71,470 (239)	62,440 (707)	79,340 (1,568)	123,240 (2,539)	100,740 (519)
Females											
1990	21,370 (—)	12,250 (—)	14,430 (—)	18,320 (—)	22,230 (—)	([6]) (†)	30,380 (—)	28,020 (—)	([6]) (†)	([6]) (†)	([6]) (†)
1991	22,040 (—)	12,070 (—)	14,460 (—)	18,840 (—)	22,140 (—)	25,000 (—)	31,310 (—)	29,080 (—)	34,950 (—)	46,740 (—)	43,300 (—)
1992	23,140 (159)	12,960 (—)	14,560 (—)	19,430 (176)	23,160 (—)	25,620 (—)	32,300 (—)	30,330 (294)	36,040 (—)	46,260 (—)	45,790 (—)
1993	23,630 (166)	12,420 (—)	15,390 (—)	19,960 (173)	23,060 (—)	25,880 (—)	34,310 (—)	31,200 (310)	38,610 (—)	50,210 (—)	47,250 (—)
1994	24,400 (165)	12,430 (427)	15,130 (328)	20,370 (158)	23,510 (327)	25,940 (295)	35,380 (280)	31,740 (314)	39,460 (606)	50,620 (2,154)	51,120 (2,888)
1995	24,880 (160)	13,580 (490)	15,830 (293)	20,460 (162)	24,000 (274)	27,310 (428)	35,260 (313)	32,050 (273)	40,260 (556)	50,000 (2,532)	48,140 (2,373)
1996	25,810 (131)	14,410 (559)	16,950 (333)	21,180 (143)	25,170 (267)	28,080 (526)	36,460 (296)	33,530 (437)	41,900 (564)	57,620 (3,635)	56,270 (3,300)
1997	26,970 (134)	14,160 (492)	16,700 (335)	22,070 (148)	26,340 (291)	28,810 (660)	38,040 (481)	35,380 (295)	44,950 (837)	61,050 (4,737)	53,040 (3,626)
1998	27,960 (199)	14,470 (429)	16,480 (322)	22,780 (254)	27,420 (271)	29,920 (513)	39,790 (408)	36,560 (305)	45,280 (760)	57,570 (1,705)	57,800 (1,881)
1999	28,840 (216)	15,100 (492)	17,020 (298)	23,060 (279)	27,760 (369)	30,920 (318)	41,750 (275)	37,990 (614)	48,100 (862)	59,900 (4,479)	60,080 (3,130)
2000	30,330 (138)	15,800 (327)	17,920 (434)	24,970 (236)	28,700 (364)	31,070 (307)	42,710 (439)	40,420 (284)	50,140 (735)	58,960 (3,552)	57,080 (2,999)
2001	31,360 (91)	16,690 (255)	19,160 (359)	25,300 (132)	30,420 (186)	32,150 (231)	44,780 (367)	40,990 (231)	50,670 (328)	61,750 (3,976)	62,120 (2,228)
2002	31,010 (83)	16,510 (297)	19,310 (360)	25,180 (121)	29,400 (299)	31,630 (211)	43,250 (568)	40,850 (173)	48,890 (595)	57,020 (2,421)	65,720 (2,268)
2003	31,570 (85)	16,910 (256)	18,940 (327)	26,070 (118)	30,140 (176)	32,250 (241)	45,120 (291)	41,330 (204)	50,160 (454)	66,490 (3,469)	67,210 (2,462)
2004	31,990 (80)	17,020 (241)	19,160 (319)	26,030 (116)	30,820 (135)	33,480 (489)	45,910 (229)	41,680 (172)	51,320 (263)	75,040 (2,436)	68,880 (2,450)
2005	33,080 (242)	16,140 (250)	20,130 (274)	26,290 (134)	31,400 (165)	33,940 (497)	46,950 (232)	42,170 (179)	51,410 (283)	80,460 (2,774)	66,850 (2,490)
2006	35,100 (113)	18,130 (408)	20,130 (270)	26,740 (136)	31,950 (165)	35,160 (376)	49,570 (441)	45,410 (259)	52,440 (561)	76,240 (2,488)	70,520 (1,779)
2007	36,090 (105)	18,260 (461)	20,400 (292)	27,240 (133)	32,840 (415)	36,330 (283)	50,400 (158)	45,770 (262)	55,430 (412)	71,100 (910)	68,990 (2,155)
2008	36,700 (109)	18,630 (494)	20,410 (295)	28,380 (283)	32,630 (355)	36,760 (243)	51,410 (145)	47,030 (237)	57,510 (745)	71,300 (2,859)	74,030 (2,144)
2009	37,260 (107)	18,480 (451)	21,230 (301)	29,150 (273)	34,090 (483)	37,270 (310)	51,880 (169)	46,830 (260)	61,070 (304)	83,910 (3,210)	76,580 (912)

See notes at end of table.

Table 391. Median annual earnings of year-round, full-time workers 25 years old and over, by highest level of educational attainment and sex: 1990 through 2009—Continued

Sex and year		Elementary/secondary			College						
							Bachelor's or higher degree[4]				
	Total	Less than 9th grade	Some high school, no completion[1]	High school completion (includes equivalency)[2]	Some college, no degree[3]	Associate's degree	Total	Bachelor's degree[5]	Master's degree	Professional degree	Doctor's degree
1	2	3	4	5	6	7	8	9	10	11	12
	Constant 2009 dollars[7]										
Males											
1990	$50,450 (—)	$28,550 (—)	$34,310 (—)	$43,750 (—)	$52,090 (—)	(6) (†)	$70,040 (—)	$64,410 (—)	(6) (†)	(6) (†)	(6) (†)
1991	49,800 (—)	27,760 (—)	33,710 (—)	42,180 (—)	49,870 (—)	$53,270 (—)	71,100 (—)	64,430 (—)	$78,340 (—)	$116,560 (—)	$90,080 (—)
1992	49,020 (183)	26,440 (—)	32,530 (—)	41,710 (268)	49,090 (—)	51,120 (—)	70,040 (—)	63,240 (465)	76,420 (—)	116,550 (—)	87,800 (—)
1993	48,040 (184)	25,040 (—)	32,290 (—)	40,640 (303)	47,620 (—)	50,020 (—)	70,880 (—)	63,480 (796)	77,010 (—)	119,590 (—)	93,760 (—)
1994	48,410 (356)	25,380 (656)	31,920 (462)	40,590 (466)	46,730 (434)	51,820 (622)	71,260 (1,023)	63,210 (916)	77,450 (1,236)	108,580 (4,401)	89,640 (2,344)
1995	48,640 (387)	25,840 (767)	31,230 (481)	41,540 (504)	47,700 (728)	49,550 (753)	71,060 (439)	63,720 (718)	77,730 (1,370)	112,150 (3,635)	91,970 (3,080)
1996	48,710 (205)	24,560 (812)	31,060 (566)	41,990 (252)	47,650 (624)	50,770 (595)	70,330 (414)	62,690 (626)	82,740 (1,292)	117,540 (4,535)	97,390 (4,597)
1997	49,030 (199)	25,790 (841)	33,050 (623)	41,720 (229)	48,050 (392)	50,820 (1,035)	71,450 (1,009)	64,980 (1,138)	82,460 (1,031)	113,630 (5,685)	101,900 (4,827)
1998	49,890 (383)	25,510 (790)	31,530 (720)	41,430 (222)	48,610 (383)	53,010 (709)	74,400 (554)	67,660 (459)	81,920 (1,115)	124,690 (15,932)	98,820 (3,300)
1999	51,940 (185)	26,310 (572)	32,240 (689)	42,730 (500)	50,510 (748)	53,620 (591)	77,520 (565)	68,230 (930)	85,300 (889)	128,770 (48,723)	105,190 (5,090)
2000	51,150 (194)	25,900 (468)	31,260 (543)	42,740 (569)	50,250 (389)	52,270 (573)	77,080 (377)	70,180 (714)	85,120 (1,876)	123,850 (25,954)	99,980 (3,047)
2001	50,410 (126)	25,880 (285)	31,750 (304)	42,060 (362)	49,720 (259)	51,820 (680)	75,380 (338)	67,750 (406)	85,890 (832)	121,140 (—)	105,350 (3,650)
2002	49,080 (119)	24,950 (254)	30,890 (247)	39,600 (371)	48,720 (233)	51,110 (803)	73,580 (240)	66,870 (459)	80,230 (1,543)	119,250 (—)	99,340 (2,476)
2003	48,900 (105)	24,740 (265)	30,860 (326)	41,290 (196)	48,210 (212)	49,990 (838)	72,380 (218)	65,880 (426)	82,360 (655)	116,600 (—)	101,590 (2,948)
2004	47,800 (101)	24,600 (217)	29,840 (266)	40,570 (168)	47,580 (199)	50,430 (1,057)	71,320 (906)	64,990 (446)	81,240 (557)	113,570 (—)	93,580 (2,752)
2005	47,580 (403)	24,530 (242)	29,870 (260)	39,880 (155)	46,600 (355)	51,830 (403)	72,680 (391)	65,930 (717)	82,410 (1,350)	109,850 (—)	94,320 (3,363)
2006	48,700 (143)	24,170 (424)	29,430 (610)	39,410 (175)	46,650 (864)	50,090 (415)	71,230 (368)	64,810 (250)	80,270 (914)	106,420 (—)	106,420 (—)
2007	48,630 (135)	24,190 (563)	30,330 (610)	39,170 (420)	46,460 (605)	50,740 (829)	72,840 (249)	64,240 (244)	78,930 (430)	103,470 (—)	95,280 (1,960)
2008	48,830 (338)	24,170 (629)	29,570 (456)	38,870 (398)	45,660 (275)	49,970 (343)	71,960 (235)	65,570 (387)	80,670 (466)	99,640 (—)	99,640 (—)
2009	49,990 (201)	23,950 (394)	28,020 (542)	39,480 (379)	47,100 (347)	50,300 (238)	71,470 (239)	62,440 (707)	79,340 (1,568)	123,240 (2,539)	100,740 (519)
Females											
1990	35,080 (—)	20,110 (—)	23,680 (—)	30,070 (—)	36,480 (—)	(6) (†)	49,860 (—)	45,990 (—)	(6) (†)	(6) (†)	(6) (†)
1991	34,720 (—)	19,010 (—)	22,770 (—)	29,670 (—)	34,880 (—)	39,380 (—)	49,320 (—)	45,800 (—)	55,050 (—)	73,630 (—)	68,210 (—)
1992	35,380 (243)	19,810 (—)	22,260 (—)	29,710 (269)	35,410 (—)	39,180 (—)	49,400 (—)	46,370 (450)	55,110 (—)	70,730 (—)	70,020 (—)
1993	35,080 (246)	18,430 (—)	22,840 (—)	29,640 (257)	34,230 (—)	38,430 (—)	50,940 (—)	46,320 (460)	57,330 (—)	74,550 (—)	70,150 (—)
1994	35,320 (239)	17,990 (618)	21,910 (475)	29,490 (229)	34,040 (473)	37,550 (427)	51,210 (405)	45,950 (455)	57,120 (877)	73,270 (3,118)	74,000 (4,181)
1995	35,020 (225)	19,110 (690)	22,280 (412)	28,810 (228)	33,780 (386)	38,450 (603)	49,630 (441)	45,120 (384)	56,680 (783)	70,390 (3,564)	67,770 (3,341)
1996	35,290 (179)	19,710 (764)	23,180 (455)	28,950 (196)	34,410 (365)	38,400 (719)	49,850 (405)	45,840 (598)	57,290 (771)	78,790 (4,970)	76,940 (4,512)
1997	36,060 (179)	18,930 (658)	22,320 (448)	29,500 (198)	35,200 (389)	38,510 (882)	50,840 (643)	47,290 (394)	60,080 (1,119)	81,610 (6,332)	70,890 (4,847)
1998	36,800 (262)	19,040 (565)	21,690 (424)	29,980 (334)	36,090 (357)	39,390 (675)	52,370 (537)	48,120 (401)	59,600 (1,000)	75,770 (2,244)	76,070 (2,476)
1999	37,140 (278)	19,440 (634)	21,910 (384)	29,700 (359)	35,740 (475)	39,820 (410)	53,760 (354)	48,920 (791)	61,940 (1,110)	77,140 (5,768)	77,370 (4,031)
2000	37,780 (172)	19,680 (407)	22,320 (541)	31,110 (294)	35,750 (453)	38,710 (382)	53,210 (547)	50,350 (354)	62,470 (916)	73,450 (4,425)	71,110 (3,736)
2001	37,980 (110)	20,220 (309)	23,210 (435)	30,650 (160)	36,850 (225)	38,950 (280)	54,240 (445)	49,660 (280)	61,380 (397)	74,800 (4,816)	75,260 (2,699)
2002	36,980 (99)	19,690 (354)	23,020 (429)	30,030 (144)	35,060 (357)	37,710 (252)	51,570 (677)	48,720 (206)	58,300 (710)	68,000 (2,887)	78,370 (2,705)
2003	36,800 (99)	19,710 (298)	22,080 (381)	30,400 (138)	35,140 (205)	37,610 (281)	52,600 (339)	48,190 (238)	58,490 (529)	77,530 (4,045)	78,370 (2,871)
2004	36,330 (91)	19,330 (274)	21,760 (362)	29,560 (132)	35,000 (153)	38,020 (555)	52,140 (260)	47,340 (195)	58,280 (299)	85,220 (2,767)	78,220 (2,783)
2005	36,330 (266)	17,730 (275)	22,110 (301)	28,880 (147)	34,490 (181)	37,280 (546)	51,570 (255)	46,330 (197)	56,480 (311)	88,380 (3,047)	73,440 (2,735)
2006	37,350 (120)	19,300 (434)	21,420 (287)	28,450 (145)	34,000 (176)	37,420 (400)	52,750 (469)	48,320 (276)	55,800 (597)	81,130 (2,648)	75,040 (1,893)
2007	37,340 (109)	18,890 (477)	21,110 (302)	28,190 (138)	33,980 (429)	37,590 (293)	52,150 (163)	47,360 (271)	57,350 (426)	73,570 (942)	71,380 (2,230)
2008	36,570 (109)	18,570 (492)	20,330 (294)	28,280 (282)	32,510 (354)	36,630 (242)	51,230 (144)	46,860 (236)	57,310 (742)	71,040 (2,849)	73,760 (2,136)
2009	37,260 (107)	18,480 (451)	21,230 (301)	29,150 (273)	34,090 (483)	37,270 (310)	51,880 (169)	46,830 (260)	61,070 (304)	83,910 (3,210)	76,580 (912)

See notes at end of table.

Table 391. Median annual earnings of year-round, full-time workers 25 years old and over, by highest level of educational attainment and sex: 1990 through 2009—Continued

Sex and year	Total	Elementary/secondary: Less than 9th grade	Elementary/secondary: Some high school, no completion[1]	Elementary/secondary: High school completion (includes equivalency)[2]	College: Some college, no degree[3]	College: Associate's degree	Bachelor's or higher degree[4]: Total	Bachelor's or higher degree[4]: Bachelor's degree[5]	Bachelor's or higher degree[4]: Master's degree	Bachelor's or higher degree[4]: Professional degree	Bachelor's or higher degree[4]: Doctor's degree
1	2	3	4	5	6	7	8	9	10	11	12
	Number of persons with earnings who worked full-time year-round (in thousands)										
Males											
1990	44,406 (268.6)	2,250 (73.9)	3,315 (89.3)	16,394 (188.0)	9,113 (144.6)	(6) (†)	13,334 (171.8)	7,569 (132.6)	(6) (†)	(6) (†)	(6) (†)
1991	44,199 (268.3)	1,807 (66.3)	3,083 (86.2)	15,025 (181.1)	8,034 (136.4)	2,899 (83.6)	13,350 (171.9)	8,456 (139.7)	3,073 (86.1)	1,147 (53.0)	674 (40.7)
1992	44,752 (269.1)	1,815 (66.5)	3,009 (85.2)	14,722 (179.5)	8,067 (136.6)	3,203 (87.8)	13,937 (175.2)	8,719 (141.7)	3,178 (87.5)	1,295 (56.3)	745 (42.8)
1993	45,873 (270.6)	1,790 (66.0)	3,083 (86.2)	14,604 (178.9)	8,493 (140.0)	3,557 (92.4)	14,346 (177.5)	9,178 (145.1)	3,131 (86.8)	1,231 (54.9)	808 (44.5)
1994	47,566 (303.0)	1,895 (69.2)	3,057 (87.6)	15,109 (188.5)	8,783 (146.2)	3,735 (96.6)	14,987 (187.8)	9,636 (152.8)	3,225 (89.9)	1,258 (56.4)	868 (46.9)
1995	48,500 (306.1)	1,946 (72.8)	3,335 (94.9)	15,331 (195.6)	8,908 (152.3)	3,926 (102.8)	15,054 (194.0)	9,597 (157.8)	3,395 (95.7)	1,208 (57.5)	853 (48.4)
1996	49,764 (301.1)	2,041 (69.2)	3,441 (89.6)	15,840 (186.5)	9,173 (144.2)	3,931 (95.6)	15,339 (183.7)	9,898 (149.6)	3,272 (87.4)	1,277 (54.8)	893 (45.9)
1997	50,807 (299.0)	1,914 (67.0)	3,548 (90.9)	16,225 (187.8)	9,170 (143.9)	4,086 (97.4)	15,864 (185.9)	10,349 (152.4)	3,228 (86.7)	1,321 (55.8)	966 (47.7)
1998	52,381 (306.4)	1,870 (66.3)	3,613 (91.7)	16,442 (189.7)	9,375 (145.7)	4,347 (100.4)	16,733 (191.2)	11,058 (157.6)	3,414 (89.2)	1,264 (54.6)	998 (48.5)
1999	53,062 (307.8)	1,993 (68.4)	3,295 (87.7)	16,589 (190.5)	9,684 (148.0)	4,359 (100.6)	17,142 (193.3)	11,142 (158.2)	3,725 (93.1)	1,267 (54.6)	1,008 (48.8)
2000	54,065 (309.7)	1,968 (68.0)	3,354 (88.4)	16,834 (191.7)	9,792 (148.8)	4,729 (104.7)	17,387 (194.6)	11,395 (159.9)	3,680 (92.6)	1,274 (54.8)	1,038 (49.5)
2001	54,013 (224.8)	2,207 (51.4)	3,503 (64.5)	16,314 (135.4)	9,494 (104.9)	4,714 (74.7)	17,780 (140.9)	11,479 (114.8)	3,961 (68.5)	1,298 (39.5)	1,041 (35.4)
2002	54,108 (225.0)	2,154 (50.7)	3,680 (66.1)	16,005 (134.2)	9,603 (105.5)	4,399 (72.2)	18,267 (142.7)	11,829 (116.5)	4,065 (69.4)	1,308 (39.6)	1,065 (35.8)
2003	54,253 (225.2)	2,209 (51.4)	3,369 (63.3)	16,285 (135.3)	9,340 (104.1)	4,696 (74.5)	18,354 (143.0)	11,846 (116.6)	4,124 (69.9)	1,348 (40.2)	1,037 (35.3)
2004	55,469 (227.0)	2,427 (53.8)	3,468 (64.2)	17,067 (138.3)	9,257 (103.6)	4,913 (76.2)	18,338 (142.9)	11,701 (115.9)	4,243 (70.9)	1,305 (39.6)	1,088 (36.1)
2005	56,717 (228.7)	2,425 (53.8)	3,652 (65.9)	17,266 (139.0)	9,532 (105.1)	5,022 (77.0)	18,820 (144.7)	12,032 (117.4)	4,275 (71.2)	1,369 (40.5)	1,144 (37.1)
2006	58,109 (230.6)	2,361 (53.1)	3,872 (67.8)	17,369 (139.4)	9,493 (104.9)	5,110 (77.7)	19,903 (148.4)	12,764 (120.7)	4,542 (73.3)	1,425 (41.3)	1,172 (37.5)
2007	58,147 (230.7)	2,142 (50.6)	3,451 (64.0)	17,224 (138.9)	9,867 (106.8)	5,244 (78.7)	20,218 (149.5)	12,962 (121.6)	4,800 (75.3)	1,332 (40.0)	1,125 (36.7)
2008	55,655 (227.2)	1,982 (48.7)	3,118 (60.9)	16,195 (135.0)	9,515 (105.0)	5,020 (77.0)	19,825 (148.1)	12,609 (120.0)	4,709 (74.6)	1,388 (40.8)	1,119 (36.7)
2009	52,445 (222.5)	1,561 (43.2)	2,795 (57.7)	15,258 (131.3)	8,609 (100.1)	4,828 (75.5)	19,395 (146.7)	12,290 (118.6)	4,575 (73.6)	1,319 (39.8)	1,212 (38.1)
Females											
1990	28,636 (234.7)	847 (45.6)	1,861 (67.3)	11,810 (162.8)	6,462 (123.1)	(6) (†)	7,655 (133.3)	4,704 (105.8)	(6) (†)	(6) (†)	(6) (†)
1991	29,474 (237.1)	733 (42.4)	1,819 (66.5)	10,959 (157.4)	5,633 (115.3)	2,523 (78.1)	7,807 (134.6)	5,263 (111.6)	2,025 (70.1)	312 (27.7)	206 (22.5)
1992	30,346 (239.6)	734 (42.4)	1,659 (63.6)	11,039 (157.9)	5,904 (117.9)	2,655 (80.1)	8,355 (138.9)	5,604 (115.0)	2,192 (72.9)	334 (28.7)	225 (23.5)
1993	30,683 (240.5)	765 (43.3)	1,576 (62.0)	10,513 (154.4)	6,279 (121.4)	3,067 (86.0)	8,483 (139.9)	5,735 (116.3)	2,166 (72.5)	323 (28.2)	260 (25.3)
1994	31,379 (259.2)	696 (42.0)	1,675 (65.1)	10,785 (161.2)	6,256 (124.2)	3,210 (89.7)	8,756 (146.0)	5,901 (120.8)	2,174 (74.0)	398 (31.8)	283 (26.8)
1995	32,673 (268.2)	774 (46.1)	1,763 (69.3)	11,064 (168.6)	6,329 (129.5)	3,336 (94.9)	9,406 (156.3)	6,434 (130.5)	2,268 (78.5)	421 (34.0)	283 (27.9)
1996	33,549 (259.0)	750 (42.1)	1,751 (64.1)	11,363 (159.7)	6,582 (122.9)	3,468 (89.9)	9,636 (147.7)	6,689 (123.9)	2,213 (72.0)	413 (31.2)	322 (27.6)
1997	34,624 (260.1)	791 (43.2)	1,765 (64.4)	11,475 (160.0)	6,628 (123.2)	3,538 (90.7)	10,427 (153.0)	7,173 (128.0)	2,448 (75.7)	488 (34.0)	318 (27.4)
1998	35,628 (265.4)	814 (43.8)	1,878 (66.4)	11,613 (161.3)	7,070 (127.3)	3,527 (90.7)	10,725 (155.4)	7,288 (129.2)	2,639 (78.6)	468 (33.3)	329 (27.9)
1999	37,091 (269.7)	886 (45.7)	1,883 (66.5)	11,824 (162.7)	7,453 (130.6)	3,804 (94.1)	11,242 (158.9)	7,607 (131.9)	2,818 (81.2)	470 (33.3)	346 (28.6)
2000	37,762 (271.6)	930 (46.8)	1,950 (67.7)	11,789 (162.5)	7,391 (130.0)	4,118 (97.8)	11,584 (161.1)	7,899 (134.3)	2,823 (81.2)	509 (34.7)	353 (28.9)
2001	38,228 (197.0)	927 (33.4)	1,869 (47.3)	11,690 (115.8)	7,283 (92.3)	4,190 (70.5)	12,269 (118.5)	8,257 (98.1)	3,089 (60.6)	531 (25.3)	392 (21.7)
2002	38,510 (197.6)	858 (32.1)	1,841 (46.9)	11,687 (115.8)	7,354 (92.7)	4,285 (71.2)	12,484 (119.5)	8,229 (97.9)	3,281 (62.5)	572 (26.2)	402 (22.0)
2003	38,681 (197.9)	882 (32.6)	1,739 (45.6)	11,587 (115.3)	7,341 (92.6)	4,397 (72.2)	12,735 (120.6)	8,330 (98.5)	3,376 (63.4)	567 (26.1)	462 (23.6)
2004	39,072 (198.7)	917 (33.2)	1,797 (46.4)	11,392 (114.4)	7,330 (92.6)	4,505 (73.0)	13,131 (122.4)	8,664 (100.4)	3,451 (64.0)	564 (26.0)	452 (23.3)
2005	40,021 (200.6)	902 (32.9)	1,740 (45.6)	11,419 (114.5)	7,452 (93.3)	4,751 (74.9)	13,758 (125.1)	9,074 (102.6)	3,591 (65.3)	657 (28.1)	437 (22.9)
2006	41,311 (203.2)	934 (33.5)	1,802 (46.4)	11,652 (115.6)	7,613 (94.3)	4,760 (75.0)	14,549 (128.4)	9,645 (105.7)	3,746 (66.7)	662 (28.2)	497 (24.5)
2007	42,196 (204.9)	823 (31.5)	1,649 (44.4)	11,447 (114.7)	7,916 (96.1)	4,891 (76.0)	15,469 (132.1)	9,931 (107.2)	4,389 (72.1)	666 (28.3)	484 (24.1)
2008	40,979 (202.5)	814 (31.3)	1,568 (43.3)	10,851 (111.8)	7,456 (93.3)	4,955 (76.5)	15,335 (131.6)	9,856 (106.8)	4,176 (70.3)	753 (30.1)	550 (25.7)
2009	40,376 (201.4)	776 (30.5)	1,519 (42.7)	10,467 (109.9)	7,164 (91.6)	4,924 (76.3)	15,526 (132.4)	10,066 (107.9)	4,261 (71.0)	606 (27.0)	592 (26.7)

See notes at end of table.

Table 391. Median annual earnings of year-round, full-time workers 25 years old and over, by highest level of educational attainment and sex: 1990 through 2009—Continued

Sex and year	Total	Elementary/secondary: Less than 9th grade	Elementary/secondary: Some high school, no completion[1]	Elementary/secondary: High school completion (includes equivalency)[2]	College: Some college, no degree[3]	College: Associate's degree	College: Bachelor's or higher degree[4]: Total	College: Bachelor's or higher degree[4]: Bachelor's degree[5]	College: Bachelor's or higher degree[4]: Master's degree	College: Bachelor's or higher degree[4]: Professional degree	College: Bachelor's or higher degree[4]: Doctor's degree
1	2	3	4	5	6	7	8	9	10	11	12
	Percent of workers with earnings who worked full-time year-round										
Males											
1990	— (†)	— (†)	— (†)	— (†)	— (†)	— (†)	— (†)	— (†)	— (†)	— (†)	— (†)
1991	— (†)	— (†)	— (†)	— (†)	— (†)	— (†)	— (†)	— (†)	— (†)	— (†)	— (†)
1992	— (†)	— (†)	— (†)	— (†)	— (†)	— (†)	— (†)	— (†)	— (†)	— (†)	— (†)
1993	— (†)	— (†)	— (†)	— (†)	— (†)	— (†)	— (†)	— (†)	— (†)	— (†)	— (†)
1994	— (†)	— (†)	— (†)	— (†)	— (†)	— (†)	— (†)	— (†)	— (†)	— (†)	— (†)
1995	— (†)	— (†)	— (†)	— (†)	— (†)	— (†)	— (†)	— (†)	— (†)	— (†)	— (†)
1996	78.2 (0.25)	64.5 (1.31)	66.9 (1.01)	77.2 (0.45)	78.8 (0.58)	83.8 (0.83)	82.9 (0.43)	83.2 (0.53)	80.6 (0.95)	85.4 (1.40)	85.1 (1.69)
1997	81.6 (0.24)	63.9 (1.35)	69.5 (0.99)	78.7 (0.44)	79.5 (0.58)	81.7 (0.84)	83.3 (0.42)	83.9 (0.51)	80.8 (0.96)	85.4 (1.38)	83.4 (1.68)
1998	81.0 (0.24)	66.8 (1.37)	73.5 (0.97)	80.3 (0.43)	81.0 (0.56)	85.3 (0.76)	84.6 (0.39)	85.9 (0.47)	81.6 (0.92)	86.0 (1.39)	80.0 (1.74)
1999	81.1 (0.24)	70.3 (1.32)	71.5 (1.02)	80.3 (0.43)	81.3 (0.55)	84.2 (0.78)	84.7 (0.39)	85.3 (0.48)	83.5 (0.86)	85.6 (1.40)	81.8 (1.69)
2000	81.7 (0.23)	69.2 (1.33)	71.8 (1.01)	80.9 (0.42)	82.2 (0.54)	86.6 (0.71)	84.8 (0.39)	85.6 (0.47)	82.8 (0.87)	85.8 (1.39)	82.5 (1.65)
2001	80.1 (0.17)	69.7 (0.90)	70.9 (0.71)	79.4 (0.31)	80.2 (0.40)	84.1 (0.54)	83.3 (0.28)	83.6 (0.35)	82.4 (0.60)	84.6 (1.01)	82.2 (1.18)
2002	79.4 (0.17)	70.1 (0.91)	71.3 (0.69)	77.8 (0.32)	78.8 (0.41)	81.4 (0.58)	83.9 (0.27)	84.4 (0.34)	82.2 (0.60)	85.7 (0.99)	82.8 (1.16)
2003	79.5 (0.17)	71.5 (0.89)	70.1 (0.73)	78.7 (0.31)	78.8 (0.41)	82.1 (0.56)	83.1 (0.28)	84.0 (0.34)	81.1 (0.60)	84.4 (1.00)	80.3 (1.22)
2004	80.0 (0.17)	74.7 (0.84)	71.2 (0.71)	79.1 (0.30)	79.3 (0.41)	83.6 (0.53)	83.0 (0.28)	83.1 (0.35)	83.1 (0.58)	83.3 (1.03)	81.7 (1.16)
2005	80.3 (0.16)	74.0 (0.84)	73.8 (0.69)	79.5 (0.30)	80.0 (0.40)	82.5 (0.54)	82.9 (0.27)	83.0 (0.34)	82.7 (0.58)	83.7 (1.00)	82.4 (1.12)
2006	81.1 (0.16)	73.6 (0.85)	72.9 (0.67)	79.6 (0.30)	80.1 (0.40)	85.3 (0.50)	84.7 (0.26)	85.2 (0.32)	83.5 (0.55)	85.9 (0.94)	83.4 (1.09)
2007	80.5 (0.16)	71.1 (0.91)	70.8 (0.72)	79.4 (0.30)	79.5 (0.40)	83.3 (0.52)	84.5 (0.26)	85.1 (0.32)	83.5 (0.54)	83.1 (1.03)	83.5 (1.11)
2008	77.0 (0.17)	66.3 (0.95)	64.6 (0.76)	74.6 (0.32)	76.5 (0.42)	79.4 (0.56)	82.6 (0.27)	83.2 (0.33)	80.9 (0.57)	82.4 (1.02)	83.1 (1.12)
2009	73.9 (0.18)	56.2 (1.03)	61.8 (0.79)	70.1 (0.34)	73.4 (0.45)	77.9 (0.58)	80.8 (0.28)	79.9 (0.35)	82.0 (0.56)	85.1 (0.99)	81.2 (1.11)
Females											
1990	— (†)	— (†)	— (†)	— (†)	— (†)	— (†)	— (†)	— (†)	— (†)	— (†)	— (†)
1991	— (†)	— (†)	— (†)	— (†)	— (†)	— (†)	— (†)	— (†)	— (†)	— (†)	— (†)
1992	— (†)	— (†)	— (†)	— (†)	— (†)	— (†)	— (†)	— (†)	— (†)	— (†)	— (†)
1993	— (†)	— (†)	— (†)	— (†)	— (†)	— (†)	— (†)	— (†)	— (†)	— (†)	— (†)
1994	— (†)	— (†)	— (†)	— (†)	— (†)	— (†)	— (†)	— (†)	— (†)	— (†)	— (†)
1995	— (†)	— (†)	— (†)	— (†)	— (†)	— (†)	— (†)	— (†)	— (†)	— (†)	— (†)
1996	60.7 (0.32)	47.9 (1.94)	49.4 (1.29)	60.0 (0.55)	62.0 (0.73)	63.7 (1.00)	63.5 (0.60)	63.4 (0.72)	62.4 (1.25)	68.4 (2.91)	70.0 (3.29)
1997	61.7 (0.32)	48.7 (1.91)	49.3 (1.29)	61.0 (0.55)	61.9 (0.72)	64.3 (0.99)	65.4 (0.58)	64.6 (0.70)	65.7 (1.20)	73.6 (2.63)	72.1 (3.29)
1998	62.5 (0.31)	51.8 (1.94)	53.1 (1.29)	61.9 (0.55)	63.3 (0.70)	64.9 (1.00)	65.0 (0.57)	64.0 (0.69)	66.2 (1.15)	71.9 (2.71)	68.5 (3.26)
1999	63.7 (0.31)	53.0 (1.88)	54.0 (1.30)	63.0 (0.54)	64.8 (0.69)	65.1 (0.96)	66.2 (0.56)	65.9 (0.68)	66.5 (1.12)	68.4 (2.73)	68.2 (3.18)
2000	64.6 (0.30)	53.5 (1.84)	56.5 (1.30)	64.1 (0.54)	65.3 (0.69)	66.6 (0.92)	66.5 (0.55)	66.7 (0.67)	64.9 (1.11)	70.6 (2.61)	71.5 (3.13)
2001	64.3 (0.22)	54.0 (1.32)	55.3 (0.94)	63.5 (0.39)	65.1 (0.49)	65.8 (0.65)	66.6 (0.38)	66.6 (0.47)	65.6 (0.76)	70.3 (1.83)	70.9 (2.12)
2002	64.1 (0.22)	52.6 (1.36)	55.5 (0.95)	63.2 (0.39)	65.0 (0.49)	65.6 (0.65)	66.5 (0.38)	65.9 (0.47)	66.1 (0.74)	74.3 (1.73)	73.8 (2.07)
2003	64.4 (0.21)	56.5 (1.38)	53.8 (0.96)	64.4 (0.39)	64.2 (0.49)	65.6 (0.64)	66.4 (0.37)	65.8 (0.46)	66.3 (0.73)	72.3 (1.75)	71.9 (1.95)
2004	64.5 (0.21)	56.3 (1.35)	56.1 (0.96)	64.5 (0.40)	64.2 (0.49)	64.6 (0.63)	66.7 (0.37)	66.3 (0.45)	66.3 (0.72)	71.5 (1.77)	71.2 (1.97)
2005	65.3 (0.21)	56.5 (1.36)	54.5 (0.97)	65.1 (0.40)	63.5 (0.49)	67.2 (0.61)	68.2 (0.36)	68.0 (0.44)	68.3 (0.70)	71.2 (1.64)	67.3 (2.02)
2006	66.2 (0.21)	58.5 (1.35)	56.0 (0.96)	65.6 (0.39)	65.9 (0.48)	67.3 (0.61)	68.6 (0.35)	68.4 (0.43)	67.5 (0.69)	73.6 (1.61)	74.0 (1.86)
2007	66.7 (0.21)	56.8 (1.43)	55.3 (1.00)	65.7 (0.39)	66.7 (0.48)	67.3 (0.60)	69.3 (0.34)	68.4 (0.42)	70.6 (0.63)	74.1 (1.60)	71.2 (1.91)
2008	64.4 (0.21)	51.6 (1.38)	52.8 (1.01)	62.4 (0.40)	64.7 (0.49)	65.5 (0.60)	67.9 (0.34)	67.8 (0.43)	66.9 (0.65)	74.0 (1.51)	70.0 (1.80)
2009	64.3 (0.21)	52.0 (1.42)	54.5 (1.04)	62.4 (0.41)	63.9 (0.50)	64.5 (0.60)	68.0 (0.34)	68.3 (0.42)	67.5 (0.65)	66.4 (1.72)	68.3 (1.74)

—Not available.
†Not applicable.
[1]Includes 1 to 3 years of high school for 1990.
[2]Includes 4 years of high school for 1990.
[3]Includes 1 to 3 years of college and associate's degrees for 1990.
[4]Includes 4 or more years of college for 1990.
[5]Includes 4 years of college for 1990.
[6]Not reported separately for 1990.
[7]Constant dollars based on the Consumer Price Index, prepared by the Bureau of Labor Statistics, U.S. Department of Labor.
NOTE: Detail may not sum to totals because of rounding. Standard errors appear in parentheses.
SOURCE: U.S. Department of Commerce, Census Bureau, Current Population Reports, Series P-60, *Money Income of Households, Families, and Persons in the United States* and *Income, Poverty, and Valuation of Noncash Benefits*, 1990 through 1994; Series P-60, *Money Income in the United States*, 1995 through 2002; and Detailed Income Tabulations from the CPS, 2003 through 2009. Retrieved September 29, 2010, from http://www.census.gov/hhes/www/cpstables/032010/perinc/new03_000.htm. (This table was prepared September 2010.)

Table 392. Distribution of earnings and median earnings of persons 25 years old and over, by highest level of educational attainment and sex: 2009

Sex and earnings	Total		Elementary/secondary: Less than 9th grade		Elementary/secondary: Some high school (no completion)		Elementary/secondary: High school completion (includes equivalency)		College: Some college, no degree		College: Associate's degree		College: Bachelor's or higher degree: Total		College: Bachelor's or higher degree: Bachelor's degree		College: Bachelor's or higher degree: Master's degree		College: Bachelor's or higher degree: Professional degree		College: Bachelor's or higher degree: Doctor's degree	
1	2		3		4		5		6		7		8		9		10		11		12	
Total males and females (in thousands)	**199,928**	**(223.3)**	**10,451**	**(111.8)**	**15,260**	**(133.8)**	**62,456**	**(241.9)**	**33,662**	**(190.7)**	**18,259**	**(145.4)**	**59,840**	**(238.4)**	**38,784**	**(202.3)**	**15,203**	**(133.5)**	**3,074**	**(61.6)**	**2,779**	**(58.6)**
With earnings	133,741	(278.6)	4,273	(72.4)	7,311	(94.1)	38,544	(201.8)	22,957	(161.4)	13,827	(127.7)	46,830	(218.0)	30,122	(181.9)	11,886	(118.9)	2,463	(55.2)	2,359	(54.0)
Distribution of total persons with earnings, by total annual earnings	100.0	(†)	100.0	(†)	100.0	(†)	100.0	(†)	100.0	(†)	100.0	(†)	100.0	(†)	100.0	(†)	100.0	(†)	100.0	(†)	100.0	(†)
$1 to $4,999 or loss	5.9	(0.07)	10.4	(0.52)	10.3	(0.40)	6.5	(0.14)	6.2	(0.18)	5.5	(0.22)	4.1	(0.10)	4.3	(0.13)	4.3	(0.21)	2.5	(0.35)	2.2	(0.34)
$5,000 to $9,999	5.7	(0.07)	12.8	(0.57)	10.3	(0.40)	7.0	(0.15)	6.2	(0.18)	5.1	(0.21)	3.3	(0.09)	3.7	(0.12)	2.6	(0.16)	1.5	(0.27)	2.6	(0.37)
$10,000 to $14,999	7.2	(0.08)	18.8	(0.67)	14.6	(0.46)	8.9	(0.16)	7.4	(0.19)	6.2	(0.23)	3.8	(0.10)	4.2	(0.13)	3.3	(0.18)	2.0	(0.32)	2.0	(0.32)
$15,000 to $19,999	7.1	(0.08)	17.1	(0.64)	15.9	(0.48)	9.4	(0.17)	7.0	(0.19)	6.2	(0.23)	3.1	(0.09)	3.8	(0.12)	2.3	(0.15)	1.7	(0.29)	1.2	(0.25)
$20,000 to $24,999	8.2	(0.08)	14.1	(0.60)	12.0	(0.42)	11.4	(0.18)	8.5	(0.21)	8.0	(0.26)	4.3	(0.10)	5.0	(0.14)	3.4	(0.19)	2.3	(0.34)	2.1	(0.33)
$25,000 to $29,999	7.6	(0.08)	8.1	(0.47)	10.0	(0.39)	10.1	(0.17)	9.3	(0.21)	8.1	(0.26)	4.3	(0.10)	5.2	(0.14)	2.8	(0.17)	2.4	(0.34)	2.3	(0.35)
$30,000 to $34,999	7.8	(0.08)	6.6	(0.42)	7.3	(0.34)	9.8	(0.17)	9.0	(0.21)	8.5	(0.27)	5.5	(0.12)	6.7	(0.16)	4.1	(0.20)	1.8	(0.30)	1.1	(0.24)
$35,000 to $39,999	6.7	(0.08)	3.5	(0.31)	5.2	(0.29)	7.6	(0.15)	7.8	(0.20)	7.5	(0.25)	5.6	(0.12)	6.7	(0.16)	4.0	(0.20)	2.0	(0.31)	3.3	(0.41)
$40,000 to $49,999	11.4	(0.10)	3.7	(0.32)	6.0	(0.31)	11.1	(0.18)	12.3	(0.24)	14.1	(0.33)	11.9	(0.17)	13.1	(0.22)	10.7	(0.32)	7.1	(0.58)	7.5	(0.60)
$50,000 to $74,999	17.5	(0.12)	3.8	(0.33)	5.9	(0.31)	12.8	(0.19)	17.3	(0.28)	20.2	(0.38)	23.7	(0.22)	23.3	(0.27)	27.0	(0.46)	15.5	(0.82)	20.2	(0.92)
$75,000 to $99,999	6.8	(0.08)	0.7	(0.14)	1.5	(0.16)	3.3	(0.10)	5.0	(0.16)	6.5	(0.23)	12.0	(0.17)	10.6	(0.20)	15.0	(0.37)	11.0	(0.70)	15.6	(0.83)
$100,000 or more	8.2	(0.08)	0.4	(0.11)	1.0	(0.13)	2.1	(0.08)	4.0	(0.14)	4.1	(0.19)	18.4	(0.20)	13.4	(0.22)	20.5	(0.41)	50.4	(1.13)	39.8	(1.13)
Median earnings[1]	$35,290	(82)	$16,940	(207)	$19,540	(273)	$27,380	(100)	$32,000	(137)	$36,190	(236)	$51,910	(120)	$46,930	(195)	$60,210	(288)	$100,140	(2,145)	$80,660	(1,517)
Number of males (in thousands)	**96,325**	**(135.1)**	**5,211**	**(78.8)**	**7,705**	**(94.7)**	**30,682**	**(167.2)**	**15,908**	**(130.7)**	**7,662**	**(94.5)**	**29,158**	**(164.5)**	**18,674**	**(139.6)**	**6,859**	**(89.7)**	**1,861**	**(47.8)**	**1,763**	**(46.6)**
With earnings	70,995	(182.3)	2,779	(58.2)	4,524	(73.7)	21,761	(148.2)	11,736	(114.6)	6,197	(85.5)	23,997	(153.7)	15,376	(128.9)	5,578	(81.4)	1,550	(43.7)	1,493	(42.9)
Distribution of males with earnings, by total annual earnings	100.0	(†)	100.0	(†)	100.0	(†)	100.0	(†)	100.0	(†)	100.0	(†)	100.0	(†)	100.0	(†)	100.0	(†)	100.0	(†)	100.0	(†)
$1 to $4,999 or loss	4.6	(0.09)	8.7	(0.60)	8.1	(0.45)	5.4	(0.17)	4.4	(0.21)	4.5	(0.29)	2.9	(0.12)	3.1	(0.16)	3.0	(0.26)	1.4	(0.33)	1.7	(0.37)
$5,000 to $9,999	4.2	(0.08)	10.4	(0.65)	8.0	(0.45)	5.2	(0.17)	4.4	(0.21)	3.3	(0.25)	2.0	(0.10)	2.3	(0.13)	1.7	(0.20)	0.6	(0.23)	2.2	(0.43)
$10,000 to $14,999	5.6	(0.10)	16.3	(0.78)	12.0	(0.54)	6.6	(0.19)	5.5	(0.23)	3.9	(0.27)	2.9	(0.12)	3.2	(0.16)	2.7	(0.24)	1.5	(0.34)	2.0	(0.41)
$15,000 to $19,999	6.0	(0.10)	16.2	(0.78)	14.4	(0.58)	7.5	(0.20)	5.3	(0.23)	4.1	(0.28)	2.6	(0.11)	3.1	(0.16)	1.7	(0.19)	1.3	(0.32)	1.3	(0.33)
$20,000 to $24,999	7.0	(0.11)	15.1	(0.76)	12.1	(0.54)	9.8	(0.23)	6.4	(0.25)	5.7	(0.33)	3.3	(0.13)	3.9	(0.18)	2.6	(0.24)	1.5	(0.34)	1.7	(0.37)
$25,000 to $29,999	6.7	(0.11)	9.3	(0.62)	10.7	(0.51)	8.7	(0.21)	7.9	(0.28)	6.3	(0.34)	3.5	(0.13)	4.1	(0.18)	2.5	(0.23)	2.3	(0.43)	1.6	(0.36)
$30,000 to $34,999	7.2	(0.11)	7.9	(0.57)	8.7	(0.47)	9.7	(0.22)	8.1	(0.28)	6.9	(0.36)	4.1	(0.14)	5.2	(0.20)	3.0	(0.25)	1.0	(0.29)	0.7	(0.24)
$35,000 to $39,999	6.3	(0.10)	4.6	(0.44)	6.8	(0.42)	8.2	(0.21)	7.1	(0.27)	6.7	(0.35)	4.2	(0.14)	5.0	(0.20)	2.9	(0.25)	2.2	(0.42)	2.6	(0.46)
$40,000 to $49,999	11.7	(0.14)	5.0	(0.46)	7.6	(0.44)	13.5	(0.26)	13.3	(0.35)	15.6	(0.51)	9.9	(0.22)	11.3	(0.29)	8.2	(0.41)	5.1	(0.62)	7.0	(0.74)
$50,000 to $74,999	20.1	(0.17)	5.1	(0.47)	8.0	(0.45)	17.5	(0.29)	23.9	(0.44)	26.5	(0.63)	23.1	(0.30)	24.5	(0.39)	24.1	(0.64)	11.7	(0.91)	17.3	(1.09)
$75,000 to $99,999	8.6	(0.12)	1.0	(0.21)	2.1	(0.24)	5.0	(0.16)	7.4	(0.27)	10.0	(0.43)	14.3	(0.25)	14.0	(0.31)	16.1	(0.55)	9.7	(0.84)	15.1	(1.04)
$100,000 or more	11.8	(0.14)	0.4	(0.13)	1.4	(0.20)	2.9	(0.13)	6.3	(0.25)	6.5	(0.35)	27.2	(0.32)	20.3	(0.36)	31.4	(0.69)	61.7	(1.38)	46.8	(1.44)
Median earnings[1]	$41,090	(99)	$19,390	(399)	$22,220	(247)	$32,270	(126)	$40,390	(205)	$44,760	(760)	$62,390	(425)	$56,570	(349)	$71,500	(427)	$116,140	(4,466)	$92,100	(2,200)

See notes at end of table.

Table 392. Distribution of earnings and median earnings of persons 25 years old and over, by highest level of educational attainment and sex: 2009—Continued

Sex and earnings	Total		Elementary/secondary						College													
													Bachelor's or higher degree									
			Less than 9th grade		Some high school (no completion)		High school completion (includes equivalency)		Some college, no degree		Associate's degree		Total		Bachelor's degree		Master's degree		Professional degree		Doctor's degree	
1	2		3		4		5		6		7		8		9		10		11		12	
Number of females (in thousands)	**103,603**	**(148.5)**	**5,240**	**(79.2)**	**7,555**	**(94.2)**	**31,774**	**(172.0)**	**17,753**	**(137.9)**	**10,597**	**(110.1)**	**30,683**	**(170.0)**	**20,110**	**(145.2)**	**8,344**	**(98.6)**	**1,213**	**(38.7)**	**1,015**	**(35.5)**
With earnings	62,747	(197.5)	1,493	(42.9)	2,787	(58.3)	16,784	(134.7)	11,220	(112.9)	7,630	(94.6)	22,832	(152.7)	14,745	(127.4)	6,308	(86.5)	912	(33.6)	867	(32.8)
Distribution of females with earnings, by total annual earnings	100.0	(†)	100.0	(†)	100.0	(†)	100.0	(†)	100.0	(†)	100.0	(†)	100.0	(†)	100.0	(†)	100.0	(†)	100.0	(†)	100.0	(†)
$1 to $4,999 or loss	7.2	(0.12)	13.7	(0.99)	14.0	(0.73)	7.8	(0.23)	8.2	(0.29)	6.3	(0.31)	5.4	(0.17)	5.6	(0.21)	5.5	(0.32)	4.5	(0.77)	3.2	(0.67)
$5,000 to $9,999	7.5	(0.12)	17.1	(1.09)	14.1	(0.74)	9.4	(0.25)	8.1	(0.29)	6.6	(0.32)	4.6	(0.15)	5.2	(0.20)	3.4	(0.25)	2.9	(0.62)	3.3	(0.68)
$10,000 to $14,999	9.0	(0.13)	23.4	(1.22)	18.7	(0.83)	12.0	(0.28)	9.4	(0.31)	8.1	(0.35)	4.7	(0.16)	5.3	(0.21)	3.8	(0.27)	3.0	(0.63)	2.1	(0.54)
$15,000 to $19,999	8.3	(0.12)	19.0	(1.13)	18.3	(0.82)	11.9	(0.28)	8.8	(0.30)	7.9	(0.34)	3.8	(0.14)	4.4	(0.19)	2.8	(0.23)	2.4	(0.57)	1.0	(0.38)
$20,000 to $24,999	9.5	(0.13)	12.3	(0.95)	11.7	(0.68)	13.4	(0.29)	10.8	(0.33)	9.8	(0.38)	5.3	(0.17)	6.1	(0.22)	4.1	(0.28)	3.5	(0.68)	3.0	(0.65)
$25,000 to $29,999	8.7	(0.13)	5.8	(0.68)	8.9	(0.60)	11.9	(0.28)	10.7	(0.33)	9.5	(0.38)	5.2	(0.16)	6.4	(0.23)	3.0	(0.24)	2.4	(0.57)	3.6	(0.70)
$30,000 to $34,999	8.5	(0.12)	4.1	(0.57)	5.1	(0.46)	9.9	(0.26)	10.0	(0.32)	9.9	(0.38)	7.0	(0.19)	8.3	(0.25)	5.1	(0.31)	3.2	(0.65)	1.7	(0.49)
$35,000 to $39,999	7.0	(0.11)	1.4	(0.34)	2.4	(0.33)	6.8	(0.22)	8.4	(0.29)	8.2	(0.35)	7.0	(0.19)	8.4	(0.26)	4.9	(0.31)	1.6	(0.47)	4.4	(0.78)
$40,000 to $49,999	11.0	(0.14)	1.5	(0.35)	3.6	(0.39)	8.0	(0.23)	11.3	(0.33)	12.8	(0.43)	14.0	(0.26)	15.0	(0.33)	13.0	(0.47)	10.4	(1.13)	8.3	(1.05)
$50,000 to $74,999	14.5	(0.16)	1.2	(0.32)	2.5	(0.33)	6.8	(0.22)	10.5	(0.32)	15.1	(0.46)	24.3	(0.32)	22.1	(0.38)	29.5	(0.64)	21.8	(1.53)	25.4	(1.65)
$75,000 to $99,999	4.7	(0.09)	0.2	(0.13)	0.5	(0.14)	1.0	(0.09)	2.4	(0.16)	3.7	(0.24)	9.6	(0.22)	7.1	(0.24)	14.1	(0.49)	13.2	(1.25)	16.3	(1.40)
$100,000 or more	4.2	(0.09)	0.6	(0.22)	0.3	(0.12)	1.0	(0.09)	1.5	(0.13)	2.1	(0.18)	9.2	(0.21)	6.1	(0.22)	10.8	(0.44)	31.1	(1.71)	27.8	(1.70)
Median earnings[1]	$29,870	(176)	$13,960	(371)	$15,680	(219)	$22,470	(165)	$26,830	(202)	$30,600	(213)	$44,490	(512)	$40,100	(233)	$51,790	(288)	$67,250	(2,333)	$67,140	(2,078)

†Not applicable.
[1]Excludes persons without earnings.
NOTE: Detail may not sum to totals because of rounding. Standard errors appear in parentheses.
SOURCE: U.S. Department of Commerce, Census Bureau, Current Population Survey, March 2010. Retrieved September 29, 2010, from http://www.census.gov/hhes/www/cpstables/032010/perinc/new03_000.htm. (This table was prepared September 2010.)

Table 393. Literacy skills of adults, by type of literacy, proficiency levels, and selected characteristics: 1992 and 2003

Selected characteristic	Prose literacy[1]						Document literacy[2]						Quantitative literacy[3]					
	Average score		Percent of adults with proficiency at level, 2003				Average score		Percent of adults with proficiency at level, 2003				Average score		Percent of adults with proficiency at level, 2003			
	1992	2003	Below Basic	Basic	Intermediate	Proficient	1992	2003	Below Basic	Basic	Intermediate	Proficient	1992	2003	Below Basic	Basic	Intermediate	Proficient
1	2	3	4	5	6	7	8	9	10	11	12	13	14	15	16	17	18	19
Total	**276 (1.1)**	**275 (1.3)**	**14 (0.6)**	**29 (0.6)**	**44 (0.7)**	**13 (0.5)**	**271 (1.1)**	**271 (1.2)**	**12 (0.5)**	**22 (0.5)**	**53 (0.7)**	**13 (0.6)**	**275 (1.1)**	**283 (1.2)**	**22 (0.6)**	**33 (0.5)**	**33 (0.5)**	**13 (0.5)**
Sex																		
Male	276 (1.2)	272 (1.5)	15 (0.6)	29 (0.7)	43 (0.7)	13 (0.6)	274 (1.2)	269 (1.5)	14 (0.6)	23 (0.5)	51 (0.8)	13 (0.6)	283 (1.4)	286 (1.3)	21 (0.6)	31 (0.5)	33 (0.5)	16 (0.6)
Female	277 (1.3)	277 (1.4)	12 (0.6)	29 (0.6)	46 (0.8)	14 (0.6)	268 (1.2)	272 (1.2)	11 (0.6)	22 (0.6)	54 (0.8)	13 (0.6)	269 (1.2)	279 (1.3)	22 (0.8)	35 (0.7)	32 (0.7)	11 (0.6)
Age																		
16 to 18 years old	270 (2.3)	267 (2.8)	11 (1.7)	37 (2.5)	48 (2.7)	5 (1.4)	270 (2.2)	268 (2.9)	11 (1.4)	24 (1.8)	56 (2.4)	9 (1.7)	264 (2.5)	267 (3.1)	28 (2.3)	38 (2.1)	28 (2.1)	6 (1.3)
19 to 24 years old	280 (2.0)	276 (2.4)	11 (1.1)	29 (1.3)	48 (1.5)	12 (1.1)	282 (2.2)	277 (2.5)	9 (1.1)	20 (1.2)	58 (1.7)	13 (1.5)	277 (2.0)	279 (2.3)	21 (1.4)	36 (1.3)	33 (1.4)	10 (1.1)
25 to 39 years old	288 (1.3)	283 (1.7)	12 (0.6)	25 (0.7)	45 (0.7)	18 (0.8)	286 (1.2)	282 (1.8)	8 (0.7)	19 (0.7)	56 (1.1)	17 (1.1)	286 (1.3)	292 (1.8)	17 (0.8)	31 (0.8)	35 (0.8)	17 (0.9)
40 to 54 years old	293 (2.0)	282 (2.3)	11 (0.9)	27 (1.1)	47 (1.2)	15 (1.1)	284 (1.9)	277 (1.8)	10 (0.7)	20 (0.8)	54 (1.1)	15 (0.9)	292 (1.8)	289 (1.9)	19 (0.9)	32 (0.8)	34 (0.8)	16 (0.9)
55 to 64 years old	269 (1.4)	278 (1.9)	13 (0.8)	27 (0.9)	44 (1.1)	15 (0.8)	258 (1.4)	270 (2.1)	12 (0.9)	23 (0.9)	54 (1.2)	12 (1.1)	272 (1.8)	289 (1.9)	19 (1.0)	30 (0.8)	34 (0.9)	17 (0.8)
65 years old and older	235 (1.7)	248 (2.0)	23 (1.3)	38 (1.2)	34 (1.4)	4 (0.6)	221 (2.2)	235 (2.0)	27 (1.5)	33 (1.0)	38 (1.4)	3 (0.4)	235 (2.7)	257 (2.2)	34 (1.6)	37 (1.2)	24 (1.2)	5 (0.6)
Race/ethnicity																		
White	287 (1.2)	288 (1.5)	7 (0.5)	25 (0.8)	51 (0.9)	17 (0.9)	281 (1.2)	282 (1.5)	8 (0.5)	19 (0.7)	58 (1.0)	15 (1.0)	288 (1.1)	297 (1.3)	13 (0.7)	32 (0.7)	39 (0.8)	17 (0.8)
Black	237 (1.4)	243 (1.8)	24 (1.4)	43 (1.2)	31 (1.4)	2 (0.4)	230 (1.4)	238 (2.1)	24 (1.7)	35 (1.4)	40 (1.9)	2 (0.5)	222 (1.6)	238 (2.1)	47 (1.8)	36 (1.3)	15 (1.1)	2 (0.4)
Hispanic	234 (2.3)	216 (3.5)	44 (1.8)	30 (1.0)	23 (1.1)	4 (0.4)	238 (1.8)	224 (3.6)	36 (1.6)	26 (0.8)	33 (1.2)	5 (0.5)	233 (2.3)	233 (3.2)	50 (1.7)	29 (0.9)	17 (0.9)	4 (0.5)
Asian/Pacific Islander	255 (6.1)	271 (4.0)	14 (2.0)	32 (2.2)	42 (2.5)	12 (1.8)	259 (6.1)	272 (5.0)	11 (2.2)	22 (2.1)	54 (3.0)	13 (2.3)	268 (7.8)	285 (5.1)	19 (3.0)	34 (2.9)	35 (2.8)	12 (2.5)
Highest level of education																		
Still in high school	268 (2.5)	262 (3.7)	14 (2.5)	37 (2.8)	45 (3.1)	4 (1.5)	270 (2.4)	265 (4.3)	13 (2.3)	24 (2.2)	54 (3.0)	9 (1.9)	263 (3.2)	261 (4.2)	31 (2.9)	38 (2.5)	25 (2.3)	5 (1.4)
Less than high school completion	216 (1.4)	207 (2.4)	50 (1.4)	33 (1.0)	16 (0.9)	1 (0.2)	211 (1.5)	208 (2.6)	45 (1.4)	29 (0.7)	25 (1.0)	2 (0.3)	209 (2.1)	211 (2.2)	64 (1.3)	25 (0.8)	10 (0.7)	1 (0.2)
GED/high school equivalency	265 (2.2)	260 (2.1)	10 (1.8)	45 (2.9)	43 (3.0)	3 (1.1)	259 (2.3)	257 (2.5)	13 (1.9)	30 (2.3)	53 (2.8)	4 (1.2)	265 (2.3)	265 (3.1)	26 (3.1)	43 (3.1)	28 (2.9)	3 (1.2)
High school graduate	268 (1.0)	262 (1.3)	13 (1.0)	39 (1.2)	44 (1.3)	4 (0.6)	261 (1.4)	258 (1.5)	13 (1.0)	29 (1.1)	52 (1.4)	5 (0.7)	267 (1.2)	269 (1.6)	24 (1.4)	42 (1.3)	29 (1.3)	5 (0.7)
Vocational/trade/business	278 (2.1)	268 (2.7)	10 (1.8)	36 (2.6)	49 (2.7)	5 (1.5)	273 (2.0)	267 (2.5)	9 (1.5)	26 (2.3)	59 (2.7)	7 (1.7)	280 (2.2)	279 (2.2)	18 (2.1)	41 (2.3)	35 (2.3)	6 (1.4)
Some college	292 (1.4)	287 (1.6)	5 (0.7)	25 (1.4)	59 (1.7)	11 (1.4)	288 (1.6)	280 (1.7)	5 (0.8)	19 (1.3)	65 (1.8)	10 (1.5)	295 (1.7)	294 (1.7)	10 (1.2)	36 (1.8)	43 (1.8)	11 (1.5)
Associate's degree	306 (1.9)	298 (2.4)	4 (0.7)	20 (1.5)	56 (2.0)	19 (2.0)	301 (1.9)	291 (2.0)	3 (0.7)	15 (1.5)	66 (2.3)	16 (2.2)	305 (2.0)	305 (2.1)	7 (1.1)	30 (1.9)	45 (2.1)	18 (2.1)
Bachelor's degree	325 (1.9)	314 (2.1)	3 (0.5)	14 (1.0)	53 (1.7)	31 (1.8)	317 (1.9)	303 (2.2)	2 (0.6)	11 (1.2)	62 (2.5)	25 (2.7)	324 (1.8)	323 (1.8)	4 (0.6)	22 (1.2)	43 (1.5)	31 (1.9)
Graduate studies/degree	340 (2.0)	327 (2.8)	1 (0.4)	10 (1.2)	48 (2.3)	41 (2.6)	328 (1.9)	311 (2.2)	1 (0.4)	9 (1.1)	59 (2.6)	31 (2.8)	336 (2.1)	332 (2.1)	3 (0.6)	18 (1.5)	43 (2.1)	36 (2.6)
Employment																		
Full-time	290 (1.3)	285 (1.5)	— (†)	— (†)	— (†)	— (†)	286 (1.2)	281 (1.2)	— (†)	— (†)	— (†)	— (†)	292 (1.3)	296 (1.1)	— (†)	— (†)	— (†)	— (†)
Part-time	285 (1.7)	281 (2.2)	— (†)	— (†)	— (†)	— (†)	279 (1.8)	277 (2.2)	— (†)	— (†)	— (†)	— (†)	281 (1.7)	287 (2.2)	— (†)	— (†)	— (†)	— (†)
Unemployed	263 (2.3)	269 (2.8)	— (†)	— (†)	— (†)	— (†)	261 (2.2)	265 (0.3)	— (†)	— (†)	— (†)	— (†)	261 (3.2)	270 (3.6)	— (†)	— (†)	— (†)	— (†)
Not in labor force	252 (1.4)	255 (1.7)	— (†)	— (†)	— (†)	— (†)	244 (1.5)	250 (1.9)	— (†)	— (†)	— (†)	— (†)	247 (1.9)	261 (1.8)	— (†)	— (†)	— (†)	— (†)
Language spoken before starting school																		
English only	282 (1.2)	283 (1.4)	9 (0.5)	27 (0.7)	49 (0.8)	15 (0.7)	275 (1.2)	276 (1.3)	9 (0.5)	21 (0.6)	56 (0.8)	13 (0.7)	280 (1.2)	289 (1.2)	18 (0.6)	33 (0.6)	35 (0.6)	15 (0.6)
English and Spanish	255 (2.9)	262 (3.1)	14 (2.1)	38 (2.2)	42 (2.4)	6 (1.3)	253 (3.6)	259 (3.4)	12 (2.5)	29 (3.0)	54 (3.8)	5 (1.8)	247 (4.6)	261 (3.8)	31 (3.3)	39 (2.6)	26 (2.8)	4 (1.3)
English and other language	273 (4.0)	278 (3.1)	7 (1.5)	33 (2.8)	51 (3.1)	9 (2.1)	260 (4.5)	268 (3.2)	10 (2.0)	25 (2.3)	57 (2.9)	8 (2.0)	271 (5.6)	289 (4.1)	15 (2.7)	38 (2.7)	34 (3.0)	14 (2.6)
Spanish	205 (2.9)	188 (3.8)	61 (1.8)	25 (1.1)	13 (0.9)	1 (0.3)	216 (2.8)	199 (4.6)	49 (2.0)	25 (1.0)	23 (1.3)	3 (0.4)	212 (3.3)	211 (4.6)	62 (2.2)	25 (1.2)	11 (1.1)	2 (0.5)
Other language	239 (3.4)	249 (4.6)	26 (2.2)	33 (2.0)	34 (2.3)	7 (1.3)	241 (3.7)	257 (4.2)	20 (1.9)	24 (1.3)	46 (2.0)	10 (1.2)	246 (4.3)	270 (4.3)	28 (2.3)	33 (1.7)	29 (1.9)	10 (1.5)

—Not available.

†Not applicable.

[1]Prose literacy refers to the knowledge and skills needed to search, comprehend, and use information from continuous texts. Adults at the Below Basic level, rated 0 to 209, range from being nonliterate in English to being able to locate easily identifiable information in short, commonplace prose texts. At the Basic level, rated 210 to 264, adults are able to read and understand information in short, commonplace prose texts. At the Intermediate level, rated 265 to 339, adults are able to read and understand moderately dense, less commonplace prose texts as well as summarize, make simple inferences, determine cause and effect, and recognize the author's purpose. At the Proficient level, rated 340 to 500, adults are able to read lengthy, complex, abstract prose texts as well as synthesize information and make complex inferences.

[2]Document literacy refers to the knowledge and skills needed to search, comprehend, and use information from noncontinuous texts in various formats. Adults at the Below Basic level, rated 0 to 204, range from being nonliterate in English to being able to locate easily identifiable information and follow instructions in simple documents (e.g., charts or forms). At the Basic level, rated 205 to 249, adults are able to read and understand information in simple documents. At the Intermediate level, rated 250 to 334, adults are able to locate information in dense, complex documents and make simple inferences about the information. At the Proficient level, rated 335 to 500, adults are able to integrate, synthesize, and analyze multiple pieces of information located in complex documents.

[3]Quantitative literacy refers to the knowledge and skills required to identify and perform computations, either alone or sequentially, using numbers embedded in printed materials. Adults at the Below Basic level, rated 0 to 234, range from being nonliterate in English to being able to locate numbers and use them to perform simple quantitative operations (primarily addition) when the mathematical information is very concrete and familiar. At the Basic level, rated 235 to 289, adults are able to locate easily identifiable quantitative information and use it to solve simple, one-step problems when the arithmetic operation is specified or easily inferred. At the Intermediate level, rated 290 to 349, adults are able to locate less familiar quantitative information and use it to solve problems when the arithmetic operation is not specified or easily inferred. At the Proficient level, rated 350 to 500, adults are able to locate more abstract quantitative information and use it to solve multistep problems when the arithmetic operations are not easily inferred and the problems are more complex.

NOTE: Adults are defined as people age 16 and older living in households or prisons. Adults who could not be interviewed due to language spoken or cognitive or mental disabilities (3 percent in 2003 and 4 percent in 1992) are excluded from this table. Race categories exclude persons of Hispanic ethnicity. Totals include racial/ethnic groups not separately shown. Detail may not sum to totals because of rounding. Standard errors appear in parentheses.

SOURCE: U.S. Department of Education, National Center for Education Statistics, 1992 National Adult Literacy Survey (NALS) and 2003 National Assessment of Adult Literacy (NAAL), *A First Look at the Literacy of America's Adults in the 21st Century*, and supplemental data retrieved July 6, 2006, from http://nces.ed.gov/naal/Excel/2006470_DataTable.xls. (This table was prepared July 2006.)

Table 394. Percentage of 12th-graders working different numbers of hours per week, by selected student characteristics and school locale type: 1992 and 2004

Selected student characteristic and school locale type	Total	Percentage distribution of students by average hours worked per week during senior year										
		Did not work during year	1 to 5	6 to 10	11 to 15	16 to 20	More than 20					
							Total	21 to 25	26 to 30	31 to 35	36 to 40	More than 40
1	2	3	4	5	6	7	8	9	10	11	12	13
1992, total	**100.0 (†)**	**31.8 (—)**	**6.8 (—)**	**9.8 (—)**	**12.7 (—)**	**16.1 (—)**	**22.7 (—)**	**9.8 (—)**	**5.6 (—)**	**2.5 (—)**	**3.3 (—)**	**1.5 (—)**
Sex												
Male	100.0 (†)	33.0 (—)	6.0 (—)	8.9 (—)	11.1 (—)	15.0 (—)	26.0 (—)	10.2 (—)	6.5 (—)	3.1 (—)	4.2 (—)	2.0 (—)
Female	100.0 (†)	30.7 (—)	7.6 (—)	10.7 (—)	14.4 (—)	17.2 (—)	19.5 (—)	9.5 (—)	4.8 (—)	1.9 (—)	2.4 (—)	1.0 (—)
Race/ethnicity												
White	100.0 (†)	27.6 (—)	7.0 (—)	11.2 (—)	14.1 (—)	17.3 (—)	22.8 (—)	10.0 (—)	5.5 (—)	2.6 (—)	3.3 (—)	1.5 (—)
Black	100.0 (†)	47.4 (—)	4.9 (—)	6.5 (—)	7.2 (—)	11.9 (—)	22.1 (—)	8.8 (—)	6.4 (—)	2.4 (—)	2.9 (—)	1.7 (—)
Hispanic	100.0 (†)	38.9 (—)	6.0 (—)	5.3 (—)	11.3 (—)	13.3 (—)	25.2 (—)	10.7 (—)	6.6 (—)	2.4 (—)	4.1 (—)	1.4 (—)
Asian/Pacific Islander	100.0 (†)	43.3 (—)	9.5 (—)	6.7 (—)	9.3 (—)	13.5 (—)	17.7 (—)	8.1 (—)	4.4 (—)	0.8 (—)	3.7 (—)	0.8 (—)
American Indian/Alaska Native	100.0 (†)	45.0 (—)	8.5 (—)	5.6 (—)	6.2 (—)	12.5 (—)	22.3 (—)	12.0 (—)	3.8 (—)	5.0 (—)	0.9 (—)	0.7 (—)
Socioeconomic status quarter[1]												
Low	100.0 (†)	38.2 (—)	5.2 (—)	6.7 (—)	9.5 (—)	13.4 (—)	27.1 (—)	10.2 (—)	6.8 (—)	3.6 (—)	4.3 (—)	2.2 (—)
Middle low	100.0 (†)	29.8 (—)	5.5 (—)	8.3 (—)	11.9 (—)	18.6 (—)	25.9 (—)	10.9 (—)	6.4 (—)	3.2 (—)	4.2 (—)	1.4 (—)
Middle high	100.0 (†)	28.2 (—)	5.8 (—)	10.6 (—)	13.7 (—)	18.4 (—)	23.3 (—)	10.8 (—)	5.9 (—)	2.4 (—)	2.7 (—)	1.6 (—)
High	100.0 (†)	32.5 (—)	10.1 (—)	12.6 (—)	15.0 (—)	14.0 (—)	15.8 (—)	8.0 (—)	3.4 (—)	1.3 (—)	2.1 (—)	1.0 (—)
Locale type of school attended												
Urban	100.0 (†)	35.6 (—)	6.7 (—)	9.4 (—)	12.2 (—)	14.3 (—)	21.7 (—)	9.5 (—)	5.3 (—)	2.3 (—)	3.3 (—)	1.3 (—)
Suburban	100.0 (†)	29.4 (—)	6.6 (—)	9.6 (—)	13.6 (—)	18.3 (—)	22.5 (—)	10.6 (—)	5.7 (—)	2.5 (—)	2.4 (—)	1.4 (—)
Rural	100.0 (†)	31.6 (—)	7.2 (—)	10.6 (—)	12.1 (—)	14.9 (—)	23.7 (—)	9.1 (—)	5.8 (—)	2.7 (—)	4.3 (—)	1.8 (—)
2004, total	**100.0 (†)**	**11.8 (0.38)**	**8.7 (0.38)**	**12.2 (0.42)**	**15.0 (0.39)**	**18.7 (0.50)**	**33.5 (0.63)**	**12.9 (0.40)**	**8.9 (0.35)**	**4.4 (0.24)**	**5.0 (0.26)**	**2.4 (0.17)**
Sex												
Male	100.0 (†)	12.1 (0.55)	8.2 (0.51)	11.2 (0.53)	13.3 (0.54)	18.4 (0.67)	36.9 (0.89)	12.9 (0.56)	9.4 (0.52)	4.9 (0.35)	6.3 (0.44)	3.3 (0.28)
Female	100.0 (†)	11.6 (0.54)	9.3 (0.50)	13.1 (0.58)	16.7 (0.58)	19.0 (0.74)	30.2 (0.80)	13.0 (0.54)	8.3 (0.46)	4.0 (0.33)	3.6 (0.30)	1.4 (0.20)
Race/ethnicity												
White	100.0 (†)	10.9 (0.47)	8.5 (0.48)	13.2 (0.57)	16.3 (0.53)	19.1 (0.60)	31.9 (0.77)	13.1 (0.52)	8.1 (0.40)	4.0 (0.29)	4.5 (0.30)	2.2 (0.21)
Black	100.0 (†)	11.9 (0.94)	8.2 (0.85)	9.1 (0.86)	11.4 (0.94)	18.6 (1.30)	40.7 (1.59)	13.6 (1.11)	11.2 (1.16)	6.5 (0.83)	6.7 (0.86)	2.8 (0.53)
Hispanic	100.0 (†)	13.4 (1.04)	8.4 (0.99)	9.3 (1.00)	12.4 (1.01)	17.6 (1.31)	39.0 (1.59)	12.3 (1.12)	11.6 (1.17)	6.4 (0.75)	6.0 (0.80)	2.7 (0.48)
Asian/Pacific Islander	100.0 (†)	17.1 (1.90)	14.8 (1.87)	12.6 (1.28)	14.9 (1.68)	18.6 (2.06)	21.9 (1.86)	9.2 (1.17)	5.4 (1.01)	2.1 (0.64)	3.9 (0.94)	1.3 (0.45)
American Indian/Alaska Native	100.0 (†)	21.3 (6.29)	14.0 (5.43)	10.8 (4.64)	13.3 (4.01)	18.0 (4.48)	22.6 (5.99)	12.3 (5.22)	3.7 (2.36)	# (†)	3.0 (1.38)	3.5 (1.82)
Socioeconomic status quarter[1]												
Low	100.0 (†)	11.1 (0.78)	7.5 (0.65)	9.5 (0.74)	11.2 (0.78)	18.1 (0.98)	42.6 (1.19)	14.3 (0.88)	11.9 (0.84)	6.3 (0.61)	7.0 (0.59)	3.1 (0.44)
Middle low	100.0 (†)	10.2 (0.72)	7.0 (0.62)	10.8 (0.82)	13.7 (0.80)	19.7 (0.92)	38.5 (1.18)	14.5 (0.90)	9.6 (0.67)	5.2 (0.52)	6.2 (0.59)	3.0 (0.42)
Middle high	100.0 (†)	10.2 (0.69)	8.0 (0.64)	11.7 (0.75)	15.7 (0.78)	19.8 (0.87)	34.5 (1.09)	14.0 (0.85)	9.4 (0.68)	4.5 (0.53)	4.6 (0.48)	2.2 (0.33)
High	100.0 (†)	15.3 (0.80)	11.8 (0.89)	15.7 (0.86)	18.2 (0.91)	17.3 (0.89)	21.7 (0.97)	9.7 (0.60)	5.5 (0.54)	2.3 (0.32)	2.8 (0.34)	1.3 (0.23)
Locale type of school attended												
Urban	100.0 (†)	13.6 (0.69)	10.2 (0.82)	12.7 (0.87)	14.2 (0.89)	16.6 (0.89)	32.8 (1.38)	12.2 (0.80)	9.7 (0.85)	4.7 (0.55)	4.1 (0.50)	2.2 (0.36)
Suburban	100.0 (†)	10.4 (0.55)	8.8 (0.58)	12.5 (0.61)	16.2 (0.57)	19.6 (0.76)	32.5 (0.89)	13.7 (0.62)	8.4 (0.43)	3.9 (0.34)	4.4 (0.35)	2.1 (0.24)
Rural	100.0 (†)	10.9 (0.78)	8.0 (0.73)	12.8 (1.06)	15.4 (0.81)	19.6 (1.10)	33.2 (1.27)	13.2 (0.90)	8.2 (0.71)	4.0 (0.51)	5.3 (0.62)	2.5 (0.39)

—Not available.
†Not applicable.
#Rounds to zero.
[1]Socioeconomic status (SES) was measured by a composite score of parental education and occupations, and family income.

NOTE: Race categories exclude persons of Hispanic ethnicity. Totals include racial/ethnic groups not separately shown. Detail may not sum to totals because of rounding. Standard errors appear in parentheses.
SOURCE: U.S. Department of Education, National Center for Education Statistics, National Education Longitudinal Study of 1988 (NELS:88/92), "Second Follow-up, Student Survey, 1992"; and Education Longitudinal Study of 2002 (ELS:2002/04), "First Follow-up, Student Survey, 2004." (This table was prepared December 2006.)

Table 395. Labor force status of 2007, 2008, and 2009 high school completers, by sex, race/ethnicity, and college enrollment status: 2007, 2008, and 2009

Selected characteristic	Civilian noninstitutional population: Number (in thousands)	Civilian noninstitutional population: Percent	Civilian noninstitutional population: Percent of high school completers	Percentage distribution of population: Employed	Percentage distribution of population: Unemployed (seeking employment)	Percentage distribution of population: Not in labor force	Labor force participation rate of population[1]	Civilian labor force[2]: Number (in thousands): Total	Civilian labor force[2]: Number (in thousands): Employed	Civilian labor force[2]: Number (in thousands): Unemployed (seeking employment)	Civilian labor force[2]: Unemployment rate	Population not in labor force (in thousands)
1	2	3	4	5	6	7	8	9	10	11	12	13
2007 high school completers[3]												
Total	**2,955 (113.0)**	**100.0 (†)**	**100.0 (†)**	**44.2 (1.60)**	**7.6 (0.86)**	**48.2 (1.24)**	**51.8 (1.61)**	**1,531 (68.3)**	**1,307 (63.1)**	**224 (26.3)**	**14.7 (1.59)**	**1,424 (50.9)**
Male	1,511 (80.7)	51.1 (1.99)	51.1 (1.99)	44.5 (2.20)	8.5 (1.23)	47.1 (2.21)	52.9 (2.21)	800 (48.5)	672 (44.5)	128 (19.5)	16.0 (2.23)	711 (45.8)
Female	1,444 (79.0)	48.9 (1.99)	48.9 (1.99)	44.0 (2.18)	6.7 (1.10)	49.4 (2.19)	50.6 (2.19)	731 (44.9)	635 (41.9)	96 (16.4)	13.2 (2.09)	713 (44.4)
White	2,043 (93.4)	69.1 (1.84)	69.1 (1.84)	47.2 (1.93)	5.5 (0.89)	47.3 (1.50)	52.7 (1.93)	1,077 (57.3)	964 (54.2)	113 (18.7)	10.5 (1.64)	967 (42.0)
Black	416 (50.8)	14.1 (1.66)	14.1 (1.66)	36.2 (4.38)	18.4 (3.53)	45.4 (4.54)	54.6 (4.54)	227 (27.9)	151 (22.7)	77 (16.2)	33.7 (5.83)	189 (25.4)
Hispanic	355 (61.8)	12.0 (2.02)	12.0 (2.02)	37.6 (4.78)	6.6 ! (2.44)	55.8 (4.90)	44.2 (4.90)	157 (23.2)	134 (21.4)	23 ! (9.0)	14.9 ! (5.28)	198 (26.0)
Enrolled in college, 2007	1,986 (63.3)	100.0 (†)	67.2 (1.26)	35.9 (1.89)	3.9 (0.76)	60.3 (1.49)	39.7 (1.92)	789 (49.1)	712 (46.7)	77 (15.4)	9.8 (1.86)	1,197 (46.7)
Male	999 (44.9)	50.3 (1.64)	33.8 (1.27)	35.9 (2.62)	2.8 ! (0.90)	61.2 (2.66)	38.8 (2.66)	387 (33.9)	359 (32.6)	28 ! (9.2)	7.3 ! (2.28)	612 (42.5)
Female	986 (44.6)	49.7 (1.64)	33.4 (1.27)	35.8 (2.55)	4.9 (1.15)	59.3 (2.61)	40.7 (2.61)	402 (33.4)	353 (31.3)	49 (11.6)	12.1 (2.72)	585 (40.2)
2-year	711 (38.6)	35.8 (1.57)	24.1 (1.15)	49.0 (3.28)	5.7 (1.53)	45.3 (2.53)	54.7 (3.27)	389 (34.5)	349 (32.7)	41 (11.2)	10.4 (2.73)	322 (24.3)
4-year	1,274 (51.2)	64.2 (1.57)	43.1 (1.33)	28.5 (2.22)	2.9 (0.82)	68.6 (1.76)	31.4 (2.28)	400 (35.0)	363 (33.4)	36 (10.6)	9.1 (2.53)	875 (40.0)
Full-time students	1,851 (61.2)	93.2 (0.82)	62.6 (1.30)	33.5 (1.92)	3.8 (0.78)	62.7 (1.52)	37.3 (1.97)	691 (46.0)	621 (43.6)	70 (14.8)	10.2 (2.02)	1,160 (46.0)
Part-time students	135 (16.9)	6.8 (0.82)	4.6 (0.56)	67.7 (7.05)	4.9 ! (3.28)	27.3 (5.19)	72.7 (6.72)	98 (17.3)	91 (16.7)	7 ! (4.5)	6.8 ! (4.47)	37 (8.2)
White	1,421 (53.3)	71.5 (1.48)	48.1 (1.34)	37.2 (2.25)	3.7 (0.88)	59.2 (1.77)	40.8 (2.28)	580 (42.1)	528 (40.2)	52 (12.7)	9.0 (2.09)	841 (39.2)
Black	232 (23.1)	11.7 (1.12)	7.9 (0.77)	32.0 (5.69)	5.4 ! (2.76)	62.6 (5.90)	37.4 (5.90)	87 (17.3)	74 (16.0)	13 ! (6.6)	14.5 ! (7.02)	145 (22.3)
Hispanic	227 (24.5)	11.4 (1.18)	7.7 (0.81)	34.5 (5.86)	1.4 ! (1.46)	64.1 (5.92)	35.9 (5.92)	82 (16.8)	78 (16.4)	3 ! (3.3)	3.9 ! (4.01)	146 (22.4)
Not enrolled in college, 2007	970 (44.9)	100.0 (†)	32.8 (1.26)	61.3 (2.74)	15.2 (2.03)	23.4 (1.84)	76.6 (2.38)	742 (47.6)	595 (42.7)	147 (21.4)	19.9 (2.58)	227 (20.4)
Male	512 (32.6)	52.8 (2.34)	17.3 (1.02)	61.1 (3.71)	19.5 (3.02)	19.4 (3.01)	80.6 (3.01)	413 (34.9)	313 (30.4)	100 (17.2)	24.1 (3.63)	99 (17.2)
Female	458 (30.8)	47.2 (2.34)	15.5 (0.97)	61.6 (3.79)	10.4 (2.38)	28.0 (3.50)	72.0 (3.50)	330 (30.2)	282 (28.0)	48 (11.5)	14.5 (3.23)	128 (18.9)
White	623 (35.9)	64.2 (2.25)	21.1 (1.10)	70.0 (3.22)	9.7 (2.09)	20.2 (2.18)	79.8 (2.82)	497 (39.0)	436 (36.5)	61 (13.7)	12.2 (2.58)	126 (15.2)
Black	184 (20.7)	19.0 (1.96)	6.2 (0.69)	41.5 (6.75)	34.8 (6.52)	23.7 (5.82)	76.3 (5.82)	141 (22.0)	76 (16.2)	64 (14.9)	45.6 (7.81)	44 (12.3)
Hispanic	128 (18.6)	13.2 (1.80)	4.3 (0.62)	43.2 (8.14)	15.7 ! (5.98)	41.1 (8.08)	58.9 (8.08)	75 (16.1)	55 (13.8)	20 ! (8.3)	26.7 ! (9.47)	53 (13.5)
2008 high school completers[3]												
Total	**3,151 (116.3)**	**100.0 (†)**	**100.0 (†)**	**41.6 (1.54)**	**10.6 (0.96)**	**47.8 (1.20)**	**52.2 (1.56)**	**1,644 (70.7)**	**1,310 (63.2)**	**334 (32.1)**	**20.3 (1.75)**	**1,507 (52.4)**
Male	1,640 (83.8)	52.1 (1.93)	52.1 (1.93)	39.1 (2.08)	11.3 (1.35)	49.6 (2.13)	50.4 (2.13)	827 (49.3)	641 (43.5)	186 (23.5)	22.5 (2.50)	813 (48.9)
Female	1,511 (80.6)	47.9 (1.93)	47.9 (1.93)	44.2 (2.13)	9.8 (1.28)	45.9 (2.14)	54.1 (2.14)	817 (47.4)	668 (43.0)	148 (20.3)	18.2 (2.25)	694 (43.8)
White	2,091 (94.4)	66.3 (1.82)	66.3 (1.82)	44.7 (1.90)	9.9 (1.15)	45.4 (1.47)	54.6 (1.91)	1,141 (59.0)	934 (53.4)	207 (25.3)	18.2 (2.01)	949 (41.6)
Black	416 (50.8)	13.2 (1.56)	13.2 (1.56)	34.8 (4.34)	12.7 (3.03)	52.5 (4.55)	47.5 (4.55)	198 (26.0)	145 (22.3)	53 (13.5)	26.7 (5.85)	218 (27.3)
Hispanic	458 (69.5)	14.5 (2.11)	14.5 (2.11)	40.4 (4.26)	13.3 (2.95)	46.3 (4.33)	53.7 (4.33)	246 (28.9)	185 (25.1)	61 (14.5)	24.8 (5.12)	212 (26.9)
Enrolled in college, 2008	2,161 (65.9)	100.0 (†)	68.6 (1.21)	35.0 (1.80)	6.1 (0.91)	58.9 (1.43)	41.1 (1.85)	888 (52.1)	756 (48.1)	132 (20.2)	14.9 (2.10)	1,274 (48.2)
Male	1,080 (46.6)	50.0 (1.57)	34.3 (1.23)	30.3 (2.41)	5.7 (1.22)	64.0 (2.52)	36.0 (2.52)	389 (33.9)	327 (31.1)	62 (13.6)	15.9 (3.20)	691 (45.1)
Female	1,081 (46.6)	50.0 (1.57)	34.3 (1.23)	39.6 (2.48)	6.5 (1.25)	53.9 (2.53)	46.1 (2.53)	499 (37.1)	428 (34.4)	70 (14.0)	14.1 (2.60)	583 (40.1)
2-year	871 (42.6)	40.3 (1.54)	27.7 (1.16)	48.1 (2.96)	7.9 (1.60)	44.1 (2.28)	55.9 (2.95)	488 (38.6)	419 (35.8)	69 (14.6)	14.1 (2.77)	384 (26.5)
4-year	1,290 (51.5)	59.7 (1.54)	40.9 (1.28)	26.1 (2.14)	4.9 (1.06)	69.0 (1.74)	31.0 (2.26)	400 (35.0)	337 (32.1)	64 (14.0)	15.9 (3.22)	890 (40.3)
Full-time students	2,013 (63.7)	93.1 (0.79)	63.9 (1.25)	32.9 (1.83)	5.6 (0.90)	61.5 (1.47)	38.5 (1.90)	775 (48.7)	662 (45.0)	113 (18.7)	14.5 (2.23)	1,238 (47.5)
Part-time students	149 (17.8)	6.9 (0.79)	4.7 (0.55)	62.8 (6.94)	13.2 ! (4.88)	24.1 (4.75)	75.9 (6.14)	113 (18.6)	93 (16.9)	20 ! (7.8)	17.3 ! (6.27)	36 (8.1)

See notes at end of table.

Table 395. Labor force status of 2007, 2008, and 2009 high school completers, by sex, race/ethnicity, and college enrollment status: 2007, 2008, and 2009—Continued

Selected characteristic	Civilian noninstitutional population			Percentage distribution of population			Labor force participation rate of population[1]	Civilian labor force[2]				Population not in labor force (in thousands)
								Number (in thousands)				
	Number (in thousands)	Percent	Percent of high school completers	Employed	Unemployed (seeking employment)	Not in labor force		Total	Employed	Unemployed (seeking employment)	Unemployment rate	
1	2	3	4	5	6	7	8	9	10	11	12	13
White	1,499 (54.6)	69.3 (1.45)	47.6 (1.30)	37.6 (2.19)	5.8 (1.06)	56.7 (1.73)	43.3 (2.24)	649 (44.6)	563 (41.5)	86 (16.3)	13.3 (2.34)	850 (39.4)
Black	232 (23.1)	10.7 (1.03)	7.4 (0.72)	27.3 (5.44)	5.8 ! (2.84)	66.9 (5.75)	33.1 (5.75)	77 (16.2)	63 (14.8)	13 ! (6.8)	17.4 ! (8.05)	155 (23.1)
Hispanic	292 (27.7)	13.5 (1.22)	9.3 (0.86)	34.7 (5.17)	9.9 ! (3.25)	55.4 (5.40)	44.6 (5.40)	130 (21.2)	101 (18.7)	29 ! (10.0)	22.2 ! (6.77)	162 (23.6)
Not enrolled in college, 2008	989 (45.3)	100.0 (†)	31.4 (1.21)	56.0 (2.76)	20.4 (2.25)	23.6 (1.83)	76.4 (2.37)	756 (48.1)	554 (41.2)	202 (25.0)	26.7 (2.83)	234 (20.7)
Male	560 (34.0)	56.6 (2.30)	17.8 (0.99)	56.1 (3.62)	22.1 (3.02)	21.9 (3.01)	78.1 (3.01)	438 (36.0)	314 (30.5)	124 (19.1)	28.2 (3.71)	122 (19.1)
Female	430 (29.9)	43.4 (2.30)	13.6 (0.89)	55.9 (4.00)	18.2 (3.11)	25.9 (3.53)	74.1 (3.53)	318 (29.7)	240 (25.8)	78 (14.7)	24.6 (4.03)	111 (17.6)
White	592 (35.1)	59.8 (2.28)	18.8 (1.02)	62.7 (3.48)	20.5 (2.92)	16.9 (2.08)	83.1 (2.70)	492 (38.8)	371 (33.7)	121 (19.4)	24.6 (3.42)	100 (13.5)
Black	184 (20.7)	18.6 (1.92)	5.9 (0.65)	44.2 (6.80)	21.4 (5.61)	34.4 (6.50)	65.6 (6.50)	121 (20.4)	81 (16.7)	39 (11.7)	32.6 (7.92)	63 (14.8)
Hispanic	165 (21.0)	16.7 (1.96)	5.2 (0.66)	50.5 (7.23)	19.4 (5.72)	30.1 (6.63)	69.9 (6.63)	115 (19.9)	83 (16.9)	32 ! (10.5)	27.7 (7.74)	50 (13.1)
2009 high school completers[3]												
Total	**2,937 (112.6)**	**100.0 (†)**	**100.0 (†)**	**36.1 (1.55)**	**14.3 (1.14)**	**49.5 (1.25)**	**50.5 (1.62)**	**1,482 (67.2)**	**1,062 (56.9)**	**421 (36.0)**	**28.4 (2.06)**	**1,455 (51.5)**
Male	1,407 (78.1)	47.9 (2.00)	47.9 (2.00)	36.5 (2.21)	15.0 (1.64)	48.5 (2.30)	51.5 (2.30)	724 (46.2)	513 (38.9)	211 (25.0)	29.1 (2.91)	683 (44.9)
Female	1,531 (81.1)	52.1 (2.00)	52.1 (2.00)	35.8 (2.04)	13.7 (1.47)	50.5 (2.13)	49.5 (2.13)	758 (45.7)	549 (38.9)	210 (24.1)	27.7 (2.71)	772 (46.2)
White	1,863 (89.6)	63.4 (1.92)	63.4 (1.92)	40.6 (1.99)	13.5 (1.39)	45.9 (1.56)	54.1 (2.02)	1,009 (55.5)	757 (48.1)	252 (27.9)	24.9 (2.40)	854 (39.5)
Black	415 (50.8)	14.1 (1.67)	14.1 (1.67)	24.3 (3.91)	16.9 (3.42)	58.8 (4.49)	41.2 (4.49)	171 (24.2)	101 (18.6)	70 (15.5)	41.0 (6.99)	244 (28.9)
Hispanic	459 (69.6)	15.6 (2.26)	15.6 (2.26)	31.9 (4.05)	15.0 (3.10)	53.1 (4.33)	46.9 (4.33)	215 (27.1)	146 (22.4)	69 (15.4)	31.9 (5.91)	243 (28.8)
Enrolled in college, 2009	2,058 (64.4)	100.0 (†)	70.1 (1.23)	32.1 (1.80)	10.0 (1.16)	57.9 (1.47)	42.1 (1.91)	867 (51.4)	662 (45.0)	205 (25.2)	23.7 (2.54)	1,192 (46.6)
Male	928 (43.4)	45.1 (1.60)	31.6 (1.25)	31.7 (2.63)	9.1 (1.62)	59.2 (2.78)	40.8 (2.78)	379 (33.5)	294 (29.5)	84 (15.8)	22.2 (3.68)	550 (40.3)
Female	1,130 (47.6)	54.9 (1.60)	38.5 (1.31)	32.5 (2.32)	10.7 (1.53)	56.8 (2.46)	43.2 (2.46)	488 (36.8)	367 (31.9)	121 (18.3)	24.8 (3.26)	642 (42.1)
2-year	813 (41.2)	39.5 (1.57)	27.7 (1.21)	43.9 (3.05)	15.4 (2.22)	40.8 (2.33)	59.2 (3.02)	482 (38.4)	357 (33.0)	125 (19.7)	25.9 (3.51)	332 (24.6)
4-year	1,245 (50.6)	60.5 (1.57)	42.4 (1.33)	24.5 (2.13)	6.4 (1.22)	69.1 (1.77)	30.9 (2.29)	385 (34.3)	305 (30.6)	80 (15.7)	20.8 (3.64)	860 (39.6)
Full-time students	1,885 (61.8)	91.6 (0.89)	64.2 (1.29)	29.6 (1.84)	9.1 (1.17)	61.3 (1.52)	38.7 (1.96)	729 (47.2)	558 (41.3)	172 (23.0)	23.5 (2.76)	1,156 (45.9)
Part-time students	173 (19.2)	8.4 (0.89)	5.9 (0.63)	60.1 (6.52)	19.2 (5.27)	20.7 (4.17)	79.3 (5.39)	137 (20.5)	104 (17.9)	33 ! (10.2)	24.2 (6.43)	36 (8.1)
White	1,329 (51.7)	64.6 (1.54)	45.2 (1.34)	34.8 (2.29)	9.6 (1.42)	55.6 (1.85)	44.4 (2.39)	591 (42.5)	463 (37.6)	128 (19.9)	21.6 (2.98)	739 (36.7)
Black	289 (25.7)	14.0 (1.19)	9.8 (0.85)	23.4 (4.63)	10.6 ! (3.37)	66.0 (5.18)	34.0 (5.18)	98 (18.4)	68 (15.3)	31 ! (10.3)	31.2 (8.69)	190 (25.5)
Hispanic	272 (26.8)	13.2 (1.24)	9.3 (0.89)	29.9 (5.16)	9.0 ! (3.23)	61.0 (5.49)	39.0 (5.49)	106 (19.1)	81 (16.7)	25 ! (9.2)	23.2 ! (7.62)	166 (23.9)
Not enrolled in college, 2009	879 (42.8)	100.0 (†)	29.9 (1.23)	45.5 (2.94)	24.5 (2.55)	30.0 (2.09)	70.0 (2.71)	616 (43.4)	400 (35.0)	216 (25.8)	35.0 (3.38)	263 (22.0)
Male	478 (31.5)	54.4 (2.45)	16.3 (0.99)	45.7 (3.93)	26.5 (3.48)	27.8 (3.53)	72.2 (3.53)	345 (32.0)	219 (25.5)	127 (19.4)	36.7 (4.47)	133 (19.8)
Female	401 (28.9)	45.6 (2.45)	13.6 (0.92)	45.2 (4.15)	22.2 (3.46)	32.6 (3.90)	67.4 (3.90)	270 (27.4)	181 (22.4)	89 (15.7)	32.9 (4.77)	130 (19.0)
White	534 (33.3)	60.8 (2.40)	18.2 (1.04)	55.1 (3.77)	23.2 (3.21)	21.7 (2.41)	78.3 (3.12)	418 (35.8)	294 (30.0)	124 (19.6)	29.6 (3.93)	116 (14.6)
Black	126 (17.2)	14.4 (1.84)	4.3 (0.58)	26.4 (7.29)	31.3 (7.66)	42.3 (8.17)	57.7 (8.17)	73 (15.8)	33 ! (10.7)	39 (11.7)	54.2 (10.8)	54 (13.6)
Hispanic	186 (22.3)	21.2 (2.28)	6.3 (0.75)	34.9 (6.49)	23.6 (5.78)	41.5 (6.71)	58.5 (6.71)	109 (19.4)	65 (15.0)	44 (12.3)	40.4 (8.73)	77 (16.3)

†Not applicable.
!Interpret data with caution.
[1]The labor force participation rate is the percentage of persons who are either employed or seeking employment.
[2]The labor force includes all employed persons plus those seeking employment. The unemployment rate is the percentage of persons in the labor force who are not working and who made specific efforts to find employment sometime during the prior 4 weeks.
[3]Includes 16- to 24-year-olds who completed high school between October of the previous year and October of the given year. Includes recipients of equivalency credentials as well as diploma recipients.

NOTE: Enrollment data are for October of given year. Data are based on sample surveys of the civilian noninstitutional population. Percentages are only shown when the base is 75,000 or greater. Totals include race categories not separately shown. Race categories exclude persons of Hispanic ethnicity. Detail may not sum to totals because of rounding. Standard errors appear in parentheses.
SOURCE: U.S. Department of Commerce, Census Bureau, Current Population Survey (CPS), October 2007, 2008, and 2009. (This table was prepared August 2010.)

Table 396. Labor force status of high school dropouts, by sex and race/ethnicity: Selected years, 1980 through 2009

Year, sex, and race/ethnicity	Number of dropouts (in thousands)	Percent of all dropouts	Percentage distribution of dropouts: Employed	Percentage distribution of dropouts: Unemployed (seeking employment)	Percentage distribution of dropouts: Not in labor force	Labor force participation rate of dropouts[1]	Dropouts in civilian labor force[2]: Number (in thousands): Total	Dropouts in civilian labor force[2]: Number (in thousands): Unemployed (seeking employment)	Dropouts in civilian labor force[2]: Unemployment rate	Dropouts not in labor force (in thousands)
1	2	3	4	5	6	7	8	9	10	11
All dropouts										
1980	738 (44.0)	100.0 (†)	43.8 (2.97)	20.0 (2.37)	36.2 (2.87)	63.8 (2.87)	471 (35.2)	148 (19.5)	31.4 (3.44)	267 (26.5)
1985	610 (42.3)	100.0 (†)	43.5 (3.45)	24.0 (2.94)	32.5 (3.25)	67.5 (3.25)	412 (34.8)	147 (20.6)	35.6 (4.01)	198 (24.1)
1990	412 (36.0)	100.0 (†)	46.3 (4.37)	21.6 (3.57)	32.2 (4.09)	67.8 (4.09)	279 (29.7)	89 (16.6)	31.8 (4.90)	132 (20.4)
1995	604 (43.6)	100.0 (†)	47.7 (3.61)	20.0 (2.86)	32.3 (3.38)	67.7 (3.38)	409 (35.9)	121 (19.3)	29.6 (3.97)	195 (24.8)
2000	515 (28.5)	100.0 (†)	48.7 (2.77)	19.2 (3.01)	32.0 (2.59)	68.0 (2.59)	350 (23.5)	99 (17.2)	28.1 (4.16)	165 (16.2)
2004	496 (39.0)	100.0 (†)	32.5 (3.68)	21.4 (3.19)	46.3 (3.03)	53.7 (3.92)	267 (28.6)	106 (17.8)	39.9 (5.20)	229 (20.5)
2005	407 (35.3)	100.0 (†)	38.3 (4.22)	18.9 (3.42)	42.8 (3.32)	57.2 (4.30)	233 (26.7)	77 (15.4)	32.9 (5.42)	174 (17.9)
2006	445 (36.9)	100.0 (†)	40.3 (4.07)	12.5 (2.75)	47.2 (3.20)	52.8 (4.15)	235 (26.8)	55 (13.1)	23.6 (4.87)	210 (19.6)
2007	426 (36.1)	100.0 (†)	41.1 (4.17)	15.1 (3.05)	43.8 (3.25)	56.2 (4.21)	239 (27.1)	64 (14.1)	26.9 (5.04)	187 (18.5)
2008	400 (35.0)	100.0 (†)	29.3 (3.98)	19.1 (3.46)	51.6 (3.38)	48.4 (4.38)	194 (24.4)	77 (15.4)	39.5 (6.18)	206 (19.4)
2009	383 (34.3)	100.0 (†)	21.8 (3.69)	26.7 (3.98)	51.5 (3.46)	48.5 (4.47)	186 (23.9)	103 (17.8)	55.1 (6.42)	198 (19.0)
Male										
1980	422 (32.5)	57.2 (2.89)	50.3 (3.86)	22.0 (3.20)	27.7 (3.45)	72.3 (3.45)	305 (27.7)	93 (15.3)	30.5 (4.18)	117 (17.1)
1985	319 (29.9)	52.3 (3.39)	50.8 (4.69)	30.6 (4.32)	18.6 (3.65)	81.4 (3.65)	260 (27.0)	98 (16.6)	37.6 (5.04)	59 (12.9)
1990	217 (25.6)	52.8 (4.27)	51.3 (5.89)	28.0 (5.29)	20.7 (4.77)	79.3 (4.77)	172 (22.8)	61 (13.5)	35.3 (6.32)	45 (11.6)
1995	339 (31.5)	56.2 (3.45)	52.8 (4.64)	21.3 (3.80)	26.0 (4.07)	74.0 (4.07)	251 (27.1)	72 (14.5)	28.7 (4.88)	88 (16.1)
2000	295 (29.3)	57.3 (3.73)	56.3 (4.94)	18.3 (3.85)	25.6 (4.35)	74.4 (4.35)	220 (25.3)	54 (12.6)	24.5 (4.96)	76 (14.9)
2004	278 (28.7)	56.0 (3.84)	35.6 (4.95)	24.1 (4.42)	40.1 (5.07)	59.9 (5.07)	166 (22.2)	67 (14.1)	40.4 (6.56)	112 (18.2)
2005	227 (25.9)	55.8 (4.24)	38.3 (5.56)	21.6 (4.71)	40.3 (5.61)	59.7 (5.61)	136 (20.1)	49 (12.1)	35.9 (7.09)	91 (16.4)
2006	256 (27.6)	57.6 (4.04)	46.3 (5.37)	11.2 ! (3.39)	42.5 (5.32)	57.5 (5.32)	147 (20.9)	29 ! (9.2)	19.4 (5.62)	109 (18.0)
2007	233 (26.3)	54.6 (4.16)	41.4 (5.57)	19.0 (4.43)	39.6 (5.53)	60.4 (5.53)	141 (20.4)	44 (11.5)	31.5 (6.75)	92 (16.5)
2008	191 (23.8)	47.6 (4.30)	29.3 (5.69)	24.6 (5.38)	46.1 (6.22)	53.9 (6.22)	103 (17.5)	47 (11.8)	45.6 (8.47)	88 (16.1)
2009	205 (24.6)	53.4 (4.39)	27.5 (5.37)	33.5 (5.68)	39.1 (5.88)	60.9 (5.88)	125 (19.2)	69 (14.3)	54.9 (7.68)	80 (15.4)
Female										
1980	316 (27.0)	42.8 (2.77)	35.0 (4.08)	17.4 (3.24)	47.6 (4.28)	52.4 (4.28)	165 (19.6)	55 (11.3)	33.2 (5.57)	150 (18.7)
1985	291 (27.4)	47.7 (3.25)	35.5 (4.51)	16.8 (3.52)	47.8 (4.71)	52.2 (4.71)	152 (19.8)	49 (11.2)	32.1 (6.09)	139 (18.9)
1990	194 (23.2)	47.2 (4.10)	40.6 (5.87)	14.4 (4.19)	45.0 (5.94)	55.0 (5.94)	107 (17.2)	28 ! (8.8)	26.1 (7.08)	87 (15.6)
1995	265 (26.6)	43.8 (3.31)	41.1 (4.96)	18.4 (3.91)	40.5 (4.95)	59.5 (4.95)	157 (20.6)	49 (11.5)	30.9 (6.05)	107 (17.0)
2000	220 (24.3)	42.7 (3.58)	39.1 (5.40)	20.5 (4.46)	40.6 (5.43)	59.4 (5.43)	131 (18.8)	45 (11.0)	34.2 (6.80)	90 (15.6)
2004	218 (24.6)	44.0 (3.72)	28.0 (5.07)	17.9 (4.33)	54.1 (5.63)	45.9 (5.63)	100 (16.7)	39 (10.4)	38.9 (8.13)	118 (18.1)
2005	180 (22.4)	44.2 (4.11)	38.3 (6.04)	15.6 (4.51)	46.0 (6.20)	54.0 (6.20)	97 (16.4)	28 ! (8.8)	28.8 (7.67)	83 (15.2)
2006	189 (22.9)	42.4 (3.91)	32.3 (5.68)	14.2 (4.24)	53.5 (6.06)	46.5 (6.06)	88 (15.6)	27 ! (8.6)	30.6 (8.21)	101 (16.8)
2007	193 (23.2)	45.4 (4.02)	40.6 (5.89)	10.4 ! (3.66)	48.9 (5.99)	51.1 (5.99)	99 (16.6)	20 ! (7.5)	20.4 ! (6.76)	95 (16.2)
2008	210 (24.1)	52.4 (4.16)	29.2 (5.24)	14.2 (4.02)	56.6 (5.71)	43.4 (5.71)	91 (15.9)	30 ! (9.1)	32.7 (8.20)	119 (18.2)
2009	179 (22.3)	46.6 (4.25)	15.2 (4.48)	19.0 (4.90)	65.8 (5.92)	34.2 (5.92)	61 (13.0)	34 (9.7)	‡ (†)	117 (18.1)
White										
1980	489 (35.9)	66.2 (2.83)	50.3 (3.67)	18.0 (2.79)	31.7 (3.42)	68.3 (3.42)	334 (29.7)	88 (15.1)	26.3 (3.87)	155 (20.2)
1985	354 (32.3)	58.1 (3.43)	49.2 (4.56)	23.3 (3.82)	27.5 (4.07)	72.5 (4.07)	257 (27.5)	83 (15.4)	32.2 (4.95)	98 (16.9)
1990	242 (27.6)	58.8 (4.31)	56.3 (5.67)	18.7 (4.41)	25.0 (4.95)	75.0 (4.95)	181 (23.9)	45 (11.8)	25.0 (5.65)	60 (13.8)
1995	316 (31.6)	52.3 (3.61)	51.6 (5.00)	18.3 (3.83)	30.1 (4.59)	69.9 (4.59)	221 (26.4)	58 (13.4)	26.2 (5.21)	95 (17.3)
2000	288 (21.4)	55.9 (2.76)	60.2 (3.63)	16.5 (3.79)	23.4 (3.14)	76.6 (3.14)	221 (18.7)	47 (11.9)	21.5 (4.79)	67 (10.3)
2004	239 (27.1)	48.2 (3.93)	36.1 (5.44)	14.9 (4.05)	49.0 (5.66)	51.0 (5.66)	122 (19.3)	36 (10.5)	29.2 (7.25)	117 (18.9)
2005	194 (24.4)	47.6 (4.34)	40.3 (6.17)	20.0 (5.05)	39.7 (6.16)	60.3 (6.16)	117 (18.9)	39 (10.9)	33.2 (7.67)	77 (15.4)
2006	214 (25.6)	48.0 (4.15)	48.9 (5.99)	8.2 ! (3.31)	42.8 (5.93)	57.2 (5.93)	122 (19.4)	18 ! (7.4)	14.4 ! (5.59)	92 (16.8)
2007	178 (23.4)	41.8 (4.18)	40.8 (6.45)	11.4 ! (4.19)	47.7 (6.56)	52.3 (6.56)	93 (16.9)	20 ! (7.9)	21.8 ! (7.54)	85 (16.1)
2008	152 (21.6)	38.1 (4.25)	38.6 (6.90)	20.6 (5.76)	40.9 (6.97)	59.1 (6.97)	90 (16.6)	31 ! (9.8)	34.8 (8.83)	62 (13.8)
2009	164 (22.5)	42.9 (4.43)	33.9 (6.47)	24.1 (5.87)	42.0 (6.74)	58.0 (6.74)	95 (17.1)	40 (11.1)	41.5 (8.88)	69 (14.6)
Black										
1980	141 (19.9)	19.1 (2.43)	20.9 (5.77)	28.4 (6.40)	50.7 (7.09)	49.3 (7.09)	69 (14.0)	40 (10.6)	‡ (†)	71 (14.2)
1985	130 (20.2)	21.4 (2.95)	29.9 (7.13)	22.7 (6.52)	47.5 (7.78)	52.5 (7.78)	68 (14.7)	30 ! (9.7)	‡ (†)	62 (14.0)
1990	82 (16.6)	19.9 (3.62)	30.9 ! (9.42)	35.2 (9.74)	33.9 (9.64)	66.1 (9.64)	54 (13.5)	29 ! (9.9)	‡ (†)	28 ! (9.7)
1995	104 (18.5)	17.2 (2.79)	33.5 (8.40)	25.8 ! (7.78)	40.8 (8.75)	59.2 (8.75)	62 (14.2)	27 ! (9.4)	‡ (†)	42 (11.8)
2000	106 (18.7)	20.6 (3.24)	26.7 (7.79)	25.5 ! (7.68)	47.8 (8.80)	52.2 (8.80)	55 (13.5)	27 ! (9.4)	‡ (†)	51 (12.9)
2004	86 (17.2)	17.3 (3.16)	9.9 ! (5.99)	44.9 (9.97)	45.2 (9.98)	54.8 (9.98)	47 (12.7)	39 (11.5)	‡ (†)	39 (11.6)
2005	108 (19.3)	26.5 (4.07)	26.5 (7.89)	16.0 ! (6.56)	57.5 (8.84)	42.5 (8.84)	46 (12.6)	17 ! (7.7)	‡ (†)	62 (14.6)
2006	69 (15.4)	15.5 (3.19)	‡ (†)	‡ (†)	‡ (†)	‡ (†)	36 ! (11.2)	17 ! (7.6)	‡ (†)	33 ! (10.6)
2007	73 (15.9)	17.2 (3.40)	‡ (†)	‡ (†)	‡ (†)	‡ (†)	43 (12.2)	17 ! (7.6)	‡ (†)	30 ! (10.2)
2008	109 (19.4)	27.3 (4.14)	18.1 ! (6.84)	15.0 ! (6.34)	67.0 (8.36)	33.0 (8.36)	36 ! (11.2)	16 ! (7.5)	‡ (†)	73 (15.9)
2009	77 (16.2)	20.0 (3.80)	5.1 ! (4.66)	38.6 (10.33)	56.4 (10.53)	43.6 (10.53)	33 ! (10.7)	30 ! (10.1)	‡ (†)	43 (12.2)
Hispanic										
1980	91 (18.9)	12.3 (2.41)	47.2 (10.42)	17.9 ! (8.00)	34.8 (9.94)	65.2 (9.94)	59 (15.3)	16 ! (8.0)	‡ (†)	32 ! (11.2)
1985	105 (18.2)	17.3 (2.72)	37.9 (8.41)	32.0 (8.09)	30.1 (7.95)	69.9 (7.95)	74 (15.2)	34 ! (10.3)	‡ (†)	32 ! (10.0)
1990	72 (15.6)	17.4 (3.44)	‡ (†)	‡ (†)	‡ (†)	‡ (†)	32 ! (10.5)	10 ! (5.9)	‡ (†)	39 (11.5)
1995	174 (23.8)	28.8 (3.34)	48.5 (6.88)	20.1 (5.52)	31.4 (6.40)	68.6 (6.40)	119 (19.7)	35 ! (10.7)	29.3 (7.57)	55 (13.4)
2000	101 (18.2)	19.6 (3.18)	39.0 (8.83)	22.2 ! (7.52)	38.9 (8.82)	61.1 (8.82)	62 (14.2)	22 ! (8.6)	‡ (†)	39 (11.3)
2004	154 (23.0)	31.0 (3.86)	39.3 (7.32)	17.4 ! (5.68)	43.2 (7.42)	56.8 (7.42)	87 (17.3)	27 ! (9.6)	30.7 (9.17)	67 (15.1)
2005	86 (17.2)	21.1 (3.76)	45.1 (9.96)	19.2 ! (7.89)	35.7 (9.59)	64.3 (9.59)	55 (13.8)	17 ! (7.6)	‡ (†)	31 ! (10.3)
2006	136 (21.6)	30.5 (4.06)	35.3 (7.62)	12.6 ! (5.29)	52.2 (7.97)	47.8 (7.97)	65 (15.0)	17 ! (7.7)	‡ (†)	71 (15.6)
2007	119 (20.3)	28.0 (4.04)	37.6 (8.24)	23.0 ! (7.16)	39.5 (8.32)	60.5 (8.32)	72 (15.8)	27 ! (9.7)	‡ (†)	47 (12.7)
2008	111 (19.6)	27.8 (4.16)	31.9 (8.21)	24.5 ! (7.58)	43.7 (8.74)	56.3 (8.74)	63 (14.7)	27 ! (9.7)	‡ (†)	49 (12.9)
2009	115 (19.9)	30.1 (4.35)	17.2 ! (6.53)	27.9 (7.77)	54.9 (8.61)	45.1 (8.61)	52 (13.4)	32 ! (10.5)	‡ (†)	63 (14.8)

†Not applicable.
!Interpret data with caution.
‡Reporting standards not met.
[1]The labor force participation rate is the percentage of persons who are either employed or seeking employment.
[2]The labor force includes all employed persons plus those seeking employment. The unemployment rate is the percentage of persons in the labor force who are not working and who made specific efforts to find employment sometime during the prior 4 weeks.

NOTE: Data are based on sample surveys of the civilian noninstitutional population. Dropouts are considered persons 16 to 24 years old who dropped out of school in the 12-month period ending in October of years shown. Includes dropouts from any grade, including a small number from elementary and middle schools. Percentages are only shown when the base is 75,000 or greater. Totals include race categories not separately shown. Race categories exclude persons of Hispanic ethnicity. Detail may not sum to totals because of rounding. Standard errors appear in parentheses.
SOURCE: U.S. Department of Commerce, Census Bureau, Current Population Survey (CPS), October, selected years, 1980 through 2009. (This table was prepared August 2010.)

Table 397. Among special education students out of high school up to 8 years, percentage attending and completing postsecondary education, living independently, and working competitively, by type of disability: 2007 and 2009

Year, postsecondary status and institution type, and living and employment status	All disabilities[1]	Specific learning disabilities	Speech or language impairments	Mental retardation	Emotional disturbance	Hearing impairments	Orthopedic impairments	Other health impairments[2]	Visual impairments	Multiple disabilities	Deaf-blindness	Autism	Traumatic brain injury
1	2	3	4	5	6	7	8	9	10	11	12	13	14
2007 (out of high school up to 6 years)													
Ever attended institution													
Any postsecondary	55.0 (2.62)	60.9 (3.88)	63.0 (3.77)	28.2 (3.65)	44.6 (4.36)	70.9 (4.61)	59.8 (4.59)	56.9 (4.14)	70.8 (5.23)	31.3 (5.28)	48.8 (6.83)	46.6 (5.25)	56.2 (7.49)
4-year	14.7 (1.87)	15.6 (2.89)	29.8 (3.57)	6.2 ! (1.96)	7.7 ! (2.34)	31.4 (4.71)	22.5 (3.91)	19.5 (3.31)	42.8 (5.70)	8.0 ! (3.08)	18.2 (5.28)	15.7 (3.82)	15.7 ! (5.49)
2-year	37.3 (2.55)	40.8 (3.91)	41.0 (3.84)	21.2 (3.32)	30.0 (4.02)	44.9 (5.05)	45.5 (4.66)	44.6 (4.16)	47.0 (5.74)	17.2 (4.29)	29.1 (6.21)	32.6 (4.93)	33.5 (7.12)
Vocational/technical	28.3 (2.37)	31.4 (3.69)	20.3 (3.14)	16.0 (2.97)	27.5 (3.92)	37.8 (4.92)	21.5 (3.84)	28.1 (3.76)	21.2 (4.71)	14.8 (4.04)	18.9 (5.35)	21.8 (4.35)	33.2 (7.11)
Graduation rate, by type of institution[3]													
Any postsecondary	38.4 (4.41)	37.5 (6.13)	48.4 (6.64)	40.0 (10.17)	41.1 (7.55)	38.9 (8.80)	35.7 (7.55)	33.8 (6.09)	49.7 (9.35)	32.1 ! (10.55)	‡ (†)	35.3 (10.36)	50.4 (12.59)
4-year	29.4 (8.30)	‡ (†)	39.8 ! (12.46)	‡ (†)	‡ (†)	37.2 ! (13.80)	35.7 ! (16.18)	13.8 ! (9.29)	58.7 (13.84)	‡ (†)	‡ (†)	‡ (†)	‡ (†)
2-year	29.7 (4.83)	29.4 (6.81)	40.2 (7.79)	28.1 ! (11.70)	26.7 ! (8.47)	30.6 ! (10.78)	23.1 ! (8.41)	32.6 (6.63)	42.9 (11.33)	13.3 ! (8.66)	‡ (†)	33.0 ! (13.39)	24.8 ! (12.11)
Vocational/technical	54.6 (7.22)	55.1 (9.66)	69.8 (10.43)	50.3 ! (15.09)	56.5 (11.38)	33.0 ! (14.56)	44.4 (11.95)	47.1 (11.65)	50.9 ! (19.67)	‡ (†)	‡ (†)	49.2 ! (15.05)	‡ (†)
Living independently[4]	35.7 (2.53)	40.6 (3.91)	30.4 (3.60)	21.2 (3.32)	34.4 (4.17)	28.5 (4.60)	14.0 (3.26)	30.8 (3.86)	31.3 (5.35)	10.6 ! (3.51)	13.7 ! (4.69)	11.8 (3.39)	24.8 (6.52)
Competitively employed[5]													
Currently	61.1 (2.86)	70.4 (4.12)	61.4 (4.17)	31.6 (4.22)	53.2 (4.94)	49.4 (5.85)	26.2 (4.36)	60.3 (4.51)	34.4 (5.98)	31.6 (6.13)	15.0 ! (5.46)	32.7 (5.63)	32.6 (7.47)
In the past 2 years	78.6 (2.27)	85.9 (2.92)	78.8 (3.30)	49.8 (4.32)	78.9 (3.77)	70.3 (4.93)	42.8 (4.62)	78.8 (3.54)	54.6 (5.97)	41.0 (5.99)	26.4 (6.17)	44.1 (5.40)	63.6 (7.50)
2009 (out of high school up to 8 years)													
Ever attended institution													
Any postsecondary	59.2 (2.64)	65.3 (3.93)	67.0 (3.62)	29.5 (3.62)	53.0 (4.53)	74.8 (4.24)	62.0 (4.42)	65.2 (4.05)	70.7 (5.01)	33.2 (5.09)	56.8 (7.09)	44.2 (4.66)	60.4 (7.40)
4-year	18.4 (2.08)	20.9 (3.36)	30.9 (3.56)	6.2 ! (1.92)	11.0 (2.84)	34.7 (4.66)	23.5 (3.87)	19.1 (3.34)	41.5 (5.43)	7.3 ! (2.82)	23.7 (6.09)	17.4 (3.56)	18.5 ! (5.87)
2-year	44.4 (2.67)	49.7 (4.13)	46.5 (3.86)	19.7 (3.16)	38.0 (4.40)	53.4 (4.88)	50.9 (4.57)	53.2 (4.25)	51.2 (5.51)	21.7 (4.45)	36.9 (6.91)	32.2 (4.39)	42.1 (7.47)
Vocational/technical	31.3 (2.49)	34.1 (3.92)	28.5 (3.48)	17.2 (2.99)	33.0 (4.27)	40.3 (4.79)	26.5 (4.03)	33.1 (4.00)	25.6 (4.81)	17.6 (4.11)	21.6 (5.89)	22.1 (3.90)	34.5 (7.20)
Currently attending institution													
Any postsecondary	15.1 (1.93)	17.3 (3.13)	20.1 (3.09)	2.1 ! (1.16)	12.9 (3.04)	25.0 (4.23)	23.3 (3.87)	16.1 (3.13)	25.0 (4.79)	8.2 ! (2.99)	24.5 (6.19)	14.0 (3.26)	14.6 ! (5.34)
4-year	5.2 (1.20)	5.9 ! (1.95)	10.6 (2.38)	‡ (†)	3.9 ! (1.76)	15.0 (3.51)	8.0 ! (2.47)	3.1 ! (1.48)	15.1 (3.94)	2.2 ! (1.60)	9.1 ! (4.11)	5.3 ! (2.12)	4.6 ! (3.17)
2-year	9.0 (1.54)	10.3 (2.52)	8.3 (2.14)	1.9 ! (1.08)	8.6 (2.56)	11.6 (3.15)	13.2 (3.10)	10.9 (2.67)	8.9 ! (3.16)	4.4 ! (2.21)	16.7 ! (5.34)	8.2 ! (2.59)	9.2 ! (4.38)
Vocational/technical	2.2 ! (0.79)	2.2 ! (1.23)	2.7 ! (1.24)	‡ (†)	2.6 ! (1.46)	1.7 ! (1.26)	5.5 ! (2.09)	2.9 ! (1.43)	‡ (†)	1.8 ! (1.45)	3.1 ! (2.50)	1.4 ! (1.11)	‡ (†)
Graduation rate, by type of institution[3]													
Any postsecondary	47.6 (3.92)	47.8 (5.49)	53.5 (5.35)	39.8 (8.45)	45.9 (6.45)	58.7 (6.67)	45.3 (6.40)	44.8 (5.64)	58.4 (7.24)	58.9 (9.71)	‡ (†)	50.7 (8.15)	61.8 (10.33)
4-year	45.3 (7.28)	47.7 (10.07)	60.1 (8.80)	‡ (†)	20.8 ! (12.26)	49.5 (9.93)	48.8 (11.86)	30.6 ! (9.72)	63.1 (10.01)	‡ (†)	‡ (†)	59.0 (12.15)	‡ (†)
2-year	37.2 (4.46)	38.2 (6.16)	39.2 (6.35)	28.2 ! (9.90)	33.3 (7.61)	42.5 (8.53)	32.9 (7.24)	35.1 (6.12)	45.9 (9.06)	44.3 (12.86)	‡ (†)	43.3 (10.61)	35.7 ! (11.88)
Vocational/technical	54.6 (5.96)	52.7 (8.29)	64.3 (8.39)	51.2 (12.94)	62.5 (8.67)	63.8 (10.75)	50.7 (10.12)	58.7 (8.28)	47.3 (12.97)	46.5 (12.73)	‡ (†)	53.2 (12.43)	73.9 (14.00)
Living independently[4]	44.7 (2.68)	51.0 (4.15)	38.7 (3.75)	25.7 (3.48)	44.3 (4.52)	40.3 (4.79)	24.9 (3.95)	39.2 (4.17)	41.4 (5.43)	11.2 ! (3.41)	20.5 (5.79)	7.1 ! (2.42)	24.0 (6.48)
Competitively employed[5]													
Currently	53.1 (2.82)	62.4 (4.27)	58.5 (3.93)	25.7 (3.60)	40.9 (4.65)	47.4 (5.14)	26.4 (4.03)	53.8 (4.48)	34.1 (5.36)	21.5 (4.63)	23.1 (6.19)	24.2 (4.07)	41.7 (7.52)
In the past 2 years	70.1 (2.52)	78.1 (3.51)	77.2 (3.28)	38.7 (3.98)	68.6 (4.31)	65.0 (4.81)	40.2 (4.53)	72.2 (3.92)	47.2 (5.61)	32.1 (5.15)	34.9 (6.96)	33.9 (4.54)	53.3 (7.64)

†Not applicable.
!Interpret data with caution.
‡Reporting standards not met.
[1]Includes disability categories not shown separately.
[2]Other health impairments include having limited strength, vitality, or alertness that is due to chronic or acute health problems (such as a heart condition, rheumatic fever, asthma, hemophilia, and leukemia) and that adversely affects educational performance.
[3]Among students who had ever attended the type of institution specified, the percentage who received a diploma, certificate, or license.
[4]Living independently includes living alone, with a spouse or roommate, in a college dormitory, in Job Corps housing, or in military housing as a service member.
[5]Competitively employed refers to those receiving more than minimum wage and working in an environment where the majority of workers are not disabled.

NOTE: Data based on students who had been out of high school up to 6 years in 2007 and up to 8 years in 2009 and had attended special or regular schools in the 1999-2000 or 2000-01 school year. Apparent discrepancies in attendance and graduation percentages between 2007 and 2009 may be due to inconsistent reporting by respondents and smaller numbers of respondents for the 2009 survey wave. Some data have been revised from previously published figures. Standard errors appear in parentheses.

SOURCE: U.S. Department of Education, Institute of Education Sciences, National Center for Special Education Research, National Longitudinal Transition Study-2 (NLTS2), Waves 4 and 5, 2007 and 2009, unpublished tabulations. (This table was prepared July 2010.)

Table 398. Percentage distribution of 1999–2000 bachelor's degree recipients 1 year after graduation, by field of study, time to completion, enrollment status, employment status, occupational area, job characteristics, and annual salaries: 2001

Status	All fields of study	Professional/technical fields: Business and management	Education	Engineering	Health professions	Public affairs and social services	Arts and sciences: Biological sciences	Mathematics and physical sciences	Social sciences	History	Humanities	Psychology	Other fields
1	2	3	4	5	6	7	8	9	10	11	12	13	14
Total 1999–2000 graduates	**100.0 (†)**	**100.0 (†)**	**100.0 (†)**	**100.0 (†)**	**100.0 (†)**	**100.0 (†)**	**100.0 (†)**	**100.0 (†)**	**100.0 (†)**	**100.0 (†)**	**100.0 (†)**	**100.0 (†)**	**100.0 (†)**
Time between high school graduation and degree completion													
4 years or less	32.7 (0.79)	28.2 (1.72)	25.6 (1.80)	23.0 (2.26)	26.2 (2.05)	27.6 (2.58)	44.5 (2.40)	32.5 (2.42)	44.7 (2.37)	42.5 (4.42)	38.1 (2.07)	42.8 (2.37)	31.3 (1.55)
More than 4, up to 5 years	22.9 (0.59)	19.7 (1.40)	25.8 (1.67)	32.4 (2.49)	21.5 (1.75)	23.1 (2.70)	24.6 (2.27)	22.2 (2.00)	22.1 (1.98)	18.3 (2.95)	20.2 (1.50)	18.4 (1.86)	26.3 (1.38)
More than 5, up to 6 years	10.8 (0.48)	10.0 (1.14)	14.2 (1.14)	15.3 (1.14)	11.1 (1.14)	9.1 (1.14)	6.5 (1.14)	11.8 (1.14)	9.5 (1.14)	7.4 (1.14)	11.6 (1.14)	8.5 (1.14)	11.2 (1.14)
More than 6, up to 10 years	14.8 (0.56)	15.3 (1.49)	15.7 (1.66)	15.4 (2.13)	14.9 (1.59)	15.7 (2.93)	16.6 (2.18)	15.0 (2.06)	11.5 (1.43)	12.3 (2.74)	15.4 (1.55)	14.0 (1.78)	14.3 (1.40)
More than 10 years	18.9 (0.62)	26.8 (1.78)	18.6 (1.79)	13.9 (1.81)	26.3 (1.77)	24.6 (2.71)	7.8 (1.44)	18.4 (2.13)	12.2 (1.52)	19.5 (3.47)	14.8 (1.45)	16.4 (1.92)	17.0 (1.45)
Enrollment status													
Enrolled full time	14.2 (0.49)	7.0 (0.91)	6.8 (1.00)	9.7 (1.47)	16.4 (1.35)	11.5 (1.86)	41.5 (2.79)	17.2 (2.00)	23.9 (2.00)	16.7 (2.48)	14.7 (1.24)	23.3 (2.02)	11.1 (0.97)
Enrolled part time	6.5 (0.31)	5.4 (0.80)	11.2 (1.15)	8.9 (1.55)	5.6 (1.00)	7.6 (1.76)	4.0 (0.92)	7.2 (1.40)	4.7 (0.90)	12.2 (3.20)	6.5 (0.94)	7.7 (1.15)	5.0 (0.72)
Not enrolled	79.4 (0.54)	87.6 (1.09)	82.0 (1.45)	81.4 (2.03)	78.1 (1.62)	80.9 (2.34)	54.6 (2.73)	75.6 (2.38)	71.5 (2.14)	71.1 (3.67)	78.9 (1.53)	69.0 (2.13)	83.9 (1.18)
Employment status													
Employed	87.4 (0.44)	91.8 (1.05)	93.9 (0.91)	93.0 (1.39)	88.5 (1.25)	90.9 (1.90)	70.2 (2.49)	88.4 (1.59)	81.2 (1.70)	88.7 (2.27)	85.2 (1.49)	80.8 (1.97)	87.0 (1.02)
Full time	76.5 (0.54)	85.5 (1.29)	84.0 (1.44)	86.0 (1.78)	74.8 (1.67)	85.1 (2.21)	52.6 (2.78)	80.7 (2.02)	66.0 (2.18)	76.8 (2.99)	67.5 (1.83)	64.0 (2.50)	78.6 (1.27)
Part time	10.9 (0.42)	6.2 (0.90)	9.8 (1.15)	6.9 (1.23)	13.7 (1.29)	5.8 (1.23)	17.6 (1.88)	7.7 (1.23)	15.2 (1.71)	11.9 (2.11)	17.7 (1.55)	16.8 (1.92)	8.4 (0.86)
Unemployed[1]	6.2 (0.33)	5.4 (0.90)	2.2 (0.49)	4.4 (1.06)	4.9 (0.90)	4.9 (1.32)	6.7 (1.31)	4.4 (1.06)	7.8 (1.08)	5.5 (1.80)	8.1 (1.07)	9.8 (1.58)	7.8 (0.78)
Not in labor force[2]	6.4 (0.32)	2.9 (0.59)	4.0 (0.74)	2.7 (0.83)	6.6 (0.89)	4.2 (1.04)	23.2 (2.26)	7.3 (1.26)	11.0 (1.40)	5.8 (1.47)	6.7 (0.93)	9.5 (1.38)	5.2 (0.74)
Unemployment rate[3]	4.0 (0.33)	2.9 (0.65)	2.6 (1.38)	2.9 (0.86)	3.1 (0.78)	3.5 (1.01)	8.6 (2.08)	2.8 (1.09)	6.1 (1.25)	7.2 (2.06)	4.9 (1.02)	3.9 (0.92)	3.9 (0.69)
Total employed	**100.0 (†)**	**100.0 (†)**	**100.0 (†)**	**100.0 (†)**	**100.0 (†)**	**100.0 (†)**	**100.0 (†)**	**100.0 (†)**	**100.0 (†)**	**100.0 (†)**	**100.0 (†)**	**100.0 (†)**	**100.0 (†)**
Occupation													
Business management	25.3 (0.57)	55.4 (1.78)	4.2 (0.83)	11.1 (1.85)	10.8 (1.37)	19.0 (2.68)	15.2 (2.12)	14.6 (2.17)	33.7 (2.07)	22.5 (4.14)	18.1 (1.65)	19.8 (2.24)	22.9 (1.51)
Education	18.1 (0.56)	3.2 (0.65)	81.9 (1.67)	3.0 (1.01)	7.6 (1.08)	11.0 (2.69)	12.6 (1.91)	11.7 (1.90)	13.5 (1.69)	24.0 (3.90)	24.5 (1.72)	21.9 (2.36)	14.2 (1.26)
Engineering	4.8 (0.31)	1.2 (0.33)	# (†)	53.0 (3.11)	# (†)	0.7 (0.47)	1.2 (0.81)	9.2 (1.40)	0.5 (0.24)	# (†)	0.5 (0.37)	# (†)	3.9 (0.76)
Health professions	7.8 (0.38)	1.0 (0.36)	1.6 (0.51)	0.4 (0.30)	61.8 (2.27)	4.3 (1.15)	15.6 (1.96)	2.0 (0.77)	3.4 (0.96)	2.0 (1.97)	1.5 (0.42)	7.9 (1.28)	3.6 (0.67)
Other profession[4]	11.2 (0.42)	2.3 (0.51)	1.5 (0.37)	13.5 (2.08)	5.7 (1.06)	26.7 (2.78)	32.7 (2.82)	16.7 (1.82)	15.2 (1.78)	9.1 (2.34)	10.8 (1.28)	21.2 (2.09)	14.7 (1.19)
Computer science/programming	6.8 (0.37)	9.0 (1.05)	1.2 (0.41)	10.1 (1.93)	0.8 (0.33)	2.3 (1.00)	2.3 (0.70)	35.9 (2.42)	4.9 (1.22)	1.8 (0.97)	5.4 (0.99)	2.1 (0.73)	4.8 (0.94)
Other professional[4]	11.2 (0.42)	2.3 (0.51)	1.5 (0.37)	13.5 (2.08)	5.7 (1.06)	26.7 (2.78)	32.7 (2.82)	16.7 (1.82)	15.2 (1.78)	9.1 (2.34)	10.8 (1.28)	21.2 (2.09)	14.7 (1.19)
Administrative/clerical/support	5.4 (0.33)	5.7 (0.91)	3.5 (0.74)	1.6 (0.60)	2.8 (0.70)	5.1 (1.30)	5.0 (1.40)	3.0 (0.82)	8.8 (1.27)	7.6 (2.15)	8.6 (1.05)	5.9 (1.39)	5.1 (0.73)
Mechanic/operator/laborer	3.3 (0.27)	3.8 (0.78)	1.1 (0.41)	3.6 (1.08)	2.0 (0.74)	2.0 (0.96)	6.1 (1.72)	1.8 (0.68)	1.2 (0.57)	8.3 (2.47)	4.7 (0.85)	2.0 (1.01)	4.8 (0.75)
Sales	6.8 (0.38)	12.2 (1.21)	1.0 (0.45)	1.3 (0.53)	2.9 (0.69)	2.2 (0.79)	3.3 (1.08)	2.0 (0.96)	4.0 (0.91)	11.1 (2.44)	6.8 (1.07)	4.3 (0.93)	12.3 (1.13)
Service	8.1 (0.41)	5.1 (0.83)	3.3 (0.86)	1.7 (0.57)	4.4 (1.05)	5.4 (1.61)	5.0 (1.09)	1.5 (0.54)	11.1 (1.75)	12.2 (2.84)	18.5 (1.60)	11.3 (1.74)	10.7 (1.15)
Military/protective service	2.4 (0.24)	1.2 (0.41)	0.8 (0.47)	0.6 (0.36)	1.2 (0.47)	21.5 (2.89)	1.0 (0.47)	1.7 (0.62)	3.6 (0.81)	1.5 (0.88)	0.6 (0.29)	3.5 (1.02)	2.9 (0.64)
Job characteristics													
Job is start of career	71.4 (0.67)	75.7 (1.60)	86.6 (1.41)	89.1 (1.61)	73.4 (1.88)	75.8 (2.62)	60.0 (3.28)	76.3 (2.37)	62.4 (2.54)	58.9 (4.08)	61.7 (1.98)	56.6 (2.84)	68.1 (1.62)
Job closely related to bachelor's degree	54.0 (0.72)	55.8 (1.66)	82.7 (1.48)	69.3 (2.85)	74.6 (1.95)	59.3 (2.93)	47.1 (3.06)	66.3 (2.62)	29.0 (2.09)	24.8 (3.78)	41.3 (1.95)	35.8 (2.82)	47.0 (2.14)
Annual salaries[5]													
Less than $10,000	1.4 (0.16)	0.4 (0.20)	1.8 (0.57)	0.8 (0.74)	0.6 (0.22)	1.1 (0.58)	1.8 (0.69)	0.8 (0.64)	2.2 (0.70)	3.3 (2.14)	1.8 (0.42)	5.5 (1.48)	1.3 (0.45)
$10,000 to $14,999	2.6 (0.24)	1.0 (0.41)	1.6 (0.42)	0.5 (0.37)	1.3 (0.50)	2.7 (1.44)	4.7 (1.43)	0.7 (0.33)	2.9 (0.79)	2.0 (0.85)	5.4 (0.98)	4.1 (1.24)	3.0 (0.60)
$15,000 to $19,999	5.4 (0.34)	1.8 (0.57)	7.3 (1.14)	1.4 (0.58)	2.8 (0.76)	8.0 (2.16)	9.7 (2.04)	4.2 (1.06)	4.3 (1.03)	8.1 (3.02)	9.1 (1.10)	7.8 (1.85)	7.4 (1.01)
$20,000 to $24,999	11.2 (0.47)	5.7 (0.92)	16.4 (1.76)	1.5 (0.64)	6.4 (1.20)	18.2 (2.74)	13.7 (2.24)	6.6 (1.41)	13.6 (1.79)	11.2 (2.63)	14.7 (1.43)	18.9 (1.99)	15.0 (1.36)
$25,000 to $34,999	36.4 (0.81)	29.3 (1.96)	62.0 (2.18)	5.7 (1.54)	30.2 (2.07)	46.2 (3.38)	37.1 (3.43)	24.7 (2.87)	39.0 (2.77)	47.2 (4.85)	43.3 (2.25)	41.1 (3.12)	37.3 (2.03)
$35,000 to $49,999	28.0 (0.77)	41.1 (2.01)	9.5 (1.24)	44.0 (3.20)	40.3 (2.23)	16.3 (2.39)	25.5 (3.27)	28.3 (2.83)	26.7 (2.41)	26.9 (4.48)	20.2 (1.86)	16.1 (2.38)	24.4 (1.73)
$50,000 to $74,999	12.3 (0.54)	15.9 (1.48)	1.4 (0.59)	43.1 (3.19)	14.7 (1.73)	4.5 (1.38)	5.8 (1.73)	29.5 (2.94)	8.4 (1.58)	1.3 (1.08)	4.9 (1.05)	4.8 (1.22)	9.5 (1.25)
$75,000 or more	2.9 (0.29)	4.9 (0.90)	# (†)	3.0 (0.93)	3.8 (0.99)	2.9 (1.44)	1.7 (1.10)	5.2 (1.13)	2.8 (0.86)	# (†)	0.7 (0.32)	1.8 (1.13)	2.2 (0.60)
Average annual salary[6]	$35,408 (316.0)	$41,008 (941.2)	$27,634 (345.7)	$47,931 (790.0)	$39,441 (1,089.6)	$30,400 (1,054.7)	$30,749 (978.4)	$42,755 (981.0)	$33,892 (916.0)	$29,984 (1,053.2)	$30,102 (846.5)	$28,835 (905.7)	$32,780 (627.5)

†Not applicable.
#Rounds to zero.
[1]Percent of all persons (including those not in the labor force) who are not working, but are looking for work.
[2]Percent not working and not looking for work.
[3]Percent of persons in the labor force (excluding those not in the labor force) who are not working, but are looking for work.
[4]All other professional occupations excluding business, teaching, engineering, health, and computer science.
[5]Salaries for those employed full time.
[6]Respondents reporting salaries less than $1,000 or more than $500,000 were excluded.
NOTE: Detail may not sum to totals because of rounding. Data exclude bachelor's degree recipients from U.S. Service Academies, deceased graduates, and graduates living at foreign addresses at the time of the survey. Standard errors appear in parentheses.
SOURCE: U.S. Department of Education, National Center for Education Statistics, 2000/01 Baccalaureate and Beyond Longitudinal Study (B&B:2000/01). (This table was prepared September 2003.)

Table 399. Percentage of bachelor's degree recipients employed full time 1 year after graduation and average annual salary, by field of study: Selected years, 1976 through 2001

Employment status and average salary of degree recipients	Total	Engineering	Business and management	Health professions	Education[1,2]	Public affairs and social services	Biological sciences	Mathematics and other sciences[3]	Psychology	Social sciences	History	Humanities
1	2	3	4	5	6	7	8	9	10	11	12	13
Percent employed full time												
1974–75 recipients in May 1976	67 (—)	79 (—)	84 (—)	75 (—)	66 (—)	— (†)	56 (—)	50 (—)	61 (—)	59 (—)	[4] (†)	56 (—)
1979–80 recipients in May 1981	71 (—)	84 (—)	83 (—)	77 (—)	67 (—)	77 (—)	45 (—)	58 (—)	56 (—)	61 (—)	[4] (†)	55 (—)
1989–90 recipients in June 1991	74 (—)	84 (—)	83 (—)	86 (—)	67 (—)	66 (—)	50 (—)	72 (—)	59 (—)	68 (—)	[4] (†)	59 (—)
1999–2000 recipients in July 2001	84 (0.6)	87 (2.3)	93 (1.2)	84 (1.7)	81 (6.9)	87 (2.8)	66 (3.9)	89 (2.3)	80 (3.2)	76 (2.8)	[4] (†)	72 (3.5)
Percent employed full time in job closely related to field of study												
1974–75 recipients in May 1976	35 (—)	57 (—)	49 (—)	71 (—)	22 (—)	— (†)	26 (—)	19 (—)	22 (—)	12 (—)	[4] (†)	12 (—)
1979–80 recipients in May 1981	38 (—)	55 (—)	44 (—)	66 (—)	29 (—)	46 (—)	18 (—)	29 (—)	17 (—)	10 (—)	[4] (†)	14 (—)
1989–90 recipients in June 1991	39 (—)	50 (—)	42 (—)	83 (—)	39 (—)	49 (—)	26 (—)	48 (—)	22 (—)	16 (—)	[4] (†)	11 (—)
1999–2000 recipients in July 2001	52 (0.8)	71 (3.3)	62 (2.3)	81 (2.3)	30 (9.2)	58 (4.6)	47 (5.0)	66 (3.4)	37 (4.5)	25 (3.1)	[4] (†)	41 (3.9)
Average salary, in current dollars												
1974–75 recipients in February 1976[5]	$7,600 (—)	$12,200 (—)	$10,200 (—)	$8,600 (—)	$6,300 (—)	— (†)	$6,500 (—)	$7,000 (—)	— (†)	$6,700 (—)	[4] (†)	$5,800 (—)
1979–80 recipients in May 1981[5]	15,200 (—)	22,400 (—)	16,300 (—)	17,300 (—)	11,500 (—)	$13,700 (—)	14,500 (—)	16,300 (—)	$12,500 (—)	14,000 (—)	[4] (†)	12,600 (—)
1989–90 recipients in June 1991	23,600 (—)	30,900 (—)	24,700 (—)	31,500 (—)	19,100 (—)	20,800 (—)	21,100 (—)	27,200 (—)	19,200 (—)	22,200 (—)	[4] (†)	19,100 (—)
1999–2000 recipients in 2001[5]	35,400 (320)	47,900 (790)	41,000 (940)	39,400 (1,090)	27,600 (350)	30,400 (1,050)	30,700 (980)	42,800 (940)	28,800 (910)	33,900 (920)	$30,000 (1,050)	30,100 (850)
Average salary, in constant 2009 dollars												
1974–75 recipients in February 1976[5]	$28,700 (—)	$46,000 (—)	$38,500 (—)	$32,400 (—)	$23,800 (—)	— (†)	$24,500 (—)	$26,400 (—)	— (†)	$25,300 (—)	[4] (†)	$21,900 (—)
1979–80 recipients in May 1981[5]	35,900 (—)	52,900 (—)	38,500 (—)	40,800 (—)	27,100 (—)	$32,300 (—)	34,200 (—)	38,500 (—)	$29,500 (—)	33,000 (—)	[4] (†)	29,700 (—)
1989–90 recipients in June 1991	37,200 (—)	48,700 (—)	39,000 (—)	49,500 (—)	30,100 (—)	32,800 (—)	33,200 (—)	42,800 (—)	30,200 (—)	35,000 (—)	[4] (†)	30,000 (—)
1999–2000 recipients in 2001[5]	42,900 (380)	58,100 (960)	49,700 (1,140)	47,800 (1,320)	33,500 (420)	36,800 (1,280)	37,300 (1,190)	51,800 (1,140)	34,900 (1,100)	41,100 (1,110)	$36,300 (1,280)	36,500 (1,030)
Percent change in average salary, in constant 2009 dollars												
1976 to 2001	49.7 (—)	26.3 (—)	29.2 (—)	47.4 (—)	41.0 (—)	— (†)	52.0 (—)	96.3 (—)	— (†)	62.6 (—)	— (†)	66.8 (—)
1991 to 2001	15.4 (—)	19.3 (—)	27.6 (—)	-3.6 (—)	11.2 (—)	12.4 (—)	12.4 (—)	21.1 (—)	15.8 (—)	17.4 (—)	— (†)	21.5 (—)

—Not available.
†Not applicable.
[1]Includes those who have not finished all requirements for teaching certification or were previously qualified to teach.
[2]Most educators work 9- to 10-month contracts.
[3]Includes computer sciences.
[4]Included in social sciences.
[5]Reported salaries of full-time workers under $2,600 in 1976, $4,200 in 1981, and $1,000 in 2001 were excluded from the tabulations. Also, those with salaries over $500,000 in 2001 were excluded.

NOTE: Data are from sample surveys of recent college graduates. Data exclude bachelor's degree recipients from U.S. Service Academies, deceased graduates, and graduates living at foreign addresses at the time of the survey. Total includes fields not separately shown. Constant dollars based on the Consumer Price Index, prepared by the Bureau of Labor Statistics, U.S. Department of Labor. Notes on methodology are included in Appendix A: Guide to Sources. Standard errors appear in parentheses.
SOURCE: U.S. Department of Education, National Center for Education Statistics, "Recent College Graduates" surveys, 1976 through 1991; and 2000/01 Baccalaureate and Beyond Longitudinal Study (B&B:2000/01). (This table was prepared May 2010.)

Table 400. Percentage of 18- to 25-year-olds reporting use of illicit drugs, alcohol, and cigarettes during the past 30 days and the past year, by substance used: Selected years, 1982 through 2008

Year	Percent reporting use during past 30 days					Percent reporting use during past year				
	Illicit drugs					Illicit drugs				
	Any[1]	Marijuana	Cocaine	Alcohol	Cigarettes	Any[1]	Marijuana	Cocaine	Alcohol	Cigarettes
1	2	3	4	5	6	7	8	9	10	11
1982	— (†)	27.2 (—)	7.0 (—)	66.6 (—)	— (†)	— (†)	37.4 (—)	15.9 (—)	80.6 (—)	— (†)
1985	25.3 (—)	21.7 (—)	8.1 (—)	70.1 (—)	47.4 (—)	37.4 (—)	34.0 (—)	13.6 (—)	84.2 (—)	49.9 (—)
1988	17.9 (—)	15.3 (—)	4.8 (—)	64.7 (—)	45.6 (—)	29.1 (—)	26.1 (—)	10.5 (—)	79.6 (—)	50.9 (—)
1990	15.0 (—)	12.7 (—)	2.3 (—)	62.8 (—)	40.9 (—)	26.1 (—)	23.0 (—)	6.5 (—)	78.1 (—)	45.1 (—)
1991	15.4 (—)	12.9 (—)	2.2 (—)	63.1 (—)	41.7 (—)	26.6 (—)	22.9 (—)	6.7 (—)	80.7 (—)	46.9 (—)
1992	13.1 (—)	10.9 (—)	2.0 (—)	58.6 (—)	41.5 (—)	24.1 (—)	21.2 (—)	5.5 (—)	75.6 (—)	46.8 (—)
1993	13.6 (—)	11.1 (—)	1.6 (—)	58.7 (—)	37.9 (—)	24.2 (—)	21.4 (—)	4.4 (—)	76.9 (—)	43.7 (—)
1994	13.3 (—)	12.1 (—)	1.2 (—)	63.1 (—)	34.6 (—)	24.6 (—)	21.8 (—)	3.6 (—)	78.5 (—)	41.1 (—)
1995	14.2 (—)	12.0 (—)	1.3 (—)	61.3 (—)	35.3 (—)	25.5 (—)	21.8 (—)	4.3 (—)	76.5 (—)	42.5 (—)
1996	15.6 (—)	13.2 (—)	2.0 (—)	60.0 (—)	38.3 (—)	26.8 (—)	23.8 (—)	4.7 (—)	75.3 (—)	44.7 (—)
1997	14.7 (—)	12.8 (—)	1.2 (—)	58.4 (—)	40.6 (—)	25.3 (—)	22.3 (—)	3.9 (—)	75.1 (—)	45.9 (—)
1998	16.1 (—)	13.8 (—)	2.0 (—)	60.0 (—)	41.6 (—)	27.4 (—)	24.1 (—)	4.7 (—)	74.2 (—)	47.1 (—)
1999	16.4 (0.40)	14.2 (0.38)	1.7 (0.12)	57.2 (0.54)	39.7 (0.47)	29.1 (0.48)	24.5 (0.46)	5.2 (0.21)	74.8 (0.48)	47.5 (0.52)
2000	15.9 (0.36)	13.6 (0.34)	1.4 (0.11)	56.8 (0.51)	38.3 (0.48)	27.9 (0.46)	23.7 (0.43)	4.4 (0.18)	74.5 (0.46)	45.8 (0.49)
2001	18.8 (0.41)	16.0 (0.39)	1.9 (0.13)	58.8 (0.50)	39.1 (0.47)	31.9 (0.48)	26.7 (0.48)	5.7 (0.23)	75.4 (0.41)	46.8 (0.48)
2002	20.2 (0.37)	17.3 (0.36)	2.0 (0.12)	60.5 (0.53)	40.8 (0.48)	35.5 (0.46)	29.8 (0.43)	6.7 (0.24)	77.9 (0.41)	49.0 (0.50)
2003	20.3 (0.40)	17.0 (0.37)	2.2 (0.13)	61.4 (0.50)	40.2 (0.47)	34.6 (0.48)	28.5 (0.46)	6.6 (0.23)	78.1 (0.41)	47.6 (0.46)
2004	19.4 (0.40)	16.1 (0.37)	2.1 (0.13)	60.5 (0.51)	39.5 (0.49)	33.9 (0.48)	27.8 (0.47)	6.6 (0.25)	78.0 (0.44)	47.5 (0.52)
2005	20.1 (0.40)	16.6 (0.37)	2.6 (0.15)	60.9 (0.51)	39.0 (0.47)	34.2 (0.47)	28.0 (0.45)	6.9 (0.23)	77.9 (0.43)	47.2 (0.48)
2006	19.8 (0.37)	16.3 (0.35)	2.2 (0.12)	61.9 (0.51)	38.4 (0.47)	34.4 (0.48)	28.0 (0.46)	6.9 (0.24)	78.8 (0.43)	47.0 (0.48)
2007	19.7 (0.39)	16.4 (0.37)	1.7 (0.12)	61.2 (0.52)	36.2 (0.48)	33.2 (0.48)	27.5 (0.46)	6.4 (0.24)	77.9 (0.45)	45.1 (0.49)
2008	19.6 (0.38)	16.5 (0.37)	1.5 (0.12)	61.2 (0.49)	35.7 (0.45)	33.5 (0.46)	27.6 (0.45)	5.5 (0.21)	78.0 (0.44)	45.0 (0.48)

—Not available.
†Not applicable.
[1]Includes other illegal drug use not shown separately.
NOTE: Marijuana includes hashish usage for 1996 and later years. Data for 1999 and later years were gathered using Computer Assisted Interviewing (CAI) and may not be directly comparable to previous years. Because of survey improvements in 2002, the 2002 data constitute a new baseline for tracking trends. Valid trend comparisons can be made for 1982 through 1998, 1999 through 2001, and 2002 through 2008. Standard errors appear in parentheses.
SOURCE: U.S. Department of Health and Human Services, Substance Abuse and Mental Health Services Administration, *National Household Survey on Drug Abuse: Main Findings*, selected years, 1982 through 2001, and National Survey on Drug Use and Health, 2002 through 2008. Retrieved May 25, 2010, from http://www.oas.samhsa.gov/WebOnly.htm#NSDUHtabs. (This table was prepared May 2010.)

Table 401. Percentage of 18- to 25-year-olds reporting use of illicit drugs, alcohol, and cigarettes during the past 30 days and the past year, by substance used and selected characteristics: 2003 and 2008

Year and selected characteristic	Percent reporting use during past 30 days										Percent reporting use during past year									
	Illicit drugs										Illicit drugs									
	Any[1]		Marijuana		Cocaine		Alcohol		Cigarettes		Any[1]		Marijuana		Cocaine		Alcohol		Cigarettes	
1	2		3		4		5		6		7		8		9		10		11	
2003																				
Total	**20.3**	**(0.40)**	**17.0**	**(0.46)**	**2.2**	**(0.13)**	**61.4**	**(0.50)**	**40.2**	**(0.47)**	**34.6**	**(0.48)**	**28.5**	**(0.46)**	**6.6**	**(0.23)**	**78.1**	**(0.41)**	**47.6**	**(0.46)**
Sex																				
Male	24.0	(0.59)	21.0	(0.55)	2.9	(0.22)	66.9	(0.63)	44.2	(0.69)	38.6	(0.67)	33.0	(0.65)	8.2	(0.35)	80.3	(0.55)	51.6	(0.67)
Female	16.5	(0.46)	13.0	(0.41)	1.5	(0.14)	55.8	(0.72)	36.2	(0.58)	30.5	(0.59)	24.0	(0.55)	5.0	(0.26)	75.8	(0.59)	43.7	(0.61)
Race/ethnicity																				
White	22.5	(0.50)	19.1	(0.46)	2.7	(0.17)	68.0	(0.60)	45.4	(0.58)	38.2	(0.61)	31.8	(0.58)	7.9	(0.28)	83.4	(0.44)	53.3	(0.56)
Black	18.2	(0.90)	16.4	(0.88)	0.2	(0.07)	47.2	(1.21)	28.5	(1.14)	30.6	(1.11)	26.6	(1.04)	1.1	(0.23)	67.9	(1.10)	33.0	(1.16)
Hispanic	15.6	(0.87)	11.6	(0.77)	2.2	(0.37)	52.1	(1.16)	33.9	(1.22)	27.5	(1.06)	20.8	(0.99)	6.5	(0.58)	70.2	(1.12)	41.9	(1.20)
Asian	11.8	(1.52)	9.3	(1.45)	0.6	(0.28)	48.9	(2.65)	26.9	(2.26)	22.1	(2.07)	15.9	(1.73)	4.1	(0.93)	67.6	(2.60)	33.4	(2.44)
Native Hawaiian/Pacific Islander	‡	(†)	‡	(†)	‡	(†)	‡	(†)	‡	(†)	‡	(†)	‡	(†)	‡	(†)	‡	(†)	‡	(†)
American Indian/Alaska Native	31.0	(4.69)	27.3	(4.28)	3.1	(1.49)	52.3	(4.93)	58.1	(5.16)	44.2	(4.67)	36.0	(4.34)	15.0	(3.87)	69.9	(4.83)	65.8	(4.88)
Two or more races	29.2	(3.38)	22.9	(3.04)	5.5	(1.98)	66.6	(3.29)	43.8	(3.31)	45.4	(3.64)	39.3	(3.60)	8.7	(2.22)	83.9	(2.45)	52.0	(3.40)
Education																				
Less than high school	23.0	(0.86)	19.0	(0.78)	2.8	(0.30)	48.5	(1.02)	49.2	(1.04)	36.8	(0.96)	29.6	(0.92)	7.7	(0.46)	68.0	(0.99)	55.1	(1.03)
High school graduate	20.1	(0.59)	17.1	(0.58)	1.8	(0.19)	56.7	(0.73)	42.3	(0.75)	34.4	(0.70)	28.1	(0.64)	6.2	(0.35)	75.5	(0.65)	49.0	(0.74)
Some college	20.6	(0.68)	17.5	(0.63)	2.3	(0.24)	68.7	(0.80)	36.3	(0.77)	35.5	(0.89)	29.9	(0.87)	6.8	(0.41)	83.7	(0.63)	44.8	(0.81)
College graduate	15.3	(0.94)	12.5	(0.85)	1.9	(0.32)	78.2	(1.20)	28.7	(1.18)	28.9	(1.15)	24.2	(1.05)	5.2	(0.64)	88.9	(0.85)	38.1	(1.29)
Employment status																				
Full-time	19.2	(0.51)	15.9	(0.47)	2.2	(0.19)	66.3	(0.67)	43.9	(0.68)	33.1	(0.64)	26.8	(0.61)	6.7	(0.32)	81.7	(0.60)	50.9	(0.67)
Part-time	21.6	(0.72)	18.6	(0.69)	2.1	(0.25)	62.2	(0.93)	35.8	(0.82)	36.8	(0.86)	31.2	(0.86)	6.3	(0.42)	79.1	(0.78)	44.8	(0.84)
Unemployed	27.6	(1.50)	23.8	(1.39)	3.1	(0.52)	58.6	(1.52)	48.2	(1.70)	44.1	(1.59)	37.5	(1.55)	9.3	(0.86)	77.2	(1.31)	54.7	(1.73)
Other[2]	17.9	(0.81)	14.7	(0.76)	1.8	(0.27)	50.0	(1.12)	34.0	(0.97)	31.1	(0.94)	25.0	(0.90)	5.5	(0.42)	68.8	(1.00)	40.8	(1.00)
2008																				
Total	**19.6**	**(0.38)**	**16.5**	**(0.37)**	**1.5**	**(0.12)**	**61.2**	**(0.49)**	**35.7**	**(0.45)**	**33.5**	**(0.46)**	**27.6**	**(0.45)**	**5.5**	**(0.21)**	**78.0**	**(0.44)**	**45.0**	**(0.48)**
Sex																				
Male	23.1	(0.55)	20.1	(0.53)	1.8	(0.17)	64.3	(0.66)	39.5	(0.63)	36.9	(0.64)	31.5	(0.62)	6.5	(0.30)	78.8	(0.55)	49.0	(0.66)
Female	16.1	(0.50)	12.8	(0.46)	1.3	(0.15)	58.0	(0.65)	31.8	(0.61)	29.9	(0.60)	23.7	(0.57)	4.5	(0.27)	77.3	(0.59)	40.9	(0.65)
Race/ethnicity																				
White	21.4	(0.49)	17.8	(0.46)	1.8	(0.16)	67.7	(0.57)	40.6	(0.57)	36.2	(0.58)	29.8	(0.57)	6.8	(0.29)	83.1	(0.48)	50.3	(0.59)
Black	20.7	(1.04)	18.2	(0.98)	0.3	(0.11)	49.3	(1.26)	26.3	(1.10)	31.4	(1.15)	26.9	(1.10)	1.3	(0.27)	67.7	(1.17)	32.3	(1.22)
Hispanic	14.8	(0.86)	12.4	(0.79)	1.7	(0.29)	51.5	(1.24)	30.0	(1.07)	28.2	(1.15)	23.1	(1.05)	5.4	(0.53)	70.8	(1.16)	40.5	(1.25)
Asian	8.9	(1.25)	6.3	(1.03)	0.2	(0.15)	48.5	(2.44)	18.0	(1.76)	19.8	(1.83)	14.1	(1.47)	1.5	(0.46)	69.5	(2.33)	25.9	(2.01)
Native Hawaiian/Pacific Islander	‡	(†)	‡	(†)	‡	(†)	‡	(†)	‡	(†)	‡	(†)	‡	(†)	1.6	(1.08)	‡	(†)	‡	(†)
American Indian/Alaska Native	23.0	(3.93)	20.4	(3.70)	1.5	(0.58)	49.9	(5.28)	47.7	(5.07)	46.3	(5.09)	34.2	(4.78)	8.3	(2.54)	71.9	(4.79)	59.8	(4.88)
Two or more races	24.9	(2.77)	22.8	(2.72)	3.1	(1.45)	64.8	(2.89)	38.5	(3.07)	38.0	(3.28)	32.5	(3.13)	6.1	(1.65)	80.3	(2.55)	47.0	(3.15)
Education																				
Less than high school	22.2	(0.86)	18.5	(0.84)	1.8	(0.28)	46.8	(1.11)	45.4	(1.07)	35.4	(1.04)	28.9	(0.98)	5.6	(0.47)	65.7	(1.08)	53.6	(1.05)
High school graduate	19.6	(0.65)	16.5	(0.59)	1.5	(0.18)	55.0	(0.77)	39.2	(0.79)	32.4	(0.72)	26.4	(0.68)	5.5	(0.35)	74.2	(0.69)	48.1	(0.79)
Some college	19.5	(0.61)	16.6	(0.60)	1.5	(0.21)	67.3	(0.78)	31.9	(0.71)	35.4	(0.80)	29.5	(0.81)	5.8	(0.37)	83.4	(0.66)	41.6	(0.81)
College graduate	16.6	(1.01)	13.4	(0.95)	1.5	(0.30)	80.7	(1.01)	23.3	(1.11)	29.1	(1.21)	24.2	(1.20)	4.9	(0.49)	90.7	(0.70)	34.0	(1.26)
Employment status																				
Full-time	18.7	(0.56)	15.3	(0.52)	1.5	(0.17)	68.1	(0.66)	38.5	(0.67)	31.9	(0.64)	25.5	(0.61)	5.5	(0.29)	83.3	(0.54)	47.6	(0.67)
Part-time	20.6	(0.72)	18.0	(0.72)	1.4	(0.20)	59.8	(0.90)	31.2	(0.77)	35.8	(0.89)	30.8	(0.86)	5.2	(0.38)	77.9	(0.77)	41.3	(0.87)
Unemployed	26.4	(1.35)	23.4	(1.30)	2.3	(0.41)	57.8	(1.42)	47.3	(1.49)	40.8	(1.52)	35.7	(1.48)	7.3	(0.69)	75.7	(1.28)	55.2	(1.49)
Other[2]	17.3	(0.78)	14.0	(0.69)	1.5	(0.30)	48.3	(1.15)	29.7	(0.95)	30.5	(0.99)	24.3	(0.90)	5.1	(0.53)	66.9	(1.11)	39.0	(1.05)

†Not applicable.
‡Reporting standards not met.
[1]Includes other illegal drug use not shown separately.
[2]Includes retired persons, disabled persons, homemakers, students, or other persons not in labor force.

NOTE: Marijuana includes hashish usage. Standard errors appear in parentheses. Race categories exclude persons of Hispanic ethnicity.
SOURCE: U.S. Department of Health and Human Services, Substance Abuse and Mental Health Services Administration, National Survey on Drug Use and Health, 2003 and 2008. Retrieved June 5, 2010, from http://www.oas.samhsa.gov/nsduh/reports.htm. (This table was prepared June 2010.)

Table 402. Percentage of 1972 high school seniors, 1992 high school seniors, and 2004 high school seniors who felt that certain life values were "very important," by sex: Selected years, 1972 through 2004

Life value	Percent of 1972 seniors						Percent of 1992 seniors					Percent of 2004 seniors					
	1972		1974 (2 years after high school)		1976 (4 years after high school)		1992		1994 (2 years after high school)								
	Male	Female	Male	Female	Male	Female	Male	Female	Total	Male	Female	Total		Male		Female	
1	2	3	4	5	6	7	8	9	10	11	12	13		14		15	
Being successful in work	86.5	83.0	81.2	74.9	80.3	69.7	89.0	89.6	90.1	89.9	90.3	91.3	(0.33)	89.7	(0.49)	92.9	(0.40)
Finding steady work	82.3	73.7	74.7	59.9	79.3	62.1	87.1	88.6	89.7	88.7	90.7	87.3	(0.40)	85.6	(0.55)	89.0	(0.49)
Having lots of money	26.0	9.8	17.8	9.1	17.7	9.4	45.3	29.4	35.2	39.5	30.9	35.1	(0.58)	42.7	(0.80)	27.6	(0.69)
Being a leader in the community	14.9	8.0	8.5	4.4	9.2	4.2	—	—	—	—	—	—	(†)	—	(†)	—	(†)
Importance of helping others in the community	—	—	—	—	—	—	—	—	—	—	—	41.7	(0.57)	35.2	(0.77)	48.1	(0.74)
Correcting inequalities	22.5	31.1	16.6	18.2	16.2	17.1	17.0	23.6	—	—	—	19.7	(0.46)	18.1	(0.60)	21.2	(0.67)
Having children	—	—	—	—	—	—	39.0	49.2	—	—	—	49.3	(0.55)	45.4	(0.75)	53.2	(0.78)
Having a happy family life	78.6	85.7	83.1	86.7	84.2	86.4	—	—	—	—	—	81.0	(0.46)	80.1	(0.63)	81.9	(0.64)
Providing better opportunities for my children	66.6	66.2	59.5	61.6	59.8	58.8	74.5	76.5	90.5	90.3	90.8	82.5	(0.45)	82.1	(0.64)	82.9	(0.58)
Living closer to parents or relatives	6.8	8.2	8.3	12.4	7.7	11.9	15.2	18.7	—	—	—	—	(†)	—	(†)	—	(†)
Moving from area	14.3	14.6	8.3	7.4	6.7	6.4	20.7	20.1	—	—	—	—	(†)	—	(†)	—	(†)
Having strong friendships	81.2	78.7	76.5	74.7	76.1	72.1	79.8	80.0	87.6	88.1	87.0	85.5	(0.41)	84.9	(0.56)	86.1	(0.57)
Having leisure time	—	—	60.9	55.1	65.4	60.1	65.3	62.0	—	—	—	69.0	(0.55)	70.2	(0.69)	67.8	(0.74)

—Not available.
†Not applicable.
NOTE: Standard errors appear in parentheses.
SOURCE: U.S. Department of Education, National Center for Education Statistics, National Longitudinal Study of the High School Class of 1972, "Base Year" (NLS:72), "Second Follow-up" (NLS:72/74), and "Third Follow-up" (NLS:72/76); National Education Longitudinal Study of 1988, "Second Follow-up, Student Survey, 1992" (NELS:88/92) and "Third Follow-up, 1994" (NELS:88/94); and Education Longitudinal Study of 2002, "First Follow-up" (ELS:02/04). (This table was prepared November 2005.)

CHAPTER 6
International Comparisons of Education

This chapter offers a broad perspective on education across the nations of the world. It also provides an international context for examining the condition of education in the United States. Insights into the educational practices and outcomes of the United States are obtained by comparing them with those of other countries. The National Center for Education Statistics (NCES) carries out a variety of activities in order to provide statistical data for international comparisons of education.

This chapter presents data drawn from materials prepared by the United Nations Educational, Scientific, and Cultural Organization (UNESCO); the Organization for Economic Cooperation and Development (OECD); and the International Association for the Evaluation of Educational Achievement (IEA). Basic summary data on enrollments, teachers, enrollment ratios, and finances were synthesized from information appearing in *Education at a Glance*, published by OECD, and from data collected by UNESCO. Even though their tabulations are carefully prepared, international data users should be cautioned about the many problems of definition and reporting involved in the collection of data about the educational systems of the world (see the OECD and UNESCO entries in Appendix A: Guide to Sources).

Also presented in this chapter are data from the Trends in International Mathematics and Science Study (TIMSS), carried out under the aegis of IEA and supported by NCES. This survey was formerly known as the Third International Mathematics and Science Study. TIMSS, conducted every 4 years, is an assessment of fourth- and eighth-graders in mathematics and science. In 1995, TIMSS collected data for both grade 4 and grade 8. In 1999, TIMSS collected data for grade 8 only. In 2003 and 2007, data were again collected at both grade levels. TIMSS offers comparisons of mathematics and science achievement between years for those countries that participated in more than one of the grade 4 data collection years (1995, 2003, and 2007) or more than one of the grade 8 data collection years (1995, 1999, 2003, and 2007).

This chapter includes additional information on performance scores of 15-year-olds in the areas of reading, mathematics, and science literacy from the Program for International Student Assessment (PISA). PISA also measures general, or cross-curricular, competencies such as learning strategies. While this study focuses on OECD countries, data from some non-OECD countries are also provided.

Further information on survey methodologies is in Appendix A: Guide to Sources and in the publications cited in the table source notes.

Population

Among the reporting OECD countries in 2007, Mexico had the largest percentage of its population made up of young people ages 5 to 14 (21 percent), followed by Turkey (19 percent) (table 405). Countries with relatively small percentages of people in this age group included Italy, Japan, and Spain (all at 9 percent) and the Czech Republic, Germany, Greece, Hungary, and Portugal (all at 10 percent). In the United States, the proportion of 5- to 14-year-olds was 13 percent, which was higher than in most of the other OECD countries.

Enrollments

In 2008, about 1.4 billion students were enrolled in schools around the world (table 403). Of these students, 696 million were in elementary-level programs, 526 million were in secondary programs, and 159 million were in post-secondary programs. From 2000 to 2008, enrollment changes varied from region to region. Changes in elementary enrollment ranged from increases of 41 percent in Africa, 2 percent in Asia, and 2 percent in Oceania to decreases of 11 percent in Europe, 3 percent in Central and South America, and 2 percent in Northern America (defined in UNESCO tabulations as including the United States, Canada, Greenland, Bermuda, St. Pierre, and Miquelon) (table F, table 403, and figure 26). Over the same period, enrollments generally increased at the secondary level. Secondary enrollment increased by 44 percent in Africa, 24 percent in Asia, 9 percent in Northern America, 8 percent in Central and South America, and 3 percent in Oceania, but decreased by 15 percent in Europe.

Table F. Population and enrollment at different levels in major areas of the world: 2000 and 2008

[In millions]

Area of the world	Population	Enrollment		
		Elementary	Secondary	Postsecondary
Africa				
2000	803.0	108.4	37.7	6.3
2008	969.4	153.2	54.4	9.3
Asia				
2000	3,650.2	398.8	259.0	40.6
2008	4,004.4	408.3	321.5	75.6
Europe				
2000	771.2	41.7	70.5	25.1
2008	777.5	37.0	59.9	33.0
Central and South America				
2000	520.4	69.7	54.7	11.1
2008	577.7	67.7	59.1	19.7
Northern America				
2000	313.4	27.4	25.1	14.4
2008	337.7	26.9	27.3	19.6
Oceania				
2000	30.4	3.1	3.4	1.0
2008	34.1	3.2	3.5	1.4

SOURCE: United Nations Educational, Scientific, and Cultural Organization, unpublished tabulations, and U.S. Department of Commerce, Census Bureau, International Data Base.

At the postsecondary level, enrollments increased in all major areas of the world from 2000 to 2008 (table F, table 403, and figure 26). Postsecondary enrollment rose by 86 percent in Asia, 77 percent in Central and South America, 47 percent in Africa, 36 percent in Northern America, 33 percent in Oceania, and 32 percent in Europe. These increases are due to both growth in the percentages of people attending postsecondary institutions and population increases.

In 2007, the reporting OECD country with the highest proportion of 22- to 25-year-olds enrolled in postsecondary education was Finland (39 percent), followed by Denmark and the Republic of Korea (both at 34 percent), Poland (31 percent), Sweden (30 percent), and Norway (29 percent) (table 406). The United States' proportion of enrolled 22- to 25-year-olds was 24 percent. Also in 2007, the reporting OECD country with the highest proportion of 18- to 21-year-olds enrolled in postsecondary education was the Republic of Korea (69 percent), followed by Greece (47 percent), the United States (45 percent), and Belgium (43 percent). Postsecondary enrollment varied among countries due partially to differences in how postsecondary education is defined and the age at which postsecondary education begins. For example, programs classified as postsecondary education in some countries may be classified as long-duration secondary education in other countries.

Achievement

On the 2007 TIMSS mathematics assessment, U.S. fourth-graders' average score (529) was higher than the average mathematics scores of fourth-graders in 23 of the 35 other participating educational systems, lower than the scores in 8 educational systems, and not measurably different from the scores in the remaining 4 educational systems (table 412). (Average scale scores from the TIMSS assessment are based on a range of possible scores from 0 to 1,000. Most participating educational systems represent countries; however, some represent subnational entities with separate educational systems, such as Hong Kong SAR.[1]) The educational systems that outperformed the United States in fourth-grade mathematics—namely, Chinese Taipei, England, Hong Kong SAR, Japan, Kazakhstan, Latvia, the Russian Federation, and Singapore—were all located in Asia or Europe. In 2007, U.S. eighth-graders' average mathematics score (508) was higher than the average scores of eighth-graders in 37 of the 47 other participating educational systems, lower than the scores in 5 educational systems, and not measurably different from the scores in the remaining 5 educational systems (table 413). All of the educational systems that outperformed the United States in eighth-grade mathematics were in Asia (Chinese Taipei, Hong Kong SAR, Japan, the Republic of Korea, and Singapore).

On the 2007 TIMSS science assessment, U.S. fourth-graders' average score (539) was higher than the average science scores of fourth-graders in 25 of the 35 other participating educational systems, lower than the scores in 4 educational systems (all of them located in Asia), and not measurably different from the scores in the remaining 6 educational systems (table 417). The educational systems that outperformed the United States in fourth-grade science were Chinese Taipei, Hong Kong SAR, Japan, and Singapore. In 2007, U.S. eighth-graders' average science score (520) was higher than the average scores of eighth-graders in 35 of the 47 other educational systems, lower than the scores in 9 educational systems (all located in Asia or Europe), and not measurably different from the scores in the remaining 3 educational systems (table 418). The educational systems that outperformed the United States in eighth-grade science were Chinese Taipei, the Czech Republic, England, Hungary, Japan, the Republic of Korea, the Russian Federation, Slovenia, and Singapore.

On the 2009 PISA, U.S. 15-year-olds' average score in reading literacy was 500, which was not measurably different from the OECD average of 493 (table 408). (Possible scores on PISA assessments range from 0 to 1,000.) The average reading literacy score in the United States was lower than the average score in 6 of the 33 other OECD countries, higher than the average score in 13 of the other OECD countries, and not measurably different from the average score in 14 of the OECD countries. Comparable reading literacy results were also reported for 31 non-OECD jurisdictions, 3 of which had higher average scores than the United States. In all participating OECD countries and non-OECD jurisdictions, girls outperformed boys in reading. The U.S. gender gap in reading (25 points) was smaller than the OECD average gap (39 points) and smaller than the gaps in 24 of the OECD countries and 21 of the non-OECD jurisdictions.

[1] Hong Kong SAR is a Special Administrative Region (SAR) of the People's Republic of China.

In mathematics literacy, U.S. 15-year-olds' average score of 487 on the 2009 PISA was lower than the OECD average score of 496. The average mathematics literacy score in the United States was lower than the average score in 17 of the 33 other OECD countries, higher than the average score in 5 of the other OECD countries, and not measurably different from the average score in 11 of the OECD countries. In 6 of the 31 non-OECD jurisdictions, the mathematics literacy scores of 15-year-olds were higher than the average score in the United States. In science literacy, the average score of 15-year-olds in the United States was not measurably different from the OECD average score. The U.S. average science literacy score was lower than the average score in 12 of the 33 other OECD countries, higher than the average score in 9 of the other OECD countries, and not measurably different from the average score in 12 of the OECD countries. In 6 of the 31 non-OECD jurisdictions, the science literacy scores of 15-year-olds were higher than the average score in the United States.

Educational Attainment

In 2008, the percentage of 25- to 64-year-olds who had completed high school varied among reporting OECD countries (table 420). Countries with relatively high percentages included the Czech Republic (91 percent), the Slovak Republic (90 percent), and the United States (89 percent). Relatively low percentages of 25- to 64-year-olds were high school completers in Portugal (28 percent), Turkey (30 percent), and Mexico (34 percent).

In 2008, OECD countries reporting relatively high percentages of 25- to 64-year-olds with a bachelor's or higher degree included Norway (34 percent), the United States (32 percent), and the Netherlands (30 percent) (table 421). Countries with relatively low percentages of 25- to 64-year-olds who had attained a bachelor's or higher degree included Austria (11 percent) and Turkey (12 percent).

Degrees

In OECD countries, the number of bachelor's degrees conferred per 100 people at the typical age at graduation in 2007 ranged from 15 in Chile, 17 in Turkey, and 18 in Mexico to 61 in Australia and 63 in Iceland (table 422 and figure 27). In the United States, the number was 37 degrees per 100 people. In 28 of the 30 OECD countries reporting data in 2007, the number was higher for women than for men.

The percentages of undergraduate degrees awarded in mathematics and science fields—including natural sciences, mathematics and computer science, and engineering—varied across the 30 reporting OECD countries in 2007 (table 423). Two of the reporting OECD countries awarded more than 30 percent of their undergraduate degrees in mathematics and science fields: the Republic of Korea (36 percent) and Portugal (33 percent). Four of the countries awarded 15 percent or less of their undergraduate degrees in mathematics and science fields: Norway and Iceland (13 percent each), the Netherlands (14 percent), and Hungary (15 percent). In 2007, the United States awarded 16 percent of its undergraduate degrees in mathematics and science fields, a lower percentage than most other reporting countries. The percentages of graduate degrees awarded in mathematics and science fields also ranged widely across countries in 2007 (table 424). Nine of the reporting OECD countries awarded more than 29 percent of their graduate degrees in mathematics and science fields: Japan (48 percent), Austria (47 percent), Portugal and the Republic of Korea (39 percent each), Finland (35 percent), Germany and the Slovak Republic (32 percent each), Switzerland (31 percent), and France (30 percent). Seven OECD countries awarded 15 percent or less of their graduate degrees in mathematics and science fields: Hungary (8 percent); Chile, Iceland, and Poland (11 percent each); the United States and Mexico (13 percent each); and the Netherlands (15 percent).

Finances

In 2007, per student expenditures at the elementary level of education were over $8,500 in 7 of the 28 OECD countries reporting finance data (table 425). Specifically, Luxembourg spent $14,000 per student at the elementary education level; the United States spent $10,200; Norway spent $9,900; Iceland spent $9,600; Denmark and Switzerland each spent $9,200; and Austria spent $8,700. At the secondary level, six countries had expenditures of over $10,000 per student: Luxembourg ($17,900); Switzerland ($14,000); Norway ($12,000); the United States ($11,300); Austria ($10,600); and the Netherlands ($10,200). At the higher education level, the following eight countries had expenditures of at least $15,000 per student in 2007: the United States ($27,000); Switzerland ($20,900); Sweden ($18,400); Norway ($17,100); Denmark ($16,500); the Netherlands ($16,000); the United Kingdom ($15,500); and Austria ($15,000). These expenditures were adjusted to U.S. dollars using the purchasing-power-parity (PPP) index. This index is considered more stable and comparable than indexes using currency exchange rates.

A comparison of public direct expenditures on education as a percentage of gross domestic product (GDP) in reporting OECD countries shows that national investment in education in 2007 ranged from 3.1 percent in Chile, 3.3 percent in Japan, and 3.4 percent in the Slovak Republic to 7.0 percent in Iceland, 6.6 percent in Denmark, and 6.1 percent in Sweden (table 426 and figure 28). Among reporting OECD countries, the average public investment in education in 2007 was 4.8 percent of GDP. In the United States, the public expenditure on education as a percentage of GDP was 5.0 percent.

Figure 26. Percentage change in enrollment, by major areas of the world and level of education: 2000 to 2008

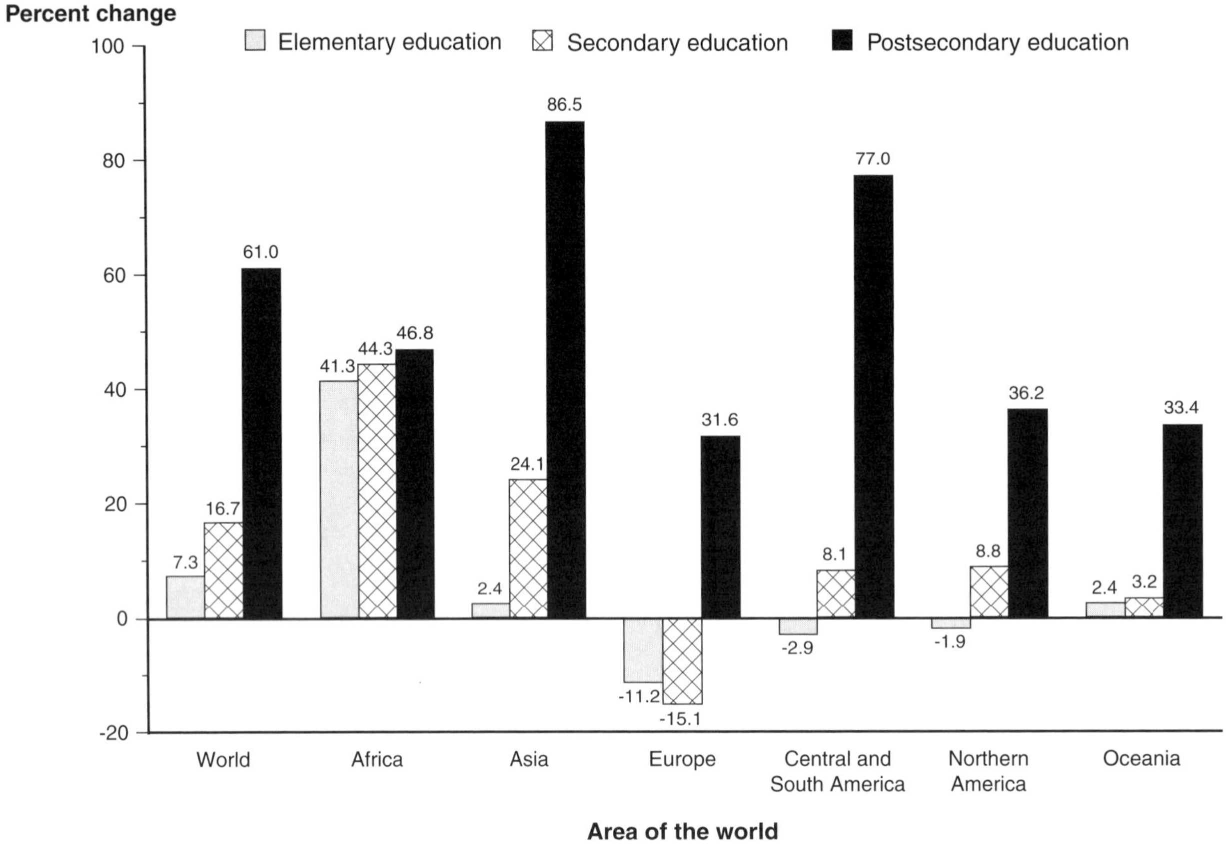

NOTE: Northern America includes Bermuda, Canada, Greenland, St. Pierre and Miquelon, and the United States of America. Hawaii is included in Northern America rather than Oceania. Central and South America includes Latin America and the Caribbean. Oceania includes American Samoa, Australia, Cook Islands, Fiji, French Polynesia, Guam, Kiribati, Marshall Islands, Nauru, New Caledonia, New Zealand, Niue, Norfolk Island, Papua New Guinea, Samoa, Solomon Islands, Tokelau, Tonga, Tuvalu, and the Republic of Vanuatu. Data include imputed values for nonrespondent countries.
SOURCE: United Nations Educational, Scientific, and Cultural Organization (UNESCO), unpublished tabulations.

Figure 27. Bachelor's degree recipients as a percentage of the population of the typical ages of graduation, by country: 2007

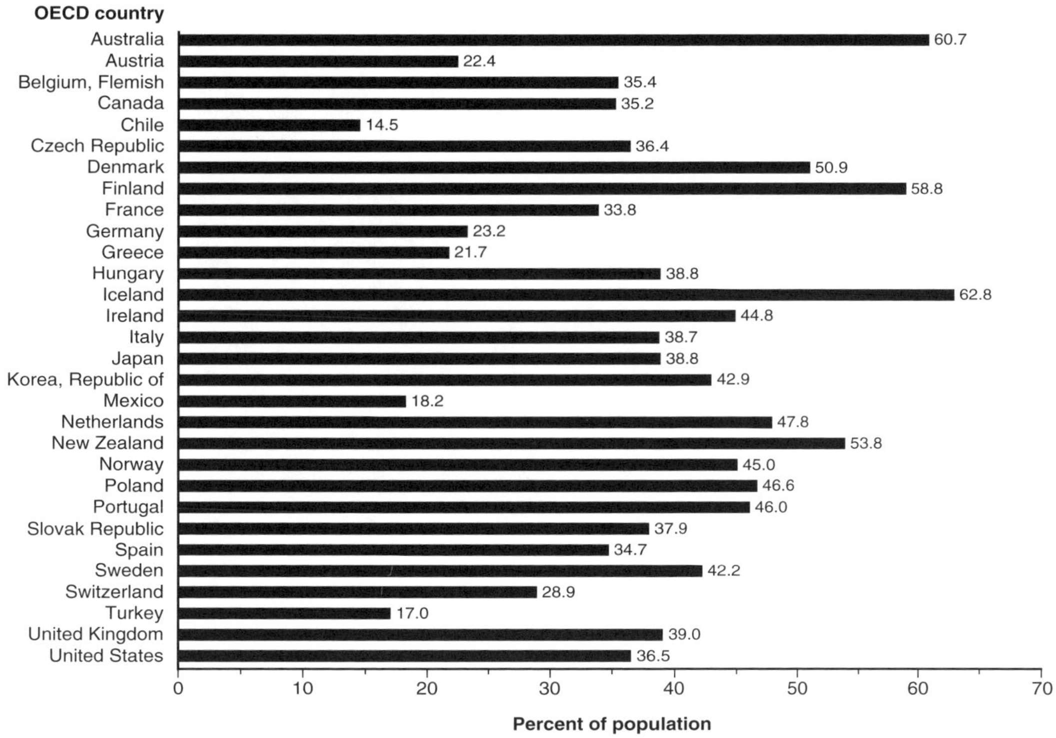

NOTE: Includes graduates of any age.
SOURCE: Organization for Economic Cooperation and Development (OECD); *Education at a Glance, 2010;* and Online Education Database.

Figure 28. Public direct expenditures on education as a percentage of the gross domestic product (GDP), by country: 2007

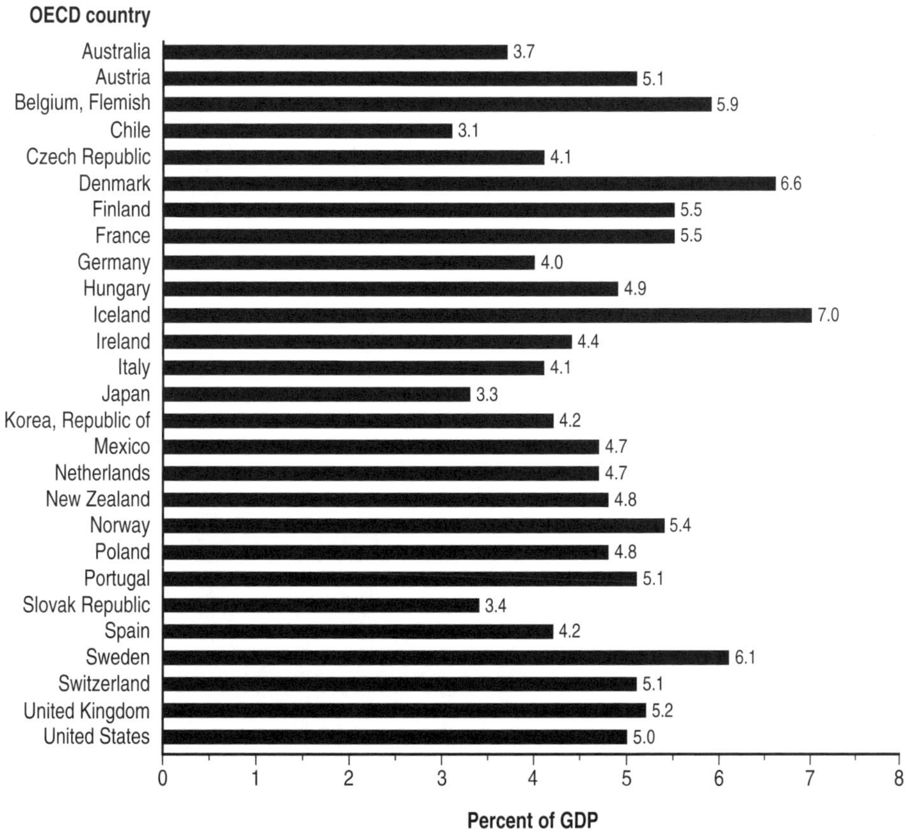

NOTE: Includes all OECD countries for which comparable data are available. Includes both amounts spent directly by governments to hire educational personnel and to procure other resources, and amounts provided by governments to public or private institutions, or households.
SOURCE: Organization for Economic Cooperation and Development (OECD), *Education at a Glance, 2010.*

Table 403. Population, school enrollment, and teachers, by major areas of the world: Selected years, 1980 through 2008

[In thousands]

Year and selected characteristic	World total[1]	Major areas of the world					
		Africa[2]	Asia[1,3]	Europe[4]	Central and South America[5]	Northern America[5]	Oceania[6]
1	2	3	4	5	6	7	8
1980							
Population, all ages[7]	4,452,687	478,507	2,613,558	725,484	360,675	251,929	22,534
Enrollment, all levels	856,971	78,036	495,155	131,633	87,291	60,041	4,815
First (elementary) level[8]	541,556	62,134	336,174	52,471	65,414	22,611	2,752
Second level[9]	264,379	14,360	144,755	62,734	16,969	23,913	1,647
Third level[10]	51,037	1,542	14,227	16,428	4,908	13,516	416
Teachers, all levels	38,285	2,338	19,641	8,225	3,730	4,079	272
First (elementary) level[8]	19,044	1,661	10,874	2,541	2,260	1,580	129
Second level[9]	15,398	584	7,554	4,387	1,083	1,679	112
Third level[10]	3,843	94	1,213	1,297	387	820	31
1990							
Population, all ages[7]	5,288,828	630,406	3,152,386	759,222	442,871	277,533	26,410
Enrollment, all levels	980,474	107,871	569,179	131,255	104,968	62,007	5,194
First (elementary) level[8]	596,853	80,640	364,213	48,968	75,505	24,810	2,717
Second level[9]	315,008	24,378	181,652	63,366	22,194	21,569	1,849
Third level[10]	68,613	2,853	23,314	18,922	7,269	15,628	628
Teachers, all levels	47,105	3,791	24,455	9,398	5,131	4,000	330
First (elementary) level[8]	22,626	2,390	12,692	2,812	3,006	1,582	143
Second level[9]	19,380	1,241	9,947	5,076	1,520	1,449	146
Third level[10]	5,100	160	1,816	1,509	605	969	41
1995							
Population, all ages[7]	5,699,913	712,842	3,411,346	768,521	482,720	296,092	28,393
Enrollment, all levels	1,103,756	130,794	644,609	137,839	116,821	66,510	7,183
First (elementary) level[8]	649,480	95,928	394,304	47,344	82,279	26,501	3,124
Second level[9]	372,724	30,899	219,415	69,448	26,087	23,984	2,891
Third level[10]	81,552	3,966	30,890	21,047	8,455	16,026	1,167
Teachers, all levels	52,047	4,486	26,955	10,113	5,784	4,269	439
First (elementary) level[8]	24,356	2,811	13,499	2,863	3,374	1,649	161
Second level[9]	21,746	1,471	11,273	5,561	1,696	1,528	217
Third level[10]	5,945	205	2,183	1,689	714	1,092	61
2000							
Population, all ages[7]	6,088,684	803,049	3,650,241	771,153	520,409	313,398	30,435
Enrollment, all levels	1,198,194	152,413	698,385	137,363	135,506	66,969	7,558
First (elementary) level[8]	649,189	108,386	398,826	41,712	69,701	27,435	3,130
Second level[9]	450,406	37,704	259,002	70,535	54,665	25,117	3,384
Third level[10]	98,599	6,323	40,558	25,117	11,140	14,417	1,044
Teachers, all levels	56,771	4,956	29,771	10,421	6,518	4,651	455
First (elementary) level[8]	25,575	2,879	15,255	2,737	2,743	1,806	155
Second level[9]	24,543	1,790	12,085	5,813	2,924	1,684	247
Third level[10]	6,653	287	2,430	1,871	852	1,161	53
2005							
Population, all ages[7]	6,469,130	903,845	3,873,443	774,642	556,242	328,269	32,689
Enrollment, all levels	1,333,484	192,565	782,992	135,142	142,472	72,433	7,881
First (elementary) level[8]	685,990	135,774	413,156	38,473	68,660	26,780	3,147
Second level[9]	509,595	48,494	307,728	64,847	58,048	27,039	3,440
Third level[10]	137,899	8,296	62,108	31,823	15,764	18,614	1,295
Teachers, all levels	63,971	5,995	34,215	10,617	7,679	4,991	475
First (elementary) level[8]	26,918	3,515	15,789	2,658	2,931	1,865	160
Second level[9]	28,042	2,155	14,587	5,730	3,542	1,777	250
Third level[10]	9,011	325	3,839	2,228	1,205	1,350	65
2008							
Population, all ages[7]	6,700,766	969,422	4,004,394	777,477	577,680	337,719	34,074
Enrollment, all levels	1,380,725	216,870	805,424	129,944	146,501	73,892	8,093
First (elementary) level[8]	696,347	153,183	408,329	37,029	67,683	26,917	3,206
Second level[9]	525,665	54,405	321,458	59,873	59,096	27,340	3,494
Third level[10]	158,713	9,283	75,637	33,042	19,722	19,636	1,393
Teachers, all levels	67,606	6,584	36,880	10,467	7,877	5,311	487
First (elementary) level[8]	27,845	3,763	16,451	2,617	2,918	1,932	163
Second level[9]	29,651	2,458	16,097	5,495	3,483	1,862	255
Third level[10]	10,110	362	4,332	2,355	1,475	1,518	69

[1]Enrollment and teacher data exclude the Democratic People's Republic of Korea.
[2]Excludes Rodrigues and other small islands.
[3]Includes five countries of the former Union of Soviet Socialist Republics (U.S.S.R.), Arab states, and both the Asian and the European portions of Turkey.
[4]Includes all countries of the former U.S.S.R. except Kazakhstan, Uzbekistan, Kyrgyzstan, Tajikistan, and Turkmenistan.
[5]Northern America includes Bermuda, Canada, Greenland, St. Pierre and Miquelon, and the United States of America. Hawaii is included in Northern America rather than in Oceania. Central and South America includes Latin America and the Caribbean.
[6]Includes American Samoa, Australia, Cook Islands, Fiji, French Polynesia, Guam, Kiribati, Marshall Islands, Nauru, New Caledonia, New Zealand, Niue, Norfolk Island, Papua New Guinea, Samoa, Solomon Islands, Tokelau, Tonga, Tuvalu, and the Republic of Vanuatu.
[7]Estimate of midyear population.
[8]First-level enrollment generally consists of elementary school, grades 1–6.
[9]Second-level enrollment includes general education, teacher training (at the second level), and technical and vocational education. This level generally corresponds to secondary education in the United States, grades 7–12.
[10]Third-level enrollment includes college and university enrollment, and technical and vocational education beyond the secondary school level.

NOTE: Detail may not sum to totals because of rounding. Data in this table include imputed values for nonrespondent countries. Some data have been revised from previously published figures.

SOURCE: United Nations Educational, Scientific, and Cultural Organization (UNESCO), *Statistical Yearbook*, 1999, and unpublished tabulations; and U.S. Department of Commerce, Census Bureau, International Data Base, retrieved June 29, 2010, from http://www.census.gov/ipc/www/idb/region.php. (This table was prepared July 2010.)

Table 404. Selected population and enrollment statistics for countries with populations over 10 million in 2008, by continent: Selected years, 1990 through 2008

Country[1]	Midyear population (in millions)			Persons per square kilometer, 2008	First level[2]						Second level[3]						Third level[4]					
					Enrollment (in thousands)			Gross enrollment ratio[5]			Enrollment (in thousands)			Gross enrollment ratio[5]			Enrollment (in thousands)			Gross enrollment ratio[5]		
	1990	2000	2008		1989-90	1999-2000	2007-08	1989-90	1999-2000	2007-08	1989-90	1999-2000	2007-08	1989-90	1999-2000	2007-08	1989-90	1999-2000	2007-08	1989-90	1999-2000	2007-08
1	2	3	4	5	6	7	8	9	10	11	12	13	14	15	16	17	18	19	20	21	22	23
World total[6]	**5,289**	**6,089**	**6,701**	**53**	**596,853**	**649,189 [7]**	**696,347 [7]**	**99**	**99 [7]**	**107 [7]**	**315,008**	**450,406**	**525,665 [7]**	**52**	**60**	**67 [7]**	**68,613**	**98,599**	**158,713 [7]**	**14**	**19**	**26 [7]**
Africa																						
Algeria[8]	25	30	34	14	4,189	4,843	3,942	100	108	108	2,176	—	—	61	—	—	286	—	—	11	—	—
Angola	8	10	13	10	990	—	3,932	92	—	128	186	355	—	12	14	—	7	—	—	1	—	—
Burkina Faso	8	12	15	56	504	852	1,742	33	45	73	99	190	424	7	10	18	5	11 [7]	42	1	1 [7]	3
Cameroon	12	15	18	39	1,964	2,237 [9]	3,201	101	86 [9]	111	500	700	1,128	28	27	37	33	66 [7]	148	3	4 [7]	8
Chad	6	8	10	8	525	914	1,496	54	66	83	60 [10]	137	—	8 [10]	11	—	3 [11,12]	6	19	1 [11,12]	1	2
Cote d'Ivoire	12	17	20	64	1,415	1,944	2,356	67	73	74	361	620 [7]	—	22	23 [7]	—	30 [13]	104 [7]	—	—	6 [7]	—
Democratic Rep. of the Congo	39	52	67	29	4,562	—	9,973	70	—	90	1,097 [13]	—	3,129 [14]	21 [13]	—	35 [14]	80	—	306	2	—	5
Egypt[8]	55	65	77	78	6,964	7,947 [7]	—	94	93 [7]	—	5,507	8,028 [7]	—	76	76 [7]	—	628 [15,16]	—	2,488	16 [15,16]	—	28
Ethiopia	48	64	83	83	2,466	5,847	12,742	33	55	98	866	1,195	3,696	14	14	33	34	68	265	1	1	4
Ghana[8]	15	20	23	103	1,945	2,561	3,625	75	83	105	—	1,057	1,724	36	40	55	10 [11]	—	—	1 [11]	—	—
Kenya[8]	23	31	38	67	5,392	5,035	6,869	95	95	112	618 [10]	1,909	3,107	24 [10]	39	58	35 [11]	89	—	2 [11]	3	—
Madagascar	12	16	20	35	1,571	2,208	4,020	103	104	152	323 [10]	—	945	18 [10]	—	30	36	32	62	3	2	3
Malawi	10	12	15	155	1,401	2,695	3,198	68	135	120	61	487	636	8	31	29	5	4	—	1	—	—
Mali	8	11	13	11	395	1,017	1,823	26	59	91	84	258 [7]	612	7	18 [7]	35	5	20	68	1	2	5
Morocco[8]	24	28	31	69	2,484	3,670	3,879	67	92	107	1,194	1,541	—	35	38	—	256	276	401	11	9	12
Mozambique[8]	13	18	21	27	1,260	2,544	4,904	67	75	114	160	124	512	8	6	21	5 [12]	12	—	# [12]	1	—
Niger	8	11	15	12	369	579	1,389	29	32	58	77	106 [7]	232	7	7 [7]	11	—	—	13	1	—	1
Nigeria[8]	97	123	146	161	13,607	19,151	—	91	95	—	2,908	4,290 [7]	—	25	25 [7]	—	208 [11,17]	—	—	4 [11,17]	—	—
Rwanda	7	8	10	423	1,100	1,432	2,190	70	105	151	70	130	288	8	11	22	2 [18]	12 [7]	45	# [18]	2 [7]	4
Senegal	7	9	12	61	708	1,108	1,618	59	68	84	—	250	593	16	16	31	19	—	91 [14]	3	—	8 [14]
South Africa	38	45	49	40	6,952	7,445	—	122	106	—	2,742	4,142	—	74	86	—	439 [19]	—	—	13 [19]	—	—
Sudan[8]	26	34	42	18	2,043	2,567	4,352	53	47	69	732	980	1,580	24	25	33	60 [15]	204 [7]	—	3 [15]	6 [7]	—
Tunisia	8	10	10	67	1,406	1,414	1,036	113	115	107	565	1,104 [7]	1,259	45	76 [7]	92	69	180	351	9	19	34
Uganda	17	24	31	159	2,470 [20,21]	6,559	7,964	74 [20,21]	127	120	245 [10,21]	547	1,145	13 [10,21]	16	25	18	56	108	1	3	4
United Republic of Tanzania	25	34	40	45	3,379	4,382	8,602	70	68	110	167	—	—	5	—	—	7 [13]	—	—	# [13]	—	—
Zambia	8	10	13	17	1,461	1,590	2,909	99	82	119	190	276	646	24	24	46	15	25 [7]	—	2	2 [7]	—
Zimbabwe	10	12	11	29	2,116	2,461	—	116	100	—	661	844	—	50	43	—	49	49 [7]	—	5	4 [7]	—
Asia																						
Afghanistan[8]	13	22	28	42	623	749	4,888	27	22	106	182	—	—	9	—	—	24	—	—	2	—	—
Bangladesh	112	132	151	1,162	11,940	—	16,002 [14]	72	—	92 [14]	3,593	10,329	—	19	44	—	434	727	—	4	5	—
Cambodia	9	12	14	79	1,330	2,248	2,341	121	102	116	264	351	—	32	18	—	7	22	123	1	2	7
China	1,148	1,264	1,317	138	122,414	—	105,951	125	—	113	52,386	81,488	101,448	49	61	76	3,822	7,364	26,692	3	8	23
India	838	1,006	1,141	384	99,118	113,613	—	97	94	—	54,180 [10]	71,031	—	44 [10]	46	—	4,951	9,404	—	6	10	—
Indonesia	182	214	238	131	29,754	28,202 [7]	29,498	115	113 [7]	119	10,965	14,264 [7]	18,315	44	56 [7]	74	1,773 [13]	—	4,420	9 [13]	—	21
Iran, Islamic Republic of	58	69	75	49	9,370	8,288	7,028	112	109	128	5,085	9,955	8,187	55	82	80	312 [15]	1,405	3,392	10 [15]	18	36
Iraq	18	23	28	65	3,328	3,639	—	111	94	—	1,024 [10]	1,224	—	47 [10]	37	—	170 [18]	289	—	12 [18]	12	—
Japan	124	127	127	349	9,373	7,529	7,166	100	100	102	11,026	8,782	7,356	97	101	101	2,899 [13]	3,982	3,939	30 [13]	48	58
Kazakhstan	16	15	15	6	1,197	1,208	956	87	97	108	2,144	2,003	1,778	98	93	92	537	370	720	40	28	47
Korea, North (DPR)	20	21	23	187	—	—	—	—	—	—	—	—	—	—	—	—	—	—	—	—	—	—
Korea, South (Republic of)	43	47	48	499	4,869	4,030	3,680	105	101	105	4,560	3,959	3,959	90	97	97	1,691	3,003	3,204	39	78	98
Malaysia	18	23	27	83	2,456	3,026	—	94	97	—	1,456	2,205	—	56	65	—	121	549	—	7	26	—
Myanmar	40	47	52	80	5,385	4,858	5,110	106	103	117	1,281	2,268	2,829	23	38	53	196 [13]	—	—	4 [13]	—	—
Nepal[8]	19	25	28	197	2,789	3,780 [9]	4,419	108	118 [9]	—	709	1,348	2,305	33	35	—	94	94	—	5	4	—
Pakistan	119	152	178	232	11,451 [22]	13,987 [14]	18,176	61 [22]	69 [14]	85	4,345	—	9,340	23	—	33	—	—	974 [14]	3	—	5 [14]
Philippines	65	81	96	322	10,427	—	13,411	111	—	110	4,034	—	6,509	73	—	82	1,709	—	2,651	28	—	29
Saudi Arabia	16	21	25	12	1,877	—	3,211	73	—	98	893	—	2,885	44	—	95	154	404	667	12	22	30
Sri Lanka[8]	17	19	21	327	2,112	—	1,631	106	—	101	2,082	—	—	74	—	—	55 [13,23]	—	—	5 [13,23]	—	—
Syrian Arab Republic	13	16	21	116	2,452	2,775	2,356	108	104	124	914	1,069	2,626	52	41	74	222	—	—	18	—	—
Taiwan	20	22	23	711	—	—	—	—	—	—	—	—	—	—	—	—	—	—	—	—	—	—
Thailand	55	62	66	130	6,957	6,101	5,565	99	94	93	2,230	—	4,729	30	—	74	1,156 [12]	1,900	2,430	19 [12]	37	45
Turkey	57	67	76	99	6,862	6,562	6,760	99	98	99	3,808	5,658	6,709	47	70	82	750	1,588 [7]	2,533	13	23 [7]	38
Uzbekistan	21	25	27	64	1,778	2,602	2,071	81	99	93	3,295	3,566	4,497	99	88	101	603	305	299	30	13	10
Vietnam	67	79	88	282	8,862	10,063	6,872	103	106	—	3,236	7,926	9,543	32	65	—	130	732	1,655	2	10	—
Yemen	12	17	22	42	2,679 [17]	2,464 [7]	3,282	79 [17]	74 [7]	85	212 [17]	1,151 [7]	—	23 [17]	43 [7]	—	53 [13]	173 [7]	—	4 [13]	10 [7]	—

See notes at end of table.

Table 404. Selected population and enrollment statistics for countries with populations over 10 million in 2008, by continent: Selected years, 1990 through 2008—Continued

Country[1]	Midyear population (in millions)			Persons per square kilometer, 2008	First level[2]						Second level[3]						Third level[4]					
					Enrollment (in thousands)			Gross enrollment ratio[5]			Enrollment (in thousands)			Gross enrollment ratio[5]			Enrollment (in thousands)			Gross enrollment ratio[5]		
	1990	2000	2008		1989-90	1999-2000	2007-08	1989-90	1999-2000	2007-08	1989-90	1999-2000	2007-08	1989-90	1999-2000	2007-08	1989-90	1999-2000	2007-08	1989-90	1999-2000	2007-08
1	2	3	4	5	6	7	8	9	10	11	12	13	14	15	16	17	18	19	20	21	22	23
Europe																						
Belgium	10	10	10	344	719	774	733	101	106	103	769	1,058	817	103	146	108	276	356	402	40	58	63
Czech Republic	10	10	10	132	546	645	460	96	103	103	1,268	958	904	91	88	95	118 [24]	254	395	16 [24]	29	59
France	58	61	64	100	4,149	3,885	4,139	108	105	110	5,522	5,929	5,899	99	109	113	1,699	2,015	2,165	40	53	55
Germany[25]	79	82	82	236	3,431	3,656	3,236	101	106	105	7,398	8,307	7,907	98	99	102	2,049	—	—	34	—	—
Greece	10	11	11	82	813	645	—	98	96	—	851	739	—	93	89	—	283	422	—	36	51	—
Italy[8]	57	58	58	198	3,056	2,836	—	103	103	—	5,118	4,404	—	83	93	—	1,452	1,770	—	32	49	—
Netherlands[8]	15	16	17	491	1,082	1,279	1,286	102	108	107	1,402	1,379	1,461	120	123	121	479	488	602	40	52	61
Poland[8]	38	39	39	127	5,189	3,319	—	98	99	—	1,888	3,988	—	81	100	—	545	1,580	—	22	50	—
Portugal	10	10	11	117	1,020	811	—	123	124	—	670	831	—	67	107	—	186	374	—	23	48	—
Romania[8]	23	22	22	96	1,253	1,189	865	91	103	100	2,838	2,226	1,934	92	81	92	193	453	1,057	10	24	66
Russian Federation	148	147	141	14	7,596	6,138	4,969	109	106	97	13,956	—	10,087	93	—	85	5,100	—	9,446	52	—	77
Spain[8]	39	41	46	92	2,820	2,540	2,625	109	105	107	4,755	3,246	3,069	104	111	120	1,222	1,829	1,781	37	59	71
Ukraine[8]	52	49	46	79	3,991	2,079	1,573	89	109	98	3,408	5,204	3,499	93	99	94	1,652	1,812	2,848	47	49	79
United Kingdom[8]	57	59	62	255	4,533	4,632	4,465	104	101	106	4,336	5,315	5,356	85	102	99	1,258	2,024	2,329	30	58	57
North America																						
Canada	28	31	33	4	2,376	2,456	—	103	99	—	2,292	2,519	—	101	103	—	1,917	1,212	—	95	59	—
Cuba	11	11	11	104	888	1,046	871	98	111	102	1,002	790	866	89	79	91	242	159	987	21	22	122
Guatemala	9	11	13	121	1,165	1,909	2,501	78	104	114	295 [13]	504	903	23 [13]	38	57	70 [12]	—	—	8 [12]	—	—
Mexico	85	100	110	57	14,402	14,766	14,699	114	111	114	6,704	9,094	11,444	53	73	90	1,311	1,963	2,623	15	20	27
United States	250	282	304	33	22,429	24,973	24,677	102	100	99	19,270	22,594	24,693	93	93	94	13,819	13,203	18,248	75	68	83
South America																						
Argentina	33	37	40	15	4,965	4,728	—	106	115	—	2,160	3,428	—	71	88	—	1,008 [13]	1,767 [7]	—	38 [13]	53 [7]	—
Brazil	151	176	196	23	28,944	20,212	17,812	106	151	127	3,499	26,097	23,646	38	104	101	1,540 [26]	2,781	5,958	11 [26]	16	34
Chile	13	15	16	22	1,991	1,799	—	100	100	—	720	1,391	—	73	83	—	262 [13]	452	—	21 [13]	37	—
Colombia	33	39	43	39	4,247	5,221	5,286	102	119	120	2,378 [13]	3,569	4,772	50 [13]	72	91	487	934	1,487	13	24	35
Ecuador	10	12	14	52	1,846	1,925	2,041 [7]	116	115	118 [7]	786 [27]	917	1,247 [7]	55 [27]	57	76 [7]	207	—	535	20	—	42
Peru	22	26	29	23	3,855	4,338	3,855	118	122	109	1,698	2,374	2,609	67	85	89	678	—	—	30	—	—
Venezuela	19	23	26	30	4,053	3,328	3,439	96	102	103	281	1,543	2,224	35	59	81	550	668	2,109	29	28	79
Oceania																						
Australia[8]	17	19	21	3	1,583	1,906	1,978	108	101	106	1,278	2,589	2,538	82	162	149	485 [28]	845	1,118	36 [28]	65	77

—Not available.

#Rounds to zero.

[1]Selection based on total population for midyear 2008.

[2]First-level enrollment consists of elementary school, typically corresponding to grades 1–6 in the United States.

[3]Second-level enrollment includes general education, teacher training (at the second level), and technical and vocational education. This level generally corresponds to secondary education in the United States, grades 7–12.

[4]Third-level enrollment includes college and university enrollment, and technical and vocational education beyond the secondary school level.

[5]Data represent the total enrollment of all ages in the school level divided by the population of the specific age groups that correspond to the school level. Adjustments have been made for the varying lengths of first and second level programs. Ratios may exceed 100 because some countries have many students from outside the normal age range.

[6]Enrollment totals and ratios exclude Democratic People's Republic of Korea. Data do not include adult education or special education provided outside regular schools.

[7]Estimated by the UNESCO Institute for Statistics.

[8]Classification or data coverage of levels has been revised. Data by level may not be comparable over time.

[9]Policy change in 1999–2000: introduction of free universal primary education.

[10]General education enrollment only. Excludes teacher training and vocational education enrollments.

[11]Excludes nonuniversity institutions (such as teacher training colleges and technical colleges) and excludes distance-learning universities.

[12]Data for 1992–93.

[13]Data for 1991–92.

[14]National estimation.

[15]Excludes private institutions.

[16]Data refer to universities and exclude Al Azhar.

[17]Data for 1993–94.

[18]Data for 1985–86.

[19]Not including the former Independent States of Transke, Bophuthatswana, Venda, and Ciskei.

[20]Estimated.

[21]Data refer to government aided and maintained schools only.

[22]Includes preprimary education.

[23]Excludes some nonuniversity institutions.

[24]Includes full-time students only.

[25]Data include both former East and West Germany.

[26]Not including former ISCED level 7.

[27]Including vocational education.

[28]Data do not include Vocational Education and Training Institutes (VETS).

NOTE: Some data have been revised from previously published figures.

SOURCE: United Nations Educational, Scientific, and Cultural Organization (UNESCO), *Statistical Yearbook, 1999*; unpublished tabulations; and tables 3B, 5, and 14, retrieved June 30, 2010, from http://stats.uis.unesco.org/unesco/ReportFolders/ReportFolders.aspx. U.S. Department of Commerce, Census Bureau, International Data Base, retrieved June 30, 2010, from http://www.census.gov/ipc/www/idb/region.php. (This table was prepared July 2010.)

Table 405. School-age populations as a percentage of total population, by age group and country: Selected years, 1985 through 2007

Country	5- to 14-year-olds as a percent of total population												15- to 19-year-olds as a percent of total population											
	1985[1]	1990[1]	1995[1]	1996	1998	1999	2002	2003	2004	2005	2006	2007	1985[2]	1990[2]	1995[2]	1996	1998	1999	2002	2003	2004	2005	2006	2007
1	2	3	4	5	6	7	8	9	10	11	12	13	14	15	16	17	18	19	20	21	22	23	24	25
OECD average[3]	**—**	**—**	**12**	**13**	**13**	**13**	**13**	**13**	**13**	**13**	**12**	**12**	**—**	**—**	**6**	**7**	**7**	**7**	**7**	**7**	**7**	**7**	**7**	**7**
Australia	14	13	13	14	14	14	14	14	14	13	13	13	7	6	6	7	7	7	7	7	7	7	7	7
Austria	—	—	—	—	—	—	12	12	11	11	11	11	—	—	—	—	—	—	6	6	6	6	6	6
Belgium	11	11	11	12	12	12	12	12	12	12	12	11	6	5	5	6	6	6	6	6	6	6	6	6
Canada	13	12	12	13	14	14	—	13	13	13	12	12	6	5	5	7	7	7	—	7	7	7	7	7
Chile	—	—	—	—	—	—	19	18	18	18	17	16	—	—	—	—	—	—	9	9	9	9	9	9
Czech Republic	(4)	(4)	12	13	13	12	12	11	11	10	10	10	(4)	(4)	6	8	8	7	7	7	7	6	6	6
Denmark	12	10	10	11	11	12	12	13	13	13	13	13	6	6	5	6	6	5	5	5	5	6	6	6
Finland	11	12	11	13	13	13	12	12	12	12	12	12	6	5	5	6	6	6	6	6	6	6	6	6
France	13	12	12	13	13	13	12	12	12	12	12	12	6	6	5	7	7	7	7	6	6	7	6	6
Germany[5]	9	9	10	11	11	11	11	10	10	10	10	10	6	4	4	5	6	6	6	6	6	6	6	6
Greece	—	—	11	12	11	11	10	10	10	10	10	10	—	5	6	7	7	7	6	6	6	6	5	5
Hungary	—	—	—	—	—	—	12	11	11	11	11	10	—	—	—	—	—	—	6	6	6	6	6	6
Iceland	16	15	14	16	16	16	16	16	15	15	15	14	7	7	6	8	8	8	7	7	7	7	7	7
Ireland	18	18	15	17	16	15	14	14	14	14	13	13	8	8	8	9	9	9	8	8	8	7	7	7
Italy	13	10	9	10	10	10	10	10	10	9	9	9	6	6	5	6	6	5	5	5	5	5	5	5
Japan	14	12	10	11	11	10	10	10	9	9	9	9	6	7	5	7	6	6	6	6	5	5	5	5
Korea, Republic of	—	—	14	15	14	14	14	14	14	14	14	13	—	—	7	9	9	8	7	7	6	7	7	7
Luxembourg	10	10	11	12	12	12	13	13	13	13	13	12	5	4	4	5	6	6	6	6	6	6	6	6
Mexico	—	—	—	—	—	—	22	22	22	21	21	21	—	—	—	—	—	—	10	10	10	10	10	10
Netherlands	12	11	11	12	12	12	12	12	12	12	12	12	7	5	5	6	6	6	6	6	6	6	6	6
New Zealand	15	13	13	15	15	15	15	15	15	15	14	14	7	7	6	7	7	7	7	7	7	7	8	8
Norway	13	11	11	13	13	13	13	14	14	13	13	13	6	6	5	6	6	6	6	6	6	6	6	7
Poland	—	—	—	—	—	—	13	13	12	12	12	11	—	—	—	—	—	—	9	8	8	8	8	7
Portugal	—	—	—	—	—	—	10	11	10	10	10	10	—	—	—	—	—	—	6	6	6	6	6	6
Slovak Republic	(4)	(4)	—	—	—	—	13	13	13	12	12	11	(4)	(4)	—	—	—	—	8	8	8	8	8	7
Spain	15	13	10	11	11	10	10	10	10	9	9	9	7	7	6	8	7	7	6	6	6	5	5	5
Sweden	11	10	11	12	13	13	13	13	13	12	12	11	5	5	5	6	6	6	6	6	6	6	7	7
Switzerland	11	10	10	12	12	12	12	12	11	11	11	11	6	5	5	6	6	6	6	6	6	6	6	6
Turkey	21	21	20	20	21	21	—	19	19	19	19	19	9	9	9	11	11	11	—	9	9	9	9	9
United Kingdom	11	11	12	13	13	13	13	13	13	12	12	12	6	5	5	6	6	6	6	6	7	7	7	7
United States	13	13	13	15	14	15	15	14	14	14	14	13	6	5	6	7	7	7	7	7	7	7	7	7
Reporting partner countries																								
Brazil	—	—	—	—	—	—	20	21	20	19	19	18	—	—	—	—	—	—	11	11	10	10	10	9
Estonia	(4)	(4)	—	—	—	—	—	—	—	11	10	10	(4)	(4)	—	—	—	—	—	—	—	8	8	8
Israel	—	—	—	—	—	—	18	18	18	18	18	18	—	—	—	—	—	—	9	9	8	8	8	8
Russian Federation	(4)	(4)	14	—	—	14	12	12	11	10	10	10	(4)	(4)	—	—	—	—	8	9	9	9	8	8
Slovenia	(4)	(4)	—	—	—	—	—	—	—	10	10	9	(4)	(4)	—	—	—	—	—	—	—	6	6	6

—Not available.
[1]Data are for the 5- to 13-year-old population.
[2]Data are for the 14- to 17-year-old population.
[3]Refers to the mean of the data values for all reporting OECD countries, to which each country reporting data contributes equally. The average is omitted for years in which less than 75 percent of the countries reported data.
[4]Country did not exist in its current form in the given year.
[5]Data for 1985 are for the former West Germany.
SOURCE: Organization for Economic Cooperation and Development (OECD), *Education at a Glance*, selected years, 1987 through 2001; and Online Education Database, retrieved June 10, 2010, from http://stats.oecd.org/Index.aspx. (This table was prepared June 2010.)

Table 406. Percentage of population enrolled in secondary and postsecondary education, by age group and country: Selected years, 1985 through 2007

Country	Secondary education, 2007							Postsecondary education (total tertiary education)														
			18 to 21 years old					18 to 21 years old					22 to 25 years old					26 to 29 years old				
	16 years old	17 years old	Total	18 years old	19 years old	20 years old	21 years old	1985	1990	1999	2005	2007	1985	1990	1999	2005	2007	1985	1990	1999	2005	2007
1	2	3	4	5	6	7	8	9	10	11	12	13	14	15	16	17	18	19	20	21	22	23
OECD average[1]	**91**	**83**	**25**	**53**	**27**	**14**	**9**	**—**	**—**	**25**	**29**	**28**	**—**	**—**	**18**	**22**	**23**	**—**	**—**	**8**	**9**	**9**
Australia	93	79	25	38	25	20	17	—	—	31	34	34	—	—	15	21	22	—	—	8	10	10
Austria	91	76	19	46	19	8	4	—	—	15	16	17	—	—	20	20	22	—	—	12	9	11
Belgium	102	100	23	47	23	13	10	25	—	42	43	43	7	—	15	19	19	2	—	3	6	6
Canada	—	—	—	—	—	—	—	—	—	27	—	22	—	—	18	—	15	—	—	7	—	5
Chile	91	86	12	31	10	3	2	—	—	—	—	29	—	—	—	—	21	—	—	—	—	8
Czech Republic	100	96	32	82	37	7	3	([2])	([2])	17	23	24	([2])	([2])	12	21	24	([2])	([2])	4	6	7
Denmark	91	84	49	80	57	34	24	7	7	8	10	11	16	18	27	34	34	8	9	15	20	20
Finland	96	95	40	93	33	17	16	9	14	23	24	23	17	21	35	40	39	8	10	18	20	21
France	95	88	22	49	24	10	4	19	25	35	36	36	10	12	20	20	19	4	4	5	5	5
Germany[3]	95	91	39	82	40	20	14	9	9	11	13	13	—	16	19	23	23	9	10	11	13	12
Greece	89	75	13	18	10	6	18	—	—	54	65	47	—	—	7	18	26	—	—	2	8	11
Hungary	95	92	25	62	22	11	6	—	—	20	29	30	—	—	14	23	24	—	—	5	9	9
Iceland	93	85	51	74	67	36	23	—	—	7	12	11	—	—	21	28	28	—	—	9	16	15
Ireland	101	79	9	31	4	1	1	—	21	33	38	38	—	—	11	13	13	—	—	3	5	6
Italy	89	83	26	75	20	6	3	—	—	22	29	27	—	—	21	23	25	—	—	7	8	8
Japan	96	95	1	3	1	—	—	—	—	—	—	—	—	—	—	—	—	—	—	—	—	—
Korea, Republic of	91	92	1	5	#	#	#	—	—	51	65	69	—	—	26	32	34	—	—	6	6	7
Luxembourg	83	79	37	68	43	24	12	—	—	—	—	—	—	—	—	—	—	—	—	—	—	—
Mexico	58	44	13	18	28	3	2	—	—	12	16	17	—	—	8	9	9	—	—	1	3	3
Netherlands	98	86	37	61	42	28	16	14	18	26	29	31	12	13	20	24	25	6	5	5	7	7
New Zealand	87	70	13	25	12	9	7	—	21	29	34	34	—	15	14	23	22	—	—	8	11	11
Norway	95	93	41	88	42	20	11	9	14	19	19	20	14	17	28	30	29	6	8	12	14	14
Poland	97	95	35	92	36	12	5	—	—	21	31	33	—	—	21	30	31	—	—	5	6	6
Portugal	90	80	22	45	25	13	8	6	—	25	27	27	5	—	17	21	20	2	—	6	8	8
Slovak Republic	94	90	30	80	36	7	2	([2])	([2])	—	22	25	([2])	([2])	—	16	19	([2])	([2])	—	5	6
Spain	93	83	21	41	23	13	8	15	21	32	34	34	11	14	24	22	22	4	5	8	9	8
Sweden	99	97	39	93	28	17	13	8	9	16	17	16	11	11	25	32	30	7	6	12	16	15
Switzerland	91	87	39	78	47	20	9	6	6	10	12	12	11	12	17	20	21	5	6	9	10	11
Turkey	60	37	6	23	—	—	—	—	7	14	20	24	—	4	9	11	13	—	2	4	4	5
United Kingdom	90	74	12	26	10	6	5	15	16	29	28	29	7	11	12	13	13	—	—	6	7	7
United States	93	81	8	26	4	#	#	37	41	44	45	45	15	17	18	23	24	8	9	11	11	10
Reporting partner countries																						
Brazil	87	77	33	55	35	23	17	—	—	—	10	12	—	—	—	9	11	—	—	—	5	6
Estonia	96	89	27	73	21	8	4	([2])	([2])	—	32	31	([2])	([2])	—	22	23	([2])	([2])	—	12	11
Israel	94	90	6	20	2	1	#	—	—	—	12	12	—	—	—	25	26	—	—	—	15	18
Russian Federation	73	36	5	13	5	1	1	([2])	([2])	—	41	—	([2])	([2])	—	26	—	([2])	([2])	—	—	—
Slovenia	98	96	27	84	26	—	—	([2])	([2])	—	37	40	([2])	([2])	—	35	38	([2])	([2])	—	11	11

—Not available.
#Rounds to zero.
[1]Refers to the mean of the data values for all reporting OECD countries, to which each country reporting data contributes equally. The average is omitted for years in which less than 75 percent of the countries reported data.
[2]Country did not exist in its current form in the given year.
[3]Data for 1985 are for the former West Germany.
NOTE: Data refer to programs classified by the Organization for Economic Cooperation and Development (OECD) as International Standard Classification of Education (ISCED) level 3, level 5A (first and second award), level 5B, and level 6. ISCED level 3 corresponds to secondary education in the United States. ISCED levels 5A (first and second award), 5B, and 6 together make up total tertiary education, which corresponds to 2-year and 4-year college undergraduate and graduate programs in the United States. Includes both full-time and part-time students. Some increases in enrollment rates may be due to more complete reporting by countries. Enrollment figures may not be directly comparable due to differing definitions of postsecondary (tertiary) education and the age at which it begins. Differences in reference dates between enrollment and population data can result in enrollment rates that exceed 100 percent.
SOURCE: Organization for Economic Cooperation and Development (OECD), *Education at a Glance*, selected years, 1987 through 2001; and Online Education Database, retrieved June 10, 2010, from http://stats.oecd.org/Index.aspx. (This table was prepared June 2010.)

Table 407. Pupils per teacher in public and private elementary and secondary schools, by level of education and country: Selected years, 1985 through 2008

Country	Elementary								Junior high school (lower secondary)								Senior high school (upper secondary)							
	1985	1990	2000	2004	2005	2006	2007	2008	1985	1990	2000	2004	2005	2006	2007	2008	1985	1990	2000	2004	2005	2006	2007	2008
1	2	3	4	5	6	7	8	9	10	11	12	13	14	15	16	17	18	19	20	21	22	23	24	25
OECD average[1]	**—**	**—**	**17.7**	**17.3**	**17.1**	**16.5**	**16.3**	**16.1**	**—**	**—**	**—**	**15.0**	**14.2**	**13.8**	**13.6**	**13.5**	**—**	**—**	**13.7**	**13.2**	**13.5**	**13.1**	**13.1**	**13.2**
Australia	13.8 [2]	—	17.3	16.4	16.2	16.0	15.9	15.8	—	—	—	—	—	—	—	—	3.2	—	—	12.3 [3,4]	12.1 [3,4]	12.2 [3,4]	12.1 [3,4]	12.0 [3,4]
Austria	11.3	11.6	—	15.1	14.1	13.9	13.6	12.9	9.2	7.7	—	10.4	10.6	10.4	10.3	9.9	15.2	12.4	—	11.0	11.3	11.3	11.0	10.5
Belgium	—	—	15.0 [5]	12.9	12.8	12.6	12.6 [6]	12.6 [6]	—	—	—	10.6	9.4	9.4	9.2 [6]	8.1 [6]	—	—	9.7 [4,7]	9.2 [7]	9.9 [7]	10.2 [7]	10.2 [6,7]	10.8 [6,7]
Canada	18.1	17.1	18.1	—	—	—	—	—	16.0	15.5	18.1	—	—	—	—	—	16.0	15.3	19.5	—	—	—	16.4 [2,4,5,8]	16.3 [2,3,4]
Chile	—	—	—	27.1	25.9	25.5	24.7	24.1	—	—	—	44.3	25.9	25.5	24.7	24.1	—	—	—	26.8	26.6	26.3	25.7	25.2
Czech Republic	(9)	(9)	19.7	17.9	17.5	17.3	18.7	18.1	(9)	(9)	14.7	13.5	13.5	12.3	12.3	11.8	(9)	(9)	11.5	12.6	12.8	11.9	12.3	12.2
Denmark	12.7	11.2	10.4	—	—	—	—	—	10.2	9.3	11.4	11.3 [8]	11.9 [8]	11.4 [8]	11.2 [8]	10.1 [8]	14.8	13.3	14.4	—	—	—	—	—
Finland	—	—	16.9	16.3	15.9	15.0	15.0	14.4	—	—	10.7	10.0	10.0	9.7	9.9	10.6	—	—	17.0 [7,10]	16.2 [7,10]	18.0 [7,10]	15.8 [7,10]	15.9 [7]	15.9 [7]
France	—	—	19.8	19.4	19.4	19.3 [6]	19.7 [6]	19.9 [6]	—	—	14.7	14.1	14.2	14.1 [6]	14.3 [6]	14.6 [6]	—	—	10.4	10.3	10.3	9.7 [6]	9.6 [6]	9.4 [6]
Germany[11]	20.7	20.3	19.8	18.8	18.8	18.7	18.3	18.0	16.9	14.6	15.7	15.6	15.5	15.5	15.2	15.0	23.7	21.0	13.9	13.9	14.0	14.3	14.3	14.0
Greece	—	—	13.4	11.3	11.1	10.6	10.1	10.1 [12]	—	—	10.8	8.2	7.9	8.0	7.7	7.7 [12]	—	—	10.5	8.4	8.8	8.3	7.3	7.3 [12]
Hungary	—	—	10.9	10.7	10.6	10.4	10.2	10.6	—	—	10.9	10.2	10.4	10.2	10.2	10.9	—	—	11.4 [7]	12.3	12.2	12.3	12.1	12.3
Iceland	—	—	—	—	—	—	—	—	—	—	12.7 [8]	11.4 [8]	11.3 [8]	10.6 [8]	10.4 [8]	10.0 [8]	—	—	9.7	11.1	10.8 [7]	10.8 [7]	10.2 [7]	10.6 [7]
Ireland	—	—	21.5	18.3	17.9	19.4	17.9	17.8	—	—	—	—	—	—	—	—	7.2	8.3	15.9 [4,7]	14.3 [4,7]	15.5 [4,7]	14.6 [4,7]	13.2 [2,4,7]	12.8 [2,4,7]
Italy	12.8	10.7	11.0	10.7	10.6	10.7	10.5	10.6 [2]	9.6	8.5	10.4	10.3	10.1	10.3	9.4	9.7 [2]	10.8	10.7	10.2	11.5	11.0	11.0	10.8	11.8 [2]
Japan	—	20.8 [2]	20.9	19.6	19.4	19.2	19.0	18.8	—	18.6	16.8	15.3	15.1	14.9	14.8	14.7	—	16.2	14.0	13.2 [7]	13.0 [7]	12.7 [7]	12.5 [7]	12.3 [7]
Korea, Republic of	—	—	32.1	29.1	28.0	26.7	25.6	24.1	—	—	21.5	20.4	20.8	20.8	20.5	20.2	—	—	20.9	15.9	16.0	15.9	16.2	16.5
Luxembourg	—	—	15.9 [2]	—	—	11.3 [2]	11.2 [2]	12.1 [2]	—	—	—	—	—	—	—	—	—	—	9.2 [2,4]	9.0 [2,4]	9.0 [2,4]	9.0 [2,4,7]	9.0 [2,4]	9.1 [2,4]
Mexico	—	—	27.2	28.5	28.3	28.0	28.0	28.0	—	—	34.8	33.7	33.7	33.4	33.3	33.9	—	—	26.5	25.2	25.8	25.4	25.7	25.8
Netherlands	20.2	19.2	16.8 [5]	15.9 [5]	15.9 [5]	15.3 [5]	15.6 [5]	15.8 [2,5]	12.7	12.4	—	—	—	—	—	—	—	—	17.1 [4]	15.8 [4]	16.2 [4]	15.8 [4,7]	15.7 [4,7]	15.8 [2,4,7]
New Zealand	20.1	19.1	20.6	16.7	18.1	17.7	17.5	17.1	—	—	19.9	17.3	16.8	16.6	16.2	16.2	—	—	13.1	12.5	12.9	12.7	13.3	12.8
Norway	—	—	12.4	11.9 [2]	—	10.9 [2]	11.0 [2]	10.8 [2]	—	—	9.9	10.5 [2]	—	10.2 [2]	10.2 [2]	10.1 [2]	—	—	9.7	9.6 [2,7]	—	9.7 [2,7]	9.8 [2,7]	9.9 [2,7]
Poland	—	—	12.7	—	11.7	11.5	11.0	10.5	—	—	11.5	—	12.7	12.6	12.4	12.9	—	—	16.9	—	12.9	12.8	12.2	12.2
Portugal	—	—	12.1	11.1	10.8	10.6	11.8	11.3	—	—	10.4	10.0	8.2	8.3	7.9	8.1	—	—	7.9	7.3	8.0	7.5 [7]	8.4 [7]	7.3 [7]
Slovak Republic	(9)	(9)	18.3	18.9	18.9	18.6	17.9	18.6	(9)	(9)	13.5	13.9	14.1	13.7	13.9	14.5	(9)	(9)	12.8	14.2	14.3	14.2	14.1	15.1
Spain	26.8	21.2	14.9	14.3	14.3	14.2	13.6	13.1	21.4	18.8	—	12.9	12.5	12.5	11.7	10.3	15.3	14.8	11.9 [4]	8.0	8.1	7.8	7.7	8.7
Sweden	11.6	10.6	12.8	12.1	12.2	12.1	12.3	12.2	10.8	10.2	12.8	11.9	12.0	11.4	11.5	11.4	13.1	11.9	15.2	14.0	14.0	13.8	13.6	14.7
Switzerland	—	—	—	14.3 [2]	14.6 [2]	15.1 [2]	14.8 [2]	15.4 [2]	—	—	—	11.2 [2]	11.7 [2]	12.3 [2]	12.3 [2]	12.1 [2]	—	—	—	11.1 [2]	10.5 [2,3]	10.5 [2,3]	10.6 [2,3]	10.4 [2,3]
Turkey	31.1	30.6	30.5	26.5	25.8	26.7	26.2	24.4	41.3	48.4	—	†	†	†	†	†	11.0	12.1	14.0	16.9	16.2	15.8	16.2	17.0
United Kingdom	19.7	22.0	21.2	21.1	20.7	19.8	19.4	20.2	—	18.5	17.6 [3]	17.1	17.0	16.7	16.7	15.0	11.1	13.9	12.5 [3]	12.3 [3,7]	11.8 [3,7]	11.6 [3,7]	11.3 [3,7]	12.4 [7]
United States	17.0	15.6	15.8	15.0	14.9	14.6	14.6	14.3	16.5	15.9	16.3	15.2	15.1	14.7	14.7	14.8	16.2	15.8	14.1	16.0	16.0	15.7	15.6	15.6
Reporting partner countries																								
Brazil	—	—	—	23.5	22.9	22.5	25.8	24.5	—	—	—	18.8	18.1	17.6	22.3	21.2	—	—	—	18.3	17.6	17.0	20.2	18.4
Estonia	(9)	(9)	—	—	—	14.1	14.4	16.4	(9)	(9)	—	—	—	12.3	11.4	16.0	(9)	(9)	—	—	—	13.3	12.2 [7]	12.4 [7]
Israel	—	—	—	16.9	17.3	17.2	16.4	16.3	—	—	—	14.1	13.4	14.1	12.4	12.2	—	—	—	12.2	13.4	13.2	11.8	10.9
Russian Federation	(9)	(9)	—	17.0	—	—	17.0 [2]	17.3 [2,13]	(9)	(9)	—	—	—	—	—	—	(9)	(9)	—	10.3 [4,7]	11.2 [7,14]	9.9 [4,7,14]	8.8 [4,7,13]	8.7 [4,7,13]
Slovenia	(9)	(9)	—	—	15.0	14.9	15.2	15.8	(9)	(9)	—	—	11.1	10.2	9.5	8.9	(9)	(9)	—	—	14.6	14.0 [7]	13.9 [7]	13.7 [7]

—Not available.
†Not applicable. This level of education does not exist within the national education structure; students in the age group normally associated with this education level are reported in other levels.
[1]Refers to the mean of the data values for all reporting OECD countries, to which each country reporting data contributes equally. The average is omitted for years in which less than 75 percent of the countries reported data.
[2]Public schools only.
[3]Includes only general programs.
[4]Includes junior high school data.
[5]Includes preprimary data.
[6]Excludes independent private institutions.
[7]Includes postsecondary non-higher-education.
[8]Includes elementary school data.
[9]Country did not exist in its current form in the given year.
[10]Includes tertiary type B education (i.e., occupation-specific education corresponding to that offered at the associate's degree level in the United States).
[11]Data for 1985 are for the former West Germany.
[12]Data included for Greece 2008 are from 2007.
[13]Excludes part-time personnel in public institutions.
[14]Excludes general programs.
NOTE: In the U.S. data in this table, elementary school corresponds to grades 1 through 6, junior high school corresponds to grades 7 through 9, and senior high school corresponds to grades 10 through 12.
SOURCE: Organization for Economic Cooperation and Development (OECD), Online Education Database; *Annual National Accounts, Vol. 1, 1997*; and *Education at a Glance*, 2002 through 2010. (This table was prepared June 2010).

Table 408. Average reading literacy, mathematics literacy, and science literacy scores of 15-year-old students, by sex and country: 2009

Country or other jurisdiction	Reading literacy			Mathematics literacy			Science literacy		
	Total	Male	Female	Total	Male	Female	Total	Male	Female
1	2	3	4	5	6	7	8	9	10
OECD total[1]	**492 (1.2)**	**475 (1.4)**	**508 (1.2)**	**488 (1.2)**	**496 (1.3)**	**481 (1.3)**	**496 (1.2)**	**498 (1.5)**	**494 (1.3)**
OECD average[2]	**493 (0.5)**	**474 (0.6)**	**513 (0.5)**	**496 (0.5)**	**501 (0.6)**	**490 (0.6)**	**501 (0.5)**	**501 (0.6)**	**501 (0.6)**
Australia	515 (2.3)	496 (2.9)	533 (2.6)	514 (2.5)	519 (3.0)	509 (2.8)	527 (2.5)	527 (3.1)	528 (2.8)
Austria	470 (2.9)	449 (3.8)	490 (4.0)	496 (2.7)	506 (3.4)	486 (4.0)	494 (3.2)	498 (4.2)	490 (4.4)
Belgium	506 (2.3)	493 (3.4)	520 (2.9)	515 (2.3)	526 (3.3)	504 (3.0)	507 (2.5)	510 (3.6)	503 (3.2)
Canada	524 (1.5)	507 (1.8)	542 (1.7)	527 (1.6)	533 (2.0)	521 (1.7)	529 (1.6)	531 (1.9)	526 (1.9)
Chile	449 (3.1)	439 (3.9)	461 (3.6)	421 (3.1)	431 (3.7)	410 (3.6)	447 (2.9)	452 (3.5)	443 (3.5)
Czech Republic	478 (2.9)	456 (3.7)	504 (3.0)	493 (2.8)	495 (3.9)	490 (3.0)	500 (3.0)	498 (4.0)	503 (3.2)
Denmark	495 (2.1)	480 (2.5)	509 (2.5)	503 (2.6)	511 (3.0)	495 (2.9)	499 (2.5)	505 (3.0)	494 (2.9)
Estonia	501 (2.6)	480 (2.9)	524 (2.8)	512 (2.6)	516 (2.9)	508 (2.9)	528 (2.7)	527 (3.1)	528 (3.1)
Finland	536 (2.3)	508 (2.6)	563 (2.4)	541 (2.2)	542 (2.5)	539 (2.5)	554 (2.3)	546 (2.7)	562 (2.6)
France	496 (3.4)	475 (4.3)	515 (3.4)	497 (3.1)	505 (3.8)	489 (3.4)	498 (3.6)	500 (4.6)	497 (3.5)
Germany	497 (2.7)	478 (3.6)	518 (2.9)	513 (2.9)	520 (3.6)	505 (3.3)	520 (2.8)	523 (3.7)	518 (3.3)
Greece	483 (4.3)	459 (5.5)	506 (3.5)	466 (3.9)	473 (5.4)	459 (3.3)	470 (4.0)	465 (5.1)	475 (3.7)
Hungary	494 (3.2)	475 (3.9)	513 (3.6)	490 (3.5)	496 (4.2)	484 (3.9)	503 (3.1)	503 (3.8)	503 (3.5)
Iceland	500 (1.4)	478 (2.1)	522 (1.9)	507 (1.4)	508 (2.0)	505 (1.9)	496 (1.4)	496 (2.1)	495 (2.0)
Ireland	496 (3.0)	476 (4.2)	515 (3.1)	487 (2.5)	491 (3.4)	483 (3.0)	508 (3.3)	507 (4.3)	509 (3.8)
Israel	474 (3.6)	452 (5.2)	495 (3.4)	447 (3.3)	451 (4.7)	443 (3.3)	455 (3.1)	453 (4.4)	456 (3.2)
Italy	486 (1.6)	464 (2.3)	510 (1.9)	483 (1.9)	490 (2.3)	475 (2.2)	489 (1.8)	488 (2.5)	490 (2.0)
Japan	520 (3.5)	501 (5.6)	540 (3.7)	529 (3.3)	534 (5.3)	524 (3.9)	539 (3.4)	534 (5.5)	545 (3.9)
Korea, Republic of	539 (3.5)	523 (4.9)	558 (3.8)	546 (4.0)	548 (6.2)	544 (4.5)	538 (3.4)	537 (5.0)	539 (4.2)
Luxembourg	472 (1.3)	453 (1.9)	492 (1.5)	489 (1.2)	499 (2.0)	479 (1.3)	484 (1.2)	487 (2.0)	480 (1.6)
Mexico	425 (2.0)	413 (2.1)	438 (2.1)	419 (1.8)	425 (2.1)	412 (1.9)	416 (1.8)	419 (2.0)	413 (1.9)
Netherlands	508 (5.1)	496 (5.1)	521 (5.3)	526 (4.7)	534 (4.8)	517 (5.1)	522 (5.4)	524 (5.3)	520 (5.9)
New Zealand	521 (2.4)	499 (3.6)	544 (2.6)	519 (2.3)	523 (3.2)	515 (2.9)	532 (2.6)	529 (4.0)	535 (2.9)
Norway	503 (2.6)	480 (3.0)	527 (2.9)	498 (2.4)	500 (2.7)	495 (2.8)	500 (2.6)	498 (3.0)	502 (2.8)
Poland	500 (2.6)	476 (2.8)	525 (2.9)	495 (2.8)	497 (3.0)	493 (3.2)	508 (2.4)	505 (2.7)	511 (2.8)
Portugal	489 (3.1)	470 (3.5)	508 (2.9)	487 (2.9)	493 (3.3)	481 (3.1)	493 (2.9)	491 (3.4)	495 (3.0)
Slovak Republic	477 (2.5)	452 (3.5)	503 (2.8)	497 (3.1)	498 (3.7)	495 (3.4)	490 (3.0)	490 (4.0)	491 (3.2)
Slovenia	483 (1.0)	456 (1.6)	511 (1.4)	501 (1.2)	502 (1.8)	501 (1.7)	512 (1.1)	505 (1.7)	519 (1.6)
Spain	481 (2.0)	467 (2.2)	496 (2.2)	483 (2.1)	493 (2.3)	474 (2.5)	488 (2.1)	492 (2.5)	485 (2.3)
Sweden	497 (2.9)	475 (3.2)	521 (3.1)	494 (2.9)	493 (3.1)	495 (3.3)	495 (2.7)	493 (3.0)	497 (3.2)
Switzerland	501 (2.4)	481 (2.9)	520 (2.7)	534 (3.3)	544 (3.7)	524 (3.4)	517 (2.8)	520 (3.2)	512 (3.0)
Turkey	464 (3.5)	443 (3.7)	486 (4.1)	445 (4.4)	451 (4.6)	440 (5.6)	454 (3.6)	448 (3.8)	460 (4.5)
United Kingdom	494 (2.3)	481 (3.5)	507 (2.9)	492 (2.4)	503 (3.2)	482 (3.3)	514 (2.5)	519 (3.6)	509 (3.2)
United States	500 (3.7)	488 (4.2)	513 (3.8)	487 (3.6)	497 (4.0)	477 (3.8)	502 (3.6)	509 (4.2)	495 (3.7)
Reporting partner countries									
Albania	385 (4.0)	355 (5.1)	417 (3.9)	377 (4.0)	372 (4.7)	383 (4.2)	391 (3.9)	377 (4.8)	406 (4.0)
Argentina	398 (4.6)	379 (5.1)	415 (4.9)	388 (4.1)	394 (4.5)	383 (4.4)	401 (4.6)	397 (5.1)	404 (4.8)
Azerbaijan	362 (3.3)	350 (3.7)	374 (3.3)	431 (2.8)	435 (3.1)	427 (3.0)	373 (3.1)	370 (3.4)	377 (3.2)
Brazil	412 (2.7)	397 (2.9)	425 (2.8)	386 (2.4)	394 (2.4)	379 (2.6)	405 (2.4)	407 (2.6)	404 (2.6)
Bulgaria	429 (6.7)	400 (7.3)	461 (5.8)	428 (5.9)	426 (6.2)	430 (6.0)	439 (5.9)	430 (6.8)	450 (5.3)
Colombia	413 (3.7)	408 (4.5)	418 (4.0)	381 (3.2)	398 (4.0)	366 (3.3)	402 (3.6)	413 (4.3)	392 (3.7)
Croatia	476 (2.9)	452 (3.4)	503 (3.7)	460 (3.1)	465 (3.6)	454 (3.9)	486 (2.8)	482 (3.5)	491 (3.9)
Dubai (UAE)	459 (1.1)	435 (1.7)	485 (1.5)	453 (1.1)	454 (1.5)	451 (1.6)	466 (1.2)	453 (1.8)	480 (1.6)
Hong Kong-China	533 (2.1)	518 (3.3)	550 (2.8)	555 (2.7)	561 (4.2)	547 (3.4)	549 (2.8)	550 (3.8)	548 (3.4)
Indonesia	402 (3.7)	383 (3.8)	420 (3.9)	371 (3.7)	371 (4.1)	372 (4.0)	383 (3.8)	378 (4.2)	387 (4.0)
Jordan	405 (3.3)	377 (4.7)	434 (4.1)	387 (3.7)	386 (5.1)	387 (5.2)	415 (3.5)	398 (5.5)	433 (4.2)
Kazakhstan	390 (3.1)	369 (3.2)	412 (3.4)	405 (3.0)	405 (3.1)	405 (3.3)	400 (3.1)	396 (3.4)	405 (3.5)
Kyrgyzstan	314 (3.2)	287 (3.8)	340 (3.2)	331 (2.9)	328 (3.4)	334 (2.8)	330 (2.9)	318 (3.7)	340 (2.9)
Latvia	484 (3.0)	460 (3.4)	507 (3.1)	482 (3.1)	483 (3.5)	481 (3.4)	494 (3.1)	490 (3.7)	497 (3.2)
Liechtenstein	499 (2.8)	484 (4.5)	516 (4.5)	536 (4.1)	547 (5.2)	523 (5.9)	520 (3.4)	527 (5.0)	511 (5.1)
Lithuania	468 (2.4)	439 (2.8)	498 (2.6)	477 (2.6)	474 (3.1)	480 (3.0)	491 (2.9)	483 (3.5)	500 (2.9)
Macao-China	487 (0.9)	470 (1.3)	504 (1.2)	525 (0.9)	531 (1.3)	520 (1.4)	511 (1.0)	510 (1.3)	512 (1.2)
Montenegro	408 (1.7)	382 (2.1)	434 (2.1)	403 (2.0)	408 (2.2)	396 (2.4)	401 (2.0)	395 (2.4)	408 (2.6)
Panama	371 (6.5)	354 (7.0)	387 (7.3)	360 (5.2)	362 (5.6)	357 (6.1)	376 (5.7)	375 (6.4)	377 (6.6)
Peru	370 (4.0)	359 (4.2)	381 (4.9)	365 (4.0)	374 (4.6)	356 (4.4)	369 (3.5)	372 (3.7)	367 (4.4)
Qatar	372 (0.8)	347 (1.3)	397 (1.0)	368 (0.7)	366 (1.2)	371 (1.0)	379 (0.9)	366 (1.4)	393 (1.0)
Romania	424 (4.1)	403 (4.6)	445 (4.3)	427 (3.4)	429 (3.9)	425 (3.8)	428 (3.4)	423 (3.9)	433 (3.7)
Russian Federation	459 (3.3)	437 (3.6)	482 (3.4)	468 (3.3)	469 (3.7)	467 (3.5)	478 (3.3)	477 (3.7)	480 (3.5)
Serbia	442 (2.4)	422 (3.3)	462 (2.5)	442 (2.9)	448 (3.8)	437 (3.2)	443 (2.4)	442 (3.1)	443 (2.8)
Shanghai-China	556 (2.4)	536 (3.0)	576 (2.3)	600 (2.8)	599 (3.7)	601 (3.1)	575 (2.3)	574 (3.1)	575 (2.3)
Singapore	526 (1.1)	511 (1.7)	542 (1.5)	562 (1.4)	565 (1.9)	559 (2.0)	542 (1.4)	541 (1.8)	542 (1.8)
Chinese Taipei	495 (2.6)	477 (3.7)	514 (3.6)	543 (3.4)	546 (4.8)	541 (4.8)	520 (2.6)	520 (3.7)	521 (4.0)
Thailand	421 (2.6)	400 (3.3)	438 (3.1)	419 (3.2)	421 (3.9)	417 (3.8)	425 (3.0)	418 (3.8)	431 (3.4)
Trinidad and Tobago	416 (1.2)	387 (1.9)	445 (1.6)	414 (1.3)	410 (2.3)	418 (1.5)	410 (1.2)	401 (2.1)	419 (1.4)
Tunisia	404 (2.9)	387 (3.2)	418 (3.0)	371 (3.0)	378 (3.3)	366 (3.2)	401 (2.7)	401 (2.9)	400 (2.8)
Uruguay	426 (2.6)	404 (3.2)	445 (2.8)	427 (2.6)	433 (3.0)	421 (2.9)	427 (2.6)	427 (3.2)	428 (2.6)

[1]Illustrates how a country compares with the OECD area as a whole. Computed taking the OECD countries as a single entity, to which each country contributes in proportion to the number of 15-year-olds enrolled in its schools.

[2]Refers to the mean of the data values for all OECD countries, to which each country contributes equally, regardless of the absolute size of the student population of each country.

NOTE: PISA scores are reported on a scale from 0 to 1,000. Standard errors appear in parentheses.

SOURCE: Organization for Economic Cooperation and Development (OECD), Program for International Student Assessment (PISA), 2009, *PISA 2009 Results: What Students Know and Can Do—Student Performance in Reading, Mathematics and Science (Volume I).* (This table was prepared December 2010.)

Table 409. Mean scores and percentage distribution of 15-year-old students scoring at each reading literacy proficiency level, by country: 2009

Country or other jurisdiction	Mean score		Percentage distribution at levels of proficiency[1]															
			Below level 1		Level 1b		Level 1a		Level 2		Level 3		Level 4		Level 5		Level 6	
1	2		3		4		5		6		7		8		9		10	
OECD total[2]	**492**	**(1.2)**	**1.1**	**(0.07)**	**4.8**	**(0.15)**	**13.8**	**(0.26)**	**24.4**	**(0.30)**	**27.9**	**(0.32)**	**19.9**	**(0.31)**	**7.0**	**(0.24)**	**1.0**	**(0.13)**
OECD average[3]	**493**	**(0.5)**	**1.1**	**(0.05)**	**4.6**	**(0.08)**	**13.1**	**(0.13)**	**24.0**	**(0.16)**	**28.9**	**(0.16)**	**20.7**	**(0.16)**	**6.8**	**(0.10)**	**0.8**	**(0.03)**
Australia	515	(2.3)	1.0	(0.12)	3.3	(0.27)	10.0	(0.39)	20.4	(0.57)	28.5	(0.73)	24.1	(0.65)	10.7	(0.54)	2.1	(0.31)
Austria	470	(2.9)	1.9	(0.42)	8.1	(0.81)	17.5	(0.99)	24.1	(0.96)	26.0	(0.92)	17.4	(0.85)	4.5	(0.45)	0.4	(0.13)
Belgium	506	(2.3)	1.1	(0.25)	4.7	(0.46)	11.9	(0.64)	20.3	(0.67)	25.8	(0.85)	24.9	(0.75)	10.1	(0.51)	1.1	(0.19)
Canada	524	(1.5)	0.4	(0.06)	2.0	(0.19)	7.9	(0.34)	20.2	(0.61)	30.0	(0.69)	26.8	(0.58)	11.0	(0.41)	1.8	(0.17)
Chile	449	(3.1)	1.3	(0.24)	7.4	(0.77)	21.9	(0.95)	33.2	(1.11)	25.6	(1.15)	9.3	(0.71)	1.3	(0.25)	#	(†)
Czech Republic	478	(2.9)	0.8	(0.29)	5.5	(0.60)	16.8	(1.06)	27.4	(0.99)	27.0	(1.00)	17.4	(0.97)	4.7	(0.45)	0.4	(0.12)
Denmark	495	(2.1)	0.4	(0.11)	3.1	(0.30)	11.7	(0.72)	26.0	(0.94)	33.1	(1.21)	20.9	(1.11)	4.4	(0.45)	0.3	(0.12)
Estonia	501	(2.6)	0.3	(0.13)	2.4	(0.38)	10.6	(0.86)	25.6	(1.26)	33.8	(1.00)	21.2	(0.81)	5.4	(0.52)	0.6	(0.20)
Finland	536	(2.3)	0.2	(0.07)	1.5	(0.20)	6.4	(0.44)	16.7	(0.62)	30.1	(0.85)	30.6	(0.88)	12.9	(0.74)	1.6	(0.24)
France	496	(3.4)	2.3	(0.52)	5.6	(0.53)	11.8	(0.84)	21.1	(1.03)	27.2	(1.04)	22.4	(1.07)	8.5	(0.83)	1.1	(0.25)
Germany	497	(2.7)	0.8	(0.23)	4.4	(0.46)	13.3	(0.79)	22.2	(0.87)	28.8	(1.09)	22.8	(0.88)	7.0	(0.57)	0.6	(0.15)
Greece	483	(4.3)	1.4	(0.38)	5.6	(0.86)	14.3	(1.07)	25.6	(1.06)	29.3	(1.20)	18.2	(0.98)	5.0	(0.54)	0.6	(0.17)
Hungary	494	(3.2)	0.6	(0.23)	4.7	(0.82)	12.3	(0.95)	23.8	(1.24)	31.0	(1.25)	21.6	(1.11)	5.8	(0.67)	0.3	(0.13)
Iceland	500	(1.4)	1.1	(0.18)	4.2	(0.43)	11.5	(0.71)	22.2	(0.80)	30.6	(0.94)	21.9	(0.84)	7.5	(0.62)	1.0	(0.19)
Ireland	496	(3.0)	1.5	(0.36)	3.9	(0.47)	11.8	(0.71)	23.3	(1.00)	30.6	(0.91)	21.9	(0.91)	6.3	(0.50)	0.7	(0.22)
Israel	474	(3.6)	3.9	(0.66)	8.0	(0.66)	14.7	(0.63)	22.5	(0.96)	25.5	(0.95)	18.1	(0.73)	6.4	(0.54)	1.0	(0.16)
Italy	486	(1.6)	1.4	(0.23)	5.2	(0.32)	14.4	(0.45)	24.0	(0.54)	28.9	(0.55)	20.2	(0.48)	5.4	(0.30)	0.4	(0.10)
Japan	520	(3.5)	1.3	(0.36)	3.4	(0.49)	8.9	(0.66)	18.0	(0.84)	28.0	(0.88)	27.0	(0.95)	11.5	(0.71)	1.9	(0.36)
Korea, Republic of	539	(3.5)	0.2	(0.15)	0.9	(0.30)	4.7	(0.63)	15.4	(1.01)	33.0	(1.23)	32.9	(1.42)	11.9	(0.96)	1.0	(0.20)
Luxembourg	472	(1.3)	3.1	(0.27)	7.3	(0.45)	15.7	(0.59)	24.0	(0.70)	27.0	(0.65)	17.3	(0.61)	5.2	(0.43)	0.5	(0.15)
Mexico	425	(2.0)	3.2	(0.34)	11.4	(0.48)	25.5	(0.56)	33.0	(0.57)	21.2	(0.59)	5.3	(0.39)	0.4	(0.07)	#	(†)
Netherlands	508	(5.1)	0.1	(0.05)	1.8	(0.31)	12.5	(1.36)	24.7	(1.53)	27.6	(1.24)	23.5	(1.66)	9.1	(1.00)	0.7	(0.22)
New Zealand	521	(2.4)	0.9	(0.22)	3.2	(0.45)	10.2	(0.58)	19.3	(0.75)	25.8	(0.76)	24.8	(0.81)	12.9	(0.76)	2.9	(0.38)
Norway	503	(2.6)	0.5	(0.14)	3.4	(0.39)	11.0	(0.66)	23.6	(0.84)	30.9	(0.86)	22.1	(1.16)	7.6	(0.87)	0.8	(0.20)
Poland	500	(2.6)	0.6	(0.15)	3.1	(0.35)	11.3	(0.66)	24.5	(1.08)	31.0	(0.98)	22.3	(0.99)	6.5	(0.55)	0.7	(0.15)
Portugal	489	(3.1)	0.6	(0.14)	4.0	(0.41)	13.0	(0.97)	26.4	(1.09)	31.6	(1.09)	19.6	(0.92)	4.6	(0.48)	0.2	(0.10)
Slovak Republic	477	(2.5)	0.8	(0.28)	5.6	(0.62)	15.9	(0.83)	28.1	(1.04)	28.5	(1.14)	16.7	(0.79)	4.2	(0.48)	0.3	(0.11)
Slovenia	483	(1.0)	0.8	(0.09)	5.2	(0.34)	15.2	(0.49)	25.6	(0.71)	29.2	(0.86)	19.3	(0.80)	4.3	(0.54)	0.3	(0.12)
Spain	481	(2.0)	1.2	(0.18)	4.7	(0.39)	13.6	(0.64)	26.8	(0.84)	32.6	(0.95)	17.7	(0.66)	3.2	(0.29)	0.2	(0.08)
Sweden	497	(2.9)	1.5	(0.25)	4.3	(0.38)	11.7	(0.71)	23.5	(0.99)	29.8	(0.98)	20.3	(0.92)	7.7	(0.59)	1.3	(0.25)
Switzerland	501	(2.4)	0.7	(0.15)	4.1	(0.38)	12.1	(0.62)	22.7	(0.70)	29.7	(0.78)	22.6	(0.82)	7.4	(0.68)	0.7	(0.22)
Turkey	464	(3.5)	0.8	(0.19)	5.6	(0.63)	18.1	(0.98)	32.2	(1.16)	29.1	(1.07)	12.4	(1.11)	1.8	(0.38)	#	(†)
United Kingdom	494	(2.3)	1.0	(0.20)	4.1	(0.35)	13.4	(0.64)	24.9	(0.72)	28.8	(0.84)	19.8	(0.79)	7.0	(0.47)	1.0	(0.19)
United States	500	(3.7)	0.6	(0.13)	4.0	(0.45)	13.1	(0.84)	24.4	(0.86)	27.6	(0.83)	20.6	(0.90)	8.4	(0.75)	1.5	(0.42)

See notes at end of table.

Table 409. Mean scores and percentage distribution of 15-year-old students scoring at each reading literacy proficiency level, by country: 2009—Continued

Country or other jurisdiction	Mean score		Percentage distribution at levels of proficiency[1]: Below level 1		Level 1b		Level 1a		Level 2		Level 3		Level 4		Level 5		Level 6	
1	2		3		4		5		6		7		8		9		10	
Reporting partner countries																		
Albania	385	(4.0)	11.3	(0.92)	18.7	(1.32)	26.6	(1.18)	25.6	(1.33)	14.4	(1.18)	3.1	(0.48)	0.2	(0.11)	‡	(†)
Argentina	398	(4.6)	10.8	(1.10)	15.8	(1.25)	25.0	(1.30)	25.4	(1.22)	16.0	(1.04)	6.0	(0.83)	0.9	(0.23)	0.1	(0.05)
Azerbaijan	362	(3.3)	9.7	(1.05)	26.1	(1.14)	36.9	(1.21)	21.5	(1.17)	5.3	(0.77)	0.5	(0.15)	#	(†)	‡	(†)
Brazil	412	(2.7)	5.0	(0.38)	16.0	(0.67)	28.6	(0.81)	27.1	(0.78)	15.9	(0.86)	6.1	(0.53)	1.2	(0.21)	0.1	(0.05)
Bulgaria	429	(6.7)	8.0	(1.09)	12.9	(1.36)	20.1	(1.35)	23.4	(1.15)	21.8	(1.43)	11.0	(1.14)	2.6	(0.50)	0.2	(0.08)
Colombia	413	(3.7)	4.2	(0.71)	13.9	(0.99)	29.0	(1.22)	30.6	(1.11)	17.1	(1.03)	4.6	(0.48)	0.5	(0.16)	#	(†)
Croatia	476	(2.9)	1.0	(0.21)	5.0	(0.45)	16.5	(0.97)	27.4	(1.02)	30.6	(1.21)	16.4	(0.97)	3.1	(0.40)	0.1	(0.10)
Dubai (UAE)	459	(1.1)	3.7	(0.23)	9.4	(0.45)	17.9	(0.50)	25.4	(0.71)	23.5	(0.77)	14.8	(0.71)	4.8	(0.49)	0.5	(0.18)
Hong Kong-China	533	(2.1)	0.2	(0.08)	1.5	(0.30)	6.6	(0.59)	16.1	(0.75)	31.4	(0.90)	31.8	(0.89)	11.2	(0.70)	1.2	(0.26)
Indonesia	402	(3.7)	1.7	(0.38)	14.1	(1.31)	37.6	(1.64)	34.3	(1.38)	11.2	(1.35)	1.0	(0.34)	‡	(†)	‡	(†)
Jordan	405	(3.3)	6.9	(0.62)	13.6	(0.78)	27.6	(0.96)	31.8	(0.98)	16.5	(0.99)	3.4	(0.44)	0.2	(0.09)	‡	(†)
Kazakhstan	390	(3.1)	7.5	(0.65)	20.4	(0.99)	30.7	(0.88)	24.1	(0.93)	13.1	(0.87)	3.7	(0.49)	0.4	(0.12)	‡	(†)
Kyrgyzstan	314	(3.2)	29.8	(1.25)	29.7	(0.91)	23.8	(0.94)	11.5	(0.83)	4.2	(0.57)	1.0	(0.28)	0.1	(0.06)	‡	(†)
Latvia	484	(3.0)	0.4	(0.15)	3.3	(0.57)	13.9	(1.00)	28.8	(1.45)	33.5	(1.21)	17.2	(1.01)	2.9	(0.44)	‡	(†)
Liechtenstein	499	(2.8)	‡	(†)	2.8	(1.15)	12.8	(1.83)	24.0	(2.85)	31.1	(2.76)	24.6	(2.34)	4.2	(1.39)	‡	(†)
Lithuania	468	(2.4)	0.9	(0.26)	5.5	(0.56)	17.9	(0.87)	30.0	(1.03)	28.6	(0.94)	14.1	(0.80)	2.8	(0.38)	0.1	(0.06)
Macao-China	487	(0.9)	0.3	(0.09)	2.6	(0.25)	12.0	(0.43)	30.6	(0.63)	34.8	(0.67)	16.9	(0.50)	2.8	(0.25)	0.1	(0.05)
Montenegro	408	(1.7)	5.9	(0.53)	15.8	(0.80)	27.8	(0.81)	28.0	(0.88)	16.8	(0.85)	5.0	(0.46)	0.6	(0.17)	‡	(†)
Panama	371	(6.5)	13.3	(1.83)	23.1	(1.78)	28.9	(1.79)	20.7	(1.43)	10.1	(1.36)	3.4	(0.68)	0.5	(0.23)	‡	(†)
Peru	370	(4.0)	14.1	(0.93)	22.0	(1.01)	28.7	(1.10)	22.1	(0.94)	10.1	(0.86)	2.6	(0.51)	0.4	(0.21)	#	(†)
Qatar	372	(0.8)	17.8	(0.33)	22.4	(0.48)	23.2	(0.63)	18.3	(0.44)	11.1	(0.48)	5.4	(0.27)	1.5	(0.16)	0.2	(0.07)
Romania	424	(4.1)	4.1	(0.69)	12.7	(1.08)	23.6	(1.25)	31.6	(1.31)	21.2	(1.31)	6.1	(0.71)	0.7	(0.17)	‡	(†)
Russian Federation	459	(3.3)	1.6	(0.35)	6.8	(0.58)	19.0	(0.79)	31.6	(0.97)	26.8	(0.88)	11.1	(0.66)	2.8	(0.43)	0.3	(0.11)
Serbia	442	(2.4)	2.0	(0.36)	8.8	(0.67)	22.1	(0.87)	33.2	(1.02)	25.3	(0.96)	7.9	(0.56)	0.8	(0.16)	#	(†)
Shanghai-China	556	(2.4)	0.1	(0.04)	0.6	(0.14)	3.4	(0.47)	13.3	(0.86)	28.5	(1.16)	34.7	(1.04)	17.0	(0.99)	2.4	(0.45)
Singapore	526	(1.1)	0.4	(0.11)	2.7	(0.26)	9.3	(0.50)	18.5	(0.60)	27.6	(0.81)	25.7	(0.73)	13.1	(0.54)	2.6	(0.34)
Chinese Taipei	495	(2.6)	0.7	(0.18)	3.5	(0.35)	11.4	(0.63)	24.6	(0.80)	33.5	(1.09)	21.0	(0.97)	4.8	(0.76)	0.4	(0.20)
Thailand	421	(2.6)	1.2	(0.29)	9.9	(0.82)	31.7	(1.12)	36.8	(1.15)	16.7	(0.82)	3.3	(0.52)	0.3	(0.15)	‡	(†)
Trinidad and Tobago	416	(1.2)	9.6	(0.51)	14.2	(0.61)	21.0	(0.81)	25.0	(0.94)	19.0	(0.86)	8.9	(0.51)	2.1	(0.27)	0.2	(0.07)
Tunisia	404	(2.9)	5.5	(0.52)	15.0	(0.78)	29.6	(1.10)	31.5	(1.22)	15.1	(1.04)	3.1	(0.52)	0.2	(0.12)	‡	(†)
Uruguay	426	(2.6)	5.5	(0.58)	12.5	(0.68)	23.9	(0.70)	28.0	(0.73)	20.3	(0.73)	8.1	(0.51)	1.7	(0.26)	0.1	(0.06)

†Not applicable.
#Rounds to zero.
‡Reporting standards not met.
[1]Level 1b: Able to locate a single piece of explicitly stated information in a prominent position in a short, syntactically simple text and make simple connections between adjacent pieces of information. Level 1a: Able to locate explicitly stated information, recognize the main theme in a text about a familiar topic, and make a simple connection between information in the text and common, everyday knowledge. Level 2: Able to locate information which may need to be inferred and may need to meet several conditions, recognize the main idea in a text, understand relationships, construe meaning within part of the text when the information is not prominent, and make comparisons or connections between the text and outside knowledge by drawing on personal experience and attitudes. Level 3: Able to recognize the relationship between several pieces of information that must meet multiple conditions; integrate parts of a text in order to identify a main idea, understand a relationship, or construe the meaning of a word or phrase; compare, contrast or categorize where the required information is not prominent or there is much competing information or other obstacles in the text; make connections, comparisons, and explanations; evaluate a feature of the text; and demonstrate an understanding of the text by relating it to everyday knowledge or by drawing on less common knowledge. Level 4: Able to locate and organize embedded information, interpret the meaning of language by taking into account the text as a whole, understand and apply categories in an unfamiliar context, use formal knowledge to hypothesize about or critically evaluate a text, and demonstrate an understanding of long or complex texts with unfamiliar form or content. Level 5: Able to locate and organize deeply embedded information, infer relevant information in the text, perform critical evaluation or form a hypothesis by drawing on specialized knowledge, and fully understand texts with unfamiliar form or context. Level 6: Able to make multiple inferences, comparisons, and contrasts that are both detailed and precise; demonstrate full understanding of texts and integrate information from more than one text; deal with unfamiliar ideas in the presence of prominent competing information; generate abstract categories for interpretation; hypothesize about or critically evaluate a complex text on an unfamiliar topic, taking into account multiple criteria or perspectives; and apply sophisticated understandings from beyond the text.
[2]Illustrates how a country compares with the OECD area as a whole. Computed by taking the OECD countries as a single entity to which each country contributes in proportion to the number of 15-year-olds enrolled in its schools.
[3]Refers to the mean of the data values for all OECD countries, to which each country contributes equally, regardless of the absolute size of the student population of each country.
NOTE: PISA scores are reported on a scale from 0 to 1,000. Detail may not sum to totals because of rounding. Standard errors appear in parentheses.
SOURCE: Organization for Economic Cooperation and Development (OECD), Program for International Student Assessment (PISA), 2009, *PISA 2009 Results: What Students Know and Can Do—Student Performance in Reading, Mathematics, and Science (Volume I)*. (This table was prepared December 2010.)

Table 410. Mean scores and percentage distribution of 15-year-old students scoring at each mathematics literacy proficiency level, by country: 2009

Country or other jurisdiction	Mean score		Percentage distribution at levels of proficiency[1]													
			Below level 1		Level 1		Level 2		Level 3		Level 4		Level 5		Level 6	
1	2		3		4		5		6		7		8		9	
OECD total[2]	**488**	**(1.2)**	**9.3**	**(0.25)**	**15.5**	**(0.33)**	**22.7**	**(0.31)**	**23.5**	**(0.24)**	**17.3**	**(0.30)**	**8.9**	**(0.24)**	**2.8**	**(0.16)**
OECD average[3]	**496**	**(0.5)**	**8.0**	**(0.12)**	**14.0**	**(0.13)**	**22.0**	**(0.15)**	**24.3**	**(0.17)**	**18.9**	**(0.15)**	**9.6**	**(0.12)**	**3.1**	**(0.08)**
Australia	514	(2.5)	5.1	(0.33)	10.8	(0.53)	20.3	(0.61)	25.8	(0.54)	21.7	(0.56)	11.9	(0.54)	4.5	(0.56)
Austria	496	(2.7)	7.8	(0.75)	15.4	(0.90)	21.2	(0.88)	23.0	(0.89)	19.6	(0.93)	9.9	(0.70)	3.0	(0.35)
Belgium	515	(2.3)	7.7	(0.63)	11.3	(0.54)	17.5	(0.69)	21.8	(0.73)	21.3	(0.76)	14.6	(0.56)	5.8	(0.44)
Canada	527	(1.6)	3.1	(0.25)	8.3	(0.42)	18.8	(0.48)	26.5	(0.86)	25.0	(0.68)	13.9	(0.45)	4.4	(0.27)
Chile	421	(3.1)	21.7	(1.19)	29.4	(1.09)	27.3	(0.98)	14.8	(0.96)	5.6	(0.59)	1.2	(0.29)	0.1	(0.09)
Czech Republic	493	(2.8)	7.0	(0.83)	15.3	(0.82)	24.2	(1.00)	24.4	(1.09)	17.4	(0.81)	8.5	(0.64)	3.2	(0.39)
Denmark	503	(2.6)	4.9	(0.49)	12.1	(0.80)	23.0	(0.91)	27.4	(1.06)	21.0	(0.89)	9.1	(0.83)	2.5	(0.47)
Estonia	512	(2.6)	3.0	(0.42)	9.6	(0.68)	22.7	(0.86)	29.9	(0.94)	22.7	(0.81)	9.8	(0.79)	2.2	(0.43)
Finland	541	(2.2)	1.7	(0.25)	6.1	(0.45)	15.6	(0.83)	27.1	(0.95)	27.8	(0.87)	16.7	(0.79)	4.9	(0.53)
France	497	(3.1)	9.5	(0.88)	13.1	(1.07)	19.9	(0.94)	23.8	(1.12)	20.1	(1.01)	10.4	(0.72)	3.3	(0.48)
Germany	513	(2.9)	6.4	(0.63)	12.2	(0.72)	18.8	(0.88)	23.1	(0.87)	21.7	(0.92)	13.2	(0.87)	4.6	(0.46)
Greece	466	(3.9)	11.3	(1.22)	19.1	(1.01)	26.4	(1.25)	24.0	(1.05)	13.6	(0.78)	4.9	(0.56)	0.8	(0.16)
Hungary	490	(3.5)	8.1	(0.99)	14.2	(0.95)	23.2	(1.18)	26.0	(1.24)	18.4	(1.02)	8.1	(0.79)	2.0	(0.45)
Iceland	507	(1.4)	5.7	(0.43)	11.3	(0.52)	21.3	(0.88)	27.3	(0.90)	20.9	(0.90)	10.5	(0.67)	3.1	(0.40)
Ireland	487	(2.5)	7.3	(0.63)	13.6	(0.74)	24.5	(1.09)	28.6	(1.20)	19.4	(0.92)	5.8	(0.59)	0.9	(0.20)
Israel	447	(3.3)	20.5	(1.17)	18.9	(0.90)	22.5	(0.92)	20.1	(0.87)	12.0	(0.71)	4.7	(0.51)	1.2	(0.28)
Italy	483	(1.9)	9.1	(0.44)	15.9	(0.48)	24.2	(0.59)	24.6	(0.48)	17.3	(0.57)	7.4	(0.40)	1.6	(0.15)
Japan	529	(3.3)	4.0	(0.57)	8.5	(0.65)	17.4	(0.90)	25.7	(1.08)	23.5	(1.04)	14.7	(0.88)	6.2	(0.78)
Korea, Republic of	546	(4.0)	1.9	(0.49)	6.2	(0.72)	15.6	(0.99)	24.4	(1.21)	26.3	(1.30)	17.7	(0.97)	7.8	(0.96)
Luxembourg	489	(1.2)	9.6	(0.53)	14.4	(0.57)	22.7	(0.72)	23.1	(0.98)	19.0	(0.82)	9.0	(0.61)	2.3	(0.36)
Mexico	419	(1.8)	21.9	(0.79)	28.9	(0.59)	28.3	(0.61)	15.6	(0.56)	4.7	(0.36)	0.7	(0.11)	#	(†)
Netherlands	526	(4.7)	2.8	(0.59)	10.6	(1.33)	19.0	(1.37)	23.9	(0.98)	23.9	(1.25)	15.4	(1.18)	4.4	(0.52)
New Zealand	519	(2.3)	5.3	(0.53)	10.2	(0.54)	19.1	(0.84)	24.4	(0.88)	22.2	(0.98)	13.6	(0.74)	5.3	(0.45)
Norway	498	(2.4)	5.5	(0.50)	12.7	(0.83)	24.3	(0.93)	27.5	(1.02)	19.7	(0.86)	8.4	(0.58)	1.8	(0.34)
Poland	495	(2.8)	6.1	(0.54)	14.4	(0.75)	24.0	(0.88)	26.1	(0.77)	19.0	(0.85)	8.2	(0.61)	2.2	(0.41)
Portugal	487	(2.9)	8.4	(0.62)	15.3	(0.83)	23.9	(0.93)	25.0	(1.03)	17.7	(0.79)	7.7	(0.63)	1.9	(0.35)
Slovak Republic	497	(3.1)	7.0	(0.68)	14.0	(0.79)	23.2	(1.08)	25.0	(1.54)	18.1	(1.24)	9.1	(0.69)	3.6	(0.63)
Slovenia	501	(1.2)	6.5	(0.40)	13.8	(0.60)	22.5	(0.67)	23.9	(0.69)	19.0	(0.79)	10.3	(0.57)	3.9	(0.36)
Spain	483	(2.1)	9.1	(0.48)	14.6	(0.58)	23.9	(0.58)	26.6	(0.63)	17.7	(0.62)	6.7	(0.39)	1.3	(0.16)
Sweden	494	(2.9)	7.5	(0.65)	13.6	(0.72)	23.4	(0.81)	25.2	(0.75)	19.0	(0.88)	8.9	(0.64)	2.5	(0.35)
Switzerland	534	(3.3)	4.5	(0.40)	9.0	(0.65)	15.9	(0.63)	23.0	(0.92)	23.5	(0.80)	16.3	(0.78)	7.8	(0.75)
Turkey	445	(4.4)	17.7	(1.35)	24.5	(1.11)	25.2	(1.18)	17.4	(1.07)	9.6	(0.90)	4.4	(0.91)	1.3	(0.46)
United Kingdom	492	(2.4)	6.2	(0.46)	14.0	(0.71)	24.9	(0.88)	27.2	(1.10)	17.9	(0.96)	8.1	(0.63)	1.8	(0.27)
United States	487	(3.6)	8.1	(0.72)	15.3	(0.98)	24.4	(0.97)	25.2	(0.95)	17.1	(0.93)	8.0	(0.85)	1.9	(0.46)

See notes at end of table.

Table 410. Mean scores and percentage distribution of 15-year-old students scoring at each mathematics literacy proficiency level, by country: 2009—Continued

Country or other jurisdiction	Mean score		Percentage distribution at levels of proficiency[1]: Below level 1		Level 1		Level 2		Level 3		Level 4		Level 5		Level 6	
1	2		3		4		5		6		7		8		9	
Reporting partner countries																
Albania	377	(4.0)	40.5	(1.76)	27.2	(1.22)	20.2	(1.25)	9.1	(0.85)	2.6	(0.58)	0.4	(0.16)	#	(†)
Argentina	388	(4.1)	37.2	(1.75)	26.4	(1.11)	20.8	(1.09)	10.9	(0.95)	3.9	(0.66)	0.8	(0.26)	0.1	(0.07)
Azerbaijan	431	(2.8)	11.5	(0.96)	33.8	(1.24)	35.3	(1.29)	14.8	(1.04)	3.6	(0.51)	0.9	(0.34)	0.2	(0.12)
Brazil	386	(2.4)	38.1	(1.25)	31.0	(0.91)	19.0	(0.75)	8.1	(0.64)	3.0	(0.32)	0.7	(0.19)	0.1	(0.05)
Bulgaria	428	(5.9)	24.5	(1.91)	22.7	(1.08)	23.4	(1.11)	17.5	(1.36)	8.2	(0.90)	3.0	(0.70)	0.8	(0.36)
Colombia	381	(3.2)	38.8	(2.02)	31.6	(1.30)	20.3	(1.28)	7.5	(0.66)	1.6	(0.33)	0.1	(0.06)	#	(†)
Croatia	460	(3.1)	12.4	(0.85)	20.8	(0.94)	26.7	(0.83)	22.7	(0.97)	12.5	(0.84)	4.3	(0.51)	0.6	(0.22)
Dubai (UAE)	453	(1.1)	17.6	(0.49)	21.2	(0.59)	23.0	(0.79)	19.6	(0.63)	12.1	(0.55)	5.3	(0.39)	1.2	(0.19)
Hong Kong-China	555	(2.7)	2.6	(0.40)	6.2	(0.53)	13.2	(0.67)	21.9	(0.84)	25.4	(0.91)	19.9	(0.82)	10.8	(0.78)
Indonesia	371	(3.7)	43.5	(2.21)	33.1	(1.54)	16.9	(1.14)	5.4	(0.91)	0.9	(0.32)	0.1	(0.05)	‡	(†)
Jordan	387	(3.7)	35.4	(1.67)	29.9	(1.20)	22.9	(1.03)	9.5	(0.94)	2.1	(0.44)	0.3	(0.17)	#	(†)
Kazakhstan	405	(3.0)	29.6	(1.31)	29.6	(0.94)	23.5	(0.88)	12.0	(0.80)	4.2	(0.48)	0.9	(0.29)	0.3	(0.19)
Kyrgyzstan	331	(2.9)	64.8	(1.43)	21.8	(0.98)	9.3	(0.76)	3.3	(0.51)	0.7	(0.24)	#	(†)	‡	(†)
Latvia	482	(3.1)	5.8	(0.69)	16.7	(1.15)	27.2	(1.04)	28.2	(1.08)	16.4	(1.01)	5.1	(0.50)	0.6	(0.15)
Liechtenstein	536	(4.1)	3.0	(0.99)	6.5	(1.61)	15.0	(2.18)	26.2	(2.26)	31.2	(3.25)	13.0	(2.45)	5.0	(1.42)
Lithuania	477	(2.6)	9.0	(0.79)	17.3	(0.85)	26.1	(1.10)	25.3	(0.98)	15.4	(0.77)	5.7	(0.56)	1.3	(0.26)
Macao-China	525	(0.9)	2.8	(0.25)	8.2	(0.46)	19.6	(0.58)	27.8	(0.90)	24.5	(0.78)	12.8	(0.43)	4.3	(0.28)
Montenegro	403	(2.0)	29.6	(1.07)	28.8	(1.00)	24.6	(1.04)	12.2	(0.68)	3.8	(0.35)	0.9	(0.20)	0.1	(0.05)
Panama	360	(5.2)	51.5	(2.90)	27.3	(1.72)	13.9	(1.51)	5.6	(0.92)	1.4	(0.36)	0.4	(0.22)	#	(†)
Peru	365	(4.0)	47.6	(1.81)	25.9	(1.16)	16.9	(1.26)	6.8	(0.70)	2.1	(0.43)	0.5	(0.18)	0.1	(0.06)
Qatar	368	(0.7)	51.1	(0.56)	22.7	(0.64)	13.1	(0.48)	7.2	(0.35)	4.2	(0.25)	1.5	(0.17)	0.3	(0.08)
Romania	427	(3.4)	19.5	(1.42)	27.5	(1.15)	28.6	(1.39)	17.3	(1.02)	5.9	(0.77)	1.2	(0.33)	0.1	(0.08)
Russian Federation	468	(3.3)	9.5	(0.92)	19.0	(1.16)	28.5	(1.03)	25.0	(1.00)	12.7	(0.87)	4.3	(0.57)	1.0	(0.27)
Serbia	442	(2.9)	17.6	(1.04)	22.9	(0.84)	26.5	(1.07)	19.9	(0.97)	9.5	(0.62)	2.9	(0.41)	0.6	(0.18)
Shanghai-China	600	(2.8)	1.4	(0.26)	3.4	(0.38)	8.7	(0.63)	15.2	(0.79)	20.8	(0.79)	23.8	(0.80)	26.6	(1.19)
Singapore	562	(1.4)	3.0	(0.26)	6.8	(0.57)	13.1	(0.56)	18.7	(0.80)	22.8	(0.62)	20.0	(0.87)	15.6	(0.63)
Chinese Taipei	543	(3.4)	4.2	(0.48)	8.6	(0.65)	15.5	(0.68)	20.9	(0.88)	22.2	(0.86)	17.2	(0.92)	11.3	(1.16)
Thailand	419	(3.2)	22.1	(1.37)	30.4	(0.92)	27.3	(1.09)	14.0	(0.85)	4.9	(0.57)	1.0	(0.27)	0.3	(0.22)
Trinidad and Tobago	414	(1.3)	30.1	(0.79)	23.1	(0.97)	21.2	(0.89)	15.4	(0.63)	7.7	(0.44)	2.1	(0.25)	0.3	(0.15)
Tunisia	371	(3.0)	43.4	(1.66)	30.2	(1.46)	18.7	(0.90)	6.1	(0.69)	1.3	(0.44)	0.2	(0.16)	#	(†)
Uruguay	427	(2.6)	22.9	(1.16)	24.6	(1.08)	25.1	(0.99)	17.0	(0.73)	7.9	(0.55)	2.1	(0.34)	0.3	(0.12)

†Not applicable.
#Rounds to zero.
‡Reporting standards not met.
[1]Level 1: Able to answer questions involving familiar contexts where all relevant information is present and the questions are clearly defined. Level 2: Able to interpret and recognize situations in contexts that require no more than direct inference; extract relevant information from a single source; employ basic algorithms, formulae, procedures, or conventions; and employ direct reasoning for literal interpretations of results. Level 3: Able to execute clearly described procedures, select and apply simple problem solving strategies, interpret and use representations based on different information sources, and develop short communications reporting one's interpretations, results, and reasoning. Level 4: Able to work effectively with explicit models for complex concrete situations that may involve constraints or call for making assumptions, select and integrate different representations, reason with some insight, and construct and communicate explanations and arguments based on one's interpretations and actions. Level 5: Able to develop and work with models for complex situations, select and evaluate appropriate problem solving strategies, work strategically using broad, well-developed thinking and reasoning skills, and communicate one's interpretations and reasoning. Level 6: Able to conceptualize, generalize, and utilize information; link different information sources and representations; perform advanced mathematical thinking and reasoning; develop new approaches and strategies for attacking novel situations; and formulate and precisely communicate actions and reflections regarding findings and interpretations.
[2]Illustrates how a country compares with the OECD area as a whole. Computed by taking the OECD countries as a single entity to which each country contributes in proportion to the number of 15-year-olds enrolled in its schools.
[3]Refers to the mean of the data values for all OECD countries, to which each country contributes equally, regardless of the absolute size of the student population of each country.
NOTE: PISA scores are reported on a scale from 0 to 1,000. Detail may not sum to totals because of rounding. Standard errors appear in parentheses.
SOURCE: Organization for Economic Cooperation and Development (OECD), Program for International Student Assessment (PISA), 2009, *PISA 2009 Results: What Students Know and Can Do—Student Performance in Reading, Mathematics and Science (Volume I)*. (This table was prepared December 2010.)

Table 411. Mean scores and percentage distribution of 15-year-old students scoring at each science literacy proficiency level, by country: 2009

Country or other jurisdiction	Mean score		Percentage distribution at levels of proficiency[1]													
			Below Level 1		Level 1		Level 2		Level 3		Level 4		Level 5		Level 6	
1		2		3		4		5		6		7		8		9
OECD total[2]	**496**	**(1.2)**	**5.4**	**(0.19)**	**14.6**	**(0.32)**	**24.8**	**(0.28)**	**27.1**	**(0.25)**	**19.6**	**(0.32)**	**7.3**	**(0.25)**	**1.1**	**(0.10)**
OECD average[3]	**501**	**(0.5)**	**5.0**	**(0.10)**	**13.0**	**(0.14)**	**24.4**	**(0.16)**	**28.6**	**(0.17)**	**20.6**	**(0.16)**	**7.4**	**(0.10)**	**1.1**	**(0.04)**
Australia	527	(2.5)	3.4	(0.27)	9.2	(0.48)	20.0	(0.59)	28.4	(0.65)	24.5	(0.66)	11.5	(0.58)	3.1	(0.50)
Austria	494	(3.2)	6.7	(0.83)	14.3	(0.99)	23.8	(1.00)	26.6	(1.04)	20.6	(1.03)	7.1	(0.61)	1.0	(0.19)
Belgium	507	(2.5)	6.4	(0.57)	11.7	(0.61)	20.7	(0.65)	27.2	(0.76)	24.0	(0.82)	9.0	(0.59)	1.1	(0.19)
Canada	529	(1.6)	2.0	(0.21)	7.5	(0.37)	20.9	(0.49)	31.2	(0.62)	26.2	(0.65)	10.5	(0.45)	1.6	(0.15)
Chile	447	(2.9)	8.4	(0.83)	23.9	(1.07)	35.2	(0.94)	23.6	(1.07)	7.9	(0.69)	1.1	(0.22)	#	(†)
Czech Republic	500	(3.0)	4.7	(0.57)	12.6	(0.90)	25.6	(0.97)	28.8	(1.25)	19.9	(0.87)	7.2	(0.58)	1.2	(0.22)
Denmark	499	(2.5)	4.1	(0.42)	12.5	(0.65)	26.0	(0.77)	30.6	(1.07)	20.1	(0.85)	5.9	(0.55)	0.9	(0.23)
Estonia	528	(2.7)	1.3	(0.31)	7.0	(0.72)	21.3	(1.07)	34.3	(1.10)	25.7	(1.07)	9.0	(0.63)	1.4	(0.26)
Finland	554	(2.3)	1.1	(0.19)	4.9	(0.41)	15.3	(0.73)	28.8	(0.95)	31.2	(1.08)	15.4	(0.74)	3.3	(0.34)
France	498	(3.6)	7.1	(0.82)	12.2	(0.83)	22.1	(1.25)	28.8	(1.32)	21.7	(1.02)	7.3	(0.70)	0.8	(0.22)
Germany	520	(2.8)	4.1	(0.51)	10.7	(0.81)	20.1	(0.86)	27.3	(1.08)	25.0	(1.18)	10.9	(0.68)	1.9	(0.29)
Greece	470	(4.0)	7.2	(1.07)	18.1	(1.04)	29.8	(0.96)	27.9	(1.20)	14.0	(0.95)	2.8	(0.31)	0.3	(0.11)
Hungary	503	(3.1)	3.8	(0.93)	10.4	(0.86)	25.5	(1.13)	33.2	(1.32)	21.8	(1.19)	5.1	(0.55)	0.3	(0.13)
Iceland	496	(1.4)	5.5	(0.48)	12.5	(0.63)	25.8	(0.75)	30.4	(0.94)	18.8	(0.84)	6.1	(0.43)	0.8	(0.19)
Ireland	508	(3.3)	4.4	(0.69)	10.7	(1.01)	23.3	(1.17)	29.9	(0.99)	22.9	(0.95)	7.5	(0.68)	1.2	(0.23)
Israel	455	(3.1)	13.9	(1.06)	19.2	(0.72)	26.0	(1.04)	24.1	(0.76)	12.8	(0.72)	3.5	(0.36)	0.5	(0.13)
Italy	489	(1.8)	6.1	(0.39)	14.5	(0.50)	25.5	(0.63)	29.5	(0.54)	18.6	(0.53)	5.3	(0.29)	0.5	(0.07)
Japan	539	(3.4)	3.2	(0.52)	7.5	(0.68)	16.3	(0.87)	26.6	(0.83)	29.5	(0.98)	14.4	(0.73)	2.6	(0.39)
Korea, Republic of	538	(3.4)	1.1	(0.32)	5.2	(0.68)	18.5	(1.15)	33.1	(1.13)	30.4	(1.14)	10.5	(0.90)	1.1	(0.31)
Luxembourg	484	(1.2)	8.4	(0.52)	15.3	(0.88)	24.3	(0.69)	27.1	(0.87)	18.2	(0.91)	6.0	(0.49)	0.7	(0.12)
Mexico	416	(1.8)	14.5	(0.60)	32.8	(0.64)	33.6	(0.60)	15.8	(0.61)	3.1	(0.27)	0.2	(0.05)	#	(†)
Netherlands	522	(5.4)	2.6	(0.53)	10.6	(1.33)	21.8	(1.53)	26.9	(1.07)	25.3	(1.69)	11.2	(1.10)	1.5	(0.30)
New Zealand	532	(2.6)	4.0	(0.53)	9.4	(0.52)	18.1	(1.01)	25.8	(0.88)	25.1	(0.74)	14.0	(0.72)	3.6	(0.36)
Norway	500	(2.6)	3.8	(0.48)	11.9	(0.92)	26.6	(0.95)	31.1	(0.71)	20.1	(0.82)	5.9	(0.65)	0.5	(0.16)
Poland	508	(2.4)	2.3	(0.33)	10.9	(0.69)	26.1	(0.80)	32.1	(0.81)	21.2	(0.97)	6.8	(0.49)	0.8	(0.19)
Portugal	493	(2.9)	3.0	(0.35)	13.5	(0.92)	28.9	(1.08)	32.3	(1.08)	18.1	(1.00)	3.9	(0.51)	0.3	(0.13)
Slovak Republic	490	(3.0)	5.0	(0.58)	14.2	(0.89)	27.6	(1.03)	29.2	(0.95)	17.7	(0.85)	5.6	(0.53)	0.7	(0.20)
Slovenia	512	(1.1)	3.1	(0.22)	11.7	(0.45)	23.7	(0.66)	28.7	(1.05)	23.0	(0.72)	8.7	(0.61)	1.2	(0.27)
Spain	488	(2.1)	4.6	(0.37)	13.6	(0.75)	27.9	(0.67)	32.3	(0.69)	17.6	(0.57)	3.7	(0.26)	0.2	(0.05)
Sweden	495	(2.7)	5.8	(0.51)	13.4	(0.75)	25.6	(0.80)	28.4	(0.84)	18.7	(0.86)	7.1	(0.56)	1.0	(0.22)
Switzerland	517	(2.8)	3.5	(0.31)	10.6	(0.58)	21.3	(1.09)	29.8	(1.02)	24.1	(1.03)	9.2	(0.73)	1.5	(0.23)
Turkey	454	(3.6)	6.9	(0.81)	23.0	(1.13)	34.5	(1.16)	25.2	(1.24)	9.1	(1.13)	1.1	(0.29)	#	(†)
United Kingdom	514	(2.5)	3.8	(0.34)	11.2	(0.68)	22.7	(0.73)	28.8	(0.97)	22.2	(0.83)	9.5	(0.61)	1.9	(0.25)
United States	502	(3.6)	4.2	(0.54)	13.9	(0.93)	25.0	(0.87)	27.5	(0.80)	20.1	(0.94)	7.9	(0.78)	1.3	(0.28)

See notes at end of table.

Table 411. Mean scores and percentage distribution of 15-year-old students scoring at each science literacy proficiency level, by country: 2009—Continued

Country or other jurisdiction	Mean score		Percentage distribution at levels of proficiency[1]: Below Level 1		Level 1		Level 2		Level 3		Level 4		Level 5		Level 6	
1	2		3		4		5		6		7		8		9	
Reporting partner countries																
Albania	391	(3.9)	26.3	(1.55)	31.0	(1.28)	27.7	(1.24)	12.9	(1.34)	2.0	(0.38)	0.1	(0.06)	‡	(†)
Argentina	401	(4.6)	25.2	(1.70)	27.2	(1.37)	26.7	(1.20)	15.4	(1.12)	4.8	(0.69)	0.6	(0.18)	#	(†)
Azerbaijan	373	(3.1)	31.5	(1.68)	38.5	(1.13)	22.4	(1.07)	6.7	(0.76)	0.8	(0.22)	#	(†)	‡	(†)
Brazil	405	(2.4)	19.7	(0.90)	34.5	(0.99)	28.8	(0.90)	12.6	(0.81)	3.9	(0.38)	0.6	(0.11)	#	(†)
Bulgaria	439	(5.9)	16.5	(1.63)	22.3	(1.55)	26.6	(1.31)	21.0	(1.36)	10.9	(1.01)	2.4	(0.48)	0.2	(0.12)
Colombia	402	(3.6)	20.4	(1.81)	33.7	(1.23)	30.2	(1.40)	13.1	(1.04)	2.5	(0.34)	0.1	(0.05)	#	(†)
Croatia	486	(2.8)	3.6	(0.47)	14.9	(0.99)	30.0	(1.07)	31.1	(1.03)	16.7	(0.98)	3.5	(0.57)	0.2	(0.10)
Dubai (UAE)	466	(1.2)	11.0	(0.47)	19.5	(0.57)	26.0	(0.78)	22.9	(0.73)	14.9	(0.59)	4.8	(0.35)	0.8	(0.21)
Hong Kong-China	549	(2.8)	1.4	(0.31)	5.2	(0.61)	15.1	(0.73)	29.4	(0.99)	32.7	(0.99)	14.2	(0.94)	2.0	(0.30)
Indonesia	383	(3.8)	24.6	(1.77)	41.0	(1.54)	27.0	(1.55)	6.9	(1.01)	0.5	(0.22)	#	(†)	‡	(†)
Jordan	415	(3.5)	18.0	(1.20)	27.6	(1.13)	32.2	(1.21)	17.6	(1.12)	4.1	(0.51)	0.5	(0.18)	#	(†)
Kazakhstan	400	(3.1)	22.4	(1.31)	33.0	(1.08)	27.9	(1.14)	12.8	(0.82)	3.6	(0.62)	0.3	(0.16)	#	(†)
Kyrgyzstan	330	(2.9)	52.9	(1.32)	29.0	(0.94)	13.3	(0.76)	4.0	(0.54)	0.7	(0.20)	#	(†)	‡	(†)
Latvia	494	(3.1)	2.3	(0.56)	12.5	(1.00)	29.1	(1.07)	35.5	(1.16)	17.6	(1.06)	3.0	(0.47)	0.1	(0.08)
Liechtenstein	520	(3.4)	1.4	(0.74)	9.9	(1.94)	23.8	(3.07)	29.8	(3.67)	25.4	(2.67)	9.0	(1.74)	0.7	(0.67)
Lithuania	491	(2.9)	3.5	(0.65)	13.5	(0.77)	28.9	(1.02)	32.4	(1.18)	17.0	(0.84)	4.3	(0.41)	0.4	(0.13)
Macao-China	511	(1.0)	1.5	(0.21)	8.1	(0.36)	25.2	(0.77)	37.8	(0.74)	22.7	(0.98)	4.5	(0.47)	0.2	(0.08)
Montenegro	401	(2.0)	22.2	(1.01)	31.4	(0.98)	29.4	(1.04)	13.6	(0.79)	3.1	(0.39)	0.2	(0.15)	‡	(†)
Panama	376	(5.7)	32.8	(2.74)	32.4	(1.96)	23.2	(1.93)	9.3	(1.19)	2.2	(0.46)	0.2	(0.12)	‡	(†)
Peru	369	(3.5)	35.3	(1.50)	33.0	(1.29)	21.7	(1.21)	8.0	(0.79)	1.8	(0.37)	0.2	(0.12)	#	(†)
Qatar	379	(0.9)	36.4	(0.58)	28.8	(0.54)	18.8	(0.56)	9.8	(0.30)	4.8	(0.23)	1.3	(0.14)	0.1	(0.05)
Romania	428	(3.4)	11.9	(1.13)	29.5	(1.57)	34.1	(1.73)	19.7	(1.18)	4.4	(0.59)	0.4	(0.12)	#	(†)
Russian Federation	478	(3.3)	5.5	(0.67)	16.5	(1.06)	30.7	(1.14)	29.0	(1.15)	13.9	(0.91)	3.9	(0.50)	0.4	(0.17)
Serbia	443	(2.4)	10.1	(0.82)	24.3	(0.96)	33.9	(1.17)	23.6	(0.75)	7.1	(0.57)	1.0	(0.18)	#	(†)
Shanghai-China	575	(2.3)	0.4	(0.11)	2.8	(0.36)	10.5	(0.66)	26.0	(0.99)	36.1	(1.12)	20.4	(0.96)	3.9	(0.45)
Singapore	542	(1.4)	2.8	(0.24)	8.7	(0.52)	17.5	(0.58)	25.4	(0.83)	25.7	(0.70)	15.3	(0.67)	4.6	(0.50)
Chinese Taipei	520	(2.6)	2.2	(0.34)	8.9	(0.60)	21.1	(0.91)	33.3	(1.04)	25.8	(1.10)	8.0	(0.74)	0.8	(0.22)
Thailand	425	(3.0)	12.2	(1.10)	30.6	(1.01)	34.7	(1.34)	17.5	(0.95)	4.4	(0.51)	0.6	(0.27)	#	(†)
Trinidad and Tobago	410	(1.2)	25.1	(0.87)	24.9	(0.92)	25.2	(0.88)	16.0	(0.79)	7.1	(0.40)	1.8	(0.23)	0.1	(0.07)
Tunisia	401	(2.7)	21.3	(1.17)	32.4	(1.08)	30.9	(1.00)	13.0	(0.85)	2.2	(0.43)	0.2	(0.12)	#	(†)
Uruguay	427	(2.6)	17.0	(0.94)	25.6	(0.86)	29.3	(1.01)	19.5	(1.02)	7.1	(0.51)	1.4	(0.22)	0.1	(0.04)

†Not applicable.
#Rounds to zero.
‡Reporting standards not met.
[1]Level 1: Able to present scientific explanations that are obvious and that follow explicitly from given evidence. Level 2: Able to provide possible explanations in familiar contexts, draw conclusions based on simple investigations, and make literal interpretations of the results of scientific inquiry or technological problem solving. Level 3: Able to select facts to explain phenomena and apply simple models or inquiry strategies, develop short statements using facts, and make decisions based on scientific knowledge. Level 4: Able to select and integrate explanations from different disciplines of science or technology, link those explanations directly to aspects of life situations, and communicate decisions using scientific knowledge and evidence. Level 5: Able to apply scientific concepts and knowledge to many complex life situations, select and evaluate appropriate scientific evidence, bring critical insights to situations, and construct explanations based on evidence and arguments based on critical analysis. Level 6: Able to consistently explain and apply scientific knowledge in a variety of complex life situations, use evidence from different sources to justify decisions, clearly and consistently demonstrate advanced scientific thinking and reasoning, and develop arguments in support of recommendations and decisions that center on personal, social, or global situations.
[2]Illustrates how a country compares with the OECD area as a whole. Computed by taking the OECD countries as a single entity to which each country contributes in proportion to the number of 15-year-olds enrolled in its schools.
[3]Refers to the mean of the data values for all OECD countries, to which each country contributes equally, regardless of the absolute size of the student population of each country.
NOTE: PISA scores are reported on a scale from 0 to 1,000. Detail may not sum to totals because of rounding. Standard errors appear in parentheses.
SOURCE: Organization for Economic Cooperation and Development (OECD), Program for International Student Assessment (PISA), 2009, *PISA 2009 Results: What Students Know and Can Do—Student Performance in Reading, Mathematics and Science (Volume I)*. (This table was prepared December 2010.)

Table 412. Average fourth-grade mathematics scores, by content and cognitive domain, index of time spent doing mathematics homework, and country: 2007

Country or other jurisdiction	Average score							Index of time spent doing mathematics homework (TMH) in a normal school week[3]					
		Content domain[1]			Cognitive domain[2]			High TMH		Medium TMH		Low TMH	
	Mathematics overall	Number	Geometric shapes and measures	Data display	Knowing	Applying	Reasoning	Percent of students	Average score	Percent of students	Average score	Percent of students	Average score
1	2	3	4	5	6	7	8	9	10	11	12	13	14
International average	— (†)	— (†)	— (†)	— (†)	— (†)	— (†)	— (†)	**21 (0.2)**	**469 (1.0)**	**58 (0.2)**	**479 (0.7)**	**21 (0.2)**	**468 (1.5)**
Algeria[4]	378 (5.2)	391 (5.0)	383 (4.5)	361 (5.2)	384 (5.4)	376 (5.2)	387 (4.7)	35 (1.7)	397 (6.6)	54 (1.5)	385 (6.0)	11 (1.0)	373 (9.1)
Armenia[4]	500 (4.3)	522 (4.0)	483 (4.7)	458 (4.3)	518 (4.8)	493 (4.1)	489 (4.7)	31 (1.5)	510 (5.3)	64 (1.4)	503 (3.7)	5 (0.7)	509 (24.8)
Australia	516 (3.5)	496 (3.7)	536 (3.1)	534 (3.1)	509 (4.2)	523 (3.5)	516 (3.4)	7 (0.7)	508 (10.6)	42 (1.5)	517 (3.9)	51 (1.8)	525 (4.4)
Austria	505 (2.0)	502 (2.2)	509 (2.4)	508 (2.6)	505 (2.0)	507 (1.8)	506 (2.1)	16 (0.8)	493 (3.9)	76 (1.0)	511 (2.1)	8 (0.8)	501 (5.0)
Chinese Taipei	576 (1.7)	581 (1.9)	556 (2.2)	567 (2.0)	584 (1.7)	569 (1.7)	566 (1.9)	17 (0.9)	568 (4.0)	63 (1.4)	584 (1.7)	20 (1.3)	569 (3.8)
Colombia[4]	355 (5.0)	360 (4.3)	361 (4.8)	363 (5.9)	360 (5.2)	357 (5.1)	372 (4.9)	29 (1.5)	384 (5.5)	58 (1.4)	369 (4.8)	13 (1.4)	354 (6.9)
Czech Republic	486 (2.8)	482 (2.8)	494 (2.8)	493 (3.3)	473 (2.4)	496 (2.7)	493 (3.4)	8 (0.6)	473 (4.7)	65 (2.0)	489 (2.9)	28 (1.9)	491 (4.6)
Denmark[5]	523 (2.4)	509 (2.9)	544 (2.6)	529 (3.4)	513 (2.7)	528 (2.5)	524 (2.1)	23 (1.2)	514 (3.3)	52 (1.2)	524 (2.7)	25 (1.4)	538 (3.8)
El Salvador[4]	330 (4.1)	317 (3.9)	333 (4.3)	367 (3.5)	312 (4.1)	339 (3.7)	356 (4.0)	24 (1.2)	345 (6.3)	62 (1.2)	340 (4.6)	14 (1.1)	346 (6.5)
England	541 (2.9)	531 (3.2)	548 (2.7)	547 (2.5)	544 (3.6)	540 (3.1)	537 (3.1)	3 (0.4)	525 (11.2)	31 (1.6)	547 (5.0)	66 (1.6)	544 (2.9)
Georgia[4,6]	438 (4.2)	464 (3.8)	415 (4.8)	414 (4.6)	450 (4.0)	433 (4.5)	437 (4.2)	27 (1.5)	451 (5.6)	71 (1.5)	449 (4.4)	2 (0.4)	‡ (†)
Germany[4]	525 (2.3)	521 (2.2)	528 (2.0)	534 (3.1)	514 (2.0)	531 (2.2)	528 (2.5)	19 (0.8)	517 (3.4)	76 (0.9)	534 (2.4)	5 (0.6)	496 (10.0)
Hong Kong SAR[7]	607 (3.6)	606 (3.8)	599 (3.1)	585 (2.7)	617 (3.5)	599 (3.4)	589 (3.5)	18 (1.1)	599 (6.2)	78 (1.1)	613 (3.5)	4 (0.5)	562 (6.2)
Hungary	510 (3.5)	510 (3.7)	510 (3.3)	504 (3.5)	511 (3.4)	507 (3.5)	509 (3.8)	21 (1.0)	517 (4.3)	75 (1.1)	518 (3.5)	4 (0.7)	493 (16.6)
Iran, Islamic Republic of	402 (4.1)	398 (3.6)	429 (3.3)	400 (4.0)	410 (3.6)	405 (3.7)	410 (3.8)	34 (1.7)	424 (5.8)	51 (1.6)	401 (4.5)	15 (1.4)	386 (6.9)
Italy	507 (3.1)	505 (3.2)	509 (3.0)	506 (3.4)	514 (3.2)	501 (2.9)	509 (3.1)	18 (1.3)	498 (4.7)	62 (1.6)	508 (3.8)	19 (1.8)	515 (3.9)
Japan	568 (2.1)	561 (2.2)	566 (2.2)	578 (2.8)	565 (2.1)	566 (2.0)	563 (2.1)	11 (0.9)	542 (4.6)	64 (1.9)	573 (2.4)	25 (1.9)	572 (3.5)
Kazakhstan[6]	549 (7.1)	556 (6.6)	542 (7.4)	522 (5.8)	559 (7.3)	547 (7.2)	539 (6.1)	42 (2.0)	549 (9.3)	56 (1.9)	552 (7.3)	2 (0.3)	‡ (†)
Kuwait[4,8]	316 (3.6)	321 (3.5)	316 (3.6)	318 (4.7)	326 (4.6)	305 (4.1)	— (†)	17 (0.9)	313 (6.4)	63 (1.7)	336 (3.8)	20 (1.4)	350 (6.9)
Latvia[6]	537 (2.3)	536 (2.1)	532 (2.6)	536 (3.0)	530 (2.2)	540 (2.5)	537 (2.5)	34 (1.3)	534 (3.2)	65 (1.3)	545 (2.6)	1 (0.2)	‡ (†)
Lithuania[6]	530 (2.4)	533 (2.3)	518 (2.4)	530 (2.9)	520 (2.8)	539 (2.4)	526 (2.5)	29 (1.3)	526 (3.5)	68 (1.3)	537 (2.5)	3 (0.5)	530 (10.7)
Morocco[4]	341 (4.7)	353 (4.7)	365 (4.3)	316 (6.1)	354 (4.8)	346 (4.7)	— (†)	24 (1.6)	360 (9.1)	61 (1.9)	352 (5.3)	16 (1.7)	350 (12.7)
Netherlands[9]	535 (2.1)	535 (2.2)	522 (2.3)	543 (2.3)	525 (2.2)	540 (2.0)	534 (2.4)	1 (0.2)	‡ (†)	10 (0.9)	507 (4.7)	89 (0.9)	541 (2.3)
New Zealand	492 (2.3)	478 (2.7)	502 (2.3)	513 (2.6)	482 (2.5)	495 (2.3)	503 (2.8)	8 (0.5)	469 (5.3)	38 (1.1)	487 (3.7)	54 (1.4)	509 (2.4)
Norway	473 (2.5)	461 (2.8)	490 (3.0)	487 (2.6)	461 (2.9)	479 (2.8)	489 (2.7)	12 (1.0)	465 (7.4)	53 (1.8)	478 (2.9)	35 (2.1)	487 (3.4)
Qatar[10]	296 (1.0)	292 (1.2)	296 (1.4)	326 (1.6)	293 (1.3)	296 (1.2)	— (†)	20 (0.6)	301 (3.1)	61 (0.7)	315 (2.3)	19 (0.5)	311 (3.3)
Russian Federation	544 (4.9)	546 (4.4)	538 (5.1)	530 (4.9)	538 (4.5)	547 (4.8)	540 (4.8)	37 (1.4)	541 (5.7)	61 (1.3)	550 (5.0)	1 (0.3)	‡ (†)
Scotland[5]	494 (2.2)	481 (2.6)	503 (2.6)	516 (2.2)	489 (2.6)	500 (2.4)	497 (2.2)	3 (0.3)	453 (10.7)	30 (1.7)	484 (3.1)	67 (1.8)	505 (2.9)
Singapore	599 (3.7)	611 (4.3)	570 (3.7)	583 (3.2)	620 (4.0)	590 (3.7)	578 (3.8)	34 (0.9)	607 (4.4)	52 (0.9)	603 (3.7)	15 (0.8)	581 (5.6)
Slovak Republic	496 (4.5)	495 (3.9)	499 (4.3)	492 (4.2)	492 (3.9)	498 (4.0)	499 (4.0)	10 (0.6)	481 (4.0)	79 (1.2)	508 (3.2)	11 (1.0)	496 (9.1)
Slovenia	502 (1.8)	485 (1.9)	522 (1.8)	518 (2.5)	497 (1.8)	504 (1.9)	505 (2.1)	19 (0.9)	487 (3.2)	79 (1.0)	510 (2.1)	3 (0.3)	479 (9.0)
Sweden	503 (2.5)	490 (2.5)	508 (2.3)	529 (2.7)	482 (2.5)	508 (2.2)	519 (2.5)	5 (0.6)	472 (6.4)	34 (1.2)	493 (2.9)	60 (1.4)	513 (3.0)
Tunisia[4]	327 (4.5)	352 (4.5)	334 (4.5)	307 (4.8)	343 (4.9)	329 (4.8)	— (†)	33 (1.7)	362 (5.5)	53 (1.4)	352 (4.8)	14 (1.2)	342 (7.7)
Ukraine	469 (2.9)	480 (2.9)	457 (2.8)	462 (3.2)	472 (3.0)	466 (3.1)	474 (3.2)	37 (1.3)	475 (3.3)	61 (1.3)	475 (3.4)	1 (0.2)	‡ (†)
United States[5,11]	529 (2.4)	524 (2.7)	522 (2.5)	543 (2.4)	541 (2.6)	524 (2.6)	523 (2.2)	12 (0.5)	522 (3.6)	65 (1.2)	535 (2.8)	23 (1.3)	528 (3.2)
Yemen[10]	224 (6.0)	— (†)	— (†)	— (†)	— (†)	— (†)	— (†)	30 (2.4)	243 (9.7)	64 (2.5)	245 (6.6)	6 (1.0)	218 (11.8)

—Not available.
†Not applicable.
‡Reporting standards not met.
[1]*Number* includes whole numbers, fractions and decimals, number sentences, and patterns and relationships. *Geometric shapes and measures* includes lines and angles, two- and three-dimensional shapes, and location and movement. *Data display* includes reading and interpreting, and organizing and representing.
[2]*Knowing* addresses the facts, procedures, and concepts that students need to know to function mathematically. *Applying* focuses on students' ability to apply knowledge and conceptual understanding in order to solve problems or answer questions. *Reasoning* goes beyond the cognitive processes involved in solving routine problems to include unfamiliar situations, complex contexts, and multistep problems.
[3]*High TMH* indicates more than 30 minutes of mathematics homework assigned 3–4 times per week. *Medium TMH* includes all possible combinations of responses not included in the high or low categories. *Low TMH* indicates no more than 30 minutes of mathematics homework assigned no more than 2 times per week. TMH index data are provided by students.
[4]For the TMH index, data are available for for at least 70 percent but less than 85 percent of the students.
[5]Met guidelines for sample participation rates only after substitute schools were included.
[6]National Target Population does not include all of the International Target Population defined by the Trends in International Mathematics and Science Study (TIMSS).
[7]Hong Kong is a Special Administrative Region (SAR) of the People's Republic of China.
[8]Kuwait tested the same cohort of students as other countries, but later in 2007, at the beginning of the next school year.
[9]Nearly satisfied guidelines for sample participation rates only after substitute schools were included.
[10]For the TMH index, data are available for at least 50 percent but less than 70 percent of the students.
[11]National Defined Population covers 90 to 95 percent of National Target Population.
NOTE: TIMSS scores are reported on a scale from 0 to 1,000, with the scale average fixed at 500 and the standard deviation fixed at 100. Countries were required to sample students in the grade that corresponded to the end of 4 years of formal schooling, providing that the mean age at the time of testing was at least 9.5 years. Detail may not sum to totals because of rounding. Standard errors appear in parentheses.
SOURCE: International Association for the Evaluation of Educational Achievement (IEA), Trends in International Mathematics and Science Study (TIMSS), 2007, *TIMSS 2007 International Mathematics Report*, by Ina V.S. Mullis et al. (This table was prepared May 2009.)

Table 413. Average eighth-grade mathematics scores overall and in content and cognitive domains, by country: 2007

Country or other jurisdiction	Mathematics overall		Content domain[1]								Cognitive domain[2]					
			Number		Algebra		Geometry		Data and chance		Knowing		Applying		Reasoning	
1	2		3		4		5		6		7		8		9	
Algeria	387	(2.1)	403	(1.7)	349	(2.4)	432	(2.1)	371	(1.7)	371	(1.9)	412	(2.0)	—	(†)
Armenia	499	(3.5)	492	(3.1)	532	(2.5)	493	(4.1)	427	(3.9)	507	(3.1)	493	(3.8)	489	(3.8)
Australia	496	(3.9)	503	(3.7)	471	(3.7)	487	(3.6)	525	(3.2)	487	(3.3)	500	(3.4)	502	(3.3)
Bahrain	398	(1.6)	388	(2.0)	403	(1.8)	412	(2.1)	418	(2.1)	395	(1.7)	403	(1.9)	413	(2.1)
Bosnia and Herzegovina	456	(2.7)	451	(3.0)	475	(3.2)	451	(3.5)	437	(2.3)	478	(2.9)	440	(2.6)	452	(2.9)
Botswana	364	(2.3)	366	(2.9)	394	(2.2)	325	(3.2)	384	(2.6)	376	(2.1)	351	(2.6)	—	(†)
Bulgaria	464	(5.0)	458	(4.7)	476	(5.1)	468	(5.0)	440	(4.7)	477	(4.7)	458	(4.8)	455	(4.7)
Chinese Taipei	598	(4.5)	577	(4.2)	617	(5.4)	592	(4.6)	566	(3.6)	594	(4.5)	592	(4.2)	591	(4.1)
Colombia	380	(3.6)	369	(3.5)	390	(3.1)	371	(3.3)	405	(3.8)	364	(3.4)	384	(3.7)	416	(3.3)
Cyprus	465	(1.6)	464	(1.6)	468	(2.0)	458	(2.7)	464	(1.6)	468	(1.6)	465	(1.8)	461	(2.1)
Czech Republic	504	(2.4)	511	(2.5)	484	(2.4)	498	(2.7)	512	(2.8)	502	(2.5)	504	(2.7)	500	(2.6)
Egypt	391	(3.6)	393	(3.1)	409	(3.3)	406	(3.4)	384	(3.1)	392	(3.6)	393	(3.6)	396	(3.4)
El Salvador	340	(2.8)	355	(3.0)	331	(3.7)	318	(3.7)	362	(3.0)	336	(3.1)	347	(3.3)	—	(†)
England[3]	513	(4.8)	510	(5.0)	492	(4.6)	510	(4.4)	547	(5.0)	503	(4.0)	514	(4.9)	518	(4.3)
Georgia[4]	410	(5.9)	421	(5.6)	421	(6.6)	409	(6.7)	373	(4.3)	427	(5.8)	401	(5.5)	389	(5.8)
Ghana	309	(4.4)	310	(3.9)	358	(3.6)	275	(4.9)	321	(3.6)	313	(4.6)	297	(4.2)	—	(†)
Hong Kong SAR[3, 5]	572	(5.8)	567	(5.6)	565	(5.6)	570	(5.5)	549	(4.7)	574	(5.4)	569	(5.9)	557	(5.6)
Hungary	517	(3.5)	517	(3.6)	503	(3.6)	508	(3.6)	524	(3.3)	518	(3.3)	513	(3.1)	513	(3.2)
Indonesia	397	(3.8)	399	(3.7)	405	(3.5)	395	(4.5)	402	(3.6)	397	(4.0)	398	(3.7)	405	(3.3)
Iran, Islamic Republic of	403	(4.1)	395	(3.9)	408	(3.9)	423	(4.4)	415	(3.5)	403	(4.1)	402	(4.2)	427	(3.5)
Israel[6]	463	(3.9)	469	(3.2)	470	(3.9)	436	(4.3)	465	(4.4)	473	(3.7)	456	(4.1)	462	(4.1)
Italy	480	(3.0)	478	(2.8)	460	(3.2)	490	(3.1)	491	(3.1)	476	(3.0)	483	(2.9)	483	(2.8)
Japan	570	(2.4)	551	(2.3)	559	(2.5)	573	(2.2)	573	(2.2)	560	(2.2)	565	(2.2)	568	(2.4)
Jordan	427	(4.1)	416	(4.3)	448	(4.1)	436	(3.9)	425	(3.8)	432	(4.2)	422	(4.1)	440	(3.6)
Korea, Republic of	597	(2.7)	583	(2.4)	596	(3.0)	587	(2.3)	580	(2.0)	596	(2.5)	595	(2.8)	579	(2.3)
Kuwait[7]	354	(2.3)	347	(3.1)	354	(3.0)	385	(2.8)	366	(3.5)	347	(3.1)	361	(2.7)	—	(†)
Lebanon	449	(4.0)	454	(3.4)	465	(3.2)	462	(4.0)	407	(4.4)	464	(3.9)	448	(4.6)	429	(4.0)
Lithuania[4]	506	(2.3)	506	(2.7)	483	(2.7)	507	(2.6)	523	(2.3)	508	(2.5)	511	(2.4)	486	(2.5)
Malaysia	474	(5.0)	491	(5.1)	454	(4.3)	477	(5.6)	469	(4.1)	477	(4.8)	478	(4.9)	468	(3.8)
Malta	488	(1.2)	496	(1.3)	473	(1.4)	495	(1.1)	487	(1.4)	490	(1.6)	492	(1.0)	475	(1.3)
Norway	469	(2.0)	488	(2.0)	425	(2.8)	459	(2.3)	505	(2.5)	458	(1.8)	477	(2.2)	475	(2.3)
Oman	372	(3.4)	363	(2.7)	391	(3.2)	387	(3.0)	389	(3.0)	372	(3.5)	368	(3.0)	397	(3.3)
Palestinian National Authority	367	(3.5)	366	(3.2)	382	(3.4)	388	(3.8)	371	(2.9)	365	(3.8)	371	(3.4)	381	(3.5)
Qatar	307	(1.4)	334	(1.6)	312	(1.5)	301	(1.8)	305	(1.6)	307	(1.4)	305	(1.4)	—	(†)
Romania	461	(4.1)	457	(3.5)	478	(4.6)	466	(4.0)	429	(3.7)	470	(4.2)	462	(4.0)	449	(4.6)
Russian Federation	512	(4.1)	507	(3.8)	518	(4.5)	510	(4.1)	487	(3.8)	521	(3.9)	510	(3.7)	497	(3.6)
Saudi Arabia	329	(2.9)	309	(3.3)	344	(2.8)	359	(2.6)	348	(2.2)	308	(2.6)	335	(2.3)	—	(†)
Scotland[3]	487	(3.7)	489	(3.7)	467	(3.7)	485	(3.9)	517	(3.5)	481	(3.3)	489	(3.7)	495	(3.3)
Serbia[4, 8]	486	(3.3)	478	(2.9)	500	(3.2)	486	(3.6)	458	(3.0)	500	(3.2)	478	(3.3)	474	(3.3)
Singapore	593	(3.8)	597	(3.5)	579	(3.7)	578	(3.4)	574	(3.9)	581	(3.4)	593	(3.6)	579	(4.1)
Slovenia	501	(2.1)	502	(2.3)	488	(2.4)	499	(2.4)	511	(2.3)	500	(2.2)	503	(2.0)	496	(2.5)
Sweden	491	(2.3)	507	(1.8)	456	(2.4)	472	(2.5)	526	(3.0)	478	(2.0)	497	(2.0)	490	(2.6)
Syrian Arab Republic	395	(3.8)	393	(3.4)	406	(3.7)	417	(3.4)	387	(2.7)	393	(4.2)	401	(3.4)	396	(3.4)
Thailand	441	(5.0)	444	(4.8)	433	(5.0)	442	(5.3)	453	(4.1)	436	(4.8)	446	(4.7)	456	(4.4)
Tunisia	420	(2.4)	425	(2.6)	423	(2.6)	437	(2.6)	411	(2.3)	421	(2.6)	423	(2.4)	425	(2.3)
Turkey	432	(4.8)	429	(4.0)	440	(5.1)	411	(5.1)	445	(4.4)	439	(4.8)	425	(4.5)	441	(4.2)
Ukraine	462	(3.6)	460	(3.7)	464	(3.9)	467	(3.6)	458	(3.5)	471	(3.5)	464	(3.5)	445	(3.8)
United States[3, 8]	508	(2.8)	510	(2.7)	501	(2.7)	480	(2.5)	531	(2.8)	514	(2.6)	503	(2.9)	505	(2.4)

—Not available.
†Not applicable.
[1]*Number* includes whole numbers; fractions and decimals; integers; and ratio, proportion, and percent. *Algebra* includes patterns; algebraic expressions; and equations/formulas and functions. *Geometry* includes geometric shapes; geometric measurement; and location and movement. *Data and chance* includes data organization and representation; data interpretation; and chance.
[2]*Knowing* addresses the facts, procedures, and concepts that students need to know to function mathematically. *Applying* focuses on students' ability to apply knowledge and conceptual understanding in order to solve problems or answer questions. *Reasoning* goes beyond the cognitive processes involved in solving routine problems to include unfamiliar situations, complex contexts, and multistep problems.
[3]Met guidelines for sample participation rates only after substitute schools were included.
[4]National Target Population does not include all of the International Target Population defined by the Trends in International Mathematics and Science Study (TIMSS).
[5]Hong Kong is a Special Administrative Region (SAR) of the People's Republic of China.
[6]National Defined Population covers less than 90 percent of National Target Population (but at least 77 percent).
[7]Kuwait tested the same cohort of students as other countries, but later in 2007, at the beginning of the next school year.
[8]National Defined Population covers 90 to 95 percent of National Target Population.
NOTE: TIMSS scores are reported on a scale from 0 to 1,000, with the scale average fixed at 500 and the standard deviation fixed at 100. Countries were required to sample students in the grade that corresponded to the end of 8 years of formal schooling, providing that the mean age at the time of testing was at least 13.5 years. Standard errors appear in parentheses.
SOURCE: International Association for the Evaluation of Educational Achievement (IEA), Trends in International Mathematics and Science Study (TIMSS), 2007, *TIMSS 2007 International Mathematics Report*, by Ina V.S. Mullis et al. (This table was prepared April 2009.)

Table 414. Percentage distribution of mathematics lesson time spent by eighth-grade students on various activities in a typical week, by country: 2007

Country or other jurisdiction	Reviewing homework		Listening to lecture-style presentations		Working problems with teacher's guidance		Working problems on their own without teacher's guidance		Listening to teacher re-teach and clarify content/ procedures		Taking tests or quizzes		Participating in classroom management tasks not related to the lesson's content/purpose		Other student activities	
1	2		3		4		5		6		7		8		9	
International average	**11**	**(0.1)**	**20**	**(0.1)**	**21**	**(0.1)**	**16**	**(0.1)**	**12**	**(0.1)**	**10**	**(0.1)**	**5**	**(0.1)**	**5**	**(0.1)**
Algeria[1]	11	(0.6)	15	(1.2)	21	(1.2)	15	(1.0)	18	(1.0)	10	(0.8)	5	(0.4)	5	(0.6)
Armenia	10	(0.4)	23	(0.9)	19	(0.6)	16	(0.6)	11	(0.4)	10	(0.4)	5	(0.3)	5	(0.7)
Australia	7	(0.3)	17	(0.8)	23	(1.0)	24	(1.2)	10	(0.5)	7	(0.3)	8	(0.5)	4	(0.4)
Bahrain[2]	11	(0.3)	23	(0.6)	18	(0.7)	12	(0.3)	15	(0.8)	11	(0.3)	6	(0.2)	6	(0.3)
Bosnia and Herzegovina[2]	7	(0.4)	29	(1.5)	24	(1.0)	15	(0.7)	11	(0.6)	7	(0.5)	3	(0.3)	4	(0.5)
Botswana[2]	13	(0.9)	13	(0.8)	20	(1.0)	21	(1.2)	10	(0.6)	10	(0.8)	6	(0.4)	6	(0.7)
Bulgaria	8	(0.4)	19	(1.1)	26	(1.0)	17	(0.7)	9	(0.4)	14	(0.6)	3	(0.3)	3	(0.3)
Chinese Taipei	13	(0.6)	41	(1.3)	13	(0.6)	7	(0.4)	10	(0.7)	8	(0.3)	5	(0.5)	3	(0.3)
Colombia	10	(0.3)	17	(0.9)	21	(0.8)	17	(0.7)	12	(0.7)	12	(0.5)	6	(0.4)	5	(0.5)
Cyprus[2]	20	(0.6)	17	(0.6)	23	(0.6)	12	(0.4)	10	(0.3)	9	(0.2)	7	(0.2)	4	(0.3)
Czech Republic	6	(0.3)	20	(0.6)	25	(0.8)	21	(0.7)	9	(0.3)	11	(0.4)	4	(0.3)	4	(0.3)
Egypt[2]	10	(0.4)	25	(1.2)	17	(0.7)	14	(0.8)	11	(0.5)	9	(0.4)	6	(0.4)	7	(0.4)
El Salvador	10	(0.5)	13	(0.8)	22	(0.8)	20	(0.8)	14	(0.6)	10	(0.5)	6	(0.4)	5	(0.3)
England[3]	6	(0.3)	17	(0.6)	28	(1.2)	23	(1.2)	11	(0.7)	4	(0.3)	7	(0.5)	4	(0.5)
Georgia[4]	11	(0.5)	21	(1.0)	19	(0.6)	15	(0.7)	11	(0.4)	12	(0.5)	5	(0.4)	6	(0.4)
Ghana[2]	12	(0.6)	16	(1.0)	18	(0.7)	15	(0.7)	11	(0.6)	15	(0.7)	8	(0.5)	6	(0.4)
Hong Kong SAR[3, 5]	11	(0.7)	35	(1.6)	16	(0.9)	13	(0.8)	10	(0.4)	8	(0.4)	4	(0.4)	3	(0.4)
Hungary	11	(0.4)	12	(0.7)	27	(0.9)	22	(0.8)	9	(0.5)	11	(0.3)	4	(0.3)	4	(0.4)
Indonesia[1]	11	(0.5)	20	(1.0)	19	(0.9)	15	(0.8)	11	(0.6)	14	(0.7)	6	(0.3)	6	(0.5)
Iran, Islamic Republic of	11	(0.5)	16	(0.8)	19	(0.8)	14	(0.7)	16	(0.8)	11	(0.5)	7	(0.5)	7	(0.4)
Israel[1, 6]	14	(0.5)	16	(1.0)	22	(0.7)	19	(0.8)	11	(0.4)	10	(0.6)	5	(0.3)	3	(0.5)
Italy	16	(0.6)	22	(0.6)	18	(0.6)	12	(0.4)	14	(0.5)	11	(0.5)	5	(0.3)	3	(0.3)
Japan	7	(0.4)	30	(0.8)	26	(0.9)	12	(0.9)	14	(0.5)	7	(0.4)	2	(0.3)	2	(0.4)
Jordan	12	(0.4)	19	(0.7)	18	(0.6)	15	(0.4)	14	(0.5)	11	(0.4)	6	(0.3)	6	(0.3)
Korea, Republic of	6	(0.2)	33	(1.1)	18	(0.6)	17	(0.6)	11	(0.5)	7	(0.4)	5	(0.3)	4	(0.3)
Kuwait[1, 7]	11	(0.6)	21	(1.6)	18	(0.9)	14	(0.8)	16	(1.1)	9	(0.6)	7	(0.6)	5	(0.5)
Lebanon[1]	22	(1.2)	16	(1.0)	20	(1.2)	10	(1.0)	12	(0.6)	11	(0.5)	5	(0.5)	4	(0.4)
Lithuania[4]	9	(0.3)	9	(0.6)	26	(0.8)	25	(0.8)	11	(0.4)	14	(0.7)	3	(0.2)	3	(0.3)
Malaysia[2]	13	(0.8)	22	(1.3)	18	(0.8)	13	(0.7)	12	(0.6)	9	(0.4)	7	(0.5)	5	(0.4)
Malta	18	(#)	19	(#)	20	(#)	15	(#)	12	(#)	5	(#)	8	(#)	3	(#)
Norway	8	(0.4)	22	(0.7)	22	(0.9)	25	(1.0)	11	(0.4)	6	(0.2)	4	(0.3)	3	(0.3)
Oman[2]	11	(0.5)	18	(1.1)	20	(0.8)	14	(0.6)	15	(0.9)	11	(0.6)	6	(0.3)	6	(0.4)
Palestinian National Authority[2]	13	(0.7)	20	(0.9)	18	(0.7)	14	(0.8)	13	(0.6)	9	(0.5)	6	(0.4)	6	(0.5)
Qatar[2]	11	(#)	21	(#)	20	(#)	13	(#)	14	(#)	10	(#)	6	(#)	6	(#)
Romania	9	(0.4)	18	(0.8)	29	(0.8)	14	(0.5)	9	(0.3)	14	(0.7)	3	(0.2)	3	(0.3)
Russian Federation	10	(0.2)	18	(0.5)	22	(0.6)	20	(0.5)	9	(0.2)	16	(0.4)	1	(0.1)	4	(0.4)
Saudi Arabia[2]	12	(0.5)	22	(1.2)	17	(0.9)	11	(0.5)	15	(0.9)	10	(0.5)	7	(0.4)	7	(0.4)
Scotland[3]	8	(0.4)	21	(0.6)	25	(1.2)	24	(1.1)	8	(0.3)	3	(0.2)	6	(0.4)	4	(0.5)
Serbia[4, 8]	6	(0.3)	24	(1.2)	26	(1.1)	20	(1.0)	10	(0.6)	8	(0.5)	3	(0.3)	3	(0.4)
Singapore	12	(0.4)	26	(0.8)	19	(0.5)	13	(0.4)	10	(0.3)	8	(0.3)	8	(0.4)	5	(0.4)
Slovenia	10	(0.3)	21	(0.5)	23	(0.6)	21	(0.6)	11	(0.4)	5	(0.3)	4	(0.2)	4	(0.4)
Sweden[2]	4	(0.2)	15	(0.6)	33	(1.3)	28	(1.6)	9	(0.3)	6	(0.2)	3	(0.2)	4	(0.5)
Syrian Arab Republic[2]	12	(0.6)	24	(1.3)	16	(0.8)	10	(0.5)	15	(0.8)	12	(0.6)	6	(0.4)	6	(0.6)
Thailand	12	(0.6)	21	(1.0)	15	(0.7)	12	(0.5)	15	(0.6)	10	(0.5)	8	(0.4)	7	(0.5)
Tunisia[1]	15	(1.0)	13	(1.2)	25	(1.4)	16	(1.3)	17	(1.0)	8	(0.7)	4	(0.4)	3	(0.3)
Turkey	8	(0.6)	20	(1.2)	19	(1.0)	13	(0.7)	14	(0.9)	8	(0.6)	10	(1.1)	8	(0.9)
Ukraine	11	(0.4)	14	(0.7)	19	(0.6)	18	(0.6)	17	(0.9)	14	(0.6)	2	(0.3)	4	(0.4)
United States[3, 8]	13	(0.4)	21	(0.6)	19	(0.5)	17	(0.5)	10	(0.3)	11	(0.3)	5	(0.3)	5	(0.4)

#Rounds to zero.
[1]Data are available for at least 50 percent but less than 70 percent of students.
[2]Data are available for at least 70 percent but less than 85 percent of students.
[3]Met guidelines for sample participation rates only after replacement schools were included.
[4]National Target Population does not include all of the International Target Population defined by the Trends in International Mathematics and Science Study (TIMSS).
[5]Hong Kong is a Special Administrative Region (SAR) of the People's Republic of China.
[6]National Defined Population covers less than 90 percent of National Target Population (but at least 77 percent).
[7]Kuwait tested the same cohort of students as other countries, but later in 2007, at the beginning of the next school year.
[8]National Defined Population covers 90 to 95 percent of National Target Population.
NOTE: Data provided by teachers. Countries were required to sample students in the grade that corresponded to the end of 8 years of formal schooling, providing that the mean age at the time of testing was at least 13.5 years. Detail may not sum to totals because of rounding. Standard errors appear in parentheses.
SOURCE: International Association for the Evaluation of Educational Achievement (IEA), Trends in International Mathematics and Science Study (TIMSS), 2007, *TIMSS 2007 International Mathematics Report*, by Ina V.S. Mullis et al. (This table was prepared May 2009.)

Table 415. Mathematics class sizes and average scores of eighth-grade students, yearly mathematics instructional time, and mathematics instructional time as a percentage of total instructional time, by country: 2007

Country or other jurisdiction	Overall average class size	Percentage distribution and average scores of students, by class size: 1 to 24 students: Percent of students	1 to 24 students: Average score	25 to 40 students: Percent of students	25 to 40 students: Average score	41 or more students: Percent of students	41 or more students: Average score	Students' average hours per year of mathematics instructional time	Mathematics instructional time as a percent of total instructional time
1	2	3	4	5	6	7	8	9	10
International average	**29 (0.1)**	**30 (0.4)**	**439 (1.6)**	**59 (0.5)**	**456 (0.9)**	**11 (0.3)**	**449 (2.9)**	**120 (0.4)**	**12 (#)**
Algeria	37[1] (0.7)	5[1] (2.1)	370[1] (10.8)	64[1] (4.2)	388[1] (2.8)	31[1] (3.9)	389[1] (3.2)	‡ (†)	13[2] (0.4)
Armenia	25 (0.4)	40 (4.0)	502 (6.2)	60 (3.9)	497 (4.2)	# (†)	‡ (†)	110 (3.9)	11 (0.4)
Australia	26 (0.3)	30 (2.8)	471 (6.3)	70 (2.9)	511 (5.3)	# (†)	‡ (†)	131[1] (2.0)	13[1] (0.2)
Bahrain	31 (0.1)	6 (0.7)	449 (6.3)	94 (0.7)	393 (1.8)	# (†)	‡ (†)	96[2] (2.8)	9[1] (0.3)
Bosnia and Herzegovina	24 (0.4)	48 (3.6)	454 (3.9)	52 (3.6)	458 (4.4)	# (†)	‡ (†)	102[1] (0.9)	11[1] (0.3)
Botswana	38 (0.4)	1 (0.6)	‡ (†)	73 (3.8)	367 (3.1)	26 (3.7)	355 (5.3)	138[1] (1.5)	13[1] (0.3)
Bulgaria	22 (0.3)	59 (3.5)	441 (7.2)	41 (3.5)	507 (7.1)	# (†)	‡ (†)	93[1] (2.0)	12[1] (0.3)
Chinese Taipei	35 (0.5)	4 (1.8)	549 (29.9)	85 (3.3)	593 (4.6)	11 (2.7)	660 (11.0)	158 (3.5)	14 (0.2)
Colombia	35 (0.6)	13 (2.5)	357 (16.1)	66 (4.6)	386 (5.1)	21 (3.9)	383 (5.9)	151[1] (4.7)	12[1] (0.7)
Cyprus	24 (0.2)	54 (2.7)	466 (2.4)	45 (2.7)	462 (2.6)	1 (#)	‡ (†)	72[2] (0.3)	8[2] (#)
Czech Republic	24 (0.3)	49 (4.3)	494 (3.8)	51 (4.3)	514 (3.8)	# (†)	‡ (†)	128 (2.1)	14[1] (0.2)
Egypt	39 (0.6)	4 (1.5)	410 (12.8)	53 (3.6)	395 (4.9)	43 (3.7)	386 (5.6)	93[1] (4.3)	8 (0.4)
El Salvador	29 (0.8)	35 (3.7)	323 (5.7)	51 (4.0)	348 (3.8)	14 (3.2)	348 (10.0)	142 (2.6)	17 (0.5)
England[3]	26 (0.6)	30 (3.8)	469 (8.6)	69 (3.7)	533 (5.8)	1 (1.0)	‡ (†)	113 (1.7)	12 (0.2)
Georgia[4]	23 (0.6)	52 (5.2)	412 (7.4)	47 (5.3)	408 (9.2)	1 (0.6)	‡ (†)	110 (0.8)	13 (0.2)
Ghana	46 (1.9)	13 (2.4)	299 (11.3)	40 (4.2)	299 (7.9)	47 (4.3)	321 (7.7)	146[1] (5.0)	13 (0.5)
Hong Kong SAR[3, 5]	37 (0.5)	10 (1.9)	513 (23.5)	44 (4.3)	555 (10.1)	46 (4.1)	604 (7.2)	148[2] (3.8)	14[2] (0.4)
Hungary	21 (0.5)	72 (3.4)	510 (4.7)	27 (3.3)	533 (8.3)	1 (0.9)	‡ (†)	99[2] (1.3)	13[2] (0.2)
Indonesia	38 (0.9)	6 (1.7)	374 (13.7)	61 (4.2)	400 (5.1)	33 (4.1)	396 (8.6)	136[2] (4.7)	11[2] (0.3)
Iran, Islamic Republic of	26 (0.5)	35 (3.2)	386 (5.5)	64 (3.3)	411 (5.7)	1 (1.1)	‡ (†)	99[2] (2.3)	11[2] (0.3)
Israel[6]	33[2] (0.4)	5[2] (1.2)	473[2] (22.6)	92[2] (2.2)	467[2] (4.7)	3[2] (1.8)	496[2] (42.7)	‡ (†)	12[2] (0.3)
Italy	22 (0.2)	73 (2.9)	475 (3.4)	27 (2.9)	493 (5.7)	# (†)	‡ (†)	136[1] (1.5)	13[1] (0.2)
Japan	34 (0.5)	10 (2.1)	555 (5.9)	85 (2.7)	567 (2.9)	5 (1.6)	645 (24.7)	105 (1.6)	10 (0.1)
Jordan	35 (0.7)	13 (2.5)	431 (17.4)	58 (4.4)	427 (6.2)	29 (4.1)	425 (7.8)	141 (1.1)	14 (0.2)
Korea, Republic of	37 (0.4)	4 (1.4)	558 (15.6)	78 (2.6)	596 (3.1)	18 (2.3)	607 (7.2)	104[2] (0.7)	11[2] (0.2)
Kuwait[7]	30[2] (0.5)	12[2] (3.3)	356[2] (9.9)	87[2] (3.2)	357[2] (2.8)	1[2] (#)	‡ (†)	‡ (†)	6[2] (0.6)
Lebanon	26 (0.6)	38 (4.3)	426 (6.3)	58 (4.5)	464 (7.1)	4 (1.2)	423 (14.4)	‡ (†)	‡ (†)
Lithuania[4]	25 (0.3)	35 (3.2)	480 (4.1)	65 (3.2)	520 (3.6)	# (†)	‡ (†)	116[1] (0.9)	13[1] (0.2)
Malaysia	36 (0.4)	1 (0.8)	‡ (†)	80 (3.2)	470 (5.8)	19 (3.1)	486 (10.9)	123 (1.0)	11 (0.1)
Malta	22 (#)	71 (0.2)	472 (1.4)	29 (0.2)	523 (1.9)	# (†)	‡ (†)	128 (0.1)	13 (#)
Norway	25 (0.4)	47 (3.9)	468 (3.4)	51 (4.0)	471 (2.4)	1 (1.0)	‡ (†)	113 (1.6)	13 (0.2)
Oman	32 (0.4)	10 (2.2)	363 (8.8)	90 (2.2)	373 (3.6)	# (†)	‡ (†)	150[2] (4.5)	15 (0.5)
Palestinian National Authority	38 (0.5)	8 (1.6)	383 (11.7)	51 (4.0)	367 (5.2)	41 (3.6)	364 (6.0)	100[2] (4.0)	11[2] (0.4)
Qatar	27 (#)	20 (0.1)	300 (3.5)	77 (0.2)	309 (1.8)	2 (#)	‡ (†)	138[2] (0.1)	13[2] (#)
Romania	21 (0.3)	76 (2.9)	450 (4.5)	24 (2.9)	500 (8.8)	# (†)	‡ (†)	122[1] (1.9)	14[1] (0.3)
Russian Federation	21 (0.3)	63 (2.8)	499 (4.6)	37 (2.8)	533 (6.0)	# (†)	‡ (†)	131[1] (1.4)	15[1] (0.2)
Saudi Arabia	30 (0.8)	28 (3.6)	330 (5.1)	61 (4.0)	329 (4.2)	11 (2.6)	322 (11.4)	107[2] (3.2)	11[1] (0.3)
Scotland[3]	25 (0.5)	43 (3.2)	449 (6.3)	56 (3.1)	517 (4.8)	1 (0.8)	‡ (†)	135[2] (2.2)	13[2] (0.2)
Serbia[4, 8]	24 (0.4)	53 (3.9)	480 (4.8)	47 (3.9)	490 (5.1)	# (†)	‡ (†)	103[2] (0.8)	13[2] (0.2)
Singapore	38 (0.2)	2 (0.6)	‡ (†)	76 (2.5)	593 (5.2)	22 (2.5)	592 (7.2)	124 (1.0)	13 (0.1)
Slovenia	16 (0.2)	94 (1.0)	500 (2.3)	6 (1.0)	513 (8.2)	# (†)	‡ (†)	113 (0.4)	13 (0.1)
Sweden	23 (0.5)	63 (3.6)	488 (2.9)	35 (3.4)	499 (3.7)	2 (1.1)	‡ (†)	93[1] (1.4)	10[1] (0.2)
Syrian Arab Republic	31 (0.6)	24 (3.6)	405 (8.7)	65 (4.2)	391 (4.7)	11 (2.6)	392 (11.3)	76[1] (3.4)	10 (0.4)
Thailand	38 (0.6)	11 (2.4)	406 (11.2)	47 (3.7)	416 (5.7)	42 (3.1)	479 (9.3)	124 (2.3)	10 (0.2)
Tunisia	32 (0.4)	3 (1.2)	398 (6.9)	96 (1.6)	421 (2.4)	1 (1.0)	‡ (†)	126[2] (2.1)	10[1] (0.2)
Turkey	33 (0.7)	18 (3.4)	423 (11.7)	61 (3.9)	434 (6.5)	20 (2.7)	436 (11.3)	95 (0.4)	11 (0.3)
Ukraine	25 (0.4)	36 (3.2)	447 (6.4)	63 (3.1)	471 (4.8)	1 (0.8)	‡ (†)	130 (2.0)	15 (0.2)
United States[3, 8]	24 (0.4)	57 (2.3)	511 (4.0)	41 (2.3)	506 (5.0)	2 (0.9)	‡ (†)	148[2] (2.3)	13[2] (0.2)

†Not applicable.
#Rounds to zero.
‡Reporting standards not met.
[1]Data are available for at least 70 percent but less than 85 percent of students.
[2]Data are available for at least 50 percent but less than 70 percent of students.
[3]Met guidelines for sample participation rates only after substitute schools were included.
[4]National Target Population does not include all of the International Target Population defined by the Trends in International Mathematics and Science Study (TIMSS).
[5]Hong Kong is a Special Administrative Region (SAR) of the People's Republic of China.
[6]National Defined Population covers less than 90 percent of National Target Population (but at least 77 percent).
[7]Kuwait tested the same cohort of students as other countries, but later in 2007, at the beginning of the next school year.
[8]National Defined Population covers 90 to 95 percent of National Target Population.
NOTE: Class size and implemented instructional time for mathematics provided by teachers; total instructional time provided by schools. TIMSS scores are reported on a scale from 0 to 1,000, with the scale average fixed at 500 and the standard deviation fixed at 100. Countries were required to sample students in the grade that corresponded to the end of 8 years of formal schooling, providing that the mean age at the time of testing was at least 13.5 years. Detail may not sum to totals because of rounding. Standard errors appear in parentheses.
SOURCE: International Association for the Evaluation of Educational Achievement (IEA), Trends in International Mathematics and Science Study (TIMSS), 2007, *TIMSS 2007 International Mathematics Report*, by Ina V.S. Mullis et al. (This table was prepared June 2009.)

Table 416. Average mathematics scores and percentage distribution of eighth-graders, by index of self-confidence in learning mathematics, index of time spent doing mathematics homework, and country: 2007

Country or other jurisdiction	Index of students' self-confidence in learning mathematics (SCM)[1]						Index of time spent doing mathematics homework (TMH) in a normal school week[2]					
	High SCM		Medium SCM		Low SCM		High TMH		Medium TMH		Low TMH	
	Percent of students	Average score	Percent of students	Average score	Percent of students	Average score	Percent of students	Average score	Percent of students	Average score	Percent of students	Average score
1	2	3	4	5	6	7	8	9	10	11	12	13
International average	**43 (0.2)**	**492 (0.6)**	**37 (0.1)**	**433 (0.6)**	**20 (0.1)**	**412 (0.7)**	**27 (0.2)**	**458 (0.9)**	**53 (0.2)**	**457 (0.7)**	**20 (0.2)**	**441 (1.1)**
Algeria	46 (1.0)	412 (2.2)	41 (0.9)	372 (2.7)	12 (0.6)	358 (2.7)	— (†)	— (†)	— (†)	— (†)	— (†)	— (†)
Armenia[3]	37 (0.9)	521 (4.0)	38 (1.1)	496 (4.6)	26 (1.0)	485 (4.7)	32 (1.2)	501 (4.6)	64 (1.2)	502 (4.4)	4 (0.5)	499 (12.7)
Australia	45 (1.2)	539 (4.8)	35 (0.8)	472 (4.1)	19 (0.9)	445 (3.7)	15 (1.1)	523 (6.6)	44 (1.5)	511 (5.2)	42 (2.0)	481 (4.6)
Bahrain	53 (0.8)	435 (2.1)	33 (0.7)	366 (2.4)	15 (0.6)	350 (3.0)	15 (0.7)	391 (4.0)	67 (1.1)	404 (1.8)	18 (1.0)	405 (5.2)
Bosnia and Herzegovina	41 (1.2)	502 (2.6)	27 (0.8)	441 (3.2)	32 (1.1)	422 (3.5)	24 (1.2)	466 (4.0)	51 (1.2)	458 (3.2)	25 (1.4)	459 (3.8)
Botswana	42 (1.0)	385 (3.0)	41 (0.9)	355 (2.6)	17 (0.7)	354 (3.6)	29 (0.9)	383 (3.0)	50 (0.9)	365 (2.8)	20 (1.0)	356 (3.4)
Bulgaria	37 (1.3)	516 (5.5)	38 (1.1)	452 (5.3)	25 (1.1)	430 (7.6)	36 (1.4)	475 (6.4)	48 (1.2)	472 (5.4)	15 (1.5)	458 (8.1)
Chinese Taipei	27 (1.1)	674 (3.7)	27 (0.7)	610 (5.0)	46 (1.2)	547 (4.4)	31 (1.9)	628 (4.0)	46 (1.3)	613 (4.1)	23 (1.7)	563 (8.7)
Colombia	46 (1.3)	409 (3.6)	40 (1.2)	363 (3.8)	13 (0.7)	351 (4.5)	36 (1.3)	386 (4.5)	48 (0.9)	379 (3.8)	16 (1.0)	378 (6.0)
Cyprus	50 (1.0)	508 (1.7)	30 (0.8)	437 (2.5)	20 (0.7)	411 (3.3)	20 (0.9)	463 (4.1)	70 (0.9)	480 (1.8)	11 (0.7)	451 (4.8)
Czech Republic	43 (0.9)	542 (2.6)	31 (0.7)	490 (2.8)	25 (0.8)	456 (3.1)	5 (0.6)	473 (6.4)	46 (2.1)	504 (4.1)	49 (2.4)	511 (3.4)
Egypt	55 (1.5)	422 (3.7)	38 (1.4)	368 (3.8)	7 (0.4)	356 (8.0)	30 (1.1)	381 (4.6)	58 (1.1)	404 (3.6)	13 (1.0)	416 (6.8)
El Salvador	35 (1.1)	377 (3.2)	52 (1.1)	327 (2.7)	13 (0.8)	323 (4.5)	46 (1.4)	351 (3.2)	45 (1.0)	337 (3.3)	9 (0.7)	337 (5.2)
England[4]	53 (1.4)	543 (4.9)	32 (1.0)	494 (4.7)	15 (0.8)	457 (5.5)	5 (0.6)	518 (11.0)	31 (1.3)	530 (6.8)	65 (1.7)	513 (4.9)
Georgia[5]	44 (1.8)	455 (4.9)	37 (1.5)	401 (7.5)	19 (1.0)	379 (7.0)	34[3] (1.5)	432[3] (5.1)	62[3] (1.6)	414[3] (7.0)	4[3] (0.5)	372[3] (14.2)
Ghana	44 (1.3)	341 (4.8)	46 (0.9)	292 (4.8)	11 (0.8)	285 (7.4)	28 (1.2)	332 (5.2)	55 (1.0)	307 (4.8)	16 (1.0)	313 (5.4)
Hong Kong SAR[4,6]	30 (1.1)	622 (5.1)	40 (1.0)	562 (6.7)	30 (0.7)	539 (5.8)	34 (1.6)	589 (4.9)	48 (1.2)	576 (5.9)	18 (1.4)	555 (9.0)
Hungary	42 (1.0)	566 (3.5)	32 (0.9)	499 (4.2)	26 (1.0)	464 (3.7)	16 (0.9)	517 (5.6)	78 (1.2)	524 (3.4)	6 (1.0)	488 (8.0)
Indonesia	28 (1.0)	405 (5.4)	58 (1.0)	394 (3.8)	14 (0.8)	401 (5.0)	29 (1.1)	417 (5.0)	53 (0.9)	397 (4.0)	18 (0.8)	384 (5.1)
Iran, Islamic Republic of	45 (1.2)	443 (5.0)	40 (1.1)	380 (3.7)	14 (0.9)	368 (6.1)	19 (1.4)	440 (7.7)	55 (1.6)	404 (3.8)	26 (1.5)	378 (5.0)
Israel[7]	59 (1.0)	495 (4.1)	29 (0.9)	432 (5.3)	12 (0.7)	417 (7.2)	34 (1.5)	485 (4.9)	53 (1.4)	472 (4.1)	13 (0.9)	448 (9.0)
Italy	48 (1.0)	514 (3.1)	28 (0.7)	462 (3.6)	24 (0.9)	434 (3.7)	45 (1.3)	475 (3.1)	47 (1.2)	488 (4.1)	7 (0.6)	483 (5.5)
Japan	17 (0.6)	638 (3.9)	35 (0.8)	586 (2.9)	48 (0.9)	535 (2.6)	8 (1.1)	566 (10.0)	36 (1.3)	569 (3.3)	57 (2.0)	574 (3.3)
Jordan	58 (1.5)	468 (3.7)	34 (1.2)	388 (4.2)	9 (0.6)	361 (6.6)	26 (1.2)	424 (5.0)	62 (1.1)	439 (4.4)	12 (0.9)	422 (7.1)
Korea, Republic of	29 (0.8)	668 (2.6)	34 (0.7)	606 (3.1)	38 (0.8)	536 (2.8)	6 (0.7)	591 (5.8)	31 (1.5)	595 (3.7)	62 (1.7)	605 (3.1)
Kuwait[8]	54 (0.9)	381 (2.5)	35 (0.9)	331 (2.6)	11 (0.6)	319 (5.7)	14 (0.7)	334 (5.1)	58 (1.3)	358 (2.7)	27 (1.5)	373 (3.9)
Lebanon	49 (1.2)	483 (4.1)	39 (1.3)	425 (4.2)	12 (0.9)	416 (4.9)	25[3] (1.3)	445[3] (6.0)	67[3] (1.4)	460[3] (3.9)	8[3] (0.9)	434[3] (9.0)
Lithuania[5]	41 (1.0)	556 (2.7)	34 (0.9)	481 (2.9)	25 (0.9)	461 (3.1)	27 (1.1)	498 (2.8)	69 (1.1)	515 (2.7)	4 (0.8)	481 (8.8)
Malaysia	27 (1.4)	521 (5.3)	50 (1.2)	458 (5.1)	23 (0.8)	453 (4.5)	41 (1.1)	486 (5.1)	47 (1.0)	473 (5.1)	12 (0.9)	446 (9.1)
Malta	38 (0.7)	536 (2.1)	35 (0.7)	467 (2.0)	27 (0.6)	449 (2.2)	24 (0.7)	508 (2.8)	71 (0.7)	498 (1.7)	5 (0.3)	402 (7.4)
Norway	50 (0.8)	505 (2.1)	31 (0.7)	450 (2.1)	19 (0.7)	415 (2.2)	25 (1.5)	466 (2.6)	53 (1.3)	474 (2.0)	22 (1.6)	473 (3.5)
Oman	45 (1.1)	415 (3.4)	47 (1.1)	346 (3.7)	8 (0.5)	327 (5.6)	12 (0.7)	374 (5.2)	73 (1.3)	383 (3.1)	15 (1.4)	367 (7.9)
Palestinian National Authority	44 (1.1)	414 (3.6)	44 (1.0)	341 (4.3)	13 (0.7)	333 (5.0)	24 (1.1)	374 (4.4)	68 (1.2)	378 (3.8)	7 (0.8)	345 (9.1)
Qatar	55 (0.6)	339 (2.3)	34 (0.6)	279 (2.3)	11 (0.3)	267 (3.4)	16 (0.4)	300 (3.2)	67 (0.5)	319 (1.5)	17 (0.4)	308 (4.0)
Romania	33 (1.2)	517 (5.3)	41 (1.1)	449 (4.6)	27 (1.2)	426 (4.4)	66 (1.3)	488 (4.0)	29 (1.3)	433 (5.1)	5 (0.5)	432 (11.4)
Russian Federation	41 (1.1)	560 (4.3)	31 (0.8)	496 (4.9)	28 (0.8)	466 (4.1)	50 (1.3)	510 (4.4)	49 (1.2)	520 (4.2)	2 (0.3)	‡ (†)
Saudi Arabia	47 (1.2)	361 (3.2)	42 (1.0)	310 (3.5)	11 (0.7)	294 (4.9)	13 (0.8)	316 (4.8)	61 (1.8)	339 (3.3)	26 (1.8)	334 (4.4)
Scotland[4]	53 (1.3)	515 (4.0)	33 (1.0)	465 (3.6)	14 (0.7)	442 (4.6)	8 (0.7)	519 (7.2)	41 (1.8)	505 (4.4)	51 (2.1)	478 (4.3)
Serbia[5,9]	48 (1.3)	539 (3.4)	25 (0.8)	464 (3.6)	27 (1.1)	426 (3.9)	31 (1.4)	490 (5.0)	40 (1.3)	496 (4.3)	28 (1.4)	481 (4.3)
Singapore	41 (1.0)	638 (3.3)	34 (0.9)	572 (4.6)	25 (0.8)	547 (4.7)	42 (1.0)	616 (3.2)	43 (0.9)	595 (4.3)	16 (0.9)	547 (6.9)
Slovenia	40 (1.1)	541 (2.9)	41 (0.9)	485 (2.2)	19 (0.8)	458 (3.2)	20 (1.1)	503 (2.6)	64 (1.3)	505 (2.4)	16 (1.0)	498 (4.1)
Sweden	49 (1.0)	528 (2.6)	35 (0.7)	468 (2.4)	16 (0.6)	438 (3.6)	3[3] (0.4)	461[3] (7.7)	35[3] (1.2)	490[3] (3.1)	62[3] (1.3)	498[3] (2.4)
Syrian Arab Republic	47 (1.1)	429 (3.5)	40 (0.9)	378 (4.2)	13 (0.7)	361 (4.7)	44[3] (1.1)	408[3] (3.9)	48[3] (0.9)	399[3] (3.8)	8[3] (0.6)	409[3] (6.8)
Thailand	22 (1.1)	489 (6.9)	60 (0.9)	428 (4.6)	18 (0.7)	430 (5.6)	39 (1.4)	461 (5.6)	45 (1.1)	435 (5.4)	15 (1.0)	419 (6.7)
Tunisia	45 (1.3)	452 (2.8)	34 (0.8)	400 (2.6)	21 (1.0)	391 (2.7)	45 (1.3)	425 (2.8)	44 (1.0)	419 (2.9)	11 (0.9)	417 (4.1)
Turkey	39 (1.1)	494 (6.1)	36 (0.8)	403 (4.7)	24 (1.0)	384 (4.3)	22 (1.1)	428 (5.8)	49 (1.0)	433 (5.0)	29 (1.2)	443 (5.9)
Ukraine	36 (1.2)	523 (3.8)	36 (0.9)	448 (3.5)	28 (1.1)	423 (3.2)	40 (1.2)	468 (4.5)	53 (1.1)	467 (3.5)	7 (0.7)	466 (6.8)
United States[4,9]	53 (1.0)	537 (2.5)	28 (0.7)	487 (3.2)	19 (0.7)	462 (3.0)	26 (1.1)	522 (3.8)	62 (1.2)	510 (3.0)	12 (1.2)	484 (4.3)

—Not available.
†Not applicable.
‡Reporting standards not met.
[1]Index based on students' responses to four statements: 1) I usually do well in mathematics; 2) Mathematics is more difficult for me than for many of my classmates (reverse scored); 3) Mathematics is not one of my strengths (reverse scored); 4) I learn things quickly in mathematics. Average is computed across the four items based on a 4-point scale: 1. Agree a lot; 2. Agree a little; 3. Disagree a little; 4. Disagree a lot. *High SCM* indicates agreeing a little or a lot on average across the four statements. *Low SCM* indicates disagreeing a little or a lot on average across the four statements. *Medium SCM* indicates mixed attitudes across the four statements.
[2]Index based on students' reports on frequency of and amount of time spent on homework. *High TMH* indicates more than 30 minutes of mathematics homework assigned 3–4 times per week. *Medium TMH* includes all possible combinations of responses not included in the high or low categories. *Low TMH* indicates no more than 30 minutes of mathematics homework assigned no more than 2 times per week.
[3]Data are available for at least 70 percent but less than 85 percent of students.
[4]Met guidelines for sample participation rates only after substitute schools were included.
[5]National Target Population does not include all of the International Target Population defined by the Trends in International Mathematics and Science Study (TIMSS).
[6]Hong Kong is a Special Administrative Region (SAR) of the People's Republic of China.
[7]National Defined Population covers less than 90 percent of National Target Population (but at least 77 percent).
[8]Kuwait tested the same cohort of students as other countries, but later in 2007, at the beginning of the next school year.
[9]National Defined Population covers 90 to 95 percent of National Target Population.
NOTE: TIMSS scores are reported on a scale from 0 to 1,000, with the scale average fixed at 500 and the standard deviation fixed at 100. Countries were required to sample students in the grade that corresponded to the end of 8 years of formal schooling, providing that the mean age at the time of testing was at least 13.5 years. Detail may not sum to totals because of rounding. Standard errors appear in parentheses.
SOURCE: International Association for the Evaluation of Educational Achievement (IEA), Trends in International Mathematics and Science Study (TIMSS), 2007, *TIMSS 2007 International Mathematics Report*, by Ina V. S. Mullis et al. (This table was prepared July 2009.)

Table 417. Average fourth-grade science scores overall and in content and cognitive domains, yearly science instructional time, and science instructional time as a percentage of total instructional time, by country: 2007

Country or other jurisdiction	Average score							Students' average hours per year of science instructional time	Science instructional time as a percent of total instructional time
		Content domain[1]			Cognitive domain[2]				
	Science overall	Life science	Physical science	Earth science	Knowing	Applying	Reasoning		
1	2	3	4	5	6	7	8	9	10
International average	— (†)	— (†)	— (†)	— (†)	— (†)	— (†)	— (†)	**67 (0.4)**	**8 (#)**
Algeria	354 (6.0)	351 (6.2)	377 (5.3)	365 (5.7)	350 (5.8)	379 (5.7)	357 (5.8)	67[3] (4.7)	6[4] (0.4)
Armenia	484 (5.7)	489 (5.9)	492 (5.1)	479 (5.5)	486 (5.2)	487 (5.6)	484 (5.3)	81 (4.0)	9 (0.4)
Australia	527 (3.3)	528 (3.4)	522 (3.1)	534 (3.2)	529 (3.1)	523 (3.3)	530 (3.4)	46[3] (2.2)	5[3] (0.2)
Austria	526 (2.5)	526 (2.0)	514 (2.4)	532 (1.9)	529 (2.0)	526 (2.2)	513 (2.3)	92 (1.0)	12 (0.1)
Chinese Taipei	557 (2.0)	541 (2.1)	559 (2.5)	553 (1.9)	536 (2.5)	556 (2.1)	571 (2.4)	79[3] (1.5)	9[4] (0.2)
Colombia	400 (5.4)	408 (5.2)	411 (4.9)	401 (5.6)	409 (5.5)	404 (5.4)	409 (5.1)	139[4] (3.9)	13[4] (0.4)
Czech Republic	515 (3.1)	520 (2.9)	511 (2.8)	518 (2.6)	520 (2.7)	516 (3.1)	510 (2.9)	41[4] (1.3)	5 (0.2)
Denmark[5]	517 (2.9)	527 (2.4)	502 (2.5)	522 (2.7)	516 (2.9)	515 (2.6)	525 (3.8)	59[4] (0.9)	7[3] (0.1)
El Salvador	390 (3.4)	410 (3.6)	392 (3.8)	393 (3.3)	410 (3.9)	393 (3.6)	376 (4.0)	135 (3.5)	15 (0.5)
England	542 (2.9)	532 (2.7)	543 (2.7)	538 (2.9)	543 (2.9)	536 (2.7)	537 (2.7)	70[4] (1.7)	7 (0.2)
Georgia[6]	418 (4.6)	427 (3.5)	414 (4.0)	432 (5.0)	434 (3.8)	424 (4.1)	388 (4.9)	35[4] (2.8)	5[3] (0.5)
Germany	528 (2.4)	529 (2.0)	524 (2.5)	524 (2.4)	527 (2.2)	526 (2.2)	525 (2.3)	106[4] (2.1)	13[4] (0.2)
Hong Kong SAR[7]	554 (3.5)	532 (3.5)	558 (3.5)	560 (3.2)	546 (3.2)	549 (3.0)	561 (4.4)	72[3] (5.2)	7[3] (0.5)
Hungary	536 (3.3)	548 (2.8)	529 (3.3)	517 (3.5)	540 (3.0)	531 (3.2)	529 (3.7)	54[3] (1.5)	8[3] (0.2)
Iran, Islamic Republic of	436 (4.3)	442 (4.4)	454 (4.2)	433 (4.1)	437 (4.3)	451 (4.3)	436 (4.3)	83 (2.4)	12 (0.4)
Italy	535 (3.2)	549 (3.0)	521 (3.1)	526 (3.0)	530 (3.9)	539 (3.1)	526 (3.8)	68[4] (1.4)	6[4] (0.1)
Japan	548 (2.1)	530 (2.0)	564 (2.3)	529 (2.7)	528 (2.2)	542 (2.7)	567 (2.1)	82 (1.2)	9 (0.1)
Kazakhstan[6]	533 (5.6)	528 (5.0)	528 (5.8)	534 (5.2)	534 (5.8)	536 (4.9)	519 (5.3)	52 (1.3)	7 (0.2)
Kuwait[8]	348 (4.4)	353 (4.9)	345 (5.2)	363 (3.8)	360 (3.9)	338 (4.3)	331 (5.4)	‡ (†)	‡ (†)
Latvia[6]	542 (2.3)	535 (2.1)	544 (2.4)	536 (2.2)	540 (2.2)	535 (2.4)	551 (2.7)	48[4] (1.2)	7[4] (0.2)
Lithuania[6]	514 (2.4)	516 (1.8)	514 (1.4)	511 (2.5)	511 (1.7)	515 (2.8)	524 (2.4)	51[4] (0.6)	8 (0.1)
Morocco	297 (5.9)	292 (6.8)	324 (5.5)	293 (6.2)	291 (5.8)	311 (6.3)	318 (5.4)	54[3] (4.2)	5[3] (0.3)
Netherlands[9]	523 (2.6)	536 (2.2)	503 (2.3)	524 (2.5)	518 (2.5)	525 (2.2)	525 (2.3)	33[3] (1.5)	3[3] (0.1)
New Zealand	504 (2.6)	506 (2.5)	498 (2.5)	515 (2.6)	511 (2.5)	500 (2.4)	505 (2.9)	45[3] (2.5)	5[3] (0.3)
Norway	477 (3.5)	487 (2.5)	469 (2.7)	497 (2.9)	485 (2.4)	478 (2.8)	480 (3.2)	44[4] (1.9)	5[4] (0.2)
Qatar	294 (2.6)	291 (1.4)	303 (2.1)	305 (2.2)	304 (2.3)	283 (2.7)	293 (2.9)	‡ (†)	‡ (†)
Russian Federation	546 (4.8)	539 (4.1)	547 (4.6)	536 (4.3)	542 (4.8)	546 (4.7)	542 (4.6)	40[3] (1.1)	6[3] (0.2)
Scotland[5]	500 (2.3)	504 (2.2)	499 (1.9)	508 (2.5)	511 (2.0)	494 (2.4)	501 (2.2)	51[3] (3.1)	5[4] (0.3)
Singapore	587 (4.1)	582 (4.1)	585 (3.9)	554 (3.3)	587 (4.1)	579 (3.7)	568 (3.7)	82 (0.9)	9 (0.1)
Slovak Republic	526 (4.8)	532 (4.0)	513 (4.6)	530 (4.8)	527 (4.4)	527 (4.4)	513 (4.9)	59[4] (0.7)	7 (0.1)
Slovenia	518 (1.9)	511 (2.2)	530 (1.6)	517 (2.5)	511 (1.6)	525 (2.1)	527 (1.8)	84[4] (0.8)	12[4] (0.1)
Sweden	525 (2.9)	531 (2.5)	508 (2.7)	535 (2.7)	526 (2.5)	521 (2.9)	527 (3.5)	56[4] (2.5)	6[4] (0.3)
Tunisia	318 (5.9)	323 (5.6)	340 (6.4)	325 (5.8)	316 (5.9)	329 (6.3)	349 (5.3)	71[3] (2.7)	8[3] (0.3)
Ukraine	474 (3.1)	482 (2.5)	475 (2.7)	474 (3.1)	476 (2.4)	477 (3.2)	478 (3.0)	33 (1.1)	5 (0.2)
United States[5,10]	539 (2.7)	540 (2.5)	534 (2.3)	533 (2.6)	541 (2.3)	533 (2.8)	535 (2.6)	89[4] (2.5)	8[4] (0.2)
Yemen	197 (7.2)	— (†)	— (†)	— (†)	— (†)	— (†)	— (†)	83[3] (5.7)	10[4] (0.5)

—Not available.
†Not applicable.
#Rounds to zero.
‡Reporting standards not met.
[1]*Life science* includes characteristics and life processes of living things; life cycles, reproduction, and heredity; interaction with the environment; ecosystems; and human health. *Physical science* includes classification and properties of matter; physical states and changes in matter; energy sources, heat, and temperature; light and sound; electricity and magnetism; and forces and motion. *Earth science* includes Earth's structure, physical characteristics, and resources; Earth's processes, cycles, and history; and Earth in the solar system.
[2]*Knowing* addresses the facts, information, concepts, tools, and procedures that students need to know to function scientifically. *Applying* focuses on students' ability to apply knowledge and conceptual understanding to solve problems or answer questions. *Reasoning* goes beyond the cognitive processes involved in solving routine problems to include more complex tasks.
[3]Data are available for at least 50 percent but less than 70 percent of the students.
[4]Data are available for at least 70 percent but less than 85 percent of the students.
[5]Met guidelines for sample participation rates only after replacement schools were included.
[6]National Target Population does not include all of the International Target Population defined by the Trends in International Mathematics and Science Study (TIMSS).
[7]Hong Kong is a Special Administrative Region (SAR) of the People's Republic of China.
[8]Kuwait tested the same cohort of students as other countries, but later in 2007, at the beginning of the next school year.
[9]Nearly satisfied guidelines for sample participation rates only after replacement schools were included.
[10]National Defined Population covers 90 to 95 percent of National Target Population.
NOTE: Implemented instructional time for science provided by teachers; total instructional time provided by schools. TIMSS scores are reported on a scale from 0 to 1,000, with the scale average fixed at 500 and the standard deviation fixed at 100. Countries were required to sample students in the grade that corresponded to the end of 4 years of formal schooling, providing that the mean age at the time of testing was at least 9.5 years. Standard errors appear in parentheses.
SOURCE: International Association for the Evaluation of Educational Achievement (IEA), Trends in International Mathematics and Science Study (TIMSS), 2007, *TIMSS 2007 International Science Report*, by Michael O. Martin et al. (This table was prepared June 2009.)

Table 418. Average eighth-grade science scores overall and in content and cognitive domains, by country: 2007

Country or other jurisdiction	Science overall		Content domain[1]								Cognitive domain[2]					
			Biology		Chemistry		Physics		Earth science		Knowing		Applying		Reasoning	
1	2		3		4		5		6		7		8		9	
Algeria	408	(1.7)	411	(1.9)	414	(1.7)	397	(2.2)	413	(1.6)	409	(1.9)	410	(2.4)	414	(1.9)
Armenia	488	(5.8)	490	(5.9)	478	(6.3)	503	(5.6)	475	(5.8)	493	(6.4)	502	(5.4)	459	(6.5)
Australia	515	(3.6)	518	(3.4)	505	(3.6)	508	(4.2)	519	(3.8)	501	(3.1)	510	(3.2)	530	(3.6)
Bahrain	467	(1.7)	473	(2.0)	468	(2.4)	466	(1.5)	465	(2.4)	469	(2.1)	468	(2.1)	469	(2.0)
Bosnia and Herzegovina	466	(2.8)	464	(3.0)	468	(2.9)	463	(3.1)	469	(3.4)	486	(3.7)	463	(2.8)	452	(3.1)
Botswana	355	(3.1)	359	(2.9)	371	(2.4)	351	(3.2)	361	(4.0)	361	(2.9)	358	(3.2)	362	(2.7)
Bulgaria[3]	470	(5.9)	467	(6.0)	472	(6.1)	466	(5.6)	480	(5.5)	489	(5.8)	471	(6.1)	448	(6.1)
Chinese Taipei	561	(3.7)	549	(3.4)	573	(4.2)	554	(3.7)	545	(2.9)	565	(3.5)	560	(3.4)	541	(3.5)
Colombia	417	(3.5)	434	(3.7)	420	(3.1)	407	(3.5)	407	(3.9)	418	(4.0)	417	(3.1)	428	(2.7)
Cyprus	452	(2.0)	447	(1.9)	452	(2.5)	458	(2.8)	457	(2.3)	438	(2.6)	456	(2.0)	460	(2.3)
Czech Republic	539	(1.9)	531	(2.1)	535	(2.7)	537	(2.1)	534	(2.0)	533	(2.1)	539	(1.9)	534	(2.3)
Egypt	408	(3.6)	406	(3.4)	413	(4.0)	413	(3.3)	426	(3.8)	434	(3.9)	404	(3.6)	395	(3.4)
El Salvador	387	(2.9)	398	(3.0)	377	(3.2)	380	(3.5)	400	(2.9)	394	(3.2)	388	(3.2)	384	(3.4)
England[4]	542	(4.5)	541	(4.4)	534	(4.0)	545	(4.0)	529	(4.3)	530	(4.9)	538	(4.0)	547	(4.0)
Georgia[5]	421	(4.8)	423	(3.9)	418	(4.6)	416	(5.8)	425	(4.1)	440	(5.1)	422	(4.5)	394	(4.6)
Ghana	303	(5.4)	304	(4.9)	342	(4.9)	276	(5.8)	294	(5.8)	316	(5.7)	291	(5.5)	—	(†)
Hong Kong SAR[4,6]	530	(4.9)	527	(4.6)	517	(4.6)	528	(4.8)	532	(4.5)	532	(4.5)	522	(4.9)	533	(5.0)
Hungary	539	(2.9)	534	(2.7)	536	(3.5)	541	(3.2)	531	(2.9)	524	(3.0)	549	(3.0)	530	(3.0)
Indonesia	427	(3.4)	428	(3.1)	421	(3.4)	432	(3.1)	442	(3.3)	426	(3.6)	425	(3.1)	438	(3.2)
Iran, Islamic Republic of	459	(3.6)	449	(3.6)	463	(3.5)	470	(3.6)	476	(3.7)	468	(3.9)	454	(3.8)	462	(3.8)
Israel[3]	468	(4.3)	472	(4.2)	467	(4.6)	472	(4.6)	462	(4.1)	456	(5.0)	472	(4.2)	481	(4.2)
Italy	495	(2.8)	502	(3.0)	481	(2.9)	489	(3.1)	503	(3.1)	494	(3.3)	498	(2.9)	493	(2.6)
Japan	554	(1.9)	553	(1.9)	551	(1.9)	558	(1.9)	533	(2.5)	534	(2.2)	555	(2.0)	560	(2.0)
Jordan	482	(4.0)	478	(3.8)	491	(4.1)	479	(4.2)	484	(3.6)	491	(4.5)	485	(4.1)	471	(4.1)
Korea, Republic of	553	(2.0)	548	(1.9)	536	(2.4)	571	(2.4)	538	(2.2)	543	(2.0)	547	(2.0)	558	(2.0)
Kuwait[7]	418	(2.8)	419	(2.6)	418	(3.8)	438	(2.8)	410	(3.0)	430	(2.5)	417	(2.9)	411	(2.9)
Lebanon	414	(5.9)	405	(6.2)	447	(5.5)	431	(5.1)	389	(6.4)	403	(5.9)	422	(5.8)	420	(5.6)
Lithuania[5]	519	(2.5)	527	(2.3)	507	(2.3)	505	(2.9)	515	(2.5)	513	(2.4)	512	(2.2)	527	(2.5)
Malaysia	471	(6.0)	469	(5.8)	479	(5.0)	484	(5.7)	463	(5.4)	458	(6.5)	473	(5.9)	487	(4.9)
Malta	457	(1.4)	453	(1.7)	461	(2.1)	470	(1.7)	456	(1.5)	436	(1.5)	462	(1.6)	473	(1.4)
Norway	487	(2.2)	487	(2.3)	483	(2.2)	475	(3.0)	502	(2.5)	486	(2.0)	486	(2.3)	491	(2.8)
Oman	423	(3.0)	414	(3.1)	416	(3.6)	443	(2.9)	439	(2.5)	428	(3.5)	423	(3.2)	428	(3.5)
Palestinian National Authority	404	(3.5)	402	(4.1)	413	(4.2)	414	(3.7)	408	(3.7)	407	(3.5)	412	(4.0)	396	(3.8)
Qatar	319	(1.7)	318	(1.7)	322	(1.8)	347	(2.1)	312	(1.9)	325	(1.7)	322	(1.5)	—	(†)
Romania	462	(3.9)	459	(3.2)	463	(4.0)	458	(3.4)	471	(3.3)	451	(4.2)	470	(3.5)	460	(3.5)
Russian Federation	530	(3.9)	525	(3.6)	535	(3.7)	519	(4.0)	525	(3.4)	534	(4.3)	527	(3.8)	520	(3.7)
Saudi Arabia	403	(2.4)	407	(2.4)	390	(2.5)	408	(2.3)	423	(2.3)	417	(2.1)	403	(2.7)	395	(2.5)
Scotland[4]	496	(3.4)	495	(3.2)	497	(3.2)	494	(3.7)	498	(3.2)	480	(3.9)	495	(3.1)	511	(3.6)
Serbia[5,8]	470	(3.2)	474	(3.2)	467	(3.7)	467	(3.0)	466	(3.8)	485	(2.8)	469	(3.6)	455	(3.5)
Singapore	567	(4.4)	564	(4.2)	560	(4.1)	575	(3.9)	541	(4.1)	554	(4.5)	567	(4.2)	564	(4.1)
Slovenia	538	(2.2)	530	(2.3)	539	(2.5)	524	(2.0)	542	(2.2)	533	(2.0)	533	(2.2)	538	(2.2)
Sweden	511	(2.6)	515	(2.4)	499	(2.4)	506	(2.7)	510	(3.0)	505	(2.3)	509	(2.7)	517	(2.6)
Syrian Arab Republic	452	(2.9)	459	(2.7)	450	(2.9)	447	(2.7)	448	(3.2)	474	(2.9)	445	(3.0)	440	(2.7)
Thailand	471	(4.3)	478	(4.5)	462	(4.1)	458	(4.2)	488	(3.8)	473	(4.4)	472	(4.1)	473	(4.0)
Tunisia	445	(2.1)	452	(2.2)	458	(2.5)	432	(2.5)	447	(1.8)	441	(2.0)	445	(2.3)	458	(2.9)
Turkey	454	(3.7)	462	(3.4)	435	(5.2)	445	(4.3)	466	(3.3)	462	(3.6)	450	(3.6)	462	(3.4)
Ukraine	485	(3.5)	477	(3.4)	490	(3.3)	492	(3.9)	482	(4.0)	477	(3.8)	488	(3.7)	488	(3.9)
United States[4,8]	520	(2.9)	530	(2.8)	510	(2.7)	503	(2.7)	525	(3.1)	512	(2.9)	516	(2.7)	529	(2.9)

—Not available.
†Not applicable.
[1]*Biology* includes characteristics, classification, and life processes of organisms; cells and their functions; life cycles, reproduction, and heredity; diversity, adaptation, and natural selection; ecosystems; and human health. *Chemistry* includes classification and composition of matter; properties of matter; and chemical change. *Physics* includes physical states and changes in matter; energy transformations, heat, and temperature; light; sound; electricity and magnetism; and forces and motion. *Earth science* includes Earth's structure and physical features; Earth's processes, cycles, and history; Earth's resources and their use and conservation; and Earth in the solar system and the universe.
[2]*Knowing* addresses the facts, information, concepts, tools, and procedures that students need to know to function scientifically. *Applying* focuses on students' ability to apply knowledge and conceptual understanding to solve problems or answer questions. *Reasoning* goes beyond the cognitive processes involved in solving routine problems to include more complex tasks.
[3]National Defined Population covers less than 90 percent of National Target Population (but at least 77 percent).
[4]Met guidelines for sample participation rates only after substitute schools were included.
[5]National Target Population does not include all of the International Target Population defined by the Trends in International Mathematics and Science Study (TIMSS).
[6]Hong Kong is a Special Administrative Region (SAR) of the People's Republic of China.
[7]Kuwait tested the same cohort of students as other countries, but later in 2007, at the beginning of the next school year.
[8]National Defined Population covers 90 to 95 percent of National Target Population.
NOTE: TIMSS scores are reported on a scale from 0 to 1,000, with the scale average fixed at 500 and the standard deviation fixed at 100. Countries were required to sample students in the grade that corresponded to the end of 8 years of formal schooling, providing that the mean age at the time of testing was at least 13.5 years. Standard errors appear in parentheses.
SOURCE: International Association for the Evaluation of Educational Achievement (IEA), Trends in International Mathematics and Science Study (TIMSS), 2007, *TIMSS 2007 International Science Report*, by Michael O. Martin et al. (This table was prepared June 2009.)

Table 419. Percentage distribution of science lesson time spent by eighth-grade students on various activities in a typical week, by country: 2007

Country or other jurisdiction	Reviewing homework		Listening to lecture-style presentations		Working problems with teacher's guidance		Working problems on their own without teacher's guidance		Listening to teacher re-teach and clarify content/ procedures		Taking tests or quizzes		Participating in classroom management tasks not related to the lesson's content/purpose		Other student activities	
1	2		3		4		5		6		7		8		9	
International average	**9**	**(0.1)**	**25**	**(0.2)**	**17**	**(0.1)**	**13**	**(0.1)**	**13**	**(0.1)**	**10**	**(0.1)**	**6**	**(0.1)**	**7**	**(0.1)**
Algeria[1]	10	(0.4)	22	(1.5)	14	(0.7)	12	(0.7)	20	(1.3)	10	(0.7)	5	(0.3)	7	(0.6)
Armenia	12	(0.5)	24	(0.6)	15	(0.4)	13	(0.4)	13	(0.4)	11	(0.3)	6	(0.2)	5	(0.3)
Australia	7	(0.3)	19	(0.8)	20	(0.8)	15	(0.7)	11	(0.5)	7	(0.3)	10	(0.7)	12	(1.1)
Bahrain[2]	10	(0.3)	24	(0.9)	16	(0.4)	10	(0.3)	13	(0.4)	12	(0.5)	8	(0.2)	7	(0.3)
Bosnia and Herzegovina[1]	6	(0.2)	34	(1.1)	20	(0.6)	13	(0.5)	11	(0.4)	8	(0.3)	4	(0.2)	5	(0.4)
Botswana[2]	11	(0.5)	20	(1.3)	17	(1.0)	15	(0.9)	13	(0.8)	11	(0.7)	6	(0.4)	7	(0.7)
Bulgaria[2, 3]	6	(0.3)	30	(1.0)	17	(0.6)	13	(0.5)	8	(0.3)	17	(0.6)	4	(0.4)	4	(0.4)
Chinese Taipei	10	(0.5)	48	(1.5)	11	(0.6)	5	(0.4)	9	(0.8)	8	(0.6)	4	(0.3)	3	(0.4)
Colombia	11	(0.6)	17	(1.0)	18	(1.3)	18	(1.1)	11	(0.6)	11	(0.6)	7	(0.5)	6	(0.5)
Cyprus[1]	12	(0.2)	23	(0.4)	18	(0.2)	10	(0.2)	14	(0.2)	10	(0.1)	7	(0.2)	6	(0.2)
Czech Republic	5	(0.2)	31	(0.6)	18	(0.3)	15	(0.4)	10	(0.3)	10	(0.2)	5	(0.3)	6	(0.3)
Egypt[1]	11	(0.7)	28	(1.4)	13	(0.8)	11	(0.6)	14	(0.8)	10	(0.5)	6	(0.4)	7	(0.5)
El Salvador	12	(0.5)	16	(0.7)	16	(0.7)	14	(0.7)	16	(0.7)	11	(0.5)	8	(0.4)	7	(0.5)
England[2, 4]	7	(0.3)	16	(0.9)	28	(1.0)	20	(0.8)	10	(0.4)	5	(0.2)	7	(0.4)	8	(0.6)
Georgia[2, 5]	12	(0.4)	23	(1.4)	12	(0.4)	9	(0.4)	9	(0.4)	18	(0.6)	6	(0.4)	10	(1.2)
Ghana[2]	11	(0.7)	16	(0.9)	17	(0.8)	14	(0.6)	12	(0.7)	15	(0.6)	8	(0.5)	7	(0.4)
Hong Kong SAR[4, 6]	9	(0.6)	39	(1.6)	15	(1.0)	8	(0.9)	8	(0.4)	8	(0.9)	5	(0.4)	8	(1.0)
Hungary[2]	8	(0.2)	20	(0.7)	19	(0.5)	16	(0.4)	13	(0.4)	14	(0.3)	4	(0.2)	7	(0.4)
Indonesia[1]	12	(0.5)	24	(1.1)	15	(0.8)	11	(0.5)	12	(0.5)	13	(0.7)	7	(0.3)	7	(0.3)
Iran, Islamic Republic of	9	(0.3)	17	(0.7)	15	(0.6)	12	(0.5)	15	(0.6)	14	(0.6)	8	(0.5)	9	(0.4)
Israel[3]	‡	(†)	‡	(†)	‡	(†)	‡	(†)	‡	(†)	‡	(†)	‡	(†)	‡	(†)
Italy	12	(0.4)	29	(0.7)	13	(0.4)	10	(0.4)	16	(0.6)	10	(0.4)	5	(0.3)	5	(0.4)
Japan[2]	3	(0.3)	47	(1.5)	15	(1.0)	5	(0.8)	14	(0.7)	5	(0.5)	2	(0.3)	8	(1.3)
Jordan	13	(0.5)	20	(1.1)	17	(0.5)	12	(0.5)	14	(0.5)	12	(0.5)	6	(0.3)	6	(0.4)
Korea, Republic of[2]	5	(0.3)	49	(1.6)	9	(0.4)	8	(0.4)	13	(0.8)	6	(0.4)	6	(0.5)	5	(0.5)
Kuwait[7]	‡	(†)	‡	(†)	‡	(†)	‡	(†)	‡	(†)	‡	(†)	‡	(†)	‡	(†)
Lebanon[1]	16	(0.8)	18	(1.2)	19	(0.8)	8	(0.7)	14	(0.9)	14	(0.6)	6	(0.4)	6	(0.4)
Lithuania[5]	8	(0.2)	12	(0.5)	22	(0.5)	23	(0.5)	14	(0.4)	14	(0.5)	3	(0.2)	3	(0.3)
Malaysia[2]	13	(0.6)	24	(1.4)	15	(0.7)	11	(0.6)	13	(0.8)	10	(0.5)	9	(0.7)	6	(0.5)
Malta	10	(#)	31	(0.1)	15	(#)	10	(0.1)	13	(0.1)	5	(#)	9	(0.1)	7	(#)
Norway	8	(0.4)	27	(0.8)	18	(0.9)	16	(0.7)	12	(0.4)	6	(0.3)	4	(0.3)	9	(0.8)
Oman[2]	10	(0.7)	21	(1.5)	16	(0.8)	13	(0.6)	14	(0.8)	11	(0.7)	5	(0.3)	9	(0.9)
Palestinian National Authority[1]	11	(0.5)	25	(1.3)	16	(0.7)	11	(0.5)	14	(0.8)	10	(0.4)	6	(0.4)	7	(0.4)
Qatar[1]	11	(#)	25	(0.1)	13	(#)	12	(#)	12	(#)	10	(#)	7	(#)	11	(#)
Romania	9	(0.3)	24	(0.8)	19	(0.5)	13	(0.4)	11	(0.5)	14	(0.5)	5	(0.2)	5	(0.2)
Russian Federation	12	(0.3)	23	(0.5)	19	(0.4)	16	(0.4)	9	(0.2)	15	(0.4)	1	(0.1)	4	(0.2)
Saudi Arabia	‡	(†)	‡	(†)	‡	(†)	‡	(†)	‡	(†)	‡	(†)	‡	(†)	‡	(†)
Scotland[2, 4]	6	(0.2)	23	(0.6)	28	(0.7)	18	(0.8)	9	(0.3)	4	(0.2)	7	(0.3)	5	(0.3)
Serbia[2, 5, 8]	5	(0.2)	39	(0.8)	19	(0.6)	11	(0.4)	11	(0.3)	8	(0.3)	3	(0.2)	5	(0.4)
Singapore	12	(0.3)	34	(0.8)	14	(0.5)	10	(0.3)	9	(0.3)	8	(0.3)	7	(0.4)	5	(0.4)
Slovenia	6	(0.2)	28	(0.7)	22	(0.6)	16	(0.4)	13	(0.4)	5	(0.3)	4	(0.2)	7	(0.5)
Sweden[2]	5	(0.3)	25	(0.7)	29	(0.8)	15	(0.9)	11	(0.3)	7	(0.2)	4	(0.2)	5	(0.6)
Syrian Arab Republic[1]	12	(0.6)	28	(1.4)	14	(0.6)	10	(0.5)	14	(0.8)	11	(0.5)	6	(0.3)	6	(0.3)
Thailand	11	(0.6)	21	(1.2)	14	(0.7)	11	(0.6)	18	(0.8)	11	(0.5)	8	(0.4)	7	(0.4)
Tunisia[2]	9	(0.7)	14	(1.2)	26	(1.5)	14	(1.0)	18	(1.0)	11	(0.9)	5	(0.4)	5	(0.5)
Turkey	8	(0.3)	18	(0.8)	19	(0.9)	12	(0.6)	15	(0.8)	9	(0.6)	9	(0.6)	8	(0.4)
Ukraine	12	(0.3)	16	(0.8)	15	(0.4)	15	(0.4)	20	(0.8)	14	(0.4)	3	(0.1)	6	(0.4)
United States[4, 8]	9	(0.4)	20	(0.8)	18	(0.6)	15	(0.6)	11	(0.4)	9	(0.3)	7	(0.3)	12	(0.9)

†Not applicable.
#Rounds to zero.
‡Reporting standards not met.
[1]Data are available for at least 50 percent but less than 70 percent of students.
[2]Data are available for at least 70 percent but less than 85 percent of students.
[3]National Defined Population covers less than 90 percent of National Target Population (but at least 77 percent).
[4]Met guidelines for sample participation rates only after substitute schools were included.
[5]National Target Population does not include all of the International Target Population defined by the Trends in International Mathematics and Science Study (TIMSS).
[6]Hong Kong is a Special Administrative Region (SAR) of the People's Republic of China.
[7]Kuwait tested the same cohort of students as other countries, but later in 2007, at the beginning of the next school year.
[8]National Defined Population covers 90 to 95 percent of National Target Population.
NOTE: Data provided by teachers. Countries were required to sample students in the grade that corresponded to the end of 8 years of formal schooling, providing that the mean age at the time of testing was at least 13.5 years. Detail may not sum to totals because of rounding. Standard errors appear in parentheses.
SOURCE: International Association for the Evaluation of Educational Achievement (IEA), Trends in International Mathematics and Science Study (TIMSS), 2007, *TIMSS 2007 International Science Report*, by Michael O. Martin et al. (This table was prepared July 2009.)

Table 420. Percentage of the population 25 to 64 years old who completed high school, by age group and country: 2001, 2005, and 2008

Country	2001					2005		2008				
	Total, 25 to 64 years old	25 to 34 years old	35 to 44 years old	45 to 54 years old	55 to 64 years old	Total, 25 to 64 years old	25 to 34 years old	Total, 25 to 64 years old	25 to 34 years old	35 to 44 years old	45 to 54 years old	55 to 64 years old
1	2	3	4	5	6	7	8	9	10	11	12	13
OECD average[1]	**64.2**	**74.0**	**68.4**	**60.2**	**48.6**	**64.8**	**74.1**	**71.1**	**80.0**	**74.8**	**67.8**	**58.2**
Australia	58.9	70.7	60.2	54.6	43.8	65.0	78.6	69.9	82.5	72.6	66.0	55.5
Austria[2]	75.7	83.3	80.4	71.9	62.5	80.6	87.5	81.0	87.7	84.8	79.0	70.5
Belgium[2]	58.5	75.3	62.6	51.3	38.4	66.1	80.9	69.6	83.1	77.2	64.4	52.1
Canada	81.9	89.3	84.9	81.0	66.6	85.2	90.8	87.1	91.9	90.2	85.6	79.6
Chile	—	—	—	—	—	50.0	64.3	68.0	84.5	74.2	65.5	39.3
Czech Republic	86.2	92.5	89.8	84.0	76.3	89.9	93.9	90.9	94.2	93.9	89.7	85.1
Denmark	80.2	86.3	80.4	80.4	71.9	81.0	87.4	77.6	86.1	81.9	73.6	69.1
Finland	73.8	86.8	84.3	70.0	50.9	78.8	89.4	81.1	90.1	87.8	82.3	65.9
France	63.9	78.4	67.4	58.3	46.2	66.3	81.1	70.0	82.9	76.7	64.3	55.0
Germany	82.6	85.5	85.5	82.9	75.8	83.1	84.1	85.3	85.8	86.9	85.8	82.2
Greece	51.4	72.6	60.3	43.1	27.6	57.1	73.6	61.1	74.8	68.8	56.4	39.2
Hungary	70.2	80.9	78.5	71.8	44.1	76.4	85.0	79.7	85.6	82.8	78.4	70.5
Iceland	56.9	61.2	60.2	55.5	45.6	62.9	69.0	64.1	69.0	68.3	60.9	55.8
Ireland	57.6	73.4	62.4	48.2	35.3	64.5	81.1	69.5	84.7	74.5	61.9	44.7
Italy	43.3	57.5	49.3	38.5	21.8	50.1	65.9	53.3	68.9	57.1	49.4	35.2
Japan	83.1	93.6	94.0	81.1	62.8	—	—	—	—	—	—	—
Korea, Republic of	68.0	94.6	76.8	49.1	29.9	75.5	97.3	79.1	97.6	93.3	68.1	40.4
Luxembourg	52.7	59.4	56.7	47.1	42.1	65.9	76.5	67.9	79.4	69.5	62.7	57.2
Mexico	21.6	25.4	24.7	17.5	11.1	21.3	24.0	33.6	39.8	36.3	30.2	19.1
Netherlands[2]	65.0	74.0	69.0	60.0	51.0	71.8	81.3	73.3	82.4	77.3	71.3	62.2
New Zealand	75.7	81.8	79.5	75.1	60.1	78.7	85.2	72.1	79.5	74.3	70.5	62.1
Norway[2]	85.2	93.4	90.3	81.9	69.9	77.2	83.5	80.7	84.0	81.9	78.4	78.3
Poland	45.9	51.7	47.5	44.5	36.4	51.4	62.5	87.1	92.8	90.9	87.0	76.0
Portugal	19.9	32.5	19.9	13.6	8.5	26.5	42.8	28.2	46.7	28.7	20.0	13.5
Slovak Republic	85.1	93.7	89.9	82.9	66.0	85.7	93.0	89.9	94.5	93.3	88.4	80.9
Spain	40.0	57.1	44.7	29.0	17.1	48.8	63.9	51.2	65.0	56.7	45.0	29.1
Sweden	80.6	90.7	86.3	78.4	65.1	83.6	90.6	85.0	91.2	90.4	83.6	75.0
Switzerland	87.4	91.8	90.0	85.1	80.6	83.0	87.9	86.8	90.3	88.2	85.5	82.7
Turkey	24.3	30.2	23.5	19.2	13.3	27.2	35.7	30.3	40.3	27.0	24.4	18.7
United Kingdom	63.0	68.0	65.0	61.2	55.1	66.7	72.9	69.6	76.6	69.7	67.0	63.4
United States	87.7	88.1	88.7	89.2	82.6	87.8	86.7	88.7	88.1	88.6	89.2	88.8
Reporting partner countries												
Brazil[3]	—	—	—	—	—	29.5	38.0	38.8	49.8	40.0	32.7	23.2
Estonia[3]	—	—	—	—	—	89.1	87.4	88.5	85.1	93.2	91.9	82.8
Israel	—	—	—	—	—	79.2	85.7	81.2	87.5	83.6	77.0	72.3
Russian Federation[4]	88.0	91.0	93.7	89.4	71.2	88.9	92.0	—	—	—	—	—
Slovenia	—	—	—	—	—	80.3	91.2	82.0	92.4	84.8	77.9	71.5

—Not available.
[1]Refers to the mean of the data values for all reporting OECD countries, to which each country reporting data contributes equally.
[2]Data from 2000 reported for 2001.
[3]Data from 2004 reported for 2005.
[4]Data from 2002 shown for 2001. Data from 2003 reported for 2005.

NOTE: Data in this table refer to degrees classified by the Organization for Economic Cooperation and Development (OECD) as International Standard Classification of Education (ISCED) level 3. ISCED level 3 corresponds to high school completion in the United States. ISCED 3C short programs do not correspond to high school completion; these short programs are excluded from this table.
SOURCE: Organization for Economic Cooperation and Development (OECD), *Education at a Glance*, 2002, 2007, and 2010. (This table was prepared July 2010.)

Table 421. Percentage of the population 25 to 64 years old who attained selected levels of postsecondary education, by age group and country: 2001 and 2008

Country	2001										2008									
	Vocational degree[1]					Bachelor's or higher degree[2]					Vocational degree[1]					Bachelor's or higher degree[2]				
	Total, 25 to 64 years old	25 to 34 years old	35 to 44 years old	45 to 54 years old	55 to 64 years old	Total, 25 to 64 years old	25 to 34 years old	35 to 44 years old	45 to 54 years old	55 to 64 years old	Total, 25 to 64 years old	25 to 34 years old	35 to 44 years old	45 to 54 years old	55 to 64 years old	Total, 25 to 64 years old	25 to 34 years old	35 to 44 years old	45 to 54 years old	55 to 64 years old
1	2	3	4	5	6	7	8	9	10	11	12	13	14	15	16	17	18	19	20	21
OECD average[3]	**8.2**	**9.8**	**9.0**	**7.4**	**5.6**	**14.7**	**17.9**	**15.5**	**13.7**	**10.0**	**9.4**	**10.1**	**10.0**	**9.1**	**7.1**	**20.8**	**26.9**	**21.9**	**18.0**	**15.1**
Australia	9.7	9.7	10.1	10.1	8.7	19.2	23.9	19.3	18.7	12.4	10.3	9.8	10.7	10.7	9.7	25.9	32.2	27.4	23.4	18.9
Austria[4]	7.3	7.9	8.2	7.1	5.5	6.6	7.1	7.8	6.3	4.4	7.4	5.9	7.6	8.5	7.3	10.7	13.5	11.7	9.2	7.9
Belgium[4]	15.0	19.3	16.4	13.1	9.2	12.1	16.7	13.0	9.7	7.6	15.9	19.5	17.1	14.9	11.8	16.4	22.8	18.2	13.8	10.5
Canada	21.2	25.4	22.8	19.5	14.8	20.4	25.1	19.8	19.7	15.3	23.6	26.1	25.7	23.3	18.8	25.2	29.8	28.5	21.1	21.1
Chile	—	—	—	—	—	—	—	—	—	—	8.5	11.5	10.9	6.7	3.2	15.7	22.3	13.6	13.1	13.9
Czech Republic	(5)	(5)	(5)	(5)	(5)	11.1	11.3	13.0	10.7	9.3	(5)	(5)	(5)	(5)	(5)	14.5	17.7	14.4	14.8	10.6
Denmark	18.9	18.4	20.1	20.7	15.8	7.5	10.7	7.9	6.4	4.4	7.0	8.2	7.8	6.8	5.3	27.5	34.9	29.3	24.9	21.0
Finland	17.5	20.2	20.8	16.0	12.1	14.8	18.0	16.2	13.4	11.2	15.0	5.4	19.9	19.3	14.9	21.5	32.9	24.0	17.3	13.6
France	11.2	16.7	11.7	8.8	5.9	11.9	17.5	10.8	10.0	8.2	11.1	16.9	12.9	8.6	5.6	16.4	23.7	18.2	11.6	11.8
Germany	9.7	8.2	10.7	10.0	9.7	13.5	13.5	14.9	14.6	10.5	9.0	6.5	9.4	10.0	9.4	16.4	17.5	17.3	15.9	15.0
Greece	5.4	7.4	7.2	3.8	2.9	12.4	16.6	14.5	11.8	6.2	6.6	9.6	7.9	5.3	2.7	16.8	18.6	18.6	16.3	12.7
Hungary	(5)	(5)	(5)	(5)	(5)	14.1	14.7	15.1	14.4	11.7	#	1.0	#	#	#	18.7	22.9	18.6	16.6	16.0
Iceland	6.0	5.5	7.6	5.7	4.1	18.8	21.1	21.2	18.6	11.0	3.4	2.2	4.2	4.3	2.6	27.9	30.6	32.1	26.0	21.0
Ireland	21.6	28.1	23.2	17.8	13.1	14.0	19.8	13.7	11.2	8.0	11.7	14.5	13.5	9.9	6.6	22.2	30.6	23.4	17.2	12.1
Italy	(5)	(5)	(5)	(5)	(5)	10.0	11.8	10.9	10.4	6.2	#	#	0.5	#	#	14.0	19.6	14.6	11.5	9.5
Japan	14.6	23.4	18.6	11.0	5.1	19.2	24.3	24.9	17.3	10.1	18.5	24.1	22.6	17.8	10.1	24.3	30.9	25.8	25.3	16.0
Korea, Republic of	6.7	14.5	5.9	2.2	0.8	17.5	25.0	20.0	11.0	8.1	10.9	23.3	10.8	4.4	1.4	25.6	34.5	31.7	18.9	10.5
Luxembourg	6.7	8.3	6.5	5.8	5.5	11.4	15.1	11.3	9.6	8.0	7.7	10.8	6.9	6.5	6.5	20.0	27.9	21.5	15.5	12.9
Mexico	1.7	2.7	1.8	0.8	0.4	13.3	15.3	15.5	10.8	6.8	1.1	1.2	1.1	1.2	0.7	14.9	18.5	14.6	14.0	8.9
Netherlands[4]	3.0	2.0	3.0	3.0	2.0	21.0	24.0	22.0	20.0	15.0	2.4	2.2	2.8	2.4	2.1	29.8	37.5	29.7	28.1	24.4
New Zealand	15.3	11.6	15.8	17.6	17.0	13.9	16.9	14.7	14.4	7.2	14.9	13.9	14.0	16.0	15.8	25.1	33.6	25.9	21.9	18.2
Norway[4]	2.8	2.8	3.4	3.0	1.9	25.6	32.0	25.6	23.4	18.5	2.4	1.8	2.1	3.0	2.7	33.6	43.8	36.3	28.7	25.3
Poland	(5)	(5)	(5)	(5)	(5)	11.9	15.2	10.9	10.8	10.2	(5)	(5)	(5)	(5)	(5)	19.6	32.1	18.8	13.0	12.0
Portugal	2.4	3.1	2.5	2.1	1.5	6.6	10.6	6.6	4.6	3.2	(5)	(5)	(5)	(5)	(5)	14.3	23.2	14.5	9.9	7.7
Slovak Republic	0.6	0.6	0.8	0.5	0.5	10.3	11.2	10.6	10.5	8.1	0.8	0.6	0.8	0.9	1.0	14.0	17.8	13.1	13.4	9.9
Spain	6.7	11.6	7.1	3.4	2.1	16.9	23.9	18.0	12.8	8.3	9.2	13.0	10.8	6.6	4.1	20.0	25.7	21.9	17.2	11.9
Sweden	14.7	17.1	16.9	14.4	9.6	16.9	19.7	15.8	17.2	14.7	8.6	8.4	8.4	9.1	8.6	23.4	32.4	24.3	19.3	17.8
Switzerland	9.6	9.7	11.3	8.6	7.7	15.8	15.9	18.2	15.4	12.5	10.4	9.7	11.4	10.7	9.3	23.3	28.8	25.0	20.8	18.0
Turkey	(5)	(5)	(5)	(5)	(5)	8.9	10.2	8.0	9.1	6.3	(5)	(5)	(5)	(5)	(5)	12.0	15.5	10.6	9.6	9.5
United Kingdom	8.0	9.0	9.0	8.0	7.0	18.0	21.0	18.0	18.0	12.0	9.0	7.7	9.7	9.6	8.7	23.6	30.7	23.3	20.3	18.5
United States	9.0	9.2	9.6	9.5	6.5	28.3	29.9	27.9	30.0	24.1	9.6	9.3	9.9	10.2	8.9	31.5	32.3	33.1	29.6	31.1
Reporting partner countries																				
Brazil	—	—	—	—	—	—	—	—	—	—	(5)	(5)	(5)	(5)	(5)	10.8	11.0	11.6	10.6	9.1
Estonia	—	—	—	—	—	—	—	—	—	—	12.0	12.3	12.1	12.3	11.0	22.3	23.5	22.5	22.3	20.6
Israel	—	—	—	—	—	—	—	—	—	—	15.1	13.4	15.8	15.8	16.5	28.8	28.9	30.1	28.2	27.6
Russian Federation[6]	33.5	34.2	37.1	34.4	26.0	20.8	21.3	21.3	20.4	18.9	—	—	—	—	—	—	—	—	—	—
Slovenia	—	—	—	—	—	—	—	—	—	—	10.8	11.7	11.4	10.8	9.2	11.8	18.4	12.3	9.0	6.9

—Not available.
#Rounds to zero.
[1]International Standard Classification of Education (ISCED) level 5B corresponds to the associate's degree in the United States in this table.
[2]ISCED 5A, first award, corresponds to the bachelor's degree in the United States; ISCED 5A, second award, corresponds to master's and first-professional degrees in the United States; and ISCED 6 corresponds to doctor's degrees.
[3]Refers to the mean of the data values for all reporting OECD countries, to which each country reporting data contributes equally.
[4]Data from 2000 reported for 2001.
[5]Included in bachelor's or higher degree.
[6]Data from 2002 shown for 2001.
NOTE: Data in this table refer to degrees classified by the Organization for Economic Cooperation and Development (OECD) as ISCED level 5B; level 5A, first and second award; and level 6.
SOURCE: Organization for Economic Cooperation and Development (OECD), *Education at a Glance*, 2002 and 2010. (This table was prepared July 2010.)

Table 422. Number of bachelor's degree recipients per 100 persons of the typical age of graduation, by sex and country: 2002 through 2007

Country	Typical age of graduation, 2007	Total						Male						Female					
		2002	2003	2004	2005	2006	2007	2002	2003	2004	2005	2006	2007	2002	2003	2004	2005	2006	2007
1	2	3	4	5	6	7	8	9	10	11	12	13	14	15	16	17	18	19	20
OECD average[1]	—	—	—	**34.0**	**35.4**	**37.1**	**38.5**	—	—	**27.7**	**28.3**	**29.7**	**31.0**	—	—	**40.5**	**42.9**	**44.8**	**46.2**
Australia	20-23	50.7	54.8	46.9	59.9	59.6	60.7	43.0	46.7	37.4	47.9	47.4	48.6	58.8	63.4	57.0	72.5	72.5	73.4
Austria	22-26	18.0	19.0	19.6	20.4	21.7	22.4	17.9	18.7	19.0	19.0	20.4	20.8	18.1	19.4	20.3	21.8	22.9	24.0
Belgium (Flemish)	22-24	19.2	—	18.3	18.4	19.0	35.4	18.7	—	17.5	17.0	17.9	32.6	19.7	—	19.0	19.8	20.2	38.2
Canada	22-24	—	—	31.5	33.6	39.3	35.2	—	—	24.3	25.2	29.5	26.5	—	—	39.1	42.2	49.7	44.3
Chile	23-26	—	—	25.1	11.5	15.0	14.5	—	—	22.9	9.7	13.0	11.9	—	—	27.5	13.4	17.0	17.3
Czech Republic	23-25	15.4	17.3	21.0	26.0	30.7	36.4	14.3	15.9	18.8	22.6	26.5	31.0	16.6	18.8	23.4	29.5	35.2	42.1
Denmark	24-26	34.4	38.6	49.9	52.9	50.3	50.9	23.4	25.1	35.6	37.2	37.0	38.3	45.7	52.3	64.4	69.2	63.7	63.9
Finland	24-26	51.8	55.8	54.7	53.8	57.3	58.8	37.7	40.4	39.5	38.8	40.6	41.3	66.4	72.2	70.5	69.7	74.5	77.4
France	20-25	39.0	41.5	40.0	—	34.2	33.8	32.9	34.9	33.4	—	30.6	30.2	45.3	48.4	46.9	—	37.9	37.5
Germany	24-27	19.2	19.5	20.6	20.5	21.0	23.2	19.3	19.3	20.3	20.0	20.0	22.0	19.1	19.7	20.9	21.1	22.0	24.4
Greece	22-27	—	—	19.1	23.9	23.5	21.7	—	—	13.3	16.3	16.1	14.7	—	—	25.4	32.2	31.7	29.4
Hungary	23-24	31.1	33.6	37.3	41.5	38.2	38.8	23.2	24.6	26.6	29.0	26.1	26.2	39.3	43.2	48.4	54.5	51.0	51.8
Iceland	23-25	40.0	44.2	50.5	56.3	62.8	62.8	27.2	29.4	31.4	33.6	37.7	38.0	53.1	59.1	70.3	80.5	89.6	88.0
Ireland	21-23	30.9	36.8	38.6	40.7	42.8	44.8	25.6	29.7	31.9	33.3	33.4	36.4	36.2	44.0	45.3	48.0	52.5	53.4
Italy	23-25	22.4	27.8	40.1	44.8	42.7	38.7	19.2	24.0	33.3	37.3	35.1	31.6	25.6	31.6	47.2	52.7	50.6	46.1
Japan	22-24	34.1	34.4	36.3	36.9	38.7	38.8	40.2	40.1	41.4	41.3	42.8	42.9	27.6	23.5	31.0	32.2	34.3	34.4
Korea, Republic of	21-23	31.5	31.7	32.3	35.5	41.0	42.9	31.6	32.1	31.5	34.8	40.2	42.7	31.3	31.2	33.2	36.2	41.7	43.2
Mexico	23-26	16.5	14.3	13.8	15.2	18.1	18.2	15.6	13.3	13.1	14.5	16.7	16.8	17.4	15.3	14.4	15.9	19.5	19.7
Netherlands	21-25	38.6	42.5	42.9	47.2	49.2	47.8	34.4	36.4	37.2	40.2	42.9	41.7	42.9	48.7	48.6	54.3	55.7	54.1
New Zealand	21-23	41.6	39.0	47.6	49.0	53.5	53.8	31.8	29.1	34.9	36.6	40.6	41.6	51.3	49.1	61.0	62.0	67.0	66.0
Norway	22-25	41.1	42.0	43.3	42.1	45.1	45.0	29.7	30.0	31.5	28.8	31.9	31.8	52.8	54.2	55.3	55.8	58.8	58.7
Poland	23-25	—	—	44.4	45.0	44.8	46.6	—	—	32.6	32.8	32.9	34.4	—	—	56.6	57.6	57.1	59.2
Portugal	22-24	—	—	32.9	33.7	34.9	46.0	—	—	20.4	21.7	22.7	35.0	—	—	45.6	46.0	47.4	57.4
Slovak Republic	23-24	—	—	28.3	30.1	33.7	37.9	—	—	24.4	25.6	26.0	26.8	—	—	32.4	34.8	41.8	49.6
Spain	20-22	33.1	32.0	35.2	35.0	35.3	34.7	26.4	25.5	27.5	27.1	27.1	26.6	40.0	38.9	43.2	43.3	43.8	43.3
Sweden	25	35.2	38.4	39.9	44.0	43.3	42.2	26.5	28.6	29.7	30.8	29.8	29.1	44.1	48.5	50.5	57.6	57.2	55.8
Switzerland	24-27	20.8	20.9	22.4	25.0	27.0	28.9	23.3	23.5	24.0	26.1	26.8	28.7	18.3	18.4	20.9	23.9	27.1	29.2
Turkey	22-26	—	—	14.0	11.3	15.4	17.0	—	—	15.2	11.8	16.3	17.9	—	—	12.7	10.7	14.5	15.9
United Kingdom	20-24	—	—	39.2	39.8	39.0	39.0	—	—	34.2	34.1	33.0	32.9	—	—	44.3	45.7	45.2	45.4
United States	22-24	36.1	33.4	33.2	34.2	35.5	36.5	29.7	27.6	27.5	28.1	29.1	30.1	42.9	39.4	39.2	40.7	42.4	43.4
Reporting partner countries																			
Brazil	22-23	—	—	15.6	17.5	21.3	22.7	—	—	11.8	13.3	16.2	18.4	—	—	19.4	21.6	26.4	27.0
Estonia	22-24	—	—	—	28.5	26.4	27.3	—	—	—	17.6	15.4	17.6	—	—	—	39.5	37.8	37.3
Israel	26	—	—	32.3	32.9	33.4	36.1	—	—	25.3	25.7	26.8	29.1	—	—	39.6	40.2	40.3	43.1
Russian Federation	21-22	—	—	—	45.9	43.7	48.6	—	—	—	—	—	—	—	—	—	—	—	—
Slovenia	25-26	—	—	—	21.6	21.6	21.1	—	—	—	14.3	14.2	13.9	—	—	—	29.4	29.3	29.0

—Not available.
[1]Refers to the mean of the data values for all reporting OECD countries, to which each country reporting data contributes equally. The average is omitted for years in which less than 75 percent of the countries reported data.
NOTE: Data in this table refer to degrees classified by the Organization for Economic Cooperation and Development (OECD) as International Standard Classification of Education (ISCED) level 5A, first award. This level corresponds to the bachelor's degree in the United States. The recipients per 100 persons ratio relates the number of people of all ages earning bachelor's degrees in a particular year to the number of people in the population at the typical age of graduation. The typical age is based on full-time attendance and normal progression through the education system (without repeating a year, taking a year off, etc.); this age varies across countries because of differences in their education systems and differences in program duration. This age is presented for the most recent year of data and may differ from previous years; please see previously published volumes of the *Digest of Education Statistics* for the typical age of graduation in previous years. Data for Luxembourg are not shown because tertiary students study for only 1 year in Luxembourg. Some data have been revised from previously published figures.
SOURCE: Organization for Economic Cooperation and Development (OECD), *Education at a Glance*, 2004 through 2010; and Online Education Database, retrieved June 10, 2010, from http://stats.oecd.org/Index.aspx. (This table was prepared June 2010.)

Table 423. Percentage of bachelor's degrees awarded in mathematics and science, by field and country: Selected years, 1990 through 2007

Country	All mathematics and science degrees[1]						Natural sciences[2]						Mathematics and computer science[3]						Engineering					
	1990	1995	2000	2005	2006	2007	1990	1995	2000	2005	2006	2007	1990	1995	2000	2005	2006	2007	1990	1995	2000	2005	2006	2007
1	2	3	4	5	6	7	8	9	10	11	12	13	14	15	16	17	18	19	20	21	22	23	24	25
OECD average[4]	**—**	**—**	**22.8**	**22.7**	**22.3**	**22.4**	**—**	**—**	**5.8**	**4.7**	**4.5**	**4.6**	**—**	**—**	**4.0**	**5.3**	**5.3**	**5.1**	**—**	**—**	**13.8**	**12.9**	**12.6**	**12.7**
Australia	—	19.3	21.1	21.1	21.3	20.3	—	9.9	7.6	5.9	6.4	6.5	—	3.8	5.1	8.2	7.7	6.6	—	5.6	8.5	7.0	7.2	7.2
Austria	19.6	21.1	25.7	26.8	29.2	28.6	5.3	6.0	5.0	5.4	6.1	4.7	5.2	5.3	3.4	7.2	8.8	8.7	9.0	9.9	17.3	14.2	14.3	15.2
Belgium (Flemish)	—	—	23.6	24.7	24.9	24.2	—	—	6.4	5.7	5.5	5.4	—	—	2.3	5.2	5.1	3.7	—	—	14.9	13.8	14.3	15.1
Canada	16.4	16.7	20.0	20.7	17.0	21.1	6.0	6.5	8.1	6.5	5.5	8.9	4.2	3.8	4.3	5.9	4.5	4.6	6.2	6.4	7.6	8.2	7.0	7.7
Chile	—	—	—	22.9	24.0	19.9	—	—	—	3.2	2.5	1.8	—	—	—	2.6	3.8	2.1	—	—	—	17.2	17.7	16.0
Czech Republic	(5)	—	29.5	26.7	27.0	27.5	(5)	—	4.2	3.9	3.5	3.4	(5)	—	8.4	3.8	4.7	4.9	(5)	—	16.9	19.0	18.8	19.2
Denmark	—	—	10.5	16.3	16.2	19.0	4.4	2.5	6.8	2.4	2.3	2.7	—	—	3.1	3.1	2.6	2.3	21.7	17.0	—	10.8	11.2	13.9
Finland	33.5	37.2	32.2	30.0	29.1	28.4	4.1	4.0	3.9	2.7	2.8	2.9	5.9	6.9	3.3	5.6	5.3	5.2	23.4	26.3	24.9	21.7	20.9	20.2
France	—	—	30.1	26.0	26.2	26.3	—	—	12.2	6.5	6.7	6.6	—	—	5.5	5.5	5.7	5.6	—	—	12.5	14.0	13.8	14.1
Germany	31.3	31.6	31.7	31.3	27.2	27.4	7.2	6.7	6.4	6.3	6.3	6.7	3.5	5.2	4.9	8.1	8.1	8.3	20.5	19.7	20.3	16.9	12.8	12.4
Greece	—	—	—	25.9	—	22.1	—	—	—	8.3	—	4.8	—	—	—	8.4	—	6.7	—	—	—	9.2	—	10.6
Hungary	—	—	12.6	11.0	13.9	15.3	—	—	1.1	1.2	1.3	1.3	—	—	1.2	2.4	5.4	5.9	—	—	10.4	7.4	7.1	8.1
Iceland	—	—	16.5	14.1	14.6	13.5	—	—	6.0	5.0	4.7	3.9	—	—	4.0	3.5	3.0	2.9	—	—	6.5	5.5	6.9	6.7
Ireland	34.1	32.3	29.3	17.7	23.3	22.7	14.1	16.9	11.5	3.5	—	—	6.3	4.7	7.2	4.4	—	—	13.7	10.7	10.6	9.9	8.9	6.9
Italy	19.7	19.5	27.5	23.9	23.2	22.3	7.6	6.8	5.9	4.8	4.8	4.6	3.9	3.8	3.2	2.2	2.2	2.1	8.3	8.9	18.4	16.9	16.2	15.6
Japan	—	—	22.3	20.8	20.3	20.1	2.4	3.4	—	—	—	—	—	—	—	—	—	—	21.0	19.3	18.9	17.4	16.9	16.7
Korea, Republic of	—	—	36.9	37.0	36.3	35.6	—	—	6.3	5.2	5.3	5.2	—	—	4.3	5.4	5.7	5.9	—	—	26.3	26.3	25.4	24.5
Mexico	—	—	23.0	27.3	26.9	26.5	—	—	2.2	2.6	2.6	2.7	—	—	6.7	9.3	8.9	8.5	—	—	14.1	15.3	15.4	15.4
Netherlands	21.1	—	16.2	14.9	14.6	14.0	7.1	—	3.2	2.5	1.4	1.3	1.6	1.6	1.9	4.6	5.1	4.9	12.4	—	11.1	7.7	8.1	7.7
New Zealand	19.5	—	17.8	19.9	19.4	17.6	8.2	—	11.2	6.7	6.6	6.2	5.5	—	1.9	7.6	6.7	5.5	5.8	3.2	4.7	5.6	6.1	5.9
Norway	12.9	16.8	11.6	13.7	13.2	12.8	2.1	3.1	0.7	0.8	1.4	1.6	0.6	0.5	3.4	4.7	3.8	3.0	10.2	13.2	7.5	8.2	7.9	8.2
Poland	—	—	16.7	17.7	21.6	21.4	—	—	2.7	2.3	4.0	3.9	—	—	2.0	5.3	6.0	5.6	—	—	12.0	10.1	11.6	12.0
Portugal	—	15.0	17.5	25.6	25.5	32.7	6.7	2.2	1.7	6.0	4.9	4.9	—	2.8	3.6	6.2	6.5	7.6	10.5	9.9	12.2	13.4	14.1	20.3
Slovak Republic	(5)	—	21.9	24.6	21.1	21.1	(5)	—	2.0	3.7	3.5	3.4	(5)	—	4.6	4.4	4.0	5.1	(5)	—	15.3	16.5	13.7	12.7
Spain	15.0	18.2	22.7	24.1	24.4	24.8	5.7	4.3	5.3	4.2	4.0	3.8	2.6	4.5	4.3	5.2	5.5	5.6	6.7	9.4	13.1	14.7	14.8	15.3
Sweden	24.0	26.4	27.7	26.9	26.2	24.4	4.1	3.9	3.7	3.6	3.6	3.5	4.7	5.5	3.7	4.0	3.9	3.3	15.2	17.0	20.3	19.2	18.7	17.6
Switzerland	23.0	22.3	25.1	24.2	22.7	23.0	11.2	10.4	6.0	6.9	6.2	6.3	3.7	3.7	1.8	4.7	4.3	4.2	8.1	8.3	17.3	12.7	12.1	12.5
Turkey	20.6	20.9	24.1	22.3	17.1	17.4	4.6	5.1	7.4	6.1	4.9	5.2	2.1	2.7	3.6	4.1	3.2	3.3	13.8	13.1	13.1	12.0	9.0	8.9
United Kingdom	—	—	28.5	26.0	25.2	24.6	—	—	12.5	9.2	9.0	9.1	—	—	5.8	8.3	7.7	6.9	—	—	10.2	8.4	8.5	8.5
United States	16.9	—	17.1	16.7	16.4	16.1	5.1	—	6.6	5.8	6.0	6.3	4.0	3.3	3.9	4.8	4.2	3.7	7.8	6.7	6.6	6.2	6.1	6.0
Reporting partner countries																								
Brazil	—	—	—	11.4	11.3	11.6	—	—	—	3.2	3.2	3.2	—	—	—	3.5	3.3	3.1	—	—	—	4.8	4.7	5.3
Estonia	(5)	—	—	23.8	21.1	21.9	(5)	—	—	6.3	4.7	5.4	(5)	—	—	6.2	5.9	6.2	(5)	—	—	11.3	10.5	10.3
Israel	—	—	19.0	26.7	24.1	21.7	—	—	3.1	5.1	5.4	5.5	—	—	6.8	7.5	5.4	4.1	—	—	9.1	14.1	13.3	12.1
Russian Federation	(5)	—	—	—	24.5	—	(5)	—	—	—	—	—	(5)	—	—	—	—	—	(5)	—	—	—	18.3	—
Slovenia	(5)	—	—	17.7	15.0	17.4	(5)	—	—	4.1	2.8	3.8	(5)	—	—	2.0	2.1	2.2	(5)	—	—	11.7	10.1	11.4

—Not available.
[1]Includes life sciences, physical sciences, mathematics/statistics, computer science, and engineering.
[2]Includes life sciences and physical sciences.
[3]Includes mathematics/statistics and computer science.
[4]Refers to the mean of the data values for all reporting OECD countries, to which each country reporting data contributes equally. The average is omitted for years in which less than 75 percent of the countries reported data.
[5]Country did not exist in its current form in the given year.

NOTE: Data in this table refer to degrees classified by the Organization for Economic Cooperation and Development (OECD) as International Standard Classification of Education (ISCED) level 5A, first award. This level corresponds to the bachelor's degree in the United States. Data for Luxembourg are not shown because tertiary students study for only 1 year in Luxembourg. Some data have been revised from previously published figures. Detail may not sum to totals because of rounding.
SOURCE: Organization for Economic Cooperation and Development (OECD), Online Education Database. Retrieved June 21, 2010, from http://stats.oecd.org/Index.aspx. (This table was prepared June 2010.)

Table 424. Percentage of graduate degrees awarded in mathematics and science, by field and country: Selected years, 1990 through 2007

Country	All mathematics and science degrees[1]						Natural sciences[2]						Mathematics and computer science[3]						Engineering					
	1990	1996	2000	2005	2006	2007	1990	1996	2000	2005	2006	2007	1990	1996	2000	2005	2006	2007	1990	1996	2000	2005	2006	2007
1	2	3	4	5	6	7	8	9	10	11	12	13	14	15	16	17	18	19	20	21	22	23	24	25
OECD average[4]	—	—	**28.9**	**25.0**	**23.8**	**23.5**	—	—	**11.2**	**8.9**	**8.1**	**7.8**	—	—	**5.6**	**5.0**	**4.9**	**5.1**	—	—	**13.0**	**11.6**	**11.2**	**11.1**
Australia	—	14.0	15.2	20.0	21.4	21.0	—	5.4	4.0	3.1	2.7	2.9	—	3.8	4.9	8.7	10.6	10.8	—	4.7	6.3	8.1	8.0	7.3
Austria	37.7	38.8	39.2	38.6	43.0	47.2	12.3	17.5	16.7	15.0	14.4	12.3	4.6	4.7	4.7	6.6	12.0	15.4	20.6	16.6	17.7	16.9	16.6	19.5
Belgium (Flemish)	—	—	19.7	18.7	19.7	18.9	—	—	—	9.3	9.6	8.9	—	—	—	3.3	3.7	4.0	—	—	7.0	6.2	6.4	6.0
Canada	20.0	22.3	22.4	18.8	25.3	27.4	7.8	7.7	7.4	5.0	6.5	10.1	3.4	3.5	4.1	4.0	4.9	4.6	8.8	11.2	10.9	9.8	13.9	12.7
Chile	—	—	—	8.5	8.7	11.2	—	—	—	2.2	3.2	3.4	—	—	—	1.6	1.2	2.6	—	—	—	4.6	4.2	5.2
Czech Republic	([5])	—	21.0	26.1	16.4	17.9	([5])	—	5.3	8.3	4.3	4.0	([5])	—	7.9	5.6	3.3	3.0	([5])	—	7.7	12.3	8.7	10.9
Denmark	22.2	12.3	27.8	23.4	22.2	21.8	5.8	3.1	9.8	7.5	6.9	7.0	4.8	1.5	2.5	9.2	8.0	7.8	11.5	7.8	15.4	6.7	7.2	7.0
Finland	30.6	28.3	28.7	30.5	33.8	34.7	14.7	11.6	11.3	11.6	12.4	14.1	5.4	4.0	2.4	4.1	4.5	4.7	10.5	12.7	14.9	14.8	16.9	15.9
France	—	—	26.4	28.4	26.6	29.6	—	—	13.5	12.5	10.1	11.0	—	—	5.6	7.0	6.5	7.0	—	—	7.3	8.9	10.1	11.6
Germany	33.2	38.6	38.1	30.9	31.3	32.4	23.5	25.5	24.9	14.8	14.0	14.3	2.3	3.5	3.7	4.8	5.7	6.0	7.4	9.5	9.5	11.3	11.7	12.1
Greece	—	—	—	42.8	—	26.9	—	—	—	22.3	—	8.2	—	—	—	5.3	—	8.3	—	—	—	15.2	—	10.4
Hungary	—	—	9.9	6.4	6.1	7.7	—	—	1.7	1.8	1.7	2.5	—	—	0.7	1.7	1.2	2.0	—	—	7.5	2.9	3.2	3.3
Iceland	—	—	35.9	23.0	14.8	10.6	—	—	19.4	9.5	7.0	5.3	—	—	#	3.0	1.9	1.4	—	—	16.5	10.5	5.9	3.9
Ireland	34.5	23.1	28.1	16.8	19.5	17.9	19.5	10.9	6.9	4.1	—	—	5.8	3.0	15.2	6.3	—	—	9.3	9.2	6.0	6.4	6.1	5.1
Italy	—	—	11.7	15.9	18.2	18.6	—	—	0.3	3.5	4.8	4.7	—	—	5.8	3.5	2.0	2.7	—	—	5.7	8.9	11.3	11.3
Japan	—	—	54.4	50.9	49.6	47.6	9.5	10.2	—	—	—	—	—	—	—	—	—	—	45.1	44.4	41.9	38.0	36.9	35.3
Korea, Republic of	—	—	48.4	43.9	41.6	38.7	—	—	8.5	9.5	9.2	8.1	—	—	5.7	2.0	1.8	1.6	—	—	34.3	32.4	30.6	29.0
Mexico	—	—	31.4 [6]	14.7	14.0	12.9	—	—	18.9 [6]	3.3	3.2	3.2	—	—	4.1 [6]	3.2	3.6	2.5	—	—	8.4 [6]	8.2	7.2	7.1
Netherlands	28.9	18.6	—	21.3	16.8	14.8	17.7	4.4	—	—	—	—	1.5	3.7	—	—	—	—	9.7	10.6	—	11.9	8.9	7.5
New Zealand	22.6	16.7	20.5	16.6	15.0	16.3	13.8	12.7	11.6	7.2	7.7	8.4	4.7	1.1	1.4	5.2	4.0	4.0	4.0	3.0	7.5	4.2	3.3	3.9
Norway	33.4	38.3	22.0	25.8	26.1	22.1	8.0	8.7	14.9	7.8	8.2	6.7	2.1	1.9	4.6	11.9	11.7	10.3	23.3	27.7	2.5	6.1	6.2	5.1
Poland	—	—	—	9.1	10.8	10.6	—	—	—	—	—	—	—	—	—	—	—	—	—	—	—	3.5	4.1	4.3
Portugal	—	—	39.3 [6]	33.8	35.8	39.4	—	—	11.7 [6]	12.0	12.9	13.6	—	—	9.4 [6]	10.0	10.4	9.4	—	—	18.2 [6]	11.9	12.5	16.4
Slovak Republic	([5])	—	38.1	36.8	34.3	31.7	([5])	—	12.6	10.8	9.2	7.5	([5])	—	4.7	4.2	4.2	2.6	([5])	—	20.9	21.8	21.0	21.6
Spain	26.9	36.0	—	37.5 [6]	26.1 [6]	19.3 [6]	19.7	24.8	23.9 [6]	23.8 [6]	17.8 [6]	12.6 [6]	1.4	4.1	5.4 [6]	4.6 [6]	3.2 [6]	2.3 [6]	5.7	7.1	6.8 [6]	9.1 [6]	5.1 [6]	4.5 [6]
Sweden	48.5	32.3	40.5	23.7	30.3	26.3	19.4	9.2	14.3	8.0	8.5	8.1	9.2	5.9	4.0	2.8	4.1	4.0	19.9	17.1	22.2	12.9	17.7	14.2
Switzerland	30.2	40.1	42.7	32.0	31.0	30.8	22.0	25.8	11.7	11.7	12.9	12.4	1.7	4.1	19.5	3.4	3.2	3.3	6.5	10.1	11.6	16.9	14.9	15.1
Turkey	24.0	—	25.7	21.4	20.1	18.7	7.6	—	7.6	6.7	5.9	5.2	3.3	—	3.0	3.4	3.2	3.2	13.2	—	15.2	11.2	11.0	10.3
United Kingdom	—	—	21.7	20.3	20.1	19.9	—	—	7.4	5.5	5.5	5.6	—	—	5.0	5.7	5.3	5.1	—	—	9.2	9.0	9.3	9.3
United States	14.5	13.8	13.0	13.5	13.1	12.7	4.2	4.0	3.4	3.3	3.4	3.4	3.4	3.2	3.4	3.5	3.3	3.2	6.9	6.7	6.2	6.7	6.4	6.1
Reporting partner countries																								
Brazil	—	—	—	—	—	—	—	—	—	—	—	—	—	—	—	—	—	—	—	—	—	—	—	—
Estonia	([5])	—	—	23.9	22.3	27.4	([5])	—	—	10.0	10.3	10.8	([5])	—	—	5.0	5.0	6.0	([5])	—	—	8.9	7.0	10.6
Israel	—	—	18.1	17.9	19.5	18.6	—	—	9.2	8.9	9.6	9.3	—	—	2.8	3.2	3.5	3.6	—	—	6.1	5.9	6.5	5.7
Russian Federation	([5])	—	—	—	—	—	([5])	—	—	—	—	—	([5])	—	—	—	—	—	([5])	—	—	—	—	—
Slovenia	([5])	—	—	24.2	20.4	21.2	([5])	—	—	6.4	5.6	7.1	([5])	—	—	4.2	4.4	4.3	([5])	—	—	13.6	10.5	9.9

—Not available.
#Rounds to zero.
[1]Includes life sciences, physical sciences, mathematics/statistics, computer science, and engineering.
[2]Includes life sciences and physical sciences.
[3]Includes mathematics/statistics and computer science.
[4]Refers to the mean of the data values for all reporting OECD countries, to which each country reporting data contributes equally. The average is omitted for years in which less than 75 percent of the countries reported data.
[5]Country did not exist in its current form in the given year.
[6]Only includes doctor's (Ph.D.) degrees.

NOTE: Data in this table refer to degrees classified by the Organization for Economic Cooperation and Development (OECD) as International Standard Classification of Education (ISCED) level 5A, second award, and as ISCED 6. ISCED 5A, second award, corresponds to master's and first-professional degrees in the United States, and ISCED 6 corresponds to doctor's degrees. Data for Luxembourg are not shown because tertiary students study for only 1 year in Luxembourg. Some data have been revised from previously published figures. Detail may not sum to totals because of rounding.
SOURCE: Organization for Economic Cooperation and Development (OECD), Online Education Database. Retrieved June 15, 2010, from http://stats.oecd.org/Index.aspx. (This table was prepared June 2010.)

Table 425. Public and private education expenditures per student, by level of education and country: Selected years, 2000 through 2007

Country	Elementary education				Secondary education				Higher education			
	2000	2005	2006	2007	2000	2005	2006	2007	2000	2005	2006	2007
1	2	3	4	5	6	7	8	9	10	11	12	13
	Current dollars											
OECD average[1]	**$4,302**	**$6,109**	**$6,282**	**$6,735**	**$5,788**	**$7,611**	**$7,813**	**$8,271**	**$9,439**	**$11,760**	**$12,416**	**$12,622**
Australia	4,967	5,992	6,311	6,498	6,894	8,408	8,700	8,840	12,854	14,579	15,016	14,726
Austria	6,560	8,259	8,516	8,664	8,578	9,751	10,577 [2]	10,641	10,851	14,775	15,148	15,039
Belgium	4,310	6,648	7,072	7,363	6,889 [2]	7,731 [2]	8,601 [2]	8,992 [2]	10,771	11,960	13,244	13,482
Canada	—	—	—	—	5,947 [3]	7,774 [3,4]	8,045 [3,4]	—	14,983 [2]	23,329 [5,6]	20,278 [2,5]	—
Chile	1,940	2,120	1,936	2,088	2,016	2,077	1,924	2,090	7,483	6,873	6,620	6,292
Czech Republic	1,827	2,812	3,217	3,359	3,239	4,847	5,307	5,527	5,431	6,649	7,989	8,209
Denmark	7,074	8,513	8,798	9,176	7,726 [7]	9,407 [7]	9,662 [7]	9,675 [7]	11,981 [7]	14,959 [7]	15,391 [7]	16,466 [7]
Finland	4,317	5,557	5,899	6,234	6,094 [2]	7,324 [2]	7,533 [2]	7,829 [2]	8,244	12,285	12,845	13,566
France	4,486	5,365	5,482	6,044	7,636	8,927	9,303	9,532	8,373	10,995	11,568	12,773
Germany	4,198	5,014	5,362	5,548	6,826	7,636	7,548	7,841	10,898	12,446	13,016	13,823
Greece	3,318 [4,5]	5,146 [4]	—	—	3,859 [5]	8,423	—	—	3,402 [5]	6,130	—	—
Hungary[5]	2,245	4,438	4,599	4,656	2,446	3,806	3,978	4,225	7,024	6,244	6,367	6,721
Iceland	5,854 [5]	9,254	9,299	9,629	6,518 [5]	8,411 [7]	8,493 [2]	8,349 [2]	7,994 [5]	9,474 [7]	8,579	9,309
Ireland	3,385	5,732	6,337	6,901	4,638	7,500	8,991	9,375	11,083	10,468	11,832	12,631
Italy	5,973 [5]	6,835 [5]	7,716 [5]	7,383 [5]	7,218 [5]	7,648 [5]	8,495 [5]	8,004 [5]	8,065 [5]	8,026 [5]	8,725	8,673
Japan	5,507	6,744	6,989	7,247	6,266 [7]	7,908 [7]	8,305 [7]	8,760 [7]	10,914 [7]	12,326 [7]	13,418 [7]	14,201 [7]
Korea, Republic of	3,155	4,691	4,935	5,437	4,069	6,645	7,261	7,860	6,118	7,606	8,564	8,920
Luxembourg[5]	—	14,079 [4]	13,676 [4]	13,985 [4]	—	18,845	18,144	17,928	—	—	—	—
Mexico	1,291	1,913	2,003	2,111	1,615	2,180	2,165	2,236	4,688	6,402	6,462	6,971
Netherlands	4,325	6,266	6,425	6,552	5,912	7,741	9,516	10,248	11,934	13,883	15,196	15,969
New Zealand	—	4,780	4,952	4,675	—	6,278	6,043	5,933	—	10,262	9,288	9,905
Norway	6,550 [5]	9,001	9,486	9,922	8,476 [2,5]	10,995 [2]	11,435 [2]	11,997 [2]	13,353 [5]	15,552	16,235	17,140
Poland[5]	2,105	3,312	3,770	4,063	—	3,055	3,411	3,590	3,222	5,593	5,224	5,576
Portugal	3,672	4,871 [5]	5,138 [5]	5,011	5,349	6,473 [5]	6,846 [5]	6,833 [5]	4,766	8,787 [5]	9,724 [5]	10,398 [5]
Slovak Republic	1,308	2,806	3,221	3,499	1,927 [2,8]	2,716 [2,8]	2,963 [2,8]	3,219 [2,8]	4,949 [6]	5,783 [6]	6,056 [6]	5,736 [6]
Spain	3,941	5,502	5,970	6,533	5,185 [2]	7,211	7,955	8,730	6,666	10,089	11,087	12,548
Sweden	6,336	7,533	7,699	8,338	6,339	8,198	8,496	9,143	15,097	15,946	16,991	18,361
Switzerland[5]	6,631	8,469	8,793	9,211	9,780	12,861	13,268	13,982	18,450	21,734	22,230	20,883
Turkey[5]	—	—	1,130	—	—	—	1,834	—	4,121	—	—	—
United Kingdom	3,877	6,361	7,732	8,222	5,991 [2]	7,167 [2]	8,763 [2]	8,892 [2]	9,657	13,506	15,447	15,463
United States	6,995	9,156	9,709	10,229	8,855	10,390	10,821	11,301	20,358 [2]	24,370	25,109	27,010
	Constant 2009 dollars											
OECD average[1]	**$5,408**	**$6,772**	**$6,745**	**$7,031**	**$7,276**	**$8,436**	**$8,389**	**$8,634**	**$11,865**	**$13,035**	**$13,332**	**$13,177**
Australia	6,244	6,642	6,776	6,784	8,666	9,320	9,342	9,229	16,158	16,160	16,124	15,375
Austria	8,246	9,154	9,145	9,045	10,783	10,809	11,358 [2]	11,110	13,640	16,377	16,265	15,701
Belgium	5,418	7,369	7,594	7,687	8,660 [2]	8,569 [2]	9,235 [2]	9,387 [2]	13,540	13,257	14,221	14,076
Canada	—	—	—	—	7,476 [3]	8,617 [3,4]	8,639 [3,4]	—	18,835 [2]	25,859 [5,6]	21,774 [2,5]	—
Chile	2,439	2,350	2,079	2,180	2,534	2,303	2,066	2,182	9,407	7,618	7,109	6,569
Czech Republic	2,297	3,116	3,455	3,506	4,072	5,373	5,698	5,770	6,827	7,369	8,578	8,571
Denmark	8,892	9,436	9,447	9,580	9,712 [7]	10,427 [7]	10,375 [7]	10,101 [7]	15,061 [7]	16,581 [7]	16,527 [7]	17,190 [7]
Finland	5,427	6,160	6,334	6,508	7,661 [2]	8,118 [2]	8,089 [2]	8,173 [2]	10,363	13,617	13,793	14,163
France	5,639	5,946	5,887	6,310	9,599	9,894	9,990	9,951	10,525	12,188	12,422	13,335
Germany	5,277	5,558	5,758	5,792	8,581	8,464	8,105	8,187	13,699	13,795	13,976	14,431
Greece	4,171 [4,5]	5,704 [4]	—	—	4,851 [5]	9,336	—	—	4,277 [5]	6,795	—	—
Hungary[5]	2,822	4,919	4,939	4,861	3,075	4,219	4,271	4,411	8,830	6,921	6,837	7,017
Iceland	7,359 [5]	10,257	9,985	10,053	8,194 [5]	9,323 [7]	9,119 [2]	8,717 [2]	10,049 [5]	10,502 [7]	9,212	9,719
Ireland	4,255	6,354	6,805	7,204	5,830	8,313	9,654	9,788	13,932	11,603	12,705	13,187
Italy	7,508 [5]	7,576 [5]	8,285 [5]	7,708 [5]	9,073 [5]	8,477 [5]	9,122 [5]	8,356 [5]	10,138 [5]	8,896 [5]	9,369	9,055
Japan	6,923	7,475	7,505	7,566	7,877 [7]	8,765 [7]	8,918 [7]	9,145 [7]	13,720 [7]	13,663 [7]	14,408 [7]	14,826 [7]
Korea, Republic of	3,966	5,199	5,299	5,676	5,115	7,366	7,797	8,206	7,691	8,431	9,196	9,313
Luxembourg[5]	—	15,606 [4]	14,685 [4]	14,601 [4]	—	20,888	19,482	18,717	—	—	—	—
Mexico	1,623	2,120	2,151	2,203	2,030	2,416	2,324	2,334	5,893	7,096	6,939	7,278
Netherlands	5,437	6,946	6,899	6,840	7,432	8,580	10,218	10,699	15,002	15,388	16,317	16,671
New Zealand	—	5,299	5,318	4,881	—	6,959	6,489	6,194	—	11,374	9,973	10,341
Norway	8,234 [5]	9,977	10,185	10,359	10,655 [2,5]	12,187 [2]	12,279 [2]	12,525 [2]	16,786 [5]	17,239	17,433	17,894
Poland[5]	2,646	3,671	4,048	4,242	—	3,386	3,663	3,748	4,050	6,199	5,609	5,821
Portugal	4,616	5,399 [5]	5,517 [5]	5,232	6,724	7,175 [5]	7,351 [5]	7,134 [5]	5,991	9,740 [5]	10,441 [5]	10,856 [5]
Slovak Republic	1,644	3,110	3,459	3,653	2,422 [2,8]	3,010 [2,8]	3,181 [2,8]	3,361 [2,8]	6,221 [6]	6,410 [6]	6,503 [6]	5,988 [6]
Spain	4,954	6,099	6,411	6,821	6,518 [2]	7,993	8,542	9,114	8,380	11,183	11,905	13,100
Sweden	7,965	8,350	8,267	8,705	7,969	9,087	9,123	9,546	18,978	17,675	18,245	19,169
Switzerland[5]	8,336	9,387	9,442	9,617	12,294	14,255	14,247	14,597	23,193	24,091	23,870	21,802
Turkey[5]	—	—	1,213	—	—	—	1,969	—	5,180	—	—	—
United Kingdom	4,874	7,051	8,303	8,584	7,531 [2]	7,944 [2]	9,410 [2]	9,283 [2]	12,139	14,971	16,587	16,144
United States	8,793	10,149	10,425	10,680	11,131	11,516	11,620	11,799	25,591 [2]	27,012	26,961	28,198

—Not available.
[1]Refers to the mean of the data values for all reporting OECD countries, to which each country reporting data contributes equally.
[2]Includes postsecondary non-higher-education.
[3]Includes elementary education.
[4]Includes preprimary education.
[5]Public institutions only.
[6]Excludes occupation-specific education corresponding to that offered at the associate's degree level in the United States.
[7]Postsecondary non-higher-education included in both secondary and higher education.
[8]Occupation-specific education corresponding to that offered at the associate's degree level in the United States is included in primary and secondary education.
NOTE: Data adjusted to U.S. dollars using the purchasing-power-parity (PPP) index. Constant dollars based on the Consumer Price Index, prepared by the Bureau of Labor Statistics, U.S. Department of Labor.
SOURCE: Organization for Economic Cooperation and Development (OECD), *Education at a Glance*, 2002 through 2010. (This table was prepared June 2010.)

Table 426. Public and private direct expenditures on education as a percentage of the gross domestic product, by level of education and country: Selected years, 1995 through 2007

Country	All institutions								Primary and secondary institutions								Higher education institutions							
	Public direct expenditures					Direct expenditures, 2007			Public direct expenditures					Direct expenditures, 2007			Public direct expenditures					Direct expenditures, 2007		
	1995	2000[1]	2004[1]	2005[1]	2006[1]	Public[1]	Private	Total	1995	2000[1]	2004[1]	2005[1]	2006[1]	Public[1]	Private	Total	1995	2000[1]	2004[1]	2005[1]	2006[1]	Public[1]	Private	Total
1	2	3	4	5	6	7	8	9	10	11	12	13	14	15	16	17	18	19	20	21	22	23	24	25
OECD average[2]	**4.9**	**4.8**	**5.0**	**4.9**	**4.8**	**4.8**	**0.9**	**5.6**	**3.5**	**3.4**	**3.5**	**3.5**	**3.4**	**3.3**	**0.3**	**3.6**	**0.9**	**1.0**	**1.0**	**1.0**	**1.0**	**1.0**	**0.5**	**1.5**
Australia	4.5	4.6	4.3	4.3	4.1	3.7	1.3	5.0	3.2	3.7	3.5	3.4	3.3	2.9	0.4	3.4	1.2	0.8	0.8	0.8	0.8	0.7	0.8	1.5
Austria	5.3	5.4[3]	5.0	5.2	5.2	5.1	0.2	5.4	3.8	3.7[3]	3.6	3.5	3.5	3.5	0.1	3.6	0.9	1.2[3]	1.1	1.2	1.2	1.3	0.1	1.3
Belgium (Flemish)	5.0	5.1	5.8	5.8	5.9	5.9	0.2	6.1	3.4	3.4[4]	4.0	3.9	3.9	3.9	0.1	4.1	0.9	1.2[4]	1.2	1.2	1.2	1.2	0.1	1.3
Canada	5.8	5.2	4.7	4.8	4.8	—	—	—	4.0	3.3[5]	3.2[5,6]	3.3[5,6]	3.2[5,6]	—	—	—	1.5	1.6[5]	1.4[5]	1.5[5]	1.6[5]	—	—	—
Chile	—	4.2	3.5	3.3	3.0	3.1	2.5	5.7	—	3.2	2.8	2.7	2.4	2.5	0.9	3.4	—	0.6	0.3	0.3	0.3	0.3	1.4	1.7
Czech Republic	4.8	4.2	4.2	4.1	4.2	4.1	0.5	4.6	3.4	2.8[4]	2.8	2.7	2.7	2.5	0.3	2.8	0.7	0.8[4]	0.9	0.8	1.0	1.0	0.2	1.2
Denmark	6.5	6.4[3]	6.9	6.8	6.7	6.6	0.5	7.1	4.2	4.1[3,7]	4.2[7]	4.4[7]	4.3[7]	4.2[7]	0.1[7]	4.3[7]	1.3	1.5[3,7]	1.8[7]	1.6[7]	1.6[7]	1.6[7]	0.1[7]	1.7[7]
Finland	6.6	5.5	6.0	5.9	5.7	5.5	0.1	5.6	4.2	3.5	3.9	3.8	3.7	3.6	—	3.6	1.7	1.7	1.7	1.7	1.6	1.6	0.1	1.6
France	5.8	5.7	5.7	5.6	5.5	5.5	0.4	6.0	4.1	4.0	3.9	3.8	3.7	3.7	0.2	3.9	1.0	1.0	1.2	1.1	1.1	1.2	0.2	1.4
Germany	4.5	4.3	4.3	4.2	4.1	4.0	0.7	4.7	2.9	2.9	2.8	2.8	2.7	2.6	0.4	3.0	1.0	1.0	1.0	0.9	0.9	0.9	0.2	1.1
Greece	3.7	3.7[3]	3.3	4.0	—	—	—	—	2.8	2.7[3,6]	2.1[6]	2.5[6]	—	—	—	—	0.8	0.9[3]	1.1	1.4	—	—	—	—
Hungary	4.9	4.4	5.1	5.1	5.1	4.9	—	—	3.3	2.8	3.3	3.3	3.2	3.2	—	—	0.8	0.9	0.9	0.9	0.9	0.9	—	—
Iceland	4.5	5.7[3]	7.2	7.2	7.2	7.0	0.8	7.8	3.4	4.6[3]	5.2[7]	5.2[7]	5.1	4.9	0.2	5.1	0.7	0.8[3]	1.1[7]	1.1[7]	1.0	1.1	0.1	1.2
Ireland	4.7	4.1	4.3	4.3	4.4	4.4	0.2	4.7	3.3	2.9[4]	3.3	3.3	3.4	3.4	0.1	3.5	0.9	1.2[4]	1.0	1.0	1.0	1.0	0.2	1.2
Italy	4.5	4.5	4.4	4.3	4.6	4.1	0.4	4.5	3.2	3.2	3.3	3.2	3.4	3.0	0.1	3.1	0.7	0.7	0.7	0.6	0.7	0.6	0.3	0.9
Japan	3.6	3.5	3.5	3.4	3.3	3.3	1.6	4.9	2.8	2.7[7]	2.7[7]	2.6[7]	2.6[7]	2.5[7]	0.3[7]	2.8[7]	0.4	0.5[7]	0.5[7]	0.5[7]	0.5[7]	0.5[7]	1.0[7]	1.5[7]
Korea, Republic of	3.6	4.3	4.4	4.3	4.5	4.2	2.8	7.0	3.0	3.3	3.5	3.4	3.4	3.1	0.8	4.0	0.3	0.6	0.5	0.6	0.6	0.6	1.9	2.4
Luxembourg	4.3	—	—	—	—	—	—	—	4.2	—	3.8[6]	3.7[6]	3.3[6]	3.1[6]	—	—	0.1	—	—	—	—	—	—	—
Mexico	4.6	4.7	5.2	5.3	4.6	4.7	1.1	5.7	3.4	3.3	3.6	3.7	3.2	3.1	0.6	3.8	0.8	0.8	0.9	0.9	0.8	0.9	0.3	1.2
Netherlands	4.6	4.3	4.6	4.6	4.8	4.7	0.8	5.6	3.0	3.0	3.3	3.3	3.3	3.3	0.4	3.7	1.1	1.0	1.0	1.0	1.1	1.1	0.4	1.5
New Zealand	5.3	5.8	5.6	5.2	5.0	4.8	1.2	5.9	3.8	4.6	4.4	4.0	3.8	3.5	0.6	4.0	1.1	0.9	0.9	0.9	0.9	1.0	0.5	1.5
Norway	6.8	5.8	6.2	5.7	5.4	5.4	—	—	4.1	3.6	4.2	3.8	3.7	3.7	—	—	1.5	1.2	1.4	1.3	1.2	1.2	—	—
Poland	5.2	5.2[3]	5.4	5.4	5.2	4.8	0.5	5.3	3.3	3.7[3]	3.7	3.7	3.7	3.4	—	3.4	0.8	0.8[3]	1.1	1.2	0.9	0.9	0.4	1.3
Portugal	5.4	5.6[3]	5.3	5.3	5.1	5.1	0.5	5.6	4.1	4.1[3]	3.8	3.8	3.6	3.5	—	3.5	1.0	1.0[3]	0.9	0.9	0.9	1.1	0.5	1.6
Slovak Republic	4.6	4.0[3]	4.0	3.7	3.6	3.4	0.5	4.0	—	2.7[3,4,8]	2.6[8]	2.5[8]	2.4[8]	2.3[8]	0.3[8]	2.5[8]	—	0.7[3,4,8]	0.9[8]	0.7[8]	0.8[8]	0.7[8]	0.2[8]	0.9[8]
Spain	4.8	4.3	4.2	4.1	4.2	4.2	0.6	4.8	3.5	3.1	2.8	2.7	2.7	2.7	0.2	2.9	0.8	0.9	0.9	0.9	0.9	0.9	0.2	1.1
Sweden	6.6	6.3	6.5	6.2	6.2	6.1	0.2	6.3	4.4	4.4[4]	4.5	4.2	4.1	4.1	—	4.1	1.6	1.5[4]	1.6	1.5	1.4	1.4	0.2	1.6
Switzerland	5.5	5.3	5.9	5.6	5.4	5.1	—	—	4.1	3.8	3.9	3.9	3.7	3.5	0.5	4.0	1.1	1.2	1.6	1.4	1.4	1.3	—	—
Turkey	2.2	3.4[3]	3.8	—	2.7	—	—	—	1.4	2.4[3]	2.9	—	1.9	—	—	—	0.8	1.0[3]	0.9	—	0.8	—	—	—
United Kingdom	4.6	4.5	5.0	5.0	5.2	5.2	0.6	5.8	3.8	3.4	3.8	3.8	3.9	4.1	0.1	4.2	0.7	0.7	0.8	0.9	0.9	0.7	0.6	1.3
United States	5.0	4.8	5.1	4.8	5.0	5.0	2.6	7.6	3.5	3.5[5]	3.7	3.5	3.7	3.7	0.3	4.0	1.1	0.9[5]	1.0	1.0	1.0	1.0	2.1	3.1
Reporting partner countries																								
Brazil	—	—	3.9	4.4	4.9	5.2	—	—	—	—	2.9[8]	3.3	3.8	4.0	—	—	—	—	0.7[8]	0.8	0.8	0.8	—	—
Estonia	—	—	4.9	4.7	4.6	4.7	0.3	5.0	—	—	3.7	3.5	3.4	3.3	—	3.3	—	—	0.9	0.9	0.9	1.1	0.2	1.3
Israel	—	6.6	6.6	6.2	6.2	5.9	1.6	7.4	—	4.5	4.4	4.2	4.1	3.9	0.3	4.1	—	1.1	1.1	1.0	1.0	1.0	0.8	1.8
Russian Federation	3.4	3.0[3]	3.6	3.8	3.9	6.1	1.3	7.4	1.9	1.7	2.0	1.9	2.0	3.4	0.1	3.5	0.7	0.5	0.7	0.8	0.8	1.0	0.7	1.7
Slovenia	—	—	5.4	5.3	5.3	4.8	0.7	5.6	—	—	3.9	3.9	3.8	3.3	0.4	3.6	—	—	1.1	1.0	1.0	1.0	0.3	1.3

—Not available.
[1]Includes public subsidies to households attributable for educational institutions and direct expenditure on educational institutions from international sources, except where noted.
[2]Refers to the mean of the data values for all reporting OECD countries, to which each country reporting data contributes equally.
[3]Public subsidies to households not included in public expenditure.
[4]Direct expenditure on education institutions from international sources exceeds 1.5 percent of all public expenditure.
[5]Postsecondary non-higher-education included in higher education.
[6]Preprimary education (for children ages 3 and older) is included in primary and secondary education.
[7]Postsecondary non-higher-education included in both secondary and higher education.
[8]Occupation-specific education corresponding to that offered at the associate's degree level in the United States is included in primary and secondary education.
NOTE: Public direct expenditure on education includes both amounts spent directly by governments to hire educational personnel and to procure other resources, and amounts provided by governments to public or private institutions, or households. Private direct expenditure includes the net of public subsidies to households for educational institutions. Postsecondary non-higher-education is included in primary and secondary education unless otherwise noted. All institutions total includes expenditures that could not be reported by level of education. Some data have been revised from previously published figures.
SOURCE: Organization for Economic Cooperation and Development (OECD), Online Education Database; *Annual National Accounts, Vol. 1, 1997*; and *Education at a Glance*, 2007 through 2010. (This table was prepared June 2010.)

CHAPTER 7
Libraries and Adult Education

This chapter contains statistics on libraries and adult education. These data provide a capsule description of the magnitude and availability of library resources as well as the extent of adults' involvement in educational activities other than postsecondary degree programs.

The first section of the chapter (tables 427 to 432) deals with elementary and secondary school libraries, college and university libraries, and public libraries. It contains data on collections, population served, staff, and expenditures. Table 431 provides institutional-level information for the 60 largest college libraries in the country.

The second section of the chapter (tables 433 to 435) provides information about adults' participation in various types of educational activities, including basic skills and General Educational Development (GED) classes, English as a Second Language (ESL) classes, career-related classes, and personal-interest classes. Information on participation is shown for adults having various demographic characteristics and for adults living in different states.

Libraries

The average number of library staff per public school with a library was 1.7 in 2007–08, including 0.8 certified library/media specialists (table 427). On average, public school libraries had larger numbers of books on a per student basis in 2007–08 (2,015 per 100 students) than in 1999–2000 (1,803 per 100 students) and 2003–04 (1,891 per 100 students). In 2007–08, public elementary school libraries had larger holdings than public secondary school libraries on a per student basis (2,316 books per 100 students, compared to 1,432 books per 100 students).

From 1991–92 to 1999–2000, the increase in college library operating expenditures was greater than the increase in enrollment; after adjustment for inflation, library operating expenditures per full-time-equivalent (FTE) student rose 6 percent during this period (table 430). From 1999–2000 to 2007–08, library operating expenditures per FTE student dropped 14 percent. Overall, there was a net decrease of 9 percent in library operating expenditures per FTE student between 1991–92 and 2007–08. In 2007–08, the average library operating expenditure per FTE student was $492.

In 2008, there were 9,221 public libraries in the United States with a total of 816 million books and serial volumes. The annual number of visits per capita was 5.1, and the annual number of reference transactions per capita was 1.0 (table 432).

Adult Education

The percentage of adults who reported participating in any adult education courses was higher in 2005 (44 percent) than in 1995 (40 percent) (table 435). Adults are defined here as people age 17 and over who are not enrolled in high school, and the same individual could report participating in multiple types of courses. In 2005, the highest percentage of adults participated in career- or job-related courses (27 percent), followed by personal-interest courses (21 percent). About 1 percent of adults participated in each of the following three types of adult education activities: basic skills/GED classes, ESL classes, and apprentice programs.

Among people age 17 and over who were employed, 39 percent participated in career- or job-related courses in 2005 (table 434). Participation rates varied for employees with different characteristics. For example, employed women's participation in career- or job-related courses was higher than that of employed men in 2005 (47 percent vs. 32 percent). For employees with some vocational or technical education and those with an associate's or higher degree, rates of participation in career- or job-related courses were generally higher than for employees with less than high school completion or high school completion. For example, 53 percent of employees whose highest level of education was a bachelor's degree took such courses in 2005, compared with 25 percent of employees whose highest level was high school completion.

Table 427. Selected statistics on public school libraries/media centers, by level of school: 1999–2000, 2003–04, and 2007–08

Selected statistic	1999–2000	2003–04				2007–08			
		Total	Elementary	Secondary	Combined elementary/ secondary	Total	Elementary	Secondary	Combined elementary/ secondary
1	2	3	4	5	6	7	8	9	10
Number of schools with libraries/media centers	77,300 (421)	78,300 (548)	57,400 (440)	16,300 (313)	4,600 (201)	81,900 (634)	59,700 (492)	17,800 (414)	4,400 (239)
Average number of staff per library/media center	1.89 (0.018)	1.76 (0.014)	1.66 (0.018)	2.09 (0.025)	1.74 (0.116)	1.72 (0.017)	1.65 (0.019)	2.04 (0.039)	1.42 (0.057)
Certified library/media specialists	0.81 (0.007)	0.79 (0.009)	0.73 (0.012)	1.03 (0.018)	0.73 (0.023)	0.78 (0.011)	0.73 (0.013)	0.98 (0.019)	0.66 (0.033)
Full-time	0.65 (0.007)	0.65 (0.009)	0.58 (0.010)	0.92 (0.018)	0.55 (0.027)	0.66 (0.010)	0.61 (0.012)	0.88 (0.018)	0.49 (0.032)
Part-time	0.16 (0.006)	0.14 (0.007)	0.15 (0.009)	0.11 (0.009)	0.18 (0.020)	0.13 (0.007)	0.13 (0.010)	0.10 (0.009)	0.18 (0.020)
Other professional staff	0.17 (0.007)	0.19 (0.008)	0.19 (0.011)	0.14 (0.010)	0.28 (0.036)	0.22 (0.010)	0.22 (0.013)	0.21 (0.021)	0.24 (0.027)
Full-time	0.12 (0.005)	0.13 (0.007)	0.14 (0.009)	0.11 (0.009)	0.16 (0.022)	0.13 (0.008)	0.13 (0.010)	0.14 (0.017)	0.15 (0.022)
Part-time	0.06 (0.004)	0.05 (0.005)	0.05 (0.006)	0.03 (0.004)	0.11 (0.031)	0.08 (0.007)	0.08 (0.009)	0.07 (0.013)	0.08 (0.017)
Other paid employees	0.91 (0.014)	0.78 (0.011)	0.75 (0.013)	0.93 (0.017)	0.73 (0.085)	0.72 (0.013)	0.70 (0.016)	0.86 (0.027)	0.51 (0.036)
Full-time	0.49 (0.008)	0.46 (0.009)	0.41 (0.011)	0.65 (0.017)	0.35 (0.028)	0.43 (0.013)	0.39 (0.016)	0.60 (0.022)	0.27 (0.028)
Part-time	0.41 (0.014)	0.33 (0.012)	0.34 (0.014)	0.28 (0.014)	0.38 (0.085)	0.29 (0.011)	0.31 (0.014)	0.26 (0.018)	0.24 (0.028)
Percent of libraries/media centers with certain media equipment									
Automated catalog	72.8 (0.69)	82.7 (0.66)	81.9 (0.89)	90.6 (0.76)	63.7 (2.59)	87.2 (0.71)	87.5 (0.94)	90.6 (1.08)	69.8 (2.88)
Automated circulation system	74.4 (0.65)	86.9 (0.61)	86.7 (0.82)	92.8 (0.80)	68.8 (2.45)	89.5 (0.68)	89.9 (0.87)	92.6 (0.98)	72.4 (3.15)
Media retrieval system[1]	— (†)	— (†)	— (†)	— (†)	— (†)	34.9 (1.05)	35.9 (1.33)	35.1 (1.66)	20.6 (2.32)
Connection to Internet	90.1 (0.57)	95.1 (0.35)	94.1 (0.48)	99.2 (0.22)	92.6 (1.40)	96.7 (0.40)	96.5 (0.51)	98.6 (0.51)	91.6 (1.90)
Digital video disc (DVD) player/video cassette recorder (VCR)	— (†)	87.8 (0.60)	87.0 (0.70)	90.4 (1.19)	89.1 (1.53)	87.2 (0.77)	86.7 (1.02)	89.6 (1.00)	84.5 (2.20)
Disability assistance technologies, such as TDD	— (†)	11.9 (0.50)	10.2 (0.61)	18.0 (0.79)	11.7 (1.34)	23.9 (1.05)	23.0 (1.33)	26.4 (1.34)	25.9 (2.76)
Percent of libraries/media centers with certain services									
Students permitted to check out laptops	— (†)	— (†)	— (†)	— (†)	— (†)	27.5 (1.02)	26.9 (1.27)	29.8 (1.34)	26.1 (2.57)
Staff permitted to check out laptops	— (†)	— (†)	— (†)	— (†)	— (†)	45.9 (1.07)	45.2 (1.35)	50.1 (1.50)	38.5 (2.85)
Number of library computer workstations per 100 students	— (†)	2.3 (0.04)	2.2 (0.05)	2.5 (0.05)	2.7 (0.17)	2.6 (0.05)	2.5 (0.07)	2.9 (0.06)	3.0 (0.17)
Average holdings per 100 students at the end of the school year[2]									
Books (number of volumes)	1,803 (19.7)	1,891 (45.1)	2,127 (70.2)	1,376 (20.0)	2,407 (117.7)	2,015 (30.5)	2,316 (40.2)	1,432 (36.6)	2,439 (132.3)
Audio and video materials	59 (0.9)	80 (3.7)	86 (5.7)	65 (2.2)	97 (13.6)	90 (3.8)	93 (5.6)	81 (5.2)	107 (13.3)
Average additions per 100 students during the school year[2]									
Books (number of volumes)	— (†)	99.3 (2.08)	118.4 (3.13)	61.2 (1.75)	109.2 (8.40)	95.3 (2.21)	113.3 (3.26)	62.1 (2.67)	103.4 (7.41)
Audio and video materials	— (†)	5.1 (0.19)	5.3 (0.28)	4.4 (0.20)	6.9 (0.83)	5.4 (0.49)	5.9 (0.77)	4.5 (0.41)	5.7 (0.84)
Total expenditures for library/media materials per pupil[2,3]	$23.37 (0.438)	$16.24 (0.322)	$16.00 (0.469)	$16.11 (0.320)	$21.24 (2.498)	$16.11 (0.461)	$16.18 (0.591)	$15.90 (0.647)	$17.00 (1.216)
Books	9.97 (0.153)	10.99 (0.299)	11.72 (0.452)	9.68 (0.275)	10.19 (0.631)	11.40 (0.291)	11.99 (0.389)	10.26 (0.504)	12.10 (1.094)
Audio and video materials	1.66 (0.032)	1.14 (0.045)	1.11 (0.053)	1.11 (0.062)	1.96 (0.619)	1.08 (0.055)	1.06 (0.088)	1.11 (0.054)	1.16 (0.152)
Current serial subscriptions	1.26 (0.016)	1.38 (0.025)	1.06 (0.031)	1.87 (0.049)	2.50 (0.148)	— (†)	— (†)	— (†)	— (†)
Electronic subscriptions	0.81 (0.018)	0.88 (0.033)	0.39 (0.042)	1.79 (0.061)	1.25 (0.249)	— (†)	— (†)	— (†)	— (†)

—Not available.
†Not applicable.
[1]Centralized video distribution equipment with a scheduling and control server that telecasts video to classrooms.
[2]Average holdings, acquisitions, and expenditures are from the prior school year, while enrollment counts are from the current school year.
[3]Includes other expenditures not separately shown.

NOTE: Detail may not sum to totals because of rounding. Standard errors appear in parentheses.
SOURCE: U.S. Department of Education, National Center for Education Statistics, Schools and Staffing Survey (SASS), "Public School Library Media Center Questionnaire," 1999–2000, 2003–04, and 2007–08; and "Charter School Questionnaire," 1999–2000. (This table was prepared November 2009.)

Table 428. Selected statistics on public school libraries/media centers, by level and enrollment size of school: 2007–08

Selected statistic	All public school libraries/media centers	Elementary school libraries/media centers					Secondary school libraries/media centers				
		Total	Less than 150	150 to 499	500 to 749	750 or more	Total	Less than 500	500 to 749	750 to 1,499	1,500 or more
1	2	3	4	5	6	7	8	9	10	11	12
Number of schools with libraries/media centers	81,900 (634)	59,700 (492)	3,300 (399)	31,100 (1054)	16,400 (812)	8,900 (534)	17,800 (414)	6,300 (353)	3,000 (246)	5,100 (273)	3,300 (198)
Average number of staff per library/media center	1.72 (0.017)	1.65 (0.019)	1.28 (0.099)	1.58 (0.027)	1.73 (0.045)	1.89 (0.053)	2.04 (0.039)	1.59 (0.071)	1.78 (0.068)	2.18 (0.054)	2.94 (0.081)
Certified library/media specialists	0.78 (0.011)	0.73 (0.013)	0.60 (0.069)	0.70 (0.019)	0.76 (0.024)	0.86 (0.030)	0.98 (0.019)	0.73 (0.035)	0.87 (0.035)	1.09 (0.026)	1.38 (0.046)
Full-time	0.66 (0.010)	0.61 (0.012)	0.25 (0.072)	0.53 (0.018)	0.71 (0.022)	0.81 (0.029)	0.88 (0.018)	0.57 (0.033)	0.80 (0.040)	1.02 (0.029)	1.31 (0.049)
Part-time	0.13 (0.007)	0.13 (0.010)	0.36 (0.070)	0.17 (0.014)	0.06 (0.016)	0.05 (0.013)	0.10 (0.009)	0.16 (0.019)	0.07 (0.020)	0.07 (0.017)	0.07 (0.022)
Other professional staff	0.22 (0.010)	0.22 (0.013)	0.20 (0.059)	0.23 (0.016)	0.20 (0.028)	0.21 (0.030)	0.21 (0.021)	0.27 (0.044)	0.20 (0.051)	0.16 (0.026)	0.15 (0.033)
Full-time	0.13 (0.008)	0.13 (0.010)	0.10 (0.051)	0.13 (0.014)	0.14 (0.021)	0.13 (0.021)	0.14 (0.017)	0.17 (0.039)	0.11 (0.027)	0.13 (0.023)	0.12 (0.025)
Part-time	0.08 (0.007)	0.08 (0.009)	0.10 (0.034)	0.09 (0.012)	0.06 (0.016)	0.09 (0.023)	0.07 (0.013)	0.10 (0.027)	0.09 (0.043)	0.04 (0.013)	0.03 (0.015)
Other paid employees	0.72 (0.013)	0.70 (0.016)	0.48 (0.068)	0.65 (0.023)	0.78 (0.039)	0.82 (0.044)	0.86 (0.027)	0.59 (0.041)	0.71 (0.050)	0.93 (0.045)	1.40 (0.068)
Full-time	0.43 (0.013)	0.39 (0.016)	0.13 (0.046)	0.33 (0.019)	0.46 (0.035)	0.59 (0.044)	0.60 (0.022)	0.34 (0.031)	0.51 (0.049)	0.66 (0.039)	1.07 (0.067)
Part-time	0.29 (0.011)	0.31 (0.014)	0.34 (0.064)	0.32 (0.023)	0.31 (0.032)	0.23 (0.036)	0.26 (0.018)	0.25 (0.032)	0.20 (0.029)	0.28 (0.035)	0.34 (0.053)
Percent of libraries/media centers with certain media equipment											
Automated catalog	87.2 (0.71)	87.5 (0.94)	57.1 (6.87)	86.6 (1.56)	91.6 (1.55)	94.4 (1.62)	90.6 (1.08)	79.6 (2.59)	94.0 (2.14)	97.2 (0.86)	98.4 (1.05)
Automated circulation system	89.5 (0.68)	89.9 (0.87)	57.1 (6.78)	89.4 (1.35)	94.8 (1.19)	95.0 (1.84)	92.6 (0.98)	83.0 (2.49)	96.0 (1.72)	98.4 (0.44)	98.7 (0.81)
Media retrieval system[1]	34.9 (1.05)	35.9 (1.33)	10.6 (4.72)	29.3 (1.62)	43.9 (2.68)	53.7 (3.51)	35.1 (1.66)	32.8 (3.39)	34.1 (3.00)	37.9 (2.85)	36.4 (3.28)
Connection to Internet	96.7 (0.40)	96.5 (0.51)	81.0 (5.95)	96.9 (0.55)	98.0 (0.53)	98.5 (0.70)	98.6 (0.51)	96.0 (1.42)	99.9 (0.05)	100.0 (†)	100.0 (†)
Digital video disc (DVD) player/video cassette recorder(VCR)	87.2 (0.77)	86.7 (1.02)	80.0 (5.53)	86.3 (1.27)	87.4 (1.71)	89.1 (2.21)	89.6 (1.00)	87.3 (2.11)	89.9 (2.67)	92.3 (1.80)	89.3 (2.80)
Disability assistance technologies, such as TDD	23.9 (1.05)	23.0 (1.33)	14.7 (3.85)	20.2 (1.68)	24.6 (2.08)	33.1 (3.20)	26.4 (1.34)	18.4 (1.91)	26.7 (3.14)	28.4 (2.06)	38.0 (3.38)
Percent of libraries/media centers with certain services											
Students permitted to check out laptops	27.5 (1.02)	26.9 (1.27)	22.5 (6.15)	25.7 (1.72)	27.0 (2.23)	32.4 (3.13)	29.8 (1.34)	29.2 (2.84)	29.9 (3.18)	31.0 (2.40)	29.0 (2.76)
Staff permitted to check out laptops	45.9 (1.07)	45.2 (1.35)	30.7 (6.44)	42.4 (1.97)	48.4 (2.83)	54.6 (4.01)	50.1 (1.50)	46.3 (3.06)	49.7 (3.38)	54.5 (2.50)	51.1 (3.39)
Number of library computer workstations per 100 students	2.6 (0.05)	2.5 (0.07)	8.8 (1.24)	3.2 (0.13)	2.1 (0.10)	1.7 (0.11)	2.9 (0.06)	5.9 (0.28)	3.8 (0.22)	2.9 (0.10)	1.9 (0.08)
Average holdings per 100 students at the end of the school year[2]											
Books (number of volumes)	2,015 (30.5)	2,316 (40.2)	6,384 (531.1)	2,993 (67.3)	2,117 (45.7)	1,559 (85.2)	1,432 (36.6)	3,203 (162.4)	1,854 (101.1)	1,332 (34.1)	975 (40.6)
Audio and video materials	90 (3.8)	93 (5.6)	157 (36.7)	105 (5.9)	89 (6.2)	82 (16.1)	81 (5.2)	132 (14.4)	138 (30.0)	83 (8.5)	52 (4.1)
Average additions per 100 students during the school year[2]											
Books (number of volumes)	95.3 (2.21)	113.3 (3.26)	247.0 (38.53)	134.9 (5.28)	106.4 (5.76)	89.6 (6.32)	62.1 (2.67)	124.8 (11.48)	81.1 (8.27)	61.3 (4.78)	42.7 (2.66)
Audio and video materials	5.4 (0.49)	5.9 (0.77)	7.6 (2.14)	5.7 (0.44)	4.9 (0.55)	7.1 (2.47)	4.5 (0.41)	6.4 (0.59)	6.1 (1.44)	4.8 (0.65)	3.4 (0.60)
Total expenditures for library/media materials per pupil[2,3]	$16.11 (0.461)	$16.18 (0.591)	$43.28 (11.551)	$18.49 (0.700)	$14.63 (0.799)	$14.11 (1.496)	$15.90 (0.647)	$27.86 (3.234)	$18.51 (1.931)	$16.68 (1.171)	$11.75 (0.773)
Books	11.40 (0.291)	11.99 (0.389)	21.99 (4.023)	13.80 (0.539)	11.25 (0.679)	10.23 (0.836)	10.26 (0.504)	17.30 (1.454)	13.47 (1.905)	10.87 (1.103)	7.26 (0.386)
Audio and video materials	1.08 (0.055)	1.06 (0.088)	1.90 (0.967)	1.24 (0.154)	0.88 (0.082)	1.01 (0.180)	1.11 (0.054)	1.57 (0.157)	1.20 (0.151)	1.19 (0.102)	0.91 (0.085)

†Not applicable.
[1]Centralized video distribution equipment with a scheduling and control server that telecasts video to classrooms.
[2]Average holdings, acquisitions, and expenditures are from the prior school year, while enrollment counts are from the current school year.
[3]Includes other expenditures not separately shown.

NOTE: Total includes combined elementary/secondary schools not separately shown. Detail may not sum to totals because of rounding. Standard errors appear in parentheses.
SOURCE: U.S. Department of Education, National Center for Education Statistics, Schools and Staffing Survey (SASS), "Public School Library Media Center Questionnaire," 2007–08. (This table was prepared November 2009.)

Table 429. Selected statistics on public school libraries/media centers, by state: 2007–08

State	Percent of libraries/media centers offering selected services/equipment														Average number of staff per library/ media center[2]		Books (number of volumes) held at end of year per 100 students[3]		Books (number of volumes) acquired during year per 100 students[3]		Total expenditure for materials per student[3]		Number of computer workstations per 100 students	
	Automated catalog		Automated circulation system		Laptops for student use outside of library/ media center		Laptops for staff use outside of library/ media center		Media retrieval system[1]		Connection to the Internet		DVD player/VCR											
1	2		3		4		5		6		7		8		9		10		11		12		13	
United States	**87.2**	**(0.71)**	**89.5**	**(0.68)**	**27.5**	**(1.02)**	**45.9**	**(1.07)**	**34.9**	**(1.05)**	**96.7**	**(0.40)**	**87.2**	**(0.77)**	**1.7**	**(0.02)**	**2,015**	**(30.5)**	**95**	**(2.2)**	**$16.1**	**(0.46)**	**2.6**	**(0.05)**
Alabama	91.5	(3.03)	95.0	(2.23)	30.2	(5.01)	55.3	(5.27)	29.4	(4.74)	99.3	(0.86)	96.4	(2.30)	1.8	(0.07)	1,888	(93.3)	105	(7.0)	19.3	(2.10)	2.4	(0.20)
Alaska	72.4	(5.91)	67.8	(6.19)	32.0	(5.22)	37.8	(5.18)	18.9	(4.88)	83.9	(5.78)	68.7	(6.94)	1.1	(0.08)	3,427	(316.7)	114	(14.0)	12.8	(1.09)	3.0	(0.36)
Arizona	79.6	(4.05)	82.6	(3.83)	25.9	(6.26)	36.5	(7.11)	46.4	(4.46)	96.8	(2.72)	87.4	(4.50)	1.8	(0.15)	2,083	(162.3)	101	(11.7)	12.7	(1.07)	2.5	(0.29)
Arkansas	89.0	(3.88)	94.9	(2.67)	18.2	(4.04)	40.8	(4.96)	36.8	(3.99)	98.6	(1.54)	90.2	(2.96)	1.6	(0.06)	2,353	(449.9)	106	(11.5)	17.0	(1.12)	2.5	(0.21)
California	85.2	(2.97)	92.2	(2.09)	11.1	(2.28)	29.5	(3.74)	17.9	(3.32)	95.6	(1.76)	65.1	(4.29)	1.4	(0.06)	1,740	(144.3)	79	(11.1)	13.0	(1.92)	1.6	(0.14)
Colorado	95.6	(3.03)	90.4	(3.64)	29.2	(5.71)	49.3	(6.34)	27.7	(5.15)	98.2	(2.35)	88.6	(4.65)	1.9	(0.19)	2,102	(107.1)	96	(8.1)	15.4	(1.17)	4.0	(0.42)
Connecticut	83.8	(4.46)	83.9	(4.60)	21.4	(4.02)	33.7	(5.29)	27.9	(4.71)	97.4	(1.88)	89.0	(3.79)	1.9	(0.09)	2,252	(111.6)	100	(6.9)	18.9	(1.16)	3.5	(0.22)
Delaware	93.8	(2.10)	95.0	(1.61)	26.1	(5.10)	44.8	(6.25)	20.5	(4.63)	97.2	(1.04)	87.3	(3.38)	1.4	(0.06)	1,849	(70.8)	74	(7.1)	10.7	(0.93)	2.8	(0.29)
District of Columbia	57.4	(6.15)	68.8	(5.03)	13.5	(3.54)	26.6	(5.16)	21.2	(3.69)	89.2	(2.81)	73.2	(4.87)	1.0	(0.07)	2,048	(245.8)	228	(36.3)	23.2	(4.09)	2.7	(0.27)
Florida	94.5	(2.07)	94.3	(2.18)	19.2	(3.20)	64.1	(4.58)	67.5	(3.78)	99.4	(0.63)	90.7	(2.75)	1.9	(0.06)	1,576	(73.4)	77	(7.5)	13.3	(1.01)	2.5	(0.21)
Georgia	98.5	(1.08)	98.5	(1.08)	36.6	(5.48)	66.1	(5.26)	81.4	(4.65)	99.6	(0.37)	97.8	(1.59)	2.1	(0.06)	1,745	(91.0)	90	(12.6)	15.4	(1.75)	2.0	(0.14)
Hawaii	96.5	(1.70)	97.5	(1.83)	17.9	(4.91)	39.5	(6.01)	44.4	(7.30)	97.8	(1.51)	84.1	(3.63)	1.6	(0.09)	2,296	(116.8)	91	(8.5)	11.6	(0.81)	2.4	(0.20)
Idaho	82.7	(6.15)	87.6	(6.43)	20.0	(5.61)	26.8	(5.52)	28.4	(4.88)	91.8	(5.12)	83.0	(5.98)	1.6	(0.10)	2,141	(117.8)	79	(21.0)	11.0	(0.99)	2.9	(0.25)
Illinois	77.1	(4.90)	81.9	(4.94)	32.6	(4.77)	51.0	(5.18)	21.4	(4.58)	92.2	(3.87)	87.8	(3.35)	1.9	(0.11)	2,039	(109.1)	95	(10.1)	14.1	(1.05)	2.9	(0.27)
Indiana	89.0	(5.40)	89.0	(4.77)	34.3	(5.42)	51.1	(5.48)	35.6	(6.33)	95.4	(3.32)	94.4	(3.78)	1.9	(0.20)	2,172	(116.8)	96	(12.9)	16.2	(1.36)	2.6	(0.32)
Iowa	83.2	(4.98)	90.5	(4.28)	39.7	(5.70)	45.5	(6.80)	18.3	(4.87)	98.2	(1.96)	92.6	(5.05)	1.9	(0.09)	2,524	(145.2)	104	(8.9)	15.2	(1.60)	5.0	(0.59)
Kansas	91.7	(4.37)	91.1	(3.91)	54.4	(7.94)	58.9	(8.22)	23.4	(7.24)	94.6	(3.52)	94.0	(3.52)	1.9	(0.08)	3,224	(341.8)	124	(15.0)	22.5	(5.96)	3.4	(0.75)
Kentucky	90.9	(4.25)	92.4	(4.35)	27.1	(6.60)	49.8	(7.47)	71.1	(7.52)	95.6	(2.87)	94.0	(2.67)	1.7	(0.13)	2,000	(118.4)	114	(21.9)	17.5	(3.45)	2.6	(0.28)
Louisiana	84.5	(6.24)	87.2	(5.66)	21.6	(5.22)	42.9	(5.93)	26.0	(4.74)	97.0	(2.56)	89.4	(4.92)	1.2	(0.09)	2,010	(147.8)	101	(17.9)	17.3	(3.18)	2.6	(0.25)
Maine	73.8	(7.69)	71.5	(7.04)	43.2	(6.23)	45.5	(7.18)	9.5	(4.33)	88.4	(5.64)	73.4	(7.00)	1.7	(0.13)	3,650	(343.9)	168	(24.8)	27.9	(1.74)	2.8	(0.36)
Maryland	91.4	(4.01)	99.5	(0.42)	32.2	(8.51)	53.6	(8.02)	54.0	(5.29)	97.4	(2.40)	90.6	(4.39)	1.5	(0.19)	1,635	(84.4)	88	(9.9)	19.6	(3.04)	2.9	(0.39)
Massachusetts	75.0	(5.55)	74.7	(5.54)	32.6	(5.04)	33.7	(4.82)	18.2	(4.01)	98.2	(1.18)	80.3	(4.67)	1.3	(0.08)	1,868	(123.1)	75	(6.8)	12.1	(1.11)	2.8	(0.24)
Michigan	83.4	(4.39)	90.6	(3.91)	33.6	(6.07)	49.3	(6.01)	48.8	(5.94)	99.8	(0.22)	92.8	(2.70)	1.5	(0.09)	2,136	(135.7)	62	(6.2)	9.0	(0.74)	4.7	(0.40)
Minnesota	92.2	(2.68)	93.6	(2.39)	32.7	(4.35)	60.1	(4.46)	39.3	(3.88)	96.4	(1.90)	97.5	(0.89)	2.0	(0.08)	2,475	(136.2)	108	(9.8)	16.2	(1.46)	4.7	(0.40)
Mississippi	75.8	(4.10)	85.6	(3.44)	20.0	(3.76)	45.6	(4.79)	31.6	(5.01)	95.5	(2.25)	88.6	(3.39)	1.5	(0.08)	1,778	(158.4)	143	(36.7)	18.5	(5.42)	2.2	(0.17)
Missouri	93.9	(2.84)	92.8	(2.99)	18.3	(5.71)	35.6	(6.32)	20.6	(4.04)	98.4	(1.09)	96.0	(2.61)	1.7	(0.10)	2,439	(89.7)	141	(12.4)	25.5	(2.16)	2.9	(0.25)
Montana	71.0	(3.93)	74.3	(3.31)	27.4	(3.76)	43.5	(4.84)	12.5	(3.15)	87.5	(3.51)	85.4	(2.88)	1.6	(0.07)	3,282	(154.3)	153	(11.4)	24.7	(3.25)	4.1	(0.25)
Nebraska	83.1	(5.27)	82.0	(6.04)	42.7	(5.60)	50.9	(5.57)	29.8	(5.94)	93.2	(3.63)	96.8	(2.50)	1.9	(0.10)	3,063	(208.8)	103	(8.2)	20.0	(1.52)	5.5	(0.75)
Nevada	84.8	(5.44)	93.1	(3.81)	21.1	(4.59)	32.8	(4.81)	60.5	(5.58)	97.9	(2.90)	83.5	(4.20)	1.6	(0.07)	1,695	(70.4)	107	(13.8)	14.0	(1.81)	1.5	(0.10)
New Hampshire	84.6	(3.76)	83.7	(3.86)	45.5	(4.96)	44.9	(4.72)	8.0	(2.06)	97.4	(2.07)	91.8	(3.30)	1.8	(0.07)	2,314	(101.1)	111	(7.1)	26.0	(2.17)	2.6	(0.17)
New Jersey	78.2	(7.17)	84.2	(5.37)	29.2	(9.32)	42.2	(11.24)	26.8	(6.91)	93.9	(4.35)	82.7	(6.87)	1.6	(0.11)	2,002	(129.6)	70	(11.7)	14.3	(1.33)	2.6	(0.31)
New Mexico	77.8	(8.20)	83.2	(8.38)	18.6	(7.36)	38.8	(9.01)	18.1	(4.91)	93.1	(7.64)	90.7	(7.64)	1.4	(0.14)	2,238	(117.6)	173	(32.3)	25.6	(7.14)	2.4	(0.23)
New York	79.9	(6.10)	77.5	(6.36)	27.3	(7.74)	41.1	(7.07)	17.4	(5.51)	96.9	(4.34)	82.6	(5.87)	1.9	(0.09)	1,912	(171.0)	97	(10.4)	16.8	(1.94)	2.6	(0.54)
North Carolina	97.4	(1.59)	97.5	(1.65)	25.8	(6.12)	71.9	(6.73)	60.8	(5.62)	97.4	(1.63)	99.1	(0.56)	1.9	(0.08)	1,874	(104.2)	98	(7.4)	16.4	(1.29)	2.6	(0.23)
North Dakota	72.3	(4.82)	66.6	(5.05)	40.5	(4.54)	47.7	(4.79)	13.0	(2.48)	97.9	(1.25)	77.6	(4.19)	1.6	(0.10)	3,876	(397.6)	166	(24.0)	22.2	(1.86)	3.2	(0.37)
Ohio	90.0	(3.87)	91.1	(3.98)	22.9	(5.27)	37.1	(6.20)	36.4	(6.17)	98.1	(1.89)	83.4	(5.00)	1.5	(0.11)	1,864	(165.7)	76	(14.5)	13.5	(3.02)	2.7	(0.29)
Oklahoma	80.7	(3.68)	86.3	(2.52)	25.7	(3.19)	42.8	(4.07)	19.0	(3.02)	96.2	(2.88)	95.1	(1.73)	1.9	(0.06)	2,152	(98.0)	105	(11.5)	17.8	(1.33)	2.9	(0.22)
Oregon	77.8	(6.25)	82.2	(6.12)	35.2	(5.53)	47.0	(6.38)	27.3	(5.19)	98.5	(1.47)	89.7	(5.89)	1.8	(0.18)	3,041	(340.0)	103	(19.1)	11.9	(1.33)	3.8	(0.37)
Pennsylvania	91.4	(4.74)	91.4	(4.74)	28.8	(5.44)	37.3	(6.87)	30.1	(6.19)	98.6	(1.37)	77.2	(4.60)	1.8	(0.11)	2,054	(132.0)	90	(9.1)	17.4	(2.10)	2.5	(0.21)
Rhode Island	86.4	(5.24)	90.0	(4.37)	17.4	(5.86)	31.3	(6.21)	12.6	(4.16)	96.2	(2.74)	85.8	(5.21)	1.7	(0.08)	1,705	(85.1)	80	(8.7)	13.6	(1.14)	2.7	(0.27)
South Carolina	97.6	(1.16)	98.3	(1.17)	37.1	(3.96)	72.9	(3.44)	81.1	(2.96)	99.2	(0.80)	92.7	(2.20)	2.0	(0.03)	1,859	(70.4)	99	(8.3)	17.9	(1.33)	2.3	(0.11)
South Dakota	68.9	(5.38)	72.1	(5.31)	31.6	(4.34)	34.4	(4.40)	13.6	(2.86)	88.7	(3.26)	86.5	(3.67)	1.6	(0.10)	3,321	(221.1)	155	(17.8)	28.1	(3.71)	3.1	(0.22)
Tennessee	90.3	(3.58)	94.3	(3.10)	24.6	(5.69)	41.1	(6.47)	32.5	(5.37)	98.0	(2.35)	88.2	(4.84)	1.6	(0.08)	1,788	(146.7)	75	(8.2)	12.1	(0.97)	2.2	(0.23)
Texas	95.9	(1.55)	96.1	(1.58)	30.6	(6.46)	48.8	(6.29)	43.4	(7.18)	98.8	(0.78)	91.5	(3.46)	1.8	(0.07)	1,910	(107.2)	99	(11.5)	18.7	(2.69)	2.0	(0.15)
Utah	92.6	(5.21)	92.3	(5.98)	10.6	(2.95)	31.6	(5.61)	41.7	(5.16)	93.5	(2.27)	93.2	(4.32)	1.6	(0.12)	1,554	(137.5)	93	(11.3)	14.7	(1.79)	2.0	(0.20)
Vermont	80.0	(8.05)	77.2	(7.68)	46.6	(9.17)	52.0	(10.37)	10.5	(5.88)	97.9	(3.26)	92.1	(4.91)	1.7	(0.10)	3,828	(307.4)	171	(17.5)	32.5	(2.88)	3.5	(0.73)
Virginia	94.9	(1.92)	96.6	(1.41)	47.1	(4.69)	68.8	(3.91)	56.4	(4.08)	98.4	(0.99)	98.2	(1.20)	2.0	(0.06)	1,840	(70.6)	104	(6.1)	18.4	(1.62)	2.3	(0.24)
Washington	86.0	(3.87)	91.5	(3.27)	21.0	(4.38)	41.5	(4.92)	36.7	(5.18)	93.8	(2.62)	86.2	(3.43)	1.8	(0.17)	2,282	(108.6)	98	(11.7)	12.0	(0.95)	3.0	(0.21)
West Virginia	61.3	(5.64)	64.4	(5.86)	20.5	(3.13)	37.0	(4.37)	25.2	(4.49)	93.0	(2.97)	78.3	(4.83)	0.9	(0.04)	1,881	(207.0)	61	(6.8)	8.6	(0.46)	3.6	(0.33)
Wisconsin	94.5	(2.89)	94.1	(3.33)	24.7	(3.97)	46.9	(5.59)	30.2	(5.26)	94.5	(3.45)	97.5	(2.00)	2.1	(0.09)	2,894	(140.3)	180	(14.0)	35.6	(2.07)	4.6	(0.36)
Wyoming	87.3	(3.87)	92.0	(3.46)	35.6	(3.87)	39.6	(4.19)	16.8	(3.12)	97.1	(1.98)	89.7	(2.75)	1.7	(0.09)	3,481	(170.5)	145	(27.1)	25.2	(2.34)	5.2	(0.34)

[1]Centralized video distribution equipment with a scheduling and control server that telecasts video to classrooms.
[2]Includes professional and nonprofessional staff.
[3]Average holdings, acquisitions, and expenditures are from the prior school year, while enrollment counts are from the current school year.

NOTE: Standard errors appear in parentheses.
SOURCE: U.S. Department of Education, National Center for Education Statistics, Schools and Staffing Survey (SASS), "Public School Library Media Center Questionnaire," 2007–08. (This table was prepared November 2009.)

Table 430. Collections, staff, and operating expenditures of degree-granting institution libraries: Selected years, 1976–77 through 2007–08

Collections, staff, and operating expenditures	1976–77[1]	1981–82	1987–88	1991–92	1994–95	1996–97	1997–98	1999–2000	2001–02	2003–04	2005–06	2007–08
1	2	3	4	5	6	7	8	9	10	11	12	13
Number of libraries	3,058	3,104	3,438	3,274	3,303	3,408	3,658	3,527	3,568	3,653	3,617	3,827
Number of circulation transactions (in thousands)	—	—	—	—	231,503	230,733	216,067	193,948	189,248	200,204	187,236	178,766
Enrollment (in thousands)												
Total enrollment[2]	11,121	12,372	12,767	14,359	14,279	14,300	14,502	14,791	15,928	16,911	17,487	18,248
Full-time-equivalent enrollment[2]	8,313	9,015	9,230	10,361	10,348	10,402	10,615	10,944	11,766	12,688	13,201	13,783
Collections (in thousands)												
Number of volumes at end of year	481,442	567,826	718,504	749,429	776,447	806,717	878,906 [3]	913,547	954,030	982,590	1,015,658	1,052,531
Number of volumes added during year	22,367	19,507	21,907	20,982	21,544	21,346	24,551	24,436	24,574	24,615	22,241	23,990
Number of serial subscriptions at end of year	4,670	4,890	6,416	6,966	6,212	5,709	10,908 [4]	7,499 [5]	9,855 [4]	12,764 [4]	16,361 [4]	25,342 [4]
Microform units at end of year	—	—	—	—	—	—	1,062,082	1,111,389	1,143,678	1,173,287	1,166,295	1,157,365
Electronic units at end of year[6]	—	—	—	—	465	983	3,473	—	—	—	—	—
E-books at end of year	—	—	—	—	—	—	—	—	10,318	32,775	64,366	102,502
Full-time-equivalent (FTE) library staff												
Total staff in regular positions[7]	57,087	58,476	67,251	67,166	67,433	67,581	68,337	69,123	69,526	69,047	69,615	69,328
Librarians and professional staff	23,308	23,816	25,115	26,341	26,726	27,268	30,041	31,001	32,053	32,280	33,265	34,520
Other paid staff	33,779	34,660	40,733	40,421	40,381	40,022	38,026	37,893	37,473	36,767	36,350	34,808
Contributed services	—	—	1,403	404	326	291	270	229	—	—	—	—
Student assistants	—	—	33,821	29,075	28,411	27,998	28,373	26,518	25,305	25,038	23,976	24,110
FTE student enrollment per FTE staff member	146	154	137	154	153	154	155	158	169	184	190	199
Hours of student and other assistance (in thousands)	39,950	40,068	—	—	—	—	—	—	—	—	—	—
Library operating expenditures[8]												
Total operating expenditures (in thousands)	$1,259,637	$1,943,769	$2,770,075	$3,648,654	$4,013,333	$4,301,815	$4,592,657	$5,023,198	$5,416,716	$5,751,247	$6,234,192	$6,785,542
Salaries and wages	608,173 [9]	914,379 [9]	1,451,551	1,889,368	2,021,233	2,147,842	2,314,380	2,430,541	2,753,404	2,913,221	3,102,561	3,342,082
Student hourly wages	68,683	100,847	([10])	([10])	([10])	([10])	([10])	([10])	([10])	([10])	([10])	([10])
Fringe benefits	89,917	167,515	—	—	—	—	—	271,954	—	—	—	—
Preservation	22,521	30,351	34,144	43,126	46,554	45,610	42,919	43,832	46,499	42,976	41,102	41,591
Furniture/equipment	—	—	—	—	55,915	56,128	57,013	63,459	—	—	—	—
Computer hardware/software	—	—	—	—	128,128	157,949	164,379	160,294	155,791	143,042	153,002	158,698
Bibliographic utilities/networks/consortia	—	—	—	—	81,106	85,113	89,618	90,264	92,242	101,293	106,268	113,427
Information resources	373,699	561,199	891,281	1,197,293	1,348,933	1,499,249	1,600,995	1,822,277	1,944,490	2,114,555	2,334,382	2,621,491
Books and serial backfiles—paper	—	—	—	—	—	—	514,048	552,100	563,007	550,599	572,228	611,192
Books and serial backfiles—electronic	—	—	—	—	—	—	28,061	33,888	44,792	65,597	93,778	133,586
Current serials—paper	—	—	—	—	—	—	849,399	945,958	926,105	883,534	830,137	699,906
Current serials—electronic	—	—	—	—	—	—	125,470	203,371	297,657	480,138	691,585	1,004,393
Audiovisual materials	—	—	—	23,879	28,753	28,879	30,623	32,039	37,041	35,216	39,029	43,849
Document delivery/interlibrary loan	—	—	—	—	12,238	17,645	19,309	20,540	22,913	24,823	26,513	30,496
Other collection expenditures	373,699	561,199	891,281	1,173,414	1,307,942	1,452,725	34,086	34,381	52,976	74,648	81,113	98,069
Other library operating expenditures	96,643	169,478	393,099	518,867	331,463	309,925	323,354	140,579	424,290	436,160	496,877	508,253
Operating expenditures per FTE student	152	216	300	352	388	414	433	459	460	453	472	492
Operating expenditures per FTE student in constant 2008–09 dollars[11]	554	492	556	547	554	559	574	582	555	523	509	499
Operating expenditures (percentage distribution)	100.0	100.0	100.0	100.0	100.0	100.0	100.0	100.0	100.0	100.0	100.0	100.0
Salaries and wages	48.3	47.0	52.4	51.8	50.4	49.9	50.4	48.4	50.8	50.7	49.8	49.3
Student hourly wages	5.5	5.2	([10])	([10])	([10])	([10])	([10])	([10])	([10])	([10])	([10])	([10])
Fringe benefits	7.1	8.6	—	—	—	—	—	5.4	—	—	—	—
Preservation	1.8	1.6	1.2	1.2	1.2	1.1	0.9	0.9	0.9	0.7	0.7	0.6
Information resources	29.7	28.9	32.2	32.8	33.6	34.9	34.9	36.3	35.9	36.8	37.4	38.6
Other[12]	7.7	8.7	14.2	14.2	14.9	14.2	13.8	9.0	12.4	11.8	12.1	11.5
Library operating expenditures as percent of total institutional expenditures for educational and general purposes	3.8	3.5	3.2	3.0	2.8	—	—	—	—	—	—	—

—Not available.
[1]Includes data for U.S. territories.
[2]Fall enrollment for the academic year specified.
[3]Includes data for schools newly added to the survey system, so end of year figure for 1997-98 exceeds total of volumes added during the year plus end of year value from 1996-97.
[4]Includes microform and electronic serials.
[5]Includes microform serials.
[6]Electronic files, formerly labeled "Computer files."
[7]Excludes student assistants.
[8]Excludes capital outlay.
[9]Includes salary equivalents of contributed services staff.
[10]Included under salaries and wages.
[11]Constant dollars based on the Consumer Price Index, prepared by the Bureau of Labor Statistics, U.S. Department of Labor, adjusted to a school-year basis.
[12]Includes furniture/equipment, computer hardware/software, and utilities/networks/consortia as well as expenditures classified as "other library operating expenditures."

NOTE: Data through 1995 are for institutions of higher education, while later data are for degree-granting institutions. Degree-granting institutions grant associate's or higher degrees and participate in Title IV federal financial aid programs. The degree-granting classification is very similar to the earlier higher education classification, but it includes more 2-year colleges and excludes a few higher education institutions that did not grant degrees. (See Appendix A: Guide to Sources for details.) Detail may not sum to totals because of rounding.

SOURCE: U.S. Department of Education, National Center for Education Statistics, *Library Statistics of Colleges and Universities*, selected years, 1976–77 through 1981–82; 1987–88 through 2005–06 Integrated Postsecondary Education Data System, "Academic Libraries Survey" (IPEDS-L:88–98), "Fall Enrollment Survey" (IPEDS-EF:87–99), and Spring 2002 through Spring 2006; Academic Libraries Survey (ALS), 2000 through 2008; and *Academic Libraries: 2008* (NCES 2010-348). (This table was prepared May 2010.)

Table 431. Collections, staff, and operating expenditures of the 60 largest college and university libraries: Fiscal year 2008

Institution	Rank order, by number of volumes	Number of volumes at end of year (in thousands)	Number of e-books at end of year	Number of serials at end of year	Full-time-equivalent staff: Total	Full-time-equivalent staff: Librarians	Operating expenditures (in thousands): Total	Operating expenditures (in thousands): Salaries and wages	Public service hours per typical week	Gate count per typical week[1]	Reference transactions per typical week
1	2	3	4	5	6	7	8	9	10	11	12
Harvard University (MA)	1	16,250	1,167	110,628	1,229	418	$117,884	$62,798	168	39,748	5,468
Yale University (CT)	2	12,284	840,000	295,557	735	175	92,248	35,781	111	14,900	1,970
University of California, Berkeley	3	11,020	610,920	87,876	487	92	48,020	24,305	77	27,502	2,100
University of Illinois at Urbana-Champaign	4	10,933	319,533	109,803	473	113	40,571	20,988	144	85,632	6,214
Columbia University in the City of New York	5	9,596	703,121	132,740	616	161	56,089	27,240	108	81,862	3,557
University of Texas at Austin	6	9,447	593,450	56,847	528	130	43,850	20,773	120	87,115	20,693
University of Michigan, Ann Arbor	7	9,175	701,019	69,457	570	169	52,395	25,853	168	73,543	2,884
Stanford University (CA)	8	8,558	419,515	33,903	680	151	78,377	41,382	105	20,100	3,074
University of California, Los Angeles	9	8,467	495,238	175,207	596	125	53,154	28,197	97	64,072	1,843
University of Wisconsin, Madison	10	7,934	766,032	54,164	553	229	43,282	23,459	148	110,368	2,640
Cornell University (NY)	11	7,750	391,897	89,000	549	118	46,798	22,667	146	98,000	1,497
University of Chicago (IL)	12	7,745	851,880	76,607	323	68	34,680	12,638	146	33,881	779
Indiana University, Bloomington	13	7,618	631,617	103,228	445	94	36,282	16,061	168	90,061	2,446
University of Minnesota, Twin Cities	14	6,878	307,082	85,075	394	93	40,734	18,118	100	36,527	2,300
University of Washington, Seattle Campus	15	6,844	387,281	61,847	458	135	36,814	19,345	138	116,000	2,128
Princeton University (NJ)	16	6,779	763,158	51,746	410	97	48,970	18,789	116	13,492	671
University of North Carolina at Chapel Hill	17	6,017	510,110	60,713	452	143	41,124	18,944	146	60,214	2,543
Ohio State University, Main Campus	18	6,016	269,097	78,903	396	62	35,833	16,642	168	39,030	1,476
Duke University (NC)	19	5,829	144,939	61,964	369	117	37,331	16,444	161	9,250	2,638
University of Pennsylvania	20	5,756	340,446	61,676	370	111	37,599	16,991	111	38,589	5,000
University of Pittsburgh, Main Campus (PA)	21	5,657	591,468	59,141	382	120	32,907	12,539	118	84,789	2,587
Pennsylvania State University, Main Campus	22	5,355	42,083	88,668	608	134	47,686	24,437	168	46,247	3,549
University of Arizona	23	5,266	645,463	24,466	239	54	24,676	9,471	142	42,916	531
University of Virginia, Main Campus	24	5,158	374,731	163,032	379	101	35,930	16,921	149	76,424	2,886
Rutgers University, New Brunswick/Piscataway	25	5,081	195,296	74,031	305	66	23,918	13,651	108	53,419	1,216
New York University	26	5,073	545,025	67,960	458	58	44,603	20,703	119	51,500	2,156
Northwestern University (IL)	27	4,843	264,066	82,822	344	97	29,147	12,518	126	28,218	1,427
Michigan State University	28	4,839	66,350	83,460	265	71	23,482	10,714	148	42,367	850
University of Kansas	29	4,799	321,320	60,838	228	54	19,543	9,105	140	42,000	2,350
University of Iowa	30	4,791	486,769	59,442	281	98	27,620	12,335	113	36,273	1,610
University of Oklahoma, Norman Campus	31	4,702	649,929	52,522	158	37	16,253	4,396	117	21,930	523
University of Georgia	32	4,637	128,694	80,748	315	81	24,451	10,106	137	17,700	1,910
Arizona State University at the Tempe Campus	33	4,422	302,266	87,566	332	93	28,571	12,266	149	75,265	2,053
University of Florida	34	4,288	280,238	71,336	402	85	29,731	13,905	111	56,209	1,587
University of Southern California	35	4,084	267,657	70,066	374	75	38,393	17,149	159	53,534	1,173
Louisiana State University and Agricultural & Mechanical College	36	4,067	346,389	101,738	192	52	15,874	—	113	32,228	712
Texas A & M University	37	3,934	461,225	86,737	359	85	34,150	12,329	146	49,683	880
University of Colorado at Boulder	38	3,928	175,377	55,519	216	58	21,454	8,693	104	40,532	1,374
University of South Carolina, Columbia	39	3,885	91,940	21,505	275	71	19,743	7,975	140	31,415	2,969
Johns Hopkins University (MD)	40	3,878	2,003,184	74,701	338	80	32,881	13,282	120	19,373	1,593
Washington University in St. Louis (MO)	41	3,841	382,891	69,400	266	93	32,366	10,219	120	30,000	1,409
Brown University (RI)	42	3,825	284,749	60,499	208	55	19,862	9,162	112	20,064	510
Brigham Young University (UT)	43	3,743	337,546	69,361	383	85	27,167	12,126	105	82,238	3,070
SUNY at Buffalo (NY)	44	3,720	369,721	80,431	242	60	19,972	10,339	168	26,000	562
University of Kentucky	45	3,720	406,014	73,251	287	79	21,414	8,257	135	57,316	1,734
Miami University (OH)	46	3,718	511,114	91,229	146	41	9,488	4,652	168	28,862	1,529
University of Maryland, College Park	47	3,717	88,393	42,393	258	119	32,156	12,600	162	47,982	5,186
University of Rochester (NY)	48	3,701	51,134	28,561	207	89	24,850	8,949	119	4,478	1,004
University of Cincinnati, Main Campus (OH)	49	3,632	459,542	86,363	185	49	21,466	7,729	95	26,700	1,600
University of Hawaii at Manoa	50	3,559	193,133	55,276	237	64	17,860	9,108	135	31,380	1,791
University of Nebraska, Lincoln	51	3,554	321,180	46,865	187	49	12,633	6,465	96	15,004	1,000
University of Missouri, Columbia	52	3,494	25,434	38,364	198	55	17,025	6,386	114	36,426	1,374
Florida State University	53	3,484	477,476	62,093	250	67	18,563	7,090	142	37,531	1,219
North Carolina State University at Raleigh	54	3,477	401,497	67,995	268	98	23,296	10,960	146	37,649	718
Wayne State University (MI)	55	3,454	206,736	20,384	247	53	20,802	9,349	142	38,599	916
University of Notre Dame (IN)	56	3,393	2,295	82,866	260	60	24,077	10,306	126	19,191	497
University of Utah	57	3,373	132,859	48,777	370	69	26,290	12,877	123	39,724	3,680
University of California, San Diego	58	3,373	231,216	34,800	367	63	30,748	16,330	114	51,347	880
University of Connecticut	59	3,368	338,682	71,371	152	61	16,262	—	114	51,539	303
University of California, Davis	60	3,354	504,736	50,442	231	53	18,652	9,568	95	33,978	1,129

—Not available.
[1]The number of entries into the library in an average week. A single person can be counted more than once.

SOURCE: U.S. Department of Education, National Center for Education Statistics, Academic Libraries Survey (ALS), fiscal year 2008. (This table was prepared July 2010.)

Table 432. Public libraries, books and serial volumes, library visits, circulation, and reference transactions, by state: Fiscal years 2007 and 2008

State	Number of public libraries		Number of books and serial volumes				Library visits per capita[1]		Circulation per capita		Reference transactions per capita[2]	
			In thousands		Per capita							
	2007	2008	2007	2008	2007	2008	2007	2008	2007	2008	2007	2008
1	2	3	4	5	6	7	8	9	10	11	12	13
United States	**9,214** [3]	**9,221** [3]	**812,483**	**816,099**	**2.8**	**2.8**	**4.9**	**5.1**	**7.4**	**7.7**	**1.0**	**1.0**
Alabama	208	210	9,495	9,615	2.2	2.2	3.6	3.5	4.4	4.4	0.8	0.8
Alaska	87	86	2,445	2,491	3.6	3.7	5.1	5.1	6.3	6.3	0.5	0.6
Arizona	83	86	9,145	8,619	1.5	1.3	3.9	4.0	7.1	7.3	0.7	0.7
Arkansas	48	51	6,224	6,450	2.3	2.4	3.5	3.7	4.7	4.9	0.7	0.7
California	181	181	74,961	74,197	2.0	2.0	4.2	4.5	5.4	5.8	0.8	0.9
Colorado	115	115	11,728	12,039	2.5	2.5	6.2	6.3	11.4	12.0	1.2	1.2
Connecticut	195	195	15,528	15,609	4.4	4.4	6.5	6.8	9.0	9.4	1.3	1.4
Delaware	21	21	1,921	1,991	2.5	2.5	5.6	5.5	10.0	10.4	0.7	0.6
District of Columbia	1	1	2,097	2,063	3.6	3.5	3.7	4.6	2.5	3.0	1.4	1.4
Florida	79	80	31,995	32,736	1.7	1.7	4.2	4.5	5.9	6.2	1.5	1.6
Georgia	58	59	15,664	16,087	1.7	1.7	3.9	4.0	4.5	4.7	1.0	1.0
Hawaii	1	1	3,376	3,399	2.6	2.6	4.5	4.6	5.3	5.5	0.7	0.7
Idaho	104	104	4,100	4,192	3.1	3.1	6.1	6.4	8.6	9.4	0.8	0.8
Illinois	623	634	43,155	45,263	3.7	3.9	6.5	6.6	8.8	9.0	1.2	1.2
Indiana	239	238	25,360	25,873	4.5	4.5	6.9	7.2	13.0	13.7	0.9	1.0
Iowa	539	539	12,297	12,235	4.3	4.1	6.3	6.3	10.0	9.6	0.6	0.6
Kansas	326	327	11,106	10,381	4.7	4.4	6.4	6.2	11.1	11.4	1.2	1.1
Kentucky	116	116	8,602	8,674	2.1	2.1	4.3	4.4	6.4	6.7	0.8	0.9
Louisiana	67	68	11,450	11,641	2.7	2.6	3.4	3.3	4.1	4.0	1.2	1.2
Maine	272	272	6,495	6,505	5.5	5.4	5.9	5.9	7.5	7.7	0.7	0.6
Maryland	24	24	14,550	14,378	2.6	2.6	5.2	5.9	9.6	9.9	1.2	1.1
Massachusetts	370	370	32,436	32,713	5.0	5.1	6.1	6.5	8.1	8.4	0.8	0.9
Michigan	386	384	34,388	34,556	3.5	3.5	5.2	5.5	7.6	8.0	0.9	0.9
Minnesota	139	138	15,836	14,762	3.0	2.8	5.4	5.5	10.3	10.7	0.9	0.8
Mississippi	50	50	5,703	5,530	2.0	1.9	2.8	3.0	2.8	2.9	0.5	0.6
Missouri	152	152	18,433	18,034	3.6	3.5	5.3	5.5	9.3	9.4	1.1	1.1
Montana	80	80	2,781	2,732	3.1	3.0	4.4	4.5	6.2	6.5	0.4	0.5
Nebraska	271	270	6,735	6,643	5.2	5.1	7.4	6.9	10.2	10.5	0.9	0.9
Nevada	22	22	4,633	5,405	1.7	2.0	3.8	4.0	5.9	6.5	0.6	0.7
New Hampshire	230	231	6,116	6,210	4.7	4.7	5.2	5.6	8.1	8.4	0.6	0.6
New Jersey	303	303	30,673	30,342	3.7	3.6	5.6	5.9	6.8	7.3	1.0	1.0
New Mexico	91	91	4,582	4,578	3.0	2.9	4.7	4.8	6.1	6.3	0.9	0.9
New York	753	755	72,956	74,635	3.9	3.9	6.0	6.2	7.8	8.2	1.5	1.5
North Carolina	77	77	16,536	16,833	1.9	1.9	4.1	4.1	5.6	5.8	1.4	1.3
North Dakota	80	81	2,368	2,453	4.3	4.3	4.8	4.3	7.2	7.2	0.7	0.7
Ohio	251	251	46,974	46,893	4.1	4.1	7.6	8.0	15.9	16.7	1.7	1.8
Oklahoma	113	115	7,144	7,249	2.4	2.4	4.8	4.9	6.9	7.0	0.8	0.7
Oregon	128	126	9,505	9,407	2.8	2.8	6.3	6.6	14.9	15.4	0.8	0.8
Pennsylvania	457	457	30,114	29,837	2.5	2.5	3.9	4.0	5.6	5.8	0.7	0.7
Rhode Island	49	48	4,376	4,420	4.1	4.2	5.8	6.0	6.7	7.0	0.8	0.8
South Carolina	42	42	9,176	9,421	2.1	2.1	3.6	3.8	5.2	5.4	1.1	1.1
South Dakota	123	114	3,131	3,134	4.6	4.5	5.9	5.6	7.9	8.4	0.7	0.9
Tennessee	187	187	11,439	11,595	1.9	1.9	3.3	3.4	4.1	4.1	0.7	0.7
Texas	562	561	41,799	41,797	1.9	1.9	3.3	3.3	4.8	4.9	0.7	0.7
Utah	70	69	6,587	6,556	2.6	2.5	6.5	6.7	12.5	13.0	1.6	1.7
Vermont	183	183	2,865	2,900	4.8	4.8	6.4	6.4	7.5	7.7	0.8	0.8
Virginia	90	91	19,002	19,181	2.5	2.5	4.9	5.2	8.6	9.2	0.9	1.0
Washington	66	64	17,458	16,433	2.7	2.5	6.2	6.5	11.7	12.1	1.0	1.0
West Virginia	97	97	5,023	5,119	2.8	2.8	3.3	3.3	4.2	4.2	0.5	0.5
Wisconsin	382	381	19,596	19,843	3.5	3.5	6.1	6.3	10.6	10.9	0.9	0.9
Wyoming	23	23	2,429	2,447	4.7	4.7	6.4	6.8	8.4	9.0	1.1	1.1

[1]The number of visits (entering the library for any purpose) per person during the year.

[2]A reference transaction is an information contact that involves the knowledge, use, recommendations, interpretation, or instructions in the use of one or more information sources by a member of the library staff.

[3]In 2007, of the 9,214 public libraries in the 50 states and the District of Columbia, 7,463 were single-outlet libraries and 1,751 were multiple-outlet libraries. In 2008, of the 9,221 public libraries in the 50 states and the District of Columbia, 7,469 were single-outlet libraries and 1,752 were multiple-outlet libraries. Single-outlet libraries consist of a central library, bookmobile, or books-by-mail-only outlet. Multiple-outlet libraries have two or more direct service outlets, including some combination of one central library, branch(es), bookmobile(s), and/or books-by-mail-only outlets.

NOTE: Data include imputations for nonresponse. Detail may not sum to totals because of rounding.

SOURCE: U.S. Census Bureau, Institute of Museum and Library Services, *Public Libraries in the United States*, fiscal years 2007 and 2008, retrieved July 13, 2010, from http://harvester.census.gov/imls/publib.asp. (This table was prepared July 2010.)

Table 433. Participants in state-administered adult basic education, secondary education, and English as a second language programs, by type of program and state or jurisdiction: Selected fiscal years, 1990 through 2008

State or jurisdiction	1990	2000	2005	2006	2007				2008			
					Total	Adult basic education	Adult secondary education	English as a second language	Total	Adult basic education	Adult secondary education	English as a second language
1	2	3	4	5	6	7	8	9	10	11	12	13
United States	**3,535,970**	**2,629,643**	**2,543,953**	**2,308,380**	**2,302,827**	**941,659**	**297,838**	**1,063,330**	**2,364,051**	**1,004,660**	**307,825**	**1,051,566**
Alabama	40,177	23,666	19,827	18,742	19,809	13,590	4,301	1,918	23,815	17,006	4,648	2,161
Alaska	5,067	5,312	3,791	3,244	2,877	2,043	299	535	3,179	2,044	460	675
Arizona	33,805	31,136	26,881	24,861	18,704	10,702	1,378	6,624	21,760	12,763	1,506	7,491
Arkansas	29,065	38,867	37,102	31,912	31,010	19,275	6,841	4,894	32,610	21,180	6,416	5,014
California	1,021,227	473,050	591,893	586,632	602,837	122,601	71,579	408,657	618,767	134,422	77,501	406,844
Colorado	12,183	13,818	15,011	14,530	14,683	3,770	1,180	9,733	14,203	3,775	1,264	9,164
Connecticut	46,434	30,844	31,958	26,686	27,549	7,312	7,593	12,644	27,859	7,503	7,568	12,788
Delaware	2,662	4,342	6,329	4,863	4,399	2,635	514	1,250	5,155	3,210	644	1,301
District of Columbia	19,586	3,667	3,646	3,384	3,694	1,908	428	1,358	3,956	2,184	218	1,554
Florida	419,429	404,912	348,119	239,648	264,670	107,093	33,098	124,479	260,931	112,229	31,608	117,094
Georgia	69,580	108,004	95,434	68,557	72,390	45,839	6,253	20,298	75,487	47,580	6,560	21,347
Hawaii	52,012	10,525	7,461	7,772	8,135	3,452	1,573	3,110	8,944	3,901	1,912	3,131
Idaho	11,171	10,506	7,744	7,961	6,953	3,795	537	2,621	7,535	4,160	581	2,794
Illinois	87,121	122,043	118,296	109,743	107,120	26,803	13,739	66,578	108,024	28,702	15,379	63,943
Indiana	44,166	42,135	43,498	40,771	38,468	22,737	8,766	6,965	40,226	24,927	8,121	7,178
Iowa	41,507	20,161	11,989	9,664	9,271	3,951	2,210	3,110	9,918	3,993	2,222	3,703
Kansas	10,274	11,248	9,475	9,323	8,611	4,009	1,092	3,510	8,916	4,305	1,026	3,585
Kentucky	28,090	31,050	30,931	31,458	31,456	22,728	5,338	3,390	40,235	27,941	8,276	4,018
Louisiana	40,039	30,929	29,367	23,601	23,642	17,896	3,603	2,143	26,633	21,255	3,486	1,892
Maine	14,964	12,430	8,151	8,215	7,878	3,689	2,643	1,546	9,270	4,754	2,958	1,558
Maryland	41,230	22,702	27,055	32,535	30,882	13,622	4,192	13,068	33,673	15,321	4,110	14,242
Massachusetts	34,220	24,053	21,448	23,957	21,706	4,917	3,525	13,264	21,491	4,864	3,526	13,101
Michigan	194,178	56,096	34,768	32,856	30,571	18,102	3,389	9,080	28,243	15,485	3,482	9,276
Minnesota	45,648	42,039	47,174	45,407	45,805	14,610	7,206	23,989	46,109	16,481	5,271	24,357
Mississippi	18,957	37,947	25,675	21,775	20,372	16,825	2,982	565	20,480	17,309	2,801	370
Missouri	31,815	41,089	37,052	34,374	33,497	22,061	4,775	6,661	36,161	24,720	4,584	6,857
Montana	6,071	4,892	3,291	2,697	2,930	2,176	539	215	3,151	2,298	639	214
Nebraska	6,158	7,917	10,226	8,699	8,503	3,801	1,096	3,606	8,435	4,022	1,024	3,389
Nevada	17,262	22,992	9,981	9,483	9,526	1,140	466	7,920	8,571	1,067	443	7,061
New Hampshire	7,198	5,962	5,804	5,797	5,592	1,662	2,217	1,713	5,806	1,805	1,995	2,006
New Jersey	64,080	44,317	40,889	35,374	34,198	11,372	2,152	20,674	32,823	11,660	1,747	19,416
New Mexico	30,236	23,243	24,132	20,040	20,063	10,623	2,015	7,425	22,920	12,444	2,195	8,281
New York	156,611	176,239	157,486	147,631	133,852	51,463	8,666	73,723	133,255	52,844	8,887	71,524
North Carolina	109,740	107,504	109,047	108,745	110,126	60,450	18,785	30,891	121,708	67,917	22,261	31,530
North Dakota	3,587	2,124	2,063	1,776	1,693	956	497	240	1,822	968	452	402
Ohio	95,476	65,579	50,869	47,462	48,209	32,526	8,479	7,204	50,537	34,834	8,434	7,269
Oklahoma	24,307	20,101	20,447	19,146	17,672	12,208	2,033	3,431	18,411	13,028	1,916	3,467
Oregon	37,075	25,228	21,668	21,713	21,690	9,507	1,631	10,552	23,600	10,901	2,046	10,653
Pennsylvania	52,444	49,369	54,274	53,557	50,996	26,860	10,238	13,898	52,795	27,958	10,672	14,165
Rhode Island	7,347	5,592	6,697	6,787	6,697	3,017	646	3,034	6,580	3,024	748	2,808
South Carolina	81,200	94,452	65,901	58,916	59,077	44,687	8,585	5,805	54,538	40,149	8,307	6,082
South Dakota	3,184	5,637	3,517	2,977	2,629	1,674	578	377	3,025	1,906	725	394
Tennessee	41,721	40,615	48,924	43,179	41,439	29,629	5,333	6,477	37,048	27,207	4,904	4,937
Texas	218,747	111,585	119,867	102,365	93,242	36,358	4,308	52,576	84,514	32,947	3,524	48,043
Utah	24,841	30,714	29,320	24,869	21,764	11,347	2,561	7,856	25,978	14,192	3,004	8,782
Vermont	4,808	1,146	2,015	2,404	1,756	1,189	446	121	2,505	1,890	437	178
Virginia	31,649	35,261	29,222	32,502	30,940	11,354	4,574	15,012	31,106	12,341	4,570	14,195
Washington	31,776	53,460	50,386	52,810	57,474	21,624	4,011	31,839	64,982	26,231	4,393	34,358
West Virginia	21,186	13,072	9,444	8,872	9,083	6,931	1,983	169	9,628	7,499	1,909	220
Wisconsin	61,081	27,304	26,029	25,792	24,302	11,938	6,257	6,107	23,856	12,057	5,668	6,131
Wyoming	3,578	2,767	2,379	2,316	2,385	1,202	708	475	2,877	1,457	797	623
Other jurisdictions	**31,400**	**44,785**	**37,328**	**38,333**	**34,079**	**6,664**	**26,040**	**1,375**	**36,071**	**6,709**	**28,696**	**666**
American Samoa	—	662	838	772	226	116	34	76	264	118	35	111
Federated States of Micronesia	—	0	0	0	0	0	0	0	0	0	0	0
Guam	1,311	1,092	1,062	1,113	1,079	593	365	121	1,154	724	306	124
Marshall Islands	—	335	0	0	0	0	0	0	0	0	0	0
Northern Marianas	—	680	740	530	613	82	304	227	583	270	121	192
Palau	—	132	206	73	55	0	55	0	51	0	51	0
Puerto Rico	28,436	41,043	33,463	34,903	31,924	5,756	25,276	892	34,019	5,597	28,183	239
U.S. Virgin Islands	1,653	841	1,019	942	182	117	6	59	0	0	0	0

—Not available.
NOTE: Adult basic education provides instruction in basic skills for adults 16 and over functioning at literacy levels below the secondary level. Adult secondary education provides instruction at the high school level for adults who are seeking to pass the GED or obtain an adult high school credential. English as a second language instruction is for adults who lack proficiency in English and who seek to improve their literacy and competence in English. Some data have been revised from previously published figures.

SOURCE: U.S. Department of Education, Office of Vocational and Adult Education (OVAE), Division of Adult Education and Literacy, "Adult Education Program Facts, Program Year 1990–1991"; and OVAE National Reporting System, retrieved May 27, 2010, from http://wdcrobcolp01.ed.gov/CFAPPS/OVAE/NRS/. (This table was prepared May 2010.)

Table 434. Participation of employed persons, 17 years old and over, in career-related adult education during the previous 12 months, by selected characteristics of participants: 1995, 1999, and 2005

Characteristic of employed person	1995: Percent of adults participating in career- or job-related courses	1995: Number of career- or job-related courses taken, per employee	1999: Percent of adults participating in career- or job-related courses	1999: Number of career- or job-related courses taken, per employee	2005: Employed persons, in thousands	2005: Percent of adults participating: In career- or job-related courses	2005: Percent of adults participating: In apprentice programs	2005: Percent of adults participating: In personal interest courses	2005: Percent of adults participating: In informal learning activities for personal interest	2005: Number of career- or job-related courses taken: In thousands	2005: Number of career- or job-related courses taken: Per employee
1	2	3	4	5	6	7	8	9	10	11	12
Total	**31.1 (0.54)**	**0.8 (0.02)**	**30.5 (1.14)**	**0.7 (0.03)**	**133,386 (1,508.1)**	**38.8 (0.83)**	**1.4 (0.24)**	**21.8 (0.94)**	**73.5 (1.01)**	**108,443**	**0.8 (0.03)**
Sex											
Male	29.0 (0.72)	0.7 (0.02)	28.3 (1.15)	0.6 (0.03)	71,754 (934.7)	31.7 (1.22)	2.0 (0.37)	18.5 (1.30)	73.4 (1.52)	44,512	0.6 (0.03)
Female	33.4 (0.83)	0.9 (0.03)	32.9 (1.14)	0.8 (0.03)	61,632 (1,219.3)	47.1 (1.43)	0.8 (0.23)	25.8 (1.23)	73.6 (1.37)	63,931	1.0 (0.05)
Age											
17 through 24 years old	18.6 (1.01)	0.4 (0.02)	19.1 (1.91)	0.4 (0.06)	15,027 (1,030.4)	26.4 (3.01)	3.0 (1.03)	25.2 (3.37)	71.4 (3.15)	8,024	0.5 (0.09)
25 through 29 years old	31.2 (1.46)	0.8 (0.05)	34.3 (2.44)	0.8 (0.08)	14,555 (918.4)	36.1 (2.94)	3.1 (1.12)	24.5 (3.66)	70.9 (4.49)	9,493	0.7 (0.06)
30 through 34 years old	31.6 (1.30)	0.8 (0.04)	34.4 (2.50)	0.8 (0.08)	15,250 (977.2)	41.0 (3.06)	2.7 (1.10)	23.7 (2.63)	74.0 (2.54)	12,681	0.8 (0.07)
35 through 39 years old	35.1 (1.02)	0.9 (0.03)	29.2 (2.15)	0.7 (0.07)	15,286 (922.4)	41.7 (4.16)	1.0 (0.46)	21.6 (3.15)	77.7 (3.00)	13,807	0.9 (0.14)
40 through 44 years old	36.6 (1.29)	0.9 (0.04)	36.4 (2.44)	0.8 (0.07)	18,141 (946.3)	39.8 (2.73)	0.9 (0.48)	23.3 (2.60)	71.2 (3.15)	15,586	0.9 (0.07)
45 through 49 years old	39.6 (1.94)	1.0 (0.06)	30.4 (2.42)	0.7 (0.06)	18,149 (842.5)	45.0 (2.15)	0.7 (0.29)	19.0 (2.09)	73.5 (2.68)	16,809	0.9 (0.06)
50 through 54 years old	34.4 (1.69)	0.9 (0.04)	34.7 (2.57)	0.8 (0.07)	14,624 (732.1)	42.6 (2.49)	0.7 (0.32)	19.5 (1.92)	76.3 (2.27)	14,881	1.0 (0.10)
55 through 59 years old	26.7 (1.86)	0.7 (0.06)	30.3 (2.83)	0.6 (0.08)	10,522 (676.0)	44.7 (2.98)	0.2 (0.12)	18.3 (1.93)	73.0 (2.95)	9,901	0.9 (0.09)
60 through 64 years old	21.1 (2.41)	0.5 (0.06)	27.2 (3.80)	0.7 (0.15)	6,021 (498.8)	38.9 (3.97)	0.6 (0.43)	23.4 (3.52)	73.0 (4.22)	4,919	0.8 (0.10)
65 years old and over	13.7 (1.86)	0.4 (0.06)	20.3 (4.21)	0.4 (0.08)	5,812 (493.3)	21.6 (3.48)	# (†)	17.4 (3.13)	74.2 (3.75)	2,343	0.4 (0.07)
65 through 69	13.1 (2.28)	0.4 (0.08)	— (†)	— (†)	3,385 (415.5)	19.1 (4.05)	# (†)	20.9 (4.88)	75.4 (5.18)	1,102	0.3 (0.08)
70 and over	14.6 (2.85)	0.4 (0.09)	— (†)	— (†)	2,427 (282.3)	25.1 (5.81)	# (†)	12.6 (2.93)	72.6 (6.11)	1,241	0.5 (0.14)
Race/ethnicity											
White	33.2 (0.61)	0.8 (0.02)	32.8 (0.98)	0.6 (0.03)	94,881 (1,538.6)	41.3 (0.93)	1.2 (0.25)	22.2 (1.11)	75.3 (1.17)	82,511	0.9 (0.03)
Black	26.2 (1.46)	0.7 (0.04)	28.1 (2.34)	1.0 (0.07)	13,773 (533.2)	39.2 (3.82)	1.7 (0.83)	23.5 (3.04)	66.9 (3.02)	10,311	0.7 (0.11)
Hispanic	18.1 (1.00)	0.4 (0.02)	16.4 (1.83)	0.5 (0.05)	15,741 (681.1)	25.0 (2.66)	2.9 (0.85)	16.2 (2.31)	65.8 (3.39)	8,786	0.6 (0.11)
Asian	— (†)	— (†)	— (†)	— (†)	3,770 (520.7)	36.9 (7.00)	0.9 (0.90)	32.3 (7.26)	81.1 (5.88)	2,207	0.6 (0.12)
Pacific Islander	— (†)	— (†)	— (†)	— (†)	‡ (†)	‡ (†)	‡ (†)	‡ (†)	‡ (†)	‡	‡ (†)
Asian/Pacific Islander	25.5 (2.69)	0.6 (0.07)	32.8 (4.84)	0.4 (0.15)	† (†)	† (†)	† (†)	† (†)	† (†)	†	† (†)
American Indian/Alaska Native	34.0 (6.32)	0.9 (0.20)	29.5 (11.52)	0.7 (0.52)	‡ (†)	‡ (†)	‡ (†)	‡ (†)	‡ (†)	‡	‡ (†)
Two or more races	— (†)	— (†)	— (†)	— (†)	3,786 (562.7)	39.1 (6.85)	1.4 (0.85)	22.6 (6.34)	77.6 (8.40)	3,083	0.8 (0.15)
Other races	25.3 (2.99)	0.7 (0.09)	— (†)	— (†)	‡ (†)	‡ (†)	‡ (†)	‡ (†)	‡ (†)	‡	‡ (†)
Highest level of education completed											
Less than high school completion	8.8 (1.05)	0.1 (0.02)	7.9 (2.29)	0.4 (0.05)	16,627 (838.2)	10.4 (2.11)	2.4 (0.90)	8.801 (1.54)	57.0 (3.76)	2,592	0.2 (0.03)
8th grade or less	6.1 (2.00)	0.1 (0.04)	— (†)	— (†)	5,016 (599.7)	2.7 (1.12)	4.4 (2.43)	3.8 (1.71)	46.7 (7.11)	197	# (†)
9th through 12th grade, no completion	10.0 (1.27)	0.2 (0.02)	— (†)	— (†)	11,610 (792.8)	13.7 (2.99)	1.5 (0.78)	11.0 (2.06)	61.5 (4.05)	2,396	0.2 (0.04)
High school completion	20.9 (0.79)	0.4 (0.02)	21.4 (1.45)	0.8 (0.03)	34,121 (1,147.2)	24.7 (1.76)	1.3 (0.46)	17.1 (1.89)	63.4 (2.55)	16,640	0.5 (0.05)
Some vocational/technical	32.3 (2.50)	0.8 (0.07)	28.7 (5.76)	0.9 (0.17)	3,744 (393.1)	48.2 (5.92)	2.0 (1.56)	25.5 (4.61)	74.0 (5.54)	3,802	1.0 (0.17)
Some college	29.9 (0.91)	0.7 (0.03)	29.0 (1.78)	0.7 (0.06)	24,479 (1,067.7)	39.9 (2.36)	1.9 (0.69)	25.2 (2.50)	79.8 (2.04)	18,437	0.8 (0.05)
Associate's degree	39.2 (1.58)	1.0 (0.05)	39.7 (3.07)	0.9 (0.09)	9,943 (730.7)	50.4 (3.71)	2.3 (0.84)	19.1 (2.86)	78.4 (3.88)	14,224	1.4 (0.21)
Bachelor's degree	44.6 (1.33)	1.2 (0.04)	43.8 (2.01)	1.0 (0.06)	26,475 (902.7)	53.1 (1.88)	0.2 (0.12)	29.0 (1.77)	78.7 (1.94)	28,099	1.1 (0.06)
Some graduate work (or study)	50.2 (1.63)	1.4 (0.05)	46.8 (4.17)	1.2 (0.14)	17,998 (735.4)	61.1 (2.16)	1.5 (0.80)	28.6 (2.01)	88.8 (1.16)	24,649	1.4 (0.07)
No degree	44.3 (3.18)	1.2 (0.10)	54.2 (4.94)	1.2 (0.14)	2,125 (227.9)	53.8 (5.79)	‡ (†)	39.3 (6.05)	75.0 (5.64)	2,412	1.1 (0.16)
Master's	50.5 (1.99)	1.4 (0.06)	45.3 (2.97)	1.1 (0.11)	11,330 (614.7)	62.7 (2.98)	‡ (†)	28.2 (2.27)	90.5 (1.40)	15,394	1.4 (0.09)
Doctor's	40.4 (6.42)	1.0 (0.16)	34.4 (4.79)	0.7 (0.12)	1,600 (227.2)	49.0 (5.80)	‡ (†)	28.8 (4.76)	87.8 (4.35)	2,204	1.4 (0.36)
Professional	67.6 (3.89)	2.0 (0.15)	67.6 (6.98)	1.9 (0.31)	2,943 (382.7)	66.5 (6.39)	‡ (†)	22.1 (5.05)	92.9 (2.21)	4,639	1.6 (0.21)

See notes at end of table.

Table 434. Participation of employed persons, 17 years old and over, in career-related adult education during the previous 12 months, by selected characteristics of participants: 1995, 1999, and 2005—Continued

Characteristic of employed person	1995: Percent of adults participating in career- or job-related courses	1995: Number of career- or job-related courses taken, per employee	1999: Percent of adults participating in career- or job-related courses	1999: Number of career- or job-related courses taken, per employee	2005: Employed persons, in thousands	2005: Percent of adults participating: In career- or job-related courses	2005: Percent of adults participating: In apprentice programs	2005: Percent of adults participating: In personal interest courses	2005: Percent of adults participating: In informal learning activities for personal interest	2005: Number of career- or job-related courses taken: In thousands	2005: Number of career- or job-related courses taken: Per employee
1	2	3	4	5	6	7	8	9	10	11	12
Locale[1]											
City	— (†)	— (†)	— (†)	— (†)	39,283 (1,391.3)	39.6 (1.67)	2.2 (0.60)	23.1 (1.43)	74.0 (1.77)	34,327	0.9 (0.05)
Suburban	— (†)	— (†)	— (†)	— (†)	48,452 (1,555.0)	41.1 (1.87)	1.2 (0.32)	23.3 (1.38)	74.2 (1.49)	39,802	0.8 (0.04)
Town	— (†)	— (†)	— (†)	— (†)	17,616 (1,060.7)	36.0 (2.64)	0.5 (0.25)	19.6 (2.83)	71.7 (3.02)	12,947	0.7 (0.07)
Rural	— (†)	— (†)	— (†)	— (†)	27,847 (885.2)	35.4 (2.14)	1.4 (0.58)	19.0 (2.19)	72.7 (2.22)	21,135	0.8 (0.06)
Occupation											
Executive, administrative, or managerial occupations	42.9 (1.49)	1.2 (0.05)	40.6 (2.06)	1.0 (0.07)	14,596 (707.6)	53.6 (2.79)	0.4 (0.25)	29.5 (2.89)	77.7 (2.87)	16,567	1.1 (0.09)
Engineers, surveyors, and architects	44.2 (4.46)	1.1 (0.12)	52.1 (6.96)	1.0 (0.16)	1,987 (244.9)	56.3 (5.68)	‡ (†)	30.5 (6.36)	81.0 (4.73)	2,323	1.2 (0.16)
Natural scientists and mathematicians	59.7 (3.97)	1.7 (0.15)	46.0 (6.61)	0.8 (0.14)	4,130 (445.4)	51.5 (5.64)	2.1 (1.55)	31.2 (4.83)	85.3 (5.44)	3,693	0.9 (0.11)
Social scientists and workers, religious workers, and lawyers	59.5 (2.61)	1.8 (0.11)	56.9 (5.66)	1.7 (0.24)	4,697 (480.9)	66.8 (4.48)	‡ (†)	28.3 (3.81)	88.6 (2.95)	7,822	1.7 (0.29)
Teachers, elementary/ secondary	53.9 (2.23)	1.5 (0.08)	52.1 (3.53)	1.2 (0.11)	7,085 (568.5)	67.7 (4.16)	0.6 (0.37)	31.5 (3.93)	83.0 (2.79)	12,233	1.7 (0.13)
Teachers, postsecondary and counselors, librarians, and archivists	41.6 (4.57)	1.0 (0.15)	35.6 (5.85)	0.7 (0.14)	2,393 (420.9)	53.1 (8.63)	‡ (†)	17.7 (4.91)	90.9 (3.97)	2,122	0.9 (0.09)
Health diagnosing and treating practitioners	68.6 (5.85)	2.0 (0.23)	65.2 (11.99)	1.5 (0.50)	978 (208.8)	78.9 (7.10)	‡ (†)	27.4 (9.60)	86.6 (5.37)	1,951	2.0 (0.25)
Registered nurses, pharmacists, dieticians, therapists, and physician's assistants	72.8 (3.02)	2.2 (0.14)	72.2 (5.04)	1.8 (0.21)	2,794 (238.8)	79.7 (4.60)	‡ (†)	29.4 (4.17)	84.3 (3.70)	4,984	1.8 (0.15)
Writers, artists, entertainers, and athletes	23.4 (2.89)	0.5 (0.07)	30.6 (6.21)	0.6 (0.18)	2,969 (405.2)	29.9 (5.69)	‡ (†)	31.8 (6.15)	88.9 (4.39)	1,865	0.6 (0.15)
Health technologists and technicians	50.0 (4.08)	1.4 (0.12)	41.8 (6.00)	1.0 (0.19)	3,060 (436.7)	70.6 (7.31)	2.0 (1.50)	27.8 (6.48)	77.5 (6.40)	4,473	1.5 (0.18)
Technologists and technicians, except health	43.8 (2.67)	1.1 (0.10)	37.6 (4.87)	1.0 (0.15)	1,774 (336.5)	29.4 (8.10)	‡ (†)	5.3 (2.02)	75.2 (8.98)	1,015	0.6 (0.17)
Marketing and sales occupations	25.2 (1.26)	0.6 (0.03)	21.1 (2.27)	0.4 (0.06)	14,845 (971.9)	32.3 (3.17)	1.3 (0.92)	20.8 (2.64)	70.5 (3.53)	7,724	0.5 (0.05)
Administrative support occupations, including clerical	30.8 (1.15)	0.7 (0.03)	27.4 (2.02)	0.6 (0.05)	21,167 (1,179.4)	36.1 (2.95)	0.8 (0.40)	28.2 (2.28)	72.9 (2.37)	15,443	0.7 (0.10)
Service occupations	22.6 (1.25)	0.6 (0.04)	21.0 (2.15)	0.5 (0.07)	17,180 (1,033.7)	33.7 (3.13)	1.1 (0.36)	16.2 (2.31)	69.0 (2.74)	13,029	0.8 (0.10)

See notes at end of table.

Table 434. Participation of employed persons, 17 years old and over, in career-related adult education during the previous 12 months, by selected characteristics of participants: 1995, 1999, and 2005—Continued

Characteristic of employed person	1995: Percent of adults participating in career- or job-related courses		1995: Number of career- or job-related courses taken, per employee		1999: Percent of adults participating in career- or job-related courses		1999: Number of career- or job-related courses taken, per employee		2005: Employed persons, in thousands		2005: Percent of adults participating: In career- or job-related courses		2005: Percent of adults participating: In apprentice programs		2005: Percent of adults participating: In personal interest courses		2005: Percent of adults participating: In informal learning activities for personal interest		2005: Number of career- or job-related courses taken: In thousands	2005: Number of career- or job-related courses taken: Per employee	
1	2		3		4		5		6		7		8		9		10		11	12	
Agriculture, forestry, and fishing occupations	12.4	(2.47)	0.3	(0.07)	12.2	(4.09)	0.2	(0.07)	2,522	(423.8)	22.4	(7.61)	2.4	(1.69)	23.0	(11.03)	62.9	(11.04)	960	0.4	(0.12)
Mechanics and repairers	29.1	(2.62)	0.7	(0.08)	15.0	(3.40)	0.3	(0.09)	5,241	(521.6)	28.3	(4.47)	4.0	(1.44)	12.6	(3.24)	69.3	(4.36)	2,669	0.5	(0.09)
Construction and extractive occupations	18.6	(2.33)	0.3	(0.04)	13.2	(3.16)	0.2	(0.06)	6,827	(647.1)	12.4	(3.04)	5.3	(2.26)	7.8	(1.88)	69.0	(5.25)	2,323	0.3	(0.13)
Precision production[2]	25.6	(4.04)	0.6	(0.12)	18.3	(6.52)	0.4	(0.12)	10,483	(839.3)	23.5	(3.79)	1.6	(0.90)	14.0	(3.34)	64.9	(3.74)	4,904	0.5	(0.07)
Production workers	14.8	(1.13)	0.3	(0.02)	23.0	(3.17)	0.5	(0.08)	—	(†)	—	(†)	—	(†)	—	(†)	—	(†)	—	—	(†)
Transportation and material moving	15.8	(1.83)	0.3	(0.04)	18.4	(3.62)	0.3	(0.06)	7,858	(742.5)	15.2	(2.81)	3.4	(1.77)	10.5	(3.10)	62.5	(5.32)	1,935	0.2	(0.05)
Handlers, equipment cleaners, helpers, and laborers	11.7	(2.77)	0.2	(0.06)	6.8	(3.45)	0.2	(0.12)	—	(†)	—	(†)	—	(†)	—	(†)	—	(†)	—	—	(†)
Miscellaneous occupations	38.8	(3.50)	1.0	(0.11)	14.2	(4.62)	0.3	(0.08)	801	(189.4)	17.2	(6.87)	‡	(†)	8.7	(4.31)	48.3	(13.96)	409	0.5	(0.28)
Annual household income																					
$10,000 or less	12.6	(1.31)	0.2	(0.03)	9.5	(3.09)	0.2	(0.05)	4,425	(444.8)	16.7	(4.35)	0.6	(0.48)	26.1912	(7.96)	69.7	(5.72)	1,556	0.4	(0.12)
$5,000 or less	8.7	(1.91)	0.1	(0.03)	—	(†)	—	(†)	1,635	(252.7)	19.1	(6.52)	‡	(†)	22.9	(7.91)	60.9	(8.84)	850	0.5	(0.26)
$5,001 to $10,000	15.1	(1.62)	0.3	(0.04)	—	(†)	—	(†)	2,791	(454.1)	15.3	(5.68)	‡	(†)	28.1	(12.27)	74.8	(6.88)	706	0.3	(0.10)
$10,001 to $15,000	15.1	(1.71)	0.4	(0.04)	8.3	(1.88)	0.1	(0.03)	4,814	(633.4)	22.2	(5.77)	‡	(†)	17.3	(5.25)	64.5	(7.57)	2,189	0.5	(0.12)
$15,001 to $20,000	20.1	(1.36)	0.4	(0.03)	16.3	(2.75)	0.3	(0.05)	4,515	(398.8)	18.2	(3.09)	5.7	(2.71)	11.5	(1.96)	60.4	(5.11)	1,322	0.3	(0.05)
$20,001 to $25,000	20.4	(1.52)	0.5	(0.05)	18.8	(2.79)	0.4	(0.08)	5,593	(490.2)	23.8	(4.02)	1.1	(0.51)	13.3	(3.21)	71.5	(4.11)	2,817	0.5	(0.10)
$25,001 to $30,000	24.7	(1.34)	0.5	(0.03)	22.2	(2.73)	0.5	(0.07)	7,444	(680.4)	31.4	(4.88)	0.7	(0.44)	16.7	(3.77)	73.5	(3.91)	4,322	0.6	(0.11)
$30,001 to $40,000	30.2	(1.13)	0.8	(0.03)	26.6	(2.82)	0.6	(0.07)	13,123	(928.5)	35.1	(3.45)	1.5	(0.65)	21.7	(3.71)	69.1	(3.55)	8,224	0.6	(0.06)
$40,001 to $50,000	34.7	(1.30)	0.8	(0.04)	32.3	(2.34)	0.7	(0.07)	13,647	(1,058.4)	31.5	(3.01)	1.8	(0.72)	20.1	(3.32)	73.5	(2.78)	10,072	0.7	(0.10)
$50,001 to $75,000	40.0	(1.18)	1.0	(0.04)	36.6	(1.86)	0.9	(0.06)	33,665	(1,430.4)	42.7	(1.80)	1.2	(0.51)	20.9	(2.10)	71.3	(2.55)	28,991	0.9	(0.06)
More than $75,000	45.2	(1.40)	1.3	(0.04)	42.5	(1.79)	1.0	(0.06)	46,160	(1,263.3)	48.1	(1.57)	1.3	(0.39)	26.0	(1.37)	79.2	(1.55)	48,951	1.1	(0.05)

—Not available.
†Not applicable.
#Rounds to zero.
‡Reporting standards not met.
[1]Detail may not sum to totals due to missing locale information.
[2]For 2005, figures include "Production workers" occupations data.

NOTE: Data do not include persons enrolled in high school or below. Race categories exclude persons of Hispanic ethnicity. Detail may not sum to totals because of rounding. Standard errors appear in parentheses.
SOURCE: U.S. Department of Education, National Center for Education Statistics, Adult Education Survey (AE-NHES:1995, AE-NHES:1999, and AE-NHES:2005) of the National Household Education Surveys Program. (This table was prepared October 2010.)

Table 435. Participation rate of persons, 17 years old and over, in adult education during the previous 12 months, by selected characteristics of participants: Selected years, 1991 through 2005

Characteristic of participant	Percent taking any program, class, or course: 1991		1995		1999		2001		2005		Percent taking specific programs, classes, or courses, 2005: Basic skills/ General Educational Development (GED) classes		English as a second language (ESL) classes		Part-time post-secondary education[1]		Career- or job-related courses		Apprentice programs		Personal-interest courses		Percent doing informal learning activities for personal interest, 2005	
1	2		3		4		5		6		7		8		9		10		11		12		13	
Total	**33.0**	**(0.68)**	**40.2**	**(0.48)**	**44.5**	**(0.77)**	**46.4**	**(0.55)**	**44.4**	**(0.74)**	**1.3**	**(0.22)**	**0.9**	**(0.17)**	**5.0**	**(0.29)**	**27.0**	**(0.63)**	**1.2**	**(0.18)**	**21.4**	**(0.71)**	**70.5**	**(0.79)**
Sex																								
Male	32.6	(1.09)	38.2	(0.65)	41.7	(1.15)	43.1	(0.83)	41.0	(1.20)	1.4	(0.41)	0.9	(0.29)	5.0	(0.44)	24.5	(0.99)	1.7	(0.31)	18.3	(1.08)	70.8	(1.10)
Female	33.2	(0.97)	42.1	(0.59)	47.1	(1.02)	49.5	(0.78)	47.5	(1.01)	1.2	(0.19)	0.9	(0.15)	5.1	(0.37)	29.2	(0.95)	0.7	(0.15)	24.2	(0.88)	70.2	(1.03)
Age																								
17 to 24 years old	37.8	(1.46)	47.0	(1.12)	49.9	(2.34)	52.8	(2.04)	52.8	(2.79)	6.0	(1.48)	1.7	(0.61)	11.5	(1.34)	21.3	(2.22)	2.7	(0.76)	26.3	(2.60)	69.2	(2.54)
25 to 29 years old	40.0	(2.33)	49.6	(1.31)	56.5	(2.53)	52.9	(2.60)	51.6	(3.82)	1.8	(0.48)	3.3	(1.48)	9.1	(1.50)	29.5	(2.48)	3.2	(1.06)	20.9	(2.78)	66.8	(3.75)
30 to 34 years old	37.6	(2.88)	47.3	(1.41)	56.2	(2.57)	53.7	(2.18)	52.7	(2.52)	1.9	(0.66)	1.6	(0.64)	8.4	(1.28)	33.8	(2.71)	2.5	(0.89)	23.2	(2.23)	73.8	(2.22)
35 to 39 years old	42.1	(2.71)	47.7	(1.15)	50.1	(2.43)	54.0	(1.71)	48.6	(3.21)	0.4	(0.16)	0.7	(0.26)	6.1	(0.90)	32.6	(3.29)	0.9	(0.36)	20.7	(2.67)	75.5	(2.69)
40 to 44 years old	49.2	(3.28)	50.9	(1.15)	50.5	(2.43)	53.5	(1.88)	48.9	(2.43)	0.8	(0.31)	0.6	(0.23)	4.7	(0.77)	34.8	(2.30)	0.9	(0.42)	23.4	(2.29)	71.5	(2.62)
45 to 49 years old	40.0	(2.43)	48.7	(1.66)	49.8	(2.69)	55.4	(2.02)	49.0	(2.09)	0.6	(0.30)	0.6	(0.25)	3.2	(0.48)	37.7	(1.83)	0.5	(0.23)	19.3	(1.88)	71.6	(2.52)
50 to 54 years old	26.8	(3.31)	42.5	(1.38)	47.2	(2.51)	51.1	(2.22)	46.6	(2.36)	0.2	(0.11)	0.3	(0.15)	4.5	(0.75)	35.2	(2.25)	0.6	(0.28)	20.3	(1.64)	75.6	(1.89)
55 to 59 years old	29.0	(3.74)	32.2	(1.66)	38.0	(2.60)	44.1	(1.98)	42.2	(2.78)	0.4	(0.29)	0.4	(0.26)	1.9	(0.43)	31.9	(2.39)	0.3	(0.17)	18.0	(1.63)	69.5	(2.56)
60 to 64 years old	17.4	(1.90)	23.7	(1.89)	31.4	(2.83)	30.8	(2.18)	37.9	(3.00)	‡	(†)	0.4	(0.29)	0.9	(0.36)	20.9	(2.07)	0.3	(0.20)	24.1	(2.40)	71.4	(3.04)
65 to 69 years old	14.2	(2.97)	18.1	(1.46)	25.4	(2.54)	20.5	(1.74)	26.2	(2.67)	‡	(†)	‡	(†)	0.5	(0.22)	8.1	(1.36)	‡	(†)	20.9	(2.41)	67.6	(2.52)
70 years old and over	8.6	(1.25)	13.8	(1.09)	15.0	(1.38)	21.7	(1.37)	21.5	(1.44)	0.2	(0.10)	‡	(†)	0.3	(0.23)	4.0	(0.78)	‡	(†)	17.9	(1.33)	62.9	(1.82)
Racial/ethnic group																								
White	34.1	(0.82)	41.5	(0.54)	44.4	(0.89)	47.4	(0.59)	45.6	(0.84)	0.9	(0.23)	0.2	(0.08)	4.9	(0.35)	29.1	(0.70)	0.9	(0.17)	22.1	(0.87)	73.0	(0.92)
Black	25.9	(2.23)	37.0	(1.45)	46.3	(2.30)	43.3	(1.50)	46.4	(2.81)	1.9	(0.49)	‡	(†)	5.4	(0.97)	27.0	(2.53)	1.5	(0.73)	23.7	(2.11)	65.3	(2.02)
Hispanic	31.4	(2.63)	33.7	(1.18)	41.3	(2.51)	41.7	(2.28)	37.8	(2.43)	2.6	(0.72)	5.6	(1.22)	5.7	(1.55)	16.9	(1.72)	2.2	(0.63)	15.4	(1.75)	57.5	(2.86)
Asian	—	(†)	—	(†)	—	(†)	—	(†)	48.3	(5.39)	1.2	(0.65)	2.6	(1.03)	7.6	(2.62)	27.2	(4.70)	‡	(†)	26.5	(5.06)	81.1	(4.10)
Pacific Islander	—	(†)	—	(†)	—	(†)	—	(†)	‡	(†)	‡	(†)	‡	(†)	‡	(†)	‡	(†)	‡	(†)	‡	(†)	‡	(†)
Asian/Pacific Islander	35.9	(5.55)	39.7	(2.92)	51.1	(4.63)	49.5	(3.81)	†	(†)	‡	(†)	‡	(†)	†	(†)	†	(†)	‡	(†)	†	(†)	†	(†)
American Indian/Alaska Native	29.3	(11.55)	38.8	(4.85)	36.3	(9.16)	50.2	(8.28)	36.3	(10.17)	‡	(†)	‡	(†)	4.4	(1.82)	23.0	(8.51)	‡	(†)	13.0	(6.16)	70.6	(9.18)
Two or more races	—	(†)	—	(†)	—	(†)	—	(†)	39.4	(4.94)	5.1	(2.17)	‡	(†)	3.2	(1.07)	23.8	(4.06)	1.3	(0.59)	21.0	(4.13)	77.6	(5.28)
Highest level of education completed																								
8th grade or less	7.7	(1.44)	10.0	(1.10)	14.7	(2.92)	19.7	(2.84)	15.5	(2.47)	1.9	(0.57)	4.3	(1.70)	0.4	(0.23)	1.7	(0.55)	1.7	(0.91)	7.3	(1.24)	38.1	(3.27)
9th through 12th grade, no completion	15.8	(2.25)	20.2	(1.38)	25.6	(2.55)	25.5	(1.53)	27.2	(2.40)	7.9	(1.69)	1.1	(0.41)	2.1	(0.57)	7.6	(1.44)	1.5	(0.61)	12.5	(1.53)	55.7	(2.52)
High school completion	24.1	(1.10)	30.7	(0.84)	34.8	(1.37)	33.9	(1.07)	33.0	(1.62)	0.5	(0.24)	0.7	(0.24)	2.5	(0.36)	17.2	(1.18)	1.1	(0.35)	16.8	(1.27)	63.6	(1.93)
Some vocational/technical	34.2	(3.80)	41.9	(2.16)	41.1	(3.97)	50.7	(3.51)	43.3	(4.30)	0.5	(0.55)	‡	(†)	4.5	(1.42)	28.3	(3.71)	‡	(†)	23.2	(3.09)	77.6	(3.98)
Some college	41.4	(1.67)	49.3	(0.92)	51.1	(1.76)	57.4	(1.29)	51.1	(1.79)	0.3	(0.18)	0.8	(0.52)	8.6	(1.06)	28.8	(1.54)	1.4	(0.47)	26.8	(1.80)	79.8	(1.52)
Associate's degree	49.2	(5.82)	56.1	(1.85)	56.6	(2.93)	62.5	(2.15)	56.5	(3.64)	0.5	(0.40)	1.1	(0.51)	6.6	(1.42)	40.8	(3.27)	1.9	(0.66)	20.1	(2.48)	75.9	(3.70)
Bachelor's degree	51.1	(2.46)	56.9	(1.20)	60.3	(1.84)	64.5	(1.39)	59.8	(1.56)	‡	(†)	0.4	(0.17)	6.3	(0.82)	44.1	(1.61)	0.4	(0.17)	28.6	(1.55)	79.3	(1.72)
Some graduate work (or study)	55.1	(2.90)	59.9	(1.55)	63.6	(1.96)	68.9	(1.64)	66.3	(1.99)	‡	(†)	0.5	(0.32)	8.7	(0.86)	49.3	(2.15)	1.2	(0.61)	30.7	(1.77)	88.0	(1.06)
No degree	—	(†)	62.2	(2.67)	64.7	(4.39)	64.2	(3.54)	65.3	(4.84)	‡	(†)	‡	(†)	14.5	(2.55)	40.5	(4.68)	‡	(†)	38.7	(4.81)	78.2	(4.34)
Master's	—	(†)	59.1	(1.88)	65.7	(2.64)	70.7	(2.10)	67.5	(2.59)	‡	(†)	0.9	(0.52)	8.9	(1.31)	51.4	(2.81)	1.4	(0.97)	30.6	(2.04)	88.8	(1.33)
Doctor's	—	(†)	54.0	(6.99)	53.1	(4.73)	63.7	(3.98)	58.0	(4.94)	‡	(†)	‡	(†)	10.1	(3.14)	34.0	(4.53)	‡	(†)	31.4	(3.95)	90.3	(3.26)
Professional	—	(†)	65.9	(3.91)	72.5	(5.75)	72.8	(3.79)	68.2	(5.77)	‡	(†)	‡	(†)	1.9	(1.01)	59.0	(6.35)	‡	(†)	23.9	(4.35)	91.6	(2.15)
Urbanicity																								
City	—	(†)	—	(†)	—	(†)	—	(†)	45.8	(1.46)	1.4	(0.31)	1.6	(0.38)	5.7	(0.59)	26.3	(1.24)	1.8	(0.43)	22.5	(1.10)	69.2	(1.39)
Suburban	—	(†)	—	(†)	—	(†)	—	(†)	46.9	(1.33)	0.9	(0.23)	0.9	(0.36)	5.8	(0.55)	29.7	(1.26)	0.9	(0.22)	23.4	(1.16)	73.4	(1.28)
Town	—	(†)	—	(†)	—	(†)	—	(†)	41.8	(2.33)	2.7	(1.16)	0.4	(0.14)	4.2	(0.87)	25.6	(1.74)	0.5	(0.21)	18.5	(1.96)	70.5	(2.43)
Rural	—	(†)	—	(†)	—	(†)	—	(†)	39.5	(2.04)	0.8	(0.22)	0.3	(0.15)	3.3	(0.59)	24.2	(1.38)	1.2	(0.40)	18.3	(1.76)	67.6	(1.76)
Labor force status																								
In labor force	40.7	(0.96)	49.8	(0.69)	52.1	(0.94)	—	(†)	52.3	(0.93)	1.4	(0.32)	0.8	(0.19)	6.4	(0.39)	37.1	(0.83)	1.5	(0.24)	21.9	(0.91)	73.0	(0.94)
Employed	42.0	(1.00)	50.7	(0.53)	52.5	(0.96)	—	(†)	53.4	(0.94)	1.1	(0.31)	0.7	(0.20)	6.5	(0.39)	38.8	(0.83)	1.4	(0.24)	21.8	(0.94)	73.5	(1.01)
Unemployed	26.0	(3.24)	36.6	(1.91)	44.9	(4.60)	—	(†)	37.8	(4.26)	5.8	(1.60)	1.9	(0.79)	5.2	(1.37)	13.5	(2.16)	2.1	(1.23)	22.1	(3.99)	66.7	(3.80)
Not in labor force	15.7	(0.91)	21.3	(0.69)	24.9	(1.17)	—	(†)	27.6	(1.18)	1.1	(0.24)	1.3	(0.36)	2.3	(0.45)	5.7	(0.55)	0.6	(0.22)	20.5	(0.97)	65.2	(1.27)
Occupation																								
Executive, administrative, or managerial occupations	49.3	(3.45)	55.8	(1.92)	57.0	(2.11)	66.2	(1.61)	64.1	(2.73)	0.2	(0.24)	‡	(†)	6.0	(1.10)	51.8	(2.82)	0.4	(0.24)	28.8	(2.89)	78.6	(2.71)
Engineers, surveyors, and architects	62.6	(7.85)	65.5	(4.18)	79.8	(6.01)	68.1	(4.46)	71.2	(5.68)	‡	(†)	‡	(†)	9.3	(3.21)	55.6	(5.60)	‡	(†)	31.4	(6.19)	81.1	(4.63)

See notes at end of table.

Table 435. Participation rate of persons, 17 years old and over, in adult education during the previous 12 months, by selected characteristics of participants: Selected years, 1991 through 2005—Continued

Characteristic of participant	Percent taking any program, class, or course					Percent taking specific programs, classes, or courses, 2005						Percent doing informal learning activities for personal interest, 2005
	1991	1995	1999	2001	2005	Basic skills/ General Educational Development (GED) classes	English as a second language (ESL) classes	Part-time post-secondary education[1]	Career- or job-related courses	Apprentice programs	Personal-interest courses	
1	2	3	4	5	6	7	8	9	10	11	12	13
Natural scientists and mathematicians	48.2 (9.86)	72.3 (3.52)	60.5 (6.74)	74.0 (4.46)	69.1 (4.63)	‡ (†)	‡ (†)	9.2 (2.49)	49.6 (5.27)	2.0 (1.47)	30.2 (4.53)	85.5 (5.16)
Social scientists and workers, religious workers, and lawyers	55.6 (6.01)	76.6 (2.61)	79.3 (4.35)	83.5 (3.05)	77.7 (4.11)	‡ (†)	‡ (†)	12.8 (3.16)	64.3 (4.42)	‡ (†)	29.2 (3.52)	89.4 (2.78)
Teachers, elementary/secondary	56.0 (4.20)	54.8 (4.64)	66.5 (5.61)	79.9 (2.95)	79.7 (2.59)	‡ (†)	1.6 (1.00)	8.3 (3.16)	65.0 (3.99)	0.6 (0.34)	31.7 (3.78)	83.8 (2.62)
Teachers: college, university, postsecondary institutions	45.5 (8.31)	76.7 (1.98)	78.4 (3.11)	69.4 (4.60)	61.3 (6.96)	‡ (†)	‡ (†)	4.7 (3.22)	49.0 (8.50)	‡ (†)	19.5 (4.98)	91.7 (3.58)
Health diagnosing and treating practitioners	67.1 (13.73)	71.1 (5.78)	79.8 (9.02)	78.5 (6.38)	88.8 (5.59)	0.6 (0.55)	‡ (†)	15.4 (2.47)	79.5 (6.59)	‡ (†)	31.9 (9.15)	84.5 (5.63)
Registered nurses, pharmacists, dieticians, therapists, and physician's assistants	59.6 (6.69)	86.7 (2.47)	85.4 (4.10)	82.7 (3.83)	85.4 (4.05)	‡ (†)	‡ (†)	7.9 (2.17)	78.2 (4.89)	‡ (†)	27.4 (3.73)	83.1 (3.92)
Writers, artists, entertainers, and athletes	42.9 (6.63)	49.9 (4.37)	50.0 (6.93)	46.8 (6.03)	52.5 (6.59)	0.2 (0.23)	‡ (†)	5.4 (2.16)	27.8 (5.02)	2.2 (1.53)	35.3 (6.42)	88.2 (3.89)
Health technologists and technicians	68.6 (10.03)	74.8 (3.64)	66.9 (6.16)	85.6 (3.25)	72.1 (8.37)	0.2 (0.16)	‡ (†)	6.0 (2.11)	63.2 (8.67)	1.7 (1.23)	24.6 (5.91)	75.6 (7.26)
Technologists and technicians, except health and engineering	53.0 (6.49)	64.3 (2.84)	59.6 (5.07)	70.2 (3.32)	33.8 (8.53)	‡ (†)	‡ (†)	7.1 (3.19)	29.1 (7.68)	‡ (†)	6.2 (2.14)	76.0 (8.80)
Marketing and sales occupations	34.4 (2.38)	44.2 (1.34)	44.4 (2.73)	51.1 (2.10)	45.7 (3.00)	1.7 (0.59)	0.4 (0.26)	4.5 (0.88)	30.2 (2.77)	1.4 (0.80)	21.5 (2.43)	68.9 (3.37)
Administrative support occupations, including clerical	29.9 (1.74)	51.7 (1.25)	50.1 (2.29)	58.7 (1.72)	54.6 (2.70)	1.1 (0.53)	‡ (†)	6.6 (0.98)	33.5 (2.70)	1.3 (0.63)	27.7 (2.18)	73.8 (2.33)
Service occupations	25.2 (1.82)	46.5 (1.38)	50.9 (2.74)	49.3 (2.24)	44.7 (2.47)	1.6 (0.39)	1.9 (0.88)	6.8 (1.42)	28.5 (2.64)	1.4 (0.57)	17.5 (2.10)	65.4 (2.71)
Agriculture, forestry, and fishing occupations	14.3 (5.19)	26.4 (3.55)	34.3 (7.16)	46.4 (6.80)	44.4 (9.02)	3.9 (3.49)	5.7 (4.02)	1.1 (0.89)	20.3 (6.92)	2.3 (1.53)	21.6 (10.05)	64.0 (10.03)
Mechanics and repairers	32.1 (4.72)	47.6 (2.70)	42.2 (5.44)	35.1 (3.40)	40.1 (5.10)	0.5 (0.40)	‡ (†)	6.0 (1.89)	27.4 (4.26)	3.8 (1.38)	12.7 (3.18)	69.3 (4.27)
Construction and extractive occupations	21.9 (3.38)	38.0 (2.45)	34.5 (4.78)	32.3 (3.19)	27.6 (3.73)	1.2 (0.68)	1.1 (0.49)	3.2 (1.08)	12.3 (2.54)	5.2 (1.89)	11.4 (2.72)	72.3 (4.48)
Precision production[2]	31.2 (6.09)	43.0 (4.32)	38.3 (8.48)	35.1 (6.19)	33.0 (3.98)	0.5 (0.37)	0.4 (0.16)	4.2 (1.42)	22.2 (3.41)	1.5 (0.81)	13.3 (2.99)	63.9 (3.46)
Production workers	21.1 (2.31)	30.7 (1.29)	38.0 (3.47)	39.4 (2.82)	— (†)	— (†)	— (†)	— (†)	— (†)	— (†)	— (†)	— (†)
Transportation, material moving	20.7 (4.69)	28.4 (2.32)	33.3 (4.25)	30.4 (3.29)	34.6 (5.27)	4.7 (3.29)	3.3 (2.35)	1.3 (0.76)	14.7 (2.63)	3.2 (1.57)	11.2 (2.85)	60.8 (4.98)
Handler, equipment, cleaners, helpers, and laborers	20.8 (3.49)	25.1 (2.70)	19.6 (4.56)	18.2 (3.20)	— (†)	— (†)	— (†)	— (†)	— (†)	— (†)	— (†)	— (†)
Miscellaneous occupations	— (†)	56.6 (3.61)	43.0 (7.98)	64.9 (7.07)	39.2 (11.25)	‡ (†)	‡ (†)	‡ (†)	15.7 (5.81)	‡ (†)	7.8 (3.63)	52.2 (12.32)
Annual household income												
$5,000 or less	13.6 (1.70)	21.3 (1.59)	21.0 (3.22)	25.1 (2.92)	35.9 (4.83)	3.3 (2.17)	1.8 (1.04)	3.6 (1.52)	13.7 (4.00)	2.3 (1.89)	17.2 (3.59)	52.9 (4.97)
$5,001 to $10,000	17.5 (2.14)	23.9 (1.37)	24.5 (3.39)	28.0 (2.74)	29.6 (4.49)	2.4 (0.92)	1.5 (0.71)	1.7 (0.81)	8.4 (2.11)	‡ (†)	21.8 (4.75)	61.0 (3.75)
$10,001 to $15,000	22.8 (2.60)	26.7 (1.61)	22.8 (2.45)	28.6 (2.30)	25.0 (3.41)	2.4 (0.69)	0.8 (0.33)	3.3 (1.17)	11.3 (2.52)	0.9 (0.66)	15.5 (3.14)	58.6 (4.43)
$15,001 to $20,000	21.9 (2.35)	31.8 (1.55)	31.4 (2.75)	30.2 (2.48)	24.3 (2.54)	1.0 (0.38)	0.5 (0.30)	3.3 (1.19)	10.1 (1.37)	2.6 (1.20)	12.9 (2.00)	61.1 (3.17)
$20,001 to $25,000	26.7 (3.20)	31.4 (1.27)	35.8 (2.81)	35.2 (2.27)	28.2 (2.51)	1.7 (0.78)	1.9 (0.62)	4.4 (1.26)	12.8 (2.04)	1.1 (0.50)	13.6 (1.88)	63.2 (3.11)
$25,001 to $30,000	32.1 (2.51)	37.9 (1.47)	36.7 (2.61)	38.3 (2.43)	38.6 (3.63)	1.4 (0.72)	1.3 (0.61)	6.8 (2.09)	20.2 (3.37)	0.7 (0.38)	18.4 (2.52)	71.0 (3.38)
$30,001 to $40,000	35.6 (1.84)	42.7 (0.86)	45.2 (2.05)	44.6 (1.54)	42.7 (2.65)	1.9 (0.65)	1.0 (0.49)	3.7 (0.68)	22.8 (2.27)	1.1 (0.39)	23.0 (2.49)	68.7 (2.36)
$40,001 to $50,000	44.8 (1.84)	46.8 (1.39)	47.9 (2.31)	49.1 (1.93)	41.4 (2.92)	1.6 (0.53)	2.4 (1.25)	2.9 (0.55)	22.4 (2.00)	1.5 (0.56)	20.5 (2.47)	71.9 (2.62)
$50,001 to $75,000	46.6 (2.03)	52.0 (0.94)	55.1 (1.80)	55.7 (1.48)	47.7 (1.74)	0.4 (0.19)	0.3 (0.17)	5.8 (0.69)	33.0 (1.37)	0.9 (0.36)	20.5 (1.67)	70.6 (2.15)
More than $75,000	48.7 (3.15)	58.0 (1.27)	56.9 (1.66)	— (†)	— (†)	— (†)	— (†)	— (†)	— (†)	— (†)	— (†)	— (†)
$75,001 to $100,000	— (†)	— (†)	— (†)	59.7 (1.91)	56.4 (2.28)	2.2 (1.17)	0.3 (0.19)	7.5 (0.89)	38.6 (2.26)	1.8 (0.64)	25.3 (1.51)	75.0 (1.97)
More than $100,000	— (†)	— (†)	— (†)	59.3 (1.82)	58.4 (2.11)	‡ (†)	0.7 (0.38)	6.1 (0.70)	39.4 (1.80)	0.8 (0.44)	28.2 (1.62)	81.2 (1.68)

—Not available.
†Not applicable.
‡Reporting standards not met.
[1]Includes college and university degree programs, post-degree certificate programs, and vocational certificate programs.
[2]For 2005, figures include "Production workers" occupations data.

NOTE: Adult education is defined as all education activities, except full-time enrollment in higher education credential programs. Data do not include persons enrolled in high school or below. Race categories exclude persons of Hispanic ethnicity. Standard errors appear in parentheses.
SOURCE: U.S. Department of Education, National Center for Education Statistics, Adult Education Survey (AE-NHES:1991, AE-NHES:1995, AE-NHES:1999, and AE-NHES:2005) and Adult Education and Lifelong Learning Survey (AELL-NHES:2001) of the National Household Education Surveys Program. (This table was prepared November 2010.)

APPENDIX A
Guide to Sources

Sources and Comparability of Data

The information presented in this report was obtained from many sources, including federal and state agencies, private research organizations, and professional associations. The data were collected using many research methods, including surveys of a universe (such as all colleges) or of a sample, compilations of administrative records, and statistical projections. *Digest* users should take particular care when comparing data from different sources. Differences in sampling, data collection procedures, coverage of target population, timing, phrasing of questions, scope of nonresponse, interviewer training, and data processing and coding mean that results from different sources may not be strictly comparable. Following the general discussion of data accuracy below, descriptions of the information sources and data collection methods are presented, grouped by sponsoring organization. More extensive documentation of a particular survey's procedures does not imply more problems with the data, only that more information is available.

Accuracy of Data

The joint effects of "sampling" and "nonsampling" errors determine the accuracy of any statistic. Estimates based on a sample will differ somewhat from the figures that would have been obtained if a complete census had been taken using the same survey instruments, instructions, and procedures. In addition to such sampling errors, all surveys, both universe and sample, are subject to design, reporting, and processing errors and errors due to nonresponse. To the extent possible, these nonsampling errors are kept to a minimum by methods built into the survey procedures. In general, however, the effects of nonsampling errors are more difficult to gauge than those produced by sampling variability.

Sampling Errors

The samples used in surveys are selected from large numbers of possible samples of the same size that could have been selected using the same sample design. Estimates derived from the different samples would differ from each other. The difference between a sample estimate and the average of all possible samples is called the sampling deviation. The standard, or sampling, error of a survey estimate is a measure of the variation among the estimates from all possible samples and thus is a measure of the precision with which an estimate from a particular sample approximates the average result of all possible samples.

The sample estimate and its estimated standard error permit us to construct interval estimates with prescribed confidence that the interval includes the average result of all possible samples. If all possible samples were selected under essentially the same conditions and an estimate and its estimated standard error were calculated from each sample, then (1) approximately 66.7 percent of the intervals from one standard error below the estimate to one standard error above the estimate would include the average value of all possible samples; and (2) approximately 95.0 percent of the intervals constructed from two standard errors below the estimate to two standard errors above the estimate would include the average value of all possible samples. We call an interval from two standard errors below the estimate to two standard errors above the estimate a 95 *percent confidence interval.*

To illustrate this concept, consider the data and standard errors appearing in table 115. For the 2009 estimate that 8.1 percent of 16- to 24-year-olds were high school dropouts, the table shows that the standard error is 0.20 percent. The sampling error above and below the stated figure, corresponding to a 95 percent confidence interval, is approximately double (1.96) the standard error, or about 0.40 percentage points. Therefore, we can create a 95 percent confidence interval, which is approximately 7.7 to 8.5 (8.1 percent ± 1.96 x 0.20 percent).

Analysis of standard errors can help assess how valid a comparison between two estimates might be. The *standard error of a difference* between two independent sample estimates is equal to the square root of the sum of the squared standard errors of the estimates. The standard error (*se*) of the difference between independent sample estimates *a* and *b* is

$$se_{a-b} = (se_a^2 + se_b^2)^{1/2}$$

It should be noted that most of the standard error estimates presented in the *Digest* and in the original documents are approximations. That is, to derive estimates of standard errors that would be applicable to a wide variety of items and could be prepared at a moderate cost, a number of approximations were required. As a result, the standard error estimates provide a general order of magnitude rather than the exact standard error for any specific item. The preceding discussion on sampling variability was directed toward a situation concerning one or two estimates. Determining the accuracy of statistical projections is more difficult. In general, the further away the projection date is from the date of the actual data being used for the projection, the greater the probable error in the projections. If, for instance, annual data from 1970 to 2008 are being used to project enrollment in institutions of higher education, the further beyond 2008 one projects, the more variability there is in the projection. One will be less sure of the 2018 enrollment projection than of the 2008 projection. A detailed discussion of the projections methodology is contained in *Projections of Education Statistics to 2019* (National Center for Education Statistics [NCES] 2011-017).

Nonsampling Errors

Universe and sample surveys are subject to nonsampling errors. Nonsampling errors may arise when respondents or interviewers interpret questions differently; when respondents must estimate values, or when coders, keyers, and other processors handle answers differently; when people who should be included in the universe are not; or when people fail to respond (completely or partially). Nonsampling errors usually, but not always, result in an underestimate of total survey error and thus an overestimate of the precision of survey estimates. Since estimating the magnitude of nonsampling errors often would require special experiments or access to independent data, these nonsampling errors are seldom measured.

To compensate for nonresponse, adjustments of the sample estimates are often made. For universe surveys, an adjustment made for either type of nonresponse, total or partial, is often referred to as an imputation, which is often a substitution of the "average" questionnaire response for the nonresponse. For universe surveys, imputations are usually made separately within various groups of sample members that have similar survey characteristics. For sample surveys, missing cases (i.e., total nonresponse) are handled through nonresponse adjustments to the sample weights. For sample surveys, imputation for item nonresponse is usually made by substituting for a missing item the response to that item of a respondent having characteristics that are similar to those of the nonrespondent. For more information, see the *NCES Statistical Standards* (NCES 2003-601).

Although the magnitude of nonsampling error in the data compiled in this *Digest* is frequently unknown, idiosyncrasies that have been identified are noted in the appropriate tables.

National Center for Education Statistics (NCES)

Baccalaureate and Beyond Longitudinal Study

The Baccalaureate and Beyond Longitudinal Study (B&B) is based on the National Postsecondary Student Aid Study (NPSAS) and provides information concerning education and work experience after completing a bachelor's degree. A special emphasis of B&B is on those entering teaching. B&B provides cross-sectional information 1 year after bachelor's degree completion (comparable to the information that was provided in the Recent College Graduates study), while at the same time providing longitudinal data concerning entry into and progress through graduate-level education and the workforce. This information has not been available through follow-ups involving high school cohorts or even college-entry cohorts, because these cohorts have limited numbers who actually complete a bachelor's degree and continue their graduate education.

B&B followed NPSAS baccalaureate degree completers for a 10-year period after completion, beginning with NPSAS:93. About 11,000 students who completed their degrees in the 1992–93 academic year were included in the first B&B (B&B:93/94). In addition to the student data, B&B collected postsecondary transcripts covering the undergraduate period, which provided complete information on progress and persistence at the undergraduate level. The second B&B follow-up took place in spring 1997 (B&B:93/97) and gathered information on employment history, family formation, and enrollment in graduate programs. The third B&B follow-up occurred in 2003 (B&B:93/03) and provided information concerning graduate study and long-term employment experiences after degree completion.

The second B&B cohort, which was associated with NPSAS:2000, included 11,700 students who completed their degrees in the 1999–2000 academic year. The first and only planned follow-up survey of this cohort was conducted in 2001 (B&B:2000/01) and focused on time to degree completion, participation in postbaccalaureate education and employment, and the activities of newly qualified teachers.

The third B&B cohort, which is associated with NPSAS:08, included 18,000 students who completed their degrees in the 2007–08 academic year. The first B&B follow-up took place in 2009, and the second B&B follow-up will take place in 2012.

Further information on B&B may be obtained from

Aurora D'Amico
Ted Socha
Postsecondary, Adult, and Career Education Division
National Center for Education Statistics
1990 K Street NW
Washington, DC 20006
aurora.damico@ed.gov
ted.socha@ed.gov
http://nces.ed.gov/surveys/b&b

Beginning Postsecondary Students Longitudinal Study

The Beginning Postsecondary Students Longitudinal Study (BPS) provides information on persistence, progress, and attainment from initial time of entry into postsecondary education through completion and entry into the workforce. BPS includes traditional and nontraditional (e.g., older) students and is representative of all beginning students in postsecondary education in a given year. Initially, these individuals are surveyed in the National Postsecondary Student Aid Study (NPSAS) during the year in which they first begin their postsecondary education. These same students are surveyed again 2 and 5 years later through BPS. By starting with a cohort that has already entered postsecondary education and following it for 6 years, BPS can determine to what extent students who start postsecondary education at various ages differ in their progress, persistence, and attainment. The first BPS was conducted in 1989–90, with follow-ups in 1992 and 1994. The second BPS was conducted in 1995–96, with follow-ups in 1998 and 2001. The third BPS was conducted in 2003–04, with follow-ups in 2006 and 2009. The fourth BPS is scheduled for 2012, with follow-ups in 2014 and 2017.

Further information on BPS may be obtained from

Aurora D'Amico
Tracy Hunt-White
Postsecondary, Adult, and Career Education Division
National Center for Education Statistics
1990 K Street NW
Washington, DC 20006
aurora.damico@ed.gov
tracy.hunt-white@ed.gov
http://nces.ed.gov/surveys/bps

Common Core of Data

NCES uses the Common Core of Data (CCD) to acquire and maintain statistical data from each of the 50 states, the District of Columbia, the Bureau of Indian Education, Department of Defense dependents schools (overseas and domestic), and other jurisdictions. Information about staff and students is reported annually at the school, local education agency (LEA) or school district, and state levels. Information about revenues and expenditures is also collected at the state and LEA levels.

Data are collected for a particular school year via an online reporting system open to state education agencies during the school year. Beginning with the 2006–07 school year, nonfiscal CCD data are collected through the Department of Education's Education Data Exchange Network (EDEN). Since the CCD is a universe collection, CCD data are not subject to sampling errors. However, nonsampling errors could come from two sources: nonresponse and inaccurate reporting. Almost all of the states submit the five CCD survey instruments each year, but submissions are sometimes incomplete.

Misreporting can occur when 58 education agencies compile and submit data for approximately 100,000 public schools and over 18,000 local education agencies. Typically, this results from varying interpretations of NCES definitions and differing record-keeping systems. NCES attempts to minimize these errors by working closely with the state education agencies through the National Forum on Education Statistics.

The state education agencies report data to NCES that come from data collected and edited in their regular reporting cycles. NCES encourages the agencies to incorporate into their own survey systems the NCES items they do not already collect so that these items will also be available for the subsequent CCD survey. Over time, this has meant fewer missing data cells in each state's response, reducing the need to impute data.

NCES subjects data from the state education agencies to a comprehensive edit. Where data are determined to be inconsistent, missing, or out of range, NCES contacts the agencies for verification. NCES-prepared state summary forms are returned to the agencies for verification. Each year, states are also given an opportunity to revise their state-level aggregates from the previous survey cycle.

The following text table lists the CCD file versions used in the current edition of the *Digest of Education Statistics*:

Table G. Common Core of Data (CCD) file versions used in current edition of *Digest of Education Statistics*: 1986–87 through 2008–09

Year	State Nonfiscal Survey of Public Elementary and Secondary Education	NCES Common Core of Data State Dropout and Completion Data	National Public Education Financial Survey	Local Education Agency Universe Survey	School District Finance Survey	Public Elementary/ Secondary School Universe File
1986–87 (FY 1987)	v.1c	†	v.1b-Revised	v.1	†	v.1
1987–88 (FY 1988)	v.1c	†	v.1b-Revised	v.1	†	v.1
1988–89 (FY 1989)	v.1c	†	v.1b-Revised	v.1	†	v.1
1989–90 (FY 1990)	v.1c	†	v.1b-Revised	v.1	v.1a-Final[1]	v.1
1990–91 (FY 1991)	v.1c	†	v.1b-Revised	v.1	†	v.1
1991–92 (FY 1992)	v.1c	†	v.1b-Revised	v.1	v.1a-Final[1]	Revised
1992–93 (FY 1993)	v.1c	†	v.1b-Revised	v.1	†	v.1
1993–94 (FY 1994)	v.1b	†	v.1b-Revised	v.1	†	Revised
1994–95 (FY 1995)	v.1b	†	v.1b-Revised	Revised	v.1d-Revised[1]	Revised
1995–96 (FY 1996)	v.1b	†	v.1b-Revised	v.1	v.1b-Revised[1]	v.1
1996–97 (FY 1997)	v.1c	†	v.1b-Revised	v.1	v.1a-Final[1]	v.1
1997–98 (FY 1998)	v.1c	†	v.1b-Revised	v.1	v.1e-Revised[1]	v.1
1998–99 (FY 1999)	v.1b	†	v.1b-Revised	v.1c	v.1c-Revised[1]	v.1c
1999–2000 (FY 2000)	v.1b	†	v.1b-Revised	v.1b	v.1d-Revised[1]	v.1b
2000–01 (FY 2001)	v.1c	†	v.1b-Revised	v.1a	v.1d-Revised[1]	v.1a
2001–02 (FY 2002)	v.1c	†	v.1c-Revised	v.1a	v.1c-Revised[1]	v.1a
2002–03 (FY 2003)	v.1b	†	v.1b-Revised	v.1a	v.1b-Revised[1]	v.1a
2003–04 (FY 2004)	v.1b	†	v.1b-Revised	v.1b	v.1b-Revised[1]	v.1a
2004–05 (FY 2005)	v.1f	†	v.1b-Revised	v.1c	v.1c-Revised[1]	v.1b
2005–06 (FY 2006)	v.1b	v.1b	v.1b-Revised	v.1a	v.1a-Final[1]	v.1a
2006–07 (FY 2007)	v.1c	v.1a	v.1b-Revised	v.1c	v.1a-Final[1]	v.1c
2007–08 (FY 2008)	v.1b	v.1a	v.1a-Final	v.1b	v.1a-Final	v.1b
2008–09	v.1c	†	†	v.1a	†	v.1b

†Not applicable. Survey not conducted.
[1]Data not used in current edition of *Digest of Education Statistics*.

SOURCE: U.S. Department of Education, National Center for Education Statistics, Common Core of Data (CCD), retrieved November 1, 2010, from http://nces.ed.gov/ccd/ccddata.asp. (This table was prepared November 2010.)

Further information on the nonfiscal CCD data may be obtained from

Patrick Keaton
Elementary/Secondary and Library Studies Division
Elementary/Secondary Cooperative System and Institutional Studies Program
National Center for Education Statistics
1990 K Street NW
Washington, DC 20006
patrick.keaton@ed.gov
http://nces.ed.gov/ccd

Further information on the fiscal CCD data may be obtained from

Frank H. Johnson
Elementary/Secondary and Library Studies Division
Elementary/Secondary Cooperative System and Institutional Studies Program
National Center for Education Statistics
1990 K Street NW
Washington, DC 20006
frank.johnson@ed.gov
http://nces.ed.gov/ccd

Early Childhood Longitudinal Study, Birth Cohort of 2001

The Early Childhood Longitudinal Study, Birth Cohort (ECLS-B) is designed to provide decisionmakers, researchers, child care providers, teachers, and parents with nationally representative information about children's early learning experiences and the transition to child care and school. Children's cognitive and physical development, care, and learning experiences at home and school are measured using standardized assessments and interviews with adults in the children's lives from birth through kindergarten entry.

Data were collected from a sample of about 10,700 children born in the United States in 2001, representing a population of approximately 4 million. The children participating in the study came from diverse socioeconomic and racial/ethnic backgrounds, with oversamples of Chinese, other Asian and Pacific Islander, American Indian/ Alaska Native, twin, and moderately low and very low birth weight children. Children, their parents (including nonresident and resident fathers), their child care and early education providers, and their teachers provided information on children's cognitive, social, emotional, and physical development across multiple settings (e.g., home, child care, and school).

Information about the ECLS-B children was collected when they were approximately 9 months old (2001–02), 2 years old (2003–04), and 4 years old/preschool age (2005–06). Additionally, in the fall of 2006, data were collected from all participating sample children, approximately 75 percent of whom were in kindergarten or higher. In the fall of 2007, data were collected from the approximately 25 percent of participating sample children who had not yet entered kindergarten or higher in the previous collection, as well as children who were repeating kindergarten in the 2007–08 school year.

In every round of data collection, children participated in assessment activities and parent respondents (usually the children's mothers) were asked about themselves, their families, and their children. Resident fathers were asked about themselves and their role in the ECLS-B children's lives in the 9-month, 2-year, and preschool collections. Similar information was collected from nonresident biological fathers in the 9-month and 2-year collections. In addition, beginning when the children were 2 years old, their child care and early education providers were asked to provide information about their own experience and training and their setting's learning environment. At 2 years and preschool, a subsample of children in regular nonparental care and education arrangements had their arrangements observed to obtain information on the quality of those arrangements. When the ECLS-B children were in kindergarten, their teachers were asked to provide information about children's early learning experiences and the school and classroom environments. Also, the before- and after-school care and education providers of children enrolled in kindergarten were asked to provide information about their own experience, their training, and their setting's learning environment. School-level data, taken from other NCES data sets (the Common Core of Data and the Private School Universe Survey), and residential zip codes collected at each wave supported community descriptions.

Further information on the ECLS-B may be obtained from

Gail Mulligan
Early Childhood, International, and Crosscutting Studies Division
Early Childhood and Household Studies Program
National Center for Education Statistics
1990 K Street NW
Washington, DC 20006
gail.mulligan@ed.gov
http://nces.ed.gov/ecls/birth.asp

Early Childhood Longitudinal Study, Kindergarten Class of 1998–99

The Early Childhood Longitudinal Study, Kindergarten Class of 1998–99 (ECLS-K) was designed to provide detailed information on children's early school experiences. The study began in the fall of 1998. A nationally representative sample of 22,780 children enrolled in 1,280 kindergarten programs during the 1998–99 school year was selected to participate in the ECLS-K. The children attended both public and private kindergartens, and full-day and part-day programs. The sample included children from different racial/ethnic and socioeconomic backgrounds and oversamples of Asian and Pacific Islander children and private school kindergartners. Base-year data were collected in the fall and spring of the kindergarten year. Data were collected again in the fall of first grade in 1999 (from a 30 percent subsample of schools) and the spring of first grade in 2000, and then in the spring of third grade in 2002, the spring of fifth grade in 2004, and the spring of eighth grade in 2007.

From kindergarten to fifth grade, the ECLS-K included a direct child cognitive assessment that was administered one-on-one with each child in the study. The assessment used a computer-assisted personal interview (CAPI) approach and a two-stage adaptive testing methodology. In the eighth grade, a two-stage adaptive paper-and-pencil assessment was administered in small groups. At kindergarten and first grade, the assessment included three cognitive domains—reading, mathematics, and general knowledge. General knowledge was replaced by science at the third, fifth, and eighth grades. Children's height and weight were measured at each data collection point, and a direct measure of children's psychomotor development was administered in the fall of the kindergarten year only. In addition to these measures, the ECLS-K collected information about children's social skills and academic achievement through teacher reports, and through student reports at the third, fifth, and eighth grades.

A computer-assisted telephone interview with the children's parents/guardians was conducted at each data collection point. Parents/guardians were asked to provide key information about the ECLS-K sample children on subjects such as family demographics (e.g., family members, age, relation to child, race/ethnicity), family structure (e.g., household members and composition), parent involvement, home educational activities (e.g., reading to the child), child health, parental education and employment status, and the social skills and behaviors of their children.

Data on the schools that children attended and their classrooms were collected through self-administered questionnaires completed by school administrators and classroom teachers. Administrators provided information about the school population, programs, and policies. At the classroom level, data were collected from the teachers on the composition of the classroom, teaching practices, curriculum, and teacher qualifications and experience. In addition, special education teachers and related services staff provided reports on the services received by children with disabilities.

Further information on the ECLS-K may be obtained from

Chris Chapman
Early Childhood, International, and Crosscutting Studies Division
Early Childhood and Household Studies Program
National Center for Education Statistics
1990 K Street NW
Washington, DC 20006
ecls@ed.gov
http://nces.ed.gov/ecls/kindergarten.asp

Education Longitudinal Study of 2002

The Education Longitudinal Study of 2002 (ELS:2002) is a longitudinal survey that is monitoring the transitions of a national probability sample of 10th-graders in public, Catholic, and other private schools. Survey waves follow both students and high school dropouts and monitor the transition of the cohort to postsecondary education, the labor force, and family formation.

In the base year of the study, of 1,220 eligible contacted schools, 750 participated, for an overall weighted school participation rate of approximately 68 percent (62 percent unweighted). Of 17,590 selected eligible students, 15,360 participated, for an overall weighted student response rate of approximately 87 percent. (School and student weighted response rates reflect use of the base weight [design weight] and do not include nonresponse adjustments.) Information for the study is obtained not just from students and their school records, but also from the students' parents, their teachers, their librarians, and the administrators of their schools.

The first follow-up was conducted in 2004, when most sample members were high school seniors. Base-year students who remained in their base schools were resurveyed and tested in mathematics, along with a freshening sample to make the study representative of spring 2004 high school seniors nationwide. Students who were not still at their base schools were administered a questionnaire.

The second follow-up, completed in 2006, continued to follow the sample of students into postsecondary education, the workforce, or both. The next follow-up is scheduled for 2012.

Further information on ELS:2002 may be obtained from

John Wirt
Elementary/Secondary and Libraries Studies Division
Elementary/Secondary Sample Survey Studies Program
National Center for Education Statistics
1990 K Street NW
Washington, DC 20006
john.wirt@ed.gov
http://nces.ed.gov/surveys/els2002

Fast Response Survey System

The Fast Response Survey System (FRSS) was established in 1975 to collect issue-oriented data quickly, with a minimal burden on respondents. The FRSS, whose surveys collect and report data on key education issues at the elementary and secondary levels, was designed to meet the data needs of Department of Education analysts, planners, and decisionmakers when information could not be collected quickly through NCES's large recurring surveys. Findings from FRSS surveys have been included in congressional reports, testimony to congressional subcommittees, NCES reports, and other Department of Education reports. The findings are also often used by state and local education officials.

Data collected through FRSS surveys are representative at the national level, drawing from a universe that is appropriate for each study. The FRSS collects data from state education agencies and national samples of other educational organizations and participants, including local education agencies, public and private elementary and secondary schools, elementary and secondary school teachers and principals, and public libraries and school libraries. To ensure a minimal burden on respondents, the surveys are generally limited to three pages of questions, with a response burden of about 30 minutes per respondent. Sample sizes are relatively small (usually about 1,000 to 1,500 respondents per survey) so that data collection can be completed quickly.

Further information on the FRSS may be obtained from

Jared Coopersmith
Early Childhood, International, and Crosscutting Studies Division
Data Development Program
National Center for Education Statistics
1990 K Street NW
Washington, DC 20006
jared.coopersmith@ed.gov
http://nces.ed.gov/surveys/frss

Condition of America's Public School Facilities: 1999

This report (NCES 2000-032) provides national data about the condition of public schools in 1999 based on a survey conducted by NCES using its Fast Response Survey System (FRSS). Specifically, this report provides information about the condition of school facilities and the costs of bringing them into good condition; school plans for repairs, renovations, and replacements; the age of public schools; and overcrowding and practices used to address overcrowding. The results presented in this report are based on questionnaire data for 900 public elementary and secondary schools in the United States. The responses were weighted to produce national estimates that represent all regular public schools in the United States.

Further information on the contents of this report may be obtained from

Jared Coopersmith
Early Childhood, International, and Crosscutting Studies Division
Data Development Program
National Center for Education Statistics
1990 K Street NW
Washington, DC 20006
jared.coopersmith@ed.gov
http://nces.ed.gov/surveys/frss

Public School Principals Report on Their Facilities

This report presents current information on the extent of the match between the enrollment and the capacity of the school buildings, environmental factors that can affect the use of classrooms and school buildings, the extent and ways in which schools use portable buildings and the reasons for using them, the availability of dedicated rooms for particular subject areas (such as science labs or music rooms), and the cleanliness and maintenance of student restrooms.

The survey was mailed to school principals, who were asked to complete it themselves. The sample included 1,210 public schools in the 50 states and the District of Columbia. The sample was selected from the 2002–03 Common Core of Data (CCD) Public Elementary/Secondary School Universe File, the most current available at the time of selection. The sampling frame includes approximately 84,500 elementary/secondary schools. Data have been weighted to yield national estimates of public elementary/secondary schools. The unweighted response rate was 90 percent, and the weighted response rate was 91 percent.

Further information on this survey may be obtained from

Jared Coopersmith
Early Childhood, International, and Crosscutting Studies Division
Data Development Program
National Center for Education Statistics
1990 K Street NW
Washington, DC 20006
jared.coopersmith@ed.gov
http://nces.ed.gov/surveys/frss

Internet Access in U.S. Public Schools and Classrooms

The Internet Access in U.S. Public Schools and Classrooms survey is part of the NCES Fast Response Survey System (FRSS). It was designed to assess the federal government's commitment to assist every school and classroom in connecting to the Internet by the year 2000. In 1994, NCES began surveying approximately 1,000 public schools each year about their access to the Internet, access in classrooms, and, since 1996, their type of internet connections. Later administrations of this survey were expanded to cover emerging issues. The 2003 survey was designed to update the questions in the 2002 survey and covered the following topics: school connectivity, student access to computers and the Internet, school websites, technologies and procedures to prevent student access to inappropriate websites, and teacher professional development on how to incorporate the Internet into the curriculum.

In 2005, respondents were asked about the number of instructional computers with access to the Internet, the types of internet connections, technologies and procedures used to prevent student access to inappropriate material on the Internet, and the availability of handheld and laptop computers for students and teachers. Respondents also provided information on teacher professional development in integrating the use of the Internet into the curriculum and using the Internet to provide opportunities and information for teaching and learning.

For fall 2008, this technology study was redesigned and expanded to incorporate surveys at the district, school, and teacher levels. These three surveys provide complementary information and together cover a broader range of topics than would be possible with one survey alone. The set of 2008 surveys collected data on availability and use for a range of educational technology resources, such as district and school networks, computers, devices that enhance the capabilities of computers for instruction, and computer software. They also collected information on leadership and staff support for educational technology within districts and schools.

Further information on Internet access in public schools and classrooms may be obtained from

Jared Coopersmith
Early Childhood, International, and Crosscutting Studies Division
Data Development Program
National Center for Education Statistics
1990 K Street NW
Washington, DC 20006
jared.coopersmith@ed.gov
http://nces.ed.gov/surveys/frss

Federal Support for Education

NCES prepares an annual compilation of federal funds for education for the *Digest*. Data for U.S. Department of Education programs come from the *Budget of the United States Government*. Budget offices of other federal agencies provide information for all other federal program support except for research funds, which are obligations reported by the National Science Foundation in *Federal Funds for Research and Development*. Some data are estimated, based on reports from the federal agencies contacted and the *Budget of the United States Government*.

Except for money spent on research, outlays are used to report program funds to the extent possible. Some *Digest* tables report program funds as obligations, as noted in the title of the table. Some federal program funds not commonly recognized as education assistance are also included in the totals reported. For example, portions of federal funds paid to some states and counties as shared revenues resulting from the sale of timber and minerals from public lands have been estimated as funds used for education purposes. Parts of the funds received by states (in 1980) and localities (in all years) under the General Revenue Sharing Program are also included, as are portions of federal funds received by the District of Columbia. The share of these funds allocated to education is assumed to be equal to the share of general funds expended for elementary and secondary education by states and localities in the same year, as reported by the U.S. Census Bureau in its annual publication, *Government Finances*.

The share of federal funds assigned to education for the District of Columbia is assumed to be equal to the share of the city's general fund expenditures for each level of education.

For the job training programs conducted by the Department of Labor, only estimated sums spent on classroom training have been reported as educational program support.

During the 1970s, the Office of Management and Budget (OMB) prepared an annual analysis of federal education program support. These were published in the *Budget of the United States Government, Special Analyses*. The information presented in this report is not, however, a continuation of the OMB series. A number of differences in the two series should be noted. OMB required all federal agencies to report outlays for education-related programs using a standardized form, thereby assuring agency compliance in reporting. The scope of education programs reported in the Digest differs from the scope of programs reported in the OMB reports. Off-budget items such as the annual volume of guaranteed student loans were not included in OMB's reports. Finally, while some mention is made of an annual estimate of federal tax expenditures, OMB did not include them in its annual analysis of federal education support. Estimated federal tax expenditures for education are the difference between current federal tax receipts and what these receipts would be without existing education deductions to income allowed by federal tax provisions.

Recipients' data are estimated based on *Estimating Federal Funds for Education: A New Approach Applied to Fiscal Year 1980* (Miller, V., and Noell, J., 1982, Journal of Education Finance); *Federal Support for Education*, various years; and the *Catalog of Federal Domestic Assistance* (cfda.gov). The recipients' data are estimated and tend to undercount institutions of higher education, students, and local education agencies. This is because some of the federal programs have more than one recipient receiving funds. In these cases, the recipients were put into a "mixed recipients" category, because there was no way to disaggregate the amount each recipient received.

Further information on federal support for education may be obtained from

Tom Snyder
Early Childhood, International, and Crosscutting Studies Division
Annual Reports Program
National Center for Education Statistics
1990 K Street NW
Washington, DC 20006
tom.snyder@ed.gov
http://nces.ed.gov/surveys/AnnualReports/federal.asp

High School and Beyond Longitudinal Study

The High School and Beyond Longitudinal Study (HS&B) is a national longitudinal survey of individuals who were high school sophomores and seniors in 1980. The base-year survey (conducted in 1980) was a probability sample of 1,015 high schools with a target number of 36 sophomores and 36 seniors in each school. A total of 58,270 students participated in the base-year survey. Substitutions were made for nonparticipating schools-but not for students—in those strata where it was possible. Overall, 1,120 schools were selected in the original sample and 810 of these schools participated in the survey. An additional 200 schools were drawn in a replacement sample. Student refusals and absences resulted in an 82 percent completion rate for the survey.

Several small groups in the population were oversampled to allow for special study of certain types of schools and students. Students completed questionnaires and took a battery of cognitive tests. In addition, a sample of parents of sophomores and seniors (about 3,600 for each cohort) was surveyed.

HS&B first follow-up activities took place in the spring of 1982. The sample for the first follow-up survey included approximately 30,000 people who were sophomores in 1980. The completion rate for sample members eligible for on-campus survey administration was about 96 percent. About 89 percent of the students who left school between the base-year and first follow-up surveys (e.g., dropouts, transfer students, and early graduates) completed the first follow-up sophomore questionnaire.

As part of the first follow-up survey of HS&B, transcripts were requested in fall 1982 for an 18,150-member subsample of the sophomore cohort. Of the 15,940 transcripts actually obtained, 1,970 were excluded because the students had dropped out of school before graduation, 800 were excluded because they were incomplete, and 1,060 were excluded because the students graduated before 1982 or the transcripts indicated neither a dropout status nor graduation. Thus, 12,120 transcripts were utilized for the overall curriculum analysis presented in this publication. All courses in each transcript were assigned a 6-digit code based on the Classification of Secondary School Courses (a coding system developed to standardize course descriptions; see http://nces.ed.gov/surveys/hst/courses.asp). Credits earned in each course are expressed in Carnegie units. (The Carnegie unit is a standard of measurement that represents one credit for the completion of a 1-year course. To receive credit for a course, the student must have received a passing grade—"pass," "D," or higher.) Students who transferred from public to private schools or from private to public schools between their sophomore and senior years were eliminated from public/private analyses.

In designing the senior cohort first follow-up survey, one of the goals was to reduce the size of the retained sample while still keeping sufficient numbers of various racial/ethnic groups to allow important policy analyses. A total of about 11,230 (93.6 percent) of the 12,000 people subsampled completed the questionnaire. Information was obtained about the respondents' school and employment experiences, family status, and attitudes and plans.

The samples for the second follow-up, which took place in spring 1984, consisted of about 12,000 members of the senior cohort and about 15,000 members of the sophomore cohort. The completion rate for the senior cohort was 91 percent, and the completion rate for the sophomore cohort was 92 percent.

HS&B third follow-up data collection activities were performed in spring 1986. Both the sophomore and senior cohort samples for this round of data collection were the same as those used for the second follow-up survey. The completion rates for the sophomore and senior cohort samples were 91 percent and 88 percent, respectively.

HS&B fourth follow-up data collection activities were performed in 1992, but only surveyed the 1980 sophomore class. They examined aspects of these students' early adult years, such as enrollment in postsecondary education, experience in the labor market, marriage and child rearing, and voting behavior.

Appendix table A-1 contains the maximum number of HS&B cases that are available for tabulations of specific classification variables used throughout this publication.

The standard error (*se*) of an individual percentage (*p*) based on HS&B data can be approximated by the formula

$$se_p = \text{DEFT } [p(100 - p)/n]^{1/2}$$

where n is the sample size and DEFT, the square root of the design effect, is a factor used to adjust for the particular sample design used in HS&B. Appendix table A-2 provides the DEFT factors for different HS&B samples and subsamples.

In evaluating a difference between two independent percentages, the standard error of the difference may be conservatively approximated by taking the square root of the sum of the squared standard errors of the two percentages. For example, in the 1986 follow-up of 1980 sophomores, 84.0 percent of the men and 77.2 percent of the women felt that being successful in work was "very important," a difference of 6.8 percentage points. Using the formula and the sample sizes from table A-1 and the DEFT factors from table A-2, the standard errors of the two percentages being compared are calculated to be

$$1.43[(84.0)(16.0)/(5{,}391)]^{1/2} = .714$$
$$1.43[(77.2)(22.8)/(5{,}857)]^{1/2} = .784$$

Therefore, the standard error of the difference is

$$(.714^2 + .784^2)^{1/2} = (.510 + .615)^{1/2} = 1.06$$

The sampling error of the difference is approximately double the standard error, or approximately 2.1 percentage points, and the 95 percent confidence interval for the difference is 4.7 to 8.9 percentage points, or (6.8 ±1.96 x 1.06).

The standard error estimation procedure outlined above does not compensate for survey item nonresponse, which is a source of nonsampling error. (Table A-1 reflects the maximum number of responses that could be tabulated by demographic characteristics.) For example, of the 10,930 respondents in the 1984 follow-up survey of 1980 high school graduates, 370, or 3.4 percent, did not respond to the particular question on whether they had ever used a pocket calculator. Item nonresponse varied considerably. A very low nonresponse rate of 0.1 percent was obtained for a question asking whether the respondent had attended a postsecondary institution. A much higher item nonresponse rate of 12.2 percent was obtained for a question asking if the respondent had used a micro- or minicomputer in high school. Typical item nonresponse rates ranged from 3 to 4 percent.

The Hispanic analyses presented in this publication rely on students' self-identification as members of one of four Hispanic subgroups: Mexican, Mexican-American, Chicano; Cuban; Puerto Rican, Puertorriqueño, Boricuan; or other Hispanic ethnicities.

An NCES series of technical reports and data file user's manuals, available electronically, provides additional information on the survey methodology.

Further information on HS&B may be obtained from

Aurora D'Amico
Postsecondary, Adult, and Career Education Division
Postsecondary Cooperative System, Analysis, and Dissemination Program
National Center for Education Statistics
1990 K Street NW
Washington, DC 20006
aurora.damico@ed.gov
http://nces.ed.gov/surveys/hsb

High School Transcript Study

High school transcript studies have been conducted since 1982 and are associated with a major NCES data collection. The studies collect information that is contained in a student's high school record-courses taken while attending secondary school, information on credits earned, when specific courses were taken, and final grades.

A high school transcript study was conducted in 2004 as part of the Education Longitudinal Study of 2002 (ELS:2002/2004). A total of 1,550 schools participated in the request for transcripts, for an unweighted participation rate of approximately 79 percent. Transcript information was received on 14,920 members of the student sample (not just graduates), for an unweighted response rate of 91 percent.

Similar studies were conducted of the coursetaking patterns of 1982, 1987, 1990, 1992, 1994, 1998, 2000, and 2005 high school graduates. The 1982 data are based on approximately 12,000 transcripts collected by the High School and Beyond Longitudinal Study (HS&B). The 1987 data are based on approximately 25,000 transcripts from 430 schools obtained as part of the 1987 NAEP High School Transcript Study, a scope comparable to that of the NAEP transcript studies conducted in 1990, 1994, 1998, and 2000. The 1992 data are based on approximately 15,000 transcripts collected by the National Education Longitudinal Study of 1988 (NELS:88/92). The 2005 NAEP High School Transcript Study collected a sample of over 26,000 transcripts from 640 public schools and 80 private schools.

Because the 1982 HS&B transcript study used a different method for identifying students with disabilities than was used in NAEP transcript studies after 1982, and in order to make the statistical summaries as comparable as possible, all the counts and percentages in this report are restricted to students whose records indicate that they had not participated in a special education program. This restriction lowers the number of 1990 graduates represented in the tables to 20,870.

Further information on NAEP high school transcript studies may be obtained from

Janis Brown
Assessment Division
Assessment Research, Development & Implementation Program
National Center for Education Statistics
1990 K Street NW
Washington, DC 20006
janis.brown@ed.gov
http://nces.ed.gov/surveys/hst

Further information on all other high school transcript studies may be obtained from

Carl Schmitt
Elementary/Secondary and Library Studies Division
Elementary/Secondary Cooperative System & Institutional Studies Program
National Center for Education Statistics
1990 K Street NW
Washington, DC 20006
carl.schmitt@ed.gov
http://nces.ed.gov/surveys/hst

Integrated Postsecondary Education Data System

The Integrated Postsecondary Education Data System (IPEDS) surveys approximately 6,800 postsecondary institutions, including universities and colleges, as well as institutions offering technical and vocational education beyond the high school level. IPEDS, which began in 1986, replaced the Higher Education General Information Survey (HEGIS).

IPEDS consists of nine interrelated components that are collected over three collection periods (fall, winter, and spring) each year. These components obtain information on who provides postsecondary education (institutions), who participates in it and completes it (students), what programs are offered and what programs are completed, and both the human and financial resources involved in the provision of institutionally based postsecondary education. Until 2000, these components included institutional characteristics, fall enrollment, completions, salaries, finance, and fall staff. Beginning in 2000, data were collected in the fall for institutional characteristics and completions; in the winter for employees by assigned position (EAP), salaries, and fall staff; and in the spring for enrollment, student financial aid, finances, and graduation rates. With the winter 2005–06 survey, the employees by assigned position, fall staff, and salaries components were merged into the human resources component. In 2007–08, the enrollment component was broken into two separate components: 12-month enrollment (collected in the fall) and fall enrollment (collected in the spring).

The degree-granting institutions portion of IPEDS is a census of colleges that award associate's or higher degrees and are eligible to participate in Title IV financial aid programs. Prior to 1993, data from technical and vocational institutions were collected through a sample survey. Beginning in 1993, all data are gathered in a census of all postsecondary institutions. The tabulations on "institutional characteristics" developed for editions of the *Digest* from 1993 forward are based on lists of all institutions and are not subject to sampling errors.

The classification of institutions offering college and university education changed as of 1996. Prior to 1996, institutions that had courses leading to an associate's or higher degree or that had courses accepted for credit toward those degrees were considered higher education institutions. Higher education institutions were accredited by an agency or association that was recognized by the U.S. Department of Education or were recognized directly by the Secretary of Education. Tables, or portions of tables, that use only this standard are noted as "higher education" in the *Digest*. The newer standard includes institutions that award associate's or higher degrees and that are eligible to participate in Title IV federal financial aid programs. Tables that contain any data according to this standard are titled "degree-granting" institutions. Time-series tables may contain data from both series, and they are noted accordingly. The impact of this change on data collected in 1996 was not large. For example, tables on faculty salaries and benefits were only affected to a very small extent. Also, degrees awarded at the bachelor's level or higher were not heavily affected. The largest impact was on private 2-year college enrollment. In contrast, most of the data on public 4-year colleges were affected to a minimal extent. The impact on enrollment in public 2-year colleges was noticeable in certain states, but was relatively small at the national level. Overall, total enrollment for all institutions was about one-half of a percent higher in 1996 for degree-granting institutions than for higher education institutions.

Prior to the establishment of IPEDS in 1986, HEGIS acquired and maintained statistical data on the characteristics and operations of institutions of higher education. Implemented in 1966, HEGIS was an annual universe survey of institutions accredited at the college level by an agency recognized by the Secretary of the U.S. Department of Education. These institutions were listed in NCES's Education Directory, Colleges and Universities.

HEGIS surveys collected information on institutional characteristics, faculty salaries, finances, enrollment, and degrees. Since these surveys, like IPEDS, were distributed to all higher education institutions, the data presented are not subject to sampling error. However, they are subject to nonsampling error, the sources of which varied with the survey instrument.

The NCES Taskforce for IPEDS Redesign recognized that there were issues related to the consistency of data definitions as well as the accuracy, reliability, and validity of other quality measures within and across surveys. The IPEDS redesign in 2000 provided institution-specific web-based data forms. While the new system shortened data processing time and provided better data consistency, it did not address the accuracy of the data provided by institutions.

Beginning in 2003–04 with the Prior Year Data Revision System, prior-year data have been available to institutions entering current data. This allows institutions to make changes to their prior-year entries either by adjusting the data or by providing missing data. These revisions allow the evaluation of the data's accuracy by looking at the changes made.

NCES conducted a study (NCES 2005-175) of the 2002–03 data that were revised in 2003–04 to determine the accuracy of the imputations, track the institutions that submitted revised data, and analyze the revised data they submitted. When institutions made changes to their data, it was assumed that the revised data were the "true" data. The data were analyzed for the number and type of institutions making changes, the type of changes, the magnitude of the changes, and the impact on published data.

Because NCES imputes missing data, imputation procedures were also addressed by the Redesign Taskforce. For the 2003–04 assessment, differences between revised values and values that were imputed in the original files were compared (i.e., revised value minus imputed value). These differences were then used to provide an assessment of the effectiveness of imputation procedures. The size of the differences also provides an indication of the accuracy of imputation procedures. To assess the overall impact of changes on aggregate IPEDS estimates, published tables for each component were reconstructed using the revised 2002–03 data. These reconstructed tables were then compared to the published tables to determine the magnitude of aggregate bias and the direction of this bias.

Though IPEDS provides the most comprehensive data system for postsecondary education, there are 100 or more entities that collect their own information from postsecondary institutions. This raises the issue of how valid IPEDS data are when compared to education data collected by non-IPEDS sources. In the Data Quality Study, Thomson Peterson data were chosen to assess the validity of IPEDS data because Thomson Peterson is one of the largest and most comprehensive sources of postsecondary data available.

Not all IPEDS components could be compared to Thomson Peterson. Either Thomson Peterson did not collect data related to a particular IPEDS component, or the data items collected by Thomson Peterson were not comparable to the IPEDS items (i.e., the data items were defined differently). Comparisons were made for a selected number of data items in five areas-tuition and price, employees by assigned position, enrollment, student financial aid, and finance. More details on the accuracy and reliability of IPEDS data can be found in the *Integrated Postsecondary Education Data System Data Quality Study* (NCES 2005-175).

Further information on IPEDS may be obtained from

Elise Miller
Postsecondary, Adult, and Career Education Division
Postsecondary Institutional Studies Program
National Center for Education Statistics
1990 K Street NW
Washington, DC 20006
elise.miller@ed.gov
http://nces.ed.gov/ipeds

Fall (12-Month Enrollment)

Data on 12-month enrollment are collected for award levels ranging from postsecondary certificates of less than 1 year to doctoral degrees. The 12-month period during which data are collected is selected by the institution and can be either July 1 through June 30 or September 1 through August 31. Data are collected by race/ethnicity and gender and include unduplicated headcounts and instructional activity (contact or credit hours). These data are also used to calculate a full-time-equivalent (FTE) enrollment based on instructional activity. FTE enrollment is useful for gauging the size of the educational enterprise at the institution. Prior to the 2007–08 IPEDS data collection, the data collected in the 12-Month Enrollment survey were part of the Fall Enrollment survey (Spring data collection period). However, to improve the timeliness of the data, a separate survey component was developed in 2007. The data are now collected in the fall for the previous academic year.

Further information on the IPEDS 12-Month Enrollment survey may be obtained from

Jessica Shedd
Postsecondary, Adult, and Career Education Division
Postsecondary Institutional Studies Program
National Center for Education Statistics
1990 K Street NW
Washington, DC 20006
jessica.shedd@ed.gov
http://nces.ed.gov/ipeds

Fall (Completions)

This survey was part of the HEGIS series throughout its existence. However, the degree classification taxonomy was revised in 1970–71, 1982–83, 1991–92, and 2002–03. Collection of degree data has been maintained through IPEDS.

Degrees-conferred trend tables arranged by the 2002–03 classification are included in the *Digest* to provide consistent data from 1970–71 through the most recent year. Data in this edition on associate's and other formal awards below the baccalaureate degree, by field of study, cannot be made comparable with figures from prior to 1982–83. The nonresponse rate does not appear to be a significant source of nonsampling error for this survey. The response rate over the years has been high, with the degree-granting institution response rate at 100.0 percent and the overall response rate for non-degree-granting institutions at 99.9 percent in fall 2009. Because of the high response rate for degree-granting institutions, nonsampling error caused by imputation is also minimal. Imputation methods and the response bias analysis for the fall 2009 survey are discussed in *Postsecondary Institutions and Price of Attendance in the United States: Fall 2009, and Degrees and Other Awards Conferred: 2008–09, and 12-Month Enrollment: 2008–09* (NCES 2010-161).

The *Integrated Postsecondary Education Data System Data Quality Study* (NCES 2005-175) indicated that most Title IV institutions supplying revised data on completions in 2003–04 were able to supply missing data for the prior year. The small differences between imputed data for the prior year and the revised actual data supplied by the institution indicated that the imputed values produced by NCES were acceptable.

Further information on the IPEDS Completions survey may be obtained from

Michelle Coon
Postsecondary, Adult, and Career Education Division
Postsecondary Institutional Studies Program
National Center for Education Statistics
1990 K Street NW
Washington, DC 20006
michelle.coon@ed.gov
http://nces.ed.gov/ipeds

Fall (Institutional Characteristics)

This survey collects the basic information necessary to classify institutions, including control, level, and types of programs offered, as well as information on tuition, fees, and room and board charges. Beginning in 2000, the survey collected institutional pricing data from institutions with first-time, full-time, degree/certificate-seeking undergraduate students. Unduplicated full-year enrollment counts and instructional activity are now collected in the Fall Enrollment survey. The overall response rate was 100.0 percent for Title IV degree-granting institutions for 2009 data.

The *Integrated Postsecondary Education Data System Data Quality Study* (NCES 2005-175) looked at tuition and price in Title IV institutions. Only 8 percent of institutions in 2002–03 and 2003–04 reported the same data to IPEDS and Thomson Peterson consistently across all selected data items. Differences in wordings or survey items may account for some of these inconsistencies.

Further information on the IPEDS Institutional Characteristics survey may be obtained from

Tara Lawley
Postsecondary, Adult, and Career Education Division
Postsecondary Institutional Studies Program
National Center for Education Statistics
1990 K Street NW
Washington, DC 20006
tara.lawley@ed.gov
http://nces.ed.gov/ipeds

Winter (Human Resources)

The IPEDS Human Resources (HR) component comprises three sections: Employees by Assigned Position (EAP), Fall Staff, and Salaries.

Employees by Assigned Position

Data gathered by the Employees by Assigned Position (EAP) section categorizes all employees by full- or part-time status, faculty status, and primary function/occupational activity. Institutions with M.D. or D.O. programs are required to report their medical school employees separately. EAP was required of all 6,858 Title IV institutions and administrative offices in the U.S. and other jurisdictions for winter 2008–09 and 6,845, or 99.8 percent, responded.

The primary functions/occupational activities of the EAP section are primarily instruction, instruction combined with research and/or public service, primarily research, primarily public service, executive/administrative/managerial, other professionals (support/service), graduate assistants, technical and paraprofessionals, clerical and secretarial, skilled crafts, and service/maintenance.

All full-time instructional faculty classified in the EAP full-time non-medical school part as either (1) primarily instruction or (2) instruction combined with research and/or public service are included in the Salaries section, unless they are exempt.

Fall Staff

The section categorizes all staff on the institution's payroll as of November 1 of the collection year, by employment status (full time or part time), primary function/occupational activity, gender, and race/ethnicity. These data elements are collected from degree-granting and non-degree-granting institutions; however, additional data elements are collected from degree-granting institutions and related administrative offices with 15 or more full-time staff. These elements include faculty status, contract length/teaching period, academic rank, salary class intervals, and newly hired full-time permanent staff.

The Fall Staff section, which is required only in odd-numbered reporting years, was not required during the 2008–09 HR data collection. However, of the 6,858 Title IV institutions and administrative offices, 3,295, or 48.0 percent, did provide data in 2008–09.

The most recent data quality study, *Integrated Postsecondary Education Data System Data Quality Study* (NCES 2005-175), found that for 2003–04 employee data items, changes were made by 1.2 percent (77) of the institutions that responded. All who made changes made changes that resulted in different employee counts. For both institutional and aggregate differences, the changes had little impact on the original employee count submissions. A large number of institutions reported different staff data to IPEDS and Thomson Peterson; however, the magnitude of the differences was small—usually no more than 17 faculty members for any faculty variable.

Salaries

This section collects data for full-time instructional faculty on the institution's payroll as of November 1 of the collection year (except those in medical schools of the EAP section, as described above), by contract length/teaching period, gender, and academic rank. The reporting of data by faculty status in the Salaries section is required from 4-year degree-granting institutions and above only. Salary outlays and fringe benefits are also collected for full-time instructional staff on 9/10- and 11/12-month contracts/teaching periods. This section is applicable to degree-granting institutions unless exempt.

This institutional survey was conducted for most years from 1966–67 to 1987–88; it has been conducted annually since 1989–90, except for 2000–01. Although the survey form has changed a number of times during these years, only comparable data are presented.

Between 1966–67 and 1985–86, this survey differed from other HEGIS surveys in that imputations were not made for nonrespondents. Thus, there is some possibility that the salary averages presented in this report may differ from the results of a complete enumeration of all colleges and universities. Beginning with the surveys for 1987–88, the IPEDS data tabulation procedures included imputations for survey nonrespondents. The response rate for the 2008–09 survey was 99.9 percent (4,360 of the 4,364 required institutions responded). Imputation methods and the response bias analysis for the 2008–09 survey are discussed in *Employees in Postsecondary Institutions, Fall 2008, and Salaries of Full-Time Instructional Staff*, 2008–09 (NCES 2010-165). Although data from this survey are not subject to sampling error, sources of nonsampling error may include computational errors and misclassification in reporting and processing. The electronic reporting system does allow corrections to prior-year reported or missing data, and this should help with these problems. Also, NCES reviews individual institutions' data for internal and longitudinal consistency and contacts institutions to check inconsistent data.

The *Integrated Postsecondary Education Data System Data Quality Study* (NCES 2005-175) found that only 1.3 percent of the responding Title IV institutions in 2003–04 made changes to their salaries data. The differences between the imputed data and the revised data were small and found to have little impact on the published data.

Further information on the Human Resources component may be obtained from

Sabrina Ratchford
Postsecondary, Adult, and Career Education Division
Postsecondary Institutional Studies Program
National Center for Education Statistics
1990 K Street NW
Washington, DC 20006
sabrina.ratchford@ed.gov
http://nces.ed.gov/ipeds

Spring (Fall Enrollment)

This survey has been part of the HEGIS and IPEDS series since 1966. Response rates for this survey have been relatively high, generally exceeding 85 percent. Beginning in 2000, with web-based data collection, higher response rates were attained. In 2008–09, the overall response rate was 99.9 percent for degree-granting institutions. The response rate for 4-year private not-for-profit institutions was 99.8 percent, while 4-year public, 4-year private-for-profit, 2-year public, 2-year private not-for-profit, and 2-year private for-profit institutions had response rates of 100.0 percent. Imputation methods and the response bias analysis for the 2008–09 survey are discussed in *Enrollment in Postsecondary Institutions, Fall 2008; Graduation Rates, 2002 and 2005 Cohorts; and Financial Statistics, Fiscal Year 2008* (NCES 2010-152).

Beginning with the fall 1986 survey and the introduction of IPEDS (see above), the survey was redesigned. The survey allows (in alternating years) for the collection of age and residence data. Beginning in 2000, the survey collected instructional activity and unduplicated headcount data, which are needed to compute a standardized, full-time-equivalent (FTE) enrollment statistic for the entire academic year.

The *Integrated Postsecondary Education Data System Data Quality Study* (NCES 2005-175) showed that public institutions made the majority of changes to enrollment data during the 2004 revision period. The majority of changes were made to unduplicated headcount data, with the net differences between the original data and the revised data at about 1 percent. Part-time students in general and enrollment in private not-for-profit institutions were often underestimated. The fewest changes by institutions were to Classification of Instructional Programs (CIP) code data. (The CIP is a taxonomic coding scheme that contains titles and descriptions of primarily postsecondary instructional programs.) More institutions provided enrollment data to IPEDS than to Thomson Peterson. A fairly high percentage of institutions that provided data to both provided the same data, and among those that did not, the difference in magnitude was less than 10 percent.

Further information on the IPEDS Fall Enrollment survey may be obtained from

Jessica Shedd
Postsecondary, Adult, and Career Education Division
Postsecondary Institutional Studies Program
National Center for Education Statistics
1990 K Street NW
Washington, DC 20006
jessica.shedd@ed.gov
http://nces.ed.gov/ipeds

Spring (Finance)

This survey was part of the HEGIS series and has been continued under IPEDS. Substantial changes were made in the financial survey instruments in fiscal year (FY) 1976, FY 82, FY 87, FY 97, and FY 02. While these changes were significant, considerable effort has been made to present only comparable information on trends in this report and to note inconsistencies. The FY 76 survey instrument contained numerous revisions to earlier survey forms, which made direct comparisons of line items very difficult. Beginning in FY 82, Pell Grant data were collected in the categories of federal restricted grant and contract revenues and restricted scholarship and fellowship expenditures. Finance tables for this publication have been adjusted by subtracting the largely duplicative Pell Grant amounts from the later data to maintain comparability with pre-FY 82 data. The introduction of IPEDS in the FY 87 survey included several important changes to the survey instrument and data processing procedures. Beginning in FY 97, data for private institutions were collected using new financial concepts consistent with Financial Accounting Standards Board (FASB) reporting standards, which provide a more comprehensive view of college finance activities. The data for public institutions continued to be collected using the older survey form. The data for public and private institutions were no longer comparable and, as a result, no longer presented together in analysis tables. In FY 01, public institutions had the option of either continuing to report using Government Accounting Standards Board (GASB) standards or using the new FASB reporting standards. Beginning in FY 02, public institutions had three options: the original GASB standards, the FASB standards, or the new GASB Statement 35 standards (GASB35). Because of the complexity of the multiple forms used by public institutions, finance data for public institutions for some recent years are not presented in the *Digest*.

Possible sources of nonsampling error in the financial statistics include nonresponse, imputation, and misclassification. The response rate has been about 85 to 90 percent for most of the historic years presented in the *Digest*; however, in more recent years, response rates have been much higher because Title IV institutions are required to respond. The 2002 IPEDS data collection was a full-scale web-based collection, which offered features that improved the quality and timeliness of the data. The ability of IPEDS to tailor online data entry forms for each institution based on characteristics such as institutional control, level of institution, and calendar system, and the institutions' ability to submit their data online, were two such features that improved response. The response rate for the FY 08 Finance survey was 99.9 percent for degree-granting institutions. Imputation methods and the response bias analysis for the FY 08 survey are discussed in *Enrollment in Postsecondary Institutions, Fall 2008; Graduation Rates, 2002 and 2005 Cohorts; and Financial Statistics, Fiscal Year 2008* (NCES 2010-152).

Two general methods of imputation were used in HEGIS. If prior-year data were available for a nonresponding institution, they were inflated using the Higher Education Price Index and adjusted according to changes in enrollments. If prior-year data were not available, current data were used from peer institutions selected for location (state or region), control, level, and enrollment size of institution. In most cases, estimates for nonreporting institutions in HEGIS were made using data from peer institutions.

Beginning with FY 87, IPEDS included all postsecondary institutions, but maintained comparability with earlier surveys by allowing 2- and 4-year institutions to be tabulated separately. For FY 87 through FY 91, in order to maintain comparability with the historical time series of HEGIS institutions, data were combined from two of the three different survey forms that make up IPEDS. The vast majority of the data were tabulated from form 1, which was used to collect information from public and private not-for-profit 2- and 4-year colleges. Form 2, a condensed form, was used to gather data for 2-year for-profit institutions. Because of the differences in the data requested on the two forms, several assumptions were made about the form 2 reports so that their figures could be included in the degree-granting institution totals.

In IPEDS, the form 2 institutions were not asked to separate appropriations from grants and contracts, nor were they asked to separate state from local sources of funding. For the form 2 institutions, all federal revenues were assumed to be federal grants and contracts, and all state and local revenues were assumed to be restricted state grants and contracts. All other form 2 sources of revenue, except for tuition and fees and sales and services of educational activities, were included under "other." Similar adjustments were made to the expenditure accounts. The form 2 institutions reported instruction and scholarship and fellowship expenditures only. All other educational and general expenditures were allocated to academic support.

The *Integrated Postsecondary Education Data System Data Quality Study* (NCES 2005-175) found that only a small percentage (2.9 percent, or 168) of postsecondary institutions either revised 2002–03 data or submitted data for items they previously left unreported. Though relatively few institutions made changes, the changes made were relatively large—greater than 10 percent of the original data. With a few exceptions, these changes, large as they were, did not greatly affect the aggregate totals.

Again, institutions were more likely to report data to IPEDS than to Thomson Peterson, and there was a higher percentage reporting different values among those reporting to both. The magnitude of the difference was generally greater for research expenditures. It is likely that the large differences are a function of the way institutions report these data to both entities.

Further information on the IPEDS Finance survey may be obtained from

Craig Bowen
Postsecondary, Adult, and Career Education Division
Postsecondary Institutional Studies Program
National Center for Education Statistics
1990 K Street NW
Washington, DC 20006
craig.bowen@ed.gov
http://nces.ed.gov/ipeds

Spring (Financial Aid)

Financial aid data are collected for undergraduate students. Data are collected regarding federal grants, state and local government grants, institutional grants, and loans. The collected data include the number of students receiving each type of financial assistance and the average amount of aid received by type of aid.

Further information on the IPEDS Financial Aid survey may be obtained from

Craig Bowen
Postsecondary, Adult, and Career Education Division
Postsecondary Institutional Studies Program
National Center for Education Statistics
1990 K Street NW
Washington, DC 20006
craig.bowen@ed.gov
http://nces.ed.gov/ipeds

Spring (Graduation Rates and Graduation Rates 200 Percent)

Graduation rates data are collected for full-time, first-time degree and certificate-seeking undergraduate students. Data included are the number of students entering the institution as full-time, first-time degree or certificate-seeking students in a particular year (cohort), by race/ethnicity and gender; the number of students completing their program within a time period equal to one and a half times (150 percent) the normal period of time; and the number of students who transferred to other institutions.

The Graduation Rates 200 Percent survey is new to the Spring 2010 collection. Data in this survey are collected as for the graduation rates survey, but the survey also asks for the number of students who completed their program within 200 percent of the normal time period. This survey was developed to fulfill requirements in the Higher Education Opportunity Act of 2008.

Further information on the IPEDS Graduation surveys may be obtained from

Andrew Mary
Postsecondary, Adult, and Career Education Division
Postsecondary Institutional Studies Program
National Center for Education Statistics
1990 K Street NW
Washington, DC 20006
andrew.mary@ed.gov
http://nces.ed.gov/ipeds

Library Statistics

On October 1, 2007, the administration of the Public Libraries Survey (PLS) and the State Library Agencies (StLA) Survey was transferred to the Institute of Museum and Library Services (IMLS) (see below). The transfer of these surveys to IMLS is the result of the fiscal year (FY) 2007 President's budget request.

NCES administered the Academic Libraries Survey (ALS) on a 3-year cycle between 1966 and 1988. From 1988 through 1999, ALS was a component of the Integrated Postsecondary Education Data System (IPEDS) and was on a 2-year cycle. Since FY 2000, ALS has not been a component of IPEDS, but it remains on a 2-year cycle. ALS provides data on about 3,700 academic libraries. In aggregate, these data provide an overview of the status of academic libraries nationally and statewide. The survey collects data on the libraries in the entire universe of degree-granting institutions. Beginning with the collection of FY 2000 data, the ALS changed to web-based data collection. ALS produces descriptive statistics on academic libraries in postsecondary institutions in the 50 states, the District of Columbia, and the outlying areas.

School library data were collected on the School and Principal Surveys during the 1990–91 Schools and Staffing Survey (SASS). The School Library Media Centers (LMC) Survey became a component of SASS with the 1993–94 administration of the survey. Since then, the LMC Survey has been conducted during the 1999–2000, 2003–04, and 2007–08 school years. During the 2007–08 administration, only the public and Bureau of Indian Education (BIE) school library media centers were surveyed. School library questions focus on facilities, services and policies, staffing, technology, information literacy, collections and expenditures, and media equipment. New or revised topics include access to online licensed databases, resource availability, and additional elements on information literacy.

Further information on library statistics may be obtained from

Tai Phan
Elementary/Secondary and Library Studies Division
Elementary/Secondary Sample Survey Studies Program
National Center for Education Statistics
1990 K Street NW
Washington, DC 20006
tai.phan@ed.gov
http://nces.ed.gov/surveys/libraries

National Adult Literacy Survey

The National Adult Literacy Survey (NALS), funded by the U.S. Department of Education and 12 states, was created in 1992 as a new measure of literacy. The aim of the survey was to profile the English literacy of adults in the United States based on their performance across a wide array of tasks that reflect the types of materials and demands they encounter in their daily lives.

To gather information on adults' literacy skills, trained staff interviewed a nationally representative sample of nearly 13,600 individuals ages 16 and older during the first 8 months of 1992. These participants had been randomly selected to represent the adult population in the country as a whole. Black and Hispanic households were oversampled to ensure reliable estimates of literacy proficiencies and to permit analyses of the performance of these subpopulations.

In addition, some 1,100 inmates from 80 federal and state prisons were interviewed to gather information on the proficiencies of the prison population. In total, nearly 26,000 adults were surveyed.

Each survey participant was asked to spend approximately an hour responding to a series of diverse literacy tasks, as well as to questions about his or her demographic characteristics, educational background, reading practices, and other areas related to literacy. Based on their responses to the survey tasks, adults received proficiency scores along three scales that reflect varying degrees of skill in prose, document, and quantitative literacy. The results of the 1992 survey were first published in a report, *Adult Literacy in America: A First Look at the Findings of the National Adult Literacy Survey* (NCES 93-275), in September 1993. See National Assessment of Adult Literacy (below) for later surveys on adult literacy.

Further information on NALS may be obtained from

Sheida White
Assessment Division
Assessment Research, Development & Implementation Program
National Center for Education Statistics
1990 K Street NW
Washington, DC 20006
sheida.white@ed.gov
http://nces.ed.gov/naal/nals_products.asp

National Assessment of Adult Literacy

The 2003 National Assessment of Adult Literacy (NAAL) was conducted to measure both English literacy and health literacy. The assessment was administered to 19,000 adults (including 1,200 prison inmates) age 16 and over in all 50 states and the District of Columbia. Components of the assessment included a background questionnaire; a prison component that assesses the literacy skills of adults in federal and state prisons; the State Assessment of Adult Literacy (SAAL), a voluntary survey given in conjunction with NAAL; a health literacy component; the Fluency Addition to NAAL (FAN), an oral reading assessment; and the Adult Literacy Supplemental Assessment (ALSA). ALSA is an alternative to main NAAL for those with very low scores on seven core screening questions. NAAL assesses literacy directly through the completion of tasks that covered quantitative literacy, document literacy, and prose literacy. Results were reported using the following achievement levels: *Below Basic*, *Basic*, *Intermediate*, and *Proficient*.

By comparing the 1992 NALS and 2003 NAAL results, NAAL provides an indicator of the progress of adult literacy in the nation.

Further information on NAAL may be obtained from

Sheida White
Assessment Division
Assessment Research, Development & Implementation Program
National Center for Education Statistics
1990 K Street NW
Washington, DC 20006
sheida.white@ed.gov
http://nces.ed.gov/naal

National Assessment of Educational Progress

The National Assessment of Educational Progress (NAEP) is a series of cross-sectional studies initially implemented in 1969 to gather information about selected levels of educational achievement across the country. At the national level, NAEP is divided into two assessments: long-term trend NAEP and main NAEP. NAEP has surveyed students at specific ages (9, 13, and 17) for the long-term trend NAEP and at grades 4, 8, and 11 or 12 for main NAEP, state NAEP, and long-term writing NAEP. NAEP in the early years also surveyed young adults (ages 25 to 35). The assessment data presented in this publication were derived from tests designed and conducted by the Education Commission of the States (from 1969 to 1983) and by the Educational Testing Service (ETS) (from 1983 to the present).

Long-term trend

NAEP long-term trend assessments are designed to inform the nation of changes in the basic achievement of America's youth. Nationally representative samples of students have been assessed in science, mathematics, and reading at ages 9, 13, and 17 since the early 1970s. Students were assessed in writing at grades 4, 8, and 11 between 1984 and 1996. To measure trends accurately, assessment items (mostly multiple choice) and procedures have remained unchanged since the first assessment in each subject. Recent trend assessments were conducted in 1994, 1996, 1999, 2004, and 2008. Approximately 26,600 students took part in the 2008 reading assessment and 26,700 took part in the 2008 mathematics assessment. Results are reported as average scores for the nation, for regions, and for various subgroups of the population, such as racial and ethnic groups. Data from the trend assessments are available in the most recent report, *NAEP 2008 Trends in Academic Progress* (NCES 2009-479). The next long-term trend assessment (of reading and mathematics) is scheduled for 2012.

The 2004 NAEP long-term trend assessments marked the end of tests designed and administered since the inception of the assessments in 1971, marked the beginning of a modified design that provides greater accommodations for students with disabilities and English language learners, and limited the assessments to reading and math. Science and writing are now assessed only in main NAEP.

To ensure that the assessment results can be reported on the same trend line, a "bridge" assessment was administered in addition to the modified assessment in 2004. Students were randomly assigned to take either the bridge assessment or the modified assessment. The bridge assessment replicated the instrument given in 1999 and used the same administrative techniques. The 2004 modified assessment provides the basis of comparison for all future assessments, and the bridge assessment links its results to the results from the past 30 years.

Sample sizes and overall participation rates in 2008 for the long-term trend reading assessment were 8,600 for 9-year-olds (95 percent), 8,400 for 13-year-olds (94 percent), and 9,600 for 17-year-olds (88 percent). Sample sizes and participation rates for the math assessment were 8,600 for 9-year-olds (95 percent), 8,500 for 13-year-olds (94 percent), and 9,600 for 17-year-olds (88 percent).

Number of participants and overall participation rates in 2004 for the long-term trend reading assessment for the bridge group were 5,200 for 9-year-olds (81 percent), 5,700 for 13-year-olds (77 percent), and 3,800 for 17-year-olds (55 percent). For those taking the modified assessment, the sizes and rates were 7,300 for 9-year-olds (80 percent), 7,500 for 13-year-olds (76 percent), and 7,600 for 17-year-olds (56 percent). Sample sizes and overall participation rates for the mathematics assessment for the bridge group were 4,600 for 9-year-olds (80 percent), 4,700 for 13-year-olds (76 percent), and 4,600 for 17-year-olds (57 percent). For those taking the modified assessment, the sizes and rates were 7,500 for 9-year-olds (80 percent), 8,300 for 13-year-olds (76 percent), and 8,300 for 17-year-olds (56 percent).

Sample sizes for the reading/writing proficiency portion of the 1999 NAEP long-term trend study were 5,790 for 9-year-olds, 5,930 for 13-year-olds, and 5,290 for 17-year-olds. Overall participation rates were 80 percent, 74 percent, and 59 percent, respectively. Sample sizes for the mathematics/science portion of the 1999 long-term trend study were 6,030 for 9-year-olds, 5,940 for 13-year-olds, and 3,800 for 17-year-olds. Overall participation rates were 78 percent, 73 percent, and 59 percent for 9-year-olds, 13-year-olds, and 17-year-olds, respectively.

Main

In the main national NAEP, a nationally representative sample of students is assessed at grades 4, 8, and 12 in various academic subjects. The assessments change periodically and are based on frameworks developed by the National Assessment Governing Board (NAGB). Items include both multiple-choice and constructed-response (requiring written answers) items. Results are reported in two ways. Average scores are reported for the nation, for participating states and jurisdictions, and for subgroups of the population. In addition, the percentage of students at or above *Basic*, *Proficient*, and *Advanced* achievement levels is reported for these same groups. The achievement levels are developed by NAGB.

From 1990 until 2001, main NAEP was conducted for states and other jurisdictions that chose to participate (e.g., 45 participated in 2000). Prior to 1992, the national NAEP samples were not designed to support the reporting of accurate and representative state-level results. Separate representative samples of students were selected for each participating jurisdiction. State data are usually available at grade 4, grade 8, or both grades, and may not include all subjects assessed in the national-level assessment. In 1994, for example, NAEP assessed reading, geography, and history at the national level at grades 4, 8, and 12; however, only reading at grade 4 was assessed at the state level. In 1996, mathematics and science were assessed nationally at grades 4, 8, and 12; at the state level, mathematics was assessed at grades 4 and 8, and science was assessed at grade 8 only. In 1997, the arts were assessed only at the national level at grade 8. Reading and writing were assessed in 1998 at the national level for grades 4, 8, and 12 and at the state level for grades 4 and 8; civics was also assessed in 1998 at the national level for grades 4, 8, and 12. These assessments generally involved about 130,000 students at the national and state levels.

In 2002, under the provisions of the No Child Left Behind Act of 2001, all states began to participate in main NAEP and an aggregate of all state samples replaced the separate national sample. In 2002, students were assessed in reading and writing at grades 4, 8, and 12 for the national assessment and at grades 4 and 8 for the state assessment. In 2003, reading and mathematics were assessed at grades 4 and 8 for both national and state assessments.

The NAEP national samples in 2003 and 2005 were obtained by aggregating the samples from each state, rather than by obtaining an independently selected national sample. As a consequence, the size of the national sample increased, and smaller differences between scores across years or types of students were found to be statistically significant than would have been detected in previous assessments.

The main NAEP assessments are conducted separately from the long-term assessments. The 2000 mathematics assessment was administered to 13,510 4th-graders, 15,690 8th-graders, and 13,430 12th-graders. The response rates were 96 percent for 4th-graders, 92 percent for 8th-graders, and 77 percent for 12th-graders. The 2003 mathematics assessment was administered to 190,150 4th-graders and 153,190 8th-graders. About 172,000 4th-graders, 162,000 8th-graders, and over 21,000 12th-graders participated in the 2005 assessment. The 2007 math assessment was administered to approximately 197,700 4th-graders and 153,000 8th-graders. The response rates were 95 percent and 92 percent, respectively. The 2009 math assessment was administered to approximately 168,800 4th-graders and 161,700 8th-graders. The response rates were 95 percent and 93 percent, respectively.

In 2000, a reading assessment was administered to 77,910 4th-graders. The response rate was 96 percent. In 2002, a reading assessment was administered to 140,490 4th-graders, 115,180 8th-graders, and 14,720 12th-graders. The 2003 reading assessment was administered to 187,580 4th-graders and 155,180 8th-graders. Over 165,000 4th-graders, 159,000

8th-graders, and 21,000 12th-graders participated in the assessment in 2005. The 2007 reading assessment was administered to approximately 191,000 4th-graders and 160,700 8th-graders. The response rates were 95 percent and 92 percent, respectively. The 2009 reading assessment was administered to approximately 178,800 4th-graders and 160,900 8th-graders. The response rates were 95 percent and 93 percent, respectively.

In 1995–96, a science assessment was administered to 7,310 4th-graders, 7,770 8th-graders, and 7,540 12th-graders. The response rates were 94 percent for the 4th-graders, 94 percent for the 8th-graders, and 93 percent for the 12th-graders. In 2000, a science assessment was administered to 16,750 4th-graders, 16,840 8th-graders, and 15,880 12th-graders. The response rates were 96 percent for the 4th-graders, 92 percent for the 8th-graders, and 76 percent for the 12th-graders. More than 300,000 students in grades 4, 8, and 12 participated in the 2005 science assessment.

The 1993–94 geography assessment was administered to 5,510 4th-graders, 6,880 8th-graders, and 6,230 12th-graders. The response rates for the assessment were 93 percent for the 4th-graders, 93 percent for the 8th-graders, and 90 percent for the 12th-graders. The 2000–01 geography assessment was administered to 7,780 4th-graders, 10,040 8th-graders, and 9,660 12th-graders. The response rates were 95 percent for the 4th-graders, 93 percent for the 8th-graders, and 77 percent for the 12th-graders. The next geography assessment is scheduled for 2009–10.

The 1997–98 writing assessment was administered to 19,820 4th-graders, 20,590 8th-graders, and 19,510 12th-graders. The response rates were 95 percent for the 4th-graders, 92 percent for the 8th-graders, and 80 percent for the 12th-graders. The 2002 writing assessment was administered to 139,200 4th-graders, 118,500 8th-graders, and 18,500 12th-graders. The 2007 writing assessment was administered to 139,900 8th-graders and 27,900 12th-graders with response rates of 92 percent and 80 percent, respectively.

The 2006 U.S. history assessment, the first since 2001, was administered to over 29,000 students in grades 4, 8, and 12 nationwide. Students in public, private, Department of Defense, and Bureau of Indian Affairs schools were assessed.

The 2006 civics assessment was administered to approximately 25,000 students in grades 4, 8, and 12 nationwide. The response rates for the respective grades were 95 percent, 92 percent, and 72 percent. The previous civics assessment was in 1998.

In 2006, the first economics assessment was administered at grade 12. Results are based on a nationally representative sample of 11,500 12th-graders from 590 public and private schools. The student participation rate was 72 percent for public school students and 87 percent for private school students.

Trial Urban District Assessments

The Trial Urban District Assessment (TUDA) is designed to explore the feasibility of using NAEP to report on the performance of public school students at the district level. NAEP has administered the mathematics, reading, science, and writing assessments to samples of students in selected urban district public schools since 2002. The purpose of the TUDA is to allow reporting of NAEP results for large urban school districts and to allow the NAEP program to evaluate the usefulness of NAEP data to cities of different sizes and demographic compositions. The number of urban school districts participating has grown from 6 in 2002 to 18 in 2009. School districts vary in terms of whether the charter schools within their boundaries are independent of the districts. In 2007, charter schools were included in the TUDA district results if they were listed as part of the district's Local Education Agency in the NCES Common Core of Data. In 2009, charter schools were included in TUDA district results if they contribute to the district's AYP results as part of the Elementary and Secondary Education Act. This change had little or no impact on the 2007–09 average score differences of the TUDA districts. Most TUDA districts have higher combined percentages of Black and Hispanic students as well as higher percentages of low-income students than the nation as a whole.

All charter schools were included in the 2007 assessment if they were listed in the districts' Common Core of Data; however, in 2009 only those charter schools whose results were included in the Adequate Yearly Progress report were included in the TUDA results. This change had little or no impact on the 2007–09 average score differences, except for the District of Columbia at grade 8 for mathematics. The District of Columbia's 2007 grade 8 sample included 20 charter schools. All charter schools in the District of Columbia are independent of the school district, and none were included in their TUDA sample in 2009. The change in scores for the District of Columbia Public Schools that would have resulted from using comparable sample frames, i.e., excluding charter schools from the NAEP sample in both years, would have resulted in a statistically significant increase from 244 in 2007 to 251 in 2009, rather than the nonsignificant change from 248 to 251.

Information from NAEP is subject to both nonsampling and sampling errors. Two possible sources of nonsampling error are nonparticipation and instrumentation. Certain populations have been oversampled to ensure samples of sufficient size for analysis. Instrumentation nonsampling error could result from failure of the test instruments to measure what is being taught and, in turn, what the students are learning.

Further information on NAEP may be obtained from

Steven Gorman
Assessment Division
State Support and Constituency Outreach
National Center for Education Statistics
1990 K Street NW
Washington, DC 20006
steven.gorman@ed.gov
http://nces.ed.gov/nationsreportcard

National Education Longitudinal Study of 1988

The National Education Longitudinal Study of 1988 (NELS:88) was the third major secondary school student longitudinal study conducted by NCES. The two studies that preceded NELS:88—the National Longitudinal Study of the High School Class of 1972 (NLS:72) and the High School and Beyond Longitudinal Study (HS&B) in 1980—surveyed high school seniors (and sophomores in HS&B) through high school, postsecondary education, and work and family formation experiences. Unlike its predecessors, NELS:88 began with a cohort of 8th-grade students. In 1988, some 25,000 8th-graders, their parents, their teachers, and their school principals were surveyed. Follow-ups were conducted in 1990 and 1992, when a majority of these students were in the 10th and 12th grades, respectively, and then 2 years after their scheduled high school graduation, in 1994. A fourth follow-up was conducted in 2000.

NELS:88 was designed to provide trend data about critical transitions experienced by young people as they develop, attend school, and embark on their careers. It complements and strengthens state and local efforts by furnishing new information on how school policies, teacher practices, and family involvement affect student educational outcomes (i.e., academic achievement, persistence in school, and participation in postsecondary education). For the base year, NELS:88 included a multifaceted student questionnaire, four cognitive tests, a parent questionnaire, a teacher questionnaire, and a school questionnaire.

In 1990, when most of the students were in 10th grade, students, school dropouts, their teachers, and their school principals were surveyed. (Parents were not surveyed in the 1990 follow-up.) In 1992, when most of the students were in 12th grade, the second follow-up conducted surveys of students, dropouts, parents, teachers, and school principals. Also, information from the students' transcripts was collected. The 1994 survey data were collected when most sample members had completed high school. The primary goals of the 1994 survey were (1) to provide data for trend comparisons with NLS:72 and HS&B; (2) to address issues of employment and postsecondary access and choice; and (3) to ascertain how many dropouts had returned to school and by what route. The 2000 follow-up examined the educational and labor market outcomes of the 1988 cohort at a time of transition. Most had been out of high school 8 years; many had completed their postsecondary educations, were embarking on first or even second careers, and were starting families.

Further information on NELS:88 may be obtained from

Jeffrey Owings
Elementary/Secondary and Library Studies Division
National Center for Education Statistics
1990 K Street NW
Washington, DC 20006
jeffrey.owings@ed.gov
http://nces.ed.gov/surveys/nels88

National Household Education Surveys Program

The National Household Education Surveys Program (NHES) is a data collection system that is designed to address a wide range of education-related issues. Surveys have been conducted in 1991, 1993, 1995, 1996, 1999, 2001, 2003, 2005, and 2007. NHES targets specific populations for detailed data collection. It is intended to provide more detailed data on the topics and populations of interest than are collected through supplements to other household surveys.

The topics addressed by NHES:1991 were early childhood education and adult education. About 60,000 households were screened for NHES:1991. In the Early Childhood Education Survey, about 14,000 parents/guardians of 3- to 8-year-olds completed interviews about their children's early educational experiences. Included in this component were participation in nonparental care/education; care arrangements and school; and family, household, and child characteristics. In the NHES:1991 Adult Education Survey, about 9,800 people 16 years of age and older, identified as having participated in an adult education activity in the previous 12 months, were questioned about their activities. Data were collected on programs and up to four courses, including the subject matter, duration, sponsorship, purpose, and cost. Information on the household and the adult's background and current employment was also collected.

In NHES:1993, nearly 64,000 households were screened. Approximately 11,000 parents of 3- to 7-year-olds completed interviews for the School Readiness Survey. Topics included the developmental characteristics of preschoolers; school adjustment and teacher feedback to parents for kindergartners and primary students; center-based program participation; early school experiences; home activities with family members; and health status. In the School Safety and Discipline Survey, about 12,700 parents of children in grades 3 to 12 and about 6,500 youth in grades 6 to 12 were interviewed about their school experiences. Topics included the school learning environment, discipline policy, safety at school, victimization, the availability and use of alcohol/drugs, and alcohol/drug education. Peer norms for behavior in school and substance use were also included in this topical component. Extensive family and household background information was collected, as well as characteristics of the school attended by the child.

In NHES:1995, the Early Childhood Program Participation Survey and the Adult Education Survey were similar to those fielded in 1991. In the Early Childhood component, about 14,000 parents of children from birth to third grade were interviewed out of 16,000 sampled, for a completion rate of 90 percent. In the Adult Education Survey, about 25,000 adults were sampled and 80 percent (20,000) completed the interview.

NHES:1996 covered parent and family involvement in education and civic involvement. Data on homeschooling and school choice also were collected. The 1996 survey screened about 56,000 households. For the Parent and Family

Involvement in Education Survey, nearly 21,000 parents of children in grades 3 to 12 were interviewed. For the Civic Involvement Survey, about 8,000 youth in grades 6 to 12, about 9,000 parents, and about 2,000 adults were interviewed. The 1996 survey also addressed public library use. Adults in almost 55,000 households were interviewed to support state-level estimates of household public library use.

NHES:1999 collected end-of-decade estimates of key indicators from the surveys conducted throughout the 1990s. Approximately 60,000 households were screened for a total of about 31,000 interviews with parents of children from birth through grade 12 (including about 6,900 infants, toddlers, and preschoolers) and adults age 16 or older not enrolled in grade 12 or below. Key indicators included participation of children in nonparental care and early childhood programs, school experiences, parent/family involvement in education at home and at school, youth community service activities, plans for future education, and adult participation in educational activities and community service.

NHES:2001 included two surveys that were largely repeats of similar surveys included in earlier NHES collections. The Early Childhood Program Participation Survey was similar in content to the Early Childhood Program Participation Survey fielded as part of NHES:1995, and the Adult Education and Lifelong Learning Survey was similar in content to the Adult Education Survey of NHES:1995. The Before- and After-School Programs and Activities Survey, while containing items fielded in earlier NHES collections, had a number of new items that collected information about what school-age children were doing during the time they spent in child care or in other activities, what parents were looking for in care arrangements and activities, and parent evaluations of care arrangements and activities. Parents of approximately 6,700 children from birth through age 6 who were not yet in kindergarten completed Early Childhood Program Participation Survey interviews. Nearly 10,900 adults completed Adult Education and Lifelong Learning Survey interviews, and parents of nearly 9,600 children in kindergarten through grade 8 completed Before- and After-School Programs and Activities Survey interviews.

NHES:2003 included two surveys: the Parent and Family Involvement in Education Survey and the Adult Education for Work-Related Reasons Survey (the first administration). Whereas previous adult education surveys were more general in scope, this survey had a narrower focus on occupation-related adult education programs. It collected in-depth information about training and education in which adults participated specifically for work-related reasons, either to prepare for work or a career or to maintain or improve work-related skills and knowledge they already had. The Parent and Family Involvement Survey expanded on the first survey fielded on this topic in 1996. In 2003, screeners were completed with 32,050 households. About 12,700 of the 16,000 sampled adults completed the Adult Education for Work-Related Reasons Survey, for a response rate of 76 percent. For the Parent and Family Involvement in Education Survey, interviews were completed by the parents of about 12,400 of the 14,900 sampled children in kindergarten through grade 12, yielding a unit response rate of 83 percent.

NHES:2005 included surveys that covered adult education, early childhood program participation, and after-school programs and activities. Data were collected from about 8,900 adults for the Adult Education Survey, from parents of about 7,200 children for the Early Childhood Program Participation Survey, and from parents of nearly 11,700 children for the After-School Programs and Activities Survey. These surveys were substantially similar to the surveys conducted in 2001, with the exceptions that the Adult Education Survey addressed a new topic, informal learning activities for personal interest, and the Early Childhood Program Participation Survey and After-School Programs and Activities Survey did not collect information about before-school care for school-age children.

NHES:2007 fielded the Parent and Family Involvement in Education Survey and the School Readiness Survey. These surveys were similar in design and content to surveys included in the 2003 and 1993 collections, respectively. New features added to the Parent and Family Involvement Survey were questions about supplemental education services provided by schools and school districts (including use of and satisfaction with such services), as well as questions that would efficiently identify the school attended by the sampled students. New features added to the School Readiness Survey were questions that collected details about TV programs watched by the sampled children. For the Parent and Family Involvement Survey, interviews were completed with parents of 10,680 sampled children in kindergarten through grade 12, including 10,370 students enrolled in public or private schools and 310 homeschooled children. For the School Readiness Survey, interviews were completed with parents of 2,630 sampled children ages 3 to 6 and not yet in kindergarten. Parents who were interviewed about children in kindergarten through second grade for the Parent and Family Involvement Survey were also asked some questions about these children's school readiness.

Further information on NHES may be obtained from

Andrew Zukerberg
Early Childhood, International, and Crosscutting Studies Division
Early Childhood and Household Studies Program
National Center for Education Statistics
1990 K Street NW
Washington, DC 20006
andrew.zukerberg@ed.gov
http://nces.ed.gov/nhes

National Longitudinal Study of the High School Class of 1972

The National Longitudinal Study of the High School Class of 1972 (NLS:72) began with the collection of base-year survey data from a sample of about 19,000 high school seniors in the spring of 1972. Five follow-up surveys of these students were conducted in 1973, 1974, 1976, 1979, and 1986. NLS:72 was designed to provide the education community with information on the transitions of young adults from high school through postsecondary education and the workplace.

In addition to the follow-ups, a number of supplemental data collection efforts were made. For example, a Postsecondary Education Transcript Study (PETS) was conducted in 1984; in 1986, the fifth follow-up included a supplement for those who became teachers.

The sample design for NLS:72 was a stratified, two-stage probability sample of 12th-grade students from all schools, public and private, in the 50 states and the District of Columbia during the 1971–72 school year. During the first stage of sampling, about 1,070 schools were selected for participation in the base-year survey. As many as 18 students were selected at random from each of the sample schools. The sizes of both the school and student samples were increased during the first follow-up survey. Beginning with the first follow-up and continuing through the fourth follow-up, about 1,300 schools participated in the survey and slightly fewer than 23,500 students were sampled. The response rates for each of the different rounds of data collection were 80 percent or higher.

Sample retention rates across the survey years were quite high. For example, of the individuals responding to the base-year questionnaire, the percentages who responded to the first, second, third, and fourth follow-up questionnaires were about 94, 93, 89, and 83 percent, respectively.

Further information on NLS:72 may be obtained from

Aurora D'Amico
Postsecondary, Adult, and Career Education Division
Postsecondary Cooperative System, Analysis, and Dissemination Program
National Center for Education Statistics
1990 K Street NW
Washington, DC 20006
aurora.damico@ed.gov
http://nces.ed.gov/surveys/nls72

National Postsecondary Student Aid Study

The National Postsecondary Student Aid Study (NPSAS) is a comprehensive nationwide study of how students and their families pay for postsecondary education. It covers nationally representative samples of undergraduates, graduates, and first-professional students in the 50 states, the District of Columbia, and Puerto Rico, including students attending less-than-2-year institutions, community colleges, 4-year colleges, and major universities. Participants include students who do not receive aid and those who do receive financial aid. Study results are used to help guide future federal policy regarding student financial aid. NPSAS was conducted every 3 years. Beginning with the 1999–2000 study, NPSAS is conducted every 4 years. NPSAS:08 included a new set of instrument items to obtain baseline measures of the awareness of two new federal grants introduced in 2006: the Academic Competitiveness Grant (ACG) and the National Science and Mathematics Access to Retain Talent (SMART) grant.

The first NPSAS was conducted during the 1986–87 school year. Data were gathered from about 1,100 colleges, universities, and other postsecondary institutions; 60,000 students; and 14,000 parents. These data provided information on the cost of postsecondary education, the distribution of financial aid, and the characteristics of both aided and nonaided students and their families.

For NPSAS:93, information on 77,000 undergraduates and graduate students enrolled during the school year was collected at 1,000 postsecondary institutions. The sample included students who were enrolled at any time between July 1, 1992, and June 30, 1993. About 66,000 students and a subsample of their parents were interviewed by telephone. NPSAS:96 contained information on more than 48,000 undergraduate and graduate students from about 1,000 postsecondary institutions who were enrolled at any time during the 1995–96 school year. NPSAS:2000 included nearly 62,000 students (50,000 undergraduates and almost 12,000 graduate students) from 1,000 postsecondary institutions. NPSAS:04 collected data on about 80,000 undergraduates and 11,000 graduate students from 1,400 postsecondary institutions. For NPSAS:08, about 114,000 undergraduate students and 14,000 graduate students who were enrolled in postsecondary education during the 2007–08 school year were selected from more than 1,730 postsecondary institutions. The next cycle of NPSAS is scheduled for the 2011–12 school year.

Further information on NPSAS may be obtained from

Aurora D'Amico
Tracy Hunt-White
Postsecondary, Adult, and Career Education Division
National Center for Education Statistics
1990 K Street NW
Washington, DC 20006
aurora.damico@ed.gov
tracy.hunt-white@ed.gov
http://nces.ed.gov/npsas

National Study of Postsecondary Faculty

The National Study of Postsecondary Faculty (NSOPF) was designed to provide data about faculty to postsecondary researchers, planners, and policymakers. NSOPF is the most comprehensive study of faculty in postsecondary education institutions ever undertaken.

The first cycle of NSOPF (NSOPF:88) was conducted by NCES with support from the National Endowment for the Humanities (NEH) in 1987–88 with a sample of 480 colleges and universities, over 3,000 department chairpeople, and over 11,000 instructional faculty. The second cycle of NSOPF (NSOPF:93) was conducted by NCES with support from NEH and the National Science Foundation in 1992–93.

NSOPF:93 was limited to surveys of institutions and faculty, but with a substantially expanded sample of 970 colleges and universities and 31,350 faculty and instructional staff. The third cycle, NSPOF:99, included 960 degree-granting postsecondary institutions and approximately 18,000 faculty and instructional staff. The fourth cycle of NSOPF was conducted in 2003–04 and included 1,080 degree-granting postsecondary institutions and approximately 26,000 faculty and instructional staff.

Further information on NSOPF may be obtained from

Aurora D'Amico
Linda J. Zimbler
Postsecondary, Adult, and Career Education Division
Postsecondary Longitudinal and Sample Studies Program
National Center for Education Statistics
1990 K Street NW
Washington, DC 20006
aurora.damico@ed.gov
linda.zimbler@ed.gov
http://nces.ed.gov/surveys/nsopf

Private School Universe Survey

The purposes of the Private School Universe Survey (PSS) data collection activities are (1) to build an accurate and complete list of private schools to serve as a sampling frame for NCES sample surveys of private schools and (2) to report data on the total number of private schools, teachers, and students in the survey universe. Begun in 1989, the PSS has been conducted every 2 years, and data for the 1989–90, 1991–92, 1993–94, 1995–96, 1997–98, 1999–2000, 2001–02, 2003–04, 2005–2006, and 2007–08 school years have been released.

The PSS produces data similar to that of the CCD for public schools, and can be used for public-private comparisons. The data are useful for a variety of policy and research-relevant issues, such as the growth of religiously affiliated schools, the number of private high school graduates, the length of the school year for various private schools, and the number of private school students and teachers.

The target population for this universe survey is all private schools in the United States that meet the PSS criteria of a private school (i.e., the private school is an institution that provides instruction for any of grades K through 12, has one or more teachers to give instruction, is not administered by a public agency, and is not operated in a private home). The survey universe is composed of schools identified from a variety of sources. The main source is a list frame initially developed for the 1989–90 PSS. The list is updated regularly by matching it with lists provided by nationwide private school associations, state departments of education, and other national guides and sources that list private schools. The other source is an area frame search in approximately 124 geographic areas, conducted by the U.S. Census Bureau.

Further information on the PSS may be obtained from

Steve Broughman
Elementary/Secondary and Libraries Studies Division
Elementary/Secondary Sample Survey Studies Program
National Center for Education Statistics
1990 K Street NW
Washington, DC 20006
stephen.broughman@ed.gov
http://nces.ed.gov/surveys/pss

Projections of Education Statistics

Since 1964, NCES has published projections of key statistics for elementary and secondary schools and institutions of higher education. The latest report is titled *Projections of Education Statistics to 2019* (NCES 2011-017). These projections include statistics for enrollments, instructional staff, graduates, earned degrees, and expenditures. These reports include several alternative projection series and a methodology section describing the techniques and assumptions used to prepare them. Data in this edition of the *Digest* reflect the middle alternative projection series, except where specifically noted.

Differences between the reported and projected values are, of course, almost inevitable. An evaluation of past projections revealed that, at the elementary and secondary level, projections of enrollments have been quite accurate: mean absolute percentage differences for enrollment ranged from 0.3 to 1.3 percent for projections from 1 to 5 years in the future, while those for teachers were less than 3 percent. At the higher education level, projections of enrollment have been fairly accurate: mean absolute percentage differences were 5 percent or less for projections from 1 to 5 years into the future.

Further information on *Projections of Education Statistics* may be obtained from

William Hussar
Early Childhood, International, and Crosscutting Studies Division
Annual Reports Program
National Center for Education Statistics
1990 K Street NW
Washington, DC 20006
william.hussar@ed.gov
http://nces.ed.gov/annuals

Recent College Graduates Study

Between 1976 and 1991, NCES conducted periodic surveys of baccalaureate and master's degree recipients 1 year after graduation with the Recent College Graduates (RCG) Study. The RCG Study—which has been replaced by the Baccalaureate and Beyond Longitudinal Study (B&B) (see listing above)—concentrated on those graduates entering the teaching profession. The study linked respondents' major field of study with outcomes such as whether the respondent entered the labor force or was seeking additional education.

Labor force data collected included employment status (unemployed, employed part time, or employed full time), occupation, salary, career potential, relation to major field of study, and need for a college degree. To obtain accurate results on teachers, graduates with a major in education were oversampled. The last two studies oversampled education majors and increased the sampling of graduates with majors in other fields.

For each of the selected institutions, a list of graduates by major field of study was obtained, and a sample of graduates was drawn by major field of study. Graduates in certain major fields of study (e.g., education, mathematics, and physical sciences) were sampled at higher rates than were graduates in other fields. Roughly 1 year after graduation, the sample of graduates was located, contacted by mail or telephone, and asked to respond to the questionnaire.

The locating process was more detailed than that in most surveys. Nonresponse rates were directly related to the time, effort, and resources used in locating graduates, rather than to graduates' refusals to participate. Despite the difficulties in locating graduates, RCG response rates are comparable to studies that do not face problems locating their sample membership.

The 1976 study of 1974–75 college graduates was the first, and smallest, of the series. The sample consisted of about 210 schools, of which 200 (96 percent) responded. Of the approximately 5,850 graduates in the sample, 4,350 responded, for a response rate of 79 percent.

The 1981 study was somewhat larger, covering about 300 institutions and 15,850 graduates. Responses were obtained from 280 institutions, for an institutional response rate of 95 percent, and from 9,310 graduates (about 720 others were found not to meet eligibility requirements), for a response rate of 74 percent.

The 1985 study sampled about 400 colleges and 18,740 graduates, of whom 17,850 were found to be eligible. Responses were obtained from 13,200 graduates, for a response rate of 78 percent. The response rate for colleges was 98 percent. The 1987 study sampled 21,960 graduates. Responses were received from 16,880, for a response rate of nearly 80 percent.

The 1991 study sampled about 18,140 graduates of 400 bachelor's and master's degree-granting institutions, including 16,170 bachelor's degrees recipients and 1,960 master's degree recipients receiving diplomas between July 1, 1989, and June 30, 1990. Random samples of graduates were selected from lists stratified by field of study. Graduates in education, mathematics, and the physical sciences were sampled at a higher rate, as were graduates of various racial/ethnic groups, to provide a sufficient number of these graduates for analysis purposes. The graduates included in the sample were selected in proportion to the institution's number of graduates. The institutional response rate was 95 percent, and the graduate response rate was 83 percent.

Appendix table A-3 contains respondent counts for number of graduates, by field of study, for the 1976, 1981, 1985, 1987, and 1991 surveys.

Further information on the RCG Study may be obtained from

Aurora D'Amico
Postsecondary, Adult, and Career Education Division
Postsecondary Cooperative System, Analysis, and Dissemination Program
National Center for Education Statistics
1990 K Street NW
Washington, DC 20006
aurora.damico@ed.gov
http://nces.ed.gov/surveys/b&b

School Survey on Crime and Safety

The most recent School Survey on Crime and Safety (SSOCS) for which data are available was conducted by NCES in spring/summer of the 2007–08 school year. SSOCS focuses on incidents of specific crimes/offenses and a variety of specific discipline issues in public schools. It also covers characteristics of school policies, school violence prevention programs and policies, and school characteristics that have been associated with school crime. The survey was conducted with a nationally representative sample of regular public elementary, middle, and high schools in the 50 states and the District of Columbia. Special education, alternative, and vocational schools; schools in the other jurisdictions; and schools that taught only prekindergarten, kindergarten, or adult education were not included in the sample.

The sampling frame for the 2008 SSOCS was constructed from the public school universe file created for the 2007–08 Schools and Staffing Survey, which was derived from the 2005–06 Common Core of Data (CCD) Public Elementary/Secondary School Universe File. The sample was stratified by instructional level, type of locale (urbanicity), and enrollment size. The sample of schools in each instructional level was allocated to each of the 16 cells formed by the cross-classification of the four categories of enrollment size and four types of locale. The sample was allocated to each subgroup in proportion to the sum of the square roots of the total student enrollment in each school in that stratum. The effective sample size within each stratum was then inflated to account for nonresponse. Once the final sample sizes were determined for each of the 64 strata, the subgroups were sorted by region and racial/ethnic composition of enrollment, and an initial sample of 3,480 schools was selected. Of those schools, 2,560 completed the survey. In February 2008, questionnaires were mailed to school principals, who were asked to complete the survey or to have it completed by the person at the school most knowledgeable about discipline issues. The weighted overall response rate was 77.2 percent, and item nonresponse rates ranged from 0 to 28.0 percent. A nonresponse bias analysis was conducted on the 13 items with weighted item nonresponse rates greater than 15 percent, and it was determined that the increased potential for bias in these items was not enough to warrant their exclusion from the data file. Weights were developed to adjust for the variable probabilities of selection and differential nonresponse and can be used to produce national estimates for regular public schools in the 2007–08 school year.

For more information about the SSOCS, contact

Monica Hill
Elementary/Secondary and Libraries Studies Division
Elementary/Secondary Sample Survey Studies Program
National Center for Education Statistics
1990 K Street NW
Washington, DC 20006
monica.hill@ed.gov
http://nces.ed.gov/surveys/ssocs

Schools and Staffing Survey

The Schools and Staffing Survey (SASS) is a set of linked questionnaires used to collect data on the nation's public and private elementary and secondary teaching force, characteristics of schools and school principals, demand for teachers, and school/school district policies. SASS data are collected through a mail questionnaire with telephone follow-up. SASS was first conducted for NCES by the Census Bureau during the 1987–88 school year. SASS subsequently was conducted in 1990–91, 1993–94, 1999–2000, 2003–04, and 2007–08. The 1990–91, 1993–94, 1999–2000, 2003–04, and 2007–08 SASS also obtained data on Bureau of Indian Education (BIE) schools (schools funded or operated by the BIE). The universe of charter schools in operation in 1998–99 was given the Charter School Questionnaire to complete as part of the 1999–2000 SASS. In subsequent SASS administrations, charter schools were not administered a separate questionnaire, but were included in the public school sample. Another change in the 2003–04 administration included a revised data collection methodology using a primary in-person contact with the school with the aim of reducing the field follow-up phase. Also, school library media centers were surveyed only in the public and BIE schools. (See discussion on the School Library Media Centers Survey in "Library Statistics Program," above.)

The 2007–08 SASS estimates are based on a sample consisting of approximately 9,800 public schools, 2,940 private schools, and 180 BIE schools. The public school sample for the 2007–08 SASS was based on an adjusted public school universe file from the 2005–06 Common Core of Data (CCD), a database of all the nation's public school districts and public schools. The sampling frame includes regular public schools, Department of Defense-operated military base schools in the United States, and other schools such as special education, vocational, and alternative schools. SASS is designed to provide national estimates for public and private school characteristics and state estimates for school districts, public schools, principals, and teachers. In addition, the teacher survey is designed to allow comparisons between new and experienced teachers and between bilingual/English as a second language (ESL) teachers and other teachers.

The BIE sample consisted of all BIE schools that met the SASS definition of a school.

The private school sample for the 2007–08 SASS was selected from the 2005–06 Private School Universe Survey, supplemented with updates from state lists collected by the Census Bureau and lists by private school associations and religious denominations. Private school estimates are available at the national level and by private school affiliation.

In 2007–08, the weighted response rate for the Public School District Questionnaire was 87.8 percent. Weighted response rates for the Public School Principal Questionnaire, the Private School Principal Questionnaire, and the BIE-funded School Principal Questionnaire were 79.4 percent, 72.2 percent, and 79.2 percent, respectively.

Weighted response rates in 2007–08 for the Public School Questionnaire, the Private School Questionnaire, and the BIE-funded School Questionnaire were 80.4 percent, 75.9 percent, and 77.1 percent, respectively. The weighted overall response rates were 84.0 percent for public school teachers, 77.5 percent for private school teachers, and 81.8 percent for BIE-funded school teachers.

The Data Analysis System at http://nces.ed.gov/surveys/sass/das.asp may be used to access public school, public teacher, private school, and private teacher public-use data. There is also a methodology report on SASS, the *Quality Profile for SASS, Rounds 1–3: 1987–1995, Aspects of the Quality of Data in the Schools and Staffing Surveys (SASS)* (NCES 2000-308).

Further information on SASS may be obtained from

Kerry Gruber
Elementary/Secondary and Libraries Studies Division
Elementary/Secondary Sample Survey Studies Program
National Center for Education Statistics
1990 K Street NW
Washington, DC 20006
kerry.gruber@ed.gov
http://nces.ed.gov/surveys/sass

Teacher Follow-up Survey

The Teacher Follow-up Survey (TFS) is a SASS survey whose purpose is to determine how many teachers remain at the same school, move to another school, or leave the profession in the year following a SASS administration. It is administered to elementary and secondary teachers in the 50 states and the District of Columbia. The TFS uses two questionnaires, one for teachers who left teaching since the previous SASS administration and another for those who are still teaching either in the same school as last year or in a different school. The objective of the TFS is to focus on the characteristics of each group in order to answer questions about teacher mobility and attrition.

The 2008–09 TFS is different from any previous TFS administration in that it also serves as the second wave of a longitudinal study of first-year teachers. Because of this, the 2008–09 TFS consists of four questionnaires. Two are for respondents who were first-year public school teachers in the 2007–08 SASS and two are for the remainder of the sample.

Further information on the TFS may be obtained from

Freddie Cross
Elementary/Secondary and Libraries Studies Division
Elementary/Secondary Sample Survey Studies Program
National Center for Education Statistics
1990 K Street NW
Washington, DC 20006
freddie.cross@ed.gov
http://nces.ed.gov/surveys/sass/ovrv_whatstfs.asp

Other Department of Education Agencies

National Center for Special Education Research (NCSER)

The National Center for Special Education Research (NCSER) was created as part of the reauthorization of the Individuals with Disabilities Education Act (IDEA). NCSER sponsors a program of special education research designed to expand the knowledge and understanding of infants, toddlers, and children with disabilities. NCSER funds programs of research that address its mission. In order to determine which programs work, as well as how, why and in what settings, NCSER sponsors research on the needs of infants, toddlers, and children with disabilities and evaluates the effectiveness of services provided through IDEA.

The National Longitudinal Transition Study-2

The National Longitudinal Transition Study-2 (NLTS-2) is a follow-up of the original National Longitudinal Transition Study conducted from 1985 through 1993. NLTS-2 began in 2001 with a sample of special education students who were ages 13 through 16 and in at least 7th grade on December 1, 2000. The study will continue for 10 years and is designed to provide a national picture of these youths' experiences and achievements as they transition into adulthood. Data will be collected from parents, youth, and schools by survey, telephone interviews, student assessments, and transcripts.

NLTS-2 is designed to align with the original NLTS by including many of the same questions and data items, thus allowing comparisons between the NLTS and NLTS-2 youths' experiences. NLTS-2 also includes items that have been collected in other national databases to permit comparisons between NLTS-2 youth and the general youth population. Data is currently available for Waves 1 through 5.

Further information on NLTS-2 may be obtained from

Shu Jing Yen
National Center for Special Education Research
555 New Jersey Avenue NW
Washington, DC 20208
shujing.yen@ed.gov
http://www.nlts2.org/

Office for Civil Rights

Civil Rights Data Collection

The U.S. Department of Education's Office for Civil Rights (OCR) has surveyed the nation's public elementary and secondary schools since 1968. The survey was first known as the OCR Elementary and Secondary School (E&S) Survey; in 2004, it was renamed the Civil Rights Data Collection. The survey provides information about the enrollment of students in public schools in every state and about some education services provided to those students. These data are reported by race/ethnicity, sex, and disability.

Data in the survey are collected pursuant to 34 C.F.R. Section 100.6(b) of the Department of Education regulation implementing Title VI of the Civil Rights Act of 1964. The requirements are also incorporated by reference in Department regulations implementing Title IX of the Education Amendments of 1972, Section 504 of the Rehabilitation Act of 1973, and the Age Discrimination Act of 1975. School, district, state, and national data are currently available. Data from individual public schools and districts are used to generate projected national and state data.

In recent surveys, the sample has been approximately 6,000 districts and 60,000 schools; however, in 2000, data were collected from all public school districts. In sample surveys, the following districts are sampled with certainty: districts having more than 25,000 students; all districts in states having 25 or fewer public school districts; and districts subject to federal court order and monitored by the U.S. Department of Justice. The survey is conducted biennially (with few exceptions). Data currently are available from the 2006 survey.

Data marked with an exclamation point (!) have a nonresponse rate of more than 30 percent. Numbers should be used with caution due to large statistical uncertainty in the estimate. The methodology for flagging "large statistical uncertainties" is based on a standard error for each projected item.

Further information on the Civil Rights Data Collection can be obtained from

Mary Schifferli
Office for Civil Rights
U.S. Department of Education
550 12th Street SW
Washington, DC 20202
mary.schifferli@ed.gov
http://www.ed.gov/about/offices/list/ocr/data.html

Office of Special Education Programs

Annual Report to Congress on the Implementation of the Individuals With Disabilities Education Act

The Individuals With Disabilities Education Act (IDEA), formerly the Education of the Handicapped Act (EHA), requires the Secretary of Education to transmit to Congress annually a report describing the progress made in serving the nation's children with disabilities. This annual report contains information on children served by public schools under the provisions of Part B of the IDEA and on children served in state-operated programs for the disabled under Chapter I of the Elementary and Secondary Education Act.

Statistics on children receiving special education and related services in various settings and school personnel providing such services are reported in an annual submission of data to the Office of Special Education Programs (OSEP) by the 50 states, the District of Columbia, and the outlying areas. The child count information is based on the number of children with disabilities receiving special education and related services on December 1 of each year. Count information is available from http://www.ideadata.org.

Since each participant in programs for the disabled is reported to OSEP, the data are not subject to sampling error. However, nonsampling error can arise from a variety of sources. Some states follow a noncategorical approach to the delivery of special education services, but produce counts of students by disabling condition because Part B of the EHA requires it. In those states that do categorize their disabled students, definitions and labeling practices vary.

Further information on this annual report to Congress may be obtained from

Office of Special Education Programs
Office of Special Education and Rehabilitative Services
U.S. Department of Education
400 Maryland Ave., SW
Washington, DC 20202-7100
http://www.ed.gov/about/reports/annual/osep/index.html
http://www.ideadata.org

Office of Vocational and Adult Education, Division of Adult Education and Literacy

Enrollment Data for State-Administered Adult Education Programs

The Division of Adult Education and Literacy (DAEL) promotes programs that help American adults get the basic skills they need to be productive workers, family members, and citizens. The major areas of support are Adult Basic Education, Adult Secondary Education, and English Language Acquisition. These programs emphasize basic skills such as reading, writing, math, English language competency, and problem solving. Each year, DAEL reports enrollment numbers in state-administered adult education programs for these major areas of support for all 50 states, the District of Columbia, and the eight U.S. jurisdictions (American Samoa, the Federated States of Micronesia, Guam, the Marshall Islands, the Northern Marianas, Palau, Puerto Rico, and the U.S. Virgin Islands).

Further information on DAEL may be obtained from

Office of Vocational and Adult Education
Division of Adult Education and Literacy
U.S. Department of Education
400 Maryland Avenue SW
Washington, DC 20202
http://www.ed.gov/about/offices/list/ovae/pi/AdultEd/

Other Governmental Agencies

Bureau of Labor Statistics

Consumer Price Indexes

The Consumer Price Index (CPI) represents changes in prices of all goods and services purchased for consumption by urban households. Indexes are available for two population groups: a CPI for All Urban Consumers (CPI-U) and a CPI for Urban Wage Earners and Clerical Workers (CPI-W). Unless otherwise specified, data in the *Digest* are adjusted for inflation using the CPI-U. These values are frequently adjusted to a school-year basis by averaging the July through June figures. Price indexes are available for the United States, the four Census regions, size of city, cross-classifications of regions and size classes, and 26 local areas. The major uses of the CPI include as an economic indicator, as a deflator of other economic series, and as a means of adjusting income.

Also available is the Consumer Price Index research series using current methods (CPI-U-RS), which presents an estimate of the CPI-U from 1978 to the present that incorporates most of the improvements that the Bureau of Labor Statistics has made over that time span into the entire series. The historical price index series of the CPI-U does not reflect these changes, though these changes do make the present and future CPI more accurate. The limitations of the CPI-U-RS include considerable uncertainty surrounding the magnitude of the adjustments and the several improvements in the CPI that have not been incorporated into the CPI-U-RS for various reasons. Nonetheless, the CPI-U-RS can serve as a valuable proxy for researchers needing a historical estimate of inflation using current methods.

Further information on consumer price indexes may be obtained from

Bureau of Labor Statistics
U.S. Department of Labor
2 Massachusetts Avenue NE
Washington, DC 20212
http://www.bls.gov/cpi

Employment and Unemployment Surveys

Statistics on the employment and unemployment status of the population and related data are compiled by the Bureau of Labor Statistics (BLS) using data from the Current Population Survey (CPS) (see below) and other surveys. The Current Population Survey, a monthly household survey conducted by the U.S. Census Bureau for the Bureau of Labor Statistics, provides a comprehensive body of information on the employment and unemployment experience of the nation's population, classified by age, sex, race, and various other characteristics.

Further information on unemployment surveys may be obtained from

Bureau of Labor Statistics
U.S. Department of Labor
2 Massachusetts Avenue NE
Washington, DC 20212
cpsinfo@bls.gov
http://www.bls.gov/bls/employment.htm

Census Bureau

Census of Population—Education in the United States

Some tables in this report are based on a part of the decennial census that consists of questions asked of a one-in-six sample of people and housing units in the United States. This sample was asked more detailed questions about income, occupation, and housing costs, in addition to general demographic information.

School enrollment. People classified as enrolled in school reported attending a "regular" public or private school or college. They were asked whether the institution they attended was public or private and what level of school they were enrolled in.

Educational attainment. Data for educational attainment were tabulated for people ages 15 and older and classified according to the highest grade completed or the highest degree received. Instructions were also given to include the level of the previous grade attended or the highest degree received for people currently enrolled in school.

Poverty status. To determine poverty status, answers to income questions were used to make comparisons to the appropriate poverty threshold. All people except those who were institutionalized, people in military group quarters and college dormitories, and unrelated people under age 15 were considered. If the total income of each family or unrelated individual in the sample was below the corresponding cutoff, that family or individual was classified as "below the poverty level."

Further information on the 1990 and 2000 Census of Population may be obtained from

Population Division
Census Bureau
U.S. Department of Commerce
4600 Silver Hill Road
Washington, DC 20233
http://www.census.gov/main/www/cen1990.html
http://www.census.gov/main/www/cen2000.html

Current Population Survey

The Current Population Survey (CPS) is a monthly survey of about 60,000 households conducted by the U.S. Census Bureau for the Bureau of Labor Statistics. The CPS is the primary source of information of labor force statistics for the U.S. noninstitutionalized population (e.g., excludes military personnel and their families living on bases and inmates of institutions). In addition, supplemental questionnaires are used to provide further information about the U.S. population. Specifically, in October, detailed questions regarding school enrollment and school characteristics are asked. In March, detailed questions regarding income are asked.

The current sample design, introduced in July 2001, includes about 72,000 households. Each month about 58,900 of the 72,000 households are eligible for interview, and of those, 7 to 10 percent are not interviewed because of temporary absence or unavailability. Information is obtained each month from those in the household who are 15 years of age and older and demographic data are collected for children 0–14 years of age. Prior to July 2001, data were collected in the CPS from about 50,000 dwelling units. The samples are initially selected based on the decennial census files and are periodically updated to reflect new housing construction.

The estimation procedure employed for monthly CPS data involves inflating weighted sample results to independent estimates of characteristics of the civilian noninstitutional population in the United States by age, sex, and race. These independent estimates are based on statistics from decennial censuses; statistics on births, deaths, immigration, and emigration; and statistics on the population in the armed services. Generalized standard error tables are provided in the *Current Population Reports*; methods for deriving standard errors can be found within the CPS technical documentation at http://www.census.gov/apsd/techdoc/cps/cps-main.html. The CPS data are subject to both nonsampling and sampling errors.

Caution should also be used when comparing data from 1994 through 2001 with data from 1993 and earlier. Data from 1994 through 2001 reflect 1990 census-based population controls, while data from 1993 and earlier reflect 1980 or earlier census-based population controls. Also use caution when comparing data from 1994 through 2001 with data from 2002 onward, as data from 2002 reflect 2000 census-based controls. Changes in population controls generally have relatively little impact on summary measures such as means, medians, and percentage distributions. They can have a significant impact on population counts. For example, use of the 1990 census-based population control resulted in about a 1 percent increase in the civilian noninstitutional population and in the number of families and households. Thus, estimates of levels for data collected in 1994 and later years will differ from those for earlier years by more than what could be attributed to actual changes in the population. These differences could be disproportionately greater for certain subpopulation groups than for the total population.

Further information on CPS may be obtained from

Education and Social Stratification Branch
Population Division
Census Bureau
U.S. Department of Commerce
4600 Silver Hill Road
Washington, DC 20233
http://www.census.gov/cps

Dropouts

Each October, the Current Population Survey (CPS) includes supplemental questions on the enrollment status of the population ages 3 years and over as part of the monthly basic survey on labor force participation. In addition to gathering the information on school enrollment, with the limitations on accuracy as noted below under "School Enrollment," the survey data permit calculations of dropout rates. Both status and event dropout rates are tabulated from the October CPS. The *Digest* provides information using the status rate calculation. Event rates describe the proportion of students who leave school each year without completing a high school program. Status rates provide cumulative data on dropouts among all young adults within a specified age range. Status rates are higher than event rates because they include all dropouts ages 16 through 24, regardless of when they last attended school.

In addition to other survey limitations, dropout rates may be affected by survey coverage and exclusion of the institutionalized population. The incarcerated population has grown more rapidly and has a higher dropout rate than the general population. Dropout rates for the total population might be higher than those for the noninstitutionalized population if the prison and jail populations were included in the dropout rate calculations. On the other hand, if military personnel, who tend to be high school graduates, were included, it might offset some or all of the impact from the theoretical inclusion of the jail and prison population.

Another area of concern with tabulations involving young people in household surveys is the relatively low coverage ratio compared to older age groups. CPS undercoverage results from missed housing units and missed people within sample households. Overall CPS undercoverage for March 2008 is estimated to be about 12 percent. CPS undercoverage varies with age, sex, and race. Generally, undercoverage is larger for males than for females and larger for Blacks than for non-Blacks. For example, in 2008 the undercoverage ratio for Black 20- to 24-year-old males is 30 percent. The CPS weighting procedure partially corrects for the bias due to undercoverage. Further information on CPS methodology may be obtained from http://www.census.gov/cps.

Further information on the calculation of dropouts and dropout rates may be obtained from *High School Dropout and Completion Rates in the United States: 2007* at http://nces.ed.gov/pubsearch/pubsinfo.asp?pubid=2009064 or by contacting

Chris Chapman
Early Childhood, International, and Crosscutting Studies Division
Early Childhood and Household Studies Program
National Center for Education Statistics
1990 K Street NW
Washington, DC 20006
chris.chapman@ed.gov

Educational Attainment

Reports documenting educational attainment are produced by the Census Bureau using March CPS supplement (Annual Social and Economic Supplement [ASEC]) results. The sample size for the 2009 March supplement (including basic CPS) was about 72,000 households; about 58,700 were eligible for interview and about 54,100 interviews were completed. The latest release is *Educational Attainment in the United States: 2009*, which may be downloaded at http://www.census.gov/population/www/socdemo/education/cps2009.html.

In addition to the general constraints of CPS, some data indicate that the respondents have a tendency to overestimate the educational level of members of their household. Some inaccuracy is due to a lack of the respondent's knowledge of the exact educational attainment of each household member and the hesitancy to acknowledge anything less than a high school education. Another cause of nonsampling variability is the change in the numbers in the armed services over the years.

The March 2009 basic CPS response rate was 92.2 percent and the ASEC household-level response rate was 93.0 percent, for a total supplement response rate of 85.8 percent.

Further information on CPS's educational attainment may be obtained from the CPS website at

http://www.census.gov/cps.

Further information on CPS's educational attainment data may be obtained from

Education and Social Stratification Branch
Census Bureau
U.S. Department of Commerce
4600 Silver Hill Road
Washington, DC 20233
http://www.census.gov/hhes/socdemo/education

School Enrollment

Each October, the Current Population Survey (CPS) includes supplemental questions on the enrollment status of the population ages 3 years and over. Prior to 2001, the October supplement consisted of approximately 47,000 interviewed households. Beginning with the October 2001 supplement, the sample was expanded by 9,000 to a total of approximately 56,000 interviewed households. The main sources of nonsampling variability in the responses to the supplement are those inherent in the survey instrument. The question of current enrollment may not be answered accurately for various reasons. Some respondents may not know current grade information for every student in the household, a problem especially prevalent for households with members in college or in nursery school. Confusion over college credits or hours taken by a student may make it difficult to determine the year in which the student is enrolled. Problems may occur with the definition of nursery school (a group or class organized to provide educational experiences for children) where respondents' interpretations of "educational experiences" vary.

The October 2009 basic CPS household-level response rate was 92.1 percent and the school enrollment supplement person-level response rate was 93.8 percent. Since these rates are determined at different levels they cannot be combined to derive an overall response rate.

Further information on CPS methodology may be obtained from http://www.census.gov/cps.

Further information on the CPS School Enrollment Supplement may be obtained from

Education and Social Stratification Branch
Census Bureau
U.S. Department of Commerce
4600 Silver Hill Road
Washington, DC 20233
http://www.census.gov/population/www/socdemo/school.html

Annual Survey of State and Local Government Finances

The Census Bureau conducts an Annual Survey of State and Local Government Finances as authorized by law under Title 13, United States Code, Section 182. Periodic surveys of government finances have been conducted since 1902 and annually since 1952. This survey covers the entire range of government finance activities: revenue, expenditure, debt, and assets. Revenues and expenditures comprise actual receipts and payments of a government and its agencies, including government-operated enterprises, utilities, and public trust funds. The expenditure-reporting categories comprise all amounts of money paid out by a government and its agencies, with the exception of amounts for debt retirement and for loan, investment, agency, and private trust transactions.

Most of the federal government statistics are based on figures that appear in *The Budget of the United States Government*. Since the classification used by the Census Bureau for reporting state and local government finance statistics differs in a number of important respects from the classification used in the U.S. budget, it was necessary to adjust the federal data. For this report, federal budget expenditures include interest accrued, but not paid, during the fiscal year; Census data on interest are on a disbursement basis.

State government finances are based primarily on the annual Census Bureau Survey of Annual Survey of State and Local Government Finances. Census analysts compile figures from official records and reports of the state governments for most of the state financial data. States differ in the ways they administer activities; they may fund such activities directly, or they may disburse the money to a lower level government or government agency. Therefore, caution is advised when attempting to make a direct comparison between states on their state fiscal aid data.

The sample of local governments is drawn from the periodic (years ending in '2' and '7') Census of Governments and consists of certain local governments sampled with certainty plus a sample below the certainty level. Finance data for all school districts are collected on an annual basis and released through the NCES Common Core of Data system. A new sample is usually selected every 5 years (years ending in '4' and '9'), the most recent one being in fiscal year 2009. Data are available for fiscal year 2008.

The statistics in *Government Finances* that are based wholly or partly on data from the sample are subject to sampling error. State government finance data are not subject to sampling error. Estimates of major U.S. totals for local governments are subject to a computed sampling variability of less than one-half of 1 percent. The estimates are also subject to the inaccuracies in classification, response, and processing that would occur if a complete census had been conducted under the same conditions as the sample.

Further information on government finances may be obtained from

Governments Division
Census Bureau
U.S. Department of Commerce
4600 Silver Hill Road
Washington, DC 20233

Local government
govs.finstaff@census.gov

State government
govs.public.finance.analysis.b@census.gov
http://www.census.gov/govs

Survey of Income and Program Participation

The main objective of the Survey of Income and Program Participation (SIPP) is to provide accurate and comprehensive information about the income and program participation of individuals and households in the United States and about the principal determinants of income and program participation. SIPP offers detailed information on cash and noncash income on a subannual basis. The survey also collects data on taxes, assets, liabilities, and participation in government transfer programs. SIPP data allow the government to evaluate the effectiveness of federal, state, and local programs.

The survey design is a continuous series of national panels, with sample size ranging from approximately 14,000 to 36,700 interviewed households. The duration of each panel ranges from 2 1/2 years to 4 years. The SIPP sample is a multistage-stratified sample of the U.S. civilian noninstitutionalized population. For the 1984–93 panels, a new panel of households was introduced each year in February. A 4-year panel was introduced in April 1996. A 2000 panel was introduced in February 2000 for two waves, but was cancelled after 8 months. A 2.5-year panel was introduced in February 2004 and is the first SIPP panel to use the 2000 decennial-based redesign of the sample. All household members ages 15 years and over are interviewed by self-response, if possible. Proxy response is permitted when household members are not available for interviewing. The latest panel was selected in September 2008.

The SIPP content is built around a "core" of labor force, program participation, and income questions designed to measure the economic situation of people in the United States. These questions expand the data currently available on the distribution of cash and noncash income and are repeated at each interviewing wave. The survey uses a 4-month recall period, with approximately the same number of interviews being conducted in each month of the 4-month period for each wave. Interviews are conducted by personal visit and by decentralized telephone.

The survey has been designed to also provide a broader context for analysis by adding questions on a variety of topics not covered in the core section. These questions are labeled "topical modules" and are assigned to particular interviewing waves of the survey. Topics covered by the modules include personal history, child care, wealth, program eligibility, child support, utilization and cost of healthcare, disability, school enrollment, taxes, and annual income.

Further information on the SIPP may be obtained from

Economics and Statistics Administration
Census Bureau
U.S. Department of Commerce
4600 Silver Hill Road
Washington, DC 20233
http://www.census.gov/sipp/overview.html

Institute of Museum and Library Statistics (IMLS)

On October 1, 2007, the administration of the Public Libraries Survey (PLS) and the State Library Agencies (StLA) Survey was transferred from the National Center for Education Statistics to the Institute of Museum and Library Statistics (IMLS). The transfer of these surveys is the result of the fiscal year 2007 President's budget request.

Library Statistics

Public library statistics were collected annually by NCES using the PLS and disseminated annually through the Federal-State Cooperative System (FSCS) for Public Library Data. Descriptive statistics were produced for over 9,200 public libraries. The PLS included information about staffing; operating income and expenditures; type of governance; type of administrative structure; size of collection; and service measures such as reference transactions, public service hours, interlibrary loans, circulation, and library visits. In FSCS, respondents supplied the information electronically, and data were edited and tabulated in machine-readable form.

The respondents were 9,200 public libraries identified in the 50 states and the District of Columbia by state library agencies. At the state level, FSCS was administered by State Data Coordinators, appointed by the Chief Officer of each State Library Agency. The State Data Coordinator collected the requested data from local public libraries and submitted these data to NCES. An annual training conference sponsored by NCES was provided for the State Data Coordinators. All 50 states and the District of Columbia submitted data for individual public libraries, which were also aggregated to state and national levels.

From 1994 through 2006, NCES conducted the StLA Survey for the 50 states and the District of Columbia. A state library agency is the official agency of a state that is charged by state law with the extension and development of public library services throughout the state and that has adequate authority under state law to administer state plans in accordance with the provisions of the Library Services and Technology Act (LSTA) of 2003. The StLA Survey collected data on services, collections, staffing, revenue, and expenditures.

Further information on the Public Library Survey and State Library Agency Survey can be obtained from

Institute of Museum and Library Services
Office of Policy, Planning, Research, and Communication
Research and Statistics Division
1800 M Street NW, 9th Floor
Washington, DC 20036-5802
imlsinfo@imls.gov
http://harvester.census.gov/imls/index.asp

National Institute on Drug Abuse

Monitoring the Future Study

The National Institute on Drug Abuse of the U.S. Department of Health and Human Services is the primary supporter of the long-term study entitled "Monitoring the Future: A Continuing Study of the Lifestyles and Values of Youth," conducted by the University of Michigan Institute for Social Research. One component of the study deals with student drug abuse. Results of the national sample survey have been published annually since 1975. With the exception of 1975, when about 9,400 students participated in the survey, the annual samples comprise roughly 16,000 students in 133 public and private schools. Students complete self-administered questionnaires given to them in their classrooms by University of Michigan personnel. Each year, 8th-, 10th-, and 12th-graders are surveyed (12th-graders since 1975, and 8th- and 10th-graders since 1991). The 8th- and 10th-grade surveys are anonymous, while the 12th-grade survey is confidential. The 10th-grade samples involve about 17,000 students in 140 schools each year, while the 8th-grade samples have approximately 18,000 students in about 150 schools. In all, approximately 50,000 students from about 420 public and private secondary schools are surveyed annually. Over the years, the response rates have varied from 87 to 91 percent, 85 to 88 percent, and 77 to 86 percent for 8th-, 10th-, and 12th-graders. Beginning with the class of 1976, a randomly selected sample from each senior class has been followed in the years after high school on a continuing basis.

Understandably, there is some reluctance to admit illegal activities. Also, students who are out of school on the day of the survey are nonrespondents, and the survey does not include high school dropouts. The inclusion of absentees and dropouts would tend to increase the proportion of individuals who had used drugs. A 1983 study found that the inclusion of absentees could increase some of the drug usage estimates by as much as 2.7 percentage points. (Details on that study and its methodology were published in *Drug Use Among American High School Students, College Students, and Other Young Adults*, by L.D. Johnston, P.M. O'Malley, and J.G. Bachman, available from the National Clearinghouse on Drug Abuse Information, 5600 Fishers Lane, Rockville, MD 20857.)

Further information on the Monitoring the Future drug abuse survey may be obtained from

National Institute on Drug Abuse
Services and Prevention Research (DESPR)
6001 Executive Boulevard
Rockville, MD 20892
MTFinfo@isr.umich.edu
http://www.monitoringthefuture.org

National Science Foundation

Survey of Federal Funds for Research and Development

The annual federal funds survey is the primary source of information about federal funding for research and development (R&D) in the United States. It is used by policymakers in the executive and legislative branches of the federal government in determining policies, laws, and regulations affecting science; it is also used by those who follow science trends in every sector of the economy, including university administrators and professors, economic and political analysts, R&D managers inside and outside the government, the science press, and leading members of the science community in the United States and around the world.

The survey is completed by the 15 federal departments and their 72 subagencies and 12 independent agencies that conduct R&D programs. The sample is obtained from information in the President's budget submitted to Congress.

Federal funds data, as collected, span 3 government fiscal years: the fiscal year just completed, the current fiscal year, and the next fiscal year. Actual data are collected for the year just completed; estimates are obtained for the current fiscal year and the next fiscal year.

The data is collected and managed online; this system was designed to help improve survey reporting by offering respondents direct online reporting and editing.

The federal funds survey has a response rate of 100 percent with no known item nonresponse. The information included in this survey has been stable since fiscal year 1973, when federal obligations for research to universities and colleges by agency and detailed science and engineering fields were added to the survey.

Further information on federal funds for research and development may be obtained from

Michael Yamaner
Research and Development Statistics Program
Division of Science Resources Statistics
National Science Foundation
4201 Wilson Boulevard
Arlington, VA 22230
http://www.nsf.gov/statistics

Survey of Earned Doctorates

The Survey of Earned Doctorates (SED) has collected basic statistics from the universe of doctoral recipients in the United States each year since 1958. It is supported by six federal agencies: the National Science Foundation, in conjunction with the U.S. Department of Education; the National Endowment for the Humanities; the U.S. Department of Agriculture; the National Institutes of Health; and the National Aeronautics and Space Administration.

With the assistance of graduate deans, a survey form is distributed to each person completing the requirements for a first research doctorate. Of the 48,079 new research doctorates granted between July 1, 2007, and June 30, 2008, 92 percent of degree recipients responded. The questionnaire obtains information on sex, race/ethnicity, marital status, citizenship, disabilities, dependents, specialty field of doctorate, educational institutions attended, time spent in completion of doctorate, financial support, education debt, postgraduation plans, and educational attainment of parents.

Further information on the Survey of Earned Doctorates may be obtained from

Mark Fiegener
SED Project Officer
Human Resources Statistics Program
Division of Science Resources Studies
National Science Foundation
4201 Wilson Boulevard
Arlington, VA 22230
mfiegene@nsf.gov
http://www.nsf.gov/statistics/srvydoctorates
http://www.norc.org/projects/survey+of+earned+doctorates.htm

Survey of Graduate Students and Postdoctorates in Science and Engineering

The Survey of Graduate Students and Postdoctorates in Science and Engineering, also known as the graduate student survey (GSS), is an annual survey of all academic institutions in the U.S. and its territories that grant research-based master's degrees or doctorates, appoint postdocs, or employ doctorate-holding nonfaculty researchers in science and engineering and selected health fields. It is an institution-based survey that provides data on the number and characteristics of graduate science, engineering, and health students enrolled in approximately 600 U.S. academic institutions.

Data for the 2008 GSS were collected at the beginning of academic year 2007–08. This survey includes all branch campuses, affiliated research centers, and separately organized components—such as medical or dental schools, nursing schools, and schools of public health—from all academic institutions that offer doctor's and master's degree programs. Only those graduate students enrolled for credit in a master's or doctoral program in science or engineering in the fall of 2007 were included in the survey. M.D., D.O., D.V.M., or D.D.S. candidates, interns, and residents were counted if they were concurrently working on a master's or doctoral degree in science or engineering or were enrolled in a joint medical/Ph.D. program.

The 2008 survey universe consists of 579 institutions, including 376 doctorate-granting institutions and 203 master's-granting institutions. There are 708 schools affiliated with these institutions: 505 at doctorate-granting institutions and 203 at master's-granting institutions.

New procedures to improve coverage of GSS-eligible units were introduced in the 2007 survey cycle and were continued in the 2008 GSS. Increased emphasis was given to updating the unit list by providing an exhaustive list of GSS-eligible programs within existing GSS fields. In previous years, only a representative list was provided for each GSS field, which may have resulted in not reporting all eligible units. The set of GSS-eligible fields was also modified. Due to these changes data for 2007 and 2008 are not directly comparable with data from previous years.

Further information on the Survey of Graduate Students and Postdoctorates in Science and Engineering may be obtained from

Emilda Rivers
Division of Science Resources Statistics
National Science Foundation
4201 Wilson Boulevard, Suite 965
Arlington, VA 22230
erivers@nsf.gov
http://www.nsf.gov/statistics/survey.cfm

Substance Abuse and Mental Health Services Administration

National Survey on Drug Use and Health

Conducted by the federal government since 1971, the National Survey on Drug Use and Health (NSDUH) is an annual survey (since 1991) of the civilian, noninstitutionalized population of the United States age 12 or older. It is the primary source of information on the prevalence, patterns, and consequences of alcohol, tobacco, and illegal drug use and abuse. The survey collects data by administering questionnaires to a representative sample of the population (since 1999, the NSDUH interview has been carried out using computer-assisted interviewing). NSDUH collects information from residents of households, noninstitutional group quarters, and civilians living on military bases. The main results of the NSDUH present national estimates of rates of use, numbers of users, and other measures related to illicit drugs, alcohol, and tobacco products.

Prior to 2002, the survey was called the National Household Survey on Drug Abuse (NHSDA). Because of improvements to the survey in 2002, the data from 2002 onward should not be compared with NHSDA data from 2001 and earlier as a method of assessing changes in substance use over time. The 2008 NSDUH screened 142,940 addresses, and 68,740 completed interviews were obtained. The survey was conducted from January through December 2008. Weighted response rates were 89.0 percent for household screening and 74.4 percent for interviewing. The 2005 NSDUH was the first in a coordinated 5-year sample design providing estimates for all 50 states and the District of Columbia for the years 2005 through 2009. Because the 2005 design enables estimates to be developed by state, states may be viewed as the first level of stratification, as well as a reporting variable.

Further information on the 2007 NSDUH may be obtained from

SAMHSA, Office of Applied Studies
1 Choke Cherry Road, Room 7-1044
Rockville, MD 28057
http://www.oas.samhsa.gov/nsduh.htm

Other Organization Sources

ACT

ACT assessment

The ACT assessment is designed to measure educational development in the areas of English, mathematics, social studies, and natural sciences. The ACT assessment is taken by college-bound high school students and by all graduating seniors in Colorado and Illinois. The test results are used to predict how well students might perform in college.

Prior to the 1984–85 school year, national norms were based on a 10-percent sample of the students taking the test. Since then, national norms are based on the test scores of all students taking the test. Beginning with 1984–85, these norms have been based on the most recent ACT scores available from students scheduled to graduate in the spring of the year. Duplicate test records are no longer used to produce national figures.

Separate ACT standard scores are computed for English, mathematics, science reasoning, and, as of October 1989, reading. ACT standard scores are reported for each subject area on a scale from 1 to 36. In 2010, the national composite score (the simple average of the four ACT standard scores 21.0, with a standard deviation of 5.2. The tests emphasize reasoning, analysis, problem solving, and the integration of learning from various sources, as well as the application of these proficiencies to the kinds of tasks college students are expected to perform.

It should be noted that graduating students who take the ACT assessment are not necessarily representative of graduating students nationally. Students who live in the Midwest, Rocky Mountains, Plains, and South are overrepresented among ACT-tested students as compared to graduating students nationally. These students more often attend public colleges and universities, which require the ACT assessment more often than the SAT test.

Further information on the ACT may be obtained from

ACT
500 ACT Drive
P.O. Box 168
Iowa City, IA 52243
http://www.act.org

American Council on Education

General Educational Development Tests

One of the American Council on Education's (ACE) programs and services is the General Educational Development Testing Service (GEDTS), which develops and distributes General Educational Development (GED) Tests. A GED credential documents high school-level academic skills. It was first administered in 1942 to returning World War II veterans and first administered to civilians in 1947. ACE publishes the *GED Testing Program Statistical Report*. This report looks at those who take the GED, test performance statistics, and historical information on the GED testing program. Attempting to make comparisons across jurisdictions is problematic since each jurisdiction manages its own GED testing program. As such, each jurisdiction develops its own policies, which would be reflected in its testing program outcomes, such as pass rates.

Further information on the GED may be obtained from

American Council on Education
One Dupont Circle NW
Washington, DC 20036
http://www.acenet.edu
http://www.gedtest.org

College Entrance Examination Board

SAT

The Admissions Testing Program of the College Board is made up of a number of college admissions tests, including the Preliminary Scholastic Assessment Test (PSAT) and the Scholastic Assessment Test, now known as the SAT. High school students participate in the testing program as sophomores, juniors, or seniors—some more than once during these 3 years. If they have taken the tests more than once, only the most recent scores are tabulated. The PSAT and SAT report subscores in the areas of mathematics and verbal ability.

The SAT results are not representative of high school students or college-bound students nationally, since the sample is self-selected (i.e., taken by students who need the results to apply to a particular college or university). Public colleges in many states, particularly in the Midwest, parts of the South, and the West, require ACT scores rather than SAT scores. The proportion of students taking the SAT in these states is very low and is inappropriate for comparison. In recent years, more than 1.4 million high school students have taken the SAT examination annually. The latest version of the SAT, which includes a writing component, was first administered in March 2005.

Further information on the SAT can be obtained from

College Entrance Examination Board
45 Columbus Ave.
New York City, NY 10023
http://www.collegeboard.com/

Commonfund Institute

Higher Education Price Index

Commonfund Institute took over management of the Higher Education Price Index (HEPI) in September 2004 from Research Associates of Washington, which originated the index in 1961. HEPI measures average changes in prices of goods and services purchased by colleges and universities through educational and general expenditures. Sponsored research and auxiliary enterprises are not priced by HEPI.

HEPI is based on the prices (or salaries) of faculty and of administrators and other professional service personnel; clerical, technical, service, and other nonprofessional personnel; and contracted services, such as data processing, communication, transportation, supplies and materials, equipment, books and periodicals, and utilities. These represent the items purchased for current operations by colleges and universities. Prices for these items are obtained from salary surveys conducted by various national higher education associations, the American Association of University Professors, the Bureau of Labor Statistics, and the National Center for Education Statistics; and from components of the Consumer Price Index (CPI) and the Producer Price Index (PPI) published by the U.S. Department of Labor, Bureau of Labor Statistics.

The quantities of these goods and services have been kept constant based on the 1971–72 buying pattern of colleges and universities. The weights assigned to the various items, which represent their relative importance in the current-fund educational and general budget, are estimated national averages. Variance in spending patterns of individual institutions from these national averages reduces only slightly the applicability of HEPI to any given institutional situation. Modest differences in the weights attached to expenditure categories have little effect on overall index values. This is because HEPI is dominated by the trend in faculty salaries and similar salary trends for other personnel hired by institutions, which minimizes the impact of price changes in other items purchased in relatively small quantities.

Further information on HEPI may be obtained from

Commonfund Institute
15 Old Danbury Road
Wilton, CT 06897
http://www.commonfund.org

Council for Aid to Education

Survey of Voluntary Support of Education

The Council for Aid to Education, Inc. (CAE) is a not-for-profit corporation funded by contributions from businesses. CAE largely provides consulting and research services to corporations and information on voluntary support services to education institutions. Each year, CAE conducts a survey of colleges and universities and private elementary and secondary schools to obtain information on the amounts, sources, and purposes of private gifts, grants, and bequests received during the academic year.

The annual Voluntary Support of Education (VSE) survey consistently captures about 85 percent of the total voluntary support to colleges and universities in the United States. Institutional reports of voluntary support data from the VSE survey are more comprehensive and detailed than the related data in the Integrated Postsecondary Education Data System (IPEDS) Finance survey conducted by NCES.

The VSE survey is conducted online. All accredited institutions of higher education are eligible to participate, and about a quarter of these institutions fill out a survey each year. CAE reviews the survey forms for internal consistency, queries institutions whose data appear out of line with national trends or their own historical data, and makes an effort to clean the data before preparing a computerized database of the results.

Individual institutions and several state systems of higher education use the VSE data to monitor and analyze their fundraising results. CAE uses the data to develop national estimates of giving to education and to report in detail on private support of education. The results from the VSE survey are available to subscribers online and are also published in the annual *Voluntary Support of Education* report, which may be purchased from CAE.

Further information on the VSE survey may be obtained from

Ann Kaplan
Council for Aid to Education, Inc.
215 Lexington Avenue
21st Floor
New York, NY 10016
vse@cae.org
http://www.cae.org

Council of Chief State School Officers

State Education Indicators

The Council of Chief State School Officers (CCSSO) is a nonpartisan, nationwide, nonprofit organization of the public officials who head departments of public education in the states, the District of Columbia, the U.S. Department of Defense dependents schools, and five outlying areas. The CCSSO Education Indicators project provides leadership in developing a system of state-by-state indicators of the condition of K–12 education. Indicator activities include collecting and reporting statistical indicators by state, tracking state policy changes, assisting with accountability systems, and conducting analysis of trends in education. *Key State Education Policies on PK–12 Education* is one of the publications issued by the State Educators Project. It is intended to inform policymakers and educators about the current status of key education policies that define and shape elementary and secondary education in public schools in the nation. State education staff reported on current policies through a survey, and CCSSO staff collected additional assessment information through state websites.

Further information on CCSSO publications may be obtained from

Rolf Blank
State Education Indicators Program
Council of Chief State School Officers
One Massachusetts Avenue NW
7th Floor
Washington, DC 20001
rolfb@ccsso.org
http://www.ccsso.org

Education Commission of the States

StateNotes

Education Commission of the States (ECS) regularly issues compilations, comparisons, and summaries of state policies—enacted or pending—on a number of education issues, including high school graduation requirements and school term information. ECS monitors state education activities for changes in education policies and updates ECS state information accordingly.

Further information on StateNotes may be obtained from

Education Commission of the States
700 Broadway, #810
Denver, CO 80203-3442
ecs@ecs.org
http://www.ecs.org

Graduate Record Examinations Board

GRE tests

Graduate Record Examinations (GRE) tests are taken by individuals applying to graduate or professional school. GRE offers two types of tests, the General Test and Subject Tests. The General Test, which is mainly taken on computer, measures verbal, quantitative, and analytical writing skills. The writing section consists of two analytical writing tasks, which replaced the analytical reasoning section on the general GRE after December 31, 2002. The Subject Tests measure achievement in subject areas that include biochemistry, cell and molecular biology, biology, chemistry, computer science, literature in English, mathematics, physics, and psychology. Each graduate institution or division of the institution determines which GRE tests are required for admission.

Individuals may take GRE tests more than once. Score reports only reflect scores earned within the past 5-year period.

Further information on the GRE may be obtained from

Graduate Record Examinations Board
Educational Testing Service
P.O. Box 6000
Princeton, NJ 08541
http://www.ets.org/gre/

Institute of International Education

Open Doors

Each year, the Institute of International Education (IIE) conducts a survey of the number of foreign students studying in American colleges and universities and U.S. students studying abroad. The results of these surveys are reported in the publication *Open Doors*. All of the regionally accredited institutions in NCES's Integrated Postsecondary Education Data System (IPEDS) are surveyed by IIE. The foreign student enrollment data presented in the *Digest* are drawn from IIE surveys that ask institutions for information on enrollment of foreign students, as well as student characteristics such as country of origin. For the 2008–09 survey, approximately 66.1 percent of the 2,866 institutions surveyed reported data.

The flows of U.S. college students studying abroad have been surveyed since 1985–86. Surveys are sent to institutions asking them to provide information on the number and characteristics of the students to whom they awarded credit for study abroad during the previous academic year. Data was obtained from about 990, or 73.5 percent, of the 1,340 institutions surveyed.

Additional information can be obtained from the publication *Open Doors* or by contacting

Sharon Witherell
Institute of International Education–Public Affairs
809 United Nations Plaza
New York, NY 10017
switherell@iie.org
http://www.iie.org/en/Research-and-Publications/Open-Doors

International Association for the Evaluation of Educational Achievement

The International Association for the Evaluation of Educational Achievement (IEA) is composed of governmental research centers and national research institutions around the world whose aim is to investigate education problems common among countries. Since its inception in 1958, the IEA has conducted more than 23 research studies of cross-national achievement. The regular cycle of studies encompasses learning in basic school subjects. Examples are the Trends in International Mathematics and Science Study (TIMSS) and the Progress in International Reading Literacy Study (PIRLS). IEA projects also include studies of particular interest to IEA members, such as the TIMSS 1999 Video Study of Mathematics and Science Teaching, the Civic Education Study, and studies on information technology in education and preprimary education.

Further information on the International Association for the Evaluation of Educational Achievement may be obtained from

http://www.iea.nl

Trends in International Mathematics and Science Study

The Trends in International Mathematics and Science Study (TIMSS, formerly known as the Third International Mathematics and Science Study) provides reliable and timely data on the mathematics and science achievement of U.S. students compared with that of students in other countries. TIMSS data have been collected in 1995, 1999, 2003, and 2007. TIMSS collects information through mathematics and science achievement tests and questionnaires. The questionnaires request information to help provide a context for the performance scores, focusing on such topics as students' attitudes and beliefs about learning; students' habits and homework and their lives both in and outside of school; teachers' attitudes and beliefs about teaching and learning, teaching assignments, class size and organization, instructional practices, and participation in professional development activities; and principals' viewpoints on policy and budget responsibilities, curriculum and instruction issues, and student behavior, as well as descriptions of the organization of schools and courses. The assessments and questionnaires are designed to specifications in a guiding framework. The TIMSS framework describes the mathematics and science content to be assessed by providing grade-specific objectives, an overview of the assessment design, and guidelines for item development.

Each participating country, like the United States, is required to draw random samples of schools. In the United States, a national probability sample drawn for each study has resulted in over 500 schools and approximately 33,000 students participating in 1995, 220 schools and 9,000 students participating in 1999, 480 schools and almost 19,000 students participating in 2003, and nearly 500 schools and over 15,000 students participating in 2007. In 2007, countries that had participated in TIMSS 2003 were required to increase the size of their student samples to provide data for a bridge study. Accommodations were not provided for students with disabilities or students who were unable to read or speak the language of the test. These students were excluded from the sample. This sample design ensures the appropriate number of schools and students are participating to provide a representative sample of the students in a specific grade in the United States as a whole.

The 2007 U.S. fourth-grade sample achieved an initial school response rate of 70 percent (weighted), with a school response rate of 89 percent after replacement schools were added. From the schools that agreed to participate, students were sampled in intact classes. A total of 9,000 fourth-grade students were sampled for the assessment, and about 7,900 participated, for a 95 percent student response rate. The resulting fourth-grade overall response rate, with replacements included, was 84 percent. The U.S. eighth-grade sample achieved an initial school response rate of 68 percent, with a school response rate of 83 percent after replacement schools were added. A total of 8,450 students were sampled for the eighth-grade assessment, and 7,380 completed the assessment, for a 93 percent student response rate. The resulting eighth-grade overall response rate, with replacements included, was 77 percent. The next study will take place in 2011.

Further information on the study may be obtained from

Patrick Gonzales
Early Childhood, International, and Crosscutting Studies Division
International Activities Program
National Center for Education Statistics
1990 K Street NW
Washington, DC 20006
patrick.gonzales@ed.gov
http://nces.ed.gov/timss

National Association of State Directors of Teacher Education and Certification

NASDTEC Manual/KnowledgeBase

The National Association of State Directors of Teacher Education and Certification (NASDTEC) was organized in 1928 to represent professional standards boards and commissions and state departments of education that are responsible for the preparation, licensure, and discipline of educational personnel. Currently, NASDTEC's membership includes all 50 states, the District of Columbia, the U.S. Department of Defense Education Activity, U.S. jurisdictions, and Canadian provinces and territories.

The *NASDTEC Manual on the Preparation & Certification of Educational Personnel (NASDTEC Manual)* was printed between 1984 and 2004, when it was replaced by an online publication, KnowledgeBase. This is an expanded version of the *Manual* and is the most comprehensive source of state-by-state information pertaining to the certification requirements and preparation of teachers and other school personnel in the United States and Canada.

Further information on KnowledgeBase may be obtained from

Roy Einreinhofer, Executive Director
NASDTEC
1225 Providence Rd., PMB #116
Whitinsville, MA 01588
rje@nasdtec.com
http://www.nasdtec.info

National Catholic Educational Association

The United States Catholic Elementary and Secondary Schools

The National Catholic Educational Association (NCEA) has been providing leadership and service to Catholic education since 1904. NCEA began to publish *The United States Catholic Elementary and Secondary Schools: Annual Statistical Report on Schools, Enrollment and Staffing* in 1970 because of the lack of educational data on the private sector. The report is based on data gathered by each of the 176 archdiocesan and diocesan offices of education in the United States. These data enable NCEA to present information on school enrollment and staffing patterns for prekindergarten through grade 12. The first part of the report presents data concerning the context of American education, while the following segment focuses on statistical data of Catholic schools. Statistics include enrollment by grade level, race/ethnicity, and affiliation.

Further information on *The United States Catholic Elementary and Secondary Schools: Annual Statistical Report on Schools, Enrollment, and Staffing* may be obtained from

Sister Dale McDonald
National Catholic Educational Association
1005 N. Glebe Rd.
Suite 525
Arlington, VA 22201
mcdonald@ncea.org
http://www.ncea.org

National Education Association

Estimates of School Statistics

The National Education Association (NEA) produces *Estimates of School Statistics* annually. This report provides projections of public school enrollment, employment and personnel compensation, and finances, as reported by individual state departments of education. The state-level data in *Estimates of School Statistics* allow broad assessments of trends in the above areas. These data should be looked at with the understanding that the state-level data do not necessarily reflect the varying conditions within a state on education issues.

Data in this report are provided by state and District of Columbia departments of education and by other, mostly governmental, sources. Surveys are sent to the departments of education requesting estimated data for the current year and revisions to 4 years of historical data, as necessary. Twice a year, NEA submits current-year estimates on more than 35 education statistics to state departments of education for verification or revision. The estimates are generated using regression analyses and are used in the *Estimates* report only if the states do not provide current data.

Further information on *Estimates of School Statistics* may be obtained from

NEA *Rankings & Estimates* Team—NEA Research
1201 16th Street NW
Washington, DC 20036
http://www.nea.org

Status of the American Public School Teacher

The Status of the American Public School Teacher Survey is conducted every 5 years by the National Education Association (NEA). The survey was designed by the NEA Research Division and was initially administered in 1956. The intent of the survey is to solicit information covering various aspects of public school teachers' professional, family, and civic lives.

In the 2005–06 survey, questionnaires were sent to about 2,970 public school teachers in the United States, and about 1,330 of these teachers returned completed questionnaires. Of these 1,330 questionnaires, 330 were deemed unusable, yielding 1,000 usable completed questionnaires out of an adjusted total sample of 2,640. The response rate, then, was 37.8 percent.

Possible sources of nonsampling errors are nonresponses, misinterpretation, and—when comparing data over years—changes in the sampling method and instrument. Misinterpretation of the survey items should be minimal, as the sample responding is not from the general population, but one knowledgeable about the area of concern. The sampling procedure changed after 1956 and some wording of items has changed over different administrations of the survey.

Since sampling is used, sampling variability is inherent in the data. An approximation to the standard error for estimating the population percentages is 1.6 percent. Approximations for significance for other comparisons appear in appendix table A-6. To estimate the 95 percent confidence interval for population percentages, the standard error of 1.6 percent is multiplied by 2 (1.6 x 2). The resulting percentage (3.2) is added and subtracted from the population estimate to establish upper and lower bounds for the confidence interval.

Further information on the Status of the American Public School Teacher Survey may be obtained from

Steven Liu
National Education Association—Research
1201 16th Street NW
Washington, DC 20036
http://www.nea.org

Organization for Economic Cooperation and Development

The Organization for Economic Cooperation and Development (OECD) publishes analyses of national policies and survey data in education, training, and economics in OECD and partner countries.

Education at a Glance (EAG)

To highlight current education issues and create a set of comparative education indicators that represent key features of education systems, OECD initiated the International Indicators of Education Systems Project (INES) and charged the Centre for Educational Research and Innovation (CERI) with developing the cross-national indicators for it. The development of these indicators involved representatives of the OECD countries and the OECD Secretariat. Improvements in data quality and comparability among OECD countries have resulted from the country-to-country interaction sponsored through the INES project. The most recent publication in this series is *Education at a Glance, OECD Indicators, 2010.*

The 2010 *EAG* featured the following OECD countries: Australia, Austria, Belgium, Canada, Chile, the Czech Republic, Denmark, Finland, France, Germany, Greece, Hungary, Iceland, Ireland, Italy, Japan, Republic of Korea, Luxembourg, Mexico, the Netherlands, New Zealand, Norway, Poland, Portugal, the Slovak Republic, Spain, Sweden, Switzerland, Turkey, the United Kingdom, and the United States. In addition to these OECD countries, several partner countries were included: Brazil, Estonia, Israel, the Russian Federation, and Slovenia.

The *OECD Handbook for Internationally Comparative Education Statistics: Concepts, Standards, Definitions and Classifications* provides countries with specific guidance on how to prepare information for OECD education surveys; facilitates countries' understanding of OECD indicators and their use in policy analysis; and provides a reference for collecting and assimilating educational data. Chapter 7 of the *OECD Handbook for Internationally Comparative Education Statistics* contains a discussion of data quality issues. Users should examine footnotes carefully to recognize some of the data limitations.

Further information on international education statistics may be obtained from

Andreas Schleicher
Indicators & Analysis Division
OECD Directorate for Education
2, rue André Pascal
F-75775 Paris CEDEX 16
France
andreas.schleicher@oecd.org
http://www.oecd.org

Program for International Student Assessment

The Program for International Student Assessment (PISA) is a system of international assessments that focus on 15-year-olds' capabilities in reading literacy, mathematics literacy, and science literacy. PISA also includes measures of general, or cross-curricular, competencies such as learning strategies. PISA emphasizes functional skills that students have acquired as they near the end of mandatory schooling. PISA is organized by the Organization for Economic Cooperation and Development (OECD), an intergovernmental organization of industrialized countries, and was administered for the first time in 2000, when 43 countries participated. In 2003, 41 countries participated in the assessment; in 2006, 57 jurisdictions (30 OECD members and 27 nonmembers) participated; and in 2009, 65 jurisdictions (34 OECD members and 31 nonmembers) participated.

PISA is a 2-hour paper-and-pencil exam. Assessment items include a combination of multiple-choice and open-ended questions, which require students to come up with their own response. PISA scores are reported on a scale with a mean score of 500 and a standard deviation of 100.

PISA is implemented on a 3-year cycle that began in 2000. Each PISA assessment cycle focuses on one subject in particular, although all three subjects are assessed every 3 years. In the first cycle, PISA 2000, reading literacy was the major focus, occupying roughly two-thirds of assessment time. For 2003, PISA focused on mathematics literacy as well as the ability of students to solve problems in real-life settings. In 2006, PISA focused on science literacy. In 2009, PISA focused on reading literacy again.

The intent of PISA reporting is to provide an overall description of performance in reading literacy, mathematics literacy, and science literacy every 3 years, and to provide a more detailed look at each domain in the years when it is the major focus. These cycles will allow countries to compare changes in trends for each of the three subject areas over time.

To implement PISA, each of the participating countries scientifically draws a nationally representative sample of 15-year-olds, regardless of grade level. In the United States, nearly 5,600 students from public and nonpublic schools took the PISA 2006 assessment.

In each country, the assessment is translated into the primary language of instruction; in the United States, all materials are written in English.

Further information on PISA may be obtained from

Holly Xie
Early Childhood, International, and Crosscutting Studies Division
International Activities Program
National Center for Education Statistics
1990 K Street NW
Washington, DC 20006
holly.xie@ed.gov
http://nces.ed.gov/surveys/pisa

United Nations Educational, Scientific, and Cultural Organization

Statistical Yearbook and Global Education Digest

The United Nations Educational, Scientific, and Cultural Organization (UNESCO) conducts annual surveys of education statistics of its member countries. Data from official surveys are supplemented by information obtained by UNESCO through other publications and sources. Each year, more than 200 countries reply to the UNESCO surveys. In some cases, estimates are made by UNESCO for particular items, such as world and continent totals. While great efforts are made to make them as comparable as possible, the data still reflect the vast differences among the countries of the world in the structure of education. While there is some agreement about the reporting of primary and secondary data, tertiary-level data (i.e., postsecondary education data) present numerous substantive problems. Some countries report only university enrollment, while other countries report all postsecondary enrollment, including enrollment in vocational and technical schools and correspondence programs. A very high proportion of some countries' tertiary-level students attend institutions in other countries. The member countries that provide data to UNESCO are responsible for their validity. Thus, data for particular countries are subject to nonsampling error and perhaps sampling error as well. Users should examine footnotes carefully to recognize some of the data limitations. UNESCO publishes the data in reports such as the *Statistical Yearbook* and the *Global Education Digest*.

Further information on the *Statistical Yearbook* and the *Global Education Digest* may be obtained from

UNESCO Institute for Statistics
Publications
C.P. 6128 Succursale Centre-ville
Montreal, Quebec, H3C 3J7
Canada
http://www.uis.unesco.org

Table A-1. Respondent counts for selected High School and Beyond surveys: 1982, 1984, and 1986

Classification variable and subgroup	Follow-up survey of 1980 sophomores in 1982	Follow-up survey of 1980 seniors in 1982	Follow-up survey of 1980 sophomores in 1984	Follow-up survey of 1980 seniors in 1984	Follow-up survey of 1980 sophomores in 1986	Follow-up survey of 1980 seniors in 1986
Total respondents (unweighted)	**25,830**	**11,230**	**11,460**	**10,930**	**11,250**	**10,540**
Sex						
Male	12,720	5,210	5,510	5,060	5,390	4,830
Female	13,110	6,010	5,950	5,870	5,860	5,700
Race/ethnicity						
White	17,300	5,180	7,290	5,060	7,190	5,250
Black	3,340	2,720	1,650	2,630	1,590	2,730
Hispanic	4,440	2,750	1,800	2,650	1,750	1,950
Asian or Pacific Islander	410	370	430	360	410	360
American Indian or Alaska Native	250	190	250	190	250	200
Other or unclassified	100	20	50	50	70	60
Socioeconomic status composite (SES)[1]						
Low	6,750	3,940	2,830	3,860	2,750	3,670
Low-middle	6,230	2,390	2,620	2,310	2,560	2,290
High-middle	6,130	2,170	2,850	2,110	2,820	2,000
High	6,340	1,990	3,090	1,940	3,040	1,900
Unclassified	370	740	70	710	80	680
Father's highest level of education						
Less than high school	5,180	—	—	—	—	—
High school completion[2]	11,960	—	—	—	—	—
College graduate[3]	5,170	—	—	—	—	—
Don't know/missing	3,520	—	—	—	—	—
High school program (self-reported)						
Academic	10,150	4,150	6,550	4,010	—	3,900
General	8,790	3,830	3,470	3,760	—	3,600
Vocational	6,660	2,660	3,610	2,580	—	2,480
Unclassified	230	590	60	570	—	550
High school type						
Public	—	9,970	8,650	9,730	—	9,390
Catholic	—	960	2,480	910	—	880
Other private	—	290	340	290	—	280
Postsecondary education status[4]						
Full-time	—	—	4,470	—	—	—
Part-time	—	—	3,280	—	—	—
Never enrolled	—	—	3,680	—	—	—
Missing/unclassified	—	—	40	—	—	—
October 1980 postsecondary education attendance status						
Part-time 2-year public institution	—	—	—	—	—	350
Part-time 4-year public institution	—	—	—	—	—	150
Full-time 2-year public institution	—	—	—	—	—	1,310
Full-time 4-year public institution	—	—	—	—	—	1,990
Full-time 4-year private institution	—	—	—	—	—	1,020
Not a student	—	—	—	—	—	4,520
Other and missing	—	—	—	—	—	1,200
Postsecondary education plans						
No plans	—	—	—	—	—	1,620
Attend vocational/technical school	—	—	—	—	—	1,840
Attend college less than 4 years	—	—	—	—	—	1,530
Earn bachelor's degree	—	—	—	—	—	2,630
Earn advanced degree	—	—	—	—	—	2,270
Missing	—	—	—	—	—	650
Participation in high school extracurricular activities[5]						
Never participated	—	—	—	—	—	1,020
Participated as a member	—	—	—	—	—	4,100
Participated as a leader	—	—	—	—	—	4,460

—Not available.

[1]The SES index is a composite of five equally weighted measures: father's education, mother's education, family income, father's occupation, and presence of certain items in the respondent's household.

[2]Includes attendance at a vocational, trade, or business school, or 2-year college; or attendance at a 4-year college resulting in less than a bachelor's degree.

[3]Includes those with a bachelor's or higher level degree.

[4]Postsecondary education status was determined by students' enrollment in academic or vocational study during the four semesters—fall 1982, spring 1983, fall 1983, and spring 1984—following their scheduled high school graduation. Students who enrolled in full-time study in each of the four semesters were classified as full time. Students who were enrolled in part-time study in any of the four semesters and those who were enrolled in full-time study in fewer than four semesters were classified as part time. Students who had neither enrolled on a full-time nor part-time basis in each of the four semesters were classified as never enrolled.

[5]Responses to questions concerning participation in each of 15 different extracurricular activity areas (i.e., varsity sports, debate, band, subject-matter clubs, etc.) were used to classify students' overall level of participation in extracurricular activities. The difference between the sum of the three category respondent counts and the total sample size is due to missing data.

NOTE: Data from students who dropped out of school between the 10th and 12th grades were not used in analyses of sophomore samples. Race categories exclude persons of Hispanic ethnicity.

SOURCE: U.S. Department of Education, National Center for Education Statistics, High School and Beyond Study of 1980 Sophomores (HS&B-So:80/82, HS&B-So:80/84, and HS&B-So:80/86); and High School and Beyond Study of 1980 Seniors (HS&B-Sr:80/82, HS&B-Sr:80/84, and HS&B-SR:80/86).

Table A-2. Design effects (DEFF) and root design effects (DEFT) for selected High School and Beyond surveys and subsamples: 1984 and 1986

Subsample characteristic	Follow-up survey of 1980 sophomores in 1984		Follow-up survey of 1980 seniors in1984		Follow-up survey of 1980 sophomores in 1986		Follow-up survey of 1980 seniors in 1986	
	DEFF	DEFT	DEFF	DEFT	DEFF	DEFT	DEFF	DEFT
Total sample	**2.40**	**1.54**	**2.87**	**1.69**	**2.19**	**1.47**	**2.28**	**1.50**
Sex								
Male	—	†	—	†	2.07	1.43	2.13	1.45
Female	—	†	—	†	2.06	1.43	2.26	1.50
Race/ethnicity								
White and other	2.06	1.42	2.09	1.44	1.92	1.38	1.70	1.30
Black	2.22	1.47	2.26	1.50	2.19	1.47	2.40	1.54
Hispanic	3.15	1.73	3.72	1.92	3.11	1.76	4.06	2.01
Socioeconomic status composite (SES)[1]								
Low	1.91	1.37	2.28	1.50	1.83	1.35	2.31	1.51
Middle	1.95	1.39	1.81	1.34	2.06	1.42	2.02	1.42
High	2.05	1.42	1.93	1.38	1.92	1.38	1.71	1.30

—Not available.
†Not applicable.
[1]The SES index is a composite of five equally weighted measures: father's education, mother's education, family income, father's occupation, and presence of certain items in the respondent's household.
NOTE: The design effect (DEFF) is the ratio of the true variance of a statistic (taking the complex sample design into account) to the variance of the statistic for a simple random sample with the same number of cases. Design effects differ for different subgroups and different statistics; no single design effect is universally applicable to any given survey or analysis. The root design effect (DEFT) is the square root of a design effect. The DEFF for the 1980 sophomore cohort first follow-up (1982) survey is 3.6 (with a DEFT of 1.89) and the DEFF for the 1980 senior first follow-up (1982) survey is 2.6 (with a DEFT of 1.62). Race categories exclude persons of Hispanic ethnicity.
SOURCE: U.S. Department of Education, National Center for Education Statistics, High School and Beyond Study of 1980 Sophomores (HS&B-So:80/84 and HS&B-So:80/86); and High School and Beyond Study of 1980 Seniors (HS&B-Sr:80/84 and HS&B-SR:80/86).

Table A-3. Respondent counts of full-time workers from the Recent College Graduates survey, by field of study: Selected years, 1976 to 1991

Field of study	Number employed full time				
	1974–75 graduates in May 1976	1979–80 graduates in May 1981	1983–84 graduates in April 1985	1985–86 graduates in April 1987	1989–90 graduates in April 1991
Total respondents (unweighted)	**2,460**	**5,520**	**6,800**	**15,020**	**9,450**
Professions	1,840	4,260	3,730	8,990	3,830
Arts and sciences	510	810	2,590	4,870	2,260
Other	110	450	480	1,170	3,370
Newly qualified to teach	1,340	2,470	1,110	2,550	1,970
Not newly qualified to teach	1,130	3,050	5,690	12,480	7,490
Professions	600	1,840	2,810	7,040	2,550
Engineering	80	270	600	920	410
Business and management	290	750	1,530	2,410	1,600
Health	70	250	390	3,110	280
Education[1]	140	460	150	520	190
Public affairs and services	20	110	140	90	70
Arts and sciences	430	770	2,430	4,370	2,010
Biological sciences	80	120	240	380	180
Physical sciences and mathematics	40	100	1,060	1,780	470
Psychology	60	110	190	370	320
Social sciences	110	250	450	780	810
Humanities	140	190	490	1,060	230
Other	90	440	450	1,070	2,930
Communications	10	70	240	390	220
Miscellaneous	90	370	210	670	2,710

[1]Includes those who had not finished all requirements for teaching certification or were previously qualified to teach.

SOURCE: U.S. Department of Education, National Center for Education Statistics, Recent College Graduates (RCG) surveys, 1976, 1981, 1985, 1987, and 1991.

Table A-4. Minimum differences required for significance (90 percent confidence level) between sample subgroups from the "Status of the American Public School Teacher" survey: 2005–06

Size of first subgroup	Size of second subgroup						
	100	200	300	400	500	600	700
100	11.6	10.1	9.5	9.2	9.0	8.9	8.8
200	10.1	8.2	7.5	7.1	6.9	6.7	6.6
300	9.5	7.5	6.7	6.3	6.0	5.8	5.7
400	9.2	7.1	6.3	5.8	5.5	5.3	5.2
500	9.0	6.9	6.0	5.5	5.2	5.0	4.8
600	8.9	6.7	5.8	5.3	5.0	4.7	4.6
700	8.8	6.6	5.7	5.2	4.8	4.6	4.4

SOURCE: National Education Association, *Status of the American Public School Teacher, 2005–06.*

APPENDIX B
Definitions

Academic support This category of college expenditures includes expenditures for support services that are an integral part of the institution's primary missions of instruction, research, or public service. It also includes expenditures for libraries, galleries, audio/visual services, academic computing support, ancillary support, academic administration, personnel development, and course and curriculum development.

Achievement levels, NAEP Specific achievement levels for each subject area and grade to provide a context for interpreting student performance. At this time they are being used on a trial basis.

> ***Basic***—denotes partial mastery of the knowledge and skills that are fundamental for proficient work at a given grade.
>
> ***Proficient***—represents solid academic performance. Students reaching this level have demonstrated competency over challenging subject matter.
>
> ***Advanced***—signifies superior performance.

Achievement test An examination that measures the extent to which a person has acquired certain information or mastered certain skills, usually as a result of specific instruction.

ACT The ACT (formerly the American College Testing Program) assessment program measures educational development and readiness to pursue college-level coursework in English, mathematics, natural science, and social studies. Student performance on the tests does not reflect innate ability and is influenced by a student's educational preparedness.

Administrative support staff Includes personnel dealing with salary, benefits, supplies, and contractual fees for the office of the principal, full-time department chairpeople, and graduation expenses.

Agriculture Courses designed to improve competencies in agricultural occupations. Included is the study of agricultural production, supplies, mechanization and products, agricultural science, forestry, and related services.

Alternative schools Alternative schools serve students whose needs cannot be met in a regular, special education, or vocational school. They provide nontraditional education and may serve as an adjunct to a regular school. Although these schools fall outside the categories of regular, special education, and vocational education, they may provide similar services or curriculum. Some examples of alternative schools are schools for potential dropouts; residential treatment centers for substance abuse (if they provide elementary or secondary education); schools for chronic truants; and schools for students with behavioral problems.

Appropriation (federal funds) Budget authority provided through the congressional appropriation process that permits federal agencies to incur obligations and to make payments.

Appropriation (institutional revenues) An amount (other than a grant or contract) received from or made available to an institution through an act of a legislative body.

Associate's degree A degree granted for the successful completion of a sub-baccalaureate program of studies, usually requiring at least 2 years (or equivalent) of full-time college-level study. This includes degrees granted in a cooperative or work-study program.

Auxiliary enterprises This category includes those essentially self-supporting operations which exist to furnish a service to students, faculty, or staff, and which charge a fee that is directly related to, although not necessarily equal to, the cost of the service. Examples are residence halls, food services, college stores, and intercollegiate athletics.

Average daily attendance (ADA) The aggregate attendance of a school during a reporting period (normally a school year) divided by the number of days school is in session during this period. Only days on which the pupils are under the guidance and direction of teachers should be considered days in session.

Average daily membership (ADM) The aggregate membership of a school during a reporting period (normally a school year) divided by the number of days school is in session during this period. Only days on which the pupils are under the guidance and direction of teachers should be considered as days in session. The average daily membership for groups of schools having varying lengths of terms is the average of the average daily memberships obtained for the individual schools.

Bachelor's degree A degree granted for the successful completion of a baccalaureate program of studies, usually requiring at least 4 years (or equivalent) of full-time college-level study. This includes degrees granted in a cooperative or work-study program.

Books Non-periodical printed publications bound in hard or soft covers, or in loose-leaf format, of at least 49 pages, exclusive of the cover pages; juvenile nonperiodical publications of any length found in hard or soft covers.

Budget authority (BA) Authority provided by law to enter into obligations that will result in immediate or future outlays. It may be classified by the period of availability (1-year, multiple-year, no-year), by the timing of congressional action (current or permanent), or by the manner of determining the amount available (definite or indefinite).

Business Program of instruction that prepares individuals for a variety of activities in planning, organizing, directing, and controlling business office systems and procedures.

Capital outlay Funds for the acquisition of land and buildings; building construction, remodeling, and additions; the initial installation or extension of service systems and other built-in equipment; and site improvement. The category also encompasses architectural and engineering services including the development of blueprints.

Carnegie unit The number of credits a student received for a course taken every day, one period per day, for a full year; a factor used to standardize all credits indicated on transcripts across studies.

Catholic school A private school over which a Roman Catholic church group exercises some control or provides some form of subsidy. Catholic schools for the most part include those operated or supported by a parish, a group of parishes, a diocese, or a Catholic religious order.

Central cities The largest cities, with 50,000 or more inhabitants, in a Metropolitan Statistical Area (MSA). Additional cities within the metropolitan area can also be classified as "central cities" if they meet certain employment, population, and employment/residence ratio requirements.

City school See Locale codes.

Class size The membership of a class at a given date.

Classification of Instructional Programs (CIP) The CIP is a taxonomic coding scheme that contains titles and descriptions of primarily postsecondary instructional programs. It was developed to facilitate NCES's collection and reporting of postsecondary degree completions by major field of study using standard classifications that capture the majority of reportable program activity. It was originally published in 1980 and was revised in 1985, 1990, and 2000.

Classification of Secondary School Courses (CSSC) A modification of the Classification of Instructional Programs used for classifying high school courses. The CSSC contains over 2,200 course codes that help compare the thousands of high school transcripts collected from different schools.

Classroom teacher A staff member assigned the professional activities of instructing pupils in self-contained classes or courses, or in classroom situations; usually expressed in full-time equivalents.

Cohort A group of individuals that have a statistical factor in common, for example, year of birth.

College A postsecondary school which offers general or liberal arts education, usually leading to an associate, bachelor's, master's, doctor's, or first-professional degree. Junior colleges and community colleges are included under this terminology.

Combined elementary and secondary school A school which encompasses instruction at both the elementary and the secondary levels; includes schools starting with grade 6 or below and ending with grade 9 or above.

Combined Statistical Area (CSA) A combination of areas, each of which contains a core with a substantial population nucleus as well as adjacent communities having a high degree of economic and social integration with that core. A CSA is a region with social and economic ties as measured by commuting, but at lower levels than are found within each component area. CSAs represent larger regions that reflect broader social and economic interactions, such as wholesaling, commodity distribution, and weekend recreation activities.

Computer science A group of instructional programs that describes computer and information sciences, including computer programming, data processing, and information systems.

Consolidated Metropolitan Statistical Area (CMSA) An area that meets the requirements of a Metropolitan Statistical Area (MSA—see below) and has a population of 1 million or more, the components of which are large urbanized counties or a cluster of counties (cities and towns in New England) having moderate to substantial commuting and employment interchange.

Constant dollars Dollar amounts that have been adjusted by means of price and cost indexes to eliminate inflationary factors and allow direct comparison across years.

Consumer Price Index (CPI) This price index measures the average change in the cost of a fixed market basket of goods and services purchased by consumers.

Consumption That portion of income which is spent on the purchase of goods and services rather than being saved.

Control of institutions A classification of institutions of elementary/secondary or higher education by whether the institution is operated by publicly elected or appointed officials and derives its primary support from public funds (public control) or by privately elected or appointed officials and derives its major source of funds from private sources (private control).

Credit The unit of value, awarded for the successful completion of certain courses, intended to indicate the quantity of course instruction in relation to the total requirements for a diploma, certificate, or degree. Credits are frequently expressed in terms such as "Carnegie units," "semester credit hours," and "quarter credit hours."

Current dollars Dollar amounts that have not been adjusted to compensate for inflation.

Current expenditures (elementary/secondary) The expenditures for operating local public schools, excluding capital outlay and interest on school debt. These expenditures include such items as salaries for school personnel, fixed charges, student transportation, school books and materials, and energy costs. Beginning in 1980–81, expenditures for state administration are excluded.

Current expenditures per pupil in average daily attendance Current expenditures for the regular school term divided by the average daily attendance of full-time pupils (or full-time equivalency of pupils) during the term. See also Current expenditures and Average daily attendance.

Current-fund expenditures (higher education) Money spent to meet current operating costs, including salaries, wages, utilities, student services, public services, research libraries, scholarships and fellowships, auxiliary enterprises, hospitals, and independent operations; excludes loans, capital expenditures, and investments.

Current-fund revenues (higher education) Money received during the current fiscal year from revenue which can be used to pay obligations currently due, and surpluses reappropriated for the current fiscal year.

Current Population Survey See Appendix A: Guide to Sources.

Degree-granting institutions Postsecondary institutions that are eligible for Title IV federal financial aid programs and grant an associate's or higher degree. For an institution to be eligible to participate in Title IV financial aid programs it must offer a program of at least 300 clock hours in length, have accreditation recognized by the U.S. Department of Education, have been in business for at least 2 years, and have signed a participation agreement with the Department.

Disabilities, children with Those children evaluated as having any of the following impairments and needing special education and related services because of these impairments. (These definitions apply specifically to data from the U.S. Office of Special Education and Rehabilitative Services presented in this publication.)

Deaf-blindness Having concomitant hearing and visual impairments which cause such severe communication and other developmental and educational problems that the student cannot be accommodated in special education programs solely for deaf or blind students.

Deafness Having a hearing impairment which is so severe that the student is impaired in processing linguistic information through hearing (with or without amplification) and which adversely affects educational performance.

Hearing impairment Having a hearing impairment, whether permanent or fluctuating, which adversely affects the student's educational performance, but which is not included under the definition of "deaf" in this section.

Intellectual disability Having significantly subaverage general intellectual functioning, existing concurrently with defects in adaptive behavior and manifested during the developmental period, which adversely affects the child's educational performance.

Multiple disabilities Having concomitant impairments (such as intellectually disabled-blind, intellectually disabled-orthopedically impaired, etc.), the combination of which causes such severe educational problems that the student cannot be accommodated in special education programs solely for one of the impairments. Term does not include deaf-blind students.

Orthopedic impairment Having a severe orthopedic impairment which adversely affects a student's educational performance. The term includes impairment resulting from congenital anomaly, disease, or other causes.

Other health impairment Having limited strength, vitality, or alertness due to chronic or acute health problems, such as a heart condition, tuberculosis, rheumatic fever, nephritis, asthma, sickle cell anemia, hemophilia, epilepsy, lead poisoning, leukemia, or diabetes which adversely affects the student's educational performance.

Serious emotional disturbance Exhibiting one or more of the following characteristics over a long period of time, to a marked degree, and adversely affecting educational performance: an inability to learn which cannot be explained by intellectual, sensory, or health factors; an inability to build or maintain satisfactory interpersonal relationships with peers and teachers; inappropriate types of behavior or feelings under normal circumstances; a general pervasive mood of unhappiness or depression; or a tendency to develop physical symptoms or fears associated with personal or school problems. This term does not include children who are socially maladjusted, unless they also display one or more of the listed characteristics.

Specific learning disability Having a disorder in one or more of the basic psychological processes involved in understanding or in using spoken or written language, which may manifest itself in an imperfect ability to listen, think, speak, read, write, spell, or do mathematical calculations. The term includes such conditions as perceptual disabilities, brain injury, minimal brain dysfunction, dyslexia, and developmental aphasia. The term does not include children who have learning problems which are primarily the result of visual, hearing, or environmental, cultural, or economic disadvantage.

Speech/language impairment Having a communication disorder, such as stuttering, impaired articulation, language impairment, or voice impairment, which adversely affects the student's educational performance.

Visual impairment Having a visual impairment which, even with correction, adversely affects the student's educational performance. The term includes partially seeing and blind children.

Discipline divisions Degree programs that include breakouts to the 6-digit level of the Classification of Instructional Programs (CIP). See also Fields of study.

Disposable personal income Current income received by persons less their contributions for social insurance, personal tax, and nontax payments. It is the income available to persons for spending and saving. Nontax payments include passport fees, fines and penalties, donations, and tuitions and fees paid to schools and hospitals operated mainly by the government. See also Personal income.

Doctor's degree An earned degree carrying the title of Doctor. The Doctor of Philosophy degree (Ph.D.) is the highest academic degree and requires mastery within a field of knowledge and demonstrated ability to perform scholarly research. Other doctorates are awarded for fulfilling specialized requirements in professional fields, such as education (Ed.D.), musical arts (D.M.A.), business administration (D.B.A.), and engineering (D.Eng. or D.E.S.). Many doctor's degrees in academic and professional fields require an earned master's degree as a prerequisite. First-professional degrees, such as M.D. and D.D.S., are not included under this heading.

Educational and general expenditures The sum of current funds expenditures on instruction, research, public service, academic support, student services, institutional support, operation and maintenance of plant, and awards from restricted and unrestricted funds.

Educational attainment The highest grade of regular school attended and completed.

Elementary education/programs Learning experiences concerned with the knowledge, skills, appreciations, attitudes, and behavioral characteristics which are considered to be needed by all pupils in terms of their awareness of life within our culture and the world of work, and which normally may be achieved during the elementary school years (usually kindergarten through grade 8 or kindergarten through grade 6), as defined by applicable state laws and regulations.

Elementary school A school classified as elementary by state and local practice and composed of any span of grades not above grade 8. A preschool or kindergarten school is included under this heading only if it is an integral part of an elementary school or a regularly established school system.

Elementary/secondary school As reported in this publication, includes only regular schools (i.e., schools that are part of state and local school systems, and also most not-for-profit private elementary/secondary schools, both religiously affiliated and nonsectarian). Schools not reported include subcollegiate departments of institutions of higher education, residential schools for exceptional children, federal schools for American Indians, and federal schools on military posts and other federal installations.

Employment Includes civilian, noninstitutional persons who: (1) worked during any part of the survey week as paid employees; worked in their own business, profession, or farm; or worked 15 hours or more as unpaid workers in a family-owned enterprise; or (2) were not working but had jobs or businesses from which they were temporarily absent due to illness, bad weather, vacation, labor-management dispute, or personal reasons whether or not they were seeking another job.

Endowment A trust fund set aside to provide a perpetual source of revenue from the proceeds of the endowment investments. Endowment funds are often created by donations from benefactors of an institution, who may designate the use of the endowment revenue. Normally, institutions or their representatives manage the investments, but they are not permitted to spend the endowment fund itself, only the proceeds from the investments. Typical uses of endowments would be an endowed chair for a particular department or for a scholarship fund. Endowment totals tabulated in this book also include funds functioning as endowments, such as funds left over from the previous year and placed with the endowment investments by the institution. These funds may be withdrawn by the institution and spent as current funds at any time. Endowments are evaluated by two different measures, book value and market value. Book value is the purchase price of the endowment investment. Market value is the current worth of the endowment investment. Thus, the book value of a stock held in an endowment fund would be the purchase price of the stock. The market value of the stock would be its selling price as of a given day.

Engineering Instructional programs that describe the mathematical and natural science knowledge gained by study, experience, and practice and applied with judgment to develop ways to utilize the materials and forces of nature economically. Include programs that prepare individuals to support and assist engineers and similar professionals.

English A group of instructional programs that describes the English language arts, including composition, creative writing, and the study of literature.

Enrollment The total number of students registered in a given school unit at a given time, generally in the fall of a year.

Expenditures Charges incurred, whether paid or unpaid, which are presumed to benefit the current fiscal year. For elementary/secondary schools, these include all charges for current outlays plus capital outlays and interest on school debt. For institutions of higher education, these include current outlays plus capital outlays. For government, these include charges net of recoveries and other correcting transactions other than for retirement of debt, investment in securities, extension of credit, or as agency transactions. Government expenditures include only external transactions, such as the provision of perquisites or other payments in kind. Aggregates for groups of governments exclude intergovernmental transactions among the governments.

Expenditures per pupil Charges incurred for a particular period of time divided by a student unit of measure, such as average daily attendance or fall enrollment.

Extracurricular activities Activities that are not part of the required curriculum and that take place outside of the regular course of study. As used here, they include both school-sponsored (e.g., varsity athletics, drama, and debate clubs) and community-sponsored (e.g., hobby clubs and youth organizations like the Junior Chamber of Commerce or Boy Scouts) activities.

Family A group of two people or more (one of whom is the householder) related by birth, marriage, or adoption and residing together. All such people (including related subfamily members) are considered as members of one family.

Federal funds Amounts collected and used by the federal government for the general purposes of the government. There are four types of federal fund accounts: the general fund, special funds, public enterprise funds, and intragovernmental funds. The major federal fund is the general fund, which is derived from general taxes and borrowing. Federal funds also include certain earmarked collections, such as those generated by and used to finance a continuing cycle of business-type operations.

Federal sources Includes federal appropriations, grants, and contracts, and federally-funded research and development centers (FFRDCs). Federally subsidized student loans are not included.

Fields of study Degree programs that are broken out only to the 2-digit level of the Classification of Instructional Programs (CIP). See also Discipline divisions.

First-professional degree A degree that signifies both completion of the academic requirements for beginning practice in a given profession and a level of professional skill beyond that normally required for a bachelor's degree. This degree usually is based on a program requiring at least 2 academic years of work prior to entrance and a total of at least 6 academic years of work to complete the degree program, including both prior-required college work and the professional program itself. By NCES definition, first-professional degrees are awarded in the fields of dentistry (D.D.S. or D.M.D.), medicine (M.D.), optometry (O.D.), osteopathic medicine (D.O.), pharmacy (D.Phar.), podiatric medicine (D.P.M.), veterinary medicine (D.V.M.), chiropractic (D.C. or D.C.M.), law (J.D.), and theological professions (M.Div. or M.H.L.).

First-professional enrollment The number of students enrolled in a professional school or program which requires at least 2 years of academic college work for entrance and a total of at least 6 years for a degree. By NCES definition, first-professional enrollment includes only students in certain programs. (See also First-professional degree for a list of programs.)

Fiscal year The yearly accounting period for the federal government, which begins on October 1 and ends on the following September 30. The fiscal year is designated by the calendar year in which it ends; e.g., fiscal year 2006 begins on October 1, 2005, and ends on September 30, 2006. (From fiscal year 1844 to fiscal year 1976, the fiscal year began on July 1 and ended on the following June 30.)

Foreign languages A group of instructional programs that describes the structure and use of language that is common or indigenous to people of the same community or nation, the same geographical area, or the same cultural traditions. Programs cover such features as sound, literature, syntax, phonology, semantics, sentences, prose, and verse, as well as the development of skills and attitudes used in communicating and evaluating thoughts and feelings through oral and written language.

For-profit institution A private institution in which the individual(s) or agency in control receives compensation other than wages, rent, or other expenses for the assumption of risk.

Full-time enrollment The number of students enrolled in higher education courses with total credit load equal to at least 75 percent of the normal full-time course load.

Full-time-equivalent (FTE) enrollment For institutions of higher education, enrollment of full-time students, plus the full-time equivalent of part-time students. The full-time equivalent of the part-time students is estimated using different factors depending on the type and control of institution and level of student.

Full-time-equivalent (FTE) staff Full-time staff, plus the full-time equivalent of the part-time staff.

Full-time-equivalent teacher See Instructional staff.

Full-time instructional faculty Those members of the instruction/research staff who are employed full time as defined by the institution, including faculty with released time for research and faculty on sabbatical leave. Full time counts exclude faculty who are employed to teach less than two semesters, three quarters, two trimesters, or two 4-month sessions; replacements for faculty on sabbatical leave or those on leave without pay; faculty for preclinical and clinical medicine; faculty who are donating their services; faculty who are members of military organizations and paid on a different pay scale from civilian employees; academic officers, whose primary duties are administrative; and graduate students who assist in the instruction of courses.

Full-time worker In educational institutions, an employee whose position requires being on the job on school days throughout the school year at least the number of hours the schools are in session. For higher education, a member of an educational institution's staff who is employed full time.

General administration support services Includes salary, benefits, supplies, and contractual fees for boards of education staff and executive administration. Excludes state administration.

General Educational Development (GED) program Academic instruction to prepare persons to take the high school equivalency examination. See also GED recipient.

GED recipient A person who has obtained certification of high school equivalency by meeting state requirements and passing an approved exam, which is intended to provide an appraisal of the person's achievement or performance in the broad subject matter areas usually required for high school graduation.

General program A program of studies designed to prepare students for the common activities of a citizen, family member, and worker. A general program of studies may include instruction in both academic and vocational areas.

Government appropriation An amount (other than a grant or contract) received from or made available to an institution through an act of a legislative body.

Government grant or contract Revenues from a government agency for a specific research project or other program.

Graduate An individual who has received formal recognition for the successful completion of a prescribed program of studies.

Graduate enrollment The number of students who hold the bachelor's or first-professional degree, or the equivalent, and who are working towards a master's or doctor's degree. First-professional students are counted separately. These enrollment data measure those students who are registered at a particular time during the fall. At some institutions, graduate enrollment also includes students who are in postbaccalaureate classes, but not in degree programs. In most tables, graduate enrollment includes all students in regular graduate programs and all students in postbaccalaureate classes, but not in degree programs (unclassified postbaccalaureate students).

Graduate Record Examination (GRE) Multiple-choice examinations administered by the Educational Testing Service and taken by college students who are intending to attend certain graduate schools. There are two types of testing available: (1) the general exam which measures critical thinking, analytical writing, verbal reasoning, and quantitative reasoning skills, and (2) the subject test which is offered in eight specific subjects and gauges undergraduate achievement in a specific field. The subject tests are intended for those who have majored in or have extensive background in that specific area.

Graduation Formal recognition given an individual for the successful completion of a prescribed program of studies.

Gross domestic product (GDP) The total national output of goods and services valued at market prices. GDP can be viewed in terms of expenditure categories which include purchases of goods and services by consumers and government, gross private domestic investment, and net exports of goods and services. The goods and services included are largely those bought for final use (excluding illegal transactions) in the market economy. A number of inclusions, however, represent imputed values, the most important of which is rental value of owner-occupied housing. GDP, in this broad context, measures the output attributable to the factors of production—labor and property—supplied by U.S. residents.

Handicapped See Disabilities, children with.

Higher education Study beyond secondary school at an institution that offers programs terminating in an associate, baccalaureate, or higher degree.

Higher education institutions (basic classification)

4-year institution An institution legally authorized to offer and offering at least a 4-year program of college-level studies wholly or principally creditable toward a baccalaureate degree. In some tables, a further division between universities and other 4-year institutions is made. A "university" is a postsecondary institution which typically comprises one or more graduate professional schools (see also University). For purposes of trend comparisons in this volume, the selection of universities has been held constant for all tabulations after 1982. "Other 4-year institutions" would include the rest of the nonuniversity 4-year institutions.

2-year institution An institution legally authorized to offer and offering at least a 2-year program of college-level studies which terminates in an associate degree or is principally creditable toward a baccalaureate degree. Also includes some institutions that have a less than 2-year program, but were designated as institutions of higher education in the Higher Education General Information Survey.

Higher education institutions (Carnegie classification)

Doctorate-granting Characterized by a significant level and breadth of activity in commitment to doctoral-level education as measured by the number of doctorate recipients and the diversity in doctoral-level program offerings. These institutions are assigned to one of the three subcategories listed below based on level of research activity (for more information on the research activity index used to assign institutions to the subcategories, see http://www.carnegiefoundation.org/classifications/index.asp?key=798#related):

Research university, very high Characterized by a very high level of research activity.

Research university, high Characterized by a high level of research activity.

Doctoral/research university Awarding at least 20 doctor's degrees per year, but not having a high level of research activity.

Master's Characterized by diverse postbaccalaureate programs (including first-professional), but not engaged in significant doctoral-level education.

Baccalaureate Characterized by primary emphasis on general undergraduate, baccalaureate-level education. Not significantly engaged in postbaccalaureate education.

Special focus Baccalaureate or postbaccalaureate institution emphasizing one area (plus closely related specialties), such as business or engineering. The programmatic emphasis is measured by the percentage of degrees granted in the program area.

Associate's Conferring at least 90 percent of its degrees and awards for work below the bachelor's level.

Tribal Colleges and universities that are members of the American Indian Higher Education Consortium, as identified in IPEDS Institutional Characteristics.

Non-degree-granting Offering undergraduate or graduate study, but not conferring degrees or awards. In this volume, these institutions are included under Specialized.

Higher Education Price Index A price index which measures average changes in the prices of goods and services purchased by colleges and universities through current-fund education and general expenditures (excluding expenditures for sponsored research and auxiliary enterprises).

High school A secondary school offering the final years of high school work necessary for graduation, usually includes grades 10, 11, 12 (in a 6-3-3 plan) or grades 9, 10, 11, and 12 (in a 6-2-4 plan).

High school program A program of studies designed to prepare students for their postsecondary education and occupation. Three types of programs are usually distinguished—academic, vocational, and general. An academic program is designed to prepare students for continued study at a college or university. A vocational program is designed to prepare students for employment in one or more semiskilled, skilled, or technical occupations. A general program is designed to provide students with the understanding and competence to function effectively in a free society and usually represents a mixture of academic and vocational components.

Hispanic serving institutions Pursuant to 302 (d) of Public Law 102-325 (20 U.S.C. 1059c), most recently amended December 20, 1993, in 2(a)(7) of Public Law 103-208, where Hispanic serving institutions are defined as those with full-time-equivalent undergraduate enrollment of Hispanic students at 25 percent or more.

Historically black colleges and universities Accredited institutions of higher education established prior to 1964 with the principal mission of educating black Americans. Federal regulations (20 U.S.C. 1061 (2)) allow for certain exceptions of the founding date.

Household All the people who occupy a housing unit. A house, apartment, mobile home, or other group of rooms, or a single room is regarded as a housing unit when it is occupied or intended for occupancy as separate living quarters, that is, when the occupants do not live and eat with any other people in the structure, and there is direct access from the outside or through a common hall.

Housing unit A house, an apartment, a mobile home, a group of rooms, or a single room that is occupied as separate living quarters.

Income tax Taxes levied on net income, that is, on gross income less certain deductions permitted by law. These taxes can be levied on individuals or on corporations or unincorporated businesses where the income is taxed distinctly from individual income.

Independent operations A group of self-supporting activities under control of a college or university. For purposes of financial surveys conducted by the National Center for Education

Statistics, this category is composed principally of federally funded research and development centers (FFRDC).

Institutional support The category of higher education expenditures that includes day-to-day operational support for colleges, excluding expenditures for physical plant operations. Examples of institutional support include general administrative services, executive direction and planning, legal and fiscal operations, and community relations.

Instruction (colleges and universities) That functional category including expenditures of the colleges, schools, departments, and other instructional divisions of higher education institutions and expenditures for departmental research and public service which are not separately budgeted; includes expenditures for both credit and noncredit activities. Excludes expenditures for academic administration where the primary function is administration (e.g., academic deans).

Instruction (elementary and secondary) Instruction encompasses all activities dealing directly with the interaction between teachers and students. Teaching may be provided for students in a school classroom, in another location such as a home or hospital, and in other learning situations such as those involving co-curricular activities. Instruction may be provided through some other approved medium, such as television, radio, telephone, and correspondence. Instruction expenditures include: salaries, employee benefits, purchased services, supplies, and tuition to private schools.

Instructional staff Full-time-equivalent number of positions, not the number of different individuals occupying the positions during the school year. In local schools, includes all public elementary and secondary (junior and senior high) day-school positions that are in the nature of teaching or in the improvement of the teaching-learning situation; includes consultants or supervisors of instruction, principals, teachers, guidance personnel, librarians, psychological personnel, and other instructional staff, and excludes administrative staff, attendance personnel, clerical personnel, and junior college staff.

Instructional support services Includes salary, benefits, supplies, and contractual fees for staff providing instructional improvement, educational media (library and audiovisual), and other instructional support services.

Junior high school A separately organized and administered secondary school intermediate between the elementary and senior high schools, usually includes grades 7, 8, and 9 (in a 6-3-3 plan) or grades 7 and 8 (in a 6-2-4 plan).

Labor force People employed as civilians, unemployed but looking for work, or in the armed services during the survey week. The "civilian labor force" comprises all civilians classified as employed or unemployed. See also Unemployed.

Land-grant colleges The First Morrill Act of 1862 facilitated the establishment of colleges through grants of land or funds in lieu of land. The Second Morrill Act in 1890 provided for money grants and for the establishment of black land-grant colleges and universities in those states with dual systems of higher education.

Local education agency (LEA) See School district.

Locale codes A classification system to describe a location. The "Metro-Centric" locale codes, developed in the 1980s, classified all schools and school districts based on their county's proximity to metro statistical areas (MSA) and their specific location's population size and density. In 2006, the "Urban-Centric" locale codes were introduced. These locale codes are based on an address's proximity to an urbanized area. For more information see http://nces.ed.gov/ccd/rural_locales.asp.

Pre-2006 Metro-Centric Locale Codes

Large City: A central city of a consolidated metropolitan statistical area (CMSA) or MSA, with the city having a population greater than or equal to 250,000.

Mid-size City: A central city of a CMSA or MSA, with the city having a population less than 250,000.

Urban Fringe of a Large City: Any territory within a CMSA or MSA of a Large City and defined as urban by the Census Bureau.

Urban Fringe of a Mid-size City: Any territory within a CMSA or MSA of a Mid-size City and defined as urban by the Census Bureau.

Large Town: An incorporated place or Census-designated place with a population greater than or equal to 25,000 and located outside a CMSA or MSA.

Small Town: An incorporated place or Census-designated place with a population less than 25,000 and greater than or equal to 2,500 and located outside a CMSA or MSA.

Rural, Outside MSA: Any territory designated as rural by the Census Bureau that is outside a CMSA or MSA of a Large or Mid-size City.

Rural, Inside MSA: Any territory designated as rural by the Census Bureau that is within a CMSA or MSA of a Large or Mid-size City.

2006 Urban-Centric Locale Codes

City, Large: Territory inside an urbanized area and inside a principal city with population of 250,000 or more.

City, Midsize: Territory inside an urbanized area and inside a principal city with population less than 250,000 and greater than or equal to 100,000.

City, Small: Territory inside an urbanized area and inside a principal city with population less than 100,000.

Suburb, Large: Territory outside a principal city and inside an urbanized area with population of 250,000 or more.

Suburb, Midsize: Territory outside a principal city and inside an urbanized area with population less than 250,000 and greater than or equal to 100,000.

Suburb, Small: Territory outside a principal city and inside an urbanized area with population less than 100,000.

Town, Fringe: Territory inside an urban cluster that is less than or equal to 10 miles from an urbanized area.

Town, Distant: Territory inside an urban cluster that is more than 10 miles and less than or equal to 35 miles from an urbanized area.

Town, Remote: Territory inside an urban cluster that is more than 35 miles from an urbanized area.

Rural, Fringe: Census-defined rural territory that is less than or equal to 5 miles from an urbanized area, as well as rural territory that is less than or equal to 2.5 miles from an urban cluster.

Rural, Distant: Census-defined rural territory that is more than 5 miles but less than or equal to 25 miles from an urbanized area, as well as rural territory that is more than 2.5 miles but less than or equal to 10 miles from an urban cluster.

Rural, Remote: Census-defined rural territory that is more than 25 miles from an urbanized area and is also more than 10 miles from an urban cluster.

Mandatory transfer A transfer of current funds that must be made in order to fulfill a binding legal obligation of the institution. Included under mandatory transfers are debt service provisions relating to academic and administrative buildings, including (1) amounts set aside for debt retirement and interest and (2) required provisions for renewal and replacement of buildings to the extent these are not financed from other funds.

Master's degree A degree awarded for successful completion of a program generally requiring 1 or 2 years of full-time college-level study beyond the bachelor's degree. One type of master's degree, including the Master of Arts degree, or M.A., and the Master of Science degree, or M.S., is awarded in the liberal arts and sciences for advanced scholarship in a subject field or discipline and demonstrated ability to perform scholarly research. A second type of master's degree is awarded for the completion of a professionally oriented program, for example, an M.Ed. in education, an M.B.A. in business administration, an M.F.A. in fine arts, an M.M. in music, an M.S.W. in social work, and an M.P.A. in public administration. A third type of master's degree is awarded in professional fields for study beyond the first-professional degree, for example, the Master of Laws (L.L.M.) and Master of Science in various medical specializations. Master's of divinity degrees (CIP Code 39.0602) are included under first-professional degrees, rather than under master's degrees.

Mathematics A group of instructional programs that describes the science of numbers and their operations, interrelations, combinations, generalizations, and abstractions and of space configurations and their structure, measurement, transformations, and generalizations.

Mean test score The score obtained by dividing the sum of the scores of all individuals in a group by the number of individuals in that group.

Metropolitan population The population residing in Metropolitan Statistical Areas (MSAs). See Metropolitan Statistical Area.

Metropolitan Statistical Area (MSA) A large population nucleus and the nearby communities which have a high degree of economic and social integration with that nucleus. Each MSA consists of one or more entire counties (or county equivalents) that meet specified standards pertaining to population, commuting ties, and metropolitan character. In New England, towns and cities, rather than counties, are the basic units. MSAs are designated by the Office of Management and Budget. An MSA includes a city and, generally, its entire urban area and the remainder of the county or counties in which the urban area is located. An MSA also includes such additional outlying counties which meet specified criteria relating to metropolitan character and level of commuting of workers into the central city or counties. Specified criteria governing the definition of MSAs recognized before 1980 are published in *Standard Metropolitan Statistical Areas: 1975*, issued by the Office of Management and Budget. New MSAs were designated when 1980 counts showed that they met one or both of the following criteria:

1. Included a city with a population of at least 50,000 within their corporate limits, or
2. Included a Census Bureau-defined urbanized area (which must have a population of at least 50,000) and a total MSA population of at least 100,000 (or, in New England, 75,000).

Migration Geographic mobility involving a change of usual residence between clearly defined geographic units, that is, between counties, states, or regions.

Minimum-competency testing Measuring the acquisition of competence or skills to or beyond a certain specified standard.

National Assessment of Educational Progress (NAEP) See Appendix A: Guide to Sources.

Newly qualified teacher People who: (1) first became eligible for a teaching license during the period of the study referenced or who were teaching at the time of survey, but were not certified or eligible for a teaching license; and (2) had never held full-time, regular teaching positions (as opposed to substitute) prior to completing the requirements for the degree which brought them into the survey.

Nonmetropolitan residence group The population residing outside Metropolitan Statistical Areas. See Metropolitan Statistical Area.

Nonresident alien A person who is not a citizen of the United States and who is in this country on a temporary basis and does not have the right to remain indefinitely.

Nonsupervisory instructional staff People such as curriculum specialists, counselors, librarians, remedial specialists, and others possessing education certification, but not responsible for day-to-day teaching of the same group of pupils.

Not-for-profit institution A private institution in which the individual(s) or agency in control receives no compensation other than wages, rent, or other expenses for the assumption of risk. Not-for-profit institutions may be either independent not-for-profit (i.e., having no religious affiliation) or religiously affiliated.

Obligations Amounts of orders placed, contracts awarded, services received, or similar legally binding commitments made by federal agencies during a given period that will require outlays during the same or some future period.

Occupational home economics Courses of instruction emphasizing the acquisition of competencies needed for getting and holding a job or preparing for advancement in an occupational area using home economics knowledge and skills.

Occupied housing unit Separate living quarters with occupants currently inhabiting the unit. See also Housing unit.

Off-budget federal entities Organizational entities, federally owned in whole or in part, whose transactions belong in the budget under current budget accounting concepts, but that have been excluded from the budget totals under provisions of law.

Operation and maintenance services Includes salary, benefits, supplies, and contractual fees for supervision of operations and maintenance, operating buildings (heating, lighting, ventilating, repair, and replacement), care and upkeep of grounds and equipment, vehicle operations and maintenance (other than student transportation), security, and other operations and maintenance services.

Other foreign languages and literatures Any instructional program in foreign languages and literatures not listed in the table, including language groups and individual languages, such as the non-Semitic African languages, Native American languages, the Celtic languages, Pacific language groups, the Ural-Altaic languages, Basque, and others.

Other support services Includes salary, benefits, supplies, and contractual fees for business support services, central support services, and other support services not otherwise classified.

Other support services staff All staff not reported in other categories. This group includes media personnel, social workers, bus drivers, security, cafeteria workers, and other staff.

Outlays The value of checks issued, interest accrued on the public debt, or other payments made, net of refunds and reimbursements.

Part-time enrollment The number of students enrolled in higher education courses with a total credit load less than 75 percent of the normal full-time credit load.

Personal income Current income received by people from all sources, minus their personal contributions for social insurance. Classified as "people" are individuals (including owners of unincorporated firms), nonprofit institutions serving individuals, private trust funds, and private noninsured welfare funds. Personal income includes transfers (payments not resulting from current production) from government and business such as social security benefits and military pensions, but excludes transfers among people.

Physical plant assets Includes the values of land, buildings, and equipment owned, rented, or utilized by colleges. Does not include those plant values which are a part of endowment or other capital fund investments in real estate; excludes construction in progress.

Postbaccalaureate enrollment The number of graduate and first-professional students working towards advanced degrees and of students enrolled in graduate-level classes, but not enrolled in degree programs. See also Graduate enrollment and First-professional enrollment.

Postsecondary education The provision of formal instructional programs with a curriculum designed primarily for students who have completed the requirements for a high school diploma or equivalent. This includes programs of an academic, vocational, and continuing professional education purpose, and excludes avocational and adult basic education programs.

Private school or institution A school or institution which is controlled by an individual or agency other than a state, a subdivision of a state, or the federal government, which is usually supported primarily by other than public funds, and the operation of whose program rests with other than publicly elected or appointed officials. Private schools and institutions include both not-for-profit and for-profit institutions.

Property tax The sum of money collected from a tax levied against the value of property.

Proprietary (for profit) institution A private institution in which the individual(s) or agency in control receives compensation other than wages, rent, or other expenses for the assumption of risk.

Public school or institution A school or institution controlled and operated by publicly elected or appointed officials and deriving its primary support from public funds.

Pupil/teacher ratio The enrollment of pupils at a given period of time, divided by the full-time-equivalent number of classroom teachers serving these pupils during the same period.

Racial/ethnic group Classification indicating general racial or ethnic heritage. Race/ethnicity data are based on the *Hispanic* ethnic category and the race categories listed below (five single-race categories, plus the *Two or more races* category). Throughout the *Digest*, race categories exclude persons of Hispanic ethnicity unless otherwise noted.

White: A person having origins in any of the original peoples of Europe, the Middle East, or North Africa.

Black or African American: A person having origins in any of the black racial groups of Africa. Used interchangeably with the shortened term *Black*.

Hispanic or Latino: A person of Cuban, Mexican, Puerto Rican, South or Central American, or other Spanish culture or origin, regardless of race. Used interchangeably with the shortened term *Hispanic*.

Asian: A person having origins in any of the original peoples of the Far East, Southeast Asia, or the Indian subcontinent, including, for example, Cambodia, China, India, Japan, Korea, Malaysia, Pakistan, the Philippine Islands, Thailand, and Vietnam.

Native Hawaiian or Other Pacific Islander: A person having origins in any of the original peoples of Hawaii, Guam, Samoa, or other Pacific Islands.

American Indian or Alaska Native: A person having origins in any of the original peoples of North and South America (including Central America), and who maintains tribal affiliation or community attachment.

Two or more races: A person identifying himself or herself as of two or more of the following race groups: White, Black, Hispanic, Asian, Native Hawaiian or Other Pacific Islander, or American Indian or Alaska Native.

Related children Related children in a family include own children and all other children in the household who are related to the householder by birth, marriage, or adoption.

Remedial education Instruction for a student lacking those reading, writing, or math skills necessary to perform college-level work at the level required by the attended institution.

Resident population Includes civilian population and armed forces personnel residing within the United States; excludes armed forces personnel residing overseas.

Revenue All funds received from external sources, net of refunds, and correcting transactions. Noncash transactions, such as receipt of services, commodities, or other receipts in kind are excluded, as are funds received from the issuance of debt, liquidation of investments, and nonroutine sale of property.

Rural school See Locale codes.

Salary The total amount regularly paid or stipulated to be paid to an individual, before deductions, for personal services rendered while on the payroll of a business or organization.

Sales and services Revenues derived from the sales of goods or services that are incidental to the conduct of instruction, research, or public service. Examples include film rentals, scientific and literary publications, testing services, university presses, and dairy products.

Sales tax Tax imposed upon the sale and consumption of goods and services. It can be imposed either as a general tax on the retail price of all goods and services sold or as a tax on the sale of selected goods and services.

SAT An examination administered by the Educational Testing Service and used to predict the facility with which an individual will progress in learning college-level academic subjects. It was formerly called the Scholastic Assessment Test.

Scholarships and fellowships This category of college expenditures applies only to money given in the form of outright grants and trainee stipends to individuals enrolled in formal coursework, either for credit or not. Aid to students in the form of tuition or fee remissions is included. College work-study funds are excluded and are reported under the program in which the student is working.

School A division of the school system consisting of students in one or more grades or other identifiable groups and organized to give instruction of a defined type. One school may share a building with another school or one school may be housed in several buildings.

School administration support services Includes salary, benefits, supplies, and contractual fees for the office of the principal, full-time department chairpeople, and graduation expenses.

School climate The social system and culture of the school, including the organizational structure of the school and values and expectations within it.

School district An education agency at the local level that exists primarily to operate public schools or to contract for public school services. Synonyms are "local basic administrative unit" and "local education agency."

Science The body of related courses concerned with knowledge of the physical and biological world and with the processes of discovering and validating this knowledge.

Secondary enrollment The total number of students registered in a school beginning with the next grade following an elementary or middle school (usually 7, 8, or 9) and ending with or below grade 12 at a given time.

Secondary instructional level The general level of instruction provided for pupils in secondary schools (generally covering grades 7 through 12 or 9 through 12) and any instruction of a comparable nature and difficulty provided for adults and youth beyond the age of compulsory school attendance.

Secondary school A school comprising any span of grades beginning with the next grade following an elementary or middle school (usually 7, 8, or 9) and ending with or below grade 12. Both junior high schools and senior high schools are included.

Senior high school A secondary school offering the final years of high school work necessary for graduation.

Serial volumes Publications issued in successive parts, usually at regular intervals, and as a rule, intended to be continued indefinitely. Serials include periodicals, newspapers, annuals, memoirs, proceedings, and transactions of societies.

Social studies A group of instructional programs that describes the substantive portions of behavior, past and present activities, interactions, and organizations of people associated together for religious, benevolent, cultural, scientific, political, patriotic, or other purposes.

Socioeconomic status (SES) For the High School and Beyond study and the National Longitudinal Study of the High School Class of 1972, the SES index is a composite of five equally weighted, standardized components: father's education, mother's education, family income, father's occupation, and household items. The terms high, middle, and low SES refer to the upper, middle two, and lower quartiles of the weighted SES composite index distribution.

Special education Direct instructional activities or special learning experiences designed primarily for students identified as having exceptionalities in one or more aspects of the cognitive process or as being underachievers in relation to general level or model of their overall abilities. Such services usually are directed at students with the following conditions: (1) physically handicapped; (2) emotionally disabled; (3) culturally different, including compensatory education; (4) intellectually disabled; and (5) students with learning disabilities. Programs for the mentally gifted and talented are also included in some special education programs. See also Disabilities, children with.

Standardized test A test composed of a systematic sampling of behavior, administered and scored according to specific instructions, capable of being interpreted in terms of adequate norms, and for which there are data on reliability and validity.

Standardized test performance The weighted distributions of composite scores from standardized tests used to group students according to performance.

Standard Metropolitan Statistical Area (SMSA) See Metropolitan Statistical Area (MSA).

Student An individual for whom instruction is provided in an educational program under the jurisdiction of a school, school system, or other education institution. No distinction is made between the terms "student" and "pupil," though "student" may refer to one receiving instruction at any level while "pupil" refers only to one attending school at the elementary or secondary level. A student may receive instruction in a school facility or in another location, such as at home or in a hospital. Instruction may be provided by direct student-teacher interaction or by some other approved medium such as television, radio, telephone, and correspondence.

Student support services Includes salary, benefits, supplies, and contractual fees for staff providing attendance and social work, guidance, health, psychological services, speech pathology, audiology, and other support to students.

Study abroad population U.S. citizens and permanent residents, enrolled for a degree at an accredited higher education institution in the United States, who received academic credit for study abroad from their home institutions upon their return. Students studying abroad without receiving academic credit are not included, nor are U.S. students enrolled for a degree overseas.

Subject-matter club Organizations that are formed around a shared interest in a particular area of study and whose primary activities promote that interest. Examples of such organizations are math, science, business, and history clubs.

Supervisory staff Principals, assistant principals, and supervisors of instruction; does not include superintendents or assistant superintendents.

Tax base The collective value of objects, assets, and income components against which a tax is levied.

Tax expenditures Losses of tax revenue attributable to provisions of the federal income tax laws that allow a special exclusion, exemption, or deduction from gross income or provide a special credit, preferential rate of tax, or a deferral of tax liability affecting individual or corporate income tax liabilities.

Teacher See Instructional staff.

Technical education A program of vocational instruction that ordinarily includes the study of the sciences and mathematics underlying a technology, as well as the methods, skills, and materials commonly used and the services performed in the technology. Technical education prepares individuals for positions—such as draftsman or lab technician—in the occupational area between the skilled craftsman and the professional person.

Title IV Refers to a section of the Higher Education Act of 1965 that covers the administration of the federal student financial aid program.

Title IV eligible institution A postsecondary institution that meets the criteria for participating in the federal student financial aid program. An eligible institution must be any of the following: (1) an institution of higher education (with public or private, non-profit control), (2) a proprietary institution (with private for-profit control), and (3) a postsecondary vocational institution (with public or private, not-for-profit control). In addition, it must have acceptable legal authorization, acceptable accreditation and admission stands, eligible academic program(s), administrative capability, and financial responsibility.

Total expenditure per pupil in average daily attendance Includes all expenditures allowcable to per pupil costs divided by average daily attendance. These allocable expenditures include current expenditures for regular school programs, interest on school debt, and capital outlay. Beginning in 1980–81, expenditures for state administration are excluded and expenditures for other programs (summer schools, community colleges, and private schools) are included.

Town school See Locale codes.

Trade and industrial occupations The branch of vocational education which is concerned with preparing people for initial employment or with updating or retraining workers in a wide range of trade and industrial occupations. Such occupations are skilled or semiskilled and are concerned with layout designing, producing, processing, assembling, testing, maintaining, servicing, or repairing any product or commodity.

Transcript An official list of all courses taken by a student at a school or college showing the final grade received for each course, with definitions of the various grades given at the institution.

Trust funds Amounts collected and used by the federal government for carrying out specific purposes and programs according to terms of a trust agreement or statute, such as the social security and unemployment trust funds. Trust fund receipts that are not anticipated to be used in the immediate future are generally invested in interest-bearing government securities and earn interest for the trust fund.

Tuition and fees A payment or charge for instruction or compensation for services, privileges, or the use of equipment, books, or other goods.

Unadjusted dollars See Current dollars.

Unclassified students Students who are not candidates for a degree or other formal award, although they are taking higher education courses for credit in regular classes with other students.

Undergraduate students Students registered at an institution of higher education who are working in a program leading to a baccalaureate degree or other formal award below the baccalaureate, such as an associate degree.

Unemployed Civilians who had no employment but were available for work and: (1) had engaged in any specific job seeking activity within the past 4 weeks; (2) were waiting to be called back to a job from which they had been laid off; or (3) were waiting to report to a new wage or salary job within 30 days.

University An institution of higher education consisting of a liberal arts college, a diverse graduate program, and usually two or more professional schools or faculties and empowered to confer degrees in various fields of study. For purposes of maintaining trend data in this publication, the selection of university institutions has not been revised since 1982.

Urban fringe school See Locale codes.

U.S. Service Academies These institutions of higher education are controlled by the U.S. Department of Defense and the U.S. Department of Transportation. The 5 institutions counted in the NCES surveys of degree granting institutions include: the U.S. Air Force Academy, U.S. Coast Guard Academy, U.S. Merchant Marine Academy, U.S. Military Academy, and the U.S. Naval Academy.

Visual and performing arts A group of instructional programs that generally describes the historic development, aesthetic qualities, and creative processes of the visual and performing arts.

Vocational education Organized educational programs, services, and activities which are directly related to the preparation of individuals for paid or unpaid employment, or for additional preparation for a career, requiring other than a baccalaureate or advanced degree.

APPENDIX C
Index of Table Numbers